D1943505

beck-online
DIE DATENBANK

Hannes, Formularbuch Vermögens- und Unternehmensnachfolge
Freischaltung des Zugangs zum Online-Modul

Sehr geehrte Nutzerin,
sehr geehrter Nutzer,

jeder Käufer kann ab der vorliegenden 2. Auflage auf die **elektronische Version** des Formularbuchs und auf die in den Erläuterungen zitierten Gesetzestexte, Urteile und Erlasse zugreifen.

Sämtliche **Formulartexte** können im Modul problemlos in ein Textverarbeitungsprogramm übernommen und dort für die individuelle Fallgestaltung angepasst werden.

Nutzen Sie die elektronische Version und profitieren Sie von den dort enthaltenen zusätzlichen Materialien (Gesetzestexte, Urteile, Verwaltungsanweisungen, Literatur) und den komfortablen Recherchemöglichkeiten in beck-online.DIE DATENBANK. Gehen Sie am besten sofort online!

Und so geht's:

1. Rufen Sie die Internetadresse www.freischaltung.beck.de auf.
2. Geben Sie Ihren persönlichen Freischaltcode (s. unten) ein und folgen Sie den Anweisungen auf dem Bildschirm.
3. Wenn Sie bereits beck-online-Kunde sind, wird das Formularbuch Vermögens- und Unternehmensnachfolge Ihrem Konto einfach zugeschaltet. Sollten Sie noch kein Kunde sein, erhalten Sie Ihre Zugangsdaten, mit denen Sie sich unter www.beck-online.de einloggen können, umgehend per E-Mail.
4. Sie können mit Ihrem **Benutzernamen** und Ihrem **Passwort** von jedem beliebigen PC, Tablet oder Smartphone aus auf die Online-Version des Formularbuchs zugreifen.

Ihr Freischaltcode: VU254-Y9BDB-WNQJE-A9CU1

Ihren Online-Zugang können Sie bis zum Erscheinen der 3. Auflage uneingeschränkt nutzen. Danach ist der Zugriff auf das Modul nicht mehr möglich.

Ihr Verlag C.H.BECK

Hannes

Formularbuch
Vermögens- und Unternehmensnachfolge

Formularbuch Vermögens- und Unternehmensnachfolge

Zivilrecht, Gesellschaftsrecht, Steuerrecht

Herausgegeben von

Prof. Dr. Frank Hannes

Rechtsanwalt, Fachanwalt für Steuerrecht und Steuerberater
Bonn/München

Bearbeitet von

Dr. Jörg Dietrich, Rechtsanwalt, Fachanwalt für Steuerrecht und Steuerberater in Reichshof; *Dr. Johannes Fetsch,* LL. M., Notar in Euskirchen; *Dr. Frank Hannes,* Rechtsanwalt, Fachanwalt für Steuerrecht und Steuerberater in Bonn; *Helga-Maria Hermann,* Rechtsanwältin und Fachanwältin für Steuerrecht in Heilbronn; *Dr. Michael Holtz,* Rechtsanwalt, Fachanwalt für Erbrecht und Fachanwalt für Steuerrecht in Bonn; *Justizrat Dr. Wolfgang Litzenburger,* Notar in Mainz; *Dr. Olaf Lüke,* Rechtsanwalt und Fachanwalt für Handels-, Gesellschafts- und Steuerrecht in Bonn; *Dr. Jochen Mues,* Notar in Mönchengladbach-Rheydt; *Thorsten Müller,* Dipl.-Finanzwirt (FH), LL. M. Taxation, Rechtsanwalt in Hamburg; *Dr. Rainer Oppermann,* Notar in Düsseldorf; *Dr. Franziska Peters,* Finanzrichterin in Münster; *Dr. Heiner Roemer,* Notar in Jülich; *Dr. Christoph Schulte,* Rechtsanwalt und Steuerberater in Frankfurt am Main; *Dr. Erich Waclawik,* Dipl.-Kfm., Rechtsanwalt beim BGH, Fachanwalt für Handels-, Gesellschafts- und Steuerrecht und Steuerberater in Karlsruhe; *Dr. Gerald Weigl,* Notar in Königsbrunn

2. Auflage 2017

C.H.BECK

www.beck.de

ISBN 978 3 406 68465 4

© 2017 Verlag C. H. Beck oHG
Wilhelmstraße 9, 80801 München
Druck und Bindung: Beltz Bad Langensalza GmbH
Am Fliegerhorst 8, 99947 Bad Langensalza
Satz: Druckerei C. H. Beck Nördlingen
Umschlaggestaltung: Martina Busch, Grafikdesign, Homburg Saar

Gedruckt auf säurefreiem, alterungsbeständigem Papier
(hergestellt aus chlorfrei gebleichtem Zellstoff)

Vorwort zur 2. Auflage

Seit dem Erscheinen der 1. Auflage sind nun sechs Jahre vergangen. In dieser Zeit haben nicht nur das rechtliche und steuerliche Schrifttum, die Rechtsprechung und Finanzverwaltung sondern vor allem auch der Gesetzgeber zahlreiche Neuerungen hervor gebracht, die für die Gestaltung der Vermögens- und Unternehmensnachfolge und damit auch die hier vorgestellten Formulare durchaus von Bedeutung sind.

Die zweite Auflage berücksichtigt insbesondere die mit dem Ehrenamtsstärkungsgesetz zum 29.3.2013 eingeführte Verbrauchsstiftung, die zum 17.8.2015 in Kraft getretene EU-Erbrechtsverordnung und die mit der **Erbschaftsteuerreform 2016** ergangenen, für Erwerbe ab dem 1.7.2016 maßgeblichen Neuregelungen zur Verschonung unternehmerischen Vermögens. Auch die im Juli veröffentlichen koordinierten Ländererlasse zur Anwendung der geänderten Vorschriften des Erbschaftsteuergesetzes konnten noch berücksichtigt werden. Gleiches gilt für das in dieser Zeit verabschiedete Gesetz zur Änderung der materiellen Zulässigkeitsvoraussetzungen von ärztlichen Zwangsmaßnahmen und zur Stärkung des Selbstbestimmungsrechts von Betreuten.

Angesichts der fortschreitenden Digitalisierung des gesellschaftlichen Lebens wurden zudem neue Formulare zum Umgang mit dem digitalen Nachlass, insbesondere Regelungen zum Umgang mit Passwörtern im Todesfall aufgenommen.

Auch der Nutzer dieses Formularbuches kann von der Digitalisierung profitieren. Mittels eines persönlichen Freischaltcodes können alle Formulare für eine persönliche Bearbeitung genutzt werden. Außerdem besteht ein direkter Zugriff auf zitierte Normen, Rechtsprechung und einen großen Teil des Schrifttums.

Anregungen und Kritik sowie auch Vorschläge für neue Formulare sind stets willkommen und können unter steuerrecht@beck.de übermittelt werden. Den Autoren und dem Verlag sei für den mit der Auflagenbearbeitung erbrachten Einsatz herzlich gedankt.

München/Bonn im August 2017 *Der Herausgeber*

Vorwort zur 1. Auflage

Die Gestaltung der Vermögens- und Unternehmensnachfolge hat sich vor allem in den letzten beiden Jahrzehnten zu einem eigenständigen Schwerpunktbereich in der rechtlichen wie der steuerlichen Beratung entwickelt. Eine wesentliche Besonderheit dieses Beratungsbereichs ist, dass in ihm zahlreiche, auch fachübergreifende Rechts- und Fachgebiete zusammenfließen. Zu den Kerngebieten der Nachfolgeplanung gehören neben dem Erbrecht und Schenkungsrecht das Gesellschaftsrecht, das eheliche Güterrecht und – sämtliche Gebiete überlagernd – das Steuerrecht. Daneben aber können zahlreiche weitere Rechts- und Fachgebiete besondere Relevanz erhalten, so z. B. das Stiftungs- und Gemeinnützigkeitsrecht, das Internationale Privatrecht oder die Unternehmensbewertung. Die eigentliche Aufgabe des Nachfolgeberaters liegt in der Koordination und Kombination dieser unterschiedlichen Rechtsgebiete zur optimalen Erreichung der mit dem Mandanten erarbeiteten Gestaltungsziele. Nachfolgeberatung ist daher immer ganzheitliche Beratung. Häufig erfolgt sie auch in interdisziplinären Teams, insbesondere unter Beteiligung von Rechtsanwälten, Notaren, Steuerberatern, Wirtschaftsprüfern, Unternehmensberatern und Banken. Da allerdings auf diesem Beratungsfeld immer auch private, innerfamiliäre Probleme anzusprechen und zu lösen sind, geht die Tendenz des Mandanten meist dahin, den Kreis der Berater möglichst klein zu halten oder sogar nur auf eine Person zu reduzieren. Sowohl im Team als auch als Einzelberater kann eine optimale Beratungsleistung nur leisten, wer Überblick über alle wesentlichen, die Nachfolgeberatung prägenden Rechtsgebiete hat. Der klassische Jurist sollte daher auch steuerliche Gestaltungschancen kennen und für steuerliche Gestaltungsrisiken sensibilisiert sein. Umgekehrt kann der steuerliche Berater seinen Mandanten nur dann kreativ und initiativ betreuen, wenn er einen Überblick über die rechtlichen Gestaltungsinstrumente hat.

Einen solchen interdisziplinären Überblick will das folgende Formularbuch in seinen Kommentierungen der Muster schaffen. Dem ebenfalls im Verlag C. H. Beck erschienenen *Formularbuch Recht und Steuern* im Aufbau folgend, werden den Einzelerläuterungen zu den jeweiligen Formularen grundsätzliche Anmerkungen vorangestellt. Diese beschreiben unter der Überschrift „Wirtschaftliche Aspekte" zunächst die mit dem jeweiligen Formular verfolgten Gestaltungsziele, die in der Lebenswirklichkeit freilich nicht immer nur wirtschaftlich, sondern insbesondere auch familiär geprägt sein werden. Im Anschluss daran werden die zum Verständnis des Formulars notwendigen allgemeinen rechtlichen Grundlagen dargestellt. In einem dritten Abschnitt der grundsätzlichen Anmerkungen werden schließlich die steuerrechtlichen Aspekte erörtert, insbesondere eine möglicherweise mit dem Formular (auch) angestrebte Steueroptimierung erläutert und auf sich aus den Regelungen ergebende steuerliche Risiken hingewiesen.

Das Formularbuch gliedert sich thematisch in drei Teile: die Vermögensübertragung zu Lebzeiten, die Vermögensübertragung von Todes wegen und die Behandlung von Spezialthemen. Die Themen sind vielfältig, aber keineswegs erschöpfend, so dass noch Aufgaben für folgende Auflagen bleiben. Der geneigte Leser sei zur Anregung der Aufnahme weiterer ihm praxisrelevant erscheinender Themen hiermit ermuntert. Die *beigefügte CD-ROM* soll die Arbeit mit den Formularen erleichtern.

Die Autoren sind durchweg Praktiker und, ohne auf weiterführende Hinweise zu Rechtsprechung, Literatur und Verlautbarungen der Finanzverwaltung zu verzichten, stets um eine praxisorientierte Darstellung bemüht. Soweit verschiedene Autoren in Formularteilen vergleichbare Regelungssachverhalte zu behandeln hatten, wurde bewusst auf eine Vereinheitlichung der Formulierung verzichtet. Der Leser erhält so noch mehr Anregungen für die eigene Arbeit und kann sich an der Formulierung orientieren, die seinem eigenen Sprachgefühl am nächsten kommt. Wie immer bei Formularbüchern gilt auch für dieses, dass es sich bei den Formularen lediglich um Beispielsmuster für abstrakte Fälle und nicht um Musterbeispiele der Regelung so vielfältiger in der Praxis auftauchender Einzelfälle handeln kann. Die sorgfältige Arbeit am Fall und insbesondere eine eigenständige rechtliche Prüfung kann hierdurch nicht ersetzt werden.

Gesetzesänderungen und Schreiben der Finanzverwaltung konnten bis zum 1. Mai 2011 berücksichtigt werden. Auf die Verabschiedung des Steuervereinfachungsgesetzes 2011 und den Erlass der neuen Erbschaftsteuerrichtlinien konnte nicht mehr gewartet werden.

Der Herausgeber dankt den Autoren zum einen für ihren besonderen Einsatz, zum anderen aber auch für ihre Bereitschaft, das in jahrelanger beruflicher Praxis erarbeitete Know-how an hoffentlich zahlreiche Leser und Kollegen weiterzugeben. Beides ist keineswegs selbstverständlich. Besonderer Dank gilt auch dem Verlag, insbesondere der Lektorin Frau *Dr. Susanne Fischer*. Anregungen, Korrektur- und Ergänzungshinweise sowie Verbesserungsvorschläge sind jederzeit willkommen.

München/Bonn, im Mai 2011 *Dr. Frank Hannes*

Inhaltsübersicht

Inhaltsverzeichnis

(In kursiver Schrift ist der jeweilige Autor genannt)

Inhaltsverzeichnis

Teil C. Spezialthemen

Abkürzungs- und Literaturverzeichnis

aA	anderer Ansicht
aaO	am angegebenen Ort
abgedr.	abgedruckt
ABl.	Amtsblatt
abl.	ablehnend
Abs.	Absatz
Abschn.	Abschnitt
Abt.	Abteilung
AcP	Archiv für die civilistische Praxis (Zeitschrift)
Adler/Düring/Schmaltz	Adler/Düring/Schmaltz ua., Rechnungslegung und Prüfung der Unternehmen (Loseblatt)
AdV	Aussetzung der Vollziehung
aE	am Ende
AEAO	Anwendungserlass zur Abgabenordnung
AEErbSt 2017	Anwendung der geänderten Vorschriften des Erbschaft- und Schenkungsteuergesetzes – koord. Ländererlass v. 22.6.2017 (BStBl. I, 902)
aF	alte Fassung
AfA	Absetzung für Abnutzung
AG	Aktiengesellschaft; „Die Aktiengesellschaft" (Zeitschrift); Amtsgericht
AGB	Allgemeine Geschäftsbedingungen
AGBG	Gesetz zur Regelung der Allgemeinen Geschäftsbedingungen
AGFGO	(Landes-)Ausführungsgesetz zur Finanzgerichtsordnung
AK	Anschaffungskosten
AktG	Aktiengesetz
ALB	Automatisiertes Liegenschaftsbuch
Alt.	Alternative
aM	anderer Meinung
AnfG	Anfechtungsgesetz
Angerer/Geibel/Süßmann	Angerer/Geibel/Süßmann, Wertpapiererwerbs- und Überwachungsgesetz (WpÜG), 3. Aufl. 2017
Anh.	Anhang
Anm.	Anmerkung
AnwBl.	Anwaltsblatt
AnwKBGB/*Bearbeiter*	AnwaltKommentar BGB, 2. Aufl. 2005 ff.
AO	Abgabenordnung
AP	Arbeitsrechtliche Praxis, Nachschlagewerk des Bundesarbeitsgerichts
Art.	Artikel
Assmann/Schneider	Assmann/Schneider, Wertpapiererwerbs- und Übernahmegesetz, 2. Aufl. 2013
AStG	Außensteuergesetz
Aufl.	Auflage
AÜG	Arbeitnehmerüberlassungsgesetz
AuR	Arbeit und Recht (Zeitschrift)
BaFin	Bundesanstalt für Finanzdienstleistungsaufsicht
BAG	Bundesarbeitsgericht
BAGE	Entscheidungen des Bundesarbeitsgerichts
Bamberger/Roth/*Bearbeiter*	Bamberger/Roth, BGB, 2. Aufl. 2008, 3. Aufl. 2012, s. auch BeckOK BGB
BAnz	Bundesanzeiger
BauGB	Baugesetzbuch

Abkürzungsverzeichnis

Baumbach/Hopt/ *Bearbeiter*	Baumbach/Hopt, Handelsgesetzbuch, 37. Aufl. 2016
Baumbach/Hueck/ *Bearbeiter*	Baumbach/Hueck, GmbH-Gesetz, 21. Aufl. 2017
BAV	Bundesaufsichtsamt für das Versicherungswesen
BayLfSt	Bayerisches Landesamt für Steuern
BayObLG	Bayerisches Oberstes Landesgericht
BB	Betriebs-Berater (Zeitschrift)
BBG	Bundesbeamtengesetz
BBiG	Berufsbildungsgesetz
BC	Bilanzbuchhalter und Controller (Zeitschrift)
BeBiKo	Beck'scher Bilanz-Kommentar, 10. Aufl. 2016
BeckFormB BHW	Hoffmann-Becking/Rawert, Beck'sches Formularbuch Bürgerliches, Handels- und Wirtschaftsrecht, 10. Aufl. 2010, 11. Aufl. 2013
BeckFormB ErbR/ *Bearbeiter*	Beck'sches Formularbuch Erbrecht, 3. Aufl. 2014
BeckNotar-HdB/ *Bearbeiter*	Beck'sches Notar-Handbuch, 6. Aufl. 2015
BeckOK BGB/*Bearbeiter*	Beck'scher Online-Kommentar BGB, hrsg. v. Bamberger/Roth, 42. Edition, 1.2.2017
BeckOK FamFG/ *Bearbeiter*	Beck'scher Online-Kommentar FamFG, hrsg. v. Hahne/Schlögel/Schlünder, 22. Edition, 2.4.2017
Beck-Online-Form ErbR/ *Bearbeiter*	Beck'sche Online-Formulare Erbrecht, 15. Edition 2017
Beck PersGes-HB/ *Bearbeiter*	Beck'sches Handbuch der Personengesellschaften, 4. Aufl. 2014
Beck StB-Handbuch	Pelka/Petersen, Beck'sches Steuerberater-Handbuch 2017/2018, 16. Aufl. 2017
Beck GmbH-HB/ *Bearbeiter*	Prinz/Winkeljohann, Beck'sches Handbuch der GmbH, 5. Aufl. 2014
Beisel/Klumpp	Beisel/Klumpp, Der Unternehmenskauf, 7. Aufl. 2016
Bengel/Reimann/*Bearbeiter* HdB TV	Bengel/Reimann, Handbuch der Testamentsvollstreckung, 5. Aufl. 2013
Berndt/Götz	Berndt/Götz, Stiftung und Unternehmen, 8. Aufl. 2009
Berndt/Nordhoff/ *Bearbeiter*	Berndt/Nordhoff, Rechnungslegung und Prüfung von Stiftungen, 1. Aufl. 2016
BetrAVG	Gesetz zur Verbesserung der betrieblichen Altersversorgung (= Betriebsrentengesetz)
BetrVG	Betriebsverfassungsgesetz
BeurkG	Beurkundungsgesetz
BewDV	Durchführungsverordnung zum Bewertungsgesetz
BewG	Bewertungsgesetz
BewRGr	Bewertungsrichtlinien Grundvermögen
BFH	Bundesfinanzhof
BFH/NV	Sammlung amtlich nicht veröffentlichter Entscheidungen des BFH
BFHE	Entscheidungen des Bundesfinanzhofs
BGB	Bürgerliches Gesetzbuch
BGBl. I, II	Bundesgesetzblatt Teile I und II (Jahr und Seite)
BGH	Bundesgerichtshof
BGHZ	Entscheidungen des Bundesgerichtshofs in Zivilsachen
BImSchG	Bundes-Immissionsschutzgesetz
Binz/Sorg	Binz/Sorg, GmbH & Co. KG, 11. Aufl. 2010
BKGG	Bundeskindergeldgesetz
Blaurock/*Bearbeiter*	Blaurock, Handbuch Stille Gesellschaft, 8. Aufl. 2016
Blümich/*Bearbeiter*	Blümich, Einkommensteuergesetz, Körperschaftsteuergesetz, Gewerbesteuergesetz und Nebengesetze (Loseblatt)

BMF	Bundesministerium der Finanzen
BMJ	Bundesministerium der Justiz
BNotO	Bundesnotarordnung
Bonefeld/Wachter/*Bearbeiter*	Bonefeld/Wachter, Der Fachanwalt für Erbrecht, 3. Aufl. 2014
Boruttau/*Bearbeiter*	Boruttau, Grunderwerbsteuergesetz, 18. Aufl. 2016
BpO	Betriebsprüfungsordnung
BR	Bundesrat
BRAGO	Bundesrechtsanwaltsgebührenordnung
BRAK-Mitt.	Mitteilungen der Bundesrechtsanwaltskammer
BRAO	Bundesrechtsanwaltsordnung
BR-Drs.	Bundesrats-Drucksache
BReg.	Bundesregierung
BSG	Bundessozialgericht
BSHG	Bundessozialhilfegesetz
bspw.	beispielsweise
BStBl. I, II, III	Bundessteuerblatt Teile I, II, III (Jahr und Seite)
BT	Bundestag
BT-Drs.	Bundestags-Drucksache
Buchna	Buchna/Leichinger/Seeger/Brox, Gemeinnützigkeit im Steuerrecht, 11. Aufl. 2015
Buchst.	Buchstabe
Budde/Förschle/Winkeljohann/*Bearbeiter*	Budde/Förschle/Winkeljohann, Sonderbilanzen, 4. Aufl. 2008 s. auch WFD Sonderbilanzen
Bumiller/Harders	Bumiller/Harders/Schwamb, Familienverfahren, Freiwillige Gerichtsbarkeit, 11. Aufl. 2015
Bunjes/*Bearbeiter*	Bunjes, UStG, 15. Aufl. 2016
Burandt/Rojahn/*Bearbeiter*	Burandt/Rojahn, Erbrecht, 2. Aufl. 2014
Bürgers/Fett/*Bearbeiter*	Bürgers/Fett, Die Kommanditgesellschaft auf Aktien, Handbuch mit Mustern, 2. Aufl. 2015
BUrlG	Bundesurlaubsgesetz
BVerfG	Bundesverfassungsgericht
BVerfGE	Entscheidungen des Bundesverfassungsgerichts
BVerwG	Bundesverwaltungsgericht
BVerwGE	Entscheidungen des Bundesverwaltungsgerichts
BWNotZ	Zeitschrift für das Notariat in Baden-Württemberg
bzgl.	bezüglich
BZRG	Bundeszentralregistergesetz
BZSt	Bundeszentralamt für Steuern
bzw.	beziehungsweise
v. Campenhausen/Richter	v. Campenhausen/Richter, Stiftungsrechts-Handbuch, 4. Aufl. 2014
CAPM	Capital Asset Pricing Modell
Crezelius	Crezelius, Unternehmenserbrecht, 2. Aufl. 2009
dh.	das heißt
DPM/*Bearbeiter*	Dötsch/Pung/Möhlenbrock, Die Körperschaftsteuer (Loseblatt)
Damrau/*Bearbeiter*	Damrau/Tanck, Praxiskommentar Erbrecht, 3. Aufl. 2014
Daragan/Halaczinsky/Riedel	Daragan/Halaczinsky/Riedel, Praxiskommentar Erbschaftsteuergesetz und Bewertungsgesetz, 3. Aufl. 2017
Dauner-Lieb/Grziwotz/*Bearbeiter*	Pflichtteilsrecht, 2. Auflage 2016
Dauses/*Bearbeiter*	Dauses, EU-Wirtschaftsrecht (Loseblatt)
DB	Der Betrieb (Zeitschrift)
DBA	Doppelbesteuerungsabkommen

DBA-ErbSt	Doppelbesteuerungsabkommen auf dem Gebiet der Erbschaftsteuer
DepotG	Depotgesetz
Der Konzern	Der Konzern (Zeitschrift)
ders.	derselbe
dies.	dieselbe
DJZ	Deutsche Juristenzeitung
DNotI-Report	Informationsdienst des Deutschen Notarinstituts (Zeitschrift)
DNotZ	Deutsche Notar-Zeitschrift
Doppelbuchst.	Doppelbuchstabe
Dötsch/Pung/Möhlenbrock	Dötsch/Pung/Möhlenbrock, KStG/UmwStG
DR	Deutsches Recht (Zeitschrift)
DRiG	Deutsches Richtergesetz
DrittelbG	Drittelbeteiligungsgesetz
Drs.	Drucksache
Drukarczyk Unternehmensbewertung	Drukarcyk/Schüler, Unternehmensbewertung, 7. Aufl. 2016
DStJG, Bd.	Deutsche Steuerjuristische Gesellschaft, Band
DStR	Deutsches Steuerrecht (Zeitschrift)
DStRE	Deutsches Steuerrecht Entscheidungsdienst (Zeitschrift)
DStZ	Deutsche Steuerzeitung
DSWR	Datenverarbeitung, Steuer, Wirtschaft, Recht (Zeitschrift)
Düsing/Martinez	Düsing/Martinez, Agrarrecht, 2016
Dutta/Weber/*Bearbeiter*	Dutta/Weber, Internationales Erbrecht, 2016
DV, DVO	Durchführungs-Verordnung
€	Euro
e. V.	eingetragener Verein
Ebeling/Geck	Ebeling/Geck, Handbuch der Erbengemeinschaft (Loseblatt)
Ebenroth/Boujong/Joost/Strohn HGB	Ebenroth/Boujong/Joost/Strohn, Handelsgesetzbuch, 2009, 3. Aufl. 2014/15
EFG	Entscheidungen der Finanzgerichte (Zeitschrift)
EG	Europäische Gemeinschaft(en)
EGAO	Einführungsgesetz zur AO
EGBGB	Einführungsgesetz zum Bürgerlichen Gesetzbuch
EGGVG	Einführungsgesetz zum Gerichtsverfassungsgesetz
EGHGB	Einführungsgesetz zum Handelsgesetzbuch
EGV	Vertrag zur Gründung der Europäischen Wirtschaftsgemeinschaft
EHUG	Gesetz über elektronische Handelsregister und Genossenschaftsregister sowie das Unternehmensregister
EigZulG	Eigenheimzulagengesetz
EK	Eigenkapital
Engl/*Bearbeiter*	Engl, Formularbuch Umwandlungen, 4. Aufl. 2017
ErbbauVO	Verordnung über das Erbbaurecht
Erbfolgebesteuerung	Erbfolgebesteuerung: Erbfolge, Erbrecht, Unternehmensnachfolge (Zeitschrift)
ErbR	Zeitschrift für die gesamte erbrechtliche Praxis
ErbSt	Erbschaftsteuer
ErbStB	Der Erbschaft-Steuer-Berater (Zeitschrift)
ErbStDV	Erbschaftsteuer-Durchführungsverordnung
ErbStG	Erbschaftsteuer- und Schenkungsteuergesetz
ErbStH	Erbschaftsteuer-Hinweise
ErbStR	Erbschaftsteuer-Richtlinien
ErbStRG	Erbschaftsteuer-Reformgesetz
Erfurter Kommentar ArbR	Erfurter Kommentar zum Arbeitsrecht, 17. Aufl. 2017
ErfVO	Erfinderverordnung
Erl.	Erlass
Erman/*Bearbeiter*	Erman, BGB, 14. Aufl. 2014
ESt	Einkommensteuer

EStDV	Einkommensteuer-Durchführungsverordnung
EStG	Einkommensteuergesetz
EStH	Einkommensteuer-Hinweise
EStR	Einkommensteuer-Richtlinien
etc.	et cetera
Ettinger/Jaques	Ettinger/Jaques, Beck'sches Handbuch Unternehmenskauf im Mittelstand, 2. Aufl. 2017
EU	Europäische Union
EuErbVO	Verordnung (EU) Nr. 650/2012 des Europäischen Parlaments und des Rates vom 4. Juli 2012 über die Zuständigkeit, das anzuwendende Recht, die Anerkennung und Vollstreckung von Entscheidungen und die Annahme und Vollstreckung öffentlicher Urkunden in Erbsachen sowie zur Einführung eines Europäischen Nachlasszeugnisses
EuGH	Europäischer Gerichtshof
EuGHE	Entscheidungen des Europäischen Gerichtshofs
EuGüVO	Verordnung (EU) 2016/1104 des Rates vom 24. Juni 2016 zur Durchführung der verstärkten Zusammenarbeit im Bereich der Zuständigkeit, des anzuwendenden Rechts und der Anerkennung und Vollstreckung von Entscheidungen in Fragen güterrechtlicher Wirkungen eingetragener Partnerschaften
Eulberg/Ott-Eulberg/Halaczinsky	Eulberg/Ott-Eulberg/Halaczinsky, Die Lebensversicherung im Erb- und Erbschaftsteuerrecht, 2005
EuPartVO	Verordnung (EU) 2016/1104 des Rates vom 24. Juni 2016 zur Durchführung der verstärkten Zusammenarbeit im Bereich der Zuständigkeit, des anzuwendenden Rechts und der Anerkennung und Vollstreckung von Entscheidungen in Fragen güterrechtlicher Wirkungen eingetragener Partnerschaften
EuZW	Europäische Zeitschrift für Wirtschaftsrecht
EVertr.	Einigungsvertrag
evtl.	eventuell
EWG	Europäische Wirtschaftsgemeinschaft
EWIR	Entscheidungen zum Wirtschaftsrecht (Entscheidungssammlung)
EWR	Europäischer Wirtschaftsraum
EWS	Europäisches Währungssystem
f., ff.	folgend, fortfolgend
FA, FÄ	Finanzamt, Finanzämter
Faßbender/Grauel/Ohmen/Peter/Roemer/Wittkowski	Faßbender/Grauel/Ohmen/Peter/Roemer/Wittkowski, Notariatskunde, 18. Aufl. 2014
Faßbender/Hötzel/v. Jeinsen/Pikalo	Höfeordnung, 3. Aufl. 1994
Felsmann	Felsmann, Einkommensbesteuerung der Land- und Forstwirte (Loseblatt)
FG	Finanzgericht
FG BW	Finanzgericht Baden-Württemberg
FG Bbg	Finanzgericht Brandenburg
FG Bln	Finanzgericht Berlin
FG Brem	Finanzgericht Bremen
FG Hmb	Finanzgericht Hamburg
FG Hess	Finanzgericht Hessen
FG Leip	Finanzgericht Leipzig
FG MV	Finanzgericht Mecklenburg-Vorpommern
FG Mstr	Finanzgericht Münster
FG Nbg	Finanzgericht Nürnberg
FG Nds	Finanzgericht Niedersachsen
FG Rhpf	Finanzgericht Rheinland-Pfalz

Abkürzungsverzeichnis

FG Saarl	Finanzgericht Saarland
FG SachsAnh	Finanzgericht Sachsen-Anhalt
FG SchlHol	Finanzgericht Schleswig-Holstein
FG Thür	Finanzgericht Thüringen
FGO	Finanzgerichtsordnung
FinSen	Finanzsenat(or)
FinVerw.	Finanzverwaltung
Firsching/Graf Nachlassrecht	Firsching/Graf, Nachlassrecht, 10. Aufl. 2014
Fischer/Jüptner/Pahlke/Wachter	Fischer/Jüptner/Pahlke/Wachter, ErbStG Kommentar, 5. Aufl. 2014 inkl. erweiterter online-Version
FM	Finanzministerium
FMBl.	Finanzministerialblatt
Fn.	Fußnote
FormB RS	Formularbuch Recht und Steuern, 8. Aufl. 2014
FördG	Fördergebietsgesetz
FPR	Familie Partnerschaft Recht (Zeitschrift)
FR	Finanz-Rundschau (Zeitschrift)
FS	Festschrift
FS Kreutz	Hönn/Oetker/Raab, Festschrift für Peter Kreutz zum 70. Geburtstag, 2010
FS Kruse	Drenseck/Seer, Festschrift für Heinrich Wilhelm Kruse zum 70. Geburtstag, 2001
FS Rädler	Breuninger/W. Müller/Strobl-Haarmann, Festschrift für Albert J. Rädler zum 65. Geburtstag, 1999
FS Reuter	Martinek/Rawert/Weitemeyer, Festschrift für Dieter Reuter zum 70. Geburtstag, 2010
FS Schaumburg	Spindler/Tipke/Rödder, Festschrift für Harald Schaumburg, 2009
FS Spiegelberger	Wachter, Festschrift für Sebastian Spiegelberger zum 70. Geburtstag, 2009
FS Widmann	Wassermeyer/Mayer/Rieger, Festschrift für Siegfried Widmann zum 65. Geburtstag, 2000
Fuhrmann/Wälzholz	Fuhrmann/Wälzholz, Formularbuch Gesellschaftsrecht, 2. Aufl. 2015
FVG	Gesetz über die Finanzverwaltung
GAV	Gewinnabführungsvertrag
GB	Grundbuch
GBl.	Gesetzblatt
GBO	Grundbuchordnung
GbR	Gesellschaft des bürgerlichen Rechts
geänd.	geändert
geb.	geboren
Geibel/Süßmann/*Bearbeiter*	Geibel/Süßmann, Wertpapiererwerbs- und Übernahmegesetz, 2. Aufl. 2008
gem.	gemäß
GenG	Genossenschaftsgesetz
gesetzl.	gesetzlich
GewArch	Gewerbearchiv (Zeitschrift)
GewErtrSt	Gewerbeertragsteuer
GewKapSt	Gewerbekapitalsteuer
GewO	Gewerbeordnung
GewSt	Gewerbesteuer
GewStÄndG 2003	Gesetz zur Änderung des Gewerbesteuergesetzes und anderer Gesetze v. 23.12.2003
GewStDV	Gewerbesteuer-Durchführungsverordnung
GewStG	Gewerbesteuergesetz
GewStR	Gewerbesteuer-Richtlinien
GG	Grundgesetz

ggf.	gegebenenfalls
GKG	Gerichtskostengesetz
glA	gleicher Ansicht
Glanegger/Güroff	Glanegger/Güroff, GewStG, 7. Aufl. 2009, 8. Aufl. 2014
GmbH	Gesellschaft mit beschränkter Haftung
GmbHG	Gesetz betreffend die Gesellschaften mit beschränkter Haftung
GmbH-Handbuch/*Bearbeiter*	GmbH-Handbuch (Loseblatt)
GmbHR	GmbH-Rundschau (Zeitschrift)
GmbH-Stb	GmbH-Steuerberater (Zeitschrift)
GmS-OGB	Gemeinsamer Senat der obersten Gerichtshöfe des Bundes
GoB	Grundsätze ordnungsmäßiger Buchführung
Götz/Hülsmann	Götz/Hülsmann, Der Nießbrauch im Zivil- und Steuerrecht, 11. Aufl. 2017
Grashoff/Kleinmanns	Grasshoff/Kleinmanns, Steuerrecht 2015, 11. Aufl. 2015
grds.	grundsätzlich
GrdStVG	Gesetz über Maßnahmen zur Verbesserung der Agrarstruktur und zur Sicherung land- und forstwirtschaftlicher Betriebe (Grundstücksverkehrsgesetz)
GrESt-Erlass	BMF-Schreiben v. 2.12.1999, BStBl. I 1999 S. 991
GrEStG	Grunderwerbsteuergesetz
Grimm/Norer	Grimm/Norer, Agrarrecht, 4. Aufl. 2015
Groll/*Bearbeiter*	Groll, Praxis-Handbuch Erbrecht, 3. Aufl. 2010, 4. Aufl. 2015
Großkomm AktG/*Bearbeiter*	Sethe, Großkommentar zum Aktiengesetz, 4. Aufl. 1992 ff.
Großkomm HGB/*Bearbeiter*	Staub, Handelsgesetzbuch, 5. Aufl. 2009
GrS	Großer Senat
GrSt	Grundsteuer
GrStG	Grundsteuergesetz
Gürsching/Stenger	Gürsching/Stenger, Bewertungsgesetz – Vermögensteuergesetz (Loseblatt)
GuV-Rechnung	Gewinn- und Verlustrechnung
GVBl., GVOBl.	Gesetz- und Verordnungsblatt
GVG	Gerichtsverfassungsgesetz
GWB	Gesetz gegen Wettbewerbsbeschränkungen
GWR	Gesellschafts- und Wirtschaftsrecht, Zeitschrift für Handels- und Gesellschaftsrecht, Kapitalmarktrecht, Finanzierung
hA	herrschende Ansicht
Haas/Heinrichs/Medicus/Rolland/Schäfer	Haas/Heinrichs/Medicus/Rolland/Schäfer, Das neue Schuldrecht, 2002
Hachenburg/*Bearbeiter*	Hachenburg, GmbHG – Gesetz betreffend die Gesellschaften mit beschränkter Haftung, 8. Aufl. 1992–1997
HAG	Heimarbeitergesetz
Hageböke	Hageböke, Das KGaA-Modell, 2008
Halaczinsky/Obermeier/Obermeier/Teß	Halaczinsky/Obermeier/Obermeier/Teß, Grundstücksbewertung, Erbschaft- und Schenkungsteuer, 2. Aufl. 2003
HandwO	Handwerksordnung
Haritz/Menner/*Bearbeiter*	Haritz/Menner, Umwandlungsteuergesetz, 4. Aufl. 2015
Hartmann	Hartmann, Kostengesetze, 40. Aufl. 2010, 45. Aufl. 2015
HBG	Hypothekenbankgesetz
HdB Pflichtteilsrecht	Mayer/Süß/Tanck/Wälzholz, Handbuch Pflichtteilsrecht, 3. Aufl. 2013, *s. Mayer/Süß/Tanck/Bittler/Wälzholz*
HdJ/*Bearbeiter*	Wysocki/Schulze-Osterloh, Handbuch des Jahresabschlusses (Loseblatt)
Heckschen	Heckschen, Das MoMiG in der notariellen Praxis, 2009
Heckschen/Heidinger	Heckschen/Heidinger, Die GmbH in der Gestaltungs- und Beratungspraxis, 3. Aufl. 2014

HeimG	Heimgesetz
Henssler/v. Westphalen	Henssler/Graf v. Westphalen, Praxis der Schuldrechtsreform, 2. Aufl. 2003
Hesselmann	Hesselmann/Tillmann/Mueller-Thuns, Handbuch der GmbH & Co. KG, 20. Aufl. 2009
Heuermann/Wagner	Heuermann/Wagner, Lohnsteuerrecht-Handbuch (Loseblatt)
HFR	Höchstrichterliche Finanzrechtsprechung (Zeitschrift)
HGB	Handelsgesetzbuch
HGB-Großkomm./*Bearbeiter*	Staub, Handelsgesetzbuch, 4. Aufl. 1983 ff.; 5. Aufl. 2008 ff.
HHR/*Bearbeiter*	Herrmann/Heuer/Raupach, Einkommensteuer- und Körperschaftsteuergesetz mit Nebengesetzen (Loseblatt)
HHSp/*Bearbeiter*	Hübschmann/Hepp/Spitaler, Abgabenordnung – Finanzgerichtsordnung (Loseblatt)
hL	herrschende Lehre
hM	herrschende Meinung
HOAI	Verordnung über die Honorare für Leistungen der Architekten und Ingenieure
HöfeO	Höfeordnung
Höfer	Höfer, Gesetz zur Verbesserung der betrieblichen Altersversorgung (Loseblatt)
Hölters/*Bearbeiter*	Hölters, Handbuch des Unternehmenskaufs, 8. Aufl. 2015
v. Holt/Koch	v. Holt/Koch, Gemeinnützige GmbH, 2. Aufl. 2009, 3. Aufl. 2015
Holzapfel/Pöllath	Holzapfel/Pöllath, Unternehmenskauf in Recht und Praxis, 15. Aufl. 2016
Holzner	Holzner, Erben und Schenken mit Lebensversicherungen, 3. Aufl. 2011
Hopt Form	Hopt, Vertrags- und Formularbuch zum Handels-, Gesellschafts- und Bankrecht, 4. Aufl. 2013
von Hoyenberg	von Hoyenberg, Vorweggenommene Erbfolge, 2010
HR	Handelsregister
HRA	Handelsregister (Einzelkaufleute, Personengesellschaften)
HRB	Handelsregister (Kapitalgesellschaften)
Hrsg., hrsg.	Herausgeber, herausgegeben
HRV	Handelsregisterverfügung
HS	Halbsatz
Hübner	Hübner, Erbschaftsteuerreform 2009, München 2008
Hüffer/Koch	Hüffer/Koch, Aktiengesetz, 12. Aufl. 2016
Hüttemann Non Profit Yearbook	Hüttemann/Rawert/Schmidt/Weitemeyer, Non Profit Law Yearbook 2007, 2009, 2010
Hüttemann	Hüttemann, Gemeinnützigkeits- und Spendenrecht, 3. Aufl. 2015
i. Gr.	in Gründung
iW	im Wesentlichen
idF	in der Fassung
idR	in der Regel
idS	in diesem Sinne
IdW	Institut der Wirtschaftsprüfer
iE	im Einzelnen
ieS	im engeren Sinne
iFd.	im Fall des/der
IFRS	International Financial Reporting Standards
iHd.	in Höhe des/der
IHK	Industrie- und Handelskammer
IHKG	Gesetz zur vorläufigen Regelung des Rechts der Industrie- und Handelskammern
iHv.	in Höhe von
INF	Die Information über Steuer und Wirtschaft (Zeitschrift)
insbes.	insbesondere

InsO	Insolvenzordnung
InstFSt.	Institut Finanzen und Steuern
IntErbRVG	Internationales Erbrechtsverfahrengesetz vom 29.6.2015
InvZulG	Investitionszulagengesetz
iR	im Rahmen
iRd.	im Rahmen des
iS	im Sinne
iSd.	im Sinne des/der
iSe.	im Sinne eines/einer
iSv.	im Sinne von
iÜ	im Übrigen
iVm.	in Verbindung mit
IWB	Internationale Wirtschaftsbriefe
iwS	im weiteren Sinne
J. Mayer	J. Mayer, Der Übergabevertrag in der anwaltlichen und notariellen Praxis, 2. Aufl. 2001; s. auch Mayer/Geck
Jacobs	Jacobs, Unternehmensbesteuerung und Rechtsform, 4. Aufl. 2009
Jansen/Jansen	Jansen/Jansen, Der Nießbrauch im Zivil- und Steuerrecht, 6. Aufl. 2001/7. Aufl. 2005/8. Aufl. 2009
JArbSchG	Jugendarbeitsschutzgesetz
JbFfSt.	Jahrbuch der Fachanwälte für Steuerrecht
JDStJG	Jahrbuch der Deutschen Steuerjuristischen Gesellschaft e.V., *s. DStJG*
JMBl.	Justizministerialblatt
JR	Juristische Rundschau
JStErgG	Jahressteuer-Ergänzungsgesetz
JStG	Jahressteuergesetz
JurBüro	Das juristische Büro (Zeitschrift)
JW	Juristische Wochenschrift
JZ	Juristenzeitung
K. Schmidt Gesellschaftsrecht	K. Schmidt, Gesellschaftsrecht, 5. Aufl. 2015, *s. Schmidt, Gesellschaftsrecht*
KAGG	Gesetz über Kapitalanlagegesellschaften
Kallmeyer/*Bearbeiter*	Kallmeyer, Umwandlungsgesetz, 5. Aufl. 2013
KapCoRiLiG	Kapitalgesellschaften- und Co-Richtlinie-Gesetz (90/605/EWG)
KapErhG	Kapitalerhöhungsgesetz
KapErhStG	Kapitalerhöhungs-Steuergesetz
KapErtrSt	Kapitalertragsteuer
Kapp/Ebeling	Kapp/Ebeling, Erbschaftsteuer- und Schenkungsteuergesetz (Loseblatt)
Kapverm.	Kapitalvermögen
KapVSt	Kapitalverkehrsteuer
Keidel/*Bearbeiter*	Keidel, FamFG, 19. Aufl. 2017
Kerscher/Riedel/Lenz Pflichtteilsrecht	Kerscher/Riedel/Lenz, Pflichtteilsrecht in der anwaltlichen Praxis, 3. Aufl. 2002
Kersten/Bühling/*Bearbeiter*	Kersten/Bühling, Formularbuch und Praxis der Freiwilligen Gerichtsbarkeit, 24. Aufl. 2014
Kfz.	Kraftfahrzeug
KG	Kammergericht; Kommanditgesellschaft
KGaA	Kommanditgesellschaft auf Aktien
Kipp/Coing	Kipp/Coing, Erbrecht, 14. Bearbeitung 1990
KiSt	Kirchensteuer
Kj.	Kalenderjahr
Klein/*Bearbeiter*	Klein, AO, 13. Aufl. 2016
Klingelhöffer Pflichtteilsrecht	Klingelhöffer, Pflichtteilsrecht, 4. Aufl. 2014

Klinger/*Bearbeiter*	Klinger, Münchener Prozessformularbuch Erbrecht, 3. Aufl. 2003
Kneip/Jänisch	Kneip/Jänisch, Tax Due Diligence, 1. Aufl. 2005/2. Aufl. 2010
Knief/*Bearbeiter*	Steuerberater Handbuch Unternehmensberatung (Loseblatt)
Knobbe-Keuk LB	Knobbe-Keuk, Bilanz- und Unternehmenssteuerrecht, 9. Aufl. 1993
Knott/Mielke	Knott/Mielke, Unternehmenskauf, 4. Aufl. 2011
Kölner Komm/*Bearbeiter*	Kölner Kommentar zum Aktiengesetz, 3. Aufl. 2004 ff.
Koenig/*Bearbeiter*	Koenig, Abgabenordnung, 3. Aufl. 2014
Korintenberg	Korintenberg/Lappe/Bengel/Reimann, Kostenordnung, 18. Aufl. 2010, 19. Auflage 2015
Korn	Korn, EStG (online)
KÖSDI	Kölner Steuerdialog (Zeitschrift)
KostO	Kostenordnung
KostVerz.	Kostenverzeichnis
Krauß Immobilienkaufverträge	Krauß, Immobilienkaufverträge in der Praxis, 7. Aufl. 2014
Krauß Vermögensnachfolge	Krauß, Vermögensnachfolge in der Praxis, 4. Aufl. 2015
Kroiß/Ann/Mayer/*Bearbeiter*	Kroiß/Ann/Mayer, NomosKommentar zum BGB: Erbrecht, 4. Aufl. 2014
KSchG	Kündigungsschutzgesetz
KSt	Körperschaftsteuer
KStDV	Körperschaftsteuer-Durchführungsverordnung
KStG	Körperschaftsteuergesetz
KStR	Körperschaftsteuer-Richtlinien
KTS	Zeitschrift für Konkurs-, Treuhand- und Schiedsgerichtswesen
Küting/Weber	Küting/Weber, Handbuch der Rechnungslegung (Loseblatt)
KWG	Gesetz über das Kreditwesen
LAG	Lastenausgleichsgesetz
Lange/Kuchinke	Lange/Kuchinke, Erbrecht, 5. Aufl. 2001
Lange/Werkmüller/*Bearbeiter*	Lange/Werkmüller, Der Erbfall in der Bankpraxis, 2002
Lange/Wulff/Lüdtke-Handjery Landpachtrecht	Lange/Wulff/Lüdtke-Handjery, Landpachtrecht, 4. Aufl. 1997
Langen/Bunte	Langen/Bunte, Kommentar zum deutschen und europäischen Kartellrecht, 12. Aufl. 2014
Langenbucher/Bliesener/Spindler/*Bearbeiter*	Langenbucher/Bliesener/Spindler, Bankrechts-Kommentar, 2. Aufl. 2016
Langenfeld Hdb Eheverträge	Langenfeld, Handbuch der Eheverträge und Scheidungsvereinbarungen, 5. Aufl. 2005, 7. Aufl. s. unten
Langenfeld	Langenfeld, Testamentsgestaltung, 4. Aufl. 2010
Langenfeld/Günther	Langenfeld/Günther, Grundstückszuwendungen zur lebzeitigen Vermögensnachfolge, 6. Aufl. 2009
Langenfeld/Milzer Hdb Eheverträge	Langenfeld, Handbuch der Eheverträge und Scheidungsvereinbarungen, 7. Aufl. 2015
Leingärtner/*Bearbeiter*	Leingärtner, Besteuerung der Landwirte (Loseblatt)
lfd.	laufend(e)
LFG	Lohnfortzahlungsgesetz
LG	Landgericht
lit.	litera (= Buchstabe)
Littmann	Littmann/Bitz/Pust, Das Einkommensteuerrecht (Loseblatt)
LM	Nachschlagewerk des Bundesgerichtshofs. Entscheidungen in Zivilsachen
LSG	Landessozialgericht
LSt	Lohnsteuer

LStDV	Lohnsteuer-Durchführungsverordnung
LStR	Lohnsteuer-Richtlinien
LSW	Lexikon des Steuer- und Wirtschaftsrechts
lt.	laut
Lüdtke-Handjery/v. Jeinsen HöfeO	Lüdtke-Handjery/v. Jeinsen, Höfeordnung, 11. Aufl. 2015
LuF	Land- und Forstwirtschaft
Lutter/*Bearbeiter*-UmwG	Lutter, UmwG, 4. Aufl. 2009, 5. Aufl. 2009
Lutter/Hommelhoff/*Bearbeiter*	Lutter/Hommelhoff, GmbH-Gesetz, 17. Aufl. 2009, 19. Aufl. 2016
m. Anm.	mit Anmerkungen
MaBV	Makler- und Bauträger-Verordnung
MarkenG	Markengesetz
Matusche-Beckmann	Beckmann/Matusche-Beckmann, Versicherungsrechts-Handbuch, 3. Aufl. 2015
maW	mit anderen Worten
max.	maximal
Mayer/Geck	Mayer/Geck, Der Übergabevertrag, 3. Aufl. 2013
Mayer/Süß/Tanck/Wälzholz HdB Pflichtteilsrecht	Mayer/Süß/Tanck/Wälzholz , Handbuch Pflichtteilsrecht, 3. Aufl. 2013
MBO	Management Buy-Out
MDR	Monatsschrift für Deutsches Recht
mE	meines Erachtens
Meincke ErbStG	Meincke, Erbschaftsteuer- und Schenkungsteuergesetz, 16. Aufl. 2012
MHdB ArbR	Münchener Handbuch zum Arbeitsrecht, 3. Aufl. 2009/4. Aufl. 2017
MHdB GesR I/*Bearbeiter*	Münchener Handbuch des Gesellschaftsrechts Bd. 1, BGB-Gesellschaft, Offene Handelsgesellschaft, Partnerschaftsgesellschaft, Partenreederei, EWIV, 4. Aufl. 2014
MHdB GesR II/*Bearbeiter*	Münchener Handbuch des Gesellschaftsrechts Bd. 2, Kommanditgesellschaft, GmbH & Co.KG, Publikums-KG, Stille Gesellschaft, 4. Aufl. 2014
MHdB GesR IV/*Bearbeiter*	Münchener Handbuch des Gesellschaftsrechts, Bd. 4 Aktiengesellschaft, 4. Aufl. 2015
Michalski = Michalski/*Bearbeiter* GmbHG	Michalski, GmbH-Gesetz, 2. Aufl. 2010
MinBl.	Ministerialblatt
mind.	mindestens
Miras	Miras, Die neue Unternehmergesellschaft, 1. Aufl. 2008/2. Aufl. 2011
MitbestG	Mitbestimmungsgesetz
MittBayNot	Mitteilungen der Bayerischen Notarkammer (Zeitschrift)
MittRhNotK	Mitteilungen der Rheinischen Notarkammer (Zeitschrift)
Moench/Albrecht	Moench/Albrecht, Erbschaftsteuerrecht, 2. Aufl. 2009, Nachauflage s. Moench/Hübner
Moench/*Bearbeiter* = Moench ErbStG = Moench/Weinmann ErbStG	Moench/Weinmann, Erbschaft- und Schenkungsteuer (Loseblatt)
Moench/Hübner	Moench/Hübner, Erbschaftsteuerrecht, 3. Aufl. 2012
Moench/Kien-Hümbert/Weinmann	Moench/Kien-Hümbert/Weinmann, Erbschaft- und Schenkungsteuer, 2004 (Loseblatt)
MüKoAktG/*Bearbeiter*	Münchener Kommentar zum Aktiengesetz, 2. Aufl. 2001 ff., Bd. 5, 3. Aufl. 2008 ff., 5. Aufl. 2014 ff.
MüKoBGB/*Bearbeiter*	Münchener Kommentar zum Bürgerlichen Gesetzbuch, 4. Aufl. 1999 ff., 5. Aufl. 2006 ff., 6. Aufl. 2012 ff.

MüKoGmbHG/*Bearbeiter*	Münchener Kommentar zum Gesetz betreffend die Gesellschaften mit beschränkter Haftung (GmbHG), 2. Auflage 2015
MüKoGWB/*Bearbeiter*	Münchener Kommentar zum Europäischen und Deutschen Wettbewerbsrecht (Kartellrecht), 1. Aufl. 2007, 2. Aufl. 2015
MüKoHGB/*Bearbeiter*	Münchener Kommentar zum Handelsgesetzbuch, 3. Aufl. 2010 ff.
MüKoZPO/*Bearbeiter*	Münchener Kommentar zur Zivilprozessordnung, 4. Aufl. 2012 ff.
Müller/Renner	Müller/Renner, Betreuungsrecht und Vorsorgeverfügungen in der Praxis, 2. Aufl. 2007, 4. Aufl. 2015
Müller/Sieghörtner/Emmerling de Oliveira	Müller/Sieghörtner/Emmerling de Oliveira, Adoptionsrecht in der Praxis, 3. Aufl. 2016
Münch	Münch, Ehebezogene Rechtsgeschäfte, 4. Aufl. 2015
Münchener Anwaltshandbuch GmbHR	Münchener Anwaltshandbuch GmbH-Recht, 2. Aufl. 2009
Münchener Vertragshandbuch Bd. 1/*Bearbeiter*	Münchener Vertragshandbuch, Bd. 1 (Gesellschaftsrecht), 6. Aufl. 2005, 7. Aufl. 2011
Münchener Vertragshandbuch Bd. 2/*Bearbeiter*	Münchener Vertragshandbuch, Bd. 2 (Wirtschaftsrecht I), 6. Aufl. 2009, 7. Aufl. 2015
Münchener Vertragshandbuch Bd. 4/*Bearbeiter*	Münchener Vertragshandbuch, Bd. 4 (Wirtschaftsrecht III), 6. Aufl. 2007, 7. Aufl 2012
Münchener Vertragshandbuch Bd. 6/*Bearbeiter*	Münchener Vertragshandbuch, Bd. 6 (BGB II), 5. Aufl. 2003/6. Aufl. 2010, 7. Aufl. 2015
MuSchG	Mutterschutzgesetz
mwN	mit weiteren Nachweisen
MwSt	Mehrwertsteuer
Netz	Netz, Grundstückverkehrsgesetz, Praxiskommentar, 6. Aufl. 2013
nF	neue Fassung
Nieder/Kössinger	Nieder/Kössinger, Handbuch der Testamentsgestaltung, 5. Aufl. 2015
NJW	Neue Juristische Wochenschrift (Zeitschrift)
NJW-RR	NJW-Rechtsprechungsreport
NK-NachfolgeR	Kroiß/Horn/Solomon, Nomos Kommentar Nachfolgerecht, 1. Aufl. 2015
notar	notar (Zeitschrift)
Notarhandbuch Gesellschafts- und Unternehmensrecht	Hauschild/Kallrath/Wachter, Notarhandbuch Gesellschafts- und Unternehmensrecht, 2. Aufl. 2017
Nr, Nr.	Nummer
nrkr.	nicht rechtskräftig
NRW	Nordrhein-Westfalen
NSt	Neues Steuerrecht von A bis Z
nv.	nicht veröffentlicht
NW	Nordrhein-Westfalen
NWB	Neue Wirtschaftsbriefe (Zeitschrift)
NWB-EV	Neue Wirtschaftsbriefe Erben und Vermögen (Zeitschrift)
NZG	Neue Zeitschrift für Gesellschaftsrecht (Zeitschrift)
oÄ	oder Ähnliches
Ott-Eulberg/Schebesta/Bartsch	Ott-Eulberg/Schebesta/Bartsch, Erbrecht und Banken, 2. Aufl. 2008
OFD	Oberfinanzdirektion
OG	Organgesellschaft
og., o. g.	oben genannt

oHG, OHG	Offene Handelsgesellschaft
OLG	Oberlandesgericht
OT	Organträger
OVG	Oberverwaltungsgericht
OWiG	Gesetz über Ordnungswidrigkeiten
p. a.	per annum, pro anno
Pahlke	Pahlke, Grunderwerbsteuergesetz, 5. Aufl. 2014
Pahlke/Franz	Grunderwerbsteuergesetz, 4. Aufl. 2010, 5. Aufl. s. Pahlke
Pahlke/Koenig	Abgabenordnung, 2. Aufl. 2009, 3. Aufl. siehe Koenig
Palandt/*Bearbeiter*	Palandt, Bürgerliches Gesetzbuch, 75. Aufl. 2016/76. Aufl. 2017
ParteiG	Parteiengesetz
PartGG	Partnerschaftsgesellschaftsgesetz
Picot	Picot, Unternehmenskauf und Restrukturierung, Handbuch zum Wirtschaftsrecht, 3. Aufl. 2004/4. Aufl. 2011
Piltz	Piltz, Bewertung landwirtschaftlicher Betriebe bei Erbfall, Schenkung und Scheidung, 2. Aufl. 2015
Piltz Unternehmensbewertung	Piltz, Die Unternehmensbewertung in der Rechtsprechung, 3. Aufl. 1994
Pinkernell	Pinkernell, Einkünftezurechnung bei Personengesellschaften, 2001
ProdHaftG	Produkthaftungsgesetz
Prölss/Martin	Prölss/Martin, Versicherungsvertragsgesetz, 29. Aufl. 2015
PRV	Partnerschaftsregisterverordnung
PSV	Pensionssicherungsverein
PublG	Publizitätsgesetz
RAO	Reichsabgabenordnung
Rau/Dürrwächter/*Bearbeiter*	Rau/Dürrwächter, Umsatzsteuergesetz (Loseblatt)
rd.	rund
RdL	Recht der Landwirte (Zeitschrift)
RegE (Begr.)	Regierungsentwurf (Begründung)
Reimann/Bengel/Mayer Testament und Erbvertrag	Reimann/Bengel/Mayer, Testament und Erbvertrag, 6. Aufl. 2015
Reithmann/Albrecht	Reithmann/Albrecht, Handbuch der notariellen Vertragsgestaltung, 8. Aufl. 2001
Rev.	Revision
RFHE	Entscheidungen des Reichsfinanzhofs
RG	Reichsgericht
RGBl.	Reichsgesetzblatt
RGRK	BGB–RGRK, 12. Aufl. 1975–1999
RGZ	Entscheidungen des Reichsgerichts in Zivilsachen
Richardi	Richardi, Betriebsverfassungsgesetz, 9. Aufl. 2004, 14. Aufl. 2014
RichtlRA	Richtlinien für die Berufsausübung der Rechtsanwälte (Grundsätze des anwaltlichen Standesrechts)
Rißmann/*Bearbeiter* Erbengemeinschaft	Rißmann, Die Erbengemeinschaft, 2009, 2. Aufl. 2014
RIW	Recht der Internationalen Wirtschaft (bis 1974 AWD)
rkr.	rechtskräftig
RNotZ	Rheinische Notar-Zeitschrift
Rödder/Herlinghaus/van Lishaut UmwStG	Rödder/Herlinghaus/van Lishaut, Umwandlungssteuergesetz, 2. Aufl. 2013
Rödder/Hötzel/Mueller-Thuns	Rödder/Hötzel/Mueller-Thuns, Unternehmenskauf, Unternehmensverkauf, 2003
Römermann/*Bearbeiter*	Römermann, Münchner Anwalts-Handbuch GmbH-Recht, 3. Aufl. 2014

Rössler/Troll	Rössler/Troll, BewG (Loseblatt)
Roth/Altmeppen/*Bearbeiter*	Roth/Altmeppen, GmbHG, 6. Aufl. 2009, 8. Aufl. 2015
Rowedder	Rowedder/Schmidt-Leithoff, GmbHG, 4. Aufl. 2002, 5. Aufl. 2013
RpflegerG	Rechtspflegergesetz
Rs.	Rechtssache
Rspr.	Rechtsprechung
Rüffer/Halbach/ Schimikowski	Rüffer/Halbach/Schimikowski, Versicherungsvertragsgesetz, 3. Aufl. 2015
RVO	Rechtsverordnung
RWP	Rechts- und Wirtschaftspraxis, Blattei-Handbuch (Zeitschrift)
Rz.	Randziffer
S.	Satz, Seite
s.	siehe
s. a.	siehe auch
s. o.	siehe oben
s. u.	siehe unten
S/H/S/*Bearbeiter*	Schmitt/Hörtnagl/Stratz, Umwandlungsgesetz, Umwandlungssteuergesetz, 4. Aufl. 2005
Sagasser/Bula/Brünger/ *Bearbeiter*	Sagasser/Bula/Brünger, Umwandlungen, 3. Aufl. 2002, 4. Aufl. 2011 (5. Aufl. 2017 in Vorbereitung)
Sauter/Schweyer/Waldner	Sauter/Schweyer/Waldner, Der eingetragene Verein, 17. Aufl. 2001, 20. Aufl. 2016
SBV	Sonderbetriebsvermögen
Schanz	Schanz, Börseneinführung, 3. Aufl. 2007, 4. Aufl. 2012
Schaub, Handbuch	Schaub, Arbeitsrechts-Handbuch, 16. Aufl. 2015
Schauhoff/*Bearbeiter*	Schauhoff, Handbuch der Gemeinnützigkeit, 2. Aufl. 2005/3. Aufl. 2010
Schaumburg/Rödder/ *Bearbeiter*	Schaumburg/Rödder, Unternehmensteuerreform 2008, 2007
Schaumburg/Schulte	Schaumburg/Schulte, Die KGaA, 2000
Scherer/*Bearbeiter*	Scherer, Münchener Anwaltshandbuch Erbrecht, 3. Aufl. 2010/4. Aufl. 2014
Scherer/*Bearbeiter* DepotG	Scherer, Depotgesetz (DepotG), 2012
Schiffer	Schiffer, Die Stiftung in der Beraterpraxis, 4. Aufl. 2015
Schimansky/Bunte/ Lwowski/*Bearbeiter*	Schimansky/Bunte/Lwowski, Bankrechts-Handbuch, 4. Aufl. 2011
Schmidt/*Bearbeiter* EStG	Schmidt, EStG, 35. Aufl. 2016/36. Aufl. 2017
Schmidt Gesellschaftsrecht	K. Schmidt, Gesellschaftsrecht, 4. Aufl. 2002
Schmitt/Hörtnagl/Stratz UmwStG	Schmitt/Hörtnagl/Stratz, UmwG, UmwStG, 5. Aufl. 2009, 6. Aufl. 2013
Scholz/*Bearbeiter*	Scholz, GmbH-Gesetz, Bd. I (§§ 1–34), 10. Aufl. 2006, Bd. II (§§ 35–52), 10. Aufl. 2007, Bd. III (§§ 53–85), 10. Aufl. 2010
Schön	Schön, Der Nießbrauch an Sachen, 1. Aufl. 1992
Schöner/Stöber GrundbuchR	Schöner/Stöber, Grundbuchrecht, 15. Aufl. 2012 (16. Aufl. in Vorbereitung)
SchuModG	Schuldrechtsmodernisierungsgesetz v. 26.11.2001
Schütz/Bürgers/Riotte	Schütz/Bürgers/Riotte, Die Kommanditgesellschaft auf Aktien, 2004
Schwab	Schwab/Walter, Schiedsgerichtsbarkeit, 7. Aufl. 2005
SchwbG	Gesetz zur Sicherung der Eingliederung Schwerbehinderter in Arbeit, Beruf und Gesellschaft (Schwerbehindertengesetz)
SE	Societas Europaea (Europäische Aktiengesellschaft)
Seifart/v. Campenhausen/ *Bearbeiter*	Seifart/v. Campenhausen, Stiftungsrechts-Handbuch, 3. Aufl. 2009, 4. Aufl. siehe v. Campenhausen/Richter

SG	Sozialgericht
SGB	Sozialgesetzbuch
SGB I	Sozialgesetzbuch, 1. Buch, Allgemeiner Teil
SGB IV	Sozialgesetzbuch, 4. Buch, Gemeinsame Vorschriften über die Sozialversicherung
Simon/Cors/Halaczinsky/Teß	Simon/Cors/Halaczinsky/Teß, Handbuch der Grundstückswertermittlung, 5. Aufl. 2003
Soergel/*Bearbeiter*	Soergel/Siebert, Bürgerliches Gesetzbuch mit Einführungsgesetz und Nebengesetzen, 13. Aufl. 2000 ff.
Söffing	Söffing, Mittelbare Schenkung im Erbschaft- und Schenkungsteuerrecht, 2002
sog.	so genannt (e/er)
Sölch/Ringleb	Sölch/Ringleb, Umsatzsteuergesetz (Loseblatt)
SolZ	Solidaritätszuschlag
SolZG	Solidaritätszuschlagsgesetz
SozPlG	Gesetz über den Sozialplan im Insolvenzverfahren
Sp.	Spalte
Spiegelberger	Spiegelberger, Vermögensnachfolge, 2. Aufl. 2010
Spiegelberger Unternehmensnachfolge	Spiegelberger, Unternehmensnachfolge, 2. Aufl. 2009
Spiegelberger/Schallmoser	Spiegelberger/Schallmoser, Die Immobilie im Zivil- und Steuerrecht, 2. Aufl. 2015
Spindler/Stilz	Spindler/Stilz, AktG, 2. Aufl. 2010
SpTrUG	Gesetz über die Spaltung der von der Treuhandanstalt verwalteten Unternehmen
StÄndG 2003	Steueränderungsgesetz 2003 v. 15.12.2003
Staudinger/*Bearbeiter*	Staudinger, Kommentar zum Bürgerlichen Gesetzbuch, 16. Aufl. 2011 ff.
StB	Der Steuerberater (Zeitschrift)
StBerG	Gesetz über die Rechtsverhältnisse der Steuerberater und Steuerbevollmächtigten (Steuerberatungsgesetz)
Stbg.	Die Steuerberatung (Zeitschrift)
StBGebV	Steuerberatergebührenverordnung
StbJb.	Steuerberater-Jahrbuch
StBKongRep.	Steuerberaterkongreß-Report
StBp.	Steuerliche Betriebsprüfung (Zeitschrift)
StEK	Steuererlasse in Karteiform, herausgegeben von Felix/Carlé
SteuK	Steuerrecht kurzgefasst (Zeitschrift)
StGB	Strafgesetzbuch
StK	Steuerrecht in Kurzform
StLex	Steuerlexikon
StPO	Strafprozessordnung
str.	strittig
StRDB	Steuerrechtsdatenbank der DATEV
Streck	Streck, Körperschaftsteuergesetz, 8. Aufl. 2014
StRK	Steuerrechtsprechung in Karteiform
StRK-Anm.	Anmerkungen zur Steuerrechtsprechung in Karteiform
stRspr.	ständige Rechtsprechung
StSenkG 2001	Gesetz zur Senkung der Steuersätze und zur Reform der Unternehmensbesteuerung (Steuersenkungsgesetz) v. 23.10.2000
Stumpf/Groß	Stumpf/Groß, Der Lizenzvertrag, 8. Aufl. 2005
StuW	Steuer und Wirtschaft (Zeitschrift)
StVj.	Steuerliche Vierteljahresschrift
StWa.	Steuerwarte (Zeitschrift)
Sudhoff, GmbH & Co. KG	Sudhoff, GmbH & Co. KG, 6. Aufl. 2005, Nachauflage Reichert, GmbH & Co. KG, 2015

Abkürzungsverzeichnis

Sudhoff, Personengesellschaften	Sudhoff, Personengesellschaften, 8. Aufl. 2004
Sudhoff, Unternehmensnachfolge	Sudhoff, Unternehmensnachfolge, 5. Aufl. 2005
Süß/*Bearbeiter*	Süß, Erbrecht in Europa, 3. Aufl. 2015
Süß/Ring/*Bearbeiter*	Süß/Ring, Eherecht in Europa, 3. Aufl. 2017
SWI	Steuer und Wirtschaft International (Zeitschrift)
Tanck/*Bearbeiter* Erbrecht	Tanck, Erbrecht, 2007
Tanck/Ulrich/*Bearbeiter* Erbrecht	Tanck/Ulrich, Erbrecht, 2. Aufl. 2011
Tiedtke	Tiedtke, ErbStG, 2009
Thomas/Putzo	Thomas/Putzo, ZPO, 36. Aufl. 2015
Tillmann/Schiffers/Wälzholz	Tillmann/Schiffers/Wälzholz, Die GmbH im Gesellschafts- und Steuerrecht, 5. Aufl. 2009
Tipke/Kruse	Tipke/Kruse, Abgabenordnung – Finanzgerichtsordnung (Loseblatt)
Tipke/Lang	Tipke/Lang, Steuerrecht, 22. Aufl. 2015
Triebel	Triebel, Mergers & Acquisitions, 2004
Troll/Gebel/Jülicher/*Bearbeiter*	Troll/Gebel/Jülicher/Gottschalk, ErbStG (Loseblatt)
TVG	Tarifvertragsgesetz
u. a., ua.	und andere; unter anderem, unter anderen
uÄ	und Ähnliches
uam.	und andere(s) mehr
uE	unseres Erachtens
uGbR	Unternehmerische Gesellschaft des bürgerlichen Rechts
Ulmer/Brandner/Hensen	Ulmer/Brandner/Hensen, AGB-Gesetz, 11. Aufl. 2011
Ulmer/Habersack/Winter GmbHG	Ulmer/Habersack/Winter, GmbHG, Bd. 1, 2005
UmwG	Umwandlungsgesetz
UmwStG	Umwandlungssteuergesetz
unstr.	unstreitig
unzutr.	unzutreffend
UR	Umsatzsteuer-Rundschau (Zeitschrift)
UrhG	Urheberrechtsgesetz
US-GAAP	US Generally Accepted Accounting Principles
USt	Umsatzsteuer
UStDV	Umsatzsteuer-Durchführungsverordnung
UStG	Umsatzsteuergesetz
UStR	Umsatzsteuer-Richtlinien
usw.	und so weiter
uU	unter Umständen
UVR	Umsatzsteuer- und Verkehrsteuerrecht (Zeitschrift)
UWG	Gesetz gegen den unlauteren Wettbewerb
v.	von, vom
v. a.	vor allem
VAG	Gesetz über die Beaufsichtigung privater Versicherungsunternehmen (Versicherungsaufsichtsgesetz)
vEK	verwendbares Eigenkapital
Verf.	Verfasser
VersR	Versicherungsrecht (Zeitschrift)
VergVO	Vergütungsverordnung
VerlagsG	Verlagsgesetz
VermBDV	Verordnung zur Durchführung des Vermögensbildungsgesetzes
VermBG	Vermögensbildungsgesetz

VersG	Versicherungsgesetz
VersStG	Versicherungsteuergesetz
Vfg.	Verfügung
VG	Verwaltungsgericht
vGA	verdeckte Gewinnausschüttung(en)
VGH	Verwaltungsgerichtshof
vgl.	vergleiche
vH	vom Hundert
VHG	Gesetz über die richterliche Vertragshilfe
Viskorf/Glier/*Bearbeiter*	Viskorf/Glier/Hübner/Knobel/Schuck, Erbschaftsteuer- und Schenkungsteuergesetz, Bewertungsgesetz, 2001, s. u.
Viskorf/Knobel/Schuck/ Wälzholz/*Bearbeiter*	Viskorf/Knobel/Schuck/Wälzholz, Erbschaftsteuer- und Schenkungsteuergesetz, Bewertungsgesetz, 4. Aufl. 2012
VO	Verordnung
Völkers/Weinmann/Jordan	Völkers/Weinmann/Jordan, Erbschaft- und Schenkungsteuerrecht, 3. Aufl. 2009
VollstrA	Vollstreckungsanweisung
VP	Verhandlungsprotokoll
VSF	Vorschriftensammlung der Bundesfinanzverwaltung
VSt	Vermögensteuer
vT	von Tausend
VuV	Vermietung und Verpachtung
VVaG	Versicherungsverein auf Gegenseitigkeit
VVG	Versicherungsvertragsgesetz
VwGO	Verwaltungsgerichtsordnung
VwZG	Verwaltungszustellungsgesetz
VZ	Veranlagungszeitraum
W/M/*Bearbeiter*	Widmann/Mayer, Umwandlungsrecht (Loseblatt)
WACC	Weighted Average Cost of Capital
Waclawik	Waclawik, Prozessführung im Gesellschaftsrecht, 2. Aufl. 2013
Wallenhorst/Halaczinsky	Wallenhorst/Halaczinsky, Die Besteuerung gemeinnütziger Vereine, Stiftungen und der juristischen Personen des öffentlichen Rechts, 6. Aufl. 2009
WEG	Wohnungseigentumsgesetz
Wegmann	Wegmann, Grundstücksüberlassung, 2. Aufl. 1999
Weigl Stille Gesellschaft und Unterbeteiligung	Weigl, Stille Gesellschaft und Unterbeteiligung, 3. Aufl. 2012
Welker	Welker, Lebensversicherung in Vermögensplanung und -strukturierung, 2015
WFD Sonderbilanzen	Winkeljohann/Förschle/Deubert, Sonderbilanzen, Handbuch, 5. Aufl. 2016
WG	Wechselgesetz; Wirtschaftsgut
wGB	wirtschaftlicher Geschäftsbetrieb
WGB	Wohnungsgrundbuch
WHG	Wasserhaushaltsgesetz
Willemsen/Hohenstatt/ Schweibert/Seibt	Willemsen/Hohenstatt/Schweibert/Seibt, Umstrukturierung und Übertragung von Unternehmen, Arbeitsrechtliches Handbuch, 5. Aufl. 2016
Windbichler	Windbichler, Gesellschaftsrecht, 24. Aufl. 2017
Winnefeld	Winnefeld, Bilanz-Handbuch, 5. Aufl. 2015
wistra	Zeitschrift für Wirtschaft, Steuer, Strafrecht
Witte/*Bearbeiter*	Zollkodex, 6. Aufl. 2013
Wj.	Wirtschaftsjahr
WKSchG	Wohnraumkündigungsschutzgesetz
WM	Wertpapiermitteilungen (Zeitschrift)
WoBauG	Wohnungsbaugesetz

Abkürzungsverzeichnis

WoBindG .... Wohnungsbindungsgesetz
Wöhrmann .... Wöhrmann, Das Landwirtschaftserbrecht, 9. Aufl. 2008/10. Aufl. 2011
WoPG .... Wohnungsbauprämiengesetz
WpflG .... Wehrpflichtgesetz
WPg .... Die Wirtschaftsprüfung (Zeitschrift)
WPH .... Wirtschaftsprüfer-Handbuch
WpHG .... Wertpapierhandelsgesetz
WPO .... Wirtschaftsprüferordnung
WpÜG .... Wertpapiererwerbs- und Übernahmegesetz
WStDV .... Wechselsteuerdurchführungsverordnung
WuW .... Wirtschaft und Wettbewerb (Zeitschrift)

zB .... zum Beispiel
ZErb .... Zeitschrift für die Steuer- und Erbrechtspraxis
ZEV .... Zeitschrift für Erbrecht und Vermögensnachfolge
ZfB .... Zeitschrift für Betriebswirtschaft
ZfbF .... Zeitschrift für betriebswirtschaftliche Forschung
ZfV .... Zeitschrift für Versicherungswesen
ZfZ .... Zeitschrift für Zölle und Gebrauchsteuern
ZG .... Zollgesetz
ZgK .... Zeitschrift für das gesamte Kreditwesen
ZGR .... Zeitschrift für Unternehmens- und Gesellschaftsrecht
ZHR .... Zeitschrift für das gesamte Handels- und Wirtschaftsrecht
Ziff. .... Ziffer
Zimmermann Testamentsvollstreckung .... Zimmermann, Die Testamentsvollstreckung, 4. Aufl. 2014
Zimmermann .... Zimmermann, Vorsorgevollmacht, Betreuungsverfügung, Patientenverfügung, 3. Aufl. 2017
ZIP .... Zeitschrift für Wirtschaftsrecht und Insolvenzpraxis
ZK .... Zollkodex (EG-VO Nr. 2913/92)
ZK-DVO .... Zollkodex-Durchführungsverordnung (EG-VO Nr. 2454/93)
ZNotP .... Zeitschrift für die Notarpraxis
Zöller/*Bearbeiter* .... Zöller, Zivilprozessordnung, 31. Aufl. 2016
ZPO .... Zivilprozessordnung
ZSt .... Zeitschrift zum Stiftungswesen
zT .... zum Teil
zust. .... zustimmend
zutr. .... zutreffend
ZVG .... Gesetz über die Zwangsversteigerung und Zwangsverwaltung
zz. .... zurzeit
zzgl. .... zuzüglich
ZZP .... Zeitschrift für deutsches Zivilprozeßrecht

Teil A. Vermögensübertragung zu Lebzeiten

A. 1 Übertragung von Privatvermögen

Übersicht

A. 1.00 Übertragung von Grundbesitz

A. 1.01 Übertragung über eigengenutzten Grundbesitz mit Wohnungsrechtsvorbehalt

Gliederung

A. 1.01 **Urkundenrolle Nr. für 20[...]**

Verhandelt zu [...] am [...]

Vor mir,

[...]
– NOTAR/IN IN [...] –

erschienen:

I. als Veräußerer:
Eheleute Herr F. G., geboren am [...],
und Ehefrau D. G. geborene M., geboren am [...]
beide wohnhaft in [...]
– nachstehend „Veräußerer" genannt –,
II. als Erwerber:
deren Tochter,
Frau D. H., geborene G., geboren am [...]
wohnhaft in [...]
– nachstehend „Erwerberin" genannt –.

Die Erschienenen wiesen sich aus durch Vorlage ihrer amtlichen mit Lichtbild versehenen Personalausweise.

Die Erschienenen ließen den folgenden

ÜBERTRAGUNGSVERTRAG

beurkunden und erklärten:

§ 1 Grundbuchangaben, Veräußerungsgegenstand[Rz. 42]

1. **Die Veräußerer sind zu je ½ Anteil Miteigentümer des im Grundbuch von U. Blatt Nummer 450 eingetragenen Grundbesitzes:**
   Gemarkung U.
   Flur 4 Flurstück 54, Gebäude- und Freifläche,
   groß: 600 qm.
2. **Der Notar hat den Grundbuchinhalt feststellen lassen. Der Grundbesitz ist im Grundbuch unbelastet.**
3. **Der Grundbesitz ist mit einem Einfamilienhaus bebaut, das von den Veräußerern bewohnt wird.**

§ 2 Übertragung

1. **Die Veräußerer übertragen der Erwerberin den in § 1 dieser Urkunde näher bezeichneten Grundbesitz zu Alleineigentum.**
   Mitübertragen werden alle wesentlichen Bestandteile, insbesondere alle baulichen Anlagen.
2. **Die Erwerberin nimmt die Übertragung an.**

§ 3 Vorbehalt des Wohnungsrechts[Rz. 43–51]

1. **Die Veräußerer behalten sich – als Gesamtberechtigte gemäß § 428 BGB – das lebenslange Wohnungsrecht an sämtlichen Räumen des übertragenen Einfamilienhauses vor.**

Das Wohnungsrecht umfasst auch das Recht zur Nutzung des Gartens und der Garage, die sich auf dem übertragenen Grundbesitz befinden.
Das Wohnungsrecht steht nach dem Tode des Erstversterbenden der Wohnungsberechtigten dem Überlebenden von ihnen allein und ungeschmälert zu.
Die Kosten der Versorgung des Einfamilienhauses mit Strom, Heizung, Gas und Wasser tragen die Wohnungsberechtigten. Diesen obliegen auch Ausbesserungen und Erneuerungen im Rahmen der gewöhnlichen Unterhaltung.
Verlässt ein Wohnungsberechtigter die Wohnung auf Dauer, so erlischt das Wohnungsrecht in seiner Person entschädigungslos. Er hat in diesem Fall das seine Person betreffende Wohnungsrecht auf Verlangen und auf Kosten des Eigentümers in grundbuchmäßiger Form zur Löschung zu bewilligen.

§ 4 Erbausgleichung, Anrechnung auf den Pflichtteil[Rz. 53]

1. Eine erbrechtliche Ausgleichungspflicht gemäß §§ 2050 ff. BGB wird ausgeschlossen.

2. Die Erwerberin hat sich jedoch den heutigen Verkehrswert des übertragenen Hausgrundbesitzes abzüglich des Wertes des kapitalisierten Wohnungsrechts auf ihr gesetzliches Pflichtteilsrecht am Nachlass des Veräußerers anrechnen zu lassen.

§ 5 Rückforderungsrecht[Rz. 54–60]

1. Die Veräußerer behalten sich – als Gesamtgläubiger gemäß § 428 BGB – das Recht vor, die Rückübereignung des in dieser Urkunde übertragenen Grundbesitzes auf sich zu verlangen, falls einer der nachgenannten Rückforderungsgründe eintritt

a) falls die Erwerberin ohne Zustimmung der Veräußerer über den Grundbesitz durch Veräußerung oder Belastung verfügt;
b) falls die Erwerberin vor dem Tode des Längstlebenden der Veräußerer verstirbt;
c) falls über das Vermögen der Erwerberin das Insolvenzverfahren eröffnet oder die Eröffnung mangels Masse abgelehnt wird;
d) falls in den übertragenen Grundbesitz Zwangsvollstreckungsmaßnahmen eingeleitet und nicht innerhalb von sechs Wochen wieder aufgehoben werden;
e) falls die Erwerberin von ihrem (ggf. künftigen) Ehemann geschieden wird oder von diesem iSd § 1567 BGB getrennt lebt, es sei denn, die Erwerberin hat durch Ehevertrag sichergestellt, dass der hier übertragene Grundbesitz im Scheidungsfall im Zugewinnausgleich nicht berücksichtigt wird. Das Rückforderungsrecht ist nicht vererblich und höchstpersönlich. Hat der Veräußerer jedoch das Rückforderungsrecht zu seinen Lebzeiten berechtigt ausgeübt, so ist der durch die Ausübung dieses Rechts entstandene Rückübereignungsanspruch vererblich.[Rz. 49] **Das Rückforderungsrecht muss schriftlich ausgeübt werden, und zwar innerhalb von sechs Monaten, nachdem der Berechtigte von dem Eintritt des Rückforderungsgrundes Kenntnis erlangt hat. Im Falle des Rückforderungsgrundes zu Buchst. b beträgt die Frist zwei Jahre.**

Wird das Rückforderungsrecht ausgeübt, so ist die Erwerberin – gegebenenfalls ihre Erben – verpflichtet, den Grundbesitz an die Veräußerer zu je ½ Anteil zurückzuübertragen. Nach dem Tode eines Veräußerers steht dem Überlebenden das Rückforderungsrecht allein zu und ist in diesem Fall durch Rückübertragung in dessen Alleineigentum zu erfüllen.
Keiner der Veräußerer ist jedoch befugt, zu Lasten des anderen über den Rückübertragungsanspruch zu verfügen.

2. Bei Ausübung des Rückforderungsrechts hat der Veräußerer Zug um Zug mit der Rückübertragung die nachgewiesenen wertsteigernden Verwendungen der Er-

werberin in den übertragenen Grundbesitz zu erstatten, soweit die Wertsteigerung noch besteht. In Anrechnung auf den Erstattungsbetrag hat der Veräußerer zur vollständigen Entlastung der Erwerberin die Darlehen zu übernehmen, die die Erwerberin zur Finanzierung der zu erstattenden Aufwendungen aufgenommen hat, und zwar in der noch bestehenden Höhe und mit den Grundpfandrechten, die zur Sicherung dieser Darlehen bestellt worden sind.
Im Übrigen werden alle wechselseitigen Ansprüche aus gezogenen Nutzungen oder gemachten Verwendungen ausgeschlossen. Auch sind keine weitere Gegenleistungen für die Rückübertragung zu erbringen.
Die mit der Rückübertragung verbundenen Kosten und Steuern trägt der Rückforderungsberechtigte.

§ 6 Besitzübergang, Mängelhaftung, Erschließung[Rz. 61]

1. Der Besitz, die Nutzungen, die Lasten und die Gefahr des übertragenen Grundbesitzes gehen – vorbehaltlich des in dieser Urkunde eingeräumten Wohnungsrechts – mit dem ersten Tag des auf die Beurkundung dieses Vertrages folgenden Monats auf die Erwerberin über.
2. Ansprüche und Rechte der Erwerberin wegen eines Sachmangels des Grund und Bodens und des Gebäudes werden hiermit ausgeschlossen.
   Der Veräußerer ist verpflichtet, der Erwerberin das Eigentum an dem übertragenen Grundbesitz frei von im Grundbuch eingetragenen und von der Erwerberin nicht übernommenen Belastungen zu verschaffen. Im übrigen wird eine Rechtsmängelhaftung ausgeschlossen. Von diesen Rechtsbeschränkungen ausgenommen ist jeweils eine Haftung bei Vorsatz und Arglist.
   Grunddienstbarkeiten und persönliche Dienstbarkeiten werden, soweit solche bestehen, übernommen.
3. Beiträge, Kosten und Abgaben nach dem Baugesetzbuch und Kommunalabgabengesetz gehen zu Lasten der Erwerberin, und zwar unabhängig davon, wann Beiträge, Kosten und Abgaben dieser Art entstehen oder bereits entstanden sind.

§ 7 Auflassung, Grundbucherklärungen[Rz. 62]

1. Die Beteiligten sind darüber einig, dass das Eigentum an dem übertragenen Grundbesitz auf die Erwerberin übergehen soll.
   Sie bewilligen und beantragen die Eintragung des Eigentumswechsels in das Grundbuch.
   Die Beteiligten stimmen allen Löschungen und Pfandfreigaben nach Maßgabe der Bewilligungen der jeweils Berechtigten im Grundbuch hierdurch zu.
2. Die Beteiligten bewilligen und beantragen die Eintragung eines Wohnungsrechts auf dem übertragenen Grundbesitz zu Gunsten der Veräußerer – als Gesamtberechtigte gemäß § 428 BGB – gemäß § 3 dieser Urkunde.[Rz. 38–40]
3. Die Beteiligten bewilligen und beantragen ferner die Eintragung einer Rückauflassungsvormerkung zugunsten der Veräußerer – als Gesamtberechtigte gemäß § 428 BGB, für den Überlebenden von ihnen allein – auf dem in dieser Urkunde übertragenen Grundbesitz zur Sicherung des Rückübertragungsanspruchs gemäß § 5 dieser Urkunde.[Rz. 48]
   Die Veräußerer bevollmächtigen die Erwerberin – unter Befreiung von den Beschränkungen des § 181 BGB – die Rückauflassungsvormerkung nach dem Tode beider Veräußerer unter Vorlage der Sterbeurkunde zur Löschung zu bewilligen.
4. Den Beteiligten ist bekannt, dass das Eigentum an dem übertragenen Grundbesitz erst mit der Umschreibung im Grundbuch auf die Erwerberin übergeht.

Die Rechte der Erwerberin aus dieser Urkunde können gegen mögliche Beeinträchtigungen vor Eigentumsumschreibung im Grundbuch durch Eintragung einer Auflassungsvormerkung gesichert werden.
Die Beteiligten verzichten nach Belehrung auf die Eintragung einer Auflassungsvormerkung zugunsten der Erwerberin im Grundbuch.

5. **Alle Eintragungen aus dieser Urkunde sollen erfolgen nach Maßgabe der Anträge des Notars, der ermächtigt ist, diese auch getrennt und eingeschränkt zu stellen und in gleicher Weise zurückzunehmen sowie die Erklärungen der Beteiligten gegenüber dem Grundbuchamt zu ergänzen, zu ändern und zu berichtigen.**

§ 8 Schlussbestimmungen

1. **Die mit dieser Urkunde und ihrem Vollzug verbundenen Kosten und etwaigen Schenkungssteuern trägt die Erwerberin.**
2. **Genehmigungen aller Art werden wirksam mit ihrem Eingang beim Notar.**
3. **Der Notar wies die Beteiligten darauf hin, dass alle Vertragsvereinbarungen beurkundungspflichtig sind und dass Nebenabreden außerhalb dieser Urkunde zur Nichtigkeit des gesamten Rechtsgeschäftes führen können.**
4. **Sollten Erklärungen in dieser Urkunde ganz oder teilweise der Rechtswirksamkeit ermangeln oder nicht durchgeführt werden, so sollen dennoch die übrigen Erklärungen wirksam bleiben.**

Die Beteiligten nehmen wechselseitig alles Vorstehende an.

Diese Niederschrift wurde den Erschienenen von dem Notar vorgelesen, von ihnen genehmigt und von ihnen und dem Notar wie folgt eigenhändig unterschrieben:

A. Grundsätzliche Anmerkungen

I. Wirtschaftliche Aspekte

Regelungsziel ist die Übertragung eines mit einem eigengenutzten Einfamilienhaus bebauten Grundstücks unter Vorbehalt des Wohnungsrechts für den Veräußerer. Durch die Schenkung kann die Immobilie zu Lebzeiten des Veräußerers auf die nächste Generation übertragen werden. Auf Grund des vorbehaltenen Wohnungsrechts bleibt das Objekt dem Veräußerer als Wohnstätte erhalten. Da er jedoch infolge der Übertragung das Eigentum verliert, kommt die Schenkung nur in Betracht, wenn er den Grundbesitz nicht mehr für eigene Veräußerungs- oder Belastungszwecke benötigt. 1

Durch die Schenkung können die schenkungsteuerlichen Freibeträge gem. § 16 ErbStG ausgenutzt werden, und zwar im Abstand von jeweils zehn Jahren auch wiederholt (§ 27 ErbStG). 2

Bis zum 31.12.2008 waren bewertungsrechtliche Privilegien (§§ 145ff. BewG a.F.) ein weiterer und häufiger Anlass für die Schenkung von Grundbesitz. Sie hatten dazu geführt, dass bei der Schenkung von Grundbesitz, insbesondere von bebautem Grundbesitz, dieser nicht mit dem vollen Verkehrswert, sondern nur mit einem Bruchteil hiervon erfasst wurde. Nachdem das BVerfG in seinem Beschluss vom 7.11.2006 neben anderen Bewertungsvorschriften auch diese Regelung für verfassungswidrig erklärt und den Gesetzgeber zur Abhilfe bis zum 31.12.2008 verpflichtet hatte,[1] hat der Gesetzgeber mit dem Erbschaftsteuerreformgesetz vom 24.12.2008 (BGBl. I 2008, 3018) reagiert und dort eine am Verkehrswert (gemeiner Wert) ausgerichtete Bewertung vorgeschrieben. Die bisherigen bewertungsrechtlichen Vorteile bei der Schenkung von Grundbesitz sind damit weitgehend entfallen. Lediglich für vermietete Wohngrund-

[1] BVerfG v. 7.11.2006 – 1 BvL 10/02, NJW 2007, 573.

stücke ist noch ein Bewertungsabschlag von 10 vH vorzunehmen (§ 13c Abs. 1 ErbStG, jetzt: § 13d ErbStG). Zur steuerlichen Bewertung von Mietwohngrundstücken vgl. näher Rz. 29ff. Durch das Gesetz zur Anpassung des Erbschaftsteuer- und Schenkungsteuergesetzes an die Rechtsprechung des Bundesverfassungsgerichts v. 4.11.2016 (ErbStRG 2016, BGBl. 2016 I 2464) hat sich an der steuerlichen Bewertung von Grundbesitz im Privatvermögen nichts geändert.

3, 4 *(frei)*

II. Rechtliche Aspekte

5 Unter Schenkung versteht § 516 BGB eine Zuwendung, durch die jemand aus seinem Vermögen einen anderen bereichert, wenn beide Teile darüber einig sind, dass die Zuwendung unentgeltlich erfolgt. Schenkung setzt daher **objektiv** eine Bereicherung des Empfängers als Ergebnis der Zuwendung und **subjektiv** eine Einigung der Vertragspartner über die Unentgeltlichkeit voraus.[2] Von der reinen Schenkung zu unterscheiden sind die **Schenkung unter Auflage** und die **gemischte Schenkung.**

6 Die **Schenkung unter Auflage** ist eine echte Schenkung iSd. §§ 516ff. BGB, der jedoch zusätzlich eine Bestimmung beigefügt ist, dass der Empfänger zu einer Leistung (Tun oder Unterlassen) verpflichtet sein soll, die aus dem Wert des Zuwendungsobjekts erbracht werden kann.[3] Die Schenkung eines Grundstücks unter Vorbehalt des Wohnungs- oder Nießbrauchsrechts ist eine Schenkung unter Auflage.[4] Bei Nichtvollzug der Auflage kann der Schenker gem. § 527 BGB die Herausgabe des Geschenks fordern. Der Herausgabeanspruch ist beschränkt auf dasjenige, was zum Vollzug der Auflage erforderlich war.[5] Ist der Schenkungsgegenstand real unteilbar, hat der Schenker bei Nichtvollziehung der Auflage von vorn herein nur einen Geldanspruch, der auf den Wert der Aufwendungen beschränkt ist, die zur Erfüllung der Auflage notwendig gewesen wären.[6] Will der Schenker daher bei Nichtvollziehung der Auflage eine gegenständliche Herausgabe des Geschenks sicherstellen, so muss er sich ein vertragliches Rückforderungsrecht vorbehalten.[7]

7 Die **gemischte Schenkung** ist ein einheitlicher Vertrag, bei dem der Wert der Leistung des einen Vertragsteils dem Wert der Leistung des anderen nur teilweise entspricht (objektives Missverhältnis der Leistungen), die Vertragspartner dies wissen und übereinstimmend wollen, dass der überschießende Wert unentgeltlich gegeben wird.[8] Der Anspruch auf Rückforderung des Geschenks wegen Verarmung des Schenkers (§ 528 BGB) oder groben Undanks des Beschenkten (§ 530 BGB) erstreckt sich bei gemischten Schenkungen grundsätzlich nur auf den unentgeltlichen Teil der gemischten Schenkung, während die Rückgabe des gesamten Schenkungsobjektes nur verlangt werden kann, wenn der unentgeltliche Teil überwiegt.[9] Die Rückgabe ist nur Zug um Zug gegen Wertausgleich für den entgeltlichen Teil zu erfüllen.[10]

8 Von der Schenkung abzugrenzen ist die **Ausstattung.** Sie ist nach der Legaldefinition des § 1624 BGB eine Zuwendung von Eltern an ihr Kind mir Rücksicht auf dessen Verheiratung oder auf die Erlangung einer selbständigen Lebensstellung zur Begründung oder Erhaltung der Wirtschaft oder der Lebensstellung. Die Ausstattung ist,

---

[2] Palandt/*Weidenkaff* BGB § 516 Rz. 1.
[3] Palandt/*Weidenkaff* BGB § 525 Rz. 1; *Mayer*/Geck § 2 Rn. 8.7.
[4] BFH v. 26.11.1985 – IX R 64/82, NJW 1986, 1009; OLG Köln v. 10.11.1993 – 27 U 220/93, FamRZ 1994, 1242.
[5] Palandt/*Weidenkaff* BGB § 527 Rz. 5; *Mayer*/Geck § 2 Rz. 8.
[6] *Mayer*/Geck § 2 Rz. 8.
[7] *Mayer*/Geck § 2 Rz. 8.
[8] Palandt/*Weidenkaff* BGB § 516 Rz. 13; *Mayer*/Geck § 3 Rz. 10; BGH v. 17.4.2002 – IV ZR 259/01, NJW 2002, 2469.
[9] BGH v. 18.10.2011 – X ZR 45/10, NJW 2012, 606; Palandt/*Weidenkaff* BGB § 516 Rz. 16.
[10] *Mayer*/Geck § 2 Rz. 10.

obwohl freigebige Zuwendung gem. § 7 Abs. 1 Nr. 1 ErbStG, grundsätzlich keine Schenkung iSd. §§ 516ff. BGB. Nur wenn und soweit es sich um eine **übermäßige Ausstattung** handelt, die das den Umständen, insbesondere den Vermögensverhältnissen der Eltern entsprechende Maß übersteigt, liegt eine Schenkung vor.

Das Schenkungsversprechen bedarf zu seiner Wirksamkeit der Form der **notariellen Beurkundung** (§ 518 BGB). Ist für den gesamten Vertrag eine Form vorgeschrieben, zB in § 311b Abs. 1 BGB für die Verpflichtung zur Übertragung oder zum Erwerb von Grundbesitz, so muss diese Form auch für die Annahmeerklärung des Beschenkten erfüllt werden.[11] Der Formmangel führt zur Nichtigkeit der formbedürftigen Erklärung (§ 125 BGB). Er wird jedoch durch den Vollzug der Schenkung, d. h. durch die Bewirkung der versprochenen Leistung geheilt (§ 518 Abs. 2 BGB). Der Vollzug richtet sich nach dem jeweiligen Schenkungsgegenstand und den für seine Übertragung geltenden Vorschriften, so dass bewegliche Sachen gem. §§ 929ff. BGB zu übereignen, Grundstücke und dingliche Rechte gem. §§ 873ff., 925 BGB zu übertragen und Forderungen gem. §§ 398ff. BGB abzutreten sind.[12] 9

(frei) 10, 11

III. Steuerrechtliche Aspekte

1. Ertragssteuern

Seit dem Beschluss des Großen Senats des BFH vom 5.7.1990, BStBl. 1990, 847, und dem daran anknüpfenden BMF-Schreiben vom 13.1.1993, BStBl. I 1993, 80, können Übertragungen in Vorwegnahme der Erbfolge **entgeltliche Vorgänge** darstellen, die je nach Art der vereinbarten Leistungen zu einem Veräußerungsentgelt bei dem Übergeber und zu Anschaffungskosten bei dem Übernehmer führen. Anders als Abstandszahlungen und Gleichstellungsgelder, die entgeltliche Leistungen darstellen, rechnen vorbehaltene Nutzungsrechte wie das Wohnungsrecht und der Nießbrauch nicht zum Entgelt.[13] 12

Der Nutzungswert der Wohnung im eigenen Haus, die durch den Eigentümer selbst oder durch nahe Angehörige unentgeltlich genutzt wird, wird einkommensteuerlich nicht mehr erfasst. Daher können auch keine Werbungskosten abgezogen werden, weder vom Wohnungsberechtigten, da dieser den Wohnungswert seiner Wohnung nicht versteuern muss, noch vom Eigentümer, da dieser hinsichtlich der Wohnung keine steuerbaren Einkünfte erzielt.[14] 13

Wird ein Wohnungsrecht, das bei der Übertragung von Privatvermögen vorbehalten wurde, durch eine nach dem 31.12.2007 vereinbarte Übernahme von Versorgungsleistungen abgelöst, so können diese – anders als nach früherem Recht[15] – nach dem Jahressteuergesetz 2008 (Neufassung des § 10 Abs. 1 Nr. 1a EStG) nicht mehr als Sonderausgaben abgezogen werden. 14

Das sog. Stuttgarter Modell (Übertragung einer durch den Veräußerer selbst genutzten Immobilie gegen Übernahme von Versorgungsleistungen und gleichzeitiger Abschluss eines Mietvertrages mit dem Erwerber als Vermieter)[16] ist nach dem Jahressteuergesetz 2008 nicht mehr steuerlich möglich.[17] 15

(frei) 16

---

[11] Palandt/*Weidenkaff* BGB § 518 Rz. 7.
[12] Zu weiteren Einzelheiten des Schenkungsvollzugs vgl. Palandt/*Weidenkaff* BGB § 518 Rz. 9ff.
[13] BFH v. 5.7.1990 – GrS 5–6/89, BStBl. II 1990, 847; BMF v. 13.1.1993, BStBl. I 1993, 80.
[14] *Wegmann* Rz. 343; Mayer/*Geck* § 17 Rz. 191.
[15] BMF v. 24.7.1998, BStBl. I 1998, 914 Tz. 66.
[16] Zum Stuttgarter Modell vgl. *Hipler* ZEV 2004, 194; *Spiegelberger* DStR 2004, 1105.
[17] *Wälzholz* DStR 2008, 273, 276f.; *Fleischer* ZEV 2007, 475, 480.

2. Erbschaft- und Schenkungsteuern

17 Schenkungen unter Lebenden sind gem. § 1 Abs. 1 Nr. 2 ErbStG steuerpflichtige Vorgänge. Als Grundform einer solchen Schenkung nennt § 7 Abs. 1 Nr. 1 ErbStG die **freigebige Zuwendung.**[18] Hierunter fallen sowohl Schenkungen nach BGB als auch schenkungsähnliche Zuwendungen, die zwar die Merkmale des § 516 Abs. 1 BGB in ihren Grundzügen erfüllen, aber aus besonderen Gründen im Zivilrecht nicht als Schenkung gelten, wie zB die Ausstattung gem. § 1624 BGB.[19]

18 Das Schenkungsteuerrecht orientiert sich nicht an der zivilrechtlichen Differenzierung Schenkung unter Auflage und gemischter Schenkung.[20] Der BFH und ihm folgend die FinVerw. unterschieden vielmehr – bis zum Inkrafttreten des ErbStRG vom 24.12.2008 – zwischen Schenkung unter **Leistungsauflagen** und solchen unter **Nutzungs- oder Duldungsauflagen**[21] mit folgenden Auswirkungen.

19 Bei einer Leistungsauflage übernimmt der Beschenkte die Verpflichtung zu Geld- oder Sachleistungen. Hierzu zählen Gleichstellungsgelder an weichende Erben, Abstandsgelder an den Übergeber, die Übernahme von Verbindlichkeiten sowie die Verpflichtung zu wiederkehrenden Versorgungsleistungen. Bei einer Nutzungs- oder Duldungsauflage werden dem Beschenkten die mit dem Eigentum an dem geschenkten Gegenstand verbundenen Nutzungen zeitlich befristet vorenthalten und dem Schenker oder einer dritten Person zugewiesen, wie dies insbesondere bei Nießbrauchs- oder Wohnungsrechten der Fall ist.

20 Bei der Schenkung unter einer **Leistungsauflage** war die Schenkung in einen unentgeltlichen und einen entgeltlichen Teil aufzuteilen. Der Steuerwert der Schenkung war nach folgender Formel zu ermitteln:[22]

$$\frac{\text{Steuerwert der Leistung des Schenkers} \times \text{Verkehrswert der Bereicherung des Beschenkten}}{\text{Verkehrswert der Leistung des Schenkers}} = \text{Steuerwert der freigebigen Zuwendung}$$

21 Bei einer Schenkung unter **Nutzungs-** oder **Duldungsauflagen** war zur Ermittlung der schenkungsteuerlichen Bemessungsgrundlage vom Steuerwert der Zuwendung die zu vollziehende Auflage als Last mit ihrem Kapitalwert nach §§ 13–16 BewG abzuziehen, soweit der frühere, durch das ErbStRG 2009 inzwischen aufgehobene § 25 Abs. 1 ErbStG (kein Abzug von Nutzungen, die dem Schenker oder seinem Ehegatten zustehen) dem nicht entgegenstand.[23]

22 Nutzungs- oder Duldungsauflagen zugunsten des Schenkers oder dessen Ehegatten minderten daher den Steuerwert der Schenkung nicht. Die *Steuer,* die in diesem Fall auf den Kapitalwert der Auflage entfiele, war jedoch gem. § 25 Abs. 1 S. 2 ErbStG bis zu deren Erlöschen zinslos zu stunden. Der Beschenkte hatte gem. § 25 Abs. 1 S. 3 ErbStG das Recht, die gestundete *Steuer* jederzeit mit ihrem Barwert nach § 12 Abs. 3 BewG abzulösen.

23 Bei Schenkungen, die sowohl Leistungsauflagen als auch Nutzungs- oder Duldungsauflagen enthalten **(Mischfälle),** war von dem nach der vorgenannten Formel unter Berücksichtigung der Leistungsauflagen ermittelten Steuerwert der freigebigen Zuwendung der anteilig auf den freigebigen Teil der Zuwendung entfallende Kapitalwert der Nutzungs- oder Duldungsauflagen (§§ 13–16 BewG) als Last abzuziehen, soweit § 25 Abs. 1 ErbStG dem nicht entgegenstand.[24]

---

[18] Hierzu näher *Meincke* ErbStG § 7 Rz. 9.
[19] *Meincke* ErbStG § 7 Rz. 9 f.; *Wegmann* Rz. 36.
[20] *J. Mayer* Rz. 25 f.
[21] BFH v. 12.4.1989 – II R 37/87, BStBl. II 1989, 524; ErbStR 2003 17.
[22] ErbStR 2003 17 Abs. 2.
[23] ErbStR 2003 17 Abs. 3 und 7.
[24] ErbStR 2003 17 Abs. 4.

An dieser Steuerrechtspraxis zur gemischten Schenkung kann nach Inkrafttreten des ErbStRG zum 1.1.2009 **nicht mehr festgehalten werden.**[25] Zum einen schreibt das ErbStRG seitdem eine am Verkehrswert ausgerichtete Bewertung vor. Der Hauptgrund für die Rechtsprechung des BFH zur gemischten Schenkung ist damit entfallen, nämlich zu vermeiden, dass aufgrund der Diskrepanz zwischen Verkehrswert und Steuerwert der Beschenkte nicht mehr bereichert wäre, wenn er seine Gegenleistung zum Nominalwert abziehen könnte.[26] Zum anderen ist durch das ErbStRG 2009 die Vorschrift des § 25 ErbStG ersatzlos aufgehoben worden. Die Abzugsbeschränkung dieser Vorschrift ist damit entfallen, und zwar auch in den Fällen, in denen das Nutzungsrecht dem Schenker oder dessen Ehegatten zusteht. Duldungsauflagen wie Wohnungs- und Nießbrauchsrechte können nunmehr mit ihrem Kapitalwert abgezogen werden und mindern damit ebenso den Steuerwert des Erwerbs wie die vom Erwerber übernommenen Leistungsauflagen und Gegenleistungen (ErbStR 2011 E 7.4 Abs. 1). Hinsichtlich der Nutzungs- und Duldungsauflagen gilt dies jedoch nur, soweit § 10 Abs. 6 S. 6 ErbStG den Abzug nicht ausschließt, weil ein Nutzungsrecht sich bereits bei der Ermittlung des gemeinen Werts eines Grundstücks ausgewirkt hat (ErbStR E 7.4 Abs. 1 mit Beispiel in ErbStH 7.4 Abs. 2). Beim Erwerb vermieteter Grundstücke führt der in § 13d Abs. 1 ErbStG (vormals § 13c ErbStG)[27] angeordnete Bewertungsabschlag von 10 vH dazu, dass die Gegenleistungen des Erwerbers nicht in vollem Umfang, sondern nur in Höhe von 90 vH bereicherungsmindernd abgezogen werden können, um eine Doppelbegünstigung zu vermeiden. Für die Ermittlung des Kapitalwertes von lebenslänglichen Nutzungen und Leistungen sind nunmehr die aktuellen, jährlich herausgegebenen Sterbetafeln des Statistischen Bundesamtes heranzuziehen und ab dem 1.1. des auf die Veröffentlichung der Sterbetafel folgenden Kalenderjahres anzuwenden (§ 14 Abs. 1 BewG). Die Berechnung des Kapitalwerts erfolgt an Hand einer Tabelle, die das BMF jährlich im BStBl. als Anlage zu § 14 Abs. BewG veröffentlicht (§ 14 Abs. 1 S. 4 BewG).[28]

In **Altfällen,** also in Erbfällen, die vor dem 1.1.2009 eingetreten sind, und bei Schenkungen, die vor diesem Zeitpunkt ausgeführt worden sind, ist gem. § 37 Abs. 2 S. 2 ErbStG weiterhin § 25 Abs. 1 S. 3 und Abs. 2 ErbStG in der bisherigen Fassung anzuwenden.

Die **Bewertung des Grundbesitzes** für Zwecke der Erbschaft- und Schenkungs- **24**
steuer richtet sich nach § 12 ErbStG, § 157 BewG und insbesondere §§ 176 bis 198 BewG. Mit dem Erbschaftsteuerreformgesetz 2009 (BGBl. I 2008, 3018) hat der Gesetzgeber die Konsequenzen aus dem Beschluss des Bundesverfassungsgerichts vom 7.11.2006[29] gezogen. Das Bundesverfassungsgericht hatte gefordert, dass die Bewertung des Vermögens bei der Ermittlung der erbschaftsteuerlichen Bemessungsgrundlage einheitlich am **gemeinen Wert** (Verkehrswert) auszurichten sei **(Bewertungsebene).** Erst im Anschluss an diese Bewertung stehe es dem Gesetzgeber frei, in einem erneuten Schritt **(Begünstigungsebene)** steuerliche Schenkungsziele, etwa in Form zielgenauer und eindeutiger **Verschonungsregelungen,** zu verwirklichen.[30] Die vom BVerfG beanstandete gesetzliche Regelung des Erbschaftsteuer- und Bewertungsrechts hatte diesen Anforderungen nicht genügt. Sie hatte vielmehr dazu geführt, dass geschenkter oder vererbter Grundbesitz generell nicht mit seinem Verkehrswert, sondern lediglich mit einem deutlich geringeren Wert angesetzt wurde, bebaute Grundstücke

---

25 *Geck* DStR 2009, 1005, 107; *Milatz/Bockhoff* ZEV 2011, 410, 414. Gleichlautende Ländererlasse v. 20.5.2011, BStBl. I 2011, 562, übernommen in ErbStR 2011 E 7.4. in Abweichung von den früheren Ländererlassen v. 25.6.2009, BStBl. I, 713, Abschn. A I (1).

26 *Röder* DB 2008, 146, 150.

27 Der frühere durch ErbStRG 2009 eingefügte § 13c ErbStG ist durch Gesetz v. 4.11.2016 (BGBl. I 2016, 2464) zu § 13d ErbStG geworden.

28 Für Bewertungsstichtage ab 1.1.2017 gilt die Tabelle gem. BMF v. 4.11.2016, BStBl. I 2016, 1166.

29 BVerfG v. 7.11.2006 – 1 BvL 10/02, NJW 2007, 573.

30 BVerfG v. 7.11.2006 – 1 BvL 10/02, NJW 2007, 573; zu dieser Entscheidung zB *Wachter* DNotZ 2007, 173.

zB nur mit ca. 50 vH ihres tatsächlichen Werts. Der Gesetzgeber, den das BVerfG verpflichtet hatte, bis zum 31.12.2008 eine verfassungsgemäße Neuregelung zu treffen, hat daraufhin das Erbschaftsteuerreformgesetz vom 24.12.2008 (BGBl. I, 3018) vorgelegt. Ziel des Gesetzes ist eine am Verkehrswert (gemeiner Wert) ausgerichtete Bewertung (§ 177 BewG), und zwar auch des Grundbesitzes.

25 Das BewG unterscheidet für die Bewertung zwischen unbebauten und bebauten Grundstücken.[31]

Unbebaute Grundstücke sind Grundstücke, auf denen sich keine benutzbaren Gebäude befinden (§ 178 BewG). Ihr für die Bewertung maßgeblicher Verkehrswert ergibt sich aus der Grundstücksfläche und den aktuellen, von den Gutachterausschüssen ermittelten Bodenrichtwerten. Der im früheren Recht vorgesehene Abschlag von 20 vH auf die Bodenrichtwerte (§ 146 BewG aF) ist entfallen.

Beispiel: Hat der zuständige Gutachterausschuss für unbebaute Wohnbaugrundstücke im Bereich der Gemeinde G einen Bodenrichtwert von € 150,– pro qm ermittelt, so beträgt bei einer Grundstücksgröße von 600 qm der gemeine Wert des Grundstücks gem. § 179 BewG € 150,– × 600 = € 90 000,–. Weist der Steuerpflichtige jedoch durch ein Verkehrswertgutachten einen geringeren als den nach § 179 BewG ermittelten Wert nach, so ist dieser geringere Wert anzusetzen (§ 198 BewG).

26 **Bebaute Grundstücke** sind Grundstücke, auf denen sich benutzbare Gebäude befinden (§ 180 BewG). Bei der Bewertung bebauter Grundstücke unterscheidet das BewG zwischen folgenden Grundstücksarten (§ 181 BewG):
- Ein- und Zweifamilienhäuser,
- Mietwohngrundstücke,
- Wohnungs- und Teileigentum,
- Geschäftsgrundstücke,
- gemischt genutzte Grundstücke
- sonstige bebaute Grundstücke.

Ein- und Zweifamilienhäuser sind Wohngrundstücke, die bis zu zwei Wohnungen enthalten und kein Wohnungseigentum im Sinne des WEG sind. Ein Grundstück gilt auch dann als Ein- oder Zweifamilienhaus, wenn es zu weniger als 50 vH, berechnet nach der Wohn- und Nutzfläche, zu anderen als Wohnzwecken mitbenutzt wird und dadurch die Eigenart als Ein- oder Zweifamilienwohnung nicht wesentlich beeinträchtigt wird. Eine Wohnung kann gemäß § 181 Abs. 9 BewG nur angenommen werden, wenn die Wohnfläche mindestens 23 qm beträgt, neben Wohnraum auch Küche, Bad oder Dusche sowie Toilette vorhanden sind und die Räume eine in sich abgeschlossene Wohneinheit mit selbstständigem Zugang bilden.

Wohnungs- und Teileigentum sind Einheiten nach dem WEG, also Eigentumswohnungen (Wohnungseigentum) oder nicht zu Wohnzwecken dienende Raumeinheiten (Teileigentum), zB Praxis- und Geschäftsräume.

27 Für Ein- und Zweifamilienhäuser sowie für Wohnungs- und Teileigentum nach dem WEG schreibt das BewG das **Vergleichswertverfahren** vor (§ 182 Abs. 2 BewG). Im Vergleichswertverfahren erfolgt die Bewertung von Grund und Boden sowie Gebäuden in einem Arbeitsgang.[32] Dabei wird der Verkehrswert aus tatsächlich erzielten Kaufpreisen von anderen Grundstücken abgeleitet, die hinreichend vergleichbar sind (insbesondere nach Lage, Größe Alter), wobei vorrangig auf die von den Gutachterausschüssen ermittelten Vergleichskaufpreise zurückzugreifen ist. Fehlen Vergleichskaufpreise, so können von den Gutachterausschüssen ermittelte Vergleichsfaktoren herangezogen werden (§ 183 Abs. 2 BewG), zB bei Eigentumswohnungen der Quadratmeterpreis nach Wohn-/Nutzfläche.[33] Betreffen diese Vergleichsfaktoren

---

[31] Zu den Einzelheiten der Bewertung vgl. auch die gleich lautenden Ländererlasse v. 5.5.2009, BStBl. I 2009, 540 und vom 8.1.2016, BStBl. I 2016, 173, mit Beispielen.
[32] *Halaczinsky* ZErb 2009, 21, 24.
[33] *Halaczinsky* ZErb 2009, 21, 24.

nur das Gebäude, so ist der Wert des Grund und Bodens gesondert zu ermitteln und hinzuzurechnen (§ 183 Abs. 2 S. 2 BewG).

Beispiel:[34] Hat der zuständige Gutachterausschuss für Eigentumswohnungen nach Lage, Alter und Ausstattung Vergleichspreise pro qm – Wohn-/Nutzfläche ermittelt, zB in der Stadt S für den Stadtteil T bei einem Baualter von 20 Jahren mit mittlerer Qualität einen Wert von € 1 800,– bis € 2 000,– pro qm – Wohn-/Nutzfläche, so ist eine dort belegene 20 Jahre alte Eigentumswohnung mittlerer Qualität bei einer Fläche von 100 qm nach dem BewG mit € 180 000,– bis € 200 000,– zu bewerten.

Liegt für die Bewertung von Ein- und Zweifamilienhäusern sowie von Wohnungs- und Teileigentum kein Vergleichswert gem. § 183 BewG vor, so ist gem. § 182 Abs. 4 BewG ersatzweise das **Sachwertverfahren** heranzuziehen (vgl. hierzu Rz. 34 ff.).

Besonderheiten, insbesondere wertbeeinflussende Belastungen privatrechtlicher oder öffentlich rechtlicher Art wie zB Wohnungs- und Nießbrauchsrechte, Vorkaufsrechte und langfristige Miet- und Pachtverträge sind im Vergleichswertverfahren nicht zu berücksichtigen (§ 183 Abs. 3 BewG). Derartige Belastungen können zwar den Wert uU erheblich mindern; sie sollen jedoch, weil sie zu uU komplizierten Berechnungen zwingen, aus Vereinfachungsgründen aus dem Vergleichswertverfahren ausgeklammert bleiben.[35] Das bedeutet jedoch nicht, dass wertrelevante Faktoren dieser Art außer Betracht zu bleiben hätten. Vielmehr können sie im Rahmen eines Verkehrswertgutachtens gem. § 148 BewG wertmindernd berücksichtigt werden. 28

Für Mietwohngrundstücke schreibt das BewG das **Ertragswertverfahren** vor. Gleiches gilt für Geschäftsgrundstücke und gemischt genutzte Grundstücke, für die sich auf dem örtlichen Grundstücksmarkt eine übliche Miete ermitteln lässt (§ 182 Abs. 3 BewG). 29

Mietwohngrundstücke sind Grundstücke, die zu mehr als 80 vH, berechnet nach der Wohn- oder Nutzfläche, Wohnzwecken dienen und nicht Ein- oder Zweifamilienhäuser oder Wohnungseigentum sind (§ 181 Abs. 3 BewG).

Geschäftsgrundstücke sind Grundstücke, die zu mehr als 80 vH, berechnet nach der Wohn- und Nutzfläche, eigenen oder fremden betrieblichen oder öffentlichen Zwecken dienen und nicht Teileigentum nach dem WEG sind (§ 181 Abs. 6 BewG).

Gemischt genutzte Grundstücke sind Grundstücke, die teils Wohnzwecken, teils eigenen oder fremden betrieblichen oder öffentlichen Zwecken dienen und nicht Ein- und Zweifamilienhäuser, Mietwohngrundstücke, Wohnungseigentum, Teileigentum oder Geschäftsgrundstücke sind (§ 181 Abs. 7 BewG).

Im Ertragswertverfahren sind der Wert der baulichen Anlagen und der Wert des Grund und Bodens getrennt zu ermitteln (§ 184 BewG). Für den Bodenwert gilt die gesetzliche Regelung für unbebaute Grundstücke (§ 179 BewG), die oben Rz. 25 dargestellt wurde. Der Wert des Gebäudes ist als **Gebäudeertragswert** (§ 185 BewG) wie folgt zu ermitteln: 30

Zunächst ist der Rohertrag festzustellen. Rohertrag ist die vereinbarte Jahresmiete, andernfalls die übliche Jahresmiete, jeweils ohne Berücksichtigung der Betriebskosten (§ 186 BewG). Von dem Rohertrag sind die **Bewirtschaftungskosten** (§ 187 BewG) abzuziehen.

Bewirtschaftungskosten sind die bei gewöhnlicher Bewirtschaftung nachhaltig entstehenden Verwaltungskosten, Betriebskosten, Instandhaltungskosten und das Mietausfallwagnis. Durch Umlagen gedeckte Betriebskosten bleiben unberücksichtigt. Die Bewirtschaftungskosten sind nach den Erfahrungssätzen der Gutachterausschüsse anzusetzen. Stehen solche Erfahrungssätze nicht zur Verfügung, ist von den pauschalen Bewirtschaftungskosten nach Anlage 23 des BewG auszugehen (§ 187 Abs. 2 BewG).

Der Rohertrag abzüglich der Bewirtschaftungskosten ergibt den **Reinertrag** (§ 185 BewG). Der Reinertrag des Grundstücks ist wiederum um den Betrag einer angemes- 31

[34] Nach *Halaczinsky* ZErb 2009, 21, 24.
[35] *Drosdzol* ZEV 2008, 177, 188.

senen **Verzinsung des Bodenwertes** zu vermindern; dies ergibt sodann den **Gebäudereinertrag** (§ 185 Abs. 2 BewG). Der Verzinsung des Bodenwertes ist der **Liegenschaftszinssatz** zugrunde zu legen (§ 185 Abs. 2 BewG). Liegenschaftszinssatz ist der Zinssatz, mit dem der Verkehrswert von Grundstücken im Durchschnitt marktüblich verzinst wird (§ 188 Abs. 1 BewG). Anzuwenden sind die von den Gutachterausschüssen ermittelten örtlichen Liegenschaftszinssätze. Stehen keine geeigneten Liegenschaftszinssätze zur Verfügung, so gelten die in § 188 Abs. 2 BewG genannten Zinssätze. Diese betragen zB für Mietwohngrundstücke 5 vH.

32 Der Gebäudereinertrag ist mit dem sich aus Anlage 21 des BewG ergebenden Vervielfältiger zu kapitalisieren (§ 185 Abs. 3 BewG). Maßgebend für den Vervielfältiger sind der Liegenschaftszinssatz und die **Restnutzungsdauer** des Gebäudes. Die Restnutzungsdauer wird grundsätzlich aus dem Unterschiedsbetrag zwischen der wirtschaftlichen Gesamtnutzungsdauer, die sich aus Anlage 22 des BewG ergibt, und dem Alter des Gebäudes zum Bewertungsstichtag ermittelt. Nach Bezugsfertigkeit eingetretene Veränderungen, die die wirtschaftliche Gesamtnutzungsdauer verlängert oder verkürzt haben, sind zu berücksichtigen. Die Restnutzungsdauer eines noch nutzbaren Gebäudes beträgt regelmäßig mindestens 30 vH der wirtschaftlichen Gesamtnutzungsdauer (§ 185 Abs. 3 S. 5 BewG).

33 **Beispiel:** Mietwohngebäude 30 Jahre alt mit einer Jahresmiete (ohne Umlagen) von € 120 000,– und einem Bodenwert (Bodenrichtwert x Grundstücksfläche) von € 260 000,–.

Berechnung:
Rohertrag € 120 000,–
– 23 vH Bewirtschaftungskosten (€ 27 600,– gem. Anlage 23)
– Bodenwertverzinsung von € 13 000,– (§ 188 Abs. 2 BewG)
(= 5 vH von € 260 000,–)
= € 79 400,– Gebäudereinertrag × 17,16 (Anlage 21 und 22)
= € 1 362 504,– = Gebäudeertragswert
\+ € 260 000,– Bodenwert
= € 1 622 504,–
– 10 vH Abschlag für Miethäuser gem. § 13d ErbStG
= € 1 460 254,–

34 Neben dem Vergleichwertverfahren und dem Ertragswertverfahren sieht das BewG auch das **Sachwertverfahren** vor. Es ist anzuwenden, wenn für Ein- und Mehrfamilienhäuser sowie für Wohnungs- und Teileigentum keine Vergleichswerte vorliegen (§ 182 Abs. 4 Nr. 1 BewG). Es ist ferner auf Geschäftsgrundstücke und gemischt genutzte Grundstücke anzuwenden, für die sich keine ortsübliche Miete ermitteln lässt, sowie schließlich auch auf sonstige bebaute Grundstücke iSd. § 181 Abs. 1 Nr. 6 (§ 182 Abs. 4 Nrn. 2 und 3 BewG).

35 Im Sachwertverfahren ist der Wert der Gebäude **(Gebäudesachwert)** getrennt vom Bodenwert zu ermitteln. Der Bodenwert und der Gebäudesachwert ergeben den vorläufigen Sachwert des Grundstücks. Dieser ist zur Anpassung an den gemeinen Wert mit einer Wertzahl gem. § 191 BewG zu multiplizieren (§ 189 Abs. 3 BewG). Der Bodenwert ist wie im Vergleichsverfahren auch der Wert des unbebauten Grundstücks gem. § 179 BewG. Für die Ermittlung des Gebäudesachwerts ist gem. § 190 BewG von den **Regelherstellungskosten** des Gebäudes auszugehen. Die Regelherstellungskosten sind in der Anlage 24 des BewG enthalten. Sie sind gemäß § 190 Abs. 2 BewG anhand der vom Statistischen Bundesamt veröffentlichten Baupreisindizes anzupassen. Die angepassten Regelherstellungskosten sind mit der Bruttogrundfläche des Gebäudes zu multiplizieren. Das Produkt ist der **Gebäudeherstellungswert** (§ 190 Abs. 1 S. 3 BewG). Von dem Gebäudeherstellungswert ist eine Alterswertminderung abzuziehen (§ 190 Abs. 4 BewG). Sie wird regelmäßig nach dem Verhältnis des Alters des Gebäu-

des zur wirtschaftlichen Gesamtnutzungsdauer nach Anlage 22 des BewG bestimmt. Veränderungen nach Bezugsfertigkeit, die die wirtschaftliche Gesamtnutzungsdauer des Gebäudes verlängern oder verkürzen, sind zu berücksichtigen. Der nach Abzug der Alterswertminderung verbleibende Gebäudesachwert ist regelmäßig mit mindestens 30 vH des Gebäuderegelherstellungswertes anzusetzen.

Ausführliche Beispiele für die Bewertung im Sachwertverfahren enthalten die gleichlautenden Erlasse der obersten Finanzbehörden der Länder v. 8.1.2016 (BGBl. I 2016, 173). **36**

Sonderfälle der Bewertung sind gem. §§ 192ff. BewG die Bewertung von Erbbaurecht und Erbbaugrundstück (§§ 192–194 BewG), Gebäuden auf fremden Grund und Boden (§ 195 BewG), Grundstücken im Zustand der Bebauung (§ 196 BewG) und Gebäuden und Gebäudeteilen für den Zivilschutz (§ 197 BewG).[36] **37**

In allen Fällen der Gebäudebewertung nach dem BewG bleibt es dem Steuerpflichtigen aufgrund der **Öffnungsklausel** des § 198 BewG unbenommen, einen niedrigeren Verkehrswert nachzuweisen, der von dem nach dem BewG mit den dort geregelten Verfahren ermittelten Werten abweicht. Gelingt dieser Nachweis, so ist der geringere Wert maßgebend. Als Nachweis ist regelmäßig ein Verkehrswertgutachten des örtlich zuständigen Gutachterausschusses oder eines Sachverständigen für die Bewertung von Grundstücken erforderlich. Auch ein im gewöhnlichen Geschäftsverkehr erzielter Kaufpreis für das zu bewertende Grundstück kann als Nachweis dienen.[37]

Mehrere Schenkungen innerhalb von zehn Jahren werden gem. § 14 ErbStG zusammengerechnet.

Bei Schenkungen unter Lebenden entsteht die Schenkungsteuer mit dem Zeitpunkt der **Ausführung der Schenkung** (§ 9 Abs. 1 Nr. 2 ErbStG). Eine Grundstücksschenkung gilt als ausgeführt, wenn die Vertragspartner die für die Rechtsänderung im Grundbuch erforderlichen Erklärungen (Auflassung gem. § 925 BGB und Eintragungsbewilligung gem. § 19 GBO) abgegeben haben und der Beschenkte auf Grund dieser Erklärungen in der Lage ist, die Eintragung der Rechtsänderung herbeizuführen.[38] **38**

Dies setzt jedoch voraus, dass die Eigentumsumschreibung letztlich nachfolgt. Unterbleibt sie, weil die Schenkungsabrede zuvor aufgehoben wird, liegt in der Aufhebung weder eine Rückschenkung des Grundstücks noch eine anderweitige Zuwendung seitens des ursprünglich Bedachten.[39] Eine Grundstückschenkung ist noch nicht ausgeführt, wenn der Beschenkte von der Eintragungsbewilligung erst zu einem späteren Zeitpunkt, zB nach dem Tod des Schenkers, Gebrauch machen darf.[40]

(frei) **39, 40**

3. Verkehrssteuern

Nach § 3 Nr. 2 S. 1 GrEStG sind Grundstücksschenkungen unter Lebenden grundsätzlich grunderwerbsteuerfrei. Nach § 3 Nr. 2 S. 2 GrEStG unterliegen jedoch Schenkungen unter einer Auflage der Besteuerung hinsichtlich des Wertes solcher Auflagen, die bei der Schenkungsteuer abziehbar sind; gleiches gilt für gemischte Schenkungen.[41] Im Zusammenhang mit der schenkungsteuerlichen Rechtsprechung zu gemischten Schenkungen und Schenkungen unter Auflagen ergab sich daraus bisher, dass der Grunderwerbsteuer nur **Leistungsauflagen** (insbesondere Gleichstellungsgelder, Abstandsgelder, Übernahme von Verbindlichkeiten, Rentenverpflichtungen) unterlagen, während **Nutzungs- oder Duldungsauflagen** (insbesondere vor- **41**

[36] Zu den Sonderfällen der Bewertung vgl. *Halaczinsky* ZErb 2009, 21, 27f.
[37] Vgl. gleich lautende Ländererlasse v. 5.5.2009, BStBl. I 2009, 590, A 4; ErbStR 2011 B 198 Abs. 4.
[38] BFH v. 26.9.1990 – II R 150/88, BStBl. II 1991, 320; ErbStR 2011 E 9.1 Abs. 1.
[39] BFH v. 24.7.2002 – II R 33/01, BStBl. II 2002, 781.
[40] BFH v. 2.2.2005 – II R 26/02, BStBl. II 2005, 312.
[41] *Wegmann* Rz. 46.

behaltene Wohnungs- oder Nießbrauchsrechte) nur dann grunderwerbsteuerpflichtig waren, soweit § 25 ErbStG keine Anwendung fand, also bei Nutzungs- und Duldungsauflagen, die anderen Personen als dem Schenker oder dessen Ehegatten zustanden. Nutzungs- oder Duldungsauflagen zugunsten des Schenkers oder dessen Ehegatten unterlagen hingegen nicht der Grunderwerbsteuer.[42]

Dies hat sich seit dem 1.1.2009 geändert. Da das an diesem Tag in Kraft getretene ErbStRG 2009 den bisherigen § 25 ErbStG ersatzlos aufgehoben hat, können nunmehr auch Nutzungs- und Duldungsauflagen abgezogen werden. Daher unterliegt der Wert dieser Auflagen aber jetzt ebenfalls der Grunderwerbsteuer.[43] Angesichts der Erhöhung der Grunderwerbsteuer in vielen Bundesländern kann dies in der Praxis zu einer ganz erheblichen und für viele Erwerber überraschenden Steuerbelastung führen,[44] sofern kein persönlicher Befreiungstatbestand eingreift, insbesondere nach § 3 Nr. 6 GrEStG (Übertragung an Verwandte in gerader Linie) oder nach § 3 Nr. 4 GrEStG (Übertragung unter Ehegatten). Da nach Ansicht des BFH § 3 Nr. 2 GrEStG nicht verlangt, die Auflage bei der Schenkungsteuer und der Grunderwerbsteuer nach übereinstimmenden Maßstäben zu bewerten, kann es zudem vorkommen, dass ein- und dieselbe Auflage bei der Schenkung- und der Grunderwerbsteuer mit einem unterschiedlichen Wert angesetzt wird.[45] Dies kann sich vor allem im Rahmen des § 16 BewG auswirken, da die dort angeordnete Begrenzung des Jahreswertes der Nutzungen zwar für die Schenkungsteuer gilt, jedoch nach § 17 Abs. 3 S. 2 BewG auf die Grunderwerbsteuer keine Anwendung findet.[46]

B. Einzelerläuterungen

Zu § 1 und 2: Grundbuchangaben, Veräußerungsgegenstand Übertragung

42 Das zu übertragende Grundstück ist gem. § 28 Abs. 1 GBO entweder übereinstimmend mit dem Grundbuch oder durch Hinweis auf das Grundbuchblatt zu bezeichnen. Bei der ersten Bezeichnungsart genügt die Angabe der Gemarkung, der Flur und des Flurstücks. Bei der zweiten reicht die Angabe des grundbuchführenden Amtsgerichts, des Grundbuchbezirks und des Blattes.[47] Die Verwendung einer der beiden Bezeichnungsarten genügt, beide zusammen können nicht verlangt werden.[48] Werden Grundstücke durch Hinweis auf das Grundbuchblatt bezeichnet, so muss, wenn auf dem Blatt mehrere Grundstücke verzeichnet sind, klargestellt werden, ob von der beantragten Eintragung alle oder nur einzelne Grundstücke betroffen sein sollen.[49]

Zu § 3: Vorbehalt des Wohnungsrechts

43 Das Wohnungsrecht (§ 1093 BGB) ist eine Sonderform der beschränkten persönlichen Dienstbarkeit und berechtigt dazu, ein Gebäude oder Gebäudeteil unter Ausschluss des Eigentümers als Wohnung zu nutzen. Anders als beim Nießbrauchsrecht ist es dem Wohnungsberechtigten nicht gestattet, die dem Wohnungsrecht unterliegenden Räume ohne Zustimmung des Eigentümers anderen Personen zur Nutzung zu überlassen, insbesondere zu vermieten. Der Eigentümer kann jedoch dem Wohnungsberechtigten gem. § 1090 Abs. 1 S. 2 BGB gestatten, die Ausübung des Wohnungsrechts

[42] BFH v. 29.1.1992 – II R 41/89, BStBl. II 1992, 420; *Geck* ZEV 1997, 284; *Wegmann* Rz. 46; *Gottwald* ZErb 2006, 83.
[43] BFH v. 12.7.2016 – II ZR 57/14, ZEV 2016, 600; BFH v. 20.11.2013 – II ZR 38/12, ZEV 2014, 211 m. Anm. *Wachter;* FM Baden-Württemberg v. 15.4.2009, ZEV 2009, 64.
[44] So zutreffend *Wachter* ZEV 2014, 213.
[45] BFH v. 20.11.2013 – II R 38/12, ZEV 2014, 11 m. Anm. *Wachter.*
[46] BFH v. 20.11.2013 – II R 38/12, ZEV 2014, 11 m. Anm. *Wachter.*
[47] *Schöner/Stöber* Rz. 130; LG Neubrandenburg v. 9.9.1993 – 3 T 78/93, Rpfleger 1994, 161.
[48] *Schöner/Stöber* Rz. 130; OLG Bremen v. 25.8.1975 – 1 W 68/75 (a), Rpfleger 1975, 364.
[49] BayObLG v. 12.8.1980 – 2 Z 59/79, Rpfleger 1980, 433.

einem anderen zu überlassen. In einem solchen Fall ist der Wohnungsberechtigte auch zur Vermietung befugt. Soll die Gestattung auch gegenüber Einzelrechtsnachfolgern des Eigentümers wirken, bedarf sie der Eintragung in das Grundbuch. Allerdings ist der Wohnungsberechtigte befugt, **Familienangehörige,** zu denen auch der Partner einer auf Dauer angelegten **nichtehelichen Lebensgemeinschaft** gehört,[50] sowie Haus- und Pflegepersonal auch ohne besondere Gestattung des Eigentümers in die Wohnung aufzunehmen (§ 1093 Abs. 2 BGB).

Wegen des **Bestimmtheitsgrundsatzes** müssen die Räume und Anlagen, auf die sich das Wohnungsrecht erstrecken soll, so genau bezeichnet werden, dass auch ein mit den Örtlichkeiten nicht vertrauter Außenstehender erkennen kann, welche Räumlichkeiten vom Wohnungsrecht umfasst sein sollen.[51] **44**

Auch ohne besondere Vereinbarung darf der Wohnungsberechtigte gem. § 1093 Abs. 3 BGB die zum **gemeinschaftlichen Gebrauch** der Bewohner bestimmten Anlagen und Einrichtungen **mitbenutzen,** wie zB Garten, Flur und Speicher. Diese Anlagen und Einrichtungen müssen sich jedoch auf dem gleichen Grundstück befinden wie das Gebäude, dessen Räume der Wohnungsberechtigte nutzen darf. Ist dies nicht der Fall, befindet sich zB der Garten auf einem unbebauten Nachbargrundstück, kann das Mitbenutzungsrecht hieran nur durch eine gesonderte beschränkte persönliche Dienstbarkeit auf dem anderen Grundstück im Grundbuch gesichert werden.[52] Als Inhalt des Wohnungsrechts kann vereinbart werden, dass der Wohnungsberechtigte auch zur **alleinigen** Nutzung der auf dem Wohngrundstück befindlichen Garage und/oder des Gartens befugt sein soll, da dies bloßer Nebenzweck des Wohnens ist.[53]

Nach der gesetzlichen Lastenverteilung hat der Eigentümer die öffentlichen und privaten Lasten des Grundstücks zu tragen, insbesondere Grundsteuer und Gebäudeversicherung. Der Wohnungsberechtigte hat hinsichtlich der seinem Wohnungsrecht unterliegenden Räume die verbrauchsabhängigen Kosten wie Strom, Heizung und Wasser zu tragen,[54] ferner die anteilig auf seine Wohnung entfallenden verbrauchsunabhängigen Grundkosten für Heizung und Warmwasserbereitung.[55] Er hat für Ausbesserungen und Erneuerungen im Rahmen der gewöhnlichen Unterhaltung (§ 1041 BGB) zu sorgen.[56] Von dieser gesetzlichen Lastenverteilung abweichende Vereinbarungen sind zulässig. So kann mit dinglicher Wirkung vereinbart werden, dass der Eigentümer anstelle des Wohnungsberechtigten die Kosten für Strom, Wasser, Abwasser, Heizung und Gas sowie für Schönheitsreparaturen zu tragen hat.[57] Fortgeltende landesgesetzliche Bestimmungen über Altenteils-(Leibgedings-)Verträge sehen teilweise andere – allerdings abdingbare – gesetzliche Lastenverteilungen vor, so zB die Verpflichtung des Eigentümers, die Wohnungsrechtsräume in einem zum vertragsgemäßen Gebrauch geeigneten Zustand zu erhalten.[58] **45**

Das Wohnungsrecht ist **nicht vererblich** und erlischt mit dem Tode des Wohnungsberechtigten.[59] Ist der Berechtigte, aus Gründen die in seiner Person liegen, dauerhaft daran gehindert, das Wohnungsrecht auszuüben, zB wegen einer Heimunterbringung, führt dies nicht zum Erlöschen des Rechts.[60] Dem Wohnungsberechtigten **46**

---

[50] BGH v. 7.5.1982 – V ZR 58/81, NJW 1982, 1868.
[51] *Mayer*/Geck § 5 Rz. 22; *Schöner/Stöber* Rz. 1248.
[52] BayObLG, DNotZ 1976, 227; *Schöner/Stöber* Rz. 1248.
[53] *Wegmann* Rz. 320; Palandt/*Herrler* § 1093 Rz. 3; Staudinger/*J. Mayer* BGB § 1093 Rz. 30.
[54] BGH v. 21.10.2011 – V ZR 57/11, NJW 2012, 522.
[55] BGH v. 21.10.2011 – V ZR 57/11, NJW 2012, 522.
[56] *Langenfeld*/Günther S. 155 f.; Palandt/*Herrler* § 1093 Rz. 10.
[57] BayObLG v. 18.6.1980 – BReg. 2 Z 28/80, BayObLGZ 1980, 176; OLG Schleswig v. 9.6.1994 – 2 W 52/94, NJW-RR 1994, 1359; LG Köln v. 20.2.1987 – 11 T 24/87, MittRhNotK 1987, 105.
[58] Vgl. zB Art. 15 § 5 Abs. 1 des preußischen Ausführungsgesetzes zum BGB, das in den ehemals preußischen Teilen des Landes NRW fortgilt.
[59] § 1093 BGB iVm. § 1090 Abs. 2, § 1061 BGB.
[60] BGH v. 19.1.2007 – V ZR 163/06, NJW 2007, 1884; OLG Zweibrücken v. 8.9.1986 – 3 W 130/86, OLGZ 1987, 27; OLG Köln v. 6.2.1995 – 2 W 21/95, NJW-RR 1995, 1358.

kann jedoch in einem solchen Fall nach den Grundsätzen der **ergänzenden Vertragsauslegung** ein Geldanspruch gegen den Eigentümer zustehen.[61] Enthalten die vertraglichen Vereinbarungen zum Wohnungsrecht keine Regelungen für den Fall der Unterbringung des Wohnungsberechtigten in einem Alten- oder Pflegeheim, und tritt dieser Fall ein, so gelten nach dem Urteil des BGH vom 9.1.2009[62] folgende Grundsätze:

Der Eigentümer ist berechtigt, aber nicht verpflichtet, die Wohnung zu vermieten. Vermietet er sie, so steht die Miete dem Wohnungsberechtigten zu; der Sozialhilfeträger kann sie folglich auf sich überleiten. Vermietet der Eigentümer die Wohnung nicht, sondern nutzt sie selbst oder lässt sie durch einen nahen Angehörigen unentgeltlich nutzen, so hat er kein Nutzungsentgelt an den Wohnungsberechtigten zu zahlen.

Aus den **landesgesetzlichen** Regelungen zum **Altenteilsvertrag** kann sich bei Wegzug vom übertragenen Anwesen ein Anspruch des Wohnungsberechtigten auf **Entschädigung in Geld** ergeben (zB nach Art. 15 § 9 Abs. 3 des preußischen Ausführungsgesetzes zum BGB oder § 16 des niedersächsischen Ausführungsgesetzes zum BGB). Ein Altenteilsvertrag in diesem Sinne liegt jedoch nur dann vor, wenn dem Erwerber hierdurch ein Nachrücken in die wirtschaftliche Existenzgrundlage des Übergebers ermöglicht werden soll, wie das insbesondere bei der Übergabe eines Hofes, Betriebes oder Geschäfts der Fall ist (vgl. die Nachweise in C. 4.00 Rz. 16).

Ob ein vertraglicher Ausschluss des Wohnungsrechts für den Fall, dass der Wohnungsberechtigte das Wohnobjekt auf Dauer verlässt, gegenüber einem Regressversuch des Sozialhilfeträgers Bestand hätte, war lange umstritten,[63] dürfte aber nach dem Urteil des BGH vom 6.2.2009 zu bejahen sein.[64] Nach dieser Entscheidung verstößt die Vereinbarung, eine vertraglich übernommene Verpflichtung zur Gewährung von Kost und Pflege solle entschädigungslos ruhen, solange der Übergeber sich in einem Alten- und Pflegeheim aufhält, nicht gegen § 138 BGB. Für eine entsprechende Vereinbarung zum Wohnungsrecht dürfte nichts anderes gelten.

47 Hat der Erblasser einem Dritten eine Schenkung gemacht, so kann der Pflichtteilsberechtigte nach § 2325 Abs. 1 BGB als **Pflichtteilsergänzung** den Betrag verlangen, um den sich der Pflichtteil erhöht, wenn der geschenkte Gegenstand dem Nachlass hinzugerechnet wird. Sind jedoch zehn Jahre seit der Leistung vergangen, so bleibt die Schenkung gemäß § 2325 Abs. 3 S. 2 BGB unberücksichtigt. Behält sich der Veräußerer den **Nießbrauch** am übertragenen Grundbesitz vor, so wird die Zehnjahresfrist nach Ansicht des BGH trotz Eigentumsumschreibung auf den Erwerber nicht in Gang gesetzt, da deren Beginn über den Verlust des Eigentums hinaus voraussetzt, dass der Schenker darauf verzichtet, den verschenkten Gegenstand im wesentlichen weiterhin zu nutzen **(„Genussverzicht")**.[65] Problematisch ist, ob auch das vorbehaltene **Wohnungsrecht** den Fristbeginn hindert. Behält sich der Veräußerer ein umfassendes Wohnungsrecht vor, das sich auf sämtliche Räume eines übertragenen Hauses erstreckt, und ist ihm zusätzlich nach § 1092 Abs. 1 S. BGB gestattet, die Ausübung dieses Wohnungsrechts einem anderen zu überlassen, wird die Frist nicht in Gang gesetzt.[66]

---

[61] BGH v. 19.1.2007 – V ZR 163/06, NJW 2007, 1884; *Brückner* NJW 2008, 1111; OLG Köln v. 6.2.1995 – 2 W 21/95, NJW-RR 1995, 1358.

[62] BGH v. 9.1.2009 – V ZR 168/07, NJW 2009, 1348.

[63] Vgl. die Nachweise bei *Mayer*/Geck § 3 Rz. 91. Grundbuchrechtlich ist es jedenfalls zulässig, ein Wohnungsrecht unter der auflösenden Bedingung zu begründen, dass es erlischt, wenn der Berechtigte das Anwesen nicht nur vorübergehend verlässt, BayObLG v. 7.8.1997 – 2 Z BR 61/97, NJW-RR 1998, 85. Anderes gilt nach OLG Frankfurt MittBayNot 2016, 391 für die auflösende Bedingung, das Wohnungsrecht endet, wenn es „voraussichtlich auf Dauer nicht mehr ausgeübt werden kann", mit der Begründung, auch ein Umzug in ein Altenheim schließe die Ausübung des Wohnungsrechts nicht aus, da der Wohnungsberechtigte mit Gestattung des Eigentümers die Räume vermieten könne.

[64] BGH v. 6.2.2009 – V ZR 130/08, DNotZ 2009, 441 m. Anm. *Litzenburger* FD-ErbR 2009, 278, 793; *Mayer*/Geck § 3 Rz. 91.

[65] BGH v. 27.4.1994 – IV ZR 132/93, BGHZ 125, 395; BGH v. 29.6.2016 – IV ZR 474/15, NJW 2016, 2957.

[66] *Gehse* RNotZ 2009, 361, 370; *Krauß* Vermögensnachfolge Rz. 1404; *v. Proff* ZEV 2016, 681, 683; *Heinrichs* MitttRNotK 1995, 157, 163.

Auch wenn keine Überlassung zur Ausübung gestattet ist, besteht bei einem umfassenden Wohnungsrecht das Risiko, dass die Frist nicht anläuft.[67] Beschränkt sich das Wohnungsrecht dagegen nur auf einzelne Räume eines Hauses oder auf eine von mehreren Wohnungen in einem Haus, so soll dies nach der überwiegenden Ansicht der Instanzgerichte den Fristbeginn nicht hemmen.[68] Durch eine neue Entscheidung des BGH[69] ist nun „ein Stück Rechtssicherheit"[70] eingekehrt. In dem zugrundeliegenden Fall hatte sich der Veräußerer eines aus drei Etagen bestehenden Hauses ein Wohnungsrecht lediglich an den Räumen im Erdgeschoss und der Garage vorbehalten, unter Einschluss des Rechts auf Mitbenutzung des Gartens, der Nebenräume und der Leitungen und Anlagen zur Ver- und Entsorgung des Anwesens. Ein Recht zur Überlassung des Wohnungsrechts an Dritte war nicht vereinbart, wohl aber die Verpflichtung des Erwerbers, zu Lebzeiten der Veräußerer die Immobilie nicht zu veräußern und ohne Zustimmung der Veräußerer keine Um- oder Ausbaumaßnahmen vorzunehmen. Auf die Absicherung der schuldrechtlichen Veräußerungsbeschränkung durch Eintragung einer Rückauflassungsvormerkung wurde ausdrücklich verzichtet. Bei dieser Gestaltung hat der BGH den Fristbeginn nach § 2325 Abs. 3 S. 2 BGB bejaht.[71]

Bislang noch nicht höchstrichterlich entschieden ist die Frage, ob der Fristanlauf gehindert wird, wenn der Übergeber sich neben einem eingeschränkten Wohnungsrecht zusätzlich Rückforderungsrechte vorbehalten hat, die durch Eintragung einer Rückauflassungsvormerkung gesichert sind.[72] In der vorgenannten Entscheidung des BGH v. 29.6.2016 hatte sich der Veräußerer ein Rückforderungsrecht für den Fall vorbehalten, dass der Erwerber gegen das vereinbarte Veräußerungsverbot verstoßen sollte; auf die Absicherung des Rückforderungsrechts durch Eintragung einer Vormerkung war jedoch verzichtet worden.[73] Ohne dies zu problematisieren, hat der BGH gegen die Vereinbarung der Veräußerungsbeschränkung mit hieran anknüpfendem Rückforderungsrecht des Wohnungsberechtigten keine Bedenken im Hinblick auf den Fristbeginn gemäß § 2325 Abs. 3 S. 2 BGB geäußert. Freie, an keine Voraussetzungen geknüpfte Rückforderungsrechte dürften in diesem Zusammenhang schädlich sein, von ihnen ist abzuraten.[74]

Ertragssteuerlich stellt das vorbehaltene Wohnungsrecht bei Vermögensübergaben kein Entgelt dar, sondern mindert lediglich den Wert des übertragenen Vermögens.[75] 48

Schenkungsteuerlich stellt das vorbehaltene Wohnungsrecht eine Nutzungs- oder Duldungsauflage im Sinne der bisherigen Rechtsprechung des BFH dar.[76] Der Kapitalwert des Wohnungsrechts mindert seit dem 1.1.2009 den Wert des Schenkungsgegenstandes, da das an diesem Tag in Kraft getretene ErbStRG 2009 den bisherigen § 25 ErbStG aufgehoben hat. Dieser hatte einen Abzug nur zugelassen, falls das Wohnungsrecht für andere Personen als den Veräußerer oder seinen Ehegatten vorbehalten 49

---

[67] *Litzenburger* FD-Erb 2016, 379964; *Heinrichs* MittRhNotK 1995, 157, 163; *Mayer*/Geck § 9 Rz. 97.

[68] OLG Bremen NJW 2005, 1726; OLG Oldenburg ZEV 2006, 80; OLG Karlsruhe ZEV 2008, 244; OLG Celle OLGR 2003, 370, 371; LG Münster MittBayNot 1997, 113; LG Rottweil ZErb 2012, 310 m. Anm. *Wirich;* AA OLG München ZEV 2008, 480.

[69] BGH v. 29.6.2016 – IV ZR 474/15, NJW 2016, 2957. Zu dieser Entscheidung *Litzenburger* FErb 2016, 379964; *v. Proff* ZEV 2016, 681.

[70] *v. Proff* ZEV 2016, 681, 683.

[71] BGH v. 29.6.2016 – IV ZR 474/15, NJW 2016, 2957.

[72] Hierzu *Herrler* ZEV 2008, 461, 464; *Gehse* RNotZ 2009, 361, 369 ff.; OLG Düsseldorf v. 18.12.1998 – 7 U 78/98, MittBayNot 2000, 120. Nach *v. Proff* ZEV 2012, 681, 684 f. ist aus der Entscheidung BGH v. 29.6.2016 – IV ZR 474/15, NJW 2016, 2957 zu folgern, dass Rückforderungsrechte, auch in Kombination mit einem eingeschränkten Wohnungsrecht, den Beginn der Zehnjahresfrist des § 2325 Abs. 3 BGB nicht hemmen, sofern es sich nicht um freie Rückforderungsrechte handelt; vorsichtiger *Litzenburger* FD-Erb 2016, 379964. Vgl. die nachfolgende Fn.

[73] Im Tatbestand der BGH-Entscheidung (NJW 2016, 2957) wird die Vereinbarung eines Rückforderungsrechts für den Fall des Verstoßes gegen die Veräußerungsbeschränkung zwar nicht ausdrücklich mitgeteilt. Ein solches war jedoch vereinbart, wie ein Mitglied des zuständigen IV. Senats anlässlich einer Seminarveranstaltung auf Anfrage bestätigt hat.

[74] *Litzenburger* FD-ErbR 2016, 379964; *v. Proff* ZEV 2016, 681, 684 f.

[75] BMF v. 13.1.1993, BStBl. I 1993, 80 Tz. 10.

[76] BFH v. 12.4.1989 – II R 37/87, BStBl. II 1989, 524.

worden war. Für Altfälle vor dem 1.1.2009 gilt weiterhin § 25 Abs. 1 S. 3 und Abs. 2 ErbStG in der bisherigen Fassung (§ 37 Abs. 2 S. 2 ErbStG.[77]

50 Sofern nicht nur der Veräußerer, sondern auch sein Ehegatte ein Wohnungsrecht erhalten soll, stellt das Wohnungsrecht für den Veräußerer ein Vorbehaltwohnungsrecht, für den nach § 428 BGB mitberechtigten Ehegatten jedoch ein Zuwendungswohnungsrecht dar.[78] Das Zuwendungswohnungsrecht ist eine Schenkung des Veräußerers an seinen Ehegatten, deren Besteuerung sich nach § 23 ErbStG richtet, sofern sie nicht, wie meist, wegen des Freibetrages gem. § 16 Abs. 1 Nr. 1 ErbStG schenkungsteuerfrei bleibt. Alternativ kann in diesen Fällen vereinbart werden, dass – unter Beibehaltung einer Gesamtgläubigerschaft beider Ehegatten – abweichend von der Ausgleichsregel des § 430 BGB das Wohnungsrecht im Innenverhältnis zwischen dem Veräußerer und dessen Ehepartner bis zum Tode des Veräußerers nur diesem und erst ab dessen Ableben dem Ehegatten zustehen soll. Oder aber es könnten – unter Vermeidung einer Gesamtgläubigerstellung gemäß § 428 BGB – zwei eigenständige Wohnungsrechte begründet werden, ein sofort entstehendes für den Veräußerer allein und ein – durch den Tod des Veräußerers aufschiebend bedingtes – Wohnungsrecht für dessen Ehepartner. In beiden Alternativen läge erst mit dem Tode des Veräußerers eine freigebige Zuwendung des Wohnungsrechts an seinen Ehegatten vor, während eine Schenkung des Wohnungsrechts an den Ehepartner ganz entfiele, wenn dieser vor dem Veräußerer versterben sollte.[79]

51 Im Bereich der **Grunderwerbsteuer** sind, wie oben (vgl. Rz. 41) ausgeführt ist, Nutzungs- oder Duldungsauflagen wie das vorbehaltene Wohnungsrecht nach Wegfall des § 25 ErbStG zum 1.1.2009 nunmehr grunderwerbsteuerpflichtig, sofern kein persönlicher Befreiungstatbestand gem. § 3 Nrn. 4 und 6 GrEStG eingreift.

52 Zur Bestellung eines Wohnungsrechts für mehrere Berechtigte vgl. die Erläuterungen in A. 1.03 Rz. 33 zum Nießbrauch, die für das Wohnungsrecht entsprechend gelten, jedoch mit Ausnahme einer Berechtigung nach Bruchteilen („zu je ½ Anteil"), die wegen der Unteilbarkeit der Leistung beim Wohnungsrecht für unzulässig gehalten wird.[80]

Zu § 4: Erbausgleichung, Anrechnung auf den Pflichtteil

53 Vgl. die Erläuterungen in A. 1.04 Rz. 21 ff.

Zu § 5: Rückforderungsrecht

54 Zwar sieht das BGB bei Schenkungen für bestimmte Ausnahmefälle gesetzliche Rückforderungsrechte vor, so in § 527 BGB (Herausgabe wegen Nichtvollziehung einer Auflage), § 528 BGB (Rückforderung wegen Verarmung des Schenkers) und § 530 BGB (Widerruf wegen groben Undanks). Die gesetzlichen Rückforderungsrechte werden jedoch in der Gestaltungspraxis als unzureichend empfunden.[81] Verbreitet ist daher die zusätzliche **Vereinbarung vertraglicher Rückforderungsrechte** des Veräußerers. Als solche kommen insbesondere in Betracht: Rückforderung bei einer Veräußerung oder Belastung des Vertragsobjekts ohne Zustimmung des Übergebers; Rückforderung bei Vorversterben des Erwerbers; Rückforderung bei Insolvenz des Erwerbers (Eröffnung des Insolvenzverfahrens oder Ablehnung mangels Masse) oder bei Einleitung von Zwangsvollstreckungsmaßnahmen in das Vertragsobjekt sowie

[77] Zum früheren Recht *Ebbeling* BB 1989, 2368.

[78] BFH v. 27.7.1982 – VIII R 176/80, BStBl. II 1983, 6; *Spiegelberger* § 4 Rz. 48; *Wegmann* Rz. 251, jeweils zum Nießbrauchsrecht; für das Wohnungsrecht gilt jeweils Entsprechendes.

[79] Vgl. FM BaWü v. 25.6.2003, DB 2003, 1478; FG München v. 20.11.2002 – 4 K 5773/00, ErbStB 2003, 115 = BeckRS 2002 21011703; Nds. FG v. 14.11.2001 – 3 K 296/96, EFG 2002, 480 m. Anm. *Neu*.

[80] OLG Köln v. 29.1.1965 – 2 Wx 6/65, DNotZ 1965, 686; Mayer/*Geck* § 5 Rz. 67 aE.

[81] *Langenfeld/Günther* S. 97; *Mayer*/Geck § 13 Rz. 8 ff.

Rückforderung bei Scheidung des Erwerbers.[82] Rechtlich möglich, wenn auch nicht zu empfehlen (dazu sogleich) ist auch das **freie Rückforderungsrecht,** also das Recht, jederzeit ohne Angabe von Gründen die Rückübertragung zu verlangen.[83]

Vorbehaltene Rückforderungsrechte für den Fall der Insolvenz des Erwerbers verstoßen nicht gegen § 119 InsO.[84] Sie sind, wenn sie bereits im Übertragungsvertrag vereinbart werden, grundsätzlich auch nicht gem. §§ 129 ff. InsO anfechtbar.[85] Werden sie jedoch nachträglich vereinbart, so kann der Insolvenzverwalter sie wegen Gläubigerbenachteiligung anfechten.[86] Werden Erstattungs- und Verwendungsersatzansprüche des Erwerbers (nur) für den Fall der Rückforderung wegen Insolvenz ausgeschlossen, bei einer Rückforderung aus anderen Gründen jedoch zugelassen, droht ebenfalls eine Anfechtung wegen Gläubigerbenachteiligung.[87]

Von den verschiedenen Möglichkeiten der rechtlichen Ausgestaltung des Rückfor- **55**
derungsrechts (auflösende Bedingung, Widerrufsvorbehalt, vertragliches Rücktrittsrecht, vertragliches Rückforderungsrecht) hat sich in der notariellen Praxis das **vertragliche Rückforderungsrecht** durchgesetzt.[88] Bei dem vertraglichen Rückforderungsrecht handelt es sich um eine eigenständige vertragliche Regelung, in der die Voraussetzungen und die Modalitäten der Rückübertragung festgelegt werden.[89] Es wird üblicher Weise für bestimmte engumgrenzte Tatbestände **(Rückforderungsgründe)** vereinbart, bei deren Eintritt der Rückübereignungsanspruch nicht sogleich entsteht, sondern zusätzlich von der entsprechenden Äußerung eines Rückübereignungsverlangens abhängig ist (**zweistufiges** oder **doppelt bedingtes Rückforderungsrecht**).[90] Der Rückforderungsanspruch kann durch Eintragung einer Vormerkung gesichert werden.[91] Zu regeln ist jeweils, ob eine Vererblichkeit des Rückforderungsrechts oder jedenfalls des – durch die lebzeitige Ausübung dieses Rechts entstehenden – Rückübereignungsanspruch gewünscht wird.[92] Auch eine Befristung der Ausübung des Rückforderungsrecht ist zu überlegen.

Die Vereinbarung eines **freien Rückforderungsrechts,** bei dem der Übergeber **56**
die Rückübertragung nach seinem Belieben ohne Angabe von Gründen verlangen kann, ist regelmäßig nicht zu empfehlen. Sie stellt zum einen für den Erwerber eine nicht zumutbare Belastung dar.[93] Zum anderen kann das freie Rückforderungsrecht jederzeit von Gläubigern des Übergebers gepfändet werden.[94]

Soll das Rückforderungsrecht **mehreren Personen zustehen,** so ist zu unter- **57**
scheiden:

Sind die mehreren Personen Veräußerer, also **Miteigentümer** des zu übertragenden Objekts, so kann ihnen das Rückforderungsrecht als Gesamtberechtigte gem. § 428 BGB eingeräumt werden. In diesem Fall wird regelmäßig, insbesondere bei einer Übertragung durch Eheleute, vereinbart, dass bei Ausübung des Rückforderungsrechts der Grundbesitz an die Veräußerer in ihrem bisherigen Beteiligungsverhältnis, also meist zu je ½ Anteil, zurückzuübertragen ist, während beim Tode eines Veräußerers dem Überlebenden das Rückforderungsrecht alleine zustehen soll.[95]

---

[82] *Langenfeld/Günther* S. 99 f.; *Mayer/*Geck § 3 Rz. 28 ff.; *Wegmann* Rz. 188; *Ellenbeck* MittRhNotK 1997, 41.
[83] *Langenfeld/Günther* S. 99; *Mayer/*Geck § 3 Rz. 25 ff.; *Wegmann* Rz. 181.
[84] BGH v. 7.12.2007 – V ZR 21/07, DNotZ 2008, 514 m. Anm. *Amann.*
[85] BGH v. 13.3.2008 – IX ZB 39/05, DNotZ 2008, 518 m. Anm. *Amann.*
[86] BGH v. 7.12.2007 – V ZR 21/07, DNotZ 2008, 514 m. Anm. *Amann.*
[87] *Kesseler* ZNotP 2007, 303; *Reul* DNotZ 2008, 649, 661 f.; *Langenfeld/Günther* S. 127 f.
[88] *Langenfeld/Günther* S. 100; Mayer/Geck § 13 Rz. 22; *Schippers* MittRhNotK 1998, 69, 70; *Weser* ZEV 1995, 353, 357.
[89] *Langenfeld/Günther* S. 100; *Mayer/*Geck § 13 Rz. 21.
[90] *Mayer/*Geck § 13 Rz. 22 ff.; *Wegmann* Rz. 186; *Langenfeld/Günther* Rz. 250.
[91] BGH v. 5.12.1996 – V ZB 27/96, BGHZ 134, 182.
[92] Vgl. hierzu *Mayer/*Geck § 13 Rz. 95; *Wegmann* Rz. 191; *Ellenbeck* MittRhNotK 1997, 41, 47.
[93] *Langenfeld/Günther* Rz. 248; *Mayer/*Geck § 13 Rz. 25.
[94] BGH v. 20.2.2003 – IX ZR 102/02, NJW 2003, 1858; *Mayer/*Geck § 13 Rz. 25; *Wegmann* Rz. 186.
[95] *v. Hoyenberg* S. 172 Rz. 254 ff.; *Wegmann* Rz. 191; *Langenfeld/Günther* Rz. 269.

Ist nur **ein** Ehegatte Veräußerer und soll dessen Ehepartner erst nach dem Tod des Veräußerers das Rückforderungsrecht erhalten, so können zwei eigenständige Rückforderungsrechte vereinbart werden, von denen dasjenige des Nichteigentümer-Ehegatten aufschiebend bedingt ist durch den Tod des Veräußerers.[96] Zur grundbuchlichen Absicherung sind in diesem Fall zwei Auflassungsvormerkungen erforderlich. Möglich ist auch die Vereinbarung einer Gesamtberechtigung gem. § 428 BGB, in die der Nichteigentümer-Ehegatte einbezogen wird, verbunden mit einer Ausübungsregelung, die sicherstellt, dass dieser Ehegatte erst nach dem Tode des Veräußerers die Rückübereignung verlangen kann, sofern ein Rückforderungsgrund vorliegt.[97] Als weitere Alternative kommt die – durch den Tod des Veräußerers aufschiebend bedingte – Vorausabtretung des Rückforderungsrechts des Veräußerers an seinen Ehegatten in Betracht.[98]

58 Ob der Vorbehalt von Rückforderungsrechten dazu führt, dass die Zehnjahresfrist des § 2325 Abs. 3 S. 2 BGB für Pflichtteilsergänzungsansprüche ebenso wie beim Nießbrauchsvorbehalt trotz Eigentumsumschreibung auf den Erwerber nicht zu laufen beginnt, ist streitig. Teilweise wird ein Fristbeginn in diesen Fällen generell abgelehnt.[99] Andere halten in diesem Zusammenhang nur ein freies Rückforderungsrecht für schädlich, während der tatbestandlich eingeschränkte Rückforderungsvorbehalt, sofern der der Eintritt des Rückforderungsgrundes nicht im Belieben des Veräußerers steht, den Lauf der Frist nicht hindern soll.[100] Wieder andere nehmen an, dass selbst freie Rückforderungsrechte nicht fristhemmend seien.[101] Nach Ansicht des OLG Düsseldorf beginnt die Zehnjahresfrist nicht zu laufen, wenn der Veräußerer sich ein Rückforderungsrecht für den Fall der Weiterveräußerung oder Belastung vorbehält, während Rückforderungsrechte für den Fall der Insolvenz oder des Vorversterbens des Erwerbers ebenso unschädlich seien wie die ohnehin gesetzlich eingeräumten Rückforderungsrechte wegen groben Undanks und Verarmung.[102]Vertreten wird auch, dass eine Kombination von enumerativem Rückforderungsrecht mit weiteren vorbehaltenen Rechten des Veräußerers (zB Wohnungsrecht an den bisher bewohnten Räumen) den Fristanlauf hindern kann.[103] Der BGH hat die Kombination eines eingeschränkten Wohnungsrechts mit einer schuldrechtlichen, nicht durch Rückauflassungsvormerkung gesicherten Veräußerungsbeschränkung unter dem Gesichtspunkt des § 2325 Abs. 3 S. 2 nicht beanstandet und einen Fristbeginn bejaht.[104] Vgl. auch Rz. 47.

Vereinbarte Rückforderungsrechte, insbesondere für den Fall der Veräußerung oder Belastung des zugewendeten Grundbesitzes, sind bei der Berechnung des Pflichtteilsergänzungsanspruchs wertmindernd zu berücksichtigen. Ein Abschlag von 10% des Immobilienwerts wird hierbei als angemessen angesehen.[105]

---

[96] *Mayer*/Geck § 13 Rz. 188; *Wegmann* Rz. 191.

[97] *Krauß* Rz. 1941 f.; *Langenfeld/Günther* S. 109.

[98] *Mayer*/Geck § 13 Rz. 188; *Langenfeld/Günther* S. 116; *Wegmann* Rz. 191.

[99] *Draschka* RPfleger 1992, 419, 421.

[100] *Diehn* DNotZ 2009, 69; *N. Mayer* ZEV 1994, 325, 329; *Winkler* ZEV 2005, 89, 94.

[101] *Heinrichs* MittRhNotK 1995, 157, 165; *Ellenbeck* MittRhNotK 1997, 41, 53; *Dickhuth-Harrach* FS Rhein. Notariat, 185, 218.

[102] OLG Düsseldorf v. 11.4.2008 – 7 U 70/07, RNotZ 2009, 175. Die Entscheidung wird ganz überwiegend abgelehnt, vgl etwa die Urteilanmerkungen von *Diehn* DNotZ 2009, 69 und *Herrler* ZEV 2008, 526; *Mayer*/Geck § 9 Rz. 104.

[103] OLG Düsseldorf v. 18.12.1998 – 7U 78/98, MittBayNot 2000, 120 = NJW-FER 1999, 279; *Gehse* RNotZ 2009, 361, 370; *Mayer*/Geck § 9 Rz. 103.

[104] BGH v. 29.6.2016 – IV ZR 474/15, NJW 2016, 2957. Hieraus zieht *v. Proff* ZEV 2016, 681684 f., den Schluss, dass eine Kombination von Rückforderungsrecht mit einem eingeschränkten Wohnungsrecht nach Ansicht des BGH unschädlich sei. Zurückhaltender dagegen *Litzenburger* FD-Erb 2016, 379964. Obwohl im Tatbestand der Entscheidung des BGH nicht ausdrücklich erwähnt, hatten die Vertragsbeteiligten ein Rückforderungsrecht für den Fall vereinbart, dass der Erwerber den Grundbesitz des Veräußerers ohne dessen Zustimmung veräußern sollte, auf die Absicherung dieses Rückforderungsrechts durch Eintragung einer Auflassungsvormerkung jedoch verzichtet, vgl. hierzu die vorstehenden Bemerkungen in Fn. 73 dieses Abschnitts.

[105] OLG Koblenz v. 17.10.2001 – 9 U 166/01, RNotZ 2002, 338; *Krauß* Rz. 52; *Mayer*/Geck § 9 Rz. 122.

Einkommensteuerlich steht die Vereinbarung eines eingeschränkten, an bestimmte Tatbestände geknüpften Rückforderungsrechts dem Übergang des **wirtschaftlichen Eigentums** auf den Erwerber regelmäßig nicht entgegen,[106] während ein freies Rückforderungsrecht einen solchen Übergang verhindern kann.[107] 59

Schenkungsteuerlich liegt trotz Vorbehalts eines Rückforderungsrechts eine **vollzogene Schenkung** vor, und zwar nach hM selbst dann, wenn ein freies Rückforderungsrecht vereinbart worden ist.[108] Bei Rückübereignung aufgrund vorbehaltenen Rückforderungsrechts erlischt die Schenkungsteuer gem. § 29 Abs. 1 Nr. 1 ErbStG mit Wirkung für die Vergangenheit. Eine derartige Rückübertragung stellt auch nicht etwa eine neue Schenkung dar, sondern ist bloße Rückgängigmachung des ursprünglichen Schenkungsvorgangs aufgrund vorbehaltenen Rechts.[109] Nach § 29 Abs. 2. ErbStG hat der Beschenkte jedoch die Nutzungen, die ihm in der Zeit vor der Rückübertragung zugestanden haben, wie ein Nießbraucher zu besteuern, dies allerdings nur dann, wenn ihm auch die Nutzungen nach der Rückübertragung verbleiben und nicht etwa herausgegeben oder vergütet werden müssen.[110] Wird dagegen das Rückforderungsrecht erst nachträglich, d.h. nach Ausführung der Zuwendung, vereinbart und sodann ausgeübt, so erlischt die Schenkungsteuerpflicht nach § 29 Abs. 1 Nr. 1 ErbStG nicht und die Rückübertragung stellt eine selbständige Rückschenkung dar.[111] 60

Zu § 6: Besitzübergang, Mängelhaftung, Erschließung

Ab dem vereinbarten Stichtag für den wirtschaftlichen Übergang hat der Erwerber alle Lasten des Grundbesitzes, insbesondere die Grundsteuer sowie sonstige Grundbesitzabgaben zu tragen, sofern diese nicht aufgrund abweichender Vereinbarung oder gesetzlicher Lastenverteilung dem Wohnungsberechtigten obliegen. Die Übernahme etwaiger Erschließungskosten, die durchaus eine erhebliche Größenordnung erreichen können, dient der Klarstellung. Der weitgehende Ausschluss einer Mängelhaftung des Übergebers entspricht der Interessenlage. 61

Zu § 7: Auflassung, Grundbucherklärungen

Bei einer Übertragung unter nahen Verwandten wird aus Kostengründen regelmäßig auf die Eintragung einer Auflassungsvormerkung für den Erwerber verzichtet. Dagegen sollten das im Vertragsformular vereinbarte Wohnungsrecht sowie das Rückforderungsrecht zugunsten des Übergebers grundbuchlich gesichert werden, da andernfalls insbesondere bei einer Weiterveräußerung, Zwangsversteigerung oder im Falle einer Insolvenz des Erwerbers kein Schutz bestünde. 62

---

[106] BFH v. 25.1.1996 – IV R 114/94, BStBl. II 1997, 382; BFH v. 17.6.1998 – XI R 55/97, ZEV 1998, 445.

[107] BFH v. 16.5.1989 – VIII R 196/84, BStBl. II 1989, 877; BFH v. 17.6.1998 – XI R 55/97, ZEV 1998, 445; *Carlé* ErbSt 2006, 72; *Krauß* Vermögensnachfolge Rz. 1909ff.

[108] BFH v. 13.9.1989 – II R 67/86, BStBl. II 1989, 1034; BFH v. 28.6.2007 – II R 21/05, BStBl. II 2007, 669; *Meyding* ZEV 1995, 397, 400; Troll/Gebel/Jülicher/*Jülicher* ErbStG § 29 Rz. 58; *Carlé* ErbStB 2006, 72; zurückhaltender – für den Fall eines freien Rückforderungsrechts – *Wegmann* Rz. 182.

[109] *Jülicher* DStR 1998, 1977, 1983; *Spiegelberger,* Vermögensnachfolge, S. 69; 1; *Wegmann* Rz. 182.

[110] *Meincke* ErbStG § 29 Rz. 18; *Ellenbeck* MittRhNotK 1997, 41, 52.

[111] FG Nürnberg v. 24.6.2004 – IV 192/03, DStRE 2004, 1466; *Carlé* ErbStB 2006, 72.

A. 1.02 Schenkungsvertrag über fremdgenutzten Grundbesitz

Gliederung

A. 1.02 **Urkundenrolle Nr. für 20[...]**

Verhandelt zu [...] am [...]

Vor mir,

[...]
– NOTAR/IN IN [...] –

erschienen:

I. als Veräußerer:
Herr F. D., geboren am [...]
wohnhaft in [...], ledig
– nachstehend „Veräußerer" genannt –
II. als Erwerber:
dessen Neffe,
Herr A. D., geboren am [...]
wohnhaft in [...]
– nachstehend „Erwerber" genannt –.

Die Erschienenen wiesen sich aus durch Vorlage ihrer amtlichen mit Lichtbild versehenen Personalausweise.
Die Erschienenen ließen folgenden

SCHENKUNGSVERTRAG

beurkunden und erklärten:

§ 1 Grundbuchangaben, Veräußerungsgegenstand[Rz. 18–20]

1. **Der Veräußerer ist Eigentümer der folgenden im Wohnungsgrundbuch von B. Blatt Nummer 280 eingetragenen Eigentumswohnung:**[Rz. 19]
   1/6 Miteigentumsanteil an dem Grundstück
   Gemarkung B.
   Flur 3 Flurstück 43, Gebäudefläche u. Freifläche,
   groß: 1 500 qm,
   verbunden mit dem Sondereigentum an der Wohnung im ersten Obergeschoss rechts nebst Kellerraum, im Aufteilungsplan jeweils mit Nr. 3 bezeichnet.
   Zum Inhalt des Sondereigentums gehört das Sondernutzungsrecht an dem in der Tiefgarage gelegenen Stellplatz Nr. 3.[Rz. 20]
   Die Eigentumswohnung wird nachfolgend auch kurz „Grundbesitz" genannt.
2. **Der Notar hat den Grundbuchinhalt feststellen lassen. Der Grundbesitz ist im Grundbuch unbelastet.**

Nach dem Inhalt des Grundbuches ist zur Veräußerung des Wohnungseigentums die Zustimmung des Verwalters erforderlich.

3. Die Eigentumswohnung ist vermietet. Mieterin ist Frau G. H, [...]

§ 2 Übertragung Rz. 21

1. Der Veräußerer überträgt dem Erwerber die in § 1 dieses Vertrages näher bezeichnete Eigentumswohnung. Der Erwerber nimmt die Übertragung an.

2. Die Übertragung erfolgt schenkweise. Der Erwerber hat also keinerlei Gegenleistung an den Veräußerer zu erbringen.
Der Veräußerer behält sich auch kein Nießbrauchsrecht oder Wohnungsrecht vor.

§ 3 Rückforderungsrecht Rz. 22

1. Der Veräußerer behält sich vor, die Rückübereignung des in dieser Urkunde übertragenen Grundbesitzes auf sich zu verlangen, falls einer der nachgenannten Rückforderungsgründe eintritt
a) falls der Erwerber ohne Zustimmung des Veräußerers über den Grundbesitz durch Veräußerung oder Belastung verfügt;
b) falls der Erwerber vor dem Tode des Veräußerers verstirbt;
c) falls über das Vermögen des Erwerbers das Insolvenzverfahren eröffnet oder die Eröffnung mangels Masse abgelehnt wird;
d) falls in den übertragenen Grundbesitz Zwangsvollstreckungsmaßnahmen eingeleitet und nicht innerhalb von sechs Wochen wieder aufgehoben werden;
e) falls der Erwerber von seiner (ggf. künftigen) Ehefrau geschieden wird oder von dieser iSd § 1567 BGB getrennt lebt, es sei denn, der Erwerber hat durch Ehevertrag sichergestellt, dass der hier übertragene Grundbesitz im Scheidungsfall im Zugewinnausgleich nicht berücksichtigt wird.

Das Rückforderungsrecht ist nicht vererblich und höchstpersönlich. Hat der Veräußerer jedoch das Rückforderungsrecht zu seinen Lebzeiten berechtigt ausgeübt, so ist der durch die Ausübung dieses Rechts entstandene Rückübereignungsanspruch vererblich. Das Rückforderungsrecht muss schriftlich ausgeübt werden, und zwar innerhalb von sechs Monaten, nachdem der Berechtigte von dem Eintritt des Rückforderungsgrundes Kenntnis erlangt hat. Im Falle des Rückforderungsgrundes zu Buchst. b beträgt die Frist zwei Jahre.
Wird das vorgenannte Rückforderungsrecht ausgeübt, so ist der Erwerber – gegebenenfalls seine Erben – verpflichtet, den Grundbesitz an den Veräußerer zurückzuübereignen.

2. Im Falle der Ausübung des Rückforderungsrechts hat der Veräußerer Zug um Zug mit der Rückübertragung die nachgewiesenen Aufwendungen des Erwerbers in den übertragenen Grundbesitz zu erstatten, soweit die Wertsteigerung noch besteht. In Anrechnung auf den Erstattungsbetrag hat der Veräußerer zur vollständigen Entlastung des Erwerbers die Darlehen zu übernehmen, die der Erwerber zur Finanzierung der zu erstattenden Aufwendungen aufgenommen hat, und zwar in der noch bestehenden Höhe und mit den Grundpfandrechten, die zur Sicherung dieser Darlehen am Vertragsobjekt bestellt worden sind.
Im Übrigen werden alle wechselseitigen Ansprüche aus gezogenen Nutzungen oder gemachten Verwendungen werden ausgeschlossen. Auch sind keine weiteren Gegenleistungen für die Rückübertragung zu erbringen.
Die mit der Rückübertragung verbundenen Kosten und Steuern trägt der Rückforderungsberechtigte.
Das Rückforderungsrecht soll durch Eintragung einer Auflassungsvormerkung im Grundbuch gesichert werden.

§ 4 Besitzübergang, Mängelhaftung, Erschließung Rz. 23

1. Der Besitz, die Nutzungen, die Lasten und die Gefahr des übertragenen Grundbesitzes gehen mit dem ersten Tag des auf die Beurkundung dieses Vertrages folgenden Monats auf den Erwerber über.
   Der Erwerber tritt mit dem Besitzübergangstag in die mit dem übertragenen Wohnungseigentum verbundenen Rechte und Pflichten ein, insbesondere in diejenigen, die sich aus der Teilungserklärung nebst Gemeinschaftsordnung, den von der Eigentümergemeinschaft bisher gefassten Beschlüssen und dem Verwaltervertrag ergeben.
2. Der Erwerber tritt in das bestehende Mietverhältnis ein. Der Notar hat über die Vorschrift des § 566 BGB belehrt.
3. Ansprüche und Rechte des Erwerbers wegen eines Sachmangels der Eigentumswohnung und des gemeinschaftlichen Eigentums werden hiermit ausgeschlossen. Von dieser Rechtsbeschränkung ausgenommen ist eine Haftung bei Vorsatz und Arglist.
   Der Veräußerer ist verpflichtet, dem Erwerber das Eigentum an dem übertragenen Wohnungseigentum frei von im Grundbuch eingetragenen und vom Erwerber nicht übernommenen Belastungen zu verschaffen.
4. Beiträge, Kosten und Abgaben nach dem Baugesetzbuch und Kommunalabgabengesetz gehen zu Lasten des Erwerbers, und zwar unabhängig davon, wann Beiträge, Kosten und Abgaben dieser Art entstehen oder bereits entstanden sind.

§ 5 Kosten, Schenkungsteuer Rz. 24

Die mit dieser Urkunde und ihrem Vollzug verbundenen Kosten trägt der Erwerber. Dieser trägt auch die Schenkungsteuer.

§ 6 Auflassung, Grundbucherklärungen Rz. 25

1. Die Beteiligten sind darüber einig, dass das Eigentum an dem übertragenen Wohnungseigentum auf den Erwerber übergehen soll.
   Sie bewilligen und beantragen die Eintragung des Eigentumswechsels in das Grundbuch.
   Die Beteiligten stimmen allen Löschungen und Pfandfreigaben nach Maßgabe der Bewilligungen der jeweils Berechtigten im Grundbuch hierdurch zu.
2. Die Beteiligten bewilligen und beantragen die Eintragung einer Auflassungsvormerkung auf der übertragenen Eigentumswohnung zur Sicherung des Rückübertragungsanspruchs des Veräußerers gemäß § 3 dieser Urkunde.
3. Den Beteiligten ist bekannt, dass das Eigentum an dem übertragenen Wohnungseigentum erst mit der Umschreibung im Grundbuch auf den Erwerber übergeht.
   Voraussetzung der Eigentumsumschreibung ist die Rechtswirksamkeit dieser Urkunde, die Erteilung der grunderwerbsteuerlichen Unbedenklichkeitsbescheinigung durch das Finanzamt und die Zahlung der Gerichtskosten.
   Die Rechte des Erwerbers aus dieser Urkunde können gegen mögliche Beeinträchtigungen vor Eigentumsumschreibung im Grundbuch durch Eintragung einer Auflassungsvormerkung gesichert werden.
   Die Beteiligten verzichten nach Belehrung auf die Eintragung einer Auflassungsvormerkung zugunsten des Erwerbers im Grundbuch. Rz. 25

§ 7 Schlussbestimmungen Rz. 26

1. Der Vertrag bedarf zu seiner Rechtswirksamkeit der Genehmigung des Verwalters. Der Notar wird beauftragt, diese Genehmigung einzuholen. Rz. 26
   Genehmigungen aller Art werden wirksam mit ihrem Eingang beim Notar.

2. Der Notar wies die Beteiligten darauf hin, dass alle Vertragsvereinbarungen beurkundungspflichtig sind und dass Nebenabreden außerhalb dieser Urkunde zur Nichtigkeit des gesamten Rechtsgeschäftes führen können.

Die Beteiligten nehmen wechselseitig alles Vorstehende an.

Diese Niederschrift wurde den Erschienenen von dem Notar vorgelesen, von ihnen genehmigt und von ihnen und dem Notar wie folgt eigenhändig unterschrieben:

A. Grundsätzliche Anmerkungen

I. Wirtschaftliche Aspekte

Regelungsziel ist die Übertragung einer fremdgenutzten (vermieteten) Eigentums- 1
wohnung im Wege der Schenkung ohne Vorbehalt eines Wohnungs- oder Nießbrauchsrechts. Sie dient der **Verlagerung von Einkünften** des Schenkers aus Vermietung und Verpachtung auf den Beschenkten und kommt daher regelmäßig nur in Betracht, wenn der Schenker auf diese Einkünfte nicht mehr angewiesen ist und es auch in Zukunft aller Voraussicht nach nicht sein wird.

Durch die Schenkung können die **schenkungsteuerlichen Freibeträge** gem. § 16 2
ErbStG ausgenutzt werden, und zwar im Abstand von jeweils zehn Jahren auch wiederholt (§ 27 ErbStG). Wirtschaftlicher Anlass für eine Schenkung von Grundbesitz konnten bis zum Erlass des ErbStRG vom 24.12.2008 auch **bewertungsrechtliche Privilegien** (§§ 145ff. BewG aF) sein. Diese sind seit dem 1.1.2009 durch die Neuregelung des ErbStG und des BewG weitgehend entfallen. Bei der Übertragung von zu Wohnzwecken vermietetem Grundbesitz sieht § 13d ErbStG (vormals § 13c ErbStG) jedoch immerhin einen Bewertungsabschlag von 10vH vor. Zur Neuregelung des Bewertungsrechts vgl. A. 1.01 Rz. 24ff.

(frei) **3, 4**

II. Rechtliche Aspekte

Vgl. hierzu die Erläuterungen in A. 1.01 Rz. 5ff. **5**

(frei) **6–8**

III. Steuerrechtliche Aspekte

1. Ertragssteuern

Bis zur Übertragung des vermieteten Grundeigentums erzielt der Veräußerer Ein- 9
künfte aus Vermietung und Verpachtung gem. § 21 Abs. 1 Nr. 1 EStG. Mit der Übertragung tritt der Erwerber kraft Gesetzes (§ 566 BGB) anstelle des Veräußerers in die sich aus dem Mietverhältnis ergebenden Rechte und Pflichten ein und erfüllt nun seinerseits den Einkunftstatbestand des § 21 Abs. 1 Nr. 1 EStG (Zu den Ausnahmen bei der Übertragung unter Nießbrauchsvorbehalt vgl. die Erläuterungen in A. 1.04 Rz. 3ff.). War der Veräußerer gem. §§ 7ff., 9 Abs. 1 Nr. 7 EStG zur Geltendmachung von AfA berechtigt, geht die **AfA-Befugnis** mit der Übertragung des Grundbesitzes auf den Erwerber über. Dieser ist nach § 11d EStDV berechtigt, hinsichtlich des unentgeltlich erworbenen Objekts die AfA seines Rechtsvorgängers fortzusetzen (Zu den Ausnahmen bei der Übertragung unter Nießbrauchsvorbehalt vgl. A. 1.04 Rz. 5).

(frei) **10–12**

2. Erbschaft- und Schenkungsteuern

13 Vgl. hierzu die Erläuterungen in A. 1.01 Rz. 17ff.
Bei der Übertragung von zu Wohnzwecken vermietetem Grundbesitz ist gem. § 13d ErbStG ein Bewertungsabschlag von 10 vH vorzunehmen.

14, 15 *(frei)*

3. Verkehrssteuern

16 Vgl. hierzu die Erläuterungen in A. 1.01 Rz. 41.

17 *(frei)*

B. Einzelerläuterungen

Zu § 1: Grundbuchangaben, Veräußerungsgegenstand

18 Der Schenkungsvertrag über eine Eigentumswohnung bedarf zu seiner Wirksamkeit der notariellen Beurkundung. Während § 518 Abs. 1 BGB lediglich die notarielle Beurkundung des Schenkungsversprechens verlangt, fordert § 311b Abs. 1 BGB die notarielle Beurkundung des **gesamten Vertrages**. Hierzu gehören alle Vereinbarungen, aus denen sich nach dem Willen der Vertragsbeteiligten das schuldrechtliche Veräußerungsgeschäft zusammensetzt.[1]

Der Beurkundungszwang des § 311b Abs. 1 BGB gilt auch für den Vertrag über die Verpflichtung zur Übertragung oder zum Erwerb einer Eigentumswohnung, da diese aus dem Sondereigentum und dem Miteigentumsanteil an dem gemeinschaftlichen Eigentum besteht (§ 1 Abs. 2 WEG) und Miteigentumsanteile an einem Grundstück ebenfalls unter § 311b Abs. 1 BGB fallen.[2]

19 Zur grundbuchmäßigen Bezeichnung (§ 28 GBO) des Übertragungsobjektes genügt bei einer Eigentumswohnung die Angabe des Wohnungsgrundbuchblattes. Zur besseren Information der Vertragsbeteiligten sollten jedoch, wie im Formular geschehen, auch Angaben über die Größe des Miteigentumsanteils sowie über Gegenstand und Inhalt des Sondereigentums in den Vertrag aufgenommen werden.[3]

20 Das Sondernutzungsrecht – im Formular: an einem Tiefgaragenstellplatz – ist das Recht, einen bestimmten Teil des gemeinschaftlichen Eigentums alleine – unter Ausschluss der übrigen Miteigentümer – zu nutzen. Es beruht auf einer nach § 10 Abs. 2, 3 WEG in der Gemeinschaftsordnung getroffenen Gebrauchsregelung gem. § 15 Abs. 1 WEG. Das Sondernutzungsrecht wirkt, wenn es im Grundbuch eingetragen ist, auch für Sonderrechtsnachfolger und geht dann als Inhalt des Sondereigentums mit der Übertragung der Eigentumswohnung, zu der es gehört, automatisch auf den Erwerber über.[4]

Zu § 2: Übertragung

21 Rechtsgrund der Übertragung ist eine Schenkung gem. § 516 BGB. Im Formular handelt es sich um eine reine Schenkung, bei der sich der Veräußerer kein Wohnungs- oder Nießbrauchsrecht vorbehält. Obwohl die Vereinbarung eines solchen Vorbehalts beurkundungsbedürftig wäre (§ 311b Abs. 1 BGB), ist es, sofern Rechte dieser Art nicht vorbehalten werden, zweckmäßig, dies zur Verdeutlichung hervorzuheben.

---

[1] BGH v. 27.10.1972 – V ZR 37/71, NJW 1973, 37.
[2] MüKoBGB/*Kanzleiter* BGB § 311b Rz. 11.
[3] *Rapp* in Beck'sches Notarhandbuch A III Rz. 154.
[4] Palandt/*Wicke* WEG § 13 Rz. 12.

Zu § 3: Rückforderungsrecht

Vgl. hierzu die Erläuterungen in A. 1.01 Rz. 54ff. **22**

Zu § 4: Besitzübergang, Mängelhaftung, Erschließung

Ab dem vereinbarten Stichtag für den wirtschaftlichen Übergang hat der Erwerber **23** alle Lasten des Grundbesitzes, insbesondere die Grundsteuer sowie sonstige Grundbesitzabgaben zu tragen. Die Übernahme etwaiger Erschließungsbeiträge, die durchaus eine erhebliche Größenordnung erreichen können, dient der Klarstellung. Der weitgehende Ausschluss einer Mängelhaftung des Übergebers entspricht der regelmäßigen Interessenlage.

Zu § 5: Kosten, Schenkungsteuer

Schuldner der Schenkungsteuer ist der Erwerber als Beschenkter. Der Schenker haf- **24** tet allerdings als Gesamtschuldner (§ 44 AO), so dass seine Inanspruchnahme möglich ist, falls die Einziehung der Schenkungsteuer vom Beschenkten scheitert oder aus triftigem Grund unzweckmäßig ist.[5] Zunächst muss sich das Finanzamt jedoch an den Beschenkten halten, den als Erwerber in erster Linie die Steuerpflicht trifft.[6]

Hat der Schenker im Verhältnis zum Beschenkten die Schenkungsteuer übernommen, so muss das Finanzamt, wenn es gleichwohl den Beschenkten in Anspruch nimmt, die getroffene Auswahlentscheidung begründen. Fehlt die Begründung, ist der gegen den Beschenkten ergangene Steuerbescheid bereits aus diesem Grunde rechtswidrig und aufzuheben.[7]

Übernimmt der Schenker aufgrund Vereinbarung mit dem Beschenkten die Schenkungsteuer, so erhöht dies den Wert der Schenkung.[8]

Zu § 6: Auflassung, Grundbucherklärungen

Bei einer Übertragung unter nahen Verwandten wird aus Kostengründen regelmä- **25** ßig auf die Eintragung einer Auflassungsvormerkung für den Erwerber verzichtet.

Zu § 7 Schlussbestimmungen

Nach den im Formular mitgeteilten Grundbuchangaben besteht eine Veräuße- **26** rungsbeschränkung gem. § 12 WEG, die die Wirksamkeit der Übertragung an die Zustimmung des Verwalters knüpft. Der Verwalter darf die Zustimmung nur aus wichtigem Grund versagen (§ 12 Abs. 2 WEG), der in der Person des Erwerbers oder der von ihm beabsichtigten Nutzung liegen muss.[9] Der Verwalter darf die Zustimmung nicht von der Zahlung rückständiger Wohngeldbeträge des Veräußerers abhängig machen.[10] Die Zustimmung des Verwalters muss dem Grundbuchamt in der Form des § 29 GBO (öffentliche Beglaubigung) nachgewiesen werden. Zum Nachweis der Verwaltereigenschaft ist dem Grundbuchamt eine Niederschrift über den Bestellungsbeschluss vorzulegen, bei der die Unterschriften der in § 24 Abs. 6 WEG genannten Personen öffentlich beglaubigt sein müssen (§ 26 Abs. 4 WEG).

---

[5] *Meincke* ErbStG § 20 Rz. 6.
[6] *Meincke* ErbStG § 20 Rz. 6.
[7] BFH v. 1.7.2008 – II R 2/07, ZEV 2008, 554.
[8] *Meincke* ErbStG § 10 Rz. 24.
[9] BayObLG v. 14.3.1990 – BReg. 1b Z 7/89, NJW-RR 1990, 657.
[10] BayObLG v. 22.10.1992 – 2 Z BR 80/92, NJW-RR 1993, 280; OLG Hamm v. 7.4.1989 – 15 W 513/88, NJW-RR 1989, 974.

A. 1.03 Übertragungsvertrag über eigengenutzten Grundbesitz mit Nießbrauchsvorbehalt

Gliederung

A. 1.03

Urkundenrolle Nr. für 20[...]

Verhandelt zu [...] am [...]

Vor mir,

[...]
– NOTAR/IN IN [...] –

erschienen:

I. als Veräußerer:
Eheleute Herr P. S., geboren am, [...]
und Ehefrau H. S. geborene Z., geboren am [...]
beide wohnhaft in [...]
– nachstehend „Veräußerer" genannt –,

II. als Erwerber:
deren Tochter, [...]
Frau A. U., geborene S., geboren am [...]
wohnhaft in [...]
– nachstehend „Erwerberin" genannt –.

Die Erschienenen wiesen sich aus durch Vorlage ihrer amtlichen mit Lichtbild versehenen Personalausweise.
Die Erschienenen ließen den folgenden

ÜBERTRAGUNGSVERTRAG

beurkunden und erklärten:

§ 1 Grundbuchangaben, Veräußerungsgegenstand[Rz. 31]

1. **Die Veräußerer sind zu je $1/2$ Anteil Miteigentümer des im Grundbuch von L. Blatt Nummer 472 eingetragenen Grundbesitzes:**
   Gemarkung L.
   Flur 2 Flurstück 45, Gebäude- und Freifläche,
   groß: 650 qm.
2. **Der Notar hat den Grundbuchinhalt feststellen lassen. Der Grundbesitz ist im Grundbuch unbelastet.**
3. **Der Grundbesitz ist mit einem Einfamilienhaus bebaut, das vom Veräußerer zu eigenen Wohnzwecken genutzt wird.**

§ 2 Übertragung[Rz. 31]

1. **Die Veräußerer übertragen der Erwerberin den in § 1 dieser Urkunde näher bezeichneten Grundbesitz zu Alleineigentum.**
   Mitübertragen werden alle wesentlichen Bestandteile, insbesondere alle baulichen Anlagen.
2. **Die Erwerberin nimmt die Übertragung an.**

§ 3 Vorbehalt des Nießbrauchs[Rz. 3–19. 20–24. 25–35]

Die Veräußerer behalten sich – als Gesamtberechtigte gemäß § 428 BGB – das lebenslange Nießbrauchsrecht an dem in dieser Urkunde übertragenen Grundbesitz vor.

Nach dem Tode des Erstversterbenden der Veräußerer steht das Nießbrauchsrecht dem Überlebenden von ihnen allein und ungeschmälert zu.

Für den Inhalt des Nießbrauchsrechts gelten die gesetzlichen Bestimmungen.

Das Nießbrauchsrecht soll im Grundbuch eingetragen werden.

§ 4 Erbausgleichung, Pflichtteilsanrechnung[Rz. 36]

1. **Eine erbrechtliche Ausgleichungspflicht gemäß § 2050 BGB wird ausgeschlossen.**
2. **Die Erwerberin hat sich jedoch den heutigen Verkehrswert des übertragenen Hausgrundbesitzes abzüglich des Werts des kapitalisierten Nießbrauchsrechts auf ihr gesetzliches Pflichtteilsrecht am Nachlass des Veräußerers anrechnen zu lassen.**

§ 5 Rückforderungsrecht[Rz. 37]

1. **Die Veräußerer behalten sich – als Gesamtgläubiger gemäß § 428 BGB – das Recht vor, die Rückübereignung des in dieser Urkunde übertragenen Grundbesitzes auf sich zu verlangen, falls einer der nachgenannten Rückforderungsgründe eintritt**
   a) **falls die Erwerberin ohne Zustimmung der Veräußerer über den Grundbesitz durch Veräußerung oder Belastung verfügt;**
   b) **falls die Erwerberin vor dem Tode des Längstlebenden der Veräußerer verstirbt;**
   c) **falls über das Vermögen der Erwerberin das Insolvenzverfahren eröffnet oder die Eröffnung mangels Masse abgelehnt wird;**
   d) **falls in den übertragenen Grundbesitz Zwangsvollstreckungsmaßnahmen eingeleitet und nicht innerhalb von sechs Wochen wieder aufgehoben werden;**
   e) **falls die Erwerberin von ihrem (ggf. künftigen) Ehemann geschieden wird oder von ihm iSd § 1567 BGB getrennt lebt, es sei denn, die Erwerberin hat durch Ehevertrag sichergestellt, dass der in dieser Urkunde übertragene Grundbesitz im Scheidungsfall im Zuwinnausgleich nicht berücksichtigt wird.**

   Das Rückforderungsrecht ist nicht vererblich und höchstpersönlich. Hat der Veräußerer jedoch das Rückforderungsrecht zu seinen Lebzeiten berechtigt ausgeübt, so ist der durch die Ausübung dieses Rechts entstandene Rückübereignungsanspruch vererblich. Das Rückforderungsrecht muss schriftlich ausgeübt werden, und zwar innerhalb von sechs Monaten, nachdem der Berechtigte von dem Eintritt des Rückforderungsgrundes Kenntnis erlangt hat. Im Falle des Rückforderungsgrundes zu Buchst. b beträgt die Frist zwei Jahre.

   Wird das vorgenannte Rückforderungsrecht ausgeübt, so ist die Erwerberin – gegebenenfalls ihre Erben – verpflichtet, den Grundbesitz an die Veräußerer zu je ½ Anteil zurückzuübertragen. Nach dem Tode eines Veräußerers steht dem Überlebenden das Rückforderungsrecht allein zu und ist in diesem Fall durch Rückübertragung in dessen Alleineigentum zu erfüllen.

Keiner der Veräußerer ist jedoch befugt, zu Lasten des anderen über den Rückübertragungsanspruch zu verfügen.

2. Im Falle der Ausübung des Rückforderungsrechts hat der Veräußerer Zug um Zug mit der Rückübertragung die nachgewiesenen Aufwendungen des Erwerbers in den übertragenen Grundbesitz zu erstatten, soweit die Wertsteigerung noch besteht. In Anrechnung auf den Erstattungsbetrag hat der Veräußerer zur vollständigen Entlastung des Erwerbers die Darlehen zu übernehmen, die der Erwerber zur Finanzierung der zu erstattenden Aufwendungen aufgenommen hat, und zwar in der noch bestehenden Höhe und mit den Grundpfandrechten, die zur Sicherung dieser Darlehen am Vertragsobjekt bestellt worden sind.
Im Übrigen werden alle wechselseitigen Ansprüche aus gezogenen Nutzungen oder gemachten Verwendungen ausgeschlossen. Auch sind keine weiteren Gegenleistungen für die Rückübertragung zu erbringen.
Die mit der Rückübertragung verbundenen Kosten und Steuern trägt der Rückforderungsberechtigte.

§ 6 Besitzübergang, Mängelhaftung, Erschließung

1. Der Besitz, die Nutzungen, die Lasten und die Gefahr des übertragenen Grundbesitzes gehen – vorbehaltlich des in dieser Urkunde eingeräumten Nießbrauchsrechts – mit dem ersten Tag des auf die Beurkundung dieses Vertrages folgenden Monats auf die Erwerberin über.
2. Ansprüche und Rechte der Erwerberin wegen eines Sachmangels des Grund und Bodens und des Gebäudes werden hiermit ausgeschlossen.
Der Veräußerer ist verpflichtet, der Erwerberin das Eigentum an dem übertragenen Grundbesitz frei von im Grundbuch eingetragenen und von der Erwerberin nicht übernommenen Belastungen zu verschaffen. Im übrigen wird eine Rechtsmängelhaftung ausgeschlossen. Von diesen Rechtsbeschränkungen ausgenommen ist jeweils eine Haftung bei Vorsatz und Arglist.
Grunddienstbarkeiten und persönliche Dienstbarkeiten werden, soweit solche bestehen, übernommen.
3. Beiträge, Kosten und Abgaben nach dem Baugesetzbuch und Kommunalabgabengesetz gehen zu Lasten der Erwerberin, und zwar unabhängig davon, wann Beiträge, Kosten und Abgaben dieser Art entstehen oder bereits entstanden sind.

§ 7 Auflassung, Grundbucherklärungen[Rz. 38]

1. Die Beteiligten sind darüber einig, dass das Eigentum an dem übertragenen Grundbesitz auf die Erwerberin übergehen soll.
Sie bewilligen und beantragen die Eintragung des Eigentumswechsels in das Grundbuch.
Die Beteiligten stimmen allen Löschungen und Pfandfreigaben nach Maßgabe der Bewilligungen der jeweils Berechtigten im Grundbuch hierdurch zu.
2. Die Beteiligten bewilligen und beantragen die Eintragung eines Nießbrauchsrechts auf dem übertragenen Grundbesitz zu Gunsten der Veräußerer – als Gesamtberechtigte gemäß § 428 BGB – gemäß § 3 dieser Urkunde mit dem Vermerk, dass zur Löschung der Nachweis des Todes der Berechtigten genügt.[Rz. 33, 38]
3. Die Beteiligten bewilligen und beantragen ferner die Eintragung einer Rückauflassungsvormerkung zugunsten der Veräußerer – als Gesamtberechtigte gemäß § 428 BGB, für den Überlebenden von ihnen allein – auf dem in dieser Urkunde übertragenen Grundbesitz zur Sicherung des Rückübertragungsanspruchs gemäß § 5 dieser Urkunde.
Die Veräußerer bevollmächtigen die Erwerberin – unter Befreiung von den Beschränkungen des § 181 BGB – die Rückauflassungsvormerkung nach dem Tode

beider Veräußerer unter Vorlage der Sterbeurkunde zur Löschung zu bewilligen.[Rz. 38]

4. **Den Beteiligten ist bekannt, dass das Eigentum an dem übertragenen Grundbesitz erst mit der Umschreibung im Grundbuch auf die Erwerberin übergeht.**
   Die Rechte der Erwerberin aus dieser Urkunde können gegen mögliche Beeinträchtigungen vor Eigentumsumschreibung im Grundbuch durch Eintragung einer Auflassungsvormerkung gesichert werden.
   Die Beteiligten verzichten nach Belehrung auf die Eintragung einer Auflassungsvormerkung zugunsten der Erwerberin im Grundbuch.
5. **Alle Eintragungen aus dieser Urkunde sollen erfolgen nach Maßgabe der Anträge des Notars, der ermächtigt ist, diese auch getrennt und eingeschränkt zu stellen und in gleicher Weise zurückzunehmen sowie die Erklärungen der Beteiligten gegenüber dem Grundbuchamt zu ergänzen, zu ändern und zu berichtigen.**

§ 8 Schlussbestimmungen

1. **Die mit dieser Urkunde und ihrem Vollzug verbundenen Kosten und etwaigen Schenkungsteuern trägt die Erwerberin.**
2. **Genehmigungen aller Art werden wirksam mit ihrem Eingang beim Notar.**
3. **Der Notar wies die Beteiligten darauf hin, dass alle Vertragsvereinbarungen beurkundungspflichtig sind und dass Nebenabreden außerhalb dieser Urkunde zur Nichtigkeit des gesamten Rechtsgeschäftes führen können.**
4. **Sollten Erklärungen in dieser Urkunde ganz oder teilweise der Rechtswirksamkeit ermangeln oder nicht durchgeführt werden, so sollen dennoch die übrigen Erklärungen wirksam bleiben.**

Die Beteiligten nehmen wechselseitig alles Vorstehende an.

Diese Niederschrift wurde den Erschienenen von dem Notar vorgelesen, von ihnen genehmigt und von ihnen und dem Notar wie folgt eigenhändig unterschrieben:

A. Grundsätzliche Anmerkungen

I. Wirtschaftliche Aspekte

Regelungsziel ist die Übertragung eines mit einem eigengenutzten Einfamilienhaus bebauten Grundstücks unter Vorbehalt des Nießbrauchs für den Veräußerer. Sie ermöglicht dem Eigentümer die Vermögensübergabe auf die nächste Generation, ohne hiermit auf die Nutzung des übertragenen Objekts verzichten zu müssen. Zwar kann er nach der Übertragung den Grundbesitz nicht mehr veräußern oder belasten. Er kann ihn auf Grund des Nießbrauchs jedoch weiterhin für eigene Wohnzwecke nutzen und nach seiner Wahl – anders als bei einem bloßen Wohnungsrecht – auch vermieten. Damit erhält er sich eine Einkunftsquelle. Der Erwerber ist zwar infolge und für die Dauer des Nießbrauchs von einer Nutzung des Objekts ausgeschlossen. Er erwirbt aber bereits zu Lebzeiten des Veräußerers das Grundstückseigentum, das ihm der Übergeber, anders als bei einer Verfügung von Todes wegen, nicht mehr durch Sinneswandel entziehen kann. 1

Zwar sind die früheren bewertungsrechtlichen Privilegien (§§ 145 ff. BewG aF), die häufiger Anlass für eine lebzeitige Übertragung von Grundbesitz waren, durch das ErbStRG 2009 (BGBl. I 2008, 3018) in Reaktion auf die Entscheidung des BVerfG vom 7.11.2006[1] mit Wirkung zum 1.1.2009 aufgehoben worden. Immerhin sieht § 13d ErbStG bei der Übergabe von Mietwohngrundstücken noch einen Bewertungs- 2

[1] BVerfG v. 7.11.2006 – 1 BvL 10/02, NJW 2007, 573 m. Anm. *Meincke*.

abschlag von 10 vH vor. Vor allem der Wegfall des bisherigen § 25 ErbStG durch das ErbStRG 2009, der nunmehr stets einen Abzug des Kapitalwertes des Nießbrauchs vom Erwerb zulässt, und der durch das Jahressteuergesetz 2008 eingeschränkte Sonderausgabenabzug für wiederkehrende Versorgungsleistungen (hierzu näher in A. 1.05, Rz. 15 ff.) dürften die wirtschaftliche Attraktivität der Grundbesitzübergabe unter Nießbrauchvorbehalt erhöhen.

II. Rechtliche Aspekte

3 Der Nießbrauch ist das Recht, sämtliche Nutzungen einer Sache oder eines Rechts zu ziehen (§ 1030 BGB). Er umfasst auch das Recht zur Vermietung und Verpachtung. Einzelne Nutzungen, zB eine Vermietung,[2] können jedoch durch Vereinbarung ausgeschlossen werden. Dingliche Wirkung erlangt ein solcher Ausschluss bei einem Grundstücksnießbrauch nur dann, wenn er im Grundbuch eingetragen wird.[3]

4 Der Nießbrauch an einem Grundstück entsteht durch Einigung und Eintragung im Grundbuch (§ 873 BGB). Er ist nicht vererblich und erlischt mit dem Tod des Nießbrauchers (§ 1061 BGB), sofern er nicht aufgrund vereinbarter Befristung oder auflösender Bedingung (§ 158 Abs. 2 BGB) zu einem früheren Zeitpunkt endet. Das Nießbrauchrecht erlischt ferner durch rechtsgeschäftliche Aufhebung, die eine Aufgabeerklärung des Nießbrauchers und, sofern der Nießbrauch an einem Grundstück besteht, die Löschung des Nießbrauchs im Grundbuch erfordert (§§ 875, 876 BGB).

5 Der Nießbrauch ist nicht übertragbar,[4] kann jedoch einem anderen zur Ausübung überlassen werden. Die Überlassung der Ausübung kann vertraglich mit dinglicher Wirkung durch Eintragung im Grundbuch ausgeschlossen werden,[5] Die Pfändbarkeit des Nießbrauchs kann ein solcher Ausschluss allerdings nicht verhindern.[6]

Dem Grundstückseigentümer, der die Nutznießung durch den Nießbrauchberechtigten zu dulden hat, bleibt zwar die Befugnis zur Veräußerung und Belastung des Grundstücks. Diese rechtliche Verfügungsbefugnis ist jedoch in der Praxis ohne eine entsprechende Bereitschaft des Nießbrauchers (bei einer Veräußerung: zur Löschung des Nießbrauchs; bei einer Belastung: zu einem Rangrücktritt) nur von geringem Wert.

6 Durch die Begründung des Nießbrauchs entsteht ein **gesetzliches Schuldverhältnis** zwischen dem jeweiligen Eigentümer und dem Nießbraucher.[7] Danach bestehen im Rahmen eines Grundstücksnießbrauchs insbesondere folgende Recht und Pflichten:

Der Nießbraucher ist zum Besitz des Grundstücks berechtigt (§ 1036 Abs. 1 BGB), kann also etwa dem Eigentümer grundsätzlich das Betreten des Grundstücks verbieten.[8] Er darf das Grundstück und die darauf befindlichen Gebäude verwalten, bewirtschaften und die Nutzungen (Früchte im Rechtssinne und Gebrauchsvorteile gem. § 100 BGB) daraus ziehen. Demgegenüber steht die Pflicht des Nießbrauchers, die bisherige wirtschaftliche Bestimmung des Grundstücks aufrecht zu erhalten und nach den Regeln einer ordnungsmäßigen Wirtschaft zu verfahren (§ 1036 Abs. 2 BGB). Der Nießbraucher ist gem. § 1037 BGB nicht befugt, das Nießbrauchgrundstück um-

[2] LG Aachen v. 19.9.1986 – 3 T 404/86, Rpfleger 1986, 468.
[3] Palandt/*Bassenge* BGB § 1030 Rz. 6.
[4] Ausnahme: Ein zugunsten einer juristischen Person oder rechtsfähigen Personengesellschaft bestehendes Nießbrauchsrecht ist nach Maßgabe des § 1059a BGB übertragbar.
[5] BGH v. 21.6.1985 – V ZR 37/84, NJW 1985, 2827; LG Mönchengladbach v. 12.7.1968 – 4 T 92/68, NJW 1969, 140.
[6] BGH v. 21.6.1985 – V ZR 37/84, NJW 1985, 2827; *Krauß* Vermögensnachfolge Rz. 1189; Rz. 425; aA *Rossak* MittbayNot 2000, 383, 384.
[7] *Wegmann* Rz. 272; Palandt/*Herrler* Einf. zu § 1030 Rz. 3.
[8] *Langenfeld/Günther* S. 76.

zugestalten oder wesentlich zu verändern. Er hat für die Erhaltung des Grundstücks und der Gebäude in ihrem wirtschaftlichen Bestand zu sorgen. Ausbesserungen und Erneuerungen obliegen ihm nur insoweit, als sie zur **gewöhnlichen Unterhaltung** gehören. Zur gewöhnlichen Unterhaltung zählen solche Maßnahmen, die nach dem Lauf der Dinge von Zeit zu Zeit in kürzeren Abständen wiederkehren und notwendig sind, damit die Nießbrauchsache ihre bei Nießbrauchbestellung vorhandene Beschaffenheit beibehält.[9] Hierunter fallen typischerweise Schönheitsreparaturen wie laufende Anstricharbeiten oder kleinere Reparaturen an der Dacheindeckung, dem Verputz oder an zerbrochenen Fenstern.[10] Zu **außergewöhnlichen Ausbesserungen und Erneuerungen** ist der Nießbraucher nicht verpflichtet. Hierunter fallen etwa die Generalrenovierung, der Austausch der Heizungsanlage, umfangreiche Innen- und Außenputzarbeiten, die vollständige Dachsanierung, die Erneuerung der elektrischen Anlage, Wärmedämmungsmaßnahmen[11] und der Wiederaufbau eines zerstörten Gebäudes.[12] Die Notwendigkeit außergewöhnlicher Ausbesserungen und Erneuerungen hat der Nießbraucher dem Eigentümer anzuzeigen (§ 1042 BGB), ihre Durchführung hat er gem. § 1044 BGB zu dulden. Zu außergewöhnlichen Ausbesserungen und Erneuerungen ist jedoch auch der Eigentümer nicht verpflichtet, so dass insoweit eine „Pattsituation" besteht.[13] Die Vertragsbeteiligten können jedoch mit rein schuldrechtlicher Wirkung vereinbaren, dass der Eigentümer auch solche Maßnahmen durchzuführen hat.[14]

Der Nießbraucher ist gegenüber dem Eigentümer verpflichtet, nach Maßgabe des 7
§ 1047 BGB die auf der Sache ruhenden **öffentlichen und privaten Lasten** zu tragen. Zu den öffentlichen Lasten gehören die ordentlichen, d.h. regelmäßig wiederkehrenden Lasten wie insb. die Grundsteuer und die Gebühren für Kanalisation, Straßenreinigung, Müllabfuhr und Schornsteinfeger.[15] Die außerordentlichen öffentlichen Lasten hat der Nießbraucher nur zu tragen, wenn sie nicht als auf den Stammwert der Sache gelegt anzusehen sind. Daher hat der Eigentümer und nicht der Nießbrauchberechtigte diejenigen öffentlichen Lasten zu tragen, die nach dem Sinn und Zweck der betreffenden Abgabenvorschrift und der in ihr getroffenen Regelung nicht aus den Erträgen, sondern aus der Substanz der Sache zu leisten sind, wie insbesondere Erschließungsbeiträge, kommunalrechtliche Anliegerbeiträge und Flurbereinigungsbeiträge.[16] Zu den privaten Lasten, die der Nießbraucher im Verhältnis zum Eigentümer zu tragen hat, sofern sie zum Zeitpunkt der Nießbrauchbestellung auf der Sache ruhten, gehören neben den Hypotheken- und Grundschuldzinsen zB Unterhaltungspflichten gem. § 1022 BGB sowie Überbau- und Notwegrenten, nicht hingegen Tilgungsleistungen bei Grundpfandrechten und Verzugszinsen für verspätete Kapitaltilgung.[17] Der Nießbraucher hat die Nießbrauchsache auf seine Kosten gegen Brandschaden und sonstige Unfälle zu versichern, wenn dies einer ordnungsmäßigen Wirtschaft entspricht (§ 1045 BGB).

Vertragliche Vereinbarungen, die das gesetzliche Schuldverhältnis zwischen Eigen- 8
tümer und Nießbraucher ändern, sind, soweit sie mit schuldrechtlicher Wirkung getroffen werden, in weitem Umfang zulässig, mit dinglicher Wirkung jedoch nur insoweit, als sie nicht gegen die begriffswesentlichen Grenzen zwischen Eigentum und Nießbrauch und dem Grundsatz der Erhaltung der Substanz des Nießbrauchsgegen-

---

[9] Staudinger/*Frank* BGB § 1041 Rz. 5; BGH v. 6.6.2003 – V ZR 392/02, NJW-RR 2003, 1290.
[10] *Schippers* MittRhNotK 1996, 197, 201.
[11] Vgl. *Schippers* MittRhNotK 1996, 197, 201.
[12] BGH v. 6.6.2003 – V ZR 392/02, NJW-RR 2003, 1290.
[13] BGH v. 14.12.1990 – V ZR 36/89, NJW 1991, 837; BGH v. 4.7.1969 – V ZR 37/66, NJW 1969, 1847; *Mayer*/Geck § 11 Rz. 34; *Krauß* Vermögensnachfolge Rz. 1202.
[14] BGH v. 14.12.1990 – V ZR 36/89, NJW 1991, 837; BGH v. 4.7.1969 – V ZR 37/66, NJW 1969, 1847.
[15] *Langenfeld/Günther* S. 77; *Schippers* MittRhNotK 1996, 197, 201.
[16] *Schippers* MittRhNotK 1996, 197, 201; *Langenfeld/Günther* S. 77.
[17] Palandt/*Herrler* BGB § 1047 Rz. 3; *Schippers* MittRhNotK 1996, 197, 201.

stands verstoßen.[18] So kann jeweils mit dinglicher Wirkung die Verpflichtung des Nießbrauchers zur Lastentragung abbedungen werden **(Bruttonießbrauch)**[19] oder vereinbart werden, dass der Nießbraucher alle Kosten und Lasten der Sache, auch die an sich den Eigentümer treffenden, zu tragen hat, insbesondere alle außerordentlich öffentliche Lasten (wie zB Erschließungsbeiträge), außergewöhnliche Ausbesserungen und Erneuerungen und Tilgungsleistungen auf bestehende Verbindlichkeiten[20] **(Nettonießbrauch).** Bei der Übertragung vermieteter Immobilien unter Nießbrauchsvorbehalt kann die zusätzliche Belastung des Nießbrauchers im Sinne eines Nettonießbrauchs steuerlich geboten sein, um diesem den vollen Abzug der Lasten als Werbungskosten zu ermöglichen und einen ansonsten drohenden „Werbungskostenleerlauf" zu vermeiden.[21] Näher hierzu A. 1.04 Rz. 4). Abgesehen davon kommt die Vereinbarung eines Nettonießbrauchs immer dann in Betracht, wenn die Vertragsbeteiligten des Übergabevertrages zwar möchten, dass der Erwerber in die Eigentümerstellung einrückt, hinsichtlich der Kosten- und Lastentragung aber alles beim Alten bleiben soll.[22]

9 Man unterscheidet – neben dem bereits erwähnten Netto- und Bruttonießbrauch – folgende **Nießbrauchsarten:**[23]

Der im Vertragsformular vereinbarte **Vorbehaltsnießbrauch** ist ein Nießbrauchsrecht, das der Grundbesitzveräußerer sich selbst anlässlich der Übertragung vorbehält. Der Vorbehaltsnießbrauch begünstigt damit den früheren Eigentümer, während der **Zuwendungsnießbrauch** ein Nießbrauchsrecht darstellt, durch das nicht der ursprüngliche Eigentümer, sondern ein Dritter begünstigt wird, dem der Eigentümer den Nießbrauch einräumt.[24]

Ein **Vermächtnisnießbrauch** liegt vor, wenn der Grundstückseigentümer durch letztwillige Verfügung einem Dritten den Anspruch verschafft (§ 2174 BGB), von den Erben die Bestellung eines Nießbrauchs zu verlangen.[25] Er wird von der Finanzverwaltung wie ein Zuwendungsnießbrauch behandelt.[26]

10 **Eigentümernießbrauch** ist ein Nießbrauchsrecht, das der Eigentümer sich selbst – ohne gleichzeitige Übertragung des Eigentums – bestellt. Der Eigentümernießbrauch ist zulässig; der Nachweis eines berechtigten Interesses an seiner Bestellung ist nicht erforderlich.[27]

11 Ein **Dispositionsnießbrauch,** der dem Nießbraucher das Recht verschafft, über die Ziehung von Nutzungen hinaus auch über das Grundstück durch Veräußerung oder Belastung zu verfügen, widerspricht dem Wesen des Nutzungsrechts und kann nicht als dinglicher Inhalt des Nießbrauchs werden.[28] Schuldrechtlich können jedoch dem Nießbraucher Verfügungsrechte eingeräumt werden, zB durch Verfügungsermächtigung gem. § 185 BGB oder durch Erteilung einer Vollmacht.[29]

---

[18] BayObLG v. 29.11.1972 – BReg. 2 Z 61/72, DNotZ 1973, 300; BayObLG v. 29.3.1977 – BReg. 2 Z 25/76, DNotZ 1978, 99.

[19] *Schippers* MittRhNotK 1996, 197, 202; Staudinger/*Frank* Vorbem. zu §§ 1030 ff. Rz. 15; BGH v. 21.12. 1973 – V ZR 157/72, DNotZ 1974, 294; BayObLG v. 7.8.1979 – BReg. 2 Z 5/79, MittRhNotK 1979, 172.

[20] *Schippers* MittRhNotK 1996, 197, 202; Staudinger/*Frank* BGB § 1041 Rz. 8; *Krauß* Vermögensnachfolge Rz. 1215 ff.; BayObLG v. 15.3.1985 – BReg. 2 Z 24/85, DNotZ 1986, 151.

[21] *Krauß* Vermögensnachfolge Rz. 1215.

[22] Vgl. *v. Hoyenberg* S. 104.

[23] Vgl. hierzu *Mayer*/Geck § 11 Rz. 5.

[24] *Wegmann* Rz. 245; *Mayer*/Geck § 11 Rz. 5.

[25] *Mayer*/Geck § 11 Rz. 5.

[26] BMF v. 24.7.1998, BStBl. I 1998, 914 Tz. 32.

[27] BGH v. 14.7.2011 – V ZB 271/10, NJW 2011, 3517. Die früher teilweise vertretene Meinung, welche die Zulässigkeit vom Vorliegen eines berechtigten Interesses an der Bestellung eines Eigentümernießbrauchs abhängig gemacht hatte, zB der beabsichtigten Übertragung des Grundbesitzes, ist damit überholt.

[28] BGH v. 10.7.1981 – V ZR 51/80, NJW 1982, 31; *Mayer*/Geck § 11 Rz. 5 aE; Staudinger/*Frank* Vorbem. zu §§ 1030 ff. Rz. 20.

[29] BGH v. 10.7.1981 – V ZR 51/80, NJW 1982, 31, 32; Staudinger/*Frank* Vorbem. zu §§ 1030 ff. Rz. 21; *Mayer*/Geck § 11 Rz. 5 aE; *Schippers* MittRhNotK 1996, 197, 205.

Ein **Sicherungsnießbrauch** wird zu dem Zweck bestellt, dem Nießbrauchsberechtigten als Gläubiger des Eigentümers eine Sicherheit für schuldrechtliche Forderungen, etwa für Unterhalts- und Versorgungsansprüche zu gewähren.[30] 12

Ein **schuldrechtlicher Nießbrauch** liegt vor, wenn der Nießbrauch an Grundstücken nicht im Grundbuch eingetragen wird, meist aufgrund entsprechender Vereinbarung.[31] Mangels Eintragung gem. § 873 BGB entsteht in diesen Fällen kein eigentliches Nießbrauchsrecht, sondern ein nießbrauchsähnliches obligatorisches Nutzungsrecht.[32] Auf dieses wendet die Rechtsprechung das Recht der Leihe (§ 598 BGB) an,[33] mit der Möglichkeit und dem Risiko einer Kündigung nach § 605 BGB, insbesondere bei Tod des Eigentümers.[34] Die neuere Rechtsprechung und die Finanzverwaltung unterscheiden für die ertragsteuerliche Behandlung von Nutzungsrechten nicht mehr danach, ob diese eingetragen oder nur schuldrechtlich vereinbart sind.[35] 13

Bei einem **Bruchteilsnießbrauch** und einem **Quotennießbrauch** ist die Befugnis des Nießbrauchers auf einen Bruchteil der Nutzungen beschränkt. Während jedoch bei dem Bruchteilsnießbrauch Belastungsgegenstand nur ein Bruchteil des Grundstücks ist,[36] wird bei einem Quotennießbrauch das gesamte Grundstück belastet.[37] 14

Trotz fehlender Übertragbarkeit ist der Nießbrauch **pfändbar,** da seine Ausübung gem. § 1059 S. 2 BGB einem anderen zur Ausübung überlassen werden kann (§ 857 Abs. 3 ZPO). Zwar kann die Überlassung zur Ausübung mit dinglicher Wirkung durch Eintragung im Grundbuch ausgeschlossen werden; die Pfändbarkeit des Nießbrauchs kann ein solcher Ausschluss indes nicht verhindern.[38] Gegenstand der Pfändung ist der Nießbrauch selbst, nicht nur der schuldrechtliche Anspruch auf seine Ausübung.[39] Der Nießbrauch kann daher nach seiner Pfändung nicht mehr ohne Zustimmung des Vollstreckungsgläubigers durch den Vollstreckungsschuldner aufgehoben werden.[40] Die Eintragung des Pfändungsvermerks im Grundbuch ist keine Wirksamkeitsvoraussetzung des Pfändung eines Grundstücksnießbrauchs[41] jedoch zur Vermeidung eines gutgläubigen lastenfreien Erwerbs möglich und dringend zu empfehlen.[42] 15

Bei einer **Zwangsversteigerung** des nießbrauchsbelasteten Grundbesitzes hängt der Bestand des Nießbrauchs von seinem Rang ab. Wird die Zwangsversteigerung von einem nachrangigen Gläubiger betrieben, wird der Nießbrauch in das geringste Gebots aufgenommen und bleibt bestehen (§§ 44, 52 ZVG). Betreibt dagegen ein vor- oder gleichrangiger Gläubiger das Zwangsversteigerungsverfahren, so erlischt der Nießbrauch mit dem Zuschlag (§§ 52 Abs. 1, 91 Abs. 1 ZVG), es sei denn, dass sein Fortbestehen ausnahmsweise als Versteigerungsbedingung bestimmt (§ 59 Abs. 3 ZVG) oder zwischen Ersteher und Nießbraucher vereinbart ist (§ 91 Abs. 2 ZVG).[43] An die Stelle des durch Zuschlag erloschenen Nießbrauchs tritt ein Anspruch auf Wertersatz aus dem Versteigerungserlös, der dem Nießbraucher jedoch nur dann zu Gute kommt, wenn er nicht zur Befriedigung vorrangiger Rechte benötigt wird. Der Wertersatz ist 16

---

[30] MüKoBGB/*Pohlmann* BGB § 1030 Rz. 13o; *Mayer*/Geck § 11 Rz. 5; *Götz/Hülsmann* Rz. 571 ff.
[31] *Mayer*/Geck § 11 Rz. 5; *Staudinger/Frank* Vorbem. zu §§ 1030 ff. Rz. 19.
[32] *Mayer*/Geck § 11 Rz. 5; *Staudinger/Frank* Vorbem. zu §§ 1030 ff. Rz. 19.
[33] BGH v. 11.12.1981 – V ZR 247/80, NJW 1982, 820; OLG Köln v. 23.4.1999 – 19 U 13/96, NJW-RR 2000, 152; *Mayer*/Geck § 11 Rz. 5.
[34] *Mayer*/Geck § 11 Rz. 5, der hieraus mit Recht die Folgerung zieht: „Daher ohne Grundbucheintragung nie!".
[35] BFH v. 15.4.1986 – IX R 52/83, BStBl. II 1986, 605; BMF v. 24.7.1998, BStBl. I 1998, 914, Tz. 51 ff.; Mayer/Geck § 11 Rz. 5, Fn. 8; Staudinger/*Frank* Vorbem. zu §§ 1030 ff. Rz. 136.
[36] Bruchteil kann hier sowohl der ideelle Anteil eines Miteigentümers als auch der ideelle Anteil eines Alleineigentümers sein, vgl. *Mayer*/Geck § 11 Rz. 15; Staudinger/*Frank* BGB § 1030 Rz. 22.
[37] *Wegmann* Rz. 282 f.; *Mayer*/Geck § 11 Rz. 5; Staudinger/*Frank* BGB § 1030 Rz. 22 ff., 26 ff.
[38] BGH v. 21.6.1985 – V ZR 37/84, NJW 1985, 2827; *Mayer*/Geck § 11 Rz. 55; aA *Rossak* MittBayNot 2003, 383, 384.
[39] BGH v. 20.2.1974 – VIII ZR 20/73, NJW 1974, 796; *Mayer*/Geck § 11 Rz. 56.
[40] BGH v. 20.2.1974 – VIII ZR 20/73, NJW 1974, 796.
[41] BGH v. 20.2.1974 – VIII ZR 20/73, NJW 1974, 796.
[42] *Mayer*/Geck § 11 Rz. 57; BayObLG v. 7.8.1997 – 2 Z BR 104/97, NJW-RR 1998, 1168.
[43] Vgl. Staudinger/*Frank* Vorbem. zu §§ 1030 ff., Rz. 90; Mayer/Geck § 11 Rz. 61; *Wegmann* Rz. 302.

nicht durch Zahlung eines Kapitalbetrages, sondern in Form einer Geldrente zu leisten, wobei der kapitalisierte Gesamtwert der Rente nach § 121 ZVG in den Teilungsplan aufzunehmen ist.[44]

17–19 *(frei)*

III. Steuerrechtliche Aspekte

1. Ertragssteuern

20 **Einkommensteuerlich** stellt der Vorbehalt des Nießbrauchs keine Gegenleistung des Erwerbers dar, die bei ihm zu Anschaffungskosten und bei dem Veräußerer zu einem Veräußerungsentgelt führen könnte.[45]

21 Der Nutzungswert der Wohnung im eigenen Haus, die durch den Eigentümer selbst oder durch nahe Angehörige unentgeltlich genutzt wird, wird einkommensteuerlich nicht mehr erfasst. Daher können insoweit auch keine Werbungskosten abgezogen werden, weder vom Nutzungsberechtigten, da dieser den Nutzungswert nicht versteuern muss, noch vom Eigentümer, da dieser hinsichtlich der Wohnung keine steuerbaren Einkünfte erzielt.[46]

22–24 *(frei)*

2. Erbschaft- und Schenkungsteuern

25 Zur Bewertung von Einfamilienhäusern für Zwecke der Schenkungsteuer vgl. A. 1.01 Rz. 26ff., 34ff.

26 Nach früherem Recht (§ 25 ErbStG aF und die hierzu ergangene Rechtsprechung des BFH) konnte der Kapitalwert der dem Schenker oder seinem Ehegatten vorbehaltenen Nutzungen wie insb. Wohnungsrecht und Nießbrauchsrecht nicht vom Wert der Schenkung abgezogen werden. Er konnte vielmehr nur durch eine Steuerstundung bzw. eine Abzinsung im Falle der Sofortzahlung berücksichtigt werden. Diese Abzugsbeschränkung ist mit der Aufhebung des § 25 ErbStG durch das ErbStRG 2009 zum 1.1.2009 entfallen. Das Nießbrauchsrecht kann nunmehr ebenso wie das Wohnungsrecht mit seinem Kapitalwert von dem nach dem BewG anzusetzenden Wert des Grundbesitzes abgezogen werden.

27 Für die Ermittlung des Kapitalwertes von lebenslänglichen Nutzungen und Leistungen sind die aktuellen, jährlich herausgegebenen Sterbetafeln des Statistischen Bundesamtes heranzuziehen und ab dem 1.1. des auf die Veröffentlichung der Sterbetafel folgenden Kalenderjahres anzuwenden (§ 14 Abs. 1 BewG). Das BMF stellt die für die Kapitalwertermittlung erforderlichen Angaben in einer Tabelle zusammen und veröffentlicht diese zusammen mit dem Datum der Veröffentlichung der Sterbetafel im Bundessteuerblatt (§ 14 Abs. 1 S. 4 BewG). Die für die Bewertungsstichtage ab dem 1.1.2017 anzuwendende Tabelle wurde mit BMF-Schreiben vom 4.11.2016 im BStBl. I 2016, 1166 als Anlage zu § 14 Abs. 1 BewG bekannt gegeben. Zu Berechnungsbeispielen vgl. A. 1.04, Rz. 12.

28 Bei Schenkungen unter Lebenden entsteht die Schenkungsteuer gem. § 9 Abs. 1 Nr. 2 ErbStG mit dem Zeitpunkt der Ausführung der Zuwendung. Eine Grundstücksschenkung ist ausgeführt, wenn die Vertragspartner die für die Eintragung der Rechtsänderung im Grundbuch erforderlichen Erklärungen (Auflassung und Eintragungsbewilligung) in ordnungsmäßiger Form abgegeben haben und der Beschenkte auf Grund dieser Erklärungen in der Lage ist, beim Grundbuchamt die Eigentumsum-

---

[44] Staudinger/*Frank* Vorbem. zu §§ 1030ff., Rz. 91; *Mayer*/Geck § 11 Rz. 61; *Wegmann* Rz. 302.

[45] BFH v. 5.7.1990 – GrS 4–6/89, BStBl. II 1990, 847; BMF v. 13.1.1993, BStBl. I 1993, 80 Tz. 10; *Wegmann* Rz. 279.

[46] *Wegmann* Rz. 343.

schreibung herbeizuführen.[47] Nicht erforderlich ist, dass der Beschenkte bereits den Umschreibungsantrag beim Grundbuchamt gestellt hat.[48] Ein Vorbehaltsnießbrauch hindert nach der Rechtsprechung des BFH die Ausführung der Schenkung nicht, und zwar auch dann nicht, wenn der Nießbrauch mit einem Veräußerungsverbot und einem dieses sichernden Rückübereignungsanspruch mit Rückauflassungsvormerkung verbunden wird.[49] Das gilt nach überwiegender Ansicht auch bei Vereinbarung weiterer Rückübertragungsgründe und selbst bei Vorbehalt eines freien Widerrufsrechts und Vorbehaltsnießbrauch des Schenkers.[50]

Der vorzeitige **unentgeltliche Verzicht** auf ein vorbehaltenes Nießbrauchsrecht 29
stellt eine **erneute Schenkung** dar. Einer Doppelbesteuerung infolge des (früheren) Abzugsverbots des bisherigen, nunmehr zum 1.1.2009 aufgehobenen § 25 ErbStG bei Bestellung des Nießbrauchsrechts und der Einordnung des Nießbrauchsrechtsverzichts als unentgeltliche Zuwendung ist nach Ansicht des BFH im Urteil v. 17.3.2004 in der Weise zu begegnen, dass bei der Besteuerung des späteren Nießbrauchsrechtsverzichts der bei Besteuerung des Nießbrauchsgegenstands tatsächliche unberücksichtigt gebliebene (Steuer-)Wert des Nutzungsrechts von der Bemessungsgrundlage für den Nießbrauchsrechtsverzicht abzuziehen ist.[51] Nach Ansicht des BFH wird daher im Ergebnis nur die Werterhöhung des Nießbrauchsrechts zwischen ursprünglicher Schenkung und späterem Nießbrauchsverzicht zur Steuer herangezogen.[52]

3. Verkehrssteuern

Vgl. hierzu die Erläuterungen in A. 1.01, Rz. 41. 30

B. Einzelerläuterungen

Zu §§ 1 und 2: Grundbuchangaben, Veräußerungsgegenstand

Vgl. hierzu die Einzelerläuterungen in A. 1.01 Rz. 42. 31

Zu § 3: Vorbehalt des Nießbrauchs

Belastungsgegenstand eines Nießbrauchs können neben beweglichen Sachen vor 32
allem Grundstücke, im bebauten wie unbebauten Zustand, Wohnungs- und Teileigentum sowie grundstücksgleiche Rechte wie das Erbbaurecht sein.[53] Ein Nießbrauch kann auch an einer realen Teilfläche eines Grundstücks bestellt werden, ohne dass es einer Vermessung und rechtlichen Verselbständigung dieser Teilfläche bedarf, wenn hiervon Verwirrung nicht zu besorgen ist und ein amtlicher Lageplan mit entsprechender durch das Katasteramt vorzunehmenden Einzeichnung der Teilfläche vorgelegt wird (§ 7 Abs. 2, § 2 Abs. 3 GBO).[54] Alternativ kann auch – dies ist in der Praxis gebräuchlicher – das gesamte Grundstück mit dem Nießbrauch belastet und nur der Ausübungsbereich dieses Rechts auf eine Teilfläche beschränkt werden.[55] Dagegen

[47] BFH v. 26.9.1990 – II R 150/88, NJW 1991, 2591; BFH v. 24.7.2002 – II R 33/01, BStBl. II 2002, 781; ErbStR 2011 E 9.1 Abs. 1; Mayer/*Geck* § 17 Rz. 96.

[48] BFH v. 26.9.1990 – II R 150/88, NJW 1991, 2591.

[49] BFH v. 22.9.1982 – II R 61/80, BStBl. II 1983, 179; *Schippers* MittRhNotK 1996, 197, 215; *Jütte* ZEV 1995, 403.

[50] *Schippers* MittRhNotK 1996, 197, 215; *Jütte* ZEV 1995, 403; *Knöchling* MittBayNot 1995, 345.

[51] BFH v. 17.3.2004 – II R 3/01, ZEV 2004, 211; ErbStH 85 Abs. 4 idF vom 23.9.2004, BStBl. I 2004, 939.

[52] *Rödl/Seifried* ZEV 2004, 238.

[53] *Mayer*/Geck § 11 Rz. 15; *Schöner/Stöber* Rz. 1364.

[54] *Mayer*/Geck § 11 Rz. 16; *Schöner/Stöber* Rz. 1365; *Ertl* MittBayNot 1988, 53, 63; *Schippers* MittRhNotK 1996, 197, 199.

[55] Sog. unechte Teilbelastung vgl. *Ertl* MittBayNot 1988, 53, 63; *Mayer*/Geck § 11 Rz. 17, *Schippers* MittRhNotK 1996, 197, 199; Staudinger/*Frank* BGB § 1030 Rz. 4.

können Gebäude – ohne die dazu gehörende Grundstücksfläche – oder Gebäudeteile (Stockwerk, Wohnung, Räume) als wesentliche Bestandteile nach § 93 BGB nicht gesondert mit einem Nießbrauch belastet werden.[56] Als Ausweichmöglichkeiten kommen insoweit in Betracht: Bestellung einer Dienstbarkeit, insbes. eines Wohnungsrechts nach § 1093 BGB, oder die Bestellung eines Bruchteils – oder Quotennießbrauchs in Verbindung mit einer schuldrechtlichen Vereinbarung über die Grundstücks- oder Gebäudenutzung.[57]

33 Soll der Nießbrauch **mehreren Berechtigten** zustehen, so bestehen folgende Möglichkeiten:[58]

– Bestellung **mehrerer selbständiger Einzelrechte** mit gleichem Inhalt und Rang
– Bestellung zugunsten einer **BGB-Gesellschaft,** sofern eine solche besteht[59]
– Mehrere Berechtigte **nach Bruchteilen** (zB zu je ½ Anteil). Beim Tod eines Berechtigten erlischt allerdings der Nießbrauch hinsichtlich seines Bruchteils, da der Nießbrauch unvererblich ist, so dass für den überlebenden Berechtigten sodann nur ein Quotennießbrauch entstünde.[60] Soll dem Überlebenden gleichwohl das volle Nießbrauchsrecht zustehen, müsste für ihn zusätzlich ein auf den Tod des Erstversterbenden aufschiebend bedingter Quotennießbrauch bestellt werden.[61]
– **Gesamtberechtigung gemäß § 428 BGB.** Sie ist die in der Praxis wohl häufigste Gestaltungsvariante. Stirbt einer von mehreren gesamtberechtigten Nießbrauchern, erlischt der Nießbrauch der übrigen Berechtigten nach ganz hA nicht, sondern steht ihnen ungeschmälert zu.[62]

34 Ein Gesamtberechtigter ist nach hA nicht befugt, mit Wirkung gegen alle übrigen Berechtigten auf das gesamte Recht mit der Folge seines vollständigen Verlusts zu verzichten.[63] Bei einem Nießbrauch mit Gesamtberechtigung nach § 428 BGB steht dem Eigentümer nach dem regelmäßigen Willen der Beteiligten auch nicht das Recht zu, nach seinem Belieben nur an den einen oder anderen Nießbraucher zu leisten. Er hat vielmehr nach zutreffender Ansicht die gleichzeitige und nebeneinander erfolgende – nicht notwendig gemeinsame – Nutzung durch alle gesamtberechtigten Nießbraucher zu dulden.[64]

35 Ist nur **ein** Ehegatte Veräußerer und soll dessen Ehepartner, der nicht Miteigentümer ist, ebenfalls das Nießbrauchsrecht erhalten, so bestehen folgende Möglichkeiten:

Das Nießbrauchsrecht kann beiden Ehegatten als Gesamtberechtigte gem. § 428 BGB eingeräumt werden oder in der Weise begründet werden, dass ein sofort entstehendes Nießbrauchsrecht für den Veräußerer allein und ein durch dessen Tod aufschiebend bedingtes Nießbrauchsrecht für den Ehepartner bestellt werden. In beiden Fällen handelt es sich im Hinblick auf den Veräußerer um einen Vorbehaltsnießbrauch und im Hinblick auf seinen Ehepartner um einen Zuwendungsnießbrauch.[65] Zu den Vor- und Nachteilen beider Gestaltungsvarianten in einkommen- und schenkungsteuerlicher Hinsicht vgl. A. 1.04 Rz. 18.

Bei einer Übertragung unter Nießbrauchsvorbehalt beginnt die Zehnjahresfrist des § 2325 Abs. 3 S. 2 BGB trotz Eigentumsumschreibung auf den Erwerber nicht zu lau-

---

[56] RGZ 164, 196; BayObLG DNotZ 1980, 479; *Ertl* MittBayNot 1988, 53, 63, Mayer/Geck § 11 Rz. 18; *Schippers* MittRhNotK 1996, 197, 199, Staudinger/*Frank* BGB § 1030 Rz. 5.

[57] *Mayer*/Geck § 11 Rz. 21; *Schippers* MittRhNotK 1996, 197, 199.

[58] *Mayer*/Geck § 11 Rz. 26, *Schippers* MittRhNotK 1996, 197, 206 f.: *Wegmann* Rz. 238 ff.

[59] *Mayer*/Geck § 11 Rz. 26; *Schöner/Stöber* Rz. 1370.3.

[60] *Mayer*/Geck § 11 Rz. 26.

[61] *Mayer*/Geck § 11 Rz. 26; *Schippers* MittRhNotK 1996, 197, 207.

[62] BayObLG DNotZ 1956, 209, 212; Palandt/*Herrler* BGB § 1061 Rz. 1; Staudinger/*Frank* BGB § 1061 Rz. 5; *Schöner/Stöber* Rz. 1370; *Schippers* MittRhNotK 1996, 197, 207; *Wegmann* Rz. 277 aA *Bader* DNotZ 1957, 637, 677.

[63] BGH v. 4.3.1986 – VI ZR 234/84, NJW 1986, 1861, 1862; *Mayer*/Geck § 4 Rz. 21; *Schippers* MittRhNotK 1996, 197, 208; Staudinger/*Frank* BGB § 1030 Rz. 42 u. § 1066 Rz. 19.

[64] *Schippers* MittRhNotK 1996, 197, 207 f.; *Mayer*/Geck § 4 Rz. 19; ebenso zum Wohnungsrecht *Faßbender* DNotZ 1965, 662, 667; *Faßbender* DNotZ 1967, 187, 188; BayObLG DNotZ 1975, 619, 620 (zum Altenteilsrecht).

[65] *v. Hoyenberg* S. 109; *Wegmann* Rz. 298 f.

fen, weil nach Ansicht der Rechtsprechung eine Leistung iSd. § 2325 Abs. 3 S. 2 BGB nur dann vorliegt, wenn der Veräußerer zusätzlich zur Aufgabe seines Eigentums darauf verzichtet, den verschenkten Gegenstand – sei es aufgrund vorbehaltener dinglicher Reche oder durch Vereinbarung schuldrechtlicher Ansprüche – im Wesentlichen weiterhin zu nutzen **(Genussverzicht)**[66]. Vgl. auch A. 1.04 Rz 28. Auch die Abschmelzung nach § 2325 Abs. 3 S. 1 BGB (Abzug von zehn Prozent pro Jahr) greift in diesem Fall nicht ein[67].

Zu § 4: Erbausgleichung, Anrechnung auf den Pflichtteil

Vgl. hierzu die Erläuterungen in A. 1.04 Rz. 21 ff. 36

Zu § 5: Rückforderungsrecht

Vgl. hierzu die Erläuterungen zu A. 1.01 Rz. 54 ff. 37

Zu § 7: Auflassung, Grundbucherklärungen

Für das Nießbrauchsrecht sollte zur Erleichterung der Löschung im Todesfall eine 38
Löschungsklausel gemäß § 23 Abs. 2 GBO („löschbar bei Todesnachweis") vorgesehen werden, da andernfalls das Nießbrauchsrecht erst nach Ablauf eines Jahres nach dem Tode des Nießbrauchsberechtigten oder auf Grund einer Löschungsbewilligung seines Rechtsnachfolgers gelöscht werden könnte. Bei der Rückauflassungsvormerkung ist dagegen eine Löschungserleichterung gemäß § 23 Abs. 2 GBO nicht möglich[68]. Deshalb wird bei ihr eine Löschungsvollmacht auf den Tod des Vormerkungsberechtigten vorgeschlagen[69]. Möglich ist auch, die Vormerkung auf die Lebenszeit des Veräußerers zu befristen. Dann könnte die Vormerkung nach dem Tode des Vormerkungsberechtigten unter Vorlage einer Sterbeurkunde im Wege der Grundbuchberichtigung gelöscht werden[70]. Diese Gestaltung erspart zwar die Kosten für die Löschungsbewilligung des bevollmächtigten Erwerbers (§ 29 GBO), hat aber den Nachteil, dass die Rückauflassungsvormerkung auch dann erlischt, wenn das Rückforderungsrecht zu Lebzeiten des Veräußerers bereits wirksam ausgeübt, aber noch nicht vollzogen ist[71].

Bei einer Übertragung unter nahen Verwandten wird aus Kostengründen regelmäßig auf die Eintragung einer Auflassungsvormerkung für den Erwerber verzichtet.

A. 1.04 Übertragungsvertrag über fremdgenutzten Grundbesitz mit Nießbrauchsvorbehalt

Gliederung

[66] BGH v. 27.4.1994 – IV ZR 132/93, NJW 1994, 1791; BGH v. 29.6.2016 – IV ZR 474/15, NJW 2016, 2957, 2958.
[67] *Keim* ZEV 2008, 161, 166 f.; *Herzog* ErbR 2008, 206, 208; *Mayer*/Geck § 9 Rz. 109.
[68] BGH v. 26.3.1992 – V ZB 16/91, NJW 1992, 1683.
[69] *Langenfeld*/Günther S. 118; *Wufka* MittBayNot 1996, 156.
[70] *v. Hoyenberg* S. 194.
[71] *v. Hoyenberg* S. 163.

A. 1.04 **Urkundenrolle Nr. für 20[...]**

Verhandelt zu [...] am [...]

Vor mir,

DR. JUR. [...]
– NOTAR/IN IN [...] –

erschienen:

I. als Veräußerer:
Eheleute Herr D. H., geboren am, [...]
und Ehefrau F. H. geborene L., geboren am [...]
beide wohnhaft in [...]
– nachstehend „Veräußerer" genannt –,
II. als Erwerber:
deren Tochter Frau F. H.,
geboren am [...]
wohnhaft in [...]
– nachstehend „Erwerberin" genannt –.
III. als weiterer Beteiligter:
der Sohn der Veräußerer und Bruder der Erwerberin,
Herr B. H., geboren am [...]
wohnhaft in [...]
Die Erschienenen wiesen sich aus durch Vorlage ihrer amtlichen mit Lichtbild versehenen Personalausweise.
Die Erschienenen ließen den folgenden

ÜBERTRAGUNGSVERTRAG

beurkunden und erklärten:

§ 1 Grundbuchangaben, Veräußerungsgegenstand[Rz. 17]

1. Die Veräußerer sind zu je ½ Anteil Miteigentümer des im Grundbuch von D. Blatt Nummer 300 eingetragenen Grundbesitzes:
Gemarkung D.
Flur 3 Flurstück 43, Gebäude- und Freifläche,
groß: 800 qm.
2. Der Notar hat den Grundbuchinhalt feststellen lassen. Der Grundbesitz ist im Grundbuch unbelastet.
3. Der Grundbesitz ist mit einem Mehrfamilienhaus bebaut, dessen Wohnungen jeweils vermietet sind.

§ 2 Übertragung[Rz. 17]

1. Die Veräußerer übertragen der Erwerberin den in § 1 dieser Urkunde näher bezeichneten Grundbesitz zu Alleineigentum.
Mitübertragen werden alle wesentlichen Bestandteile, insbesondere alle baulichen Anlagen.
2. Die Erwerberin nimmt die Übertragung an.

§ 3 Vorbehalt des Nießbrauchs[Rz. 18]

1. **Die Veräußerer behalten sich – als Gesamtberechtigte gemäß § 428 BGB – das lebenslange Nießbrauchsrecht an dem in dieser Urkunde übertragenen Grundbesitz vor.**
   Nach dem Tode des Erstversterbenden der Veräußerer steht das Nießbrauchsrecht dem Überlebenden von ihnen allein und ungeschmälert zu.
   Für den Inhalt des Nießbrauchsrechts gelten die gesetzlichen Bestimmungen; jedoch wird abweichend von der gesetzlichen Lastenverteilung folgendes mit dinglicher Wirkung vereinbart:
   Den Nießbrauchsberechtigten obliegen Ausbesserungen und Erneuerungen auch insoweit, als sie nicht zur gewöhnlichen Unterhaltung gehören.[Rz. 19] Sie tragen auch die außerordentlichen auf der Sache ruhenden öffentlichen Lasten, die als auf den Stammwert der Sache gelegt anzusehen sind.[Rz. 19]
   Das Nießbrauchsrecht soll im Grundbuch eingetragen werden.
2. **Die Nießbrauchsberechtigten können Zug um Zug gegen Aufhebung und Löschung des Nießbrauchsrechts nach ihrer Wahl von der Erwerberin die Einräumung einer lebenslangen Leibrente oder lebenslangen dauernden Last verlangen. Der anfängliche Jahresbetrag der Leibrente oder dauernden Last bestimmt sich nach dem in den letzten drei Jahren vor dem Verlangen erzielten durchschnittlichen Jahresnettoertrag des Nießbrauchsgrundbesitzes. Der Betrag ist in zwölf gleichen Monatsraten zahlbar, fällig jeweils monatlich im Voraus bis zum 3. Tag des Monats. Eine künftige Anpassung an den Jahresnettoertrag oder eine Wertsicherung in Anknüpfung an den Verbraucherpreisindex für Deutschland kann verlangt werden. In der notariellen Urkunde über die Aufhebung des Nießbrauchsrechts hat sich die Erwerberin wegen der zu übernehmenden monatlichen Zahlungsverpflichtung der sofortigen Zwangsvollstreckung in ihr gesamtes Vermögen zu unterwerfen. Die Leibrente oder dauernde Last ist sodann als Reallast an bereiter Stelle im Grundbuch zu sichern, und zwar Zug um Zug gegen Löschung des Nießbrauchsrechts.[Rz. 19]**
   Eine Sicherung des aufschiebend bedingten Anspruchs auf Einräumung dieser Reallast durch Eintragung einer Vormerkung im Grundbuch wird von den Vertragsbeteiligten nicht gewünscht.

§ 4 Erbausgleichung, Pflichtteilsanrechnung, Pflichtteilsverzicht[Rz. 21–32]

1. **Eine erbrechtliche Ausgleichungspflicht gemäß § 2050 BGB wird ausgeschlossen.[Rz. 21–24]**
2. **Die Erwerberin hat sich jedoch den heutigen Verkehrswert des übertragenen Hausgrundbesitzes abzüglich des Werts des kapitalisierten Nießbrauchsrechts auf ihr gesetzliches Pflichtteilsrecht am Nachlass des Veräußerers anrechnen zu lassen.[Rz. 26]**
3. **Der Erschienene zu III., Herr B. H., verzichtet – gegenständlich beschränkt auf den seiner Schwester in der heutigen Urkunde übertragenen Hausgrundbesitz – auf sein gesetzliches Pflichtteilsrecht und auf Pflichtteilsergänzungsansprüche. Der Verzicht soll sich auch auf die Abkömmlinge des Verzichtenden erstrecken. Die Veräußerer und die Erwerberin nehmen diesen Verzicht an.[Rz. 32]**

§ 5 Rückforderungsrecht[Rz. 33]

1. **Die Veräußerer behalten sich – als Gesamtgläubiger gemäß § 428 BGB – das Recht vor, die Rückübereignung des in dieser Urkunde übertragenen Grundbesitzes auf sich zu verlangen, falls einer der nachgenannten Rückforderungsgründe eintritt**

a) falls die Erwerberin ohne Zustimmung der Veräußerer über den Grundbesitz durch Veräußerung oder Belastung verfügt;
b) falls die Erwerberin vor dem Tode des Längstlebenden der Veräußerer verstirbt;
c) falls über das Vermögen der Erwerberin das Insolvenzverfahren eröffnet oder die Eröffnung mangels Masse abgelehnt wird;
d) falls in den übertragenen Grundbesitz Zwangsvollstreckungsmaßnahmen eingeleitet und nicht innerhalb von sechs Wochen wieder aufgehoben werden;
e) falls die Erwerberin von ihrem (ggf. künftigen) Ehemann geschieden wird oder von diesem iSd § 1567 BGB getrennt lebt, es sei denn, die Erwerberin hat durch Ehevertrag sichergestellt, dass der in dieser Urkunde übertragene Grundbesitz im Scheidungsfall im Zugewinnausgleich nicht berücksichtigt wird.

Das Rückforderungsrecht ist nicht vererblich und höchstpersönlich. Hat der Veräußerer jedoch das Rückforderungsrecht zu seinen Lebzeiten berechtigt ausgeübt, so ist der durch die Ausübung dieses Rechts entstandene Rückübereignungsanspruch vererblich. Das Rückforderungsrecht muss schriftlich ausgeübt werden, und zwar innerhalb von sechs Monaten, nachdem der Berechtigte von dem Eintritt des Rückforderungsgrundes Kenntnis erlangt hat. Im Falle des Rückforderungsgrundes zu Buchst. b) beträgt die Frist zwei Jahre.
Wird das vorgenannte Rückforderungsrecht ausgeübt, so ist die Erwerberin – gegebenenfalls ihre Erben – verpflichtet, den Grundbesitz an die Veräußerer zu je ½ Anteil zurückzuübertragen. Nach dem Tode eines Veräußerers steht dem Überlebenden das Rückforderungsrecht allein zu und ist in diesem Fall durch Rückübertragung in dessen Alleineigentum zu erfüllen.
Keiner der Veräußerer ist jedoch befugt, zu Lasten des anderen über den Rückübertragungsanspruch zu verfügen.

2. Im Falle der Ausübung des Rückforderungsrechts hat der Veräußerer Zug um Zug mit der Rückübertragung die nachgewiesenen Aufwendungen der Erwerberin in den übertragenen Grundbesitz zu erstatten, soweit die Wertsteigerung noch besteht. In Anrechnung auf den Erstattungsbetrag hat der Veräußerer zur vollständigen Entlastung der Erwerberin die Darlehen zu übernehmen, die die Erwerber zur Finanzierung der zu erstattenden Aufwendungen aufgenommen hat, und zwar in der noch bestehenden Höhe und mit den Grundpfandrechten, die zur Sicherung dieser Darlehen am Vertragsobjekt bestellt worden sind.
Im Übrigen werden alle wechselseitigen Ansprüche aus gezogenen Nutzungen oder gemachten Verwendungen ausgeschlossen. Eine Erstattung der als dauernde Last oder Leibrente gemäß § 3 Ziff. 2 etwa gezahlten Beträge findet nicht statt. Auch sind keine weiteren Gegenleistungen für die Rückübertragung zu erbringen. Die mit der Rückübertragung verbundenen Kosten und Steuern trägt der Rückforderungsberechtigte.

§ 6 Besitzübergang, Mängelhaftung, Erschließung

1. Der Besitz, die Nutzungen, die Lasten und die Gefahr des übertragenen Grundbesitzes gehen – vorbehaltlich des in dieser Urkunde eingeräumten Nießbrauchsrechts – mit dem ersten Tag des auf die Beurkundung dieses Vertrages folgenden Monats auf die Erwerberin über.
2. Ansprüche und Rechte der Erwerberin wegen eines Sachmangels des Grund und Bodens und des Gebäudes werden hiermit ausgeschlossen.
Der Veräußerer ist verpflichtet, der Erwerberin das Eigentum an dem übertragenen Grundbesitz frei von im Grundbuch eingetragenen und von der Erwerberin nicht übernommenen Belastungen zu verschaffen. Im übrigen wird eine Rechtsmängelhaftung ausgeschlossen. Von diesen Rechtsbeschränkungen ausgenommen ist jeweils eine Haftung bei Vorsatz und Arglist.

Grunddienstbarkeiten und persönliche Dienstbarkeiten werden, soweit solche bestehen, übernommen.

3. Beiträge, Kosten und Abgaben nach dem Baugesetzbuch und Kommunalabgabengesetz gehen für die Dauer des Nießbrauchsrechts zu Lasten des Nießbrauchsberechtigten, und zwar unabhängig davon, wann Beiträge, Kosten und Abgaben dieser Art entstehen oder bereits entstanden sind. Im Übrigen sowie bei Ausübung des Wahlrechts gemäß § 3 Abs. 2 gehen sie zu Lasten der Erwerberin.

§ 7 Auflassung, Grundbucherklärungen[Rz. 34]

1. Die Beteiligten sind darüber einig, dass das Eigentum an dem übertragenen Grundbesitz auf die Erwerberin übergehen soll.
   Sie bewilligen und beantragen die Eintragung des Eigentumswechsels in das Grundbuch.
   Die Beteiligten stimmen allen Löschungen und Pfandfreigaben nach Maßgabe der Bewilligungen der jeweils Berechtigten im Grundbuch hierdurch zu.
2. Die Beteiligten bewilligen und beantragen die Eintragung eines Nießbrauchsrechts auf dem übertragenen Grundbesitz zu Gunsten der Veräußerer – als Gesamtberechtigte gemäß § 428 BGB – gemäß § 3 Ziffer 1. dieser Urkunde mit dem Vermerk, dass zur Löschung der Nachweis des Todes der Berechtigten genügt.
3. Die Beteiligten bewilligen und beantragen ferner die Eintragung einer Rückauflassungsvormerkung zugunsten der Veräußerer – als Gesamtberechtigte gemäß § 428 BGB, für den Überlebenden von ihnen allein – auf dem in dieser Urkunde übertragenen Grundbesitz zur Sicherung des Rückübertragungsanspruchs gemäß § 5 dieser Urkunde.
   Die Veräußerer bevollmächtigen die Erwerberin – unter Befreiung von den Beschränkungen des § 181 BGB – die Rückauflassungsvormerkung nach dem Tode beider Veräußerer unter Vorlage der Sterbeurkunde zur Löschung zu bewilligen.
4. Den Beteiligten ist bekannt, dass das Eigentum an dem übertragenen Grundbesitz erst mit der Umschreibung im Grundbuch auf die Erwerberin übergeht.
   Die Rechte der Erwerberin aus dieser Urkunde können gegen mögliche Beeinträchtigungen vor Eigentumsumschreibung im Grundbuch durch Eintragung einer Auflassungsvormerkung gesichert werden.
   Die Beteiligten verzichten nach Belehrung auf die Eintragung einer Auflassungsvormerkung zugunsten der Erwerberin im Grundbuch.
5. Alle Eintragungen aus dieser Urkunde sollen erfolgen nach Maßgabe der Anträge des Notars, der ermächtigt ist, diese auch getrennt und eingeschränkt zu stellen und in gleicher Weise zurückzunehmen sowie die Erklärungen der Beteiligten gegenüber dem Grundbuchamt zu ergänzen, zu ändern und zu berichtigen.

§ 8 Schlussbestimmungen

1. Die mit dieser Urkunde und ihrem Vollzug verbundenen Kosten und etwaigen Schenkungssteuern trägt die Erwerberin.
2. Genehmigungen aller Art werden wirksam mit ihrem Eingang beim Notar.
3. Der Notar wies die Beteiligten darauf hin, dass alle Vertragsvereinbarungen beurkundungspflichtig sind und dass Nebenabreden außerhalb dieser Urkunde zur Nichtigkeit des gesamten Rechtsgeschäftes führen können.
4. Sollten Erklärungen in dieser Urkunde ganz oder teilweise der Rechtswirksamkeit ermangeln oder nicht durchgeführt werden, so sollen dennoch die übrigen Erklärungen wirksam bleiben.

Die Beteiligten nehmen wechselseitig alles Vorstehende an.

Diese Niederschrift wurde den Erschienenen von dem Notar vorgelesen, von ihnen genehmigt und von ihnen und dem Notar wie folgt eigenhändig unterschrieben:

A. Grundsätzliche Anmerkungen

I. Wirtschaftliche Aspekte

1 Regelungsziel ist die Übertragung eines fremdgenutzten (vermieteten) Hausgrundstücks unter Nießbrauchsvorbehalt. Sie ist eine verbreitete Gestaltung im Rahmen der **vorweggenommenen Erbfolge.** Sie ermöglicht dem Eigentümer die Vermögensübergabe auf die nächste Generation, ohne hiermit auf die Mieteinkünfte aus dem übertragenen Objekt verzichten zu müssen. Zwar stehen dem Erwerber für die Dauer des Nießbrauchs noch keine Nutzungen zu. Er wird aber bereits zu Lebzeiten des Veräußerers Eigentümer des Grundbesitzes und erhält damit eine Rechtsposition, die ihm der Übergeber, anders als bei einer Verfügung von Todes wegen, nicht mehr durch Sinneswandel entziehen kann.

Zwar sind die bisherigen bewertungsrechtlichen Privilegien (§§ 145ff. BewG aF), die häufiger Anlass für eine lebzeitige Übertragung von Grundbesitz waren, durch das ErbStRG 2009 (BGBl. I 2008, 3018) mit Wirkung zum 1.1.2009 aufgehoben worden. Immerhin sieht § 13d ErbStG (vormals § 13c) bei der Übergabe von Mietwohngrundstücken noch einen Bewertungsabschlag von 10 vH vor. Vor allem der Wegfall des bisherigen § 25 ErbStG durch das ErbStRG 2009, der nunmehr stets einen Abzug des Kapitalwertes des Nießbrauchs vom Erwerb zulässt, und der durch das Jahressteuergesetz 2008 eingeschränkte Sonderausgabenabzug für wiederkehrende Versorgungsleistungen (hierzu näher in A. 1.05 Rz. 15ff.) dürften die wirtschaftliche Attraktivität des Grundbesitzübergabe unter Nießbrauchsvorbehalt erhöhen.

II. Rechtliche Aspekte

2 Vgl. hierzu die Erläuterungen in A. 1.03 Rz. 3ff.

III. Steuerrechtliche Aspekte

1. Ertragssteuern

3 **Einkünfte aus Vermietung und Verpachtung** sind demjenigen zuzurechnen, der den Tatbestand dieser Einkunftsart (§ 21 EStG) verwirklicht und dadurch Einkünfte erzielt.[1] Das ist beim Vorbehalts- wie beim Zuwendungsnießbrauch jeweils der Nießbraucher, da dieser beim Vorbehaltsnießbrauch Vermieter bleibt und beim Zuwendungsnießbrauch gemäß §§ 567, 566 BGB wird.[2] Voraussetzung für die Zurechnung der Einkünfte beim Nießbraucher ist jedoch, dass dieser tatsächlich als Einkunftserzieler auftritt.[3] Daher ist ein Eintritt in bestehende Miet- oder Pachtverhältnisse (§§ 566, 567, 581) den Mietern bzw. Pächtern anzuzeigen, ansonsten (im Rahmen obligatorischer Nutzungsverhältnisse) ist eine Vertragsübernahme zu vereinbaren.[4] Neue Miet- und Pachtverträge hat der Nießbraucher, nicht der Eigentümer, abzuschließen[5] und Mietzahlungen sind an den Nießbraucher zu leisten.[6] Bei einem Quoten- oder Bruchteilsnießbrauch beeinträchtigen Mietzahlungen auf ein gemein-

[1] BFH v. 7.4.1987 – IX R 103/85, BStBl. II 1987, 707; BMF v. 30.9.2013 (Nießbrauchserlass), BStBl. I 2013, 1184 Tz. 1.

[2] BMF v. 3.9.2013, BStBl. I 2013, 1184 Tz. 14, 41; *Wegmann* Rz. 276.

[3] Schmidt/*Kulosa* EStG § 21 Rz. 61.

[4] BMF v. 30.9.2013, BStBl. I 2013, 1184 Tz. 36; *Korn* DStR 1999, 1461, 1473; *Schippers* MittRhNotK 1996, 197, 213.

[5] *Schippers* MittRhNotK 1996, 197, 213.

[6] BMF v. 30.9.2013, BStBl. 2013, 1184 Tz. 15.

sames Konto die Vermieterstellung des Nießbrauchers nicht, wenn sichergestellt ist, dass der anteilige Überschuss in die alleinige Verfügungsmacht des Nießbrauchers gelangt.[7]

Laufende mit dem Grundbesitz verbundene Aufwendungen, insbesondere Ausbesserungen und Erneuerungen sowie öffentliche Lasten, kann nur derjenige als **Werbungskosten** (§ 9 EStG) oder Betriebsausgaben (§ 4 Abs. 4 EStG) geltend machen, der aus dem Grundbesitz Einkünfte erzielt.[8] Das ist beim Nießbrauch regelmäßig nur der Nießbrauchsberechtigte, so dass der Grundstückseigentümer seine Aufwendungen nicht als Werbungskosten abziehen kann.[9] Der Nießbraucher darf Werbungskosten abziehen, soweit er sie im Rahmen der Nießbrauchsbestellung vertraglich übernommen und tatsächlich getragen hat oder – bei Fehlen einer vertraglichen Regelung – aufgrund der gesetzlichen Lastenverteilung getragen hat. Auch Aufwendungen, zu denen der Nießbraucher nicht verpflichtet, aber nach § 1043 BGB berechtigt ist und die in seinem Interesse erfolgen, kann er absetzen, sofern er nicht auf den Verwendungsersatzanspruch gemäß § 1049 BGB verzichtet hat oder der Anspruch von vorn herein nicht zu realisieren ist.[10] Der Nießbrauch mit gesetzlicher Lastenverteilung führt regelmäßig zu einem **Werbungskostenleerlauf,** da der Eigentümer wegen fehlender Grundbesitzeinkünfte keine Werbungskosten absetzen kann, der Nießbraucher aber außergewöhnliche Ausbesserungen und Erneuerungen (§ 1041 Satz 2 BGB) sowie außerordentliche Lasten und Tilgungsleistungen (§ 1047 BGB) nach dem Gesetz nicht zu tragen hat.[11] Der **steuerrechtliche Ausweg** besteht darin, bei Nießbrauchsbestellung die Übernahme solcher Kosten und Lasten durch den Nießbraucher vertraglich zu vereinbaren.[12] **Zivilrechtlich** kann eine derart modifizierte Lastenverteilung dem Nießbraucher allerdings im Einzelfall finanziell überfordern. Zu den Möglichkeiten einer vertraglichen Begrenzung des wirtschaftlichen Risikos des Nießbrauchs vgl. nachfolgend Rz. 19. 4

Zur Vornahme von **Absetzungen für Abnutzung (AfA)** ist grundsätzlich nur derjenige befugt, der die Anschaffungs- und Herstellungskosten selbst getragen hat und mit dem Wirtschaftsgut Einkünfte erzielt.[13] Daher darf der Vorbehaltsnießbraucher im Fall der Nutzung durch Vermietung die AfA für das Gebäude wie zuvor als Eigentümer in Anspruch nehmen.[14] Nach dem Erlöschen des Nießbrauchs steht dem Eigentümer die Gebäude-AfA zu, weil er nunmehr durch die Nutzung des Gebäudes Einnahmen erzielt.[15] 5

Im Gegensatz zum Vorbehaltsnießbrauch ist beim unentgeltlichen **Zuwendungsnießbrauch** weder der Nießbraucher noch, da er keine Einnahmen erzielt, der Eigentümer zur Geltendmachung von AfA berechtigt.[16] Beim unentgeltlichen Zuwendungsnießbrauch geht daher das den Anschaffungs- und Herstellungskosten des Eigentümers entsprechende AfA-Volumen endgültig verloren.[17] Ist der Zuwendungsnießbraucher jedoch Eigentümer des Gebäudes, weil er dieses in Ausübung des Nießbrauchs errichtet hat (§ 95 Abs. 1 Satz 2 BGB), so kann er von den von ihm getragenen Herstellungskosten des Gebäudes die AfA vornehmen; ferner steht ihm auch die 6

---

[7] BMF v. 30.9.2013, BStBl. I 2013, 1189 Tz. 16.

[8] *Schippers* MittRhNotK 1996, 197, 213; *Mayer*/Geck § 11 Rz. 37; *Wegmann* Rz. 277.

[9] BMF v. 30.9.2013, BStBl. I 2013, 1184 Tz. 45; *Mayer*/Geck § 11 Rz. 37 eine Ausnahme gilt für den entgeltlich bestellten Nießbrauch, BMF v. 30.9.2013, BStBl. I 2013, Tz. 30.

[10] BMF v. 30.9.2013, BStBl. I 2013, 1189, Tz. 21; BFH v. 14.11.1989 – IX R 110/85, BStBl. II 1990, 462; 1992, 192.

[11] *Krauß* Vermögensnachfolge Rz. 1215; *Mayer*/Geck § 11 Rz. 37.

[12] *Krauß* Vermögensnachfolge Rz. 1215 u. Rz. 4959; *Mayer*/Geck § 11 Rz. 37; *Wegmann* Rz. 285; BMF v. 30.9.2013, BStBl. I 2013, 1184 Tz. 21.

[13] *Schippers* MittRhNotK 1996, 197, 213.

[14] BMF v. 30.9.2014, BStBl. I 2013, 1184 Tz. 42; *Götz*/*Hülsmann* Rz. 975 ff.; *Krauß* Vermögensnachfolge Rz. 4961; *Mayer*/Geck § 17 Rz. 182; *Wegmann* Rz. 278.

[15] *Götz*/*Hülsmann* Rz. 984; *Mayer*/Geck § 17 Rz. 185; BMF v. 30.9.2013, BStBl. I 2013, 1184 Tz. 46.

[16] BMF v. 30.9.2013, BStBl. I 2013, 1184 Tz. 19 f, 24; Schmidt/*Kulosa* EStG § 21 Rz. 74; *Wegmann* Rz. 278.

[17] *Schippers* MittRhNotK 1996, 197, 214; *Spiegelberger* Vermögensnachfolge § 4 Rz. 132.

AfA für Einbauten zu, die er zu einem vorübergehenden Zweck iSd. § 95 Abs. 1 Satz 1 BGB durchgeführt hat.[18]

7 Nießbrauchsgestaltungen zwischen nahen Angehörigen sind steuerrechtlich nur dann anzuerkennen, wenn sie klar vereinbart, ernsthaft gewollt und tatsächlich durchgeführt werden.[19] An der tatsächlichen Durchführung fehlt es, wenn, was insbesondere beim Zuwendungsnießbrauch zu beachten ist, äußerlich alles beim Alten bleibt und etwa nur die Erträge an den Nießbraucher abgeführt werden.[20]

8 Wird ein Nießbrauch im Zusammenhang mit einer vorweggenommenen Erbfolge (Vermögensübergabe) durch einmalige Zahlung abgelöst, so handelt es sich um eine Abstandszahlung an den Vermögensübergeber, welche die Bemessungsgrundlage für die AfA des Grundstückseigentümers erhöht. Wird die Abfindung fremdfinanziert, so sind die damit verbundenen Zinsen als Werbungskosten im Rahmen der Einkünfte aus Vermietung und Verpachtung abzugsfähig.[21] Beim Nießbraucher ist die Ablösung gegen Einmalzahlung eine nicht steuerbare Vermögensumschichtung.[22] Wird ein Nießbrauchsrecht, das an einem im Privatvermögen befindlichen Grundbesitz (zB Mietwohngrundstück) besteht, durch nach dem 31. Dezember 2007 vereinbarte wiederkehrende Versorgungsleistungen abgelöst, so können diese ab dem 1. Januar 2008 (Inkrafttreten des Jahressteuergesetzes 2008) nicht mehr als Sonderausgaben abgezogen werden. Zu den Einschränkungen des Sonderausgabenabzugs durch das Jahressteuergesetz 2008 vgl. A. 1.05, Rz. 15ff.

9 *(frei)*

2. Erbschaft- und Schenkungsteuern

10 Vgl. hierzu die Erläuterungen in A. 1.03, Rz. 26ff. und in A. 1.01, Rz. 17ff.

Der Wert von Mietwohngrundstücken für Zwecke der Schenkungssteuer ist nach dem Ertragswertverfahren gem. §§ 184ff. BewG zu ermitteln. Vgl. hierzu A. 1.01, Rz. 29ff. mit Berechnungsbeispiel.

11 Nach dem Wegfall des bisherigen § 25 ErbStG durch das ErbStRG 2009 zum 1.1.2009 kann nunmehr der Kapitalwert des Nießbrauchs vom Wert des Grundbesitzes abgezogen werden, und zwar selbst dann, wenn der Nießbrauch für den Schenker oder dessen Ehegatten vorbehalten wird. Der Kapitalwert ist an Hand der Tabelle zu ermitteln, die das BMF jeweils nach § 14 Abs. 1 S. 4 BewG im BStBl. veröffentlicht.

12 **Berechnungsbeispiel** (auf der Grundlage der Tabelle vom 4.11.2016 für Bewertungsstichtage ab 1.1.2017, BStBl. I 2016, 1166).

Ein 65-jähriger männlicher Veräußerer überträgt ein Wohnmietshaus unter Vorbehalt des Nießbrauchs. Der nach dem Ertragswertverfahren (§§ 184ff. BewG) ermittelte Verkehrswert der Immobilie beträgt € 1 000 000,–. Die Monatsmiete beläuft sich auf € 4 000,–. Der Jahreswert des Nießbrauchsrechts beträgt somit € 48 000,–. Der Kapitalwert des Nießbrauchs errechnet sich wie folgt:

Nach der Tabelle zu § 14 Abs. 1 S. 4 BewG ergibt sich für einen 65-jährigen Mann ein Vervielfältiger von 11,444.

€ 48 000,– × 11,444 = € 549 312,–.

Nach § 13d ErbStG ist bei Mietwohnobjekten ein Abschlag von 10 vH vorzunehmen, so dass der Wert der Immobilie mit € 900 000,– anzunehmen ist. Hiervon ist nun im vorliegenden Fall nicht der volle Kapitalwert des Nießbrauchs in Höhe von € 549 312,– abzuziehen, sondern gem. § 10 Abs. 6 Satz 5 ErbStG zur Vermeidung einer Doppelbegünstigung nur derjenige Betrag, der dem Verhältnis des nach Anwendung des § 13d ErbStG anzusetzenden Werts der Mietimmobilie zu dem Wert vor Anwendung des § 13d ErbStG entspricht. Mithin sind hier nur 90% des Kapitalwertes des Nieß-

---

[18] BFH v. 9.5.1974 – VIII R 42/68, BStBl. II 1975, 8; BMF v. 30.9.2013, BSBl. I 2013, 1184 Tz. 19; *Korn* DStR 1999, 1461, 1473.

[19] BMF v. 30.9.2013, BStBl. I 2013, 1184 Tz. 2.

[20] BMF v. 30.9.2013, BStBl. I 2013, 1184 Tz. 3.

[21] *Mayer*/Geck § 17 Rz. 186.

[22] BMF v. 30.9.2013, BStBl. I 2013, 1184 Tz. 57f.

brauchsrechts (€ 900 000,– von € 1 000 000,–) abzuziehen, also € 494 380,80. Anzusetzen ist somit folgender Wert:

€ 900 000,– – € 494 380,80,– = € 405 619,20.–.

3. Verkehrssteuern

Vgl. hierzu die Erläuterungen in A. 1.01, Rz. 41 13

(frei) 14–16

B. Einzelerläuterungen

Zu §§ 1 und 2: Grundbuchangaben, Veräußerungsgegenstand

Vgl. hierzu die Erläuterungen in A. 1.01, Rz. 42. 17

Zu § 3: Vorbehalt des Nießbrauchs

Vgl. hierzu die Erläuterungen in A. 1.03, Rz. 32 ff. 18

Soll der Nießbrauch **mehreren Berechtigten** zustehen, so bestehen die in A. 1.03, Rz. 33 dargestellten Möglichkeiten.

Ist nur **ein** Ehegatte Veräußerer und soll dessen Ehepartner, der nicht Miteigentümer ist, ebenfalls das Nießbrauchsrecht erhalten, so kann das Nießbrauchsrecht beiden Ehegatten als Gesamtberechtigte gem. § 428 BGB eingeräumt werden oder in der Weise begründet werden, dass ein sofort entstehendes Nießbrauchsrecht für den Veräußerer allein und ein durch dessen Tod aufschiebend bedingtes Nießbrauchsrecht für den Ehepartner bestellt werden. In beiden Fällen handelt es sich im Hinblick auf den Veräußerer um einen Vorbehaltsnießbrauch und im Hinblick auf seinen Ehepartner um einen Zuwendungsnießbrauch.[23] Einkommensteuerlich droht im Fall der Gesamtberechtigung gem. § 428 BGB eine sofortige hälftige Kürzung der AfA.[24] **Schenkungsteuerlich** liegt in beiden Fällen eine unentgeltliche Zuwendung des Veräußerers an seinen Ehegatten vor. Wird dem Ehegatten des Veräußerers jedoch eine Gesamtberechtigung gem. § 428 BGB eingeräumt, handelt es sich um eine sofort steuerbare Zuwendung, während bei einem durch den Tod des Veräußerers aufschiebend bedingten Nießbrauch die Zuwendung erst mit dem Eintritt der Bedingung schenkungsteuerlich realisiert wird[25] mit der Folge, dass bei einem Ausfall der Bedingung, also dem Vorversterben des Ehegatten vor dem Veräußerer, insoweit kein schenkungsteuerpflichtiger Vorgang vorliegt. Zudem wird bei einem Sukzessivnießbrauch der Wert der steuerbaren Zuwendung regelmäßig reduziert, da das Lebensalter des berechtigten Ehegatten steigt und damit seine verbleibende durchschnittliche Lebenserwartung sinkt.[26] Anderseits könnte, da seit dem 1. Januar 2009 (Wegfall des § 25 ErbStG) die Nießbrauchslast zum Nominalwert abgezogen werden kann, eine Gesamtberechtigung gem. § 428 BGB aus Sicht des Grundstückserwerbers schenkungsteuerlich dann vorteilhaft sein, wenn der Ehegatte des Veräußerers wesentlich jünger als dieser ist,[27] so dass im Einzelfall die steuerlichen Vor- und Nachteile der jeweiligen Nießbrauchszuwendung an den Ehegatten des Veräußerers abzuwägen sind. Als weitere Alternative ist zu erwägen, dem Nichteigentümer-Ehegatten vorab einen hälftigen Miteigentumsanteil zu übertragen und sodann die Übergabe gegen Vorbehaltsnieß-

[23] *Spiegelberger* Vermögensnachfolge, S. 137; *v. Hoyenberg* S. 109; *Wegmann* Rz. 298 f.

[24] BFH v. 28.7.1981 – VIII R 35/79, BStBl. II 1982, 380; BFH v. 24.4.1990 – IX R 9/86, BStBl. II 1990, 888; *Wegmann* Rz. 298; *Geck* DStR 2009, 1007 f.; *Spiegelberger* Vermögensnachfolge S. 137.

[25] *v. Hoyenberg* S. 110 f.; *Geck* DStR 2009, 1005, 1007 f.

[26] *v. Hoyenberg* S. 111.

[27] *Geck* DStR 2009, 1005, 1007 f.; *v. Hoyenberg* S. 110 f.

brauch für beide Ehegatten vorzunehmen.[28] Der Ehegatte, dem der hälftige Miteigentumsanteil übertragen worden ist, kann dann beim Vorversterben des anderen Ehegatten die AfA zwar nicht in vollem Umfang, immerhin aber zur Hälfte weiter beanspruchen.[29]

19 Abweichend von der gesetzlichen Lastenverteilung kann mit dinglicher Wirkung vereinbart werden, dass der Nießbraucher auch außergewöhnliche Ausbesserungen und Erneuerungen (§ 1041 Satz 2 BGB) sowie außerordentliche Lasten (wie zB Erschließungsbeiträge) und Tilgungsleistungen (§ 1047 BGB) zu tragen hat.[30] Einkommensteuerrechtlich dient eine solche Vereinbarung der **Vermeidung eines Werbungskostenleerlaufs**[31] (vgl. hierzu die Anmerkungen in Rz. 4). Zivilrechtlich kann eine derart modifizierte Lastenverteilung den Nießbraucher allerdings im Einzelfall überfordern, etwa wenn umfangreiche Reparaturen oder Sanierungen von erheblicher wirtschaftlicher Tragweite anstehen. Insoweit kommen im Interesse des Nießbrauchers folgende Möglichkeiten zur Verringerung des wirtschaftlichen Risikos in Betracht:[32]

- **Beleihungsvorbehalt**
  Der Veräußerer und künftige Nießbraucher behält sich das Recht zur Belastung des übertragenen Grundbesitzes vor. Zu diesem Zweck erteilt ihm der Erwerber eine unwiderrufliche Vollmacht zur Bestellung von Grundpfandrechten bis zu einer bestimmter Höhe, die im Außenverhältnis unbeschränkt, im Innenverhältnis aber auf festgelegte Finanzierungszwecke im Interesse des Nießbrauchsobjektes beschränkt ist. Der Erwerber verpflichtet sich zur Aufnahme eines Darlehens in erforderlicher Höhe, dessen Verzinsung (ggf. auch Tilgung) der Nießbraucher für die Dauer des Nießbrauchs übernimmt. Gegebenenfalls ist ein für die Lebensdauer des Nießbrauchers tilgungsfreies Darlehen zu wählen. Alternativ kann auch der Nießbraucher Darlehensnehmer sein; in diesem Fall ist zu vereinbaren, dass spätestens mit seinem Tod der Eigentümer die Darlehensschuld zur Entlastung der Erben übernimmt.
- **Vereinbarung eines Zahlungsanspruchs** des Veräußerers gegen den Erwerber in Höhe der zu erwartenden Renovierungskosten. Hierdurch können nachträgliche Anschaffungskosten entstehen die zur Abschreibung berechtigen.[33]
- **Ablösung** des Nießbrauchs durch Einmalzahlung
  Hier wird dem Veräußerer bereits im Übergabevertrag oder aufgrund späterer Vereinbarung das Recht eingeräumt, vom Erwerber gegen Aufgabe und Löschung des Nießbrauchs die Zahlung einer Abfindung verlangen zu können.[34]
- **Ersetzung des Nießbrauchs durch wiederkehrende Zahlungen**
  Hier wird dem Veräußerer die Ersetzungsbefugnis eingeräumt, den vorbehaltenen Nießbrauch jederzeit oder bei Vorliegen bestimmter Voraussetzungen (zB Notwendigkeit größerer Reparaturen) durch an ihn zu leistende wiederkehrende Zahlungen zu ersetzen.[35]

20 Übernimmt der Vorbehaltsnießbraucher in Abweichung von der gesetzlichen Lastenverteilung vereinbarungsgemäß mit dinglicher Wirkung weitere Lasten, etwa die Kosten außergewöhnlicher Ausbesserungen und Erneuerungen, so ist darin nach zutreffender Ansicht keine zusätzliche Schenkung an den Erwerber zu sehen.[36] Etwas anderes kann für lediglich schuldrechtliche Zusatzpflichten des Nießbrauchers gelten.[37]

---

[28] *Korn* DStR 1999, 1461, 1467; *Spiegelberger* Vermögensnachfolge S. 137.
[29] *Schippers* MittRhNotK 1996, 197, 209 f.; *Korn* DStR 1999, 1461, 1467; BFH/NV 1994, 539, 540.
[30] *Schippers* MittRhNotK 1996, 197, 202; Staudinger/*Frank* BGB § 1041 Rz. 8; BayObLG DNotZ 1986, 151.
[31] *Krauß* Vermögensnachfolge Rz. 1215; *Schippers* MittRhNotK 1996, 197, 213; *Wegmann* Rz. 285.
[32] *Mayer*/Geck § 11 Rz. 69 ff., Rz. 81 ff.; *Krauß* Vermögensnachfolge Rz. 1226 ff.; *Wegmann* Rz. 287 f.
[33] *Wegmann* Rz. 288; *Krauß* Vermögensnachfolge Rz. 1236; *J. Mayer* Rz. 457, der darauf hinweist, dass dies zu einem teilentgeltlichen Erwerb mit steuerlichen Nachteilen führen kann, wenn Betriebsvermögen übertragen wird oder es zur Anwendung von § 23 EStG kommt.
[34] *Krauß* Vermögensnachfolge Rz. 1240.
[35] *Mayer*/Geck § 11 Rz. 81 ff.; *v. Hoyenberg* S. 126 ff.; *Wegmann* Rz. 288.
[36] *Schippers* MittRhNotK 1996, 197, 216; *Knöchlein* MittBayNot 1995, 345, 348 ff.; *Spiegelberger* ZEV 1994, 214, 220.
[37] *Schippers* MittRhNotK 1996, 197, 216.

Zu § 4: Ausgleichung, Anrechnung, Pflichtteilsverzicht

Bei Übertragungen zu Lebzeiten des Veräußerers stellt sich die Frage, ob und auf welche Weise der Erwerber nach dem Tode des Übergebers den Wert der Zuwendung erbrechtlich ausgleichen und sich auf seinen Pflichtteil anrechnen lassen muss. 21

Im Rahmen der **erbrechtlichen Ausgleichung** unterscheidet das Gesetz zwischen „geborenen Ausgleichstatbeständen" und „gekorenen Ausgleichstatbeständen".[38] Bei den geborenen Ausgleichstatbeständen findet stets eine Ausgleichung statt, sofern nicht der Zuwendende bei der Zuwendung etwas anderes angeordnet hat (§ 2050 Abs. 1 BGB). Zu dieser Gruppe gehören die Ausstattungen gem. § 1624 BGB; ferner Zuschüsse zu den Einkünften und Aufwendungen für die Berufsausbildung, diese jedoch nur insoweit, als sie das den Vermögensverhältnissen des Zuwendenden entsprechende Maß überstiegen haben (§ 2050 Abs. 2 BGB). Alle sonstigen (gekorenen) Zuwendungen sind nur auszugleichen, falls der Zuwendende die Ausgleichung **bei der Zuwendung** angeordnet hat (§ 2050 Abs. 3 BGB). 22

Eine **nachträgliche** Anordnung oder Ausschließung der Ausgleichung kann nur durch **Verfügung von Todes wegen** erfolgen.[39]

Grundstückszuwendungen fallen nicht unter § 2050 Abs. 2 BGB,[40] sie können aber Ausstattungen sein;[41] sind sie es nicht, ist der Grundstückserwerber nur bei entsprechender Anordnung des Zuwendenden ausgleichspflichtig.

Eine erbrechtliche Ausgleichung gem. § 2050 BGB setzt ferner voraus, dass die Empfänger der Zuwendung zum Kreis der Abkömmlinge des Zuwendenden gehören und sie dessen gesetzliche Erben werden oder durch letztwillige Verfügung auf dasjenige eingesetzt werden, was sie als gesetzliche Erben erhalten würden (§ 2052 BGB). Über § 2326 BGB findet eine Ausgleichung auch zwischen Abkömmlingen statt, die lediglich Pflichtteilsberechtigte und nicht Miterben sind. Die Ausgleichung führt in diesem Fall dazu, dass der Pflichtteil des Empfängers entsprechend geringer und die Pflichtteile der anderen Abkömmlinge entsprechend größer werden.[42] In der Erhöhung des Pflichtteils der anderen Abkömmlinge kann insbesondere dann eine nichtgewollte „Fernwirkung" der Ausgleichspflicht nach § 2050 BGB liegen, wenn einer dieser Abkömmlinge keinen gegenständlich beschränkten Pflichtteilsverzicht erklärt hat.[43]

Die **Durchführung** der **Ausgleichung** geschieht wie folgt:[44] 23

Zunächst sind vom Gesamtnachlass die Werte der Erbteile aller nicht ausgleichspflichtigen oder ausgleichsberechtigten Erben abzuziehen. Dem danach verbleibenden Nachlasswert sind sodann die Werte der auszugleichenden Zuwendungen hinzuzurechnen und für jeden Abkömmling sein rechnerischer Anteil daran zu ermitteln. Anschließend wird von dem so errechneten Erbteilswert des ausgleichspflichtigen Miterben der Wert der Zuwendung abgezogen.[45]

Durch die gesetzliche Ausgleichung gem. § 2050 ff. BGB wird allerdings **keine Pflicht zur Rückzahlung** einer erhaltenen Zuwendung begründet (§ 2056 BGB), selbst wenn der spätere Nachlass wertmäßig erschöpft sein sollte und für die übrigen Miterben nichts mehr übrig bleiben sollte. Hier können dann nur ausdrücklich vereinbarte **rechtsgeschäftliche Ausgleichspflichten** helfen.[46] 24

Für die **Berechnung des Wertes** der Zuwendung ist die Anordnung des Zuwendenden maßgeblich, bei Fehlen einer solchen der Verkehrswert des Objekts zum Zeit- 25

---

[38] *Krauß* Vermögensnachfolge Rz. 1697.

[39] Palandt/*Weidlich* BGB § 2050 Rz. 10; ausführlich *Thubauville* MittRhNotK 1992, 289, 297 f.

[40] *Wegmann* Rz. 554.

[41] *Langenfeld/Günther* S. 258.

[42] *Langenfeld/Günther* S. 180.

[43] *Mayer*/Geck § 9 Rz. 14 ff.; der empfiehlt, wegen dieser Fernwirkungen auf den Pflichtteil eine Ausgleichung auf den Erbteil zu vermeiden.

[44] *Langenfeld/Günther* S. 180; *Wegmann* Rz. 552.

[45] Zu Berechnungsbeispielen vgl. *Bertolini* MittBayNot 1995, 109.

[46] *Mayer*/Geck § 9 Rz. 9 m. Fn. 6.

punkt seiner Zuwendung (§ 2055 Abs. 2 BGB). Bei der Übertragung von Grundbesitz ist, sofern nichts anderes bestimmt wird, der Tag der Eigentumsumschreibung im Grundbuch Stichtag für die Wertberechnung.[47] Spätere Wertsteigerungen und Erträge des Zuwendungsobjekts bleiben unberücksichtigt, jedoch ist der Kaufpreisschwund zwischen Zuwendung und Erbfall einzurechnen.[48] Zu diesem Zweck wird der Wert, den der Gegenstand im Zeitpunkt seiner Zuwendung hatte, mit der Preisindexzahl für die Lebenshaltung (Verbraucherpreisindex) des Todesjahres multipliziert und durch die entsprechende Preisindexzahl für das Zuwendungsjahr dividiert.[49]

26 Von der Ausgleichung zu unterscheiden ist die **Anrechnung auf den Pflichtteil.** Nach § 2315 BGB hat sich der Pflichtteilsberechtigte dasjenige auf den Pflichtteil anrechnen zu lassen, was ihm der Erblasser durch Rechtsgeschäft unter Lebenden mit der Bestimmung der Anrechnung zugewendet hat. Die Anrechnungsbestimmung des Erblassers muss **vor** oder spätestens **mit** der Zuwendung getroffen werden.[50] Eine **nachträgliche Begründung** der Anrechnungspflicht kann nur durch **notariellen Verzichtsvertrag** zwischen Empfänger und Zuwendenden (§§ 2346 Abs. 2, 2348 BGB) erreicht werden.[51] Nach dem von der Bundesregierung vorgelegten Entwurf eines Gesetzes zur Änderung des Erb- und Verjährungsrechts vom 24.4.2008 (BT-Drs. 16/8954) sollte der Erblasser die Anrechnung auch nachträglich und einseitig anordnen und getroffene Anrechnungen wieder nachträglich ändern können, und zwar jeweils durch Verfügung von Todes wegen. Diese vorgesehene nachträgliche Erblasser-Befugnis ist jedoch aufgrund der Beratungen im Rechtsausschuss nicht Gesetz geworden. Zur Durchführung der Anrechnung wird der Wert der Zuwendung dem Nachlass hinzugerechnet. Aus diesem fiktiven Nachlass wird sodann mittels der individuellen Pflichtteilsquote der Pflichtteilsanspruch des Zuwendungsempfängers errechnet und von diesem die anrechnungspflichtige Zuwendung abgezogen. Dies geschieht für jeden einzelnen Pflichtteilsberechtigten getrennt.[52] Für die Berechnung des Werts der Zuwendung gelten die vorstehenden Ausführungen zur erbrechtlichen Ausgleichung entsprechend.

27 Ausgleichung und Anrechnung können gem. § 2316 Abs. 4 BGB auch zusammentreffen. In diesem Fall ist zunächst die Ausgleichung nach § 2316 Abs. 1 BGB vorzunehmen. Bei der Pflichtteilsberechnung ist die Zuwendung sodann nur noch mit der Hälfte des Wertes anzurechnen.[53] Im Ergebnis kommt somit die Hälfte des Wertes allen Pflichtteilsberechtigten und die andere Hälfte dem Erben zugute.

28 Schenkungen, auch gemischte oder solche unter Auflagen, die der Übergeber innerhalb von **zehn Jahren vor seinem Tod** vorgenommen hat, können gem. §§ 2325, 2329 BGB zu **Pflichtteilsergänzungsansprüchen** führen. Das Geschenk, obwohl beim Tode des Übergebers infolge der Schenkung nicht mehr in dessen Vermögen befindlich, wird dann für die Berechnung des Pflichtteils dem Nachlass hinzugerechnet und aus dem so erhöhten Wert (fiktiver Nachlass) der Pflichtteil errechnet.[54] Anspruchgläubiger ist der Pflichtteilsberechtigte, also jeder aus dem Kreis der in § 2303 BGB genannten Angehörigen, dessen Pflichtteil nicht durch § 2309 BGB ausgeschlossen ist. Der Gläubiger muss nicht bereits zum Zeitpunkt der Schenkung Pflichtteilsberechtigter gewesen sein. Maßgebend ist allein, ob die Pflichtteilsberechtigung zur Zeit des Erbfalls bestand, so dass auch Personen, die erst nach der Schenkung geboren oder Ehegatte des Veräußerers geworden sind, in den Genuss von Pflichter-

---

[47] *Langenfeld/Günther* S. 180.
[48] BGH v. 4.7.1975 – IV ZR 3/74, NJW 1975, 1831; *Langenfeld/Günther* S. 180; Palandt/*Weidlich* BGB § 2055 Rz. 3.
[49] BGH v. 4.7.1975 – IV ZR 3/74, NJW 1975, 1831.
[50] Palandt/*Weidlich* BGB § 2315 Rz. 4.
[51] *Thubauville* MittRhNotK 1992, 289, 297.
[52] *Langenfeld/Günther* Rz. 437; Palandt/*Weidlich* BGB § 2315 Rz. 7.
[53] Palandt/*Weidlich* BGB § 2316 Rz. 7.
[54] Palandt/*Weidlich* BGB § 2325 Rz. 1.

gänzungsansprüchen gelangen können.[55] Bei Grundstücksübertragungen beginnt die Zehnjahresfrist (§ 2325 Abs. 3 BGB) erst mit **Eigentumsumschreibung** im Grundbuch.[56] Behält sich der Übergeber jedoch den Nießbrauch vor, wird der Fristbeginn trotz Vollzug des Eigentumswechsels gehindert.[57] Zur Frage, ob Gleiches auch bei Vorbehalt eines Wohnungsrechts gilt, vgl. A.1.01 Rz. 47.[58] Wird hingegen bei der Übertragung von fremdgenutztem Grundbesitz anstelle eines Nießbrauchsvorbehalts eine Leibrente oder dauernde Last vereinbart, so hindert eine solche Gestaltung nach herrschender Ansicht den Fristbeginn nicht.[59] Bei Übertragungen unter Ehegatten beginnt die Frist erst mit der Auflösung der Ehe (§ 2325 Abs. 3 BGB).

Nach bisherigem Recht galt für Schenkungen vor Ablauf der 10-Jahresfrist das „Alles-oder-Nichts-Prinzip“: Sie waren für die Pflichtteilsergänzung vollständig zu berücksichtigen, auch wenn sie im Zeitpunkt des Erbfalls zB bereits neun Jahre und elf Monate zurücklagen. Die am 1. Januar 2010 in Kraft getretene Neufassung des § 2325 Abs. 3 S. 1 BGB durch das Gesetz zur Änderung des Erb- und Verjährungsrechts sieht dagegen ein **„Abschmelzmodell“** vor. Danach vermindert sich für jedes volle Jahr, das zwischen Schenkung und Erbfall liegt, die Schenkung um $^{1}/_{10}$, so dass zB bei einer im Zeitpunkt des Todes des Schenkers bereits acht Jahre zurückliegenden Schenkung diese für die Pflichtteilsergänzung nur noch mit $^{2}/_{10}$ zu berücksichtigen ist.[60] Die Abschmelzungsregelung greift jedoch nur dann ein, wenn auch eine Leistung iSd § 2325 Abs. 3 S. 2 BGB vorliegt, woran es bei einer Übergabe unter Nießbrauchsvorbehalt nach Ansicht des BGH aber gerade fehlt.[61] 29

Im Rahmen der für die Pflichtteilsergänzung erforderlichen Bewertung (§ 2325 Abs. 2 BGB) ist das Geschenk mit seinem **Verkehrswert** anzusetzen, Landgüter unter den Voraussetzungen des § 2312 BGB hingegen nur mit ihrem Ertragswert. Bei Grundeigentum ist der Verkehrswert zum Zeitpunkt des Erbfalls demjenigen zur Zeit der Schenkung gegenüberzustellen; maßgeblich ist der geringere von beiden Werten (**Niederstwertprinzip** § 2325 Abs. 2 BGB). Bei Schenkungen unter Nießbrauchsvorbehalt hat die Berechnung der Pflichtteilsergänzung nach der Rechtsprechung des BGH in folgenden Schritten zu erfolgen:[62] 30

– Zunächst sind – noch ohne Berücksichtigung des vorbehaltenen Nutzungswertes – die Werte der Zuwendungsobjekte im Zeitpunkt der Schenkung und im Zeitpunkt des Erbfalls miteinander zu vergleichen. War der Wert im Zeitpunkt des Erbfalls – bereinigt um den Kaufpreisschwund – geringer als derjenige zur Zeit der Schenkung, bleibt das vorbehaltene Nutzungsrecht gänzlich unberücksichtigt.
– War dagegen der Wert zum Zeitpunkt der Schenkung der niedrigere von beiden, so sind in einem zweiten Schritt die kapitalisierten Nutzungen von dem Grundbesitzwert abzuziehen. Der danach verbleibende Restwert des Grundbesitzes ist sodann unter Berücksichtigung des Kaufkraftschwundes auf den Todestag des Erblassers umzurechnen und unterliegt insoweit der Pflichtteilsergänzung.

[55] BGH v. 23.5.2012 – IV ZR 25o/11, NJW 2012, 2730 unter Aufgabe seiner früheren Rechtsprechung im Urteil v. 25.6.1997 – IV ZR 233/96, NJW 1997, 2676, in dem er gefordert hatte, der Gläubiger müsse nicht nur im Zeitpunkt des Erbfalls, sondern auch bereits zur Zeit der Vornahme der Schenkung pflichtteilsberechtigt sein.

[56] BGH v. 2.12.1987 – IVa ZR 149/86, NJW 1988, 821.

[57] BGH v. 27.4.1994 – IV ZR 132/93, NJW 1994, 1791; BGH v. 29.6.2016 – IV ZR 47/15, NJW 2016, 2957.

[58] Vgl. *Herrler* ZEV 2008, 461 mit Nachweisen zur divergierenden Rechtsprechung.

[59] *N. Mayer* ZEV 1994, 325, 327; *Wegmann* MittBayNot 1994, 307, 308; *Heinrichs* MittRhNotK 1995, 157, 164; *Schippers* MittRhNotK 1996, 197, 211; *v. Proff* ZEV 2016, 681, 685. Ebenso LG Rottweil ZErb 2012, 310 m. Anm. Wirich. Das OLG Stuttgart hat die Berufung gegen diese Entscheidung zurückgewiesen, der BGH hat die Nichtzulassungsbeschwerde ebenfalls zurückgewiesen, zitiert nach *Wirich* und *v. Proff*, jeweils aaO.

[60] Zur Erbrechtsreform vgl. *Muscheler* ZEV 2008, 105.

[61] *Keim* ZEV 2008, 161, 166f.; *G. Müller* ZNotP 2007, 444, 447; *Mayer*/Geck § 9 Rz. 109.

[62] BGH v. 8.4.1992 – IV ZR 2/91, NJW 1992, 2887; vgl. hierzu *Heinrichs* MittRhNotK 1995, 157, 165ff.; *Wegmann* Rz. 306.

31 **Beispiel** nach *Heinrichs*[63]: Betrug der – inflationsbereinigte – Wert eines unter Nießbrauchsvorbehalt zugewendeten Grundeigentums zum Zeitpunkt der Schenkung € 100 000,– und im Zeitpunkt des Erbfalls € 120 000,–, während der Wert des vorbehaltenen Nießbrauchs € 70 000,– betrug, so wäre ein Betrag von € 30 000,– als geschenkt anzusehen und für die Pflichtteilsergänzung dem Nachlass hinzuzurechnen. Hätte dagegen der – inflationsbereinigte – Wert des Grundbesitzes zum Zeitpunkt des Schenkung € 100 000,–, im Zeitpunkt des Erbfalls aber nur € 99 000,– betragen, wären dem Nachlass € 99 000,– für die Pflichtteilsergänzung hinzuzurechnen.

32 Pflichtteilsansprüche, insbesondere Pflichtteilsergänzungsansprüche, die ihre Grundlage in lebzeitigen Zuwendungen des Erblassers haben, können durch entsprechende Verzichte der Pflichtteilsberechtigten ausgeschlossen werden. Hierzu bietet sich der Abschluss eines **gegenständlich beschränkten Pflichtteilsverzichts** an, der sich nur auf das im Übergabevertrag übertragene Vermögen bezieht und Ansprüche in Bezug auf das sonstige Vermögen des Übergebers unberührt lässt. Seine Zulässigkeit wird von der ganz herrschenden Meinung anerkannt.[64] Er bedarf zu seiner Wirksamkeit der notariellen Beurkundung (§§ 2346, 2348 BGB).

Zu § 5: Rückforderungsrecht

33 Vgl. hierzu die Erläuterungen zu A. 1.01, Rz. 54 ff.

Zu § 7: Auflassung, Grundbucherklärungen

34 Vgl. hierzu die Erläuterungen in A. 1.03, Rz. 38.

A. 1.05 Übertragungsvertrag über fremdgenutzten Grundbesitz gegen wiederkehrende Zahlungen (Leibrente) als Versorgungsleistung

Gliederung

A. 1.05 **Urkundenrolle Nr. für 20[...]**

Verhandelt zu [...] am

Vor mir,

DR. JUR. [...]
– NOTAR/IN IN [...] –

erschienen:

I. als Veräußerer:
Herr A. E., geboren am [...]
wohnhaft in [...]
– nachstehend „Veräußerer“ genannt –

[63] MittRhNotK 1995, 157, 166.
[64] *J. Mayer* ZEV 2000, 263; *Krauß* Vermögensnachfolge Rz. 3440 ff.; *Langenfeld/Günther* S. 183; MüKoBGB/*Wegerhoff* BGB § 2346 Rz. 20; Palandt/*Weidlich* BGB § 2346 Rz. 15; *Wegmann* Rz. 570.

II. als Erwerber:
dessen Sohn, [...]
Herr B. E., geboren am [...]
wohnhaft in [...]
– nachstehend „Erwerber" genannt –.

III. als weitere Beteiligte:
die Ehefrau des Veräußerers und Mutter des Erwerbers,
Frau G. E. geborene B., geboren am [...]
wohnhaft in [...]

Die Erschienenen sind dem Notar von Person bekannt.
Die Erschienenen ließen den folgenden

ÜBERTRAGUNGSVERTRAG

beurkunden und erklärten:

§ 1 Grundbuchangaben, Veräußerungsgegenstand

1. **Der Veräußerer ist Eigentümer des folgenden im Grundbuch von G. Blatt Nummer 420 eingetragenen Grundbesitzes:**
   Gemarkung G.
   Flur 2 Flurstück 25, Gebäude- und Freifläche,
   groß: 900 qm.
2. **Der Notar hat den Grundbuchinhalt feststellen lassen. Danach ist der Grundbesitz im Grundbuch wie folgt belastet:**
   Abteilung II:
   keine Eintragung.
   Abteilung III:
   lfd. Nr. 1: Buchgrundschuld in Höhe von € 50 000,– zugunsten der Sparkasse D.
   Diese Grundschuld wird von dem Erwerber übernommen.
3. **Der übertragene Grundbesitz ist mit einem Zweifamilienhaus bebaut, das vermietet ist.**

§ 2 Übertragung

1. **Der Veräußerer überträgt dem Erwerber den in § 1 dieser Urkunde näher bezeichneten Grundbesitz. Der Erwerber nimmt die Übertragung an.**

§ 3 Wiederkehrende Zahlungen als Leibrente[Rz. 26–34]

1. **Der Erwerber verpflichtet sich, an den Veräußerer auf dessen Lebensdauer zur Versorgung eine lebenslange monatliche Leibrente nach folgender Maßgabe zu zahlen:**
   Die Rente beträgt monatlich € [...],–.
   Die Rente ist fällig und zahlbar jeweils im voraus bis zum 3. Werktag eines jeden Monats, erstmals am dritten Werktag des auf die Beurkundung dieses Vertrages folgenden Monats.
2. **Aufschiebend bedingt durch den Tod des Veräußerers verpflichtet sich der Erwerber, nach dem Ableben des Veräußerers an dessen Ehefrau G. E. zu ihrer Versorgung auf deren Lebensdauer eine monatliche Leibrente nach folgender Maßgabe zu zahlen:**
   Die Rente beträgt monatlich € [...],–. Die an Frau G. M. zu leistende Rente ist jeweils fällig und zahlbar bis zum 3. Werktag eines jeden Monats, erstmals am 3. Werktag des Monats, der auf das Ableben des Veräußerers folgt. Regelungen

für den Fall der Scheidung der Ehe des Veräußerers mit Frau G. E. werden hierzu nicht getroffen.

3. Für die Wertsicherung der jeweiligen Rente gilt Folgendes:[Rz. 31–32]
Sollte sich der Verbraucherpreisindex für Deutschland (Basis 2010 = 100) nach den Veröffentlichungen des Statistischen Bundesamtes in Wiesbaden gegenüber dem Stand des auf die Beurkundung dieses Vertrages folgenden Monats um mindestens 5% verändern, so erhöht oder vermindert sich die Rente entsprechend. Die aufgrund der Wertsicherungsklausel erhöhte oder ermäßigte Rente ist erstmals für den Monat zu entrichten, für den eine Indexveränderung von mindestens 5% festgestellt wird, ohne dass es einer Aufforderung des durch die Änderung begünstigten Vertragsteils bedarf. Folgeanpassungen erfolgen wiederum jeweils bei einer Veränderung von mindestens 5%, wobei jeweils von dem letzten veränderten Ausgangsbetrag auszugehen ist.[Rz. 30]
Unbeschadet der vorstehenden Wertsicherungsklausel gilt Folgendes:
Eine Anwendung der Grundsätze des § 323a ZPO wird ausgeschlossen. Auch bei einer wesentlichen Veränderung der Verhältnisse bei dem Zahlungsberechtigten oder dem Zahlungsverpflichteten ist keiner von ihnen berechtigt, eine Abänderung des vereinbarten Rentenbetrags zu verlangen.
Der Erwerber unterwirft sich wegen des dinglichen und wegen des persönlichen Anspruchs aus der nachstehend jeweils bestellten Reallast sowie wegen der vorstehenden persönlichen Verpflichtung zu Zahlung eines monatlichen Betrages von € [...],– den Zahlungsberechtigten gegenüber der sofortigen Zwangsvollstreckung aus dieser Urkunde in sein gesamtes Vermögen. Der Erwerber ist verpflichtet, sich auf Verlangen und Kosten der Berechtigten wegen etwaiger Erhöhungsbeträge der sofortigen Zwangsvollstreckung zu unterwerfen.
Zur Sicherung aller Ansprüche auf Zahlung der vorstehend vereinbarten als Leibrente zu zahlenden Beträge in der vereinbarten wertgesicherten Form bestellt der Erwerber an dem übertragenen Grundbesitz eine Reallast zugunsten des Veräußerers und eine durch den Tod des Veräußerers aufschiebend bedingte Reallast zugunsten seiner Ehefrau G. E.

§ 4 Übernahme von Verbindlichkeiten[Rz. 35–36]

1. Der Erwerber übernimmt zur gänzlichen Entlastung des Veräußerers die Verbindlichkeiten, die der vorgenannten Grundschuld Abteilung III lfd. Nr. 1 zugrunde liegen. Es handelt sich hierbei um Verbindlichkeiten des Veräußerers aus dem Darlehen der Sparkasse D. mit der Darlehensnummer [...] in Höhe von derzeit noch € [...],–.
Der Veräußerer tritt die ihm bezüglich dieses Grundpfandrechts entstandenen und noch entstehenden Eigentümerrechte und Ansprüche auf Rückgewähr an den Erwerber ab. Die Abtretung erfolgt mit Wirkung zum Zeitpunkt der Eigentumsumschreibung auf den Erwerber.
2. Der Erwerber verpflichtet sich gegenüber dem vorgenannten Grundpfandrechtsgläubiger zur Zahlung eines dem Nennbetrag des übernommenen Grundpfandrechts entsprechenden sofort fälligen Geldbetrages nebst jährlichen Zinsen in Höhe von [...] vH, die Zinsen beginnend mit dem auf die Beurkundung folgenden Monatsersten und fällig am Ende eines Kalenderjahres.
Der Erwerber unterwirft sich wegen dieser Zahlungsverpflichtungen gegenüber dem genannten Grundpfandrechtsgläubiger der sofortigen Zwangsvollstreckung aus dieser Urkunde in sein gesamtes Vermögen. Der Notar wird ermächtigt, ohne Nachweis der die Vollstreckbarkeit begründenden Tatsachen vollstreckbare Ausfertigung dieser Urkunde zu erteilen.
3. Der Notar hat die Beteiligten darauf hingewiesen, dass die Schuldübernahme der Genehmigung der Gläubigerin bedarf. Der Notar soll der Gläubigerin eine beglau-

bigte Abschrift dieses Vertrages übersenden. Er wird beauftragt, um Genehmigung der Schuldübernahme nachzusuchen.
Sollte die Genehmigung der Schuldübernahme durch die Gläubigerin nicht erklärt werden, ist der Erwerber dem Veräußerer im Innenverhältnis verpflichtet, die Verbindlichkeiten jeweils fristgerecht zu erfüllen und den Veräußerer im Falle einer Inanspruchnahme durch die Gläubigerin unverzüglich freizustellen (Erfüllungsübernahme).
Durch das vorbezeichnete Grundpfandrecht sollen fortan nur noch Verbindlichkeiten des Erwerbers gesichert werden, und zwar neben den in dieser Urkunde übernommenen Verbindlichkeiten nur solche, deren Absicherung der Veräußerer und seine Ehefrau schriftlich zugestimmt haben.
Der Notar wird beauftragt, bei der Grundpfandrechtsgläubigerin die zur Wirksamkeit dieser Änderung der Zweckbestimmungserklärung erforderliche Zustimmung einzuholen.
Der Notar hat auf das Risiko hingewiesen, das mit einer lediglich nachrangigen grundbuchlichen Absicherung der in dieser Urkunde zu Gunsten des Veräußerers und seiner Ehefrau bestellten Rechte verbunden ist. Den Beteiligten ist bekannt, dass diese Rechte entschädigungslos erlöschen können, wenn aus der vorrangigen Grundschuld die Zwangsversteigerung in den Grundbesitz betrieben werden sollte.

§ 5 Erbrechtliche Ausgleichung, Anrechnung auf den Pflichtteil[Rz. 37–38]

1. **Der Erwerber hat das in dieser Urkunde erworbene Vermögen nicht erbrechtlich auszugleichen.**
2. **Soweit jedoch der heutige Verkehrswert dieses Vermögens den Wert der von dem Erwerber übernommenen Gegenleistungen übersteigt, muss er sich den Differenzbetrag auf seine Pflichtteilsrechte nach seinen beiden Elternteilen anrechnen lassen, insgesamt jedoch nur einmal in Höhe dieses Differenzbetrages. In dem vorgenannten Umfang verzichtet der Erwerber mir Wirkung für sich und seine Abkömmlinge auf sein Pflichtteilsrecht gegenüber seiner miterschienenen Mutter. Diese nimmt den Pflichtteilsverzicht ihres Sohnes an.**[Rz. 38]

§ 6 Rückforderungsrecht[Rz. 39–40]

1. **Der Veräußerer behält sich vor, die Rückübereignung des in dieser Urkunde übertragenen Grundbesitzes auf sich zu verlangen, falls einer der nachgenannten Rückforderungsgründe eintritt**
   a) **falls der Erwerber ohne Zustimmung des Veräußerers über den Grundbesitz durch Veräußerung oder Belastung verfügt;**
   b) **falls der Erwerber vor dem Tode des Veräußerers verstirbt; das gilt aber nicht, wenn der übertragene Grundbesitz von Todes wegen ausschließlich an Abkömmlinge des Erwerbers fällt;**
   c) **falls über das Vermögen des Erwerbers das Insolvenzverfahren eröffnet oder die Eröffnung mangels Masse abgelehnt wird;**
   d) **falls in den übertragenen Grundbesitz Zwangsvollstreckungsmaßnahmen eingeleitet und nicht innerhalb von sechs Wochen wieder aufgehoben werden;**
   e) **falls der Erwerber von seiner (ggfs künftigen) Ehefrau geschieden wird oder von ihr iSd § 1567 BGB getrennt lebt, es sei denn, der Erwerber hat durch Ehevertrag sichergestellt, dass der in dieser Urkunde übertragene Grundbesitz im Scheidungsfall im Zugewinnausgleich nicht berücksichtigt wird.**

   Das Rückforderungsrecht ist nicht vererblich und höchstpersönlich. Hat der Veräußerer jedoch das Rückforderungsrecht zu seinen Lebzeiten berechtigt ausgeübt, so ist der durch die Ausübung dieses Rechts entstandene Rückübereig-

nungsanspruch vererblich. Das Rückforderungsrecht muss schriftlich ausgeübt werden, und zwar innerhalb von sechs Monaten, nachdem der Berechtigte von dem Eintritt des Rückforderungsgrundes Kenntnis erlangt hat. Im Falle des Rückforderungsgrundes zu Buchst. b beträgt die Frist zwei Jahre.
Wird das vorgenannte Rückforderungsrecht ausgeübt, so ist der Erwerber – gegebenenfalls seine Erben – verpflichtet, den Grundbesitz an den Veräußerer zurückzuübereignen.

2. Im Falle der Ausübung des Rückforderungsrechts hat der Veräußerer Zug um Zug mit der Rückübertragung die nachgewiesenen Aufwendungen des Erwerbers in den übertragenen Grundbesitz zu erstatten, soweit die Wertsteigerung noch besteht. In Anrechnung auf den Erstattungsbetrag hat der Veräußerer zur vollständigen Entlastung des Erwerbers die Darlehen zu übernehmen, die der Erwerber zur Finanzierung der zu erstattenden Aufwendungen aufgenommen hat, und zwar in der noch bestehenden Höhe und mit den Grundpfandrechten, die zur Sicherung dieser Darlehen am Vertragsobjekt bestellt worden sind.
Im Übrigen werden alle wechselseitigen Ansprüche aus gezogenen Nutzungen oder gemachten Verwendungen ausgeschlossen. Eine Erstattung der als Leibrente gezahlten Beträge findet nicht statt. Auch sind keine weiteren Gegenleistungen für die Rückübertragung zu erbringen.
Die mit der Rückübertragung verbundenen Kosten und Steuern trägt der Rückforderungsberechtigte.
3. Das Recht, die Übereignung des in dieser Urkunde übertragenen Grundbesitzes auf sich verlangen zu können, und zwar unter den Voraussetzungen und zu den Bedingungen des Rückforderungsrechts gem. vorstehender Ziff. 1. und 2., wird hiermit auch der Ehefrau des Veräußerers, der Erschienenen zu II., für den Fall eingeräumt, dass der Veräußerer vor seiner Ehefrau versterben sollte.[Rz. 40] Soweit dabei in Ziff. 1. und 2. jeweils vom „Veräußerer“ die Rede ist, ist damit im Rahmen des Übereignungsrechts der Ehefrau jeweils diese gemeint.
Das Forderungsrecht der Ehefrau besteht jedoch nicht, falls im Zeitpunkt des Todes des Veräußerers dessen Ehe mit ihr bereits geschieden sein sollte oder beide im Sinne des § 1567 Abs. 1 BGB voneinander getrennt leben sollten.
Das Forderungsrecht der Ehefrau ist nicht vererblich und höchstpersönlich. Ist das Recht jedoch zu Lebzeiten der Berechtigten berechtigt ausgeübt worden, so ist der durch die Ausübung dieses Rechts entstandene Übergangsanspruch vererblich.

§ 7 Besitzübergang, Mängelhaftung, Erschließung

1. Der Besitz, die Nutzungen, die Lasten und die Gefahr des übertragenen Grundbesitzes gehen mit dem ersten Tag des auf die Beurkundung dieses Vertrages folgenden Monats auf den Erwerber über.
Der Erwerber tritt in die bestehenden Mietverhältnisse ein.
2. Ansprüche und Rechte des Erwerbers wegen eines Sachmangels des Grund und Bodens und des Gebäudes werden hiermit ausgeschlossen. Von dieser Rechtsbeschränkung ausgenommen ist eine Haftung bei Vorsatz und Arglist.
Der Veräußerer ist verpflichtet, dem Erwerber das Eigentum an dem übertragenen Grundbesitz frei von im Grundbuch eingetragenen und vom Erwerber nicht übernommenen Belastungen zu verschaffen.
3. Beiträge, Kosten und Abgaben nach dem Baugesetzbuch und Kommunalabgabengesetz gehen zu Lasten des Erwerbers, und zwar unabhängig davon, wann Beiträge, Kosten und Abgaben dieser Art entstehen oder bereits entstanden sind.

§ 8 Kosten

Die mit dieser Urkunde und ihrem Vollzug verbundenen Kosten trägt der Erwerber.

§ 9 Auflassung, Grundbucherklärungen Rz. 42

1. **Die Beteiligten sind darüber einig, dass das Eigentum an dem übertragenen Grundbesitz auf den Erwerber übergehen soll.**
   Sie bewilligen und beantragen die Eintragung des Eigentumswechsels in das Grundbuch.
   Die Beteiligten stimmen allen Löschungen und Pfandfreigaben nach Maßgabe der Bewilligungen der jeweils Berechtigten im Grundbuch hierdurch zu.
2. **Die Beteiligten bewilligen und beantragen zulasten des eingangs genannten Grundbesitzes die Eintragung:**
   a) **einer Reallast zugunsten des Veräußerers zur Sicherung der in § 3 vereinbarten wertgesicherten Zahlungsansprüche des Veräußerers, mit dem Vermerk, dass zur Löschung des Rechts der Nachweis des Todes des Berechtigten genügt;** Rz. 42
   b) **einer Auflassungsvormerkung zugunsten des Veräußerers auf dem übertragenen Grundbesitz zur Sicherung seines Rückübertragungsanspruches gemäß § 6 Ziff. 1. dieser Urkunde;**
   c) **einer – durch den Tod des Veräußerers aufschiebend bedingten – Reallast zugunsten der Ehefrau des Veräußerers, Frau G. E., zur Sicherung ihrer in § 3 vereinbarten wertgesicherten und aufschiebend bedingten Zahlungsansprüche, mit dem Vermerk, dass zur Löschung des Rechts der Nachweis des Todes der Berechtigten genügt;**
   d) **einer Auflassungsvormerkung zugunsten der Ehefrau des Veräußerers, Frau G. E., zur Sicherung ihres aufschiebend bedingten Übertragungsanspruchs gemäß § 6 Ziff. 3. dieser Urkunde.**

   Die vorstehenden Rechte sollen im Grundbuch jeweils Rang in vorgenannter Reihenfolge erhalten, was hiermit bewilligt und beantragt wird.
   Der Veräußerer und seine Ehefrau bevollmächtigen den Erwerber – unter Befreiung von den Beschränkungen des § 181 BGB – die vorbewilligten Auflassungsvormerkungen nach dem Tode des jeweiligen Vormerkungsberechtigten unter Vorlage einer Sterbeurkunde zur Löschung zu bewilligen und zu beantragen.
4. **Den Beteiligten ist bekannt, dass das Eigentum an dem übertragenen Grundbesitz erst mit der Umschreibung im Grundbuch auf den Erwerber übergeht.**
   Die Rechte des Erwerbers aus dieser Urkunde können gegen mögliche Beeinträchtigungen vor Eigentumsumschreibung im Grundbuch durch Eintragung einer Auflassungsvormerkung gesichert werden.
   Die Beteiligten verzichten nach Belehrung auf die Eintragung einer Auflassungsvormerkung zugunsten des Erwerbers im Grundbuch.
5. **Alle Eintragungen aus dieser Urkunde sollen erfolgen nach Maßgabe der Anträge des Notars, der ermächtigt ist, diese auch getrennt und eingeschränkt zu stellen und in gleicher Weise zurückzunehmen sowie die Erklärungen der Beteiligten gegenüber dem Grundbuchamt zu ergänzen, zu ändern und zu berichtigen.**

§ 10 Zustimmung des Ehegatten

Der Veräußerer lebt mit seiner Ehefrau im gesetzlichen Güterstand der Zugewinngemeinschaft. Die Ehefrau stimmt diesem Übergabevertrag in vollem Umfang zu.

§ 11 Schlussbestimmungen

1. **Genehmigungen aller Art werden wirksam mit ihrem Eingang beim Notar.**
2. **Der Notar wies die Beteiligten darauf hin, dass alle Vertragsvereinbarungen beurkundungspflichtig sind und dass Nebenabreden außerhalb dieser Urkunde zur Nichtigkeit des gesamten Rechtsgeschäftes führen können.**

3. **Sollten Erklärungen in dieser Urkunde ganz oder teilweise der Rechtswirksamkeit ermangeln oder nicht durchgeführt werden, so sollen dennoch die übrigen Erklärungen wirksam bleiben.**

Die Beteiligten nehmen wechselseitig alles Vorstehende an.

Diese Niederschrift wurde den Erschienenen von dem Notar vorgelesen, von ihnen genehmigt und von ihnen und dem Notar wie folgt eigenhändig unterschrieben:

A. Grundsätzliche Anmerkungen

I. Wirtschaftliche Aspekte

1 **Regelungsziel** ist die Übertragung eines fremdgenutzten (vermieteten) Hausgrundstücks gegen Zahlung einer **Leibrente.** Sie verschafft dem Erwerber bereits zu Lebzeiten des Veräußerers das Eigentum an der Immobilie und die Einnahmen aus deren Vermietung. Der Veräußerer erzielt zwar infolge der Übertragung keine Mieteinkünfte mehr aus dem Objekt, erhält aber in Gestalt der lebenslangen Zahlungen aus der Leibrente eine andere Einkunftsquelle. Die mit der Vermietung verbundenen wirtschaftlichen Risiken, insbesondere diejenigen eines Leerstands, ausbleibender oder schleppender Mietzahlungen sowie Kosten für Instandhaltung und Instandsetzung gehen auf den Erwerber über. Dieser ist fortan auch für die Verwaltung des Mietobjekts zuständig und entlastet den Veräußerer damit von Aufgaben, die zumal bei fortgeschrittenem Alter des Eigentümers von diesem häufig als belastend und beschwerlich empfunden werden. Hierin liegen zugleich die wesentlichen Unterschiede zu einer Übertragung unter Nießbrauchsvorbehalt, bei der der Veräußerer als Nießbraucher die Zuständigkeit und Verantwortung für die Vermietung behält und das wirtschaftliche Risiko einer ausreichenden Vermietbarkeit sowie die Folgen ausbleibender Mietzahlungen trägt. Der Erwerber wiederum erzielt Einkünfte aus Vermietung und Verpachtung und kann anders als der Übernehmer eines unter Nießbrauchsvorbehalt übertragenen Mietobjekts AfA und Werbungskosten geltend machen.

2 Die Höhe der Leibrente wird sich häufig an den bisherigen Mieteinnahmen orientieren.

II. Rechtliche Aspekte

3 Der Vertrag verpflichtet zur Übertragung eines Grundstücks und bedarf daher gem. § 311b Abs. 1 BGB der **Form der notariellen Beurkundung.**

4 Bei der Übergabe eines Hausgrundstücks an Angehörige in Vorwegnahme der Erbfolge sind die übernommenen Leistungen und Gegenleistungen in aller Regel nicht nach kaufmännischen Gesichtspunkten wie unter Fremden abgewogen. Vielmehr liegt der Wert des übertragenen Vermögens häufig deutlich über dem Wert der Gegenleistungen des Erwerbers, so dass eine gemischte Schenkung oder eine Schenkung unter Auflage vorliegen kann. Diese führt gem. § 2325 BGB zu Pflichtteilsergänzungsansprüchen, sofern beim Tode des Veräußerers die Eigentumsumschreibung auf den Erwerber nicht bereits mindestens zehn Jahre zurück liegt.[1] Behält sich der Übergeber den Nießbrauch vor, wird der Fristbeginn trotz Vollzug des Eigentumswechsels gehindert.[2] Werden jedoch anstelle eines Nießbrauchs wiederkehrende Zahlungen zB in Form einer Leibrente vereinbart, so soll dies nach überwiegender Ansicht, die aller-

[1] Die Zehnjahresfrist des § 2325 Abs. 3 BGB beginnt bei Grundstücksschenkungen erst mit der Umschreibung des Eigentums auf den Erwerber, vgl. BGH v. 2.12.1987 – IV a ZR 149/86, NJW 1988, 821.

[2] BGH v. 27.4.1994 – IV ZR 132/93, NJW 1994, 1791; BGH v. 29.6.2016 – IV ZR 474/15, NJW 2016, 2957.

dings noch nicht höchstrichterlich bestätigt ist, bei fremdgenutzten Immobilien einem Fristbeginn nicht entgegenstehen.[3]

(frei) 5, 6

III. Steuerrechtliche Aspekte

1. Ertragssteuern

Seit dem Beschluss des Großen Senates des BFH vom 5.7.1990[4] und dem daran anknüpfenden BMF-Schreiben vom 13.1.1993[5] können Übertragungen in Vorwegnahme der Erbfolge einkommensteuerrechtlich entgeltliche Vorgänge darstellen, die je nach Art der vereinbarten Leistungen zu einem **Veräußerungsentgelt** bei dem Übergeber und zu **Anschaffungskosten** bei dem Übernehmer führen können. 7

Entgeltliche Leistungen sind danach: Abstandszahlungen an den Übergeber, Gleichstellungsgelder zur Abfindung von Angehörigen (weichende Erben) sowie die Übernahme von Verbindlichkeiten.[6] Bei der Übergabe eines Betriebes stellt die Übernahme von Verbindlichkeiten jedoch nur dann eine entgeltliche Leistung dar, wenn es sich um private, nicht um betriebliche Verbindlichkeiten handelt.[7] **Nicht zum Entgelt** rechnen dagegen wiederkehrende Versorgungsleistungen **(Versorgungsrenten und dauernde Lasten)** und vorbehaltene Nutzungsrechte wie der Nießbrauch und das Wohnungsrecht.[8] Soweit danach entgeltliche Leistungen anzunehmen sind, entstehen dem Erwerber Anschaffungskosten. Diese führen, sofern mit dem übertragenen Objekt steuerbare Einkünfte erzielt werden, zur **AfA-Berechtigung** des Übernehmers. 8

Beim Übergeber kann das Veräußerungsentgelt aus der Übertragung eines zum Privatvermögen gehörenden Grundstücks zu einer Steuerpflicht nach § 23 EStG führen, wenn die Übertragung innerhalb der **zehnjährigen Spekulationsfrist** vorgenommen wird. Diese beginnt mit dem Abschluss des schuldrechtlichen Verpflichtungsgeschäfts und nicht erst mit dessen dinglichem Vollzug.[9] 9

Bei einer **teilentgeltlichen Übertragung** ist der Vorgang in einen entgeltlichen und einen unentgeltlichen Teil **aufzuteilen.** Dabei berechnen sich der entgeltliche und der unentgeltlich erworbene Teil nach dem Verhältnis des Entgelts (ohne Anschaffungsnebenkosten) zu dem Verkehrswert des übertragenen Wirtschaftsguts. Hat sich der Übergeber neben entgeltlichen Leistungen ein Nutzungsrecht an dem übertragenen Grundstück vorbehalten, so ist für die Aufteilung des Rechtsgeschäfts in den entgeltlichen und unentgeltlichen Teil dem Entgelt der um den Kapitalwert des Nutzungsrechts geminderte Wert des Grundstücks gegenüberzustellen.[10] Bei einer teilentgeltlich erworbenen Immobilie, die durch Vermietung genutzt wird, kann der Erwerber nicht nur AfA auf der Grundlage der ihm entstandenen Anschaffungskosten in Anspruch nehmen, sondern hinsichtlich des unentgeltlich erworbenen Teils auch die AfA des Übergebers fortsetzen (§ 11d EStDV).[11] Das kann dazu führen, dass der entgeltlich und unentgeltlich erworbene Teil zu unterschiedlichen AfA-Sätzen mit unterschiedlicher Abschreibungsdauer abgeschrieben werden.[12] 10

---

[3] *Heinrichs* MittRhNotK 1995, 157, 164; *N. Mayer* ZEV 1994, 327; *Wegmann* Rz. 232; *v. Proff* ZEV 2016, 681, 685. Ebenso LG Rottweil v. 21.4.2011 – 3 O 83/10, ZErb 2012, 310 m. Anm. *Wirich*. Das OLG Stuttgart hat die Berufung gegen diese Entscheidung zurückgewiesen, der BGH hat die Nichtzulassungsbeschwerde ebenfalls zurückgewiesen, zitiert nach *Wirich* und *v. Proff*, jeweils aaO. Kritisch aber Mayer/*Geck* § 9 Rz. 89.

[4] BFH GrS v. 5.7.1990 – GrS 4–6/89, BStBl. II 1990, 847.

[5] BStBl. I 1993, 80, in der jeweils gültigen Fassung siehe BeckVerw 026695.

[6] BFH GrS v. 5.7.1990 – GrS 4–6/89, BStBl. II 1990, 847; BMF v. 13.1.1993, BStBl. I 1993, 80.

[7] BMF v. 13.1.1993, BStBl. I 1993, 80 Tz. 29.

[8] BFH GrS v. 5.7.1990 – GrS 4–6/89, BStBl. II 1990, 847; BMF v. 13.1.1993, BStBl. I 1993, 80.

[9] Schmidt/*Weber-Grellet* EStG § 23 Rz. 32.

[10] BFH v. 24.4.1991 – XI R 5/83, BStBl. II 1991, 793; BMF v. 13.1.1993, BStBl. I 1993, 80, Tz. 14, 15.

[11] BMF v. 13.1.1993, BStBl. I 1993, 80 Tz. 16.

[12] *Langenfeld/Günther* S. 56; BMF v. 13.1.1993, BStBl. I 1993 Tz. 16 ff.

11 **Wiederkehrende Leistungen** im Zusammenhang mit einer Vermögensübertragung können Versorgungsleistungen, Unterhaltsleistungen oder Leistungen im Austausch mit einer Gegenleistung (Veräußerungsentgelte) sein.

Bis zum Inkrafttreten des Jahressteuergesetzes 2008 vom 20.12.2007 (BGBl. I 2007, 3150) galt für die Vermögensübergabe gegen wiederkehrende Versorgungsleistungen folgende Rechtslage:

Versorgungsleistungen waren **Leibrenten** oder **dauernde Lasten.** Dauernde Lasten waren abänderbare Versorgungsleistungen, die der Empfänger als wiederkehrende Bezüge im Sinne des § 22 Nr. 1 EStG aF zu versteuern hatte und der Zahlungsverpflichtete als Sonderausgaben im Sinne des § 10 Abs. 1 Nr. 1a) Satz 1 EStG aF abziehen konnte. Leibrenten waren unabänderbare Versorgungsleistungen, die jeweils nur mit dem Ertragsanteil von dem Empfänger zu versteuern und von dem Verpflichteten als Sonderausgaben abzuziehen waren.[13]

12 Nach den Beschlüssen des **Großen Senats des BFH** vom 12.5.2003[14] waren Versorgungsleistungen im Zusammenhang mit einer Vermögensübergabe zur Vorwegnahme der Erbfolge jedoch nur dann eine als Sonderausgabe nach § 10 Abs. 1 Nr. 1a EStG abziehbare dauernde Last, wenn sie aus den erzielbaren laufenden **Nettoerträgen** des übergebenen Vermögens gezahlt werden konnten.[15] Gegenstand der Vermögensübergabe konnte jede ausreichend ertragbringende Wirtschaftseinheit des Privat- oder Betriebsvermögens sein, welche die Existenz des Übergebers wenigstens teilweise sicherte. Wirtschaftseinheiten in diesem Sinne waren insbesondere Betriebe, Teilbetriebe, Mitunternehmeranteile, Anteile an Kapitalgesellschaften, Geschäfts- und Mietwohngrundstücke sowie Einfamilienhäuser. Zu den Erträgen eines übertragenen Grundstücks gehörte auch der Nutzungsvorteil des Übernehmers bei einer Selbstnutzung (ersparte Nettomiete), wenn die ersparte Nettomiete nicht niedriger war als die zugesagten wiederkehrenden Leistungen. Aber auch Geldvermögen, Wertpapiere und typische stille Beteiligungen wurden als existenzsicheres Vermögen, das gegen wiederkehrende Versorgungsleistungen übertragen werden konnte, anerkannt, wenn die Versorgungsleistungen aus den Nettoerträgen des übertragenen Vermögens erbracht werden konnten.[16]

13 Ob die nachträgliche **Umschichtung** (Weiterveräußerung) des erworbenen Vermögens durch den Übernehmer die Abziehbarkeit der Versorgungsleistungen ausschließt und die Vermögensübergabe ab diesem Zeitpunkt als entgeltlicher Vorgang einzuordnen ist, wie dies der X. Senat des BFH und der II. Rentenerlass der Finanzverwaltung angenommen hatten,[17] hatte der Große Senat ausdrücklich offen gelassen.[18]

14 Empfänger der Versorgungsleistungen konnten in erster Linie der Übergeber, dessen Ehegatte und die gesetzlichen erb- und pflichtteilsberechtigten Abkömmlinge des Übergebers sein, ferner der Lebenspartner einer eingetragenen Lebensgemeinschaft sowie auch die Eltern des Übergebers, wenn dieser das übergebene Vermögen seinerseits von den Eltern im Wege der Vermögensübergabe gegen Versorgungsleistungen erhalten hatte.

Die Finanzverwaltung hatte im **III. Rentenerlass des BMF** vom 16.9.2004, der im BStBl. I 2004, 922 veröffentlicht worden ist,[19] im Wesentlichen die Grundsätze und Ergebnisse der Beschlüsse des Großen Senats vom 12.5.2003[20] übernommen. In

---

[13] BFH GrS v. 15.7.1991 – GrS 1/90, BStBl. II 1992, 78.

[14] BFH GrS v. 12.5.2003 – GrS 1/00, BStBl. II 2004, 95 und BFH GrS v. 12.5.2003 – GrS 2/00, BStBl. II 2004, 100. Zu diesen Entscheidungen vgl. *Risthaus* DB 2003, 2190; *Fleischer* ZEV 2003, 427; *Geck* ZEV 2003, 441; *Reich* DNotZ 2004, 6.

[15] BFH GrS v. 12.5.2003 – GrS 1/00, BStBl. II 2004, 95.

[16] BFH GrS v. 12.5.2003 – GrS 1/00, BStBl. II 2004, 95; *Reimann* FamRZ 2008, 19.

[17] BFH v. 17.6.1998 – X R 104/94, BStBl. II 2002, 646; BMF v. 26.8.2002, BStBl. I 2002, 893 Tz. 20f.

[18] BFH GrS v. 12.5.2003 – GrS 1/00, BStBl. II 2004, 95 und BFH GrS v. 12.5.2003 – GrS 2/00, BStBl. II 2004, 100.

[19] Zu diesem Rentenerlass vgl. *Hipler* ZEV 2004, 412.

[20] Zu den Abweichungen vgl. *Hipler* ZEV 2004, 412, 414f.

der vom Großen Senat noch offen gelassenen Frage der Folgen einer nachträglichen Umschichtung des erworbenen Vermögens hatte die Finanzverwaltung folgenden Standpunkt eingenommen:

Überträgt der Übernehmer das übernommene Vermögen auf einen Dritten und erwirbt mit dem Erlös zeitnah eine existenzsichernde und ausreichend ertragsbringende Wirtschaftseinheit oder stellt eine solche her, sind die nach der Übertragung an den Übergeber entrichteten wiederkehrenden Leistungen weiterhin Versorgungsleistungen und kein Veräußerungsentgelt.[21] Eine Weiterveräußerung, die diese Voraussetzungen nicht erfüllt, führt nicht zu einer Umqualifizierung des unentgeltlichen Versorgungsvertrags in ein entgeltliches Rechtsgeschäft. Vielmehr sind lediglich die nach der Weiterübertragung erbrachten wiederkehrenden Leistungen an den Übergeber nicht mehr als Versorgungsleistungen, sondern als einkommenssteuerlich unbeachtliche Unterhaltszahlung zu behandeln, die beim Übernehmer nicht mehr nach § 22 Nr. 1 EStG steuerbar sind.[22]

Das Jahressteuergesetz 2008 hat zu einschneidenden **einkommensteuerrechtlichen Änderungen** des Rechtsinstituts der Vermögensübergabe gegen Versorgungsleistungen geführt. Begünstigtes Vermögen einer solchen Übergabe ist nicht mehr wie bisher jede ertragbringende Wirtschaftseinheit, sondern nur noch das in § 10 Abs. 1a Nr. 2 S. 2 EStG genannte Vermögen, nämlich: 15

- Mitunternehmeranteile an einer Personengesellschaft, die eine Tätigkeit iSd. §§ 13, 15 Abs. 1 Satz 1 Hs. 1 ausübt, oder des § 18 Abs. 1 EStG,
- Betriebe oder Teilbetriebe,
- mindestens 50 vH betragende Anteile an einer GmbH, wenn der Übergeber als Geschäftsführer tätig war und der Übernehmer diese Tätigkeit nach der Übertragung übernimmt.

Darüber hinaus **entfällt** mit dem Jahressteuergesetz 2008 die bisherige **steuerrechtliche Unterscheidung** zwischen **Leibrente** und **dauernde Last.** Das Gesetz spricht nunmehr in § 10 Abs. 1a Nr. 2 EStG nur noch von Versorgungsleistungen. Diese werden einkommensteuerlich wie die frühere dauernde Last behandelt. Sie sind daher in vollem Umfang als Sonderausgaben beim Erwerber abzugsfähig und korrespondierend gemäß § 22 Nr. 1b EStG in vollem Umfang beim Übergeber steuerpflichtig. Eine Beschränkung dieser Folgen auf den Ertragsanteil (wie nach bisherigem Recht bei der Vereinbarung einer Leibrente) ist nicht mehr möglich.[23] 16

Abweichend vom früheren Recht setzt der Sonderausgabenabzug der Versorgungsleistungen nach dem Jahressteuergesetz 2008 zusätzlich voraus, dass der Empfänger der Versorgungsleistungen in **Deutschland unbeschränkt einkommensteuerpflichtig** ist (§ 10 Abs. 1a Nr. 2 S. 1 EStG) Deshalb könnten Probleme entstehen, wenn zunächst die Voraussetzungen für abziehbare Versorgungsleistungen vorlagen, der Übergeber jedoch später ins Ausland verzieht. Vor diesem Hintergrund wird, sofern man nicht von der Europarechtswidrigkeit der Versagung des Sonderausgabenabzugs für Gebietsfremde ausgeht, die Vereinbarung von „Wegzugs-Klauseln" empfohlen.[24] *Wälzholz* (MittBayNot 2008, 93, 94) schlägt in geeigneten Fällen vorsorglich folgende Formulierung vor:[25] 17

„Soweit die Zahlungen beim Zahlungspflichtigen nicht (mehr) als Versorgungsleistung i.S.d. § 10 Abs. 1 Nr. 1a[26] EStG abzugsfähig sind, reduziert sich der vereinbarte Betrag um den Durchschnittssteuersatz des Erwerbers." A. 1.05a

---

[21] BMF v. 16.9.2004, BStBl. I 2004, 922 Tz. 31.
[22] BMF v. 16.9.2004, BStBl. I 2004, 922 Tz. 28; *Hipler* ZEV 2004, 412, 414.
[23] *Wälzholz* DStR 2008, 273.
[24] *Krauß* Vermögensnachfolge Rz. 5488; *Thouet* RNotZ 2007, 475, 477; *Wälzholz* MittBayNot 2008, 93, 94.
[25] Weitere Formulierungsvorschläge bei *Krauß* Vermögensnachfolge Rz. 5488 und *Thouet* RNotZ 2007, 275, 477.
[26] Jetzt: § 10 Abs. 1a Nr. 2 EStG.

Die wiederkehrenden Leistungen müssen ferner, um als Sonderausgabe abzugsfähig zu sein, auf **lebenslange Laufzeit** vereinbart werden.[27]

18 **Zeitliche Anwendung:** Das Jahressteuergesetz 2008 gilt für solche Versorgungsleistungen, die ab dem 1.1.2008 vereinbart werden. Die ursprünglich geplante Anwendung auf Altverträge mit 5-jähriger Übergangsfrist ist nicht Gesetz geworden. Für Altverträge gilt daher weiter das frühere Recht,[28] mit einer Einschränkung: Die Neuregelung gilt ab 2008 auch für solche Altverträge, bei denen das übertragene Vermögen nur deshalb ausreichende Erträge bringt, weil Aufwendungen erspart werden, jedoch mit folgender Ausnahme: für frühere Übertragungen eines eigengenutzten Grundstücks mit ausreichendem Ertrag in Form eines Nutzungsvorteils (ersparte Nettomiete) gilt altes Recht weiter.[29]

19 Mit der Neuregelung sollte ausweislich der Gesetzesbegründung die Vermögensübergabe gegen Versorgungsleistungen auf ihren vermeintlichen Kernbereich, die Übergabe von land- und fortwirtschaftlichen Betrieben, Gewerbebetrieben und von Betriebsvermögen Selbständiger gegen dauernde Last, zurückgeführt werden. Zudem wollte der Gesetzgeber den Bedenken des Bundesrechnungshofes Rechnung tragen, der festgestellt hatte, dass die Vermögensübergabe gegen Versorgungsleistungen in 90% der von ihm überprüften Fälle von den Finanzämtern fehlerhaft bearbeitet worden sein soll.[30]

Eine **gravierende Konsequenz** des Jahressteuergesetzes 2008 ist, dass bei der **Übertragung von Grundbesitz im Privatvermögen,** zB bei der Übergabe von Mietwohngrundstücken, die vereinbarten wiederkehrenden Versorgungsleistungen **nicht mehr** als Sonderausgaben abgezogen werden können. Ob damit die Versorgungsleistungen in einem solchen Fall als steuerlich unbeachtliche Unterhaltsleistungen einzustufen sind oder ob die Übergabe von nicht mehr begünstigtem Privatvermögen gegen wiederkehrende Leistungen einkommensteuerrechtlich als ein (teil-) entgeltlicher Vorgang zu qualifizieren ist, ist strittig (vgl. hierzu unten Rz. 27).

Die FinVerw. hat auf die durch das Jahressteuergesetz 2008 bewirkten Änderungen bei der Vermögensübergabe gegen Versorgungsleistungen mit dem **IV. Rentenerlass** vom 11.3.2010 (BStBl. I 2010, 227) reagiert. Er ergänzt den bisherigen III. Rentenerlass vom 22.9.2004, ohne ihn zu ersetzen.[31]

2. Erbschaft- und Schenkungsteuern

20 Zur Bewertung von Grundbesitz für Zwecke der Schenkungsteuer vgl. A. 1.01 Rz. 24ff.

21 Der BFH und ihm folgend die Finanzverwaltung unterschieden bisher im Schenkungsteuerrecht zwischen Schenkungen unter **Leistungsauflagen** und solchen unter **Nutzungs- oder Duldungsauflagen.**[32] Zu den Leistungsauflagen zählen Gleichstellungsgelder an weichende Erben, Abstandsgelder an den Übergeber, die Übernahme von Verbindlichkeiten sowie die Verpflichtung zu wiederkehrenden Versorgungsleistungen wie Rente oder dauernde Last,[33] während zu den Nutzungs- oder Duldungsauflagen insbesondere das Wohnungs- und Nießbrauchsrecht gehören.

Zur Schenkung unter einer **Leistungsauflage** vgl. die Erläuterungen in A. 1.01 Rz. 20.

---

[27] HM, vgl. BMF v. 11.3.2010, BStBl. I 2010, 227 Rz. 56; Schmidt/*Heinicke* EStG § 10 Rz. 140; aA *Wälzholz* MittBayNot 2008, 93, 96, der unter bestimmten Voraussetzungen wie nach bisherigem Recht auch zeitlich abgekürzte Versorgungsleistungen ausreichen lassen möchte, weil die gesetzliche Formulierung „lebenslange und wiederkehrende Versorgungsleistungen" mehrdeutig sei.

[28] Schmidt/*Heinicke* EStG § 10 Rz. 139.

[29] Schmidt/*Heinicke* EStG § 10 Rz. 139; BMF v. 11.3.2010, BStBl. I 2010, 227 Rz. 82.

[30] *Risthaus* DB 2007, 240; *Geck/Messmer* ZEV 2007, 374.

[31] Zum IV. Rentenerlass vgl. *Geck* ZEV 2010, 161; *Wälzholz* DStR 2010, 850.

[32] BFH v. 12.4.1989 – II R 37/87, BStBl. II 1989, 524; ErbStR 17.

[33] *Ebeling* BB 1989, 2368; *Gottwald* Zerb 2006, 83.

Zu Schenkungen unter **Nutzungs-** oder **Duldungsauflagen** vgl. die Erläuterungen in Formular A. 1.01 Rz. 21 ff.

Die Unterscheidung zwischen Schenkungen unter Leistungsauflage und solchen unter Nutzungs- oder Duldungsauflage ist nach Inkrafttreten des ErbStRG zum 1.1. 2009 mit seiner am Verkehrswert ausgerichteten Bewertung und dem Wegfall des bisherigen § 25 ErbStG schenkungsteuerlich überholt.[34] Vgl. A. 1.01, Rz. 23. Leistungsauflage wie Nutzungsauflage mindern nunmehr den Wert des Erwerbs.

(frei) **22**

3. Verkehrssteuern

Der **Grunderwerbsteuer** kann ein Übergabevertrag nur dann unterliegen, wenn kein persönlicher Befreiungstatbestand nach § 3 GrEStG vorliegt. Als häufige Befreiungstatbestände werden vor allem § 3 Nr. 6 GrEStG (Übertragung an Abkömmlinge in gerader Linie) sowie auch § 3 Nr. 4 GrEStG (Übertragung an den Ehegatten) in Betracht kommen. Vgl. iÜ die Erläuterungen in A. 1.01 Rz. 41. **23**

(frei) **24, 25**

B. Einzelerläuterungen

Zu § 3: Wiederkehrende Zahlungen als Leibrente

Die Leibrente ist in zivilrechtlicher Hinsicht ein einheitliches Stammrecht, das auf die Lebenszeit eines Berechtigten oder einer anderen Person eingeräumt ist und dessen Erträge aus regelmäßig wiederkehrenden gleichmäßigen Leistungen von Geld oder anderen vertretbaren Sachen bestehen.[35] Steuerlich sind Leibrenten wiederkehrende gleichbleibende Zahlungen, die für die Dauer der Lebenszeit einer Bezugsperson geleistet werden.[36] Die Leibrente unterscheidet sich von der dauernden Last dadurch, dass bei ihr die wiederkehrenden Leistungen betragsmäßig gleichbleibend sind oder allenfalls an eine Wertsicherungsklausel geknüpft sind, während sie bei der dauernden Last der Abänderung unterliegen.[37] Bis zum Inkrafttreten des Jahressteuergesetzes 2008 waren Leibrenten vom Empfänger lediglich mit dem sich aus der Tabelle zu § 22 Nr. 1 Satz 3 Buchst. a) aF EStG ergebenden Ertragsanteil zu versteuern und beim Verpflichteten auch nur mit diesem Ertragsanteil als Sonderausgabe gem. § 10 Abs. 1 Nr. 1a aF EStG abziehbar.[38] Für Versorgungsleistungen, die in nach dem 31.12.2007 geschlossenen Übertragungsverträgen über begünstigtes Vermögen iSd. § 10 Abs. 1a Nr. 2 S. 2 EStG vereinbart werden, sind nunmehr Leibrenten ebenso wie dauernde Lasten in vollem Umfang als Sonderausgaben abzuziehen und vom Empfänger korrespondierend zu versteuern (vgl. oben Rz. 16). **26**

Mietwohngrundstücke im Privatvermögen gehören nach dem Jahressteuergesetz 2008 dagegen nicht mehr zum privilegierten Vermögen einer Übergabe gegen Versorgungsleistungen, ebenso wenig wie sonstiger Grundbesitz im Privatvermögen. Ein Sonderausgabenabzug gemäß § 10 Abs. 1a Nr. 2 EStG scheidet daher hier aus. Fraglich ist, wie gleichwohl vereinbarte Versorgungsleistungen in einem solchen Fall ertragsteuerlich zu behandeln sind. Nach einer Ansicht handelt es sich trotz Wegfalls des Sonderausgabenabzugs nach wie vor um einen unentgeltlichen Vorgang, so dass §§ 17 EStG, 23 EStG insoweit nicht anwendbar sein sollen.[39] Die Versorgungsleistungen wären danach steuerlich unbeachtliche Unterhaltsleistungen. Nach der herrschenden **27**

---

[34] ErbStR 2011 E 7.4 Abs. 1; BayLfSt v. 1.6.2016, ZEV 2016, 412.
[35] Palandt/*Sprau* BGB § 759 Rz. 1.
[36] BFH GrS v. 15.7.1991 – GrS 1/90, BStBl. II 1992, 78.
[37] BFH GrS v. 15.7.1991 – GrS 1/90, BStBl. II 1992, 78.
[38] BFH GrS v. 15.7.1991 – GrS 1/90, BStBl. II 1992, 78.
[39] *Spiegelberger* DB 2008, 1063; *Fleischer* ZEV 2007, 475.

Ansicht ist dagegen von einem **(teil-)entgeltlichen Vorgang** auszugehen.[40] Dieser kann steuerpflichtige Veräußerungsgewinne auslösen, und zwar auf Grund des Aufteilungsgrundsatzes auch dann, wenn betriebswirtschaftlich keine Gewinne realisiert wurden, andererseits aber auch neues Afa-Potential schaffen.

Beispiel nach *Wälzholz*:[41]
Der Eigentümer hat vor neun Jahren eine Immobilie zu einem Kaufpreis von € 700 000,– erworben. Hiervon entfielen auf den Grundstückswert € 200 000,– und auf den Gebäudewert € 500 000,–. Nunmehr soll diese Immobilie an den Sohn gegen monatlich wiederkehrende Zahlungen in Höhe eines kapitalisierten Wertes von € 350 000,– übertragen werden. € 100 000,– des kapitalisierten Werts entfallen auf den Grund und Boden, € 250 000,– auf das Gebäude.

Wenn das Gebäude immer noch einen gemeinen Wert von € 500 000,– hat, ist der Vorgang zur Hälfte entgeltlich und zur anderen Hälfte unentgeltlich. Als Folge dieses Aufteilungsgrundsatzes werden nunmehr die anteiligen nach Abschreibung verbleibenden Anschaffungskosten von € 150 000,– dem kapitalisierten Wert der dauernden Last von € 250 000,– gegenübergestellt. Es entsteht ein entgeltlicher Veräußerungsgewinn nach § 23 Abs. 1 Nr. 1 EStG in Höhe von € 100 000,–. Hinsichtlich des entgeltlich angeschafften Anteils sind vom Erwerber neue Abschreibungen nach seinen eigenen Anschaffungskosten vorzunehmen. Darüber hinaus sind in den monatlichen Zahlungen Zinsanteile enthalten, die beim Erwerber als Werbungskosten abgezogen werden können, soweit der Erwerber die erworbene Immobilie zu Zwecken der Einkunftserzielung verwendet; beim Veräußerer führen sie insoweit zu Einkünften aus Kapitalvermögen gemäß § 20 Abs. 1 Nr. 7 EStG.

28 Wenn auch nach dem Jahressteuergesetz 2008 ertragsteuerlich keine Unterschiede mehr zwischen Leibrente und dauernden Last bestehen, so ist doch in zivilrechtlicher Hinsicht stets zu klären, welche Art von Versorgungsleistung gewünscht wird: Die gleichbleibende Leibrente oder wiederkehrende Zahlungen, die dem Abänderungsvorbehalt des § 323a ZPO unterliegen sollen. Die Notwendigkeit, aus steuerlichen Gründen die nach § 323a ZPO abänderbare dauernde Last zu wählen, obwohl sie eigentlich zivilrechtlich insbesondere aus Sicht des Übergebers nicht gewollt war, ist entfallen. Insoweit besteht nun eine größere Gestaltungsfreiheit.

29 Sofern nicht nur der Veräußerer, sondern auch sein **Ehegatte,** der nicht Eigentümer des übertragenen Grundbesitzes ist, als **Gesamtgläubiger** gemäß § 428 BGB Berechtigter der Leibrente sein soll, liegt in der Einräumung der Gesamtgläubigerstellung eine **Schenkung** des Veräußerers an seinen Ehegatten.[42] Alternativ kann in diesen Fällen vereinbart werden, dass – unter Beibehaltung der Gesamtgläubigerschaft beider Ehegatten – abweichend von der Ausgleichsregel des § 430 BGB der Anspruch auf Zahlung der vereinbarten Versorgungsleistung im Innenverhältnis zwischen Veräußerer und dessen Ehepartner bis zum Tode des Veräußerers nur diesem und erst ab dessen Ableben dem Ehegatten zustehen soll. Oder aber es könnten – unter Vermeidung einer Gesamtgläubigerstellung gemäß § 428 BGB – zwei eigenständige Berechtigungen auf Zahlung der Leibrente begründet werden, eine sofort entstehende für den Veräußerer allein und eine – durch den Tod des Veräußerers aufschiebend bedingte – Berechtigung für dessen Ehegatten. In beiden Alternativen läge erst mit dem Tode des Veräußerers eine freigebige Zuwendung der Zahlungsberechtigung an seinen Ehepartner vor, während eine Schenkung des Rentenrechts an den Ehepartner ganz entfiele, wenn dieser vor dem Veräußerer versterben sollte.[43]

30 In **grunderwerbsteuerlicher Hinsicht** unterliegen Leistungsauflagen wie die Leibrente der Grunderwerbsteuer,[44] sofern kein persönlicher Befreiungstatbestand gem. § 3 GrEStG eingreift.

---

[40] BMF v. 11.3.2010, BStBl. I 2010, 227 Rz. 57, 65 ff.; *Röder* DB 2008, 146, 152; *Risthaus* DB 2007, 240, 243, 245; *Geck/Messmer* ZEV 2007, 374; *Wälzholz* MittBayNot 2008, 93, 97; Schmidt/*Loschelder* EStG § 12 Rz. 40.
[41] MittBayNot 2008, 96, 98.
[42] FG München, ErbStB 2003, 115; Nds. FG v. 14.11.2001 – 3 K 296/96, EFG 2002, 480; FM BaWü v. 25.6.2003, DB 2003, 1478.
[43] Vgl. FM BaWü v. 25.6.2003, DB 2003, 1478; FM Bay v. 9.1.2004, Beck'sche Textausgabe Steuererlasse Nr. 250 § 25/2; FG München, ErbStB 2003, 115; Nds. FG v. 14.11.2001 – 3 K 296/96, EFG 2002, 480 m. Anm. *Neu*.
[44] BMF v. 21.5.1990, Steuererlasse Beck'sche Textausgabe Nr. 600 § 3/2; *Geck* ZEV 1997, 284.

Die Vereinbarung von **Wertsicherungsklauseln** bei längerfristigen wiederkehrenden Leistungen ist bei Übergabeverträgen im Hinblick auf drohende Wertverluste durch eine schleichende Inflation üblich und empfehlenswert.[45] 31

In der Praxis verbreitet sind **Gleitklauseln,** die eine automatische Anpassung der Geldschuld an Veränderungen des **Verbraucherindex für Deutschland** vorsehen. Derartige Gleitklauseln waren lange Zeit genehmigungsbedürftig. Dieses Genehmigungserfordernis ist durch das am 14.9.2007 in Kraft getretene neue **Preisklauselgesetz** (BGBl. 2007 I 2246) **entfallen.** Das bedeutet allerdings nicht, dass nunmehr Wertsicherungsklauseln ohne jede Einschränkung mit beliebigem Inhalt vereinbart werden könnten. Sie sind vielmehr nur zulässig, wenn sie unter eine der in §§ 2 ff. PreisklauselG geregelten Ausnahmen vom Indexierungsverbot für Gleitklauseln fallen. Erfüllt die Klausel den Ausnahmetatbestand, so ist sie ohne Genehmigung wirksam. Erfüllt sie ihn nicht und verstößt somit gegen das PreisklauselG, so ist sie unzulässig und kann auch nicht genehmigt werden. Der bisherige Auffangtatbestand in § 3 Abs. 5 der PreisklauselVO, wonach die Verwendung weiterer Klauseln genehmigt werden kann, wenn schutzwürdige Interessen eines Beteiligten dies erfordern, ist weggefallen. Die Unzulässigkeit einer Klausel nach dem PreisklauselG führt jedoch abweichend vom bisherigen Recht nicht zur sofortigen Unwirksamkeit der Klausel. Vielmehr tritt die Unwirksamkeit der Wertsicherungsklausel gemäß § 8 PreisklauselG erst zum Zeitpunkt des rechtskräftig festgestellten Verstoßes gegen das PreisklauselG ein, soweit nicht eine frühere Unwirksamkeit vereinbart ist. Bis zum Zeitpunkt der Unwirksamkeit bleiben die Rechtswirkungen der Preisklausel unberührt.

Nach dem ab dem 14.9.2007 geltenden neuen Preisklauselgesetz sind Gleitklauseln im Wesentlichen unter den gleichen Voraussetzungen zulässig, unter denen sie nach dem bisherigen Recht genehmigungsfähig waren. 32

Die in der notariellen Praxis besonders bedeutsamen Gleitklauseln, die an den vom Statistischen Bundesamt in Wiesbaden veröffentlichten **Verbraucherpreisindex für Deutschland** anknüpfen, sind zulässig, wenn der Vertrag wiederkehrende Zahlungen zum Gegenstand hat, die auf die Lebenszeit des Gläubigers, Schuldner oder eines anderen Beteiligten zu erbringen sind oder für die Dauer von mindestens zehn Jahren zu leisten sind, gerechnet vom Vertragsschluss bis zur Fälligkeit des letzten Zahlung (§ 3 PreisklauselG). Daneben können gemäß § 3 PreisklauselG auch andere Gleitklauseln mit dem Verbraucherpreisindex als Bezugsgröße zulässig sein, zB solche

- über Zahlungen aufgrund einer Verbindlichkeit aus der Auseinandersetzung zwischen Miterben, Ehegatten, Eltern und Kindern, aufgrund einer Verfügung von Todes wegen, oder
- über Zahlungen, die der Übernehmer eines Betriebes oder eines sonstigen Sachvermögens (zB Grundbesitz) als Abfindung eines Dritten zu leisten hat, sofern zwischen der Begründung der Verbindlichkeit und der Endfälligkeit ein Zeitraum von mindestens zehn Jahren liegt oder die Zahlungen nach dem Tode eines Beteiligten zu erfolgen haben.

Die **grundbuchliche Absicherung** der Leibrente erfolgt durch Eintragung einer Reallast (§ 1105 BGB). Zulässiger Inhalt der Reallast kann auch eine Wertsicherungsklausel sein, die an Veränderungen des Verbraucherpreisindex anknüpft.[46] Für Abänderungsvorbehalte gem. § 323a ZPO (früher: § 323 ZPO) ist dies jedoch wegen des Bestimmtheitsgrundsatzes zweifelhaft,[47] so dass in der Praxis der Abänderungsvorbehalt mit lediglich schuldrechtlicher Wirkung vereinbart wird.[48] 33

---

[45] Zu Wertsicherungsklauseln vgl. *Mayer*/Geck § 7 Rz. 27 ff.; *Faßbender/Grauel/Ohmen/Peter/Roemer/Wittkowski* Notariatskunde, 18. Aufl. 2014, § 4 Rz. 269 ff., Rz. 584.

[46] *Wegmann* Rz. 395; *Krauß* Vermögensnachfolge Rz. 1599. Vgl. auch den Wortlaut des § 1105 Abs. 1 S. 2 BGB.

[47] BayObLG v. 18.5.1993 – 2 Z BR 23/93, NJW-RR 1993, 1171.

[48] *Wegmann* Rz. 396; *Bauer/Münch* ZEV 2007, 6, 7.

34 Die Zwangsvollstreckungsunterwerfung nach § 794 Abs. 1 Nr. 5 ZPO dient der zusätzlichen Absicherung des Übergebers und erleichtert die Vollstreckung bei Ausbleiben der vereinbarten Zahlung. Sie bezieht sich auf die drei dem Übergeber in diesem Zusammenhang zustehenden Ansprüche, nämlich den dinglichen Anspruch aus der Reallast (§§ 1105 Abs. 1, 1107 BGB), gerichtet gegen den jeweiligen Eigentümer des belasteten Grundbesitzes auf Duldung der Zwangsvollstreckung (§ 1147 BGB), den persönlichen Anspruch aus der Reallast gegen den jeweiligen Eigentümer nach § 1108 Abs. 1 BGB und den persönlichen Anspruch des Gläubigers auf Zahlung der vertraglich vereinbarten dauernden Last.[49]

Zu § 4: Übernahme von Verbindlichkeiten

35 Die zwischen Veräußerer und Erwerber vereinbarte Schuldübernahme befreit den Veräußerer nur dann von seinen Verpflichtungen, wenn der Gläubiger die Schuldübernahme gem. § 415 Abs. 1 BGB genehmigt.[50] Genehmigt der Gläubiger sie nicht, ist der Erwerber zwar im Innenverhältnis zum Übergeber verpflichtet, den Gläubiger rechtzeitig zu befriedigen und den Übergeber von einer Inanspruchnahme freizustellen (**Erfüllungsübernahme** §§ 415 Abs. 3, 329 BGB), der Übergeber bleibt jedoch dem Gläubiger verpflichtet. Die befreiende Schuldübernahme sollte mit einer Änderung der Sicherungszweckerklärung für die das Darlehen sichernde Grundschuld einhergehen, die ausschließt, dass die Grundschuld weiterhin als Sicherheit für – künftige – Verbindlichkeiten des Veräußerers dient, und einer Neuvalutierung der Grundschuld durch den Erwerber zum Schutz des Veräußerers Grenzen setzt.[51] Eigentümerrechte und Rückgewähransprüche, die dem Veräußerer hinsichtlich der übernommenen Grundpfandrechte zustehen sollten, sind zweckmäßiger Weise an den Erwerber abzutreten, um zu verhindern, dass der Übergeber als bisheriger Sicherungsgeber und Rückgewährgläubiger, dessen Erben oder deren Gläubiger die Grundschuld oder Teile von ihr gegen den Erwerber geltend machen können.[52] Das abstrakte Schuldversprechen zur Zahlung eines Betrages in Höhe der Grundschuld nebst Zinsen oder eines Teils dieses Betrages sowie die diesbezügliche Zwangsvollstreckungsunterwerfung in das Vermögen des Erwerbers werden vom Gläubiger häufig als zusätzliche Voraussetzung für eine Genehmigung der Schuldübernahme gefordert.[53]

36 **Ertragsteuerlich** führt die Übernahme von Verbindlichkeiten des Übergebers durch den Übernehmer zu einem Veräußerungsentgelt und zu Anschaffungskosten. Hierbei macht es keinen Unterschied, ob die Verbindlichkeiten im wirtschaftlichen oder rechtlichen Zusammenhang mit dem übernommenen Wirtschaftgut stehen oder ob es sich um Verbindlichkeiten handelt, die nicht mit einer Einkunftsart in Zusammenhang stehen.[54]

Zu § 5: Erbrechtliche Ausgleichung, Anrechnung auf den Pflichtteil

37 Vgl. hierzu die Erläuterungen in Formular A. 1.04, Rz. 21 ff.

38 Anzurechnen auf den Pflichtteil sind nur Zuwendungen des Erblassers. Die Anrechnung beschränkt sich daher auf den Pflichtteil am Nachlass des Zuwendenden und

[49] *Mayer*/Geck § 7 Rz. 98; *Wegmann* Rz. 407.

[50] Eine solche durch Vertrag zwischen dem bisherigen Schuldner und dem Übernehmer vereinbarte Schuldübernahme unterliegt – anders als die durch Vertrag zwischen Gläubiger und Neuschuldner gem. § 414 BGB vereinbarte – nach hM nicht den Vorschriften über Verbraucherdarlehensverträge (§§ 491 ff. BGB, vormals: § 4 VerbrKrG) mit Widerrufsrecht und detaillierten Pflichtangaben, *Kurz* DNotZ 1998, 552, 564; OLG Düsseldorf v. 20.12.1999 – 24 U 186/98, MittBayNot 2001, 313 m. zust. Anm. *Vollmer*. Da zu dieser Fallgruppe noch keine höchstrichterliche Rechtsprechung vorliegt, wird teilweise empfohlen, statt einer Schuldübernahme vorsorglich eine bloße Freistellungspflicht (Erfüllungsübernahme) des Erwerbers zu vereinbaren, so *Krauß* Vermögensnachfolge Rz. 1792.

[51] *Mayer*/Geck § 12 Rz. 13 ff., 49; *Wegmann* Rz. 456.

[52] *Mayer*/Geck § 12 Rz. 50 ff.

[53] *Mayer*/Geck § 12 Rz. 9; *Wegmann* Rz. 457.

[54] BFH GrS v. 5.7.1990 – GrS 4–6/89, BStBl. II 1990, 847; BMF v. 13.1.1993, BStBl. I 1993, 80, Tz 9.

erstreckt sich nicht auf den Pflichtteil nach dessen Ehegatten.[55] Wird eine solche Erstreckung gewünscht, so lässt sich dies nur über einen beschränkten Pflichtteilsverzicht des Zuwendungsempfängers gegenüber dem Ehegatten des Zuwendenden erreichen.[56] Der Pflichtteilsverzicht bedarf der notariellen Beurkundung (§§ 2346, 2348 BGB).

Zu § 6: Rückforderungsrecht

Vgl. die Erläuterungen in A. 1.01, Rz. 54ff. **39**

Soll ein Rückforderungsrecht nicht nur dem Übergeber, sondern – nach dessen Tod **40** – auch seinem Ehegatten zustehen, kann dies vereinbart und durch Eintragung einer Auflassungsvormerkung im Grundbuch gesichert werden.[57] Im Vertragsmuster ist ein solches Rückforderungsrecht des Ehegatten vorgesehen, und zwar in Form eines eigenständigen aufschiebend bedingten Anspruchs des Ehegatten, zu dessen Absicherung allerdings eine weitere Vormerkung (neben derjenigen für den Veräußerer) erforderlich ist. Daneben kommen als Gestaltungsalternativen in Betracht:

- Der Ehegatte wird von vornherein als Gesamtberechtigter gemäß § 428 BGB in den Rückforderungsanspruch einbezogen; hier reicht zwar *eine* Vormerkung aus, erforderlich sind dann aber zusätzliche Vereinbarungen zum Verhältnis der Rückübereignungsansprüche beider Ehegatten.[58]
- Abtretung des Rückübertragungsanspruchs des Veräußerers, aufschiebend bedingt auf seinen Tod, an den Ehegatten.[59] Auch hier genügt die Eintragung nur einer Vormerkung, und zwar für den Veräußerer, die als akzessorisches Sicherungsmittel analog §§ 413, 401 BGB nach dessen Vorversterben auf seinen Ehegatten überginge und sodann im Wege der Grundbuchberichtigung auf den Ehegatten umgeschrieben werden könnte.[60]

Zu § 7: Besitzübergang, Mängelhaftung, Erschließung

Vgl. die Erläuterungen in A. 1.01, Rz. 61. **41**

Zu § 9: Auflassung, Grundbucherklärungen

Für die Reallast sollte zur Erleichterung der Löschung im Todesfall eine Löschungs- **42** klausel gem. § 23 Abs. 2 GBO („löschbar bei Todesnachweis") vorgesehen werden, da andernfalls die Reallast erst nach Ablauf eines Jahres nach dem Tode des Reallastberechtigten oder auf Grund einer Löschungsbewilligung seines Rechtsnachfolgers gelöscht werden könnte. Bei der Rückauflassungsvormerkung ist dagegen eine Löschungserleichterung gemäß § 23 Abs. 2 GBO nicht möglich.[61] Deshalb wird bei ihr eine Löschungsvollmacht auf den Tod des Vormerkungsberechtigten vorgeschlagen.[62] Zu weiteren Gestaltungen mit dem Ziel einer vereinfachten Löschung der Vormerkung s. A.1.03 Rz. 38.

Zu § 10: Zustimmung des Ehegatten

Der Ehegatte des Veräußerers sollte im Hinblick auf § 1365 BGB vorsorglich der **43** Übergabe zustimmen.

Möchte man ausschließen, dass der Ehegatte des Veräußerers nach dessen Tod Pflichtteilsergänzungsansprüche (§ 2325 BGB) hinsichtlich des übertragenen Grund-

---

55 BGH v. 13.7.1983 – IVa ZR 15/82, NJW 1983, 2875; *Mohr* ZEV 1999, 257, 258; *Thubauville* MittRhNotK 1992, 289, 293ff.

56 *Mohr* ZEV 1999, 257, 258; *v. Hoyenberg* S. 265; *Thubauville* MittRhNotK 1992, 289, 293ff.

57 Vgl. hierzu ausführlich *Mayer*/Geck § 13 Rz. 185ff.; *v. Hoyenberg* S. 175ff.

58 *Mayer*/Geck § 13 Rz. 186f.; *v. Hoyenberg* S. 175f.

59 *Mayer*/Geck § 13 Rz. 188; *v. Hoyenberg* S. 177.

60 *Mayer*/Geck § 13 Rz. 188; *v. Hoyenberg* S. 177.

61 BGH v. 26.3.1992 – V ZB 16/91, NJW 1992, 1683.

62 *Langenfeld/Günther* S. 118; *Wufka* MittBayNotK 1996, 156.

besitzes geltend macht, so kann ein insoweit gegenständlich beschränkter Pflichtteilsverzicht vereinbart werden. Er bedarf der notariellen Beurkundung (§§ 2346 Abs. 2, 2348 BGB). Formulierungsbeispiel eines gegenständlich beschränkten Pflichtteilsverzichts des Ehegatten im Vertragsformular C. 4.41, dort § 9 Abs. 2.

A. 1.06 Übertragung des selbstgenutzten Eigenheims an den Ehepartner

Gliederung

A. 1.06 **Urkundenrolle Nr. für 20[...]**

Verhandelt zu [...] am [...]

Vor mir,

DR. JUR. [...]
– NOTAR/IN IN [...] –

erschienen:

I. als Veräußerer:
Herr F. G., geboren am, [...]
wohnhaft in [...]
– nachstehend „Veräußerer“ genannt –,
II. als Erwerber:
dessen Ehefrau, [...]
Frau D. G., geborene S., geboren am [...]
wohnhaft in [...]
– nachstehend „Erwerberin“ genannt –.

Die Erschienenen wiesen sich aus durch Vorlage ihrer amtlichen mit Lichtbild versehenen Personalausweise.
Die Erschienenen ließen den folgenden

ÜBERTRAGUNGSVERTRAG

beurkunden und erklärten:

§ 1 Grundbuchangaben, Veräußerungsgegenstand

1. Der Veräußerer ist Alleineigentümer des im Grundbuch von U. Blatt Nummer 450 eingetragenen Grundbesitzes:
Gemarkung U.
Flur 4 Flurstück 54, Gebäude- und Freifläche,
groß: 600 qm.
2. Der Notar hat den Grundbuchinhalt feststellen lassen. Der Grundbesitz ist im Grundbuch unbelastet.

3. **Der Grundbesitz ist mit einem Einfamilienhaus bebaut, das von den Vertragsbeteiligten bewohnt wird.**

§ 2 Übertragung

1. **Der Veräußerer überträgt seiner Ehefrau einen ½ Miteigentumsanteil an dem in § 1 dieser Urkunde näher bezeichneten Grundbesitz, so dass Veräußerer und Erwerberin nach Vollzug dieses Vertrages zu je ½ Anteil als Miteigentümer im Grundbuch eingetragen sein werden.**
   Der übertragene Miteigentumsanteil wird nachfolgend „Grundbesitz" genannt.
2. **Die Erwerberin nimmt die Übertragung an.**

§ 3 Zuwendung im Rahmen der Ehe[Rz. 20–21]

Die Übertragung erfolgt als Zuwendung im Rahmen der Ehe zum Zwecke der eigentumsmäßigen Beteiligung der Ehefrau an dem gemeinsam genutzten Familienwohnheim. Die Vertragsbeteiligten leben im gesetzlichen Güterstand der Zugewinngemeinschaft.

§ 4 Rückforderungsrecht[Rz. 22–23]

1. **Der Veräußerer hat das Recht, im Falle der Scheidung die Rückforderung des übertragenen ½ Miteigentumsanteils auf sich zu verlangen. Das Recht, die Rückforderung verlangen zu können, entsteht mit der Rechtshängigkeit des Scheidungsantrages, gleichgültig, welcher Ehegatte diesen Scheidungsantrag stellt.**
2. **Das gleiche Rückforderungsrecht behält sich der Veräußerer vor, falls einer der nachfolgenden Rückforderungsgründe eintreten sollte:**
   a) **falls die Erwerberin ohne Zustimmung des Veräußerers über den Grundbesitz durch Veräußerung oder Belastung verfügt;**
   b) **falls die Erwerberin vor dem Tode des Veräußerers verstirbt;**
   c) **falls über das Vermögen der Erwerberin das Insolvenzverfahren eröffnet oder die Eröffnung mangels Masse abgelehnt wird oder Zwangsvollstreckungsmaßnahmen in den hier übertragenen Grundbesitz eingeleitet und nicht innerhalb von vier Wochen wieder aufgehoben werden.**
3. **Für die Rückforderungsrechte gemäß Ziffern 1 und 2 gelten im übrigen folgende Bestimmungen:**

a) **Das Rückforderungsrecht ist nicht vererblich und höchstpersönlich. Hat der Veräußerer jedoch das Rückforderungsrecht zu seinen Lebzeiten ausgeübt, so ist der durch die Ausübung dieses Rechts entstandene Rückübereignungsanspruch vererblich. Das Rückforderungsrecht muss schriftlich ausgeübt werden, und zwar innerhalb eines Jahres, nachdem der Rückforderungsberechtigte Kenntnis vom Rückforderungsgrund erlangt hat.**

b) **Wird das vorgenannte Rückforderungsrecht ausgeübt, so ist die Erwerberin – gegebenenfalls ihre Erben – verpflichtet, den erworbenen ½ Miteigentumsanteil an den Veräußerer zurück zu übertragen.**

c) **Bei Ausübung des Rückforderungsrechts hat der Veräußerer die Belastungen, die seiner nachfolgend bewilligten Auflassungsvormerkung im Range vorgehen oder die mit seiner Zustimmung eingetragen worden sind, dinglich zu übernehmen. Darlehensverbindlichkeiten, die diesen Belastungen zugrundeliegen sollten, hat der Veräußerer zur vollständigen Entlastung der Erwerberin zu übernehmen, soweit es sich um Darlehen handelt, die für Investitionen in den Vertragsgrundbesitz verwendet wurden.**

Verwendungen in den Vertragsgrundbesitz, die die Erwerberin aus ihrem vorehelichen Vermögen oder aus Vermögen erbracht hat, das sie nach Eheschließung von Todes wegen oder mit Rücksicht auf ein künftiges Erbrecht, durch Schenkung oder als Ausstattung erworben hat, sind ihr vom Veräußerer Zug um Zug mit der Rückübertragung zu erstatten, soweit sie zu einer im Zeitpunkt der Rückforderung noch bestehenden Werterhöhung geführt haben.
Weitere Gegenleistungen sind für die Rückübertragung nicht zu erbringen.
Zug um Zug mit der Rückübertragung nach Maßgabe der vorstehenden Vereinbarungen findet sodann auf der Grundlage der nach Rückübertragung, Übernahme von Verbindlichkeiten und Erstattung von Verwendungen bestehenden Vermögenslage der gesetzliche Zugewinnausgleich statt. Hierbei ist eine aus dem Anfangsvermögen stammende rückzugewährende Zuwendung so zu behandeln, als sei sie im Vermögen des Zuwendenden verblieben.

d) Der Besitz, die Nutzungen, die Lasten und die Gefahr gehen mit dem Zeitpunkt auf den Rückforderungsberechtigten über, an dem er sein Rückforderungsrecht schriftlich geltend gemacht hat.
Die mit der Rückforderung verbundenen Kosten und Steuern trägt der Rückforderungsberechtigte.
Das Rückforderungsrecht soll durch Eintragung einer Vormerkung im Grundbuch dinglich gesichert werden.

§ 5 Besitzübergang, Mängelhaftung, Erschließung

1. Der Besitz, die Nutzungen, die Lasten und die Gefahr des übertragenen Grundbesitzes gehen mit dem ersten Tag des auf die Beurkundung dieses Vertrages folgenden Monats auf die Erwerberin über.
2. Ansprüche und Rechte der Erwerberin wegen eines Sachmangels des Grund und Bodens und des Gebäudes werden hiermit ausgeschlossen.
Der Veräußerer ist verpflichtet, der Erwerberin das Eigentum an dem übertragenen Grundbesitz frei von im Grundbuch eingetragenen und von der Erwerberin nicht übernommenen Belastungen zu verschaffen. Im Übrigen wird eine Rechtsmängelhaftung ausgeschlossen. Von diesen Rechtsbeschränkungen ausgenommen ist jeweils eine Haftung bei Vorsatz und Arglist.
3. Beiträge, Kosten und Abgaben nach dem Baugesetzbuch und Kommunalabgabengesetz gehen hinsichtlich des übertragenen Miteigentumsanteils zu Lasten der Erwerberin, und zwar unabhängig davon, wann Beiträge, Kosten und Abgaben dieser Art entstehen oder bereits entstanden sind.

§ 6 Auflassung, Grundbucherklärungen

1. Die Beteiligten sind darüber einig, dass das Eigentum an dem übertragenen Grundbesitz auf die Erwerberin übergehen soll.
Sie bewilligen und beantragen die Eintragung des Eigentumswechsels in das Grundbuch.
Die Beteiligten stimmen allen Löschungen und Pfandfreigaben nach Maßgabe der Bewilligungen der jeweils Berechtigten im Grundbuch hierdurch zu.
2. Die Beteiligten bewilligen und beantragen die Eintragung einer Rückauflassungsvormerkung zugunsten des Veräußerers auf dem in dieser Urkunde übertragenen Grundbesitz zur Sicherung des Rückübertragungsanspruchs gemäß § 4 dieser Urkunde.
Der Veräußerer bevollmächtigt die Erwerberin – unter Befreiung von den Beschränkungen des § 181 BGB – die Rückauflassungsvormerkung nach dem Tode des Veräußerers unter Vorlage der Sterbeurkunde zur Löschung zu bewilligen.

4. **Den Beteiligten ist bekannt, dass das Eigentum an dem übertragenen Grundbesitz erst mit der Umschreibung im Grundbuch auf die Erwerberin übergeht. Die Rechte der Erwerberin aus dieser Urkunde können gegen mögliche Beeinträchtigungen vor Eigentumsumschreibung im Grundbuch durch Eintragung einer Auflassungsvormerkung gesichert werden. Die Beteiligten verzichten nach Belehrung auf die Eintragung einer Auflassungsvormerkung zugunsten der Erwerberin im Grundbuch.**
5. **Alle Eintragungen aus dieser Urkunde sollen erfolgen nach Maßgabe der Anträge des Notars, der ermächtigt ist, diese auch getrennt und eingeschränkt zu stellen und in gleicher Weise zurückzunehmen sowie die Erklärungen der Beteiligten gegenüber dem Grundbuchamt zu ergänzen, zu ändern und zu berichtigen.**

§ 7 Schlussbestimmungen

1. **Die mit dieser Urkunde und ihrem Vollzug verbundenen Kosten und etwaigen Schenkungssteuern trägt die Erwerberin.**
2. **Genehmigungen aller Art werden wirksam mit ihrem Eingang beim Notar.**
3. **Der Notar wies die Beteiligten darauf hin, dass alle Vertragsvereinbarungen beurkundungspflichtig sind und dass Nebenabreden außerhalb dieser Urkunde zur Nichtigkeit des gesamten Rechtsgeschäftes führen können.**
4. **Sollten Erklärungen in dieser Urkunde ganz oder teilweise der Rechtswirksamkeit ermangeln oder nicht durchgeführt werden, so sollen dennoch die übrigen Erklärungen wirksam bleiben.**

Die Beteiligten nehmen wechselseitig alles Vorstehende an.
Diese Niederschrift wurde den Erschienenen von dem Notar vorgelesen, von ihnen genehmigt und von ihnen und dem Notar wie folgt eigenhändig unterschrieben:

A. Grundsätzliche Anmerkungen

I. Wirtschaftliche Aspekte

Regelungsziel ist die **Übertragung** eines **selbstgenutzten Eigenheims** oder – wie im Formular – eines **Miteigentumsanteils** an einem **solchen Eigenheim** an den Ehegatten des Veräußerers. Die Beweggründe für eine solche Übertragung sind unterschiedlich. Es kann sich um eine gewöhnliche Schenkung handeln. Häufiger sind aber andere Motive, die ihre Grundlage in der Ehe der Vertragsbeteiligten haben. Es sind dies zugleich die typischen Fallgruppen einer sog. **ehebedingten Zuwendung** (s. hierzu unter Rz. 5 ff.). 1

Im Vordergrund können demnach stehen:[1] 2

1. Die **eigentumsmäßige Beteiligung** des einen **Ehegatten** am Vermögen des anderen zur **Herstellung gleicher Eigentumsverhältnisse,** weil dies nach den Vorstellungen des Beteiligten dem Wesen einer Ehe entspricht und/oder weil der Zuwendungsempfänger sich am Erwerb, Erhalt, Ausbau oder der Renovierung des Familienheims finanziell oder durch Arbeitsleistungen beteiligt hat. Hierunter fallen insbesondere:
   a) der **Erwerb** eines **Familienwohnheims** durch beide Ehegatten zu je ½ Miteigentumsanteil aus Mitteln, die allein ein Ehegatte zur Verfügung gestellt hat;
   b) die **Weitergabe** eines hälftigen Miteigentumsanteils an einem Familienwohnheim, das der zuwendende Ehegatte **geerbt** oder im Wege der **vorweggenommenen Erbfolge** erworben hat;

[1] Vgl. *Krauß* Vermögensnachfolge Rz. 2773 ff.; *Langenfeld/Günther* S. 264; *Münch* Rz. 1323.

2. die **Sicherung familienwichtigen Vermögens** vor dem Zugriff von Gläubigern Hauptfall: Vorsorgliche Übertragung des Grundbesitzes des betrieblich haftenden Ehegatten auf den nicht betrieblich haftenden Ehegatten;
3. die **private Altersvorsorge** für den erwerbenden Ehegatten, insbesondere bei deutlich höherem Alter des Zuwendenden;
4. die **Schaffung einer steuergünstigen Vermögensverteilung,** zB durch den Erwerb des auch freiberuflich oder betrieblich genutzten Hausgrundstücks durch den Ehegatten des Freiberuflers oder Betriebsinhabers zum Zwecke der Vermietung und Vermeidung von Betriebsvermögen.

3, 4 *(frei)*

II. Rechtliche Aspekte

5 Die Zuwendung von Grundbesitz unter Ehegatten erfolgt eher ausnahmsweise als Schenkung gemäß § 516 BGB, sondern zumeist zur Verwirklichung, Ausgestaltung, Erhaltung oder Sicherung der ehelichen Lebensgemeinschaft und in der Vorstellung oder Erwartung, die Ehe werde Bestand haben.[2] Derartige sog. **ehebedingte** oder **unbenannte Zuwendungen** stellen einen eigenen Vertragstyp dar, für den in Rechtsprechung und Literatur besondere Rechtsgrundsätze entwickelt worden sind.[3] Die typischen Fallgruppen einer ehebedingten Grundstückszuwendung sind oben in Rz. 2 aufgeführt.

6 Scheitert die Ehe, so kommen bei ehebedingten Zuwendungen Rückforderungsrechte nach Bereichungsrecht (§ 812 BGB) nicht[4] und solche wegen Wegfalls der Geschäftsgrundlage (§ 313 BGB) nur ausnahmsweise in Betracht, nämlich im gesetzlichen Güterstand der Zugewinngemeinschaft wegen des Vorrangs des Güterrechts nur dann, wenn die Beschränkung auf den Zugewinnausgleich zu schlechthin unangemessenen und untragbar Ergebnissen führen würde[5] und im Güterstand der Gütertrennung nur dann, wenn die Beibehaltung der Vermögensverhältnisse für den zuwendenden Ehegatten nach Treu und Glauben nicht zumutbar ist.[6] Auch eine Rückforderung wegen groben Undanks (§ 531 BGB) scheidet bei ehebedingten Zuwendungen mangels Vorliegens einer Schenkung aus.[7] Leben die Ehegatten im gesetzlichen Güterstand der Zugewinngemeinschaft, so gilt Folgendes:

Die ehebedingte Zuwendung fällt nicht unter § 1374 Abs. 2 BGB, ist also nicht dem Anfangsvermögen des Zuwendungsempfängers hinzuzurechnen.[8] Anwendbar ist vielmehr § 1380 BGB. Die Anrechnung erfolgt in der Weise, dass der Wert der Zuwendung (im Zeitpunkt ihrer Vornahme) dem Vermögen und damit dem Zugewinn des Zuwendenden hinzugerechnet und zugleich vom Vermögen des Zuwendungsempfängers abgezogen wird. Auf den sich danach ergebenden Zugewinnausgleichsanspruch des Empfängers wird der Wert der Zuwendung angerechnet, vorausgesetzt, der Wert dieser Zuwendung ist geringer als der Zugewinnausgleichsanspruch des Zuwendungsempfängers.[9]

Beispiel: [10] Das beiderseitige Anfangsvermögen beträgt Null. Der Ehemann hat in der Ehe € 220 000,– erworben und wendet hiervon € 100 000,– der Ehefrau zu; weiteres Vermögen hat die

---

[2] BGH v. 28.3.2006 – X ZR 85/04, ZEV 2006, 319; BGH v. 23.4.1997 – XII ZR 20/95, NJW 1997, 2747.
[3] *Langenfeld/Günther* S. 16, 264 ff.
[4] BGH v. 26.11.1981 – IX ZR 91/80, NJW 1982, 1093; BGH v. 8.7.1982 – IX ZR 99/80, NJW 1982, 2236; *Brambring* Rz. 153; *Krauß* Vermögensnachfolge Rz. 2791.
[5] BGH v. 10.7.1991 – XII ZR 114/89, BGHZ 115, 132, 136.
[6] BGH v. 8.7.1982 – IX ZR 99/80, BGHZ 84, 361, 364; BGH v. 19.7.2012 – XII ZR 136/10, NJW 2012, 3374; zum Ganzen *Bruch* MitBayNot 2008, 173.
[7] BGH v. 7.1.1972 – IV ZR 231/69, NJW 1972, 580; MüKoBGB/*Lange* BGB § 516 Rz. 61; *v. Hoyenberg* S. 23.
[8] BGH v. 26.11.1981 – IX ZR 91/80, BGHZ 82, 227, 234; *Langenfeldt/Milzer* Rz. 776.
[9] *Krauß* Vermögensnachfolge Rz. 2861; *Langenfeld/Günther* Rz. 663.
[10] Nach *Langenfeld/Milzer* Rz. 777.

Ehefrau nicht erworben. Im ersten Schritt wird dem Endvermögen des Ehemannes von € 120 000,– der Wert der Zuwendung von € 100 000,– hinzugerechnet, was somit € 220 000,– ergibt. Gleichzeitig wird der Wert der Zuwendung vom Endvermögen der Ehefrau abgezogen, so dass ihr Endvermögen folglich Null beträgt. Dann hat die Ehefrau einen Zugewinnausgleichsanspruch von € 110 000,–. Im Folgeschritt wird auf diesen Zugewinnausgleichsanspruch der Wert der Zuwendung angerechnet, so dass der Ehefrau als Zugewinnausgleichsanspruch € 10 000,– verbleiben.

Die Anwendung von § 1380 BGB hat also zur Folge, dass sich der Zugewinnausgleichsanspruch des Zuwendungsempfängers um die Hälfte des Wertes der Zuwendung verringert.[11]

Bleibt jedoch der Wert der Zuwendung hinter dem nunmehrigen Zugewinnausgleichsanspruch zurück oder besteht sogar ein umgekehrtes Zugewinnausgleichsverhältnis, so ist der Zugewinnausgleich ohne Anwendung des § 1380 BGB durchzuführen. Dies ist bei sog. **Übermaßzuwendungen** der Fall.[12] 7

Beispiel:[13] Das beiderseitige Anfangsvermögen beträgt € 0,–. Der Ehemann wendet von seinem in der Ehe erworbenen Zugewinn von € 100 000,– der Ehefrau € 60 000,– zu, die diesen Zugewinn als Endvermögen noch besitzt. Gemäß § 1380 BGB wären die € 60 000,– vom Endvermögen der Ehefrau abzuziehen und dem Endvermögen des Ehemannes hinzuzurechnen, so dass ein Zugewinnausgleichsanspruch der Ehefrau in Höhe von € 50 000,– bestünde. Die Zuwendung (€ 60 000,–) übersteigt jedoch diesen Anspruch. Folge: Der Zugewinnausgleich ist ohne Anwendung des § 1380 BGB unter Zugrundelegung der tatsächlich erzielten Zugewinnbeträge durchzuführen. Der Ehemann erhält daher von der Ehefrau als Zugewinn € 10 000,– (€ 60 000,– – € 40 000, = € 20 000,– : 2), so dass im Ergebnis jedem der beiden Ehegatten der gesamte eheliche Zugewinn je zur Hälfte verbleibt (Ehemann: Endvermögen € 40 000,– + € 10 000,– Zugewinnausgleichsanspruch; Ehefrau: Endvermögen € 60 000,– abzüglich € 10 000,– Zugewinnausgleichschuld).[14] 8

Während für Ehen im gesetzlichen Güterstand vorrangig die Vorschriften über den Zugewinnausgleich über die Berücksichtigung von ehebedingten Zuwendungen entscheiden, kommt bei Zuwendungen im **Güterstand der Gütertrennung** im Falle des Scheiterns der Ehe eine Anwendung des Grundsatzes des Wegfalls der Geschäftsgrundlage in Betracht.[15] Da in diesem Güterstand ein korrigierendes güterrechtliches Ausgleichsinstrument nicht zur Verfügung steht, stellt die Rechtsprechung hier geringere Anforderungen an die Unzumutbarkeit der Beibehaltung der nach Zuwendung bestehenden Vermögenssituation.[16] 9

Wenn auch im Verhältnis der **Ehegatten untereinander** für die ehebedingte Zuwendung besondere Grundsätze gelten und derartige Zuwendungen von einer gewöhnlichen Schenkung zu unterscheiden sind, leiten sich hieraus jedoch im **Verhältnis zu Dritten keine Privilegierungen** ab. Ehebedingte Zuwendungen werden daher im Erbrecht, insbesondere im Pflichtteilsrecht ebenso als Schenkungen behandelt wie im Insolvenzrecht und im Anfechtungsgesetz. Sie lösen daher Pflichtteilsergänzungsansprüche gemäß § 2325 BGB aus,[17] bei denen die Zehnjahresfrist des § 2325 Abs. 3 S. 2 BGB zudem nicht vor Auflösung der Ehe beginnen würde (§ 2325 Abs. 3 S. 3 BGB), fallen unter § 2287 BGB (nachteilige Schenkung bei Bindung durch Erbvertrag oder gemeinschaftliches Testament)[18] und berechtigten zur Anfechtung nach der Insolvenzordnung und dem Anfechtungsgesetz.[19] Nach Ansicht des BGH soll eine Vorsatzanfechtung gemäß § 133 InsO, § 3 AnfG selbst dann in Betracht kommen, wenn im Zeitpunkt der Zuwendung noch gar keine Gläubiger vorhanden waren, solange nur der Zuwendende es für möglich hält, dass eine mittelbare erst künftig wirk- 10

[11] *Langenfed/Milzer* Rz. 776.
[12] *Krauß* Vermögensnachfolge Rz. 2863 f.
[13] Nach *Krauß* Vermögensnachfolge Rz. 2864.
[14] Zu weiteren Fallkonstellationen mit Berechnungsbeispielen vgl. *Krauß* Vermögensnachfolge Rz. 2862 ff.; *Münch* Rz. 1380 ff.; *Wegmann* Rz. 157 ff.
[15] *Langenfeld/Günther* S. 279.
[16] *Krauß* Vermögensnachfolge Rz. 2808, Fn. 124; BGH v. 23.4.1997 – XII ZR 20/95, NJW 1997, 2747.
[17] BGH v. 27.11.1991 – IV ZR 164/90, NJW 1992, 564.
[18] BGH v. 27.11.1991 – IV ZR 164/90, NJW 1992, 564.
[19] BGH v. 28.2.1991 – IX ZR 74/90, NJW 1991, 1610.

sam werdende Gläubigerbenachteiligung eintritt.[20] Vor diesem Hintergrund wird davon abgeraten, die Haftungsvermeidung in der Urkunde als Zuwendungsmotiv zu bezeichnen.[21]

11, 12 *(frei)*

III. Steuerrechtliche Aspekte

1. Ertragssteuern

13 Wendet ein Ehegatte dem anderen Grundbesitz zu, der sich, und sei es auch nur teilweise, im Betriebsvermögen befindet (**Beispiel:** In einem Zweifamilienhaus befinden sich im Erdgeschoss die Praxisräume eines Freiberuflers und im Obergeschoss die zu eigenen Wohnzwecken genutzte Wohnung), so handelt es sich insoweit regelmäßig um eine **Entnahme** für betriebsfremde Zwecke gemäß § 4 Abs. 1 Satz 2 EStG. Sie erhöht den Gewinn um die darin verkörperten stillen Reserven (Differenz zwischen Teilwert gemäß § 6 Abs. 1 Nr. 1 Satz 3, Nr. 4 S. 1 EStG und dem Buchwert).[22]

14 Befindet sich der übertragene Grundbesitz im Privatvermögen und werden Einkünfte aus Vermietung und Verpachtung erzielt, so können sich Probleme hinsichtlich der Anerkennung von Werbungskosten, insbesondere Schuldzinsen, ergeben, wenn diese nicht von dem nunmehr vermietenden Ehegatten getragen werden. Für diesen sog. **Drittaufwand** gilt Folgendes:[23]

- Bei der Zahlung von Schuldzinsen aus **gemeinsamen** Verbindlichkeiten gelten die Beträge jeweils als für Rechnung desjenigen geleistet, der den Einkunftstatbestand verwirklicht. Bei einem gemeinsam aufgenommenen Darlehen können daher die Schuldzinsen in vollem Umfang als Werbungskosten des Eigentümer-Ehegatten abgezogen werden, gleichgültig, aus wessen Mitteln sie tatsächlich geleistet worden sind.
- Ist dagegen der Nichteigentümer-Ehegatte alleiniger zivilrechtlicher Schuldner der Darlehensverbindlichkeiten, sind die von ihm bezahlten Schuldzinsen keine Werbungskosten des Eigentümer-Ehegatten. Allerdings sind diejenigen Schuldzinsen als Werbungskosten anzuerkennen, die der Eigentümer-Ehegatte, obwohl nicht Schuldner der Verbindlichkeiten, aus eigenen Mitteln, zB aus den Mieteinnahmen, bezahlt.[24]

15 *(frei)*

2. Erbschaft- und Schenkungsteuern

16 Wendet ein Ehegatte seinem Ehepartner zu Lebzeiten das Eigentum oder Miteigentum an einem zu eigenen Wohnzwecken genutzten bebauten Grundstück **(Familienheim)** zu, so ist die Zuwendung gemäß § 13 Abs. 1 Nr. 4a ErbStG schenkungsteuerfrei. Der persönliche Freibetrag nach § 16 ErbStG wird durch den begünstigten Übergang des Familienheims nicht geschmälert.[25] Auch eine Zusammenrechnung mit anderen Erwerben von derselben Person innerhalb von zehn Jahren gem. § 14 ErbStG scheidet aus.[26]

Der Befreiungstatbestand bestand bereits von Inkrafttreten des ErbStRG 2009; sein Anwendungsbereich ist jedoch durch dieses Gesetz erweitert worden. Während § 13 Abs. 1 Nr. 4a ErbStG in seiner bis zum 31.12.2008 geltenden Fassung auf im Inland gelegene Objekte beschränkt war, sind nun neben Inlandsobjekten auch die in einem Mitgliedsstaat der EU oder in einem Staat des Europäischen Wirtschaftsraumes gelegenen Objekte umfasst. Anders als bisher sind nicht nur zu eigenen Wohnzwecken be-

---

[20] BGH v. 13.8.2009 – IX ZR 159/06, MittBayNot 2010, 149 m. krit. Anmerkung von *Lotter.*

[21] *Langenfeld/Milzer* Rz. 800; *Münch* Rz. 1447.

[22] *Krauß* Vermögensnachfolge Rz. 2919.

[23] *Krauß* Vermögensnachfolge Rz. 2915 ff.

[24] *Krauß* Vermögensnachfolge Rz. 2915 ff. unter Hinweis auf BFH in FR 2000, 661 und 659; BFH GrS v. 23.8.1999 – GrS 2/97, BStBl. II 1999, 778 und 782.

[25] *Ihle* RNotZ 2011, 471.

[26] *Ihle* RNotZ 2011, 471; *Meincke* § 13 Rz. 23.

wohnte Häuser und Eigentumswohnungen begünstigt, sondern alle bebauten Grundstücke aus dem Katalog des § 181 Abs. 1 Nrn. 1 bis 5 des BewG. Erfasst sind also Ein- und Zweifamilienhäuser, Mietwohngrundstücke, Wohnungs- und Teileigentum nach dem WEG, Geschäftsgrundstücke und gemischt genutzte Grundstücke, soweit darin jeweils eine Wohnung zu eigenen Wohnzwecken genutzt wird. Über die Nutzung zu eigenen Wohnzwecken hinaus ist erforderlich, dass sich in der Wohnung der Mittelpunkt des familiären Lebens befindet.[27]

Während die Finanzverwaltung in ihren Richtlinien zur früheren gesetzlichen Fassung (ErbStR 2003 43) bei Objekten, die teilweise zu anderen als Wohnzwecken genutzt werden, darauf abgestellt hatte, ob die andere Nutzung überwog und in einem solchen Fall die Vergünstigung in vollem Umfang versagte,[28] begünstigt § 13 Abs. 1 Nr. 4a ErbStG nF auch solche Objekte, die nur teilweise für eigene Wohnzwecke genutzt werden. Allerdings ist in diesem Fall die Begünstigung auf den zu eigenen Wohnzwecken genutzten Teil beschränkt.[29]

Die Zuwendung eines **Wohnungsrechts** an einem Familienwohnheim reicht für eine Begünstigung im Rahmen des § 13 Abs. 1 Nr. 4a ErbStG nicht aus.[30]

Ein Familienheim setzt voraus, dass sich dort der Mittelpunkt des familiären Lebens **17**
befindet, so dass Zweit-, Ferien- und Wochenendhäuser nicht durch § 13 Abs. 1 Nr. 4a ErbStG begünstigt werden.[31] Leben die Ehegatten getrennt, so reicht es für die Anwendung des § 13 Abs. 1 Nr. 4a ErbStG aus, wenn das Familienheim von dem Zuwendungsempfänger gegebenenfalls mit den Kindern bewohnt wird.[32] Etwas anderes dürfte jedoch dann gelten, wenn das übertragene Objekt erst nach der Trennung von dem zuwendenden Ehegatten erworben wurde und daher zu keinem Zeitpunkt den Mittelpunkt des familiären Lebens gebildet hat.[33]

Einen Objektverbrauch sieht § 13 Abs. 1 Nr. 4a ErbStG nicht vor, so dass mehrmals während der Ehe das jeweilige Familienheim schenkungssteuerfrei zugewendet werden kann.[34] Voraussetzung für die Begünstigung des Erwerbs eines nochmaligen Familienheims ist allerdings, dass der familiäre Lebensmittelpunkt in dieses neue Objekt verlagert und das erste Objekt als Familienwohnheim aufgegeben wurde.[35] Die Ehe muss bei Anschaffung oder Herstellung des später übertragenen Objekts noch nicht bestanden haben, sondern erst zum Zeitpunkt der Ausführung der Zuwendung.[36] Der Güterstand der Ehegatten ist für den Befreiungstatbestand ohne Bedeutung.[37]

§ 13 Abs. 1 Nr. 4a ErbStG schreibt weder eine Angemessenheitsprüfung noch eine **18**
Wertobergrenze des Zuwendungsobjekts noch eine Begrenzung von Wohnflächen oder Grundstücksgrößen vor.[38] Behaltenspflichten bestehen ebenfalls nicht so dass eine spätere Veräußerung oder Nutzungsänderung keine Nachversteuerung auslöst.[39]

---

[27] BFH v. 5.10.2016 – II ZR 32/15, ZEV 2017, 50, 51; *Ihle* RNotZ 2011, 471, 473; *Meincke* ErbStG § 13 Rz. 20; ErbStR 2011 E 13.3 Abs. 2 S. 4.

[28] Anders aber BFH v. 26.2.2009 – II R 69/06, NJW 2009, 1373.

[29] *Schumann* DStR 2009, 197; ErbStR 2011 E 13.3 Abs. 2. Zu den Einzelheiten und Ausnahmen vgl ErbStR 2011 E 13.3 Abs. 2; *Ihle* RNotZ 2011, 471, 473.

[30] BFH v. 3.6.2014 – II ZR 45/12, ZEV 2014, 560 m. Anm. *Jülicher; Krauß* Vermögensnachfolge Rz. 2904. Die Entscheidung des BFH betrifft § 13 Abs. 1 Nr. 4b (Zuwendung von Todes wegen), gilt aber ebenso für § 13 Abs. 1 Nr. 4b ErbStG.

[31] So bereits zu § 13 Abs. 1 Nr. 4a ErbStG aF die Finanzverwaltung in ErbStR 2003 43. Zum neuen Recht ebenso ErbStR 2011 E 13.3; *Schumann* DStR 2009, 197; *Ihle* RNotZ 2011, 471, 472.

[32] BFH v. 26.2.2009 – II R 69/06, NJW 2009, 1373; Moench/*Kien-Hümbert* ErbStG § 13 Rz. 27.

[33] *Ihle* RNotZ 2011, 471, 476; FG Berlin v. 28.1.2013 – 5 K 5267/01, DStRE 2004, 217.

[34] *Krauß* Vermögensnachfolge Rz. 2905; *Ihle* RNotZ 2011, 471, 473; *Meincke* ErbStG § 13 Rz. 23; ErbStR 2011 E 13.3 Abs. 5 S. 4.

[35] *Ihle* RNotZ 2011, 471, 473; *Meincke* ErbStG § 13 Rz. 23; ErbStR 2011 E 13.3 Abs. 5 S. 4.

[36] BFH v. 27.10.2010 – II ZR 37/09, ZEV 2011, 49; *Ihle* RNotZ 2011, 471, 476; *Krauß* Vermögensnachfolge Rz. 2906.

[37] ErbStR 2011 E 13.3 Abs. 5; *Ihle* RNotZ 2011, 471.

[38] ErbStR 2013 E 13.3 Abs. 5; *Meincke* ErbStG § 13 Rz. 23.

[39] *Ihle* RNotZ 2011, 471, 474; *Krauß* Vermögensnachfolge Rz. 2905; ErbStR 2011 E 13.3 Abs. 5 S. 6, mit dem Vorbehalt, dass kein Missbrauch von Gestaltungsmöglichkeiten(§ 42 AO) vorliegen dürfe. Zur Vermeidung einen

Neben dem **Hauptfall der Begünstigung,** der Übertragung des Alleineigentums oder Miteigentums eines Ehegatten an einem Familienheim an den Ehepartner, sind im Zusammenhang mit einem Familienheim folgende Gestaltungen nach § 13 Abs. 4a ErbStG **steuerfrei:**[40]
- Kauf oder Herstellung aus den Mitteln eines Ehegatten unter Einräumung einer Miteigentümerstellung des anderen Ehegatten;
- Anschaffung oder Herstellung (ganz oder teilweise) durch einen Ehegatten aus Mitteln, die allein oder überwiegend vom anderen Ehegatten stammen (mittelbare Schenkung);[41]
- Tilgung eines im Zusammenhang mit dem Kauf oder der Herstellung des Familienheims von einem oder beiden Ehegatten aufgenommenen Darlehens aus Mitteln des zuwendenden Ehegatten;
- Befreiung von der Schuld eines Ehegatten gegenüber dem anderen Ehegatten, die im Zusammenhang mit dem Kauf oder der Herstellung des Familienheims von dem anderen Ehegatten eingegangen wurde;
- Begleichung nachträglicher Herstellungs- oder Erhaltungsaufwendungen am Familienheim aus Mitteln eines Ehegatten, wenn der andere Ehegatte Eigentümer oder Miteigentümer ist.

Für die Zuwendung eines Familienheims durch Erwerb von Todes wegen gilt § 13 Abs. 1 Nr. 4b ErbStG.[42]

3. Verkehrssteuern

19 Grunderwerbsteuer fällt bei Übertragungen unter Ehegatten aufgrund der Befreiungsvorschrift des § 3 Abs. 1 Nr. 4 GrEStG nicht an.

B. Einzelerläuterungen

Zu § 3: Zuwendung im Rahmen der Ehe

20 Es handelt sich um eine ehebedingte Zuwendung, für die die in Abschnitt A. II. dargestellten Rechtsgrundsätze gelten. Die Anwendung des § 1380 BGB durch die Rechtsprechung führt dazu, dass der Zugewinnausgleichsanspruch des Zuwendungsempfängers sich nur um die Hälfte des Zuwendungswertes verringert (zu den Einzelheiten mit Berechnungsbeispielen vgl. Rz. 6 ff.). Wird dagegen eine Berücksichtigung des vollen Wertes der Zuwendung gewünscht, so muss eine entsprechende ehevertragliche Vereinbarung getroffen werden, die in den Übertragungsvertrag aufgenommen werden kann.

A. 1.06a **Formulierungsbeispiel**[43]

21 **Sofern der Wert der heutigen Zuwendung im Rahmen des Zugewinnausgleichs nicht oder nicht in voller Höhe gemäß § 1380 BGB auf einen Ausgleichsanspruch des Erwerbers anzurechnen ist, hat der Erwerber den Wert dieser Zuwendung bzw. den Differenzbetrag an den Veräußerer zu zahlen. Der Zahlungsanspruch ist innerhalb**

Missbrauchs iSd § 42 AO fordert FG Rheinland-Pfalz v. 18.2.1999 – IV K 2180/98, ZEV 1999, 244, dass der erwerbende Ehegatte im Zeitpunkt der Zuwendung die Absicht haben müsse, das Objekt zu eigenen Wohnzwecken zu nutzen. Diese Absicht sei zu bezweifeln, wenn der Erwerber die Immobilie bereits kurze Zeit später einer anderen Nutzung zuführe.

[40] ErbStR 2011 E 13.3 Abs. 4.

[41] Zur mittelbaren Schenkung vgl. A 1.07.

[42] Vgl. hierzu *Ihle* RNotZ 2011, 471, 479 ff.

[43] *Kersten/Bühling/Basty* § 39 Rz. 38 M; *Krauß* Vermögensnachfolge Rz. 2877.

von zwei Monaten nach Rechtskraft der Scheidung fällig. Dieser Anspruch und seine Erfüllung sind im Rahmen des Zugewinnausgleichs weder im Endvermögen der Ehefrau noch im Endvermögen des Ehemannes zu berücksichtigen.

Zu § 4: Rückforderungsrecht

Auch wenn Zuwendungen unter Ehegatten regelmäßig in Erwartung des Fortbestands der Ehe vorgenommen werden, kommen, wenn die Ehe scheitert, gesetzliche Rückforderungsrechte allenfalls in Ausnahmefällen in Betracht (vgl. Rz. 6). Werden Rückforderungsrechte gewünscht, zB für den Fall der Scheidung oder Trennung, so müssen diese daher vertraglich vereinbart werden. Behält sich der zuwendende Ehegatte kein Rückforderungsrecht vor, so verbleibt das Zuwendungsobjekt trotz Scheidung im Eigentum des Empfängers. Die Anwendung des § 1380 BGB durch die Rechtsprechung hat darüber hinaus zur Folge, dass der Zugewinnausgleichsanspruch des Empfängers sich nur um die Hälfte des Wertes der Zuwendung verringert, so dass der Zuwendende bei fehlendem Rückforderungsrecht die Hälfte des Wertes der Zuwendung bei einer Scheidung verliert, sofern keine abweichende Vereinbarung getroffen wird.[44] 22

Ein Rückforderungsrecht für den Fall des Vorversterbens des Erwerbers kann selbst dann sinnvoll sein, wenn dieser seinen Ehegatten (Veräußerer) zum Alleinerben eingesetzt hat. Zum einen ist der für den Erwerb des Familienwohnheims von Todes wegen eingeführte neue Befreiungstatbestand des § 13 Abs. 1 Nr. 4b an die Voraussetzung geknüpft, dass der Erwerber das Familienwohnheim noch mindestens zehn Jahre weiter selbst nutzt. Zum anderen wird vertreten, dass bei einem Rückforderungsrecht des Alleinerben des Erwerbers keine anspruchserlöschende Konfusion von Forderung und Schuld eintritt, so dass § 29 ErbStG einen erbschaftsteuerfreien Rückerwerb ermöglichen soll,[45] oder das Rückforderungsrecht jedenfalls nach § 10 Abs. 3 ErbStG erbschaftsteuerlich als fortbestehend zu fingieren und als Nachlassverbindlichkeit zu berücksichtigen sei.[46] 23

Zum vertraglich vereinbarten Rückforderungsrecht vgl. im Übrigen die Erläuterungen in A. 1.01 Rz. 54ff.

A. 1.07 Mittelbare Schenkung von fremdgenutztem Grundbesitz

Gliederung

44 *Brambring* Ehevertrag und Vermögenszuordnung unter Ehegatten, 7. Aufl. 2012, Rz. 155.

45 *Krauß* Vermögensnachfolge Rz. 2019, *Brambring* Rz. 159. Vgl. auch *Holland* ZEV 200, 356.

46 *Holland* ZEV 2000, 356, 359. Vgl. auch *Ihle* RNotZ 2011, 471, 477, der vorsorglich empfiehlt, die Übertragung des Familienheims unter die auflösende Bedingung des Vorversterbens des Erwerbers zu stellen, da der dann entstehende bereicherungsrechtliche Anspruch auf Rückgewähr zweifellos nach § 10 Abs. 3 ErbStG zu berücksichtigen sei, während dies bei einem erst noch auszuübenden Gestaltungsrecht ungewiss sei.

A. 1.07 **Urkundenrolle Nr. für 20[...]**

Verhandelt zu [...] am [...]

Vor mir,

DR. JUR. [...]
– NOTAR/IN IN [...] –

erschienen:

I. als Schenker:
Herr Alfred S., geboren am [...],
wohnhaft in [...]
– nachstehend „Schenker" genannt –,
II. als Beschenkter:
dessen Neffe,
Herr Markus B., geboren am [...]
wohnhaft in [...]
– nachstehend „Beschenkter" genannt –.
Die Erschienenen wiesen sich aus durch Vorlage ihrer amtlichen mit Lichtbild versehenen Personalausweise.

Die Erschienenen ließen den folgenden

SCHENKUNGSVERTRAG

beurkunden und erklärten:

§ 1 Erwerbsgegenstand[Rz. 9ff., 16]

Herr B. beabsichtigt den Erwerb des folgenden im Grundbuch von E. Blatt 302 eingetragenen Grundstücks:

Gemarkung E.
Flur 3 Flurstück 420, Gebäude- und Freifläche,
C-Straße Nr. 20, groß: 500 qm.

Eigentümer des Grundbesitzes ist Herr Helmut V.
Der Grundbesitz ist im Grundbuch unbelastet.
Das Grundstück ist mit einem Mehrfamilienhaus mit vier Wohnungen bebaut, die vermietet sind.[Rz. 6]
Der notarielle Kaufvertrag über das Grundstück zwischen dem Verkäufer V. und Herrn B. soll in zwei Wochen vor dem amtierenden Notar geschlossen werden.

§ 2 Schenkung

Herr S. verpflichtet sich, Herrn B. einen Betrag von € [...],– zu schenken. Der Betrag darf nur für den Erwerb des in § 1 genannten Hausgrundstücks verwendet werden. Eine andere Verwendung wird ausgeschlossen.[Rz. 8, 16]
Der Betrag ist von Herrn S. bei Fälligkeit des Kaufpreises nach Maßgabe der Fälligkeitsmitteilung des amtierenden Notars unmittelbar und ausschließlich an den Verkäufer V. zu zahlen. Herr B. wird seinem Onkel Herrn S. die Fälligkeitsmitteilung des Notars, die auch die Kontoverbindung des Verkäufers V. enthalten wird, aushändigen.[Rz. 8, 16]

§ 3 Kosten und Steuern

Die mit dieser Urkunde verbundenen Kosten und Schenkungsteuern trägt Herr B.

Diese Niederschrift wurde den Erschienenen von dem Notar vorgelesen, von ihnen genehmigt und von ihnen und dem Notar wie folgt eigenhändig unterschrieben:

A. Grundsätzliche Anmerkungen

I. Wirtschaftliche Aspekte

Die mittelbare Grundstücksschenkung ist die zweckgerichtete Hingabe eines Geldbetrages zum Erwerb eines Grundstücks oder zur Errichtung eines Gebäudes. Da sie schenkungsteuerlich wie eine Grundstücksschenkung behandelt wird (dazu sogleich unter II.), dient als Bemessungsgrundlage für die Schenkungsteuer nicht der Nominalwert des Geldbetrages, sondern der steuerliche Grundbesitzwert. Dieser liegt allerdings nach Inkrafttreten des ErbStRG 2009 zum 1.1.2009 anders als früher nur noch selten unter dem Verkehrswert (vgl. hierzu unter II. und unter A. 1.01 Rz. 24ff.). 1

Zu den wirtschaftlichen Aspekten einer Schenkung vgl. iÜ die Erläuterungen in A. 1.01.

II. Rechtliche Aspekte

Eine Zuwendung muss zwar, wenn sie Schenkung sein soll, zu einer Entreicherung des Schenkers führen. Das Zuwendungsobjekt muss sich jedoch nicht schon vorher in derselben Gestalt im Vermögen des Schenkers befunden haben. Entreicherungs- und Bereicherungsgegenstand brauchen folglich **nicht identisch** zu sein.[1] Daher ist auch eine mittelbare Schenkung möglich, also die unentgeltliche Zuwendung eines Gegenstands, der nicht zum Vermögen des Schenkers gehört hat, aber dem Beschenkten auf Kosten des Schenkers verschafft werden soll.[2] 2

Zivilrechtlich bestehen mehrere Möglichkeiten einer mittelbaren Schenkung:[3] 3

Der Schenker kann einen Dritten vertraglich verpflichten, das Zuwendungsobjekt dem Beschenkten zu übertragen (Zuwendung durch Vertrag zugunsten Dritter). Er kann ferner dem Beschenkten den Vertragsabschluss mit dem Dritten überlassen und die Verbindlichkeit aus dem Vertrag übernehmen. Der Schenker kann schließlich dem Beschenkten auch die Mittel zum Erwerb zur Verfügung stellen.

Erwirbt der Beschenkte mit Geldmitteln des Schenkers ein Grundstück, so hängt die Beantwortung der Frage, ob das Geld oder das Grundstück Schenkungsobjekt ist, zivilrechtlich davon ab, auf welchen Zuwendungsgegenstand sich die in § 516 BGB geforderte Einigung bezieht.[4] Im bürgerlichen Recht kann diese Frage insbesondere bei Ansprüchen auf Herausgabe des Geschenks (§§ 527, 528, 530, 531 BGB) bedeutsam werden. 4

III. Steuerrechtliche Aspekte

1. Ertragssteuern

Den schenkungsteuerlichen Vorteilen der mittelbaren Grundstücksschenkung können **einkommensteuerliche Nachteile** gegenüber stehen. Dies galt vor allem für 5

---

[1] BFH v. 13.3.1996 – II R 51/95, ZEV 1996, 238.
[2] *Meincke* ErbStG § 7 Rz. 17.
[3] Vgl. *Meincke* ErbStG § 7 Rz. 17a.
[4] BGH v. 3.12.1971 – V ZR 134/69, NJW 1972, 247.

Leistungen nach dem **Eigenheimzulagegesetz.** Der Beschenkte, dem im Wege einer mittelbaren Grundstücksschenkung ein Geldbetrag zum Erwerb einer selbstgenutzten Immobilie zuwendet wurde, hatte keinen Anspruch auf Förderung nach dem Eigenheimzulagegesetz, weil dieser den entgeltlichen Erwerb einer Wohnung voraussetzte.[5] Die Eigenheimzulage ist durch Gesetz vom 22.12.2005 (BGBl. I 2005, 3680) abgeschafft worden. Zu Alt- und Übergangsfällen dieses Gesetzes vgl. die 1. Aufl., A.1.01 Rz. 5.

6 Bei der unentgeltlichen Übertragung eines vermieteten Objekts tritt der Beschenkte gem. § 11d EStDV hinsichtlich der Afa-Berechtigung in die Rechtsstellung des Rechtsvorgängers ein, dessen Abschreibung er fortführen kann. Es wird teilweise angenommen, dass dies nicht im Falle einer mittelbaren Schenkung gelte.[6] Zwar trage der Schenker bei einer mittelbaren Schenkung wirtschaftlich die Anschaffungs- und Herstellungskosten. Da der Beschenkte jedoch das Eigentum am Grundbesitz unmittelbar vom Verkäufer erwerbe und der Schenker zu keinem Zeitpunkt zivilrechtlicher oder wirtschaftlicher Eigentümer werde, könne er nicht Rechtsvorgänger des Beschenkten sein und diesem folglich keine Afa-Berechtigung vermitteln.[7] Dies kann nicht überzeugen. Nach Schenkungsteuerrecht handelt es sich bei der Zuwendung eines Geldbetrages zum Erwerb eines Grundstücks um die – mittelbare – Schenkung eines Grundstücks durch den Schenker an den Beschenkten. Die von der Rechtsprechung im Schenkungsteuerrecht zur mittelbaren Grundstückschenkung entwickelten Grundsätze gelten auch für das Einkommensteuerrecht.[8] Daher muss folgerichtig auch demjenigen, der im Wege einer mittelbaren Grundstücksschenkung unentgeltlich ein Mietobjekt erwirbt, die Befugnis nach § 11d EStDV zustehen, zumal die mittelbare Schenkung nur den abgekürzten Weg einer Zuwendung darstellt, die auch über einen Zwischenerwerb des Schenkers erfolgen könnte.[9]

7 Vorsorglich mag man die Frage der Anwendbarkeit des § 11d EStDV vor dem Erwerb des Objekts mit dem zuständigen Finanzamt abklären. Bei bestehenden Zweifeln ist ein Zwischenerwerb des Schenkers mit anschließender Weiterschenkung an den Beschenkten zu erwägen.

2. Erbschaft- und Schenkungsteuer

8 Unter bestimmten Voraussetzungen wird die unentgeltliche Hingabe eines Geldbetrages zum Erwerb eines Grundstücks schenkungsteuerlich nicht als Geldschenkung, sondern als Grundstücksschenkung behandelt **(mittelbare Grundstücksschenkung).** Die steuerliche Anziehungskraft der mittelbaren Grundstücksschenkung beruhte in der Vergangenheit auf der früheren bewertungsrechtlichen Diskrepanz zwischen einer Geldschenkung und der Schenkung eines Grundstücks. Bei der Geldschenkung ist der Nennwert des zugewendeten Geldbetrages Bemessungsgrundlage, bei der Grundstücksschenkung hingegen der Steuerwert des Grundstücks, der bis zum Inkrafttreten des ErbStRG 2009 am 1.1.2009 deutlich unter dem Verkehrswert lag und bei bebauten Grundstücken nur ca. 50 vH ihres Verkehrswertes erreichte.[10] Diese bewertungsrechtlichen Privilegien des Grundbesitzes sind durch das ErbStRG 2009 weitgehend entfallen, so dass die mittelbare Grundstücksschenkung an Bedeutung ver-

[5] BFH v. 29.7.1998 – X R 54/95, ZEV 1998, 446 zum früheren § 10 EStG; für die Eigenheimzulage nach dem EigZulG galt nichts anderes, vgl. BMF v. 10.2.1998, BStBl. I 1998, 190 Tz. 13; *Messner* ZEV 2000, 223; *Halaczinsky/Obermeier/Obermeier/Teß* S. 315; *Söffing* S. 103.

[6] *Söffing* S. 103 ff.

[7] *Söffing* S. 104.

[8] BFH v. 29.7.1998 – X R 54/95, ZEV 1998, 446.

[9] Für Anwendung des § 11d EStDV bei einer mittelbaren Grundstücksschenkung: FG Niedersachsen v. 17.3.2015 – 13 K 156/13, BeckRS 2015, 96002 (nrkr., vgl ZEV 2016, 56); *Halaczinsky/Obermeier/Obermeier/Teß* S. 315; *Langenfeld/Günther* S. 33.

[10] BVerfG v. 7.11.2006 – 1 BvL 10/02, NJW 2007, 573, 579.

loren hat.[11] Bei Mietwohngrundstücken[12] sieht das Gesetz allerdings noch einen 10%-igen Bewertungsabschlag gemäß § 13d ErbStG[13] (vormals § 13c ErbStG) vor, so dass hier Verkehrswert und Steuerwert der geschenkten Immobilie voneinander abweichen. Auch im landwirtschaftlichen Bereich liegt der steuerliche Wert des Grundbesitzes weiterhin nicht selten unter dem Verkehrswert und eröffnet damit auch nach Inkrafttreten des ErbStRG 2009 einen Anwendungsbereich für mittelbare Grundstücksschenkungen.[14]

Ein weiterer Anwendungsfall der mittelbaren Grundstücksschenkung ist die Ausnutzung von Steuerbefreiungen.[15] So kann etwa ein Ehegatte seinem Ehepartner einen Geldbetrag mit der Auflage zuwenden, diesen zum Erwerb eines Familienheims iSd § 13 Abs 1 Nr. 4a ErbStG zu verwenden. Die Gestaltung ist nach § 13 Abs. 1 Nr. 4a ErbStG schenkungsteuerfrei, obwohl der den Geldbetrag zuwendende Ehegatten nicht Eigentümer des Familienheims war.[16]

Das Schenkungsteuerrecht knüpft hinsichtlich der Frage, was Gegenstand der Zu- 9
wendung ist, an das Zivilrecht an,[17] das die Entscheidung von dem Parteiwillen abhängig macht.[18] Maßgeblich ist daher, ob nach der Schenkungsabrede oder dem Willen des Zuwendenden ein Geldbetrag oder das mit diesem zu erwerbende Grundstück geschenkt werden sollte, sofern der Wille auch tatsächlich vollzogen worden ist.[19] Entsprechendes gilt für die Hingabe eines Geldbetrages zur Errichtung eines Gebäudes auf einem dem Beschenkten bereits gehörenden oder von ihm noch zu erwerbenden Grundstück **(mittelbare Gebäudeschenkung)**.[20] Wesentlich für die Annahme einer Grundstücksschenkung ist, dass nach der Schenkungsabrede dem Beschenkten ein **bestimmtes Grundstück** oder ein **bestimmtes Gebäudes** verschafft werden soll, so dass das zu erwerbende Grundstück oder die durchzuführende Baumaßnahme genau bezeichnet werden müssen.[21] Nach Ansicht der Literatur soll allerdings auch eine Bestimmbarkeit des Zuwendungsgegenstands genügen, wenn Mittel zum Erwerb eines Grundstücks aus einem abgegrenzten Kreis von Objekten hingegeben werden.[22]

Zwischen Zusage, Zuwendung und Verwendung des Geldbetrages muss ein **enger** 10
zeitlicher Zusammenhang bestehen.[23] Nach bisheriger Ansicht des BFH sollte keine mittelbare Grundstücksschenkung mehr vorliegen, wenn der Geldbetrag erst nach Erwerb des Grundbesitzes oder nach Abschluss des notariellen Kaufvertrages gezahlt wird, selbst wenn vor diesem Zeitpunkt ein Schenkungsversprechen abgegeben worden ist.[24] Die Finanzverwaltung ist demgegenüber großzügiger. Danach ist es ausreichend, aber auch erforderlich, dass der Schenker den Geldbetrag bis zum Zeitpunkt des Erwerbs des Grundstücks oder des Beginns der Baumaßnahme **zugesagt** hat.[25] Kann dem Finanzamt, insbesondere durch eine schriftliche Erklärung des Schenkers zur Übernahme der Anschaffungs- oder Herstellungskosten, nachgewiesen werden,

[11] Zu Bewertung des Grundbesitzes nach Inkrafttreten des ErbStRG 2009 vgl. A. 1.01 Rz. 24 ff.

[12] Mietwohngrundstücke sind gemäß § 181 Abs. 3. BewG Grundstücke, die zu mehr als 80 vH Wohnzwecken dienen, und nicht Ein- und Zweifamilienhäuser oder Wohnungseigentum sind.

[13] In der Fassung des Gesetzes zur Anpassung des Erbschaftsteuer- und Schenkungsteuergesetzes an die Rechtsprechung des Bundesverfassungsgerichts v. 4.11.2016, BGBl. 2016 I 2464. Durch dieses Gesetz ist ua der bisherige § 13c ErbStG idF des ErbStRG 2009 wortgleich als neuer § 13d ErbStG übernommen worden.

[14] Mayer/*Geck* § 17 Rz. 25.

[15] Mayer/*Geck* § 17 Rz. 26.

[16] Mayer/*Geck* § 17 Rz. 26. ErbStR 2011 E 13.3 Abs. 4 Nr. 3.

[17] BFH v. 5.2.1986 – II R 188/83, BStBl. II 1986, 460.

[18] BGH v. 2.7.1990 – II ZR 243/89, BGHZ 112, 40, 46.

[19] BFH v. 4.12.2002 – II R 75/00, BStBl. II 2003, 273.

[20] BFH v. 4.12.2002 – II R 75/00, BStBl. II 2003, 273; *Söffing* S. 116 ff.

[21] ErbStR 2011 E 7.3; BFH v. 6.3.1985 – II R 19/84 BStBl. II 1985, 382.

[22] *Meincke* ErbStR § 7 Rz. 19.

[23] ErbStR 2011 E 7.3 Abs 1.

[24] BFH v. 9.11.1994 – II R 87/92, BStBl. II 1995, 83.

[25] ErbStR 2011 E 7.3 Abs. 1 S. 4.

dass zu diesem Zeitpunkt eine Zusage bestand, kann die Zahlung des vereinbarten Geldbetrages auch nachträglich erfolgen.[26]

Abweichend von seiner bisherigen Rechtsprechung nimmt der BFH eine mittelbare Grundstücksschenkung nunmehr auch dann an, wenn der Bedachte bereits vor der Überlassung des Geldes Eigentümer des Grundstücks geworden war, sofern nur der Schenker dem Bedachten den für den Kauf eines bestimmten Grundstücks vorgesehenen Geldbetrag vor dem Erwerb des Grundstücks zugesagt und ihm den Betrag bis zur Tilgung der Kaufpreisschuld zur Verfügung gestellt hat.[27] Die Zusage bedarf nicht der Form des § 518 Abs. 1 BGB, muss aber nachweisbar sein.[28] Werden die Geldmittel dagegen erst nach Erwerb des Grundstücks zugesagt oder erhält sie der Bedachte erst nach Bezahlung des Kaufpreises, so scheidet eine mittelbare Grundstücksschenkung aus.[29] Als Erwerb ist bei einem Kauf der Abschluss des Kaufvertrages anzusehen.[30]

11 Geht der Beschenkte in Vorlage, indem er die zum Erwerb eines Grundstücks oder zur Errichtung eines Gebäudes erforderlichen Mittel durch Aufnahme eines Darlehens vorfinanziert, so stellt die anschließende Tilgung oder Übernahme der Darlehensschuld durch den Schenker keine mittelbare Grundstücksschenkung, sondern eine Geldschenkung dar.[31]

12 Eine von den Parteien gewollte Grundstücksschenkung scheitert, wenn sie nicht tatsächlich vollzogen wird und der Beschenkte das Eigentum am Grundstück nicht erwirbt.[32]

13 Bei Schenkungen unter Lebenden entsteht die Schenkungsteuer mit dem Zeitpunkt der Ausführung der Zuwendung (§ 9 Abs. 1 Nr. 2 ErbStG). Während eine Geldschenkung mit der Hingabe des Geldes ausgeführt ist (ErbStR 2011 E 7.3 Abs. 2 S. 3), gilt eine mittelbare Grundstücksschenkung wie eine sonstige Grundstücksschenkung auch erst dann als ausgeführt, wenn die für die Rechtsänderung im Grundbuch erforderlichen Erklärungen (Auflassung gem. § 925 BGB; Eintragungsbewilligung gem. § 19 GBO) abgegeben worden sind und der Beschenkte aufgrund dieser Erklärungen in der Lage ist, beim Grundbuchamt die Eintragung der Rechtsänderung zu bewirken.[33]

14 Übernimmt der Schenker nur einen Teil des Grundstückskaufpreises, so gilt der Teil des Grundstücks als zugewendet, der dem Verhältnis des zugewendeten Betrags zum Gesamtkaufpreis entspricht (ErbStR 2011 H 7.3 Nr. 2). Entsprechendes gilt bei der Schenkung eines Teils der Herstellungskosten eines zu errichtenden Gebäudes.[34] Bei der Schenkung eines Teilbetrages kann jedoch dann nicht von einer mittelbaren Grundstücksschenkung ausgegangen werden, wenn der Schenker lediglich einen unbedeutenden Teil (bis 10 vH) der Anschaffungs- und Herstellungskosten trägt (ErbStR 2011 H 7.3 Nr. 2).

3. Verkehrssteuern

15 Grundstücksschenkungen sind gem. § 3 Nr. 2 GrEStG von der Grunderwerbsteuer ausgenommen.

---

[26] ErbStR 2011 E 7.3 Abs. 1 S. 5.

[27] BFH v. 10.11.2004 – II R 44/02, ZEV 2005, 127 m. Anm. *Ebeling; Münch* RNotZ 2005, 165.

[28] BFH v. 10.11.2004 – II R 44/02, ZEV 2005, 127.

[29] BFH v. 10.11.2004 – II R 44/02, ZEV 2005, 127; ErbStR 2011 E 7.3 Abs. 1 S. 5.

[30] *Münch* RNotZ 2005, 165, 166.

[31] *Halaczinsky/Obermeier/Obermeier/Teß* S. 311; BFH v. 9.11.1994 – II R 87/92, BStBl. II 1995, 83; BFH v. 10.11.2004 – II R 44/02, ZEV 2005, 127; zur Grundstücksschenkung tendierend *Meincke* ErbStG § 7 Rz. 24.

[32] *Meincke* ErbStG § 7 Rz. 24.

[33] ErbStR 2011 E 9.1 Abs. 1 iVm Abs. 2.

[34] *Halaczinsky/Obermeier/Obermeier/Teß* S. 303, 306.

B. Einzelerläuterungen

Zu § 1: Erwerbsgegenstand

Die Finanzverwaltung geht von einer Geldschenkung unter einer Auflage aus, wenn der Schenker dem Beschenkten gegenüber lediglich zum Ausdruck bringt, dass dieser für den zugewendeten Geldbetrag im eigenen Namen und für eigene Rechnung ein Grundstück erwerben soll, ohne dass dabei schon feststeht, um welches Grundstück es sich handelt (ErbStR E 7.3 Abs. 2 S. 1). Dagegen ist in der Hingabe von Geld zum Erwerb eines Grundstücks eine mittelbare Grundstücksschenkung zu sehen, wenn dem Bedachten nach dem erkennbaren Willen des Zuwendenden ein **bestimmtes Grundstück** verschafft werden soll (ErbStR E 7.3 Abs. 1 S. 1). Daher müssen der Verwendungszweck und das mit Mitteln des Schenkers zu erwerbende Grundstück im Schenkungsvertrag genau bezeichnet sein.[35] **16**

(frei) **17**

Zu § 2: Schenkung

Kann der Beschenkte nicht über das ihm zugedachte Geld, sondern erst über das erworbene Grundstück verfügen, ist das Grundstück und nicht der Geldbetrag Gegenstand der Schenkung.[36] Bei einer Überweisung auf Notaranderkonto wird ausgeschlossen, dass der Beschenkte über den Geldbetrag verfügt; verfügen kann er in diesem Fall erst über das Grundstück, so dass eine mittelbare Grundstücksschenkung vorliegt.[37] Gleiches muss gelten, wenn die Zahlung durch den Schenker unmittelbar an den Grundstücksverkäufer erfolgt.[38] **18**

---

[35] *Halaczinsky/Obermeier/Obermeier/Teß* S. 302.

[36] BFH v. 29.7.1998 – X R 54/95, BStBl. II 1999, 128; *Messner* ZEV 2000, 223.

[37] BFH v. 29.7.1998 – X R 54/95, BStBl. II 1999, 128; BFH v. 1.6.2004 – IX R 61/03, ZEV 2005, 29; *Messner* ZEV 2000, 223.

[38] *Messner* ZEV 2000, 223, 224.

A. 1.10 Typische Unterbeteiligung

Übersicht

A. 1.11 Einräumung einer typischen Unterbeteiligung – ohne Gegenleistung –

Gliederung

A. 1.11 **Nummer der Urkundenrolle [...]**

Verhandelt zu [...] am [...]

Vor dem Notar/der Notarin [...]

erschienen:
1. **Herr A, geboren am [...] in [...], wohnhaft [...]**
   – nachfolgend auch Hauptbeteiligter genannt –
2. **Herr B, geboren am [...] in [...], wohnhaft [...]**
   – nachfolgend auch Unterbeteiligter genannt –

Die Erschienenen sind dem Notar von Person bekannt und geben übereinstimmend folgenden Vertrag über die Einräumung einer atypischen Unterbeteiligung zu Protokoll des Notars:

Präambel

Der Hauptbeteiligte ist der Vater des Unterbeteiligten. Er ist als Kommanditist an der [...] KG mit dem Sitz in [...] (Amtsgericht [...], HRA [...]) mit einem Kommanditanteil – Anteil am Festkapital – in Höhe von € [...],– (in Worten: Euro [...]) beteiligt.
Im Rahmen seiner Nachfolgeplanung beabsichtigt der Hauptbeteiligte seinen Sohn an seiner vorgenannten Kommanditbeteiligung eine Unterbeteiligung an einem Teilkommanditanteil – Anteil am Festkapital – in Höhe von € [...],– (in Worten: Euro [...]) einzuräumen.
Im Rahmen der Unterbeteiligung soll sein Sohn zwar am laufenden Ergebnis der Gesellschaft, nicht aber an den stillen Reserven beteiligt werden. Aus Sicht des Steuerrechts handelt es sich mithin um eine typische Unterbeteiligung.
Für den Hauptbeteiligten werden bei der [...] KG – neben seinem Festkapitalkonto – ein Verlustkonto sowie ein Privatkonto geführt. Diese Konten sollen nicht mitübertragen werden.
Der Gesellschaftsvertrag der [...] KG ist dem Unterbeteiligten bekannt.

§ 1 Einräumung einer typischen Unterbeteiligung[Rz. 47 ff.]

(1) Herr A räumt hiermit seinem Sohn, Herrn B, an seinem in der Präambel aufgeführten Kommanditanteil der [...] KG eine typische Unterbeteiligung an einem Teilkommanditanteil – Anteil am Festkapital – in Höhe von € [...],– (in Worten: Euro [...]) ein. Das Verlustkonto sowie das Privatkonto verbleiben im vollem Umfang bei Herrn A als Hauptbeteiligtem.

(2) Die typische Unterbeteiligung umfasst den Anteil des Hauptbeteiligten am laufenden Ergebnis der Gesellschaft. Der Unterbeteiligte ist nicht an den anteiligen Rücklagen des Hauptbeteiligten sowie an den stillen Reserven beteiligt.

(3) Die Einräumung der in Abs. 1 und 2 aufgeführten Unterbeteiligungen erfolgt mit Wirkung zum [...], 24 Uhr. Die Gewinne des laufenden Geschäftsjahres stehen dem Hauptbeteiligten zu.

(4) Die Rechte und Pflichten aus dem Unterbeteiligungsverhältnis richten sich nach Maßgabe der §§ 3 ff.

§ 2 Gewährleistung[Rz. 51, 52]

Der Hauptbeteiligte sichert zu, dass die in der Präambel enthaltenen Angaben zu der von ihm gehaltenen Kommanditbeteiligung richtig sind und er berechtigt ist, seinem Sohn, Herrn B, eine Unterbeteiligung an der Gesellschaft einzuräumen. Im Übrigen ist jegliche Gewährleistung und Haftung des Schenkers – soweit gesetzlich zulässig – ausgeschlossen.

§ 3 Rechtsnatur der Unterbeteiligung[Rz. 53]

Die Unterbeteiligung ist eine Innengesellschaft zwischen dem Hauptbeteiligten und dem Unterbeteiligten. Rechtsbeziehungen zwischen dem Unterbeteiligten und der Hauptgesellschaft sowie deren Geschäftspartnern werden nicht begründet.

§ 4 Konten der Gesellschafter[Rz. 54]

Für den Hauptbeteiligten und für den Unterbeteiligten werden im Rahmen der Unterbeteiligung gleichartige Konten geführt wie für die Gesellschafter der Hauptgesellschaft.

§ 5 Ergebnisbeteiligung, Entnahmen[Rz. 55 ff.]

(1) Der Unterbeteiligte ist an dem auf den Hauptbeteiligten entfallenden laufenden Ergebnisanteil (Gewinn und Verlust) der Hauptgesellschaft gem. Steuerbilanz im Verhältnis seiner Unterbeteiligung beteiligt. Verluste werden dem Unterbeteiligten bis zur Höhe seines Anteils am Festkapital gutgeschrieben.

(2) Der maßgebende Ergebnisanteil des Hauptbeteiligten gem. Steuerbilanz der Hauptgesellschaft ist zur Bemessung des Ergebnisanteils des Unterbeteiligten wie folgt zu korrigieren:

a) Abzuziehen sind sämtliche von der Hauptgesellschaft an den Hauptbeteiligten gezahlten Vergütungen für Dienstleistungen und Überlassung von Kapital oder Wirtschaftsgütern zur Nutzung (einschließlich der Verzinsung des Privatkontos), soweit diese beim Ergebnisanteil des Hauptbeteiligten gem. Steuerbilanz enthalten und soweit diese nicht ausdrücklich von der Unterbeteiligung erfasst sind sowie ggf. eigene Kosten der Unterbeteiligungsgesellschaft (zB für Kontoführung und Steuererklärungen).

b) Hinzuzurechnen sind Zinsen und sonstige Vergütungen, die der Hauptbeteiligte an die Gesellschaft für die Überlassung von Kapital oder sonstigen Wirtschaftsgütern zu entrichten hat (einschließlich der Verzinsung des Privatkontos), soweit diese beim Ergebnisanteil des Hauptbeteiligten abgezogen sind.

(3) Ändert sich der maßgebende Ergebnisanteil des Hauptbeteiligten an der Hauptgesellschaft (zB nach Durchführung einer steuerlichen Betriebsprüfung), ist der geänderte Ergebnisanteil des Hauptbeteiligten für die Beteiligung des Unterbeteiligten maßgebend.
(4) Der Unterbeteiligte kann den auf ihn entfallenden Gewinnanteil in gleichem Umfang und zum gleichen Zeitpunkt entnehmen, wie der Hauptbeteiligte den auf ihn entfallenden Gewinnanteil der Hauptgesellschaft nach den Bestimmungen des Gesellschaftsvertrages der Hauptgesellschaft entnehmen kann. Der Hauptbeteiligte verpflichtet sich, von seinem Entnahmerecht in der Hauptgesellschaft mindestens in dem Umfang Gebrauch zu machen, wie der Unterbeteiligte entsprechend seiner Beteiligungsquote zu Entnahmen berechtigt ist; er kann in gleicher Weise wie der Hauptbeteiligte Ausschüttung verlangen bzw. Entnahmen tätigen. Der Hauptbeteiligte wird die dem Unterbeteiligten zustehenden Entnahmen unverzüglich an diesen weiterleiten.

§ 6 Geschäftsführung, Pflichten des Hauptbeteiligten, Mitwirkungs- und Informationsrechte[Rz. 64 ff.]

(1) Die Geschäftsführung der Unterbeteiligungsgesellschaft obliegt ausschließlich dem Hauptbeteiligten, und zwar sowohl was die Wahrnehmung der Gesellschafterrechte gegenüber der Hauptgesellschaft betrifft, als auch in Hinblick auf Geschäftsführungsmaßnahmen im Innenverhältnis gegenüber dem Unterbeteiligten.
(2) Der Hauptbeteiligte ist verpflichtet, seine Rechte als Gesellschafter der Hauptgesellschaft auch im Interesse des Unterbeteiligten wahrzunehmen. Vor der Fassung von wesentlichen Beschlüssen im Rahmen der Hauptgesellschaft ist der Hauptbeteiligte verpflichtet diese mit dem Unterbeteiligten einvernehmlich abzustimmen. Dies gilt insbesondere für Änderungen des Gesellschaftsvertrages der Hauptgesellschaft, für Umwandlungen und für alle Maßnahmen, die die gesellschaftsrechtliche Struktur der Hauptgesellschaft verändern. Soweit bei einer Umstrukturierung der Hauptgesellschaft die Gesellschaftsbeteiligung des Hauptbeteiligten untergeht oder in eine andere Rechtsform umgewandelt werden soll, setzen sich die Unterbeteiligungen an der Gesellschaftsbeteiligung fort, die wirtschaftlich an die Stelle der derzeitigen Gesellschaftsbeteiligung getreten ist; ggf. wird der Hauptbeteiligte dem Unterbeteiligten insofern eine neue Unterbeteiligung einräumen.
(3) Der Hauptbeteiligte ist verpflichtet, den Unterbeteiligten über alle ihm bekannt werdenden wesentlichen Geschäftsvorfälle der Hauptgesellschaft zu informieren, soweit nicht gesetzliche oder vertragliche Geheimhaltungspflichten entgegenstehen.
(4) Der Hauptbeteiligte wird dem Unterbeteiligten innerhalb von vier Wochen nach Vorliegen des Jahresabschlusses der Hauptgesellschaft eine Aufstellung über die Entwicklung der Konten des Hauptbeteiligten und des Unterbeteiligten zusenden.
(5) Der Unterbeteiligte ist berechtigt, zur Prüfung des auf ihn entfallenden Ergebnisanteils Einsicht in den Jahresabschluss der Hauptgesellschaft zu nehmen. Er kann dieses Prüfungsrecht auch durch einen Angehörigen der rechts- oder steuerberatenden Berufe wahrnehmen lassen.

§ 7 Kündigung, Beendigung der Unterbeteiligung[Rz. 69 ff.]

(1) Die Unterbeteiligung kann von jedem Gesellschafter der Innengesellschaft gekündigt werden, frühestens jedoch zum 31. Dezember 20[...] Die Kündigungsfrist beträgt sechs Monate. Wird der erste Kündigungstermin nicht wahrgenommen, so kann die typische Unterbeteiligung mit einer Frist von sechs Monaten zum Ende eines jeden Geschäftsjahres der Hauptgesellschaft gekündigt werden. Die

Kündigung erfolgt durch eingeschriebenen Brief. Die Kündigung der Unterbeteiligung hat allein gegenüber dem Hauptbeteiligten zu erfolgen. Mit Wirksamwerden der Kündigung endet die Unterbeteiligung.

(2) Ohne dass es einer Kündigung bedarf, endet die Unterbeteiligung, wenn
a) über das Vermögen eines Gesellschafters das Insolvenzverfahren eröffnet oder die Eröffnung des Insolvenzverfahrens mangels Masse abgelehnt wird;
b) der Anteil eines Gesellschafters gepfändet und die Pfändung nicht innerhalb von drei Monaten aufgehoben oder abgewendet wird.

§ 8 Auflösung der Hauptgesellschaft, Ausscheiden des Hauptbeteiligten[Rz. 73]

Scheidet der Hauptbeteiligte aus der Hauptgesellschaft aus, so endet das Unterbeteiligungsverhältnis zum gleichen Zeitpunkt. Wird die Hauptgesellschaft aufgelöst, so bleibt die Unterbeteiligung bis zur Beendigung der Liquidation bestehen. Der Unterbeteiligte ist in diesem Fall gem. § 9 abzufinden.

§ 9 Abfindung[Rz. 74, 75]

(1) Bei Beendigung der Unterbeteiligung steht dem Unterbeteiligten ein Abfindungsguthaben zu, das dem Saldo der für ihn geführten Gesellschafterkonten (Anteil am Festkapital, Verlustkonto, Privatkonto) entspricht. Der Unterbeteiligte ist nicht an den stillen Reserven der Gesellschaft beteiligt.

(2) Ein evtl. negativer Saldo der in Absatz 1 aufgeführten Konten ist von dem Unterbeteiligten nur dann und nur insoweit auszugleichen, als das Privatkonto des Unterbeteiligten einen negativen Saldo ausweist.

(3) Das Abfindungsguthaben ist in vier Halbjahresraten, deren erste Rate sechs Monate nach Beendigung der Unterbeteiligung fällig ist, zu zahlen und vom Tag der Fälligkeit der ersten Rate an mit 2,5 vH über dem Basiszinssatz gem. § 247 BGB zu verzinsen. Die Zinsen sind jeweils mit den Abfindungsraten fällig.

§ 10 Abtretung[Rz. 76ff.]

(1) Der Unterbeteiligte kann seine Rechte aus der Unterbeteiligung nur mit Zustimmung des Hauptbeteiligten abtreten oder belasten.

(2) Einer Zustimmung des Hauptbeteiligten bedarf es nicht, wenn der Unterbeteiligte seine Beteiligung an eine nachfolgeberechtigte Person abtritt. Nachfolgeberechtigt sind die Abkömmlinge des Unterbeteiligten.

§ 11 Tod eines Gesellschafters[Rz. 80, 81]

(1) Im Falle des Todes des Hauptbeteiligten wird die Unterbeteiligung mit der Person fortgesetzt, die den Gesellschaftsanteil des Hauptbeteiligten als Erbe oder Vermächtnisnehmer übernimmt.

(2) Beim Tod des Unterbeteiligten gehen die Rechte aus der Unterbeteiligung auf dessen Erben bzw. Vermächtnisnehmer über, soweit diese Person nachfolgeberechtigt im Sinne von § 10 Abs. 2 ist. Soweit eine nicht nachfolgeberechtigte Person berufen ist, scheidet diese mit sofortiger Wirkung aus der Gesellschaft aus und ist nach Maßgabe von § 9 abzufinden.

§ 12 Änderung der Hauptgesellschaft[Rz. 82, 83]

Ändert sich die Rechtsform der Hauptgesellschaft, so sind die Vertragsparteien verpflichtet, den Unterbeteiligungsvertrag erforderlichenfalls dergestalt anzupassen, wie dies die neue Rechtsform der Hauptgesellschaft bei weitestgehend möglicher Beibehaltung der wirtschaftlichen Gegebenheiten der Unterbeteiligung erfordert.

§ 13 Pflichtteilsanrechnung[Rz. 84 ff.]

Die in § 1 aufgeführte Unterbeteiligung ist mit dem Wert zur Zeit ihrer Einräumung auf den Pflichtteilsanspruch des Unterbeteiligten gegenüber dem Nachlass des Hauptbeteiligten anzurechnen; auf seinen Erbteil jedoch nur, falls der Hauptbeteiligte dies letztwillig anordnet.

§ 14 Kosten und Steuern[Rz. 89, 90]

Notar und Gerichtskosten dieser Urkunde und ihres Vollzugs sowie eine eventuell auf Grund der Einräumung der typischen Unterbeteiligung anfallende Schenkungsteuer trägt der Hauptbeteiligte.

§ 15 Schlussbestimmungen

(1) Änderungen und Ergänzungen dieses Vertrages bedürfen der Schriftform; mündliche Nebenabreden bestehen nicht. Die Änderung des Unterbeteiligungsvertrages kann nur einstimmig erfolgen.

(2) Sollte eine Bestimmung dieses Vertrages aus irgendeinem Grunde unwirksam oder anfechtbar sein oder werden, so soll deren Inhalt hiervon im Übrigen nicht berührt, vielmehr sinngemäß ausgeführt werden. Anstelle der unwirksamen oder anfechtbaren Bestimmung soll eine angemessene Regelung gelten, die, soweit rechtlich möglich, dem am nächsten kommt, was die Vertragschließenden gewollt haben oder nach Sinn und Zweck dieses Vertrags gewollt haben würden, sofern sie bei Abschluss dieses Vertrages den Punkt bedacht hätten. Das gilt auch, wenn die Unwirksamkeit einer Bestimmung etwa auf einem im Vertrag vorgeschriebenen Maß der Leistung oder Zeit (Frist oder Termin) beruht; es soll dann ein dem Gewollten möglichst nahekommendes zulässiges Maß der Leistung oder Zeit (Frist oder Termin) vereinbart werden.

(3) Sollte zwischen den Rechten und Pflichten des Hauptbeteiligten aus seiner Beteiligung an der Hauptgesellschaft und den Bestimmungen des Unterbeteiligungsvertrages ein Widerspruch bestehen oder entstehen, so ist der Unterbeteiligungsvertrag so anzupassen, dass er mit den für die Hauptgesellschaft geltenden Bestimmungen übereinstimmt.

(4) Gerichtsstand für sämtliche Streitigkeiten aus diesem Vertrag ist [...], soweit dies zulässig vereinbart werden kann.

Diese Niederschrift wurde den Erschienenen von dem Notar vorgelesen, von ihnen genehmigt und von ihnen und dem Notar eigenhändig wie folgt unterschrieben:

A. Grundsätzliche Anmerkungen

I. Wirtschaftliche Aspekte

1 Wirtschaftlich gesehen ist die **Unterbeteiligung** eine mittelbare Beteiligung an einer anderen Gesellschaft. Sie liegt immer dann vor, wenn der Hauptbeteiligte eine andere Person an der Hauptgesellschaft beteiligen möchte, ohne dass diese andere Person Gesellschafter der Hauptgesellschaft wird.[1] Zwischen dem Unterbeteiligten und der Hauptgesellschaft besteht folglich keine unmittelbare Rechtsbeziehung.[2] Die Beteiligung erfolgt lediglich in der Form einer obligatorischen Mitberechtigung an dem Gesellschaftsanteil des Hauptbeteiligten und ohne Bildung von Gesellschaftsvermögen. Im Gegensatz zur Hauptgesellschaft ist sie eine reine **Innengesellschaft.** Die Unter-

[1] MHdB GesR I/*Gayk* § 30 Rz. 1.
[2] *Socii mei socius non est socius meus*, vgl. *Knobbe-Keuk* LB § 9 II 4d mwN.

beteiligung ist an jeder Gesellschaftsbeteiligung möglich, sei es an einer Aktie, einem Geschäftsanteil einer GmbH oder einem Personengesellschaftsanteil.[3]

Die Unterbeteiligung ist ein nicht zu unterschätzendes Gestaltungsinstrument im Rahmen der **Nachfolgeplanung.**[4] Sie ist immer dann von besonderem Interesse, wenn tatsächliche oder zivilrechtliche Beschränkungen bei der Übertragung von Vermögen bestehen. 2

Beschränkungen dieser Art finden sich häufig in den Gesellschaftsverträgen von Unternehmen, die die Übertragung der unternehmerischen Beteiligung an die Zustimmung der anderen Gesellschafter knüpft.[5] Ein vergleichbares Problem besteht, wenn und soweit die Anzahl der nachfolgeberechtigten Gesellschafter eines Familienstammes beschränkt ist, oder wenn der Gesellschaftsvertrag eine **Mindestbeteiligung** vorsieht, die durch eine Schenkung unterschritten würde. Als Grund für diese Beschränkungen wird häufig angegeben, dass man den Kreis der unternehmenstragenden Gesellschafter klein halten möchte, um die Effizienz der Beratungen und die Entscheidungsfindung in der Gesellschafterversammlung zu verbessern. 3

Sofern nun der Gesellschaftsvertrag eines Unternehmens eine entsprechende Beschränkung vorsieht und ein Gesellschafter sein unternehmerisch gebundenes Vermögen oder einen Teil davon im Rahmen seiner Nachfolgeplanung übertragen möchte, wäre eine Schenkung des Vermögens – und ggf. auch eine letztwillige Übertragung – aus diesem Grunde nicht möglich. In diesen Fällen kann die Unterbeteiligung ein geeignetes und höchst effizientes Instrumentarium zur Nachfolgeplanung darstellen.[6] 4

Dies gilt vor allem dann, wenn über die Unterbeteiligung pflichtteilberechtigte aber nicht nachfolgeberechtigte Abkömmlinge bedacht werden können.[7] Die Unterbeteiligung ist insoweit zB ein effizientes Instrument zum Ausgleich von erbrechtlichen Ansprüchen des weichenden Erben im Rahmen von sog. qualifizierten Nachfolgeklauseln.[8] 5

Die Unterbeteiligung macht in der Nachfolgeplanung eines **Familienunternehmens** aber auch dann Sinn, wenn der Unternehmer seinen künftigen Nachfolger bereits frühzeitig an sein Unternehmen heranführen möchte, ohne jedoch seine Rechtsstellung in der Gesellschaft einzuschränken. Die Unterbeteiligung kann hierbei dem Zweck dienen, den Unterbeteiligten mit den Chancen und Risiken der unternehmerischen Beteiligung vertraut zu machen.[9] 6

Je nach dem, ob die Übertragung in der Form einer **typischen** oder **atypischen Unterbeteiligung** erfolgt, ist der Unterbeteiligte wirtschaftlich dem Hauptbeteiligten nahezu gleichgestellt. Die Unterbeteiligung stellt sich dabei wirtschaftlich wie folgt dar: 7

Im Rahmen einer Unterbeteiligung ist stets zwischen dem Unterbeteiligten und dem Hauptbeteiligten zu unterscheiden. Während der Hauptbeteiligte die originären Gesellschafterrechte innehat, steht dem Unterbeteiligten nur ein von der Hauptbeteiligung abgeleitetes Recht zu. Im Unterschied zum Hauptbeteiligten hat der Unterbeteiligte nicht das Recht, an der Gesellschafterversammlung der Hauptbeteiligung teilzunehmen. Der Hauptbeteiligte ist aber verpflichtet, sein Abstimmungsverhalten in 8

---

[3] MHdB GesR I/*Gayk* § 30 Rz. 1.

[4] MHdB GesR I/*Gayk* § 30 Rz. 7; Blaurock/*Blaurock* Rz. 30.3.; im Zusammenhang mit der Unternehmensnachfolge bei minderjährigen Kindern vgl. zudem: *Krauß/Meichelbeck* DB 2015, 2114 ff.

[5] Vgl. Blaurock/*Blaurock* Rz. 30.6.

[6] Die Begründung einer Unterbeteiligung soll selbst im Fall einer ausdrücklichen Vinkulierungsklausel möglich sein, vgl. MHdB GesR I/*Gayk* § 30 Rz. 14 mwN.

[7] MHdB GesR I/*Gayk* § 30 Rz. 7. Die Pflichtteilsproblematik hat sich mit Einführung der Stundungsregelung in § 2331a BGB allerdings mittlerweile etwas entschärft. Die Pflichtteilslast muss für den Erben oder Vermächtnisnehmer in diesem Fall allerdings eine „unbillige Härte" darstellen. Beim Umfang der Stundung sind die Interessen des Pflichtteilsberechtigten angemessen zu berücksichtigen.

[8] Vgl. Blaurock/*Blaurock* Rz. 30.4.

[9] Zu weiteren Gestaltungsalternativen siehe ua. *Weber/Lohr* GmbH-Stb 2003, 24 ff., 29 (Mitarbeiterbeteiligung) und *Hecht* ZEV 2004, 105 („Switch-over-Klausel").

der Gesellschafterversammlung der Hauptbeteiligung mit dem Unterbeteiligten abzustimmen. Gleiches gilt auch für die Gewinnbezugsrechte, die der Unterbeteiligte ebenfalls nur abgeleitet vom Hauptbeteiligten erhält.

9 Von entscheidender wirtschaftlicher Bedeutung ist zudem die Unterscheidung zwischen einer typischen und einer atypischen Unterbeteiligung.[10] Im Gegensatz zur typischen Unterbeteiligung beschränkt sich die atypische Unterbeteiligung nicht nur auf eine Teilhabe an den laufenden Einkünften, sondern lässt den Unterbeteiligten auch an der Wertentwicklung bzw. am Liquidationserlös der Hauptbeteiligung teilhaben. Aus diesem Grund ist die atypische Unterbeteiligung wirtschaftlich wie steuerlich der Hauptbeteiligung vergleichbar, während die Unterbeteiligung einem Nießbrauchsrecht nahe kommt.

10 Je nach dem, ob die anderen Gesellschafter der Hauptbeteiligung von dem Unterbeteiligungsverhältnis Kenntnis erlangen sollen bzw. dürfen, kann die Unterbeteiligung offen oder verdeckt erfolgen.

11, 12 *(frei)*

II. Rechtliche Aspekte

1. Gesellschaftsrecht

13 Unabhängig von der Rechtsform der Hauptbeteiligung ist die Unterbeteiligung – mangels spezieller gesetzlicher Normierung – eine **Gesellschaft bürgerlichen Rechts.** Da der Hauptbeteiligte der alleinige Inhaber der Rechte aus der Hauptbeteiligung bleibt, handelt es sich um eine reine **Innengesellschaft** ohne Gesamthandsvermögen.[11] Die Unterbeteiligung ist also rein obligatorischer Natur ohne dingliche Berechtigung. Dies hat weiter zur Folge, dass der Unterbeteiligte keinen Anspruch gegen die Hauptgesellschaft auf Einsicht in die Bilanzen und die Gewinn- und Verlustrechnung hat.[12]

14 Die Rechtsgrundlagen der Unterbeteiligung bestimmen sich nach den §§ 705 ff. BGB, soweit die einzelnen Normen nicht auf eine **Gesamthandsgemeinschaft** zugeschnitten sind. Sofern es sich um eine stille Unterbeteiligung handelt, können daneben auch die §§ 230 ff. HGB entsprechend Anwendung finden.[13] Nach herrschender Meinung sind hierbei nur die dispositiven Regelungen der §§ 230 ff. HGB anzuwenden.[14]

15 Im Gegensatz zur **stillen Gesellschaft,** die eine Beteiligung an einem Handelsgewerbe voraussetzt, ist die Unterbeteiligung an jeder Gesellschaftsbeteiligung, nicht jedoch an einem Einzelunternehmen, möglich.[15]

16 Im Unterschied zur **Treuhand** wird bei der Unterbeteiligung der Anteil an der Hauptbeteiligung für eigene und nicht für fremde Rechnung gehalten. Dies ist auch der Grund dafür, dass im Verhältnis zwischen Haupt- und Unterbeteiligten Gesellschafts- und nicht Auftragsrecht Anwendung findet.[16]

17, 18 *(frei)*

2. Zivil- und Erbrecht

19 Der Unterbeteiligungsvertrag kann zu Gunsten des Schenkers auch eine Reihe von **Rückforderungsrechten** enthalten, so zB für den Fall des **Vorversterbens** des Be-

---

[10] Vgl. MHdB GesR I/*Gayk* § 30 Rz. 8 ff.; Blaurock/*Blaurock* Rz. 30.15 ff.
[11] MHdB GesR I/*Gayk* § 30 Rz. 5; MüKoBGB/*Ulmer/Schäfer* Vor § 705 Rz. 92.
[12] Vgl. *Knobbe-Keuk* LB § 9 II 4d mwN.
[13] MHdB GesR I/*Gayk* § 30 Rz. 5; Bamberger/Roth/*Schöne* § 705 Rz. 188.
[14] Blaurock/*Blaurock* Rz. 30.23 mwN; aA: MüKoHGB/*K. Schmidt* HGB § 230 Rz. 204.
[15] MHdB GesR I/*Gayk* § 30 Rz. 11; MüKoHGB/*K. Schmidt* HGB § 230 Rz. 199; Blaurock/*Blaurock* Rz. 30.8.
[16] MHdB GesR I/*Gayk* § 30 Rz. 12; Blaurock/*Blaurock* Rz. 30.9.

schenkten vor dem Schenker, der Eröffnung des **Insolvenzverfahrens** über das Vermögen des Beschenkten sowie der Geltendmachung von **Pflichtteilsansprüchen** oder **Zugewinnausgleichsansprüchen** in das Vermögen des Beschenkten. In Formular A. 1.12 sind die wichtigsten Rückforderungsrechte aufgeführt und erläutert.[17]

III. Steuerliche Aspekte

Vergleichbar der Problematik bei der stillen Gesellschaft unterscheidet das Steuerrecht auch bei der Unterbeteiligung zwischen der typischen und der atypischen Unterbeteiligung.[18] Der Unterschied wird vor allem darin gesehen, dass der typisch Unterbeteiligte nur am **laufenden Ergebnis** partizipiert, während der atypisch Unterbeteiligte zusätzlich an den **stillen Reserven** der Hauptbeteiligung beteiligt ist. Hinzu kommt, dass die **Mitverwaltungsrechte** im Rahmen der atypischen Unterbeteiligung deutlich stärker ausgeprägt sind. Im Bereich der Einkünfte aus Gewerbebetrieb (§ 15 EStG) hat dies regelmäßig zur Folge, dass dem atypisch Unterbeteiligten eine Mitunternehmerstellung beigemessen werden kann, er also Mitunternehmerinitiative und Mitunternehmerrisiko trägt.[19] 20

Dieser Unterschied ist auch für Zwecke der Erbschaft- und Schenkungssteuer von Bedeutung. Vergleichbar der Übertragung einer typischen stillen Beteiligung wird auch die Übertragung einer typischen Unterbeteiligung mit der Einräumung einer **Kapitalforderung** gleichgesetzt.[20] Im Gegensatz dazu ist die Einräumung einer atypischen Unterbeteiligung für Zwecke der Erbschaft- und Schenkungssteuer mit der Übertragung der Hauptbeteiligung gleichzusetzen. 21

1. Ertragssteuern

Typische Unterbeteiligung. Hinsichtlich der Ertragsteuerbelastung ist zwischen dem Hauptbeteiligten und dem Unterbeteiligten zu unterscheiden.[21] 22

Vergleichbar dem Fall einer typischen stillen Gesellschaft sind die dem Unterbeteiligten zustehenden Ergebnisanteile auf Ebene des **Hauptbeteiligten** als Sonderbetriebsausgaben bzw. Sonderwerbungskosten bei seinen Einkünften aus der Hauptbeteiligung zu erfassen.[22] Im Zusammenhang mit einer (typischen) Unterbeteiligung an einem Kapitalgesellschaftsanteil gilt ähnliches: Der Hauptbeteiligte – und nur er – erzielt mit seinen Ausschüttungen (Dividenden und vGA) Einkünfte iSv. § 20 Abs. 1 Nr. 1 EStG;[23] Das **Teileinkünfteverfahren** gem. § 3 Nr. 40 EStG bzw. der Steuerfreistellung des § 8b Abs. 1 KStG ist nur bei dem Hauptbeteiligten anzuwenden.[24] Wird der Anteil an der Kapitalgesellschaft im steuerlichen Privatvermögen gehalten, so unterliegt der Hauptbeteiligte ggf. den Regelungen der sog. Abgeltungssteuer.[25] Die an den (typischen) Unterbeteiligten gezahlten Gewinnanteile unterliegen in diesem Fall dem Werbungskostenabzugsverbot des § 20 Abs. 9 EStG.[26] 23

---

[17] Siehe hierzu auch die Erläuterungen in Formular A. 1.12 Rz. 15–21.

[18] Vgl. hierzu ausführlich Schmidt/*Wacker* EStG § 15 Rz. 365 ff.

[19] Vgl. hierzu Schmidt/*Wacker* EStG § 15 Rz. 365; *Hecht* ZEV 2004, 105 f.; *Schwichtenberg* DB 1990, 1963 ff.

[20] *Meincke* ErbStG § 12 Rz. 28.

[21] Vgl. hierzu iE auch OFD Erfurt v. 23.10.2003 – S 2241 A – 08 – L 221, GmbHR 2004, 209.

[22] *Knobbe-Keuk* LB § 13 II 2b; Blaurock/*Levedag* Rz. 31.11.

[23] Vgl. Blaurock/*Levedag* Rz. 31.57; GmbH-Handbuch/*Neu,* Rz. III 3525 (Tabelle).

[24] Vgl. Blaurock/*Levedag* Rz. 31.57.

[25] Vgl. Blaurock/*Levedag* Rz. 31.59.

[26] Die (typische) Unterbeteiligung an einem Kapitalgesellschaftsanteil ist daher nur mit großer Vorsicht anzuwenden. Zur Vermeidung etwaiger Risiken wird daher empfohlen, im Vertrag über die Gründung einer (typischen) Unterbeteiligung eine Klausel für den Fall aufzunehmen, dass der Gewinnanteil (nur) vom Hauptbeteiligten versteuert wird. So der Beratungshinweis in: GmbH-Handbuch/*Neu,* Rz. III 3522. Vergleichbares ist für den Fall denkbar, dass der Hauptbeteiligte die sog. Abgeltungssteuer trägt und vom Werbungskostenabzug ausgeschlossen wird.

24 Da die dem Unterbeteiligten zustehenden Anteile am Ergebnis gemäß § 43 Abs. 1 Nr. 3 EStG dem **Kapitalertragsteuerabzug** unterliegen,[27] ist der Hauptbeteiligte insofern als Schuldner der Kapitalerträge und uU auch als Haftungsschuldner zum Abzug und zur Entrichtung der Kapitalertragsteuer verpflichtet.[28]

25 Die Besteuerung des **Unterbeteiligten** erfolgt gem. § 20 Abs. 1 Nr. 4 EStG im Rahmen der Einkünfte aus Kapitalvermögen,[29] wenn der Unterbeteiligte seine Beteiligung in seinem steuerlichen Privatvermögen hält. Dies gilt ohne Rücksicht darauf, welche Einkünfte der Hauptbeteiligte verwirklicht. Ist die (typische) Unterbeteiligung hingegen im steuerlichen Betriebsvermögen des Unterbeteiligten bilanziert, handelt es sich insoweit um Einkünfte aus Gewerbebetrieb (§ 20 Abs. 3 EStG).[30] Bei einer (typischen) Unterbeteiligung an einem Kapitalgesellschaftsanteil findet also – entgegen der Behandlung beim Hauptbeteiligten – das **Teileinkünfteverfahren** iSd. § 3 Nr. 40 Buchst. d EStG beim (typisch) Unterbeteiligten keine Anwendung.[31] Dies ist darin begründet, dass der Unterbeteiligte weder in formeller noch in materieller Hinsicht die Stellung eines Gesellschafters der Kapitalgesellschaft erlangt und insofern auch keine (Dividenden-)Einkünfte iSv. § 20 Abs. 1 Nr. 1 EStG beziehen kann.[32]

26 Die Einkünfte unterliegen unter Beachtung von § 32d EStG der sog. **Abgeltungssteuer** und insofern gem. § 43 Abs. 1 Nr. 3 EStG dem Kapitalertragsteuerabzug, der sich in Höhe von 25 vH bemisst.[33]

27 Aufwendungen, die dem Unterbeteiligten im Zusammenhang mit seiner Unterbeteiligung entstehen, insbesondere **Werbungskosten,** sind gemäß § 20 Abs. 9 EStG nur noch eingeschränkt abzugsfähig.[34] Im Falle von Finanzierungskosten wirkt sich dies äußerst nachteilig aus und kann zu einer verfassungsrechtlich unzulässigen Substanzbesteuerung führen.[35] Die typische Unterbeteiligung sollte in diesem Fall – sofern möglich – über ein anderes Betriebsvermögen gehalten werden, da die Einkünfte des Unterbeteiligten in diesem Fall gem. § 20 Abs. 8 EStG – und ohne Anwendung der einschränkenden Regelungen des § 20 Abs. 9 EStG – den betrieblichen Einkünften zugerechnet werden. Die Einkünfte unterliegen in diesem Fall aber dem progressiven Einkommensteuertarif des § 32a EStG.[36] Evtl. Verlustanteile eines typisch Unterbeteiligten können in entsprechender Anwendung der Grundsätze zu § 15a EStG[37] und unter Beachtung von § 20 Abs. 6 EStG vom Unterbeteiligten in Ansatz gebracht werden.[38] Im Rahmen der sog. Abgeltungsteuer findet also de facto eine **Schedulenbesteuerung** der Kapitalerträge statt.

28 Die **Veräußerung** einer typischen Unterbeteiligung erfolgte bislang – dem Grundsatz nach – auf der privaten Vermögensebene. Eventuelle Veräußerungsgewinne waren demnach steuerfrei; eventuelle Veräußerungsverluste konsequenterweise steuerlich irrelevant. Mit Einführung der Abgeltungsteuer sind – abweichend zur bisherigen Rechtslage – Gewinne aus der Veräußerung bzw. die Vereinnahmung eines Auseinandersetzungsguthabens iSv. § 20 Abs. 2 Nr. 4 EStG steuerpflichtig.

---

[27] Vgl. auch BFH v. 28.11.1990 – I R 111/88, BStBl. II 1991, 313 ff.

[28] Vgl. § 44 Abs. 1 EStG; Blaurock/*Levedag* Rz. 31.15.

[29] So die ganz hM: Schmidt/*Weber-Grellet* EStG § 20 Rz. 130; HHR/*Intemann* EStG § 20 Rz. 156; *Knobbe-Keuk* LB § 9 II 4d; *Blaurock/Berninger* GmbHR 1990, 87 ff., 90; *Kolaschnik/Wessel* Stbg. 2003, 175; *Strunk* NWB Fach 3, 12397 ff.

[30] Blaurock/*Levedag* Rz. 31.2.

[31] Vgl. *Kolaschnik/Wessel* Stbg. 2003, 175; *Strunk* NWB Fach 3, 12397 ff.

[32] Vgl. Blaurock/*Levedag* Rz. 31.50.

[33] § 43a Abs. 1 Nr. 1 EStG; zuzüglich Solidaritätszuschlag und ggf. Kirchensteuer.

[34] Dh. in Höhe des Werbungskostenpauschbetrags von 801 Euro bzw. 1602 Euro bei Ehegatten, die zusammen veranlagt werden, vgl. auch Schaumburg/Rödder/*Schönfeld* S. 638 f.

[35] In der Literatur wird darin auch ein Verstoß gegen das objektive Nettoprinzip gesehen, vgl. Schaumburg/Rödder/*Schönfeld* S. 639.

[36] Vgl. Blaurock/*Levedag* Rz. 31.58.

[37] Vgl. BFH v. 10.11.1987 – VIII R 53/84, BStBl. II 1988, 186 ff.

[38] Vgl. Schaumburg/Rödder/*Schönfeld* S. 639.

Da der typisch Unterbeteiligte nicht an den Einkünften des Hauptbeteiligten beteiligt ist, findet keine **gesonderte Feststellung** gemäß §§ 179ff. AO statt.[39] 29

Gewerbesteuer. Unterbeteiligungen werden gewerbesteuerlich wie stille Gesellschaften behandelt. Im Falle einer typischen Unterbeteiligung ist auf Ebene der (gewerblich tätigen) Gesellschaft allerdings § 8 Nr. 1 Buchst. c GewStG anzuwenden.[40] Bei einer offen Unterbeteiligung ist daher der Gewinnanteil des typisch Unterbeteiligten als Sonderbetriebsausgabe zunächst abzugsfähig, muss aber ggf. gem. § 8 Nr. 1 Buchst. c GewStG wieder hinzugerechnet werden. Bei einer verdeckten Unterbeteiligung kann dies zu einer doppelten Gewerbesteuerbelastung führen.[41] Die verdeckte Unterbeteiligung ist – im Gegensatz zur offenen Unterbeteiligung – dadurch gekennzeichnet, dass bei ihr keine unmittelbaren Rechtsbeziehungen zwischen dem Unterbeteiligten und der Hauptgesellschaft bzw. deren anderen Gesellschaftern begründet werden. 30

Atypische Unterbeteiligung. Im Gegensatz zur typischen Unterbeteiligung ist der Unterbeteiligte bei der atypischen Unterbeteiligung an den Einkünften des Hauptbeteiligten beteiligt (Grundsatz).[42] Der Ergebnisanteil des atypisch Unterbeteiligten mindert also die positiven bzw. die negativen Einkünfte des Hauptbeteiligten aus seiner Beteiligung.[43] 31

Bei einer atypischen Unterbeteiligung an einem **Kapitalgesellschaftsanteil** hat dies zur Folge, dass der atypisch Unterbeteiligte – ebenso wie der Hauptbeteiligte – (Dividenden-)Einkünfte im Sinne von § 20 Abs. 1 Nr. 1 EStG bezieht.[44] Im Gegensatz zu den Einkünften eines typisch Unterbeteiligten finden die Regelungen des **„Teileinkünfteverfahrens"** (§ 3 Nr. 40 EStG) auch auf Ebene des Unterbeteiligten Anwendung. 32

Für den **atypisch Unterbeteiligten** gilt vergleichbares. Seine Einkünfte hängen also maßgeblich von der Qualifikation der Einkünfte des Hauptbeteiligten ab.[45] Zu weiteren Einzelheiten vgl. Formular A. 2.51 Rz. 34. 33

Der Gewinn aus der **Veräußerung** einer atypischen Unterbeteiligung unterliegt jedenfalls dann der Einkommensteuer, wenn auch die Veräußerung der Hauptbeteiligung der Einkommensteuer unterlegen hätte. In gleicher Weise können aber auch Freibeträge, wie zB § 16 Abs. 4 EStG oder der sog. **„halbe Steuersatz"** des § 34 Abs. 2 und 3 EStG in Anspruch genommen werden. Gleiches gilt für Veräußerungsverluste, die in entsprechender Anwendung der Regelungen zur Hauptbeteiligung ebenfalls berücksichtigt werden können.[46] 34

Da der atypisch Unterbeteiligte an den Einkünften des Hauptbeteiligten mittelbar beteiligt ist, findet insoweit ein **besonderes Feststellungsverfahren** Anwendung.[47] Zu weiteren Einzelheiten vgl. Formular A. 2.51 Rz. 37. 35

Gewerbesteuer. Ist der Unterbeteiligte Mitunternehmer, so gehören sämtliche Bezüge zu seinem gewerblichen Gewinn oder Gewinnanteil. Die dem atypisch Unterbeteiligten zufließenden Gewinnanteile mindern in diesem Fall nicht den Gewerbeertrag der Hauptgesellschaft.[48] § 8 Nr. 3 GewStG ist in diesem Fall nicht anzuwenden. 36

---

[39] Vgl. BFH v. 10.11.1987 – VIII R 53/11, BStBl. II 1988, 186; aA Tipke/Kruse/*Brandis* AO § 179 Rz. 18 mwN.

[40] Vgl. Blaurock/*Lamprecht* Rz. 31.83 mwN.

[41] FM NRW v. 15.3.1976, BB 1976, 455.

[42] Vgl. Blaurock/*Levedag* Rz. 31.13.

[43] Vgl. hierzu iE auch OFD Erfurt v. 23.10.2003, GmbHR 2004, 209.

[44] Allgemeine Meinung Blaurock/*Berninger* GmbHR 1990, 87ff., 92; *Strunk* NWB Fach 3, 12397ff.

[45] *Knobbe-Keuk* LB § 9 II 4d; Blaurock/*Levedag* Rz. 31.13.

[46] Vgl. BFH v. 12.6.1975 – IV R 10/72, BStBl. II 1975, 853.

[47] § 179 Abs. 2 Satz 3 AO; vgl. hierzu auch Blaurock/*Levedag* Rz. 31.31.

[48] Vgl. Blaurock/*Lamprecht* Rz. 31.83; aA *Kraus,* Die mitunternehmerische Innengesellschaft in der Gewerbesteuer, 111f., der insoweit aber die Kürzungsvorschrift des § 8 Abs. 8 GewStG anwenden will und iE deshalb zu einem vergleichbaren Ergebnis kommt.

2. Erbschaft- und Schenkungsteuern

37 Die unentgeltliche Einräumung einer typischen Unterbeteiligung unterliegt – im Gegensatz zur Stillen Beteiligung und im Unterschied zur atypischen Unterbeteiligung – nicht bereits mit ihrer Gewährung der Erbschaft- und Schenkungssteuer, da der Bedachte bzw. Beschenkte idR zunächst nur einen schuldrechtlichen Anspruch erhält. Die Erbschaft bzw. Schenkung wird in diesem Fall erst dann ausgeführt, wenn dem Bedachten bzw. Beschenkten aus der Unterbeteiligung tatsächlich Gewinnausschüttungen oder Liquidationserlöse zufließen.[49]

38–40 *(frei)*

41 Für Zwecke der Erbschaft- und Schenkungssteuer ist die atypische Unterbeteiligung mit der Hauptbeteiligung gleichzusetzen.[50] Die unentgeltliche Übertragung bzw. Einräumung einer atypischen Unterbeteiligung hat Erbschaftsteuerlich zur Folge, dass die Beteiligten so zu stellen sind, als wäre ein entsprechender Anteil der Hauptbeteiligung übertragen worden. Aus diesem Grund finden die für die Übertragung der Hauptbeteiligung geltenden Regularien regelmäßig Anwendung, wie zB **§ 13a ErbStG** (Steuerbefreiung für begünstigtes Betriebsvermögen gem. Abs. 1 in Höhe von 85 vH bzw. 100 vH und Abzugsbetrag iHv. 150 000 Euro gem. Abs. 2) sowie **§ 13b ErbStG** (Definition des begünstigten Vermögens).[51]

42 Etwas anderes soll nach Ansicht der Finanzverwaltung[52] aber bei der atypischen Unterbeteiligung an einer Kapitalgesellschaftsbeteiligung gelten.[53] Zu weiteren Einzelheiten vgl. A. 2.51 Rz. 40.

43 *(frei)*

3. Verkehrssteuern

44 **Umsatzsteuer** Da es sich bei der Unterbeteiligung um eine reine Innengesellschaft handelt, die nach außen nicht hervortritt, fehlt ihr die für Zwecke der Umsatzsteuer erforderliche Unternehmereigenschaft.[54] Streitig ist demgegenüber, ob die Einlage eines Unterbeteiligten einen steuerbaren Umsatz auslöst. Die Beantwortung dieser Frage kann aber im Ergebnis dahingestellt bleiben, da dieser Umsatz gem. § 4 Nr. 8 Buchst. j UStG steuerbefreit und § 9 UStG auf diese Konstellation nicht anwendbar wäre.[55]

45 **Grunderwerbsteuer** Die Einräumung einer Unterbeteiligung ist grunderwerbsteuerlich irrelevant, da der Unterbeteiligte – trotz seiner obligatorischen Beteiligung – kein zivilrechtliches Gesamthandsvermögen erwirbt.[56]

46 *(frei)*

B. Einzelerläuterungen

Zu § 1: Einräumung einer typischen Unterbeteiligung

47 Die Einräumung einer (typischen) Unterbeteiligung ist – dem Grundsatz nach – **formfrei** möglich.[57] Sie wird durch Abschluss eines Gesellschaftsvertrages zwischen

---

[49] BFH v. 16.1.2008 – II R 10/06, BStBl. II 2008, 631; BFH v. 18.9.2013 – II R 63/11, BFH/NV 2014, 349; ErbStH 2011 E 7.1; s. a. Troll/Gebel/Jülicher/*Gebel,* § 9 Rz. 82 mwN. Anders wohl noch: Fischer/Jüptner/Pahlke/Wachter/*Fischer* § 7 Rz. 7.

[50] Vgl. Troll/Gebel/Jülicher/*Gebel* § 12 Rz. 857, 859.

[51] Vgl. Gesetz v. 24.12.2008, BGBl. I 2008, 3018 idF des Gesetzes zur Anpassung des Erbschafteuer- und Schenkungsteuergesetzes an die Rechtsprechung des Bundesverfassungsgerichts vom 4.11.2016, BGBl. I 2016, 2464.

[52] Vgl. ErbStR 2011 E 13b Abs. 2 S. 3 (= A 13b.6 Abs. 2 Satz 3 AEErbSt 2017, BStBl. I 2017, 902).

[53] AA Troll/Gebel/Jülicher/*Jülicher* § 13b Rz. 179, 220 mwN.

[54] Vgl. Rau/Dürrwächter/*Stadie* § 2 Rz. 107 a. E., 287, 563.

[55] Rau/Dürrwächter/*Stadie* § 2 Rz. 294 mwN.

[56] Vgl. Boruttau/*Fischer* GrEStG § 1 Rz. 174–177; Boruttau/*Viskorf* GrEStG § 5 Rz. 18.

[57] Vgl. hierzu auch A. 2.51 Rz. 47.

dem Haupt- und dem Unterbeteiligten errichtet.[58] Dies gilt auch für die Einräumung einer Unterbeteiligung an einem **GmbH-Anteil,** wenn der Unterbeteiligungsvertrag nicht die Verpflichtung zur Übertragung der GmbH-Beteiligung enthält.[59]

Etwas anderes soll für Zwecke der Besteuerung hingegen bei der unentgeltlichen Einräumung einer (typischen) Unterbeteiligung gelten. Hier wird – mangels Vollzugsmöglichkeit – eine **notarielle Form** für erforderlich erachtet.[60] Eine Einwilligung der Gesellschafter der Hauptgesellschaft ist insofern aber nicht erforderlich.[61] Etwas anderes gilt jedoch im Falle der Übertragung bzw. Schenkung einer bestehenden Unterbeteiligung. In diesem Fall ist – vorbehaltlich einer gesellschaftsvertraglichen Regelung – die Zustimmung des Hauptbeteiligten erforderlich.[62] **48**

Wird ein **Minderjähriger** an einer Beteiligung seines gesetzlichen Vertreters typisch unterbeteiligt, so bedürfen die Verträge hierzu[63] der Zustimmung eines **Ergänzungspflegers.**[64] Der Abschluss dieser Verträge ist nämlich für den Minderjährigen nicht lediglich rechtlich vorteilhaft, da er auch in die Pflichten des Unterbeteiligungsvertrages eintritt. Nach Rechtsprechung des Bundesfinanzhofs soll dies selbst dann gelten, wenn eine Verlustbeteiligung des Minderjährigen vertraglich ausgeschlossen wird.[65] **49**

In der Regel wird bei der typischen Unterbeteiligung auch keine **vormundschaftsgerichtliche Genehmigung** erforderlich sein, wenn und soweit der Beschenkte nicht an einem „Erwerbsgeschäft" beteiligt und eine Verlustbeteiligung ausgeschlossen wird.[66] **50**

Zu § 2: Gewährleistung

Erfolgt die Einräumung gegen Entgelt, handelt es sich insofern um einen **Rechtskauf** im Sinne von § 437 BGB. Der „Verkäufer" haftet also nur für den rechtlichen Bestand der Forderung, nicht jedoch für deren Werthaltigkeit oder Ertragskraft. Die Haftung des Hauptbeteiligten kann aber auch weiter ausgestaltet werden. **51**

Hierzu ist – wie hier vorgesehen – eine Verknüpfung mit der Präambel sinnvoll und zielführend. Der Hauptbeteiligte haftet im Formulierungsvorschlag daher für die in der Präambel aufgeführten Angaben. Dies ist insbesondere dann von Vorteil, wenn der Unterbeteiligte – was bei einer verdeckten Unterbeteiligung häufig der Fall sein dürfte – keine Möglichkeit hat, die Angaben des Hauptbeteiligten aus Gründen der Verschwiegenheit hinreichend zu prüfen. **52**

Zu § 3: Rechtsnatur der Unterbeteiligung

Rein klarstellend beschreibt der Formulierungsvorschlag in § 3, dass es sich um eine **BGB Innengesellschaft** handelt und keine direkten Rechtsbeziehungen zur Hauptbeteiligung bestehen. **53**

Zu § 4: Konten der Gesellschafter

Aus Gründen der Klarheit empfiehlt es sich für jeden der Beteiligten auf Ebene der Innengesellschaft **Konten** einzurichten, über die die Gewinne und Verluste bzw. die **54**

---

[58] Vgl. MHdB GesR I/*Gayk* § 30 Rz. 13.
[59] Vgl. Blaurock/*Berninger* GmbHR 1990, 11 ff., 13; Blaurock/*Blaurock* Rz. 30.29.
[60] Vgl. BFH v. 14.5.2003 – X R 14/99, BFH/NV 2003, 1547; BFH v. 27.1.1994 – IV R 114/91, BStBl. II 1994, 635; Schmidt/*Wacker* EStG § 15 Rz. 773; kritisch: *K. Schmidt* DB 2002, 829. Bei einer (atypischen) Unterbeteiligung ist die Schenkung allerdings bereits mit dem Abschluss des Unterbeteiligungsvertrages vollzogen. So: BGH v. 29.11.2011 – II ZR 306/09, DStR 2012, 471; BFH v. 17.7.2014 – IV R 52/11, BFH/NV 2014, 1949. *Wacker* in JbFStR 2015/16, 795 ff. will diese Rechtsprechungsänderung der hier relevanten Bundesgerichte sogar auf die (typische) Unterbeteiligung anwenden.
[61] MHdB GesR I/*Gayk* § 30 Rz. 15.
[62] Vgl. *Jacobs* 1. Teil 2. Kapitel A II 3; vgl. auch §§ 10 und 11.
[63] ZB der Unterbeteiligungsvertrag etc.
[64] Vgl. § 1629 Abs. 2 Satz 1 BGB iVm. § 1795 Abs. 1 Nr. 1–3 BGB.
[65] Vgl. BFH v. 28.11.1973 – I R 101/72, BStBl. II 1974, 289; zustimmend: Blaurock/*Blaurock* Rz. 30.34 f.
[66] Vgl. MüKoHGB/*K. Schmidt* HGB § 230 Rz. 228; MHdB GesR I/*Gayk* § 30 Rz. 23; Blaurock/*Blaurock* Rz. 30.36.

Einlagen und Entnahmen zu verbuchen sind. Die Konten sollten vergleichbar der Hauptbeteiligung ausgestaltet sein.

Zu § 5: Ergebnisbeteiligung, Entnahmen

55 Der Umfang der **Gewinn- und Verlustbeteiligung** ist eines der Kriterien für die Abgrenzung der typischen von der atypischen Unterbeteiligung. Während der atypisch Unterbeteiligte am Gewinn- und Verlust sowie an den stillen Reserven der Hauptbeteiligung – zumindest mittelbar – teilnimmt, partizipiert der typisch Unterbeteiligte üblicherweise nur am laufenden Gewinn und/oder Verlust.

56 Der Anteil des Unterbeteiligten am Gewinn und Verlust der Unterbeteiligung bestimmt sich in Anlehnung an das Ergebnis der Hauptbeteiligung.[67] Soweit sich aus dem Unterbeteiligungsvertrag nichts anderes ergibt, ist das handelsbilanzielle Ergebnis der Hauptbeteiligung maßgebend.[68] Aus Gründen einer besseren steuerlichen Abgrenzung knüpft der Formulierungsvorschlag allerdings an die **Steuerbilanz** der Hauptbeteiligung an.

57 Der Anteil des Hauptbeteiligten am Steuerbilanzgewinn bzw. -verlust sollte aber um **Vergütungen für Dienstleistungen** und **Überlassung von Kapital oder Wirtschaftsgütern** zur Nutzung korrigiert werden. Diese Vergütungen sind nämlich im Gewinn- bzw. Verlustanteil des Hauptbeteiligten enthalten und müssen – sofern das überlassene Kapital bzw. die überlassenen Wirtschaftsgüter nicht von der Unterbeteiligung erfasst sind – aus dem Ergebnis des Gewinnanteils der Hauptbeteiligung wieder herausgerechnet werden.[69]

58 Des Weiteren sollte im Unterbeteiligungsvertrag – wie im Formulierungsvorschlag vorgesehen – auch eine **Betriebsprüfungsklausel** vorgesehen werden. Fehlt eine entsprechende Klausel besteht – auch im Fall der Anknüpfung an die Handelsbilanz – die Gefahr, dass evtl. Korrekturen durch die Betriebsprüfung einseitig vom Hauptbeteiligten zu tragen sind.

59 Der Gewinn oder Verlust der Gesellschaft wird nach Maßgabe des Unterbeteiligungsvertrages zwischen dem Haupt- und dem Unterbeteiligten verteilt. Enthält der Unterbeteiligungsvertrag keine Regelung zur Gewinnverteilung findet nach allgemeiner Meinung nicht § 722 Abs. 1 BGB sondern § 231 Abs. 1 HGB entsprechend Anwendung.[70] In diesen Fällen gilt ein „den Umständen angemessener Anteil als bedungen". Wegen der bestehenden Abgrenzungsschwierigkeiten sollte der Unterbeteiligungsvertrag daher eine entsprechende Regelung vorsehen.

60 Hinsichtlich der Entnahmemöglichkeiten sollte – ähnlich den Gesellschafterkonten (§ 4) – eine zur Hauptbeteiligung vergleichbare Regelung gewählt werden. Sieht der Unterbeteiligungsvertrag keine Regelung vor, regelt sich das **Entnahmerecht** in entsprechender Anwendung von § 232 Abs. 1 HGB.[71] Der Gewinnanteil des Unterbeteiligten ist in diesem Fall am Schluss des Geschäftsjahres auszubezahlen, wenn und soweit die Einlage des Unterbeteiligten nicht durch vorherige Verluste vermindert ist.

61 Sofern Familienangehörige unterbeteiligt werden, wird der Unterbeteiligungsvertrag steuerlich nur dann anerkannt, wenn die gesetzlichen **Formvorschriften** beachtet werden, das Unterbeteiligungsverhältnis ernsthaft gewollt ist und wie unter fremden Dritten üblich tatsächlich durchgeführt wird.[72] Von entscheidender Bedeutung ist hierbei, ob die zwischen den Vertragsparteien vereinbarte Gewinnbeteiligung angemessen ist. Bei einer unentgeltlich eingeräumten Unterbeteiligung mit Gewinn- und

---

[67] MHdB GesR I/*Gayk* § 30 Rz. 44.
[68] MHdB GesR I/*Gayk* § 30 Rz. 45; Blaurock/*Blaurock* Rz. 30.56.
[69] Vgl. MHdB GesR I/*Gayk* § 30 Rz. 46.
[70] Vgl. MüKoHGB/*K. Schmidt* HGB § 231 Rz. 26; MüKoBGB/*Ulmer/Schäfer* BGB Vor § 705 Rz. 92, 98; MHdB GesR I/*Gayk* § 30 Rz. 48.
[71] Vgl. MHdB GesR I/*Gayk* § 30 Rz. 54.
[72] Vgl. *Schulze zur Wiesche* NJW 1983, 2365; siehe auch BMF v. 1.12.1992, BStBl. I 1992, 729 Tz. 2, 11.

Verlustbeteiligung ist dies nach Ansicht des Bundesfinanzhofs bis zu einer Grenze von 15 vH des Beteiligungswertes stets gegeben.[73] Fehlt die Verlustbeteiligung verringert sich diese Grenze auf 12 vH;[74] nach Ansicht der Finanzverwaltung[75] führt eine fehlende Verlustbeteiligung allerdings zur Versagung der steuerlichen Anerkennung. Maßgebend ist der gemeine Wert der Unterbeteiligung; im Falle einer typischen Unterbeteiligung ohne Vermögensbeteiligung ist der Nominalwert der Beteiligung heranzuziehen.

Bei einer entgeltlich erworbenen Unterbeteiligung erhöhen sich die aufgeführten **62**
Grenzen im Falle einer Gewinn- und Verlustbeteiligung auf 35 vH[76] bzw. auf 25 vH wenn die Verlustbeteiligung ausgeschlossen ist.[77]

In diese „gefestigte" Rechtsprechung ist mit dem Urteil des BFH vom 9.10.2001[78] **63**
Bewegung geraten. Hiernach ist – zumindest im Fall der atypischen Unterbeteiligung – auch eine höhere Gewinnbeteiligung denkbar.

Zu § 6: Geschäftsführung, Pflichten des Hauptbeteiligten, Mitwirkungs- und Informationsrechte

Die **Geschäftsführungsbefugnis,** die abweichend von § 709 Abs. 1 BGB aus- **64**
schließlich dem Hauptbeteiligten zusteht,[79] beschränkt sich im Rahmen eines Unterbeteiligungsverhältnisses auf die Wahrnehmung der Rechte und Pflichten aus der Hauptbeteiligung. Hinzu kommt die Erledigung der Rechte und Pflichten, die sich aus dem Unterbeteiligungsverhältnis selbst ergeben. Hierzu zählen ua. die **Informationsrechte bzw. -pflichten** sowie die **Rechnungslegung** der Unterbeteiligung. Der Unterbeteiligungsvertrag kann abweichende Regelungen hierzu treffen.

Dem Hauptbeteiligten obliegt hierbei eine doppelte Pflichtenposition: Im Rahmen **65**
seiner (doppelten) gesellschaftsrechtlichen Treuepflicht – die **Treuepflicht** erstreckt sich auf seine (Haupt-)Beteiligung wie auf das Unterbeteiligungsverhältnis – hat er die Interessen der Hauptbeteiligung und gleichzeitig auch die schutzwürdigen Interessen des Unterbeteiligten zu beachten.[80] Aus diesem Grund hat der Hauptbeteiligte bei der Ausübung **„uneigennütziger" Rechte,** zB im Rahmen der Geschäftsführung der Hauptgesellschaft, vorrangig die Interessen der Hauptgesellschaft zu beachten, während er bei der Ausübung von **„eigennützigen" Rechten,** zB der Beschlussfassung zur Gewinnverwendung oder Änderung des Gesellschaftsvertrages, vorrangig die schutzwürdigen Interessen des Unterbeteiligten zu beachten hat.[81] Sofern hierbei die Grundlagen der Unterbeteiligung verändert werden, so hat er hierfür die Zustimmung des Unterbeteiligten einzuholen.[82] Diese Regelungen gelten auch für den Fall der typischen Unterbeteiligung.

Im vorliegenden Formulierungsvorschlag ist der Unterbeteiligte allerdings vor der **66**
Fassung von wesentlichen Beschlüssen innerhalb der Hauptgesellschaft verpflichtet, diese mit dem Unterbeteiligten abzustimmen. Im Rahmen der hier vorliegenden typischen Unterbeteiligung sind die Mitwirkungs- und Informationsrechte des Unterbeteiligten jedoch begrenzt. Im Rahmen einer atypischen Unterbeteiligung sind die Mitwirkungs- und Informationsrechte hingegen sehr viel stärker ausgeprägt.[83]

---

[73] BFH v. 29.5.1972 – GrS 4/71, BStBl. II 1973, 5., vgl. auch Blaurock/*Blaurock* Rz. 30.49 ff.

[74] Vgl. BFH v. 29.3.1973 – IV R 56/70, BStBl. II 1973, 650; BFH v. 27.9.1973 – IV R 33/71, BStBl. II 1974, 51.

[75] BMF v. 1.12.1992, BStBl. I 1992, 729 Tz. 12.

[76] Vgl. BFH v. 16.12.1981 – I R 167/78, BStBl. II 1982, 387.

[77] BFH v. 14.2.1973 – I R 131/70, BStBl. II 1973, 395; zur abweichenden Ansicht des BMF s. o.

[78] BFH v. 9.10.2001 – VIII R 77/98, BStBl. II 2002, 460.

[79] So die hM vgl. MüKoHGB/*K. Schmidt* HGB § 230 Rz. 237; MHdB GesR I/*Gayk* § 30 Rz. 29; Blaurock/*Blaurock* Rz. 30.43 ff.

[80] MüKoHGB/*K. Schmidt* § 230 Rz. 241; *Gehrlein* DStR 1994, 1314 ff., 1315.

[81] MHdB GesR I/*Gayk* § 30 Rz. 30, 31 aE.

[82] So zB im Fall der Erhöhung der Einlage in der Hauptbeteiligung: vgl. BGH v. 22.11.1965 – II ZR 102/63, WM 1966, 188, 191.

[83] Hierzu grundlegend BFH v. 6.7.1995 – IV R 79/94, BStBl. II 1996, 269.

67 Der Formulierungsvorschlag geht hier über das Mindestmaß der Mitwirkungs- und Informationsrechte eines typisch Unterbeteiligten deutlich hinaus.[84] Gleichwohl liegt – nicht zuletzt wegen der fehlenden Beteiligung an den stillen Reserven[85] – hier keine atypische Unterbeteiligung vor.

68 Der Formulierungsvorschlag stellt zudem klar, dass die Unterbeteiligung im Falle der **Umwandlung** der Hauptgesellschaft nicht untergeht, sondern sich – sofern gesetzlich zulässig – an der umgewandelten Gesellschaft fortsetzt bzw. neu zu bestellen ist. Im Falle einer typischen Unterbeteiligung führt die Umwandlung der Hauptbeteiligung idR zu keinen gravierenden steuerlichen Problemen.[86] Fehlt eine entsprechende Regelung, so hängt das Schicksal der Unterbeteiligung von der Art des Umwandlungsvorgangs und dem mutmaßlichen Parteiwillen ab.[87]

Zu § 7: Kündigung, Beendigung der Unterbeteiligung

69 Die Unterbeteiligung kann auf bestimmte oder auf unbestimmte Zeit geschlossen werden. Ist sie auf unbestimmte Zeit geschlossen, so kann sie – dem Grundsatz nach – nur durch **Kündigung** beendigt werden. Der vorliegende Formulierungsvorschlag geht von einer **Kündigungsfrist** von 6 Monaten zum Jahresende aus, ist aber frühestens zu einem im Vertrag näher bestimmten Termin (Mindestlaufzeit) möglich. Eine außerordentliche Kündigung ist hiervon jedoch unbenommen.

70 Die Vereinbarung einer **Mindestlaufzeit** stellt ein gängiges Instrumentarium im Rahmen der Nachfolgeplanung dar. Über die Mindestlaufzeit kann nämlich – dies gilt noch viel mehr für die atypische Unterbeteiligung – verhindert werden, dass der Beschenkte oder Erbe das zugewendete Vermögen frühzeitig oder zur Unzeit versilbert.

71 Aus Nachweisgründen sollte die Kündigung durch **eingeschriebenen Brief** erfolgen.

72 In Absatz 2 sind weitere Auflösungsgründe[88] beschrieben. Vergleichbare **Rückforderungsrechte** – zB auflösende Bedingungen – können auch im Schenkungsvertrag vereinbart werden.[89]

Zu § 8: Auflösung der Hauptgesellschaft, Ausscheiden des Hauptbeteiligten

73 Scheidet der Hauptbeteiligte aus der Hauptgesellschaft aus oder wird die Hauptgesellschaft aufgelöst, so führt dies gleichsam zur Auflösung der Unterbeteiligung.[90] Die Vertragsparteien können aber auch abweichende Regelungen hierzu treffen, so zB, dass das Unterbeteiligungsverhältnis mit dem Erwerber der Hauptbeteiligung fortgeführt werden kann.

Zu § 9: Abfindung

74 Neben dem Umfang der Gewinn- und Verlustbeteiligung und dem Inhalt der Mitwirkungsrechte unterscheiden sich die typische und die atypische Unterbeteiligung in erster Linie über die Art bzw. Höhe der **Abfindung.** Im Gegensatz zur atypische Unterbeteiligung ist der typisch Unterbeteiligte nicht an den **stillen Reserven** der Hauptgesellschaft (mittelbar) beteiligt.[91]

75 Die Abfindung bemisst sich hier daher ausschließlich über den Saldo der für den Unterbeteiligten geführten Gesellschafterkonten. Um die Liquidität des Hauptbeteilig-

---

[84] Siehe hierzu die in den Absätzen 3 bis 5 aufgeführten Informationsrechte.
[85] Vgl. § 9 des Formulierungsvorschlags.
[86] Vgl. *Schindhelm/Pinkhardt-Poremba/Hilling* DStR 2003, 1469 ff.
[87] Vgl. hierzu *Schindhelm/Pinkhardt-Poremba/Hilling* DStR 2003, 1444 ff.
[88] Insolvenz bzw. Zwangsvollstreckung in das Vermögen eines Gesellschafters; s. hierzu auch § 728 BGB; vgl. Blaurock/*Blaurock* Rz. 30.61.
[89] Vgl. hierzu Formular A. 1.12 § 2 und § 3.
[90] Vgl. hierzu § 726 BGB.
[91] Vgl. BFH v. 6.7.1995 – IV R 79/94, BStBl. II 1996, 269.

ten zu schonen, sollte der Unterbeteiligungsvertrag die Möglichkeit einer Ratenzahlung vorsehen.

Zu § 10: Abtretung

Gemäß dem in § 717 BGB kodifizierten Modell ist weder der Haupt- noch der Unterbeteiligte ohne Zustimmung des anderen berechtigt, seine Beteiligung an einen Dritten zu übertragen.[92] Überträgt zB der Hauptbeteiligte dennoch, dh. ohne Zustimmung des Unterbeteiligten, seine Hauptbeteiligung an einen Dritten, wird das Unterbeteiligungsverhältnis wegen Zweckvereitelung gem. § 726 BGB beendet.[93] 76

Im Unterschied dazu sind der Haupt- wie der Unterbeteiligte gem. § 717 Satz 2 BGB berechtigt, über ihren Gewinn- oder **Abfindungsanspruch** wirksam zu verfügen. 77

Im Rahmen einer vorausschauenden Nachfolgeplanung können die vom Gesetz vorgesehenen Regularien ein nicht zu unterschätzendes Hindernis darstellen. Aus diesem Grund sollte der Unterbeteiligungsvertrag – wie im Formulierungsvorschlag vorgesehen – mindestens für den Unterbeteiligten die Möglichkeit eröffnen, seine Unterbeteiligung an eine **nachfolgeberechtigte Person** weiter zu übertragen. 78

Als nachfolgeberechtigte Personen können die jeweiligen Ehegatten, vor allem aber die Abkömmlinge des Unterbeteiligten, bedacht werden. Auf Ebene der **Abkömmlinge** kann zudem zwischen den Abkömmlingen, den ehelichen, den leiblichen und den ehelich leiblichen Abkömmlingen unterschieden werden. Je nach dem welche Begrifflichkeit gewählt wird, werden nichteheliche Kinder und/oder Adoptivkinder von der Nachfolge ausgeschlossen. 79

Zu § 11: Tod eines Gesellschafters

Die gesetzlichen Regelungen zum Tod eines Gesellschafters der Unterbeteiligung sind unterschiedlich ausgestaltet. Im Gegensatz zum Tod des Hauptbeteiligten, der die Unterbeteiligung gem. § 727 BGB beendet, führt der Tod des Unterbeteiligten in entsprechender Anwendung von § 234 Abs. 2 HGB nicht zum Erlöschen der Unterbeteiligung.[94] Der Unterbeteiligungsvertrag sollte daher eine **qualifizierte Nachfolgeregelung** enthalten. 80

Der Formulierungsvorschlag sieht hierzu vor, dass die Unterbeteiligung nach dem Tod eines Gesellschafters unabhängig davon fortgesetzt wird, ob der Haupt- oder der Unterbeteiligte verstorben ist. Vergleichbar der Regelung unter § 9 sollte die Nachfolge des Unterbeteiligten – zumindest im Falle einer Familiengesellschaft – auf nachfolgeberechtigte Personen beschränkt sein.[95] 81

Zu § 12: Änderung der Hauptgesellschaft

Wie eingangs erwähnt sollte der Unterbeteiligungsvertrag – um einen gewissen Gleichlauf der Mechanismen zu gewährleisten – so weit wie möglich an den Gesellschaftsvertrag der Hauptgesellschaft angelehnt werden. Dies ist bei Abfassung des Unterbeteiligungsvertrages in der Regel unproblematisch zu gewährleisten, führt aber regelmäßig zu Problemen, wenn der Gesellschaftsvertrag im Anschluss daran geändert wird. 82

Der Unterbeteiligungsvertrag sollte daher – wie hier vorgesehen – eine entsprechende **Anpassungsverpflichtung** enthalten. Dies ist insbesondere dann gerechtfertigt, wenn die Änderung des Gesellschaftsvertrages der Hauptgesellschaft – wie hier 83

[92] Ausführlich: MHdB GesR I/*Gayk* § 30 Rz. 58f.
[93] Vgl. MüKoHGB/*K. Schmidt* HGB § 234 Rz. 73.
[94] Vgl. MüKoHGB/*K. Schmidt* HGB § 234 Rz. 77; MüKoBGB/*Ulmer/Schäfer* BGB Vor § 705 Rz. 102; MHdB GesR I/*Gayk* § 30 Rz. 66; Blaurock/*Blaurock* Rz. 30.60.
[95] Siehe die Hinweise zu § 9 Rz. 74f.

unter § 6 Abs. 2 vorgesehen – mit dem Unterbeteiligten einvernehmlich abzustimmen ist.

Zu § 13: Pflichtteilsanrechnung

84 Gem. § 2311 BGB ist bei der Berechnung eines **Pflichtteilsanspruchs** der Bestand des Nachlasses im Zeitpunkt des Erbfalls zugrunde zu legen. Lebzeitige Zuwendungen des Erblassers an einen Pflichtteilsberechtigten mindern – zumindest dem Grundsatz nach – diesen Pflichtteilsanspruch nicht.[96] Etwas anderes gilt gem. § 2315 Abs. 1 BGB nur dann, wenn der Schenkungsvertrag eine abweichende Regelung hierzu vorsieht. Die **Anrechnung** schmälert den Pflichtteil des Beschenkten um den in der Schenkung zugewendeten Vorempfang.

85 Über diese Regelung kann iE vermieden werden, dass der Beschenkte seine Vermögensrechte kummuliert. Der – weiter bestehende – Pflichtteilsanspruch des Beschenkten kann dann zu einem unkalkulierbaren Risiko werden. Dies gilt insbesondere dann, wenn ein Teil der Pflichtteilsberechtigten – zB Abkömmlinge – über eine lebzeitige Zuwendung und ein anderer Teil – zB überlebender Ehegatte – über die letztwillige Zuwendung abgefunden werden sollen.

86 Neben der Anrechnung einer Schenkung auf den eigenen Pflichtteilsanspruch besteht, wenn – gerechnet vom Zeitpunkt der Schenkung bis zum späteren Erbfall – noch keine 10 Jahre vergangen sind, ggf. zusätzlich ein **Pflichtteilsergänzungsanspruch** (§ 2325 BGB).

87 Der Formulierungsvorschlag greift diesen Sachverhalt auf. Vergleichbar der gesetzlichen Regelung in § 2315 Abs. 2 BGB erfolgt die **Anrechnung** mit dem Beteiligungswert (Verkehrswert) im Zeitpunkt der Schenkung. Unabhängig von der Anrechnung auf den Pflichtteil des Beschenkten, kann die Schenkung einen Pflichtteilsergänzungsanspruch auslösen.

88 Die Frage der Anrechnung auf den Pflichtteil ist stets davon zu trennen, ob die Schenkung (zusätzlich) auch auf den Erbteil anzurechnen ist.[97] Der Formulierungsvorschlag sieht hierzu keine automatische Anrechnung auf den **Erbteil** des Beschenkten beim Erblasser vor. Der Erblasser erhält allerdings die Möglichkeit eine entsprechende letztwillige Anordnung zu treffen.

Zu § 14: Kosten und Steuern

89 Im Formulierungsvorschlag ist bestimmt, dass der Hauptbeteiligte (Schenker) die Notar- und Gerichtskosten, die Kosten für den Vollzug der Urkunde sowie die Schenkungsteuer trägt. Die **Übernahme der Schenkungsteuer** durch den Schenker führt zu einer höheren Nettozuwendung an den Beschenkten und ist – da ein sog. Kaskadeneffekt über § 10 Abs. 2 ErbStG verhindert wird – in der Regel steuerlich günstiger.[98]

90 Die typische Unterbeteiligung wird für Zwecke der erbschaft- oder schenkungsteuerlichen **Bewertung** wie eine Kapitalforderung behandelt und ist mit ihrem Nennwert in Ansatz zu bringen.[99]

---

[96] Vgl. MüKoBGB/*Lange* BGB § 2315 Rz. 1.
[97] Zur Anrechnung vgl. iÜ § 2050 BGB iVm. § 1624 BGB.
[98] Vgl. *Meincke* ErbStG § 10 Rz. 24 f.; *Buciek* DStR 1990, 228.
[99] Vgl. iÜ die Ausführung unter Rz. 37.

A. 1.12 Schenkung einer typischen Unterbeteiligung

Gliederung

Nummer der Urkundenrolle [...] A. 1.12

Verhandelt zu [...] am [...]

Vor dem Notar/der Notarin [...]

erschienen:

1. Herr A, geboren am [...] in [...], wohnhaft [...]
– nachfolgend auch Schenker genannt –

2. Herr B, geboren am [...] in [...], wohnhaft [...]
– nachfolgend auch Beschenkter genannt –

Die Erschienenen sind dem Notar von Person bekannt und geben übereinstimmend folgenden Vertrag über die Schenkung einer atypischen Unterbeteiligung zu Protokoll des Notars:

Präambel

Der Schenker ist der Vater des Beschenkten und an einem Teilkommanditanteil – Anteil am Festkapital – in Höhe von € [...],– (in Worten: Euro[...]) der [...] KG, mit Sitz in [...] (Amtsgericht [...], HRA [...]) unterbeteiligt. Die Hauptbeteiligung wird von Herrn C gehalten. Aus Sicht des Steuerrechts handelt es sich um eine typische Unterbeteiligung.

Der Schenker beabsichtigt im Rahmen seiner Nachfolgeplanung, seine Unterbeteiligung an der vorgenannten Kommanditbeteiligung im Wege vorweggenommener Erbfolge auf seinen Sohn zu übertragen.

Die Gesellschaftsverträge der [...] KG sowie der Unterbeteiligungsvertrag sind dem Beschenkten bekannt. Der Beschenkte ist eine nachfolgeberechtigte Person im Sinne von § 10 des Unterbeteiligungsvertrages.

§ 1 Schenkung einer Unterbeteiligung

(1) Der Schenker schenkt hiermit dem Beschenkten seine in der Präambel aufgeführte Unterbeteiligung an einem Teilkommanditanteil der [...] KG in Höhe von € [...],– (in Worten: Euro [...])

(2) Der Beschenkte nimmt die Schenkung dankend an.

(3) Die Schenkung der in Abs. 1 aufgeführten Unterbeteiligung erfolgt mit Wirkung zum [...], 24 Uhr. Die Gewinne des laufenden Geschäftsjahres stehen dem Schenker zu.

(4) Die Rechte und Pflichten aus dem geschenkten Unterbeteiligungsverhältnis richten sich nach Maßgabe des bestehenden Unterbeteiligungsvertrages.

§ 2 Auflösende Bedingung[Rz. 15 ff.]

(1) Die Schenkung ist auflösend bedingt bei Eintritt einer der folgenden Bedingungen:

a) Der Beschenkte stirbt zu Lebzeiten des Schenkers oder nach dessen Tod ohne dass die Schenkgegenstände bzw. deren Surrogate auf seine Abkömmlinge übergehen.
b) Über das Vermögen des Beschenkten wird zu Lebzeiten des Schenkers das Insolvenzverfahren eröffnet oder mangels Masse nicht eröffnet oder es werden Zwangsvollstreckungsmaßnahmen in die Schenkgegenstände eingeleitet und nicht binnen einer Frist von drei Monaten wieder aufgehoben.
c) Der Beschenkte stirbt zu Lebzeiten des Schenkers und der Ehegatte bzw. ein Lebenspartner des Schenkers oder seines Rechtsnachfolgers macht gegen dessen Nachlass Pflichtteilsansprüche geltend und verlangt bei deren Berechnung die Einbeziehung der Schenkgegenstände.
d) Die Ehe des im Güterstand der Zugewinngemeinschaft lebenden Beschenkten wird zu Lebzeiten des Schenkers geschieden, es sei denn, die Schenkgegenstände werden bei der Berechnung des Zugewinnausgleichsanspruchs weder dem Anfangs- noch dem Endvermögen zugerechnet.

(2) Nutzungen, die der Beschenkte vor Eintritt der auflösenden Bedingungen bezogen hat, verbleiben ihm. Seine Aufwendungen in Zusammenhang mit den Schenkgegenständen sind ihm nicht zu erstatten.

§ 3 Rückforderungsrechte[Rz. 15ff.]

(1) Der Schenker behält sich zu seinen Lebzeiten gegenüber dem Beschenkten das Recht vor, die Schenkgegenstände ganz oder teilweise zurückfordern zu können, wenn eine der folgenden Voraussetzungen in der Person des Erwerbers eintritt:
a) Der Beschenkte wird geschäftsunfähig oder für ihn wird ein Betreuer gem. §§ 1896ff. BGB bestellt.
b) Der Beschenkte vereinbart mit seinem Ehegatten die Gütergemeinschaft, ohne die Schenkgegenstände zum Vorbehaltsgut zu erklären.

(2) Das Recht des Widerrufs hat der Schenker.

(3) Das Rückforderungsrecht kann nur binnen einer Frist von 3 Monaten, nachdem der Rückforderungsberechtigte von dem Eintritt der Voraussetzung des Rückforderungsfalls Kenntnis erlangt hat, ausgeübt werden und hat in Schriftform gegenüber dem Beschenkten zu erfolgen.

(4) Nutzungen, die der Beschenkte vor Rückübertragung der Schenkgegenstände bezogen hat, verbleiben ihm. Seine Aufwendungen in Zusammenhang mit den Schenkgegenständen sind ihm nicht zu erstatten.

§ 4 Pflichtteilsanrechnung[Rz. 24]

Die in § 1 aufgeführte Unterbeteiligung ist mit dem Wert zur Zeit ihrer Einräumung auf den Pflichtteilsanspruch des Unterbeteiligten gegenüber dem Nachlass des Hauptbeteiligten anzurechnen; auf seinen Erbteil jedoch nur, falls der Hauptbeteiligte dies letztwillig anordnet.

§ 5 Kosten und Steuern[Rz. 25]

(1) Notar und Gerichtskosten dieser Urkunde und ihres Vollzugs sowie eine eventuelle auf Grund der Einräumung der atypischen Unterbeteiligung anfallende Schenkungsteuer trägt der Hauptbeteiligte.

(2) Sollte die gezahlte Schenkungsteuer aufgrund des Eintritts der in §§ 2 und 3 aufgeführten auflösenden Bedingung oder eines Rückforderungsrechts an den Beschenkten oder seinen Rechtsnachfolger erstattet werden, kann der Schenker die von ihm gezahlte Schenkungsteuer von ihm zurückfordern.

§ 6 Schlussbestimmungen

Sollte eine Bestimmung dieses Vertrages aus irgendeinem Grunde unwirksam oder anfechtbar sein oder werden, so soll deren Inhalt hiervon im Übrigen nicht berührt, vielmehr sinngemäß ausgeführt werden. Anstelle der unwirksamen oder anfechtbaren Bestimmung soll eine angemessene Regelung gelten, die, soweit rechtlich möglich, dem am nächsten kommt, was die Vertragschließenden gewollt haben oder nach Sinn und Zweck dieses Vertrags gewollt haben würden, sofern sie bei Abschluss dieses Vertrages den Punkt bedacht hätten. Das gilt auch, wenn die Unwirksamkeit einer Bestimmung etwa auf einem im Vertrag vorgeschriebenen Maß der Leistung oder Zeit (Frist oder Termin) beruht; es soll dann ein dem Gewollten möglichst nahe kommendes zulässiges Maß der Leistung oder Zeit (Frist oder Termin) vereinbart werden.

Diese Niederschrift wurde den Erschienenen von dem Notar vorgelesen, von ihnen genehmigt und von ihnen und dem Notar eigenhändig wie folgt unterschrieben:

A. Grundsätzliche Anmerkungen

I. Wirtschaftliche Aspekte

Die unentgeltliche Übertragung **(Schenkung)** einer Unterbeteiligung hat zum Ziel, die durch die Unterbeteiligung vermittelten Einkünfte auf eine dritte Person zu übertragen. Das Unterbeteiligungsverhältnis soll in der vereinbarten Form bestehen bleiben. 1

II. Rechtliche Aspekte

1. Gesellschaftsrecht

Wie unter Formular A. 1.1 dargelegt, stellt die Unterbeteiligung eine **BGB Innengesellschaft** dar, für die – falls im Unterbeteiligungsvertrag nichts anderes vereinbart ist – die §§ 705 ff. BGB Anwendung finden. § 717 BGB legt hierzu fest, dass weder der Haupt- noch der Unterbeteiligte seine Mitgliedschaft ohne **Zustimmung** des jeweils anderen auf einen Dritten übertragen darf.[1] Die Übertragung der Unterbeteiligung hängt somit von der Zustimmung des Hauptbeteiligten ab. Überträgt zB der Hauptbeteiligte dennoch, dh. ohne Zustimmung des Unterbeteiligten, seine Hauptbeteiligung an einen Dritten, wird das Unterbeteiligungsverhältnis wegen **Zweckvereitelung** gem. § 726 BGB beendet.[2] 2

Im Unterschied dazu sind der Haupt- wie der Unterbeteiligte gem. § 717 Satz 2 BGB allerdings berechtigt, über ihren **Gewinn- oder Abfindungsanspruch** wirksam zu verfügen. 3

2. Zivil- und Erbrecht

Die vom Gesetz vorgesehene Regelung stellt für Zwecke einer vorausschauenden Nachfolgeplanung häufig ein nicht zu unterschätzendes Hindernis dar. Aus diesem Grund sollte der Unterbeteiligungsvertrag – wie unter § 10 zu Formular A. 1.11 vorgesehen – zumindest für den Unterbeteiligten die Möglichkeit eröffnen, seine Unterbeteiligung an eine **nachfolgeberechtigte Person** weiter zu übertragen. 4

[1] Vgl. MüKoHGB/*K. Schmidt* HGB § 230 Rz. 247; MHdB GesR I/*Gayk* § 30 Rz. 58 f.
[2] Vgl. MüKoHGB/*K. Schmidt* HGB § 234 Rz. 73; Blaurock/*Blaurock* Rz. 30.51.

5 Als nachfolgeberechtigte Personen können die jeweiligen Ehegatten, vor allem aber die Abkömmlinge des Unterbeteiligten bedacht werden. Auf Ebene der **Abkömmlinge** kann zudem zwischen den Abkömmlingen, den ehelichen, den leiblichen und den ehelich leiblichen Abkömmlingen unterschieden werden. Je nach dem welche Begrifflichkeit gewählt wird, werden nichteheliche Kinder und/oder Adoptivkinder von der Nachfolge ausgeschlossen.

6 Der vorliegende Formulierungsvorschlag geht davon aus, dass die Übertragung der Unterbeteiligung von den Regelungen des Unterbeteiligungsvertrages gedeckt ist.

7 Die **Schenkung** einer bereits bestehenden Unterbeteiligung bedarf gemäß § 518 BGB der notariellen Form. Ein evtl. Formmangel wird jedoch durch Vollzug der Schenkung geheilt. Nach allgemeiner Auffassung erkennt man den Vollzug – im Unterschied zur schenkweisen Einräumung einer Unterbeteiligung – in der Abtretung der Ansprüche aus dem Unterbeteiligungsverhältnis.[3] Die unterschiedliche Formstrenge wird damit begründet, dass die Unterbeteiligung in dem einen Fall erst begründet werden müsse, während sie in dem anderen Fall bereits bestehe. Hinzu komme, dass durch die Abtretung sämtliche Rechte und Pflichten aus der Unterbeteiligung vom Schenker auf den Beschenkten übergehen würden.

8 Bei einer Schenkung an einen **Minderjährigen** bedarf der Schenkungsvertrag idR der Zustimmung eines **Ergänzungspflegers.**[4] Die Schenkung einer Unterbeteiligung ist nämlich nicht lediglich rechtlich vorteilhaft, da der Beschenkte auch in die Pflichten des bestehenden Unterbeteiligungsvertrages eintritt.

9 Im Falle der Übertragung einer bereits bestehenden typischen Unterbeteiligung ist keine **vormundschaftsgerichtliche Genehmigung** erforderlich, da der Beschenkte nicht – mangels Verlustbeteiligung auch nicht mittelbar – an einem „Erwerbsgeschäft" beteiligt wird.[5]

10 Unabhängig vom Bestehen eines Unterbeteiligungsvertrages ist die Bestellung eines Ergänzungspflegers in jedem Fall erforderlich, wenn eine atypische Unterbeteiligung am Gesellschaftsanteil übertragen wird.[6]

11 *(frei)*

III. Steuerliche Aspekte

1. Ertragsteuern

12 Die Schenkung hat ertragsteuerlich nur die Konsequenz, dass der Beschenkte zB hinsichtlich Anschaffungskosten in die Rechtsposition des Schenkers eintritt.[7] Im Übrigen ist die Schenkung ertragsteuerlich irrelevant.

2. Erbschaft- und Schenkungsteuern

13 Die unentgeltliche Übertragung einer bestehenden typischen Beteiligung steht der Schenkung einer Kapitalforderung gleich.[8]

14 *(frei)*

---

[3] Vgl. Niedersächsisches FG v. 2.2.1995 – X 539/91, EFG 1995, 1102 rkr.; Schmidt/*Wacker* EStG § 15 Rz. 773; *K. Schmidt* DB 2002, 829 ff., 830.

[4] Vgl. § 1629 Abs. 2 Satz 1 BGB iVm. § 1795 Abs. 1 Nr. 1–3 BGB.

[5] Vgl. MüKoHGB/*K. Schmidt* HGB § 230 Rz. 228; MHdB GesR I/*Gayk* § 30 Rz. 23; Blaurock/*Blaurock* Rz. 30.36.

[6] Vgl. OLG Hamm v. 22.1.1974 – 15 W 36/73, DB 1974, 424 ff.

[7] Vgl. § 11d EStDV.

[8] Vgl. die Ausführungen zu A. 1.11 Rz. 37.

B. Einzelerläuterungen

Zu § 2 und § 3 Auflösende Bedingung, Rückforderungsrechte

Das Gesetz sieht in § 527 BGB (Nichtvollziehung einer Auflage), § 528 BGB (Verarmung des Schenkers) bzw. § 530 BGB (grober Undank) einige eng umgrenzte Rückforderungsrechte vor. In allen anderen Fällen findet der aus dem kanonischen Recht abgeleitete Rechtssatz *pacta sunt servanda* Anwendung. 15

Die Rechtswirklichkeit kennt aber eine sehr viel größere Anzahl von Risiken, auf die der Schenker reagieren sollte. Die wichtigsten Risiken sind hier aufgeführt. Dies sind das **Vorversterben** des Beschenkten vor dem Schenker (§ 2 Buchst. a), die Eröffnung des **Insolvenzverfahrens** über das Vermögen des Beschenkten etc. (§ 2 Buchst. b), **Pflichtteilsansprüche** des überlebenden Ehegatten oder Lebenspartners (§ 2 Buchst. c), **Zugewinnausgleichsansprüche** des geschiedenen Ehegatten oder Lebenspartners (§ 2 Buchst. d) sowie die **Geschäftsunfähigkeit** des Beschenkten (§ 3 Buchst. a) und die Vereinbarung der **Gütergemeinschaft** (§ 3 Buchst. b). Weitere Auflösungs- oder Rückforderungstatbestände sind denkbar. Der Katalog kann beliebig erweitert werden. 16

Der Formulierungsvorschlag unterscheidet hier zwischen der **„auflösenden Bedingung"** (§ 2) und **„Rückforderungsrechten"** (§ 3). Der Unterschied zwischen den beiden Gestaltungsalternativen besteht darin, dass die auflösende Bedingung (§ 158 Abs. 2 BGB) *ex tunc,* dh. rückwirkend auf den Tag der Übertragung die Schenkung rückabwickelt, während die hier beschriebenen Rückforderungsrechte den Vorgang nur *ex nunc,* d.h. mit Wirkung für die Zukunft gestalten. 17

Der Unterschied zwischen einer auflösenden Bedingung und einem Rückforderungsrecht ist also insbesondere dann von Bedeutung, wenn es darauf ankommt, den Zugriff eines Dritten auf das geschenkte wirksam und automatisch zu beschränken,[9] was bei den unter § 2 aufgeführten Gründen stets gegeben ist. In allen anderen Fällen ist ein Rückforderungsrecht vorteilhaft, da es nicht automatisch wirkt, sondern als Gestaltungsrecht ausgeübt werden muss.[10] 18

Im Gegensatz zu einem **„freien Widerrufsvorbehalt"**[11] haben die hier beschriebenen Rechte ertragsteuerlich zur Folge, dass der Beschenkte das **wirtschaftliche Eigentum** des geschenkten Gegenstandes erhält.[12] Im Bereich der Einkünfte aus Kapitalvermögen wird allerdings zudem verlangt, dass weitere Beweiszeichen, wie zB die Kontobezeichnung oder die uneingeschränkte Verfügungsberechtigung des Beschenkten gegeben sind.[13] 19

Für Zwecke der **Erbschaft- bzw. Schenkungsteuer** kommt es – bei Anwendung der Rechtsprechung des Bundesfinanzhofs[14] – letztlich nicht mehr auf die zuvor relevante Fragestellung der Rechtsfolgen eines „freien Widerrufsvorbehalts" an. Kommt es dennoch zu einer **Rückabwicklung** der Schenkung,[15] so kann § 29 Abs. 1 Nr. 1 ErbStG unabhängig davon angewendet werden, ob die Rückabwicklung auf Grund einer auflösenden Bedingung oder eines Rückforderungsrechts bewirkt wird. Die bisherige Steuerfestsetzung ist in diesem Fall gem. **§ 175 Abs. 1 Satz 1 Nr. 2 AO** aufzuheben und die gezahlte Schenkungsteuer zu erstatten.[16] 20

---

[9] Vgl. MüKoBGB/*H. P. Westermann* BGB § 158 Rz. 39, 57.

[10] Vgl. § 531 BGB als formlose, einseitige, empfangsbedürftige Willenserklärung iSv. §§ 130ff. BGB so: MüKoBGB/*Kollhosser* BGB § 531 Rz. 2.

[11] Vgl. hierzu *Littmann/Hoffmann* §§ 4, 5 Rz. 74 Stichwort: „Widerspruchsrecht, freies".

[12] Vgl. BFH v. 27.1.1994 – IV R 114/91, BStBl. II 1994, 635; *Jülicher* DStR 1998, 1977, 1978.

[13] *Jülicher* DStR 1998, 1977, 1979.

[14] Vgl. BFH v. 16.1.2008 – II R 10/06, BStBl. II 2008, 631; BFH v. 18.9.2013 – II R 63/11, BFH/NV 2014, 349.

[15] Denkbar ist die Herausgabe der ausgezahlten Gewinnausschüttungen oder des Abfindungsbetrages etc.

[16] *Meincke* ErbStG § 29 Rz. 2.

21 Dies ist insbesondere im Fall des Vorversterbens (§ 2 Buchst. a) positiv. In diesem Fall besteht nämlich ansonsten das Risiko, dass der Schenker das von ihm zuvor geschenkte Vermögen letztwillig zurückerhält, was iE zu einer doppelten Erbschaft- bzw. Schenkungsteuerbelastung führt. Diese doppelte Steuerbelastung kann über die auflösende Bedingung wirksam beseitigt werden.

22, 23 *(frei)*

Zu § 4:

24 Siehe hierzu die Erläuterungen zu § 13 des Formulars A. 1.11 unter Rz. 84–88.

Zu § 5:

25 Siehe hierzu die Erläuterungen zu § 14 des Formulars A. 1.11 Rz. 89–90.

A. 1.20 Typisch stille Gesellschaft

Übersicht

A. 1.21 Vertrag über die Errichtung einer typisch stillen Gesellschaft

Gliederung

Vertrag über die Errichtung einer typisch stillen Gesellschaft A. 1.21

zwischen

der ABC-GmbH & Co. KG mit dem Sitz in [...], vertreten durch ihre einzelvertretungsberechtigte und von den Beschränkungen des § 181 BGB befreite Komplementärin, die ABC Verwaltungs-GmbH, diese wiederum vertreten durch ihren einzelvertretungsberechtigten und von den Beschränkungen des § 181 BGB befreiter Geschäftsführer Herrn D (im Folgenden auch „Inhaberin")

und

Herrn S, wohnhaft [...] (im Folgenden auch: „stiller Gesellschafter")

Präambel[Rz. 5]

An der ABC-GmbH & Co. KG mit dem Sitz in [...] (HRA [...], Amtsgericht [...]) sind die Gesellschafter A, B und C als Kommanditisten mit einer Kommanditeinlage (Festkapitalanteil) von jeweils € [...],– beteiligt. Herr S ist der Sohn des Gesellschafters Herrn A.
Im Rahmen der Nachfolgeplanung des Gesellschafters Herrn A soll Herrn S eine stille Gesellschaftsbeteiligung am Handelsgewerbe der ABC-GmbH & Co. KG eingeräumt werden. Als stiller Gesellschafter soll Herr S am laufenden Betriebsergebnis der Inhaberin, nicht aber an den stillen Reserven des Geschäftsvermögens beteiligt werden, es soll sich also um eine aus der Sicht des Steuerrechts „typisch" stille Beteiligung handeln.
Die Gesellschafter der ABC-GmbH & Co. KG haben dem Abschluss des stillen Gesellschaftsvertrages mit Beschluss vom [...] zugestimmt. Der Gesellschaftsvertrag der ABC-GmbH & Co. KG ist Herrn S bekannt.
Dies vorausgeschickt, vereinbaren die Parteien was folgt:

§ 1 Begründung der stillen Gesellschaft[Rz. 36, 37]

(1) Die Inhaberin betreibt in [...] ein Handelsgewerbe. Gegenstand des Unternehmens ist [...]

(2) Herr S beteiligt sich nach Maßgabe der folgenden Bestimmungen an diesem Handelsgewerbe als stiller Gesellschafter.

§ 2 Dauer der Gesellschaft, Geschäftsjahr[Rz. 38]

(1) Die Gesellschaft beginnt am [...] Sie ist auf unbestimmte Zeit geschlossen.
(2) Das Geschäftsjahr entspricht dem der Inhaberin.

§ 3 Einlage des stillen Gesellschafters[Rz. 39]

Der stille Gesellschafter leistet eine Bareinlage in Höhe von € [...],–. Die Einlage ist sofort fällig.

§ 4 Konten des stillen Gesellschafters[Rz. 40–43]

(1) Für den stillen Gesellschafter werden bei der Inhaberin ein Einlagenkonto, ein Privatkonto und ein Verlustkonto geführt.
(2) Auf dem Einlagenkonto wird die Einlage des stillen Gesellschafters ausgewiesen. Das Konto ist fest und unverzinslich.
(3) Auf dem Verlustkonto werden die Verlustanteile des stillen Gesellschafters gebucht. Solange das Verlustkonto durch Verlustanteile belastet ist, werden künftige Gewinnanteile dem Verlustkonto gutgeschrieben.
(4) Alle sonstigen den stillen Gesellschafter betreffenden Buchungen, insbesondere Gewinngutschriften und Entnahmen, erfolgen auf dem Privatkonto. Das Privatkonto ist, soweit der Gewinn reicht, jährlich mit 2,0 Prozentpunkt über dem Basiszinssatz zu verzinsen.

§ 5 Geschäftsführung[Rz. 44, 45]

(1) Zur Geschäftsführung ist allein die Inhaberin berechtigt und verpflichtet.
(2) Die Inhaberin darf jedoch folgende Maßnahmen nur mit Einwilligung des stillen Gesellschafters vornehmen:
  a) Änderungen des Unternehmensgegenstands;
  b) Auflösung, Fortsetzung oder Umwandlung der Inhaberin;
  c) Veräußerung oder Verpachtung des Unternehmens im Ganzen oder eines Unternehmensteils;
  d) vollständige oder teilweise Einstellung des Gewerbebetriebs;
  e) Abschluss, Änderung oder Aufhebung von Gewinn- und Verlustübernahmeverträgen;
  f) Erwerb und Veräußerung von Beteiligungen an anderen Unternehmen.
(3) Beabsichtigt die Inhaberin die Vornahme einer der in Abs. 2 bezeichneten Maßnahmen, so hat sie dies dem stillen Gesellschafter mitzuteilen und ihn zur Erteilung seiner Zustimmung aufzufordern. Erklärt der stille Gesellschafter nicht innerhalb von vier Wochen nach Zugang der Aufforderung seine Ablehnung, so gilt seine Zustimmung zu der betreffenden Maßnahme als erteilt. Auf diese Rechtsfolge ist der stille Gesellschafter in der Aufforderung zur Erteilung der Zustimmung ausdrücklich hinzuweisen.

§ 6 Informations- und Kontrollrechte[Rz. 46, 47]

(1) Dem stillen Gesellschafter stehen die gesetzlichen Informations- und Kontrollrechte des § 233 HGB zu. Die Informationsrechte bestehen auch nach Beendigung der stillen Gesellschaft fort in dem Umfang, wie es zur Überprüfung des Auseinandersetzungsguthabens des Stillen erforderlich ist.
(2) Der stille Gesellschafter kann seine Informations- und Kontrollrechte durch einen Rechtsanwalt, Steuerberater oder Wirtschaftsprüfer wahrnehmen lassen.

(3) Der stille Gesellschafter hat über alle ihm bekannt gewordenen Angelegenheiten der Gesellschaft Stillschweigen zu bewahren. Diese Verpflichtung gilt nach Beendigung der stillen Gesellschaft für einen Zeitraum von fünf Jahren fort.

§ 7 Jahresabschluss[Rz. 48]

(1) Die Inhaberin ist aufgrund handelsrechtlicher und steuerrechtlicher Vorschriften verpflichtet, Bücher zu führen und Jahresabschlüsse zu erstellen. Sie erfüllt diese Pflichten auch im Interesse des stillen Gesellschafters.

(2) Der handelsrechtliche und der steuerrechtliche Jahresabschluss sind von der Inhaberin innerhalb der hierfür vorgesehenen gesetzlichen Fristen aufzustellen. Der handelsrechtliche und der steuerrechtliche Jahresabschluss sind dem stillen Gesellschafter zusammen mit einer Darstellung der Entwicklung des maßgebenden Ergebnisses nach § 8 binnen der ersten sechs Monate nach Ablauf eines jeden Geschäftsjahres zu übermitteln.

(3) Einwendungen des stillen Gesellschafters kann dieser nur innerhalb eines Monats nach Zugang des Jahresabschlusses schriftlich geltend machen. Nach Ablauf dieser Frist gilt der Jahresabschluss als genehmigt.

§ 8 Umfang der Ergebnisbeteiligung[Rz. 49 ff.]

(1) Für die Gewinn- und Verlustbeteiligung des stillen Gesellschafters ist von dem im steuerlichen Jahresabschluss ausgewiesenen Ertrag vor Berücksichtigung des auf den stillen Gesellschafter entfallenden Gewinn- oder Verlustanteils und vor Abzug der steuerlich nicht abzugsfähigen Steuern auszugehen.

(2) Der Gewinn bzw. Verlust nach Abs. 1 ist durch das Herausrechnen der folgenden Positionen zu berichtigen:

a) Gewinne und Verluste aus Abgängen von Wirtschaftsgütern des Anlagevermögens, die bereits vor dem Beginn der stillen Gesellschaft angeschafft worden waren, soweit solche Gewinne und Verluste auf Vorfällen vor Beginn der stillen Gesellschaft beruhen;[Rz. 51]

b) Ertragsminderungen aufgrund erhöhter Absetzungen oder Sonderabschreibungen;[Rz. 52]

c) Ertragsminderungen durch die Bildung steuerfreier Rücklagen und Erträge aus der Auflösung solcher Rücklagen;[Rz. 53]

d) außerordentliche Aufwendungen und Erträge, die auf Geschäftsvorfällen vor Beginn der stillen Gesellschaft beruhen;[Rz. 54]

e) Abzug von Vergütungen an Mitunternehmer der Inhaberin gemäß § 15 Abs. 1 Nr. 2 EStG, soweit diese in der Steuerbilanz nicht als Aufwand abgesetzt sind;[Rz. 55]

f) Hinzurechnung von Leistungen eines Mitunternehmers der Inhaberin, die handelsrechtlich einen Ertrag darstellen (z. B. Zinsen), soweit diese in der Steuerbilanz nicht als Einnahmen enthalten sind.[Rz. 56]

(3) Wird der Jahresabschluss der Inhaberin, etwa auf Grund von steuerlichen Veranlagungen oder Betriebsprüfungen, bestandskräftig geändert oder berichtigt, so sind diese Änderungen auch für die Ergebnisbeteiligung des stillen Gesellschafters verbindlich. Ausgleichszahlungen erfolgen innerhalb von vier Wochen nach bestandskräftiger Änderung des Jahresabschlusses.

§ 9 Ergebnisverteilung[Rz. 58 ff.]

(1) Der stille Gesellschafter nimmt mit [...] vH an einem gemäß § 8 ermittelten Gewinn teil. Dieser Quote liegen die Kapitalverhältnisse bei Abschluss dieses Vertrages zugrunde.

(2) Am Verlust nimmt der stille Gesellschafter mit der in Abs. 1 bezeichneten Quote bis zum Betrag seiner eingezahlten oder rückständigen Einlage teil.

§ 10 Entnahmen[Rz. 61]

(1) Der stille Gesellschafter kann stets die auf seine Beteiligung entfallenden Ertrag- und Erbschaftsteuern einschließlich entsprechender Vorauszahlungsbeträge zum Fälligkeitszeitpunkt entnehmen. Außerdem ist er berechtigt, die ihm zugesagten Leistungen aus Austauschgeschäften mit der Inhaberin zu entnehmen. Im Übrigen kann der stille Gesellschafter die Hälfte des nach Anwendung der Sätze 1 und 2 verbleibenden seinem Privatkonto gutgeschriebenen Gewinnanteils entnehmen.

(2) Weitergehende Entnahmen sind nur mit Zustimmung der Inhaberin unter Berücksichtigung der Liquiditätslage zulässig.

§ 11 Änderung der Kapitalverhältnisse; Aufnahme weiterer stiller Gesellschafter[Rz. 62]

(1) Ändern sich die Kapitaleinlagen der Gesellschafter der Inhaberin, ist der stille Gesellschafter berechtigt, seine Einlage entsprechend zu ändern. Macht er von diesem Recht keinen Gebrauch, sind der stille Gesellschafter und die Inhaberin berechtigt, eine angemessene Neufestsetzung des Ergebnisverteilungsschlüssels zu verlangen.

(2) Werden weitere stille Gesellschafter aufgenommen, ist die Höhe der Gewinn- und Verlustbeteiligung des stillen Gesellschafters unter Berücksichtigung der Kapitalbeteiligungen neu festzusetzen.

§ 12 Übertragung der stillen Beteiligung[Rz. 63 ff.]

(1) Der stille Gesellschafter ist berechtigt, seine Beteiligung ganz oder teilweise, entgeltlich oder unentgeltlich auch ohne Zustimmung der Inhaberin zu übertragen, sofern die Übertragung auf seinen Ehegatten oder Abkömmlinge erfolgt. Im Übrigen ist eine Übertragung der stillen Beteiligung nur mit Zustimmung der Inhaberin zulässig.

(2) Die Belastung der Beteiligung und die Bestellung einer Unterbeteiligung oder eines Nießbrauchs hieran sind in gleicher Weise beschränkt, wie die Übertragung.

§ 13 Kündigung der stillen Gesellschaft[Rz. 67 ff.]

(1) Die stille Gesellschaft kann unter Beachtung einer Frist von sechs Monaten zum Schluss eines Geschäftsjahres gekündigt werden, erstmals jedoch zum [...]

(2) Das Recht zur Kündigung aus wichtigem Grund bleibt unberührt. Ein wichtiger Grund liegt neben den in §§ 234 Abs. 1 HGB, 723 BGB bezeichneten Gründen insbesondere vor, wenn
   a) die Inhaberin die in § 5 Abs. 2 bezeichneten Maßnahmen vornimmt, obwohl der stille Gesellschafter seine Zustimmung verweigert hat;
   b) über das Vermögen des stillen Gesellschafters das Insolvenzverfahren eröffnet oder die Eröffnung mangels Masse abgelehnt wird;
   c) in den Anteil des stillen Gesellschafters die Zwangsvollstreckung betrieben und nicht innerhalb von drei Monaten wieder aufgehoben wird;
   d) eine Person stiller Gesellschafter ist, die nicht nach § 12 nachfolgeberechtigt ist.

(3) Die Kündigung hat durch eingeschriebenen Brief gegenüber dem anderen Vertragspartner zu erfolgen. Für die Wahrung der Kündigungsfrist ist der Zugang der Kündigungserklärung maßgeblich.

§ 14 Tod des stillen Gesellschafters[Rz. 70, 71]

Stirbt der stille Gesellschafter, wird die stille Gesellschaft mit seinen Erben oder Vermächtnisnehmern fortgesetzt, es sei denn, die Beteiligung geht auf andere Personen als den Ehegatten und/oder Abkömmlinge des stillen Gesellschafters über. Testamentsvollstreckung ist zulässig.

§ 15 Umwandlung der Inhaberin[Rz. 72]

Umwandlungsvorgänge auf Ebene der Geschäftsinhaberin berühren das stille Gesellschaftsverhältnis vorbehaltlich einer Kündigung des stillen Gesellschafters nach § 13 nicht. Die Einlage des stillen Gesellschafters besteht mit dem Nennbetrag weiter. Dies gilt auch dann, wenn im Zusammenhang mit der Umwandlung eine Auflösung der Inhaberin eintritt und deren Vermögen auf ein neu errichtetes Unternehmen übergeht.

§ 16 Auseinandersetzungsguthaben[Rz. 73ff.]

(1) Bei Beendigung der stillen Gesellschaft hat der stille Gesellschafter Anspruch auf sein Auseinandersetzungsguthaben, das auf den Tag der Beendigung zu ermitteln ist.

(2) Das Auseinandersetzungsguthaben errechnet sich aus dem Saldo des nach Maßgabe von § 8 ermittelten Einlage-, Privat- und Verlustkontos. Stille Reserven des Geschäftsvermögens sind nicht aufzulösen, am Geschäftswert wird der stille Gesellschafter nicht beteiligt. Am Ergebnis schwebender Geschäfte, die nicht bilanzierungspflichtig sind, nimmt der stille Gesellschafter nicht teil.

(3) Scheidet der stille Gesellschafter während des Geschäftsjahres aus, ist zur Ermittlung der Kontostände des Einlage-, Privat- und Verlustkontos das Ergebnis des laufenden Geschäftsjahres zeitanteilig zu berücksichtigen.

(4) Ein sich unter Berücksichtigung der Abs. 1 bis 3 ergebender negativer Saldo ist vom stillen Gesellschafter auszugleichen, soweit er seine Ursache in Belastungen des Privatkontos hat.

(5) § 8 Abs. 3 findet entsprechende Anwendung; das Auseinandersetzungsguthaben des stillen Gesellschafters ist unter Berücksichtigung der neuen bestandskräftigen Bescheide zu berichtigen.

(6) Das Auseinandersetzungsguthaben ist in [...] gleichen Vierteljahresraten auszuzahlen, von denen die erste drei Monate nach dem Tag der Beendigung der stillen Gesellschaft zur Zahlung fällig wird. Das Auseinandersetzungsguthaben ist in seiner jeweiligen Höhe mit 1,0 Prozentpunkt über dem Basiszinssatz zu verzinsen. Die Zinsen werden mit der letzten Rate fällig.

§ 17 Inkrafttreten

Dieser Vertrag tritt mit seiner Unterzeichnung in Kraft.

§ 18 Schlussbestimmungen

(1) Änderungen und Ergänzungen dieses Vertrages bedürfen zu ihrer Wirksamkeit der Schriftform, sofern nicht im Gesetz gerichtliche oder notarielle Beurkundung vorgeschrieben ist. Mündliche Nebenabreden bestehen nicht.

(2) Sollte eine Bestimmung dieser Urkunde unwirksam oder anfechtbar sein oder werden, so soll deren Inhalt im Übrigen nicht berührt, sondern sinngemäß ausgeführt werden. Anstelle der unwirksamen oder anfechtbaren Bestimmung soll eine angemessene Regelung gelten, die, soweit rechtlich möglich, dem am nächsten kommt, was die Vertragsschließenden gewollt haben oder nach dem Sinn und Zweck dieses Vertrages gewollt haben würden, sofern sie diesen Punkt bei Abschluss des Vertrages bedacht hätten.

(3) Gerichtsstand für sämtliche Streitigkeiten aus diesem Vertrag ist [...], soweit dies zulässig vereinbart werden kann.

..................................., den ....

..

(Unterschriften)

A. Grundsätzliche Anmerkungen

I. Wirtschaftliche Aspekte

1 Die stille Gesellschaft bietet sich als **Instrument der Nachfolgegestaltung** dann an, wenn die nachfolgende Generation am Unternehmenserfolg beteiligt sein und an unternehmerische Verantwortung herangeführt werden soll, ihr aber keine wesentlichen unternehmerischen Einflussmöglichkeiten eingeräumt werden sollen.[1] Auch als Mittel für eine **finanzielle Absicherung** von Familienangehörigen kann sich eine stille Gesellschaftsbeteiligung anbieten. Außerdem kommt die Einräumung einer Beteiligung als stiller Gesellschafter an pflichtteilsberechtigte, aber nicht nachfolgeberechtigte Abkömmlinge in Betracht, um zu verhindern, dass **Pflichtteilsansprüche** entstehen, deren Erfüllung einem Unternehmen in erheblicher Weise Kapital entziehen kann.

2 Die stille Gesellschaft ist eine **Innengesellschaft bürgerlichen Rechts** zwischen dem Inhaber eines Handelsgewerbes und dem stillen Gesellschafter, die am Rechtsverkehr nicht teilnimmt und in der Regel über keine besondere Organisation verfügt.[2] Charakteristisch für die stille Gesellschaft sind die **Zweigliedrigkeit** des Gesellschaftsverhältnisses, die **fehlende Geschäftsführungsbefugnis** des stillen Gesellschafters und das Fehlen eines **Gesamthandsvermögens.** Der Inhaber des Handelsgewerbes bleibt also alleiniger Eigentümer der zum Unternehmen gehörenden Vermögensgegenstände und führt das Unternehmen im eigenen Namen fort. Bei der stillen Gesellschaft besteht keine Publizitätspflicht. Die stille Gesellschaft wird grundsätzlich nicht in das **Handelsregiste**r eingetragen. Eine Ausnahme besteht insofern für **Aktiengesellschaften,** bei denen gemäß §§ 292, 294 AktG eine Eintragung der stillen Gesellschaft erforderlich ist.[3]

3 Für den Inhaber des Handelsgewerbes bietet die stille Gesellschaft den Vorteil, dass die Verzinsung der Einlage des stillen Gesellschafters vom Ergebnis des Unternehmens abhängig ist, ohne dass dem Stillen wesentliche unternehmerische Mitspracherechte zustehen. Für den stillen Gesellschafter bietet die Beteiligung die Möglichkeit, am unternehmerischen Erfolg des Handelsgewerbes teilzunehmen, ohne Haftungsrisiken gegenüber den Gläubigern des Unternehmens einzugehen. Auch wenn der Geschäftsinhaber die Einlage des stillen Gesellschafters an diesen ganz oder teilweise zurückzahlt, besteht, anders als bei einem Kommanditisten, keine unmittelbare Haftung des stillen Gesellschafters gegenüber den Gläubigern des Handelsgewerbes.

4 Die gesetzlichen Regelungen zur stillen Gesellschaft sind weitgehend **dispositiv.** Durch entsprechende gesellschaftsvertragliche Regelungen kann die Rechtsstellung des stillen Gesellschafters atypisch gestaltet und sowohl hinsichtlich seiner Mitwirkungsrechte, als auch hinsichtlich seiner vermögensrechtlichen Stellung wirtschaftlich der Stellung eines Kommanditisten angenähert werden.

II. Rechtliche Aspekte

5 Der stille Gesellschafter beteiligt sich an dem Handelsgewerbe eines anderen und leistet als Beitrag zur Förderung des gemeinschaftlichen Zwecks eine **Vermögenseinlage** in das Vermögen des Inhabers des Handelsgewerbes (§ 230 Abs. 1 HGB). Die

[1] Vgl. zur Bedeutung der stillen Gesellschaft als Instrument der Nachfolgeplanung auch Blaurock/*Blaurock* Rz. 2.18 ff.; *Lasa* ZEV 2010, S. 433 ff.

[2] MüKoHGB/*K. Schmidt* HGB § 230 Rz. 72.

[3] Zu den Folgen einer mitunternehmerischen stillen Beteiligung für die steuerliche Anerkennung einer Organschaft vgl. BMF v. 20.8.2015, BStBl. II 2015, 649 und kritisch dazu *Suchanek* GmbHR 2015, 1031 ff.

stille Gesellschaft ist eine Innengesellschaft, bei der eine gemeinsame Vertretung fehlt und die Geschäfte nach außen im Namen des Geschäftsinhabers geschlossen werden, nach innen aber für Rechnung beider Gesellschafter gehen.[4] Die stille Gesellschaft kann kein Gesellschaftsvermögen bilden. Die Einlage des stillen Gesellschafters ist gemäß § 230 Abs. 1 HGB so zu leisten, dass sie in das Vermögen des Geschäftsinhabers übergeht. Der Geschäftsinhaber bleibt alleiniger Träger des Unternehmens und schließt Geschäfte ausschließlich im eigenen Namen, nicht im Namen der stillen Gesellschaft.[5] Allein der Inhaber des Handelsgewerbes wird durch die Geschäfte berechtigt und verpflichtet (§ 230 Abs. 2 HGB).

Die stille Gesellschaft ist **keine Handelsgesellschaft** im Sinne des HGB, da sie 6
kein eigenes Handelsgewerbe betreiben kann.[6] Sie kann weder eine eigene Firma führen, noch im Handelsregister eingetragen werden.[7]

Der stille Gesellschafter beteiligt sich an dem Handelsgewerbe eines anderen. Mög- 7
lich ist hierbei auch die Beteiligung an einem Teil eines Handelsgewerbes, bspw. einer **Zweigniederlassung,** oder an einem anderen selbständig abgrenzbaren **Geschäftszweig.** Der Geschäftsinhaber muss Kaufmann iSv. §§ 1–6 HGB sein. Die stille Gesellschaft kann also an einem Einzelunternehmen bestehen oder an dem Unternehmen einer Personenhandelsgesellschaft oder Kapitalgesellschaft. Beteiligt sich der stille Gesellschafter an dem Handelsgewerbe einer Personengesellschaft, besteht das stille Gesellschaftsverhältnis – anders, als dies bei einer Unterbeteiligung der Fall ist – zur Gesellschaft als solcher und nicht zu den einzelnen Gesellschaftern.

Der Abschluss des stillen Gesellschaftsvertrages ist grundsätzlich **formfrei** möglich. 8
Wird die stille Beteiligung an dem Handelsgewerbe einer Aktiengesellschaft eingeräumt, bedarf der Abschluss des Gesellschaftsvertrages allerdings gemäß den §§ 293 ff. AktG der Schriftform, der Zustimmung der Hauptversammlung und der Eintragung in das Handelsregister, da er wie ein Teilgewinnabführungsvertrag behandelt wird.[8]

Die schenkweise Zuwendung einer stillen Beteiligung bedarf der **notariellen Be-** 9
urkundung gemäß § 518 BGB. Die schenkweise Zuwendung einer stillen Beteiligung kann auf zwei Wegen erfolgen: Zum einen kann eine bereits bestehende stille Beteiligung an den Nachfolger abgetreten werden.[9] Zum anderen können dem Nachfolger die entsprechenden Geldbeträge zugewandt werden, damit dieser die stille Einlage leisten kann.[10] Soll also eine stille Gesellschaft erstmals schenkweise begründet werden, handelt es sich stets um einen zweiaktigen Vorgang: Die Zuwendung der Mittel für die Einlageleistung einerseits und den Abschluss des stillen Gesellschaftsvertrages andererseits. Diese Fallkonstellation liegt dem Formular zugrunde. Wird, wie in der dem Formular zugrunde liegenden Konstellation, der stille Gesellschaftsvertrag mit einer **Handelsgesellschaft** geschlossen, richten sich alle Gesellschafterrechte des stillen Gesellschafters gegen die Gesellschaft und die Zuwendung des Schenkers kann nur in der **Finanzierung** der stillen Einlage bestehen,[11] die entweder durch Geldzuwendung oder, wenn der Schenker Gesellschafter ist, durch Umbuchung von einem für den Schenker bei der Gesellschaft geführten Konto erfolgen kann.[12] Es kommt also zwischen Schenker und Beschenktem zu einer Vermögensübertragung, denn auch im Fall der Umbuchung erwirbt der stille Gesellschafter anstelle des Schenkers eine Forderung gegen die Gesellschaft.[13]

---

[4] RGZ 166, 163.
[5] Blaurock/*Blaurock* § 4, Rz. 4.11.
[6] Blaurock/*Blaurock* § 4, Rz. 4.12.
[7] Ausnahme: §§ 292, 294 AktG.
[8] Blaurock/*Juna* § 9, Rz. 9.28.
[9] Vgl. hierzu Formular A. 1.22. und für die atypisch stille Gesellschaft Formular A. 2.73.
[10] Vgl. für die atypisch stille Gesellschaft Formular A. 2.62.
[11] Siehe hierzu Formular A. 2.62.
[12] Vgl. *K. Schmidt* DB 2002, 829, 833.
[13] MüKoHGB/*K. Schmidt* HGB § 230 Rz. 102.

10 Der BGH hatte in seiner langjährigen Rechtsprechung die Schenkung der Einlageforderung als formbedürftig angesehen und eine Heilbarkeit durch Vollzug gemäß § 518 Abs. 2 BGB aufgrund der rein schuldrechtlichen Position des typisch stillen Gesellschafters verneint.[14] In Fällen, in denen ein **Einzelkaufmann** dem stillen Gesellschafter eine Einlage unentgeltlich durch Abbuchung von seinem Privatkonto und Einbuchung auf dem Einlagekonto des stillen Gesellschafters zuwende, stelle die **Umbuchung** keinen Vollzug der Schenkung dar, da der Geschäftsinhaber nur eine Forderung gegen sich selbst begründet, so dass eine Heilung eines Formmangels durch Vollzug nicht in Betracht komme.[15]

11 Nunmehr hat der BGH für die **atypische Unterbeteiligung** in Abweichung von seiner bisherigen Rechtsprechung entschieden, dass ein Formmangel in Bezug auf die Schenkung des Einlagebetrages mit dem **Abschluss des Unterbeteiligungsvertrages** geheilt wird.[16] Der BFH hat sich dieser Auffassung sowohl für die atypische Unterbeteiligung als auch für die **atypisch stille Gesellschaft** angeschlossen.[17] Der BFH begründet dies unter Bezugnahme auf die zivilgerichtliche Rechtsprechung damit, dass sich die Rechte des Stillen nicht nur auf schuldrechtliche Ansprüche beschränkten, sondern ihm darüber hinaus mitgliedschaftliche Rechte eingeräumt würden, durch die er Einfluss auf die Innengesellschaft nehmen könne und mit denen er eine in dem Anteil an der Innengesellschaft verkörperte mitgliedschaftliche Rechtsposition erhalte.[18] Die Entscheidungen des BFH betrafen die Einräumung einer atypisch stillen Beteiligung am Unternehmen einer Personenhandelsgesellschaft bzw. einer GmbH. Offen ist, ob die Heilung durch Abschluss des stillen Gesellschaftsvertrages auch bei schenkweiser Einräumung einer atypisch stillen Beteiligung an einem Einzelunternehmen und bei Einräumung einer typisch stillen Beteiligung am Unternehmen einer Personenhandelsgesellschaft oder einem Einzelunternehmen gilt.[19] Aus Vorsichtsgründen sollte daher für die Schenkung des Einlagebetrages durch Umbuchung auf den Konten des Einzelunternehmers die notarielle Form gewahrt werden.

12 Der **Vertrag über die Errichtung der stillen Gesellschaft** wird im Formular nicht mit dem Schenker, sondern mit der Gesellschaft geschlossen. Er ist ein entgeltlicher Vertrag, auf den § 518 BGB keine Anwendung findet.[20] Der BFH nimmt für die steuerliche Anerkennung des stillen Gesellschaftsvertrages allerdings an, dass sich die Formbedürftigkeit des Schenkungsversprechens auch auf den Gesellschaftsvertrag erstreckt, wenn Gegenstand des Schenkungsversprechens eine Einlage in eine stille Gesellschaft ist.[21] Zu den Heilungsmöglichkeiten durch Abschluss des stillen Gesellschaftsvertrages vgl. Rz. 11.

13 Wird der stille Gesellschaftsvertrag mit einem **minderjährigen Kind** geschlossen, ist sowohl für den Abschluss des Schenkungsvertrages über die Einräumung der stillen Beteiligung, als auch für den Abschluss des stillen Gesellschaftsvertrages gemäß §§ 1909, 1629 Abs. 2, 1795 BGB die **Bestellung eines Ergänzungspflegers** erforderlich.[22] Für den **Schenkungsvertrag** folgt dies aus der Auflage, den geschenkten

[14] Vgl. ausführlich *K. Schmidt* DB 2002, 829; auch Blaurock/*Levedag,* § 21, Rz. 21.53.

[15] BGHZ 7, 174; BGHZ 7, 378; BGHZ 112, 40.

[16] BGH v. 29.11.2011 – II ZR 306/09 („Unseld"), BGHZ 191, 354.

[17] BFH v. 16.1.2008 – II R 10/06, BStBl. II 2008, 631; BFH v. 17.7.2014 – IV R 52/11, DStR 2014, 2111; vgl. dazu auch ausführlich Blaurock/*Levedag,* § 21, Rz. 21.53.

[18] BFH, aaO.

[19] Nach Auffassung des FG Rheinland-Pfalz soll auch die schenkweise Zuwendung einer typischen Unterbeteiligung mit der Einbuchung bei der Personengesellschaft gemäß § 518 Abs. 2 BGB bewirkt sein, wenn dem unterbeteiligten Gesellschafter von Anfang an auch mitgliedschaftliche Mitwirkungsrechte an der Geschäftsführung der Innengesellschaft gewährt werden, vgl. FG Rhpf v. 31.1.2013 – 5 K 2009/10, EFG 2013, 835. Nach Auffassung von *Levedag* soll dies auch für die geschenkte Einlageforderung des des typisch stillen Gesellschafters gelten, vgl. Blaurock/*Levedag,* § 21, Rz. 21.53.

[20] OLG Düsseldorf v. 17.12.1998 – 6 U 193/97, NZG 1999, 652 ff.; MüKoHGB/*K. Schmidt* HGB § 230 Rz. 102; *K. Schmidt* DB 2002, S. 829, 833.

[21] BFH v. 14.5.2003 – X R 14/99, BFH/NV 2003, 1546; BFH v. 17.7.2014 – IV R 52/11, DStR 2014, 2111.

[22] Vgl. auch BFH v. 12.5.2016 – IV R 27/13, BFH/NV 2016, 1278.

Betrag als Einlage in der stillen Gesellschaft zu leisten. Aufgrund der mit dieser Auflage verbundenen Handlungspflicht des Kindes ist die Schenkung nicht lediglich rechtlich vorteilhaft iSv § 181 BGB.[23] Für den Fall, dass die Schenkung des Einlagebetrages durch Abbuchung von einem Gesellschafterkonto des Schenkers und nicht durch Zuwendung eines Geldbetrages mit der Auflage, diesen als stille Einlage zu verwenden, erfolgt und der stille Gesellschafter nicht am Verlust beteiligt ist, ist die Schenkung aber lediglich rechtlich vorteilhaft, so dass eine Ergänzungspflegerbestellung entbehrlich ist.[24] Für den Abschluss des **stillen Gesellschaftsvertrages** ergibt sich das Erfordernis der Ergänzungspflegerbestellung daraus, dass die Beträge, die zuvor in das Vermögen des Kindes gelangt sind, in das Vermögen eines anderen übertragen werden müssen und deshalb auch der stille Gesellschaftsvertrag nicht lediglich rechtlich vorteilhaft iSv. § 181 BGB ist.[25] Dies soll nach Auffassung der Rechtsprechung selbst dann gelten, wenn der stille Gesellschafter nicht am Verlust beteiligt ist, weil er auch dann den eventuell langfristigen Bindungen eines Gesellschaftsvertrages unterworfen wird.[26] Bei einer stillen Beteiligung an einer Handelsgesellschaft muss für den Abschluss des stillen Gesellschaftsvertrages aber nur dann ein Ergänzungspfleger bestellt werden, wenn die Gesellschaft bei Vertragsschluss durch einen Elternteil des minderjährigen stillen Gesellschafters vertreten wird, da ansonsten das Verbot des Insichgeschäfts aus § 181 BGB nicht greift.[27]

Der Abschluss des stillen Gesellschaftsvertrages bedarf außerdem gemäß §§ 1643 14
Abs. 1, 1822 Nr. 3 BGB der **Genehmigung durch das Familiengericht,**[28] es sei denn, die Beteiligung des stillen Gesellschafters am Verlust ist ausgeschlossen und er hat außer seiner nach § 230 Abs. 2 HGB zu leistenden Einlage keine weiteren Leistungen zu erbringen.[29] Im letzteren Fall ist das stille Gesellschaftsverhältnis einem partiarischen Darlehensverhältnis so nahe, dass es nicht als unternehmerische Beteiligung iSv. § 1822 Nr. 3 BGB angesehen werden kann.[30] Die Schenkung des Einlagebetrages bedarf demgegenüber nicht der Genehmigung durch das Familiengericht.

Liegt die erforderliche familiengerichtliche Genehmigung bei Vertragsschluss bereits 15
vor, wird dieser unmittelbar wirksam. Wird die Genehmigung erst nach Abschluss des stillen Gesellschaftsvertrages eingeholt, ist dieser bis zur Erteilung der Genehmigung schwebend unwirksam. Mit der Mitteilung der Genehmigung (§ 1829 BGB) tritt der stille Gesellschaftsvertrag rückwirkend auf den Zeitpunkt des Abschlusses in Kraft (§ 184 BGB).[31] Hierbei muss berücksichtigt werden, dass die zivilrechtliche Rückwirkung einer Genehmigung steuerlich grds. unbeachtlich ist.[32] Eine Ausnahme hiervon gilt für behördliche Genehmigungen, zu denen auch die familiengerichtliche Genehmigung gehört.[33] Behördliche Genehmigungen sollen zumindest auf den Zeitpunkt zurückwirken, in dem die Beteiligten alles getan haben, um die Genehmigung herbeizuführen. Hierfür müssen die Beteiligten alle Erklärungen in gehöriger Form abgegeben haben, die für das Einholen der Genehmigung erforderlich sind, also insbesondere den Antrag auf Erteilung der Genehmigung unter Beifügung des stillen Gesellschaftsvertrages unverzüglich nach Vertragsschluss gestellt haben.[34]

---

[23] BFH v. 9.7.1987 – IV R 95/85, NJW 1988, 1344 ff.
[24] BFH v. 9.7.1987 – IV R 95/85, NJW 1988, 1344 ff.
[25] Vgl. BFH v. 19.12.1979 – I R 176/77, BStBl. II 1980, 242.
[26] Vgl. BFH v. 28.11.1973 – I R 101/72, BStBl. II 1974, 289; BFH v. 19.12.1979 – I R 176/77, BStBl. II 1980, 242; aA GroßKommHGB/*Harbarth* § 230 Rz. 157; *Tiedtke* DB 1974, 1064; differenzierend MüKoHGB/*K. Schmidt* § 230 Rz. 105.
[27] Blaurock/*Jung,* § 9, Rz. 9.45.
[28] Offen gelassen von BFH v. 12.5.2016 – IV R 27/13, BFH/NV 2016, 1559.
[29] BFH v. 4.7.1968 – IV R 136/63, BStBl. II 1968, 671; BFH v. 28.11.1973 – I R 101/72, BStBl. II 1974, 289; MüKoHGB/*K. Schmidt* § 230 Rz. 106.
[30] MüKoHGB/*K. Schmidt* § 230 Rz. 106.
[31] *Fichtelmann* EStB 2000, S. 202, 205.
[32] ErbStR E 9.1 Abs. 3 S. 3.
[33] ErbStR E 9.1 Abs. 3 S. 4.
[34] ErbStR E 9.1 Abs. 3 S. 4; *Fichtelmann* EStB 2000, 202, 205.

16 Für die stille Gesellschaft gelten die §§ 230ff. HGB und ergänzend die §§ 705ff. BGB. Kennzeichnend für das Recht der stillen Gesellschaft ist die Unterscheidung zwischen **typischen** und **atypischen** stillen Gesellschaften, die ihre Grundlage darin hat, dass die §§ 230ff. HGB weitgehend dispositive Regelungen enthalten. Ein atypisch stilles Gesellschaftsverhältnis liegt immer dann vor, wenn gesellschaftsvertraglich von den strukturbildenden – typischen – Merkmalen der stillen Gesellschaft abgewichen wird. Zur Atypik führt zum einen eine **mehrgliedrige Organisation** des stillen Gesellschaftsverhältnisses, hierunter fallen etwa die stillen Publikumsgesellschaften. Auch die Einräumung von **Geschäftsführungsbefugnissen** an den stillen Gesellschafter, die – etwa in Form von Widerspruchs- und Zustimmungsrechten oder Weisungsbefugnissen – über das in § 233 Abs. 1 HGB geregelte Kontrollrecht hinausgehen, lassen die stille Gesellschaft zu einer atypischen werden. Atypisch ist außerdem eine Gestaltung, nach der der stille Gesellschafter im Innenverhältnis am Unternehmensvermögen beteiligt wird, also trotz des Fehlens eines Gesamthandsvermögens einen schuldrechtlichen Anspruch gegenüber dem Geschäftsinhaber hat, so behandelt zu werden, als ob das Vermögen des Unternehmens ihm und dem Unternehmensinhaber gemeinschaftlich gehöre, der stille Gesellschafter also schuldrechtlich an den **stillen Reserven** und einem etwaigen **Geschäftswert** des Unternehmens beteiligt wird.[35]

17 Ein weiteres Abgrenzungskriterium zwischen typischen und atypischen stillen Gesellschaften ist die steuerliche Mitunternehmerstellung des stillen Gesellschafters.[36] Die Einnahmen aus der Beteiligung an einem Handelsgewerbe als stiller Gesellschafter und aus einem partiarischen Darlehen gehören gemäß § 20 Abs. 1 Nr. 4 EStG zu den Einkünften aus Kapitalvermögen, es sei denn, der stille Gesellschafter oder Darlehensgeber ist als **Mitunternehmer** anzusehen. Letzterenfalls gehören die Gewinnanteile gemäß § 15 Abs. 1 S. 1 Nr. 2 EStG zu den Einkünften aus Gewerbebetrieb. Eine stille Gesellschaft wird steuerlich als typisch angesehen, wenn sie Einkünfte aus Kapitalvermögen vermittelt, während sie atypisch ist, wenn sie zu Einkünften aus Gewerbebetrieb führt.[37] Der stille Gesellschafter ist als „Mitunternehmer" iSv. § 15 Abs. 1 S. 1 Nr. 2 EStG anzusehen, wenn er **Mitunternehmerrisiko** trägt und **Mitunternehmerinitiative** entfaltet.[38] Hierbei bedeutet Mitunternehmerinitiative die Teilnahme an unternehmerischen Entscheidungen in Form von Kontroll- oder Widerspruchsrechten, während Mitunternehmerrisiko eine gesellschaftsrechtliche Teilnahme am Erfolg oder Misserfolg des Unternehmens voraussetzt, was regelmäßig durch Beteiligung am Gewinn und Verlust sowie an den stillen Reserven des Anlagevermögens einschließlich eines Geschäftswerts vermittelt wird.[39] Eine steuerlich atypische stille Gesellschaft ist damit aufgrund der Vermögens- und Geschäftsführungsbeteiligung des stillen Gesellschafters zugleich auch immer nach der handelsrechtlichen Abgrenzung atypisch, während umgekehrt eine handelsrechtlich atypisch stille Gesellschaft nicht immer zugleich eine solche des Steuerrechts ist. Das Formular sieht eine Gestaltung des stillen Gesellschaftsverhältnisses vor, die aufgrund der Mitwirkungs- und Vermögensrechte des stillen Gesellschafters sowohl handels- als auch steuerrechtlich typisch ist.

18 Die stille Gesellschaft unterscheidet sich von der **Unterbeteiligung,** ebenfalls einer Innengesellschaft bürgerlichen Rechts, dadurch, dass die Unterbeteiligung nicht an einem Handelsgewerbe, sondern an einem Gesellschaftsanteil besteht. Gesellschafter der Unterbeteiligungsgesellschaft sind nicht der Inhaber des Handelsgewerbes und ein stiller Gesellschafter, sondern der Gesellschafter einer Personen- oder Kapitalgesellschaft als „Hauptbeteiligter" und ein „Unterbeteiligter", der sich an diesem Gesell-

---

[35] Vgl. ausführlich zu den verschiedenen atypischen Gesellschaftsformen Blaurock/*Blaurock* § 4, Rz. 4.26ff.
[36] Blaurock/*Blaurock* § 4, Rz. 4.33.
[37] Blaurock/*Blaurock* § 4, Rz. 4.33.
[38] Vgl. grundlegend BFH GrS v. 25.6.1984 – GrS 4/82, BStBl. II 1984, 751ff.
[39] BFH GrS v. 25.6.1984 – GrS 4/82, BStBl. II 1984, 751ff.

schaftsanteil beteiligt.[40] Auch ein Unterbeteiligungsverhältnis kann vergleichbar einem stillen Gesellschaftsverhältnis „typisch" und „atypisch" ausgestaltet werden.[41]

Von einem **partiarischen Darlehen,** bei dem eine Gewinnbeteiligung als Gegenleistung für die darlehensweise Hingabe von Geld eingeräumt wird, unterscheidet sich die stille Gesellschaft im Grundsatz dadurch, dass es bei einem partiarischen Rechtsverhältnis an einem gemeinsamen Zweck fehlt, zu dessen Förderung sich die Gesellschafter untereinander verpflichten müssen.[42] Die tatsächliche Feststellung, ob ein gemeinsamer Zweck verfolgt wird oder jeder der Beteiligten für sich einen bestimmten Zweck erstrebt, kann allerdings im Einzelfall sehr schwierig sein. Ein weiteres objektives Unterscheidungsmerkmal besteht in der Verlustbeteiligung des stillen Gesellschafters, die der Annahme eines partiarischen Darlehens deshalb entgegensteht, weil ein Darlehen begrifflich die Verpflichtung zur Rückzahlung eines festen Kapitalbetrages voraussetzt.[43] 19

Das stille Gesellschaftsverhältnis ist kein **Treuhandverhältnis.** Das Bestehen eines Treuhandverhältnisses setzt das Vorhandensein eines eindeutig bestimmbaren Treugutes und den Abschluss eines Treuhandvertrages voraus. Beides fehlt im Regelfall bei der stillen Gesellschaft. Die Einlage ist vom stillen Gesellschafter gemäß § 230 Abs. 1 HGB so zu leisten, dass sie in das Vermögen des Geschäftsinhabers übergeht. Der stille Gesellschafter leistet die Einlage im Regelfall so, dass sie Bestandteil dieses Vermögens wird.[44] Etwas anderes kann im Einzelfall dann gelten, wenn zusätzlich vereinbart wird, dass die Einlage des stillen Gesellschafters ausdrücklich „zu treuen Händen" übereignet und nach Beendigung des Gesellschaftsverhältnisses an den stillen Gesellschafter zurück zu übertragen ist.[45] 20

III. Steuerliche Aspekte

Die laufenden Gewinnanteile des typisch stillen Gesellschafters gehören nach § 20 Abs. 1 Nr. 4 EStG zu den **Einkünften aus Kapitalvermögen.** Die stille Beteiligung gehört, sofern sie nicht in einem Betriebsvermögen gehalten wird, zum **steuerlichen Privatvermögen.** Ab dem VZ 2009 werden auch die Gewinne aus der Veräußerung einer typisch stillen Beteiligung und die Vereinnahmung des Auseinandersetzungsguthabens bei Beendigung der stillen Gesellschaft (§ 20 Abs. 2 S. 2 EStG) gem. § 20 Abs. 2 S. 1 Nr. 4 EStG als steuerpflichtige Einkünften aus Kapitalvermögen erfasst.[46] Zuvor war die Veräußerung einer im Privatvermögen gehaltenen stillen Beteiligung außerhalb der Spekulationsfrist des § 23 EStG steuerfrei. Ist der stille Gesellschafter am Verlust beteiligt, sind die auf ihn entfallenden Anteile am laufenden Verlust nach hM Werbungskosten bei den Einkünften aus Kapitalvermögen.[47] Nach Auffassung des BFH können die Verlustanteile eines typisch stillen Gesellschafters erst dann steuerlich als Werbungskosten berücksichtigt werden, wenn die Verlustanteile im Jahresabschluss des Geschäftsinhabers festgestellt und von der Einlage des stillen Gesellschafters abgebucht worden sind.[48] 21

---

[40] Blaurock/*Blaurock* § 5, Rz. 5.5.

[41] Vgl. Formular A. 1.11 und A. 2.61.

[42] BGHZ 25, 174, 177 f.; BFH v. 10.2.1978 – III R 115/76, BStBl. II 1978, 256 f.; Großkomm. HGB/*Harbarth* § 230 Rz. 37; grundsätzlich aA *Schön* ZGR 1990, 210/218, der das Bestehen eines Unterschiedes zwischen stiller Gesellschaft und partiarischem Darlehen generell ablehnt.

[43] BGHZ 25, 174, 177 f.; MüKoHGB/*K. Schmidt* § 230 Rz. 60.

[44] Blaurock/*Jung* § 7, Rz. 7.7.

[45] MüKoHGB/*K. Schmidt* HGB § 230 Rz. 47.

[46] Blümich/*Stuhrmann* EStG § 20 Rz. 448.

[47] BFH BStBl. II 1988, 186; FG München EFG 1981, 341; Schmidt/*Weber-Grellet* EStG § 20 Rz. 98; HHR/*Intemann* EStG § 20 Rz. 142; aA *Littmann* EStG § 20 Rz. 525, nach dessen Auffassung es sich um negative Einnahmen aus Kapitalvermögen handeln soll.

[48] BFH v. 16.10.2007 – VIII R 21/06, DStR 2008, 38; BFH v. 28.1.2014 – VIII R 5/11, BFH/NV 2014, 1193.

22 Ab dem Veranlagungszeitraum 2009 unterliegen die Anteile des stillen Gesellschafters am laufenden Gewinn grundsätzlich gemäß § 32d Abs. 1 EStG der Abgeltungsteuer iHv. 25 vH zzgl. 5,5 vH SolZ. Für die Behandlung von Verlusten hätte dies grundsätzlich bedeutet, dass diese gemäß § 20 Abs. 9 EStG unbeachtlich geblieben wären.[49] Nach Tz. 4 des BMF-Schreibens vom 18.1.2016[50] sind laufende Verluste der stillen Beteiligung aber als (negative) Einkünfte aus Kapitalvermögen anzuerkennen. Ein Anwendungsbereich für die Verlustabzugsbeschränkung stellt bspw. die eine Fremdfinanzierung der stillen Einlage dar: Die Fremdkapitalzinsen unterfallen § 20 Abs. 9 EStG. Hinsichtlich der Nutzung eines die Einlage übersteigenden Verlusts sind die Beschränkungen des § 15a EStG zu berücksichtigen. Wird dem stillen Gesellschafter im Rahmen der Auseinandersetzung sein Guthaben zugewiesen, sollen bei der Ermittlung des Gewinns iSv § 20 Abs. 4 EStG die als laufende Einkünfte berücksichtigten Gewinn- oder Verlustanteile, die das Auseinandersetzungsguthaben erhöht oder gemindert haben, vom Gewinn abgerechnet oder dem Gewinn hinzugerechnet werden.[51]

23 Die Regelungen der Abgeltungsteuer kommen grundsätzlich auch im Rahmen von stillen Gesellschaftsverträgen zwischen Familienangehörigen zur Anwendung. § 32d Abs. 2 Nr. 1a) EStG, der vorsieht, dass die Regelungen der Abgeltungsteuer für Kapitalerträge iSv § 20 Abs. 1 Nr. 4 und Nr. 7 EStG nicht anwendbar sind, wenn Gläubiger und Schuldner der Kapitalerträge einander nahe stehende Personen sind, schließt die Geltung der Regelungen für Familienangehörige nicht generell aus. Nach Auffassung des BFH liegt ein Näheverhältnis nur bei beherrschendem Einfluss oder eigenem wirtschaftlichen Interesse vor, ein lediglich aus der Familienangehörigkeit folgendes abgeleitetes Interesse reicht nicht aus.[52] Die Finanzverwaltung hat sich dieser Auffassung angeschlossen.[53] Auch zwischen Familienangehörigen kann allerdings im Einzelfall ein beherrschender Einfluss iSv. § 32d Abs. 2 Nr. 1a) EStG vorliegen, wenn der beherrschten Person aufgrund eines absoluten Abhängigkeitsverhältnisses, das wirtschaftlicher oder persönlicher Natur sein kann, im Wesentlichen kein eigener Entscheidungsspielraum zur Verfügung steht.[54]

24 Findet § 32d Abs. 1 EStG im Einzelfall keine Anwendung, gilt anstelle des abgeltenden Steuersatzes von 25 vH für die Einnahmen des typisch stillen Gesellschafters der allgemeinen Einkommensteuertarif.[55] Außerdem bleibt es gemäß § 32d Abs. 2 S. 2 EStG bei den allgemeinen Verlustverrechnungs- und Verlustausgleichsregelungen und den allgemeinen Regelungen zum Werbungskostenabzug, § 20 Abs. 6 und Abs. 9 finden keine Anwendung.[56] Fremdkapitalzinsen könnten also in diesem Fall steuerlich als Werbungskosten berücksichtigt werden.

25 Die Einkommensteuer auf die Einkünfte des typisch stillen Gesellschafters wird durch **Abzug vom Kapitalertrag** erhoben (§ 43 Abs. 1 Nr. 3 EStG). Steuerschuldner der Kapitalertragsteuer ist der stille Gesellschafter als Gläubiger der Kapitalerträge (§ 44 Abs. 1 S. 1 EStG). Der Inhaber des Handelsgewerbes haftet als Schuldner der Kapitalerträge für die Einbehaltung und Abführung der Kapitalertragsteuer (§ 44 Abs. 5 EStG). Gemäß § 43 Abs. 5 S. 1 EStG hat die Kapitalertragsteuer **abgeltende Wirkung,** es sei denn, die Erträge sind gemäß § 32d Abs. 2 EStG von der abgeltenden Wirkung ausdrücklich ausgenommen.[57]

---

[49] *Haisch/Krampe* FR 2010, S. 311, 312.
[50] BStBl. I 2016, 85 ff.
[51] BMF v. 18.1.2016, BStBl. I 2016, 85.
[52] BFH v. 29.4.2014 – VIII R 9/13, BStBl. II 2014, 986.
[53] BMF v. 16.1.2016, BStBl. I 2016, 85, Tz. 136.
[54] BFH v. 29.4.2014 – VIII R 9/13, BStBl. II 2014, 986; BFH v. 28.1.2015 – VIII R 8/14, BStBl. II 2015, 397; BMF BStBl. I 2016, 85, Rz. 136.
[55] Vgl. hierzu Blümich/*Stuhrmann* EStG § 32d Rz. 99.
[56] Blümich/*Stuhrmann* EStG § 32d Rz. 99.
[57] Vgl. hierzu *Schmitt* Stbg 2009, S. 101, 106.

Für den Inhaber des Handelsgewerbes ist die stille Einlage **Fremdkapital.** Die Gewinnanteile des typisch stillen Gesellschafters sind für den Geschäftsinhaber **Betriebsausgaben** iSd § 4 Abs. 4 EStG. Die Gewinnminderung durch Abzug der auf den stillen Gesellschafter entfallenden Gewinnanteile erfolgt im Wirtschaftsjahr der Gewinnentstehung, während für den **Zufluss** der Gewinnanteile beim stillen Gesellschafter § 11 EStG maßgeblich ist. Der Zufluss beim stillen Gesellschafter erfolgt in dem Zeitpunkt, in dem er über den Gewinnanteil verfügen kann, also regelmäßig bei Gutschrift des Gewinnanteils auf seinem Privatkonto. Beteiligt sich der Gesellschafter einer GmbH an deren Handelsgewerbe zugleich als typisch stiller Gesellschafter, kann die Zinsschranke des § 8a KStG Anwendung finden.[58] 26

Der atypisch stille Gesellschafter ist Mitunternehmer und erzielt gemäß § 15 Abs. 1 S. 1 Nr. 2 EStG Einkünfte aus Gewerbebetrieb. Die Ergebnisanteile des stillen Gesellschafters und des Inhabers des Handelsgewerbes werden gemäß § 180 AO einheitlich und gesondert festgestellt. 27

Auch bei stillen Gesellschaftsverträgen sind die **Grundsätze zur steuerlichen Anerkennung von Vertragsverhältnissen zwischen nahen Angehörigen** zu beachten.[59] Nach ständiger Rechtsprechung des BFH sind Gesellschaftsverträge ebenso wie sonstige Vertragsverhältnisse zwischen nahen Angehörigen nur dann steuerlich zu berücksichtigen, wenn sie zivilrechtlich wirksam sind, inhaltlich dem unter Dritten Üblichen entsprechen und tatsächlich wie unter Dritten vollzogen werden.[60] Dabei ist nach neuerer Rechtsprechung die steuerliche Anerkennung nicht bereits deshalb ohne Weiteres ausgeschlossen, weil einzelne Sachverhaltsmerkmale geringfügig von der unter fremden Dritten üblichen Gestaltung des Rechtsverhältnisses abweichen.[61] Im Rahmen des Fremdvergleichs sind die einzelnen Kriterien vielmehr im Rahmen einer Gesamtwürdigung daraufhin zu überprüfen, ob sie den Rückschluss auf eine private Veranlassung der Vereinbarung zulassen.[62] Dem stillen Gesellschafter muss zumindest annähernd die Rechtsstellung eingeräumt werden, die einem stillen Gesellschafter nach dem Regelstatut der §§ 230ff. HGB zukommt.[63] Zur **angemessenen Gewinnverteilung** in Familiengesellschaften vgl. Rz. 55. 28

Eine schenkweise begründete typisch stille Beteiligung ist nach Auffassung von Rechtsprechung und Finanzverwaltung dann steuerlich nicht anzuerkennen, wenn der Geschäftsinhaber seinen minderjährigen Kindern Geldbeträge mit der Auflage zuwendet, ihm diese sogleich wieder als Einlage im Rahmen einer typisch stillen Gesellschaft zur Verfügung zu stellen, wenn die Verlustbeteiligung ausgeschlossen ist.[64] Eine solche Gestaltung sei einer Darlehensgewährung ähnlich, so dass für die einkommensteuerliche Anerkennung die gleichen Grundsätze zu gelten hätten.[65] 29

Gewerbesteuerlich werden die abzugsfähigen Gewinnanteile des typisch stillen Gesellschafters beim Inhaber des Handelsgewerbes gem. § 8 Nr. 1 Buchst. c GewStG in Höhe von 25 vH wieder hinzugerechnet, soweit die Summe der sämtlichen Hinzurechnungsbeträge gemäß § 8 Nr. 1 Buchst. a bis f GewStG den Freibetrag von € 100 000,– übersteigt. 30

Die Leistung einer Geldeinlage durch den stillen Gesellschafter ist nicht **umsatzsteuerbar.**[66] 31

---

[58] Vgl. hierzu *Carlé* ErbStB 2007, S. 276, 277.
[59] BFH v. 31.5.1989 – III R 91/87, BStBl. II 1990, 10.
[60] BFH v. 31.5.1989 – III R 91/87, BStBl. II 1990, 10 m. w. N.
[61] BFH v. 14.5.2003 – X R 14/99, ZEV 2003, 425.
[62] BFH v. 22.7.2007 – IX R 56/06, DStR 2007, 986; vgl. dazu auch Blaurock/*Levedag* § 21, Rz. 21.29.
[63] BFH v. 31.5.1989 – III R 91/87, BStBl. II 1990, 10.
[64] BFH v. 21.10.1992 – X R 99/88, DB 1993, 614; BFH v. 22.10.2013 – X R 26/11, BStBl. II 2013, 2894; BMF v. 1.12.1992 – IV B 2 – S 2144 – 76/92, BStBl. I 1992, 729, Tz. 12.
[65] BFH v. 21.10.1992 – X R 99/88, DB 1993, 614.
[66] Bunjes/Geist/*Heidner* UStG, § 4 Nr. 8 Rz. 47.

32 Dem Formular liegt die Fallkonstellation zugrunde, dass die stille Gesellschaft erstmals schenkweise begründet wird, indem dem stillen Gesellschafter zuerst die Mittel für die Einlageleistung zugewandt werden und sodann der stille Gesellschaftsvertrag abgeschlossen wird. **Schenkungsteuerlich** ist Zuwendungsgegenstand nicht der Einlagebetrag, sondern die stille Beteiligung als solche.[67] Wird dem stillen Gesellschafter der für seine Vermögenseinlage erforderliche Geldbetrag mit einer entsprechenden Verwendungsabrede geschenkt, liegt eine mittelbare Zuwendung einer stillen Beteiligung vor.[68] Handelt es sich wie im Formular um eine typisch stille Beteiligung, ergibt sich daraus für die schenkungsteuerliche Wertermittlung aber grundsätzlich kein Unterschied, da auch die typisch stille Beteiligung gemäß ErbStR 2011 B 12.4 als Kapitalforderung bewertet wird und damit mit dem Nennwert anzusetzen ist.[69] Dies kann anders sein, wenn die stille Beteiligung mit einer die übliche Durchschnittsrendite übersteigenden Gewinnbeteiligung, also einem Durchschnittsertrag von mehr als 9 vH bei einem mindestens fünf Jahre unkündbaren Gesellschaftsverhältnis, ausgestattet ist (vgl. ErbStR 2011 B 12.4).[70] Vgl. zur unentgeltlichen Übertragung einer typisch stillen Beteiligung als solcher Formular A. 1.22.

33 Von der überdurchschnittlichen ist die überhöhte Gewinnbeteiligung zu unterscheiden, in deren Einräumung gemäß § 7 Abs. 6 ErbStG eine zusätzliche selbständige Schenkung liegt, die mit dem Kapitalwert anzusetzen ist.

34 Erwirbt der Beschenkte mit den ihm zur Verfügung gestellten Mitteln eine atypisch stille Beteiligung,[71] wird der Zuwendungsgegenstand demgegenüber nicht als Kapitalforderung, sondern als Mitunternehmeranteil bewertet.[72]

B. Einzelerläuterungen

Zur Vorbemerkung

35 In der Vorbemerkung wird festgehalten, dass der stille Gesellschafter am laufenden Betriebsergebnis, nicht aber an den stillen Reserven des Geschäftsvermögens beteiligt werden soll. Hierdurch wird klar gestellt, dass es sich um eine im steuerlichen Sinne typisch stille Beteiligung handeln soll, bei der der stille Gesellschafter kein Mitunternehmerrisiko trägt.[73]

Zu § 1: Begründung der stillen Gesellschaft

36 Gemäß § 230 Abs. 1 HGB besteht die stille Beteiligung an einem Handelsgewerbe, dass ein anderer betreibt. Die §§ 230 ff. HGB gelten deshalb unmittelbar nur für stille Beteiligungen an einem kaufmännischen Unternehmen im Sinne des HGB.[74] Die Beteiligung an einem Unternehmen, welches nicht unter § 1 HGB fällt und auch nicht in das Handelsregister eingetragen ist, begründet deshalb keine stille Gesellschaft, sondern eine BGB-Innengesellschaft, auf die aber die §§ 230 ff. HGB entsprechende Anwendung finden können, wenn es dem Vertragswillen der Beteiligten entspricht.[75]

37 Für eine Beteiligung als stiller Gesellschafter können gewerberechtliche und berufsrechtliche Schranken bestehen. So ist die stille Beteiligung an einer Apotheke unzulässig und nichtig.[76]

---

[67] Troll/Gebel/Jülicher/*Gebel* ErbStG § 7 Rz. 121.
[68] Troll/Gebel/Jülicher/*Gebel* ErbStG § 7 Rz. 121.
[69] Troll/Gebel/Jülicher/*Gebel* ErbStG § 7 Rz. 121.
[70] Troll/Gebel/Jülicher/*Gebel* ErbStG § 7 Rz. 121.
[71] Vgl. Formular A. 2.62.
[72] Troll/Gebel/Jülicher/*Gebel* ErbStG § 7 Rz. 122.
[73] Vgl. zur Abgrenzung oben, Rz. 15.
[74] OLG Köln v. 29.5.1995 – 19 U 83/84, NJW-RR 1996, 27 f.; MüKoHGB/*K. Schmidt* HGB § 230 Rz. 19.
[75] MüKoHGB/*K. Schmidt* HGB § 230 Rz. 24; Blaurock/*Blaurock* § 5, Rz. 5.2.
[76] § 8 Abs. 2, § 12 des Gesetzes über das Apothekenwesen (ApothG).

Zu § 2: Dauer der Gesellschaft, Geschäftsjahr

Grundlage für die Ermittlung der Ergebnisbeteiligung des stillen Gesellschafters ist der Jahresabschluss der Geschäftsinhaberin, da es weder eine echte Handelsbilanz, noch eine Steuerbilanz der typisch stillen Gesellschaft geben kann.[77] Es empfiehlt sich deshalb, das Geschäftsjahr der stillen Gesellschaft dem der Geschäftsinhaberin anzupassen. **38**

Zu § 3: Einlage des stillen Gesellschafters

Die Einlage des stillen Gesellschafters ist gemäß § 230 Abs. 1 HGB so zu leisten, **39** dass sie in das Vermögen des Geschäftsinhabers übergeht, regelmäßig ist also eine Übereignung vom stillen Gesellschafter an den Geschäftsinhaber erforderlich. Dem Formular liegt die Fallkonstellation zugrunde, dass die Einlage aus Mitteln eines Gesellschafters der Geschäftsinhaberin im Wege der Schenkung an den stillen Gesellschafter erbracht wird. Als Einlage kommt aber auch jeder sonstige übertragbare Vermögenswert in Betracht, also neben der Bareinlage Sacheinlagen, Know-How, Dienstleistungen, gewerbliche Schutzrechte, die „Umwandlung" einer Forderung des stillen Gesellschafters in eine Geldeinlage[78] oder die Umbuchung einer Gesellschafterforderung des Schenkers auf das Einlagekonto des stillen Gesellschafters.[79] Sacheinlagen bedürfen der Bewertung. Der Geschäftsinhaber muss die Einlage des stillen Gesellschafters zur Verfolgung des Gesellschaftszwecks einsetzen und darf sie nicht willkürlich für gesellschaftsfremde Zwecke verwenden.[80]

Zu § 4: Konten des stillen Gesellschafters

Zur besseren Übersichtlichkeit empfiehlt sich die Aufteilung in Einlagen-, Privat- **40** und Verlustkonto. Das **Einlagekonto** weist die durch die Auflösung der stillen Gesellschaft aufschiebend bedingte Forderung des stillen Gesellschafters gegen den Inhaber des Handelsgewerbes wegen seiner Beteiligung aus.[81] Da es bei der stillen Gesellschaft ein Gesamthandsvermögen nicht geben kann, bringt das Konto anders als die Konten bei der OHG und KG nicht eine Beteiligung des stillen Gesellschafters am Geschäftsvermögen zum Ausdruck, sondern eine echte Verbindlichkeit des Inhabers gegenüber dem stillen Gesellschafter. In der Insolvenz des Inhabers des Handelsgewerbes kann der stille Gesellschafter seine Forderung wegen der erbrachten Einlage als Insolvenzforderung geltend machen, soweit sie nicht durch Verluste aufgezehrt ist (§ 236 Abs. 1 HGB). Die Anfechtung einer Rückgewähr der stillen Einlage in der Insolvenz richtet sich nach § 136 InsO. Unter welchen Voraussetzungen die stille Einlage Fremd- oder Eigenkapitalcharakter hat und wie sie im Überschuldungsstatus des Geschäftsinhabers zu behandeln ist, ist im Einzelnen umstritten.[82]

Auch das **Privatkonto** des stillen Gesellschafters ist ein Gläubigerkonto. Die eben- **41** falls häufig gewählte Bezeichnung als „Darlehenskonto" ist allerdings irreführend, da sich die Ansprüche des stillen Gesellschafters nicht Darlehensrecht, sondern den gesellschaftsvertraglichen Entnahmeregelungen (§ 10 des Formulars) richten. Die Bezeichnung „Darlehenskonto" sollte deshalb nur in Fällen gewählt werden, in denen der stille Gesellschafter dem Geschäftsinhaber ein echtes Darlehen iSd §§ 488 ff. BGB gewährt. Da im Formular eine Beschränkung des Entnahmerechts des stillen Gesellschafters vorgesehen ist (§ 10 des Formulars), ist es interessengerecht, Guthaben auf dem Privatkonto zu verzinsen.

---

[77] Vgl. hierzu unten Rz. 47.
[78] MüKoHGB/*K. Schmidt* HGB § 230 Rz. 149.
[79] Vgl. Rz. 10.
[80] MüKoHGB/*K. Schmidt* HGB § 230 Rz. 138.
[81] Blaurock/*Jung* § 7, Rz. 7.78.
[82] Vgl. hierzu Blaurock/*Kauffeld* § 17 Rz. 17.15 ff.

42 Die Regelung des Formulars zur Gutschrift von Gewinnanteilen auf dem **Verlustkonto** des stillen Gesellschafters entspricht der gesetzlichen Regelung, wonach Gewinnanteile des stillen Gesellschafters, wenn er am Verlust beteiligt ist, in voller Höhe zur Deckung des Verlustes zu verwenden sind, solange die stille Einlage durch Verluste gemindert ist (§ 232 Abs. 2 S. 2 HGB). Ebenfalls möglich ist eine Regelung, nach der lediglich ein Teil der Gewinne zur Wiederauffüllung des Verlustkontos zu verwenden ist, während der verbleibende Teil vom stillen Gesellschafter entnommen werden kann.[83] Auch Gewinnanteile des Stillen, die zur Deckung von Verlusten dienen, gehören nach der Rechtsprechung des Bundesfinanzhofs zu den Einkünften aus Kapitalvermögen[84] und unterliegen damit grundsätzlich der Abgeltungsteuer.[85]

43 Für die Ermittlung des Auseinandersetzungsguthabens des stillen Gesellschafters werden Einlage-, Privat- und Verlustkonto saldiert (§ 18 Abs. 2 des Formulars).

Zu § 5: Geschäftsführung

44 In der stillen Gesellschaft steht die Führung der Geschäfte allein dem Geschäftsinhaber zu. Der Geschäftsinhaber betreibt sein eigenes Handelsgeschäft, seine Geschäftsführungstätigkeit ist damit keine ihm gesellschaftsvertraglich übertragene Tätigkeit, sondern eine ihm ohnehin zustehende Kompetenz zur Führung seines eigenen Unternehmens.[86] Im Außenverhältnis handelt der Geschäftsinhaber nicht in Vertretung der stillen Gesellschaft, sondern führt seine eigenen Geschäfte im eigenen Namen (§ 230 Abs. 2 HGB).[87] Eine Vertretung kann es bei der stillen Gesellschaft als Innengesellschaft nicht geben.

45 Der stille Gesellschafter ist von Gesetzes wegen von der Geschäftsführung ausgeschlossen und – anders als der Kommanditist – auch nicht zum Widerspruch gegen einzelne Geschäftsführungsmaßnahmen berechtigt. Allerdings sind Änderungen der Grundstrukturen des Handelsgewerbes ohne Zustimmung des stillen Gesellschafters diesem gegenüber nicht wirksam. Aus der gesellschafterlichen **Treuepflicht** folgt, dass die Grenzen zulässiger Geschäftsführung überschritten sind, wenn der Geschäftsinhaber das Unternehmen nicht fortführt oder in seinen wesentlichen Grundlagen ändert; solche Maßnahmen können nur mit Zustimmung des stillen Gesellschafters getroffen werden.[88] Um Auseinandersetzungen zwischen den Gesellschaftern darüber, welche Grundlagenänderungen zustimmungsbedürftig sind, vorzubeugen, sollte der stille Gesellschaftsvertrag diese im Einzelnen bezeichnen.

Zu § 6: Informations- und Kontrollrechte

46 Der stille Gesellschafter hat gemäß § 233 HGB nur eingeschränkte Kontrollrechte. Sollen diese erweitert werden, kann im stillen Gesellschaftsvertrag vorgesehen werden, dass dem stillen Gesellschafter auch die Rechte eines von der Geschäftsführung ausgeschlossenen Gesellschafters nach § 716 BGB zustehen. Der stille Gesellschafter hat in diesem Fall die Möglichkeit, sich persönlich von den Angelegenheiten des Unternehmens zu unterrichten und in die Bücher und Papiere Einsicht zu nehmen. Nach Beendigung der stillen Gesellschaft stehen die Informationsrechte des § 233 HGB dem stillen Gesellschafter nach hM nicht mehr zu, er ist insoweit auf die Rechte aus §§ 810, 259, 242 BGB beschränkt.[89] Um die Rechtsstellung des stillen Gesellschafters

---

[83] Vgl. hierzu das Formulierungsbeispiel bei *Kolberg* Formularbuch Recht und Steuern, A. 14.00, § 6 Abs. 2.
[84] BFH v. 24.1.1990 – I R 55/85, DStR 1991, 29.
[85] Vgl. hierzu oben Rz. 20 ff.
[86] Blaurock/*Jung* § 12, Rz. 12.1.
[87] Blaurock/*Jung* § 12, Rz. 21.1.
[88] BGHZ 127, 176, 185; BGH v. 29.6.1987 – II ZR 173/86, NJW 1988, 413; GroßKomm HGB/*Harbarth* HGB § 230 Rz. 199 ff.; Baumbach/Hopt/*Roth* HGB § 230 Rz. 15.
[89] BGHZ 50, 316, 324; BFH v. 8.12.2000 – IV B 24/00, BFH/NV 2001, 633; MüKoHGB/*K. Schmidt* HGB § 233 Rz. 31 mwN in Fn. 77.

zu stärken und Zweifel über den Umfang der Informationsrechte zu vermeiden, empfiehlt es sich deshalb, das Informationsrecht aus § 233 HGB ausdrücklich auf den Zeitraum nach Beendigung der stillen Gesellschaft zu erstrecken.

Der stille Gesellschafter hat seine Befugnis, Vorlage des Jahresabschlusses und Einsicht in die Bücher zu verlangen, grundsätzlich persönlich auszuüben, weil diese Befugnis aus der Mitgliedschaft folgt.[90] Im stillen Gesellschaftsvertrag kann aber wie im Formular vorgesehen werden, dass der Stille seine Informations- und Kontrollrechte auch durch einen sachverständigen Dritten wahrnehmen kann. **47**

Zu § 7: Jahresabschluss

Die stille Gesellschaft ist nicht Handelsgesellschaft und nicht Trägerin eines Unternehmens, so dass es eine echte Handelsbilanz der typisch stillen Gesellschaft nicht geben kann.[91] Auch steuerlich besteht für die typisch stille Gesellschaft keine Buchführungs- und Bilanzierungspflicht, da die stille Gesellschaft als Innengesellschaft kein gewerblicher Unternehmer iSv. § 141 Abs. 1 AO ist.[92] Der Gewinn bzw. Verlust, an dem der stille Gesellschafter beteiligt ist, ist deshalb kein eigenes Ergebnis, sondern das des Geschäftsinhabers, an dessen Handelsgewerbe der stille Gesellschafter beteiligt ist.[93] Ist der stille Gesellschafter wie im Formular (§ 8) nicht am gesamten Gewinn bzw. Verlust des Unternehmens beteiligt, ist der Geschäftsinhaber verpflichtet, für den Stillen zusätzlich eine Nebenrechnung zu erstellen, aus der sich die Entwicklung des im Verhältnis zum stillen Gesellschafter maßgebenden Ergebnisses ergibt. **48**

Zu § 8: Umfang der Ergebnisbeteiligung

Gemäß § 232 Abs. 1 HGB bildet die **Handelsbilanz** des Geschäftsinhabers die Grundlage für die Berechnung des Ergebnisanteils des stillen Gesellschafters. Es steht den Parteien des stillen Gesellschaftsvertrages aber frei, anstelle des Handelsbilanzgewinns den Steuerbilanzgewinn als Ausgangsgröße für die Gewinnverteilung festzulegen.[94] Die Zugrundelegung der **Steuerbilanz** hat für den stillen Gesellschafter den Vorteil, dass in der Steuerbilanz in geringerem Maße als in der Handelsbilanz stille Reserven zu Lasten des jährlichen Gewinnanteils des Stillen gebildet werden können. Die Steuerbilanz bildet eher als die Handelsbilanz den „wirklichen" Gewinn des Unternehmens ab. Ein weiterer wesentlicher Vorzug der Anknüpfung an die Steuerbilanz liegt darin, dass die Steuerbilanz der Kontrolle durch die Finanzbehörden unterliegt und insofern eine erhöhte Gewähr für ihre Richtigkeit bietet. Das Formular geht deshalb von der Maßgeblichkeit des steuerlichen Jahresabschlusses für die Ergebnisermittlung des stillen Gesellschafters aus. Da der Gewinnanteil des im steuerrechtlichen Sinne typisch stillen Gesellschafters für den Geschäftsinhaber **Betriebsausgabe** gemäß § 4 Abs. 4 EStG ist[95] und deshalb den in der Steuerbilanz auszuweisenden Gewinn mindert, muss der Berechnung des Gewinnanteils des Stillen die Steuerbilanz vor Berücksichtigung dieses Gewinnanteils zugrunde gelegt werden. **49**

Der typisch stille Gesellschafter nimmt nach überwiegender Auffassung nicht am gesamten Handels- bzw. Steuerbilanzgewinn teil, sondern nur am sog. „Betriebsgewinn", also solchen Erträgen und Aufwendungen, die durch die eigentliche **operative Tätigkeit** des Geschäftsinhabers veranlasst sind.[96] Diese Sichtweise liegt auch der steu- **50**

---

[90] Blaurock/*Jung* § 12, Rz. 12.44.
[91] MüKoHGB/*K. Schmidt* HGB § 232 Rz. 11.
[92] BFH v. 12.11.1985 – VIII R 364/83, BStBl. II 1986, 311.
[93] MüKoHGB/*K. Schmidt* HGB § 232 Rz. 12.
[94] Vgl. grundlegend BFH v. 9.7.1969 – I R 188/67, BStBl. II 1969, 690ff.
[95] Vgl. hierzu oben Rz. 23.
[96] Vgl. etwa RGZ 120, 410, 411; BGH v. 30.11.1959 – II ZR 204/57, BB 1960, 14; OLG Frankfurt a. M. v. 15.3.2001 – 12 U 214/99, NZG 2001, 696; Blaurock/*Kauffeld* § 14 Rz. 14.26ff.; *Baumbach/Hopt* § 232 Rz. 1; MüKoHGB/*K. Schmidt* HGB § 232 Rz. 5 m.w.N. in Fn. 4; aA etwa *Schulze-Osterloh* FS Kruse 2001, S. 377, 389;

erlichen Abgrenzung zwischen typisch und atypisch stillen Gesellschaften zugrunde. Der Handels- bzw. Steuerbilanzgewinn ist also durch bestimmte Korrekturen zum Betriebsergebnis „umzuformen". Diese Korrekturen betreffen insbesondere Gewinne und Verluste aus Gegenständen des Anlagevermögens, aber auch bestimmte Abschreibungen sowie außerordentliche Aufwendungen und Erträge. Da auch zwischen den Vertretern der herrschenden Auffassung keine Einigkeit darüber besteht, wie sich der Betriebsgewinn als Ausgangsgröße für die Ergebnisbeteiligung des stillen Gesellschafters im Einzelnen zusammensetzt, empfiehlt es sich, im stillen Gesellschaftsvertrag im Einzelnen zu regeln, welche Erträge und Aufwendungen im Verhältnis zum stillen Gesellschafter aus dem Handels- bzw. Steuerbilanzgewinn herausgerechnet werden sollen.

51 **Zu a) Abgänge von Wirtschaftsgütern des Anlagevermögens:** Nach den oben dargestellten Grundsätzen zur Ermittlung des Ergebnisanteils des typisch stillen Gesellschafters sind stille Reserven des Geschäftsvermögens, die auf Wertsteigerungen oder Abschreibungen und Aufwendungen beruhen, im Verhältnis zum stillen Gesellschafter nur zu berücksichtigen, wenn sie während der Dauer der stillen Gesellschaft im Zusammenhang mit dem üblichen Geschäftsbetrieb des Inhabers entstanden oder realisiert sind.[97] Gewinne und Verluste aus Vermögensänderungen des Anlagevermögens, die vor Beginn der stillen Gesellschaft verursacht wurden, sind deshalb allein dem Geschäftsinhaber zuzurechnen und im Verhältnis zum stillen Gesellschafter ohne Bedeutung und aus dem Gewinn herauszurechnen.[98] Um Abgrenzungsschwierigkeiten in diesen Zusammenhang zu vermeiden, ist es zweckmäßig, den Stand stiller Reserven im Anlagevermögen bei Beginn der stillen Gesellschaft festzuhalten.[99]

52 **Zu b) Erhöhte Absetzungen/Sonderabschreibungen:** Das Steuerrecht lässt vielfach erhöhte Absetzungen und Sonderabschreibungen zu, die meist aus bewertungsfremden und in der Regel wirtschaftspolitischen Gründen gewährt werden (vgl. §§ 7a bis 7k EStG).[100] Da diese Abschreibungen die Darstellung der Lage des Vermögens des Unternehmens erheblich einschränken und nicht die „wirkliche" Vermögensentwicklung wiedergeben,[101] sollten sie im Verhältnis zum stillen Gesellschafter nicht berücksichtigt und dem Gewinn wieder hinzu gerechnet werden.

53 **Zu c) Steuerfreie Rücklagen:** Die Bildung steuerfreier Rücklagen (vgl. § 6b EStG) mindert den steuerlichen Gewinn, aber nicht das nach betriebswirtschaftlichen Grundsätzen ermittelte „wirkliche" Ergebnis und ist deshalb für die Ermittlung des Ergebnisanteils des stillen Gesellschafters wieder hinzuzurechnen. Wird die steuerfreie Rücklage zu einem späteren Zeitpunkt wieder aufgelöst, ist der Gewinn aus der Auflösung im Verhältnis zum stillen Gesellschafter wieder heraus zu rechnen, da der Stille sonst zweimal ein Gewinn zugerechnet würde, der nur einmal realisiert wurde.

54 **Zu d) Außerordentliche Aufwendungen und Erträge:** Auch außerordentliche Aufwendungen und Erträge sind im Verhältnis zum stillen Gesellschafter nur dann beachtlich, wenn sie auf Geschäftsvorfällen beruhen, die während der Dauer der stillen Gesellschaft eingetreten sind.[102] Zu denken ist hier bspw. an die gewinnerhöhende Auflösung von Rückstellungen, die vor Abschluss des stillen Gesellschaftsvertrages gebildet wurden, oder an Ausgleichsansprüche von Handelsvertretern gem. § 89b HGB, die zu einer erheblichen wirtschaftlichen Belastung führen können.

Zinkeisen Der Umfang der Gewinnbeteiligung und des Auseinandersetzungsguthabens des stillen Gesellschafters, 1972, S. 46; *Wachter* Die Gewinnermittlung und Gewinnverteilung in der stillen Gesellschaft, 1996, S. 87; *Lasa* Der Gewinnanteil des stillen Gesellschafters, 2006, S. 11 ff., die davon ausgehen, dass auch der typisch stille Gesellschafter von Gesetzes wegen am gesamten Handels- bzw. Steuerbilanzgewinn beteiligt ist.

[97] Blaurock/*Kauffeld* § 14 Rz. 14.42.

[98] Blaurock/*Kauffeld* § 14 Rz. 14.41.

[99] *Schulze-Osterloh* FS Kruse 2001, S. 377, 386.

[100] BeBiKo/*Ellrott/Lorenz* HGB § 254 Rz. 30.

[101] BeBiKo/*Ellrott/Lorenz* HGB § 254 Rz. 1.

[102] MüKoHGB/*K. Schmidt* HGB § 232 Rz. 8.

Zu e) Vergütungen von Mitunternehmern der Inhaberin: Steuerlich sind Vergütungen an Mitunternehmer für eine Tätigkeit im Dienst der Gesellschaft, die Hingabe von Darlehen oder die Überlassung von Wirtschaftsgütern dem einzelnen Gesellschafter gemäß § 15 Abs. 1 S. 1 Nr. 2 EStG als Einkünfte aus Gewerbebetrieb zuzurechnen und fließen dadurch in den einheitlich und gesondert festzustellenden steuerlichen Gesamtgewinn der Mitunternehmerschaft ein, mindern also nicht das steuerliche Ergebnis. Handelsrechtlich und betriebswirtschaftlich stellen die Vergütungen für die Gesellschafter einer Personenhandelsgesellschaft aber abziehbaren Aufwand dar, so dass sie bei der Ermittlung des Ergebnisanteils des stillen Gesellschafters gewinnmindernd berücksichtigt werden sollten. Entsprechendes gilt für einen Vorausgewinnanteil, den der Inhaber eines Einzelunternehmens aufgrund einer entsprechenden Vereinbarung mit dem stillen Gesellschafter als Vergütung für seine Geschäftsführungstätigkeit verlangen kann und der gemäß §§ 5 Abs. 6, 4 Abs. 1 S. 1 EStG als Privatentnahme den zu versteuernden Gewinn nicht mindert. 55

Zu f) Leistungen eines Mitunternehmers der Inhaberin: Entsprechend dem zu e) Gesagten sollten Leistungen eines Gesellschafters an die Gesellschaft im Verhältnis zum stillen Gesellschafter dem Gewinn wieder hinzugerechnet werden, soweit sie nicht bereits als Einnahmen in der Steuerbilanz enthalten sind. Dies betrifft bspw. Vergütungen für Leistungen der Gesellschaft an den Mitunternehmer wie etwa Mietzahlungen für ein Gesellschaftsgrundstück. 56

Ist die Steuerbilanz für die Ermittlung des Ergebnisanteils des stillen Gesellschafters maßgeblich, sollte der stille Gesellschaftsvertrag eine Regelung vorsehen, welche Wertansätze im Verhältnis zum stillen Gesellschafter maßgeblich sein sollen, wenn sich die ursprünglichen Wertansätze in der Steuerbilanz, zB aufgrund einer abweichenden Veranlagung oder steuerlichen Außenprüfung, zu einem späteren Zeitpunkt ändern. 57

Zu § 9: Ergebnisverteilung

Ist die Höhe des Anteils des stillen Gesellschafters am Gewinn und Verlust im Gesellschaftsvertrag nicht bestimmt, gilt gemäß § 231 Abs. 1 HGB ein den Umständen nach angemessener Anteil als bedungen. Ein angemessener Maßstab für die Gewinnverteilung ist das Verhältnis des Werts der stillen Einlage zum Wert des Handelsgewerbes, an dem der stille Gesellschafter sich beteiligt. 58

Die Vertragspartner können die Höhe der Gewinnbeteiligung grundsätzlich frei vereinbaren. Besonderheiten gelten insofern bei **Familiengesellschaften,** bei denen die Gewinnverteilung einer Angemessenheitsprüfung unterliegt. Die **Angemessenheit** des Gewinnanteils eines typisch stillen Gesellschafters ist hierbei nicht anhand eines konkreten Fremdvergleichs, sondern nach Maßgabe einer angemessenen Durchschnittsrendite der Einlage zu bestimmen.[103] Wurde die stille Beteiligung **unentgeltlich** erworben und ist der stille Gesellschafter am Verlust beteiligt, wird ein Gewinnanteil von bis zu 15 vH des Nominalwerts der Einlage als angemessen anerkannt.[104] Bei Ausschluss der Verlustbeteiligung ist der Gewinnanteil auf höchstens 12 vH zu begrenzen.[105] Wurde die stille Beteiligung vom stillen Gesellschafter mit eigenen Beiträgen und damit **entgeltlich** erworben, erhöht sich die noch angemessene Rendite auf 35 vH,[106] bei Ausschluss der Verlustbeteiligung auf bis zu 25 vH.[107] Diese Anteilssätze sind allerdings keine starren Obergrenzen, sondern müssen bei einer Veränderung der tatsächlichen Verhältnisse angepasst werden, wenn auch fremde Dritte die Gewinnver- 59

---

[103] Vgl. BFH v. 19.2.2009 – IV R 83/06, DStR 2009, S. 959 ff. unter Hinweis auf die grundlegende Entscheidung BFH GrS v. 29.5.1972 – GrS 4/71, BStBl. II 1973, 5 ff.
[104] BFH GrS v. 29.5.1972 – GrS 4/71, BStBl. II 1973, 5 ff.; BFH v. 19.2.2009 – IV R 83/06, DStR 2009, 959 ff.
[105] BFH v. 29.3.1973 – IV R 56/70, BStBl. II 1973, 650 ff.; BFH v. 21.9.1989 – IV R 126/88, NV 1990, 692.
[106] BFH v. 21.9.2000 – IV R 50/95, BStBl. II 2001, 299; BFH v. 19.2.2009 – IV R 83/06, DStR 2009, 959 ff.
[107] BFH v. 14.2.1973 – I R 131/70, BStBl. II 1973, 395 ff.

teilung angepasst hätten.[108] Ist die Gewinnbeteiligung des stillen Gesellschafters nach den vorstehenden Grundsätzen als unangemessen hoch anzusehen oder unterbleibt eine fremdübliche Korrektur, hat dies eine Herabsetzung auf einen angemessenen Betrag und damit eine Begrenzung des als Betriebsausgabenabzug anzuerkennenden Gewinnanteils des stillen Gesellschafters zur Folge.[109]

60 Das Formular sieht vor, dass der stille Gesellschafter entsprechend der gesetzlichen Regelung in § 232 Abs. 2 S. 1 HGB am Verlust nur bis zum Betrag seiner eingezahlten oder rückständigen Einlage teilnimmt. Hiervon abweichend kann auch vereinbart werden, dass dem stillen Gesellschafter Verlustanteile auch über den Betrag seiner Einlage hinaus zuzurechnen sind, so dass ein negatives Einlagekonto entstehen kann, welches grundsätzlich durch spätere Gewinnanteile wieder aufzufüllen ist. In diesem Fall ist gemäß § 20 Abs. 1 Nr. 4 S. 2 EStG § 15a EStG entsprechend anwendbar. Hiernach ist ein Verlustausgleich im Verlustjahr und ein Verlustabzug nach § 10d EStG ausgeschlossen, soweit die zugewiesenen Verlustanteile zu einem negativen Einlagekonto des stillen Gesellschafters führen oder dieses erhöhen. Die Verluste mindern aber die Gewinne, die dem stillen Gesellschafter in späteren Wirtschaftsjahren aus seiner Beteiligung zuzurechnen sind (§ 15a Abs. 2 EStG). Nach sinngemäßer Anwendung von § 15a Abs. 4 EStG sind Verlustanteile, die beim stillen Gesellschafter nicht unmittelbar ausgleichs- und abzugsfähig, sondern nur verrechenbar sind, gesondert festzustellen.

Zu § 10: Entnahmen

61 Gemäß § 232 Abs. 1 HGB ist der auf den stillen Gesellschafter entfallende Gewinn am Ende des Geschäftsjahres zu berechnen und an den stillen Gesellschafter auszuzahlen. Die im Formular vorgesehene Regelung beschränkt zur Liquiditätsschonung der Gesellschaft, an der der stille Gesellschafter sich beteiligt, die Entnahmerechte des Stillen gegenüber der gesetzlichen Regelung auf die Hälfte des seinem Privatkonto gutgeschriebenen Gewinnanteils. Bei einer solchen Beschränkung der Entnahmerechte des stillen Gesellschafters sollte darauf geachtet werden, dass der Stille wie im Formular die Möglichkeit hat, Beträge in Höhe der auf ihn entfallenden Steuerbelastung zu entnehmen. Hierbei sollte auch geregelt werden, für welche Steuerarten das Entnahmerecht gilt. Neben der Gewinnbeteiligung kann auch eine jährliche Mindestverzinsung der Einlage vereinbart werden. Eine Verzinsung der Einlage allein führt aber dazu, dass keine stillen Gesellschaft vorliegt (§ 231 Abs. 2 Hs. 2 HGB), sondern ein Darlehen.[110]

Zu § 11: Änderung der Kapitalverhältnisse; Aufnahme weiterer stiller Gesellschafter

62 Ändern sich die Kapitalverhältnisse auf Ebene der Gesellschaft, an der der stille Gesellschafter sich beteiligt hat, oder werden weitere stille Gesellschafter aufgenommen, kann der stille Gesellschafter dem weder nach den Regelungen des Formulars, noch von Gesetzes wegen widersprechen. Da der Beteiligungsquote des stillen Gesellschafters die Kapitalverhältnisse bei Abschluss des stillen Gesellschaftsvertrages zugrunde liegen (vgl. § 8), ist es interessengerecht, beiden Seiten die Möglichkeit einzuräumen, eine Anpassung des Ergebnisverteilungsschlüssels zu verlangen, wenn sich die Kapitalverhältnisse ändern. Außerdem sollte dem stillen Gesellschafter die Möglichkeit eingeräumt werden, durch entsprechende Anpassung seiner Einlage eine Änderung des Ergebnisverteilungsschlüssels zu vermeiden. Für die Anpassung der stillen Einlage ist hierbei maßgeblich, wie sich die Kapitaleinlagen der Gesellschafter der Geschäftsinha-

---

[108] BFH GrS v. 29.5.1972 – GrS 4/71, BStBl. II 1973, 5ff.; BFH v. 19.2.2009 – IV R 83/06, BStBl. II 2009, 798; BFH v. 22.10.2013 – X R 26/11, BStBl. II 2014, 231.

[109] BFH v. 29.3.1973 – IV R 158/68, BStBl. II 1973, 489ff.; BFH v. 19.2.2009 – IV R 83/06, DStR 2009, 959ff.

[110] MüKoHGB/*K. Schmidt* HGB § 230 Rz. 38.

berin im Verhältnis zu den Werten verändert haben, die ihnen bei Beginn der stillen Gesellschaft zur Ermittlung des Ergebnisverteilungsschlüssels beigemessen wurden. Aus den gleichen Gründen ist auch bei der Aufnahme weiterer stiller Gesellschafter und bei deren Ausscheiden die Gewinn- und Verlustbeteiligung des stillen Gesellschafters neu festzusetzen.

Zu § 12: Übertragung der stillen Beteiligung

Die stille Beteiligung ist gemäß § 717 BGB grundsätzlich nicht übertragbar. Übertragbar sind nach § 717 S. 2 BGB nur die Einzelansprüche des stillen Gesellschafters auf Gewinnauszahlung und Auszahlung des Auseinandersetzungsguthabens bei Beendigung der stillen Gesellschaft.[111] Voraussetzung für die Rechtswirksamkeit einer Abtretung der stillen Beteiligung ist deshalb die Zulassung im Gesellschaftsvertrag oder die Zustimmung des Geschäftsinhabers.[112] Die stille Beteiligung kann auch zum Gegenstand einer Sacheinlage in eine Personen- oder Kapitalgesellschaft gemacht werden.[113] Mit einer rechtswirksamen Abtretung der stillen Beteiligung geht die Rechtsposition des bisherigen auf den neuen Gesellschafter in dem Umfang über, in dem sie zum Zeitpunkt der Abtretung bestanden hat. Die Abtretung umfasst vorbehaltlich einer abweichenden Parteivereinbarung nicht nur die stille Beteiligung, sondern auch alle sonstigen, nicht vom Abspaltungsverbot umfassten Ansprüche des stillen Gesellschafters aus dem Gesellschaftsvertrag, einschließlich der Gläubigerforderung auf Auszahlung stehen gelassener Gewinne auf dem Privatkonto.[114] **63**

Das Formular beschränkt den Kreis derjenigen Personen, auf die die stille Beteiligung ohne Zustimmung der Geschäftsinhaberin übertragen werden kann. Hier sind Erweiterungen oder weitere Eingrenzungen des nachfolgeberechtigten Personenkreises denkbar, wie etwa die ausschließliche Übertragung auf ehelich-leibliche oder im Minderjährigenalter adoptierte Abkömmlinge. **64**

Wird die typisch stille Beteiligung **entgeltlich** übertragen, gehören die Gewinne aus der Veräußerung gemäß § 20 Abs. 2 S. 1 Nr. 4 EStG zu den steuerpflichtigen Einkünften aus Kapitalvermögen.[115] Erzielt der stille Gesellschafter aus der Veräußerung der stillen Beteiligung einen Verlust, beschränkt § 20 Abs. 6 EStG die Verlustverrechnungsmöglichkeiten, indem der Verlust nicht mit positiven Einkünften aus anderen Einkunftsarten, sondern nur innerhalb der Einkünfte aus Kapitalvermögen verrechnet werden darf.[116] **65**

Wird die atypisch stille Beteiligung **unentgeltlich** übertragen, unterliegt die Zuwendung gemäß § 7 Abs. 1 Nr. 1 ErbStG der **Erbschaft- und Schenkungsteuer.** Die stille Beteiligung ist als Kapitalforderung zu bewerten und grundsätzlich mit dem Nennwert anzusetzen. Vgl. im Übrigen zur schenkweisen Übertragung einer stillen Beteiligung Formular A. 1.22. **66**

Zu § 13: Kündigung der stillen Gesellschaft

Die Regelung des Formulars zur **ordentlichen Kündigung** der stillen Gesellschaft entspricht der gesetzlichen Regelung in §§ 234 Abs. 1 S. 1, 132 HGB, wonach eine stille Gesellschaft mit Rücksicht auf die Kontinuitätsinteressen des Handelsgewerbes nur für den Schluss eines Geschäftsjahres unter Einhaltung einer Frist von sechs Mona- **67**

[111] BGH v. 12.1.1998 – II ZR 98/96, WM 1998, 555, 556.
[112] MüKoHGB/*K. Schmidt* HGB § 230 Rz. 175.
[113] MüKoHGB/*K. Schmidt* HGB § 230 Rz. 175.
[114] Vgl. MünchHdb. StG/*Keul* § 88 Rz. 5.
[115] Vgl. hierzu oben Rz. 19.
[116] Vgl. hierzu oben Rz. 20.

ten gekündigt werden kann. Ein vertraglicher Ausschluss des ordentlichen Kündigungsrechts des stillen Gesellschafters ist gemäß § 723 Abs. 3 BGB unzulässig.[117]

68 Das Recht zur **außerordentlichen Kündigung** des stillen Gesellschaftsverhältnisses aus wichtigem Grund richtet sich ausschließlich nach § 723 BGB. Es genügt eine einfache Kündigung gegenüber dem Vertragspartner, einer Auflösungsklage nach § 133 HGB bedarf es nicht. Das außerordentliche Kündigungsrecht kann gemäß § 723 Abs. 3 BGB nicht durch Vertrag ausgeschlossen werden.[118] Für einen **wichtigen Grund** reicht grundsätzlich jede Tatsache aus, die das Vertrauen des stillen Gesellschafters in die Zuverlässigkeit des Geschäftsinhabers vermindern kann.[119] Ein außerordentlicher Kündigungsgrund kann auch darin liegen, dass die Gewinnbeteiligung oder Auseinandersetzung aus rechtlichen Gründen nicht zusagegemäß abgewickelt werden kann.[120] Die Auflösung der Geschäftsinhaberin löst nach hM das stille Gesellschaftsverhältnis nicht auf, da Außengesellschaften mit der Auflösung nicht aus dem Rechtsverkehr ausscheiden, sondern im Abwicklungsstadium – mit verändertem Zweck – mit allen Rechten und Pflichten fortbestehen.[121] Der stille Gesellschafter hat aber in der Regel das Recht zur außerordentlichen Kündigung (vgl. § 13 Abs. 2 Buchst. a) des Formulars). Erst die Vollbeendigung der unternehmenstragenden Gesellschaft führt, wenn es sich nicht um eine Vollbeendigung mit Gesamtrechtsnachfolge handelt, zur Beendigung des stillen Gesellschaftsverhältnisses.[122]

69 Aus Beweisgründen empfiehlt sich Schriftform für die Kündigungserklärung.

Zu § 14: Tod des stillen Gesellschafters

70 Die im Formular vorgesehene Regelung entspricht § 234 Abs. 2 HGB, wonach die stille Gesellschaft durch den Tod des stillen Gesellschafters nicht aufgelöst wird. § 234 Abs. 2 HGB ist dispositiv,[123] im stillen Gesellschaftsvertrag kann also für den Fall des Todes des stillen Gesellschafters auch die Auflösung der stillen Gesellschaft vorgesehen werden. Wird wie im Formular vereinbart, dass die stille Gesellschaft nur mit bestimmten Erben fortgesetzt wird, ist es entscheidend, dass die erbrechtlichen Verfügungen auf die gesellschaftsvertraglichen Regelungen abgestimmt werden.

71 Der Erwerb der stillen Beteiligung von Todes wegen unterliegt gemäß § 3 Abs. 1 Nr. 1 ErbStG der **Erbschaft- und Schenkungsteuer.** Die stille Beteiligung ist als Kapitalforderung zu bewerten und grundsätzlich mit dem Nennwert anzusetzen. Vgl. hierzu im Übrigen bereits oben, Rz. 30.

Zu § 15: Umwandlung der Inhaberin

72 § 5 Abs. 2 Buchst. b des Formulars sieht vor, dass Umwandlungen auf Ebene der Geschäftsinhaberin im Innenverhältnis der Zustimmung des stillen Gesellschafters bedürfen.[124] § 15 des Formulars betrifft die Auswirkungen einer Umwandlung auf den Bestand des stillen Gesellschaftsverhältnisses, indem es im Interesse des stillen Gesellschafters klarstellt, dass sämtliche Umwandlungsvorgänge nicht zur Auflösung der stillen Gesellschaft führen, sondern die stille Beteiligung am übernehmenden Rechtsträger bzw. Rechträger neuer Rechtsform fortbesteht. Dies kann im Fall der **Verschmelzung** (§§ 2ff. UmwG) zweifelhaft sein, weil die Verschmelzung zur Vollbeen-

[117] BGHZ 23, 10; BGH v. 29.6.1992 – II ZR 284/91, NJW 1992, 2696, 2698; MüKoHGB/*K. Schmidt* HGB § 234 Rz. 47.
[118] MüKoHGB/*K. Schmidt* HGB § 234 Rz. 50.
[119] MüKoHGB/*K. Schmidt* HGB § 234 Rz. 49 m. w. N.
[120] BGH v. 21.3.2005 – II ZR 124/03, DStR 2005, 1064.
[121] Vgl. nur BGHZ 84, 379, 381 und MüKoHGB/*K. Schmidt* HGB § 234 Rz. 22 m. w. N.
[122] MüKoHGB/*K. Schmidt* HGB § 234 Rz. 26ff.
[123] MüKoHGB/*K. Schmidt* HGB § 234 Rz. 58.
[124] Vgl. zum Erfordernis der Zustimmung des typisch stillen Gesellschafters Blaurock/*Jung* § 18 Rz. 18.5.

digung und damit zum Untergang der übertragenden Gesellschaft führt.[125] Bei einer **Spaltung** (§§ 123ff. UmwG) ist das stille Beteiligungsverhältnis als Ganzes übertragbar.[126] Bei einem **Formwechsel** (§§ 191ff. UmwG) wird die Identität des Rechtsträgers nicht berührt, der Unternehmensträger bleibt vor und nach der Umwandlung derselbe (§ 202 UmwG). Im Zusammenhang mit einer formwechselnden Umwandlung findet keine Vermögensübertragung statt.[127] Die stille Beteiligung setzt sich deshalb vorbehaltlich einer Kündigung des Stillen aus wichtigem Grund an dem Handelsgewerbe in neuer Rechtsform fort.[128]

Zu § 16: Auseinandersetzungsguthaben

Da die stille Gesellschaft als Innengesellschaft kein Gesellschaftsvermögen bilden kann, führt die Beendigung der stillen Gesellschaft nicht zur Liquidation eines Gesellschaftsvermögens im rechtstechnischen Sinn.[129] Inhalt der Auseinandersetzung zwischen dem stillen Gesellschafter und dem Geschäftsinhaber ist die Abwicklung der rein schuldrechtlichen Beziehungen zwischen den Gesellschaftern und damit insbesondere die Berechnung und Auszahlung des Auseinandersetzungsguthabens des Stillen.[130] In der Sache ist die Auseinandersetzung nichts anderes als eine **Forderungsberechnung.**[131] Die Auseinandersetzung des Geschäftsinhabers mit dem stillen Gesellschafter entspricht damit nicht der Auseinandersetzung einer Gesamthandsgesellschaft im Auflösungsfall, sondern der Auseinandersetzung zwischen der Gesellschaft und einem ausscheidenden Gesellschafter.[132] **73**

Der stille Gesellschafter soll nach dem Formular als im steuerlichen Sinne typisch stiller Gesellschafter nur am laufenden Betriebsergebnis, nicht aber an den stillen Reserven des Geschäftsvermögens beteiligt sein.[133] Sein Auseinandersetzungsguthaben ist dementsprechend nicht analog § 738 Abs. 1 S. 2, Abs. 2 BGB unter Aufdeckung der stillen Reserven und ggf. des Geschäftswerts zu ermitteln, sondern der stille Gesellschafter ist zum auf den Auflösungsstichtag berechneten Buchwert seiner Einlage abzufinden (§ 16 Abs. 2 des Formulars).[134] Diese Regelung entspricht der handels- und steuerrechtlich hM zur Berechnung des Auseinandersetzungsguthabens des stillen Gesellschafters.[135] Der stille Gesellschafter erhält den ggf. um Verluste verminderten Betrag seiner Einlage zurück zuzüglich eines positiven Saldos auf dem Privatkonto. Gewinne und Verluste, die bis zum Auflösungsstichtag nicht abgerechnet wurden, sind nach denselben Grundsätzen zu ermitteln, die während der Dauer der stillen Gesellschaft für die Berechnung des Gewinnanteils des Stillen gegolten haben,[136] die in § 8 des Formulars geregelten Ergebniskorrekturen sind also auch bei der Ermittlung des Auseinandersetzungsguthabens zu berücksichtigen. Ist der Saldo des Privatkontos ne- **74**

[125] Blaurock/*Jung* § 18, Rz. 18.11.
[126] Blaurock/*Jung* § 18, Rz. 18.36.
[127] *Schmitt/Hörtnagl/Stratz* UmwG § 191 Rz. 1ff.
[128] Blaurock/*Jung* § 18, Rz. 18.46.
[129] Blaurock/*Blaurock,* § 15, Rz. 15.2.
[130] GroßKomm. HGB/*Zutt* § 235 Rz. 2.
[131] MüKoHGB/*K. Schmidt* HGB § 235 Rz. 2.
[132] MüKoHGB/*K. Schmidt* HGB § 235 Rz. 2.
[133] Vgl. zur Abgrenzung oben, Rz. 16.
[134] Vgl. hierzu MüKoHGB/*K. Schmidt* HGB § 235 Rz. 15 m.w.N.
[135] Vgl. etwa MüKoHGB/*K. Schmidt* HGB § 235 Rz. 15; GroßKomm. HGB/*Harbarth* § 235 Rz. 8; *Baumbach/Hopt* HGB, § 235 Rz. 1; Blaurock/*Kauffeld* § 16, Rz. 16.19; Schmidt/*Wacker* EStG, § 15 Rz. 343; HHR/*Haep* EStG, § 15 Rz. 391; BGHZ 7, 174, 178; BGH v. 9.7.2001 – II ZR 205/99, ZIP 2001, 1414; BFH v. 27.5.1993 – IV R 1/92, BStBl. II 1994, 700, 701; OFD Erfurt v. 23.10.2003 – S 2241 A – 08 – L 221, FR 2003, 1299; aA – auch der typisch stille Gesellschafter ist schuldrechtlich am Unternehmensvermögen beteiligt und hat dementsprechend bei Beendigung der stillen Gesellschaft einen Anspruch auf Vergütung seines Anteils an den stillen Reserven analog § 738 Abs. 1 S. 2, Abs. 2 BGB – *Zinkeisen* Der Umfang der Gewinnbeteiligung und des Auseinandersetzungsguthabens des stillen Gesellschafters, 1972, S. 81ff.; *Schulze-Osterloh* FS Kruse 2001, S. 377, 387; *Lasa* Der Gewinnanteil des stillen Gesellschafters, 2006, S. 126ff.
[136] MüKoHGB/*K. Schmidt* HGB § 235 Rz. 16.

gativ, muss er ausgeglichen bzw. verrechnet werden, da er seine Ursache nur in Überentnahmen des stillen Gesellschafters und damit einer teilweisen Einlagerückgewähr haben kann.

75 Am Ergebnis der zur Zeit der Auflösung der stillen Gesellschaft **schwebenden Geschäfte** ist der stille Gesellschafter nach der gesetzlichen Regelung (§ 235 Abs. 2 HGB) beteiligt. Das Formular schließt aber aus Gründen der Vereinfachung bei der Ermittlung des Auseinandersetzungsguthabens die Berücksichtigung schwebender Geschäfte mit Ausnahme solcher Geschäfte aus, bei denen ein Verlust zu erwarten ist und die deshalb bilanziert werden müssen. Der Verweis auf § 8 Abs. 3 des Formulars hat zur Folge, dass bei einer Änderung des Jahresabschlusses der Geschäftsinhaberin aufgrund von steuerlichen Veranlagungen oder Betriebsprüfungen auch das Auseinandersetzungsguthaben des stillen Gesellschafters entsprechend zu berichtigen ist.

76 Auch die Vereinnahmung des Auseinandersetzungsguthabens bei Beendigung der stillen Gesellschaft (§ 20 Abs. 2 S. 2 EStG) gehört gemäß § 20 Abs. 2 S. 1 Nr. 4 EStG zu den steuerpflichtigen Einkünften aus Kapitalvermögen.[137] Für die Besteuerung ist der Mehrbetrag maßgebend, den der stille Gesellschafter über den Nennbetrag seiner Einlage hinaus erhält, soweit diese nicht durch vorherige Verluste aufgezehrt worden ist oder ein negatives Kapitalkonto besteht.[138] Erzielt der stille Gesellschafter aus der Vereinnahmung des Auseinandersetzungsguthabens einen Verlust, beschränkt § 20 Abs. 6 EStG die Verlustverrechnungsmöglichkeiten, indem der Verlust nicht mit positiven Einkünften aus anderen Einkunftsarten, sondern nur innerhalb der Einkünfte aus Kapitalvermögen verrechnet werden darf.[139]

A. 1.22 Schenkweise Übertragung einer typisch stillen Beteiligung

Gliederung

A. 1.22 **Urkunden-Rolle Nr. [...]/200[...]**

Verhandelt zu [...] am [...]

Vor mir, dem unterzeichnenden Notar/Notarin [...] mit dem Amtssitz in [...] erschienen:

1. **Herr A, geboren am [...], wohnhaft [...], (im Folgenden auch: „Schenker")**
2. **Frau B, geboren am [...], wohnhaft [...], handelnd nicht im eigenen Namen, sondern auf Grund im Original vorgelegter und beglaubigter Abschrift dieser Vereinbarung beigefügter Bestallungsurkunde als Ergänzungspflegerin für das minderjährige Kind T, geboren am [...], wohnhaft [...], (im Folgenden auch: „Beschenkte").**

Die Erschienen wiesen sich durch Vorlage ihrer Bundespersonalausweise aus/sind dem Notar von Person bekannt.

Die Erschienen erklären, mit der Bitte um Beurkundung, was folgt:

---

137 Blümich/*Stuhrmann* EStG § 20 Rz. 448.
138 Blümich/*Stuhrmann* EStG § 20 Rz. 448.
139 Vgl. hierzu oben Rz. 20.

Präambel

Der Schenker ist der Vater der Beschenkten. Er ist als stiller Gesellschafter mit einer vertraglich vereinbarten voll einbezahlten Einlage in Höhe von € [...],– am Handelsgewerbe der ABC-GmbH & Co. KG mit dem Sitz in [...] (HRA [...], Amtgericht [...]) beteiligt. Der Schenker ist am laufenden Betriebsergebnis der ABC-GmbH & Co. KG, nicht aber an den stillen Reserven des Geschäftsvermögens und am Geschäftswert der Gesellschaft beteiligt, es handelt sich also um eine aus der Sicht des Steuerrechts „typisch" stille Beteiligung.
Der Schenker beabsichtigt, seine stille Gesellschaftsbeteiligung an der ABC-GmbH & Co. KG auf seine Tochter T im Wege der vorweggenommenen Erbfolge unentgeltlich zu übertragen.
Der Gesellschaftsvertrag der ABC-GmbH & Co. KG und der Vertrag über die Errichtung der stillen Gesellschaft zwischen dem Schenker und der ABC-GmbH & Co. KG vom [...] sind der Beschenkten bekannt.
Dies vorausgeschickt, vereinbaren die Parteien was folgt:

§ 1 Schenkung

(1) Herr A schenkt hiermit im Wege vorweggenommener Erbfolge seiner Tochter T seine in der Präambel bezeichnete stille Beteiligung an der ABC-GmbH & Co. KG mit allen Rechten und Pflichten einschließlich des Gewinnbezugsrechts. Von der Schenkung umfasst sind sämtliche für den Schenker als stillen Gesellschafter geführten Konten, die zum letzten Bilanzstichtag folgende Salden aufwiesen:
a) Einlagekonto: € [...],–;
b) Verlustkonto: € [...],–;
c) Privatkonto: € [...],–.

(2) Die vorstehende Schenkung erfolgt mit sofortiger Wirkung.

(3) Die Schenkung umfasst nicht Guthaben auf dem Privatkonto, soweit diese bis zum Abtretungsstichtag entnommen werden können. Gewinnanteile auf die geschenkte stille Beteiligung, die bis zum Abtretungsstichtag entstehen, stehen dem Schenker zu und sind an diesen auszuzahlen, soweit sie nach dem stillen Gesellschaftsvertrag entnommen werden können.

(4) Die Schenkung erfolgt ohne Gegenleistung, somit voll unentgeltlich.

§ 2 Annahme der Schenkung

Die Beschenkte nimmt die Schenkung ihres Vaters dankend an.

§ 3 Vollzug der Schenkung[Rz. 9]

In Vollzug des vorstehenden Schenkungsversprechens tritt der Schenker im Wege der Sonderrechtsnachfolge seine in § 1 bezeichnete stille Beteiligung mit allen Rechten und Pflichten einschließlich des Gewinnbezugsrechts und sämtlichen für ihn als stillen Gesellschafter geführten Konten an die Beschenkte ab. Auch die Abtretung erfolgt mit sofortiger Wirkung. Die Beschenkte nimmt die Abtretung an und tritt in alle Rechte und Pflichten des Schenkers aus dem Vertrag über die Errichtung der stillen Gesellschaft zwischen dem Schenker und der ABC-GmbH & Co. KG vom [...] ein.

§ 4 Auflösende Bedingungen und Widerrufsvorbehalte[Rz. 10 ff.]

(1) Die Schenkung und Abtretung steht jeweils unter den folgenden auflösenden Bedingungen mit der Folge, dass die Schenkung zu Gunsten der Beschenkten wegfällt und die Abtretung an die Beschenkte ihre Wirkung verliert, wenn bei der Beschenkten eine der folgenden Bedingungen eintritt:

a) Über das Vermögen der Beschenkten wird das Insolvenzverfahren eröffnet oder die Eröffnung mangels Masse abgelehnt;
b) in den Schenkungsgegenstand wird die Zwangsvollstreckung betrieben und nicht innerhalb von drei Monaten nach Aufforderung, spätestens bis zur Verwertung des Anteils, aufgehoben;
c) nach dem Tode der Beschenkten macht ihr überlebender Ehegatte gegen den Nachlass der Beschenkten Pflichtteilsansprüche geltend und verlangt bei deren Berechnung berechtigterweise die Einbeziehung der geschenkten stillen Beteiligung;
d) die Ehe der im Güterstand der Zugewinngemeinschaft lebenden Beschenkten wird geschieden, es sei denn, die geschenkte stille Beteiligung ist auf Grund eines Ehevertrages bei der Berechnung des Zugewinnausgleichsanspruchs weder dem Anfangs- noch dem Endvermögen zuzurechnen oder es ist Gütertrennung vereinbart;
e) die Beschenkte vereinbart mit ihrem Ehegatten die Gütergemeinschaft, ohne die geschenkte stille Beteiligung zum Vorbehaltsgut zu erklären.

(2) Der Schenker kann die vorstehende Schenkung ganz oder teilweise widerrufen, wenn bei der Beschenkten eine der folgenden Bedingungen eintritt:
a) Die Beschenkte stirbt vor dem Schenker;
b) die Beschenkte wird geschäftsunfähig oder als Volljährige beschränkt geschäftsfähig oder es wird für sie, insbesondere wegen Drogen- oder Spielsucht, ein Betreuer gemäß §§ 1896 ff. BGB bestellt;
c) es liegt ein gesetzlicher Widerrufsgrund vor. Dies ist etwa dann der Fall, wenn sich die Beschenkte gegenüber dem Schenker oder einem nahen Angehörigen des Schenkers des groben Undanks schuldig macht (§ 530 BGB) oder eine Verarmung des Schenkers eintritt (§ 528 BGB);
d) die Beschenkte heiratet, ohne zuvor mit ihrem Ehegatten einen Ehevertrag geschlossen zu haben, nach dem sämtliches Vermögen, welches ein Ehepartner geschenkt erhalten oder geerbt hat, vom Zugewinnausgleich ausgenommen und auch bei der Berechnung des Pflichtteils unberücksichtigt bleibt;
e) es wird für den schenkweisen Erwerb der Beschenkten eine Schenkungsteuer festgesetzt, die den Betrag von € [...],– übersteigt.

(3) Das Recht des Widerrufs hat der Schenker.

(4) Die Übertragung an die Beschenkte steht unter der auflösenden Bedingung, dass die Schenkung an sie gemäß Abs. 2 wirksam widerrufen wird. Mit Ausübung des Widerrufsrechts gehen somit im Umfang des Widerrufs die geschenkte stille Beteiligung bzw. etwaige Surrogate unentgeltlich auf den Schenker oder dessen Rechtsnachfolger über. Entsprechendes gilt bei Eintritt einer Bedingung nach Abs. 1.

(5) Der Widerruf ist nur innerhalb von drei Monaten zulässig, nachdem der Widerrufsberechtigte Kenntnis von dem Widerrufsgrund erhält. Der Widerruf hat durch eingeschriebenen Brief zu erfolgen.

(6) Nutzungen, die die Beschenkte vor dem Rückfall des Schenkungsgegenstandes gezogen hat, verbleiben ihr. Ihre Aufwendungen im Zusammenhang mit dem Schenkungsgegenstand sind ihr nicht zu erstatten.

(7) Sämtliche Kosten und etwaigen Steuern, die bei der Beschenkten durch den Rückfall der ihr geschenkten Beteiligung anfallen, trägt der Schenker.

§ 5 Anrechnung und Ausgleichung[Rz. 15, 16]

(1) Die Beschenkte hat sich die erhaltene Zuwendung auf einen etwaigen ihr durch den Tod des Schenkers entstehenden Pflichtteilsanspruch anrechnen zu lassen. Dies gilt jedoch nicht, soweit sie auf Grund der Regelungen dieses Vertrages, insbesondere wegen Eintritts einer auflösenden Bedingung nach § 4, die ge-

schenkte stille Beteiligung noch vor Entstehung des Pflichtteilsanspruchs ganz oder teilweise wieder abzugeben hat. Nicht anrechnungspflichtig ist auch der zwischenzeitliche Nutzungsvorteil aus der rückübertragenen stillen Beteiligung.

(2) Die Beschenkte hat die geschenkte stille Beteiligung beim Tod des Schenkers nicht zur Ausgleichung zu bringen.

§ 6 Zustimmungserfordernisse[Rz. 17, 18]

(1) Die Schenkung der stillen Beteiligung bedarf gemäß §§ 1643 Abs. 1, 1822 Nr. 3 BGB der Genehmigung durch das Vormundschaftsgericht. Der Notar wird mit der Einholung der Genehmigung beauftragt und bevollmächtigt, die vormundschaftsgerichtliche Genehmigung entgegenzunehmen und sie den Vertragspartnern mitzuteilen.

(2) Gemäß § [...] des Vertrages über die Errichtung der stillen Gesellschaft zwischen dem Schenker und der ABC-GmbH & Co. KG vom [...] ist die Übertragung der stillen Beteiligung auf Abkömmlinge des stillen Gesellschafters jederzeit und ohne weitere Zustimmungsvorbehalte möglich.

§ 7 Kosten und Steuern[Rz. 19]

(1) Die Kosten dieses Vertrages trägt der Schenker.

(2) Die Schenkungsteuern auf die Zuwendung übernimmt der Schenker.

§ 8 Salvatorische Klausel

Sollte eine Bestimmung dieser Urkunde unwirksam oder anfechtbar sein oder werden, so soll deren Inhalt im Übrigen nicht berührt, sondern sinngemäß ausgeführt werden. Anstelle der unwirksamen oder anfechtbaren Bestimmung soll eine angemessene Regelung gelten, die, soweit rechtlich möglich, dem am nächsten kommt, was die Vertragsschließenden gewollt haben oder nach dem Sinn und Zweck dieses Vertrages gewollt haben würden, sofern sie diesen Punkt bei Abschluss des Vertrages bedacht hätten.

Diese Niederschrift wurde den Erschienenen von dem Notar vorgelesen, von ihnen genehmigt und von ihnen und dem Notar eigenhändig wie folgt unterschrieben:

A. Grundsätzliche Anmerkungen

I. Wirtschaftliche Aspekte

Ziel ist die unentgeltliche Übertragung der typisch stillen Beteiligung auf einen Dritten, wobei das stille Gesellschaftsverhältnis unverändert bestehen bleiben soll. 1

II. Rechtliche Aspekte

Gemäß § 717 S. 2 BGB sind nur die Einzelansprüche des stillen Gesellschafters auf Gewinnauszahlung und Auszahlung des Auseinandersetzungsguthabens bei Beendigung der Gesellschaft, nicht aber die stille Beteiligung insgesamt auf Dritte **übertragbar.** Die stille Beteiligung kann deshalb nur dann rechtswirksam auf einen Dritten übertragen werden, wenn der stille Gesellschaftsvertrag dies zulässt oder der Inhaber des Handelsgewerbes im Einzelfall seine Zustimmung erteilt.[1] Der Kreis derjenigen Personen, auf die eine Übertragung der Beteiligung ohne Zustimmung erfolgen darf, 2

[1] MüKoHGB/*K. Schmidt* HGB § 230 Rz. 175.

kann im stillen Gesellschaftsvertrag definiert und bspw. eine Übertragung nur an Abkömmlinge zugelassen werden.[2]

3 Das Schenkungsversprechen bedarf gemäß § 518 Abs. 1 S. 1 BGB der **notariellen Form.** Wird die Schenkung durch Abtretung der Ansprüche aus dem stillen Gesellschaftsverhältnis vollzogen, wird hierdurch ein etwaiger Formmangel gemäß § 518 Abs. 2 BGB **geheilt,** denn anders als in Fällen der unentgeltlichen Einbuchung der stillen Einlage[3] handelt es sich bei der Abtretung der gesamten stillen Beteiligung nicht nur um einen rein buchungstechnischen Vorgang, sondern um einen Rechtsträgerwechsel.[4]

4 Für den Abschluss des Schenkungsvertrages über die stille Beteiligung mit einem Minderjährigen ist gemäß §§ 1909, 1629 Abs. 2, 1795 BGB die **Bestellung eines Ergänzungspflegers** erforderlich, da die Schenkung nicht lediglich rechtlich vorteilhaft ist.[5] Dies soll nach Auffassung der Rechtsprechung selbst dann gelten, wenn der stille Gesellschafter nicht am Verlust beteiligt ist, weil er auch dann den eventuell langfristigen Bindungen eines Gesellschaftsvertrages unterworfen wird.[6]

5 Der Erwerber tritt im Fall der Schenkung einer bereits bestehenden stillen Beteiligung vollumfänglich in die Rechte und Pflichten des stillen Gesellschaftsvertrages ein. Der Abschluss des Schenkungsvertrages mit einem Minderjährigen über eine bereits bestehende stille Beteiligung bedarf deshalb unter denselben Voraussetzungen gemäß §§ 1643 Abs. 1, 1822 Nr. 3 BGB der **familiengerichtlichen Genehmigung,** unter denen der Abschluss des stillen Gesellschaftsvertrages als solcher genehmigungsbedürftig wäre. Der Abschluss eines stillen Gesellschaftsvertrages stellt grds. einen „Gesellschaftsvertrag zum Betrieb eines Handelsgewerbes" iSv. § 1822 Nr. 3 BGB dar und ist damit genehmigungsbedürftig.[7] Etwas anderes gilt dann, wenn die Beteiligung des stillen Gesellschafters am Verlust ausgeschlossen ist und er außer seiner nach § 230 Abs. 2 HGB zu leistenden Einlage keine weiteren Leistungen zu erbringen hat.[8] In diesem Fall ist das stille Gesellschaftsverhältnis einem partiarischen Darlehensverhältnis so nahe, dass es nicht als unternehmerische Beteiligung iSv. § 1822 Nr. 3 BGB angesehen werden kann, so dass ein Genehmigungsbedürfnis nicht besteht.[9] Unabhängig vom Inhalt des stillen Gesellschaftsvertrages wird eine familiengerichtliche Genehmigung für den Abschluss eines Schenkungsvertrages außerdem dann analog § 2347 Abs. 2 S. 1 BGB erforderlich gehalten, wenn dieser wie das Formular (§ 5) eine Anrechnung der Zuwendung auf den Pflichtteil des Beschenkten vorsieht.[10]

III. Steuerrechtliche Aspekte

6 **Ertragsteuerlich** führt der Beschenkte gemäß § 11d EStDV die Anschaffungskosten des Schenkers fort.

7 Die unentgeltliche Übertragung der stillen Beteiligung unterliegt der **Schenkungsteuer.** Die Einlage des typisch stillen Gesellschafters ist als **Kapitalforderung** mit dem **Nennwert** anzusetzen, wenn nicht besondere Umstände einen abweichenden

---

[2] Vgl. Formular A. 1.21, § 12.
[3] Vgl. Formular A. 1.21, Rz. 10f.
[4] *K. Schmidt* DB 2002, S. 829, 834.
[5] Vgl. BFH v. 19.12.1979 – I R 176/77, BStBl. II 1980, 242.
[6] Vgl. BFH v. 28.11.1973 – I R 101/72, BStBl. II 1974, 289; BFH v. 19.12.1979 – I R 176/77, BStBl. II 1980, 242; aA GroßKommHGB/*Harbarth* HGB § 230 Rz. 157; *Tiedtke* DB 1974, 1064; differenzierend MüKoHGB/*K. Schmidt* HGB § 230 Rz. 105.
[7] Blaurock/*Jung* § 9, Rz. 9.46ff.
[8] BFH v. 4.7.1968 – IV R 136/63, BStBl. II 1968, 671; BFH v. 28.11.1973 – I R 101/72, BStBl. II 1974, 289; MüKoHGB/*K. Schmidt* HGB § 230 Rz. 106.
[9] MüKoHGB/*K. Schmidt* HGB § 230 Rz. 106.
[10] Staudinger/*Haas* § 2315 Rz. 9; MüKoBGB/*K. W. Lange* § 2315 Rz. 9.

Wertansatz gebieten.[11] Als ein solcher besonderer Umstand gilt ein Durchschnittsertrag von über 9 vH bzw. unter 3 vH der Vermögenseinlage, wenn die Kündbarkeit der Einlage im Besteuerungszeitpunkt für längere Zeit ausgeschlossen ist und damit das Gesellschaftsverhältnis zum Besteuerungszeitpunkt noch mehr als fünf Jahr währen wird.[12] Die Vermögenseinlage ist um den fünffachen Unterschiedsbetrag zwischen dem Durchschnittsertrag (zumeist der letzten drei Jahre) und der Verzinsung von 9 vH zu erhöhen bzw. um den fünffachen Unterschiedsbetrag zwischen 3 vH und dem Durchschnittsertrag zu mindern.[13] Ist die stille Einlage durch Verluste gemindert, ist die geminderte Einlage maßgeblich, allerdings ist der Durchschnittsertrag in Bezug auf den vollen Nennwert der Einlage zu ermitteln.[14]

Zu den ertragsteuerlichen und schenkungsteuerlichen Folgen der unentgeltlichen **8**
Übertragung einer atypisch stillen Beteiligung vgl. Formular A. 2.62.

B. Einzelerläuterungen

Zu § 3: Vollzug der Schenkung

Ist die stille Beteiligung aufgrund einer entsprechenden Regelung im Gesellschafts- **9**
vertrag bzw. der Zustimmung des Geschäftsinhabers übertragbar, erfolgt die Übertragung der stillen Beteiligung durch Abtretung des Rechts an den neuen Gesellschafter. Mit der rechtswirksamen Abtretung der stillen Beteiligung geht die Rechtsposition des bisherigen auf den neuen stillen Gesellschafter in dem Umfang über, in dem sie zum Zeitpunkt der Abtretung bestanden hat. Grundsätzlich umfasst die Abtretung nicht nur die stille Beteiligung, sondern auch alle sonstigen, nicht vom Abspaltungsverbot umfassten Ansprüche des stillen Gesellschafters aus dem Gesellschaftsvertrag, einschließlich der Gläubigerforderung auf Auszahlung stehen gelassener Gewinne auf dem Privatkonto. Das Formular sieht in § 1 Abs. 3 abweichend hierzu vor, dass stehen gelassene Gewinne auf dem Privatkonto, die bis zum Übertragungsstichtag entstanden sind, dem Schenker zustehen.

Zu § 4: Auflösende Bedingungen und Widerrufsvorbehalte

§ 4 des Formulars sieht eine Reihe von auflösenden Bedingungen und Widerrufs- **10**
gründen vor, bei deren Eintritt die geschenkte stille Beteiligung an den Schenker zurückfällt. Die gesetzliche Regelung kennt als Rückforderungsgründe nur die Nichtvollziehung einer Auflage (§ 527 BGB), die Verarmung des Schenkers (§ 528 BGB) und den groben Undank (§ 530 BGB). Das Formular berücksichtigt weitere Risiken, bei deren Realisierung es im Interesse des Schenkers liegen kann, die Schenkung rückabzuwickeln.

Der grundsätzliche Unterschied zwischen den **auflösenden Bedingungen** nach **11**
Abs. 1 und den **Widerrufsgründen** nach Abs. 2 besteht darin, dass bei Eintritt der auflösenden Bedingung (§ 158 Abs. 2 BGB) die Schenkung ohne weiteres Zutun des Schenkers wegfällt, während bei Eintritt eines Widerrufsgrundes es im Ermessen des Schenkers steht, durch Ausübung seines Widerrufsrechts die Schenkung rückgängig zu machen. Die Anordnung einer auflösenden Bedingung bietet sich deshalb dann an, wenn der Zugriff eines Dritten auf den geschenkten Gegenstand automatisch beschränkt werden soll.[15] Die Formulierung eines Widerrufsgrundes kommt demgegen-

---

[11] ErbStR 2011 B 12.4.
[12] ErbStR 2011 B 12.4.
[13] ErbStR 2011 B 12.4.
[14] Troll/Gebel/Jülicher/*Jülicher* ErbStG § 12 Rz. 112.
[15] MüKoBGB/*H. P. Westermann* § 158 Rz. 39, 57.

über in Betracht, wenn auf bestimmte Umstände reagiert werden soll, die in der Person des Beschenkten eintreten und der Schenker sich die Möglichkeit vorbehalten will, im Einzelfall zu entscheiden, ob er den geschenkten Gegenstand zurückfordern will oder nicht. Um der Beschenkten Rechtssicherheit zu geben, ob die Schenkung trotz Eintritt eines Widerrufsgrundes Bestand hat, sieht § 4 Abs. 5 des Formulars vor, dass der Widerruf nur innerhalb von drei Monaten zulässig ist, nachdem der Widerrufsberechtigte Kenntnis von dem Widerrufsgrund erhalten hat.

12 Der Kreis der Auflösungs- und Widerrufsgründe kann gegenüber dem Formular eingeschränkt oder erweitert werden. Hierbei muss darauf geachtet werden, dass die Rückforderungsrechte nicht einen Umfang erreichen, der einem **freien Widerrufsvorbehalt** des Schenkers gleich steht. Ein freier Widerrufsvorbehalt ändert zwar nichts daran, dass eine Schenkung iSv § 7 Abs. 1 Nr. 1 ErbStG vorliegt. Ertragsteuerlich geht aber bei einer frei widerruflichen Schenkung das **wirtschaftliche Eigentum** des Schenkungsgegenstandes nicht auf den Beschenkten über, sondern verbleibt beim Schenker.[16] Die Gewinnanteile des Beschenkten aus der stillen Beteiligung wären also weiterhin vom Schenker als Einkünfte aus Kapitalvermögen gemäß § 20 Abs. 1 Nr. 4 EStG zu versteuern.

13 Der Eintritt einer auflösenden Bedingung bzw. die Ausübung des Widerrufsrechts durch den Schenker beseitigt nur das Schenkungsversprechen. Damit auch die geschenkte Beteiligung automatisch an den Schenker zurückfällt und dieser nicht auf einen Rückforderungsanspruch aus § 812 Abs. 1 S. 2 BGB beschränkt ist, sieht § 4 Abs. 4 des Formulars vor, dass die Abtretung der stillen Beteiligung ihrerseits unter der auflösenden Bedingung steht, dass das Schenkungsversprechen widerrufen wird oder eine auflösende Bedingung eintritt.

14 Wird die Schenkung der stillen Beteiligung aufgrund des Eintritts einer auflösenden Bedingung oder der Ausübung des Widerrufsrechts durch den Schenker rückabgewickelt, gilt sie für Zwecke der Erbschaft- und Schenkungsteuer gemäß § 29 Abs. 1 Nr. 1 ErbStG als von Anfang an nicht erfolgt. Eine bereits erfolgte Steuerfestsetzung ist gemäß § 175 Abs. 1 S. 1 Nr. 2 AO aufzuheben und die gezahlte Schenkungsteuer ist zu erstatten.

Zu § 5: Anrechnung und Ausgleichung

15 Gemäß § 2315 Abs. 1 BGB hat sich der Pflichtteilsberechtigte lebzeitige Zuwendungen des Erblassers auf seinen **Pflichtteil** anrechnen zu lassen, wenn er sie mit einer entsprechenden **Anrechnungsbestimmung** des Erblassers erhalten hat. Die Anrechnungsbestimmung muss vor oder mit der Zuwendung getroffen werden und kann später nicht mehr einseitig nachgeholt werden.

16 Gemäß § 2050 Abs. 1 BGB sind Abkömmlinge, die als gesetzliche Erben zur Erbfolge gelangen, verpflichtet, dasjenige, was sie von dem Erblasser zu dessen Lebzeiten als **Ausstattung** erhalten haben, bei der Erbauseinandersetzung untereinander zur **Ausgleichung** zu bringen, es sei denn, der Erblasser hat bei der Zuwendung etwas anderes bestimmt. **Sonstige Zuwendungen,** die weder Ausstattung noch Zuschuss iSv § 2050 Abs. 2 BGB sind, sind demgegenüber nur dann ausgleichspflichtig, wenn der Erblasser die Ausgleichung bei der Zuwendung angeordnet hat. Auch die Ausgleichsbestimmung muss vor oder mit der Zuwendung getroffen werden und kann später nicht mehr einseitig nachgeholt werden.

Zu § 6: Zustimmungserfordernisse

17 Vgl. zum Erfordernis der **familiengerichtlichen Genehmigung** zunächst oben Rz. 5. Liegt die erforderliche familiengerichtliche Genehmigung bei Vertragsschluss

[16] Schmidt/*Wacker* EStG § 15 Rz. 300.

bereits vor, wird dieser unmittelbar wirksam. Soll die Genehmigung wie im Formular erst nach Abschluss des Schenkungsvertrages eingeholt werden, ist dieser bis zur Erteilung der Genehmigung schwebend unwirksam. Mit der Mitteilung der Genehmigung (§ 1829 BGB) tritt der Schenkungsvertrag rückwirkend auf den Zeitpunkt des Abschlusses in Kraft (§ 184 BGB).[17] Hierbei muss berücksichtigt werden, dass die zivilrechtliche Rückwirkung einer Genehmigung steuerlich grds. unbeachtlich ist.[18] Eine Ausnahme hiervon gilt für behördliche Genehmigungen, zu denen auch die vormundschaftsgerichtliche Genehmigung gehört.[19] Behördliche Genehmigungen sollen zumindest auf den Zeitpunkt zurückwirken, in dem die Beteiligten alles getan haben, um die Genehmigung herbeizuführen. Hierfür müssen die Beteiligten alle Erklärungen in gehöriger Form abgegeben haben, die für das Einholen der Genehmigung erforderlich sind, also insbesondere den Antrag auf Erteilung der Genehmigung unter Beifügung des notariell beurkundeten Schenkungsvertrages unverzüglich nach Abschluss des Schenkungsvertrages gestellt haben.[20]

Die stille Beteiligung kann nur dann rechtswirksam auf einen Dritten übertragen **18**
werden, wenn der stille Gesellschaftsvertrag dies zulässt oder der Inhaber des Handelsgewerbes im Einzelfall seine **Zustimmung** erteilt.[21] Das Formular geht davon aus, dass der stille Gesellschaftsvertrag eine Übertragung an Abkömmlinge generell zulässt. Fehlt eine solche Regelung und ist die Zustimmung des Geschäftsinhabers erforderlich, ist die Abtretung der stillen Beteiligung bis zur Erteilung der Genehmigung schwebend unwirksam.

Zu § 7: Kosten und Steuern

Vgl. zur schenkungsteuerlichen Behandlung der unentgeltlichen Übertragung einer **19**
typisch stillen Beteiligung zunächst oben Rz. 6. **Steuerschuldner** der Schenkungsteuer sind gemäß § 20 Abs. 1 S. 1 ErbStG sowohl die Beschenkte, als auch der Schenker. Übernimmt wie im Formular der Schenker die Schenkungsteuer, bedeutet dies eine zusätzliche Bereicherung der Beschenkten. Gemäß § 10 Abs. 2 ErbStG hat ein von der Zahlung der Schenkungsteuer befreiter Beschenkter diese zusätzliche Bereicherung zu versteuern. Erfasst wird hierbei nur die Übernahme der aus dem eigentlichen Erwerbs- oder Zuwendungsvorgang unmittelbar resultierenden Steuerschuld. Nur um den Betrag dieser Steuerschuld erhöht die Übernahmeleistung nach § 10 Abs. 2 ErbStG die erbschaftsteuerliche Bemessungsgrundlage.[22] Die Übernahme der Schenkungsteuer durch den Schenker kann in geeigneten Fällen zu einer erheblichen Steuerersparnis führen.[23]

---

[17] *Fichtelmann* EStB 2000, S. 202, 205.
[18] ErbStR 2011 E 9.1 Abs. 3 S. 3.
[19] ErbStR 2011 E 9.1 Abs. 3 S. 4.
[20] ErbStR 2011 E 9.1 Abs. 3 S. 4; *Fichtelmann* EStB 2000, 202, 205.
[21] Vgl. hierzu oben Rz. 2.
[22] Troll/Gebel/Jülicher/*Gebel* ErbStG § 10 Rz. 73.
[23] Vgl. hierzu iE Troll/Gebel/Jülicher/*Gebel* ErbStG § 10 Rz. 75 f.

A. 1.30 Börsennotierte Beteiligung im Privatvermögen

Übersicht

A. 1.31 Übertragung ohne Gegenleistung

Gliederung

A. 1.31

Schenkungsvertrag

zwischen

Frau/Herrn [...], wohnhaft [...]

– im Folgenden: Schenker –

und

Frau/Herrn [...], wohnhaft [...]

– im Folgenden: Beschenkte –
– im Folgenden zusammen auch: Vertragsparteien –

Präambel

Die/Der Beschenkte ist die Tochter/der Sohn des Schenkers. Der Schenker ist Inhaber von [...] Stück Aktien der [...] Aktiengesellschaft, mit Sitz in [...] Es ist der Wunsch des Schenkers, diese Aktien der/dem Beschenkten unentgeltlich zuzuwenden.
Dies vorausgeschickt, vereinbaren die Vertragsparteien Folgendes:

§ 1 Vertragsgegenstand[Rz. 6–9]

Gegenstand dieses Schenkungsvertrages (im Folgenden: Vertragsgegenstand) sind [...] Stück Inhaberaktien der [...]-Aktiengesellschaft, mit Sitz in [...]. Die Aktien sind börsengehandelt. Sie befinden sich in Girosammelverwahrung bei der [...]-Bank, Depot-Nr.: [...]. Die Übertragung der Aktien bedarf nicht der Zustimmung der Gesellschaft. Die Aktien sind steuerliches Privatvermögen des Schenkers.

[Falls es sich bei dem Vertragsgegenstand um vinkulierte Namensaktien handelt, empfiehlt sich die folgende Formulierung:
Gegenstand dieses Schenkungsvertrages (im Folgenden: Vertragsgegenstand) sind [...] Stück vinkulierte Namensaktien der [...]-Aktiengesellschaft, mit Sitz in [...] Die Aktien sind börsengehandelt. Sie befinden sich in Girosammelverwahrung bei der [...]-Bank, Depot-Nr.: [...] . Die Übertragung der Aktien bedarf der Zustimmung der Gesellschaft. Der Schenker wird die Zustimmung unverzüglich nach dem Abschluss dieses Vertrages einholen. Die Aktien sind steuerliches Privatvermögen des Schenkers.]

§ 2 Schenkungsvertrag

Der Schenker schenkt hiermit dem Beschenkten den Vertragsgegenstand. Der Beschenkte nimmt das Schenkungsversprechen dankend an.

§ 3 Besitzübertragung und Übereignung, Nutzungen und Lasten[Rz. 10, 11]

(1) Unverzüglich nach dem Abschluss dieses Vertrages wird der Schenker die Umbuchung des Vertragsgegenstands auf das Depot des Beschenkten bei der [...]-Bank, Depot-Nr.: [...] veranlassen. Die Vertragsparteien sind sich darüber einig, dass Besitz und Eigentum an dem Vertragsgegenstand mit der Gutschrift auf dem Depot des Beschenkten auf diesen übergehen sollen.

(2) Nutzungen und Lasten des Vertragsgegenstands gehen mit dem in Abs. 1 genannten Zeitpunkt auf den Beschenkten über.

§ 4 Widerruf der Schenkung *[Im Falle vinkulierter Namensaktien zu ergänzen: und Rücktritt]*[Rz. 12, 13]

(1) Der Schenker ist nach Maßgabe des § 531 BGB zu dem Widerruf der Schenkung berechtigt, sofern der Beschenkte oder seine Rechtsnachfolger vor dem Schenker versterben. Das Widerrufsrecht nach Satz 1 erlischt mit dem Tod des Schenkers. Die gesetzlichen Widerrufsgründe bleiben unberührt.

[Falls es sich bei dem Vertragsgegenstand um vinkulierte Namensaktien handelt, empfiehlt sich die folgende Ergänzung:
(2) Wird die Zustimmung zur Übertragung des Vertragsgegenstands durch die Gesellschaft versagt, so ist der Schenker zu dem Rücktritt von dem Vertrag berechtigt.]

§ 5 Schlussbestimmungen[Rz. 14]

(1) Den Vertragsparteien ist bekannt, dass nach § 518 Abs. 1 Satz 1 BGB das Schenkungsversprechen der notariellen Beurkundung bedarf. Mit Rücksicht auf den alsbaldigen Vollzug der Schenkung und der damit gemäß § 518 Abs. 2 BGB eintretenden Wirksamkeit des Schenkungsversprechens und des Schenkungsvertrages wird von der notariellen Beurkundung des Schenkungsversprechens abgesehen.

(2) Sollte eine der Bestimmungen dieses Vertrages unwirksam oder undurchführbar sein, so wird hiervon die Gültigkeit oder Durchführbarkeit der übrigen Bestimmungen nicht berührt. An Stelle der unwirksamen oder undurchführbaren Bestimmung gilt diejenige Bestimmung als vereinbart, die dem Sinn und Zweck der unwirksamen oder undurchführbaren Bestimmung so nahe kommt wie rechtlich zulässig. Entsprechendes gilt für den Fall einer Vertragslücke.

.... *[Ort]*, den .... *[Datum]*

...

[Name des Schenkers]

...

[Name der/des Beschenkten]

A. Grundsätzliche Anmerkungen

I. Zivilrecht

1 Die Schenkung von Aktien, zumal von börsennotierten, ist problemlos möglich. Zwar bedarf auch hier das Schenkungsversprechen gemäß § 518 Abs. 1 Satz 1 BGB der **notariellen Beurkundung.** Nach § 518 Abs. 2 BGB wird jedoch der Mangel der Form durch die Bewirkung der versprochenen Leistung geheilt. Auch ein nur mündlich erteiltes Schenkungsversprechen wird daher dann wirksam, wenn Besitz und Eigentum an den geschenkten Aktien von dem Schenker auf den Beschenkten übergehen. Die gesetzliche Form wird vor diesem Hintergrund in der Praxis kaum je beachtet; nicht selten werden Aktienschenkungen nur auf Grund einer **mündlichen Schenkungsabrede** durch Umbuchung der geschenkten Aktien vollzogen.

2 Die **notarielle Beurkundung** des Schenkungsversprechens macht allenfalls dann Sinn, wenn der Schenkungsvertrag nicht sofort durch die Annahme des Schenkungsversprechens des Schenkers durch den Beschenkten geschlossen und das Versprechen alsbald erfüllt werden soll, der Schenker sich aber für eine gewisse Zeit (vgl. §§ 147f. BGB) an sein Schenkungsversprechen binden möchte.

3 Zur Dokumentation der Schenkung, namentlich bei der Schenkung eines größeren Aktienpakets, ist jedoch die Abfassung eines **privatschriftlichen Schenkungsvertrages** dringend zu empfehlen. Das vorstehende Muster geht von diesem Fall aus.

II. Steuerrecht

4 Die Schenkung ist freigebige Zuwendung unter Lebenden und unterliegt der **Schenkungsteuer** (§ 7 Abs. 1 Satz 1 Nr. 1 ErbStG). Die Steuer entsteht mit dem Zeitpunkt der **Ausführung der Zuwendung** (§ 9 Abs. 1 Nr. 2 ErbStG). Die Bewertung für die Zwecke der Schenkungsteuer richtet sich – bezogen auf den vorgenannten Zeitpunkt (§ 11 BewG) – nach dem **gemeinen Wert** der börsennotierten Aktien bzw. der Beteiligung, der grundsätzlich aus dem **Börsenkurs** abgeleitet wird (§§ 12 Abs. 1 ErbStG, 11 Abs. 1 BewG). Die Ableitung aus dem Börsenkurs findet auch dann statt, wenn nicht alle Aktien börsennotiert sind. So ist der gemeine Wert von nicht notierten Vorzugsaktien aus dem Wert der Stammaktien abzuleiten. Umgekehrt gilt das Gleiche. Die unterschiedliche Ausstattung ist durch Zu- und Abschläge zu berücksichtigen.[1] Ist der gemeine Wert der Aktien – namentlich wegen eines **Paketzuschlages** – jedoch höher, so ist dieser höhere Wert anzusetzen (§ 11 Abs. 3 BewG; ErbStR B 11.6).[2] **Verfügungsbeschränkungen,** bspw. auf Grund eines Familienpoolvertrags, wirken sich demgegenüber nicht wertmindernd aus (§ 9 Abs. 2 Satz 3, Abs. 3 BewG). Die Stichtagsbezogenheit der Bewertung kann bei börsennotierten Aktien zu erheblichen steuerlichen *Windfall-Profits* oder *-Losses* führen, wenn die Börsenkurse nach dem Stichtag (Ausführung der Zuwendung, §§ 11, 9 Abs. 1 Nr. 2 ErbStG) steigen oder sinken. Solche Gewinne oder Verluste sind – auch soweit es um erhebliche Kursverluste geht – für die Besteuerung in aller Regel unerheblich. Billigkeitsmaßnahmen der Finanzverwaltung (Abweichende Steuerfestsetzung, § 163 AO, bzw. Erlass, § 227 AO) sind in diesen Fällen grds. nicht zu erwarten.[3]

Die **Höhe der Schenkungsteuer** wird maßgeblich von dem persönlichen Verhältnis des Beschenkten zu dem Schenker bestimmt (§§ 15f., 19 ErbStG). Wird ein Akti-

[1] Vgl. ErbStR 2011 B 11.1 Abs. 4.
[2] Näher *Piltz* DStR 2009, 1829 (1832f.); *v. Oertzen* BB 2004, 1135 (1136f.); *v. Oertzen/Zens* DStR 2005, 1040.
[3] Vgl. OFD Hannover v. 7.3.2003, S 3811 – 7 – StO 241, ZEV 2003, 161; FG Köln v. 23.10.1997 – 9 K 3954/89, EFG 1998, 1603 (1603ff.); FG München v. 14.2.2001 – 4 K 153/98, EFG 2001, 769 (769).

enpaket von mehr als 25 vH an einer Aktiengesellschaft mit Sitz oder Geschäftsleitung im Inland oder in einem EU-/EWR-Staat geschenkt (§ 13b Abs. 1 Nr. 3 ErbStG), wird unter den Voraussetzungen des § 13a ErbStG ein **Verschonungsabschlag** sowie ein **Abzugsbetrag** gewährt. Ferner findet unter den Voraussetzungen des § 19a ErbStG eine **Tarifbegrenzung** Anwendung. **Steuerschuldner** sind sowohl der Schenker als auch der Beschenkte (§ 20 Abs. 1 Satz 1 ErbStG). Unter den Voraussetzungen des § 28 ErbStG ist eine Stundung der Schenkungsteuer möglich, ist aber wegen ihrer (verzinslichen) Ausgestaltung eher wenig attraktiv.

Die **Erbschaft- bzw. Schenkungsteuerbelastung** von börsennotierten Aktien ist vor allem dann **relativ hoch,** wenn die Vergünstigungen des § 13a ErbStG nicht greifen. Es werden daher in der Literatur Gestaltungsansätze mit dem Ziel diskutiert, die Steuerbelastung zu vermindern.[4]

Grundsätzlich unterliegen Erwerbe durch Schenkung, auch soweit sie inländische Grundstücke zum Gegenstand haben, **nicht** der **Grunderwerbsteuer,** § 3 Nr. 2 GrEStG. Für Schenkungen unter Auflagen gilt das nach dem dortigen Satz 2 allerdings nur eingeschränkt. Die Grunderwerbsteuerbefreiung gilt prinzipiell auch für die Schenkung von Aktien an grundbesitzenden Aktiengesellschaften. Eine Ausnahme ist allerdings zu beachten: Gehören zu dem Vermögen der Aktiengesellschaft, deren Aktien geschenkt werden, **inländische Grundstücke,** und hält der Beschenkte nach erfolgter Schenkung (unmittelbar oder mittelbar) **mindestens 95 % der Aktien** der Gesellschaft, so löst die Schenkung selbst bzw. sonst – bei Formunwirksamkeit des Schenkungsvertrages – ihr Vollzug Grunderwerbsteuer aus (§ 1 Abs. 3 GrEStG). 5

B. Einzelerläuterungen

Zu § 1: Vertragsgegenstand

Die Bestimmung dient der Konkretisierung des Vertragsgegenstandes. Das Muster geht primär davon aus, dass es sich bei den Aktien um **Inhaberaktien** handelt. Das ist bei börsennotierten Aktien (wohl) nach wie vor die Regel, auch wenn der rechtspolitische Trend im Aktienrecht (s. § 10 AktG nF) hin zur Namensaktie geht. Sind demgegenüber **vinkulierte Namensaktien** Vertragsgegenstand, deren Übertragung an die Zustimmung der Gesellschaft gebunden ist (§ 68 Abs. 2 AktG), so sollte dies in dem Schenkungsvertrag erwähnt und geregelt werden, welche Vertragspartei die Zustimmung einholt. Ferner sollte für diesen Fall eine Regelung aufgenommen werden, wonach entweder das Schenkungsversprechen und die Übereignung der Aktien unter der aufschiebenden Bedingung der Erteilung der Zustimmung erklärt wird oder dem Schenker für den Fall der Versagung der Zustimmung der Rücktritt vom Schenkungsvertrag vorbehalten ist. Das Muster sieht für diesen (Sonder-)Fall Formulierungsalternativen vor, wonach die Zustimmung der Gesellschaft durch den Schenker eingeholt wird und ihm für den Fall der Versagung der Zustimmung ein Rücktrittsrecht eingeräumt wird. 6

Der Hinweis auf die **steuerliche Qualifikation** der Aktien als Privatvermögen im Muster soll dokumentieren, dass die Vertragsparteien die (ertrag-)steuerlichen Konsequenzen der Schenkung bedacht haben. Sind die Aktien bei dem Schenker – wie hier der Fall – Privatvermögen, so hat die Schenkung **grundsätzlich keine unmittelbaren ertragsteuerlichen Konsequenzen.** Namentlich führt die Schenkung als solche **nicht** zu der Annahme eines **privaten Veräußerungsgeschäfts** (§§ 23 Abs. 1 Satz 3, 43 Abs. 1 Sätze 4 ff. EStG). Fraglich erscheint, ob die Schenkung von Aktien, die vor dem 1.1.2009 angeschafft wurden, durch eine Schenkung nach dem 31.12.2008 abgeltungssteuerverstrickt werden. Die einschlägigen Überleitungsvorschriften (insb. § 52a 7

[4] Vgl. *v. Oertzen* BB 2004, 1135 (1136 ff.).

Abs. 10, 11 EStG) sind nicht klar formuliert. Die besseren Gründe sprechen allerdings dafür, „Altaktien" auch nach einer Schenkung nicht als steuerverstrickte Anteile iSd. § 20 Abs. 2 Satz 1 Nr. 1 EStG zu behandeln.[5]

8 Die Schenkung kann ferner **latente ertragsteuerliche Folgen** nach sich ziehen: War der Schenker der Aktien iSd. § 17 Abs. 1 EStG **wesentlich** an der Aktiengesellschaft **beteiligt,** so ist eine Veräußerung durch den Beschenkten binnen einer Fünfjahresfrist nach dem Vollzug der Schenkung **ebenfalls steuerpflichtig,** selbst wenn die geschenkten Aktien – ggf. zusammen mit bereits vor der Schenkung gehaltenen Aktien – dem Beschenkten selbst keine wesentliche Beteiligung vermitteln (§ 17 Abs. 1 Satz 4 EStG). Die **Einführung der Abgeltungssteuer** bei der Veräußerung von Aktien, die keine wesentliche Beteiligung darstellen, hat diese Besonderheit **jedoch nivelliert.** Der früher in § 23 Abs. 2 Satz 2 EStG geregelte Nachrang des § 17 EStG gegenüber § 23 EStG wurde daher durch die Unternehmensteuerreform 2008 aufgehoben.

9 Bei der **Schenkung** von Aktien **aus einem Betriebsvermögen** liegen die ertragsteuerlichen Verhältnisse grundsätzlich anders.[6]

Zu § 3: Besitzübertragung und Übereignung, Nutzungen und Lasten

10 Aktien werden, wenn sie verbrieft sind, regelmäßig nach den **Vorschriften für bewegliche Sachen** übergeben und übereignet. Börsennotierte Aktien sind stets verbrieft und girosammelverwahrt, regelmäßig in einer oder mehreren Sammelurkunden (§ 9a DepotG).[7] Dies bedeutet, dass der Schenker dem Beschenkten zum Vollzug der Schenkung **keine effektiven Stücke** übergeben und übereignen kann. Als Inhaber girosammelverwahrter Aktien ist der Schenker „nur" mittelbarer (Mit-)Besitzer (§ 868 BGB) der Sammelurkunde. Zudem ist der Schenker nicht Eigentümer einzelner Stücke, sondern Miteigentümer des girosammelverwahrten Aktienbestandes bzw. bei einer Sammelurkunde Miteigentümer der Sammelurkunde (§§ 5f. DepotG).

Demgegenüber sind die Aktien von nicht börsennotierten **Familienaktiengesellschaften** häufig entweder unverbrieft oder es sind die Aktien des jeweiligen Aktionärs in einer Sammelurkunde zusammengefasst. Zu den daraus resultierenden Fragen hinsichtlich der Übertragung der Aktien siehe Formular C 1.41 Rz. 8.

11 Der Vertragsentwurf berücksichtigt die vorgenannten Besonderheiten. Dabei ist nicht erforderlich, in der Urkunde die Details der Besitz- und Eigentumsverhältnisse darzustellen. Entscheidend ist die vertragliche Dokumentation des auf den **Besitz- und Eigentumsübergang** gerichteten Willens der Vertragsparteien. Ferner stellt der Vertragsentwurf klar, dass (im Innenverhältnis) die **Nutzungen und Lasten** mit der Übergabe an den Beschenkten – hier durch den Erwerb des mittelbaren Besitzes an den geschenkten Aktien im Wege der Gutschrift auf dem Wertpapierdepot – auf diesen übergehen. Das entspricht dem aus § 446 Satz 2 BGB (analog) erkennbaren gesetzlichen Regelbild.

Zu § 4: Widerruf der Schenkung *[und Rücktritt]*

12 Die Bestimmung ergänzt die gesetzlichen Widerrufsgründe um einen Widerruf wegen des **Vorversterbens des Beschenkten** bzw. seiner Rechtsnachfolger. Die Rückforderung nach einem erfolgten Widerruf führt zu einer (nur) bereicherungsrechtlichen Haftung des Beschenkten (§§ 531 Abs. 2, 812ff. BGB). Das ist angesichts der Ungewissheit eines möglichen Vorversterbens des Beschenkten sachgerecht.

13 Demgegenüber finden nach dem Muster – falls **vinkulierte Namensaktien** geschenkt werden – im Fall der **Versagung der Zustimmung** der Gesellschaft zur

[5] Hierzu *v. Oertzen/Reich* DStR 2009, 1842.
[6] Dazu A. 2.40 Rz. 1f.
[7] Dazu *Eder* NZG 2004, 107 (110ff.).

Übertragung der Aktien über das Rücktrittsrecht die §§ 346 ff. BGB Anwendung. Das Instrument des Widerrufs ist für diesen Fall nicht passend, da der Widerruf davon ausgeht, dass das Geschenk dem Beschenkten in der Regel bereits übergeben und übereignet wurde (vgl. § 531 Abs. 2 BGB). Zudem entfällt bei dem Widerruf der Rechtsgrund der Schenkung nur in dem Umfang der bereicherungsrechtlichen Haftung. Im Fall der Versagung der Zustimmung zur Übertragung vinkulierter Namensaktien kommt es hingegen zu keiner Übereignung, da die Zustimmung Voraussetzung für den Rechtsübergang ist.[8] Der Schenkungsvertrag wird durch den Rücktritt vollständig (rück-)abgewickelt.

Zu § 5: Schlussbestimmungen

Der Hinweis in § 4 Abs. 1 des Vertragsentwurfs stellt klar, dass die Vertragsparteien die **Formbedürftigkeit des Schenkungsversprechens** kennen, gleichwohl aber auf eine Beurkundung des Schenkungsversprechens bzw. des Schenkungsvertrags insgesamt verzichtet haben. 14

Abs. 2 enthält eine übliche **salvatorische Klausel.**

A. 1.32 Übertragung mit Nießbrauchsvorbehalt

Gliederung

A. 1.32

Schenkungsvertrag

zwischen

Frau/Herrn [...], wohnhaft [...]

– im Folgenden: Schenker –

und

Frau/Herrn [...], wohnhaft [...]

– im Folgenden: Beschenkte –

– im Folgenden zusammen auch: Vertragsparteien –

Präambel[Rz. 8]

Die/Der Beschenkte ist die Tochter/der Sohn des Schenkers. Der Schenker ist Inhaber von [...] Stück Aktien der [...] Aktiengesellschaft mit Sitz in [...] (im Folgenden auch: Gesellschaft). Es ist der Wunsch des Schenkers, diese Aktien dem Beschenkten unentgeltlich, allerdings gegen Vorbehalt des Nießbrauchs, zuzuwenden.
Die Satzung der Gesellschaft enthält keine Bestimmungen über den Nießbrauch an ihren Aktien. Insbesondere macht die Satzung die Bestellung nicht von der Zustimmung der Gesellschaft abhängig.
Dies vorausgeschickt, vereinbaren die Vertragsparteien Folgendes:

---

[8] Vgl. *Hüffer/Koch* AktG § 68 Rz. 16.

§ 1 Vertragsgegenstand

Gegenstand dieses Schenkungsvertrages (im Folgenden: Vertragsgegenstand) sind [...] Stück Inhaberaktien der [...]-Aktiengesellschaft mit Sitz in [...] Die Aktien sind börsengehandelt. Sie befinden sich in Girosammelverwahrung bei der [...]-Bank, Depot-Nr.: [...]. Die Übertragung der Aktien bedarf [nicht] [Im Falle vinkulierter Namensaktien streichen] der Zustimmung der Gesellschaft. Die Aktien sind steuerliches Privatvermögen des Schenkers.

§ 2 Schenkungsvertrag

Der Schenker schenkt hiermit dem Beschenkten den Vertragsgegenstand unter dem Vorbehalt des Nießbrauchs gemäß den folgenden §§ 3 und 4. Der Beschenkte nimmt das Schenkungsversprechen dankend an.

§ 3 Eigentum, Besitz und Nießbrauch [Rz. 9, 10]

(1) Die Vertragsparteien sind sich darüber einig, dass das Eigentum an dem Vertragsgegenstand von dem Schenker auf den Beschenkten übergehen soll. Die Übereignung erfolgt jedoch nicht als Vollrechtsübertragung, sondern in der Weise, dass ein unentgeltlicher Nießbrauch an dem Vertragsgegenstand gemäß § 4 bei dem Schenker verbleibt.

(2) Die Vertragsparteien sind sich ferner darüber einig, dass der Schenker als Nießbraucher nicht unmittelbarer Besitzer der Aktien bleiben soll. Unverzüglich nach dem Abschluss dieses Vertrages wird der Schenker die Umbuchung des Vertragsgegenstands auf das Depot des Beschenkten bei der [...]-Bank, Depot-Nr.: [...] veranlassen. Mit der Gutschrift des Vertragsgegenstands auf dem Depot des Beschenkten geht das Eigentum an dem Vertragsgegenstand sowie der Besitz an diesem auf den Beschenkten über.

(3) Für die Dauer des Nießbrauchs soll der Schenker und Nießbraucher jedoch mittelbarer Besitzer des Vertragsgegenstands sein. Dieser Vertrag ist, nach erfolgter Gutschrift gemäß Abs. 2, Besitzmittlungsverhältnis im Sinne des § 868 BGB. Zugleich ist dieser Vertrag Besitzkonstitut gemäß §§ 930, 1069 Abs. 1 BGB. Der Nießbrauch entsteht daher ebenfalls mit der Gutschrift des Vertragsgegenstands auf dem Depot des Beschenkten.

§ 4 Dauer und Inhalt des Nießbrauchs [Rz. 11]

(1) Der Nießbrauch wird auf Lebenszeit des Schenkers bestellt. Er ist nicht übertragbar und erlischt mit dem Tode des Schenkers.

(2) Der Nießbraucher ist berechtigt, die Nutzungen des Vertragsgegenstands zu ziehen, die nach der Wirksamkeit dieses Vertrags fällig werden. „Nutzungen" im Sinne des Satzes 1 ist derjenige Anteil an dem Bilanzgewinn der Gesellschaft, der nach dem Gewinnverwendungsbeschluss auf den Vertragsgegenstand entfällt (Dividende). Hierbei spielt es keine Rolle, ob der Bilanzgewinn aus dem Jahresüberschuss gebildet wurde oder durch einen Gewinnvortrag bzw. durch Entnahmen aus den Gewinnrücklagen. Keine Nutzungen sind hingegen Ausschüttungen auf den Vertragsgegenstand, soweit sie nach der Auflösung der Gesellschaft erfolgen. Keine Nutzungen sind demzufolge diejenigen Teile des Jahresüberschusses, die in Gewinnrücklagen eingestellt werden, so lange und so weit diese nicht aufgelöst und als Dividende unter die Aktionäre verteilt werden. Ebenfalls keine Nutzungen sind Bezugsrechte sowie die Ausübung der Mitgliedschaftsrechte des Vertragsgegenstands (Recht zur Teilnahme an der Hauptversammlung, Stimmrecht usw.), ausgenommen der Empfang der Dividende im Sinne des Satzes 2.

(3) Etwaige durch den Vertragsgegenstand verursachte Aufwendungen trägt der Schenker, so lange er Nießbraucher ist. Insbesondere ist der Schenker verpflich-

tet, dem Beschenkten die Aufwendungen zu ersetzen, die durch die Verwahrung des Vertragsgegenstands entstehen.

(4) Erfolgen Kapitalerhöhungen aus Gesellschaftsmitteln, so ist der Beschenkte verpflichtet, dem Schenker durch einen Nachtrag zu diesem Vertrag auch an den neuen Aktien einen Nießbrauch zu bestellen. Die Verpflichtung gilt nicht bei anderen Formen der Kapitalerhöhung, unabhängig davon, zu welchem Wert oder unter welchen Bedingungen die neuen Aktien den Aktionären zum Bezug angeboten worden sind.

§ 5 Verhältnis des Nießbrauchers zu dem Eigentümer [Rz. 12]

(1) Der Beschenkte ist verpflichtet, dem Schenker und Nießbraucher die Dividende nach ihrem Eingang unverzüglich auf ein von dem Schenker rechtzeitig zu benennendes Konto zu überweisen und dem Schenker etwaige für die Zwecke der Besteuerung erforderlichen Unterlagen zu überlassen. Soweit die Auszahlung der Dividende eine vorhergehende Leistung des Aktionärs erfordert, ist der Schenker verpflichtet, nach seiner Wahl dem Beschenkten die für die Erbringung der Leistung erforderlichen Mittel zur Verfügung zu stellen oder – falls möglich – die Leistung selbst zu erbringen.

(2) Der Beschenkte ist verpflichtet, bei der Ausübung der Rechte aus dem Vertragsgegenstand auf die Wahrung der Interessen des Schenkers angemessene Rücksicht zu nehmen. Insbesondere ist der Beschenkte verpflichtet, in der Hauptversammlung nicht gegen einen Beschlussvorschlag der Verwaltung zu stimmen, der die Ausschüttung einer Dividende vorsieht, sofern der Schenker hierzu nicht seine Einwilligung erteilt hat. Will der Beschenkte nicht selbst an einer Hauptversammlung teilnehmen, so ist der Beschenkte – vorbehaltlich entgegen stehender Bestimmungen der Satzung der Gesellschaft – auf Verlangen des Schenkers verpflichtet, diesen zur Ausübung des Stimmrechts in der Hauptversammlung zu bevollmächtigen und die sonst notwendigen Vorkehrungen zu treffen, damit der Schenker an der Hauptversammlung teilnehmen kann.

(3) Ferner ist der Beschenkte verpflichtet, dem Schenker auf Verlangen alle Informationen über die Verhältnisse der Gesellschaft – insbesondere die Geschäftsberichte – zu überlassen, die er selbst erhalten hat. Der Schenker seinerseits ist auf Verlangen des Beschenkten verpflichtet, überlassene Unterlagen nach angemessener Frist dem Beschenkten zurückzugeben.

(4) Die Bestellung und der Bestand des Nießbrauchs werden der Gesellschaft nur dann offen gelegt, wenn der Beschenkte seiner Verpflichtung gegenüber dem Schenker aus Abs. 1 nicht nachkommt, die Offenlegung aus sonstigen zur Ausübung des Nießbrauchs erforderlichen Gründen oder aus steuerlichen Gründen notwendig sein sollte.

(5) Der Beschenkte darf den Vertragsgegenstand nur mit der Einwilligung des Schenkers veräußern. Die Wirksamkeit dieses Vertrages, namentlich die Erklärungen gemäß § 2 und § 3, steht unter der aufschiebenden Bedingung, dass der Beschenkte dem Schenker nachweist, dass der Vertragsgegenstand bei Einbuchung auf dem Depot gemäß § 3 Abs. 2 mit einem Sperrvermerk versehen wird, durch den das Recht des Schenkers nach Satz 1 gesichert wird.

§ 6 Widerruf der Schenkung *[Im Falle vinkulierter Namensaktien zu ergänzen: und Rücktritt]* [Rz. 13]

(1) Der Schenker ist nach Maßgabe des § 531 BGB zu dem Widerruf der Schenkung berechtigt, sofern der Beschenkte oder seine Rechtsnachfolger vor dem Schenker versterben. Das Widerrufsrecht nach Satz 1 erlischt mit dem Tod des Schenkers. Die gesetzlichen Widerrufsgründe bleiben unberührt.

[Falls es sich bei dem Vertragsgegenstand um vinkulierte Namensaktien handelt, empfiehlt sich die folgende Ergänzung:
(2) Wird die Zustimmung zur Übertragung des Vertragsgegenstands durch die Gesellschaft versagt, so ist der Schenker zu dem Rücktritt von dem Vertrag berechtigt.]

§ 7 Schlussbestimmungen

(1) Den Vertragsparteien ist bekannt, dass nach § 518 Abs. 1 Satz 1 BGB das Schenkungsversprechen der notariellen Beurkundung bedarf. Mit Rücksicht auf den alsbaldigen Vollzug der Schenkung und der damit gemäß § 518 Abs. 2 BGB eintretenden Wirksamkeit des Schenkungsversprechens und des Schenkungsvertrages wird von der notariellen Beurkundung des Schenkungsversprechens abgesehen.

(2) Sollte eine der Bestimmungen dieses Vertrages unwirksam oder undurchführbar sein, so wird hiervon die Gültigkeit oder Durchführbarkeit der übrigen Bestimmungen nicht berührt. An Stelle der unwirksamen oder undurchführbaren Bestimmung gilt diejenige Bestimmung als vereinbart, die dem Sinn und Zweck der unwirksamen oder undurchführbaren Bestimmung so nahe kommt wie rechtlich zulässig. Entsprechendes gilt für den Fall einer Vertragslücke.

.... *[Ort]*, den .... *[Datum]*

...
[Name des Schenkers]

...
[Name des Beschenkten]

A. Grundsätzliche Anmerkungen

I. Wirtschaftliche Aspekte

1 Die Schenkung unter Nießbrauchsvorbehalt ist wirtschaftlich eine **„Teilschenkung“**. Der Beschenkte erhält das Eigentum an den Aktien unentgeltlich zugewandt, die Nutzungen verbleiben hingegen bei dem Schenker. Der vorbehaltene Nießbrauch ist **keine Gegenleistung** für den Eigentumserwerb an den Aktien, sondern es findet keine Vollrechtsübertragung statt; eine sog. „gemischte Schenkung“[1] liegt daher nicht vor.

Ein Bedürfnis für die Schenkung von Aktien unter Nießbrauchsvorbehalt kann **namentlich** dann entstehen, wenn einem Kind von einem Elternteil ein Aktienpaket **im Wege der vorweggenommenen Erbfolge** zugewandt werden soll, der Schenker aber noch nicht auf die laufenden Erträge aus diesen Aktien verzichten kann oder will. Diese Fallgestaltung ist namentlich bei Familienaktiengesellschaften denkbar.[2] Aus der Sicht des Beschenkten ist die Schenkung unter Nießbrauchsvorbehalt insofern attraktiv, als dieser – anders als ggf. bei der Schenkung gegen Rente oder dauernde Last (Formular A. 1.33) – an den Schenker keine Leistungen aus seinem sonstigen Vermögen erbringen muss.

2 Die Schenkung börsennotierter Aktien unter Nießbrauchsvorbehalt steht in einem **Spannungsverhältnis zur Börsengängigkeit** der Aktien. Diese werden u. a. gerade wegen ihrer Fungibilität erworben bzw. ihre Börsenzulassung aus diesem Grund betrieben. Ungeachtet der Dinglichkeit des Nießbrauchs kommt eine solche Schenkung

[1] Dazu näher Palandt/*Weidenkaff* BGB § 516 Rz. 13 ff.
[2] Vgl. *Reichert/Schlitt/Düll* GmbHR 1998, 565 (565).

aber nur dann in Betracht, wenn der Beschenkte die Aktien für die Dauer des Nießbrauchs halten und nicht veräußern soll. Denn bei Veräußerung der nießbrauchsbelasteten Aktien im Wege des Börsenhandels wird **regelmäßig** ein **gutgläubiger, lastenfreier Erwerb** durch den Käufer stattfinden (§ 936 BGB). Es ist daher sicherzustellen, dass der Beschenkte die Aktien nicht ohne die Einwilligung des Schenkers veräußern kann.

In bestimmten Fällen kann die Schenkung unter Nießbrauchsvorbehalt – verglichen mit der reinen Schenkung ohne Gegenleistung (Formular A. 1.31) – sowohl die schenkungsteuerliche als auch die ertragsteuerliche Belastung verringern (Rz. 5–7). 3

II. Zivilrecht

Die Besonderheit dieses Vertragsmusters ist, dass sich der Schenker den Nießbrauch an den geschenkten Aktien vorbehält. Es ist **anerkannt,** dass ein **Nießbrauch auch an Aktien** bestellt werden kann.[3] Angesichts des Fehlens spezieller Regeln über den Nießbrauch an Gesellschaftsanteilen und nur vereinzelter Judikate besteht nach wie vor eine **Rechtsunsicherheit über den Umfang der Berechtigung** des Nießbrauchers.[4] Es empfiehlt sich daher eine **ausführliche vertragliche Regelung** und Zuweisung der Rechte aus den Aktien an den Nießbraucher einerseits und an den Aktionär andererseits.[5] Dem trägt das Vertragsmuster Rechnung. Geregelt wird namentlich, dass die dem Nießbraucher zustehenden **Nutzungen** (§§ 1068 Abs. 2, 1030 Abs. 1 u. 100 BGB) **sich auf die Dividende beschränken.** Die Beschränkung des Nießbrauchs auf diese Nutzung ist zulässig (§§ 1068 Abs. 2, 1030 Abs. 2 BGB), sofern – was nicht abschließend geklärt ist – das Recht des Nießbrauchers an Aktien sich nicht ohnehin hierauf beschränkt.[6] Die Beschränkung dient nicht nur der Rechtsklarheit, sondern zudem der typischen Interessenlage der Beteiligten sowie der Praktikabilität des Nießbrauchs. 4

Auch eine ausführliche Regelung gewährleistet aber **nicht,** dass die zur inhaltlichen Ausgestaltung des Nießbrauchs getroffenen Regelungen **vollständig rechtssicher** sind. Das gilt namentlich für die umstrittenen Fragen der Zuweisung des Stimmrechts und des Umfangs der Gewinnbeteiligung.[7] Hierüber sollten sich die Vertragsparteien bewusst sein bzw. aufgeklärt werden.

Vgl. iÜ die Erläuterungen in A. 1.31 Rz. 1ff.

III. Steuerrecht

Die Schenkung von Aktien unter Nießbrauchsvorbehalt hat sowohl schenkungs- als auch ertragsteuerliche Implikationen: 5

Schenkungsteuerlich minderte nach der früheren Rechtslage vor dem ErbStRG 2008 der Wert des Nießbrauchs den steuerpflichtigen Erwerb nicht. Der Erwerb von Vermögen, dessen Nutzungen dem Schenker zustand, wurde vielmehr ohne die Berücksichtigung dieser Belastungen besteuert (§ 25 Abs. 1 Satz 1 ErbStG). Die Schenkungsteuer, die auf den Kapitalwert des Nießbrauchs entfiel, war jedoch bis zu dessen Erlöschen **zinslos zu stunden** (§ 25 Abs. 1 Satz 2 ErbStG). Die gestundete Steuer 6

---

[3] Vgl. nur MHdB GesR IV/*Wiesner* § 14 Rz. 62.

[4] Vgl. MüKoBGB/*Pohlmann* BGB § 1068 Rz. 27 u. Rz. 49ff.; *Reichert/Schlitt/Düll* GmbHR 1998, 565 (566ff.); MHdB GesR IV/*Wiesner* § 14 Rz. 62; *Schön* ZHR 158 (1994), 229; *Fichtelmann* DStR 1974, 267; *Teichmann* ZGR 1972, 1.

[5] Vgl. MüKoBGB/*Pohlmann* BGB § 1068 Rz. 88.

[6] Vgl. BFH v. 28.1.1992 – VIII R 207/85, BStBl. II 1992, 605 (606f.) zu dem Nießbrauch an GmbH-Anteilen; MüKoBGB/*Pohlmann* BGB § 1068 Rz. 62ff.; *Reichert/Schlitt/Düll* GmbHR 1998, 565 (567ff.).

[7] Vgl. *Schön* ZHR 158 (1994), 229; *Teichmann* ZGR 1972, 1.

konnte auf Antrag des Beschenkten jederzeit mit ihrem Barwert abgelöst werden (§§ 25 Abs. 1 Satz 3 ErbStG, 12 Abs. 3 BewG). Veräußert der Beschenkte die nießbrauchsbelasteten Aktien vor dem Erlöschen des Nießbrauchs, so endete hiermit die Stundung (§ 25 Abs. 2 ErbStG).

Durch das ErbStRG wurde § 25 ErbStG mit Wirkung vom 1.1.2009 ersatzlos aufgehoben. Der **Wert des Nießbrauchs** ist damit jetzt **voll abzugsfähig.** Das erhöht die Attraktivität dieser Form der lebzeitigen (Teil-)Vermögensübergabe.[8] Für Altschenkungen gilt allerdings § 25 ErbStG aF weiter (§ 37 Abs. 2 Satz 2 ErbStG).

7 **Ertragsteuerlich** geht es darum, ob die Einkünfte aus den Aktien dem Schenker/Nießbraucher oder dem Beschenkten zugerechnet werden. Der im Muster vorgesehene **Vorbehaltsnießbrauch** bzgl. der Dividenden wird steuerlich anerkannt. Die Einkünfte werden **dem Nießbraucher** zugerechnet; er gilt als Anteilseigner (§ 20 Abs. 5 Satz 3 EStG).[9]

B. Einzelerläuterungen

Zur Präambel

8 Das Vertragsmuster geht von dem Regelfall aus, dass es sich bei den geschenkten Aktien um **Inhaberaktien** handelt. Bei diesem Aktientyp sind Satzungsregelungen, welche die Bestellung eines etwaigen Nießbrauchs ausdrücklich reglementieren bzw. zumindest betreffen, ungebräuchlich. Der diesbezügliche Hinweis in der Präambel dient daher nur der Klarstellung. Anders liegen die Verhältnisse aber, wenn Vertragsgegenstand **Namensaktien** sind. Bei diesem Aktientyp kann die Satzung die Übertragung an die Zustimmung der Gesellschaft binden, sog. **Vinkulierung** (§ 68 Abs. 2 Satz 1 AktG). Ist die Vinkulierung satzungsmäßig vorgesehen, so gilt sie – auch wenn der Fall der Nießbrauchsbestellung nicht ausdrücklich geregelt ist – gleichfalls für die Bestellung eines Nießbrauchs.[10] In diesem Fall hat der Schenkungsvertrag die Einholung der Zustimmung (durch den Schenker) zu regeln.

Zu § 3: Eigentum, Besitz und Nießbrauch

9 Die Bestellung des Nießbrauchs an Aktien erfolgt nach den für die Übertragung geltenden Vorschriften (§ 1069 Abs. 1 BGB). **Inhaberaktien** werden regelmäßig nach den Vorschriften für bewegliche Sachen (§§ 929 ff. BGB) übereignet.[11] Dies gilt daher auch für die Bestellung eines Nießbrauchs. Eine Anzeige gegenüber der Aktiengesellschaft oder weitergehend die Einholung ihrer Zustimmung ist für die Wirksamkeit der Nießbrauchsbestellung nicht erforderlich.

Das zu Inhaberaktien Ausgeführte gilt grundsätzlich auch für **Namensaktien.** Das Gesetz erweitert in diesem Fall nur die Übertragungsformen (§ 68 Abs. 1 Satz 1 AktG: Übertragung „auch" durch Indossament), schließt aber die Übereignung nach den §§ 929 ff. BGB nicht aus. Auch hier bedarf es daher grundsätzlich keiner Mitwirkung der Aktiengesellschaft an der Nießbrauchsbestellung. Sind die Namensaktien jedoch **vinkuliert** (§ 68 Abs. 2 AktG), ist das Erfordernis der Zustimmung der Gesellschaft für Übertragungen auch bei der Nießbrauchsbestellung zu beachten.[12]

10 Da nicht nur der Nießbrauch zu bestellen, sondern auch der Vertragsgegenstand zu übereignen ist, bezieht sich die dingliche Einigung gemäß Abs. 1 auf beide Rechtsge-

---

[8] Vgl. *Schulze zur Wiesche* DB 2009, 2452.
[9] Vgl. auch BMF v. 23.11.1983, BStBl. I 1983, 508, Rz. 55 und OFD Erfurt v. 14.6.1995, DStR 1995, 1419 Rz. 55.
[10] Vgl. MüKoBGB/*Pohlmann* BGB § 1068 Rz. 37; *Hüffer/Koch* AktG § 68 Rz. 11.
[11] Vgl. *Eder* NZG 2004, 107 (108 ff.).
[12] Vgl. MüKoBGB/*Pohlmann* BGB § 1068 Rz. 37.

schäfte. Hierbei wird die **„Einheitslösung"** gewählt, wonach nur die bereits mit dem Nießbrauch belastete „Eigentumshülle" auf den Beschenkten übertragen werden soll, der Nießbrauch also nicht erst durch den Beschenkten nach erfolgter Vollrechtsübertragung bestellt wird.

Der Nießbraucher ist grundsätzlich zu dem unmittelbaren **Besitz der Aktien** berechtigt (§§ 1036 Abs. 1, 1068 Abs. 2 BGB). Die Regelung ist jedoch dispositiv. Bei der (notwendig) depotmäßigen Verwahrung börsennotierter Aktien entspricht die gesetzliche Regel der Verwahrung in einem auf den Namen des Nießbrauchers lautenden Depot. Dies ist allerdings deshalb unzweckmäßig, da nach dem Vertragsmuster und der wohl herrschenden Meinung im Schrifttum[13] die Ausübung der mitgliedschaftlichen Rechte, von dem Recht auf Dividendenbezug abgesehen, bei dem Aktionär – hier also dem Beschenkten – verbleiben soll. Da der **Nießbraucher** aber zumindest **mittelbarer Besitzer** sein soll, fungiert der **Schenkungsvertrag,** insoweit er den Nießbrauch betrifft, zugleich **als Besitzmittlungsverhältnis** im Sinne des § 868 BGB. Gleichzeitig ist der Schenkungsvertrag Besitzkonstitut gemäß §§ 930, 1069 Abs. 1 BGB. Ein **Besitzkonstitut** ist auf der Grundlage der hier befürworteten Einheitslösung zwar nicht erforderlich, da in diesem Fall keine Übertragung des Nießbrauchs von dem Beschenkten auf den Schenker stattfindet, sondern der Beschenkte nur das bereits nießbrauchsbelastete Eigentum erhält. Der Hinweis erfolgt allerdings vorsorglich für den Fall, dass die Gegenansicht für zutreffend gehalten wird.

Zu § 4: Dauer und Inhalt des Nießbrauchs

Das Vertragsmuster geht davon aus, dass der **Nießbrauch auf die Lebenszeit** des 11
Schenkers bestellt wird. Der Nießbrauch kann aber **auch befristet** bestellt werden. Demgegenüber ist der Nießbrauch **nicht vererblich** (§§ 1061 Satz 1, 1068 Abs. 2 BGB) oder übertragbar. Er kann einer anderen Person allenfalls zur Ausübung überlassen werden (§§ 1059, 1068 Abs. 2 BGB). Abs. 1 Satz 2 des Vertragsmusters hat daher nur klarstellende Funktion.

Abs. 2 des Vertragsmusters definiert und beschränkt – zulässigerweise (§§ 1030 Abs. 2, 1068 Abs. 2 BGB) – den **Inhalt des Nießbrauchs.** Das Vertragsmuster bestimmt hierzu, dass die Dividenden dem Nießbraucher unabhängig davon zustehen sollen, ob bzw. inwieweit sie aus erwirtschafteten Gewinnen des abgelaufenen Geschäftsjahres oder aus Gewinnrücklagen gezahlt werden. Umgekehrt stehen dem Nießbraucher in Gewinnrücklagen eingestellte Teile des Jahresüberschusses (§ 58 Abs. 1 bis Abs. 3 AktG) nicht zu. Entsprechendes gilt für Bezugsrechte und für die Ausübung von Mitgliedschaftsrechten aus den Aktien. Diese Bestimmungen sind **konstitutiv,** da der Umfang der Gewinnberechtigung des Nießbrauchers streitig ist.[14]

Abs. 3 konkretisiert die gesetzliche Regelung (§§ 1041, 1047, 1068 Abs. 2 BGB).

Abs. 4 dient dem **Schutz des Nießbrauchers** vor der „Verwässerung" des Nießbrauchs durch Kapitalerhöhungen aus Gesellschaftsmitteln (§§ 207 ff. AktG). Bei anderen Formen der Kapitalerhöhung, insbesondere bei der Barkapitalerhöhung, ist ein solcher Schutz nicht erforderlich. Dies folgt daraus, dass die Bezugsrechte auf neue Aktien nach dem Vertragsmuster nicht dem Nießbraucher zustehen und überdies der Aktienerwerb nur gegen eine Bar- oder Sacheinlage des Aktionärs – nicht des Nießbrauchers – erfolgt. Auch hierzu sind die Einzelheiten streitig.[15]

Zu § 5: Verhältnis des Nießbrauchers zu dem Eigentümer

Abs. 1 trägt dem Umstand Rechnung, dass die Aktien in einem Depot des Be- 12
schenkten verwahrt werden. Satz 2 sorgt hierbei für den Ausnahmefall vor, dass die

[13] Vgl. MüKoBGB/*Pohlmann* BGB § 1068 Rz. 43 ff., 62 ff. mwN.
[14] Vgl. *Schön* ZHR 158 (1994), 229, 240 ff.
[15] Vgl. *Teichmann* ZGR 1972, 1, 16 ff.

Aktiengesellschaft eine **Sachdividende** (§ 58 Abs. 5 AktG) beschließt und der Aktionär der Gesellschaft den zur Deckung der Kapitalertragsteuer erforderlichen Betrag vorab zur Verfügung stellen muss (§ 44 Abs. 1 Sätze 7 ff. EStG).[16]

Die Nichtoffenlegung des Nießbrauchs nach Abs. 4 gegenüber der Gesellschaft ist bei Inhaberaktien zivil- bzw. gesellschaftsrechtlich möglich, grundsätzlich auch bei Namensaktien, sofern diese nicht vinkuliert sind. Zur Erlangung der **Kapitalertragsteuerbescheinigung** (§ 45a Abs. 2 und Abs. 3 EStG), die Voraussetzung für die Anrechnung der auf die Dividende erhobenen Kapitalertragsteuer ist (§ 36 Abs. 2 Nr. 2 Satz 2 EStG), falls kein Fall der Abgeltungssteuer (§ 43 Abs. 5 EStG) vorliegt, ist es allerdings erforderlich, der Aktiengesellschaft bzw. dem die Dividende auszahlenden Kreditinstitut den Nießbrauch offen zu legen, der dem Nießbraucher die Stellung des „Gläubigers der Kapitalerträge" iSd §§ 43 ff. EStG vermittelt. Die praktische Bedeutung der Frage hat sich durch die Einführung der Abgeltungssteuer allerdings erheblich vermindert, da eine Anrechnung der Kapitalertragsteuer nur noch **für „betriebliche" Dividendenbezieher** in Betracht kommt.[17]

Die Regelung in Abs. 5 ist für die Bestellung und für die Ausübung des Nießbrauchs nicht zwingend erforderlich. Sie soll aber sicherstellen, dass der Nießbraucher den Nießbrauch nicht aus Anlass einer Veräußerung durch den Beschenkten durch einen gutgläubigen lastenfreien Erwerb des Dritten (§ 936 BGB) verliert. Vor dem Abschluss des Schenkungsvertrags ist mit der Depotbank des Beschenkten abzustimmen, ob sie bereit ist, eine dem Satz 2 entsprechende **Depotsperre** vorzunehmen.

Zu § 6: Widerruf der Schenkung *[und Rücktritt]*

13 Abs. 1 ergänzt die gesetzlichen Widerrufsgründe um einen Widerruf wegen des **Vorversterbens des Beschenkten** bzw. seiner Rechtsnachfolger. Die Rückforderung nach Widerrufsgrundsätzen führt zu einer (nur) bereicherungsrechtlichen Haftung des Beschenkten (§§ 531 Abs. 2, 812 ff. BGB). Das ist angesichts der Ungewissheit eines möglichen Vorversterbens des Beschenkten sachgerecht.

Demgegenüber finden nach dem Muster – falls **vinkulierte Namensaktien** geschenkt werden – bei **Versagung der Zustimmung** der Gesellschaft zur Übertragung der Aktien über das Rücktrittsrecht die §§ 346 ff. BGB Anwendung.

Abs. 2 sieht ein **Rücktrittsrecht** gem. §§ 346 ff. BGB **des Schenkers vinkulierter Namensaktien** für den Fall vor, dass die Aktiengesellschaft ihre Zustimmung zur Nießbrauchsbestellung versagt. Ist der Schenkungsvertrag (nur) schriftlich geschlossen, so ist ein Rücktrittsrecht zwar nicht zwingend erforderlich, da die Zustimmung der Gesellschaft notwendige Voraussetzung der Nießbrauchsbestellung ist[18] und damit die Konvaleszenz des Schenkungsvertrages nach § 518 Abs. 2 BGB nicht eintritt. Auch in diesem Fall erscheint die (im Rahmen der Privatautonomie mögliche) Einräumung eines Rücktrittsrechts jedoch sachgerecht, da sich damit der Schenker im Fall der Versagung der Zustimmung nicht auf den Formmangel der Schenkung berufen muss.

Das Instrument des **Widerrufs** ist für diesen Fall demgegenüber **nicht passend,** da der Widerruf davon ausgeht, dass das Geschenk bereits dem Beschenkten übergeben und übereignet wurde (vgl. § 531 Abs. 2 BGB). Zudem entfällt bei dem Widerruf der Rechtsgrund der Schenkung nur in dem Umfang der bereicherungsrechtlichen Haftung; der Schenkungsvertrag wird durch den Rücktritt vollständig (rück-)abgewickelt.

14 Vgl. im Übrigen auch A. 1.31 Rz. 6 ff.

---

[16] Näher *Waclawik* BB 2003, 1408.
[17] Dazu *Häuselmann* DStR 2009, 1996.
[18] Vgl. *Hüffer/Koch* AktG § 68 Rz. 16.

A. 1.33 Übertragung gegen Versorgungsleistungen

Gliederung

Schenkungs- und Versorgungsvertrag

A. 1.33

zwischen

Frau/Herrn [...], wohnhaft [...]

– im Folgenden: Schenker –

und

Frau/Herrn [...], wohnhaft [...]

– im Folgenden: Beschenkte –
– im Folgenden zusammen auch: Vertragsparteien –

Präambel

Die/Der Beschenkte ist die Tochter/der Sohn des Schenkers. Der Schenker ist Inhaber von [...] Stück Aktien der [...] Aktiengesellschaft mit Sitz in [...] Es ist der Wunsch des Schenkers, diese Aktien dem Beschenkten unentgeltlich zuzuwenden. Der Beschenkte seinerseits möchte den Schenker versorgen und ihm auf Lebenszeit eine monatliche Geldrente zuwenden.
Dies vorausgeschickt, vereinbaren die Vertragsparteien Folgendes:

§ 1 Vertragsgegenstand
Gegenstand dieses Schenkungsvertrags (im Folgenden: Vertragsgegenstand) sind [...] Stück Inhaberaktien der [...]-Aktiengesellschaft mit Sitz in [...]. Die Aktien sind börsengehandelt. Sie befinden sich in Girosammelverwahrung bei der [...]-Bank, Depot-Nr.: [...] Die Übertragung der Aktien bedarf *nicht* *[Bei vinkulierten Namensaktien ist das Wort „nicht" zu streichen]* **der Zustimmung der Gesellschaft. Die Aktien sind steuerliches Privatvermögen des Schenkers.**

§ 2 Schenkungsvertrag
Der Schenker schenkt hiermit dem Beschenkten den Vertragsgegenstand. Der Beschenkte nimmt das Schenkungsversprechen dankend an.

§ 3 Besitzübertragung und Übereignung, Nutzungen und Lasten

(1) Unverzüglich nach dem Abschluss dieses Vertrags wird der Schenker die Umbuchung des Vertragsgegenstands auf das Depot des Beschenkten bei der [...]-Bank, Depot-Nr.: [...] veranlassen. Die Vertragsparteien sind sich darüber einig, dass Besitz und Eigentum an dem Vertragsgegenstand mit der Gutschrift auf dem Depot des Beschenkten auf diesen übergehen sollen.

(2) Nutzungen und Lasten des Vertragsgegenstands gehen mit dem in Abs. 1 genannten Zeitpunkt auf den Beschenkten über.

§ 4 Leibrente[Rz. 10]

(1) Der Beschenkte verpflichtet sich, dem Schenker zu dessen Versorgung auf Lebenszeit eine monatliche Rente in Höhe von € [...],– ([...] Euro) zu zahlen. Die Rente ist jeweils bis zu dem dritten Bankgeschäftstag eines jeden Monats auf ein von dem Schenker rechtzeitig zu benennendes Konto zu überweisen. Die erste Rentenzahlung erfolgt am [...]

(2) Da die Leibrente der Versorgung des Schenkers dient, verpflichten sich die Vertragsparteien, die Höhe der Leibrente alle drei Jahre nach dem Abschluss dieses Vertrags zu überprüfen (Überprüfungszeitraum). Sollte sich während des Überprüfungszeitraums der Verbraucherpreisindex für die Bundesrepublik Deutschland um insgesamt mindestens fünf Indexpunkte – oder um ein Vielfaches von fünf Indexpunkten – erhöhen oder vermindern, so werden die Vertragsparteien die Leibrente durch einen Nachtrag zu diesem Vertrag um fünf Prozentpunkte – oder um ein Vielfaches von fünf Prozentpunkten – erhöhen oder vermindern. Die angepasste Leibrente ist ab dem Monat zu bezahlen, der auf den Monat folgt, in dem die Nachtragsvereinbarung geschlossen wurde.

(3) § 1585a BGB findet entsprechende Anwendung.

§ 5 Widerruf der Schenkung *[Im Falle vinkulierter Namensaktien zu ergänzen: und Rücktritt]*[Rz. 11, 12]

(1) Der Schenker kann diese Schenkung nach Maßgabe des § 531 BGB widerrufen, wenn der Beschenkte mit zwei aufeinander folgenden Rentenzahlungen ganz oder teilweise in Verzug kommt. Satz 1 gilt entsprechend, wenn der Beschenkte drei aufeinander folgende Rentenzahlungen ganz oder teilweise nicht fristgemäß entrichtet.

(2) Der Schenker ist ferner zu dem Widerruf der Schenkung berechtigt, sofern der Beschenkte oder seine Rechtsnachfolger vor dem Schenker versterben. Das Widerrufsrecht nach Satz 1 und Abs. 1 erlischt mit dem Tod des Schenkers.

(3) Gesetzliche Widerrufsgründe bleiben von Abs. 1 und Abs. 2 unberührt. Erfolgt ein Widerruf der Schenkung nach Abs. 1 oder Abs. 2, so bleibt hiervon die Verpflichtung des Beschenkten gemäß § 4 unberührt.

[Falls es sich bei dem Vertragsgegenstand um vinkulierte Namensaktien handelt, empfiehlt sich die folgende Ergänzung:

(4) Wird die Zustimmung zur Übertragung des Vertragsgegenstands durch die Gesellschaft versagt, so ist der Schenker zu dem Rücktritt von dem Vertrag berechtigt.]

§ 6 Schlussbestimmungen

(1) Den Vertragsparteien ist bekannt, dass nach § 518 Abs. 1 Satz 1 BGB das Schenkungsversprechen der notariellen Beurkundung bedarf. Mit Rücksicht auf den alsbaldigen Vollzug der Schenkung und der damit gemäß § 518 Abs. 2 BGB eintretenden Wirksamkeit des Schenkungsversprechens und des Schenkungsvertrags wird von der notariellen Beurkundung des Schenkungsversprechens abgesehen.

(2) Sollte eine der Bestimmungen dieses Vertrags unwirksam oder undurchführbar sein, so wird hiervon die Gültigkeit oder Durchführbarkeit der übrigen Bestimmungen nicht berührt. An Stelle der unwirksamen oder undurchführbaren Bestimmung gilt diejenige Bestimmung als vereinbart, die dem Sinn und Zweck der unwirksamen oder undurchführbaren Bestimmung so nahe kommt wie rechtlich zulässig. Entsprechendes gilt für den Fall einer Vertragslücke.

.... ***[Ort]*, den** .... ***[Datum]***

....

[Name des Schenkers]

....

[Name des Beschenkten]

A. Grundsätzliche Anmerkungen

I. Wirtschaftliche Zielsetzung

Die Schenkung eines Aktienpakets „gegen" Rente oder dauernde Last wird regelmäßig eine doppelte Funktion haben: Zum einen die **Schenkung** der Aktien – typischerweise im Wege der vorweggenommenen Erbfolge – an den Beschenkten, zum anderen die **Versorgung des Schenkers.** In der Regel wird daher eine auf die Lebenszeit des Schenkers zu erbringende Zahlung mit grundsätzlich gleich bleibender Höhe (Leibrente) vereinbart werden. Die Leibrente hat für den Beschenkten allerdings den Nachteil, dass er sich einer (relativ) sicheren Liquiditätsbelastung durch die Verpflichtung zur Rentenzahlung ausgesetzt sieht, während hingegen der Liquiditätszufluss durch die Dividenden nach Grund und Höhe ungewiss ist. 1

Regelmäßig wiederkehrende Zahlungen in unterschiedlicher Höhe **(dauernde Last),** bspw. ein Anteil an der jährlichen Dividende, vermeiden den genannten Nachteil. Dauernde Lasten dürften aber dennoch eher selten sein, da sie dem Versorgungsgedanken weniger entsprechen. Als Alternative zur dauernden Last bietet sich der Nießbrauch an den geschenkten Aktien an (vgl. dazu Formular A. 1.32).

Der Vertragsentwurf sieht aus den vorgenannten Gründen eine der Versorgung des Schenkers dienende Leibrente vor.

II. Zivilrecht

Bei dem Vertrag handelt es sich hinsichtlich der Aktienübertragung um eine **Schenkung,** ungeachtet der Vereinbarung einer Leibrente. Die Zuwendung der Aktien ist **„unentgeltlich"** im Sinne des § 516 Abs. 1 BGB, da die Leibrente keine Gegenleistung für die Aktien ist.[1] Dies hat namentlich zur Folge, dass die **Formbedürftigkeit des Schenkungsversprechens** (§ 518 BGB) zu beachten ist. 2

Vgl. im Übrigen auch Rz. 1 ff. zu Formular A 1.31. 3

III. Steuerrecht

Der Vertragsentwurf hat sowohl schenkungsteuerliche als auch ertragsteuerliche Implikationen: 4

Die Schenkung der Aktien ist aus schenkungsteuerlicher Sicht eine der Schenkungsteuer unterfallende **freigebige Zuwendung** unter Lebenden (§ 7 Abs. 1 Satz 1 Nr. 1 ErbStG). Für diese Qualifikation bedarf es – anders als im Zivilrecht – keiner Einigung über die Unentgeltlichkeit der Zuwendung. Es genügt der Wille zur Unentgeltlichkeit auf der Seite des Zuwendenden und die objektive Bereicherung des Erwerbers auf Kosten des Zuwendenden. Bei der Bestimmung der Bereicherung des Erwerbers und damit des steuerpflichtigen Erwerbs (§ 10 Abs. 1 Satz 1 ErbStG) ist 5

[1] Vgl. BGH v. 7.4.1989 – V ZR 252/87, NJW 1989, 2122.

allerdings nicht allein auf den Wert der Aktien abzustellen, sondern auch die dem Erwerber auferlegte Verpflichtung zur Rentenzahlung (bzw. zu den Zahlungen auf Grund der dauernden Last) zu berücksichtigen. Es handelt sich bei dieser Verpflichtung um eine sog. **Leistungsauflage.** Diese steht im Gegensatz zur sog. **Duldungsauflage.** Duldungsauflagen unterfielen dem Abzugsverbot des § 25 ErbStG, Leistungsauflagen hingegen nicht (vormals ErbStR 2003 17 Abs. 7). Die Aufhebung des § 25 ErbStG durch das ErbStRG hat diesen Unterschied nivelliert.

Die Bewertung von Leistungs- und Duldungsauflagen richtet sich ausschließlich nach den allgemeinen Vorschriften des Bewertungsgesetzes (§§ 1 bis 9, 13 bis 16 BewG; H E 7.4 Abs. 1 s.v. „Bewertung von Leistungs- und Duldungsauflagen" ErbStR).

6 Entspricht der Kapitalwert der Leibrente bzw. der dauernden Last dem Wert der Aktien oder übersteigt er ihn gar, so liegt bei dem „Beschenkten" keine Bereicherung vor. Schenkungsteuerlich wird in diesem Fall grundsätzlich von einem **voll entgeltlichen Rechtsgeschäft** ausgegangen, das nicht der Schenkungsteuer unterliegt (§ 7 Abs. 1 Nr. 1 ErbStG). In den Fällen eines übersteigenden Kapitalwerts der Leibrente bzw. der dauernden Last kann unter den Voraussetzungen des § 7 Abs. 1 Satz 1 Nr. 1 ErbStG eine **„Schenkung an den Schenker"** vorliegen. Es ist allerdings in solchen Fällen kritisch zu hinterfragen, ob bei dem Beschenkten der erforderliche Wille zur Unentgeltlichkeit tatsächlich vorliegt.

7 Aus ertragsteuerlicher Sicht stellt sich die Frage, ob die Rentenzahlungen bzw. die Zahlungen auf Grund der dauernden Last bei dem Schenker bzw. bei dem Beschenkten einkommensteuerliche Relevanz haben.[2] Nach Auffassung der Finanzverwaltung ist primär danach zu unterscheiden, ob eine **unentgeltliche Vermögensübertragung gegen Versorgungsleistungen** (vgl. Renten-Erlass, Rz. 2ff.) oder eine **entgeltliche Vermögensübertragung gegen wiederkehrende Leistungen** (vgl. Renten-Erlass, Rz. 65ff.) vereinbart ist.

8 Im erstgenannten Fall **(unentgeltliche Vermögensübertragung)** sind die Versorgungsleistungen unter den im Renten-Erlass näher dargestellten Voraussetzungen von dem Berechtigten als **Einkünfte aus wiederkehrenden Bezügen** nach § 22 Nr. 1a EStG (neu gefasst durch das ZK-AnpG) zu versteuern, **soweit** der **Verpflichtete zu dem Abzug** der Leistungen **als Sonderausgaben** nach § 10 Abs. 1a Nr. 2 EStG (neu gefasst durch das ZK-AnpG) **berechtigt ist** (vgl. Renten-Erlass, Rz. 51). Der Sonderausgabenabzug nach dieser Vorschrift wurde allerdings bereits **durch das JStG 2008 restriktiver gefasst.** Die bisherige Unterscheidung zwischen Renten und dauernden Lasten wurde zu Gunsten des einheitlichen Tatbestands der „Versorgungsleistungen" aufgegeben. Ferner wurde der Anwendungsbereich auf die Übertragung bestimmter betrieblicher Einheiten beschränkt (§ 10 Abs. 1a Nr. 2 Satz 2 EStG). Im Hinblick auf Kapitalgesellschaftsanteile erfasst die Vorschrift nur noch die Übertragung von mindestens 50 vH der Anteile an einer GmbH, wenn der Übergeber als Geschäftsführer tätig war und der Übernehmer diese Tätigkeit nach der Überragung übernimmt (§ 10 Abs. 1a Nr. 2 Satz 2 Buchst. c EStG). Die Beschränkung auf eine einzige Kapitalgesellschaftsform (GmbH) ist mit Recht auf Kritik gestoßen.[3] Nach dem klaren Gesetzeswortlaut dürfte jedoch eine erweiternde bzw. analoge Auslegung und Anwendung auf andere Kapitalgesellschaften nicht möglich sein.[4] Die **Übertragung von Aktien**(-paketen) an Aktiengesellschaften **fällt** damit – unabhängig von ihrer Börsennotierung – de lege lata **aus dem System des Sonderausgabenabzugs von Versorgungsleistungen heraus.** Die zivilrechtliche Verlagerung der Einkünfte durch die Versorgungsleistungen wird daher steuerlich nicht nachvollzogen.

---

[2] Vgl. BMF v. 11.3.2010, BStBl. I 2010, 227 (Renten-Erlass) sowie grundlegend BFH v. 12.5.2003, GrS 1/00 u. GrS 2/00, BStBl. II 2004, 95 u. 100.

[3] Vgl. *v. Oertzen/Stein* BB 2009, 2227 (Fn. 5); *Wälzholz* DStR 2008, 273, 274f.

[4] AA *Wälzholz* DStR 2008, 273, 274f.

Für bis Ende des Jahres 2007 vereinbarte Vermögensübertragungen gilt allerdings das bisherige Recht grundsätzlich weiter (§ 52 Abs. 18 EStG).[5] Bereits gegen Versorgungsleistungen übertragene (Alt-)Aktienpakete können daher begünstigt sein (bisheriger Renten-Erlass,[6] Rz. 10). Es muss sich allerdings bei dem Aktienpaket um eine sog. **existenzsichernde Wirtschaftseinheit** handeln. Diese Voraussetzung ist nach Auffassung der Finanzverwaltung dann erfüllt, wenn die **Versorgung des Übergebers** aus dem übergebenen Vermögen **wenigstens teilweise sichergestellt** ist (vgl. bisheriger Renten-Erlass, Rz. 6). Ferner müssen die **Erträge der Wirtschaftseinheit ausreichen,** um **die vereinbarten, wiederkehrenden Leistungen zu erbringen.** Es genügt nicht, wenn das übergebene Vermögen lediglich seiner Art nach existenzsichernd und ertragbringend ist, die erzielbaren laufenden Nettoerträge des übergebenen Vermögens jedoch die vereinbarten wiederkehrenden Leistungen nicht abdecken. In diesen Fällen gelten die nachfolgend skizzierten Grundsätze über die entgeltliche Vermögensübertragung (vgl. Renten-Erlass, Rz. 7). Die vorgenannten Voraussetzungen der Finanzverwaltung können bei **nennenswerten Aktienpaketen** erfüllt sein. Bei bloßen Kapitalanlagen in Aktien dürfte hingegen keine existenzsichernde Wirtschaftseinheit vorliegen. Je nach der Lage der Verhältnisse sind die Rentenzahlungen in voller Höhe bzw. nur in Höhe des Ertragsanteils zu versteuern bzw. abzugsfähig (vgl. bisheriger Renten-Erlass, Rz. 46 ff.). 9

Im zweiten Fall **(entgeltliche Vermögensübertragung)** liegt ein **Veräußerungsgeschäft** vor, das eine entweder nichtsteuerbare oder aber steuerbare Vermögensumschichtung (Anschaffungskosten bei dem Verpflichteten/Veräußerungspreis bei dem Berechtigten der wiederkehrenden Leistungen) in Höhe des Barwerts der wiederkehrenden Leistungen **(Tilgungsanteil)** und einen **Zinsanteil** enthält. Der Zinsanteil ist bei dem Verpflichteten (nur) dann als Werbungskosten oder als Betriebsausgaben abzugsfähig, wenn das gegen die Zahlung der Versorgungsleistung erworbene Wirtschaftsgut der Einkünfteerzielung dient und kein Werbungskostenabzugsverbot greift. Bei dem Berechtigten führt der Zinsanteil hingegen zu Einkünften aus Kapitalvermögen bzw. – bei Veräußerungsleibrenten – zu sonstigen Einkünften nach § 22 Nr. 1 Satz 3 Buchst. a Doppelbuchst. bb EStG (vgl. bisheriger Renten-Erlass, Rz. 65 ff.).[7] 10

Vgl. im Übrigen auch die Anmerkungen zu Formular A 1.31 Rz. 4–5.

B. Einzelerläuterungen

Zu § 4: Leibrente

Abs. 2 sieht die periodische Überprüfung der Höhe der Leibrente vor, um den Versorgungszweck der Rente, trotz möglicher Inflation, zu gewährleisten. Bei der Regelung handelt es sich um einen sog. **Leistungsvorbehalt,** der nach § 2 Abs. 2 Nr. 1 PrKG[8] zulässig ist.[9] 11

Abs. 3 erklärt § 1585a BGB für entsprechend anwendbar. Die Vorschrift regelt in ihrem unmittelbaren Anwendungsbereich die Sicherung von Unterhaltsansprüchen des geschiedenen Ehegatten durch Sicherheitsleistung. Die dortige Regelung ist auch für die Sicherung von (Leib-)Renten bzw. dauernden Lasten geeignet.

---

[5] Vgl. *Melchior* DStR 2007, 2233, 2234.
[6] Vgl. BMF v. 16.9.2004, BStBl. I 2004, 922.
[7] Zur Anwendung des Halbeinkünfteverfahrens bei der Veräußerung (u. a.) von Beteiligungen an Kapitalgesellschaften gegen wiederkehrende Leistungen, bei denen der Steuerpflichtige die Zuflussbesteuerung gewählt hat, vgl. BMF v. 3.8.2004, BStBl. I 2004, 1187.
[8] Vgl. Gesetz über das Verbot der Verwendung von Preisklauseln bei der Bestimmung von Geldschulden (Preisklauselgesetz) v. 7.9.2007, BGBl. I 2007, 2246.
[9] Vgl. Palandt/*Grüneberg* Anh. zu § 245 Rz. 3.

Zu § 5: Widerruf der Schenkung

12 Abs. 1 sieht – über die gesetzlichen Widerrufstatbestände hinaus (vgl. Abs. 2) – die Möglichkeit des **Widerrufs der Schenkung** durch den Schenker für den Fall vor, dass der Beschenkte mit zwei aufeinander folgenden Rentenzahlungen ganz oder teilweise in Verzug kommt oder die Rentenzahlungen fortgesetzt nicht fristgemäß entrichtet. Auch hierdurch soll die Versorgung des Schenkers gesichert werden.

Liegt ein Widerrufsgrund vor und wird von dem Schenker der Widerruf erklärt, so bleibt gemäß Abs. 3 das Leibrentenversprechen unberührt. Die Regelung dient zum einen der **Sicherung des Schenkers.** Sie ist insbesondere dann interessengerecht, wenn die Versorgung des Schenkers das vorrangige Motiv des Vertrags ist. Zum anderen übt sie auf den Beschenkten einen Anreiz aus, keinen Widerrufstatbestand zu schaffen. Ferner macht sie deutlich, dass die Übertragung der Aktien und das Versprechen der Leibrente nicht synallagmatisch verknüpft sind. Eine solche Verknüpfung würde den Schenkungscharakter sowohl zivil- als auch steuerrechtlich in Frage stellen.

13 Zur Sicherung des Rentenanspruchs des Bestellers bzw. zur Sicherung der Zahlungen auf Grund der dauernden Last können grundsätzlich auch **Sicherheiten** bestellt werden. Die an sich nahe liegende Form der Sicherung dieser Ansprüche, die Bestellung eines Pfandrechts an den geschenkten Aktien, ist allerdings nicht zweckmäßig. Die Aktien müssten im Besitz bzw. im Mitbesitz des Schenkers verbleiben, also sich in einem Depot des Schenkers bzw. in einem Gemeinschaftsdepot mit dem Beschenkten befinden (vgl. §§ 1274, 1205f. BGB, sog. **Pfanddepot**). Das dürfte i.d.R. weder von dem Schenker noch von dem Beschenkten gewollt sein. Im Fall der Schenkung vinkulierter Namensaktien wäre ferner zur Wirksamkeit der Pfandrechtsbestellung die Zustimmung nach § 68 Abs. 2 AktG einzuholen.

Durch die Verpfändung würden die Aktien ferner ihre Verkehrsfähigkeit verlieren, da typischerweise kein potenzieller Erwerber pfandrechtsbelastete Aktien erwerben möchte. Die Veräußerung der verpfändeten Aktien durch den Beschenkten über den Börsenhandel – falls der Beschenkte tatsächlich über die Aktien verfügen kann (bei Einzelverfügungsberechtigung über ein Gemeinschaftsdepot mit dem Schenker) – würde ferner in aller Regel zu einem lastenfreien Erwerb des Käufers führen (§ 936 Abs. 1 Satz 1 und Abs. 2 BGB). Der Beschenkte würde dadurch das Pfandrecht des Schenkers verletzen (§§ 1273, 1227 BGB). Das Muster sieht daher von einer Verpfändung der Aktien ab.

Vgl. im Übrigen auch die Anm. B. zu Formular A 1.31.

A. 1.34

A. 1.34 Mittelbare Zuwendung börsennotierter Aktien

1 Die **mittelbare Zuwendung (Schenkung) börsennotierter Aktien** – dh. die Hingabe eines Geldbetrages für den Erwerb bestimmter Aktien – ist, anders als auf dem Gebiet des Grundstücks- bzw. Immobilienerwerbs, **nicht gebräuchlich.** Der Grund hierfür ist, dass die Rechtsfigur der mittelbaren Schenkung ausschließlich schenkungsteuerlich motiviert ist. Sie setzt voraus, dass der steuerliche Wert des mittelbaren Schenkungsgegenstands unter dem (Nominal-)Wert des Geldbetrages liegt. Börsennotierte Aktien werden jedoch schenkungsteuerlich grundsätzlich mit dem Börsenkurs bewertet (§§ 12 Abs. 1 ErbStG, 11 Abs. 1 BewG), also mit dem Einzelveräußerungspreis an einem organisierten Markt (= gemeiner Wert, § 9 Abs. 2 Satz 1 BewG). Vermitteln die Aktien dem Aktionär eine qualifizierte Beteiligung an der Aktiengesellschaft (mehr als 25 vH der Aktien, vgl. ErbStR 2011 B 11.6 Abs. 3) oder liegen sonstige werterhöhende Umstände vor, kommt es hingegen für die Bewertung auf den (höheren) gemeinen Wert der Beteiligung insgesamt an (§ 11 Abs. 3 BewG,

sog. **Paketzuschlag**).[1] In solchen (Sonder-)Fällen kommt ein Paketzuschlag von in der Regel bis zu 25 vH in Betracht. Höhere Zuschläge sind im Einzelfall aber möglich (R B 11.6 Abs. 9 ErbStR). Der Fall hingegen, dass der Börsenkurs für steuerliche Zwecke dann unterschritten wird, wenn der Wert des Aktienpakets das Produkt aus Börsenkurs und Anzahl der Aktien unterschreitet **(Paketabschlag),** ist gesetzlich nicht vorgesehen.

Bei börsennotierten Aktien liegt daher **grundsätzlich kein Bewertungsvorteil** gegenüber einer reinen Geldschenkung vor. Aus diesem Grund besteht in der Regel kein steuerlicher Anreiz für diese Gestaltung. Allenfalls dann, wenn ein Aktienpaket von mehr als 25 vH an einer Aktiengesellschaft mit Sitz oder Geschäftsleitung im Inland geschenkt werden soll, könnte die mittelbare Zuwendung wegen der Begünstigungen nach den §§ 13a und 19a ErbStG interessant sein. Die Begünstigungen werden allerdings häufig durch den gegenläufigen Effekt eines Paketzuschlages gem. § 11 Abs. 3 BewG zumindest teilweise neutralisiert werden.

Die mittelbare Schenkung ist von der Finanzverwaltung nur in den Fällen der Hin- 2
gabe von Geld zu dem Zweck des Erwerbs eines Grundstücks oder zur Errichtung eines Gebäudes sowie der diesbezüglichen Um-, Aus- oder Anbauten näher geregelt (sog. **mittelbare Grundstücksschenkung,** R E 7.3 ErbStR). Über diesen Grundfall der mittelbaren Schenkung hinaus ist jedoch (auch) von der Finanzverwaltung anerkannt, dass Objekte einer mittelbaren Schenkung auch Beteiligungen an einem Betriebsvermögen oder land- und forstwirtschaftliches Vermögen des Schenkers oder von diesem unmittelbar gehaltene Anteile an einer Personengesellschaft oder an einer Kapitalgesellschaft – also **auch Aktien einer Aktiengesellschaft** – sein können.

Während es im Fall der mittelbaren Grundstücksschenkung jedoch die Regel ist, dass das geschenkte Grundstück von einem Dritten erworben wird, ist eine mittelbare Schenkung von Aktienpaketen (oder von anderen o. g. „betrieblichen Objekten"), die von einem Dritten erworben werden, demgegenüber nicht nach den §§ 13a, 19a ErbStG begünstigt. Der Grund hierfür ist, dass in diesen Fällen kein begünstigtes Vermögen von dem Schenker auf den Beschenkten übergehen würde (§§ 13b Abs. 1 Nr. 3, 19a Abs. 2 Satz 1 ErbStG). Es ist daher nur die mittelbare Schenkung eines **Aktienpakets des Schenkers** begünstigt. Der Umweg über eine mittelbare Schenkung macht jedoch in diesen Fällen keinen Sinn, da der Schenker das Aktienpaket auch unmittelbar begünstigt schenken kann.[2]

Will ein (künftiger) Schenker einem (künftigen) Beschenkten ein Aktienpaket zu- 3
wenden, das nach den §§ 13a, 19a ErbStG begünstigt ist und von einem Dritten gehalten wird, so kann erwogen werden, dass in einem ersten Schritt der Schenker das Aktienpaket kauft und sodann in einem zweiten Schritt dem Beschenkten schenkt **(Direktschenkung von Drittpaketen).** Da die §§ 13a, 19a ErbStG für den Schenker – anders als bei dem Beschenkten, vgl. §§ 13a Abs. 6 Satz 1 Nr. 4, 19a Abs. 5 Satz 1 ErbStG – keine Behaltensregelungen vorsehen, können beide Schritte auch in einem engem zeitlichen Zusammenhang erfolgen. Ein Missbrauch von rechtlichen Gestaltungsmöglichkeiten nach § 42 AO liegt hierin jedenfalls dann nicht, wenn der Beschenkte nicht die Mittel besitzt, das Aktienpaket selbst zu erwerben.[3] Die Direktschenkung eines Drittpakets ist jedoch keine mittelbare, sondern eine **unmittelbare Schenkung,** für das eines der Formulare A 1.31 bis A 1.33 verwandt werden kann.

Von dem Abdruck des Musters einer mittelbaren Aktienschenkung wird daher ab- 4
gesehen.

---

[1] Näher *v. Oertzen/Zens* DStR 2005, 1043.
[2] Vgl. Scherer/*von Sothen* § 43 Rz. 28.
[3] Vgl. auch Scherer/*von Sothen* § 43 Rz. 28.

A. 1.35 Anmeldungen und Meldepflichten

Gliederung

A. 1.35

I. Einholung der Zustimmung bei vinkulierten Namensaktien

[...] Aktiengesellschaft
– Vorstand –
[...]

[...]

Zustimmung der Gesellschaft zur Übertragung von Aktien

Sehr geehrte Damen und Herren,

ich bin Aktionär Ihrer Gesellschaft und an dieser mit [...] Stück Namensaktien beteiligt. Nach § [...] der Satzung der Gesellschaft ist die Übertragung der Namensaktien an die Zustimmung der Gesellschaft gebunden.
Ich beabsichtige, die Aktien an Frau/Herrn [...], wohnhaft [...], zu übertragen. Die in der Satzung in § [...] aufgeführten Gründe, bei deren Vorliegen die Zustimmung versagt werden könnte, liegen nicht vor. Ich bitte Sie daher, der beabsichtigten Veräußerung zuzustimmen.
Die Zustimmungserklärung bitte ich an mich zu übersenden.
Für Rückfragen stehe ich Ihnen gerne zur Verfügung.

Mit freundlichen Grüßen

..
[Unterschrift des Aktionärs]

Anmerkungen

1 Anders als im GmbH-Recht, wo der (Neu-)Gesellschafter in eine Gesellschafterliste (§§ 16, 40 GmbHG) aufzunehmen ist, gibt es im Aktienrecht **keine generelle Pflicht zur Anmeldung** des Aktienerwerbs gegenüber der Gesellschaft.

2 Nur dann, wenn Namensaktien ausgegeben sind, bedarf es zur **Fortschreibung des Aktienregisters** (§ 67 AktG) eines Nachweises, sofern diese Aktien auf eine andere Person übertragen werden bzw. worden sind. Löschung und Neueintragung von Aktionären erfolgen auf Grund von Mitteilung und Nachweis des Übergangs (§ 67 Abs. 3 AktG). Die Mitteilung ist grundsätzlich entweder Sache des Veräußerers oder des Erwerbers.[1] Bei börsennotierten Namensaktien, welche die Girosammelverwahrung der Aktien voraussetzt, erfolgt die Mitteilung jedoch durch die bei der Übertragung oder Verwahrung der Namensaktien mitwirkenden Kreditinstitute. Diese sind verpflichtet, der Aktiengesellschaft die für die Führung des Aktienregisters erforderlichen Angaben gegen Erstattung der notwendigen Kosten zu übermitteln (§ 67 Abs. 4 AktG). Handlungsbedarf für die beteiligten Aktionäre besteht daher nicht.

[1] Vgl. *Hüffer/Koch* AktG § 67 Rz. 17.

Sind die **Namensaktien** nach der Satzung der Aktiengesellschaft **vinkuliert,** dh. ist deren Übertragung an die **Zustimmung der Gesellschaft** gebunden (§ 68 Abs. 2 AktG), so ist die Zustimmung von dem Veräußerer oder von dem Erwerber einzuholen und gegenüber einer dieser Personen zu erklären. Ein förmliches Antragserfordernis besteht allerdings nicht.[2] Im Regelfall dürfte der Veräußerer als bisheriger Rechtsinhaber tätig werden. Das vorstehende Muster eines Schreibens an die Aktiengesellschaft dient der Einholung dieser Zustimmung und geht von dem genannten Regelfall aus. 3

Die Zustimmung der Gesellschaft kann **vor oder nach der Übereignung** der Aktien eingeholt werden. Wird die Zustimmung nach der Übereignung eingeholt, ist diese bis dahin schwebend unwirksam.[3] Für die Erteilung bzw. die Versagung der Zustimmung ist grundsätzlich der Vorstand zuständig, wenn nicht die Satzung eine Zuständigkeit des Aufsichtsrats oder der Hauptversammlung begründet (§ 68 Abs. 2 Satz 2f. AktG). Ferner kann die Satzung die Versagungsgründe regeln (§ 68 Abs. 2 Satz 4 AktG).

II. Mitteilungen nach § 21 WpHG

A. 1.35

Schreiben 1: an BaFin | **Schreiben 2: An AG**

[...]
[...]
[...]
[Name und Anschrift des Mitteilungspflichtigen]

Bundesanstalt für Finanzdienstleistungsaufsicht
Marie-Curie-Straße 24–28
60439 Frankfurt am Main

[...] Aktiengesellschaft
[...]
[...]

Stimmrechtsmitteilung nach § 21 Abs. 1 Satz 1 WpHG

Sehr geehrte Damen und Herren,

hiermit zeigen wir Ihnen an, dass ich, Frau/Herr [...], wohnhaft [...], durch Übertragung von [...] Stück der bislang von mir insgesamt gehaltenen [...] Stück nennwertloser Inhaberaktien der [...] Aktiengesellschaft mit Sitz in [...], Anschrift: [...], (im Folgenden: Gesellschaft) an Frau/Herrn [...], wohnhaft [...], am [...] den Schwellenwert von [...] vH unterschritten habe.
Der Schwellenwert wurde am [...] unterschritten.
Ich halte nunmehr [...] Stück nennwertloser Inhaberaktien der Gesellschaft; das entspricht [...] vH der Stimmrechte.
Die Gesellschaft hat insgesamt [...] Stück nennwertlose Inhaberaktien ausgegeben; sie hält keine eigenen Aktien.
Zugleich bringen wir Ihnen hiermit zur Kenntnis, dass Frau/Herr [...], wohnhaft [...], durch den vorgenannten Erwerb den Schwellenwert von [...] vH der Stimmrechte überschritten hat und nunmehr [...] Stück Aktien der Gesellschaft hält; das entspricht [...] vH der Stimmrechte.
Stimmrechte wurden nicht durch Finanzinstrumente nach § 25 Abs. 1 Satz 1 WpHG erlangt.

Mit freundlichen Grüßen

.... | ....
[Unterschrift des Veräußerers] | ***[Unterschrift des Erwerbers]***

[2] Vgl. MHdB GesR IV/*Wiesner* § 14 Rz. 23.
[3] Vgl. MüKoAktG/*Bayer* AktG § 68 Rz. 96f. mwN.

Anmerkungen

1. Grundsätzliches zur Mitteilungspflicht nach §§ 21ff. WpHG

4 Die §§ 21ff. WpHG regeln die Mitteilungs- und Veröffentlichungspflichten bei **Veränderungen des Stimmrechtsanteils an börsennotierten Aktiengesellschaften** (vgl. die Legaldefinition in § 21 Abs. 2 WpHG). Die dortigen Regelungen ersetzen für börsennotierte Aktiengesellschaften die – hier daher nicht näher behandelten – allgemeinen Mitteilungspflichten von Aktionären und der Aktiengesellschaft nach den §§ 20f. AktG (§§ 20 Abs. 8, 21 Abs. 5 AktG). Die Voraussetzungen der Mitteilungspflicht gem. § 21 WpHG sind folgende:

5 Wer durch Erwerb, Veräußerung oder auf sonstige Weise **3 vH, 5 vH, 10 vH, 15 vH, 20 vH, 25 vH, 30 vH, 50 vH oder 75 vH der Stimmrechte** – nicht des Kapitals – an einem Emittenten, für den die Bundesrepublik Deutschland der Herkunftsstaat ist (Definition in § 2 Abs. 6 WpHG), erreicht, überschreitet oder unterschreitet, muss dies dem Emittenten (Aktiengesellschaft) und gleichzeitig der Bundesanstalt für Finanzdienstleistungsaufsicht, BaFin (§ 4 Abs. 1 Satz 1 WpHG), unverzüglich, spätestens innerhalb von vier Handelstagen, mitteilen (§ 21 Abs. 1 Satz 1 WpHG). Einzelheiten zu dem Inhalt der Meldung regeln die §§ 17f. der Wertpapierhandelsanzeige- und Insiderverzeichnisverordnung (WpAIV). Ein bestimmtes Formular ist nicht vorgeschrieben. Die BaFin stellt aber auf ihrer Website ein unverbindliches Standardformular zur Verfügung.

Da es für die Mitteilungspflicht nur auf die Stimmrechte und – bei Stückaktien – nicht auf die Zahl bzw. – bei Nennbetragsaktien – auf den Nennbetrag der Aktien ankommt, löst der Erwerb bzw. die Veräußerung **stimmrechtsloser Vorzugsaktien** (§§ 139ff. AktG) grundsätzlich **keine Mitteilungspflicht** aus. Etwas anderes gilt nur dann, wenn die Vorzugsaktien – ausnahmsweise (§ 140 Abs. 2 AktG) – ein Stimmrecht gewähren.[4] Für die Zwecke der Mitteilungspflicht werden nicht nur die Stimmrechte aus den eigenen Aktien des Mitteilungspflichtigen berücksichtigt, sondern auch bestimmte Aktien Dritter, deren Stimmrechte dem Mitteilungspflichtigen zugerechnet werden (§ 22 WpHG). Die Aktiengesellschaft hat die Mitteilung ihrerseits unverzüglich, spätestens drei Handelstage nach dem Zugang der Mitteilung, zu veröffentlichen. Er hat sie zudem unverzüglich, aber nicht vor ihrer Veröffentlichung, dem Unternehmensregister (§ 8b HGB) zur Speicherung zu übermitteln (§ 26 Abs. 1 Satz 1 WpHG).

6 Kommt der **Aktionär** seinen Mitteilungspflichten nicht nach, so ist das mit einem vollständigen oder zumindest partiellen **Rechtsverlust** sanktioniert (§ 28 WpHG). Mit Rücksicht auf diese schwerwiegende Rechtsfolge, die zum Teil diffizilen Details der §§ 21ff. WpHG – insbesondere die Zurechnungstatbestände – und die kurze Mitteilungsfrist haben Inhaber bzw. Erwerber von Beteiligungen im Sinne des § 21 Abs. 1 Satz 1 WpHG die Voraussetzungen der Mitteilungspflichten sorgfältig zu prüfen und für ein laufendes **„Mitteilungscontrolling"** Sorge zu tragen.

2. Hinweise zu den Entwürfen der Mitteilungsschreiben

7 Der Entwurf des Mitteilungsschreibens geht davon aus, dass sowohl der Veräußerer als auch der Erwerber eine Mitteilungsschwelle nach § 21 Abs. 1 Satz 1 WpHG unter- bzw. überschreitet. Da das Gesetz keine Einzelmeldungen fordert, können der Veräußerer und der Erwerber ihren Mitteilungspflichten in einem gemeinsamen Schreiben nachkommen. Der Entwurf sieht eine solche **gemeinschaftliche Mitteilung** vor, die von beiden Mitteilungspflichtigen persönlich zu unterzeichnen ist. Eine Miterfüllung

[4] Vgl. Assmann/Schneider/*Schneider* WpHG § 21 Rz. 45ff. mwN.

der Mitteilungspflichten durch einen Beteiligten für den jeweils anderen ist grundsätzlich nicht möglich. Nur für Konzernverhältnisse gibt es eine Ausnahme (§ 24 WpHG).

§ 21 WpHG statuiert eine **doppelte Meldepflicht,** zum einen gegenüber der BaFin als Aufsichtsbehörde und zum anderen gegenüber dem Emittenten (Aktiengesellschaft). Es haben daher stets zwei Mitteilungen zu erfolgen. Die von § 21 Abs. 1 Satz 1 WpHG, § 17 Abs. 1 WpAIV in der Mitteilung geforderte Angabe des Stimmrechtsanteils muss exakt erfolgen. Einzelheiten zu der Ausgestaltung der Mitteilungspflicht ergeben sich aus dem Formular „Stimmrechtsmitteilung", das der WpAIV als Anlage beigefügt ist.

III. Spezielle Mitteilungspflichten

Bestimmte Personen bzw. (potenzielle) Aktionäre bestimmter Aktiengesellschaften 8
haben **besondere Mitteilungspflichten** zu beachten. Solche speziellen Mitteilungspflichten, für die wegen ihres Ausnahmecharakters hier keine Muster vorgeschlagen werden, sind namentlich Folgende:

Nach dem bisherigen § 15a Abs. 1 Satz 1 WpHG (sog. **Directors' Dealings**), hat- 9
ten Personen, die bei einem Emittenten von Aktien Führungsaufgaben wahrnehmen, eigene Geschäfte mit Aktien des Emittenten sowohl dem Emittenten als auch der BaFin innerhalb von fünf Werktagen mitzuteilen. Entsprechendes gilt für Geschäfte mit auf die Aktien des Emittenten bezogenen Finanzinstrumenten, insbesondere für Geschäfte mit Derivaten. § 15a WpHG ist im Jahr 2016 durch Art. 19 der Marktmissbrauchsverordnung (EU) Nr. 596/2014 abgelöst worden. Grundsätzliches hat sich dadurch nicht verändert Wegen der Einzelheiten sei auf die Verordnung verwiesen.

Nach § 2c KWG ist derjenige, der eine **bedeutende Beteiligung** (= mindestens 10
10 vH des Kapitals oder der Stimmrechte, § 1 Abs. 9 KWG) **an einem Institut** (= Kreditinstitut oder Finanzdienstleistungsinstitut, § 1 Abs. 1b KWG) erwerben oder seine Beteiligung über bestimmte Schwellenwerte erhöhen will, verpflichtet, dies der BaFin und der Deutschen Bundesbank unverzüglich anzuzeigen. Bereits die **Absicht,** eine bedeutende Beteiligung zu erwerben, ist anzeigepflichtig. Entsprechendes gilt für das Erreichen, Über- oder Unterschreiten der besagten Schwellenwerte. Eine entsprechende Regelung für den Erwerb bzw. die Veräußerung (u. a.) von Aktien von **Versicherungsaktiengesellschaften** enthält § 17 VAG. Auch der Erwerb durch Schenkung fällt unter diese Vorschriften.

Erlangt ein Beschenkter durch eine Schenkung – ggf. zusammen mit bereits vor 11
dem Vollzug der Schenkung gehaltenen Aktien – unmittelbar oder mittelbar die **Kontrolle über eine Zielgesellschaft** (= mindestens 30 vH der Stimmrechte an der Gesellschaft, § 29 Abs. 2 WpÜG), so knüpfen hieran grundsätzlich **verschiedene Mitteilungs- und Veröffentlichungspflichten.** Sie münden idR in ein sog. **Pflichtangebot** zu dem Erwerb der übrigen Aktien der Zielgesellschaft (§ 35 WpÜG).

Auf schriftlichen Antrag lässt die BaFin jedoch zu, dass Stimmrechte aus Aktien an der Zielgesellschaft bei der Berechnung des Stimmrechtsanteils unberücksichtigt bleiben und damit ein Pflichtangebot unterbleiben kann, wenn die Aktien (u. a.) durch **unentgeltliche Zuwendung unter nahe stehenden Personen** – Ehegatten, Lebenspartnern oder Verwandten in gerader Linie und bis zum dritten Grade – erlangt wurden, § 36 Nr. 1 WpÜG. **Schenkungen** sind unentgeltliche Zuwendungen im Sinne der Vorschrift. Das dürfte **auch** dann gelten, wenn die Schenkung **gegen Nießbrauchsvorbehalt oder Rente/dauernde Last** erfolgt.[5] Es handelt sich bei der

[5] Vgl. Ehricke/Ekkenga/Oechsler/*Ekkenga* WpÜG § 36 Rz. 20; Assmann/Schneider/*Krause/Pötsch* WpÜG § 36 Rz. 4; jeweils mwN.

Entscheidung der BaFin um einen gebundenen, gleichwohl aber gebührenpflichtigen Verwaltungsakt. Die Gebühr beträgt zwischen € 3000 und € 10000 (§§ 2 Abs. 1 Nr. 7, 4 Abs. 1 WpÜG-GebVO).

In den Fällen von **Schenkungen an andere Personen** kann die BaFin eine **Befreiung** gemäß § 37 Abs. 1 WpÜG aussprechen. Der Gebührenrahmen für eine Befreiung liegt höher als für einen Antrag nach § 36 WpÜG. Er beträgt zwischen € 5000 und € 20000 (§§ 2 Nr. 8, 4 Abs. 1 WpÜG-GebVO). Bei der Entscheidung über einen Befreiungsantrag steht der BaFin ein (gebundenes) Ermessen zu.[6]

[6] Vgl. Assmann/Schneider/*Krause/Pötzsch* WpÜG § 37 Rz. 79 ff.

A. 1.40 Lebensversicherungsansprüche

Gliederung

Nummer der Urkundenrolle [...][Rz. 24]

Verhandelt zu [...] am [...]

Vor dem Notar [...] erschienen:

Herr A, geboren am [...] in [...],
wohnhaft [...],
nach eigenen Angaben deutscher Staatsangehöriger,
steuerliche Identifikationsnummer [...],

– nachfolgend Schenker genannt –,

und

Frau B, geboren am [...] in [...],
wohnhaft ebenda,
nach eigenen Angaben deutsche Staatsangehörige,
steuerliche Identifikationsnummer [...],

– nachfolgend Beschenkte genannt –,

dem Notar gegenüber ausgewiesen durch [...]

Die Erschienenen erklären mündlich folgenden

Schenkungsvertrag

zur Beurkundung:

§ 1 Schenkungsgegenstand[Rz. 38]

Der Schenker ist alleiniger Versicherungsnehmer folgender Kapitallebensversicherungsverträge:

a) Versicherungsnummer [...],
Versicherer: [...],
Beginn des Vertrages: [...],
Garantierte Versicherungssumme: [...],
Fälligkeit der Versicherungssumme: mit dem Tod bzw. dem Erreichen des [...] Lebensjahres der versicherten Person,
Bezugsberechtigter im Todesfall: Frau B,
Bezugsberechtigter im Erlebensfall: Herr A,
(Angaben laut Versicherungsschein vom [...]),
– nachfolgend Schenkungsgegenstand zu 1. genannt[Rz. 11, 12] **–,**

b) Versicherungsnummer [...],
Versicherer: [...],
Beginn des Vertrages: [...],
Garantierte Versicherungssumme: [...],

Fälligkeit der Versicherungssumme: mit dem Tod bzw. dem Erreichen des [...] Lebensjahres der versicherten Person,
Bezugsberechtigter im Todesfall: Frau B,
Bezugsberechtigter im Erlebensfall: Herr A,
(Angaben laut Versicherungsschein vom [...]),
– nachfolgend Schenkungsgegenstand zu 2. genannt[Rz. 11, 12] –,
Versicherte Person dieser Lebensversicherungsverträge ist jeweils der Schenker.
Der Beschenkten ist bekannt, dass noch nicht sämtliche Versicherungsbeiträge bezahlt worden sind und die noch ausstehenden Beiträge von ihr zu erbringen sind.
Der Schenker erklärt, dass die Schenkungsgegenstände nicht zur Sicherheit abgetreten sind oder in sonstiger Weise belastet sind bzw. von einem Dritten beansprucht werden können.[Rz. 38]

§ 2 Übernahme der Verträge im Ganzen[Rz. 40f.]

Der Schenker als gegenwärtiger Versicherungsnehmer der Schenkungsgegenstände zu 1. und 2. überträgt der Beschenkten, seiner Ehefrau, im Wege der vorweggenommenen Erbfolge jeweils alle Rechte und Pflichten als Versicherungsnehmer aus den in § 1 Abs. 1 Buchst. a und b bezeichneten Lebensversicherungsverträgen.

Die Beschenkte übernimmt entsprechend Abs. 1 jeweils alle Rechte und Pflichten des Schenkers als Versicherungsnehmer aus den in § 1 Abs. 1 Buchst. a und b bezeichneten Lebensversicherungsverträgen.

Mit der Übertragung der jeweiligen Versicherungsnehmereigenschaft aus den Schenkungsgegenständen zu 1. und 2. wird die Beschenkte neue Versicherungsnehmerin der in § 1 Abs. 1 Buchst. a und b bezeichneten Lebensversicherungsverträge mit sämtlichen daraus resultierenden Rechten und Pflichten, insbesondere allen Gestaltungsrechten (bspw. Kündigungsrecht), die ihr u. a. jeweils einen sofortigen und unmittelbaren Zahlungsanspruch gegenüber dem Versicherer verschaffen. Zugleich wird sie als neue Versicherungsnehmerin zukünftig die Beitragszahlungen selbst leisten.

Als Vertragsübernahme im Ganzen bedarf es gemäß den §§ 414, 415 Abs. 1 BGB der Zustimmung der Versicherer. Diese Zustimmung werden die Beteiligten gemäß § 3 Abs. 2 dieser Urkunde noch einholen.[Rz. 24, 41]

§ 3 Zeitpunkt der Übertragung, dinglicher Vollzug

Die Übertragung der jeweiligen Versicherungsnehmereigenschaft und damit der Schenkungsgegenstände zu 1. und 2. erfolgt mit Wirkung zum [...]. In Vollzug der Übertragungsversprechen tritt der Schenker heute mit Wirkung zum [...] sämtliche Rechte und Pflichten aus den in § 1 Abs. 1 Buchst. a und b bezeichneten Lebensversicherungsverträgen an die Beschenkte ab, die dankend annimmt.[Rz. 43]

Die Beteiligten verpflichten sich, die Übertragung bzw. Übernahme der in § 1 Abs. 1 Buchst. a und b bezeichneten Lebensversicherungsverträge im Ganzen spätestens bis zum Ablauf des [...] gegenüber den jeweiligen Versicherern mit der Maßgabe zu erklären, dass die Umschreibung der Versicherungsnehmereigenschaft zum [...] zu erfolgen hat und sich die Bezugsberechtigung insoweit ändert, als die Beschenkte nunmehr in jedem Fall Bezugsberechtigte der in § 1 Abs. 1 Buchst. a und b bezeichneten Lebensversicherungsverträge ist, also nicht nur im Falle des Todes der versicherten Person (Schenker), sondern auch bei Ablauf der jeweiligen Vertragslaufzeit. Die Erklärung gegenüber dem jeweiligen Versicherer kann auch durch Übersendung einer Ausfertigung dieses Vertragsübernahmevertrages erfolgen. Die jeweiligen Versicherer sind aufzufordern, bis zum [...] die jeweilige Vertragsübernahme im Ganzen nach Maßgabe dieses Vertrages inklusive der geänderten Bezugsberechtigung durch Übersendung des jeweiligen neuen Versicherungsscheins an die Beschenkte zu bestätigen.[Rz. 43a]

Der Schenker verpflichtet sich, den bei Fälligkeit einer Versicherungsleistung jeweils einzusendenden Originalversicherungsschein einschließlich seiner eventuellen Nachträge der Beschenkten bis zum [...] zu übergeben. Die Beschenkte erklärt sich bereits heute zum Empfang der Originalversicherungsscheine über die in § 1 Abs. 1 Buchst. a und b bezeichneten Lebensversicherungsverträge bereit. Den jeweils neuen Versicherungsschein der Versicherer, mit dessen Inhalt sich die Beteiligten einverstanden erklären, erhält die Beschenkte im Original.[Rz. 44]

Die bisherigen Zahlungsmodalitäten ändern sich wie folgt: Die Beschenkte wird ab [...] die noch ausstehenden Beitragsleistungen für die in § 1 Abs. 1 Buchst. a und b bezeichneten Lebensversicherungsverträge aus eigenen Mitteln erbringen.[Rz. 34, 35]

§ 4 Rückforderungsvorbehalt[Rz. 46 ff.]

Der Schenker kann die Schenkung zu seinen Lebzeiten gegenüber der Beschenkten ganz oder teilweise widerrufen, wenn in der Person der Beschenkten eine der folgenden Voraussetzungen eintritt:

a) Die Beschenkte verstirbt vor dem Schenker.

b) [...]

Mit Ausübung des Widerrufsrechtes nach Abs. 1 gehen im Umfang des Widerrufs die übertragenen Schenkungsgegenstände inklusive etwaiger Surrogate unentgeltlich auf den Schenker mit dinglicher Wirkung über. Die Ausübung des Widerrufsrechtes ist auflösende Bedingung für die schuldrechtliche Schenkung und ihren dinglichen Vollzug. Der Widerruf kann nur binnen einer Frist von drei Monaten, nachdem der Schenker von dem Widerrufsgrund Kenntnis erlangt hat, ausgeübt werden. Der Widerruf hat durch eingeschriebenen Brief gegenüber der Beschenkten bzw. deren Rechtsnachfolger zu erfolgen.

Übt der Schenker sein Widerrufsrecht aus, so hat er der Beschenkten die von ihr erbrachten Beitragsleistungen zu erstatten. Im Übrigen werden alle wechselseitigen Ansprüche aus gezogenen Nutzungen oder gemachten Aufwendungen ausgeschlossen.[Rz. 49] **Sofern ein dinglicher Rückfall des jeweiligen Schenkungsgegenstandes nicht möglich ist, entsteht mit dem Widerruf ein schuldrechtlicher Rückforderungsanspruch bzw. Wertersatzanspruch.**

Der Schenker erhält hiermit unwiderruflich Vollmacht zur Vornahme aller zur Rückübertragung erforderlichen Rechtshandlungen unter Befreiung von den Beschränkungen des § 181 BGB.

Der Notar belehrte darüber, dass der jeweilige Widerruf vor Eintritt des Versicherungsfalls als Vertragsrückübernahme der Zustimmung des jeweiligen Versicherers bedarf.

Die Rechtsstellung des Schenkers aus Abs. 1 ist weder übertragbar noch vererblich, sondern erlischt mit seinem Tod. Hat der Schenker jedoch das Widerrufsrecht zu seinen Lebzeiten berechtigt ausgeübt, so ist der durch die Ausübung dieses Rechts entstandene Rückübertragungs- bzw. Wertersatzanspruch vererblich.

§ 5 Anrechnung nach § 1380 BGB, Pflichtteilsanrechnung[Rz. 51 ff.]

Die Schenkungen sind nicht nach § 1380 BGB anzurechnen. Das bedeutet, dass die Schenkungen nicht auf eine etwaige Zugewinnausgleichsforderung der Beschenkten gegenüber dem Schenker anzurechnen ist.

Die Beschenkte hat sich den Wert der jeweiligen Schenkung auf einen etwaigen durch den Tod des Schenkers entstehenden Pflichtteilsanspruch anrechnen zu lassen, sofern der Schenker nicht von seinem Widerrufsrecht Gebrauch gemacht hat. Dabei ist der Rückkaufswert zum Übertragungszeitpunkt, also zum [...], maßgeblich. Klargestellt ist, dass der Wert der jeweiligen Schenkung um den Kaufkraftschwund bis zum Tode des Schenkers [nicht] hochzurechnen ist. Die Beteiligten werden die jeweiligen Versicherer auffordern, ihnen diesen Rückkaufswert mitzuteilen.[Rz. 56–61]

§ 6 Kosten, Steuern

Die Kosten dieses Vertrages trägt [...]
Etwaig anfallende Schenkungsteuer trägt die Beschenkte. Rz. 63

Diese Niederschrift wurde in Gegenwart des Notars den Erschienenen vorgelesen, von ihnen durch mündliche Erklärung genehmigt und eigenhändig von ihnen und dem Notar wie folgt unterschrieben:

A. Grundsätzliche Anmerkungen

I. Wirtschaftliche Aspekte

1 Lebensversicherungsansprüche gehören zu den Vermögensgegenständen, bei denen es sich auch nach dem ab 1.1.2009 geltenden Erbschaftsteuergesetz und der damit verbundenen Abschaffung der $^2/_3$-Bewertung[1] immer noch anbietet, sie im Rahmen der Vermögensnachfolgeplanung zu Lebzeiten zu übertragen, sei es, um Vermögen unter **Ausnutzung erbschaftsteuerlicher Freibeträge** von dem einen Ehegatten auf den anderen oder auf die Kinder bzw. Enkelkinder zu übertragen oder aber um Pflichtteilsergänzungsansprüche zu minimieren.[2]

2 **Insolvenzrechtliche Gesichtspunkte** können ebenfalls eine Rolle für die lebzeitige Übertragung von Lebensversicherungsansprüchen spielen.[3]

3 Die Übertragung von Lebensversicherungsansprüchen empfiehlt sich aber auch zur **Tilgung von Verbindlichkeiten,** wenn Erben zB der Gefahr von Pflichtteilsansprüchen, Abfindungszahlungen an weichende Erben und/oder Zugewinnausgleichsansprüchen des überlebenden Ehepartners oder etwa **hohen Erbschaftsteuerverpflichtungen** ausgesetzt sind.[4]

4 In Frage kommt die Übertragung von Lebensversicherungsansprüchen ferner dann, wenn Ehepartner, Partner einer Lebenspartnerschaftsgesellschaft oder einer nicht ehelichen Lebensgemeinschaft jeder für sich eine Lebensversicherung aus Altersvorsorgegründen abgeschlossen und den jeweils anderen Partner für den Fall des Todes zum Bezugsberechtigten benannt haben, ihnen das Privileg der **Überkreuzversicherung** zum Zeitpunkt des Abschlusses der Versicherung aber nicht bekannt war.[5]

5 Dies alles gilt in der anhaltenden Niedrigzinsphase zwar umso mehr für Lebensversicherungsansprüche aus Altverträgen[6] mit hoher Mindestgarantieverzinsung und etwaiger weiterer Überschussbeteiligungen, aber auch Lebensversicherungsansprüche aus nach dem 1.1.2005 abgeschlossenen Lebensversicherungsverträgen lassen sich dafür nutzen, v.a. wenn es sich um fondsgebundene Lebensversicherungen handelt.[7]

II. Rechtliche Aspekte

6 Eine **gesetzliche Definition** des Begriffs „Lebensversicherung" **existiert nicht.** Hierauf wurde bei dem zum 1.1.2008 in Kraft getretenen reformierten Versicherungsvertragsgesetz, in dessen Mittelpunkt das Recht der Lebensversicherung steht,[8] vom

[1] Vgl. Rz. 34.
[2] Zu weiteren Motiven vgl. *Steiner* ErbStB 2003, 223; *Welker* Rz. 9; *Holzner* Rz. 1.1.
[3] Vgl. näher Rz. 13.
[4] Vgl. auch *Koblenzer* ErbStB 2010, 173 (174), *Holzner* Rz. 1.1.
[5] Siehe hierzu *Geck* KÖSDI 2007, 15584 (15589 f.); *Moench/Albrecht* ErbStG Rz. 344; Groll/*Steiner* D Rz. 182 f.
[6] Dh. vor dem 31.12.2004 abgeschlossene Verträge, vgl. näher Rz. 26 ff.
[7] *Tölle* SteuK 2015, 295; *Welker* NWB-EV 2015, 315, 321 ff.
[8] So *Franz* DStR 2008, 303.

Gesetzgeber bewusst verzichtet[9] und in § 150 Abs. 1 VVG übereinstimmend mit § 159 VVG aF lapidar festgestellt: „Die Lebensversicherung kann auf das Leben des Versicherungsnehmers oder eines anderen genommen werden." Man spricht hier auch von der Versicherung eines „biometrischen Risikos", weil sich der Versicherer in dem Lebensversicherungsvertrag verpflichtet, das wirtschaftliche Risiko des Versicherungsnehmers, das sich aus der Unsicherheit und Unberechenbarkeit des menschlichen Lebens ergibt, durch eine Leistung (Kapital oder Rente) abzusichern, die er bei Eintritt des Todes- und/oder Erlebensfalls zu erbringen hat.[10]

Rechtsgrundlage jeder Lebensversicherung sind neben dem VVG, dem EGVVG, der VVG-InfoV insbes. die Allgemeinen Bedingungen für die Lebens- oder Rentenversicherung (AVB, ALB) des jeweiligen Versicherungsunternehmens,[11] bei denen es sich um Allgemeine Geschäftsbedingungen iSd. §§ 307 ff. BGB handelt, die im Branchenvergleich – bezogen auf die einzelnen Versicherungsarten – zwischen den einzelnen Versicherungsunternehmen im Wesentlichen übereinstimmen, im Detail jedoch voneinander abweichen können, sowie die aufsichtsrechtlichen Vorgaben aus dem VAG. Daneben stehen die Art. 49, 56 AEUV nebst der konsolidierten Richtlinie über Lebensversicherungen und mit Wirkung vom 1.1.2016 die Solvabilität-II-Richtlinie.[12] 7

Aus dem BGB sind v. a. die §§ 328 ff. maßgeblich.[13]

Hat der **Lebensversicherer** seinen **Geschäftsitz nicht in Deutschland, sondern** etwa **im EU-/EWR-Ausland,** ist für **vor dem 17.12.2009 abgeschlossene Lebensversicherungsverträge** nach Art. 7, 8 EGVVG gleichwohl deutsches Recht anwendbar, sofern der Versicherungsnehmer bei Vertragsabschluss seinen gewöhnlichen Aufenthalt in Deutschland hatte und Deutschland der Ort der Risikobelegenheit ist. Eine Rechtswahl war unter den engen Voraussetzungen des Art. 9 möglich.[14] Für **nach dem 17.12.2009 abgeschlossene Lebensversicherungsverträge** ist entsprechend Art. 7 Abs. 3 Rom-I-VO deutsches Recht anwendbar, wenn bei Vertragsschluss entweder der Versicherungsnehmer deutscher Staatsangehöriger war und die Parteien gemäß Art. 7 Abs. 3 lit. c) Rom-I-Verordnung deutsches Recht gewählt haben, oder aber im Falle deutscher Staatsangehörigkeit keine Rechtswahl getroffen wurde, der Versicherungsnehmer aber seinen gewöhnlichen Aufenthalt in Deutschland als Ort der Risikobelegenheit hatte.[15] 8

Bei der Lebensversicherung ist entsprechend der Begründung zum Gesetz zur Reform des Versicherungsvertragsrechts zwischen den vier **„Grundformen" der Lebensversicherung** zu unterscheiden: der kapitalbildenden Lebensversicherung,[16] der Rentenversicherung,[17] der Risikolebensversicherung[18] und der fondsgebundenen Lebensversicherung.[19] Hierbei handelt es sich jedoch nicht um geschlossene Kategorien. In der Praxis sind vielmehr Mischformen, die Elemente mehrerer Grundformen aufweisen, die Regel.[20] Von diesen vier „Grundformen" sind die kapitalbildende Lebensversicherung und die Rentenversicherung die beliebteste Anlageform,[21] wobei die Kapitallebensversicherung im Vergleich zur Rentenversicherung an Bedeutung ver- 9

---

9 *Prölss/Martin* VVG § 1 Rz. 1, vor § 150 Rz. 1.

10 *Matusche-Beckmann* § 42 Rz. 1 mwN.

11 Vgl. hierzu näher *Leitzen* RNotZ 2009, 129 (132 mwN).

12 Vgl. näher hierzu *Welker* Rz. 23 mwN.

13 Zu weiteren wesentlichen Vorschriften siehe *Matusche-Beckmann* § 42 Rz. 29.

14 Vgl. näher, insbesondere zur liechtensteinischen Lebensversicherung, *Worgulla/Thonemann* ErbStB 2008, 171 (173).

15 Dauses/*Matusche-Beckmann* E VI Rz. 384 f.

16 Zu den verschiedenen Formen der kapitalbildenden Lebensversicherung siehe *Eulberg/Ott-Eulberg/Halaczinsky* Rz. 171 ff.

17 Zu den verschiedenen Formen siehe *Eulberg/Ott-Eulberg/Halaczinsky* Rz. 194 ff. und *Welker* Rz. 16 ff.

18 Zu den verschiedenen Formen siehe *Eulberg/Ott-Eulberg/Halaczinsky* Rz. 165 ff. und *Welker* Rz. 13 ff. mwN.

19 Zu den verschiedenen Formen siehe *Eulberg/Ott-Eulberg/Halaczinsky* Rz. 183 ff.

20 BT-Drs. 16/3945 S. 51.

21 *Eulberg/Ott-Eulberg/Halaczinsky* Rz. 6 f.

liert, da die Erträge hieraus seit dem 1.1.2005 für danach abgeschlossene Lebensversicherungsverträge zu versteuern sind. Gleichwohl ist sie derzeit noch die wichtigste Form der Lebensversicherung.[22]

10 Der **Lebensversicherungsvertrag** kann **bis zu vier**[23] **unterschiedliche Beteiligte** aufweisen. **Vertragspartner** sind der **Versicherer** sowie der **Versicherungsnehmer.** Der Versicherer verspricht als Leistung die Versicherungssumme, der Versicherungsnehmer hat Anspruch auf diese Leistung, ist Inhaber der aus dem Versicherungsvertrag entstehenden Rechte, über die er grundsätzlich frei verfügen kann, und ist verpflichtet, die vereinbarten Prämien zu zahlen. Weiter zu nennen ist die **versicherte Person,** die nicht am Vertragsverhältnis beteiligt ist, deren Tod oder Erleben eines bestimmten Zeitpunktes aber den Versicherungsfall und damit die Fälligkeit der Ansprüche aus dem Versicherungsvertrag auslöst. Versicherte Person kann nach § 150 Abs. 1 VVG der Versicherungsnehmer selbst oder eine beliebige andere Person sein. Die vierte Person im Bunde ist der **Bezugsberechtigte.** Dies ist derjenige, an den der Versicherer die Leistung erbringen soll. Dies kann der Versicherungsnehmer selbst sein oder ein Dritter.[24] Ist ein Dritter Bezugsberechtigter, so handelt es sich um einen Vertrag zu Gunsten Dritter.

11 Bei dem **Vertrag zu Gunsten Dritter** handelt es sich um ein Drei-Personen-Verhältnis, bei dem die folgenden drei bestehenden Rechtsbeziehungen zu unterscheiden sind: Das Deckungsverhältnis, das Valutaverhältnis und das Vollzugsverhältnis.

Das **Deckungsverhältnis** ist der Vertrag zwischen dem Versicherer und dem Versicherungsnehmer, während das zwischen dem Versicherungsnehmer und dem Dritten bestehende Rechtsverhältnis als **Valutaverhältnis** bezeichnet wird. Das **Vollzugsverhältnis** zwischen dem Versicherer und dem begünstigten Dritten stellt kein vertragliches Rechtsverhältnis dar. Hier erfolgt lediglich die tatsächliche Auszahlung der Versicherungssumme.[25]

Wird einem Dritten bei Abschluss des Versicherungsvertrages oder später **unentgeltlich** ein **Bezugsrecht** eingeräumt, so handelt es sich (im Valutaverhältnis) um eine **lebzeitige Zuwendung**[26] des Versicherungsnehmers an den Begünstigten, idR eine Schenkung. [27] **Zuwendungsgegenstand** im schuldrechtlichen (schenkungsrechtlichen) Sinne ist die **auszuzahlende Versicherungssumme,**[28] unabhängig davon, ob man die Zuwendung der Versicherungssumme als originären Erwerb im Wege einer mittelbaren Zuwendung[29] oder als derivativen Erwerb[30] qualifiziert und ob das Bezugsrecht widerruflich oder unwiderruflich ausgestaltet ist.[31] Gleichfalls bedeutungslos ist, ob die Versicherungssumme mit dem Tod der versicherten Person oder mit dem Erleben eines bestimmten Zeitpunktes auszuzahlen ist. Diese Zeitpunkte spielen lediglich

[22] Vgl. näher *Matusche-Beckmann* § 42 Rz. 6, 27 f.

[23] *Peters* ZErb 2010, 165 (171) führt noch den uU vom Versicherungsnehmer verschiedenen Prämienzähler auf und kommt damit sogar auf fünf Beteiligte.

[24] Zu den Verfügungsbeschränkungen bei staatlich geförderten oder besonders geschützten Altersvorsorgeprodukten siehe *Peters* ZErb 2010, 165 (175 ff.).

[25] Vgl. hierzu näher B. 1.21 Rz. 3 ff.

[26] AA *Wall* ZEV 2011, 3 (4 ff.): Zuwendung von Todes wegen als Forderungsvermächtnis; ähnlich *Peters* ZErb 2010, 195 (202 ff.): vermächtnisähnliche Zuwendung von Todes wegen mit dinglicher Wirkung.

[27] Ein entsprechendes Formular mit Erläuterungen ist im BeckFormB ErbR/*Lehmann* zu finden.

Zur Zuwendung von Lebensversicherungsansprüchen mittels Vertrages zu Gunsten Dritter als ehebedingte Zuwendung siehe *Progl* ZErb 2008, 288 (292). Zur Zuwendung von Lebensversicherungsansprüchen mittels Vertrages zu Gunsten Dritter als Ausstattung iSv. § 1624 Abs. 1 BGB siehe OLG Düsseldorf v. 13.1.2004 – 4 U 104/03, NJW-RR 2004, 1082 sowie *Leitzen* RNotZ 2009, 129 (146) mwN.

[28] So schon RG v. 25.3.1930 – VII 440-29, RGZ 128, 187 (190); aus jüngerer Zeit BGH v. 23.10.2003 – IX ZR 252/01, NJW 2004, 214 (215) sowie BGH v. 28.4.2010 – IV ZR 73/08, NJW 2010, 3232 Rz. 16.

[29] HM; für originären Erwerb RG v. 25.3.1930 – VII 440 – 29, RGZ 128, 187 (189); BGH v. 25.4.1975 – IV ZR 63/74, NJW 1975, 1360; BGH v. 29.5.1984 – IX ZR 86/82, BGHZ 91, 288 (291); für originären Erwerb im Wege einer mittelbaren Zuwendung BGH v. 23.10.2003 – IX ZR 252/01, NJW 2004, 214 (215); *Gebel* ZEV 2005, 236 (238); *Schindler* Zerb 2008, 331 (332 f.) und BGH v. 28.4.2010 – IV ZR 73/08, NJW 2010, 3232 Rz. 15, 17.

[30] *Elfring* ZEV 2004, 305 (307) mwN.

[31] *Gebel* ZEV 2005, 236 (240); *Fuhrmann/Demuth* ErbStB 2005, 355 (356).

für die Fälligkeit der Versicherungssumme und damit für den Eintritt der Bereicherung eine Rolle.[32]

Im Gegensatz dazu ist bei einem **Wechsel des Versicherungsnehmers** – wie im Formular – **Zuwendungsgegenstand** der **Lebensversicherungsvertrag,** dh. die vertragliche Stellung mit allen Rechten und Pflichten. 12

Vorteil dieser Art der Zuwendung von Lebensversicherungsansprüchen gegenüber der Zuwendung mittels Vertrages zu Gunsten Dritter ist neben der vorteilhafteren erbschaftsteuerlichen Bewertung[33] die **Behandlung im Insolvenz- bzw. Anfechtungsrecht** für den Fall, dass sich die wirtschaftlichen Verhältnisse des Zuwendenden in der Folgezeit dramatisch verschlechtern und über sein Vermögen oder über seinen Nachlass ein Insolvenzverfahren eröffnet wird. Dies trifft zumindest in Bezug auf die widerrufliche Bezugsrechtseinräumung für den Fall zu, dass der Versicherungsfall – wie sehr oft – mit dem Tod des Versicherungsnehmers eintritt. Bei der widerruflichen Bezugsrechtseinräumung gilt die unentgeltliche Leistung des Versicherungsnehmers an den Bezugsberechtigten nach § 140 Abs. 1 InsO (bzw. § 8 Abs. 1 AnfG) erst mit dem Eintritt des Versicherungsfalls als vorgenommen.[34] Tritt der Versicherungsfall mit dem Tod des Versicherungsnehmers ein und wird über den Nachlass des Verstorbenen das Insolvenzverfahren eröffnet, so hat der Bezugsberechtigte die ausgezahlte Versicherungssumme an die Insolvenzmasse herauszugeben.[35] 13

Anders verhält es sich dann, wenn bei der widerruflichen Bezugsrechtseinräumung der Versicherungsfall nicht mit dem Tod des Versicherungsnehmers, sondern anlässlich eines bestimmten Ereignisses[36] eintritt, oder das Bezugsrecht unwiderruflich eingeräumt oder – wie im Formular – der Lebensversicherungsvertrag im Ganzen übertragen wird. In diesen Fällen ist die Begünstigungserklärung bzw. der **Versicherungsnehmerwechsel nur dann anfechtbar,** wenn der Versicherungsfall bzw. die unwiderrufliche Einräumung des Bezugsrechts[37] in den Anfechtungszeitraum des § 134 Abs. 1 InsO (bzw. § 4 Abs. 1 AnfG) fällt.[38] Gleiches gilt, wenn der Versicherungsnehmerwechsel innerhalb dieses Zeitraums wirksam geworden ist.

Ein **weiterer Vorteil** dieser Art der Zuwendung im Vergleich zum Vertrag zu Gunsten Dritter lag **vor der Entscheidung des BGH vom 28.4.2010**[39] in der **unterschiedlichen Behandlung im Pflichtteilsrecht.** 14

Bis zum Ergehen dieser Entscheidung war bei der Zuwendung von Lebensversicherungen mittels Vertrages zu Gunsten Dritter **streitig, ob** für die Berechnung des Pflichtteilsergänzungsanspruchs – jedenfalls bei kapitalbildenden Lebensversicherungen – die bis zum Tod **gezahlten Versicherungsprämien oder die ausgezahlte Versicherungssumme** maßgeblich waren.[40] 15

Im **Urteil vom 28.4.2010**[41] hat der BGH seine **bisherige Rechtsprechung aufgegeben** und ist keiner der beiden Meinungen gefolgt, sondern hat auf Grund der Qualifikation als **mittelbare Schenkung** auf den Wert abgestellt, den der Erblasser noch selbst in der letzten – juristischen – Sekunde seines Lebens durch Verwertung seiner Ansprüche aus dem Lebensversicherungsvertrag nach objektiven Kriterien sei- 16

---

[32] Diese Zeitpunkte sowie die Ausgestaltung als widerrufliches bzw. unwiderrufliches Bezugsrecht spielen unter Umständen eine entscheidende Rolle im Rahmen der Pflichtteilsergänzung, vgl. *Rudy* ZErb 2010, 351 (355 ff.).

[33] Siehe hierzu näher Rz. 30 ff.

[34] BGH v. 23.10.2003 – IX ZR 252/01, NJW 2004, 214 (216) mwN; vgl. auch die neue Fassung des § 159 Abs. 2 VVG.

[35] BGH v. 23.10.2003 – IX ZR 252/01, NJW 2004, 214 (216).

[36] IdR der Ablauf eines bestimmten Zeitpunktes.

[37] Mit der Einräumung des unwiderruflichen Bezugsrechts erwirbt der Bezugsberechtigte das Recht auf die Leistung, § 159 Abs. 3 VVG. Die Schenkung ist hiermit vollzogen, vgl. Rz. 23 und die zugehörigen Nachweise.

[38] *Huber* Anmerkung zu BGH v. 23.10.2003 – IX ZR 252/01, NZI 2004, 78 (81 mwN); aA wohl *Jünemann* ZErb 2010, 342 (344 f.).

[39] BGH v. 28.4.2010 – IV ZR 73/08, NJW 2010, 3232.

[40] Vgl. zum Meinungsstand bis zur Entscheidung des BGH vom 28.4.2010 und zur Argumentation des BGH die Vorauflage sowie *Mayer/Süß/Tanck/Wälzholz* HdB Pflichtteilsrecht, § 7 Rz. 41 ff.

[41] BGH v. 28.4.2010 – IV ZR 73/08, NJW 2010, 3232.

nem Vermögen hätte erhalten können.[42] Dies sei der **Rückkaufswert respektive der objektiv belegte höhere erzielbarer Marktwert** (ohne Berücksichtigung von vor dem Tod bereits bekannter Umstände wie eine schwere Erkrankung des Erblassers) in der letzten juristischen Sekunde des Lebens des Erblassers,[43] wegen des Niederstwertprinzips des § 2325 Abs. 2 Satz 2 BGB jedoch **begrenzt auf** die **Versicherungsleistung.**[44]

17 Bei der **Übertragung des Lebensversicherungsvertrages im Ganzen** – wie im Formular – war schon vor dem Paradigmenwechsel des BGH für die Berechnung des Pflichtteilsergänzungsanspruchs grundsätzlich **auf den Rückkaufswert bzw.** – je nach Lage des Einzelfalles – **ggf. auf einen höheren Marktwert,** und zwar zum Zeitpunkt des Übertragungsstichtags **abzustellen.**[45]

Bei der Übertragung des Lebensversicherungsvertrages im Ganzen handelt es sich im Gegensatz zur Zuwendung einer Lebensversicherung mittels Vertrages zu Gunsten Dritter um eine **unmittelbare Schenkung,** die am Übertragungsstichtag auch bewirkt ist. **Gegenstand dieser Schenkung** ist die **vertragliche Stellung** mit allen **zum Übertragungszeitpunkt** bestehenden Rechten und Pflichten. Dies sind hauptsächlich das Recht zur Kündigung des Vertrages, das Recht zur Veräußerung, sofern ein Zweitmarkt für diese Art der Versicherung besteht,[46] sowie die Pflicht zur Beitragszahlung. Diese Rechte stehen vor der Übertragung dem Schenker und nach Wirksamwerden des Versicherungsnehmerwechsels der Beschenkten zu. Von beiden könnte im Gegensatz zum Recht auf die Versicherungssumme[47] auch Gebrauch gemacht werden.

18 Würde der Vertrag gekündigt werden, so wäre zwar nicht immer der **Rückkaufswert** realisierbar, gleichwohl ist für Pflichtteilsergänzungszwecke dieser als maßgebliche Größe heranzuziehen.

19 Nach in Kraft treten des **Gesetzes zur Reform des Versicherungsvertragsrechts zum 1.1.2008** hängt der (auszuzahlende) Rückkaufswert davon ab, ob es sich einerseits um einen Alt- oder Neuvertrag und andererseits um eine fondsgebundene Lebensversicherung oder eine Lebensversicherung handelt, die „Versicherungsschutz für ein Risiko bietet, bei dem der Eintritt der Verpflichtung des Versicherers gewiss ist". Von letzterem werden u.a. insbesondere Lebensversicherungen auf den Todes- und Erlebensfall – wie im Formular –, lebenslange Todesfallversicherungen und Rentenversicherungen, die im Todesfall eine Leistung vorsehen, erfasst.[48]

20 Bei den (vor dem 1.1.2008 abgeschlossenen) **Altverträgen** richtet sich der Rückkaufswert auch nach Inkrafttreten des neuen VVG gemäß Art. 4 Abs. 2 EGVVG allein nach **§ 176 VVG aF,** dh. nach dem **Zeitwert.** Allerdings darf in diesen Fällen der Rückkaufswert einen Mindestbetrag in Höhe der Hälfte des mit den Rechnungsgrundlagen der Prämienkalkulation berechneten ungezillmerten Deckungskapitals nicht unterschreiten.[49] Gleiches gilt bei Altverträgen für fondsgebundene Lebensversicherungen, dh. der Mindestrückkaufswert muss hier mindestens in der Höhe der Hälfte des ungezillmerten Fondsguthabens bestehen.[50]

---

[42] BGH v. 28.4.2010 – IV ZR 73/08, NJW 2010, 3232 (3233 Rz. 15).

[43] Hiergegen mit gewichtigen Argumenten zB *Mayer* DNotZ 2011, 89, MüKoBGB/*Lange* BGB § 2325 Rz. 38 mwN und *Mayer/Süß/Tanck/Wälzholz* HdB Pflichtteilsrecht § 7 Rz. 45.

[44] BGH v. 28.4.2010 – IV ZR 73/08, NJW 2010, 3232 (3237 Rz. 44, 48).

[45] Vgl. auch *Herrler* ZEV 2010, 333 (334).

[46] Siehe hierzu näher *Hasse* VersR 2011, 156 (auch zum angloamerikanischen Zweitmarkt) sowie die Informationen vom Bundesverband Vermögensanlagen im Zweitmarkt für Lebensversicherungen unter www.bvzl.de.

[47] Der Anspruch auf die Versicherungssumme ist aufschiebend bedingt auf den Tod der versicherten Person und/oder auf das Erleben eines bestimmten Zeitpunktes und daher zum Zeitpunkt der Übertragung des Versicherungsvertrages weder vom Schenker noch von der Beschenkten realisierbar.

[48] *Matusche-Beckmann* § 42 Rz. 153.

[49] *Rüffer/Halbach/Schimikowski* VVG § 169 Rz. 80ff.; *Matusche-Beckmann* § 42 Rz. 154 mwN.

[50] *Matusche-Beckmann* § 42 Rz. 154 mwN.

Daneben hat der Versicherer gemäß **§ 153 Abs. 3 VVG,** der nach Art. 4 Abs. 1 EGVVG auch auf Altverträge Anwendung findet, sofern darin eine Überschussbeteiligung vereinbart wurde, die **Hälfte der Bewertungsreserven**[51] an den Versicherungsnehmer bei Beendigung des Vertrages auszuzahlen. Dies gilt nicht, wenn für die Auszahlung ein früherer Zeitpunkt vereinbart wurde oder eine Rentenversicherung vorliegt. Bei Letzterer ist nach § 153 Abs. 4 VVG Auszahlungszeitpunkt die Beendigung der Ansparphase, sofern nicht auch hier ein früherer Zeitpunkt vereinbart wurde.

Für (nach dem 31.12.2007 abgeschlossene) **Neuverträge** richtet sich die Berechnung des Rückkaufswertes im Falle einer Lebensversicherung, die „Versicherungsschutz für ein Risiko bietet, bei dem der Eintritt der Verpflichtung des Versicherers gewiss ist", nach § 169 Abs. 3, VVG und im Falle einer fondsgebundenen Lebensversicherung nach § 169 Abs. 4 VVG, jeweils in Verbindung mit § 169 Abs. 5, 6 VVG. **21**

Laut **§ 169 Abs. 3 VVG** entspricht der **Rückkaufswert** dem nach anerkannten Regeln der Versicherungsmathematik mit den Rechnungsgrundlagen der Prämienkalkulation zum Schluss der laufenden Versicherungsperiode berechneten **Deckungskapital,**[52] bei einer Kündigung des Versicherungsverhältnisses jedoch mindestens dem Betrag des Deckungskapitals, das sich bei gleichmäßiger Verteilung der angesetzten Abschluss- und Vertriebskosten auf die ersten fünf Vertragsjahre ergibt, wobei die aufsichtsrechtlichen Höchstzillmersätze unberührt bleiben.[53]

Bei der **fondsgebundenen Lebensversicherung** bleibt es bezüglich der Berechnung des **Rückkaufswertes** beim **Zeitwert.** Nach **§ 169 Abs. 4 VVG** ist der Rückkaufswert nach anerkannten Regeln der Versicherungsmathematik als Zeitwert der Versicherung zu berechnen, soweit nicht der Versicherer eine bestimmte Leistung garantiert. Im Falle einer Kündigung gilt aber auch hier § 169 Abs. 3 VVG, so dass ein Mindestrückkaufswert auf der Basis gleichmäßiger Kostenverteilung auf die ersten fünf Jahre zu bilden ist.

Unter den in § 169 Abs. 5, 6 VVG genannten Voraussetzungen können von den nach **§ 169 Abs. 3 bzw. Abs. 4 VVG** ermittelten Rückkaufswerten **Abzüge** vorgenommen werden.[54]

Neben den nach den § 169 Abs. 3 bis 6 bzw. Abs. 4 bis 6 VVG ermittelten Rückkaufswerten hat der Versicherer entsprechend § 169 Abs. 7 VVG dem Versicherungsnehmer die diesem bereits zugeteilten, im Rückkaufswert jedoch noch nicht enthaltenen Überschussanteile sowie den nach den jeweiligen Allgemeinen Versicherungsbedingungen für den Fall der Kündigung vorgesehenen Schlussüberschussanteil zu zahlen. Hinzukommt nach **§ 169 Abs. 7 iVm. § 153 Abs. 3 VVG** die **Hälfte an den Bewertungsreserven.** Dies gilt wie auch bei den Altverträgen nicht, wenn für die Auszahlung ein früherer Zeitpunkt vereinbart wurde oder eine Rentenversicherung vorliegt. Bei letzterer ist nach § 153 Abs. 4 VVG Auszahlungszeitpunkt die Beendigung der Ansparphase, sofern nicht auch hier ein früherer Zeitpunkt vereinbart wurde.

Liegt der für den Fall einer Kündigung **berechnete Rückkaufswert über dem Betrag,** den der Versicherer bei einem Versicherungsfall zum Zeitpunkt der Kündigung zu bezahlen hätte, so bestimmt **§ 169 Abs. 2 Satz 1 VVG** für diesen Fall, dass der **Rückkaufswert nur in dieser Höhe** auszuzahlen ist. Der **darüber hinausgehende Betrag** des Rückkaufswertes ist für eine **prämienfreie Versicherung** zu verwenden, § 169 Abs. 2 Satz 2 VVG. In diesem Fall kann der Rückkaufswert also nicht realisiert werden. Gleichwohl ist **auf** diesen **berechneten Rückkaufswert abzustellen,** weil der Schenker und spätere Erblasser nicht nur um den auszuzahlenden

[51] Vgl. hierzu näher *Rüffer/Halbach/Schimikowski* VVG § 153 Rz. 33 ff.; *Matusche-Beckmann* § 1a Rz. 59, § 42 Rz. 293 ff., 300.

[52] Versicherer mit Sitz in einem anderen Mitgliedstaat der EU oder einem anderen EWR-Staat können anstelle des Deckungskapitals den in diesem Staat vergleichbaren anderen Bezugswert zu Grunde legen, § 169 Abs. 3 Satz 3 VVG.

[53] Vgl. hierzu näher *Rüffer/Halbach/Schimikowski* VVG § 169 Rz. 31 ff.; *Matusche-Beckmann* § 42 Rz. 161 ff.

[54] Siehe hierzu näher *Matusche-Beckmann* § 42 Rz. 174 ff.

Rückkaufswert, sondern auch um die prämienfreie Versicherung zum Zeitpunkt des Wirksamwerdens des Versicherungsnehmerwechsels entreichert ist.

22 Sofern der Beschenkte in engem zeitlichen Zusammenhang[55] mit der Übertragung des Lebensversicherungsvertrages den Vertrag jedoch auf dem Zweitmarkt zu einem über dem auf den Zeitpunkt des Wirksamwerdens des Versicherungsnehmerwechsels berechneten Rückkaufswert veräußert, ist – wie sonst auch im Pflichtteilsergänzungsrecht – dieser **Veräußerungspreis** als für die Berechnung des Pflichtteilsergänzungsanspruchs **maßgebliche Größe** heranzuziehen.[56] Gleiches gilt bei Vorliegen konkreter Erwerbsangebote, sofern der Pflichtteilsberechtigte, der die Darlegungs- und Beweislast trägt, hierfür den Nachweis erbringen kann. Fehlt beides, so kann ein über dem berechneten Rückkaufswert liegender Wert vom Pflichtteilsberechtigten nur **mittels Sachverständigengutachten** nachgewiesen werden. Bei der Erstellung des Gutachtens ist aber entgegen der Auffassung des BGH[57] auf die konkrete Situation des Vertragsverhältnisses bzw. der versicherten Person abzustellen, weil auch professionelle Aufkäufer den von ihnen maximal zu zahlenden Kaufpreis nicht allein anhand von Sterbetafeln oder ähnlichen Statistiken ermitteln, sondern auf die konkrete Mortalitätserwartung der versicherten Person abstellen. Dies muss auch für die Wertermittlung auf Gutachtenbasis gelten, wobei der im Nachhinein natürlich bekannte konkrete Todeszeitpunkt der versicherten Person entsprechend dem BGH bei der Bewertung unberücksichtigt bleiben muss.[58]

23 Auch wenn entsprechend dem Vorgenannten die Übertragung einer Lebensversicherung mittels Vertrages zu Gunsten Dritter und die Übertragung eines Lebensversicherungsvertrages im Ganzen durch Abstellen auf den Rückkaufswert bzw. ggf. auf einen höheren Veräußerungspreis im Pflichtteilsrecht gleich behandelt zu werden scheinen, so darf nicht außer Acht gelassen werden, dass das Urteil des **BGH vom 28.4.2010**[59] sich ausdrücklich nur mit der Einräumung eines **widerruflichen Bezugsrechts** für eine kapitalbildende Lebensversicherung beschäftigt. Wie die anderen beim Vertrag zu Gunsten Dritter vorkommenden Konstellationen behandelt werden, ist weiterhin **höchstrichterlich ungeklärt.**[60] Dies gilt insbesondere für die Einräumung eines **unwiderruflichen Bezugsrechts** bei einer kapitalbildenden oder fondsgebundenen Lebensversicherung.[61]Ausgehend von der Argumentation des BGH in seinem vorgenannten Urteil spricht sich die Literatur dafür aus, auch bei der unwiderruflichen Bezugsrechtseinräumung auf den Rückkaufswert zum Zeitpunkt der Einräumung des Bezugsrechts ggf. zuzüglich vom späteren Erblasser gezahlter Prämien abzustellen, weil zu diesem Zeitpunkt die Schenkung rechtlich und wirtschaftlich vollzogen ist.[62] Ab diesem Zeitpunkt steht dem Bezugsberechtigten nach § 159 Abs. 3 VVG ein eigenes Recht auf Leistung gegen die Versicherung zu.[63]

Neben dieser ungeklärten Rechtslage ist bei Verträgen zu Gunsten Dritter zudem die Qualifikation des Valutaverhältnisses streitig.[64] Will man dem begegnen und auch einen möglichen Wettlauf zwischen Erben und dem Begünstigten[65] vermeiden, so

---

[55] Vgl. hierzu näher Damrau/*Riedel* BGB § 2325 Rz. 107 iVm. § 2311 Rz. 74, jeweils mwN.

[56] BGH v. 28.4.2010 – IV ZR 73/08, NJW 2010, 3232 (3238 Rz. 53).

[57] BGH v. 28.4.2010 – IV ZR 73/08, NJW 2010, 3232 (3238 Rz. 52).

[58] Damrau/*Riedel* BGB § 2325 Rz. 127 ff.

[59] IV ZR 73/08, NJW 2010, 3232.

[60] Vgl. hierzu näher *Rudy* ZErb 2010, 351 ff.; *Herrler* ZEV 2010, 333 (335 ff.); Damrau/*Riedel* BGB § 2325 Rz. 135 f.

[61] Zur Risikolebensversicherung siehe Damrau/*Riedel* BGB § 2325 Rz. 131 mwN.

[62] MüKoBGB/*Lange* BGB § 2325 Rz. 37 mwN; *Mayer/Süß/Tanck/Wälzholz* HdB Pflichtteilsrecht § 7 Rz. 46 f. mwN; Bamberger/Roth/*Mayer* BGB § 2325 Rz. 9; Damrau/*Riedel* BGB § 2325 Rz. 130 mwN; differenzierender *Muscheler* ErbR 2010, 279; aA *Brüggemann* ErbBStg 2015, 138 (139): volle Lebensversicherungssumme, es sei denn, die Bezugsrechtseinräumung erfolgte außerhalb der Zehnjahresfrist.

[63] Weshalb im Gegensatz zur widerruflichen Bezugsrechtseinräumung auch die Frist des § 2325 Abs. 3 BGB zu laufen beginnen soll, vgl. die in Fn. zuvor Genannten.

[64] Vgl. B 1.21 Rz. 10 ff.

[65] Vgl. B 1.21 Rz. 12.

empfiehlt sich auch nach dem Paradigmenwechsel des BGH die Übertragung des gesamten Lebensversicherungsvertrages. Dies auch deshalb, weil **mit** der **Wirksamkeit der Übertragung** des gesamten Lebensversicherungsvertrages der **Beginn der Frist des § 2325 Abs. 3 in Gang gesetzt** wird.[66] Das bedeutet, dass die Schenkung insgesamt unberücksichtigt bleibt, wenn zwischen dem Zeitpunkt der Wirksamkeit des Versicherungsnehmerwechsels und dem Tod des Schenkers mehr als zehn Jahre vergangen sind. Verstirbt der Schenker innerhalb von zehn Jahren nach dem Zeitpunkt der Wirksamkeit des Versicherungsnehmerwechsels, so ist der Wert der Schenkung um jedes zwischen dem Zuwendungszeitpunkt und dem Erbfall verstrichene Jahr um $^1/_{10}$ zu verringern.[67]

Die **Übertragung** des gesamten Lebensversicherungsvertrages stellt eine Änderung des zwischen dem Versicherer und dem (alten) Versicherungsnehmer bestehenden Schuldverhältnisses iSv. § 311 Abs. 1 BGB im weiteren Sinne dar.[68] Als **Verfügung über** das **Schuldverhältnis** bedarf sie der **Zustimmung aller Beteiligten.** Sie kann zwar als dreiseitiger Vertrag geschlossen werden, möglich und der Interessenlage besser entsprechend ist aber – wie im Formular vorgesehen – ein Vertrag zwischen dem ausscheidenden und dem eintretenden Versicherungsnehmer unter Zustimmung des Versicherers.[69] Dieser Vertrag bedarf der Form des übernommenen Vertrages, wobei die Zustimmung des nicht am Vertragsschluss beteiligten Teils formfrei möglich ist.[70] Da für Versicherungsverträge keine besondere Form vorgeschrieben ist, wäre auch die **Vertragsübertragung grundsätzlich formfrei** möglich, handelte es sich bei der Vertragsübertragung nicht gleichzeitig um eine **Schenkung.** Diese bedarf nach **§ 518 Abs. 1 BGB** – wie im Formular vorgesehen – der **notariellen Beurkundung;** der Mangel der Form wird aber nach § 518 Abs. 2 BGB geheilt, wenn die Vertragsübernahme und damit die Schenkung vollzogen ist. So ist es auch nicht verwunderlich, dass in der Praxis Versicherer hierfür eigens Formulare[71] vorsehen oder es als ausreichend erachten, wenn der Versicherungsnehmer eine formlose Bitte an ihn sendet und er daraufhin einen neuen Versicherungsschein auf den neuen Versicherungsnehmer ausstellt.[72] Diese Art der Übertragung mag für den Austausch des Versicherungsnehmers ausreichen; sie entbehrt jedoch jeglicher individueller Gestaltung etwa mit Anrechnungs-, Ausgleichsbestimmung oder Rückforderungsrechten. 24

(frei) 25

III. Steuerrechtliche Aspekte

1. Ertragsteuern

Negative ertragsteuerliche Konsequenzen hat die unentgeltliche Übertragung des gesamten Lebensversicherungsvertrages ebenso wie die Einräumung einer unwiderruflichen oder widerruflichen Bezugberechtigung **grundsätzlich nicht,** da die Übertragung auf Grund dessen, dass – abgesehen von dem Auswechseln des Versicherungsnehmers – der Vertrag seinem Inhalt und wirtschaftlichen Gehalt nach unverändert bleibt, **nicht** als **neuer Vertragsabschluss** gilt.[73] Daher ist der neue Versiche- 26

[66] Übertragung des Vertrages auf die Ehefrau – wie im Formular – ausgenommen, § 2325 Abs. 3 S. 3 BGB.

[67] Zu Abschmelzungsbeispielen siehe zB Damrau/*Riedel* BGB § 2325 Rz. 137 oder Groll/*Rösler* C VI Rz. 356 ff.

[68] Palandt/*Grüneberg* BGB § 311 Rz. 3.

[69] Palandt/*Grüneberg* BGB § 398 Rz. 42.

[70] Palandt/*Grüneberg* BGB § 398 Rz. 43.

[71] ZB Standard Life: „Antrag auf Übertragung auf einen neuen Versicherungsnehmer" oder Barmenia Lebensversicherungen: „Übertragung der Rechte und Pflichten aus dem Lebens-/Rentenversicherungsvertrag".

[72] *Steiner* ErbStB 2003, 223 (225).

[73] BFH v. 9.5.1974 – VI R 137/72, BStBl. II 1974, 633 f. sowie BMF v. 1.10.2009, BStBl. I 2009, 1172 Rz. 67 ff., auch generell zu den Voraussetzungen, bei deren Vorliegen von einer Vertragsänderung auszugehen ist.

rungsnehmer zum **Sonderausgabenabzug** berechtigt, sofern es der alte war[74] und der neue Versicherungsnehmer die Beiträge nach der Übertragung selbst leistet, was schon aus erbschaftsteuerlichen Gründen zu empfehlen ist.[75] Für den **Abzug** von Versicherungsprämien ist ausschließlich entscheidend, wer **Versicherungsnehmer** ist, nicht aber, wer bezugsberechtigt oder wessen Leben versichert ist.[76] Leistet dagegen auch nach der Übertragung der alte Versicherungsnehmer die Beiträge, so kann er sie mangels eigener privatrechtlicher Verpflichtung nicht als Sonderausgaben abziehen.[77] Der neue Versicherungsnehmer kann sie mangels wirtschaftlicher Belastung ebenfalls nicht abziehen, es sei denn, es handelt sich um einen Fall des sog. abgekürzten Zahlungsweges.[78]

27 Handelt es sich bei dem übertragenen **Lebensversicherungsvertrag** jedoch um einen **nach dem 31.12.2004 abgeschlossenen** und erfüllt er die Voraussetzungen von **§ 20 Abs. 1 Nr. 6 EStG** mit der Folge der privilegierten Besteuerung, so ist Satz 2 dieser Vorschrift zu beachten. Danach wird unter der Voraussetzung einer Mindestlaufzeit von zwölf Jahren und der Auszahlung der Versicherungsleistung nach Vollendung des 60. bzw. – bei Abschluss des Versicherungsvertrages nach dem 31.12. 2011 – 62. Lebensjahres des Steuerpflichtigen nur die Hälfte der Differenz zwischen der Versicherungsleistung und den geleisteten Beiträgen besteuert. Unter dem **„Steuerpflichtigen"**, auf dessen Vollendung des genannten Lebensjahres abgestellt wird, ist der **Versicherungsnehmer** (auch wenn er nicht der Bezugsberechtigte ist) zu verstehen, weil er als Vertragspartner der Versicherung die Dispositionsmöglichkeit (zB Kündigung, Beitragsfreistellung) über den Gegenstand der Besteuerung hat.[79] Dies hat zur Folge, dass **nach** dem **Wechsel** des Versicherungsnehmers durch die Übertragung des Lebensversicherungsvertrages nicht mehr auf die **Vollendung** des 60. bzw. 62. Lebensjahres des Schenkers, sondern **des Beschenkten** abgestellt wird.[80] Insoweit kann die Übertragung uU ertragsteuerlich nachteilig sein.

28 Hinzuweisen ist noch auf Folgendes: Sofern es sich bei dem übertragenen Versicherungsvertrag um einen unter § 20 Abs. 1 Nr. 6 bzw. § 20 Abs. 2 Nr. 6 EStG fallenden handelt, hat der alte Versicherungsnehmer dem Versicherer nach **§ 43 Abs. 1 Satz 5 EStG** mitzuteilen, dass ein unentgeltlicher Vorgang vorliegt, andernfalls Pflicht zum Kapitalertragsteuereinbehalt besteht,[81] sofern es sich nicht um einen Fall handelt, in dem nach altem Recht keine Steuerpflicht bestand.[82] Diese Mitteilung kann regelmäßig in dem Antrag auf Zustimmung zur Vertragsübertragung erfolgen.

2. Erbschaft- und Schenkungsteuern

29 Lebensversicherungsansprüche können zu Lebzeiten – wie bereits dargestellt[83] – mittels Vertrages zu Gunsten Dritter durch Einräumung eines unwiderruflichen bzw. widerruflichen Bezugsrechts oder aber durch Übertragung des gesamten Lebensversicherungsvertrages zugewandt werden.

30 Im Falle der **Bezugsrechtseinräumung** kommt jedoch nur dann eine Zuwendung iSv. §§ 1 Abs. 1 Nr. 2 iVm. § 7 Abs. 1 Nr. 1 ErbStG in Frage, wenn:

---

[74] Zur Abzugsfähigkeit von Vorsorgeaufwendungen als Sonderausgaben nach dem Rechtsstand bis 31.12.2004, ab 1.1.2005 bis 31.12.2009, ab 1.1.2010 und ab VZ 2014 vgl. die Schaubilder bei Korn/*Bauschatz,* Einkommensteuergesetz (online) § 10 Rz. 157.

[75] Siehe hierzu Rz. 34f.

[76] BMF v. 22.8.2002, BStBl. I 2002, 827 Rz. 7; Blümich/*Hutter* EStG § 10 Rz. 36f., 180ff., jeweils mwN.

[77] Blümich/*Hutter* EStG § 10 Rz. 43 mwN.

[78] Blümich/*Hutter* EStG § 10 Rz. 47 mwN und Beispielen; Korn/*Bauschatz,* Einkommensteuergesetz (online) § 10 Rz. 156 mwN.

[79] Blümich/*Ratschow* EStG § 20 Rz. 271 mwN auch zur gegenteiligen Ansicht.

[80] Siehe auch BMF v. 1.10.2009, BStBl. I 2009, 1172 Rz. 51.

[81] Blümich/*Ratschow* EStG § 20 Rz. 281.

[82] Blümich/*Werth* EStG § 32d Rz. 91.

[83] Vgl. Rz. 11 bis 22.

a) die Lebensversicherung auf das Leben des Versicherungsnehmers genommen ist und der Versicherungsfall zu einem von dem Tod des Versicherungsnehmers verschiedenen Zeitpunkt eintritt, oder
b) die Lebensversicherung auf das Leben eines anderen als des Versicherungsnehmers genommen ist und diese Person zu Lebzeiten des Versicherungsnehmers verstirbt oder die Fälligkeit der Versicherungsleistung zu Lebzeiten des Versicherungsnehmers eintritt, dieser aber nicht der Bezugsberechtigte ist.

Hat der **Versicherungsnehmer** den Lebensversicherungsvertrag dagegen **auf sein** 31 **Leben abgeschlossen** und tritt der **Versicherungsfall mit seinem Tode** ein, wird die **Zuwendung,** sofern es sich um eine freigebige Zuwendung im Valutaverhältnis handelt,[84] erbschaftsteuerlich gemäß § 3 Abs. 1 Nr. 4 ErbStG als **Erwerb von Todes wegen** behandelt, weil der Vermögenszuwachs beim Bezugsberechtigten erst zu diesem Zeitpunkt eintritt.[85] Dies gilt selbst dann, wenn die Bezugsberechtigung unwiderruflich eingeräumt wurde.[86] **Zuwendungsgegenstand** ist – unabhängig davon, ob man die Zuwendung zivilrechtlich als originären oder derivativen Erwerb einordnet[87] – die **Versicherungssumme.** Hat der **Bezugsberechtigte** die **Prämien** jedoch ganz oder teilweise **bezahlt,** muss die **Versicherungssumme** nach dem Verhältnis der vom Versicherungsnehmer/Erblasser gezahlten Versicherungsbeiträge zu den insgesamt gezahlten Versicherungsbeiträgen **aufgeteilt** werden; nur dieser Teil der Versicherungssumme unterliegt der Erbschaftsteuer.[88]

Diese Versicherungssumme bzw. der der Erbschaftsteuer unterliegende Teil davon ist zum Bewertungsstichtag iSv. § 11 ErbStG gemäß § 12 Abs. 1 ErbStG iVm. § 12 Abs. 1 BewG mit dem **Nennwert** zu bewerten, sofern die Versicherungsleistung in einem **Einmalbetrag** zu erbringen ist.[89] Bei Erwerben von Todes wegen ist der **Bewertungsstichtag** nach § 9 Abs. 1 Nr. 1 ErbStG grundsätzlich der Zeitpunkt des Todes des Versicherungsnehmers.[90] Nur in Ausnahmefällen, wenn bspw. zusätzlich zum Tod noch weitere Tatbestandsmerkmale erfüllt sein müssen, handelt es sich um aufschiebend bedingte Ansprüche, deren Fälligkeit erst mit Eintritt der Bedingung eintritt, § 9 Abs. 1 Nr. 1a ErbStG.[91]

Der **Nennwert ist** dabei nicht nur die im Versicherungsvertrag vereinbarte Versicherungssumme, sondern umfasst auch alle anderen Beträge, die der Versicherer auszahlt (wie bspw. die Gewinnanteile, den Schlussgewinnanteil, Zinsen, Dividenden und Überschussbeteiligungen).[92] Somit ist der Auszahlungsbetrag bzw. – wenn der Bezugsberechtigte die Prämien teilweise selbst getragen hat – der der Erbschaftsteuer unterliegende prozentuale Anteil hieran, der für die Erbschaftsbesteuerung anzusetzende Nennwert der (Kapital)Lebensversicherung.[93]

Ist die **Versicherungssumme** nicht als einmalige Zahlung, sondern als **wiederkehrende Leistung** (Rente) zu erbringen, erfolgt die **Bewertung nach § 12 Abs. 1**

---

[84] Vgl. hierzu näher Troll/Gebel/Jülicher/*Gottschalk* ErbStG § 3 Rz. 278; *Lehmann* ZEV 2004, 398 (399 f.) mwN; *Leitzen* RNotZ 2009, 129 (154) mwN.

[85] *Lehmann* ZEV 2004, 398 (399) mwN; *Worgulla* ErbStB 2008, 234 (238) mwN.

[86] *Meincke* ErbStG § 3 Rz. 74 mwN; *Leitzen* RNotZ 2009, 129 (156 f.) mwN; BFH v. 30.6.1999, BStBl. II 1999, 742, wobei der BFH in diesem Urteil die Zuwendung mittels Vertrages zu Gunsten Dritter entgegen der BGH-Rechtsprechung (vgl. nur BGH v. 28.4.2010 – IV ZR 73/08, NJW 2010, 3232) nicht als originären, sondern derivativen Erwerb qualifiziert, vgl. hierzu näher *Gebel* ZEV 2005, 236 ff., der sich aber auch für einen originären Erwerb ausspricht.

[87] Siehe hierzu Rz. 11.

[88] ErbStR 2011 E 10 Abs. 2 S. 2.

[89] *Lehmann* ZEV 2004, 398 (403).

[90] Troll/Gebel/Jülicher/*Gebel* ErbStG § 9 Rz. 19.

[91] BFH v. 27.8.2003 – II R 58/01, BStBl. II 2003, 921; *Geck* KÖSDI 2007, 15584 (15590).

[92] BFH v. 30.6.1999 – II R 70/97, BStBl. II 1999, 742; *Fiedler* DStR 2000, 533 (535) mwN; aA für den Fall der unwiderruflichen Bezugsrechtseinräumung *Gebel* ZEV 2005, 236 (240), der Wertsteigerungen nach der Bezugsrechtseinräumung als eigenen Vermögensertrag und nicht mehr als Zuwendung von Seiten des Versicherungsnehmers ansieht. Ebenso *Fischer/Jüptner/Pahlke/Wachter* ErbStG § 3 Rz. 519 und wohl auch Troll/Gebel/Jülicher/*Gottschalk* ErbStG § 3 Rz. 294.

[93] *Lehmann* ZEV 2004, 398 (403) mwN.

ErbStG iVm. §§ 13, 14 BewG.[94] Die Besteuerung richtet sich dann nach Wahl des Erwerbers entweder nach dem Kapitalwert oder aber nach § 23 ErbStG nach dem Jahreswert der Leistung.

32 **Gleiches gilt für** die unter **Rz. 30** dargestellten Fälle,[95] sofern im Valutaverhältnis[96] die Voraussetzungen von § 7 Abs. 1 Nr. 1 vorliegen.[97] In diesen Fällen handelt es sich um **steuerbare Schenkungen unter Lebenden,** die mit Eintritt des Versicherungsfalls und damit Bezug der Versicherungssumme ausgeführt sind, und zwar selbst dann, wenn das Bezugsrecht unwiderruflich eingeräumt wurde.[98]

Der unter Rz. 30 Buchst. b erste Variante dargestellte Fall wird deshalb nicht von § 3 Abs. 1 Nr. 4 ErbStG als Erwerb von Todes wegen erfasst, weil der Wortlaut verlangt, dass Versicherungsnehmer und versicherte Person identisch sind, diese Voraussetzung in dem Fall aber nicht vorliegt.[99]

33 Wird der **Lebensversicherungsvertrag im Ganzen** übertragen, so hängt die schenkungsteuerliche Behandlung davon ab, ob bereits alle Prämien bezahlt sind und falls nicht, ob der neue Versicherungsnehmer die Prämien weiter bezahlt oder nicht.

34 **Eindeutig** ist die **Rechtslage für** den im Formular behandelten **Fall, dass** noch **nicht alle Prämien bezahlt** sind **und** der **neue Versicherungsnehmer** die noch ausstehenden **Prämien** selbst **trägt.** In diesem Fall handelt es sich bei Vorliegen einer freigebigen unentgeltlichen Zuwendung um eine unmittelbare[100] **Zuwendung unter Lebenden** iSv. § 7 Abs. 1 Nr. 1 ErbStG, bei der Zuwendungsgegenstand die Rechtsstellung des alten Versicherungsnehmers ist, sofern nicht die Beteiligten das Kündigungsrecht des neuen Versicherungsnehmers ausschließen[101] oder als Schenkungsgegenstand ohnehin die Versicherungssumme ansehen.[102] Der Zuwendungsgegenstand iSv. § 7 Abs. 1 Nr. 1 ErbStG richtet sich nach dem Bürgerlichen Recht, und zwar nach dem Parteiwillen, wobei entscheidend der Wille des Zuwendenden ist.[103] Ausführungszeitpunkt und damit Zeitpunkt der **Entstehung der Schenkungsteuer** ist die **Wirksamkeit** des **Versicherungsnehmerwechsels,** § 9 Abs. 1 Nr. 2 ErbStG.[104] Dies ist der Zeitpunkt der Zustimmung der Versicherung zum Versicherungsnehmerwechsel.[105] Dieser Zeitpunkt ist gleichzeitig derjenige, auf den der Wert der Schenkung als Bemessungsgrundlage für die Schenkungsteuer festzustellen ist, § 11 ErbStG. Da der Anspruch aus der Lebensversicherung zu diesem Zeitpunkt noch nicht fällig ist, richtet sich die **Bewertung nach § 12 Abs. 1 ErbStG iVm. § 12 Abs. 4 Satz 1 BewG.**[106] **Bemessungsgrundlage** ist danach ab dem 1.1.2009 **nur noch** der **Rückkaufswert.** Die davor in erster Linie in Frage kommende Bewertung mit $^{2}/_{3}$ der

---

94 *Rössler/Troll* BewG § 12 Rz. 71.

95 Nachweise in Fn. 73, 77 und 81 sowie Troll/Gebel/Jülicher/*Gottschalk* ErbStG § 7 Rz. 87; *Fromm* DStR 2005, 1465 (1468).

96 Vgl. hierzu Rz. 11.

97 Also freigebige Zuwendung des Versicherungsnehmers an den Bezugsberechtigten, soweit dieser keine Gegenleistung erbringt.

98 BFH v. 30.6.1999 – II R 70/97, BStBl. II 1999, 742. Einschränkend bei der unwiderruflichen Bezugsrechtseinräumung hinsichtlich der Erträge aus Sparanteilen der Versicherungsprämien, soweit sie auf die Zeit nach der Einräumung des unwiderruflichen Bezugsrechts beruhen *Gebel* ZEV 2005, 236 (240), *Fischer/Jüptner/Pahlke/Wachter* ErbStG § 3 Rz. 519 und wohl auch Troll/Gebel/Jülicher/*Gottschalk* ErbStG § 3 Rz. 294.

99 Troll/Gebel/Jülicher/*Gottschalk* ErbStG § 3 Rz. 290.

100 Im Gegensatz zur mittelbaren Zuwendung bei Verträgen zu Gunsten Dritter.

101 So dass er gezwungen ist, auf die Auszahlung der Versicherungssumme bei Bedingungseintritt zu warten.

102 *Fiedler* DStR 2000, 533 (536f.); *Fromm* DStR 2005, 1465 (1468f.); *Lehmann* ZEV 2004, 398 (400); BFH v. 30.6.1999 – II R 70/97, BStBl. II 1999, 742.

103 BFH v. 22.10.2014 – II R 26/13, BStBl. II 2015, 239.

104 *Halaczinsky* ErbStB 2008, 20 (22).

105 Siehe Rz. 41.

106 Etwas anderes kann für Risikolebensversicherungen gelten, vgl. *Worgulla* ErbStB 2008, 234 (237) mwN. Bei Lebensversicherungsverträgen mit Beitragsdepot (vgl. dazu näher *Eulberg/Ott-Eulberg/Halaczinsky* § 1 Rz. 174 und *Welker* NWB-EV 2016, 1 (3ff.)) ist für die Bewertung zwischen dem Lebensversicherungsvertrag und dem Beitragsdepot zu unterscheiden, siehe näher *Fiedler* DStR 2000, 533 (537).

eingezahlten Prämien ist im Rahmen der Erbschaftsteuerreform 2009 abgeschafft worden.

Rückkaufswert ist gemäß § 12 Abs. 4 Satz 2 BewG der Betrag, den das Versicherungsunternehmen dem Versicherungsnehmer im Falle der vorzeitigen Aufhebung des Vertragsverhältnisses zu erstatten hat. Die Berechnung des Werts, insbes. die Berücksichtung von ausgeschütteten und gutgeschriebenen Gewinnanteilen kann laut § 12 Abs. 4 Satz 3 BewG zwar durch Rechtsverordnung geregelt werden, geschehen ist dies bislang jedoch noch nicht. Maßgeblich ist daher der Rückkaufswert nach § 169 VVG für Lebensversicherungsverträge, die nach dem 1.1.2008 bzw. § 176 aF für Lebensversicherungsverträge die vor diesem Zeitpunkt abgeschlossen worden sind bzw. werden.[107] Gutgeschriebene **Gewinnanteile,** die im Rückkaufswert enthalten sind, sind nicht gesondert anzusetzen. Sind sie dagegen nicht im Rückkaufswert berücksichtigt, sind sie als Kapitalforderungen zu erfassen, die bis zum Eintritt des Versicherungsfalles befristet sind.[108]

Sind die **Prämien bei Übertragung** des Vertrages bereits **alle bezahlt,** so ist 35
streitig, ob bei Übertragung des Lebensversicherungsvertrages im Ganzen Zuwendungsgegenstand die auszuzahlende Versicherungssumme[109] oder der Wert des Vertrags zum Zeitpunkt des Wirksamwerdens des Versicherungsnehmerwechsels ist.[110] Ausgehend von dem Grundsatz, dass für die Bestimmung des Gegenstandes der unentgeltlichen Zuwendung der **Parteiwille maßgeblich** ist, hat eine Beurteilung des Einzelfalles anhand des erklärten Parteiwillens und der äußeren Gesamtumstände stattzufinden.[111]

Um jedoch dem Einwand des Gestaltungsmissbrauchs vorzubeugen, sollte die Übertragung des Vertrages allerdings nicht zu kurzfristig vor Ablauf der Versicherung geschehen.[112]

Sind zwar noch **nicht alle Prämien bezahlt,** werden diese aber nach dem Auswechseln des Versicherungsnehmers weiterhin **von** dem **alten Versicherungsnehmer getragen,** so ist ebenfalls **streitig,** was Zuwendungsgegenstand ist: die Versicherungssumme oder der Wert des Vertrages zum Zeitpunkt des Wirksamwerdens des Versicherungsnehmerwechsels.[113] Als **entscheidend** für die Bestimmung des Zuwendungsgegenstandes muss man auch hier den **Inhalt der getroffenen Vereinbarungen** ansehen. Ist danach Zuwendungsgegenstand der Wert des Vertrages zum Zeitpunkt des Wirksamwerdens des Versicherungsnehmerwechsels, also dessen Rückkaufswert, so stellen die weiteren Prämienzahlungen durch den alten Versicherungsnehmer selbständige Zuwendungen iSv. § 7 Abs. 1 Nr. 1 ErbStG dar, da der neue Versicherungsnehmer hierdurch von seiner Prämienverpflichtung gegenüber dem Versicherer befreit wird.[114]

Sofern die Versicherungssumme als Zuwendungsgegenstand angesehen wird, gilt hinsichtlich der Bewertung § 12 Abs. 1 BewG. Maßgeblich ist damit der Nennwert der Lebensversicherungsforderung.[115]

---

[107] Vgl. hierzu näher Rz. 19ff. und *Matusche-Beckmann* § 1a Rz. 60, § 42 Rz. 154, 157ff.

[108] Vgl. näher *Rössler/Troll* BewG § 12 Rz. 69.

[109] So BFH v. 27.8.2003 – II R 58/01, BStBl. II 2003, 921, zum Erwerb eines betagten Anspruchs von Todes wegen, dessen Sichtweise in der Literatur zum Teil auch auf die lebzeitige Übertragung von Lebensversicherungsverträgen übertragen wird, siehe Troll/Gebel/Jülicher/*Jülicher* ErbStG § 12 Rz. 134; vgl. hierzu auch *Fromm* DStR 2005, 1465ff., der der Ansicht zwar kritisch gegenübersteht, ihr aber im Normalfall folgen will, v.a. wenn der Vertrag nahezu auszahlungsreif ist.

[110] *Steiner* ErbStB 2003, 223 (226) mwN; *Daragan/Halaczinsky/Riedel* BewG § 12 Rz. 27.

[111] Ähnlich *Fromm* DStR 2005, 1465 (1469).

[112] Siehe näher hierzu Groll/*Steiner* D Rz. 194.

[113] BFH v. 12.6.1953 – III 19/52 S, BStBl. III 1953, 247 (248); *Gebel* ZEV 2005, 236 (238 Fn. 30), der in den nach dem Versicherungswechsel erfolgenden Prämienzahlungen einen fortgesetzten Zuwendungsvorgang sieht, dessen Ziel die Erlangung der Versicherungssumme durch den neuen Versicherungsnehmer ist; aA *Fiedler* DStR 2000, 533 (536), der die Abrede zwischen dem alten und neuen Versicherungsnehmer für entscheidend hält.

[114] Vgl. BFH v. 22.10.2014 – II R 26/13, BStBl. II 2015, 239.

[115] Vgl. hierzu näher Rz. 31.

36 Nach § 3 Abs. 2 Satz 3 ErbStDV hat das Versicherungsunternehmen bei einem **Wechsel des Versicherungsnehmers** vor Eintritt des Versicherungsfalls den **Rückkaufswert** der Versicherung sowie den Namen, die Anschrift und das Geburtsdatum des neuen Versicherungsnehmers **anzuzeigen.** Trotz dieser Anzeigepflicht des Versicherers bleibt der Beschenkte und auch der Schenker zur Anzeige verpflichtet (§ 30 ErbStG). Die Schenkungsteuererklärung selbst ist erst und nur dann abzugeben, wenn der Beschenkte dazu vom Finanzamt aufgefordert wird, § 31 ErbStG.

37 *(frei)*

B. Einzelerläuterungen

Zu § 1 Schenkungsgegenstand

38 Durch die Erklärung, die zu übertragenden Versicherungsverträge seien nicht zur Sicherheit abgetreten oder in sonstiger Weise belastet bzw. könnten nicht von einem Dritten beansprucht werden, wird **klargestellt,** dass der **Schenker** seine **Rechtsstellung** aus den Verträgen **uneingeschränkt abtreten** und die Beschenkte sämtliche Rechte, insbesondere auch das Kündigungsrecht, erwerben kann. Zu den Folgen der Abtretung bzw. Verpfändung einer Lebensversicherung siehe *Eulberg/Ott-Eulberg/Halaczinsky*[116] sowie *Leitzen.*[117]

39 *(frei)*

Zu § 2 Übernahme der Verträge im Ganzen

40 Handelt es sich bei dem Beschenkten um ein **minderjähriges Kind,** bedarf es der Bestellung eines **Ergänzungspflegers,** da der Versicherungswechsel mit der Pflicht zur weiteren Prämienzahlung verbunden, also nicht lediglich rechtlich vorteilhaft ist.

41 Die **Zustimmung** des jeweiligen **Versicherers** muss nicht vor der Beurkundung, sondern kann auch erst danach eingeholt werden. Dies geschieht in der Praxis regelmäßig dadurch, dass dem Versicherer der Versicherungsnehmerwechsel mittels hierfür vorgesehenen Formulars[118] mitgeteilt wird und der Versicherer hierauf der Vertragsübertragung mittels Brief und Übersendung des neuen Versicherungsscheins zustimmt.

42 Neben der Übertragung des Vertrages im Ganzen – wie im Formular – kann aus steuerlichen Gründen auch eine **teilweise Übertragung**[119] sowie eine **Übertragung unter Nießbrauchsvorbehalt**[120] sinnvoll sein.

Zu § 3 Zeitpunkt der Übertragung, dinglicher Vollzug

43 Aus Praktikabilitätsgründen empfiehlt es sich, als Zeitpunkt für die Übertragung und den dinglichen Vollzug das Ende einer Zahlungsperiode (bspw. den letzten eines Monats bei monatlicher Prämienzahlung) zu wählen.

43a Da der Versicherungsnehmerwechsel erst vollzogen ist, wenn die Zustimmung des Versicherers erteilt wurde, was insbesondere für Zwecke der Zusammenrechnung von Erwerben nach § 14 ErbStG eine Rolle spielen kann,[121] empfiehlt sich die Aufnahme einer Frist für die Erteilung der Zustimmung.

44 Da § 12 Abs. 1 ALB 2008 den **Versicherungsschein** als **qualifiziertes Legitimationspapier** ausgestaltet, der Versicherer den Inhaber des Versicherungsscheins also als berechtigt ansehen kann, über Rechte aus dem Versicherungsvertrag zu verfügen, ins-

---

[116] § 9 Rz. 1 ff.
[117] RNotZ 2009, 129 (136 f., 151) mwN.
[118] Vgl. Rz. 24.
[119] Siehe hierzu näher *Tölle* SteuK 2015, 295.
[120] Siehe hierzu näher *Welker* D Rz 365 ff.
[121] Vgl. FG Münster v. 23.10.2014 – 3 K 265/12, EFG 2015, 240.

bes. Leistungen in Empfang zu nehmen,[122] ist es erforderlich, dass die Beschenkte als neue Versicherungsnehmerin sämtliche Versicherungsscheine nebst Nachträgen erhält.

(frei) **45**

Zu § 4 Rückforderungsvorbehalt

Siehe allgemein hierzu A. 1.01 Rz. 53ff. sowie zu den Auswirkungen iRd. Pflichtteilsergänzungsrecht Damrau/*Riedel*.[123] **46**

Sofern im Fall des Vorversterbens der Beschenkten die **Schenkungsgegenstände** bzw. deren Surrogate **auf jeden Fall** an den Schenker **zurückfallen** sollen, so kann – auch im Hinblick auf ein eventuell fortgeschrittenes Alter des Schenkers – das Rückforderungsrecht auch als **auflösende Bedingung** ausgestaltet werden. Diese könnte bspw. wie folgt lauten: **47**

„§ 4 Auflösende Bedingung A. 1.40a

Die Übertragung der jeweiligen Versicherungsnehmereigenschaft nach § 2 und damit der Schenkungsgegenstände zu 1. und 2. erfolgt unter der auflösenden Bedingung des Vorversterbens der Beschenkten vor dem Schenker.

Der Schenker wird im Falle des Eintritts der auflösenden Bedingung bis zum Ablauf des Jahres, das auf das Jahr des Eintritts der Bedingung folgt, den Antrag auf Berichtigung von eventuell bis dahin erfolgter und davon betroffener Schenkungsteuerfestsetzungen stellen (vgl. § 5 BewG).

Den jeweiligen Versicherern ist für diesen Fall die Auflösung der hier geregelten Übertragung der Versicherungsnehmereigenschaft zeitnah mitzuteilen. Versicherungsnehmer der in § 1 Abs. 1 Buchst. a und b bezeichneten Lebensversicherungsverträge ist für diesen Fall wieder der Schenker. Die Bezugsberechtigung auf den Erlebensfall hat dann wie vor der Vertragsübertragung der Schenker. Die Bezugsberechtigung auf den Todesfall wird für den Fall des Vorversterbens der Beschenkten neu zu regeln sein.“

Die **Kündigung** des übernommenen Versicherungsvertrages sollte **nicht** als **Rückforderungsgrund** aufgenommen werden, weil dies die Gefahr begründen würde, dass als Schenkungsgegenstand die Versicherungssumme und nicht die vertragliche Stellung angesehen wird.[124] **48**

Die **Folgen** der **Ausübung** des **Rückforderungsrechtes** richten sich nach **§ 29 Abs. 1 Nr. 1, Abs. 2 ErbStG.**[125] Gleiches gilt im Falle des Eintritts der auflösenden Bedingung.[126] Um zu verhindern, dass eine Schenkung der Beschenkten an den Schenker vorläge, wenn dieser von seinem Rückforderungsrecht Gebrauch machte, wurde entgegen den Gepflogenheiten[127] vorgesehen, dass der Schenker der Beschenkten die von ihr aufgewendeten Beitragsleistungen erstattet. **49**

(frei) **50**

Zu § 5 Anrechnung nach § 1380 BGB, Pflichtteilsanrechnung

§ 1380 Abs. 1 Satz 1 BGB bestimmt, dass auf die Ausgleichsforderung eines Ehegatten das angerechnet wird, was ihm von dem anderen Ehegatten durch Rechtsgeschäft **51**

---

[122] *Beckmann/Matusche-Beckmann* § 42 Rz. 148.
[123] Damrau/*Riedel* BGB § 2325 Rz. 88f. mwN und *Mayer/Süß/Tanck/Wälzholz* HdB Pflichtteilsrecht § 2325 Rz. 180ff.
[124] Vgl. Rz. 34.
[125] Vgl. hierzu näher Troll/Gebel/Jülicher/*Jülicher* ErbStG § 29 Rz. 51ff., 58ff.
[126] Troll/Gebel/Jülicher/*Jülicher* ErbStG § 29 Rz. 52ff.
[127] Siehe hierzu Troll/Gebel/Jülicher/*Jülicher* ErbStG § 29 Rz. 121.

unter Lebenden mit der Bestimmung zugewendet ist, dass es auf die Ausgleichsforderung angerechnet werden soll. Durch diese Vorschrift soll erreicht werden, dass der Zuwendungsempfänger im Falle des Zugewinnausgleichs nicht wirtschaftlich besser steht, als wenn die Zuwendung unterblieben und daher ihr Wert im Endvermögen des Zuwendenden verblieben wäre.[128]

52 **Anrechnungsfähig** sind in sachlicher Hinsicht neben **Schenkungen** – wie im Formular – ehebedingte Zuwendungen und solche Zuwendungen, die der Altersversorgung dienen, soweit sie nicht durch § 2 Abs. 4 VersAusglG dem Zugewinnausgleich entzogen sind. In zeitlicher Hinsicht fallen unter die Vorschrift nur **während** des Güterstands der **Zugewinngemeinschaft** gemachte Zuwendungen.[129]

53 Die **Anrechnungsbestimmung** muss **durch** den **Zuwendenden vor oder** spätestens **bei** dem die **Zuwendung** begründenden Rechtsgeschäft erklärt werden. Sie bedarf keiner Form und kann auch stillschweigend erfolgen.[130] Eine **spätere Anrechnungsbestimmung** ist nur durch vertragliche Vereinbarung der Ehegatten möglich, die der Form des Ehevertrags oder wenigstens der des § 1378 Abs. 3 Satz 2 BGB bedarf, da dadurch in die Ausgleichsmechanik der §§ 1373ff. BGB eingegriffen wird, und der Zweck der Formvorschrift (Übereilungsschutz und Sicherung der Beratung) dies gebietet.[131]

Wurde eine Anrechnungsbestimmung nicht oder nicht rechtzeitig getroffen, so erfolgt bis zum Beweis des gegenteiligen Willens des zuwendenden Ehegatten die Anrechnung auf Grund von **§ 1380 Abs. 1 Satz 2 BGB.** Danach sind anrechnungspflichtige **Zuwendungen „im Zweifel" anzunehmen,** wenn ihr Wert denjenigen von Gelegenheitsgeschenken übersteigt, die nach den Lebensverhältnissen der Ehegatten üblich sind. Beurteilungsmaßstab für das „nach den Lebensverhältnissen der Ehegatten Übliche" ist zum einen, was die betroffenen Ehegatten einander während ihrer Ehe an Zuwendungen machten, so dass in wohlhabenderen Familien hierunter auch eine Lebensversicherung fallen kann. Zu beachten ist, dass mit dem Begriff des Gelegenheitsgeschenks nur der Wertmaßstab bestimmt werden soll, die Zuwendung selbst aber kein solches sein muss.[132]

54 Die **Anrechnung** hat gemäß § 1380 Abs. 2 Satz 2 BGB **mit** dem **Wert zum Zeitpunkt der Zuwendung** zu erfolgen, wobei inflationsbedingte Wertsteigerungen zu berücksichtigen sind.[133] Zur Durchführung der Anrechnung siehe zB BeckOK BGB/*Cziupka*.[134]

55 Wird eine Anrechnung auf die Zugewinnausgleichsforderung angeordnet, so kann eine Anrechnungsbestimmung für den Pflichtteil nicht mehr vorgenommen werden, da eine **Doppelanrechnung ausgeschlossen** ist.[135]

56 Nach **§ 2315 Abs. 1 BGB** hat sich der Pflichtteilsberechtigte **Zuwendungen** des Erblassers **auf** seinen **Pflichtteil anrechnen** zu lassen, **soweit** dies der **Erblasser bei** der **Zuwendung** bestimmt hat. **Nachträglich** kann der Erblasser **einseitig** eine Anrechnungsbestimmung **nicht mehr** treffen, sofern er sich nicht zum Zeitpunkt der Zuwendung eine spätere Anrechnungsbestimmung vorbehalten hat.[136] Gibt der Empfänger später aber einen (beschränkten) Pflichtteilsverzicht in der Form des § 2348 BGB ab, so lässt sich das gleiche Ergebnis erzielen.[137]

---

[128] BeckOK BGB/*Cziupka* BGB § 1380 Rz. 1 mwN.
[129] MüKoBGB/*Koch* BGB § 1380 Rz. 10; BeckOK BGB/*Cziupka* BGB § 1380 Rz. 2f. mwN.
[130] MüKoBGB/*Koch* BGB § 1380 Rz. 3.
[131] BeckOK BGB/*Cziupka* BGB § 1380 Rz. 4 mwN.
[132] BeckOK BGB/*Cziupka* BGB § 1380 Rz. 5 mwN.
[133] So inzwischen die hM, vgl. MüKoBGB/*Koch* BGB § 1380 Rz. 20 mwN auch zur Gegenansicht; BeckOK BGB/*Cziupka* BGB § 1380 Rz. 8.
[134] BeckOK BGB/*Cziupka* BGB § 1380 Rz. 9ff.
[135] MüKoBGB/*Lange* BGB § 2315 Rz. 29f. Zu den Fällen, in denen dies doch geschieht, siehe MüKoBGB/*Lange* BGB § 2315 Rz. 30ff. und BeckOK BGB/*G. Müller* BGB § 2315 Rz. 20.
[136] Damrau/*Lenz-Brendel* BGB § 2315 Rz. 5; MüKoBGB/*Lange* BGB § 2315 Rz. 12.
[137] BeckOK BGB/*G. Müller* BGB § 2315 Rz. 10 mwN.

Die **Anrechnungsbestimmung** vor oder bei der Zuwendung bedarf **keiner Form,** nach zum Teil vertretener Ansicht selbst dann nicht, wenn die Zuwendung selbst formbedürftig ist.[138] Sie muss nicht schriftlich erfolgen, sondern kann auch mündlich als einseitige empfangsbedürftige Willenserklärung abgegeben werden.[139] Aus Sicherheitsgründen empfiehlt es sich aber, bei jeder Zuwendung eine **klare, unmissverständliche Entscheidung schriftlich** darüber zu treffen, **ob** diese auf eventuelle spätere Pflichtteilsansprüche **anzurechnen** ist **oder nicht.** So reicht allein die Angabe im Vertrag, die Zuwendung erfolge im Wege vorweggenommener Erbfolge nicht, weil es sich hierbei nicht zwingend um eine Anrechnungsbestimmung handelt. Die Angabe kann auch lediglich zur Kenntnisgabe des Motivs oder aus steuerlichen Gründen erfolgen.[140] **57**

Handelt es sich bei dem **Beschenkten** um einen **Minderjährigen,** so verursacht die Anrechnungspflicht die Wirkungen eines beschränkten Pflichtteilsverzichts. Die Zuwendung bringt ihm daher keinen lediglich rechtlichen Vorteil iSd. § 107 BGB. Bei Zuwendungen durch die gesetzlichen Vertreter bedarf es daher der Bestellung eines **Ergänzungspflegers,** §§ 1629 Abs. 2 Satz 1, 1795 Abs. 1 BGB, und einer **vormundschaftsgerichtlichen Genehmigung,** § 2347 Abs. 1 Satz 1 BGB.[141] **58**

Die bereits **getroffene Anrechnungsbestimmung** kann vom Schenker **jederzeit** wieder **einseitig aufgehoben** werden, und zwar auch durch formlose Erklärung.[142] **59**

Nach § 2315 Abs. 2 Satz 2 BGB ist die **Zuwendung mit** dem **Wert** bei dem Pflichtteil zu berücksichtigen, den sie **zum Zeitpunkt der Zuwendung** hatte.[143] Der anrechnungspflichtige Pflichtteilsberechtigte trägt daher grundsätzlich das Risiko der Wertminderung bis zum Erbfall, während eine bis zum Erbfall eingetretene Wertsteigerung den Erben nicht entlastet.[144] Jedoch ist zur Verwirklichung der wirtschaftlichen Vergleichbarkeit des Wertmessers Geld ein vom Zeitpunkt der Zuwendung bis zum Erbfall eingetretener Kaufkraftschwund zu berücksichtigen.[145] **60**

Der **Schenker kann** den **Wert,** den sich der Beschenkte auf seinen Pflichtteil anrechnen lassen muss, zum Zeitpunkt der Zuwendung auch **niedriger** als den wahren Wert **ansetzen,** denn er könnte ja auch ganz auf die Anrechnung verzichten.[146] Die einseitige **Anrechnung zu** einem **höheren** als dem wirklichen **Wert** ist jedoch **nicht möglich,** da dadurch einseitig in den Pflichtteil des Zuwendungsempfängers eingegriffen würde, was einen Pflichtteilsverzicht erfordert, wenn nicht ausnahmsweise ein Pflichtteilsentziehungsgrund gegeben ist.[147] Ein einseitiger Eingriff in das Pflichtteilsrecht des Zuwendungsempfängers ist auch nicht dadurch möglich, dass ein anderer Bewertungsstichtag bestimmt wird.[148]

Von der Anrechnungspflicht nach § 2315 BGB ist die **Ausgleichungspflicht nach § 2050 BGB** zu unterscheiden. Diese wirkt sich nach § 2316 BGB mittelbar auf den Pflichtteil aus, verringert ihn aber nicht in dem Maße wie § 2315 BGB. Da § 2050 BGB nur für Abkömmlinge gilt, ist eine Regelung diesbezüglich im Formular entbehrlich. Dies ist anders, wenn die Zuwendung der Lebensversicherungen an Kinder erfolgt. **61**

(frei) **62**

---

[138] Vgl. Nachweise bei BeckOK BGB/*G. Müller* BGB § 2315 Rz. 7.
[139] BeckOK BGB/*G. Müller* BGB § 2315 Rz. 7; Damrau/*Lenz-Brendel* BGB § 2315 Rz. 5.
[140] Vgl. näher BeckOK BGB/*G. Müller* BGB § 2315 Rz. 8 mwN.
[141] Str., siehe zum Meinungsstand BeckOK BGB/*G. Müller* BGB § 2315 Rz. 9.
[142] *J. Mayer* ZEV 1996, 441 (446); *Nieder/Kössinger* § 2 Rz. 295.
[143] Vgl. hierzu Rz. 19–22.
[144] *Keim* ZEV 2006, 363.
[145] Vgl. hierzu näher Damrau/*Lenz-Brendel* BGB § 2315 Rz. 11; MüKoBGB/*Lange* BGB § 2315 Rz. 24.
[146] MüKoBGB/*Lange* BGB § 2315 Rz. 25; Damrau/*Lenz-Brendel* BGB § 2315 Rz. 12.
[147] Staudinger/*Otte* BGB § 2315 Rz. 41, 48; MüKoBGB/*Lange* BGB § 2315 Rz. 25; Damrau/*Lenz-Brendel* BGB § 2315 Rz. 12.
[148] Staudinger/*Otte* BGB § 2315 Rz. 48; *Keim* ZEV 2006, 363; BeckOK BGB/*G. Müller* BGB § 2315 Rz. 16.

Zu § 6 Schenkungsteuer, Kosten des Vertrages

63 Da nach **§ 20 Abs. 1 ErbStG** bei Schenkungen im Gegensatz zu Erwerben von Todes wegen **sowohl** der **Schenker als auch** der **Erwerber** die **Schenkungsteuer schulden,** empfiehlt sich die Aufnahme einer Regelung diesbezüglich.

A. 1.50 Hausinventarschenkung

Gliederung

A. 1.50

Nummer der Urkundenrolle [. . .]Rz. 5–7

Verhandelt zu [. . .] am [. . .]

Vor dem Notar [. . .] erschienen:

Herr A, geboren am [. . .] in [. . .],
wohnhaft [. . .],
nach eigenen Angaben deutscher Staatsangehöriger,
– nachfolgend Schenker genannt –,

und

Herr B, geboren am [. . .] in [. . .],
wohnhaft [. . .],
nach eigenen Angaben deutscher Staatsangehöriger,
– nachfolgend Beschenkter genannt –,

dem Notar ausgewiesen durch [. . .]

Die Erschienenen erklären mündlich folgenden dem deutschen Recht unterliegenden

Schenkungsvertrag

zur Beurkundung:

§ 1 Schenkungsgegenstand

Der Schenker ist Alleineigentümer folgender Gegenstände: Rz. 16

[. . .]

Der Schenker erklärt, dass die in Abs. 1 genannten Gegenstände weder belastet sind noch von einem Dritten beansprucht werden können.

§ 2 Schenkung und dinglicher Vollzug

Der Schenker schenkt dem Beschenkten, seinem Sohn, die in § 1 genannten Gegenstände.

Der dingliche Vollzug erfolgt in der Weise, dass der Schenker dem Beschenkten unmittelbar nach Unterzeichnung dieser Urkunde die in § 1 Abs. 1 genannten Gegenstände zum unmittelbaren Besitz übergibt. Rz. 17

Der Beschenkte nimmt die Schenkung dankend an. Er ist mit dem in Abs. 2 geregelten Eigentumsübergang einverstanden.

§ 3 Pflichtteilsanrechnung, Ausgleichungspflicht

Der Beschenkte hat sich den Wert der Schenkung, der mit € [...],– beziffert wird, auf sein gesetzliches Pflichtteilsrecht am künftigen Nachlass des Schenkers anrechnen zu lassen. Eine Ausgleichungspflicht gemäß § 2050 BGB wird ausgeschlossen.[Rz. 18–21]

§ 4 Rückforderungsvorbehalt[Rz. 23]

Der Schenker kann die Schenkung zu seinen Lebzeiten gegenüber dem Beschenkten in Ergänzung zu den §§ 528, 529 BGB ganz oder teilweise widerrufen, wenn in der Person des Beschenkten eine der folgenden Voraussetzungen eintritt:
a) Der Beschenkte verstirbt vor dem Schenker.
b) [...]

Mit Ausübung des Widerrufsrechtes nach Abs. 1 gehen im Umfang des Widerrufs die übertragenen Schenkungsgegenstände inklusive etwaiger Surrogate unentgeltlich auf den Schenker mit dinglicher Wirkung über. Die Ausübung des Widerrufsrechtes ist auflösende Bedingung für die schuldrechtliche Schenkung und ihren dinglichen Vollzug. Der Widerruf kann nur binnen einer Frist von drei Monaten, nachdem der Schenker von dem Widerrufsgrund Kenntnis erlangt hat, ausgeübt werden. Der Widerruf hat durch eingeschriebenen Brief gegenüber dem Beschenkten bzw. dessen Rechtsnachfolger zu erfolgen.

Nutzungen, die der Beschenkte vor dem Rückfall der Schenkungsgegenstände gezogen hat, verbleiben ihm. Seine Aufwendungen im Zusammenhang mit den Schenkungsgegenständen sind ihm nicht zu erstatten. Sofern ein dinglicher Rückfall des jeweiligen Schenkungsgegenstandes nicht möglich ist, entsteht mit dem Widerruf ein schuldrechtlicher Rückforderungsanspruch bzw. Wertersatzanspruch.

Die Rechtsstellung des Schenkers aus Abs. 1 ist nicht vererblich, sondern erlischt mit dem Tod des Schenkers.

§ 5 Zustimmung des Ehegatten des Schenkers

Da der Schenker mit seiner Ehefrau im gesetzlichen Güterstand der Zugewinngemeinschaft lebt, bedarf die hier geregelte Schenkung nach § 1369 BGB ihrer Zustimmung. Diese Zustimmungserklärung liegt dieser Urkunde als Anlage bei.[Rz. 24–26a]

§ 6 Schenkungsteuer, Kosten des Vertrages

Die Erschienenen gehen davon aus, dass die in dieser Urkunde geregelte Schenkung keine Schenkungsteuer auslöst.[Rz. 27] **Sollte dies wider Erwarten anders sein, so trägt der Beschenkte die Schenkungsteuer.**[Rz. 28]

Die Kosten dieses Vertrages trägt [...].

Diese Niederschrift wurde in Gegenwart des Notars den Erschienenen vorgelesen, von ihnen durch mündliche Erklärung genehmigt und eigenhändig von ihnen und dem Notar wie folgt unterschrieben:

A. Grundsätzliche Anmerkungen

I. Wirtschaftliche Aspekte

1 Die Anlässe und Beweggründe für Hausinventarschenkungen sind vielfältig: angefangen von der Schenkung von Erbstücken wie Tafelsilber oder Antiquitäten an die nächste Generation anlässlich der Gründung eines eigenen Hausstandes oder zur Hochzeit, über die Schenkung des noch gut erhaltenen Inventars anlässlich der eige-

nen Neuausstattung, bis hin zur sog. Haushaltsauflösung, wenn die Erben des Verstorbenen nichts oder nicht alles von dem Hausinventar haben möchten.

Außer diesen nicht monetären Gründen kann sich eine Schenkung von Hausinventar aus steuerlichen Gründen anbieten. Dies gilt v.a. dann, wenn es sich um Hausinventar von hohem Wert handelt (vgl. hierzu näher Rz. 11 bis 16). 2

(frei) 3

II. Rechtliche Aspekte

Unter **Hausinventar** versteht man alle Gegenstände, die für die Wohnung, die Hauswirtschaft und das Leben im Allgemeinen bestimmt sind. Hierzu zählt vor allem die Wohnungseinrichtung, Geschirr, Wäsche, Radio, Fernseher, Lebensmittel etc. Der **Wert der Gegenstände spielt** dabei keine Rolle, so dass auch Antiquitäten und Kunstgegenstände hierzu gehören, sofern sie als Einrichtungsgegenstände benutzt werden.[1] 4

Nicht unter Hausinventar fallen die dem persönlichen Gebrauch und der Berufsausübung dienenden Gegenstände sowie die zur Kapitalanlage angeschafften.

Bei **Fahrzeugen** ist zu unterscheiden. Bei Alleinstehenden gehören sie zum Hausinventar, bei Ehegatten jedoch nur dann, wenn das gemeinschaftliche Moment, die Nutzung zu Einkaufs-, Transport-, Besuchs-, Wochenend- und Ferienfahrten, überwiegen oder wenn der Familie nur ein Fahrzeug zur Verfügung steht.[2] So zumindest die zivilrechtliche Einordnung. Zur Qualifikation des **PKW** im Erbschaftsteuerrecht siehe Rz. 13.

Nach § 518 Abs. 1 Satz 1 BGB bedarf das **Schenkungsversprechen** unabhängig von der Art des Schenkungsgegenstandes der **notariellen Beurkundung.** Der Beurkundungsform unterliegt nur die Willenserklärung des Schenkers, nicht die Annahmeerklärung des Beschenkten. Wird die Beurkundungsform nicht eingehalten (in der Praxis bei Hausinventarschenkungen wohl meistens der Fall), so wird dieser Mangel nach **§ 518 Abs. 2 BGB** durch den Vollzug der Schenkung geheilt. 5

Vollzogen ist die Schenkung mit der Bewirkung der Leistung. Dies ist bei beweglichen Sachen wie dem Hausinventar die Einigung und Übergabe bzw. deren Surrogation (Besitzmittlungsverhältnis oder Abtretung des Herausgabeanspruchs) gemäß §§ 929 bis 931 BGB. 6

Nicht beurkundungsbedürftig ist die sog. Hand- oder Realschenkung. Diese liegt vor, wenn ohne ein vorangehendes Schenkungsversprechen der Gegenstand dem Beschenkten sofort durch Übereignung verschafft wird und dabei die Einigung über die Unentgeltlichkeit besteht.[3] 7

(frei) 8

III. Steuerrechtliche Aspekte

Die Schenkung von Hausinventar kann **schenkungsteuerfrei** erfolgen, wenn es sich um ein übliches Gelegenheitsgeschenk im Sinne von § 13 Abs. 1 Nr. 14 ErbStG handelt. Übliche Gelegenheitsgeschenke sind solche Zuwendungen, die sowohl vom Anlass her als auch nach ihrer Art und ihrem Wert in weiten Kreisen der Bevölkerung verbreitet sind. Typische Anlässe für ein **Gelegenheitsgeschenk** sind zB Hochzeiten, Geburtstage, Weihnachten oder ein bestandenes Examen. Von der Art her handelt es sich bei den Gelegenheitsgeschenken zumeist um bewegliche Gegenstände.[4] Welchen 9

---

[1] BGH v. 14.3.1984 – IVb ARZ 59/83, NJW 1984, 1758.
[2] MüKoBGB/*Koch* BGB § 1369 Rz. 7 mwN.
[3] Palandt/*Weidenkaff* BGB § 518 Rz. 1 und 4.
[4] Moench/*Kien-Hümbert* ErbStG § 13 Rz. 85; Troll/Gebel/Jülicher/*Jülicher* ErbStG § 13 Rz. 166.

Wert ein übliches Gelegenheitsgeschenk haben darf, damit es noch als solches gilt und nicht eine steuerpflichtige Zuwendung darstellt, kann nicht pauschal gesagt werden. Wie so oft im Steuerrecht ist das **Gesamtbild des Einzelfalls** entscheidend. Beurteilungskriterien sind die allgemeine Anschauung der Bevölkerung, die Vermögensverhältnisse des Schenkers, das Verwandtschafts- bzw. Näheverhältnis zwischen Schenker und Beschenktem, die soziale Schicht der Beteiligten sowie das Herausstechen des Anlasses.[5]

10 Eine **Zusammenrechnung** mehrerer anlässlich verschiedener Gelegenheiten gewährter Gelegenheitsgeschenke nach § 14 Abs. 1 ErbStG scheidet nach dem Normzweck der Vorschrift aus. Dagegen sind mehrere anlässlich derselben Gelegenheit gegebene Geschenke eines Schenkers wertmäßig zusammenzurechnen und, wenn sie den Rahmen des Üblichen übersteigen, in voller Höhe steuerpflichtig.[6] Die Steuerbefreiung eines bestimmten, noch als üblich anzusehenden Teilbetrags ist nicht möglich.[7]

11 Zu beachten ist in diesem Zusammenhang, dass **nach § 30 Abs. 1 und 2 ErbStG grundsätzlich jeder** der Schenkungsteuer unterliegende **Erwerb** von dem Erwerber und dem Schenker innerhalb von drei Monaten nach erlangter Kenntnis von dem Anfall **dem für die Verwaltung der Erbschaftsteuer zuständigen Finanzamt anzuzeigen** ist. Nach dem Gesetzeswortlaut ist jede Schenkung anzeigepflichtig, auch die steuerbefreite. Daher unterlägen auch alle üblichen Gelegenheitsgeschenke der Anzeigepflicht. Um jedoch zu einem sowohl für die Steuerpflichtigen als auch für die Finanzverwaltung vernünftigen Ergebnis zu kommen, ist die Vorschrift entgegen ihrem Wortlaut, aber an ihrem Sinn und Zweck ausgerichtet, so auszulegen, dass eine Pflicht zur Anzeige eines Gelegenheitsgeschenks entfällt, wenn klar und eindeutig feststeht, dass keine Steuerpflicht entstanden ist, auch nicht unter Berücksichtigung von § 14 ErbStG.[8] Eine Anzeigepflicht entfällt nach § 30 Abs. 3 Satz 2 ErbStG ferner, wenn die Schenkung – wie hier – notariell beurkundet ist.

12 **Sofern** es sich bei dem geschenkten Hausinventar **nicht** um ein **übliches Gelegenheitsgeschenk** handelt, kann es **gleichwohl** ganz oder zum Teil nach § 13 Abs. 1 Nr. 1a oder Nr. 1c ErbStG von der Schenkungsteuer **befreit** sein, **sofern** es **nicht** unter § 13 Abs. 1 Nr. 1 Satz 2 oder § 13 Abs. 1 Nr. 2 ErbStG fällt. § 13 Abs. 1 Nr. 1a ErbStG bestimmt, dass Hausrat einschließlich Wäsche und Kleidungsstücke in Höhe von € 41 000,– steuerfrei bleiben, wenn es sich bei den Beschenkten – wie in dem Formular – um Personen der Steuerklasse I (§ 15 Abs. 1 ErbStG) handelt. Gehören die Beschenkten hingegen zur Steuerklasse II oder III, so bleibt nach § 13 Abs. 1 Nr. 1c ErbStG Hausrat einschließlich Wäsche und Kleidungsstücke sowie andere bewegliche körperliche Gegenstände, die nicht nach Nr. 2 des § 13 Abs. 1 ErbStG befreit sind, im Wert von € 12 000,– steuerfrei.

13 Zum **Begriff des Hausrats** im Allgemeinen siehe Rz. 4. Die dort erwähnten Kunstgegenstände sind nur dann nach § 13 Abs. 1 Nr. 1 ErbStG befreit, wenn sie nicht unter § 13 Abs. 1 Nr. 2 ErbStG fallen. Hinsichtlich der erbschaftsteuerlichen Einordnung eines **PKW** als Hausrat besteht Uneinigkeit.[9] Auf Grund der engen Verknüpfung der Erb- und Schenkungsteuer mit dem Zivilrecht[10] beruft sich eine Ansicht auf die zivilrechtliche Einordnung und sieht den PKW immer dann als Hausinventar an, wenn er auch zivilrechtlich als Hausrat qualifiziert wird.[11] Die andere Ansicht – eine veröffentlichte Entscheidung der Finanzgerichtsbarkeit fehlt ebenso wie ein Hin-

---

[5] Moench/*Kien-Hümbert* ErbStG § 13 Rz. 85; Troll/Gebel/Jülicher/*Jülicher* ErbStG § 13 Rz. 168 f. auch mit Beispielen, bei welchem Wert kein Gelegenheitsgeschenk mehr angenommen wurde von der Rechtsprechung.

[6] Troll/Gebel/Jülicher/*Jülicher* ErbStG § 13 Rz. 170.

[7] Moench/*Kien-Hümbert* ErbStG § 13 Rz. 87 mwN.

[8] Moench/*Kien-Hümbert* ErbStG § 13 Rz. 84 mwN; Troll/Gebel/Jülicher/*Jülicher* ErbStG § 30 Rz. 8 mwN.

[9] Vgl. eingehend hierzu *Erle* ZEV 2016, 240

[10] Troll/Gebel/Jülicher/*Gebel* ErbStG Einführung Rz. 29 ff.

[11] So *Jülicher* ZEV 2000, 94; *Meincke* ErbStG § 13 Rz. 3, Viskorf/Knobel/Schuck/Wälzholz/*Viskorf* ErbStG § 13 Rz. 13; *Erle* ZEV 2016, 240.

weis in den Erbschaftsteuerrichtlinien[12] – sieht den PKW hingegen immer als anderen beweglichen körperlichen Gegenstand an.[13]

Rein **persönliche Gegenstände,** die nicht zum Hausrat zählen, können aber als andere bewegliche körperliche Gegenstände nach § 13 Abs. 1 Nr. 1b, Nr. 1c ErbStG steuerbefreit sein. 13a

Eine nach § 13 Abs. 1 Nr. 1a ErbStG steuerbefreite Hausinventarschenkung wird nicht mit Erwerben anderen Vermögens nach § 14 Abs. 1 ErbStG zusammengerechnet. Dies gilt jedoch nicht bei mehreren Erwerben von Hausinventar innerhalb der Zehnjahresfrist des § 14 ErbStG. Gleiches gilt bei Erwerben in Steuerklasse II und III. Erhält ein in dieser Steuerklasse einzuordnender Erwerber Hausrat und andere bewegliche körperliche Gegenstände iSd. § 13 Abs. 1 Nr. 1 ErbStG zunächst im Wert von zB € 5000,– und später noch einmal im Wert € 15000,–, so wirkt sich die Befreiung nur quantitativ aus. Die Erwerbe sind also zusammenzurechnen.[14] 14

Die Befreiungsvorschrift des § 13 Abs. 1 Nr. 1 ErbStG gilt nicht nur für die Schenkung von Hausinventar des Schenkers – wie im Formular –, sondern auch für **mittelbare Schenkungen**[15] durch Hingabe von Geldmitteln durch den Schenker, die der Beschenkte nur zum Erwerb von im Vorhinein konkretisierten Haushaltsgegenständen verwenden darf.[16] 15

B. Einzelerläuterungen

Zu § 1 Schenkungsgegenstand

Zur Konkretisierung des Schenkungsgegenstandes und um dem im Sachenrecht geltenden Bestimmtheitsgrundsatz Genüge zu tun, sind die zu schenkenden Gegenstände mit genauer Beschreibung aufzuzählen; etwa: 16

- ein vollständiges, aus je acht Gabeln, Messern, Suppen- und Teelöffeln bestehendes Besteckservice der Marke […] Serie […] aus Silber im Wert von € […],– oder
- das gesamte Inventar des Zimmers, das der Beschenkte im ersten Obergeschoss meines Hauses bewohnt. Das Inventar ergibt sich im Einzelnen aus der als Anlage beigefügten Liste, die hiermit ausdrücklich zum Inhalt dieses Vertrages gemacht wird. Der Wert dieser Gegenstände beträgt insgesamt € […],–

Zu § 2 Schenkung und dinglicher Vollzug

Siehe hierzu zunächst Rz. 6. Zu beachten ist hierbei noch, dass für eine Eigentumsverschaffung nach § 930 BGB die bloße Mitbesitzeinräumung oder die fortdauernde Besitzausübung durch einen Besitzdiener des Schenkers nicht ausreicht. Es bedarf insoweit vielmehr der Vereinbarung eines Besitzmittlungsverhältnisses.[17] Schenkt ein Verlobter seiner Braut Möbel, die sich in der künftigen Ehewohnung befinden, in der die Braut aber schon wohnt, so wird auf diesem Wege allerdings das Eigentum übertragen.[18] 17

---

[12] Auch eine andere Verwaltungsanweisung gibt es hierzu nicht.

[13] Moench/*Kien-Hümbert* ErbStG § 13 Rz. 9a; *Fischer/Jüptner/Pahlke/Wachter* ErbStG § 13 Rz. 7.

[14] Beispiel nach Troll/Gebel/Jülicher/*Jülicher* ErbStG § 14 Rz. 39; siehe auch Moench/*Kien-Hümbert* ErbStG § 14 Rz. 12.

[15] Mittlerweile allgemeine Meinung, vgl. nur Troll/Gebel/Jülicher/*Jülicher* ErbStG § 13 Rz. 16ff. mwN auch für die noch ablehnende Haltung des RFH.

[16] Vgl. näher hierzu *Stein/Tack* ZEV 2013, 180 sowie Münchener Vertragshandbuch Bd. 6/*Munzig/Stein* Muster 8 mit Anmerkungen.

[17] Dies ist auch erforderlich, wenn ein Ehegatte in seinem Alleineigentum stehendes Hausinventar aus der gemeinsamem Wohnung dem anderen Ehegatten schenkt, vgl. Staudinger/*Wiegand* BGB § 929 Rz. 101 mwN.

[18] Staudinger/*Wimmer-Leonhardt* BGB § 518 Rz. 30 mwN.

Zu § 3 Pflichtteilsanrechnung, Ausgleichungspflicht

18 Nach § 2315 Abs. 1 BGB hat sich der Pflichtteilsberechtigte Zuwendungen des Erblassers auf seinen Pflichtteil anrechnen zu lassen, soweit dies der Erblasser bei der Zuwendung bestimmt hat. Da diese Anordnung immer eine Beeinträchtigung des Pflichtteils des Zuwendungsempfängers (nicht der Pflichtteile anderer Pflichtteilsberechtigter) zur Folge hat, ist sie vom Schenker vor oder spätestens bei der Zuwendung vorzunehmen. Hierdurch soll dem Beschenkten die Möglichkeit eröffnet werden, die Beeinträchtigung durch Zurückweisung der Schenkung abzuwehren.[19] Nachträglich kann der Erblasser einseitig eine Anrechnungsbestimmung nicht mehr treffen, es sei denn, er hat sich eine spätere Anordnung vorbehalten.[20]

19 Die Anrechnungsbestimmung vor oder bei der Zuwendung bedarf keiner Form, selbst dann nicht, wenn die Zuwendung selbst formbedürftig ist. Sie muss nicht schriftlich erfolgen, sondern kann auch mündlich als einseitige empfangsbedürftige Willenserklärung abgegeben werden.[21] Aus Sicherheits- und Beweisgründen empfiehlt es sich aber, bei jeder Zuwendung eine klare Entscheidung schriftlich darüber zu treffen, ob diese auf eventuelle spätere Pflichtteilsansprüche anzurechnen ist oder nicht, da die Beweislast den Erben trifft.[22]

20 Des Weiteren empfiehlt sich die Aufnahme des Wertes des geschenkten Gegenstandes, weil nach § 2315 Abs. 2 Satz 2 BGB für die Anrechnung der Wert zum Zeitpunkt des Empfangs maßgeblich ist, wobei Geldentwertung bzw. Kaufkraftschwund zu berücksichtigen sind.[23]

21 Eine Regelung bezüglich der Ausgleichungspflicht empfiehlt sich im Hinblick auf § 2050 Abs. 1 und Abs. 3 BGB schon allein zur Klarstellung. Vgl. näher A. 1.04 Rz. 21 ff. und *Nieder.*[24]

22 *(frei)*

Zu § 4 Rückforderungsrecht

23 Siehe hierzu A. 1.01 Rz. 54 ff. und 1.40 Rz. 47.

Zu § 5 Zustimmung der Ehefrau des Schenkers

24 Lebt der Schenker – wie im Formular – im gesetzlichen Güterstand der **Zugewinngemeinschaft,** so bedarf er im Falle der Schenkung von Hausinventar, das ihm allein gehört, nach **§ 1369 Abs. 1 BGB** auch dann der Zustimmung des Ehegatten, wenn es sich nicht um eine Verfügung über sein Vermögen im Ganzen handelt. Sinn und Zweck des § 1369 BGB ist es, im Interesse der Familie den Bestand an Haushaltsgegenständen als unentbehrliche Grundlage des ehelichen Lebens im häuslichen Bereich zu schützen.[25]

Fehlt die Zustimmung, so ist die Schenkung schwebend unwirksam. Sie ist jedoch nach §§ 1369 Abs. 3, 1366 BGB genehmigungsfähig. Nach § 1369 Abs. 2 BGB kann die Zustimmung in den dort genannten Fällen auch durch das Familiengericht ersetzt werden.

25 Keiner Zustimmung bedürfen Schenkungen von Hausinventar, wenn es sich bei dem Schenker um den alleinigen Eigentümer handelt, der im Güterstand der **Gütertrennung** lebt.

---

[19] MüKoBGB/*Lange* BGB § 2315 Rz. 10, 18.
[20] MüKoBGB/*Lange* BGB § 2315 Rz. 12 mwN; Damrau/*Lenz-Brendel* BGB § 2315 Rz. 3.
[21] Bamberger/Roth/*J. Mayer* BGB § 2315 Rz. 6; Damrau/*Lenz-Brendel* BGB § 2315 Rz. 5.
[22] Dauner-Lieb/Grziwotz/*Schmied-Kovarik/Herrler* BGB § 2315 Rz. 19.
[23] Damrau/*Lenz-Brendel* BGB § 2315 Rz. 11.
[24] *Nieder/Kössinger* § 2 Rz. 200 ff.
[25] Staudinger/*Thiele* BGB § 1369 Rz. 1.

Anders ist dies wieder bei Vorliegen einer **Gütergemeinschaft.** Obliegt den Ehegatten die Verwaltung gemeinschaftlich, so können die Ehegatten nach § 1450 Abs. 1 Satz 1 BGB auch über das Hausinventar nur gemeinschaftlich verfügen. Obliegt einem Ehegatten die Verwaltung, so bedarf die Schenkung gemäß § 1425 Abs. 1 BGB der Einwilligung des anderen Ehegatten, und zwar unabhängig davon, ob es sich um Gesamt-, Sonder- oder Vorbehaltsgut handelt. Hiervon ausgenommen sind laut § 1425 Abs. 2 BGB Schenkungen, durch die einer sittlichen Pflicht oder einer auf den Anstand zu nehmenden Rücksicht entsprochen werden. **26**

Das in den Rz. 24 bis 26 Gesagte gilt nach §§ 6, 7 LPartG entsprechend für den Lebenspartner einer eingetragenen gleichgeschlechtlichen Lebenspartnerschaft. **26a**

Zu § 6 Schenkungsteuer, Kosten des Vertrages

Siehe hierzu zunächst Rz. 9 bis 14. **27**

Da nach § 20 Abs. 1 ErbStG bei Schenkungen im Gegensatz zu Erwerben von Todes wegen sowohl der Schenker als auch der Erwerber die Schenkungsteuer schulden, empfiehlt sich die Aufnahme einer Regelung diesbezüglich. **28**

A. 2 Übertragung von Betriebsvermögen

Übersicht

A. 2.00 Einzelunternehmen

Gliederung

Übertragung eines Unternehmens

A. 2.00

Herr A, geb. am [...], und Frau B, geb. [...], geb. am [...],
sowie
Herr C, geb. am [...], vereinbaren Folgendes:

§ 1 Sachverhalt Rz. 50–53

Herr A betreibt auf dem (angemieteten) Anwesen [...] in [...] unter der Firma „[...]“ ein im Handelsregister des Amtsgerichts [...] unter HRA [...] eingetragenes Einzelunternehmen, das den Betrieb eines Getränkemarkts zum Gegenstand hat.

§ 2 Überlassung[Rz. 55–70]

Herr A
– nachstehend auch „Veräußerer“ bzw. „Übergeber“ genannt –
überlässt hiermit sein gesamtes vorgenanntes Einzelunternehmen an
Herrn C
– nachstehend auch „Erwerber“ genannt –.

Gegenstand der Überlassung sind namentlich:[Rz. 56 ff., 92 ff.]
- alle Aktiva und Passiva, die in der noch aufzustellenden Bilanz des einzelkaufmännischen Unternehmens zum 31.12. [...] enthalten sind,[Rz. 58 ff.]
- alle betrieblichen Verbindlichkeiten und Vermögensgegenstände des Anlage- und Umlaufvermögens, gleichgültig ob sie bilanzierungsfähig oder bilanzierungspflichtig sind, insbesondere auch alle immateriellen Wirtschaftsgüter, insbesondere der Kundenstamm und der Geschäftswert,[Rz. 56, 95 ff., 101 ff.]
- alle dem einzelkaufmännischen Unternehmen zuzuordnenden Verträge, einschließlich Dienst- bzw. Arbeitsverträge, Miet- bzw. Pacht-, Leasing- und Lieferverträge, Betriebsführungsverträge, Konzessionsverträge, Angebote und sonstige Rechtsstellungen.[Rz. 102 ff.] Insbesondere übernimmt der Erwerber den am ... mit ... als Vermieter abgeschlossenen Mietvertrag, ferner sämtliche Rechte und Pflichten aus den bei dem einzelkaufmännischen Unternehmen bestehenden Arbeitsverhältnissen gem. § 613a BGB,[Rz. 61 ff.]
- das Recht, die Firma mit oder ohne Nachfolgezusatz fortzuführen.[Rz. 104, 120]

Die Überlassung erfolgt mit Wirkung zum 31.12. [...] (Übertragungsstichtag). Ab dann gilt das eingebrachte Unternehmen als für Rechnung des Erwerbers geführt.[Rz. 69, 110 ff.]

Zurückbehalten beim Veräußerer werden keinerlei Gegenstände des Einzelunternehmens.[Rz. 28, 43, 58, 70]

§ 3 Rechtsgrund, Gegenleistungen[Rz. 74–88]

Die Überlassung erfolgt im Wege der vorweggenommenen Erbfolge.

Der Erwerber hat den Wert der Zuwendung im Erbfall des Veräußerers im Verhältnis zu dessen übrigen Abkömmlingen nicht auszugleichen.

Der Erwerber hat sich jedoch den Wert des überlassenen Vertragsgegenstandes, soweit dieser den Wert der Gegenleistungen bzw. Auflagen übersteigt, auf seine etwaigen Pflichtteilsansprüche am Nachlass des Veräußerers zum heutigen Verkehrswert anrechnen zu lassen. Eine Bezifferung dieses Wertes soll hier nicht erfolgen.[Rz. 74–76]

Der Erwerber hat folgende Gegenleistungen zu erbringen:[Rz. 77 ff.]

a) Der Erwerber wird hiermit im Wege eines Vertrags zugunsten Dritter gemäß § 328 Abs. 1 BGB verpflichtet, an seine Schwester D eine

Ausgleichszahlung[Rz. 83 ff.]

von € [...],– (in Worten: [...] Euro) zu leisten. Der Betrag ist in drei gleichen Jahresraten zu zahlen; die erste Rate ist fällig am [...]. Auf besondere Sicherstellung der Zahlung wird verzichtet. Kommt der Erwerber mit der Zahlung in Verzug, hat er den geschuldeten Betrag mit einem jährlichen Zins von fünf Prozentpunkten über dem Basiszinssatz zu verzinsen; Vorfälligkeitszinsen sind nicht geschuldet. Die Ausgleichszahlung ist nur mit Zustimmung von Frau D abänderbar.

Für Frau D gilt im Hinblick auf die Ausgleichszahlung die Pflichtteilsanrechnung und der Ausschluss einer Ausgleichungspflicht entsprechend den obigen Regelungen. Frau D erhält von diesem Vertrag eine Kopie zur Mitteilung der Ausgleichszahlung und der Pflichtteilsanrechnung.

b) Der Erwerber verpflichtet sich ferner, dem Veräußerer auf dessen Lebenszeit als

Leibrente[Rz. 79 ff.]

einen monatlichen Betrag von € [...],– (in Worten: [...] Euro) zu zahlen. Die Zahlung hat zum Dritten eines jeden Monats, erstmals zum [...], zu erfolgen.
Ändert sich der vom Statistischen Bundesamt berechnete Verbraucherpreisindex für Deutschland gegenüber dem Indexstand des laufenden Monats um 10 % oder mehr, so verändert sich die Höhe der Leibrente ebenso ab dem Zeitpunkt der Überschreitung dieser Grenze. Gegebenenfalls erfolgt die Anpassung wiederholt.
Auf eine besondere Sicherstellung der Zahlung und die Festlegung eines erhöhten Verzugszinses wird verzichtet.
Weiterhin erhält die Ehefrau des Veräußerers, Frau B, eine durch den Tod des Veräußerers aufschiebend bedingte Leibrente gleichen Inhalts; die Leibrente ist auflösend bedingt durch eine etwaige Scheidung der zwischen Herrn A und Frau B bestehenden Ehe.
Diese Geldleistungen sind im Übrigen für die Berechtigten höchst persönlich, insbesondere nicht vererblich und nicht übertragbar. Etwaige Rückstände sind mit dem Tod des Berechtigten erlassen, soweit hierüber nicht zum Todeszeitpunkt ein Rechtsstreit anhängig ist oder ein schriftliches Anerkenntnis des Verpflichteten besteht.

c) Freistellungspflichten des Erwerbers bzw. von Frau D gegenüber Geschwistern bezüglich etwaiger gesetzlicher Unterhaltsansprüche des Veräußerers werden nicht vereinbart.[Rz. 88]

§ 4 Dingliche Übertragung, Schuld- und Vertragsübernahme[Rz. 92–106]

Der Veräußerer und der Erwerber sind sich hiermit über den Eigentumsübergang an den beweglichen Betriebsgegenständen und betrieblichen Unterlagen sowie über die Abtretung der am Übertragungsstichtag bestehenden betrieblichen Forderungen und Rechte sowie – zumindest im Innenverhältnis – den Übergang der an diesem Stichtag bestehenden betrieblichen Verbindlichkeiten und Vertragsverhältnisse einig. Übereignet werden insbesondere sämtliche Wirtschaftsgüter, die sich am Stichtag auf dem in § 1 genannten Anwesen befinden und im Eigentum des Veräußerers stehen; entsprechendes gilt für Wirtschaftsgüter, an denen dem Veräußerer ein Anwartschaftsrecht zusteht; übertragen wird hier das Anwartschaftsrecht.[Rz. 60, 106]

Die Abtretung der Forderungen ist den Schuldnern vom Veräußerer anzuzeigen.

Bis zur (für die Haftentlassung des Veräußerers erforderlichen) Genehmigung der Vertrags- bzw. Schuldübernahmen (§ 415 BGB) bzw. Haftentlassung durch die Vertragspartner verpflichtet sich der Erwerber, den Veräußerer von jeder Inanspruchnahme freizustellen; die Einholung der Genehmigungen ist Sache des Veräußerers, eine etwaige Nichterteilung begründet keine über den internen Freistellungsanspruch hinausgehenden Rechte des Veräußerers.[Rz. 101 ff.]

Nach Durchführung der Inventur und Feststellung der Bilanz zum genannten Stichtag werden die Vertragsteile im Rahmen der Feststellung der Bilanz die dingliche Übertragung der vorgenannten Gegenstände vorsorglich nochmals bestätigen; soweit nicht ausdrücklich etwas anderes vereinbart wird, gilt hierbei die Unterschrift des Erwerbers auf der Bilanz als Bestätigung, handelnd aufgrund der hiermit erteilten Vollmacht auch für den Veräußerer.[Rz. 60]

Bei Uneinigkeit über den Umfang des übergebenen Betriebs steht das Leistungsbestimmungsrecht nach billigem Ermessen dem Erwerber zu. Der Veräußerer bevollmächtigt den Erwerber unter Befreiung vom sog. Selbstkontrahierungsverbot und über den Tod hinaus, den Vertrag ggf. entsprechend zu ergänzen und eine ggf. noch fehlende Übertragung nachzuholen.[Rz. 60]

§ 5 Besitz, Nutzen, Lasten, Gefahr[Rz. 110–120]

Besitz, Nutzen, Lasten und Gefahr gehen mit Wirkung ab dem Übertragungsstichtag (§ 2) auf den Erwerber über.[Rz. 69, 110 ff.]

Der Gewinn für die Zeit bis zum Stichtag steht noch dem Veräußerer zu.[Rz. 113, 119]

Nicht bezahlte Sozialversicherungsbeiträge, betriebliche Steuern und Steuererstattungen, auch soweit sie sich auf die Zeit vor dem genannten Stichtag beziehen, trägt bzw. erhält der Erwerber, sofern und soweit sie nach dem Stichtag fällig werden. Die Zahlung der Einkommensteuer für die Veranlagungszeiträume bis zum genannten Stichtag obliegt dem Veräußerer, auch soweit die Fälligkeit nach dem Stichtag eintritt.[Rz. 116 ff.]

Erforderliche Um- und Anmeldungen bzw. Mitteilungen, einschließlich der Unterrichtung der Arbeitnehmer, hat der Erwerber vorzunehmen, ebenso hat er etwa erforderliche behördliche Genehmigungen einzuholen; der Veräußerer ist zur Mitwirkung verpflichtet, soweit dies erforderlich ist.[Rz. 120] **Hiermit verbundene Kosten und Gebühren trägt der Erwerber.**[Rz. 144]

§ 6 Ausschluss einer Mängelhaftung[Rz. 124–126]

Der Veräußerer verpflichtet sich, das Unternehmen bis zum Übertragungsstichtag wie bisher fortzuführen.[Rz. 119, 126]

Im Übrigen werden Rechte des Erwerbers wegen Rechts- oder Sachmängeln ausgeschlossen.[Rz. 124 f.]

§ 7 Widerrufsrecht[Rz. 129–134]

Der Veräußerer behält sich das Recht vor, die Übertragung des Einzelunternehmens zu widerrufen, wenn *(evtl.: innerhalb der nächsten ... Jahre ab heute)*

- **der Erwerber vor dem Veräußerer verstirbt, oder**
- **das Finanzamt für den heutigen Übertragungsvorgang Schenkungsteuer von mehr als ...,- Euro festsetzt, unabhängig vom Zeitpunkt der Fälligkeit der Steuer; gleichgestellt ist die Festsetzung einer Nachsteuer gem. § 13a Abs. 5 ErbStG, oder**
- **ein Fall iSd. § 530 BGB (grober Undank des Erwerbers) vorliegt.**

Der Widerruf kann nur schriftlich und längstens binnen drei Monaten ab Kenntnis des Veräußerers vom Vorliegen des Widerrufsgrunds erklärt werden. Im übrigen gelten für den Widerruf die §§ 530 ff. BGB – gegebenenfalls entsprechend –, jedoch mit der Maßgabe, dass die bis zur Ausübung gezogenen Nutzungen sowie bis dahin geleistete Rentenzahlungen ihrem Empfänger verbleiben.

§ 8 Zustimmung[Rz. 93, 101, 138–140]

Frau B stimmt der Übertragung vorsorglich zu.

§ 9 Teilunwirksamkeit[Rz. 142]

Sollten einzelne Bestimmungen dieser Urkunde unwirksam sein oder werden, so wird hierdurch die Wirksamkeit der übrigen Bestimmungen nicht berührt.

Die Vertragsteile verpflichten sich in einem derartigen Fall, anstelle der unwirksamen Bestimmung eine wirksame Ersatzregelung zu treffen, die dem mit der unwirksamen Bestimmung verfolgten wirtschaftlichen Zweck möglichst nahekommt.

Entsprechendes gilt, falls sich eine ergänzungsbedürftige Lücke herausstellen sollte.

§ 10 Sonstiges[Rz. 144–147]

Eine anfallende Schenkungsteuer hat der Erwerber zu tragen.[Rz. 36 ff., 145]

................................, den ....

[Ort, Datum]

..

[Unterschriften]

A. Grundsätzliche Anmerkungen

I. Wirtschaftliche Aspekte und allgemeine Gestaltungsüberlegungen

Zugrunde gelegter Sachverhalt: Herr A und Frau B sind verheiratet und haben zwei Kinder, den Sohn C und die Tochter D. Herr A möchte sich nunmehr „zur Ruhe setzen" und seinen als Einzelunternehmen betriebenen Getränkehandel seinem Sohn übergeben, der schon seit einigen Jahren dort mitarbeitet. 1

Typische Problem- bzw. Regelungsbereiche bei einer solchen angestrebten Betriebsübergabe sind die Sicherung eines ausreichenden Lebensstandards des Übergebers (und ggf. seines Ehegatten), der Interessenausgleich des Erwerbers mit etwa vorhandenen Geschwistern, evtl. die Vorsorge gegenüber unerwarteten Entwicklungen (Insolvenz, Ableben, Scheidung des Erwerbers etc.) sowie der Vorbehalt etwaiger Mitspracherechte des Übergebers bei der Fortführung des Betriebs.[1] 2

Je nachdem
- ob sich der Betrieb auf einem eigenen Grundstück des Übergebers (bzw. evtl. seines Ehegatten) oder auf einem angemieteten Grundstück befindet (hierzu nachfolgend Rz. 3),
- ob sich auf dem Betriebsgrundstück auch die Wohnung bzw. das Wohnhaus des Übergebers befindet (hierzu ebenfalls nachfolgend Rz. 3),
- ob der Betrieb jedenfalls übergangsweise vom Übergeber und Erwerber gemeinsam geführt werden soll bzw. inwieweit Zweifel an einer gelungenen Fortführung des Betriebs durch den Erwerber bestehen (hierzu nachfolgend Rz. 4),
- ob der Übergeber (und ggf. der Ehegatte) finanziell ausreichend versorgt sind (hierzu nachfolgend Rz. 5),
- ob Geschwister des Erwerbers vorhanden sind (hierzu nachfolgend Rz. 6ff.),

ergeben sich unterschiedliche Weichenstellungen für die weitere Gestaltung der Unternehmensnachfolge.

1. Befindet sich der Betrieb auf einem eigenen Grundstück des Übergebers, ist zu entscheiden, ob der **Grundbesitz** (ggf. unter Nießbrauchsvorbehalt) mit übergeben oder nur verpachtet wird. Befindet sich auch die Wohnung bzw. das Wohnhaus des Übergebers auf dem Betriebsgrundstück und soll sich hieran nichts ändern, ist zusätzlich zu entscheiden, 3
- ob der Grundbesitz ggf. (durch Vermessung) real geteilt werden soll in ein Betriebs- und ein Privatgrundstück bzw. (insbesondere bei einem zugleich betrieblich und zu Wohnzwecken genutztem Haus) in Wohnungs- und Teileigentum nach dem Wohnungseigentumsgesetz aufgeteilt werden soll, so dass die Wohnung/Wohnhaus im Eigentum des Übergebers zurückbehalten werden kann,
- ob der gesamte Grundbesitz, jedoch unter dem Vorbehalt eines Nießbrauchs oder Wohnungsrechts, übergeben werden soll,
- ob der Grundbesitz, beschränkt auf den betrieblich genutzten Teil, lediglich an den Erwerber verpachtet wird.

Wird der Betrieb zusammen mit Grundbesitz übergeben, ist das vorstehende Formular um die Regelungen der Grundstücksübertragung und etwaiger dinglicher Rechte zu ergänzen.[2]

2. Soll der Betrieb jedenfalls übergangsweise gemeinsam vom Übergeber und Erwerber geführt werden, kommt – abgesehen vom Verbleib des Betriebs beim Überge- 4

[1] Vgl. *Spiegelberger* Unternehmensnachfolge, § 1.
[2] Vgl. hierzu die Formulare A. 1.01–05 und C. 4.40–43, ferner – auch mit Musterverträgen – *Spiegelberger* Unternehmensnachfolge, § 4; Beck-FormB ErbR/*Mutter* Form. G. III. 1.

ber und Mitarbeit des Erwerbers alleine auf dienstvertraglicher Grundlage, evtl. unter ergänzender Prokuraerteilung – die **Gründung einer Gesellschaft** (zB GmbH, KG, OHG, AG) in Betracht, mit der das Unternehmen unter gemeinsamer Beteiligung des Übergebers und Erwerbers fortgeführt wird;[3] damit können dem bisherigen Betriebsinhaber sowohl entsprechende Mitspracherechte als auch Einnahmen aus dem Betrieb vorbehalten werden.

Insbesondere wenn seitens des Übergebers Zweifel an einer gelungenen Fortführung des Betriebs in der Hand des Erwerbers bestehen und keine Lösung über die Gründung einer Gesellschaft angestrebt wird, kann der **Betrieb** zunächst an den Betriebsübernehmer **verpachtet** werden;[4] die Übergabe des Betriebs würde dann nach einer gewissen „Bewährungszeit" des Pächters erfolgen.

Unter Umständen kommt auch eine vollständige Betriebsübergabe an den Erwerber in Betracht, verbunden mit dem Abschluss eines **Berater- oder Mitarbeitervertrags** mit dem Übergeber.

5 **3.** Mit der Betriebsübergabe fällt für den Übergeber regelmäßig seine Haupteinkunftsquelle weg. Stehen ihm keine anderen ausreichenden Einkunftsquellen zur Verfügung, muss er sich (und ggf. seinen Ehegatten) durch die Vereinbarung entsprechender **Gegenleistungen** absichern. Die Höhe der Gegenleistungen muss sich einerseits an der Leistungsfähigkeit des Betriebs und andererseits am Bedarf des Übergebers orientieren. Über die Höhe der Gegenleistungen lassen sich auch die steuerlichen Folgen der Betriebsübergabe beeinflussen (vgl. nachfolgend III. und Einzelerläuterungen zu § 3).

Ergänzend oder alternativ ist auch die Vereinbarung einer **stillen Beteiligung** für den Übergeber[5] oder der Abschluss eines Berater- oder Mitarbeitervertrags denkbar.

6 **4.** Häufig wird der Betrieb einen oder den Hauptvermögenswert des Übergebers darstellen. Sind mehrere Kinder vorhanden, soll der Betrieb aber nur von einem Kind fortgeführt werden, stellt sich die Frage nach einem **angemessenen Ausgleich für die anderen Kinder.** Soweit dem Übergeber (auch unter Berücksichtigung seiner eigenen finanziellen Absicherung) keine weiteren ausreichenden Vermögenswerte zur Verfügung stehen, um selbst für einen solchen Ausgleich sorgen zu können, kann der Ausgleich idR nur über den Erwerber erfolgen. Berechnet man den Ausgleich unter rein ökonomischen Gesichtspunkten (zB im Ausgangssachverhalt einen Betrag in Höhe von 50 vH des Unternehmenswerts), wird der Erwerber aber evtl. finanziell überfordert und dadurch auch die Betriebsfortführung gefährdet sein. Auf der anderen Seite fühlen sich die Geschwister des Erwerbers bei einer geringen Abfindung aber oftmals unangemessen benachteiligt, so dass der Familienfriede hierdurch nachhaltig gestört sein kann.

7 Erhalten die Geschwister nicht zumindest einen Vermögensausgleich in Höhe ihrer Pflichtteilsquote, droht dem Erben des Übergebers bzw. ggf. dem Betriebsübernehmer im Falle des Ablebens des Übergebers innerhalb von zehn Jahren ab Vollzug der Betriebsübergabe eine Inanspruchnahme auf **Pflichtteilsergänzung** gem. § 2325 BGB.[6]

8 Abgesehen von einer – ggf. ratenweisen – Ausgleichszahlung an Geschwister (vgl. noch nachfolgende Einzelerläuterungen zu § 3) kommt insbesondere deren Beteili-

---

[3] Vgl. Formular C. 1.00 und C. 1.10, ferner – zu Musterverträgen – Beck-FormB ErbR/*Mutter* Form. G. III.2; Münchener Vertragshandbuch Bd. 1/*Götze* Form. III.4.

[4] Vgl. Formular A. 2.10.

[5] Vgl. Formulare A. 1.20 und A. 2.60.

[6] Vgl. unten Rz. 22, ferner *Sudhoff* Unternehmensnachfolge, § 17 Rz. 68 f. Behält sich der Übergeber am übergebenen Betrieb einen Nießbrauch vor, ist Vollzug der Betriebsübergabe und damit Beginn der 10-Jahresfrist nach derzeitiger Rspr. erst mit Beendigung des Nießbrauchs anzunehmen, vgl. Palandt/*Weidlich* BGB § 2325 Rz. 26. Mit der seit 1.1.2010 geltenden Erbrechtsreform wurden die Pflichtteilsergänzungsansprüche etwas eingeschränkt, vgl. *Lehmann/Schulz* ZEV 2009, 337; vgl. ferner Formular A. 5.00. Zur evtl. optimierten Gestaltung durch eine fortgesetzte Gütergemeinschaft s. *Milzer* ZEV 2015, 260.

gung als stille Gesellschafter an dem zu übergebenden Einzelunternehmen in Betracht.[7]

(frei) 9, 10

II. Rechtliche Aspekte

1. Zivilrecht

a) Die rechtliche **Einordnung einer Betriebsübergabe** in eines der vom BGB näher geregelten Schuldverhältnisse ist nicht ohne weiteres möglich.[8] Für die Überlassung eines werthaltigen Betriebs ohne Gegenleistungen liegt im Ausgangspunkt regelmäßig die Annahme einer **Schenkung** gem. § 516 BGB nahe, unabhängig davon, ob sie im Vertrag als „Schenkung", „vorweggenommene Erbfolge", „Überlassung" oder „Übergabe" etc. bezeichnet wird. Im Hinblick darauf, dass mit einer Betriebsübergabe typischerweise auch Verpflichtungen bzw. Verbindlichkeiten übernommen werden müssen bzw. Gegenleistungen vereinbart werden, kann es sich dann allerdings nicht um eine reine Schenkung, sondern allenfalls um eine sog. **gemischte Schenkung** handeln. Entsprechen sich bei einer Betriebsübergabe Leistung und Gegenleistung wertmäßig, spricht dies für eine Einordnung als Betriebsverkauf bzw. **Unternehmenskauf** (§§ 433, 453 BGB; vgl. hierzu Formular A. 2.70). Die Abgrenzung zwischen einer gemischten Schenkung und einem Unternehmenskauf mit geringer bzw. nicht wertgleicher Gegenleistung ist fließend; maßgebend ist vor allem der feststellbare Wille der Beteiligten, im Übrigen aber auch das Wertverhältnis von Leistung und Gegenleistung.[9] Letztlich enthält eine typische Betriebsübergabe sowohl **kauf- als auch schenkungsrechtliche Elemente.** 11

Die Betriebsübergabe von Eltern auf ein Kind kann schließlich evtl. auch als **Ausstattung** gem. § 1624 BGB erfolgen.[10] 12

Da die Betriebsübergabe spezialgesetzlich nicht geregelt ist und die vorhandenen gesetzlichen Bestimmungen nicht ohne weiteres „passen", sollten die **gewünschten Rechtsfolgen** der konkreten Betriebsübergabe **umfassend im Vertrag geregelt werden.** 13

b) Ein **Schenkungsversprechen** bedarf hinsichtlich der **Form** zu seiner Wirksamkeit gem. 518 Abs. 1 BGB der **notariellen Beurkundung;** dies gilt nach h. M. auch für eine **gemischte Schenkung** und ist daher im Ausgangspunkt auch für eine Betriebsübergabe relevant.[11] Erfolgt keine Beurkundung, wird der Formfehler jedoch durch die Erfüllung des (zunächst formunwirksamen) Schenkungsversprechens geheilt (§ 518 Abs. 2 BGB). Soll die Erfüllung nicht unmittelbar nach Abgabe des Schenkungsversprechens erfolgen, sondern zB erst zum nächsten Geschäftsjahresende, liegt bis dahin noch keine wirksame Schenkung vor; der Schenker kann die Erfüllung also ohne weiteres verweigern und ist erst nach Erfüllung endgültig gebunden. 14

---

[7] Vgl. Formular A. 1.20 und A. 2.60. Alternativ kommt weiter eine Betriebsübergabe an mehrere Erwerber in Betracht, die sich – auch zur Vermeidung steuerlicher Nachteile – zu einer Gesellschaft zusammenschließen, so dass ggf. anstelle einer Betriebsaufgabe gem. § 16 EStG eine Betriebsfortführung gem. § 6 Abs. 3 EStG erfolgt und umsatzsteuerlich nicht die Annahme einer Geschäftsveräußerung im Ganzen gem. § 1 Abs. 1a UStG gefährdet wird (vgl. und Rz. 11 ff. und Rz. 43).

[8] Vgl. *Sudhoff* Unternehmensnachfolge, § 20 Rz. 12 ff.

[9] Vgl. Palandt/*Weidenkaff* BGB § 516 Rz. 13; BGH v. 6.11.2013 – XII ZB 434/12, NJW 2014, 294.

[10] Vgl. OLG Stuttgart MittBayNot 2005, 229; vorausgesetzt wird, dass die Ausstattung zur Erlangung einer selbständigen Lebensstellung des Kindes dient und – unter Berücksichtigung der Lebensumstände des Übergebers – angemessen ist, insbes. für eine ausreichende Versorgung des Übergebers gesorgt ist. Für die Ausstattung gilt nicht die Formvorschrift des § 518 Abs. 1 BGB, ebenso nicht die gesetzlichen Rückforderungsrechte der §§ 528 f., 530 f. BGB; sie kann – anders wie idR eine Schenkung – auch durch einen Betreuer erfolgen, vgl. Palandt/*Götz* BGB § 1908i Rz. 17. Soweit die Ausstattung angemessen ist, soll sie auch keiner Pflichtteilsergänzung unterliegen, vgl. Bamberger/Roth/*Enders* BGB § 1624 Rz. 8.4.

[11] Vgl. Palandt/*Weidenkaff* BGB § 516 Rz. 15 und § 518 Rz. 1.

15 Wird zusammen mit dem Betrieb **Grundbesitz** übergeben, ist der Vertrag nach §§ 311b Abs. 1 S. 1 BGB **beurkundungspflichtig;** eine Aufspaltung in eine beurkundete Grundstücksübertragung und eine formlose Betriebsübertragung ist zivilrechtlich nicht zulässig und steuerrechtlich gefährlich.[12]

16 Wird zusammen mit dem Betrieb eine **GmbH-Beteiligung** übergeben, besteht eine Beurkundungspflicht nach § 15 Abs. 3, 4 GmbHG.

17 Macht das Unternehmen das (nahezu) **gesamte Vermögen des Übergebers** aus, kommt eine **Beurkundungspflicht** auch **aus § 311b Abs. 3 BGB** in Betracht.[13] Soweit aber nennenswertes Privatvermögen beim Übergeber verbleibt, wird § 311b Abs. 3 BGB bei einer Betriebsübertragung regelmäßig nicht einschlägig sein. Die **Grenzziehung zu § 311b Abs. 2 BGB** (mit der darin angeordneten Nichtigkeitsfolge bei Übertragung des künftigen Vermögens) scheint für die Vereinbarung eines in der Zukunft liegenden Übertragungsstichtags noch nicht abschließend geklärt; zulässig müsste aber in jedem Fall die Übertragung des gegenwärtig vorhandenen Vermögens unter Berücksichtigung von Surrogaten dieses Vermögens bis zu einem zeitnahen Übertragungsstichtag sein. Die Einbeziehung von völlig neu erworbenem Vermögen auf einen entfernt liegenden Stichtag kann dagegen problematisch sein.

18 Soll eine **sonstige Grundbucheintragung,** zB Hypothek, Reallast, Wohnrecht etc. (§ 29 GBO), ein **Pflichtteilsverzicht** (§ 2348 BGB) oder eine **Zwangsvollstreckungsunterwerfung** (§ 794 Abs. 1 Nr. 5 ZPO), zB wegen einer Zahlungspflicht, im Zusammenhang mit der Betriebsübertragung erfolgen, ist ebenfalls ein Notar hinzuzuziehen.

19 Auch wenn keine Beurkundungspflicht besteht, sollte die Betriebsübergabe zumindest schriftlich abgeschlossen werden, nicht zuletzt auch als Dokumentation für das Finanzamt (zu weiteren Formalien bei der Übertragung s. unten Einzelerläuterungen zu § 4).

20 **c)** Ist der **Erwerber** noch **minderjährig,** muss für ihn ggf. ein Ergänzungspfleger bestellt und die familiengerichtliche Genehmigung eingeholt werden (§§ 1795, 1909, 1643, 1822 Nr. 3 BGB; vgl. hierzu Formular A. 3.00–3.03).

2. Handelsrecht

21 Handelt es sich bei dem zu übergebenden Unternehmen um einen Gewerbebetrieb, sind im Zusammenhang mit der Betriebsübergabe auch die Regelungen des HGB zu beachten. Sofern das Unternehmen im Handelsregister eingetragen ist bzw. es sich nicht um ein Kleingewerbe iSd. §§ 1 Abs. 2, 2 HGB handelt, besteht für den Inhaberwechsel aufgrund einer Betriebsübergabe die Pflicht zur Anmeldung beim zuständigen Registergericht (vgl. nachfolgendes Formular A. 2.01 mit Erläuterungen).

3. Erbrecht

22 Mit einer Betriebsübergabe insbesondere an Abkömmlinge sind regelmäßig erbrechtliche Aspekte verbunden. So stellt sich die Frage nach einer Ausgleichungspflicht unter Geschwistern, einer Pflichtteilsanrechung bzw. eines Pflichtteilsverzichts und der

---

[12] Zur „Gesamtbeurkundungspflicht" vgl. Palandt/*Grüneberg* BGB § 311b Rz. 25 ff., 32 ff.; zur möglichen Heilung gem. § 311b Abs. 1 S. 2 BGB durch Grundbuchvollzug und deren Anforderungen, vgl. Palandt/*Grüneberg* BGB § 311b, Rz. 46 ff. Zu den Problemen bei der steuerlichen Anerkennung bei Nichteinhaltung von Formvorschriften unter Angehörigen vgl. BMF v. 2.4.2007, DStR 2007, 805; BFH v. 22.2.2007 – IX R 45/06, DStR 2007, 986, u. hierzu *Tiedtke/Möllmann* DStR 2007, 1940. Zum möglichen (teilweisen) Wegfall der Privilegien der §§ 13a f. ErbStG (s. hierzu Rz. 36 ff.) s. FG BaWü v. 20.3.2008 – 7 V 533/07, DStRE 2009, 615.

[13] Im Einzelnen str., vgl. Bamberger/Roth/*Gehrlein* BGB § 311b Rz. 44; Beck-Notar-HdB/*Heckschen,* Kap. D.V, Rz. 11 f.; bei der Veräußerung eines Unternehmens durch eine natürliche Person geht die wohl hM allerdings von keiner Beurkundungsbedürftigkeit nach § 311b Abs. 3 BGB aus; vgl. Palandt/*Grüneberg* BGB § 311b, Rz. 66; *Heckschen* aaO mwN. Wird nicht pauschal die Übergabe „sämtlicher Aktiva" des Veräußerers vereinbart, sondern werden die verkauften Aktiva iE bezeichnet, soll § 311b Abs. 3 BGB im Grundsatz keine Anwendung finden.

Vermeidung ungewollter **Pflichtteilsergänzungsansprüche Dritter** (vgl. bereits Rz. 7 sowie Erläuterungen zu § 3).

Berechtigte eines Pflichtteilsergänzungsanspruchs gem. § 2325 BGB können nach § 2303 BGB sein: der Ehegatte des Übergebers sowie Abkömmlinge und (wenn solche nicht vorhanden sind) die Eltern des Übergebers. Je nach den Umständen des Einzelfalls sollte eine Betriebsübergabe durch die Vereinbarung (notarieller, ggf. auf den Betrieb gegenständlich beschränkter) **Pflichtteilsverzichtserklärungen** gem. § 2346 BGB solcher Pflichtteilsberechtigter flankiert werden (vgl. Formulare A. 5.00 und A. 5.40).

(frei) **23–25**

III. Steuerliche Aspekte

1. Ertragsteuern

a) Einkommensteuer

Die unentgeltliche Übertragung eines Einzelunternehmens erfolgt nach **§ 6 Abs. 3** **26**
S. 1, 3 EStG zu Buchwerten, kann also ohne Aufdeckung von stillen Reserven erfolgen.

Die gleichzeitige Übernahme von betrieblichen Verbindlichkeiten ändert nichts an **27**
der Unentgeltlichkeit iSd. genannten Vorschrift. Werden sonstige Gegenleistungen vereinbart, verbleibt es nach der von h. M. angewandten Einheitstheorie bei der Qualifikation einer rein unentgeltlichen Übertragung, solange und soweit die Gegenleistungen den Buchwert des Unternehmens nicht übersteigen.[14] Darüber hinausgehende Gegenleistungen führen zu einer steuerlichen **Teilentgeltlichkeit** der Übertragung, und damit zu Anschaffungskosten beim Erwerber und zur Aufdeckung vorhandener stiller Reserven;[15] ein Veräußerungsgewinn ist dann – wie bei einem vollentgeltlichen Betriebsverkauf – gem. §§ 16, 18, 34 EStG zu versteuern. Gegenleistungen in diesem Sinne sind zB Abstandszahlungen, Gleichstellungsgelder, die Abgeltung bereits entstandener Pflichtteilsansprüche oder die Übernahme nicht betrieblich veranlaßter Schulden, nicht als Sonderausgaben anerkannte Leibrenten bzw. dauernde Lasten,[16] evtl. auch die Verpflichtung aus einer Betriebsprüfungsklausel, aufgrund deren der Erwerber für den Veräußerer Einkommensteuer zu zahlen hat. Die Übernahme eines negativen Kapitalkontos ohne weitere Gegenleistungen stellt noch nicht zwingend Entgelt dar,[17] doch bei jeder weiteren – auch noch so geringen – Gegenleistung wird auch die Übernahme des negativen Kapitalkontos als Gegenleistung behandelt.

Die **Buchwertfortführung setzt voraus,** dass alle funktional wesentlichen Be- **28**
triebsgrundlagen des Betriebs in einem einheitlichen Vorgang auf einen Erwerber übergehen und der Veräußerer seine diesbezügliche unternehmerische Tätigkeit zumindest im Wesentlichen einstellt.[18] Bei **Zurückbehalt wesentlicher Betriebsgrundlagen** liegt keine unentgeltliche Betriebsübertragung gem. § 6 Abs. 3 EStG vor, sondern – jedenfalls bei deren zeitnaher Überführung in das Privatvermögen – eine Betriebsaufgabe nach § 16 Abs. 3 EStG (mit – ggf. privilegierter – Besteuerung des Aufgabegewinns gem. §§ 16 Abs. 4, 34 EStG). Sollen wesentliche Betriebsgrundlagen zurückbehalten und dennoch eine unentgeltliche Betriebsübertragung nach § 6 Abs. 3 EStG angestrebt werden, kommt evtl. die vorherige Übertragung der zurück zu behal-

---

[14] Vgl. Schmidt/*Wacker* EStG § 16 Rz. 39 ff., 58 ff.

[15] Vgl. hierzu und zu Nachfolgendem: Schmidt/*Kulosa* EStG § 6 Rz. 131 ff., 641 ff.; Schmidt/*Wacker* EStG § 16 Rz. 15, 35 ff., 45 ff.; BFH v. 6.4.2016 – X R 52/13, DStR 2016, 1591 (insbes. zur teilentgeltlichen Veräußerung eines verpachteten Betriebs). S. ferner noch Einzelerläuterungen zu § 3.

[16] So zumindest die Finanzverwaltung, vgl. BMF v. 11.3.2010, BStBl. I 2010, 227 („IV. RE"), Tz. 21, 57 ff. u. 65 ff. Vgl. hierzu Schmidt/*Kulosa* EStG § 6 Rz. 135; Schmidt/*Heinicke* EStG § 10 Rz. 145; Schmidt/*Loschelder* EStG § 12, Rz. 40 Schmidt/*Wacker* EStG § 16 Rz. 41 u. 47.

[17] Vgl. FG Düsseldorf v. 19.1.2010 – 13 K 4281/07 F, DStRE 2011, 405 (rkr.).

[18] Vgl. Schmidt/*Wacker* EStG § 16 Rz. 35 ff.; FG Münster v. 18.9.2014 – 13 K 724/11 E, DStRE 2015, 1095.

tenden Betriebsgrundlage nach § 6 Abs. 5 EStG bzw. § 6b EStG in eine eigene gewerblich geprägte GmbH & Co. KG iSd. § 15 Abs. 3 Nr. 2 EStG in Betracht und – ggf. nach Ablauf einer mehr oder weniger großzügigen Schamfrist – die Übertragung des verbliebenen Betriebs auf den Übernehmer.[19] Der Zurückbehalt unwesentlicher Betriebsgrundlagen (evtl. zB auch das häusliche Arbeitszimmer) führt, sofern diese nicht in ein anderes Betriebsvermögen des Veräußerers übertragen werden, zu einer **steuerpflichtigen Entnahme,** hindert jedoch die Annahme einer unentgeltlichen Betriebsübertragung nach § 6 Abs. 3 EStG im Übrigen nicht. Noch nicht abschließend geklärt ist die Besteuerung bei **Vorbehalt eines Nießbrauchs oder Wohnungsrechts an einem mitübergebenen Betriebsgrundstück.**[20] Werden Verbindlichkeiten beim Veräußerer zurückbehalten, ist die **weitere Abzugsfähigkeit der Schuldzinsen** zu prüfen.[21]

29 Die Buchwertfortführung gem. § 6 Abs. 3 EStG gilt auch bei unentgeltlicher **Aufnahme des Nachfolgers in das Einzelunternehmen unter Gründung einer Gesellschaft** (§ 6 Abs. 3 S. 2 EStG; vgl. Rz. 4) und bei **Übertragung eines Teilbetriebs,**[22] nicht aber für die Übertragung einzelner Wirtschaftsgüter (hierzu vgl. § 6 Abs. 4–6 EStG).

30 Eine **Ausnahme von der Buchwertfortführung** kann sich zB für mit übertragene Wirtschaftsgüter ergeben, die innerhalb der dreijährigen Sperrfrist des § 6 Abs. 5 S. 4 EStG in das Betriebsvermögen des Einzelunternehmens übertragen wurden.

31 Hat der Übergeber die **Thesaurierungsbegünstigung des § 34a EStG** in Anspruch genommen, hat der Erwerber den nachversteuerungspflichtigen Betrag gem. § 34a Abs. 7 EStG fortzuführen; bei einer teilentgeltlichen Übertragung gem. §§ 16 bzw. 18 EStG ist die Nachversteuerung gem. § 34a EStG durchzuführen.[23]

32 Ein nicht verbrauchter **Zinsvortrag** geht gem. § 4h Abs. 5 EStG unter, und zwar unabhängig davon, ob es sich um eine unentgeltliche oder teilentgeltliche Übertragung handelt.[24]

33 Soweit zum übergebenen Vermögen des Einzelunternehmens **Beteiligungen an Handelsgesellschaften** gehören, können sich im Einzelfall durch die Übertragung auch insoweit negative steuerliche Folgen ergeben.[25]

34 Zu prüfen bleibt schließlich, ob sich steuerlich nachteilige Folgen durch eine Betriebsübergabe im Hinblick auf vom Übergeber in Anspruch genommene Steuerprivilegierungen/-vergünstigungen ergeben können, zB. **Investitionsabzugsbeträge** bzw. **Sonderabschreibungen** gem. **§ 7g EStG** oder die **„§ 6b EStG"-Rücklage.**[26]

---

[19] Nach BFH v. 2.8.2012 – IV R 41/11, ZEV 2012, 685 m. Anm. *Geck* soll die Einhaltung einer Schamfrist gar nicht notwendig sein. Vgl. im Übrigen Schmidt/*Wacker* EStG § 16 Rz. 414 u. 435. Alternativ käme evtl. die (vorübergehende) Begründung einer Mitunternehmerschaft mit dem Nachfolger unter Rückbehalt gem. § 6 Abs. 3 S. 2 EStG (mind. 5 Jahre) in Betracht.

[20] Vgl. zum Nießbrauchsvorbehalt an einem Betriebsgrundstück: BGH v. 22.5.2003 – IX ZR 201/01, ZEV 2004, 31 m. Anm. *Klose;* FG Nds 20.6.2007 – 2 K 562/05, DStRE 2008, 16; zu einem Sonderfall s. auch FG Münster v. 18.9.2014, DStRE 2015, 1095, u. hierzu *Lederle/Wanner* DStR 2015, 2270. Wird das Wohnungsrecht an Räumen bestellt, die sich bereits bisher nicht im Betriebsvermögen befanden, führt dies regelmäßig zu keinen einkommensteuerlichen Nachteilen.

[21] Vgl. Schmidt/*Wacker* EStG § 16, Rz. 128 aE mwN, ferner § 16, Rz. 371 außerdem BFH v. 16.3.2010 – VIII R 20/08, DStR 2010, 1472.

[22] Dieser setzt „einen mit einer gewissen Selbständigkeit ausgestatteten, organisch geschlossenen Teil des Gesamtbetriebs, der für sich alleine lebensfähig ist", voraus, vgl. Schmidt/*Wacker* EStG § 16 Rz. 143. Sollen unselbständige Betriebsteile an verschiedene Kinder übergeben werden, kann dies zu Buchwerten evtl. durch Übertragung an eine gemeinsame „Kinder-Gesellschaft" (zB OHG), verbunden mit einer späteren Realteilung gem. § 16 Abs. 3 S. 2 EStG erfolgen.

[23] Vgl. hierzu auch BMF v. 11.8.2008, DStR 2008, 1637, Tz. 47.

[24] Blümich/*Heuermann* EStG § 4h, Rz. 103; zweifelnd *Köhler/Hahne* DStR 2008, 1505, 1513.

[25] Bspw. beim Zurückbehalt von Sonderbetriebsvermögen (§§ 6 Abs. 3 S. 2 EStG) oder im Hinblick auf bestehende Zinsvorträge gem. § 4h EStG oder Verlustvorträge gem. § 8c KStG (s. hierzu auch Erläuterungen zu § 3, dort insbes. Fn. 55).

[26] Zum Fortbestand der § 6b EStG-Rücklage bei unentgeltlicher Veräußerung s. Schmidt/*Loschelder* EStG § 6b, Rz. 74. Zu § 7g EStG vgl. BFH v. 10.3.2016 – IV R 14/12, DStR 2016, 1859; Schmidt/*Kulosa* EStG § 7g, Rz. 60.

b) Gewerbesteuer

Die unentgeltliche Betriebsübertragung als solche löst keine Gewerbesteuer aus (vgl. § 2 Abs. 5 GewStG und GewStR 2.7). Bei einer teilentgeltlichen Betriebsübertragung ist ein etwaiger nach §§ 16, 34 EStG privilegierter Veräußerungs- bzw. Aufgabegewinn ebenfalls nicht gewerbesteuerpflichtig (vgl. § 7 S. 2 GewStG und Abschnitt 38 Abs. 3, 39 GewStR); ein etwa entstehender laufender Gewinn kann jedoch eine Gewerbesteuer auslösen, ebenso eine Veräußerung innerhalb der Behaltefrist des § 18 Abs. 3 UmwStG nach einer Umwandlung.[27] **35**

Ein Gewerbeverlust nach § 10a GewStG soll gem. Abschn. 68 Abs. 1 S. 3 GewStR nicht auf den Erwerber übergehen.

2. Schenkungsteuer

Die unentgeltliche oder teilentgeltliche Übertragung eines Betriebs oder Teilbetriebs unterliegt nach § 7 Abs. 1 Nr. 1 ErbStG der Schenkungsteuer. **Bemessungsgrundlage** für die Festsetzung der Steuer ist im Ausgangspunkt der sog. gemeine Wert des Betriebs (§§ 12 ErbStG, 11 Abs. 2, 95f., 109, 151 Abs. 1 Nr. 1, 157ff., 199ff. BewG). Die Wertermittlung wird idR nach dem **vereinfachten Ertragswertverfahren** gem. § 200 BewG erfolgen; Untergrenze ist der Substanzwert nach § 11 Abs. 2 S. 3 BewG. **Gegenleistungen** mindern, ggf. anteilig, die Bemessungsgrundlage.[28] **36**

Je nach Verwandtschaftsgrad zwischen Schenker und Erwerber sieht **§ 16 ErbStG allgemeine Freibeträge** vor, zB zwischen Kind und einem Elternteil € 400000,–, wobei gem. § 14 ErbStG alle Zuwendungen innerhalb eines Zeitraums von 10 Jahren zusammen zu rechnen sind. Auf den nach Abzug des Freibetrags verbleibenden Wert wird dann die Schenkungsteuer mit dem sich aus § 19 ErbStG ergebenden **Steuersatz** berechnet, jedoch mit der Maßgabe, dass bei der Übertragung von Betriebsvermögen noch **weitere Besonderheiten** bestehen:[29] **37**

Bei der Ermittlung der Bemessungsgrundlage für die Festsetzung der Schenkungsteuer bleiben 85 vH des Betriebsvermögens, gekürzt um das nicht begünstigte Verwaltungsvermögen gem. § 13b Abs. 2ff. ErbStG (vgl. ferner noch nachfolgend) und bereinigt um das unschädliche Verwaltungsvermögen gem. § 13b Abs. 7 ErbStG, außer Ansatz (**„Verschonungsabschlag"**, §§ 13a Abs. 1, 13b Abs. 1 Nr. 2 ErbStG), **38**
- wenn der **Erwerb des begünstigten Vermögens** gem. § 13a Abs. 1 ErbStG insgesamt **26 Mio. Euro** nicht übersteigt; und
- wenn die **Mindestlohnsumme** während der Lohnsummenfrist von fünf Jahren nach dem Erwerb nicht unterschritten wird; diese Voraussetzung spielt jedoch bei Betrieben mit maximal fünf Beschäftigten keine Rolle (§ 13a Abs. 3 ErbStG); und
- wenn die fünfjährige **Behaltensfrist** nach § 13a Abs. 6 ErbStG eingehalten wird, insbes. nicht innerhalb von fünf Jahren ab Erwerb der Betrieb veräußert (vgl. hierzu auch Rz. 41 aE) oder eingestellt wird oder wesentliche Betriebsgrundlagen veräußert oder entnommen werden oder überhöhte Entnahmen iSd. § 13a Abs. 6 Nr. 3 ErbStG getätigt werden, ohne dass eine rechtzeitige Reinvestition gem. § 13a Abs. 6 S. 3 ErbStG erfolgt; und
- sofern das Betriebsvermögen zu nicht mehr als 90 vH aus sog. **Verwaltungsvermögen** (zB fremdvermieteter Grundbesitz, Kunstgegenstände, bestimmte Wertpapiere, über die 15%-Grenze des § 13b Abs. 4 Nr. 5 ErbStG hinausgehende Geld

[27] Vgl. BFH v. 17.7.2013 – X R 40/10, DStR 2013, 2050.

[28] Anders nach dem – seit 31.12.2008 weggefallenen – § 25 ErbStG für bestimmte Vorbehalte/Gegenleistungen. Betriebsschulden mindern jedoch bereits die Bemessungsgrundlage, vgl. Troll/Gebel/Jülicher/*Gebel* ErbStG, § 7 Rz. 220 und § 10 Rz. 262. Vgl. zum Abzug von Schulden und Gegenleistungen auch *Gräfe* DStR 2012, 65. Zu Gegenleistungen s. noch Einzelerläuterungen zu § 3.

[29] Vgl. zB *Hannes* ZEV 2016, 554; *Viskorf/Löcherbach/Jehle* DStR 2016, 2425; *Holtz* NJW 2016, 3750; *Thouet* ZNotP 2016, 334; *Landsittel* ZErb 2016, 383; ErbStR 2011 E 13a, 13b, 13c; ferner A. 2.21 Rz. 14ff.

und sonstige Finanzmittel, nach näherer Maßgabe des § 13b Abs. 2ff. ErbStG) besteht (§ 13b Abs. 2 S. 2 ErbStG); und

- wenn der Erwerber nicht zur **Weiterleitung** des Betriebs auf einen Dritten verpflichtet wurde (§ 13a Abs. 5 ErbStG).

39 Der verbleibende Teil von 15 vH des begünstigten Betriebsvermögens unterliegt seinerseits der Schenkungsteuer nur, soweit er den für Kleinbetriebe ggf. nach **§ 13a Abs. 2 ErbStG** zu gewährenden **Abzugsbetrag von maximal € 150 000,–** überschreitet.

Nach **§ 13a Abs. 10 ErbStG** besteht für den Erwerber auch das Recht zur sog. **Null-Option,** wonach unter den vorgenannten Voraussetzungen das gesamte begünstigte Betriebsvermögen schenkungsteuerlich außer Ansatz bleibt, wenn eine bestimmte höhere Mindestlohnsumme während einer Lohnsummenfrist von sieben Jahren sowie eine Behaltensfrist von sieben Jahren eingehalten wird sowie das Verwaltungsvermögen nicht mehr als 20 vH beträgt.

40 Überschreitet das übergebene begünstigte Betriebsvermögen den Wert von € 26 Mio. **(Großerwerb)**,[30] kann zum **reduzierten Verschonungsabschlag nach § 13c ErbStG optiert** werden; ab einem Vermögen von € 90 Mio. ergibt sich daraus keinerlei Erbschaftsteuerreduzierung mehr. Alternativ bzw. bei einem Erwerb von begünstigtem Betriebsvermögen von über € 90 Mio. kann für die darauf anfallende Schenkungsteuer ein Antrag auf **Verschonungsbedarfsprüfung** zum Zwecke einer (teilweisen) Steuerverschonung gestellt werden **(§ 28a ErbStG).** Soweit die Steuer aus verfügbarem Vermögen (vgl. § 28a Abs. 2 ErbStG) nicht bezahlt werden kann, besteht dann unter bestimmten weiteren Voraussetzungen (insbesondere Einhaltung der Lohnsummen und der Behaltensfrist sowie kein Hinzuerwerb weiteren verfügbaren Vermögens innerhalb der nächsten 10 Jahre nach Maßgabe des § 28a Abs. 4 ErbStG) ein Anspruch auf (teilweisen) Steuererlass.

Bei Erwerbern der Steuerklasse II und III, sofern es sich um natürliche Personen handelt, wird unter bestimmten Voraussetzungen (insbes. Einhaltung der relevanten Behaltefrist) ein **tariflicher Entlastungsbetrag** bezüglich des erworbenen Betriebsvermögens gewährt, der solche Erwerber beim Erbschaftsteuersatz (§ 19 ErbStG) den begünstigten Personen der Steuerklasse I angleicht (vgl. **die Tarifbegrenzung des § 19a ErbStG**).

Schließlich kann unter bestimmten Voraussetzungen um **Stundung** der Schenkungsteuer ersucht werden (vgl. **§ 28 ErbStG**).

41 Daraus ergibt sich:

Wird ein eher geringwertiger Betrieb übergeben und reichen – auch unter Berücksichtigung der vereinbarten Gegenleistungen – bereits die allgemeinen Freibeträge nach § 16 ErbStG zur Freistellung von der Erbschaftsteuer, braucht auf die besonderen Anforderungen der §§ 13a, b ErbStG nicht geachtet zu werden. In den übrigen Fällen besteht gewisses Gestaltungspotential bereits vor der Übergabe: so kann und sollte ggf. der Umfang des Verwaltungsvermögen optimiert werden; evtl. kann auch die Ausgangslohnsumme etc. beeinflusst werden.[31]

Hat der Schenker das Unternehmen seinerseits durch Schenkung erworben und läuft für ihn noch die **Behaltensfrist** des § 13a Abs. 6 ErbStG, wird eine **unentgeltliche Weiterübertragung** als steuerunschädlich angesehen.[32]

---

[30] Vgl. *Watrin/Linnemann* DStR 2017, 569.

[31] Zum Verwaltungsvermögen und zu diesbezüglichen Gestaltungsmöglichkeiten s. *Scholten/Korezkij* DStR 2009, 147. Zur Lohnsummenbeeinflussung vgl. *Dillberger/Fest* DStR 2009, 671; *Wälzholz* DStR 2009, 1607. Zur Lohnsummenberechnung s. ErbStR 2011 E 13a.4ff.; Ländererlass v. 5.12.2012, DStR 2013, 93.

[32] Vgl. ErbStR 2011 E 13a.5 Abs. 2 Nr. 2 (= A 13a.11 Abs. 2 Nr. 2 AEErbSt 2017); *Scholten/Korezkij* DStR 2009, 304, 306 (löst aber gegenüber dem Zweiterwerber eine neue Behaltefrist aus). Zur gemischten Schenkung bzw. teilentgeltlichen Übertragung vgl. *Wälzholz* DStR 2009, 1607; BayLfSt. v. 1.6.2016, DStR 2016, 1322 (insbes. zur Unschädlichkeit sog. Duldungsauflagen).

3. Verkehrssteuern

a) Grunderwerbsteuer

Grunderwerbsteuer kann insbesondere anfallen, sofern im Rahmen der Betriebsübertragung ein Grundstück (§ 2 GrEStG) oder Beteiligungen von mindestens 95 vH an einer Grundbesitz haltenden Gesellschaft mit übertragen werden (§ 1 Abs. 1, 2a u. 3 GrEStG).[33] Grunderwerbsteuerbefreit sind jedoch Übertragungen an Verwandte in gerader Linie, Stiefkinder und Ehegatten gem. § 3 Nr. 4 und 6 GrEStG; für bestimmte Anteilsübertragungen ist die Anwendbarkeit dieser Befreiungsvorschriften noch nicht abschließend geklärt.[34] Außerdem sind nach § 3 Nr. 2 GrEStG Schenkungen grunderwerbsteuerbefreit, soweit nicht Gegenleistungen/Auflagen vereinbart sind, welche die Bereicherung des Beschenkten mindern. Die Übergabe eines Betriebs mit einem Betriebsgrundgrundstück, verbunden mit der Übernahme von Verbindlichkeiten, an eine nicht gem. § 3 Nr. 4 oder 6 GrEStG privilegierte Person kann also nach wohl bisher überwiegender Meinung eine Grunderwerbsteuerbelastung auslösen.[35] 42

b) Umsatzsteuer

Eine Geschäftsveräußerung, und damit die Übertragung eines Betriebs und idR. auch eines Teilbetriebs, ist nach § 1 Abs. 1a UStG nicht umsatzsteuerbar; der Erwerber tritt in laufende Vorsteuerberichtigungszeiträume ein (§ 15a Abs. 10 UStG). 43

Der Zurückbehalt einzelner Wirtschaftsgüter beim Übergeber kann jedoch Umsatzsteuer auslösen (vgl. § 3 Abs. 1b UStG), ebenso die Übertragung eines Betriebsteils, der nicht die Anforderungen eines gesondert geführten Betriebs iSd. § 1 Abs. 1a S. 2 UStG erfüllt.[36]

4. Sonstiges

Rechtsverhältnisse zwischen nahen Angehörigen werden steuerlich im übrigen nur anerkannt, wenn sie rechtswirksam und ernsthaft vereinbart sind, tatsächlich durchgeführt werden und keine Abreden enthalten, die unter fremden Dritten nicht getroffen würden (sog. **Fremdvergleich**).[37] Dies ist auch für Betriebsübergaben zu beachten. 44

(frei) 45–49

B. Einzelerläuterungen

Zu § 1: Sachverhalt

§ 1 führt die Grundlagen der nachfolgenden Betriebsübertragung auf und dient damit dem Vertragsgestalter und den Beteiligten auch als Merkposten für regelungsbedürftige Gegenstände. 50

---

[33] Werden Anteile an einer Gesellschaft mitübertragen, kann sich auch unterhalb der 95%-Grenze in den entsprechenden Fällen der §§ 5ff. GrEStG, also bei vorhergehenden grunderwerbsteuerbefreiten Vorgängen in den letzten fünf Jahren, eine Grunderwerbsteuerpflicht ergeben.

[34] Vgl. *Gottwald/Behrens* Grunderwerbsteuer Rz. 350 u. 448, zB für den Fall, dass der Vater im Zuge einer Betriebsübertragung auch einen Anteil an einer grundbesitzhaltenden GmbH mitüberträgt, an der lediglich noch der Sohn beteiligt war, und hierdurch eine erstmalige Anteilsvereinigung auftritt.

[35] Anders als im Einkommen- und Schenkungsteuerrecht (s. oben) wird im Grunderwerbsteuerrecht jedenfalls nach teilweise vertretener Auffassung auch die Übernahme betrieblicher Verbindlichkeiten als Gegenleistung behandelt, vgl. Boruttau/*Loose* GrEStG § 9 Rz. 526ff. Bei der Übertragung von Gesellschaftsanteilen zeichnet sich allerdings eine andere Betrachtungsweise ab, vgl. FM Bayern v. 12.10.2007, ZEV 2007, 548; *Gottwald/Behrens* Grunderwerbsteuer Rz. 448f., je mwN zur Rspr., wonach Schenkungen von Anteilen überwiegend als grunderwerbsteuerbefreit behandelt werden, unabhängig davon, ob die Gesellschaft Verbindlichkeiten hat; teilweise abweichend FM BaWü v. 18.12.2009, DStR 2010, 114.

[36] Zur Grundstücksentnahme s. *Widmann* DStR 2009, 1061, 1063. Zum Zurückbehalt einer Immobilie mit Vermietung an den Erwerber des Betriebs s. BFH v. 18.1.2012 – XI R 27/08, DStR 2012, 516. Zu den Anforderungen des § 1 Abs. 1a UStG s. UStAE 1.5.

[37] Vgl. Schmidt/*Heinicke* EStG § 4 Rz. 520 (unter „Angehörige").

51 Handelt es sich um ein im **Handelsregister** eingetragenes Einzelunternehmen, besteht nach § 31 HGB die Verpflichtung, die Übertragung – ebenso wie eine etwaige Löschung der Firma – in notarieller Form (§ 12 HGB) beim zuständigen Registergericht anzumelden (vgl. dazu das nachfolgende Formular A. 2.01, dort auch zur Haftung des Erwerbers nach § 25 HGB).

52 Unterliegt der Betrieb einer **behördlichen Genehmigungspflicht,** muss in aller Regel auch eine Genehmigung zur Übertragung bzw. für den Erwerber eingeholt werden (vgl. auch Rz. 120).

53 Wird das Unternehmen nicht auf einem angemieteten Grundstück, sondern auf einem **Grundstück des Übergebers** betrieben, muss dieser entscheiden, ob er den Grundbesitz mit übergibt oder nicht bzw. sich evtl. ein Nießbrauchs- oder Wohnungsrecht am mit übergebenen Grundbesitz vorbehält (vgl. Rz. 2ff.). Der Zurückbehalt von Grundbesitz – wie auch der Zurückbehalt anderer Wirtschaftsgüter – bzw. der Vorbehalt eines Nießbrauchs- bzw. Wohnungsrecht kann Steuern, insbes. Einkommensteuer oder Umsatzsteuer bzw. eine Vorsteuerberichtigung, auslösen (vgl. Rz. 28 und 43).

54 *(frei)*

Zu § 2: Überlassung

55 § 2 regelt die Hauptleistungspflicht des Übergebers einschließlich des genauen Umfangs des Schenkungs- bzw. Übertragungsgegenstands sowie des Zeitpunkts der Betriebsübertragung, der hier als Übertragungsstichtag bezeichnet ist.

56 **1.** Bei einer Betriebsübergabe werden regelmäßig neben dem **bilanzierten Vermögen** des Unternehmens die nicht bilanzierten bzw. **nicht bilanzierungsfähigen Vermögensgegenstände** (zB **geringwertige Wirtschaftsgüter**) einschließlich selbstgeschaffener **immaterieller Wirtschaftsgüter** (Markenrechte, Lizenzen, Know-how einschließlich Datenträger, wichtige Unterlagen, wichtige Mitarbeiter) und **vertragliche bzw. sonstige Rechtsverhältnisse** (zB Miet- bzw. Leasingverträge, behördliche Genehmigungen, Mitgliedschaften) übertragen.

Schuldrechtlich ist der Schenkungsgegenstand zumindest bestimmbar zu bezeichnen. Bei der Übertragung eines Einzelunternehmens ist hierbei vor allem auf die Abgrenzung zum beim Übergeber verbleibenden Privatvermögen zu achten. Ausreichend dürfte für die Verpflichtung zur Betriebsübertragung im Grundsatz bereits eine Regelung sein, wonach ein mit Namen, Geschäftssitz und Gegenstand nach bezeichneter Betrieb mit allen Aktiven und Passiven auf den Erwerber übertragen werden soll.

57 Für die **dingliche Erfüllung bzw.** den **Vollzug der Schenkung** (vgl. hierzu § 4) ist jedoch die Übertragung jedes einzelnen Wirtschaftsguts und jeder Verbindlichkeit und jedes Vertrags erforderlich, wobei insbes. der sachenrechtliche **Bestimmtheitsgrundsatz** zu beachten ist. Dieser verlangt, dass die zu übereignende Sache „durch einfache äußere Merkmale so bestimmt bezeichnet ist, dass jeder Kenner des Vertrags sie ([...]) unschwer von anderen unterscheiden kann"; nicht ausreichend sind insbes. rein rechtliche Unterscheidungsmerkmale, möglich aber Sammelbezeichnungen, welche „die gemeinten Einzelsachen klar erkennen" lassen (zB alle Sachen in einem bestimmten Raum). „Großzügiger" ist die Rspr. bei der Übertragung von Forderungen und sonstigen Rechten; ausreichend bestimmt sind zB „alle Forderungen aus einem bestimmten Geschäftsbetrieb".[38]

58 In der Praxis erfolgt die Bestimmung des zu übertragenden Vermögens vielfach in erster Linie durch die Bezugnahme auf die der Betriebsübertragung zugrunde liegende

---

[38] Vgl. Palandt/*Bassenge* BGB § 930 Rz. 2ff., u. Palandt/*Grüneberg* BGB § 398 Rz. 14. Zur Zulässigkeit von „All-Klauseln" namentlich bei Spaltungen s. jedoch auch BGH v. 8.10.2003 – XII ZR 50/02, DStR 2003, 2172; vgl. hierzu auch *Thiele/König* NZG 2015, 178. Zur Übernahme eines Immobilienmietvertrags s. BGH v. 30.1.2013 – XII ZR 38/12, DStR 2013, 1441.

Bilanz des zu übertragenden Unternehmens (vgl. auch § 126 Abs. 2 UmwG).[39] Werden **Unternehmensgegenstände zurückbehalten,**[40] sind diese bei einer Bilanzbezugnahme ausdrücklich von der Übertragung auszunehmen.

Bei näherer Hinsicht ist die reine **Bilanzbezugnahme** jedoch zur Bestimmung des übertragenen Vermögens **nicht** ganz **unproblematisch:**

- Die Bilanz enthält lediglich Wertansätze bestimmter Arten von Vermögensgegenständen und lässt kaum Rückschlüsse auf die konkret übertragenen Einzelwirtschaftsgüter zu.
- Die Bilanz enthält nur die bilanzierungsfähigen Vermögensgegenstände, insbes. aber keine selbstgeschaffenen immateriellen Wirtschaftsgüter, auf „€ 0,–" abgeschriebenen Wirtschaftsgüter und sonstigen nicht bilanzierungsfähigen Rechtsbeziehungen, zB noch nicht vollständig erfüllte Verträge.
- Wird auf einen künftigen Bilanzstichtag abgestellt, liegt die maßgebliche Bilanz bei Abschluß des Vertrags noch gar nicht vor und kann damit auch nicht – zumindest nicht sofort – zur Bestimmung der zu übertragenden Unternehmensgegenstände nutzbar gemacht werden; ggf. liegt in einer solchen Bilanzbezugnahme allerdings evtl. die Vereinbarung eines Leistungsbestimmungsrechts der die Bilanz errichtenden bzw. diese feststellenden Person.
- Dem Unternehmen zur Nutzung überlassene Gegenstände können in der Bilanz erfasst sein – oder auch nicht! –; maßgeblich hierfür ist das wirtschaftliche (und nicht das rechtliche) Eigentum.

Einer besonders sorgfältigen Regelung und Abgrenzung bedarf die **Übertragung eines Teilbetriebs.** 59

Generell empfiehlt sich, die zu übertragenden Gegenstände – ggf. zusätzlich zu einer Bilanzbezugnahme – so genau wie möglich im Übergabevertrag festzuhalten, insbes. durch Beifügung von **Inventarlisten** sowie einer **Auflistung übergehender Forderungen, Verbindlichkeiten und Verträge.** Gerade im engeren Verwandtenkreis besteht bei den Beteiligten nicht selten der Wunsch nach einem einfachen Vertrag, möglichst ohne solchen Listen. Bei einem im wesentlichen an einem bestimmten Ort betriebenen Unternehmen kann dann mit **raumbezogenen Sammelbezeichnungen,** die auch bei Verwendung von Listen als Auffangklauseln verwendet werden können, gearbeitet werden; ergänzend kann ein **Leistungsbestimmungsrecht gem. §§ 315 bzw. 317 BGB,** ggf. ergänzt durch eine **Übertragungsvollmacht,** empfehlenswert sein (so das Konzept in § 2 und 4 des Formulars). 60

2. Nach **§ 613a BGB** gehen bei einer Betriebsübergabe sämtliche **Arbeitsverhältnisse** auf den Erwerber über. Ein **Betriebsübergang** iSd. § 613a BGB liegt vor, wenn bei Gesamtwürdigung aller Umstände „eine die Identität wahrende wirtschaftliche Einheit" übergeht. Grundsätzlich müssen die sachlichen und immateriellen Grundlagen für den Einsatz der Arbeitskraft der betriebsverbundenen Arbeitnehmer übergehen. Ausreichend für einen Betriebsübergang kann aber zB bereits die Übernahme eines leitenden Mitarbeiters verbunden mit der Fortführung des Firmennamens oder unter bestimmten Voraussetzungen eine **Auftragsnachfolge** sein.[41] 61

Bei **Erwerb eines Teilbetriebs** gehen diejenigen Arbeitsverhältnisse auf den Erwerber über, die nach dem objektiven Schwerpunkt der Tätigkeit dem Teilbetrieb zuzuordnen sind; uU droht auch der Übergang von Arbeitsverhältnissen aus dem nicht übernommenen Restbetrieb.[42] 62

---

[39] Vgl. zB *Spiegelberger* Unternehmensnachfolge § 4 Rz. 131.

[40] Dies ist steuerlich problematisch, s. Rz. 28 u. 43.

[41] Zu den Kriterien eines Betriebsübergangs s. Palandt/*Weidenkaff* BGB § 613a Rz. 11 ff.; *Gaul/Strauf* DStR 2013, 595, dort jeweils auch zum Betriebsübergang bei Auftragsnachfolge.

[42] Vgl. hierzu Palandt/*Weidenkaff* BGB § 613a Rz. 10 aE u. Rz. 18–22 aE. Zum Umfang der übergehenden Arbeitsverhältnisse bzw. zur Zuordnung s. auch BAG v. 17.10.2013 – 8 AZR 763/12, NZA-RR 2014, 175.

63 **Rechtsfolge des § 613a BGB** ist der Übergang der Arbeitsverhältnisse auf den Erwerber als neuen Arbeitgeber zusammen mit dem Übergang des Unternehmens, also idR. am Übertragungsstichtag. **Der Erwerber haftet** für rückständige Leistungen des Veräußerers aus den übergegangenen Arbeitsverhältnissen, nicht jedoch für rückständige Sozialversicherungsbeiträge und Lohnsteuer (zur Lohnsteuerhaftung s. aber § 75 AO, vgl. Erläuterungen zu § 5).[43] Der **Übergeber haftet** lediglich für die Altverbindlichkeiten im Umfang des § 613a Abs. 2 BGB fort. **Verträge mit freien Mitarbeitern und selbständigen Handelsvertretern** gehen idR nicht auf den Erwerber über.[44] Verpflichtungen des Übergebers gegenüber **bereits ausgeschiedenen Arbeitnehmern** (zB Betriebsrente) gehen ebenfalls nicht bereits kraft Gesetzes auf den Erwerber über, so dass eine entsprechende Übernahme vertraglich aufzunehmen ist. Entsprechendes gilt im Übrigen auch für sonstige Ansprüche der Arbeitnehmer, die bis zum Betriebsübergang entstanden sind, jedoch vom Erwerber übernommen werden. Nachvertragliche Wettbewerbsverbote aus Arbeitsverhältnissen, die bei Betriebsübergang bereits aufgelöst waren, wirken nicht ohne weiteres zugunsten des Erwerbers.[45] Rechte (insbes. Nutzungsrechte) aus **Arbeitnehmererfindungen** sollten ausdrücklich auf den Erwerber übertragen werden; anderenfalls droht eine zusätzliche Vergütungspflicht gegenüber den Arbeitnehmern.[46]

64 Für die **kollektivarbeitsrechtlichen Folgen** des Betriebsübergangs (Tarifverträge, Betriebsvereinbarungen) enthält § 613a Abs. 1 Satz 2 BGB eine Regelung.[47]

65 Für den Erwerber sind **betriebsbedingte Kündigungen** bezüglich der übergegangenen Arbeitsverhältnisse im Regelfall ausgeschlossen **(§ 613a Abs. 4 BGB),** aber ausnahmsweise möglich, wenn entsprechende Kündigungsgründe unabhängig vom Betriebsübergang bereits bestanden (vgl. auch § 613a Abs. 4 S. 2 BGB).[48]

66 Die Arbeitnehmer können dem Übergang der Arbeitsverhältnisse widersprechen (freilich verbunden mit dem Risiko einer betriebsbedingten Kündigung seitens des Übergebers, wenn dieser keinen Betrieb mehr fortführt).[49] Das **Widerspruchsrecht** besteht für 1 Monat ab vollständiger und umfassender **Unterrichtung über den Betriebsübergang gem. § 613a Abs. 5 BGB**;[50] dies gilt auch bei einer Unterrichtung erst nach Betriebsübergang.[51] Eine nicht vollständige oder (evtl. auch nur geringfügig) unrichtige Unterrichtung setzt die Monatsfrist nicht in Gang: der Arbeitnehmer kann unbefristet (also Monate, evtl. auch längere Zeit später) widersprechen, soweit das Widerspruchsrecht nicht im Einzelfall **verwirkt** wurde.[52] Zu unterrichten ist jeder einzelne Arbeitnehmer in Textform; den Empfang der Informationserklärung sollte sich der Arbeitgeber schriftlich bestätigen lassen. Am besten – sofern möglich – erscheint im Hinblick auf die Risiken einer ungenügenden Unterrichtung die vertragliche Überleitung jedes Arbeitsverhältnisses unter Mitwirkung des Arbeitnehmers.

67 Da § 613a BGB für die Vertragsteile einer Betriebsübertragung zwingendes Recht darstellt, bestehen hierzu auch nur wenige Regelungsmöglichkeiten.

68 Da für die schenkungsteuerlichen Vergünstigungen gem. §§ 13a, 19a ErbStG der Beibehalt der Mindestlohnsumme während der Lohnsummenfrist wichtig sein kann

---

[43] Vgl. Palandt/*Weidenkaff* BGB § 613a Rz. 26.

[44] Vgl. BAG v. 13.2.2003 – 8 AZR 59/02, NJW 2003, 2930 (zur „Scheinselbständigkeit"); BAG v. 13.2.2003, NJW 2003 – 8 AZR 654/01, 2473 (zum Geschäftsführer). Zu selbständigen Handelsvertretern und zum Problem des Ausgleichsanspruch gem. § 89b HGB beim *asset-deal* s. *Sturm/Liekefett* BB 2004, 1009.

[45] Vgl. Palandt/*Weidenkaff* BGB § 613a Rz. 26.

[46] Vgl. Münchener Vertragshandbuch, Bd. 2, WirtschaftsR I, Muster I.8, Rz. 13 (11).

[47] Vgl. Palandt/*Weidenkaff* BGB § 613a Rz. 28 ff.

[48] Liegen beim Betriebserwerber die Voraussetzungen für die Anwendbarkeit des KSchG nicht vor, gilt das KSchG auch nicht für einen iR eines Betriebsübergangs übergegangenen Arbeitnehmer, selbst wenn beim Betriebsveräußerer das KSchG anwendbar war, vgl. BAG v. 15.2.2007, NJW-Spezial 2007, 372.

[49] Vgl. Palandt/*Weidenkaff* BGB § 613a Rz. 54.

[50] Vgl. zu § 613a Abs. 5 u. 6 BGB: Palandt/*Weidenkaff* BGB § 613a Rz. 38 ff.; BeckFormB BHW/*Hoefs* Formular III.E.16 (zu einem Unterrichtungsschreiben).

[51] Vgl. Palandt/*Weidenkaff* BGB § 613a Rz. 51; BAG v. 14.12.2006, NJW 2007, 2134, mit Anm. *Lembke*.

[52] Vgl. Palandt/*Weidenkaff* BGB § 613a Rz. 47, 51.

(s. Rz. 38 und 41), kann sich empfehlen, soweit dies von den Vertragsteilen beeinflusst werden kann, die Lohnsumme in dem fünfjährigen Referenzzeitraum vor der Übergabe möglichst niedrig zu halten.[53]

3. § 2 enthält auch die Festlegung des **Übertragungsstichtags** (vgl. hierzu noch § 5 mit Erläuterungen). Erfolgt die Betriebsübergabe auf einen **künftigen Stichtag** hin, kann der dingliche Vollzug im Übergabevertrag regelmäßig noch nicht abschließend aufgenommen werden. Zumindest die in der Übergangszeit seitens des Übergebers noch angeschafften Vermögensgegenstände, müssen noch gesondert auf den Erwerber übertragen werden. Eine antizipierte Übereignung ist zwar grundsätzlich möglich, doch müsste sie wiederum dem Bestimmtheitsgrundsatz genügen; dies ist praktisch allenfalls für Forderungen und Rechte zu erfüllen. Bezüglich der beweglichen Sachen kann hier zB vereinbart werden, dass diese aufgrund einer zum Übertragungsstichtag durchzuführenden Inventur festgestellt, übereignet und übergeben werden bzw. dass eine im Übergabevertrag erklärte allgemeine dingliche Übertragung auf der Grundlage der Übertragungsbilanz und der Inventur später nochmals bestätigt wird. Für formbedürftig zu übertragende Vermögensgegenstände (zB Grundbesitz), die beim Verkäufer bei Vertragsschluss bereits vorhanden sind und deren konkrete Übertragung an den Käufer bei Vertragsschluss bereits feststeht, kann das dingliche Vollzugsgeschäft ohne weiteres schon in den (notariellen) Übergabevertrag aufgenommen werden. Da der Veräußerer das Unternehmen idR bis zum Übertragungsstichtag weiter führt, benötigt er im Falle einer vorweggenommenen dinglichen Übertragung (bereits im Rahmen des Vertragsschlusses) ggf. eine **Vollmacht** bzw. Ermächtigung zur Übertragung von Unternehmensgegenständen, sofern er diese – im normalen Geschäftsgang – noch an Dritte veräußern können soll. 69

Wird die Betriebsübergabe nicht beurkundet, kann sich evtl. ein Problem daraus ergeben, dass der Übertragungsstichtag vor der Wirksamkeit der dinglichen Übertragungen liegt, von der wiederum die Heilung der insoweit bis dahin formnichtigen Schenkung abhängt. Insbes. erscheint damit die steuerliche Anerkennung zum Übertragungsstichtag nicht sichergestellt.[54]

Steuerliche Gefahren bestehen, wenn nicht ein gesamter Betrieb oder zumindest ein steuerlicher Teilbetrieb übergeben wird oder wenn Betriebsgrundlagen zurückbehalten werden (vgl. Rz. 28 und 43). 70

(frei) 71–73

Zu § 3: Rechtsgrund, Gegenleistungen

§ 3 stellt zunächst klar, welches Rechtsgeschäft der Betriebsübergabe zugrunde liegt. Übersteigt der Wert des übertragenen Betriebs den der Gegenleistungen nicht unerheblich, treten die **schenkungsrechtlichen Elemente** in den Vordergrund (vgl. Rz. 11; zur **Ausstattung** vgl. Rz. 12). Die Bezeichnung **„vorweggenommene Erbfolge“** (vgl. § 3 Satz 1) ändert an dieser Zuordnung im Grundsatz nichts;[55] nicht selten geht damit eine Anrechnung der Zuwendung auf den Erb- bzw. Pflichtteil einher (s. nachfolgend). Erfolgt die Übergabe wertgleich, liegt jedenfalls wirtschaftlich letztlich ein **Kauf** vor. 74

---

[53] ZB durch Einschaltung von „Leihfirmen“; vgl. *Dillberger/Fest* DStR 2009, 671; ErbStR 2011 E 13a.4 Abs. 2 S. 2 (= A 13a.7 AEErbSt 2017); s. bereits Rz. 41.

[54] Zur Erforderlichkeit der Formeinhaltung bei Verträgen unter Angehörigen und zur drohenden steuerlichen Nichtanerkennung der Rückwirkung einer Formheilung vgl. Schmidt/*Heinicke* EStG § 4 Rz. 520 unter „Angehörige“.

[55] Vgl. Palandt/*Weidlich* BGB vor § 1922 Rz. 6 ff.; BGH v. 27.1.2010 – IV ZR 91/09, ZEV 2010, 190 m. Anm. *Keim*. In speziellen Fällen sind an eine Schenkung im Wege der vorweggenommenen Erbfolge spezielle Rechtsfolgen geknüpft, zB soll die Verlustabzugsbeschränkung gem. § 8c KStG nicht bei einer entsprechenden (voll unentgeltlichen) Anteilsübertragung im Wege der vorweggenommenen Erbfolge greifen, vgl. BMF v. 4.7.2008, DStR 2008, 1436, Tz. 4; aA FG Münster v. 4.11.2015 – 9 K 3478/13 F, DStRE 2016, 480.

75 Bei jeder (auch gemischten) Schenkung sollten deren **erbrechtliche Auswirkungen** beim Ableben des Schenkers geregelt werden (vgl. Formular A. 1.04, Rz. 21 ff.). Bei der Schenkung an ein Kind kann eine **Ausgleichungspflicht gem. §§ 2050 ff. BGB gegenüber Geschwistern** angeordnet werden; wegen der potenziellen Streitanfälligkeit solcher Regelungen wird im Regelfall aber ein ergänzendes Testament bzw. ein Erbvertrag vorzugswürdig sein.

76 Zur angemessenen Pflichtteilsreduzierung seitens des Erwerbers (zu Geschwistern s. Rz. 7 und 84) empfiehlt sich bei der Schenkung an einen Abkömmling im Regelfall die Bestimmung einer **Pflichtteilsanrechnung gem. § 2315 BGB,** soweit nicht schon ein vollumfänglicher notarieller **Pflichtteilsverzicht** gem. § 2346 BGB (vgl. Kapitel A. 5) erfolgt ist.

77 Die Festlegung von **Gegenleistungen** wird wirtschaftlich primär vom Bedarf des Übergebers, der Leistungsfähigkeit des Erwerbers bzw. des übergebenen Betriebs und ggf. von der beabsichtigten Gleichstellung weiterer Angehöriger des Übergebers, insbes. von Geschwistern des Erwerbers, bestimmt. Soll auch der Ehegatte des Übergebers Nutznießer der Gegenleistungen sein, kann dieser entsprechend in den Vertrag einbezogen sein, jedoch sollten ggf. unter dem Aspekt einer evtl. Scheidung und aus steuerlichen Gründen die Ansprüche des Ehegatten nur aufschiebend bedingt auf den Todesfall des Übergebers eingeräumt werden.[56]

78 a) Befindet sich auf dem mietübergebenen Betriebsgrundstück auch die Wohnung des Übergebers, muss entweder diese zB durch Realteilung oder Aufteilung in Wohnungseigentum zurück behalten werden oder daran ein **Wohnungs- bzw. Nießbrauchsrecht** begründet werden (§§ 1030 ff., 1093 BGB, vgl. bereits Rz. 3 und 28).

79 b) Benötigt der Übergeber zusätzliche laufende finanzielle Mittel, kommt die Vereinbarung einer **Leibrente oder dauernden Last** in Betracht.[57] Letztere unterscheidet sich von der Leibrente durch einen entsprechenden Anpassungsvorbehalt dergestalt, dass sich die Höhe der Zahlung an die Leistungsfähigkeit des Erwerbers und den Bedarf des Übergebers anpasst. In der Praxis wird die Vereinbarung eines solchen Anpassungsvorbehalts häufig einfach durch eine Bezugnahme auf zB § 323a ZPO deutlich gemacht. Gebräuchlich ist aber auch eine Anpassung auf der Basis der künftigen Betriebsgewinne. Sowohl die Leibrente als auch die dauernde Last können durch eine **Wertsicherungsklausel** inflationssicher ausgestaltet werden (vgl. § 3b S. 3); die Anforderungen an eine solche Klausel bestimmen sich nach dem PreisklG.[58]

80 Erfüllt die Leibrente bzw. dauernde Last die Voraussetzungen einer Versorgungsleistung gem. **§ 10 Abs. 1 Nr. 1a EStG,** stellen die Zahlungen des Erwerbers **keine einkommensteuerliche Gegenleistung** für die Betriebsübertragung dar, so dass insbes. **kein Veräußerungsgewinn** beim Übergeber zu versteuern ist (zur Gewerbesteuer s. o. Rz. 35 u. Fn. 27). Die Zahlungen sind aber als **Sonderausgaben** beim Erwerber abziehbar und beim Übergeber nach § 22 Nr. 1b EStG zu versteuern. Die Qualifizierung als Sonderausgabe setzt voraus, dass die Leibrente bzw. dauernde Last auf die Lebenszeit des Berechtigten vereinbart wird und es sich **weder** um eine **Unterhaltsleistung** nach § 12 Nr. 2 EStG handelt **noch** um eine **ratenweise Kaufpreiszahlung** bzw. eine sog. **betriebliche Versorgungsrente.** Um eine Unterhaltsleistung soll es sich regelmäßig handeln, wenn der Wert des geschenkten Betriebs weniger als 50% des Kapitalwerts der Zahlungen ausmacht, um eine Kaufpreiszahlung oder Veräußerungsrente, wenn Leistung und Gegenleistung nach den

---

[56] Die sofortige Mitberechtigung des Ehegatten kann steuerlich zB zum Verlust von Abschreibungsvolumen führen und Schenkungsteuer auslösen, vgl. hierzu *Krauß* Vermögensnachfolge Rz. 1158 f. u. 4961 f.

[57] Vgl. hierzu *Spiegelberger* Unternehmensnachfolge, § 4 Rz. 71 ff.; Schmidt/*Heinicke* EStG § 10 Rz. 139 ff., ferner A. 1.05, Rz. 7 ff.; A. 2.23, Rz. 7 ff.; C. 4.00, Rz. 23 ff. Zur Abgrenzung s. auch BFH v. 23.11.2016 – X R 8/14, DStR 2017, 845.

[58] Vgl. hierzu Palandt/*Grüneberg* BGB Anhang zu § 245.

Vorstellungen der Vertragsteile ausgewogen sein sollen und die Höhe der Zahlungen damit nach kaufmännischen Gesichtspunkten abgewogen wurde. Bei einer Betriebsübergabe an nahe Angehörige wird im Zweifel vermutet, dass es sich um keine ratenweise Kaufpreiszahlung oder Veräußerungsrente handeln soll. Ist letzteres gewünscht, sollte dies im Vertrag auch als solche bezeichnet werden.

Schenkungsteuerlich stellt die Leibrente/dauernde Last eine Gegenleistung dar und mindert die steuerliche Bemessungsgrundlage (s. Rz. 36). **81**

Bei einer Übertragung an nicht gem. § 3 Nr. 4 oder Nr. 6 GrEStG privilegierte Personen kann die Leibrente/dauernde Last daher bei Mitübertragung von Grundbesitz bzw. Anteilen an grundbesitzhaltenden Gesellschaften **Grunderwerbsteuer** auslösen (s. Rz. 42). **82**

c) Als Gegenleistung kann ferner eine einmalige oder in mehreren Raten zu erbringende feste Geldzahlung vereinbart werden **(Abstandszahlung).** Die Zahlung kann von einem entsprechenden Verlangen des Übergebers abhängig gemacht werden. **83**

Eine solche Zahlung kann auch zu Gunsten Dritter vorgesehen werden, insbesondere als **Gleichstellungsgeld** für Geschwister (vgl. § 3a). Im Verhältnis zwischen Übergeber und Erwerber handelt es sich um eine Gegenleistung des Erwerbers, im Verhältnis des Übergebers zum Dritten in solchen Fällen meist um eine Schenkung. Einen unmittelbaren Zahlungsanspruch erwirbt der Dritte, wenn er selber als Vertragsteil in den Vertrag einbezogen wird; wirkt der Dritte am Vertrag selbst nicht mit, kann ihm ein eigener Zahlungsanspruche im Wege eines (echten) **Vertrags zugunsten Dritter** eingeräumt werden (§ 328 BGB); davon abzugrenzen ist der sog. unechte Vertrag zugunsten Dritter, bei dem lediglich der Übergeber die Zahlung verlangen kann. **84**

Ein Gleichstellungsgeld hat sich der Dritte gem. § 2327 BGB auch ohne besondere Abrede auf einen etwaigen **Pflichtteilsergänzungsanspruch** gem. § 2325 BGB anrechnen zu lassen; zur Minderung von Pflichtteilsansprüchen des Dritten am Nachlaß des Übergebers ist eine **Pflichtteilsanrechnung** nach § 2315 BGB erforderlich. In Betracht kommt – wie beim Betriebserwerber (s. Rz. 76) – auch die Vereinbarung eines notariellen Pflichtteilsverzichts.

Einkommensteuerlich handelt es sich bei derartigen Zahlungen um eine Gegenleistung, welche die Besteuerung eines Veräußerungsgewinns zur Folge hat, wenn die Summe der Gegenleistungen den Buchwert des übergebenen Betriebs übersteigt (s. Rz. 27); bei einer lebenslangen oder langjährigen Ratenzahlung bzw. eine betriebliche Veräußerungsrente kann ein Wahlrecht zwischen der sog. Sofortversteuerung und der sog. Zuflussversteuerung bestehen.[59] **85**

Schenkungsteuerlich und **grunderwerbsteuerlich** gelten die Hinweise unter vorstehend lit. b) entsprechend, wobei die durch den Übergabevertrag veranlasste Zahlung eines Gleichstellungsgelds an Dritte wiederum eine schenkungsteuerpflichtige Zuwendung des Übergebers an den Dritten darstellen kann. **86**

d) Als Gegenleistung käme auch ein **Nießbrauchsvorbehalt** für den Übergeber **am übergebenen Betrieb** in Betracht.[60] Damit könnte uU – nach Wegfall des § 25 ErbStG a.F zum 1.1.2009 – die Bemessungsgrundlage für eine Schenkungsteuer so weit reduziert werden, dass es auf die besonderen Voraussetzungen der §§ 13a, 19a ErbStG gar nicht mehr ankäme; zu beachten ist in diesem Zusammenhang, dass ein späterer Verzicht auf den Nießbrauch wiederum eine neue Schenkung darstellen **87**

[59] Vgl. Schmidt/*Wacker* EStG § 16 Rz. 221; BFH v. 17.7.2013 – X R 40/10, DStR 2013, 2050.

[60] Vgl. hierzu näher *Spiegelberger* Unternehmensnachfolge, § 4 Rz. 11 ff., 20 ff.; *Geck* DStR 2009, 1005; BFH v. 24.6.2009 – IV R 20/07, BeckRS 2009, 25015682; BFH v. 21.1.2015 – X R 16/12, MittBayNot 2016, 275 m. Anm. *Dehmer;* skeptisch jedoch zur Gestaltung eines Nießbrauchs an einem Einzelunternehmen jedoch *Korn/Carlé* KÖSDI 6/2009, 16514, 16516 f., die hier empfehlen, das Einzelunternehmen vor der Übertragung in eine (Personen-)Gesellschaft umzuwandeln, um sodann an den Gesellschaftsanteilen einen Vorbehaltsnießbrauch zu vereinbaren. Zur Zulässigkeit eines Unternehmensnießbrauchs s. ferner Palandt/*Bassenge* BGB § 1085, Rz. 3 ff.

würde.[61] Einkommensteuerlich kann die Buchwertfortführung nach § 6 Abs. 3 EStG allerdings durch den Nießbrauchsvorbehalt in Frage gestellt werden.[62]

88 e) Kann nicht ausgeschlossen werden, dass der Übergeber – auch unter Berücksichtigung vereinbarter Gegenleistungen – nach der Betriebsübergabe irgendwann einmal bedürftig werden könnte (zB nach einem Umzug in ein Pflegeheim), kann sich die Frage stellen, wer dann für ihn aufkommen soll. § 528 BGB sieht hier ein entsprechendes Zugriffsrecht auf Personen vor, die vom Bedürftigen innerhalb der letzten zehn Jahre vor Eintritt der Bedürftigkeit Schenkungen erhalten haben; auch umfassend vereinbarte Vorbehalte für den Übergeber schieben den Beginn der 10-Jahresfrist grundsätzlich nicht hinaus.[63] Im Übrigen bestehen ggf. Unterhaltspflichten naher Verwandter, insbes. von Kindern gem. §§ 1601 ff. BGB.

Vor diesem Hintergrund kann, sofern gewünscht (abweichend § 3c), vereinbart werden, dass der Betriebsübernehmer Geschwister von solchen Unterhaltspflichten freihalten muss.[64]

89–91 *(frei)*

Zu § 4: Dingliche Übertragung, Schuld- und Vertragsübernahme

92 Ergänzend zur schuldrechtlichen Festlegung des Übertragungsgegenstands gem. § 2 des Formulars müssen zum Vollzug sämtliche Betriebsgegenstände dinglich auf den Erwerber übertragen werden, um ihm das Eigentum hieran zu verschaffen. **Bewegliche Gegenstände** sind nach §§ 929 ff. BGB zu übereignen, **Forderungen** nach § 398 BGB abzutreten, **Grundbesitz** ist nach §§ 873, 925 BGB in notarieller Form aufzulassen (zum sachenrechtlichen **Bestimmtheitsgrundsatz** vgl. bereits näher Rz. 57 ff.).

93 Je nach Art und Umfang der zu übertragenden Gegenstände sind – neben den in A. II. bereits genannten Regelungen – weitere **Formalien zu beachten,** ferner, dass der Übergang von Gegenständen und Rechtsverhältnissen häufig von der **Zustimmung Dritter** abhängig, zB Verträge oder Ansprüche, deren Abtretung nach § 399 BGB ausgeschlossen ist (insbes. bei vertraglichem Abtretungsausschluss) oder uU nach dem Gesetz von vornherein nicht möglich ist.

Im Überblick:[65]

94 – Für **GmbH-Geschäftsanteile** gilt § 15 GmbHG (vgl. Rz. 16); der beurkundende Notar hat nach Wirksamkeit der Übertragung eine berichtigte Gesellschafterliste beim Registergericht einzureichen (§ 40 GmbHG).[66] Die **Übertragung anderer** (zum Betriebsvermögen gehörender) **Gesellschaftsbeteiligungen** kann grundsätzlich ohne Einhaltung besonderer Formvorschriften erfolgen;[67] die Übertragung von **Anteilen an einer OHG oder KG** ist jedoch in notarieller Form bei Handelsregister anzumelden.[68] Auch bei der Mitübertragung von **Aktien** können Formalien zu beachten sein.[69] Bei **ausländischen Beteiligungen** sind die dort geltenden Vorschriften einzuhalten; notarielle Beurkundung kann jedenfalls nicht schaden.[70]

---

[61] Vgl. BFH v. 17.3.2004 – II R 3/01, DStR 2004, 722.

[62] Vgl. FG Münster v. 18.9.2014, DStRE 2015, 1095, u. hierzu *Mourabit* ZEV 2016, 14, sowie *Geck/Messner* ZEV 2015, 93 f.; ferner. *Spiegelberger* Unternehmensnachfolge, § 4 Rz. 20 ff. (mit Hinweis auf BFH v. 2.9.1992 – XI R 26/91, NV 1993, 161). Ferner kann bei einer Betriebsaufspaltung die personelle Verflechtung entfallen und dadurch die Betriebsaufspaltung steuerpflichtig wegfallen, vgl. BFH v. 21.1.2015 – X R 16/12, MittBayNot 2016, 275.

[63] MüKoBGB/*Koch* BGB § 529 Rz. 3, mwN.

[64] Vgl. hierzu *Krauß* Vermögensnachfolge Rz. 1477.

[65] Vgl. zur Übertragung der verschiedenen Wirtschaftsgüter, Beteiligungen etc. auch die Formulare A. 1.10 ff., A. 2.20 ff. und C. 4.

[66] Vgl. hierzu Formular A. 2.70.

[67] Vgl. hierzu auch die Formulare A. 2.20 und A. 2.30.

[68] Vgl. hierzu auch FormB RS, Formulare A. 8.10a und A. 9.10a.

[69] Vgl. hierzu Formular A. 1.30.

[70] Vgl. zur Übertragung von ausländischen Anteilen *Süß/Wachter* Handbuch des Internationalen GmbH-Rechts, § 8; *Link* BB 2014, 579; Lutter/Hommelhoff/*Bayer* GmbHG § 15 Rz. 33 u. 51; *Falkner* NZG 2008, 86; zur Übertragung von Anteilen an einer Ltd. s. auch *Fetsch* GmbHR 2008, 133.

Für Beteiligungen an einer Kapitalgesellschaft (insbes. AG, GmbH) können in der Satzung **Veräußerungsbeschränkungen** enthalten sein (sog. Vinkulierung, zB Übertragung nur mit Zustimmung aller Mitgesellschafter). Beteiligungen an Personengesellschaften (Gesellschaft bürgerlichen Rechts, OHG, KG) können schon nach den gesetzlichen Regelungen nur mit Zustimmung aller Mitgesellschafter übertragen werden (§§ 719 BGB, 105 Abs. 3, 161 Abs. 2 HGB); die Zustimmung kann jedoch – ggf. unter Einhaltung bestimmter Voraussetzungen – bereits im Gesellschaftsvertrag vereinbart sein.[71]

- **Vereinsmitgliedschaften** sind grundsätzlich nicht übertragbar (§ 38 BGB); stattdessen kommt der Austritt des Betriebsübergebers und der Eintritt des Erwerbers in den betreffenden Verein in Betracht. **95**
- **Wertpapiere** werden idR durch Indossament übertragen; für **Bankkonten** und -depots sowie **Versicherungen** sind ggf. die von der Bank bzw. Versicherung vorgesehenen Formalien (vgl. § 399 BGB) einzuhalten.[72] **96**
- Die Übertragung von **Patenten** und **Marken** ist idR nicht formbedürftig (vgl. § 15 PatG; §§ 8, 22 GebrMG; § 29 GeschmMG; § 28 MarkenG; s. aber zB Art. 17 Abs. 3 GMVO, der für die Übertragung einer Gemeinschaftsmarke Schriftform vorsieht),[73] doch wird für die (deklaratorische) Umschreibebewilligung für die Eintragung in das entsprechende Register nach patentamtlicher Praxis teilweise eine Unterschriftsbeglaubigung verlangt (vgl. aber für die Umschreibung einer Marke § 31 Abs. 5 MarkenV). **Gewerbliche Schutzrechte** sind häufig nicht übertragbar, zumindest nicht ohne Zustimmung des Berechtigten; ggf. kann hier auf die Einräumung eines **Nutzungsrechts** ausgewichen werden.[74] Bei der Übertragung von solchen Nutzungsrechten ist hier ggf. das nunmehr gesetzlich geregelte Rückrufsrecht gem. § 34 Abs. 3 UrhG zu beachten.[75] **97**
- Die Übertragung von **Restitutionsansprüchen** ist beurkundungspflichtig (§ 3 VermG). **98**
- **Die Übertragung eines Versicherungsbestands** richtet sich vornehmlich nach § 13 VAG.[76] **99**
- **Eine Beurkundungspflicht kann sich auch aus einer Verpflichtung** in der Betriebsübergabe ergeben, eine beurkundungspflichtige **Umwandlung oder Gesellschaftsgründung** vorzunehmen (vgl. §§ 13 Abs. 3 UmwG, § 2 Abs. 1 GmbHG, 23 Abs. 1 AktG).[77] **100**

Die **Übernahme von Schulden** bedarf gem. §§ 414f. BGB der Mitwirkung der betreffenden Gläubiger. Hintergrund der gesetzlichen Regelung ist, dass sich ein Gläubiger nicht ohne seine Zustimmung einen anderen (möglicherweise weniger potenten) Schuldner aufzwingen können lassen soll. Auch ohne Zustimmung des Gläubigers ist jedoch eine **Erfüllungsübernahme** in der Form zulässig, wonach im Innenverhältnis zwischen Übergeber und Erwerber letzterer für die Betriebsverbindlichkeiten alleine aufkommen muss (vgl. § 415 Abs. 3 BGB); solange und soweit ein Gläubiger die Zustimmung zur Schuldübernahme bzw. sein Einverständnis mit einer Haftentlassung des Übergebers nicht erteilt, bleibt dann dieser gegenüber dem Gläubiger (mit-)verpflichtet und hat lediglich einen internen Freistellungsanspruch gegen den Erwerber. **101**

Entsprechendes gilt für die (gesetzlich nicht näher geregelte) **Vertragsübernahme:**[78] Soll anstelle des Übergebers der Erwerber in einen Vertrag eintreten, bedarf dies **102**

---

[71] Vgl. C.1., Rz. 77ff.
[72] Vgl. hierzu Formular A. 1.40.
[73] Vgl. Palandt/*Grüneberg* BGB § 413 Rz. 2.
[74] Vgl. Palandt/*Grüneberg* BGB § 413 Rz. 2; Münchener Vertragshandbuch Bd. 2/*v. Hoyenberg,* Muster I.8, Anm. 5 (3).
[75] Vgl. *Partsch/Reich* NJW 2002, 3286.
[76] § 311b Abs. 3 BGB ist hier nach § 13 Abs. 6 VAG nicht anwendbar.
[77] Vgl. *Hermanns* ZIP 2006, 2297ff.
[78] Vgl. hierzu Palandt/*Grüneberg* BGB § 398 Rz. 41ff.

der Zustimmung des Vertragspartners; anderenfalls bleibt diesem gegenüber der Übergeber verpflichtet. Sonderregelungen bestehen für die **Übernahme von Arbeitsverhältnissen** (vgl. Rz. 61 ff.).

103 Zur reinen **Abtretung von Forderungen** gem. § 398 BGB (ohne Übertragung des gesamten zugrunde liegenden Vertrags) bedarf es nicht der Zustimmung des Schuldners, soweit mit diesem nichts anderes vereinbart wurde oder sich aus den konkreten Umständen des Einzelfalls etwas anderes ergibt (vgl. § 399 BGB). Wird dem Schuldner die Abtretung nicht angezeigt, kann er nach § 407 BGB noch schuldbefreiend an den „alten" Gläubiger (also den Übergeber) leisten.

104 Bei **Firmenfortführung** gelten im übrigen Forderungen und Verbindlichkeiten gem. **§ 25 HGB** im Verhältnis gegenüber Dritten als auf den Erwerber übergegangen, wenn nicht ein entsprechender Ausschluss in das Handelsregister eingetragen wird (vgl. Erläuterungen zu Formular A. 2.01).

105 Wird die erforderliche **Zustimmung Dritter** zur Übernahme eines Rechtsverhältnisses **nicht erteilt,** kann im Übergabevertrag eine **treuhänderische Abwicklung** bezüglich solcher Rechtsverhältnisse vorgesehen werden, dh. diese Gegenstände bzw. Rechtsbeziehungen werden vom Übergeber für Rechnung des Erwerbers verwaltet bzw. verwertet bzw. fortgeführt (zB als Untermietverhältnis, sofern nicht unzulässig, bzw. interne Freistellung). Auf längere Sicht ist dies freilich nur eine „Notlösung".

Jedenfalls bei allen wichtigeren länger laufenden Verträgen sowie bei den Hauptverbindlichkeiten sollte deshalb nach Möglichkeit die Zustimmung der Vertragspartner/Gläubiger eingeholt werden!

106 **Das vorliegende Formular** verzichtet – einem häufigen Bedürfnis der Praxis nachkommend und unter der Prämisse, dass es sich bei den Vertragsteilen um solche nahe Angehörige handelt, bei denen ein Streit über den genauen Umfang des übergebenen Betriebs und die Abwicklung vermutlich nicht zu erwarten ist – auf eine detaillierte Aufführung der übergebenen Gegenstände und übertragenen Rechtsverhältnisse im Vertrag. Die – unter vorstehenden Prämissen noch hinreichende – Konkretisierung der Übergabe erfolgt teils in § 2 und teils in § 4 des Formulars (vgl. auch Erläuterungen zu § 2).

Die Anzeige der Abtretungen und Einholung der erforderlichen Zustimmungen Dritter obliegt nach der hier getroffenen Regelung dem Veräußerer.

107–109 *(frei)*

Zu § 5: Besitz, Nutzen, Lasten, Gefahr

110 In § 2 wurde der Übertragungsstichtag festgelegt, § 5 regelt hierzu ergänzend die Rechtsfolgen, die mit dem Eintritt des Übertragungsstichtag verknüpft sind.

111 **1.** In vielen Fällen wird der Übertragungsstichtag nicht mit dem Tag des Abschlusses der Betriebsübergabe identisch sein, ebenso nicht zwangsläufig mit dem Zeitpunkt des dinglichen Vollzugs (vgl. hierzu § 4). Besonders deutlich wird dies bspw. bei der Mitübertragung von Grundbesitz, bei dem regelmäßig der Tag der Beurkundung, der Tag des Besitzübergangs und der Tag der Eigentumsumschreibung im Grundbuch auseinanderfallen werden.

112 Der Übertragungsstichtag kennzeichnet den Zeitpunkt des **wirtschaftlichen Übergang des Unternehmens.** Er beschreibt den Tag, an dem (in der kaufvertraglichen Terminologie) **Besitz, Nutzen, Lasten und die Gefahr auf den Erwerber übergehen.** Dieser Tag wird regelmäßig auch maßgeblich für die steuerliche Behandlung der Betriebsübergabe sein (vgl. § 39 AO). Etwaige **Gewährleistungsgarantien** werden idR ebenfalls auf den Zeitpunkt des Übertragungsstichtag hin abgegeben (Bilanzgarantien allerdings häufig auch auf den Zeitpunkt der letzten vorliegenden Bilanz).

Am Übertragungsstichtag erfolgt die tatsächliche Übergabe des Betriebs, also namentlich die Besitzverschaffung iSd. § 854 BGB, so dass die tatsächliche Sachherrschaft auf den Erwerber übergeht. Damit ist weiter gem. § 446 BGB der Übergang des Nutzungsrechts an den Unternehmensgegenständen und der Gewinne, die Pflicht zur Lasten- und Kostentragung und die Risikoverlagerung von Verschlechterungen der Unternehmensgegenstände bzw. Wertänderungen und eintretender Verluste auf den Erwerber verbunden.

Nach der in § 4 des Formulars getroffenen Regelung erfolgt an diesem Tag auch der dingliche Vollzug (unbeschadet der nachträglichen Feststellung/Bestätigung der vom Übergang betroffenen Gegenstände).

Der Übertragungsstichtag folgt dem Vertragsschluss nicht selten mit einer mehr oder **113** weniger großen zeitlichen Verschiebung nach. Liegt der Vertragsschluss zeitnah vor dem Ende eines Geschäftsjahres, liegt es nahe, diesen **Bilanzstichtag** als Übertragungsstichtag zu wählen, da in der Regel auf den Übertragungsstichtag hin eine Bilanz aufzustellen ist und mit der Wahl eines solchen Bilanzstichtags die Aufstellung einer weiteren zusätzlichen Bilanz vermieden werden kann. Die auf den Übertragungsstichtag aufzustellende Bilanz stellt für den Übergeber die **Schlussbilanz** dar, der Erwerber entwickelt hieraus seine **Eröffnungsbilanz.**

Die **Abgrenzung des** dem Übergeber und dem Erwerber zu zurechnenden **Gewinns** erfolgt auf der Basis dieser Bilanzen.

Sollen die steuerlichen Wirkungen der Betriebsübergabe erst zu einem künftigen Übertragungsstichtag eintreten, für den günstigere Besteuerungsregelungen gelten, ist im Hinblick auf § 39 AO darauf zu achten, dass die Übergabe nicht faktisch auf einen früheren Zeitpunkt vorverlegt wird. Auch der dingliche Vollzug sollte hier nicht vor dem Übertragungsstichtag wirksam werden.

Bei der Wahl eines **zurückliegenden Übergangstichtags** ist zu beachten, dass **114** eine dingliche Übertragung nicht rückwirkend möglich ist und auch **steuerlich** eine **Rückwirkung nur für einen eng begrenzten Zeitraum** (ca. 1 bis 3 Monate) anerkannt wird.[79]

Bei der **Festlegung des Stichtags** sollte auf größte Genauigkeit geachtet werden. **115** Bei einer Veräußerung mit Wirkung am oder zum **31.12.** eines Jahres (evtl. ergänzt mit der Zeitangabe **24.00 Uhr**) oder „zum Ende des Geschäftsjahres [...]" sollen die steuerlichen Wirkungen der Unternehmensübertragung noch im abgelaufenen Jahr eintreten, bei einer Veräußerung mit Wirkung am oder zum **1.1.** eines Jahres (evtl. ergänzt mit der Zeitangabe **0.00 Uhr**) oder „mit Beginn des Geschäftsjahres [...]" erst im neuen Jahr; Entsprechendes soll für die Formulierungen „mit Ablauf des 31.12." bzw. „mit Beginn des 1.1." gelten. Nicht ganz unproblematisch erscheint die Wahl des Zeitpunkts 31.12., 23.59 Uhr, bzw. 1.1., 00.01 Uhr, problematisch auch die teils vorgeschlagene Regelung: „31.12., 24.00 Uhr/1.1., 0.00 Uhr".[80] Ist ein Betriebsaufgabe- bzw. -veräußerungsgewinn zu versteuern, kann die Verlagerung des Übertragungszeitpunkts ins Folgejahr im Einzelfall sinnvoll sein, sofern und soweit im Jahr zuvor sonstige höhere Einkünfte bestanden.

2. Häufig wird es bei einer Betriebsübergabe so gewünscht sein, dass der Übergeber **116** bis zum Übertragungsstichtag fällige **betriebliche Zahlungen** zu leisten hat und er **Entnahmen** tätigen kann. Die ab dem Übergangsstichtag fälligen Zahlungen hat der Erwerber zu leisten, ab dann entscheidet er über Entnahmen. Soweit der Überge-

---

[79] § 16 Abs. 3b S. 2 EStG erkennt für einen Betriebsaufgabefall eine 3-Monatsfrist an. Zur Anerkennung einer steuerlichen Rückwirkung vgl. auch OFD Karlsruhe v. 8.10.2007, DStR 2007, 2326 (6–8 Wochen).

[80] Vgl. Münchener Vertragshandbuch Bd. 2/*v. Hoyenberg,* Muster I.5 Anm. 24. *Knott/Mielke* Rz. 655, halten die Regelung „31.12., 24.00 Uhr/1.1., 00.00 Uhr" in bestimmten anderen Fällen unter Hinweis auf die gewerbesteuerliche Interessenlage („Schachtelprivileg") jedoch für möglich und sinnvoll. Bei der Regelung „31.12., 23.59 Uhr", die genaugenommen den Erwerber noch eine Minute in diesem Jahr wirtschaftlicher Eigentümer sein lässt, was uU steuerlich unerwünscht sein kann, sollte nicht generell auf eine wohlwollende Auslegung, wie bei BFH v. 11.8.2004 – I R 89/03, DStRE 2004, 1424, vertraut werden.

ber Überschüsse bis zum Stichtag nicht entnommen hat, gehen sie auf den Erwerber über.

117 Die im Formular getroffenen Regelungen (vgl. §§ 2, 5 und 6) entsprechen letztlich diesen Vorstellungen, für die **Betriebsteuern** (Gewerbesteuer, Lohnsteuer, Umsatzsteuer) und Verbindlichkeiten aus der gesetzlichen **Sozialversicherung** (insbes. aus einer späteren Betriebsprüfung) wird dies ausdrücklich in § 5 klargestellt. Auch wenn dies im Übergabevertrag im Einzelfall anders geregelt sein und der Übergeber noch zur Zahlung von Betriebsteuern auch nach dem Stichtag verpflichtet sein sollte, ist zu beachten, dass gegenüber dem Finanzamt der Erwerber iRd. § 75 AO für die Zahlung von Betriebsteuer haftbar ist.

118 Die vom Übergeber zu zahlende **Einkommensteuer,** auch soweit sie auf Betriebsgewinnen bis zum Übertragungsstichtag beruht, ist keine Betriebssteuer, sondern eine persönliche Steuer, so dass sie dem Veräußerer verbleibt. § 5 enthält hierzu keine abweichende vertragliche Regelung. Übernimmt der Erwerber im Betriebsübergabevertrag Einkommensteuerzahlungen, die vom Übergeber zu leisten sind, liegt hierin eine steuerliche Gegenleistung (vgl. hierzu Rz. 27).

119 Ein möglicher Streitpunkt unter den Vertragsteilen könnte darin liegen, in welcher **Höhe der** Übergeber bis zum Übertragungszeitpunkt noch **Entnahmen** tätigen darf bzw. Gegenstände des Betriebsvermögens veräußern bzw. in sein Privatvermögen überführen darf. Bei einem Unternehmensverkauf unter fremden Dritten wird dieser Punkt meist ausführlich mit entsprechenden Verkäufergewährleistungen bzw. ergänzenden Sondervereinbarungen geregelt. Bei einer Betriebsübergabe soll der Übergeber insoweit nach dem Willen der Beteiligten idR nicht allzu beschränkt sein. Dem entspricht die Regelung in § 2, wonach Gegenstand der Betriebsübergabe letztlich nur ist, was am Übertragungsstichtag noch vorhanden ist. Eine gewisse allgemeine Einschränkung hiervon enthält § 6 Satz 1 des Formulars, aus dem sich ableiten lässt, dass der Übergeber Entnahmen nur in dem Maß tätigen darf, wie sie auch bisher üblich waren.

120 **3.** Mit einer Betriebsübergabe sind regelmäßig zahlreiche Abwicklungs- bzw. Vollzugsmaßnahmen verbunden, zB

- An-/Ummeldung bzw. Erfüllung von Anzeigepflichten beim Finanzamt, den Krankenversicherungen der Arbeitnehmer bzw. Sozialversicherungsbehörden, dem Gewerbeamt, der Berufsgenossenschaft, der IHK bzw. Handwerkskammer, sonstigen Fachbehörden und Berufskammern, bei denen ggf. eine Erlaubnis einzuholen ist (zB nach dem GaststättenG, HandwerksO usw.), der Agentur für Arbeit;[81]
- ggf. Anmeldung beim Registergericht (vgl. Formular A. 2.01);
- Einholung von Zustimmungen von Vertragspartnern bzw. Gläubigern (vgl. oben Erläuterungen zu § 4);
- Unterrichtung der Arbeitnehmer (vgl. Rz. 66).

Soweit hier nicht gesetzlich zwingende Bestimmungen darüber bestehen, wer die entsprechende Maßnahme zu veranlassen hat (Übergeber oder Erwerber oder beide), sollte dies ggf. im Übergabevertrag bestimmt werden (vgl. hierzu § 5 letzter Absatz sowie § 4 Abs. 2 des Formulars).

121–123 *(frei)*

Zu § 6: Ausschluss einer Mängelhaftung

124 Regelungsbedürftig ist bei einer Betriebsübergabe die Gewährleistung bzw. die Haftung des Übergebers für Sachmängel und Rechtsmängel. Für einen Kaufvertrag sind gesetzliche Regelungen in §§ 433 Abs. 1 S. 2, 434 ff. BGB enthalten, für eine Schenkung in §§ 521, 523 f. BGB. Wie daraus ersichtlich, trifft den Verkäufer eine weitaus

---

[81] Vgl. hierzu die Übersicht und Hilfestellungen unter: *www.gruenderagentur-bayern.de*. Zu schenkungsteuerlichen Anzeigepflichten des Erwerbers gem. § 13a Abs. 6 ErbStG s. *Seifried* ZEV 2009, 614.

strengere Haftung als den Schenker. Da eine Betriebsübergabe idR sowohl kaufvertragliche als auch schenkungsvertragliche Elemente enthält (vgl. oben Rz. 11), ergibt sich aus dem Gesetz keine Klarheit über die Haftung eines Betriebsübergebers.

Erfolgt die Betriebsübergabe nahezu wertgleich und überwiegen deshalb die kaufvertraglichen Elemente, liegt die Vereinbarung unternehmenskaufvertraglicher Gewährleistungen bzw. Garantien nahe.[82] Je besser der Erwerber das betreffende Unternehmen bereits kennt, desto eher können solche Gewährleistungen bzw. Garantien reduziert werden. Sind die übernommenen Verbindlichkeiten und Gegenleistungen eher untergeordnet und überwiegen deshalb die schenkungsvertraglichen Elemente (dies liegt der Regelung in § 6 des Formular zugrunde), wird regelmäßig eine weitgehende Haftungsfreistellung des Übergeber interessengerecht sein. **125**

Nach der in § 6 des Formulars getroffenen Regelung wird lediglich für die Übergangszeit zwischen Vertragsschluss und tatsächlicher Übergabe zum Übergangsstichtag in allgemeiner Form die Verpflichtung des Übergeber vorgesehen, das Unternehmen wie bisher fortzuführen. Dies beinhaltet auch ein Entnahmerecht des Übergebers in der Übergangszeit entsprechend der bisherigen Handhabung. Im Übrigen haftet der Übergeber nicht für Rechts- oder Sachmängel, und damit insbes. nicht für die Beschaffenheit und Tauglichkeit der zu übertragenden Wirtschaftsgüter, deren Freiheit von Rechten Dritter, eine bestimmte Höhe von Forderungen oder Verbindlichkeiten, das Bestehen bzw. den Fortbestand von Verträgen usw.[83] **126**

(frei) **127, 128**

Zu § 7: Widerrufsrecht

Seitens des Übergebers besteht nicht selten der Wunsch, eine Betriebsübergabe unter bestimmten Voraussetzungen oder sogar nach seinem freien Belieben wieder rückgängig machen zu können. **129**

Überwiegen bei einer Betriebsübergabe die kaufvertraglichen Elemente (vgl. oben Rz. 11), kommt nach den gesetzlichen Regelungen ein Rücktrittsrecht in Betracht, wenn der Erwerber seine Verpflichtungen nicht erfüllt, insbes. den vereinbarten Gegenleistungen nicht nachkommt (vgl. § 323 BGB). Soweit die schenkungsrechtlichen Regelungen Anwendung finden (vgl. Rz. 11), kommt ein Rückforderungs- bzw. Widerrufsrecht bei Nichtvollziehung einer Auflage (§ 527 BGB), bei späterer Verarmung des Schenkers (§ 528 BGB) oder im Falle groben Undanks nach § 530 BGB in Betracht.[84]

Aufgrund der regelmäßig problematischen Zuordnung und den damit verbundenen Unklarheiten bei der Anwendung der gesetzlichen Regelungen, sollten Voraussetzungen und Rechtsfolgen eines Rücktritts oder Widerrufs vertraglich geregelt werden. Eine entsprechend auflösend bedingte Schenkung sollte idR allenfalls in der Form vereinbart werden, dass Bedingung nicht der Eintritt des entsprechenden Ereignisses selbst ist, sondern eine diesbezügliche Willensbekundung des Übergebers, da es sonst zu einem ungewollten Automatismus kommen könnte (s. aber noch Fn. 86).

Jedenfalls ein **freies,** in jederzeitigem Belieben des Übergebers stehendes **Widerrufsrecht** wird bei einer Betriebsübergabe nur selten gewünscht bzw. interessengerecht sein. Auch drohen in diesem Fall steuerliche Nachteile sowohl in ertrag- als auch schenkungsteuerlicher Hinsicht.[85] **130**

---

[82] Vgl. hierzu Formular A. 2.70, ferner Form B RS, Formulare B.17 (Praxisübertragung) und B.21.01 (sog. *Asset-Deal*); Palandt/*Weidenkaff* BGB § 434 Rz. 95 ff. und § 453 Rz. 7.

[83] Etwas ausführlichere Regelungen enthält bspw. der Formulierungsvorschlag von *Spiegelberger* Unternehmensnachfolge, § 4 Rz. 131 (vgl. dort §§ 2, 5, 7 und 8 des Formulars).

[84] Vgl. hierzu Palandt/*Weidenkaff* BGB § 516 Rz. 16.

[85] Vgl. zum freien Widerrufsvorbehalt Bonefeld/Wachter/*Feick/Henn* § 18 Rz. 113 f. ferner bei Gesellschaftsanteilen in schenkungsteuerlicher Hinsicht ErbStH 13b.5 und in einkommensteuerlicher Hinsicht EStH 15.9 (1) unter „Rückübertragungsverpflichtung“, Schmidt/*Wacker* EStG § 15 Rz. 139.

131 Eher in Betracht kommt jedoch ein **auf bestimmte Fälle beschränktes Rückabwicklungsrecht** für den Übergeber, zB für den Fall (vgl. auch Formular A. 2.21 § 3)
- der Nichteinhaltung vertraglicher Pflichten durch den Erwerber (vgl. § 7 des Formulars),
- der Verarmung des Übergebers entsprechend § 528 BGB,
- eines groben Undanks des Erwerbers entsprechend § 530 BGB (vgl. § 7),
- dem Vorversterben des Erwerbers vor dem Übergeber (vgl. § 7) bzw. evtl. auch seines Ehegatten[86]
- der Scheidung des Erwerbers, namentlich wenn der übergebene Betrieb nicht durch Vereinbarung einer Gütertrennung oder entsprechender Modifizierung der Zugewinngemeinschaft aus dem Zugewinn ausgenommen ist,
- der Weiterveräußerung des Betriebs durch den Erwerber oder der Weiterveräußerung wichtiger Unternehmensgrundlagen bzw. betrieblichen Grundbesitzes oder der Belastung derselben ohne Zustimmung des Übergebers,
- der Insolvenz des Erwerbers oder des Vollstreckungszugriffs auf den Erwerber (vgl. § 7),[87]
- die Entstehung einer (unerwarteten) Schenkungsteuerbelastung bzw. der Inanspruchnahme des Übergebers für eine Schenkungsteuer, insbes. für den Fall einer Nachversteuerung nach § 13a Abs. 5 ErbStG.[88]

132 Denkbar ist in diesem Zusammenhang auch die Vereinbarung eines nur auf bestimmte wesentliche Wirtschaftsgüter bezogenes Rückforderungsrecht, zB auf Grundbesitz.[89]

133 Neben dem eigentlichen Auslöser des Rückabwicklungsrechts sind auch die näheren Modalitäten des Rückabwicklungsrechts einschließlich der Rechtsfolgen zu regeln, zB:
- die Frist für die Stellung eines Rückabwicklungsverlangens,
- die Frage der Höchstpersönlichkeit bzw. Übertragbar- und Vererblichkeit,
- die Art der Rückabwicklung einschließlich der Berücksichtigung der erbrachten Gegenleistungen und der gezogenen Nutzungen,
- die Sicherstellung der Rückabwicklung (s. Rz. 131, dort Fn. 87).

Dabei kann sich an den Regelungen bei Nichtvollziehung einer Auflage gem. § 527 BGB, zur Rückforderung wegen Verarmung des Schenkers gem. § 528 BGB oder zum Widerrufsrecht bei groben Undank gem. §§ 530ff. BGB oder an den Rücktrittsregeln gem. §§ 346ff. BGB orientiert und mittels entsprechender Verweisung der vertragliche Regelungsumfang entsprechend verkürzt werden.

134 Auch wenn rechtlich wohl nur wenig Schranken für die Vereinbarung von solchen Rückforderungsrechten bestehen, sollte jedoch bei einem Unternehmen als Vertragsobjekt nur mit viel Bedacht von Rückforderungsrechten Gebrauch gemacht werden. Je länger sich das Unternehmen in der Hand des beschenkten Erwerbers befunden hat und je mehr die Unternehmensentwicklung auf dem Einsatz des Erwerbers beruht und eventuell auch noch ein entsprechender Wertzuwachs und/oder eine Unterneh-

---

[86] Im Hinblick auf § 29 ErbStG wird teils vorgeschlagen, die Schenkung auflösend bedingt durch das Vorversterben des Erwerbers auszugestalten, vgl. *Mayer* ZEV 2009, 439, 442.

[87] Zur Zulässigkeit vgl. *Krauß* Vermögensnachfolge Rz. 2002. Erfolgt keine besondere Sicherung des Rückabwicklungsanspruchs, ist dessen Durchsetzbarkeit bei Insolvenz jedoch regelmäßig stark gefährdet; eine dingliche Sicherung ist jedoch nur schwierig machbar, vgl. *Piltz* DStR 2008, 2237, 2241. Eine aufschiebend bedingte Rückübertragung müsste dem sachenrechtlichen Bestimmtheitsgrundsatz genügen (s. o. Rz. 57ff.) und kann sich daher nicht pauschal auf einen Betrieb beziehen, sondern nur auf bestimmte Wirtschaftsgüter; im letzteren Fall droht bei Rückübertragung die Aufdeckung stiller Reserven (s. Rz. 28).

[88] Vgl. hierzu Rz. 38 u. 145, ferner (wenn auch skeptisch) *Piltz* DStR 2008, 2237, 2241; die Ausübung des Rückforderungsrechts sollte jedoch zum Erlöschen der Steuerschuld gem. § 29 Abs. 1 Nr. 1 ErbStG führen. Nach ErbStR 2011 E 13a.1 Abs. 3 soll der Übergeber für eine solche Nachsteuer nur in Anspruch genommen werden können, wenn dies vertraglich so vorgesehen ist (s. auch u. Rz. 145). Zur Besteuerung von beim Beschenkten verbleibenden Erträge s. § 29 Abs. 2 ErbStG u. hierzu *Geck* NZG 2012, 93, 95.

[89] Vgl. *Spiegelberger* Unternehmensnachfolge § 4 Rz. 131 (s. dort § 12).

mensneuausrichtung stattgefunden hat, desto schwieriger wird eine interessengerechte Rückabwicklung.[90]

§ 7 des Formulars beschränkt sich auf einige wenige Rückforderungsgründe, die zeitlich befristet ausgestaltet werden können, und lehnt sich hinsichtlich der Ausgestaltung der Rückabwicklung an die Regelungen der §§ 530ff. BGB nebst der dort in Bezug genommenen Bereicherungsvorschriften der §§ 812ff. BGB an. Eine Rückabwicklung der bis zur Ausübung des Widerrufs gezogenen Erträge (vgl. § 818 Abs. 1 BGB) oder der an den Übergeber bzw. seine Ehefrau geleisteten Leibrentenzahlungen findet jedoch nicht statt; entsprechend den Regelungen der §§ 818 Abs. 3, 819 Abs. 1 BGB haftet der Erwerber im Übrigen auf Herausgabe nur, soweit er bei Ausübung des Widerrufs noch bereichert ist. Diese vereinfachte Regelung darf jedoch nicht darüber hinwegtäuschen, dass die Rückabwicklung einer Unternehmensübertragung oftmals auf erhebliche Schwierigkeiten stößt, insbes. auch im Hinblick darauf, was fairerweise dem rückgewährverpflichteten Erwerber verbleibt.[91] **135**

(frei) **136, 137**

Zu § 8: Zustimmung

Die **Mitwirkung des Ehegatten** des Übergebers kann zumeist unter zweierlei Gesichtspunkten relevant sein (zur **Zustimmung sonstiger Dritter** s. o. Rz. 91ff., 101ff.): **138**

- **Güterrechtlich** bedarf ein im gesetzlichen Güterstand der **Zugewinngemeinschaft** verheirateter Ehegatte für eine Betriebsübergabe der Zustimmung des anderen Ehegatten, wenn es sich beim übergebenen Betrieb um das gesamte oder nahezu gesamte Vermögen des Übergebers handelt **(§ 1365 BGB)** und dem Erwerber dies bekannt ist.[92] **139**
  Sind Eheleute in **Gütergemeinschaft** verheiratet (§ 415 BGB) und gehört der Betrieb zum Gesamtgut der Eheleute (§ 1416 BGB), bedarf es zu einer Übertragung ebenfalls der Mitwirkung beider Ehegatten, sofern das Gesamtgut nicht von einem Ehegatten allein verwaltet wird und es sich nicht um das gesamte oder nahezu gesamte Gesamtgut handelt (vgl. §§ 1419, 1421, 1423, 1450 BGB). Dies kann entsprechend bei einem vergleichbaren Güterstand nach ausländischem Recht („Errungenschaftsgemeinschaft") gelten.
  Bei **Gütertrennung** (§ 1414 BGB) besteht dagegen generell kein Zustimmungs- bzw. Mitwirkungserfordernis des Ehegatten.
- Enthält der Übergabevertrag **Rechte und Pflichten des Ehegatten,** bedarf es ebenfalls der Mitwirkung des Ehegatten. Bei der im Formular der Ehefrau ausgesetzten Leibrente (vgl. § 3b) könnte die Zahlungspflicht des Erwerbers als Vertrag zugunsten Dritter (vgl. Rz. 84) auch ohne Mitwirkung der Ehefrau begründet werden, doch für die damit verbundene (bedingte) Schenkung des Ehemanns an die Ehefrau im sog. Valutaverhältnis[93] ist zumindest die mündliche Annahme der Ehefrau erforderlich. **140**

Zu § 9: Teilunwirksamkeit

Die **Unwirksamkeit einer einzelnen Vertragsklausel** zieht gem. § 139 BGB im Zweifel die Unwirksamkeit des gesamten Vertrags nach sich. Eine **salvatorische** **141**

[90] Zu rechtlichen Schranken bei Verfügungsbeschränkungen an einem übergebenen Betrieb s. BGH v. 6.7.2012 – V ZR 122/11, ZEV 2012, 550. Zur Problematik der Rückabwicklung einer Betriebsübergabe und zu diesbezüglichen Gestaltungsschwierigkeiten s. *Krauß* Vermögensnachfolge Rz. 1872 u. 2041ff. Zum Ausschluss gesetzlicher Rückforderungsrechte bei wesentlicher Umgestaltung des geschenkten Gegenstands s. MüKoBGB/*Koch* BGB § 531 Rz. 6.

[91] Zu einem detaillierteren Gestaltungsvorschlag s. *Krauß* Vermögensnachfolge Rz. 2043.

[92] Vgl. Palandt/*Brudermüller* BGB § 1365 Rz. 8.

[93] Vgl. hierzu (und zum Begriff des sog. Deckungsverhältnisses zwischen Übergeber und Erwerber): Palandt/*Grüneberg* BGB Vor § 328 Rz. 3f.

Klausel, wie sie § 9 darstellt, zielt auf die Umkehrung der gesetzlichen Vermutung ab, so dass die Unwirksamkeit einer Bestimmung nur dann zur Gesamtunwirksamkeit führt, wenn ihrer Wirksamkeit für das Vertragswerk eine ganz entscheidende Bedeutung zukommt.[94] Im Übrigen gilt anstelle der unwirksamen Regelung dasjenige, was die Vertragsteile mutmaßlich vereinbart hätten, wenn sie die Unwirksamkeit der Bestimmung bedacht hätten (sog. ergänzende Vertragsauslegung); fehlen ausreichende Anhaltspunkte für die Ermittlung des mutmaßlichen Willens, greift die gesetzliche Regelung ein. Entsprechendes gilt, sofern für bestimmte Bereiche überhaupt keine ausdrückliche Regelung getroffen wurde.[95]

142, 143 *(frei)*

Zu § 10: Sonstiges

144 Geregelt werden kann abschließend u.a., wer die durch die Betriebsübergabe anfallenden **Kosten und Steuern** zu tragen hat. Dabei sind jedenfalls gedanklich **Innen- und Außenverhältnis zu trennen.** So legen zB die Steuergesetze fest, wer im Außenverhältnis primärer Schuldner einer Steuer ist (vgl. zB § 20 ErbStG), ferner, wer darüber hinaus ggf. für eine Steuerschuld zusätzlich haftet (vgl. zB § 75 AO); Entsprechendes gilt bspw. für Notar- und Grundbuchkosten (vgl. §§ 29ff., 22ff. GNotKG).

Für das **Innenverhältnis** finden sich im allgemeinen Schuldrecht zB die gesetzliche Regelung des § 426 BGB zum Gesamtschuldnerausgleich und im Kaufrecht zB die Regelungen der §§ 436 und 448 BGB, wonach ein Käufer zB Beurkundungs- und Grundbuchkosten zu tragen hat (ausgenommen Lastenfreistellungskosten, die entsprechend § 433 Abs. 1 S. 2 BGB dem Verkäufer zur Last fallen) und Erschließungskosten zeitlich auf Verkäufer und Käufer aufgeteilt werden.

Im Betriebsübergabevertrag sollte das Innenverhältnis der Tragung von Kosten und Steuern zwischen Übergeber und Erwerber gesondert geregelt werden.

Einen wichtigen Teil hierzu (nämlich zu Betriebs- und Einkommensteuern sowie den Kosten von Um-/Anmeldungen und Mitteilungen etc.) regelt bereits § 5, etwaige Kosten im Zusammenhang mit der Einholung der Zustimmung von Geschäftspartnern § 4.

145 § 10 des Formulars stellt klar, dass primärer Steuerschuldner der **Schenkungsteuer** der Erwerber ist. Nach der entsprechenden Vorschrift des § 20 Abs. 1 S. 1 ErbStG ist weiterer Steuerschuldner jedoch auch der Übergeber; dies gilt uU auch für die Nachversteuerung gem. § 13a Abs. 5 ErbStG bei Nichteinhaltung der Begünstigungsregelungen innerhalb der Behaltefrist (vgl. Rz. 38). Vor diesem – uU gravierenden – Steuerzahlungsrisiko, das dem späteren Einflussbereich des Übergebers weithin entzogen ist, kann sich der Übergeber evtl. schon durch „vertragliche Nichtübernahme" der Nachsteuer und ggf. durch einen Rückforderungsvorbehalt schützen.[96]

146 Wird Grundbesitz mitübertragen, kann die Zahlungspflicht für Notar- und Grundbuchkosten, evtl. auch einer Grunderwerbsteuer geregelt werden.

147 Sind Beratungskosten (Rechtsanwalt, Steuerberater) angefallen, kann auch hierfür eine Regelung getroffen werden.

148 Ist der Erwerber in Gütergemeinschaft verheiratet, kann durch eine sog. **Vorbehaltsguterklärung** gem. § 1418 Abs. 2 Nr. 2 BGB ein Erwerb zum Alleineigentum ermöglicht werden.

---

[94] Vgl. Palandt/*Ellenberger* BGB § 139 Rz. 17.
[95] Vgl. Palandt/*Ellenberger* BGB § 139 Rz. 14ff.
[96] Vgl. hierzu Rz. 131 aE, dort insbes. Fn. 88.

A. 2.01 Handelsregisteranmeldung

A. 2.01

An das
Amtsgericht [...]
– Handelsregister –
[...]

HRA [...]
Firma [...] e.K.
Niederlassung, Anschrift: [...]

Zur Eintragung in das Handelsregister wird angemeldet:
Ich, A, geb. am [...], wohnhaft in [...],
habe das von mir unter obiger Firma betriebene Geschäft mit dem Recht, die Firma mit oder ohne Beifügung eines das Nachfolgeverhältnis andeutenden Zusatzes fortzuführen, an
Herrn C, geb. am [...], wohnhaft in [...],
veräußert.
Dieser führt das Geschäft unter der Firma

[...] e.K.

fort.
Die Geschäftsanschrift iSd. § 29 HGB lautet, wie aus dem Betreff ersichtlich.
Die Unterzeichner erteilen hiermit dem die Unterschriften beglaubigenden Notar, ferner seinem Vertreter sowie seinem Amtsnachfolger und seinem Sozius, weiterhin sämtlichen Notarangestellten an der Notarstelle des die Unterschriften beglaubigenden Notars und dessen Sozius, insbesondere [...], und zwar jeweils einzeln,

Vollmacht

unter Befreiung von den Beschränkungen des § 181 BGB die Anmeldung bis zur Eintragung im Handelsregister abzuändern und zu ergänzen und alles zur Durchführung der Anmeldung Erforderliche oder (aus Sicht des Bevollmächtigten) Zweckdienliche zu tun.
Die Kosten dieser Anmeldung trägt der Erwerber.
Benachrichtigung von der Eintragung wird erbeten an
a) den neuen Inhaber
b) den beglaubigenden Notar.
Das Original der Anmeldung verwahrt der Notar, Abschriften erhalten die Beteiligten.

.................................., den ....
[Ort, Datum]

.. **..**
[Unterschrift A] ***[Unterschrift B]***

[Notarieller Beglaubigungsvermerk]

Anmerkungen

1 Ist das übergebene Einzelunternehmen im Handelsregister eingetragen, muss ein Inhaberwechsel gem. § 31 Abs. 1 HGB dort eingetragen werden. Entsprechendes gilt, wenn der Erwerber den Betrieb als nicht angemeldet und im Handelsregister eingetragener Kleingewerbetreibender fortführen will (Anmeldung der Firmenlöschung, § 31 Abs. 2 HGB) oder wenn das Einzelunternehmen bisher nicht im Handelsregister eingetragen war und der Erwerber den Betrieb als eingetragener Ist- oder Kannkaufmann gem. §§ 1f., 29 HGB oder in Form einer Handelsgesellschaft (§ 6 HGB) fortführen will.

2 Die Anmeldung eines Inhaberwechsels hat sowohl durch den Übergeber und als auch durch den Erwerber zu erfolgen.[1] Erforderlich ist gem. § 12 HGB die notarielle Beglaubigung deren Unterschriften und sodann die elektronische Einreichung der Anmeldung beim zuständigen Registergericht. Da die einzureichende Anmeldung mit einem elektronischen Zeugnis eines Notars gem. § 39a BeurkG versehen sein muss und nicht einfach per email, sondern nur unter Verwendung spezieller Programme und Verschlüsselungen versandt werden kann,[2] erfolgt die Einreichung beim Registergericht regelmäßig durch den Notar.

3 Sofern im Zuge des Inhaberwechsels die Firma geändert oder die Geschäftsräume verlegt werden, ist dies ebenfalls in die Anmeldung aufzunehmen (§ 31 HGB).

4 Sofern der Übergeber einverstanden ist, kann die bestehende Firma vom Erwerber fortgeführt werden, und zwar auch wenn die Firma den Namen des Übergebers enthält. Der Erwerber kann auch bei fortgeführter Firma einen Nachfolgezusatz hinzufügen, zB „A-Getränkemarkt e.K., Inhaber B". Bei Firmenfortführung (mit oder ohne Nachfolgezusatz) bleibt die bisherige Registernummer (HRA [...]) bestehen. Führt der Erwerber das Geschäft unter einer anderen Firma fort, wird eine neue Registernummer vergeben.

5 Wird das Geschäft unter Fortführung der Firma (mit oder ohne Nachfolgezusatz) oder mit nur unwesentlicher Änderung der Firma weiterbetrieben, sieht § 25 Abs. 1 HGB vor, dass der Erwerber für alle betrieblichen Verbindlichkeiten haftet; zugleich gelten die betrieblichen Forderungen als auf den Erwerber übergegangen, wenn der Übergeber mit der Firmenfortführung einverstanden war. Soll nach dem Betriebsübergabekonzept der Erwerber nicht alle betrieblichen Verbindlichkeiten bzw. Forderungen übernehmen, ist es zur Vermeidung der Folgen des § 25 Abs. 1 HGB erforderlich, gem. § 25 Abs. 2 HGB den Nichtübergang der Verbindlichkeiten bzw. Forderungen in die Registeranmeldung aufzunehmen, zB:

A. 2.01a **„Die Haftung des Erwerbers für die im Betrieb des Geschäfts begründeten Verbindlichkeiten des bisherigen Inhabers sowie der Übergang der in dem Betrieb begründeten Forderungen auf den Erwerber ist ausgeschlossen.",**

oder den Ausschluss des Übergangs dem jeweiligen Gläubiger bzw. Schuldner durch den Übergeber oder Erwerber mitzuteilen. Die Anmeldung bzw. Mitteilung nach § 25 Abs. 2 HGB kann sich auf einzelne Verbindlichkeiten oder Forderungen beschränken.[3]

---

[1] Vgl. Baumbach/Hopt/*Hopt* HGB § 31 Rz. 6.
[2] Vgl. hierzu zB die Hinweise unter www.egvp.de und www.elrv.info.
[3] Vgl. Baumbach/Hopt/*Hopt* HGB § 25 Rz. 13f.

A. 2.10 Betriebsverpachtung

A. 2.10

Pachtvertrag

zwischen

1. Herrn A, geboren am [...], wohnhaft [...], „Verpächter"

und

2. Herrn B, geboren am [...], wohnhaft [...], „Pächter".

Vorbemerkung[Rz. 26, 27]

Der Verpächter ist Inhaber des Einzelunternehmens [...]. Gegenstand des Unternehmens ist [...]
Herr A möchte sein Einzelunternehmen langfristig auf seinen Sohn B übertragen. In einem ersten Schritt soll das Unternehmen von B gepachtet werden. Hierzu vereinbaren die Beteiligten Folgendes:

§ 1 Pachtgegenstand[Rz. 28, 29]

(1) Der Verpächter verpachtet mit Wirkung vom [...] an den Pächter den vorstehenden Betrieb [...] mit dem dazugehörigen beweglichen und unbeweglichen Anlagevermögen, insbesondere der Geschäftsausstattung, sämtlichen Maschinen und Fahrzeugen und allen sonstigen Gegenständen des Anlagevermögens einschließlich der geringwertigen Wirtschaftsgüter.

(2) Von der Verpachtung umfasst sind auch alle immateriellen, in der Bilanz nicht betragsmäßig ausgewiesenen Wirtschaftsgüter, insbesondere der Kundenstamm, der Firmenwert und gewerbliche Lizenzen, so dass der Betrieb als solcher verpachtet wird. Das verpachtete Anlagevermögen ergibt sich aus der zu diesem Vertrag genommenen Anlage.

(3) Der Verpächter verkauft an den Pächter die in der Anlage zu diesem Vertrag verzeichneten Warenvorräte, Roh-, und Hilfsstoffe zum Preis von [...] Euro. Die Parteien sind sich über den Eigentumsübergang einig. Gewährleistungsansprüche sind ausgeschlossen.

§ 2 Pachtzins[Rz. 30, 31]

(1) Der monatliche Pachtzins beträgt [...] Euro. Er ist im Voraus bis zum 4. Werktag eines Monats zu zahlen.

(2) Ändern sich die wirtschaftlichen Verhältnisse des Unternehmens, der Branche oder der Volkswirtschaft im Allgemeinen, die bei Abschluss des Pachtvertrages vorlagen, werden die Parteien prüfen, ob eine Veränderung der Pachthöhe angemessen ist.

(3) Unterwirft der Verpächter die Umsätze aus der Verpachtung der Regel-Umsatzbesteuerung, ist der Pächter verpflichtet, zusätzlich die Umsatzsteuer in ihrer gesetzlichen Höhe auf den jeweiligen Pachtzins zu zahlen. Der Verpächter verpflichtet sich, die Umsatzsteuer gemäß § 14 UStG in Rechnung zu stellen oder diesen Vertrag so zu ändern, dass der Vertrag den Vorsteuerabzug vermittelt.

§ 3 Überleitung von Schuldverhältnissen[Rz. 32]

(1) Der Pächter tritt in alle bestehenden Wartungs-, Telefon- und Versorgungsverträge sowie in alle sonstigen Dauerschuldverhältnisse anstelle des Verpächters ein.

Der Pächter ist verpflichtet, mit dem betroffenen Vertragspartnern zu vereinbaren, dass der Verpächter aus den Verpflichtungen entlassen wird.

(2) Der Pächter tritt darüber hinaus in alle bestehenden Liefer- und Werkverträge anstelle des Verpächters ein. Sofern die Kunden mit der Vertragserfüllung durch den Pächter nicht einverstanden sind, verpflichtet sich der Verpächter im Innenverhältnis zur Vertragserfüllung unter Zugrundelegung der bisherigen Vertragsvereinbarungen.

(3) Die Ansprüche auf Gegenleistungen aus übernommenen Schuldverhältnissen stehen dem Pächter zu. Entsprechende Forderungen werden hiermit abgetreten. Noch ausstehende Forderungen für Lieferungen des Verpächters zieht der Pächter ein. Eingezogene Beträge kehrt er an den Verpächter aus.

(4) Der Pächter tritt außerdem in alle bestehenden Arbeitsverträge ein.

§ 4 Gewährleistung[Rz. 33]

Der Pächter übernimmt den Pachtgegenstand wie besichtigt unter Ausschluss jeder Gewährleistung des Verpächters für Sachmängel.

§ 5 Verkehrssicherungspflicht

Die Verkehrssicherungspflicht übernimmt der Pächter. Er verpflichtet sich, den Verpächter im Innenverhältnis von allen insoweit entstehenden Ansprüchen Dritter freizustellen.

§ 6 Versicherungen, Kosten

(1) Der Pächter hat auf seine Kosten für das Pachtobjekt angemessene Haftpflichtversicherungen sowie Versicherungen gegen Feuer-, Sturm-, Wasserschäden, Diebstahl und Einbruch abzuschließen und zu unterhalten.

(2) Der Pächter trägt alle Ausgaben, die den Betrieb und dessen Ausübung betreffen.

§ 7 Instandhaltung

(1) Der Pächter ist verpflichtet, das übernommene Anlagevermögen während der Dauer des Pachtverhältnisses pfleglich zu behandeln.

(2) Der Pächter ist zur laufenden Instandhaltung und Instandsetzung der Maschinen und Fahrzeuge sowie der Geschäftsausstattung einschließlich der außerordentlichen Ausbesserungen verpflichtet.

(3) Der Pächter trägt die Kosten der Erneuerungs- und Erweiterungsinvestitionen selbst.

(4) Vom Pächter angeschaffte Ersatzgegenstände sind ohne weitere Entschädigung in das Eigentum des Verpächters zu überführen. Die Gefahr des zufälligen Untergangs trägt der Pächter.

§ 8 Unterverpachtung[Rz. 34]

Der Pächter ist zur Unterverpachtung des Unternehmens nicht befugt.

§ 9 Kontrollrechte

(1) Der Verächter ist berechtigt, den verpachteten Betrieb während der üblichen Geschäftszeiten zu besichtigen. Er hat die Besichtigung vorher anzukündigen und zwischen der Ankündigung und der Besichtigung eine angemessene Frist einzuhalten.

(2) Der Pächter ist verpflichtet, den Verpächter jährlich nach Erstellung der Jahresbilanz über die wirtschaftliche Situation des Pachtunternehmens zu unterrichten.

§ 10 Vertragsdauer

(1) Die Pacht beginnt am [...]. Der Vertrag wird auf unbestimmte Zeit geschlossen.

(2) Der Pachtvertrag kann schriftlich mit einer Frist von einem Jahr zum Ende des Geschäftsjahres des Pächters gekündigt werden.

(3) Das Vertragsverhältnis kann von jedem Teil aus wichtigem Grund ohne Einhaltung einer Kündigungsfrist schriftlich gekündigt werden.

(4) Bei Beendigung des Pachtverhältnisses hat der Pächter das Pachtobjekt mit sämtlichen dazugehörigen Wirtschaftsgütern an den Verpächter zurückzugeben. Der Pächter ist fortan nicht mehr berechtigt, die Firma des Verpächters zu führen. Roh- und Hilfsstoffe sowie Warenvorräte werden zu Einkaufspreisen übernommen.

(5) Ein Wertausgleich bezüglich des Inventars findet nicht statt.

§ 11 Vertragsänderungen

Änderungen und Ergänzungen dieses Vertrages bedürfen der Schriftform; das gilt auch für eine Änderung der Schriftformklausel selbst.

§ 12 Salvatorische Klausel

Sollte eine Bestimmung dieses Vertrages aus irgendeinem Grund unwirksam oder anfechtbar sein oder werden, so soll hierdurch die Gültigkeit der übrigen Bestimmungen nicht berührt werden. Anstelle der unwirksamen Bestimmung soll eine angemessene Regelung gelten, die – soweit rechtlich möglich – dem entspricht, was die Vertragsschließenden gewollt haben. Entsprechendes gilt im Falle einer Regelungslücke.

..................................., den ....
[Ort, Datum]

....	....
[Unterschrift A]	***[Unterschrift B]***

A. Grundsätzliche Anmerkungen

I. Wirtschaftliche Vertragsziele

Die Verpachtung eines Betriebs erfolgt häufig im Rahmen einer **Betriebsaufspaltung.** Dabei verpachtet ein Besitzunternehmen eine wesentliche Betriebsgrundlage an die Betriebsgesellschaft und schafft so die für eine Betriebsaufspaltung erforderliche sachliche Verflechtung. 1

Das hier vorgestellte Vertragsmuster greift einen anderen häufigen Anwendungsfall der Betriebsverpachtung auf. Im Zusammenhang mit einer **Unternehmensnachfolge,** bei der der Betrieb mittel- oder langfristig auf einen Nachfolger übertragen werden soll, findet häufig (zunächst) eine Betriebsverpachtung statt. Der bisherige Geschäftsinhaber möchte sich von dem Betrieb noch nicht endgültig trennen, sondern diesen zunächst nur vorübergehend an die für die Betriebsnachfolge vorgesehene Person verpachten. Der Pächter und zukünftige Unternehmensnachfolger hat auf diese Weise die Möglichkeit, seine Eignung als Unternehmer zu testen, bevor er den Betrieb endgültig übernimmt. 2

Eine **Betriebsverpachtung** liegt in diesem Zusammenhang vor, wenn der Betriebsinhaber sein Unternehmen für eine gewisse Zeit einem Dritten überlässt, der das Unternehmen dann auf eigene Rechnung und Gefahr betreibt. Die Tätigkeit des bisherigen Unternehmers beschränkt sich mit der Verpachtung des Betriebs darauf, das 3

Unternehmen dem Pächter zu überlassen und die Pachtzinsen zu vereinnahmen. Der Verpächter bleibt Eigentümer der wesentlichen Teile seines Betriebsvermögens („Verpachtung im Ganzen").

II. Zivilrechtliche Aspekte

4 Gegenstand einer Betriebsverpachtung ist ein **Pachtvertrag i.S. der §§ 581 ff. BGB.** Der Pachtvertrag regelt die Überlassung der dem Betrieb zuzuordnenden Wirtschaftsgüter an einen Dritten. Wesensmerkmal der Betriebsverpachtung ist hierbei die Überlassung nicht nur der Geschäftsausstattung, des Anlagevermögens und sonstiger bilanziell erfasster Gegenstände, sondern insbesondere auch des Geschäftswerts, der Kunden- und Lieferantenbeziehungen, der Geschäftserfahrungen usw.

5 Der Pächter führt das Unternehmen des Betriebsinhabers auf Grund des Pachtvertrages auf eigene Rechnung und Gefahr weiter (§ 581 BGB). Der weitere Inhalt des Pachtvertrages muss von den Vertragspartnern **individuell gestaltet** werden, da es für die Verpachtung gewerblicher oder land- und forstwirtschaftlicher Betriebe keine besonderen gesetzlichen Vorschriften gibt.

6 Wesentlicher Inhalt eines Betriebspachtvertrages ist die Überlassung der Wirtschaftsgüter des **Anlagevermögens** vom Verpächter an den Pächter. Hinsichtlich des **Umlaufvermögens** (zB Roh-, Hilfs- und Betriebsstoffe) wird häufig – so auch in diesem Vertragsmuster – die Übereignung an den Pächter vereinbart.

7 Der Pächter tritt in die vom Verpächter geschlossenen **laufenden Verträge** ein. Das gilt insbesondere auch für Arbeitsverhältnisse, die nach § 613a BGB auf den Pächter übergehen.[4]

8 Typischerweise führt der Pächter den Betrieb des Verpächters unter der **bisherigen Firma** fort (§ 22 HGB), was allerdings für den Pächter besondere haftungsrechtliche Folgen hat. Nach § 25 HGB haftet er nämlich wie ein Erwerber des Betriebs für alle im Betrieb des Geschäfts begründeten Verbindlichkeiten des früheren Inhabers.[5]

III. Steuerrechtliche Aspekte

1. Einkommensteuer

9 Von zentraler Bedeutung für die einkommensteuerliche Beurteilung einer Betriebsverpachtung ist das sog. **Verpächterwahlrecht.**[6] Danach kann der Verpächter unter bestimmten Voraussetzungen entscheiden, ob die Einstellung seiner bisherigen betrieblichen Tätigkeit als Betriebsaufgabe zu qualifizieren sein soll (§ 16 Abs. 3 EStG), oder ob der Betrieb weiter fortbestehen soll.

10 Entscheidet sich der bisherige Unternehmer für eine **Betriebsaufgabe,** so ist eine entsprechende ausdrückliche Aufgabeerklärung gegenüber dem Finanzamt abzugeben. Bis dahin gilt der Betrieb als fortgeführt (§ 16 Abs. 3b EStG). Erfolgt die Aufgabeerklärung spätestens drei Monate nach dem vom bisherigen Unternehmer gewählten Zeitpunkt, erkennt die Finanzverwaltung auch eine insoweit rückwirkende Betriebsaufgabe an.[7]

11 Gibt der Verpächter seinen Betrieb auf, gehen die verpachteten Wirtschaftsgüter in sein Privatvermögen über. Sämtliche bisher im Betrieb gebildeten stillen Reserven sind aufzudecken und als **Betriebsaufgabegewinn** zu versteuern (§ 16 Abs. 3 EStG). Der Aufgabegewinn ist allerdings steuerbegünstigt, wenn bestimmte Voraussetzungen er-

---

[4] BAG v. 25.2.1981 – 5 AZR 991/78, NJW 1981, 2212.
[5] BGH v. 29.3.1982 – II ZR 166/81, NJW 1982, 1647.
[6] Grundlegend: BFH GrS v. 13.11.1963 – GrS 1/63, BStBl. III 1964, 124; EStR 16 Abs. 5.
[7] BMF v. 22.11.2016, BStBl. I 2016, 1326, Ziffer IV. 1.

füllt sind, insbesondere der Verpächter zum Zeitpunkt der Betriebsaufgabe das 55. Lebensjahr vollendet hat. In diesem Fall wird ein besonderer Freibetrag gewährt (§ 16 Abs. 4 EStG) und auf den entstandenen Gewinn ist ein ermäßigter Steuersatz anzuwenden (§ 34 EStG).

Pachteinnahmen, die der Verpächter nach der Betriebsaufgabe erzielt, gehören zu den **Einkünften aus Vermietung und Verpachtung** (§ 21 EStG). **12**

Gibt der Unternehmer anlässlich der Verpachtung seines Betriebs **keine Betriebsaufgabeerklärung** ab, besteht der bisherige Betrieb weiter fort. Die verpachteten Wirtschaftsgüter bleiben weiterhin gewerbliches Betriebsvermögen.[8] **13**

Die **Fortführung des Betriebs** durch den Verpächter ist jedoch nur dann möglich, wenn alle funktional wesentlichen Betriebsgrundlagen eines vom Verpächter bisher selbst betriebenen ganzen Betriebes oder Teilbetriebes verpachtet werden und der Pächter den Betrieb so fortführt, dass der Verpächter ihn beim Pachtende wieder aufnehmen und weiter betreiben kann.[9] Das Verpächterwahlrecht kann dabei nur von natürlichen Personen und Personengesellschaften, nicht aber von Kapitalgesellschaften oder gewerblich geprägten Personengesellschaften in Anspruch genommen werden. **14**

Der Verpächter kann nach Fortführung des Betriebs **zu jedem beliebigen späteren Zeitpunkt** innerhalb der Pachtzeit die Betriebsaufgabe erklären.[10] Das kann zB dann vorteilhaft sein, wenn der Verpächter zwischenzeitlich die Voraussetzungen für eine begünstigte Besteuerung des Betriebsaufgabegewinns erfüllt. **15**

Der Verpächter erzielt bei Fortführung des Betriebes auch nach der Verpachtung weiterhin **Einkünfte aus Gewerbebetrieb** (§ 15 EStG). **16**

Der Pächter erzielt mit der Fortführung des bisher vom Verpächter betriebenen gewerblichen Unternehmens ebenfalls Einkünfte aus Gewerbebetrieb (§ 15 EStG). Die von ihm gezahlten Pachtzinsen sind Betriebsausgaben (§ 4 Abs. 4 EStG) und mindern den Gewinn. **17**

2. Gewerbesteuer

Obwohl der Verpächter Einkünfte aus Gewerbebetrieb erzielt (Rz. 16), unterliegen diese nicht der Gewerbesteuer. Nach gewerbesteuerrechtlicher Beurteilung wird mit der Betriebsverpachtung die werbende Tätigkeit des bisherigen Betriebsinhabers beendet.[11] Etwas anderes gilt bei gewerblich geprägten Personengesellschaften oder Kapitalgesellschaften, die weiterhin gewerbesteuerpflichtige Einkünfte erzielen. **18**

In der Hand des Pächters liegt ein werbender Betrieb vor, der nach den allgemeinen gewerbesteuerlichen Grundsätzen zu behandeln ist. **19**

3. Schenkung- und Erbschaftsteuer

Die **Verpachtung des Betriebs** selber ist kein schenkungsteuerpflichtiger Vorgang, wenn das vom Pächter zu zahlende Pachtentgelt in angemessener Höhe vereinbart und gezahlt wird. **20**

Die spätere **Übertragung des Betriebs** auf den Pächter und Unternehmensnachfolger freilich ist schenkungsteuerlich relevant. Dabei handelt es sich bei dem ruhenden Betrieb des Verpächters um Betriebsvermögen, für dessen Übertragung grundsätzlich die besonderen erbschaftsteuerlichen Begünstigungen der **§§ 13a ff. ErbStG** (vgl. Vertragsmuster A. 2.21, Rz. 14 ff.) in Anspruch genommen werden können. **21**

Werden im Rahmen der Betriebsverpachtung auch **Grundstücke** verpachtet, zählen diese grundsätzlich zum Verwaltungsvermögen, da sie Dritten zur Nutzung über- **22**

---

[8] BFH v. 20.9.1995 – X R 46/94, BFH/NV 1996, 393, 395.
[9] Schmidt/*Wacker* EStG § 16 Rz. 696.
[10] BFH v. 27.2.1985 – I R 235/80, BStBl. II 1985, 456.
[11] BFH GrS v. 13.11.1963, GrS 1/63, BStBl. III 1964, 124; GewStR 2.2.

lassen werden (§ 13b Abs. 4 Nr. 1 ErbStG). Ausnahmsweise gilt insoweit aber eine Rückausnahme mit der Folge, dass das verpachtete Grundstück kein schädliches Verwaltungsvermögen darstellt, wenn

- der Erbe, auf den der verpachtete Betrieb übergeht, bereits Pächter des Betriebs ist oder
- bei einer Schenkung unter Lebenden der Verpächter dem Pächter im Zusammenhang mit einer unbefristeten Verpachtung durch eine letztwillige oder rechtsgeschäftliche Verfügung als Erben eingesetzt hat oder
- bei einer Schenkung der Beschenkte zunächst den Betrieb noch nicht selber führen kann, weil ihm zB die dafür erforderliche Qualifikation noch fehlt und der Schenker im Hinblick darauf den verpachteten Betrieb für eine Übergangszeit von maximal zehn Jahren an einen Dritten verpachtet hat, wobei die Frist bei Minderjährigen erst mit Vollendung des 18. Lebensjahres beginnt (§ 13b Abs. 4 Nr. 1 Buchst. b ErbStG).

23 Nicht erfasst von der Rückausnahme wird nach dem Wortlaut des Gesetzes der Übergang von Todes wegen auf einen Erben, der den Betrieb noch nicht selber führen kann.[12] Insoweit kann es sich – soweit möglich – empfehlen, eine Schenkung noch unter Lebenden vorzunehmen, notfalls noch „auf dem Sterbebett".

24 Die Rückausnahme für verpachtete Grundstücke (Rz. 22) findet nur Anwendung bei der Verpachtung eines ganzen Betriebes. Teilbetriebe sind nicht privilegiert. Weitere Voraussetzungen für die gesetzlich vorgesehene Sonderbehandlung eines im Rahmen der Betriebsverpachtung überlassenen Grundstücks ist, dass der Betrieb vor der Verpachtung begünstigungsfähiges Vermögen darstellt und diese Widmung nicht erst durch eine Umqualifikation im Zuge der Verpachtung eingetreten ist.[13] Die Prüfung dieser Voraussetzung kann bei älteren Pachtverträgen wegen des unter Umständen langen Zeitablaufs schwierig durchführbar sein.

25 Erklärt der Erwerber des verpachteten Betriebs die Betriebsaufgabe oder ergibt sich eine Betriebsaufgabe aus den tatsächlichen Umständen, kann es zu einer **Nachversteuerung** nach § 13a Abs. 6 ErbStG kommen.

B. Einzelerläuterungen

Zur Vorbemerkung

26 Die Vorbemerkung gibt den „Geist des Vertrages" wieder, indem sie die Betriebsverpachtung in den sachlichen Zusammenhang mit der geplanten Unternehmensnachfolge stellt und außerdem den familiären Charakter der Vertragsbeziehung verdeutlicht.

27 Auch wenn der Vertrag vor dem Hintergrund der familiären Beziehung der Vertragsparteien jedenfalls steuerlich unter besonderen Rahmenbedingungen steht,[14] bemüht sich das Vertragsmuster die besonderen Regelungsbedürfnisse von Familienangehörigen zu berücksichtigen. Der Vertragstext ist möglichst kurz gefasst; er lässt erkennen, dass die Vertragspartner mit „gutem Willen" etwaige Regelungslücken ausfüllen werden.

Zu § 1: Pachtgegenstand

28 Die vertraglichen Regelungen stellen klar, dass eine Betriebsverpachtung im Ganzen vorliegt. Hierzu werden neben dem Anlagevermögen insbesondere auch alle immateriellen, in der Bilanz nicht betragsmäßig ausgewiesenen Wirtschaftsgüter von der Ver-

[12] Vgl. *Hannes/Onderka* ZEV 2009, 10.
[13] ErbStR 2011 E 13b.11 Abs. 1 Satz 2.
[14] Vgl. A. 2.21 Rz. 5.

pachtung erfasst. Etwas anderes gilt für die in einer Anlage zu individualisierenden Warenvorräte, die zu einem festgelegten Preis an den Pächter veräußert werden.

Von wesentlicher Bedeutung ist die möglichst genaue Bezeichnung der verpachteten Gegenstände. Der Vertrag verweist auf eine Anlage, die ihrerseits auf der Bilanz des Unternehmens basiert. **29**

Zu § 2: Pachtzins

Das Vertragsmuster sieht eine vergleichsweise einfache Regelung hinsichtlich des zu zahlenden Pachtzinses vor. Das erscheint bei einem Pachtvertrag zwischen nahen Angehörigen angemessen (vgl. Rz. 27). Das gilt auch für die vorgesehene Veränderung der Pachthöhe bei wesentlich geänderten Verhältnissen. **30**

Die Vereinbarung zur Höhe des Pachtzinses können wesentlich ausgeweitet werden, etwa in Abhängigkeit vom wirtschaftlichen Erfolg des verpachteten Betriebs. **31**

Zu § 3: Überleitung von Schuldverhältnissen

Neben allen bestehenden Dauerschuldverhältnissen, Liefer- und Werkverträgen etc. gehen insbesondere auch alle bestehenden Arbeitsverträge auf den Pächter über. Insoweit findet die Regelung des § 613a BGB Anwendung. **32**

Zu § 4: Gewährleistung

Im Hinblick auf die Betriebsverpachtung zwischen nahen Angehörigen erscheint ein Gewährleistungsausschluss angemessen. **33**

Zu § 8: Unterverpachtung

Bei der hier angenommenen Ausgangslage, bei der der verpachtete Betrieb dem zukünftigen Unternehmensnachfolger überlassen wird, erscheint der Ausschluss einer Unterverpachtung sinnvoll. **34**

A. 2.20 Mitunternehmerische OHG-Beteiligung

Übersicht

A. 2.21 Schenkweise Übertragung einer mitunternehmerischen OHG-Beteiligung ohne Gegenleistung

Gliederung

A. 2.21

Schenkungsvertrag

zwischen

1. Herrn A, geboren am [...], wohnhaft [...],

„Schenker“

und

2. Herrn D, geboren am [...], wohnhaft [...],

„Beschenkter“.

Vorbemerkungen[Rz. 29]

Der Schenker ist an der unter HRA [...] beim Amtsgericht [...] eingetragenen „ABC-OHG“ mit dem Sitz in [...] (im Folgenden: „OHG“) beteiligt. Sein Kapitalanteil beträgt € 4000,– das entspricht einer Beteiligungsquote von 40 vH.

Im Übrigen stellen sich die Beteiligungsverhältnisse wie folgt dar:

A € 4000,–, entspricht 40 vH
B € 3000,–, entspricht 30 vH
C € 3000,–, entspricht 30 vH.

Die für A bei der OHG geführten Konten weisen zum letzten Bilanzstichtag folgende Salden aus:

Kapitalkonto I	**€ 4000,–**
Kapitalkonto II	**€ 76000,–**
Privatkonto/Darlehenskonto	**€ 160000,–**

Es gilt der Gesellschaftsvertrag in der Fassung vom [...]. Danach kann der Schenker frei über seinen Gesellschaftsbeteiligung verfügen.
Der Schenker ist der Vater des Beschenkten. Der Schenker beabsichtigt, seinen Sohn im Wege vorweggenommener Erbfolge an der ABC-OHG zu beteiligen und ihm deshalb einen Teil seiner Gesellschaftsbeteiligung schenkweise zu übertragen.

§ 1 Schenkung und Abtretung der OHG-Beteiligung[Rz. 30ff.]

(1) Der Schenker schenkt hiermit zu dem in § 2 bestimmten Stichtag im Wege vorweggenommener Erbfolge dem Beschenkten eine Beteiligung an der OHG von 10 vH, somit einen Kapitalanteil (Kapitalkonto I) von € 1000,–, sowie jeweils einen entsprechenden Anteil an den sonstigen für ihn bei der OHG geführten Gesellschafterkonten einschließlich Darlehenskonto.
(2) In Vollzug des vorstehenden Schenkungsversprechens tritt der Schenker im Wege der Sonderrechtsnachfolge die OHG-Beteiligung einschließlich entsprechender Anteile an den für den Schenker bei der OHG geführten Gesellschafterkonten zu dem in § 2 festgelegten Stichtag an den Beschenkten ab.
(3) Der Beschenkte nimmt die Schenkung und Abtretung seines Vaters dankend an.
(4) Nach der Abtretung stellen sich die Beteiligungsverhältnisse an der OHG wie folgt dar:

A	**€ 3000,–, entspricht 30 vH**
B	**€ 3000,–, entspricht 30 vH**
C	**€ 3000,–, entspricht 30 vH**
D	**€ 1000,–, entspricht 10 vH.**

(5) Die Umbuchung des Kapitalkontos I sowie der übrigen Konten ist vorzunehmen. Der Beschenkte ist als neuer Gesellschafter der OHG ins Handelsregister einzutragen.

§ 2 Stichtag und Gewährleistung[Rz. 35ff.]

(1) Die Schenkung und Abtretung der in § 1 bezeichneten OHG-Beteiligung erfolgt mit sofortiger Wirkung.
(2) Wirtschaftlich und steuerlich erfolgt die Schenkung und Abtretung ebenfalls mit sofortiger Wirkung. Zu diesem Stichtag gehen Gefahr, Nutzungen und Lasten der verschenkten OHG-Beteiligung auf den Beschenkten über. Der Anteil am Jahresergebnis des laufenden Geschäftsjahres der Gesellschaft, der auf die verschenkte OHG-Beteiligung entfällt, wird zeitanteilig auf den Stichtag (auf der Basis von 365 Tagen im Kalenderjahr) abgegrenzt. § 101 Nr. 2 Hs. 2 BGB ist abbedungen.
(3) Für die Sorgfaltspflichten sowie für die Haftung aufgrund von Sach- und Rechtsmängeln gelten die §§ 521 bis 524 BGB, jedoch mit der Maßgabe, dass der Schenker jeweils nur Vorsatz zu vertreten hat.

§ 3 Auflösende Bedingung und Widerrufsvorbehalte[Rz. 38ff.]

(1) Vorstehende Schenkung fällt weg und die Abtretung verliert ihre Wirkung, wenn zu Lebzeiten des Schenkers über das Vermögen des Beschenkten das Insolvenzverfahren eröffnet oder die Eröffnung mangels Masse abgelehnt wird (auflösende Bedingung).
(2) Der Schenker behält sich neben den gesetzlichen Widerrufsgründen das Recht vor, die Schenkung gegenüber dem Beschenkten ganz oder teilweise widerrufen, wenn
a) der Beschenkte vor dem Schenker stirbt.
b) auf Grund eines nicht nur vorläufig vollstreckbaren, vorbehaltlosen, zur Befriedigung berechtigenden Titels Zwangsvollstreckungsmaßnahmen in die ge-

schenkte Beteiligung eingeleitet und nicht binnen drei Monaten nach Einleitung wieder aufgehoben werden.

c) der Beschenkte geschäftsunfähig oder für ihn ein Betreuer gem. § 1896 BGB bestellt wird.

d) der Beschenkte innerhalb der nächsten [...] Jahre ohne schriftliche Zustimmung des Schenkers über den erworbenen Schenkungsgegenstand oder Teile davon durch Belastung oder durch Veräußerung verfügt oder diese in ein eheliches Gesamtgut gelangen lässt oder entsprechende Maßnahmen einzuleiten beginnt.

e) in der Person des Beschenkten ein Umstand eintritt, der die Schenkerin zur Entziehung des Pflichtteils berechtigten würde.

f) die Scheidung einer von dem Beschenkten eingegangenen Ehe beantragt ist, es sei denn, der Beschenkte weist innerhalb von drei Monaten nach, dass im Rahmen der Scheidung kein Zugewinnausgleich stattzufinden hat oder der Schenkungsgegenstand nicht Teil der Berechnung des Zugewinns ist und sein wird. Das Widerrufsrecht besteht auch, wenn sich der erbrachte Nachweis später als falsch herausstellt.

g) der Beschenkte heiratet, ohne mit seinem Ehegatten zuvor einen Ehe- und Pflichtteilsverzichtsvertrag geschlossen zu haben, nach dem sämtliches Vermögen, welches ein Ehepartner geschenkt erhalten oder geerbt hat, vom Zugewinnausgleich ausgenommen und auch bei der Berechnung des Pflichtteils unberücksichtigt bleibt. Das Recht zum Widerruf entfällt, wenn der Beschenkte vor Ausübung des Widerrufsrechts mit seinem Ehepartner einen solchen Vertrag schließt und dem Widerrufsberechtigten zur Kenntnis bringt. Der Weigerung zum Abschluss des Vertrages steht die Aufhebung eines solchen Vertrages gleich.

Die unter Buchst. e) bis g) vereinbarten Widerrufsgründe gelten entsprechend bei Begründung eines ausländischen Güterstandes und für ausländische Pflichtteils- oder Noterberechte sowie bei Begründung einer Lebenspartnerschaft nach dem Lebenspartnerschaftsgesetz oder einer entsprechenden Regelung ausländischen Rechts.

h) der Beschenkte einer Organisation beitritt oder eine Organisation finanziell unterstützt, bei der es sich handelt um (i) eine Sekte (zB Scientology Church) oder eine ähnlich organisierte oder operierende Religions-, Glaubens- oder Weltanschauungsgemeinschaft, insbesondere eine Sekte, die im Sektenbericht des Bundestages genannt ist, (ii) eine terroristische Vereinigung oder um eine andere Organisation, die unter Beobachtung des Verfassungsschutzes steht oder (iii) eine als jugend- oder allgemeingefährdend oder kriminell anzusehende Organisation.

i) der Beschenkte nicht innerhalb einer Frist von drei Monaten seit Aufforderung durch den Schenker diesem durch Vorlage einer ärztlichen Bescheinigung nachweist, dass er weder drogen- noch alkoholabhängig ist. Die Bescheinigung ist durch einen in Deutschland anerkannten und kassenärztlich zugelassenen Arzt auszustellen; die Wahl des Arztes liegt im Übrigen im freien Ermessen des Beschenkten. Drogenabhängigkeit im Sinne dieses Vertrages liegt auch vor, wenn der Beschenkte entweder wegen einer Straftat nach dem Betäubungsmittelgesetz (BtMG) rechtskräftig verurteilt wird oder wenn der mehrmalige Konsum von Betäubungsmitteln im Sinne des BtMG nach seiner jeweils gültigen Fassung (§ 1 Abs. 1 BtMG nebst Anlagen) nachgewiesen ist. In diesen Fällen besteht das Widerrufsrecht, ohne dass eine Aufforderung zur Vorlage einer ärztlichen Bescheinigung erforderlich ist.

j) der Beschenkte nicht innerhalb einer Frist von drei Monaten seit Aufforderung durch die Schenkerin dieser durch Vorlage einer ärztlichen Bescheinigung

nachweist, dass er nicht unter Spielsucht (pathologisches/zwanghaftes Spielen) leidet. Vorstehend Buchst. i) Satz 2 gilt entsprechend.

k) für die Schenkung von den Steuer- und Finanzbehörden im Rahmen der Steuerveranlagung Schenkungsteuer von mehr als € […],– festgesetzt wird. Gleiches gilt bei der nachträglichen Festsetzung von Schenkungsteuer von insgesamt mehr als € […],–, etwa wegen eines Verstoßes gegen die Lohnsummenkontrolle im Sinne von § 13a Abs. 3 ErbStG oder der Verwirklichung eines Nachsteuertatbestandes im Sinne des § 13a Abs. 6 ErbStG.

l) in der Bundesrepublik Deutschland zu irgendeinem Zeitpunkt bis zum Ablauf von sieben Jahren ab dem Übertragungsstichtag nach § 2 Abs. 1 eine Rechtslage eintritt, nach welcher keine Erbschaft- und Schenkungsteuer erhoben wird.

(3) Mit Eintritt der auflösenden Bedingung nach Abs. 1 oder nach Ausübung des Widerrufsrechts nach Abs. 2 geht die übertragene Beteiligung – im Falle der Ausübung des Widerrufsrechts im Umfang des Widerrufs – samt den Guthaben auf den bei der OHG geführten Gesellschafterkonten sowie etwaige Surrogate unentgeltlich auf den Schenker mit dinglicher Wirkung über. Die Ausübung des Widerrufsrechts ist auflösende Bedingung für die schuldrechtliche Schenkung und ihren dinglichen Vollzug. Sofern ein dinglicher Rückfall des Schenkungsgegenstandes oder der Surrogate nicht möglich ist, entsteht mit Bedingungseintritt ein schuldrechtlicher Rückforderungs- oder Wertersatzanspruch.

(4) Das Widerrufsrecht des Schenkers nach Abs. 2 Buchst. k) ist ausgeschlossen, sofern sich der Beschenkte zur Übernahme der Schenkungsteuer verpflichtet, die nach der unter § 5 Abs. 2 getroffenen Vereinbarung vom Schenker zutragen ist, und den Schenker im Innenverhältnis von dieser Steuer freistellt. Vor der Ausübung des Widerrufsrechts hat der Schenker den Beschenkten schriftlich über die Absicht des Widerrufs zu informieren und unter Fristsetzung („Ankündigungsfrist") zur Erklärung auffordern, ob der Beschenkte bereit ist, diese Schenkungsteuer zu tragen und den Schenker insoweit im Innenverhältnis freizustellen; die Ankündigungsfrist muss mindestens einen Monat betragen.

(5) Der Widerruf kann nur binnen einer Frist von sechs Monaten, nachdem der Schenker von dem Widerrufsgrund Kenntnis erlangt hat, ausgeübt werden und hat durch eingeschriebenen Brief zu erfolgen. Im Falle eines Widerrufs nach Abs. 2 Buchst. k) ist für den Fristbeginn der Sechs-Monats-Frist die Bestandskraft sämtlicher Steuerbescheide maßgebend. Das Recht, schon vor Bestandskraft des Steuerbescheids den Widerruf zu erklären, bleibt hiervon jedoch unberührt. Sobald der erste, auch nur vorläufige oder unter Vorbehalt der Nachprüfung stehende Steuerbescheid dem Beschenkten oder dem Schenker zugegangen ist, kann der Widerruf erklärt werden.

(6) Nutzungen, die der Beschenkte vor dem Rückfall des Schenkungsgegenstandes gezogen hat, verbleiben ihm. Seine Aufwendungen im Zusammenhang mit dem Schenkungsgegenstand sind ihm nicht zu erstatten. Sämtliche Kosten und etwaige Steuern, die bei dem Beschenkten durch den Rückfall oder die Rückübertragung der geschenkten Beteiligung anfallen, trägt der Schenker.

(7) Unabhängig davon, ob ein dinglicher Rückfall stattfindet oder ein Rückübertragungsanspruch besteht, verpflichtet sich der Beschenkte, die geschenkte Beteiligung unverzüglich nach Ausübung des Widerrufsrechts oder Eintritt einer Bedingung nach Abs. 1 abzutreten und alle Erklärungen abzugeben, die für die Rückabtretung und die Umsetzung des Rückfalls des Schenkungsgegenstandes erforderlich sind. Hierzu erteilt der Beschenkte dem Schenker bereits heute Vollmacht unter Befreiung von den Beschränkungen des § 181 BGB. Die vorstehende Verpflichtung und die vorstehende Vollmacht erstrecken sich auch auf etwaige Surrogate des Schenkungsgegenstandes.

(8) Das sich aus vorstehenden Regelungen ergebende Recht des Schenkers, die Schenkung zu widerrufen, ist höchstpersönlich und nicht vererblich.

§ 4 Anrechnung, Ausgleichung[Rz. 52, 53]

(1) Der Beschenkte hat sich die erhaltene Zuwendung auf einen etwaigen ihm durch den Tod des Schenkers entstehenden Pflichtteilsanspruch anrechnen zu lassen. Dies gilt jedoch nicht, soweit er auf Grund der Regelungen dieses Vertrages, insbesondere wegen Widerrufs der Schenkung nach § 3 die geschenkte Beteiligung noch vor Entstehung des Pflichtteilsanspruchs ganz oder teilweise wieder herauszugeben hat oder sie aufgrund einer auflösenden Bedingung der Abtretung an den Schenker zurückfallen. Nicht anrechnungspflichtig ist auch der zwischenzeitliche Nutzungsvorteil aus einem solchen rückgefallenen oder rück übertragenen Anteil.
(2) Der Beschenkte hat die geschenkte Beteiligung beim Tod des Schenkers nicht zur Ausgleichung (§§ 2050 ff. BGB) zu bringen.

§ 5 Kosten und Steuern[Rz. 54 ff.]

(1) Die Kosten des Vertrages sowie die Kosten seiner Durchführung übernimmt der Schenker.
(2) Eine zum Ansatz kommende Schenkungsteuer trägt der Schenker. Eine eventuell anfallende Nachsteuer gemäß § 13a Abs. 3, Abs. 6 ErbStG trägt ebenfalls der Schenker
(3) Der Beschenkte ist verpflichtet, auf Verlangen des Schenkers die Option zur sog. Vollverschonung gemäß § 13a Abs. 10 ErbStG zu erklären, soweit die Voraussetzungen hierfür erfüllt sind.
(4) Der Schenker hat Anspruch auf die Erstattungsbeträge, welche der Beschenkte, dessen Schenkungsteuer er übernommen hat, auf Grund von durch diesen Vertrag veranlassten Rückübertragungen oder aus sonstigen Gründen erhält.
(5) Der Beschenkte bevollmächtigt den Schenker unwiderruflich mit dem Recht, Untervollmacht zu erteilen, ihn gegenüber den zuständigen Finanzbehörden in jeder Weise bezüglich der Schenkungsteuer und anderen durch die Schenkung als solche verursachten Steuern sowie der Aufhebung der Steuerbescheide und der Geltendmachung der Erstattungsansprüche zu vertreten., wobei der Schenker den Beschenkten von sämtlichen hierdurch entstehenden Kosten freistellt. Der Beschenkte ist auf Verlangen des Schenkers verpflichtet, eine entsprechende Vollmacht – mit dem Recht der Untervollmachterteilung – in gesonderter Urkunde zu erteilen und/oder vom Schenker benannten Steuerberatern/Wirtschaftsprüfern eine entsprechende Vollmacht zu erteilen.

§ 6 Salvatorische Klausel

Sollte eine Bestimmung dieses Vertrags aus irgendeinem Grund unwirksam oder anfechtbar sein oder werden, so soll hierdurch die Gültigkeit der übrigen Bestimmungen nicht berührt werden. Anstelle der unwirksamen Bestimmung soll eine angemessene Regelung gelten, die – soweit rechtlich möglich – dem entspricht, was die Vertragsschließenden gewollt haben. Entsprechendes gilt im Falle einer Regelungslücke.

……………………………, den ………
[Ort, Datum]

……………………………………………………… ………………………………………………………

[Unterschrift A] *[Unterschrift D]*

A. Grundsätzliche Anmerkungen

I. Wirtschaftliche Vertragsziele

Die schenkweise Übertragung einer Gesellschaftsbeteiligung ist die zentrale Maßnahme bei der Nachfolge in unternehmerisches Vermögen. Sie vollzieht sich – wie im Formular vorausgesetzt – zumeist innerhalb der Familie, typischerweise von einer Generation auf die nächste. Sinnvoll kann aber auch die Übertragung unternehmerischer Beteiligungen auf die Enkelgeneration sein, was in der Praxis aber vorwiegend bei rein vermögensverwaltenden Gesellschaften in Betracht kommt. 1

Die Übertragung einer Gesellschaftsbeteiligung vollzieht sich häufig **schrittweise.** So sieht das Formular zunächst nur die Abtretung eines Teils der vom Vater gehaltenen OHG-Beteiligung auf den Sohn vor. Dieser soll auf diese Weise stufenweise an die unternehmerische Tätigkeit herangeführt werden. Ob die Unternehmensnachfolge insoweit in kleineren oder größeren Schritten erfolgt, hängt von vielen Faktoren ab, insbesondere davon, wie groß das Vertrauen des Seniors in die unternehmerischen Fähigkeiten des Juniors ist, aber auch von der Bereitschaft des Seniors „loszulassen". 2

Schenkungsteuerliche Überlegungen beeinflussen die Entscheidung zur Durchführung und die Gestaltung einer solchen Schenkung zwar häufig auch. So kann etwa durch die mehrfache und insoweit frühzeitige Übertragung von Gesellschaftsanteilen der persönliche Freibetrag des Beschenkten im Zehnjahresrhythmus mehrfach ausgenutzt werden. Alleiniger Grund für die Anteilsübertragung sollten schenkungsteuerliche Überlegungen jedoch nicht sein. Vielmehr sollte etwa das **Versorgungsbedürfnis** des abgebenden Seniors (und seines Ehegatten) jeglichen Steuerspar-Überlegungen vorgehen. 3

Auch wenn sich die unentgeltliche Übertragung von Unternehmungsanteilen praktisch ausschließlich **innerhalb der Familie** vollzieht und das auch zu einer Zeit, in der sich Schenker und Beschenkter typischerweise gut verstehen, sind die Beteiligten in aller Regel gut beraten, der Ausgestaltung des Schenkungsvertrages hohe Aufmerksamkeit zu widmen. Die Parteien sollten sich genau über die Vertragsziele und die sich daraus ergebenden Einzelregelungen des Vertrags bewusst sein. 4

Auch aus steuerlichen Gründen muss vor einer allzu leichtsinnig durchgeführten Schenkung gewarnt werden: Rechtsprechung und Finanzverwaltung sind nämlich bei der Beurteilung von **Verträgen zwischen nahen Angehörigen** wegen des dort in aller Regel fehlenden natürlichen Interessengegensatzes skeptisch. Sie akzeptieren nur solche Verträge, die mindestens schriftlich, zivilrechtlich wirksam und im Vorhinein vereinbart werden, sich inhaltlich an dem orientieren, was auch fremde Dritte miteinander vereinbaren würden („Fremdvergleich") und hinterher auch entsprechend umgesetzt werden.[1] 5

Die unentgeltliche Übertragung von Unternehmensbeteiligungen erfolgt üblicherweise „im Wege der vorweggenommenen Erbfolge", das heißt im Hinblick auf den mehr oder minder absehbaren Tod des Schenkers. Die Schenkung der Unternehmensanteile ist deshalb idealerweise in weitere Elemente einer **umfassenden Vermögensnachfolgeplanung** eingebettet. Namentlich sind hier insbesondere die Gestaltung einer **letztwilligen Verfügung** (Testament, Erbvertrag) und/oder **weitere lebzeitige Vermögensübertragungen,** etwa an weitere Abkömmlinge, zu nennen. Auch die **Gestaltung des Gesellschaftsvertrages** der Gesellschaft, deren Anteile übertragen werden, kann Teil der Gesamtplanung sein, wenn sich etwa der Schenker unabhängig von der Höhe seiner Beteiligung Sonder(stimm)rechte in der Gesellschaft zusichern lässt. Tunlich erfolgt eine in dieser Hinsicht beabsichtigte Änderung des Gesellschafts- 6

[1] St. Rspr.; grundlegend BFH GrS v. 27.11.1989 – GrS 1/88, BStBl. II 1990, 160.

vertrages noch vor Reduzierung der eigenen Beteiligungsquote, also noch vor der Schenkung.

II. Zivilrechtliche Aspekte

7 Das vom Schenker zunächst ausgesprochene Schenkungsversprechen bedarf gem. § 518 Abs. 1 Satz 1 BGB zu seiner Wirksamkeit der **notariellen Beurkundung.** Der Mangel der Form wird allerdings durch Bewirkung der versprochenen Leistung geheilt (§ 518 Abs. 2 BGB).

8 Bei der Schenkung eines Anteils an einer Personengesellschaft wird die versprochene Leistung durch die Abtretung des Gesellschaftsanteils bewirkt. Die Abtretung selbst ist formfrei. Das gilt auch dann, wenn die Gesellschaft Eigentümerin von Vermögensgegenständen ist, deren Übertragung ihrerseits einer besonderen Form, insbesondere etwa einer notariellen Beurkundung bedürfte (zB Grundstücke, GmbH-Beteiligungen).[2] Die **formfreie Abtretung des Gesellschaftsanteils** heilt also die mangelnde Form des Schenkungsversprechens, so dass die schenkweise Übertragung des Anteils insgesamt auch durch einen privatschriftlichen, theoretisch sogar durch einen mündlichen Vertrag (s. aber oben Rz. 5) erfolgen kann.

9 Ist allerdings der Zeitpunkt der Anteilsübertragung zeitlich aufgeschoben (beispielsweise zum Jahresende), ergibt sich zwischen Abschluss des (Schenkungs-)Vertrages und dem vereinbarten Zeitpunkt die **schwebende Unwirksamkeit** der vertraglichen Vereinbarungen. Im Einzelfall kann sich daher trotz der damit verbundenen Kosten die notarielle Beurkundung des Vertrags empfehlen.

10 Die **Übertragbarkeit des Gesellschaftsanteils** kann im Gesellschaftsvertrag eingeschränkt sein, indem dort der Kreis potenzieller Gesellschafter begrenzt wird, etwa auf die Gründungsgesellschafter und deren Abkömmlinge. Auf Personen, die aufgrund solcher Regelungen des Gesellschaftsvertrags zum Kreise der potenziellen Gesellschafter gehören, können Gesellschaftsanteile oftmals nach Vorgabe des Gesellschaftsvertrags ohne Zustimmung der übrigen Gesellschafter wirksam übertragen werden. Fehlt eine entsprechende Nachfolgeklausel im Gesellschaftsvertrag, setzt die wirksame Aufnahme eines neuen Gesellschafters stets die **Zustimmung sämtlicher übriger Gesellschafter** voraus.

III. Steuerrechtliche Aspekte

1. Einkommensteuer

11 Die (unentgeltliche) Übertragung einer mitunternehmerischen Beteiligung setzt gedanklich eigentlich zunächst die Entnahme dieser Beteiligung in das Privatvermögen des Schenkers voraus. Das würde zu einer Versteuerung der insoweit zu realisierenden stillen Reserven führen, wenn nicht § 6 Abs. 3 Satz 1 EStG die **Buchwertfortführung** für den Fall vorsehen würde, dass der „Anteil eines Mitunternehmers" unentgeltlich übertragen wird. Die Steuerneutralität des Vorgangs ist also zunächst dann gewahrt, wenn der **gesamte Mitunternehmeranteil** übertragen wird.

12 Nach § 6 Abs. 3 Satz 1 HS 2 EStG erfolgt allerdings auch die **Übertragung eines Teils eines Mitunternehmeranteils** steuerneutral.

13 Zum Mitunternehmeranteil gehören nach den insoweit maßgeblichen ertragsteuerlichen Kriterien auch die Gegenstände des **Sonderbetriebsvermögens,** also etwa ein der Gesellschaft von ihrem Gesellschafter zur Verfügung gestelltes (Betriebs-)Grundstück, welches dann also quotenentsprechend mitübertragen werden müsste.[3] Zur

---

[2] BGH v. 31.1.1983 – II ZR 288/81, NJW 1983, 1110; MüKoHGB/*K. Schmidt* HGB § 105 Rz. 216 mwN.
[3] Schmidt/*Kulosa* EStG § 6 Rz. 648.

schenkweisen Übertragung einer mitunternehmerischen OHG-Beteiligung unter Rückbehalt von Einzelwirtschaftsgütern des Sonderbetriebsvermögens vgl. Formular A. 2.24.

2. Schenkungsteuer

Die unentgeltliche Übertragung einer Gesellschaftsbeteiligung ist nach § 1 Abs. 1 Nr. 2 iVm. § 7 Abs. 1 Nr. 1 ErbStG **schenkungsteuerpflichtig.** Maßgeblich für die Höhe der insoweit entstehenden Steuerbelastung sind der (Steuer-)Wert der geschenkten Beteiligung und die Höhe des anzuwendenden Steuersatzes, der seinerseits vom Wert der Schenkung und dem verwandtschaftlichen Verhältnis zwischen Schenker und Beschenktem abhängt. 14

Seit Inkrafttreten des Erbschaftsteuerreformgesetzes zum 1.1.2009[4] („Erbschaftsteuerreformgesetz 2009") ist für die **Bewertung eines Personengesellschaftsanteils** nicht mehr wie bis dahin der sich aus der Steuerbilanz der Gesellschaft ergebende Wert maßgeblich, sondern der Verkehrswert (§ 109 Abs. 2 S. 1 BewG). Dieser wiederum ist unter Berücksichtigung der Ertragsaussichten der Gesellschaft zu ermitteln, wenn nicht aus den bei Verkäufen von Anteilen an dieser Gesellschaft innerhalb des letzten Jahres vor der Schenkung vereinbarten Kaufpreisen ein Verkehrswert abgeleitet werden kann (§ 109 Abs. 2 S. 2 iVm. § 11 Abs. 2 S. 2 BewG). Da dies – jedenfalls bei familiär geprägten Gesellschaften – eher selten vorkommt, ist in der Praxis eine Wertermittlung nach Maßgabe **betriebswirtschaftlicher Grundsätze** und unter Anwendung einer – auch für außersteuerliche Zwecke – marktüblichen Methode (zB nach Vorgaben des Instituts der Wirtschaftsprüfer im Bewertungsstandard „IDW S 1") oder nach Vorgabe des sog. **vereinfachten Ertragswertverfahrens** (§§ 199ff. BewG) vorzunehmen. Der Substanzwert der Gesellschaft bildet allerdings den Mindestwert, der nicht unterschritten werden darf (§ 109 Abs. 2 S. 2 iVm. § 11 Abs. 2 S. 3 BewG). Mit dem Erbschaftsteuerreformgesetz 2009 hat der Gesetzgeber die Vorgaben des Bundesverfassungsgerichts in seiner Entscheidung vom 7.11.2006 umgesetzt,[5] welches einen Verstoß des Erbschaft- und Schenkungsteuerrechts gegen Art. 3 Abs. 1 GG darin gesehen hat, dass unterschiedliche Bewertung verschiedener Vermögensarten bei Anwendung gleicher Steuersätze zu „verschleierten" Privilegien führen. Die Niedrigbewertung bestimmter Vermögensarten, so auch die Bewertung von Personengesellschaftsanteilen sei verfassungswidrig. Auf der Bewertungsebenen müsse Wertmaßstab (einheitlich) der gemeine Wert sein. Dagegen seinen auf der Verschonungsebene (auch weitreichende) Befreiungen möglich, die aber durch Gemeinwohlgründe gerechtfertigt, zielgenau und offen erkennbar sein müssen. 15

Die **schenkungsteuerlichen Begünstigungen** bei der Übertragung von Betriebsvermögen wurden auf diesen Grundlagen mit dem Erbschaftsteuerreformgesetzes 2009 – als „Gegengewicht" zu der eingeführten Bewertung – erheblich erweitert. Unter Erfüllung bestimmter Voraussetzungen, insbesondere der Einhaltung einer bestimmten Verwaltungsvermögensquote, konnte ein Verschonungsabschlag in Höhe von 85 vH (sog. Regelverschonung) oder sogar in Höhe von 100 vH (sog. Options- oder Vollverschonung), also effektive Steuerfreiheit erreicht werden.[6] 16

Nach langem Gezerre um die **Reform des Unternehmenserbschaftsteuerrechts** haben Bundestag und Bundesrat im Herbst 2016 das Gesetz zur Anpassung des Erbschaftsteuer- und Schenkungsteuergesetzes an die Rechtsprechung des Bundesverfassungsgerichts **(„ErbStRG 2016")**[7] beschlossen. Ausgangspunkt der Neuregelung 17

---

[4] BGBl. 2008 I 3018.
[5] 1 BvL 10/02, BStBl. II 2007, 192
[6] Zu Einzelheiten der Rechtslage bis zum ErbStRG 2016 wird auf die 1. Aufl. und auf das zum „alten" Erbschaftsteuerrecht ergangene Schrifttum verwiesen.
[7] BGBl. 2016 I 2464.

war erneut eine Entscheidung des Bundesverfassungsgerichts.[8] Nach Vorlage des Bundesfinanzhofs vom 27.9.2012[9] hatte das Bundesverfassungsgericht die Regelungen über die Begünstigung von Unternehmensvermögen (§§ 13a, 13b ErbStG) für verfassungswidrig erklärt und dem Gesetzgeber aufgegeben, eine verfassungskonforme Neuregelung des ErbStG bis zum 30.6.2016[10] zu beschließen. Dabei wurden verschiedene Einzelregelungen beanstandet, unter anderem die Abhängigkeit der Verschonungsabschläge von festgelegten Grenzwerten des Verwaltungsvermögens, insbesondere bei Holdingstrukturen, und die Verschonung von „Großvermögen" ohne zusätzliche verfassungsrechtliche Rechtfertigung.[11]

18 Das ErbStRG 2016 hat das Verschonungssystem für Unternehmensvermögen nicht vereinfacht. Der Gesetzgeber hat das BVerfG-Urteil v. 17.12.2014 – wie zunächst angekündigt – weder „zügig" noch „minimalinvasiv" umgesetzt. Das neue Verschonungssystem übernimmt Teile der Altregelung, fügt dem aber weitere Prüfungen und Rechenschritte hinzu.[12] Hier kann nur ein grober Überblick zur Neuregelung erfolgen. Dabei lässt sich die Verschonungsprüfung – grob[13] – in 10 Arbeitsschritte einteilen, von denen das bisherige System bereits die ersten drei Schritte beinhaltete.

19 Unverändert ist im **ersten Schritt** zu ermitteln, ob es sich bei der übertragenen betrieblichen Einheit um dem Grunde nach **begünstigungsfähiges Vermögen** handelt, wozu – wie bisher – der inländische oder in der EU/dem EWR gelegene Wirtschaftsteil eines land- und forstwirtschaftlichen Betriebes (§ 13b Abs. 1 Nr. 1 ErbStG), inländisches Betriebsvermögen und Mitunternehmeranteile (§ 13b Abs. 1 Nr. 2 ErbStG) gehört. Wenn dem Grunde nach begünstigungsfähiges Vermögen vorliegt, muss – wie bisher – im **zweiten Schritt** dieses Vermögen daraufhin untersucht werden, ob es **nicht begünstigtes Verwaltungsvermögen** beinhaltet. Was dazu gehört, definiert das Gesetz weiterhin in einem abschließenden Katalog (§ 13b Abs. 4 ErbStG), der gegenüber der § 13b Abs. 2 Satz 2 Nr. 1 bis 5 ErbStG aF nur einige Veränderungen aufweist. Dann ist im **dritten Schritt** aus dem Verwaltungsvermögen – wie bisher – das **junge Verwaltungsvermögen** (alle Wirtschaftsgüter, die dem Betrieb im Übertragungszeitpunkt weniger als zwei Jahre zuzurechnen waren – § 13b Abs. 7 Satz 2 ErbStG) und das junge Finanzmittel-Verwaltungsvermögen (Höhe des positiven Saldos der eingelegten und entnommenen Finanzmittel, welche dem Betrieb im Besteuerungszeitpunkt weniger als zwei Jahre zuzurechnen waren – § 13b Abs. 4 Nr. 5 Satz 2 ErbStG) auszusondern.[14]

20 An dieser Stelle war bisher die Quote des Verwaltungsvermögens im Vergleich zum gemeinen Wert der übertragenen Einheit zu berechnen. Bei einer Verwaltungsvermögensquote von nicht mehr als 50 vH konnte die sog. Regelverschonung (85%-iger Verschonungsabschlag) und bei 10 vH oder weniger Verwaltungsvermögen – auf Antrag – der 100%-iger Verschonungsabschlag (sog. Vollverschonung) in Anspruch genommen werden. In mehrstufigen Strukturen wurde „von unten nach oben" für jede Ebene geprüft, ob die 50 vH-Verwaltungsgrenze überschritten wird (sog. Holdingklausel des § 13b Abs. 2 Satz 2 Nr. 3 ErbStG aF). Junges Verwaltungsvermögen wurde grundsätzlich von der Begünstigung ausgenommen und musste wie Privatvermögen unverschont versteuern werden. Zur Beseitigung des vom Bundesverfassungsgericht beanstandeten Kaskadeneffekts bei mehrstufigen Strukturen (die Beteiligung an einer Tochtergesellschaft mit 49 vH Verwaltungsvermögen stellte bei der Muttergesellschaft insgesamt kein

---

[8] BVerfG v. 17.12.2014 – 1 BvL 21/12, BStBl. II 2015, 50.

[9] BFH v. 27.9.2012 – II R 9/11, NJW 2012, 3680.

[10] Zur Frage der rückwirkenden Anwendung des Gesetzes *Crezelius* ZEV 2016, 367; *Reich* DStR 2016, 1459.

[11] Näher zur BVerfG-Entscheidung *Hannes* ZEV 2015, 7; *Piltz* DStR 2015, 7.

[12] Einzelheiten zum neuen Verschonungssystem sind zB zu finden bei *Erkis* DStR 2016, 1441; *Holtz* NJW 2016, 3750; *Korezkij* DStR 2016, 2434; *Kotzenberg/Jülicher* GmbHR 2016, 1135; *Stalleiken* Der Konzern 2016, 439. Siehe insb. aber auch aktuell den koordinierten Ländererlass v. 22.6.2017 *(AEErbSt 2017),* BStBl. I 2017, 902.

[13] Bei *Korezkij* DStR 2016, 2434, 2445 f. ist ein Berechnungsschema mit insgesamt 22 Schritten zu finden.

[14] Zur veränderten Bedeutung des jungen Verwaltungsvermögens *Kotzenberg/Jülicher* GmbHR 2016, 1135, 1139.

Verwaltungsvermögen dar) ist nunmehr in einem **vierten Schritt** in mehrstufigen Strukturen gemäß § 13b Abs. 9 ErbStG die Ermittlung des Verwaltungsvermögens konsolidiert in einer sog. **Verbundvermögensaufstellung** vorgesehen. Das Vermögen und die Schulden der Obergesellschaft und – beteiligungsanteilig durchgerechnet – der nachgeordneten Gesellschaften sind aufzustellen. Damit bleibt das Verwaltungsvermögen unterer Ebenen erhalten. Die vom BVerfG beanstandete Mitverschonung von Verwaltungsvermögen wird durch eine Trennung des begünstigten Vermögens vom Verwaltungsvermögen erreicht. Im Grundsatz gilt nunmehr: Die Verschonung wird nur noch für das begünstigte Vermögen gewährt. Das Verwaltungsvermögen ist – wie bisher das junge Verwaltungsvermögen – unverschont und sofortig zu versteuern. Dies bedingt im **fünften Schritt** eine **geänderte Schuldenberücksichtigung.** Wenn nun das Verwaltungsvermögen unverschont zu versteuern ist, kann dies nicht auf Bruttobasis erfolgen. § 13b Abs. 6 ErbStG sieht folgerichtig vor, dass die (ggf. im Verbund) identifizierten Schulden – mit einigen Einschränkungen – anteilig an dem gemeinen Wert des Verwaltungsvermögens zu kürzen sind. Daraus ergibt sich das **Netto-Verwaltungsvermögen,** welches im **sechsten Schritt** nach § 13b Abs. 7 Satz 1 ErbStG um einen **10%-igen Kulanzpuffer** zu mindern ist. Das Netto-Verwaltungsvermögen zählt iHv. 10 vH des gemeinen Wertes des begünstigten Vermögens (nicht des gemeinen Wertes des Unternehmens) als „unschädliches" Verwaltungsvermögen und damit als begünstigtes Vermögen. Junges (Finanzmittel-)Verwaltungsvermögen nimmt an der Kulanzgrenze nicht teil (§ 13b Abs. 7 Satz 2 und 3 ErbStG), wird also stets ungemindert besteuert. Nach Schuldenabzug und Minderung um die Kulanzgrenze ergibt sich das **verminderte Netto-Verwaltungsvermögen,** für das keine Verschonung und keine Stundung nach § 28 ErbStG gewährt wird (unverschonte und sofortige Besteuerung).

Aus der Differenz des gemeinen Wertes des begünstigungsfähigen Vermögens (ermittelt nach den Vorschriften des Bewertungsgesetzes) und dem verminderten Netto-Verwaltungsvermögen ergibt sich im **siebten Schritt** der **Nettowert des begünstigten Vermögens** als Gegenstand der Verschonung. Im **achten Schritt** ist § 13b Abs. 2 Satz 2 ErbStG zu prüfen. Danach wird überhaupt keine Verschonung gewährt, wenn nach einer speziellen und von den sonstigen Regeln abweichenden Berechnung das Verwaltungsvermögen mehr als 90 vH des gemeinen Werts der betrieblichen Einheit ausmacht **(90 vH-Grenze).** Bei dieser Berechnung soll – vereinfacht – das Verwaltungsvermögen ohne Abzug der anteiligen Schulden (§ 13b Abs. 6 ErbStG), der Finanzmittel-Schulden und des Finanzmittel-Sockelbetrages von 15 vH (§ 13b Abs. 4 Nr. 5 ErbStG) und nur mit Berücksichtigung speziellen Altersvorsorge-Deckungsvermögens (abweichend von § 13b Abs. 3 ErbStG zu bestimmen) mit dem gemeinen Unternehmenswert verglichen werden. 21

Wenn dieser 90 vH-Test bestanden wird, stehen für den ermittelten Nettowert des begünstigten Vermögens die verschiedenen **Verschonungsoptionen** zur Verfügung, die im **neunten Schritt** anzuwenden sind. Infolge der vom Bundesverfassungsgericht beanstandeten Verschonung von „Großvermögen" ohne zusätzliche verfassungsrechtliche Rechtfertigung ist mit einem **Grenzwert von 26 Mio. Euro** (wohl orientiert an der höchsten Tarifstufe des § 19 Abs. 1 ErbStG) zwischen dem Wert des erworbenen begünstigten Vermögens differenziert. Erwerbe vom selben Schenker oder Erblasser innerhalb der letzten 10 Jahre sind zusammenzurechnen, was wohl auch für „Alterwerbe" vor dem 1.7.2016 gilt.[15] Beträgt der Wert des begünstigten Vermögens danach nicht mehr als 26 Mio. Euro, hat der Erwerber die Wahl zwischen der (bekannten) Regelverschonung mit dem 85 vH-Abschlag und der fünfjährigen Behaltensfrist/Lohnsummenkontrolle und der (bekannten) Vollverschonung mit dem 100 vH-Abschlag und der siebenjährigen Behaltensfrist/Lohnsummenkontrolle. Beide Nach- 22

[15] A 13a.2 Abs. 2 Satz 3 ff. AEErbSt 2017; Troll/Gebel/Jülicher/*Gottschalk* ErbStG § 37 Rz. 68; *Hannes* ZEV 2016, 554, 560; aA *Wachter* FR 2016, 690, 703 f.; *Erkis* DStR 2016, 1441, 1445; *Reich* BB 2016, 1879, 1883.

steuertatbestände sind weitgehend unverändert geblieben. Die Wahl der Vollverschonung ist nicht mehr von der bisherigen 10 vH-Grenze abhängig, kann aber gem. § 13a Abs. 10 Satz 2 ErbStG nur erfolgen, wenn der Anteil des Verwaltungsvermögens am gemeinen Wert des Betriebes nicht mehr als 20 vH beträgt. Für die Berechnung dieser „20 vH-Grenze" gelten wiederum – wie auch schon bei der „90 vH-Grenze" des § 13b Abs. 2 Satz 2 ErbStG – besondere Vorgaben zum Schuldenabzug. Übersteigt der Wert des begünstigten Vermögens die 26 Mio. Euro-Erwerbsgrenze, kann der Erwerber zwischen zwei Verschonungsmodellen wählen: Im sog. **Abschmelzungsmodell** (§ 13c ErbStG) wird die Steuerbefreiung von 85 vH (Regelverschonung) oder 100 vH (Vollverschonung) kontinuierlich abgeschmolzen, und zwar um einen Prozentpunkt je € 750 000,– übersteigenden Wert, also beginnend ab einen Wert des begünstigten Vermögens von € 26,75 Mio. Bei einem Wert des begünstigten Vermögens von Euro 90 Mio. wird kein Verschonungsabschlag mehr gewährt (keine Sockelverschonung), obwohl in der Vollverschonung rechnerisch noch eine Befreiung von 15 vH verbliebe. Behaltensfristen und Lohnsummenerfordernisse sind einzuhalten und richten sich danach, ob die Regel- oder Vollverschonung gewählt wird. Im sog. **Erlassmodell** (§ 28a ErbStG) beantragt der Erwerber für das begünstigte Vermögen einen Erlass der Steuer. Dies setzt allerdings voraus, dass er nachweist, dass er im Sinne einer individuellen Bedürftigkeit nicht zur Zahlung der festzusetzenden Erbschaft- und Schenkungssteuer in der Lage ist („individuelle Bedürftigkeitsprüfung"). Hierzu ist das gesamte Vermögen des Erwerbers (das erworbene und das bereits vorhandene (private) Vermögen) darauf zu überprüfen, inwieweit es verfügbares Vermögen darstellt. Verfügbares Vermögen im Sinne des Gesetzes ist nach den vorstehend beschriebenen Voraussetzungen nicht begünstigtes Vermögen (§ 28a Abs. 2 ErbStG). Dieses verfügbare (also nichtbegünstigte) Vermögen ist zur Hälfte seines Wertes zur Steuerzahlung heranzuziehen. Der danach verbleibende Betrag wird erlassen; allerdings wiederum nur unter der Voraussetzung, dass der Erwerber die für die Vollverschonung geltende Behaltensfrist/Lohnsummenkontrolle einhält. Wenn der Erwerber innerhalb von 10 Jahren unentgeltlich nicht begünstigtes Vermögen erwirbt, entfällt der Erlass. Dies gilt unabhängig davon, wer Erblasser oder Schenker ist. Der Erlass muss dann unter Berücksichtigung des hinzuerworbenen nicht begünstigten Vermögens erneut beantragt werden (§ 28a Abs. 4 Nr. 3 ErbStG).

23 Schließlich wurde eine Steuerbefreiung in Form eines **Wertabschlags für qualifizierte Familienunternehmen** von bis zu 30 vH normiert. Dieser Wertabschlag auf das begünstigte Vermögen (vor Anwendung des Verschonungsabschlags) begrenzt sich aber, so dass er nur im Rahmen der Regelverschonung unmittelbar die Steuerlast senkt, darüber hinaus auch bei später erhobener Nachsteuer auswirkt. Die Einordnung als **zehnter Schritt** im Sinne einer Prüfungsreihenfolge ist auch nicht richtig, da der Wertabschlag zum Unterschreiten der 26 Mio. Euro-Erwerbsgrenze führen kann und daher schon vorher bei der Wertbestimmung zu prüfen ist. Aufgrund äußerst restriktiven Vorgaben wird der eingeführte § 13a Abs. 9 ErbStG praktisch wenig Bedeutung erlangen. Der Gesellschaftsvertrag muss gesellschaftsvertragliche Restriktionen bei Entnahmen/Ausschüttungen (nach Abzug der auf die Gewinnanteile oder Ausschüttungen entfallenden Steuern beschränkt auf höchstens 37,5 vH), Verfügungen über die Beteiligung (Beschränkung ausschließlich auf Mitgesellschafter, Angehörige iSd. § 15 AO oder Familienstiftungen) und Abfindungen beim Ausscheiden (der gewährte Wertabschlag entspricht der Höhe der vereinbarten Abfindungsbeschränkung, höchstens jedoch 30 vH) enthalten, die zwei Jahre vor dem Übertragungsstichtag vorgelegen haben und über einen Zeitraum von 20 Jahren danach eingehalten werden müssen.[16]

24 Die für den Wertabschlag geforderten gesellschaftsvertraglichen Restriktionen sind nach § 9 Abs. 3 Satz 1 BewG bei der Anteilsbewertung nicht zu berücksichtigen, auch

[16] Näher zum Wertabschlag für Familienunternehmen A. 13a.19 AEErbSt 2017 sowie *Wachter* NZG 2016, 1168.

wenn sie für die Gesellschafter erhebliche wirtschaftliche Auswirkungen haben und auch den Verkehrswert der Beteiligung mindern können. Der Gesetzgeber hat sich für eine Verortung dieser für familiengeführte Unternehmen typischen Besonderheit in § 13a Abs. 9 ErbStG und gegen eine keine **Änderung des Bewertungsgesetzes** in diesem Punkt entschieden. Mit dem ErbStRG 2016 wurde ins BewG nur ein **Kapitalisierungsfaktor** im vereinfachten Ertragswertverfahren (§§ 199ff. BewG) von **13,75** ins Gesetz aufgenommen (§ 203 Abs. 1 BewG), der rückwirkend für alle Erwerbe nach dem 31.12.2015 zur Anwendung kommen soll. Das Bundesfinanzministerium kann durch Rechtsverordnung den Kapitalisierungsfaktor an künftige Entwicklungen der Zinsstrukturdaten anpassen. Damit wurde die bisherige Faktor-Berechnung abgelöst, die aufgrund ihrer reziproken Abhängigkeit vom Basiszinssatz nach allgemeinem Verständnis zu überhöhten Ergebnissen führte. Für 2016 galt vorher ein Kapitalisierungsfaktor von 17,857, aus sich deutlich höhere Unternehmenswerte ergaben. Niedrigere Unternehmenswert sind auf den ersten Blick für den Steuerpflichtigen von Vorteil, können sich aber im Hinblick auf die angeordnete Rückwirkung als problematisch erweisen. So kann sich ergeben, dass die Verwaltungsvermögensquote (nach altem Recht), die sich anhand des vereinfachten Ertragswertverfahrens und auf der Basis des alten Kapitalisierungsfaktors von 17,857 ergeben hat, rückwirkend nicht mehr gehalten werden kann, weil der Grenzwert überschritten wird. Bereits gewährte Steuerbefreiungen wären dann rückwirkend wieder zu entziehen. Dies stellt eine verfassungswidrige Rückwirkung dar.

Die vorstehende „Kurzdarstellung“ des neuen Verschonungssystems macht deutlich, 25
welche **vielschichtige Beratungsaufgabe** sich bei der schenkungssteuerlichen Beurteilung einer Anteilsübertragung ergibt. Das gilt für die Komplexität der Regelungen, die in zahlreichen Arbeits- und Rechenschritten umzusetzen ist, aber auch für die Fristen nach der Schenkung, die sich nicht mehr auf die fünf- bzw. siebenjährige Behaltensfrist/Lohnsummenkontrolle beschränken. Zusätzlich können Nachlauffristen für den Wertabschlag bei Familienunternehmen (20 Jahre) und den Erlass (10 Jahre) bestehen. Zahlreiche Zweifelsfragen zum neuen Recht werden diskutiert. Klarstellende Äußerungen der Finanzverwaltung durch Erlasse oder Richtlinien lagen noch nicht vor. Hinzu kommt die Unsicherheit, ob und wann auch Neuregelung wieder auf dem verfassungsrechtlichen Prüfstand steht oder die Politik die nächste Reform lanciert. Bis dahin gilt es, sich im derzeitigen Begünstigungssystem optimal zu positionieren.[17]

3. Umsatzsteuer

Die Übertragung von Beteiligungen ist von der Umsatzsteuer nach § 4 Nr. 8f. 26
UStG befreit.

4. Grunderwerbsteuer

Ist die Gesellschaft, deren Anteile übertragen werden, Eigentümerin von Grundstü- 27
cken, so kann die Anteilsübertragung Grunderwerbsteuer auslösen, wenn sich innerhalb von fünf Jahren der Gesellschafterbestand unmittelbar oder mittelbar dergestalt ändert, dass mindestens 95 vH der Gesellschaftsanteile auf neue Gesellschafter übergehen (§ 1 Abs. 2a GrEStG). Bei der grunderwerbsteuerlichen Beurteilung der Anteilsübertragung sind deshalb auch andere Übertragungsvorgänge derselben Gesellschaft in den Blick zu nehmen.

In Fällen vorweggenommener Erbfolge greifen jedoch in vielen Fällen die Vor- 28
schriften des § 3 Nr. 2, 4 und 6 GrEStG, die zu einer Befreiung von Grunderwerbsteuer, zB bei Übertragungen auf Verwandte in gerader Linie bzw. deren Ehegatten, führen.

[17] *Reich* DStR 2016, 2447 zu Gestaltungen im neuen Unternehmenserbschaftsteuerrecht.

B. Einzelerläuterungen

Zur Vorbemerkung

29 Den eigentlichen vertraglichen Vereinbarungen (Schenkungsversprechen, Vollzug der Schenkung) sind im Vertragsmuster Vorbemerkungen vorangestellt, die – insbesondere bei etwas komplizierteren (Beteiligungs-)Verhältnissen – den Ausgangspunkt der vertraglichen Vereinbarungen der Beteiligten klarstellen. Das zwingt die Beteiligten nicht nur, sich über die bestehenden Rechtsverhältnisse Klarheit zu verschaffen, was insbesondere bei Vermögensübertragungen innerhalb der Familie gerne vernachlässigt wird. Es erleichtert es außerdem, später die Entwicklung der gesellschaftsrechtlichen Verhältnisse nachzuvollziehen, insbesondere wenn mehrere Übertragungsvorgänge innerhalb eines größeren Zeitraums erfolgen. Sollten sich aus den eigentlichen vertraglichen Vereinbarungen Unklarheiten ergeben, können aus den Vorbemerkungen Auslegungskriterien gewonnen werden. Gehen die Beteiligten irrtümlich von falschen Verhältnissen aus, erleichtert die Formulierung einer Vorbemerkung mit dem hier vorgeschlagenen Inhalt die Rückabwicklung des Vertrags nach Maßgabe des Wegfalls der Geschäftsgrundlage.

Zu § 1: Schenkung und Abtretung der OHG-Beteiligung

30 Das Schenkungsversprechen bedarf eigentlich der **notariellen Beurkundung** (§ 518 Abs. 1 Satz 1 BGB). Der im Vertragsmuster insofern angelegte Mangel der Form wird aber durch die Bewirkung der versprochenen Leistung (hier: Abtretung des Gesellschaftsanteils) **geheilt** (§ 518 Abs. 2 BGB), so dass insbesondere aus Kostengründen auch der Abschluss eines lediglich schriftlich formulierten Vertrags in Betracht kommt.

31 Maßgeblich für die Beteiligungsverhältnisse eines Gesellschafters an einer OHG ist typischerweise der in den meisten Fällen abweichend von den gesetzlichen Bestimmungen von den Gesellschaftern eingerichtete Festkapitalanteil (zumeist als Kapitalkonto I bezeichnet). Die Beteiligten sollten sich darüber bewusst sein, ob von der Schenkung – wie im Formular vorausgesetzt – ebenso auch die sonstigen für den Schenker bei der Gesellschaft geführten **Gesellschafterkonten** betroffen sein sollen. Der Vertrag sollte das Gewollte insofern klar regeln, was häufig versäumt wird.

32 Das Vertragsmuster folgt dem dogmatischen Aufbau im deutschen Schuldrecht (schuldrechtliches Verpflichtungsgeschäft, dingliches Erfüllungsgeschäft). Die ausdrückliche Differenzierung erleichtert daneben spezielle Vereinbarungen, die etwa nur den dinglichen Vollzug betreffen. So kann beispielsweise für die Abtretung des Gesellschaftsanteils eine **zeitliche Befristung** vereinbart werden. Da der Beschenkte nicht zwingend über die genauen Verhältnisse in der Gesellschaft informiert ist, kann es angezeigt sein, dass der Schenker den Wert seiner Beteiligung, insbesondere etwa den Stand seiner variablen Gesellschafterkonten in einer bestimmten Höhe zusichert, um auszuschließen, dass sich – etwa durch kurzfristig getätigte (Über-)Entnahmen – ein negativer Wert der Gesellschaftsbeteiligung ergibt. Bei unentgeltlichen Übertragungen innerhalb von Familienangehörigen besteht insoweit aber typischerweise kein Regelungsbedarf.

33 Die wirksame Schenkung setzt einen **zweiseitigen Vertrag** voraus. Die Annahme der Schenkung durch den Beschenkten wird sich in den meisten Fällen aber auch bei fehlender ausdrücklicher Vereinbarung konkludent aus dem Sinnzusammenhang der übrigen abgegebenen Erklärungen ergeben.

Die **Darstellung der Beteiligungsverhältnisse** nach der Anteilsübertragung erleichtert bei komplizierteren Beteiligungsverhältnissen das Verständnis für die Vorgänge, insbesondere wenn später einmal längere Zeit zurückliegende Ereignisse beurteilt werden müssen. 34

Zu § 2: Stichtag und Gewährleistung

Grundsätzlich könnte die Schenkung und Anteilsabtretung zu jedem **beliebigen Zeitpunkt** erfolgen. Im Vertragsmuster wird sowohl für den **zivilrechtlichen Übergang** (Abs. 1) als auch für den Übergang von Gefahr, Nutzen und Lasten (Abs. 2) eine sofortige Wirkung vereinbart. Mit Letzterem kann eine **steuerliche Abgrenzung** zu einem gewünschten Datum erfolgen. Zu beachten ist aber, dass schenkungsteuerlich der zivilrechtliche Übergang maßgeblich bleibt. Zu diesem Zeitpunkt ist die Schenkung zu bewerten. Auch im Rahmen der Begünstigung für Betriebsvermögen (§§ 13aff. ErbStG) ist darauf abzustellen. Oftmals wird ein einheitlicher Stichtag („steuerlich und zivilrechtlich") gewählt werden und die Schenkung sofort oder aufschiebend bedingt auf den gewünschten Termin erfolgen. So kann ein Bedürfnis bestehen, dass die Übertragung erst verzögert, zB mit dem Ablauf des Kalenderjahres/Geschäftsjahres der Gesellschaft erfolgt. Besteht nicht anderweitig dringender Handlungsbedarf, ersparen sich die Beteiligten auf diese Weise die Erstellung einer gesonderten (Zwischen-)Bilanz, die zivilrechtlich erforderlich wäre, um den maßgeblichen Stand der übertragenen Gesellschafterkonten zu ermitteln und außerdem in aller Regel von der Finanzverwaltung zur Ermittlung des maßgeblichen Wertes der Beteiligung gefordert wird. Wollen die Beteiligten insoweit nicht bis zum Ende des Geschäftsjahres mit der Anteilsübertragung zuwarten, kann gegebenenfalls auch ein Quartals- oder Monatsende als maßgeblicher Stichtag in Betracht gezogen werden. 35

Auch wenn es zivilrechtlich zulässig wäre, einen bereits **zurückliegenden Zeitpunkt** (etwa den Beginn des laufenden Kalenderjahres) als maßgeblichen Stichtag zu wählen, führt dies steuerlich nicht weiter. Die Finanzverwaltung akzeptiert weder ertragsteuerlich noch schenkungsteuerlich eine insoweit rückwirkende Vereinbarung, sondern würde in einem solchen Fall dann auf den Tag des Vertragsabschlusses abstellen.[18] 36

Unter Abweichung von der gesetzlichen Regelung wird im Vertragsmuster die **Haftung des Schenkers** auf Vorsatz beschränkt. Eine Haftung für Vorsatz kann gemäß § 276 Abs. 3 BGB nicht ausgeschlossen werden. 37

Zu § 3: Auflösende Bedingung und Widerrufsvorbehalte

Die Lebensverhältnisse der Beteiligten sind ständigen Veränderungen unterworfen. Eine Maßnahme die heute sinnvoll und richtig erscheint, stellt sich morgen als fehlerhaft heraus. Nach dem Gesetz kann eine Schenkung gemäß **§ 530 BGB (grober Undank)** widerrufen oder das Geschenk gemäß **§ 528 BGB (Verarmung des Schenkers)** zurückgefordert werden. Diese Rückabwicklungsmöglichkeiten werden oftmals als zu eng empfunden. Im Schenkungsvertrag können weitere Tatbestände vereinbart werden, bei deren Eintritt die Schenkung rückgängig gemacht werden kann. 38

Dabei ist zwischen Widerrufsvorbehalten (bei Eintritt des jeweiligen Ereignisses muss der Widerruf noch erklärt werden) und **auflösenden Bedingungen** (der geschenkte Vermögensgegenstand fällt automatisch an den Schenker zurück) zu unterscheiden. Die konkrete Gestaltung hängt insofern immer davon ab, ob der Schenker jeweils noch über die Ausübung des Widerrufs entscheiden möchte oder ein Automatismus gewollt ist, der ein höheres Maß an Sicherheit bieten kann. Das gilt insbesondere für die Fälle, bei denen der Schenkungsgegenstand dem Zugriff dritter Personen 39

[18] BFH v. 31.10.1989 – IX R 216/84, BStBl. II 1992, 506; BMF v. 2.4.2007, ZEV 2007, 348.

ausgesetzt ist. Die Vereinbarung einer auflösenden Bedingung erhöht in diesen Fällen die Wahrscheinlichkeit, dass durch den rückwirkenden Wegfall der Vermögensübertragung etwa einem Gläubiger des Beschenkten die Zugriffsmöglichkeit auf den Schenkungsgegenstand verwehrt wird. Im Vertragsmuster ist eine auflösende Bedingung nur für den Fall der Insolvenz des Beschenkten vorgesehen (Abs. 1).

40 In allen anderen Fällen bietet die Vereinbarung lediglich eines **Widerrufsvorbehaltes** dem Schenker einen erhöhten Handlungsspielraum: Tritt der vereinbarte Umstand ein, kann er sich immer noch entscheiden, ob die Vermögensübertragung weiter Bestand haben soll oder nicht. Das gilt insbesondere etwa für den Fall, dass der Beschenkte vor dem Schenker verstirbt. Der Schenker kann in diesem Fall zunächst abwarten, welche Rechtsnachfolger in den Gesellschaftsanteil der Beschenkte etwa durch testamentarische Anordnung vorgesehen hat, oder welche sich etwa auf Grund gesetzlicher Erbfolge ergeben. Erst wenn feststeht, dass unerwünschte Personen zur Nachfolge gelangen, kann der Schenker die Schenkung ganz oder teilweise widerrufen.

41 Im Vertragsmuster sind Widerrufsgründe beispielhaft aufgeführt. Damit soll veranschaulicht werden, welche Regelungsmöglichkeiten bestehen. Erweiterungen sind möglich. Insbesondere kann aber auch eine Konzentration auf die im Einzelfall relevanten Regelungen erfolgen. Zivil- und schenkungsteuerrechtlich ändern – auch umfangreich vereinbarte – Rückfallvorbehalte nichts am Eigentumsübergang und der dadurch verwirklichten Erfüllung des Schenkungsteuertatbestandes. Sogar ein **freier Widerrufsvorbehalt,** also eine Vereinbarung, wonach der Schenker jederzeit und ohne Angabe irgendwelcher Gründe die Schenkung widerrufen kann, wird für zulässig erachtet. Freilich stellt dies in der Praxis einen erheblichen **psychischen Hemmschuh** für eine erfolgreiche Unternehmensnachfolge dar, denn das in einer solchen Vereinbarung liegende Misstrauen des Schenkers wird den Beschenkten regelmäßig nicht zu eigenständigem unternehmerischem Denken und Handeln veranlassen. Dabei auch in steuerlicher sowie gesellschafts- und pflichtteilsrechtlicher Hinsicht kann sich ein freier Widerrufsvorbehalt als problematisch erweisen. Die Übertragung eines Gesellschaftsanteils führt bei Vereinbarung eines freien Widerrufsvorbehaltes nämlich dazu, dass der Beschenkte nicht als **Mitunternehmer** zu qualifizieren ist, weil er angesichts der jederzeitigen Widerrufsmöglichkeit keine eigenständigen unternehmerischen Entscheidungen treffen kann.[19] Eine solche Schenkung ist deshalb nicht nach § 13b ErbStG Abs. 1 Nr. 2 ErbStG begünstigungsfähig.[20] Zudem wird diskutiert, ob ein freier Widerrufsvorbehalt im Hinblick auf das **gesellschaftsrechtliche Hinauskündigungsverbot** unzulässig sein kann.[21] Pflichtteilsrechtlich ist kann der Lauf der **10-Jahres-Frist des § 2325 Abs. 3 BGB** gehindert sein.[22]

42 Vor dem Hintergrund muss außerdem davor gewarnt werden, den Katalog der zur Rückabwicklung der Schenkung führenden Einzeltatbestände über Gebühr auszuweiten. Wo genau die Grenze verläuft, ab der der Beschenkte nicht mehr als Mitunternehmer anzusehen ist, lässt sich kaum beurteilen, so dass aus Sicherheitsgründen das theoretisch Denkbare nicht ausgereizt werden sollte. Damit nicht ein die Inanspruchnahme der schenkungsteuerlichen Begünstigungen verhindernder **faktischer freier Widerrufsvorbehalt** deshalb angenommen werden kann, weil der Schenker selbst die zur Rückabwicklung der Schenkung führenden Tatbestände herbeiführen kann, ist es ratsam, nur solche Voraussetzungen in den vertraglichen Katalog der Widerrufsgründe aufzunehmen, die insbesondere durch den Beschenkten, oder aber auch durch sonstige dritte Personen oder zufällige Ereignisse beeinflusst werden können.

---

[19] BFH v. 16.5.1989 – VIII R 196/84, BStBl. II 1989, 877, 878; Schmidt/*Wacker* EStG § 15 752.

[20] ErbStH 2011 E 13b.5; Troll/Gebel/Jülicher/*Gottschalk* ErbStG § 13b Rz. 110.

[21] Vgl. *Pauli* ZEV 2013, 289, 293 f.

[22] Hierzu sehr weitgehend OLG Düsseldorf, v. 11.4.2008 – 7 U 70/07, ZEV 2008, 525 zu einem Rückforderungsrecht bei Veräußerung/Belastung zu Lebzeiten des Veräußerers ohne dessen Zustimmung; zu Recht kritisch MüKoBGB/*Lange* BGB § 2325 Rz. 66.

Die ins Vertragsmuster aufgenommenen Widerrufsgründe haben verschiedene Zielrichtungen. Es geht um den **Schutz vor Fremdeinfluss eines Dritten** (insbesondere auch durch gesetzlicher Vertreter oder Betreuer), welche die Mitgliedschaftsrechte des Beschenkten für diesen in der Gesellschaft wahrnehmen würde, den **Erhalt des geschenkten Vermögens in der Familie** (zB um einer ungewollten Erbfolge beim Vorversterben des Beschenkten zu begegnen) und um **Einfluss auf die vermögensrechtlichen Beziehungen des Beschenkten zu dessen (zukünftigem) Ehepartner.** In vielen Fällen wird es bei Verwirklichung des Widerrufgrundes voraussichtlich gar nicht zum Widerruf kommen. In der Ausgestaltung eines Widerrufsgrundes (kein Automatismus) können die Regelungen aber sinnvoll sein, auch wenn teilweise Bewertungsspielräume bestehen, aus denen sich wiederum praktische Durchsetzungsprobleme ergeben können (zB bei der Frage der Sektenmitgliedschaft, der Drogen- oder Alkoholsucht). Dennoch kann es gerade bei Schenkungen an „junge Beschenkte" angezeigt sein, dass der Schenker sich für derartige Fälle den Widerruf als Korrektiv vorbehält und damit verbundenen Durchsetzungsrisiken hinnimmt. 43

Gerade angesichts der Unsicherheiten und Zweifelsfragen im Zusammenhang mit dem neuen Unternehmenserbschaftsteuerrechts bedarf es eine Schutzes vor ungewollten schenkungsteuerlichen Folgen durch die Vereinbarung von **Steuerklauseln.** Der in Abs. 2 Buchst. k) vorgesehene Widerrufsgrund soll eine Rückabwicklung der Schenkung ermöglichen, wenn Schenkungsteuer festgesetzt wird, die einen im Vertrag vereinbarten Grenzwert übersteigt, zB weil mehr nicht begünstigtes Verwaltungsvermögen gegeben ist als gedacht oder die Schenkung bereits als nicht begünstigungsfähig angesehen wird (zB mangels Mitunternehmerstellung des Beschenkten). Zum anderen soll eine Reaktionsmöglichkeit für den Fall eines späteren Wegfalls der Verschonung eröffnet werden, weil die Lohnsummenregelung nicht eingehalten wird oder es zu einem Behaltensfristverstoß kommt. Den daraus resultierenden – unter Umständen erheblichen – Steuerbelastungen kann durch die Widerrufsklausel begegnet werden. Um die Annahme eines „freien Widerrufs" zu verhindern, sollte das Widerrufsrecht vom Überschreiten einer Mindeststeuer abhängig gemacht werden, die noch deutlich über der im Vorfeld errechneten Steuer liegen sollte. Entsprechendes gilt bei der Nachsteuer. Die verschiedenen Verschonungsoptionen im neuen Verschonungssystem bedingen, die Steuerklausel an den Einzelfall individuell anzupassen. Übersteigt der Wert des begünstigten Vermögens die 26 Mio. Euro-Erwerbsgrenze kann es für den Steuerpflichtigen klar sein, dass es mangels Verschonung zu einer ungeminderten Steuerfestsetzung kommt, dann aber ein Steuererlass nach § 28a ErbStG beantragt wird. Diese Option ist in die Steuerklausel aufzunehmen, um die Annahme eines freien Widerrufsvorbehalts zu vermeiden. 44

Das **Widerrufsrecht nach Abs. 2 Buchst. k)** ist nach dem Vertragsentwurf **ausgeschlossen,** wenn sich der Beschenkte bei Eintritt des Widerrufgrundes gegenüber dem Schenker zur Übernahme der Schenkungsteuer verpflichtet (Abs. 4). Der Beschenkte kann damit einen Widerruf und damit den Verlust des geschenkten Gesellschaftsanteils verhindern, wenn er die Steuerfolgen trägt. Ob eine solche Regelung gewollt ist, muss im Einzelfall abgestimmt werden. 45

Schließlich besteht nach Abs. 2 Buchst. l die Möglichkeit in **Reaktion auf eine Gesetzesänderung,** die Schenkung unter Erstattung der gezahlten Schenkungsteuer zu widerrufen, um anschließend steuerfrei oder steuergünstiger neu zu schenken, wenn sich das Recht entsprechend ändert. Dieses Widerrufsrecht ist orientiert an der Nachsteuerfrist der Vollverschonung auf sieben Jahre befristet. 46

Der Eintritt einer auflösenden Bedingung oder die **Ausübung des Schenkungswiderrufs** betrifft zunächst nur das schuldrechtliche Grundgeschäft. Das Vertragsmuster sieht aber vor, dass der Fortfall der schuldrechtlichen Vereinbarung seinerseits auflösende Bedingung für die dingliche Übereignung des Gesellschaftsanteils ist (Abs. 3). 47

Insoweit bedarf es bei der Rückabwicklung der Schenkung keiner weiteren Erklärung der Beteiligten, sondern der ursprünglich geschenkte Gesellschaftsanteil fällt „automatisch" an den Schenker zurück. Ersatzweise entsteht ein schuldrechtlicher Rückforderungsanspruch. Um den „Rückfall" abzusichern ist zudem vorgesehen, dass der Beschenkte den Schenker zur Umsetzung bevollmächtigt (Abs. 7).

48 Aus Vereinfachungsgründen sieht das Vertragsmuster vor, dass die vom Beschenkten vor dem Rückfall des Schenkungsgegenstandes gezogenen **Nutzungen** bei diesem verbleiben, während die von ihm getätigten **Aufwendungen** nicht zu erstatten sind (Abs. 6). Das vereinfacht die Rückabwicklung erheblich.

49 Im Vertragsmuster ist vorgesehen, dass die auslösende Bedingung nur zu Lebzeiten des Schenkers eintreten kann und dessen Widerrufsrecht **höchstpersönlich und nicht vererblich** ist (Abs. 8). Es kann damit durch keinen Vertreter (Bevollmächtigter oder Betreuer) ausgeübt werden und entfällt mit dem Tod des Schenkers. Damit werden „klare Verhältnisse" geschaffen. Allein der Schenker entscheidet (höchstpersönlich) über den Widerruf. Die verfolgten Regelungsziele können aber auch nach dem Tod des Schenkers oder im Falle seiner Geschäftsunfähigkeit noch aktuell werden (zB der Eintritt unerwarteter Steuerfolgen). Ein vertragliches Widerrufsrecht kann vererbt und übertragen werden.[23] Dann sollte aber auf eine Spezialvollmacht für das Widerrufsrecht verwiesen werden, um Abgrenzungsschwierigkeiten zu allgemeinen Vorsorgevollmachten und ungewollte Widerrufsberechtigte zu vermeiden. Ohne weitere Regelungen wären bei einem vererblichen Widerrufsrecht nach dem Tod des Schenkers dessen Erben berechtigt. Der zurückgeforderte Schenkungsgegenstand fällt dann in den Nachlass des Schenkers. Die vertragliche Gestaltung sollte sich daher nicht auf die „Vererblichkeit" beschränken, sondern auch Bestimmungen dazu vorsehen, wer nach dem Erbfall widerrufen kann und wer den Schenkungsgegenstand dann erhält. Der Erbe ist oftmals, insbesondere bei Personenidentität mit dem Beschenkten, nicht der richtige Widerrufs- und Rückforderungsberechtigte. Daher ist auch hier eine gesonderte Regelung angezeigt, die zudem mit dem Testament des Schenkers abzustimmen ist.

50 Um dem Beschenkten keinen überlangen Zeitraum der Unsicherheit zuzumuten, entspricht es regelmäßig den Interessen der Beteiligten, eine Ausübung des Widerrufsrechts nach dem Tode des Schenkers allenfalls durch dessen länger lebenden Ehegatten ins Auge zu fassen oder zeitlich zu begrenzen. Inwieweit Widerrufsmöglichkeiten einer **gesetzlichen Höchstdauer** unterworfen sind ist zudem ungeklärt. Dem BGH-Urteil vom 6.7.2012[24] ist zu entnehmen, dass – zumindest zu Lebzeiten des Schenkers – kein Erlöschen mit Ablauf von 30 Jahren aufgrund einer Rechtsanalogie zu den BGB-Vorschriften, die eine solche Frist für andere Gebiete vorsehen,[25] erfolgt.[26] Nach dem Bundesgerichtshof ist aber unter Berücksichtigung des Einzelfalles (Maß der Beeinträchtigung, Dauer der Bindung, geschütztes Interesse des Übergebers) ein Verstoß gegen § 138 BGB (Sittenwidrigkeit) möglich. Ob wiederum Widerrufsmöglichkeiten entfallen, wenn 30 Jahre nach dem Tod des Übergebers vergangen sind, hat der Bundesgerichtshof ausdrücklich offen gelassen.

51 Die **zivilrechtliche Rückabwicklung** der Schenkung wird auch **schenkungsteuerlich nachvollzogen.** Der Rückfall des Gesellschaftsanteils stellt dabei keinen schenkungsteuerpflichtigen Vorgang dar, weil er nicht unentgeltlich, sondern in Ausübung eines (vertraglich vereinbarten) Rechtsanspruchs erfolgt. Zugleich erlischt für die ursprüngliche Schenkung nach **§ 29 Abs. 1 Nr. 1 ErbStG** die zunächst festgesetzte Steuer; bereits bezahlte Schenkungsteuer wird vom Finanzamt zurückerstattet. Der Beschenkte ist für den Zeitraum, für den ihm die Nutzungen des zugewendeten

[23] OLG Hamm v. 7.3.2006 – 15 W 99/05, DNotZ 2007, 122; *Jülicher* ZEV 1998, 285, 288.
[24] BGH v. 6.7.2012 – V ZR 122/11, ZEV 2012, 550.
[25] §§ 462 Satz 1, 544, 2044 Abs. 2 Satz 1, 2109 Abs. 1, 2162 Abs. 2 Satz 1, 2210 Satz 1 BGB.
[26] AA MükoBGB/*Armbrüster* BGB § 137 Rz. 25.

Vermögens zugestanden haben, schenkungsteuerlich wie ein Nießbraucher zu behandeln (§ 29 Abs. 2 ErbStG).

Zu § 4: Anrechnung, Ausgleich

Bei der Übertragung von Vermögen im Wege der vorweggenommenen Erbfolge entspricht es in aller Regel den Vorstellungen insbesondere des Schenkers, dass sich der Beschenkte eine solche Zuwendung auf etwaige spätere Pflichtteilsansprüche anrechnen lassen muss. Das Gesetz sieht eine Anrechnung solcher Zuwendungen auf spätere Pflichtteilsansprüche nur dann vor, wenn dies spätestens anlässlich der Zuwendung ausdrücklich vereinbart wird **(§ 2315 Abs. 1 BGB).** 52

Unter bestimmten Umständen sind Zuwendungen der Eltern an ein Kind beim Tode des Schenkers gegenüber anderen Kindern wertmäßig auszugleichen **(§§ 2050 ff. BGB).** Der im Vertragsformular vorgesehene Ausschluss einer solchen Ausgleichung ist zulässig.[27] Er verhindert spätere Streitigkeiten zwischen den Geschwistern, ob überhaupt eine ausgleichspflichtige Zuwendung vorliegt und insbesondere mit welchem Wert diese anzusetzen ist. Stattdessen ist der Schenker gehalten, etwaigen anderen Abkömmlingen durch lebzeitige Zuwendung oder letztwillige Verfügung entsprechende Vermögensgegenstände zukommen zu lassen, wenn er für einen wertmäßigen Ausgleich sorgen möchte. 53

Zu § 5: Kosten und Steuern

Zwar haften Schenker und Beschenkter für die durch die Vermögensübertragung ausgelöste Schenkungsteuer gesamtschuldnerisch **(§ 20 Abs. 1 Satz 1 ErbStG).** Das Finanzamt hat sich im Rahmen einer sachgerechten Ausübung des ihm insoweit zukommenden Auswahlermessens regelmäßig aber zunächst an den Beschenkten zu wenden.[28] Die vom Schenker übernommene Schenkungsteuer ist deshalb seinerseits als steuerpflichtige Zuwendung an den Beschenkten aufzufassen, so dass sich insgesamt der Wert der Schenkung und damit die zu zahlende Schenkungsteuer erhöht. Dabei wird aber nur der Betrag berücksichtigt, der sich aus dem steuerpflichtigen Erwerb ohne Beachtung der Steuerklausel und der aus diesem Erwerb errechneten Steuer ergibt. Dass diese Zusammenrechnung an sich wiederum zu einer Erhöhung der Steuer führen müsste, bleibt aus Vereinfachungsgründen außer Betracht **(§ 10 Abs. 2 ErbStG).** Dies führt dazu, dass die Übernahme der Steuer bei einer Gesamtbetrachtung von Schenker und Beschenkten günstig ist, wenn der Schenker dem Beschenkten ansonsten zusätzlich zum eigentlichen Schenkungsgegenstand noch so viel liquides Vermögen zusätzlich zur Verfügung stellen würde, damit dieser dann die (erhöhte) Schenkungsteuer tragen kann. Im Ergebnis verbleibt in diesem Fall beim Beschenkten mehr Vermögen, wobei bei einer Schenkung unternehmerischen Vermögen zu beachten ist, dass die Steuerübernahme nicht begünstigt ist, so dass hier zu überlegen ist, ob der Beschenkte die Steuer nicht selbst tragen kann, so dass der Steuerfall vermieden wird. 54

Im Vertragsmuster übernimmt der Schenker die gesamte Schenkungsteuer. Diese Regelung ist – wie beschrieben – im Einzelfall zu überdenken, auch im Hinblick auf eine Differenzierung zwischen „erstmaliger" Schenkungsteuer und Steuerbelastungen infolge der Erfüllung schenkungsteuerlicher **Nachsteuertatbestände.** Das gilt insbesondere, wenn der Schenker, etwa auf Grund seiner durch die Schenkung reduzierten Einflussmöglichkeiten den Eintritt der Nachsteuer nicht verhindern kann. 55

Wenn der Schenker die Schenkungsteuer übernimmt, sollte der Beschenkte verpflichtet werden, die **Option zur Vollverschonung** zu erklären, soweit die Voraussetzungen hierfür erfüllt sind. Nach § 13a Abs. 10 ErbStG ist allein der Erwerber optionsberechtigt, der damit über die Höhe der Steuerbelastung bestimmen kann. 56

[27] Palandt/*Weidlich* BGB § 2050 Rz. 3.
[28] BFH v. 29.11.1961 – II 282/58 U, BStBl. III 1962, 323; *Meincke* ErbStG § 20 Rz. 6.

A. 2.22 Schenkweise Übertragung einer mitunternehmerischen OHG-Beteiligung mit Nießbrauchsvorbehalt

Gliederung

A. 2.22

Schenkungsvertrag

zwischen

1. Herrn A, geboren am [...], wohnhaft [...],

„Schenker“

und

2. Herrn D, geboren am [...], wohnhaft [...],

„Beschenkter“.

Vorbemerkung

Der Schenker ist an der unter HRA [...] beim Amtsgericht [...] eingetragenen „ABC-OHG“ mit dem Sitz in [...] (im Folgenden: „OHG“) beteiligt. Sein Kapitalanteil beträgt € 4000,–, das entspricht einer Beteiligungsquote von 40 vH.
Im Übrigen stellen sich die Beteiligungsverhältnisse wie folgt dar:

A	**€ 4000,– entspricht 40 vH**
C	**€ 3000,– entspricht 30 vH**
D	**€ 3000,– entspricht 30 vH.**

Die für A bei der OHG geführten Konten weisen zum letzten Bilanzstichtag folgende Salden aus:

Kapitalkonto I	**€ 4000,–**
Kapitalkonto II	**€ 76000,–**
Privatkonto/Darlehenskonto	**€ 160000,–**

Es gilt der Gesellschaftsvertrag in der Fassung vom [...]
Der Schenker ist der Vater des Beschenkten. Der Schenker beabsichtigt, seinen Sohn im Wege vorweggenommener Erbfolge an der ABC-OHG zu beteiligen und ihm deshalb einen Teil seiner Gesellschaftsbeteiligung schenkweise zu übertragen, dies jedoch vorbehaltlich eines lebenslangen Nießbrauchsrechts.
Zu Gunsten der Ehefrau des Schenkers, Frau [...], geboren am [...], wohnhaft [...] (nachfolgend auch „Ehefrau“ genannt), soll an der übertragenen OHG-Beteiligung nach dem Tod des Schenkers ein lebenslanges Nießbrauchsrecht eingeräumt werden.

§ 1 Schenkung und Abtretung der OHG-Beteiligung

(1) Der Schenker schenkt hiermit zu dem in § 2 bestimmten Stichtag im Wege vorweggenommener Erbfolge dem Beschenkten eine Beteiligung an der OHG von 10 vH, somit einen Kapitalanteil (Kapitalkonto I) von € 1000,–, sowie jeweils einen entsprechenden Anteil an den sonstigen für ihn bei der OHG geführten Gesellschafterkonten einschließlich Darlehenskonto.

(2) In Vollzug des vorstehenden Schenkungsversprechens tritt der Schenker im Wege der Sonderrechtsnachfolge die OHG-Beteiligung einschließlich entsprechender Anteile an den für den Schenker bei der OHG geführten Gesellschafterkonten zu dem in § 2 festgelegten Stichtag an den Beschenkten ab.

(3) Der Beschenkte nimmt die Schenkung und Abtretung seines Vaters dankend an.

(4) Nach der Abtretung stellen sich die Beteiligungsverhältnisse an der OHG wie folgt dar:

A	**€ 3000,–, entspricht 30 vH**
B	**€ 3000,–, entspricht 30 vH**
C	**€ 3000,–, entspricht 30 vH**
D	**€ 1000,–, entspricht 10 vH.**

(5) Die Umbuchung des Kapitalkontos I sowie der übrigen Konten ist vorzunehmen. Der Beschenkte ist als neuer Gesellschafter der OHG ins Handelsregister einzutragen.

§ 2 Stichtag und Gewährleistung

(1) Die Schenkung und Abtretung der in § 1 bezeichneten OHG-Beteiligung erfolgt mit sofortiger Wirkung.

(2) Wirtschaftlich und steuerlich erfolgt die Schenkung und Abtretung ebenfalls mit sofortiger Wirkung. Zu diesem Stichtag gehen – unbeschadet des nachfolgend vereinbarten Nießbrauchsvorbehalts – Gefahr, Nutzungen und Lasten der verschenkten OHG-Beteiligung auf den Beschenkten über. Der Anteil am Jahresergebnis des laufenden Geschäftsjahres der Gesellschaft, der auf die verschenkte OHG-Beteiligung entfällt, wird zeitanteilig auf den Stichtag (auf der Basis von 365 Tagen im Kalenderjahr) abgegrenzt. § 101 Nr. 2 Hs. 2 BGB ist abbedungen.

(3) Für die Sorgfaltspflichten sowie für die Haftung aufgrund von Sach- und Rechtsmängeln gelten die §§ 521 bis 524 BGB, jedoch mit der Maßgabe, dass der Schenker jeweils nur Vorsatz zu vertreten hat.

§ 3 Auflösende Bedingung und Widerrufsvorbehalte

(1) Vorstehende Schenkung fällt weg und die Abtretung verliert ihre Wirkung, wenn zu Lebzeiten des Schenkers über das Vermögen des Beschenkten das Insolvenzverfahren eröffnet oder die Eröffnung mangels Masse abgelehnt wird (auflösende Bedingung).

(2) Der Schenker behält sich neben den gesetzlichen Widerrufsgründen das Recht vor, die Schenkung gegenüber dem Beschenkten ganz oder teilweise widerrufen, wenn

a) der Beschenkte vor dem Schenker stirbt.

b) auf Grund eines nicht nur vorläufig vollstreckbaren, vorbehaltlosen, zur Befriedigung berechtigenden Titels Zwangsvollstreckungsmaßnahmen in die geschenkte Beteiligung eingeleitet und nicht binnen drei Monaten nach Einleitung wieder aufgehoben werden.

c) der Beschenkte geschäftsunfähig oder für ihn ein Betreuer gem. § 1896 BGB bestellt wird.

d) der Beschenkte innerhalb der nächsten […] Jahre ohne schriftliche Zustimmung des Schenkers über den erworbenen Schenkungsgegenstand oder Teile davon durch Belastung oder durch Veräußerung verfügt oder diese in ein eheliches Gesamtgut gelangen lässt oder entsprechende Maßnahmen einzuleiten beginnt.

e) in der Person des Beschenkten ein Umstand eintritt, der die Schenkerin zur Entziehung des Pflichtteils berechtigten würde.

f) die Scheidung einer von dem Beschenkten eingegangenen Ehe beantragt ist, es sei denn, der Beschenkte weist innerhalb von drei Monaten nach, dass im

Rahmen der Scheidung kein Zugewinnausgleich stattzufinden hat oder der Schenkungsgegenstand nicht Teil der Berechnung des Zugewinns ist und sein wird. Das Widerrufsrecht besteht auch, wenn sich der erbrachte Nachweis später als falsch herausstellt.

g) der Beschenkte heiratet, ohne mit seinem Ehegatten zuvor einen Ehe- und Pflichtteilsverzichtsvertrag geschlossen zu haben, nach dem sämtliches Vermögen, welches ein Ehepartner geschenkt erhalten oder geerbt hat, vom Zugewinnausgleich ausgenommen und auch bei der Berechnung des Pflichtteils unberücksichtigt bleibt. Das Recht zum Widerruf entfällt, wenn der Beschenkte vor Ausübung des Widerrufsrechts mit seinem Ehepartner einen solchen Vertrag schließt und dem Widerrufsberechtigten zur Kenntnis bringt. Der Weigerung zum Abschluss des Vertrages steht die Aufhebung eines solchen Vertrages gleich.

Die unter Buchst. e) bis g) vereinbarten Widerrufsgründe gelten entsprechend bei Begründung eines ausländischen Güterstandes und für ausländische Pflichtteils- oder Noterberechte sowie bei Begründung einer Lebenspartnerschaft nach dem Lebenspartnerschaftsgesetz oder einer entsprechenden Regelung ausländischen Rechts.

h) der Beschenkte einer Organisation beitritt oder eine Organisation finanziell unterstützt, bei der es sich handelt um (i) eine Sekte (zB Scientology Church) oder eine ähnlich organisierte oder operierende Religions-, Glaubens- oder Weltanschauungsgemeinschaft, insbesondere eine Sekte, die im Sektenbericht des Bundestages genannt ist, (ii) eine terroristische Vereinigung oder um eine andere Organisation, die unter Beobachtung des Verfassungsschutzes steht oder (iii) eine als jugend- oder allgemeingefährdend oder kriminell anzusehende Organisation.

i) der Beschenkte nicht innerhalb einer Frist von drei Monaten seit Aufforderung durch den Schenker diesem durch Vorlage einer ärztlichen Bescheinigung nachweist, dass er weder drogen- noch alkoholabhängig ist. Die Bescheinigung ist durch einen in Deutschland anerkannten und kassenärztlich zugelassenen Arzt auszustellen; die Wahl des Arztes liegt im Übrigen im freien Ermessen des Beschenkten. Drogenabhängigkeit im Sinne dieses Vertrages liegt auch vor, wenn der Beschenkte entweder wegen einer Straftat nach dem Betäubungsmittelgesetz (BtMG) rechtskräftig verurteilt wird oder wenn der mehrmalige Konsum von Betäubungsmitteln im Sinne des BtMG nach seiner jeweils gültigen Fassung (§ 1 Abs. 1 BtMG nebst Anlagen) nachgewiesen ist. In diesen Fällen besteht das Widerrufsrecht, ohne dass eine Aufforderung zur Vorlage einer ärztlichen Bescheinigung erforderlich ist.

j) der Beschenkte nicht innerhalb einer Frist von drei Monaten seit Aufforderung durch die Schenkerin dieser durch Vorlage einer ärztlichen Bescheinigung nachweist, dass er nicht unter Spielsucht (pathologisches/zwanghaftes Spielen) leidet. Vorstehend Buchst. i) Satz 2 gilt entsprechend.

k) für die Schenkung von den Steuer- und Finanzbehörden im Rahmen der Steuerveranlagung Schenkungsteuer von mehr als € […],– festgesetzt wird. Gleiches gilt bei der nachträglichen Festsetzung von Schenkungsteuer von insgesamt mehr als € […],–, etwa wegen eines Verstoßes gegen die Lohnsummenkontrolle im Sinne von § 13a Abs. 3 ErbStG oder der Verwirklichung eines Nachsteuertatbestandes im Sinne des § 13a Abs. 6 ErbStG.

l) in der Bundesrepublik Deutschland zu irgendeinem Zeitpunkt bis zum Ablauf von sieben Jahren ab dem Übertragungsstichtag nach § 2 Abs. 1 eine Rechtslage eintritt, nach welcher keine Erbschaft- und Schenkungsteuer erhoben wird.

(3) Mit Eintritt der auflösenden Bedingung nach Abs. 1 oder nach Ausübung des Widerrufsrechts nach Abs. 2 geht die übertragene Beteiligung – im Falle der Aus-

übung des Widerrufsrechts im Umfang des Widerrufs – samt den Guthaben auf den bei der OHG geführten Gesellschafterkonten sowie etwaige Surrogate unentgeltlich auf den Schenker mit dinglicher Wirkung über. Die Ausübung des Widerrufsrechts ist auflösende Bedingung für die schuldrechtliche Schenkung und ihren dinglichen Vollzug. Sofern ein dinglicher Rückfall des Schenkungsgegenstandes oder der Surrogate nicht möglich ist, entsteht mit Bedingungseintritt ein schuldrechtlicher Rückforderungs- oder Wertersatzanspruch.

(4) Das Widerrufsrecht des Schenkers nach Abs. 2 Buchst. k) ist ausgeschlossen, sofern sich der Beschenkte zur Übernahme der Schenkungsteuer verpflichtet, die nach der unter § 5 Abs. 2 getroffenen Vereinbarung vom Schenker zutragen ist, und den Schenker im Innenverhältnis von dieser Steuer freistellt. Vor der Ausübung des Widerrufsrechts hat der Schenker den Beschenkten schriftlich über die Absicht des Widerrufs zu informieren und unter Fristsetzung („Ankündigungsfrist") zur Erklärung auffordern, ob der Beschenkte bereit ist, diese Schenkungsteuer zu tragen und den Schenker insoweit im Innenverhältnis freizustellen; die Ankündigungsfrist muss mindestens einen Monat betragen.

(5) Der Widerruf kann nur binnen einer Frist von sechs Monaten, nachdem der Schenker von dem Widerrufsgrund Kenntnis erlangt hat, ausgeübt werden und hat durch eingeschriebenen Brief zu erfolgen. Im Falle eines Widerrufs nach Abs. 2 Buchst. k) ist für den Fristbeginn der Sechs-Monats-Frist die Bestandskraft sämtlicher Steuerbescheide maßgebend. Das Recht, schon vor Bestandskraft des Steuerbescheids den Widerruf zu erklären, bleibt hiervon jedoch unberührt. Sobald der erste, auch nur vorläufige oder unter Vorbehalt der Nachprüfung stehende Steuerbescheid dem Beschenkten oder dem Schenker zugegangen ist, kann der Widerruf erklärt werden.

(6) Nutzungen, die der Beschenkte vor dem Rückfall des Schenkungsgegenstandes gezogen hat, verbleiben ihm. Seine Aufwendungen im Zusammenhang mit dem Schenkungsgegenstand sind ihm nicht zu erstatten. Sämtliche Kosten und etwaige Steuern, die bei dem Beschenkten durch den Rückfall oder die Rückübertragung der geschenkten Beteiligung anfallen, trägt der Schenker.

(7) Unabhängig davon, ob ein dinglicher Rückfall stattfindet oder ein Rückübertragungsanspruch besteht, verpflichtet sich der Beschenkte, die geschenkte Beteiligung unverzüglich nach Ausübung des Widerrufsrechts oder Eintritt einer Bedingung nach Abs. 1 abzutreten und alle Erklärungen abzugeben, die für die Rückabtretung und die Umsetzung des Rückfalls des Schenkungsgegenstandes erforderlich sind. Hierzu erteilt der Beschenkte dem Schenker bereits heute Vollmacht unter Befreiung von den Beschränkungen des § 181 BGB. Die vorstehende Verpflichtung und die vorstehende Vollmacht erstrecken sich auch auf etwaige Surrogate des Schenkungsgegenstandes.

(8) Das sich aus vorstehenden Regelungen ergebende Recht des Schenkers, die Schenkung zu widerrufen, ist höchstpersönlich und nicht vererblich.

§ 4 Vorbehaltsnießbrauch[Rz. 26 ff.]

(1) Der Schenker behält sich an der geschenkten OHG-Beteiligung einschließlich aller mitgeschenkter Gesellschafterkonten den unentgeltlichen und lebenslangen Nießbrauch vor.

(2) Der Beschenkte bestellt hiermit dem Schenker den lebenslangen unentgeltlichen Nießbrauch an der nach § 1 auf ihn übertragenen Beteiligung nebst anteiligem Guthaben auf den übertragenen Konten in ihrer jeweiligen Höhe.

(3) Eine Zustimmung zur Nießbrauchsbestellung durch die Gesellschaft oder die Gesellschafter ist nach § [...] des Gesellschaftsvertrages der OHG nicht erforderlich.

(4) Dem Nießbraucher stehen die nach dem Gesellschaftsvertrag und den jeweiligen Beschlüssen der Gesellschaft entnahmefähigen laufenden Gewinnanteile aus der geschenkten Beteiligung einschließlich der Verzinsung der geschenkten Gesellschafterkonten sowie die aus entnahmefähigen laufendem Gewinn während der Dauer des Nießbrauchs gebildeten und aufgelösten Gewinnrücklagen zu.

(5) Über den laufenden Gewinn hinaus erzielte Gewinne, also Gewinne, die aus der Realisierung stiller Reserven des Anlagevermögens resultieren (zB Gewinne aus der Veräußerung von Tochtergesellschaften oder Grundstücken und Inventar) – nachfolgend „außerordentliche Gewinne" –, stehen ausschließlich dem Beschenkten zu. Der vereinbarte Nießbrauch setzt sich aber an diesen Gewinnanteilen abzüglich hierauf entfallender von dem Beschenkten zu zahlender Steuern als Surrogat für die übertragene Vermögenssubstanz fort. Solche außerordentlichen Gewinne gelten immer als nachrangig entnommen, sofern ein Jahresüberschuss aus laufenden Gewinnen vorhanden ist.

(6) Gewinne werden steuerlich jeweils derjenigen Partei zugerechnet und sind von derjenigen Partei zu versteuern, der sie auch wirtschaftlich zustehen. Der Schenker und der Beschenkte tragen danach die sich aus ihnen jeweils aus dem Nießbrauch bzw. der Beteiligung zustehenden Gewinnen ergebenden Belastungen mit Steuern (einschließlich Zuschlägen und steuerlichen Nebenleistungen im Sinne von § 3 AO) selbst, auch wenn die einkommensteuerrechtliche Gewinnzurechnung von der zivil- und handelsrechtlichen Gewinnzurechnung abweicht. Im Falle einer solchen abweichenden Gewinnzurechnung sind die Parteien verpflichtet, alle Maßnahmen zu ergreifen und Erklärungen abzugeben, um die vorstehend vereinbarte Gewinnzurechnung zu erreichen. Wenn dies nicht gelingt, ist ein entsprechender Ausgleich im Innenverhältnis zwischen dem Schenker und dem Beschenkten vorzunehmen und die Parteien haben sich von den Steuerbelastungen aus abweichend zugerechneten Gewinnen freizustellen.

(7) Im Falle der Beendigung des Nießbrauchs im Laufe eines Geschäftsjahres stehen die für das Geschäftsjahr entnahmefähigen Gewinnanteile dem Schenker und dem Beschenkten zeitanteilig zu, unabhängig vom Zeitpunkt des Jahresabschlusses oder der Beschlussfassung über die Gewinnverwendung, soweit der Gewinn danach entnahmefähig ist.

(8) Wird das Festkapital der OHG aus Gesellschaftsmitteln erhöht, erstreckt sich der Nießbrauch auch auf denjenigen neuen Anteil am Gesellschaftskapital, der auf den Beschenkten entfällt.

(9) Findet bei der Gesellschaft eine Kapitalerhöhung nicht aus Gesellschaftsmitteln, sondern durch Einlagen der Gesellschafter statt, steht es im Ermessen des Beschenkten, ob und inwieweit er sich an dieser beteiligt. Nimmt er an der Kapitalerhöhung teil, gebühren die der Kapitalerhöhung entsprechenden Gewinnanteile und andere Nutzungen dem Beschenkten.

(10) Erwirbt der Beschenkte für die geschenkte Beteiligung einen Anspruch gegen die Gesellschaft, die an die Stelle der Beteiligung tritt (Surrogat), setzt sich der Nießbrauch am Surrogat automatisch fort. Zu den Surrogaten zählen insbesondere Ansprüche auf:
- Auszahlung eines Auseinandersetzungsguthabens bei Auflösung der Gesellschaft oder bei Ausscheiden aus der Gesellschaft,
- eine sonstige Abfindung bei Ausscheiden aus der Gesellschaft,
- die Rückzahlung von Einlagen oder Nachschüssen,
- eine Barabfindung nach dem Umwandlungsgesetz.

(11) Zu den Surrogaten gehören auch die gewährten Anteile an dem übernehmenden Rechtsträger im Falle der Umwandlung der Gesellschaft oder der Einbringung der Beteiligung gegen Gewährung von Gesellschaftsrechten. Ein durch eine Veräußerung der Beteiligung erzielter Veräußerungserlös zählt

ebenso zu den Surrogaten, wie entnommener außerordentlicher Gewinn nach Abs. 5.

(12) Falls die Erstreckung des Nießbrauchs auf ein Surrogat nicht kraft Gesetzes automatisch erfolgt, verpflichten sich die Parteien, alles zu tun, was zu einer Einräumung des Nießbrauchs am jeweiligen Surrogat erforderlich sein sollte, insbesondere sämtliche hierfür erforderlichen Erklärungen abzugeben.

(13) Die mit der geschenkten Beteiligung verbundenen Stimm- und Verwaltungsrechte an der Gesellschaft werden während der Dauer des Nießbrauchs von dem Nießbraucher ausgeübt, soweit nicht nachfolgend (Abs. 14) abweichend geregelt.

(14) Bei Beschlüssen, die außergewöhnliche Angelegenheiten betreffen, insbesondere bei sog. Kernbereichsbeschlüssen, wird das Stimmrecht aus dem nießbrauchsbelasteten Schenkungsgegenstand durch den Beschenkten ausgeübt. Hierzu gehören insbesondere:

– Änderungen des Zwecks oder Gegenstandes des Unternehmens,
– Änderung der Gewinnbeteiligung oder des Beteiligungsverhältnisses,
– Änderung der Entnahmebefugnisse oder der Entgelts-/Abfindungsregelungen,
– Änderung des Zinssatzes für die Gesellschafter-Darlehenskonten,
– Einlagenerhöhungen oder Herabsetzungen,
– Auflösung, Fortsetzung oder Umwandlung der Gesellschaft,
– Zustimmung zur Abtretung von Gesellschaftsanteilen sowie die Aufnahme, den Ausschluss oder die Kündigung von Gesellschaftern,
– sonstige Änderungen des Gesellschaftsvertrages, die die Rechtsstellung des Beschenkten beeinträchtigen.

Gestaltungs- und Verfügungsrechte, die die Beteiligung als solche betreffen, stehen ebenfalls dem Beschenkten zu. Dies gilt insbesondere für:

– die Kündigung der Gesellschaft,
– die Erhebung der Auflösungsklage,
– die ganze oder teilweise Veräußerung der Beteiligung.

(15) Der Beschenkte wird seine vorstehend beschriebenen Rechte jedoch dann nicht ohne Zustimmung des Schenkers in seiner Eigenschaft als Nießbraucher ausüben, sofern es sich um Erklärungen und Rechtshandlungen handelt, die zum Untergang oder zur einer die Rechtsstellung des Schenkers als Nießbraucher beeinträchtigenden Veränderung der Beteiligung führen. § 1071 BGB bliebt unberührt.

(16) Sofern dem Schenker diese Rechte nicht ohnehin als Gesellschafter der betroffenen Gesellschaften zustehen, wird der Beschenkte dem Schenker im Rahmen seiner Rechte auf Auskunft und Einsichtnahme auf Verlangen des Schenkers umfassend informieren. Ihm stehen dieselben Rechte zu wie dem Beschenkten als Gesellschafter. Insbesondere erhält der Schenker – soweit rechtlich möglich – eine Kopie des Jahresabschlusses der Gesellschaft und des Prüfungsberichts des Abschlussprüfers. Der Beschenkte wird die jeweilige Gesellschaft anweisen, zusätzlich zu dem Beschenkten auch den Schenker zu den Gesellschafterversammlungen zu laden, soweit er nicht aus eigenem Recht zur Teilnahme berechtigt ist. Der Schenker darf sich zur Ausübung seiner Rechte von einem anderen Gesellschafter oder einem Angehörigen der rechts-, steuerberatenden oder wirtschaftsprüfenden Berufe, der gesetzlich zur Berufsverschwiegenheit verpflichtet ist, vertreten lassen oder sich des Beistands einer solchen Person bedienen.

§ 5 Aufschiebend bedingter Zuwendungsnießbrauch[Rz. 29 ff.]

(1) Aufschiebend bedingt auf den Fortfall § 4 vereinbarten Vorbehaltsnießbrauchs, insbesondere durch den Tod des Schenkers, wendet der Schenker seiner Ehefrau

[...] den lebenslangen unentgeltlichen Nießbrauch an der nach § 1 übertragenen Gesellschaftsbeteiligung nebst anteiligem Guthaben auf den übertragenen Konten in ihrer jeweiligen Höhe zu.

(2) [...] erhält den Zuwendungsnießbrauch, es sei denn, sie weist dieses Recht nach Bedingungseintritt zurück (§ 333 BGB).

(3) Die vorstehend unter § 4 getroffenen Vereinbarungen gelten für das Nießbrauchsrecht der Ehefrau sinngemäß.

(4) Der Schenker behält sich vor, bis zum Eintritt der Bedingung die Zuwendung des Nießbrauchs zu widerrufen. Das Widerrufsrecht ist höchstpersönlich und nicht vererblich.

§ 6 Anrechnung, Ausgleichung

(1) Der Beschenkte hat sich die erhaltene Zuwendung auf einen etwaigen ihm durch den Tod des Schenkers entstehenden Pflichtteilsanspruch anrechnen zu lassen. Dies gilt jedoch nicht, soweit er auf Grund der Regelungen dieses Vertrages, insbesondere wegen Widerrufs der Schenkung nach § 3 die geschenkte Beteiligung noch vor Entstehung des Pflichtteilsanspruchs ganz oder teilweise wieder herauszugeben hat oder sie aufgrund einer auflösenden Bedingung der Abtretung an den Schenker zurückfallen. Nicht anrechnungspflichtig ist auch der zwischenzeitliche Nutzungsvorteil aus einem solchen rückgefallenen oder rück übertragenen Anteil.

(2) Der Beschenkte hat die geschenkte Beteiligung beim Tod des Schenkers nicht zur Ausgleichung (§§ 2050 ff. BGB) zu bringen.

§ 7 Kosten und Steuern

(1) Die Kosten des Vertrages sowie die Kosten seiner Durchführung übernimmt der Schenker.

(2) Eine zum Ansatz kommende Schenkungsteuer trägt der Schenker. Eine eventuell anfallende Nachsteuer gemäß § 13a Abs. 3, Abs. 6 ErbStG trägt ebenfalls der Schenker

(3) Der Beschenkte ist verpflichtet, auf Verlangen des Schenkers die Option zur sog. Vollverschonung gemäß § 13a Abs. 10 ErbStG zu erklären, soweit die Voraussetzungen hierfür erfüllt sind.

(4) Der Schenker hat Anspruch auf die Erstattungsbeträge, welche der Beschenkte, dessen Schenkungsteuer er übernommen hat, auf Grund von durch diesen Vertrag veranlassten Rückübertragungen oder aus sonstigen Gründen erhält.

(5) Der Beschenkte bevollmächtigt den Schenker unwiderruflich mit dem Recht, Untervollmacht zu erteilen, ihn gegenüber den zuständigen Finanzbehörden in jeder Weise bezüglich der Schenkungsteuer und anderen durch die Schenkung als solche verursachten Steuern sowie der Aufhebung der Steuerbescheide und der Geltendmachung der Erstattungsansprüche zu vertreten., wobei der Schenker den Beschenkten von sämtlichen hierdurch entstehenden Kosten freistellt. Der Beschenkte ist auf Verlangen des Schenkers verpflichtet, eine entsprechende Vollmacht – mit dem Recht der Untervollmachterteilung – in gesonderter Urkunde zu erteilen und/oder vom Schenker benannten Steuerberatern/Wirtschaftsprüfern eine entsprechende Vollmacht zu erteilen.

§ 8 Salvatorische Klausel

Sollte eine Bestimmung dieses Vertrags aus irgendeinem Grund unwirksam oder anfechtbar sein oder werden, so soll hierdurch die Gültigkeit der übrigen Bestimmungen nicht berührt werden. Anstelle der unwirksamen Bestimmung soll eine angemessene Regelung gelten, die – soweit rechtlich möglich – dem entspricht, was

die Vertragsschließenden gewollt haben. Entsprechendes gilt im Falle einer Regelungslücke.

......................................, den ....
[Ort, Datum]

..	**..**
[Unterschrift A]	***[Unterschrift D]***

A. Grundsätzliche Anmerkungen

I. Wirtschaftliche Vertragsziele

Zu den wirtschaftlichen Vertragszielen vgl. zunächst Formular A. 2.21. 1

Das Vertragsformular geht davon aus, dass sich der Schenker lebzeitige Nießbrauchsrechte an der übertragenen Gesellschaftsbeteiligung vorbehält. Dies dient in erster Linie der **finanziellen Absicherung des Schenkers,** die ohne die aus der übertragenen Beteiligung resultierenden Erträge dauerhaft nicht sichergestellt wäre. 2

Daneben berechtigt das vorbehaltene Nießbrauchsrecht in einem bestimmten Umfang auch weiterhin zur **Inanspruchnahme von Mitwirkungsrechten,** insbesondere von Stimmrechten. Eine Anteilsübertragung mit Nießbrauchsvorbehalt kommt deshalb besonders dann in Betracht, wenn der Schenker einerseits zwar Vermögenssubstanz bereits übertragen möchte, andererseits auf die sich aus der übertragenen Gesellschaftsbeteiligung ergebenden Ertragziehungs- und Mitwirkungsrechte nicht verzichten kann oder möchte. 3

Als Nießbraucher partizipiert der Schenker zukünftig weiterhin auch hinsichtlich des übertragenen Gesellschaftsanteils am wirtschaftlichen Erfolg des Unternehmens. Er trägt insoweit aber auch die **wirtschaftlichen Risiken.** Verschlechtert sich nämlich die Ertragslage der Gesellschaft, reduziert sich auch der dem Nießbraucher zustehende Ertrag. Im Extremfall erhält der Nießbraucher überhaupt keine Ausschüttungen. Der insoweit im Vergleich zur „aktiven Zeit" des Schenkers in etwa gleichbleibenden Teilhabe am wirtschaftlichen Risiko des Unternehmens stehen allerdings typischerweise nur noch eingeschränkte Einflussnahmemöglichkeiten auf unternehmerische Entscheidungen gegenüber. 4

Den wirtschaftlichen Chancen und Risiken des Nießbrauchsberechtigten stehen entsprechende **Interessen des Beschenkten** gegenüber. Sein Interesse an der Erzielung hoher Erträge kann vor diesem Hintergrund eingeschränkt sein. Insofern kann sich die Vereinbarung eines Quotennießbrauchs empfehlen, der dem Beschenkten einen Teil des Gewinns belässt. Auch dann hat der Beschenkte die Sicherheit, auch bei einer sinkenden Ertragslage des Unternehmens nicht aus seinem sonstigen Vermögen Ausgleichszahlungen an den Nießbrauchsberechtigten vornehmen zu müssen. 5

Wenn das mit der Vereinbarung eines Nießbrauchsrechts insbesondere für den Nießbraucher zusammenhängende wirtschaftliche Risiko ausgeschlossen werden soll, kommt die Vereinbarung einer festen (in aller Regel monatlichen) **Leibrente** in Betracht (vgl. hierzu Formular A. 2.23). 6

Das Formular sieht darüber hinaus auch die **Absicherung des Ehegatten** des Schenkers vor, falls dieser den Schenker überleben sollte. Insoweit wendet der Schenker seinem Ehegatten ein entsprechendes Nießbrauchsrecht für den Fall seines vorzeitigen Versterbens zu. Da es sich bei dem selbst vorbehaltenen und dem Ehegatten zugewendeten Nießbrauchsrecht um unterschiedliche Rechtsansprüche handelt, können diese im Bedarfsfall auch unterschiedlich ausgestaltet werden. Das Vertragsmuster geht aber davon aus, dass insoweit deckungsgleiche Rechtspositionen für den Schenker und seinen Ehegatten geschaffen werden sollen. 7

II. Zivilrechtliche Aspekte

8 Zu allgemeinen zivilrechtlichen Überlegungen vgl. zunächst A. 2.21 Rz. 7ff.

9 Ein Nießbrauch am Gesellschaftsanteil ist nach heute nahezu einhelliger Auffassung **zulässig,** wenn die Übertragbarkeit des Gesellschaftsanteils gesellschaftsvertraglich zugelassen ist.[1] Der Nießbrauch kann sich lediglich auf den entnahmefähigen Gewinn beziehen (sog. **Ertragsnießbrauch**) oder aber den gesamten Gesellschaftsanteil – inklusive der Stimmrechte – umfassen (sog. **Vollrechtsnießbrauch**). Er kann sich nur auf die gesamte geschenkte Beteiligung erstrecken, sich dabei aber nur auf einen Teil der Erträge beziehen (sog. **Quotennießbrauch**). Denkbar ist schließlich, nur einen Teil der geschenkten Beteiligung mit dem Nießbrauch zu belasten (sog. **Bruchteilsnießbrauch**).

10 Zur **inhaltlichen Ausgestaltung** des Nießbrauchsrechts an einem Gesellschaftsanteil gibt es kaum gesetzliche Vorgaben im BGB. Es handelt sich hierbei um einen Nießbrauch an einem Recht, auf das nach § 1068 Abs. 2 BGB „die Vorschriften über den Nießbrauch an Sachen entsprechende Anwendung" finden.

11 Die **gesetzlichen Regelungen zum Rechtsnießbrauch** sind allerdings nur rudimentär. Viele Detailfragen sind ungeklärt. Dies kann im konkreten Fall zu Auseinandersetzungen zwischen den Beteiligten über die Kompetenzverteilung der Gesellschafterrechte und zu unerwünschten steuerlichen Auswirkungen führen. Von zentralem Interesse sind in diesem Zusammenhang die jeweiligen vermögensrechtlichen Positionen der Beteiligten, die Verteilung der gesellschafterrechtlichen Verwaltungsrechte und die sich aus der Gestaltung dieser beiden Aspekte ergebenden steuerlichen Auswirkungen.

12 Der Vertragsentwurf enthält eine **detaillierte Regelung,** die über das gesetzliche Regelungsmodell hinausgeht. Der bloße Verweis auf das Gesetz hat den Nachteil, dass zur dortigen Ertrags- und Kompetenzverteilung die unterschiedlichsten Auffassungen vertreten werden, weshalb hier Unsicherheiten und auch ein erhebliches Streitpotenzial zwischen Nießbraucher und Besteller besteht (auch wenn sich hierzu zwischenzeitlich eine herrschende Meinung herausgebildet hat). Vor diesem Hintergrund ist es dringend anzuraten, die mit der Vereinbarung des Nießbrauchsrechts bestehenden gegenseitigen Befugnisse und Verpflichtungen vertraglich zu regeln, um so zukünftige Meinungsverschiedenheiten über die Ausübung insbesondere der Ertragziehungs- und Mitwirkungsrechte der Beteiligten zu vermeiden.

13 Grundsätzlich sind die Beteiligten frei, wie sie die gegenseitigen Rechtspositionen vertraglich ausgestalten. Insbesondere sind jedoch bestimmte **Vorgaben aus schenkungsteuerlichen Gründen** zu beachten (vgl. Rz. 20ff.). Ohne weitere Vereinbarung umfasst ein Nießbrauchsrecht an einem Gesellschaftsanteil grundsätzlich die entnahmefähigen Gewinne ohne „außerordentliche" Gewinne, zB durch Auflösung stiller Reserven[2] und berechtigt zur Ausübung der Mitwirkungsrechte in „laufenden Angelegenheiten".[3]

14 Der auf Lebenszeit vereinbarte **Nießbrauch erlischt** automatisch mit dem Tode des Berechtigten. Außerdem kann der Berechtigte noch zu seinen Lebzeiten jederzeit auf das zunächst vorbehaltene Nießbrauchsrecht verzichten.

---

[1] BGH v. 9.11.1998 – II ZR 213/97, NJW 1999, 571, 572; MüKoBGB/*Ulmer/Schäfer* BGB § 705 Rz. 96 mwN.

[2] MüKoBGB/*Ulmer/Schäfer* BGB § 705 Rz. 103.

[3] MüKoBGB/*Ulmer/Schäfer* BGB § 705 Rz. 99.

III. Steuerrechtliche Aspekte

1. Einkommensteuer

Obwohl die Bestellung von Nießbrauchsrechten an den übertragenen Vermögensgegenständen eigentlich eine Gegenleistung des Vermögensübernehmers darstellt, folgt das Einkommensteuerrecht[4] der zivilrechtlichen Beurteilung, die nur das mit dem dinglichen Nutzungsrecht belastete (in seinem Wert entsprechend geminderte) Wirtschaftsgut als Zuwendungsgegenstand ansieht.[5] **15**

Die Bestellung dieses dinglichen Vorbehaltsrechts ist danach kein zu **Anschaffungskosten** führendes Entgelt für die Vermögensübernahme. Dies gilt auch für eine Vermögensübergabe, die einen Betrieb, Teilbetrieb oder Mitunternehmeranteil zum Gegenstand hat. Trotz des Nießbrauchsvorbehalts handelt es sich – wenn keine anderen Leistungen des Vermögensübernehmers vorgesehen sind – ertragsteuerlich um einen voll unentgeltlichen Vorgang, so dass der Übernehmer die Buchwerte des Übergebers fortzuführen hat (§ 6 Abs. 3 EStG), sofern er mit dem übernommenen Betriebsvermögen bereits Einkünfte erzielt. **16**

Bei einem reinen **Ertragsnießbrauch** wird der Nießbraucher nicht Mitunternehmer.[6] Insoweit handelt es sich lediglich um die Vorausabtretung (künftiger) Gewinnansprüche. Nur der Gesellschafter bezieht als Mitunternehmer Einkünfte nach § 15 Abs. 1 Nr. 2 EStG. **17**

Bei einem – im Vertragsmuster vorausgesetzten – **„echten" Nießbrauch** können demgegenüber sowohl der Gesellschafter als auch der Nießbraucher als Mitunternehmer anzusehen sein, wenn beide sowohl Mitunternehmerinitiative entfalten können als auch Mitunternehmerrisiko tragen. Entscheidend dafür ist die Kompetenz- und Gewinn-/Verlustverteilung (vgl. Rz. 23f.). **18**

Ist der **Nießbraucher als Mitunternehmer** zu qualifizieren, erzielt er gewerbliche Einkünfte nach § 15 EStG. Ist ein reiner Ertragsnießbrauch vereinbart, erhält der Nießbraucher den ihm zustehenden Gewinn aus dem Vermögen des Nießbrauchsbestellers. Es ist fraglich, ob eine Steuerpflicht nach § 22 Nr. 1 Satz 1 und 2 EStG für wiederkehrende Bezüge und ein entsprechender Abzug als dauernde Last in Betracht kommt.[7] **19**

2. Schenkungsteuer

Während einkommensteuerlich der vorbehaltene Nießbrauch nicht als Gegenleistung des Vermögensübernehmers gewertet wird (s. Rz. 15), **reduziert** der Wert des vorbehaltenen Nießbrauchsrechts im Rahmen der Schenkungsteuer **die Bereicherung beim Beschenkten,** weil insoweit das Vermögen wirtschaftlich noch dem Schenker zuzurechnen ist. Bei der Ermittlung der schenkungsteuerlichen Bemessungsgrundlage kann deshalb der Kapitalwert des Nießbrauchsrechtes vom Steuerwert der zugewendeten Gesellschaftsbeteiligung abgezogen werden.[8] Nach Aufhebung der Sonderregelung des § 25 ErbStG zum 1.1.2009 mindert die Nießbrauchslast den Wert des Erwerbs. **20**

Dabei ist die **Abzugsbeschränkung des § 10 Abs. 6 Satz 4, 5 ErbStG** zu beachten. Die Nießbrauchslast ist nicht abzugsfähig, soweit sie im Zusammenhang mit schenkungsteuerlich begünstigtem Vermögen steht. Insbesondere bei Eingreifen der Verschonungsregelungen für unternehmerisches Vermögen (§§ 13a ff. ErbStG) ist der Nießbrauchswert vor Abzug anteilig zu kürzen. **21**

---

[4] BFH v. 26.2.1987 – IV R 325/84, BStBl. II 1987, 772; BFH v. 24.4.1991 – XI R 5/83, BStBl. II 1991, 793.
[5] BGH v. 7.4.1989 – V ZR 252/87, NJW 1989, 2122.
[6] BFH v. 16.5.1995 – VIII R 18/93, BStBl. II 1995, 714; vgl. näher Rz. 23f.
[7] Vgl. *Götz/Hülsmann* Nießbrauch im Zivil- und Steuerrecht, Rz. 1243, 1189ff.
[8] *Meincke* ErbStG § 7 Rz. 57.

22 Der **Kapitalwert des lebenslangen Nießbrauchs** ermittelt sich nach den §§ 13 bis 16 BewG unter Zugrundelegung des Jahreswertes (regelmäßig ist abzustellen auf den durchschnittlichen Gewinn der letzten 3 Jahre) und eines laufzeit- bzw. altersabhängigen Multiplikators. Der Jahreswert ist auf 1/18,6 des gemeinen Wertes des nießbrauchsbelasteten Wirtschaftsguts beschränkt (§ 16 BewG). Bei kurzer Nießbrauchsdauer ist die Korrekturvorschrift des § 14 Abs. 2 BewG zu beachten.

23 Bei der Übertragung von Anteilen an einer Personengesellschaft setzt die Inanspruchnahme der **schenkungsteuerlichen Begünstigungen** nach den §§ 13a ff. ErbStG voraus, dass der Beschenkte als Mitunternehmer qualifiziert (§ 13b Abs. 1, 2 ErbStG iVm. § 15 Abs. 1 Satz 1 Nr. 2 EStG). Der Beschenkte darf nicht so weitgehend eingeschränkt werden, dass ihm eine Mitunternehmerstellung abgesprochen werden kann. Dazu gehört **Mitunternehmerinitiative** (Möglichkeit an unternehmerischen Entscheidungen aktiv mitzuwirken) und **Mitunternehmerrisiko** (Teilnahme am wirtschaftlichen Erfolg oder Misserfolg der Gesellschaft). Dabei muss die übertragene Beteiligung die Mitunternehmerstellung vermitteln, weswegen es nicht ausreichend ist, wenn der Beschenkte zwar vor der Schenkung als Mitunternehmer an der Gesellschaft beteiligt ist, aber aufgrund im Schenkungs- oder Gesellschaftsvertrag vereinbarter Beschränkungen schenkweise keine Mitunternehmerschaft erhält.[9] Zur Beurteilung der Mitunternehmerstellung ist eine Gesamtschau aller Regelungen erforderlich, die den Beschenkten beschränken, insbesondere ein Nießbrauchsrecht des Schenkers, aber auch Widerrufsvorbehalte im Schenkungsvertrag (insbesondere bei freier oder faktisch freier Widerrufsmöglichkeit, vgl. A. 2.21 Rz. 41 f.) und gesellschaftsvertragliche Besonderheiten.

24 Die gesetzliche Verteilung der Ertragziehungs- und Mitwirkungsrechte führt demgegenüber nach Auffassung des BFH dazu, dass sowohl Nießbrauchsverpflichteter als auch Nießbrauchsberechtigter als **Mitunternehmer** zu qualifizieren sind.[10] Das Vertragsmuster bemüht sich vor diesem Hintergrund, die beiderseitigen Rechte nach dem Leitbild der gesetzlichen Rechtslage zwischen Beschenktem und Schenker aufzuteilen. Vereinfacht gesagt stehen danach die entnahmefähigen laufenden **Erträge** dem Nießbraucher zu, während dem Beschenkten außerordentliche Erträge, etwa aus der Veräußerung von Anlagevermögen zustehen. In laufenden Angelegenheiten übt der Nießbraucher das mit dem übertragenen Gesellschaftsanteil verbundene **Stimmrecht** aus, während es dem Beschenkten nur bei außerordentlichen Beschlussgegenständen, insbesondere bei Beschlüssen im sog. Kernbereich der Gesellschafterrechte zusteht. Weitere Differenzierungen sind denkbar, erhöhen aber das Risiko, dass die Beteiligten nicht (mehr) als Mitunternehmer zu qualifizieren sind, was beim Beschenkten dazu führt, dass die Begünstigungen für die Übertragung von unternehmerischem Vermögen nicht in Anspruch genommen werden können.[11]

B. Einzelerläuterungen

25 Zu den einzelnen vertraglichen Regelungen vgl. zunächst die Erläuterungen in A. 2.21 Rz. 29 ff.

Zu § 4: Vorbehaltsnießbrauch

26 Die auf den ersten Blick komplex anmutende Regelung zur Vereinbarung eines Vorbehaltsnießbrauchs an der übertragenen Gesellschaftsbeteiligung verfolgt den

[9] BFH v. 23.2.2010 – II R 19/09, BStBl. II 2010, 555.

[10] BFH v. 1.3.1994 – VIII R 35/92, BStBl. II 1995, 241.

[11] Der BFH hat die Mitunternehmerstellung des Beschenkten zB verneint in seinen Entscheidungen BFH v. 10.12.2008 – II R 34/07, BStBl. II 2009, 312; BFH v. 16.5.2013 – II R 20/11, DStR 2013, 1380 und BFH v. 6.5.2015 – II R 36/16, BB 2015, 2472.

Zweck, einerseits klare Regelungen zur **Verteilung der Gesellschafterkompetenzen** zwischen Beschenktem und Nießbrauchsberechtigtem sicherzustellen. Andererseits soll den Vorgaben der Rechtsprechungen Rechnung getragen werden, wonach die Inanspruchnahme der schenkungsteuerlichen Begünstigungen der §§ 13aff. ErbStG nur dann in Betracht kommt, wenn der Beschenkte Mitunternehmer wird. Die Rechte des Beschenkten dürfen danach nicht zu sehr beschnitten werden (vgl. Rz. 23f.).

Führt die ertragsteuerliche Beurteilung dazu, dass dem Beschenkten Einkünfte über **27**
die Vermögenssubstanz steuerlich zugerechnet werden, ohne dass ihm aus den ihm zustehenden (außerordentlichen) Erträgen der Gesellschaft entsprechende Liquidität zur Begleichung der daraus resultierenden Steuerverbindlichkeiten zur Verfügung steht, hat der Nießbraucher den Beschenkten aus den ihm zufließenden (laufenden) Erträgen freizustellen (Abs. 6).

Das Vertragsmuster bemüht sich, die Rechtsstellung des Nießbrauchsberechtigten **28**
weitgehend abzusichern, ihm etwa umfangreiche Auskunfts- und Informationsrechte zuzugestehen, ohne die Mitunternehmerstellung des Beschenkten zu gefährden.

Zu § 5: Aufschiebend bedingter Zuwendungsnießbrauch

Zur **Absicherung des Ehepartners** wendet der Schenker diesem ein entspre- **29**
chendes Nießbrauchsrecht für den Fall zu, dass er vor seinem Ehepartner verstirbt oder er lebzeitig auf die weitere Ausübung des Nießbrauchsrechts verzichtet. Die zur Vereinbarung des Vorbehaltsnießbrauchs getroffenen Regelungen gelten hierfür nach dem Vertragsmuster entsprechend. Es sind auch abweichende Bestimmungen denkbar.

Die Zuwendung des Nießbrauchsrechtes an den länger lebenden Ehegatten löst **30**
eine entsprechende **Schenkungsteuerpflicht** aus. Früher wurde überwiegend, insbesondere auch von der Finanzverwaltung,[12] die Zuwendung eines Nießbrauchs an begünstigten Vermögen als nicht privilegiert nach **§§ 13aff. ErbStG** angesehen, da es sich bei einem Nießbrauch nicht um begünstigungsfähiges Vermögen handeln soll. Der BFH hat hierzu jedoch entschieden, dass unter „Anteil an einer Gesellschaft" im Sinne von § 13b Abs. 1 Nr. 2 ErbStG nicht die gesellschaftsrechtliche Beteiligung, sondern der Mitunternehmeranteil im Sinne des Ertragsteuerrechts zu verstehen ist.[13] Für die Anwendung der erbschaftsteuerlichen Verschonungsregelung kommt es danach darauf an, ob eine Mitunternehmerschaft des Erwerbers begründet wird, was auch bei einem Zuwendungsnießbrauch der Fall sein kann (aber nicht muss). Auch beim Zuwendungsnießbrauch ist daher entscheidend, ob der Zuwendungsempfänger Mitunternehmer wird.

Der (schenkungsteuerpflichtige) Vermögensanfall beim länger lebenden Ehegatten **31**
sollte nur dann erfolgen, wenn dieser entsprechende Erträge zur Absicherung seiner Altersversorgung benötigt. Ist das nach dem Verhältnissen beim Bedingungseintritt nicht der Fall, sieht das Vertragsmuster für den länger lebenden Ehegatten die Möglichkeit der **Zurückweisung des Nießbrauchsrechtes** nach § 333 BGB vor, so dass letztlich erst zum Zeitpunkt des Fortfalls des zunächst für den zu Gunsten des Schenkers vorbehaltenen Nießbrauchsrechtes über den Vermögensanfall beim länger lebenden Ehegatten entschieden werden muss. Die Zurückweisung stellt aufgrund seiner Rückwirkung („gilt als nicht erworben", vgl. § 333 BGB) keinen schenkungsteuerpflichtigen Verzicht dar.

---

[12] ErbStH 2003 51 Abs. 1; ErbStH 2011 E 13b.5 (überholt durch den Ländererlass v. 2.11.2012, BStBl. I 2012, 1101).
[13] BFH v. 1.9.2011 – II R 67/09, BStBl. II 2013, 210.

A. 2.23 Schenkweise Übertragung einer mitunternehmerischen OHG-Beteiligung gegen Versorgungsleistungen

Gliederung

A. 2.23

Schenkungsvertrag

zwischen

1. Herrn A, geboren am [...], wohnhaft [...],

„Schenker"

und

2. Herrn D, geboren am [...], wohnhaft [...],

„Beschenkter".

Vorbemerkungen

Der Schenker ist an der unter HRA [...] beim Amtsgericht [...] eingetragenen „ABC-OHG" mit dem Sitz in [...] (im Folgenden: „OHG") beteiligt. Sein Kapitalanteil beträgt € 4000,– das entspricht einer Beteiligungsquote von 40 vH.

Im Übrigen stellen sich die Beteiligungsverhältnisse wie folgt dar:

A € 4000,–, entspricht 40 vH
B € 3000,–, entspricht 30 vH
C € 3000,–, entspricht 30 vH.

Die für A bei der OHG geführten Konten weisen zum letzten Bilanzstichtag folgende Salden aus:

Kapitalkonto I	**€ 4000,–**
Kapitalkonto II	**€ 76000,–**
Privatkonto/Darlehenskonto	**€ 160000,–**

Es gilt der Gesellschaftsvertrag in der Fassung vom [...]. Danach kann der Schenker frei über seinen Gesellschaftsbeteiligung verfügen.

Der Schenker ist der Vater des Beschenkten. Der Schenker beabsichtigt, seinen Sohn im Wege vorweggenommener Erbfolge an der ABC-OHG zu beteiligen und ihm deshalb einen Teil seiner Gesellschaftsbeteiligung schenkweise zu übertragen. Im Gegenzug verpflichtet sich der Beschenkte zur Zahlung von Versorgungsleistungen an den Schenker und nach dem Tod des Schenkers an dessen Ehefrau, Frau [...], geboren am [...], wohnhaft [...] (nachfolgend auch „Ehefrau" genannt).

§ 1 Schenkung und Abtretung der OHG-Beteiligung

(1) Der Schenker schenkt hiermit zu dem in § 2 bestimmten Stichtag im Wege vorweggenommener Erbfolge dem Beschenkten eine Beteiligung an der OHG von 10 vH, somit einen Kapitalanteil (Kapitalkonto I) von € 1000,–, sowie jeweils einen entsprechenden Anteil an den sonstigen für ihn bei der OHG geführten Gesellschafterkonten einschließlich Darlehenskonto.

(2) In Vollzug des vorstehenden Schenkungsversprechens tritt der Schenker im Wege der Sonderrechtsnachfolge die OHG-Beteiligung einschließlich entsprechender Anteile an den für den Schenker bei der OHG geführten Gesellschafterkonten zu dem in § 2 festgelegten Stichtag an den Beschenkten ab.

(3) Der Beschenkte nimmt die Schenkung und Abtretung seines Vaters dankend an.

(4) Nach der Abtretung stellen sich die Beteiligungsverhältnisse an der OHG wie folgt dar:

A € 3000,–, entspricht 30 vH

B € 3000,–, entspricht 30 vH

C € 3000,–, entspricht 30 vH

D € 1000,–, entspricht 10 vH.

(5) Die Umbuchung des Kapitalkontos I sowie der übrigen Konten ist vorzunehmen. Der Beschenkte ist als neuer Gesellschafter der OHG ins Handelsregister einzutragen.

§ 2 Stichtag und Gewährleistung

(1) Die Schenkung und Abtretung der in § 1 bezeichneten OHG-Beteiligung erfolgt mit sofortiger Wirkung.

(2) Wirtschaftlich und steuerlich erfolgt die Schenkung und Abtretung ebenfalls mit sofortiger Wirkung. Zu diesem Stichtag gehen Gefahr, Nutzungen und Lasten der verschenkten OHG-Beteiligung auf den Beschenkten über. Der Anteil am Jahresergebnis des laufenden Geschäftsjahres der Gesellschaft, der auf die verschenkte OHG-Beteiligung entfällt, wird zeitanteilig auf den Stichtag (auf der Basis von 365 Tagen im Kalenderjahr) abgegrenzt. § 101 Nr. 2 Hs. 2 BGB ist abbedungen.

(3) Für die Sorgfaltspflichten sowie für die Haftung aufgrund von Sach- und Rechtsmängeln gelten die §§ 521 bis 524 BGB, jedoch mit der Maßgabe, dass der Schenker jeweils nur Vorsatz zu vertreten hat.

§ 3 Auflösende Bedingung und Widerrufsvorbehalte

(1) Vorstehende Schenkung fällt weg und die Abtretung verliert ihre Wirkung, wenn zu Lebzeiten des Schenkers über das Vermögen des Beschenkten das Insolvenzverfahren eröffnet oder die Eröffnung mangels Masse abgelehnt wird (auflösende Bedingung).

(2) Der Schenker behält sich neben den gesetzlichen Widerrufsgründen das Recht vor, die Schenkung gegenüber dem Beschenkten ganz oder teilweise widerrufen, wenn

a) der Beschenkte vor dem Schenker stirbt.

b) auf Grund eines nicht nur vorläufig vollstreckbaren, vorbehaltlosen, zur Befriedigung berechtigenden Titels Zwangsvollstreckungsmaßnahmen in die geschenkte Beteiligung eingeleitet und nicht binnen drei Monaten nach Einleitung wieder aufgehoben werden.

c) der Beschenkte geschäftsunfähig oder für ihn ein Betreuer gem. § 1896 BGB bestellt wird.

d) der Beschenkte innerhalb der nächsten [...] Jahre ohne schriftliche Zustimmung des Schenkers über den erworbenen Schenkungsgegenstand oder Teile davon durch Belastung oder durch Veräußerung verfügt oder diese in ein eheliches Gesamtgut gelangen lässt oder entsprechende Maßnahmen einzuleiten beginnt.

e) in der Person des Beschenkten ein Umstand eintritt, der die Schenkerin zur Entziehung des Pflichtteils berechtigten würde.

f) die Scheidung einer von dem Beschenkten eingegangenen Ehe beantragt ist, es sei denn, der Beschenkte weist innerhalb von drei Monaten nach, dass im

Rahmen der Scheidung kein Zugewinnausgleich stattzufinden hat oder der Schenkungsgegenstand nicht Teil der Berechnung des Zugewinns ist und sein wird. Das Widerrufsrecht besteht auch, wenn sich der erbrachte Nachweis später als falsch herausstellt.

g) der Beschenkte heiratet, ohne mit seinem Ehegatten zuvor einen Ehe- und Pflichtteilsverzichtsvertrag geschlossen zu haben, nach dem sämtliches Vermögen, welches ein Ehepartner geschenkt erhalten oder geerbt hat, vom Zugewinnausgleich ausgenommen und auch bei der Berechnung des Pflichtteils unberücksichtigt bleibt. Das Recht zum Widerruf entfällt, wenn der Beschenkte vor Ausübung des Widerrufsrechts mit seinem Ehepartner einen solchen Vertrag schließt und dem Widerrufsberechtigten zur Kenntnis bringt. Der Weigerung zum Abschluss des Vertrages steht die Aufhebung eines solchen Vertrages gleich.

Die unter Buchst. e) bis g) vereinbarten Widerrufsgründe gelten entsprechend bei Begründung eines ausländischen Güterstandes und für ausländische Pflichtteils- oder Noterberechte sowie bei Begründung einer Lebenspartnerschaft nach dem Lebenspartnerschaftsgesetz oder einer entsprechenden Regelung ausländischen Rechts.

h) der Beschenkte einer Organisation beitritt oder eine Organisation finanziell unterstützt, bei der es sich handelt um (i) eine Sekte (zB Scientology Church) oder eine ähnlich organisierte oder operierende Religions-, Glaubens- oder Weltanschauungsgemeinschaft, insbesondere eine Sekte, die im Sektenbericht des Bundestages genannt ist, (ii) eine terroristische Vereinigung oder um eine andere Organisation, die unter Beobachtung des Verfassungsschutzes steht oder (iii) eine als jugend- oder allgemeingefährdend oder kriminell anzusehende Organisation.

i) der Beschenkte nicht innerhalb einer Frist von drei Monaten seit Aufforderung durch den Schenker diesem durch Vorlage einer ärztlichen Bescheinigung nachweist, dass er weder drogen- noch alkoholabhängig ist. Die Bescheinigung ist durch einen in Deutschland anerkannten und kassenärztlich zugelassenen Arzt auszustellen; die Wahl des Arztes liegt im Übrigen im freien Ermessen des Beschenkten. Drogenabhängigkeit im Sinne dieses Vertrages liegt auch vor, wenn der Beschenkte entweder wegen einer Straftat nach dem Betäubungsmittelgesetz (BtMG) rechtskräftig verurteilt wird oder wenn der mehrmalige Konsum von Betäubungsmitteln im Sinne des BtMG nach seiner jeweils gültigen Fassung (§ 1 Abs. 1 BtMG nebst Anlagen) nachgewiesen ist. In diesen Fällen besteht das Widerrufsrecht, ohne dass eine Aufforderung zur Vorlage einer ärztlichen Bescheinigung erforderlich ist.

j) der Beschenkte nicht innerhalb einer Frist von drei Monaten seit Aufforderung durch die Schenkerin dieser durch Vorlage einer ärztlichen Bescheinigung nachweist, dass er nicht unter Spielsucht (pathologisches/zwanghaftes Spielen) leidet. Vorstehend Buchst. i) Satz 2 gilt entsprechend.

k) für die Schenkung von den Steuer- und Finanzbehörden im Rahmen der Steuerveranlagung Schenkungsteuer von mehr als € […],– festgesetzt wird. Gleiches gilt bei der nachträglichen Festsetzung von Schenkungsteuer von insgesamt mehr als € […],–, etwa wegen eines Verstoßes gegen die Lohnsummenkontrolle im Sinne von § 13a Abs. 3 ErbStG oder der Verwirklichung eines Nachsteuertatbestandes im Sinne des § 13a Abs. 6 ErbStG.

l) in der Bundesrepublik Deutschland zu irgendeinem Zeitpunkt bis zum Ablauf von sieben Jahren ab dem Übertragungsstichtag nach § 2 Abs. 1 eine Rechtslage eintritt, nach welcher keine Erbschaft- und Schenkungsteuer erhoben wird.

(3) Mit Eintritt der auflösenden Bedingung nach Abs. 1 oder nach Ausübung des Widerrufsrechts nach Abs. 2 geht die übertragene Beteiligung – im Falle der Aus-

übung des Widerrufsrechts im Umfang des Widerrufs – samt den Guthaben auf den bei der OHG geführten Gesellschafterkonten sowie etwaige Surrogate unentgeltlich auf den Schenker mit dinglicher Wirkung über. Die Ausübung des Widerrufsrechts ist auflösende Bedingung für die schuldrechtliche Schenkung und ihren dinglichen Vollzug. Sofern ein dinglicher Rückfall des Schenkungsgegenstandes oder der Surrogate nicht möglich ist, entsteht mit Bedingungseintritt ein schuldrechtlicher Rückforderungs- oder Wertersatzanspruch.

(4) Das Widerrufsrecht des Schenkers nach Abs. 2 Buchst. k) ist ausgeschlossen, sofern sich der Beschenkte zur Übernahme der Schenkungsteuer verpflichtet, die nach der unter § 5 Abs. 2 getroffenen Vereinbarung vom Schenker zutragen ist, und den Schenker im Innenverhältnis von dieser Steuer freistellt. Vor der Ausübung des Widerrufsrechts hat der Schenker den Beschenkten schriftlich über die Absicht des Widerrufs zu informieren und unter Fristsetzung („Ankündigungsfrist“) zur Erklärung auffordern, ob der Beschenkte bereit ist, diese Schenkungsteuer zu tragen und den Schenker insoweit im Innenverhältnis freizustellen; die Ankündigungsfrist muss mindestens einen Monat betragen.

(5) Der Widerruf kann nur binnen einer Frist von sechs Monaten, nachdem der Schenker von dem Widerrufsgrund Kenntnis erlangt hat, ausgeübt werden und hat durch eingeschriebenen Brief zu erfolgen. Im Falle eines Widerrufs nach Abs. 2 Buchst. k) ist für den Fristbeginn der Sechs-Monats-Frist die Bestandskraft sämtlicher Steuerbescheide maßgebend. Das Recht, schon vor Bestandskraft des Steuerbescheids den Widerruf zu erklären, bleibt hiervon jedoch unberührt. Sobald der erste, auch nur vorläufige oder unter Vorbehalt der Nachprüfung stehende Steuerbescheid dem Beschenkten oder dem Schenker zugegangen ist, kann der Widerruf erklärt werden.

(6) Nutzungen, die der Beschenkte vor dem Rückfall des Schenkungsgegenstandes gezogen hat, verbleiben ihm. Seine Aufwendungen im Zusammenhang mit dem Schenkungsgegenstand sind ihm nicht zu erstatten. Sämtliche Kosten und etwaige Steuern, die bei dem Beschenkten durch den Rückfall oder die Rückübertragung der geschenkten Beteiligung anfallen, trägt der Schenker.

(7) Unabhängig davon, ob ein dinglicher Rückfall stattfindet oder ein Rückübertragungsanspruch besteht, verpflichtet sich der Beschenkte, die geschenkte Beteiligung unverzüglich nach Ausübung des Widerrufsrechts oder Eintritt einer Bedingung nach Abs. 1 abzutreten und alle Erklärungen abzugeben, die für die Rückabtretung und die Umsetzung des Rückfalls des Schenkungsgegenstandes erforderlich sind. Hierzu erteilt der Beschenkte dem Schenker bereits heute Vollmacht unter Befreiung von den Beschränkungen des § 181 BGB. Die vorstehende Verpflichtung und die vorstehende Vollmacht erstrecken sich auch auf etwaige Surrogate des Schenkungsgegenstandes.

(8) Das sich aus vorstehenden Regelungen ergebende Recht des Schenkers, die Schenkung zu widerrufen, ist höchstpersönlich und nicht vererblich.

§ 4 Versorgung[Rz. 24ff.]

(1) Der Beschenkte verpflichtet sich, dem Schenker auf Lebenszeit als wiederkehrende Bezüge monatlich einen Betrag in Höhe von € 5000,– zu bezahlen.

(2) Die Zahlung ist jeweils fällig am 1. eines Monats im Voraus, erstmals für den auf die Anteilsübertragung nach § 2 Abs. 1 folgenden Monat.

(3) Bei den von dem Beschenkten zu erbringenden Versorgungsleistungen handelt es sich um eine Leibrente; d.h. der monatliche Zahlbetrag ist fest vereinbart. Eine Anwendung von § 323 ZPO wird ausgeschlossen.

(4) Der monatliche Zahlbetrag ist aber wertgesichert. Er erhöht oder vermindert sich in demselben prozentualen Verhältnis, in dem sich der vom statistischen Bun-

desamt festgestellte Verbraucherpreisindex für Deutschland gegenüber dem auf die Übertragung des Gesellschaftsanteils nach § 2 Abs. 1 folgenden Monat festgesetzten Index erhöht oder vermindert.

(5) Eine Anpassung der Leibrente erfolgt aber erst dann, wenn sich die Rente gegenüber dem Ausgangsbetrag, später gegenüber dem zuletzt maßgeblichen Betrag um mindestens 10 vH verändert hat. Die Erhöhung der monatlichen Leibrentenzahlung setzt ein schriftliches Verlangen des Berechtigten voraus; die Veränderung tritt dann für den Monat ein, der dem gestellten Verlangen folgt.

(6) Der Schenker verzichtet auf eine Sicherung der vorstehend vereinbarten Versorgungsleistungen.

(7) Nach dem Tod des Schenkers wird Rente durch eine Versorgungsrente zu Gunsten der Ehefrau [...] des Schenkers abgelöst. Aufschiebend bedingt auf sein Ableben wendet der Schenker der Ehefrau diese Rente zu. Die vorstehenden Vereinbarungen gelten auch für diese Rente. [...] erwirbt unmittelbar das Recht, die Leistung an sich von dem Beschenkten zu verlangen (Vertrag zu Gunsten Dritter). Ab dem Tod des Schenkers besteht die Verpflichtung der Beschenkten, es sei denn, die Ehefrau weist ihr Recht nach Bedingungseintritt entsprechend § 333 BGB zurück. Der Schenker behält sich vor, bis zum Eintritt der Bedingung die Zuwendung der Versorgungsrente zu widerrufen. Das Widerrufsrecht ist höchstpersönlich und nicht vererblich.

§ 5 Anrechnung, Ausgleichung

(1) Der Beschenkte hat sich die erhaltene Zuwendung auf einen etwaigen ihm durch den Tod des Schenkers entstehenden Pflichtteilsanspruch anrechnen zu lassen. Dies gilt jedoch nicht, soweit er auf Grund der Regelungen dieses Vertrages, insbesondere wegen Widerrufs der Schenkung nach § 3 die geschenkte Beteiligung noch vor Entstehung des Pflichtteilsanspruchs ganz oder teilweise wieder herauszugeben hat oder sie aufgrund einer auflösenden Bedingung der Abtretung an den Schenker zurückfallen. Nicht anrechnungspflichtig ist auch der zwischenzeitliche Nutzungsvorteil aus einem solchen rückgefallenen oder rück übertragenen Anteil.

(2) Der Beschenkte hat die geschenkte Beteiligung beim Tod des Schenkers nicht zur Ausgleichung (§§ 2050 ff. BGB) zu bringen.

§ 6 Kosten und Steuern

(1) Die Kosten des Vertrages sowie die Kosten seiner Durchführung übernimmt der Schenker.

(2) Eine zum Ansatz kommende Schenkungsteuer trägt der Schenker. Eine eventuell anfallende Nachsteuer gemäß § 13a Abs. 3, Abs. 6 ErbStG trägt ebenfalls der Schenker

(3) Der Beschenkte ist verpflichtet, auf Verlangen des Schenkers die Option zur sog. Vollverschonung gemäß § 13a Abs. 10 ErbStG zu erklären, soweit die Voraussetzungen hierfür erfüllt sind.

(4) Der Schenker hat Anspruch auf die Erstattungsbeträge, welche der Beschenkte, dessen Schenkungsteuer er übernommen hat, auf Grund von durch diesen Vertrag veranlassten Rückübertragungen oder aus sonstigen Gründen erhält.

(5) Der Beschenkte bevollmächtigt den Schenker unwiderruflich mit dem Recht, Untervollmacht zu erteilen, ihn gegenüber den zuständigen Finanzbehörden in jeder Weise bezüglich der Schenkungsteuer und anderen durch die Schenkung als solche verursachten Steuern sowie der Aufhebung der Steuerbescheide und der Geltendmachung der Erstattungsansprüche zu vertreten., wobei der Schenker den Beschenkten von sämtlichen hierdurch entstehenden Kosten freistellt. Der

Beschenkte ist auf Verlangen des Schenkers verpflichtet, eine entsprechende Vollmacht – mit dem Recht der Untervollmachterteilung – in gesonderter Urkunde zu erteilen und/oder vom Schenker benannten Steuerberatern/Wirtschaftsprüfern eine entsprechende Vollmacht zu erteilen.

§ 7 Salvatorische Klausel

Sollte eine Bestimmung dieses Vertrags aus irgendeinem Grund unwirksam oder anfechtbar sein oder werden, so soll hierdurch die Gültigkeit der übrigen Bestimmungen nicht berührt werden. Anstelle der unwirksamen Bestimmung soll eine angemessene Regelung gelten, die – soweit rechtlich möglich – dem entspricht, was die Vertragsschließenden gewollt haben. Entsprechendes gilt im Falle einer Regelungslücke.

.................................., den ....
[Ort, Datum]

... **...**
[Unterschrift A] ***[Unterschrift D]***

A. Grundsätzliche Anmerkungen

I. Wirtschaftliche Vertragsziele

Zu den wirtschaftlichen Vertragszielen einer Anteilsübertragung im Wege der vorweggenommenen Erbfolge vgl. zunächst Formular A. 2.21 und Erläuterungen in Rz. 1 ff. 1

Im hier vorausgesetzten Fall verbindet der Schenker die Übertragung der Gesellschaftsbeteiligung mit der Verpflichtung des Beschenkten, ihn und seine Ehefrau lebzeitig angemessen zu versorgen. Anders als bei der Vereinbarung eines Nießbrauchsrechts (vgl. Formular A. 2.22) hat die hier gewählte Gestaltung zum Ziel, dem Schenker und seiner Ehefrau eine vom wirtschaftlichen Erfolg des Unternehmens unabhängige Versorgung zu gewährleisten. Die Parteien vereinbaren insofern eine **Leibrente,** die den Beschenkten zu regelmäßigen (monatlichen) Zahlungen in gleichbleibender Höhe verpflichtet. Eine Abänderung der Zahlungsverpflichtung, etwa auf Grund eines geänderten Versorgungsbedürfnisses beim Schenker oder einer geänderten Ertragslage beim Beschenkten (§ 323 ZPO) wird ausdrücklich ausgeschlossen. 2

Alternativ käme die Vereinbarung einer **dauernden Last** in Betracht, die sich von der Leibrente dadurch unterscheidet, dass eine Anpassung der zunächst vereinbarten Versorgungsleistung, insbesondere anlässlich einer veränderten Ertragslage des Unternehmens, erfolgt. Wirtschaftlich nähert sich die dauernde Last daher der Vereinbarung eines Nießbrauchsrechts an. 3

II. Zivilrechtliche Aspekte

Zu den allgemeinen zivilrechtlichen Überlegungen einer Anteilsübertragung im Wege der vorweggenommenen Erbfolge vgl. zunächst Vertragsmuster A. 2.21, Rz. 7 ff. 4

Im zivilrechtlichen Sinne ist unter einer **Leibrente** „ein einheitliches nutzbares Recht zu verstehen, dass dem Berechtigten für die Lebenszeit eines Menschen eingeräumt ist und dessen Erträge aus fortlaufend wiederkehrenden gleichmäßigen Leistungen in Geld oder vertretbaren Sachen bestehen“.[1] 5

[1] St. Rspr. und hM, vgl. MüKoBGB/*Habersack* BGB § 759 Rz. 3 mwN.

6 Ein solches Leibrentenversprechen bedarf zu seiner Wirksamkeit der **Schriftform** (§ 761 BGB).

III. Steuerrechtliche Aspekte

1. Einkommensteuer

7 Bei der Vermögensübertragung gegen Versorgungsleistungen handelt es sich um ein in der Literatur und insbesondere in der finanzgerichtlichen Rechtsprechung entwickeltes **Rechtsinstitut zur Gestaltung der vorweggenommenen Erbfolge unter nahen Angehörigen.** Mit dem Jahressteuergesetz 2008[2] ist der Anwendungsbereich der Vermögensübertragung gegen Versorgungsleistungen ab dem 1.1.2008 nachhaltig eingeschränkt worden. Gegenstand der gesetzgeberischen Tätigkeit war eine **Neufassung von § 10 Abs. 1 Nr. 1a EStG.** Die Finanzverwaltung hat sich hierzu in ihrem sog. **vierten Rentenerlass** ausführlich geäußert.[3]

8 Maßgeblich für das Institut der Vermögensübertragung gegen Versorgungsleistungen ist eine Vermögensübertragung unter Lebenden mit Rücksicht auf die künftige Erbfolge, wobei sich der Übertragende typischerweise durch entsprechende Versorgungsleistungen zumindest einen Teil der Vermögenserträge vorbehält.[4] Dies rechtfertigt auch verfassungsrechtlich[5] eine von den sonstigen ertragsteuerlichen Grundsätzen abweichende Behandlung.

9 Kennzeichnend für die ertragsteuerliche Behandlung der Vermögensübertragung gegen Versorgungsleistungen ist der Umstand, dass beim Übertragenden **kein Veräußerungsgewinn** und beim Übernehmer **keine Anschaffungskosten** entstehen, obwohl Leistung und Gegenleistung die Annahme eines entgeltlichen Rechtsgeschäfts nahelegen würden.[6] Der Übernehmer des Vermögens kann die von ihm erbrachten Versorgungsleistungen als **Sonderausgaben** nach § 10 Abs. 1 Nr. 1a EStG vollständig abziehen. Der Empfänger der Versorgungsleistungen hat diese nach § 22 Nr. 1b EStG dementsprechend zu versteuern. Die frühere Unterscheidung zwischen dauernder Last und Leibrente ist durch das Jahressteuergesetz 2008 (s. Rz. 7) aufgegeben worden.

10 Nach § 10 Abs. 1 Nr. 1a EStG, Rechtsprechung und Finanzverwaltung bestehen verschiedene **Voraussetzungen** für die Annahme einer („ertragsteuerlichen") Vermögensübertragung gegen Versorgungsleistungen: Es muss eine ausreichend ertragsbringende begünstigte Wirtschaftseinheit (Rz. 11ff.) auf einen zum Generationennachfolge-Verbund gehörenden unbeschränkt steuerpflichtigen Empfänger (Rz. 17ff.) übertragen werden.

11 Gegenstand der Vermögensübergabe kann nur eine **existenzsichernde und ertragbringende Wirtschaftseinheit** sein, deren Erträge nach überschlägiger Berechnung ausreichen, um die vereinbarten Versorgungsleistungen zu erbringen.[7] Wird keine ausreichend ertragbringende Wirtschaftseinheit übertragen und beträgt der Wert der Gegenleistung, d.h. des übergehenden Vermögens, bei überschlägiger oder großzügiger Berechnung weniger als die Hälfte des Wertes der wiederkehrenden Leistungen, so sind die wiederkehrenden Leistungen als Unterhaltszahlungen zu qualifizieren, die nach § 12 Nr. 2 EStG steuerlich unbeachtlich sind.[8] Die Grundsätze der Vermögensübergabe gegen Versorgungsleistungen greifen auch nicht ein, wenn die Parteien eine Zeitrente vereinbaren, die nicht nach der Lebenszeit des Berechtigten, sondern

[2] BGBl. 2007 I 3150.
[3] BMF v. 11.3.2010, BStBl. I 2010, 227.
[4] BFH GrS v. 5.7.1990 – GrS 4–6/89, BStBl. II 1990, 847; BFH GrS v. 15.7.1991 – GrS 1/90, BStBl. II 1992, 78.
[5] BVerfG v. 17.12.1992 – 1 BvR 4/87, FR 1993, 157.
[6] BFH GrS v. 5.7.1990 – GrS 4–6/89, BStBl. II 1990, 847.
[7] BFH GrS v. 12.5.2003 – GrS 1/00, BStBl. II 2004, 95; BMF v. 11.3.2010, BStBl. I 2010, 227, Tz. 26ff.
[8] BMF v. 11.3.2010, BStBl. I 2010, 227, Tz. 66.

nach Jahren bemessen ist,[9] oder auf die Lebenszeit des Vermögensübergebers, jedoch mindestens für eine bestimmte Laufzeit (sog. Mindestzeitrenten) zu erbringen sind.[10]

Die **übertragbaren Vermögensklassen** sind mit dem Jahressteuergesetz 2008 (s. Rz. 7) deutlich eingeschränkt worden. Unter § 10 Abs. 1 Nr. 1a EStG fallen nur noch 12

- Versorgungsleistungen im Zusammenhang mit der Übertragung eines Mitunternehmeranteils an einer Personengesellschaft, soweit diese eine land- und forstwirtschaftliche, eine originär gewerbliche oder eine freiberufliche Tätigkeit entfaltet.
- Versorgungsleistungen im Zusammenhang mit der Übertragung eines Betriebs oder Teilbetriebs (gewerblich, land- und forstwirtschaftlich, freiberuflich).
- Versorgungsleistungen im Zusammenhang mit der Übertragung eines mindestens 50%-igen Anteils an einer GmbH. Voraussetzung ist hierbei jedoch, dass der Übergeber bisher als Geschäftsführer tätig war und der Übernehmer diese Tätigkeit nach der Übertragung des Anteils übernimmt.

Zu den **Mitunternehmeranteilen** an einer Personengesellschaft zählen nach Auffassung der Finanzverwaltung neben Anteilen an OHG, KG, GbR und atypischer stiller Gesellschaft auch solche an einer Erben- oder Gütergemeinschaft.[11] Partnerschaftsgesellschaften oder Personengesellschaften ausländischen Rechts müssten ebenfalls umfasst sein.[12] 13

Auch die Übertragung von **Teil-Mitunternehmeranteilen** ist begünstigt. Sonderbetriebsvermögen muss zugleich übertragen werden, bei Teilanteilsübertragungen quotal. Begünstigt ist auch die Übertragung von Mitunternehmeranteilen an einer gewerblich infizierten Personengesellschaft iSd. § 15 Abs. 3 Nr. 1, 1. Alt. EStG (nicht auch: Alt. 2, gewerblich geprägte Personengesellschaft).[13] 14

Problematisch ist die Beschränkung bei Anteilen an Kapitalgesellschaften auf **Geschäftsanteile an einer GmbH.** Die Finanzverwaltung begünstigt nach dem vierten Rentenerlass (Rz. 7) zwar auch die Übertragung von Anteilen an einer Unternehmergesellschaft (§ 5a GmbHG) oder an einer der GmbH vergleichbaren Gesellschaftsform eines anderen EU- oder EWR-Staates, andere Kapitalgesellschaften, insbesondere die AG, sollen danach jedoch außen vor bleiben.[14] In der Literatur wird vorgeschlagen, im Wege verfassungskonformer Auslegung die Übertragung 50%-iger Anteile an anderen Kapitalgesellschaften ebenso als Fall des § 10 Abs. 1 Nr. 1a EStG zu behandeln.[15] 15

Nicht (mehr) übergabefähig im Rahmen einer Vermögensübertragung gegen Versorgungsleistungen ist (entgegen dem früheren Recht) die Übertragung von **Privatvermögen,** insbesondere in Form von Grundvermögen, Kapitalvermögen, Anteilen an GmbH unterhalb der 50 vH-Grenze und Anteilen an Kapitalgesellschaften, die nicht in der Rechtsform der (deutschen oder ausländischen) GmbH organisiert sind. 16

Der Empfänger muss dem **Generationennachfolge-Verbund** zuzuordnen sein.[16] Hierzu gehören der Übertragende, sein Ehegatte, sein eingetragener Lebenspartner und seine gesetzlichen gesetzlich erb- und pflichtteilsberechtigten Abkömmlinge sowie die Eltern des Übergebers, wenn der Übergeber das übergebende Vermögen seinerseits von den Eltern im Wege der Vermögensübertragung im Zusammenhang mit Versorgungsleistungen erhalten hat.[17] 17

---

9 *Schmidt/Schwind* NWB F. 3, 14887.
10 BFH v. 21.10.1999 – X R 75/97, BStBl. II 2002, 650; BMF v. 11.3.2010, BStBl. I 2010, 227, Tz. 56.
11 BMF v. 11.3.2010, BStBl. I 2010, 227, Tz. 8.
12 Vgl. *Korn* KÖSDI 2010, 16920, 19624.
13 BMF v. 11.3.2010, BStBl. I 2010, 227, Tz. 9.
14 BMF v. 11.3.2010, BStBl. I 2010, 227, Tz. 15.
15 *Wälzholz* DStR 2008, 273; vgl. auch Schmidt/*Wacker* EStG § 10 Rz. 61.
16 BMF v. 11.3.2010, BStBl. I 2010, 227, Tz. 50.
17 Schmidt/*Wacker* EStG § 10 Rz. 57.

18 Der Empfänger muss zudem in Deutschland unbeschränkt steuerpflichtig sein oder seinen Wohnsitz in einem EU/EWR-Staat (Fälle des § 1a Abs. 1 Nr. 1a EStG)[18] haben.

19 Wird das übertragene Vermögen nachträglich von dem Übernehmer auf einen Dritten übertragen, so endet der sachliche Zusammenhang der Versorgungsleistungen mit der Vermögensübergabe und die Versorgungsleistungen können nicht mehr nach § 10 Abs. 1 Nr. 1a EStG abgezogen werden. Überträgt der Übernehmer jedoch das übernommene Vermögen im Wege der vorweggenommenen Erbfolge, endet der sachliche Zusammenhang nicht.[19]

2. Schenkungsteuer

20 Die Vermögensübergabe gegen Versorgungsleistung ist als **Schenkung unter Leistungsauflage** zu qualifizieren.[20]

21 Die für die Ermittlung der Schenkungssteuer maßgebliche **schenkungsteuerliche Bereicherung** ergibt sich auf der Differenz zwischen dem Verkehrswert der Leistung und dem Verkehrswert der Gegenleistung des Beschenkten. Der Kapitalwert der lebenslangen Rente ermittelt sich unter Zugrundelegung des Jahreswertes und eines laufzeit- bzw. altersabhängigen Multiplikators (§ 14 BewG). Bei kurzer Nießbrauchsdauer ist die Korrekturvorschrift des § 14 Abs. 2 BewG zu beachten.

22 Wenn schenkungsteuerlich begünstigtes Vermögen übertragen wird, ist die **Abzugsbeschränkung des § 10 Abs. 6 Satz 4, 5 ErbStG** zu beachten. Die Rentenlast ist nicht abzugsfähig, soweit sie im Zusammenhang mit schenkungsteuerlich begünstigtem Vermögen steht, insbesondere bei Eingreifen der Verschonungsregelungen für unternehmerisches Vermögen (vgl. A. 2.21 Rz. 16 ff.).

B. Einzelerläuterungen

23 Zu den einzelnen vertraglichen Regelungen bei der Anteilsübertragung vgl. zunächst A. 2.21 Rz. 29 ff.

Zu § 4: Versorgung

24 Gegenstand der vertraglichen Vereinbarung ist hier eine **Leibrente** (§ 759 BGB), deren Leistungen stets in gleichmäßiger Höhe wiederkehren. Im Vertrag sollten insbesondere der Zahlbetrag, die Häufigkeit der Zahlung (wöchentlich, monatlich, jährlich) und die Fälligkeit der jeweiligen Leistungen bestimmt werden.

25 Der **Ausschluss der Abänderbarkeit** kommt durch einen ausdrücklichen Ausschluss der Anwendung von § 323 ZPO zum Ausdruck.

26 Die feste Vereinbarung eines wiederkehrenden Zahlbetrags im Sinne einer Leibrente hindert die Vereinbarung einer **Wertsicherungsklausel,** insbesondere die Anpassung an den jeweiligen Preisindex der Lebenshaltung, nicht.[21] Tatsächlich ist die Vereinbarung einer Wertsicherungsklausel in aller Regel sinnvoll, damit die den Lebensunterhalt des Berechtigten sichernde Leistungsverpflichtung wertbeständig bleibt. Regelmäßig erfolgt die Wertsicherung durch Koppelung an einen amtlichen Preisindex, im Vertragsmuster an den vom statistischen Bundesamt für Deutschland festgestellten Verbraucherpreisindex.[22]

---

[18] BMF v. 11.3.2010, BStBl. I 2010, 227, Tz. 53.
[19] BMF v. 11.3.2010, BStBl. I 2010, 227, Tz. 37 ff.
[20] BFH v. 5.4.1989 – II R 45/86, BFH/NV 1990, 506.
[21] BFH GrS v. 15.7.1991 – GrS 1/90, NJW 1992, 710, 711.
[22] Abrufbar unter: www.destatis.de.

Die **Zulässigkeit von Wertsicherungsklauseln** richtet sich nach dem Preisklauselgesetz, das die vormals insoweit bestehende Genehmigungspflicht beseitigt hat.[23] Grundsätzlich geht § 1 PreisklauselG weiter von einem Verbot von Wertsicherungsklauseln aus, das aber durch praxisrelevante Ausnahmen durchbrochen wird (§§ 2, 3 PreisklauselG). Danach sind etwa Preisklauseln über wiederkehrende Zahlungen zulässig, wenn diese auf Lebenszeit des Gläubigers zu erbringen sind (§ 2 Abs. 1 Nr. 1 iVm. § 3 Abs. 1 Nr. 1a PreisklauselG). 27

Um nicht ständig die korrekte Höhe der Versorgungsleistung errechnen zu müssen, sieht das Vertragsmuster eine 10%-Hürde für eine Anpassung der Leibrente vor. 28

Im Vertragsmuster verzichten die Beteiligten auf die Vereinbarung einer Sicherheit für die vom Übernehmer zu erbringenden Versorgungsleistungen. In Betracht kommt hierbei insbesondere die Vereinbarung einer **Reallast** zu Lasten einer im Eigentum des Übernehmers stehenden Immobilie.[24] 29

Zur **Absicherung des Ehepartners** wendet der Schenker diesem eine entsprechende Rente für den Fall zu, dass er vor seinem Ehepartner verstirbt. Die zur Rente des Schenkers getroffenen Regelungen gelten hierfür nach dem Vertragsmuster entsprechend. Es sind auch abweichende Bestimmungen denkbar. Die Zuwendung der Rente an den länger lebenden Ehegatten löst eine entsprechende Schenkungsteuerpflicht aus. Nach dem Vertragsmuster kann aber eine Zurückweisung der Zuwendung erfolgen (§ 333 BGB), was keinen schenkungsteuerlichen Verzicht darstellt, so dass Schenkungsteuerfolgen vermieden werden können, insbesondere wenn der Ehepartner nach den dann gegebenen Verhältnissen der Rente zur Absicherung seiner Altersversorgung nicht bedarf. 30

A. 2.24 Schenkweise Übertragung einer mitunternehmerischen OHG-Beteiligung unter Rückbehalt von Einzelwirtschaftsgütern des Sonderbetriebsvermögens

Gliederung

Schenkungsvertrag

A. 2.24

zwischen

1. Herrn A, geboren am [...], wohnhaft [...],

„Schenker“

und

2. Herrn D, geboren am [...], wohnhaft [...],

„Beschenkter“.

Vorbemerkung

Der Schenker ist an der unter HRA [...] beim Amtsgericht [...] eingetragenen „ABC-OHG“ mit dem Sitz in [...] (im Folgenden: „OHG“) beteiligt. Sein Kapitalanteil beträgt € 4000,– das entspricht einer Beteiligungsquote von 40 vH.

---

[23] *Reul* MitBayNot 2007, 445.
[24] Vgl. *Oppermann* RNotZ 2004, 32.

Im Übrigen stellen sich die Beteiligungsverhältnisse wie folgt dar:
A € 4000,–, entspricht 40 vH
B € 3000,–, entspricht 30 vH
C € 3000,–, entspricht 30 vH.
Die für A bei der OHG geführten Konten weisen zum letzten Bilanzstichtag folgende Salden aus:

Kapitalkonto I	€ 4000,–
Kapitalkonto II	€ 76000,–
Privatkonto/Darlehenskonto	€ 160000,–

Es gilt der Gesellschaftsvertrag in der Fassung vom [...]. Danach kann der Schenker frei über seinen Gesellschaftsbeteiligung verfügen.
Der Schenker ist außerdem Eigentümer des im Grundbuch von [...], Flur [...], Flurstück [...], eingetragenen Grundbesitzes. Die ABC-OHG nutzt das Grundstück als Betriebsgrundstück; es wird deshalb von A im Sonderbetriebsvermögen gehalten.
Der Schenker ist der Vater des Beschenkten. Der Schenker beabsichtigt, seinen Sohn im Wege vorweggenommener Erbfolge an der ABC-OHG zu beteiligen und ihm deshalb einen Teil seiner Gesellschaftsbeteiligung schenkweise zu übertragen. Dabei sollen die ihm zustehende Darlehensforderung gegen die ABC-OHG (Privatkonto/Darlehenskonto) sowie das vorbezeichnete Grundstück nicht mitübertragen werden.

§ 1 Schenkung und Abtretung der OHG-Beteiligung[Rz. 18]

(1) Der Schenker schenkt hiermit zu dem in § 2 bestimmten Stichtag im Wege vorweggenommener Erbfolge dem Beschenkten eine Beteiligung an der OHG von 10 vH, somit einen Kapitalanteil (Kapitalkonto I) von € 1000,–, sowie jeweils einen entsprechenden Anteil an den sonstigen für ihn bei der OHG geführten Gesellschafterkonten. Nicht von der Schenkung umfasst ist aber das für den Schenker bei der Gesellschaft geführte Darlehenskonto. Dieses soll auch weiterhin für den Schenker geführt werden.
(2) In Vollzug des vorstehenden Schenkungsversprechens tritt der Schenker im Wege der Sonderrechtsnachfolge die OHG-Beteiligung einschließlich entsprechender Anteile an den für den Schenker bei der OHG geführten und mitgeschenkten Gesellschafterkonten zu dem in § 2 festgelegten Stichtag an den Beschenkten ab. Nicht mitabgetreten wird das für den Schenker geführte Darlehenskonto, welche weiterhin im vollen Umfang beim Schenker verbleibt.
(3) Der Beschenkte nimmt die Schenkung und Abtretung seines Vaters dankend an.
(4) Nach der Abtretung stellen sich die Beteiligungsverhältnisse an der OHG wie folgt dar:
A € 3000,–, entspricht 30 vH
B € 3000,–, entspricht 30 vH
C € 3000,–, entspricht 30 vH
D € 1000,–, entspricht 10 vH.
(5) Die Umbuchung des Kapitalkontos I sowie der übrigen mitgeschenkten und mitabgetretenen Konten ist vorzunehmen. Der Beschenkte ist als neuer Gesellschafter der OHG ins Handelsregister einzutragen

§ 2 Stichtag und Gewährleistung

(1) Die Schenkung und Abtretung der in § 1 bezeichneten OHG-Beteiligung erfolgt mit sofortiger Wirkung.
(2) Wirtschaftlich und steuerlich erfolgt die Schenkung und Abtretung ebenfalls mit sofortiger Wirkung. Zu diesem Stichtag gehen Gefahr, Nutzungen und Lasten der verschenkten OHG-Beteiligung auf den Beschenkten über. Der Anteil am Jahresergebnis des laufenden Geschäftsjahres der Gesellschaft, der auf die verschenk-

te OHG-Beteiligung entfällt, wird zeitanteilig auf den Stichtag (auf der Basis von 365 Tagen im Kalenderjahr) abgegrenzt. § 101 Nr. 2 Hs. 2 BGB ist abbedungen.

(3) Für die Sorgfaltspflichten sowie für die Haftung aufgrund von Sach- und Rechtsmängeln gelten die §§ 521 bis 524 BGB, jedoch mit der Maßgabe, dass der Schenker jeweils nur Vorsatz zu vertreten hat.

§ 3 Auflösende Bedingung und Widerrufsvorbehalte

(1) Vorstehende Schenkung fällt weg und die Abtretung verliert ihre Wirkung, wenn zu Lebzeiten des Schenkers über das Vermögen des Beschenkten das Insolvenzverfahren eröffnet oder die Eröffnung mangels Masse abgelehnt wird (auflösende Bedingung).

(2) Der Schenker behält sich neben den gesetzlichen Widerrufsgründen das Recht vor, die Schenkung gegenüber dem Beschenkten ganz oder teilweise widerrufen, wenn

a) der Beschenkte vor dem Schenker stirbt.

b) auf Grund eines nicht nur vorläufig vollstreckbaren, vorbehaltlosen, zur Befriedigung berechtigenden Titels Zwangsvollstreckungsmaßnahmen in die geschenkte Beteiligung eingeleitet und nicht binnen drei Monaten nach Einleitung wieder aufgehoben werden.

c) der Beschenkte geschäftsunfähig oder für ihn ein Betreuer gem. § 1896 BGB bestellt wird.

d) der Beschenkte innerhalb der nächsten [...] Jahre ohne schriftliche Zustimmung des Schenkers über den erworbenen Schenkungsgegenstand oder Teile davon durch Belastung oder durch Veräußerung verfügt oder diese in ein eheliches Gesamtgut gelangen lässt oder entsprechende Maßnahmen einzuleiten beginnt.

e) in der Person des Beschenkten ein Umstand eintritt, der die Schenkerin zur Entziehung des Pflichtteils berechtigen würde.

f) die Scheidung einer von dem Beschenkten eingegangenen Ehe beantragt ist, es sei denn, der Beschenkte weist innerhalb von drei Monaten nach, dass im Rahmen der Scheidung kein Zugewinnausgleich stattzufinden hat oder der Schenkungsgegenstand nicht Teil der Berechnung des Zugewinns ist und sein wird. Das Widerrufsrecht besteht auch, wenn sich der erbrachte Nachweis später als falsch herausstellt.

g) der Beschenkte heiratet, ohne mit seinem Ehegatten zuvor einen Ehe- und Pflichtteilsverzichtsvertrag geschlossen zu haben, nach dem sämtliches Vermögen, welches ein Ehepartner geschenkt erhalten oder geerbt hat, vom Zugewinnausgleich ausgenommen und auch bei der Berechnung des Pflichtteils unberücksichtigt bleibt. Das Recht zum Widerruf entfällt, wenn der Beschenkte vor Ausübung des Widerrufsrechts mit seinem Ehepartner einen solchen Vertrag schließt und dem Widerrufsberechtigten zur Kenntnis bringt. Der Weigerung zum Abschluss des Vertrages steht die Aufhebung eines solchen Vertrages gleich.

Die unter Buchst. e) bis g) vereinbarten Widerrufsgründe gelten entsprechend bei Begründung eines ausländischen Güterstandes und für ausländische Pflichtteils- oder Noterberechte sowie bei Begründung einer Lebenspartnerschaft nach dem Lebenspartnerschaftsgesetz oder einer entsprechenden Regelung ausländischen Rechts.

h) der Beschenkte einer Organisation beitritt oder eine Organisation finanziell unterstützt, bei der es sich handelt um (i) eine Sekte (zB Scientology Church) oder eine ähnlich organisierte oder operierende Religions-, Glaubens- oder Weltanschauungsgemeinschaft, insbesondere eine Sekte, die im Sektenbe-

richt des Bundestages genannt ist, (ii) eine terroristische Vereinigung oder um eine andere Organisation, die unter Beobachtung des Verfassungsschutzes steht oder (iii) eine als jugend- oder allgemeingefährdend oder kriminell anzusehende Organisation.

i) der Beschenkte nicht innerhalb einer Frist von drei Monaten seit Aufforderung durch den Schenker diesem durch Vorlage einer ärztlichen Bescheinigung nachweist, dass er weder drogen- noch alkoholabhängig ist. Die Bescheinigung ist durch einen in Deutschland anerkannten und kassenärztlich zugelassenen Arzt auszustellen; die Wahl des Arztes liegt im Übrigen im freien Ermessen des Beschenkten. Drogenabhängigkeit im Sinne dieses Vertrages liegt auch vor, wenn der Beschenkte entweder wegen einer Straftat nach dem Betäubungsmittelgesetz (BtMG) rechtskräftig verurteilt wird oder wenn der mehrmalige Konsum von Betäubungsmitteln im Sinne des BtMG nach seiner jeweils gültigen Fassung (§ 1 Abs. 1 BtMG nebst Anlagen) nachgewiesen ist. In diesen Fällen besteht das Widerrufsrecht, ohne dass eine Aufforderung zur Vorlage einer ärztlichen Bescheinigung erforderlich ist.

j) der Beschenkte nicht innerhalb einer Frist von drei Monaten seit Aufforderung durch die Schenkerin dieser durch Vorlage einer ärztlichen Bescheinigung nachweist, dass er nicht unter Spielsucht (pathologisches/zwanghaftes Spielen) leidet. Vorstehend Buchst. i) Satz 2 gilt entsprechend.

k) für die Schenkung von den Steuer- und Finanzbehörden im Rahmen der Steuerveranlagung Schenkungsteuer von mehr als € [...],– festgesetzt wird. Gleiches gilt bei der nachträglichen Festsetzung von Schenkungsteuer von insgesamt mehr als € [...],–, etwa wegen eines Verstoßes gegen die Lohnsummenkontrolle im Sinne von § 13a Abs. 3 ErbStG oder der Verwirklichung eines Nachsteuertatbestandes im Sinne des § 13a Abs. 6 ErbStG.

l) in der Bundesrepublik Deutschland zu irgendeinem Zeitpunkt bis zum Ablauf von sieben Jahren ab dem Übertragungsstichtag nach § 2 Abs. 1 eine Rechtslage eintritt, nach welcher keine Erbschaft- und Schenkungsteuer erhoben wird.

(3) Mit Eintritt der auflösenden Bedingung nach Abs. 1 oder nach Ausübung des Widerrufsrechts nach Abs. 2 geht die übertragene Beteiligung – im Falle der Ausübung des Widerrufsrechts im Umfang des Widerrufs – samt den Guthaben auf den bei der OHG geführten Gesellschafterkonten sowie etwaige Surrogate unentgeltlich auf den Schenker mit dinglicher Wirkung über. Die Ausübung des Widerrufsrechts ist auflösende Bedingung für die schuldrechtliche Schenkung und ihren dinglichen Vollzug. Sofern ein dinglicher Rückfall des Schenkungsgegenstandes oder der Surrogate nicht möglich ist, entsteht mit Bedingungseintritt ein schuldrechtlicher Rückforderungs- oder Wertersatzanspruch.

(4) Das Widerrufsrecht des Schenkers nach Abs. 2 Buchst. k) ist ausgeschlossen, sofern sich der Beschenkte zur Übernahme der Schenkungsteuer verpflichtet, die nach der unter § 5 Abs. 2 getroffenen Vereinbarung vom Schenker zutragen ist, und den Schenker im Innenverhältnis von dieser Steuer freistellt. Vor der Ausübung des Widerrufsrechts hat der Schenker den Beschenkten schriftlich über die Absicht des Widerrufs zu informieren und unter Fristsetzung („Ankündigungsfrist") zur Erklärung auffordern, ob der Beschenkte bereit ist, diese Schenkungsteuer zu tragen und den Schenker insoweit im Innenverhältnis freizustellen; die Ankündigungsfrist muss mindestens einen Monat betragen.

(5) Der Widerruf kann nur binnen einer Frist von sechs Monaten, nachdem der Schenker von dem Widerrufsgrund Kenntnis erlangt hat, ausgeübt werden und hat durch eingeschriebenen Brief zu erfolgen. Im Falle eines Widerrufs nach Abs. 2 Buchst. k) ist für den Fristbeginn der Sechs-Monats-Frist die Bestandskraft sämtlicher Steuerbescheide maßgebend. Das Recht, schon vor Bestands-

kraft des Steuerbescheids den Widerruf zu erklären, bleibt hiervon jedoch unberührt. Sobald der erste, auch nur vorläufige oder unter Vorbehalt der Nachprüfung stehende Steuerbescheid dem Beschenkten oder dem Schenker zugegangen ist, kann der Widerruf erklärt werden.

(6) Nutzungen, die der Beschenkte vor dem Rückfall des Schenkungsgegenstandes gezogen hat, verbleiben ihm. Seine Aufwendungen im Zusammenhang mit dem Schenkungsgegenstand sind ihm nicht zu erstatten. Sämtliche Kosten und etwaige Steuern, die bei dem Beschenkten durch den Rückfall oder die Rückübertragung der geschenkten Beteiligung anfallen, trägt der Schenker.

(7) Unabhängig davon, ob ein dinglicher Rückfall stattfindet oder ein Rückübertragungsanspruch besteht, verpflichtet sich der Beschenkte, die geschenkte Beteiligung unverzüglich nach Ausübung des Widerrufsrechts oder Eintritt einer Bedingung nach Abs. 1 abzutreten und alle Erklärungen abzugeben, die für die Rückabtretung und die Umsetzung des Rückfalls des Schenkungsgegenstandes erforderlich sind. Hierzu erteilt der Beschenkte dem Schenker bereits heute Vollmacht unter Befreiung von den Beschränkungen des § 181 BGB. Die vorstehende Verpflichtung und die vorstehende Vollmacht erstrecken sich auch auf etwaige Surrogate des Schenkungsgegenstandes.

(8) Das sich aus vorstehenden Regelungen ergebende Recht des Schenkers, die Schenkung zu widerrufen, ist höchstpersönlich und nicht vererblich.

§ 4 Anrechnung, Ausgleichung

(1) Der Beschenkte hat sich die erhaltene Zuwendung auf einen etwaigen ihm durch den Tod des Schenkers entstehenden Pflichtteilsanspruch anrechnen zu lassen. Dies gilt jedoch nicht, soweit er auf Grund der Regelungen dieses Vertrages, insbesondere wegen Widerrufs der Schenkung nach § 3 die geschenkte Beteiligung noch vor Entstehung des Pflichtteilsanspruchs ganz oder teilweise wieder herauszugeben hat oder sie aufgrund einer auflösenden Bedingung der Abtretung an den Schenker zurückfallen. Nicht anrechnungspflichtig ist auch der zwischenzeitliche Nutzungsvorteil aus einem solchen rückgefallenen oder rück übertragenen Anteil.

(2) Der Beschenkte hat die geschenkte Beteiligung beim Tod des Schenkers nicht zur Ausgleichung (§§ 2050 ff. BGB) zu bringen.

§ 5 Kosten und Steuern

(1) Die Kosten des Vertrages sowie die Kosten seiner Durchführung übernimmt der Schenker.

(2) Eine zum Ansatz kommende Schenkungsteuer trägt der Schenker. Eine eventuell anfallende Nachsteuer gemäß § 13a Abs. 3, Abs. 6 ErbStG trägt ebenfalls der Schenker

(3) Der Beschenkte ist verpflichtet, auf Verlangen des Schenkers die Option zur sog. Vollverschonung gemäß § 13a Abs. 10 ErbStG zu erklären, soweit die Voraussetzungen hierfür erfüllt sind.

(4) Der Schenker hat Anspruch auf die Erstattungsbeträge, welche der Beschenkte, dessen Schenkungsteuer er übernommen hat, auf Grund von durch diesen Vertrag veranlassten Rückübertragungen oder aus sonstigen Gründen erhält.

(5) Der Beschenkte bevollmächtigt den Schenker unwiderruflich mit dem Recht, Untervollmacht zu erteilen, ihn gegenüber den zuständigen Finanzbehörden in jeder Weise bezüglich der Schenkungsteuer und anderen durch die Schenkung als solche verursachten Steuern sowie der Aufhebung der Steuerbescheide und der Geltendmachung der Erstattungsansprüche zu vertreten., wobei der Schenker den Beschenkten von sämtlichen hierdurch entstehenden Kosten freistellt. Der

Beschenkte ist auf Verlangen des Schenkers verpflichtet, eine entsprechende Vollmacht – mit dem Recht der Untervollmachterteilung – in gesonderter Urkunde zu erteilen und/oder vom Schenker benannten Steuerberatern/Wirtschaftsprüfern eine entsprechende Vollmacht zu erteilen.

§ 6 Salvatorische Klausel

Sollte eine Bestimmung dieses Vertrags aus irgendeinem Grund unwirksam oder anfechtbar sein oder werden, so soll hierdurch die Gültigkeit der übrigen Bestimmungen nicht berührt werden. Anstelle der unwirksamen Bestimmung soll eine angemessene Regelung gelten, die – soweit rechtlich möglich – dem entspricht, was die Vertragsschließenden gewollt haben. Entsprechendes gilt im Falle einer Regelungslücke

.... den ....
[Ort, Datum]

...	**...**
[Unterschrift A]	***[Unterschrift D]***

A. Grundsätzliche Anmerkungen

I. Wirtschaftliche Vertragsziele

1 Zu den wirtschaftlichen Vertragszielen bei der Anteilsübertragung vgl. zunächst Formular A. 2.21.

2 Im hier zu Grunde liegenden Sachverhalt beabsichtigt der Schenker, Gegenstände des steuerlichen Sonderbetriebsvermögens nicht (quotal) mit zu übertragen, sondern für sich zurückzubehalten. Hintergrund hierfür kann das Interesse des Schenkers sein, über diese Vermögensgegenstände auch weiterhin **Einfluss auf unternehmerische Entscheidungen der Gesellschaft** auszuüben. In aller Regel sollen hierdurch aber weiterhin entsprechende **Einkünfte des Schenkers,** etwa vereinbarte Mietzahlungen der Gesellschaft für ein zur Nutzung überlassenes Grundstück, dauerhaft sichergestellt werden.

II. Zivilrechtliche Aspekte

3 Zu allgemeinen zivilrechtlichen Überlegungen bei der Anteilsübertragung vgl. zunächst Formular A. 2.21.

4 Zivilrechtlich birgt die Zurückbehaltung von Einzelwirtschaftsgütern des Sonderbetriebsvermögens keine Besonderheiten. Auch in diesem Fall ist Gegenstand der Schenkung und Übertragung der (Teil-)Gesellschaftsanteil des Schenkers an der Gesellschaft. Zivilrechtlich ist hiervon sein Eigentum an Gegenständen des (steuerlichen) Sonderbetriebsvermögens, etwa sein Eigentum am **Betriebsgrundstück,** zu trennen, so dass auch ohne jede Erwähnung im Schenkungsvertrag nicht von einer Übertragung des Grundstücks ausgegangen werden kann. Eine solche wäre im vorliegenden Fall mangels notarieller Beurkundung des Vertrags auch unwirksam.

5 Grundsätzlich gilt das auch für die **Darlehensforderung** des Gesellschafters gegenüber „seiner" Gesellschaft. Zivilrechtlich ist diese Forderung von der eigentlichen Beteiligung an der Gesellschaft zu trennen. Da die Forderung des Gesellschafters aber auf einem für den Gesellschafter bei der Gesellschaft geführten Gesellschafterkonto doku-

mentiert wird, empfiehlt sich dringend eine Klarstellung im Schenkungsvertrag, ob sich die Schenkung auch auf die insoweit repräsentierten Darlehensforderungen des Gesellschafters bezieht. Im Vertragsmuster ist insoweit klargestellt, dass bestehende Darlehensforderungen des Schenkers diesem auch weiterhin zustehen sollen, von der Schenkung und Übertragung also nicht erfasst sind.

III. Steuerrechtliche Aspekte

1. Einkommensteuer

Zu den einkommensteuerlichen Rahmenbedingungen bei der – steuerneutralen – Übertragung eines Mitunternehmeranteils vgl. A. 2.21 Rz. 11–13. 6

Der **Mitunternehmeranteil** eines Gesellschafters umfasst sowohl den Anteil am Gesamthandsvermögen als auch das dem einzelnen Mitunternehmer zuzurechnende Sonderbetriebsvermögen.[1] Wird – wie im vorliegenden Fall – nur ein Teil eines Mitunternehmeranteils übertragen, ist § 6 Abs. 3 Satz 1 EStG nur anwendbar und ist damit die Steuerneutralität des Vorgangs nach dieser Vorschrift nur dann gesichert, soweit das **funktional wesentliche Sonderbetriebsvermögen** in demselben prozentualen Verhältnis übergeht.[2] Umfasst das Sonderbetriebsvermögen mehrere Wirtschaftsgüter, zB mehrere Grundstücke, müssten alle funktional wesentlichen Wirtschaftsgüter anteilig übertragen werden. 7

Wird anlässlich der Teilanteilsübertragung funktional wesentliches Sonderbetriebsvermögen nicht oder in geringerem Umfang übertragen, als es dem übertragenden Teil des Anteils am Gesamthandsvermögen entspricht (sog. **unterquotale Übertragung**), so ist dieser Vorgang nach § 6 Abs. 3 Satz 2 EStG zunächst ebenfalls steuerneutral. 8

Voraussetzung hierfür ist, dass das zurückbehaltene Sonderbetriebsvermögen weiterhin zum Betriebsvermögen derselben Mitunternehmerschaft gehört (§ 6 Abs. 3 Satz 2 EStG). Im vorliegenden Fall bedeutet dies, dass der Schenker weiterhin das ihm gehörende **Grundstück** der Gesellschaft zur Verfügung stellen muss. Endet die Nutzung des Grundstücks durch die Gesellschaft in zeitlichem Zusammenhang mit der Anteilsübertragung und erfolgt insofern eine Entnahme dieses Wirtschaftsguts in das Privatvermögen, ist (rückwirkend) die gesamte Anteilsübertragung nicht mehr zum Buchwert möglich.[3] 9

Voraussetzung für die Buchwertübertragung ist in einem solchen Fall nach § 6 Abs. 3 Satz 2 EStG jedoch, dass der Übernehmer den übernommenen Mitunternehmeranteil über einen Zeitraum von mindestens fünf Jahren nicht veräußert oder aufgibt **(„Sperrfrist“).** Tut er dies doch, sind für die gesamte ursprüngliche Übertragung rückwirkend auf den Übertragungsstichtag die Teilwerte anzusetzen, so dass gegebenenfalls beim Übertragenden ein steuerpflichtiger laufender Gewinn entsteht (§ 16 Abs. 1 Satz 2 iVm. § 16 Abs. 3 EStG). 10

Eine unentgeltliche Weiterübertragung durch den Beschenkten ist unschädlich; dabei geht die Behaltefrist jedoch auf den **Rechtsnachfolger** über. Dem Rechtsnachfolger ist die Behaltedauer des Übertragenden anzurechnen.[4] 11

Ob der Schenker im vorliegenden Fall auch weiterhin das der Gesellschaft gewährte **Darlehen** als Gegenstand des Sonderbetriebsvermögens fortführen muss, hängt davon ab, ob es sich hierbei um funktional wesentliches Sonderbetriebsvermögen handelt. Grundsätzlich gehören liquide Mittel, so etwa eine Forderung, unter funktionalen Ge- 12

---

[1] BFH v. 12.4.2000 – IX R 35/99, BStBl. II 2001, 26; BMF v. 3.3.2005, BStBl. I 2005, 458, Tz. 3; Schmidt/*Wacker* EStG § 15 Rz. 510.
[2] BFH v. 24.8.2000 – IV R 51/98, BStBl. II 2005, 173; Schmidt/*Wacker* EStG § 6 Rz. 664.
[3] BMF v. 3.3.2005, BStBl. I 2005, 458, Tz. 15.
[4] BMF v. 3.3.2005, BStBl. I 2005, 458, Tz. 14.

sichtspunkten nicht zu den wesentlichen Betriebsgrundlagen.[5] Das kann aber anders sein, wenn bei einem Abzug des Darlehens die Fortführung des Betriebs nicht mehr möglich wäre oder der Betriebsablauf grundlegend unterbrochen würde.[6]

2. Schenkungsteuer

13 Zur Inanspruchnahme erheblicher schenkungsteuerlicher Begünstigungen bei der Übertragung von Betriebsvermögen vgl. Vertragsmuster A. 2.21 und Erläuterungen in Rz. 16ff.

14 Nach den §§ 13aff. ErbStG begünstigt ist **inländisches Betriebsvermögen** (§ 13b Abs. 1 Nr. 2 ErbStG). Der Begünstigung unterliegt das Vermögen, das bei der steuerlichen Gewinnermittlung zum Betriebsvermögen gehört (§ 13b Abs. 1 Nr. 2 i.V.m. §§ 95 bis 97 BewG). Danach gehören zum Betriebsvermögen einer Personengesellschaft nicht nur das gemeinschaftliche Vermögen der Gesellschafter, sondern auch die Wirtschaftsgüter des **Sonderbetriebsvermögens.**

15 Voraussetzung für die Inanspruchnahme der schenkungsteuerlichen Begünstigungen der §§ 13aff. ErbStG ist die Übertragung eines ganzen Gewerbebetriebes, eines Teilbetriebes oder eines Personengesellschaftsanteils. Die Übertragung einzelner Wirtschaftsgüter außerhalb eines Betriebs, Teilbetriebs oder Personengesellschaftsanteils ist nicht begünstigungsfähig, selbst wenn es sich um wesentliche Betriebsgrundlagen handelt.[7]

16 Für den begünstigten Anteilserwerb genügt es aber, dass die Beteiligung am Gesellschaftsvermögen übertragen wird. Der Schenker kann daher sein Sonderbetriebsvermögen zurückbehalten oder es nicht in der vollen Quote des Anteils auf den Erwerber übertragen, ohne dass deswegen die Begünstigung entfällt.[8]

B. Einzelerläuterungen

17 Zu den einzelnen vertraglichen Regelungen vgl. zunächst die Erläuterungen in A. 2.21 Rz. 29ff.

Zu § 1: Schenkung und Abtretung der OHG-Beteiligung

18 Die Vertragsparteien sind gut beraten, klar zu vereinbaren, in welchem Umfang der Anteil des Schenkers auf den Beschenkten übergehen soll. Das gilt insbesondere für die für den Schenker bei der Gesellschaft geführten Gesellschafterkonten. Soll – wie hier – etwa das Darlehenskonto des Schenkers nicht mit übertragen werden, so muss dies unmissverständlich klargestellt werden.

[5] Blümich/*Nitschke* UmwStG § 20 Rz. 43.
[6] Dötsch/Pung/Möhlenbrock/*Patt* UmwStG § 20 Rz. 135.
[7] FG Münster v. 18.1.2007 – 3 K 4009/04 Erb, EFG 2007, 1259.
[8] ErbStR 2011 E 13b.5 Abs. 3 Satz 5f.; *Meincke* ErbStG § 13b Rz. 5a.

A. 2.25 Anmeldungen und Anzeigepflicht

A. 2.25

An das
Amtsgericht [...]
– Handelsregister –
[...]
[...]

HRA Nr. [...]
ABC-OHG

Im Handelsregister des Amtsgerichts [...] ist unter HRA [...] die ABC-OHG mit ihren Gesellschaftern A, B und C eingetragen. Als alleinige Gesellschafter der ABC-OHG melden wir zur Eintragung in das Handelsregister an, dass D (Name, Vorname, Geburtsdatum, Wohnort) als weiterer persönlich haftender Gesellschafter in die Gesellschaft eingetreten ist. Die bisherige Firma der Gesellschaft wird fortgeführt. Die Geschäftsräume der Gesellschaft befinden sich unverändert in [...].
Die Gesellschafter vertreten die Gesellschaft wie folgt: [...]

....	....
[Unterschrift A]	***[Unterschrift B]***
....	....
[Unterschrift C]	***[Unterschrift D]***

[Beglaubigungsvermerk]

A. Grundsätzliche Anmerkungen

I. Anmeldung

Der Eintritt eines neuen Gesellschafters in die Gesellschaft ist nach § 107 HGB zur Eintragung in das Handelsregister anzumelden. Die Anmeldung muss **von sämtlichen Gesellschaftern unterschrieben** werden (§ 108 HGB). Die Anmeldung des eintretenden Gesellschafters muss dessen Namen, Vornamen, Geburtsdatum und Wohnort enthalten (§ 106 Abs. 2 Nr. 1 HBG). 1

Bei Neuanmeldungen ist nach § 106 Abs. 2 Nr. 4 HGB stets auch die **abstrakte und konkrete Vertretungsmacht** eines Gesellschafters anzugeben.[1] Das Muster sieht zur Klarstellung eine Wiedergabe der Vertretungsmacht sämtlicher Gesellschafter vor. 2

Die Anmeldung zum Handelsregister bedarf nach § 12 HGB der **notariellen Beglaubigung.** 3

Nach Inkrafttreten des Gesetzes über elektronische Handelsregister- und Genossenschaftsregister sowie das Unternehmensregister (EHUG) am 1. Januar 2007[2] wurden die Handels-, Genossenschafts- und Partnerschaftsregister vollständig auf den **elektronischen Betrieb** umgestellt. Unterlagen können seither nur noch elektronisch durch einen Notar eingereicht werden. Gleichwohl bleibt eine öffentliche Beglaubigung für die Anmeldung zur Eintragung erforderlich. 4

Seither werden Handelsregistereintragungen auch elektronisch bekannt gemacht. 5

---

[1] MüKoHGB/*Langhein* HGB § 106 Rz. 32.
[2] BGBl. 2006 I 2553.

II. Anzeigepflichten

6 Abgesehen von der handelrechtlichen Meldepflicht zum Handelsregister bestehen insbesondere auch **schenkungsteuerliche Anzeigepflichten.** So sind Schenker und Beschenkter verpflichtet, die Zuwendung schriftlich dem für die Erbschaftsteuer zuständigen Finanzamt anzuzeigen (§ 30 Abs. 1 und 2 ErbStG). Zum Inhalt der Anzeige vgl. § 30 Abs. 4 ErbStG.

7 Die Anzeige ist **innerhalb von drei Monaten** nach dem Zeitpunkt, in dem die Beteiligten „Kenntnis von dem Eintritt der Verpflichtung" haben, dem zuständigen (Erbschaftsteuer-)Finanzamt anzuzeigen (§ 30 Abs. 1 ErbStG). Der Anzeigepflicht ist Genüge getan, wenn einer der Beteiligten die Anzeige erstattet.[3]

8 Einer Anzeige bedarf es nicht, wenn die **Schenkung notariell beurkundet** wurde (§ 30 Abs. 3 Satz 2 ErbStG). Insoweit ist dann nämlich der beurkundende Notar anzeigepflichtig (§ 34 Abs. 1 ErbStG).

9 Besondere Anzeigepflichten bestehen, wenn die erbschaftsteuerlichen Begünstigungen für die Übertragung von Betriebsvermögen nach den §§ 13aff. ErbStG in Anspruch genommen werden. So ist der Erwerber verpflichtet, dem für die Erbschaftsteuer zuständigen Finanzamt innerhalb einer Frist von sechs Monaten nach Ablauf der Lohnsummenfrist ein eventuelles **Unterschreiten der Lohnsummengrenze** anzuzeigen (§ 13 Abs. 7 Satz 1 ErbStG).

10 Bei einem **Verstoß gegen die Behaltensfrist** hat der Erwerber den entsprechenden Sachverhalt innerhalb eines Monats dem zuständigen Finanzamt mitzuteilen (§ 13a Abs. 7 Satz 2 ErbStG). Die Anzeige ist eine Steuererklärung i.S.d. Abgabenordnung. Sie ist schriftlich abzugeben und hat auch dann zu erfolgen, wenn der Vorgang zu keiner Besteuerung führt (§ 13a Abs. 7 Satz 4–6 ErbStG).

---

[3] *Meincke* ErbStG § 30 Rz. 8.

A. 2.30 Mitunternehmerische Kommanditbeteiligung

Übersicht

A. 2.31 Schenkweise Übertragung einer mitunternehmerischen Kommanditbeteiligung ohne Gegenleistung

Gliederung

Schenkungsvertrag

A. 2.31

Vor mir, dem Notar [. . .], erschienen

1. Herr A, geboren am [. . .], wohnhaft [. . .],

„Schenker"

2. Herr E, geboren am [. . .], wohnhaft [. . .],
handelnd nicht im eigenen Namen, sondern als Ergänzungspfleger, bestellt durch Beschluss des Amtsgerichts [. . .] – Familiengericht – vom [. . .] (Az. [. . .]), aufgrund der Bestallungsurkunde vom [. . .], die bei der Beurkundung im Original vorliegt und von der eine beglaubigte Abschrift dieser Urkunde beigefügt ist,
für das minderjährige Kind des Erschienenen zu 1., D, geb. am [. . .], wohnhaft [. . .],

„Beschenkter".

Die Erschienenen wiesen sich durch Ihre Bundespersonalausweise aus. Sie baten den Notar um Beurkundung der nachfolgenden Erklärungen:

Vorbemerkung

Der Schenker ist an der unter HRA [. . .] beim Amtsgericht [. . .] eingetragenen „ABC-GmbH & Co. KG" mit dem Sitz in [. . .] (im Folgenden: „KG") beteiligt. Sein Kapitalanteil beträgt € 4 000,–, das entspricht einer Beteiligungsquote von 40 vH.

Im Übrigen stellen sich die Beteiligungsverhältnisse wie folgt dar:

A	€ 4000,–, entspricht 40 vH
B	€ 3000,–, entspricht 30 vH
C	€ 3000,–, entspricht 30 vH.
ABC-GmbH	€ 0,–, entspricht 0 vH.

Die für A bei der KG geführten Konten weisen zum letzten Bilanzstichtag folgende Salden aus:

Kapitalkonto I	€ 4000,–
Kapitalkonto II	€ 76000,–
Privatkonto/Darlehenskonto	€ 160000,–

Persönlich haftende Gesellschafterin der KG ist die unter HRB [...] beim Amtsgericht [...] eingetragene ABC-GmbH. An der ABC-GmbH sind die Gesellschafter A, B und C im selben prozentualen Verhältnis beteiligt, wie an der KG.
Der Geschäftsanteil des A an der ABC-GmbH von nominal € 12000,– wurde mit Gesellschafterbeschluss vom [...] in zwei Geschäftsanteile zu € 9000,– (Anteils-Nr. 4) und € 3000,– (Anteils-Nr. 5) geteilt.
Es gelten die Gesellschaftsverträge in der Fassung vom [...] (KG) und vom [...] (GmbH). Danach kann der Schenker jeweils frei über seine Gesellschaftsbeteiligungen verfügen.
Der Schenker ist der Vater des Beschenkten. Der Schenker beabsichtigt, seinen Sohn im Wege vorweggenommener Erbfolge an der KG sowie der ABC-GmbH zu beteiligen und ihm deshalb jeweils einen Teil seiner Gesellschaftsbeteiligungen schenkweise zu übertragen.

§ 1 Schenkung und Abtretung der KG-Beteiligung

(1) Der Schenker schenkt hiermit zu dem in § 3 bestimmten Stichtag im Wege vorweggenommener Erbfolge dem Beschenkten eine Beteiligung an der KG von 10 vH, somit einen Kapitalanteil (Kapitalkonto I) von € 1000,–, sowie jeweils einen entsprechenden Anteil an den sonstigen für ihn bei der OHG geführten Gesellschafterkonten einschließlich Darlehenskonto.
(2) In Vollzug des vorstehenden Schenkungsversprechens tritt der Schenker im Wege der Sonderrechtsnachfolge die KG-Beteiligung einschließlich entsprechender Anteile an den für den Schenker bei der OHG geführten Gesellschafterkonten zu dem in § 3 festgelegten Stichtag an den Beschenkten ab.
(3) Der Beschenkte nimmt die Schenkung und Abtretung seines Vaters dankend an.
(4) Nach der Abtretung stellen sich die Beteiligungsverhältnisse an der KG wie folgt dar:

A	€ 3000,–, entspricht 30 vH
B	€ 3000,–, entspricht 30 vH
C	€ 3000,–, entspricht 30 vH
D	€ 1000,–, entspricht 10 vH.

(5) Die Umbuchung des Kapitalkontos I sowie der übrigen Konten ist vorzunehmen. Der Beschenkte ist als neuer Gesellschafter der KG mit einer Haftsumme von € 1000,– ins Handelsregister einzutragen. Die Haftsumme des Beschenkten reduziert sich durch die Übertragung um € 1000,– auf € 4000,–. Der beurkundende Notar wird beauftrag, die Änderungen dem Handelsregister anzumelden.

§ 2 Schenkung und Abtretung des GmbH-Geschäftsanteils

(1) Der Schenker schenkt hiermit zu dem in § 3 bestimmten Stichtag im Wege vorweggenommener Erbfolge dem Beschenkten seinen mit Anteils-Nr. 5 bezeichneten Geschäftsanteil an der ABC-GmbH in Höhe von € 3000,– und tritt in Vollzug der Schenkung diesen Geschäftsanteil an den Beschenkten ab. Die Schenkung

und Abtretung erfolgt einschließlich aller auf den Geschäftsanteil entfallenden und damit im Zusammenhang stehenden Rechte und Nebenrechte, insbesondere Gewinnbezugsrechte, soweit Gewinne noch nicht an den Schenker ausgeschüttet sind.

(2) Der Beschenkte nimmt die Schenkung und Abtretung seines Vaters dankend an.

§ 3 Stichtag und Gewährleistung[Rz. 31 ff.]

(1) Die Schenkung und Abtretung der in § 1 bezeichneten KG-Beteiligung einschließlich der dort bezeichneten anteiligen Rechte, Pflichten und Konten erfolgt aufschiebend bedingt auf die Eintragung des Eintritts des Beschenkten im Wege der Sonderrechtsnachfolge als Kommanditist der Gesellschaft im Handelsregister.

(2) Die Schenkung und Abtretung des in § 2 bezeichneten Geschäftsanteils einschließlich der dort bezeichneten Rechte und Nebenrechte erfolgt aufschiebend bedingt auf die Eintragung des Beschenkten als Kommanditist der KG kraft Sonderrechtsnachfolge im Handelsregister.

(3) Wirtschaftlich und steuerlich erfolgen die Schenkungen und die Abtretungen mit Wirkung zum [...]. Zu diesem Stichtag gehen Gefahr, Nutzungen und Lasten der verschenkten KG-Beteiligung und des verschenkten Geschäftsanteils auf den Beschenkten über. Der Anteil am Jahresergebnis des laufenden Geschäftsjahres der KG, der auf die verschenkte KG-Beteiligung entfällt, wird zeitanteilig auf den Stichtag (auf der Basis von 365 Tagen im Kalenderjahr) abgegrenzt. Dividenden, die nach dem Stichtag von der GmbH auf den verschenkten Geschäftsanteil ausgeschüttet werden, stehen dem Beschenkten ohne Rücksicht darauf zu, wann der für die Ausschüttung verwendete Gewinn erzielt wurde. § 101 Nr. 2 Hs. 2 BGB ist abbedungen.

(4) Der Schenker gewährleistet, dass er uneingeschränkter Rechtsinhaber der geschenkten Beteiligungen ist und dass mit Ausnahme etwaiger gesellschaftsvertraglicher Zustimmungsvorbehalte keine Veräußerungsbeschränkungen oder Rechte Dritter hinsichtlich der geschenkten Beteiligungen bestehen. Er gewährleistet zudem, dass die Hafteinlagen des Schenkers bei der KG in voller Höhe geleistet und bis zum heutigen Tage von der KG nicht zurückgewährt wurden und eine Haftung weder durch Rückführung von Gesellschaftsmitteln noch durch Entnahmen bei durch Verlust gemindertem Kapitalkonto gemäß § 172 Abs. 4 HGB wieder aufgelebt ist, und der geschenkte GmbH-Geschäftsanteil in voller Höhe eingezahlt ist. Für die Sorgfaltspflichten sowie für die Haftung aufgrund von Sach- und Rechtsmängeln gelten ansonsten die §§ 521 bis 524 BGB, jedoch mit der Maßgabe, dass der Schenker jeweils nur Vorsatz zu vertreten hat.

(5) Der Schenker stellt die Beschenkte darüber hinaus im Innenverhältnis von sämtlichen eventuellen Haftungsansprüchen gemäß § 176 Abs. 2 HGB oder infolge einer Ausfallhaftung nach §§ 16 Abs. 3, 24, 31 Abs. 3 GmbHG frei.

§ 4 Auflösende Bedingung und Widerrufsvorbehalte[Rz. 35 ff.]

(1) Vorstehende Schenkungen fallen weg und die Abtretungen verliert ihre Wirkung, wenn zu Lebzeiten des Schenkers über das Vermögen des Beschenkten das Insolvenzverfahren eröffnet oder die Eröffnung mangels Masse abgelehnt wird (auflösende Bedingung).

(2) Der Schenker behält sich neben den gesetzlichen Widerrufsgründen das Recht vor, die Schenkungen gegenüber dem Beschenkten ganz oder teilweise widerrufen, wenn

a) der Beschenkte vor dem Schenker stirbt.

b) auf Grund eines nicht nur vorläufig vollstreckbaren, vorbehaltlosen, zur Befriedigung berechtigenden Titels Zwangsvollstreckungsmaßnahmen in die ge-

schenkte Beteiligung eingeleitet und nicht binnen drei Monaten nach Einleitung wieder aufgehoben werden.

c) der Beschenkte geschäftsunfähig oder für ihn ein Betreuer gem. § 1896 BGB bestellt wird.

d) der Beschenkte innerhalb der nächsten [...] Jahre ohne schriftliche Zustimmung des Schenkers über den erworbenen Schenkungsgegenstand oder Teile davon durch Belastung oder durch Veräußerung verfügt oder diese in ein eheliches Gesamtgut gelangen lässt oder entsprechende Maßnahmen einzuleiten beginnt.

e) in der Person des Beschenkten ein Umstand eintritt, der die Schenkerin zur Entziehung des Pflichtteils berechtigten würde.

f) die Scheidung einer von dem Beschenkten eingegangenen Ehe beantragt ist, es sei denn, der Beschenkte weist innerhalb von drei Monaten nach, dass im Rahmen der Scheidung kein Zugewinnausgleich stattzufinden hat oder der Schenkungsgegenstand nicht Teil der Berechnung des Zugewinns ist und sein wird. Das Widerrufsrecht besteht auch, wenn sich der erbrachte Nachweis später als falsch herausstellt.

g) der Beschenkte heiratet, ohne mit seinem Ehegatten zuvor einen Ehe- und Pflichtteilsverzichtsvertrag geschlossen zu haben, nach dem sämtliches Vermögen, welches ein Ehepartner geschenkt erhalten oder geerbt hat, vom Zugewinnausgleich ausgenommen und auch bei der Berechnung des Pflichtteils unberücksichtigt bleibt. Das Recht zum Widerruf entfällt, wenn der Beschenkte vor Ausübung des Widerrufsrechts mit seinem Ehepartner einen solchen Vertrag schließt und dem Widerrufsberechtigten zur Kenntnis bringt. Der Weigerung zum Abschluss des Vertrages steht die Aufhebung eines solchen Vertrages gleich.

Die unter Buchst. e) bis g) vereinbarten Widerrufsgründe gelten entsprechend bei Begründung eines ausländischen Güterstandes und für ausländische Pflichtteils- oder Noterberechte sowie bei Begründung einer Lebenspartnerschaft nach dem Lebenspartnerschaftsgesetz oder einer entsprechenden Regelung ausländischen Rechts.

h) der Beschenkte einer Organisation beitritt oder eine Organisation finanziell unterstützt, bei der es sich handelt um (i) eine Sekte (zB Scientology Church) oder eine ähnlich organisierte oder operierende Religions-, Glaubens- oder Weltanschauungsgemeinschaft, insbesondere eine Sekte, die im Sektenbericht des Bundestages genannt ist, (ii) eine terroristische Vereinigung oder um eine andere Organisation, die unter Beobachtung des Verfassungsschutzes steht oder (iii) eine als jugend- oder allgemeingefährdend oder kriminell anzusehende Organisation.

i) der Beschenkte nicht innerhalb einer Frist von drei Monaten seit Aufforderung durch den Schenker diesem durch Vorlage einer ärztlichen Bescheinigung nachweist, dass er weder drogen- noch alkoholabhängig ist. Die Bescheinigung ist durch einen in Deutschland anerkannten und kassenärztlich zugelassenen Arzt auszustellen; die Wahl des Arztes liegt im Übrigen im freien Ermessen des Beschenkten. Drogenabhängigkeit im Sinne dieses Vertrages liegt auch vor, wenn der Beschenkte entweder wegen einer Straftat nach dem Betäubungsmittelgesetz (BtMG) rechtskräftig verurteilt wird oder wenn der mehrmalige Konsum von Betäubungsmitteln im Sinne des BtMG nach seiner jeweils gültigen Fassung (§ 1 Abs. 1 BtMG nebst Anlagen) nachgewiesen ist. In diesen Fällen besteht das Widerrufsrecht, ohne dass eine Aufforderung zur Vorlage einer ärztlichen Bescheinigung erforderlich ist.

j) der Beschenkte nicht innerhalb einer Frist von drei Monaten seit Aufforderung durch die Schenkerin dieser durch Vorlage einer ärztlichen Bescheinigung

nachweist, dass er nicht unter Spielsucht (pathologisches/zwanghaftes Spielen) leidet. Vorstehend Buchst. i) Satz 2 gilt entsprechend.

k) für die Schenkung von den Steuer- und Finanzbehörden im Rahmen der Steuerveranlagung Schenkungsteuer von mehr als € [...],– festgesetzt wird. Gleiches gilt bei der nachträglichen Festsetzung von Schenkungsteuer von insgesamt mehr als € [...],–, etwa wegen eines Verstoßes gegen die Lohnsummenkontrolle im Sinne von § 13a Abs. 3 ErbStG oder der Verwirklichung eines Nachsteuertatbestandes im Sinne des § 13a Abs. 6 ErbStG.

l) in der Bundesrepublik Deutschland zu irgendeinem Zeitpunkt bis zum Ablauf von sieben Jahren ab dem Übertragungsstichtag nach § 2 Abs. 1 eine Rechtslage eintritt, nach welcher keine Erbschaft- und Schenkungsteuer erhoben wird.

(3) Mit Eintritt der auflösenden Bedingung nach Abs. 1 oder nach Ausübung des Widerrufsrechts nach Abs. 2 geht die übertragene Beteiligung – im Falle der Ausübung des Widerrufsrechts im Umfang des Widerrufs – samt den Guthaben auf den bei der KG geführten Gesellschafterkonten sowie etwaige Surrogate unentgeltlich auf den Schenker mit dinglicher Wirkung über. Die Ausübung des Widerrufsrechts ist auflösende Bedingung für die schuldrechtliche Schenkung und ihren dinglichen Vollzug. Sofern ein dinglicher Rückfall des Schenkungsgegenstandes oder der Surrogate nicht möglich ist, entsteht mit Bedingungseintritt ein schuldrechtlicher Rückforderungs- oder Wertersatzanspruch.

(4) Das Widerrufsrecht des Schenkers nach Abs. 2 Buchst. k) ist ausgeschlossen, sofern sich der Beschenkte zur Übernahme der Schenkungsteuer verpflichtet, die nach der unter § 6 Abs. 2 getroffenen Vereinbarung vom Schenker zutragen ist, und den Schenker im Innenverhältnis von dieser Steuer freistellt. Vor der Ausübung des Widerrufsrechts hat der Schenker den Beschenkten schriftlich über die Absicht des Widerrufs zu informieren und unter Fristsetzung („Ankündigungsfrist") zur Erklärung auffordern, ob der Beschenkte bereit ist, diese Schenkungsteuer zu tragen und den Schenker insoweit im Innenverhältnis freizustellen; die Ankündigungsfrist muss mindestens einen Monat betragen.

(5) Der Widerruf kann nur binnen einer Frist von sechs Monaten, nachdem der Schenker von dem Widerrufsgrund Kenntnis erlangt hat, ausgeübt werden und hat durch eingeschriebenen Brief zu erfolgen. Im Falle eines Widerrufs nach Abs. 2 Buchst. k) ist für den Fristbeginn der Sechs-Monats-Frist die Bestandskraft sämtlicher Steuerbescheide maßgebend. Das Recht, schon vor Bestandskraft des Steuerbescheids den Widerruf zu erklären, bleibt hiervon jedoch unberührt. Sobald der erste, auch nur vorläufige oder unter Vorbehalt der Nachprüfung stehende Steuerbescheid dem Beschenkten oder dem Schenker zugegangen ist, kann der Widerruf erklärt werden.

(6) Nutzungen, die der Beschenkte vor dem Rückfall des Schenkungsgegenstandes gezogen hat, verbleiben ihm. Seine Aufwendungen im Zusammenhang mit dem Schenkungsgegenstand sind ihm nicht zu erstatten. Sämtliche Kosten und etwaige Steuern, die bei dem Beschenkten durch den Rückfall oder die Rückübertragung der geschenkten Beteiligung anfallen, trägt der Schenker.

(7) Unabhängig davon, ob ein dinglicher Rückfall stattfindet oder ein Rückübertragungsanspruch besteht, verpflichtet sich der Beschenkte, die geschenkte Beteiligung unverzüglich nach Ausübung des Widerrufsrechts oder Eintritt einer Bedingung nach Abs. 1 abzutreten und alle Erklärungen abzugeben, die für die Rückabtretung und die Umsetzung des Rückfalls des Schenkungsgegenstandes erforderlich sind. Hierzu erteilt der Beschenkte dem Schenker bereits heute Vollmacht unter Befreiung von den Beschränkungen des § 181 BGB. Die vorstehende Verpflichtung und die vorstehende Vollmacht erstrecken sich auch auf etwaige Surrogate des Schenkungsgegenstandes.

(8) Das sich aus vorstehenden Regelungen ergebende Recht des Schenkers, die Schenkung zu widerrufen, ist höchstpersönlich und nicht vererblich.

§ 5 Anrechnung, Ausgleichung[Rz. 38]

(1) Der Beschenkte hat sich die erhaltene Zuwendung auf einen etwaigen ihm durch den Tod des Schenkers entstehenden Pflichtteilsanspruch anrechnen zu lassen. Die Anrechnung auf Pflichtteilsansprüche erfolgt – entsprechend § 2325 Abs. 2 Satz 2 BGB, damit aber abweichend von § 2315 Abs. 2 Satz 2 BGB – mit dem Wert zum Schenkungszeitpunkt oder mit dem Wert zum Todeszeitpunkt, welcher auch immer der niedrigere ist; durch die Anrechnung soll also ein Pflichtteilsanspruch der Beschenkten keinesfalls verringert werden, sondern die jeweilige Schenkung nur als Vorausempfang auf etwaige Pflichtteilsansprüche zählen. Keine Anrechnung erfolgt, soweit der Beschenkte auf Grund der Regelungen dieses Vertrages, insbesondere wegen Widerrufs einer Schenkung den Schenkungsgegenstand noch vor Entstehung des Pflichtteilsanspruchs ganz oder teilweise wieder herauszugeben hat oder sie aufgrund einer auflösenden Bedingung der Abtretung an den Schenker zurückfallen. Nicht anrechnungspflichtig ist auch der zwischenzeitliche Nutzungsvorteil aus einem solchen rückgefallenen oder rück übertragenen Anteil.
(2) Der Beschenkte hat die geschenkte Beteiligung beim Tod des Schenkers nicht zur Ausgleichung (§§ 2050 ff. BGB) zu bringen.

§ 6 Kosten und Steuern

(1) Die Kosten des Vertrages sowie die Kosten seiner Durchführung übernimmt der Schenker.
(2) Eine zum Ansatz kommende Schenkungsteuer trägt der Schenker. Eine eventuell anfallende Nachsteuer gemäß § 13a Abs. 3, Abs. 6 ErbStG trägt ebenfalls der Schenker
(3) Der Beschenkte ist verpflichtet, auf Verlangen des Schenkers die Option zur sog. Vollverschonung gemäß § 13a Abs. 10 ErbStG zu erklären, soweit die Voraussetzungen hierfür erfüllt sind.
(4) Der Schenker hat Anspruch auf die Erstattungsbeträge, welche der Beschenkte, dessen Schenkungsteuer er übernommen hat, auf Grund von durch diesen Vertrag veranlassten Rückübertragungen oder aus sonstigen Gründen erhält.
(5) Der Beschenkte bevollmächtigt den Schenker unwiderruflich mit dem Recht, Untervollmacht zu erteilen, ihn gegenüber den zuständigen Finanzbehörden in jeder Weise bezüglich der Schenkungsteuer und anderen durch die Schenkung als solche verursachten Steuern sowie der Aufhebung der Steuerbescheide und der Geltendmachung der Erstattungsansprüche zu vertreten., wobei der Schenker den Beschenkten von sämtlichen hierdurch entstehenden Kosten freistellt. Der Beschenkte ist auf Verlangen des Schenkers verpflichtet, eine entsprechende Vollmacht – mit dem Recht der Untervollmachterteilung – in gesonderter Urkunde zu erteilen und/oder vom Schenker benannten Steuerberatern/Wirtschaftsprüfern eine entsprechende Vollmacht zu erteilen.

§ 7 Familiengerichtliche Genehmigung[Rz. 39 f.]

(1) Den Beteiligten ist bekannt, dass dieser Vertrag möglicherweise der Genehmigung des Familiengerichts bedarf. Es soll daher die Genehmigung vorsorglich eingeholt werden. Der Notar hat die Beteiligten darüber belehrt, wann und unter welchen Voraussetzungen eine gerichtliche Genehmigung rechtskräftig wird.
(2) Der Notar wird angewiesen und bevollmächtigt, beim zuständigen Familiengericht unter Übersendung einer Ausfertigung dieser Urkunde für die Beteiligten,

insbesondere den bestellten Ergänzungspfleger, den von diesem vertretenen Beschenkten und den Schenker, die Erteilung der Genehmigung des Familiengerichts zu diesem Vertrag, die die Bekanntgabe des Genehmigungsbeschlusses, auch an den Notar, und die Erteilung des Rechtskraftzeugnisses zum Genehmigungsbeschluss und dessen Übersendung an den Notar, zu beantragen.

(3) Die Beteiligten beantragen hiermit die familiengerichtliche Genehmigung zu diesem Vertrag sowie jeweils die Erteilung des Rechtskraftzeugnisses. Soweit rechtlich zulässig, verzichten die Beteiligten bereits heute auf Rechtsmittel gegen einen stattgebenden und nicht mit Nebenbestimmungen versehenen Beschluss; der Notar übermittelt diesen Verzicht durch Übersendung einer Ausfertigung der Urkunde an das Familiengericht. Die Beteiligten bevollmächtigen den Notar den Rechtsmittelverzicht gegenüber dem zuständigen Familiengericht – zum frühest möglichen Zeitpunkt – zu erklären, falls notwendig auch durch gesonderte Erklärung gegenüber dem Familiengericht.

(4) Die Beteiligten bevollmächtigen den Notar zur Entgegennahme der gerichtlichen Bekanntgaben.

(5) Ferner bevollmächtigen die Beteiligten den Notar, die familiengerichtliche Genehmigung zu diesem Vertrag nebst Rechtskraftzeugnis für sie entgegenzunehmen, sie den Vertragsbeteiligten mitzuteilen und für die Vertragsbeteiligten entgegenzunehmen. Der Notar wird – soweit zulässig – allseits von § 181 BGB befreit.

§ 8 Salvatorische Klausel

Sollte eine Bestimmung dieses Vertrags aus irgendeinem Grund unwirksam oder anfechtbar sein oder werden, so soll hierdurch die Gültigkeit der übrigen Bestimmungen nicht berührt werden. Anstelle der unwirksamen Bestimmung soll eine angemessene Regelung gelten, die – soweit rechtlich möglich – dem entspricht, was die Vertragsschließenden gewollt haben. Entsprechendes gilt im Falle einer Regelungslücke

Diese Niederschrift wurde den Erschienenen von dem Notar vorgelesen, von ihnen genehmigt und von ihnen und dem Notar eigenhändig wie folgt unterschrieben:

A. Grundsätzliche Anmerkungen

I. Wirtschaftliche Vertragsziele

Zu den wirtschaftlichen Vertragszielen bei der schenkweisen Übertragung von Anteilen vgl. zunächst Formular A. 2.21. 1

Gegenstand der Schenkung ist im vorliegenden Sachverhalt die Beteiligung des Schenkers an einer Personengesellschaft in Rechtsform der **GmbH & Co. KG.** Der Schenker ist neben anderen Gesellschaftern als Kommanditist an der KG beteiligt. Alleinige vollhaftende Gesellschafterin ist die ABC-GmbH, die vermögensmäßig an der KG nicht beteiligt ist (sog. Gesellschafterin ohne Gesellschaftsanteil). Es handelt sich vorliegend insofern um eine bei der Gestaltung der Vermögensnachfolge häufig anzutreffende Fallkonstellation, da viele gewerblich tätige Unternehmen in der Rechtsform einer Personengesellschaft die GmbH & Co. KG wegen ihrer haftungsabschottenden Wirkung schätzen. 2

GmbH & Co. KG ist als Rechtsform auch bei ausschließlich **vermögensverwaltenden Personengesellschaften** beliebt. Ist nämlich ausschließlich eine Körperschaft 3 vollhaftende Gesellschafterin der KG und ist nur diese zur Geschäftsführung in der KG befugt, erzielen die Gesellschafter gewerbliche Einkünfte (sog. **gewerblich geprägte Personengesellschaft,** § 15 Abs. 3 Nr. 2 EStG). Die gewerbliche Prägung der Gesellschaft kann durch geringfügige Änderung des Gesellschaftsvertrages „an- oder abgeschaltet" werden. Ist nämlich nach dem Gesellschaftsvertrag ein Kommanditist neben der vollhaftenden Körperschaft zur (Mit-)Geschäftsführung berechtigt, wird die gewerbliche Prägung vermieden.

4 Bei der Beteiligung eines Gesellschafters an einer GmbH & Co. KG, die nicht „entprägt" ist, handelt es sich um **Betriebsvermögen,** dessen unentgeltliche Übertragung bis zum Inkrafttreten des Erbschaftsteuerreformgesetzes zum 1.1.2009[1] ohne Weiteres die Inanspruchnahme der schenkungsteuerlichen Begünstigungen (§§ 13aff. ErbStG) gestattete. Auch heute noch handelt es sich um begünstigungsfähiges Vermögen (§ 13b Abs. 1 Nr. 2 ErbStG), welches aber aufgrund der weiteren Begünstigungsvoraussetzungen („Verwaltungsvermögenstest") nicht mehr allein wegen der Rechtsform der GmbH & Co. KG begünstigt ist.

5 Gleichwohl ist die Rechtsform der GmbH & Co. KG auch heute noch beliebt und häufig anzutreffen, auch und gerade bei rein vermögensverwaltenden Personengesellschaften. Bei solchen Gesellschaften ist die Beteiligung von zum Teil noch sehr jungen Gesellschaftern wegen der **gesellschaftsvertraglichen Flexibilität** und der zugleich **haftungsabschottenden Wirkung** ein gern genutztes Gestaltungsmittel zur Reduzierung der Schenkung- und Erbschaftsteuerbelastung bei der Vermögensnachfolge in der Familie. So kann etwa durch die Beteiligung der Enkelkinder eine Generation in der Generationennachfolge übersprungen werden, was sich steuermindernd auswirkt. Die übersprungene Generation kann gleichwohl am wirtschaftlichen Ertrag des Unternehmens beteiligt werden, etwa indem insoweit Nießbrauchsrechte vereinbart werden (vgl. Formular A. 2.32).

II. Zivilrechtliche Aspekte

6 Durch die Beteiligung junger, insbesondere minderjähriger Gesellschafter entstehen Sonderprobleme, die nicht übersehen werden dürfen. Werden Anteile auf einen minderjährigen Beschenkten unentgeltlich übertragen, kann hierfür die Bestellung eines **Ergänzungspflegers** (§ 1909 BGB) erforderlich sein. Nach §§ 1629 Abs. 2 Satz 1, 1795 Abs. 2, 181 BGB kann dies der Fall sein, wenn der Schenker ein gesetzlicher Vertreter des Beschenkten ist („Mutter schenkt an Tochter"). Nach §§ 1629 Abs. 2 Satz 1, 1795 Abs. 1 Nr. 1 BGB nimmt das Gesetz einen Ausschluss der elterlichen Vertretungsmacht wegen einer abstrakten Interessenkollision auch an, wenn das Geschäft für das Kind mit nahen Angehörigen des Vertreters (Ehegatte, Lebenspartner, Verwandte in gerader Linie) geschlossen wird („Großmutter schenkt an Enkelkind").

7 Wenn sich daraus ergibt, dass die **elterliche gesetzliche Vertretungsmacht** hinsichtlich einzelner Angelegenheiten (Abgrenzung zur dauerhaften Vormundschaft) gehindert ist, wird diese „Lücke" durch die gerichtliche Erteilung einer Vertretungsbefugnis für bestimmte Lebensbereiche geschlossen. Dann bedarf es der Bestellung eines Ergänzungspflegers durch den Rechtspfleger (§ 3 Nr. 2a und 2b RPflG – ausnahmsweise Richter für fremde Staatsangehörige, § 14 I Nr. 10 RPflG) beim Amtsgericht – Familiengericht – (§§ 23a Abs. 1 Satz 1 Nr. 1, Satz 2; 23b GVG, §§ 111 Nr. 2, 151 Nr. 5 FamFG) – regelmäßig – am gewöhnlichen Aufenthaltsort des Kindes (§ 152 Abs. 2 FamFG).

8 **Ausnahmen vom Vertretungsausschluss** bestehen, wenn die abstrakte Gefahr einer Interessenkollision im konkreten Fall nicht besteht. Bei **Erfüllung einer (wirksamen, einredefreien und fälligen) Verbindlichkeit** kann nach § 1795 Abs. 1

[1] BGBl. 2008 I, 3018.

BGB und § 181 BGB jeweils letzter Hs. der eigentlich gehinderte Vertreter handeln („Eltern erfüllen für erbende Kind ein Vermächtnis zu Gunsten der Großmutter"). Zudem wird keine Gefährdungssituation bei **lediglich rechtlich vorteilhaften Geschäften** gesehen und daher eine teleologische Reduktion der Normen zum Vertretungsausschluss angenommen. Dabei sind Verpflichtungs- und Verfügungsgeschäft getrennt zu betrachten.[2] Schenkungsverträge sind grundsätzlich rechtlich vorteilhaft, damit einhergehende Pflichten des Minderjährigen (zB Pflichtteilsanrechnung oder Rückforderungsrechte, wenn damit persönliche Verpflichtungen des Beschenkten einhergehen) können aber einen rechtlichen Nachteil begründen. Das dingliche Erfüllungsgeschäft ist rechtlich nachteilig, wenn der Minderjährige dadurch mit Pflichten belastet wird, für die er nicht nur dinglich mit der erworbenen Sache, sondern auch persönlich haftet, zB bei Übertragung eines vermieteten Grundstück (Eintritt in Pflichten aus dem Mietvertrag) oder einer Gesellschaftsbeteiligung (Haftungsgefahren).

Die Übertragung von **GmbH-Geschäftsanteilen** wird, auch wenn sie voll einge- 9
zahlt sind, wegen des Risiko der Ausfallhaftung nach §§ 16 Abs. 3, 24, 31 Abs. 3 GmbHG als nicht lediglich rechtlich vorteilhaft eingestuft.[3] Die Einordnung der Übertragung einer **Kommanditbeteiligung** wird unterschiedlich beurteilt. Teilweise wird eine lediglich rechtliche Vorteilhaftigkeit wegen der Haftung bei Einlagenrückgewähr (§§ 172 Abs. 4 Satz 2, 176 Abs. 2 HGB) verneint,[4] teilweise aber bei eingezahlten Anteilen an vermögensverwaltenden Gesellschaften auch bejaht.[5] Um aber eine (eventuell schwebende) Unwirksamkeit der Schenkung und Übertragung auszuschließen, kann sich die (vorsorgliche) Bestellung eines Ergänzungspflegers empfehlen (zur steuerlichen Rückwirkung einer nachträglichen Genehmigung Rz. 15).

Wenn mehrere minderjährige Kinder beschenkt werden, erfolgt kein Rechtsgeschäft 10
zwischen den Kindern, sondern nur ein Rechtsgeschäft zwischen Schenker (zB dem Vater) und den Kindern. Daher kommt es zu keiner Mehrfachvertretung, die zur **Notwendigkeit mehrerer Ergänzungspfleger** führen würde.[6] Mangels höchstrichterlicher Entscheidung wird aber zur Sicherheit die Bestellung eines eigenen Ergänzungspflegers für jedes Kind empfohlen.[7]

Teilweise besteht zudem die Praxis darauf, zusätzlich noch einen **Verfahrensbei-** 11
stand als verfahrensrechtlichen „Anwalt des Kindes" zu bestellen, der anstelle des Ergänzungspflegers das Recht des Minderjährigen auf rechtliches Gehör wahrnimmt (vgl. § 158 Abs. 4 FamFG).[8] Der Verfahrensbeistand ist kein gesetzlicher Vertreter des Kindes. Davon ist der **Verfahrensergänzungspfleger** zu unterscheiden, der zur Vertretung zum Zwecke der Bekanntgabe von Beschlüssen, Prüfung einer Rechtsmitteleinlegung und ggf. die Vertretung in der Rechtsmittelinstanz bestellt wird. Ausgangspunkt für die Überlegungen, ob die Minderjährigkeit die Beteiligung einer weiteren Person erfordert ist der Beschluss des Bundesverfassungsgerichts v. 18.1. 2000.[9] Danach kann rechtliches Gehör in der Regel nicht durch denjenigen vermittelt werden, dessen Handeln im Genehmigungsverfahren überprüft werden soll. Dieser Grundsatz hat durch Einführung des § 41 Abs. 3 FamFG Eingang ins Verfahrensrecht gefunden. Danach ist der Genehmigungsbeschluss dem Vertretenen bekannt zu geben. Für die familiengerichtliche Genehmigung eines Schenkungsvertrages ist nicht entschieden, ob der vertragschließende Ergänzungspfleger/Elternteil auch die Verfahrens-

[2] Aufgabe der früheren Gesamtbetrachtung durch den BGH v. 30.9.2010 – V ZB 206/10, ZEV 2011, 40.
[3] Vgl. DNotI-Report 2013, 195.
[4] OLG Frankfurt v. 27.5.2008 – 20 W 123/08, NZG 2008, 749.
[5] OLG Bremen v. 16.6.2008 – 2 W 38/08, NZG 2008, 750; OLG Jena v. 22.3.2013 – 2 WF 26/13, ZEV 2013, 521; Palandt/*Ellenberger* BGB § 107 Rz. 4 und Staudinger/*Knothe* BGB § 107 Rz. 29 jeweils ohne Beschränkung auf Vermögensverwaltung.
[6] OLG München v. 17.6.2010 – 31 Wx 70/10, NZG 2010, 862; MüKoBGB/*Schubert* BGB § 181 Rz 82.
[7] *Thonemann* ErbStB 2008, 29, 30.
[8] Hierzu näher *Perlitz/Weber* FamRZ 2011, 1350.
[9] BVerfG v. 18.1.2000 – 1 BvR 321/96, NJW 2000, 1709.

rechte wahrnehmen kann.[10] Für den Fall einer Erbausschlagung durch einen Vormund hat der BGH ausgeführt, dass es einer Pflegerbestellung nur bedürfe, wenn im Einzelfall festgestellt ist, dass das Interesse des Mündels zu dem Interesse des Vormunds in erheblichem Gegensatz steht.[11] Gegen einen Verfahrensbeistand/-ergänzungspfleger kann zudem angeführt werden, dass es keine gesetzliche Grundlage für eine generelle Entziehung des Vertretungsrechts ohne Betrachtung der Umstände des Einzelfalls gibt. Aus § 41 Abs. 3 FamFG ergibt sich kein Vertretungsverbot. Zudem prüft das Familiengericht im Genehmigungsverfahren Amts wegen prüft, ob zum Wohle des Kindes gehandelt wird. Wenn Interessenwiderstreit erkannt wird, ist die Bestellung eines Ergänzungspflegers immer noch nach § 1796 BGB möglich. Schließlich ist auch zu bedenken, dass es im BVerfG-Beschluss, nicht um die Genehmigung einer vertraglichen Gestaltung, an der der gesetzliche Vertreter aktiv mitgewirkt hat, sondern um die Genehmigung einer einseitigen, gegenüber dem Nachlassgericht vorzunehmenden Erklärung gegangen ist und daher keine Widerspruch zur Entscheidung besteht, wenn der Schenkungsfall abweichend beurteilt wird. Ungeklärt ist auch die Entscheidung für Verfahrensergänzungspfleger oder Verfahrensbeistand (als minderes Mittel). Der BGH sieht in Fällen der Personensorge die Entziehung der Vertretungsbefugnis auch bei Vorliegen eines erheblichen Interessengegensatzes als unverhältnismäßigen Eingriff in das Elternrecht an, weil Interessen des Kindes im Verfahren hinreichend durch einen Verfahrensbeistand gewährleistet werden können.[12] Aufgrund dieser Unsicherheiten verbleibt nur, die Auffassung des beim Familiengericht zuständigen Bearbeiters abzuwarten und sich dann über den Fortgang abzustimmen.

12 Von der Frage, ob ein Vertretungsausschluss besteht, ist die Frage zu unterscheiden, ob das Gesetz für das Rechtsgeschäft eine **familiengerichtliche Genehmigung** fordert. Zur Kontrolle bei besonders wichtigen/gefährlichen Rechtsgeschäften und im Gesetz abschließend aufgezählten Fällen bedürfen Eltern und Ergänzungspfleger einer Genehmigung des Familiengerichts, dessen örtliche Zuständigkeit sich wiederum aus § 152 FamFG ergibt. Funktionell zuständig ist wiederum der Rechtspfleger (§ 3 Nr. 2a RPflG). Bei der schenkweisen Beteiligung an einer Gesellschaft kommen § 1822 Nr. 3 BGB („entgeltlicher Erwerb eines Erwerbsgeschäfts und Gesellschaftsverträge, die zum Betrieb eines Erwerbsgeschäfts eingegangen werden"), § 1822 Nr. 10 BGB („Übernahme einer fremden Verbindlichkeit"), § 1822 Nr. 12 BGB („Schiedsvertrag" – gilt nicht für Eltern, vgl. § 1643 I BGB) und § 2347 I 1 BGB („Erb- oder Pflichtteilsverzicht") in Betracht. Die Genehmigungsbedürftigkeit wird – wohl überwiegend – wegen der vergleichbaren Wirkung auch bei einer Pflichtteilsanrechnung angenommen.[13]

13 **§ 1822 Nr. 10 BGB** („Übernahme einer fremden Verbindlichkeit") kommt durch die Haftung des eintretenden Gesellschafters nach § 130 HGB bei Komplementär- und OHG-Beteiligung, beim Wechsel eines Kommanditisten in die Komplementärstellung (analog), bei einer GbR-Beteiligung (analog) und bei einer GmbH vor Volleinzahlung der Stammeinlage (Ausfallhaftung nach § 24 GmbHG) in Betracht. § 1822 Nr. 3 Alt. 1 BGB („entgeltlicher Erwerb eines Erwerbsgeschäfts") findet bei einer Schenkung keine Anwendung.[14] Diskutiert wird aber, ob **§ 1822 Nr. 3 Alt. 2 BGB** („Gesellschaftsvertrag zum Betrieb eines Erwerbsgeschäfts") einschlägig ist. Der Eintritt in die Gesellschaft wird – auch bei schenkweiser Übertragung – als Abschluss eines neuen Gesellschaftsvertrages angesehen. Mangels „Erwerbsgeschäft" ist die schenkweise Übertragung von **GmbH-Geschäftsanteilen** aber grundsätzlich genehmigungsfrei möglich (Erwerbsgeschäft der GmbH und nicht des Gesellschafters). Ausnahmen hier-

[10] Vgl. MüKoFamFG/*Ulrici* FamFG § 41 Rz. 14.
[11] BGH v. 12.2.2014 – XII ZB 592/12, NJW-RR 2014, 900.
[12] BGH v. 26.10.2011 – XII ZB 247/11, FamRZ 2012, 99, 101.
[13] Vgl. MüKoBGB/*Lange* BGB § 2315 Rz. 17.
[14] MüKoBGB/*Wagenitz* BGB § 1822 Rz. 14.

von werden vertreten, wenn die Gesellschaft bei Übertragung noch nicht im Handelsregister eingetragen ist oder sonstige konkrete Haftungsgefahren bestehen (zB Einstandspflicht für nicht geleistete Einlagen eines Mitgesellschafters) oder der Minderjährige sämtliche Anteile (oder zumindest mehr als 50%) erhält oder die Umstände des Einzelfalles ergeben, dass den Minderjährigen ein „Unternehmensrisiko" trifft und seine Beteiligung nicht mehr als Kapitalinvestition zu qualifizieren ist.[15] Bei **vermögensverwaltenden Kommanditgesellschaften** wird eine Genehmigungspflicht verneint.[16] Um aber eine (eventuell schwebende) Unwirksamkeit der Schenkung und Übertragung auszuschließen, kann sich die (vorsorgliche) Einholung einer Genehmigung empfehlen (zur steuerlichen Rückwirkung einer nachträglichen Genehmigung Rz. 15).

In der Vertragspraxis zeigt sich, dass sich die Notwendigkeit der familiengerichtlichen Genehmigung zunehmend als **Hindernis oder zumindest Hürde** der vorweggenommenen Erbfolge auf Minderjährige darstellt. Die Abwicklung ist häufig geprägt von der persönlichen Einstellung des jeweils mit der Sache betrauten Rechtspflegers. Im Vertragsmuster ist daher bereits möglichen Bedenken Rechnung getragen, so etwa, indem sämtliche im Rahmen der Durchführung des Vertrages oder auch seiner Rückabwicklung entstehenden Kosten und Steuern dem Schenker auferlegt werden (§ 4 Abs. 6 Satz 2 und § 6 Abs. 1 und 2). Die Bestimmung zur Pflichtteilsanrechnung ist „minderjährigenfreundlich" formuliert (§ 5 Abs. 1). Der Schenker übernimmt bestimmte Gewährleistungen und stellt den Beschenkten im Innenverhältnis von Haftungsgefahren frei (§ 3 Abs. 4 und 5). Und schließlich erfolgt die Schenkung unter der aufschiebenden Bedingung der Eintragung des Beschenkten als Kommanditist in das Handelsregister (§ 3 Abs. 1 des Vertragsmusters), um eine ansonsten ggf. geführte Diskussion über Haftungsgefahren (hierzu Rz. 31 ff.) zu vermeiden. 14

Zivilrechtlich wirkt die Genehmigung eines Ergänzungspflegers und auch eine familiengerichtliche Genehmigung nach § 184 BGB (analog). Damit geht aber nicht zwingend eine **steuerliche Rückwirkung** einher. Das Schrifttum zeigt sich hierfür offen.[17] Die Finanzverwaltung unterscheidet zwischen behördlichen und privatrechtlichen Genehmigungen.[18] Behördliche Genehmigungen soll auch steuerlich zurückwirken, wenn Parteien alles getan haben, um die Wirksamkeit des Rechtsgeschäfts herbeizuführen, da diese dann nicht von der Bearbeitungszeit eines Dritten abhängig sein sollen (Antrag beim Familiengericht gestellt). Privatrechtliche Genehmigungen wird keine steuerliche Rückwirkung zugesprochen, da hier die Genehmigung von einer Erklärung der Parteien selbst abhänge (zB Genehmigung des Vertretenen im Fall des vollmachtlosen Vertreters). Ungeklärt ist, ob die Genehmigung eines Ergänzungspflegers als „behördlich" oder „privatrechtlich" einzustufen. Nach dem FG Sachsen-Anhalt wird die Übertragung eines Kommanditanteils auf ein minderjähriges Kind erst im Zeitpunkt der Genehmigung durch den Ergänzungspfleger wirksam, wobei das FG offengelassen hat, ob eine Rückwirkung in Frage kommt, „wenn die Genehmigung unverzüglich nach Abschluss des Vertrages beantragt und in angemessener Frist erteilt wird".[19] Auf die vorstehende Diskussion kommt es nicht an, wenn der Schenkungsvertrag eine aufschiebende Bedingung enthält (zB wie im Vertragsmuster die Eintragung des Beschenkten als Kommanditist im Handelsregister) und die Bedingung erst nach den Genehmigungen eintritt (zB weil das Handelsregister erst nach Vorliegen der Genehmigungen die Übertragung einträgt). Dann ist der Zeitpunkt des Bedingungseintritts schenkungsteuerlich maßgeblich. 15

---

[15] BGH v. 20.2.1989 – II ZR 148/88, BGHZ 107, 24, 28; MüKoBGB/*Wagenitz* BGB § 1822 Rz. 17.

[16] OLG Bremen v. 16.6.2008 – 2 W 38/08, NZG 2008, 750; OLG Jena v. 22.3.2013 – 2 WF 26/13, ZEV 2013, 521; OLG München v. 6.11.2008 – 31 Wx 76/08, ZEV 2008, 609; MüKoBGB/*Wagenitz* BGB § 1822 Rz. 22.

[17] Troll/Gebel/Jülicher/*Gottschalk* ErbStG § 9 Rn. 44.

[18] ErbStR 2011 E 9.1 Abs. 3 (explizit dort nur für Grundstücksschenkungen geregelt).

[19] FG Sachsen-Anhalt v. 28.8.2002 – 2 K 111/02, BeckRS 2002, 21011170.

16 Das Vertragsmuster sieht die **notarielle Beurkundung** der Vereinbarung vor. Bereits das Schenkungsversprechen ist nach § 518 Abs. 1 Satz 1 BGB beurkundungsbedürftig. Der Mangel der Form wird allerdings durch die Bewirkung der versprochenen Leistung geheilt (§ 518 Abs. 2 BGB).

17 Darüber hinaus ist allerdings auch die Verpflichtung zur Übertragung der GmbH-Anteile und die Abtretung der Geschäftsanteile an der GmbH selbst beurkundungsbedürftig (§ 15 Abs. 4 Satz 1 und Abs. 3 GmbHG). Nach Rechtsprechung und herrschender Literaturauffassung erstreckt sich jedoch das Formerfordernis des § 15 Abs. 4 Satz 1 GmbHG bei der Übertragung einer GmbH & Co. KG nicht nur auf die bloße Verpflichtung zur Abtretung des Geschäftsanteils der Komplementär-GmbH, sondern auf die gesamten, diese Übertragungsverpflichtung begründenden Vereinbarungen unter Einschluss aller damit verbundenen Abreden (sog. **Einheitslösung**). Das Formerfordernis hinsichtlich der Verpflichtung zur Abtretung des Geschäftsanteils der Komplementär-GmbH schlägt damit also auf die Übertragung des Kommanditanteils durch. Im Ergebnis bedarf damit die gesamte schuldrechtliche Vereinbarung nach § 15 Abs. 4 Satz 1 GmbHG der notariellen Beurkundung. Die vertragliche Gestaltungspraxis macht sich allerdings häufig die **Heilungsbestimmung des § 15 Abs. 4 Satz 2 GmbHG** zunutze, indem der schuldrechtliche (Schenkungs-)Vertrag sowohl hinsichtlich der Kommanditanteile als auch hinsichtlich der Geschäftsanteile an der Komplementär-GmbH sowie die Abtretung der Kommanditanteile zunächst lediglich privatschriftlich vereinbart werden. Anschließend werden die Geschäftsanteile der Komplementär-GmbH in notarieller Form abgetreten, wodurch der privatschriftliche Teil des Geschäfts in vollem Umfang mit Wirkung ex nunc wirksam wird.[20] Bei einer **Einheitsgesellschaft,** bei der die KG sämtliche Anteile an der Komplementär-GmbH hält, entfällt die Notwendigkeit der notariellen Beurkundung. Die Kommanditanteile können hier beurkundungsfrei übertragen werden, wodurch die Anteile an der Komplementär-GmbH automatisch mit übergehen.

18 Oftmals sieht der Gesellschaftsvertrag einer GmbH & Co. KG vor, dass die Anteile an der KG nur im gleichen Verhältnis wie die Anteile desselben Gesellschafters an der Komplementär-GmbH übertragen werden dürfen. Besteht eine solche gesellschaftsvertragliche Vorgabe im Form einer sog. **Gleichlaufklausel** nicht, kann die Beteiligung an der Komplementär-GmbH als „Machtinstrument" genutzt werden, etwa indem der Schenker nur seine Anteile an der KG überträgt, nicht jedoch seinen Geschäftsanteil an der Komplementär-GmbH. So kann sich der Schenker gegebenenfalls über seine – mehrheitliche – Beteiligung an der Komplementär-GmbH maßgeblichen Einfluss auf die Geschäftsführung des Unternehmens bewahren, obwohl er als Kommanditist nur mit einer entsprechend niedrigeren Quote an der Gesellschaft beteiligt ist (vgl. Formular A. 2.34). Bei einer solchen Gestaltung müssen ertragsteuerliche Besonderheiten berücksichtigt werden (Rz. 25).

III. Steuerrechtliche Aspekte

1. Einkommensteuer

19 Vgl. zunächst die Anmerkungen zu Formular A. 2.21 Rz. 11 ff.

20 Bei der Übertragung des Mitunternehmeranteils auf den Beschenkten ist nach § 6 Abs. 3 Satz 1 Hs. 2. EStG die **Buchwertfortführung** beim Beschenkten gesichert, soweit das **funktional wesentliche Sonderbetriebsvermögen** in dem quotal selben Verhältnis übergeht.[21] Im Vertragsmuster ist eine quotale Übertragung von KG- und GmbH-Beteiligung vorgesehen.

---

[20] *Binz/Rosenbauer* NZG 2015, 1136 ff. mwN.

[21] BFH v. 24.8.2000 – IV R 51/98, BStBl. II 2005, 173; BMF v. 3.3.2005, BStBl. I 2005, 458, Tz. 9.

Die Beteiligung des Kommanditisten einer GmbH & Co. KG an der **Komplementär-GmbH** ist nach einhelliger Auffassung jedenfalls dann als **Sonderbetriebsvermögen** zu bewerten, wenn sich die Komplementär-GmbH auf die Geschäftsführung in der Kommanditgesellschaft beschränkt oder wenn ein daneben bestehender eigener Geschäftsbetrieb von ganz untergeordneter Bedeutung ist.[22] Damit ist jedoch nicht entschieden, ob es sich um eine wesentliche Betriebsgrundlage handelt. 21

Mit Urteil vom 25.11.2009 hat der BFH[23] entschieden, dass die Beteiligung eines Kommanditisten einer GmbH & Co. KG an der Komplementär-GmbH bei der insoweit maßgeblichen funktionalen Betrachtung dann **keine wesentliche Betriebsgrundlage** seines Mitunternehmeranteils darstellt, wenn der Kommanditist im Rahmen der GmbH nicht seinen geschäftlichen Willen durchsetzen kann. Die Finanzverwaltung differenziert verschiedene Konstellationen abhängig von der Beteiligungshöhe an den Gesellschaften und den Einflussmöglichkeiten.[24] 22

Hinsichtlich der ertragsteuerlichen Besonderheiten bei Zurückbehaltung der Geschäftsanteile an der Komplementär-GmbH vgl. Formular A. 2.34 (Rz. 5). 23

2. Schenkungsteuer

Grundsätzlich zu den schenkungsteuerlichen Aspekten bei der Anteilsübertragung vgl. Erläuterungen in A. 2.21 Rz. 14ff. 24

Unabhängig davon, ob man die Beteiligung eines Kommanditisten einer GmbH & Co. KG an der Komplementär-GmbH als funktional wesentliches Sonderbetriebsvermögen qualifiziert oder nicht (vgl. oben Rz. 22), handelt es sich jedenfalls um **Sonderbetriebsvermögen,** das gemeinsam mit der Beteiligung des Gesellschafters an der KG als Teil des Mitunternehmeranteils des Gesellschafters unter Inanspruchnahme der Begünstigungen nach den §§ 13a ff. ErbStG übertragen werden kann. 25

Das würde auch dann gelten, wenn die Beteiligung des Gesellschafters an der Komplementär-GmbH nicht mehr als 25 vH betragen würde, insoweit also die Voraussetzungen nach § 13b Abs. 1 Nr. 3 ErbStG nicht erfüllt wären, denn die Qualifizierung des Geschäftsanteils als Sonderbetriebsvermögen bei der Mitunternehmerschaft führt zu Anwendung von § 13b Abs. 1 Nr. 2 ErbStG. § 13b Abs. 1 Nr. 3 ErbStG findet für Kapitalgesellschaftsanteile in Betriebsvermögen keine Anwendung.[25] 26

3. Umsatzsteuer

Die Übertragung von Beteiligungen ist von der Umsatzsteuer nach § 4 Nr. 8f. UStG befreit. 27

4. Grunderwerbsteuer

Hinsichtlich der Übertragung der **Anteile an der KG** vgl. A. 2.21 Rz. 27f. 28

Die Übertragung der Geschäftsanteile an der **Komplementär-GmbH** kann Grunderwerbsteuer auslösen, wenn sich hierdurch mindestens 95 vH der Geschäftsanteile in der Hand eines Gesellschafters vereinigen (§ 1 Abs. 3 Nr. 1 GrEStG). Personenbezogene Befreiungsvorschriften können in diesem Fall nicht angewendet werden, weil beim Anteilserwerb derjenige, in dessen Hand sich die Anteile vereinigen, grunderwerbsteuerrechtlich so behandelt wird, als habe er ein Grundstück von der Gesell- 29

---

[22] BFH v. 18.5.1983 – I R 5/82, BStBl. II 1983, 771; Schmidt/*Wacker* EStG § 15 Rz. 714; OFD München v. 2.4.2001, GmbHR 2001, 684; OFD NRW v. 21.6.2016, DB 2016, 1907.

[23] BFH v. 25.11.2009 – I R 72/08, DStR 2010, 269.

[24] OFD NRW v. 21.6.2016, DB 2016, 1907; vgl. auch BFH v. 16.4.2015 – IV R 1/12, DStR 2015, 1362 (Minderheitsbeteiligung von weniger als 10% an der GmbH).

[25] Troll/Gebel/Jülicher/*Gottschalk* ErbStG § 13b Rz. 116.

schaft erworben, deren Anteile sich in seiner Hand vereinigen.[26] In der Praxis wird die Komplementär-GmbH einer GmbH & Co. KG allerdings nur in seltenen Fällen Grundbesitz halten, so dass sich hier regelmäßig keine Probleme ergeben.

B. Einzelerläuterungen

30 Zur Vertragsgestaltung der Anteilsübertragung ohne Gegenleistung vgl. zunächst die Erläuterungen in A. 2.21 Rz. 29ff.

Zu § 3: Stichtag und Gewährleistung

31 Um das **Risiko einer Vollhaftung** des eintretenden Gesellschafters für die zwischen dem Zeitpunkt seines Eintritts und der Eintragung seiner begrenzten Kommanditistenhaftung im Handelsregister durch die Gesellschaft begründeten Verbindlichkeiten (§ 176 Abs. 1 iVm. Abs. 2 HGB) auszuschließen wird der Übertragungsstichtag auf die Eintragung verschoben.

32 Die Vereinbarung einer solchen **aufschiebenden Bedingung** ist allerdings mit dem Nachteil verbunden, dass der genaue Zeitpunkt der Schenkung und damit der nach § 9 Abs. 1 Nr. 2 ErbStG für die Schenkungsteuerermittlung maßgebliche Zeitpunkt zunächst ungewiss bleibt. Das kann – besonders wenn die Schenkung zum Jahreswechsel erfolgt – dazu führen, dass ggf. geänderte Rechtsvorschriften zur Anwendung gelangen. Wer das verhindern möchte, verzichtet auf die Aufnahme einer aufschiebenden Bedingung unter Prüfung der Haftungsrisiken.

33 Der Verzicht einer aufschiebenden Bedingung zur Vermeidung der Vollhaftung ist in solchen Fällen aber wohl vertretbar, nachdem nämlich davon ausgegangen werden kann, dass bei einer Gesellschaft in Rechtsform der **GmbH & Co. KG** der für eine bis zur Eintragung des Kommanditisten erforderliche Rechtsschein einer Vollhaftung regelmäßig nicht bestehen wird, so dass eine Vollhaftung nach § 176 Abs. 1 iVm. Abs. 2 HGB in diesen Fällen nicht besteht.[27]

34 In den Fällen, in denen aber die Ungewissheit über den genauen Zeitpunkt der Schenkung kein Problem darstellt, empfiehlt sich auch weiterhin die Aufnahme der hier vorgeschlagenen aufschiebenden Bedingung. Das gilt insbesondere bei der Übertragung auf einen Minderjährigen, um Bedenken von Ergänzungspflegern und dem Familiengericht zu begegnen. In zeitkritischen Fällen muss unter Hinweis auf die ins Vertragsmuster aufgenommenen Gewährleistungen und Freistellungen (Abs. 4 und 5) die Genehmigung erreicht werden. Vielleicht sehen die Entscheidungsträge abweichende oder zusätzliche Formulierungen als erforderlich. Auch deshalb

Zu § 4: Auflösende Bedingung und Widerrufsvorbehalte

35 Vgl. grundsätzlich hierzu die Erläuterungen in A. 2.21 Rz. 38ff.

36 Die im Vertrag vereinbarten auflösenden Bedingungen und Widerrufsvorbehalte beziehen sich sowohl auf die Übertragung des KG-Anteils als auch des Geschäftsanteils an der Komplementär-GmbH. Einige Regelungen kommt bei **minderjährigen Beschenkten** eine besondere Bedeutung zu, da deren weitere Entwicklung noch schwerer vorhersehbar ist als bei älteren Beschenkten. Wenn der Beschenkte das siebte Lebensjahr noch nicht vollendet hat und daher geschäftsunfähig ist (§ 104 Nr. 1 BGB) sollte der Widerrufsgrund nach Abs. 2 Buchst. c angepasst werden („über die Vollendung des siebten Lebensjahres geschäftsunfähig bleibt oder danach wird").

---

[26] BFH v. 8.6.1988 – II R 143/86, BStBl. II 1988, 785; FM Baden-Württemberg v. 18.12.2009, DStR 2010, 114.

[27] OLG Frankfurt v. 9.5.2007 – 13 U 195/06, NZG 2007, 625; Baumbach/Hopt/*Roth* Anhang nach § 177a Rz. 19.

Im Hinblick auf die beschriebene **Haftungsproblematik** (Rz. 33ff.) ist zu überdenken, ob auch für den Rückfall eine aufschiebende Bedingung vereinbart wird, damit der Schenker mangels Eintragung nicht „vollhaftender Kommanditist". Da im Vertragsmuster der Schenker als eingetragener Kommanditist der Gesellschaft auch nach der Schenkung noch beteiligt bleibt, stellt sich diese Frage hier aber nicht. 37

Zu § 5: Anrechnung

Insbesondere auch im Hinblick auf die Minderjährigkeit des Beschenkten sieht das Vertragsmuster eine Bestimmung zur Anrechnung auf den Pflichtteil vor, die sicherstellen soll, dass dem Beschenkten kein Nachteil erwächst. Die Anrechnung erfolgt mit dem Wert zum Schenkungs- bzw. Todeszeitpunkt des Schenkers in Abhängigkeit davon, welches der niedrigere Wert ist, also allein vorteilhaft für den Beschenkten. Das Gesetz sieht einen Ansatz des Wertes zum Zeitpunkt der Schenkung vor (§ 2315 Abs. 2 Satz 2 BGB). Ein zwischenzeitlicher Wertverfall kann danach dazu führen, dass im Erbfall wertmäßig mehr angerechnet wird als der Schenkungsgegenstand zu diesem Zeitpunkt wert ist. 38

Zu § 7: Familiengerichtliche Genehmigung

Die hier im Vertragsmuster vorgesehenen Bestimmungen sollen die Abwicklung im Zusammenhang mit der – je nach Fallgestaltung – erforderlichen familiengerichtlichen Genehmigung (Rz. 12ff.) erleichtern. Der Notar belehrt, welche Voraussetzungen für eine wirksame Genehmigung erfüllt sein müssen. Hierzu gehört, dass die Genehmigung dem anderen Vertragsteil vom gesetzlichen Vertreter (Vormund/Eltern/Pfleger/Betreuer) mitgeteilt wird (§ 1829 Abs. 1 Satz 2 BGB). Um Nachweisproblemen, zB gegenüber dem Grundbuchamt in der Form des § 29 GBO, zu begegnen, hat sich die Lösung über eine **„Doppelbevollmächtigung des Notars"** mit Nachweis durch Eigenurkunde entwickelt. Der Notar erklärt, dass ihm die Genehmigung mit Rechtskraftzeugnis als Bevollmächtigter des am Vertrag beteiligten gesetzlichen Vertreters zugegangen ist und er diese sich selbst als gleichzeitig Bevollmächtigter des anderen Vertragsteils (Minderjähriger) mitgeteilt und für diesen in Empfang genommen hat. 39

Zeitliche Verzögerungen können sich daraus ergeben, dass der Genehmigungsbeschluss nach § 40 Abs. 2 FamFG **mit formeller Rechtskraft wirksam** wird. Die formelle Rechtskraft tritt nach § 45 Satz 1 FamFG erst ein, wenn die Frist[28] für die Einlegung der zulässigen Rechtsmittel abgelaufen ist. Der Beschluss ist nach § 41 Abs. 3 FamFG auch dem Minderjährigen (Pflegling, Betreuten) bekannt zu geben. Ist dieser nicht verfahrensfähig,[29] kann die Notwendigkeit bestehen einen Verfahrenspfleger/-beistand zu bestellen, der im Verfahren dessen Rechte vertritt (Rz. 11). 40

[28] Nach § 63 Abs. 2 Nr. 2 FamFG läuft eine Zwei-Wochen-Frist beginnend für jeden Beteiligten mit der schriftlichen Bekanntgabe des Beschlusses.

[29] Beschränkt Geschäftsfähige, die das 14. Lebensjahr vollendet haben (Alter von 14 bis 17), können nach § 9 Abs. 1 Nr. 3 FamFG verfahrensfähig sein. Bei fehlender Verfahrensfähigkeit handeln die nach bürgerlichem Recht dazu befugten Personen (§ 9 Abs. 2 FamFG).

A. 2.32 Schenkweise Übertragung einer mitunternehmerischen Kommanditbeteiligung mit Nießbrauchsvorbehalt

Gliederung

A. 2.32

Schenkungsvertrag

Vor mir, dem Notar [...], erschienen

1. Herr A, geboren am [...], wohnhaft [...],

„Schenker"

2. Herr E, geboren am [...], wohnhaft [...],
handelnd nicht im eigenen Namen, sondern als Ergänzungspfleger, bestellt durch Beschluss des Amtsgerichts [...] – Familiengericht – vom [...] (Az. [...]), aufgrund der Bestallungsurkunde vom [...], die bei der Beurkundung im Original vorliegt und von der eine beglaubigte Abschrift dieser Urkunde beigefügt ist,
für das minderjährige Enkelkind des Erschienenen zu 1., D, geb. am [...], wohnhaft [...],

„Beschenkter".

Die Erschienenen wiesen sich durch Ihre Bundespersonalausweise aus. Sie baten den Notar um Beurkundung der nachfolgenden Erklärungen:

Vorbemerkung

Der Schenker ist an der unter HRA [...] beim Amtsgericht [...] eingetragenen „ABC-GmbH & Co. KG" mit dem Sitz in [...] (im Folgenden: „KG") beteiligt. Sein Kapitalanteil beträgt € 4000,–, das entspricht einer Beteiligungsquote von 40 vH.
Im Übrigen stellen sich die Beteiligungsverhältnisse wie folgt dar:

A	**€ 4000,–, entspricht 40 vH**
B	**€ 3000,–, entspricht 30 vH**
C	**€ 3000,–, entspricht 30 vH.**
ABC-GmbH	**€ 0,–, entspricht 0 vH.**

Die für A bei der KG geführten Konten weisen zum letzten Bilanzstichtag folgende Salden aus:

Kapitalkonto I	**€ 4000,–**
Kapitalkonto II	**€ 76000,–**
Privatkonto/Darlehenskonto	**€ 160000,–**

Persönlich haftende Gesellschafterin der KG ist die unter HRB [...] beim Amtsgericht [...] eingetragene ABC-GmbH. An der ABC-GmbH sind die Gesellschafter A, B und C im selben prozentualen Verhältnis beteiligt, wie an der KG.
Der Geschäftsanteil des A an der ABC-GmbH von nominal € 12000,– wurde mit Gesellschafterbeschluss vom [...] in zwei Geschäftsanteile zu € 9000,– (Anteils-Nr. 4) und € 3000,– (Anteils-Nr. 5) geteilt.

Es gelten die Gesellschaftsverträge in der Fassung vom [...] (KG) und vom [...] (GmbH). Danach kann der Schenker jeweils frei über seine Gesellschaftsbeteiligungen verfügen.
Der Schenker ist der Großvater des Beschenkten. Er beabsichtigt, seinen Enkel im Wege vorweggenommener Erbfolge an der KG sowie der ABC-GmbH zu beteiligen und ihm deshalb jeweils einen Teil seiner Gesellschaftsbeteiligungen schenkweise zu übertragen, dies jedoch vorbehaltlich eines lebenslangen Nießbrauchsrechts.
Zu Gunsten des Sohnes des Schenkers und Vaters des Beschenkten, Herr [...], geboren am [...], wohnhaft [...] (nachfolgend auch „Sohn" genannt), soll an den geschenkten Beteiligungen nach dem Tod des Schenkers ein lebenslanges Nießbrauchsrecht eingeräumt werden.

Die Erschienenen wiesen sich durch Ihre Bundespersonalausweise aus. Sie baten den Notar um Beurkundung der nachfolgenden Erklärungen:

§ 1 Schenkung und Abtretung der KG-Beteiligung

(1) Der Schenker schenkt hiermit zu dem in § 3 bestimmten Stichtag im Wege vorweggenommener Erbfolge dem Beschenkten eine Beteiligung an der KG von 10 vH, somit einen Kapitalanteil (Kapitalkonto I) von € 1 000,–, sowie jeweils einen entsprechenden Anteil an den sonstigen für ihn bei der OHG geführten Gesellschafterkonten einschließlich Darlehenskonto.
(2) In Vollzug des vorstehenden Schenkungsversprechens tritt der Schenker im Wege der Sonderrechtsnachfolge die KG-Beteiligung einschließlich entsprechender Anteile an den für den Schenker bei der OHG geführten Gesellschafterkonten zu dem in § 3 festgelegten Stichtag an den Beschenkten ab.
(3) Der Beschenkte nimmt die Schenkung und Abtretung seines Vaters dankend an.
(4) Nach der Abtretung stellen sich die Beteiligungsverhältnisse an der KG wie folgt dar:
A € 3 000,–, entspricht 30 vH
B € 3 000,–, entspricht 30 vH
C € 3 000,–, entspricht 30 vH
D € 1 000,–, entspricht 10 vH.
(5) Die Umbuchung des Kapitalkontos I sowie der übrigen Konten ist vorzunehmen. Der Beschenkte ist als neuer Gesellschafter der KG mit einer Haftsumme von € 1 000,– ins Handelsregister einzutragen. Die Haftsumme des Beschenkten reduziert sich durch die Übertragung um € 1 000,– auf € 4 000,–. Der beurkundende Notar wird beauftrag, die Änderungen dem Handelsregister anzumelden.

§ 2 Schenkung und Abtretung des GmbH-Geschäftsanteils

(1) Der Schenker schenkt hiermit zu dem in § 3 bestimmten Stichtag im Wege vorweggenommener Erbfolge dem Beschenkten seinen mit Anteils-Nr. 5 bezeichneten Geschäftsanteil an der ABC-GmbH in Höhe von € 3 000,– und tritt in Vollzug der Schenkung diesen Geschäftsanteil an den Beschenkten ab. Die Schenkung und Abtretung erfolgt einschließlich aller auf den Geschäftsanteil entfallenden und damit im Zusammenhang stehenden Rechte und Nebenrechte, insbesondere Gewinnbezugsrechte, soweit Gewinne noch nicht an den Schenker ausgeschüttet sind.
(2) Der Beschenkte nimmt die Schenkung und Abtretung seines Vaters dankend an.

§ 3 Stichtag und Gewährleistung

(1) Die Schenkung und Abtretung der in § 1 bezeichneten KG-Beteiligung einschließlich der dort bezeichneten anteiligen Rechte, Pflichten und Konten erfolgt auf-

schiebend bedingt auf die Eintragung des Eintritts des Beschenkten im Wege der Sonderrechtsnachfolge als Kommanditist der Gesellschaft im Handelsregister.

(2) Die Schenkung und Abtretung des in § 2 bezeichneten Geschäftsanteils einschließlich der dort bezeichneten Rechte und Nebenrechte erfolgt aufschiebend bedingt auf die Eintragung des Beschenkten als Kommanditist der KG kraft Sonderrechtsnachfolge im Handelsregister.

(3) Wirtschaftlich und steuerlich erfolgen die Schenkungen und die Abtretungen mit Wirkung zum [...]. Zu diesem Stichtag gehen Gefahr, Nutzungen und Lasten der verschenkten KG-Beteiligung und des verschenkten Geschäftsanteils auf den Beschenkten über. Der Anteil am Jahresergebnis des laufenden Geschäftsjahres der KG, der auf die verschenkte KG-Beteiligung entfällt, wird zeitanteilig auf den Stichtag (auf der Basis von 365 Tagen im Kalenderjahr) abgegrenzt. Dividenden, die nach dem Stichtag von der GmbH auf den verschenkten Geschäftsanteil ausgeschüttet werden, stehen dem Beschenkten ohne Rücksicht darauf zu, wann der für die Ausschüttung verwendete Gewinn erzielt wurde. § 101 Nr. 2 Hs. 2 BGB ist abbedungen.

(4) Der Schenker gewährleistet, dass er uneingeschränkter Rechtsinhaber der geschenkten Beteiligungen ist und dass mit Ausnahme etwaiger gesellschaftsvertraglicher Zustimmungsvorbehalte keine Veräußerungsbeschränkungen oder Rechte Dritter hinsichtlich der geschenkten Beteiligungen bestehen. Er gewährleistet zudem, dass die Hafteinlagen des Schenkers bei der KG in voller Höhe geleistet und bis zum heutigen Tage von der KG nicht zurückgewährt wurden und eine Haftung weder durch Rückführung von Gesellschaftsmitteln noch durch Entnahmen bei durch Verlust gemindertem Kapitalkonto gemäß § 172 Abs. 4 HGB wieder aufgelebt ist, und der geschenkte GmbH-Geschäftsanteil in voller Höhe eingezahlt ist. Für die Sorgfaltspflichten sowie für die Haftung aufgrund von Sach- und Rechtsmängeln gelten ansonsten die §§ 521 bis 524 BGB, jedoch mit der Maßgabe, dass der Schenker jeweils nur Vorsatz zu vertreten hat.

(5) Der Schenker stellt die Beschenkte darüber hinaus im Innenverhältnis von sämtlichen eventuellen Haftungsansprüchen gemäß § 176 Abs. 2 HGB oder infolge einer Ausfallhaftung nach §§ 16 Abs. 3, 24, 31 Abs. 3 GmbHG frei.

§ 4 Auflösende Bedingung und Widerrufsvorbehalte

(1) Vorstehende Schenkungen fallen weg und die Abtretungen verliert ihre Wirkung, wenn zu Lebzeiten des Schenkers über das Vermögen des Beschenkten das Insolvenzverfahren eröffnet oder die Eröffnung mangels Masse abgelehnt wird (auflösende Bedingung).

(2) Der Schenker behält sich neben den gesetzlichen Widerrufsgründen das Recht vor, die Schenkungen gegenüber dem Beschenkten ganz oder teilweise widerrufen, wenn

a) der Beschenkte vor dem Schenker stirbt.

b) auf Grund eines nicht nur vorläufig vollstreckbaren, vorbehaltlosen, zur Befriedigung berechtigenden Titels Zwangsvollstreckungsmaßnahmen in die geschenkte Beteiligung eingeleitet und nicht binnen drei Monaten nach Einleitung wieder aufgehoben werden.

c) der Beschenkte geschäftsunfähig oder für ihn ein Betreuer gem. § 1896 BGB bestellt wird.

d) der Beschenkte innerhalb der nächsten [...] Jahre ohne schriftliche Zustimmung des Schenkers über den erworbenen Schenkungsgegenstand oder Teile davon durch Belastung oder durch Veräußerung verfügt oder diese in ein eheliches Gesamtgut gelangen lässt oder entsprechende Maßnahmen einzuleiten beginnt.

e) in der Person des Beschenkten ein Umstand eintritt, der die Schenkerin zur Entziehung des Pflichtteils berechtigten würde.

f) die Scheidung einer von dem Beschenkten eingegangenen Ehe beantragt ist, es sei denn, der Beschenkte weist innerhalb von drei Monaten nach, dass im Rahmen der Scheidung kein Zugewinnausgleich stattzufinden hat oder der Schenkungsgegenstand nicht Teil der Berechnung des Zugewinns ist und sein wird. Das Widerrufsrecht besteht auch, wenn sich der erbrachte Nachweis später als falsch herausstellt.

g) der Beschenkte heiratet, ohne mit seinem Ehegatten zuvor einen Ehe- und Pflichtteilsverzichtsvertrag geschlossen zu haben, nach dem sämtliches Vermögen, welches ein Ehepartner geschenkt erhalten oder geerbt hat, vom Zugewinnausgleich ausgenommen und auch bei der Berechnung des Pflichtteils unberücksichtigt bleibt. Das Recht zum Widerruf entfällt, wenn der Beschenkte vor Ausübung des Widerrufsrechts mit seinem Ehepartner einen solchen Vertrag schließt und dem Widerrufsberechtigten zur Kenntnis bringt. Der Weigerung zum Abschluss des Vertrages steht die Aufhebung eines solchen Vertrages gleich.

Die unter Buchst. e) bis g) vereinbarten Widerrufsgründe gelten entsprechend bei Begründung eines ausländischen Güterstandes und für ausländische Pflichtteils- oder Noterberechte sowie bei Begründung einer Lebenspartnerschaft nach dem Lebenspartnerschaftsgesetz oder einer entsprechenden Regelung ausländischen Rechts.

h) der Beschenkte einer Organisation beitritt oder eine Organisation finanziell unterstützt, bei der es sich handelt um (i) eine Sekte (zB Scientology Church) oder eine ähnlich organisierte oder operierende Religions-, Glaubens- oder Weltanschauungsgemeinschaft, insbesondere eine Sekte, die im Sektenbericht des Bundestages genannt ist, (ii) eine terroristische Vereinigung oder um eine andere Organisation, die unter Beobachtung des Verfassungsschutzes steht oder (iii) eine als jugend- oder allgemeingefährdend oder kriminell anzusehende Organisation.

i) der Beschenkte nicht innerhalb einer Frist von drei Monaten seit Aufforderung durch den Schenker diesem durch Vorlage einer ärztlichen Bescheinigung nachweist, dass er weder drogen- noch alkoholabhängig ist. Die Bescheinigung ist durch einen in Deutschland anerkannten und kassenärztlich zugelassenen Arzt auszustellen; die Wahl des Arztes liegt im Übrigen im freien Ermessen des Beschenkten. Drogenabhängigkeit im Sinne dieses Vertrages liegt auch vor, wenn der Beschenkte entweder wegen einer Straftat nach dem Betäubungsmittelgesetz (BtMG) rechtskräftig verurteilt wird oder wenn der mehrmalige Konsum von Betäubungsmitteln im Sinne des BtMG nach seiner jeweils gültigen Fassung (§ 1 Abs. 1 BtMG nebst Anlagen) nachgewiesen ist. In diesen Fällen besteht das Widerrufsrecht, ohne dass eine Aufforderung zur Vorlage einer ärztlichen Bescheinigung erforderlich ist.

j) der Beschenkte nicht innerhalb einer Frist von drei Monaten seit Aufforderung durch die Schenkerin dieser durch Vorlage einer ärztlichen Bescheinigung nachweist, dass er nicht unter Spielsucht (pathologisches/zwanghaftes Spielen) leidet. Vorstehend Buchst. i) Satz 2 gilt entsprechend.

k) für die Schenkung von den Steuer- und Finanzbehörden im Rahmen der Steuerveranlagung Schenkungsteuer von mehr als € […],– festgesetzt wird. Gleiches gilt bei der nachträglichen Festsetzung von Schenkungsteuer von insgesamt mehr als € […],–, etwa wegen eines Verstoßes gegen die Lohnsummenkontrolle im Sinne von § 13a Abs. 3 ErbStG oder der Verwirklichung eines Nachsteuertatbestandes im Sinne des § 13a Abs. 6 ErbStG.

l) in der Bundesrepublik Deutschland zu irgendeinem Zeitpunkt bis zum Ablauf von sieben Jahren ab dem Übertragungsstichtag nach § 2 Abs. 1 eine Rechtslage eintritt, nach welcher keine Erbschaft- und Schenkungsteuer erhoben wird.

(3) Mit Eintritt der auflösenden Bedingung nach Abs. 1 oder nach Ausübung des Widerrufsrechts nach Abs. 2 geht die übertragene Beteiligung – im Falle der Ausübung des Widerrufsrechts im Umfang des Widerrufs – samt den Guthaben auf den bei der KG geführten Gesellschafterkonten sowie etwaige Surrogate unentgeltlich auf den Schenker mit dinglicher Wirkung über. Die Ausübung des Widerrufsrechts ist auflösende Bedingung für die schuldrechtliche Schenkung und ihren dinglichen Vollzug. Sofern ein dinglicher Rückfall des Schenkungsgegenstandes oder der Surrogate nicht möglich ist, entsteht mit Bedingungseintritt ein schuldrechtlicher Rückforderungs- oder Wertersatzanspruch.

(4) Das Widerrufsrecht des Schenkers nach Abs. 2 Buchst. k) ist ausgeschlossen, sofern sich der Beschenkte zur Übernahme der Schenkungsteuer verpflichtet, die nach der unter § 6 Abs. 2 getroffenen Vereinbarung vom Schenker zutragen ist, und den Schenker im Innenverhältnis von dieser Steuer freistellt. Vor der Ausübung des Widerrufsrechts hat der Schenker den Beschenkten schriftlich über die Absicht des Widerrufs zu informieren und unter Fristsetzung („Ankündigungsfrist“) zur Erklärung auffordern, ob der Beschenkte bereit ist, diese Schenkungsteuer zu tragen und den Schenker insoweit im Innenverhältnis freizustellen; die Ankündigungsfrist muss mindestens einen Monat betragen.

(5) Der Widerruf kann nur binnen einer Frist von sechs Monaten, nachdem der Schenker von dem Widerrufsgrund Kenntnis erlangt hat, ausgeübt werden und hat durch eingeschriebenen Brief zu erfolgen. Im Falle eines Widerrufs nach Abs. 2 Buchst. k) ist für den Fristbeginn der Sechs-Monats-Frist die Bestandskraft sämtlicher Steuerbescheide maßgebend. Das Recht, schon vor Bestandskraft des Steuerbescheids den Widerruf zu erklären, bleibt hiervon jedoch unberührt. Sobald der erste, auch nur vorläufige oder unter Vorbehalt der Nachprüfung stehende Steuerbescheid dem Beschenkten oder dem Schenker zugegangen ist, kann der Widerruf erklärt werden.

(6) Nutzungen, die der Beschenkte vor dem Rückfall des Schenkungsgegenstandes gezogen hat, verbleiben ihm. Seine Aufwendungen im Zusammenhang mit dem Schenkungsgegenstand sind ihm nicht zu erstatten. Sämtliche Kosten und etwaige Steuern, die bei dem Beschenkten durch den Rückfall oder die Rückübertragung der geschenkten Beteiligung anfallen, trägt der Schenker.

(7) Unabhängig davon, ob ein dinglicher Rückfall stattfindet oder ein Rückübertragungsanspruch besteht, verpflichtet sich der Beschenkte, die geschenkte Beteiligung unverzüglich nach Ausübung des Widerrufsrechts oder Eintritt einer Bedingung nach Abs. 1 abzutreten und alle Erklärungen abzugeben, die für die Rückabtretung und die Umsetzung des Rückfalls des Schenkungsgegenstandes erforderlich sind. Hierzu erteilt der Beschenkte dem Schenker bereits heute Vollmacht unter Befreiung von den Beschränkungen des § 181 BGB. Die vorstehende Verpflichtung und die vorstehende Vollmacht erstrecken sich auch auf etwaige Surrogate des Schenkungsgegenstandes.

(8) Das sich aus vorstehenden Regelungen ergebende Recht des Schenkers, die Schenkung zu widerrufen, ist höchstpersönlich und nicht vererblich.

§ 5 Vorbehaltsnießbrauch

(1) Der Schenker behält sich an der geschenkten KG-Beteiligung einschließlich aller mitgeschenkter Gesellschafterkonten sowie an dem geschenkten Geschäftsanteil an der ABC-GmbH jeweils den unentgeltlichen und lebenslänglichen Nießbrauch vor.

(2) Der Beschenkte bestellt hiermit dem Schenker den lebenslangen unentgeltlichen Nießbrauch an der nach § 1 auf ihn übertragenen Beteiligungen nebst anteiligem Guthaben auf den übertragenen Konten bei der KG in ihrer jeweiligen Höhe.

(3) Eine Zustimmung zur Nießbrauchsbestellung durch die Gesellschaft oder die Gesellschafter ist nach § [...] des Gesellschaftsvertrages der KG sowie nach § [...] des Gesellschaftsvertrages der ABC-GmbH nicht erforderlich.

(4) Dem Nießbraucher stehen die nach dem jeweiligen Gesellschaftsvertrag und den jeweiligen Beschlüssen der Gesellschaft entnahmefähigen laufenden Gewinnanteile aus den geschenkten Gesellschaftsbeteiligungen einschließlich der Verzinsung der geschenkten Gesellschafterkonten sowie die aus entnahmefähigen laufendem Gewinn während der Dauer des Nießbrauchs gebildeten und aufgelösten Gewinnrücklagen zu.

(5) Über den laufenden Gewinn hinaus erzielte Gewinne, also Gewinne, die aus der Realisierung stiller Reserven des Anlagevermögens resultieren (zB Gewinne aus der Veräußerung von Tochtergesellschaften oder Grundstücken und Inventar) – nachfolgend „außerordentliche Gewinne" –, stehen ausschließlich dem Beschenkten zu. Der vereinbarte Nießbrauch setzt sich aber an diesen Gewinnanteilen abzüglich hierauf entfallender von dem Beschenkten zu zahlender Steuern als Surrogat für die übertragene Vermögenssubstanz fort. Solche außerordentlichen Gewinne gelten immer als nachrangig entnommen, sofern ein Jahresüberschuss aus laufenden Gewinnen vorhanden ist.

(6) Gewinne werden steuerlich jeweils derjenigen Partei zugerechnet und sind von derjenigen Partei zu versteuern, der sie auch wirtschaftlich zustehen. Der Schenker und der Beschenkte tragen danach die sich aus ihnen jeweils aus dem Nießbrauch bzw. der Beteiligung zustehenden Gewinnen ergebenden Belastungen mit Steuern (einschließlich Zuschlägen und steuerlichen Nebenleistungen im Sinne von § 3 AO) selbst, auch wenn die einkommensteuerrechtliche Gewinnzurechnung von der zivil- und handelsrechtlichen Gewinnzurechnung abweicht. Im Falle einer solchen abweichenden Gewinnzurechnung sind die Parteien verpflichtet, alle Maßnahmen zu ergreifen und Erklärungen abzugeben, um die vorstehend vereinbarte Gewinnzurechnung zu erreichen. Wenn dies nicht gelingt, ist ein entsprechender Ausgleich im Innenverhältnis zwischen dem Schenker und dem Beschenkten vorzunehmen und die Parteien haben sich von den Steuerbelastungen aus abweichend zugerechneten Gewinnen freizustellen.

(7) Im Falle der Beendigung des Nießbrauchs im Laufe eines Geschäftsjahres stehen die für das Geschäftsjahr entnahmefähigen Gewinnanteile dem Schenker und dem Beschenkten zeitanteilig zu, unabhängig vom Zeitpunkt des Jahresabschlusses oder der Beschlussfassung über die Gewinnverwendung, soweit der Gewinn danach entnahmefähig ist.

(8) Wird das Festkapital der KG oder das Stammkapital der GmbH aus Gesellschaftsmitteln erhöht, erstreckt sich der Nießbrauch auch auf denjenigen neuen Anteil am Gesellschaftskapital, der auf den Beschenkten entfällt.

(9) Findet bei einer Gesellschaft eine Kapitalerhöhung nicht aus Gesellschaftsmitteln, sondern durch Einlagen der Gesellschafter statt, steht es im Ermessen des Beschenkten, ob und inwieweit er sich an dieser beteiligt. Nimmt er an der Kapitalerhöhung teil, gebühren die der Kapitalerhöhung entsprechenden Gewinnanteile und andere Nutzungen dem Beschenkten.

(10) Erwirbt der Beschenkte für eine geschenkte Beteiligung einen Anspruch gegen die Gesellschaft, die an die Stelle der Beteiligung tritt (Surrogat), setzt sich der Nießbrauch am Surrogat automatisch fort. Zu den Surrogaten zählen insbesondere Ansprüche auf:

– Auszahlung eines Auseinandersetzungsguthabens bei Auflösung der Gesellschaft oder bei Ausscheiden aus der Gesellschaft,

- eine sonstige Abfindung bei Ausscheiden aus der Gesellschaft,
- die Rückzahlung von Einlagen oder Nachschüssen,
- eine Barabfindung nach dem Umwandlungsgesetz.

(11) Zu den Surrogaten gehören auch die gewährten Anteile an dem übernehmenden Rechtsträger im Falle der Umwandlung der Gesellschaft oder der Einbringung der Beteiligung gegen Gewährung von Gesellschaftsrechten. Ein durch eine Veräußerung der Beteiligung erzielter Veräußerungserlös zählt ebenso zu den Surrogaten, wie entnommener außerordentlicher Gewinn nach Abs. 5.

(12) Falls die Erstreckung des Nießbrauchs auf ein Surrogat nicht kraft Gesetzes automatisch erfolgt, verpflichten sich die Parteien, alles zu tun, was zu einer Einräumung des Nießbrauchs am jeweiligen Surrogat erforderlich sein sollte, insbesondere sämtliche hierfür erforderlichen Erklärungen abzugeben.

(13) Die mit den geschenkten Beteiligungen verbundenen Stimm- und Verwaltungsrechte an den Gesellschaften werden während der Dauer des Nießbrauchs von dem Nießbraucher ausgeübt, soweit nicht nachfolgend (Abs. 14) abweichend geregelt.

(14) Bei Beschlüssen, die außergewöhnliche Angelegenheiten betreffen, insbesondere bei sog. Kernbereichsbeschlüssen, wird das Stimmrecht aus dem nießbrauchsbelasteten Schenkungsgegenstand durch den Beschenkten ausgeübt. Hierzu gehören insbesondere:
- Änderungen des Zwecks oder Gegenstandes des Unternehmens,
- Änderung der Gewinnbeteiligung oder des Beteiligungsverhältnisses,
- Änderung der Entnahmebefugnisse oder der Entgelts-/Abfindungsregelungen,
- Änderung des Zinssatzes für die Gesellschafter-Darlehenskonten,
- Einlagenerhöhungen oder Herabsetzungen,
- Auflösung, Fortsetzung oder Umwandlung der Gesellschaft,
- Zustimmung zur Abtretung von Gesellschaftsanteilen sowie die Aufnahme, den Ausschluss oder die Kündigung von Gesellschaftern,
- sonstige Änderungen des Gesellschaftsvertrages, die die Rechtsstellung des Beschenkten beeinträchtigen.

Gestaltungs- und Verfügungsrechte, die die Beteiligung als solche betreffen, stehen ebenfalls dem Beschenkten zu. Dies gilt insbesondere für:
- die Kündigung der Gesellschaft,
- die Erhebung der Auflösungsklage,
- die ganze oder teilweise Veräußerung der Beteiligung.

(15) Der Beschenkte wird seine vorstehend beschriebenen Rechte jedoch dann nicht ohne Zustimmung des Schenkers in seiner Eigenschaft als Nießbraucher ausüben, sofern es sich um Erklärungen und Rechtshandlungen handelt, die zum Untergang oder zur einer die Rechtsstellung des Schenkers als Nießbraucher beeinträchtigenden Veränderung der Beteiligung führen. § 1071 BGB bliebt unberührt.

(16) Sofern dem Schenker diese Rechte nicht ohnehin als Gesellschafter der betroffenen Gesellschaften zustehen, wird der Beschenkte dem Schenker im Rahmen seiner Rechte auf Auskunft und Einsichtnahme auf Verlangen des Schenkers umfassend informieren. Ihm stehen dieselben Rechte zu wie dem Beschenkten als Gesellschafter. Insbesondere erhält der Schenker – soweit rechtlich möglich – eine Kopie des Jahresabschlusses der Gesellschaft und des Prüfungsberichts des Abschlussprüfers. Der Beschenkte wird die jeweilige Gesellschaft anweisen, zusätzlich zu dem Beschenkten auch den Schenker zu den Gesellschafterversammlungen zu laden, soweit er nicht aus eigenem Recht zur Teilnahme berechtigt ist. Der Schenker darf sich zur Ausübung seiner Rechte von einem anderen Gesellschafter oder einem Angehörigen der rechts-, steuerberatenden oder wirtschaftsprüfenden Berufe, der gesetzlich zur Berufsverschwiegenheit

verpflichtet ist, vertreten lassen oder sich des Beistands einer solchen Person bedienen.

§ 6 Aufschiebend bedingter Zuwendungsnießbrauch

(1) Aufschiebend bedingt auf den Fortfall § 5 vereinbarten Vorbehaltsnießbrauchs, insbesondere durch den Tod des Schenkers, wendet der Schenker seinem Sohn [...] den lebenslangen unentgeltlichen Nießbrauch an den nach § 1 übertragenen Gesellschaftsbeteiligungen nebst anteiligem Guthaben auf den übertragenen Konten in ihrer jeweiligen Höhe zu.

(2) [...] erhält den Zuwendungsnießbrauch, es sei denn, er weist dieses Recht nach Bedingungseintritt zurück (§ 333 BGB).

(3) Die vorstehend unter § 5 getroffenen Vereinbarungen gelten für das Nießbrauchsrecht des Sohnes sinngemäß.

(4) Der Schenker behält sich vor, bis zum Eintritt der Bedingung die Zuwendung des Nießbrauchs zu widerrufen. Das Widerrufsrecht ist höchstpersönlich und nicht vererblich.

§ 7 Anrechnung, Ausgleichung

(1) Der Beschenkte hat sich die erhaltene Zuwendung auf einen etwaigen ihm durch den Tod des Schenkers entstehenden Pflichtteilsanspruch anrechnen zu lassen. Die Anrechnung auf Pflichtteilsansprüche erfolgt – entsprechend § 2325 Abs. 2 Satz 2 BGB, damit aber abweichend von § 2315 Abs. 2 Satz 2 BGB – mit dem Wert zum Schenkungszeitpunkt oder mit dem Wert zum Todeszeitpunkt, welcher auch immer der niedrigere ist; durch die Anrechnung soll also ein Pflichtteilsanspruch der Beschenkten keinesfalls verringert werden, sondern die jeweilige Schenkung nur als Vorausempfang auf etwaige Pflichtteilsansprüche zählen. Keine Anrechnung erfolgt, soweit der Beschenkte auf Grund der Regelungen dieses Vertrages, insbesondere wegen Widerrufs einer Schenkung den Schenkungsgegenstand noch vor Entstehung des Pflichtteilsanspruchs ganz oder teilweise wieder herauszugeben hat oder sie aufgrund einer auflösenden Bedingung der Abtretung an den Schenker zurückfallen. Nicht anrechnungspflichtig ist auch der zwischenzeitliche Nutzungsvorteil aus einem solchen rückgefallenen oder rück übertragenen Anteil.

(2) Der Beschenkte hat die geschenkte Beteiligung beim Tod des Schenkers nicht zur Ausgleichung (§§ 2050 ff. BGB) zu bringen.

§ 8 Kosten und Steuern

(1) Die Kosten des Vertrages sowie die Kosten seiner Durchführung übernimmt der Schenker.

(2) Eine zum Ansatz kommende Schenkungsteuer trägt der Schenker. Eine eventuell anfallende Nachsteuer gemäß § 13a Abs. 3, Abs. 6 ErbStG trägt ebenfalls der Schenker

(3) Der Beschenkte ist verpflichtet, auf Verlangen des Schenkers die Option zur sog. Vollverschonung gemäß § 13a Abs. 10 ErbStG zu erklären, soweit die Voraussetzungen hierfür erfüllt sind.

(4) Der Schenker hat Anspruch auf die Erstattungsbeträge, welche der Beschenkte, dessen Schenkungsteuer er übernommen hat, auf Grund von durch diesen Vertrag veranlassten Rückübertragungen oder aus sonstigen Gründen erhält.

(5) Der Beschenkte bevollmächtigt den Schenker unwiderruflich mit dem Recht, Untervollmacht zu erteilen, ihn gegenüber den zuständigen Finanzbehörden in jeder Weise bezüglich der Schenkungsteuer und anderen durch die Schenkung als solche verursachten Steuern sowie der Aufhebung der Steuerbescheide und der

Geltendmachung der Erstattungsansprüche zu vertreten., wobei der Schenker den Beschenkten von sämtlichen hierdurch entstehenden Kosten freistellt. Der Beschenkte ist auf Verlangen des Schenkers verpflichtet, eine entsprechende Vollmacht – mit dem Recht der Untervollmachterteilung – in gesonderter Urkunde zu erteilen und/oder vom Schenker benannten Steuerberatern/Wirtschaftsprüfern eine entsprechende Vollmacht zu erteilen.

§ 9 Familiengerichtliche Genehmigung

(1) Den Beteiligten ist bekannt, dass dieser Vertrag möglicherweise der Genehmigung des Familiengerichts bedarf. Es soll daher die Genehmigung vorsorglich eingeholt werden. Der Notar hat die Beteiligten darüber belehrt, wann und unter welchen Voraussetzungen eine gerichtliche Genehmigung rechtskräftig wird.

(2) Der Notar wird angewiesen und bevollmächtigt, beim zuständigen Familiengericht unter Übersendung einer Ausfertigung dieser Urkunde für die Beteiligten, insbesondere den bestellten Ergänzungspfleger, den von diesem vertretenen Beschenkten und den Schenker, die Erteilung der Genehmigung des Familiengerichts zu diesem Vertrag, die die Bekanntgabe des Genehmigungsbeschlusses, auch an den Notar, und die Erteilung des Rechtskraftzeugnisses zum Genehmigungsbeschluss und dessen Übersendung an den Notar, zu beantragen.

(3) Die Beteiligten beantragen hiermit die familiengerichtliche Genehmigung zu diesem Vertrag sowie jeweils die Erteilung des Rechtskraftzeugnisses. Soweit rechtlich zulässig, verzichten die Beteiligten bereits heute auf Rechtsmittel gegen einen stattgebenden und nicht mit Nebenbestimmungen versehenen Beschluss; der Notar übermittelt diesen Verzicht durch Übersendung einer Ausfertigung der Urkunde an das Familiengericht. Die Beteiligten bevollmächtigen den Notar den Rechtsmittelverzicht gegenüber dem zuständigen Familiengericht – zum frühest möglichen Zeitpunkt – zu erklären, falls notwendig auch durch gesonderte Erklärung gegenüber dem Familiengericht.

(4) Die Beteiligten bevollmächtigen den Notar zur Entgegennahme der gerichtlichen Bekanntgaben.

(5) Ferner bevollmächtigen die Beteiligten den Notar, die familiengerichtliche Genehmigung zu diesem Vertrag nebst Rechtskraftzeugnis für sie entgegenzunehmen, sie den Vertragsbeteiligten mitzuteilen und für die Vertragsbeteiligten entgegenzunehmen. Der Notar wird – soweit zulässig – allseits von § 181 BGB befreit.

§ 10 Salvatorische Klausel

Sollte eine Bestimmung dieses Vertrags aus irgendeinem Grund unwirksam oder anfechtbar sein oder werden, so soll hierdurch die Gültigkeit der übrigen Bestimmungen nicht berührt werden. Anstelle der unwirksamen Bestimmung soll eine angemessene Regelung gelten, die – soweit rechtlich möglich – dem entspricht, was die Vertragsschließenden gewollt haben. Entsprechendes gilt im Falle einer Regelungslücke

Diese Niederschrift wurde den Erschienenen von dem Notar vorgelesen, von ihnen genehmigt und von ihnen und dem Notar eigenhändig wie folgt unterschrieben:

A. Grundsätzliche Anmerkungen

I. Wirtschaftliche Vertragsziele

Zu den grundsätzlichen Überlegungen bei der Anteilsübertragung mit Nießbrauchsvorbehalt vgl. die Erläuterungen in A. 2.22 Rz. 1 ff. 1

Zu den grundsätzlichen Aspekten bei der Anteilsübertragung auf einen Minderjährigen vgl. die Erläuterungen in zu Vertragsmuster A. 2.31 Rz. 6 ff. 2

Im vorliegenden Fall überträgt ein Großvater seine Beteiligungen an einer GmbH & Co. KG und deren Komplementär-GmbH teilweise an seinen Enkel **(„Generationensprung“).** Er behält sich selbst zunächst lebzeitige Nießbrauchsrechte an den übertragenen Gesellschaftsbeteiligungen vor, um seine eigene Altersversorgung abzusichern. 3

Erlöschen die zunächst dem Schenker vorbehaltenen Nießbrauchsrechte, weil dieser verstirbt oder noch zu seinen Lebzeiten auf die weitere Ausübung der Nießbrauchsrechte verzichtet, soll der – heute noch minderjährige – Enkel nicht sogleich zum Vollrechtsinhaber werden. Vielmehr soll zunächst die **„Zwischengeneration“** durch entsprechende Nießbrauchsrechte abgesichert werden. 4

II. Zivilrechtliche Aspekte

Zu den zivilrechtlichen Aspekten der Einräumung eines Nießbrauchs an einem Personengesellschaftsanteil vgl. die Erläuterungen in A. 2.22 Rz. 8 ff. 5

Die im Vergleich zum Formular A. 2.22 hier zusätzlich getroffene Vereinbarung eines **Nießbrauchsrechts an einer GmbH-Beteiligung** (hier: der Komplementär-GmbH) ist grundsätzlich unproblematisch. Etwas anderes gilt nur dann, wenn die Nießbrauchsbestellung in der Satzung der Gesellschaft ausdrücklich ausgeschlossen oder eingeschränkt, etwa von Genehmigungen abhängig gemacht wird (§ 15 Abs. 5 GmbHG). Dasselbe gilt für einen **Ausschluss oder eine Einschränkung der Veräußerung** eines Anteils, die wegen § 1069 Abs. 2 BGB auch für die Nießbrauchsbestellung gelten.[1] 6

Die Nießbrauchsbestellung am GmbH-Geschäftsanteil muss nach § 1069 Abs. 2, § 15 Abs. 3 GmbH notariell beurkundet werden.[2] 7

III. Steuerrechtliche Aspekte

Zu den grundsätzlichen ertrag- und schenkungsteuerlichen Aspekten der Einräumung eines Nießbrauchs in einem Personengesellschaftsanteil vgl. die Erläuterungen in A. 2.22 Rz. 15 ff. 8

Auch in der hier vorliegenden Fallkonstellation der Übertragung der Gesellschaftsanteile auf ein (minderjähriges) Enkelkind, ist zur Sicherung der schenkungsteuerlichen Betriebsvermögensbegünstigungen sicherzustellen, dass das beschenkte Enkelkind ertragsteuerlich als **Mitunternehmer** zu qualifizieren ist. Entsprechend sind die mit den nießbrauchsbelasteten Gesellschaftsbeteiligungen verbundenen Gesellschafterrechte (Ertragsziehungsrecht, Mitwirkungsrecht) zwischen Beschenktem und Nießbraucher aufzuteilen (vgl. Formular A. 2.22 Rz. 23 f.). 9

Für den Fall des Erlöschens der zunächst dem Schenker vorbehaltenen Nießbrauchsrechte soll die **„Zwischengeneration“**, hier der Sohn des Schenkers und 10

---

[1] Staudinger/*Frank* BGB Anhang zu §§ 1068, 1069 Rz. 94; Soergel/*Stürmer* BGB § 1068 Nr. 8.
[2] Scholz/*Winter* GmbHG § 15 Rz. 188.

Vater des Enkelkindes, durch Zuwendung entsprechender Nießbrauchsrechte abgesichert werden. Die Zuwendung dieser Nießbrauchsrechte stellt einen **schenkungsteuerpflichtigen Vorgang** dar (zur schenkungsteuerlichen Begünstigungen nach §§ 13a ff. ErbStG und das Recht zur Zurückweisung vgl. die Erläuterungen in A. 2.22 Rz. 30 f.).

B. Einzelerläuterungen

11 Zu den einzelnen Vertragsklauseln vgl. die Erläuterungen in A. 2.22 Rz. 26 ff. und A. 2.31 Rz. 32 ff.

A. 2.33 Schenkweise Übertragung einer mitunternehmerischen Kommanditbeteiligung gegen Versorgungsleistungen

Gliederung

A. 2.33

Schenkungsvertrag

Vor mir, dem Notar [...], erschienen

1. Herr A, geboren am [...], wohnhaft [...],

„Schenker“

2. Herr E, geboren am [...], wohnhaft [...],
handelnd nicht im eigenen Namen, sondern als Ergänzungspfleger, bestellt durch Beschluss des Amtsgerichts [...] – Familiengericht – vom [...] (Az. [...]), aufgrund der Bestallungsurkunde vom [...], die bei der Beurkundung im Original vorliegt und von der eine beglaubigte Abschrift dieser Urkunde beigefügt ist,
für das minderjährige Kind des Erschienenen zu 1., D, geb. am [...], wohnhaft [...],

„Beschenkter“.

Die Erschienenen wiesen sich durch Ihre Bundespersonalausweise aus. Sie baten den Notar um Beurkundung der nachfolgenden Erklärungen:

Vorbemerkung

Der Schenker ist an der unter HRA [...] beim Amtsgericht [...] eingetragenen „ABC-GmbH & Co. KG“ mit dem Sitz in [...] (im Folgenden: „KG“) beteiligt. Sein Kapitalanteil beträgt € 4000,–, das entspricht einer Beteiligungsquote von 40 vH.
Im Übrigen stellen sich die Beteiligungsverhältnisse wie folgt dar:

A	**€ 4000,–, entspricht 40 vH**
B	**€ 3000,–, entspricht 30 vH**
C	**€ 3000,–, entspricht 30 vH.**
ABC-GmbH	**€ 0,–, entspricht 0 vH.**

Die für A bei der KG geführten Konten weisen zum letzten Bilanzstichtag folgende Salden aus:

Kapitalkonto I	**€ 4000,–**
Kapitalkonto II	**€ 76000,–**
Privatkonto/Darlehenskonto	**€ 160000,–**

Persönlich haftende Gesellschafterin der KG ist die unter HRB [...] beim Amtsgericht [...] eingetragene ABC-GmbH. An der ABC-GmbH sind die Gesellschafter A, B und C im selben prozentualen Verhältnis beteiligt, wie an der KG.

Der Geschäftsanteil des A an der ABC-GmbH von nominal € 12000,– wurde mit Gesellschafterbeschluss vom [...] in zwei Geschäftsanteile zu € 9000,– (Anteils-Nr. 4) und € 3000,– (Anteils-Nr. 5) geteilt.

Es gelten die Gesellschaftsverträge in der Fassung vom [...] (KG) und vom [...] (GmbH). Danach kann der Schenker jeweils frei über seine Gesellschaftsbeteiligungen verfügen.

Der Schenker ist der Vater des Beschenkten. Der Schenker beabsichtigt, seinen Sohn im Wege vorweggenommener Erbfolge an der KG sowie der ABC-GmbH zu beteiligen und ihm deshalb jeweils einen Teil seiner Gesellschaftsbeteiligungen schenkweise zu übertragen. Im Gegenzug verpflichtet sich der Beschenkte zur Zahlung von Versorgungsleistungen an den Schenker und nach dem Tod des Schenkers an dessen Ehefrau, Frau [...], geboren am [...], wohnhaft [...] (nachfolgend auch „Ehefrau" genannt).

§ 1 Schenkung und Abtretung der KG-Beteiligung

(1) Der Schenker schenkt hiermit zu dem in § 3 bestimmten Stichtag im Wege vorweggenommener Erbfolge dem Beschenkten eine Beteiligung an der KG von 10 vH, somit einen Kapitalanteil (Kapitalkonto I) von € 1000,–, sowie jeweils einen entsprechenden Anteil an den sonstigen für ihn bei der OHG geführten Gesellschafterkonten einschließlich Darlehenskonto.

(2) In Vollzug des vorstehenden Schenkungsversprechens tritt der Schenker im Wege der Sonderrechtsnachfolge die KG-Beteiligung einschließlich entsprechender Anteile an den für den Schenker bei der OHG geführten Gesellschafterkonten zu dem in § 3 festgelegten Stichtag an den Beschenkten ab.

(3) Der Beschenkte nimmt die Schenkung und Abtretung seines Vaters dankend an.

(4) Nach der Abtretung stellen sich die Beteiligungsverhältnisse an der KG wie folgt dar:

A	**€ 3000,–, entspricht 30 vH**
B	**€ 3000,–, entspricht 30 vH**
C	**€ 3000,–, entspricht 30 vH**
D	**€ 1000,–, entspricht 10 vH.**

(5) Die Umbuchung des Kapitalkontos I sowie der übrigen Konten ist vorzunehmen. Der Beschenkte ist als neuer Gesellschafter der KG mit einer Haftsumme von € 1000,– ins Handelsregister einzutragen. Die Haftsumme des Beschenkten reduziert sich durch die Übertragung um € 1000,– auf € 4000,–. Der beurkundende Notar wird beauftrag, die Änderungen dem Handelsregister anzumelden.

§ 2 Schenkung und Abtretung des GmbH-Geschäftsanteils

(1) Der Schenker schenkt hiermit zu dem in § 3 bestimmten Stichtag im Wege vorweggenommener Erbfolge dem Beschenkten seinen mit Anteils-Nr. 5 bezeichneten Geschäftsanteil an der ABC-GmbH in Höhe von € 3000,– und tritt in Vollzug der Schenkung diesen Geschäftsanteil an den Beschenkten ab. Die Schenkung und Abtretung erfolgt einschließlich aller auf den Geschäftsanteil entfallenden und damit im Zusammenhang stehenden Rechte und Nebenrechte, insbesondere

Gewinnbezugsrechte, soweit Gewinne noch nicht an den Schenker ausgeschüttet sind.

(2) Der Beschenkte nimmt die Schenkung und Abtretung seines Vaters dankend an.

§ 3 Stichtag und Gewährleistung

(1) Die Schenkung und Abtretung der in § 1 bezeichneten KG-Beteiligung einschließlich der dort bezeichneten anteiligen Rechte, Pflichten und Konten erfolgt aufschiebend bedingt auf die Eintragung des Eintritts des Beschenkten im Wege der Sonderrechtsnachfolge als Kommanditist der Gesellschaft im Handelsregister.

(2) Die Schenkung und Abtretung des in § 2 bezeichneten Geschäftsanteils einschließlich der dort bezeichneten Rechte und Nebenrechte erfolgt aufschiebend bedingt auf die Eintragung des Beschenkten als Kommanditist der KG kraft Sonderrechtsnachfolge im Handelsregister.

(3) Wirtschaftlich und steuerlich erfolgen die Schenkungen und die Abtretungen mit Wirkung zum [...]. Zu diesem Stichtag gehen Gefahr, Nutzungen und Lasten der verschenkten KG-Beteiligung und des verschenkten Geschäftsanteils auf den Beschenkten über. Der Anteil am Jahresergebnis des laufenden Geschäftsjahres der KG, der auf die verschenkte KG-Beteiligung entfällt, wird zeitanteilig auf den Stichtag (auf der Basis von 365 Tagen im Kalenderjahr) abgegrenzt. Dividenden, die nach dem Stichtag von der GmbH auf den verschenkten Geschäftsanteil ausgeschüttet werden, stehen dem Beschenkten ohne Rücksicht darauf zu, wann der für die Ausschüttung verwendete Gewinn erzielt wurde. § 101 Nr. 2 Hs. 2 BGB ist abbedungen.

(4) Der Schenker gewährleistet, dass er uneingeschränkter Rechtsinhaber der geschenkten Beteiligungen ist und dass mit Ausnahme etwaiger gesellschaftsvertraglicher Zustimmungsvorbehalte keine Veräußerungsbeschränkungen oder Rechte Dritter hinsichtlich der geschenkten Beteiligungen bestehen. Er gewährleistet zudem, dass die Hafteinlagen des Schenkers bei der KG in voller Höhe geleistet und bis zum heutigen Tage von der KG nicht zurückgewährt wurden und eine Haftung weder durch Rückführung von Gesellschaftsmitteln noch durch Entnahmen bei durch Verlust gemindertem Kapitalkonto gemäß § 172 Abs. 4 HGB wieder aufgelebt ist, und der geschenkte GmbH-Geschäftsanteil in voller Höhe eingezahlt ist. Für die Sorgfaltspflichten sowie für die Haftung aufgrund von Sach- und Rechtsmängeln gelten ansonsten die §§ 521 bis 524 BGB, jedoch mit der Maßgabe, dass der Schenker jeweils nur Vorsatz zu vertreten hat.

(5) Der Schenker stellt die Beschenkte darüber hinaus im Innenverhältnis von sämtlichen eventuellen Haftungsansprüchen gemäß § 176 Abs. 2 HGB oder infolge einer Ausfallhaftung nach §§ 16 Abs. 3, 24, 31 Abs. 3 GmbHG frei.

§ 4 Auflösende Bedingung und Widerrufsvorbehalte

(1) Vorstehende Schenkungen fallen weg und die Abtretungen verliert ihre Wirkung, wenn zu Lebzeiten des Schenkers über das Vermögen des Beschenkten das Insolvenzverfahren eröffnet oder die Eröffnung mangels Masse abgelehnt wird (auflösende Bedingung).

(2) Der Schenker behält sich neben den gesetzlichen Widerrufsgründen das Recht vor, die Schenkungen gegenüber dem Beschenkten ganz oder teilweise widerrufen, wenn

a) der Beschenkte vor dem Schenker stirbt.

b) auf Grund eines nicht nur vorläufig vollstreckbaren, vorbehaltlosen, zur Befriedigung berechtigenden Titels Zwangsvollstreckungsmaßnahmen in die geschenkte Beteiligung eingeleitet und nicht binnen drei Monaten nach Einleitung wieder aufgehoben werden.

c) der Beschenkte geschäftsunfähig oder für ihn ein Betreuer gem. § 1896 BGB bestellt wird.

d) der Beschenkte innerhalb der nächsten [...] Jahre ohne schriftliche Zustimmung des Schenkers über den erworbenen Schenkungsgegenstand oder Teile davon durch Belastung oder durch Veräußerung verfügt oder diese in ein eheliches Gesamtgut gelangen lässt oder entsprechende Maßnahmen einzuleiten beginnt.

e) in der Person des Beschenkten ein Umstand eintritt, der die Schenkerin zur Entziehung des Pflichtteils berechtigten würde.

f) die Scheidung einer von dem Beschenkten eingegangenen Ehe beantragt ist, es sei denn, der Beschenkte weist innerhalb von drei Monaten nach, dass im Rahmen der Scheidung kein Zugewinnausgleich stattzufinden hat oder der Schenkungsgegenstand nicht Teil der Berechnung des Zugewinns ist und sein wird. Das Widerrufsrecht besteht auch, wenn sich der erbrachte Nachweis später als falsch herausstellt.

g) der Beschenkte heiratet, ohne mit seinem Ehegatten zuvor einen Ehe- und Pflichtteilsverzichtsvertrag geschlossen zu haben, nach dem sämtliches Vermögen, welches ein Ehepartner geschenkt erhalten oder geerbt hat, vom Zugewinnausgleich ausgenommen und auch bei der Berechnung des Pflichtteils unberücksichtigt bleibt. Das Recht zum Widerruf entfällt, wenn der Beschenkte vor Ausübung des Widerrufsrechts mit seinem Ehepartner einen solchen Vertrag schließt und dem Widerrufsberechtigten zur Kenntnis bringt. Der Weigerung zum Abschluss des Vertrages steht die Aufhebung eines solchen Vertrages gleich.

Die unter Buchst. e) bis g) vereinbarten Widerrufsgründe gelten entsprechend bei Begründung eines ausländischen Güterstandes und für ausländische Pflichtteils- oder Noterberechte sowie bei Begründung einer Lebenspartnerschaft nach dem Lebenspartnerschaftsgesetz oder einer entsprechenden Regelung ausländischen Rechts.

h) der Beschenkte einer Organisation beitritt oder eine Organisation finanziell unterstützt, bei der es sich handelt um (i) eine Sekte (zB Scientology Church) oder eine ähnlich organisierte oder operierende Religions-, Glaubens- oder Weltanschauungsgemeinschaft, insbesondere eine Sekte, die im Sektenbericht des Bundestages genannt ist, (ii) eine terroristische Vereinigung oder um eine andere Organisation, die unter Beobachtung des Verfassungsschutzes steht oder (iii) eine als jugend- oder allgemeingefährdend oder kriminell anzusehende Organisation.

i) der Beschenkte nicht innerhalb einer Frist von drei Monaten seit Aufforderung durch den Schenker diesem durch Vorlage einer ärztlichen Bescheinigung nachweist, dass er weder drogen- noch alkoholabhängig ist. Die Bescheinigung ist durch einen in Deutschland anerkannten und kassenärztlich zugelassenen Arzt auszustellen; die Wahl des Arztes liegt im Übrigen im freien Ermessen des Beschenkten. Drogenabhängigkeit im Sinne dieses Vertrages liegt auch vor, wenn der Beschenkte entweder wegen einer Straftat nach dem Betäubungsmittelgesetz (BtMG) rechtskräftig verurteilt wird oder wenn der mehrmalige Konsum von Betäubungsmitteln im Sinne des BtMG nach seiner jeweils gültigen Fassung (§ 1 Abs. 1 BtMG nebst Anlagen) nachgewiesen ist. In diesen Fällen besteht das Widerrufsrecht, ohne dass eine Aufforderung zur Vorlage einer ärztlichen Bescheinigung erforderlich ist.

j) der Beschenkte nicht innerhalb einer Frist von drei Monaten seit Aufforderung durch die Schenkerin dieser durch Vorlage einer ärztlichen Bescheinigung nachweist, dass er nicht unter Spielsucht (pathologisches/zwanghaftes Spielen) leidet. Vorstehend Buchst. i) Satz 2 gilt entsprechend.

k) für die Schenkung von den Steuer- und Finanzbehörden im Rahmen der Steuerveranlagung Schenkungsteuer von mehr als € [...],– festgesetzt wird. Gleiches gilt bei der nachträglichen Festsetzung von Schenkungsteuer von insgesamt mehr als € [...],–, etwa wegen eines Verstoßes gegen die Lohnsummenkontrolle im Sinne von § 13a Abs. 3 ErbStG oder der Verwirklichung eines Nachsteuertatbestandes im Sinne des § 13a Abs. 6 ErbStG.

l) in der Bundesrepublik Deutschland zu irgendeinem Zeitpunkt bis zum Ablauf von sieben Jahren ab dem Übertragungsstichtag nach § 2 Abs. 1 eine Rechtslage eintritt, nach welcher keine Erbschaft- und Schenkungsteuer erhoben wird.

(3) Mit Eintritt der auflösenden Bedingung nach Abs. 1 oder nach Ausübung des Widerrufsrechts nach Abs. 2 geht die übertragene Beteiligung – im Falle der Ausübung des Widerrufsrechts im Umfang des Widerrufs – samt den Guthaben auf den bei der KG geführten Gesellschafterkonten sowie etwaige Surrogate unentgeltlich auf den Schenker mit dinglicher Wirkung über. Die Ausübung des Widerrufsrechts ist auflösende Bedingung für die schuldrechtliche Schenkung und ihren dinglichen Vollzug. Sofern ein dinglicher Rückfall des Schenkungsgegenstandes oder der Surrogate nicht möglich ist, entsteht mit Bedingungseintritt ein schuldrechtlicher Rückforderungs- oder Wertersatzanspruch.

(4) Das Widerrufsrecht des Schenkers nach Abs. 2 Buchst. k) ist ausgeschlossen, sofern sich der Beschenkte zur Übernahme der Schenkungsteuer verpflichtet, die nach der unter § 6 Abs. 2 getroffenen Vereinbarung vom Schenker zutragen ist, und den Schenker im Innenverhältnis von dieser Steuer freistellt. Vor der Ausübung des Widerrufsrechts hat der Schenker den Beschenkten schriftlich über die Absicht des Widerrufs zu informieren und unter Fristsetzung („Ankündigungsfrist") zur Erklärung auffordern, ob der Beschenkte bereit ist, diese Schenkungsteuer zu tragen und den Schenker insoweit im Innenverhältnis freizustellen; die Ankündigungsfrist muss mindestens einen Monat betragen.

(5) Der Widerruf kann nur binnen einer Frist von sechs Monaten, nachdem der Schenker von dem Widerrufsgrund Kenntnis erlangt hat, ausgeübt werden und hat durch eingeschriebenen Brief zu erfolgen. Im Falle eines Widerrufs nach Abs. 2 Buchst. k) ist für den Fristbeginn der Sechs-Monats-Frist die Bestandskraft sämtlicher Steuerbescheide maßgebend. Das Recht, schon vor Bestandskraft des Steuerbescheids den Widerruf zu erklären, bleibt hiervon jedoch unberührt. Sobald der erste, auch nur vorläufige oder unter Vorbehalt der Nachprüfung stehende Steuerbescheid dem Beschenkten oder dem Schenker zugegangen ist, kann der Widerruf erklärt werden.

(6) Nutzungen, die der Beschenkte vor dem Rückfall des Schenkungsgegenstandes gezogen hat, verbleiben ihm. Seine Aufwendungen im Zusammenhang mit dem Schenkungsgegenstand sind ihm nicht zu erstatten. Sämtliche Kosten und etwaige Steuern, die bei dem Beschenkten durch den Rückfall oder die Rückübertragung der geschenkten Beteiligung anfallen, trägt der Schenker.

(7) Unabhängig davon, ob ein dinglicher Rückfall stattfindet oder ein Rückübertragungsanspruch besteht, verpflichtet sich der Beschenkte, die geschenkte Beteiligung unverzüglich nach Ausübung des Widerrufsrechts oder Eintritt einer Bedingung nach Abs. 1 abzutreten und alle Erklärungen abzugeben, die für die Rückabtretung und die Umsetzung des Rückfalls des Schenkungsgegenstandes erforderlich sind. Hierzu erteilt der Beschenkte dem Schenker bereits heute Vollmacht unter Befreiung von den Beschränkungen des § 181 BGB. Die vorstehende Verpflichtung und die vorstehende Vollmacht erstrecken sich auch auf etwaige Surrogate des Schenkungsgegenstandes.

(8) Das sich aus vorstehenden Regelungen ergebende Recht des Schenkers, die Schenkung zu widerrufen, ist höchstpersönlich und nicht vererblich.

§ 5 Versorgung

(1) Der Beschenkte verpflichtet sich, dem Schenker auf Lebenszeit als wiederkehrende Bezüge monatlich einen Betrag in Höhe von € 5000,– zu bezahlen.

(2) Die Zahlung ist jeweils fällig am 1. eines Monats im Voraus, erstmals für den auf die Anteilsübertragung nach § 2 Abs. 1 folgenden Monat.

(3) Bei den von dem Beschenkten zu erbringenden Versorgungsleistungen handelt es sich um eine Leibrente; d. h. der monatliche Zahlbetrag ist fest vereinbart. Eine Anwendung von § 323 ZPO wird ausgeschlossen.

(4) Der monatliche Zahlbetrag ist aber wertgesichert. Er erhöht oder vermindert sich in demselben prozentualen Verhältnis, in dem sich der vom statistischen Bundesamt festgestellte Verbraucherpreisindex für Deutschland gegenüber dem auf die Übertragung des Gesellschaftsanteils nach § 2 Abs. 1 folgenden Monat festgesetzten Index erhöht oder vermindert.

(5) Eine Anpassung der Leibrente erfolgt aber erst dann, wenn sich die Rente gegenüber dem Ausgangsbetrag, später gegenüber dem zuletzt maßgeblichen Betrag um mindestens 10 vH verändert hat. Die Erhöhung der monatlichen Leibrentenzahlung setzt ein schriftliches Verlangen des Berechtigten voraus; die Veränderung tritt dann für den Monat ein, der dem gestellten Verlangen folgt.

(6) Der Schenker verzichtet auf eine Sicherung der vorstehend vereinbarten Versorgungsleistungen.

(7) Nach dem Tod des Schenkers wird Rente durch eine Versorgungsrente zu Gunsten der Ehefrau [...] des Schenkers abgelöst. Aufschiebend bedingt auf sein Ableben wendet der Schenker der Ehefrau diese Rente zu. Die vorstehenden Vereinbarungen gelten auch für diese Rente. [...] erwirbt unmittelbar das Recht, die Leistung an sich von dem Beschenkten zu verlangen (Vertrag zu Gunsten Dritter). Ab dem Tod des Schenkers besteht die Verpflichtung der Beschenkten, es sei denn, die Ehefrau weist ihr Recht nach Bedingungseintritt entsprechend § 333 BGB zurück. Der Schenker behält sich vor, bis zum Eintritt der Bedingung die Zuwendung der Versorgungsrente zu widerrufen. Das Widerrufsrecht ist höchstpersönlich und nicht vererblich.

§ 6 Anrechnung, Ausgleichung

(1) Der Beschenkte hat sich die erhaltene Zuwendung auf einen etwaigen ihm durch den Tod des Schenkers entstehenden Pflichtteilsanspruch anrechnen zu lassen. Die Anrechnung auf Pflichtteilsansprüche erfolgt – entsprechend § 2325 Abs. 2 Satz 2 BGB, damit aber abweichend von § 2315 Abs. 2 Satz 2 BGB – mit dem Wert zum Schenkungszeitpunkt oder mit dem Wert zum Todeszeitpunkt, welcher auch immer der niedrigere ist; durch die Anrechnung soll also ein Pflichtteilsanspruch der Beschenkten keinesfalls verringert werden, sondern die jeweilige Schenkung nur als Vorausempfang auf etwaige Pflichtteilsansprüche zählen. Keine Anrechnung erfolgt, soweit der Beschenkte auf Grund der Regelungen dieses Vertrages, insbesondere wegen Widerrufs einer Schenkung den Schenkungsgegenstand noch vor Entstehung des Pflichtteilsanspruchs ganz oder teilweise wieder herauszugeben hat oder sie aufgrund einer auflösenden Bedingung der Abtretung an den Schenker zurückfallen. Nicht anrechnungspflichtig ist auch der zwischenzeitliche Nutzungsvorteil aus einem solchen rückgefallenen oder rück übertragenen Anteil.

(2) Der Beschenkte hat die geschenkte Beteiligung beim Tod des Schenkers nicht zur Ausgleichung (§§ 2050 ff. BGB) zu bringen.

§ 7 Kosten und Steuern

(1) Die Kosten des Vertrages sowie die Kosten seiner Durchführung übernimmt der Schenker.

(2) Eine zum Ansatz kommende Schenkungsteuer trägt der Schenker. Eine eventuell anfallende Nachsteuer gemäß § 13a Abs. 3, Abs. 6 ErbStG trägt ebenfalls der Schenker
(3) Der Beschenkte ist verpflichtet, auf Verlangen des Schenkers die Option zur sog. Vollverschonung gemäß § 13a Abs. 10 ErbStG zu erklären, soweit die Voraussetzungen hierfür erfüllt sind.
(4) Der Schenker hat Anspruch auf die Erstattungsbeträge, welche der Beschenkte, dessen Schenkungsteuer er übernommen hat, auf Grund von durch diesen Vertrag veranlassten Rückübertragungen oder aus sonstigen Gründen erhält.
(5) Der Beschenkte bevollmächtigt den Schenker unwiderruflich mit dem Recht, Untervollmacht zu erteilen, ihn gegenüber den zuständigen Finanzbehörden in jeder Weise bezüglich der Schenkungsteuer und anderen durch die Schenkung als solche verursachten Steuern sowie der Aufhebung der Steuerbescheide und der Geltendmachung der Erstattungsansprüche zu vertreten., wobei der Schenker den Beschenkten von sämtlichen hierdurch entstehenden Kosten freistellt. Der Beschenkte ist auf Verlangen des Schenkers verpflichtet, eine entsprechende Vollmacht – mit dem Recht der Untervollmachterteilung – in gesonderter Urkunde zu erteilen und/oder vom Schenker benannten Steuerberatern/Wirtschaftsprüfern eine entsprechende Vollmacht zu erteilen.

§ 8 Familiengerichtliche Genehmigung

(1) Den Beteiligten ist bekannt, dass dieser Vertrag möglicherweise der Genehmigung des Familiengerichts bedarf. Es soll daher die Genehmigung vorsorglich eingeholt werden. Der Notar hat die Beteiligten darüber belehrt, wann und unter welchen Voraussetzungen eine gerichtliche Genehmigung rechtskräftig wird.
(2) Der Notar wird angewiesen und bevollmächtigt, beim zuständigen Familiengericht unter Übersendung einer Ausfertigung dieser Urkunde für die Beteiligten, insbesondere den bestellten Ergänzungspfleger, den von diesem vertretenen Beschenkten und den Schenker, die Erteilung der Genehmigung des Familiengerichts zu diesem Vertrag, die die Bekanntgabe des Genehmigungsbeschlusses, auch an den Notar, und die Erteilung des Rechtskraftzeugnisses zum Genehmigungsbeschluss und dessen Übersendung an den Notar, zu beantragen.
(3) Die Beteiligten beantragen hiermit die familiengerichtliche Genehmigung zu diesem Vertrag sowie jeweils die Erteilung des Rechtskraftzeugnisses. Soweit rechtlich zulässig, verzichten die Beteiligten bereits heute auf Rechtsmittel gegen einen stattgebenden und nicht mit Nebenbestimmungen versehenen Beschluss; der Notar übermittelt diesen Verzicht durch Übersendung einer Ausfertigung der Urkunde an das Familiengericht. Die Beteiligten bevollmächtigen den Notar den Rechtsmittelverzicht gegenüber dem zuständigen Familiengericht – zum frühest möglichen Zeitpunkt – zu erklären, falls notwendig auch durch gesonderte Erklärung gegenüber dem Familiengericht.
(4) Die Beteiligten bevollmächtigen den Notar zur Entgegennahme der gerichtlichen Bekanntgaben.
(5) Ferner bevollmächtigen die Beteiligten den Notar, die familiengerichtliche Genehmigung zu diesem Vertrag nebst Rechtskraftzeugnis für sie entgegenzunehmen, sie den Vertragsbeteiligten mitzuteilen und für die Vertragsbeteiligten entgegenzunehmen. Der Notar wird – soweit zulässig – allseits von § 181 BGB befreit.

§ 9 Salvatorische Klausel

Sollte eine Bestimmung dieses Vertrags aus irgendeinem Grund unwirksam oder anfechtbar sein oder werden, so soll hierdurch die Gültigkeit der übrigen Bestim-

mungen nicht berührt werden. Anstelle der unwirksamen Bestimmung soll eine angemessene Regelung gelten, die – soweit rechtlich möglich – dem entspricht, was die Vertragsschließenden gewollt haben. Entsprechendes gilt im Falle einer Regelungslücke

Diese Niederschrift wurde den Erschienenen von dem Notar vorgelesen, von ihnen genehmigt und von ihnen und dem Notar eigenhändig wie folgt unterschrieben:

A. Grundsätzliche Anmerkungen

I. Wirtschaftliche Vertragsziele

Zu den wirtschaftlichen Vertragszielen bei der schenkweisen Übertragung von Anteilen vgl. zunächst Formular A. 2.21. 1

Zu Aspekten der schenkweisen Übertragung von Anteilen an einer GmbH & Co. KG vgl. zunächst A. 2.31 Rz. 1 ff. und 32 ff. 2

Zu den Überlegungen bei der Vereinbarung von Versorgungsleistungen vgl. zunächst A. 2.23 Rz. 1 ff. 3

II. Zivilrechtliche Aspekte

Zu den zivilrechtlichen Aspekten bei der Vereinbarung von Versorgungsleistungen vgl. die Erläuterungen in A. 2.23 Rz. 4 ff. 4

III. Steuerrechtliche Aspekte

Zu den steuerrechtlichen Aspekten bei der Vereinbarung von Versorgungsleistungen vgl. Vertragsmuster A. 2.23 Rz. 7 ff. 5

Den besonderen ertragsteuerlichen Regelungen des Instituts der Vermögensübertragung gegen Versorgungsleistungen unterliegt insbesondere die Übertragung eines **Mitunternehmeranteils** an einer Personengesellschaft. Zum insoweit begünstigten Mitunternehmeranteil gehören auch die Wirtschaftsgüter des **Sonderbetriebsvermögens,** im vorliegenden Fall etwa der Geschäftsanteil des Schenkers an der Komplementär-GmbH. 6

Überträgt der Schenker daher quotenentsprechend auch seine Beteiligung an der Komplementär-GmbH, steht das der ertragsteuerlichen Begünstigung nicht entgegen, auch wenn die Voraussetzungen für eine isolierte begünstigte Übertragung der GmbH-Beteiligung (zB Beteiligungsquote > 50 vH) nicht erfüllt sind (vgl. die Erläuterungen in A. 2.23 Rz. 12). 7

B. Einzelerläuterungen

Zur Vertragsgestaltung der Anteilsübertragung gegen Versorgungsleistungen vgl. die Erläuterungen in A. 2.23 Rz. 23 ff. 8

A. 2.34 Schenkweise Übertragung einer mitunternehmerischen Kommanditbeteiligung unter Rückbehalt von Einzelwirtschaftsgütern des Sonderbetriebsvermögens

A. 2.34

Schenkungsvertrag

zwischen

1. Herrn A, geboren am [...], wohnhaft [...],

„Schenker"

und

2. Herrn D, geboren am [...], wohnhaft [...],

„Beschenkter"

Vorbemerkung

Der Schenker ist an der unter HRA [...] beim Amtsgericht [...] eingetragenen „ABC-GmbH & Co. KG" mit dem Sitz in [...] (im Folgenden: „KG") beteiligt. Sein Kapitalanteil beträgt € 4000,–, das entspricht einer Beteiligungsquote von 40 vH.
Im Übrigen stellen sich die Beteiligungsverhältnisse wie folgt dar:

A	**€ 4000,–, entspricht 40 vH**
B	**€ 3000,–, entspricht 30 vH**
C	**€ 3000,–, entspricht 30 vH.**
ABC-GmbH	**€ 0,–, entspricht 0 vH.**

Die für A bei der KG geführten Konten weisen zum letzten Bilanzstichtag folgende Salden aus:

Kapitalkonto I	**€ 4000,–**
Kapitalkonto II	**€ 76000,–**
Privatkonto/Darlehenskonto	**€ 160000,–.**

Es gilt der Gesellschaftsvertrag in der Fassung vom [...]. Danach kann der Schenker frei über seinen Gesellschaftsbeteiligung verfügen.
Persönlich haftende Gesellschafterin der KG ist die unter HRB [...] beim Amtsgericht [...] eingetragene ABC-GmbH. An der ABC-GmbH sind die Gesellschafter A, B und C im selben prozentualen Verhältnis beteiligt, wie an der KG.
Der Schenker ist der Vater des Beschenkten. Der Schenker beabsichtigt, seinen Sohn im Wege vorweggenommener Erbfolge an der KG zu beteiligen und ihm deshalb einen Teil seiner KG-Beteiligung schenkweise zu übertragen. Dabei sollen die ihm zustehende Darlehensforderung gegen die ABC-GmbH & Co. KG (Privatkonto/Darlehenskonto) sowie seine Beteiligung an der ABC-GmbH nicht mitübertragen werden.

§ 1 Schenkung und Abtretung der KG-Beteiligung

(1) Der Schenker schenkt hiermit zu dem in § 2 bestimmten Stichtag im Wege vorweggenommener Erbfolge dem Beschenkten eine Beteiligung an der KG von

10 vH, somit einen Kapitalanteil (Kapitalkonto I) von € 1000,–, sowie jeweils einen entsprechenden Anteil an den sonstigen für ihn bei der KG geführten Gesellschafterkonten. Nicht von der Schenkung umfasst ist aber das für den Schenker bei der Gesellschaft geführte Darlehenskonto. Dieses soll auch weiterhin für den Schenker geführt werden.

(2) In Vollzug des vorstehenden Schenkungsversprechens tritt der Schenker im Wege der Sonderrechtsnachfolge die KG-Beteiligung einschließlich entsprechender Anteile an den für den Schenker bei der KG geführten und mitgeschenkten Gesellschafterkonten zu dem in § 2 festgelegten Stichtag an den Beschenkten ab. Nicht mitabgetreten wird das für den Schenker geführte Darlehenskonto, welche weiterhin im vollen Umfang beim Schenker verbleibt.

(3) Der Beschenkte nimmt die Schenkung und Abtretung seines Vaters dankend an.

(4) Nach der Abtretung stellen sich die Beteiligungsverhältnisse an der KG wie folgt dar:

A € 3000,–, entspricht 30 vH
B € 3000,–, entspricht 30 vH
C € 3000,–, entspricht 30 vH
D € 1000,–, entspricht 10 vH.

(5) Die Umbuchung des Kapitalkontos I sowie der übrigen mitgeschenkten und mitabgetretenen Konten ist vorzunehmen. Der Beschenkte ist als neuer Gesellschafter der KG ins Handelsregister einzutragen

§ 2 Stichtag und Gewährleistung[Rz. 7]

(1) Die Schenkung und Abtretung der in § 1 bezeichneten KG-Beteiligung erfolgt mit sofortiger Wirkung.

(2) Wirtschaftlich und steuerlich erfolgt die Schenkung und Abtretung ebenfalls mit sofortiger Wirkung. Zu diesem Stichtag gehen Gefahr, Nutzungen und Lasten der verschenkten KG-Beteiligung auf den Beschenkten über. Der Anteil am Jahresergebnis des laufenden Geschäftsjahres der Gesellschaft, der auf die verschenkte OHG-Beteiligung entfällt, wird zeitanteilig auf den Stichtag (auf der Basis von 365 Tagen im Kalenderjahr) abgegrenzt. § 101 Nr. 2 Hs. 2 BGB ist abbedungen.

(3) Für die Sorgfaltspflichten sowie für die Haftung aufgrund von Sach- und Rechtsmängeln gelten die §§ 521 bis 524 BGB, jedoch mit der Maßgabe, dass der Schenker jeweils nur Vorsatz zu vertreten hat.

§ 3 Auflösende Bedingung und Widerrufsvorbehalte

(1) Vorstehende Schenkung fällt weg und die Abtretung verliert ihre Wirkung, wenn zu Lebzeiten des Schenkers über das Vermögen des Beschenkten das Insolvenzverfahren eröffnet oder die Eröffnung mangels Masse abgelehnt wird (auflösende Bedingung).

(2) Der Schenker behält sich neben den gesetzlichen Widerrufsgründen das Recht vor, die Schenkung gegenüber dem Beschenkten ganz oder teilweise widerrufen, wenn

a) der Beschenkte vor dem Schenker stirbt.

b) auf Grund eines nicht nur vorläufig vollstreckbaren, vorbehaltlosen, zur Befriedigung berechtigenden Titels Zwangsvollstreckungsmaßnahmen in die geschenkte Beteiligung eingeleitet und nicht binnen drei Monaten nach Einleitung wieder aufgehoben werden.

c) der Beschenkte geschäftsunfähig oder für ihn ein Betreuer gem. § 1896 BGB bestellt wird.

d) der Beschenkte innerhalb der nächsten [...] Jahre ohne schriftliche Zustimmung des Schenkers über den erworbenen Schenkungsgegenstand oder Teile

davon durch Belastung oder durch Veräußerung verfügt oder diese in ein eheliches Gesamtgut gelangen lässt oder entsprechende Maßnahmen einzuleiten beginnt.

e) in der Person des Beschenkten ein Umstand eintritt, der die Schenkerin zur Entziehung des Pflichtteils berechtigten würde.

f) die Scheidung einer von dem Beschenkten eingegangenen Ehe beantragt ist, es sei denn, der Beschenkte weist innerhalb von drei Monaten nach, dass im Rahmen der Scheidung kein Zugewinnausgleich stattzufinden hat oder der Schenkungsgegenstand nicht Teil der Berechnung des Zugewinns ist und sein wird. Das Widerrufsrecht besteht auch, wenn sich der erbrachte Nachweis später als falsch herausstellt.

g) der Beschenkte heiratet, ohne mit seinem Ehegatten zuvor einen Ehe- und Pflichtteilsverzichtsvertrag geschlossen zu haben, nach dem sämtliches Vermögen, welches ein Ehepartner geschenkt erhalten oder geerbt hat, vom Zugewinnausgleich ausgenommen und auch bei der Berechnung des Pflichtteils unberücksichtigt bleibt. Das Recht zum Widerruf entfällt, wenn der Beschenkte vor Ausübung des Widerrufsrechts mit seinem Ehepartner einen solchen Vertrag schließt und dem Widerrufsberechtigten zur Kenntnis bringt. Der Weigerung zum Abschluss des Vertrages steht die Aufhebung eines solchen Vertrages gleich.

Die unter Buchst. e) bis g) vereinbarten Widerrufsgründe gelten entsprechend bei Begründung eines ausländischen Güterstandes und für ausländische Pflichtteils- oder Noterberechte sowie bei Begründung einer Lebenspartnerschaft nach dem Lebenspartnerschaftsgesetz oder einer entsprechenden Regelung ausländischen Rechts.

h) der Beschenkte einer Organisation beitritt oder eine Organisation finanziell unterstützt, bei der es sich handelt um (i) eine Sekte (zB Scientology Church) oder eine ähnlich organisierte oder operierende Religions-, Glaubens- oder Weltanschauungsgemeinschaft, insbesondere eine Sekte, die im Sektenbericht des Bundestages genannt ist, (ii) eine terroristische Vereinigung oder um eine andere Organisation, die unter Beobachtung des Verfassungsschutzes steht oder (iii) eine als jugend- oder allgemeingefährdend oder kriminell anzusehende Organisation.

i) der Beschenkte nicht innerhalb einer Frist von drei Monaten seit Aufforderung durch den Schenker diesem durch Vorlage einer ärztlichen Bescheinigung nachweist, dass er weder drogen- noch alkoholabhängig ist. Die Bescheinigung ist durch einen in Deutschland anerkannten und kassenärztlich zugelassenen Arzt auszustellen; die Wahl des Arztes liegt im Übrigen im freien Ermessen des Beschenkten. Drogenabhängigkeit im Sinne dieses Vertrages liegt auch vor, wenn der Beschenkte entweder wegen einer Straftat nach dem Betäubungsmittelgesetz (BtMG) rechtskräftig verurteilt wird oder wenn der mehrmalige Konsum von Betäubungsmitteln im Sinne des BtMG nach seiner jeweils gültigen Fassung (§ 1 Abs. 1 BtMG nebst Anlagen) nachgewiesen ist. In diesen Fällen besteht das Widerrufsrecht, ohne dass eine Aufforderung zur Vorlage einer ärztlichen Bescheinigung erforderlich ist.

j) der Beschenkte nicht innerhalb einer Frist von drei Monaten seit Aufforderung durch die Schenkerin dieser durch Vorlage einer ärztlichen Bescheinigung nachweist, dass er nicht unter Spielsucht (pathologisches/zwanghaftes Spielen) leidet. Vorstehend Buchst. i) Satz 2 gilt entsprechend.

k) für die Schenkung von den Steuer- und Finanzbehörden im Rahmen der Steuerveranlagung Schenkungsteuer von mehr als € […],– festgesetzt wird. Gleiches gilt bei der nachträglichen Festsetzung von Schenkungsteuer von insgesamt mehr als € […],–, etwa wegen eines Verstoßes gegen die Lohnsummenkontrolle im Sinne von § 13a Abs. 3 ErbStG oder der Verwirklichung eines Nachsteuertatbestandes im Sinne des § 13a Abs. 6 ErbStG.

l) in der Bundesrepublik Deutschland zu irgendeinem Zeitpunkt bis zum Ablauf von sieben Jahren ab dem Übertragungsstichtag nach § 2 Abs. 1 eine Rechtslage eintritt, nach welcher keine Erbschaft- und Schenkungsteuer erhoben wird.

(3) Mit Eintritt der auflösenden Bedingung nach Abs. 1 oder nach Ausübung des Widerrufsrechts nach Abs. 2 geht die übertragene Beteiligung – im Falle der Ausübung des Widerrufsrechts im Umfang des Widerrufs – samt den Guthaben auf den bei der OHG geführten Gesellschafterkonten sowie etwaige Surrogate unentgeltlich auf den Schenker mit dinglicher Wirkung über. Die Ausübung des Widerrufsrechts ist auflösende Bedingung für die schuldrechtliche Schenkung und ihren dinglichen Vollzug. Sofern ein dinglicher Rückfall des Schenkungsgegenstandes oder der Surrogate nicht möglich ist, entsteht mit Bedingungseintritt ein schuldrechtlicher Rückforderungs- oder Wertersatzanspruch.

(4) Das Widerrufsrecht des Schenkers nach Abs. 2 Buchst. k) ist ausgeschlossen, sofern sich der Beschenkte zur Übernahme der Schenkungsteuer verpflichtet, die nach der unter § 5 Abs. 2 getroffenen Vereinbarung vom Schenker zutragen ist, und den Schenker im Innenverhältnis von dieser Steuer freistellt. Vor der Ausübung des Widerrufsrechts hat der Schenker den Beschenkten schriftlich über die Absicht des Widerrufs zu informieren und unter Fristsetzung („Ankündigungsfrist") zur Erklärung auffordern, ob der Beschenkte bereit ist, diese Schenkungsteuer zu tragen und den Schenker insoweit im Innenverhältnis freizustellen; die Ankündigungsfrist muss mindestens einen Monat betragen.

(5) Der Widerruf kann nur binnen einer Frist von sechs Monaten, nachdem der Schenker von dem Widerrufsgrund Kenntnis erlangt hat, ausgeübt werden und hat durch eingeschriebenen Brief zu erfolgen. Im Falle eines Widerrufs nach Abs. 2 Buchst. k) ist für den Fristbeginn der Sechs-Monats-Frist die Bestandskraft sämtlicher Steuerbescheide maßgebend. Das Recht, schon vor Bestandskraft des Steuerbescheids den Widerruf zu erklären, bleibt hiervon jedoch unberührt. Sobald der erste, auch nur vorläufige oder unter Vorbehalt der Nachprüfung stehende Steuerbescheid dem Beschenkten oder dem Schenker zugegangen ist, kann der Widerruf erklärt werden.

(6) Nutzungen, die der Beschenkte vor dem Rückfall des Schenkungsgegenstandes gezogen hat, verbleiben ihm. Seine Aufwendungen im Zusammenhang mit dem Schenkungsgegenstand sind ihm nicht zu erstatten. Sämtliche Kosten und etwaige Steuern, die bei dem Beschenkten durch den Rückfall oder die Rückübertragung der geschenkten Beteiligung anfallen, trägt der Schenker.

(7) Unabhängig davon, ob ein dinglicher Rückfall stattfindet oder ein Rückübertragungsanspruch besteht, verpflichtet sich der Beschenkte, die geschenkte Beteiligung unverzüglich nach Ausübung des Widerrufsrechts oder Eintritt einer Bedingung nach Abs. 1 abzutreten und alle Erklärungen abzugeben, die für die Rückabtretung und die Umsetzung des Rückfalls des Schenkungsgegenstandes erforderlich sind. Hierzu erteilt der Beschenkte dem Schenker bereits heute Vollmacht unter Befreiung von den Beschränkungen des § 181 BGB. Die vorstehende Verpflichtung und die vorstehende Vollmacht erstrecken sich auch auf etwaige Surrogate des Schenkungsgegenstandes.

(8) Das sich aus vorstehenden Regelungen ergebende Recht des Schenkers, die Schenkung zu widerrufen, ist höchstpersönlich und nicht vererblich.

§ 4 Anrechnung, Ausgleichung

(1) Der Beschenkte hat sich die erhaltene Zuwendung auf einen etwaigen ihm durch den Tod des Schenkers entstehenden Pflichtteilsanspruch anrechnen zu lassen.

Dies gilt jedoch nicht, soweit er auf Grund der Regelungen dieses Vertrages, insbesondere wegen Widerrufs der Schenkung nach § 3 die geschenkte Beteiligung noch vor Entstehung des Pflichtteilsanspruchs ganz oder teilweise wieder herauszugeben hat oder sie aufgrund einer auflösenden Bedingung der Abtretung an den Schenker zurückfallen. Nicht anrechnungspflichtig ist auch der zwischenzeitliche Nutzungsvorteil aus einem solchen rückgefallenen oder rück übertragenen Anteil.

(2) Der Beschenkte hat die geschenkte Beteiligung beim Tod des Schenkers nicht zur Ausgleichung (§§ 2050 ff. BGB) zu bringen.

§ 5 Kosten und Steuern

(1) Die Kosten des Vertrages sowie die Kosten seiner Durchführung übernimmt der Schenker.

(2) Eine zum Ansatz kommende Schenkungsteuer trägt der Schenker. Eine eventuell anfallende Nachsteuer gemäß § 13a Abs. 3, Abs. 6 ErbStG trägt ebenfalls der Schenker

(3) Der Beschenkte ist verpflichtet, auf Verlangen des Schenkers die Option zur sog. Vollverschonung gemäß § 13a Abs. 10 ErbStG zu erklären, soweit die Voraussetzungen hierfür erfüllt sind.

(4) Der Schenker hat Anspruch auf die Erstattungsbeträge, welche der Beschenkte, dessen Schenkungsteuer er übernommen hat, auf Grund von durch diesen Vertrag veranlassten Rückübertragungen oder aus sonstigen Gründen erhält.

(5) Der Beschenkte bevollmächtigt den Schenker unwiderruflich mit dem Recht, Untervollmacht zu erteilen, ihn gegenüber den zuständigen Finanzbehörden in jeder Weise bezüglich der Schenkungsteuer und anderen durch die Schenkung als solche verursachten Steuern sowie der Aufhebung der Steuerbescheide und der Geltendmachung der Erstattungsansprüche zu vertreten, wobei der Schenker den Beschenkten von sämtlichen hierdurch entstehenden Kosten freistellt. Der Beschenkte ist auf Verlangen des Schenkers verpflichtet, eine entsprechende Vollmacht – mit dem Recht der Untervollmachterteilung – in gesonderter Urkunde zu erteilen und/oder vom Schenker benannten Steuerberatern/Wirtschaftsprüfern eine entsprechende Vollmacht zu erteilen.

§ 6 Salvatorische Klausel

Sollte eine Bestimmung dieses Vertrags aus irgendeinem Grund unwirksam oder anfechtbar sein oder werden, so soll hierdurch die Gültigkeit der übrigen Bestimmungen nicht berührt werden. Anstelle der unwirksamen Bestimmung soll eine angemessene Regelung gelten, die – soweit rechtlich möglich – dem entspricht, was die Vertragsschließenden gewollt haben. Entsprechendes gilt im Falle einer Regelungslücke

.... den ....
[Ort, Datum]

..	**..**
[Unterschrift A]	***[Unterschrift D]***

A. Grundsätzliche Anmerkungen

I. Wirtschaftliche Vertragsziele

Zu den wirtschaftlichen Vertragszielen bei der schenkweisen Übertragung von Anteilen unter Rückbehalt von Einzelwirtschaftsgütern des Sonderbetriebsvermögens vgl. Formular A. 2.24. 1

II. Zivilrechtliche Aspekte

Zu den zivilrechtlichen Aspekten bei der schenkweisen Übertragung von Anteilen unter Rückbehalt von Einzelwirtschaftsgütern des Sonderbetriebsvermögens vgl. Formular A. 2.24 Rz. 3ff. 2

III. Steuerrechtliche Aspekte

Zu den steuerrechtlichen Aspekten bei der schenkweisen Übertragung von Anteilen unter Rückbehalt von Einzelwirtschaftsgütern des Sonderbetriebsvermögens vgl. Formular A. 2.24 Rz. 6ff. 3

Zur Qualifizierung der Beteiligung eines Gesellschafters einer GmbH & Co. KG an der Komplementär-GmbH als **Sonderbetriebsvermögen** und **wesentliche Betriebsgrundlage** vgl. die Erläuterungen in A. 2.31 Rz. 21ff. 4

Auch wenn es sich bei der Beteiligung des Schenkers an der Komplementär-GmbH – anders als im Vertragsmuster vorausgesetzt – um eine Mehrheitsbeteiligung handeln und deshalb die Beteiligung als wesentliche Betriebsgrundlage anzusehen wäre, wäre eine Buchwertfortführung nach § 6 Abs. 3 EStG gewährleistet, wenn nur ein Teil der KG-Beteiligung übertragen würde. Die zurückbehaltene Komplementär-Beteiligung würde dann nämlich weiterhin der Mitunternehmerschaft dienen, so dass § 6 Abs. 3 S. 2 EStG Anwendung findet. Allerdings gilt dann für den Erwerber des KG-Anteils eine fünfjährige Behaltensfrist (§ 6 Abs. 3 S. 2 HS 2 EStG). 5

B. Einzelerläuterungen

Zur Vertragsgestaltung der Anteilsübertragung unter Rückbehalt von Einzelwirtschaftsgütern des Sonderbetriebsvermögens vgl. die Erläuterungen in A. 2.24 Rz. 17f. 6

Zu § 2: Stichtag und Gewährleistung

Das Vertragsmuster sieht eine sofortige Wirkung von Schenkung und Abtretung vor. Der Übertragungsstichtag wird nicht auf die Eintragung des Beschenkten ins Handelsregister verschoben. Die Situation im Einzelfall kann erfordern, das Risiko einer Vollhaftung des eintretenden Gesellschafters für die zwischen dem Zeitpunkt seines Eintritts und der Eintragung seiner begrenzten Kommanditistenhaftung im Handelsregister durch die Gesellschaft begründeten Verbindlichkeiten (§ 176 Abs. 1 iVm. Abs. 2 HGB) auszuschließen (hierzu vgl. A. 2.31 Rz. 31ff.). 7

A. 2.35 Anmeldungen und Anzeigepflichten

Gliederung

A. 2.35

I. Formular KG

An das
Amtsgericht [...]
– Handelsregister –
[...]
[...]

HRA Nr. [...]
ABC-GmbH & Co. KG

Im Handelsregister des Amtsgerichts [...] ist unter HRA [...] die ABC-GmbH & Co. KG mit ihren Gesellschaftern A, B, C und der ABC-GmbH eingetragen. Als alleinige Gesellschafter der ABC-GmbH & Co. KG melden wir zur Eintragung in das Handelsregister an, dass D mit einer Kommanditeinlage in Höhe von € 1000,– als Kommanditist in die Kommanditgesellschaft eingetreten ist. Die Kommanditeinlage hat D von A im Wege der Sonderrechtsnachfolge übernommen. Die Kommanditeinlage des A hat sich danach auf € 3000,– reduziert.
Die Gesellschafter vertreten die Gesellschaft wie folgt: [...].
Die alleinige persönlich haftende Gesellschafterin ABC-GmbH und der Kommanditist A versichern, dass dem Kommanditisten von Seiten der Gesellschaft keinerlei Abfindung für die Reduzierung seiner Kommanditeinlage aus dem Gesellschaftsvermögen gewährt oder versprochen wurde.

....
[Unterschrift A]

....
[Unterschrift B]

....
[Unterschrift C]

....
[Unterschrift D]

....
[Unterschrift ABC-GmbH]

[Beglaubigungsvermerk]

II. Formular Komplementär-GmbH

An das
Amtsgericht [...]
– Handelsregister –
[...]
[...]

HRB Nr. [...]
ABC-GmbH

Im Handelsregister des Amtsgerichts [...] ist unter HRB [...] die ABC-GmbH eingetragen. Im Hinblick auf die Geschäftsanteilsübertragung vom [...] wird beigefügte neue Gesellschafterliste überreicht.

[Unterschrift Notar oder Geschäftsführer]

Anmerkungen

I. Anmeldung KG

1 Der Eintritt eines neuen Gesellschafters in die Gesellschaft ist nach § 107 HGB zur Eintragung in das Handelsregister anzumelden. Die Anmeldung muss **von sämtlichen Gesellschaftern unterschrieben** werden (§ 108 HGB). Die Anmeldung des eintretenden Gesellschafters muss dessen Namen, Vornamen, Geburtsdatum und Wohnort enthalten (§ 106 Abs. 2 Nr. 1 HBG).

2 Bei Neuanmeldungen ist nach § 106 Abs. 2 Nr. 4 HGB stets auch die **abstrakte und konkrete Vertretungsmacht** eines Gesellschafters anzugeben.[1] Das Muster sieht zur Klarstellung eine Wiedergabe der Vertretungsmacht sämtlicher Gesellschafter vor.

3 Die Anmeldung zum Handelsregister bedarf nach § 12 HGB der **notariellen Beglaubigung.**

4 Nach Inkrafttreten des Gesetzes über elektronische Handelsregister- und Genossenschaftsregister sowie das Unternehmensregister (EHUG) am 1.1.2007[2] wurden die Handels-, Genossenschafts- und Partnerschaftsregister vollständig auf den **elektronischen Betrieb** umgestellt. Unterlagen können seither nur noch elektronisch durch einen Notar eingereicht werden. Gleichwohl bleibt eine öffentliche Beglaubigung für die Anmeldung zur Eintragung erforderlich.

5 Seither werden Handelsregistereintragungen auch elektronisch bekannt gemacht.

6 Die Anmeldung muss zum Ausdruck bringen, dass der neue Gesellschafter im Wege der Sonderrechtsnachfolge in die Gesellschaft eingetreten ist. Der **Sonderrechtsnachfolgevermerk** wirkt haftungsausschließend. Ohne ist zwar der Erwerber bei erbrachter und nicht zurückgewährter Hafteinlage von der Haftung frei. Die Haftung des Veräußerers würde aber wieder aufleben.[3]

II. Anmeldung Komplementär-GmbH

7 Nach § 40 Abs. 1 Satz 1 GmbHG sind die Geschäftsführer einer GmbH verpflichtet, unverzüglich nach Wirksamwerden jeder Veränderung in den Personen der Gesell-

[1] MüKoHGB/*Langhein* HGB § 106 Rz. 32.
[2] BGBl. 2006 I 2553.
[3] BGH v. 29.6.1981 – II ZR 142/80, NJW 1981, 2747.

schafter oder des Umfangs ihrer Beteiligung eine **aktualisierte Gesellschafterliste** zum Handelsregister einzureichen. Aus der Liste müssen Name, Vorname, Geburtsdatum und Wohnort der Gesellschafter sowie die Nennbeträge und die laufenden Nummern der von ihnen jeweils übernommenen Geschäftsanteile zu entnehmen sein.

8 Hat ein **Notar** bei Veränderungen im Gesellschafterbestand einer GmbH mitgewirkt, hat er unverzüglich nach deren Wirksamwerden die Gesellschafterliste anstelle der Geschäftsführer zu unterschreiben, zum Handelsregister einzureichen und eine Abschrift der geänderten Liste an die Gesellschaft zu übermitteln (§ 40 Abs. 2 Satz 1 GmbHG). Eine Mitwirkung des Notars an der Veränderung liegt insbesondere dann vor, wenn die sie unmittelbar begründende Maßnahme durch den Notar beurkundet wurde (§ 15 Abs. 3 GmbHG).

9 Die Liste muss mit der Bescheinigung des Notars versehen sein, dass die geänderten Eintragungen den Veränderungen entsprechen, an denen er mitgewirkt hat, und die übrigen Eintragungen mit dem Inhalt der zuletzt im Handelsregister aufgenommenen Liste übereinstimmen (§ 40 Abs. 2 Satz 2 GmbHG).

III. Anzeigepflichten

10 Wegen der bestehenden schenkungsteuerlichen Anzeigepflichten vgl. A. 2.25 Rz. 6ff.

A. 2.40 Börsennotierte Beteiligung im Betriebsvermögen

A. Grundsätzliche Anmerkungen

Befinden sich die zu schenkenden, börsennotierten Aktien in einem **Betriebsvermögen – auch** in einem **Sonderbetriebsvermögen** (SBV) gem. § 15 Abs. 1 S. 1 Nr. 2 EStG – des Schenkers, so ändert sich im Vergleich mit einer Schenkung aus dem Privatvermögen an der **zivilrechtlichen Ausgestaltung** der Schenkung **nichts.** Die Unterscheidung zwischen Privat- und Betriebsvermögen spielt vorrangig im Steuerrecht eine Rolle. 1

Die als **Formulare A. 1.31 bis A. 1.33** abgedruckten Vertragsmuster können daher **auch für die Schenkung von Aktien** aus einem Betriebsvermögen verwandt werden. Der in den Vertragsmustern jeweils in § 1 (Vertragsgegenstand) vorgesehene Hinweis, wonach die Aktien steuerliches Privatvermögen des Schenkers sind, ist allerdings dahingehend abzuändern, dass die Aktien steuerliches (Sonder-)Betriebsvermögen des Schenkers sind. Auch die in Formular A. 1.35 abgedruckten Muster der verschiedenen, ggf. notwendigen Mitteilungen können für die hier einzuordnenden Fälle verwandt werden, da die steuerliche **Einordnung** der Aktien als Privat- oder als Betriebsvermögen insoweit ebenfalls **unerheblich** ist.

Demgegenüber unterscheidet sich die **steuerliche, vor allem** die **ertragsteuerliche Würdigung** der Schenkung von Aktien aus einem (Sonder-)Betriebsvermögen in einigen Punkten von der Schenkung aus dem Privatvermögen. Die jeweils zu beachtenden Besonderheiten werden im Folgenden dargestellt, und zwar gesondert nach den in den Formularen A. 1.31 bis A. 1.33 wiedergegebenen Vertragsmustern. 2

Von der ertragsteuerlichen Zuordnung der Aktien unberührt ist demgegenüber die grunderwerbsteuerliche Behandlung der Schenkung: **Grundsätzlich** unterliegen Erwerbe durch Schenkung, auch soweit sie inländische Grundstücke zum Gegenstand haben, **nicht** der **Grunderwerbsteuer,** § 3 Nr. 2 GrEStG. Die Schenkung von Aktien an Aktiengesellschaften mit inländischem Grundbesitz fällt indes grundsätzlich nicht unter diese Befreiungsvorschrift, da die Aktienübertragung im Regelfall ohne grunderwerbsteuerliche Bedeutung ist. Hält aber der Beschenkte nach erfolgter Schenkung (unmittelbar oder mittelbar) **mindestens 95 vH der Aktien** der grundbesitzenden Aktiengesellschaft so löst die Schenkung selbst bzw. sonst – bei Formunwirksamkeit des Schenkungsvertrags – ihr Vollzug Grunderwerbsteuer aus (§ 1 Abs. 3 Nr. 1f. GrEStG). Die Fälle einer Weiterschenkung einer grunderwerbsteuerlich „wesentlichen" Beteiligung (§ 1 Abs. 3 Nr. 3f. GrEStG) wird hingegen von § 3 Nr. 2 GrEStG erfasst und steuerbefreit.[1]

B. Einzelerläuterungen

Zu A. 1.31: Übertragung ohne Gegenleistung

Zu unterscheiden sind – wie bei der Schenkung aus Privatvermögen – die **Schenkungsteuer** und die **Einkommensteuer:** 3

Schenkungsteuerlich besteht für das tatbestandliche Vorliegen einer **freigebigen Zuwendung unter Lebenden** (§ 7 Abs. 1 S. 1 Nr. 1 ErbStG) kein Unterschied danach, ob der Zuwendungsgegenstand aus dem Privatvermögen oder aus dem Betriebsvermögen des Schenkers stammt. Die schenkungsteuerlichen Vorschriften werden nicht deshalb verdrängt, weil der Zuwendungsgegenstand in dem Betriebsvermögen 4

[1] Vgl. *Franz* in Pahlke/Franz GrEStG § 3 Rz. 14.

des Schenkers ertragsteuerlich verhaftet ist und die Schenkung daher zugleich ertragsteuerliche Folgen auslösen kann.[2]

Auch die **Anwendung der §§ 13af., 19a ErbStG** auf die Schenkung von Aktienpaketen von **unmittelbar mehr als 25 vH** an Aktiengesellschaften mit Sitz oder Geschäftsleitung im Inland ist unabhängig von der ertragsteuerlichen Qualifikation des Aktienpakets bei dem Schenker.

5 **Ertragsteuerlich** wird durch den Vollzug der Schenkung die Zuordnung der geschenkten Aktien zu dem Betriebsvermögen des Schenkers aufgehoben. Die Aktien werden für betriebsfremde Zwecke verwandt. Es liegt daher eine **Entnahme** (§ 4 Abs. 1 S. 2 EStG) vor. Die Entnahme ist bei der Ermittlung des betrieblichen Gewinns nach § 4 Abs. 1 EStG bzw. § 5 EStG **grundsätzlich** mit dem **Teilwert** anzusetzen (§ 6 Abs. 1 Nr. 4 S. 1 EStG). Dies gilt bei der Gewinnermittlung durch Einnahmenüberschussrechnung nach § 4 Abs. 3 EStG entsprechend. Der Teilwert ist dabei derjenige Betrag, den ein Erwerber des ganzen Betriebs im Rahmen des Gesamtkaufpreises für das einzelne Wirtschaftsgut ansetzen würde; dabei ist davon auszugehen, dass der Erwerber den Betrieb fortführt (§ 6 Abs. 1 Nr. 1 S. 3 EStG). Die Voraussetzungen für eine Buchwertfortführung nach § 6 Abs. 5 S. 3 EStG werden regelmäßig nicht vorliegen (vgl. aber unten Rz. 10).

Bei börsennotierten Aktien wird der Teilwert **in der Regel** dem **Börsenkurs** zu dem Zeitpunkt der Entnahme entsprechen, soweit nicht wegen der Größe des Aktienpakets ein höherer Wert **(Paketzuschlag)** anzunehmen ist (§ 11 Abs. 3 BewG).[3] In Höhe der Differenz zwischen dem Teilwert und dem Buchwert der Aktien ergibt sich durch die Entnahme eine Gewinn- oder Verlustrealisation. Nur **ausnahmsweise,** namentlich bei der Zuwendung von Betriebsvermögen an bestimmte Körperschaftsteuersubjekte für steuerbegünstigte Zwecke (vgl. § 6 Abs. 1 Nr. 4 Sätze 4f. EStG), kann die Entnahme mit dem **Buchwert** angesetzt werden, ist also ertragsteuerneutral.

Führt die Entnahme der Aktien nach den vorstehenden Grundsätzen zu einem Gewinn bzw. Verlust, so fließt dieser auch in den **Gewerbeertrag** (§ 7 S. 1 GewStG) ein. Er beeinflusst damit die Höhe der Gewerbesteuer. Die Gewerbesteuer wird allerdings nach § 35 EStG wieder (typisierend) auf die Einkommensteuer angerechnet.

6 Erfolgt die Schenkung der Aktien im Rahmen einer **Betriebsaufgabe** (§ 16 Abs. 3 EStG), so ist bei dem Schenker im Rahmen der Ermittlung des Aufgabegewinns für die Aktien ihr **gemeiner Wert** (§ 9 Abs. 2 BewG) im Zeitpunkt der Aufgabe anzusetzen (§ 16 Abs. 3 S. 7 EStG). Es handelt sich hierbei **nicht** um **außerordentliche Einkünfte,** da sie nach § 3 Nr. 40 Buchst. b S. 2 EStG steuerbefreit sind (§ 34 Abs. 2 Nr. 1 aE EStG). **Gewerbesteuer** fällt **grundsätzlich nicht** an (H 7.1 (3) s. v. Veräußerungs- und Aufgabegewinne GewStR).

7 Je nach der Bewertung der Aktien in dem Betriebsvermögen des Schenkers kann die Schenkung daher sowohl – bei beiden Beteiligten (§ 20 Abs. 1 S. 1 ErbStG) – Schenkungsteuer als auch – bei dem Schenker – Einkommensteuer auslösen und zu einer hohen Gesamtsteuerbelastung der Schenkung führen. Eine spezielle Vorschrift zur Vermeidung bzw. Abmilderung dieser **möglichen steuerlichen Doppelbelastung** gibt es nicht. Das gilt namentlich auch mit Blick auf den durch das ErbStRG neu geschaffenen § 35b EStG. Die Vorschrift sieht eine Ermäßigung der Einkommensteuer nur bei Erwerben von Todes wegen vor. Im Einzelfall kann die Erhebung der Summe beider Steuern jedoch auch in Schenkungsfällen unbillig sein. sodass aus diesem Grund eine **niedrigere Festsetzung** einer bzw. beider Steuern möglich ist (§ 163 S. 1 AO). Ob die Finanzverwaltung die Voraussetzungen für eine solche abweichende Festsetzung bejaht oder nicht, sollte möglichst **vor** dem **Abschluss des**

[2] Vgl. *Meincke* ErbStG Einf. Rz. 2f.

[3] Dazu BFH v. 7.11.1990 – I R 116/86, BStBl. II 1991, 342 (344); *v. Oertzen/Zens* DStR 2005, 1043.

Schenkungsvertrages abgeklärt werden. Hierbei sind die besonderen Zuständigkeiten für Billigkeitsmaßnahmen zu beachten.[4]

In dem (Sonder-)Fall, dass die Aktien **unentgeltlich in ein Betriebsvermögen des Beschenkten** übertragen werden, ist die Bewertungsvorschrift des § 6 Abs. 4 EStG zu beachten. Danach gilt bei der Gewinnermittlung des Beschenkten nach § 4 Abs. 1 EStG bzw. § 5 EStG der **gemeine Wert** (idR der **Börsenkurs,** § 9 Abs. 2, § 11 Abs. 1 BewG) der Aktien als Anschaffungskosten. § 6 Abs. 4 EStG ist auch bei der Gewinnermittlung nach § 4 Abs. 3 EStG zu beachten (§ 6 Abs. 7 EStG). 8

Demgegenüber ist **§ 6 Abs. 3 EStG** auf die Schenkung eines Aktienpakets **grds. nicht anwendbar.** Dies gilt auch dann, wenn ein das gesamte Grundkapital umfassendes (100%-)Aktienpaket geschenkt wird; die Teilbetriebsfiktion des § 16 Abs. 1 Nr. 1 S. 2 EStG ist nach überwiegender Auffassung iRd § 6 Abs. 3 EStG nicht anwendbar.[5] Die Vorschrift ist allerdings **dann anwendbar,** wenn ein **Aktienpaket** nicht „als solches", sondern als **Teil eines** unentgeltlich übertragenen **Betriebs, Teilbetriebs oder Mitunternehmeranteils** geschenkt wird. 9

Ist ein – funktional wesentliches – **Aktienpaket** dem **SBV eines Mitunternehmers** zugeordnet und überträgt der Mitunternehmer unentgeltlich einen Teil seines Mitunternehmeranteils, so kann das Aktienpaket unter bestimmten Voraussetzungen **disquotal (d. h. unter- oder überproportional) übertragen** werden (§ 6 Abs. 3 S. 2 EStG).[6] Im Falle der überquotalen Übertragung ist diese allerdings nach Auffassung der Finanzverwaltung in eine Übertragung nach § 6 Abs. 3 S. 1 EStG für den quotalen Teil des SBV und in eine Übertragung nach § 6 Abs. 5 EStG für den überquotalen Teil des SBV aufzuteilen.[7]

In diesen Fällen ordnet § 6 Abs. 3 EStG – und prinzipiell ebenso § 6 Abs. 5 EStG – **grds.** den **Buchwertansatz** bei Schenker und Erwerber an (§ 6 Abs. 3 Sätze 1 u. 3 EStG). Eine Ausnahme gilt dann, wenn der Erwerber eines Mitunternehmeranteils den Anteil innerhalb einer Frist von fünf Jahren seit dem unentgeltlichen Erwerb veräußert oder aufgibt (sog. **Behaltefrist,** § 6 Abs. 3 S. 2 2. Hs. EStG). In diesem Fall erzielt der Schenker ertragsteuerlich rückwirkend einen laufenden Gewinn in Höhe der Differenz zwischen Teil- und Buchwert.

Erfolgt die unentgeltliche Übertragung von Aktien **zwischen** einem **Mitunternehmer und** seiner **Mitunternehmerschaft bzw.** einem **anderen Mitunternehmer,** so ist § 6 Abs. 5 S. 3 EStG zu beachten. Diese Vorschrift enthält gegenüber dem § 6 Abs. 4 EStG speziellere Tatbestände.[8] Namentlich werden von der Vorschrift auch Übertragungen aus dem SBV eines Mitunternehmers in das SBV eines anderen Mitunternehmers derselben Mitunternehmerschaft erfasst (§ 6 Abs. 5 S. 3 Nr. 3 EStG). In diesen Fällen ist – anders als nach § 6 Abs. 4 EStG – **grundsätzlich zwingend der steuerliche Buchwert** anzusetzen, sofern die Besteuerung der stillen Reserven sichergestellt ist und keiner der Sonderfälle des § 6 Abs. 5 Sätze 4ff. EStG vorliegt bzw. eintritt. 10

Zu A. 1.32: Übertragung mit Nießbrauchsvorbehalt

Die Erläuterungen zu Formular A. 1.31 sind auch für die Fälle der Übertragung mit Nießbrauchsvorbehalt einschlägig. Zu unterscheiden sind auch hier – wie bei der Schenkung aus Privatvermögen – die **Schenkungsteuer** und die **Einkommensteuer:** 11

Schenkungsteuerlich ergeben sich bei der Schenkung von Aktien aus einem Betriebsvermögen mit Nießbrauchsvorbehalt keine anderen Rechtsfolgen als bei der 12

[4] Vgl. BMF v. 15.4.2008, BStBl. I 2008, 534 sowie BMF v. 28.7.2003, BStBl. I 2003, 401.
[5] Vgl. Blümich/*Ehmcke* EStG § 6 Rz. 1236 mwN.
[6] Vgl. BMF v. 3.3.2005, BStBl. I 2005, 458 Rz. 10ff.
[7] Vgl. BMF v. 3.3.2005, BStBl. I 2005, 458 Rz. 16.
[8] Vgl. HHR/*Niehus/Wilke* EStG § 6 Rz. 1411 mwN.

Schenkung von Aktien aus dem Privatvermögen. Auf Formular A. 1.32 Rz. 5–7 wird daher verwiesen.

13 Auch zu den **ertragsteuerlichen Konsequenzen** kann grundsätzlich auf Formular A. 1.32 Rz. 5–7 sowie auf die vorstehenden, ergänzenden Anmerkungen zu Formular A. 1.31 verwiesen werden. Bei der Schenkung aus einem Betriebsvermögen stellt sich allerdings ergänzend zum einen die Frage, ob angesichts der Nießbrauchsbestellung überhaupt eine Entnahme vorliegt. Zum anderen ist der Gegenstand der Entnahme zu bestimmen. Hierzu gilt Folgendes:

Bei einem **umfassend ausgestalteten Nießbrauch,** der auch – soweit gesetzlich zulässig – die Ausübung der Gesellschafterrechte dem Schenker zuweist, ist es möglich, dass **keine Entnahme** vorliegt. Das ist dann der Fall, wenn das wirtschaftliche Eigentum (§ 39 Abs. 2 Nr. 1 S. 1 AO) an den nießbrauchsbelastet geschenkten Aktien bei dem Nießbraucher im Betriebsvermögen verbleibt.[9] Nach dem **Vertragsmuster** des Formulars A. 1.32 liegt jedoch eine **Entnahme** vor, da sich das Nutzungsrecht des Nießbrauchers auf den Dividendenbezug beschränkt. Sowohl das wirtschaftliche als auch das zivilrechtliche Eigentum an den Aktien gehen daher auf den Beschenkten über.

14 **Gegenstand der Entnahme** ist das **(Vollrechts-)Eigentum** an den geschenkten Aktien. Das bei dem Schenker verbleibende **Nießbrauchsrecht** entsteht **anlässlich der Entnahme im Privatvermögen,** da es auf Grund der Zweckbestimmung des Nießbrauchs – der Versorgung des Schenkers – nicht betrieblichen, sondern seinen privaten Zwecken dient.[10] Der Vorbehaltsnießbraucher erzielt daher mit den Dividenden **regelmäßig Einkünfte aus Kapitalvermögen** und nicht Einkünfte aus Gewerbebetrieb.[11] Das ist allerdings dann anders, wenn das nießbrauchsbelastete Wirtschaftsgut wie vor der Nießbrauchsbestellung betrieblich genutzt wird.[12] Das dürfte allerdings bei Aktien als Objekte eines Nießbrauchs nur selten der Fall sein.

Zu A. 1.33: Übertragung gegen Rente oder dauernde Last

15 Die Erläuterungen zu A. 1.31 betreffen auch die Übertragung gegen Rente oder dauernde Last. Zu unterscheiden sind auch hier – wie bei der Schenkung aus Privatvermögen – die **Schenkungsteuer** und die **Einkommensteuer:**

16 **Schenkungsteuerlich** ergeben sich bei der Schenkung von Aktien aus einem Betriebsvermögen gegen Rente oder dauernde Last keine anderen Rechtsfolgen als bei der Schenkung aus dem Privatvermögen. Auf Formular A. 1.33 Rz. 4–9 wird hingewiesen.

17 Zu den **ertragsteuerlichen Konsequenzen** kann gleichfalls auf Formular A. 1.33 Rz. 4–7, ferner auf die vorstehenden, ergänzenden Erläuterungen zu Formular A. 1.31 verwiesen werden. Auch in diesem Fall führt die **Schenkung der Aktien** zu deren **Entnahme** aus dem Betriebsvermögen des Schenkers. Die **Rentenzahlungen bzw.** die Leistungen auf Grund der **dauernden Last** sind demgegenüber **Vorgänge auf den privaten Vermögensebenen** des Schenkers und des Beschenkten. Es spielt insofern keine Rolle, dass die geschenkten Aktien aus einem Betriebsvermögen des Schenkers stammen.

---

[9] Vgl. BFH v. 8.12.1983 – IV R 20/82, BStBl. II 1984, 202f. mwN.

[10] Vgl. EStH 4.3 Abs. 2–4 s. v. „Vorbehaltsnießbrauch", wonach eine Vollentnahme auch dann vorliegt, wenn das geschenkte Wirtschaftsgut auf Grund des Nießbrauchs durch den Schenker weiterhin betrieblich genutzt wird, sowie BFH v. 16.12.1988 – III R 113/85, BStBl. II 1989, 763, 764.

[11] Vgl. *Fichtelmann* DStR 1974, 341, 346.

[12] Vgl. BFH v. 16.12.1988 – III R 113/85, BStBl. II 1989, 763, 765f. – zu einem betrieblich genutzten Grundstück.

Zu A. 1.3: Mittelbare Zuwendung börsennotierter Aktien

Die **mittelbare Schenkung börsennotierter Aktien** durch die Zuwendung betrieblicher Mittel ist **ungebräuchlich.** Steuerliche Vorteile lassen sich hierdurch in der Regel ebenso wenig erzielen wie bei der Zuwendung privater Mittel. Auf die Erläuterungen zu A. 1.34 wird hingewiesen. 18

A. 2.50 Atypische Unterbeteiligung

Übersicht

A. 2.51 Einräumung einer atypischen Unterbeteiligung – ohne Gegenleistung –

Gliederung

A. 2.51

Nummer der Urkundenrolle [...]

Verhandelt zu [...] am [...]

Vor dem Notar/der Notarin [...]

erschienen:

1. Herr A, geboren am [...] in [...], wohnhaft [...]
– nachfolgend auch Hauptbeteiligter genannt –
2. Herr B, geboren am [...] in [...], wohnhaft [...]
– nachfolgend auch Unterbeteiligter genannt –

Die Erschienenen sind dem Notar von Person bekannt und geben übereinstimmend folgenden Vertrag über die Einräumung einer atypischen Unterbeteiligung zu Protokoll des Notars:

Präambel

Der Hauptbeteiligte ist der Vater des Unterbeteiligten. Er ist als Kommanditist an der [...] GmbH & Co. KG mit Sitz in [...] (Amtsgericht [...], HRA [...]) mit einem Kommanditanteil – Anteil am Festkapital – in Höhe von € [...],– (in Worten: Euro [...]) sowie als Gesellschafter an der Komplementärin, der [...]-Verwaltungsgesellschaft mbH mit Sitz in [...] (Amtsgericht [...], HRB [...]) mit einem Geschäftsanteil in Nennbetrag von € [...],– (in Worten: [...]) beteiligt.
Im Rahmen seiner Nachfolgeplanung beabsichtigt der Hauptbeteiligte seinen Sohn im folgenden Umfang an den von ihm gehaltenen Beteiligungen atypisch unterzubeteiligen:

1. **an einem Teilkommanditanteil – Anteil am Stammkapital – in Höhe von € [...],– (in Worten: Euro [...]) seiner Beteiligung an der [...] GmbH & Co. KG;**

2. an einem Teilgeschäftsanteil im Nennbetrag von € [...],– (in Worten: Euro [...]) seiner Beteiligung an der [...]-Verwaltungsgesellschaft mbH.

Im Rahmen der Unterbeteiligung soll sein Sohn sowohl am laufenden Ergebnis als auch an den Stillen Reserven beteiligt werden. Aus Sicht des Steuerrechts handelt es sich um eine atypische Unterbeteiligung.

Die Gesellschaftsverträge der og. Gesellschaften sind dem Unterbeteiligten bekannt.

§ 1 Einräumung einer atypischen Unterbeteiligung[Rz. 47 ff.]

(1) Herr A räumt hiermit seinem Sohn Herrn B eine atypische Unterbeteiligung an einem Teilkommanditanteil in Höhe von € [...],– (in Worten: Euro [...]) seiner Beteiligung an der [...] GmbH & Co. KG ein. Die atypische Unterbeteiligung umfasst auch das auf diesen Teilkommanditanteil entfallende anteilige Sonderbetriebsvermögen des Hauptbeteiligten sowie die anteiligen Rücklagen.

(2) Herr A räumt seinem Sohn Herrn B weiter eine atypische Unterbeteiligung an einem Teilgeschäftsanteil im Nennbetrag von € [...],– (in Worten: Euro [...]) seiner Beteiligung an der [...]-Verwaltungsgesellschaft mbH ein.

(3) Die Einräumung der in Abs. 1 und 2 aufgeführten atypischen Unterbeteiligungen erfolgt mit Wirkung zum [...], 24 Uhr. Die Gewinne des laufenden Geschäftsjahres stehen dem Hauptbeteiligten zu.

(4) Die Rechte und Pflichten aus dem atypischen Unterbeteiligungsverhältnis richten sich nach Maßgabe der §§ 3 ff.

§ 2 Gewährleistung[Rz. 52, 53]

Der Hauptbeteiligte sichert zu, dass die in der Präambel enthaltenen Angaben zu den von ihm gehaltenen Unternehmensbeteiligungen richtig sind und er berechtigt ist, die in § 1 genannten Beteiligungen an den aufgeführten Gesellschaftsanteilen einzuräumen. Im Übrigen ist jegliche Gewährleistung und Haftung des Schenkers – soweit gesetzlich zulässig – ausgeschlossen.

§ 3 Rechtsnatur der Unterbeteiligung[Rz. 54]

Die Unterbeteiligung ist eine Innengesellschaft zwischen dem Hauptbeteiligten und dem Unterbeteiligten. Rechtsbeziehungen zwischen dem Unterbeteiligten und der Hauptgesellschaft sowie deren Geschäftspartnern werden nicht begründet.

§ 4 Konten der Gesellschafter[Rz. 55]

Für den Hauptbeteiligten und für den Unterbeteiligten werden im Rahmen der Unterbeteiligung gleichartige Konten geführt wie für die Gesellschafter der Hauptgesellschaft.

§ 5 Ergebnisbeteiligung, Entnahmen[Rz. 56]

(1) Der Unterbeteiligte ist an dem auf den Hauptbeteiligten entfallenden Ergebnisanteil (Gewinn und Verlust) der Hauptgesellschaft gem. Steuerbilanz im Verhältnis seiner Unterbeteiligung beteiligt.

(2) Der maßgebende Ergebnisanteil des Hauptbeteiligten gem. Steuerbilanz der Hauptgesellschaft ist zur Bemessung des Ergebnisanteils des Unterbeteiligten wie folgt zu korrigieren:

a) Abzuziehen sind sämtliche von der Hauptgesellschaft an den Hauptbeteiligten gezahlten Vergütungen für Dienstleistungen und Überlassung von Kapital oder Wirtschaftsgütern zur Nutzung (einschließlich der Verzinsung des Privatkontos), soweit diese beim Ergebnisanteil des Hauptbeteiligten gem. Steuerbilanz enthalten und soweit diese nicht ausdrücklich von der Unterbeteiligung erfasst

sind sowie ggf. eigene Kosten der Unterbeteiligungsgesellschaft (zB für Kontoführung und Steuererklärungen).

b) Hinzuzurechnen sind Zinsen und sonstige Vergütungen, die der Hauptbeteiligte an die Gesellschaft für die Überlassung von Kapital oder sonstigen Wirtschaftsgütern zu entrichten hat (einschließlich der Verzinsung des Privatkontos), soweit diese beim Ergebnisanteil des Hauptbeteiligten abgezogen sind.

(3) Ändert sich der maßgebende Ergebnisanteil des Hauptbeteiligten an der Hauptgesellschaft (zB nach Durchführung einer steuerlichen Betriebsprüfung), ist der geänderte Ergebnisanteil des Hauptbeteiligten für die Beteiligung des Unterbeteiligten maßgebend.

(4) Der Unterbeteiligte kann den auf ihn entfallenden Gewinnanteil in gleichem Umfang und zum gleichen Zeitpunkt entnehmen, wie der Hauptbeteiligte den auf ihn entfallenden Gewinnanteil der Hauptgesellschaft nach den Bestimmungen des Gesellschaftsvertrages der Hauptgesellschaft entnehmen kann. Der Hauptbeteiligte verpflichtet sich, von seinem Entnahmerecht in der Hauptgesellschaft mindestens in dem Umfang Gebrauch zu machen, wie der Unterbeteiligte entsprechend seiner Beteiligungsquote zu Entnahmen berechtigt ist; er kann in gleicher Weise wie der Hauptbeteiligte Ausschüttung verlangen bzw. Entnahmen tätigen. Der Hauptbeteiligte wird die dem Unterbeteiligten zustehenden Entnahmen unverzüglich an diesen weiterleiten.

§ 6 Geschäftsführung, Pflichten des Hauptbeteiligten, Mitwirkungs- und Informationsrechte[Rz. 65 ff.]

(1) Die Geschäftsführung der Unterbeteiligungsgesellschaft obliegt ausschließlich dem Hauptbeteiligten, und zwar sowohl was die Wahrnehmung der Gesellschafterrechte gegenüber der Hauptgesellschaft betrifft, als auch in Hinblick auf Geschäftsführungsmaßnahmen im Innenverhältnis gegenüber dem Unterbeteiligten.

(2) Der Hauptbeteiligte ist verpflichtet, seine Rechte als Gesellschafter der Hauptgesellschaft auch im Interesse des Unterbeteiligten wahrzunehmen. Vor der Fassung von Beschlüssen im Rahmen der Hauptgesellschaft wird der Hauptbeteiligte unverzüglich nach Erhalt der Ladung zur Gesellschafterversammlung der Hauptgesellschaft eine Abstimmung mit dem Unterbeteiligten herbeiführen. Bei Meinungsverschiedenheiten über zu fassende Beschlüsse entscheidet die einfache Stimmenmehrheit innerhalb der Innengesellschaft, wobei das Verhältnis der jeweiligen Gesamtbeteiligung des Hauptbeteiligten zur Unterbeteiligung gem. § 1 maßgebend ist. Dies gilt auch für Änderungen des Gesellschaftsvertrages der Hauptgesellschaft, für Umwandlungen und für alle Maßnahmen, die die gesellschaftsrechtliche Struktur der Hauptgesellschaft verändern. Soweit bei der Umstrukturierung der Hauptgesellschaft die Gesellschaftsbeteiligung der Hauptbeteiligten untergeht oder in eine andere Rechtsform umgewandelt werden soll, setzen sich die Unterbeteiligungen an der Gesellschaftsbeteiligung fort, die wirtschaftlich an die Stelle der derzeitigen Gesellschaftsbeteiligung getreten ist; ggf. wird der Hauptbeteiligte entsprechende neue Unterbeteiligungen einräumen.

(3) Der Hauptbeteiligte ist verpflichtet, den Unterbeteiligten über alle ihn bekannt werdenden wesentlichen Geschäftsvorfälle der Hauptgesellschaft zu informieren, soweit nicht gesetzliche oder vertragliche Geheimhaltungspflichten entgegenstehen.

(4) Der Hauptbeteiligte wird dem Unterbeteiligten innerhalb von vier Wochen nach Vorliegen des Jahresabschlusses der Hauptgesellschaft eine Aufstellung über die Entwicklung der Konten des Hauptbeteiligten und des Unterbeteiligten zusenden.

(5) Der Unterbeteiligte ist berechtigt, zur Prüfung des auf ihn entfallenden Ergebnisanteils Einsicht in den Jahresabschluss der Hauptgesellschaft zu nehmen. Er

kann dieses Prüfungsrecht auch durch einen Angehörigen der rechts- oder steuerberatenden Berufe wahrnehmen lassen.

§ 7 Kündigung, Beendigung der Unterbeteiligung[Rz. 71 ff.]

(1) Die Unterbeteiligung kann von jedem Gesellschafter der Innengesellschaft gekündigt werden, frühestens jedoch zum 31. Dezember 20[...]. Die Kündigungsfrist beträgt sechs Monate. Wird der erste Kündigungstermin nicht wahrgenommen, so kann die atypische Unterbeteiligung mit einer Frist von sechs Monaten zum Ende eines jeden Geschäftsjahres der Hauptgesellschaft gekündigt werden. Die Kündigung erfolgt durch eingeschriebenen Brief gegenüber dem Hauptbeteiligten. Mit Wirksamwerden der Kündigung endet die Unterbeteiligung.

(2) Ohne dass es einer Kündigung bedarf, endet die Unterbeteiligung, wenn

a) über das Vermögen eines Gesellschafters das Insolvenzverfahren eröffnet oder die Eröffnung des Insolvenzverfahrens mangels Masse abgelehnt wird;

b) der Anteil eines Gesellschafters gepfändet und die Pfändung nicht innerhalb von drei Monaten aufgehoben oder abgewendet wird.

§ 8 Auflösung der Hauptgesellschaft, Ausscheiden des Hauptbeteiligten[Rz. 75 ff.]

Scheidet der Hauptbeteiligte aus der Hauptgesellschaft aus, so endet das Unterbeteiligungsverhältnis zum gleichen Zeitpunkt. Wird die Hauptgesellschaft aufgelöst, so bleibt die Unterbeteiligung bis zur Beendigung der Liquidation bestehen. Der Unterbeteiligte nimmt am Liquidationserlös entsprechend seiner Beteiligungsquote gem. § 1 teil.

§ 9 Abfindung[Rz. 76 ff.]

(1) Bei Beendigung der Unterbeteiligung steht dem Unterbeteiligten ein Abfindungsguthaben zu, das sich nach Maßgabe von Absatz 2 berechnet. Hinzu kommt ein positiver bzw. negativer Saldo, des für ihn iRd. Unterbeteiligung geführten Privatkontos.

(2) Der Wert der [...] GmbH & Co. KG ist mit dem anteiligen Wert zu bemessen, der sich in analoger Anwendung des vereinfachten Ertragswertverfahrens iSv. §§ 199 ff. BewG ergibt. Stichtag ist der 1. Januar des Jahres in dem der Gesellschafter aus der Gesellschaft ausscheidet.

(3) Können sich die Beteiligten nicht auf den Wert der Abfindung innerhalb einer angemessenen Frist einigen, so ist die Abfindung nach Maßgabe der in Absatz 2 genannten Kriterien durch den Präsidenten der Industrie und Handelskammer in [...] verbindlich festzustellen.

(4) Das Abfindungsguthaben ist in fünf Jahresraten, deren erste Rate 6 Monate nach Beendigung der Unterbeteiligung fällig ist zu zahlen und vom Tag der Fälligkeit der ersten Rate an mit 2 vH über dem Basiszinssatz gem. § 247 BGB zu verzinsen ist. Die Zinsen sind jeweils mit den Abfindungsraten fällig.

§ 10 Abtretung[Rz. 80 ff.]

(1) Der Unterbeteiligte kann seine Rechte aus der Unterbeteiligung nur mit Zustimmung des Hauptbeteiligten abtreten oder belasten.

(2) Eine Zustimmung des Hauptbeteiligten bedarf es nicht, wenn der Unterbeteiligte seine Beteiligung an eine nachfolgeberechtigte Person abtritt. Nachfolgeberechtigt sind die Abkömmlinge des Unterbeteiligten.

§ 11 Tod eines Gesellschafters[Rz. 84, 85]

(1) Im Falle des Todes des Hauptbeteiligten wird die Unterbeteiligung mit der Person fortgesetzt, die den Gesellschaftsanteil des Hauptbeteiligten als Erbe oder Vermächtnisnehmer übernimmt.

(2) Beim Tod des Unterbeteiligten gehen die Rechte aus der Unterbeteiligung auf dessen Erben bzw. Vermächtnisnehmer über, soweit diese Person nachfolgeberechtigt im Sinne von § 10 Abs. 2 ist. Soweit eine nicht nachfolgeberechtigte Person berufen ist, scheidet diese mit sofortiger Wirkung aus der Gesellschaft aus und ist nach Maßgabe von § 9 abzufinden.

§ 12 Änderung der Hauptgesellschaft[Rz. 86, 87]

Ändert sich die Rechtsform der Hauptgesellschaft, so sind die Vertragsparteien verpflichtet, den Unterbeteiligungsvertrag erforderlichenfalls dergestalt anzupassen, wie dies die neue Rechtsform der Hauptgesellschaft bei weitestgehend möglicher Beibehaltung der wirtschaftlichen Gegebenheiten der Unterbeteiligung erfordert.

§ 13 Pflichtteilsanrechnung[Rz. 88 ff.]

Die in § 1 aufgeführte Unterbeteiligung ist mit dem Wert zur Zeit ihrer Einräumung auf den Pflichtteilsanspruch des Unterbeteiligten gegenüber dem Nachlass des Hauptbeteiligten anzurechnen; auf seinen Erbteil jedoch nur, falls der Hauptbeteiligte dies letztwillig anordnet.

§ 14 Kosten und Steuern[Rz. 93, 94]

Notar und Gerichtskosten dieser Urkunde und ihres Vollzugs sowie eine eventuelle auf Grund der Einräumung der atypischen Unterbeteiligung anfallende Schenkungsteuer trägt der Hauptbeteiligte.

§ 15 Schlussbestimmungen

(1) Änderungen und Ergänzungen dieses Vertrages bedürfen der Schriftform; mündliche Nebenabreden bestehen nicht. Die Änderung des Unterbeteiligungsvertrages kann nur einstimmig erfolgen.

(2) Sollte eine Bestimmung dieses Vertrages aus irgendeinem Grunde unwirksam oder anfechtbar sein oder werden, so soll deren Inhalt hiervon im Übrigen nicht berührt, vielmehr sinngemäß ausgeführt werden. Anstelle der unwirksamen oder anfechtbaren Bestimmung soll eine angemessene Regelung gelten, die, soweit rechtlich möglich, dem am nächsten kommt, was die Vertragschließenden gewollt haben oder nach Sinn und Zweck dieses Vertrags gewollt haben würden, sofern sie bei Abschluss dieses Vertrages den Punkt bedacht hätten. Das gilt auch, wenn die Unwirksamkeit einer Bestimmung etwa auf einem im Vertrag vorgeschriebenen Maß der Leistung oder Zeit (Frist oder Termin) beruht; es soll dann ein dem Gewollten möglichst nahekommendes zulässiges Maß der Leistung oder Zeit (Frist oder Termin) vereinbart werden.

(3) Sollte zwischen den Rechten und Pflichten des Hauptbeteiligten aus seiner Beteiligung an der Hauptgesellschaft und den Bestimmungen des Unterbeteiligungsvertrages ein Widerspruch bestehen oder entstehen, so ist der Unterbeteiligungsvertrag so anzupassen, dass er mit den für die Hauptgesellschaft geltenden Bestimmungen übereinstimmt.

(4) Gerichtsstand für sämtliche Streitigkeiten aus diesem Vertrag ist [...], soweit dies zulässig vereinbart werden kann.

Diese Niederschrift wurde den Erschienenen von dem Notar vorgelesen, von ihnen genehmigt und von ihnen und dem Notar eigenhändig wie folgt unterschrieben:

A. Grundsätzliche Anmerkungen

I. Wirtschaftliche Aspekte

1 Wirtschaftlich gesehen handelt es sich bei einer **Unterbeteiligung** um eine mittelbare Beteiligung an einer anderen Gesellschaft. Sie liegt immer dann vor, wenn der Hauptbeteiligte eine andere Person an seiner Hauptbeteiligung beteiligen möchte, ohne dass diese andere Person Gesellschafter der Hauptbeteiligung wird.[1] Zwischen dem Unterbeteiligten und der Hauptbeteiligung besteht folglich keine unmittelbare Rechtsbeziehung.[2] Die Beteiligung erfolgt lediglich in der Form einer obligatorischen Mitberechtigung an dem Gesellschaftsanteil des Hauptbeteiligten und ohne Bildung von Gesellschaftsvermögen. Im Gegensatz zur Hauptgesellschaft ist sie eine reine **Innengesellschaft.** Die Unterbeteiligung ist an jeder Gesellschaftsbeteiligung möglich, sei es an einer Aktie, einem Geschäftsanteil einer GmbH oder einem Personengesellschaftsanteil.[3]

2 Die Unterbeteiligung ist ein nicht zu unterschätzendes Gestaltungsinstrument im Rahmen der **Nachfolgeplanung.**[4] Sie ist immer dann von besonderem Interesse, wenn tatsächliche oder zivilrechtliche Beschränkungen bei der Übertragung von Vermögen bestehen.

3 Beschränkungen dieser Art finden sich häufig in den Gesellschaftsverträgen von Unternehmen, die die Übertragung der unternehmerischen Beteiligung an die Zustimmung der anderen Gesellschafter knüpft.[5] Ein vergleichbares Problem besteht, wenn und soweit die Anzahl der nachfolgeberechtigten Gesellschafter eines Familienstammes beschränkt ist, oder wenn der Gesellschaftsvertrag eine **Mindestbeteiligung** vorsieht, die durch eine Schenkung unterschritten würde. Als Grund für diese Beschränkungen wird häufig angegeben, dass man den Kreis der unternehmenstragenden Gesellschafter klein halten möchte um die Effizienz der Beratungen und die Entscheidungsfindung in der Gesellschafterversammlung zu verbessern.

4 Sofern nun der Gesellschaftsvertrag eines Unternehmens eine entsprechende Beschränkung vorsieht und ein Gesellschafter sein unternehmerisch gebundenes Vermögen oder einen Teil davon im Rahmen seiner Nachfolgeplanung übertragen möchte, wäre eine Schenkung des Vermögens – und ggf. auch eine letztwillige Übertragung – aus diesem Grunde nicht möglich. In diesen Fällen kann die Unterbeteiligung ein geeignetes und höchst effizientes Instrumentarium zur Nachfolgeplanung darstellen.[6]

5 Dies gilt vor allem dann, wenn über die Unterbeteiligung pflichtteilberechtigte aber nicht nachfolgeberechtigte Abkömmlinge bedacht werden können.[7] Die Unterbeteiligung ist insoweit zB ein effizientes Instrument zum Ausgleich von erbrechtlichen Ansprüchen des weichenden Erben im Rahmen sog. qualifizierter Nachfolgeklauseln.[8]

6 Die Unterbeteiligung macht in der Nachfolgeplanung eines **Familienunternehmens** aber auch dann Sinn, wenn der Unternehmer seinen künftigen Nachfolger bereits frühzeitig an sein Unternehmen heranführen möchte, ohne jedoch seine Rechtstellung in der Gesellschaft einzuschränken. Die Unterbeteiligung kann hierbei dem Zweck dienen, den Unterbeteiligten mit den Chancen und Risiken der unternehme-

---

[1] MHdB GesR I/*Gayk* § 30 Rz. 1.
[2] *Socii mei socius non est socius meus,* vgl. *Knobbe-Keuk* LB § 9 II 4d mwN.
[3] MHdB GesR I/*Gayk* § 30 Rz. 1.
[4] MHdB GesR I/*Gayk* § 30 Rz. 7; Blaurock/*Blaurock* Rz. 30.3; im Zusammenhang mit der Unternehmensnachfolge bei minderjährigen Kindern vgl. zudem: *Krauß/Meichelbeck* DB 2015 2114 ff.
[5] Vgl. Blaurock/*Blaurock* Rz. 30.6.
[6] Die Begründung einer Unterbeteiligung soll selbst im Fall einer ausdrücklichen Vinkulierungsklausel möglich sein, vgl. MHdB GesR I/*Gayk* § 30 Rz. 14 mwN.
[7] MHdB GesR I/*Gayk* § 30 Rz. 7.
[8] Vgl. Blaurock/*Blaurock* Rz. 30.4.

rischen Beteiligung vertraut zu machen. Dies ist insbesondere bei einer atypischen Unterbeteiligung gegeben.[9]

7 Je nach dem, ob die Übertragung in der Form einer **typischen** oder **atypischen Unterbeteiligung** erfolgt, ist der Unterbeteiligte wirtschaftlich dem Hauptbeteiligten nahezu gleichgestellt. Die Unterbeteiligung stellt sich dabei wirtschaftlich wie folgt dar:

8 Im Rahmen einer Unterbeteiligung ist stets zwischen dem Unterbeteiligten und dem Hauptbeteiligten zu unterscheiden. Während der Hauptbeteiligte die originären Gesellschafterrechte innehat, steht dem Unterbeteiligten nur ein von der Hauptbeteiligung abgeleitetes Recht zu. Im Unterschied zum Hauptbeteiligten hat der Unterbeteiligte nicht das Recht, an der Gesellschafterversammlung der Hauptbeteiligung teilzunehmen. Der Hauptbeteiligte ist aber verpflichtet, sein Abstimmungsverhalten in der Gesellschafterversammlung der Hauptbeteiligung mit dem Unterbeteiligten abzustimmen. Gleiches gilt auch für die Gewinnbezugsrechte, die der Unterbeteiligte ebenfalls nur abgeleitet vom Hauptbeteiligten erhält.

9 Von entscheidender wirtschaftlicher Bedeutung ist zudem die Unterscheidung zwischen einer typischen und einer atypischen Unterbeteiligung.[10] Im Gegensatz zur typischen Unterbeteiligung beschränkt sich die atypische Unterbeteiligung nicht nur auf eine Teilhabe an den laufenden Einkünften, sondern auch an der Wertentwicklung bzw. am Liquidationserlös der Hauptbeteiligung. Aus diesem Grund ist die atypische Unterbeteiligung wirtschaftlich wie steuerlich der Hauptbeteiligung vergleichbar, während die Unterbeteiligung einem Nießbrauchsrecht nahe kommt.

10 Je nach dem, ob die anderen Gesellschafter der Hauptbeteiligung von dem Unterbeteiligungsverhältnis Kenntnis erlangen sollen bzw. dürfen, kann die Unterbeteiligung offen oder verdeckt erfolgen.

11, 12 *(frei)*

II. Rechtliche Aspekte

1. Gesellschaftsrecht

13 Unabhängig von der Rechtsform der Hauptbeteiligung ist die Unterbeteiligung – mangels spezieller gesetzlicher Normierung – eine **Gesellschaft bürgerlichen Rechts.** Da der Hauptbeteiligte der alleinige Inhaber der Rechte aus der Hauptbeteiligung bleibt, handelt es sich um eine reine **Innengesellschaft** ohne Gesamthandsvermögen.[11] Die Unterbeteiligung ist also rein obligatorischer Natur ohne dingliche Berechtigung. Dies hat weiter zur Folge, dass der Unterbeteiligte keinen Anspruch gegen die Hauptgesellschaft auf Einsicht in die Bilanzen und die Gewinn- und Verlustrechnung hat.[12]

14 Die Rechtsgrundlagen der Unterbeteiligung bestimmen sich nach den §§ 705 ff. BGB, soweit die einzelnen Normen nicht auf eine Gesamthandsgemeinschaft zugeschnitten sind. Sofern es sich um eine stille Unterbeteiligung handelt, können daneben auch die §§ 230 ff. HGB entsprechend Anwendung finden.[13] Nach herrschender Meinung sind hierbei nur die dispositiven Regelungen der §§ 230 ff. HGB anzuwenden.[14]

---

[9] Zu weiteren Gestaltungsalternativen siehe ua. *Weber/Lohr* GmbH-StB 2003, 24 ff., 29 (Mitarbeiterbeteiligung) und *Hecht* ZEV 2004, 105 („Switch-over-Klausel").
[10] MHdB GesR I/*Gayk* § 30 Rz. 8 ff.; Blaurock/*Blaurock* Rz. 30.15 ff.
[11] MHdB GesR I/*Gayk* § 30 Rz. 5; MüKoBGB/*Ulmer/Schäfer* Vor § 705 Rz. 92.
[12] Vgl. *Knobbe-Keuk* LB § 9 II 4d mwN.
[13] MHdB GesR I/*Gayk* § 30 Rz. 5; Bamberger/Roth/*Schöne* BGB § 705 Rz. 188.
[14] Blaurock/*Blaurock* Rz. 30.23 mwN; aA: MüKoHGB/*K. Schmidt* HGB § 230 Rz. 204.

Im Gegensatz zur **stillen Gesellschaft,** die eine Beteiligung an einem Handelsgewerbe voraussetzt, ist die Unterbeteiligung an jeder Gesellschaftsbeteiligung, nicht jedoch an einem Einzelunternehmen, möglich.[15] **15**

Im Unterschied zur **Treuhand** wird bei der Unterbeteiligung der Anteil an der Hauptbeteiligung für eigene und nicht für fremde Rechnung gehalten. Dies ist auch der Grund dafür, dass im Verhältnis zwischen Haupt- und Unterbeteiligten Gesellschafts- und nicht Auftragsrecht Anwendung findet.[16] **16**

Erbt der Unterbeteiligte die mit der atypischen Unterbeteiligung belastete Hauptbeteiligung, fällt die atypische Unterbeteiligung insoweit wegen **Konfusion** in sich zusammen.[17] **17**

2. Zivil- und Erbrecht

Der Unterbeteiligungsvertrag kann zu Gunsten des Schenkers auch eine Reihe von **Rückforderungsrechten** enthalten, so zB für den Fall eines **Vorversterbens** des Beschenkten vor dem Schenker, der Eröffnung des **Insolvenzverfahrens** über das Vermögen des Beschenkten sowie der Geltendmachung von **Pflichtteilsansprüchen** oder **Zugewinnausgleichsansprüche** in das Vermögen des Beschenkten. In Formular A. 2.55 sind die wichtigsten Rückforderungsrechte aufgeführt und erläutert.[18] **18**

(frei) **19**

III. Steuerliche Aspekte

Vergleichbar der Problematik bei der stillen Gesellschaft unterscheidet das Steuerrecht auch bei der Unterbeteiligung zwischen der typischen und der atypischen Unterbeteiligung.[19] Der Unterschied wird vor allem darin gesehen, dass der typisch Unterbeteiligte nur am **laufenden Ergebnis,** während der atypisch Unterbeteiligte zusätzlich an den **stillen Reserven** der Hauptbeteiligung beteiligt ist. Hinzu kommen die **Mitverwaltungsrechte,** die im Rahmen der atypischen Unterbeteiligung deutlich stärker ausgeprägt sind. Im Bereich der Einkünfte aus Gewerbebetrieb[20] hat dies regelmäßig zur Folge, dass dem atypisch Unterbeteiligten eine Mitunternehmerstellung beigemessen werden kann, er also Mitunternehmerinitiative und Mitunternehmerrisiko trägt.[21] **20**

Eine andere Begründung verfolgt der Bundesfinanzhof für die Unterscheidung der Unterbeteiligung an einem GmbH-Anteil.[22] Maßgeblich soll vielmehr sein, ob der Unterbeteiligte im Rahmen des Unterbeteiligungsverhältnisses wirtschaftlicher Inhaber – iSv. § 39 AO – geworden ist oder nicht. Eine wirtschaftliche Inhaberschaft wird dem Unterbeteiligten an der GmbH-(Haupt-)Beteiligung nach Ansicht des VIII. Senats nur dann gewährt, wenn er nach dem Inhalt der getroffenen Abrede alle mit der Beteiligung verbundenen wesentlichen Rechte (Vermögens- und Verwaltungsrechte) ausüben und im Konfliktfall effektiv durchsetzten kann. Die Mitwirkung des Unterbeteiligten soll aber nach Ansicht von Teilen der Literatur[23] jedenfalls gewährleistet sein, wenn der Unterbeteiligungsvertrag ausdrücklich die Abstimmung zwischen dem Hauptbeteiligten und dem Unterbeteiligten nach den für die Gesellschafterversamm-

---

[15] MHdB GesR I/*Gayk* § 30 Rz. 10; MüKoHGB/*K. Schmidt* HGB § 230 Rz. 199; Blaurock/*Blaurock* Rz. 30.8.

[16] MHdB GesR I/*Gayk* § 30 Rz. 11; Blaurock/*Blaurock* Rz. 30.9; siehe auch: *Hannes/Otto* ZEV 2005, 464 ff.

[17] Vgl. Palandt/*Heinrichs* Überblick Vor § 362 BGB Rz. 4 mwN.

[18] Siehe hierzu auch die Erläuterungen in A. 2.55 Rz. 15–21.

[19] Vgl. hierzu ausführlich: Schmidt/*Wacker* EStG § 15 Rz. 365 ff.

[20] Vgl. § 15 EStG.

[21] Vgl. hierzu: Schmidt/*Wacker* EStG § 15 Rz. 365; *Hecht* ZEV 2004, 105 f.; *Schwichtenberg* DB 1990, 1963 ff.

[22] BFH v. 18.5.2005 – VIII R 34/01, BStBl. II 2005, 857 ff.; BFH v. 8.11.2005 – VIII R 11/02, BStBl. II 2006, 253 ff.; BFH v. 8.11.2005 – VIII R 21/01, BFH/NV 2006, 491. Vgl. auch *Wacker* HFR 2006, 442 ff.; *ders.* JbFSt 2006/2007, 550 ff., 562.

[23] So insbesondere: *Schulze zur Wiesche* GmbHR 2006, 630, 631 f. Ebenso kritisch: *Carlé* KöSDI 2008, 16166, 16166 16174; *Pupeter* GmbHR 2006, 910, 914 ff. jeweils mwN.

lung der GmbH geltenden Bestimmungen unter der Annahme einer unmittelbaren Beteiligung aller Vertragsparteien in Höhe der jeweils wirtschaftlichen Bedeutung vorsieht.

21 Dieser Unterschied ist auch für Zwecke der Erbschaft- und Schenkungssteuer von Bedeutung. Vergleichbar der Übertragung einer typischen stillen Beteiligung wird auch die Übertragung einer typischen Unterbeteiligung mit der Einräumung einer **Kapitalforderung** gleichgesetzt.[24] Im Gegensatz dazu ist die Einräumung einer atypischen Unterbeteiligung für Zwecke der Erbschaft- und Schenkungssteuer mit der Übertragung der Hauptbeteiligung gleichzusetzen.

1. Ertragsteuern

22 **Typische Unterbeteiligung.** Hinsichtlich der Ertragsteuerbelastung ist zwischen dem Hauptbeteiligten und dem Unterbeteiligten zu unterscheiden.

23 Vergleichbar dem Fall einer typischen stillen Gesellschaft sind die dem Unterbeteiligten zustehenden Ergebnisanteile auf Ebene des **Hauptbeteiligten** als Sonderbetriebsausgaben bzw. Sonderwerbungskosten bei seinen Einkünften aus der Hauptbeteiligung zu erfassen.[25] Zu weiteren Einzelheiten vgl. A. 1.11 Rz. 23–24.

24 Die Besteuerung des **Unterbeteiligten** erfolgt – unabhängig von der Art der Einkünfte des Hauptbeteiligten – gemäß § 20 Abs. 1 Nr. 4 EStG im Rahmen der Einkünfte aus Kapitalvermögen.[26] Zu weiteren Einzelheiten vgl. A. 1.11 Rz. 25–28.

25 Aufwendungen, die dem Unterbeteiligten im Zusammenhang mit seiner Unterbeteiligung entstehen, insbesondere **Werbungskosten,** sind gem. § 20 Abs. 9 EStG nur noch eingeschränkt abzugsfähig. Zu weiteren Einzelheiten vgl. A. 1.11 Rz. 27.

26 **Atypische Unterbeteiligung.** Im Gegensatz zur typischen Unterbeteiligung ist der Unterbeteiligte bei der atypischen Unterbeteiligung an den Einkünften des Hauptbeteiligten beteiligt (Grundsatz).[27] Der Ergebnisanteil des atypisch Unterbeteiligten mindert also die positiven bzw. die negativen Einkünfte des Hauptbeteiligten aus seiner Beteiligung.[28]

27 Bei einer atypischen Unterbeteiligung an einem **Kapitalgesellschaftsanteil**[29] hat dies zur Folge, dass der atypisch Unterbeteiligte – ebenso wie der Hauptbeteiligte – (Dividenden-)Einkünfte im Sinne von § 20 Abs. 1 Nr. 1 EStG bezieht.[30] Im Gegensatz zur typischen Unterbeteiligten weist das Steuerrecht dem atypisch Unterbeteiligten im Rahmen der wirtschaftlichen Betrachtungsweise nämlich eine Quasi-Gesellschafterstellung zu.[31] Dies hat zur Folge, dass die Regelungen des **„Teileinkünfteverfahrens“**[32] bzw. zur **Abgeltungssteuer** auch auf Ebene des Unterbeteiligten anzuwenden sind. Die vorbeschriebene Parallelität hinsichtlich der Einkunftsarten des Haupt- bzw. Unterbeteiligten ist ausnahmsweise allerdings dann nicht gegeben, wenn die Hauptbeteiligung an einer Kapitalgesellschaft zum Betriebsvermögen gehört, während die atypische Unterbeteiligung dem Privatvermögen zuzurechnen ist oder umgekehrt.[33] Ein weiterer Unterschied zur typischen Unterbeteiligung besteht auch darin, dass im Verhältnis zwischen Haupt- und Unterbeteiligten keine zusätzliche **Kapitalertragsteuer** im Sinne des § 43 EStG anfällt. Dies ist bereits darin begründet, dass die

---

[24] *Meincke* ErbStG § 12 Rz. 28f.

[25] *Knobbe-Keuk* LB § 13 II 2b, 522; Blaurock/*Levedag* Rz. 31.11.

[26] So die ganz hM: Schmidt/*Weber-Grellet* EStG § 20 Rz. 130, § 43 Rz. 24; HHR/*Intemann* EStG § 20 Rz. 156; *Knobbe-Keuk* LB § 9 II 4d, 411; *Blaurock/Berninger* GmbHR 1990, 87ff., 90; *Kolaschnik/Wessel* Stbg. 2003, 175; *Strunk* NWB Fach 3, 12397ff.

[27] Vgl. Blaurock/*Levedag* Rz. 31.18ff.

[28] Vgl. hierzu im Einzelnen auch OFD Erfurt v. 23.10.2003, GmbHR 2004, 209.

[29] Vgl. hierzu BFH v. 18.5.2005 – VIII R 34/01, BStBl. II 2005, 857ff. sowie die Ausführungen unter Rz. 20.

[30] Allgemeine Meinung: *Blaurock/Berninger* GmbHR 1990, 87ff., 92; Blaurock/*Levedag* Rz. 31.61; *Schulze zur Wiesche* GmbHR 2006, 630ff., 633; *Strunk* NWB Fach 3, 12397ff., 12401.

[31] Blaurock/*Levedag* Rz. 31.61; *Strunk* NWB Fach 3, 12397ff., 12401.

[32] Vgl. § 3 Nr. 40 Buchst. d EStG.

[33] *Jacobs* 2. Teil 1. Kapitel B III 6a), 315.

vom Unterbeteiligten vereinnahmten Erträge weder unter § 20 Abs. 1 Nr. 4, Abs. 3 EStG noch unter § 43 Abs. 1 Nr. 3, Abs. 4 EStG fallen.[34]

Für den **atypisch Unterbeteiligten** gilt vergleichbares. Seine Einkünfte hängen also maßgeblich von der Qualifikation der Einkünfte des Hauptbeteiligten ab.[35] Dieser Grundsatz wird allerdings nach Ansicht des Bundesfinanzhofs[36] bei den Einkünften aus **Vermietung und Verpachtung** mit der Konsequenz durchbrochen, dass diese Einkünfte nur dann mit steuerlicher Wirkung verlagert werden können, wenn der Unterbeteiligte nach außen hin als Vermieter in Erscheinung tritt.[37] 28

Zur Einschränkung der **Verlustzurechnung** für Kapitalgesellschaften siehe § 15 Abs. 4 Satz 6–8 EStG.[38] 29

Die **Veräußerung** einer typischen Unterbeteiligung erfolgte bislang – dem Grundsatz nach – auf der privaten Vermögensebene. Eventuelle Veräußerungsgewinne waren demnach steuerfrei; eventuelle Veräußerungsverluste konsequenterweise steuerlich irrelevant. Mit Einführung der Abgeltungsteuer sind – abweichend zur bisherigen Rechtslage – Gewinne aus der Veräußerung bzw. die Vereinnahmung eines Auseinandersetzungsguthabens iSv. § 20 Abs. 2 Satz 1 Nr. 4 EStG steuerpflichtig, während Verluste gem. § 20 Abs. 6 EStG eingeschränkt verrechenbar sind. Die Regelung betrifft typische Unterbeteiligungen, die nach dem 31.12.2008 gegründet wurden.[39] 30

Der Gewinn aus der **Veräußerung** einer atypischen Unterbeteiligung unterliegt jedenfalls dann der Einkommensteuer, wenn auch die Veräußerung der Hauptbeteiligung der Einkommensteuer unterlegen hätte. In gleicher Weise können aber auch Freibeträge, wie zB § 16 Abs. 4 EStG oder der sog. **„halbe Steuersatz"** des § 34 Abs. 2 und 3 EStG in Anspruch genommen werden. Gleiches gilt für Veräußerungsverluste, die in entsprechender Anwendung der Regelungen zur Hauptbeteiligung ebenfalls berücksichtigt werden können.[40] 31

Im Gegensatz zur typischen Unterbeteiligung[41] wird im Rahmen der atypischen Unterbeteiligung regelmäßig ein **besonderes Feststellungsverfahren** durchgeführt.[42] Im Ergebnis führt dies zu einer zweistufigen Feststellung.[43] Mit dem Einverständnis aller Beteiligten kann die Feststellung allerdings auch zu einer Feststellung zusammengezogen werden. Dies ist gemäß § 15 Abs. 1 Satz 1 Nr. 2 EStG möglich, da die Unterbeteiligungsgesellschaft als Mitunternehmerin der Hauptgesellschaft anzusehen ist.[44] 32

Gewerbesteuer. Unterbeteiligungen werden gewerbesteuerlich wie stille Gesellschaften behandelt,[45] für die – nach Ansicht des Bundesfinanzhofs und vergleichbar einer doppelstöckigen Personengesellschaft – eine eigene Gewerbesteuererklärung abzugeben ist.[46] Im Falle einer typischen Unterbeteiligung ist auf Ebene der (gewerblich tätigen) Gesellschaft allerdings § 8 Nr. 3 GewStG anzuwenden.[47] Bei einer offen Unterbeteiligung ist daher der Gewinnanteil des typisch Unterbeteiligten als Sonderbetriebsausgabe zunächst abzugsfähig, muss aber ggf. gem. § 8 Nr. 3 GewStG wieder 33

---

[34] Schmidt/*Weber-Grellet* EStG § 43 Rz. 24.
[35] *Knobbe-Keuk* LB § 9 II 4d, 411.
[36] BFH v. 3.12.1991 – IX R 155/89, BStBl. II 1992, 459; BFH v. 17.12.1996 – IX R 30/94, BStBl. II 1997, 406.
[37] Schmidt/*Kulosa* EStG § 21 Rz. 62.
[38] Vgl. auch *Dötsch/Pung* DB 2003, 1970; *ders.* DB 2004, 151 ff.
[39] Vgl. Schmidt/*Weber-Grellet* EStG § 20 Rz. 170; *Czisz/Krane* DStR 2010, 2226, 2230.
[40] Vgl. BFH v. 12.6.1975 – IV R 10/72, BStBl. II 1975, 853.
[41] Vgl. BFH v. 10.11.1987 – VIII R 53/84, BStBl. II 1988, 186.
[42] Vgl. § 179 Abs. 2 Satz 3 AO; AEAO zu § 179 Rz. 4 Satz 2. Dieses besondere Besteuerungsverfahren soll in entsprechender Anwendung von § 180 Abs. 1 Nr. 2 lit. a) AO auch für die atypische Unterbeteiligung an einem Kapitalgesellschaftsanteil gelten. So: Blaurock/*Levedag* Rz. 31.67; Tipke/Kruse/*Brandis* AO § 179 Rz. 18 mwN.
[43] Vgl. Tipke/Kruse/*Brandis* AO § 179 Rz. 17; Blaurock/*Levedag* Rz. 31.31.
[44] Vgl. BFH v. 2.10.1997 – IV R 75/96, BStBl. II 1998, 137.
[45] Vgl. Blaurock/*Lamprecht* Rz. 31.83.
[46] Vgl. BFH v. 8.12.2016 – IV R 8/14, BFH/NV 2017, 390.
[47] Vgl. Blaurock/*Lamprecht* Rz. 31.85 mwN.

hinzugerechnet werden. Bei einer verdeckten Unterbeteiligung kann dies zu einer doppelten Gewerbesteuerbelastung führen.[48]

34 Ist der Unterbeteiligte Mitunternehmer, so gehören sämtliche Bezüge zu seinem gewerblichen Gewinn oder Gewinnanteil. Die dem atypisch Unterbeteiligten zufließenden Gewinnanteile mindern in diesem Fall nicht den Gewerbeertrag der Hauptgesellschaft.[49] § 8 Nr. 3 GewStG ist in diesem Fall nicht anzuwenden.

2. Erbschaft- und Schenkungsteuern

35 Die unentgeltliche Einräumung einer typischen Unterbeteiligung unterliegt gem. § 3 bzw. § 7 ErbStG der Erbschaft- und Schenkungssteuer. Sie ist gemäß § 12 Abs. 1 ErbStG in Verbindung mit § 12 Abs. 1 BewG als **Kapitalforderung** mit dem Nennwert der Einlage anzusetzen, sofern nicht besondere Umstände einen höheren oder niedrigeren Wert begründen.[50] Nach Ansicht des Bundesfinanzhofs[51] ist eine Bewertung über dem Nennwert aber in der Regel nur dann zulässig, wenn sich der Verkehrswert der Unterbeteiligung im Vergleich mit dem Verkehrswert der Hauptbeteiligung unangemessen hoch verzinst. Zu weiteren Einzelheiten vgl. A. 1.11 Rz. 31–32.

36 *(frei)*

37 Für Zwecke der Erbschaft- und Schenkungssteuer ist die atypische Unterbeteiligung mit der Hauptbeteiligung gleichzusetzen.[52] Die unentgeltliche Übertragung bzw. Einräumung einer atypischen Unterbeteiligung hat erbschaftsteuerlich zur Folge, dass die Beteiligten so zu stellen sind, als wäre ein entsprechender Anteil der Hauptbeteiligung übertragen worden.[53] Aus diesem Grund finden die für die Übertragung der Hauptbeteiligung geltenden Regularien regelmäßig Anwendung, wie zB **§ 13a ErbStG** (Steuerbefreiung für begünstigtes Betriebsvermögen gem. Abs. 1 in Höhe von 85 vH bzw. 100 vH und Abzugsbetrag iHv. € 150 000,– gemäß Abs. 2) sowie **§ 13b ErbStG** (Definition des begünstigten Vermögens).[54]

38 Im Gegensatz zum früheren Recht wird die atypisch stille Beteiligung und die atypische Unterbeteiligung mittlerweile auch von der Finanzverwaltung als begünstigtes Vermögen iSv. § 13b ErbStG anerkannt.[55]

39 Etwas anderes soll nach Ansicht der Finanzverwaltung[56] aber weiterhin bei der atypischen Unterbeteiligung an einer Kapitalgesellschaftsbeteiligung gelten,[57] wenn und soweit keine Poolvereinbarung vorliegt, in die der Unbeteiligte einbezogen worden ist (vgl. ErbStR 2011 E 13b.6 Abs. 3 Satz 4).

40 Die (erbschaftsteuerliche) Bewertung der atypischen Unterbeteiligung bestimmt sich ebenfalls nach den Regularien der Hauptbeteiligung. Für die Bewertung einer atypischen Unterbeteiligung an einem Unternehmen bzw. einer unternehmerischen Beteiligung sind also die für die Bewertung des betreffenden Unternehmens geltenden Bestimmungen, insbesondere § 11 Abs. 2 iVm. §§ 199 ff. BewG bzw. §§ 109 Abs. 1, 11 Abs. 2 iVm. §§ 199 ff. BewG anzuwenden. Sofern also der „gemeine" bzw. „erbschaftsteuerliche" Wert nicht aus Verkäufen iSv. § 11 Abs. 2 BewG abzuleiten ist, findet regelmäßig – unabhängig davon, ob die atypische Unterbeteiligung an einem Ein-

---

[48] Vgl. FM NRW v. 15.3.1976, BB 1976, 455.
[49] Vgl. Blaurock/*Lamprecht* Rz. 31.83.
[50] Vgl. auch OFD München v. 21.2.1995, DStR 1995, 645.
[51] BFH v. 10.3.1970 – II 83/62, BStBl. II 1970, 562.
[52] Vgl. *Meincke* ErbStG § 12 Rz. 83. Vgl. auch: *Hannes/Otto* ZEV 2005, 464 ff.
[53] Zur Übertragung von Betriebsvermögen nach dem neuen ErbStG vgl. *Hannes/Onderka* ZEV 2009, 10 ff.
[54] Vgl. Gesetz v. 24.12.2008, BGBl. 2008 I 3018 idF des Gesetzes zur Anpassung des Erbschaftsteuer- und Schenkungsteuergesetzes an die Rechtsprechung des Bundesverfassungsgerichts vom 4.11.2016, BGBl. 2016 I 2464.
[55] Vgl. FM Bayern v. 23.3.2009, Az. 34 – S 3811 – 035 – 11256/09, DStR 2009, 908; FM BaWü v. 9.4.2009 – S 3806/51, FM SchlHol v. 11.5.2009 – VI 353 – S 3806 – 051, jeweils veröffentlicht in: NWB Nachrichten 2009; *Wälzholz* DStR 2009, 1605 ff., 1609.
[56] Vgl. ErbStR 2011 E 13b.6 Abs. 2 Satz 3 (= A 13b.6 Abs. 2 Satz 3 AEErbStG 2017, BStBl. I 2017, 902).
[57] Vgl. BFH v. 16.2.2005 – II R 6/02, BStBl. II 2005, 411.

zelunternehmen, Personen- oder Kapitalgesellschaftsanteil gewährt wurde – das sog. **„vereinfachte Ertragswertverfahren"** iSv. §§ 199 ff. BewG Anwendung. Die Einzelheiten hierzu ergeben sich aus §§ 199 bis 203 BewG.[58] Der Anteilswert ist gem. § 151 Abs. 1 BewG gesondert festzustellen.[59]

Im Gegensatz zur atypischen Unterbeteiligung an einem Unternehmen bzw. unter- **41** nehmerischen Gesellschaft erkennt die Rechtsprechung atypische Unterbeteiligungen an einer vermögensverwaltenden Personengesellschaft regelmäßig nicht an.[60] In Fällen dieser Art sind vielmehr die Grundsätze zur **gemischten Schenkung** jedenfalls dann anzuwenden, wenn im Gesamthandsvermögen der vermögensverwaltenden Personengesellschaft Verbindlichkeiten enthalten sind. Die unentgeltliche Einräumung bzw. Übertragung einer atypischen Unterbeteiligung an einer vermögensverwaltenden Personengesellschaft kann daher ein nicht zu unterschätzendes erbschaft- und/oder ertragsteuerliches Risiko beinhalten.

Erbt der Unterbeteiligte die mit der atypischen Unterbeteiligung belastete Hauptbe- **42** teiligung und fällt die Unterbeteiligung durch **Konfusion** weg, so ist dieser Vorgang insoweit unter Beachtung von § 10 Abs. 3 ErbStG erbschaftsteuerlich irrelevant.[61]

(frei) **43, 44**

3. Verkehrssteuern

Umsatzsteuer **45**

Da es sich bei der (atypischen) Unterbeteiligung um eine Innengesellschaft handelt, die nach außen nicht hervortritt, fehlt ihr die für Zwecke der Umsatzsteuer erforderliche Unternehmereigenschaft.[62] Streitig ist demgegenüber, ob die Einlage eines (atypisch) Unterbeteiligten einen steuerbaren Umsatz auslöst. Die Beantwortung dieser Frage kann aber im Ergebnis dahingestellt bleiben, da dieser Umsatz gem. § 4 Nr. 8 Buchst. j UStG steuerbefreit und § 9 UStG auf diese Konstellation nicht anwendbar wäre.[63]

Grunderwerbsteuer **46**

Die Einräumung einer atypischen Unterbeteiligung ist grunderwerbsteuerlich irrelevant.[64] Dies gilt selbst dann, wenn der atypisch Unterbeteiligte ertragsteuerlich als Mitunternehmer einzuordnen ist, da das Grunderwerbsteuerrecht nicht an das Ertragsteuerrecht, sondern an das Zivilrecht, bzw. an die dingliche Berechtigung eines Erwerbers anknüpft. Diese dingliche Berechtigung ist beim Unterbeteiligten nicht gegeben, da er – trotz seiner obligatorischen Beteiligung – kein zivilrechtliches Gesamthandsvermögen erwirbt.

B. Einzelerläuterungen

Zu § 1: Einräumung einer atypischen Unterbeteiligung

Die Einräumung einer atypischen Unterbeteiligung ist dem Grundsatz nach **form-** **47** **frei** möglich. Die Schriftform ist aber – aus Gründen des besseren Nachweises – dringend zu empfehlen.[65] Im Falle der Einräumung einer atypischen Unterbeteiligung an

---

[58] Vgl. im Einzelnen: ErbStR 2011 B 199 ff. Abweichend zum bisherigen Recht wurde der Kapitalisierungsfaktor in § 203 BewG aktuell mit 13,75 festgeschrieben.

[59] ErbStR 2011 B 151.1 Abs. 1.

[60] Vgl. BFH v. 3.12.1991 – IX R 115/89, BStBl. II 1992, 459 ff.; *Carlé* KöStDI 2008, 16166 ff., 16170.

[61] Vgl. MHdB GesR I/*Gayk* § 30 Rz. 76 mwN. Vergleichbares gilt, wenn der Hauptbeteiligte die mit der Unterbeteiligung belastete Hauptbeteiligung schenkweise – unter Lebenden – auf den Unterbeteiligten überträgt.

[62] Vgl. Rau/Dürrwächter/*Stadie* VStG § 2 Rz. 107 aE, 287, 563 jew. mwN.

[63] Rau/Dürrwächter/*Stadie* VStG § 2 Rz. 294 mwN.

[64] Vgl. Boruttau/*Fischer* GrEStG § 1 Rz. 174–177; Boruttau/*Viskorf* GrEStG § 5 Rz. 18.

[65] MüKoHGB/*K. Schmidt* HGB § 230 Rz. 222; MHdB GesR I/*Gayk* § 30 Rz. 19.

einer oHG oder einer KG wird diese also bereits durch Abschluss eines Gesellschaftsvertrages zwischen dem Haupt- und dem Unterbeteiligten errichtet.[66] Das fehlende Formerfordernis gilt auch für die Einräumung einer atypischen Unterbeteiligung an einem **GmbH-Anteil,** wenn der Unterbeteiligungsvertrag nicht die Verpflichtung zur Übertragung der GmbH-Beteiligung enthält.[67]

48 Die Einräumung einer atypischen Unterbeteiligung bzw. der Abschluss des Unterbeteiligungsvertrages bedarf grundsätzlich keiner Zustimmung der Hauptgesellschaft bzw. ihrer Gesellschafter.[68] Etwas anderes gilt allerdings für die schenkweise Übertragung einer (bestehenden) atypischen Unterbeteiligung, wenn nicht der Unterbeteiligungsvertrag hierzu eine spezielle Regelung vorsieht.[69]

49 Die Schenkung einer atypischen Unterbeteiligung ist – im Gegensatz zur unentgeltlichen Einräumung einer typischen Hauptbeteiligung – bereits mit dem formlosen Abschluss des Unterbeteiligungsvertrages vollzogen.[70] Eine Einwilligung der Gesellschafter der Hauptgesellschafter ist insofern nicht erforderlich.[71]

50 Wird ein **Minderjähriger** an einer Beteiligung seines gesetzlichen Vertreters atypisch unterbeteiligt, so bedürfen die Verträge hierzu stets der Zustimmung eines **Ergänzungspflegers.**[72] Siehe auch OLG Hamm v. 22.1.1974 – 15 W 36/7, DB 1974, 424 ff. Der Abschluss dieser Verträge ist nämlich für den Minderjährigen nicht lediglich rechtlich vorteilhaft, da er auch in die Pflichten des Unterbeteiligungsvertrages eintritt. Nach Rechtsprechung des Bundesfinanzhofs soll dies selbst dann gelten, wenn eine Verlustbeteiligung des Minderjährigen vertraglich ausgeschlossen wird.[73]

51 In der Regel wird bei einer atypischen Unterbeteiligung auch eine **vormundschaftsgerichtliche Genehmigung** erforderlich sein, da der Beschenkte idR an einem **„Erwerbsgeschäft“** beteiligt wird.[74]

Zu § 2: Gewährleistung

52 Erfolgt die Einräumung gegen Entgelt, handelt es sich insofern um einen **Rechtskauf** im Sinne von § 437 BGB. Der „Verkäufer“ haftet also nur für den rechtlichen Bestand der Forderung, nicht jedoch für deren Werthaltigkeit oder Ertragskraft. Die Haftung des Hauptbeteiligten kann aber auch weiter ausgestaltet werden.

53 Hierzu ist – wie hier vorgesehen – eine Verknüpfung mit der Präambel sinnvoll und zielführend. Der Hauptbeteiligte haftet im Formulierungsvorschlag daher für die in der Präambel aufgeführten Angaben. Dies ist insbesondere dann von Vorteil, wenn der Unterbeteiligte – was bei einer verdeckten Unterbeteiligung häufig der Fall sein dürfte – keine Möglichkeit hat, die Angaben des Hauptbeteiligten aus Gründen der Verschwiegenheit hinreichend zu prüfen.

Zu § 3: Rechtsnatur der Unterbeteiligung

54 Rein klarstellend beschreibt der Formulierungsvorschlag in § 3, dass es sich um eine **BGB Innengesellschaft** handelt und keine direkten Rechtsbeziehungen zur Hauptbeteiligung bestehen.

---

[66] Vgl. MHdB GesR I/*Gayk* § 30 Rz. 19.

[67] Vgl. *Blaurock/Berninger* GmbHR 1990, 11 ff., 13; Blaurock/*Blaurock* Rz. 30.29. Vergleichbares gilt auch für die im Unterbeteiligungsvertrag aufgeführte Verpflichtung zur Übertragung von Grundstücken. Die Rechtsform des Unterbeteiligungsvertages ist also auch in diesem Fall davon abhängig, ob eine Verpflichtung zur Übertragung von Grundstücken vereinbart wird oder nicht. So: MüKoBGB/*Ulmer/Schäfer* BGB Vor § 705 Rz. 96.

[68] Vgl. MHdB GesR I/*Gayk* § 30 Rz. 15.

[69] Vgl. *Jacobs* 1. Teil 2. Kapitel A II 3, 69.

[70] So: BGH v. 29.11.2012 – II ZR 306/09, DStR 2012, 471; BFH v. 17.7.2014 – IV R 52/11, BFH/NV 2014, 1949; *Wacker* in JbFStR 2015/16, 795 ff. will diese Rechtsprechungsänderung der hier relevanten Bundesgerichte sogar auf die (typische) Unterbeteiligung anwenden.

[71] MHdB GesR I/*Gayk* § 30 Rz. 15.

[72] Vgl. § 1629 Abs. 2 Satz 1 BGB iVm. § 1795 Abs. 1 Nr. 1–3 BGB.

[73] Vgl. BFH v. 28.11.1973 – I R 101/72, BStBl. II 1974, 289; zustimmend Blaurock/*Blaurock* Rz. 30.36 f.

[74] Vgl. § 1822 Nr. 3 BGB; MüKoHGB/*K. Schmidt* HGB § 230 Rz. 228; MHdB GesR I/*Gayk* § 30 Rz. 23.

Zu § 4: Konten der Gesellschafter

Aus Gründen der Klarheit empfiehlt es sich für jeden der Beteiligten auf Ebene der Innengesellschaft **Konten** einzurichten, über die die Gewinne und Verluste bzw. die Einlagen und Entnahmen zu verbuchen sind. Die Konten sollten vergleichbar der Hauptbeteiligung ausgestaltet sein. 55

Zu § 5: Ergebnisbeteiligung, Entnahmen

Der Umfang der **Gewinn- und Verlustbeteiligung** ist eines der Kriterien für die Abgrenzung der typischen von der atypischen Unterbeteiligung. Während der atypisch Unterbeteiligte am Gewinn- und Verlust sowie an den stillen Reserven der Hauptbeteiligung – zumindest mittelbar – teilnimmt, partizipiert der typisch Unterbeteiligte üblicherweise nur am laufenden Gewinn und/oder Verlust.[75] Da es sich hier um eine atypische Unterbeteiligung handelt, ist der Unterbeteiligte sowohl am Gewinn als auch am Verlust der Hauptbeteiligung beteiligt. 56

Der Anteil des Unterbeteiligten am Gewinn und Verlust der Unterbeteiligung bestimmt sich in Anlehnung an das Ergebnis der Hauptbeteiligung.[76] Soweit sich aus dem Unterbeteiligungsvertrag nichts anderes ergibt, ist das handelsbilanzielle Ergebnis der Hauptbeteiligung maßgebend.[77] Aus Gründen einer besseren steuerlichen Abgrenzung knüpft der Formulierungsvorschlag allerdings an die **Steuerbilanz** der Hauptbeteiligung an. 57

Der Anteil des Hauptbeteiligten am Steuerbilanzgewinn bzw. -verlust sollte aber um **Vergütungen für Dienstleistungen** und **Überlassung von Kapital oder Wirtschaftsgütern** zur Nutzung korrigiert werden. Diese Vergütungen sind nämlich im Gewinn- bzw. Verlustanteil des Hauptbeteiligten enthalten und müssen – sofern das überlassene Kapital bzw. die überlassenen Wirtschaftsgüter nicht von der Unterbeteiligung erfasst sind – aus dem Ergebnis des Gewinnanteils der Hauptbeteiligung wieder herausgerechnet werden.[78] 58

Des Weiteren sollte im Unterbeteiligungsvertrag – wie im Formulierungsvorschlag vorgesehen – auch eine **Betriebsprüfungsklausel** vorgesehen werden. Fehlt eine entsprechende Klausel, besteht – auch im Fall der Anknüpfung an die Handelsbilanz – die Gefahr, dass evt. Korrekturen durch die Betriebsprüfung einseitig vom Hauptbeteiligten zu tragen sind. 59

Der Gewinn oder Verlust der Gesellschaft wird nach Maßgabe des Unterbeteiligungsvertrages zwischen dem Haupt- und dem Unterbeteiligten verteilt. Enthält der Unterbeteiligungsvertrag keine Regelung zur Gewinnverteilung findet nach allgemeiner Meinung nicht § 722 Abs. 1 BGB sondern § 231 Abs. 1 HGB entsprechend Anwendung.[79] In diesen Fällen ist ein „den Umständen angemessener Anteil als bedungen". Wegen den bestehenden Abgrenzungsschwierigkeiten sollte der Unterbeteiligungsvertrag daher eine entsprechende Regelung vorsehen. 60

Hinsichtlich der Entnahmemöglichkeiten sollte – ähnlich den Gesellschafterkonten (§ 4) – eine zur Hauptbeteiligung vergleichbare Regelung gewählt werden. Sieht der Unterbeteiligungsvertrag keine Regelung vor, richtet sich das **Entnahmerecht** in entsprechender Anwendung von § 232 Abs. 1 HGB.[80] Der Gewinnanteil des Unterbeteiligten ist in diesem Fall am Schluss des Geschäftsjahres auszubezahlen, wenn und soweit die Einlage des Unterbeteiligten nicht durch vorherige Verluste vermindert ist. 61

---

75 Vgl. Schmidt/*Wacker* EStG § 15 Rz. 369.
76 MHdB GesR I/*Gayk* § 30 Rz. 44.
77 MHdB GesR I/*Gayk* § 30 Rz. 45; Blaurock/*Blaurock* Rz. 30.56.
78 Vgl. MHdB GesR I/*Gayk* § 30 Rz. 46.
79 Vgl. MüKoHGB/*K. Schmidt* HGB § 231 Rz. 26; MüKoBGB/*Ulmer/Schäfer* BGB Vor § 705 Rz. 92, 98; MHdB GesR I/*Gayk* § 30 Rz. 48.
80 Vgl. MHdB GesR I/*Gayk* § 30 Rz. 54.

62 Sofern Familienangehörige unterbeteiligt werden, wird der Unterbeteiligungsvertrag steuerlich nur dann anerkannt, wenn die gesetzlichen **Formvorschriften** beachtet werden, das Unterbeteiligungsverhältnis ernsthaft gewollt ist und wie unter fremden Dritten üblich tatsächlich durchgeführt wird.[81] Von entscheidender Bedeutung ist hierbei, ob die zwischen den Vertragsparteien vereinbarte Gewinnbeteiligung angemessen ist. Bei einer unentgeltlich eingeräumten Unterbeteiligung mit Gewinn- und Verlustbeteiligung ist dies nach Ansicht des Bundesfinanzhofs bis zu einer Grenze von 15% des Beteiligungswertes stets gegeben.[82] Maßgebend ist der gemeine Wert der Unterbeteiligung; im Falle einer atypischen Unterbeteiligung ohne Vermögensbeteiligung ist der anteilige Verkehrswert der Hauptbeteiligung heranzuziehen.

63 Bei einer entgeltlich erworbenen Unterbeteiligung erhöhen sich die aufgeführten Grenzen im Falle einer Gewinn und Verlustbeteiligung auf 35 vH.[83]

64 In diese „gefestigte" Rechtsprechung ist mit dem Urteil des BFH v. 9.10.2001[84] Bewegung geraten. Hiernach ist – zumindest im Fall der atypischen Unterbeteiligung – auch eine höhere Gewinnbeteiligung denkbar.

Zu § 6: Geschäftsführung, Pflichten des Hauptbeteiligten, Mitwirkungs- und Informationsrechte

65 Die **Geschäftsführungsbefugnis,** die abweichend von § 709 Abs. 1 BGB ausschließlich dem Hauptbeteiligten zusteht,[85] beschränkt sich im Rahmen eines Unterbeteiligungsverhältnisses auf die Wahrnehmung der Rechte und Pflichten aus der Hauptbeteiligung. Hinzu kommt die Erledigung der Rechte und Pflichten, die sich aus dem Unterbeteiligungsverhältnis selbst ergeben. Hierzu zählen ua. die **Informationsrechte bzw. pflichten** sowie die **Rechnungslegung** der Unterbeteiligung. Der Unterbeteiligungsvertrag kann abweichende Regelungen hierzu treffen.

66 Dem Hauptbeteiligten obliegt hierbei eine doppelte Pflichtenposition: Im Rahmen seiner (doppelten) gesellschaftsrechtlichen Treuepflicht – die **Treuepflicht** erstreckt sich auf seine (Haupt-)Beteiligung wie auf das Unterbeteiligungsverhältnis – hat er die Interessen der Hauptbeteiligung und gleichzeitig auch die schutzwürdigen Interessen des Unterbeteiligten zu beachten:[86] Der Hauptbeteiligte hat bei der Ausübung **„uneigennütziger" Rechte,** zB im Rahmen der Geschäftsführung der Hauptgesellschaft, daher vorrangig die Interessen der Hauptgesellschaft zu beachten, während er bei der Ausübung von **„eigennützigen" Rechten,** zB der Beschlussfassung zur Gewinnverwendung oder Änderung des Gesellschaftsvertrages, vorrangig die schutzwürdigen Interessen des Unterbeteiligten zu beachten.[87] Sofern hierbei die Grundlagen der Unterbeteiligung verändert werden, so hat er hierfür die Zustimmung des Unterbeteiligten einzuholen.[88]

67 Diese Grundsätze gelten – dem Grundsatz nach – auch im Rahmen einer atypischen Unterbeteiligung. Nach allgemeiner Auffassung genügen für die Begründung einer atypischen Unterbeteiligung – dies gilt auch für das Bestehen der in § 15 Abs. 1 Nr. 2 EStG aufgeführten Mitunternehmerinitiative – die in § 233 HGB bzw. § 716 BGB beschriebenen Kontrollrechte gegenüber dem Hauptbeteiligten, wenn der Un-

[81] Vgl. *Schulze zur Wiesche* NJW 1983, 2365; siehe auch BMF v. 1.12.1992, BStBl. I 1992, 729 Tz. 2, 11.
[82] BFH v. 29.5.1972 – GrS 4/71, BStBl. II 1973, 5; vgl. auch Blaurock/*Blaurock* Rz. 30.49 ff.
[83] Vgl. BFH v. 16.12.1981 – I R 167/78, BStBl. II 1982, 387.
[84] BFH v. 9.10.2001 – VIII R 77/98, BStBl. II 2002, 460.
[85] So die hM vgl. MüKoHGB/*K. Schmidt* HGB § 230 Rz. 237; MHdB GesR I/*Gayk* § 30 Rz. 29; Blaurock/*Blaurock* Rz. 30.43 ff.
[86] MüKoHGB/*K. Schmidt* HGB § 230 Rz. 241; *Gehrlein* DStR 1994, 1314 ff., 1315.
[87] So: MHdB GesR I/*Gayk* § 30 Rz. 30, 31 eE.
[88] So zB im Fall der Erhöhung der Einlage in der Hauptbeteiligung: BGH v. 22.11.1965 – II ZR 102/63, WM 1966, 188, 191.

terbeteiligte im Übrigen am laufenden Gewinn und Verlust sowie an den stillen Reserven der Hauptbeteiligung partizipiert.[89]

Nicht zuletzt wegen der daran geäußerten Kritik[90] sollten die Mitwirkungsrechte des atypisch Unterbeteiligten – wenn möglich – stärker ausgestaltet werden. **68**

Im vorliegenden Formulierungsvorschlag ist der Hauptbeteiligte daher nicht nur bei wesentlichen Beschlüssen in der Hauptgesellschaft verpflichtet, diese mit dem Unterbeteiligten abzustimmen. **69**

Der Formulierungsvorschlag stellt zudem klar, dass die Unterbeteiligung im Falle der **Umwandlung** der Hauptgesellschaft nicht untergeht, sondern sich – sofern gesetzlich zulässig – an der umgewandelten Gesellschaft fortsetzt bzw. neu zu bestellen ist. Im Falle einer typischen Unterbeteiligung führt die Umwandlung der Hauptbeteiligung idR zu keinen gravierenden steuerlichen Problemen.[91] Fehlt eine entsprechende Regelung, so hängt das Schicksal der Unterbeteiligung von der Art des Umwandlungsvorgangs und dem mutmaßlichen Parteiwillen ab.[92] Die Umwandlung einer atypischen Unterbeteiligung führt allerdings regelmäßig dann zu Problemen, wenn sich – infolge der Umwandlung – die Einkunftsart des Unterbeteiligten ändert.[93] **70**

Auf Basis der mittlerweile gefestigten Rechtsprechung des BFH[94] ist der hier gewählte Formulierungsvorschlag für eine „atypische Unterbeteiligung" an einem GmbH-Anteil in vielen Fallgestaltungen nicht ausreichend; dies gilt insbesondere dann, wenn der Hauptbeteiligte den Unterbeteiligten in der Gesellschafterversammlung der Innengesellschaft überstimmen kann. Der Unterbeteiligte muss die ihm zustehenden Vermögens- und Verwaltungsrechte ausüben und effektiv kontrollieren können.[95]

In Fallgestaltungen dieser Art besteht nämlich das Problem, dass der Hauptbeteiligte seine „Stimme" in der Gesellschafterversammlung der Hauptgesellschaft wegen des Verbots der Stimmrechtsspaltung[96] regelmäßig nur einheitlich abgeben kann. Zur Lösung dieser Problematik wird im Falle der Beteiligung mehrerer Unterbeteiligten die Bündelung der verschiedenen Unterbeteiligungsverhältnisse über eine zwischengeschalteten Gesellschaft bürgerlichen Rechts vorgeschlagen.[97] Andererseits ist aber auch denkbar, den Hauptbeteiligten im Unterbeteiligungsvertrag entsprechend zu verpflichten, in der Gesellschafterversammlung der Hauptgesellschaft auch dann im Sinne des Unterbeteiligten abzustimmen, wenn der Unterbeteiligte – im Falle einer direkten Beteiligung – den Hauptbeteiligten in der Gesellschafterversammlung der GmbH mit deren weiteren Gesellschaftern überstimmt hätte. Der Unterbeteiligungsvertrag an einem GmbH-Anteil sollte in diesem Fall in Absatz 2 wie folgt ergänzt werden:

Der Hauptbeteiligte ist verpflichtet, seine Rechte als Gesellschafter der Hauptgesellschaft auch im Interesse des Unterbeteiligten wahrzunehmen. Vor der Fassung von Beschlüssen im Rahmen der Hauptgesellschaft wird der Hauptbeteiligte unverzüglich nach Erhalt der Ladung zur Gesellschafterversammlung der Hauptgesell- A. 2.51a

[89] Vgl. BFH v. 6.7.1995 – IV R 79/94, BStBl. II 1996, 269; BFH v. 2.10.1997 – IV R 75/96, BStBl. II 1998, 137; Schmidt/*Wacker* EStG § 15 Rz. 369.

[90] Vgl. *Pickhardt-Poremba/Engelsing* DStZ 2000, 281; *Bodden* FR 2002, 559, 565.

[91] Vgl. *Schindhelm/Pikhardt-Poremba/Hilling* DStR 2003, 1444, 1469 ff.

[92] Vgl. hierzu: *Schindhelm/Pikhardt-Poremba/Hilling* DStR 2003, 1444 ff.

[93] Die Umwandlung ist – bezogen auf die atypische Unterbeteiligung – in diesem Fall möglicherweise nicht steuerneutral möglich. So: Frotscher/Drüen/*Frotscher* UmwStG § 1 Rz. 157; *Schindhelm/Pikhardt-Poremba/Hilling* DStR 2003, 1444, 1469 ff.; aA *Stegemann/Middendorf* BB 2006, 1084.

[94] Vgl. BFH v. 18.5.2005 – VIII R 34/01, BStBl. II 2005, 857; BFH v. 8.11.2005 – VIII R 11/02, BStBl. II. 2006, 253; BFH v. 8.11.2005 – VIII R 21/01, BFH/NV 2006, 491; BFH v. 6.10.2009 – IX R 14/08, BStBl. II. 2010, 460.

[95] Vgl. hierzu insbesondere *Wacker* HFR 2006, 442 ff.; *Wacker* JbFSt 2006/2007, 550 ff., 562. Anders insbesondere *Carlé* KöSDI 2008, 16166, 16166, 16174; *Schulze zur Wiesche* GmbHR 2006, 630, 631 f.; *Pupeter* GmbHR 2006, 910, 914 ff.; Dötsch/Pung/Möhlenbrock/*Werner* EStG § 20, Rz. 135 jew. mwN.

[96] Das Verbot der Stimmrechtsspaltung gilt nach hM jedenfalls dann, wenn der Anteilseigner nur einen, einheitlichen Geschäftsanteil an einer GmbH hält; so *Scholz/K. Schmidt* GmbHG § 47 Rz. 69 ff. mwN.

[97] Vgl. *Carlé* KöSDI 2008, 16166, 16167 allerdings zur Unterbeteiligung an einem Personengesellschaftsanteil.

schaft eine Abstimmung mit dem Unterbeteiligten herbeiführen. Bei Meinungsverschiedenheiten über zu fassende Beschlüsse entscheidet die einfache Stimmenmehrheit innerhalb der Innengesellschaft, wobei das Verhältnis der jeweiligen Gesamtbeteiligung des Hauptbeteiligten zur Unterbeteiligung gem. § 1 maßgebend ist. Der Hauptgesellschafter ist verpflichtet, sein Stimmrecht in der Gesellschafterversammlung der Hauptgesellschaft entsprechend dem Beschluss der Gesellschafterversammlung der Innengesellschaft auszuüben. Gleiches gilt wenn der Hauptbeteiligte zwar die Mehrheit in der Gesellschafterversammlung der Innengesellschaft innehat und der Unterbeteiligte – im Falle einer unmittelbaren Beteiligung an der Hauptgesellschaft – gemeinsam mit den übrigen Gesellschaftern der Hauptgesellschaft einen Mehrheitsbeschluss gefasst hätte. [...].

Zu § 7: Kündigung, Beendigung der Unterbeteiligung

71 Die Unterbeteiligung kann auf bestimmte oder auf unbestimmte Zeit geschlossen werden. Ist sie auf unbestimmte Zeit geschlossen, so kann sie – dem Grundsatz nach – nur durch **Kündigung** beendigt werden. Der vorliegende Formulierungsvorschlag geht von einer **Kündigungsfrist** von 6 Monaten zum Jahresende aus, ist aber frühestens zu einem im Vertrag näher bestimmten Termin (Mindestlaufzeit) möglich. Eine außerordentliche Kündigung ist hiervon jedoch unbenommen.

72 Die Vereinbarung einer **Mindestlaufzeit** stellt ein gängiges Instrumentarium im Rahmen der Nachfolgeplanung dar. Über die Mindestlaufzeit kann nämlich – dies gilt noch viel mehr für die atypische Unterbeteiligung – verhindert werden, dass der Beschenkte oder Erbe das zugewendete Vermögen frühzeitig bzw. zur Unzeit versilbert.

73 Aus Nachweisgründen sollte die Kündigung durch **eingeschriebenen Brief** erfolgen.

74 In Absatz 2 sind weitere Auflösungsgründe[98] beschrieben. Vergleichbare **Rückforderungsrechte** – zB auflösende Bedingungen – können auch im Schenkungsvertrag vereinbart werden.[99]

Zu § 8: Auflösung der Hauptgesellschaft, Ausscheiden des Hauptbeteiligten

75 Scheidet der Hauptbeteiligte aus der Hauptgesellschaft aus oder wird die Hauptgesellschaft aufgelöst, so führt dies gleichsam zur Auflösung der Unterbeteiligung.[100] Die Vertragsparteien können aber auch abweichende Regelungen hierzu treffen, so zB, dass das Unterbeteiligungsverhältnis mit dem Erwerber der Hauptbeteiligung fortgeführt werden kann.

Zu § 9: Abfindung

76 Neben dem Umfang der Gewinn- und Verlustbeteiligung und dem Inhalt der Mitwirkungsrechte unterscheiden sich die typische und die atypische Unterbeteiligung in erster Linie über die Art bzw. Höhe der **Abfindung.** Im Gegensatz zur typischen Unterbeteiligung ist der atypisch Unterbeteiligte an den **stillen Reserven** der Hauptgesellschaft (mittelbar) beteiligt.[101]

77 Die Abfindung bemisst sich hier – aus Gründen der Vereinfachung und der Vermeidung einer abfindungsbedingten, zusätzlichen Schenkungsteuerbelastung[102] – in entsprechender Anwendung der Grundsätze des vereinfachten Ertragswertverfahrens im

---

[98] Insolvenz bzw. Zwangsvollstreckung in das Vermögen eines Gesellschafters; siehe hierzu auch § 728 BGB; Blaurock/*Blaurock* Rz. 30.61.

[99] Vgl. hierzu Formular A. 2.55 § 2 und § 3.

[100] Vgl. hierzu § 726 BGB.

[101] Vgl. BFH v. 6.7.1995 – IV R 79/94, BStBl. II 1996, 269; BFH v. 2.10.1997 – IV R 75/96, BStBl. II 1998, 137; Schmidt/*Wacker* EStG § 15 Rz. 369.

[102] Vgl. *Milatz/Kämper* DStR 2009, 470 ff.

Sinne von §§ 199ff. BewG. Der Verweis auf die Regelungen des Bewertungsgesetzes ist dem Umstand geschuldet, dass der Wert eines Personen- wie Kapitalgesellschaftsanteils sich – entsprechend den Vorgaben des Bundesverfassungsgerichts – zwingend am gemeinen Wert orientiert und eine schenkungsteuerlich relevante Zuwendung im Abfindungsfall gem. § 3 Abs. 1 Nr. 2 ErbStG jedenfalls dann gegeben ist, wenn der Abfindungsanspruch nicht mit dem gemeinen Wert des Anteils übereinstimmt.[103] Hinzu kommt ein positiver oder negativer Saldo des für den Unterbeteiligten geführten Privatkontos. Denkbar ist aber auch eine – die Liquidität des Unternehmens bzw. Hauptbeteiligten schonende – maßvoll niedrigere Beteiligung an den stillen Reserven der Hauptbeteiligung.[104]

Vergleichbar der Regelung in vielen Gesellschaftsverträgen sieht der Formulierungs- **78**
vorschlag weiter vor, dass die Höhe der Abfindung – im Streitfall – verbindlich von einem unabhängigen Dritten festgestellt werden kann. Dies ist aus Geheimhaltungsgründen jedenfalls dann zu empfehlen, wenn eine atypisch stille Unterbeteiligung vorliegt.

Zur weiteren Schonung der Liquidität des Hauptbeteiligten sollte der Unterbeteili- **79**
gungsvertrag – wie hier vorgesehen – zudem auch die Möglichkeit einer großzügigen Ratenzahlung mit maßvoller Verzinsung vorsehen.

Zu § 10: Abtretung

Nach dem in § 717 BGB kodifizierten Modell ist weder der Haupt- noch der Un- **80**
terbeteiligte ohne Zustimmung des anderen berechtigt, seine Beteiligung an einen Dritten zu übertragen.[105] Überträgt zB der Hauptbeteiligte dennoch, dh. ohne Zustimmung des Unterbeteiligten, seine Hauptbeteiligung an einen Dritten, wird das Unterbeteiligungsverhältnis wegen Zweckvereitelung gem. § 726 BGB beendigt.[106]

Im Unterschied dazu sind der Haupt- wie der Unterbeteiligte gem. § 717 Satz 2 **81**
BGB berechtigt, über ihren Gewinn- oder **Abfindungsanspruch** wirksam zu verfügen.

Im Rahmen einer vorausschauenden Nachfolgeplanung können die vom Gesetz **82**
vorgesehenen Regularien ein nicht zu unterschätzendes Hindernis darstellen. Aus diesem Grund sollte der Unterbeteiligungsvertrag – wie im Formulierungsvorschlag vorgesehen – mindestens für den Unterbeteiligten die Möglichkeit eröffnen, seine Unterbeteiligung an eine **nachfolgeberechtigte Person** weiter zu übertragen.

Als nachfolgeberechtigte Personen können die jeweiligen Ehegatten, vor allem aber **83**
die Abkömmlinge des Unterbeteiligten bedacht werden. Auf Ebene der **Abkömmlinge** kann zudem zwischen den Abkömmlingen, den ehelichen, den leiblichen und den ehelich leiblichen Abkömmlingen unterschieden werden. Je nach dem welche Begrifflichkeit gewählt wird, werden nichteheliche Kinder und/oder Adoptivkinder von der Nachfolge ausgeschlossen.

Zu § 11: Tod eines Gesellschafters

Die gesetzlichen Regelungen zum Tod eines Gesellschafters der Unterbeteiligung **84**
sind unterschiedlich ausgestaltet. Im Gegensatz zum Tod des Hauptbeteiligten, der die Unterbeteiligung gem. § 727 BGB beendet, führt der Tod des Unterbeteiligten in entsprechender Anwendung von § 234 Abs. 2 HGB nicht zum Erlöschen der Unterbeteiligung.[107] Der Unterbeteiligungsvertrag sollte daher eine **qualifizierte Nachfolgeregelung** enthalten.

---

[103] Vgl. *Milatz/Kämper* DStR 2009, 470, 473; *Meincke* ErbStG § 3 Rz. 66.

[104] ZB 70 vH des steuerlichen Unternehmenswertes. Allerdings unter Beachtung der schenkungsteuerlichen Konsequenzen (s. o.)!

[105] Ausführlich: MHdB GesR I/*Gayk* § 30 Rz. 58 f.

[106] Vgl. MüKoHGB/*K. Schmidt* HGB § 234 Rz. 73.

[107] Vgl. MüKoHGB/*K. Schmidt* HGB § 234 Rz. 77; MüKoBGB/*Ulmer/Schäfer* Vor § 705 Rz. 102; MHdB GesR I/*Gayk* § 30 Rz. 66; Blaurock/*Blaurock* Rz. 30.57.

85 Der Formulierungsvorschlag sieht hierzu vor, dass die Unterbeteiligung nach dem Tod eines Gesellschafters unabhängig davon fortgesetzt wird, ob der Haupt- oder der Unterbeteiligte verstorben ist. Vergleichbar der Regelung unter § 9 sollte die Nachfolge des Unterbeteiligten – zumindest im Falle einer Familiengesellschaft – auf nachfolgeberechtigte Personen beschränkt sein.[108]

Zu § 12: Änderung der Hauptgesellschaft

86 Wie eingangs erwähnt sollte der Unterbeteiligungsvertrag – um einen gewissen Gleichlauf der Mechanismen zu gewährleisten – so weit wie möglich an den Gesellschaftsvertrag der Hauptgesellschaft angelehnt werden. Dies ist bei Abfassung des Unterbeteiligungsvertrages in der Regel unproblematisch zu gewährleisten, führt aber regelmäßig zu Problemen, wenn der Gesellschaftsvertrag im Anschluss daran geändert wird.

87 Der Unterbeteiligungsvertrag sollte daher – wie hier vorgesehen – eine entsprechende **Anpassungsverpflichtung** enthalten. Dies ist insbesondere dann gerechtfertigt, wenn die Änderung des Gesellschaftsvertrages der Hauptgesellschaft – wie hier unter § 6 Abs. 2 vorgesehen – mit dem Unterbeteiligten einvernehmlich abzustimmen ist.

Zu § 13: Pflichtteilsanrechnung

88 Nach § 2311 BGB ist bei der Berechnung eines **Pflichtteilsanspruchs** der Bestand des Nachlasses im Zeitpunkt des Erbfalls zugrunde zu legen. Lebzeitige Zuwendungen des Erblassers an einen Pflichtteilsberechtigten mindern – zumindest dem Grundsatz nach – diesen Pflichtteilsanspruch nicht.[109] Etwas anderes gilt gem. § 2315 Abs. 1 BGB nur dann, wenn der Schenkungsvertrag eine abweichende Regelung hierzu vorsieht. Die **Anrechnung** schmälert den Pflichtteil des Beschenkten um den in der Schenkung zugewendeten Vorempfang.

89 Über diese Regelung kann iE vermieden werden, dass der Beschenkte seine Vermögensrechte kumuliert. Der – weiter bestehende – Pflichtteilsanspruch des Beschenkten kann dann zu einem unkalkulierbaren Risiko werden. Dies gilt insbesondere dann, wenn ein Teil der Pflichtteilsberechtigten – zB Abkömmlinge – über eine lebzeitige Zuwendung und ein anderer Teil – zB der überlebende Ehegatte – über die letztwillige Zuwendung abgefunden werden sollen.

90 Neben der Anrechnung einer Schenkung auf den eigenen Pflichtteilsanspruch besteht, wenn – gerechnet vom Zeitpunkt der Schenkung bis zum späteren Erbfall – noch keine 10 Jahre vergangen sind, ggf. zusätzlich ein **Pflichtteilsergänzungsanspruch.**[110]

91 Der Formulierungsvorschlag greift diesen Sachverhalt auf. Vergleichbar der gesetzlichen Regelung in § 2315 Abs. 2 BGB erfolgt die **Anrechnung** mit dem Beteiligungswert (Verkehrswert) im Zeitpunkt der Schenkung. Unabhängig von der Anrechnung auf den Pflichtteil des Beschenkten, kann die Schenkung einen Pflichtteilsergänzungsanspruch auslösen.

92 Die Frage der Anrechnung auf den Pflichtteil ist stets davon zu trennen, ob die Schenkung (zusätzlich) auch auf den **Erbteil** anzurechnen ist.[111] Der Formulierungsvorschlag sieht hierzu keine automatische Anrechnung auf den Erbteil des Beschenkten beim Erblasser vor. Der Erblasser erhält allerdings die Möglichkeit eine entsprechende letztwillige Anordnung zu treffen.

---

[108] Siehe die Hinweise zu § 9.
[109] Vgl. MüKoBGB/*Lange* BGB § 2315 Rz. 1.
[110] Vgl. § 2325 BGB.
[111] Zur Anrechnung vgl. im Übrigen § 2050 BGB iVm. § 1624 BGB.

Zu § 14: Kosten und Steuern

Im Formulierungsvorschlag ist bestimmt, dass der Hauptbeteiligte (Schenker) die Notar und Gerichtskosten, die Kosten für den Vollzug der Urkunde sowie die Schenkungsteuer trägt. Die **Übernahme der Schenkungsteuer** durch den Schenker führt zu einer höheren Nettozuwendung an den Beschenkten und ist – da ein sog. Kaskadeneffekt über § 10 Abs. 2 ErbStG verhindert wird – in der Regel steuerlich günstiger.[112] **93**

Die atypische Unterbeteiligung wird für Zwecke der erbschaft- oder schenkungsteuerlichen **Bewertung** mit der Hauptbeteiligung gleichgesetzt.[113] **94**

A. 2.52 Einräumung einer atypischen Unterbeteiligung gegen Nießbrauchsvorbehalt

Gliederung

Nummer der Urkundenrolle [...] A. 2.52

Verhandelt zu [...] am [...]

Vor dem Notar/der Notarin [...]

erschienen:

1. Herr A, geboren am [...] in [...], wohnhaft [...]
– nachfolgend auch Hauptbeteiligter genannt –

2. Herr B, geboren am [...] in [...], wohnhaft [...]
– nachfolgend auch Unterbeteiligter genannt –

Die Erschienenen sind dem Notar von Person bekannt und geben übereinstimmend folgenden Vertrag über die Einräumung einer atypischen Unterbeteiligung zu Protokoll des Notars:

Präambel

Der Hauptbeteiligte ist der Vater des Unterbeteiligten. Er ist als Kommanditist an der [...] GmbH & Co. KG mit Sitz in [...] (Amtsgericht [...], HRA [...]) mit einem Kommanditanteil – Anteil am Festkapital – in Höhe von € [...],– (in Worten: [...] Euro) sowie als Gesellschafter an der Komplementärin, der [...] -Verwaltungsgesellschaft mbH mit Sitz in [...] (Amtsgericht [...], HRB [...]) mit einem Geschäftsanteil in Nennbetrag von € [...],– (in Worten: [...] Euro) beteiligt.

Im Rahmen seiner Nachfolgeplanung beabsichtigt der Hauptbeteiligte seinen Sohn gegen Nießbrauchsvorbehalt im folgenden Umfang an den von ihm gehaltenen Beteiligungen atypisch unterzubeteiligen:

1. an einem Teilkommanditanteil – Anteil am Stammkapital – in Höhe von € [...],– (in Worten: [...] Euro) seiner Beteiligung an der [...] GmbH & Co. KG;

---

[112] Vgl. *Meincke* ErbStG § 10 Rz. 24 f.; *Buciek* DStR 1990, 228.

[113] Vgl. iÜ die Ausführung unter Rz. 37–40.

2. an einem Teilgeschäftsanteil im Nennbetrag von € [...],– (in Worten: [...] Euro) seiner Beteiligung an der [...]-Verwaltungsgesellschaft mbH.

Im Rahmen der Unterbeteiligung soll sein Sohn sowohl am laufenden Ergebnis als auch an den Stillen Reserven beteiligt werden. Aus Sicht des Steuerrechts handelt es sich um eine atypische Unterbeteiligung.

Die Gesellschaftsverträge der o.g. Gesellschaften sind dem Unterbeteiligten bekannt.

§ 1 Einräumung einer atypischen Unterbeteiligung

(1) Herr A räumt hiermit seinem Sohn Herrn B eine atypische Unterbeteiligung an einem Teilkommanditanteil in Höhe von € [...],– (in Worten: [...] Euro) seiner Beteiligung an der [...] GmbH & Co. KG ein. Die atypische Unterbeteiligung umfasst auch das auf diesen Teilkommanditanteil entfallende anteilige Sonderbetriebsvermögen des Hauptbeteiligten sowie die anteiligen Rücklagen.

(2) Herr A räumt seinem Sohn Herrn B weiter eine atypische Unterbeteiligung an einem Teilgeschäftsanteil im Nennbetrag von € [...],– (in Worten: [...] Euro) seiner Beteiligung an der [...]-Verwaltungsgesellschaft mbH ein.

(3) Die Einräumung der in Abs. 1 und 2 aufgeführten atypischen Unterbeteiligungen erfolgt mit Wirkung zum [...], 24 Uhr. Die Gewinne des laufenden Geschäftsjahres stehen dem Hauptbeteiligten zu.

(4) Die Rechte und Pflichten aus dem atypischen Unterbeteiligungsverhältnis richten sich nach Maßgabe der §§ 3ff.

§ 2 Nießbrauch[Rz. 35ff.]

(1) Der Hauptbeteiligte – nachfolgend auch als Nießbraucher bezeichnet – behält sich den lebenslangen unentgeltlichen Nießbrauch an der gemäß § 1 eingeräumten atypischen Unterbeteiligung vor.

(2) Der Nießbrauch besteht nach folgenden Maßgaben:
   a) Der Nießbrauch erstreckt sich auf den entnahmefähigen Gewinnanteil des Unterbeteiligten. Entnahmefähiger Gewinnanteil in diesem Sinne ist der Teil des Gewinns, der nach Zuführung zu den nicht entnahmefähigen Rücklagen auf den Privatkonten der Gesellschafter der Hauptbeteiligung gutgeschrieben werden. Der Nießbraucher ist verpflichtet, dem Unterbeteiligten den Betrag zur Verfügung zu stellen, der zur Begleichung der laufenden Steuern und Abgaben auf die Rücklagenzuführung notwendig ist. Hierbei ist die Anwendung des deutschen Höchststeuersatzes (ESt, KiSt, SolZ) zu unterstellen.
   b) Etwaige Verluste trägt der Unterbeteiligte. Die Verluste mindern jedoch – soweit der Nießbrauch reicht – zukünftige Gewinnansprüche des Nießbrauchers.

(3) Das Stimmrecht und die sonstigen Verwaltungsrechte aus der gemäß § 1 eingeräumten Unterbeteiligung werden – für die Dauer des Bestehens des Nießbrauchsrechts – vom Nießbraucher ausgeübt, soweit nachfolgend nichts anderes bestimmt ist.

(4) Für Maßnahmen, die den Untergang oder eine für den Unterbeteiligten nachteilige Veränderung der Unterbeteiligung, der Hauptbeteiligung oder eine Leistungsverpflichtung des Unterbeteiligten herbeiführen können, insbesondere sog. Kernbereichsbeschlüsse, wird das Stimmrecht durch den Unterbeteiligten ausgeübt. Das gilt insbesondere für folgende Maßnahmen:
   a) Veränderungen der Festkapitalanteile der Hauptbeteiligung,
   b) Erhebung der Klage auf Auflösung der Unterbeteiligung bzw. der Hauptbeteiligung,
   c) Stimmabgabe bei Beschlüssen über die Auflösung der Unterbeteiligung bzw. der Hauptbeteiligung,
   d) Änderung des Zwecks und des Gegenstands der Hauptgesellschaft,

e) Änderung der Gewinnbeteiligung in der Unterbeteiligung bzw. der Hauptbeteiligung,
f) Umwandlung der Unterbeteiligung bzw. der Hauptbeteiligung,
g) sonstige Änderungen des Gesellschaftsvertrages der Unterbeteiligung bzw. der Hauptbeteiligung, soweit dies die Rechtsstellung des Beschenkten beeinflusst.

Der Unterbeteiligte wird die in diesem Absatz aufgeführten Rechte jedoch dann nicht ohne Zustimmung des Schenkers in seiner Funktion als Nießbraucher ausüben, wenn es sich insoweit um Erklärungen und/oder Rechtshandlungen handelt, die zum Untergang oder zu einer die Rechtsstellung des Schenkers als Nießbraucher beeinträchtigenden Veränderung der Beteiligung führen könnte.

(5) Der Unterbeteiligte wird den Schenker – in seiner Funktion als Nießbraucher – im Rahmen seiner Rechte auf Auskunft und Einsichtnahme umfassend informieren und ihm – soweit rechtlich möglich – eine Kopie des Jahresabschlusses und des Prüfungsberichts des Abschlussprüfers übergeben.

(6) Eine hinsichtlich der eingeräumten atypischen Unterbeteiligung eventuell anfallende Vermögensteuer oder eine ihrer vergleichbare Steuer trägt für die Dauer des Nießbrauchs der Nießbraucher, im Übrigen der Unterbeteiligte. Dies gilt auch, sofern eine Vermögensteuer oder eine ihrer vergleichbaren Steuer erst zu einem späteren Zeitpunkt gesetzlich eingeführt wird.

(7) Bei der Veräußerung der nießbrauchsbelasteten Unterbeteiligung setzt sich der Nießbrauch an dem jeweils dafür erhaltenen Surrogat und an eventuellen späteren Surrogaten des Surrogats fort. Der Unterbeteiligte verpflichtet sich, die dazu erforderlichen Erklärungen abzugeben.

(8) Das Nießbrauchsrecht erlischt mit dem Tode des Nießbrauchers oder durch schriftliche einseitige an den Unterbeteiligten zu richtende Erklärung des Nießbrauchers oder durch schriftlichen Vertrag zwischen dem Nießbraucher und dem Unterbeteiligten.

(9) Der Nießbraucher ist berechtigt, nach dem Tod des Nießbrauchers dessen Ehefrau ein Nießbrauchsrecht an der Unterbeteiligung zu bestellen, wenn der Nießbraucher seiner Ehefrau im Rahmen einer letztwilligen Verfügung das Recht auf Bestellung des Nießbrauchsrechts zuwendet oder seiner Ehefrau durch Rechtsgeschäft unter Lebenden das Recht auf Bestellung des Nießbrauchsrechts überträgt und die Ehefrau die Bestellung des Nießbrauchsrechts verlangt. Für das dann zu bestellende Nießbrauchsrecht gelten die vorstehenden Regelungen entsprechend. Das Nießbrauchsrecht endet allerdings spätestens mit dem Tod der Ehefrau.

§ 3 Gewährleistung[Rz. 46]

Der Hauptbeteiligte sichert zu, dass die in der Präambel enthaltenen Angaben zu den von ihm gehaltenen Unternehmensbeteiligungen richtig sind und er berechtigt ist, die in § 1 genannten Beteiligungen an den aufgeführten Gesellschaftsanteilen einzuräumen. Im Übrigen ist jegliche Gewährleistung und Haftung des Schenkers – soweit gesetzlich zulässig – ausgeschlossen.

§ 4 Rechtsnatur der Unterbeteiligung[Rz. 46]

Die Unterbeteiligung ist eine Innengesellschaft zwischen dem Hauptbeteiligten und dem Unterbeteiligten. Rechtsbeziehungen zwischen dem Unterbeteiligten und der Hauptgesellschaft sowie deren Geschäftspartnern werden nicht begründet.

§ 5 Konten der Gesellschafter[Rz. 46]

Für den Hauptbeteiligten und für den Unterbeteiligten werden im Rahmen der Unterbeteiligung gleichartige Konten geführt wie für die Gesellschafter der Hauptgesellschaft.

§ 6 Ergebnisbeteiligung, Entnahmen[Rz. 46]

(1) Der Unterbeteiligte ist an dem auf den Hauptbeteiligten entfallenden Ergebnisanteil (Gewinn und Verlust) der Hauptgesellschaft gem. Steuerbilanz im Verhältnis seiner Unterbeteiligung beteiligt.
(2) Der maßgebende Ergebnisanteil des Hauptbeteiligten gem. Steuerbilanz der Hauptgesellschaft ist zur Bemessung des Ergebnisanteils des Unterbeteiligten wie folgt zu korrigieren:
  a) Abzuziehen sind sämtliche von der Hauptgesellschaft an den Hauptbeteiligten gezahlten Vergütungen für Dienstleistungen und Überlassung von Kapital oder Wirtschaftsgütern zur Nutzung (einschließlich der Verzinsung des Privatkontos), soweit diese beim Ergebnisanteil des Hauptbeteiligten gem. Steuerbilanz enthalten und soweit diese nicht ausdrücklich von der Unterbeteiligung erfasst sind sowie ggf. eigene Kosten der Unterbeteiligungsgesellschaft (zB für Kontoführung und Steuererklärungen).
  b) Hinzuzurechnen sind Zinsen und sonstige Vergütungen, die der Hauptbeteiligte an die Gesellschaft für die Überlassung von Kapital oder sonstigen Wirtschaftsgütern zu entrichten hat (einschließlich der Verzinsung des Privatkontos), soweit diese beim Ergebnisanteil des Hauptbeteiligten abgezogen sind.
(3) Ändert sich der maßgebende Ergebnisanteil des Hauptbeteiligten an der Hauptgesellschaft (zB nach Durchführung einer steuerlichen Betriebsprüfung), ist der geänderte Ergebnisanteil des Hauptbeteiligten für die Beteiligung des Unterbeteiligten maßgebend.
(4) Der Unterbeteiligte kann den auf ihn entfallenden Gewinnanteil in gleichem Umfang und zum gleichen Zeitpunkt entnehmen, wie der Hauptbeteiligte den auf ihn entfallenden Gewinnanteil der Hauptgesellschaft nach den Bestimmungen des Gesellschaftsvertrages der Hauptgesellschaft entnehmen kann. Der Hauptbeteiligte verpflichtet sich, von seinem Entnahmerecht in der Hauptgesellschaft mindestens in dem Umfang Gebrauch zu machen, wie der Unterbeteiligte entsprechend seiner Beteiligungsquote zu Entnahmen berechtigt ist; er kann in gleicher Weise wie der Hauptbeteiligte Ausschüttung verlangen bzw. Entnahmen tätigen. Der Hauptbeteiligte wird die dem Unterbeteiligten zustehenden Entnahmen unverzüglich an diesen weiterleiten.

§ 7 Geschäftsführung, Pflichten des Hauptbeteiligten, Mitwirkungs- und Informationsrechte[Rz. 46]

(1) Die Geschäftsführung der Unterbeteiligungsgesellschaft obliegt ausschließlich dem Hauptbeteiligten, und zwar sowohl was die Wahrnehmung der Gesellschafterrechte gegenüber der Hauptgesellschaft betrifft, als auch in Hinblick auf Geschäftsführungsmaßnahmen im Innenverhältnis gegenüber dem Unterbeteiligten.
(2) Der Hauptbeteiligte ist verpflichtet, seine Rechte als Gesellschafter der Hauptgesellschaft auch im Interesse des Unterbeteiligten wahrzunehmen. Vor der Fassung von Beschlüssen im Rahmen der Hauptgesellschaft wird der Hauptbeteiligte unverzüglich nach Erhalt der Ladung zur Gesellschafterversammlung der Hauptgesellschaft eine Abstimmung mit dem Unterbeteiligten herbeiführen. Bei Meinungsverschiedenheiten über zu fassende Beschlüsse entscheidet die einfache Stimmenmehrheit innerhalb der Innengesellschaft, wobei das Verhältnis der jeweiligen Gesamtbeteiligung des Hauptbeteiligten zur Unterbeteiligung gem. § 1

maßgebend ist. Dies gilt auch für Änderungen des Gesellschaftsvertrages der Hauptgesellschaft, für Umwandlungen und für alle Maßnahmen, die die gesellschaftsrechtliche Struktur der Hauptgesellschaft verändern. Soweit bei der Umstrukturierung der Hauptgesellschaft die Gesellschaftsbeteiligung der Hauptbeteiligten untergeht oder in eine andere Rechtsform umgewandelt werden soll, setzen sich die Unterbeteiligungen an der Gesellschaftsbeteiligung fort, die wirtschaftlich an die Stelle der derzeitigen Gesellschaftsbeteiligung getreten ist; ggf. wird der Hauptbeteiligte entsprechende neue Unterbeteiligungen einräumen.

(3) Der Hauptbeteiligte ist verpflichtet, den Unterbeteiligten über alle ihn bekannt werdenden wesentlichen Geschäftsvorfälle der Hauptgesellschaft zu informieren, soweit nicht gesetzliche oder vertragliche Geheimhaltungspflichten entgegenstehen.

(4) Der Hauptbeteiligte wird dem Unterbeteiligten innerhalb von vier Wochen nach Vorliegen des Jahresabschlusses der Hauptgesellschaft eine Aufstellung über die Entwicklung der Konten des Hauptbeteiligten und des Unterbeteiligten zusenden.

(5) Der Unterbeteiligte ist berechtigt, zur Prüfung des auf ihn entfallenden Ergebnisanteils Einsicht in den Jahresabschluss der Hauptgesellschaft zu nehmen. Er kann dieses Prüfungsrecht auch durch einen Angehörigen der rechts- oder steuerberatenden Berufe wahrnehmen lassen.

§ 8 Kündigung, Beendigung der Unterbeteiligung[Rz. 46]

(1) Die Unterbeteiligung kann von jedem Gesellschafter der Innengesellschaft gekündigt werden, frühestens jedoch zum [...]. Die Kündigungsfrist beträgt sechs Monate. Wird der erste Kündigungstermin nicht wahrgenommen, so kann die atypische Unterbeteiligung mit einer Frist von sechs Monaten zum Ende eines jeden Geschäftsjahres der Hauptgesellschaft gekündigt werden. Die Kündigung erfolgt durch eingeschriebenen Brief gegenüber dem Hauptbeteiligten. Mit Wirksamwerden der Kündigung endet die Unterbeteiligung.

(2) Ohne dass es einer Kündigung bedarf, endet die Unterbeteiligung, wenn

a) über das Vermögen eines Gesellschafters das Insolvenzverfahren eröffnet oder die Eröffnung des Insolvenzverfahrens mangels Masse abgelehnt wird;

b) der Anteil eines Gesellschafters gepfändet und die Pfändung nicht innerhalb von drei Monaten aufgehoben oder abgewendet wird.

§ 9 Auflösung der Hauptgesellschaft, Ausscheiden des Hauptbeteiligten[Rz. 46]

Scheidet der Hauptbeteiligte aus der Hauptgesellschaft aus, so endet das Unterbeteiligungsverhältnis zum gleichen Zeitpunkt. Wird die Hauptgesellschaft aufgelöst, so bleibt die Unterbeteiligung bis zur Beendigung der Liquidation bestehen. Der Unterbeteiligte nimmt am Liquidationserlös entsprechend seiner Beteiligungsquote gem. § 1 teil.

§ 10 Abfindung[Rz. 46]

(1) Bei Beendigung der Unterbeteiligung steht dem Unterbeteiligten ein Abfindungsguthaben zu, das sich nach Maßgabe von Absatz 2 berechnet. Hinzu kommt ein positiver bzw. negativer Saldo, des für ihn iRd. Unterbeteiligung geführten Privatkontos.

(2) Der Wert der [...] GmbH & Co. KG ist mit dem anteiligen Wert zu bemessen, der sich in analoger Anwendung des vereinfachten Ertragswertverfahrens iSv. §§ 199 ff. BewG ergibt. Stichtag ist der 1. Januar des Jahres in dem der Gesellschafter aus der Gesellschaft ausscheidet.

(3) Können sich die Beteiligten nicht auf den Wert der Abfindung innerhalb einer angemessenen Frist einigen, so ist die Abfindung nach Maßgabe der in Absatz 2

genannten Kriterien durch den Präsidenten der Industrie und Handelskammer in [...] verbindlich festzustellen.

(4) Das Abfindungsguthaben ist in fünf Jahresraten, deren erste Rate sechs Monate nach Beendigung der Unterbeteiligung fällig ist, zu zahlen und vom Tag der Fälligkeit der ersten Rate an mit 2 vH über dem Basiszinssatz gem. § 247 BGB zu verzinsen. Die Zinsen sind jeweils mit den Abfindungsraten fällig.

§ 11 Abtretung[Rz. 46]

(1) Der Unterbeteiligte kann seine Rechte aus der Unterbeteiligung nur mit Zustimmung des Hauptbeteiligten abtreten oder belasten.

(2) Eine Zustimmung des Hauptbeteiligten bedarf es nicht, wenn der Unterbeteiligte seine Beteiligung an eine nachfolgeberechtigte Person abtritt. Nachfolgeberechtigt sind die Abkömmlinge des Unterbeteiligten.

§ 12 Tod eines Gesellschafters[Rz. 46]

(1) Im Falle des Todes des Hauptbeteiligten wird die Unterbeteiligung mit der Person fortgesetzt, die den Gesellschaftsanteil des Hauptbeteiligten als Erbe oder Vermächtnisnehmer übernimmt.

(2) Beim Tod des Unterbeteiligten gehen die Rechte aus der Unterbeteiligung auf dessen Erben bzw. Vermächtnisnehmer über, soweit diese Person nachfolgeberechtigt im Sinne von § 11 Abs. 2 ist. Soweit eine nicht nachfolgeberechtigte Person berufen ist, scheidet diese mit sofortiger Wirkung aus der Gesellschaft aus und ist nach Maßgabe von § 10 abzufinden.

§ 13 Änderung der Hauptgesellschaft[Rz. 46]

Ändert sich die Rechtsform der Hauptgesellschaft, so sind die Vertragsparteien verpflichtet, den Unterbeteiligungsvertrag erforderlichenfalls dergestalt anzupassen, wie dies die neue Rechtsform der Hauptgesellschaft bei weitestgehend möglicher Beibehaltung der wirtschaftlichen Gegebenheiten der Unterbeteiligung erfordert.

§ 14 Pflichtteilsanrechnung[Rz. 46]

Die in § 1 aufgeführte Unterbeteiligung ist mit dem Wert zur Zeit ihrer Einräumung auf den Pflichtteilsanspruch des Unterbeteiligten gegenüber dem Nachlass des Hauptbeteiligten anzurechnen; auf seinen Erbteil jedoch nur, falls der Hauptbeteiligte dies letztwillig anordnet.

§ 15 Kosten und Steuern[Rz. 46]

Notar und Gerichtskosten dieser Urkunde und ihres Vollzugs sowie eine eventuelle auf Grund der Einräumung der atypischen Unterbeteiligung anfallende Schenkungssteuer trägt der Hauptbeteiligte.

§ 16 Schlussbestimmungen[Rz. 46]

(1) Änderungen und Ergänzungen dieses Vertrages bedürfen der Schriftform; mündliche Nebenabreden bestehen nicht. Die Änderung des Unterbeteiligungsvertrages kann nur einstimmig erfolgen.

(2) Sollte eine Bestimmung dieses Vertrages aus irgendeinem Grunde unwirksam oder anfechtbar sein oder werden, so soll deren Inhalt hiervon im Übrigen nicht berührt, vielmehr sinngemäß ausgeführt werden. Anstelle der unwirksamen oder anfechtbaren Bestimmung soll eine angemessene Regelung gelten, die, soweit rechtlich möglich, dem am nächsten kommt, was die Vertragschließenden gewollt haben oder nach Sinn und Zweck dieses Vertrags gewollt haben würden,

sofern sie bei Abschluss dieses Vertrages den Punkt bedacht hätten. Das gilt auch, wenn die Unwirksamkeit einer Bestimmung etwa auf einem im Vertrag vorgeschriebenen Maß der Leistung oder Zeit (Frist oder Termin) beruht; es soll dann ein dem Gewollten möglichst nahekommendes zulässiges Maß der Leistung oder Zeit (Frist oder Termin) vereinbart werden.

(3) Sollte zwischen den Rechten und Pflichten des Hauptbeteiligten aus seiner Beteiligung an der Hauptgesellschaft und den Bestimmungen des Unterbeteiligungsvertrages ein Widerspruch bestehen oder entstehen, so ist der Unterbeteiligungsvertrag so anzupassen, dass er mit den für die Hauptgesellschaft geltenden Bestimmungen übereinstimmt.

(4) Gerichtsstand für sämtliche Streitigkeiten aus diesem Vertrag ist [...], soweit dies zulässig vereinbart werden kann.

Diese Niederschrift wurde den Erschienenen von dem Notar vorgelesen, von ihnen genehmigt und von ihnen und dem Notar eigenhändig wie folgt unterschrieben:

A. Grundsätzliche Anmerkungen

I. Wirtschaftliche Aspekte

Der **Nießbrauch,** lateinisch *ususfructus,*[1] beschreibt das **„Fruchtziehungsrecht"** an einer fremden Sache. Dem Nießbraucher steht mithin das Recht zu, eine fremde Sache in jeder Art und Weise wirtschaftlich zu nutzen. Das Nutzungsrecht des Nießbrauchers geht somit weiter als das eines Mieters oder Pächters. Im Gegenzug trägt der Nießbraucher aber auch alle zum Erhalt der Sache laufenden Kosten. Verglichen zum Eigentum endet das Nießbrauchsrecht erst dann, wenn die Sachsubstanz durch die Nutzung verringert oder vernichtet würde.[2] 1

Im Rahmen einer vorausschauenden Nachfolgeplanung hat der Nießbrauch eine nicht zu unterschätzende wirtschaftliche Funktion. Mit der Übertragung einer Sache oder Sachgesamtheit verliert der Schenker nämlich nicht nur die Verfügungs- oder Verwertungsmöglichkeit über diese Gegenstände. Er verliert zudem auch die der Sache oder Sachgesamtheit zugeordnete **Einkommensquelle.** Dies ist aber insbesondere dann problematisch, wenn der Schenker auf die Einkommensquelle nicht verzichten kann oder möchte. 2

Des Weiteren verliert der Schenker – bezogen auf die geschenkte Sache oder Sachgesamtheit – auch jegliche **Mitwirkungsmöglichkeit.** Dies ist insbesondere bei der Übertragung von Unternehmensvermögen häufig nicht gewünscht. In diesen Fällen möchte der Schenker seinen Einfluss auf das Unternehmen nicht verlieren. 3

Der Schenker steht hierbei nicht selten vor der Frage, ob er im Sinne einer vorausschauenden Nachfolgeplanung seine Beteiligung an einem Unternehmen ganz oder teilweise auf seinen Nachfolger überträgt oder ob er seine Einkommensquelle und seine Mitwirkungsrechte in dem Unternehmen erhalten möchte. 4

Kommt es dem Schenker in erster Linie auf den Erhalt einer Einkommensquelle an, kann er dieses Ergebnis über einen **Vorbehaltsnießbrauch** oder über eine **Vermögensübertragung gegen Versorgungsleistungen**[3] regeln. Will sich der Schenker auf jeden Fall auch die Mitwirkungsrechte erhalten, kommt hierfür nur ein Vorbehaltsnießbrauch in Frage. 5

Behält sich der Schenker bei der Schenkung das Nießbrauchsrecht zurück (Vorbehaltsnießbrauch), so überträgt er iE „nur" die Sachsubstanz, während die Einkom- 6

[1] Vgl. auch *Paulus Digesten* 7, 1. pr.: *ususfructus est ius alienis rebus utendi fruendi salva rerum substantia.*
[2] Vgl. hierzu *Schön* S. 5.
[3] Vgl. Formular A. 2.53.

mensquelle und die Mitwirkungsrechte für die laufenden Geschäfte – so jedenfalls beim Vollrechtsnießbrauch – bei ihm zurückbleiben.

7 Die hier gewählte Konstruktion der Einräumung einer atypischen Unterbeteiligung gegen Nießbrauchsvorbehalt trägt diesen Umständen Rechnung: Sie ist zB dann sinnvoll, wenn der Hauptbeteiligte „nur" einen Teil seiner Beteiligung gegen Nießbrauchsvorbehalt an Nachfolger übertragen möchte und dies wegen eines gesellschaftsvertraglichen Verfügungsverbots etc. untersagt ist.

8 *(frei)*

II. Rechtliche Aspekte

1. Zivilrecht

9 Das Nießbrauchsrecht ist im Wesentlichen in §§ 1030 bis 1089 BGB sowie §§ 99 bis 103 BGB bestimmt. Diese Zweiteilung entspricht auch dem ökonomischen Grundverständnis des Nießbrauchsrechts.[4]

10 Ein Nießbrauchsrecht kann an allen Sachen (§§ 1030 bis 1067 BGB), an Rechten (§§ 1068 bis 1084 BGB), an einem Vermögen (§§ 1085 bis 1088 BGB) sowie an einer Erbschaft (§ 1089 BGB) bestellt werden.

11 Der Nießbrauch an einem (Einzel-)Unternehmen, der in der Praxis häufig als einheitlicher Begriff verstanden wird, ist im Gesetz hingegen nicht speziell aufgeführt und wirft eine Vielzahl von Problemen auf: Während die hM das Nießbrauchsrecht – in der Rechtstheorie – als einheitlich dingliches Recht an dem „Rechtsobjekt des Unternehmens" versteht, begreift die Gegenansicht das „Unternehmen" nicht als „Rechtsobjekt im Sinne des BGB".[5] Die Beantwortung dieses Meinungsstreits kann hier aber dahingestellt bleiben, da an einem (Einzel-)Unternehmen keine Unterbeteiligung bestellt werden kann.

12 Demgegenüber bestimmt sich das Nießbrauchsrecht an Kapitalgesellschaftsanteilen (Aktien oder GmbH-Geschäftsanteilen) bzw. Personengesellschaftsanteilen über § 1068 BGB.[6] § 1068 BGB findet auch Anwendung, wenn und soweit das Nießbrauchsrecht an einer atypischen Unterbeteiligung bestellt wird, da es sich insoweit um eine Gesellschaft bürgerlichen Rechts handelt.

13 Die Bestellung des Nießbrauchsrechts erfolgt gem. § 1069 BGB – dem Grundsatz nach – nach den für die Übertragung des Rechts geltenden Vorschriften. Gleiches gilt für die Formerfordernisse und die Möglichkeit einer Heilung.[7] Das Nießbrauchsrecht erlischt durch Aufhebung (§§ 1071, 1063 BGB), Vereinigung mit dem Vollrecht (§§ 1072, 1064 BGB) oder Fristablauf. Es erlischt zudem unabdingbar mit dem Tod des Berechtigten (§ 1061 BGB). Das Nießbrauchsrecht ist also unvererblich.

14 Der Eigentümer kann aber vertraglich verpflichtet werden, dem Erben des Nießbrauchers ein neues Nießbrauchsrecht zu bestellen.[8] Der Vorbehaltsnießbrauch wandelt sich dann aber in einen Zuwendungsnießbrauch. Denkbar ist aber auch ein auf den Tod des Nießbrauchers aufschiebend bedingter Nießbrauch.[9]

15 Die Rechte und Pflichten des Nießbrauchers bzw. des Gesellschafters können und sollten – auch über das Gesetz hinaus – vertraglich vereinbart werden. Im Rahmen dieser Vereinbarung können dem Nießbraucher wirtschaftlich weitgehende Freiheiten eingeräumt werden.[10]

---

[4] So *Schön* S. 39.
[5] Vgl. MüKoBGB/*Pohlmann* BGB § 1085 Rz. 8ff., 10; Palandt/*Bassenge* BGB § 1085 Rz. 4; *Schön* S. 99 mwN.
[6] Vgl. MüKoBGB/Pohlmann BGB § 1068 Rz. 6, 19ff.; Palandt/*Bassenge* BGB § 1068 Rz. 3, 4; *Schön* ZHR 158 (1994), 229ff.; *Schön* StbJb. 1996/97, 45ff.; *Kruse* RNotZ 2002, 69.
[7] Vgl. Palandt/*Bassenge* BGB § 1069 Rz. 1.
[8] Vgl. MüKoBGB/*Pohlmann* BGB § 1061 Rz. 15; Palandt/*Bassenge* BGB § 1061 Rz. 1 bzw. § 1059 Rz. 1 mwN.
[9] Vgl. MüKoBGB/*Pohlmann* BGB § 1061 Rz. 16.
[10] Vgl. BGH v. 2.11.2001 – V ZR 264/00, NJW 2002, 434.

2. Erbrecht

Der Unterbeteiligungsvertrag kann zu Gunsten des Schenkers auch eine Reihe von **Rückforderungsrechten** enthalten, so zB für den Fall eines **Vorversterbens** des Beschenkten vor dem Schenker, der Eröffnung des **Insolvenzverfahrens** über das Vermögen des Beschenkten sowie der Geltendmachung von **Pflichtteilsansprüchen** oder **Zugewinnausgleichsansprüche** in das Vermögen des Beschenkten. In Formular A. 2.55 sind die wichtigsten Rückforderungsrechte aufgeführt und erläutert.[11] **16**

Zu den rechtlichen Implikation der Einräumung einer atypischen Unterbeteiligung und zur Frage der Bestellung eines Ergänzungspflegers bzw. einer vormundschaftsgerichtlichen Genehmigung vgl. die Erläuterungen in A. 2.51 Rz. 50–51.[12] **17**

(frei) **18, 19**

III. Steuerliche Aspekte

1. Ertragsteuern

Die Vereinbarung eines Vorbehaltsnießbrauchs stellt für den Hauptbeteiligten wie für den Unterbeteiligten keine Gegenleistung für die Einräumung der atypischen Unterbeteiligung dar. Der Wert des Nießbrauchsrechts führt also auf Ebene des Hauptbeteiligten nicht zu einem ggf. steuerpflichtigen Veräußerungsvorgang und auf Ebene des Unterbeteiligten nicht zu Anschaffungskosten.[13] **20**

Die weitere ertragsteuerliche Einordnung des Sachverhalts hängt von der Art der Nießbrauchsgestaltung ab.[14] Dies gilt sowohl für den Hauptbeteiligten und Nießbraucher als auch für den Unterbeteiligten: Im Fall des Vorbehaltsnießbrauch stehen daher dem Nießbraucher – nach Maßgabe des Nießbrauchsrechts – weiter die laufenden Einkünfte aus der atypischen Unterbeteiligung zu. Im Gegensatz dazu sind eventuelle Gewinne aus der Umschichtung von Kapital (zB Veräußerungsgewinne) idR dem atypisch Unterbeteiligten zuzurechnen. Sind nun zusätzlich die Mitwirkungsrechte des Unterbeteiligten vergleichbar einem Kommanditisten ausgestaltet, können sowohl der Hauptbeteiligte und Nießbraucher als auch der atypisch Unterbeteiligte Mitunternehmer sein.[15] Im Übrigen gelten die Erläuterungen in A 2.51 unter Rz. 22ff., 56ff.; 65ff. entsprechend. **21**

2. Erbschaft- und Schenkungsteuern

Wird eine Unternehmensbeteiligung unentgeltlich gegen Nießbrauchsvorbehalt übertragen, so stellt die Nießbrauchsbelastung insoweit eine bei der Ermittlung des steuerpflichtigen Erwerbs – dem Grunde nach – zu berücksichtigende Schuld dar. Gleiches gilt im Fall der Einräumung einer atypischen Unterbeteiligung unter Nießbrauchsvorbehalt. **22**

In § 25 ErbStG aF war bislang die Besteuerung bei Nutzungs- und Rentenlasten geregelt. Auf Basis des bisherigen Erbschaft- und Schenkungsteuerrechts war der Abzug der Nießbrauchsschuld nicht bzw. nur eingeschränkt möglich: Die auf den Vorbehaltsnießbrauch entfallende Steuerschuld war bis zur Beendigung des Nießbrauchs (zB Tod des Nießbrauchers) zinslos gestundet und konnte mit ihrem steuerlichen Barwert abgelöst werden. **23**

---

[11] Siehe hierzu auch die Erläuterungen bei A. 2.55 Rz. 15–21.

[12] Vgl. hierzu auch BFH v. 31.10.1989 – IX R 216/84, BStBl. II 1992, 506.

[13] Vgl. BFH v. 10.4.1991 – XI R 7-8/84, BStBl. II 1991, 791.

[14] Vgl. *Schön* StbJb. 1996/97, S. 45, 58ff.

[15] Vgl. BFH v. 1.3.1994 – VIII R 35/92, BStBl. II 1995, 241; BFH v. 16.5.1995 – VIII R 18/93, BStBl. II 1995, 714; BFH v. 10.12.2008 – II R 34/07, BFH/NV 2009, 791; BFH v. 23.2.2010 – II R 42/08, BStBl. II 2010, 555; BFH v. 16.5.2013 – II R 5/12, BStBl. II 2013, 635; BFH v. 1.10.2014 – II R 40/12, BFH/NV 2015, 500 (nachtr. veröffentlicht); BFH v. 6.5.2015 – II R 34/13, BFH/NV 2015, 1315; BFH v. 4.5.2016 – II R 18/15, BFH/NV 2016, 1565; Schmidt/*Wacker* EStG § 15 Rz. 306; *Schön* StbJb. 1996/97, S. 45, 68f.

24 Im Zusammenhang mit der gesetzlichen Neuregelung des Erbschaftsteuerrecht ist § 25 ErbStG mit Wirkung zum 1.1.2009 ersatzlos gestrichen worden.[16] Dies hat zur Folge, dass Nutzungs- und Duldungslasten im Rahmen eines Vorbehaltsnießbrauchs nunmehr als Schuld – dem Grundsatz nach – voll zu berücksichtigen sind.

25 Ist allerdings ein Teil des geschenkten Vermögens von der Erbschaftsteuer befreit,[17] so kommt gem. § 10 Abs. 6 Satz 5 ErbStG allerdings nur ein anteiliger Abzug der Nießbrauchsbelastung in Frage.

26 Der Steuerwert des Nießbrauchsrechts bestimmt sich – im neuem Erbschafteuerrecht – nach wie vor nach Maßgabe der §§ 13 bis 16 BewG. Die weiteren Einzelheiten sind in dem Gleichlautenden Ländererlass vom 10.10.2010[18] aufgeführt. Hiernach sind wiederkehrende Nutzungen und Leistungen – zB ein Nießbrauchsrecht – mit ihrem **Kapitalwert** anzusetzen, der sich aus dem Produkt des Jahreswertes und einem Vervielfältiger berechnet.

27 Ist der Jahreswert einer Nutzung oder Leistung – wie dies bei einem Nießbrauchsrecht häufig der Fall ist – ungewiss oder schwankend, ist nach § 15 Abs. 3 BewG der Betrag in Ansatz zu bringen, der in Zukunft voraussichtlich erzielt werden wird. Der **Jahreswert** ist gem. § 16 BewG allerdings der Höhe nach begrenzt auf den 18,6-ten Teil des Steuerwertes des vom Nießbrauchsrecht erfassten Vermögens. Maßgebend ist der Steuerwert vor Abzug der in § 13a bis § 13c ErbStG aufgeführten Vergünstigungen.

28 Der so ermittelte Jahreswert wird mit einem **Vervielfältiger** multipliziert, der sich – abhängig davon, ob es sich um ein zeitlich befristetes oder ein lebenslanges Nießbrauchsrecht handelt – unter Berücksichtigung der aktuellen, dh. jährlich vom Statistischen Bundesamt veröffentlichten Sterbetafeln ermittelt.[19] Der Steuerwert eines lebenslänglichen Nießbrauchsrechts ist also der Höhe nach abhängig von der **statistischen Lebenserwartung** des Berechtigten. Gem. § 14 Abs. 1 Satz 4 BewG wird das BMF die Vervielfältiger auf Basis der aktuellen Sterbetafeln und unter Berücksichtigung eines Zinssatzes von 5,5 vH im Bundessteuerblatt veröffentlichen.[20] Die gesetzliche Neuregelung führt iE zu einer deutlichen Vereinfachung der Besteuerung, da die, dem bisherigen Recht immanente komplexe Stundungsregelung entfällt.[21]

29 Im Unterschied zur früheren Rechtsprechung des BFH[22] erlaubt § 10 Abs. 6 Satz 6 ErbStG nunmehr auch ausdrücklich den vollen Abzug der Nießbrauchslast bei der Ermittlung des gemeinen Wertes des zugewendeten Gegenstandes (hier: des gemeinen Wertes der atypischen Unterbeteiligung).[23] Die gesetzliche Neuregelung stellt insofern allerdings klar, dass ein doppelter Abzug, d.h. bei der Bemessung des gemeinen Wertes der Beteiligung, und zusätzlich als Schuldposten bei der Bemessung der Steuer, ausgeschlossen ist.[24]

30 Die Vorteile einer Nießbrauchsgestaltung sollen an folgendem **Beispiel** verdeutlicht werden:

Sachverhalt: Der Schenker (65 Jahre) räumt seinem Sohn schenkweise eine atypische Unterbeteiligung an einem Kommanditanteil der [...]-KG (Steuerwert der Beteiligung auf Basis des vereinfach-

---

[16] Zur gesetzgeberischen Begründung vgl. *Hübner* S. 229.

[17] §§ 13a–13c ErbStG. Vgl. auch Hübner S. 164–167.

[18] Gleichlautender Erlaß betr. Bewertung von Kapitalforderungen, Nutzung sowie von Ansprüchen/Lasten bei wiederkehrenden Nutzungen und Leistungen nach dem 31.12.2009 für Zwecke der Erbschafts- und Schenkungsteuer vom 10.10.2010 BStBl. I 2010, 810.

[19] Vgl. § 14 Abs. 1 ErbStG nF.

[20] Vgl. BMF v. 2.12.2015, BStBl. I 2015, 954, für Bewertungsstichtage ab dem 1.1.2016.

[21] Zur gesetzgeberischen Begründung vgl. *Hübner* S. 229.

[22] Vgl. BFH v. 8.10.2003 – II R 27/02, BStBl. II 2004, 179; BFH v. 11.6.2008 – II R 71/05, BStBl. II 2009, 132; siehe hierzu auch den Nichtanwendungserlass der Finanzverwaltung: Gleichlautender Ländererlass v. 1.3.2004, BStBl. I 2004, 179.

[23] So *Geck* DStR 2009, 1005 ff., 1008 mwN.

[24] So die Begründung zum Gesetzentwurf der Bundesregierung. Vgl. *Hübner* S. 166.

ten Ertragswertverfahrens: € 5 Mio.; Verwaltungsvermögen < 50 vH) unter Nießbrauchsvorbehalt ein. Der Steuerwert des Nießbrauchsrechts[25] beträgt € 3 050 000,– (= € 5 Mio./18,6 × 11,346).

Lösung:

Steuerwert der Beteiligung	€ 5 000 000,–	
davon begünstigtes Vermögen = 85 vH	€ 4 250 000,–	
davon nicht begünstigtes Vermögen = 15 vH	€ 750 000,–	
abzgl. Steuerwert Nießbrauchsrecht = 15 vH	€ 457 500,–	
Zwischensumme	€ 292 500,–	
pers. Freibetrag, § 16 Abs. 1 ErbStG	€ 400 000,–	
steuerpflichtiger Erwerb (mit Nießbrauch)	€ 0,–	
Schenkungsteuer (mit Nießbrauch)		**€ 0,–**
steuerpflichtiger Erwerb (ohne Nießbrauch)	€ 350 000,–	
Schenkungsteuer (ohne Nießbrauch) = 15 vH		**€ 52 500,–**

Die Beispielrechnung zeigt Folgendes: 1.) Über die Vereinbarung eines Nießbrauchsrechts kann – auch bei Anwendung der Kürzungsvorschrift des § 10 Abs. 6 Satz 4 ErbStG – häufig eine ansonsten verbleibende **Schenkungsteuerbelastung** vermieden werden. 2.) Die Höhe der Steuerbelastung ist im starken Maße vom **Alter des Nießbrauchsberechtigten** abhängig. 3.) Vergleicht man die Schenkungsteuerbelastung einer Schenkung ohne Nießbrauchsvorbehalt mit der hier beschriebenen Schenkung unter Nießbrauchsvorbehalt, so kann dies zu einem beachtlichen **Belastungsunterschied** führen (€ 0,– zu € 52 500,–). **31**

(frei) **32–34**

B. Einzelerläuterungen

Zu § 2: Nießbrauch

Der Formulierungsvorschlag beschreibt in Abs. 1 einen lebenslänglichen Nießbrauchsvorbehalt zu Gunsten des Hauptbeteiligten an der zuvor eingeräumten atypischen Unterbeteiligung. **35**

Der Nießbrauch erstreckt sich in Abs. 2 auf den entnahmefähigen Gewinnanteil des Unterbeteiligten. Der entnahmefähige Gewinnanteil ist daraufhin zu Gunsten des Nießbrauchers gesondert und einheitlich festzustellen und von diesem zu versteuern. Demgegenüber ist der nicht entnahmefähige Gewinnanteil – soweit es sich um eine atypische Unterbeteiligung an einem Personengesellschaftsanteil handelt – zu Gunsten des Unterbeteiligten gesondert und einheitlich festzustellen und von diesem zu versteuern. Die dafür notwendige Liquidität wird dem Unterbeteiligten hier über eine Steuerklausel zur Verfügung gestellt. **36**

Ein vergleichbares Problem – allerdings umgekehrt – besteht bei der Behandlung von Verlusten. Der Nießbrauch erstreckt sich nach ganz hM auf den Gewinnanteil des Unterbeteiligten, nicht jedoch auf eventuelle Verluste. Zum Ausgleich hierfür sind spätere Gewinne zunächst mit diesen Verlusten zu verrechnen. **37**

In den Absätzen 3 bis 5 sind die gegenseitigen Rechte und Pflichten der Beteiligten beschrieben. Die hier vorgeschlagene Konzeption ist streng an der aktuellen Rechtsprechung des Bundesfinanzhofs[26] gestaltet. Nach Maßgabe der vom Bundesfinanzhof entwickelten Grundsätze sind sowohl der Nießbraucher als auch der Inhaber des Voll- **38**

[25] Vgl. BMF v. 2.12.2015, BStBl. I 2015, 954.

[26] BFH v. 1.3.1994 – VIII R 35/92, BStBl. II 1995, 241; BFH v. 16.5.1995 – VIII R 18/93, BStBl. II 1995, 714; BFH v. 10.12.2008 – II R 34/07, BFH/NV 2009, 491; BFH v. 23.2.2010 – II R 42/08, BStBl. II 2010, 555; BFH v. 16.5.2013 – II R 5/12, BStBl. II 2013, 635; BFH v. 1.10.2014 – II R 40/12, BFH/NV 2015, 500 (nachtr. veröffentlicht); BFH v. 6.5.2015 – II R 34/13, BFH/NV 2015, 1315; BFH v. 4.5.2016 – II R 18/15, BFH/NV 2016, 1565.

rechts (hier: atypisch Unterbeteiligte) als Mitunternehmer anzusehen. Beide können in diesem Fall also Einkünfte aus Gewerbebetrieb erzielen. Der Formulierungsvorschlag versucht dies darüber zu garantieren, dass beide – Nießbraucher wie atypisch Unterbeteiligter – in der Innengesellschaft ein Stimmrecht haben und ausüben können. Der Nießbraucher ist im Formulierungsvorschlag für alle laufenden Geschäfte berechtigt, die Stimm- und Mitwirkungsrechte des Unterbeteiligten wahrzunehmen.

39 Abweichend hiervon werden die dem Kernbereich zugewiesenen Mitgliedschaftsrechte nicht vom Nießbraucher, sondern vom Unterbeteiligten wahrgenommen. Der Kernbereich der Mitgliedschaftsrechte ist insbesondere dann betroffen, wenn es sich um eine Maßnahme handelt, die den Untergang oder eine nachteilige Veränderung der Hauptbeteiligung etc. zur Folge hätte oder haben könnte.

40 Abs. 6 stellt eine „Angstklausel" für den Fall dar, dass der Gesetzgeber die Vermögensteuer etc. wieder einführt. Vergleichbar der Steuerklausel in Abs. 2 muss der Nießbraucher dem Unterbeteiligten die zur Zahlung der Steuer erforderliche Liquidität zur Verfügung stellen.

41 Über Abs. 7 ist sichergestellt, dass das Nießbrauchsrecht mit der (erlaubten) Veräußerung der nießbrauchsbelasteten Unterbeteiligung nicht untergeht, sondern sich am Erlös fortsetzt. Dies ist jedenfalls dann erforderlich, wenn der Erwerber die Nießbrauchsbelastung nicht mit übernimmt.

42 In Abs. 8 und 9 ist die Beendigung des Nießbrauchsrechts geregelt. Hiernach endet das Nießbrauchsrecht in erster Linie mit dem Tod des Berechtigten. Andere Beendigungsgründe sind eine einseitige Erklärung des Nießbrauchers an den Beschenkten sowie die einvernehmliche Aufhebung des Nießbrauchsrechts.

43 Gem. Abs. 9 ist der Nießbraucher aber berechtigt, das Nießbrauchsrecht an der Unterbeteiligung im Rahmen einer letztwilligen Verfügung auf seinen Ehegatten zu „übertragen". Über die „Prolongation" kann die Versorgung des überlegenden Ehegatten sichergestellt werden. Sie ist nur dann zulässig, wenn sie bereits im Vertrag über die Nießbrauchsbestellung vorgesehen ist. Eine nochmalige Prolongation ist allerdings nicht möglich. Der Vorbehaltsnießbrauch wandelt sich in diesem Fall in einen Zuwendungsnießbrauch. Alternativ hierzu kann der Schenkungsvertrag den Zuwendungsnießbrauch auch bereits endgültig und abschließend regeln (vgl. Formular A. 2.22 § 6). In diesem Fall bedarf es dann keiner Ergänzung der letztwilligen Verfügung des Nießbrauchers.

44, 45 *(frei)*

Zu § 3 bis § 16:

46 Siehe hierzu die Erläuterungen in § 2 bis § 15 des Formulars A. 2.51 (A. 2.51 Rz. 54ff.).

A. 2.53 Einräumung einer atypischen Unterbeteiligung gegen Versorgungsleistung

Gliederung

Nummer der Urkundenrolle [...] A. 2.53

Verhandelt zu [...] am [...]

Vor dem Notar/der Notarin [...]

erschienen:

1. Herr A, geboren am [...] in [...], wohnhaft [...]

– nachfolgend auch Hauptbeteiligter genannt –

2. Herr B, geboren am [...] in [...], wohnhaft [...]

– nachfolgend auch Unterbeteiligter genannt –

Die Erschienenen sind dem Notar von Person bekannt und geben übereinstimmend folgenden Vertrag über die Einräumung einer atypischen Unterbeteiligung zu Protokoll des Notars:

Präambel

Der Hauptbeteiligte ist der Vater des Unterbeteiligten. Er ist als Kommanditist an der [...] GmbH & Co. KG mit Sitz in [...] (Amtsgericht [...], HRA [...]) mit einem Kommanditanteil – Anteil am Festkapital – in Höhe von € [...],– (in Worten: [...] Euro) sowie als Gesellschafter an der Komplementärin, der [...]-Verwaltungsgesellschaft mbH mit Sitz in [...] (Amtsgericht [...], HRB [...]) mit einem Geschäftsanteil in Nennbetrag von € [...],– (in Worten: [...] Euro) beteiligt.

Im Rahmen seiner Nachfolgeplanung beabsichtigt der Hauptbeteiligte seinen Sohn gegen Gewährung einer Dauernden Last im folgendem Umfang an den von ihm gehaltenen Beteiligungen atypisch unterzubeteiligen:

1. an einem Teilkommanditanteil – Anteil am Stammkapital – in Höhe von € [...],– (in Worten: [...] Euro) seiner Beteiligung an der [...] GmbH & Co. KG;

2. an einem Teilgeschäftsanteil im Nennbetrag von € [...],– (in Worten: [...] Euro) seiner Beteiligung an der [...]-Verwaltungsgesellschaft mbH.

Im Rahmen der Unterbeteiligung soll sein Sohn sowohl am laufenden Ergebnis als auch an den Stillen Reserven beteiligt werden. Aus Sicht des Steuerrechts handelt es sich um eine atypische Unterbeteiligung.

Die Gesellschaftsverträge der o.g. Gesellschaften sind dem Unterbeteiligten bekannt.

§ 1 Einräumung einer atypischen Unterbeteiligung

(1) Herr A räumt hiermit seinem Sohn Herrn B eine atypische Unterbeteiligung an einem Teilkommanditanteil in Höhe von € [...],– (in Worten: [...] Euro) seiner Beteiligung an der [...]-GmbH & Co. KG ein. Die atypische Unterbeteiligung umfasst auch das auf diesen Teilkommanditanteil entfallende anteilige Sonderbetriebsvermögen des Hauptbeteiligten sowie die anteiligen Rücklagen.

(2) Herr A räumt seinem Sohn Herrn B weiter eine atypische Unterbeteiligung an einem Teilgeschäftsanteil im Nennbetrag von € [...],– (in Worten: [...] Euro) seiner Beteiligung an der [...]-Verwaltungsgesellschaft mbH ein.

(3) Die Einräumung der in Abs. 1 und 2 aufgeführten atypischen Unterbeteiligungen erfolgt mit Wirkung zum [...], 24 Uhr. Die Gewinne des laufenden Geschäftsjahres stehen dem Hauptbeteiligten zu.

(4) Die Rechte und Pflichten aus dem atypischen Unterbeteiligungsverhältnis richten sich nach Maßgabe der §§ 3 ff.

§ 2 Versorgungsleistung[Rz. 37 ff.]

(1) Der Unterbeteiligte verpflichtet sich dem Hauptbeteiligten auf dessen Lebenszeit monatlich € [...],– (in Worten: [...] Euro) zu zahlen. Die Versorgungsleistung ist

zahlbar zum 1. Werktag eines jeden Monats auf ein vom Hauptbeteiligten noch zu benennendes Bankkonto und beginnt zum [...].

(2) Die Versorgungsleistung soll wertbeständig sein. Die monatlichen Zahlungsbeträge sind daher um denselben Prozentsatz zu erhöhen oder zu vermindern, um den der vom Statistischen Bundesamt festgestellte monatliche Verbraucherpreisindex für Deutschland (Basisjahr 2005 = 100 Punkte) vom gleichen Index für den Monat [...] abweicht. Eine Erhöhung oder Verminderung tritt jedoch erst ein, wenn die Indexveränderung zu einer Veränderung des zu zahlenden Betrages um mindestens fünf Prozent führt. Die zu zahlenden Beträge ändern sich jeweils ab dem Monat, der dem Monat der maßgeblichen Indexfeststellung folgt. Ist danach eine Veränderung der zu zahlenden Beträge erfolgt, so gelten diese Bestimmungen für alle weiteren Änderungen entsprechend.

(3) Sofern durch eine Änderung der wirtschaftlichen Verhältnisse der standesgemäße Unterhalt des Hauptbeteiligten nicht mehr gewährleistet ist, kann dieser eine Anpassung der Versorgungsleistung in analoger Anwendung des § 323 ZPO verlangen. Nicht zu berücksichtigen ist ein Mehrbedarf, der sich aus einer dauernden Pflegebedürftigkeit oder einer Aufnahme in ein Alters- oder Pflegeheim ergibt.

§ 3 Gewährleistung Rz. 44

Der Hauptbeteiligte sichert zu, dass die in der Präambel enthaltenen Angaben zu den von ihm gehaltenen Unternehmensbeteiligungen richtig sind und er berechtigt ist, die in § 1 genannten Beteiligungen an den aufgeführten Gesellschaftsanteilen einzuräumen. Im Übrigen ist jegliche Gewährleistung und Haftung des Schenkers – soweit gesetzlich zulässig – ausgeschlossen.

§ 4 Rechtsnatur der Unterbeteiligung Rz. 44

Die Unterbeteiligung ist eine Innengesellschaft zwischen dem Hauptbeteiligten und dem Unterbeteiligten. Rechtsbeziehungen zwischen dem Unterbeteiligten und der Hauptgesellschaft sowie deren Geschäftspartnern werden nicht begründet.

§ 5 Konten der Gesellschafter Rz. 44

Für den Hauptbeteiligten und für den Unterbeteiligten werden im Rahmen der Unterbeteiligung gleichartige Konten geführt wie für die Gesellschafter der Hauptgesellschaft.

§ 6 Ergebnisbeteiligung, Entnahmen Rz. 44

(1) Der Unterbeteiligte ist an dem auf den Hauptbeteiligten entfallenden Ergebnisanteil (Gewinn und Verlust) der Hauptgesellschaft gem. Steuerbilanz im Verhältnis seiner Unterbeteiligung beteiligt.

(2) Der maßgebende Ergebnisanteil des Hauptbeteiligten gem. Steuerbilanz der Hauptgesellschaft ist zur Bemessung des Ergebnisanteils des Unterbeteiligten wie folgt zu korrigieren:

a) Abzuziehen sind sämtliche von der Hauptgesellschaft an den Hauptbeteiligten gezahlten Vergütungen für Dienstleistungen und Überlassung von Kapital oder Wirtschaftsgütern zur Nutzung (einschließlich der Verzinsung des Privatkontos), soweit diese beim Ergebnisanteil des Hauptbeteiligten gem. Steuerbilanz enthalten und soweit diese nicht ausdrücklich von der Unterbeteiligung erfasst sind sowie ggf. eigene Kosten der Unterbeteiligungsgesellschaft (zB für Kontoführung und Steuererklärungen).

b) Hinzuzurechnen sind Zinsen und sonstige Vergütungen, die der Hauptbeteiligte an die Gesellschaft für die Überlassung von Kapital oder sonstigen Wirt-

schaftsgütern zu entrichten hat (einschließlich der Verzinsung des Privatkontos), soweit diese beim Ergebnisanteil des Hauptbeteiligten abgezogen sind.

(3) Ändert sich der maßgebende Ergebnisanteil des Hauptbeteiligten an der Hauptgesellschaft (zB nach Durchführung einer steuerlichen Betriebsprüfung), ist der geänderte Ergebnisanteil des Hauptbeteiligten für die Beteiligung des Unterbeteiligten maßgebend.

(4) Der Unterbeteiligte kann den auf ihn entfallenden Gewinnanteil in gleichem Umfang und zum gleichen Zeitpunkt entnehmen, wie der Hauptbeteiligte den auf ihn entfallenden Gewinnanteil der Hauptgesellschaft nach den Bestimmungen des Gesellschaftsvertrages der Hauptgesellschaft entnehmen kann. Der Hauptbeteiligte verpflichtet sich, von seinem Entnahmerecht in der Hauptgesellschaft mindestens in dem Umfang Gebrauch zu machen, wie der Unterbeteiligte entsprechend seiner Beteiligungsquote zu Entnahmen berechtigt ist; er kann in gleicher Weise wie der Hauptbeteiligte Ausschüttung verlangen bzw. Entnahmen tätigen. Der Hauptbeteiligte wird die dem Unterbeteiligten zustehenden Entnahmen unverzüglich an diesen weiterleiten.

§ 7 Geschäftsführung, Pflichten des Hauptbeteiligten, Mitwirkungs- und Informationsrechte[Rz. 44]

(1) Die Geschäftsführung der Unterbeteiligungsgesellschaft obliegt ausschließlich dem Hauptbeteiligten, und zwar sowohl was die Wahrnehmung der Gesellschafterrechte gegenüber der Hauptgesellschaft betrifft, als auch in Hinblick auf Geschäftsführungsmaßnahmen im Innenverhältnis gegenüber dem Unterbeteiligten.

(2) Der Hauptbeteiligte ist verpflichtet, seine Rechte als Gesellschafter der Hauptgesellschaft auch im Interesse des Unterbeteiligten wahrzunehmen. Vor der Fassung von Beschlüssen im Rahmen der Hauptgesellschaft wird der Hauptbeteiligte unverzüglich nach Erhalt der Ladung zur Gesellschafterversammlung der Hauptgesellschaft eine Abstimmung mit dem Unterbeteiligten herbeiführen. Bei Meinungsverschiedenheiten über zu fassende Beschlüsse entscheidet die einfache Stimmenmehrheit innerhalb der Innengesellschaft, wobei das Verhältnis der jeweiligen Gesamtbeteiligung des Hauptbeteiligten zur Unterbeteiligung gem. § 1 maßgebend ist. Dies gilt auch für Änderungen des Gesellschaftsvertrages der Hauptgesellschaft, für Umwandlungen und für alle Maßnahmen, die die gesellschaftsrechtliche Struktur der Hauptgesellschaft verändern. Soweit bei der Umstrukturierung der Hauptgesellschaft die Gesellschaftsbeteiligung der Hauptbeteiligten untergeht oder in eine andere Rechtsform umgewandelt werden soll, setzen sich die Unterbeteiligungen an der Gesellschaftsbeteiligung fort, die wirtschaftlich an die Stelle der derzeitigen Gesellschaftsbeteiligung getreten ist; ggf. wird der Hauptbeteiligte entsprechende neue Unterbeteiligungen einräumen.

(3) Der Hauptbeteiligte ist verpflichtet, den Unterbeteiligten über alle ihn bekannt werdenden wesentlichen Geschäftsvorfälle der Hauptgesellschaft zu informieren, soweit nicht gesetzliche oder vertragliche Geheimhaltungspflichten entgegenstehen.

(4) Der Hauptbeteiligte wird dem Unterbeteiligten innerhalb von vier Wochen nach Vorliegen des Jahresabschlusses der Hauptgesellschaft eine Aufstellung über die Entwicklung der Konten des Hauptbeteiligten und des Unterbeteiligten zusenden.

(5) Der Unterbeteiligte ist berechtigt, zur Prüfung des auf ihn entfallenden Ergebnisanteils Einsicht in den Jahresabschluss der Hauptgesellschaft zu nehmen. Er kann dieses Prüfungsrecht auch durch einen Angehörigen der rechts- oder steuerberatenden Berufe wahrnehmen lassen.

§ 8 Kündigung, Beendigung der Unterbeteiligung[Rz. 44]

(1) Die Unterbeteiligung kann von jedem Gesellschafter der Innengesellschaft gekündigt werden, frühestens jedoch zum [...]. Die Kündigungsfrist beträgt sechs Monate. Wird der erste Kündigungstermin nicht wahrgenommen, so kann die atypische Unterbeteiligung mit einer Frist von sechs Monaten zum Ende eines jeden Geschäftsjahres der Hauptgesellschaft gekündigt werden. Die Kündigung erfolgt durch eingeschriebenen Brief gegenüber dem Hauptbeteiligten. Mit Wirksamwerden der Kündigung endet die Unterbeteiligung.

(2) Ohne dass es einer Kündigung bedarf, endet die Unterbeteiligung, wenn
  a) über das Vermögen eines Gesellschafters das Insolvenzverfahren eröffnet oder die Eröffnung des Insolvenzverfahrens mangels Masse abgelehnt wird;
  b) der Anteil eines Gesellschafters gepfändet und die Pfändung nicht innerhalb von drei Monaten aufgehoben oder abgewendet wird.

§ 9 Auflösung der Hauptgesellschaft, Ausscheiden des Hauptbeteiligten[Rz. 44]

Scheidet der Hauptbeteiligte aus der Hauptgesellschaft aus, so endet das Unterbeteiligungsverhältnis zum gleichen Zeitpunkt. Wird die Hauptgesellschaft aufgelöst, so bleibt die Unterbeteiligung bis zur Beendigung der Liquidation bestehen. Der Unterbeteiligte nimmt am Liquidationserlös entsprechend seiner Beteiligungsquote gem. § 1 teil.

§ 10 Abfindung[Rz. 44]

(1) Bei Beendigung der Unterbeteiligung steht dem Unterbeteiligten ein Abfindungsguthaben zu, das sich nach Maßgabe von Absatz 2 berechnet. Hinzu kommt ein positiver bzw. negativer Saldo, des für ihn iRd. Unterbeteiligung geführten Privatkontos.

(2) Der Wert der [...]-GmbH & Co. KG ist mit dem anteiligen Wert zu bemessen, der sich in analoger Anwendung des vereinfachten Ertragswertverfahrens iSv. §§ 199 ff. BewG ergibt. Stichtag ist der 1. Januar des Jahres in dem der Gesellschafter aus der Gesellschaft ausscheidet.

(3) Können sich die Beteiligten nicht auf den Wert der Abfindung innerhalb einer angemessenen Frist einigen, so ist die Abfindung nach Maßgabe der in Absatz 2 genannten Kriterien durch den Präsidenten der Industrie und Handelskammer in [...] verbindlich festzustellen.

(4) Das Abfindungsguthaben ist in fünf Jahresraten, deren erste Rate sechs Monate nach Beendigung der Unterbeteiligung fällig ist, zu zahlen und vom Tag der Fälligkeit der ersten Rate an mit 2% über dem Basiszinssatz gem. § 247 BGB zu verzinsen. Die Zinsen sind jeweils mit den Abfindungsraten fällig.

§ 11 Abtretung[Rz. 44]

(1) Der Unterbeteiligte kann seine Rechte aus der Unterbeteiligung nur mit Zustimmung des Hauptbeteiligten abtreten oder belasten.

(2) Eine Zustimmung des Hauptbeteiligten bedarf es nicht, wenn der Unterbeteiligte seine Beteiligung an eine nachfolgeberechtigte Person abtritt. Nachfolgeberechtigt sind die Abkömmlinge des Unterbeteiligten.

§ 12 Tod eines Gesellschafters[Rz. 44]

(1) Im Falle des Todes des Hauptbeteiligten wird die Unterbeteiligung mit der Person fortgesetzt, die den Gesellschaftsanteil des Hauptbeteiligten als Erbe oder Vermächtnisnehmer übernimmt.

(2) Beim Tod des Unterbeteiligten gehen die Rechte aus der Unterbeteiligung auf dessen Erben bzw. Vermächtnisnehmer über, soweit diese Person nachfolgebe-

rechtigt im Sinne von § 11 Abs. 2 ist. Soweit eine nicht nachfolgeberechtigte Person berufen ist, scheidet diese mit sofortiger Wirkung aus der Gesellschaft aus und ist nach Maßgabe von § 10 abzufinden.

§ 13 Änderung der Hauptgesellschaft[Rz. 44]

Ändert sich die Rechtsform der Hauptgesellschaft, so sind die Vertragsparteien verpflichtet, den Unterbeteiligungsvertrag erforderlichenfalls dergestalt anzupassen, wie dies die neue Rechtsform der Hauptgesellschaft bei weitestgehend möglicher Beibehaltung der wirtschaftlichen Gegebenheiten der Unterbeteiligung erfordert.

§ 14 Pflichtteilsanrechnung[Rz. 44]

Die in § 1 aufgeführte Unterbeteiligung ist mit dem Wert zur Zeit ihrer Einräumung auf den Pflichtteilsanspruch des Unterbeteiligten gegenüber dem Nachlass des Hauptbeteiligten anzurechnen; auf seinen Erbteil jedoch nur, falls der Hauptbeteiligte dies letztwillig anordnet.

§ 15 Kosten und Steuern[Rz. 44]

Notar und Gerichtskosten dieser Urkunde und ihres Vollzugs sowie eine eventuelle auf Grund der Einräumung der atypischen Unterbeteiligung anfallende Schenkungsteuer trägt der Hauptbeteiligte.

§ 16 Schlussbestimmungen[Rz. 44]

(1) Änderungen und Ergänzungen dieses Vertrages bedürfen der Schriftform; mündliche Nebenabreden bestehen nicht. Die Änderung des Unterbeteiligungsvertrages kann nur einstimmig erfolgen.

(2) Sollte eine Bestimmung dieses Vertrages aus irgendeinem Grunde unwirksam oder anfechtbar sein oder werden, so soll deren Inhalt hiervon im Übrigen nicht berührt, vielmehr sinngemäß ausgeführt werden. Anstelle der unwirksamen oder anfechtbaren Bestimmung soll eine angemessene Regelung gelten, die, soweit rechtlich möglich, dem am nächsten kommt, was die Vertragschließenden gewollt haben oder nach Sinn und Zweck dieses Vertrags gewollt haben würden, sofern sie bei Abschluss dieses Vertrages den Punkt bedacht hätten. Das gilt auch, wenn die Unwirksamkeit einer Bestimmung etwa auf einem im Vertrag vorgeschriebenen Maß der Leistung oder Zeit (Frist oder Termin) beruht; es soll dann ein dem Gewollten möglichst nahekommendes zulässiges Maß der Leistung oder Zeit (Frist oder Termin) vereinbart werden.

(3) Sollte zwischen den Rechten und Pflichten des Hauptbeteiligten aus seiner Beteiligung an der Hauptgesellschaft und den Bestimmungen des Unterbeteiligungsvertrages ein Widerspruch bestehen oder entstehen, so ist der Unterbeteiligungsvertrag so anzupassen, dass er mit den für die Hauptgesellschaft geltenden Bestimmungen übereinstimmt.

(4) Gerichtsstand für sämtliche Streitigkeiten aus diesem Vertrag ist [...], soweit dies zulässig vereinbart werden kann.

Diese Niederschrift wurde den Erschienenen von dem Notar vorgelesen, von ihnen genehmigt und von ihnen und dem Notar eigenhändig wie folgt unterschrieben:

A. Grundsätzliche Anmerkungen

I. Wirtschaftliche Aspekte

1 Die Vermögensübertragung gegen Versorgungsleistung ist ein allgemein anerkanntes und gebräuchliches Instrument der Nachfolgeplanung.

2 Sie ist wirtschaftlich dann von Interesse, wenn der bisherige Inhaber eines Unternehmens oder einer begünstigten Unternehmensbeteiligung, diese auf einen Nachfolger übertragen will und zur eigenen Versorgung auf einen Teil der Einkünfte nicht verzichten kann oder möchte. Im Gegensatz zur Vermögensübertragung gegen Nießbrauchsvorbehalt[1] hat die Vermögensübertragung gegen Versorgungsleistung aber den „Nachteil", dass der Zuwendende seine **Mitwirkungsmöglichkeit** auf das übertragene Unternehmen bzw. die übertragene Beteiligung endgültig aufgibt. Dies kann – je nach Interessenlage – mal gewünscht und mal nicht gewünscht sein; sollte aber im Vorgriff auf die Übertragung stets geklärt werden.

3 Hinzu kommt, dass das Nießbrauchsrecht streng an den ausschüttungsfähigen Gewinn eines Unternehmens anknüpft, während die Höhe der Versorgungsleistung auch unabhängig davon ausgestaltet ist. Im Gegensatz zum Nießbrauchsrecht führt die vereinbarte Versorgungsleistung daher beim Zuwendenden zu einem fest kalkulierbaren Einkommenszufluss.

4 Ein weiterer wirtschaftlicher Vorteil kann sich auch aus ertragsteuerlichen Gesichtspunkten ergeben. Im Gegensatz zum Nießbrauchsvorbehalt, bei dem die Einkünfte aus dem übertragenen Unternehmen bzw. der übertragenen Beteiligung weiter dem Schenker zugerechnet werden, führt die Vereinbarung einer Versorgungsleistung zu einer Besteuerung in Höhe der Versorgungsleistung beim Empfänger und zu einem entsprechenden steuerlichen Abzug im Rahmen der Sonderausgaben beim Verpflichteten.

5 *(frei)*

II. Rechtliche Aspekte

1. Zivilrecht

6 Die Einräumung einer atypischen Unterbeteiligung erfolgt nach den in Formular A. 2.51 aufgeführten Regeln. Die weiteren Voraussetzungen hängen von der Art der Versorgungsleistung ab. Der Erlass der Finanzverwaltung unterscheidet hierbei **Versorgungsleistungen, Unterhaltsleistungen** sowie **wiederkehrende Leistungen** im Austausch mit einer Gegenleistung.[2] Der Formulierungsvorschlag beschränkt sich insofern auf die Vereinbarung von Versorgungsleistungen, die nach wie vor – aber ohne Auswirkung auf die Höhe des steuerlichen Abzugs – in der Form einer Leibrente oder vergleichbar einer Dauernden Last bisherigen Rechts vereinbart werden können.

7 Im Falle einer **Leibrente** ist diese gem. § 761 Satz 1 BGB schriftlich zu erteilen. Das **Schriftformerfordernis** gilt allerdings nur bei einer Begründung durch Vertrag, nicht jedoch im Zusammenhang mit einer letztwilligen Verfügung.[3] Es gilt zudem nur dann, wenn es sich um eine „echte" Leibrente iSv. § 759 BGB handelt.[4] Dies ist der Fall, wenn das Recht für die Lebenszeit eines Menschen eingeräumt ist und in fortlaufend wiederkehrenden und gleichmäßigen Leistungen in Geld oder vertretbarer Sa-

---

[1] Vgl. Formular A. 2.52.
[2] Vgl. BMF v. 11.3.2010, BStBl. I 2010, 227 (geändert durch BMF v. 6.5.2016, BStBl. I 2016, 476) Rz. 1.
[3] Palandt/*Sprau* BGB § 761 Rz. 1.
[4] Palandt/*Sprau* BGB § 759 Rz. 8.

chen gewährt wird.[5] Die Leibrente ist insbesondere von der **Unterhaltsverpflichtung** abzugrenzen, die nachträglich abgeändert und an den Unterhaltsbedarf des Empfängers bzw. der Leistungsfähigkeit des Verpflichteten angepasst werden kann.[6]

Der Begriff des **Dauernden Last** bisherigen Rechts war demgegenüber ausschließlich steuerlich geprägt und motiviert. Unter einer Dauernden Last verstand man eine wiederkehrende, nach Zahl oder Wert abänderbare Aufwendung, die ein Steuerpflichtiger in Geld oder Sachwerten für längere Zeit einem anderen gegenüber auf Grund einer rechtlichen Verpflichtung zu erbringen hat.[7] 8

2. Erbrecht

Der Unterbeteiligungsvertrag kann zu Gunsten des Schenkers auch eine Reihe von **Rückforderungsrechten** enthalten, so zB für den Fall eines **Vorversterbens** des Beschenkten vor dem Schenker, der Eröffnung des **Insolvenzverfahrens** über das Vermögen des Beschenkten sowie der Geltendmachung von **Pflichtteilsansprüchen** oder **Zugewinnausgleichsansprüche** in das Vermögen des Beschenkten. In Formular A. 2.65 sind die wichtigsten Rückforderungsrechte aufgeführt und erläutert.[8] 9

(frei) 10, 11

III. Steuerliche Aspekte

Die steuerlichen Rechtsfolgen einer Vermögensübergabe gegen Versorgungsleistungen waren – jedenfalls für die Rechtslage vor dem Veranlagungszeitraum 2008 – vornehmlich richterrechtlich geprägt[9] und über Erlasse der Finanzverwaltung[10] abgesichert. Mit dem Jahresteuergesetz 2008 sind die Voraussetzungen der Vermögensübergabe gegen Versorgungsleistungen – jedenfalls teilweise – gesetzlich normiert worden.[11] Die gesetzliche Neuregelung wird nunmehr durch den sog. 4. Rentenerlass vom 11.3.2010 flankiert.[12] 12

1. Ertragsteuern

Unter Berücksichtigung von § 10 Abs. 1a Nr. 2, § 22 Nr. 1a EStG können die Grundsätze zur Vermögensübergabe gegen Versorgungsleistungen nur noch bei Vorliegen der folgenden Voraussetzungen angewendet werden: 13

Die Anwendung der Grundsätze zur Vermögensübergabe gegen Versorgungsleistung setzt zunächst eine **Vermögensübergabe** voraus. Hierbei sind solche Vermögensübertragungen begünstigt, die kraft einzelvertraglicher Regelung unter Lebenden mit Rücksicht auf die künftige Erbfolge erfolgen und bei der sich der Übergeber in Gestalt von Versorgungsleistungen typischerweise Erträge seines Vermögens vorbehält, die nunmehr allerdings vom Übernehmer erwirtschaftet werden müssen.[13] Nicht üblich, 14

---

[5] So stRspr. und hM vgl. BGH v. 16.12.1965 – II ZR 274/63, DB 1966, 419; MüKoBGB/*Habersack* BGB § 759 Rz. 3; Bamberger/Roth/*Litzenburger* BGB § 759 Rz. 6; Palandt/*Sprau* BGB § 759 Rz. 1.

[6] MüKoBGB/*Habersack* BGB § 759 Rz. 10; Palandt/*Sprau* BGB § 759 Rz. 8.

[7] Vgl. BFH v. 4.4.1989 – X R 14/85, BStBl. II 1989, 779.

[8] Siehe hierzu auch die Erläuterungen bei A. 2.55 Rz. 15–21.

[9] Vgl. hierzu die Entscheidungen des Großen Senats mwN: BFH v. 5.7.1990 – GrS 4-6/89, BStBl. II 1990, 847, bestätigt durch das Urteil des BVerfG v. 17.12.1992 – 1 BvR 4/87, DStR 1993, 315; BFH v. 15.7.1991 – GrS 1/90, BStBl. II 1992, 78; BFH v. 15.3.2003 – GrS 1/00, BStBl. II 2004, 95, 100.

[10] Vgl. BMF v. 13.1.1993, BStBl. I 1993, 80; BMF v. 23.12.1996, BStBl. I 1996, 1508; BMF v. 30.10.1998, BStBl. I 1998, 1417; BMF v. 26.8.2002, BStBl. I 2002, 893; BMF v. 8.1.2004, BStBl. I 2004, 191; BMF v. 16.9.2004, BStBl. I 2004, 922.

[11] Vgl. § 10 Abs. 1a EStG; § 22 Nr. 1b EStG idF des Jahressteuergesetzes 2008 v. 20.12.2007, BGBl. 2007 I 3150.

[12] Vgl. BMF v. 11.3.2010, BStBl. I 2010, 227 (geändert durch BMF v. 6.5.2016, BStBl. I 2016, 476).

[13] Vgl. BFH v. 15.7.1991 – GrS 1/90, BStBl. II 1992, 78. Der erzielbare Nettoertrag muss – unter Berücksichtigung einer Geringfügigkeitsgrenze von 10% – ausreichen, um die vereinbarten Versorgungsleistungen zahlen zu können. So: FG Münster v. 20.4.2016 – 7 K 999/13/E, ZEV 2016, 410.

aber in Ausnahmefällen denkbar ist auch eine vergleichbare Übertragung unter Fremden.[14]

15 Die Anwendung dieser Grundsätze ist allerdings ausgeschlossen, wenn es sich um ein voll **entgeltliches Geschäft** handelt. Bei der Übertragung an (nahe) Angehörige spricht allerdings eine Vermutung dafür, dass es sich um eine – zumindest zum Teil – unentgeltliche Zuwendung handelt.[15]

16 Der Gegenstand der Zuwendung ist gem. § 10 Abs. 1a Nr. 2 EStG im Wesentlichen begrenzt auf Versorgungsleistungen im Zusammenhang mit der Übertragung eines Mitunternehmeranteils an einer Personengesellschaft, die eine Tätigkeit iSd. §§ 13, 15 Abs. 1 S. 1 Nr. 1 oder des § 18 Abs. 1 EStG ausübt,[16] Versorgungsleistungen im Zusammenhang mit der Übertragung eines Betriebs oder Teilbetriebs sowie Versorgungsleistungen im Zusammenhang mit der Übertragung eines mindestens 50 vH betragenden Anteils an einer GmbH, wenn der Übergeber als Geschäftsführer tätig war und der Übernehmer diese Tätigkeit nach der Übertragung übernimmt.[17]

17 Im Gegensatz zum früheren Recht ist die Übertragung von Anteilen einer nicht originär gewerblich tätigen, gewerblich geprägten Personengesellschaft iSv. § 15 Abs. 3 Nr. 2 EStG nicht begünstigt.[18]

18 Entgegen dem bisherigen Recht ist die Übertragung von Privatvermögen in Form von Grundvermögen, Kapitalvermögen etc. zudem selbst dann nicht mehr begünstigt, wenn es sich insofern um eine ausreichend ertragsbringende Wirtschaftseinheit handelt.[19] In diesen Fällen ist zukünftig daher nur noch eine Nießbrauchsgestaltung möglich.[20]

19 Im Rahmen der gesetzlichen Neuregelung ist ferner das **Korrespondenzprinzips** zwingend zu beachten: dh. der steuerliche Abzug beim Leistenden (§ 10 Abs. 1a Nr. 2 EStG) setzt zwingend eine Besteuerung beim Empfänger (§ 22 Nr. 1a EStG) voraus.[21] Der Europäische Gerichtshof hat in seinem Urteil vom 24.2.2015 in der Rechtssache *„Grünewald"* die Rechtsansicht vertreten, dass der Sonderausgabenabzug – aus Gründen der Kapitalverkehrsfreiheit und im Gegensatz zum Korrespondenzprinzip – auch dann gewährt werden muss, wenn der Empfänger der Leistung nicht unbeschränkt steuerpflichtig ist, aber seinen Wohnsitz in einem Staat der Europäischen Union oder des EWR gelegen hat.[22]

20 Nicht abschließend geklärt ist bislang, ob die vorstehenden Grundsätze Anwendung finden, wenn der Empfänger der Vermögensübertragung – dem Grundsatz nach – nicht begünstigtes Vermögen, wie zB Kapitalvermögen erhält und dies in begünstigtes Vermögen umschichtet.[23] Entgegen dem bisherigen Recht dürfte diese Gestaltungsmöglichkeit im Zuge der Neuregelung abgeschafft worden sein, da die Zahlung der Versorgungsleistung im Zusammenhang mit der *Übertragung* des begünstigten Vermögens stehen muss, dies aber bei vorliegender Sachverhaltsgestaltung gerade nicht gewährleistet ist.[24]

---

[14] BFH v. 16.12.1997 – IX R 11/94, BStBl. II 1998, 718.

[15] Vgl. BMF v. 11.3.2010, BStBl. I 2010, 227 (geändert durch BMF v. 6.5.2016, BStBl. I 2016, 476) Rz. 5.

[16] BMF v. 11.3.2010, BStBl. I 2010, 227 (geändert durch BMF v. 6.5.2016, BStBl. I 2016, 476) Rz. 7.

[17] Nach Ansicht des FG Münster (Urteil v. 31.8.2016 – 12 K 3245/15/E, EFG 2016, 1943, Rev. eingelegt, Az. BFH: X R 35/16) ist der Sonderausgabenabzug nur dann möglich, wenn der Schenker zudem aus der Geschäftsführung ausscheidet.

[18] BFH v. 22.1.2015 – X B 118/14, BFH/NV 2015, 676; BMF v. 11.3.2010, BStBl. I 2010, 227 (geändert durch BMF v. 6.5.2016, BStBl. I 2016, 476) Rz. 10; *Wälzholz* DStR 2008, 273 ff., 274.

[19] *Wälzholz* DStR 2008, 273 ff., 276; *Schmidt/Schwind* NWB Fach 3, 14887; BMF v. 11.3.2010, BStBl. I 2010, 227 (geändert durch BMF v. 6.5.2016, BStBl. I 2016, 476) Rz. 21.

[20] *Wälzholz* DStR 2008, 273 ff., 278.

[21] *Wälzholz* DStR 2008, 273 ff., 277; BMF v. 11.3.2010, BStBl. I 2010, 227 (geändert durch BMF v. 6.5.2016, BStBl. I 2016, 476) Rz. 51 ff; vgl. auch § 22 Nr. 1a EStG.

[22] Vgl. EuGH v. 24.2.2015 – C-559/13 *„Grünewald"*, BStBl. II 2015, 1071; vgl. hierzu auch BMF v. 18.12. 2015, BStBl. I 2015, 1088; BMF v. 6.5.2016, BStBl. I 2016, 476 Rz. 53.

[23] Zum früheren Recht vgl. BMF v. 16.9.2004, BStBl. I 2004, 922 Rz. 13.

[24] So *Wälzholz* DStR 2008, 273 ff., 277.

Im Gegensatz dazu ist die spätere Veräußerung begünstigten Vermögens jedenfalls dann unschädlich, wenn der Empfänger den Gegenwert hierfür wiederum in eine ausreichend ertragbringende Neuanlage zeitnah **reinvestiert**.[25] 21

Liegt nach den vorgenannten Grundsätzen eine Vermögensübertragung gegen Versorgungsleistungen vor, so führt der Empfänger des Vermögens – vergleichbar dem Fall einer Schenkung – die Anschaffungskosten des Übertragenden fort.[26] 22

Im Gegensatz zum früheren Recht hängt die Höhe des steuerlichen Abzugs bzw. der steuerlichen Belastung also nicht mehr von der genauen Art der Versorgungsleistung ab. 23

Sind die Grundsätze der Vermögensübertragung gegen Versorgungsleistungen hingegen nicht anzuwenden, so führt dies zu einem (teil-)entgeltlichen Rechtsgeschäft. Als Veräußerungspreis ist der steuerliche **Barwert** der **wiederkehrenden Leistung** in Ansatz zu bringen.[27] 24

Bei der Übertragung von steuerlichem **Betriebsvermögen** kann der Berechtigte hierbei von dem in R 16 Abs. 11 EStR aufgeführten **Wahlrecht** gebrauch machen.[28] Gleiches gilt für die Veräußerung einer Beteiligung iSv. § 17 EStG.[29] Der Veräußerer kann also den bei der Veräußerung entstandenen Gewinn sofort versteuern; in diesem Fall können die in §§ 16, 34 EStG aufgeführten steuerlichen Vergünstigungen in Ansatz gebracht werden.[30] Zusätzlich sind die in den wiederkehrenden Leistungen enthaltenen **Ertragsanteile** als sonstige Einkünfte iSv. § 22 Abs. 1 Nr. 1 Satz 3 EStG zu versteuern. 25

Alternativ kann der Veräußerer aber auch auf eine **sofortige Versteuerung** des Veräußerungsgewinns verzichten. In diesem Fall stellen die wiederkehrenden Leistungen beim Veräußerer nachträgliche Betriebseinnahmen dar, die hinsichtlich ihres Barwertanteils mit dem steuerlichen Kapitalkonto verrechnet werden können. §§ 16, 34 EStG finden in diesem Fall keine Anwendung. 26

Auf Ebene des Verpflichteten ist der Kaufpreis in Höhe des steuerlichen Barwertes der wiederkehrenden Leistung zu aktivieren. Die wiederkehrende Leistung wird sodann mit dem jährlich neu zu berechnenden **Rentenbarwert** passiviert. Über die Laufzeit der wiederkehrenden Leistung betrachtet, wird sich dieser Passivposten ertragswirksam vermindern. Umgekehrt ist die tatsächlich gezahlte wiederkehrende Leistung als Aufwand zu erfassen.[31] Stirbt der Berechtigte vorzeitig, ist die Restschuld gem. § 4 Abs. 1 Satz 1 EStG gewinnerhöhend aufzulösen.[32] 27

Bei einer Übertragung von steuerlichem **Privatvermögen** wird ebenfalls eine sofortige Besteuerung des Veräußerungsgewinns – dies ist idR nur im Falle eines **privaten Veräußerungsgeschäfts** iSv. § 22 Nr. 2 EStG denkbar – vermieden. Der Veräußerungsgewinn wird in diesem Fall vergleichbar der Regelung in EStR 16 Abs. 11 bei Anwendung des Wahlrechts behandelt. Auf Ebene des Erwerbers bestimmen sich die Anschaffungskosen für die erworbene Sache über den Kaufpreis in Höhe des steuerlichen Barwertes der wiederkehrenden Leistung.[33] 28

Ferner ist der in der wiederkehrenden Leistung enthaltene Zinsanteil gem. § 20 Abs. 1 Nr. 7 EStG auf Ebene des Veräußerers zu versteuern.[34] Ein korrespondierender Abzug ist beim Erwerber nur dann möglich, wenn die erworbene Sache der **Einkünf-** 29

---

[25] *Spiegelberger* DB 2008, 1063 ff., 1068; Schmidt/*Heinicke* EStG § 10 Rz. 61; BMF v. 10.3.2010, BStBl. I 2010, 227 Rz. 41.
[26] Vgl. § 6 Abs. 3 EStG, § 11d EStDV; Schmidt/*Weber-Grellet* EStG § 22 Rz. 83.
[27] BMF v. 11.3.2010, BStBl. I 2010, 227 (geändert durch BMF v. 6.5.2016, BStBl. I 2016, 476) Rz. 57, 65, 69.
[28] Vgl. BMF v. 11.3.2010, BStBl. I 2010, 227 (geändert durch BMF v. 6.5.2016, BStBl. I 2016, 476) Rz. 68.
[29] Vgl. EStR 17 Abs. 7 iVm. EStR 16 Abs. 11.
[30] Vgl. EStH 16 Abs. 11, EStR 16 Abs. 13.
[31] Vgl. Schmidt/*Heinicke* EStG § 4 Rz. 77.
[32] Vgl. BFH v. 26.6.1996 – XI R 41/95, BStBl. II 1996, 601.
[33] Vgl. BMF v. 11.3.2010, BStBl. I 2010, 227 (geändert durch BMF v. 6.5.2016, BStBl. I 2016, 476) Rz. 74.
[34] Vgl. BMF v. 11.3.2010, BStBl. I 2010, 227 (geändert durch BMF v. 6.5.2016, BStBl. I 2016, 476) Rz. 75.

teerzielung dient. Der Zinsanteil ist (nur) in diesem Fall iRd Werbungskosten abzugsfähig.[35]

30, 31 *(frei)*

2. Erbschaft- und Schenkungsteuern

32 Die Übertragung einer Sache oder Sachgesamtheit gegen Versorgungsleistungen stellt einen schenkungsteuerpflichtigen Vorgang iSv. § 1 Abs. 1 Nr. 1 iVm. § 7 Abs. 1 Nr. 1 ErbStG dar, der jedenfalls dann als (voll) unentgeltlicher Vorgang angesehen wird, wenn und soweit begünstigtes Vermögen übertragen wird.[36]

33 Der **Steuerwert der Leistung** ermittelt sich über den für erbschaft- oder schenkungsteuerliche Zwecke ermittelten Wert der hingegebenen Sache oder Sachgesamtheit. Im Falle der Übertragung von Betriebsvermögen finden § 13a und § 13b ErbStG Anwendung. Im Übrigen gelten die in Formular A. 2.51 aufgeführten Grundsätze.

34 Der **Verkehrswert der Bereicherung** ergibt sich aus der Differenz zwischen dem Verkehrswert der hingegebenen Sache oder Sachgesamtheit und dem Verkehrswert der Gegenleistung (hier: Versorgungsleistung). Für die Ermittlung des Verkehrswertes der Gegenleistung ist der **gemeine Wert** iSv. § 9 BewG maßgebend, der sich über den Kapitalwert der Rente bzw. der Dauernden Last iSv. § 14 BewG berechnet.[37]

35, 36 *(frei)*

B. Einzelerläuterungen

Zu § 2: Versorgungsleistung

37 Im Gegensatz zur früheren Regelung verzichtet § 10 Abs. 1 Nr. 1a EStG – aus Vereinfachungsgründen – auf eine Unterscheidung zwischen einer **Dauernden Last** und einer **Leibrente.** Im Rahmen der Neuregelung ist daher – unabhängig von der konkreten vertraglichen Ausgestaltung – stets der volle Zahlbetrag als Sonderausgabe in Abzug zu bringen (§ 10 Abs. 1 Nr. 1a EStG) bzw. zu versteuern (§ 22 Nr. 1b EStG).

38 Zur Sicherung des Lebensunterhalts sollte der Übertragungsvertrag gleichwohl Bestimmungen darüber enthalten, ob und in welcher Höhe die Versorgungsleistung in Zukunft anzupassen ist. § 2 Abs. 2 und 3 des Formulierungsvorschlags sieht hierzu verschiedene sinnvolle Anpassungsmöglichkeiten vor, so zB über eine **Wertsicherungsklausel** oder – vergleichbar einer Dauernden Last alten Rechts – über den Verweis auf **§ 323 ZPO.**

39 **Wertsicherungsklauseln** sind – vor dem Hintergrund des Inflationsrisikos – stets dann zu empfehlen, wenn und soweit die Versorgung des Übertragenden über einen längern Zeitraum abgesichert werden soll. Sinnvollerweise sollte die Anpassung – wie hier vorgesehen – aber erst ab einer bestimmten Indexveränderung – hier 5 vH – angewendet werden. Wäre dies nicht gegeben, müsste die Dauernde Last bzw. die Rente wohlmöglich jedes Jahr angepasst werden. Dies ist auch aus steuerlichen Gründen von besonderer Bedeutung, da die Vereinbarung nur dann anerkannt werden kann, wenn sie von den Beteiligten tatsächlich durchgeführt wird.[38]

40 Der Formulierungsvorschlag sieht ferner eine Anpassung der Versorgungsleistung über **§ 323 ZPO** vor. Eine Anpassung ist hiernach möglich, wenn der **standesgemäße Unterhalt** des Übertragenden nicht mehr gewährleistet ist. Über diese Formulie-

---

[35] BFH v. 9.2.1994 – IX R 110/90, BStBl. II 1995, 47.

[36] So BMF v. 11.3.2010, BStBl. I 2010, 227 (geändert durch BMF v. 6.5.2016, BStBl. I 2016, 476) Rz. 5, 7.

[37] Vgl. *Troll* GmbHR 1984, 205, 209; die durchschnittliche statistische Lebenserwartung sowie der Kapitalwert werden von der Finanzverwaltung jährlich neu bekannt gegeben (zuletzt zum 1.1.2017 in BMF v. 4.11.2016, BStBl. I, 1166).

[38] Vgl. BFH v. 19.1.2005 – X R 23/04, BFH/NV 2005, 778; BFH v. 3.3.2004 – I R 14/01, BStBl. II 2004, 826; BMF v. 11.3.2010, BStBl. I 2010, 227 (geändert durch BMF v. 6.5.2016, BStBl. I 2016, 476) Rz. 59–64; OFD Frankfurt a. M. v. 19.8.2011, ZEV 2011, 616.

rung wird dem konkreten Unterhaltsbedarf verschiedenster Personenkreise Rechnung getragen. Der durchschnittliche Unterhalt ist somit nicht von Bedeutung. Andererseits ist das kaum kalkulierbare Pflegerisiko ausdrücklich ausgeschlossen.

Enthält der Vertrag eine Wertsicherungsklausel, so muss diese – entgegen der früheren Rechtslage – nicht mehr beim Bundesamt für Wirtschaft und Ausfuhrkontrolle genehmigt werden.[39] **41**

(frei) **42, 43**

Zu § 3 bis § 16:

Siehe hierzu die Erläuterungen zu § 2 bis § 15 des Formulars A. 2.51. **44**

A. 2.54 Mittelbare Einräumung einer atypischen Unterbeteiligung

Gliederung

Nummer der Urkundenrolle [...] A. 2.54

Verhandelt zu [...] am [...]

Vor dem Notar/der Notarin [...]

erschienen:

1. Herr A, geboren am [...] in [...], wohnhaft [...]
– nachfolgend auch Schenker genannt –

2. Herr B, geboren am [...] in [...], wohnhaft [...]
– nachfolgend auch Beschenkter genannt –

Die Erschienenen sind dem Notar von Person bekannt und geben übereinstimmend folgenden Vertrag über die Schenkung einer atypischen Unterbeteiligung zu Protokoll des Notars:

Präambel

Der Beschenkte möchte sich an einem Teilkommanditanteil des Schenkers an der [...] KG mit Sitz in [...] (Amtsgericht [...], HRA [...]) in Höhe von € [...],– (in Worten: Euro [...]) atypisch still unterbeteiligen. Er hat hierfür in das Vermögen des Schenkers als Hauptbeteiligten eine Einlage in Höhe von € [...],– (in Worten: Euro [...]) zu leisten. Aus Sicht des Steuerrechts handelt es sich um eine atypische Unterbeteiligung.
Der Schenker ist der Vater des Beschenkten und beabsichtigt, seinem Sohn die finanziellen Mittel für die vorgenannte Einlage schenkweise zur Verfügung zu stellen.

§ 1 Gegenstand der Schenkung[Rz. 16, 17]

(1) Der Schenker schenkt hiermit dem Beschenkten einen Geldbetrag in Höhe von € [...],– (in Worten: Euro [...]).

(2) Der in Absatz 1 aufgeführte Betrag darf nur zum Erwerb einer atypischen Unterbeteiligung an einem Teilkommanditanteil des Schenkers an der [...] KG mit Sitz

[39] Gesetz über das Verbot der Verwendung von Preisklauseln bei der Bestimmung von Geldschulden (Preisklauselgesetz) vom 14.9.2007, BGBl. 2007 I 2246, 2247.

in [...] (Amtsgericht [...], HRA [...]) in Höhe von € [...],– (in Worten: Euro [...]) und der hierfür erforderlichen Einlage in das Vermögen des Schenkers als Hauptbeteiligtem in Höhe von € [...],– (in Worten: Euro [...]) verwendet werden. Die Verträge hierzu werden in Kürze zwischen dem Beschenkten und Schenker geschlossen.

(3) Das Schenkungsversprechen wird erfüllt durch Überweisung des in Absatz 1 aufgeführten Betrages auf ein von dem Beschenkten noch zu benennendes Bankkonto.

(4) Der Beschenkte nimmt die Schenkung dankend an.

§ 2 Pflichtteilsanrechnung[Rz. 19]

Die Schenkung ist auf den Pflichtteilsanspruch des Beschenkten gegenüber dem Nachlass des Schenkers anzurechnen; auf seinen Erbteil jedoch nur, falls der Schenker dies letztwillig anordnet.

§ 3 Kosten und Steuern[Rz. 20]

Notar und Gerichtskosten dieser Urkunde und ihres Vollzugs sowie eine eventuelle auf Grund der Schenkung anfallende Schenkungsteuer trägt der Schenker.

§ 4 Schlussbestimmungen

Sollte eine Bestimmung dieses Vertrages aus irgendeinem Grunde unwirksam oder anfechtbar sein oder werden, so soll deren Inhalt hiervon im Übrigen nicht berührt, vielmehr sinngemäß ausgeführt werden. Anstelle der unwirksamen oder anfechtbaren Bestimmung soll eine angemessene Regelung gelten, die, soweit rechtlich möglich, dem am nächsten kommt, was die Vertragschließenden gewollt haben oder nach Sinn und Zweck dieses Vertrags gewollt haben würden, sofern sie bei Abschluss dieses Vertrages den Punkt bedacht hätten. Das gilt auch, wenn die Unwirksamkeit einer Bestimmung etwa auf einem im Vertrag vorgeschriebenen Maß der Leistung oder Zeit (Frist oder Termin) beruht; es soll dann ein dem Gewollten möglichst nahekommendes zulässiges Maß der Leistung oder Zeit (Frist oder Termin) vereinbart werden.

Diese Niederschrift wurde den Erschienenen von dem Notar vorgelesen, von ihnen genehmigt und von ihnen und dem Notar eigenhändig wie folgt unterschrieben:

A. Grundsätzliche Anmerkungen

I. Wirtschaftliche Aspekte

1 Bei dem vorliegenden Formular handelt es sich um eine **mittelbare Schenkung.** Im Gegensatz zur (unmittelbaren) Schenkung, wird dem Beschenkten das zu schenkende Gut nicht direkt zur Verfügung gestellt. Der Beschenkte erhält vom Schenker vielmehr nur einen Geldbetrag, den er **zweckgebunden** zum Erwerb eines bestimmten Gutes verwenden muss. Die mittelbare Schenkung ist – bezogen auf das zu erwerbende Gut – ein **abgekürzter Erwerbsvorgang.** Ersatzweise hätte der Schenker nämlich das Gut in einem ersten Schritt selbst erwerben können, um dieses dann in einem zweiten Schritt an den Beschenkten weiter zu übertragen. Dieser umständliche und uU kostenintensivere Durchgangserwerb kann über die mittelbare Schenkung vermieden werden.

2 *(frei)*

II. Rechtliche Aspekte

1. Zivilrecht

Zivilrechtlich handelt es sich bei der mittelbaren Schenkung einer atypischen Unterbeteiligung um einen **zweiaktigen Vorgang,** den Schenkungsvertrag und den Anteilskaufvertrag. Beide Teilakte sind hinsichtlich ihrer Rechtsfolgen streng voneinander zu trennen. Eine Verbindung besteht lediglich über die im Schenkungsvertrag vorgesehene **Zweckabrede.**[1] 3

Der Schenkungsvertrag bedarf gem. § 518 BGB der notariellen Form. Ein evtl. Formmangel wird jedoch durch Vollzug der Schenkung geheilt. Wird dem Beschenkten ein Geldbetrag versprochen, führt die Übergabe bzw. Überweisung des Geldes zum Vollzug der Schenkung.[2] 4

Die mittelbare Schenkung einer atypischen Unterbeteiligung an einen **Minderjährigen** dürfte höchst selten gegeben sein, unterliegt idR der Zustimmung eines **Ergänzungspflegers.**[3] Dies gilt insbesondere dann, wenn die Schenkung unter einer Auflage oder unter Widerrufsvorbehalt erfolgt.[4] Eine **vormundschaftsgerichtliche Genehmigung** dürfte idR nicht erforderlich sein, da der Beschenkte sich im Schenkungsvertrag – dh. im ersten Teilakt – nicht verpflichtet, an einem **„Erwerbsgeschäft"** zu beteiligten. Die Beteiligung an der atypischen Unterbeteiligung erfolgt vielmehr erst im zweiten Teilakt, der allerdings dann der vormundschaftsgerichtlichen Genehmigung bedarf. 5

(frei) 6

2. Erbrecht

Der Schenkungsvertrag kann zu Gunsten des Schenkers auch eine Reihe von **Rückforderungsrechten** enthalten, so zB für den Fall eines **Vorversterbens** des Beschenkten vor dem Schenker, der Eröffnung des **Insolvenzverfahrens** über das Vermögen des Beschenkten sowie der Geltendmachung von **Pflichtteilsansprüchen** oder **Zugewinnausgleichsansprüche** in das Vermögen des Beschenkten. In Formular A. 2.55 sind die wichtigsten Rückforderungsrechte aufgeführt und erläutert. 7

(frei) 8

III. Steuerliche Aspekte

1. Ertragsteuern

Für ertragsteuerliche Zwecke ist die mittelbare Schenkung bzw. die Schenkung des Geldbetrages nicht von Bedeutung. Unabhängig davon, ob der Beschenkte den zum Erwerb bestimmten Geldbetrag zuvor geschenkt bekommen oder finanziert hat, kommt es zB für die Höhe der Anschaffungskosten iSv. § 255 Abs. 1 HGB nur auf den hierfür eingesetzten Geldbetrag an.[5] 9

2. Erbschaft- und Schenkungsteuern

Abweichend vom Zivilrecht behandelt das Erbschaft- oder Schenkungsteuergesetz die mittelbare Schenkung als **einheitlichen Vorgang.** Die Grundsätze zur mittelba- 10

---

[1] Vgl. § 1 Abs. 2.
[2] Palandt/*Weidenkaff* BGB § 518 Rz. 11.
[3] Vgl. § 1629 Abs. 2 Satz 1 BGB iVm. § 1795 Abs. 1 Nr. 1–3 BGB.
[4] Vgl. Palandt/*Ellenberger* BGB § 107 Rz. 6; MüKoBGB/*Schmitt* BGB § 107 Rz. 48.
[5] Vergleichbares gilt gem. § 11d Abs. 1 Satz 1 EStDV für die mittelbare Grundstücksschenkung, sofern das Grundstück dem steuerlichen Privatvermögen zuzurechnen ist. Vgl. BFH v. 4 10. 2016 – IX R 26/15, DStR 2017, 445.

ren Schenkung sind sowohl im Privatvermögen als auch im Betriebsvermögen anzuwenden.[6] Rechtsprechung wie Finanzverwaltung sehen eine mittelbare Schenkung als gegeben an, wenn dem Bedachten nach dem erkennbaren Willen des Schenkers im Zeitpunkt der Zuwendung ein konkret bestimmter Gegenstand – zB ein bestimmtes Grundstück – bzw. ein konkret bestimmtes Sachvermögen – zB ein Anteil an einem bestimmten Unternehmen – geschenkt werden soll. Der Beschenkte wird in diesem Fall so gestellt, als ob er nicht den Geldbetrag, sondern den mit dem Geldbetrag erworbenen Gegenstand vom Schenker zugewendet bekommen hat.

11 Im Falle der mittelbaren Schenkung eines Grundstücks bemisst sich diese somit nicht nach dem Nennwert des Geldbetrages, sondern nach dem Steuerwert des Grundstücks.[7] Gleiches gilt bei der mittelbaren Schenkung von Betriebsvermögen.[8] Auch hier bemisst sich die Schenkung nach dem Steuerwert des geschenkten Betriebsvermögens. Im Gegensatz zum früheren ErbStG dürfte der festzustellende Steuerwert bei der derzeit gültigen Regelung nicht mehr von entscheidender Bedeutung sein, da die Bewertung des mittelbar erworbenen Vermögens – ebenfalls – zum gemeinen Wert erfolgt.

12 Die in §§ 13a, 13b und 19a ErbStG aufgeführten steuerlichen Begünstigungen für Betriebsvermögen – nach Ansicht der Finanzverwaltung – jedenfalls dann auf die mittelbare Schenkung Anwendung, wenn sich der Beschenkte mit dem Geld am Betriebsvermögen des Schenkers beteiligt.[9] Vergleichbares soll für die mittelbare Schenkung von Grundstücksvermögen gelten.[10]

13 Nicht begünstigt ist die mittelbare Beteiligung am Betriebsvermögen einen Dritten, wenn insofern – jedenfalls unmittelbar – kein Betriebsvermögen vom Schenker auf den Beschenkten übergeht.[11] Der hier verwendete Formulierungsvorschlag beschreibt daher die – dem Grundsatz nach begünstigte – mittelbare Schenkung einer atypischen Unterbeteiligung an der Hauptbeteiligung des Schenkers.

Vergleichbares soll nach Ansicht der Finanzverwaltung[12] nunmehr auch bei der atypischen Unterbeteiligung an einer Kapitalgesellschaftsbeteiligung gelten.[13] Die Steuerbegünstigung des § 13a ErbStG ist in diesem Fall aber zu versagen, wenn der Schenker – im Vorgriff auf die mittelbare Anteilsschenkung – nicht zu mindestens einem viertel am Nennkapital der Gesellschaft beteiligt war.

14, 15 *(frei)*

B. Einzelerläuterungen

Zu § 1: Gegenstand der Schenkung

16 Im Gegensatz zur **Schenkung unter einer Auflage**,[14] bei der der Schenker im Rahmen des Schenkungsvertrages lediglich zum Ausdruck bringt, dass der Beschenkte den Geldbetrag zum Erwerb irgendeines Gegenstandes verwenden soll, ist die **mittelbare Schenkung**[15] an den Erwerb eines konkret bestimmten Gegenstan-

---

[6] Vgl. ErbStR 2011 E 7.3; ErbStH 2011 E 7.3 „mittelbare Grundstücksschenkung – Einzelfälle"; ErbStR 2011 E 13b.2 Abs. 2; Troll/Gebel/Jülicher/*Gebel* ErbStG § 7 Rz. 85, 90 ff.

[7] Vgl. ErbStH 2011 E 7.3 „mittelbare Grundstücksschenkung – Einzelfälle".

[8] Vgl. Troll/Gebel/Jülicher/*Gebel* ErbStG § 7 Rz. 85, 115 ff.

[9] Vgl. Troll/Gebel/Jülicher/*Jülicher* ErbStG § 13a Rz. 103 mwN.

[10] Vgl. Troll/Gebel/Jülicher/*Jülicher* ErbStG § 13c Rz. 2. Der Bewertungsabschlag des § 13c ErbStG soll – nach dem Wortlaut der Norm – aber selbst dann anzuwenden sein, wenn der Schenker im Vorgriff auf die Schenkung nicht an dem mittelbar geschenkten Grundstück beteiligt war.

[11] So: ErbStR 2011 E 13b.2 Abs. 2; Troll/Gebel/Jülicher/*Jülicher* § 13a Rz. 103; Hess FG v. 22.3.2016 – 1 K 2014/14, EFG 2016, 1277 ff. (Rev. eingelegt, Az. BFH: II R 18/16) mit Anm. *Neu*.

[12] Vgl. ErbStH 2011 E 13b.6 „Beteiligungserfordernis für den Schenker bei einer mittelbaren Anteilsschenkung".

[13] Vgl. auch BFH v. 16.2.2005 – II R 6/02, BStBl. II 2005, 411.

[14] ErbStR 2011 E 7.4 Abs. 2.

[15] ErbStR 2011 E 7.3 Abs. 1.

des[16] geknüpft. Diese Grundsätze gelten auch im Rahmen der mittelbaren Schenkung einer atypischen Unterbeteiligung, allerdings begrenzt auf den Fall, dass sich die betreffende Beteiligung im Vermögen des Schenkers befindet. Die mittelbare Schenkung der Beteiligung eines fremden Dritten ist – unabhängig von der Fallgestaltung einer Unterbeteiligung – gem. ErbStR E 13b Abs. 2 Satz 2 nicht begünstigt.

Der Schenkungsvertrag sieht hierzu in § 1 Abs. 2 vor, dass der zur Verfügung gestellte Geldbetrag nur zum Erwerb einer atypischen Unterbeteiligung an einem konkret bestimmten Unternehmen verwendet werden darf. **17**

(frei) **18**

Zu § 2: Pflichtteilsanrechnung

Siehe hierzu die Erläuterungen zu § 13 des Formulars A. 2.51 unter Rz. 88ff. **19**

Zu § 3: Kosten und Steuern

Siehe hierzu die Erläuterungen zu § 14 des Formulars A. 2.51 unter Rz. 93f. **20**

A. 2.55 Schenkung einer atypischen Unterbeteiligung

Gliederung

Nummer der Urkundenrolle [...] A. 2.55

Verhandelt zu [...] am [...]

Vor dem Notar/der Notarin [...]

erschienen:

1. Herr A, geboren am [...] in [...], wohnhaft [...]

– nachfolgend auch Schenker genannt –

2. Herr B, geboren am [...] in [...], wohnhaft [...]

– nachfolgend auch Beschenkter genannt –

Die Erschienenen sind dem Notar von Person bekannt und geben übereinstimmend folgenden Vertrag über die Schenkung einer atypischen Unterbeteiligung zu Protokoll des Notars:

Präambel

Der Schenker ist der Vater des Beschenkten und an einem Teilkommanditanteil – Anteil am Festkapital – in Höhe von € [...],– (in Worten: Euro [...]) der [...] GmbH & Co. KG mit Sitz in [...] (Amtsgericht [...], HRA) sowie an einem Teilgeschäftsanteil im Nennbetrag von € [...],– (in Worten: Euro [...]) der [...]-Verwaltungsgesellschaft mbH mit Sitz in [...] (Amtsgericht [...], HRB [...]) unterbeteiligt. Die Hauptbeteiligung wird von Herrn C gehalten. Aus Sicht des Steuerrechts handelst es sich um eine atypische Unterbeteiligung.

[16] ZB eines Grundstücks, Gesellschaftsanteils etc.

Der Schenker beabsichtigt im Rahmen seiner Nachfolgeplanung, seine Unterbeteiligung an den vorgenannten Beteiligungen im Wege vorweggenommener Erbfolge auf seinen Sohn zu übertragen.
Die Gesellschaftsverträge der o.g. Gesellschaften sowie der Unterbeteiligungsvertrag sind dem Beschenkten bekannt.

§ 1 Schenkung einer atypischen Unterbeteiligung

(1) **Der Schenker schenkt hiermit dem Beschenkten seine in der Präambel aufgeführte atypische Unterbeteiligung an einem Teilkommanditanteil der [...] GmbH & Co. KG in Höhe von € [...],– (in Worten: Euro [...]), einschließlich des von der atypischen Unterbeteiligung erfassten anteiligen Sonderbetriebsvermögens des Hauptbeteiligten sowie der anteiligen Rücklagen in der Hauptgesellschaft bzw. der atypischen Unterbeteiligung.**
(2) **Der Schenker schenkt hiermit dem Beschenkten seine in der Präambel aufgeführte atypische Unterbeteiligung an einem Teilgeschäftsanteil der [...]-Verwaltungsgesellschaft mbH im Nennbetrag von € [...],– (in Worten: Euro [...]).**
(3) **Der Beschenkte nimmt die Schenkung dankend an.**
(4) **Die Schenkung der in Abs. 1 und 2 aufgeführten atypischen Unterbeteiligungen erfolgt mit Wirkung zum [...], 24 Uhr. Die Gewinne des laufenden Geschäftsjahres stehen dem Schenker zu.**
(5) **Die Rechte und Pflichten aus dem geschenkten atypischen Unterbeteiligungsverhältnis richten sich nach Maßgabe des bestehenden Unterbeteiligungsvertrages.**

§ 2 Auflösende Bedingung Rz. 15 ff.

(1) **Die Schenkung ist auflösend bedingt bei Eintritt einer der folgenden Bedingungen:**
   a) **Der Beschenkte stirbt zu Lebzeiten des Schenkers oder nach dessen Tod ohne dass die Schenkgegenstände bzw. deren Surrogate auf seine Abkömmlinge übergehen.**
   b) **Über das Vermögen des Beschenkten wird zu Lebzeiten des Schenkers das Insolvenzverfahren eröffnet oder mangels Masse nicht eröffnet oder es werden Zwangsvollstreckungsmaßnahmen in die Schenkgegenstände eingeleitet und nicht binnen einer Frist von drei Monaten wieder aufgehoben.**
   c) **Der Beschenkte stirbt zu Lebzeiten des Schenkers und der Ehegatte bzw. ein Lebenspartner des Schenkers macht gegen dessen Nachlass Pflichtteilsansprüche geltend und verlangt bei deren Berechnung die Einbeziehung der Schenkgegenstände.**
   d) **Die Ehe des im Güterstand der Zugewinngemeinschaft lebenden Beschenkten wird zu Lebzeiten des Schenkers geschieden, es sei denn, die Schenkgegenstände werden bei der Berechnung des Zugewinnausgleichsanspruchs weder dem Anfangs- noch dem Endvermögen zugerechnet.**
(2) **Nutzungen, die der Beschenkte vor Eintritt der auflösenden Bedingungen bezogen hat, verbleiben ihm. Seine Aufwendungen in Zusammenhang mit den Schenkgegenständen sind ihm nicht zu erstatten.**

§ 3 Rückforderungsrechte Rz. 15 ff.

(1) **Der Schenker behält sich zu seinen Lebzeiten gegenüber dem Beschenkten das Recht vor, die Schenkgegenstände ganz oder teilweise zurückfordern zu können, wenn eine der folgenden Voraussetzungen in der Person des Erwerbers eintritt:**
   a) **Der Beschenkte wird geschäftsunfähig oder für ihn wird ein Betreuer gem. §§ 1896 ff. BGB bestellt.**
   b) **Der Beschenkte vereinbart mit seinem Ehegatten die Gütergemeinschaft, ohne die Schenkgegenstände zum Vorbehaltsgut zu erklären.**

(2) Das Recht des Widerrufs hat der Schenker.

(3) Das Rückforderungsrecht kann nur binnen einer Frist von 3 Monaten, nachdem der Rückforderungsberechtigte von dem Eintritt der Voraussetzung des Rückforderungsfalls Kenntnis erlangt hat, ausgeübt werden und hat in Schriftform gegenüber dem Beschenkten zu erfolgen.

(4) Nutzungen, die der Beschenkte vor Rückübertragung der Schenkgegenstände bezogen hat, verbleiben ihm. Seine Aufwendungen in Zusammenhang mit den Schenkgegenständen sind ihm nicht zu erstatten.

§ 4 Pflichtteilsanrechnung[Rz. 24]

Die in § 1 aufgeführte Unterbeteiligung ist mit dem Wert zur Zeit ihrer Einräumung auf den Pflichtteilsanspruch des Unterbeteiligten gegenüber dem Nachlass des Hauptbeteiligten anzurechnen; auf seinen Erbteil jedoch nur, falls der Hauptbeteiligte dies letztwillig anordnet.

§ 5 Kosten und Steuern[Rz. 25]

(1) Notar und Gerichtskosten dieser Urkunde und ihres Vollzugs sowie eine eventuelle auf Grund der Einräumung der atypischen Unterbeteiligung anfallende Schenkungsteuer trägt der Hauptbeteiligte.

(2) Sollte die gezahlte Schenkungsteuer aufgrund des Eintritts der in §§ 2 und 3 aufgeführten auflösenden Bedingung oder eines Rückforderungsrechts an den Beschenkten oder seinen Rechtsnachfolger erstattet werden, kann der Schenker die von ihm gezahlte Schenkungsteuer von ihm zurückfordern.

§ 6 Schlussbestimmungen

Sollte eine Bestimmung dieses Vertrages aus irgendeinem Grunde unwirksam oder anfechtbar sein oder werden, so soll deren Inhalt hiervon im Übrigen nicht berührt, vielmehr sinngemäß ausgeführt werden. Anstelle der unwirksamen oder anfechtbaren Bestimmung soll eine angemessene Regelung gelten, die, soweit rechtlich möglich, dem am nächsten kommt, was die Vertragschließenden gewollt haben oder nach Sinn und Zweck dieses Vertrags gewollt haben würden, sofern sie bei Abschluss dieses Vertrages den Punkt bedacht hätten. Das gilt auch, wenn die Unwirksamkeit einer Bestimmung etwa auf einem im Vertrag vorgeschriebenen Maß der Leistung oder Zeit (Frist oder Termin) beruht; es soll dann ein dem Gewollten möglichst nahekommendes zulässiges Maß der Leistung oder Zeit (Frist oder Termin) vereinbart werden.

Diese Niederschrift wurde den Erschienenen von dem Notar vorgelesen, von ihnen genehmigt und von ihnen und dem Notar eigenhändig wie folgt unterschrieben:

A. Grundsätzliche Anmerkungen

I. Wirtschaftliche Aspekte

Die unentgeltliche Übertragung **(Schenkung)** einer Unterbeteiligung hat zum Ziel, die durch die Unterbeteiligung vermittelten Einkünfte auf eine dritte Person zu übertragen. Vielmehr soll das Unterbeteiligungsverhältnis in der vereinbarten Form bestehen bleiben. 1

II. Rechtliche Aspekte

1. Gesellschaftsrecht

2 Wie unter Formular A. 2.51 dargelegt, stellt die Unterbeteiligung eine **BGB Innengesellschaft** dar, für die – falls im Unterbeteiligungsvertrag nichts anderes vereinbart ist – die §§ 705ff. BGB Anwendung finden. § 717 BGB legt hierzu fest, dass weder der Haupt- noch der Unterbeteiligte seine Mitgliedschaft ohne Zustimmung des jeweils anderen auf einen Dritten übertragen darf.[1] Die Übertragung der Unterbeteiligung hängt somit von der **Zustimmung** des Hauptbeteiligten ab. Überträgt zB der Hauptbeteiligte dennoch, dh. ohne Zustimmung des Unterbeteiligten, seine Hauptbeteiligung an einen Dritten, wird das Unterbeteiligungsverhältnis wegen **Zweckvereitelung** gem. § 726 BGB beendigt.[2]

3 Im Unterschied dazu sind der Haupt- wie der Unterbeteiligte gem. § 717 Satz 2 BGB allerdings berechtigt, über ihren **Gewinn- oder Abfindungsanspruch** wirksam zu verfügen.

4 Die vom Gesetz vorgesehene Regelung stellt für Zwecke einer vorausschauenden Nachfolgeplanung häufig ein nicht zu unterschätzendes Hindernis dar. Aus diesem Grund sollte der Unterbeteiligungsvertrag – wie unter § 10 zu Formular A. 2.51 vorgesehen – zumindest für den Unterbeteiligten die Möglichkeit eröffnen, seine Unterbeteiligung an eine **nachfolgeberechtigte Person** weiter zu übertragen.

5 Als nachfolgeberechtigte Personen können die jeweiligen Ehegatten, vor allem aber die Abkömmlinge des Unterbeteiligten bedacht werden. Auf Ebene der **Abkömmlinge** kann zudem zwischen den Abkömmlingen, den ehelichen, den leiblichen und den ehelich leiblichen Abkömmlingen unterschieden werden. Je nach dem welche Begrifflichkeit gewählt wird, werden nichteheliche Kinder und/oder Adoptivkinder von der Nachfolge ausgeschlossen.

6 Der vorliegende Formulierungsvorschlag geht davon aus, dass die Übertragung der Unterbeteiligung von den Regelungen des Unterbeteiligungsvertrages gedeckt ist.

2. Zivil- und Erbrecht

7 Die **Schenkung** einer bereits bestehenden Unterbeteiligung bedarf gemäß § 518 BGB der notariellen Form. Ein evtl. Formmangel wird jedoch durch Vollzug der Schenkung geheilt. Nach allgemeiner Auffassung erkennt man den Vollzug – im Unterschied zur schenkweisen Einräumung einer Unterbeteiligung – in der Abtretung der Ansprüche aus dem Unterbeteiligungsverhältnis.[3] Die unterschiedliche Formstrenge wird damit begründet, dass die Unterbeteiligung in dem einen Fall erst begründet werden müsse, während sie in dem anderen Fall bereits bestehe. Hinzu komme, dass durch die Abtretung sämtliche Rechte und Pflichten aus der Unterbeteiligung vom Schenker auf den Beschenkten übergehen würden.

8 Bei einer Schenkung an einen **Minderjährigen** bedarf der Schenkungsvertrag idR der Zustimmung eines **Ergänzungspflegers.**[4] Der Abschluss dieser Verträge ist nämlich für den Minderjährigen nicht lediglich rechtlich vorteilhaft, da er auch in die Pflichten des Unterbeteiligungsvertrages eintritt. Nach Rechtsprechung des Bundesfinanzhofs soll dies selbst dann gelten, wenn eine Verlustbeteiligung des Minderjährigen vertraglich ausgeschlossen wird.[5]

---

[1] Vgl. MüKoHGB/*K. Schmidt* HGB § 230 Rz. 247; MHdB GesR I/*Gayk* § 30 Rz. 58f.
[2] Vgl. MüKoHGB/*K. Schmidt* HGB § 234 Rz. 73; Blaurock/*Blaurock,* Rz. 30.51.
[3] Vgl. Niedersächsisches FG v. 2.2.1995 – X 539/91, EFG 1995, 1102 rkr.; Schmidt/*Wacker* EStG § 15 Rz. 773; *K. Schmidt* DB 2002, 829ff., 830.
[4] Vgl. § 1629 Abs. 2 Satz 1 BGB iVm. § 1795 Abs. 1 Nr. 1–3 BGB. Siehe auch: OLG Hamm v. 22.1.1974 – 15 W 36/73, DB 1974, 424ff.
[5] Vgl. BFH v. 28.11.1973 – I R 101/72, BStBl. II 1974, 289.

In der Regel wird auch eine **vormundschaftsgerichtliche Genehmigung** erforderlich sein, da der Beschenkte an einem **„Erwerbsgeschäft"** beteiligt wird.[6] 9

(frei) 10, 11

III. Steuerliche Aspekte

1. Ertragsteuern

Die Schenkung hat ertragsteuerlich zur Konsequenz, dass der Beschenkte zB hinsichtlich Anschaffungskosten in die Rechtsposition des Schenkers eintritt.[7] Im Übrigen ist die Schenkung ertragsteuerlich irrelevant. 12

2. Erbschaft- und Schenkungsteuern

Die unentgeltliche Übertragung einer bestehenden atypischen Beteiligung steht der Schenkung der Hauptbeteiligung gleich.[8] 13

(frei) 14

B. Einzelerläuterungen

Zu § 2 und § 3: Auflösende Bedingung, Rückforderungsrechte

Das Gesetz sieht in § 527 BGB (Nichtvollziehung einer Auflage), § 528 BGB (Verarmung des Schenkers) bzw. § 530 BGB (grober Undank) einige eng umgrenzte Rückforderungsrechte vor. In allen anderen Fällen findet der aus dem kanonischen Recht abgeleitete Rechtssatz *pacta sunt servanda* Anwendung. 15

Die Rechtswirklichkeit kennt aber eine sehr viel größere Anzahl von Risiken, auf die der Schenker reagieren sollte. Die wichtigsten Risiken sind hier aufgeführt. Dies sind das **Vorversterben** des Beschenkten vor dem Schenker (§ 2 Buchst. a), die Eröffnung des **Insolvenzverfahrens** über das Vermögen des Beschenkten etc. (§ 2 Buchst. b), **Pflichtteilsansprüche** des überlebenden Ehegatten oder Lebenspartners (§ 2 Buchst. c), **Zugewinnausgleichsansprüche** des geschiedenen Ehegatten oder Lebenspartners (§ 2 Buchst. d) sowie die **Geschäftsunfähigkeit** des Beschenkten (§ 3 Buchst. a) und die Vereinbarung der **Gütergemeinschaft** (§ 3 Buchst. b). Weitere Auflösungs- oder Rückforderungstatbestände sind denkbar. Der Katalog kann beliebig erweitert werden. 16

Der Formulierungsvorschlag unterscheidet hier zwischen der **„auflösenden Bedingung"** (§ 2) und **„Rückforderungsrechten"** (§ 3). Der Unterschied zwischen den beiden Gestaltungsalternativen besteht darin, dass die auflösende Bedingung[9] *ex tunc,* dh. rückwirkend auf den Tag der Übertragung die Schenkung rückabwickelt, während die hier beschriebenen Rückforderungsrechte den Vorgang nur *ex nunc,* dh. mit Wirkung für die Zukunft gestalten. 17

Der Unterschied zwischen einer auflösenden Bedingung und einem Rückforderungsrecht ist also insbesondere dann von Bedeutung, wenn es darauf ankommt, den Zugriff eines Dritten auf das geschenkte wirksam und automatisch zu beschränken,[10] was bei den unter § 2 aufgeführten Gründen stets gegeben ist. In allen anderen Fällen 18

---

[6] Vgl. § 1822 Nr. 3 BGB; MüKoHGB/*K. Schmidt* HGB § 230 Rz. 228; MHdB GesR I/*Gayk* § 30 Rz. 23; Blaurock/*Blaurock* Rz. 30.33.
[7] Vgl. § 6 Abs. 3 EStG, § 11d EStDV; Schmidt/*Kulosa* EStG § 7 Rz. 66.
[8] Vgl. die Ausführungen zu A. 2.51 Rz. 39.
[9] Vgl. § 158 Abs. 2 BGB.
[10] Vgl. MüKoBGB/*H. P. Westermann* BGB § 158 Rz. 39, 57.

ist ein Rückforderungsrecht vorteilhaft, da es nicht automatisch wirkt, sondern als Gestaltungsrecht ausgeübt werden muss.[11]

19 Im Gegensatz zu einem **„freien Widerrufsvorbehalt"**[12] haben die hier beschriebenen Rechte ertragsteuerlich zur Folge, dass der Beschenkte das **wirtschaftliche Eigentum** des geschenkten Gegenstandes erhält.[13] Im Bereich der Einkünfte aus Kapitalvermögen wird allerdings zudem verlangt, dass weitere Beweiszeichen, wie zB die Kontobezeichnung oder die uneingeschränkte Verfügungsberechtigung des Beschenkten gegeben sind.[14]

20 Für Zwecke der **Erbschaft- bzw. Schenkungsteuer** kommt es – bei Anwendung der Rechtsprechung des Bundesfinanzhofs[15] – letztlich nicht mehr auf die zuvor relevante Fragestellung der Rechtsfolgen eines „freien Widerrufsvorbehalts" an. Kommt es dennoch zur **Rückabwicklung** der Schenkung,[16] so kann § 29 Abs. 1 Nr. 1 ErbStG unabhängig davon angewendet werden, ob die Rückabwicklung auf Grund einer auflösenden Bedingung oder eines Rückforderungsrechts bewirkt wird. Die bisherige Steuerfestsetzung ist in diesem Fall gem. **§ 175 Abs. 1 S. 1 Nr. 2 AO** aufzuheben und die gezahlte Schenkungsteuer zu erstatten.[17]

21 Dies ist insbesondere im Fall des Vorversterbens (§ 2 Buchst. a) positiv. In diesem Fall besteht nämlich ansonsten das Risiko, dass der Schenker das von ihm zuvor geschenkte Vermögen letztwillig zurückerhält, was iE zu einer doppelten Erbschaft- bzw. Schenkungsteuerbelastung führt. Diese doppelte Steuerbelastung kann über die auflösende Bedingung wirksam beseitigt werden.

22, 23 *(frei)*

Zu § 4

24 Siehe hierzu die Erläuterungen zu § 13 des Formulars A. 2.51 unter Rz. 88ff.

Zu § 5

25 Siehe hierzu die Erläuterungen zu § 14 des Formulars A. 2.51 unter Rz. 93f.

[11] Vgl. § 531 BGB als formlose, einseitige, empfangsbedürftige Willenserklärung iSv. §§ 130ff. BGB, so MüKoBGB/*Kollhosser* BGB § 531 Rz. 2.
[12] Vgl. hierzu *Littmann/Hoffmann* §§ 4, 5 Rz. 74 Stichwort: „Widerspruchsrecht, freies".
[13] Vgl. BFH v. 27.1.1994 – IV R 114/91, BStBl. II 1994, 635; *Jülicher* DStR 1998, 1977, 1978.
[14] *Jülicher* DStR 1998, 1977, 1979.
[15] Vgl. BFH v. 16.1.2008 – II R 10/06, BStBl. II 2008, 631; BFH v. 18.9.2013 – II R 63/11, BFH/NV 2014, 349.
[16] Denkbar ist die Herausgabe der ausgezahlten Gewinnausschüttungen oder des Abfindungsbetrages etc.
[17] *Meincke* ErbStG § 29 Rz. 2.

A. 2.60 Atypisch stille Gesellschaft

Übersicht

A. 2.61 Vertrag über die Errichtung einer atypisch stillen Gesellschaft

Gliederung

Vertrag über die Errichtung einer atypisch stillen Gesellschaft

A. 2.61

zwischen

der ABC-GmbH & Co. KG mit dem Sitz in [...], vertreten durch ihre einzelvertretungsberechtigte und von den Beschränkungen des § 181 BGB befreite Komplementärin, die ABC Verwaltungs-GmbH, diese wiederum vertreten durch ihren einzelvertretungsberechtigten und von den Beschränkungen des § 181 BGB befreiter Geschäftsführer Herrn E (im Folgenden auch „Inhaberin")

und

Frau T, wohnhaft [...] (im Folgenden auch: „stiller Gesellschafterin")

Präambel[Rz. 22]

An der ABC – GmbH & Co. KG mit dem Sitz in [...] (HRA [...], Amtsgericht [...]) sind die Gesellschafter A, B und C als Kommanditisten mit einer Kommanditeinlage (Festkapitalanteil) von jeweils € [...],– beteiligt. Frau T ist die Tochter des Gesellschafters Herrn B.

Im Rahmen der Nachfolgeplanung des Gesellschafters Herrn B soll Frau T eine stille Gesellschaftsbeteiligung am Handelsgewerbe der ABC-GmbH & Co. KG eingeräumt werden. Als stille Gesellschafterin soll Frau T neben dem laufenden Gewinn der Inhaberin auch an den stillen Reserven des Geschäftsvermögens einschließlich eines Geschäftswertes beteiligt werden, es soll sich also um eine aus der Sicht des Steuerrechts „atypisch" stille Beteiligung handeln.

Die Gesellschafter der ABC-GmbH & Co. KG haben dem Abschluss des stillen Gesellschaftsvertrages mit Beschluss vom [...] zugestimmt. Der Gesellschaftsvertrag der ABC-GmbH & Co. KG ist Frau T bekannt.

Dies vorausgeschickt, vereinbaren die Parteien was folgt:

§ 1 Begründung der stillen Gesellschaft[Rz. 23]

(1) Die Inhaberin betreibt in [...] ein Handelsgewerbe. Gegenstand des Unternehmens ist [...].
(2) Frau T beteiligt sich nach Maßgabe der folgenden Bestimmungen an diesem Handelsgewerbe als stille Gesellschafterin.

§ 2 Dauer der Gesellschaft, Geschäftsjahr[Rz. 24]

(1) Die Gesellschaft beginnt am [...]. Sie ist auf unbestimmte Zeit geschlossen.
(2) Das Geschäftsjahr entspricht dem der Inhaberin.

§ 3 Einlage der stillen Gesellschafterin[Rz. 25]

Die stille Gesellschafterin leistet eine Bareinlage in Höhe von € [...],–. Die Einlage ist sofort fällig.

§ 4 Konten der stillen Gesellschafterin[Rz. 26ff.]

(1) Für die stille Gesellschafterin werden bei der Inhaberin ein Einlagenkonto, ein Privatkonto und ein Verlustkonto geführt.
(2) Auf dem Einlagenkonto wird die Einlage der stillen Gesellschafterin ausgewiesen. Das Konto ist fest und unverzinslich.
(3) Auf dem Verlustkonto werden die Verlustanteile der stillen Gesellschafterin gebucht. Solange das Verlustkonto durch Verlustanteile belastet ist, werden künftige Gewinnanteile dem Verlustkonto gutgeschrieben.
(4) Alle sonstigen die stille Gesellschafterin betreffenden Buchungen, insbesondere Gewinngutschriften und Entnahmen, erfolgen auf dem Privatkonto. Das Privatkonto ist, soweit der Gewinn reicht, jährlich mit 2,0 Prozentpunkt über dem Basiszinssatz zu verzinsen.

§ 5 Geschäftsführung[Rz. 29]

(1) Zur Geschäftsführung ist allein die Inhaberin berechtigt und verpflichtet.
(2) Die Inhaberin darf jedoch folgende Maßnahmen nur mit Einwilligung der stillen Gesellschafterin vornehmen:
   a) Änderungen des Unternehmensgegenstands;
   b) Auflösung, Fortsetzung oder Umwandlung der Inhaberin;
   c) Veräußerung oder Verpachtung des Unternehmens im Ganzen oder eines Unternehmensteils;
   d) vollständige oder teilweise Einstellung des Gewerbebetriebs;
   e) Abschluss, Änderung oder Aufhebung von Gewinn- und Verlustübernahmeverträgen;
   f) Erwerb und Veräußerung von Beteiligungen an anderen Unternehmen;
   g) Aufnahme weiterer stiller Gesellschafter;
   h) Erwerb, Veräußerung und Belastung von Grundstücken und grundstücksgleichen Rechten;
   i) Investitionen über einen Betrag von mehr als € [...],–.
(3) Beabsichtigt die Inhaberin die Vornahme einer der in Abs. 2 bezeichneten Maßnahmen, so hat sie dies der stillen Gesellschafterin mitzuteilen und sie zur Erteilung ihrer Zustimmung aufzufordern. Die stille Gesellschafterin ist berechtigt, Einsicht in alle den genehmigungsbedürftigen Geschäfte zugrunde liegenden Unterlagen zu nehmen. Erklärt die stille Gesellschafterin nicht innerhalb von vier Wochen nach Zugang der Aufforderung ihre Ablehnung, so gilt ihre Zustimmung zu der betreffenden Maßnahme als erteilt. Auf diese Rechtsfolge ist die stille Gesellschafterin in der Aufforderung zur Erteilung der Zustimmung ausdrücklich hinzuweisen.

§ 6 Informations- und Kontrollrechte[Rz. 30]

(1) Der stillen Gesellschafterin stehen neben den gesetzlichen Informations- und Kontrollrechten aus § 233 HGB auch die weiteren Rechte gemäß §§ 716 BGB, 118 HGB zu. Die Informations- und Kontrollrechte der stillen Gesellschafterin beziehen sich auch auf alle Bücher und Unterlagen, die der Ermittlung der Besteuerungsgrundlagen dienen und umfassen auch die Steuerbilanz und die Betriebsprüfungsberichte.

(2) Die Informations- und Kontrollrechte bestehen auch nach Beendigung der stillen Gesellschaft fort in dem Umfang, wie es zur Überprüfung des Auseinandersetzungsguthabens der stillen Gesellschafterin erforderlich ist.

(3) Die stille Gesellschafterin kann ihre Informations- und Kontrollrechte durch einen Rechtsanwalt, Steuerberater oder Wirtschaftsprüfer wahrnehmen lassen.

(4) Die stille Gesellschafterin hat über alle ihr bekannt gewordenen Angelegenheiten der Gesellschaft Stillschweigen zu bewahren. Diese Verpflichtung gilt nach Beendigung der stillen Gesellschaft für einen Zeitraum von fünf Jahren fort.

§ 7 Jahresabschluss[Rz. 31]

(1) Die Inhaberin ist aufgrund handelsrechtlicher und steuerrechtlicher Vorschriften verpflichtet, Bücher zu führen und Jahresabschlüsse zu erstellen. Sie erfüllt diese Pflichten auch im Interesse der stillen Gesellschafterin.

(2) Der Jahresabschluss (Bilanz, Gewinn- und Verlustrechnung und Anhang) sind von der Inhaberin innerhalb der hierfür vorgesehenen gesetzlichen Fristen aufzustellen. Der handelsrechtliche und der steuerrechtliche Jahresabschluss sind der stillen Gesellschafterin binnen der ersten sechs Monate nach Ablauf eines jeden Geschäftsjahres zu übermitteln.

(3) Einwendungen der stillen Gesellschafters kann dieser nur innerhalb eines Monats nach Zugang des Jahresabschlusses schriftlich geltend machen. Nach Ablauf dieser Frist gilt der Jahresabschluss als genehmigt. Können die Gesellschafter einen rechtzeitig schriftlich erhobenen Einwand der stillen Gesellschafterin gegen den Jahresabschluss nicht einvernehmlich klären, entscheidet ein Schiedsgutachter, der durch den Präsidenten der für die Inhaberin zuständigen Industrie- und Handelskammer eingesetzt wird.

§ 8 Umfang der Ergebnisbeteiligung[Rz. 32 ff.]

(1) Für die Gewinn- und Verlustbeteiligung der stillen Gesellschafterin ist von dem im steuerlichen Jahresabschluss ausgewiesenen Ertrag auszugehen. Vergütungen an Mitunternehmer der Inhaberin gemäß § 15 Abs. 1 Nr. 2 EStG sind abzuziehen, soweit diese in der Steuerbilanz nicht als Aufwand abgesetzt sind. Leistungen eines Mitunternehmers der Inhaberin, die handelsrechtlich einen Ertrag darstellen (zB Zinsen), sind hinzuzurechnen, soweit diese in der Steuerbilanz nicht als Einnahmen enthalten sind.

(2) Wird der Jahresabschluss der Inhaberin, etwa auf Grund von steuerlichen Veranlagungen oder Betriebsprüfungen, bestandskräftig geändert oder berichtigt, so sind diese Änderungen auch für die Ergebnisbeteiligung der stillen Gesellschafterin verbindlich. Ausgleichszahlungen erfolgen innerhalb von vier Wochen nach bestandskräftiger Änderung des Jahresabschlusses.

§ 9 Ergebnisverteilung[Rz. 35 ff.]

(1) Der stille Gesellschafter nimmt mit [...] vH an dem gemäß § 8 ermittelten Gewinn teil. Dieser Quote liegt das Verhältnis des Werts der Einlage der stillen Gesellschafterin zum Gesamtwert des Unternehmens der Inhaberin bei Abschluss dieses Vertrages zugrunde.

(2) Am Verlust nimmt die stille Gesellschafterin mit der in Abs. 1 bezeichneten Quote bis zum Betrag ihrer eingezahlten oder rückständigen Einlage teil.

§ 10 Entnahmen[Rz. 39 ff.]

(1) Die stille Gesellschafterin kann stets die auf ihre Beteiligung entfallenden Ertrag- und Erbschaftsteuern einschließlich entsprechender Vorauszahlungsbeträge zum Fälligkeitszeitpunkt entnehmen. Außerdem ist sie berechtigt, die ihr zugesagten Leistungen aus Austauschgeschäften mit der Inhaberin zu entnehmen. Im Übrigen kann die stille Gesellschafterin die Hälfte des nach Anwendung der Sätze 1 und 2 verbleibenden ihrem Privatkonto gutgeschriebenen Gewinnanteils entnehmen.
(2) Weitergehende Entnahmen sind nur mit Zustimmung der Inhaberin unter Berücksichtigung der Liquiditätslage zulässig.

§ 11 Änderung der Kapitalverhältnisse; Aufnahme weiterer stiller Gesellschafter[Rz. 42]

(1) Ändern sich die Kapitaleinlagen der Gesellschafter der Inhaberin, ist die stille Gesellschafterin berechtigt, ihre Einlage entsprechend zu ändern. Macht sie von diesem Recht keinen Gebrauch, sind die stille Gesellschafterin und die Inhaberin berechtigt, eine angemessene Neufestsetzung des Ergebnisverteilungsschlüssels zu verlangen.
(2) Werden weitere stille Gesellschafter aufgenommen, ist die Höhe der Gewinn- und Verlustbeteiligung der stillen Gesellschafterin unter Berücksichtigung der Kapitalbeteiligungen neu festzusetzen.

§ 12 Übertragung der stillen Beteiligung[Rz. 43 ff.]

(1) Die stille Gesellschafterin ist berechtigt, ihre Beteiligung ganz oder teilweise, entgeltlich oder unentgeltlich auch ohne Zustimmung der Inhaberin zu übertragen, sofern die Übertragung auf ihren Ehegatten oder Abkömmlinge erfolgt. Im Übrigen ist eine Übertragung der stillen Beteiligung nur mit Zustimmung der Inhaberin zulässig.
(2) Die Belastung der Beteiligung und die Bestellung einer Unterbeteiligung oder eines Nießbrauchs hieran sind in gleicher Weise beschränkt, wie die Übertragung.

§ 13 Kündigung der stillen Gesellschaft[Rz. 46]

(1) Die stille Gesellschaft kann unter Beachtung einer Frist von sechs Monaten zum Schluss eines Geschäftsjahres gekündigt werden, erstmals jedoch zum [...].
(2) Das Recht zur Kündigung aus wichtigem Grund bleibt unberührt. Ein wichtiger Grund liegt neben den in §§ 234 Abs. 1 HGB, 723 BGB bezeichneten Gründen insbesondere vor, wenn
   a) die Inhaberin die in § 5 Abs. 2 bezeichneten Maßnahmen vornimmt, obwohl die stille Gesellschafterin ihre Zustimmung verweigert hat;
   b) über das Vermögen der stillen Gesellschafterin das Insolvenzverfahren eröffnet oder die Eröffnung mangels Masse abgelehnt wird;
   c) in den Anteil der stillen Gesellschafterin die Zwangsvollstreckung betrieben und nicht innerhalb von drei Monaten wieder aufgehoben wird;
   d) eine Person stiller Gesellschafter ist, die nicht nach § 12 nachfolgeberechtigt ist.
(3) Die Kündigung hat durch eingeschriebenen Brief gegenüber dem anderen Vertragspartner zu erfolgen. Für die Wahrung der Kündigungsfrist ist der Zugang der Kündigungserklärung maßgeblich.

(4) Bei Streit darüber, ob die Kündigung des Inhabers wirksam ist, ruhen die Gesellschafterrechte der stillen Gesellschafterin mit Ausnahme seines Gewinnbeteiligungsrechts bis zur rechtskräftigen Klärung des Streits.

§ 14 Tod der stillen Gesellschafterin[Rz. 47, 48]

Stirbt die stille Gesellschafterin, wird die stille Gesellschaft mit ihren Erben oder Vermächtnisnehmern fortgesetzt, es sei denn, die Beteiligung geht auf andere Personen als den Ehegatten und/oder Abkömmlinge der stillen Gesellschafterin über. Testamentsvollstreckung ist zulässig.

§ 15 Umwandlung der Inhaberin[Rz. 49]

Umwandlungsvorgänge auf Ebene der Geschäftsinhaberin berühren das stille Gesellschaftsverhältnis vorbehaltlich einer Kündigung der stillen Gesellschafterin nach § 13 nicht. Die Einlage der stillen Gesellschafterin besteht mit dem Nennbetrag weiter. Dies gilt auch dann, wenn im Zusammenhang mit der Umwandlung eine Auflösung der Inhaberin eintritt und deren Vermögen auf ein neu errichtetes Unternehmen übergeht.

§ 16 Auseinandersetzungsguthaben[Rz. 50ff.]

(1) Bei Beendigung der stillen Gesellschaft hat die stille Gesellschafterin Anspruch auf ihr Auseinandersetzungsguthaben, das auf den Tag der Beendigung zu ermitteln ist.

(2) Das Auseinandersetzungsguthaben errechnet sich aus

a) dem Saldo des nach Maßgabe von § 8 ermittelten Einlage-, Privat- und Verlustkontos;

b) dem ihrer Beteiligungsquote entsprechenden Anteil der stillen Gesellschafterin an den stillen Reserven des Geschäftsvermögens der Inhaberin einschließlich eines selbstgeschaffener Geschäftswertes.

(3) Am Ergebnis schwebender Geschäfte, die nicht bilanzierungspflichtig sind, nimmt der stille Gesellschafter nicht teil.

(4) Scheidet die stille Gesellschafterin während des Geschäftsjahres aus, ist zur Ermittlung der Kontostände des Einlage-, Privat- und Verlustkontos das Ergebnis des laufenden Geschäftsjahres zeitanteilig zu berücksichtigen.

(5) Für die Berechnung des Anteils der stillen Gesellschafterin an den stillen Reserven des Geschäftsvermögens ist der Verkehrswert des Unternehmens der Geschäftsinhaberin zu ermitteln. Können sich die Parteien nicht auf einen Verkehrswert einigen, hat diesen ein von der zuständigen Industrie- und Handelskammer benannter staatlich geprüfter Sachverständiger verbindlich zu bestimmen. Die Kosten der Bewertung tragen die stille Gesellschafterin und die Inhaberin jeweils zur Hälfte.

(6) Endet die stille Gesellschaft infolge der Liquidation der Inhaberin, richtet sich der Anteil der stillen Gesellschafterin an den stillen Reserven des Geschäftsvermögens nach dem Liquidationserlös.

(7) Ein sich unter Berücksichtigung der Abs. 1 bis 4 ergebender negativer Saldo ist von der stillen Gesellschafterin bis zur Höhe eines negativen Privatkontos auszugleichen.

(8) § 8 Abs. 2 findet entsprechende Anwendung; das Auseinandersetzungsguthaben des stillen Gesellschafters ist unter Berücksichtigung der neuen bestandskräftigen Bescheide zu berichtigen.

(9) Das Auseinandersetzungsguthaben ist in [...] gleichen Vierteljahresraten auszuzahlen, von denen die erste drei Monate nach dem Tag der Beendigung der stillen

Gesellschaft zur Zahlung fällig wird. Das Auseinandersetzungsguthaben ist in seiner jeweiligen Höhe mit 1,0 Prozentpunkt über dem Basiszinssatz zu verzinsen. Die Zinsen werden mit der letzten Rate fällig.

§ 17 Inkrafttreten

Dieser Vertrag tritt mit seiner Unterzeichnung in Kraft.

§ 18 Schlussbestimmungen

(1) Änderungen und Ergänzungen dieses Vertrages bedürfen zu ihrer Wirksamkeit der Schriftform, sofern nicht im Gesetz gerichtliche oder notarielle Beurkundung vorgeschrieben ist. Mündliche Nebenabreden bestehen nicht.

(2) Sollte eine Bestimmung dieser Urkunde unwirksam oder anfechtbar sein oder werden, so soll deren Inhalt im Übrigen nicht berührt, sondern sinngemäß ausgeführt werden. Anstelle der unwirksamen oder anfechtbaren Bestimmung soll eine angemessene Regelung gelten, die, soweit rechtlich möglich, dem am nächsten kommt, was die Vertragsschließenden gewollt haben oder nach dem Sinn und Zweck dieses Vertrages gewollt haben würden, sofern sie diesen Punkt bei Abschluss des Vertrages bedacht hätten.

(3) Gerichtsstand für sämtliche Streitigkeiten aus diesem Vertrag ist [...], soweit dies zulässig vereinbart werden kann.

......................................, den ....
[Ort, Datum]

..
[Unterschriften]

A. Grundsätzliche Anmerkungen

I. Wirtschaftliche Vertragsziele

1 Eine **atypisch** stille Beteiligung ist immer dann gegeben, wenn das Gesellschaftsverhältnis durch den stillen Gesellschaftsvertrag abweichend vom gesetzlichen Normaltyp der stillen Gesellschaft gestaltet wird. Die Rechte des stillen Gesellschafters können im Gesellschaftsvertrag so gestaltet werden, dass sie sowohl hinsichtlich der Kontroll- und Mitwirkungsrechte, als auch hinsichtlich der Vermögensrechte im Innenverhältnis der Rechtsstellung eines Kommanditisten entsprechen. Eine solche mitunternehmerische stille Beteiligung stellt im Rahmen der Nachfolgegestaltung eine Alternative zur **Kommanditgesellschaft** dar. Wie bei dieser wird der Nachfolger unter Teilhabe am Unternehmensvermögen und an unternehmerischen Entscheidungen an einem Handelsgewerbe beteiligt, allerdings ohne persönliche Haftung und ohne Eintragung im Handelsregister und damit Offenlegung der stillen Einlage.[1]

II. Rechtliche Aspekte

2 Die Unterscheidung zwischen typischen und atypischen stillen Gesellschaften findet sich sowohl im Handels- als auch im Steuerrecht. Während handelsrechtlich ein atypisch stilles Gesellschaftsverhältnis immer dann vorliegt, wenn gesellschaftsvertraglich von den strukturbildenden Merkmalen der stillen Gesellschaft abgewichen wird,[2] ist

[1] Vgl. iÜ zur Bedeutung der stillen Gesellschaft als Instrument der Nachfolgegestaltung A. 1.21 Rz. 1.
[2] Vgl. A. 1.21 Rz. 14.

für die steuerliche Abgrenzung entscheidend, ob der stille Gesellschafter als Mitunternehmer iSv. § 15 Abs. 1 S. 1 Nr. 2 EStG anzusehen ist.[3] Die handelsrechtliche Unterscheidung muss mit der steuerlichen nicht identisch sein. Das Formular sieht eine im steuerlichen Sinne atypische – mitunternehmerische – stille Beteiligung vor, die zugleich aufgrund der Mitwirkungs- und Vermögensrechte des stillen Gesellschafters auch handelsrechtlich atypisch ist.

Trotz der Annäherung der Rechtsstellung des atypisch stillen Gesellschafters an die eines Kommanditisten bleibt es beim Charakter der stillen Gesellschaft als einer **Innengesellschaft** bürgerlichen Rechts. Der atypisch stille Gesellschafter ist nur schuldrechtlich am Unternehmensvermögen beteiligt, ein Gesamthandsvermögen wird nicht gebildet. Wie bei der typisch stillen Gesellschaft wird nur der Geschäftsinhaber aus den im Betrieb geschlossenen Geschäften berechtigt und verpflichtet, der atypisch stille Gesellschafter tritt nach außen nicht in Erscheinung und eine persönliche Haftung des Stillen gegenüber den Gläubigern des Unternehmens besteht nicht.[4] 3

Vgl. zu den **Formerfordernissen** für den Abschluss des stillen Gesellschaftsvertrages A. 1.21 Rz. 8–11. 4

Vgl. zu dem Erfordernis der Bestellung eines **Ergänzungspflegers** für den Abschluss des stillen Gesellschaftsvertrages und zur Einholung einer **familiengerichtlichen Genehmigung** A. 1.21 Rz. 12–13. 5

Vgl. zur Abgrenzung der stillen Gesellschaft von der **Unterbeteiligung,** dem **partiarischen Darlehen** und einem **Treuhandverhältnis** A. 1.21 Rz. 15–17. 6

III. Steuerrechtliche Aspekte

Der atypisch stille Gesellschafter erzielt gemäß § 15 Abs. 1 S. 1 Nr. 2 EStG Einkünfte aus Gewerbebetrieb, wenn er nach der Ausgestaltung seiner gesellschafterlichen Stellung als **Mitunternehmer** anzusehen ist. Mitunternehmer ist, wer Mitunternehmerinitiative entfalten kann und Mitunternehmerrisiko trägt.[5] Diese beiden Hauptmerkmale der Mitunternehmerstellung müssen stets gemeinsam vorliegen, können aber im Einzelfall mehr oder weniger stark ausgeprägt sein.[6] 7

Die Annahme eines **Mitunternehmerrisikos** des stillen Gesellschafters setzt voraus, dass dieser nicht nur am laufenden Gewinn und Verlust, sondern schuldrechtlich am gesamten Geschäftsvermögen beteiligt ist und deshalb im Auflösungsfall nicht nur den berichtigten Buchwert seiner Einlage, sondern einen Anteil an den stillen Reserven des Geschäftsvermögens einschließlich eines etwaigen Geschäftswerts erhält.[7] Der Geschäftswert muss hierbei nach Methoden berechnet werden, die im Geschäftsverkehr bei der Bewertung von Unternehmen gebräuchlich sind; die Vereinbarung einer hiervon abweichenden Pauschalabfindung genügt nicht.[8] Der „wirkliche" Wert der Beteiligung kann dabei nicht nur aus dem Gewinn eines Jahres abgeleitet werden.[9] Trotz Beteiligung an den stillen Reserven ist ein ausreichendes Mitunternehmerrisiko des stillen Gesellschafters zu verneinen, wenn die Beteiligung keine wirtschaftliche Bedeutung hat, weil von vornherein nur eine lediglich theoretische, kaum realitätsbezogene Möglichkeit besteht, dass sich stille Reserven bilden und der stille Gesellschafter bei Auflösung der Gesellschaft einen Anteil hieran erlangt.[10] Die dargestellten 8

---

[3] Vgl. A. 1.21 Rz. 15.
[4] Vgl. iÜ A. 1.21 Rz. 5 ff.
[5] BFH v. 25.6.1984 – GrS 4/82, BStBl. II 1984, 751 ff.
[6] BFH v. 25.6.1984 – GrS 4/82, BStBl. II 1984, 751, 769.
[7] BFH v. 13.6.1989 – VIII R 47/85, BStBl. II 1989, 720, 722; BFH v. 9.12.2002 – VIII R 20/01, BFH/NV 2003, 601, 603; HHR/*Haep* EStG § 15 Rz. 392.
[8] BFH v. 27.5.1993 – IV R 1/92, BStBl. II 1994, 700.
[9] BFH v. 27.7.2009 – IV B 124/08, BFH/NV 2009, 1981.
[10] BFH v. 18.2.1993 – IV R 132/91, BFH/NV 1993, 647; BFH v. 22.1.1981 – IV B 41/80, BStBl. II 1981, 424.

Grundsätze gelten in gleicher Weise für Personengesellschaften unter Fremden wie für Familienpersonengesellschaften.[11] Nach den Grundsätzen zur steuerlichen Anerkennung von Vertragsverhältnissen zwischen nahen Angehörigen[12] ist eine schenkweise begründete atypisch stille Beteiligung eines minderjährigen Kindes an einer GmbH nach Auffassung der Rechtsprechung mangels tatsächlicher Durchführung dann steuerlich nicht anzuerkennen, wenn der Vater die GmbH beherrscht und der Gewinnanteil des stillen Gesellschafters weder vereinbarungsgemäß ausgezahlt, noch eine Vereinbarung über das darlehensweise Stehenlassen des Gewinnanteils getroffen wird.[13]

9 Die Entfaltung von **Mitunternehmerinitiative** erfordert die Möglichkeit zur Einflussnahme auf das betriebliche Geschehen.[14] Hierfür ist schon die Möglichkeit zur Ausübung von Gesellschafterrechten ausreichend, die wenigstens den Stimm-, Kontroll- und Widerspruchsrechten eines Kommanditisten angenähert sind oder den Kontrollrechten nach § 716 BGB entsprechen.[15] Zu den Mitwirkungs- und Kontrollrechten des Kommanditisten nach dem HGB gehören das gleichberechtigte Stimmrecht bei der Beschlussfassung der Gesellschaft (§§ 161 Abs. 2, 119 HGB), das Widerspruchsrecht gegenüber Handlungen der (geschäftsführenden) persönlich haftenden Gesellschafter, die über den gewöhnlichen Betrieb des Handelsgewerbes der Gesellschaft hinausgehen (§ 164 HGB) und das Kontrollrecht nach § 166 HGB.[16] Ist der stille Gesellschafter aber nach Maßgabe von Rz. 9 am Unternehmensvermögen beteiligt, sollen nach herrschender Auffassung die Kontrollrechte nach § 233 HGB für eine ausreichende Mitunternehmerinitiative des Stillen genügen.[17]

10 Der steuerlich atypisch stille Gesellschafter wird als Mitunternehmer dem Gesellschafter einer Personenhandelsgesellschaft weitgehend gleichgestellt. Dementsprechend gehören nicht nur die eigentlichen Gewinnanteile des Stillen für diesen zu den Einkünften aus Gewerbebetrieb iSv. § 15 Abs. 1 S. 1 Nr. 1 EStG, sondern auch sämtliche sonstigen Einkünfte, die er seitens des Geschäftsinhabers bezieht, wie Zinsen für die Hingabe von Darlehen, Tätigkeitsvergütungen oder Mieten für die Überlassung von Wirtschaftsgütern.[18] Diese Vergütungen stellen **Sonderbetriebseinnahmen** des stillen Gesellschafters dar.

11 Wirtschaftsgüter, die der atypisch stille Gesellschafter dem Geschäftsinhaber nutzungsweise überlässt, sind **Sonderbetriebsvermögen I** des Stillen im Rahmen der stillen Gesellschaft.[19] Auch **Sonderbetriebsvermögen II** des atypisch stillen Gesellschafters ist denkbar, wenn dieser bspw. für die Leistung seiner stillen Einlage ein Refinanzierungskredit in Anspruch genommen hat.[20]

12 Anders als bei der typisch stillen Gesellschaft mindert der Gewinnanteil des atypisch stillen Gesellschafters die steuerliche Bemessungsgrundlage des Geschäftsinhabers nicht. Diesem wird im Rahmen der Mitunternehmerschaft ein Gewinnanteil zugewiesen. Die unmittelbare Zuweisung der Gewinnanteile bei der atypisch stillen Gesellschaft hat auch zur Folge, dass anders als bei der typisch stillen Gesellschaft ein Kapitalertragsteuerabzug nicht erfolgt. Dem atypisch stillen Gesellschafter ist der Gewinnanteil bereits in dem Zeitpunkt steuerlich zuzurechnen, in dem der Gewinn beim Geschäftsinhaber entsteht. Auf ein Zufließen der Gewinnanteile nach § 11 EStG

[11] BFH v. 10.11.1987 – VIII R 166/84, DB 1988, 940, 941.
[12] Vgl. hierzu A. 1.21 Rz. 27.
[13] BFH v. 13.6.1989 – VIII R 47/85, BStBl. II 1989, 720.
[14] Blümich/*Bode* EStG § 15 Rz. 351 mwN.
[15] BGH v. 25.6.1984 – GrS 4/82, BStBl. II 1984, 751, 769.
[16] Vgl. HHR/*Haep* EStG § 15 Rz. 310.
[17] BFH v. 13.6.1989 – VIII R 47/85, BStBl. II 1989, 720, 722; BFH v. 9.12.2002 – VIII R 20/01, BFH/NV 2003, 601, 601; Blümich/*Bode* EStG § 15 Rz. 317; Schmidt/*Wacker* EStG § 15 Rz. 343; kritisch etwa HHR/*Haep* EStG § 15 Rz. 393; *Pinkernell* Einkünftezurechnung bei Personengesellschaften, 2001, S. 147 ff.
[18] Blaurock/*Levedag* § 22 Rz. 22.51.
[19] *Döllerer* DStR 1985, 294, 295; BFH v. 11.12.1990 – VIII R 122/86, FR 1991, 236.
[20] Blaurock/*Levedag* § 22 Rz. 22.40.

kommt es nicht an.[21] Die Gewinne und Verluste des atypisch stillen Gesellschafters und des Inhabers des Handelsgewerbes werden gemäß **§§ 179, 180 Abs. 1 Nr. 2a AO einheitlich** und gesondert festgestellt.[22] Der Feststellungsbescheid hat gemäß § 182 Abs. 1 Satz 1 AO Bindungswirkung für die Einkommensteuerbescheide beider Gesellschafter.[23] Besteht die atypisch stille Gesellschaft wie im Formular am Handelsgewerbe einer Personengesellschaft, dürfen die Feststellungen für die beiden Mitunternehmerschaften nicht im selben Bescheid erfolgen, sondern es ist jeweils ein Gewinnfeststellungsbescheid für die Personengesellschaft, an der die atypisch stille Beteiligung besteht, und für die atypisch stille Gesellschaft zu erlassen.[24] Dementsprechend sind auch zwei getrennte Feststellungserklärungen abzugeben.

Die **Auflösung** oder **Veräußerung** der atypisch stillen Beteiligung wird von § 16 EStG erfasst. § 16 Abs. 1 Nr. 2 EStG gilt für die folgenden entgeltlichen gesellschaftsrechtlichen Vorgänge:[25] 13

- das **Ausscheiden** des stillen Gesellschafters infolge der Beendigung der stillen Gesellschaft;
- Beendigung der stillen Gesellschaft durch **Übertragung des Unternehmens auf den atypisch stillen Gesellschafter;**
- die **Veräußerung der stillen Beteiligung** an einen Dritten;
- die **Übertragung des Handelsgewerbes auf einen Dritten** unter Fortbestand der atypisch stillen Beteiligung.

Der Veräußerungs-(Aufgabe-)gewinn des atypisch stillen Gesellschafters ist gemäß § 34 Abs. 1 EStG steuerlich begünstigt. Ggf. können der ermäßigte Steuersatz gemäß § 34 Abs. 3 EStG und der Freibetrag nach § 16 Abs. 4 EStG in Anspruch genommen werden. Wird das stille Gesellschaftsverhältnis durch Übertragung des Unternehmens auf den atypisch stillen Gesellschafter beendet, realisiert der Geschäftsinhaber einen Veräußerungsgewinn oder -verlust iSv. § 16 EStG.

Die atypisch stille Gesellschaft ist als solche gewerblich tätig mit der Folge, dass sie ebenso wie die OHG und KG **selbständiges Subjekt** der **Gewinnerzielung, Gewinnermittlung** und **Einkünftequalifikation** ist.[26] Trotzdem kann es aufgrund des Charakters der stillen Gesellschaft als Innengesellschaft weder eine **Handelsbilanz,** noch eine **Steuerbilanz** der atypisch stillen Gesellschaft geben, da die stille Gesellschaft kein Gesamthandsvermögen bilden kann und damit ein Betriebsvermögensvergleich nach §§ 4 Abs. 1, 5 EStG nicht möglich ist. Der steuerliche Gesamtgewinn der Mitunternehmerschaft ergibt sich deshalb im Fall der atypisch stillen Gesellschaft aus einer Addition der Ergebnisse der Steuerbilanz des Geschäftsinhabers und etwaiger Sonderbilanzen des stillen Gesellschafters unter Hinzurechnung des Gewinnanteils und etwaiger Sondervergütungen bzw. Sonderbetriebsausgaben des Stillen.[27] 14

Besteht die atypisch stille Beteiligung wie im Formular an dem Betrieb einer anderen Mitunternehmerschaft, entsteht eine **doppelstöckige Personengesellschaft** iSv. § 15 Abs. 1 S. 1 Nr. 2 S. 2 EStG.[28] 15

Im finanzgerichtlichen Verfahren kann die atypisch stille Gesellschaft mangels organschaftlicher Vertretung nicht Beteiligte sein. Nur der Geschäftsinhaber und der atypisch stille Gesellschafter können als Beteiligte auftreten.[29] In einem Verfahren über die 16

---

[21] *Döllerer* DStR 1985, 294, 297.
[22] BFH v. 12.11.1985 – VIII R 364/83, BStBl. II 1986, 311; gleichlautender Erlass der obersten Finanzbehörden vom 12.11.1985, BStBl. I 1989, 452.
[23] BFH v. 21.10.2015 – IV R 43/12, BStBl. II 2016, 517.
[24] BFH v. 21.10.2015 – IV R 43/12, BStBl. II 2016, 517.
[25] Schmidt/*Wacker* EStG § 15 Rz. 420.
[26] BFH v. 26.11.1996 – VIII R 42/94, BFHE 182, 101.
[27] BFH v. 13.7.1993 – VIII R 85/91, BStBl. II 1994, 243; OFD Frankfurt a.M. v. 14.3.2001, DStR 2001, 1159.
[28] Schmidt/*Wacker* EStG § 15 Rz. 613.
[29] BFH v. 11.1.2001 – VIII B 83/00, BFH/NV 2001, 578.

einheitliche Feststellung der Einkünfte aus Gewerbebetrieb für die atypisch stille Gesellschaft ist nicht die Gesellschaft, sondern der Inhaber des Handelsgewerbes klagebefugt.[30] Nach Beendigung der atypisch stillen Gesellschaft ist der stille Gesellschafter zum Klageverfahren des Unternehmensinhabers gegen den Gewinnfeststellungsbescheid gemäß § 60 FGO notwendig beizuladen.[31] Die Prüfungsanordnung zur Feststellung des Gewinns einer atypisch stillen Gesellschaft ist an den Geschäftsinhaber zu richten.[32]

17 **Gewerbesteuerlich** ist zwischen objektiver und subjektiver Gewerbesteuerpflicht zu unterscheiden. Sachlich bzw. **objektiv** gewerbesteuerpflichtig ist gem. § 2 Abs. 1 S. 1 GewStG jeder inländische stehende Gewerbebetrieb. Da bei der Mitunternehmerschaft in Form der atypisch stillen Gesellschaft das gewerbliche Unternehmen im Innenverhältnis auch auf Rechnung und Gefahr des stillen Gesellschafters geführt wird, wird dem stillen Gesellschafter die Tätigkeit des Geschäftsinhabers auch gewerbesteuerlich zugerechnet.[33] Der Betrieb der atypisch stillen Gesellschaft bildet daher einen eigenen Gewerbesteuergegenstand, der einen eigenen Gewerbeertrag erzielt.[34] Bei atypisch stiller Beteiligung an einer gewerblich tätigen Personengesellschaft wie im Formular liegen zwei selbständige Gewerbebetriebe vor, für die der Geschäftsinhaber jeweils zwei eigenständige Gewerbesteuererklärungen abzugeben hat.[35] Neben dem Gewerbeertrag der atypisch stillen Gesellschaft ist der Gewerbeertrag des Geschäftsinhabers und ggf. des atypisch stillen Gesellschafters zu ermitteln. Eine gewerbesteuerliche Doppelbelastung wird durch § 9 Nr. 2 GewStG vermieden.

18 Da die **subjektive** Gewerbesteuerpflicht, also die Verpflichtung zur Entrichtung der festgesetzten Gewerbesteuer, im Wesentlichen daran anknüpft, dass eine Zwangsvollstreckung in das Gesellschaftsvermögen durchgeführt werden kann, kann die atypisch stille Gesellschaft als Innengesellschaft ohne Gesamthandsvermögen nicht Schuldnerin der Gewerbesteuer sein. Insofern verbleibt es bei der alleinigen Steuerschuldnerschaft des Geschäftsinhabers als Unternehmer iSv. § 5 Abs. 1 S. 1 GewStG.[36]

19 Die Leistung einer Geldeinlage durch den stillen Gesellschafter ist nicht umsatzsteuerbar.[37]

20 Dem Formular liegt die Fallkonstellation zugrunde, dass die stille Gesellschaft erstmals schenkweise begründet wird, indem dem stillen Gesellschafter zuerst die Mittel für die Einlageleistung zugewandt werden und sodann der stille Gesellschaftsvertrag abgeschlossen wird. Wird dem stillen Gesellschafter der für seine Vermögenseinlage erforderliche Geldbetrag mit einer entsprechenden Verwendungsabrede geschenkt, handelt es sich um eine mittelbare Zuwendung einer atypisch stillen Beteiligung.[38] **Schenkungsteuerlich** ist Zuwendungsgegenstand deshalb im Zweifel nicht der Einlagebetrag, sondern die atypisch stille Beteiligung als solche. Der Zuwendungsgegenstand wird nicht als Kapitalforderung, sondern als Mitunternehmeranteil bewertet.[39] Hierbei wird der Anteilssteuerwert gemäß der Quotierungsmethode des § 97 Abs. 1a BewG aus dem Gesamtsteuerwert des Betriebsvermögens des Geschäftsinhabers abgeleitet.[40] Vgl. zur schenkweisen Einräumung einer atypisch stillen Beteiligung iÜ Formular A. 2.72 und zur unentgeltlichen Übertragung einer atypisch stillen Beteiligung als solcher Formular A. 2.73.

---

[30] BFH v. 24.11.1988 – VIII B 90/87, DB 1989, 259.
[31] BFH v. 13.10.2016 – IV R 20/14, BeckRS 2017, 94221.
[32] BFH v. 3.2.2003 – VIII B 39/02, BFH/NV 2003, 1028.
[33] MHdB GesR II/*Schnittker* § 90 Rz. 61.
[34] Vgl. grundlegend BFH v. 25.7.1995 – VIII R 54/93, BStBl. II 1995, 794.
[35] BFH v. 8.12.2016 – IV R 8/14, DStR 2017, 255.
[36] BFH v. 25.7.1995 – VIII R 54/93, BStBl. II 1995, 794; *Glanegger/Güroff* GewStG § 5 Rz. 10.
[37] Bunjes/*Heider* UStG § 1 Rz. 68.
[38] Troll/Gebel/Jülicher/*Gebel* ErbStG § 7 Rz. 473.
[39] Troll/Gebel/Jülicher/*Gebel* ErbStG § 7 Rz. 122.
[40] Troll/Gebel/Jülicher/*Gebel* ErbStG § 7 Rz. 122.

Erwirbt der Beschenkte mit den ihm zur Verfügung gestellten Mitteln eine typisch stille Beteiligung,[41] wird der Zuwendungsgegenstand als Kapitalforderung bewertet.[42] 21

B. Einzelerläuterungen

Zur Vorbemerkung

Die Vorbemerkung hält fest, dass die stille Gesellschafterin nicht nur am laufenden Betriebsergebnis, sondern auch an den stillen Reserven des Geschäftsvermögens einschließlich eines Geschäftswertes beteiligt sein soll. Hierdurch wird klargestellt, dass es sich um eine im steuerlichen Sinne atypisch stille Beteiligung handeln soll, bei der die stille Gesellschafterin als Mitunternehmer zu qualifizieren ist. 22

Zu § 1: Begründung der stillen Gesellschaft

Vgl. Erläuterungen in A. 1.21 Rz. 36f. 23

Zu § 2: Dauer der Gesellschaft, Geschäftsjahr

Da es weder eine **Handelsbilanz,** noch eine **Steuerbilanz** der atypisch stillen Gesellschaft geben kann,[43] ist Grundlage der Ergebnisermittlung des atypisch stillen Gesellschafters die Rechnungslegung des Geschäftsinhabers. Deshalb empfiehlt es sich, das Geschäftsjahr der stillen Gesellschaft dem des Geschäftsinhabers anzupassen. 24

Zu § 3: Einlage der stillen Gesellschafterin

Vgl. Erläuterungen in A. 1.21 Rz. 39. 25

Zu § 4: Konten der stillen Gesellschafterin

Die Aufteilung der Gesellschafterkonten des stillen Gesellschafters in Einlage-, Privat- und Verlustkonto empfiehlt sich zur besseren Übersichtlichkeit.[44] Aufgrund des Fehlens eines Gesamthandsvermögens bringt das **Einlagekonto** des stillen Gesellschafters auch bei der atypisch stillen Gesellschaft nicht seine Beteiligung am Geschäftsvermögen zum Ausdruck, sondern eine echte Verbindlichkeit des Geschäftsinhabers gegenüber dem stillen Gesellschafter. Insofern besteht ein Unterschied zu den Gesellschafterkonten bei der OHG und KG. Die Einlage des atypisch stillen Gesellschafters kann je nach Ausgestaltung des stillen Gesellschaftsverhältnisses Fremd- oder Eigenkapitalcharakter haben.[45] Eigenkapitalcharakter hat die stille Einlage etwa dann, wenn die Rechtsstellung des atypisch stillen Gesellschafters der eines Kommanditisten oder GmbH-Gesellschafters entspricht und neben einer vollen Verlustbeteiligung des stillen Gesellschafters von diesem eine Rangrücktrittserklärung für den Fall der Insolvenz und der Liquidation des Geschäftsinhabers abgegeben wurde.[46] Vgl. iÜ zur Stellung des stillen Gesellschafters in der Insolvenz des Geschäftsinhabers Formular A. 1.21, Rz. 38. 26

Das **Privatkonto** des stillen Gesellschafters ist ebenfalls ein Gläubigerkonto. Die ebenfalls häufig gewählte Bezeichnung als „Darlehenskonto" ist deshalb irreführend, weil sich die Ansprüche des stillen Gesellschafters nicht Darlehensrecht, sondern den gesellschaftsvertraglichen Entnahmeregelungen (§ 10 des Formulars) richten. Die Bezeichnung „Darlehenskonto" sollte deshalb nur in Fällen gewählt werden, in denen 27

[41] Vgl. Formular A. 1.21.
[42] Troll/Gebel/Jülicher/*Gebel* ErbStG § 7 Rz. 121.
[43] Vgl. hierzu oben Rz. 15.
[44] Vgl. hierzu A. 1.21 Rz. 36.
[45] Vgl. hierzu Blaurock/*Jung* § 7 Rz. 7.81 ff.
[46] Vgl. BGH v. 7.11.1988 – II ZR 46/88, WM 1989, 14, 15; BGH v. 13.2.2006 – II ZR 62/04, WM 2006, 691.

der stille Gesellschafter dem Geschäftsinhaber ein echtes Darlehen iSd §§ 488 ff. BGB gewährt. Da im Formular eine Beschränkung des Entnahmerechts des stillen Gesellschafters vorgesehen ist (§ 10 des Formulars), ist es interessengerecht, Guthaben auf dem Privatkonto zu verzinsen.

28 Die Regelung des Formulars zur Gutschrift von Gewinnanteilen auf dem **Verlustkonto** der stillen Gesellschafterin entspricht der gesetzlichen Regelung, wonach Gewinnanteile des stillen Gesellschafters, wenn er am Verlust beteiligt ist, in voller Höhe zur Deckung des Verlustes zu verwenden sind, solange die stille Einlage durch Verluste gemindert ist (§ 232 Abs. 2 S. 2 HGB). Ebenfalls möglich ist eine Regelung, nach der lediglich ein Teil der Gewinne zur Wiederauffüllung des Verlustkontos zu verwenden ist, während der verbleibende Teil vom stillen Gesellschafter entnommen werden kann.[47]

Zu § 5: Geschäftsführung

29 Abs. 1 entspricht der gesetzlichen Regelung in § 230 Abs. 2 HGB, nach der der stille Gesellschafter von der Geschäftsführung ausgeschlossen ist und der Geschäftsinhaber seine eigenen Geschäfte im eigenen Namen führt. Abs. 2 erweitert die Mitwirkungsrechte der stillen Gesellschafterin, in dem nicht nur Grundlagenänderungen des Unternehmens unter Zustimmungsvorbehalt der stillen Gesellschafterin stehen,[48] sondern auch ein bestimmter Kreis von außergewöhnlichen Geschäftsführungsmaßnahmen im Innenverhältnis von der Zustimmung der stillen Gesellschafterin abhängt. Diese Annäherung der Mitwirkungsrechte der stillen Gesellschafterin an das Widerspruchsrecht des Kommanditisten aus § 164 HGB begründet die für die Annahme einer steuerlichen Mitunternehmerschaft erforderliche Mitunternehmerinitiative. Der Zustimmungskatalog kann erweitert, aber auch eingeschränkt werden. Nach Auffassung des Bundesfinanzhofs soll es, wenn der stille Gesellschafter an den stillen Reserven und am Geschäftswert des Unternehmens beteiligt ist, für eine Mitunternehmerstellung des stillen Gesellschafters sogar genügen, wenn dieser Mitunternehmerinitiative nur durch sein Kontrollrecht aus § 233 HGB ausüben kann.[49]

Zu § 6: Informations- und Kontrollrechte

30 Dem stillen Gesellschafter stehen gemäß § 233 HGB nur eingeschränkte Informations- und Kontrollrechte zu. Das Formular erweitert die Rechte der stillen Gesellschafterin, indem dieser entsprechend seinen weitergehenden Vermögensrechten die weiteren Rechte eines von der Geschäftsführung ausgeschlossenen Gesellschafters aus §§ 716 BGB, 118 HGB eingeräumt werden. Die stille Gesellschafterin hat also insbesondere das Recht, sich persönlich von den Angelegenheiten des Unternehmens persönlich zu unterrichten und Einsicht in die Geschäftsbücher und -papiere zu nehmen. Das Kontrollrecht aus § 716 BGB kann im Einzelfall bereits für eine ausreichende Mitunternehmerinitiative des atypisch stillen Gesellschafters genügen.[50] Da dem stillen Gesellschafter nach Beendigung der stillen Gesellschaft die Informationsrechte aus § 233 HGB nicht mehr zustehen und er insofern auf die Rechte aus §§ 810, 242 BGB beschränkt ist,[51] erstreckt das Formular die Informations- und Kontrollrechte aus §§ 233 HGB, 716 BGB, 118 HGB ausdrücklich auf den Zeitraum nach Beendigung der stillen Gesellschaft. Vgl. iÜ zur persönlichen Ausübung seiner Informationsrechte durch den stillen Gesellschafter A. 1.21 Rz. 43.

---

[47] Vgl. hierzu das Formulierungsbeispiel bei *Kolberg* Formularbuch Recht und Steuern, A. 14.01, § 7 Abs. 2.

[48] Vgl. hierzu A. 1.21 Rz. 43.

[49] BFH v. 13.6.1989 – VIII R 47/85, BStBl. II 1989, 720, 722; BFH v. 9.12.2002 – VIII R 20/01, BFH/NV 2003, 601, 603; aA *Schulze-Osterloh* in FS Kruse, 2001, S. 377, 392.

[50] BFH v. 25.6.1984 – GrS 4/82, BStBl. II 1984, 751, 769.

[51] BGH v. 11.7.1968 – II ZR 179/66, BGHZ 50, 316, 324; BGH v. 25.6.1984 – GrS 4/82, BStBl. II 1984, 751; MüKoHGB/*K. Schmidt* HGB § 233 Rz. 31 mwN in Fn. 79.

Zu § 7: Jahresabschluss

Obwohl die atypisch stille Gesellschaft als solche **selbständiges Subjekt** der **Gewinnerzielung, Gewinnermittlung** und **Einkünftequalifikation** ist,[52] kann es aufgrund des Charakters der stillen Gesellschaft als Innengesellschaft weder eine **Handelsbilanz,** noch eine **Steuerbilanz** der atypisch stillen Gesellschaft geben.[53] Grundlage für die Ermittlung der Ergebnisbeteiligung des atypisch stillen Gesellschafters ist deshalb wie bei der typisch stillen Gesellschaft die Handels- oder Steuerbilanz des Inhabers des Handelsgewerbes.[54] 31

Zu § 8: Umfang der Ergebnisbeteiligung

Ebenso wie bei der typisch stillen Gesellschaft steht es den Parteien des atypisch stillen Gesellschaftsvertrages frei, anstelle des nach § 232 Abs. 1 HGB maßgeblichen Handelsbilanzgewinns den Steuerbilanzgewinn als Ausgangsgröße für die Ergebnisverteilung zugrunde zu legen. Vgl. zu den Vorteilen der Maßgeblichkeit der Steuerbilanz A. 1.21 Rz. 47. 32

Bei der Ermittlung des Ergebnisanteils der atypisch stillen Gesellschafterin ist vom gesamten Handels- bzw. Steuerbilanzgewinn der Geschäftsinhaberin auszugehen. Eine Umformung des Handels- bzw. Steuerbilanzgewinns zum „Betriebsgewinn" durch Korrekturen um erhöhte Abschreibungen, außerordentliche Aufwendungen und Erträge sowie Gewinne und Verluste aus Gegenständen des Anlagevermögens findet anders als bei der typisch stillen Gesellschaft nicht statt,[55] da der atypisch stille Gesellschafter schuldrechtlich so gestellt ist, als sei er wie ein Kommanditist am gesamten Geschäftsvermögen der Inhaberin des Handelsgewerbes beteiligt. Tätigkeits- und sonstige Vergütungen an Mitunternehmer der Geschäftsinhaberin sind aber zu berücksichtigen, weil diese steuerlich Vorabgewinn darstellen. 33

Ist die Steuerbilanz für die Ermittlung des Ergebnisanteils des atypisch stillen Gesellschafters maßgeblich, sollte der stille Gesellschaftsvertrag eine Regelung vorsehen, welche Wertansätze im Verhältnis zum stillen Gesellschafter maßgeblich sein sollen, wenn sich die ursprünglichen Wertansätze in der Steuerbilanz, zB aufgrund einer abweichenden Veranlagung oder steuerlichen Außenprüfung, zu einem späteren Zeitpunkt ändern. 34

Zu § 9: Ergebnisverteilung

Trifft der stille Gesellschaftsvertrag keine Regelung über die Höhe des Anteils des stillen Gesellschafters am Gewinn und Verlust, gilt gemäß § 231 Abs. 1 HGB ein angemessener Anteil als bedungen. Ein angemessener Maßstab für die Gewinnverteilung ist das Verhältnis des Werts der stillen Einlage zum Wert des Handelsgewerbes unter Berücksichtigung der stillen Reserven und ggf. eines Geschäftswertes. 35

Grundsätzlich können die Vertragspartner die Höhe der Gewinn- und Verlustbeteiligung des atypisch stillen Gesellschafters frei vereinbaren. Besonderheiten gelten insofern bei **Familiengesellschaften,** bei denen die Gewinnverteilung einer Angemessenheitsprüfung unterliegt. Die **Angemessenheit** des Gewinnanteils eines atypisch stillen Gesellschafters ist hierbei nicht anhand eines konkreten Fremdvergleichs, sondern nach Maßgabe einer angemessenen Durchschnittsrendite der Einlage zu bestimmen.[56] Wurde die stille Beteiligung **unentgeltlich** erworben und ist der stille Gesell- 36

[52] BFH v. 26.11.1996 – VIII R 42/94, BFHE 182, 101.
[53] Vgl. hierzu oben Rz. 15.
[54] Vgl. hierzu A. 1.21 Rz. 46.
[55] Vgl. hierzu A. 1.21 Rz. 48 ff.
[56] BFH v. 29.5.1972 – GrS 4/71, BStBl. II 1973, 5 ff.

schafter am Verlust beteiligt, wird ein Gewinnanteil von bis zu 15% des Nominalwerts der Einlage als angemessen anerkannt.[57] Wurde die stille Beteiligung vom stillen Gesellschafter mit eigenen Beiträgen und damit **entgeltlich** erworben, erhöht sich die noch angemessene Rendite auf 35 vH.[58] Diese Anteilssätze sind allerdings keine starren Obergrenzen, sondern müssen bei einer Veränderung der tatsächlichen Verhältnisse angepasst werden, wenn auch fremde Dritte die Gewinnverteilung angepasst hätten.[59] Ist die Gewinnbeteiligung des stillen Gesellschafters nach den vorstehenden Grundsätzen als unangemessen hoch anzusehen oder unterbleibt eine fremdübliche Korrektur, ist die Besteuerung so vorzunehmen, als wenn ein angemessener Gewinnverteilungssatz vereinbart worden wäre.[60] Die Finanzverwaltung hat sich der vorstehend dargestellten Rechtsprechung des Bundesfinanzhofs im Wesentlichen angeschlossen.[61] Für die Angemessenheit der Gewinnverteilung in der typisch stillen Gesellschaft gelten die vorstehend dargestellten Grundsätze entsprechend.[62] In der Einräumung einer überhöhten Gewinnbeteiligung kann außerdem gemäß § 7 Abs. 6 ErbStG eine Schenkung liegen, die mit dem Kapitalwert anzusetzen ist.

37 Nach den Regelungen des Formulars nimmt die stille Gesellschafterin entsprechend § 232 Abs. 2 S. 1 HGB am Verlust nur bis zum Betrag ihrer eingezahlten oder rückständigen Einlage teil. Hiervon anweichend kann vereinbart werden, dass dem stillen Gesellschafter Verlustanteile auch über den Betrag seiner Einlage hinaus zuzurechnen sind, so dass ein negatives Einlagekonto entstehen kann, welches grundsätzlich durch spätere Gewinnanteile wieder aufzufüllen ist. In diesem Fall ist die „Haftung" des stillen Gesellschafters der eines Kommanditisten vergleichbar (§ 15 a Abs. 5 Nr. 1 EStG), so dass die **Verlustverrechnungsbeschränkung des § 15a EStG** zur Anwendung kommt.[63] Hiernach ist ein Verlustausgleich im Verlustjahr und ein Verlustabzug nach § 10d EStG ausgeschlossen, soweit die zugewiesenen Verlustanteile zu einem negativen Einlagekonto des stillen Gesellschafters führen oder dieses erhöhen. Die Verluste mindern aber die Gewinne, die dem stillen Gesellschafter in späteren Wirtschaftsjahren aus seiner Beteiligung zuzurechnen sind (§ 15a Abs. 2 EStG). Streitig war, ob und inwieweit in die Berechnung des Verlustausgleichsvolumens auch **Sonderbetriebsvermögen** des stillen Gesellschafters einzubeziehen ist.[64] Für die Kommanditgesellschaft hat der BFH die Streitfrage insoweit grundsätzlich entschieden, als maßgeblich für das Kapitalkonto des Kommanditisten iSv. § 15a EStG nur die Steuerbilanz der Gesellschaft und ggf. eine Ergänzungsbilanz sein kann, aber das Sonderbetriebsvermögen außer Betracht zu lassen ist.[65] Die Finanzverwaltung hat sich der BFH-Rechtsprechung ausdrücklich angeschlossen.[66] Für einen atypisch stillen Gesellschafter, der ebenso wie ein Kommanditist Mitunternehmer iSv. § 15 Abs. 1 S. 1 Nr. 2 EStG ist, kann insofern nichts anderes gelten.[67]

38 Wird weitergehend vereinbart, dass der stille Gesellschafter im Innenverhältnis **unbegrenzt** am Verlust teilnimmt und deshalb im Auflösungsfall nachschusspflichtig ist, ist § 15a Abs. 1 S. 1 EStG ebenfalls anzuwenden, obwohl die „Haftung" des Stillen in

---

[57] BFH v. 29.5.1972 – GrS 4/71, BStBl. II 1973, 5 ff.
[58] BFH v. 16.12.1981 – I R 167/78, BStBl. II 1982, 387; BFH v. 21.9.2000 – IV R 50/99, BStBl. II 2001, 299.
[59] BFH v. 29.5.1972 – GrS 4/71, BStBl. II 1973, 5 ff.; BFH v. 22.10.2013 – X R 26/11, BStBl. II 2014, 374.
[60] BFH v. 29.5.1972 – GrS 4/71, BStBl. II 1973, 5 ff.; BFH v. 29.3.1973 – IV R 158/68, BStBl. II 1973, 489 ff.
[61] Vgl. EStR 2011 E 15.9 Abs. 3.
[62] Vgl. BFH v. 19.2.2009 – IV R 83/06, DStR 2009, 959 ff. und A. 1.21 Rz. 57.
[63] Vgl. Schmidt/*Wacker* EStG § 15a Rz. 198.
[64] Vgl. hierzu Blaurock/*Levedag* § 22 Rz. 22.74 ff.
[65] BGH v. 14.5.1991 – VIII R 81/88, BStBl. II 1992, 167 ff.; BFH v. 2.2.2017 – IV R 43/13, BStBl. II 2017, 391.
[66] BMF v. 20.2.1992, BStBl. I 1992, 123.
[67] Schmidt/*Wacker* EStG § 15a Rz. 199.

diesem Fall der des Komplementärs vergleichbar ist.[68] Auch für einen Kommanditisten, der im Innenverhältnis unbegrenzt haftet, gilt § 15a Abs. 1 S. 1 EStG und Verlustanteile, die zu einem negativen Kapitalkonto führen, sind nur bei überschießender Außenhaftung nach § 15a Abs. 1 S. 2 und 3 EStG ausgleichs- und abzugsfähig. Für den atypisch stillen Gesellschafter kann insofern nichts anderes gelten.[69]

Zu § 10: Entnahmen

§ 232 Abs. 1 HGB sieht vor, dass der auf die stille Gesellschafterin entfallende Gewinn am Ende des Geschäftsjahres zu berechnen und an den stillen Gesellschafter auszuzahlen ist. Zur Liquiditätsschonung der Gesellschaft, an der die stille Gesellschafterin sich beteiligt, beschränkt die im Formular vorgesehene Regelung die Entnahmerechte des Stillen gegenüber der gesetzlichen Regelung auf die Hälfte des seinem Privatkonto gutgeschriebenen Gewinnanteils. Bei einer solchen Beschränkung der Entnahmerechte des stillen Gesellschafters sollte darauf geachtet werden, dass der Stille wie im Formular die Möglichkeit hat, Beträge in Höhe der auf ihn entfallenden Steuerbelastung zu entnehmen. Hierbei sollte auch geregelt werden, für welche Steuerarten das Entnahmerecht gilt. Für eine atypisch stille Gesellschaft mit **Familienangehörigen** ist zu berücksichtigen, dass bei nicht vereinbarungsgemäßer Auszahlung der Gewinnanteile mangels tatsächlicher Durchführung die steuerliche Anerkennung zu versagen ist, wenn nicht gleichzeitig eine Vereinbarung über das darlehensweise Stehenlassen des Gewinnanteils getroffen wird.[70] **39**

Werden dem atypisch stillen Gesellschafter Verluste auch über den Betrag seiner Einlage hinaus zugerechnet, können Entnahmen eine fiktive Besteuerung nach § 15a Abs. 3 EStG auslösen, wenn durch die Entnahme ein negatives Kapitalkonto entsteht oder sich erhöht. **40**

Entnimmt ein atypisch stille Gesellschafter seinen Gewinnanteil nicht, kann er auf Antrag die Thesaurierungsbegünstigung des § 34a EStG mit einer Nachversteuerung im Fall der Entnahme in Anspruch nehmen. Der Antrag nach § 34a EStG kann von jedem einzelnen Mitunternehmer gestellt werden, wenn die Beteiligung am Gewinn (aus Gesamthands-, Sonder- und Ergänzungsbilanz) nach § 4 Abs. 1 Satz 1 oder § 5 EStG mehr als 10 vH oder mehr als € 10 000,– beträgt, wobei es nicht auf die vertragliche Gewinnverteilungsabrede, sondern auf den Anteil am tatsächlich ermittelten Gewinn der Mitunternehmerschaft ankommt.[71] Besteht die atypisch stille Beteiligung wie im Formular an dem Betrieb einer anderen Mitunternehmerschaft, entsteht eine **doppelstöckige Personengesellschaft** iSv. § 15 Abs. 1 S. 1 Nr. 2 S. 2 EStG. Hierbei ist zu berücksichtigen, dass Entnahmen des Mitunternehmers bei der Obergesellschaft – also aus Ebene der atypisch stillen Gesellschaft – mit Entnahmen zu addieren sind, die von ihm aus seinem Sonderbetriebsvermögen bei der Untergesellschaft – also der KG – getätigt werden.[72] **41**

Zu § 11: Änderung der Kapitalverhältnisse; Aufnahme weiterer stiller Gesellschafter

Die Geschäftsinhaberin kann nach § 5 Abs. 2 Buchst. g weitere stille Gesellschafter nur mit Zustimmung der stillen Gesellschafterin aufnehmen. Änderungen der Beteiligungsverhältnisse auf Ebene der Geschäftsinhaberin, etwa durch Aufnahme weiterer Gesellschafter oder Kapitalerhöhungen bereits beteiligter Gesellschafter, kann die stille **42**

[68] BFH v. 14.12.1995 – IV R 106/94, BStBl. II 1996, 226, 228; BFH v. 16.12.1997 – VIII R 76/93, BFH/NV 1998, 576, 823.
[69] Schmidt/*Wacker* EStG § 15a Rz. 198.
[70] BFH v. 13.6.1989 – VIII R 47/85, BStBl. II 1989, 720.
[71] BMF v. 11.8.2008, BStBl. I 2008, 838, Tz. 9.
[72] BMF v. 11.8.2008, BStBl. I 2008, 838, Rz. 21.

Gesellschafterin aber nicht widersprechen. Da der Beteiligungsquote der stillen Gesellschafterin die Kapitalverhältnisse bei Abschluss des stillen Gesellschaftsvertrages zugrunde lagen (vgl. § 9), muss beiden Seiten die Möglichkeit gegeben werden, eine angemessene Anpassung des Ergebnisverteilungsschlüssels zu verlangen, wenn die Kapitalverhältnisse sich ändern oder weitere stille Gesellschafter aufgenommen werden. Außerdem sollte der stillen Gesellschafterin die Möglichkeit gegeben werden, durch Anpassung ihrer Einlage eine Änderung des Ergebnisverteilungsschlüssels zu vermeiden. Vgl. hierzu iÜ Formular A. 1.21, Rz. 61.

Zu § 12: Übertragung der stillen Beteiligung

43 Eine Übertragung der stillen Beteiligung ist nach der gesetzlichen Regelung nicht vorgesehen, kann aber durch den Gesellschaftsvertrag oder Zustimmung des Geschäftsinhabers im Einzelfall zugelassen werden. Vgl. zur Übertragbarkeit der stillen Beteiligung iÜ A. 1.21 Rz. 62–63.

44 Wird die atypisch stille Beteiligung **entgeltlich** übertragen, gehören die Gewinne aus der Veräußerung gemäß **§ 16 Abs. 1 S. 1 Nr. 2 EStG zu den Einkünften aus Gewerbebetrieb.** Der Veräußerungsgewinn des atypisch stillen Gesellschafters ist gemäß § 34 Abs. 1 EStG steuerlich begünstigt. Ggf. können der ermäßigte Steuersatz gemäß § 34 Abs. 3 EStG und der Freibetrag nach § 16 Abs. 4 EStG in Anspruch genommen werden. Der Veräußerungsgewinn unterliegt nicht der **Gewerbesteuer,**[73] da die Gewerbesteuer als auf den tätigen Gewerbebetrieb bezogene Sachsteuer nur den durch den laufenden Betrieb anfallenden Gewinn erfasst.[74]

45 Wird die atypisch stille Beteiligung **unentgeltlich** übertragen, unterliegt die Zuwendung gemäß § 7 Abs. 1 Nr. 1 ErbStG der **Erbschaft- und Schenkungsteuer.** Die atypisch stille Beteiligung ist als Betriebsvermögen gemäß § 12 Abs. 5 ErbStG zu bewerten. Hierbei wird der Anteilssteuerwert der atypisch stillen Beteiligung gemäß der Quotierungsmethode des § 97 Abs. 1a BewG aus dem Gesamtsteuerwert des Betriebsvermögens des Geschäftsinhabers abgeleitet.[75] Der Wert der atypisch stillen Beteiligung bestimmt sich damit nach denselben Grundsätzen wie der Wert des Anteils an einer OHG oder KG.[76] Für die unentgeltliche Übertragung einer bestehenden mitunternehmerischen atypisch stillen Beteiligung können die schenkungsteuerlichen Begünstigungen für Betriebsvermögen gemäß §§ 13a, 13b, 19a ErbStG in Anspruch genommen werden.[77] Zur mittelbaren Schenkung einer atypisch stillen Beteiligung vgl. Formular A. 2.62 Rz. 9. Vgl. iÜ zur schenkweisen Übertragung einer atypisch stillen Beteiligung auch Formular A. 2.63.

Zu § 13: Kündigung der stillen Gesellschaft

46 Vgl. zur **ordentlichen** und **außerordentlichen Kündigung** des stillen Gesellschaftsverhältnisses die Erläuterungen in A. 1.21 Rz. 66ff.

Zu § 14: Tod der stillen Gesellschafterin

47 Die im Formular vorgesehene Regelung entspricht § 234 Abs. 2 HGB, wonach die stille Gesellschaft durch den Tod des stillen Gesellschafters nicht aufgelöst wird. § 234 Abs. 2 HGB ist dispositiv,[78] im stillen Gesellschaftsvertrag kann also für den Fall des Todes des stillen Gesellschafters auch die Auflösung der stillen Gesellschaft vorgesehen werden. Wird wie im Formular vereinbart, dass die stille Gesellschaft nur mit be-

---

[73] GewStR 7.1 Abs. 3 S. 1 Nr. 1.
[74] BFH v. 3.2.1994 – III R 23/89, BStBl. II 1994, 709, 710.
[75] Blaurock/*Wachter* § 27, Rz. 27.47.
[76] Blaurock/*Wachter* § 27, Rz. 27.47.
[77] FM Bay v. 23.3.2009, DStR 2009, 908; FM BW v. 9.4.2009, DB 2009, 878.
[78] MüKoHGB/*K. Schmidt* HGB § 234 Rz. 58.

stimmten Erben fortgesetzt wird, ist es entscheidend, dass die erbrechtlichen Verfügungen auf die gesellschaftsvertraglichen Regelungen abgestimmt werden.

Der Erwerb der stillen Beteiligung von Todes wegen unterliegt gemäß § 3 Abs. 1 Nr. 1 ErbStG der **Erbschaft- und Schenkungsteuer.** Vgl. zur erbschaftsteuerlichen Bewertung der atypisch stillen Beteiligung und zur Inanspruchnahme der erbschaftsteuerlichen Begünstigungen für Betriebsvermögen auf den Erwerb oben Rz. 43. **48**

Zu § 15: Umwandlung der Inhaberin

Gemäß § 5 Abs. 2 Buchst. b des Formulars bedürfen Umwandlungen auf Ebene der Geschäftsinhaberin im Innenverhältnis der Zustimmung der stillen Gesellschafterin.[79] § 15 des Formulars betrifft die Auswirkungen einer Umwandlung auf den Bestand des stillen Gesellschaftsverhältnisses, indem es im Interesse der stillen Gesellschafterin klarstellt, dass sämtliche Umwandlungsvorgänge nicht zur Auflösung der stillen Gesellschaft führen, sondern die stille Beteiligung am übernehmenden Rechtsträger bzw. Rechträger neuer Rechtsform fortbesteht. Vgl. iÜ zu den einzelnen Umwandlungssachverhalten A. 1.21 Rz. 71. **49**

Zu § 16: Auseinandersetzungsguthaben

Da die stille Gesellschaft als Innengesellschaft kein Gesamthandsvermögen bilden kann, führt die Beendigung einer atypisch stillen Gesellschaft trotz der Vermögensbeteiligung des Stillen nicht zu einer Liquidation des Gesellschaftsvermögens im rechtstechnischen Sinn.[80] Inhalt der Auseinandersetzung zwischen dem stillen Gesellschafter und dem Geschäftsinhaber ist die Abwicklung der rein schuldrechtlichen Beziehungen zwischen den Gesellschaftern und damit insbesondere die Berechnung und Auszahlung des Auseinandersetzungsguthabens des Stillen.[81] In der Sache ist damit die Auseinandersetzung in der atypisch stillen Gesellschaft nichts anderes als eine **Forderungsberechnung.**[82] Insoweit gilt nichts anderes als für die Auseinandersetzung in der typisch stillen Gesellschaft.[83] **50**

Der schuldrechtlich am gesamten Geschäftsvermögen beteiligte atypisch stille Gesellschafter erhält anders als der typisch stille Gesellschafter nicht nur zum auf den Auflösungsstichtag berechneten Buchwert seiner Einlage zurück,[84] sondern ist wie ein ausscheidender Gesamthandsgesellschafter abzufinden.[85] Das Auseinandersetzungsguthaben ist analog § 738 Abs. 1 S. 2, Abs. 2 BGB unter Aufdeckung der stillen Reserven und ggf. eines Geschäftswerts zu ermitteln. Das für die Annahme einer steuerlich atypisch stillen Gesellschaft erforderliche Mitunternehmerrisiko schließt grds. eine Beteiligung am Geschäftswert ein.[86] Der Geschäftswert muss hierbei nach Methoden berechnet werden, die im Geschäftsverkehr bei der Bewertung von Unternehmen gebräuchlich sind; die Vereinbarung einer hiervon abweichenden Pauschalabfindung genügt nicht.[87] **51**

Für die Ermittlung des Auseinandersetzungsguthabens der atypisch stillen Gesellschafterin ist der Verkehrswert des vom Geschäftsinhaber betriebenen Unternehmens **52**

---

[79] Vgl. zum Erfordernis der Zustimmung des atypisch stillen Gesellschafters bei den verschiedenen Umwandlungsformen ausführlich Blaurock/*Jung* § 18 Rz. 18.2 ff.

[80] MüKoHGB/*K. Schmidt* HGB § 235 Rz. 2. Zum Auseinandersetzungsguthaben des typisch stillen Gesellschafters vgl. A. 1.21 Rz. 72 ff.

[81] GroßKommHGB/*Harbarth* HGB § 235 Rz. 4.

[82] MüKoHGB/*K. Schmidt* HGB § 235 Rz. 2.

[83] Vgl. A. 1.21 Rz. 72.

[84] Vgl. zur Berechnung des Auseinandersetzungsguthabens des typisch stillen Gesellschafters Formular A. 1.21 Rz. 73 ff.

[85] MüKoHGB/*K. Schmidt* HGB § 235 Rz. 57.

[86] BFH v. 25.6.1984 – GrS 4/82, BStBl. II 1984, 751, 769.

[87] BFH v. 27.5.1993 – IV R 1/92, BStBl. II 1994, 700.

zu ermitteln. Für diese Bewertung eröffnet § 738 Abs. 2 BGB analog den Weg der Schätzung. Schätzungsgrundlage ist der Ertragswert des Unternehmens.[88] Der Ertragswert wird nicht durch eine Bewertung der einzelnen Vermögensgegenstände, sondern im Wege einer Gesamtbewertung ermittelt.[89] Grundlage ist eine Schätzung der voraussichtlichen künftigen Jahreserträge und ihre Abzinsung auf den Bewertungszeitpunkt unter Zugrundelegung des hierfür geeigneten Kapitalisierungszinsfußes.[90]

53 Soweit der so ermittelte Verkehrswert des Unternehmens den zusammengerechneten Wert des Eigenkapitals des Geschäftsinhabers und des Einlagekontos der stillen Gesellschafterin übersteigt, ist er als fiktiver Liquidationsgewinn der stillen Gesellschafterin anteilig entsprechend seiner Ergebnisbeteiligungsquote zuzurechnen.[91] Das Auseinandersetzungsguthaben der atypisch stillen Gesellschafterin ergibt sich aus der Summe des Betrages ihrer Einlage ggf. zuzüglich eines positiven Saldos auf dem Privatkonto und ihres Anteils am fiktiven Liquidationsgewinn. Der Anteil der stillen Gesellschafterin an vorvertraglich begründeten stillen Reserven sowie an einem bis zum Beginn der stillen Gesellschaft entstandenen Geschäftswert ist abzuziehen.[92] Das so ermittelte Auseinandersetzungsguthaben ist gemäß § 235 Abs. 1 HGB in Geld zu berichtigen.

54 Der Ausschluss der Beteiligung der atypisch stillen Gesellschafterin am Ergebnis schwebender Geschäfte beruht auf der Überlegung, dass diese als künftige Erträge in die Ermittlung des Ertragswerts des Unternehmens als Grundlage für die Abfindung des stillen Gesellschafters eingehen, so dass eine Beteiligung des Stillen im Ergebnis eine doppelte Berücksichtigung des jeweiligen Geschäfts bedeuten würde.[93]

55 Die Regelung, nach der ein negatives Abfindungsguthaben nur bis zur Höhe eines negativen Privatkontos auszugleichen ist (§ 16 Abs. 7), hat ihren Grund darin, dass das negative Privatkonto nur darauf beruhen kann, dass Überentnahmen erfolgt sind oder die stille Einlage nicht vollständig geleistet wurde.[94] Eine darüber hinausgehende Nachschusspflicht des stillen Gesellschafters analog § 739 BGB kommt nicht in Betracht.[95]

56 Der Verweis auf § 8 Abs. 2 des Formulars hat zur Folge, dass bei einer Änderung des Jahresabschlusses der Geschäftsinhaberin aufgrund von steuerlichen Veranlagungen oder Betriebsprüfungen auch das Auseinandersetzungsguthaben der stillen Gesellschafterin entsprechend zu berichtigen ist.

57 Übersteigt das Abfindungsguthaben der atypisch stillen Gesellschafterin den Buchwert ihrer Beteiligung, erzielt sie gemäß § 16 Abs. 1 S. 1 Nr. 2, Abs. 2 EStG einen **Veräußerungsgewinn,** der gemäß § 34 Abs. 1 EStG steuerlich begünstigt ist. Ggf. können der ermäßigte Steuersatz gemäß § 34 Abs. 3 EStG und der Freibetrag nach § 16 Abs. 4 EStG in Anspruch genommen werden. **Gewerbesteuer** fällt nicht an. Der **Geschäftsinhaber** erwirbt steuerrechtlich die schuldrechtlich wertmäßigen Anteile der stillen Gesellschafterin am Betriebsvermögen und hat dementsprechend die Abfindung an die stille Gesellschafterin als **Anschaffungskosten** zu aktivieren, obwohl er sachenrechtlich bereits vorher Alleineigentümer war.[96]

---

[88] MüKoBGB/*Schäfer* BGB § 738 Rz. 32.
[89] *K. Schmidt* Gesellschaftsrecht § 50 IV 1. d, S. 1477.
[90] MüKoBGB/*Schäfer* BGB § 738 Rz. 24.
[91] MüKoBGB/*Schäfer* BGB § 738 Rz. 37. AA MüKoHGB/*K. Schmidt* HGB § 235 Rz. 59, der insoweit auf das Verhältnis der stillen Einlage zum Wert des Unternehmens abstellen will.
[92] *Schulze-Osterloh* in FS Kruse, 2001, S. 377, 387; *Lasa* Der Gewinnanteil des stillen Gesellschafters, 2006, S. 133. AA MHdB StG/*Keul* § 92 Rz. 28, der stille Reserven und einen etwaigen Geschäftswert unabhängig vom Zeitpunkt ihrer Entstehung berücksichtigen will.
[93] *Schulze-Osterloh* in FS Kruse 2001, S. 377, 388 f.
[94] MüKoHGB/*K. Schmidt* HGB § 235 Rz. 32.
[95] MüKoHGB/*K. Schmidt* HGB § 235 Rz. 35, 61 mwN.
[96] BFH v. 3.6.1997 – VIII B 73/96, BFH/NV 1997, 838; Schmidt/*Wacker* EStG § 16 Rz. 496.

A. 2.62 Schenkweise Einräumung einer atypisch stillen Beteiligung

Gliederung

Urkunden-Rolle Nr. [. . .]/200[. . .] A. 2.62

Verhandelt zu [. . .] am [. . .]

Vor mir, dem unterzeichnenden Notar [. . .]
mit dem Amtssitz in [. . .]

erschienen:

1. Herr B, geboren am [. . .], wohnhaft [. . .], (im Folgenden auch: „Schenker")
2. Frau T, geboren am [. . .], wohnhaft [. . .] (im Folgenden auch: „Beschenkte").
Die Erschienen wiesen sich durch Vorlage ihrer Bundespersonalausweise aus/sind dem Notar von Person bekannt.
Die Erschienen erklären, mit der Bitte um Beurkundung, was folgt:

Präambel

An der ABC-GmbH & Co. KG mit dem Sitz in [. . .] (HRA [. . .], Amtsgericht [. . .]) sind die Gesellschafter A, B und C als Kommanditisten mit einer Kommanditeinlage (Festkapitalanteil) von jeweils € [. . .],– beteiligt. Frau T ist die Tochter des Gesellschafters Herrn B.
Im Rahmen der Nachfolgeplanung des Gesellschafters Herrn B soll Frau T eine stille Gesellschaftsbeteiligung am Handelsgewerbe der ABC-GmbH & Co. KG eingeräumt werden. Als stille Gesellschafterin soll Frau T neben dem laufenden Gewinn der Inhaberin auch an den stillen Reserven des Geschäftsvermögens einschließlich eines Geschäftswertes beteiligt werden, es soll sich also um eine aus der Sicht des Steuerrechts „atypisch" stille Beteiligung handeln. Herr B möchte seiner Tochter die Mittel zur Verfügung stellen, die sie zur Leistung der stillen Einlage benötigt.
Dies vorausgeschickt, vereinbaren die Parteien was folgt:

§ 1 Schenkung[Rz. 10]

(1) Herr B schenkt hiermit seiner Tochter T einen Teilbetrag in Höhe von € [. . .],– aus seinem für ihn bei der ABC-GmbH & Co. KG geführten Privatkonto zur Verwendung als stille Einlage in das Unternehmen der ABC-GmbH & Co. KG gemäß dem Vertrag über die Errichtung einer atypisch stillen Gesellschaft, der dieser Urkunde als wesentlicher Bestandteil beigefügt ist.
(2) Die vorstehende Schenkung erfolgt mit sofortiger Wirkung.

§ 2 Annahme der Schenkung

Die Beschenkte nimmt die Schenkung ihres Vaters dankend an.

§ 3 Vollzug der Schenkung

In Vollzug des vorstehenden Schenkungsversprechens tritt der Schenker von seinem für ihn bei der bei der ABC-GmbH & Co. KG geführten Privatkonto einen Teilbe-

trag in Höhe von € [...],– an die Beschenkte ab. Auch die Abtretung erfolgt mit sofortiger Wirkung. Die Beschenkte nimmt die Abtretung an.

§ 4 Anrechnung und Ausgleichung[Rz. 11]

(1) Die Beschenkte hat sich die erhaltene Zuwendung auf einen etwaigen ihr durch den Tod des Schenkers entstehenden Pflichtteilsanspruch anrechnen zu lassen.
(2) Die Beschenkte hat die erhaltene Zuwendung beim Tod des Schenkers nicht zur Ausgleichung zu bringen.

§ 5 Kosten und Steuern[Rz. 12]

(1) Die Kosten dieses Vertrages trägt der Schenker.
(2) Etwaige Schenkungsteuern auf die Zuwendung übernimmt der Schenker.

§ 6 Salvatorische Klausel

Sollte eine Bestimmung dieser Urkunde unwirksam oder anfechtbar sein oder werden, so soll deren Inhalt im Übrigen nicht berührt, sondern sinngemäß ausgeführt werden. Anstelle der unwirksamen oder anfechtbaren Bestimmung soll eine angemessene Regelung gelten, die, soweit rechtlich möglich, dem am nächsten kommt, was die Vertragsschließenden gewollt haben oder nach dem Sinn und Zweck dieses Vertrages gewollt haben würden, sofern sie diesen Punkt bei Abschluss des Vertrages bedacht hätten.

Anlage: Vertrag über die Errichtung einer atypisch stillen Gesellschaft (siehe Formular A. 2.61)

Diese Niederschrift wurde den Erschienenen von dem Notar vorgelesen, von ihnen genehmigt und von ihnen und dem Notar eigenhändig wie folgt unterschrieben:

A. Grundsätzliche Anmerkungen

I. Wirtschaftliche Vertragsziele

1 Ziel des Vertrages ist es, der Beschenkten die erforderlichen finanziellen Mittel zur Verfügung zu stellen, damit diese sich mit einer Einlage als atypisch stille Gesellschafterin an einem Handelsgewerbe beteiligen kann. Zuwendungsgegenstand ist also die Finanzierung der Einlageleistung der stillen Gesellschafterin.[1]

II. Rechtliche Aspekte

2 Bei der Gestaltung der schenkweisen Einräumung einer atypisch stillen Beteiligung, wie sie dem Formular zugrunde liegt, handelt es sich um einen zweiaktigen Vorgang, nämlich die Schenkung des Einlagebetrages einerseits und den Abschluss des stillen Gesellschaftsvertrages, aufgrund dessen der Beschenkte zur Leistung einer stillen Einlage in Höhe des geschenkten Betrages verpflichtet ist, andererseits.[2] Im Formular erfolgt die Zuwendung des Einlagebetrages dadurch, dass der Schenker von dem für ihn bei der Gesellschaft, an der die Beschenkte sich still beteiligen will, geführten Privatkonto einen Teilbetrag an die Beschenkte abtritt. Möglich ist auch die Zuwendung eines Barbetrages mit einer entsprechenden Verwendungsabrede.

[1] Vgl. hierzu *K. Schmidt* DB 2002, 829, 833.
[2] Zur Abtretung einer bestehenden (typisch) stillen Beteiligung vgl. Formular A. 1.22.

Die **Schenkung** des Geldbetrages in Höhe der stillen Einlage bedarf gemäß § 518 Abs. 1 S. 2 BGB der notariellen Beurkundung. Vgl. zu den Heilungsmöglichkeiten bei fehlender notarieller Beurkundung A. 1.21 Rz. 10f. 3

Soll wie in der dem Formular zugrunde liegenden Konstellation der stille Gesellschaftsvertrag mit einer **Handelsgesellschaft** abgeschlossen werden, richten sich alle Gesellschafterrechte des stillen Gesellschafters gegen die Gesellschaft und die Zuwendung des Schenkers kann nur in der **Finanzierung** der stillen Einlage bestehen,[3] die entweder durch Geldzuwendung oder wie im Formular durch Umbuchung von einem für den Schenker bei der Gesellschaft geführten Konto erfolgen kann.[4] Es kommt also zwischen Schenker und Beschenktem zu einer Vermögensübertragung, denn auch im Fall der Umbuchung erwirbt der stille Gesellschafter anstelle des Schenkers eine Forderung gegen die Gesellschaft.[5] Mit der Zuwendung des Geldes oder der Umbuchung im Rechnungswesen der Gesellschaft ist die Schenkung vollzogen, ein etwaiger Formmangel wird also gemäß § 518 Abs. 1 S. 2 BGB geheilt. Im Schrifttum wird allerdings teilweise eine Heilung im Fall des Vollzugs der Schenkung durch Umbuchung generell verneint, ohne zwischen einem Einzelunternehmen und einem von einer Gesellschaft betriebenen Handelsgewerbe zu unterscheiden.[6] Deshalb sollte aus Vorsichtsgründen für die Schenkung des Einlagebetrages durch Umbuchung auf den Konten der Gesellschafter in jedem Fall die notarielle Form gewahrt werden. Eine notarielle Beurkundung ist allerdings dann nicht erforderlich bzw. ein etwaiger Formmangel wird geheilt, wenn der Schenker dem Beschenkten einen Barbetrag zuwendet, der im Anschluss als stille Einlage verwendet wird. Vgl. zum Erfordernis einer notariellen Beurkundung des stillen Gesellschaftsvertrages in der vorliegenden Konstellation Formular A. 1.21 Rz. 12. 4

Soll der stille Gesellschaftsvertrag mit einem minderjährigen Kind geschlossen werden, ist sowohl für den Abschluss des Schenkungsvertrages über die Einräumung der stillen Beteiligung, als auch für den Abschluss des stillen Gesellschaftsvertrages gemäß §§ 1909, 1629 Abs. 2, 1795 BGB die **Bestellung eines Ergänzungspflegers** erforderlich. Für den **Schenkungsvertrag** folgt dies aus der Auflage, den geschenkten Betrag als Einlage in der stillen Gesellschaft zu leisten. Aufgrund der mit dieser Auflage verbundenen Handlungspflicht des Kindes ist die Schenkung nicht lediglich rechtlich vorteilhaft iSv. § 181 BGB.[7] Für den Fall, dass die Schenkung des Einlagebetrages durch Abbuchung von einem Gesellschafterkonto des Schenkers und nicht durch Zuwendung eines Geldbetrages mit der Auflage, diesen als stille Einlage zu verwenden, erfolgt und der stille Gesellschafter nicht am Verlust beteiligt ist, ist die Schenkung aber lediglich rechtlich vorteilhaft, so dass eine Ergänzungspflegerbestellung entbehrlich ist.[8] Für den Abschluss des **stillen Gesellschaftsvertrages** ergibt sich das Erfordernis der Ergänzungspflegerbestellung daraus, dass die Beträge, die zuvor in das Vermögen des Kindes gelangt sind, in das Vermögen eines anderen übertragen werden müssen und deshalb auch der stille Gesellschaftsvertrag nicht lediglich rechtlich vorteilhaft iSv. § 181 BGB ist.[9] Dies soll nach Auffassung der Rechtsprechung selbst dann gelten, wenn der stille Gesellschafter nicht am Verlust beteiligt ist, weil er auch dann den eventuell langfristigen Bindungen eines Gesellschaftsvertrages unterworfen wird.[10] 5

---

[3] Siehe hierzu Formular A. 2.62.
[4] Vgl. *K. Schmidt* DB 2002, 829, 833.
[5] MüKoHGB/*K. Schmidt* HGB § 230 Rz. 102.
[6] Heymann/*Horn* HGB § 230 Rz. 21f.
[7] BFH v. 9.7.1987 – IV R 95/85, NJW 1988, 1344ff.
[8] BFH v. 9.7.1987 – IV R 95/85, NJW 1988, 1344ff.
[9] Vgl. BFH v. 19.12.1979 – I R 176/77, BStBl. II 1980, 242.
[10] Vgl. BFH v. 28.11.1973 – I R 101/72, BStBl. II 1974, 289; BFH v. 19.12.1979 – I R 176/79, BStBl. II 1980, 242; aA GroßKommHGB/*Harbarth* HGB § 230 Rz. 157; *Tiedtke* DB 1974, 1064; differenzierend MüKoHGB/*K. Schmidt* HGB § 230 Rz. 105.

6 Die Schenkung des Einlagebetrages an ein minderjähriges Kind bedarf nicht der **familiengerichtlichen Genehmigung.** Genehmigungsbedürftig gemäß §§ 1643 Abs. 1, 1822 Nr. 3 BGB ist aber der Abschluss des stillen Gesellschaftsvertrages mit einem minderjährigen Kind, es sei denn, die Beteiligung des stillen Gesellschafters am Verlust ist ausgeschlossen und er hat außer seiner nach § 230 Abs. 2 HGB zu leistenden Einlage keine weiteren Leistungen zu erbringen.[11] Vgl. hierzu iÜ Formular A. 1.21 Rz. 13.

III. Steuerrechtliche Aspekte

7 Die Beschenkte soll sich mit den ihr zugewandten Mitteln steuerlich atypisch still an dem Handelsgewerbe einer KG beteiligen. Der steuerlich atypisch stille Gesellschafter ist als Mitunternehmer anzusehen und erzielt gemäß § 15 Abs. 1 S. 1 Nr. 2 EStG Einkünfte aus Gewerbebetrieb. Durch die atypisch stille Beteiligung an einer anderen Mitunternehmerschaft entsteht eine **doppelstöckige Personengesellschaft** iSv. § 15 Abs. 1 S. 1 Nr. 2 S. 2 EStG.[12] Vgl. iÜ zur Abgrenzung zwischen typisch und atypisch stillen Gesellschaften Formular A. 1.21, Rz. 14f. und zur einkommensteuerlichen Behandlung der Einkünfte des atypisch stillen Gesellschafters Formular A. 2.61, Rz. 8ff.

8 Wird dem stillen Gesellschafter der für seine Vermögenseinlage erforderliche Geldbetrag mit einer entsprechenden Verwendungsabrede geschenkt, handelt es sich um eine mittelbare Zuwendung einer atypisch stillen Beteiligung.[13] **Schenkungsteuerlich** ist Zuwendungsgegenstand deshalb im Zweifel nicht der Einlagebetrag, sondern die atypisch stille Beteiligung als solche. Der Zuwendungsgegenstand wird nicht als Kapitalforderung, sondern als Mitunternehmeranteil bewertet.[14] Hierbei wird der Anteilssteuerwert der Beteiligung gemäß der Quotierungsmethode des § 97 Abs. 1a BewG aus dem Gesamtsteuerwert des Betriebsvermögens des Geschäftsinhabers abgeleitet.[15] Vgl. iÜ zur Bewertung einer schenkweise zugewandten atypisch stillen Beteiligung Formular A. 2.62, Rz. 5.

9 Auf die mittelbare Schenkung einer atypisch stillen Beteiligung können die erbschaft- und schenkungsteuerlichen Begünstigungen für Betriebsvermögen nach §§ 13a, b 19a ErbStG in Anspruch genommen werden, wenn der Geldbetrag dem Beschenkten mit der Auflage zugewandt wird, sich damit am Handelsgewerbe des Schenkers als atypisch stiller Gesellschafter zu beteiligen.[16] Soll wie im Formular die Beteiligung am Vermögen einer Handelsgesellschaft, an der der Schenker selbst beteiligt ist, erfolgen, ist die mittelbare Schenkung aber nicht begünstigt, weil es sich nicht um eine Übertragung begünstigten Vermögens aus dem Vermögen des Schenkers in das Vermögen des Beschenkten handelt.[17] Vgl. iÜ zur unentgeltlichen Übertragung einer atypisch stillen Beteiligung als solcher Formular A. 2.63.

B. Einzelerläuterungen

Zu § 1: Schenkung

10 § 1 stellt klar, dass die Verfügung über die zur Verfügung gestellten Mittel nicht im Belieben der Beschenkten steht, sondern diese die Zuwendung ausschließlich als stille Einlage in das Handelsgewerbe der ABC-GmbH & Co. KG zu verwenden hat.

[11] BFH v. 4.7.1968 – IV R 136/63, BStBl. II 1968, 671; BFH v. 28.11.1973 – I R 101/72, BStBl. II 1974, 289; MüKoHGB/*K. Schmidt* HGB § 230 Rz. 106.
[12] Schmidt/*Wacker* EStG § 15 Rz. 613.
[13] Troll/Gebel/Jülicher/*Gebel* ErbStG § 7 Rz. 127.
[14] Troll/Gebel/Jülicher/*Gebel* ErbStG § 7 Rz. 122.
[15] Troll/Gebel/Jülicher/*Gebel* ErbStG § 7 Rz. 122.
[16] BFH v. 16.2.2005 – II R 6/02, BStBl. II 2005, 411.
[17] BFH v. 16.2.2005 – II R 6/02, BStBl. II 2005, 411.

Zu § 4: Anrechnung und Ausgleichung

Vgl. die Erläuterungen in A. 1.22 Rz. 14f. **11**

Zu § 5: Kosten und Steuern

Vgl. zur Übernahme der Schenkungsteuer durch den Schenker die Erläuterungen in A. 2.63 Rz. 16. **12**

A. 2.63 Schenkweise Übertragung einer atypisch stillen Beteiligung

Gliederung

Urkunden-Rolle Nr. [...]/200[...] A. 2.63

Verhandelt zu [...] am [...]

Vor mir, dem unterzeichnenden Notar [...]
mit dem Amtssitz in [...]

erschienen:

1. **Herr B, geboren am [...], wohnhaft [...], (im Folgenden auch: „Schenker")**
2. **Herr C, geboren am [...], wohnhaft [...], handelnd nicht im eigenen Namen, sondern auf Grund im Original vorgelegter und beglaubigter Abschrift dieser Vereinbarung beigefügter Bestallungsurkunde als Ergänzungspflegerin für das minderjährige Kind S, geboren am [...], wohnhaft [...], (im Folgenden auch: „Beschenkter").**

Die Erschienen wiesen sich durch Vorlage ihrer Bundespersonalausweise aus/sind dem Notar von Person bekannt.
Die Erschienen erklären, mit der Bitte um Beurkundung, was folgt:

Präambel

Der Schenker ist der Vater des Beschenkten. Er ist als stiller Gesellschafter mit einer vertraglich vereinbarten voll einbezahlten Einlage in Höhe von € [...],– am Handelsgewerbe der ABC-GmbH & Co. KG mit dem Sitz in [...] (HRA [...], Amtgericht [...]) beteiligt. Der Schenker ist als stiller Gesellschafter neben dem laufenden Gewinn der ABC-GmbH & Co. KG auch an den stillen Reserven des Geschäftsvermögens und am Geschäftswert der Gesellschaft beteiligt, es handelt sich also um eine aus der Sicht des Steuerrechts „atypisch" stille Beteiligung.
Der Schenker beabsichtigt, seine stille Gesellschaftsbeteiligung an der ABC-GmbH & Co. KG auf seinen Sohn S im Wege der vorweggenommenen Erbfolge unentgeltlich zu übertragen.
Der Gesellschaftsvertrag der ABC-GmbH & Co. KG und der Vertrag über die Errichtung der stillen Gesellschaft zwischen dem Schenker und der ABC-GmbH & Co. KG vom [...] sind dem Beschenkten bekannt.
Dies vorausgeschickt, vereinbaren die Parteien was folgt:

§ 1 Schenkung

(1) Herr B schenkt hiermit im Wege vorweggenommener Erbfolge seinem Sohn S seine in der Präambel bezeichnete stille Beteiligung an der ABC-GmbH & Co. KG mit allen Rechten und Pflichten einschließlich des Gewinnbezugsrechts. Von der Schenkung umfasst sind sämtliche für den Schenker als stillen Gesellschafter geführten Konten, die zum letzten Bilanzstichtag folgende Salden aufwiesen:
a) Einlagekonto: € [...],–;
b) Verlustkonto: € [...],–;
c) Privatkonto: € [...],–.
(2) Die vorstehende Schenkung erfolgt mit sofortiger Wirkung.
(3) Die Schenkung umfasst nicht Guthaben auf dem Privatkonto, soweit diese bis zum Abtretungsstichtag entnommen werden können. Gewinnanteile auf die geschenkte stille Beteiligung, die bis zum Abtretungsstichtag entstehen, stehen dem Schenker zu und sind an diesen auszuzahlen, soweit sie nach dem stillen Gesellschaftsvertrag entnommen werden können.
(4) Die Schenkung erfolgt ohne Gegenleistung, somit voll unentgeltlich.

§ 2 Annahme der Schenkung

Der Beschenkte nimmt die Schenkung seines Vaters dankend an.

§ 3 Vollzug der Schenkung[Rz. 9]

In Vollzug des vorstehenden Schenkungsversprechens tritt der Schenker im Wege der Sonderrechtsnachfolge seine in § 1 bezeichnete stille Beteiligung mit allen Rechten und Pflichten einschließlich des Gewinnbezugsrechts und sämtlichen für ihn als stillen Gesellschafter geführten Konten an den Beschenkten ab. Auch die Abtretung erfolgt mit sofortiger Wirkung. Der Beschenkte nimmt die Abtretung an und tritt in alle Rechte und Pflichten des Schenkers aus dem Vertrag über die Errichtung der stillen Gesellschaft zwischen dem Schenker und der ABC-GmbH & Co. KG vom [...] ein.

§ 4 Auflösende Bedingungen und Widerrufsvorbehalte[Rz. 10ff.]

(1) Die Schenkung und Abtretung steht jeweils unter den folgenden auflösenden Bedingungen mit der Folge, dass die Schenkung zu Gunsten des Beschenkten wegfällt und die Abtretung an den Beschenkten ihre Wirkung verliert, wenn bei dem Beschenkten eine der folgenden Bedingungen eintritt:
a) Über das Vermögen des Beschenkten wird das Insolvenzverfahren eröffnet oder die Eröffnung mangels Masse abgelehnt;
b) in den Schenkungsgegenstand wird die Zwangsvollstreckung betrieben und nicht innerhalb von drei Monaten nach Aufforderung, spätestens bis zur Verwertung des Anteils, aufgehoben;
c) nach dem Tode des Beschenkten macht sein überlebender Ehegatte gegen den Nachlass des Beschenkten Pflichtteilsansprüche geltend und verlangt bei deren Berechnung berechtigterweise die Einbeziehung der geschenkten stillen Beteiligung;
d) die Ehe des im Güterstand der Zugewinngemeinschaft lebenden Beschenkten wird geschieden, es sei denn, die geschenkte stille Beteiligung ist auf Grund eines Ehevertrages bei der Berechnung des Zugewinnausgleichsanspruchs weder dem Anfangs- noch dem Endvermögen zuzurechnen oder es ist Gütertrennung vereinbart;
e) der Beschenkte vereinbart mit seinem Ehegatten die Gütergemeinschaft, ohne die geschenkte stille Beteiligung zum Vorbehaltsgut zu erklären.

(2) Der Schenker kann die vorstehende Schenkung ganz oder teilweise widerrufen, wenn bei dem Beschenkten eine der folgenden Bedingungen eintritt:
a) Der Beschenkte stirbt vor dem Schenker;
b) der Beschenkte wird geschäftsunfähig oder als Volljähriger beschränkt geschäftsfähig oder es wird für ihn, insbesondere wegen Drogen- oder Spielsucht, ein Betreuer gemäß §§ 1896 ff. BGB bestellt;
c) es liegt ein gesetzlicher Widerrufsgrund vor. Dies ist etwa dann der Fall, wenn sich der Beschenkte gegenüber dem Schenker oder einem nahen Angehörigen des Schenkers des groben Undanks schuldig macht (§ 530 BGB) oder eine Verarmung des Schenkers eintritt (§ 528 BGB);
d) der Beschenkte heiratet, ohne zuvor mit seinem Ehegatten einen Ehevertrag geschlossen zu haben, nach dem sämtliches Vermögen, welches ein Ehepartner geschenkt erhalten oder geerbt hat, vom Zugewinnausgleich ausgenommen und auch bei der Berechnung des Pflichtteils unberücksichtigt bleibt;
e) es wird für den schenkweisen Erwerb des Beschenkten eine Schenkungsteuer festgesetzt, die den Betrag von € [...],– übersteigt.

(3) Das Recht des Widerrufs hat der Schenker.

(4) Die Übertragung an den Beschenkte steht unter der auflösenden Bedingung, dass die Schenkung an ihn gemäß Abs. 2 wirksam widerrufen wird. Mit Ausübung des Widerrufsrechts gehen somit im Umfang des Widerrufs die geschenkte stille Beteiligung bzw. etwaige Surrogate unentgeltlich auf den Schenker oder dessen Rechtsnachfolger über. Entsprechendes gilt bei Eintritt einer Bedingung nach Abs. 1.

(5) Der Widerruf ist nur innerhalb von drei Monaten zulässig, nachdem der Widerrufsberechtigte Kenntnis von dem Widerrufsgrund erhält. Der Widerruf hat durch eingeschriebenen Brief zu erfolgen.

(6) Nutzungen, die der Beschenkte vor dem Rückfall des Schenkungsgegenstandes gezogen hat, verbleiben ihm. Seine Aufwendungen im Zusammenhang mit dem Schenkungsgegenstand sind ihm nicht zu erstatten.

(7) Sämtliche Kosten und etwaigen Steuern, die bei dem Beschenkten durch den Rückfall der ihm geschenkten Beteiligung anfallen, trägt der Schenker.

§ 5 Anrechnung und Ausgleichung[Rz. 15]

(1) Der Beschenkte hat sich die erhaltene Zuwendung auf einen etwaigen ihm durch den Tod des Schenkers entstehenden Pflichtteilsanspruch anrechnen zu lassen. Dies gilt jedoch nicht, soweit er auf Grund der Regelungen dieses Vertrages, insbesondere wegen Eintritts einer auflösenden Bedingung nach § 4, die geschenkte stille Beteiligung noch vor Entstehung des Pflichtteilsanspruchs ganz oder teilweise wieder abzugeben hat. Nicht anrechnungspflichtig ist auch der zwischenzeitliche Nutzungsvorteil aus der rückübertragenen stillen Beteiligung.

(2) Der Beschenkte hat die geschenkte stille Beteiligung beim Tod des Schenkers nicht zur Ausgleichung zu bringen.

§ 6 Zustimmungserfordernisse[Rz. 16]

(1) Die Schenkung der stillen Beteiligung bedarf gemäß §§ 1643 Abs. 1, 1822 Nr. 3 BGB der Genehmigung durch das Vormundschaftsgericht. Der Notar wird mit der Einholung der Genehmigung beauftragt und bevollmächtigt, die vormundschaftsgerichtliche Genehmigung entgegenzunehmen und sie den Vertragspartnern mitzuteilen.

(2) Gemäß § [...] des Vertrages über die Errichtung der stillen Gesellschaft zwischen dem Schenker und der ABC-GmbH & Co. KG vom [...] ist die Übertragung der stillen Beteiligung auf Abkömmlinge des stillen Gesellschafters jederzeit und ohne weitere Zustimmungsvorbehalte möglich.

§ 7 Kosten und Steuern[Rz. 17, 18]

(1) Die Kosten dieses Vertrages trägt der Schenker.

(2) Die Schenkungsteuern auf die Zuwendung übernimmt der Schenker.

(3) Der Schenker erklärt, dass auf die vorstehende Schenkung der Abzugsbetrag nach § 13a Abs. 2 ErbStG angewendet werden soll.

§ 8 Salvatorische Klausel

Sollte eine Bestimmung dieser Urkunde unwirksam oder anfechtbar sein oder werden, so soll deren Inhalt im Übrigen nicht berührt, sondern sinngemäß ausgeführt werden. Anstelle der unwirksamen oder anfechtbaren Bestimmung soll eine angemessene Regelung gelten, die, soweit rechtlich möglich, dem am nächsten kommt, was die Vertragsschließenden gewollt haben oder nach dem Sinn und Zweck dieses Vertrages gewollt haben würden, sofern sie diesen Punkt bei Abschluss des Vertrages bedacht hätten.

Diese Niederschrift wurde den Erschienenen von dem Notar vorgelesen, von ihnen genehmigt und von ihnen und dem Notar eigenhändig wie folgt unterschrieben:

A. Grundsätzliche Anmerkungen

I. Wirtschaftliche Vertragsziele

1 Ziel des Vertrages die unentgeltliche Übertragung der atypisch stillen Beteiligung auf einen Dritten, wobei das stille Gesellschaftsverhältnis unverändert bestehen bleiben soll.

II. Rechtliche Aspekte

2 Vgl. zur **Übertragbarkeit** der stillen Beteiligung und zum Erfordernis **notarieller Beurkundung** des Schenkungsvertrages Formular A. 1.22, Rz. 2, 3.

3 Zu den Erfordernissen der **Bestellung eines Ergänzungspflegers** und der Einholung einer **familiengerichtlichen Genehmigung** für den Abschluss des Schenkungsvertrages vgl. ebenfalls die Erläuterungen in A. 1.22 Rz. 4f.

III. Steuerrechtliche Aspekte

4 Der atypisch stille Gesellschafter erzielt gemäß § 15 Abs. 1 S. 1 Nr. 2 EStG Einkünfte aus Gewerbebetrieb, wenn er nach der Ausgestaltung seiner gesellschafterlichen Stellung als **Mitunternehmer** anzusehen ist, also Mitunternehmerrisiko trägt und Mitunternehmerinitiative entfaltet.[1] Die atypisch stille Beteiligung ist unter diesen Voraussetzungen steuerliches Betriebsvermögen. Gemäß § 6 Abs. 3 EStG ist eine gewinnneutrale vorweggenommene Erbfolge in betriebliche Einheiten möglich, indem der bisherige Mitunternehmer (Schenker) den Buchwert des Mitunternehmeranteils anzusetzen hat und der Rechtsnachfolger an diese Werte gebunden ist (§ 6 Abs. 3 S. 3 EStG).[2] § 6 Abs. 3 EStG gilt trotz des Fehlens eines Gesamthandsvermögens auch für die atypisch stille Gesellschaft.[3] Befinden sich im Eigentum des Schenkers Wirtschafts-

[1] Vgl. hierzu A. 2.61 Rz. 8.
[2] Schmidt/*Kulosa* EStG § 6 Rz. 473f.
[3] Schmidt/*Wacker* EStG § 16 Rz. 430.

güter, die Sonderbetriebsvermögen bei der atypisch stillen Gesellschaft sind, ist zu berücksichtigen, dass eine unentgeltliche Anteilsübertragung mit Buchwertfortführung iSv. § 6 Abs. 3 EStG grundsätzlich nur möglich ist, wenn auch diejenigen Wirtschaftsgüter des Sonderbetriebsvermögens mit übertragen werden, die für die Mitunternehmerschaft funktional wesentlich sind.[4] Wird eine wesentliche Betriebsgrundlage des Sonderbetriebsvermögens zeitgleich gemäß § 6 Abs. 5 Satz 3 EStG zum Buchwert in das Gesamthandsvermögen einer anderen Personengesellschaft übertragen, deren wirtschaftlicher Alleingesellschafter der Schenker ist, soll dies nach der neueren Rechtsprechung des IV. Senats des BFH der Anwendung des § 6 Abs. 3 EStG aber nicht entgegenstehen.[5] Auch eine Entnahme oder Veräußerung von wesentlichen Beriebsgrundlagen des Sonderbetriebsvermögens vor der Anteilsübertragung soll die Geltung von § 6 Abs. 3 EStG nicht hindern.[6] Die Grenze für die Anwendung des § 6 Abs. 3 EStG soll in der Betriebszerschlagung oder -aufgabe liegen.[7] Die Finanzverwaltung wendet die dargestellten Rechtsprechungsgrundsätze allerdings vorläufig nicht über den entschiedenen Einzelfall hinaus an.[8]

Die unentgeltliche Übertragung der atypisch stillen Beteiligung unterliegt der 5
Schenkungsteuer. Eine atypisch stille Beteiligung ist als Betriebsvermögen gemäß § 12 Abs. 5 ErbStG zu bewerten, der auf die §§ 151 Abs. 1 S. 1 Nr. 2, 95ff. BewG verweist.[9] Die schenkungsteuerliche Bereicherung bemisst sich nach dem Anteil des Rechtsvorgängers am Gesamtsteuerwert des Vermögens der Gesellschaft, also dem **Anteilssteuerwert.**[10] Bei einer mitunternehmerischen stillen Gesellschaft wird ertragsteuerlich das Handelsgeschäft des Geschäftsinhabers anteilig auch dem stillen Gesellschafter zugerechnet.[11] Da dies auch für Zwecke der Erbschaft- und Schenkungsteuer gilt, muss der **Gesamtsteuerwert** des der Innengesellschaft zugeordneten Betriebsvermögens, also des Betriebsvermögens des Geschäftsinhabers, ermittelt und sodann auf die Gesellschafter der stillen Gesellschaft aufgeteilt werden.[12] Sonderbetriebsvermögen des atypisch stillen Gesellschafters ist gemäß § 97 Abs. 1 S. 1 Nr. 5 S. 2 BewG in den aufzuteilenden Gesamtsteuerwert des Betriebsvermögens einzubeziehen.[13] Aus dem Gesamtsteuerwert des Betriebsvermögens ist der gemeine Wert des Anteils des atypisch stillen Gesellschafters nach Maßgabe der in § 97 Abs. 1a ErbStG geregelten Quotierungsmethode abzuleiten. Der so ermittelte Anteilssteuerwert ist gemäß § 151 Abs. 1 Nr. 2 BewG gesondert festzustellen. Der Wert der atypisch stillen Beteiligung bestimmt sich damit nach denselben Grundsätzen wie der Wert des Anteils an einer OHG oder KG.[14]

Eine mitunternehmerische atypisch stille Beteiligung wurde zunächst überwiegend 6
als **begünstigtes Betriebsvermögen** iSv. § 13b Abs. 1 Nr. 2 ErbStG bzw. § 13a Abs. 4 Nr. 1 ErbStG aF angesehen.[15] In den sog. ergänzenden Hinweisen zum Treuhanderlass wurde allerdings später von der Finanzverwaltung die Auffassung vertreten, dass atypische Unterbeteiligungen und atypisch stille Beteiligungen zwar als Betriebsvermögen nach § 12 Abs. 5 ErbStG zu bewerten seien, aber § 13a ErbStG a.F. keine Anwendung finden könne, weil es sich bei beiden Beteiligungsformen um nur mittel-

[4] Schmidt/*Wacker* EStG § 16 Rz. 435 mwN; zu den ertragsteuerlichen Besonderheiten der unentgeltlichen Übertragung eines Bruchteils eines Mitunternehmeranteils vgl. Schmidt/*Wacker* EStG § 16 Rz. 435.
[5] BFH v. 2.8.2012 – IV R 41/11, BFHE 238, 135; vgl. dazu auch Schmidt/*Kulosa* EStG § 6 Rz. 650.
[6] BFH v. 9.12.2014 – IV R 29/14, BFHE 247, 449.
[7] Vgl. dazu Schmidt/*Wacker* EStG § 16 Rn. 435.
[8] BMF v. 12.9.2013, BStBl. I 2013, 1164.
[9] Troll/Gebel/Jülicher/*Jülicher* ErbStG § 13b Rz. 74.
[10] Troll/Gebel/Jülicher/*Gebel* ErbStG § 12 Rz. 841.
[11] BFH v. 12.11.1985 – VIII R 364/83, BStBl. II 1986, 311, 313, 315f.
[12] Troll/Gebel/Jülicher/*Gebel* ErbStG § 12 Rz. 859.
[13] Troll/Gebel/Jülicher/*Gebel* ErbStG § 12 Rz. 860.
[14] Blaurock/*Wachter* § 27, Rz. 27.47.
[15] Troll/Gebel/Jülicher/*Jülicher* ErbStG § 13b Rz. 75; Moench/*Kiehn-Hümbert/Weinmann* ErbStG § 13a aF Rz. 13; *Hecht* ZEV 2004, 105; OFD München v. 21.2.1995, DStR 1995, 645; anders für die atypische Unterbeteiligung aber BFH v. 25.1.2001 – II R 52/98, BStBl. II 2001, 414ff.

bare Beteiligungen an einem Betriebsvermögen handele.[16] Diese Auffassung der Finanzverwaltung berücksichtigte allerdings nicht, dass nach dem Wortlaut des § 13b Abs. 1 Nr. 2 ErbStG – anders als nach § 13b Abs. 1 Nr. 3 ErbStG – nicht eine unmittelbare Beteiligung an einer zivilrechtlich bestehenden Gesellschaft, sondern ein Mitunternehmeranteil bzw. ein Anteil an einem solchen übergehen muss. § 13b Abs. 1 Nr. 2 ErbStG geht also, indem der Wortlaut an den ertragsteuerlichen Begriff des Mitunternehmers anknüpft, über die zivilrechtliche Abgrenzung hinaus, um die Gleichbehandlung wirtschaftlich ähnlicher Sachverhalte zu verwirklichen.[17] Die Finanzverwaltung hat ihre Auffassung mittlerweile wieder aufgegeben. Im Erlass vom 23.3. 2009[18] hat sich das Bayerische Staatsministerium der Finanzen auf den Standpunkt gestellt, dass es sich auch bei einer atypischen Unterbeteiligung bzw. einer atypisch stillen Beteiligung um begünstigtes Vermögen iSv. § 13b Abs. 1 Nr. 2 ErbStG handele, da in beiden Fällen ertragsteuerlich eine Mitunternehmerschaft vorliege und Mitunternehmeranteile iSv. § 15 Abs. 1 S. 1 Nr. 2 EStG zum erbschaft- bzw. schenkungsteuerlich begünstigten Unternehmensvermögen gehörten. Auf die unentgeltliche Übertragung einer mitunternehmerischen atypisch stillen Beteiligung können damit die schenkungsteuerlichen Begünstigungen für Betriebsvermögen gemäß §§ 13a, 13b, 19a ErbStG in Anspruch genommen werden.

7 Die Inanspruchnahme der schenkungsteuerlichen Begünstigungen für Betriebsvermögen setzt voraus, dass der Schenker einen Mitunternehmeranteil iSv. § 15 Abs. 1 S. 1 Nr. 2 EStG überträgt und der Beschenkte einen solchen erwirbt, der Schenker muss also zuvor Mitunternehmer der Gesellschaft gewesen sein und der Beschenkte muss durch die Schenkung Mitunternehmer werden.[19] Wird der Beschenkte aufgrund weitgehender Beschränkungen seiner gesellschafterlichen Stellung zugunsten des Schenkers im Schenkungs- oder Gesellschaftsvertrag zwar zivilrechtlich Gesellschafter, aber nicht Mitunternehmer, ist die Schenkung zwar gem. § 7 Abs. 1 Nr. 1 ErbStG erfolgt. Aus schenkungsteuerlicher Sicht ist Gegenstand der Schenkung aber nicht Betriebsvermögen nach § 12 Abs. 5 EStG, sondern ein Anteil an einer vermögensverwaltenden Personengesellschaft, der gemäß § 10 Abs. 1 S. 4 ErbStG als Erwerb der einzelnen Wirtschaftsgüter gilt, für die die Begünstigungen für Betriebsvermögen nicht in Anspruch genommen werden können.[20] Dies ist insbesondere für die Vereinbarung von Widerrufsgründen im Schenkungsvertrag über die atypisch stille Beteiligung von Bedeutung, vgl. Rz. 11.

8 Zu den ertragsteuerlichen und schenkungsteuerlichen Folgen der unentgeltlichen Übertragung einer typisch stillen Beteiligung vgl. Formular A. 1.22.

B. Einzelerläuterungen

Zu § 3: Vollzug der Schenkung

9 Vgl. Formular A. 1.22 Rz. 8.

Zu § 4: Auflösende Bedingungen und Widerrufsvorbehalte

10 § 4 des Formulars sieht eine Reihe von auflösenden Bedingungen und Widerrufsgründen vor, bei deren Eintritt die geschenkte stille Beteiligung an den Schenker zurückfällt. Die gesetzliche Regelung kennt als Rückforderungsgründe nur die Nicht-

[16] FM Bayern v. 11.1.2008, DStR 2008, 508; FM Schleswig-Holstein v. 25.4.2007, UVR 2007, 180; OFD Rheinland und Münster v. 30.3.2007, DStR 2007, 1125; dagegen *Wälzholz* ZEV 2007, 369.

[17] So Troll/Gebel/Jülicher/*Jülicher* ErbStG § 13b Rz. 76.

[18] FM Bayern v. 23.3.2009, DStR 2009, 908. Mit Erlass v. 9.4.2009, 3 – S 3806/51, DB 2009, 878 hat sich auch das FM Baden-Württemberg in gleicher Richtung geäußert.

[19] BFH v. 16.1.2008 – II R 10/06, BStBl. II 2008, 631.

[20] ErbStH 2011 E 136.5; *Noll* in FS Schaumburg 2009, 1025, 1029.

vollziehung einer Auflage (§ 527 BGB), die Verarmung des Schenkers (§ 528 BGB) und den groben Undank (§ 530 BGB). Das Formular berücksichtigt weitere Risiken, bei deren Realisierung es im Interesse des Schenkers liegen kann, die Schenkung rückabzuwickeln.

Der grundsätzliche Unterschied zwischen den **auflösenden Bedingungen** nach Abs. 1 und den **Widerrufsgründen** nach Abs. 2 besteht darin, dass bei Einritt der auflösenden Bedingung (§ 158 Abs. 2 BGB) die Schenkung ohne weiteres Zutun des Schenkers wegfällt, während bei Eintritt eines Widerrufsgrundes es im Ermessen des Schenkers steht, durch Ausübung seines Widerrufsrechts die Schenkung rückgängig zu machen. Die Anordnung einer auflösenden Bedingung bietet sich deshalb dann an, wenn der Zugriff eines Dritten auf den geschenkten Gegenstand automatisch beschränkt werden soll.[21] Die Formulierung eines Widerrufsgrundes kommt demgegenüber in Betracht, wenn auf bestimmte Umstände reagiert werden soll, die in der Person des Beschenkten eintreten und der Schenker sich die Möglichkeit vorbehalten will, im Einzelfall zu entscheiden, ob er den geschenkten Gegenstand zurückfordern will oder nicht. Um dem Beschenkten Rechtssicherheit zu geben, ob die Schenkung trotz Eintritt eines Widerrufsgrundes Bestand hat, sieht § 4 Abs. 5 des Formulars vor, dass der Widerruf nur innerhalb von drei Monaten zulässig ist, nachdem der Widerrufsberechtigte Kenntnis von dem Widerrufsgrund erhalten hat. 11

Voraussetzung für die Inanspruchnahme der erbschaft- und schenkungsteuerlichen Begünstigungen für Betriebsvermögen für die Übertragung der atypisch stillen Beteiligung ist, dass der Beschenkte durch die Schenkung Mitunternehmer wird.[22] Die Vereinbarung von Widerrufsrechten für bestimmte, abschließend geregelte Fälle ist hierbei für den Erwerb der **Mitunternehmerstellung** des Beschenkten unschädlich.[23] Maßgeblich ist insoweit, dass der Widerrufsfall mit überwiegender Wahrscheinlichkeit nicht eintreten wird und der Schenker keine Möglichkeit hat, die Voraussetzungen der Widerrufsklausel einseitig und grundlos herbeizuführen.[24] Im letzteren Fall liegt ein freies Widerrufsrecht des Schenkers vor, welches zwar die Tatbestandsmerkmale einer Schenkung iSv. § 7 Abs. 1 Nr. 1 ErbStG nicht entfallen lässt, aber eine Mitunternehmerstellung des Beschenkten ausschließt. Dieser kann keine eigenständige **Mitunternehmerinitiative** entfalten, wenn er bei der Ausübung seiner gesellschaftsrechtlichen Mitwirkungsrechte ständig damit rechnen muss, dass der Schenker ihm die Beteiligung wieder entzieht, indem er von seinem Rückforderungsrecht Gebrauch macht.[25] Damit sind solche Widerrufsrechte unschädlich, die den gesetzlichen Widerrufsgründen der §§ 528, 530 BGB angenähert sind oder bspw. eine Rückforderung bei Vorversterben oder im Fall der Insolvenz des Beschenkten zulassen.[26] Insgesamt darf eine Rückforderung nicht einseitig und willkürlich durch den Schenker herbei geführt werden, sondern nur bei Vorliegen gewichtiger Gründe durchgreifen.[27] 12

Der Eintritt einer auflösenden Bedingung bzw. die Ausübung des Widerrufsrechts durch den Schenker beseitigt nur das Schenkungsversprechen. Damit auch die geschenkte Beteiligung automatisch an den Schenker zurückfällt und dieser nicht auf einen Rückforderungsanspruch aus § 812 Abs. 1 S. 2 BGB beschränkt ist, sieht § 4 Abs. 4 des Formulars vor, dass die Abtretung der stillen Beteiligung ihrerseits unter der auflösenden Bedingung steht, dass das Schenkungsversprechen widerrufen wird oder eine auflösende Bedingung eintritt. 13

Wird die Schenkung der stillen Beteiligung aufgrund des Eintritts einer auflösenden Bedingung oder der Ausübung des Widerrufsrechts durch den Schenker rückabgewi- 14

[21] MüKoBGB/*H. P. Westermann* BGB § 158 Rz. 39, 57.
[22] Vgl. hierzu bereits oben Rz. 7.
[23] BFH v. 27.1.1994 – IV R 114/91, BStBl. II 1994, 635 ff.
[24] *Noll* in FS Schaumburg 2009, 1025, 1032.
[25] Vgl. *Wachter* ErbStB 2006, 236, 239.
[26] *Wachter* ErbStB 2006, 236, 238.
[27] *Noll* in FS Schaumburg 2009, 1025, 1032.

ckelt, gilt sie für Zwecke der Erbschaft- und Schenkungsteuer gemäß § 29 Abs. 1 Nr. 1 ErbStG als von Anfang an nicht erfolgt. Eine bereits erfolgte Steuerfestsetzung ist gemäß § 175 Abs. 1 S. 1 Nr. 2 AO aufzuheben und die gezahlte Schenkungsteuer ist zu erstatten.

Zu § 5: Anrechnung und Ausgleichung

15 Vgl. die Erläuterungen in A. 1.22 Rz. 14f.

Zu § 6: Zustimmungserfordernisse

16 Vgl. die Erläuterungen in A. 1.22 Rz. 16f.

Zu § 7: Kosten und Steuern

17 Vgl. zur schenkungsteuerlichen Behandlung der unentgeltlichen Übertragung einer atypisch stillen Beteiligung zunächst oben Rz. 5f. **Steuerschuldner** der Schenkungsteuer sind gemäß § 20 Abs. 1 S. 1 ErbStG sowohl der Beschenkte, als auch der Schenker. Übernimmt wie im Formular der Schenker die Schenkungsteuer, bedeutet dies eine zusätzliche Bereicherung des Beschenkten. Gemäß § 10 Abs. 2 ErbStG hat der von der Zahlung der Schenkungsteuer befreite Beschenkte diese zusätzliche Bereicherung zu versteuern. Erfasst wird hierbei nur die Übernahme der aus dem eigentlichen Erwerbs- oder Zuwendungsvorgang unmittelbar resultierenden Steuerschuld. Nur um den Betrag dieser Steuerschuld erhöht die Übernahmeleistung nach § 10 Abs. 2 ErbStG die erbschaftsteuerliche Bemessungsgrundlage.[28] Die Übernahme der Schenkungsteuer durch den Schenker kann in geeigneten Fällen zu einer erheblichen Steuerersparnis führen.[29]

18 Zur Anwendung der §§ 13a, 13b, 19a ErbStG auf die Übertragung einer atypisch stillen Beteiligung vgl. Rz. 6. Der Abzugsbetrag nach § 13a Abs. 2 ErbStG kann gemäß § 13a Abs. 2 S. 3 ErbStG innerhalb von zehn Jahren für von derselben Person anfallende Erwerbe nur einmal berücksichtigt werden.

A. 2.64 Einräumung eines Nießbrauchs an einer atypisch stillen Beteiligung

Gliederung

[28] Troll/Gebel/Jülicher/*Gebel* ErbStG § 10 Rz. 73.
[29] Vgl. hierzu im Einzelnen Troll/Gebel/Jülicher/*Gebel* ErbStG § 10 Rz. 75f.

Vertrag über die Einräumung eines Nießbrauchs an einer stillen Beteiligung

A. 2.64

zwischen

Herrn A, wohnhaft [...] (im Folgenden auch: „stiller Gesellschafter“)

und

Frau B wohnhaft [...] (im Folgenden auch: „Nießbraucherin“)

Präambel

Herr A hat als Alleinerbe seines verstorbenen Vaters dessen stille Beteiligung an der ABC-GmbH & Co. KG mit dem Sitz in [...] (HRA [...], Amtsgericht [...]) erworben. Der Nennbetrag der voll einbezahlten stillen Einlage beträgt € [...],– Als stiller Gesellschafter ist Herr A neben dem laufenden Gewinn der ABC – GmbH & Co. KG auch an den stillen Reserven des Geschäftsvermögens beteiligt. Die für Herrn A als stillen Gesellschafter geführten Konten weisen zum letzten Bilanzstichtag folgende Salden auf:
a) Einlagekonto: € [...],–;
b) Verlustkonto: € [...],–;
c) Privatkonto: € [...],–.
Aufgrund des von ihrem Vater an seine Schwester Frau B testamentarisch zugewandten Vermächtnisses ist Herr A verpflichtet, Frau B einen anteiligen Nießbrauch (Quotennießbrauch) an der stillen Beteiligung einzuräumen. Der Vertrag über die Errichtung einer atypisch stillen Gesellschaft vom [...] und der Gesellschaftsvertrag der ABC-GmbH & Co. KG sind den Beteiligten bekannt.
Dies vorausgeschickt, vereinbaren die Parteien was folgt:

§ 1 Einräumung des Nießbrauchs[Rz. 10]

Herr A räumt Frau B mit Wirkung zum [Todestag des Erblassers] ein lebenslängliches Nießbrauchsrecht an seiner in der Präambel bezeichneten stillen Beteiligung ein.

§ 2 Umfang des Nießbrauchs[Rz. 11]

(1) Frau B steht aufgrund des Nießbrauchs die Hälfte des entnahmefähigen Gewinnanteils der stillen Beteiligung zu.
(2) Der Nießbrauch erstreckt sich nicht auf das Auseinandersetzungsguthaben des stillen Gesellschafters bei Beendigung der stillen Gesellschaft.

§ 3 Gesellschaftsrechte und -pflichten[Rz. 12]

Die Wahrnehmung seiner Gesellschafterrechte innerhalb der stillen Gesellschaft obliegt weiterhin ausschließlich Herrn A. Eine Kündigung der stillen Gesellschaft und eine Änderung der Ergebnisbeteiligung darf Herr A nur mit vorheriger Zustimmung der Nießbraucherin vornehmen.

§ 4 Informationsrechte der Nießbraucherin[Rz. 13]

Der stille Gesellschafter ist verpflichtet, der Nießbraucherin im Rahmen der ihm aufgrund Gesetz und Gesellschaftsvertrag zustehenden Informations- und Kontrollrechte auf Verlangen Auskunft über die Angelegenheiten der stillen Gesellschaft zu geben, soweit der stille Gesellschafter nicht ausdrücklich zur Geheimhaltung verpflichtet ist.

§ 5 Änderung der Kapitalverhältnisse[Rz. 14]

Erhöht der stille Gesellschafter seine stille Einlage, gebühren die der Einlageerhöhung entsprechenden Gewinnanteile ausschließlich dem stillen Gesellschafter.

§ 6 Zustimmungserfordernisse[Rz. 15]

Die ABC-GmbH & Co. KG hat ihre gemäß § [...] des Vertrages über die Errichtung einer atypisch stillen Gesellschaft vom [...] erforderliche Zustimmung zu der Einräumung des Nießbrauchsrechts mit der in der Anlage beigefügten Erklärung erteilt.

§ 7 Schlussbestimmungen

(1) Änderungen und Ergänzungen dieses Vertrages bedürfen zu ihrer Wirksamkeit der Schriftform. Mündliche Nebenabreden bestehen nicht.
(2) Sollte eine Bestimmung dieser Urkunde unwirksam oder anfechtbar sein oder werden, so soll deren Inhalt im Übrigen nicht berührt, sondern sinngemäß ausgeführt werden. Anstelle der unwirksamen oder anfechtbaren Bestimmung soll eine angemessene Regelung gelten, die, soweit rechtlich möglich, dem am nächsten kommt, was die Vertragsschließenden gewollt haben oder nach dem Sinn und Zweck dieses Vertrages gewollt haben würden, sofern sie diesen Punkt bei Abschluss des Vertrages bedacht hätten.
(3) Gerichtsstand für sämtliche Streitigkeiten aus diesem Vertrag ist [...], soweit dies zulässig vereinbart werden kann.

.., den ....
[Ort, Datum]

...
[Unterschriften]

Anlage:
Zustimmungserklärung der ABC-GmbH & Co. KG zur Bestellung des Nießbrauchsrechts

A. Grundsätzliche Anmerkungen

I. Wirtschaftliche Vertragsziele

1 Vgl. zu den wirtschaftlichen Vertragszielen einer schenkweisen Anteilsübertragung zunächst A. 2.63 Rz. 1.

2 Dem Formular liegt die Situation zugrunde, dass die atypisch stille Beteiligung von Todes wegen auf den Sohn des stillen Gesellschafters als Alleinerben übergegangen ist und der Erblasser seiner Tochter einen Quotennießbrauch an der stillen Beteiligung vermächtnisweise zugewandt hat. Der Nießbrauch dient damit der finanziellen Absicherung der Tochter des Schenkers.

3 Es handelt sich um einen **Zuwendungsnießbrauch** im Gegensatz zu einem Vorbehaltsnießbrauch, bei dem sich bei lebzeitiger Zuwendung der Schenker das Nießbrauchsrecht an dem geschenkten Anteil vorbehält (vgl. zur Übertragung eines OHG-Anteils unter Nießbrauchsvorbehalt Formular A. 2.22). Außerdem soll vorliegend das Nießbrauchsrecht der Nießbraucherin keine Mitwirkungsrechte im Rahmen des stillen Gesellschaftsverhältnisses gewähren, sondern ausschließlich ihre Versorgung sicher stellen. Es handelt sich also um einen reinen **Ertragsnießbrauch.**

Der Nießbraucher partizipiert am wirtschaftlichen Erfolg der Beteiligung. Er trägt damit aber auch die wirtschaftlichen Risiken. Verschlechtert sich die Ertragslage des stillen Gesellschafters, reduziert sich entsprechend der dem Nießbraucher zustehende Ertrag. Wollen die Beteiligten diese wirtschaftlichen Risiken für den Nießbraucher ausschließen, kommt die Vereinbarung einer festen (in aller Regel monatlichen) **Leibrente** in Betracht (vgl. hierzu Formular A. 2.65). 4

II. Rechtliche Aspekte

Allgemein setzt die Bestellung eines Nießbrauchsrechts gemäß § 1069 BGB voraus, dass das Recht als solches übertragbar ist. Da eine stille Beteiligung generell nur übertragbar ist, wenn der Geschäftsinhaber zustimmt (vgl. Formular A. 1.21 Rz. 63), muss die Berechtigung zur Bestellung eines Nießbrauchsrechts im stillen Gesellschaftsvertrag allgemein zugelassen sein oder der Geschäftsinhaber muss der Bestellung im Einzelfall zustimmen. 5

Vgl. iÜ zu den allgemeinen Anforderungen an die Zulässigkeit der Vereinbarung eines Nießbrauchsrechts an einem Personengesellschaftsanteil und zu den inhaltlichen Ausgestaltungsmöglichkeiten A. 2.22 Rz. 10ff.

III. Steuerrechtliche Aspekte

1. Ertragsteuern

Hinsichtlich der steuerlichen Behandlung des Nießbrauchers ist zwischen einem reinen **Ertragsnießbrauch** und einem **„echten" Nießbrauch** zu unterscheiden. Bestellt ein **typisch stiller Gesellschafter** unentgeltlich einen Nießbrauch an seiner Beteiligung, kann es sich nur um einen Ertragsnießbrauch handeln. Die Einkünfte aus der typisch stillen Beteiligung sind (anteilig) dem Nießbraucher zuzurechnen.[1] 6

Bei einer **atypisch stillen Beteiligung** besteht sowohl die Möglichkeit, einen reinen Ertragsnießbrauch zu vereinbaren, bei dem der Nießbraucher keinerlei Mitwirkungsrechte hat und dementsprechend nicht als Mitunternehmer anzusehen ist, als auch die Möglichkeit, einen **„echten" Nießbrauch** zu vereinbaren, bei dem sowohl der Gesellschafter, als auch der Nießbraucher als Mitunternehmer anzusehen sind. Voraussetzung für einen „echten" Nießbrauch ist, dass sowohl der stille Gesellschafter als Nießbrauchsbesteller, als auch der Nießbraucher Mitunternehmerinitiative entfalten können und Mitunternehmerrisiko tragen. Das ist der Fall, wenn die vertraglich vereinbarte Kompetenzverteilung den gesetzlichen Regelungen entspricht,[2] also dem Nießbraucher insbesondere Mitwirkungsrechte in laufenden Angelegenheiten zustehen und ihm auch laufende Verluste zuzurechnen sind. Zur gesetzlichen Kompetenzverteilung vgl. A. 2.22 Rz. 12. Ist der Nießbraucher als Mitunternehmer zu qualifizieren, erzielt er gewerbliche Einkünfte nach § 15 EStG. Die entnahmefähigen Gewinnanteile sind dem Nießbraucher anteilig zuzurechnen. 7

Ist der Nießbraucher – wie im Formular – nach der Ausgestaltung seiner Rechtsstellung nicht Mitunternehmer, liegt also ein reiner Ertragsnießbrauch vor, erzielt er keine gewerblichen Einkünfte. Die Gewinnanteile werden allein dem atypisch stillen Gesellschafter als Nießbrauchsbesteller zugerechnet. Die Einnahmen des Nießbrauchers sind aufgrund der vermächtnisweisen und damit unentgeltlichen Zuwendung nicht einkommensteuerpflichtig.[3] Der Nießbrauchsbesteller kann die Bezüge des Nießbrauchers als Sonderbetriebsausgaben abziehen.[4] 8

---

[1] BMF v. 23.11.1983, BStBl. I 1983, 508.
[2] BFH v. 1.3.1994 – VIII R 35/92, BStBl. II 1995, 241.
[3] Schmidt/*Wacker* EStG § 15 Rn. 308.
[4] Schmidt/*Wacker* EStG § 15 Rn. 308.

2. Erbschaft- und Schenkungsteuer

9 Als Vermächtnisnehmer erwirbt der Nießbraucher das Nießbrauchsrecht vom Erblasser, nicht vom stillen Gesellschafter. Maßgeblicher Zeitpunkt der Steuerentstehung ist dementsprechend gem. § 9 Abs. 1 Nr. 1 ErbStG der Zeitpunkt des Todes des Erblassers, nicht der Zeitpunkt der Nießbrauchsbestellung. Für die Bemessung der vom Nießbraucher zu tragenden Erbschaftsteuer ist der **Kapitalwert des Nießbrauchs zu** ermitteln, der sich nach den §§ 13 bis 16 BewG unter Zugrundelegung des Jahreswertes und eines laufzeit- bzw. altersabhängigen Multiplikators richtet. Die sich aus der jeweils aktuellen Sterbetafel ergebenden Multiplikatoren zur Ermittlung des Wertes lebenslänglich vereinbarter Nießbrauchsrechte werden von der Finanzverwaltung jährlich veröffentlicht.[5] Gemäß § 23 ErbStG kann die Erbschaftsteuer nach Jahreswerten entrichtet werden. Der Erbe bzw. Nießbrauchsbesteller kann den Kapitalwert des Nießbrauchsrechts in voller Höhe vom Steuerwert des erbschaftsteuerpflichtigen Erwerbs abziehen.

B. Einzelerläuterungen

Zu § 1: Einräumung des Nießbrauchs

10 Entsprechend der testamentarischen Verpflichtung erfolgt die Bestellung des Nießbrauchs mit Wirkung zum Todestag des Erblassers.

Zu § 2: Umfang des Nießbrauchs

11 Nach den Regelungen des Formulars steht dem Nießbraucher nicht der gesamte, sondern nur die Hälfte des entnahmefähigen Gewinnanteils des stillen Gesellschafters zu. Es handelt sich also um einen **Quotennießbrauch.** Die fehlende Beteiligung des Nießbrauchers am Auseinandersetzungsguthaben entspricht dem gesetzlichen Regelfall des Nießbrauchs.

Zu § 3: Gesellschaftsrechte und -pflichten

12 Das Formular sieht einen reinen **Ertragsnießbrauch** vor. Dementsprechend stehen sämtliche Gesellschafterrechte innerhalb der stillen Gesellschaft weiterhin dem Nießbrauchsbesteller zu. Für solche Maßnahmen, die die finanzielle Absicherung des Nießbrauchers betreffen, also für eine Änderung der Ergebnisverteilung des stillen Gesellschafters und eine Kündigung der Beteiligung, ist es interessengerecht, die vorherige Zustimmung des Nießbrauchers vorzusehen.

Zu § 4: Informationsrechte der Nießbraucherin

13 Der Nießbraucher wird nicht Gesellschafter und hat dementsprechend keine eigenen Informationsrechte gegenüber der Geschäftsinhaberin. Das Formular sieht deshalb entsprechende Informationspflichten des stillen Gesellschafters gegenüber der Nießbraucherin vor.

Zu § 5: Änderung der Kapitalverhältnisse

14 Erhöht der Nießbrauchsbesteller aus eigenen Mitteln seine stille Einlage, führt dies zu einer entsprechenden Verringerung der Ergebnisbeteiligungsquote des Nießbrauchers. Denkbar ist an dieser Stelle auch eine Vereinbarung, nach der dem Nießbraucher das Recht eingeräumt wird, sich an der Einlageerhöhung durch Gewährung eines

[5] Vgl. zuletzt BMF v. 4.11.2016, BStBl. I 2016, 1166, für Bewertungsstichtage ab 1.1.2017.

Darlehens an den stillen Gesellschafter zu beteiligen und so weiterhin an der Hälfte des entnahmefähigen Gewinns beteiligt zu sein.

Zu § 6: Zustimmungserfordernisse

Die Berechtigung zur Bestellung eines Nießbrauchsrechts muss im stillen Gesellschaftsvertrag allgemein zugelassen sein oder der Geschäftsinhaber muss der Bestellung im Einzelfall zustimmen (vgl. hierzu bereits oben Rz. 5). In der dem Formular zugrunde liegenden Konstellation sieht der stille Gesellschaftsvertrag vor, dass die Einräumung von Nießbrauchsrechten durch den stillen Gesellschafter im Einzelfall der Genehmigung der Geschäftsinhaberin bedarf. **15**

A. 2.65 Übertragung einer atypisch stillen Beteiligung gegen Versorgungsleistung

Gliederung

Urkunden-Rolle Nr. [...]/20[...] A. 2.65

Verhandelt zu [...] am [...]

Vor mir, dem unterzeichnenden Notar

[...]
mit dem Amtssitz in [...]

erschienen:

1. **Herr B, geboren am [...], wohnhaft [...], (im Folgenden auch: „Schenker")**
2. **Herr S, geboren am [...], wohnhaft [...] (im Folgenden auch: „Beschenkter").**

Die Erschienen wiesen sich durch Vorlage ihrer Bundespersonalausweise aus/sind dem Notar von Person bekannt.
Die Erschienen erklären, mit der Bitte um Beurkundung, was folgt:

Präambel

Der Schenker ist der Vater des Beschenkten. Er ist als stiller Gesellschafter mit einer vertraglich vereinbarten voll einbezahlten Einlage in Höhe von € [...],– am Handelsgewerbe der ABC-GmbH & Co. KG mit dem Sitz in [...] (HRA [...], Amtgericht [...]) beteiligt. Der Schenker ist als stiller Gesellschafter neben dem laufenden Gewinn der ABC-GmbH & Co. KG auch an den stillen Reserven des Geschäftsvermögens und am Geschäftswert der Gesellschaft beteiligt, es handelt sich also um eine aus der Sicht des Steuerrechts „atypisch" stille Beteiligung.
Der Schenker beabsichtigt, seine stille Gesellschaftsbeteiligung an der ABC-GmbH & Co. KG auf seinen Sohn S im Wege der vorweggenommenen Erbfolge gegen lebenslange und wiederkehrende Versorgungsleistungen zu übertragen.
Der Gesellschaftsvertrag der ABC-GmbH & Co. KG und der Vertrag über die Errichtung der stillen Gesellschaft zwischen dem Schenker und der ABC-GmbH & Co. KG vom [...] sind dem Beschenkten bekannt.
Dies vorausgeschickt, vereinbaren die Parteien was folgt:

§ 1 Schenkung

(1) Herr B schenkt hiermit im Wege vorweggenommener Erbfolge seinem Sohn S seine in der Präambel bezeichnete stille Beteiligung an der ABC-GmbH & Co. KG mit allen Rechten und Pflichten einschließlich des Gewinnbezugsrechts. Von der Schenkung umfasst sind sämtliche für den Schenker als stillen Gesellschafter geführten Konten, die zum letzten Bilanzstichtag folgende Salden aufwiesen:
a) Einlagekonto: € [...],–;
b) Verlustkonto: € [...],–;
c) Privatkonto: € [...],–.
(2) Die vorstehende Schenkung erfolgt mit sofortiger Wirkung.
(3) Die Schenkung umfasst nicht Guthaben auf dem Privatkonto, soweit diese bis zum Abtretungsstichtag entnommen werden können. Gewinnanteile auf die geschenkte stille Beteiligung, die bis zum Abtretungsstichtag entstehen, stehen dem Schenker zu und sind an diesen auszuzahlen, soweit sie nach dem stillen Gesellschaftsvertrag entnommen werden können.

§ 2 Annahme der Schenkung

Der Beschenkte nimmt die Schenkung seines Vaters dankend an.

§ 3 Vollzug der Schenkung

In Vollzug des vorstehenden Schenkungsversprechens tritt der Schenker im Wege der Sonderrechtsnachfolge seine in § 1 bezeichnete stille Beteiligung mit allen Rechten und Pflichten einschließlich des Gewinnbezugsrechts und sämtlichen für ihn als stillen Gesellschafter geführten Konten an den Beschenkten ab. Auch die Abtretung erfolgt mit sofortiger Wirkung. Der Beschenkte nimmt die Abtretung an und tritt in alle Rechte und Pflichten des Schenkers aus dem Vertrag über die Errichtung der stillen Gesellschaft zwischen dem Schenker und der ABC-GmbH & Co. KG vom [...] ein.

§ 4 Versorgung

(1) Der Beschenkte verpflichtet sich, seinem Vater Herrn B auf dessen Lebenszeit, nach dessen Tod dessen Ehefrau Frau B auf Lebenszeit, monatlich einen Betrag in Höhe von € [...],– zu bezahlen.
(2) Die Zahlung ist jeweils fällig am 1. eines Monats im Voraus, erstmals für den auf die Anteilsübertragung nach § 3 folgenden Monat.
(3) Bei den von dem Beschenkten zu erbringenden Versorgungsleistungen handelt es sich um eine Leibrente; d. h. der monatliche Zahlbetrag ist fest vereinbart. Eine Anwendung von § 323 ZPO wird ausgeschlossen.
(4) Der monatliche Zahlbetrag ist aber wertgesichert. Er erhöht oder vermindert sich in demselben prozentualen Verhältnis, in dem sich der vom statistischen Bundesamt festgestellte Verbraucherpreisindex für Deutschland gegenüber dem auf die Übertragung des Gesellschaftsanteils nach § 3 folgenden Monat festgesetzten Index erhöht oder vermindert.
(5) Eine Anpassung der Leibrente erfolgt aber erst dann, wenn sich die Rente gegenüber dem Ausgangsbetrag, später gegenüber dem zuletzt maßgeblichen Betrag um mindestens 10 vH verändert hat. Die Erhöhung der monatlichen Leibrentenzahlung setzt ein schriftliches Verlangen des Berechtigten voraus; die Veränderung tritt dann für den Monat ein, der dem gestellten Verlangen folgt.
(6) Der Schenker verzichtet auf eine Sicherung der vorstehend vereinbarten Versorgungsleistungen.

§ 5 Auflösende Bedingungen und Widerrufsvorbehalte

(1) Die Schenkung und Abtretung steht jeweils unter den folgenden auflösenden Bedingungen mit der Folge, dass die Schenkung zu Gunsten des Beschenkten wegfällt und die Abtretung an den Beschenkten ihre Wirkung verliert, wenn bei dem Beschenkten einer der folgenden Bedingungen eintritt:

a) Über das Vermögen des Beschenkten wird das Insolvenzverfahren eröffnet oder die Eröffnung mangels Masse abgelehnt;

b) in den Schenkungsgegenstand wird die Zwangsvollstreckung betrieben und nicht innerhalb von drei Monaten nach Aufforderung, spätestens bis zur Verwertung des Anteils, aufgehoben;

c) nach dem Tode des Beschenkten macht sein überlebender Ehegatte gegen den Nachlass des Beschenkten Pflichtteilsansprüche geltend und verlangt bei deren Berechnung berechtigterweise die Einbeziehung der geschenkten stillen Beteiligung;

d) die Ehe des im Güterstand der Zugewinngemeinschaft lebenden Beschenkten wird geschieden, es sei denn, die geschenkte stille Beteiligung ist auf Grund eines Ehevertrages bei der Berechnung des Zugewinnausgleichsanspruchs weder dem Anfangs- noch dem Endvermögen zuzurechnen oder es ist Gütertrennung vereinbart;

e) der Beschenkte vereinbart mit seinem Ehegatten die Gütergemeinschaft, ohne die geschenkte stille Beteiligung zum Vorbehaltsgut zu erklären.

(2) Der Schenker kann die vorstehende Schenkung ganz oder teilweise widerrufen, wenn bei dem Beschenkten eine der folgenden Bedingungen eintritt:

a) Der Beschenkte ist mit sechs monatlichen Versorgungszahlungen in Verzug;

b) der Beschenkte stirbt vor dem Schenker;

c) der Beschenkte wird geschäftsunfähig oder als Volljährige beschränkt geschäftsfähig oder es wird für ihn, insbesondere wegen Drogen- oder Spielsucht, ein Betreuer gemäß §§ 1896 ff. BGB bestellt;

d) es liegt ein gesetzlicher Widerrufsgrund vor. Dies ist etwa dann der Fall, wenn sich der Beschenkte gegenüber dem Schenker oder einem nahen Angehörigen des Schenkers des groben Undanks schuldig mach (§ 530 BGB) oder eine Verarmung des Schenkers eintritt (§ 528 BGB);

e) der Beschenkte heiratet, ohne zuvor mit seinem Ehegatten einen Ehevertrag geschlossen zu haben, nach dem sämtliches Vermögen, welches ein Ehepartner geschenkt erhalten oder geerbt hat, vom Zugewinnausgleich ausgenommen und auch bei der Berechnung des Pflichtteils unberücksichtigt bleibt;

f) es wird für den schenkweisen Erwerb des Beschenkten eine Schenkungsteuer festgesetzt, die den Betrag von € [...],– übersteigt.

(3) Das Recht des Widerrufs hat der Schenker.

(4) Die Übertragung an den Beschenkten steht unter der auflösenden Bedingung, dass die Schenkung an ihn gemäß Abs. 2 wirksam widerrufen wird. Mit Ausübung des Widerrufsrechts gehen somit im Umfang des Widerrufs die geschenkte stille Beteiligung bzw. etwaige Surrogate unentgeltlich auf den Schenker oder dessen Rechtsnachfolger über. Entsprechendes gilt bei Eintritt einer Bedingung nach Abs. 1.

(5) Der Widerruf ist nur innerhalb von drei Monaten zulässig, nachdem der Widerrufsberechtigte Kenntnis von dem Widerrufsgrund erhält. Der Widerruf hat durch eingeschriebenen Brief zu erfolgen.

(6) Nutzungen, die der Beschenkte vor dem Rückfall des Schenkungsgegenstandes gezogen hat, verbleiben ihm. Seine Aufwendungen im Zusammenhang mit dem Schenkungsgegenstand sind ihm nicht zu erstatten.

(7) Sämtliche Kosten und etwaigen Steuern, die bei dem Beschenkten durch den Rückfall der ihm geschenkten Beteiligung anfallen, trägt der Schenker.

§ 6 Anrechnung und Ausgleichung

(1) Der Beschenkte hat sich die erhaltene Zuwendung auf einen etwaigen ihm durch den Tod des Schenkers entstehenden Pflichtteilsanspruch anrechnen zu lassen. Dies gilt jedoch nicht, soweit er auf Grund der Regelungen dieses Vertrages, insbesondere wegen Eintritts einer auflösenden Bedingung nach § 5, die geschenkte stille Beteiligung noch vor Entstehung des Pflichtteilsanspruchs ganz oder teilweise wieder abzugeben hat. Nicht anrechnungspflichtig ist auch der zwischenzeitliche Nutzungsvorteil aus der rückübertragenen stillen Beteiligung.

(2) Der Beschenkte hat die geschenkte stille Beteiligung beim Tod des Schenkers nicht zur Ausgleichung zu bringen.

§ 7 Zustimmungserfordernisse

Gemäß § [...] des Vertrages über die Errichtung der stillen Gesellschaft zwischen dem Schenker und der ABC – GmbH & Co. KG vom [...] ist die Übertragung der stillen Beteiligung auf Abkömmlinge des stillen Gesellschafters jederzeit und ohne weitere Zustimmungsvorbehalte möglich.

§ 8 Kosten und Steuern

(1) Die Kosten dieses Vertrages trägt der Schenker.

(2) Die Schenkungsteuern auf die Zuwendung übernimmt der Schenker.

(3) Der Schenker erklärt, dass auf die vorstehende Schenkung der Abzugsbetrag nach § 13a Abs. 2 ErbStG angewendet werden soll.

§ 9 Salvatorische Klausel

Sollte eine Bestimmung dieser Urkunde unwirksam oder anfechtbar sein oder werden, so soll deren Inhalt im Übrigen nicht berührt, sondern sinngemäß ausgeführt werden. Anstelle der unwirksamen oder anfechtbaren Bestimmung soll eine angemessene Regelung gelten, die, soweit rechtlich möglich, dem am nächsten kommt, was die Vertragsschließenden gewollt haben oder nach dem Sinn und Zweck dieses Vertrages gewollt haben würden, sofern sie diesen Punkt bei Abschluss des Vertrages bedacht hätten.

Diese Niederschrift wurde den Erschienenen von dem Notar vorgelesen, von ihnen genehmigt und von ihnen und dem Notar eigenhändig wie folgt unterschrieben:

A. Grundsätzliche Anmerkungen

I. Wirtschaftliche Vertragsziele

1 Vgl. zu den wirtschaftlichen Vertragszielen einer schenkweisen Anteilsübertragung zunächst A. 2.63 Rz. 1.

2 Der Schenker verbindet vorliegend die schenkweise Übertragung der atypisch stillen Beteiligung mit der Verpflichtung des Beschenkten, ihn und seine Ehefrau lebzeitig angemessen zu versorgen. Im Gegensatz zur Vereinbarung eines Nießbrauchsrechts (vgl. Formular A. 2.74) hat die Vereinbarung einer Übertragung gegen Versorgungsleistungen zum Ziel, dem Schenker und seiner Ehefrau eine vom wirtschaftlichen Erfolg des Unternehmens unabhängige Versorgung zu gewährleisten. Die Parteien

vereinbaren eine **Leibrente,** die den Beschenkten zu regelmäßigen (monatlichen) Zahlungen in gleichbleibender Höhe verpflichtet. Eine Abänderung der Zahlungsverpflichtung, die etwa auf Grund eines geänderten Versorgungsbedürfnisses des Schenkers oder einer geänderten Ertragslage beim Beschenkten (§ 323 ZPO) erforderlich werden könnte, wird ausdrücklich ausgeschlossen.

Eine Alternative zur Vereinbarung einer Leibrente stellt die Vereinbarung einer **dauernden Last** dar. Im Unterschied zur Leibrente erfolgt bei der dauernden Last eine Anpassung der zunächst vereinbarten Versorgungsleistung, insbesondere anlässlich einer veränderten Ertragslage des Unternehmens. Die dauernde Last ist damit wirtschaftlich der Vereinbarung eines Nießbrauchsrechts angenähert. 3

II. Rechtliche Aspekte

Vgl. zum zivilrechtlichen Begriff der „Leibrente" und zu den einzuhaltenden Formerfordernissen A. 2.23 Rz. 5f. 4

III. Steuerrechtliche Aspekte

Vgl. zur ertragsteuerlichen Behandlung des Rechtsinstituts der Vermögensübertragung gegen Versorgungsleistungen A. 2.23 Rz. 7ff. 5

Vgl. allgemein zur schenkungsteuerlichen Behandlung der schenkweisen Übertragung einer atypischen Beteiligung A. 2.63 Rz. 5ff. Zu den schenkungsteuerlichen Besonderheiten bei der Übertragung gegen Versorgungsleistungen vgl. A. 2.23 Rz. 20ff. 6

B. Einzelerläuterungen

Zu den einzelnen vertraglichen Regelungen bei der schenkweisen Übertragung einer atypisch stillen Beteiligung vgl. zunächst A. 2.63 Rz. 9ff. 7

Zu § 4: Versorgung

Vgl. A. 2.23 Rz. 24ff. 8

A. 2.70 Verkauf an unternehmensnahe Personen

Gliederung

A. 2.70

I. Vertraulichkeits- und Exklusivitätsvereinbarung[Rz. 12, 13]

[Bezeichnung der Vertragsparteien]

Vorbemerkung

Der Verkäufer beabsichtigt, sämtliche Geschäftsanteile der [...] (nachfolgend „Gesellschaft" genannt) als deren alleiniger Gesellschafter zu veräußern. Der Kaufinteressent beabsichtigt, die Möglichkeit eines unmittelbaren Erwerbs der Geschäftsanteile näher zu prüfen. Hierzu wird die Gesellschaft dem Kaufinteressenten sowie dessen Beratern Unternehmensdaten zum Zwecke der genauen Prüfung zur Verfügung stellen. Vor diesem Hintergrund vereinbaren die Parteien was folgt:

§ 1 Exklusivität

(1) Der Verkäufer wird bis einschließlich zum [...] keine Gespräche weder über die Veräußerung seiner Beteiligungen an der Gesellschaft noch über die Aufnahme weiterer Gesellschafter oder die Veräußerung des Vermögens der Gesellschaft – ganz oder teilweise – mit Dritten führen. Auch die Aufnahme von Kontakten zu möglichen dritten Kaufinteressenten wird bis zum [...] unterlassen.

(2) Für den Fall einer Verletzung dieser Exklusivitätsvereinbarung verpflichtet sich der Verkäufer, eine Vertragsstrafe in Höhe von € [...],– an den Kaufinteressenten zu zahlen. Der Kaufinteressent ist berechtigt, an Stelle der Vertragsstrafe die Erstattung der Kosten zu verlangen, die ihm im Zusammenhang mit der geplanten Beteiligung an der Gesellschaft bis zu dem Tag entstanden sind, an dem der Kaufinteressent Kenntnis von der Verletzung dieser Exklusivitätsvereinbarung erlangt hat.

§ 2 Vertraulichkeit

(1) Die Parteien verpflichten sich, über die Tatsache, dass Verhandlungen über eine Beteiligung des Kaufinteressenten an der Gesellschaft geführt werden und über den jeweiligen Stand dieser Verhandlungen strengstes Stillschweigen gegenüber Dritten zu wahren.

(2) Der Kaufinteressent verpflichtet sich gegenüber dem Verkäufer, ihm mündlich, schriftlich, durch die Gestattung von Besichtigungen oder auf andere Weise direkt oder indirekt übermittelte Informationen und Unterlagen über die Gesellschaft und sonstige vertrauliche Informationen (nachfolgend insgesamt als „Informationen" bezeichnet) streng vertraulich zu behandeln und ausschließlich für den in der Vorbemerkung beschriebenen Zweck zu benutzen. Die Informationen dürfen – soweit nicht durch diese Vereinbarung ausdrücklich zugelassen – ohne die vorherige Zustimmung des Verkäufers keinem Dritten zugänglich gemacht

werden und müssen in jeder Hinsicht mit der strengsten Geheimhaltung dahingehend behandelt werden, dass kein Dritter zu den Informationen Zugang erhält. Die Vertraulichkeit umfasst auch, keinem Dritten gegenüber offenzulegen, dass diese Vertraulichkeitsvereinbarung abgeschlossen worden ist, dass der Verkäufer die Aufnahme weiterer Gesellschafter in die Gesellschaft beabsichtigt und dass Informationen bereitgestellt werden. Die Verpflichtung erstreckt sich jedoch nicht auf solche Informationen, die

a) bereits öffentlich bekannt sind oder während der Verhandlungen zwischen den Parteien öffentlich bekannt werden, ohne dass der Kaufinteressent, seine Mitarbeiter oder Berater dies zu vertreten hätten;

b) dem Kaufinteressenten bereits bekannt sind oder ihm während der Verhandlungen zwischen den Parteien ohne Verletzung dieser Vertraulichkeitsvereinbarung oder gesetzlicher Vorschriften bekannt werden. Falls dem Kaufinteressenten die von dem Verkäufer zur Verfügung gestellten Informationen und Unterlagen im Zeitpunkt der Übergabe bereits bekannt sind, wird der Kaufinteressent den Verkäufer unverzüglich darüber informieren.

(3) Der Kaufinteressent wird die ihm zur Verfügung gestellten Informationen und Unterlagen innerhalb seines eigenen Unternehmens nur der Geschäftsleitung und solchen Mitarbeitern sowie solchen Beratern offenbaren, die beruflich oder vertraglich zur Verschwiegenheit verpflichtet und die in den Prüfungsprozess eingeschaltet sind. Es ist dem Kaufinteressenten nicht gestattet, die ihm überlassenen Informationen und Unterlagen zu Wettbewerbszwecken zu verwenden, an Dritte weiterzugeben oder diese öffentlich bekannt zu machen.

(4) Für den Fall, dass die zwischen den Parteien geführten Verhandlungen nicht zu einer Beteiligung des Kaufinteressenten an der Gesellschaft führen, verpflichtet sich der Kaufinteressent, alle ihm zur Verfügung gestellten schriftlichen Informationen und Unterlagen und davon angefertigte Kopien auf Verlangen des Verkäufers an diesen zurückzugeben sowie die vom Kaufinteressenten auf der Grundlage der ihm überlassenen Informationen und Unterlagen angefertigten Aufzeichnungen oder erarbeiteten Unterlagen zu vernichten.

(5) Die Verpflichtung des Kaufinteressenten, die ihm überlassenen Informationen und Unterlagen vertraulich zu behandeln, wird durch eine ergebnislose Beendigung der Verhandlungen zwischen den Parteien und die Rückgabe bzw. die Vernichtung der schriftlichen Informationen und Unterlagen nicht berührt.

(6) Der Kaufinteressent wird anlässlich der Verhandlungen über eine Beteiligung an der Gesellschaft nur diejenigen Mitarbeiter und Berater der Gesellschaft ansprechen, deren Namen dem Kaufinteressenten von dem Verkäufer für diesen Zweck genannt werden.

(7) Der Kaufinteressent verpflichtet sich gegenüber dem Verkäufer, weder direkt noch indirekt Mitarbeiter der Gesellschaft abzuwerben noch Dritte bei einer solchen Abwerbung zu unterstützen. Der Kaufinteressent wird insbes. Mitarbeitern der Gesellschaft weder Anstellungs- oder Beraterverträge anbieten noch mit diesen abschließen.

(8) Der Kaufinteressent stellt sicher, dass sämtliche in dieser Vertraulichkeitsvereinbarung enthaltenen Pflichten auch von den von ihm eingeschalteten Mitarbeitern und Beratern beachtet werden.

(9) Diese Vertraulichkeitsvereinbarung behält Gültigkeit für [...] Jahr(e), gerechnet ab Unterzeichnung. Dies gilt uneingeschränkt und unabhängig davon, ob eine Beteiligung des Kaufinteressenten an der Gesellschaft zustande kommt oder nicht.

§ 3 Schlussbestimmungen

(1) Diese Vereinbarung unterliegt dem Recht der Bundesrepublik Deutschland.

(2) Änderungen und Ergänzungen dieser Vereinbarung einschließlich einer Änderung dieser Klausel bedürfen der Schriftform.

(3) Sollten einzelne Bestimmungen dieser Vereinbarung ganz oder teilweise unwirksam sein oder werden oder sollte sich in der Vereinbarung eine Lücke befinden, so wird hierdurch die Gültigkeit der übrigen Bestimmungen nicht berührt. Anstelle der unwirksamen Bestimmung oder zur Ausfüllung der Lücke werden die Parteien eine angemessene Regelung vereinbaren, die soweit rechtlich möglich, dem am nächsten kommt, was die Parteien wirtschaftlich mit der ursprünglichen Regelung beabsichtigt haben.

(4) Gerichtsstand für Streitigkeiten aus dieser Vereinbarung ist [...].

......................................, den ....
[Ort, Datum]

..
[Unterschriften]

A. 2.70

II. Unternehmenskaufvertrag (Share Deal)

[Urkundseingang, Bezeichnung der Vertragsparteien]

Vorbemerkung [Rz. 113, 114]

[Darstellung der gesellschaftsrechtlichen Hintergründe des Käufers und/oder des Verkäufers sowie deren Verhältnisse zum Kaufobjekt – im Folgenden: „Gesellschaft"]

[Beschreibung der Gesellschaft als Vertragsgegenstand, Tätigkeit, Sitz, Handelsregister, Beteiligungen an weiteren Gesellschaften]

[Einzelheiten zu den Hintergründen des Vertragsschlusses]

[ggf.: Der Umstand, dass der Käufer vor Unterzeichnung dieses Vertrages keine umfassende Due Diligence durchgeführt hat, soll nach dem ausdrücklichen Willen der Parteien keine Nachteile für den Käufer mit sich bringen. Gleichwohl sind dem Käufer die hiermit verbundenen Risiken bekannt. Der Verzicht auf eine umfassende Due Diligence erfolgt insbes. vor dem Hintergrund, um damit eine zügige Beteiligung an der Gesellschaft herbeizuführen und insoweit zeitnah die Finanzierung dieser Gesellschaft und der damit im Zusammenhang verfolgten Ziele sicherzustellen.]

Dies vorausgeschickt, vereinbaren die Parteien was folgt:

I. Kauf- und Übertragungsvertrag

§ 1 Vertragsgegenstand [Rz. 115]

(1) Das Stammkapital der Gesellschaft beträgt € 100 000,–.

(2) Der Verkäufer hält die drei Geschäftsanteile der Gesellschaft im Gesamtnennwert von € 100 000,–. Hierbei handelt es sich um die sämtlichen Geschäftsanteile der Gesellschaft im Nennwert von:

	EUR
1.	80 000,–
2.	15 000,–
3.	5 000,–

(3) Das Stammkapital wurde in vollem Umfang in bar erbracht und nicht zurückgezahlt.

§ 2 Kauf und Abtretung [Rz. 117 ff.]

(1) Der Verkäufer verkauft hiermit an den dies annehmenden Käufer mit schuldrechtlicher und wirtschaftlicher Wirkung zum [...] (nachfolgend kurz „Wirtschaftlicher

Stichtag") die in § 1 Abs. 2 Nrn. 1 und 2 genannten Geschäftsanteile im Nennwert von insgesamt € 95000,– (nachfolgend kurz „Vertragsgegenstand").

<u>Alternative 1 (Auflösende Bedingung):</u>

„Dieser Kauf- und Übertragungsvertrag steht unter der auflösenden Bedingung, dass der Aufsichtsrat des Käufers diesen innerhalb von sieben Arbeitstagen, beginnend mit dem auf die Vertragsunterzeichnung folgenden Tag, nicht genehmigt hat. Die Genehmigung ist vom Käufer unverzüglich dem Verkäufer in Kopie zuzuleiten. Tritt die auflösende Bedingung ein, so übernimmt der Käufer die in § 12 genannten Kosten und ersetzt die dem Verkäufer entstandenen Kosten durch Zahlung einer diese in vollem Umfang abgeltenden Pauschale in Höhe von € [...],–."

oder:

„Dieser Kauf- und Übertragungsvertrag steht unter der auflösenden Bedingung, dass der Käufer dem Verkäufer bis zum [...] schriftlich mitteilt, dass die Finanzierung des Kaufpreises nicht gesichert ist."

<u>Alternative 2 (Aufschiebende Bedingung mit Rücktrittsrecht):</u>

(1) Dieser Vertrag steht unter der aufschiebenden Bedingung der Zustimmung der Gesellschafter des Verkäufers sowie des Zugangs der schriftlichen Zustimmung des Aufsichtsrats des Käufers bei dem beurkundenden Notar. Die Parteien gehen davon aus, dass die schriftlichen Zustimmungen bis zum [...] erteilt werden. Die schriftlichen Zustimmungen sind dem Notar zu übermitteln. Der Notar wird beauftragt, den Vertragsparteien jeweils eine Kopie der erhaltenen Zustimmungserklärungen zu übermitteln.

(2) Der Käufer hat das Recht, von diesem Vertrag zurückzutreten, falls die Zustimmung der Gesellschafter des Verkäufers nicht spätestens am [...] vorliegt. Macht der Käufer von seinem Rücktrittsrecht Gebrauch, so übernimmt der Käufer die in § 12 genannten Kosten und ersetzt die dem Verkäufer entstandenen Kosten durch Zahlung einer diese in vollem Umfang abgeltenden Pauschale in Höhe von € [...],–. Der Käufer ist berechtigt, auf die in Absatz 1 aufgeführten Bedingungen ganz oder teilweise zu verzichten.

(3) Absatz 2 Satz 1 und Satz 2 gelten entsprechend für den Verkäufer, sofern die Zustimmung des Aufsichtsrats des Käufers nicht spätestens am [...] vorliegt."

<u>Alternative 3 (MAC-Klausel):</u>

„Der Käufer hat das Recht, von diesem Vertrag zurückzutreten, wenn seit dem Tag der Unterzeichnung dieses Kaufvertrages bis zum Übertragungsstichtag Veränderungen, Umstände oder Ereignisse eingetreten oder bekannt geworden sind, die – für sich allein oder im Zusammenwirken mit anderen Veränderungen, Umständen oder Ereignissen, auch soweit diese vor dem Unterzeichnungstag eingetreten sind – eine wesentlich nachteilige Auswirkung auf die Vermögens-, Finanz- oder Ertragslage, den Geschäftsbetrieb oder die Geschäftsaussichten der Gesellschaft haben oder solche Auswirkungen erwarten lassen (Wesentliche Nachteilige Änderung).

(2) Der Verkäufer tritt hiermit den Vertragsgegenstand an den dies annehmenden Käufer ab. Die dingliche Übertragung des Vertragsgegenstands ist aufschiebend bedingt auf den Zeitpunkt, in dem alle nachstehenden Ereignisse eingetreten sind:

a) Der Kaufpreis gemäß § 3 inklusive sämtlicher Zinsen dieses Vertrages wurde gezahlt.

b) Die in § 9 Abs. 1 dieses Vertrages genannten Bedingungen sind eingetreten.
c) *[ggf. weitere nach Sachverhaltslage, bspw. Zustimmung des Aufsichtsrats oder sonstiger Gremien (insbes. auch bei der Vinkulierung der Gesellschaftsanteile), Zustimmung des Ehegatten nach §§ 1365 oder 1419 BGB oder ggf. der jeweiligen Aufsichtsbehörde); bei Veräußerung einer Kommanditbeteiligung bspw. auch: „Der Käufer ist als Kommanditist kraft Sonderrechtsnachfolge in das Handelsregister der Gesellschaft eingetragen worden."]*

(nachfolgend kurz „Übertragungsstichtag"). Die dingliche Wirkung der Übertragung tritt in jedem Fall frühestens zum [...], [...] Uhr ein.

(3) Die Vertragsparteien werden den amtierenden Notar schriftlich informieren, wenn die in Abs. (2) genannten Ereignisse eingetreten sind. Ist dem Notar die vorgenannte Information entweder durch den Verkäufer oder von beiden Vertragsparteien zugegangen, so wird er die in Vollzug dieses Unternehmenskaufvertrages zu ändernde Gesellschafterliste zum Handelsregister einreichen.

§ 3 Kaufpreis[Rz. 121, 122]

(1) Der Kaufpreis für den Vertragsgegenstand beträgt insgesamt

€ [...],–
(in Worten: EUR [...]).

Alternative (vorläufiger Kaufpreis), Ergänzung:

zuzüglich der im Jahresabschluss zum [...] ausgewiesenen liquiden Mittel und abzüglich der dort ausgewiesenen Finanzschulden.

Die „liquiden Mittel" umfassen den Kassenbestand (§ 266 Abs. 2 B IV Var. 1 HGB), Bankguthaben (§ 266 Abs. 2 B IV Var. 2 und 3 HGB), Schecks (§ 266 Abs. 2 B IV Var. 4 HGB) und die liquiden Wertpapiere des Umlaufvermögens (§ 266 Abs. 2 B III HGB).

Die „Finanzschulden" umfassen Verbindlichkeiten gegenüber Kreditinstituten (§ 266 Abs. 3 C 2 HGB), Anleihen (§ 266 Abs. 3 C 1 HGB), Verbindlichkeiten gegenüber Gesellschaftern aus Gesellschafterdarlehen, [...].[1]

<u>Alternative (Kaufpreisanpassungsklausel):</u>
„Der Kaufpreis unterliegt nach Maßgabe und unter den Voraussetzungen des § [...] infolge der Veränderung der der Kaufpreisermittlung zugrundeliegenden wirtschaftlichen Tatsachen, einer Anpassung, die sich nach den dort genannten Regelungen vollzieht."

Soweit der Kaufpreis der Umsatzbesteuerung unterliegt, wird diese in gesetzlicher Höhe zusätzlich zur Zahlung fällig, vorausgesetzt eine ordnungsgemäße Rechnung wird erteilt.

(2) Der Kaufpreis gemäß Abs. 1 zzgl. aufgelaufener Zinsen gemäß des nachfolgenden Satzes 2 ist [...] Bankarbeitstage nachdem die in § 2 Abs. 2b) und c) genannten Ereignisse eingetreten sind auf das Konto des Verkäufers mit der IBAN [...] bei der [...], BIC: [...] zu zahlen. Ab dem Wirtschaftlichen Stichtag ist der Kaufpreis mit [...] Prozentpunkten über dem jeweils von der Europäischen Zentralbank festgestellten und von der Deutschen Bundesbank im Bundesanzeiger bekannt gegebenen Basiszins im Sinne des § 247 BGB zu verzinsen, ohne dass es insoweit eines Verzugs des Käufers bedarf.

---

[1] Zu diskutieren sind insbes. die Berücksichtigung von Pensionsrückstellungen (§ 266 Abs. 3 B 1 HGB), Steuerrückstellungen (§ 266 Abs. 3 B 2 HGB), Rückstellungen für Altersteilzeit (nach § 266 Abs. 3 B 3 HGB) und die Verbindlichkeiten aus Finanzierungsleasing.

§ 4 Nutzungen und Lasten[Rz. 125, 126]

Nutzungen und Lasten des Vertragsgegenstands gehen zum Wirtschaftlichen Stichtag auf den Käufer über. Das Jahresergebnis des laufenden sowie der zurückliegenden Geschäftsjahre stehen dem Käufer zu, soweit diese noch nicht an den Verkäufer ausgeschüttet sind oder ein entsprechender Gewinnverwendungsbeschluss zu Gunsten des Verkäufers noch nicht gefasst worden ist.

§ 5 Garantien[Rz. 128 ff.]

Der Verkäufer sichert dem Käufer zu und garantiert diesem zum Übertragungsstichtag in Form eines selbstständigen Garantieversprechens im Sinne des § 311 Abs. 1 BGB, nicht jedoch als Garantie für die Beschaffenheit der Sache im Sinne der §§ 443, 444 BGB, dass

Allgemeines

1. **die in der Vorbemerkung und in § 1 enthaltenen Angaben zu der Gesellschaft zutreffend und vollständig sind;**

Garantien betreffend die Gesellschaft

2. **der Gesellschaftsvertrag der Gesellschaft in der Fassung vom [...] wirksam und bindend ist und keine Änderungen beschlossen wurden, die noch nicht in das Handelsregister eingetragen wurden; der Inhalt des Handelsregisterauszugs datiert vom [...] richtig ist; dass die zum Handelsregister am [...] eingereichte Gesellschafterliste inhaltlich richtig ist und zum Übertragungsstichtag die Gesellschafterverhältnisse richtig wieder gibt; ferner keine sonstigen gesellschaftsrechtlichen Vereinbarungen zwischen der Gesellschaft und dem Verkäufer bestehen;**
3. **das Stammkapital der Gesellschaft € 100 000,– beträgt, voll in bar eingezahlt ist und keine Rückzahlungen vorgenommen sind oder werden;**
4. **die Gesellschaft weder überschuldet noch zahlungsunfähig ist;**
5. **an der Gesellschaft keine gesellschaftsrechtlichen oder sonstigen Beteiligungen irgendwelcher Art von Dritten – mit Ausnahme des Verkäufers – bestehen, insbesondere keine mittelbaren Unternehmensbeteiligungen (stille Gesellschaft, Genussrechte, partiarische Darlehen, Unterbeteiligung);**
6. **die Gesellschaft mit Dritten – mit Ausnahme des Verkäufers – nicht in gesellschaftsrechtlichen Beziehungen irgendwelcher Art steht, insbesondere an keiner anderen Gesellschaft beteiligt oder unterbeteiligt ist, mit anderen Unternehmen keine Unternehmensverträge im Sinne der §§ 291, 292 AktG sowie keine Verträge über Kooperationen abgeschlossen und zu Gunsten anderer Unternehmen weder Bürgschaften noch Patronatserklärungen noch sonstige Haftungsvereinbarungen außerhalb des gewöhnlichen Geschäftsbetriebs abgegeben hat;**

Garantien betreffend die Verhältnisse des Verkäufers

7. **der Vertragsgegenstand im Eigentum des Verkäufers steht, der Verkäufer über diesen frei verfügen kann, dieser nicht mit Rechten Dritter, insbesondere nicht mit Pfandrechten, belastet ist, und dass der Verkäufer seit seinem Erwerb des Vertragsgegenstands nicht über diesen verfügt hat;**
8. **über das Vermögen des Verkäufers das Insolvenzverfahren weder beantragt noch eröffnet worden ist oder wird; ferner dass keine Umstände vorliegen, die eine Anfechtung der Veräußerung nach den Bestimmungen der Insolvenzordnung sowie des Anfechtungsgesetzes rechtfertigen könnten;**

Bilanzgarantie[2]

9. die Jahresabschlüsse der Gesellschaft zum [...] nach den Grundsätzen ordnungsmäßiger Buchführung und Bilanzierung unter Wahrung der formellen und materiellen Bilanzkontinuität – wobei Bilanzrichtigkeit vor Bilanzstetigkeit geht – aufgestellt wurden und jeweils ein den tatsächlichen Verhältnissen entsprechendes Bild der Vermögens-, Finanz- und Ertragslage der Gesellschaft vermitteln; ferner dass für die Gesellschaft

a) die Jahresabschlüsse sämtliche dem Betrieb der Gesellschaft gewidmeten aktivierbaren Vermögensgegenstände, mit Ausnahme von geringwertigen Wirtschaftsgütern, ausweisen, sich die Vermögensgegenstände im Zeitpunkt der Feststellung dieser Jahresabschlüsse in einem für die betriebsgewöhnliche Nutzungsdauer funktionstauglichen und betriebsfähigen Zustand befinden;

b) die Inventur ordnungsgemäß unter den gleichen Grundsätzen wie in den vorherigen Geschäftsjahren durchgeführt wurde;

c) außer den in den Jahresabschlüssen ausgewiesenen Schuldposten keine zum Zeitpunkt der jeweiligen Stichtage zu bilanzierenden Verbindlichkeiten oder Rückstellungen vorhanden waren;

d) in den Jahresabschlüssen die nach den Grundsätzen ordnungsmäßiger Buchführung erforderlichen Wertberichtigungen, Rückstellungen und Drohverlustrückstellungen auf Vollkostenbasis gebildet und Vorräte verlustfrei bewertet wurden;

e) das Eigenkapital der Gesellschaft am [...] mindestens € [...],– beträgt. Der Begriff des Eigenkapitals bestimmt sich nach § 266 Abs. 3 A HGB;

Alternative: Ausführliche Formulierungshilfe für eine gesonderte Eigenkapitalgarantie

(1) Der Verkäufer sichert dem Käufer zu und garantiert diesem zum Übertragungsstichtag in Form eines selbstständigen Garantieversprechens im Sinne des § 311 Abs. 1 BGB, nicht jedoch als Garantie für die Beschaffenheit der Sache im Sinne der §§ 443, 444 BGB, dass die Gesellschaft über ein Eigenkapital von nicht weniger als € [...],– verfügt.

(2) Der Begriff des Eigenkapitals gemäß Abs. 1 bestimmt sich nach § 266 Abs. 3 A HGB. Ein eventuell auf der Aktivseite der Bilanz ausgewiesener, nicht durch Eigenkapital gedeckter Fehlbetrag ist vom Eigenkapital abzuziehen (negatives Eigenkapital). Maßgebend ist jeweils das Eigenkapital auf Grund eines zum **[Tag vor dem Übertragungsstichtag],** ***zu erstellenden Stichtagsabschlusses der nach Maßgabe der in den nachfolgenden Absätzen geregelten Vorschriften aufzustellen und zu überprüfen ist und ausschließlich dem Zwecke der in Satz 1 geregelten Eigenkapitalgarantie dient.***

(3) Der Stichtagsabschluss ist aus dem zum **[Tag vor dem Übertragungsstichtag]** ***zu erstellenden Jahresabschluss für das Geschäftsjahr [...] abzuleiten. Der Verkäufer wird zu diesem Zweck sicherstellen, dass die Gesellschaft zum*** **[Tag vor dem Übertragungsstichtag]** ***zunächst den Jahresabschluss [...] aufstellen wird. Der Jahresabschluss [...] nebst der zu Grunde liegenden Inventur ist von der Geschäftsführung der Gesellschaft bis zum*** **[1 Monat nach Übertragungsstichtag]** ***aufzustellen und mit einem uneingeschränkten Prüfungsvermerk eines Wirtschaftsprüfers oder einer Wirtschaftsprüfungsgesellschaft zu versehen.***

---

[2] Siehe zur Auslegung einer Bilanzgarantie iSe. „harten (objektiven) Bilanzgarantie": OLG München v. 30.3. 2011 – 7 U 4226/10; OLG Frankfurt a. M. v. 7.5.2015 – 26 U 35/12, NZG 2016, 435; hierzu *Mehrbrey/ Hofmeister* NZG 2016, 419 ff. Zu den Rechtsfolgen der Verletzung einer Bilanzgarantie *Hennrichs* NZG 2014, 1001 ff.

(4) Der Jahresabschluss [...] ist in Übereinstimmung mit den Grundsätzen ordnungsmäßiger Buchführung und Bilanzierung unter Wahrung der formellen und materiellen Bilanzkontinuität nach Maßgabe des Handelsgesetzbuches (HGB) aufzustellen. Sollten in der Vergangenheit Bilanzposten nicht entsprechend den Grundsätzen ordnungsmäßiger Buchführung und Bilanzierung ausgewiesen oder bewertet worden sein, so geht der Grundsatz der richtigen Bilanzierung oder Bewertung den Grundsätzen der formellen und materiellen Bilanzkontinuität vor.

(5) Nachdem der mit einem uneingeschränkten Prüfungsvermerk versehene Jahresabschluss [...] aufgestellt und dem Käufer spätestens bis zum [...] zugeleitet worden ist, wird der Käufer einen Wirtschaftsprüfer seiner Wahl benennen („Stichtagsabschlussprüfer"), der diesen Jahresabschluss einer Prüfung unterzieht und als Ergebnis seiner Prüfung den um seine Korrekturen modifizierten Abschluss zum [Tag vor dem Übertragungsstichtag] („Stichtagsabschluss") vorlegt. Der Stichtagsabschluss ist im Grundsatz ebenfalls nach Maßgabe der in Abs. 4 aufgeführten Grundsätze aufzustellen. In Abweichung von den in Abs. 4 genannten Grundsätzen gilt jedoch für den Stichtagsabschluss, dass

a) Umsätze bereits dann als realisiert ausgewiesen werden können, wenn die auf Grund erteilter Aufträge in der Fertigung befindlichen Produkte einen Fertigstellungsgrad von mindestens 95 % aufweisen,

b) im Falle einer vorzeitigen Realisierung nach Maßgabe von vorstehend Buchst. a für die noch anfallenden Aufwendungen zur Fertigstellung entsprechende Rückstellungen zu bilden sind, wobei die Bemessung dieser Rückstellungen auf einer Vollkostenbasis zu erfolgen hat (Einbeziehung aller anfallenden Kosten inklusive Verwaltungs- und Vertriebsgemeinkosten),

c) die Beteiligung an der [...] mit dem Nennwert der Stammeinlage der Gesellschaft anzusetzen ist und das Verrechnungskonto mit dem Nennwert angesetzt wird; nach dieser Regelung ist eine Korrektur bis maximal € [...],– für die Ermittlung des Eigenkapitals nach Maßgabe dieser Eigenkapitalgarantie unschädlich,

d) alle werterhellenden Ereignisse (dem Grunde und der Höhe nach) zu berücksichtigen sind, die bis zur abschließenden Feststellung des Stichtagsabschlusses nach Maßgabe des Abs. 6 durch den Stichtagsabschlussprüfer oder ggf. einem dritten Wirtschaftsprüfer bekannt werden.

(6) Der Verkäufer wird sicherstellen, dass die Gesellschaft dem von dem Käufer zu benennenden Stichtagsabschlussprüfer ein unbeschränktes Einsichtsrecht in die für die Erstellung und Prüfung des gemäß den Absätzen 3 und 4 erstellten und testierten Jahresabschlusses [...] notwendigen Unterlagen einräumen wird sowie dass ihm unbeschränkt Auskünfte diesbezüglich erteilt werden. Der Stichtagsabschlussprüfer hat das Ergebnis seiner Prüfung – den Stichtagsabschluss – bis spätestens [2 Monate nach Übertragungsstichtag] mitzuteilen. Soweit zwischen dem Verkäufer und dem vom Käufer zu benennenden Stichtagsabschlussprüfer Meinungsunterschiede hinsichtlich des Ansatzes und der Bewertung von Bilanzposten bestehen, sind diese zwischen den Parteien zu diskutieren und – sofern die Meinungsunterschiede nicht innerhalb einer mit Übersendung der Prüfungsfeststellung an die Vertragsparteien durch den Stichtagsabschlussprüfer beginnenden Frist von dreißig Tagen (nachfolgend „Erstfrist" genannt) einvernehmlich gelöst werden können – schriftlich festzuhalten. In diesem Fall wird ein dritter Wirtschaftsprüfer darüber für die Vertragsparteien bindend entscheiden. Der Käufer oder der Verkäufer oder die Vertragsparteien gemeinsam können bei dem Institut der Wirtschaftsprüfer (IDW), Düsseldorf, den Antrag auf Bestimmung des dritten

Wirtschaftsprüfers innerhalb einer mit dem Ablauf der Erstfrist beginnenden Frist von weiteren vierzehn Tagen (Ausschlussfrist) stellen.

(7) Die Kosten der Erstellung und Prüfung des Jahresabschlusses [...] durch den Jahresabschlussprüfer sowie des Stichtagsabschlusses durch den Stichtagsabschlussprüfer trägt die Gesellschaft. Die Parteien werden sich darum bemühen, dass sich die gemäß diesem Vertrag bestellten Wirtschaftsprüfer gegenseitig Auskunft über die Herleitung ihrer Prüfungsergebnisse erteilen. Die Kosten für den etwaigen dritten Wirtschaftsprüfer tragen die Parteien entsprechend §§ 91 ff. ZPO.

(8) So weit sich nach Maßgabe der vorstehenden Regelungen ergibt, dass die Gesellschaft zum [Tag vor dem Übertragungsstichtag] über ein Eigenkapital von weniger als € [...],– verfügt, hat der Käufer das Recht, von diesem Kaufvertrag innerhalb einer Frist von 10 Tagen nach dem Zugang des Berichts des Stichtagsabschlussprüfers – oder im Falle seiner Beauftragung des dritten Wirtschaftsprüfers – bei dem Käufer zurückzutreten. Für den Fall, dass der Käufer von diesem Rücktrittsrecht Gebrauch macht, hat der Verkäufer dem Käufer sämtliche dem Käufer durch die Anbahnung und den Vollzug sowie die Rückabwicklung dieses Kaufvertrages entstehenden Kosten – einschließlich Rechtsberatungskosten – zu erstatten.

Garantien betreffend die wirtschaftlichen Verhältnisse

10. seit dem *[Stichtag des letzten Jahresabschlusses]*
    a) die Geschäfte der Gesellschaft nur im Rahmen des gewöhnlichen und ordnungsgemäßen Geschäftsbetriebes fortgeführt wurden;
    b) keine Vermögensgegenstände ohne angemessenes Entgelt veräußert wurden;
    c) von der Gesellschaft keine wesentlichen Verbindlichkeiten eingegangen wurden, denen nicht angemessene Gegenleistungen gegenüberstehen;
    d) eine Ausschüttung von Gewinnen der Gesellschaft nicht beschlossen oder, weder offen noch verdeckt, vorgenommen wurde;
11. sich seit dem *[Stichtag des letzten Jahresabschlusses]* bei der Gesellschaft keine wesentlichen negativen Veränderungen in der finanziellen Lage, bezüglich der Vermögensgegenstände, Verbindlichkeiten, des Eigenkapitals oder der Betriebsergebnisse der jeweiligen Gesellschaft ergeben haben; darüber hinaus keine Schäden oder Verluste eingetreten sind, die einzeln oder kumulativ wesentliche Auswirkungen auf die Gesellschaft oder deren finanzielle Lage haben können. Hiervon ausgenommen sind Änderungen im Rahmen des ordentlichen Geschäftsbetriebs;
12. die Geschäfte der Gesellschaft nach ordnungsgemäßen kaufmännischen Grundsätzen seit der Gründung geführt und keine Geschäfte außerhalb des gewöhnlichen Geschäftsbetriebs getätigt worden sind; Umfang und Inhalt der Geschäftstätigkeit der Gesellschaft dem in der Satzung niedergelegten Geschäftszweck entsprechen und gegenüber dem vorangegangenen Geschäftsjahr nicht wesentlich geändert worden sind; von dem Tag der Gründung bis einschließlich des Tages der Beurkundung dieses Vertrages keine außerordentlichen Ereignisse eingetreten sind, die sich auf die gegenwärtige oder zukünftige Geschäftstätigkeit oder die Ertragslage der Gesellschaft nachhaltig wesentlich negativ auswirken werden;
13. sämtliche Kredite *[ggf. „und Beihilfen oder sonstige Fördermittel"]* zweckentsprechend verwendet worden sind und werden;
14. der Umfang der von den Kreditinstituten herausgelegten Bürgschaften (Vertragserfüllungsbürgschaften und Ähnliches) in vollem Umfang in Anlage [...] aufgeführt ist;

15. die Gesellschaft keine Wechsel begeben hat;
16. am [...] der Auftragsbestand bei der Gesellschaft nicht größer als € [...],– war;

Rechtsstreitigkeiten

17. keine Rechtsstreitigkeiten oder Verwaltungsverfahren anhängig sind oder drohen, an denen die Gesellschaft beteiligt ist oder wäre, *[ggf.: „mit Ausnahme der Rechtsstreitigkeiten, die im Jahresabschluss [...] ausreichend Berücksichtigung finden" oder „mit Ausnahme der Rechtsstreitigkeiten, die in der Anlage [...] genannt sind];*

Steuern und Abgaben

18. alle betrieblichen Steuern, Sozialversicherungsbeiträge sowie Abgaben aller Art, soweit fällig, bezahlt sind oder hierfür in dem Jahresabschluss zum [...] der Gesellschaft ausreichende Rückstellungen gebildet worden sind;
19. alle betrieblichen Steuererklärungen der Gesellschaft, soweit fällig, vollständig, inhaltlich richtig und rechtzeitig abgegeben worden sind; außerdem alle Erklärungen betreffend die Sozialversicherung ordnungsgemäß und rechtzeitig abgegeben worden sind;

***Alternative:* *In Abhängigkeit der besonderen steuerlichen Situation der Gesellschaft kann es sinnvoll sein, weitere Garantien zu verlangen: Bspw. sind bei gemeinnützigen Wohnungsbaugesellschaften nicht nur die Grunderwerbsteuer sondern vor allem auch das nach altem Körperschaftsteuerrecht entstandene, körperschaftsteuererhöhende sog. EK 02 virulent, §§ 30 Abs. 2 Nr. 2 KStG aF, 38, 36 Abs. 7 KStG nF.*[3]**

Versicherungen

20. die in der Anlage [...] aufgeführten Informationen betreffend die Versicherungen der Gesellschaft zutreffend sind; alle Versicherungen noch bestehen, die Prämien vollständig – soweit fällig – geleistet wurden und der Versicherungsschutz entsprechend den jeweiligen Versicherungsbedingungen besteht;

Öffentliches Recht

21. keine unerfüllten behördlichen Auflagen, Einschränkungen oder sonstigen Verfügungen, insbesondere im Bereich des Gewerberechts und des Umweltschutzes, seit dem Bestehen der Gesellschaft ergangen sind, deren Erfüllung Investitionen erforderlich machen;

Arbeitnehmer

22. die in der Anlage [...] aufgeführten Daten von Arbeitnehmern der Gesellschaft – wie bspw. aktuelles Gehalt, Eintrittsdatum – vollständig und richtig sind;
23. keine Pensionszusagen, außer gegenüber den in der Anlage [...] genannten Personen, bestehen und die Rückstellungen in der Bilanz dafür nach steuerrechtlichen und versicherungsmathematischen Grundsätzen zutreffend gebildet sind;
24. die Pensionszusagen der Gesellschaft an die in der Anlage [...] genannten Personen steuerlich ohne Einschränkung anzuerkennen sind;

***Alternative:* *Wenn eine Unterstützungskasse besteht, empfiehlt es sich, die Garantie darauf auszuweiten, dass ihr Vermögen die durch sie zu begleichenden Versorgungsleistungen und entsprechende Anwartschaften deckt. Je nach der Größe der Unterstützungskasse kann es sich auch empfehlen, die Unterstützungskasse durch einen Schiedsgutachter prüfen zu lassen.*[4]**

---

[3] Vgl. Ausführungen bei *Bott* in Korn, KStG § 38 Rz. 1 ff.
[4] Siehe zur Unterstützungskasse beim Unternehmenskauf *Powietzka* DB 2008, 2593 ff.

Wenn bezüglich der Pensionszusagen eine Rückdeckungsversicherung abgeschlossen ist, kann sich eine Garantie empfehlen, dass fällige Prämien vollständig geleistet wurden und der Versicherungsschutz entsprechend den Versicherungsbedingungen besteht.

Umwelt/Altlasten

25. hinsichtlich der von der Gesellschaft genutzten Grundstücke, Gebäude und baulichen Anlagen keine schädlichen Umweltbelastungen bestehen, die nach den geltenden Bestimmungen des Bundesbodenschutzgesetzes und der Bundesbodenschutz- und -altlastenverordnung sanierungspflichtig sind oder die aufgrund der geltenden abfall- und/oder baurechtlichen Bestimmungen bei künftigen baulichen Maßnahmen als Sonderabfälle zu erhöhten Entsorgungskosten zu beseitigen sind, sowie dass nach Kenntnis des Verkäufers kein Verdacht für das Bestehen solcher Umweltbelastungen besteht;
26. auf den Betriebsgrundstücken keine umweltgefährdenden Stoffe gelagert sind, die gegen heute geltende öffentlich-rechtliche oder privatrechtliche Vorschriften verstoßen oder sonst eine Gefahr für die öffentliche Sicherheit darstellen; soweit auf den Betriebsgrundstücken Lacke und Reinigungsmittel gelagert wurden oder werden, geschah und geschieht dies in sachgemäßer Weise, ohne dass daraus bisher eine Handlungs- oder Zustandsstörung entstanden ist;

Gewerbliche Schutzrechte

27. Anlage [...] zu diesem Vertrag ist eine richtige und vollständige Aufstellung aller in- und ausländischen gewerblichen Schutzrechte (Patente, Gebrauchsmuster, Marken, Geschmacksmuster, Topografien und Sortenschutzrechte), Urheberrechte sowie Domains (nachfolgend: „Schutzrechte"), die der Gesellschaft gehören oder an denen ihr ein Nutzungsrecht eingeräumt ist, sowie der betreffenden Lizenzverträge enthält und diese weder geändert noch zurückgezogen wurden;
28. die von der Gesellschaft genutzten Schutzrechte in allen Ländern unbeschränktes Prioritätsrecht genießen, in denen die Gesellschaft wesentliche Geschäftsaktivitäten entfaltet und weder von Dritten angegriffen wurden noch nach bestem Wissen des Verkäufers ein solcher Angriff oder die Gefahr der Löschung oder Nichtigerklärung droht;
29. alle fälligen Lizenzgebühren bezahlt sind und alle sonst zur Aufrechterhaltung der Schutzrechte erforderlichen Maßnahmen vollständig und rechtzeitig erfolgt sind;
30. weder der Verkäufer noch ihm nahe stehende Unternehmen direkt oder indirekt Inhaber von gewerblichen Schutzrechten oder anderen Rechten sind, die von der Gesellschaft für ihren Geschäftsbetrieb von Interesse sind oder eingesetzt werden, davon ausgenommen sind die in Anlage [...] aufgeführten Schutzrechte;
31. nach Kenntnis des Verkäufers im Rahmen der Ausübung des Geschäftsbetriebs der Gesellschaft Rechte Dritter, zB gewerbliche Schutzrechte, Patente, Markenrechte etc., nicht verletzt wurden und werden; und

Auskünfte

32. die erteilten Auskünfte des Verkäufers sowie die ausgehändigten Unterlagen richtig sind und keine für den Abschluss dieses Vertrages wesentlichen Informationen des Käufers oder seiner Berater vorenthalten wurden; die erteilten Auskünfte und die übergebenen Dokumente einen vollständigen Überblick in wesentlicher rechtlicher und wirtschaftlicher Hinsicht über die Gesellschaft geben und insbesondere einen zutreffenden Einblick in die Vermögens-, Finanz- und Ertragslage der Gesellschaft vermitteln.

§ 6 Haftung[Rz. 136]

(1) Ist eine der in § 5 dieses Vertrages gegebene Garantie ganz oder teilweise unrichtig, so hat der Verkäufer den Käufer so zu stellen wie er stünde, wenn die Garantie zutreffend gewesen wäre. Gelingt es dem Verkäufer nicht, diesen Zustand innerhalb einer Frist von [...] nach Erhalt einer entsprechenden Aufforderung durch den Käufer herzustellen oder ist eine solche Herstellung nach Ansicht des Käufers innerhalb dieser Frist nicht möglich, so steht dem Käufer Anspruch auf Schadenersatz zu. Der Schadenersatzanspruch des Käufers umfasst auch einen entgangenen Gewinn. *[ggf. bei Verwendung einer Kaufpreisanpassungsklausel: „Soweit ein Schaden bei der Anpassung des Kaufpreises berücksichtigt worden ist, kann dieser Schaden nicht noch einmal wegen Verletzung einer Garantie ersetzt verlangt werden.]* Der Käufer wird sich nach besten Kräften bemühen und alle zumutbaren Maßnahmen ergreifen und unterstützen, um einen entstandenen Schaden gering zu halten sowie den Eintritt eines Schadens zu verhindern.

(2) Eine Steuernachzahlungspflicht (inklusive steuerlicher Nebenleistungen, § 3 AO) der Gesellschaft betreffend den Zeitraum bis zum Wirtschaftlichen Stichtag hat der Verkäufer wirtschaftlich zu tragen. Dies gilt insoweit nicht, als die die Haftung des Verkäufers auslösende Steuermehrbelastung der Gesellschaft vor dem Wirtschaftlichen Stichtag auf einer Verlagerung von Gewinnen oder Verlusten (nachfolgend kurz „Phasenverschiebung") beruht und sich der steuerliche Vorteil bzw. Nachteil infolge einer solchen Phasenverschiebung innerhalb von [...] Jahren nach dem Wirtschaftlichen Stichtag ausgleicht.

(3) Der Käufer kann die vorgenannten Ansprüche wegen Verletzung von Garantien nur geltend machen, sofern der Wert des Einzelanspruches € [...],– (in Worten: EURO [...]) übersteigt und alle Einzelansprüche zusammen mindestens € [...],– (in Worten: EURO [...]; Mindestsumme der gesamten Ansprüche) übersteigen. Ansprüche, die auf dem gleichen Haftungsgrund beruhen, gelten als ein Anspruch. Ein Schadensersatzanspruch besteht nur hinsichtlich des die Mindestsumme der gesamten Ansprüche übersteigenden Teils (Freibetrag). Der Anspruch reduziert sich, wenn und soweit Versicherungen hinsichtlich der entstandenen Schäden oder Verpflichtungen an die Gesellschaft leisten. Die Gesamthaftung des Verkäufers ist auf den Kaufpreis gem. § 3 dieses Vertrages beschränkt.

***Alternative:* Die Gesamthaftung des Verkäufers ist auf € [...],– (in Worten EURO [...]) beschränkt.**

(4) Vorbehaltlich der in diesem Vertrag ausdrücklich geregelten Rechte und Pflichten, insbesondere etwaiger Ersatzpflichten für den Fall der Verletzung von Garantien, sind sämtliche gesetzlichen Ansprüche des Käufers, zB auf Schadenersatz, Rücktritt, Haftung aus culpa in contrahendo, Störung der Geschäftsgrundlage nach § 313 BGB, Nacherfüllung, Minderung, Anfechtung wegen Irrtums und Ausgleich des Aufwands für Maßnahmen, zu deren Vornahme der Käufer ordnungsrechtlich verpflichtet ist,[5] ausgeschlossen, es sei denn, der Verkäufer hat hinsichtlich des zur Haftung führenden Umstands vorsätzlich gehandelt.

(5) Ansprüche aufgrund der in diesem Vertrag übernommenen Garantie bestehen unabhängig von der Kenntnis oder einem Verschulden des Verkäufers. Gegenüber etwaigen Ansprüchen des Käufers aus diesem Vertrag ist die Einrede aus § 818 Abs. 3 BGB ausgeschlossen. Die Bestimmungen des § 442 BGB sowie des

---

[5] Insbesondere ist auf den eigenständigen Ausgleichsanspruch gem. § 24 Abs. 2 BBodSchG hinzuweisen, der dem in Anspruch genommenen Sanierungsverpflichteten gegen andere Sanierungsverpflichtete gewährt ist. Dieser Anspruch kann durch eine – nicht notwendig ausdrückliche – Vereinbarung abbedungen werden (§ 24 Abs. 2 Satz 2 BBodSchG), BGH v. 28.7.2004 – XII ZR 163/03, NJW-RR 2004, 1596; vgl. umfassend dazu *Heßler* Der Störerausgleich im Bodenschutzrecht, Diss. 2004, 140 ff.

§ 377 HGB finden keine, auch keine entsprechende, Anwendung und werden ausdrücklich abbedungen. Für die Zwecke dieses Vertrages gelten dem Käufer lediglich die in den Anlagen zu diesem Vertrag ausdrücklich genannten Umstände als bekannt.

§ 7 Verjährung Rz. 138, 139

Die Ansprüche des Käufers auf Grund des § 6 verjähren:

1. **hinsichtlich Steuerverbindlichkeiten nach Ablauf von sechs Monaten nachdem Veranlagungen (einschließlich Berichtigungsveranlagungen auf Grund einer Betriebsprüfung) für den Zeitraum bis zum Wirtschaftlichen Stichtag bestandskräftig geworden sind;**
2. **hinsichtlich der Ansprüche wegen der Verletzung einer Garantie gemäß § 5 Nrn. 1 bis 6 in 10 (zehn) Jahren ab der Unterzeichnung dieses Vertrages;**

hinsichtlich der übrigen Ansprüche mit Ablauf von 36 Monaten, gerechnet ab dem Tag der Unterzeichnung dieses Vertrages. Für die Hemmung, die Ablaufhemmung und den Neubeginn der Verjährung gelten die Vorschriften des BGB. § 202 BGB bleibt unberührt.

Alternative Freistellungsregelungen:[6]

§ […] Steuerfreistellung[7]

(1) „Steuern" i.S. dieses Vertrags sind alle Steuern, Gebühren, Zölle, Beiträge einschließlich Sozialversicherungsbeiträge und andere öffentlich-rechtlichen Abgaben, die von einer inländischen Bundes-, Landes- oder Kommunalbehörde oder einer entsprechenden ausländischen Behörde oder einem sonstigen Hoheitsträger (nachfolgend „Finanzbehörde") festgesetzt werden.

(2) Der Verkäufer verpflichtet sich, den Käufer oder, nach Wahl des Käufers, die Gesellschaft von allen bis zum Übertragungsstichtag noch nicht entrichteten Steuern, die gegen die Gesellschaft festgesetzt worden sind oder festgesetzt werden und den Zeitraum bis einschließlich des Übertragungsstichtags betreffen, freizustellen.

(3) Die Freistellung gemäß Abs. (2) greift nicht, wenn und soweit,

a) die betreffenden Steuern als Verbindlichkeiten oder Rückstellungen für Steuern in dem Jahresabschluss zum […] aufgenommen wurden;

b) der Käufer oder die Gesellschaft Anspruch auf Steuervergünstigungen haben, die mit dem Steuerfreistellungsanspruch verbunden sind und Zeiträume nach dem Übertragungsstichtag betreffen, einschließlich der Vergünstigungen, die sich aus der Verlängerung des Abschreibungszeitraums, einer Anhebung der steuerlichen Bemessungsgrundlage von Wirtschaftsgütern oder der Nichterfassung von Verbindlichkeiten oder Rückstellungen ergeben;

c) die Steuernachzahlung zurückzuführen ist auf (i) eine nach Vollzug eingeführte Änderung der Rechnungslegungs- und Besteuerungsgrundsätze oder -verfahren der Gesellschaft, sofern diese Änderung nicht auf zwingendes Recht oder den Grundsätzen ordnungsmäßiger Buchführung beruht, oder (ii) eine Transaktion, Handlung oder Unterlassung (einschließlich u.a. einer Änderung bei der Ausübung eines steuerlichen Wahlrechts, der Genehmigung oder Durchfüh-

[6] Statt oder zusätzlich zu einer Garantie kann sich für bestimmte Regelungsbereiche eine Freistellungsregelung anbieten. Eine Freistellung kommt insbes. in Betracht, wenn ein Risiko im Rahmen einer Due Diligence bereits identifiziert ist, aber die Höhe einer möglichen Verpflichtung aufgrund des realisierten Risikos im Zeitpunkt des Vertragsschlusses noch unbekannt ist. S. zu den Freistellungsvereinbarungen ausführlich *Hilgard* BB 2016, 1218 ff.

[7] Freistellungsregelungen finden sich häufig neben den steuerlichen Risiken auch zu Umweltrisiken und Rückforderungen von öffentlichen Beihilfen.

rung einer Reorganisationsmaßnahme oder dem Verkauf eines Wirtschaftsgutes) der Gesellschaft oder des Käufers nach dem Übertragungsstichtag;

d) der betreffende Steuerbetrag von einem Dritten beigetrieben ist.

(4) Sämtliche Steuererstattungsansprüche der Gesellschaft, die sich auf den Zeitraum bis einschließlich zum Übertragungsstichtag beziehen, stehen dem Verkäufer zu und sind von dem Käufer in diesem Umfang an den Verkäufer zu erstatten, nachdem die Steuererstattung an die Gesellschaft erfolgt ist, soweit diese Steuererstattungsansprüche nicht in den Jahresabschluss zum [...] aufgenommen wurden. Sollten sich aus vorstehender Regelung Erstattungsansprüche für den Verkäufer ergeben, ist der Käufer berechtigt, gegen diese mit eigenen Ansprüchen aufgrund dieses Vertrags aufzurechnen.

(5) Ansprüche der Parteien unter diesem § [...] verjähren frühestens mit Ablauf von sechs Monaten ab Bestands- oder Rechtskraft des die jeweilige Steuer festsetzenden Bescheids.[8]

§ 8 Verpflichtungen bis zum Übertragungsstichtag[Rz. 140, 141]

(1) Seit dem Tag der Unterzeichnung dieses Vertrages sind bei der Gesellschaft

a) die Geschäfte nur im Rahmen des gewöhnlichen und ordnungsgemäßen Geschäftsbetriebes mit der Sorgfalt eines ordentlichen Kaufmannes und in Übereinstimmung mit der bisherigen Geschäftspraxis fortgeführt worden und keine über die gewöhnliche Geschäftstätigkeit hinausreichenden Geschäfte vorgenommen worden. Mit Ausnahme von Verbindlichkeiten aus Lieferung und Leistung sind keine Verbindlichkeiten oder sonstigen Verpflichtungen eingegangen worden, deren Wert den Betrag von € [...],– (in Worten: EURO [...]) im Einzelfall übersteigt. Mit Lieferanten wurden ausschließlich übliche Vereinbarungen geschlossen;

b) keine Verträge mit einer Bindungswirkung von mehr als einem Jahr abgeschlossen worden. Hiervon ausgenommen sind Kundenverträge;

c) keine Vermögensgegenstände ohne angemessenes Entgelt veräußert worden;

d) keine Darlehen oder Garantien, soweit nicht im Rahmen der Auftragsabwicklung üblich und notwendig, gewährt oder aufgenommen worden;

e) keine Vermögensgegenstände außerhalb des gewöhnlichen Geschäftsgangs verpfändet oder sonst belastet worden;

f) kein Erwerb oder Veräußerung eines Grundstückes oder einer Beteiligung an einem Unternehmen erfolgt oder die darauf gerichtete Verpflichtung eingegangen;

g) keine Verträge über und im Zusammenhang mit einem Sale-and-lease-back-Geschäft abgeschlossen worden;

h) kein Abschluss von Firmentarifverträgen oder andere kollektivarbeitsrechtlichen Maßnahmen erfolgt;

i) keine Neueinstellung oder Entlassung von Personal mit einem Jahresgehalt von mehr als € [...],– (in Worten: EURO [...]) sowie kein Abschluss von Vertreter- oder Beraterverträgen erfolgt sowie keine Änderungen von Gehältern und anderen (einschließlich erfolgsabhängigen) Vergütungen oder die Zusage von Boni oder sonstigen Sonderzahlungen (ausgenommen Änderungen der Vergütung, Boni oder sonstige Sonderzahlungen entsprechend der bisherigen Praxis), Pensionen oder Abfindungen erfolgt;

j) keine neuen Geschäftszweige oder Zweigniederlassungen eröffnet worden;

k) keine Verträge mit dem Verkäufer, seinen Angehörigen oder mit ihnen verbundenen Unternehmen außerhalb der gewöhnlichen Geschäftstätigkeit und in

[8] Für Freistellungsregelungen sind gesonderte Vereinbarungen zur Verjährung zu treffen, da im Zeitpunkt des Vertragsschlusses noch unklar ist, wann die Drittforderung fällig ist. Hierzu *Hilgard* BB 2016, 1218 (1232 f.).

Übereinstimmung mit der bisherigen Geschäftspraxis abgeschlossen, geändert und beendet worden, wobei innerhalb der gewöhnlichen Geschäftstätigkeit abgeschlossene Verträge in allen Fällen einem Drittvergleich standhalten müssen;

l) Versicherungsdeckungen für die Gesellschaft im bisher üblichen Umfang aufrechterhalten und sämtliche Beiträge und Prämien bezahlt worden und keine neuen Versicherungsverträge mit einer Laufzeit länger als bis Ende [...] abgeschlossen worden.

(2) Seit dem Tag der Vertragsunterzeichnung ist bei der Gesellschaft

a) keine Kapitalmaßnahme (Erhöhung oder Herabsetzung des Kapitals) oder die Gewährung oder Veräußerung von Bezugsrechten, Optionen oder sonstigen Rechten auf den Erwerb von Gesellschafts- oder Geschäftsanteilen vorgenommen worden;

b) keine Entnahmen oder Gewinnausschüttungen oder Rückzahlungen von Gesellschafterdarlehen erfolgt;

c) von der Gesellschaft keine Verbindlichkeiten eingegangen worden, denen nicht angemessene Gegenleistungen gegenüberstehen.

(3) Ist eine der in diesem § 8 vorgesehene Verpflichtung ganz oder teilweise verletzt, so hat der Verkäufer den Käufer so zu stellen wie er stünde, wenn die Verletzung nicht erfolgt wäre. Gelingt es dem Verkäufer nicht, diesen Zustand innerhalb einer Frist von [...] nach Erhalt einer entsprechenden schriftlichen Aufforderung durch den Käufer herzustellen oder ist eine solche Herstellung nach Ansicht des Käufers innerhalb dieser Frist nicht möglich, so hat der Verkäufer den Käufer freizustellen.

(4) Der Verkäufer wird den Käufer nach Eintritt sämtlicher in § 2 Abs. 2 dieses Vertrages genannten Bedingungen über etwaige Verstöße gegen die in diesem § 8 vorgesehenen Verpflichtungen voll umfänglich informieren.

II. Allgemeine Regelungen

§ 9 Fusionskontrolle[Rz. 142]

(1) Die dingliche Wirksamkeit dieses Vertrages steht unter der aufschiebenden Bedingung, dass die Freigabe durch alle zuständigen Kartellbehörden, bei denen das Zusammenschlussvorhaben vor Vollzug anmeldepflichtig ist, endgültig und rechtsverbindlich erteilt wurde oder die sonst anwendbaren Untersagungsfristen abgelaufen sind, ohne dass eine der zuständigen Kartellbehörden das Zusammenschlussvorhaben untersagt hat.

(2) Die Vertragsparteien werden unverzüglich nach Beurkundung dieses Vertrags das durch diesen Vertrag begründete Zusammenschlussvorhaben bei den zuständigen Kartellbehörden anmelden. Die Vertragsparteien verpflichten sich, sich gegenseitig bei der Anmeldung nach besten Kräften zu unterstützen und alle erforderlichen Informationen und Unterlagen rechtzeitig, vollständig und richtig beizubringen.

(3) Jede Vertragspartei ist verpflichtet, die von ihm gegenüber der jeweiligen Kartellbehörde beizubringenden Angaben und Auskünfte rechtzeitig, vollständig und richtig vorzunehmen. Soweit auf der Verkäufer- und Käuferseite Dritte, die nicht Vertragsparteien dieses Vertrags sind, an der Anmeldung oder Auskunftserteilung mitwirken, haften jeweils der Verkäufer bzw. der Käufer dafür, dass die auf seiner Seite beteiligten Dritten die Anmeldung und alle von ihnen beizubringenden Angaben, Dokumente und Auskünfte rechtzeitig, vollständig und richtig bewirken. Die Vertragsparteien haften jedenfalls insoweit für die erforderliche Mitwirkung der einzelnen Tochter-, Enkelgesellschaften und entfernteren Gesellschaften.

(4) Gibt eine oder mehrere der Kartellbehörden das Zusammenschlussvorhaben nur unter Auflagen oder Bedingungen frei, können beide Vertragsparteien binnen einer Frist [...] ab Zugang der Verfügung bei ihnen von diesem Vertrag zurücktreten. Vor Ausübung eines Rücktrittsrechts werden die Vertragsparteien prüfen, ob der Zusammenschluss nicht unter Berücksichtigung der Auflagen und/oder Bedingungen oder in modifizierter Form durchgeführt werden kann oder ob gegen die Auflagen und/oder Bedingungen gerichtlich vorgegangen werden soll, ohne hierzu jedoch verpflichtet zu sein.

(5) Sollte eine oder mehrere der Kartellbehörden das Zusammenschlussvorhaben untersagen, werden die Vertragsparteien prüfen, ob gegen die Untersagung gerichtlich vorgegangen werden soll, ohne hierzu jedoch verpflichtet zu sein. Abs. 4 gilt entsprechend.

(6) Tritt eine der Vertragsparteien aufgrund der vorstehenden Regelungen in Abs. 4 oder 5 zurück, so gelten für die Rückabwicklung etwa bereits erbrachter Leistungen die gesetzlichen Regelungen über den Rücktritt. Im Fall der Auflösung trägt jede Vertragspartei ihren Aufwand, der ihr im Zusammenhang mit dem Abschluss, der Durchführung und der Rückabwicklung dieses Vertrags entstanden ist, selbst. Weitergehende wechselseitige Ansprüche sind, soweit gesetzlich zulässig, ausgeschlossen.

§ 10 Wettbewerbsverbot[Rz. 144, 145]

(1) Der Verkäufer verpflichtet sich, weder selbst noch über ein mit ihm verbundenes Unternehmen i. S. d. § 15 AktG für einen Zeitraum von drei Jahren ab dem Tag der Unterzeichnung des Vertrages direkt oder indirekt auf dem Tätigkeitsgebiet der Gesellschaft und deren Beteiligungsgesellschaften national oder international in Wettbewerb zu treten und dazu insbesondere kein Unternehmen, das in der Herstellung oder dem Vertrieb von ähnlichen oder identischen Produkten oder der Erbringung von ähnlichen oder identischen Leistungen an die Kunden, wie sie die Gesellschaft und deren Beteiligungsgesellschaften derzeit herstellen, vertreiben und/oder erbringen, gründen, sich daran beteiligen oder es beraten. Von diesem Wettbewerbsverbot ausgenommen sind Tätigkeiten in der Gesellschaft und deren Beteiligungsgesellschaften oder für den Käufer selbst.

(2) Für den Fall, dass ein Mitglied der in Abs. 1 genannten Personengruppe das Wettbewerbsverbot trotz Abmahnung durch den Käufer verletzt, hat der Verkäufer eine Vertragsstrafe in Höhe von € [...],– (in Worten: EURO [...]) zu zahlen. Dauert die Verletzungshandlung an, hat der Verkäufer für jeden weiteren Monat der Verletzung eine weitere Vertragsstrafe in Höhe von € [...],– (in Worten: EURO [...]) zu zahlen. Die Ansprüche des Käufers auf Ersatz eines weitergehenden Schadens sowie auf Unterlassung künftigen verbotswidrigen Verhaltens bleiben hiervon unberührt.

(3) Auf die Entschädigung des Wettbewerbsverbots entfällt nach übereinstimmender Ansicht der Vertragsparteien ein Teilbetrag des Kaufpreises in Höhe von € [...],–. Soweit die Vereinbarung dieses Wettbewerbsverbots der Umsatzbesteuerung[9] unterliegt, wird diese in gesetzlicher Höhe zusätzlich zur Zahlung fällig, vorausgesetzt eine ordnungsgemäße Rechnung wird erteilt.

§ 11 Kosten, Gebühren

Die Kosten der notariellen Beurkundung dieses Kauf- und Übertragungsvertrags trägt der Käufer. Die im Zusammenhang mit dem Vollzug des Kauf- und Übertragungsvertrag entstehenden Gebühren und Kosten sowie Steuern, insbesondere

[9] BFH v. 13.11.2003 – V R 59/02, BStBl. II 2004, 472.

auch die Grunderwerbsteuer, trägt der Käufer. Im Übrigen tragen die Vertragsparteien die bei ihnen entstandenen Kosten selbst.

III. Optionsvereinbarung[Rz. 146, 147]

§ 12 Angebotsgegenstand

(1) Angebotsgegenstand dieser Optionsvereinbarung ist der vom Verkäufer gehaltene, in § 1 Abs. 2 Nr. 3 genannte Geschäftsanteil im Nominalbetrag von € 5000,–.
(2) Sollte das Stammkapital der Gesellschaft vor Annahme des Angebots im Sinne des § 13 dieses Vertrags erhöht worden sein, so zählen auch alle vom Verkäufer durch diese Kapitalerhöhung hinzuerworbenen weiteren Geschäftsanteile zum Angebotsgegenstand. Der Kaufpreis erhöht sich in diesem Fall um die Anschaffungskosten des Verkäufers für die neu übernommenen Geschäftsanteile.

§ 13 Angebot (Call-Option)

Der Verkäufer macht hiermit dem Käufer das unwiderrufliche und vorbehaltlose Angebot, ihm den Angebotsgegenstand nach Maßgabe des als Anlage [...] dieser Erklärung beigefügten Kauf- und Übertragungsvertrages zu verkaufen und an ihn abzutreten; durch Erklärung der Annahme dieses Angebots kommt der als Anlage [...] dieser Urkunde beigefügte Kauf- und Übertragungsvertrag zustande. An dieses Angebot ist der Verkäufer unbefristet gebunden. ***[ggf. können Regelung zur Beschränkung der Annahme des Angebots oder zur Befristung des Angebots sachdienlich sein, bspw. dass das Angebot nur zum Ende eines Geschäftsjahres und/oder erstmals zu einem bestimmten Stichtag angenommen werden kann]***

IV. Schlussbestimmungen

§ 14 Schlussbestimmungen

(1) Änderungen, Ergänzungen und eine Aufhebung dieses Vertrages einschließlich dieses Abs. 1 bedürfen der Schriftform, sofern nicht gesetzlich eine strengere Form vorgeschrieben ist.
(2) Die Parteien werden den Inhalt dieses Kauf- und Beteiligungsvertrages vertraulich behandeln und Dritten gegenüber nicht offen legen, soweit dies nicht gesetzlich vorgeschrieben ist.
(3) Dieser Kauf- und Beteiligungsvertrag unterliegt dem Recht der Bundesrepublik Deutschland. Für Streitigkeiten aus dieser Vereinbarung wird als Gerichtsstand [...] vereinbart, soweit dies rechtlich zulässig ist.

***Alternative:** Es kann sich anbieten, anstelle einer solchen Gerichtsstandsvereinbarungen eine Schiedsgerichtsklausel aufzunehmen, nach der sich die Parteien verpflichten, ihren Streit wegen ihrer Ansprüche aus diesem Vertrag ausschließlich vor einem von ihnen im Rahmen einer Schiedsvereinbarung definierten Schiedsgericht zu klären.*[10] *Sind die Vertragsparteien Kaufleute, kann die Schiedsabrede in den Kauf- und Übertragungsvertrag aufgenommen werden (§ 1032 ZPO). Beispiel:*[11]

(1) Über alle Streitigkeiten zwischen den Parteien, welche diesen Vertrag und den auf Grund des Angebots gemäß Abschn. III dieser Urkunde etwa zustande kommenden Kaufvertrag betreffen, entscheidet, soweit dem nicht zwingendes Recht entgegensteht, unter Ausschluss des ordentlichen Rechtsweges ein Schiedsgericht. Das gilt auch für die Streitigkeiten über die Gültigkeit dieser Rahmenvereinbarung oder einzelner ihrer Bestimmungen.

[10] Zum Verhältnis variabler Kaufpreisregelungen zu Schiedsklauseln u. Ä. *Witte/Mehrbrey* NZG 2006, 241.
[11] Weitere Beispiele: Müchener Vertragshandbuch Bd. 4/*Schütze* S. 89 ff.

(2) ***Das Schiedsgericht besteht aus drei Schiedsrichtern. Die Streitparteien benennen jeweils einen Schiedsrichter; mehrere Kläger und mehrere Beklagte können einen Schiedsrichter nur jeweils gemeinsam benennen. Beide Schiedsrichter haben übereinstimmend das dritte Mitglied des Schiedsgerichts zu bestimmen, das auch gleichzeitig der Vorsitzende ist; der Vorsitzende muss die Befähigung zum Richteramt nach den Vorschriften der Bundesrepublik Deutschland haben.***

(3) ***Ergänzend gelten die Vorschriften des 10. Buches der ZPO (Schiedsgerichtliches Verfahren). Zuständiges Gericht im Sinne des § 1062 ZPO soll das Oberlandesgericht [...] sein. Der Sitz des Schiedsgerichts liegt innerhalb der Bundesrepublik Deutschland, im Zweifel in [...].***

(4) Sollten Bestimmungen dieses Kauf- und Beteiligungsvertrages unwirksam sein oder werden, wird die Wirksamkeit der übrigen Bestimmungen dadurch nicht berührt. Anstelle der unwirksamen oder nichtigen Bestimmung gilt vielmehr eine solche Bestimmung, die in rechtlich zulässiger Weise demjenigen am nächsten kommt, was die Parteien bei verständiger wirtschaftlicher Beurteilung geregelt haben würden, wenn sie den Punkt bedacht hätten. Es ist ebenso zu verfahren, wenn sich Vertragslücken herausstellen sollten.

Die vorstehende Niederschrift samt allen Anlagen wurde den Erschienenen vom Notar vorgelesen, von den Erschienenen genehmigt und von den Erschienenen und dem Notar wie folgt eigenhändig unterzeichnet:

A. Grundsätzliche Anmerkungen

I. Rechtliche Aspekte

Die Gründe ein Unternehmen auf einen Dritten zu übertragen sind ebenso mannigfaltig, wie die Gründe ein solches zu erwerben. Gemeinhin bekannt ist, dass in neuerer Zeit gerade mittelständische Unternehmen vor einem gravierenden Nachfolgeproblem stehen, wenn keine für die unternehmerische Nachfolge geeigneten Nachfolger existieren oder vorgesehene Nachfolger nicht willens sind, diese anzutreten. Hingegen mögen leitende Angestellte den Weg in die – zunächst finanziell unsichere – Selbständigkeit und die damit einhergehende unternehmerische Gestaltungsfreiheit dadurch abfedern wollen, dass sie ein ihnen inhaltlich bekanntes Unternehmen als Ausgangspunkt ihrer weiteren Tätigkeit übernehmen. Kaufen sich leitende Angestellte in das Unternehmen ihres eigenen Arbeitgebers ein oder – anders gesagt – lösen sie das Unternehmen aus den angestammten Gesellschafterverhältnissen aus, spricht man vom sog. Management-Buy-Out (MBO). Kaufen sie sich stattdessen in ein Fremdunternehmen ein, spricht man vom sog. Management-Buy-In (MBI). Es handelt sich dabei jedoch um schillernde Begrifflichkeiten, hinter denen sich einheitliche Problembereiche verbergen, so dass darauf verzichtet wird, nachfolgend entsprechend zu differenzieren.[12] 1

[12] Eine faktische Besonderheit ergibt sich bei MBOs, da dem Kaufinteressenten sein Wissen als Geschäftsführer des Zielunternehmens zugerechnet wird. Dies hat Auswirkungen auf den Umfang der Aufklärungspflicht des Verkäufers. Vgl. OLG Düsseldorf v. 16.6.2016 – I-6 U 20/15, NZG 2017, 152. Siehe zu dem Problemkreis auch *Weißhaupt* ZIP 2016, 2447 ff.

1. Der Begriff Unternehmen

2 Wichtiger als die vorstehenden Begrifflichkeiten ist die unternehmerische Entscheidung, in welcher Form die Übertragung des Unternehmens erfolgt. Zwar können für den Fall, dass ein Einzelunternehmen veräußert werden soll, lediglich die einzelnen Aktiva veräußert und die dazugehörigen Passiva übertragen werden. Handelt es sich hingegen um eine Gesellschaft (Personen- oder Kapitalgesellschaft), so bietet sich einerseits die Übertragung des Rechtskleids an, d.h. die Beteiligung (Shares) an der Gesellschaft ist Gegenstand des Unternehmenskaufs (sog. Share Deal). Soll hingegen nicht das Rechtskleid also die gesamte Gesellschaft veräußert werden, sind Gegenstand des Unternehmenskaufs lediglich die Aktiva und ggf. die Schulden der Gesellschaft (sog. Asset Deal).

3 Zur Verdeutlichung ist zunächst der Begriff „Unternehmen" klarzustellen. In der Regel wird der Begriff „Unternehmen" als Synonym für eine am Markt tätige Kapital- oder Personengesellschaft verwendet. Der Begriff „Unternehmen" ist im deutschen Recht nicht definiert. Daher wurde der Begriff notwendig in Rechtsprechung[13] und Literatur[14] eigenständig zu definieren versucht. Zuletzt hat die Europäische Kommission den Versuch unternommen, das Unternehmen zu definieren: Als Unternehmen gilt jede Einheit, unabhängig von ihrer Rechtsform, die eine wirtschaftliche Tätigkeit ausübt. Dazu gehören insbes. auch jene Einheiten, die eine handwerkliche Tätigkeit oder andere Tätigkeiten als Einpersonen- oder Familienbetriebe ausüben, sowie Personengesellschaften oder Vereinigungen, die regelmäßig einer wirtschaftlichen Tätigkeit nachgehen.[15] Eine genauere Definition des Unternehmens und damit auch des Unternehmenskaufbegriffs ist gleichwohl nicht möglich.[16] Das Unternehmen als Wirtschaftseinheit umfasst sowohl die einzelnen zur Leistung des Unternehmenszwecks vorgehaltenen Gegenstände und gesammelten Erfahrungen als auch die vor dem Hintergrund des Unternehmenszwecks begründeten vertraglichen Innen- und Außenbeziehungen. Anders als bei Privatpersonen können gesellschaftsrechtliche Gebilde nicht mehrere Unternehmen betreiben; sie betreiben vielmehr nur ein einheitliches Unternehmen. Jedoch ist zu beachten, dass auch in einem einheitlichen Unternehmen mehrere Wirtschaftseinheiten voneinander getrennt werden können, indem beispielsweise Niederlassungen durch einen Verkauf oder Umwandlung separiert werden.

4 Diesem Unternehmensbegriff folgend wird ein Unternehmenskauf dann angenommen, wenn nicht nur einzelne – aus einem unternehmerischen Zusammenhang gelöste – Wirtschaftsgüter, sondern das Unternehmen als Ganzes im Sinne eines Inbegriffs von Sachen, Rechten und sonstigen Vermögenswerten als selbstständige Organisationseinheit übertragen werden und der Käufer dadurch in die Lage versetzt wird, das Unternehmen als solches auch weiterzuführen.[17] Dies schließt ggf. auch solche Vermögensgegenstände ein, die im Eigentum Dritter, zB des Gesellschafters, stehen. Die Übertragung kann durch langfristige Vereinbarung ihrer Nutzungsüberlassung substituiert werden.[18]

5 Die Rechtsprechung ist zu der Frage, unter welchen Voraussetzungen davon auszugehen ist, dass das Unternehmen als Ganzes veräußert ist, von Einzelfallentscheidungen geprägt. Zweifelsfrei genügt jedoch der Erwerb einer umfassend unternehmensbeherrschenden Stellung, die auch dann gegeben ist, wenn nicht 100% der Gesellschafts-

[13] BGH v. 16.1.2008 – KVR 26/07, NJW-RR 2008, 1426 (1427); BGH v. 8.5.1979 – KVR 1/78, BGHZ 74, 359, 364; BGH v. 13.10.1977 – II ZR 123/76, BGHZ 69, 334, 336.

[14] Vgl. Darstellung bei *Picot* § 1 Rz. 51.

[15] Art. 1 des Anhangs der Empfehlungen der Kommission v. 6.5.2003, K (2003) 1422, 2003/361/EG, ABl L 124/39 v. 20.5.2003.

[16] Vgl. Nachweise bei *Picot* § 1 Rz. 51.

[17] BGH v. 28.11.2001 – VIII ZR 37/01, NJW 2002, 1042 (1043); vgl. auch *Schröcker* ZGR 2005, 63 (65).

[18] Vgl. auch Rz. 28 ff. zu den Folgen.

anteile übertragen werden.[19] Drittbeteiligungen in Höhe von weniger als 5 vH (AG) bzw. 10 vH (GmbH) werden für vernachlässigbar erachtet.[20] Voraussetzung ist jedenfalls, dass der Wille der Parteien auf den Erwerb des Unternehmens insgesamt gerichtet ist, der vereinbarte Kaufpreis sich auch an dessen Wert insgesamt ausrichtet und der Käufer nach Vollzug des Vertrags die Stellung des Unternehmensträgers erhält.[21] Kaufverträge, die diese Voraussetzungen nicht erfüllen, sind als reine Anteilskaufverträge aufzufassen, für die teilweise abweichende gesetzliche Grundlagen gelten.[22] Der echte Unternehmenskauf (also Erwerb des Gesamtunternehmens oder der weit überwiegenden Gesellschaftsanteile) fällt nach allgemeiner Meinung unter den extensiven Rechtsbegriff des sonstigen Gegenstandes,[23] während der echte Anteilskauf einen Rechtskauf, der Kauf einzelner Vermögensgegenstände dagegen einen Sachkauf darstellt. Vor dem Hintergrund der Gleichstellung von Rechtskauf und Kauf sonstiger Gegenstände mit dem Sachkauf (§ 453 Abs. 1 BGB)[24] ist die Unterscheidung zwischen Rechtskauf und Kauf sonstiger Gegenstände eher dogmatischer Natur.

(frei) **6, 7**

2. Ablauf des Verkaufsverfahrens

Es ist zu unterscheiden zwischen dem herkömmlichen Ablauf eines Unternehmens- **8**
verkaufs und dem sog. beschränkten Bietungsverfahren. Anhand des folgend dargestellten Ablaufs eines herkömmlichen Verkaufs soll zugleich auf vertragswesentliche Gesichtspunkte eingegangen werden, um sie in ihrem Gesamtzusammenhang darzustellen.

a) Herkömmliches Verkaufsverfahren

Der herkömmliche Unternehmensverkauf gliedert sich in drei Phasen, die Analyse- **9**
phase, die Durchführungsphase und die Implementierungsphase.

aa) Analysephase. In der **1. Phase,** der sog. Analysephase, finden seitens des Ver- **10**
käufers Vorüberlegungen statt, die darin gipfeln, dass der Verkäufer für sich die grundsätzliche Entscheidung trifft, das Unternehmen zu veräußern. Die Vorüberlegungen erfassen dabei auch die steuerrechtlichen und betriebswirtschaftlichen Implikationen.[25]

(frei) **11**

bb) Durchführungsphase. In der **2. Phase,** der sog. Durchführungsphase, tritt **12**
der Verkäufer an den Markt heran, um geeignete Käufer für sein Objekt zu ermitteln (Selektion). Aufgrund der Komplexität eines Unternehmenskaufs und der damit einhergehenden schwierigen und zum Teil langwierigen Vertragsverhandlungen empfiehlt es sich häufig mit einem potentiellen Käufer zunächst eine **Vertraulichkeits-** oder auch **Geheimhaltungsvereinbarung** zu treffen. Darin sichern sich die Vertragsparteien gegenseitig zu, dass sie Stillschweigen über die Vertragsverhandlungen wahren wollen. Denn eine vorzeitige Bekanntgabe des geplanten Verkaufs kann nachteilig für die Parteien bzw. das Unternehmen sein. Darüber hinaus ist sicherzustellen, dass die

---

19 BGH v. 25.3.1998 – VIII ZR 185 – 96, NJW 1998, 2360 (2362).

20 *Ettinger/Jaques* Teil D Rz. 242; *Hommelhoff* ZGR 1982, 367 (378) mwN: Ausrichtung an den gesellschaftsrechtlichen Minderheitenrechten; aA *Schröcker* ZGR 2005, 63 (67), der auch eine satzungsändernde Mehrheit (75 %, §§ 53 Abs. 2 GmbHG, 179 Abs. 2 AktG) für ausreichend erachtet.

21 *Hiddemann* ZGR 1982, 435 (440); *Schröcker* ZGR 2005, 63 (67).

22 Anschaulich: *Schröcker* ZGR 2005, 63 ff. mwN; vgl. zum Kaufrecht sogleich Rz. 128 ff.

23 MüKoBGB/*Westermann* BGB § 453 Rz. 19 f.; Begründung des Entwurfs SchuldR-ModG, BT-Drs. 14/6040, 242 (zu § 453, zu Absatz 1); *Haas/Heinrichs/Medicus/Rolland/Schäfer* Das neue Schuldrecht, 2002, Rz. 525; *Schröcker* ZGR 2005, 63 (70); *Dauner-Lieb/Thiessen* ZIP 2002, 108; *Triebel/Hölzle* BB 2002, 521; *Gronstedt/Jörgens* ZIP 2002, 52; *Wolf/Kaiser* DB 2002, 411; *Wunderlich* WM 2002, 981.

24 Gemäß § 453 Abs. 1 BGB findet das für den Sachkauf normierte Kaufrecht der §§ 433 ff. BGB entsprechende Anwendung, soweit die Anwendung der dort genannten Regelungen auf die Fälle des Rechtskaufs und des Kaufs sonstiger Gegenstände passt: Begründung des Entwurfs SchuldR-ModG, BT-Drs. 14/6040, 242 (zu § 453, zu Absatz 1); *Schröcker* ZGR 2005, 63 (97).

25 *Beisel/Klumpp* § 1 Rz. 55 f.; *Munkert* DStR 2008, 2501.

im Rahmen einer Due Diligence oder im Rahmen der Verhandlungen erzielten geheimhaltungsbedürftigen Erkenntnisse nicht für Zwecke des Käufers oder zum Nachteil des Verkäufers bzw. des zu veräußernden Unternehmens an Dritte weitergegeben werden. Diese Vereinbarung kann insbes. von Bedeutung sein, sofern ein Wettbewerber das Unternehmen erwerben will. Für diesen Fall erscheint es sachgerecht, bereits im Vorhinein im Detail zu regeln, zu welchem Zeitpunkt unter welchen Bedingungen welche Unterlagen offenbart werden. Auch sollte eine Verpflichtung enthalten sein, dass Mitarbeiter und insbes. nicht der beruflichen Verschwiegenheit unterfallende Berater die Vertraulichkeitsvereinbarung einzuhalten haben.

13 Werden durch die Vertraulichkeitsvereinbarung in erster Linie die Interessen des Verkäufers gewahrt, so ist der Abschluss einer **Exklusivitätsvereinbarung** häufig im Interesse des Erwerbers. Dieser möchte sich dadurch exklusive Verhandlungen für einen konkreten Zeitraum – häufig drei bis sechs Monate – zusichern lassen, damit er für die Entscheidung, ob und wenn ja, zu welchen Bedingungen er das Unternehmen erwirbt, ausreichend Zeit hat. Je nach Fortschritt der Verhandlungen werden Exklusivitäts- und Geheimhaltungsvereinbarung auch mit den ersten Verhandlungsergebnissen, zumeist im Rahmen eines sog. Letter of Intent, zusammengefasst.

14 In dem **Letter of Intent** (auch: Absichtserklärung, LOI)[26] fixieren die Vertragsparteien im Vorfeld des abzuschließenden Kauf- und Übertragungsvertrages häufig nicht nur das Interesse und die Absicht das Unternehmen zu verkaufen bzw. zu kaufen, sondern zum Teil auch erste Verhandlungsergebnisse, wie bspw. Vertragsparteien der Transaktion, Gegenstand der Transaktion, voraussichtliche Kaufpreishöhe, Prozedere der Transaktion etc. Häufig werden in dem LOI auch Regelungen über die Vertraulichkeit/Geheimhaltung und über die Exklusivität getroffen. Daneben finden sich auch Regelungen für den Fall, dass die Transaktion nicht abgeschlossen wird, wie bspw. das Verbot Arbeitnehmer des zum Verkauf stehenden Unternehmens für einen gewissen Zeitraum abzuwerben oder Aufwandsentschädigungsklauseln (sog. Breakup-Fee).[27] Der Inhalt eines LOI ist vielschichtig. Grundsätzlich können aus dem LOI keine Erfüllungsansprüche abgeleitet werden, wie bspw. Abschluss des Kaufvertrages, Vollzug des Kaufvertrages oder gar Zahlung des Kaufpreises. Soll dies gewährleistet werden, so muss zum einen ein entsprechender Rechtsbindungswille zum Ausdruck gebracht werden und zum anderen muss der LOI die vertragliche Form des abzuschließenden Kauf- und Übertragungsvertrages wahren.[28] Die Wahrung des Formerfordernisses gilt auch für den Fall, dass eine Vertragsstrafe bei Nichtzustandekommen des Kauf- und Übertragungsvertrages vereinbart wird.[29] Gleichwohl können mit dem LOI rechtliche Bindungen in Gestalt von Sorgfaltspflichten einhergehen, wodurch die Vertragsparteien ein unabhängig vom Ausgang der weiteren Verhandlungen bestehendes, vorvertragliches Schuld-, oder besser, schadenersatzbewehrtes Vertrauensverhältnis begründen (§§ 280 Abs. 1, 241 Abs. 2, 311 Abs. 2 BGB). Solche Sorgfaltspflichten können häufig durch Vertraulichkeits- bzw. Geheimhaltungsvereinbarungen und durch eine Exklusivitätsvereinbarung begründet werden. Wichtig ist, dass der rechtliche Bindungswille der Parteien in der Formulierung des LOI hinreichend klar zum Ausdruck kommt. In der Praxis werden häufig diese Vereinbarungen für den Fall ihrer Nichteinhaltung mit vertraglichen Sanktionen, wie bspw. – verschuldensunabhängige – Vertragsstrafen, versehen. Die Vertragsstrafen stellen idR selbstständige Strafversprechen iSd. § 311 BGB dar.[30] Vorformulierte Vertragsstrafenversprechen unterliegen jedoch stets der Inhalts-

---

[26] Dazu umfassend Hölters/*Semler* Teil 7 Rz. 7.28 und *Rödder/Hötzel/Mueller-Thuns* § 3 Rz. 13 ff. jeweils mwN; auch: *Geyrhalter/Zirngibl/Strehle* DStR 2006, 1559 (1560).

[27] Hierzu *Bergjan/Schwarz* GWR 2013, 4 ff. Solche Breakup-Fee-Klauseln sind uU formbedürftig, wenn ein faktischer Zwang zum Abschluss des Kaufvertrags erzeugt wird, vgl. hierzu OLG München v. 19.9.2012 – 7 U 736/12, NZG 2013, 257.

[28] OLG Hamm v. 18.1.2001 – 27 U 142/00, ZIP 2001, 881.

[29] OLG Hamm v. 18.1.2001 – 27 U 142/00, ZIP 2001, 881.

[30] Umfassend: *Sieger/Hasselbach* BB 2000, 625 mwN.

kontrolle der §§ 310 Abs. 1 iVm. 307 BGB. Das Versprechen verstößt jedenfalls dann nicht gegen § 307 Abs. 1 BGB, wenn die Strafe ihrer Höhe nach in einem angemessenen Verhältnis zum Gewicht des Verstoßes und zu dessen Folgen für den Vertragspartner steht.[31]

(frei) 15

(1) Due Diligence. Im Rahmen einer sog. Due Diligence[32] verschafft sich der Käufer die für den Erwerb des Unternehmens notwendigen Informationen.[33] Zwar besteht grundsätzlich[34] keine Untersuchungspflicht oder Obliegenheit hinsichtlich des Vertragsgegenstandes – auch im Fall eines Unternehmenskaufs – vor Abschluss des jeweiligen Vertrages.[35] Jedoch kann dies die Sorgfalt eines ordentlichen und gewissenhaften Geschäftsleiters gebieten.[36] Die Entscheidung zum Erwerb eines Unternehmens ist eine „unternehmerische Entscheidung" iSd. der Business-Judgement-Rule (§ 93 Abs. 1 S. 2 AktG), die im Ermessen der Leitungsorgane des Käufers liegt. Auch wenn im Nachhinein festgestellt wird, dass sich die mit dem Erwerb verfolgten Erwartungen nicht erfüllen, liegt keine Pflichtverletzung der Geschäftsleitung vor. Um in den Genuss dieser Haftungsprivilegierung zu gelangen, bedarf es jedoch einer „angemessenen Informationsgrundlage".[37] Was angemessen ist, hängt von den Umständen des Einzelfalls sowie Kosten-Nutzen-Erwägungen ab. 16

Die Due Diligence-Prüfung hat verschiedene **Funktionen.** Zunächst sollen relevante Informationen über das Kaufobjekt beschafft und bewertet werden. Die Offenlegung von Unternehmensinformationen (Disclosure) dient der betriebswirtschaftlichen Beurteilung der Transaktion sowie der juristischen Ausarbeitung des Vertragswerkes, einschließlich der Festlegung des Inhalts und des Umfangs der Gewährleistungen und Garantien. Der Käufer soll die Zweckmäßigkeit und Wirtschaftlichkeit der Transaktion anhand der aufgedeckten Risiken und Schwachstellen des Kaufobjektes analysieren können, um sodann mit einem subjektiven Maßstab den Wert des Kaufobjekts zu ermitteln. Schließlich dient die Due Diligence der Exkulpation, d. h. Entlastung vom Vorwurf der Fahrlässigkeit (Sorgfaltsmaßstab) bei eventuell später anstehenden Rechtsstreitigkeiten aufgrund vertraglich eingeräumter Gewährleistungen oder Garantien mit Hilfe der im Rahmen der Due Diligence erhobenen und dokumentierten Information, da die nachgewiesene Kenntnis des Käufers vom Mangel diesem mögliche Einwendungen abschneidet (§ 442 BGB).[38] Hier kann sich auch eine mangelhaft durchgeführte Due Diligence nachteilig auf die Gewährleistungsrechte des Käufers auswirken. Wurden Risiken im Zielunternehmen übersehen und hätten diese bei ordnungsgemäßer Durchführung der Due Diligence erkannt werden müssen, kann der Erwerber bezüglich dieser Mängel grundsätzlich keine Ansprüche herleiten. Wenn sich aufgrund der Due Diligence Anhaltspunkte ergeben, ist der Käufer verpflichtet diesen nachzugehen, ansonsten handelt er grob fahrlässig.[39] Der Käufer kann sich vor diesem Risiko durch sog. Pro-Sandbagging Klauseln absichern. Darin wird vereinbart, dass Kenntnisse des Käufers, die vor Vertragsschluss erworben wurden oder bei sorgfältiger Due Diligence hätten erworben werden können, die Gewährleistungsrechte unberührt lassen.[40] 17

(2) Problem: Informationsweitergabe. Probleme im Rahmen der Due Diligence können sich vor allem in den Fällen ergeben, in denen der Gesellschafter (Verkäu- 18

---

[31] BGH v. 9.2.2000 – VIII ZR 55/99, WM 2000, 922; vgl. auch *Sieger/Hasselbach* BB 2000, 625 mwN.

[32] Der Begriff „Due Diligence" entstammt dem US-amerikanischen Recht, wo sie beim Unternehmenskauf obligatorisch ist. Der Begriff ist in etwa mit „gebotener Sorgfalt" zu übersetzen.

[33] Zum Ablauf und Technik einer Due Diligence durch externe Gutachter vgl. *Gross* DStR 2000, 1959.

[34] Ausnahmsweise ergibt sich – nach Ablieferung – eine Untersuchungspflicht bei einem Handelskauf iSd. § 377 HGB.

[35] Vgl. zu der hier vertretenen hM nur eingehend *Beisel/Klumpp* § 2 Rz. 9 ff.; *Klein-Blenkers* NZG 2006, 245 (251 f.); *Müller* NJW 2004, 2196; *Dauner-Lieb/Thiessen* ZIP 2002, 108 (111); *Fleischer/Körber* BB 2001, 841 (844 ff.); *Loges* DB 1997, 965 (967); aA wegen Vorliegens einer entsprechenden Verkehrssitte: Hölters/*Semler* Teil 7 Rz. 7.55; *Vogt* DStR 2001, 2027 (2028, 2031).

[36] Vgl. hierzu § 43 Abs. 1 GmbHG, § 93 Abs. 1 Satz 1 AktG; auch: *Werner* GmbHR 2007, 678 (679).

[37] *Schiffer/Bruß* BB 2012, 847 (848); vor diesem Hintergrund zum Umfang einer Due Diligence-Prüfung *C. Goette* DStR 2014, 1776 ff.

[38] Zum Einfluss der Due Diligence auf die Gewährleistungsrechte des Käufers beim Unternehmenskauf vgl. Holzapfel/Pöllath/*Greitemann/Funk* Rz. 745 ff.; *Hilgard* BB 2013, 963; *Müller* NJW 2004, 2196.

[39] LG Hamburg v. 13.3.2015 – 315 O 89/13, GWR 2015, 279.

[40] *Beisel/Klumpp* § 16 Rz. 152; *Schiffer/Mayer* BB 2016, 2627 (2631).

fer) selbst keine ausreichenden Informationen über die Gesellschaft (Vertragsgegenstand) besitzt. Ein Rückgriff auf die Organe des Kaufobjekts scheitert häufig an gesetzlichen Verschwiegenheitsgeboten (vgl. §§ 93 Abs. 1 Satz 3, 116 Satz 2, 404 AktG, 43, 85 GmbHG, 116 Abs. 2, ggf. iVm. 161 Abs. 2 HGB).

19 Zwar steht den Gesellschaftern einer **Personengesellschaft** das Recht zu, sich über die Angelegenheiten der Gesellschaft zu informieren.[41] Entsprechendes gilt für **GmbH**-Gesellschafter nach Maßgabe des § 51a GmbHG. Dieses Recht können die Geschäftsführer nur insoweit zurückweisen, als begründete Zweifel an der zuverlässigen Einhaltung der Verschwiegenheits- und sonstigen Treuepflichten des Gesellschafters bestehen.[42] Da aber diese Informationsrechte klassische Mitgliedschaftsrechte darstellen und somit unübertragbar an die Person des Gesellschafters gebunden sind, kann nur der Gesellschafter – evtl. unter Hinzuziehung eines Sachverständigen – dieses Recht auf Zugang zu den Informationen wahrnehmen. Die Überlassung von Unterlagen kann nur aus wichtigem Grund verlangt werden und ist bei – den vorrangig interessierenden – Unternehmensgeheimnissen selbst in diesem Fall ausgeschlossen. Wegen dieser restriktiven Gesetzeslage ist ein Beschluss der Gesellschafterversammlung herbeizuführen mit dem Inhalt, die Geschäftsführung zur Erteilung von Informationen bzw. Durchsicht von Unterlagen an bzw. von Dritten anzuweisen.[43] Im Rahmen dieser Beschlussfassung unterliegen die Gesellschafter den üblichen Treuepflichten. Denn die Gesellschafterversammlung bestimmt letztlich das Gesellschaftsinteresse.[44]

20 Ein solcher Beschluss ist bei der **AG oder KGaA** zwar nicht erforderlich; jedoch darf der Vorstand nach hM nur auf Grund eines besonderen unternehmerischen Interesses (vgl. § 404 Abs. 1 Satz 1 AktG) Informationen an den Kaufinteressenten herausgeben. Unter welchen Bedingungen der Vorstand sich über die gesetzliche Verschwiegenheitspflicht (§ 93 Abs. 1 Satz 3 AktG) hinwegsetzen darf, um auch geheimhaltungsbedürftige Informationen im Rahmen einer Due Diligence offenbaren zu können, ist noch nicht hinreichend geklärt.[45] Nach wohl herrschender Ansicht ist die Geheimhaltungspflicht jedoch nur ein (wesentlicher) zu berücksichtigender Aspekt, bei der im Übrigen grundsätzlich offenen unternehmerischen Interessenabwägung. Der Vorstand als auch der Aufsichtsrat sollten Beschluss über die Offenbarung der unternehmensbezogenen Informationen fassen.[46] Dem Geheimhaltungsinteresse der Gesellschaft muss jedoch grundsätzlich durch entsprechende vertragliche Vereinbarungen mit dem Kaufinteressenten hinreichend genügt werden (Abschluss einer Vertraulichkeitsvereinbarung), die auch sanktionsbewehrt ist.[47] Sind die Aktien der zu erwerbenden Aktiengesellschaft an einer Börse emittiert, so sind auch die Vorschriften des WpHG und ggf. des WpÜG zu beachten.[48]

---

[41] Vgl. § 716 Abs. 1 BGB für die GbR, § 118 HGB für die OHG sowie § 166 HGB für den Kommanditisten, zu den Informationsrechten der Kommanditisten vgl. auch *Beisel/Klumpp* § 2 Rz. 25 mwN. Ist der Kommanditist zugleich Gesellschafter der Komplementär GmbH, so kann er sein Einsichts- und Auskunftsrecht aus § 51a GmbHG geltend machen.

[42] GmbH: OLG Köln v. 26.4.1985 – 24 W 54/84, ZIP 1985, 800; KG v. 23.12.1987 – 2 W 6008/87, ZIP 1988, 715 (717); Personengesellschaft vgl. die Nachweise bei *Baumbach/Hopt* HGB § 118 Rz. 1 ff. Zu den datenschutzrechtlichen Grenzen des Informationsanspruchs, siehe *Leinekugel/Weigel* GmbHR 2015, 393 ff.

[43] Vgl. OLG Köln v. 31.10.2013 – 18 W 66/13, BeckRS 2013, 19480, wonach ein einstimmiger Gesellschafterbeschluss bei geplanter Weitergabe von Informationen im Rahmen einer Due-Diligence an einen kaufinteressierten Konkurrenten erforderlich ist.

[44] *Körber* NZG 2002, 263 (270) mwN.; *Schiffer/Bruß* BB 2012, 847 (849).

[45] Vgl. nur die Darstellung der Diskussion bei *Körber* NZG 2002, 263 (269) mwN (insbes. auch zur hier vertretenen wohl hM); auch: *Zumbansen/Lachner* BB 2006, 613 (615); restriktiv insbes. *Lutter* ZIP 1997, 613.

[46] Für den Vorstandsbeschluss bspw. auch: *Rittmeister* NZG 2004, 1032 (1035); *Müller* NJW 2000, 3452 (3455). Sollte es sich um einen MBO handeln, sollte sich der Vorstand die beschlossene Durchführung der Due Diligence durch einen entsprechenden Beschluss des Aufsichtsrates genehmigen lassen.

[47] *Beisel/Klumpp* § 2 Rz. 24 ff. mwN; *Schiffer/Bruß* BB 2012, 847.

[48] §§ 1 Abs. 1, 38 Abs. 1 Nr. 2 WpHG, § 3 Abs. 1 WpÜG; vgl. Holzapfel/Pöllath/*Hocher* Rz. 1865 ff.; *Zumbansen/Lachner* BB 2006, 613 (616); *Brandi/Süßmann* AG 2004, 642 (647 f.) mwN.

Eine weitere Grenze der Informationsweitergabe kann sich aus dem Datenschutzrecht ergeben. Ein besonderes Augenmerk ist bei der Übermittlung von Arbeitnehmerdaten nach dem BDSG zu legen. Da eine Einwilligung der Arbeitnehmer aufgrund der regelmäßigen Vertraulichkeit von Unternehmensverkäufen ausscheidet, kann die Übermittlung von Arbeitnehmerdaten an den Kaufinteressenten nur bei Vorliegen einer Erlaubnisnorm erfolgen (§ 4 Abs. 1 BDSG). In Betracht kommt bei Unternehmenstransaktionen aber § 28 Abs. 1 S. 1 Nr. 2 BDSG (ggf. iVm. § 28 Abs. 2 Nr. 1 BDSG). Die schutzwürdigen Interessen der Beschäftigten und das Erforderlichkeitsprinzip machen entsprechende Schutzmaßnahmen nötig.[49] Die Weitergabe von personenbezogenen Daten ist regelmäßig nicht erforderlich, sodass ggf. eine Anonymisierung durch Schwärzung der Daten nötig ist.[50] Lediglich soweit es um Personen geht, deren Tätigkeit für die augenblickliche Lage und die weitere Entwicklung des Unternehmens besonders aussagekräftig ist, kann eine andere Beurteilung möglich sein. Sofern in Verträgen des Zielunternehmens mit Dritten die Weitergabe der Vertragsdokumentation untersagt wird, kann dieses Hindernis nicht durch eine Vertraulichkeitsvereinbarung zwischen dem Kaufinteressenten und dem Zielunternehmen überwunden werden. Auch hier kann die Anonymisierung der Daten durch Schwärzung erforderlich sein.[51] 21

(3) Inhalt der Due Diligence. Die Rechtsprechung hat sich zuletzt mehrfach mit der Frage auseinandersetzen müssen, inwieweit der Verkäufer zur Weitergabe von Informationen verpflichtet ist. Grundsätzlich trifft den Verkäufer die Pflicht den Käufer über solche Umstände aufzuklären, die den Vertragszweck vereiteln könnten und daher für den Entschluss des Käufers von wesentlicher Bedeutung sind und hinsichtlich solcher Umstände, bei denen der Käufer nach der Verkehrsauffassung erwarten konnte, Informationen zu erhalten.[52] Der Umfang dieser Pflicht kann sich jedoch, vom Einzelfall abhängig, ermäßigen.[53] Jedenfalls aber besteht die Pflicht, dem Käufer ungefragt sämtliche Verbindlichkeiten des Unternehmens zu offenbaren, wenn dessen Überlebensfähigkeit ernstlich gefährdet ist.[54] Grundsätzlich erfüllt der Verkäufer seine Aufklärungspflicht, wenn er dem Käufer die Möglichkeit einer Due Diligence einräumt.[55] 22

Im Rahmen der sog. **Legal Due Diligence** sind die rechtlichen Aspekte des Unternehmens zu prüfen.[56] Es geht dabei vor allem um die Gesellschafterstruktur, insbes. ob derjenige, der die Anteile veräußern will, auch tatsächlich hierzu befugt ist (Rechtsinhaber, Rechte Dritter an den Anteilen, Vinkulierung etc.; sog. Chain of Title),[57] die Aufbringung ggf. Rückzahlung des Eigenkapitals bzw. der Hafteinlage der Gesellschafter, die Prüfung vertraglicher Grundlage (Gesellschafts- und Unternehmensverträge), der Protokolle der Sitzungen der Organe der Gesellschaft, Eigentumsverhältnisse an den Vermögensgegenständen (insbes. Grundvermögen),[58] die Prüfung von Verträgen, die auf den Leistungsaustausch mit Lieferanten und Abnehmern gerichtet sind, die Prüfung von Kreditverträgen und bestellten Sicherheiten, die Prüfung von individualarbeitsvertraglichen und kollektivarbeitsrechtlichen Vereinbarungen, die Prüfung von wichtigen Verträgen über die Nutzungsüberlassung von betriebsnotwen- 23

[49] Holzapfel/Pöllath/*Greitemann/Funk* Rz. 731 ff. Allgemein zum Datenschutz bei Unternehmenskauf umfassend Holzapfel/Pöllath/*Berger* Rz. 1624 ff.
[50] *Schiffer/Bruß* BB 2012, 847 (851).
[51] *Schiffer/Bruß* BB 2012, 847.
[52] BGH v. 4.4.2001 – VIII ZR 32/00, NJW 2001, 2163; OLG München v. 26.7.2006 – 7 U 2128/06, DNotZ 2007, 712; vgl. auch *Thiessen* DStR 2001, 1578.
[53] BGH v. 28.11.2001 – VIII ZR 37/01, NJW 2002, 1042.
[54] BGH v. 6.2.2002 – VIII ZR 185/00, NZG 2002, 644; zum sog. Unternehmenskauf in der Krise vgl. bspw. auch *Menke* DB 2003, 1133; *Ristelhuber* ZIP 2003, 378.
[55] BGH v. 28.11.2001 – VIII ZR 37/01, NJW 2002, 1042.
[56] Vgl. auch *Gran* NJW 2008, 1409 (1412).
[57] Siehe hierzu *Paefgen/Wallisch* NZG 2016, 801 (802).
[58] Vgl. dazu *Scheel* DB 2005, 2799.

digen Gütern sowie etwaige Beraterverträge, die Prüfung von Schutzrechten und deren vertragliche Überlassungen, Forschungs- und Entwicklungsverträge sowie die Prüfung von sonstigen vertraglichen Verbindungen zu Dritten (bspw. Kooperationsverträge) und die Produktsicherheit.[59] Weiterhin erfasst die Prüfung die Frage des Versicherungsschutzes, Haftungs- und Prozessrisiken, die allgemeinen Geschäftsbedingungen sowie öffentlich-rechtliche Rechte und Pflichten aus in Anspruch genommenen öffentlichen Leistungen (bspw. Subventionen, verlorene Zuschüsse) sowie vor allem Genehmigungen.

24 Die sog. **Tax Due Diligence**[60] befasst sich mit sämtlichen steuerrechtlichen Implikationen des Unternehmens. Geprüft werden die Risiken in den einzelnen Steuerarten (insbes. Einkommensteuer/Körperschaftsteuer, Gewerbesteuer, Lohnsteuer, Umsatzsteuer, Grunderwerbsteuer), Berichte über Betriebsprüfungen, Organschaftsverhältnisse, Konsequenzen aus früheren Umstrukturierungsvorgängen, die Zusammensetzung des Eigenkapitals, steuerbilanzielle Einzelfragen, Fragen der Hinzurechnungsbesteuerung, Angemessenheit der Verrechnungspreise, verdeckte Gewinnausschüttungen und verdeckte Einlagen, Fragen der Gesellschafterfremdfinanzierung, Anwendung von § 3c EStG, Umfang der Verlustvorträge (inklusive §§ 8c, 8d KStG, § 10a GewStG u. Ä.), Absicherung der Steuerfreiheit von Veräußerungsgewinnen nach § 8b Abs. 2 KStG, Sperr- und Behaltensfristen.

25 Die sog. **Financial/Commercial Due Diligence** arbeitet die Marktstellung und Wettbewerbs- bzw. Absatzsituation des Kaufobjekts auf, hinterfragt aber auch die Zuliefererstruktur, die Kosten-Nutzen-Relation, bilanzielle Fragen, die Finanz- und Liquiditätsplanung sowie die Funktionsfähigkeit des Controllings.[61]

26 Daneben kann auch die **Environmental Due Diligence**[62] von besonderer Bedeutung sein, sofern Altlasten in Betracht kommen und gesetzliche Anforderungen an das Vorhandensein und Tätigwerden bestimmter Umweltbeauftragter bestehen (bspw. §§ 53, 58a BImSchG, 64 WHG, 59 KrWG). Sie dient im Ergebnis dazu, den Umweltzustand des Unternehmens im Zeitpunkt des Vertragsschlusses bzw. des Übertragungsstichtages zu dokumentieren und Umweltrisiken zu identifizieren.[63]

27 *(frei)*

28 **(4) Entscheidungsfindung – Asset oder Share Deal?** Auf der Grundlage des Ausgangs dieser Prüfung kommt es sodann zum eigentlichen Entscheidungsfindungsprozess auf Seiten des Käufers, der die Ergebnisse der Due Diligence analysiert und dieser Analyse folgend vor allem auch die einzelfallabhängige Entscheidung über die Kaufstruktur fällt, nämlich ob lediglich das Unternehmen in seinen einzelnen Vermögensgegenständen erworben wird oder ob die Gesellschaftsanteile erworben werden sollen (Asset oder Share Deal).[64] Eine generalisierende Empfehlung zugunsten der einen oder anderen Lösung kann vor dem Hintergrund der unterschiedlichen Wirkungen nicht gegeben werden.

29 **(a) Asset Deal.** Als sog. Asset Deal bezeichnet man den Unternehmenskaufvertrag, in dessen Zuge nicht nur einzelne Wirtschaftsgüter, sondern ein Inbegriff von Sachen, Rechten und sonstigen Vermögensgegenständen verkauft und übertragen wird und der Erwerber dadurch in die Lage versetzt wird, das Unternehmen als solches weiterzuführen.[65] Probleme ergeben sich beim Asset Deal vor allem aus der Notwendigkeit sorg-

---

[59] Zur Produktsicherheit eingehend *Klindt/Swoboda* DB 2005, 1203.

[60] Eingehend dazu: *Merbecks* BB 2012, 2423 ff.; *Schiffers* GmbH-StB 2004, 239 ff., 277 ff.; umfassend: *Kneip/Jänisch.*

[61] Vgl. auch *Schobert/Witttmann* BB 2012, 759; *Gran* NJW 2008, 1409 (1412); umfassend: *Schanz* S. 240 ff.

[62] Eingehend auch *Gran* NJW 2008, 1409 (1413); *Pföhler/Hermann* Wpg 1997, 628; umfassend: *Tillmann* Unternehmensbewertung und Grundstückskontaminationen, 1998.

[63] *Krüger/Kalbfleisch* DStR 1999, 174 (176).

[64] Anschaulich auch zu den weiteren gesellschaftsrechtlichen Implikationen im Sinne des UmwG: *Kallmeyer* DB 2002, 568.

[65] Zuletzt BGH v. 28.11.2001 – VIII ZR 37/01, NJW 2002, 1042.

samer Prüfung des Vertragsgegenstandes, was in der Regel auch zu höheren Transaktionskosten führt. Der Grundsatz der sachenrechtlichen Bestimmtheit macht es in aller Regel[66] erforderlich, dass jede einzelne Sache, die übertragen werden soll, durch das Vertragswerk individuell bestimmbar fixiert wird. Da dies praktisch nur bei einer überschaubaren Anzahl von Sachen erfüllbar ist, können im Kauf- und Übertragungsvertrag zur Bestimmung des Inhalts auch auf Bestandsverzeichnisse und ähnliche Unterlagen verwiesen sowie räumlich-sachliche Gegebenheiten in Bezug genommen werden, um insbes. auch die sofort abschreibungsfähigen geringwertigen Wirtschaftsgüter zu erfassen (§ 6 Abs. 2 EStG). Besondere Sorgfalt ist auch beim Umgang mit immateriellen Vermögensgegenständen zu wahren, die übertragen werden sollen. Während sich erworbene oder eingelegte immaterielle Vermögensgegenstände aus ihrem Bilanzansatz ergeben (§ 246 HGB), laufen die Parteien bei selbstgeschaffenen immateriellen Vermögensgegenständen, die nicht freiwillig in die Bilanz aufgenommen worden sind (§ 248 Abs. 2 Satz 1 HGB) oder nicht aufgenommen werden dürfen (insbes. Marken, Verlagsrechte, Kundenlisten, § 248 Abs. 2 Satz 2 HGB), Gefahr, eine ausdrückliche Erfassung dieser im Vertrag zu übersehen. Die **Übertragung** der einzelnen Wirtschaftsgüter erfolgt im Wege der Einzelrechtsnachfolge (sog. Singularsukzession); es wird – mit anderen Worten – das Unternehmen ohne seinen Rechtsträger übertragen.[67] Gegenstand der Übertragung sind nur die einzelnen im Vertrag ausdrücklich genannten Vermögensgegenstände, d. h. Sachen, Rechte, immaterielle Vermögensgegenstände auch soweit diese bei der übertragenden Gesellschaft nicht aktivierungsfähig sind, Verbindlichkeiten und Verträge. Für die Übertragung der einzelnen Sachen, Rechte und sonstigen Vermögensgegenstände gelten die jeweiligen einschlägigen zivilrechtlichen Vorschriften (§§ 398 ff., 873, 925, 929 ff. BGB). Ist der Verkäufer nicht Eigentümer der Sachen, weil diese bspw. noch unter Eigentumsvorbehalt stehen oder sicherungsübereignet sind, bedarf es besonderer Regelungen, damit auch diese Anwartschaften wirksam auf den Käufer übergehen. Zu beachten ist insbes., dass § 613a BGB den Übergang der im Unternehmen begründeten **Arbeitsverträge** vorsieht, wenn der den Arbeitsvertrag betreffende ganze Betrieb oder ein Betriebsteil übernommen wird und der Mitarbeiter dem Übergang des Arbeitsverhältnisses nicht widerspricht.[68] Andere **Verträge** werden dagegen – vorbehaltlich der Zustimmung des jeweiligen Gläubigers (§ 415 BGB) – nur dann übernommen, wenn dies ausdrücklich, bspw. im Wege der Vertrags- oder Schuldübernahme vereinbart ist (§§ 414 f. BGB).[69]

Führt der Käufer das erworbene Handelsgeschäft auch unter der bisherigen **Firma** 30
fort, sieht § 25 Abs. 1 Satz 1 HGB hinsichtlich der bestehenden **Verbindlichkeiten** einen gesetzlichen Schuldbeitritt des Erwerbers für diese Altschulden vor,[70] soweit keine gegenteilige Vereinbarung im Handelsregister bekannt gemacht worden ist (§ 25 Abs. 2 HGB) und der Käufer den prägenden Teil des bisherigen Unternehmens fortführt.[71] Auch andere Gesetze bestimmen Ausnahmen, nach denen bestehende Ver-

---

[66] Ausnahmen aufgrund Sondervorschriften, zB § 27 Abs. 2 MarkenG.

[67] Vgl. Holzapfel/Pöllath/*Engelhardt/v. Woedtke* Rz. 35.

[68] Zu arbeits- und sozialrechtlichen Implikationen des Unternehmenskaufs vgl. einführend *Hausch* BB 2008, 1392; *Grimm/Böker* NZA 2002, 193 und (zur Fortgeltung kollektivrechtlicher Regelungen) *Schiefer* DB 2005, 2134 sowie umfassend *Beisel/Klumpp* § 10, jeweils mwN; Holzapfel/Pöllath/*Sappa,* Rz. 1513 ff.; beim Erwerb des Unternehmens aus der **Insolvenzmasse** gilt eine Einschränkung des § 613a BGB: Dieser gilt nur für die Zukunft, der Erwerber haftet dagegen nicht für die in der Vergangenheit begründeten Verbindlichkeiten (inklusive der Versorgungsanwartschaften) des insolventen Unternehmens; beim Erwerb vor Eröffnung des Insolvenzverfahrens findet diese Beschränkung dagegen keine Anwendung, vgl. auch BAG v. 20.6.2002 – 8 AZR 459/01, ZIP 2003, 222; dazu insgesamt auch *Stenslik* DStR 2016, 874; *Menke* BB 2003, 1150; *Vallender* GmbHR 2004, 548.

[69] Bei Miet- und Pachtverträgen sind stets §§ 566, 578, 581 BGB zu beachten; vgl. auch BGH v. 22.12.1999 – VIII ZR 135/99, NJW 2000, 1409: Schadenersatzforderung bei unterlassener Vertragsübertragung durch den Verkäufer.

[70] Baumbach/Hopt/*Hopt* HGB § 25 Rz. 10 mwN.; Holzapfel/Pöllath/*Engelhardt* Rz. 1006 ff.

[71] BGH v. 12.2.2001 – II ZR 148/99, ZIP 2001, 567 (Haftung auch bei firmenrechtlicher Unzulässigkeit).

bindlichkeiten auch ohne einzelne Vereinbarungen gesetzlich übergehen (§§ 75 AO,[72] 129ff. InsO, AnfG, § 4 Abs. 3 BBodSchG).[73] Im Übrigen bedarf es jedoch der expliziten Vereinbarung, ob und ggf. welche Schuld mit dem Unternehmen übernommen wird. Gibt es zwischen den Parteien später Meinungsdifferenzen, ob eine bestimmte Schuld ebenfalls übernommen wurde, ist hinsichtlich eines lückenhaften Vertrages zu beachten, dass es mit Ausnahme der o.g. Vorschriften keinen Rechtsgrundsatz des Inhalts gibt, dass der Käufer sämtliche Schulden des Verkäufers übernimmt.[74]

31 Hinsichtlich ungewisser Verbindlichkeiten, für die **Rückstellungen** zu bilden sind (§§ 249, 266 Abs. 3 B HGB), ist zu beachten, dass diese erst im Zeitpunkt ihrer Fälligkeit dem dann gültigen Unternehmensinhaber zugerechnet werden. Eine Schuldübernahme ist nicht möglich.[75] Wird der Wert der Rückstellung nicht bei der Höhe des Kaufpreises berücksichtigt, so sollte eine entsprechende Freistellung des Verkäufers zu Gunsten des Käufers vereinbart werden. Für Verbindlichkeiten, deren Gläubiger dem Schuldnerwechsel nicht zugestimmt haben (§ 415 BGB), kommt ebenfalls eine Freistellungsvereinbarung in Betracht, jedoch dergestalt, dass der Käufer den Verkäufer von der Inanspruchnahme freistellt. Ggf. kommt zur Absicherung des Anspruchs eine Sicherheitsleistung gem. analoger Anwendung der §§ 257 Satz 2, 738 Abs. 1 Satz 3, 775 Abs. 2 BGB in Betracht. Da der Freistellungsanspruch – vorbehaltlich abweichender Regelungen – jedoch sofort fällig ist (§ 271 BGB), kann dies dazu führen, dass der Sicherheitsschuldner über einen langen Zeitraum Mittel bereitstellen muss.[76]

Exkurs: Immaterielle Vermögensgegenstände

- Bei der Übertragung gewerblicher Schutzrechte ist die Anwendung der speziell für diese bedeutsamen Gesetze zu beachten.[77] Anders als die Firma sowie Urheber- bzw. Verlagsrechte, können **Patente, Marken- bzw. Namensrechte, Geschmacks- und Gebrauchsmusterrechte** selbstständig übertragen werden. Die Umschreibung des Rechtsinhabers dieser Rechte in den jeweiligen Registern ist nicht Bedingung für deren Übertragung, sondern dient allein dem Schutz des neuen Rechtsinhabers. Die **Internet-Domainadresse** eines Unternehmens stellt ebenfalls ein eigentumsfähiges,[78] immaterielles Wirtschaftsgut dar.[79] Nicht selten ist die verwendete Internet-Domainadresse oder auch die übrigen vorgenannten Rechte auf den Namen Dritter registriert, etwa einen entsprechenden Dienstleister oder einen (namensgebenden) Gesellschafter, so dass nicht nur im Rahmen des Asset Deals sondern **auch im Rahmen eines Share Deals** ggf. darauf zu achten ist, dass von dem Unternehmenskauf auch die Domain erfasst wird. Der Kaufvertrag ist somit sorgsam zu prüfen und ggf. – zu Gunsten des Käufers – um isolierte Nutzungsrechte an zurückbehaltenen Rechten bzw. – zu Gunsten des Verkäufers – um isolierte Nutzungsrechte an verkauften Rechten zu erweitern, um zukünftige Kollisionskonstellationen zu vermeiden.
- Die **Firma** kann wegen § 23 HGB nur zusammen mit dem Handelsgeschäft, für das sie verwendet wurde, verkauft und übertragen werden. Eine Übertragung der Firma ist nicht obligatorisch, jedoch wegen der Marktwirkung des Gegenstands eines Asset Deals in der Praxis häufig. Wird die Firma nicht mit übertragen, erlischt dieses Recht mit der Übertragung des zugrunde liegenden Handelsgeschäfts. Der Übergang der Firma setzt neben der rein materiellen Übertragung des Handelsgeschäfts im Wesentlichen in Form seiner bisherigen personellen und sachlichen Verbundenheit auch voraus, dass der Rechtsverkehr erwarten kann, dass die dem Handelsgeschäft bisher immanente Geschäftstradition fortgeführt wird.[80] Dabei ist zu beachten, dass

[72] Vgl. dazu insbes. *Leibner/Pump* DStR 2002, 1689; für den Erwerb aus der Insolvenzmasse ist BFH v. 23.7. 1998 – VII R 143/97, BStBl. II 1998, 765 zu beachten, vgl. dazu auch *Arends/Hofert-von Weiss* BB 2009, 1538.

[73] Vgl. dazu auch *Giesberts/Frank* DB 2000, 505.

[74] BGH v. 17.4.2002 – VIII ZR 297/01, NJW 2002, 2310.

[75] Vgl. *Rödder/Hötzel/Mueller-Thuns* § 4 Rz. 19.

[76] *Hölters/Semler* Teil 7 Rz. 7.94 mwN; zur Verjährung des Freistellungsanspruchs vgl. *Liekefett* DB 2005, 2398.

[77] *Bolt* BB 2013, 2568; *Donle* DStR 1997, 74 (76).

[78] BVerfG v. 24.11.2004 – 1 BvR 1306/02, NJW 2005, 589.

[79] Vgl. BFH v. 19.10.2006 – III R 6/05, BB 2007, 769 (770) m. Anm. *Euler* BB 2007, 772; *Wübbelsmann* DStR 2005, 1659.

[80] BGH v. 22.11.1990 – I ZR 14/89, NJW 1991, 1354.

auch Sonderbetriebsvermögens-Aktiva[81] sowie Vermögensgegenstände, die im Rahmen einer Betriebsaufspaltung,[82] dem Betrieb zur Verfügung gestellt sind, auf den Käufer übertragen oder diesem zumindest ein langfristiges (dauerhaftes) Nutzungsrecht (Mietvertrag oä.) an diesen eingeräumt wird. Neben der Vollübertragung der Firma sieht die Rechtsprechung auch die Möglichkeit vor, eine isolierte Firmenlizenz zu übertragen.[83] Ist das zu erwerbende Unternehmen lediglich eine leere Hülse (Mantel- oder Vorratsgesellschaft), findet § 23 HGB mangels Vorliegens eines zugrundeliegenden Handelsgeschäfts keine Anwendung, so dass ausnahmsweise auch die Übertragung der Firma mit der leeren gesellschaftsrechtlichen Hülse zulässig ist.[84]

- Die Übertragung von **Urheber- bzw. Verlagsrechten** unter Lebenden ist gesetzlich ausgeschlossen (§ 29 Abs. 1 UrhG). Insoweit kommt im Rahmen des Asset Deals lediglich die Einräumung der abgeleiteten (exklusiven) Nutzungsrechte in Betracht (§§ 31 ff. UrhG). Sollen dem Käufer durch einen Dritten eingeräumte Nutzungsrechte übertragen werden, ist § 34 Abs. 3 UrhG zu beachten, der die Möglichkeit vorsieht, dass der Urheberrechtsinhaber unter bestimmten Voraussetzungen das eingeräumte Nutzungsrecht widerrufen kann.[85]
- Schließlich gibt es noch eine Vielzahl weiterer immaterieller Vermögensgegenstände, die weder gesetzlich geschützt noch in den Unterlagen körperlich wiederzufinden sind. Zu denken ist an selbsterstellte Software, Know-how, Rezepturen und Verfahrensmuster, Bezugsquellen und deren Konditionen, Kundenstämme und Konzessionen. Auch insoweit ist der Vertragsinhalt sorgfältig auf seine Vollständigkeit zu überprüfen.

Um etwaige **Forderungen** und **sonstige Rechte** vertraglich zu erfassen und inso- 32
weit wirksam abzutreten (§§ 398, 413 BGB), genügt deren Bestimmbarkeit,[86] nicht jedoch deren bloß wertmäßige Bestimmung.[87] Wird auch die Firma im Rahmen des Asset Deals übertragen, erleichtert § 25 Abs. 1 Satz 2 HGB die Übertragung der Forderungen, die im Betrieb entstanden sind.[88] Aufgrund der rechtlichen Unsicherheiten für den Fall, dass derartige Forderungen gegenüber dem Verkäufer ausgeglichen werden, empfiehlt es sich jedoch, auch insoweit eine klare Bestimmung in den Kauf- und Übertragungsvertrag aufzunehmen.

Umsatzsteuerlich ist im Rahmen des Asset Deals insbesondere § 1 Abs. 1a UStG zu 33
beachten. Danach unterliegt die Geschäftsveräußerung im Rahmen des Asset Deals[89] nur dann der Umsatzsteuer, wenn wesentliche Betriebsgrundlagen durch den Verkäufer zurückbehalten werden. Ausreichend ist es jedoch, wenn diese wesentlichen Betriebsgrundlagen zwar nicht mitübereignet, aber dem Käufer langfristig zur Nutzung überlassen worden sind und dadurch eine dauerhafte Fortführung des Unternehmens oder des jeweiligen Betriebs gewährleistet ist.[90]

(frei) 34, 35

(b) Share Deal. Vom Asset Deal abzugrenzen ist der sog. Share Deal, bei dem es 36
sich um die Veräußerung des Unternehmens durch die Übertragung seines Rechtsträgers, nämlich durch Übertragung der Gesellschaftsanteile handelt. Durch die Gesellschaftsanteilsübertragung bleiben die Rechtsverhältnisse des Rechtsträgers des Unternehmens in Bezug auf Dritte unverändert erhalten (Personenidentität); dies betrifft sowohl die sachen- als auch schuldrechtlichen Verhältnisse. Hinsichtlich bestehender

[81] Passiva, wie bspw. Gesellschafterdarlehen betreffen das reine Innenverhältnis von Gesellschaft und Gesellschafter und vermögen insoweit nicht dem Unternehmen ein äußerliches Gepräge zu geben.
[82] Vgl. zum Sonderbetriebsvermögen und zur Betriebsaufspaltung nur Schmidt/*Wacker* EStG § 15 Rz. 506 ff. bzw. 800 ff. jeweils mwN.
[83] BGH v. 22.11.1990 – I ZR 14/89, NJW 1991, 1354; *Köhler* DStR 1996, 510.
[84] Baumbach/Hopt/*Hopt* HGB § 23 Rz. 4 mwN; *Meller-Hannich* ZIP 2000, 345; vgl. aber auch zur registergerichtlichen Kontrolle wegen wirtschaftlicher Neugründung BGH v. 9.12.2002 – II ZB 12/02, DStR 2003, 298 m. Anm. *Goette* NJW 2003, 3198 sowie *Altmeppen* NZG 2003, 145; *Thaeter* DB 2003, 2112.
[85] Vgl. *Partsch/Reich* NJW 2002, 3286.
[86] MüKoBGB/*Roth/Kieninger* BGB § 398 Rz. 66; Palandt/*Grüneberg* BGB § 398 Rz. 14.
[87] BGH v. 15.3.1978 – VIII ZR 180/76, NJW 1978, 1050.
[88] Baumbach/Hopt/*Hopt* HGB § 25 Rz. 21 mwN insbes. auch zum Meinungsstreit hinsichtlich der Rechtsfolgen.
[89] Für den Share Deal gilt § 4 Nr. 8 f UStG, vgl. nur *Zugmaier* DStR 2009, 882; Rau/Dürrwächter/*Philipowski* UStG § 4 Nr. 8 Rz. 372 mwN.
[90] BFH v. 4.7.2002 – V R 10/01, BStBl. II 2004, 662; vgl. ebenso auch für die Frage der Firmenfortführung oben Rz. 31 (Exkurs).

Vertragsverhältnisse können jedoch zwischen den Parteien gesondert vereinbarte außerordentliche Kündigungsgründe Platz greifen, wenn sich die Mehrheitsverhältnisse in der Gesellschaft verändert haben (sog. **Change of Control Klauseln**).

37 Sofern ein Erwerber sämtliche Gesellschaftsanteile einer **Personengesellschaft** in seiner Person vereinigt, hat dies zur Folge, dass die Personengesellschaft vollbeendet wird und das bisherige Gesellschaftsvermögen dem übernehmenden Gesellschafter im Wege der Gesamtrechtsnachfolge anwächst.[91] Denn eine Personengesellschaft setzt voraus, dass sie aus mindestens zwei Gesellschaftern besteht.

38 Anders als im Rahmen des Asset Deals gelten für die **Übertragung** von Gesellschaftsanteilen sachen- und gesellschaftsrechtliche Besonderheiten. Zu beachten ist bereits, dass Personengesellschafts- und grundsätzlich **GmbH-Anteile**[92] nicht gutgläubig erworben werden können.[93] Die Übertragung geschieht durch formbedürftige Abtretung der Gesellschafts- bzw. Geschäftsanteile (§§ 398, 413 BGB). Insoweit ist im Rahmen der Due Diligence die Feststellung einer lückenlosen Ableitung der Gesellschaftsrechte des Verkäufers seit den Anfängen der Gesellschaft virulent. Die Übertragung von **Aktien einer AG** oder **KGaA** richtet sich dagegen danach, ob es sich um verbriefte oder unverbriefte Inhaber- oder Namensaktien handelt. Unverbriefte Aktien beider Gattungen werden durch – im Grunde – formfreie Abtretung übertragen. Seit der Aktienrechtsnovelle 2016[94] stellt die Namensaktien die Standartverbriefungsart dar, § 10 Abs. 1 S. 1 AktG. Ein volles Wahlrecht zwischen den Aktienarten haben nur noch börsennotierte Gesellschaften. Nicht börsennotierte Gesellschaften können Inhaberaktien nur noch ausgeben, wenn der Anspruch auf Einzelverbriefung ausgeschlossen ist. Für die Übertragung von Namensaktien können satzungsmäßige Beschränkungen bestehen (§ 68 Abs. 2 AktG). Darüber hinaus ist der Inhaber einer Namensaktie im Aktienregister zu vermerken. Nur derjenige, der im Aktienregister eingetragen ist, gilt gegenüber der Gesellschaft als Aktionär (§ 67 AktG). Für den Fall des börsennotierten Unternehmens ist zu beachten, dass deren Aktien in der Regel in Form einer Globalurkunde in Girosammelverwahrung gegeben sind.[95] In diesen Fällen besteht sowohl Miteigentum[96] als auch mittelbarer[97] Mitbesitz[98] am Sammelbestand. Durch die Eintragung ins Verwahrungsbuch (§ 24 Abs. 2 DepotG) der Verwahrungsstelle erwirbt der Käufer das Eigentum. Verbriefte Inhaberaktien werden wie bewegliche Sachen gemäß §§ 929ff. BGB behandelt, so dass insoweit auch ein gutgläubiger Erwerb in Betracht kommt (§§ 935 Abs. 2 BGB, 68 AktG). Verbriefte Namensaktien bedürfen – sofern ihre Übertragung nicht im alternativen Weg der Abtretung des verbrieften Rechts erfolgt (§§ 398, 413 BGB) – zusätzlich auch der schriftlichen Übertragungserklärung des Verkäufers (sog. Indossament, § 68 Abs. 1 AktG).

39 Die **Rechtsfolgen des Erwerbs von Gesellschaftsanteilen** divergieren zum Teil:

40 Durch die Übertragung der Gesellschafterstellung tritt der Käufer – vorbehaltlich im Wesentlichen frei verhandelter, abweichender vertraglicher Bestimmungen – in vollem

---

[91] Vgl. dazu BGH v. 15.3.2004 – II ZR 247/01, ZIP 2004, 1047; BGH v. 9.7.1968 – V ZR 80/66, BGHZ 50, 307; BGH v. 22.9.1993 – IV ZR 183/92, NJW-RR 1993, 1443; OLG Köln v. 14.6.1996 – 19 U 258/95, NJW-RR 1997, 160, und für die hM im Schrifttum nur *Schmidt* Gesellschaftsrecht § 8 IV.2 (S 207), § 11 V.3a aa) (S 308f.); *Schiefer* DStR 1996, 788 (791) mwN; insbes. zu dem Sonderfall des Ausscheidens des einzigen Komplementärs einer GmbH & Co. KG vgl. auch *Bork/Jacoby* ZGR 2005, 611.

[92] Zur Ausnahme vgl. § 16 Abs. 3 GmbHG; dazu: *Klöckner* NZG 2008, 841; *Schreinert/Berresheim* DStR 2009, 1265; insbes. mit Blick auf die Risiken im Zusammenhang mit einem Unternehmenskauf *Paefgen/Wallisch* NZG 2016, 801 (805ff.)

[93] Statt aller: Hölters/*Semler* Teil 7 Rz. 7.106.

[94] BGBl. 2016 I 2565. Siehe den Überblick bei *Paschos/Goslar* NJW 2016, 359.

[95] In Girosammelverwahrung gegebene Namensaktien bedürfen des sog. Blanko-Indossaments (§ 5 Abs. 1 DepotG) um ihre Fungibilität sicherzustellen. Eine Eintragung des Käufers im Aktienregister iSd. § 67 Abs. 2 AktG ist keine Wirksamkeitsvoraussetzung für die Eigentumsübertragung, vgl. *Rödder/Hötzel/Mueller-Thuns* § 4 Rz. 59.

[96] Gegenüber den Mitaktionären.

[97] Gegenüber der Verwahrungsstelle.

[98] Gegenüber den Mitaktionären.

Umfang in die Position des Verkäufers gegenüber der Gesellschaft ein. Dies betrifft zum einen die zwingend untrennbar mit der Gesellschafterstellung verbundenen Mitgliedschaftsrechte[99] und die Kapitalkonten also auch die weiteren Gesellschafterkonten.[100] Darüber hinaus obliegt es den Parteien bspw. zu vereinbaren, ob negative Kapitalkonten einer Personengesellschaft durch den Verkäufer ausgeglichen werden sollen oder ob der Käufer die negativen Kapitalkonten übernimmt.[101]

Beim Erwerb von Aktien einer **Aktiengesellschaft** haftet der Erwerber grundsätzlich für nach § 54 Abs. 1 und 2 AktG rückständige Einlagen.[102] Mit der Übernahme der Aktie geht die Einlagepflicht auf den Erwerber über und die Haftung des bisherigen Aktionärs besteht nur noch im Rahmen von § 65 AktG. Auch eine Anfechtung des Erwerbes befreit von der Haftung für die rückständige Einlage nicht.[103] Darüber hinaus haben die am Erwerb einer Aktiengesellschaft Beteiligten eine Reihe von Mitteilungspflichten zu beachten (vgl. zu diesen noch unten Rz. 85ff.). Der Erwerber von **börsennotierten** Aktien ist schließlich nicht nur verpflichtet, die Höhe seiner Beteiligung zu veröffentlichen, sondern ist darüber hinaus verpflichtet, wenn er mindestens 30 vH der Stimmrechte an der Gesellschaft erwirbt (§§ 35 Abs. 1, 29 Abs. 2 WpÜG), ein Übernahmeangebot zu veröffentlichen (§ 35 Abs. 2 WpÜG). Eine Verletzung dieser Pflichten hat – neben der möglichen Verhängung eines Ordnungsgeldes in Höhe von bis zu 1 Mio. Euro durch die BaFin (vgl. § 60 Abs. 1 Nr. 1a, Abs. 3 WpÜG) – zur Folge, dass dem Erwerber die Rechte aus den Aktien nicht zugerechnet werden (§ 59 WpÜG).[104] 41

Im **GmbH**-Recht ist insbes. zu beachten, dass im Fall der Veräußerung von Geschäftsanteilen der Erwerber der Gesellschaft gegenüber nur dann als Gesellschafter gilt, wenn er als solcher in der im Handelsregister aufgenommenen Gesellschafterliste eingetragen ist (§ 16 Abs. 1 Satz 1 GmbHG). Diese Meldung ist keine Wirksamkeitsvoraussetzung für den dinglichen Erwerb der Gesellschaftsanteile. Der Erwerber kann aber erst nach dieser Meldung seine Gesellschafterrechte ausüben.[105] Rechtshandlungen in Bezug auf das Gesellschaftsverhältnis gelten als von Anfang an wirksam, wenn die Gesellschafterliste unverzüglich nach Vornahme der Rechtshandlung in das Handelsregister aufgenommen wird (§ 16 Abs. 1 Satz 2 GmbHG). Die vor der Anmeldung zwischen Gesellschaft und Veräußerer und umgekehrt vorgenommenen Rechtshandlungen muss der Erwerber gegen sich gelten lassen.[106] Nach § 16 Abs. 2 GmbHG haftet der Erwerber schließlich gesamtschuldnerisch[107] mit dem Veräußerer für alle rückständigen Leistungen des Veräußerers auf die erworbene Stammeinlage. Bei verdeckter/verschleierter Sachgründung oder Kapitalerhöhung haftet der Käufer neben dem Veräußerer auf die volle Barzahlung der jeweiligen Stammeinlage.[108] Darüber hinaus kommt nach hM auch eine Haftung gemäß § 16 Abs. 2 GmbHG für verbotswidrig zurückgezahlte Stammeinlagen.[109] Des Weiteren kommt eine Haftung für die Aufbringung der Hafteinlagen anderer Gesellschafter in Betracht (§ 24 GmbHG). 42

Erwirbt der Käufer eine **Komplementärbeteiligung** lässt sich die Haftung des Veräußerers bzw. des Käufers gegenüber Dritten nicht einseitig beschränken (§§ 128 43

---

[99] *Rödder/Hötzel/Mueller-Thuns* § 4 Rz. 45 (Personengesellschaften), 56 (GmbH), 59 (AG), jeweils mwN, insoweit können überhaupt keine abweichenden Vereinbarungen getroffen werden.

[100] BGH v. 2.11.1987 – II ZR 50/87, DB 1988, 281 mwN; Hölters/*Semler* Teil 7 Rz. 7.105.

[101] Zu den einkommensteuerrechtlichen Implikationen bei der Übertragung eines „belasteten" Kommanditanteils vgl. nur in Schmidt/*Wacker* EStG § 15a Rz. 24ff. mwN.

[102] Hölters/*Semler* Teil 7 Rz. 7.263.

[103] BGH v. 10.5.1982 – II ZR 89/81, NJW 1982, 2822.

[104] Ausführlich dazu Angerer/Geibel/Süßmann/*Meyer* § 35 WpÜG Rz. 56ff.; *Picot* § 9 Rz. 118.

[105] Vgl. nur *Baumbach/Hueck* GmbHG § 16 Rz. 11; *Roth/Altmeppen* GmbHG § 16 Rz. 5ff.

[106] *Roth/Altmeppen* GmbHG § 16 Rz. 11.

[107] Ständige Rspr. seit BGH v. 14.3.1977 – II ZR 156/75, NJW 1977, 1196; für das neue Recht ebenso: *Roth/Altmeppen* GmbHG § 16 Rz. 27.

[108] BGH v. 18.2.1991 – II ZR 104/90, NJW 1991, 1754.

[109] Lutter/Hommelhoff/*Bayer* GmbHG § 16 Rz. 58; MüKoGmbHG/*Heidinger* GmbHG § 16 Rz. 194; aA dagegen OLG Köln v. 31.3.2011 – 18 U 171/10, GmbHR 2011, 648; *Geck* DStR 1996, 627.

Satz 2 bzw. 130 Abs. 2 HGB); insoweit lässt sich – vorbehaltlich individueller Vereinbarungen mit dem jeweiligen Gläubiger – im Innenverhältnis nur durch Freistellungsvereinbarungen ein angemessener Ausgleich erzielen.

44 Beim Erwerb einer **Kommanditbeteiligung** ist der Wechsel im Gesellschafterbestand durch Eintragung eines Vermerks der Sonderrechtsnachfolge im Handelsregister kenntlich zu machen, um die Auswechselung der haftenden Person deutlich zu machen; in diesem Zusammenhang haben alle Beteiligten die sog. „negative Abfindungsversicherung“ abzugeben.[110] Wird der vorgenannte Nachfolgevermerk nicht eingetragen, haftet der Verkäufer für die bis zum Stichtag begründeten Verbindlichkeiten der Gesellschaft für die Dauer von fünf Jahren beschränkt weiter (§ 160 HGB), denn der Gläubiger kann sich auf allgemeine Rechtsscheingrundsätze[111] stützen, wonach – isoliert betrachtet – lediglich der Gesellschafter ausgeschieden ist, in Bezug auf seine Person somit die Herabsetzung der Haftsumme eingetragen worden ist und daher die persönliche Haftung des Verkäufers wieder auflebt (§ 172 Abs. 4 HGB).[112] Der Erwerber haftet seinerseits nach Maßgabe der §§ 128, 161 Abs. 2, 171 bis 173 HGB, da er – isoliert betrachtet – der Gesellschaft mit einer zusätzlichen, selbstständigen Haftsumme beitritt; ist jedoch die Haftsumme – die ursprünglich der Verkäufer geleistet hatte und die nunmehr dem Käufer zu Gute kommt – vollständig aufgebracht und nicht zurückgezahlt, ist die persönliche Haftung des Erwerbers ausgeschlossen (§ 171 Abs. 1 HGB).[113] Erst durch die Verbindung des Eintritts des Einen und des Austritts des Anderen durch zusätzliche Eintragung des Nachfolgevermerks wird der gute Glaube des Rechtsverkehrs hinreichend erschüttert, so dass die den Verkäufer belastende Verdoppelung der Haftung abgewendet werden kann.

45 Da der Handelsregistereintragung konstitutive Wirkung zukommt, haftet der Erwerber einer Kommanditbeteiligung für solche Verbindlichkeiten der Gesellschaft unbeschränkt, die in dem Zeitraum zwischen dem vertraglich vereinbarten Zeitpunkt seines Eintritts und seiner Eintragung als Kommanditist begründet werden;[114] daher wird die Übertragung des Kommanditanteils in aller Regel unter die aufschiebende Bedingung gestellt, dass der Gesellschafterwechsel im Handelsregister eingetragen wird. Ist die Hafteinlage des Verkäufers nicht vollständig erbracht oder gilt sie auf Grund von – ggf. auch nach Eintragung des Nachfolgevermerks getätigten – Überentnahmen als zurückgezahlt, lebt nach hM[115] die (gesamtschuldnerische) Haftung des Verkäufers gemäß § 172 Abs. 4 Satz 2 HGB wieder auf; die Haftung des Verkäufers ist freilich nach § 160 HGB zeitlich begrenzt.

46, 47 *(frei)*

48 **(5) Entscheidungsparameter.** Für die Beantwortung der Frage, ob ein Asset oder Share Deal vollzogen werden soll, können vor allem betriebswirtschaftliche Chancen und Risiken des Erwerbs, die Kaufpreisfinanzierung, die Steueroptimierung[116] sowie kapitalmarkt- oder kartellrechtliche Beschränkungen von Bedeutung sein.

Besonders kapitalmarkt- oder kartellrechtliche Beschränkungen haben gerade bei Fusionen marktwirtschaftlich bedeutender Unternehmen erhebliche Bedeutung. Sowohl Asset als auch Share Deal sind grundsätzlich geeignet, kartellrechtliche Beschränkungen auszulösen.

---

[110] BGH v. 19.9.2005 – II ZB 11/04, NJW-RR 2006, 182; KG v. 28.4.2009 – 1 W 389/08, NZG 2009, 905; hierzu ausführlich *Röhl* DNotZ 2013, 657 ff.

[111] MüKoHGB/*K. Schmidt* HGB § 173 Rz. 35.

[112] MüKoHGB/*K. Schmidt* HGB § 173 Rz. 36 mwN.

[113] Vgl. auch *Hölters/Semler* Teil 7 Rz. 7.262.

[114] BGH v. 21.3.1983 – II ZR 113/82, NJW 1983, 2258; krit. dazu MüKoHGB/*K. Schmidt* HGB § 176 Rz. 26.

[115] BGH v. 20.10.1975 – II ZR 214/74, NJW 1976, 751; MüKoHGB/*K. Schmidt* HGB § 173 Rz. 33; Holzapfel/Pöllath/*Engelhardt* Rz. 998.

[116] Einführend: *Scheffler* StuW 2001, 293; *Elser* DStR 2002, 1827; *Stiller* BB 2002, 2619; *Beck/Klar* DB 2007, 2819.

Beachtlich können vor allem[117] die kapitalmarktrechtlichen Pflichten gemäß § 20 AktG, WpHG und WpÜG[118] sein. Während das WpÜG Verpflichtungen hinsichtlich öffentlicher Kauf- und Tauschangebote beinhaltet, sehen § 20 AktG und das WpHG Mitteilungspflichten vor, die der Gesellschafter möglicherweise vermeiden mag. Schließlich hat sich gerade bei Publikumsgesellschaften der Erwerber zu fragen, wie er Minderheitsgesellschafter im Weiteren behandeln will, bspw. ob im Ergebnis Minderheitsgesellschafter aus der Gesellschaft beseitigt werden sollen. Dies kann für die Vertragsgestaltung von besonderer Bedeutung sein, wenn sich bspw. eine Squeeze-out-Quote (§ 327a AktG) nicht erreichen lässt. In einem solchen Fall könnte der Vertrag als sog. übertragende Auflösung gestaltet werden, nach der der Erwerber zunächst über ein Akquisitionsvehikel im Wege des Share Deals die gesellschaftsbestimmende, absolute Mehrheit (75 vH)[119] an der Zielgesellschaft erwirbt, um sodann deren Betrieb im Wege des Asset Deals an ein weiteres Akquisitionsvehikel zu veräußern.[120] 49

Eine weitergehende Möglichkeit eröffnet zudem der übernahmerechtliche Squeeze-out gemäß §§ 39a, 39b WpÜG. Danach kann der Erwerber nach Ablauf eines Übernahme- oder Pflichtangebots einen Ausschluss der Minderheitsaktionäre aus der Zielgesellschaft durchführen, wenn er 95 vH des stimmberechtigten Kapitals hält und den Squeeze-out innerhalb von drei Monaten nach Ablauf der Annahmefrist des öffentlichen Angebots beim Landgericht Frankfurt am Main beantragt.[121] Für den Erwerber hat der übernahmerechtliche Squeeze-out einerseits den Vorteil, dass er ohne Hauptversammlungsbeschluss (und in diesem Zusammenhang drohende Anfechtungsklagen) auskommt, andererseits die für die Festlegung der Barabfindung erforderliche Unternehmensbewertung zumindest dann entfällt, wenn die (widerlegliche)[122] Angemessenheitsvermutung nach § 39a Abs. 3 Satz 3 WpÜG eingreift. Dies ist dann der Fall, wenn die entsprechende Gegenleistung im Übernahme- oder Pflichtangebot zu einem Aktienerwerb von zumindest 90 vH des vom Angebot betroffenen Grundkapitals geführt hat. 50

Aus **steuerlicher Sicht**[123] erscheint eine Differenzierung häufig anhand folgender Kriterien sachgerecht: 51

Handelt es sich bei dem zu veräußernden Unternehmen um ein **Einzelunternehmen,** so kommt nur ein Asset Deal in Betracht. Das Einzelunternehmen ist grundsätzlich rechtlich nicht selbstständig; siehe aber die handelsrechtlichen Vorschriften zur Firma, §§ 17 ff. HGB, zur Haftung für betriebliche Steuern auch § 75 AO. Der Veräußerungsgewinn, der aus dem Asset Deal entsteht, unterliegt als laufender Gewinn sowohl der Einkommensteuer als auch der Gewerbesteuer, es sei denn, es handelt sich zugleich um eine Betriebsaufgabe. In diesem Fall unterliegt der Veräußerungsgewinn nicht der Gewerbesteuer (§ 7 Satz 2 GewStG). Hat der Veräußerer das 55. Lebensjahr vollendet oder ist er im sozialversicherungsrechtlichen Sinne dauernd berufsunfähig, so ist der Veräußerungsgewinn in Abhängigkeit von seiner Höhe ggf. begünstigt (vgl. §§ 16 Abs. 4, 34 Abs. 2 Nr. 1, Abs. 3 EStG). 52

Handelt es sich um eine Gesellschaft in der Rechtsform einer **Kapitalgesellschaft,** so kann aus steuerlicher Sicht sowohl ein Share als auch ein Asset Deal in Betracht 53

[117] Weitere Beschränkungen, Zustimmungserfordernisse bzw. Mitteilungspflichten können sich aus dem KWG (Beteiligungserwerb an einem Kreditinstitut) und VAG (Beteiligungserwerb an einem Versicherungsinstitut) ergeben; vgl. dazu im Einzelnen Holzapfel/Pöllath/*Bergjan* Rz. 2429 ff.

[118] Vgl. die umfassende Darstellung bei Holzapfel/Pöllath/*Horcher* Rz. 1865 ff.

[119] BGH v. 25.2.1982 – II ZR 174/80, NJW 1982, 1703 *(Holzmüller)*.

[120] So auch Triebel/*Habetha,* Mergers & Acquisitions, 2004, Rz. 924 ff.; *Wolf* ZIP 2002, 153; *Roth* NZG 2003, 998; vgl. auch BVerfG v. 23.8.2000 – 1 BvR 68/95, 147/97, ZIP 2000, 1670 *(Moto Meter);* die Konstruktion nach Einführung der §§ 327a ff. AktG ablehnend: *Wilhelm/Dreier* ZIP 2003, 1369.

[121] Ausführlich zum übernahmerechtlichen Squeeze-out: *König/Wilken/Felke* Praxis des Übernahmerechts, Rz. 638 ff.; Angerer/Geibel/Süßmann/*Süßmann* WpHG §§ 39a, 39b.

[122] LG Frankfurt a. M. v. 5.8.2008 – 3 – 5 O 15/08, AG 2008, 780 (781 f.).

[123] Vgl. auch *Rogall* DStR 2003, 750 zu den steuerlichen Einflussfaktoren beim Kapitalgesellschaftskauf unter Berücksichtigung der jeweiligen Parteieninteressen.

kommen. Ein **Asset Deal** kommt insbes. dann in Betracht, wenn nicht alles veräußert bzw. übernommen werden soll (beispielsweise nur ein Betriebsteil steht zum Verkauf oder der Erwerber ist nicht bereit, (alle) Schulden zu übernehmen). Aus steuerlicher Sicht kann ein Asset Deal auch von Bedeutung sein, sofern das veräußernde Unternehmen über körperschaft- und/oder gewerbesteuerliche Verlustvorträge verfügt. Denn in diesem Fall können die Veräußerungsgewinne unter Berücksichtigung der Regelungen über die Mindestbesteuerung (vgl. §§ 8c, 8d KStG, § 10d EStG, § 10a GewStG) geringe oder keine Ertragsteuern auslösen. Der **Erwerber** kann die Anschaffungskosten – soweit es sich um abnutzbare Wirtschaftsgüter handelt – steuerlich abschreiben. Hingegen spricht für einen **Share Deal,** dass der Veräußerungsgewinn entweder zu 95 vH körperschaft- und gewerbesteuerfrei ist, sofern der **Veräußerer** unmittelbar oder über eine Personengesellschaft eine Kapitalgesellschaft ist (§§ 8b Abs. 2, 3 KStG, 7 Satz 4 aE GewStG). Ist der Veräußerer eine natürliche Person und hält er die zu veräußernden Geschäftsanteile **im Privatvermögen,** so unterliegt der Veräußerungsgewinn, sofern die Geschäftsanteile nach dem 31.12.2008 vom Veräußerer erworben wurden und er weniger als 1 vH an der Kapitalgesellschaft hält, der Abgeltungssteuer (25 vH zzgl. Solidaritätszuschlag, §§ 20 Abs. 2 Nr. 1, 32d EStG, 52a Abs. 10 S. 1 EStG 2009). War der Veräußerer innerhalb der letzten 5 Jahre unmittelbar oder mittelbar zu mindestens 1 vH an dem Kapital der Gesellschaft beteiligt, so unterliegt der Veräußerungsgewinn dem Teileinkünfteverfahren mdF., dass 40 vH des Veräußerungsgewinns steuerfrei bleibt (§§ 17, 3 Nr. 40 Buchst. c, 3c Abs. 2 EStG). Wurden die zu veräußernden Geschäftsanteile vor dem 1.1.2009 erworben und hält der Veräußerer weniger als 1 vH an der Kapitalgesellschaft, können diese Geschäftsanteile steuerfrei veräußert werden (§§ 23 Abs. 1 Nr. 2 EStG, 52a Abs. 11 S. 4 EStG 2009). Hält der Veräußerer die Geschäftsanteile **im Betriebsvermögen,** so unterliegt der Veräußerungsgewinn unabhängig vom Zeitpunkt des Erwerbs der Geschäftsanteile und der Beteiligungshöhe stets dem Teileinkünfteverfahren (§§ 3 Nr. 40 Buchst. a, 3c Abs. 2 EStG) und der Gewerbesteuer.

54 Handelt es sich hingegen um den Verkauf einer **Personengesellschaft,** so kommt eine Differenzierung zwischen Share und Asset Deal aus steuerlicher Sicht nur dann in Betracht, wenn entweder gewerbesteuerliche Verlustvorträge bestehen oder **§ 7 Satz 2 GewStG** nicht zum Tragen kommt. Im ersteren Fall ist ein Asset Deal insoweit vorteilhaft, als der Veräußerungsgewinn gegen die Verlustvorträge läuft und somit dieser noch genutzt werden kann. In diesem Fall kann ein Asset Deal steuerlich vorteilhaft sein, da beim Gesellschafterwechsel der Verlustvortrag insoweit, als er auf den veräußernden Gesellschafter entfällt, nicht übergeht (vgl. § 10a GewStG). Im letzteren Fall, in dem § 7 Satz 2 GewStG nicht zum Tragen kommt, weil an der Personengesellschaft nur natürliche Personen beteiligt sind, unterliegt der Share Deal nicht der Gewerbesteuer.

55 *(frei)*

56 **(6) Kaufvertragsabschluss und Vorvereinbarungen.** Im weiteren Verlauf der auf der grundsätzlichen Entscheidung aufbauenden Verhandlung über den Kauf des Unternehmens vereinbaren die Parteien schließlich einen Kaufvertrag, in dem im Wesentlichen die Frage des Vertragsgegenstandes (Assets oder Shares), der Kaufpreis, der Übergangszeitpunkt, die übergehenden Rechtsverhältnisse sowie Haftungs- und Gewährleistungsfragen zu klären sind. Gerade bei sich abzeichnenden langwierigen Vertragsverhandlungen oder präaquisitorischer Maßnahmen (bspw. Gründung eines Käufervehikels) kann die Vereinbarung eines Vorvertrages[124] oder eines sog. Memorandum of Understanding (sog. Punktation) von Bedeutung sein, um einen bestimmten Vertragsinhaltsteil oder einzelne Verhandlungszwischenergebnisse vorab zu fixieren, die zur Grundlage eines späteren Vertrages gemacht werden. Für den Fall der Punktation

[124] Dazu Palandt/*Ellenberger* Einf vor § 145 Rz. 19.

ist darauf zu achten, schriftlich explizit festzuhalten, ob und in welchem Umfang die fixierten Einzelheiten oder Zwischenergebnisse für die Parteien rechtlich bindend sein sollen, da im Zweifel allein die schriftliche Niederlegung einzelner potentiell vertragserheblicher Punkte ohne Rechtsbindungswillen in Bezug auf den späteren Vertrag geschieht.[125]

(a) Formerfordernisse. Sowohl der Kaufvertragsabschluss wie auch das Übertragungsgeschäft können formbedürftig sein. Die Formbedürftigkeit erstreckt sich stets auf das jeweilige schuldrechtliche oder dingliche Geschäft im Ganzen, soweit nach dem Willen der Parteien der formbedürftige Teil des Geschäfts und die übrigen vertraglichen Abreden rechtlich voneinander abhängig gestaltet sind, sie also miteinander stehen und fallen sollen.[126] In der Praxis werden schuldrechtliches und dingliches Geschäft in der Regel in einem einheitlichen Vertragswerk zusammengefasst (sog. Kauf- und Übertragungsvertrag). Das Vertragswerk beinhaltet die beiden Einzelgeschäfte „Kauf" und „Übertragung" und verquickt sie so miteinander, dass ein einheitliches Geschäft angenommen wird. Von dieser Einheitlichkeit können auch weitere Verträge erfasst werden, was gerade in den Fällen in Betracht kommt, in denen bspw. Sonderbetriebsvermögen der zu übertragenden Personengesellschaft (zB Betriebsgrundstück im Eigentum des Verkäufers) besteht oder eine Betriebsaufspaltung vorliegt. Auch schuldrechtliche Verträge, die lediglich die Nutzungsverhältnisse an den durch den Verkäufer zurückbehaltenen Wirtschaftsgütern regeln, die jedoch Teil des Gesamtkomplexes „Unternehmensübertragung" sind, gehören zum einheitlichen Vertragswerk und werden von einem in Betracht kommenden Formerfordernis ebenfalls erfasst. 57

Ein **Asset Deal** bedarf grundsätzlich nicht einer bestimmten Form.[127] Das Verpflichtungsgeschäft, d. h. der Kaufvertrag bedarf jedoch dann der notariellen Beurkundung, wenn zum verkauften Unternehmen solche Vermögenswerte gehören, für deren Verkauf oder Verfügung das Gesetz die notarielle Beurkundung vorschreibt (§§ 311b BGB, 11 ErbbauRG, 15 GmbHG). Der Asset Deal stellt den typischen Fall eines **einheitlichen Vertrags** dar, weshalb die Vertragsparteien ihn aus Gründen der Rechtssicherheit generell in notariell beurkundeter Form abschließen sollten, sobald ein Grundstück bzw. Erbbaurecht Vertragsbestandteil sein soll.[128] Die künstliche Aufspaltung eines von den Parteien eigentlich einheitlich gewollten Unternehmenskaufs in einen formbedürftigen Grundstückskaufvertragsteil und einen formlosen privatschriftlichen übrigen Vertragsteil führt zur Nichtigkeit des Gesamtvertrages (§§ 125 Satz 1, 139 BGB).[129] Bei Grundstücksgeschäften besteht jedoch die Möglichkeit der Heilung ex nunc durch wirksame, insbes. ihrerseits formbedürftige Auflassung (§§ 873, 925 BGB) und Eintragung des Eigentümerwechsels im Grundbuch (§§ 311b Abs. 1 Satz 2 BGB, 11 Abs. 2 ErbbauRG). Die Heilungswirkung erfasst das gesamte (einheitliche) Verpflichtungsgeschäft, einschließlich aller Nebenabreden, Änderungen etc.[130] 58

Im Fall des **Share Deals** bedarf sowohl die Verpflichtung zur Übertragung des Geschäftsanteils an einer GmbH als auch die Übertragung selbst (Verfügungsgeschäft) stets der notariellen Beurkundung (§ 15 Abs. 3, 4 GmbHG).[131] Fehlt diese, ist das zugrunde 59

---

[125] Palandt/*Ellenberger* BGB § 154 Rz. 1; Hölters/*Semler* Teil 7 Rz. 7.27 mwN.

[126] BGH v. 24.9.1987 – VII ZR 306/86, DB 1987, 2455; BGH v. 7.12.1989 – VII ZR 343/88, NJW-RR 1990, 340; BGH v. 14.7.1994 – IX ZR 110/93, NJW 1994, 2885; BGH v. 12.2.2009 – VII ZR 230/07, NJW-RR 2009, 953.

[127] Statt aller zuletzt *Werner* GmbHR 2008, 1135 (1136).

[128] Vgl. nur Holzapfel/Pöllath/*Engelhardt/v.*Maltzahn Rz. 1137.

[129] *Ettinger/Jaques* Teil D Rz. 62 f.

[130] BGH v. 2.11.1973 – V ZR 201/71, NJW 1974, 136; *Ettinger/Jaques* Teil D Rz. 64; *Rödder/Hötzel/Mueller-Thuns* § 5 Rz. 4 mwN.

[131] Für die Übertragung eines Geschäftsanteils vor Eintragung der GmbH in das Handelsregister vgl. BGH v. 13.12.2004 – II ZR 409/02, NZG 2005, 263: Übertragung ist in diesem Fall nur durch notariell beurkundete Änderung des Gesellschaftsvertrags möglich.

liegende Geschäft nichtig (§ 125 BGB).[132] Zu beachten ist die Heilungsvorschrift des § 15 Abs. 4 Satz 2 GmbHG, wonach die unterlassene Beurkundung des Verpflichtungsgeschäfts durch die vorgenommene Beurkundung des Verfügungsgeschäfts geheilt wird. Diese Grundsätze gelten auch für die Übertragung des GmbH-Anteils einer GmbH & Co. KG, wohingegen die Übertragung ausschließlich der Kommanditanteile der KG (ohne Komplementär GmbH-Geschäftsanteil), wie auch sonst alle Personengesellschaftsbeteiligungen grundsätzlich formlos durch Abtretung übertragen werden können.[133] Auch der Kauf- und Übertragungsvertrag über Aktien einer AG oder KGaA bedarf keiner notariellen Form.

60 Eine Beurkundungspflicht kann sich in diesen Fällen jedoch stets dann ergeben, wenn zugleich mit den formfreien Vertragsbestandteilen aufgrund eines untrennbaren, einheitlichen Vertragswillens der Parteien, auch die Verpflichtung zur Übertragung von solchen Wirtschaftsgütern vorgesehen ist, für deren Verkauf bzw. Übertragung die Beurkundung gesetzlich vorgeschrieben ist. In einem solchen Fall erstreckt sich die Beurkundungspflicht hinsichtlich des einheitlichen Verpflichtungsgeschäfts wegen der Rechtsfolge des § 139 BGB auf den gesamten Vertrag.[134]

61 Sowohl im Rahmen des Asset[135] als auch im Rahmen des Share Deals[136] kann es dazu kommen, dass der Verkäufer durch den Unternehmensverkauf sich seines gesamten derzeitigen[137] Vermögens entledigt **(Gesamtvermögensübertragung).** Der Verkauf des Gesamtvermögens unterfällt grundsätzlich der Beurkundungspflicht gemäß § 311b Abs. 3 BGB, wobei der Begriff des Gesamtvermögens sich insoweit lediglich auf das Aktivvermögen bezieht.[138] Es ist zu beachten, dass für diesen wirtschaftlich schwerwiegenden Fall keine Heilungsmöglichkeit durch den späteren Vollzug vorgesehen ist. Von dem Grundsatz der Beurkundungspflicht sind zwei Ausnahmen anerkannt: (1) Die Beurkundung ist dann nicht erforderlich, wenn das verkaufte Vermögen im Einzelnen oder durch deutliche Sammelbezeichnungen dezidiert im Kaufvertrag oder seine in Bezug genommenen Anlagen aufgeführt ist und der Verkäufer – gleich ob Einzelkaufmann, Personen- oder Kapitalgesellschaft – daher sich über die Konsequenzen seines Handelns im Klaren sein muss; insoweit ist eine Schutzbedürftigkeit des Verkäufers nicht geboten; dies gilt auch dann, wenn das verkaufte Vermögen im Wesentlichen das Gesamtvermögen des Verkäufers darstellt. (2) Die Beurkundung ist ferner auch dann nicht erforderlich, wenn ein Einzelkaufmann oder eine Personengesellschaft ihr Unternehmen veräußern, da insoweit nach einhelliger Meinung der Einzelkaufmann lediglich ein Sondervermögen, die Personengesellschaft ein gesamthänderisch gebundenes Teilvermögen der Gesellschafter veräußert. Danach bleibt für § 311b Abs. 3 BGB nur insoweit ein Anwendungsbereich, als eine Kapitalgesellschaft ihr Unternehmen verkauft.[139]

62 **Beurkundungen im Ausland** sind nur mit erheblicher Vorsicht geeignet, den inländischen Anforderungen Genüge zu tun; erforderlich ist die „Gleichwertigkeit" der Beurkundung durch einen ausländischen Notar im Vergleich zu einem deutschen Notar.[140]

---

[132] *Roth/Altmeppen* GmbHG § 15 Rz. 83.

[133] Vgl. nur *Rödder/Hötzel/Mueller-Thuns* § 5 Rz. 11, 18 mwN sowie *Roth/Altmeppen* GmbHG § 15 Rz. 96.

[134] BGH v. 14.4.1986 – II ZR 155/85, DNotZ 1986, 687 (688).

[135] Ausführlich dazu: *Werner* GmbHR 2008, 1135.

[136] Bsp.: Eine veräußernde, reine Holding-Gesellschaft überträgt ihr einziges Vermögen, eine andere Gesellschaftsbeteiligung.

[137] Die Verpflichtung zur Übertragung zukünftigen Vermögens ist nichtig (§ 311b Abs. 2 BGB).

[138] Vgl. nur MüKoBGB/*Krüger* BGB § 311b Rz. 103; Palandt/*Grüneberg* BGB § 311b Rz. 66 mwN.

[139] Eine solche Beurkundungspflicht als „blanken Formalismus" zurückweisend: *Kiem* NJW 2006, 2363 (2367).

[140] Vgl. bspw. BGH v. 16.2.1981 – II ZB 8/80, NJW 1981, 1160 (Beurkundung durch Zürcher Urkundsbeamten genügt); vgl. aber einschränkend *Goette* DStR 1996, 709; den BGH für überholt betrachtend: LG Augsburg v. 4.6.1996 – 2 HK T 2093/96, BB 1998, 120; für Baseler Notar: OLG München v. 19.11.1997 – 7 U 251 1– 97, NJW-RR 1998, 758; für österreichischen Notar: LG Kiel v. 25.4.1997 – 3 T 143/97, BB 1998, 120; gegen *US notary public:* OLG Stuttgart v. 17.5.2000 – 20 U 68/99, GmbHR 2000, 724; siehe auch Nachweise bei Palandt/*Thorn* EGBGB § 11 Rz. 7 ff. Siehe jüngst zur Einreichung einer durch einen Basler Notar unterzeichneten Gesell-

Für die Beraterpraxis kann nur empfohlen werden, von einer Auslandsbeurkundung für gesellschafts- oder umwandlungsrechtliche Vorgänge im Inland abzusehen, zumal die inländischen Notarkosten seit dem 1. Juli 2004 durch die Begrenzung des Geschäftswerts auf maximal 60 Mio. € (§ 35 Abs. 2 GNotKG) der Höhe nach begrenzt sind.[141] Die Auflassung eines inländischen Grundstücks kann nur vor einem deutschen Notar erklärt werden.[142]

(frei) 63–65

(b) Zustimmungserfordernisse. Je nach Hintergrund, Gesellschaftsform und Inhalt des Gesellschaftsvertrages bedarf die Übertragung der Gesellschaftsanteile oder des Vermögens uU der formbedürftigen Zustimmung eines Gesellschaftsgremiums oder eines Dritten. 66

Rein begrifflich erfasst die Zustimmung sowohl die im Vorfeld erteilte Einwilligung als auch die nachträgliche Genehmigung (§§ 183, 184 BGB). Wegen der grundsätzlichen Widerruflichkeit der Einwilligung gemäß § 183 BGB und der Rückwirkung der Genehmigung gemäß § 184 BGB wird in der Praxis in der Regel der Weg über die Genehmigung gewählt und der Vertragsschluss unter die aufschiebende Bedingung ihrer Erteilung gestellt oder die Widerruflichkeit der Einwilligung im Rahmen einer dreiseitigen Vereinbarung zwischen Käufer, Verkäufer und zustimmender Stelle ausgeschlossen. 67

(aa) Gesellschaftsrechtliche Zustimmungserfordernisse. Für den Käufer sind in der Regel im Gesellschaftsvertrag niedergelegte sog. Organ- oder Gremienvorbehalte des Verkäufers unbeachtlich, die lediglich im Innenverhältnis des handelnden Organs zur Gesellschaft wirken und die dessen organschaftliche Vertretungsmacht grundsätzlich nicht beschränken. Etwas anderes gilt nur dann, wenn die Vertragsparteien ihre Vereinbarungen ausdrücklich unter die aufschiebende Bedingung (§ 158 Abs. 1 BGB) der entsprechenden Zustimmung stellen.[143] 68

Im Fall des Verkaufs des Unternehmens einer **oHG, KG oder Kapitalgesellschaft & Co. KG** im Wege des **Asset Deals** ist zu beachten, dass in der Regel jeder persönlich haftende Gesellschafter organschaftlich zur Vertretung der Gesellschaft gesetzlich ermächtigt ist (§§ 125 Abs. 1, 161 Abs. 2 HGB). Diese Vertretungsmacht ist im Außenverhältnis, also gegenüber dem Käufer, zwar unbeschränkt und unbeschränkbar (§ 126 HGB). Von dieser Vertretungsmacht nicht erfasst sind jedoch die sog. Grundlagengeschäfte, die allen Gesellschaftern vorbehalten sind.[144] Gemeint sind sämtliche Rechtsakte, die das gesellschaftsrechtliche Verhältnis der Gesellschafter zur Gesellschaft oder der Gesellschafter wechselseitig betreffen. Eine Unternehmensveräußerung bedeutet – unabhängig von der Fortführung der Firma[145] – eine Änderung des Unternehmensgegenstandes, die aber gerade ein solches Grundlagengeschäft darstellt, weshalb die – vorbehaltlich abweichender Bestimmungen im Gesellschaftsvertrag (§ 119 HGB) – einstimmige Zustimmung der übrigen Gesellschafter, auch der nur beschränkt haftenden Kommanditisten, erforderlich ist.[146] Soweit der Gesellschaftsvertrag nichts Abweichendes beinhaltet, bedarf auch die Veräußerung der Firma (§ 23 HGB) der ausdrücklichen[147] Zustimmung aller Gesellschafter.[148] Fehlt es an der erforderlichen 69

---

schafterliste BGH v. 17.12.2013 – II ZB 6/13, NZG 2014, 219. Zu Beurkundungen in der Schweiz siehe *Müller* NJW 2014, 1994 ff.

[141] Vgl. auch in die Thematik näher einführend: *Dignas* GmbHR 2005, 139 (zum GmbH-Recht); sehr restriktiv *Großfeld/Berndt* RIW 1996, 625 mwN.

[142] Palandt/*Thorn* EGBGB § 11 Rz. 9.

[143] *Rödder/Hötzel/Mueller-Thuns* § 6 Rz. 16, 35 f. mwN.

[144] Statt aller: *Rödder/Hötzel/Mueller-Thuns* § 6 Rz. 2 mwN.

[145] *Rödder/Hötzel/Mueller-Thuns* § 6 Rz. 3 mwN.

[146] BGH v. 9.1.1995 – II ZR 24/94, NJW 1995, 596: aus § 179a Abs. 1 Satz 1 AktG ergibt sich insoweit ein allgemeiner Rechtsgrundsatz.

[147] Vgl. BGH v. 27.4.1994 – VIII ZR 34/93, DB 1994, 1614: Allein aus der Übertragung des Handelsgeschäfts kann nicht auf die inzidente Zustimmung zur Übertragung auch der Firma geschlossen werden.

[148] *Rödder/Hötzel/Mueller-Thuns* § 6 Rz. 8 mwN; aA Hölters/*Semler* Teil 7 Rz. 7.89.

Zustimmung und ist das Geschäft vollzogen, ist zu beachten, dass der schuldrechtliche Vertrag schwebend unwirksam, die Verfügung dagegen vollwirksam ist, weshalb vorgenommene Übertragungen gemäß §§ 812ff. BGB rückabzuwickeln sind, sofern die Gesellschafter den schuldrechtlichen Vertrag nicht doch genehmigen.

70 Ähnlich verhält es sich bei der **AG, KGaA** sowie bei der **GmbH.** Verpflichtet sich die Gesellschaft zur Übertragung ihres Gesamtvermögens oder jedenfalls eines solchen wesentlichen Vermögensteils, dass mit dem verbleibenden Rest das Unternehmen entweder nicht weiterverfolgt werden kann (§ 179a Abs. 1 Satz 1 AktG) oder jedenfalls ein so wichtiger Vorgang vorliegt, dass der Vorstand vernünftigerweise annehmen musste, nur mit Zustimmung der 75%-Mehrheit der Aktionäre handeln zu dürfen,[149] so bedarf dieser schuldrechtliche Vertrag der Zustimmung durch Beschluss der Hauptversammlung[150] mit Dreiviertel-Mehrheit (§§ 179 Abs. 2 AktG bzw. 53 Abs. 2 GmbHG), sofern die Satzung keine höhere Kapitalmehrheit bestimmt.[151] Umstritten ist, ob auch der Erwerb von Unternehmen mit wesentlichen wirtschaftlichen Auswirkungen für das übernehmende Unternehmen ein solches Zustimmungserfordernis auslösen kann.[152] Vor dem Hintergrund des gebotenen Schutzes der Gesellschafter des übernehmenden Unternehmens ist diese Frage nach diesseitiger Auffassung zu bejahen,[153] sofern in entsprechender Anwendung der „Gelatine"-Rechtsprechung[154] eine Beteiligung sachgerecht erscheint.

71 Wird diese Zustimmung versagt oder nicht eingeholt, bleibt es bei der Wirksamkeit sowohl des Kauf- als auch des Übertragungsvertrages. Den Aktionären steht jedoch ein Anspruch auf Unterlassung (vor Vollzug der Verträge) oder auf Wiederherstellung des ursprünglichen Zustands (nach Vollzug) zu. Ist der Zustand nicht wiederherzustellen, besteht eine Schadenersatzverpflichtung zu Lasten des handelnden Vorstands. Anders als bei der Personengesellschaft bedarf jedoch die Veräußerung der Firma nicht der Zustimmung der Aktionäre.[155]

72 Handelt es sich um einen **Share Deal,** ergeben sich ebenfalls bestimmte Zustimmungserfordernisse. Soll nämlich bei einer **KGaA** die Vermögenseinlage (Kapitalanteil) des Komplementärs übertragen werden, bedarf dies der Satzungsänderung und damit – gleichsam mittelbar – der Zustimmung der Hauptversammlung, sofern die Satzung nichts anderes bestimmt.[156] Im Hinblick auf die Übertragung der Namensaktien einer **AG** oder **KGaA** ist zu beachten, dass gemäß § 68 Abs. 2 AktG die Übertragung von der Zustimmung des Vorstands, des Aufsichtsrats oder der Hauptver-

---

[149] BGH v. 25.2.1982 – II ZR 174/80, NJW 1982, 1703 *(Holzmüller);* BGH v. 26.4.2004 – II ZR 155/02, ZIP 2004, 993 (Gelatine I); BGH v. 26.4.2004 – II ZR 154/02, ZIP 2004, 1001 *(Gelatine II):* rechtsgeschäftliche Verpflichtungen, soweit sie 80% des Ertragswertes eines Unternehmens ausmachen; Übersicht zur Diskussion, wann solche ungeschriebenen Zustimmungserfordernisse angenommen werden können: *Habersack* AG 2005, 137; *Reichert* AG 2005, 150; *Hofmeister* NZG 2008, 47 und *Feldhaus* BB 2009, 562.

[150] Zum Inhalt der Einladung vgl. LG Frankfurt a. M. v. 11.1.2005 – 3 – 5 O 106/04, ZIP 2005, 579; gem. § 124 Abs. 2 Satz 2 AktG ist in der Einladung der wesentliche Inhalt des Unternehmenskaufvertrags bekannt zu machen, wobei auch konkrete Angaben zum Kaufpreis zu machen sind.

[151] BGH v. 25.2.1982 – II ZR 174/80, NJW 1982, 1703 *(Holzmüller);* OLG Celle v. 7.3.2001 – 9 U 137/00, ZIP 2001, 613 (Holding veräußert einzige Beteiligung); *Rödder/Hötzel/Mueller-Thuns* § 6 Rz. 11 mwN; vgl. auch BGH v. 15.1.2001 – II ZR 124/99, NJW 2001, 1277 *(Altana/Milupa):* Den Aktionären ist Einsicht in den Kaufvertrag zu gewähren.

[152] Zum Streitstand: *Beisel/Klumpp* § 8 Rz. 82; *Kiefner* ZIP 2011, 545; *Priester* AG 2011, 654; *Hofmeister* NZG 2008, 47 (50ff.); Annahme eines Zustimmungserfordernisses, ebenso: LG Stuttgart v. 8.11.1991 – 2 KfH 0135/91, AG 1992, 236 (237f.); aA *Reichert* AG 2005, 150 (156); gegen die Annahme eines Zustimmungserfordernisses, wenn der Erwerb von Unternehmen im satzungsmäßigen Unternehmensgegenstand umfasst ist: OLG Frankfurt a. M. v. 7.12.2010 – 5 U 29/10, NZG 2011, 62.

[153] Nach dem Kauf des Mannesmann-Konzerns nahm die Vodafone-Muttergesellschaft bei Mannesmann eine Teilwertabschreibung in Höhe von rd. 25% des Gesamtkaufpreises vor. Derartige Wertentwicklungen belasten Aktienkurse erheblich. Auch die Deutsche Telekom, die im Jahr 2001 € 40 Mio. für den relativ kleinen US-Anbieter Voicestream bezahlte, musste zwei Jahre später fast € 20 Mio. darauf abschreiben, woraufhin die Telekom-Aktie unter erheblichen Druck geriet, vgl. www.welt.de vom 8.6.2004.

[154] BGH v. 26.4.2004 – II ZR 154/02 und II ZR 155/02, NJW 2004, 1860.

[155] *Rödder/Hötzel/Mueller-Thuns* § 6 Rz. 14 mwN.

[156] Bürgers/Fett/*Reger* § 5 Rz. 324 mwN; *Rödder/Hötzel/Mueller-Thuns* § 4 Rz. 60 mwN.

sammlung durch Satzungsbestimmung abhängig gemacht werden kann (Vinkulierung). Entsprechendes gilt für die Übertragung eines **GmbH**-Anteils (§ 15 Abs. 5 GmbHG). Wird die Zustimmung versagt oder nicht eingeholt, bleibt es bei der Wirksamkeit des schuldrechtlichen Geschäfts, während die dingliche Übertragung unwirksam ist.[157] Es handelt sich um einen sog. Rechtsverschaffungsmangel. Im Fall einer GmbH besteht jedoch ein erhöhter Gestaltungsspielraum hinsichtlich der gesellschaftsvertraglichen Bestimmung. Möglich sind Formulierungen, wonach die Übertragung von der Zustimmung der Gesellschaft, der Gesellschafter, der Gesellschafterversammlung mit einfacher oder qualifizierter Mehrheit, der Geschäftsführung, des Beirats oder des Aufsichtsrats abhängt. Für die **Personengesellschaft** ist die Übertragung eines Gesellschaftsanteils stets ein Grundlagengeschäft, das der Zustimmung der übrigen Gesellschafter bedarf. Der Gesellschaftsvertrag kann hinsichtlich des Procederes (bspw. Mehrheitserfordernis) Abweichendes vorsehen oder das Zustimmungserfordernis ganz oder unter bestimmten Bedingungen ausschließen.

(frei) **73, 74**

(bb) Sonstige Zustimmungs- und Mitwirkungserfordernisse. Bei verheirateten Vertragspartnern sind insbes. auch dessen Güterstandsvereinbarungen zu prüfen, aus denen sich besondere Zustimmungserfordernisse des jeweiligen **Ehegatten** ergeben können (§§ 1419, 1365 BGB). **75**

Beachtlich kann weiterhin auch die notwendige Zustimmung einer Aufsichtsbehörde, wie bspw. der deutschen Kartellbehörden (dazu sogleich) oder eines Vormundschaftsgerichts, für den Fall der Übertragung eines Erwerbsgeschäfts auf ein **minderjähriges Kind** (§§ 1643 Abs. 1, 1822 Nr. 3 BGB), sein.[158] **76**

Die Regelungen der **deutschen Fusionskontrolle** greifen unter der Voraussetzung des Vorliegens der in den §§ 35, 37 GWB bestimmten Einzelheiten ein, nämlich dann, wenn übernehmendes (Käufer) und übernommenes Unternehmen (Kaufobjekt) weltweit zusammen mehr als € 500 Mio. und im Inland mindestens ein beteiligtes Unternehmen mehr als € 25 Mio. und ein anderes beteiligtes Unternehmen mehr als € 5 Mio. an Umsatzerlösen erzielt. Ausgenommen sind jedoch die Fälle, in denen ein unabhängiges Unternehmen übernommen wird, das weltweit weniger als € 10 Mio. Umsatzerlöse erzielt. Ein Zusammenschluss wird stets dann angenommen, wenn der Käufer das Unternehmensvermögen ganz oder im Wesentlichen übernimmt oder die mittelbare oder unmittelbare Kontrolle über die Gesamtheit oder über Teile eines oder mehrerer anderer Unternehmen erhält oder Anteile übernimmt, wodurch er nach Übernahme zusammen mit schon früher gehaltenen Anteilen insgesamt entweder zu 25 vH oder zu 50 vH beteiligt ist. **77**

Vor einem Vollzug eines solchen Zusammenschlusses, d. h. bereits bei hinreichender Konkretisierung des Zusammenschlusses und ohne dass das schuldrechtliche Verpflichtungsgeschäft abgeschlossen ist, ist die Fusion dem Bundeskartellamt (BKartA) anzumelden (§ 39 GWB). Bis das BKartA nach seiner Prüfung die Fusion freigibt, besteht ein Vollzugsverbot hinsichtlich des Kaufvertrags (§ 41 GWB). Erfolgt bis spätestens einen Monat nach vollständiger Anmeldung des Zusammenschlusses keine Mitteilung des BKartA hinsichtlich des Eintretens in das Hauptprüfverfahren, darf der Zusammenschluss vollzogen werden. Über das Ergebnis des Hauptprüfverfahrens hat das BKartA bis spätestens vier Monate nach vollständiger Anmeldung des Zusammenschlusses Mitteilung zu machen, in dem die Genehmigung oder Versagung des Zusammenschlusses erteilt wird. Bleibt diese Mitteilung aus, gilt der Zusammenschluss ebenfalls als freigegeben. Von dem in der Zwischenzeit bestehenden Vollzugsverbot kann das BKartA unter den in § 41 Abs. 2 GWB bestimmten Voraussetzungen Befrei- **78**

---

[157] Kölner Komm/*Lutter/Drygala* AktG § 68 Rz. 93; MHdB GesR IV/*Sailer-Coceani* § 14 Rz. 28 ff.

[158] Zu den Einzelheiten der Beteiligung von Minderjährigen im Gesellschaftsrecht und den dabei bestehenden Zustimmungsvoraussetzungen vgl. *Rust* DStR 2005, 1942 (1945 ff.) und 1992 sowie (für Kommanditbeteiligungen) *Bost* NJOZ 2012, 241; *Ivo* ZEV 2005, 193.

ungen aussprechen. Rechtsgeschäfte, die gegen dieses gesetzliche Verbot verstoßen, sind schwebend unwirksam (§ 41 Abs. 1 Satz 2 GWB) und stellen zudem eine Ordnungswidrigkeit dar (§ 81 GWB).[159]

79 Vorrang vor dieser deutschen Kontrolle genießt jedoch die **europäische Fusionskontrolle** nach Maßgabe der FKVO.[160] Aufgrund der für ein Eingreifen der FKVO vorausgesetzten Größenkriterien (€ 5 Mrd. oder 2,5 Mrd. weltweiter Gesamtumsatz, Art. 1 Abs. 2 und 3 FKVO) soll hier jedoch auf eine umfassende Darstellung der europäischen Fusionskontrolle nicht zuletzt aus Gründen des Umfangs des Beitrags verzichtet werden.[161]

80 Weiterhin ist zu beachten, dass Betriebsveräußerungen (Asset oder Share Deal) nach hM unter die in der beschränkten Generalklausel des § 106 Abs. 3 Nr. 10 BetrVG genannten „sonstige Vorgänge und Vorhaben, welche die Interessen der Arbeitnehmer des Unternehmens wesentlich berühren können" fallen. Daher ist – soweit solche bestehen – der **Wirtschaftsausschuss** und der **Sprecherausschuss** (§ 32 Abs. 1 SprAuG iVm. § 106 Abs. 3 Nr. 10 BetrVG)[162] sowohl des Verkäufers als auch des Erwerbers und – im Fall des Share Deals – der Zielgesellschaft nach § 106 Abs. 2 BetrVG zu informieren. Die Unterrichtung muss rechtzeitig, d.h. vor der Entscheidung über den Betriebsübergang, und umfassend, d.h. unter Vorlage aller erforderlicher Unterlagen, erfolgen.[163] Die Beteiligung des jeweiligen **Betriebsrats** ist solange nicht notwendig, als es zu keiner Betriebsänderung kommt (§ 111 BetrVG); dies gilt entsprechend für die über eine Benachrichtigung hinausgehende Beteiligung eines etwaigen Sprecherausschusses (§ 32 Abs. 2 SprAuG). Auch der Betriebsübergang (Asset Deal) stellt für sich alleine noch keine Betriebsänderung dar, wohl aber die Betriebsteilveräußerung (Betriebsspaltung).[164]

81 *(frei)*

82 **cc) Implementierungsphase.** In der 3. Phase, der Implementierungsphase, wird der Kaufvertrag letztlich geschlossen und das Unternehmen verkauft und übertragen, d.h. der Vertragsgegenstand (Gesellschaftsanteile bzw. Assets) letztlich geliefert.

83 **(1) Übergangsstichtag/Closing.** Als **Übergangsstichtag** wird der Zeitpunkt bezeichnet, zu dem die mit dem Unternehmenskaufvertrag bezeichnete schuldrechtliche und wirtschaftliche Wirkung eintritt und die mit dem Unternehmen verbundenen Chancen und Risiken vom Verkäufer auf den Käufer übergehen. Der Übergangsstichtag dient als zeitlicher Schnittpunkt für die Abgrenzung der Rechtsbeziehung und Interessen und damit der Risikosphären zwischen Verkäufer und Käufer.

84 Ob es sich anstelle eines zuvor definierten Übergangsstichtag empfiehlt, im Kaufvertrag die Verpflichtung zu einem sog. **Closing** aufzunehmen, ist stets eine Entscheidung des Einzelfalls. In aller Regel bietet sich die Vereinbarung eines Closings an, wenn zuvor noch die Vertragsparteien bestimmte Maßnahmen zu ergreifen haben (bspw. konzerninterne Umstrukturierungen, die Aufstellung eines Jahresabschlusses) oder noch der Eintritt bestimmter Bedingungen (bspw. gesellschafts- oder kartellrechtliche Zustimmungen) abzuwarten ist.[165] Ohne den Automatismus, den ein zuvor definierter Übergangsstichtag mit sich bringt, behalten die Vertragsparteien die weitere Abwicklung des Vertrags – insbesondere auch für den Fall, dass bestimmte Erwartungen nicht erfüllt werden – in der Hand. Im Rahmen des Closings bestätigen sich die

[159] Vgl. nur *Rödder/Hötzel/Mueller-Thuns* § 18 Rz. 88 mwN; umfassend auch Hölters/*Sedemund* Teil 6, jeweils mwN.

[160] Fusionskontrollverordnung, Verordnung (EG) Nr. 139/2004 v. 20.1.2004.

[161] Vgl. aber die Darstellung bei *Rödder/Hötzel/Mueller-Thuns* § 18 und 19 und Hölters/*Sedemund* Teil 6 D, jeweils mwN.

[162] Hölters/*von Steinau-Steinrück/Thees* Teil 5 Rz. 5.5; Willemsen/Hohenstatt/*Schweibert/Seibt* Teil C Rz. 485, 491; BAG v. 22.1.1991 – 1 ABR 38/89, DB 1991, 1176; für die Fälle des Share Deals aA: MHdb ArbR/*Joost* § 319 Rz. 27.

[163] Im Einzelnen Hölters/*von Steinau-Steinrück/Thees* Teil 5 Rz. 5.308 mwN.

[164] Im Einzelnen Hölters/*von Steinau-Steinrück/Thees* Teil 5 Rz. 5.309 ff. mwN.

[165] Ausführlich hierzu Holzapfel/Pöllath/*Engelhardt/Farkas* Rz. 1156 ff.

Parteien sodann, dass die jeweiligen Bedingungen eingetreten sind. Der Tag des Closings bestimmt in der Regel zugleich den Zeitpunkt des Übergangs des Unternehmens. Eine Rechtswirkung aus dem eigentlichen Closing lässt sich somit – vorbehaltlich besonderer individualvertraglicher Vereinbarungen – nicht herleiten.[166] Es dient vielmehr dazu, einheitlich Vertragsinhalte in deren Rechtswirkungen auszulösen. Ist die Vertragsvollziehung dagegen zeitlich exakt fixiert, bedarf es in aller Regel des Closings nicht.

(2) Mitteilungspflichten. Der Gesellschafterwechsel (Share Deal) einer **Personengesellschaft** ist zum Handelsregister anzumelden. Eine gesetzliche Verpflichtung dazu besteht zwar nicht, kann sich aber zum einen aus dem Kaufvertrag ergeben. Schließlich ist dies auch sinnvoll, um der Personengesellschaft gegenüber den Wechsel anzuzeigen und die Haftung der Vertragsparteien zu begrenzen (vgl. oben Rz. 44f.). 85

Für die **GmbH** ist zu beachten, dass im Fall der Veräußerung von Geschäftsanteilen nur der als Erwerber und damit als Gesellschafter gilt, der als solcher in der im Handelsregister aufgenommenen Gesellschafterliste eingetragen ist (§ 16 Abs. 1 Satz 1 GmbHG), so dass der Erwerber grundsätzlich (vgl. § 16 Abs. 1 Satz 2 GmbHG) erst nach dieser Eintragung seine Gesellschafterrechte ausüben kann (vgl. auch oben Rz. 42).[167] Erst im Folgenden kann der Erwerber somit die ggf. nach seiner Auffassung notwendigen weiteren Schritte einleiten, wie bspw. die bisherigen Geschäftsführer abberufen oder neue bestellen (§ 46 GmbHG) oder den Gesellschaftsvertrag abändern (§§ 53ff. GmbHG). 86

Beim Erwerb von Namensaktien einer **AG oder KGaA** gilt gemäß § 67 Abs. 2 AktG – analog der entsprechenden Regelung im GmbHG für die GmbH – nur der im Aktienregister Eingetragene im Verhältnis gegenüber der Gesellschaft als Aktionär; nur dieser ist befugt, die mitgliedschaftlichen Rechte als Aktionär auszuüben.[168] Erst nach seiner Eintragung im Aktienregister kann der Aktionär somit bspw. mittels eines entsprechenden Hauptversammlungsbeschlusses den Aufsichtsrat mit neuen Anteilseignervertretern besetzen (§§ 101, 103 AktG) oder dem Vorstand sein Vertrauen entziehen, damit der Aufsichtsrat diesen abberufen kann (§ 84 Abs. 3 AktG).[169] Die Eintragung ist jedoch nicht Wirksamkeitsvoraussetzung für die Übertragung der Aktie und heilt somit auch nicht Mängel der Übertragung.[170] Bei der Übertragung von Inhaberaktien findet § 67 Abs. 2 AktG keine Anwendung. 87

Beim Erwerb von Aktien einer AG oder KGaA ist im Übrigen zu unterscheiden, ob es sich um eine **börsennotierte Gesellschaft** handelt. Ist die Gesellschaft nicht börsennotiert, besteht eine Mitteilungspflicht der Erwerbers[171] gemäß § 20 Abs. 1 AktG gegenüber der erworbenen Gesellschaft, die den Erwerb wiederum gemäß § 20 Abs. 6 AktG in den Gesellschaftsblättern veröffentlichen muss, wenn diesem nach dem Erwerb mehr als 25% oder die Mehrheit der Aktien gehören; umgekehrt ist der Verkäufer seinerseits zur Mitteilung verpflichtet, wenn sein Aktienbesitz unter diese Beteiligungsgrenzen fällt (§ 20 Abs. 5 AktG). Wird die Mitteilungspflicht des Erwerbers nicht erfüllt, sanktioniert dies § 20 Abs. 7 Satz 1 AktG durch den temporären Verlust – abgesehen von der Ausnahme in Satz 2 der Norm – sämtlicher aus der Aktie folgenden Mitgliedschaftsrechte.[172] Versammelt der Gesellschafter sogar sämtliche Aktien 88

[166] Ebenso Holzapfel/Pöllath/*Engelhardt/v. Maltzahn* Rz. 1216.

[167] Vgl. nur *Roth/Altmeppen* GmbHG § 16 Rz. 6ff.

[168] *Hüffer/Koch* AktG § 67 Rz. 14 mwN; ausnahmsweise kann der Dividendenanspruch auch gesondert verbrieft sein (Coupon), so dass dieser Anspruch von der Aktie gelöst wird, vgl. dazu *Diekmann* BB 1999, 1985 und *Hüffer/Koch* AktG § 58 Rz. 29 mwN.

[169] Dazu: *Hüffer/Koch* AktG § 84 Rz. 37f. mwN.

[170] Statt aller *Hüffer/Koch* AktG § 67 Rz. 14 mwN.

[171] Entgegen dem Wortlaut des § 20 AktG trifft auch den Einzelkaufmann oder auch ausländische Erwerber die Mitteilungspflicht; vgl. *Hüffer/Koch* AktG § 20 Rz. 2 mwN.

[172] BGH v. 24.4.2006 – II ZR 30/05, DStR 2006, 1289; BGH v. 20.4.2009 – II ZR 148/07, DStR 2009, 1547, wonach sich der Rechtsverlust nicht auf die Anfechtungsbefugnis erstreckt.

einer AG in seiner Hand, muss (sanktionslos)[173] gemäß § 42 AktG eine entsprechende Mitteilung zum Handelsregister eingereicht werden.

89 Ist die Gesellschaft börsennotiert, bestehen weitere Publizitätspflichten. Bereits Kaufvertragsverhandlungen können sowohl bei der Zielgesellschaft als auch beim potentiellen Erwerber uU eine Ad-hoc-Publizitätspflicht gemäß § 15 WpHG auslösen; weitere besondere Mitteilungspflichten sieht das WpÜG vor.[174] Wer durch Erwerb, Veräußerung oder auf sonstige Weise 3 vH, 5 vH, 10 vH, 15 vH, 20 vH, 25 vH, 30 vH, 50 vH oder 75 vH der Stimmrechte an einer börsennotierten Gesellschaft erreicht, überschreitet oder unterschreitet (Meldepflichtiger), hat der Gesellschaft sowie der Bundesanstalt für Finanzdienstleistungen (BaFin) unverzüglich, spätestens innerhalb von vier Handelstagen, dies gemäß § 21 Abs. 1 WpHG schriftlich mitzuteilen. Solange diese Mitteilung unterbleibt, besteht die Sanktion des temporären Rechtsverlustes nach § 28 WpHG entsprechend der Regelung des § 20 Abs. 7 AktG (wie vor). Bei Überschreiten der Schwelle von 10 vH oder einer höheren Schwelle sind gemäß § 27a Abs. 1 WpHG zudem die mit dem Erwerb verfolgten Ziele sowie die Herkunft der für den Erwerb verwendeten Mittel innerhalb von 20 Handelstagen mitzuteilen. Daneben besteht – vorbehaltlich einer entsprechenden Befreiung durch die BaFin, § 29a WpHG – eine Veröffentlichungspflicht der Gesellschaft hinsichtlich dieser Tatsachen gemäß § 26 Abs. 1 Satz 1 (ggf. iVm. § 27a Abs. 2) WpHG innerhalb von drei Handelstagen nach Erhalt dieser Mitteilung.

90 Für den Fall, dass lediglich eine leere Kapitalgesellschafts-Hülse erworben wird (sog. **Mantelkauf**), ist – zur Vermeidung einer Unterbilanz- sowie einer Handelndenhaftung (analog § 11 Abs. 2 GmbHG) – vor der Aufnahme des Geschäftsbetriebs die „wirtschaftliche Neugründung" gegenüber dem Handelsregister anzumelden.[175] Das Gleiche gilt für den Erwerb einer GmbH, die lediglich gegründet wurde und bisher noch nicht am Geschäftsverkehr teilgenommen hat (sog. **Vorratsgesellschaft**).[176]

91 Im Rahmen des Asset Deals sind **arbeitsrechtliche Mitteilungspflichten** bezüglich des Betriebsübergangs (§ 613a BGB) zu berücksichtigen.[177] Da beim Share Deal die Identität des Arbeitgebers aufrechterhalten wird, findet § 613a BGB insoweit keine Anwendung.

92 Unterfällt der Unternehmenskauf (Share oder Asset Deal) schließlich der deutschen **Fusionskontrolle,** ist zu beachten, dass § 39 Abs. 6 GWB vorschreibt, dass der Vollzug des schuldrechtlichen Vertrags dem BKartA jedenfalls durch eines der beteiligten Unternehmen unverzüglich anzuzeigen ist.[178]

93 **(3) Postakquisitorische Besonderheiten.** Hat der Käufer durch den Unternehmenskauf die Kontrolle, dh. Stimmrechte von 30 vH oder mehr (§ 29 Abs. 2 WpÜG), über eine börsennotierte AG oder KGaA erhalten, hat er dies zunächst unter Angabe seines Stimmrechtsanteils unverzüglich, spätestens innerhalb von sieben Werktagen, zu veröffentlichen (§ 35 Abs. 1 WpÜG). Der Käufer hat sodann innerhalb von vier Wochen nach der Veröffentlichung der Erlangung der Kontrolle über das Kaufobjekt der BaFin eine Angebotsunterlage zu übermitteln und nach § 14 Abs. 2 Satz 1 WpÜG ein Übernahmeangebot hinsichtlich der übrigen Aktien des Kaufobjekts zu

---

173 *Hüffer/Koch* AktG § 42 Rz. 6: allenfalls Zwangsgeldverfahren (§ 14 HGB).

174 Vgl. dazu einführend *Brandi/Süssmann* AG 2004, 642 (651 ff.); *Renz/Rippel* BKR 2008, 309; umfassend auch zur Übernahme einer börsennotierten Gesellschaft mit anschließenden Folgeproblemen (insbes. Delisting): Triebel/*Habetha* Rz. 907 ff.

175 BGH v. 7.7.2003 – II ZB 4/02, NZG 2003, 972; BGH v. 6.3.2012 – II ZR 56/10, NZG 2012, 539; zur wirtschaftlichen Neugründung in der Liquidationsphase BGH v. 10.12.2013 – II ZR 53/12, NZG 2014, 264; *Heyer/Reichert-Clauß* NZG 2005, 193; *Wälzholz* NZG 2005, 203; *Wicke* NZG 2005, 409; *Heidenhain* NZG 2003, 1051; *K. Schmidt* NJW 2004, 1345; OLG Schleswig v. 27.5.2004 – 5 U 132/03, DStR 2004, 2021; OLG Hamburg v. 19.11.2004 – 11 U 45/0, ZIP 2004, 2431; OLG Jena v. 1.9.2004 – 4 U 37/04, NZG 2004, 1114.

176 BGH v. 9.12.2002 – II ZB 12/02, BB 2003, 324; OLG Schleswig v. 3.4.2003 – 5 U 168/01, GmbHR 2003, 1058; OLG Hamburg v. 19.11.2004 – 11 U 45/0, ZIP 2004, 2431; *Heyer/Reichert/Clauß* NZG 2005, 193.

177 Zu den Rechtsfolgen einer fehlenden oder fehlerhaften Unterrichtung vgl. nur *Gaul/Otto* DB 2005, 2465.

178 Umfassend dazu *Rödder/Hötzel/Mueller-Thuns* § 19 Rz. 89 mwN.

veröffentlichen (§ 35 Abs. 2 WpÜG). Die BaFin kann den Käufer jedoch unter gewissen Voraussetzungen auf dessen schriftlichen Antrag hin von der Abgabe eines solchen Pflichtangebots befreien (§§ 37 WpÜG iVm. 8ff. WpÜG-AngebotsVO).[179]

Erwirbt der Käufer nicht alle Aktien einer AG, aber mindestens 95% des Grundkapitals, so kann er die verbleibenden Aktien durch einen aktienrechtlichen Squeeze-out gem. §§ 327aff. AktG erwerben. Hält der Bieter nach einem Übernahme- oder Pflichtangebot mindestens 95 vH der Stimmrechte einer börsennotierten AG, hat er die Möglichkeit, die verbleibenden Aktien im Wege eines übernahmerechtlichen Squeeze-outs gem. §§ 39a, 39b WpÜG[180] zu erwerben (vgl. dazu oben Rz. 50). Nur bei einer AG und – soweit diese Regelungen auch auf Kommanditaktionäre anwendbar sind – einer KGaA, können Minderheitsaktionäre gegen ihren Willen aus der Gesellschaft herausgedrängt werden.[181] **94**

Vor allem betriebswirtschaftliche und steuerliche Gründen des Erwerbers werden dagegen im Vordergrund stehen, wenn dieser den Abschluss eines Unternehmensvertrags (§§ 290ff. AktG) und damit die Etablierung einer Organschaft (§ 14 KStG), eine Eingliederung (§ 320 AktG), Umwandlungsvorgänge (bspw. Verschmelzung des Kaufobjekts mit der Muttergesellschaft oder umgekehrt) oder ein Delisting initiiert. **95**

Die Übertragung eines Betriebs oder eines Betriebsteils nach § 613a BGB (Asset Deal) kann infolge des Überschreitens der gesetzlichen Schwellenwerte (§§ 27, 99, 106 BetrVG) außerplanmäßige Betriebsratswahlen gemäß § 13 Abs. 2 Nr. 1 BetrVG erforderlich werden lassen; dies gilt entsprechend für einen etwaigen Sprecherausschuss (SprAuG). Möglicherweise besteht nach dem Übergang des Betriebs (Asset Deal) bzw. des Unternehmens (Share Deal) zudem nunmehr ein gesetzliches Mandat für einen Gesamt- und/oder Konzernbetriebsrat (§§ 47ff., 54ff. BetrVG). Die Veränderung der Anzahl der Arbeitnehmer im Unternehmen bzw. im Konzern des Erwerbers kann zudem eine Aufsichtsratsumbildung notwendig werden lassen. **96**

(frei) **97–99**

b) Controlled Auction (Beschränktes Bietungsverfahren). Neben dem vorstehend dargestellten herkömmlichen Verfahren, ist es auch denkbar, dass der Verkäufer sein Unternehmen ohne Ansehen der Person des Erwerbers allein im Hinblick auf die Erzielung eines möglichst hohen Kaufpreises einem offenen Publikum zum Kauf anbietet. Dies setzt eine hohe Attraktivität des Kaufobjekts voraus. **100**

Für das Bietungsverfahren bereitet der Verkaufsinteressent, in der Regel über einen zwischengeschalteten Berater (zB eine Investmentbank), das sog. Informationsmemorandum **(Offering Memorandum)** vor, bei dem es sich letztlich um eine Dokumentation über das zu verkaufende Unternehmen handelt. Die potentiellen Kaufinteressenten werden sodann gezielt angesprochen und erhalten nach Abschluss einer Vertraulichkeits- und Geheimhaltungsvereinbarung das Informationsmemorandum zur Durchsicht. Die Kaufinteressenten geben ein vorläufiges Kaufangebot ab **(Indicating Offer).** Im Rahmen dieser Annäherung kann es auch bereits zum Austausch von Absichtserklärungen kommen. Daraufhin stellt der Verkaufsinteressent die erforderlichen Informationen und Unterlagen über das Kaufobjekt zusammen und stellt diese in einem eigens dafür eingerichteten sog. Data-Room den einzelnen Kaufinteressenten zur Einsicht und Prüfung zur Verfügung. Alternativ beauftragt der Verkäufer einen Dritten mit der Durchführung einer Due Diligence, deren Ergebnisse den Kaufinteressenten zur Verfügung gestellt werden **(Vendor's Due Diligence).**[182] Der Data-Room wird aus Geheimhaltungs- und Neutralitätsgründen häufig nicht in den Räumen des Ve- **101**

---

[179] Vgl. dazu auch *Wiesbrock* NZG 2005, 294; *Wiesbrock* DB 2003, 2584.

[180] Zur Frage der Widerlegbarkeit der Angemessenheit der Abfindung siehe LG Frankfurt a. M. v. 5.8.2008 – 3 – 5 O 15/08, NZG 2008, 665; OLG Frankfurt a. M. Beschluss v. 9.12.2008 – WpÜG 2/08, NZG 2009, 74, einerseits und andererseits OLG Stuttgart v. 5.5.2009 – 20 W 13/08, ZIP 2009, 1059.

[181] Vgl. die Darstellung dazu bei Holzapfel/Pöllath/*Weiß* Rz. 1983ff.

[182] Siehe hierzu *Paefgen/Wallisch* NZG 2016, 801; *Weilip/Dill* BB 2008, 1946.

räußerers als vielmehr „auf neutralem Boden", zB in den Räumen einer beauftragten Anwaltskanzlei oder Investmentbank eingerichtet. Die Kaufinteressenten können alle in diesem Data-Room ausliegenden Informationen und Dokumente einsehen. Gegebenenfalls auf Anforderung des Interessenten seitens des Verkaufsinteressenten nachzureichende Unterlagen werden ebenfalls in dem Data-Room zur Verfügung gestellt. In der Regel werden papierlose, d.h. elektronische Datenräume eingerichtet. Dies hat den Vorteil, dass mehrere Berater zeitgleich Einsicht in die Unterlagen nehmen können. Der Verkäufer bereitet ausgehend von den Reaktionen der Kaufinteressenten in den Verhandlungen und seinen eigenen Vorstellungen über die Transaktion einen Kauf- und Übertragungsvertrag vor; häufig liegt der erste Entwurf dieses Vertrags im Data-Room ebenfalls aus. Nach Abschluss der Due Diligence legen die noch verbliebenen Kaufinteressenten ihre endgültigen Kaufangebote vor **(Binding Offer).** Der englischsprachige Begriff des Binding Offers verwirrt: Durch das Binding Offer tritt hinsichtlich des Kaufvertragsabschlusses noch keine Bindungswirkung ein, zumal in der Regel noch über wesentliche andere Vertragseinzelheiten kein Übereinkommen erzielt wurde und die häufig notwendigen formellen Voraussetzungen (Beurkundung) für eine Verbindlichkeitserklärung fehlen werden. Ausgehend von den Binding Offers verhandelt der Verkäufer sodann mit wenigen Erwerbsinteressenten im Hinblick auf die weitere Vertragsausgestaltung weiter. Sodann schließt der Verkäufer mit dem Käufer den Unternehmenskaufvertrag, in dem auf schuldrechtlicher Basis die Voraussetzungen fixiert werden, bei deren Vorliegen die Parteien zur Vertragsdurchführung, d.h. der Übertragung des Kaufobjekts, verpflichtet sind. Hiernach werden ggf. erforderliche Zustimmungen und Genehmigungen zum Kaufvertrag eingeholt. Stehen der Vertragsdurchführung keine Hindernisse im Wege und sind die vertraglich genannten Voraussetzungen erfüllt, wird die Transaktion durch Übertragung des Kaufobjekts abgeschlossen **(Closing).**

102–108 *(frei)*

II. Steuerrechtliche Aspekte

109 Vgl. hierzu Rz. 51–54.

B. Einzelerläuterungen

110 Hinsichtlich der vorstehenden Muster ist zuvorderst auf die Ausführungen zu Beginn des Kapitels zu verweisen. Im Folgenden wird daher nur noch auf einzelne Vertragsregelungen Bezug genommen, deren Hintergründe nicht ausreichend erläutert wurden.

I. Vertraulichkeits- und Exklusivitätsvereinbarung

111 Das Vereinbarungsmuster spricht im Wesentlichen für sich selbst. Das vorliegende Muster ist nicht formbedürftig.

II. Unternehmenskaufvertrag

112 Das vorstehende Muster geht von einem Share Deal, also dem Unternehmenserwerb durch Erwerb des Rechtsträgers, aus. Für die Bewertung des o.g. Mustervertrages sind noch weitere Besonderheiten zu beachten.

Zu Vorbemerkung

In der Vorbemerkung führen die Parteien, soweit dies erforderlich oder opportun erscheint, die Hintergründe an, die zum Vertragsschluss geführt haben und welche rechtlichen und wirtschaftlichen Verhältnisse zum gemeinsamen Verständnis der Parteien für den Abschluss des Kauf- und Übertragungsvertrages gehören. Die Verwendung einer Vorbemerkung erlaubt es insbes. auch die Ergebnisse der Due Diligence, bestimmte Intentionen und Erwartungen der Parteien nochmals ausdrücklich festzustellen. In dem Muster wurde erläuternd der Passus aufgenommen, dass eine Due Diligence im Wesentlichen unterblieben ist. Ergänzend könnte angeführt werden, warum diese unterblieben ist, zwingend ist dies jedoch nicht. **113**

Die Vorbemerkung ist sorgsam zu formulieren, da sie ggf. bei späteren Rechtsstreitigkeiten Anhaltspunkte für die Auslegung einzelner Regelungen geben kann. **114**

Zu § 1: Vertragsgegenstand

Der Vertragsgegenstand, d.h. die einzelnen Geschäftsanteile, müssen im Vertrag vor dem Hintergrund des sachenrechtlichen Bestimmtheitsgrundsatzes hinreichend genau bezeichnet werden. Bei mehreren Käufern empfiehlt es sich, auch Ausführungen dazu zu machen, ob die Käufer jeweils einzelne Anteile oder alle Anteile zur gesamten Hand oder in Bruchteilsgemeinschaft erwerben. **115**

(frei) **116**

Zu § 2: Kauf und Abtretung; Stichtag

Das Muster sieht vor, dass die Geschäftsanteile zu einem bestimmten wirtschaftlichen Stichtag, der auch in der Vergangenheit liegen kann, übertragen werden. Ab diesem Tag stehen dem Käufer auch die Nutzungen und Lasten der Geschäftsanteile zu. Da diese schuldrechtliche Wirkung unabhängig von dem Zeitpunkt der Wirksamkeit der Abtretung ist, haben sich die Parteien ab dem wirtschaftlichen Stichtag so zu stellen, wie sie stünden, wenn die Geschäftsanteile zu diesem Stichtag tatsächlich übertragen worden wären. Sieht der Vertrag dagegen keine Stichtagsregelung vor, vollzieht sich der Vertrag unmittelbar, d.h. sofort. **117**

Häufig kann der Kaufvertrag aber nicht unmittelbar vollzogen werden, da noch bestimmte Maßnahmen zu ergreifen oder Zustimmungen einzuholen sind. Sind zuvor noch die Zustimmungen bestimmter Personen (zB Ehegatten, Gesellschafter) oder Gremien (zB Aufsichtsrat, Gesellschafterversammlung) zur Frage der Billigung des Vertrags insgesamt einzuholen, empfiehlt es sich in den Vertrag Vereinbarungen aufzunehmen, bis wann diese Bedingungen zu erfüllen sind. Sachgerecht ist es, ein angemessenes, aber kurz bemessenes Zeitfenster zur Erfüllung der entsprechenden Bedingung vorzusehen, um den Zustand der schwebenden Unwirksamkeit des Vertrags zeitnah zu beenden. Auch sollten in diesem Zusammenhang die Rechtsfolgen geklärt werden, wenn die vorgesehene Bedingung nicht eintritt bzw. die vorgesehene Frist fruchtlos verstreicht (Rücktritt, Kostenregelung, pauschaler Schadensersatz u.Ä.). Da in einem solchen Fall keine der Parteien an den Vertrag gebunden sein will, bietet es sich an, insoweit auflösende Bedingungen aufzunehmen (vgl. Alternative I zu § 2). Besteht die Möglichkeit, dass eine Zustimmungsverweigerung kurzfristig durch die eine Vertragspartei behoben werden kann, kann sich auch die Vereinbarung eines befristeten Rücktrittsrechts anbieten (Alternative II zu § 2). **118**

Unabhängig davon, ob der Kaufvertrag durch einen etwaigen Bedingungseintritt wirksam geworden ist, sieht § 2 Abs. 2 des Musters vor, dass die Abtretung unter die Erfüllung weiterer Bedingung gestellt ist. Sollte die Abtretung unbedingt erfolgen, sollte auf die Vereinbarung entsprechender Sicherheiten für den Kaufpreis geachtet werden. **119**

120 Für den Zeitraum zwischen Abschluss und Vollzug des Unternehmenskaufvertrags verständigen sich die Parteien häufig auf Regelungen, wie das Unternehmen zu führen ist. Siehe hierzu § 8 des Musters.

Zu § 3: Kaufpreis

121 Es ist in das Belieben der Parteien gestellt, wie sie den Kaufpreis bestimmen. Denkbar ist einerseits ein fixer Kaufpreis (sog. *Locked Box*-Modell), andererseits auch ein variabler Kaufpreis, wenn sich bspw. die Gesellschaft besser entwickelt als erwartet (sog. Earn-out oder Besserungsschein) oder die maßgeblichen Größen, die der Kaufpreisermittlung zugrunde liegen sollen, erst später abschließend ermittelt werden (insbes. bei Verwendung von Kennziffern des Jahresabschlusses).

Im Falle eines fixen Kaufpreises wird dieser idR anhand des letzten geprüften Jahresabschlusses ermittelt und bereits bei Vertragsunterzeichnung final vereinbart. Das Zielunternehmen wird zusätzlich durch weitere Vereinbarung „verschlossen" („locked"). Durch sog. *No leakage*-Klauseln wird bestimmt, dass aus dem Zielunternehmen keine Mittelabflüsse oder sonstigen außerordentlichen Leistungen außerhalb des gewöhnlichen Geschäftsverkehrs erfolgen dürfen. Nur im Falle eines Verstoßes erfolgt eine entsprechende Kaufpreisanpassung.[183]

Die konkrete Herleitung eines fixen Kaufpreises ist grundsätzlich Ergebnis der Verhandlung zwischen den Parteien. Gleichwohl werden Vereinbarungen zur Berechnung getroffen und vertraglich fixiert. Insbesondere wenn sich die vorhandenen liquiden Mittel und die Verbindlichkeiten des Zielunternehmens laufend ändern, werden Regelungen getroffen, um diese variablen Größen bei der Kaufpreisfindung auszublenden. Der Verkauf erfolgt aufgrund eines Basiskaufpreises zuzüglich der Liquidität („cash") und abzüglich der (zinstragenden) Finanzverbindlichkeiten („debt"). Solche *Cash and Debt free*-Klauseln" erfordern klare und eindeutige Definitionen im Unternehmenskaufvertrag. Es empfiehlt sich daher auf Bilanzposten des HGB bzw. der IFRS anhand des konkreten Kontenrahmens des Zielunternehmens Bezug zu nehmen.[184] „Cash and debt free-Klauseln" können nicht nur als Ermittlungsgrundlage, sondern auch als nachträglicher Kaufpreisanpassungsmechanismus vereinbart werden. Im letzteren Fall ist die Erstellung einer Zwischenbilanz zum Vollzugsstichtag erforderlich.

Auch für den Fall, dass ein variabler Kaufpreis vereinbart werden soll, ist darauf zu achten, klar und eindeutig die Berechnungsmodalitäten des variablen Kaufpreisanteils zu bestimmen.[185] Ist der Kaufpreis von bilanziellen Größen abhängig, empfiehlt es sich, eine Streitschlichtungsvereinbarung mit in den Vertrag aufzunehmen, nach der die Parteien im Streitfall einen Dritten bestimmen oder – bspw. durch die IHK oder den IDW – bestimmen lassen, der für die Parteien einheitlich die maßgeblichen Größen ermittelt. Schließlich sind eindeutige Rechtsfolgen zu bestimmen sowie die Fälligkeit und ggf. die Verzinsung hinreichend zu klären. Auf der Käuferseite ist zu berücksichtigen, dass earn-out-Klauseln in der Regel integrationshemmend wirken, da der Käufer im Ergebnis (teilweise) „für fremde Rechnung" arbeitet.[186]

122 Das Vorhergesagte gilt auch entsprechend für die sonstigen Verkaufsmodalitäten: Klare, deutliche Vereinbarungen sichern beiden Parteien eine problemfreie Abwicklung des Vertrages. Bestehen Unsicherheiten oder wirtschaftliche Ungleichgewichtungen, können diese durch entsprechende Vereinbarungen im Vorfeld geklärt werden,

---

[183] Siehe hierzu Holzapfel/Pöllath/*Bergjan,* Rz. 800 ff.

[184] Siehe hierzu Holzapfel/Pöllath/*Bergjan,* Rz. 814 ff.; *Hilgard* DB 2007, 559.

[185] **Beispiel:** Bezugsgröße (Werte des Jahresabschlusses oder des Konzernabschlusses; Grundlage: HGB, IFRS, US-GAAP; Jahresüberschuss, EBIT, EBITDA), Stichtag, Bewertungsgrundsätze, Berücksichtigung von Restrukturierungsmaßnahmen gewünscht (insbes. Berücksichtigung aperiodischer außerordentlicher Aufwendungen), Mitwirkungsrechte des Verkäufers.

[186] Zu Earn out-Klauseln siehe *Hilgard* BB 2010, 2912.

indem bspw. Eigentumsvorbehalte erklärt, Zurückbehaltungsrechte oder Aufrechnungsmöglichkeiten bestimmt oder die Bestellung von Sicherheiten zugunsten der einen oder anderen Partei vereinbart werden. Soll von der Bestellung einer Sicherheit abgesehen werden, bietet sich uU auch die Abwicklung des Verkaufs über ein Sperr- oder Treuhandkonto (sog. **Escrow Account**) an.[187] In allen Fällen ist zudem auch die jeweilige Freigabe dieser Sicherungsmechanismen im Vertrag ausreichend zu bestimmen.

(frei) **123, 124**

Zu § 4: Gewinnbezugsrecht und sonstige Nutzungen

Sämtliche bis zum Übertragungsstichtag eingestellten Gewinn- bzw. Kapitalrücklagen sowie der laufende Gewinn stehen beim Share Deal, sofern die zu erwerbende Gesellschaft eine Kapitalgesellschaft ist, dem Käufer zu, denn dieser tritt in vollem Umfang in die rechtliche Position des Verkäufers gegenüber der Gesellschaft ein und übernimmt damit auch das Dividendenanrecht.[188] Wollen die Parteien vereinbaren, dass der auf einen bestimmten Stichtag festzustellende Gewinn noch dem Verkäufer zustehen soll, bedarf der Vertrag der Aufnahme einer antizipierten Gewinnabtretung zu Gunsten des Verkäufers. Denn nur in diesem Fall ist der Käufer auch tatsächlich verpflichtet, einen entsprechenden Gewinnverwendungsbeschluss zu fassen. Verstöße gegen eine entsprechende Verpflichtung zur Gewinnverwendung begründen somit einen Schadensersatzanspruch des Betroffenen.[189] Sind dagegen vor der Übertragung der Gesellschaftsanteile bereits Gewinnverwendungsbeschlüsse gefasst worden, haben sich Zahlungsansprüche gegen die Gesellschaft in der Person des Verkäufers, der zu diesem Zeitpunkt noch Gesellschafter war, konkretisiert. Die Zahlungsansprüche sind jedoch – anders als der Dividendenanspruch – selbstständig verkehrsfähig und werden mit dem Gesellschaftsanteil daher nicht übertragen; sie stehen damit – vorbehaltlich abweichender Regelungen – weiterhin dem Verkäufer zu. **125**

Etwas anderes gilt für **Personengesellschaften,** die ertragsteuerlich ein transparentes Besteuerungsvehikel darstellen. Für Zwecke der Ertragsbesteuerung greift die Finanzverwaltung durch die Gesellschaft hindurch und auf die einzelnen Gesellschafter zu. Daher werden dem veräußernden Gesellschafter – ohne dass es einer gesonderten Vereinbarung bedarf – zeitanteilig bis zur Abtretung der Gesellschaftsanteile ihm zustehende anteilige Gesellschaftsgewinne unmittelbar, einheitlich und gesondert (§ 180 Abs. 1 Nr. 2a AO) zugerechnet. Zur Vermeidung einer unbilligen Schätzung empfiehlt es sich daher ggf. bei unterjährigen Abtretungen eine Zwischenbilanz auf den Übertragungsstichtag aufzustellen.[190] Grundsätzlich kommt bei dem Verkauf von Personengesellschaftsanteilen aus steuerlichen Gründen ein rückwirkender Verkauf (wirtschaftlicher Stichtag in der Vergangenheit) nicht in Betracht.[191] **126**

(frei) **127**

Zu § 5: Garantien

Checkliste typischer Garantien inklusive im Rahmen der Due Diligence jeweils vertieft zu prüfenden Einzelheiten:

1. ***Kaufgegenstand:*** *Beschreibung des Kaufobjekts, Gesellschaftsvertrag inklusive beschlossener, noch nicht im Handelsregister eingetragener Änderungen, Bestehen von Unterneh-*

[187] Zu den Vor- und Nachteilen: *Witte/Bultmann* BB 2005, 1121 mwN.

[188] Vgl. oben Rz. 36 ff.

[189] BGH v. 30.6.2004 – VIII ZR 349/03, NZG 2004, 912; für den Fall, dass keine Gewinnabtretung vorliegt vgl. BGH v. 30.1.1995 – II ZR 45/94, NJW 1995, 1027; BGH v. 8.12.1997 – II ZR 203/96, NZG 1998, 225; umfassend dazu: *Mildner* NZG 2004, 1025.

[190] Schmidt/*Wacker* EStG § 16 Rz. 463 mwN.

[191] Aus Billigkeitsgründen wird ein Zeitraum von 4–6 Wochen von der Finanzverwaltung akzeptiert, vgl. Schmidt/*Wacker* EStG § 16 Rz. 443 (max. 3 Monate).

mensverträgen, Beteiligungsverhältnisse der Verkäufer am Kaufobjekt, Verfügungsbeschränkungen bzw. Belastungen Dritter, mittel- und unmittelbare Beteiligungen Dritter am Kaufobjekt (bspw. stille Beteiligung, Unterbeteiligung, Optionsrechte), Aktiensonderrecht (Verkörperung, Namens- oder Inhaberaktien, Vorzugsaktien), Darstellung des haftenden Kapitals, Gesellschafterdarlehen, Kapitalaufbringung, Cash Management, Überschuldungs- bzw. Zahlungsfähigkeitsstatus, schuldrechtliche Verträge des Kaufobjekts mit Verkäufer oder dessen nahen Angehörigen (insbes. Geschäftsführervertrag).

2. ***Jahresabschluss, Zwischenabschluss, Konzernabschluss (Bilanzgarantie):*** *Grundsätze der Bilanzierung (HGB, IFRS, US-GAAP), uneingeschränktes Testat der Wirtschaftsprüfer, unveränderte Bilanzierungsmethoden und -wahlrechte vorbehaltlich des Grundsatzes der „Bilanzierungsrichtigkeit vor Bilanzierungsstetigkeit".*
3. ***Vermögensgegenstände:*** *gesicherte Eigentumsverhältnisse, handelsübliche Eigentumsvorbehalte bei Lieferungen, schuldrechtliche Sonderverhältnisse (Miete, Leasing, Pacht), Sicherungsübereignungen, Pfandrechte, dingliche Belastungen, gebrauchsfähiger und betriebssicherer Zustand, ordnungsgemäße Instandhaltung (kein sog. Reparaturstau), handelsübliche Verwendbarkeit und Veräußerbarkeit der Vorräte, Altlasten, Werthaltigkeit der Forderungen, Forderungen gegenüber verbundener Unternehmen, Vollständigkeit der dargestellten Schuldverhältnisse inklusive Eventualverbindlichkeiten und sonstige finanzielle Verpflichtungen (§§ 251 bzw. 285 Nr. 3, 3a HGB).*
4. ***Eigenkapital:*** *Eine Eigenkapitalgarantie kann eine Vielzahl von einzelnen Gewährleistungen und Garantien einheitlich regeln. Eine solche bedarf der sorgfältigen Abstimmung in Bezug auf die sonstigen Gewährleistungen und Garantien, um eine Doppelberücksichtigung einzelner Umstände zu vermeiden. Schwierigkeiten ergeben sich in aller Regel bei der Bestimmung des Eigenkapitals.*
5. ***Arbeitnehmer:*** *Anzahl, Qualifikationen, Vergütungseinzelheiten, tarif- und sonstige kollektivrechtliche Gegebenheiten (insbes. auch Betriebsvereinbarungen), Betriebsräte, Verbandszugehörigkeiten, § 613a BGB (beachte: Informationspflichten bei Asset Deal, vertragliche Vorkehrungen für Widerspruchsfälle (§ 613a Abs. 6 BGB)), sozialversicherungsrechtliche Gegebenheiten, betriebliche Altersversorgung, Sozialpläne, Rechtsstreitigkeiten.*
6. ***Sonstige Rechtsstreitigkeiten:*** *insbes. verwaltungs- und zivilgerichtliche Verfahren, Sonderrechtsstreitigkeiten nach Aktienrecht (Anfechtungsklagen), Marken- und Wettbewerbsrecht.*
7. ***Steuern und Abgaben:*** *Stand der Veranlagung, vollständige und wahrheitsgemäße Angaben in der Erklärung, rechtzeitige Entrichtung oder entsprechende Rückstellungen bei fälligen Steuern, Grundlage und Ergebnis vergangener Betriebsprüfungen, u. U. Aufnahme vertraglicher Regelungen hinsichtlich der Ergebnisse der folgenden Betriebsprüfung, Grunderwerbsteuer, verdeckte Gewinnausschüttungen und Einlagen, Zinsschranke, verwendbares Eigenkapital bzw. Einlagekonto, Verlustvorträge, Verrechnungspreise und sonstige Sonderprobleme des AStG, vollzogene Umwandlungen und Restrukturierungsmaßnahmen, Organschaften, Subventionen, Investitionszulagen und -zuschüsse.*
8. ***Altlasten:*** *Umwelt-Audit-Verordnung, ordnungsrechtliche Verantwortlichkeit auf Grund spezialgesetzlicher Grundlage (bspw. BBodSchG) oder allgemeinem Polizei- und Ordnungsrecht, Haftungsfolgen, u. U. strafrechtliche Verantwortung.*
9. ***Typische sonstige Gewährleistungen und Garantien:*** *Versicherungsschutz, Wettbewerbsbeschränkungen, gewerbliche und technische Schutzrechte und ähnliche Rechte, Know-how, Auftragsbestand und Kundenstamm, Wahrheitsmäßigkeit und Vollständigkeit der erteilten Informationen (zutreffendes, vollständiges und aktuelles Bild der Rechts-, Vermögens-, Finanz- und Ertragslage des Kaufobjekts), Gewinnverwendung, Nettofinanzverbindlichkeiten.*

In den §§ 5ff. des Musters wird zur Beseitigung der rechtlichen Unsicherheiten und unerwünschten Rechtsfolgen im Zusammenhang mit den gesetzlichen Gewährleistungsansprüchen ein einheitliches Haftungs- nebst Verjährungsregime zwischen den Parteien determiniert. Dazu wird in § 5 zunächst ein Katalog von Garantien fixiert. Verstöße gegen diese Garantien lösen die in § 6 genannten Ansprüche (Rechtsfolgen) aus, die gemäß § 7 verjähren. **128**

Im vorliegenden Muster garantiert der Verkäufer bestimmte Tatsachen in Form eines selbstständigen Garantieversprechens. Von der selbstständigen Garantie ist die unselbstständige Garantie zu unterscheiden. Die ausdrückliche Verwendung des Begriffs „Garantie" ist in keinem Fall erforderlich, sofern die Erklärung jedenfalls in diesem Sinne der Auslegung zugänglich ist.[192] In beiden Fällen handelt es sich um eine einseitige Erklärung des Verkäufers gegenüber dem Käufer, diesem gegenüber für eine bestimmte Beschaffenheit des Kaufobjekts in einem Umfang einstehen zu wollen, der über die gesetzlichen Ansprüche des Käufers hinausgeht.[193] Die unselbstständige Garantie begründet keine eigenständige Haftungsgrundlage, sondern erweitert nur die Mängelrechte des Käufers durch die Verbreiterung des Gewährleistungstatbestands, die Erweiterung der Gewährleistungsrechte oder die Verlängerung der Gewährleistungsfristen, während durch die selbstständige Garantie ein eigenständiger, verschuldensunabhängiger Anspruch des Begünstigten – neben dessen gesetzlichen Rechten – auf Erfüllung der Garantieleistung geschaffen wird.[194] Die unselbstständige Garantieerklärung ist wiederum von der Vereinbarung einer Beschaffenheit des Kaufobjekts im Sinne des § 434 BGB abzugrenzen, die jedoch in ihrer Wirkung weit hinter den Gestaltungsmöglichkeiten einer unselbstständigen Garantie zurückbleibt (vgl. dazu den nachstehenden Exkurs). **129**

Mit der Abgabe einer Garantie ist nicht zwingend eine Aussage darüber verbunden, dass der Verkäufer auch positive Kenntnis hat, dass sich das Unternehmen in dem in den Garantien beschriebenen Zustand befindet. Relevant wird die Einordnung von Garantien als Wissenserklärung, wenn der Käufer nach Abschluss des Kaufvertrags Rechte wegen arglistigem Verschweigens oder arglistiger Täuschung in dem Fall geltend macht, dass sich eine Garantie als nicht zutreffend erwiesen hat. Diese Fälle sind vor dem Hintergrund problematisch, dass eine Haftung nicht ausgeschlossen werden kann (§ 444 BGB) und der Anwendungsbereich des Anfechtungsrecht (§ 123 BGB) zwingend eröffnet ist. Aus Sicht des Verkäufers bietet es sich ggf. an, ausdrücklich zu vereinbaren, dass der Garantiekatalog keine Wissenserklärung darstellt, sondern nur der Risikoallokation zwischen Verkäufer und Käufer dient.[195]

Bei der Verwendung von Garantien bestand bislang eine rechtliche Unsicherheit dahingehend, ob mit einer selbstständigen oder unselbstständigen Garantie zugleich auch ein Haftungsausschluss oder eine Haftungsbegrenzung iSd. § 444 BGB vereinbart werden konnte.[196] Der Gesetzgeber hat mittlerweile durch Änderung des § 444 BGB klargestellt,[197] dass die Vorschrift zum einen auf der Voraussetzungsseite inhaltliche Begrenzungen der Garantie nach Art und Höhe (zB hinsichtlich der Haftungssumme, der aus der Garantie folgenden Ansprüche oder zeitlich) ausdrücklich gestattet und zum anderen auf der Rechtsfolgenseite einen Haftungsausschluss oder eine Haftungsbeschränkung nur in dem Umfang untersagt, in dem die Garantie (uU nach Art und Höhe begrenzt) übernommen wurde.[198] Der bisherige Meinungsstreit ist damit obsolet geworden. **130**

---

192 Palandt/*Weidenkaff* BGB § 443 Rz. 11.
193 Vgl. MüKoBGB/*Westermann* BGB § 443 Rz. 8.
194 Statt aller: *Schröcker* ZGR 2005, 63 (91).
195 Siehe hierzu *Louven/Mehrbrey* NZG 2014, 1321 (1324).
196 Vgl. bspw. *Schröcker* ZGR 2005, 63 (94); *von Gierke/Paschen* GmbHR 2002, 457 (460f.); *Henssler/v. Westphalen* § 453 Rz. 14 mwN.
197 Gesetz zur Änderung der Vorschriften über Fernabsatzverträge bei Finanzdienstleistungen v. 7.12.2004, BGBl. 2004 I 3102.
198 BT-Drs. 15/3483, 22f.; umfassend *Seibt* NZG 2004, 801.

131 In dem Muster garantiert der Verkäufer im Wesentlichen, dass bestimmte Tatsachen objektiv nicht gegeben sind; bspw. in § 5 Nr. 31 wird dagegen auf die positive (subjektive) Kenntnis des Verkäufers (ggf. Zurechnung der Kenntnis von weiteren Personen) abgestellt. Denkbar sind auch Vertragsgestaltungen, in denen auf ein „Kennen müssen" abgestellt wird. Ist die positive Kenntnis des Käufers für die Geltendmachung von Gewährleistungsansprüchen schädlich, d.h. kann § 442 BGB nicht ausgeschlossen werden, so empfiehlt es sich, die im Rahmen der Due Diligence offengelegten Informationen zu archivieren, um – im Streitfall – einer etwaigen Beweislast hinreichend nachkommen zu können.

132 Die im Muster genannten einzelnen Garantien dienen auch der Übersicht über mögliche Garantiegegenstände. Gerade beim Asset Deal oder beim Erwerb einer Gesellschaft mit wesentlichem Anlagevermögen kann es erforderlich sein, die Garantie verstärkt auch auf den Sachzustand der einzelnen Vermögensgegenstände auszuweiten.

133 Dagegen ist es im Rahmen des Share Deals bei verbleibenden Zweifeln an der Höhe des Eigenkapitals der Gesellschaft oder bei fehlender aktueller Darstellung (bspw. Jahresabschluss ist noch nicht aufgestellt bzw. geprüft) opportun, über eine Eigenkapitalgarantie auf den Stichtag nachzudenken. Der Vertrag sollte dann auch Regelungen über die im Rahmen dieser Stichtagsbilanz zu berücksichtigenden Bewertungsgrundsätze und die Prüfung der Richtigkeit dieser Stichtagsbilanz enthalten. Um Verzögerungen oder Verfahrensverschleppungen vorzubeugen, empfiehlt sich in diesen Fällen, einen fest definierten Zeitplan aufzustellen. Auch die Kostenfrage für eine solche Prüfung sollte geklärt werden.

Exkurs: Gesetzliches Gewährleistungsrecht beim Unternehmenskauf[199]

Der Unternehmenskauf fällt nach allgemeiner Meinung unter den extensiven Rechtsbegriff des sonstigen Gegenstandes im Sinne des § 453 Abs. 1 BGB,[200] während der echte Anteilskauf einen (einfachen) Rechtskauf,[201] der Kauf einzelner Vermögensgegenstände dagegen einen (einfachen) Sachkauf darstellt. Der Verkäufer ist nach dem gesetzlichen Leitbild des Gewährleistungsrechts verpflichtet, eine *mangelfreie* Sache zu liefern. Ist die Sache dagegen mangelbehaftet, kann der Käufer die Sache zurückweisen.[202] Da etwaige Mängel im Fall des Unternehmenskaufs in aller Regel nicht offenkundig sind und auch eine unverzügliche Untersuchungs- und Rügeobliegenheit des Käufers nicht besteht, weil § 377 HGB auf den Unternehmenskauf unanwendbar ist,[203] ist der Käufer somit auf seine Gewährleistungsrechte (sog. Sekundärrechte, § 437 BGB) verwiesen, wobei er gewissen Schwierigkeiten bei der Durchsetzung seiner Rechte entgegensehen muss.[204]

Gemäß § 434 BGB ist ein Kaufobjekt frei von Sachmängeln, wenn es bei Gefahrübergang die vereinbarte Beschaffenheit aufweist. Fehlt eine solche ausdrückliche Beschaffenheitsvereinbarung, typisiert § 434 Abs. 1 Satz 2 BGB die jeweilige Beschaffenheit im Hinblick auf die übliche Verwendbarkeit des Kaufobjekts. Eine solche Typisierung kann im Unternehmenskauf nicht überzeugen.[205] Denn Bezugspunkt, ob ein Mangel gegeben ist, ist stets das Unternehmen als Ganzes,[206] so dass regelmäßig Merkmale berücksichtigt werden müssen, die für die Frage der objektiven Verwendbarkeit des Unternehmens im Sinne einer Unternehmensfortführung überhaupt keine Rolle spielen. Erst recht gibt es keinen objektiven Maßstab für eine Abweichung iSd. § 434

[199] Vgl. einführend: *Fischer* DStR 2004, 276; *Kleinhenz/Junk* JuS 2009, 787.

[200] Begründung des Entwurfs SchuldR-ModG, BT-Drs. 14/6040, 242 (zu § 453, zu Absatz 1); *Haas/Heinrichs/Medicus/Rolland/Schäfer* Rz. 525; *Schröcker* ZGR 2005, 63 (70); *Weigl* DNotZ 2005, 246; *Dauner-Lieb/Thiessen* ZIP 2002, 108; *Triebel/Hölzle* BB 2002, 521; *Gronstedt/Jörgens* ZIP 2002, 52; *Wolf/Kaiser* DB 2002, 411; *Wunderlich* WM 2002, 981.

[201] Vgl. hierzu bspw. *Schröcker* ZGR 2005, 63 (86 ff.) mwN: Eine dem § 437 BGB aF entsprechende Regelung, wonach der Verkäufer dem Käufer für den Bestand des Rechts haftete (Verität), ist dem (neuen) Schuldrecht unbekannt. Ob daneben eine Bonitätshaftung besteht, ist umstritten. Nach diesseitiger Auffassung kann § 434 Abs. 1 Satz 2 Nr. 2 BGB da Bedeutung erlangen, wo Gesellschaftsanteile belastet (bspw. Nießbrauch an Kommanditanteil) oder Mitgliedsrechte beschränkt sind (Stimmrechtsentzug); vgl. auch Palandt/*Weidenkaff* BGB § 453 Rz. 23.

[202] Dem Zahlungsbegehren des Verkäufers kann die Einrede der nicht vertragsgemäßen Erfüllung entgegengehalten werden (§ 320 Abs. 1 BGB).

[203] *Müller* NJW 2004, 2196 (2197); *Vogt* DStR 2001, 2027 (2031) mwN.

[204] MüKoBGB/*Westermann* BGB § 437 Rz. 16.

[205] So auch Holzapfel/Pöllath/*Engelhardt* Rz. 859.

[206] *Schröcker* ZGR 2005, 63 (77) mwN.

Abs. 1 Satz 2 Nr. 2 BGB. Denn die subjektive Annahme oder Erwartung des Käufers kann nicht berücksichtigt werden, weshalb diese für die Frage der Mangelfreiheit der Sache unberücksichtigt bleiben müssen, obschon der Verkäufer womöglich mit Aussichten geworben hat, um – im Rahmen der Due Diligence vielleicht sogar offenbarte – negative Vergangenheitswerte in ein besseres Licht zu rücken.[207] In der Praxis bedeutet der vom Gesetzgeber bewusst[208] nicht definierte Beschaffenheitsbegriff, in dem zumindest der richterrechtlich ausgeprägte Begriff des Fehlers und der zugesicherten Eigenschaft aufgehen soll,[209] insgesamt eine Unwägbarkeit. Die vereinbarte Beschaffenheit kann grundsätzlich auch hinter den üblichen Standards zurückbleiben; die Ausgestaltung der Beschaffenheitsvereinbarung ist letztlich den Parteien überlassen.[210] Ohne eine individuelle Beschaffenheitsvereinbarung oder Garantie läuft der Käufer jedenfalls Gefahr, schutzlos das Kaufobjekt zu übernehmen.

Die **Vereinbarung einer Beschaffenheit** bedarf der beiderseitigen Erklärung. Nach hM kommt es dabei jedoch auf die früher – im Rahmen der Zusicherung einer Eigenschaft – bedeutsame Darstellung der Ernsthaftigkeit und des Bewusstseins einer Schadenersatzverpflichtung nicht mehr an.[211] Eine solche Vereinbarung kann in der Präambel des Kaufvertrags durch Erklärungen dahingehend abgegeben werden, dass es das gemeinsame Verständnis der Parteien ist, dass in Bezug auf die Umsetzung des Kaufvertrags bestimmte Merkmale erfüllt sind. Die Vereinbarung kann aber auch konkludent und stillschweigend zustande kommen oder sich aus einer Verkehrsübung oder einem Handelsbrauch ergeben.[212] In den letzteren Fällen ergeben sich im Fall des Rechtsstreits jedoch in aller Regel Beweisschwierigkeiten, so dass stets zu empfehlen ist, die Vereinbarungen schriftlich zu fixieren.

Vor allem für den Verkäufer ist zu beachten, dass gemäß § 444 BGB der **Haftungsausschluss** für alle oder bestimmte Mängel des Kaufobjekts grundsätzlich zulässig ist, wodurch insofern die Vertragswidrigkeit der Leistung ausgeschlossen wird. Der Haftungsausschluss kann sich auch auf Mängel erstrecken, die erst nach Vertragsschluss, aber vor Gefahrübergang entstanden sind.[213]

Zu beachten ist, dass Haftungsbegrenzungen im Vorhinein nicht hinsichtlich vorsätzlichen Verhaltens vereinbart werden können, § 276 Abs. 3 BGB.

Besteht ein Mangel am Kaufgegenstand, kann der Käufer Gewährleistungsrechte (Sekundärrechte) geltend machen. Vorbehaltlich einer – individualvertraglich ohne weiteres zulässigen – Abbedingung,[214] muss der Käufer vorrangig um **Nacherfüllung** in Form der Nachbesserung oder Nachlieferung nachsuchen (§§ 437 Nr. 1, 439 Abs. 1 BGB). Ob eine solche aber tatsächlich möglich ist, ist Frage des Einzelfalls: Während Sachmängel in aller Regel ausgebessert werden können (Reparatur einer beschädigten oder Nachlieferung einer „vergessenen" Sache), ist eine solche bei Rechtsmängel in der Regel – wegen wirtschaftlicher Unzumutbarkeit[215] – ausgeschlossen. In diesem Fall und wenn die Nacherfüllung gescheitert oder trotz Fristsetzung unterblieben ist, stehen dem Käufer dann nach seiner Wahl – bei wesentlichen Mängeln (§ 323 Abs. 5 BGB) – das Recht zum Rücktritt (§ 437 Nr. 2 1. Alt. BGB),[216] im Übrigen auch das Recht zur Minderung (§ 437

---

207 *Schröcker* ZGR 2005, 63 (77); aA wohl *Weitnauer* NJW 2002, 2511 (2514).

208 Begründung des Entwurfs SchuldR-ModG, BT-Drs. 14/6040, 213.

209 Vgl. nur *Wolf/Kaiser* DB 2002, 411 (412); *Dauner-Lieb/Thiessen* ZIP 2002, 108 (110). Noch nicht abschließend geklärt ist jedoch, ob der durch die Schuldrechtsreform eingeführte Beschaffenheitsbegriff sogar weitergeht und vor allem auch eine Vereinbarung solcher Merkmale in Betracht kommt, die außerhalb des Kaufobjekts liegen und diesem nicht unmittelbar und auf gewisse Dauer anhaften (bspw. auch bestimmte steuerliche Abschreibungseffekte, Angaben über Ertrags- oder Umsatzzahlen des Unternehmens oder der Unternehmensruf); so mit guten Gründen: *Schröcker* ZGR 2005, 63 (76f.); *Häublein* NJW 2003, 388 (390); *Gronstedt/Jörgens* ZIP 2002, 52 (55); Palandt/*Weidenkaff* BGB § 434 Rz. 95b; vgl. insbes. auch zum Unternehmenskauf *Wolf/Kaiser* DB 2002, 411 (414); *Henssler/v. Westphalen* § 453 Rz. 11 (Bilanzziffern); MüKoBGB/*Westermann* BGB § 453 Rz. 31 mwN (Vereinbarung möglich in Bezug auf Umsatz- und Ertragszahlen, Schuldenstand, Eigenkapital, Ertragsfähigkeit, Gewinne in vergangenen Jahren, Richtigkeit der den Kaufverhandlungen zugrundeliegenden Bilanzen); restriktiv dagegen bspw. OLG Hamm v. 13.5.2003, NJW-RR 2003, 1360 mwN (Import eines Kfz sei keine Beschaffenheit iSd. § 434 BGB).

210 *Westermann* NJW 2002, 241 (243).

211 MüKoBGB/*Westermann* BGB § 453 Rz. 29 mwN; *Wolf/Kaiser* DB 2002, 411; *v. Gierke/Paschen* GmbHR 2002, 457 (462).

212 Palandt/*Weidenkaff* BGB § 434 Rz. 17.

213 BGH v. 24.1.2003 – V ZR 248/02, NJW 2003, 1316 (noch zum alten Recht); *Zimmermann/Bischoff* NJW 2003, 2506ff.

214 MüKoBGB/*Westermann* BGB § 439 Rz. 33.

215 Man denke nur bspw. an Schadenersatzansprüche der Vertragspartner, wenn der Verkäufer diesen gegenüber vertragsbrüchig würde.

216 Die (verschuldensunabhängige) Rücktrittsmöglichkeit (§§ 440, 323, 326 Abs. 5 BGB) ist beim Unternehmenskauf ausgeschlossen, da das Unternehmen als lebender Organismus steter dynamischer Entwicklung unterliegt

Nr. 2 2. Alt. BGB)[217] zu. Kumulativ, also neben der Erklärung der Gestaltungsrechte des Rücktritts oder der Minderung,[218] kann der Käufer – selbst bei fahrlässig falschen Angaben – Schadensersatz (§ 437 Nr. 3 1. Alt. BGB)[219] oder Ersatz vergeblicher Aufwendungen (§ 437 Nr. 3 2. Alt. BGB)[220] verlangen.

134, 135 *(frei)*

Zu § 6: Haftung

136 Das Muster regelt in § 6 die Rechtsfolgen für den Fall, dass eine der in § 5 abgegebenen Garantien unzutreffend ist. Zunächst wird dem Verkäufer ein (beschränkter) Nacherfüllungsanspruch eingeräumt; schlägt diese Nacherfüllung fehl oder kommt eine solche faktisch nicht in angemessener Zeit in Betracht, steht dem Käufer Schadensersatz zu. Eine solche Regelung ist üblicherweise interessengerecht. Eine wiederholte Nacherfüllung liegt in aller Regel nicht im Interesse der Parteien. Insbesondere die Einigung auf die Leistung von Schadensersatz wird in aller Regel das Ziel der Beteiligten sein. Durch Aufnahme bestimmter Klauseln (vgl. § 6 Abs. (3) des Musters) können die Parteien die Ausgestaltung der Schadensersatzleistung wesentlich beeinflussen. Da geringfügige Mängel des Unternehmens in aller Regel von keiner Seite überblickt werden können, ist es häufig sach- und interessengerecht, den Verkäufer von der Haftung für geringfügige Schäden freizustellen. Durch eine **De-minimis-Klausel** wird dem Verkäufer dazu ein gewisser Freibetrag hinsichtlich potentieller Schäden zugestanden, während **Basket-Klauseln** (Freigrenze) bei Überschreiten einer betragsmäßigen Grenze Ausgleich des Gesamtschadens gewährleisten. Der Höhe nach kann der Anspruch auf Schadenersatz durch die Vereinbarung von Obergrenzen **(Cap-Klauseln)** begrenzt werden. Eine Haftungsbegrenzung kommt jedoch für vorsätzliches Handeln nicht in Betracht (vgl. § 276 Abs. 3 BGB).

137 *(frei)*

Zu § 7: Verjährung

138 Die vorstehenden Ausführungen verdeutlichen, dass die unterschiedlichen Fristläufe für die Verjährung der einzelnen Ansprüche erhebliche Probleme bereiten können, zumal durch die Rechtsprechung und Literatur noch nicht geklärt ist, ob womöglich beim Unternehmenskauf für die einzelnen Vermögensgegenstände unterschiedliche

und daher niemals in gleicher Form zurück übertragen werden kann, wie es empfangen wurde und weshalb gemäß § 346 Abs. 2 Satz 1 Nr. 2 BGB eine Rückgewähr ausgeschlossen werden sollte; vgl. zum Meinungsstreit MüKoBGB/*Westermann* BGB § 453 Rz. 45 mwN; für eine (beschränkte) Anwendbarkeit des Rücktritts: *Schröcker* ZGR 2005, 83 ff. mwN; für einen Rücktrittsauschluss: *Wolf/Kaiser* DB 2002, 411. Selbst wenn der Käufer aber seinen Rücktritt erklären könnte, wäre die Rückgewähr aus den vorgenannten Gründen ausgeschlossen. Der Käufer bliebe nach § 346 Abs. 2 BGB dem Verkäufer insofern zum Wertersatz nach Maßgabe des objektiven Werts des Kaufobjekts verpflichtet. Dem Käuferanspruch auf Rückgewähr des Kaufpreises stünde daher, jedenfalls in aller Regel, der Wertersatzanspruch des Verkäufers aufrechnungsfähig gegenüber, so dass dem Käufer insoweit kaum geholfen wäre.

[217] Die Minderung kann – obschon grundsätzlich geeignet zu im Wesentlichen sachgerechten Ergebnissen zu führen – Probleme im Hinblick auf die Darstellung der Minderungssumme (Wert des Kaufobjekts in mangelfreiem Zustand gegenüber seinem Wert in mangelhaftem Zustand) und die Beteiligung mehrerer Käufer bereiten; vgl. MüKoBGB/*Westermann* BGB § 453 Rz. 43 mwN; *Triebel/Hölzle* BB 2002, 521 (527).

[218] Palandt/*Weidenkaff* BGB § 437 Rz. 40.

[219] Dazu umfassend: MüKoBGB/*Westermann* BGB § 437 Rz. 23 ff. mwN.

[220] Insoweit handelt es sich um einen Anspruch gerichtet auf den Ausgleich solcher Aufwendungen, die der Käufer im Vertrauen auf den Erhalt des (mangelfreien) Kaufobjekts gemacht hat und billigerweise auch hätte machen dürfen und die nur wegen des Mangels nutzlos geblieben sind (Beispiel: Der Käufer tätigt Investitionen für die Genehmigung einer Anlage gemäß BImSchG. Die Genehmigungsfähigkeit des Betriebes hat er sich im Kaufvertrag zusichern lassen. Wegen veränderter Umstände im angrenzenden Terrain wird die Genehmigung versagt, vgl. *Lorenz* NJW 2004, 26). Nicht erfasst werden insoweit durch Verzicht auf ein Alternativgeschäft unterbliebene Gewinne; vgl. *Reim* NJW 2003, 3662 (3664).

Fristen laufen sollen.[221] Es ist daher zu empfehlen, im Unternehmenskaufvertrag ein autonomes Verjährungsregime zu determinieren, in dem die Verjährungsfristen – inklusive der Ansprüche aus Nebenpflichtverletzungen – grundsätzlich einheitlich geregelt werden. Die Verjährungsfristen können – außer in den Fällen vorsätzlichen Verhaltens – durch individualvertragliche Vereinbarung gekürzt oder ggf., soweit opportun (Umweltrisiken, Rechtsverschaffung), auch verlängert werden.[222] Ebenfalls denkbar und gerade für steuerliche Risiken und solche auf Grund der Sozialversicherung ist es sinnvoll, den Verjährungsbeginn auf den Zeitpunkt der Bestandskraft von Berichtigungsbescheiden der nächsten Betriebsprüfung hinauszuschieben.[223]

Es kann sich auch anbieten, für die Frage des Eintritts der Hemmung der Verjäh- **139**
rung durch Aufnahme von Verhandlungen (§ 203 BGB) eine Definition vorzunehmen, wann eine solche „Aufnahme von Verhandlungen" nach dem übereinstimmenden Willen der Parteien vorliegen soll.

Zu § 8: Verpflichtungen bis zum Übertragungsstichtag

Ist vorgesehen, dass der Verkäufer die Gesellschaft für eine Übergangszeit – vorlie- **140**
gend bis zum Eintritt der Bedingungen – weiterführt, sollte eine Regelung aufgenommen werden, dass der Verkäufer zur Vermeidung einer entsprechenden Haftung bestimmte Verhaltensgrundsätze beachtet, bspw. keine Rechtsverhältnisse begründet, ändert oder beendet, die für die Gesellschaft von wesentlicher Bedeutung sind. Solche Regelungen sind auch immer im Zusammenhang mit der vereinbarten Kaufpreisregelung zu beurteilen. Sofern zwischen den Parteien ein Festpreis bestimmt ist, wird sich der Käufer nur darauf einlassen, wenn engmaschige Regelungen zur Führung der Zielgesellschaft bis zum Übertragungsstichtag festgelegt wurden. Verstöße führen im Muster zu einem Freistellungsanspruch[224] des Käufers. Auch die Wesentlichkeitsgrenze sollte klar und deutlich aus dem Vertragswerk hervorgehen. Alternativ könnte der Verkäufer dem Käufer ein Mitbestimmungsrecht für gewisse Fälle einräumen. In diesem Fall können bestimmte Zustimmungsvorbehalte des Käufers für spezifische Maßnahmen vereinbart werden.[225]

Weiterhin sollte der Vertrag – soweit erforderlich – Regelungen zu Marken und **141**
gewerblichen Schutzrechten (bspw. Vereinbarungen zu Nutzungsrechten zu Gunsten des Verkäufers), besondere Verpflichtungen des Käufers (bspw. Umfirmierung) oder des Verkäufers (vorherige Restrukturierung des Betriebs oder des Unternehmens) und Freistellungen zu Gunsten der einen und/oder der anderen Vertragspartei in Bezug auf bestimmte potentielle Forderungen aus früheren Rechtsgeschäften enthalten.

Zu § 9: Fusionskontrolle

Das Muster geht davon aus, dass der Unternehmenskauf der kartellrechtlichen Fusi- **142**
onskontrolle verschiedener Behörden, d.h. in verschiedenen Staaten unterliegt.[226] Da vorliegend die Kontrolle über die Gesellschaft erworben werden soll, ist der Kaufvertrag – sofern der Geltungsbereich der deutschen Fusionskontrolle eröffnet ist (§ 35 GWB) und ein rechtlich erheblicher Zusammenschluss (§ 37 GWB) vorliegt – vor dem Vollzug dem Bundeskartellamt anzumelden (§ 39 Abs. 1 GWB). Wird die An-

---

[221] MüKoBGB/*Westermann* BGB § 438 Rz. 7; *Beisel/Klumpp* § 16 Rz. 16; *Gronstedt/Jörgens* ZIP 2002, 52 (64): Nebeneinander unterschiedlicher Fristen denkbar; *Heerstraßen/Reinhard* BB 2002, 1429 (1433): Rechtsverschaffungsmängel verjähren in 30 Jahren.

[222] *Brüggemeier* WM 2002, 1376 (1383); Holzapfel/Pöllath/*Engelhardt* Rz. 940.

[223] So auch Holzapfel/Pöllath/*Engelhardt* Rz. 939.

[224] Zur Verjährung von Freistellungsansprüchen vgl. *Liekefett* DB 2005, 2398.

[225] Die Zustimmungsvorbehalte betreffen zB Änderungen des Gesellschaftsvertrags; Umwandlungen; Ausschüttungen; Rückzahlung von Einlagen, Einziehung und Erwerb eigener Anteile; Erwerb und Veräußerung von wesentlichen Vermögensgegenständen; Abschluss, Beendigung oder Änderung von Verträgen; Abschluss, Änderung oder Beendigung von Unternehmensverträgen etc.

[226] Vgl. dazu Rz. 77 ff. mwN.

meldung unterlassen, ist spätestens der Vollzug zur Vermeidung einer Ordnungswidrigkeit (§ 81 Abs. 1 Nr. 4 GWB) dem Bundeskartellamt anzuzeigen. Hat das Bundeskartellamt den angemeldeten Zusammenschluss nicht freigegeben, kann der Vertrag nicht vollzogen werden; entsprechende Rechtsgeschäfte sind unwirksam (§ 41 Abs. 1 Satz 2 GWB). Erfüllt der vollzogene Vertrag die Untersagungsvoraussetzungen des § 36 GWB, muss dieser Vollzug rückgängig gemacht werden; dazu kann das Bundeskartellamt die erforderlichen Maßnahmen anordnen (§ 41 Abs. 3 GWB), sog. Vollzugsverbot. Um aber nicht an einen Vertrag gebunden zu sein, der einem Vollzugsverbot unterliegt, bietet es sich an, insoweit eine Bedingtheit des gesamten Kauf- und Übertragungsvertrags zu formulieren. Insoweit empfiehlt es sich, auch Regelungen aufzunehmen, wie zu verfahren ist, wenn die Kartellbehörden den Zusammenschluss nicht oder nur unter bestimmten Auflagen freigeben.

143 *(frei)*

Zu § 10: Wettbewerbsverbot

144 Der Ausgestaltung des Wettbewerbsverbots wird in aller Regel keine besondere Bedeutung beigemessen. Dabei kann gerade dies zu unangenehmen Überraschungen führen, da entsprechende Entschädigungen sowohl für Zwecke der Ertrags- und Umsatzbesteuerung des verpflichteten Verkäufers als auch für die bilanzielle Darstellung und ggf. Abschreibung auf Seiten des Käufers von Bedeutung sind.[227] Für die ertragsteuerliche Betrachtung steht vor allem die Frage im Raum, ob das Wettbewerbsverbot eine selbstständige Leistung des Verpflichteten bedeutet oder ob das Wettbewerbsverbot inhaltlich lediglich im Wesentlichen die nachvertraglichen Treuepflichten der Gesellschaft widerspiegelt. Das Wettbewerbsverbot kann, sofern es nachhaltig – d.h. für eine gewisse Dauer – vereinbart wird, der Umsatzbesteuerung unterliegen.[228]

145 Übermäßig beschränkende Wettbewerbsverbote sind nichtig (§ 138 BGB). Ihre Nichtigkeit kann den gesamten Vertrag erfassen (§ 139 BGB). Es empfiehlt sich daher auf einen angemessenen Interessenausgleich hinzuwirken. Das Wettbewerbsverbot muss im Hinblick auf die Berufsausübung oder sonstige wirtschaftliche Betätigung des Verkäufers zeitlich, örtlich und gegenständlich einerseits und dem berechtigten Interesses des Käufers andererseits so ausgestaltet sein, dass die Berufsausübung oder sonstige wirtschaftliche Betätigung des Verkäufers nicht unbillig erschwert wird.[229] Ein ausschließlich wegen zu langer Dauer unangemessenes Wettbewerbsverbot kann im Rahmen der gerichtlichen Überprüfung im Wege der geltungserhaltenden Reduzierung auf die noch akzeptable Zeitspanne – in der Regel zwei Jahre[230] – begrenzt werden.[231]

Zu §§ 12, 13: Optionsvereinbarung

146 Das Muster sieht vor, dass der Verkäufer dem Käufer ein unbefristetes Angebot zum Erwerb seines übrigen Geschäftsanteils macht. Es handelt sich um eine sog. **Call-Option** zu Gunsten des Käufers, nach der dieser den verbliebenen Anteil des Verkäufers durch notariell beurkundete Annahmeerklärung (§ 15 Abs. 3, 4 GmbHG) einfordern kann. Das Optionsrecht kann aber auch als sog. **Put-Option** zu Gunsten des Verkäufers ausgestaltet werden, mit der Konsequenz, dass der Verkäufer seinen Restanteil abstoßen und dem Käufer förmlich aufdrängen kann. UU kann sich auch eine Kombination anbieten (Überkreuz-Modelle), wonach sowohl der Käufer als auch der

[227] Umfassend dazu: *Wiesbrock/Wübbelsmann* GmbHR 2005, 519.
[228] BFH v. 13.11.2003 – V R 59/02, GmbHR 2004, 373.
[229] BGH v. 14.7.1997 – II ZR 238/96, NJW 1997, 3089; BGH v. 18.7.2005 – II ZR 159/03, NJW 2005, 3061.
[230] BGH v. 19.10.1993 – KZR 3/92, NJW 1994, 384 (385) mwN; BGH v. 29.9.2003 – II ZR 59/02, NJW 2004, 66.
[231] Ständige Rspr. seit BGH v. 29.10.1990 – II ZR 241/89, NJW 1991, 699.

Verkäufer unter bestimmten Voraussetzungen zum Erwerb bzw. zum Verkauf der verbleibenden Anteile berechtigt sind. Das Muster sieht ein dingliches Angebot (§§ 145, 148 BGB) des Verkäufers vor. Der Vorteil eines solchen dinglichen Angebots liegt darin, dass es jeweils in das Belieben der anderen Partei gestellt ist, ob der jeweilige Kaufvertrag zustande kommt. Der Anbietende ist gebunden und die Konditionen des Kauf- und Übertragungsvertrags sind fixiert. Zur Vermeidung unbilliger Härten kann der Anbietende die Annahme von dem Eintritt bestimmter Bedingungen abhängig machen. Alternativ kann auch eine einfache Verpflichtung vereinbart werden, nach der die Parteien gehalten sind, ggf. einen entsprechenden Kaufvertrag bezüglich der Restanteile noch abzuschließen.[232]

Es sollte in jedem Fall auch geprüft werden, wie zu verfahren ist, wenn der Käufer seine erworbene Beteiligung an einen Dritten abstoßen will; als Lösungsansatz bietet sich die Vereinbarung eines Vorkaufsrechts (§§ 463 ff. BGB) zu Gunsten des Verkäufers nur selten an, da diesem in der Regel nicht daran gelegen ist, das Unternehmen zurückzuerwerben. Sollte dem Verkäufer ausnahmsweise tatsächlich an einem Vorkaufsrecht gelegen sein, ist zu berücksichtigen, dass ein solches seine Interessen nur unzureichend schützt.[233] Demgegenüber sind – im Interesse einer potentiellen Maximierung des Kaufpreises – auch Vereinbarungen denkbar, nach denen der Verkäufer verpflichtet ist, auf Aufforderung des Käufers seinen Restanteil ebenfalls an den Dritten zu veräußern oder der Käufer verpflichtet ist, auf Aufforderung des Verkäufers an dem Verkauf in der Weise zu beteiligen, dass auch der Verkäufer seinen Restanteil an den Dritten abstoßen kann (sog. **Drag-/Tag-along-Klauseln**).[234] 147

---

232 Umfassend zur Option und den Vorteilen: Hölters/*Semler* Teil 7 Rz. 7.31 ff.

233 Vgl. BGH v. 11.10.1991 – V ZR 127/90, NJW 1992, 236; BGH v. 20.3.1998 – V ZR 25/97, WM 1998, 1189; BGH v. 26.9.2003 – V ZR 70/03, NJW 2003, 3769: Voraussetzung der Ausübbarkeit des Rechts ist der Abschluss eine Kaufvertrags oder eines Rechtsgeschäfts mit kaufähnlichem Charakter, der jedenfalls bspw. bei einem 99jährigen Ausbeutungsrecht nicht gegeben sein soll.

234 Siehe MHdB GesR I/*Piehler/Schulte* § 13 Rz. 12.

A. 2.80 GmbH-Beteiligung

Gliederung

A. 2.80

Übertragung von GmbH-Beteiligungen

URNr. [...]

Heute, den [...]
sind vor mir, [...], Notar/in [...]
in meinen Amtsräumen in [...] anwesend:

1. Herr A, geb. am [...],
wohnhaft in [...]
nach Angabe im gesetzlichen Güterstand verheiratet,
2. Herr B, geb. am [...],
wohnhaft in [...]
nach Angabe nicht verheiratet,
3. Herr C, geb. am [...],
wohnhaft in [...]
nach Angabe nicht verheiratet.

Herr A ist mir, Notar, persönlich bekannt und wurde bereits nach dem GWG identifiziert. Die weiteren Erschienenen wurden vom Notar identifiziert anhand ihrer vorgelegten gültigen amtlichen Bundespersonalausweise/deutschen Reisepässe, deren Kopien vom Notar auftragsgemäß zur Aufbewahrung genommen wurden. Die Beteiligten handeln nach Angabe, wie aus der Urkunde ersichtlich.

Alle Beteiligten bestätigen, dass sie ausreichend Gelegenheit hatten, sich vor dem heutigen Termin mit dem übersandten Entwurf und dem Gegenstand der Beurkundung auseinander zu setzen.

Auf Ansuchen beurkundete ich gem. den Erklärungen der Erschienenen folgendes:

§ 1 Sachverhalt[Rz. 1–8, 50–53]

An der

A-GmbH mit dem Sitz in [...],
(Anschrift: [...])
eingetragen im Handelsregister des Amtsgerichts [...] unter HRB [...]
– nachfolgend auch kurz „Gesellschaft“ genannt –

ist nach Angabe und gemäß der letzten beim Handelsregister aufgenommenen Gesellschafterliste beteiligt:

Herr A nach seiner Versicherung mit 25.000 voll einbezahlten Geschäftsanteilen zu einem Nennbetrag von je 1,– EUR (Geschäftsanteile Nr. 1 – 25.000), die er bei Gründung der Gesellschaft erworben hat.

§ 2 Überlassung [Rz. 55–59]

Herr A
– nachfolgend auch „Veräußerer" genannt –

ü b e r l ä s s t

hiermit seine nachfolgend genannten Geschäftsanteile an der in § 1 näher bezeichneten Gesellschaft jeweils mit allen Rechten und Pflichten, insbesondere mit dem Gewinnbezugsrecht für das gesamte laufende Geschäftsjahr sowie für die in vorausgegangenen Geschäftsjahren erwirtschafteten Gewinne, die noch nicht an die Gesellschafter ausgeschüttet wurden, wie folgt:

1. an Herrn B
– nachfolgend auch „Erwerber" genannt –
die Geschäftsanteile Nr. 12.501 – 18.750 zu einem Nennbetrag von je 1,– EUR, sowie

2. an Herrn C
– nachfolgend ebenfalls auch „Erwerber" genannt –
die Geschäftsanteile Nr. 18.751 – 25.000 zu einem Nennbetrag von je 1,– EUR.

Die Rechte und Pflichten aus Darlehenskonten und Verrechnungskonten des Veräußerers bei der vorgenannten GmbH verbleiben beim Veräußerer.

Die Überlassungen an den jeweiligen Erwerber sind im weiteren Fortbestand und in der weiteren Abwicklung voneinander unabhängig, so dass die etwaige Rückabwicklung einer Überlassung nicht die Rückabwicklung der anderen Überlassung nach sich zieht.

§ 3 Rechtsgrund, Gegenleistungen [Rz. 74–88]

Die Überlassung erfolgt jeweils im Wege der vorweggenommenen Erbfolge.

Der jeweilige Erwerber hat den Wert der Zuwendung im Erbfall des Veräußerers im Verhältnis zu dessen übrigen Abkömmlingen nicht auszugleichen.

Der jeweilige Erwerber hat sich jedoch den Wert des jeweils überlassenen Vertragsgegenstandes, soweit dieser den Wert der Gegenleistungen bzw. Auflagen übersteigt, auf seine etwaigen Pflichtteilsansprüche am Nachlass des Veräußerers zum heutigen Verkehrswert anrechnen zu lassen. Eine Bezifferung dieses Wertes soll hier nicht erfolgen. [Rz. 74–76]

Der Erwerber hat folgende Gegenleistungen zu erbringen: [Rz. 77 ff.]

a) Der Erwerber B wird hiermit im Wege eines Vertrags zugunsten Dritter gemäß § 328 Abs. 1 BGB verpflichtet, an seine Schwester D eine

Ausgleichszahlung [Rz. 83 ff.]

von € [...],– (in Worten: [...] Euro) zu leisten. Der Betrag ist in drei gleichen Jahresraten zu zahlen; die erste Rate ist fällig am [...]. Auf besondere Sicherstellung der Zahlung wird verzichtet. Kommt der Erwerber mit der Zahlung in Verzug, hat er den geschuldeten Betrag mit einem jährlichen Zins von fünf Prozentpunkten über dem Basiszinssatz zu verzinsen; Vorfälligkeitszinsen sind nicht geschuldet. Die Ausgleichszahlung ist nur mit Zustimmung von Frau D abänderbar.

Für Frau D gilt im Hinblick auf die Ausgleichszahlung die Pflichtteilsanrechnung und der Ausschluss einer Ausgleichungspflicht entsprechend den obigen Regelungen. Frau D erhält von diesem Vertrag eine Kopie zur Mitteilung der Ausgleichszahlung und der Pflichtteilsanrechnung.

b) Der Erwerber C verpflichtet sich ferner, dem Veräußerer auf dessen Lebenszeit als

Leibrente[Rz. 79 ff.]

einen monatlichen Betrag von € [...],– (in Worten: [...] Euro) zu zahlen. Die Zahlung hat zum Dritten eines jeden Monats, erstmals zum [...], zu erfolgen.
Ändert sich der vom Statistischen Bundesamt berechnete Verbraucherpreisindex für Deutschland gegenüber dem Indexstand des laufenden Monats um 10 % oder mehr, so verändert sich die Höhe der Leibrente ebenso ab dem Zeitpunkt der Überschreitung dieser Grenze. Gegebenenfalls erfolgt die Anpassung wiederholt.
Auf eine besondere Sicherstellung der Zahlung und die Festlegung eines erhöhten Verzugszinses wird verzichtet.
Diese Geldleistungen sind im Übrigen für den Berechtigten höchstpersönlich, insbesondere nicht vererblich und nicht übertragbar. Etwaige Rückstände sind mit dem Tod des Berechtigten erlassen, soweit hierüber nicht zum Todeszeitpunkt ein Rechtsstreit anhängig ist oder ein schriftliches Anerkenntnis des Verpflichteten besteht.

c) Freistellungspflichten des jeweiligen Erwerbers bzw. von Frau D gegenüber Geschwistern bezüglich etwaiger gesetzlicher Unterhaltsansprüche des Veräußerers werden nicht vereinbart.[Rz. 87]

§ 4 Abtretung[Rz. 92–99]

Der Veräußerer tritt hiermit mit Wirkung zum [...] (Stichtag) die jeweils gem. Ziff. II. überlassenen Geschäftsanteile an den jeweiligen Erwerber ab. Der jeweilige Erwerber nimmt die Abtretung an.

§ 5 Mängelhaftung[Rz. 110–112]

Der Veräußerer übernimmt die Haftung dafür, dass die überlassenen Geschäftsanteile frei von Rechten auf den jeweiligen Erwerber übergehen und die Einzahlungen auf die Geschäftsanteile, wie in § 1 aufgeführt, geleistet sind.

Darüber hinaus sind alle Ansprüche des jeweiligen Erwerbers wegen Mängeln ausgeschlossen, es sei denn, der Veräußerer handelt vorsätzlich pflichtwidrig.

§ 6 Widerrufsrecht[Rz. 116–120]

Der Veräußerer behält sich das Recht vor, die Übertragung der jeweiligen Geschäftsanteile zu widerrufen, wenn

- der betreffende Erwerber vor dem Veräußerer verstirbt, oder
- der betreffende Erwerber sich mit einer in § 3 vereinbarten Zahlungspflicht länger als acht Wochen in Verzug befindet, oder
- zu Lebzeiten des Veräußerers eine Pfändung in einen Geschäftsanteil des betreffenden Erwerbers erfolgt oder die Eröffnung eines Insolvenzverfahrens in das Vermögen des betreffenden Erwerbers erfolgt oder die Eröffnung mangels Masse abgelehnt wird, oder,
- ein Fall iSd. § 530 BGB (grober Undank des Erwerbers) vorliegt.

Das Widerrufsrecht besteht nur gegenüber dem Erwerber, in dessen Person der Widerrufsgrund besteht. Der Widerruf kann nur schriftlich und längstens binnen sechs Monaten ab Kenntnis des Veräußerers vom Vorliegen des Widerrufsgrunds erklärt werden. Im übrigen gelten für den Widerruf die §§ 530 ff. BGB – gegebenenfalls entsprechend –, jedoch mit der Maßgabe, dass die bis zur Ausübung gezogenen Nutzungen sowie bis dahin geleisteten Rentenzahlungen ihrem Empfänger verbleiben. Zur Sicherung der Rückgewährpflicht erklären sich die Vertragsteile bereits heute, jedoch aufschiebend bedingt durch die Erklärung des Widerrufs, einig über die Rückabtretung der übertragenen Geschäftsanteile des vom Widerruf betroffenen Erwerbers mit allen Rechten und Pflichten auf den Veräußerer.

Der Notar hat die Rechtsfolgen des Widerrufsrechts erläutert und darauf hingewiesen, dass die Rückgewähr der übertragenen Beteiligung im Falle des Widerrufs nicht in jedem Fall, zB nicht bei vorheriger Auflösung der GmbH, sichergestellt ist.

§ 7 Zustimmung Rz. 125–128

Eine Zustimmung der Ehefrau des A nach § 1365 BGB ist nicht erforderlich, da dieser mit der heutigen Übertragung nicht über sein im Wesentlichen gesamtes Vermögen verfügt.

Nach den Satzungsbestimmungen bestehen ebenfalls keine weiteren Zustimmungserfordernisse.

§ 8 Hinweise Rz. 132–135

Die Beteiligten wurden vom Notar über die rechtliche Tragweite dieser Urkunde, insbesondere über folgende Punkte, belehrt:

Mit der Beurkundung der Geschäftsanteilsabtretung ist keine Gewähr des Notars für die Berechtigung des Veräußerers und die Lastenfreiheit des abgetretenen Geschäftsanteils verbunden.

Die Geschäftsanteilsabtretung wird gegenüber der Gesellschaft erst wirksam, wenn der Erwerber in der zum Handelsregister aufgenommenen Gesellschafterliste eingetragen ist.

Der Veräußerer haftet auch nach der Geschäftsanteilsabtretung für die dann bereits fälligen Einzahlungs-, Nachschuss- und Erstattungsverpflichtungen, und zwar für die eigenen Rückstände uneingeschränkt und unter bestimmten Voraussetzungen auch für die Rückstände anderer Gesellschafter.

Der Erwerber haftet für alle auf das Stammkapital der Gesellschaft noch nicht geleisteten Einzahlungen, Nachschüsse und Erstattungen nach Maßgabe der Gesetzesvorschriften.

Ein Gesellschafter kann seine Geschäftsanteile ersatzlos verlieren, soweit er in der beim Handelsregister vom Geschäftsführer oder Notar einzureichenden Gesellschafterliste nicht als deren Inhaber ausgewiesen ist; er sollte daher die Richtigkeit der eingereichten Liste regelmäßig prüfen.

Eine steuerliche Prüfung und Beratung hat der Notar nicht vorgenommen.

§ 9 Teilunwirksamkeit Rz. 138

Sollten einzelne Bestimmungen dieser Urkunde unwirksam sein oder werden, so wird hierdurch die Wirksamkeit der übrigen Bestimmungen nicht berührt.

Die Vertragsteile verpflichten sich in einem derartigen Fall, anstelle der unwirksamen Bestimmung eine wirksame Ersatzregelung zu treffen, die dem mit der unwirksamen Bestimmung verfolgten wirtschaftlichen Zweck möglichst nahekommt.

Entsprechendes gilt, falls sich eine ergänzungsbedürftige Lücke herausstellen sollte.

§ 10 Sonstiges Rz. 140–142

Die Kosten dieser Urkunde und ihres Vollzugs tragen die Erwerber je hälftig. Eine anfallende Schenkungsteuer trägt jeder Erwerber für seinen Erwerb.

Von dieser Urkunde erhalten die Vertragsteile und die Gesellschaft je eine beglaubigte Abschrift. Eine weitere beglaubigte Abschrift erhält das zuständige Finanzamt – Körperschaftsteuerstelle – gemäß § 54 EStDV, ferner das Finanzamt – Schenkungsteuerstelle.

Nach Angabe der Beteiligten hat die Gesellschaft keinen inländischen Grundbesitz und ist auch nicht an grundstückshaltenden Gesellschaften (unmittelbar oder mittelbar) beteiligt.

Der Notar wird umfassend zur Abwicklung der Urkunde bevollmächtigt und beauftragt, insb. alle hierzu erforderlichen oder zweckdienlichen Rechtshandlungen vorzunehmen und Erklärungen abzugeben.

Vorgelesen vom Notar,
von den Beteiligten genehmigt
und eigenhändig unterschrieben

A. Grundsätzliche Anmerkungen

I. Wirtschaftliche Aspekte und allgemeine Gestaltungsüberlegungen

1 *Zugrunde gelegter Sachverhalt (vgl. auch Formular C. 1.30):*

Herr A („Senior-Gesellschafter") ist Alleingesellschafter und einziger Geschäftsführer der A-GmbH, in die er sein früheres Einzelunternehmen eingebracht und dafür 25 000 Geschäftsanteile im Nennbetrag von je € 1,– erhalten hat. Nunmehr möchte Herr A – nach Anpassung der GmbH-Satzung (vgl. Formular C. 1.30) – seine beiden Kinder B und C in die Gesellschaft aufnehmen, indem er ihnen von seinen Anteilen jeweils 25 vH überträgt.[1]

2 Typische Problem- bzw. Regelungsbereiche bei einer solchen angestrebten Beteiligung von Abkömmlingen an einer Handelsgesellschaft sind die Abstimmung der Einflussrechte auf die Geschäftsführung, die Sicherung eines ausreichenden Lebensstandards des Senior-Gesellschafters (und ggf. seines Ehegatten), der Interessenausgleich des Erwerbers mit etwa vorhandenen Geschwistern, evtl. die Vorsorge gegenüber unerwarteten Entwicklungen (Insolvenz, Ableben, Scheidung des Erwerbers etc.) sowie – bei Vorhandensein weiterer Gesellschafter – die Abstimmung mit deren Interessen.[2]

Je nachdem
- ob das Unternehmen der GmbH auf einem Grundstück im Eigentum der GmbH oder deren Gesellschafter oder auf einem von Dritten angemieteten Grundstück betrieben wird (hierzu nachfolgend Rz. 3),
- ob der Senior-Gesellschafter jedenfalls übergangsweise an der GmbH beteiligt bleiben soll bzw. inwieweit Zweifel an einer gelungenen Fortführung des Unternehmens durch den Erwerber bestehen (hierzu nachfolgend Rz. 4),
- ob der Senior-Gesellschafter (und ggf. der Ehegatte) finanziell ausreichend versorgt sind (hierzu nachfolgend Rz. 5),
- ob Geschwister des Erwerbers vorhanden sind, die nicht an der GmbH beteiligt werden sollen (hierzu nachfolgend Rz. 6ff.),
- ob weitere Mitgesellschafter vorhanden sind (hierzu nachfolgend Rz. 4),

ergeben sich unterschiedliche Weichenstellungen für die weitere Gestaltung der Unternehmensnachfolge.

3 **1.** Wird das Unternehmen auf eigenem Grundbesitz der GmbH betrieben, ist diesbezüglich bei der Übertragung der Geschäftsanteile nichts zu beachten, da und sofern dies unverändert beibehalten wird und werden soll. Entsprechendes gilt, wenn der betreffende Grundbesitz von Dritten angemietet ist.

Befindet sich der betrieblich genutzte Grundbesitz im Eigentum des Senior-Gesellschafters und ist dieses an die GmbH vermietet bzw. verpachtet, liegt steuerlich eine sog. **Betriebsaufspaltung** vor, wenn eine sog. personelle Verflechtung besteht.[3] Letzteres ist dann der Fall, wenn die gleichen Personen sowohl bei der Verwaltung des Grundbesitzes, also im sog. Besitzunternehmen, als auch in der GmbH, dem sog. Betriebsunternehmen, ihren Willen durchsetzen können (einheitlicher geschäftlicher Be-

---

[1] Vgl. hierzu auch FBRS Formular B. 3; Beck'sche Online Formulare/*Giehl* Formular 7.8.6.5.

[2] Vgl. *Spiegelberger* Unternehmensnachfolge, § 1.

[3] Vgl. zur Betriebsaufspaltung Schmidt/*Wacker* EStG § 15 Rz. 800; OFD Frankfurt a. M. v. 10.5.2012 – S 2240 A – 28 – St 219, BeckVerw 262070; EStH 15.7 Abs. 4ff. Zur personellen Verflechtung s. aaO, insbes EStH 15.7 Abs. 6.

tätigungswille), namentlich bei Personenidentität von Grundstückseigentümer und GmbH-Gesellschafter. Bei Personenmehrheiten kommt es vor allem auf die entsprechenden Stimmmehrheiten an, wobei der hierbei erforderliche Interessengleichlauf (widerleglich) vermutet wird; dies gilt uU nicht bei extrem entgegengesetzten Beteiligungen (Besitzunternehmen: A = 99 vH u. B = 1%, Betriebsunternehmen: A = 1% u. B = 99 vH).[4] Folge der Betriebsaufspaltung ist die steuerliche Umqualifizierung des Grundbesitzes und der GmbH-Beteiligung von Privat- in Betriebsvermögen. Endet im Zuge der Beteiligungsschenkung die Betriebsaufspaltung, droht eine Besteuerung stiller Reserven (s. u. Rz. 26). In diesen Fällen ist, auch unter Berücksichtigung der steuerlichen Gegebenheiten, zu entscheiden, ob und inwieweit die Abkömmlinge auch am Grundbesitz bzw. dem Besitzunternehmen beteiligt werden sollen.

Ist die nicht an der GmbH beteiligte Ehefrau des Senior-Gesellschafters vermietende Eigentümerin des betrieblichen Grundbesitzes, besteht keine Betriebsaufspaltung (sog. **Wiesbadener Modell**).[5] Hier kann daher unabhängig von der vorstehenden steuerlichen Problematik über eine Mitübertragung des Grundbesitzes entschieden werden.

Empfehlenswert kann ggf. – zur Vermeidung einer ungewollten steuerlichen Entnahme – die Übertragung des Grundbesitzes bzw. des Besitzunternehmens in eine gewerbliche geprägte GmbH & Co. KG sein.[6]

Zusätzliche Gestaltungsprobleme sind zu lösen, wenn sich auf dem betrieblichen Grundstück auch die Wohnung bzw. das Wohnhaus des Senior-Gesellschafters bzw. seiner Ehefrau befindet. Hier kann sich ggf. die Separierung von betrieblich und privat genutztem Grundbesitz empfehlen, je nach den örtlichen Gegebenheiten und Umständen des Einzelfalls durch Aufteilung des Grundbesitzes in Wohnungs- und Teileigentum oder durch Realteilung.

Wird der Betrieb zusammen mit Grundbesitz übergeben, ist das vorstehende Formular um die Regelungen der Grundstücksübertragung und etwaiger dinglicher Rechte zu ergänzen.[7]

2. Unterschiedliche Gestaltungsfragen stellen sich in Abhängigkeit davon, ob der Senior-Gesellschafter jedenfalls übergangsweise an der GmbH mitbeteiligt bleiben will, ob die zu übertragenden Anteile auf einen oder mehrere Erwerber übergehen und ob noch weitere Gesellschafter vorhanden sind. **4**

Sind Mitgesellschafter vorhanden, kann zur Übertragung von Geschäftsanteilen aufgrund entsprechender Satzungsvorgaben (sog. Vinkulierungsklausel) die Zustimmung der Mitgesellschafter bzw. der Geschäftsführer erforderlich sein.[8] Scheitert eine direkte Beteiligung von Abkömmlingen, kann ggf. auf eine Unterbeteiligung ausgewichen werden.[9]

Vor allem wenn durch die Übertragung nicht ein Erwerber Alleingesellschafter der GmbH wird, kann sich ferner Bedarf für eine Satzungsanpassung und sonstige Vereinbarungen ergeben (Geschäftsführer- bzw. Anstellungsverträge, Gesellschaftervereinbarungen, Geschäftsordnung, Beraterverträge usw.).[10]

Mit dem Senior-Gesellschafter können ergänzende Regelungen zur Rechtsstellung von ihm und des Erwerbers auch unmittelbar im Anteilsschenkungsvertrag getroffen werden; dies ist vor allem relevant, wenn der Senior-Gesellschafter Mitgesellschafter bleibt.

---

[4] Vgl. Schmidt/*Wacker* EStG § 15 Rz. 821 ff.

[5] Vgl. Schmidt/*Wacker* EStG § 15 Rz. 847. Zur zivilrechtlichen Absicherung des Unternehmer-Ehegatten im Scheidungsfall s. *Kesseler* DStR 2015, 1189. Zur Besteuerung der Mieteinnnahmen und Werbungskosten im Wiesbadener Modell: OFD Rheinland v. 18.12.2009, DStR 2010, 651.

[6] *Dehmer* Betriebsaufspaltung, 3. Aufl. 2015, § 8 Rz. 73.

[7] Vgl. hierzu die Formulare A. 1.01–05.

[8] Zu Vinkulierungsklauseln vgl. auch C.1.30 Rz. 77 ff.

[9] Vgl. hierzu Formulare A.1.10–12; A.2.50 ff.

[10] Vgl. hierzu C.1.30 Rz. 6 ff.

5 **3.** Mit der Übertragung der GmbH-Beteiligung kann für den Senior-Gesellschafter eine wesentliche Einkunftsquelle wegfallen, dies insbesondere, wenn damit auch sein Rückzug aus der Geschäftsführung und der Wegfall seiner Geschäftsführerbezüge verbunden ist. Stehen ihm keine anderen ausreichenden Einkunftsquellen zur Verfügung, muss er sich (und ggf. seinen Ehegatten) durch die Vereinbarung entsprechender **Gegenleistungen** absichern. Die Höhe der Gegenleistungen wird sich dann regelmäßig am Ertrag der Beteiligung und am Bedarf des Senior-Gesellschafters orientieren. Über die Höhe der Gegenleistungen lassen sich auch die steuerlichen Folgen der Anteilsübertragung beeinflussen (vgl. nachfolgend Rz. 26 ff. und Einzelerläuterungen zu § 3).

Ggf. kann sich der Senior-Gesellschafter jedenfalls zunächst auch einen Anteil an der Beteiligung zurückbehalten und/oder weiter gegen Entgelt für die GmbH tätig sein; ergänzend oder alternativ ist auch die Vereinbarung einer **stillen Beteiligung** oder Unterbeteiligung für den Senior-Gesellschafter[11] denkbar.

6 **4.** Stellt die GmbH-Beteiligung den Hauptvermögenswert des Senior-Gesellschafters dar und soll die Beteiligung nur auf eines bzw. einige von mehreren Kindern übertragen werden, stellt sich die Frage nach einem **angemessenen Ausgleich für die anderen Kinder.** Soweit dem Senior-Gesellschafter (auch unter Berücksichtigung seiner eigenen finanziellen Absicherung) keine weiteren ausreichenden Vermögenswerte zur Verfügung stehen, um selbst für einen solchen Ausgleich sorgen zu können, kann der Ausgleich idR nur über den Erwerber erfolgen. Berechnet man den Ausgleich unter rein ökonomischen Gesichtspunkten (zB im Ausgangssachverhalt einen Betrag in Höhe von 50 vH des Unternehmenswerts), kann der Erwerber dadurch finanziell überfordert werden. Auf der anderen Seite fühlen sich die Geschwister des Erwerbers bei einer geringen Abfindung aber oftmals unangemessen benachteiligt, so dass der Familienfriede hierdurch nachhaltig gestört sein kann.

7 Erhalten die anderen Kinder nicht zumindest einen Vermögensausgleich in Höhe ihrer Pflichtteilsquote, droht dem Erben des Senior-Gesellschafters bzw. ggf. dem Betriebsübernehmer im Falle des Ablebens des Senior-Gesellschafters innerhalb von zehn Jahren ab Vollzug der Betriebsübergabe eine Inanspruchnahme auf **Pflichtteilsergänzung** gem. § 2325 BGB.[12]

8 Soweit Kinder nicht unmittelbar an der GmbH beteiligt werden, kommt abgesehen von einer – ggf. ratenweisen – Ausgleichszahlung an Geschwister (vgl. noch nachfolgende Einzelerläuterungen zu § 3) kommt als weitere Alternative deren Beteiligung als stille Gesellschafter an der GmbH bzw. eine Unterbeteiligung an GmbH-Anteilen in Betracht.[13]

9, 10 *(frei)*

II. Rechtliche Aspekte

1. Zivilrecht

11 **a)** Die Übertragung einer GmbH-Beteiligung ohne Gegenleistungen stellt regelmäßig eine **Schenkung** gem. § 516 BGB dar, unabhängig davon, ob sie im Vertrag als „Schenkung“, „vorweggenommene Erbfolge“ oder „Überlassung“ etc. bezeichnet wird.[14] Werden Gegenleistungen vereinbart, zB auch durch Übernahme von Verpflichtungen bzw. Verbindlichkeiten, handelt es sich um eine sog. **gemischte Schen-**

[11] Vgl. zur stillen Beteiligung Formulare A. 1.20 und A. 2.60; zur Unterbeteiligung s. Nw. in Fn. 9.

[12] Vgl. unten Rz. 22, ferner *Sudhoff* Unternehmensnachfolge, § 17 Rz. 68 f. Behält sich der Senior-Gesellschafter am übergebenen Betrieb einen Nießbrauch vor, ist Vollzug der Betriebsübergabe und damit Beginn der 10-Jahresfrist nach derzeitiger Rspr. erst mit Beendigung des Nießbrauchs anzunehmen, vgl. Palandt/*Edenhofer* BGB, § 2325 Rz. 22. Mit der seit 1.1.2010 geltenden Erbrechtsreform wurden die Pflichtteilsergänzungsansprüche etwas eingeschränkt, vgl. *Lehmann/Schulz* ZEV 2009, 337; vgl. ferner Formular A. 5.00.

[13] Formularnachweise s. Fn. 9 und 11.

[14] Vgl. *Sudhoff* Unternehmensnachfolge, § 20 Rz. 12 ff.

kung oder, wenn sich Leistung und Gegenleistung wertmäßig im Wesentlichen entsprechend, um einen **Anteilskauf** (§§ 433, 453 BGB; vgl. hierzu Formular A. 2.70). Die Abgrenzung zwischen einer gemischten Schenkung und einem Anteilskauf ist bei entsprechend hoher Gegenleistung fließend; maßgebend ist – abgesehen vom Wertverhältnis von Leistung und Gegenleistung – vor allem der Wille der Beteiligten.[15]

Eine Anteilsübertragung von Eltern auf ein Kind kann schließlich evtl. auch als **Ausstattung** gem. § 1624 BGB erfolgen.[16] 12

Im Übertragungsvertrag sollte die Vertragsart und, jedenfalls soweit die Rechtsfolgen nicht umfassend im Vertrag selbst geregelt werden, die anzuwendenden gesetzlichen Bestimmungen möglichst klargestellt werden. 13

b) Die Übertragung von GmbH-Anteilen bedarf hinsichtlich der **Form** zu seiner Wirksamkeit der **notariellen Beurkundung,** wie sich bereits aus **§ 15 Abs. 3 u. 4 GmbHG** ergibt.[17] Mitzubeurkunden sind nach hM alle Vereinbarungen, die mit der Anteilsabtretung bzw. der Verpflichtung hierzu als rechtliche Einheit gewollt sind. Nach § 15 Abs. 4 Satz 2 GmbHG wird ein Formmangel des schuldrechtlichen Geschäfts allerdings mit wirksamer Beurkundung der dinglichen Anteilsabtretung geheilt.[18] 14

Im Übrigen ergibt sich für eine Anteilsschenkung eine Beurkundungspflicht ferner aus **§ 518 Abs. 1 S. 1 BGB.**[19] Erfolgt keine Beurkundung, wird diesbezüglich der Formfehler jedoch durch die Erfüllung des (zunächst formunwirksamen) **Schenkungsversprechens** geheilt (§ 518 Abs. 2 BGB). Zumindest die Beurkundung der dinglichen Geschäftsanteilsabtretung bleibt damit unumgänglich.[20] 15

Wird zusammen mit der Beteiligung **Grundbesitz** übergeben, ist der Vertrag ferner nach §§ 311b Abs. 1 S. 1 BGB **beurkundungspflichtig.**[21] 16

(frei) 17–19

c) Ist der **Erwerber** noch **minderjährig,** muss für ihn ggf. ein Ergänzungspfleger bestellt und – bei vereinbarten Gegenleistungen bzw. Übernahme von Verbindlichkeiten – die familiengerichtliche Genehmigung eingeholt werden (§§ 1795, 1909, 1643, 1822 Nr. 3 u. Nr. 10 BGB).[22] 20

---

[15] Vgl. Palandt/*Weidenkaff* BGB § 516 Rz. 13.

[16] Vgl. OLG Stuttgart MittBayNot 2005, 229; vorausgesetzt wird, dass die Ausstattung zur Erlangung einer selbständigen Lebensstellung des Kindes dient und – unter Berücksichtigung der Lebensumstände des Senior-Gesellschafters – angemessen ist, insb. für eine ausreichende Versorgung des Senior-Gesellschafters gesorgt ist. Für die Ausstattung gilt nicht die Formvorschrift des § 518 Abs. 1 BGB, ebenso nicht die gesetzlichen Rückforderungsrechte der §§ 528 f., 530 f. BGB; sie kann – anders wie idR eine Schenkung – auch durch einen Betreuer erfolgen, vgl. Palandt/*Diederichsen* BGB § 1908i Rz. 17. Soweit die Ausstattung angemessen ist, soll sie auch keiner Pflichtteilsergänzung unterliegen, vgl. *Bamberger/Roth* BGB § 2325 Rz. 11.2.

[17] Zur Frage der Beurkundungspflicht bei zunächst formfreier Übertragung von Anteilen an einer „Nicht-GmbH" nach zwischenzeitlicher Umwandlung in eine GmbH vor Wirksamkeit der Abtretung s. *Eusani/Schaudinn* GmbHR 2009, 1125.

[18] Vgl. hierzu (unvollständige Beurkundung der schuldrechtlichen Vereinbarungen in derselben Urkunde, in der auch die dingliche Abtretung beurkundet wurde) OLG Frankfurt a. M. v. 21.2.2012 – 11 U 97/11, GmbHR 2012, 513 m. Anm. Heinze = MittBayNot 2012, 401 m. Anm. *Winkler/Bohrer* DStR 2012, 1232. Zur **Beurkundungspflicht von Änderungsvereinbarungen** s. *Böttcher* NotBZ 2011, 118.

[19] Vgl. Palandt/*Weidenkaff* BGB § 516 Rz. 15, und § 518 Rz. 1.

[20] Zur Möglichkeit einer Auslandsbeurkundung s. Baumbach/Hueck/*Fastricht* GmbHG § 15 Rz. 22a; Berlin Charlottenburg v. 22.1.2016 – 99 AR 9466/15, GWR 2016, 96 m. Anm. *Berninger* (zur Beurkundung in der Schweiz).

[21] Zur „Gesamtbeurkundungspflicht" vgl. Palandt/*Grüneberg* BGB, § 311b Rz. 25 ff., 32 ff.; zur möglichen Heilung gem. § 311b Abs. 1 S. 2 BGB durch Grundbuchvollzug und deren Anforderungen, vgl. Palandt/*Grüneberg* BGB, § 311b, Rz. 46 ff. Zu den Problemen bei der steuerlichen Anerkennung bei Nichteinhaltung von Formvorschriften unter Angehörigen vgl. BMF v. 2.4.2007, DStR 2007, 805; BFH v. 22.2.2007 – IX R 45/06, DStR 2007, 986, u. hierzu *Tiedtke/Möllmann* DStR 2007, 1940. Zum möglichen (teilweisen) Wegfall der Privilegien der §§ 13a f. ErbStG (s. hierzu Rz. 36 ff.) s. FG BW v. 20.3.2008 – 7 V 533/07, DStRE 2009, 615.

[22] Bei einer Schenkung durch die Eltern bzw. ein Elternteil an ihr minderjähriges Kind, sind die Eltern von der Vertretung ausgeschlossen, sofern nicht eine für das Kind lediglich rechtlich vorteilhafte Zuwendung vorliegt. Kein lediglich rechtlicher Vorteil besteht nach überwiegender Meinung bei einer vereinbarten Gegenleistung oder einer mit dem Anteilserwerb verbundenen Zahlungsverpflichtung bzw. Haftung (zB bei nicht vollbezahlter Einlage). Ähnliche Kriterien gelten letztlich für die Frage der Notwendigkeit einer gerichtlichen Genehmigung. Vgl. hierzu *Rust* DStR 2005, 1942, 1947 f., ferner Formular A. 3.00–3.03.

2. Handels- und Gesellschaftsrecht

21 Bei einer Geschäftsanteilsübertragung ist zum Handelsregister vom Notar eine neue **Gesellschafterliste** einzureichen (§ 40 Abs. 2 GmbHG und Formular A. 2.81).

Erfolgt im Zusammenhang mit der Anteilsschenkung eine **Satzungsänderung,** ist diese notariell zu beurkunden und zur Eintragung in das Handelsregister zu beantragen (§§ 53f. GmbHG und Formular C. 1.30).

Ein etwa damit im Zusammenhang zu erfolgender **Geschäftsführerwechsel** muss ebenfalls – unter Beifügung des entsprechenden Gesellschafterbeschlusses – zur Eintragung in das Handelsregister angemeldet werden (§ 39 GmbHG). Ferner erfolgt mit dem neuen Geschäftsführer regelmäßig der Abschluss eines Anstellungsvertrags; hierbei sind dann wiederum die entsprechenden steuerlichen und sozialversicherungsrechtlichen Aspekte einzubeziehen (vgl. auch C. 1.30 Rz. 28).

3. Erbrecht

22 Mit einer Anteilsschenkung insbes. an Abkömmlinge sind regelmäßig erbrechtliche Aspekte verbunden. So stellt sich die Frage nach einer Ausgleichungspflicht unter Geschwistern, einer Pflichtteilsanrechung bzw. eines Pflichtteilsverzichts und der Vermeidung ungewollter **Pflichtteilsergänzungsansprüche Dritter** (vgl. bereits Rz. 7 sowie Erläuterungen zu § 3).

Berechtigte eines Pflichtteilsergänzungsanspruchs gem. § 2325 BGB können nach § 2303 BGB sein: der Ehegatte des Senior-Gesellschafters sowie Abkömmlinge und (wenn solche nicht vorhanden sind) die Eltern des Senior-Gesellschafters. Je nach den Umständen des Einzelfalls sollte eine Betriebsübergabe durch die Vereinbarung (notarieller, ggf. auf die Beteiligung gegenständlich beschränkter) **Pflichtteilsverzichtserklärungen** gem. § 2346 BGB solcher Pflichtteilsberechtigter flankiert werden (vgl. Formulare A. 5.00 und A. 5.40).

23–25 *(frei)*

III. Steuerliche Aspekte

1. Ertragsteuern

a) Einkommensteuer

26 Die **unentgeltliche** Übertragung einer im Privatvermögen gehaltenen GmbH-Beteiligung löst keine Einkommensteuer aus.

Eine unentgeltliche Übertragung aus einem Betriebsvermögen kann dagegen eine steuerpflichtige Entnahme begründen (§§ 4 Abs. 1 S. 2, 6 Abs. 1 Nr. 4, 15 EStG). Dies gilt zB im Falle einer sog. **Betriebsaufspaltung** (s. o. Rz. 3) bei der Schenkung einer (zum Betriebsvermögen des Besitzunternehmens gehörenden) Beteiligung an der sog. Betriebs-GmbH, wobei durch eine solche Übertragung zudem die personelle Verflechtung und damit die Betriebsaufspaltung enden kann, so dass dann eine Besteuerung aller stiller Reserven des Besitzunternehmens samt der Beteiligung an der Betriebs-GmbH droht. Vermieden werden könnte dies ggf. durch eine gleichzeitige Beteiligung des Beschenkten sowohl am Besitzunternehmen als auch an der Betriebs-GmbH.

Eine **(teil)entgeltliche** Übertragung kann zu einem steuerpflichtigen Veräußerungsgewinn führen, und zwar (vgl. auch A. 2.70 Rz. 53)

- bei einer im Privatvermögen gehaltenen Beteiligung von mindestens 1% nach § 17 EStG,
- bei einer im Privatvermögen gehaltenen Beteiligung von weniger als 1% nach § 20 (Abs. 2 Nr. 1) EStG bzw. nach der früheren Regelung – bei einer Anschaffung durch den Schenker vor dem 1.1.2009 – nach § 23 EStG,

– bei einer im Betriebsvermögen gehaltenen Beteiligung als teilweise Veräußerung und teilweise Entnahme regelmäßig nach § 15 EStG.[23]

Bei einer steuerverhafteten Beteiligung, die aus einer Einbringung gem. § 20 UmwStG stammt, kann es ferner zur nachträglichen Besteuerung eines sog. Einbringungsgewinns nach § 22 UmwG kommen.[24]

Eine teilentgeltliche Veräußerung ist einkommensteuerlich nach der überwiegend angewandten **Trennungstheorie** nach dem Verhältnis des Werts der Beteiligung zur Gegenleistung in eine voll entgeltliche und eine voll unentgeltliche Übertragung aufzuspalten.[25] Gegenleistungen in diesem Sinne sind zB Abstandszahlungen, Gleichstellungsgelder, die Abgeltung bereits entstandener Pflichtteilsansprüche oder die Übernahme von Schulden des Schenkers, ferner wohl nicht als Sonderausgaben anerkannte Leibrenten bzw. dauernde Lasten.[26] Die Übernahme der Verpflichtung zur Resteinzahlung einer noch nicht voll erbrachten Einlage auf geschenkte Geschäftsanteile durch den Erwerber dürfte dagegen keine Gegenleistung und kein Entgelt darstellen, weil sich der Schenkungsgegenstand in diesem Fall auf den noch nicht vollständig einbezahlten Geschäftsanteil beschränkt. Die Vereinbarung eines (symbolischen) Kaufpreises in Höhe von € 1,– führt nicht zwingend zur Annahme einer teilentgeltlichen Veräußerung.[27] **27**

(frei) **28–30**

b) Körperschaftsteuer

Körperschaftsteuer kann durch eine unentgeltliche oder teilentgeltliche Übertragung einer GmbH-Beteiligung allenfalls entstehen, wenn die Übertragung aus dem Vermögen einer Kapitalgesellschaft erfolgt.[28] **31**

Verlustvorträge, die bei der GmbH bestehen, können durch die Übertragung einer Beteiligung von über 50 vH vollständig und ersatzlos verloren gehen, bei Übertragung von über 25 vH immerhin anteilig (§ 8c KStG; zu Ausnahmen s. auch § 8d KStG). Dies soll evtl. nicht gelten, wenn es sich ausdrücklich um eine voll unentgeltliche Übertragung „im Wege der vorweggenommenen Erbfolge" handelt.[29] **32**

(frei) **33, 34**

c) Gewerbesteuer

Eine Gewerbesteuerbelastung kann bei der Schenkung eines GmbH-Anteils allenfalls entstehen, wenn es sich um eine Übertragung aus einem Betriebsvermögen oder um eine steuerverhaftete Beteiligung im Sinne der §§ 20, 22 UmwStG handelt.[30] **35**

Bei natürlichen Personen besteht für eine Gewerbesteuer die Anrechnungsmöglichkeit nach § 35 EStG.

2. Schenkungsteuer

Die unentgeltliche oder teilentgeltliche Übertragung einer GmbH-Beteiligung unterliegt nach § 7 Abs. 1 Nr. 1 ErbStG der Schenkungsteuer. **Bemessungsgrundlage** **36**

---

[23] Zu Übertragungen von Geschäftsanteilen aus dem Vermögen einer Kapitalgesellschaft s. Rz. 31.

[24] Vgl. *Dorn* DStR 2014, 248.

[25] Vgl. Schmidt/*Weber-Grellet* EStG, § 15 Rz. 105.

[26] Vgl. BMF v. 11.3.2010, BStBl. I 2010, 227 („IV. RE"), Tz. 21, 57 u. 65 ff. S. ferner Schmidt/*Kulosa* EStG § 6 Rz. 135; Schmidt/*Heinicke* EStG § 10 Rz. 57 ff.; Schmidt/*Loschelder* EStG § 12 Rz. 40; Schmidt/*Wacker* EStG § 16 Rz. 41 u. 47.

[27] Vgl. Blümich/*Vogt* EStG § 17 Rz. 355 f.

[28] In Höhe der unentgeltlichen Übertragung kann eine verdeckte Gewinnausschüttung vorliegen.

[29] Vgl. hierzu BMF v. 4.7.2008, DStR 2008, 1436, Tz. 4; aA FG Münster v. 4.11.2015, u. hierzu *Chuchra/Dorn/Schwarz* DStR 2016, 1404 (die Revision gegen diese Entscheidung wurde wegen Fristversäumnis als unzulässig verworfen, vgl. *Förster/v. Cölln* DStR 2017, 8, 9 (dort Fn. 13). Zu § 8d KStG s. auch *Förster/v. Cölln* DStR 2017, 8, 9. Zum weiteren Neuregelungsbedarf des § 8c KStG im Hinblick auf die Verfassungswidrigkeitserklärung durch BVerfG v. 29.3.2017 – 2 BvL 6/11, DStR 2017, 167 s. *Beckmann* GWR 2017, 231.

[30] Vgl. zur Gewerbesteuer bei steuerverhafteten Anteilen: *Haritz/Menner* UmwStG § 22 Rz. 90 ff.

für die Festsetzung der Steuer ist im Ausgangspunkt der sog. gemeine Wert der Beteiligung (§§ 12 Abs. 2 ErbStG, 11 Abs. 2, 95, 97, 109, 151 Abs. 1 Nr. 3, 199ff. BewG). Die Wertermittlung wird idR nach dem **vereinfachten Ertragswertverfahren** gem. § 200 BewG erfolgen; Untergrenze ist der Substanzwert nach § 11 Abs. 2 S. 3 BewG. Die Vereinbarung einer dauerhaften **disproportionalen Verteilung des Gewinns oder des Liquiditätserlöses** kann die steuerliche Bewertung der Beteiligung beeinflussen (vgl. **§ 97 Abs. 1b ErbStG**).[31] **Gegenleistungen** mindern, ggf. aber nur anteilig, die Bemessungsgrundlage.[32]

37 Je nach Verwandtschaftsgrad zwischen Schenker und Erwerber sieht **§ 16 ErbStG allgemeine Freibeträge** vor, zB zwischen Kind und einem Elternteil € 400 000,–, wobei gem. § 14 ErbStG alle Zuwendungen innerhalb eines Zeitraums von 10 Jahren zusammen zu rechnen sind. Auf den nach Abzug des Freibetrags verbleibenden Wert wird dann die Schenkungsteuer mit dem sich aus § 19 ErbStG ergebenden **Steuersatz** berechnet, jedoch mit der Maßgabe, dass bei der Übertragung von Betriebsvermögen noch **weitere Besonderheiten** bestehen:[33]

38 Bei der Ermittlung der Bemessungsgrundlage für die Festsetzung der Schenkungsteuer bleiben 85 vH des Betriebsvermögens, gekürzt um das nicht begünstigte Verwaltungsvermögen gem. § 13b Abs. 2ff. ErbStG, außer Ansatz (**„Verschonungsabschlag"**, § 13a Abs. 1 ErbStG), wenn – **abgesehen von den weiteren Voraussetzungen,** wie sie in Formular A.2.00 Rz. 38ff. skizziert sind,

- der Veräußerer bis zur Schenkung mit mehr als 25 vH unmittelbar an der GmbH beteiligt ist (Mindestbeteiligung) bzw. diese Mindestbeteiligung zumindest über eine sog. Poolvereinbarung erreicht (§ 13b Abs. 1 Nr. 3 ErbStG); und
- die fünfjährige **Behaltensfrist** nach § 13a Abs. 6 ErbStG eingehalten wird,[34] insbes. nicht innerhalb von fünf Jahren ab Erwerb die Beteiligung veräußert wird (vgl. hierzu auch Rz. 41 aE) oder die GmbH aufgelöst oder ihr Nennkapital herabgesetzt wird oder durch die GmbH wesentliche Betriebsgrundlagen veräußert werden (§ 13a Abs. 6 Nr. 4 ErbStG) oder, wenn die Mindestbeteiligung nur über eine Poolvereinbarung erreicht wird, die Poolvereinbarung privilegierungsschädlich geändert wird (§ 13a Abs. 6 Nr. 5 ErbStG); ein Verstoß gegen die Behaltensfrist wird durch eine rechtzeitige Reinvestition gem. § 13a Abs. 6 S. 3 ErbStG geheilt.

Die bei Beteiligungen von nicht mehr als 25 vH für die vorgenannten Begünstigungen erforderliche **Poolvereinbarung** (vgl. § 13b Abs. 1 Nr. 3 S. 2 ErbStG) kann entweder in der Satzung der GmbH oder in einer gesonderten Gesellschaftervereinbarung enthalten sein.[35]

39 Der verbleibende Teil von 15 vH des begünstigten Betriebsvermögens unterliegt seinerseits der Schenkungsteuer nur, soweit er den für Kleinbetriebe ggf. nach **§ 13a Abs. 2 ErbStG** zu gewährenden **Abzugsbetrag von maximal € 150 000,–** überschreitet.

40 Bei Erwerbern der Steuerklasse II und III, sofern es sich um natürliche Personen handelt, wird unter bestimmten Voraussetzungen (insb. Einhaltung der relevanten Behaltensfrist) ein **tariflicher Entlastungsbetrag** bezüglich des erworbenen Betriebsvermögens gewährt, der solche Erwerber beim Erbschaftsteuersatz (§ 19 ErbStG) den

---

[31] Sonstige ungewöhnliche oder persönliche Verhältnisse, zB. **Stimmrechtsbeschränkungen,** bleiben dagegen außer Betracht (§ 97 Abs. 1b S. 4 BewG; zum Verzicht auf ein Mehrstimmrecht vgl. auch BFH v. 30.1.2013 – II R 38/11, ZEV 2013, 349). Vgl. hierzu Ländererlass v. 2.3.2016, BStBl. I 2016, 246; BayLfSt v. 6.4.2016, DStR 2016, 966.

[32] Anders nach dem – seit 31.12.2008 weggefallenen – § 25 ErbStG für bestimmte Vorbehalte/Gegenleistungen. Betriebsschulden mindern jedoch bereits die Bemessungsgrundlage, vgl. Troll/Gebel/Jülicher/*Gebel* ErbStG § 7 Rz. 220 und § 10 Rz. 262. Vgl. zum Abzug von Schulden und Gegenleistungen auch *Wälzholz* ZEV 2009, 435; *Piltz* ZEV 2017, 255 (zur Problematik des nur eingeschränkten Schuldenabzugs). Zu Gegenleistungen s. noch Einzelerläuterungen zu § 3. Zur Bewertung s. auch C. 1.30 Rz. 98.

[33] Vgl. zB *Hannes* ZEV 2016, 554; *Viskorf/Löcherbach/Jehle* DStR 2016, 2425; *Holtz* NJW 2016, 3750; *Thouet* ZNotP 2016, 334; *Oppel* Steuk 2016, 469; ErbStR 13a, 13b, 13c; ferner A. 2.21 Rz. 14ff.

[34] Zur Anwendung der Behaltensregelung in mehrstufigen Beteiligungsstrukturen s. *Dorn* ZEV 2015, 690.

[35] Vgl. hierzu C.1.30 Rz. 27, u. Formular C.2.

begünstigten Personen der Steuerklasse I angleicht (vgl. **die Tarifbegrenzung des § 19a ErbStG**).

Zur sog. **Null-Option,** zum **Großerwerb mit einem Wert von über 26 Mio. Euro** und zur **Steuerstundung** s. A.2.00 Rz. 40.

Enthält die GmbH-Satzung bestimmte, insbes. **für Familienunternehmen** als **typisch** angesehene **Gewinnentnahme-, Verfügungs- und Abfindungsbeschränkungen,** wie in **§ 13a Abs. 9 S. 1 ErbStG** aufgeführt, wird zusätzlich zu den vorgenannten Betriebsvermögensprivilegien ein **Vorabbewertungsabschlag** von bis zu 30vH des begünstigten Betriebsvermögens gewährt, wobei für die Höhe des Bewertungsabschlags die Abfindungsbeschränkung maßgeblich ist.[36]

Daraus ergibt sich (siehe bereits A. 2.00 Rz. 41): 41

Wird ein eher geringwertige Beteiligung übergeben und reichen – auch unter Berücksichtigung der vereinbarten Gegenleistungen – bereits die allgemeinen Freibeträge nach § 16 ErbStG zur Freistellung von der Erbschaftsteuer, braucht auf die besonderen Anforderungen der §§ 13a, b ErbStG nicht geachtet zu werden. In den übrigen Fällen besteht gewisses Gestaltungspotential bereits vor der Übergabe: so kann und sollte ggf. der Umfang des Verwaltungsvermögen optimiert werden; evtl. kann auch die Ausgangslohnsumme etc. beeinflusst werden.[37]

Hat der Schenker die Beteiligung seinerseits durch Schenkung erworben und läuft für ihn noch die **Behaltensfrist** des § 13a Abs. 6 ErbStG, wird eine **unentgeltliche Weiterübertragung** als steuerunschädlich angesehen.[38]

Noch nicht abschließend geklärt sind die steuerlichen Folgen einer **verdeckten Einlage der Beteiligung des Senior-Gesellschafters in die GmbH** zum Zwecke der Begünstigung der Mitgesellschafter.[39]

3. Verkehrssteuern

a) Grunderwerbsteuer

Grunderwerbsteuer kann im Grundsatz im Rahmen einer Schenkung von GmbH-Anteilen nicht nur im Falle einer Mitübertragung von Grundbesitz anfallen,[40] sondern auch, sofern sich dadurch Anteile in Höhe von mindestens 95 vH an einer Grundbesitz haltenden GmbH in einer Person vereinigen (§ 1 Abs. 3 GrEStG).[41] 42

Grunderwerbsteuerbefreit sind jedoch **Übertragungen an Verwandte in gerader Linie, Stiefkinder und Ehegatten** gem. **§ 3 Nr. 4 und 6 GrEStG.** Diese sollen aber auf die Übertragung von Anteilen an einer Kapitalgesellschaft **nur iRd § 1 Abs. 3 Nr. 3 oder Nr. 4 GrEStG** Anwendung finden (gilt als Erwerb vom Gesellschafter), nicht jedoch für die Fälle des § 1 Abs. 3 Nr. 1 und 2 GrEStG (gilt als Erwerb von der GmbH). Danach kann also zB der Alleingesellschafter einer grundbesitzhaltenden GmbH seine gesamten Anteile grunderwerbsteuerfrei an einen Abkömmling oder an seinen Ehegatten übertragen, nicht jedoch gilt dies zB für eine Übertragung

---

[36] Vgl. hierzu auch C. 1.30 Rz. 121; ferner *Weber/Schwind* ZEV 2016, 688; *Wachter* NZG 2016, 1168; *Geck* ZEV 2016, 546, 551.

[37] Zum Verwaltungsvermögen und zu diesbezüglichen Gestaltungsmöglichkeiten s. *Scholten/Korezkij* DStR 2009, 147. Zur Lohnsummenbeeinflussung vgl. *Dillberger/Fest* DStR 2009, 671; *Wälzholz* DStR 2009, 1607. Zur Lohnsummenberechnung s. ErbStR 2011 E 13a.4ff.; Ländererlass v. 5.12.2012, DStR 2013, 93.

[38] Vgl. ErbStR 2011 E 13a.5 Abs. 2 Nr. 2 (= A 13a.11 Abs. 2 Nr. 2 AEErbSt 2017); *Scholten/Korezkij* DStR 2009, 304, 306 (löst aber gegenüber dem Zweiterwerber eine neue Behaltefrist aus). Zur gemischten Schenkung bzw. teilentgeltlichen Übertragung vgl. *Wälzholz* DStR 2009, 1607; BayLfSt v. 1.6.2016, DStR 2016, 1322 (insbes. zur Unschädlichkeit sog. Duldungsauflagen).

[39] Vgl. BFH v. 20.1.2016 – II R 40/14, DStR 2016, 744, u. hierzu *Dräger/Dorn* DStR 2016, 1852; *Geck* NZG 2016, 560.

[40] Vorbehaltlich der nachgenannten Befreiungsvorschriften; vgl. hierzu ferner A. 1.01 Rz. 41.

[41] Vgl. hierzu *Gottwald/Behrens,* Grunderwerbsteuer, 5. Aufl., 2015, Kap. B. VI. Werden Anteile an einer Gesellschaft mitübertragen, kann sich auch unterhalb der 95%-Grenze in den entsprechenden Fällen der §§ 5ff. GrEStG, also bei vorhergehenden grunderwerbsteuerbefreiten Vorgängen in den letzten fünf Jahren, eine Grunderwerbsteuerpflicht ergeben.

aller Anteile an einen Abkömmling durch hälftig an der GmbH beteiligte Eltern oder die Übertragung einer Restbeteiligung an einen bereits beteiligten Abkömmling.[42]

Nach **§ 3 Nr. 2 GrEStG** sind jedoch **Schenkungen grunderwerbsteuerbefreit,** soweit nicht Gegenleistungen/Auflagen vereinbart sind, welche die Bereicherung des Beschenkten mindern.[43] Diese Grunderwerbsteuerbefreiung gilt nach mittlerweile hM generell auch iRd. Anteilsvereinigung gem. § 1 Abs. 3 GrEStG, soweit die Vereinigung auf eine schenkweise Anteilsübertragung zurückzuführen ist,[44] so dass Anteilsschenkungen ohne entsprechende Gegenleistungen unabhängig davon grunderwerbsteuerfrei sind, ob die Schenkung an einen Verwandten iSd. § 3 Nr. 4 und Nr. 6 GrEStG erfolgt oder nicht. Allerdings soll der Umfang der Grunderwerbsteuerbefreiung bei gestuftem Beteiligungserwerb auch davon abhängen, wann der betreffende Grundbesitz durch die Gesellschaft erworben wurde.[45]

b) Umsatzsteuer

43 Die Übertragung von Geschäftsanteilen ist, wenn überhaupt umsatzsteuerbar, regelmäßig jedenfalls umsatzsteuerbefreit nach § 4 Nr. 8f UStG.[46]

4. Sonstiges

44 Rechtsverhältnisse zwischen nahen Angehörigen werden steuerlich im Grundsatz nur anerkannt, wenn sie rechtswirksam und ernsthaft vereinbart sind, tatsächlich durchgeführt werden und keine Abreden enthalten, die unter fremden Dritten nicht getroffen würden (sog. **Fremdvergleich**).[47] Dies kann auch für Vereinbarungen in Anteilsschenkungen zu beachten sein (vgl. C.1.30 Rz. 23f.).

45–49 *(frei)*

B. Einzelerläuterungen

Zu § 1: Sachverhalt

50 § 1 führt die Grundlagen der nachfolgenden Anteilsübertragung auf und dient damit dem Vertragsgestalter und den Beteiligten auch als Merkposten für regelungsbedürftige Gegenstände.

Wichtig ist die genaue Ermittlung und Bezeichnung der Geschäftsanteile, die der Anteilsschenker hält. Hierzu sollte die letzte beim Handelsregister aufgenommene Gesellschafterliste eingeholt werden und, jedenfalls sofern es sich hierbei um keine notarbescheinigte Liste gem. § 40 Abs. 2 GmbHG handelt, am besten auch die Vorerwerbsurkunde beigezogen werden. Für den Erwerber bedeutsam ist ferner, ob und inwieweit die Einzahlung auf die zu übertragenden Geschäftsanteile bereits geleistet wurde (s. u. Rz. 88, 112 und 134).

51 Zu prüfen ist, ob neben der Anteilsübertragung ergänzende Vereinbarungen zu treffen sind bzw. Maßnahmen zu erfolgen haben, zB ein Geschäftsführerwechsel und/oder eine Satzungsänderung (s. Rz. 21).

52 Unterliegt der Betrieb der GmbH einer **personenbezogenen behördlichen Genehmigungspflicht,** muss ggf. im Zusammenhang mit der Anteilsübertragung bzw. einem Geschäftsführerwechsel eine erneute Genehmigung eingeholt werden.

53 Befinden sich im Eigentum bzw. Besitz **des Senior-Gesellschafters** Gegenstände bzw. Rechte, die für den Betrieb der GmbH von Bedeutung sind (zB eine Immobilie,

---

[42] Vgl. *Gottwald/Behrens,* Grunderwerbsteuer, Rz. 347 ff.
[43] Vgl. *Gottwald/Behrens,* Grunderwerbsteuer, Rz. 421 ff.
[44] Vgl. Boruttau/*Meßbacher-Hönsch* GrEStG § 3 Rz. 51 f. u. 119 ff.
[45] Vgl. BFH v. 15.10.2014 – II R 14/14, DStRE 2015, 503; Ländererlass vom 6.3.2013, BStBl. I 2013, 773.
[46] Vgl. UStAE 4.8.10.
[47] Vgl. Schmidt/*Heinicke* EStG § 4 Rz. 520 (unter „Angehörige“).

Patente etc.), muss entschieden werden, inwieweit diese Gegenstände bzw. Rechte mitübergeben werden (zur Betriebsaufspaltung s. o. Rz. 3).

(frei) 54

Zu § 2: Überlassung

§ 2 regelt die Hauptleistungspflicht des Senior-Gesellschafters einschließlich des genauen Umfangs des Schenkungs- bzw. Übertragungsgegenstands einschließlich der Gewinnabgrenzung. Die dingliche Übertragung mit der Festlegung des Übertragungszeitpunkts ist dann in § 4 des Musters enthalten. 55

1. Die überlassenen Geschäftsanteile sind genau zu bezeichnen; wenn nicht klar ist, welche Anteile an einen Erwerber übertragen werden, ist die Übertragung regelmäßig unwirksam. Zur genauen Bezeichnung sollte deshalb für jeden überlassenen Geschäftsanteil die sich aus der beim Handelsregister aufgenommenen Gesellschafterliste ergebende Nummer des Geschäftsanteils (vgl. § 40 Abs. 1 GmbHG: „die laufenden Nummern") angegeben werden. Die Nummerierung der Geschäftsanteile ist gesetzlich erst seit Inkrafttreten des sog. MoMiG am 1.11.2008 vorgesehen. Früher beim Handelsregister eingereichte Gesellschafterlisten enthalten keine diesbezügliche Nummerierung. Die Nummernvergabe hat dann spätestens im Zuge der anlässlich der Anteilsschenkung neu einzureichenden Gesellschafterliste (§ 40 Abs. 2 GmbHG) zu erfolgen. Die Nummern können jedoch ggf. bereits zuvor vergeben werden, zB im Rahmen eines Teilungsbeschlusses (s. nachfolgend) oder eine lediglich um die Nummern aktualisierte Gesellschafterliste.[48] 56

Sind die Geschäftsanteile nicht bereits in 1,– €-Anteile gestückelt und soll von einem bestehenden Geschäftsanteil nur ein Teil übertragen werden, ist der Geschäftsanteil in entsprechende Teilgeschäftsanteile zu teilen. Soweit die Satzung nichts anderes vorsieht, erfolgt die Teilung entweder durch Gesellschafterbeschluss (§ 46 Nr. 4 GmbHG) mit Zustimmung des Anteilsinhabers oder durch entsprechende Erklärung des Anteilsinhabers mit Zustimmung durch einen Gesellschafterbeschluss.[49] Die Erklärung zur Teilung durch den Schenker kann damit auch in die Übertragungsurkunde aufgenommen werden, bedarf dann jedoch noch eines zustimmenden Gesellschafterbeschlusses, wenn noch weitere Gesellschafter vorhanden sind, bzw. der Zustimmung der Mitgesellschafter. 57

§ 2 könnte dann zB lauten:

„Herr A A. 2.80a

– nachfolgend auch „Veräußerer" genannt –

teilt hiermit – *(evtl. bei vorhandenen Mitgesellschaftern:) vorbehaltlich der Zustimmung der Gesellschafterversammlung* – seinen Geschäftsanteil Nr. 1 zu nominal € 10 000,– in einen Teilgeschäftsanteil zu € 6 000,– (Geschäftsanteil Nr. ...) und einen weiteren Teilgeschäftsanteil zu € 4 000,– (Geschäftsanteil Nr. ...) und

ü b e r l ä s s t

hiermit seinen Geschäftsanteil zu € 4 000,– an der in § 1 näher bezeichneten Gesellschaft jeweils mit allen Rechten und Pflichten, insbesondere mit dem Gewinnbezugsrecht für das gesamte laufende Geschäftsjahr sowie für die in vorausgegangenen Geschäftsjahren erwirtschafteten Gewinne, die noch nicht an die Gesellschafter ausgeschüttet wurden, an ..."

---

[48] Vgl. *Heckschen/Heidinger* § 13 Rz. 263a u. 373.

[49] Vgl. hierzu BGH v. 13.12.2013 – II ZR 21/12, DStR 2014, 340. Nicht abschließend geklärt ist bisher, ob zur Teilung durch Gesellschafterbeschluss auch die Zustimmung des/der betreffenden Anteilsinhaber(s) erforderlich ist, vgl. *Seebach* DNotZ 2016, 413, 417 f.

Lauten die Geschäftsanteile noch auf DM und werden diese nicht vor der Anteilsschenkung auf EUR umgestellt, sind bei der Teilung noch die Einschränkungen des § 5 GmbHG a. F. zu beachten.[50]

58 **2.** Sinnvollerweise enthält der Übertragungsvertrag eine ausdrückliche Regelung zur Gewinnzurechnung bzw. -verteilung zwischen Veräußerer und Erwerber eines Geschäftsanteils. Gewinnbezugsberechtigt ist im Ausgangspunkt derjenige, der zum Zeitpunkt des Gewinnausschüttungsbeschlusses Inhaber des Geschäftsanteils ist (vgl. § 29 Abs. 1 GmbHG) bzw. – im Verhältnis zur Gesellschaft – als Inhaber aufgrund der beim Handelsregister aufgenommenen Gesellschafterliste gilt (§ 16 Abs. 1 GmbHG). Im Verhältnis zwischen Anteilsveräußerer und -erwerber ist der zur Ausschüttung kommende Gewinn nach der gesetzlichen Regelung des § 101 Nr. 2 2. HS BGB jedoch zeitanteilig zu verteilen. Zu versteuern ist der gesamte ausgeschüttete Gewinn nach § 20 Abs. 5 EStG wiederum von demjenigen, dem zum Zeitpunkt des Gewinnausschüttungsbeschlusses der Geschäftsanteil zuzurechnen ist; dies ist regelmäßig der Inhaber des Geschäftsanteils bei Beschlussfassung, und zwar unabhängig davon, ob er den Gewinn ganz oder teilweise an den Veräußerer des Anteils weiterleiten muss.

Um einen Gleichlauf bei der Gewinnzurechnung und der Besteuerung zu erreichen, wird der nach der Anteilsübertragung zur Ausschüttung kommende Gewinn – ebenso wie zur Ausschüttung kommende Rücklagen – im Grundsatz meist dem Erwerber zugeordnet (entsprechend der Regelung in § 2 Satz 1 des Musters).[51]

59 **3.** Bestehen für den Anteilsschenker Forderungen (zB Gesellschafterdarlehen) oder Verbindlichkeiten gegenüber der GmbH, empfiehlt sich eine Feststellung bzw. Regelung, ob bzw. inwieweit solche Forderungen bzw. Verbindlichkeiten vom Anteilserwerber übernommen werden. Mangels entsprechender Übernahmeregelung verbleiben solche im Zweifel beim Anteilsschenker.

60–73 *(frei)*

Zu § 3: Rechtsgrund, Gegenleistungen

74 § 3 trifft zunächst eine klarstellende Aussage zum Rechtsgrund der Anteilsübertragung.

Übersteigt der Wert der übertragenen Beteiligung den der Gegenleistungen nicht unerheblich, treten die **schenkungsrechtlichen Elemente** in den Vordergrund (vgl. Rz. 11; zur **Ausstattung** vgl. Rz. 12). Die Bezeichnung **„vorweggenommene Erbfolge"** (vgl. § 3 Satz 1) ändert an dieser Zuordnung im Grundsatz nichts;[52] klar geregelt werden sollte, inwieweit damit eine Anrechnung der Zuwendung auf den Erb- bzw. Pflichtteil einhergeht (s. nachfolgend). Erfolgt die Übertragung wertgleich, liegt jedenfalls wirtschaftlich letztlich ein **Kauf** vor (vgl. hierzu auch Formular A. 2.70).

75 Bei jeder (auch gemischten) Schenkung sollten deren **erbrechtliche Auswirkungen** beim Ableben des Schenkers geregelt werden (vgl. A. 1.04 Rz. 21 ff.). Bei der Schenkung an ein Kind kann eine **Ausgleichungspflicht gem. §§ 2050 ff. BGB gegenüber Geschwistern** angeordnet werden; wegen der potenziellen Streitanfälligkeit solcher Regelungen wird im Regelfall aber ein ergänzendes Testament bzw. ein Erbvertrag vorzugswürdig sein.

---

[50] Vgl. § 1 Abs. 1 EGGmbHG. Hierzu gehören vor allem die Mindestgröße eines Anteils von DM 500,– und die Teilbarkeit durch 100.

[51] Vgl. zur Gewinnzurechnung bei Anteilsverkäufern *Mildner* NZG 2004, 1025.

[52] Vgl. Palandt/*Edenhofer* BGB vor § 1922 Rz. 6 ff.; BGH v. 27.1.2010 – IV ZR 91/09, ZEV 2010, 190 m. Anm. *Keim*. In speziellen Fällen sind an eine Schenkung im Wege der vorweggenommenen Erbfolge spezielle Rechtsfolgen geknüpft, zB soll die Verlustabzugsbeschränkung gem. § 8c KStG uU nicht bei einer entsprechenden (voll unentgeltlichen) Anteilsübertragung im Wege der vorweggenommenen Erbfolge greifen, vgl. hierzu Rz. 32.

Zur angemessenen Pflichtteilsreduzierung seitens des Erwerbers (zu Geschwistern s. Rz. 7 und 84) empfiehlt sich bei der Schenkung an einen Abkömmling im Regelfall die Bestimmung einer **Pflichtteilsanrechnung gem. § 2315 BGB,** soweit nicht schon ein vollumfänglicher notarieller **Pflichtteilsverzicht** gem. § 2346 BGB (vgl. Formulare A. 5.00 ff.) erfolgt ist. 76

Die Festlegung von **Gegenleistungen** wird wirtschaftlich primär vom Bedarf des Senior-Gesellschafters, der Leistungsfähigkeit des Erwerbers bzw. der Ertragsfähigkeit der übergebenen Beteiligung und ggf. von der beabsichtigten Gleichstellung weiterer Angehöriger des Senior-Gesellschafters, insb. von Geschwistern des Erwerbers, bestimmt. Soll auch der Ehegatte des Senior-Gesellschafters Nutznießer der Gegenleistungen sein, kann dieser entsprechend in den Vertrag einbezogen sein, jedoch sollten ggf. unter dem Aspekt einer evtl. Scheidung und aus steuerlichen Gründen die Ansprüche des Ehegatten nur aufschiebend bedingt auf den Todesfall des Senior-Gesellschafters eingeräumt werden.[53] 77

a) Als Gegenleistung kann ein **Nießbrauchsrecht** an der übertragenen Beteiligung eingeräumt werden (§ 1068 BGB). Damit könnte uU – nach Wegfall des § 25 ErbStG aF zum 1.1.2009 – die Bemessungsgrundlage für eine Schenkungsteuer so weit reduziert werden, dass es auf die besonderen Begünstigungen der §§ 13a, 19a ErbStG für Betriebsvermögen gar nicht mehr ankäme.[54] Zu beachten ist in diesem Zusammenhang, dass ein späterer Verzicht auf den Nießbrauch wiederum eine neue Schenkung darstellen würde.[55] Einkommensteuerlich ändert ein Nießbrauchsvorbehalt im Grundsatz nichts an der Unentgeltlichkeit der Übertragung;[56] die dem Nießbraucher beim Vorbehaltsnießbrauch zufließenden Gewinnanteile sind von diesem zu versteuern.[57] Wenn dem Nießbraucher recht weitgehende Rechte eingeräumt werden, kann dies jedoch den (einkommen)steuerlichen Übergang der Beteiligung in Frage stellen.[58] 78

Zivilrechtlich sind die Folgen einer Nießbrauchseinräumung an einer GmbH-Beteiligung bisher nicht abschließend geklärt;[59] daher empfiehlt sich eine nähere vertragliche Ausgestaltung des Nießbrauchsrechts,[60] zB

Formulierungsvorschlag: A. 2.80b

Der Veräußerer behält sich jedoch auf Lebensdauer an den übertragenen Geschäftsanteilen den Nießbrauch vor. Dem Nießbraucher steht somit der auf die übertragenen Geschäftsanteile entfallende entnahmefähige Gewinn zu 100 % zu, und zwar unabhängig davon, ob und wie weit der Gewinn auf die Realisierung stiller Reserven im Anlagevermögen entfällt. An einer Verzinsung von Darlehenskonten des Erwerbers als künftigem Anteilsinhaber nimmt der Nießbraucher nicht teil. Auf sonstige neue Geschäftsanteile des Erwerbers bezieht sich der Nießbrauch nur, sofern und soweit diese aus einer Kapitalerhöhung aus Gesellschaftsmitteln im Zusammenhang mit den nießbrauchsbelasteten Geschäftsanteilen stammen oder dies gesondert vereinbart wird. Im Falle der Auflösung der GmbH setzt sich der Nießbrauch am Auseinandersetzungsguthaben fort; Entsprechendes gilt im Falle des Ausscheidens des Erwerbers aus der GmbH bezüglich der Abfindung.

---

[53] Die sofortige Mitberechtigung des Ehegatten kann steuerlich zB Schenkungsteuer auslösen, vgl. hierzu *Krauß* Überlassungsverträge, Kap. 4, I. Rz. 1881 ff.

[54] Der Nießbrauch an einer GmbH-Beteiligung gefährdet die Anwendung der Begünstigungen der §§ 13a, 19a ErbStG nicht, vgl. *Wachter* DStR 2016, 2065 f.

[55] Vgl. BFH v. 20.5.2014 – II R 7/13, DStR 2014, 1919. Zu den (für den Nießbrauchsberechtigten noch nicht abschließend geklärten) ertragsteuerlichen Folgen einer Ablösezahlung für den Nießbrauchsverzicht, vgl. *Schießl* MittBayNot 2016, 91 f., Anm. zu BFH v. 18.11.2014 – IX R 49/13, DStR 2015, 27.

[56] Vgl. BFH v. 18.11.2014 – IX R 49/13, DStR 2015, 27.

[57] Vgl. § 20 Abs. 5 S. 3 EStG; Schmidt/*Weber-Grellet* EStG § 20 Rz. 174.

[58] Vgl. BFH v. 24.1.2012 – IX R 51/10, ZEV 2012, 284 m. krit. Anm. *Daragan;* BFH v. 18.11.2014 – IX R 49/13, DStR 2015, 27; *Schwedhelm/Olbing/Binnewies* GmbHR 2015, 1233, 1249 f.

[59] Vgl. MüKoBGB/*Pohlmann* BGB § 1068 Rz. 19 ff.

[60] Vgl. auch Formular A.1.32.

Die Ausübung sämtlicher Rechte im Zusammenhang mit den nießbrauchsbelasteten Geschäftsanteilen, insbesondere von Stimm-, Informations- und Kontrollrechten, erfolgt durch den Erwerber als künftigem Anteilsinhaber. Dem Nießbraucher steht jedoch ein umfassendes Informations- und Auskunftsrecht gegenüber dem Erwerber zu. Bei Beschlussfassungen über die Gewinnverwendung hat der Erwerber für eine maximale Gewinnausschüttung zu stimmen, sofern mit dem Nießbraucher nichts anderes vereinbart wird.

Im übrigen gelten für den Nießbrauch die gesetzlichen Vorschriften, gegebenenfalls entsprechend.

Für die Einräumung eines Nießbrauchs an einer GmbH-Beteiligung sind dieselben formalen Anforderungen einzuhalten wie für die Übertragung einer GmbH-Beteiligung, dh. die Nießbrauchseinräumung ist beurkundungspflichtig (§ 15 Abs. 3 u. 4 GmbHG) und im Falle einer Vinkulierungsklausel sind die erforderlichen Zustimmungen einzuholen (vgl. Erläuterungen zu § 7). Zu beachten ist ferner, dass sich der Nießbrauch nach hM nur auf die entnahmefähigen Gewinnanteile erstreckt, dh. nur auf den Gewinnanteil, für den die Gesellschafterversammlung eine Ausschüttung beschlossen hat; insofern kann sich eine diesbezügliche Regelung empfehlen (vgl. vorstehend), die freilich leerlaufen kann, wenn der Inhaber der nießbrauchsbelasteten Geschäftsanteile nicht – ggf. mit dem Nießbraucher zusammen – die Stimmenmehrheit hat.

79 **b)** Benötigt der Senior-Gesellschafter zusätzliche laufende finanzielle Mittel, kommt vor allem als Alternative zu einem Nießbrauch die Vereinbarung einer **Leibrente oder dauernden Last** in Betracht.[61] Letztere unterscheidet sich von der Leibrente durch einen entsprechenden Anpassungsvorbehalt dergestalt, dass sich die Höhe der Zahlung an die Leistungsfähigkeit des Erwerbers und den Bedarf des Senior-Gesellschafters anpasst. In der Praxis wird die Vereinbarung eines solchen Anpassungsvorbehalts häufig einfach durch eine Bezugnahme auf zB § 323a ZPO deutlich gemacht. Gebräuchlich ist aber auch eine Anpassung auf der Basis der künftigen Erträge bzw. Gewinne. Sowohl die Leibrente als auch die dauernde Last können durch eine **Wertsicherungsklausel** inflationssicher ausgestaltet werden (vgl. § 3b S. 3); die Anforderungen an eine solche Klausel bestimmen sich nach dem PreisklG.[62]

80 Erfüllt die Leibrente bzw. dauernde Last die Voraussetzungen einer Versorgungsleistung gem. **§ 10 Abs. 1 Nr. 1a EStG,** stellen die Zahlungen des Erwerbers **keine einkommensteuerliche Gegenleistung** für die Anteilsübertragung dar, so dass insb. **kein Veräußerungsgewinn** beim Senior-Gesellschafter zu versteuern ist. Die Zahlungen sind aber als **Sonderausgaben** beim Erwerber abziehbar und beim Senior-Gesellschafter nach § 22 Nr. 1b EStG zu versteuern. Die Qualifizierung als Sonderausgabe setzt voraus, dass die Leibrente bzw. dauernde Last auf die Lebenszeit des Berechtigten vereinbart wird und es sich **weder** um eine **Unterhaltsleistung** nach § 12 Nr. 2 EStG handelt **noch** um eine **ratenweise Kaufpreiszahlung** bzw. eine sog. **Veräußerungsrente** (wenn doch s. Rz. 27 und 85). Um eine Unterhaltsleistung soll es sich regelmäßig handeln, wenn der Wert der geschenkten Beteiligung weniger als 50 vH des Kapitalwerts der Zahlungen ausmacht, um eine Kaufpreiszahlung oder Veräußerungsrente, wenn Leistung und Gegenleistung nach den Vorstellungen der Vertragsteile ausgewogen sein sollen und die Höhe der Zahlungen damit nach kaufmännischen Gesichtspunkten abgewogen wurde. Bei einer Anteilsübertragung an nahe Angehörige wird im Zweifel vermutet, dass es sich um keine ratenweise Kaufpreiszahlung oder Veräußerungsrente handeln soll; ist letzteres gewünscht, sollte dies im Vertrag auch als solche bezeichnet werden.

---

[61] Vgl. hierzu *Spiegelberger* Unternehmensnachfolge, § 4 Rz. 71 ff.; Schmidt/*Heinicke* EStG § 10 Rz. 57 ff., ferner A. 1.05 Rz. 7 ff.; A. 2.23 Rz. 7 ff.; C. 4.00 Rz. 23 ff. Zur Abgrenzung s. auch BFH v. 23.11.2016 – X R 8/14, DStR 2017, 845.

[62] Vgl. hierzu Palandt/*Heinrichs* BGB, Anhang zu § 245.

Weitere Voraussetzung für die steuerliche Anerkennung einer Leibrente bzw. dauernden Last ist bei der Überlassung einer Beteiligung an einer GmbH, dass die überlassene **Beteiligung mindestens die Hälfte des gesamten Stammkapitals** der Gesellschaft beträgt, der Schenker Geschäftsführer der GmbH war und der Beschenkte die **Tätigkeit als Geschäftsführer übernimmt** (§ 10 Abs. 1 Nr. 1a. c) EStG).[63]

Schenkungsteuerlich stellt die Leibrente/dauernde Last eine Gegenleistung dar und mindert die steuerliche Bemessungsgrundlage (s. Rz. 36). **81**

Bei einer Übertragung von Geschäftsanteilen an nicht gem. § 3 Nr. 4 oder Nr. 6 GrEStG privilegierte Personen kann die Leibrente/dauernde Last daher bei grundstückshaltenden Kapitalgesellschaften unter den weiteren Voraussetzungen des § 1 Abs. 3 GrEStG oder bei der Mitübertragung von Grundbesitz **Grunderwerbsteuer** auslösen (s. Rz. 42). **82**

c) Als Gegenleistung kann ferner eine einmalige oder in mehreren Raten zu erbringende feste Geldzahlung vereinbart werden **(Abstandszahlung).** Die Zahlung kann von einem entsprechenden Verlangen des Senior-Gesellschafters abhängig gemacht werden. **83**

Eine solche Zahlung kann auch zu Gunsten Dritter vorgesehen werden, insbesondere als **Gleichstellungsgeld** für Geschwister (vgl. § 3a). Im Verhältnis zwischen Senior-Gesellschafter und Erwerber handelt es sich um eine Gegenleistung des Erwerbers, im Verhältnis des Senior-Gesellschafters zum Dritten in solchen Fällen meist um eine Schenkung. Einen unmittelbaren Zahlungsanspruch erwirbt der Dritte, wenn er selber als Vertragsteil in den Vertrag einbezogen wird; wirkt der Dritte am Vertrag selbst nicht mit, kann ihm ein eigener Zahlungsanspruche im Wege eines (echten) **Vertrags zugunsten Dritter** eingeräumt werden (§ 328 BGB); davon abzugrenzen ist der sog. unechte Vertrag zugunsten Dritter, bei dem lediglich der Senior-Gesellschafter die Zahlung verlangen kann. **84**

Ein Gleichstellungsgeld hat sich der Dritte gem. § 2327 BGB auch ohne besondere Abrede auf einen etwaigen **Pflichtteilsergänzungsanspruch** gem. § 2325 BGB anrechnen zu lassen; zur Minderung von Pflichtteilsansprüchen des Dritten am Nachlass des Senior-Gesellschafters ist eine **Pflichtteilsanrechnung** nach § 2315 BGB erforderlich. In Betracht kommt – wie beim Anteilserwerber (s. Rz. 76) – auch die Vereinbarung eines notariellen Pflichtteilsverzichts.

Einkommensteuerlich handelt es sich bei derartigen Zahlungen um eine Gegenleistung, welche die Besteuerung eines Veräußerungsgewinns zur Folge haben kann (s. Rz. 27); bei einer lebenslangen oder langjährigen Ratenzahlung bzw. eine betriebliche Veräußerungsrente kann ein Wahlrecht zwischen der sog. Sofortversteuerung und der sog. Zuflussversteuerung bestehen.[64] **85**

Schenkungsteuerlich und **grunderwerbsteuerlich** gelten die Hinweise unter vorstehend lit. b) entsprechend, wobei die durch den Übergabevertrag veranlasste Zahlung eines Gleichstellungsgelds an Dritte wiederum eine schenkungsteuerpflichtige Zuwendung des Senior-Gesellschafters an den Dritten darstellen kann. **86**

d) Kann nicht ausgeschlossen werden, dass der Senior-Gesellschafter – auch unter Berücksichtigung vereinbarter Gegenleistungen – nach der Betriebsübergabe irgendwann einmal bedürftig werden könnte (zB nach einem Umzug in ein Pflegeheim), kann sich die Frage stellen, wer dann für ihn aufkommen soll. § 528 BGB sieht hier ein entsprechendes Zugriffsrecht auf Personen vor, die vom Bedürftigen innerhalb der letzten zehn Jahre vor Eintritt der Bedürftigkeit Schenkungen erhalten haben; auch umfassend vereinbarte Vorbehalte für den Senior-Gesellschafter schieben den Beginn der 10-Jahresfrist grundsätzlich nicht hinaus.[65] Im Übrigen bestehen ggf. Unterhaltspflichten naher Verwandter, insb. von Kindern gem. §§ 1601 ff. BGB. **87**

---

[63] Vgl. hierzu BMF v. 11.3.2010, BStBl. I 2010, 227, Rz. 15 ff. FBRS Formular B.3 Rz. 16.
[64] Vgl. Schmidt/*Weber-Grellet* EStG § 17 Rz. 143.
[65] Vgl. MüKoBGB/*Koch* BGB § 529 Rz. 3, mwN.

Vor diesem Hintergrund kann, sofern gewünscht (abweichend § 3c), vereinbart werden, dass der Betriebsübernehmer Geschwister von solchen **Unterhaltspflichten** freihalten muss.[66]

88 **e)** Sind die überlassenen Geschäftsanteile noch nicht voll einbezahlt (vgl. §§ 3 Abs. 1 Nr. 4, 7 Abs. 2, 19ff. GmbHG, wird typischerweise der Erwerber die Verpflichtung zur Resteinzahlung übernehmen, zB:

A. 2.80c **„Außerdem übernimmt der Erwerber die Verpflichtung zur Einzahlung der noch ausstehenden Einlage auf die verkauften Geschäftsanteile und stellt den Veräußerer hiervon frei."**

89–91 *(frei)*

Zu § 4: Dingliche Übertragung, Stichtag

92 **1.** Ergänzend zur schuldrechtlichen Verpflichtung gem. § 2 des Formulars müssen zum dinglichen Vollzug des Anteilsübergangs die überlassenen Geschäftsanteile in notariell beurkundeter Form an den Erwerber abgetreten werden (§§ 398 BGB, 15 Abs. 3 GmbHG).

93 Die abgetretenen Geschäftsanteile sind genau zu bezeichnen (vgl. o. Rz. 56); sind die abzutretenden Anteile bereits an anderer Stelle der Urkunde genau bezeichnet, kann insoweit eine entsprechende Bezugnahme erfolgen (so § 4).

94 **2.** Das Formular regelt zugleich im Rahmen der Abtretung, zu welchem Zeitpunkt die Wirkungen der Anteilsübertragung eintreten **(Stichtag).**

In der Praxis ist auch die Gestaltung anzutreffen, dass die Wirksamkeit der Abtretung und der Übertragungsstichtag abweichend voneinander bestimmt werden. Bei der Übertragung von Gesellschaftsanteilen ist die Trennung von Übergangsstichtag und dinglichem Übergang allerdings nicht unproblematisch. In erster Linie verkörpert ein Gesellschaftsanteil das zugehörige Stimmrecht sowie das Gewinnbezugsrecht, daneben Auskunfts- und Einsichtsrechte. Diese stehen im Grundsatz dem zivilrechtlichen Inhaber des Anteils zu, so dass der wirtschaftliche Übergang eines Anteils insofern an die dingliche Übertragung des Anteils geknüpft ist. Sollen Stimmrecht und Gewinnbezugsrecht abweichend von der dinglichen Übertragung auf den Erwerber übergehen, bedarf es entsprechender vertraglicher Regelungen. Bezüglich des Stimmrechts kann hier idR freilich lediglich mit einer Stimmrechtsvollmacht gearbeitet werden, soweit die Erteilung einer solchen Vollmacht bei der betreffenden Gesellschaft nicht ausgeschlossen ist. Für den Übergang des Gewinnbezugsrechts besteht ohnehin regelmäßig eine vom Stichtag unabhängige Regelung (vgl. o. § 2 sowie Rz. 58).

Das Risiko von Wertänderungen der übertragenen Gesellschaftsanteile trägt dagegen idR bereits ab Vertragsschluss der Erwerber, sofern und soweit nicht etwaige Gegenleistungen bei späteren Änderungen angepasst werden bzw. ein anderweitiger Ausgleich für die Wertänderungen des Anteils vereinbart ist.

95 Alleine die Bestimmung eines gesonderten Übertragungsstichtags beeinflusst somit weder die Risikozuordnung von Wertänderungen noch den Übergang des Stimmrechts oder des Gewinnbezugsrechts. Bei einem vom dinglichen Übergang abweichenden Stichtag sollte und müsste deshalb klar und konkret geregelt sein, welche Rechte und Pflichten am Übergangsstichtag auf den Erwerber übergehen und welche sonstigen Wirkungen an diesem Tag eintreten. Soweit die übergehenden Rechte gesetzlich an die dingliche Übertragung geknüpft sind, kann insoweit nur mit entsprechenden Ausweichlösungen gearbeitet werden (zur Stimmrechtsvollmacht s. vorstehend).[67]

---

[66] Vgl. hierzu *Krauß* Vermögensnachfolge Rz. 1477.

[67] Zum Verzicht des Verkäufers auf die Ausübung von Gesellschafterrechten ab dem Übergangsstichtag, vgl. OLG München v. 21.12.2005 – 31 Wx 080/05, NZG 2006, 597.

Sofern nicht besondere Gründe dagegen sprechen, wird sich daher idR empfehlen, die Abtretung mit Wirkung zum Übergangsstichtag zu vereinbaren.

Soll der Übergang der Beteiligung und der damit verbundenen Gesellschafterrechte **96** noch vom Eintritt bestimmter künftiger Ereignisse abhängig sein, zB einer Zahlung, kann die Abtretung aufschiebend bedingt auf den Bedingungseintritt erfolgen. Ggf. kann die Abtretung auch auflösend bedingt auf den Eintritt bestimmter Ereignisse erfolgen. Im letzteren Fall wird die Abtretung bereits mit ihrer Vereinbarung bzw. zum vereinbarten Abtretungszeitpunkt wirksam, entfällt dann jedoch mit Eintritt der auflösenden Bedingung. Im ersteren Fall wird die (aufschiebend bedingte) Abtretung erst mit Eintritt der Bedingung wirksam; soll die Beteiligung steuerlich bereits vorher dem Erwerber zugerechnet werden, kann ergänzend zur aufschiebend bedingten Abtretung vereinbart werden, dass der Veräußerer die Beteiligung ab einem bestimmten Zeitpunkt treuhänderisch für den Erwerber hält.[68]

Wenig sinnvoll ist idR die Vereinbarung eines **vor dem Vertragsschluss liegen-** **97** **den Übergangstichtags.** Eine rückwirkende dingliche Übertragung von Geschäftsanteilen soll ohnehin nicht möglich sein. Schwierig gestaltet sich ferner die Regelung von Veränderungen zwischen dem Stichtag und dem späteren Tag des Vertragsschlusses, und **steuerlich** wird eine **Rückwirkung allenfalls für einen eng begrenzten Zeitraum** (ca. 1 bis 3 Monate) anerkannt, wenn dies nicht zum Zwecke der Steuerersparnis, sondern lediglich aus Vereinfachungsgründen erfolgt.[69]

Ein nach Vertragsschluss liegender Übertragungsstichtag ist dagegen im Grundsatz **98** unproblematisch, doch gilt dies nicht ohne weiteres für die **Verlagerung der steuerlichen Wirkungen einer Anteilsübertragung auf einen späteren Zeitpunkt,** in dem günstigere Besteuerungsregelungen gelten bzw. ein niedrigerer Steuersatz besteht. Maßgeblich für die Feststellung des steuerlichen Übertragungsstichtags ist der Übergang des **wirtschaftlichen Eigentums an dem Anteil** (§ 39 AO). Dies ist nach der Rspr. ab dem Zeitpunkt anzunehmen, ab dem der Käufer eine rechtlich geschützte Position erhalten hat, die ihm gegen seinen Willen nicht mehr entzogen werden kann, und die wesentlichen Rechte am Anteil sowie das Risiko einer Wertminderung und die Chance einer Wertsteigerung auf den Käufer übergegangen sind.[70] Spätestens mit dem dinglichen Übergang eines Anteils geht damit idR[71] auch das wirtschaftliche Eigentum über, da insb. ab diesem Zeitpunkt das Stimmrecht und das Gewinnbezugsrecht dem Erwerber zusteht. Die Voraussetzungen für einen wirtschaftlichen Übergang können bei einer Anteilsübertragung jedoch bereits mit dem Abschluss des Vertrags vorliegen, wenn darin die Gegenleistungen bereits mehr oder weniger fest vereinbart ist (damit ist das Risiko von Wertänderungen im wesentlichen auf den Erwerber übergegangen), das Gewinnbezugsrecht auf den Erwerber übergeht und dieser ab Vertragsschluss zumindest Einfluss auf die Ausübung des Stimmrechts hat.[72]

Bei der **Festlegung des Stichtags** sollte auf eine genaue Formulierung geachtet **99** werden. Bei einer Veräußerung bzw. Abtretung mit Wirkung am oder zum **31.12.** eines Jahres (evtl. ergänzt mit der Zeitangabe **24.00 Uhr**) oder „zum Ende des Geschäftsjahres […]“ sollen die steuerlichen Wirkungen der Anteilsübertragung noch im

---

[68] Vgl. § 39 Abs. 2 Nr. 1 S. 2 AO. Zur Vereinbarung von Bedingungen vgl. §§ 158 ff. BGB.

[69] § 16 Abs. 3b S. 2 EStG erkennt für einen Betriebsaufgabefall eine 3-Monatsfrist an. Zur Anerkennung einer steuerlichen Rückwirkung vgl. auch OFD Karlsruhe v. 8.10.2007, DStR 2007, 2326 (6–8 Wochen); ferner Schmidt/*Weber-Grellet* EStG § 2 Rz. 52.

[70] Vgl. BFH v. 9.10.2008 – IX R 73/06, DStRE 2009, 313, u. hierzu *Mayer* DStR 2009, 674 (mit Gestaltungshinweisen); dabei müssen die genannten Voraussetzungen nicht in jedem Fall vollumfänglich erfüllt sein, sondern es ist eine „Gesamtbetrachtung“ anzustellen. S. auch *Lewe/Deubert* BB 2014, 1835 (insbes. zum handelsrechtlichen wirtschaftlichen Übergang).

[71] S. aber auch BFH v. 9.10.2008 – IX R 73/06, DStRE 2009, 313 u. BFH v. 25.5.2011 – IX R 23/10, DStR 2011, 1895 (bei nur übergangsweiser Beteiligung) u. BFH v. 5.10.2011 – IX R 57/10, DStRE 2012, 666.

[72] Vgl. *Mayer* DStR 2009, 674, 677. Ein einseitiges Angebot durch den Veräußerer oder den Erwerber begründet freilich idR – zumindest ohne Hinzutreten sonstiger Abreden – noch keinen Übergang des wirtschaftlichen Eigentums, vgl. *Kleinheisterkamp/Schell* DStR 2010, 833.

abgelaufenen Jahr eintreten, bei einer Veräußerung mit Wirkung am oder zum **1.1.** eines Jahres (evtl. ergänzt mit der Zeitangabe **0.00 Uhr**) oder „mit Beginn des Geschäftsjahres [...]" erst im neuen Jahr; Entsprechendes soll für die Formulierungen „mit Ablauf des 31.12." bzw. „mit Beginn des 1.1." gelten. Nicht ganz unproblematisch erscheint die Wahl des Zeitpunkts 31.12., 23.59 Uhr, bzw. 1.1., 00.01 Uhr, problematisch auch die teils vorgeschlagene Regelung: „31.12., 24.00 Uhr/1.1., 0.00 Uhr".[73]

100–109 *(frei)*

Zu § 5: Ausschluss einer Mängelhaftung

110 Klarheit sollte bei einer Anteilsübertragung auch über eine evtl. Haftung des Senior-Gesellschafters für Sachmängel und Rechtsmängel bestehen. Für einen Kaufvertrag sind gesetzliche Regelungen in §§ 453, 434ff. BGB enthalten, für eine Schenkung in §§ 521, 523f. BGB. Wie daraus ersichtlich, trifft den Verkäufer eine weitaus strengere Haftung als den Schenker. Eine Anteilsübertragung kann sowohl kaufvertragliche als auch schenkungsvertragliche Elemente enthalten (vgl. oben Rz. 11).

111 Erfolgt die Anteilsübertragung nahezu wertgleich und überwiegen deshalb die kaufvertraglichen Elemente, liegt die Vereinbarung kaufvertraglicher Gewährleistungen bzw. Garantien nahe.[74] Je besser der Erwerber das betreffende Unternehmen bereits kennt, desto eher können solche Gewährleistungen bzw. Garantien reduziert werden. Sind die übernommenen Verbindlichkeiten und Gegenleistungen eher untergeordnet und überwiegen deshalb die schenkungsvertraglichen Elemente (dies liegt der Regelung in § 6 des Formular zugrunde), wird regelmäßig eine weitgehende Haftungsfreistellung des Senior-Gesellschafter interessengerecht sein.

112 Nach der in § 6 des Formulars getroffenen Regelung wird vom Senior-Gesellschafter – abgesehen von vorsätzlichem pflichtwidrigen Handeln – lediglich für einen lastenfreien Übertragung und die Einzahlung der Einlagen die Haftung übernommen und iÜ die Haftung ausgeschlossen.

113–115 *(frei)*

Zu § 6: Widerrufsrecht

116 Seitens des Senior-Gesellschafters besteht nicht selten der Wunsch, eine Anteilsübertragung unter bestimmten Voraussetzungen oder sogar nach seinem freien Belieben wieder rückgängig machen zu können.

Überwiegen bei einer Anteilsübertragung die kaufvertraglichen Elemente (vgl. oben Rz. 11), kommt nach den gesetzlichen Regelungen ein Rücktrittsrecht in Betracht, wenn der Erwerber seine Verpflichtungen nicht erfüllt, insb. den vereinbarten Gegenleistungen nicht nachkommt (vgl. § 323 BGB). Soweit die schenkungsrechtlichen Regelungen Anwendung finden (vgl. Rz. 11), kommt ein Rückforderungs- bzw. Widerrufsrecht bei Nichtvollziehung einer Auflage (§ 527 BGB), bei späterer Verarmung des Schenkers (§ 528 BGB) oder im Falle groben Undanks nach § 530 BGB in Betracht.[75]

Zur Vermeidung von Unklarheiten bei der Anwendung der gesetzlichen Regelungen und bei darüber hinausgehenden gewünschten Rückabwicklungsrechten sollten Voraussetzungen und Rechtsfolgen eines Rücktritts oder Widerrufs näher vertraglich geregelt werden.

---

[73] Vgl. Münchener Vertragshandbuch Bd. 2/*v. Hoyenberg*, Muster I.5 Anm. 24. *Knott/Mielke* Rz. 655, halten die Regelung „31.12., 24.00 Uhr/1.1., 00.00 Uhr" in bestimmten anderen Fällen unter Hinweis auf die gewerbesteuerliche Interessenlage („Schachtelprivileg") jedoch für möglich und sinnvoll. Bei der Regelung „31.12., 23.59 Uhr", die genaugenommen den Erwerber noch eine Minute in diesem Jahr wirtschaftlicher Eigentümer sein lässt, was uU steuerlich unerwünscht sein kann, sollte nicht generell auf eine wohlwollende Auslegung, wie bei BFH v. 11.8.2004 – I R 89/03, DStRE 2004, 1424, vertraut werden.

[74] Vgl. hierzu § 5 des Formulars A. 2.70, ferner Palandt/*Weidenkaff* BGB § 434 Rz. 95 und § 453 Rz. 7.

[75] Vgl. hierzu Palandt/*Weidenkaff* BGB § 516 Rz. 16.

Unklar erscheint die zivil- bzw. gesellschaftsrechtliche Zulässigkeit sowie die steuerliche Anerkennung bzw. Zurechnung für ein **freies,** in jederzeitigem Belieben des Senior-Gesellschafters stehendes **Widerrufsrecht,** das nicht nur deshalb bei einer Anteilsübertragung eher selten gewünscht bzw. interessengerecht sein wird.[76] **117**

In vielen Fällen kann jedoch ein **auf bestimmte Fälle beschränktes Rückabwicklungsrecht** für den Senior-Gesellschafter sinnvoll bzw. gewünscht sein. In Betracht kommt hier zB ein Rückabwicklungsrecht für den Fall[77] **118**
- der Nichteinhaltung vertraglicher Pflichten durch den Erwerber (vgl. § 6 des Formulars)
- der Verarmung des Senior-Gesellschafters entsprechend § 528 BGB
- eines groben Undanks des Erwerbers entsprechend § 530 BGB (vgl. § 6)
- dem Vorversterben des Erwerbers vor dem Senior-Gesellschafter (vgl. § 6) bzw. evtl. auch seines Ehegatten
- der Scheidung des Erwerbers, namentlich wenn die überlassene Beteiligung nicht durch Vereinbarung einer Gütertrennung oder entsprechender Modifizierung der Zugewinngemeinschaft aus dem Zugewinn ausgenommen ist
- der Weiterveräußerung der Beteiligung durch den Erwerber oder der Belastung derselben ohne Zustimmung des Senior-Gesellschafters, soweit dies nicht schon durch eine satzungsmäßige Vinkulierung ausreichend beschränkt ist
- der Insolvenz der Gesellschaft und/oder des Erwerbers oder des Vollstreckungszugriffs auf den Erwerber (vgl. § 6)[78]
- der Inanspruchnahme des Senior-Gesellschafters für eine Schenkungsteuer, insbes. für den Fall einer Nachversteuerung nach § 13a Abs. 5 ErbStG.[79]

Neben dem eigentlichen Auslöser des Rückabwicklungsrechts sind auch die Modalitäten des Rückabwicklungsrechts einschließlich der Rechtsfolgen zu regeln, zB: **119**
- die Frist für die Stellung eines Rückabwicklungsverlangens
- die Frage der Höchstpersönlichkeit bzw. Übertragbar- und Vererblichkeit
- die Art der Rückabwicklung einschließlich der Berücksichtigung der erbrachten Gegenleistungen und der gezogenen Nutzungen
- die Sicherstellung der Rückabwicklung (s. Rz. 118, dort Fn. 78).

Dabei kann sich an den Regelungen bei Nichtvollziehung einer Auflage gem. § 527 BGB, zur Rückforderung wegen Verarmung des Schenkers gem. § 528 BGB oder zum Widerrufsrecht bei groben Undank gem. §§ 530 ff. BGB oder an den Rücktrittsregeln gem. §§ 346 ff. BGB orientiert und mittels entsprechender Verweisung der vertragliche Regelungsumfang entsprechend verkürzt werden.

§ 6 des Formulars lehnt sich hinsichtlich der Ausgestaltung der Rückabwicklung an die Regelungen der §§ 530 ff. BGB nebst der dort in Bezug genommenen Bereicherungsvorschriften der §§ 812 ff. BGB an. Eine Rückabwicklung der bis zur Ausübung des Widerrufs gezogenen Erträge (vgl. § 818 Abs. 1 BGB) oder der an den Senior-Gesellschafter bzw. seine Ehefrau geleisteten Leibrentenzahlungen findet jedoch nicht statt; entsprechend den Regelungen der §§ 818 Abs. 3, 819 Abs. 1 BGB haftet der **120**

---

[76] Vgl. zum freien Widerrufsvorbehalt bei Gesellschaftsanteilen *Krauß* Vermögensnachfolge Rz. 2121; BeckFormB BHW Muster III.C.2., Anm. 8, ferner BGH v. 22.1.2013 – II ZR 80/10, DStR 2013, 367 (zur entschädigungslosen Rückforderung bei entgeltlichem Vorerwerb) und C. 1.30 Rz. 95.

[77] Vgl. auch Formular 2.21, § 3, sowie BeckForm BHW, Muster III.C.2, dort § 4 mit weiteren möglichen Rückforderungsgründen.

[78] Zur Zulässigkeit und zur Sicherung der Durchsetzbarkeit vgl. *Krauß* Vermögensnachfolge Kap. 4, Rz. 2002 ff., 2124 ff., 2135 ff., der statt der hier verwendeten aufschiebend bedingten Abtretung eine auflösend bedingte Abtretung vorschlägt. Zur Insolvenz der Gesellschaft vgl. insbes. *Krauß* Vermögensnachfolge Rz. 2124, ferner die nachfolgende Fn.

[79] Vgl. hierzu Rz. 38 u. 141, ferner *Krauß* Vermögensnachfolge, Rz. 2032 ff.; die Ausübung des Rückforderungsrechts sollte dann zum Erlöschen der Steuerschuld gem. § 29 Abs. 1 Nr. 1 ErbStG führen. Nach ErbStR 2011 13a.1 Abs. 3 soll der Senior-Gesellschafter für eine solche Nachsteuer aber ohnehin nur in Anspruch genommen werden können, wenn dies vertraglich so vorgesehen ist (s. auch u. Rz. 145).

Erwerber iÜ auf Herausgabe nur, soweit er bei Ausübung des Widerrufs noch bereichert ist.

121–124 *(frei)*

Zu § 7: Zustimmung

125 **a)** Die **Mitwirkung des Ehegatten** des Senior-Gesellschafters kann zumeist unter zweierlei Gesichtspunkten relevant sein:

126 – **Güterrechtlich** bedarf ein im gesetzlichen Güterstand der **Zugewinngemeinschaft** verheirateter Ehegatte der Zustimmung des anderen Ehegatten, wenn es sich bei der übertragenen Beteiligung um das gesamte oder nahezu gesamte Vermögen des Senior-Gesellschafters handelt **(§ 1365 BGB)** und dem Erwerber dies bekannt ist.[80] Sind Eheleute in **Gütergemeinschaft** verheiratet (§ 415 BGB) und gehört die Beteiligung zum Gesamtgut der Eheleute (§ 1416 BGB), bedarf es zu einer Übertragung ebenfalls der Mitwirkung beider Ehegatten, sofern das Gesamtgut nicht von einem Ehegatten allein verwaltet wird und es sich nicht um das gesamte oder nahezu gesamte Gesamtgut handelt (vgl. §§ 1419, 1421, 1423, 1450 BGB). Bei **Gütertrennung** (§ 1414 BGB) besteht dagegen generell kein Zustimmungs- bzw. Mitwirkungserfordernis des Ehegatten.

127 – Enthält der Übergabevertrag **Rechte und Pflichten des Ehegatten,** bedarf es ebenfalls der Mitwirkung des Ehegatten. Bei der im Formular der Ehefrau ausgesetzten Leibrente (vgl. § 3b) könnte die Zahlungspflicht des Erwerbers als Vertrag zugunsten Dritter (vgl. Rz. 84) auch ohne Mitwirkung der Ehefrau begründet werden, doch für die damit verbundene (bedingte) Schenkung des Ehemanns an die Ehefrau im sog. Valutaverhältnis[81] ist zumindest die mündliche Annahme der Ehefrau erforderlich.

128 **b)** Die Veräußerung eines Anteils an einer GmbH kann ferner der **Zustimmung von Gesellschaftsorganen** (Geschäftsführer, Gesellschafterversammlung, Beirat etc.) bzw. der Mitgesellschafter bedürfen, nämlich wenn dies in der Satzung oder in einer Gesellschaftervereinbarung so vereinbart ist; eine derartige **satzungsmäßige_Vinkulierungsklausel** hat im Zweifel dingliche Außenwirkung (§ 15 Abs. 5 GmbHG), eine nur schuldrechtlich in einer Gesellschaftervereinbarung enthaltene Zustimmungsklausel kann dagegen als solche die Unwirksamkeit einer vertragswidrigen Abtretung nicht begründen, sondern lediglich sonstige Sanktionen auslösen (vgl. hierzu auch C. 1.30 Rz. 77ff.).

Für die Erteilung der Zustimmung besteht keine Beurkundungspflicht;[82] anderes kann allenfalls gelten, wenn die Zustimmung als solche Bestandteil einer anderen beurkundungspflichtigen Vereinbarung wäre.

Sind diejenigen, deren Zustimmung vereinbarungsgemäß erforderlich ist, bereits als Vertragspartner an der Anteilsübertragung beteiligt, dürfte regelmäßig bereits von einer konkludenten Zustimmung auszugehen sein.[83] Vorsorglich sollte in solchen Fällen eine ausdrückliche Zustimmung mitbeurkundet werden.

129–131 *(frei)*

Zu § 8: Hinweise

132 § 8 enthält übliche notarielle Hinweise.

Zunächst wird klargestellt, dass der Notar die Inhaberschaft des Veräußerers und die Lastenfreiheit der übertragenen Anteile nicht eigenverantwortlich prüft und prüfen

[80] Vgl. Palandt/*Brudermüller* BGB § 1365 Rz. 9.
[81] Vgl. hierzu (und zum Begriff des sog. Deckungsverhältnisses zwischen Senior-Gesellschafter und Erwerber): Palandt/*Grüneberg* BGB Vor § 328 Rz. 3f.
[82] Vgl. Baumbach/Hueck/*Fastricht* GmbHG § 15 Rz. 45.
[83] Vgl. Lutter/Hommelhoff/*Bayer* GmbHG § 15 Rz. 74.

kann. Ein Gutglaubenserwerb ist nur in sehr eingeschränktem Umfang gem. § 16 Abs. 3 GmbHG möglich.

Sodann erfolgt der Hinweis, dass der Erwerber Gesellschafterrechte erst ausüben kann, wenn die entsprechend aktualisierte Gesellschafterliste zum Handelsregister aufgenommen wurde (vgl. hierzu Formular A. 2.81). **133**

Soweit Einlagen auf die Geschäftsanteile noch nicht geleistet sind bzw. gesetzwidrig zurückbezahlt wurden, besteht insoweit im Außenverhältnis sowohl eine Haftung des Erwerber als auch eine Forthaftung des Veräußerers (§§ 19ff. GmbHG, vgl. die Hinweise gem. dritten und vierten Spiegelstrich und hierzu auch Rz. 88 und 112). **134**

Der anschließende Hinweis bezieht sich wiederum auf einen möglichen Gutglaubenserwerb nach § 16 Abs. 3 GmbHG, diesmal unter dem Gesichtspunkt eines evtl. späteren Verlusts der Beteiligung. **135**

(frei) **136, 137**

Zu § 9: Teilunwirksamkeit

Die **Unwirksamkeit einer einzelnen Vertragsklausel** zieht gem. § 139 BGB im Zweifel die Unwirksamkeit des gesamten Vertrags nach sich. Eine **salvatorische Klausel,** wie sie § 9 darstellt, zielt auf die Umkehrung der gesetzlichen Vermutung ab, so dass die Unwirksamkeit einer Bestimmung nur dann zur Gesamtunwirksamkeit führt, wenn ihrer Wirksamkeit für das Vertragswerk eine ganz entscheidende Bedeutung zukommt.[84] Im Übrigen gilt anstelle der unwirksamen Regelung dasjenige, was die Vertragsteile mutmaßlich vereinbart hätten, wenn sie die Unwirksamkeit der Bestimmung bedacht hätten (sog. ergänzende Vertragsauslegung); fehlen ausreichende Anhaltspunkte für die Ermittlung des mutmaßlichen Willens, greift die gesetzliche Regelung ein. Entsprechendes gilt, sofern für bestimmte Bereiche überhaupt keine ausdrückliche Regelung getroffen wurde.[85] **138**

(frei) **139**

Zu § 10: Sonstiges

Geregelt werden kann abschließend u.a., wer die durch die Anteilsübertragung anfallenden **Kosten und Steuern** zu tragen hat. Dabei sind jedenfalls gedanklich **Innen- und Außenverhältnis zu trennen.** So legen zB die Steuergesetze fest, wer im Außenverhältnis primärer Schuldner einer Steuer ist (vgl. zB § 20 ErbStG), ferner, wer darüber hinaus ggf. für eine Steuerschuld zusätzlich haftet (vgl. zB § 75 AO); Entsprechendes gilt bspw. für Notar- und Gerichtskosten (vgl. §§ 29ff. GNotKG). **140**

Für das **Innenverhältnis** finden sich im allgemeinen Schuldrecht zB die gesetzliche Regelung des § 426 BGB zum Gesamtschuldnerausgleich und im Kaufrecht zB die Regelungen der §§ 436 und 448 BGB, wonach ein Käufer zB Beurkundungskosten zu tragen hat.

Im Überlassungsvertrag sollte das Innenverhältnis der Tragung von Kosten und Steuern zwischen Senior-Gesellschafter und Erwerber gesondert geregelt werden. Dabei könnte auch ausdrücklich geregelt werden, wer die Gebühr für die notarbescheinigte Gesellschafterliste zu tragen hat.[86]

§ 10 des Formulars stellt klar, dass primärer Steuerschuldner der **Schenkungsteuer** der Erwerber ist. Nach der entsprechenden Vorschrift des § 20 Abs. 1 S. 1 ErbStG ist weiterer Steuerschuldner jedoch auch der Senior-Gesellschafter; dies gilt uU auch für die Nachversteuerung gem. § 13a Abs. 5 ErbStG bei Nichteinhaltung der Begünstigungsregelungen innerhalb der Behaltefrist (vgl. Rz. 38). Vor diesem – uU gravieren- **141**

[84] Vgl. Palandt/*Heinrichs* BGB § 139 Rz. 17.
[85] Vgl. Palandt/*Heinrichs* BGB § 139 Rz. 14ff.
[86] Im Übrigen str., ob GmbH oder Erwerber bzw. Veräußerer des Anteils, vgl. einerseits Notarkasse (Hrsg), Streifzug durch das GNotKG Rz. 1317f., und andererseits Leipziger GNotKG/*Heinze* § 107 Rz. 55.

den – Steuerzahlungsrisiko, das dem späteren Einflussbereich des Senior-Gesellschafters weithin entzogen ist, kann sich der Senior-Gesellschafter evtl. schon durch „vertragliche Nichtübernahme“ der Nachsteuer und ggf. durch einen Rückforderungsvorbehalt schützen.[87]

142 Ist der Erwerber in Gütergemeinschaft verheiratet, kann durch eine sog. **Vorbehaltsguterklärung** gem. § 1418 Abs. 2 Nr. 2 BGB ein Erwerb zum Alleineigentum ermöglicht werden.

A. 2.81

A. 2.81 Gesellschafterliste

URNr. [...] / [...]
vom [...]

Gesellschafterliste der

A-GmbH mit dem Sitz in [...],
eingetragen im Handelsregister des Amtsgerichts [...] unter HRB [...]
Stand: [...]

Gesellschafter (mit Beteiligungsquote am Stammkapital)	Geschäftsanteile des Gesellschafters (mit Nummern, Nennbetrag und jeweiligem prozentualen Anteil am Stammkapital)
A [...], geb. am [...], wohnhaft [...], beteiligt mit insgesamt 50 % am Stammkapital	Geschäftsanteil-Nr(n). 1–12500 im Nennbetrag zu je € 1,– (entspricht je Anteil 0,004 % des Stammkapitals)
B [...], geb. am [...], wohnhaft [...], beteiligt mit insgesamt 25 % am Stammkapital	Geschäftsanteil-Nr(n). 12501–18750 im Nennbetrag zu je € 1,– (entspricht je Anteil 0,004 % des Stammkapitals)
C [...], geb. am [...], wohnhaft [...], beteiligt mit insgesamt 25 % am Stammkapital	Geschäftsanteil-Nr(n). 18751–25000 im Nennbetrag zu je € 1,– (entspricht je Anteil 0,004 % des Stammkapitals)

Stammkapital: € 25000,–

Die geänderten Eintragungen in der vorstehenden Liste entsprechen den Veränderungen, die sich aufgrund meiner Urkunde vom [...], URNr. [.../...], ergeben. Die übrigen Eintragungen stimmen mit dem Inhalt der zuletzt im Handelsregister aufgenommenen Liste vom [...] (Stand [...]), URNr. [...], überein.

[...], den

Ergänzender Hinweis:
Der Einreichung der neuen Liste liegen zugrunde entsprechende Anteilsabtretungen.

---

[87] Vgl. hierzu Rz. 118 aE, dort insbes. Fn. 79.

Anmerkungen

Bei jeder Änderung der in der Gesellschafterliste enthaltenen Gesellschafterdaten (vgl. § 8 Abs. 1 Nr. 3 GmbHG) ist zum Handelsregister eine aktualisierte Gesellschafterliste einzureichen, wobei insbes. die 2017 erfolgten Neuregelungen in § 40 GmbHG zu beachten sind. Für die nähere Ausgestaltung der Gesellschafterliste bleibt der Erlass einer Verordnung gem. § 40 Abs. 4 GmbHG abzuwarten. Beruht die Änderung auf einer notariellen Beurkundung (wie im Falle einer Anteilsschenkung), hat der beurkundende Notar die aktualisierte Gesellschafterliste zu erstellen und, mit einer Bescheinigung nach § 40 Abs. 2 Satz 2 GmbHG versehen, zum Handelsregister einzureichen.[1] 1

Verfügungsbeschränkungen und Belastungen, zB ein Nießbrauch an Geschäftsanteilen, sind nach ganz hM nicht in der Gesellschafterliste zu vermerken.[2] 2

Die Gesellschafterliste ist vor allem deshalb von erheblicher Bedeutung, weil jedenfalls im Grundsatz nur einem Gesellschafter, der in der beim Handelsregister aufgenommenen Gesellschafterliste aufgenommen ist, die Ausübung von Gesellschafterrechten gegenüber der Gesellschaft möglich ist (**Legitimierungswirkung der Gesellschafterliste** gem. § 16 Abs. 1 S. 1 GmbHG).

---

[1] Zur Abgrenzung, wann ein Notar anstelle des Geschäftsführers für die Erstellung und Einreichung der Gesellschafterliste verantwortlich ist, vgl. Lutter/Hommelhoff/*Bayer* GmbHG § 40 Rz. 23 ff. Nicht abschließend geklärt erscheint die Zuständigkeit für die Einreichung der Liste bei einer aufschiebend bedingten bzw. von einer Genehmigungserteilung abhängigen Abtretung, vgl. hierzu Heckschen/Heidinger/*Heidinger* § 13 Rz. 346d, sowie OLG Hamm v. 25.9.2013 – 27 W 72/13, NZG 2014, 585, u. hierzu kritisch *Wachter* DNotZ 2014, 540.

[2] Vgl. hierzu BGH v. 24.2.2015 – II ZB 17/14, DStR 2015, 1121, und – wohl überholt – LG Aachen v. 6.4.2009 – 44 T 1/09, NZG 2009, 1157 mit Anm. *Fritsch;* ferner – teils kritisch – Heckschen/Heidinger/*Heidinger* § 13 Rz. 286 ff., 289b ff.

A. 3 Besonderheiten bei unentgeltlichen Zuwendungen

Übersicht

A. 3.00 Beteiligung Minderjähriger

A. 3.01 Besonderheiten

A. 3.01

Bei Verträgen, an denen ein **Minderjähriger** beteiligt ist, ist stets zu prüfen: 1
- ob der Minderjährige selbst handeln kann oder vertreten werden muss oder zumindest der Zustimmung seines gesetzlichen Vertreters bedarf,
- wer den Minderjährigen vertreten darf,
- und ob der Vertrag der gerichtlichen Genehmigung durch das Familiengericht bedarf.

Hat der Minderjährige sein 7. Lebensjahr noch nicht vollendet, so ist er **geschäftsunfähig** (§ 104 Nr. 1 BGB) und seine Willenserklärungen sind nichtig (§ 105 BGB). Er muss daher bei Vertragsabschluss vertreten werden. 2

Ein Minderjähriger, der das 7. Lebensjahr, aber noch nicht das 18. Lebensjahr vollendet hat, ist in der **Geschäftsfähigkeit beschränkt** (§ 106 BGB). Er bedarf zu einer Willenserklärung, durch die er nicht lediglich einen rechtlichen Vorteil erlangt, der Zustimmung seines gesetzlichen Vertreters. Die Zustimmung kann vor oder bei Vertragsabschluss erklärt werden (Einwilligung gem. § 107 BGB) oder nachträglich (Genehmigung gem. § 108 BGB). Ein ohne Einwilligung des gesetzlichen Vertreters geschlossener Vertrag wird wirksam, wenn der gesetzliche Vertreter ihn genehmigt, bis dahin ist er schwebend unwirksam (§ 108 BGB). Anstatt in die Willenserklärung des beschränkt Geschäftsfähigen einzuwilligen oder dem Vertrag nachträglich zuzustimmen, kann der gesetzliche Vertreter, was bei Grundstücksgeschäften oder anderen notariell zu beurkundenden Verträgen die Regel ist, auch selber im Namen des Minderjährigen und als dessen Vertreter den Vertrag abschließen.[1] 3

Für Rechtsgeschäfte eines beschränkt geschäftsfähigen Minderjährigen ist daher von maßgeblicher Bedeutung, ob der Minderjährige durch sie einen **lediglich rechtlichen Vorteil** erlangt. Derartige Rechtsgeschäfte kann er ohne Zustimmung und Mitwirkung seines gesetzlichen Vertreters abschließen; er muss bei ihrer Vornahme auch nicht gesetzlich vertreten werden.[2] Über die Vorteilhaftigkeit in diesem Sinne entscheiden allein die **rechtlichen Folgen.** Darauf, ob das Geschäft für den Minderjährigen **wirtschaftlich** günstig ist, kommt es **nicht an,** so dass er selbst ein finanziell noch so lukratives Geschäft nicht ohne Zustimmung des gesetzlichen Vertreters vornehmen kann, wenn er hierdurch rechtliche Nachteile erleidet.[3] Ein rechtlicher Nach- 4

[1] *Stutz* MittRhNotK 1993, 205, 206.
[2] BGH v. 16.4.1975 – V ZB 15/74, NJW 1975, 1885.
[3] Staudinger/*Knothe* BGB § 107 Rz. 3; Palandt/*Ellenberger* BGB § 107 Rz. 2.

teil ist immer dann gegeben, wenn den Minderjährigen als Folge seiner Willenserklärung eine Verpflichtung trifft, was insbesondere bei gegenseitigen Verträgen wie etwa Kauf oder Tausch der Fall ist.[4] Dagegen sind Schenkungen häufig lediglich rechtlich vorteilhaft. Indes kommt es auch hier stets auf den jeweiligen Einzelfall an, wie die zahlreichen Entscheidungen zur Schenkung von Grundeigentum belegen.

5 So wird die Schenkung von **vermietetem** Grundbesitz als nicht nur rechtlich vorteilhaft eingestuft, da der Beschenkte nach Maßgabe der §§ 566 ff. BGB in das Mietverhältnis eintritt und damit eine persönliche Verpflichtung übernimmt.[5] Dies soll selbst dann gelten, wenn das vermietete Grundeigentum noch mit einem Nießbrauch belastet ist oder anlässlich der Übertragung belastet wird und der Minderjährige daher nicht sofort in die Vermieterpflichten eintritt.[6] Der Erwerb eines nach **WEG gebildeten Wohnungseigentums** ist ohne Rücksicht auf den Inhalt der Gemeinschaftsordnung **nie** lediglich rechtlich vorteilhaft, da der Minderjährige durch den Erwerb Mitglied der Wohnungseigentümergemeinschaft wird und ihn damit kraft Gesetzes persönliche Verpflichtungen wie insbes. die Beteiligung an den Kosten der Instandhaltung, Instandsetzung und der Verwaltung des gemeinschaftlichen Eigentums treffen.[7]

6 Andererseits ist es unschädlich und nimmt der Schenkung nicht ihren lediglich rechtlich vorteilhaften Charakter, wenn der Grundbesitz im Zeitpunkt der Übertragung an den Minderjährigen mit einer **Grundschuld** oder einer **Hypothek** belastet ist, die der Beschenkte lediglich dinglich, also ohne die der Belastung etwa noch zugrundeliegenden Verbindlichkeiten übernimmt, da die Belastung dem Erwerber keine persönliche Zahlungsverpflichtung auferlegt, sondern ihn allenfalls zur Duldung der Zwangsvollstreckung in das Grundstücks zwingt.[8] Ebenso ist zu entscheiden, wenn der geschenkte Grundbesitz mit einem **Nießbrauchs- oder Wohnungsrecht** belastet ist oder anlässlich der Übertragung vorbehalten oder eingeräumt wird[9] oder mit Übereignung ein Vorkaufsrecht bestellt wird.[10] Derartige Belastungen mindern zwar den im Eigentumserwerb liegenden rechtlichen Vorteil, beseitigen ihn jedoch nicht.[11] Dies gilt auch für die **öffentlichen Lasten,** die auf einem geschenkten Grundstück ruhen und an der Vorteilhaftigkeit der Schenkung nichts ändern.[12] Anders, nämlich als nicht lediglich rechtlich vorteilhaft, ist es nach herrschender Ansicht zu werten, wenn für den Minderjährigen ein Nießbrauchsrecht an einem Grundstück bestellt werden soll, da dem Nießbraucher hierdurch die Pflichten aus § 1041 BGB (Pflicht zur Erhaltung der Sache), § 1045 BGB (Versicherungspflicht) und § 1047 BGB (Pflicht zur Lastentragung) auferlegt werden.[13] Hält das Familiengericht die Bestellung eines Ergänzungs-

---

[4] Staudinger/*Knothe* BGB § 107 Rz. 3; Palandt/*Ellenberger* BGB § 107 Rz. 2.

[5] BayObLG v. 5.12.2002 – 2 Z BR 108/02, NJW 2003, 1129; OLG Oldenburg v. 1.10.1987 – 5 W 46/87, DNotZ 1989, 92; Palandt/*Ellenberger* BGB § 107 Rz. 4; aA *Jerschke* DNotZ 1982, 459.

[6] BGH v. 3.2.2005 – V ZB 44/04, ZEV 2005, 209 m. abl. Anm. *Everts;* BayObLG v. 5.12.2002 – 2 Z BR 108/02, NJW 2003, 1129; aA *Hüttinger* NotBZ 1997, 32.

[7] BGH v. 30.9.2010 – V ZB 206/10, NJW 2010, 3643.

[8] BayObLG v. 15.2.1979 – BReg. 2 Z 29/78, DNotZ 1979, 543; BayObLG v. 14.6.1967 – 2 Z 26/67, DNotZ 1968, 98; Palandt/*Ellenberger* BGB § 107 Rz. 4; BGH v. 25.11.2004 – V ZB 13/04, NJW 2005, 415 zur Übernahme einer Grundschuld, mit dem Zusatz dies gelte jedenfalls dann, wenn die Grundschuld nach §§ 800, 794 Abs. 1 Nr. 5 ZPO vollstreckbar sei.

[9] BGH v. 25.11.2004 – V ZB 13/04, NJW 2005, 415 mit dem Zusatz, dies gelte jedenfalls dann, wenn der Nießbraucher vereinbarungsgemäß auch die Kosten außergewöhnlicher Ausbesserungen und Erneuerungen sowie die außergewöhnlichen Grundstückslasten zu tragen habe; BFH v. 27.4.2005 – II R 52/02, ZEV 2005, 530; BayObLG v. 14.6.1967 – 2 Z 26/67, DNotZ 1968, 98; 1979, 542; BayObLG v. 29.5.1998 – 2 Z BR 85/98, NJW 1998, 3574; OLG Dresden v. 2.4.1996 – 3 W 336/96, MittBayNot 1996, 288.

[10] BayObLG v. 29.5.1998 – 2 Z BR 85/98, NJW 1998, 3574.

[11] BGH v. 25.11.2004 – V ZB 13/04, NJW 2005, 415, 417; Palandt/*Ellenberger* BGB § 107 Rz. 4; Bamberger/*Wendtland* BGB § 107 Rz. 8.

[12] BayObLG v. 18.3.1968 – VIII ZR 49/66, NJW 1968, 940; OLG Dresden v. 2.4.1996 – 3 W 336/96, MittBayNot 1996, 288; BGH v. 25.11.2004 – V ZB 13/04, NJW 2005, 415, 418, der jedoch offen lässt, ob dies auch für außerordentliche Grundstückslasten wie Erschließungs- und Anliegerbeiträge gilt. Im entschiedenen Fall kam es auf diese Frage nicht an, weil der Nießbrauchsberechtigte diese Lasten vertraglich übernommen hatte. Palandt/*Ellenberger* BGB § 107 Rz. 4.

[13] BFH v. 13.5.1980 – VIII R 75/79, NJW 1981, 141; Palandt/*Ellenberger* BGB § 107 Rz. 4.

pflegers in einem solchen Fall fälschlicherweise für entbehrlich, so soll die Bestellung des Nießbrauchs zugunsten des Minderjährigen nach Ansicht der Finanzverwaltung gleichwohl einkommensteuerrechtlich anzuerkennen sein.[14]

Vorbehaltene Rückforderungsrechte des Schenkers sollen nur dann nicht als rechtlich nachteilhaft einzuordnen sein, wenn dem Minderjährigen, wie bei den gesetzlichen Rückforderungsrechten der §§ 528, 530, 531 Abs. 2 BGB über die bereicherungsrechtliche Rückabwicklung hinaus keine zusätzlichen Pflichten auferlegt werden, während die – in der Praxis überwiegende – Begründung einer eigenen vertraglichen Verpflichtung zur Rückübertragung ohne Beschränkung auf einen bereicherungsrechtlichen Ausgleich der Schenkung ihren lediglich rechtlichen Vorteil nimmt.[15] Ist das Rückforderungsrecht ausschließlich bereicherungsrechtlich ausgestaltet und damit iSd. § 107 BGB nicht zustimmungsbedürftig, so ändert dessen Absicherung durch Eintragung einer Auflassungsvormerkung an der Vorteilhaftigkeit der Schenkung nichts.[16] Die Anordnung im Schenkungsvertrag, der Minderjährige habe das Geschenk gem. §§ 2050ff. BGB erbrechtlich auszugleichen oder sich auf den Pflichtteil anrechnen zu lassen, ist nicht nach § 107 BGB zustimmungsbedürftig.[17] 7

Bei Schenkungen der Eltern an ihr minderjähriges Kind ist die Frage des lediglich rechtlichen Vorteils (§ 107 BGB) auf Grund einer **Gesamtbetrachtung** des schuldrechtlichen Vertrags und des dinglichen Erfüllungsgeschäfts zu beantworten.[18] Danach entfällt, wenn das Erfüllungsgeschäft rechtlich nachteilhaft ist, auch die lediglich Vorteilhaftigkeit des schuldrechtlichen Schenkungsgeschäfts. Auf diese Weise soll verhindert werden, dass bei lukrativem Charakter des schuldrechtlichen Geschäfts trotz rechtlicher Nachteile, die mit der Übertragung des dinglichen Rechts verbunden sind (zB beim Erwerb von Wohnungseigentum vgl. Rz. 5), der gesetzliche Vertreter das Kind „in Erfüllung einer Verbindlichkeit" (§ 181 letzter Halbsatz BGB, § 1629 Abs. 2 BGB, § 1795 Abs. 1 Nr. 1 letzter Halbsatz BGB) bei der Auflassung vertritt oder dessen Auflassungserklärung genehmigt und auf diese Weise den von § 107 BGB erstrebten Schutz des Minderjährigen ausschaltet.[19] Eine solche Gesamtbetrachtung des schuldrechtlichen und des dinglichen Rechtsgeschäfts ist jedoch nach Ansicht des BGH dann nicht veranlasst, wenn das Grundgeschäft bereits bei isolierter Betrachtung mit Rechtsnachteilen für den Minderjährigen verbunden und deshalb gemäß §§ 107, 108 Abs. 1 BGB schwebend unwirksam ist. In diesem Fall fehlt es von vorn herein an einer Verpflichtung, die der gesetzliche Vertreter im Wege des In-Sich-Geschäfts erfüllen und damit den Schutz der §§ 107, 181 BGB unterlaufen könnte.[20] Es bleibt dann in einer solchen Konstellation bei dem Grundsatz, dass auch im Rahmen des § 107 BGB das dingliche Rechtsgeschäft unabhängig von dem ihm zugrundeliegenden Kausalgeschäft zu beurteilen ist. Da die dingliche Übertragung eines Grundstücks an einen 8

---

[14] BMF v. 9.2.2001; BStBl. I 2001, 171 in Abänderung von BMF v. 24.7.1998, BStBl. I 1998, 914 Tz. 5.

[15] BayObLG v. 8.11.1974 – V ZR 36/73, DNotZ 1975, 218; BayObLG v. 31.3.2004 – 2 Z BR 045/04, MittBayNot 2004, 441; OLG Köln v. 10.11.1997 – 14 Wx 10/97, FGPrax 1998, 23; OLG Köln v. 11.6.2003 – 2 Wx 18/03, RPfleger 2003, 570; OLG Dresden v. 2.4.1996 – 3 W 336/96 289, MittBayNot 1996, 288, *Stutz* MittRhNotK 1993, 205, 213; *Klüsener* RPfleger 1981, 461, 467 inzidenter auch BGH v. 25.11.2004 – V ZB 13/04, NJW 2005, 415, 416ff.

[16] OLG Dresden v. 2.4.1996 – 3 W 336/96, MittBayNot 1996, 288, 291; BGH v. 25.11.2004 – V ZB 13/04, NJW 2005, 415, 417; *Klüsener* RPfleger 1981, 258, 261f.

[17] BGHZ 15, 168 zur Anordnung der erbrechtlichen Ausgleichspflicht; OLG Dresden v. 2.4.1996 – 3 W 336/96, MittBayNot 1996, 288, 291; Palandt/*Ellenberger* BGB § 107 Rz. 6; *Everts* RPfleger 2005, 180 mwN zum Meinungsstand.

[18] BGH v. 9.7.1980 – V ZB 16/79, NJW 1981, 109; OLG Hamm v. 2.4.1996 – 3 W 336/96, ZEV 2000, 242; Palandt/*Ellenberger* BGB § 107 Rz. 6. Anderer Ansicht: – Isolierte Betrachtung von Verpflichtungsgeschäft und Erfüllungsgeschäft, aber Verbot des Insichgeschäfts (im Wege einer teleologischen Reduktion der Ausnahmen in § 1795 Abs. 1 Nr. 1 letzter Halbsatz BGB und § 181 letzter Halbsatz BGB), wenn das Erfüllungsgeschäft, etwa beim Erwerb von Wohnungseigentum, nicht lediglich rechtlich vorteilhaft ist, Staudinger/*Schilken* BGB § 181 Rz. 62a; MüKoBGB/*Schubert* BGB § 181 Rz. 87

[19] BGH v. 9.7.1980 – V ZB 16/79, NJW 1981, 109; BGH v. 25.11.2004 – V ZB 13/04, NJW 2005, 415.

[20] BGH v. 25.11.2004 – V ZB 13/04, NJW 2005, 415 = ZEV 2005, 66 m. Anm. *Everts.*

Minderjährigen bei einer isolierten Betrachtung aber regelmäßig[21] lediglich rechtlich vorteilhaft ist, bedarf die Auflassungserklärung nach Ansicht des BGH nicht der Einwilligung des gesetzlichen Vertreters oder Ergänzungspflegers, selbst wenn das schuldrechtliche Geschäft rechtlich nachteilhaft ist;[22] in diesem Fall können die Eltern das Kind bei der Auflassung (§ 925 BGB) vertreten und das Grundbuchamt das Eigentum auf das Kind umschreiben.[23] Die Entscheidung BGH NJW 2005, 415 erleichtert zwar vordergründig den grundbuchlichen Vollzug der Schenkung, kann aber in der Praxis zu unliebsamen Überraschungen führen. wenn das schuldrechtliche Geschäft nicht lediglich rechtlich vorteilhaft ist (im Fall des BGH: wegen vorbehaltener Rückforderungsrechte) und dessen Genehmigung durch den Ergänzungspfleger und das Gericht später versagt wird.[24] In diesem Fall ist das schuldrechtliche Geschäft unwirksam und der dingliche Erwerb gem. § 812 Abs. 1 Satz 1 BGB kondizierbar. Auch bestünde die Gefahr, dass der Veräußerer, der sich im Übertragungsvertrag mit seinem Kind ein durch Vormerkung zu sicherndes Rückforderungsrecht vorbehalten hat, das Eigentum verliert, ohne einen Vormerkungsschutz zu erwerben, da der schuldrechtliche Rückübertragungsanspruch und damit die akzessorische Vormerkung bei fehlender Genehmigung des Kausalgeschäfts nicht entsteht.[25] Um dieses Risiko zu vermeiden, empfiehlt sich die Aufnahme einer übereinstimmenden Anweisung der Vertragsbeteiligten an den Notar, den grundbuchlichen Vollzug erst nach Bestellung eines Ergänzungspflegers und nach familiengerichtlicher Genehmigung der Urkunde zu beantragen.[26]

9 Soweit beim Abschluss von Rechtsgeschäften eine Vertretung des Minderjährigen erforderlich ist, wird dieser durch seinen gesetzlichen Vertreter vertreten. Bei einem Minderjährigen, dessen Eltern bei seiner Geburt verheiratet waren oder nach seiner Geburt geheiratet haben (§ 1626a Nr. 2 BGB), steht die elterliche Sorge beiden Eltern gemeinsam zu, die das Kind grundsätzlich nur gemeinschaftlich vertreten können (**Gesamtvertretung,** §§ 1629 Abs. 1, 1626). Die Eltern können sich jedoch gegenseitig zur Einzelvertretung des Kindes bevollmächtigen.[27] Bei der Passivvertretung reicht es aus, dass die gegenüber dem Kind abzugebende Willenserklärung nur gegenüber einem Elternteil abgegeben wird (§ 1629 Abs. 1 Satz 2 Hs. BGB).

10 Abweichend vom Prinzip der Gesamtvertretung kann ein **Einzelvertretungsrecht** eines Elternteils insbesondere in folgenden Fällen bestehen:

- Übertragung der elterlichen Sorge auf einen Ehegatten allein anlässlich von Scheidung oder Trennung (§ 1671 BGB),
- Tod des anderen Elternteils (§ 1678 BGB),
- Entzug der elterlichen Sorge des anderen Elternteils durch Entscheidung des Familiengerichts,[28]
- Ruhen der elterlichen Sorge des anderen Elternteils bei tatsächlichem oder rechtlichem Hindernis (§§ 1673–1675 BGB),
- gerichtliche Übertragung der Entscheidungsbefugnis bei Meinungsverschiedenheiten der Eltern (§§ 1628, 1629 Abs. 1 Satz 3 2. Alt. BGB),
- alleinige Entscheidungsbefugnis desjenigen Elternteils, bei dem das Kind lebt, in Angelegenheiten des täglichen Lebens (§ 1678 Abs. 1 BGB).

11 Sind die Eltern bei der Geburt des Kindes nicht miteinander verheiratet, so steht, solange sie nicht einander heiraten, die elterliche Sorge der Mutter alleine zu, es sei

[21] Nicht hingegen bei der Übertagung einer vermieteten oder verpachteten Immobilie oder von Wohnungseigentum, vgl. Rz. 5.

[22] BGH v. 25.11.2004 – V ZB 13/04, NJW 2005, 415 = ZEV 2005, 66 m. Anm. *Everts*

[23] BGH v. 25.11.2004 – V ZB 13/04, NJW 2005, 415. Zu dieser Entscheidung vgl. *Everts* ZEV 2005, 69; *Böttcher* Rpfleger 2006, 293.

[24] *Everts* ZEV 2005, 70.

[25] *Krauß* Vermögensnachfolge Rz. 3544; *Reiß* RNotZ 2005, 226.

[26] *Krauß* Vermögensnachfolge Rz. 3544; *Mayer*/Geck S. 620 ff. mwN; *Kölmel* RNotZ 2010, 618, 620; *Everts* ZEV 2004, 69.

[27] Palandt/*Götz* BGB § 1629 Rz. 5; *Stutz* MittRhNotK 1993, 205, 206.

[28] Palandt/*Götz* BGB § 1629 Rz. 8.

denn, die Eltern haben gemeinsame Sorgeerklärungen nach § 1626a Abs. 1 Nr. 1 BGB abgegeben, die zu ihrer Wirksamkeit der öffentlichen Beurkundung bedürfen (§ 1626d Abs. 1 BGB), oder das Familiengericht hat ihnen die elterliche Sorge gemeinsam übertragen (§ 1626a Abs. 1 Nr. 3 BGB). Die Übertragung hat auf Antrag eines Elternteils zu erfolgen, wenn sie dem Kindeswohl nicht widerspricht (§ 1626a Abs. 2 BGB).

Die Eltern können in bestimmten Fällen von der **Vertretung** des Kindes **ausgeschlossen** sein, insbesondere bei Rechtsgeschäften, die sie oder ihre nächsten Verwandten mit dem minderjährigen Kind abschließen möchten. 12

A. 3.02 Ergänzungspflegerbestellung

A. 3.02

Antrag auf Bestellung eines Ergänzungspflegers

An das
Amtsgericht – Familiengericht – B.

Antrag auf
Anordnung einer Ergänzungspflegschaft und
Bestellung eines Ergänzungspflegers

Wir sind die Eltern des minderjährigen, am [...] geborenen Kindes S [...] Wir beabsichtigen, unserem Kind die uns gehörende Eigentumswohnung in *[Anschrift]* zu schenken. Die Wohnung ist vermietet.
Da die Schenkung einer vermieteten Immobilie nicht als lediglich rechtlicher Vorteil angesehen wird, können wir unser Kind bei der Beurkundung des Schenkungsvertrages nicht vertreten. Wir beantragen daher die Anordnung einer Ergänzungspflegschaft und schlagen vor, zum Ergänzungspfleger Herrn *[Vor- u. Zuname]*, geboren am [...], wohnhaft in [...], zu bestellen. Er hat uns gegenüber bereits erklärt, das Amt anzunehmen.

................................., den ....
[Ort, Datum]

..
[Unterschriften]

Anmerkungen

1 Die Eltern können ihr minderjähriges Kind nicht vertreten bei Rechtsgeschäften zwischen dem Kind einerseits und einem ihrer Verwandten in gerader Linie, ihrem Ehegatten oder eingetragenen Lebenspartner andererseits (§ 1795 Abs. 1 Nr. 1 iVm. § 1629 Abs. 2 BGB). Trifft das Vertretungsverbot nur einen Elternteil, so ist nicht etwa der andere alleinvertretungsberechtigt, sondern ebenfalls von der Vertretung ausgeschlossen,[1] so dass zB der Vater sein Kind nicht bei einem Vertrag vertreten kann, den das Kind mit seinen Großeltern mütterlicherseits abschließen soll. Auch bei Rechtsgeschäften zwischen dem Kind einerseits und seinen Eltern oder einem Elternteil andererseits sind die Eltern an der Vertretung ihres Kindes gehindert (§§ 1795 Abs. 2, 181, 1629 Abs. 2 BGB). In allen diesen Fällen[2] muss das Kind durch einen gerichtlich zu bestellenden **Ergänzungspfleger** vertreten werden (§ 1909 BGB).

2 Die dargelegten Vertretungsverbote gelten jedoch ausnahmsweise nicht, wenn das Rechtsgeschäft ausschließlich in der Erfüllung einer Verbindlichkeit besteht (so die

[1] BGH v. 14.6.1972 – IV ZR 53/71, NJW 1972, 1708; *Stutz* MittRhNotK 1993, 205, 207.
[2] Zu weiteren Verhinderungsfällen vgl. § 1795 Abs. 1 Nrn. 2 und 3 sowie Palandt/*Götz* BGB § 1909 Rz. 6.

ausdrückliche Bestimmung in § 1795 Abs. 1 Nr. 1 und § 181 BGB) oder – und dies hat in der Praxis erhebliche Bedeutung – dem Minderjährigen lediglich einen **rechtlichen Vorteil** bringt.[3] Bei für ihn lediglich rechtlichen vorteilhaften Rechtsgeschäften kann der Minderjährige daher ungehindert von den Beschränkungen der §§ 1795, 1629 Abs. 2, 181 BGB durch seine Eltern vertreten werden oder, sofern er beschränkt geschäftsfähig ist, auch selbst handeln. Zu Einzelheiten des lediglich rechtlich vorteilhaften Rechtsgeschäfts vgl. die Erläuterungen in A. 3.01 Rz. 4ff. Im Fall des Musters handelt es sich um den schenkweisen Erwerb einer vermieteten Eigentumswohnung. Dieser ist nach Ansicht der Rechtsprechung nicht lediglich rechtlich vorteilhaft, vgl. die Nachweise in A. 3.01. Die Frage der Notwendigkeit einer Ergänzungspflegschaft ist von der Frage der Genehmigungsbedürftigkeit des Rechtsgeschäfts zu trennen.[4] Ein Rechtsgeschäft, an dem ein Minderjähriger beteiligt ist, ist nicht schon deshalb genehmigungspflichtig, weil es nicht lediglich rechtlich vorteilhaft ist und deshalb an seinem Abschluss ein Ergänzungspfleger mitwirkt.[5] Vielmehr ist die Genehmigungsbedürftigkeit jeweils an Hand des Katalogs der §§ 1821, 1822 BGB eigenständig zu prüfen, vgl. A.3.10 Rz. 46.

3 Kein Vertretungsausschluss nach §§ 1629 Abs. 2, 1795 Abs. 2, 181 BGB besteht, wenn der gesetzliche Vertreter und der Vertretene auf **derselben Seite** eines Rechtsgeschäfts stehen und der Vertreter zugleich im eigenen Namen wie auch namens des Vertretenen einen Vertrag mit einem Dritten abschließt, also keine gegenläufigen, sondern parallele Willenserklärungen abgibt.[6] Das ist etwa der Fall, wenn Eltern und Kind Miteigentümer eines Grundstücks sind und die Eltern bei Abschluss des Kaufvertrags auch als Vertreter des Kindes handeln.[7] Allerdings ist zu prüfen, ob nicht gleichzeitig ein – dann unter § 181 BGB fallendes – Rechtsgeschäft zwischen dem Vertretenen und dem Vertreter vorliegt, was bei Gründung einer Gesellschaft oder einem Erbauseinandersetzungsvertrag der Fall ist.[8] Der Verkauf eines Nachlassgrundstücks durch Eltern und minderjährige Kinder als gemeinsame Miterben mit dem Ziel einer späteren Teilerbauseinandersetzung am Veräußerungserlös enthält noch keine Erbauseinandersetzung.[9]

4 Liegt ein Fall des § 181 BGB vor, so scheidet eine Gestattung des In-Sich-Geschäfts durch das Familiengericht wegen dessen Kontrollfunktion aus.[10] Erforderlich ist vielmehr die Bestellung eines Ergänzungspflegers. Sind an einem Rechtsgeschäft mehrere Minderjährige beteiligt, die wegen eines Vertretungshindernisses nicht von ihren Eltern vertreten werden können, so muss für jedes Kind ein **gesonderter Ergänzungspfleger** bestellt werden, wenn die Kinder sich bei dem Rechtsgeschäft mit gegenläufigen Interessen gegenüberstehen, wie zB bei einem Erbauseinandersetzungsvertrag oder einem Gesellschaftsvertrag.[11] Dagegen braucht für mehrere Kinder nur ein Ergänzungspfleger bestellt werden, wenn die Kinder auf derselben Seite eines Rechtsgeschäfts stehen und bei gleicher Interessenlage gleichlautende Erklärungen gegenüber einem Dritten abgegeben werden, wie dies zB bei einem gemeinsamen Verkauf oder Erwerb eines Grundstücks oder einer Gesellschaftsbeteiligung der Fall ist.[12]

---

[3] BGH v. 16.4.1975 – V ZB 15/74, NJW 1975, 1885; BGH v. 25.4.1985 – IX ZR 141/84, NJW 1985, 2407; BayObLG v. 31.3.2004 – 2 Z BR 045/04, MittBayNot 2004, 441; OLG Hamm v. 12.2.1999 – 8 WF 32/99, ZEV 2000, 242; *Stutz* MittRhNotK 1993, 205, 209.

[4] *Everts* ZEV 2004, 231, 233; v. *Hoyenberg* S. 246.

[5] *Everts* ZEV 2004, 231, 233; LG Hechingen BWNotZ 1995, 67.

[6] OLG Jena v. 27.6.1995 – 6 W 219/95, NJW 1995, 3126; Palandt/*Ellenberger* BGB § 181 Rz. 7.

[7] OLG Jena v. 27.6.1995 – 6 W 219/95, NJW 1995, 3126; OLG Frankfurt a. M. v. 23.2.2007 – 1 UF 371/06, NotBZ 2007, 371.

[8] BGH v. 9.7.1956 – VBLw 11/56, BGHZ 21, 229, 231; OLG Jena v. 27.6.1995 – 6 W 219/95, NJW 1995, 3126; Palandt/*Ellenberger* BGB § 181 Rz. 7.

[9] OLG Jena v. 27.6.1995 – 6 W 219/95, NJW 1995, 3126; aA *Wesche* RPfleger 1996, 198.

[10] BGH v. 9.7.1956 – VBLw 11/56, BGHZ 21, 229, 234; OLG Hamm DNotZ 1975, 18; Palandt/*Götz* BGB § 1795 Rz. 11.

[11] BGH v. 9.7.1956 – VBLw 11/56, BGHZ 21, 229; OLG Zweibrücken v. 15.2.1980 – 1 U 99/79, DNotZ 1981, 42; *Stutz* MittRhNotK 1993, 205, 207.

[12] *Stutz* MittRhNotK 1993, 205, 207; OLG München v. 17.6.2010 – 31 WX 70/10, ZEV 2010, 646.

Wird eine Ergänzungspflegschaft erforderlich, haben die Eltern das dem Familiengericht unverzüglich anzuzeigen (§ 1909 Abs. 2 BGB). Üblicherweise wird der Pfleger vor Abschluss des Rechtsgeschäfts bestellt. Insbesondere bei eiligen Angelegenheiten kann die Bestellung aber auch danach erfolgen.[13] Dann muss der Ergänzungspfleger die von einem Vertreter ohne Vertretungsmacht für ihn abgegebenen Erklärungen genehmigen.[14] Das gilt auch dann, wenn der spätere Pfleger selbst vorbehaltlich seiner nachträglichen Bestellung gehandelt hat. Bei einseitigen Rechtsgeschäften scheidet jedoch eine nachträgliche Pflegerbestellung wegen § 111 Abs. 1 Satz 1 BGB aus. Ein Pfleger ist bereits dann zu bestellen, wenn begründete Zweifel an der Vertretungsbefugnis der Eltern bestehen, insbesondere wenn damit zu rechnen ist, dass mit der Angelegenheit befasste dritte Stellen (zB Grundbuchamt) eine rechtliche Verhinderung annehmen könnten.[15] 5

Bei der Auswahl des Ergänzungspflegers ist das Gericht an Vorschläge der Eltern nicht gebunden, soll sie aber, soweit möglich, berücksichtigen.[16] Auch Verwandte können zu Ergänzungspflegern bestellt werden (§§ 1915, 1779 Abs. 2 Satz 3 BGB).[17] Das Wohl des Kindes kann es jedoch gebieten, eine von den Eltern vorgeschlagene Person nicht zum Ergänzungspfleger zu bestellen, wenn bei ihr eine Interessenkollision droht.[18] 6

Das Pflegschaftsrecht unterscheidet zwischen Anordnung der Pflegschaft, Auswahl des Pflegers und Bestellung des Pflegers. Bis zum Inkrafttreten des Kindschaftsreformgesetzes im Jahre 1998 war für alle drei Maßnahmen im Bereich der Ergänzungspflegschaft jeweils das Vormundschaftsgericht zuständig. Seither war umstritten, für welche dieser Maßnahmen das Vormundschaftsgericht und für welche das Familiengericht zuständig ist.[19] Das am 1. September 2009 in Kraft getretene neue Verfahrensgesetz in Familiensachen und in Angelegenheiten der freiwilligen Gerichtsbarkeit (FamFG) hat für Kindschaftssachen eine umfassende Zuständigkeit des Familiengerichts geschaffen und das Vormundschaftsgericht aufgelöst.[20] In allen Angelegenheiten der Ergänzungspflegschaft für Minderjährige ist also nunmehr das Familiengericht zuständig (vgl. § 151 Nr. 5 FamFG). 7

A. 3.03 Antrag auf Erteilung der familiengerichtlichen Genehmigung

A. 3.03

An das
Amtsgericht – Familiengericht – in [...]

Antrag auf
familiengerichtliche Genehmigung der Gründung einer Kommanditgesellschaft

Wir sind die Eltern des minderjährigen, am [...] geborenen Sohnes [...]. Unser Sohn hat, vertreten durch uns, gemeinsam mit seiner Tante [...] und seinem Onkel [...] eine Kommanditgesellschaft gegründet. Gesellschaftszweck ist der Betrieb eines Handelsgeschäfts. Den Gesellschaftsvertrag vom [...] fügen wir in Kopie bei. Aus ihm ergibt sich, dass unser Sohn die Stellung eines Kommanditisten übernommen

---

[13] *Stutz* MittRhNotK 1993, 205, 207.
[14] *Stutz* MittRhNotK 1993, 205, 207.
[15] *Stutz* MittRhNotK 1993, 205, 207; BayObLG v. 25.9.1961 – BReg. 1 Z 141, 149/61, BayObLGZ 1961, 277, 283; OLG Saarbrücken v. 3.7.1979 – 5 W 49/79, DNotZ 1980, 113.
[16] LG München v. 9.1.1975 – 13 T 409/74, RPfleger 1975, 130.
[17] *Stutz* MittRhNotK 1993, 205, 207.
[18] BayObLG v. 14.1.1994 – 1 Z BR 106/93, 1 Z BR 150/93, FamRZ 1994, 781; LG Frankfurt/M., v. 23.8.1990 – 2/9 T 783/90, FamRZ 1991, 736; MüKoBGB/*Schwab* BGB § 1915 Rz. 12.
[19] Zum damaligen Meinungsstand vgl. *Bestelmeyer* FamRZ 2001, 718.
[20] Zum FamFG vgl. *Heinemann* DNotZ 2009, 6.

hat. Seine Einlage beträgt € 5000,–. Den Betrag der Einlage werden wir unserem Sohn schenkweise zur Verfügung stellen.
Wir beantragen zu dem Vertrag über die Gründung der Kommanditgesellschaft die Genehmigung des Familiengerichts.

......................................, den..........
[Ort, Datum]

..
[Unterschriften]

Anmerkungen

1 Nach § 1643 BGB bedürfen Eltern zu Rechtsgeschäften für das minderjährige Kind **der Genehmigung des Familiengerichts** in den Fällen, in denen nach § 1821 BGB und nach § 1822 Nrn. 1, 3, 5, 8 bis 11 BGB der Vormund der Genehmigung bedarf.

2 Im Bereich der Grundstücksgeschäfte sind vor allem folgende Genehmigungserfordernisse praxisrelevant:

- **Verfügung über ein Grundstück (§ 1821 Abs. 1 Nr. 1 BGB);**
  hierunter fallen insbesondere die Veräußerung und die Belastung eines Grundstücks, das dem Kind allein oder gemeinsam mit anderen gehört.
- **Verfügung über grundstücksbezogene Forderungen (§ 1821 Abs. 1 Nr. 2 BGB);**
  hierunter fallen zB die Abtretung des Auflassungs-Anspruchs des Kindes oder die Aufhebung eines Kaufvertrages oder Schenkungsvertrages über ein Grundstück.[1]
- **die Eingehung** einer Verpflichtung zu einer der vorgenannten Verfügungen (§ 1821 Abs. 1 Nr. 4);
  hierunter fallen zB der Abschluss eines Kaufvertrages, eines Kauf-Vorvertrages oder die Einräumung eines Vorkaufs-, Wiederkaufs- oder Ankaufsrechts, jeweils in Bezug auf ein dem Kind gehörendes Grundstück.[2]
- **Verträge, die auf den entgeltlichen Erwerb eines Grundstücks gerichtet sind;**
  hierzu zählt insbesondere der Abschluss eines Kaufvertrages für das Kind als Käufer, nicht hingegen eine Schenkung an das Kind, wohl aber eine gemischte Grundstückschenkung, in der sich das Kind zu Gegenleistungen verpflichtet, die den Wert des ihm übertragenen Grundstücks unterschreiten.[3]

3 Im Bereich des Handels- und Gesellschaftsrechts kann für elterliches Vertreterhandeln insbesondere der Genehmigungstatbestand des § 1822 Nr. 3 BGB bedeutsam werden.[4] Danach ist die Genehmigung zu einem Vertrag erforderlich, der auf den entgeltlichen Erwerb oder die Veräußerung eines **Erwerbsgeschäfts** gerichtet ist, sowie zu einem **Gesellschaftsvertrag,** der zum Betrieb eines Erwerbsgeschäfts eingegangen wird. Erwerbsgeschäft ist jede berufsmäßig ausgeübte, auf selbständigen Erwerb gerichtete und in der Absicht der Gewinnerzielung praktizierte Tätigkeit, mag sie im Handel, der Fabrikation, Landwirtschaft, dem Handwerk oder in der Ausübung eines wis-

---

[1] Staudinger/*Veit* BGB § 1821 Rz. 48; MüKoBGB/*Wagenitz* BGB § 1821 Rz. 32 f.; OLG Karlsruhe v. 8.5.1973 – 5 W 120/72, FamRZ 1973, 378.
[2] Staudinger/*Veit* BGB § 1821 Rz. 64.
[3] MüKoBGB/*Wagenitz* BGB § 1821 Rz. 47; *Staudinger/Veit* BGB § 1821 Rz. 80; OLG Brandenburg v. 23.9.2008 – 10 UF 70/08, MittBayNot 2009, 155 m. Anm. *Fembacher.*
[4] Vgl. hierzu *Oelers* MittRhNotK 1992, 69.

senschaftlichen oder künstlerischen Berufs oder einer sonstigen Tätigkeit, auch in einem freien Beruf, bestehen.[5]

Genehmigungspflichtig ist danach insbes. die **Gründung** einer **Kapitalgesellschaft** oder einer **Personengesellschaft,** an der der Minderjährige beteiligt ist, auch einer Kommanditgesellschaft, an der der Minderjährige als Kommanditist beteiligt ist,[6] sofern die Gesellschaft auf den Betrieb eines Erwerbsgeschäfts gerichtet ist. Auch ein Vertrag, der den späteren Eintritt des Kindes in eine bestehende Gesellschaft vorsieht, bedarf der Genehmigung.[7] Genehmigungspflichtig gemäß § 1822 Nr. 3 BGB ist ferner der – auch unentgeltliche – Erwerb eines Gesellschaftsanteils an einer Personengesellschaft,[8] und zwar nach hA auch dann, wenn es sich um den Erwerb eines bereits voll eingezahlten Kommanditanteils handelt. Dagegen soll nach einer neueren Gegenansicht der unentgeltliche Erwerb eines voll eingezahlten Kommanditanteils an einer Familien-KG genehmigungsfrei sein, wenn zur Vermeidung einer Haftung gem. § 176 Abs. 2 HGB die schenkweise Abtretung aufschiebend bedingt durch die Eintragung des Minderjährigen im Handelsregister vereinbart wird.[9] Der unentgeltliche Erwerb eines GmbH-Geschäfts-Anteils ist dagegen nicht nach § 1822 Nr. 3 BGB genehmigungsbedürftig.[10] Sind dagegen noch nicht alle Anteile an der GmbH vollständig einbezahlt, so entsteht wegen der Ausfallhaftung (§ 24 GmbHG) eine Genehmigungspflicht nach § 1822 Nr. 10 BGB.[11] Der entgeltliche Erwerb von Geschäftsanteilen an einer GmbH bedarf dann der Genehmigung, wenn der Minderjährige sämtliche Geschäftsanteile erwirbt.[12] Erwirbt er nur einzelne Geschäftsanteile entgeltlich, so besteht eine Genehmigungspflicht nach § 1822 Nr. 3 BGB jedenfalls dann, wenn ihm die unternehmerische Mehrheit, also mehr als 50% der Anteile, übertragen wird.[13] Für die Veräußerung von Geschäftsanteilen gilt entsprechendes wie für den entgeltlichen Erwerb. Die Veräußerung von Geschäftsanteilen an einer GmbH ist jedenfalls dann gem. § 1822 Nr. 3 BGB genehmigungsbedürftig, wenn die Beteiligung des Minderjährigen an der GmbH 50% übersteigt oder wenn nur Minderjährige an einer GmbH beteiligt sind und sie alle Anteile und damit das Unternehmen der GmbH insgesamt veräußern.[14] 4

Die familiengerichtliche Genehmigung kann vor oder nach Abschluss des Vertrages erteilt werden. In der notariellen Praxis holt der Notar die Genehmigung meist nach der Beurkundung des Vertrages ein. Das Familiengericht hat die Genehmigung gegenüber dem gesetzlichen Vertreter (Eltern ggf. Ergänzungspfleger) zu erklären (§§ 1822, 1643 Abs. 3 BGB). Schließen die Eltern den Vertrag ohne die erforderliche Genehmigung des Familiengerichts, so wird die Genehmigung dem anderen Teil gegenüber erst wirksam, wenn sie ihm von den Eltern (bei deren rechtlicher Verhinderung von dem Ergänzungspfleger) mitgeteilt wird (§ 1829 Abs. 1 Satz 2 BGB). Bis zum Inkrafttreten (1. September 2009) des Gesetzes über das Verfahren in Familiensache und in Angelegenheiten der freiwilligen Gerichtsbarkeit (FamFG) bestand folgende Rechtspraxis: 5

---

[5] Palandt/*Götz* BGB § 1822 Rz. 5; *Staudinger/Veit* BGB § 1822 Rz. 35.

[6] BGH v. 30.4.1955 – II ZR 202/53, NJW 1955, 1067; *Staudinger/Veit* BGB § 1822 Rz. 78.

[7] BayObLG v. 4.7.1989 – 1a Z 7/89, RPfleger 1989, 455.

[8] BFH v. 27.4.2005 – II R 52/02, ZEV 2005, 530 betr. GbR-Anteil; OLG Frankfurt a. M. v. 27.5.2008 – 20 W 123/08, RNotZ 2008, 627; BayObLG v. 4.7.1989 – BReg. 1a Z 7/89, FamRZ 1990, 208 (jeweils zum entgeltlichen Erwerb eines Kommanditanteils) Staudinger/*Engler* BGB § 1822 Rz. 40; *Ivo* ZEV 2005, 193 bzgl. des Erwerbs von Kommanditanteilen; *Reimann* DNotZ 1999, 179, 190.

[9] OLG Bremen v. 16.6.2008 – 2 W 38/08, RNotZ 2008, 625; OLG Zweibrücken v. 2.3.2000 – 5 UF 4/00, ZEV 2001, 76; *Grunsky* ZEV 2008, 610; *Maier-Reimer/Marx* NJW 2005, 3025; vgl. auch OLG München v. 6.11.2008 – 31 Wx 76/08, ZEV 2008, 609.

[10] BGH v. 20.2.1989 – II ZR 148/88, BGHZ 107, 24; *Bürger* RNotZ 2006, 156, 163; aA *Maier-Reimer/Marx* NJW 2005, 3025.

[11] BGH v. 20.2.1998 – II ZR 148/88, DNotZ 1990, 303; *Krauß* Vermögensnachfolge Rz. 3588; Gutachten DNotI-Report 2013, 195.

[12] Allgemeine Meinung: MüKoBGB/*Wagenitz* BGB § 1822 Rz. 17; Staudinger/*Veit* BGB § 1822 Rz. 59.

[13] MüKoBGB/*Wagenitz* BGB § 1822 Rz. 17; *Krauß* Vermögensnachfolge Rz. 3588; BGH v. 28.1.2003 – X ZR 199/99, DNotZ 2004, 152 betr. Veräußerung von Anteilen.

[14] BGH v. 28.1.2003 – X ZR 199/99, DNotZ 2004, 152.

Aufgrund einer Entscheidung des BVerfG[15] waren die Familiengerichte gehalten, vor Erteilung der Genehmigung diese zunächst durch einen beschwerdefähigen Vorbescheid anzukündigen. Erst wenn gegen den Vorbescheid innerhalb der durch ihn gesetzten Frist kein Rechtsmittel eingelegt worden war, wurde die beantragte Genehmigung erteilt. Die Zustellung an den gesetzlichen Vertreter (§ 1828 BGB), die Mitteilung der Genehmigung an den anderen Vertragsteil durch den gesetzlichen Vertreter und der Zugang dieser Mitteilung beim anderen Vertagsteil mussten bei Grundstücksverträgen dem Grundbuchamt in der Form des § 29 GBO nachgewiesen werden. Die notarielle Praxis behalf sich zu diesem Zweck mit einer sog. Doppelvollmacht,[16] die etwa wie folgt lauten konnte:

A. 3.03a **Der gesetzliche Vertreter (Eltern, Ergänzungspfleger), der sich die Genehmigung des Familiengerichts vorbehält und sie hiermit beantragt, bevollmächtigt den amtierenden Notar, diese Genehmigung vom Familiengericht für ihn in Empfang zu nehmen und sie den anderen Vertragsbeteiligten mitzuteilen. Diese bevollmächtigen den Notar zur Entgegennahme der Mitteilung. Die Empfangnahme und die Mitteilung sollen durch Einreichung einer Ausfertigung oder beglaubigten Abschrift dieser Urkunde mit einer beglaubigten Abschrift des Genehmigungsbeschlusses zu den Grundakten des Grundbuchamtes als bewirkt gelten.**

Wurde – wie regelmäßig – innerhalb der Rechtmittelfrist keine Beschwerde gegen den Vorbescheid eingelegt, so erging der Genehmigungsbeschluss selbst, der unanfechtbar war. Hieran schloss sich das geschilderte Verfahren an (Entgegennahme der Genehmigung durch den Notar und Ausübung der Doppelvollmacht) und der Vertrag wurde wirksam.

6 Nach dem am 1.9.2009 in Kraft getretenen FamFG stellt sich die Rechtslage nunmehr anders dar. Gemäß § 40 Abs. 2 FamFG wird der Genehmigungsbeschluss des Familiengerichts erst mit **formeller Rechtskraft** (§ 45 FamFG) wirksam. Die Beschwerdefrist beträgt zwei Wochen (§ 63 Abs. 2 Nr. 1 FamFG). Sie beginnt mit der schriftlichen Bekanntgabe des Beschlusses an die Beteiligten. Der Beschluss ist auch demjenigen, für den das Rechtsgeschäft genehmigt wird, bekannt zu geben (§ 41 Abs. 3 FamFG). Kann die schriftliche Bekanntgabe an einen Beteiligten nicht bewirkt werden, so beginnt die zweiwöchige Beschwerdefrist spätestens mit Ablauf von fünf Monaten nach Erlass des Beschlusses (§ 63 Abs. 3 FamFG). Über die Rechtskraft des Beschlusses hat die Geschäftsstelle des Gerichts ein Rechtskraftzeugnis zu erstellen (§ 46 FamFG). Das Rechtskraftzeugnis ist zwar zur Vorlage beim Handelsregister und Grundbuchamt stets erforderlich, vermittelt aber keinen Gutglaubensschutz.[17] Ist das Rechtskraftzeugnis falsch, weil die Beschwerdefrist für einen Beteiligten noch nicht abgelaufen oder der Genehmigungsbeschluss nicht ordnungsgemäß zugestellt worden ist, so ist der zu genehmigende Vertrag weiterhin schwebend unwirksam und die Eintragung im Handelsregister oder Grundbuch unrichtig.[18]

7 Unsicherheit besteht auch deshalb, weil bisher noch nicht abschließend geklärt erscheint, welchen Personen der Genehmigungsbeschluss bekannt gegeben werden muss und in welchen Fällen zusätzliche Verfahrensvertreter (Verfahrenspfleger, Verfahrensbeistand und Ergänzungspfleger) zum Empfang des Genehmigungsbeschlusses bestellt werden müssen.

Handeln Eltern für ihr minderjähriges Kind, so ist ihnen der Beschluss bekannt zu geben, bei Mitwirkung eines Ergänzungspflegers auch diesem. Daneben ist er aber zusätzlich auch dem Kind selbst bekannt zu geben, jedenfalls dann, wenn das Kind das

---

[15] BVerfG v. 18.1.2000 – 1 BvR 321/96, NJW 2000, 1709.
[16] Vgl. hierzu *Faßbender/Grauel/Ohmen/Peter/Roemer/Wittkowski* Notariatskunde, 18. Aufl. 2014, § 4 Rz. 247 ff.
[17] *Heinemann* DNotZ 2009, 6, 17.
[18] *Heinemann* DNotZ 2009, 6, 17.

14. Lebensjahr vollendet hat und nicht geschäftsunfähig ist (§ 164 FamFG). Ob für den mindestens 14-jährigen Minderjährigen darüber hinaus für den Empfang der Mitteilung ein Verfahrensbeistand oder Ergänzungspfleger zu bestellen ist, dem der Beschluss dann ebenfalls zuzustellen ist, wird kontrovers diskutiert.[19] Hat der Minderjährige das 14. Lebensjahr noch nicht vollendet, so kann der Beschluss nicht ihm persönlich mitgeteilt werden, da er noch nicht verfahrensfähig ist (§ 9 FamFG). Dessen Eltern als gesetzliche Vertreter können nicht für ihn den Beschluss in Empfang nehmen, weil das rechtliche Gehör nicht durch denjenigen vermittelt werden kann, dessen Handeln im Genehmigungsverfahren überprüft werden soll.[20] Daher ist für den noch nicht 14-jährigen Minderjährigen auf jeden Fall zusätzlich ein gerichtlicher Verfahrensvertreter zu bestellen, dem der Beschluss zuzustellen ist, wobei streitig ist, ob dieser ein Verfahrensbeistand iSd. § 158 FamFG oder ein Ergänzungspfleger nach § 1909 BGB sein muss.[21]

Die Bestellung eines Verfahrenspflegers oder Verfahrensbeistands ist Sache des Familiengerichts. Der Notar und die Beteiligten können hier lediglich Anregungen zur Bestellung selbst und zur Person des zu Bestellenden geben.

Noch nicht geklärt ist, ob und welche Beschwerdefristen laufen, wenn eine Person, die eigentlich am Genehmigungsverfahren hätte beteiligt werden müssen, versehentlich nicht formell beteiligt worden ist (Problem des sog. **„vergessenen Beteiligten“**). Teilweise wird vertreten, dass für diesen vergessenen Beteiligten die Beschwerdefrist überhaupt nicht zu laufen beginnt.[22] Nach anderer Auffassung beträgt die Beschwerdefrist in einem solchen Fall gemäß § 63 Abs. 3 S. 2 FamFG fünf Monate und zwei Wochen ab Erlass des Genehmigungsbeschlusses,[23] während die wohl herrschende Ansicht annimmt, dass nur solange Beschwerde eingelegt werden kann, bis die Frist für den Letzten, der tatsächlich am Verfahren beteiligt worden ist, abgelaufen ist.[24]

Trotz der geschilderten Schwierigkeiten darf sich der Notar darauf verlassen, dass das Rechtskraftzeugnis richtig ist und das Gericht die verfahrensrechtlichen Vorschriften beachtet hat.[25]

Da § 1829 BGB durch das FGG-Reformgesetz materiell-rechtlich nicht geändert **8**
worden ist, ist weiterhin die Aufnahme der **Doppelvollmacht** in den notariellen Vertrag und deren Ausübung durch den Notar empfehlenswert und auch üblich.[26] Die Zulässigkeit der Doppelvollmacht ist von der Rechtsprechung anerkannt.[27] Von der Doppelvollmacht darf jedoch erst nach formeller Rechtskraft des Genehmigungsbeschlusses, also nach Erteilung des Rechtskraftzeugnisses Gebrauch gemacht werden.[28] Der innere Wille des Doppelbevollmächtigten, die Mitteilung iSd. § 1829 Abs. 1 S. 2 BGB vorzunehmen, muss äußerlich erkennbar in Erscheinung treten.[29] Dies kann da-

---

[19] Vgl. *Litzenburger* RNotZ 2010, 32.

[20] Vgl. *Litzenburger* RNotZ 2010, 32; *Kölmel* RNotZ 2010, 467; *ders.* NotBZ 2010, 2, 5.

[21] Für die Bestellung eines Ergänzungspflegers: OLG Oldenburg v. 26.11.2009 – 14 UF 149/09, BeckRS 2009, 88533; OLG Köln v. 4.7.2011 – 21 UF 105/11, ZEV 2011, 595; OLG Celle v. 4.5.2011 – 10 UF 78/11, ZErb 2011, 198; KG v. 4.3.2010 – 17 UF 5/10, RNotZ 2010, 463 m. Anm. *Kölmel.* Für Bestellung eines Verfahrensbestands: *Kölmel* MittBayNot 2011, 190; *Kölmel* MittBayNot 2012, 108.

[22] *Bolkart* MittBayNot 2009, 268, 270, 272.

[23] *Litzenburger* RNotZ 2009, 380, 381.

[24] OLG Hamm v. 7.9.2010 – 15 W 111/10, RNotZ 2011, 46 m. Anm. *Bremkamp; Kölmel* ZNotP 2011, 59, 62 ff.; *Netzer* ZNotP 2009, 305.

[25] DNotI-Report 2009, 145, 149 f.; *Brambring* NotBZ, 2009, 394.

[26] *Litzenburger* RNotZ 2010, 32; *Mayer/Geck* S. 641 f.; *Krauß* Vermögensnachfolge Rz. 3620; Gutachten DNotI-Report 2009, 145, 151.

[27] Vgl. BGH v. 2.12.2015 – X II ZB 283/15, DNotZ 2016, 195, 199; BayObLG v. 29.10.1997 – 3 Z BR 196/97, MittBayNot 1998, 107; BayObLG v. 28.5.1997 – 3 Z BR 49/97, NJWE-FER 1998, 58. Auch die Literatur geht ganz überwiegend von der Zulässigkeit der Doppelvollmacht aus, vgl. etwa MüKoBGB/*Wagenitz* BGB § 1829 Rz. 15; *Mayer/Geck* S. 641; *Reiß* RNotZ 2001, 2003; *Krauß* Vermögensnachfolge Rz. 3618. Kritisch jedoch *Kraiß* BWNotZ 2000, 94; gegen *Kraiß* jedoch Gutachten DNotI-Report 2001, 99 ff.

[28] DNotI-Report 19/2009, 145, 151.

[29] BGH v. 2.12.2015 – XII ZB 283/15, DNotZ 2016, 195, 200; BayObLG v. 22.6.1989 – B Reg. 3 Z 40/89, Beck RS 2009, 12375.

durch geschehen, dass der Notar vom genehmigten Vertrag durch dessen Einreichung beim Grundbuchamt Gebrauch macht[30] oder einen entsprechenden Vermerk auf der Vertragsurkunde anbringt.[31] Zu beachten ist ferner, dass die Doppelvollmacht nur dann zur Wirksamkeit des Vertrages führen kann, wenn im Zeitpunkt ihrer Ausübung das Amt des in der Urkunde handelnden Ergänzungspflegers/Vormunds noch nicht erloschen ist, sei es durch Tod oder Erreichung der Volljährigkeit des Minderjährigen oder durch Beendigung des Amtes des Ergänzungspflegers/Vormunds, zB durch seine Entlassung oder seinen Tod.[32] Verstirbt der Minderjährige, bevor von der Doppelvollmacht Gebrauch gemacht worden ist, oder wird er vorher volljährig, so endet das Genehmigungsverfahren. Das Familiengericht darf nicht mehr über die Genehmigung entscheiden, eine bereits erteilte Genehmigung darf dem anderen Vertragsteil nicht mehr mitgeteilt werden.[33] Mit dem Tod des Minderjährigen steht die Entscheidung über die Genehmigung des Vertrags allein dessen Erben, mit Erreichung seiner Volljährigkeit nur dem Minderjährigen selber zu.[34]

Zu weiteren Einzelheiten des familiengerichtlichen Genehmigungsverfahrens nach Inkrafttreten des FamFG zum 1.9.2009 vgl. das Gutachten des DNotI in DNotI-Report 19/2009, 145 ff.

9 Handeln Eltern für ihr Kind, so ist für die Erteilung der Genehmigung zu einem nach § 1643 iVm. §§ 1821, 1822 genehmigungsbedürftigen Rechtsgeschäft das **Familiengericht** zuständig. Dagegen war umstritten, wer für die Erteilung der Genehmigung zuständig ist, wenn die Eltern gem. §§ 1629 Abs. 2, 1795 BGB von der Vertretung ihres minderjährigen Kindes ausgeschlossen sind und statt dessen ein **Ergänzungspfleger** gem. § 1909 BGB handelt.[35] Nach § 151 Nr. 5 des am 1. September 2009 in Kraft getretenen FamFG ist dies nunmehr ebenfalls das Familiengericht.

---

[30] BGH v. 2.12.2015 – XII ZB 283/15, DNotZ 2016, 195, 200; BayObLG v. 22.6.1989 – B Reg. 3 Z 40/89; BeckRS 2009, 12375 = Fam RZ 1989, 1113.

[31] BGH aaO; BayObLG v. 29.10.1997 – 3 Z BR 196/97, MittBayNot 1998, 107; BayObLG v. 28.5.1997 – 3 Z BR 49/97, NJWE-FER 1998, 58; *Schöner/Stöber* GrundbuchR Rz. 3739 mit der Empfehlung für die Vermerklösung (notarielle Eigenurkunde).

[32] *Mayer/Geck* S. 642 f.

[33] *Mayer/Geck* S. 643; *Kölmel* RNotZ 2010, 1, 30; *Schöner/Stöber* GrundbuchR Rz. 3734.

[34] *Mayer/Geck* S. 643; *Kölmel* RNotZ 2010, 1, 30; *Schöner/Stöber* GrundbuchR Rz. 3739.

[35] Vgl. DNotI-Report 2003, 25.

A. 3.10 Generationenübergreifende Zuwendung („Enkelsprung")

Gliederung

SCHENKUNGSVERTRAG

A. 3.10

Verhandelt in [...] am [...]

Vor dem unterzeichnenden Notar [...]

erschienen:

1. die Eheleute Herr und Frau A,

– nachstehend auch als die „Veräußerer" bezeichnet –,

2. deren Sohn Herr B,

– nachstehend auch als „Nießbraucher" bezeichnet –,

3. Herr X, hier handelnd als Ergänzungspfleger[Rz. 30 f.]

a)für den minderjährigen C,

– dieser nachstehend auch als „Erwerber zu 1." bezeichnet –,

b) für den minderjährigen D,

– dieser nachstehend auch als „Erwerber zu 2." bezeichnet –.

C und D sind Enkel der Veräußerer und Kinder des Herrn B.

Die Erschienenen, dem Notar gegenüber ausgewiesen durch amtliche Lichtbildausweise, erklärten, handelnd wie angegeben:

Wir schließen folgenden

Übertragungsvertrag

§ 1 Vorbemerkung

Die Veräußerer sind im Grundbuch des Amtsgerichts [...] von [...] Blatt [...] als Eigentümer zu je 1/2-Anteil des dort wie folgt verzeichneten Grundbesitzes eingetragen: Gemarkung [...], Flur [...], Flurstück Nr. [...], Hof- und Gebäudefläche, [...], groß 500 m².

Der Notar hat das Grundbuch vor Beurkundung am [...] einsehen lassen und folgenden Grundbuchstand festgestellt:

Abteilung II: lfd. Nr. 1: Geh- und Fahrrecht für den jeweiligen Eigentümer des Flurstücks Nr. [...].

Abteilung III: lfd. Nr. 1 € 200 000,– Buchgrundschuld für die Sparkasse W. in W.

§ 2 Übertragung[Rz. 32]

Jeder Veräußerer überträgt jedem der Erwerber zu 1. und 2. im Wege der vorweggenommenen Erbfolge einen 1/4-Anteil an dem in § 1 bezeichneten Grundbesitz –

zusammen jedem Erwerber somit insgesamt einen $^1/_2$-Anteil – mit allen Rechten, Bestandteilen und dem gesetzlichen Zubehör.

§ 3 Nießbrauch[Rz. 33 ff.]

1. **Die Veräußerer wenden dem zu 2. Erschienenen („Nießbraucher") den lebenslangen Nießbrauch an dem in § 1 bezeichneten Grundbesitz zu. Der Nießbraucher hat sämtliche ordentlichen und außerordentlichen, privaten und öffentlichen Lasten, Abgaben und Steuern sowie alle Unterhaltungs- und Instandsetzungskosten zu tragen; Zins- und Tilgungsleistungen hat er jedoch nur für solche Verbindlichkeiten zu erbringen, die durch Grundpfandrechte abgesichert sind, die dem Nießbrauchsrecht vorrangig sind. Der Nießbrauch kann Dritten zur Ausübung überlassen werden.**
2. **Rein schuldrechtlich – also nicht als Inhalt des dinglichen Nießbrauchsrechtes – vereinbaren Veräußerer und Nießbraucher: Die bestehenden Mietverhältnisse werden vom Nießbraucher übernommen und fortgesetzt. Ab dem [...] („Stichtag") übernimmt er gegenüber Veräußerer und Erwerber im Innenverhältnis alle Rechte und Pflichten aus den Mietverhältnissen. Etwaige Mietkautionen sind zu diesem Zeitpunkt dem Nießbraucher auszuhändigen. Die Ausübung des Nießbrauchsrechtes ist unentgeltlich und gilt vom genannten Stichtag an.**
   Das Nießbrauchsrecht soll im Grundbuch an rangbereiter Stelle eingetragen werden. Der Notar hat über die Bedeutung der Rangstelle belehrt.
3. **Ferner wird zwischen Nießbraucher und Erwerbern folgendes vereinbart: Die Erwerber sind verpflichtet, auf Verlangen des Nießbrauchers die Eintragung von Grundpfandrechten zur Sicherung von Darlehensverbindlichkeiten auf dem übertragenen Grundbesitz zu bewilligen und zu beantragen, die vom Nießbraucher zur Finanzierung von Instandsetzungs- und Renovierungsarbeiten oder außerordentlichen öffentlichen Lasten für den Vertragsgrundbesitz in Anspruch genommen werden; der Nießbraucher ist insoweit auch berechtigt, eine Neuvalutierung des bestehenden Grundpfandrechtes Abt. III lfd. Nr. 1 vorzunehmen. Den Schuldendienst (Zinsen und Tilgung) für diese Verbindlichkeiten hat der Nießbraucher für die Dauer des Nießbrauchrechtes zu tragen.**
   Soweit bei Beendigung des Nießbrauchs noch Restverbindlichkeiten der vom Nießbraucher zu tragenden Schulden und Lasten bestehen, haben die Erwerber sie als Alleinschuldner zur Freistellung des Darlehensnehmers (Nießbraucher) bzw. seines Rechtsnachfolgers zu übernehmen, Zug um Zug gegen Abtretung der Rückgewähransprüche der hierzu eingetragenen Grundpfandrechte.
   Die Veräußerer verpflichten sich, auf Verlangen des Nießbrauchers Grundpfandrechten, die von den Erwerbern zur Absicherung der vorbeschriebenen Verbindlichkeiten zukünftig bestellt werden, den Vorrang vor der für sie bewilligten Rückauflassungsvormerkung einzuräumen.
4. **Die Veräußerer treten bei dem Grundpfandrecht Abteilung III lfd. Nr. 1 bereits entstandene und bis zum Eigentumswechsel noch entstehende Eigentümerrechte und Rückgewähransprüche mit sofortiger Wirkung an den Nießbraucher ab. Die Beteiligten werden die Anzeige der Abtretung gegenüber dem Grundpfandgläubiger selbst vornehmen; der Notar hat über die Bedeutung der Anzeige belehrt.**

§ 4 Gegenleistungen[Rz. 37, 38]

1. **Der zu 2. erschienene Nießbraucher verpflichtet sich, die Veräußerer von den durch das Grundpfandrecht Abt. III lfd. Nr. 1 abgesicherten Verbindlichkeiten gegenüber der Sparkasse W. (Darlehens-Nr. [...]) ab dem in § 3 Abs. 2 genannten Stichtag freizustellen und binnen 3 Monaten ab heute deren Schuldhaftentlassung herbeizuführen. Ihm steht es frei, ob er hierzu mit dem Gläubiger eine befreiende**

Schuldübernahme vereinbart oder auf andere Weise die Schuldhaftentlassung der Veräußerer herbeiführt. Die Höhe der Verbindlichkeiten beläuft sich zum Stichtag auf ca. € [...],–.

2. Im Übrigen sind für die Übertragung und die Nießbrauchbestellung keine weiteren Gegenleistungen zu erbringen.

§ 5 Wirtschaftlicher Übergang

Der mittelbare Besitz und die Gefahr gehen sofort auf die Erwerber über, der unmittelbare Besitz, die Nutzungen und die Lasten mit Beendigung des in § 3 bestellten Nießbrauchs.

Die Beteiligten sind darüber einig, dass etwaige Erschließungsbeiträge nach dem BauGB sowie Anlieger- und Anschlussbeiträge nach dem KommunalabgabenG, die nach Beendigung des Nießbrauchs durch Beitragsbescheid erhoben werden, von den Erwerbern zu leisten sind, und zwar ohne Rücksicht darauf, für welche Anlagen sie erhoben werden und wann diese Anlagen hergestellt wurden.

§ 6 Sach- und Rechtsmängel[Rz. 39]

1. Ansprüche und Rechte der Erwerber wegen etwaiger Sachmängel am Vertragsgegenstand, insbesondere wegen des Zustandes bestehender Gebäude, und wegen der Größe des Grundstücks werden hiermit ausgeschlossen, soweit die Veräußerer nicht vorsätzlich handeln.

2. Das Recht Abteilung II lfd. Nr. 1 wird von Erwerbern nebst den schuldrechtlichen Verpflichtungen zur weiteren Duldung und Erfüllung übernommen, ebenso die in dieser Urkunde bestellten dinglichen Rechte. Ferner wird das Grundpfandrecht Abteilung III lfd. Nr. 1 dinglich übernommen.
Im Übrigen wird der Grundbesitz übertragen frei von im Grundbuch eingetragenen Belastungen oder Beschränkungen. Im Grundbuch nicht eingetragene Dienstbarkeiten und nachbarrechtliche Beschränkungen bleiben bestehen. Solche sind den Veräußerern jedoch nicht bekannt. Etwaige Baulasten werden ebenfalls vom Erwerber übernommen.
Etwaige bei Beendigung des Nießbrauchs bestehende Mietverhältnisse werden von den Erwerbern übernommen; Mietkautionen sind ihnen sodann auszuhändigen.

§ 7 Rückforderungsvorbehalt bezüglich des Grundbesitzes[Rz. 40, 41]

1. Die Veräußerer – bei mehreren jeder einzeln – sind berechtigt, die Rückübertragung des Grundbesitzes zu verlangen,
a) wenn der Erwerber entgegen der hiermit übernommenen Verpflichtung zu Lebzeiten eines der Veräußerer ohne Zustimmung eines von ihnen den übertragenen Grundbesitz veräußert oder belastet oder die Teilungsversteigerung beantragt, oder
b) wenn zu Lebzeiten eines der Veräußerer über das Vermögen des Erwerbers das Insolvenzverfahren eröffnet oder die Eröffnung mangels Masse abgewiesen wird, oder
c) Zwangsvollstreckungsmaßnahmen in den übertragenen Grundbesitz eingeleitet und nicht innerhalb von zwei Monaten wieder aufgehoben werden, oder
d) der Erwerber vor dem Längstlebenden der Veräußerer verstirbt oder geschäftsunfähig wird oder für ihn gerichtliche Betreuung angeordnet wird, oder
e) die Aufhebung des Nießbrauchs gemäß § 7a dieser Urkunde verlangt wird, oder
f) der Erwerber im Falle der Eheschließung nicht auf Verlangen eines Veräußerers innerhalb von 3 Monaten einen Ehevertrag vorlegt und dauerhaft aufrecht er-

hält, wonach der übertragene Grundbesitz aus der Berechnung Zugewinns wie auch aus dem Ehegattenpflichtteil ausgenommen ist.

Bei Eintritt einer der vorstehenden Voraussetzungen ist der Erwerber auf schriftliches Verlangen eines Veräußerers verpflichtet, den Grundbesitz zurück zu übertragen, wobei die Rückforderungsquoten im Belieben der Veräußerer stehen. Liegen die Rückübertragungsvoraussetzungen nur hinsichtlich eines von mehreren Erwerbern vor, so kann nur die Rückübertragung des Anteils des betreffenden Erwerbers verlangt werden, nicht auch die Rückübertragung des restlichen Grundbesitzes.

2. Die Veräußerer sind Gesamtberechtigte nach § 428 BGB; nach dem Tode des Erstversterbenden der Veräußerer steht das Rückforderungsrecht dem Überlebenden allein zu. Der Anspruch auf Rückübertragung ist weder vererblich noch übertragbar, es sei denn, dass er zu Lebzeiten des Berechtigten bereits geltend gemacht worden ist.
3. Die Rückübertragung hat in dem Zustand zu erfolgen, in dem sich der Grundbesitz im Zeitpunkt der Ausübung des Rückforderungsrechtes befindet. Gegenseitige Herauszahlungsansprüche für Aufwendungen, Zins- und Tilgungsleistungen und gezogene Nutzungen bestehen nicht. Heute bereits bestehende und künftig mit Zustimmung der Veräußerer bestellte Belastungen sind von ihnen mit den zugrunde liegenden Verbindlichkeiten, soweit der Erwerber für sie persönlich haftet, nach dem Stand der Valuta zum Zeitpunkt der Ausübung des Rückforderungsrechtes zu übernehmen.
4. Dem Nießbraucher wird hiermit, aufschiebend bedingt durch den Tod beider Veräußerer, ein Übertragungsanspruch gegen die Erwerber in den in Absatz 1 unter a) bis d) genannten Fällen zugewandt, wobei anstelle der „Veräußerer" sinngemäß der „Nießbraucher" tritt. Für diesen bedingten Übertragungsanspruch gelten die vorstehenden Absätze 1 bis 3 entsprechend.
   (*Alternativ:* Dem Nießbraucher wird hiermit, aufschiebend bedingt auf den Tod beider Veräußerer ein freies Übertragungsrecht gegen den Erwerber zugewandt, das jederzeit und ohne weitere Voraussetzungen schriftlich erklärt werden kann. Für diesen bedingten Übertragungsanspruch gelten die vorstehenden Absätze 2 und 3 entsprechend, wobei anstelle der „Veräußerer" sinngemäß der „Nießbraucher" tritt.)

§ 7a Rückforderungsvorbehalt bezüglich des Nießbrauchrechtes[Rz. 41a, 41b]

1. Die Veräußerer – bei mehreren jeder einzeln – sind berechtigt, die Aufhebung und Löschung des in § 3 zugewandten Nießbrauchrechtes zu verlangen,
   a) wenn der Nießbraucher entgegen der hiermit übernommenen Verpflichtung zu Lebzeiten eines der Veräußerer ohne Zustimmung eines von ihnen Mietverhältnisse bezüglich des in § 1 bezeichneten Grundbesitzes beendet, neu abschließt oder ändert, oder
   b) wenn zu Lebzeiten eines der Veräußerer über das Vermögen des Nießbrauchers das Insolvenzverfahren eröffnet oder die Eröffnung mangels Masse abgewiesen wird oder
   c) Zwangsvollstreckungsmaßnahmen in das Nießbrauchsrecht eingeleitet und nicht und nicht innerhalb von vier Monaten wieder aufgehoben werden oder
   d) der Nießbraucher vor dem Längstlebenden der Veräußerer geschäftsunfähig wird oder für ihn gerichtliche Betreuung angeordnet wird,
   e) die Eheleute B dauerhaft getrennt leben und bezüglich des Nießbrauches Zugewinnausgleichansprüche geltend gemacht werden oder die Einbeziehung der Einkünfte aus dem Nießbrauch bei der Berechnung von Trennungs- oder nachehelichen Unterhalts geltend gemacht wird.

Bei Eintritt einer der vorstehenden Voraussetzungen ist der Erwerber auf schriftliches Verlangen eines der Veräußerer verpflichtet, das Nießbrauchsrecht aufzuheben und im Grundbuch löschen zu lassen. Gezogene Nutzungen stehen ab dem Aufhebungsverlangen dem Veräußerer zu.

2. **Nach Ausübung des Aufhebungsverlangens steht der Aufhebungsanspruch den Veräußerern als Gesamtberechtigte nach § 428 BGB; nach dem Tode des Erstversterbenden der Veräußerer steht das Aufhebungsrecht dem Überlebenden allein zu. Der Anspruch auf Aufhebung ist weder vererblich noch übertragbar, es sei denn, dass er zu Lebzeiten des Berechtigten bereits geltend gemacht worden ist.**
3. **Gegenseitige Herauszahlungsansprüche für Aufwendungen, Zins- und Tilgungsleistungen und gezogene Nutzungen bestehen nicht. Heute bereits bestehende und künftig mit Zustimmung der Veräußerer bestellte Belastungen sind von ihnen mit den zugrunde liegenden Verbindlichkeiten, soweit der Nießbraucher für sie persönlich haftet, nach dem Stand der Valuta zum Zeitpunkt der Ausübung des Rückforderungsrechtes zu übernehmen.**
4. **Nach dem Tode beider Veräußerer steht das Aufhebungsrecht in den Fällen des Absatzes 1 lit. b), c) und d) dem Erwerber – mehreren je einzeln – zu den Bedingungen der Absätze 2 und 3 zu.**

§ 8 Pflichtteilsverzicht; Ausgleichungs- und Anrechnungsbestimmungen[Rz. 42 ff.]

1. **Der Nießbraucher verzichtet mit Wirkung für sich und seine Abkömmlinge gegenüber seinen Eltern, den zu 1. erschienenen Eheleuten A, auf sein Pflichtteilsrecht am Nachlass eines jeden von ihnen. Die Eheleute A nehmen diesen Pflichtteilsverzicht hiermit an; sie haben nach ihren Angaben ihren gewöhnlichen Aufenthalt in Deutschland und besitzen kein Auslandsvermögen.**
2. ***Eventuell:* Jeder Erwerber verzichtet hiermit für sich und seine Abkömmlinge gegenüber seinen Eltern, den Eheleuten B auf sein Pflichtteilsrecht am Nachlass eines jeden von ihnen. Die Eheleute B nehmen diesen Pflichtteilsverzicht hiermit an; sie haben nach ihren Angaben ihren gewöhnlichen Aufenthalt in Deutschland und besitzen kein Auslandsvermögen.**
3. **Zur Erbausgleichung nach den Eheleuten A. sind Nießbraucher und Erwerber nicht verpflichtet.**
4. **Der Notar hat darüber belehrt, dass das gesetzliche Erbrecht des Verzichtenden bestehen bleibt und durch den vorstehenden Pflichtteilsverzicht nicht berührt wird. Der Notar hat ferner auf etwaige durch diesen Vertrag ausgelöste Pflichtteilsergänzungsansprüche weiterer Abkömmlinge der Eheleute A. hingewiesen.**

§ 9 Familiengerichtliche Genehmigung[Rz. 46. 47]

1. **Der Notar hat die Beteiligten darauf hingewiesen, dass dieser Vertrag der familiengerichtlichen Genehmigung bedarf und diese Genehmigung erst wirksam wird, wenn sie Veräußerern und Nießbraucher von dem Ergänzungspfleger mitgeteilt worden ist.**
2. **Alle Beteiligten beauftragen und bevollmächtigten hiermit den Notar, die Genehmigung des Familiengerichts zu beantragen, entgegen zu nehmen und sie allen Beteiligten mitzuteilen. Veräußerer und Nießbraucher bevollmächtigen ferner den Notar, diese Mitteilung jeweils für sie in Empfang zu nehmen. Mit Bekanntmachungsvermerk des Notars auf der Urkunde, spätestens mit der Erteilung einer Ausfertigung dieser Urkunde einschließlich des beigefügten Genehmigungsbeschlusses, sollen Empfangnahme und die Mitteilung als bewirkt gelten.**

§ 10 Grundbucherklärungen[Rz. 48]

1. Veräußerer und Erwerber sind darüber einig, dass das Eigentum an dem in § 1 näher bezeichneten Vertragsgegenstand auf die Erwerber zu 1. und 2. zu je $^1/_2$-Anteil übergeht. Sie bewilligen und beantragen die Eintragung des Eigentumswechsels in das Grundbuch.
2. Die Erwerber als künftige Miteigentümer schließen das Recht, die Aufhebung der Gemeinschaft zu verlangen, aus, es sei denn, das Verlangen erfolgt aus wichtigem Grund.
3. Die Beteiligten bewilligen und beantragen die Eintragung in das Grundbuch:
   a) der unter vorstehendem Absatz 2 getroffenen Vereinbarung nach § 1010 BGB;
   b) im Rang danach des Nießbrauchrechtes gemäß vorstehendem § 3 Abs. 1 zugunsten von Herrn B, und zwar mit dem Vermerk, dass zur Löschung des Rechts der Nachweis des Todes des Nießbrauchers genügen soll;
   c) im Rang danach zur Sicherung des Rückforderungsrechtes gemäß vorstehendem § 7 Abs. 1 die Eintragung je einer Vormerkung an jedem Miteigentumsanteil für die Veräußerer als Gesamtberechtigte gemäß § 428 BGB;
   d) im Rang danach zur Sicherung des bedingten Übertragungsanspruchs gemäß vorstehendem § 7 Abs. 4 die Eintragung je einer Vormerkung an jedem Miteigentumsanteil für Herrn B.

   Die Rangbestimmungen haben nur schuldrechtliche Bedeutung.
4. Die Beteiligten stimmen allen Löschungen und Pfandfreigaben gemäß den Bewilligungen der Berechtigten zu und beantragen deren Eintragung in das Grundbuch.
5. Die Erwerber und der Nießbraucher werden hiermit jeweils einzeln bevollmächtigt, nach dem Tode beider Veräußerer die Löschung der für diese eingetragenen Vormerkung und nach dem Tode des Nießbrauchers die für diesen eingetragene Vormerkung im Grundbuch unter Vorlage der Sterbeurkunden zu bewilligen und zu beantragen.

§ 11 Kosten und Steuern[Rz. 49]

Die Notarkosten dieser Urkunde und ihres Vollzuges trägt [...]. Die Gerichtskosten trägt jeder Erwerber bzw. der Nießbrauchsberechtigte für seinen Erwerb. Eine etwaige Schenkungsteuer trägt der jeweilige Zuwendungsempfänger. Hinsichtlich der Grunderwerbsteuer besteht Steuerbefreiung nach § 3 Ziff. 2 und 6 GrEStG; die Erwerber sind Enkel der Veräußerer.

Den Verkehrswert des übertragenen Grundbesitzes geben die Beteiligten mit ca. € [...],– an.

Der Jahreswert des Nießbrauchsrechtes beträgt ca. € [...],–.

§ 12 Hinweise, sonstige Erklärungen[Rz. 50]

1. Der Notar hat die Beteiligten über die gesetzlichen Rückforderungsrechte nach § 528 BGB (Verarmung des Schenkers) und § 530 BGB (Widerruf wegen groben Undanks) belehrt.
2. Die Beteiligten wurden von dem Notar darauf hingewiesen, dass
   – Veräußerer und Erwerber für die Kosten und etwaigen Steuern nach Maßgabe der gesetzlichen Bestimmungen im Außenverhältnis als Gesamtschuldner haften;
   – die Umschreibung des Vertragsgegenstandes im Grundbuch auf die Erwerber erst beantragt werden kann, wenn etwa erforderliche Genehmigungen, insbesondere die Genehmigung des Familiengerichts, und ggf. die grunderwerbsteuerliche Unbedenklichkeitsbescheinigung vorliegen;
   – alle Vertragsvereinbarungen beurkundungspflichtig sind und Nebenabreden außerhalb dieser Urkunde zur Nichtigkeit des gesamten Rechtsgeschäftes führen können.

3. **Alle zu dieser Urkunde erforderlichen Genehmigungen und Erklärungen sollen den Beteiligten gegenüber wirksam werden mit ihrem Eingang beim Notar. Dies gilt nicht für eine familiengerichtliche Genehmigung.**
4. **Der Notar wird beauftragt, alles zur grundbuchmäßigen Durchführung dieses Vertrages Erforderliche zu veranlassen. Der Notar wird ferner ermächtigt, die zum Grundbuchvollzug erforderlichen Bewilligungen und Anträge auch geteilt und eingeschränkt zu stellen, abzuändern, zu ergänzen und zurückzunehmen.**

Diese Niederschrift wurde den Erschienenen vom Notar vorgelesen, von ihnen genehmigt und sodann von ihnen und dem Notar wie folgt unterschrieben:

A. Grundsätzliche Anmerkungen

I. Wirtschaftliche Funktion

1. Steuerliche Ersparnis

Steuerlich vorteilhaft ist der Generationensprung erst seit der Erbschaftsteuerrechts- 1
reform 1996. Zuvor waren die Enkelkinder bewusst in der nächstschlechteren Steuerklasse, der damaligen Steuerklasse II eingeordnet, so dass ein Generationensprung sich nicht lohnte. Nunmehr lässt sich mit einer generationenübergreifenden Schenkung die erbschaft- und schenkungsteuerliche Belastung erheblich reduzieren,[1] indem zum einen die **steuerlichen Freibeträge der Enkel** (€ 200000,–) genutzt werden, und zum anderen durch die Zuwendung eines **Nießbrauchs an ein Kind** dessen Freibetrag genutzt und zugleich der Wert der Zuwendung an die Enkel reduziert wird (s. Berechnungsbeispiel Rz. 23). Die Verteilung des Vermögens auf mehrere Empfänger kann bei diesen wegen des progressiven Schenkungsteuertarifs – je nach Lage des Falles – zu einem niedrigeren Steuersatz und damit zu einer zusätzlichen Reduzierung der Schenkungsteuer führen.

Ein weiterer Vorteil des Überspringens der Kindergeneration liegt darin, dass dersel- 2
be **Vermögensgegenstand nicht zweimal vererbt und besteuert wird;** dieser Vorteil ergibt sich insbesondere bei bereits betagten Großeltern, deren Kinder selbst schon fortgeschrittenen Alters sind. Außerdem vermeidet ein Generationensprung die Zusammenrechnung mehrerer Erwerbe durch dieselbe Person nach § 14 ErbStG innerhalb des 10-Jahreszeitraumes, was gleichfalls vor allem bei bereits betagten oder erkrankten Großeltern, die ihre Kinder zu Erben eingesetzt haben, steuerlich vorteilhaft ist.[2]

Schließlich mag als vorteilhaft bewertet werden, dass durch jetzt vorgenommene Übertragung auf die Enkel **Rechtssicherheit bezüglich der steuerlichen Belastung** besteht, die hingegen bei der gestuften Vermögensübertragung innerhalb der Generationenfolge durch künftige Änderungen des Erbschaftsteuerrechts nicht vorhersehbar ist.

2. Versorgungs- und Sicherungsbedürfnis

a) Vorbehalts-/Zuwendungsnießbrauch

Dem **Versorgungsbedürfnis** der Großeltern- oder Elterngeneration kann dadurch 3
Rechnung getragen werden, dass ein **Vorbehaltsnießbrauch** oder ein **Zuwendungsnießbrauch für die übersprungene Elterngeneration** vereinbart wird. Die

[1] Vgl. nur Berechnungsbeispiel Rz. 23; ferner Troll/Gebel/Jülicher/*Jülicher* ErbStG § 15 Rz. 16ff.; *Moench/Hübner* Rz. 483ff.; *Steiner* ErbStB 2012, 160ff.

[2] Troll/Gebel/Jülicher/*Jülicher* ErbStG § 15 Rz. 17.

größten steuerlichen Vorteile werden im Falle des Zuwendungsnießbrauchs an die Elterngeneration erzielt; diese Fallkonstellation liegt dem Vertragsmuster zugrunde. Besteht ein Versorgungsbedürfnis bei der Großelterngeneration, lässt sich ein ähnlich günstiges Ergebnis dadurch erzielen, dass sie sich zunächst noch einen Nießbrauch vorbehalten.

b) Rückforderungsrechte

4 Dem **Sicherungsbedürfnis** der Großeltern- und Elterngeneration vor unerwünschten Verfügungen der Enkel kann durch **bedingte Rückforderungsrechte**[3] (auch zugunsten der Elterngeneration) entsprochen werden. Dabei sollte man besonderes Augenmerk auf den Kanon der möglichen Rückforderungsgründe legen, da – gerade bei jungem Alter der Enkel – deren persönliche und wirtschaftliche Entwicklung immer mit Ungewissheit verbunden ist. Zivilrechtlich möglich ist auch die Vereinbarung eines **freien Rücktrittsrechtes;** jedenfalls bei jungen Enkeln sollte zum Schutz des Nießbrauchers – ggf. erst nach dem Tod des Veräußerers – ein freies Übernahmerecht zugunsten des Nießbrauchers vorgesehen werden (vgl. § 7 Abs. 4 des Vertragsmusters).[4] In – wohl eher seltenen Fällen – kann bei minderjährigen Enkeln auch die **Verwaltungsbefugnis** hinsichtlich des übertragenen Gegenstandes der Elterngeneration nach § 1638 BGB auf nur ein Elternteil beschränkt (zB im Falle geschiedener oder getrennt lebender Eltern) oder ganz auf eine andere Vertrauensperson übertragen werden. Da der Enkel mit Volljährigkeit die volle Verfügungsbefugnis erhält, sollte auf die zusätzliche Absicherung durch Rückforderungsrechte gleichwohl nicht verzichtet werden.

3. „Vollendete Tatsachen" und Pflichtteilsreduzierung

5 Ungeachtet der steuerlichen Vorteile ist auch zu bedenken, dass mit der Übertragung auf die Enkelgeneration bereits „vollendete Tatsachen" geschaffen werden. Auf **künftige Entwicklungen** – zB innerfamiliäre Zerwürfnisse, „Fehlentwicklung" der Enkel – kann nicht mehr reagiert werden. Hiergegen könnte ggf. ein freies Übernahmerecht zugunsten des Nießbrauchers nach dem Tode des Veräußerers vereinbart werden (vgl. Rz. 4).

Freilich kann die Schaffung „vollendeter Tatsachen" auch gezielt eingesetzt werden, um die **Ansprüche unliebsamer Pflichtteilsberechtigter** des Kindes zu schmälern. Durch den Enkelsprung wird das Vermögen der Großeltern gewissermaßen um den Nachlass des Sohnes herumgeschifft, so dass dessen nichteheliches Kind insoweit keine Pflichtteilsansprüche erheben kann.

4. Überschuldete Kindergeneration

6 Darüber hinaus ist ein Enkelsprung in Erwägung zu ziehen, wenn ein Kind als eigentlich gewünschter Erbe überschuldet oder gar insolvent ist. In diesem Fall ist allerdings anstelle der Zuwendung eines pfändbaren Nießbrauchs ein **unpfändbares Wohnungsrecht** vorzusehen, durch welches das Kind zumindest eine gewisse Absicherung erhält, ohne dass die Gläubiger den Zugriff auf den Vermögensgegenstand selbst haben. Da sich diese Überschuldungssituation allerdings auch wieder ändern kann, eine Rückgängigmachung der Schenkung dann aber häufig steuerlich (und auch faktisch) nicht sinnvoll ist, ist eine Übertragung an die Enkel allein aus diesem Grund

[3] Zu den Steuerfolgen vgl. *Jülicher* DStR 1998, 1977 ff.

[4] Steuerlich dürfte ein freies Übernahmerecht in Kombination mit dem Nießbrauch dazu führen, dass der Nießbraucher „wirtschaftlicher Eigentümer" iSv. § 39 AO wird, vgl. *Spiegelberger/Schallmoser* Die Immobilie im Zivil- und Steuerrecht (2015), Rz. 7.75.

sehr sorgfältig zu überlegen. Sie dürfte vor allem bei betagten Großeltern in Frage kommen.

II. Zivilrecht

1. Allgemeine Erläuterung des Vertragsmusters

Die im Vertragsmuster gewählte Gestaltung sieht die Übertragung eines vermieteten Mehrfamilienhauses von den Großeltern an minderjährige Enkel unter gleichzeitiger Einräumung eines Nießbrauchsrechts an den Sohn vor. Der Grundbesitz ist noch belastet; der Sohn übernimmt die Darlehensverbindlichkeiten. Zivilrechtlich handelt es sich hierbei um eine Schenkung an die Enkel sowie – wegen der Schuldübernahme – um eine gemischte Schenkung an den Sohn. Der Vertrag bedarf nach § 311b Abs. 1 BGB der notariellen Beurkundung. 7

Der **Nießbrauch** (§ 3) wird abweichend von der gesetzlichen Lastenverteilung in der Weise ausgestaltet, dass der Nießbraucher sämtliche Kosten und Lasten zu tragen hat, insbesondere somit auch etwaige den Grundbesitz betreffende Darlehensverbindlichkeiten. Diese Gestaltung ist in der Regel schon deshalb sachgerecht, weil die Enkel mangels Mieteinnahmen die nach dem Gesetz vom Eigentümer zu tragenden Lasten finanziell häufig gar nicht aufbringen könnten. Auch steuerlich ist diese abweichende Lastenverteilung regelmäßig vorteilhaft, weil die neuen Eigentümer infolge des Nießbrauchs keine Mieteinkünfte erzielen und daher etwaige Aufwendungen für den Grundbesitz nicht als Werbungskosten geltend machen können, wohl aber der Nießbraucher (Rz. 24, 26). 8

Die Großeltern behalten sich ein **Rückforderungsrecht** (§ 7) für die üblichen Fallkonstellationen vor, welches dinglich durch eine Auflassungsvormerkung abgesichert wird. Nach dem Versterben der Großeltern erhält der Sohn ein entsprechendes Rückforderungsrecht. Je nach Lebensalter der Beteiligten führt dies dazu, dass die Enkel auf lange Dauer von der Verfügungsmöglichkeit über den Grundbesitz ausgeschlossen sind. Gleichzeitig wird durch den Ausschluss der Teilung nach § 1010 BGB sichergestellt, dass die Enkel den Grundbesitz nicht im Wege der Teilungsversteigerung veräußern können. 9

Neu wurde in § 7a ein **Rückforderungsrecht hinsichtlich des Zuwendungsnießbrauchs** an den Sohn wurde in Vertragsmuster eingearbeitet. Vor allem bei Großeltern, die Einfluss auf die Nutzung/Vermietung haben wollen, oder bei wirtschaftlich risikobehaftetem Beruf des Sohnes ist ein solches Rückforderungsrecht für bestimmte Konstellationen sinnvoll (zB für den Fall der Insolvenz des Sohnes oder der Zwangsvollstreckung in den Nießbrauch) und ggf. durch eine Löschungsvormerkung dinglich absichern.

Zum Schutz der Großeltern vor Pflichtteilsansprüchen sieht der Vertrag einen **Pflichtteilsverzicht** des Sohnes vor (§ 8). Nicht eingearbeitet wurden Fragen der Gleichstellung des Sohnes bzw. der Enkel mit anderen Abkömmlingen etwa in Form von Herauszahlungen, erbrechtliche Ausgleichungsanordnungen etc. Hierzu kommt es stets auf die familiären Umstände des Einzelfalls an. Da hier **keine Ausgleichungsbestimmung** getroffen wird, sind die Zuwendungen weder vom Sohn (vgl. § 2050 Abs. 3, § 2052 BGB) noch von den Enkeln (§ 2053 BGB) im Erbfall gegenüber anderen Miterben auszugleichen. 10

Ebenfalls wurde auf die **Einbeziehung der Schwiegertochter** (Ehefrau des Sohnes) in die Übertragung verzichtet. Zwar wäre die aufschiebend bedingte Zuwendung eines Nießbrauchs nach dem Tod des Sohnes denkbar. In steuerlicher Hinsicht bleibt jedoch zu bedenken, dass zum einen Schwiegerkinder der Steuerklasse II zugeordnet sind und ihnen nur ein geringer persönlicher Freibetrag von € 20 000,– zusteht (§ 15 Abs. 1, § 16 Abs. 1 Nr. 5 ErbStG); zum anderen ist eine Abzugsfähigkeit der aufschie- 11 bend bedingten Nießbrauchslast in Bezug auf den Zuwendungserwerb der Enkel – vorläufig bis zum Bedingungseintritt – ausgeschlossen.[5] Darüber hinaus ist stets auch die Möglichkeit der Scheidung der Ehe des Sohnes zu bedenken; für diesen Fall wäre die Zuwendung des Nießbrauchs in der Regel nicht mehr gewünscht, so dass vorsorglich die Stellung des Scheidungsantrags als eine auflösende Bedingung des Nießbrauchs vorzusehen wäre.

2. Minderjährige Enkel

a) Vertretung und Pflegschaft

12 Einen **lediglich rechtlich vorteilhaften** Vertrag kann der minderjährige Enkel – soweit er mindestens sieben Jahre alt und damit beschränkt geschäftsfähig ist (§ 106 BGB) – selbst oder vertreten durch seine Eltern als seine gesetzliche Vertreter (§ 1629, § 1626 BGB) abschließen. Dies gilt auch für Rechtsgeschäfte mit den Großeltern; das zu Lasten der Eltern generell bestehende Vertretungsverbot gegenüber Verwandten in gerader Linie (§ 1629 Abs. 1 S. 1, § 1795 Abs. 1 Nr. 1 BGB) findet bei lediglich rechtlich vorteilhaften Geschäften keine Anwendung.[6]

13 Demgegenüber sind bei einem **nicht lediglich rechtlich vorteilhaften** Rechtsgeschäft die Eltern von der Vertretung ihres Kindes bei **Verträgen zwischen Großeltern und Enkel** nach § 1629 Abs. 2 S. 1, § 1795 Abs. 1 Nr. 1 BGB ausgeschlossen. In diesem Fall wird das Kind durch einen nach § 1909 BGB zu bestellenden Ergänzungspfleger vertreten,[7] wobei für mehrere Kinder ein Ergänzungspfleger genügt, wenn die Kinder „auf derselben Seite des Rechtsgeschäftes stehen“ und keine gegenläufigen Interessen haben.[8] Schließt der bereits mindestens sieben Jahre alte Enkel den nicht lediglich rechtlich vorteilhaften Vertrag selbst ab, bedarf er gemäß §§ 107, 108 BGB der Zustimmung seines gesetzlichen Vertreters, die in diesem Fall wiederum der Ergänzungspfleger erteilt.

Ferner können die Eltern nach § 181 iVm. § 1629 Abs. 2 S. 1, § 1795 Abs. 2 BGB **keine Rechtsgeschäfte mit sich und ihrem Kind** abschließen; lediglich rechtlich vorteilhafte Geschäfte werden von diesem Verbot, das insoweit einschränkend ausgelegt wird, nicht erfasst.[9]

14 Ein von den Eltern ohne die erforderliche Zustimmung des Ergänzungspflegers geschlossener Vertrag ist gemäß § 177 BGB **schwebend unwirksam.** Gleiches gilt nach § 108 BGB für einen vom Enkel selbst abgeschlossenen zustimmungsbedürftigen Vertrag. Die Genehmigung wirkt zivilrechtlich zurück (§ 184 Abs. 1 BGB).

b) Lediglich rechtlich vorteilhafte Rechtsgeschäfte[10]

15 Lediglich **rechtlich vorteilhaft** sind:
- der schuldrechtliche Schenkungsvertrag ohne Auflagen, wobei eine erbrechtliche Ausgleichungsanordnung unschädlich ist;[11]
- der dingliche Eigentumserwerb (Auflassung und Eintragung) eines nicht vermieteten oder verpachteten Grundstücks (rechtlich nachteilig ist jedoch stets der Erwerb von Wohnungseigentum[12] oder Erbbaurecht wegen der Verpflichtungen gegenüber der Eigentümergemeinschaft bzw. aus dem Erbbaurechtsvertrag; siehe Rz. 16);

---

[5] Aufschiebend bedingte Gegenleistungen sind erst ab Bedingungseintritt abzugsfähig, vgl. § 6 BewG; BFH v. 8.2.2006 – II R 38/04, RNotZ 2006, 363, 364f.

[6] Vgl. Palandt/*Götz* BGB § 1795 Rz. 13 mwN; OLG Brandenburg v. 23.4.2014 – 9 WF 48/14; NotBZ 2015, 36.

[7] Siehe ein Formular eines Antrags auf Bestellung eines Ergänzungspflegers unter A. 3.02.

[8] *Stutz* MittRhNotK 1993, 205, 207 mwN; s. ferner A. 3.02 Rz. 4.

[9] BGH v. 25.4.1985 – IX ZR 141/84, BGHZ 94, 232, 235f.; Palandt/*Götz* BGB § 1795 Rz. 13 mit Rspr.-Nachweisen; OLG Dresden v. 23.12.2015 – 22 WF 1052/15, FamRZ 2016, 1287.

[10] S. a. A. 3.01 Rz. 5ff.

[11] BGH v. 10.11.1954 – II ZR 165/53, BGHZ 15, 168, 170f.; OLG Dresden v. 2.4.1996 – 3 W 336/96 – 289, MittBayNot 1996, 288, 290; *Everts* RPfleger 2005, 180.

[12] BGH v. 30.9.2010 V ZB 207/10, DNotZ 2011, 346 = NJW 2010, 3643.

– der Erwerb unter dinglicher Übernahme von Grundpfandrechten, da der Minderjährige nur mit dem Grundstück, nicht aber persönlich haftet;[13]
– der Erwerb unter Nießbrauchsvorbehalt, wenn der Nießbraucher über §§ 1041, 1047 BGB hinaus auch die Kosten außergewöhnlicher Ausbesserungen und Erneuerungen sowie die außergewöhnlichen Lasten trägt;[14]
– Erwerb unter Vereinbarung eines Rücktritts- oder Rückforderungsrechtes nebst Absicherung durch eine Rückauflassungsvormerkung, sofern der Minderjährige lediglich nach Bereicherungsrecht haftet[15] und er auch nicht auf Aufwendungsersatz verzichtet;[16]
– der Erwerb unter Übernahme oder gleichzeitiger Bestellung von anderen dinglichen Rechten, bei denen die Pflichten des Eigentümers sich lediglich als bloße Beschränkung des Rechtsinhalts darstellen (vor allem: Duldungspflichten zB aus Dienstbarkeiten);[17]
– die Übernahme der laufenden öffentlichen Grundstücklasten;[18]
– die Übernahme außerordentlicher öffentlicher Lasten (insbes. Erschließungs- und Anliegerbeiträge), sofern bei Übernahme keine konkreten Beiträge anstehen.[19]

c) Nicht lediglich rechtlich vorteilhafte Rechtsgeschäfte

Nicht lediglich rechtlich vorteilhaft sind hingegen: 16
– Schenkungsvertrag unter einer Auflage[20] oder gleichzeitiger Übernahme von persönlichen Pflichten zB durch Eintritt in den Erbbaurechtsvertrag bei einem Erbbaurecht;[21]
– immer der Erwerb von Wohnungs-/Teileigentum wegen der persönlichen Haftung des Eigentümers gegenüber der Gemeinschaft nach § 10 Abs. 8 S. 1 WEG;[22] dies gilt auch im Falle der Vereinbarung eines Nießbrauchsvorbehalts zugunsten des Veräußerers;
– Rück-/Weiterübertragungsverpflichtungen oder Rücktrittsrechte,[23] sofern die Verpflichtung des Minderjährigen nicht auf seine Bereicherung beschränkt ist[24] oder auf Aufwendungsersatz bei der Rück-/Weiterübertragung verzichtet;[25]

---

[13] BGH v. 25.11.2004 – V ZB 13/04, NJW 2005, 415, 417 = DNotZ 2005, 549.

[14] BGH v. 25.11.2004 – V ZB 13/04, NJW 2005, 415, 417 = DNotZ 2005, 549 = RNotZ 2005, 228 = NotBZ 2005, 150; BayObLG v. 31.3.2004 – 2 Z BR 045/04, RNotZ 2004, 326, 327; OLG Köln v. 11.6.2003 – 2 Wx 18/03, RNotZ 2003, 515, 517; BayObLG 29.5.1998 – 2 Z BR 85/98, DNotZ 1999, 589, 592.

[15] BGH v. 25.11.2004 – V ZB 13/04, NJW 2005, 415, 417 = DNotZ 2005, 549; OLG Dresden v. 2.4.1996 – 3 W 336/96 – 289, MittBayNot 1996, 288, 291; *Krüger* ZNotP 2006, 202, 206. Noch weitergehend OLG Brandenburg v. 24.3.2014 – 9 WF 48/14, NotBZ 2015, 36: die Auflassung sei auch bei Rückforderungsrechten isoliert zu betrachten und stets rechtlich vorteilhaft, allenfalls der schuldrechtliche Schenkungsvertrag könne bei einem vereinbarten Rückforderungsrecht wegen der Haftung nach § 346 Abs. 2–4 BGB rechtlich nachteilig sein.

[16] OLG Köln v. 11.6.2003 – 2 Wx 18/03, RNotZ 2003, 515, 517 f.; OLG Dresden v. 2.4.1996 – 3 W 336/96, MittRhNotK 1997, 184, 186.

[17] BayObLG v. 29.5.1998 – 2 Z BR 85/98, DNotZ 1999, 589, 593: gleichzeitige Bestellung von Vorkaufsrechten; LG Münster v. 30.9.1998 – 5 T 757/98, FamRZ 1999, 739 (zeitlich befristeter Ausschluss nach § 1010 BGB).

[18] BGH v. 25.11.2004 – V ZB 13/04, NJW 2005, 415, 417 f. = DNotZ 2005, 549.

[19] BGH v. 25.11.2004 – V ZB 13/04, NJW 2005, 415, 418 = DNotZ 2005, 549.

[20] OLG Frankfurt a. M. v. 22.8.1974 – 20 W 399/74, Rpfleger 1974, 429; vgl. BFH v. 23.6.1976 – I R 140/75, NJW 1977, 456; aA *Jülicher* ZEV 1998, 285, 286 Fn. 3, sofern die Auflage aus dem Schenkungsgegenstand zu erfüllen ist.

[21] BGH v. 20.9.1978 – VIII ZR 142/77, NJW 1979, 102, 103.

[22] BGH v. 30.9.2010 – V ZB 207/10, DNotZ 2011, 346 = NJW 2010, 3643 = MittBayNot 2011, 129; OLG München v. 6.3.2008 – 34 Wx 14/08, NJW-Spezial 2008, 360. Anders noch, wenn die Gemeinschaftsordnung keine wesentlich strengeren Pflichten als das Gesetz begründet, BGH v. 9.7.1980 – V ZB 16/79, BGHZ 78, 28, 31 ff.; BayObLG v. 30.7.1979 – BReg. 2 Z 1/79, BayObLGZ 1979, 243, 249 f.

[23] BGH v. 3.2.2005 – V ZB 44/04, NJW 2005, 1430 f. mwN = DNotZ 2005, 625; BGH v. 25.11.2004 – V ZB 13/04, NJW 2005, 415, 416 = DNotZ 2005, 549.

[24] BayObLG v. 31.3.2004 – 2 Z BR 045/04, RNotZ 2004, 326, 327; OLG Köln v. 11.6.2003 – 2 Wx 18/03, RNotZ 2003, 515, 518; BayObLG v. 22.5.1974 – BReg. 2 Z 20/74, DNotZ 1975, 219; vgl. OLG Köln v. 10.11.1997 – 14 Wx 10/97, ZEV 1998, 110 f.; *Krüger* ZNotP 2006, 202, 206.

[25] OLG Köln v. 11.6.2003 – 2 Wx 18/03, RNotZ 2003, 515, 517 f.; OLG Dresden v. 2.4.1996 – 3 W 336/96, MittRhNotK 1997, 184, 186.

- dinglicher Erwerb eines vermieteten oder verpachteten Grundstücks;[26] dies gilt auch dann, wenn aufgrund eines Nießbrauchsvorbehalts nicht der Erwerber, sondern der Nießbraucher nach §§ 567, 566 BGB in das Mietverhältnis einrückt, denn mit der Beendigung des Nießbrauchs geht das Mietverhältnis nach § 1056 Abs. 1 BGB auf den Eigentümer über, was als ein hinreichend konkreter rechtlicher Nachteil gewertet wird;[27]
- dinglicher Erwerb unter Nießbrauchsvorbehalt mit gesetzlicher Lastenverteilung, da den Erwerber als Eigentümer der Verwendungsersatzanspruch nach § 1049 BGB treffen kann;[28]
- dinglicher Erwerb unter Vorbehalt eines Leibgedings, sofern die Haftung aus § 1108 BGB nicht abbedungen ist;[29]
- Übernahme dinglicher Belastungen, die den Eigentümer persönlich verpflichten;[30]
- die Übernahme von Darlehensverbindlichkeiten, auch wenn diese durch Mieteinnahmen aus dem Übertragungsgegenstand bedient werden können;
- Erb- oder Pflichtteilsverzicht des Minderjährigen;
- nach hM auch eine Bestimmung der Pflichtteilsanrechnung nach § 2315 BGB, da der Erwerber das Risiko einer etwaigen Wertminderung im Zeitpunkt des Erbfalls trägt;[31] rechtlich vorteilhaft dürfte hingegen eine Klausel sein, wonach der Erwerber sich die Zuwendung zwar auf seinen Pflichtteil anrechnen lassen muss, höchstens jedoch mit deren Wert im Zeitpunkt des Versterbens des Veräußerers.[32]

d) Familiengerichtliche Genehmigung

17 Kann der minderjährige Enkel nicht selbst handeln, weil der Vertrag nach den zu Rz. 15–16 geschilderten Grundsätzen **nicht lediglich rechtlich vorteilhaft** ist, so bedarf sein Vertreter – der Ergänzungspfleger oder die Eltern – häufig der familiengerichtlichen Genehmigung gem. § 1915 iVm. §§ 1821, 1822 BGB. Eine Genehmigung ist insbes. erforderlich für:[33]

- vertraglich vereinbarte Rückforderungsrechte des Schenkers (oder zugunsten eines Dritten),[34] die nicht lediglich bereicherungsrechtlich ausgestaltet sind (§ 1821 Abs. 1 Nrn. 1, 4 BGB);[35]
- Verpflichtung des Minderjährigen zur Belastung des Grundbesitzes (§ 1821 Nr. 1, 4 BGB);
- einen (teil-)entgeltlichen Erwerb (zB bei Schuldübernahme oder Schuldbeitritt), § 1821 Abs. 1 Nr. 5 BGB und § 1822 Nr. 10 BGB;[36]

---

[26] BGH v. 3.2.2005 – V ZB 44/04, NJW 2005, 1430f. mwN = DNotZ 2005, 625 = NotBZ 2005, 156 = ZNotP 2005, 227.

[27] BGH v. 3.2.2005 – V ZB 44/04, NJW 2005, 1430f. = DNotZ 2005, 625; BayObLG v. 5.12.2002 – 2 Z BR 108/02, NJW 2003, 1129; OLG Karlsruhe, OLG-Report 2000, 259, 260; zustimmend *Krüger* ZNotP 2006, 202, 206; aA OLG Celle v. 16.2.2001 – 4 W 324/00, MDR 2001, 931, 932; *Fembacher* DNotZ 2005, 627, 628f.

[28] *Krüger* ZNotP 2006, 202, 205; vgl. BayObLG v. 31.3.2004 – 2 Z BR 045/04, RNotZ 2004, 326f.

[29] LG Coburg v. 15.10.2007 – 41 T 98/07, MittBayNot 2008, 224.

[30] ZB Wegerecht mit Instandhaltungsverpflichtung oder Verkehrssicherungspflicht des Eigentümers, ferner auch ein Leibgeding.

[31] MüKoBGB/*Lange* BGB § 2315 Rz. 17; Beck'sches Notarhandbuch/*Jerschke* A V. Rz. 55; *Fembacher/Franzmann* MittBayNot 2002, 78, 85; vgl. auch *Fembacher* RNotZ 2004, 24; aA OLG Dresden v. 2.4.1996 – 3 W 336/96 289, MittBayNot 1996, 288, 290; *Thubauville* MittRhNotK 1992, 289, 297. Jedenfalls hindert die Anrechnung nicht die vormundschaftsgerichtliche Genehmigungsfähigkeit, OLG München v. 17.7.2007 – 31 Wx 018/07, RNotZ 2008, 27, 29.

[32] *Fembacher/Franzmann* MittBayNot 2002, 78, 85.

[33] Siehe auch A. 3.03 Rz. 1ff.

[34] ZB bei Schenkung der Großeltern an Enkel ein Rückforderungsrecht für die Eltern (vgl. den Sachverhalt bei OLG Köln v. 10.11.1997 – 14 Wx 10/97, MittBayNot 1998, 106).

[35] OLG Köln v. 10.11.1997 – 14 Wx 10/97, MittBayNot 1998, 106f. = ZEV 1998, 110, 111; OLG Köln v. 11.6.2003 – 2 Wx 18/03, RNotZ 2003, 515, 518; vgl. *Schöner/Stöber* GrundbuchR Rz. 3613a mwN; *Fembacher/Franzmann* MittBayNot 2002, 78, 82f.

[36] Palandt/*Götz* BGB § 1821 Rz. 15.

– Pflichtteilsverzicht des Minderjährigen (§ 2347 Abs. 1 S. 1 Hs. 2 BGB); ein solcher Verzicht ist jedoch in der Regel nicht genehmigungsfähig, wohl aber eine Pflichtteilsanrechnung;[37]
– streitig ist, ob auch eine Bestimmung der Pflichtteilsanrechnung nach § 2315 BGB genehmigungspflichtig ist, da der Erwerber das Risiko einer etwaigen Wertminderung im Zeitpunkt des Erbfalls trägt;[38] genehmigungsfähig ist aber eine Klausel, wonach der Erwerber sich die Zuwendung zwar auf seinen Pflichtteil anrechnen lassen muss, höchstens jedoch mit deren Wert im Zeitpunkt des Versterbens des Veräußerers;[39]
– Zuwendung eines KG-Anteils einer grundbesitzverwaltenden KG, sofern die Immobilie an familienfremde Personen vermietet ist (§ 1822 Nr. 3 BGB).[40]

Im **Vertragsformular** erfordern die Bestimmungen in § 3 Abs. 3 (Rz. 35) und § 7 Abs. 3 S. 2 (Rz. 18, 40) eine familiengerichtliche Genehmigung.

Keiner Genehmigung bedarf hingegen: **18**
– Die Schenkung unter Nießbrauchsvorbehalt[41] oder Vorbehalt eines Leibgedings;[42]
– Rückforderungsrecht für bestimmte Fälle, bei denen die Haftung des Beschenkten auf seine Bereicherung beschränkt bleibt (vgl. § 531 Abs. 2 BGB);[43] gleichzeitig ist jedoch ein Verzicht des Minderjährigen auf den Ersatz etwaiger von ihm getätigter Verwendungen zu vermeiden, denn maßgeblich ist, dass der Minderjährige zuverlässig nicht über den Verlust des geschenkten Gegenstandes hinaus belastet werden kann;[44]
– eine Rückauflassungsvormerkung für ein Rückforderungsrecht, das den vorgenannten Anforderungen entspricht;[45]
– der Erwerb eines vermieteten Grundstücks; die Übernahme des Mietverhältnisses fällt weder unter § 1822 Nr. 5 (Abschluss eines Mietvertrages), noch § 1822 Nr. 10 (Übernahme fremder Verbindlichkeit) oder § 1821 Abs. 1 Nr. 5 (teilentgeltliches Geschäft).[46]

Bis zum Wirksamwerden der Genehmigung, die zivilrechtlich zurückwirkt, ist der Vertrag schwebend unwirksam (§§ 1829, 1643 Abs. 3 BGB). Zu beachten ist, dass die nach § 1828 BGB dem Ergänzungspfleger gegenüber zu erteilende Genehmigung **erst wirksam wird,** wenn sie von diesem dem Vertragsgegner mitgeteilt wurde (§ 1829 Abs. 1 S. 2 BGB). Zur leichteren Abwicklung sieht das Vertragsformular hierzu unter § 9 die in der notariellen Praxis übliche sogenannte Doppelvollmacht vor. **19**

Die familiengerichtliche Genehmigung wird auf Antrag des gesetzlichen Vertreters – hier: des Ergänzungspflegers – oder auf sein Ersuchen hin von Amts wegen erteilt.[47] Zur Vereinfachung beinhaltet das Vertragsformular in § 9 Auftrag und Vollmacht an

---

37 Vgl. OLG München v. 17.7.2007 – 31 Wx 018/07, RNotZ 2008, 27, 29.

38 Befürwortend: *Fembacher/Franzmann* MittBayNot 2002, 78, 85; aA *Weigl* MittBayNot, 2008, 275, sowie offenbar OLG Dresden v. 2.4.1996 – 3 W 336/96289, MittBayNot 1996, 288, welches trotz Pflichtteilsanrechnung eine Genehmigungsbedürftigkeit verneinte (ohne freilich ausdrücklich zur hier erörterten Frage Stellung zu nehmen). Zum Streitstand DNotI-Report 2007, 160; *Keim* MittBayNot 2008, 8, 12.

39 *Fembacher/Franzmann* MittBayNot 2002, 78, 85.

40 OLG München v. 6.11.2008 – 31 Wx 76/08, MittBayNot 2009, 52.

41 OLG Köln v. 10.11.1997 – 14 Wx 10/97, MittBayNot 1998, 106 = ZEV 1998, 110.

42 LG Coburg v. 15.10.2007 – 41 T 98/07, MittBayNot 2008, 224 f.

43 OLG Köln v. 10.11.1997 – 14 Wx 10/97, MittBayNot 1998, 106 f.; OLG Köln, v. 11.6.2003 – 2 Wx 18/03, RNotZ 2003, 515; OLG Dresden, MittBayNOt 1996, 288, 290 f.; BayObLG v. 31.3.2004 – 2Z BR 45/04, MittBayNot 2004, 482; aA OLG München v. 17.7.2007 – 31 Wx 18/07, DNotZ 2008, 199 = MittBayNot 2008, 299 (genehmigungsbedürftig nach § 1821 Nr. 4 BGB).

44 OLG Köln v. 10.11.1997 – 14 Wx 10/97, MittBayNot 1998, 106 f. = ZEV 1998, 110; OLG Dresden v. 2.4.1996 – 3 W 336/96 289, MittBayNot 1996, 288, 290; vgl. auch *Fembacher/Franzmann* MittBayNot 2002, 78, 83.

45 Palandt/*Götz* BGB § 1821 Rz. 14; vgl. OLG Dresden v. 2.4.1996 – 3 W 336/96 289, MittBayNot 1996, 288, 290.

46 OLG Hamm v. 6.8.2014 – I-15 W 94/14, MittBayNot 2014, 543 = ZEV 2014, 556.

47 BGH v. 4.10.1966 – VI ZR 13/65, DNotZ 1967, 320; weiter BayObLG v. 26.2.1981 – BReg. 3 Z 5/81, BayObLGZ 1981, 44, 47: auch ohne Antrag oder Ersuchen.

den Notar, den Genehmigungsantrag bei Gericht zu stellen. Für einen selbständigen Genehmigungsantrag des gesetzlichen Vertreters vgl. Formular A. 3.03.

III. Steuerrecht

1. Schenkungsteuer

a) Zuwendung an den Sohn

20 Der für die Besteuerung maßgebliche **Kapitalwert des Nießbrauchs** an den Sohn errechnet sich folgendermaßen (§§ 14–16 BewG): Der Jahreswert eines lebenslänglichen Nießbrauchs wird mit dem Faktor nach der Tabelle zu § 14 BewG multipliziert. Als **Jahreswert** sind nach § 15 Abs. 3 BewG die künftigen durchschnittlichen Jahresnettoerträge anzusetzen (Reinertrag iSv. § 185 BewG), höchstens jedoch der Steuerwert des übertragenen Grundbesitzes geteilt durch 18,6 **(Deckelung nach § 16 BewG).**

Der Sohn hat ferner die Möglichkeit, anstelle der einmaligen Besteuerung des Kapitalwerts eine jährliche Besteuerung mit dem **Jahreswert des Nießbrauchs** zu wählen (§ 23 Abs. 1 ErbStG).[48]

Bleibt demnach der Erwerb des Sohnes unterhalb des persönlichen Freibetrages von € 400 000,– (bzw. bei der Zuwendung durch beide Eltern von € 800 000, wie im Vertragsmuster; § 16 Abs. 1 Nr. 2 ErbStG), so ist der Erwerb steuerfrei. Ein darüber hinausgehender Erwerb ist nach Steuerklasse I zu versteuern.

21 Soweit der Sohn – wie im Vertragsmuster – Verbindlichkeiten übernimmt, handelt es sich um eine **gemischte Schenkung.** Die Verbindlichkeiten sind hierbei nicht in voller Höhe vom Steuerwert des Nießbrauchs abziehbar. Vielmehr können sie vom Steuerwert des Nießbrauchs nur anteilig abgezogen werden, und zwar mit dem prozentualen Anteil, welchen die Verbindlichkeit am Verkehrswert des geschenkten Wirtschaftsgutes (Nießbrauch) besitzt.[49] Der steuerliche Wert der Bereicherung ist dann wie folgt zu ermitteln:[50]

$$\frac{(\text{Verkehrswert des Nießbr.}^{51} - \text{übernommener Schulden}) \times \text{Steuerwert des Nießbr.}}{\text{Verkehrswert des Nießbrauchs}}$$

Berechnungsbeispiel:

Der Jahreswert des Nießbrauchs an dem auf die Enkel übertragenen Grundbesitz (Steuerwert: € 1 000 000,–) beträgt nach Verkehrswertsgesichtspunkten € 70 000,–. Der Nießbraucher (55 Jahre alt) hat eine Verbindlichkeit von € 200 000,– übernommen.

Verkehrswert des Nießbrauchs: € 70 000,– × 13,730 = € 961 000,–
Steuerwert des Nießbrauchs: € 53 763,44[52] × 13,730 = € 738 172,–

Berechnung: (€ 961 000,– – € 200 000,–) × € 738 172,– : € 961 000,– = € 584 546,–

b) Zuwendung an Enkel

22 Für die Besteuerung der Enkel ist deren Bereicherung iSv. § 10 Abs. 1 ErbStG wie folgt zu ermitteln: Vom steuerlichen Wert des Grundbesitzes gem. den §§ 176 ff. BewG ist der Kapitalwert des Nießbrauches abzuziehen.

---

[48] Zu den Vor- und Nachteilen der Jahresbesteuerung s. *Moench/Albrecht* Rz. 353 ff.

[49] BFH v. 12.12.1979 – II R 157/78, BStBl. II 1980, 260, 262; BFH v. 21.10.1981 – II R 176/78, BStBl. II 1982, 83; 85; BFH v. 12.4.1989 – II R 37/87, BStBl. II 1989, 524, 526; BFH v. 8.2.2006 – II R 38/04, RNotZ 2006, 363 f.

[50] ErbStR 2003 17 Abs. 2.

[51] Den Verkehrswert wird man grundsätzlich wie den Steuerwert (vgl. Rz. 20) ermitteln, jedoch ohne die Deckelung des § 16 BewG.

[52] Da der steuerliche Grundbesitzwert von € 1 000 000,– : 18,6 = 53 763,44,– und damit weniger als € 70 000,– ist, greift im Berechnungsbeispiel die Deckelung des § 16 BewG ein.

Allerdings kann der Nutzungsverpflichtete den Nießbrauch nur mit dem **steuerlichen Kapitalwert** abziehen, so dass der Abzug durch die bewertungsrechtliche Kappung nach § 16 BewG begrenzt wird.[53]

Die Übernahme einer etwaigen Darlehensrestschuld bei Beendigung des Nießbrauchs durch die Enkel (vgl. § 3 Abs. 3 des Vertragsmusters) ist als bedingte Gegenleistungspflicht schenkungsteuerlich zunächst unbeachtlich; erst mit Bedingungseintritt ist sie zu berücksichtigen und die Steuerfestsetzung dann ggf. zu berichtigen.[54]

Soweit der Erwerb den persönlichen Freibetrag von € 200 000,– für jedes Enkelkind (§ 16 Abs. 1 Nr. 3 ErbStG) übersteigt, ist er nach Steuerklasse I zu versteuern.

c) Steuerersparnis (Berechnungsbeispiel)[55]

Die **erhebliche Steuerersparnis** durch die Übertragung an die Enkel verdeutlicht folgendes Berechnungsbeispiel: Der 75-jährige Großvater will seinen Grundbesitz mit einem steuerlichen Wert von € 4,5 Mio. und jährlichen Reinerträgen von € 200 000,– auf seine Abkömmlinge übertragen. In Variante 1 erfolgt die Übertragung auf den Sohn, von diesem nachfolgend auf die beiden Enkel. In Variante 2 erfolgt die Übertragung direkt auf die beiden Enkel unter gleichzeitiger Zuwendung eines Nießbrauchs an den 50-jährigen Sohn. 23

Variante 1: Übertragung an den Sohn, nachfolgend an die beiden Enkel

a) Übertragung auf den Sohn	€ 4 500 000,–
./. Kinderfreibetrag (§ 16 Abs. 1 Nr. 1)	– € 400 000,–
steuerpflichtiger Erwerb	€ 4 100 000,–
Steuer bei Steuersatz von 19 vH	€ 779 000,–
b) Übergang des Vermögens auf die beiden Enkel je	€ 2 250 000,–[56]
./. Kinderfreibetrag (§ 16 Abs. 1 Nr. 1)	– € 400 000,–
steuerpflichtiger Erwerb	€ 1 850 000,–
Steuer pro Enkel bei Steuersatz von 19 vH	€ 351 500,–

c) Steuerliche Gesamtbelastung: € 779 000,– + (€ 351 500,– × 2) = € 1 482 000,–

Variante 2: Übertragung an die beiden Enkel unter Nießbrauchbestellung für den Sohn

Kapitalwert des Nießbrauchs (§ 14 BewG): 200 000,–[57] × 14,740[58] =	€ 2 948 200,–
a) Erwerb je Enkel	€ 2 250 000,–
./. hälftiger Kapitalwert des Nießbrauchs	– € 1 474 100,–
./. Enkelfreibetrag (§ 16 Abs. 1 Nr. 3)	– € 200 000,–
steuerpflichtiger Erwerb	€ 575 900,–
Steuer je Enkel bei Steuersatz von 15 vH	€ 86 385,–

[53] BFH v. 20.1.1978 – III R 120/75, BStBl. II 1978, 257; 258; BFH v. 19.6.1980 – II R 41/76; BStBl. II 1980, 631; *Meincke* ErbStG § 12 Rz. 102. Nach BFH v. 23.7.1980 – II R 62/77, BStBl. II 1977, 748 ff., führt eine Zinstragungspflicht des Nießbrauchers nicht zu einer Ermäßigung der Höchstwertvorschrift des § 16 BewG.

[54] BFH v. 8.2.2006 – II R 38/04, RNotZ 2006, 363 ff.

[55] Weitere Berechnungsbeispiele bei *Moench/Hübner* Rz. 487; ferner – zum ErbStG aF – *Bader* INF 1998, 44, 46, sowie zum Betriebsvermögen bei *Vorwold* ErbStB 2003, 352.

[56] Es wird unterstellt, dass kein Fall der Steuermäßigung nach § 27 ErbStG vorliegt; *Moench/Hübner* (Fn. 55) ziehen in ihrem Berechnungsbeispiel vorab noch die bezahlte Schenkungsteuer des Sohnes ab.

[57] Nach § 16 BewG ist der Jahreswert auf den 18,6fachen Teil des Steuerwertes des übertragenen Wirtschaftsgutes begrenzt. Die Begrenzung greift hier jedoch nicht: 4 500 000,– : 18,6 = 241 935,48,–.

[58] Der Vervielfältiger ergibt sich aus der zu § 14 BewG veröffentlichten Tabelle (basierend auf der Sterbetafel 2005/2007).

b) Erwerb des Sohnes (Kapitalwert des Nießbrauchs)		€ 2 948 200,–
./. Kinderfreibetrag (§ 16 Abs. 1 Nr. 1 ErbStG)	–	€ 400 000,–
steuerpflichtiger Erwerb		€ 2 548 200,–
Steuer bei Steuersatz von 19 vH		€ 484 158,–

c) Steuerliche Gesamtbelastung: € 484 158,– + (€ 86 385,– × 2) = € 656 928,–

2. Einkommensteuer

a) Sohn

24 Im Falle der Vermietung des Grundbesitzes erzielt der Sohn als Nießbrauchberechtigter von ihm zu versteuernde Einkünfte aus Vermietung und Verpachtung.

aa) Gebäude-AfA: Da der Nießbraucher keine eigenen Anschaffungs- oder Herstellungskosten für den Grundbesitz getragen hat, ist die **Gebäude-AfA** bei ihm nicht abzugsfähig.[59] Eine Fortführung der Anschaffungskosten der Großeltern wird nach derzeitiger Rechtslage nicht gewährt, da es sich um sog. Drittaufwand handelt.[60] Ein noch vorhandenes AfA-Volumen geht für die Dauer des Nießbrauches (vgl. Rz. 28) verloren, da auch die Enkel (Grundbesitzerwerber) zu seiner Verwendung nicht befugt sind (Rz. 28). Der Nießbraucher kann jedoch **AfA bezüglich der Herstellungskosten** für die von ihm in Ausübung des Nießbrauchs eingebauten Anlagen und Einrichtungen iSv. § 95 Abs. 1 BGB geltend machen,[61] wenn und soweit diese Aufwendungen als „Herstellungskosten" iSv. § 7 EStG und nicht als sofort abzugsfähige Werbungskosten („Erhaltungsaufwand") nach § 9 EStG zu qualifizieren sind.[62]

25 **bb) Nießbrauchs-AfA:** Ein dingliches Nießbrauchrecht ist ein abschreibungsfähiges Wirtschaftsgut.[63] Auf das unentgeltlich erworbene Nießbrauchrecht kann der Nießbraucher keine AfA vornehmen,[64] wohl aber im Falle des **entgeltlichen Erwerbs.** Ein entgeltlicher Erwerb liegt zB vor, wenn der Nießbraucher Ausgleichs- oder Abstandszahlungen leistet oder – wie im Vertragsformular – Verbindlichkeiten zur Freistellung übernimmt.[65] Auf das entgeltlich erworbene Nießbrauchsrecht kann der Nießbraucher AfA in Höhe der Anschaffungskosten (verteilt auf seine voraussichtliche Lebensdauer)[66] geltend machen.[67]

Abgesehen von der eigentlichen Gegenleistung sind auch die Anschaffungsnebenkosten einzubeziehen (zB vom Nießbraucher zu tragende Notar- und Gerichtskosten, die auch bei einem nur teilentgeltlichen Erwerber in voller Höhe anzurechnen sind).[68] Hingegen zählt eine angefallene Schenkungsteuer aufgrund des Abzugsverbots des § 12 Nr. 3 EStG nicht zu den Anschaffungskosten.

Bei einem teilentgeltlichen Erwerb kann die AfA nur anteilig geltend gemacht werden: Der Vorgang ist hierzu in einen entgeltlichen und eine unentgeltlichen Teil auf-

---

[59] Vgl. BFH v. 24.4.1990 – IX R 9/86, BStBl. II 1990, 888, 888 f.; BMF v. 30.9.2013, BStBl. I 2013, 1184 Rz. 19; Schmidt/*Kulosa* EStG § 7 Rz. 57, 58.

[60] BFH v. 23.8.1999 – GrS 2/97, BStBl. II 1999, 782, 784 ff. unter IV.; BFH v. 24.9.2003 2004 – IX B 95/03, BFH/NV 2004, 44; BFH v. 28.7.1981 – VIII R 141/77, BStBl. II 1982, 454, 456; vgl. Schmidt/*Kulosa* EStG § 7 Rz. 57, 58.

[61] BMF v. 30.9.2013, BStBl. I 2013, 1184 Rz. 21.

[62] Vgl. zur Abgrenzung Schmidt/*Kulosa* EStG § 6 Rz. 211 ff., § 21 Rz. 73 ff.

[63] Schmidt/*Kulosa* EStG § 7 Rz. 44; ebenso zur Dienstbarkeit BFH v. 27.6.1978 – VIII R 12/72, BStBl. II 1979, 38, 39 f.

[64] Vgl. BFH v. 28.7.1981 – VIII R 141/77, BStBl. II 1982, 454, 456; BMF v. 30.9.2013, BStBl. I 2013, 1184 Rz. 20.

[65] BFH v. 5.7.1990 – GrS 4–6/89, BStBl. II 1990, 847, 853.

[66] Beim lebenslänglichen Nießbrauch: BFH v. 26.11.1997 – IX R 33/94, BFH/NV 1997, 643 f.

[67] BFH v. 27.6.1978 – VIII R 12/72, BStBl. II 1979, 38, 39 f.; BFH v. 26.11.1997 – IX R 33/94, BFH/NV 1997, 643 f.; BMF v. 30.9.2013, BStBl. I 2013, 1184 Rz. 26.

[68] BFH v. 10.10.1991 – XI R 1/86, BStBl. II 1992, 239, 241.

zuteilen.[69] Die Aufteilung erfolgt nach dem Verhältnis des Entgelts (ohne Anschaffungsnebenkosten) zu dem Verkehrswert des Wirtschaftsgutes, wobei nunmehr eine von den Beteiligten nach außen erkennbar vorgenommene Zuordnung der Anschaffungskosten auf die einzelnen Wirtschaftsgüter (vorbehaltlich § 42 AO) für die Besteuerung maßgeblich ist.[70]

cc) Sonstige Werbungskosten: Der Nießbraucher kann ferner alle sonstigen Werbungskosten iSv. § 9 EStG, die ab dem vereinbarten wirtschaftlichen Übergang des Nießbrauchrechts anfallen und von ihm getragen werden, steuerlich absetzen.[71] Größeren Erhaltungsaufwand kann er nach § 82d EStDV auf bis zu fünf Jahre verteilen. 26

b) Großeltern

Mit der Einräumung des Nießbrauchs an den Sohn endet für die Großeltern grundsätzlich die Erzielung von Einkünften aus Vermietung und Verpachtung und damit die Möglichkeit des Werbungskostenabzugs und Geltendmachung der AfA. 27

Wird der Nießbrauch an den Sohn (teil-)entgeltlich zugewandt, so stellt das Entgelt, sofern es nicht einer anderen Einkunftsart zuzurechnen ist, eine Einnahme im Rahmen der Einkünfte aus Vermietung und Verpachtung im Jahr des Zuflusses dar.[72] Diese Einnahme ist nach BMF-Schreiben vom 30.9.2013 auf die voraussichtliche Lebensdauer des Nießbrauchers gemäß § 11 Abs. 2 S. 3 EStG verteilbar. Die AfA-Berechtigung des Eigentümers bleibt dann erhalten.[73]

Ein privates Veräußerungsgeschäft nach § 23 Abs. 1 Nr. 1 EStG liegt hingegen nicht vor, da diese Vorschrift nur die (teil-)entgeltliche Veräußerung von Grundstücken oder grundstücksgleichen Rechten erfasst.

c) Enkel

Auf die Enkel geht zwar gem. § 11d EStDV eine etwaige noch nicht ausgeschöpfte Gebäude-AfA der Großeltern über. Da die Enkel aber keine Einkünfte aus Vermietung und Verpachtung aus dem Wirtschaftsgut erhalten, ist die Gebäude-AfA für sie wertlos und geht damit für die Dauer des Nießbrauches faktisch verloren. Nach Erlöschen des Nießbrauches lebt sie wieder auf (BMF-Schreiben Rz. 48).[74] 28

3. Grunderwerbsteuer

Der Erwerb durch die Enkel ist nach § 3 Nr. 2 und 6 GrEStG steuerfrei, da eine Schenkung vorliegt (Nr. 2) und zudem Verwandtschaftsverhältnis in gerader Linie besteht (Nr. 6). Die Einräumung eines Nießbrauchrechtes unterliegt nicht der Grunderwerbsteuer.[75] 29

Grunderwerbsteuer kann daher nur dann anfallen, wenn die Übertragung an **nicht in gerader Linie verwandte Personen** (oder Stiefkinder bzw. deren Ehegatten, vgl. § 3 Nr. 6 GrEStG) erfolgt und diese Personen eine zumindest teilweise Gegenleistung erbringen. Die Verpflichtung zur Übernahme einer etwaigen Restvaluta bei Beendigung des Nießbrauchs (§ 3 Abs. 3 des Vertragsmusters) ist eine bedingte Gegenleistung, die bei einem nicht befreiten Erwerber ab Bedingungseintritt bezüglich des entgeltlichen Teils der gemischten Schenkung zu einer nachträglichen Grunderwerb-

---

[69] BMF v. 26.2.2007 – IV C 2 – S 2230 – 46/06, DStR 2007, 487 (= RNotZ 2007, 233) Rz. 14; Schmidt/*Kulosa* EStG, § 7 Rz. 61, 74, 104.

[70] BMF v. 26.2.2007 (Fn. 67), Rz. 14.

[71] BMF v. 30.9.2013, BStBl. I 2013, 1184 Rz. 28.

[72] BMF v. 30.9.2013, BStBl. I 2013, 1184 Rz. 28.

[73] BMF v. 30.9.2013, BStBl. I 2013, 1184 Rz. 30.

[74] BMF v. 30.9.2013, BStBl. I 2013, 1184 Rz. 48; siehe auch Spiegelberger/Schallmoser/*Fleischer* Die Immobilie im Zivil- und Steuerrecht (2. Aufl. 2015) Tz. 7.137.

[75] Insbesondere fällt das Nießbrauchsrecht auch nicht unter den Auffangtatbestand des § 1 Abs. 2 GrEStG, da dem Nießbraucher die hierzu notwendige „Verwertungsmacht“ hinsichtlich der Grundstückssubstanz fehlt, Boruttau/*Fischer* GrEStG § 1 Rz. 666 f. mwN.

steuerbelastung führt,[76] und zwar bezogen auf den Kapitalwert des Nießbrauches, jedoch ohne die Deckelung nach § 16 BewG (vgl. § 17 Abs. 2 S. 3 BewG).[77]

B. Einzelerläuterungen

Zum Urkundseingang

30 Sofern ein Enkel noch minderjährig ist, bedarf es regelmäßig der Mitwirkung eines Ergänzungspflegers, da die Eltern an der Vertretung ihres Kindes (= Enkel) gehindert sind, und zwar zumeist aus mehreren Gründen: **(1)** Die Übertragung kann **„nicht lediglich rechtlich vorteilhaft“** sein, was zB beim Erwerb eines vermieteten Grundstücks, eines Erbbaurechtes oder bei Wohnungseigentum der Fall sein kann (Rz. 16). **(2)** Werden – wie im Vertragsmuster zB in § 3 Abs. 3, § 7 Abs. 5 – neben der Schenkung durch die Großeltern gleichzeitig auch **Vereinbarungen zwischen einem Elternteil (= Nießbraucher) und seinen Kindern (= Enkel)** getroffen, so ist die Vertretung wegen § 181 iVm. §§ 1629 Abs. 2 S. 1, 1795 Abs. 2 BGB ausgeschlossen, sofern die Vereinbarungen für den Minderjährigen nicht lediglich rechtlich vorteilhaft sind (Rz. 15).[78]

31 Ein von den Eltern für ihre Kinder ohne die erforderliche Zustimmung eines Ergänzungspflegers geschlossener Vertrag ist schwebend unwirksam (§ 177 BGB). Die Genehmigung des Pflegers wirkt zwar zivilrechtlich zurück auf den Zeitpunkt des Vertragsschlusses, entfaltet aber **schenkungsteuerrechtlich keine Rückwirkung,** da es sich nicht um eine behördliche Genehmigung handelt.[79]

Zu § 2: Übertragung

32 Hierin ist in Verbindung mit § 4 Abs. 2 des Vertrages die Schenkungsabrede nach § 516 BGB enthalten. Die Zuwendung an die Enkel löst **Schenkungsteuer** aus, wobei der Wert des Nießbrauchs jedoch abzugsfähig ist (zur Berechnung s. Rz. 20, 23). Im Hinblick auf die Ausschöpfung der persönlichen Freibeträge stellt die Formulierung klar, dass jeder Enkel von jedem Großelternteil jeweils nur $^1/_4$-Anteil erhält.

Zu § 3: Nießbrauch

33 **Abs. 1:** Zivilrechtlich entsteht der Nießbrauch an einem Grundstück durch Einigung und Eintragung (§ 873 Abs. 1 BGB), wobei er sich auch auf das Zubehör im Eigentum des Bestellers erstreckt (§§ 1031, 926 BGB). Der Nießbrauch ist pfändbar und zwar auch dann, wenn die Überlassungsbefugnis nach § 1059 S. 2 BGB ausgeschlossen ist.[80] Erfolgt der Enkelsprung wegen Überschuldung des Kindes (Rz. 4), sollte diesem statt des Nießbrauchs ein dingliches Wohnungsrecht nach § 1093 BGB eingeräumt werden, welches bei Ausschluss der Überlassungsbefugnis unpfändbar[81] und insolvenzfest ist.[82]

Zivilrechtlich gehen die bestehenden Mietverhältnisse gemäß §§ 567, 566 BGB mit der Bestellung des dinglichen Rechts automatisch auf den Nießbraucher über; bis zur

[76] Vgl. Boruttau/*Loose* GrEStG § 9 Rz. 67 ff. Gleichzeitig mindert sich aufgrund der bedingten Gegenleistung jedoch auch die Schenkungsteuerbelastung, so dass der Schenkungsteuerbescheid zu berichtigten ist (siehe Fn. 52).

[77] BFH v. 9.2.2017 – II B 38/15, ZEV 2017, 291, 292.

[78] BGH v. 25.4.1985 – IX ZR 141/84, BGHZ 94, 232, 235 f.; Palandt/*Götz* BGB § 1795 Rz. 13 mit Rspr.-Nachweisen.

[79] Vgl. ErbStR 2003 23 Abs. 3; *Meincke* ErbStG § 9 Rz. 42.

[80] BGH v. 21.6.1985 – V ZR 37/84, NJW 1985, 2827; Palandt/*Herrler* BGB § 1059 Rz. 5; AnwK/*Lemke* § 1030 Rz. 80 mwN; aA MüKoBGB/*Pohlmann* BGB § 1059, Rz. 20.

[81] BGH v. 23.5.1962 – V ZR 187/60, NJW 1962, 1392; BGH v. 25.9.1963 – VIII ZR 39/62, NJW 1963, 2319; BGH v. 29.9.2006 – V ZR 25/06, RNotZ 2007, 28 f.; Palandt/*Herrler* BGB § 1093 Rz. 18 iVm. § 1092 Rz. 6.

[82] OLG Naumburg v. 29.9.2006 – V ZR 25/06, NJW-RR 2004, 1349.

Eintragung im Grundbuch erhält er eine schuldrechtliche Vermieterposition. Eine detaillierte Regelung zur Haftung für Mietkautionen (vgl. §§ 566, 566a BGB) erscheint angesichts der familiären Verbundenheit verzichtbar.

Schenkungsteuer: Die Zuwendung des Nießbrauchs an Sohn löst Schenkungsteuer aus (zur Berechnung s.Rz. 20, 23). Die von ihm erzielten Mieteinnahmen stellen **einkommensteuerlich** Einkünfte aus Vermietung und Verpachtung dar (Rz. 24).

Abs. 2: Während der Nießbraucher nach den §§ 1031 S. 2, 1047 BGB nur die Ausbesserungs- und Erneuerungskosten für die gewöhnliche Unterhaltung des Grundbesitzes und die laufenden öffentlichen Lasten zu tragen hat, werden ihm hier sämtliche Kosten auferlegt, insbes. Zins- und Tilgung für Grundpfanddarlehen.[83] Dies ist in der Regel sachgerecht, weil die Enkel zumeist keine Mittel besitzen, um diese Kosten zu bestreiten. Ferner hat der Nießbraucher Brand- und Unfallversicherung zu zahlen bzw. entsprechende Versicherungsverträge für den nießbrauchsbelasteten Grundbesitz abzuschließen (§ 1045 BGB). 34

Einkommensteuerlich ist die Ausgestaltung des Nießbrauchs, durch welche der Nießbraucher sämtliche Kosten und Lasten trägt, stets vorteilhaft, denn nur er kann diese Aufwendungen als Werbungskosten geltend machen.[84] Trägt sie hingegen der Eigentümer, handelt es sich um unbeachtlichen Drittaufwand; der Eigentümer selbst kann mangels Einkunftserzielung diese Aufwendungen nicht als Werbungskosten geltend machen. Für noch vom Veräußerer getätigte Anschaffungskosten geht hingegen ein etwaiges AfA-Volumen für die Dauer des Nießbrauches verloren (Rz. 24, 28).

Abs. 3: Mit den schuldrechtlichen Vereinbarungen in Abs. 3 sollen dem Nießbraucher finanzielle Gestaltungsspielräume eröffnet werden, falls er für erforderliche Investitionen oder öffentliche Lasten (insbes. Erschließungs- und Anliegerbeiträge) Darlehen aufnehmen und hierzu ein Grundpfandrecht bestellen muss. Zur Sicherung der Vermögenssubstanz für die Enkel sollen freilich nur Darlehen, die in das Objekt fließen, auf dem Grundbesitz abgesichert werden können, nicht aber private oder geschäftliche Verbindlichkeiten des Sohnes. Bei einer solchen Beschränkung ist es aber auch sachgerecht, dass die Enkel bei Beendigung des Nießbrauches etwaige (Rest-) Verbindlichkeiten übernehmen. **Schenkungsteuerlich** bleibt diese bedingte Last allerdings zunächst unberücksichtigt (§§ 6, 8 BewG). 35

Ist die künftige Bestellung von Grundpfandrechten realistisch, ist sicherzustellen, dass der notwendige Rangrücktritt der Rückauflassungsvormerkung der Großeltern auch im Krankheits- oder Pflegefall gewährleistet ist, d.h. es sollte ein **notarielle Vorsorgevollmacht** der Großeltern existieren. Alternativ ist auch die Einräumung eines Rangvorbehaltes bei der Rückauflassungsvormerkung denkbar.

Bei einem **minderjährigen Enkel** ist zu beachten, dass die Regelung in Abs. 3 eine Vereinbarung zwischen dem „Vater" (= Sohn) und seinen Kindern (= Enkel) darstellt, die nicht lediglich rechtlich vorteilhaft ist, und daher nach §§ 1629 Abs. 2 S. 1, 1795 Abs. 2, 181 BGB die Bestellung eines **Ergänzungspflegers** erfordert (Rz. 13, 16). Ferner bedarf die Absatz 3 enthaltene Verpflichtung zur Belastung des Grundbesitzes (§ 1821 Abs. 1 Nr. 1, 4 BGB) wie auch die Verpflichtung zur Übernahme einer etwaigen Restschuld (§ 1822 Nr. 10 BGB) der **familiengerichtlichen Genehmigung** (s. auch Rz. 17).

Abs. 4: Erst die Abtretung der Rückgewähransprüche für das übernommene Grundpfandrecht erlaubt dem Nießbraucher die in Abs. 3 angesprochene Neuvalutierung des übernommenen Grundpfandrechtes vorzunehmen. Zugleich sind die Enkel, 36

---

[83] Auch die Tilgungsverpflichtung kann als dinglicher Inhalt des Nießbrauchs vereinbart werden (*Schippers* MittRhNotK 1996, 197, 204). Zum Schutz des Nießbrauchers wird dies aber im Vertragsmuster auf „vorrangige Grundpfandrechte" beschränkt, deren Vorrangeinräumung er zustimmen muss. Die Tilgungsübernahme erfolgt in § 3 Abs. 2 dinglich gegenüber dem jeweiligen Eigentümer, während die Schuldübernahme in § 4 lediglich im Verhältnis zum Darlehensnehmer erfolgt.

[84] Vgl. *Spiegelberger/Schallmoser* Rz. 7.91 ff.; *Günther* Erbfolgebesteuerung 2002, 192 f.

denen als Eigentümer üblicherweise der Rückgewähranspruch zusteht, gehindert, das Grundpfandrecht selbst zu valutieren. Dies dient dem Schutz Nießbrauchsrechts, welches im Musterfall gegenüber der Grundschuld nachrangig ist und im Falle der Zwangsversteigerung unterginge.[85] Die Abtretung der Rückgewähransprüche sollte dem Sicherungsnehmer angezeigt werden, um eine gutgläubige Neuvalutierung (vgl. § 407 BGB) mit einem Nichtberechtigten auszuschließen.

Zu § 4: Gegenleistungen

37 **Abs. 1:** Die Zuwendung des Nießbrauchs stellt aufgrund der im Vertragsmuster vorgesehenen „Schuldübernahme" eine gemischte Schenkung dar. Die Einordnung als gemischte Schenkung hat zur Folge, dass das Geschäft in einen entgeltlichen und einen unentgeltlichen Teil zerlegt wird: Rückforderungs- und Widerrufsrechte nach §§ 527, 528, 530 BGB erstrecken sich grundsätzlich nur auf den unentgeltlichen Teil, ebenso die privilegierte Haftung nach §§ 523, 524 BGB, während im Übrigen die Haftung nach Kaufrecht gilt.[86]

Im Vertragsmuster wird aus Vorsichtsgründen anstelle einer unmittelbaren Schuldübernahme lediglich eine **Freistellungsverpflichtung** vereinbart: Derzeit ist ungeklärt, ob bei einer zwischen Veräußerer und dem neuen Schuldner vereinbarten Übernahme eines Darlehens die Verbraucherschutzvorschriften der §§ 491 ff. BGB gelten,[87] die – insbes. im Hinblick auf die Pflichtangaben nach § 492 BGB – idR nicht eingehalten werden können, so dass die Schuldübernahme (und damit uU der gesamte Vertrag) nach § 494 Abs. 1 BGB nichtig wäre.

38 **Schenkungsteuerlich** führt die „Schuldübernahme" dazu, dass die Grundsätze der gemischten Schenkung anwendbar sind und somit die übernommene Schuld nicht zum Nennbetrag sondern nur wertanteilig abziehbar ist (Rz. 21). **Einkommensteuerlich** stellen die übernommenen Verbindlichkeiten anteilige Anschaffungskosten dar (Rz. 25).

Abs. 2: Enthält sowohl für die Zuwendung des Grundbesitzes als auch die Zuwendung des Nießbrauchs die Abrede über die Unentgeltlichkeit nach § 516 BGB.

Zu § 6: Sach- und Rechtsmängel

39 **Abs. 2:** Die bei Vertragsschluss vorhandenen Mietverhältnisse gehen zunächst automatisch nach §§ 567, 566 BGB auf den Nießbraucher über; soweit diese oder neue Mietverhältnisse des Nießbrauchers bei Beendigung des Nießbrauchs noch bestehen, gehen sie nach §§ 1056, 566 BGB automatisch auf den Eigentümer über.

Zu § 7: Rückforderungsrechte

40 § 7 enthält neben den üblichen Rückforderungsrechten zugunsten des Veräußerers (hierzu näher Muster A.1.01 § 5; dort Anmerkungen Rz. 54–60) unter d) und f) auch weitere Tatbestände, die mit Rücksicht auf Langfristigkeit der Übertragung auf Enkel, sinnvoll sind. Vorsichtige Großeltern werden – vor allem bei der Übergabe größerer Werte – Wert darauf legen, dass bei Eheschließung der Enkel die Immobilie vom Zugewinn ausgenommen wird (schon durch Zeitablauf mindert sich der Nießbrauch und mehrt sich der Immobilienwert, d.h. findet Zugewinn statt). Sollte der Nießbrauch

[85] Zur Bedeutung von Rückgewähransprüchen und den Risiken für den Erwerber bei der Übernahme von Grundpfandrechten s. *Wegmann* Rz. 450 ff., 459 ff.

[86] Vgl. Palandt/*Weidenkaff* BGB § 516 Rz. 13 ff.

[87] Von der hM wird dies verneint: OLG Düsseldorf v. 20.12.1999 – 24 U 186/98, MittBayNot 2001, 313, 315; *Kurz* DNotZ 1997, 552, 560 ff.; Beck'sches Notarhandbuch/*Brambring* A I Rz. 340. Bejaht wurde die Anwendbarkeit jedoch im Falle einer dreiseitigen Schuldübernahme unter Beteiligung des Darlehensgebers (BGH v. 26.5.1999 – VIII ZR 141/98, NJW 1999, 2664, 2666) sowie bei einem Schuldbeitritt (BGH v. 12.11.1996 – XI ZR 202/95, DNotZ 1998, 29; BGH v. 28.6.2000 – VIII ZR 240/99, NJW 2000, 3133, 3136; Palandt/*Grüneberg* vor § 414 Rz. 3).

nach § 7a aufgehoben werden, sollte der Zugriff auf die Immobilie eröffnet werden (vgl. Absatz 1 lit. e) Zusätzliche Besonderheit ist hier, dass die Rückforderungsrechte nach dem Versterben der Großeltern dem Sohn zustehen (Abs. 4). Erwägenswert ist auch, dem Sohn ein freies Übernahmerecht einzuräumen, gerade wenn die Enkel noch klein sind.

Beim **Erwerb durch Minderjährige** bedürfen derartige Rückforderungsrechte als Verpflichtung zur Übertragung von Grundbesitz grundsätzlich nach § 1821 Abs. 1 Nr. 4 BGB der familiengerichtlichen Genehmigung, sofern sie nicht lediglich bereicherungsrechtlich ausgestaltet sind (Rz. 17). Der in § 7 Abs. 3 S. 2 enthaltene Verzicht auf Verwendungsersatz genügt dem nicht; genehmigungsfrei wäre nach hM (vgl. Rz. 18) folgende Vereinbarung: „Der Veräußerer kann eine Rückübertragung auf sich nur nach den Grundsätzen des Bereicherungsrechts verlangen; zwischenzeitlich vom Erwerber getätigte Verwendungen sind vom Veräußerer zu ersetzen." Diese Formulierung ist für den Veräußerer in der Sache nicht wesentlich nachteiliger, da der Nießbraucher nach den Bestimmungen des Nießbrauchsrechtes ohnehin alle Kosten des Grundbesitzes zu tragen hat und daher der Erwerber in der Regel gar keine Verwendungen tätigt.

Schenkungsteuerlich bleiben diese Rückforderungsrechte als bedingte Verpflich- **41**
tungen zunächst unberücksichtigt (vgl. § 6 BewG),[88] schmälern daher nicht den Wert der Zuwendung an die Enkel; dies gilt selbst für freie Rückforderungsrechte.[89] Im Falle der Ausübung durch die Großeltern erlischt die Schenkungsteuer rückwirkend nach § 29 Abs. 1 Nr. 1 ErbStG; dies gilt wohl auch, wenn der Sohn nach dem Tode der Großeltern die Übertragung des Grundbesitzes an sich verlangt, denn maßgebend ist nicht, dass das Geschenk an den Geber zurückgelangt, sondern dass es nicht beim Erwerber verbleiben kann.[90] Im letzteren Fall liegt sodann aber eine steuerpflichtige Schenkung der Großeltern an ihren Sohn vor.[91]

Grunderwerbsteuerlich erfüllt die Einräumung eines Nutzungsrechts mit freiem Erwerbsrecht an den Sohn (vgl. die Alternative in Absatz 4) den Auffangtatbestand des § 1 Abs. 2 GrEStG,[92] was allerdings nur bedeutsam ist, wenn der Erwerbs- und Nutzungsberechtigte nicht in gerade Linie verwandt oder nicht aus anderen Gründen nach § 3 GrEStG befreit ist.

Zu § 7a: Rückforderungsrechte bezüglich des Nießbrauchs

Abs. 1–3: § 7a enthält auch im Hinblick auf den zugewandten Nießbrauch „Rück- **41a**
forderungsrechte" in Form eines Aufhebungsanspruchs zugunsten des Veräußerers. Sie sind vor allem wichtig, wenn die Großeltern noch Einfluss auf die Vermietung vornehmen wollen (zB weil sie selbst Mieter sind oder ein Unternehmen der Familie).

Abs. 4: Der Aufhebungsanspruch wird auch nach dem Tode der Großeltern perpetuiert u. a. für den Fall der Insolvenz des Nießbrauchers oder Vollstreckung in den Nießbrauch.

Schenkungsteuerlich siehe Rn. 41. **41b**

Einkommensteuerlich ist zu beachten, dass ein Nießbrauchsrecht grundsätzlich **41c**
jederzeit widerruflich ausgestaltet werden kann; ein Widerrufsvorbehalt kann aber von Bedeutung sein, wenn er als Eingriff in die Dispositionsbefugnis des begünstigten Nutzungsberechtigten anzusehen ist;[93] dies könnte ggf. bei Absatz 1 lit. a) der Fall sein.

---

[88] *Meincke* ErbStG § 7 Rz. 53 f.
[89] *Meincke* ErbStG § 7 Rz. 53, 54.
[90] Vgl. BFH v. 24.5.2000 – II R 62/97, BFH/NV 2001, 39, 40; *Meincke* ErbStG § 29 Rz. 6; *Jülicher* DStR 1998, 1977, 1985.
[91] *Jülicher* DStR 1998, 1977, 1983.
[92] Boruttau/*Fischer* GrEStG § 1 Rz. 673 ff. (ähnlich dem Immobilienleasing).
[93] *Spiegelberger/Schallmoser* Rz. 7.72.

Zu § 8: Pflichtteilsverzicht; Ausgleichungs- und Anrechnungsbestimmungen

42 **Abs. 1 und 2:** Der Pflichtteilsverzicht ist ein Unterfall des Erbverzichts (§ 2346 Abs. 2 BGB), welcher der notariellen Beurkundung bedarf (§ 2348 BGB). Zum Schutz der Elterngeneration ist in Absatz 2 auch ein Pflichtteilsverzicht ihnen gegenüber vorgesehen; da die Eltern – idR mit ihrem Einverständnis – übersprungen werden, stammt die Zuwendung in gewisser Weise auch von ihnen, so dass ein Verzicht insoweit gerechtfertigt und sachgerecht ist. Ein Verzicht ist nicht möglich bei Minderjährigen, wegen der Genehmigungsbedürftigkeit nach § 1822 Nr. 2; die Genehmigung wird in der Regel nicht erteilt.

Hat der Erblasser den gewöhnlichen Aufenthalt im Ausland oder verlagert er ihn künftig dorthin, gilt nach der EuErbVO nunmehr das ausländische Erbrecht und zwar auch für den bereits erklärten Pflichtteilsverzicht (h. M.; streitig),[94] sofern nicht ein deutscher Staatsangehöriger deutsches Erbrecht gewählt hat; ein vor dem Stichtag des 17.8.2015 erklärter Pflichtteilsverzicht kann u. U. eine Rechtwahlfiktion iSv. Art. 83 Abs. 4 EuErbVO begründen.[95]

43 **Steuerrecht:** Der Pflichtteilsverzicht des Kindes (oder der Enkel) als solcher stellt keine Zuwendung an die Großeltern bzw. Eltern da und löst daher keine Schenkungssteuer aus; nach § 7 Abs. 1 Nr. 5 ErbStG ist allein eine dem Verzichtenden gewährte Abfindung zu versteuern. Besteht nach den Familienverhältnissen keine wirkliche Gefahr der Pflichtteilsgeltendmachung, so mag sich empfehlen, die Pflichtteilsrechte bestehen zu lassen, um ggf. nach dem Erbfall noch steuerlich vorteilhaft agieren zu können (vgl. hierzu Formulare B. 2.10–2.13).

44 **Abs. 3:** Typischerweise soll der Erwerber auch Erbe des Schenkers bzw. des Längstlebenden beider Schenker werden. Sind weitere Miterben vorgesehen, so ist zu regeln, ob die schenkweise Zuwendung bei der Erbteilung auszugleichen ist oder nicht. Vorbehaltlich abweichender Anordnungen sind Schenkungen im Wege vorweggenommener Erbfolge **nicht ausgleichspflichtig** (§ 2050 Abs. 3 BGB); gemäß §§ 2050, 2052 BGB sind lediglich „Ausstattungen" auszugleichen. Wünschen die Schenker gleichwohl eine Ausgleichungspflicht, so ist diese ausdrücklich anzuordnen und hierbei klarzustellen, dass (soweit dies dem Erblasserwunsch entspricht) die Schenkung im vollem Umfang nach dem Tode des Längstlebenden auszugleichen ist.[96]

45 **Abs. 4:** Die Pflichtteilsproblematik stellt sich nur, wenn nicht die gesetzliche Erbfolge eintritt. Der Verzicht entfaltet daher nur Wirkung, wenn der Nießbraucher durch letztwillige Verfügung „enterbt" wird. Sind noch weitere Abkömmlinge vorhanden, können diese beim Tode eines oder beider Schenker nicht nur Pflichtteilsansprüche, sondern nach § 2325 BGB zusätzlich noch die Erhöhung des Pflichtteils um die vertragsgegenständliche Schenkung geltend machen; mit jedem abgelaufenen Jahr nach Schenkung vermindert sich diese Erhöhung um 10 vH und entfällt somit vollständig nach 10 Jahren (§ 2325 Abs. 3 BGB); dies gilt nach der Rechtsprechung aber nicht, wenn und solange ein *Vorbehalts*nießbrauch vereinbart wurde.

Zu § 9: Familiengerichtliche Genehmigung

46 **Abs. 1:** Eine solche Genehmigung ist nicht schon immer dann erforderlich, wenn ein Ergänzungspfleger mitwirkt. Vielmehr ist hier der Katalog der §§ 1821, 1822 BGB zu prüfen (Rz. 17–19). Dabei sind vor allem Rückforderungsrechte sowie Pflichtteilsklauseln sorgfältig zu formulieren. Einer Genehmigung bedarf auch die Verpflichtung

[94] *Fetsch* in: Dorsel (Hrsg.), Kölner Formularbuch Erbrecht (2. Aufl. 2015), Kapitel 19 Rz. 161 zum Streitstand.
[95] *Fetsch* RNotZ 2015, 626, 629 f.
[96] Nach hM ist die gesamte Zuwendung trotz des Gesetzeswortlautes bei gegenseitiger Erbeinsetzung der Erblasser und gemeinsamer Schlusserbeneinsetzung auszugleichen, vgl. Palandt/*Weidlich* BGB § 2052 Rz. 2; in jedem Fall ist eine dahingehende Ausgleichungsbestimmung zulässig *Mohr* ZEV 1999, 257 f.; *Thubauville* MittRhNotK 1992, 289, 295.

des Minderjährigen zur Belastung des Grundbesitzes mit Grundpfandrechten (vgl. § 3 Abs. 3 des Vertragsmusters). Ferner ist eine Klausel, wonach der Erwerber bei Beendigung des Nießbrauchs etwaige grundpfandrechtlich abgesicherte Verbindlichkeiten zu übernehmen hat – so § 3 Abs. 3 des Vertragsmusters –, als Übernahme einer fremden Verbindlichkeit nach § 1822 Nr. 10 BGB genehmigungsbedürftig; streicht man diese Übernahme zur Vermeidung des Genehmigungserfordernisses, so fallen die Verbindlichkeiten dem Erben des Nießbrauchers zur Last (uU: seinem Ehepartner), was für diesen eine erhebliche Belastung darstellen kann, wenn er keine Mieteinnahmen aus dem Objekt bezieht.

Abs. 2: Enthält die in der Praxis übliche Doppelvollmacht an den Notar, um die Wirksamkeit des Vertrages, die erst mit der Mitteilung der Genehmigung durch den Pfleger an den anderen Vertragsteil eintritt (vgl. § 1829 Abs. 1 S. 2 BGB), gegenüber dem Grundbuchamt in der Form des § 29 GBO nachweisen zu können. 47

Die gerichtliche Genehmigung wirkt zwar zivilrechtlich zurück.[97] Ob sie aber auch **schenkungsteuerliche Rückwirkung** entfaltet, erscheint zweifelhaft: Zwar sollen „behördliche Genehmigungen“ (wozu grundsätzlich auch eine gerichtliche Genehmigung zählen dürfte) auf den Zeitpunkt zurückwirken, bei dem die Beteiligten alles zur Herbeiführung der Genehmigung Erforderliche getan haben.[98] Bei der familiengerichtlichen Genehmigung besteht jedoch insoweit eine Besonderheit, als nicht bereits ihre Erteilung den Vertrag wirksam werden lässt, sondern nach § 1829 Abs. 1 S. 2 BGB erst ihre Mitteilung an den anderen Vertragspartner durch den Ergänzungspfleger. Hierbei hat der Ergänzungspfleger nach der Rechtsprechung ausdrücklich nochmals ein Ermessen, welches er pflichtgemäß auszuüben hat.[99] Insofern trägt die Genehmigung auch Züge einer „privatrechtlichen“ Genehmigung die grundsätzlich keine Rückwirkung entfaltet.

Zu § 10: Grundbucherklärungen

Abs. 2: Grundsätzlich kann jeder Miteigentümer jederzeit die Teilung der Gemeinschaft verlangen (§ 749 Abs. 1 BGB), was dann zur Teilungsversteigerung des Grundbesitzes führt (§ 753 Abs. 1 BGB, §§ 180ff. ZVG). Die hier getroffene Vereinbarung nach § 749 Abs. 2 BGB schließt den Teilungsanspruch aus; das Fortbestehen des Anspruchs bei wichtigem Grund ist gesetzlich vorgeschrieben (§ 749 Abs. 2 BGB). In diesem Fall greift jedoch das Rückforderungsrecht nach § 7 Abs. 1 lit. a) des Vertrages. Grundbuchlich wird dieser Ausschluss als Vereinbarung nach § 1010 BGB abgesichert. 48

Abs. 5: Zum Zwecke der erleichterten Löschung der Rückauflassungsvormerkungen wird Erwerber und Nießbraucher eine postmortale Löschungsvollmacht erteilt. Ohne diese Vollmacht wäre die Löschung durch die – ggf. durch einen (kostenträchtigen) Erbschein zu legitimierenden – Erben zu bewilligen.

Zu § 11: Kosten und Steuern

Die Übernahme der Kosten und Steuern durch die Beschenkten ist in der Regel zweckmäßig, zumal bei Übernahme der Schenkungsteuer durch den Schenker diese nach § 10 Abs. 2 ErbStG der Bemessungsgrundlage hinzugerechnet wird. Die Formulierung im Vertragsmuster erfasst freilich nur Notar- und Gerichtskosten, nicht aber sonstige Beraterkosten (Rechtsanwalt, Steuerberater). Da die Notarkosten für den gesamten Vertrag anfallen und die Geschäftswerte für Grundstücksübertragung und Nießbrauchsbestellung zusammengerechnet werden, ist insoweit allein eine anteilige Aufteilung möglich. Gerichtskosten und Steuern fallen hingegen für jeden Beteiligten 49

[97] Palandt/*Götz* BGB § 1828 Rz. 4.
[98] Vgl. ErbStR 2011 E 9.1 Abs. 3; *Meincke* ErbStG § 9 Rz. 42; BFH v. 26.10.2005 – II R 53/02, BFH/NV 2006, 551.
[99] Vgl. Palandt/*Götz* BGB § 1829 Rz. 3; MüKoBGB/*Kroll-Ludwigs* BGB § 1829 Rz. 11, 13.

gesondert an und sind nach der hier getroffenen Formulierung von den jeweils Betroffenen zu tragen.

Hinsichtlich der Enkel ist jedoch in der Regel zu prüfen, ob diese die uU hohen Kosten und Steuern überhaupt aufbringen können. Gegebenenfalls sind auch der Sohn (oder auch dessen Ehefrau) bereit, die Kosten und Steuern für die Enkel (= ihre Kinder) übernehmen, was insbes. dann vorteilhaft ist, wenn für diese Schenkung noch ausreichende persönliche Freibeträge vorhanden sind, die auf diese Weise genutzt werden.

Die Angabe des Verkehrswertes des Grundbesitzes und des jährlichen Nießbrauchwertes benötigt das Grundbuchamt zur Kostenberechnung. Beim Nießbrauch ist der Reinertrag maßgebend (dh. Mieteinnahmen inklusive Nebenkosten abzüglich der gewöhnlichen Unterhaltskosten und ordentlichen öffentlichen Lasten).[100]

Zu § 12: Sonstige Erklärungen, Hinweise

50 **Abs. 1:** Enthält den üblichen Hinweis auf die vom Gesetz vorgesehen Rückforderungsrechte.

Abs. 2: Zwar ist grundsätzlich nach § 22 GrEStG die Vorlage einer Unbedenklichkeitsbescheinigung Voraussetzung für die Umschreibung im Grundbuch; aufgrund landesrechtlicher Erlasse ist bei der Übertragung an Verwandte in gerader Linie jedoch häufig hiervon eine Befreiung vorgesehen.[101]

Abs. 3: Enthält die übliche (vorsorgliche) Formulierung, dass abweichend von § 182 Abs. 1 BGB etwaige Zustimmungserklärungen unabhängig vom Zugang beim anderen Vertragspartner bereits mit Zugang beim Notar wirksam werden. Eine solche Vereinbarung kann jedoch wegen § 1829 Abs. 1 S. 2 BGB nicht wirksam in Bezug auf eine familiengerichtliche Genehmigung getroffen werden;[102] daher wird insoweit mit der sog. Doppelvollmacht in § 9 des Vertragsmusters gearbeitet.

---

[100] Vgl. Korintenberg/*Schwarz* GNotKG (19. Aufl. 2015), § 52 Rz. 43; nicht abzugsfähig sind hingegen Zins- und Tilgungsdienst, ebenso wenig Abnutzungs- und Abschreibungsbeträge (ebd.).

[101] Näher zu den Erlassen vgl. *Schöner/Stöber* GrundbuchR Rz. 150; Übersicht ferner in Beck'sches Notarhandbuch, 5. Aufl. 2009, Anh. 7.

[102] MüKoBGB/*Kroll-Ludwigs* BGB § 1829 Rz. 13 mwN.

A. 3.20 Unterhaltsrechtliche Rahmenvereinbarung

Gliederung

UNTERHALTSRECHTLICHE RAHMENVEREINBARUNG

A. 3.20

zwischen

1. **Herrn A., wohnhaft [...], und**
2. **Eheleuten B., wohnhaft [...],**

§ 1 Vorbemerkung[Rz. 10, 11]

Herr A – Vater der Ehefrau B – beabsichtigt, seinem minderjährigen Enkelkind X – Sohn der Eheleute B – unter Vorbehalt eines lebenslänglichen Nießbrauchs Kapitalvermögen/Grundbesitz/Gesellschaftsbeteiligung [...] schenkweise zuzuwenden. Diese Zuwendung soll jedoch nicht dazu führen, dass die Unterhaltspflichten der Eltern gegenüber dem beschenkten Kind eingeschränkt werden.

§ 2 Unterhaltsrechtliche Vereinbarung

Herr A und die Eheleute B sind sich einig, dass die Zuwendung des [...] sowie die Zinsen und anderen Erträge aus dem Zuwendungsgegenstand etwaige Unterhaltsansprüche von X gegenüber seinen Eltern, den Eheleuten B, unberührt lässt. Die Eheleute B bleiben daher ungeachtet der beabsichtigten Schenkung im Rahmen des gesetzlichen Unterhaltsrechtes zum Unterhalt verpflichtet, als ob die Schenkung nicht erfolgt wäre. Insbesondere werden sie für einen angemessenen Unterhalt und für eine gute schulische und ggf. auch universitäre Ausbildung von X sorgen, ohne hierbei die zugewandten Vermögensgegenstände und die aus ihnen fließenden Erträge einzusetzen.

§ 3 Dauer und Umfang der Vereinbarung[Rz. 12]

1. **Diese Vereinbarung gilt sowohl für die in § 1 bezeichnete Zuwendung wie auch für künftige weitere Schenkungen oder Zuwendungen von Todes wegen von Herrn A an X.**
2. **Herr A kann jederzeit durch schriftliche Erklärung gegenüber den Eheleuten B anordnen, dass die in § 2 getroffene Vereinbarung ganz oder hinsichtlich einzelner zugewandter Vermögensgegenstände oder nur bezüglich der Unterhaltsverpflichtung eines Elternteils endet (auflösende Bedingung), mit der Folge, dass die Zuwendung insoweit auf den Unterhaltsanspruch bedarfsmindernd anzurechnen ist.**
3. **Die vorstehenden Vereinbarungen enden vollumfänglich mit Erreichen des 30. Lebensjahres von X; ab diesem Zeitpunkt sind die Zuwendungen und etwaige Erträge daraus bedarfsmindernd auf den Unterhalt von X anzurechnen.**

.... den ....

[Ort, Datum]

...

[Unterschriften]

A. Grundsätzliche Anmerkungen

I. Wirtschaftliche Funktion

1 Das Vertragsmuster der unterhaltsrechtlichen Nebenvereinbarung ist im Zusammenhang mit einer Schenkung durch Großeltern an einen Enkel zu sehen. Sie soll verhindern, dass im Falle einer Scheidung oder Trennung der Eltern des beschenkten Enkelkindes die Unterhaltspflicht der Eltern infolge der Schenkung geschmälert wird. Es wird also verhindert, dass das – nach der Trennung in der Regel ungeliebte – Schwiegerkind die durch Schenkung finanziell entlastet wird.

2 Gleichzeitig wird Vorsorge für den Fall getroffen, dass das beschenkte Enkelkind sich nicht so entwickelt wie erhofft: Macht es Unterhaltsansprüche gegenüber den Eltern geltend, kann der Großvater durch einseitige Erklärung die Unterhaltsvereinbarung ganz oder teilweise beenden, so dass die Zuwendung auf den Bedarf anzurechnen ist.

II. Zivilrecht

3 Gemäß § 1601 BGB sind Eltern gegenüber ihrem Kind unterhaltspflichtig, wenn das Kind bedürftig (§ 1602 BGB) und der Verpflichtete leistungsfähig ist (§ 1603 BGB). Die Höhe des Unterhalts bemisst sich nach dem Lebensbedarf (§ 1610 BGB), der sich bei minderjährigen und in der Ausbildung befindlichen Kindern von den Lebensbedingungen der Eltern ableitet (im Scheidungsfalle von denen des barunterhaltspflichtigen Elternteils), welche sich in deren Einkommensverhältnissen widerspiegeln.

4 Der Unterhalt kann nach Wahl der Eltern als Naturalunterhalt (Gewährung von Wohnung, Kleidung, Nahrung, Erziehung und Pflege, etc.) wie auch in Geld als sog. Barunterhalt erbracht werden. Bei intakter Ehe wird der Unterhalt regelmäßig als Naturalunterhalt geleistet, als Barunterhalt allenfalls in Form von Taschengeld. Leben die Eltern getrennt, erfüllt derjenige Elternteil, der das Kind in seiner Obhut hat, seine Unterhaltspflicht durch die Pflege und Erziehung des Kindes (§ 1606 Abs. 3 S. 2 BGB), während der andere Ehegatte Barunterhalt zu leisten hat. Beide Unterhaltsformen haben aufgrund der Bestimmung des § 1606 Abs. 3 S. 2 BGB als gleichwertig zu gelten.[1]

5 Die vertragliche Vereinbarung setzt bei der **„Bedürftigkeit" iSv. § 1602 BGB** an: Die Bedürftigkeit fehlt, wenn und soweit sich das Kind durch **Vermögen oder Einkünfte** selbst unterhalten kann. Grundsätzlich ist daher vorhandenes Kindesvermögen zunächst zu verwerten, wobei minderjährige Kinder hiervon ausgenommen sind und ihren Vermögensstamm nicht angreifen müssen (§ 1602 Abs. 2 BGB). Gleichermaßen vermindert tatsächlich erzieltes Einkommen die Bedürftigkeit des Berechtigten und zwar auch insoweit, als es aus dem nach § 1602 Abs. 2 BGB privilegierten Vermögen stammt.

6 Keine bedarfsmindernde Wirkung haben jedoch sog. **freiwillige Leistungen Dritter,** wenn diese nach dem Willen des Zuwendenden den Unterhaltsverpflichteten nicht entlasten sollen.[2] Durch eine eindeutige unterhaltsrechtliche **Zweckbestimmung** kann daher die bedarfsmindernde Wirkung ausgeschlossen werden.[3] Liegt keine ausdrücklich Zweckbestimmung des Zuwendenden vor, lässt sie sich nach der Recht-

---

[1] BGH v. 4.11.1987 – IVb ZR 75/86, FamRZ 1988, 159, 161 f.

[2] St. Rspr. des BGH v. 22.2.1995 – XII ZR 80/94, NJW 1995, 1486 f. r. Sp. mwN; Palandt/*Brudermüller* BGB § 1602 Rz. 9; ausführlich *Büttner* FamRZ 2002, 1445, 1446 ff.; kritisch und enger Staudinger/*Engler* (2000), § 1602 Rz. 44.

[3] Derartige Zweckbestimmungen sind zu beachten, *Büttner* FamRZ 2002, 1445, 1447.

sprechung meist aus den persönlichen Beziehungen der Beteiligten zueinander erschließen.[4]

Ergänzend sei auf die parallele Problematik bei – in der Praxis häufigeren – Schenkungen von (Groß-)Eltern an ihre Kinder hingewiesen: Soweit die Zuwendung die Leistungsfähigkeit (§ 1603 BGB) des Kindes steigert, erhöht sich dadurch grundsätzlich der Unterhaltsanspruch des Enkelkindes. Auch hier gilt jedoch, dass eine freiwillige Leistung Dritter die Leistungsfähigkeit des Verpflichteten nicht erhöht, sofern kein abweichender Wille des Zuwendenden erkennbar ist.[5] **7**

III. Steuerrecht

1. Einkommensteuer

Die Unterhaltsvereinbarung selbst hat keine einkommensteuerlichen Auswirkungen. **8**

2. Schenkungsteuer

Die unterhaltsrechtliche Vereinbarung dürfte keine schenkungsteuerliche Zuwendung der Eheleute B an ihrem Sohn X beinhalten: Eine Zuwendung iSv. § 7 Abs. 1 Nr. 1 ErbStG setzt eine substantielle Vermögensverschiebung voraus, bei der der Zuwendende einen Gegenstand seines Vermögens dem Bedachten hingibt und dadurch eine Vermögensmehrung beim Bedachten eintritt.[6] Eine solche gegenständliche Vermögensübertragung wird durch die Unterhaltsvereinbarung von Seiten der Eheleute B an X nicht bewirkt. Im Übrigen hat die Vereinbarung – solange die Enkel minderjährig sind – keine Auswirkung auf die Höhe des Unterhalts, da infolge des Nießbrauchsvorbehaltes für den Großvater der Enkel keine Einnahmen aus dem zugewandten Vermögenswert besitzt und nach § 1602 Abs. 2 BGB die Substanz seines Vermögens noch nicht angreifen muss. **9**

B. Einzelerläuterungen

Zu Vorbemerkung

Es handelt sich um eine Vereinbarung zwischen dem Großvater und den Eltern des Kindes. Sie bedarf regelmäßig **nicht der notariellen Beurkundung,** und zwar auch nicht aus § 311b BGB wegen des Zusammenhanges mit der Grundstücksübertragung, da jeweils andere Personen an den Verträgen beteiligt sind: Die Grundstückszuwendung ist ein Rechtsgeschäft zwischen Großvater und Enkel, während die Unterhaltsvereinbarung zwischen Großvater und Eltern. vorgenommen wird. Eine Beurkundung wäre nur erforderlich, wenn die Unterhaltsvereinbarung nach dem Willen der Parteien in der Weise in den Grundstücksübertragungsvertrag einbezogen werden soll, dass beide Verträge miteinander stehen und fallen sollen.[7] Eine tatsächliche oder wirtschaftliche Verknüpfung genügt hierfür noch nicht. Nur wenn der Übertragungsvertrag von dem Abschluss der Unterhaltsvereinbarung abhängig sein soll, wären beide Geschäfte zu beurkunden.[8] Angesichts der regelmäßig untergeordneten Bedeutung einer unterhaltsrechtlichen Rahmenvereinbarung wird ein solcher Parteiwille typischerweise nicht vorliegen. In Zweifelsfällen ist freilich zur notariellen Beurkundung zu raten. **10**

---

[4] BGH v. 22.2.1995 – XII ZR 80/94, NJW 1995, 1486, 1488; Palandt/*Brudermüller* BGB § 1602 Rz. 9.
[5] Palandt/*Brudermüller* BGB § 1603 Rz. 4 iVm § 1602 Rz. 9.
[6] Troll/Gebel/Jülicher/*Gebel* ErbStG § 7 Rz. 17.
[7] Palandt/*Grüneberg* BGB § 311b Rz. 34 iVm. Rz. 32 mwN.
[8] Vgl. BGH v. 13.6.2002 – VII ZR 321/00, DNotZ 2002, 944; OLG Celle v. 15.2.2006 – 3 U 192/05, RNotZ 2006, 190f.

11 Da das Enkelkind selbst nicht an dem Vertrag beteiligt ist, kann die Vereinbarung auch im Falle seiner Minderjährigkeit ohne Einschaltung eines Ergänzungspflegers getroffen werden.

Zu § 3: Dauer und Umfang der Vereinbarung

12 Durch die Regelung des Absatz 2 behält sich der Großvater Reaktionsmöglichkeiten auf zukünftige Entwicklungen vor, insbesondere wenn sich das Enkelkind nicht so verhält wie erhofft. Dann können die Eltern durch die Erklärung des Großvaters entlastet werden. Freilich endet dieser Schutz mit dem Tode des Großvaters. Daher sieht Absatz 3 vor, dass diese Vereinbarung endet, falls der Sohn mit 30 Jahren immer noch Unterhalt von seinen Eltern erhalten sollte, so dass insoweit die Eltern ihn auf das übertragene Vermögen verweisen können.

A. 4 Ehevertrag

Übersicht

A. 4.00 Modifizierte Zugewinngemeinschaft

A. 4.01 Verzicht auf Zugewinnausgleich bei Scheidung, auf nachehelichen Unterhalt und auf Versorgungsausgleich („Totalverzicht")

Gliederung

Nummer der Urkundenrolle [...] A. 4.01
Verhandelt zu [...] am [...]
Vor dem Notar [...] erschienen:
1. Herr A, geboren am [...] in [...],
nach eigenen Angaben deutscher Staatsangehöriger,
2. dessen Ehefrau/Verlobte,
Frau B, geboren am [...] in [...],
nach eigenen Angaben deutsche Staatsangehörige,
beide wohnhaft [...],
dem Notar ausgewiesen durch [...]

Die Erschienenen bestätigen, dass vor dieser Beurkundung in einem besonderen Termin die Vor- und Nachteile der einzelnen ehevertraglichen Regelungen eingehend erörtert wurden und sie zur Vorbereitung auf die Beurkundung einen Entwurf erhalten haben.[Rz. 18]

Die Erschienenen erklären mündlich folgenden

Ehevertrag

zur Beurkundung:

Vorbemerkung

Wir haben/wollen am [...] vor dem Standesamt in [...] geheiratet/heiraten.[Rz. 19]

Einen Ehevertrag haben wir bisher nicht geschlossen.
Wir sind beide voll berufstätig.[Rz. 20]
Wir wollen gemeinsame Kinder haben. In diesem Fall werde ich, B, meine Berufstätigkeit vorübergehend aufgeben.[Rz. 20]

§ 1 Modifizierte Zugewinngemeinschaft

Wir erhalten für unsere Ehe den Güterstand der Zugewinngemeinschaft nach den gesetzlichen Bestimmungen aufrecht, jedoch mit den in dieser Urkunde vereinbarten Abweichungen.[Rz. 21]

Wir schließen hiermit die Verfügungsbeschränkungen der §§ 1365 und 1369 BGB für das beiderseitige Vermögen völlig aus.

Für den Fall der Beendigung des Güterstandes durch den Tod eines Ehegatten soll es beim Zugewinnausgleich nach den gesetzlichen Regelungen verbleiben. Wird der Güterstand jedoch auf andere Weise als durch den Tod eines Ehegatten, insbesondere durch Scheidung, beendet, so soll kein Zugewinnausgleich stattfinden und wir verzichten gegenseitig auf dessen Durchführung.[Rz. 22]

Ein Verzeichnis des beiderseitigen Anfangsvermögens ist dieser Urkunde als Anlage beigefügt. Wir verzichten auf dessen Verlesung.[Rz. 23]

Der Notar hat uns darüber belehrt, dass:[Rz. 24]

a) aufgrund dieser Vereinbarung jeder von uns über sein Vermögen ohne Zustimmung des anderen Ehegatten frei verfügen kann,
b) ein Ausgleich des von dem einen oder dem anderen während der Ehe erzielten Zugewinns insbesondere im Falle der Scheidung nicht mehr erfolgt.

Wir verzichten hiermit gegenseitig auf sämtliche Ausgleichsansprüche wegen des von dem einen oder dem anderen während der Ehe bis zum heutigen Tag erzielten Zugewinns.[Rz. 25]

§ 2 Nachehelicher Ehegattenunterhalt

Wir verzichten für den Fall der Scheidung unserer Ehe gegenseitig auf die Gewährung jeglichen nachehelichen Unterhalts. Dieser Verzicht gilt für alle Unterhaltstatbestände sowie in unvorhersehbaren und außergewöhnlichen Fällen. Wir nehmen den vorstehenden Verzicht wechselseitig an.[Rz. 26–28]

Der Notar hat uns über die Bedeutung und die Folgen dieses Unterhaltsverzichts belehrt, insbesondere darauf hingewiesen, dass jeder von uns nach der Ehe seinen Lebensunterhalt aus eigenem Einkommen oder Vermögen bestreiten muss. Wir wissen auch, dass der Verzicht unwirksam sein kann, wenn absehbar ist, dass einer von uns seinen Unterhalt nicht ohne Unterstützung durch Verwandte, Sozialhilfeträger oder sonstige Dritte bestreiten kann.[Rz. 29]

§ 3 Versorgungsausgleich

Wir schließen für unsere Ehe den Versorgungsausgleich gegenseitig völlig aus. Wir nehmen diesen Verzicht wechselseitig an. Trotz dieses Verzichts soll für unsere Ehe der gesetzliche Güterstand der Zugewinngemeinschaft gelten, soweit in dieser Urkunde nicht ausdrücklich etwas anderes geregelt ist.[Rz. 30, 31]

Der Notar hat uns über die Bedeutung und die wirtschaftlichen Folgen des Verzichts auf den Versorgungsausgleich belehrt, insbesondere darauf hingewiesen, dass sich deshalb jeder von uns aus eigenem Einkommen oder Vermögen eine selbstständige Altersversorgung schaffen muss.[Rz. 32, 24]

§ 4 Rücktrittsvorbehalt[Rz. 33]

Für den Fall der Geburt eines gemeinschaftlichen Kindes ist derjenige von uns, der dessen Betreuung übernimmt und mit Zustimmung des anderen auf eine volle Berufstätigkeit verzichtet, berechtigt, durch notariell beurkundete Erklärung von sei-

nem Verzicht auf nachehelichen Unterhalt (§ 2) und von seinem Verzicht auf den Versorgungsausgleich (§ 3) zurückzutreten.[Rz. 35] **Das Rücktrittsrecht ist zeitlich nicht befristet.**[Rz. 34]

Ab dem Zugang dieser Rücktrittserklärung beim anderen gelten mit Wirkung von der Geburt an wieder die gesetzlichen Bestimmungen über den nachehelichen Unterhalt und den Versorgungsausgleich. Die Vereinbarung über die Modifizierung des gesetzlichen Güterstands der Zugewinngemeinschaft (§ 1) wird durch den Rücktritt nicht erfasst. Auch die Verzichte des anderen Ehegatten bleiben trotz des Rücktritts gültig.[Rz. 36, 37, 38]

§ 5 Teilnichtigkeit [Rz. 39]

Ist oder wird die Erklärung eines Beteiligten unwirksam oder undurchführbar, so ist auch die entsprechende gegenseitige Erklärung des anderen Teils ungültig. Etwas anderes gilt nur im Falle des Rücktritts gemäß § 4 Absatz 2.

Sind oder werden die Vereinbarungen über
- **den teilweisen Ausschluss des Zugewinnausgleichs (§ 1),**
- **der Verzicht auf nachehelichen Unterhalt (§ 2) und/oder**
- **der Verzicht auf Durchführung des Versorgungsausgleichs (§ 3) unwirksam oder undurchführbar,**

so bleiben die nicht betroffenen Vereinbarungen als selbstständige Regelungen dennoch gültig.[Rz. 40–42]

Diese Niederschrift wurde in Gegenwart des Notars den Erschienenen vorgelesen, von ihnen durch mündliche Erklärung genehmigt und eigenhändig wie folgt unterschrieben:

A. Grundsätzliche Anmerkungen

I. Wirtschaftliche Aspekte

Die Regeln über den gesetzlichen Güterstand der Zugewinngemeinschaft, über den nachehelichen Ehegattenunterhalt sowie über die Durchführung des Versorgungsausgleich sind angemessen für den **Ehetyp** der **Alleinverdienerehe,** der geprägt wird durch: 1

1. das Vorhandensein von gemeinsamen Kindern,
2. den vollständigen oder teilweisen Verzicht eines Ehepartners auf eine Berufstätigkeit und
3. die überwiegende Erziehung und Betreuung der Kinder und/oder Haushaltsführung durch einen Ehepartner.

Fehlt einer Ehe auch nur eines dieser Merkmale, so ist eine Anpassung der Scheidungsfolgenregelungen an die abweichende Rollenverteilung in der Ehe geboten. Die **Ehevertragsfreiheit** ist damit die notwendige Konsequenz aus dem Verzicht des Gesetzgebers auf die Normierung eines verbindlichen Eheleitbildes.[1] Ehepartner mit einer vom gesetzlichen Ehetyp abweichenden Rollenverteilung haben so die Möglichkeit, die gesetzlichen Regelungen entweder auszuschließen oder ihren eigenen Vorstellungen vom rechtlichen Zusammenleben anzupassen. Unterbleibt eine ehevertragliche Anpassung, so kann diese unter dem Gesichtspunkt grober Unbilligkeit nachgeholt werden, allerdings nur in äußerst engen Grenzen (vgl. §§ 1381, 1579 und 1587c BGB). 2

[1] BGH v. 11.2.2004 – XII ZR 265/02, NJW 2004, 930, 933.

3 Die Ehevertragsgestaltung wird darüber hinaus beeinflusst durch das Vorhandensein eines **Unternehmens,** und zwar unabhängig von der Rechtform. Dann muss ein Ehevertrag auch den Schutz des Unternehmens nicht nur vor dem Zugewinnausgleichsanspruch des anderen Ehepartners bei Scheidung gewährleisten, sondern ebenso auch vor dem Zugriff der Gläubiger des Unternehmers. Zu diesem Zweck wird der Unternehmer in aller Regel Privatvermögen auf seinen nicht haftenden Ehepartner übertragen. Dann aber darf weder Gütertrennung vereinbart noch der Anspruch auf Zugewinnausgleich im Falle der Scheidung völlig ausgeschlossen werden, weil der Unternehmer hierdurch im Falle der Scheidung jeden Anspruch auf sein eigenes Privatvermögen ersatzlos verlöre. Richtigerweise ist in diesen Fällen stattdessen zu einer gegenständlichen Beschränkung des Zugewinnausgleichs auf das Privatvermögen zu raten, am besten verbunden mit einer erbvertraglich bindenden Erbfolgeregelung. Probleme ganz eigener Art entstehen, wenn auch der andere Ehepartner im Unternehmen mitarbeitet.

4 Setzt man diese Sachverhaltsmerkmale (Rz. 1 und 3) zueinander in Beziehung, so ergibt sich folgender **Überblick** über die hier entweder als Formular vorgeschlagenen oder doch zumindest in den Anmerkungen erörterten Ehevertragstypen:

		Alleinverdiener		**Doppelverdiener**	
		mit Kinder	**ohne** Kinder	**mit** Kinder	**ohne** Kinder
kein Unternehmen		A. 4.01 Rz. 11	A. 4.01 Rz. 11	A. 4.01 Rz. 12 Nr. 3	A. 4.01
Unternehmen eines Ehepartners	**Mitarbeit** des anderen	–	–	A.4.03	A.4.03
	keine Mitarbeit des anderen	A.4.02	A.4.02	A.4.01 oder A.4.02	A.4.01 oder A. 4.02

II. Rechtliche Aspekte

5 Die in Art. 6 Abs. 1 GG verankerte **Ehevertragsfreiheit** ist gesetzlich normiert:
- für den Ehegüterstand in § 1408 Abs. 1 BGB,
- für den nachehelichen Ehegattenunterhalt in § 1585c BGB und
- für den Versorgungsausgleich in § 6 Abs. 1 Satz 2 Nr. 2 VersAusglG.

6 Infolge der beiden Entscheidungen des BVerfG aus dem Jahre 2001[2] hat der BGH seine Rechtsprechung zur **Inhaltskontrolle** von Eheverträgen revidiert und zieht die Grenze dieser Vertragsfreiheit nunmehr dort, wo eine von den gesetzlichen Scheidungsfolgen einseitig zu Lasten eines Ehepartners abweichende vertragliche Regelung durch die individuelle Gestaltung der ehelichen Lebensverhältnisse nicht gerechtfertigt und dem belasteten Ehegatten unzumutbar ist. Je stärker der Ehevertrag in den Kernbereich des Scheidungsfolgenrechts eingreife, desto schwerer wiege die Belastung und umso triftiger müssten die Belange des Begünstigten sein, die für diese einseitige vertragliche Regelung spreche **(Kernbereichslehre).**[3] Der BGH stuft die verschiedenen Anspruchsgrundlagen nach ihrer Disponibilität ausgehend von der Bedeutung der jeweiligen Scheidungsfolge für den Berechtigten wie folgt ein:

---

[2] BVerfG v. 6.2.2001 – 1 BvR 12/92, NJW 2001, 957; BVerfG v. 29.3.2001 – 1 BvR 1766/92, NJW 2001, 2248.

[3] BGH v. 11.2.2004 – XII ZR 265/02, NJW 2004, 930, 933 ff.; BGH v. 5.7.2006 – XII ZR 25/04, NJW 2006, 3142, 3144.

1. Unterhalt **wegen Kindesbetreuung** (§ 1570 BGB): Er ist einer vertraglichen Modifikation zwar nicht völlig entzogen, doch ist diese schon wegen des vorrangig schutzwürdigen Kindeswohls nur sehr eingeschränkt zulässig.
2. **Unterhalt wegen Alter, Krankheit oder Gebrechen** (§§ 1571, 1572 BGB): Auch diese Unterhaltsansprüche gehören zwar zum Kernbereich,[4] sind jedoch weitergehend disponibel als der Betreuungsunterhalt gemäß § 1570 BGB. Entscheidend ist insoweit, ob auch ohne den Unterhaltsanspruch eine anderweitige eigenständige Altersversorgung vorhanden ist oder durch die beabsichtigte Aufgabe der Erwerbstätigkeit eine Abhängigkeit vom anderen Ehegatten entsteht. Der hohe Stellenwert von Alters- und Krankheitsunterhalt hat seinen Grund letztlich in der über den Einsatzzeitpunkt fortdauernden Schutzwürdigkeit des Ehegatten, von dem nach Beendigung der Kindesbetreuung aufgrund der langen Unterbrechung seiner Erwerbsbiographie nun keine Erwerbstätigkeit mehr erwartet werden kann. Ein vollständiger Ausschluss ist dagegen ohne weiteres zulässig, wenn die Ehe erst nach Ausbruch der Krankheit oder im Alter geschlossen wurde.[5]
3. **Versorgungsausgleich** (§ 1 VersAusglG): Er ist zwar dem Zugewinnausgleich verwandt, aber als vorweggenommener Altersunterhalt einer vertraglichen Disposition nur in demselben Umfang zulässig wie der Altersunterhalt (siehe Ziffer 2).[6] Der Versorgungsausgleich ist als Ausdruck nachehelicher Solidarität ebenfalls dem Kernbereich der Scheidungsfolgen zuzuordnen.[7] Maßgebliches Kriterium für die Zulässigkeit von modifizierenden Vereinbarungen den über Versorgungsausgleich ist die Frage, ob und inwieweit der Ausschluss des Versorgungsausgleichs mit dem Gebot ehelicher Solidarität vereinbar erscheint. Verfügen beide Ehepartner über eine ausreichende eigene Altersversorgung ist der Versorgungsausgleich daher verzichtbar.
4. **Unterhalt wegen Erwerbslosigkeit** (§ 1573 BGB): Dieser Unterhaltstatbestand ist nachrangig einzuordnen, weil das Gesetz das Arbeitsplatzrisiko ohnehin auf den Berechtigten verlagert, sobald dieser einen nachhaltig gesicherten Arbeitsplatz gefunden hat (§ 1573 Abs. 4 BGB).
5. **Krankenvorsorge- und Altersvorsorgeunterhalt** (§ 1578 BGB): Mit Rang dahinter positionieren sich Krankenvorsorge- und Altersvorsorgeunterhalt, § 1578 Abs. 2, 1. Variante, Abs. 3 BGB.
6. **Aufstockungs- und Ausbildungsunterhalt** (§§ 1573 Abs. 2, 1575 BGB): Den letzten Rang unter den Unterhaltstatbeständen nehmen schließlich die am ehesten verzichtbaren Aufstockungs- und Ausbildungsunterhaltsansprüche ein, die das Gesetz am schwächsten ausgestaltet hat. Sie sind deshalb in ihrer Höhe und der Dauer nach begrenzbar.
7. **Zugewinnausgleich:** Ganz unten auf dieser Stufenleiter steht der Zugewinnausgleich. Er ist einer vertraglichen Ausgestaltung bis hin zum Ausschluss durch Gütertrennung am ehesten zugänglich.[8] Allerdings besteht zwischen der Ausgestaltung des Güterstands und den vertraglichen Regelungen über Unterhalt und Versorgungsausgleich eine Wechselwirkung, weil im Rahmen der vom BGH geforderten Gesamtschau des Vertragswerks bei einem vollständigen Zugewinnausgleich ein vollständiger oder teilweiser Verzicht auf Unterhalt dem Berechtigten sehr viel weniger zumutbar ist als bei einer Beibehaltung der gesetzlichen Regelungen.[9] Dagegen begegnet der isoliert vereinbarte, vollständige Ausschluss des Zugewinnausgleichs, sei es durch Vereinbarung der Gütertrennung, sei es durch die hier vorgeschlagene

---

[4] BGH v. 6.10.2004 – XII ZB 110/99, NJW 2005, 137, 138.
[5] BGH v. 12.1.2005 – XII ZR 238/03, NJW 2005, 1370.
[6] BGH v. 9.7.2008 – XII ZR 6/07, NJW 2008, 3426, 3428 mwN.
[7] BGH v. 6.10.2004 – XII ZB 110/99, NJW 2005, 137, 139.
[8] BGH v. 21.11.2012 – XII ZR 48/11, NJW 2013, 457, 458 mwN.
[9] BGH v. 9.7.2008 – XII ZR 6/07, NJW 2008, 3426, 3428.

Modifikation des Zugewinngüterstands selbst bei einer Alleinverdienerehe mit gemeinsamen Kindern keinen Bedenken.[10]

7 Notwendig ist eine Gesamtwürdigung aller getroffenen Vereinbarungen, der Gründe und Umstände ihres Zustandekommens sowie der beabsichtigten und verwirklichten Gestaltung des ehelichen Zusammenlebens.[11] Dabei können einseitige Lastenverteilungen durch die Gewährung von Gegenleistungen oder Kompensationen ausgeglichen werden. Es kommt dabei nicht nur darauf an, dass eine Gegenleistung erbracht wird, sondern auch, ob sie in ihrer Art und in ihrer Höhe zum Ausgleich geeignet ist. Folglich kann eine – isoliert betrachtet – unbedenkliche Regelung in der Kombination mit weiteren Regelungen nichtig sein (zB Totalverzicht in einer Alleinverdienerehe mit Kind), während umgekehrt die Unzulässigkeit einer Bestimmung durch Vereinbarungen zu anderen Gegenständen kompensiert werden kann (zB Unterhaltsverzicht durch Zugewinnausgleich, der das gesetzliche Maß übersteigt).

8 Die **Inhaltskontrolle** erfolgt auf zwei Stufen:

1. Im Rahmen einer **Wirksamkeitskontrolle** nach § 138 Abs. 1 BGB ist zu untersuchen, ob die Vereinbarung schon zum Zeitpunkt ihres Abschlusses sittenwidrig war. Abzustellen ist dabei auf die individuellen Verhältnisse bei Vertragsschluss, insbesondere auf die Einkommens- und Vermögensverhältnisse, den geplanten oder bereits verwirklichten Zuschnitt der Ehe sowie auf die Auswirkungen auf die Ehegatten und die Kinder.
   Sittenwidrigkeit im **Verhältnis der Ehegatten** kommt aber nur in Betracht, wenn Regelungen aus dem Kernbereich des gesetzlichen Scheidungsfolgenrechts ganz oder jedenfalls zu erheblichen Teilen vertraglich abbedungen werden, ohne dass der Nachteil durch anderweitige Vorteile oder Gegenleistungen kompensiert wird oder durch die besonderen Verhältnisse der Ehegatten, den von ihnen angestrebten oder gelebten Ehetyp oder durch sonstige gewichtige Belange des begünstigten Ehegatten gerechtfertigt ist.
   Der Vorwurf der Sittenwidrigkeit ist aber auch dann gerechtfertigt, wenn die ehevertragliche Vereinbarung, insbesondere ein völliger Verzicht auf nachehelichen Unterhalt, dazu führt, dass der verzichtende Ehepartner auf **Sozialhilfe oder Grundsicherung** für Arbeitssuchende angewiesen ist und die Vertragsschließenden dies bewusst in Kauf genommen haben. Nicht zu beanstanden ist es dagegen, wenn der Ehevertrag die zur Zeit der Errichtung bereits bestehende Hilfsbedürftigkeit lediglich fortbestehen lässt.[12] Deshalb ist der Unterhaltsverzicht eines Beziehers von Sozialhilfe oder von Arbeitslosengeld II nicht von vorneherein ausgeschlossen.
   Die Unwirksamkeit einzelner oder mehrerer Klauseln hat die Gesamtnichtigkeit nur zur Folge, wenn sich aus dem Vertrag nichts anderes ergibt. Im Hinblick darauf kommt der auf den jeweiligen Vertragsinhalt speziell zugeschnittenen Formulierung der salvatorischen Klausel (siehe Rz. 39 ff.) in Zukunft erhebliche praktische Bedeutung zu.
2. Besteht der Ehevertrag diese Prüfung, ist anschließend im Rahmen der **Ausübungskontrolle** nach § 242 BGB zu untersuchen, ob sich der durch die Vereinbarung begünstigte Ehegatte auf die vertragliche Regelung berufen kann, ohne rechtsmissbräuchlich zu handeln. Es kommt dabei darauf an, dass sich rückblickend der vereinbarte Ausschluss der gesetzlichen Scheidungsfolgen als evident einseitige Regelung zu Lasten eines Ehepartners darstellt, die diesem auch bei angemessener Berücksichtigung der Belange des anderen Ehepartners und der ehevertraglichen Vereinbarungen sowie bei verständiger Würdigung des Wesens der Ehe nicht zugemutet werden kann. Dies ist vor allem dann der Fall, wenn die einvernehmliche

---

[10] BGH v. 17.10.2007 – XII ZR 96/05, NJW 2008, 1076, 1078.
[11] BGH v. 6.10.2004 – XII ZB 110/99, NJW 2005, 137; BGH v. 15.3.2017 – XII ZB 109/16, BeckRS 2017, 106979.
[12] BGH v. 25.10.2006 – XII ZR 144/04, NJW 2007, 904, 905.

Gestaltung der ehelichen Lebensverhältnisse von der dem Vertrag zugrundegelegten Lebensplanung gravierend abweicht.

Hält eine Klausel dieser Ausübungskontrolle nicht Stand, so hat der Richter diejenige Rechtsfolge anzuordnen, die den berechtigten Belangen beider Beteiligten in der tatsächlich eingetretenen Situation ausgewogen Rechnung trägt.[13]

Vor dem Hintergrund dieser Neuinterpretation der Ehevertragsfreiheit muss bei jedem Ehevertrag noch sorgfältiger als bisher auf eine **dem jeweiligen Ehetyp angemessene** und zugleich ausgewogene **Verteilung von Rechten und Pflichten,** von Vorteilen und Lasten für beide Seiten geachtet werden.[14] Diese verfassungsgerichtlichen Entscheidungen erlegen damit gewissermaßen demjenigen, der von den gesetzlichen Regelungen abweichen möchte, eine Rechtfertigungslast auf.[15] Abweichungen sind demnach nur dann gerechtfertigt, wenn beide Seiten hieran ein gewisses Eigeninteresse haben. 9

Dabei gilt folgende **Grundregel:** Je weniger Merkmale des gesetzlich geregelten Ehetyps der Alleinverdienerehe mit gemeinsamen Kindern (siehe oben Rz. 1) erfüllt sind, desto größer ist die **Regelungsfreiheit,** während ihr bei einer dem gesetzlichen Ehetyp voll entsprechenden ehelichen Lebensgemeinschaft äußerst enge Grenzen gezogen sind.[16] 10

In der **Alleinverdienerehe** scheidet ein Totalverzicht in aller Regel aus, und zwar unabhängig davon, ob gemeinsame Kinder vorhanden sind oder nicht. Gegen eine im Formular vorgeschlagene isolierte Güterstandsvereinbarung, mit der der Zugewinnausgleich für den Fall der Scheidung komplett ausgeschlossen wird, bestehen dagegen auch bei einer Alleinverdienerehe keine durchgreifenden Bedenken, weil dieser nicht dem Kernbereich zugeordnet wird. Vereinbarungen zum nachehelichen Unterhalt sind zwar möglich, jedoch nur bei Kompensation der damit verbundenen Nachteile. Nach der zum 1.1.2008 in Kraft getretenen Reform des Unterhaltsrechts erübrigt sich eine Vereinbarung über den nachehelichen Unterhalt in den meisten Fällen ohnehin, weil die Gefahr einer lebenslangen Unterhaltspflicht durch die Pflicht zur Erwerbstätigkeit einerseits und die zeitliche Begrenzung des Anspruchs andererseits hinreichend gebannt ist. An Stelle des bis dahin häufig gewünschten Unterhaltsverzichts des Ehepartners, der die Kinder betreut, wird heute viel häufiger das Ansinnen gestellt, den Zeitraum des Betreuungsunterhalts gemäß § 1570 BGB zum Zwecke der Absicherung des betreuenden Ehepartners zu verlängern, insbesondere an ein höheres Lebensalter der Kinder anzupassen. Auch Vereinbarungen über den ebenfalls dem Kernbereich zugeordneten Versorgungsausgleich schaden im Ehevertrag in diesem Fall mehr als sie nützen. 11

Das Gegenstück zum gesetzlich geregelten Ehetyp der Alleinverdienerehe mit gemeinsamem Kind bildet die **Doppelverdienerehe:** 12

1. Der im Formular vorgeschlagene Totalverzicht ist vor dem Hintergrund der Kernbereichslehre nur dann ohne jede Einschränkung bedenkenfrei, wenn die Ehegatten auch **keine gemeinsamen Kinder** haben wollen oder werden. Unschädlich ist es, wenn ein oder beide Ehepartner Kinder aus einer früheren Ehe oder einer anderen Beziehung hat. Wenn und solange keine gemeinsamen Kinder vorhanden sind, bedarf es weder der hälftigen Beteiligung am beiderseitigen Vermögenszuwachs im Wege des Zugewinnausgleichs, noch der Pflicht zur Leistung nachehelichen Unterhalts, noch des Ausgleichs der erworbenen Versorgungsanwartschaften. Sind keine gemeinsamen Kinder zu erwarten, so kann auf einen Rücktritt oder eine Bedin-

---

[13] BGH v. 11.2.2004 – XII ZR 265/02, NJW 2004, 930, 936 f.; BGH v. 28.11.2007 – XII ZR 132/05, NJW 2008, 1080, 1083.

[14] Grundlegend zur Vertragsgestaltung nach Ehetypen *Langenfeld* Handbuch der Eheverträge und Scheidungsvereinbarungen, 5. Aufl. 2000, Rz. 935 ff.

[15] *Schubert* FamRZ 2001, 733, 739.

[16] So ausdrücklich BVerfG v. 6.2.2001 – 1 BvR 12/92, NJW 2001, 957, 959.

gung wegen der Geburt eines Kindes ersatzlos verzichtet werden (siehe unten Rz. 33).

2. Anders ist die Rechtslage bei erwerbstätigen Ehegatten mit **Kinderwunsch.** Mit der Geburt eines Kindes ändert sich dagegen die Interessenlage desjenigen, der das Kind betreut, grundlegend. Dem ist bei der Ehevertragsgestaltung entweder durch einen Rücktrittsvorbehalt oder aber eine entsprechende Bedingung Rechnung zu tragen (siehe unten Rz. 33). Bis zur Geburt (Phase I) eines gemeinsamen Kindes wird für den Fall der Scheidung der gesetzliche Zugewinnausgleich, der Anspruch auf nachehelichen Unterhalt sowie die Durchführung des Versorgungsausgleichs vollständig ausgeschlossen (Totalverzicht). Ab der Geburt (Phase II) gelten für den Ehepartner, der sich unter Verzicht auf weitere volle Berufstätigkeit der Haushaltsführung sowie der Betreuung und Erziehung des gemeinsamen Kindes kümmert, wieder die gesetzlichen Bestimmungen über den nachehelichen Unterhalt und den Versorgungsausgleich, der jedoch nur für die Zeit ab der Geburt des Kindes durchzuführen ist. Dieses Formular entspricht einem solchen Sachverhalt („Zwei-Phasen-Modell").

3. Haben Ehegatten, die beide voll erwerbstätig sind, bei Errichtung des Ehevertrags bereits **gemeinsame Kinder,** so scheidet nach der Kernbereichslehre ein umfassender Verzicht auf nachehelichen Unterhalt und Versorgungsausgleich in aller Regel aus. Teilen sich die Ehepartner allerdings die Kinderbetreuung und die Haushaltsführung weitgehend gleichmäßig, so erweitert dies den Regelungsspielraum, je nach Einkommens- und Vermögenslage sogar bis hin zur Möglichkeit eines Totalverzichts, und zwar trotz des Vorhandenseins gemeinsamer Kinder.[17] Nach der zum 1.1.2008 in Kraft getretenen Reform des Unterhaltsrechts erübrigt sich eine Vereinbarung über den nachehelichen Unterhalt in den meisten Fällen ohnehin, weil die Gefahr einer lebenslangen Unterhaltspflicht durch die Pflicht zur Erwerbstätigkeit einerseits und die zeitliche Begrenzung des Anspruchs andererseits hinreichend gebannt ist. Auch Vereinbarungen über den ebenfalls dem Kernbereich zugeordneten Versorgungsausgleich schaden in diesem Fall mehr als sie nützen.

III. Steuerliche Aspekte

13 Der Anspruch auf Ausgleich des ehelichen Zugewinns bei Scheidung oder Aufhebung der Ehe kann sowohl durch Vereinbarung des Güterstands der Gütertrennung (§ 1414 BGB) als auch durch entsprechende Modifizierung des gesetzlichen Güterstandes im Rahmen der Ehevertragsfreiheit (§ 1408 Abs. 1 BGB) ausgeschlossen werden. Doch die besseren Argumente sprechen für die **Modifikation des gesetzlichen Güterstands.** Im Gegensatz zur Gütertrennung ist nur bei dieser Güterstandsregelung zusätzlich zum allgemeinen Freibetrag (§ 16 Abs. 1 Nr. 1 ErbStG) und zum besonderen Versorgungsfreibetrag (§ 17 Abs. 1 ErbStG) auch der fiktive Zugewinnausgleich gemäß **§ 5 Abs. 1 ErbStG** erbschaftsteuerfrei. Zu diesem steuerlichen Vorteil tritt ein erbrechtlicher hinzu. Die mit dem gesetzlichen Güterstand verbundene **Erhöhung des Ehegattenerbteils** gem. § 1371 Abs. 1 BGB verringert auf der anderen Seite die gesetzlichen Erb- und insbesondere die Pflichtteilsrechte von Kindern, wenn mindestens zwei Kinder vorhanden sind (vgl. § 1931 Abs. 4 BGB).

14 Diesen Vorzügen der in dieser Weise modifizierten Zugewinngemeinschaft stehen keinerlei Vorteile der Gütertrennung (§ 1414 BGB) gegenüber, sieht man von dem Fall ab, dass die Ehepartner im **Ausland** leben oder leben wollen. Bei einem derartigen Auslandsbezug werden diese national steuerrechtlichen Überlegungen überlagert durch internationale Aspekte (siehe dazu Formular A. 4.10). In allen anderen Fällen sollte auf die Vereinbarung des Güterstands der Gütertrennung verzichtet werden. Au-

[17] Vgl. BGH v. 12.1.2005 – XII ZR 238/03, NJW 2005, 1370.

ßerdem ist allen Ehepartnern, die für ihre Ehe Gütertrennung vereinbart haben, die Rückkehr zum gesetzlichen Güterstand der Zugewinngemeinschaft zu empfehlen (siehe A. 4.22 Rz. 3ff.).

Abweichend von § 1377 Abs. 3 BGB ist zum Zwecke der Berechnung des fiktiven, erbschaftsteuerfreien Zugewinnausgleichsanspruchs auch dann das **Anfangsvermögen der Ehegatten** zu ermitteln, wenn kein Vermögensverzeichnis errichtet wurde (§ 5 Abs. 1 Satz 3 ErbStG). Vor diesem Hintergrund ist die Errichtung und Beifügung eines Verzeichnisses über das beiderseitige Anfangsvermögen überlegenswert (siehe unten Rz. 23). 15

Noch völlig ungeklärt ist, welche **erbschaftssteuerlichen Konsequenzen** es hat, wenn die Ehegatten nicht schon vor der Eheschließung, sondern erst während der Ehe unter **Verzicht auf Ausgleich** des bis zur Beurkundung entstandenen Zugewinns auf den Zugewinnausgleich im Falle der Scheidung usw. verzichten oder Gütertrennung vereinbaren. Auch ErbStR 2011 E 5.2 bleibt letztlich die Antwort auf die entscheidende Frage schuldig, ob und wann in einem solchen „Verzicht" eine steuerpflichtige Schenkung unter Lebenden (§ 7 Abs. 1 Nr. 1 ErbStG) liegt. Die Meinungen in dieser Frage gehen weit auseinander.[18] Die richtige Antwort wird man nicht im Steuer- sondern im Zivilrecht finden.[19] Dem „Verzicht" mangelt in aller Regel jede Freigebigkeit,[20] weil: 16

- bei einer vom gesetzlich geregelten Ehetyp abweichenden ehelichen Lebensgemeinschaft, insbesondere also bei der Doppelverdienerehe ohne Kinder, die unpassenden gesetzlichen Regelungen durch angemessene ersetzt werden und
- in allen anderen Fällen bei einer Gesamtwürdigung aller Regelungen im Ehevertrag (siehe oben Rz. 8) auch der „verzichtende Teil" ein Eigeninteresse hieran hat, sei es, dass er an den Schulden des anderen nicht über den Zugewinnausgleich beteiligt werden will,[21] sei es, dass er im Gegenzug seine Versorgungsanwartschaften nicht teilen will.

Der Güterstand ist für die **Einkommensbesteuerung** ohne Bedeutung. Die Zusammenveranlagung gemäß § 26 EStG hängt allein davon ab, dass die Ehepartner mindestens an einem Tag im Jahr „nicht dauernd getrennt leben". 17

B. Einzelerläuterungen

Zu Vorbemerkung

Der der eigentlichen Beurkundung vorangegangene **Verfahrensgang** sollte in der Urkunde dokumentiert werden. So können Zweifel daran ausgeräumt werden, der Vertrag sei übereilt, unter Druck oder ohne ausreichende Prüfungsmöglichkeit geschlossen worden. Die Erklärung der Beteiligten hierzu in der Urkunde verleiht ihr die Beweiskraft des § 415 ZPO. Unabhängig von dieser Erklärung sollte bei der Gestaltung des Beurkundungsverfahrens gemäß § 17 Abs. 2 BeurkG darauf geachtet werden, dass die Beteiligten: 18

- vom Notar höchstpersönlich nach ihren Vorstellungen gefragt und beraten werden,
- eine dem Umfang und der Schwierigkeit des Ehevertrags angemessene Zeit vor der Beurkundung einen Entwurf der Urkunde erhalten haben, um sich damit kritisch auseinander zusetzen,[22]

---

[18] Für Steuerpflicht: *Viskorf/Glier/Hübner* ErbStG § 5 Rz. 49; dagegen: *Kapp/Ebeling* § 5 Rz. 79f.; *Meincke* ErbStG § 5 Rz. 42; Troll/Gebel/Jülicher/*Gottschalk* ErbStG § 5 Rz. 65.

[19] AM *Viskorf/Glier/Hübner* ErbStG § 5 Rz. 49.

[20] *Kapp/Ebeling* § 5 Rz. 79.

[21] Vgl. zu diesem Argument bei einem Ausschluss eines Unternehmens OLG München v. 25.9.2002 – 16 WF 1328/02, FamRZ 2003, 376, 377 m. zust. Anm. *Bergschneider.*

[22] Vgl. BGH v. 9.7.2008 – XII ZR 6/07, NJW 2008, 3426, 3429; *Münch* ZNotP 2004, 122, 129.

– bei Ehepartnern, die nur eingeschränkt der deutschen Sprache mächtig sind, ein vereidigter Dolmetscher zur Beurkundung – unter Umständen auch zur Vorbesprechung – hinzugezogen wird, und zwar selbst dann, wenn die Voraussetzung der Sprachunkundigkeit iSd. § 16 BeurkG nicht erfüllt ist und
– persönlich an der Beurkundung teilnehmen, auch wenn zivilrechtlich eine Vertretung möglich ist.[23]

19 Es gehört zu den Amtspflichten des Notars bei der Beurkundung eines Ehevertrags mit Vereinbarungen zum nachehelichen Ehegattenunterhalt und zum Versorgungsausgleich gemäß § 17 BeurkG, **das Ehewirkungs- und das Güterrechtsstatut** festzustellen (vgl. Art. 14, 15 EGBGB). Dazu muss der Notar Ort und Tag der Eheschließung sowie die Staatsangehörigkeit der Beteiligten, und zwar sowohl bei Heirat als auch bei Beurkundung, erfragen. Die Angaben der Beteiligten sollte er aus Beweisgründen in der Urkunde festhalten, und zwar auch dann, wenn die Beteiligten deutsche Staatsangehörige sind und bei der Heirat in Deutschland auch waren.

20 Das Gericht ist bei der Ausübungskontrolle auf die Feststellung der **Motive** der Ehegatten bei Errichtung des Ehevertrags angewiesen. Da der Notar die Vorstellungen über die Gestaltung der ehelichen Lebensgemeinschaft ohnehin zur angemessenen Gestaltung der Vereinbarung und zur bestmöglichen Vorwegnahme einer eventuellen Ausübungskontrolle erforschen muss, empfiehlt es sich, diese Feststellungen in einer dem Vertrag vorangestellten Vorbemerkung festzuhalten. Dazu gehört vor allem die Frage nach Kindern sowie die Vorstellungen der Ehepartner über die Rollenverteilung in der Ehe.

Zu § 1: Modifizierte Zugewinngemeinschaft

21 Der gesetzliche Güterstand ist trotz der irreführenden Bezeichnung als „Zugewinngemeinschaft" ebenso wie der vertragliche Güterstand der Gütertrennung durch den Grundsatz der **Vermögenstrennung** gekennzeichnet (§ 1363 Abs. 2 Satz 1 BGB). Es gibt also weder gemeinschaftliches Vermögen noch gemeinsame Schuldenhaftung kraft Eheschließung. Die Vereinbarung einer Gütertrennung bedeutet daher wirtschaftlich nichts anderes als einen Verzicht auf die Durchführung eines Zugewinnausgleichs in den Fällen der Scheidung, der Eheaufhebung und des Todes eines Ehepartners. Die hier vorgeschlagene Modifizierung des gesetzlichen Güterstandes der Zugewinngemeinschaft **unterscheidet** sich demnach nur noch in folgenden Punkten **von der Gütertrennung:**
– Beim Tod eines Ehepartners verbleibt es im Hinblick auf § 5 ErbStG bei der gemäß § 1371 Abs. 1 BGB vorgesehenen Erhöhung des Ehegattenerbteils (siehe oben Rz. 15); auch alle anderen Rechte aus § 1371 BGB stehen dem überlebenden Ehepartner zu.
– Es gelten die Verfügungsbeschränkungen gem. §§ 1365, 1369 BGB, wenn und soweit sie nicht – wie im Formular vorgeschlagen – umfassend abbedungen werden.
– § 1370 BGB ordnet für nicht mehr vorhandene oder verbrauchte Haushaltsgegenstände dingliche Surrogation bezüglich der als Ersatz angeschafften Gegenstände an. Diese Regelung ist jedoch mit keinen Nachteilen verbunden, kann also unverändert belassen werden.

22 Bei der Formulierung der Modifikation ist darauf zu achten, dass der Zugewinnausgleich **nicht nur für den Fall der Ehescheidung** ausgeschlossen wird, sondern auch für den der
– Aufhebung der Ehe durch rechtskräftiges Urteil (§§ 1313 ff. BGB),
– Klage auf vorzeitigen Zugewinnausgleich (§§ 1386 ff. BGB) oder
– Vereinbarung der Gütertrennung (§ 1414 BGB) bzw. ersatzloser Aufhebung des gesetzlichen Güterstands der Zugewinngemeinschaft.

[23] *Wachter* ZNotP 2003, 408, 414 Fn. 26.

Wird ein **Verzeichnis des beiderseitigen Anfangsvermögens** aus steuerlichen Gründen beigefügt (siehe oben Rz. 15), so braucht dieses gemäß § 14 Abs. 1 Satz 1 BeurkG nicht verlesen zu werden, wenn beide Beteiligte hierauf verzichten. Der Verzicht muss in der Urkunde vermerkt werden (§ 14 Abs. 3 BeurkG). Unterbleibt dieser Vermerk ist das Verzeichnis unwirksam. Außerdem sollen die Beteiligten das Verzeichnis auf jeder Seite gesondert unterschreiben (§ 14 Abs. 2 Satz 1 BeurkG). 23

Die Erfüllung der aus § 17 Abs. 1 BeurkG folgenden Pflicht zur **Belehrung über die rechtliche Tragweite** des Ausschlusses des Zugewinnausgleichs für den Fall der Scheidung usw. sollte in der Urkunde vermerkt werden, um spätere Beweisschwierigkeiten zu vermeiden. Aus dem Fehlen dieses nicht vorgeschriebenen Belehrungsvermerks kann allerdings nicht auf das Unterlassen der vorgeschriebenen Belehrung geschlossen werden. 24

Vorsorglich sollte in einem Ehevertrag, der nach der Eheschließung errichtet wird, festgehalten werden, dass der bis zur Beurkundung **entstandene Zugewinn** nicht ausgeglichen werden soll. Weil bei einer Doppelverdienerehe ohne Kinder nur von den gesetzlich vorgesehenen Korrekturmöglichkeiten Gebrauch gemacht wird, ist dieser „Verzicht" keine steuerpflichtige Schenkung (siehe oben Rz. 18). 25

Zu § 2: Nachehelicher Ehegattenunterhalt

Der hier vorgeschlagene Verzicht auf nachehelichen Unterhalt erfasst **alle Unterhaltstatbestände** und ist gegenseitig. Bei der Formulierung ist klar zu stellen, dass sich dieser Verzicht nicht auf den ehelichen Unterhalt (§ 1360a BGB) oder den Getrenntlebensunterhalt (§ 1361 BGB) bezieht, weil diese Ansprüche einem Verzicht für die Zukunft nicht zugänglich sind (§ 1614 Abs. 1 BGB). 26

Auch im Falle der Aufhebung einer Ehe gem. §§ 1313, 1314 BGB besteht ein Anspruch auf nachehelichen Unterhalt, wenn beide Partner die Aufhebbarkeit kannten oder ein Kind aus der aufgehobenen Ehe hervorgegangen ist (§ 1318 Abs. 2 BGB). Deshalb sollte der Unterhaltsverzicht auch diesen Fall erfassen. 27

Die von der Rechtsprechung wegen des Verzichts auf den Kinderbetreuungsunterhalt gemäß § 1570 BGB befürwortete **Ausübungskontrolle gemäß § 242 BGB** scheidet im vorliegenden Fall schon deshalb aus, weil der Ehepartner, der die Kinderbetreuung übernimmt und deswegen zumindest teilweise auf seine Berufstätigkeit verzichtet, gemäß § 4 Absatz 2 des vorgeschlagenen Textes von seinem Unterhaltsverzicht vollständig zurücktreten kann. 28

Die Erfüllung der aus § 17 Abs. 1 BeurkG folgenden Pflicht zur **Belehrung über die rechtliche Tragweite** des gegenseitigen Unterhaltsverzichts sollte in der Urkunde vermerkt werden, um spätere Beweisschwierigkeiten zu vermeiden. Es empfiehlt sich auf die Sittenwidrigkeit wegen Schädigung eines Dritten ebenso hinzuweisen wie auf die Rechtsprechung zur Ausübungskontrolle gemäß § 242 BGB wegen der Kinderbetreuung (siehe oben Rz. 28). Aus dem Fehlen dieses nicht vorgeschriebenen Belehrungsvermerks kann allerdings nicht auf das Unterlassen der vorgeschriebenen Belehrung geschlossen werden. 29

Zu § 3: Versorgungsausgleich

Gemäß § 1 Abs. 1 VersAusglG sind die in der Ehezeit erworbenen Anteile von Anrechten hälftig zwischen den geschiedenen Ehegatten zu teilen. Ausgleichspflichtig ist derjenige, der in der Ehezeit mehr Anteile erworben hat. Bei einer Ehezeit bis zu 3 Jahren findet ein Ausgleich nur auf Antrag eines Ehepartners statt (§ 3 VersAusglG). 30

Die Ehepartner können den Versorgungsausgleich durch Vereinbarung auch **völlig ausschließen** (§ 6 Abs. 1 Satz 2 Nr. 2 VersAusglG). Der Verzicht auf Durchführung des Versorgungsausgleich bedarf der notariellen Beurkundung (§ 7 VersAusglG), wobei im Rahmen eines Ehevertrages auch § 1410 BGB gilt. Der Ausschluss des Versor- 31 gungsausgleichs ist bei einer Doppelverdienerehe bis zur Geburt eines gemeinsamen Kindes grundsätzlich interessengerecht und begegnet keinen rechtlichen Bedenken unter dem Gesichtspunkt der Wirksamkeits- oder der Ausübungskontrolle. Er ist dagegen nach § 138 Abs. 1 BGB nichtig, wenn die Ehegatten bei Abschluss des Vertrags davon ausgehen, dass ein Ehepartner wegen der Kindesbetreuung alsbald aus dem Berufsleben ausscheiden und bis auf Weiteres keine eigenen Versorgungsanrechte (abgesehen von Kindererziehungszeiten) erwerben wird.[24] Wegen des Rücktrittsvorbehalts in § 4 des Formulars stellt sich dieses Problem bei der Gestaltung des Ehevertrags nach dem „Zwei-Phasen-Modell" allerdings nicht.

32 Wegen der **Belehrungspflicht** wird auf die Ausführungen zu Rz. 24 verwiesen.

Zu § 4: Rücktrittsvorbehalt

33 Bei einem Ehevertrag zwischen Doppelverdienern mit bestehendem Kinderwunsch muss entschieden werden, ob der Übergang von der Doppelverdienerregelung (Phase I) zur Alleinverdienerregelung (Phase II) (siehe zu dieser Unterscheidung oben Rz. 12 Ziff. 2) im Wege der automatisch wirkenden auflösenden **Bedingung oder** durch Vorbehalt eines **Rücktrittsrechts** für denjenigen Ehepartner, der die Kinderbetreuung übernimmt, vollzogen werden soll. Bei richtiger Gestaltung, also vor allem bei hinreichender Bestimmtheit, sind beide Instrumente geeignet, den gewünschten Erfolg herbeizuführen. Die Bedingungslösung weist jedoch den Nachteil auf, dass gerade wegen der notwendigen Bestimmtheit eigentlich nur an die Geburt eines gemeinsamen Kindes angeknüpft werden kann. Dabei bleibt jedoch die Möglichkeit außer Betracht, dass sich beide Ehepartner über eine differenziertere Rollenverteilung bei der Kindererziehung und Haushaltsführung einigen. Aus diesem Grund wird hier die flexiblere Rücktrittslösung vorgeschlagen. Bei ihr kann zum einen der etwas unbestimmtere Rechtsbegriff der „Aufgabe der vollen Berufstätigkeit" zur Voraussetzung des Übergangs zur Alleinverdienerregelung gemacht werden. Zum anderen hat es der Ehepartner, der die Betreuung übernimmt, in der Hand, sich mit dem anderen über eine andere angemessene Lösung zu einigen. Wird jedoch keine Einigung erzielt, so verbleibt ihm allerdings das Initiativrecht, nämlich das Recht zum Rücktritt.

34 Das Rücktrittsrecht sollte jedoch **keinesfalls befristet** werden. Es muss dem betreuenden Ehepartner die Möglichkeit erhalten bleiben, sich auch noch im Zuge des Scheidungsverfahrens über seine Rechte klar zu werden und den Rücktritt zu erklären. Schutzwürdige Interessen des anderen stehen dem nicht entgegen, weil der Rückkehr zur gesetzlichen Regelung über Ehegattenunterhalt und Versorgungsausgleich der gemeinsamen Verantwortung für die Kinder besser entspricht als das Festhalten an den für die Zeit der Kinderlosigkeit gedachten Bestimmungen im Ehevertrag.

35 Der Rücktritt ist eigentlich formfrei. Um jedoch übereilte Erklärungen zu vermeiden, sollte **notarielle Beurkundung** vereinbart werden.

36 Nach den vorgeschlagenen Formulierungen **wirkt** sich der **Rücktritt** nur auf den Unterhalts- und Versorgungsausgleichsverzicht des zurücktretenden Ehepartners, der die Kinderbetreuung übernommen und deshalb auf eine volle Berufstätigkeit verzichtet hat, aus. Schließlich hat sich nur seine Lebenssituation durch die Geburt des Kindes geändert. Denkbar ist es aber auch, die gegenseitigen Verzichte auf Unterhalt und Versorgungsausgleich insgesamt entfallen zu lassen. Nicht vorgesehen, aber ebenso möglich ist es, auch den Verzicht auf den Zugewinnausgleich bei einer Scheidung ab der Geburt des Kindes wieder in Kraft treten zu lassen.

37 Im Hinblick auf den Versorgungsausgleich und, wenn der Rücktritt sich auch auf die Vereinbarungen zum Güterrecht bezieht (siehe oben Rz. 36), auf den Ausschluss des Zugewinnausgleichsanspruchs muss geregelt werden, ab welchem **Zeitpunkt** dieser Ausgleich wieder durchzuführen. Es liegt nahe auf den Tag der Geburt abzustellen.

[24] BGH v. 9.7.2008 – XII ZR 6/07, NJW 2008, 3426, 3428.

Auf dieses Rücktrittsrecht kann in vollem Umfang verzichtet werden, wenn die Ehegatten **keine Kinder wollen** oder bekommen können. Dies sollte dann aber in der Vorbemerkung ausdrücklich als Erklärung der Beteiligten festgehalten werden. Zudem sollte der Notar in der Urkunde vermerken, dass er darüber belehrt hat, dass zumindest der Verzicht auf den nachehelichen Kindesbetreuungsunterhalt gemäß § 1570 BGB unwirksam sein oder werden kann, wenn wider Erwarten doch ein gemeinsames Kind geboren oder adoptiert wird. 38

Zu § 5: Teilnichtigkeit

Die unreflektierte Einfügung einer allgemein gehaltenen **salvatorischen Klausel** ist im Hinblick auf § 139 BGB mittlerweile ebenso weit verbreitet wie sie in ihrer rechtlichen Wirkung fragwürdig geworden ist.[25] Schon bisher war anerkannt, dass mit einer derartigen allgemeinen salvatorischen Klausel es nicht möglich ist, im Wege einer geltungserhaltenden Reduktion dem Restinhalt eines Vertrags zur Wirksamkeit zur verhelfen, wenn die unwirksame Bestimmung für den Vertrag von grundlegender Bedeutung oder dessen wesentlicher Bestandteil ist.[26] Auch die salvatorische Klausel selbst kann unwirksam sein, wenn die Aufrechterhaltung des restlichen Vertragsinhalts mit dem Sinn des Verbotsgesetzes nicht zu vereinbaren ist.[27] Da die Gerichte im Rahmen der Inhaltskontrolle eine Gesamtwürdigung aller im Ehevertrag getroffenen Vereinbarungen vornehmen müssen, also grundsätzlich alle Regelungen als Einheit zu behandeln sind, ist es nicht möglich, mit allgemein gehaltenen salvatorischen Klauseln mehr zu erreichen als eine Beweislastumkehr bei der Anwendung des § 139 BGB.[28] Vorzuziehen sind daher konkrete Teilwirksamkeitsklauseln zu den einzelnen Regelungsgegenständen, vor allem bei einem in der Urkunde enthaltenen umfassenden Verzicht auf nachehelichen Unterhalt und/oder auf Durchführung des Versorgungsausgleichs. 39

Bei der Gestaltung konkreter salvatorischer Klauseln muss zunächst dafür gesorgt werden, dass sie sowohl für den Fall der Unwirksamkeit aufgrund der Wirksamkeitskontrolle gemäß § 138 BGB als auch für den der Undurchführbarkeit aufgrund der Ausübungskontrolle gemäß § 242 BGB gelten. Inhaltlich sollte unterschieden werden zwischen: 40

- der Nichtigkeit der gegenseitigen Erklärungen zu den einzelnen Regelungsgegenständen und
- den gegenstandsübergreifenden Auswirkungen auf die Gültigkeit der anderen Vereinbarungen.

Schematische Lösungen verbieten sich dabei aber ebenso wie formelhafte Klauseln.[29] Der Notar muss gem. § 17 Abs. 1 BeurkG den übereinstimmenden Willen beider Vertragsteile ermitteln und unmissverständlich in der Urkunde zum Ausdruck bringen. 41

Bei der hier vorgeschlagenen Lösung für eine Doppelverdienerehe mit Kinderwunsch ist es vertretbar, die einzelnen Vereinbarungen als selbstständige, von der Wirksamkeit der anderen Regelungsgegenstände unabhängige Bestimmungen in einer Urkunde auszugestalten. Verzichten die Beteiligten jedoch auf die Aufnahme eines Rücktrittsvorbehalts, weil sie keine Kinder wollen, so sollte die salvatorische Klausel in aller Regel so gestaltet werden, dass zwar der Verzicht auf nachehelichen Ehegattenunterhalt und Versorgungsausgleich miteinander stehen und fallen sollen, nicht aber der Verzicht auf den Zugewinnausgleich bei Scheidung usw.[30] 42

---

[25] BGH v. 17.5.2006 – XII ZB 250/03, NJW 2006, 2331, 2333; ausf. *Keilbach* FamRZ 1992, 1118, 1120ff.

[26] Vgl. BGH v. 11.10.1995 – VIII ZR 25/94, NJW 1996, 773, 774f.

[27] BGH v. 8.2.1994 – KZR 2/93, NJW 1994, 1651, 1653.

[28] BGH v. 17.5.2006 – XII ZB 250/03, NJW 2006, 2331, 2333; BGH v. 9.7.2008 – XII ZR 6/07, NJW 2008, 3426, 3429.

[29] BGH v. 17.5.2006 – XII ZB 250/03, NJW 2006, 2331, 2333.

[30] Vgl. dazu BGH v. 9.7.2008 – XII ZR 6/07, NJW 2008, 3426, 3429.

A. 4.02 Gegenständliche Beschränkung des Zugewinnausgleichs

Gliederung

A. 4.02

Nummer der Urkundenrolle [...]
Verhandelt zu [...] am [...]
Vor dem Notar [...] erschienen:
1. Herr A, geboren am [...] in [...],
nach eigenen Angaben deutscher Staatsangehöriger,
2. dessen Ehefrau/Verlobte,
Frau B, geboren am [...] in [...],
nach eigenen Angaben deutsche Staatsangehörige,
beide wohnhaft [...],
dem Notar ausgewiesen durch [...].

Die Erschienenen bestätigen, dass vor dieser Beurkundung in einem besonderen Termin die Vor- und Nachteile der einzelnen ehevertraglichen Regelungen eingehend erörtert wurden und sie zur Vorbereitung auf die Beurkundung einen Entwurf erhalten haben.[Rz. 10]

Die Erschienenen erklären mündlich folgenden

Ehevertrag

zur Beurkundung:

Vorbemerkung

Wir haben/wollen am [...] vor dem Standesamt in [...] geheiratet/heiraten.[Rz. 11]
Einen Ehevertrag haben wir bisher nicht geschlossen.
Wir haben [...] gemeinsame Kinder.
Ich, A, habe ein Unternehmen, dessen Existenz im Falle einer Scheidung gesichert werden soll.
Ich, B, bin nicht erwerbstätig, auch nicht im Unternehmen meines Ehemannes. Ich führe den Haushalt und betreue unsere gemeinsamen Kinder bis diese ihre Ausbildung abgeschlossen haben.[Rz. 12]

§ 1 Modifizierte Zugewinngemeinschaft

Wir erhalten für unsere Ehe den Güterstand der Zugewinngemeinschaft nach den gesetzlichen Bestimmungen aufrecht, jedoch mit den in dieser Urkunde vereinbarten Abweichungen.[Rz. 13]

Wir schließen bei Beendigung des Güterstands aus anderen Gründen als dem Tod eines Ehegatten:

1. **beiderseits das Vermögen im Sinne des § 1374 Abs. 2 BGB, also alle durch Erbfolge, mit Rücksicht auf ein künftiges Erbrecht, durch Schenkung oder als Ausstattung erworbene Gegenstände,**
2. **den im Grundbuch des Amtsgerichts [...] von [...] Blatt [...] eingetragenen Grundbesitz des Herrn A der Gemarkung [...],**

3. die Herrn A gehörende im Handelsregister des Amtsgerichts [...] unter HRA [...] eingetragene/nicht eingetragene Firma [...] in [...] mit allen Aktiven und Passiven einschließlich der Gegenstände, die als Sonderbetriebsvermögen gelten, sowie Gewinnvorträge und -rücklagen, und zwar auch bei einer Änderung der Rechtsform,
4. die Beteiligung des Herrn A an der im Handelsregister des Amtsgerichts [...] unter HRA/HRB [...] eingetragenen [...] mit dem Sitz in [...] einschließlich der Gegenstände, die als Sonderbetriebsvermögen gelten, sowie Gewinnvorträge und -rücklagen und Forderungen aus Gesellschafterkonten oder -darlehen, und zwar auch bei einer Änderung der Rechtsform,

vom Zugewinnausgleich völlig, d. h. einschließlich etwaiger Wertveränderungen während der Ehe, aus. Diese Vermögensgegenstände werden daher weder zur Berechnung des Anfangs- noch des Endvermögens herangezogen. Die diese Vermögenswerte betreffenden Verbindlichkeiten sind ebenfalls in vollem Umfang vom Zugewinnausgleich ausgeschlossen.[Rz. 14]

In gleicher Weise sind auch die Surrogate dieser Gegenstände aus dem Zugewinnausgleich herausgenommen.[Rz. 16] Der Notar hat empfohlen, etwaige Ersatzanschaffungen in ein besonderes Verzeichnis aufzunehmen.

Stammen Vermögensaufwendungen zur Erhaltung, Wiederherstellung, Verbesserung oder Entschuldung (Verwendungen) der vom Zugewinnausgleich ausgenommenen Vermögenswerte aus dem ausgleichspflichtigen Vermögen eines Ehegatten, so unterliegen diese Verwendungen ebenfalls dem Zugewinnausgleich und werden mit ihrem Wert zur Zeit der Verwendung dem Endvermögen des Eigentümers des ausgenommenen Vermögenswerts hinzugerechnet.[Rz. 16]

Die einer ordnungsgemäßen Bewirtschaftung entsprechenden Erträge (zB Mieteinnahmen, Gewinnausschüttungen) unterliegen dem Zugewinnausgleich. Werden jedoch solche Erträge aus vom Zugewinnausgleich ausgenommenen Vermögenswerten auf diese selbst verwendet oder zu diesem Zweck zurückgelegt, so unterfallen sie nicht dem Zugewinnausgleich, wenn und soweit diese Verwendung einer ordnungsgemäßen Bewirtschaftung entspricht.[Rz. 15, 16]

Können wir uns nicht über die Abgrenzung des ausgleichspflichtigen vom ausgleichsfreien Vermögen einigen, so entscheidet auf Antrag eines von uns ein von der für unseren letzten gemeinsamen Wohnsitz zuständigen Industrie- und Handelskammer ernannter Sachverständiger hierüber sowie über die Kosten des Gutachtens als Schiedsgutachter und Dritter nach billigem Ermessen verbindlich.[Rz. 17]

In Ansehung der vom Zugewinnausgleich ausgenommenen Vermögenswerte wird auch das Verfügungsverbot des § 1365 BGB abbedungen.[Rz. 18]

§ 2 Ausgleichsleistung

Als Ausgleich für die Herausnahme der Vermögenswerte aus dem Zugewinnausgleich (§ 1) hat Herr A bei einer Ehedauer von mehr als [...] Jahren bis zur Beendigung des Güterstands der Zugewinngemeinschaft einen Betrag von € [...] (in Worten: EUR [...]) an seine Ehefrau B zu bezahlen.[Rz. 19]

Dieser Betrag ist [...] Monate nach Verkündung des erstinstanzlichen Scheidungsurteils fällig.

Er verändert sich im gleichen Maße, in dem sich der vom Statistischen Bundesamt in Wiesbaden amtlich festgestellte monatliche Verbraucherpreisindex gegenüber dem Stand für den heutigen Tag bis zur Verkündung des erstinstanzlichen Scheidungsurteils verändert.

Diese Forderung ist nicht auf den Zugewinnausgleichsanspruch der Ehefrau anzurechnen.

§ 3 Teilnichtigkeit[Rz. 20]

Sollte eine Regelung in § 1 ganz oder teilweise unwirksam oder undurchführbar sein, so ist die entsprechende Regelung so auszulegen, dass sie dem wirtschaftlich Gewollten am nächsten kommt.

Ist oder wird der Ausschluss auch nur eines Vermögenswerts vom Zugewinnausgleich (§ 1) vollständig unwirksam oder undurchführbar, so ist der gesamte Vertrag unwirksam.[Rz. 21]

Diese Niederschrift wurde in Gegenwart des Notars den Erschienenen vorgelesen, von ihnen durch mündliche Erklärung genehmigt und eigenhändig wie folgt unterschrieben:

A. Grundsätzliche Anmerkungen

I. Wirtschaftliche Aspekte

1 Besitzt in einer **Alleinverdienerehe mit Kindern** (siehe zu den verschiedenen Ehetypen die Übersicht zu Formular A. 4.01 Rz. 4 und Rz. 11 f.) ein Ehepartner ein **Unternehmen** muss der Ehevertrag nicht nur die gerechte Teilhabe des Ehepartners, der die Kinder betreut und den Haushalt führt, gewährleisten, sondern zugleich auch das Unternehmen sowohl vor dem Zugewinnausgleichsanspruch bei Scheidung als auch vor dem Zugriff der Gläubiger des Unternehmers schützen.

2 Zum **Schutz vor den Gläubigern** wird der Unternehmer in aller Regel Privatvermögen auf seinen nicht haftenden Ehepartner übertragen. Dann aber darf weder Gütertrennung vereinbart noch der Anspruch auf Zugewinnausgleich im Falle der Eheauflösung völlig ausgeschlossen werden, weil der Unternehmer hierdurch im Falle der Scheidung jeden Anspruch auf sein eigenes Privatvermögen ersatzlos verlöre. Zur Lösung bieten sich entweder die gegenständliche Beschränkung des Zugewinnausgleichs auf das Privatvermögen oder die Stundung des Ausgleichsanspruchs (siehe Formular A. 4.03) an, am besten verbunden mit einer erbvertraglich bindenden Erbfolgeregelung, mindestens jedoch mit einem auf das Unternehmen bezogenen Pflichtteilsverzicht des Nicht-Unternehmers.

3 Die Durchführung des Zugewinnausgleichs nach den gesetzlichen Bestimmungen würde den **Bestand des Unternehmens gefährden,** wenn der Unternehmer-Ehegatte zur Befriedigung der Ausgleichsforderung wirtschaftlich nicht vertretbare Entnahmen tätigen oder den Betrieb sogar ganz verkaufen muss. Dies muss – auch im Hinblick auf den Unterhaltsanspruch des ausgleichsberechtigten Ehepartners – vermieden werden. Der Schutz des Unternehmens vor dem Zugewinnausgleich darf jedoch nicht weiter gehen als unbedingt erforderlich, um einen Zwang zu erheblichen Entnahmen bis hin zum Verkauf als Folge der Scheidung zu vermeiden. Deshalb darf nur die Unternehmenssubstanz ausgenommen werden, nicht aber der laufende Ertrag aus dem Unternehmen. Dieser muss ausgleichspflichtiges Vermögen bleiben.

4 Die vollständige Herausnahme des Unternehmens aus dem Zugewinnausgleich setzt jedoch voraus, dass der Ehepartner, der sich um Kinder und Haushalt kümmert, **nicht im Unternehmen mitarbeitet.** Andernfalls sollte die Liquidität des Unternehmens durch Stundung des Zugewinnausgleichsanspruchs geschützt werden (siehe das Formular A. 4.03).

II. Rechtliche Aspekte

5 Infolge der beiden Entscheidungen des BVerfG aus dem Jahre 2001[1] hat der BGH seine Rechtsprechung zur **Inhaltskontrolle** von Eheverträgen revidiert und zieht die Grenze dieser Vertragsfreiheit nunmehr dort, wo eine von den gesetzlichen Scheidungsfolgen einseitig zu Lasten eines Ehepartners abweichende vertragliche Regelung durch die individuelle Gestaltung der ehelichen Lebensverhältnisse nicht gerechtfertigt und dem belasteten Ehegatten unzumutbar ist. Je stärker der Ehevertrag in den Kernbereich des Scheidungsfolgenrechts eingreife, desto schwerer wiegt die Belastung und umso triftiger müssen die Belange des Begünstigten sein, die für diese einseitige vertragliche Regelung spreche (Kernbereichslehre).[2] Nach dieser Kernbereichslehre ist der Zugewinnausgleich einer vertraglichen Ausgestaltung bis hin zum völligen Ausschluss durch Gütertrennung am ehesten zugänglich. Allerdings besteht zwischen der Ausgestaltung des Güterstands und den vertraglichen Regelungen über den nachehelichen Unterhalt und den Versorgungsausgleich eine Wechselwirkung, weil im Rahmen der vom BGH geforderten Gesamtschau des Vertragswerks bei einem vollständigen Zugewinnausgleich ein vollständiger oder teilweiser Verzicht auf Unterhalt dem Berechtigten sehr viel weniger zumutbar ist als bei einer Beibehaltung der gesetzlichen Regelungen.[3] Deshalb sollten Eheverträge von Unternehmern sich auf den Ausschluss des Unternehmens aus dem Zugewinnausgleich konzentrieren. Wenn der isoliert vereinbarte, vollständige Ausschluss des Zugewinnausgleichs selbst bei einer Alleinverdienerehe mit gemeinsamen Kindern keinen Bedenken begegnet,[4] gilt dies erst recht für die Herausnahme einzelner Vermögenswerte aus dem Zugewinnausgleich. Auf die Regelung des nachehelichen Unterhalts sollte besser komplett verzichtet werden.[5] Nach der zum 1.1.2008 in Kraft getretenen Reform des Unterhaltsrechts erübrigt sich eine Vereinbarung über den nachehelichen Unterhalt in den meisten Fällen ohnehin, weil die Gefahr einer lebenslangen Unterhaltspflicht durch die Pflicht zur Erwerbstätigkeit einerseits und die zeitliche Begrenzung des Anspruchs andererseits hinreichend gebannt ist. An Stelle des bis dahin häufig gewünschten Unterhaltsverzichts des Ehepartners, der die Kinder betreut, wird heute viel häufiger das Ansinnen gestellt, den Zeitraum des Betreuungsunterhalts gemäß § 1570 BGB zum Zwecke der Absicherung des betreuenden Ehepartners zu verlängern, insbesondere an ein höheres Lebensalter der Kinder anzupassen. Auch Vereinbarungen über den ebenfalls dem Kernbereich zugeordneten Versorgungsausgleich schaden im Ehevertrag des Unternehmers mehr als sie nützen.

6 Der Verzicht des kinderbetreuenden und haushaltsführenden Ehepartners auf den Zugewinnausgleich am Unternehmen ist dabei keineswegs einseitig im Interesse des Unternehmers. Durch die Herausnahme des Unternehmens samt Verbindlichkeiten aus dem Zugewinnausgleich schützt sich der Nicht-Unternehmer vor dem Risiko einer Insolvenz ebenso wie vor einem Wertverfall des Unternehmens.[6] Tritt nämlich dieser Fall ein, so mindert dies als Folge der Herausnahme des Unternehmens seinen Zugewinnausgleichsanspruch nicht, weil mit der hier vorgeschlagenen Lösung sowohl die Chancen als auch alle Risiken des Betriebs dem Unternehmer überantwortet werden. Solange ein solcher Ehevertrag nicht zugleich mit einem vollständigen Verzicht auf nachehelichen Unterhalt verbunden wird, sind die Grenzen der Ehevertragsfreiheit nicht überschritten. Trotzdem ist es sinnvoll, über einen zusätzlichen finanziellen **Aus-**

[1] BVerfG v. 6.2.2001 – 1 BvR 12/92, NJW 2001, 957; BVerfG v. 29.3.2001 – 1 BvR 1766/92, NJW 2001, 2248.

[2] BGH v. 11.2.2004 – XII ZR 265/02, NJW 2004, 930, 933 ff.

[3] Vgl. BGH v. 9.7.2008 – XII ZR 6/07, NJW 2008, 3426, 3428; BGH v. 19.3.2017 – XII ZB 109/16, BeckRS 2017, 106979.

[4] BGH v. 17.10.2007 – XII ZR 96/05, NJW 2008, 1076, 1078.

[5] Vgl. *Gageik* RNotZ 2004, 295, 313.

[6] OLG München v. 25.9.2002 – 16 WF 1328/02, FamRZ 2003, 376, 377 m. zust. Anm. *Bergschneider.*

gleich für die Herausnahme des Unternehmens aus dem Zugewinnausgleich nachzudenken (siehe § 2 des Formulars und Rz. 19), und zwar vor allem dann, wenn der Unternehmer durch seinen Ehepartner in außergewöhnlichem Maße auf andere Weise als durch Mitarbeit unterstützt wird.[7]

7 Umstritten ist, ob durch die vorgeschlagenen Modifizierungen des Zugewinnausgleichs das gesetzliche **Erbrecht** und/oder der **Pflichtteil** des Ehegatten gemäß § 1371 BGB vermindert werden kann.[8] Um diesem Meinungsstreit aus dem Wege zu gehen, empfiehlt es sich, die Herausnahme des Unternehmens sowie der Erbschaften aus dem Zugewinnausgleich nicht auf den Fall des Todes eines Ehegatten zu beziehen.[9] In aller Regel werden die Ehegatten allerdings ohnehin zeitgleich sowohl eine abgestimmte Erbfolgeregelung treffen als auch Pflichtteilsverzichte erklären, so dass es auf das gesetzliche Ehegattenerbrecht gar nicht ankommt.

III. Steuerliche Aspekte

8 Die Vereinbarungen über die Modifizierung des Zugewinnausgleichsanspruchs ändern nichts daran, dass für die Berechnung des besonderen **Erbschaftsteuerfreibetrags** die §§ 1373 bis 1383 und 1390 BGB gelten (§ 5 Abs. 1 Satz 2 ErbStG).

9 Der Güterstand ist für die **Einkommensbesteuerung** ohne Bedeutung. Die Zusammenveranlagung gemäß § 26 EStG hängt allein davon ab, dass die Ehepartner mindestens an einem Tag im Jahr „nicht dauernd getrennt leben".

B. Einzelerläuterungen

Zu Vorbemerkung

10 Vgl. hierzu A. 4.01 Rz. 18ff.

11, 12 *(frei)*

Zu § 1: Modifizierte Zugewinngemeinschaft

13 Der gesetzliche Güterstand ist trotz der irreführenden Bezeichnung als „Zugewinngemeinschaft" ebenso wie der vertragliche Güterstand der Gütertrennung durch den Grundsatz der Vermögenstrennung gekennzeichnet (§ 1363 Abs. 2 Satz 1 BGB). Es gibt also weder gemeinschaftliches Vermögen noch gemeinsame Schuldenhaftung kraft Eheschließung. Der Ehepartner des Unternehmers ist daher – wie bei der Gütertrennung – vor dem **Zugriff der Gläubiger** des Unternehmer-Ehegatten geschützt. §§ 1362 BGB, 739 ZPO enthalten eine güterstandsunabhängige Durchbrechung dieses Grundsatzes für die in der ehelichen Wohnung befindlichen beweglichen Sachen.

14 Bei der Herausnahme bestimmter Gegenstände aus dem Zugewinnausgleich (§ 1 Abs. 2 des Formulars) müssen auch die objektbezogenen **Verbindlichkeiten** ausgeschlossen werden, weil andernfalls der Vermögensinhaber durch die Berücksichtigung der Schulden bei Berechnung des Zugewinnausgleichs einseitig bevorzugt würde. Die Ausklammerung der Schulden bedarf jedoch unbedingt einer Ergänzung in der Weise, dass der Vermögensinhaber berechtigt ist, die Einnahmen aus dem ausgeschlossenen Vermögenswert zur Verzinsung und Tilgung dieser Schulden zu verwenden (siehe Rz. 16).

15 Es muss ferner geregelt werden, ob und gegebenenfalls in welchem Umfang die **Erträge aus dem ausgleichsfreien Vermögen** dem Zugewinnausgleich unterfallen. Eine allgemeinverbindliche Regel für oder gegen die Herausnahme lässt sich dabei

[7] BGH v. 15.3.2017 – XII ZB 109/16, BeckRS 2017, 106979.
[8] MüKoBGB/*Koch* BGB § 1371 Rz. 17; aM Staudinger/*Thiele* BGB § 1371 Rz. 137.
[9] Ebenso *Langenfeld* Hdb Eheverträge, Rz. 467 ff. mwN.

nicht aufstellen. Im vorliegenden Fall dient die Herausnahme der Vermögenswerte aus dem Ausgleich in erster Linie dazu, den Bestand des Unternehmens im Scheidungsfalle davor zu schützen, dass wegen der Ausgleichsforderung wirtschaftlich nicht vertretbare Entnahmen getätigt werden müssen. Dazu genügt es jedoch den Unternehmenswert auszuklammern. Die während der Ehe erzielten laufenden Unternehmenserträge sollten dagegen, soweit sie nicht reinvestiert oder für Rücklagen verwendet werden, dem vollen Zugewinnausgleich unterliegen. Bei dieser Lösung lassen sich allerdings Abgrenzungsschwierigkeiten nicht vermeiden. Unter diesem Gesichtspunkt wäre die vollständige Ausklammerung der Erträge vorzuziehen.

Vermögensumschichtungen in und von ausgleichspflichtigem Vermögen, also in beiden Richtungen, bereiten bei der hier vorgeschlagenen Modifizierung des gesetzlichen Güterstands ungleich größere Probleme als beim Güterstand der Gütertrennung: 16

- **Surrogate** für ausgenommene Gegenstände: Diese sollten in aller Regel ebenfalls ausgenommen werden, weil andernfalls die Gesamtkonzeption der Regelung über kurz oder lang wegen Verlust oder Veräußerung einzelner oder mehrerer Gegenstände durch einen oder beide Partner ihres inneren Gerechtigkeitsgehalts beraubt würde. Nachträge oder Anpassungen unter Berufung auf § 242 BGB wären die Folge. Mangels dinglicher Surrogation steht und fällt die Surrogationsregel jedoch mit der Beweisfähigkeit im Zeitpunkt der Scheidung. Auf diese erheblichen praktischen Schwierigkeiten sollte der Notar unbedingt hinweisen und die Führung eines entsprechenden Vermögensverzeichnisses anregen.
- **Verwendungen**[10] **auf ausgenommene Gegenstände** und Verbindlichkeiten **des anderen** Ehepartners: Verwendungen des anderen Ehepartners sind mit der Investition in das ausgleichsfreie Vermögen für diesen endgültig verloren. Diese Rechtsfolge lässt sich außer durch besondere Vereinbarungen bei Vornahme der Verwendung (zB Abschluss eines Darlehensvertrags) durch die hier in § 1 Abs. 4 des Formulars vorgeschlagene Auffangregelung vermeiden, wonach derartige Verwendungen auszugleichen sind. Voraussetzung ist allerdings, dass sie beweisbar sind und bleiben.
- **Verwendung auf ausgenommene eigene Gegenstände** und Verbindlichkeiten: Weil die laufenden Unternehmenserträge ebenfalls dem Zugewinnausgleich unterworfen worden sind, bedarf es einer Regelung, wonach Reinvestitionen und Rücklagen im Rahmen einer ordnungsgemäßen Wirtschaft möglich sind. Um Missbrauch zu vermeiden, sollten übermäßige Verwendungen für das Unternehmen jedoch ausgeschlossen werden, damit der andere nicht um seinen Zugewinnausgleich gebracht wird. Diese werden dem Endvermögen des Unternehmers hinzugerechnet, damit sie durch die Verwendung nicht aus dem Zugewinnausgleich herausfallen und dem anderen Ehepartner entgehen.

Das in dieser Abgrenzung des freien Vermögens vom zugewinnausgleichspflichtigen liegende Streitpotential sollte nicht unterschätzt werden. Deshalb wird eine Schiedsgutachterklausel vorgeschlagen. Wer diesen Streit völlig vermeiden will, sollte statt der gegenständlichen Einschränkung des Zugewinnausgleichs eine Vereinbarung über dessen zeitweise Stundung (siehe Formular A. 4.03) vorschlagen. 17

Mit der Herausnahme der Vermögenswerte aus dem Zugewinnausgleich entfällt zugleich die innere Rechtfertigung für das Verfügungsverbot des § 1365 BGB. In aller Regel ist dieses deshalb auszuschließen. 18

Zu § 2: Ausgleichsleistung

Ein zusätzlicher Zahlungsausgleich für die Herausnahme des Unternehmens aus dem Zugewinnausgleich ist nicht unproblematisch, weil der Festlegung des Betrags eine gewisse Willkürlichkeit anhaftet. Weder kann sie sich an dem Unternehmenswert 19

[10] Zum Begriff *N. Mayer* DStR 1993, 991; *N. Mayer* MittBayNot 1993, 342.

bei Scheidung orientieren, noch nimmt sie Rücksicht auf die Leistungsfähigkeit des zahlungspflichtigen Unternehmers bei Beendigung des Güterstands. Wird ein fester Betrag vereinbart, sollte die Beifügung einer Wertsicherungsklausel nicht versäumt werden. Verzichten die Beteiligten hierauf, ist eine Belehrung über die Währungsrisiken in der Urkunde angebracht. Bei der Formulierung der aufschiebenden Bedingung sollte beachtet werden, dass die Zahlung nicht nur im Falle der Scheidung sondern ebenso in allen anderen Fällen der Beendigung des gesetzlichen Güterstands zu leisten ist.

Zu § 3: Teilnichtigkeit

20 Siehe zur rechtlichen Fragwürdigkeit allgemeiner und der Notwendigkeit konkreter salvatorischer Klauseln in Eheverträgen die Ausführungen zu A. 4.01 Rz. 39ff.

21 Alle ehevertraglichen Vereinbarungen in der Urkunde sind derart miteinander verknüpft, dass keine für sich allein einen Sinn macht. Dies gilt vor allem für die Ausgleichszahlung wegen der Herausnahme des Unternehmens aus dem Zugewinnausgleich.

A. 4.03 Stundung des Zugewinnausgleichanspruchs

Gliederung

A. 4.03

Nummer der Urkundenrolle [. . .]
Verhandelt zu [. . .] am [. . .]
Vor dem Notar [. . .] erschienen:
1. Herr A, geboren am [. . .] in [. . .],
nach eigenen Angaben deutscher Staatsangehöriger,
2. dessen Ehefrau/Verlobte,
Frau B, geboren am [. . .] in [. . .],
nach eigenen Angaben deutsche Staatsangehörige,
beide wohnhaft [. . .],
dem Notar ausgewiesen durch [. . .].

Die Erschienenen bestätigen, dass vor dieser Beurkundung in einem besonderen Termin die Vor- und Nachteile der einzelnen ehevertraglichen Regelungen eingehend erörtert wurden und sie zur Vorbereitung auf die Beurkundung einen Entwurf erhalten haben.[Rz. 10]
Die Erschienenen erklären mündlich folgenden

Ehevertrag

zur Beurkundung:

Vorbemerkung

Wir haben/wollen am [. . .] vor dem Standesamt in [. . .] geheiratet/heiraten.[Rz. 11]
Einen Ehevertrag haben wir bisher nicht geschlossen.
Ich, A, habe ein Unternehmen, dessen Existenz im Falle einer Scheidung gesichert werden soll.

Ich, B, arbeite im Unternehmen meines Ehemannes mit. Außerdem führe ich den Haushalt und betreue unsere gemeinsamen Kinder bis diese ihre Ausbildung abgeschlossen haben.[Rz. 12]

§ 1 Modifizierte Zugewinngemeinschaft

Wir erhalten für unsere Ehe den Güterstand der Zugewinngemeinschaft nach den gesetzlichen Bestimmungen aufrecht, jedoch mit den in dieser Urkunde vereinbarten Abweichungen.[Rz. 13]

Der danach ausgleichspflichtige Ehegatte kann durch Erklärung gegenüber dem anderen die Stundung der Zugewinnausgleichsforderung verlangen, wenn die Forderung mehr als [...] Prozent seines Endvermögens ausmacht.[Rz. 14] **Das Stundungsverlangen bedarf der Schriftform und muss innerhalb von zwei Monaten ab Feststellung der Zugewinnausgleichsforderung beim anderen Ehegatten eingegangen sein; andernfalls erlischt dieser Anspruch.**[Rz. 15, 16]

Macht der ausgleichspflichtige Ehegatte von diesem Recht Gebrauch, so ist die Zugewinnausgleichsforderung ab dem Beginn des auf den Zugang der Erklärung folgenden Kalendermonats mit 1 Prozentpunkt über dem Basiszinssatz jährlich zu verzinsen und mit 1 Prozent zuzüglich der durch die fortschreitende Tilgung ersparten Zinsen zu tilgen.[Rz. 17]

Die monatliche Leistungsrate (Zins und Tilgung) ist nachträglich zum Ende eines jeden Kalendermonats fällig, erstmals am Ende des Kalendermonats, in dem die Erklärung des ausgleichspflichtigen Ehegatten beim anderen eingegangen ist.

Eine vorzeitige Tilgung, auch in Teilbeträgen, bleibt dem ausgleichspflichtigen Ehegatten vorbehalten.

Der Restbetrag ist ohne Kündigung sofort in einer Summe fällig, wenn:[Rz. 18]

a) der ausgleichspflichtige Ehegatte mit Zahlungsverpflichtungen länger als zwei Monate im Verzug ist oder

b) über das Vermögen des ausgleichspflichtigen Ehegatten das Insolvenzverfahren eröffnet oder die Eröffnung eines solchen Verfahrens mangels Masse abgelehnt worden ist.

Der ausgleichspflichtige Ehegatte hat wegen der Zugewinnausgleichsforderung auf seine Kosten unverzüglich nach Feststellung der Höhe ein abstraktes Schuldanerkenntnis abzugeben und sich der sofortigen Zwangsvollstreckung in sein gesamtes Vermögen zu unterwerfen, und zwar mit dem Zusatz, dass dem anderen Ehegatten eine vollstreckbare Ausfertigung der Urkunde ohne Fälligkeitsnachweis erteilt werden darf.[Rz. 19]

Eine weitergehende Sicherheitsleistung kann nicht verlangt werden.

Der Stundungsanspruch gemäß § 1382 BGB wird durch die vorstehende Regelung ausgeschlossen.

Die monatliche Leistungsrate gilt nicht als Einkommen des ausgleichsberechtigten Ehegatten im Sinne des Rechts über den nachehelichen Unterhalt. Beim ausgleichspflichtigen Ehegatten wird sie bei der Ermittlung des unterhaltspflichtigen Einkommens nicht abgezogen. Bei der Ermittlung des nachehelichen Unterhalts bleibt die monatliche Leistungsrate also auf beiden Seiten völlig unberücksichtigt.[Rz. 20]

§ 2 Teilnichtigkeit

Sollte eine Regelung in § 1 ganz oder teilweise unwirksam oder undurchführbar sein, so ist die entsprechende Regelung so auszulegen, dass sie dem wirtschaftlich Gewollten am nächsten kommt.[Rz. 21]

Diese Niederschrift wurde in Gegenwart des Notars den Erschienenen vorgelesen, von ihnen durch mündliche Erklärung genehmigt und eigenhändig wie folgt unterschrieben:

A. Grundsätzliche Anmerkungen

I. Wirtschaftliche Aspekte

1 Vgl. hierzu A. 4.02 Rz. 1–3.

2 Die gegenständliche Beschränkung des Zugewinnausgleich auf das Privatvermögen (siehe Formular A. 4.02 § 1) ist zwar eine denkbare Lösung, birgt jedoch einiges Streitpotential in sich, wenn Vermögensumschichtungen zwischen zugewinnausgleichspflichtigem und – freiem Vermögen stattfinden, insbesondere bei Verwendungen auf das ausgenommene Unternehmen (siehe die Ausführungen zu A. 4.02 Rz. 15 ff.). Die hier angebotene Alternative vermeidet diese Abgrenzungsproblematik. Da der Zugewinnausgleich nur bei **mangelnder Liquidität des Unternehmers** eine Gefahr für den Betrieb darstellt, reicht eine über § 1382 BGB hinausgehende aufschiebend bedingte Stundungsvereinbarung als Lösung des Problems aus. Nicht übersehen werden darf allerdings, dass bei diesem Weg eine Unternehmensbewertung nach den gesetzlichen Bestimmungen stattzufinden hat, was auch Anlass zu Streitigkeiten geben kann.

3 Gegenüber der gegenständlichen Einschränkung des Zugewinnausgleichs hat diese Lösung aber den Vorzug, dass sie auch dann vorgeschlagen werden kann, wenn der **Ehepartner im Unternehmen** selbst **mitarbeitet.**

II. Rechtliche Aspekte

4 Vgl. hierzu A. 4.02 Rz. 5.

III. Steuerliche Aspekte

5 Vgl. hierzu A. 4.02 Rz. 8 f.

B. Einzelerläuterungen

Zu Vorbemerkungen

6 Vgl. hierzu A. 4.01 Rz. 18 ff.

Zu § 1: Modifizierte Zugewinngemeinschaft

7 Der gesetzliche Güterstand ist trotz der irreführenden Bezeichnung als „Zugewinngemeinschaft" ebenso wie der vertragliche Güterstand der Gütertrennung durch den Grundsatz der **Vermögenstrennung** gekennzeichnet (§ 1363 Abs. 2 Satz 1 BGB). Es gibt also weder gemeinschaftliches Vermögen noch gemeinsame Schuldenhaftung kraft Eheschließung. Der Ehepartner des Unternehmers ist daher – wie bei der Gütertrennung – vor dem Zugriff der Gläubiger des Unternehmer-Ehegatten geschützt. §§ 1362 BGB, 739 ZPO enthalten eine güterstandsunabhängige Durchbrechung dieses Grundsatzes für die in der ehelichen Wohnung befindlichen beweglichen Sachen.

8 Bei der im Formular vorgeschlagenen Lösung verbleibt es allerdings bei der Berechnung des Zugewinnausgleichs nach den gesetzlichen Bestimmungen. Gerade die Unternehmensbewertung kann jedoch Anlass zu Streitigkeiten geben. Wer diesen Streit vermeiden will, kann nach § 1 Abs. 1 im Formular folgende zwei Absätze einfügen:

Die Beteiligten sind darüber einig, dass im Falle des Zugewinnausgleichs bei Beendigung des Güterstands aus anderen Gründen als dem Tod eines Ehegatten die Gesellschaftsbeteiligung von Herrn A an der im Handelsregister des Amtsgerichts [...] unter HRA/HRB [...] eingetragenen [...] mit dem Sitz in [...] mit dem Betrag bewertet wird, den dieser Gesellschafter infolge Kündigung oder Austritt im Zeitpunkt der Beendigung des Güterstandes aufgrund der am Tage der Rechtshängigkeit des Scheidungsantrags geltenden Abfindungsregelungen im Gesellschaftsvertrag erhalten würde. A. 4.03a

Bei Streit über die Höhe der Bewertung oder beim Fehlen einer Abfindungsregelung entscheidet auf Antrag auch nur eines von uns ein von der für den letzten gemeinsamen Wohnsitz zuständigen Industrie- und Handelskammer benannter Sachverständiger hierüber sowie über die Kosten des Gutachtens als Schiedsgutachter und Dritter nach billigem Ermessen verbindlich.

Der **Anspruch auf Stundung,** der an sich bei Scheidung sofort und in einer Summe fälligen Ausgleichsforderung gemäß § 1382 BGB, hat für den ausgleichspflichtigen Ehegatten den entscheidenden Nachteil, dass diese durch richterlichen Gestaltungsakt erfolgt. Die ehevertragliche Regelung ist vorzuziehen, weil bei ihr sowohl die Voraussetzungen als auch die Folgen des einseitigen Stundungsbegehrens verlässlich vorherbestimmt werden können. 9

Da zum Zwecke der Berechnung der Ausgleichsforderung ohnehin das Endvermögen beider Ehegatten festzustellen ist, kann aus Vereinfachungsgründen die materielle **Anspruchsvoraussetzung** in einem bestimmten Anteil am Endvermögen bestehen, den die Ausgleichsforderung übersteigen muss, ausgedrückt werden. Der Anspruch auf Stundung sollte zeitlich begrenzt werden. Aus Beweisgründen ist zu empfehlen, die schriftliche Ausübung dieser Option vorzusehen. 10

Die Stundungsbedingungen sollten deutlich unter dem jeweiligen Zinsniveau für Bankkredite liegen. Dazu eignet sich am besten eine bestimmte Prozentpunktzahl über dem Basiszinssatz (§ 247 BGB). Tilgung und **Verzinsung** sollten wie bei einem Annuitätendarlehen zu einem festen Monatsbetrag zusammengefasst werden. 11

Die vorgeschlagenen **Sonderkündigungsrechte** für die Fälle, dass die Zahlung des gestundeten Restbetrags gefährdet ist, entsprechen den üblichen Darlehensbedingungen. 12

Eine abschließende Regelung zur **Sicherheitsleistung** in der Urkunde ist zu empfehlen, weil sonst ein Zugriff auf das eigentlich zu schützende Vermögen droht. Anstelle der Minimalbesicherung durch ein abstraktes Schuldanerkenntnis mit Vollstreckungsunterwerfung kommen selbstverständlich alle anderen Arten der Sicherheitsleistung in Betracht, vor allem auch Bankbürgschaften und Grundpfandrechte. 13

Schließlich ist klarzustellen, dass die Zahlungen aus dieser Stundungsvereinbarung den Anspruch auf den **nachehelichen Ehegattenunterhalt** nicht verringern, also nicht als anrechenbares Einkommen des ausgleichsberechtigten Ehegatten gelten. Damit korrespondiert der Ausschluss der Abzugsfähigkeit der monatlichen Leistungsrate bei Ermittlung des verfügbaren Einkommens des verpflichteten Ehepartners. 14

Zu § 2: Teilnichtigkeit

Wegen der Komplexität der Stundungsregelung ist es empfehlenswert, eine salvatorische Klausel mit dem allgemein üblichen Inhalt einzufügen. Werden im Ehevertrag auch Vereinbarungen zum nachehelichen Unterhalt oder zum Versorgungsausgleich getroffen, so sollte die Wechselwirkung zwischen den einzelnen Regelungen konkret aufgezeigt werden, weil im Hinblick auf die Kernbereichslehre dies im Rahmen der anzustellenden Gesamtwürdigung wichtig sein kann (siehe A. 4.01 Rz. 39ff.). 15

A. 4.10 Gütertrennung

A. 4.10 **Nummer der Urkundenrolle [...]**
Verhandelt zu [...] am [...]
Vor dem Notar [...] erschienen:
1. Herr A, geboren am [...] in [...],
nach eigenen Angaben deutscher Staatsangehöriger,
2. dessen Ehefrau/Verlobte,
Frau B, geboren am [...] in [...],
nach eigenen Angaben [...] Staatsangehörige,
beide wohnhaft [...].
dem Notar ausgewiesen durch [...].

Frau B ist nach eigenen Angaben der deutschen Sprache hinreichend mächtig, wovon sich der Notar durch Unterhaltung selbst überzeugt hat.

Die Erschienenen bestätigen, dass vor dieser Beurkundung in einem besonderen Termin die Vor- und Nachteile der einzelnen ehevertraglichen Regelungen eingehend erörtert wurden und sie zur Vorbereitung auf die Beurkundung einen Entwurf erhalten haben.[Rz. 6]

Die Erschienenen erklären mündlich folgenden

Ehevertrag

zur Beurkundung:

§ 1 Güterrechtsstatut und Rechtswahl

Wir haben/wollen am [...] vor dem Standesamt in [...] geheiratet/heiraten.[Rz. 7]

Zur Zeit der Heirat hatte ich, A, die deutsche Staatsangehörigkeit und ich, B, die [...] Staatsangehörigkeit. Wir lebten zur Zeit der Heirat beide in der Bundesrepublik Deutschland.[Rz. 7]

Einen Ehevertrag haben wir bisher nicht geschlossen.

Wir gehen davon aus, dass für die allgemeinen Wirkungen unserer Ehe im Sinne des Artikels 14 EGBGB ebenso wie für das eheliche Güterrecht im Sinne des Artikels 15 EGBGB das Recht der Bundesrepublik Deutschland Anwendung finden würde. Vorsorglich wählen wir dieses Recht.[Rz. 9]

§ 2 Gütertrennung

Wir vereinbaren mit Wirkung vom heutigen Tage für unsere Ehe den Güterstand der Gütertrennung.

Wir beantragen die Eintragung der Gütertrennung in das Güterrechtsregister. Der Notar soll den Antrag jedoch nur auf besondere schriftliche Anweisung wenigstens eines von uns beiden einreichen, unbeschadet unseres Rechtes auf jederzeitige Einreichung.

Ein Verzeichnis der zum Vermögen eines jeden von uns gehörenden Vermögensgegenstände soll einstweilen nicht aufgenommen werden.

Wir wissen und wollen, dass: [Rz. 10]

a) aufgrund dieser Vereinbarung jeder von uns über sein Vermögen ohne Zustimmung des anderen Ehegatten frei verfügen kann,
b) ein Ausgleich des von dem einen oder dem anderen während der Ehe erzielten Zugewinns nicht mehr erfolgt und damit der besondere Freibetrag nach § 5 Erbschaftsteuergesetz entfällt,
c) eine Erhöhung des gesetzlichen Erbteils des überlebenden Ehegatten ausgeschlossen ist, während sich umgekehrt die Pflichtteilsansprüche von Abkömmlingen oder Eltern erhöhen können.

Wir verzichten hiermit gegenseitig auf sämtliche Ausgleichsansprüche wegen des von dem einen oder dem anderen während der Ehe bis zum heutigen Tag erzielten Zugewinns.[Rz. 11]

§ 3 Teilnichtigkeit

Ist oder wird die Erklärung eines Beteiligten unwirksam oder undurchführbar, so ist auch die entsprechende gegenseitige Erklärung des anderen Teils ungültig.[Rz. 12]
Im Übrigen sind alle Vereinbarungen in dieser Urkunde in ihrem Bestand und in ihrer Durchführbarkeit voneinander unabhängig.

Diese Niederschrift wurde in Gegenwart des Notars den Erschienenen vorgelesen, von ihnen durch mündliche Erklärung genehmigt und eigenhändig wie folgt unterschrieben:

A. Grundsätzliche Anmerkungen

Bei einer Doppelverdienerehe ohne Kinder (siehe zu den verschiedenen Ehetypen die Übersicht bei A. 4.01 Rz. 4 und Rz. 11f.) kann der **Zugewinnausgleich bei Scheidung** sowohl durch Modifikation des gesetzlichen Güterstands als auch durch Vereinbarung des Güterstands der Gütertrennung ausgeschlossen werden. Aus erbschaftssteuerlichen Gründen ist allerdings der Weg durch Modifikation der Zugewinngemeinschaft vorzuziehen, weil dann der fiktive Zugewinnausgleichsanspruch beim Tode eines Ehepartners gemäß § 5 Abs. 1 ErbStG zusätzlich zum allgemeinen und zum besonderen Versorgungsfreibetrag steuerfrei bleibt (siehe A. 4.01 Rz. 15). 1

Eine Modifizierung des gesetzlichen Güterstands der Zugewinngemeinschaft setzt jedoch die **Anwendbarkeit deutschen Eherechts** voraus. Diese Regelungsmöglichkeit scheidet deshalb aus, wenn für die Ehe ein ausländisches Güterrechtsstatut besteht. Aber auch dann, wenn – wie hier unterstellt – deutsches Ehegüterrecht gilt, sollte keine derartige Modifizierung des gesetzlichen Güterstands der Zugewinngemeinschaft vorgeschlagen werden, wenn: 2
- durch eine beabsichtigte oder doch wahrscheinliche **Verlagerung des Wohnsitzes ins Ausland** ein ausländisches Güterrechtsstatut entstehen kann oder
- Teile des **Vermögens** sich **im Ausland** befinden (Auslandsbezug).

Zwar stellt Art. 15 EGBGB mit seiner Grundanknüpfung für das **Güterrechtsstatut** auf den Zeitpunkt der Eheschließung ab, so dass dieses nach deutschem Verständnis unwandelbar ist, also weder durch eine Wohnsitzverlagerung ins Ausland noch durch das Vorhandensein von Vermögen im Ausland beeinflusst wird. Nehmen die Ehegatten jedoch ihren gemeinsamen Wohnsitz später im Ausland oder befindet sich dort Vermögen, so entscheidet das dortige nationale Recht über die Anknüpfung für das Güterrechtsstatut. Den Beteiligten ist dann mit einer in aller Welt verständlichen Gütertrennungsvereinbarung besser gedient. Der erbschaftssteuerrechtliche Vorteil rechtfertigt es in Fällen mit Auslandsbezug nicht, die Vertragsteile der Gefahr eines im Ausland ungültigen Ehevertrags auszusetzen. Deshalb sollte bei einem derartigen Auslandsbezug kein Ehevertrag vorgeschlagen werden, der auf Besonderheiten des deutschen Rechts basiert. 3

Bei einer Doppelverdienerehe ohne Kinder kann zusätzlich ein umfassender **Verzicht auf nachehelichen Ehegattenunterhalt** ebenso wie der völlige **Ausschluss des Versorgungsausgleichs** in die Urkunde aufgenommen werden (siehe Formular A. 4.01 § 2 und § 3). Ist dem Notar dabei die Absicht der Beteiligten bekannt, ihren gemeinsamen Wohnsitz ins Ausland zu verlegen, so sollte er darauf hinweisen, dass die Verzichte auf den nachehelichen Unterhalt und den Versorgungsausgleich dort mög- 4 licherweise nicht anerkannt werden. Wegen der Besonderheiten beim Versorgungsausgleich wird auf Art. 17 Abs. 3 EGBGB hingewiesen.

5 Der Verzicht auf den besonderen **Erbschaftssteuerfreibetrag** gemäß § 5 ErbStG ist unvermeidliche Konsequenz der Entscheidung für die Vereinbarung der Gütertrennung wegen des Auslandsbezugs. Hierauf sollten die Beteiligten trotz des Auslandsbezugs ausdrücklich in der Urkunde hingewiesen werden.

B. Einzelerläuterungen

Zu Vorbemerkungen

6 Vgl. hierzu A. 4.01 Rz. 18ff.

Zu § 1: Güterrechtsstatut und Rechtswahl

7 Die Rechtswahl hat im vorgeschlagenen Formular lediglich vorsorgenden Charakter, nämlich die Funktion eine rechtlich einwandfreie Basis für die Vereinbarung der Gütertrennung zu schaffen.

Zu § 2: Gütertrennung

8 Die Erfüllung der aus § 17 Abs. 1 BeurkG folgenden Pflicht zur **Belehrung über die rechtliche Tragweite** der Vereinbarung der Gütertrennung sollte in der Urkunde vermerkt werden, um spätere Beweisschwierigkeiten zu vermeiden. Aus dem Fehlen dieses nicht vorgeschriebenen Belehrungsvermerks kann allerdings nicht auf das Unterlassen der vorgeschriebenen Belehrung geschlossen werden.

9 Vorsorglich sollte in einem Ehevertrag, der nach der Eheschließung errichtet wird, festgehalten werden, dass der bis zur Beurkundung entstandene Zugewinn nicht ausgeglichen werden soll. Weil bei einer Doppelverdienerehe ohne Kinder nur von den gesetzlich vorgesehenen Korrekturmöglichkeiten Gebrauch gemacht wird, ist dieser „Verzicht" keine steuerpflichtige Schenkung (siehe A. 4.01 Rz. 16).

Zu § 3: Teilnichtigkeit

10 Siehe zur rechtlichen Fragwürdigkeit allgemeiner und der Notwendigkeit konkreter salvatorischer Klauseln in Eheverträgen die Ausführungen zu A. 4.01 Rz. 39ff.

A. 4.20 Güterstandswechsel

Übersicht

A. 4.21 Zeitweiser Wechsel in die Gütertrennung mit Zugewinnausgleich („Güterstandsschaukel")

Gliederung

A. 4.21

Nummer der Urkundenrolle [...]
Verhandelt zu [...] am [...]
Vor dem Notar [...] erschienen:

1. Herr A, geboren am [...] in [...],
nach eigenen Angaben deutscher Staatsangehöriger,

2. dessen Ehefrau,
Frau B, geboren am [...] in [...],
nach eigenen Angaben deutsche Staatsangehörige,
beide wohnhaft [...].
dem Notar ausgewiesen durch [...].

Die Erschienenen bestätigen, dass vor dieser Beurkundung in einem besonderen Termin die Vor- und Nachteile der einzelnen ehevertraglichen Regelungen eingehend erörtert wurden und sie zur Vorbereitung auf die Beurkundung einen Entwurf erhalten haben.[Rz. 7]

Die Erschienenen erklären mündlich folgenden

Ehevertrag

zur Beurkundung:

Vorbemerkung[Rz. 9]

Wir haben/werden am [...] vor dem Standesamt in [...] geheiratet/heiraten.[Rz. 8]
Einen Ehevertrag haben wir bisher nicht geschlossen.

§ 1 Aufhebung der Zugewinngemeinschaft

Wir heben mit Wirkung vom heutigen Tag den gesetzlichen Güterstand der Zugewinngemeinschaft auf und vereinbaren für unsere Ehe den Güterstand der Gütertrennung.[Rz. 10]

Wir verzichten auf die Eintragung der Gütertrennung in das Güterrechtsregister.

Wir wissen und wollen, dass:[Rz. 11]

a) aufgrund dieser Vereinbarung jeder von uns über sein Vermögen ohne Zustimmung des anderen Ehegatten frei verfügen kann,

b) ein Ausgleich des von dem einen oder dem anderen während der Ehe erzielten Zugewinns nicht mehr erfolgt und damit der besondere Freibetrag nach § 5 Erbschaftsteuergesetz entfällt,

c) eine Erhöhung des gesetzlichen Erbteils des überlebenden Ehegatten ausgeschlossen ist, während sich umgekehrt die Pflichtteilsansprüche von Abkömmlingen oder Eltern erhöhen können.

§ 2 Zugewinnausgleich

Wir sind darüber einig, dass A in der Ehezeit bis heute einen Zugewinn von € [...],– erzielt hat, während der Zugewinn von B in dieser Zeit € [...],– beträgt. Wir verzichten wechselseitig darauf diese Feststellung anzufechten, wenn sich nachträglich herausstellen sollte, dass die zugrundeliegenden Bewertungen und/oder die Berechnungen ganz oder teilweise fehlerhaft sein sollten. Dies vorausgeschickt, stellen wir die Zugewinnausgleichsforderung von B in Höhe von € [...],– verbindlich fest.[Rz. 12]

Zum Zwecke des Zugewinnausgleichs vereinbaren wir, dass A an B Wertpapiere mit einem Kurswert von € [...],– (in Worten: [...] EURO) am Überweisungstag auf deren Wertpapierkonto Nr. [...] bei der [...] in [...] BLZ [...] überweist.[Rz. 13]

Die Überweisung ist spätestens am [...] fällig.

Wir sind uns darüber einig, dass mit der vollständigen Überweisung B keinerlei Ansprüche mehr wegen des von A in der Ehe bis zum heutigen Tags erzielten Zugewinns mehr zustehen. Etwa darüber hinausgehende Ansprüche sind dadurch ausgeschlossen.

Diese Niederschrift wurde in Gegenwart des Notars den Erschienenen vorgelesen, von ihnen durch mündliche Erklärung genehmigt und eigenhändig wie folgt unterschrieben:

A. Grundsätzliche Anmerkungen

I. Wirtschaftliche Aspekte

1 Im Rahmen erbrechtlicher und erbschaftssteuerlicher Beratungen stellt sich bei Ehepartnern mit großen und/oder erheblich ungleich verteilten Vermögen oft die Frage nach der Möglichkeit, durch Vermögensumschichtungen zwischen den Partnern Erbschaftssteuer zu sparen. Ein Instrument hierzu ist die Beendigung des gesetzlichen Güterstands der Zugewinngemeinschaft durch Vereinbarung der Gütertrennung mit Durchführung des Zugewinnausgleichs und anschließender Rückkehr in den ursprünglichen Güterstand **(„Güterstandsschaukel")**. Steuerlich gewünschte Folge der Beendigung der Zugewinngemeinschaft ist es, den Ehepartner, der während der Ehe weniger Zugewinn erzielt hat, an dem insgesamt während der Ehe erwirtschafteten Vermögenszuwachs zur Hälfte zu beteiligen. Mit Hilfe des Zugewinnausgleichs kann so steuerfrei Vermögen auf den weniger vermögenden Ehepartner übertragen werden.[1] Die Zulässigkeit dieser primär steuerrechtlich motivierten Gestaltung ist seit 2005 höchstrichterlich anerkannt.[2] Voraussetzung ist allerdings, dass die güterrechtliche Abwicklung der Zugewinngemeinschaft tatsächlich durchgeführt wird. Dies gilt selbst dann, wenn im Anschluss an die Beendigung der Güterstand der Zugewinngemeinschaft neu begründet wird.

[1] *Langenfeld* Hdb Eheverträge Rz. 849 ff.
[2] BFH v. 12.7.2005 – II R 29/02, BStBl. II 2005, 843.

Die Güterstandschaukel wird von manchen Autoren auch zum Zwecke der Reduzierung von Pflichtteilsansprüchen, insbesondere von Abkömmlingen, empfohlen.[3] Andere stehen dieser Gestaltungsempfehlung kritisch gegenüber und lehnen vor allem dann, wenn die Eheleute anschließend wieder zum gesetzlichen Güterstand zurückkehren, eine pflichtteilsreduzierende Wirkung ab.[4] Der BGH hat zwar in einem Fall, den Wechsel zunächst in den Güterstand der Gütergemeinschaft und die sechs Jahre später erfolgte Vereinbarung der Gütertrennung als pflichtteilsfest angesehen, jedoch darf diese Entscheidung nicht zum Anlass genommen werden, den Güterstandswechsel als probates Mittel der Pflichtteilsreduzierung einzusetzen.[5] Der BGH widmet sich nämlich sehr ausführlich der Abgrenzung vom Missbrauch dieser Gestaltung für „ehefremde" Motive. Die Vermeidung von Pflichtteilsrechten ist aber mit ziemlicher Sicherheit ein derart sachfremdes Motiv. Deshalb ist erhöhte Vorsicht geboten, wenn diese Ehevertragsgestaltung allein zum Zwecke der Pflichtteilsreduzierung von Dritten gewählt wird.[6] Ein Belehrungsvermerk in der Urkunde über die ungesicherten Erfolgsaussichten ist in diesem Fall zwar kontraproduktiv, aber unerlässlich.[7] 2

II. Rechtliche Aspekte

Güterstandsänderungen können grundsätzlich nicht rückwirkend erfolgen. Vor allem ist es nicht möglich rückwirkend Gütertrennung mit allen Folgen zu vereinbaren, weil den bis dahin geltenden Verfügungsbeschränkungen gemäß §§ 1365, 1369 BGB so nicht nachträglich die Grundlage entzogen werden kann.[8] Zivilrechtlich möglich ist es allerdings, die Gütertrennung mit dem Tag der Eheschließung mit der Folge eintreten zu lassen, dass kein Zugewinnausgleich erfolgen soll. Dieser Verzicht auf Zugewinnausgleich steht jedoch im Widerspruch zu dem steuerrechtlich erstrebten Ergebnis des steuerfreien Vermögenstransfers zwischen den Ehepartnern (siehe oben Rz. 1). Deshalb sollte die Gütertrennung mit **Wirkung** ab dem Tag der Beurkundung vereinbart werden. Nur dann ist der Güterstandswechsel auch steuerrechtlich unangreifbar. 3

III. Erbschaftsteuerliche Aspekte

Wird der gesetzliche Güterstand der **Zugewinngemeinschaft durch Ehevertrag beendet,** so ist die sich daraus ergebende Ausgleichsforderung (§ 1378 Abs. 3 BGB) steuerfrei. § 5 Abs. 2 ErbStG stellt damit nur klar, dass der Zugewinnausgleich die Merkmale einer steuerpflichtigen Schenkung iSd. § 7 Abs. 1 Nr. 1 ErbStG nicht erfüllt.[9] Die deklaratorische Wirkung dieser Bestimmung wird allerdings bestritten, was in allen Fällen Folgen hat, in denen der Zugewinnausgleich „vorzeitig" ohne Aufhebung der Zugewinngemeinschaft ausgeglichen wird („fliegender Zugewinnausgleich").[10] Deshalb sollte der gesetzliche Güterstand immer zivilrechtlich einwandfrei durch Vereinbarung der Gütertrennung beendet werden. 4

Im Unterschied zur Freibetragsregelung im Todesfalle gemäß § 5 Abs. 1 ErbStG enthält § 5 Abs. 2 ErbStG keine Einschränkungen hinsichtlich der Beachtlichkeit von **individuellen ehevertraglichen Regelungen** über die Ermittlung der Zugewinnausgleichsforderung.[11] Dies bedeutet, dass von den Ehegatten zuvor vereinbarte Modi- 5

---

[3] *Hayler* DNotZ 2000, 681, 689; *Worm* RNotZ 2003, 535, 539.
[4] BeckOK BGB/*G. Müller* BGB § 2325 Rz. 23 mwN (Stand 1.2.2017).
[5] BFH v. 27.11.1991 – IV ZR 266/90, NJW 1992, 558, 559.
[6] Vgl. *Weidlich* ZEV 2014, 345, 346.
[7] Vgl. *Mayer/Süß/Tanck/Bitter/Wälzholz* § 8 Rz. 50 Fn. 177.
[8] Vgl. *Langenfeld* Hdb Eheverträge Rz. 839.
[9] ErbStR 2003 12 Abs. 1 S. 1; *Meincke* ErbStG § 5 Rz. 38.
[10] FG Köln v. 4.6.2002 – 9 K 2513/98, EFG 2004, 1254, 1256; vgl. auch *Geck* ZErb 2004, 21, 25.
[11] *Meincke* ErbStG § 5 Rz. 46.

fikationen des gesetzlichen Güterstands über die Bewertung von Vermögenswerten oder über die Bemessung des Zugewinnausgleichs steuerrechtlich zu beachten sind. Dies muss allerdings auch zum Nachteil der Ehepartner gelten, wenn sie im Rahmen eines Totalverzichts (siehe Formular A. 4.01 § 1) in einem früheren Ehevertrag auf den Zugewinnausgleich außer bei Tod verzichtet hatten. In diesen Fällen nützt der unmittelbare Wechsel in den Güterstand der Gütertrennung nichts. Die steuerrechtliche Wirkung wird daher völlig unproblematisch nur in den Fällen erzielt, in denen die Ehepartner zuvor keine den gesetzlichen Zugewinnausgleichsanspruch einschränkende Modifikationen vereinbart hatten.

6 Ist die **Rückkehr zum gesetzlichen Güterstand** beschlossene Sache, so könnte zivilrechtlich ohne Probleme mit anschließender Urkunde die Gütertrennung sofort wieder aufgehoben werden (siehe Formular A. 4.22), doch sollte im Hinblick auf die erst jüngst in Kraft getretene Verschärfung des § 42 AO in dieser Hinsicht Vorsicht walten. Auch wenn der BFH in seiner Entscheidung vom 12.7.2005[12] diesen Gesichtspunkt ausdrücklich für irrelevant erklärt hat, sollte ein allzu enger zeitlicher Zusammenhang vermieden werden. Darüber hinaus ist zu überlegen, ob nach erfolgtem Zugewinnausgleich die Rückkehr zum gesetzlichen Güterstand überhaupt noch erforderlich ist oder ob nicht Modifikationen bis hin zum Verzicht auf Zugewinnausgleich bei Scheidung (siehe Formular A. 4.01 § 1) ausreichen.

B. Einzelerläuterungen

Zu Vorbemerkungen

7 Vgl. hierzu A. 4.01 Rz. 18f.

8 Beschränkt sich der Ehevertrag auf den Güterstandswechsel und die Regelung der Zugewinnausgleichsforderung, so scheidet nach der Kernbereichslehre eine Inhaltskontrolle aus. Deshalb erübrigt sich in diesem Falle die Feststellung der **Motive** der Ehegatten in der Urkunde. Vereinbarungen über den nachehelichen Unterhalt oder den Versorgungsausgleich sollten dann jedoch nicht getroffen werden, weil diese im Rahmen der erforderlichen Gesamtwürdigung des Vertrages negative Rückwirkungen auf den Güterstandsteil des Vertrages haben können. Ist zudem zeitnah die Rückkehr in den gesetzlichen Güterstand der Zugewinngemeinschaft geplant, die Gütertrennung also nur vorübergehend vereinbart, so erübrigt sich die Angabe von Motiven im Vertrag schon deshalb.

Zu § 1: Aufhebung der Zugewinngemeinschaft

9 Der Güterstand der Zugewinngemeinschaft muss durch **ausdrückliche Vereinbarung der Gütertrennung** aufgehoben werden (siehe oben Rz. 3). Es sollte unbedingt klargestellt werden, dass der Güterstandswechsel am Tage der Beurkundung wirksam wird, um eine zivilrechtlich und steuerrechtlich sichere Basis für die Berechnung des Zugewinnausgleichs zu erhalten.

10 Die Erfüllung der aus § 17 Abs. 1 BeurkG folgenden Pflicht zur **Belehrung über die rechtliche Tragweite** der Vereinbarung der Gütertrennung sollte in der Urkunde vermerkt werden, um spätere Beweisschwierigkeiten zu vermeiden. Aus dem Fehlen dieses nicht vorgeschriebenen Belehrungsvermerks kann allerdings nicht auf das Unterlassen der vorgeschriebenen Belehrung geschlossen werden.

---

[12] BFH v. 12.7.2005 – II R 29/02, BStBl. II 2005, 843.

Zu § 2: Zugewinnausgleich

11 Die Berechnungsgrundlagen, dh. der Zugewinn beider Ehepartner, sollten in der Urkunde angegeben werden. Waren in einem vorhergehenden Ehevertrag Modifikationen des Zugewinnausgleichs vereinbart worden, so müssen diese angegeben und der Berechnung zugrundegelegt werden.

12 Die Art der Ausgleichsleistung unterliegt der freien Disposition der Ehepartner, so dass auch andere Vermögenswerte insbesondere Immobilien in Frage kommen. Es sollte jedoch vor allem bei Immobilien ein zeitnahes Verkehrswertgutachten vorliegen, um den Ausgleichswert belegen zu können. Es ist mit Blick auf das gewünschte steuerrechtliche Ergebnis zu beachten, dass die vereinbarte Ausgleichsleistung auch tatsächlich zu dem vereinbarten Fälligkeitstermin erbracht wird.

A. 4.22 Aufhebung der Gütertrennung

Gliederung

A. 4.22

Nummer der Urkundenrolle [...]
Verhandelt zu [...] am [...]
Vor dem Notar [...] erschienen:
1. Herr A, geboren am [...] in [...],
nach eigenen Angaben deutscher Staatsangehöriger,
2. dessen Ehefrau,
Frau B, geboren am [...] in [...],
nach eigenen Angaben deutsche Staatsangehörige,
beide wohnhaft [...].
dem Notar ausgewiesen durch [...].
Die Erschienenen erklären mündlich folgenden

Ehevertrag

zur Beurkundung:

Vorbemerkung

Wir haben am [...] vor dem Standesamt in [...] geheiratet.[Rz. 12]
Wir haben am [...] in der Urkunde des Notars [...] in [...], Urkundenrolle Nummer [...], für unsere Ehe den Güterstand Gütertrennung vereinbart.

§ 1 Aufhebung der Gütertrennung

Wir heben mit rückwirkender Kraft den Güterstand der Gütertrennung auf, so dass für unsere Ehe ab der Eheschließung wieder der gesetzliche Güterstand der Zugewinngemeinschaft gilt, jedoch mit den in dieser Urkunde vereinbarten Abweichungen.

§ 2 Modifizierung der Zugewinngemeinschaft

Wir schließen hiermit die Verfügungsbeschränkungen der §§ 1365 und 1369 BGB für das beiderseitige Vermögen weiterhin völlig aus.

Für den Fall der Beendigung des Güterstandes durch den Tod eines Ehegatten soll es beim Zugewinnausgleich nach den gesetzlichen Regelungen verbleiben. Wird der Güterstand jedoch auf andere Weise als durch den Tod eines Ehegatten, insbesondere durch Scheidung, beendet, so soll kein Zugewinnausgleich stattfinden.[Rz. 13, 14]

Ein Verzeichnis des beiderseitigen Anfangsvermögens ist dieser Urkunde als Anlage beigefügt.

Der Notar hat uns darüber belehrt, dass: [Rz. 15]

a) aufgrund dieser Vereinbarung jeder von uns über sein Vermögen ohne Zustimmung des anderen Ehegatten frei verfügen kann,

b) ein Ausgleich des von dem einen oder dem anderen während der Ehe erzielten Zugewinns insbesondere im Falle der Scheidung nicht mehr erfolgt.

§ 3 Teilnichtigkeit[Rz. 16]

Bei Unwirksamkeit oder Undurchführbarkeit der Vereinbarung über den teilweisen Ausschluss des Zugewinnausgleichs ist die Aufhebung der Gütertrennung unwirksam und für unsere Ehe gilt weiterhin dieser Güterstand.[Rz. 17]

Diese Niederschrift wurde in Gegenwart des Notars den Erschienenen vorgelesen, von ihnen durch mündliche Erklärung genehmigt und eigenhändig wie folgt unterschrieben:

A. Grundsätzliche Anmerkungen

I. Wirtschaftliche Aspekte

1 Vor allem bei einer **Doppelverdienerehe ohne Kinder** (siehe zu den verschiedenen Ehetypen die Übersicht zu Formular A. 4.01 Rz. 4 und Rz. 11 f.) wollen die Ehepartner häufig den Zugewinnausgleich bei Scheidung ausschließen. Dies kann sowohl durch Modifikation des gesetzlichen Güterstands als auch durch Vereinbarung des Güterstands der Gütertrennung erreicht werden.

2 Der gesetzliche Güterstand ist trotz der irreführenden Bezeichnung als „Zugewinngemeinschaft" ebenso wie der vertragliche Güterstand der Gütertrennung durch den Grundsatz der **Vermögenstrennung** gekennzeichnet (§ 1363 Abs. 2 Satz 1 BGB). Es gibt also weder gemeinschaftliches Vermögen noch gemeinsame Schuldenhaftung kraft Eheschließung. Die Vereinbarung einer Gütertrennung bedeutet daher wirtschaftlich nichts anderes als einen Verzicht auf die Durchführung eines Zugewinnausgleichs in den Fällen der Scheidung und des Todes eines Ehepartners.

3 Dennoch haben viele Ehepaare im Glauben, sich nur durch die Vereinbarung der Gütertrennung vor einer **Schuldenhaftung** für den anderen schützen zu können, diese zu ihrem Ehegüterstand gemacht. In aller Regel sollten diese Gütertrennungsverträge aufgehoben und durch eine Vereinbarung ersetzt werden, mit der der Zugewinnausgleich bis auf den Fall des Todes vollständig ausgeschlossen wird. Diese Modifizierung des gesetzlichen Güterstands unterscheidet sich von der Gütertrennung im wesentlichen nur noch durch die Unterschiede beim gesetzlichen Erbrecht (siehe die Ausführungen in A. 4.01 Rz. 21). Diese Einflüsse des Eherechtes auf das Erbrecht sollten durch testamentarische oder erbvertragliche Verfügungen ausgeschaltet werden.

4 Besonders weit verbreitet ist die **Gütertrennung bei Unternehmern,** die diesen Güterstand in der irrigen Annahme vereinbarten, nur so ihren Ehepartner vor einer Mithaftung für die Schulden des Unternehmens schützen zu können. In diesen Fällen ist kritisch zu hinterfragen, ob der vollständige Verzicht auf Zugewinnausgleich bei

einer Scheidung mit der Verteilung des Privatvermögens zwischen den Ehepartnern vereinbar ist. Hat der Unternehmer aus Haftungsgründen darauf verzichtet, das Privatvermögen in seinem Eigentum zu haben, so sollte ihm der Anspruch auf Zugewinnausgleich bei Scheidung vorbehalten werden. Andererseits kann der Zugewinnausgleich des anderen bezüglich des Unternehmens ausgeschlossen werden. Siehe hierzu das Formular A. 4.02 § 1.

Aus erbschaftssteuerlichen Gründen ist die **Modifikation** der Zugewinngemeinschaft **vorzuziehen,** weil dann der fiktive Zugewinnausgleichsanspruch beim Tode eines Ehepartners gemäß § 5 Abs. 1 ErbStG zusätzlich zum allgemeinen und zum besonderen Versorgungsfreibetrag steuerfrei bleibt (siehe A. 4.01 Rz. 13). **5**

Trotz des gemäß Art. 15 EGBG geltenden unwandelbaren deutschen Güterrechtsstatuts verbietet es sich allerdings in aller Regel, den Beteiligten einen Wechsel aus dem „internationalen Güterstand" der Gütertrennung in diese speziell deutsche Güterstandsvereinbarung vorzuschlagen, wenn: **6**
- durch eine beabsichtigte oder doch wahrscheinliche Verlagerung des Wohnsitzes ins Ausland ein ausländisches Güterrechtsstatut entstehen kann oder
- Teile des Vermögens sich im Ausland befinden (Auslandsbezug).

II. Rechtliche Aspekte

Auch wenn die Rückwirkung der Güterstandsänderung gemäß § 5 Abs. 1 Satz 3 ErbStG bei der Berechnung des Erbschaftssteuerfreibetrags unbeachtlich ist, ist sie unter zivilrechtlichen Gesichtspunkten selbst dann empfehlenswert, wenn die Ehepartner gleichzeitig auf die Durchführung des Zugewinnausgleichs in allen anderen Fällen außer dem Tod verzichten. Zum einen wird Streit darüber vermieden, ob die Erhöhung des gesetzlichen Erbteils gemäß § 1371 Abs. 1 BGB eintritt. Zum anderen wird dadurch der Anspruch des überlebenden Ehepartners aufgrund der güterrechtlichen Lösung gemäß § 1371 Abs. 3 BGB erhöht. **7**

Bei Vereinbarung der Rückwirkung muss lediglich darauf geachtet werden, dass diese nicht für die Verfügungsbeschränkungen der §§ 1365, 1369 BGB gelten kann. Beim vollständigen Verzicht auf Zugewinnausgleich bei Scheidung usw. bleiben diese Verfügungsbeschränkungen jedoch ohnehin ausgeschlossen. **8**

Unabhängig von der Aufhebung der Gütertrennung bedarf es der Entscheidung, ob der gesetzliche Güterstand der Zugewinngemeinschaft völlig unverändert, mit einzelnen Modifikationen oder – wie hier vorgeschlagen – mit weitestgehend möglicher Annäherung an die Gütertrennung vereinbart wird. Die Kriterien sind hier keine anderen als bei Eheverträgen ohne vorangegangene Gütertrennungsvereinbarung. Auf die Ausführungen in A. 4.01 Rz. 21ff. wird deshalb verwiesen. **9**

Im Rahmen der erforderlichen Gesamtwürdigung aller Regelungsgegenstände müssen bei dieser Entscheidung auch etwaige Vereinbarungen über den nachehelichen Ehegattenunterhalt und den Versorgungsausgleich mit einbezogen werden. Dies gilt nach den Entscheidungen des Bundesverfassungsgerichts aus dem Jahre 2001 auch dann, wenn in dem Ehevertrag mit der Gütertrennungsvereinbarung Regelungen über den nachehelichen Ehegattenunterhalt und/oder den Versorgungsausgleich bei Scheidung verbunden sind: **10**
- Bei einer Doppelverdienerehe ohne Kinder kann und sollte regelmäßig der Verzicht auf nachehelichen Unterhalt und Durchführung des Versorgungsausgleichs erwogen werden (vgl. Formular A. 4.01 § 2 und § 3).
- Ein Totalverzicht scheidet bei der Doppelverdienerehe mit Kindern ebenso wie bei der Alleinverdienerehe ohne Kinder grundsätzlich aus, nicht jedoch Einschränkungen (siehe die Übersicht zu Formular A. 4.01 Rz. 12).

– Bei der Alleinverdienerehe mit Kindern wird man dagegen auf nachehelichen Ehegattenunterhalt und die Durchführung des Versorgungsausgleichs überhaupt nicht und auf den Zugewinnausgleich nur bei eigenem Vermögen des kindererziehenden und haushaltsführenden Ehepartners verzichten können (siehe die Übersicht zu Formular A. 4.01 Rz. 12).

III. Erbschaftsteuerliche Aspekte

11 Trotz des zivilrechtlich zulässigen rückwirkenden Güterstandswechsels gilt für die Berechnung des besonderen Freibetrags gemäß § 5 Abs. 1 Satz 4 ErbStG der Tag des Vertragsschlusses als Zeitpunkt des Eintritts des Güterstands der Zugewinngemeinschaft. Dieses Ergebnis kann auch nicht durch eine nachgeschobene Anfechtung der ursprünglichen Vereinbarung der Gütertrennung vermieden werden. Es handelt sich nämlich allenfalls um einen Rechtsfolgenirrtum, der als Motivirrtum unbeachtlich ist und nicht zur Anfechtung berechtigt.

B. Einzelerläuterungen

Zu Vorbemerkung

12 Es gehört zu den Amtspflichten des Notars bei der Beurkundung eines Ehevertrags gemäß § 17 BeurkG, das Güterrechtsstatut festzustellen (vgl. Art. 15 EGBGB). Dazu muss der Notar Ort und Tag der Eheschließung sowie die Staatsangehörigkeit der Beteiligten, und zwar sowohl bei Heirat als auch bei Beurkundung, erfragen. Die Angaben der Beteiligten sollte er aus Beweisgründen in der Urkunde festhalten, und zwar auch dann, wenn die Beteiligten deutsche Staatsangehörige sind und bei der Heirat in Deutschland auch waren.

Zu § 2: Modifizierung der Zugewinngemeinschaft

13 Die hier vorgeschlagene Modifizierung des gesetzlichen Güterstandes der Zugewinngemeinschaft unterscheidet sich nur in folgenden Punkten von der Gütertrennung:

– Beim Tod eines Ehepartners verbleibt es im Hinblick auf den Freibetrag nach § 5 ErbStG bei der gemäß § 1371 Abs. 1 BGB vorgesehenen Erhöhung des Ehegattenerbteils (siehe A. 4.01 Rz. 21); auch alle anderen Rechte aus § 1371 BGB stehen dem überlebenden Ehepartner zu.
– Es gelten die Verfügungsbeschränkungen gemäß §§ 1365, 1369 BGB, wenn und soweit sie nicht – wie im Formular vorgeschlagen – umfassend abbedungen werden.
– § 1370 BGB ordnet für nicht mehr vorhandene oder verbrauchte Haushaltsgegenstände dingliche Surrogation bezüglich der als Ersatz angeschafften Gegenstände an. Diese Regelung ist jedoch mit keinen Nachteilen verbunden. Im übrigen wird auf die Ausführungen zu A. 4.01 Rz. 21 verwiesen.

14 Bei der Formulierung der Modifikation ist darauf zu achten, dass der Zugewinnausgleich nicht nur im Falle der Ehescheidung ausgeschlossen wird, sondern auch für den Fall der

– Aufhebung der Ehe durch rechtskräftiges Urteil (§§ 1313 ff. BGB),
– durch Klage auf vorzeitigen Zugewinnausgleich (§§ 1386 ff. BGB) oder
– durch Vereinbarung der Gütertrennung (§ 1414 BGB) bzw. ersatzloser Aufhebung des gesetzlichen Güterstands der Zugewinngemeinschaft.

15 Die Erfüllung der aus § 17 Abs. 1 BeurkG folgenden Pflicht zur Belehrung über die rechtliche Tragweite des Ausschlusses des Zugewinnausgleichs für den Fall der Schei-

dung usw. sollte in der Urkunde vermerkt werden, um spätere Beweisschwierigkeiten zu vermeiden. Aus dem Fehlen dieses nicht vorgeschriebenen Belehrungsvermerks kann allerdings nicht auf das Unterlassen der vorgeschriebenen Belehrung geschlossen werden.

Zu § 3: Teilnichtigkeit

Siehe zur rechtlichen Fragwürdigkeit allgemeiner und der Notwendigkeit konkreter salvatorischer Klauseln in Eheverträgen die Ausführungen in A. 4.01 Rz. 39 ff. **16**

Die Aufhebung der Gütertrennung steht und fällt mit der vereinbarten Modifikation der Zugewinngemeinschaft. Wenn auch nur ein Bestandteil dieser Vereinbarung unwirksam sein oder werden sollte, ist die Beibehaltung der Gütertrennung einer angepassten Regelung vorzuziehen. **17**

A. 5 Pflichtteilsverzicht

Übersicht

A. 5.00 Umfassender Pflichtteilsverzicht

Gliederung

UR-Nr. [...]/2017 A. 5.00

Verhandelt zu [...] am [...]
Vor mir, dem unterzeichnenden Notar

[...]
mit dem Amtssitz in [...]

erschienen:

1. **Herr A, geboren am [...],**
   wohnhaft in [...],
2. **dessen Ehefrau B, geboren am [...],**
   wohnhaft ebendort,
   beider Kinder
3. **C, geboren am [...],**
   wohnhaft in [...],
4. **D, geboren am [...],**
   wohnhaft in [...],
5. **E, geboren am [...],**
   wohnhaft in [...].

Die Erschienenen erklären folgenden

Pflichtteilsverzichtsvertrag

I.[Rz. 60ff.]

1. Wir, C, D und E, die Erschienenen zu 3.–5. und Abkömmlinge der Erschienenen zu 1. und 2., verzichten auch mit Wirkung für unsere gegenwärtigen und zukünftigen Abkömmlinge auf unser gesetzliches Pflichtteilsrecht, sowohl nach dem Erstversterbenden als auch dem Längerlebenden unserer Eltern. Unser gesetzliches Erbrecht bleibt dagegen bestehen.
2. Wir, die Erschienenen zu 1. und 2., nehmen den Pflichtteilsverzicht unserer Kinder an.

II.[Rz. 66]

1. Wir, A und B, die Erschienenen zu 1. und 2., verzichten auf unser gesetzliches Pflichtteilsrecht jeweils gegenüber unseren Kindern C, D und E, den Erschienenen zu 3.–5. Unser gesetzliches Erbrecht bleibt dagegen bestehen.
2. Wir, die Erschienenen zu 3.–5., nehmen jeweils den Pflichtteilsverzicht unserer Eltern an.

III.[Rz. 67]

Außerdem und zur vertraglichen Abrundung unserer Nachfolgegestaltung verzichten wir, die Erschienenen zu 1. und 2., hiermit wechselseitig auf unser gesetzliches Pflichtteilsrecht und nehmen diesen Verzicht hiermit wechselseitig an. Unser gesetzliches Erbrecht bleibt dagegen bestehen.

Uns steht somit frei, eine beliebige Verfügung von Todes wegen zu errichten, ohne dass dem anderen daraus Pflichtteilsansprüche erwachsen können. Wir vereinbaren, dass Unterhaltsansprüche des Längerlebenden von uns gegen die Erben des Erstversterbenden nach §§ 1586b und 1933 Satz 3 BGB durch vorstehenden Verzicht nicht beeinträchtigt oder ausgeschlossen werden.

IV.[Rz. 68]

Der Pflichtteilsverzicht der Erschienenen zu 1.–5. erfolgt unentgeltlich und ohne Verpflichtung zur Gewährung einer Abfindung. Zuwendungen durch Rechtsgeschäfte unter Lebenden oder durch Verfügung von Todes wegen sind nicht Grundlage dieses Vertrages.

V.[Rz. 69ff.]

Die von den Erschienenen zu 1.-5. jeweils erklärten Pflichtteilsverzichte sind voneinander unabhängig. Sollte also der von einem Erschienenen erklärte Pflichtteilsverzicht unwirksam sein, berührt dies die Wirksamkeit der Pflichtteilsverzichte der jeweils anderen nicht.

VI.[Rz. 72]

Die von den Erschienenen zu 1.-5. jeweils erklärten Pflichtteilsverzichte umfassen sämtliche Pflichtteilsansprüche, insbesondere auch Zusatzpflichtteile und Pflichtteilsergänzungsansprüche, sowie auch sämtliche mit dem Pflichtteilsrecht zusammenhängende Rechte. Die Pflichtteilsverzichte umfassen das gesamte weltweite Vermögen desjenigen, gegenüber dem verzichtet wird, und auch ausländische Pflichtteils- und Noterbrechte, soweit ein solcher Verzicht zulässig ist.

[notarielle Hinweise und Ausgangsformel]

A. Grundsätzliche Anmerkungen

I. Wirtschaftliche Vertragsziele

1. Pflichtteilsgefahren

Der Pflichtteilsverzichtsvertrag ist das sicherste Mittel, um Unternehmensnachfolger 1
vor Pflichtteilsgefahren zu schützen und so den Bestand des Unternehmens zu sichern. Gefahren begründet das Pflichtteilsrecht in gleich mehrfacher Hinsicht, indem es Abkömmlingen, Ehegatten, nichtehelichen Lebenspartnern und, sofern keine Abkömmlinge vorhanden sind, den Eltern (§§ 2303 Abs. 1, Abs. 2 Satz 1, 2309 BGB, § 10 Abs. 6 LPartG) eine Mindestteilhabe am Nachlass des Erblassers sichert, **beschränkt** es dessen **Testierfreiheit.** Der Erblasser bleibt zwar in der gegenständlichen Verteilung seines Nachlasses frei, nicht aber in der wertmäßigen Verteilung. Wer seine pflichtteilsberechtigten Familienangehörigen nicht mindestens in Höhe der Hälfte des Wertes ihres gesetzlichen Erbteils (§ 2303 Abs. 1 Satz 2 BGB) am Nachlass beteiligt, wird durch das Pflichtteilsrecht in der Weise korrigiert, dass dieses den Pflichtteilsberechtigten einen Anspruch auf Geldausgleich gegen den oder die Erben gewährt. Insofern findet zwar keine automatische Umverteilung statt, wohl aber werden die Pflichtteilsberechtigten in die Lage versetzt, eine wertmäßige Umverteilung durchzusetzen. Gerade im Mittelstand fällt es besonders schwer, allen pflichtteilsberechtigten Familienmitgliedern die gesetzlich garantierte Mindestteilhabe zu verschaffen. Dies gilt vor allem, wenn nur einer von ihnen zur Unternehmensnachfolge zur Verfügung steht, denn das Vermögen des Mittelständlers besteht im Regelfall überwiegend aus unternehmerischem Vermögen. Erträge aus dem Unternehmen werden meist reinvestiert, so dass nur in geringem Umfang Privatvermögen geschaffen werden kann, welches zur Vererbung an diejenigen Familienangehörigen zur Verfügung steht, die nicht am Unternehmen beteiligt werden sollen.

Als sofort fälliger und **in Geld zu leistender Anspruch** begründet der Pflichtteilsanspruch weiterhin erhebliche Liquiditätsrisiken für den Unternehmensnachfolger, die im Falle ihrer Realisierung durchaus existenzbedrohend für das Unternehmen werden können. Unternehmerisches Vermögen ist in der Regel gebundenes und nur sehr schwer liquidierbares Vermögen. Das Liquiditätsproblem verschärft sich nochmals dadurch, dass der Pflichtteilsanspruch als Privatschuld **ertragsteuerlich keine Berücksichtigung** findet, er ist vielmehr „nach Steuern" zu erfüllen.

Zudem birgt das Pflichtteilsrecht, gerade wenn betriebliches Vermögen zum Nach- 2
lass gehört, ein **hohes Streitpotential.** Zur Berechnung des Pflichtteilsanspruchs wird es nämlich erforderlich, den Verkehrswert des Nachlasses im Zeitpunkt des Erbfalls zu ermitteln (§ 2311 BGB). Über den Verkehrswert von Unternehmen oder Gesellschaftsbeteiligungen aber bestehen zwischen Unternehmensnachfolgern und Pflichtteilsberechtigten häufig extrem unterschiedliche Vorstellungen, so dass eine gerichtliche Klärung nur selten unvermeidbar ist. Der Ausgang einer prozessualen Auseinandersetzung über die Bewertung von Unternehmen und Gesellschaftsbeteiligungen aber ist kaum prognostizierbar. Offen ist bereits, welche Bewertungsmethode das Gericht der Bewertung zu Grunde legt,[1] weiterhin, ob es den Liquidationswert als Wertuntergrenze anerkennt[2] und schließlich, ob und unter welchen Voraussetzungen

[1] Nach herrschender Ansicht in Rechtsprechung und Literatur gibt es keine bestimmte rechtlich vorgegebene Bewertungsmethode (BGH v. 24.10.1990 – XII ZR 101/89, NJW 1991, 1547 f.; BeckOK BGB/*G. Müller* BGB § 2311 Rz. 32; Soergel/*Diekmann* BGB § 2311 Rz. 20), wobei der Ertragswert heute als wesentlicher Faktor des Unternehmenswerts angesehen wird (vgl. BeckOK BGB/*G. Müller* BGB § 2311 Rz. 32 mwN).

[2] Zum Streitstand MüKoBGB/*Lange* BGB § 2311 Rz. 40.

latente Steuerbelastungen[3] oder gesellschaftsvertragliche Abfindungsklauseln[4] bei Fortführung des Unternehmens durch den Nachfolger wertmindernd Berücksichtigung finden können. Nach Klärung dieser grundsätzlichen Fragen wird es weiterhin darauf ankommen, von welchen nachhaltig erzielbaren Zukunftserträgen, welchem Kapitalisierungszins, welchem Substanz- oder Liquidationswert das Gericht oder der hinzugezogene Sachverständige ausgeht.

3 Schließlich ist auch der dem Unternehmensnachfolger entstehende **Arbeits- und Kostenaufwand** zur Erfüllung der dem Pflichtteilsberechtigten zustehenden Ansprüche auf Auskunft und Wertermittlung nicht zu unterschätzen. Zwar trägt der Pflichtteilsberechtigte die als Nachlassverbindlichkeiten den Nachlasswert mindernden Kosten in Höhe seiner Pflichtteilsquote mit, jedoch ist der regelmäßig mit einer höheren Quote am Nachlass beteiligte Erbe entsprechend höher an diesen Kosten beteiligt.

2. Reduzierung von Pflichtteilsgefahren durch Pflichtteilsverzichtsverträge

4 Das Vertragsziel eines Pflichtteilsverzichtsvertrages bestimmt sich in erster Linie danach, welcher der vorstehend aufgezeigten Pflichtteilsgefahren vorgebeugt werden soll. Zwar ist es aus Sicht des Erblassers und zum Schutz des künftigen Unternehmensnachfolgers am einfachsten, mit den pflichtteilsberechtigten Familienangehörigen einen umfassenden Pflichtteilsverzichtsvertrag abzuschließen, jedoch bedarf dies jeweils deren Mitwirkung und Zustimmung. Dies macht es erforderlich, Prioritäten zu setzen und Anreize zu schaffen.

5 Will der Erblasser durch einen umfassenden Pflichtteilsverzicht volle Testierfreiheit erlangen, so wird der Pflichtteilsberechtigte hierzu häufig nur bereit sein, wenn er hierfür ein wirtschaftliches Äquivalent in Form einer **Abfindung** erhält. Der Pflichtteilsverzicht ist dann mit einer Schenkung zu koppeln. Aus diesem Grund sollte auch umgekehrt bei anstehenden Schenkungen immer an die Möglichkeit eines Pflichtteilsverzichts des Beschenkten gedacht werden.

6 Häufig kann oder will der künftige Erblasser aber das Abfindungsverlangen in der vom Pflichtteilsberechtigten geforderten Höhe nicht erfüllen. Dabei spielt es oft auch eine Rolle, dass der Pflichtteilsverzichtsvertrag, obwohl zwischen dem zukünftigen Erblasser und dem Pflichtteilsberechtigten abgeschlossen, weniger den Erblasser als den späteren Erben, bei einer anstehenden Unternehmensnachfolge also den Unternehmensnachfolger schützt. Der Erblasser selbst hat also – abgesehen von der Sicherung des Erhalts des Unternehmens, die freilich auch in seinem Interesse liegt – von dem Pflichtteilsverzichtsvertrag, für welchen er die Abfindung zu zahlen hat, keinen unmittelbaren Vorteil.

7 Um einen Pflichtteilsverzicht auch ohne große Abfindungsleistungen zu erreichen, ist daher eine **Reduzierung der Beschränkungen** auf das Notwendige angezeigt. Dabei eröffnet das Gesetz einen großen Gestaltungsspielraum und erlaubt weitgehend eine individuelle Anpassung des Verzichtes an die besonderen Umstände des Einzelfalls.[5] Eine Regelung zu finden, welche die vom Erblasser verfolgten Ziele verwirklicht, gleichzeitig aber auch dem Verzichtenden vermittelbar ist, stellt die zentrale Aufgabe bei der Gestaltung eines Pflichtteilsverzichtsvertrages dar.

8 Zur Absicherung des durch ein **Berliner Testament** begünstigten länger lebenden Ehegatten reicht es meist aus, von den Abkömmlingen einen Pflichtteilsverzicht lediglich **auf den ersten Erbfall** zu verlangen (s. hierzu Formular A. 5.10). Hierzu sind die meisten Abkömmlinge zum Schutz des länger lebenden Elternteils in der Regel bereit, während sie einem umfassenden Pflichtteilsverzicht nicht ohne Weiteres zustimmen könnten, da sie damit das Risiko eingehen würden, auch im zweiten Erbfalls,

---

[3] Überblick bei BeckOK BGB/*G. Müller* BGB § 2311 Rz. 41; Staudinger/*Herzog* BGB § 2311 Rz. 128.

[4] BeckOK BGB/*G. Müller* BGB § 2311 Rz. 45; mwN.

[5] Staudinger/*Schotten* BGB § 2346 Rz. 47 ff.; *J. Mayer* ZEV 2000, 263, 263 („maßgeschneiderter Pflichtteilsverzicht").

also beim Tod des längerlebenden Elternteils zu Gunsten ihrer Geschwister enterbt zu werden.

Soll lediglich eine Unternehmensnachfolge gesichert werden, reicht es oft aus, den Pflichtteilsverzicht **gegenständlich** auf das unternehmerische Vermögen zu **beschränken** (s. hierzu Formular A. 5.40). Damit bleibt den Verzichtenden eine Mindestteilhabe am privaten Nachlass des Erblassers gesichert. Zur Vorbeugung der Geltendmachung von Pflichtteilsergänzungsansprüchen kann es sich bei lebzeitigen Übertragungen unternehmerischen Vermögens auf den Unternehmensnachfolger zudem anbieten, bezüglich des geschenkten Vermögens mit den übrigen pflichtteilsberechtigten Familienmitgliedern einen Pflichtteilsverzicht zu vereinbaren. 9

Neben derartigen gegenständlichen Beschränkungen des Pflichtteilsverzichts, die erhebliche Abgrenzungsprobleme schaffen und deshalb höchst missbrauchsanfällig sind, kommt auch eine **betragsmäßige Beschränkung** des Pflichtteils in Betracht (s. hierzu Formular A. 5.30). Bei der Bestimmung des maximal als Pflichtteil zu leistenden Betrages kann man sich zum Schutz des Unternehmens vor Liquiditätsabflüssen an dem vorhandenen kurzfristig liquidierbaren Privatvermögen orientieren. Da jedoch auch dessen Entwicklung nicht sicher prognostizierbar ist, bleiben für beide Seiten erhebliche Risiken. Der Verzichtende wird jedenfalls durch eine Wertsicherungsklausel vor Inflationsrisiken zu schützen sein. Der Erblasser wird zum Schutz des Unternehmens und seines Nachfolgers langfristig eine Liquiditätsreserve vorhalten müssen. Statt einer betragsmäßigen Beschränkung kann auch eine **Reduzierung der Pflichtteilsquote** vereinbart werden. 10

Soll der künftige Erblasser frei über die Verteilung seines Vermögens entscheiden können, ohne dass der Pflichtteilsanspruch wertmäßig reduziert wird, kann der **Pflichtteilsverzicht unter** die auflösende **Bedingung** gestellt werden, dass dem Pflichtteilsberechtigten oder seinen Abkömmlingen lebzeitig oder von Todes wegen Vermögen in pflichtteilsübersteigendem Wert zugewendet wird (s. hierzu Formular A. 5.20). Die Verlagerung des maßgeblichen Zeitpunkts für den Bedingungseintritt auf den Tod des letztversterbenden Elternteils ermöglicht eine Zusammenfassung von deren Pflichtteilslasten, so dass ein ausreichender Vermögensübergang auf die nachfolgende Generation erst nach dem zweiten Erbfall erreicht werden muss. Weitere Flexibilität und gleichzeitig auch die Reduzierung von Streitpotenzial kann durch die vertragliche Modifikation der gesetzlichen Vorgaben zur Anrechnung und Bewertung von Zuwendungen erreicht werden. Dabei sollte insbesondere bestimmt werden, dass eine Anrechnung auch erfolgt, wenn der Pflichtteilsberechtigte Zuwendungen ausschlägt. 11

Geht es dem Erblasser lediglich darum, flexibel testieren zu können, etwa den Pflichtteilsberechtigten mit einer Testamentsvollstreckung oder einer Nacherbschaft zu beschweren, so kann es ausreichend sein, im Rahmen eines Pflichtteilsverzichts lediglich die **Rechtsfolgen des § 2306 BGB abzubedingen.**[6] 12

In manchen Fällen kann es auch genügen, den Verzicht auf eine **Modifizierung der Zahlungsmodalitäten** zu beschränken, etwa die Gestattung einer ratierlichen Zahlung bei niedriger Verzinsung und gleichzeitigem Verzicht auf Sicherheiten (s. hierzu Formular A. 5.50).

Der Vorbeugung von Streit kann es bereits dienen, wenn sich Erblasser und Pflichtteilsberechtigter vertraglich auf bestimmte Verfahren zur **Bewertung** des Nachlassvermögens verständigen oder hierfür einen Schiedsgutachter bestimmen, der verbindlich über Bewertungsfragen entscheidet (s. hierzu Formular A. 5.50). Um zu vermeiden, dass unternehmerische Daten öffentlich werden, kann sich darüber hinaus generell die Aufnahme einer **Schiedsgerichtsklausel** in den Pflichtteilsverzichtsvertrag empfehlen. 13

Die Gestaltungsmöglichkeiten sind also vielfältig. Ebenso vielfältig aber sind auch die Anlässe für Pflichtteilsverzichtsverträge und die bei ihrer Konzeption zu berück-

[6] Vgl. *J. Mayer* ZEV 2000, 263, 265 mit Formulierungsvorschlag.

sichtigenden Familien- und Vermögensverhältnisse. Da der Pflichtteilsverzichtsvertrag immer das Einverständnis aller Vertragsbeteiligten voraussetzt, sollte die Kautelarpraxis zur langfristigen Wahrung des Familienfriedens immer um eine **Individualisierung,** insbesondere auch über die hier vorgestellten Muster hinaus, bemüht sein.

3. Gestaltungsalternativen zur Reduzierung von Pflichtteilsgefahren

14 Trotz aller Bemühungen wird es nicht immer gelingen, die Unternehmensnachfolge durch Abschluss eines Pflichtteilsverzichtsvertrages abzusichern. Jedoch sollte auch in diesem Fall der Unternehmensnachfolger nicht seinem Schicksal überlassen und den Unternehmenserhalt gefährdenden Pflichtteilsgefahren ausgesetzt werden. Stattdessen sind andere pflichtteilsreduzierende Maßnahmen angezeigt.[7]

Bereits bei der Gestaltung des Testaments kann Pflichtteilsrisiken in mehrfacher Weise Rechnung getragen werden. Als sicherster Weg zur Vermeidung der Geltendmachung von Pflichtteilsansprüchen und insbesondere zur Ausschaltung des damit verbundenen Liquiditätsrisikos ist die **Erbeinsetzung** des Pflichtteilsberechtigten mindestens **in Höhe seiner Pflichtteilsquote** zu nennen. Doch hat dies den Nachteil, dass damit auch der zum Erben eingesetzte Pflichtteilsberechtigte am Unternehmen beteiligt wird. Hat er sich in der Vergangenheit aber nicht zu einem fairen Pflichtteilsverzichtsvertrag bereit erklärt, so wird man auch nicht davon ausgehen können, dass er im Rahmen einer einvernehmlichen Erbauseinandersetzung auf eine Beteiligung am Unternehmen verzichtet. Mit einer für Klarheit sorgenden Teilungsanordnung würde der Erblasser das Risiko schaffen, dass der Pflichtteilsberechtigte die Erbschaft ausschlägt und gemäß § 2306 Abs. 1 BGB seinen Pflichtteil verlangt. Auch die Zuwendung eines Vermächtnisses statt der Erbeinsetzung würde dem Pflichtteilsberechtigten die Möglichkeit verschaffen, nach Vermächtnisausschlagung den vollen Pflichtteil in Geld zu beanspruchen (§ 2307 Abs. 1 Satz 1 BGB).

15 Zur Reduzierung von Pflichtteilsgefahren bei Berliner Testamenten kann sich zwar grundsätzlich die Aufnahme einer **Pflichtteilsstrafklausel** in die letztwillige Verfügung empfehlen, jedoch kann eine solche Klausel die Geltendmachung von Pflichtteilsansprüchen durch die im ersten Erbfall enterbten Schlusserben nicht hindern, sie kann sie lediglich unattraktiver machen.[8]

16 In praktisch sehr seltenen Fällen, kann dem Pflichtteilsberechtigten einseitig der **Pflichtteil entzogen werden** (§ 2333 BGB). Der Erblasser muss den Grund für die Entziehung des Pflichtteils in seiner letztwilligen Verfügung ausdrücklich angeben (§ 2336 Abs. 2 BGB).

17 Die durch § 2306 BGB bewirkte Einschränkung der Testierfreiheit lässt sich bei verschwenderischen oder überschuldeten Abkömmlingen durch eine **Pflichtteilsbeschränkung** in guter Absicht (§ 2338 BGB) wieder herstellen.[9] In diesen ebenfalls eher seltenen Fällen ist es dem Erblasser gestattet, den Abkömmling lediglich als Vorerben oder Vorvermächtnisnehmer und gesetzliche Erben zu Nacherben oder Nachvermächtnisnehmern zu berufen und ihn mit einer Verwaltungstestamentsvollstreckung zu belasten. Die Belastungen bleiben trotz § 2306 BGB auch dann bestehen, wenn der Erbteil ausgeschlagen wird.

18 Wird die Geltendmachung von Pflichtteilsansprüchen im nächsten Erbfall, also beim Tod des Erben, befürchtet – etwa durch die Schwiegertochter oder einen Enkel –, kann sich zur Pflichtteilsreduzierung die Anordnung einer **Vor- und Nacherbschaft**

---

[7] Ein Überblick hierzu bei *Burandt* FuR 2012, 246 ff.; *Griesel/Klümper-Neusel* ErbBstg 2006, 162 ff.; *Herrler* notar 2010, 92 ff.; *Müller* notar 2011, 315 ff.; *von Oertzen* ErbStB 2005, 71 ff.; *Schäfer* ZEV 2013, 63 ff; *Thoma* ZEV 2003, 278 ff.; *Winkler* ZEV 2005, 89 ff.

[8] Im Einzelnen hierzu *Nieder/Kössinger* Handbuch der Testamentsgestaltung § 14 Rz. 72 ff.; *Reimann/Bengel/J. Mayer* A Rz. 413 ff.; *J. Mayer* ZEV 1995, 137 f.

[9] Hierzu *Baumann* ZEV 1996, 121 ff.; *Keim* NJW 2008, 2072, 2073; *Kuhn* ZEV 2011, 288 ff.

empfehlen. Entsprechendes gilt bei befürchteter Wiederverheiratung des längerlebenden Ehegatten.

Neben derartigen testamentarischen Regelungen kommen auch zahlreiche lebzeitige Maßnahmen zur Pflichtteilsreduzierung in Betracht. Wer es sich leisten kann, das Damoklesschwert des Pflichtteilsergänzungsanspruchs zehn Jahre über sich zu sehen, sollte frühzeitig mit **Maßnahmen vorweggenommener Erbfolge** beginnen. Auch wenn der Gesetzgeber vom früheren „Alles-oder-Nichts-Prinzip" Abstand genommen hat und eine Schenkung nach dem ErbRRefG nunmehr für die Berechnung des Pflichtteilsergänzungsanspruchs graduell immer weniger berücksichtigt wird, je länger sie zurückliegt (vgl. § 2325 Abs. 3 BGB), verbleibt das Risiko einer (zumindest anteiligen) Inanspruchnahme des Erben. Bei Schenkungen zur Reduzierung des Nachlasses ist weiterhin zu beachten, dass der Lauf der Zehn-Jahresfrist nach der Rechtsprechung des BGH erst ab „der wirtschaftlichen Ausgliederung des Gegenstandes aus dem Vermögen des Schenkers" beginnt.[10] Der Vorbehalt von Nutzungsrechten, insbesondere eines Nießbrauchs,[11] aber auch Rückforderungsrechte im Schenkungsvertrag[12] können damit den Fristbeginn verhindern[13] und ggf. nur zu einer Minderung der Pflichtteilsverzichtsbelastung führen.[14] Bei Ehegattenschenkungen beginnt der Lauf der Zehn-Jahresfrist erst mit Beendigung der Ehe (§ 2325 Abs. 3 Satz 2 BGB), so dass auch hier die „Pro-Rata-Lösung" keinen Vorteil bietet. 19

Da sich der Pflichtteilsergänzungsanspruch nach § 2325 BGB nur auf lebzeitige Schenkungen des Erblassers bezieht, können **entgeltliche Geschäfte,** insbesondere der lebzeitige Verkauf des Unternehmens oder von Unternehmensteilen an den potenziellen Unternehmensnachfolger ebenfalls Gestaltungsmittel zur Pflichtteilsreduzierung sein. Wird unter Wert verkauft, so kann zwar eine pflichtteilsergänzungsrelevante gemischte Schenkung vorliegen, jedoch hat hierzu der Pflichtteilsberechtigte zumindest ein grobes Missverhältnis zwischen Leistung und Gegenleistung nachzuweisen. Gelingt ihm dies, so geht allerdings die Rechtsprechung davon aus, dass die Kaufvertragsparteien auch über die Unentgeltlichkeit der Wertdifferenz einig waren.[15] Bis zur Grenze des Missverhältnisses zwischen Leistung und Gegenleistung[16] kann ein entgeltliches Geschäft aber pflichtteilsreduzierende Auswirkungen haben. 20

Eine weitere Möglichkeit der Reduzierung von Pflichtteilsansprüchen durch ein entgeltliches Geschäft bietet auch das eheliche Güterrecht. Leben die Eheleute im Güterstand der Zugewinngemeinschaft, kann mit einem **Wechsel in den Güterstand der Gütertrennung** und der Erfüllung des dadurch entstehenden Zugewinnausgleichsanspruchs Vermögen auf den anderen Ehegatten verlagert werden. Zwar ist bis- 21

[10] BGH v. 27.4.1994 – IV ZR 132/93, BGHZ 125, 395, 398 f.

[11] BGH v. 26.6.2016 – IV ZR 474/15, ZEV 2016, 445 zum Vorbehalt eines Wohnungsrechts dagegen verhindern vereinbarte Rentenzahlungen, da keine Nutzungsbefugnis vermittelt wird, den Fristablauf nicht (LG Rottweil v. 21.4.2011 – 3 O 83/10, ZErb 2012, 310).

[12] Sehr weitgehend hierzu OLG Düsseldorf v. 11.4.2008 – 7 U 70/07, ZEV 2008, 525 ff. m. kritischer Anmerkung *Herrler;* zu Recht auch kritisch MüKoBGB/*Lange* BGB § 2325 Rz. 66; Palandt/*Weidlich* BGB § 2325 Rz. 26, 28.

[13] Vgl. BeckOK BGB/*G. Müller* BGB § 2325 Rz. 48 ff.

[14] Bei der Berechnung des Pflichtteilsergänzungsanspruchs ist nach ständiger Rechtsprechung der Kapitalwert eines Nießbrauchs vom Wert des Schenkgegenstandes abzuziehen, wenn der inflationsbereinigte Wert des Schenkgegenstandes im Zeitpunkt des Schenkungsvollzugs geringer ist als der Wert im Zeitpunkt des Erbfalls (BGH v. 27.4.1994 – IV ZR 132/93, BGHZ 125, 395, 399; OLG Schleswig v. 25.11.2008 – 3 U 11/08, NJW-Spezial 2009, 39). Diese Rechtsprechung wird im juristischen Schrifttum stark kritisiert (vgl. BeckOK BGB/*G. Müller* BGB § 2325 Rz. 36 ff.), ist jedoch als Ausgangspunkt gestalterischer Überlegungen hinzunehmen. Ein vereinbarter Rückforderungsvorbehalt kann den Beschenkten hindern, den Schenkungsgegenstand wirtschaftlich sinnvoll zu verwerten, weswegen eine Reduzierung des Zuwendungswertes in Betracht kommt (OLG Koblenz v. 17.10.2001 – 9 U 166/01, NJW-RR 2002, 512, 513; OLG Düsseldorf v. 17.2.1999 – 9 U 125/98, MittRhNotK 2000, 208; BeckOK BGB/*G. Müller* BGB § 2325 Rz. 35).

[15] BGH v. 27.5.1981 – IVa ZR 132/80, NJW 1981, 2458, 2459; BeckOK BGB/*G. Müller* BGB § 2325 Rz. 7 f.; MüKoBGB/*Lange* BGB § 2325 Rz. 21; zur nachträglichen Vereinbarung der Entgeltlichkeit BGH v. 14.2.2007 – IV ZR 258/05, ZEV 2007, 326.

[16] *Kerscher/Tanck* Pflichtteilsrecht, § 7 Rz. 12, sehen ein solches Missverhältnis bereits bei einer Wertdifferenz von 20 bis 25 %.

her von der Rechtsprechung noch nicht ausdrücklich entschieden worden, ob in der Erfüllung des Zugewinnausgleichsanspruchs nach Güterstandswechsel eine Schenkung iSd. § 2325 BGB zu sehen ist.[17] Jedoch kann es für die Frage des Vorliegens eines entgeltlichen oder unentgeltlichen Geschäfts nur darauf ankommen, ob die Leistungen freiwillig – dann Schenkung – oder in Erfüllung eines durch Rechtsgeschäft oder Gesetz begründeten Anspruchs – dann entgeltliches Geschäft – erfolgen. Auch bei freiwilligem Güterstandswechsel ist der dabei entstehende Zugewinnausgleichsanspruch gesetzlich begründet und damit letztlich unfreiwillig. Der vorzeitige Ausgleich des Zugewinns anlässlich des Güterstandswechsels ist daher nicht als Schenkung zu qualifizieren und begründet somit keinen Pflichtteilsergänzungsanspruch.[18] Allerdings ist zu berücksichtigen, dass die Eheleute auch in einer anderen als der erwarteten Reihenfolge sterben können und so durch die Verlagerung von Vermögen auf den vermeintlich länger lebenden Ehegatten sich die Pflichtteilsrisiken nach dessen Tod sogar erhöhen. Auch ist zu beachten, dass bei Vorhandensein von zwei oder mehr Kindern der Wechsel zur Gütertrennung zu einer Erhöhung der Pflichtteilsquote der Kinder führt, weshalb sich grundsätzlich ein späterer Wechsel wieder zur Zugewinngemeinschaft empfehlen kann. Damit setzt man sich jedoch leicht dem Vorwurf des Rechtsmissbrauchs aus und gefährdet insoweit die pflichtteilsreduzierende Wirkung des ersten Güterstandswechsels.[19]

22 Auch mit gesellschaftsrechtlichen Gestaltungen lassen sich Pflichtteilsansprüche reduzieren, indem im Gesellschaftsvertrag für den Fall des Ausscheidens eines Gesellschafters durch Tod neben einer Fortsetzungsklausel ein **Abfindungsausschluss** vereinbart wird. In diesem Fall wächst der Anteil des Ausscheidenden den übrigen Gesellschaftern, also beispielsweise dem Ehegatten oder auch anderen Familienmitgliedern an, so dass er nicht in den Nachlass fällt und bei der Berechnung des Pflichtteilsanspruchs keine Berücksichtigung findet. Von Bedeutung ist dort nur der Abfindungsanspruch, der jedoch nach der herrschenden Meinung für den Todesfall gänzlich ausgeschlossen werden kann.[20] Der Pflichtteilsanspruch bezüglich des Gesellschaftsanteils wäre auf Null reduziert. Nach höchstrichterlicher Rechtsprechung löst dieses Vorgehen auch keine Pflichtteilsansprüche aus, da keine Schenkung, sondern ein „ausgewogenes Rechtsgeschäft spielartigem Charakter" gegeben sei, wenn alle Gesellschafter an der Vereinbarung beteiligt sind. Jeder von diesen gehe dann das Risiko ein, seinen Anteil ohne Abfindung zu verlieren. Allerdings hat diese sogenannte **Wagnisrechtsprechung** im Schrifttum erhebliche Kritik erfahren. So wurde eingewandt, dass die Qualifizierung des allseitigen Abfindungsausschlusses als entgeltliches Geschäft dem wirtschaftlichen Sinn der Vereinbarung nicht gerecht werde und mit dem Grundgedanken des Pflichtteilsrechts kollidiere.[21] Gerade wenn die Umstände des Einzelfalls gegen ein ausgewogenes Risikogeschäft sprechen, kann diese Gestaltung nicht als rechtssicher bezeichnet werden.[22] Dennoch eröffnet die gegenwärtige Rechtsprechung zumindest Gestaltungschancen.[23]

---

[17] Der BGH hat lediglich festgestellt, dass die Vereinbarung einer Gütergemeinschaft grundsätzlich keine Schenkung darstellt (BGH v. 27.11.1991 – IV ZR 266/90, BGHZ 116, 178, 182). Der objektiven Bereicherung des einen Ehegatten liege kein Schenkungsvertrag, sondern eine „güterrechtliche causa" zugrunde. Etwas anderes gelte nur bei der Verfolgung von ehewidrigen Zwecken, zB wenn aufgrund eines einheitlichen Plans der Wechsel in einen weiteren Güterstand erfolge.

[18] BeckOK BGB/*G. Müller* BGB § 2325 Rz. 22; *Wall* ZEV 2007, 249, 251 mwN.

[19] Bei einer solchen „Güterstandsschaukel" spricht eine Vermutung dafür, dass es den Ehegatten allein um die Pflichtteilsreduzierung und damit um ehewidrige Zwecke geht (vgl. *von Oertzen* ErbStB 2005, 71, 72; *Ponath* ZEV 2006, 49, 55; *Schneider/Geißler* NJW 2007, 482, 484).

[20] BGH v. 22.11.1956 – II ZR 222/55, BGHZ 22, 186, 194; BGH v. 14.7.1971 – V ZR 54/70, WM 1971, 1338; MüKoBGB/*Schäfer* BGB § 738 Rz. 61; *Wälzholz* NWB Fach 19, 3971, 3974 (46/2008); *Worm* RNotZ 2003, 535, 542.

[21] MüKoBGB/*Lange* BGB § 2325 Rz. 32ff.; HdB Pflichtteilsrecht/*J. Mayer* § 11 Rz. 142ff. mwN.

[22] Auch BGH v. 26.3.1981 – IVa ZR 154/80, NJW 1981, 1956, 1957 geht von einer gemischten Schenkung aus, wenn die Beteiligten bei Abschluss des Gesellschaftsvertrages von unterschiedlichen Lebenserwartungen ausgegangen sind. Eine unterschiedliche Lebenserwartung kann einmal durch das unterschiedliche Lebensalter der Ge-

Bei entsprechender Mobilität des Erblassers lassen sich schließlich durch **internationale Gestaltungen** Pflichtteilsgefahren reduzieren. Die EU-Erbrechtsverordnung („EU-ErbVO")[24] hat hier zu wesentlichen Änderungen geführt. Für **Erbfälle bis zum 17.8.2015** war nach deutschem Internationalen Privatrecht die Staatsangehörigkeit des Erblassers für die Bestimmung des Erbstatuts und damit auch für die Frage, welches Pflichtteilsrecht zur Anwendung kommt maßgeblich (Art. 25 Abs. 1 EGBGB). Mit einem Wechsel der Staatsangehörigkeit hin zu einem Staat, der kein oder ein weniger beschränkendes Pflichtteilsrecht kennt, konnte versucht werden, sich ganz dem deutschen Pflichtteilsrecht zu entziehen. Leichter fiel es, lediglich Teile des Nachlasses in einem Staat zu investieren, der einerseits keine Pflichtteilsrechte kennt und andererseits das dort belegene Nachlassvermögen dem eigenen Recht unterstellt (Herstellung einer Nachlassspaltung).[25] Die Sonderanknüpfung des Art. 3a Abs. 2 EGBGB eröffnete die Möglichkeit zur Flucht aus dem Pflichtteilsrecht durch Verlagerung von Vermögen ins Ausland. Für **Erbfälle ab dem 17.8.2015** bestimmt Art. 21 ff. EU-ErbVO, dass der gewöhnliche Aufenthalt des Erblassers für die Bestimmung des Erbstatuts maßgeblich ist, wobei das Heimatrecht gewählt werden kann. Gestaltungsmittel zur Pflichtteilsreduzierung ist nunmehr die Verlagerung des gewöhnlichen Aufenthalts in eine pflichtteilsunfreundliche Jurisdiktion. Mit einer „Vermögensverlagerung" lassen sich hingegen keine pflichtteilsreduzierenden Effekte mehr erreichen (Art. 3a Abs. 2 EGBGB wird durch die EU-ErbVO verdrängt, vgl. Art. 3 Nr. 1 EGBGB). **23**

Auch bei Maßnahmen vorweggenommener Erbfolge sollte das sich im Erbfall ergebende Pflichtteilsrisiko in den Blick genommen werden. Bei Schenkungen an Pflichtteilsberechtigte ist an die Bestimmung der späteren **Anrechnung** des Geschenks auf den Pflichtteil nach **§ 2315 BGB** zu denken, da diese später nicht mehr einseitig nachgeholt werden kann. Wenn bei der Zuwendung keine Anrechnungsbestimmung erfolgt ist, kann eine „Flucht in die Pflichtteilergänzung" helfen, da sog. Eigengeschenke, die der Pflichtteilsberechtigte erhalten hat, hier nach **§ 2327 BGB** auch ohne eine Bestimmung anzurechnen sind. **24**

(frei) **25–29**

II. Rechtliche Aspekte

1. Rechtsgrundlagen

Nach § 2346 Abs. 1 Satz 1 BGB können Verwandte sowie der Ehegatte des Erblassers durch Vertrag mit dem Erblasser auf ihr gesetzliches Erbrecht verzichten. Nach § 2346 Abs. 2 BGB kann der Verzicht auf das Pflichtteilsrecht beschränkt werden. Nach der Systematik des Gesetzes ist der Verzicht auf das Pflichtteilsrecht somit ein **Unterfall des Erbverzichts.** Deshalb sind der Erbverzicht und der Pflichtteilsverzicht grundsätzlich gleich zu behandeln und für die Beurteilung ihrer Wirksamkeit dieselben Maßstäbe anzulegen.[26] Gesetzliche Grundlage hierfür sind die §§ 2346–2352 BGB.[27] **30**

---

sellschafter, weiterhin durch den schlechten Gesundheitszustand eines Gesellschafters begründet sein. Allerdings fehlen Hinweise dazu, welcher Altersunterschied die Qualifizierung als Schenkung rechtfertigen kann. Nach KG v. 10.3.1997 – 12 V 1601/76, DNotZ 1978, 109, 112 reicht allein die Tatsache, dass der Erblasser an Krebs erkrankt und bereits 16 Tage nach Abschluss des Gesellschaftsvertrages verstorben ist, für die Annahme einer gemischten oder verschleierten Schenkung nicht aus.

[23] Ausführlicher zu gesellschaftsvertraglichen Gestaltungen zur Pflichtteilsreduzierung *Wälzholz* NWB Fach 19, 3971 ff. (46/2008); *Wegmann* ZEV 1998, 135 ff.

[24] Verordnung (EU) Nr. 650/2012 des Europäischen Parlaments und des Rates vom 4. Juli 2012 über die Zuständigkeit, das anzuwendende Recht, die Anerkennung und Vollstreckung von Entscheidungen und die Annahme und Vollstreckung öffentlicher Urkunden in Erbsachen sowie zur Einführung eines Europäischen Nachlasszeugnisses, veröffentlicht im Amtsblatt der Europäischen Union am 27. Juli 2012 (L 201/107).

[25] Hierzu *von Oertzen* ErbStB 2005, 71, 74 f.

[26] Staudinger/*Schotten* BGB § 2346 Rz. 31.

[27] Zur Unterscheidung zwischen dem Verzicht als vertragliches abstraktes Verfügungsgeschäft und dem zugrundeliegenden schuldrechtliches Grundgeschäft *von Proff* DNotZ 2017, 84 ff.

2. Vertragsbeteiligte und Vertretung

31 Der Pflichtteilsverzicht ist hiernach nicht durch einseitige Erklärung, sondern nur durch **Vertrag** zwischen dem Verzichtenden und dem Erblasser möglich. § 2347 Abs. 2 BGB verlangt sogar, dass der **Erblasser** den Vertrag **persönlich** schließt. Hingegen kann sich der Verzichtende beim Abschluss des Pflichtteilsverzichtsvertrages vertreten lassen. Handelt der Vertreter mit Vollmacht des Verzichtenden, wird der Pflichtteilsverzichtsvertrag sofort wirksam. Handelt der Vertreter hingegen ohne Vertretungsmacht, bedarf der Pflichtteilsverzichtsvertrag zu seiner Wirksamkeit der Genehmigung des Verzichtenden. Die Genehmigung und mit ihr der Pflichtteilsverzichtsvertrag wird nur wirksam, wenn sie dem Erblasser noch zu seinen Lebzeiten zugeht. Eine erst nach Eintritt des Erbfalls den Erben zugehende Genehmigungserklärung kann die Wirksamkeit des Pflichtteilsverzichtsvertrages nicht mehr herbeiführen.[28]

Das Erfordernis des persönlichen Vertragsabschlusses durch den Erblasser gilt auch, wenn der Pflichtteilsverzicht im Rahmen eines Prozessvergleichs vereinbart wird. In einem Prozess mit Anwaltszwang hat daher sowohl der Anwalt des Erblassers als auch dieser persönlich den Verzicht zu erklären.[29]

32 Auch ein nur **beschränkt geschäftsfähiger Erblasser** kann einen Pflichtteilsverzichtsvertrag schließen. Der Zustimmung seines gesetzlichen Vertreters hierzu bedarf es nicht. Eine Vertretung durch seinen gesetzlichen Vertreter ist sogar ausgeschlossen. Damit kann selbst ein 7-jähriges, noch nicht testierfähiges Kind als Erblasser einen Pflichtteilsverzichtsvertrag abschließen. Dies gilt natürlich nur, solange der Pflichtteilsverzicht für das Kind lediglich rechtlich vorteilhaft ist, also keine dieses verpflichtende Vereinbarungen (Abfindung etc.) getroffen werden.

33 Ist hingegen der **Verzichtende beschränkt geschäftsfähig,** so bedarf er zum Abschluss des Pflichtteilsverzichtsvertrages der Zustimmung seines gesetzlichen Vertreters. Da das Gesetz für den Verzichtenden keinen persönlichen Vertragsabschluss verlangt, kann der gesetzliche Vertreter auch selbst für den beschränkt Geschäftsfähigen, also beispielsweise die Eltern für das minderjährige Kind, einen Pflichtteilsverzichtsvertrag schließen. Jedoch bedarf sowohl der von dem gesetzlichen Vertreter ausgesprochene als auch der von ihm genehmigte Pflichtteilsverzicht grundsätzlich der **familiengerichtlichen Genehmigung** (§ 2347 Abs. 1 Satz 1 BGB). Der Pflichtteilsverzichtsvertrag kommt nur zustande, wenn die Genehmigung dem gesetzlichen Vertreter noch während des Bestehens seiner Vertretungsmacht erteilt wird und dem Erblasser durch Mitteilung seitens des gesetzlichen Vertreters zu einem Zeitpunkt zugeht, in dem der Erbfall noch nicht eingetreten ist und auch der Verzichtende noch lebt.[30] Jedoch wird die Erteilung der familiengerichtlichen Genehmigung nur in äußerst seltenen Fällen in Betracht kommen. Allenfalls bei Vereinbarung einer annähernd vollwertigen Abfindung für den Verzicht wird der für die Erteilung der Genehmigung zuständige Rechtspfleger[31] davon ausgehen können, dass dem Wohl und Interesse des Minderjährigen oder Betreuten ausreichend Rechnung getragen ist.[32] Gerade aber die Vollwertigkeit der Abfindung ist nicht einfach festzustellen. Hierzu sind im Rahmen der Amtsermittlungspflicht die Einkommens- und Vermögensverhältnisse des Erblassers aufzuklären.[33] Hinzu kommt, dass sich die wirtschaftlichen Folgen des Pflichtteilsverzichts erst im Erbfall zeigen werden, so dass bei der Prüfung der Vollwertigkeit der Abfindung eine Prognose einerseits hinsichtlich des Zeitpunkts des Erbfalls und andererseits

[28] BeckOK BGB/*Litzenburger* BGB § 2347 Rz. 3.
[29] BeckOK BGB/*Litzenburger* BGB § 2347 Rz. 6.
[30] Staudinger/*Schotten* BGB § 2347 Rz. 18 f.
[31] § 3 Nr. 2a RPflG; im württembergischen Rechtsgebiet des Landes Baden-Württemberg ist der Bezirksnotar zuständig (§§ 1 Abs. 1 und 2, 36 LFGG BW).
[32] BeckOK BGB/*Litzenburger* BGB § 2347 Rz. 5; Staudinger/*Schotten* BGB § 2347 Rz. 20.
[33] BGH v. 6.10.1994 – III ZR 134/93, NJW-RR 1995, 248 (= ZEV 1995, 27 m. Anm. *Langenfeld*).

hinsichtlich der dann voraussichtlich bestehenden Vermögensverhältnisse zu treffen wäre. Allerdings hat das OLG Köln es für zulässig erachtet, auf die Vermögensverhältnisse des Erblassers zum Zeitpunkt des Vertragsschlusses abzustellen, was die Prüfung etwas erleichtert.[34]

Ist der **Erblasser geschäftsunfähig,** kann gemäß § 2347 Abs. 2 Satz 2 BGB in Durchbrechung des Höchstpersönlichkeitsgrundsatzes der gesetzliche Vertreter den Pflichtteilsverzichtsvertrag abschließen. Für den geschäftsunfähigen Verzichtenden gilt dies ohnehin. Die Erklärungen der gesetzlichen Vertreter beider bedürfen der familiengerichtlichen Genehmigung. 34

3. Form

Nach § 2348 BGB bedarf der Erbverzichtsvertrag, und somit auch der Pflichtteilsverzichtsvertrag, der **notariellen Beurkundung.** Beurkundungspflichtig sind die Erklärungen beider Vertragsparteien, allerdings können Antrag und Annahme auch getrennt beurkundet werden. Anders als etwa beim Erbvertrag (§ 2276 Abs. 1 BGB) ist keine gleichzeitige Anwesenheit der Vertragsparteien erforderlich. 35

Die Beurkundungsform wird bei einem gerichtlichen Vergleich durch die Aufnahme des Verzichts ins Protokoll ersetzt. Der Prozessvergleich kann auch über den Rahmen des Streitfalls hinausgehen.[35] Auch kann der Pflichtteilsverzicht mit einer Person geschlossen werden, die nur zum Zwecke des Prozessvergleichs dem Rechtsstreit beitritt (§ 794 Abs. 1 Nr. 1 ZPO).[36]

Nicht beurkundungspflichtig ist eine vom Verzichtenden zum Abschluss des Pflichtteilsverzichtsvertrages erteilte **Vollmacht,** es sei denn, er hat diese unwiderruflich erteilt. Auch die nachträgliche Genehmigung des von einem vollmachtlosen Vertreter abgeschlossenen Verzichtsvertrages bedarf nicht der notariellen Beurkundung.[37] 36

Obwohl § 2348 BGB die notarielle Form nur für den als Verfügungsgeschäft zu qualifizierenden Erbverzichtsvertrag vorsieht, ist auch ein Vertrag, der lediglich auf eine Verpflichtung zum Erbverzicht oder Pflichtteilsverzicht gerichtet ist, notariell zu beurkunden. Ansonsten könnte auf Grund eines formlos abgeschlossenen Vertrages auf Erklärung des Pflichtteilsverzichts geklagt und damit die notarielle Beurkundung umgangen werden. Der mit der Beurkundungspflicht beabsichtigte Schutz der Vertragsparteien wäre verfehlt.[38] Ein formnichtiges Verpflichtungsgeschäft zum Abschluss eines Pflichtteilsverzichts wird allerdings durch formgerechte Vereinbarung des Pflichtteilsverzichts geheilt. Wird der Pflichtteilsverzicht in derselben Urkunde mit einem anderen Rechtsgeschäft, bspw. einem Ehevertrag (§ 1410 BGB) oder einem Erbvertrag (§ 2276 BGB), verbunden oder wird eine formbedürftige Sachabfindung, etwa die Übertragung eines Grundstücks (§ 311b Abs. 1 Satz 1 BGB) oder eines GmbH-Anteils (§ 15 Abs. 3 GmbHG), vereinbart, so gelten die für dieses Rechtsgeschäft bzw. die für diesen Vertragsteil einzuhaltenden Formvorschriften neben § 2348 BGB, was insbesondere auch im Hinblick auf die Heilung von Formmängeln beachtlich ist. 37

Die Nichtbeachtung der Form führt zur **Nichtigkeit des Vertrages.** Eine Heilung kommt nicht in Betracht. Insbesondere führt in Fällen, in denen ein nicht formgerecht geschlossener Grundstücksübertragungsvertrag mit einem Pflichtteilsverzicht verbunden wird, die Heilung des formungültigen Grundstücksübertragungsvertrages nicht zur Heilung des formungültigen Pflichtteilsverzichts, wobei idR gem. § 139 BGB von Gesamtnichtigkeit auszugehen sein wird.[39] 38

---

[34] OLG Köln v. 25.8.1989 – 2 Wx 21/89, FamRZ 1990, 99, 101.
[35] Staudinger/*Schotten* BGB § 2348 Rz. 5.
[36] Soergel/*Damrau* BGB § 2348 Rz. 3.
[37] Staudinger/*Schotten* BGB § 2348 Rz. 9.
[38] BeckOK BGB/*Litzenburger* BGB § 2348 Rz. 3; Palandt/*Weidlich* BGB § 2348 Rz. 1; aA *Lange/Kuchinke* § 7 I. 5. b).
[39] BeckOK BGB/*Litzenburger* BGB § 2348 Rz. 6.

4. Wirkung

39 Ein isolierter Pflichtteilsverzicht (kein gleichzeitiger Erbverzicht) hat die Wirkung, dass dem Verzichtenden **kein gesetzlicher Anspruch** auf den **Pflichtteil** entsteht. Das gesetzliche Erbrecht des Verzichtenden bleibt hingegen bestehen. Der Verzicht umfasst neben dem eigentlichen Pflichtteilsanspruch auch den **Pflichtteilsrestanspruch** (§§ 2305, 2307 BGB) und den **Pflichtteilsergänzungsanspruch** (§§ 2325ff. BGB). Darüber hinaus schließt der Pflichtteilsverzicht die Berufung auf die Rechte nach **§ 2306 BGB** und nach den §§ 2318 Abs. 2, 2319 und 2328 BGB aus.[40]

40 Verzichtet ein Abkömmling des Erblassers, so erstreckt sich nach § 2349 BGB die Wirkung des Verzichts auch auf seine **Abkömmlinge,** es sei denn, der Verzichtsvertrag sieht hierzu eine abweichende Regelung vor.[41] Die Erstreckungswirkung des Pflichtteilsverzichts kann insbesondere ausgenutzt werden, um entferntere Abkömmlinge vom Pflichtteilsrecht auszuschließen, ohne hierzu ihre Zustimmung einholen zu müssen.[42] Auch wenn sich die Wirkung auf nicht geschäftsfähige Abkömmlinge erstreckt, ist, solange der Verzichtende selbst geschäftsfähig ist, eine familiengerichtliche Genehmigung nicht erforderlich.[43]

41 Entgegen der wohl (noch) herrschenden Meinung hat der Pflichtteilsverzicht jedoch keine Auswirkungen auf den **nachehelichen Unterhaltsanspruch** des geschiedenen Ehegatten nach § 1586b BGB, da es sich hierbei nicht um einen erbrechtlichen, sondern einen unterhaltsrechtlichen Anspruch handelt und lediglich zur Bemessung des Haftungsrahmens der unterhaltspflichtigen Erben auf die Höhe des fiktiven Pflichtteils verwiesen wird.[44] Angesichts der unterschiedlichen Auffassungen zu dieser Frage und insbesondere mangels höchstrichterlicher Entscheidung, empfiehlt es sich jedoch, in Pflichtteilsverzichtsverträgen zwischen Eheleuten ausdrücklich zu regeln, ob § 1586b BGB trotz des Pflichtteilsverzichts Anwendung finden soll oder nicht.[45]

42 Für die Gestaltungspraxis von besonderer Bedeutung ist, dass der bloße Pflichtteilsverzicht – nach nahezu einhelliger Meinung –[46] keine Auswirkungen auf die **Pflichtteilsquoten der übrigen Pflichtteilsberechtigten** hat. Da ohne gleichzeitigen Verzicht auf das gesetzliche Erbrecht die Erbteile aller Pflichtteilsberechtigten unverändert bleiben, führt der Pflichtteilsverzicht weder zu einer Quotenerhöhung noch zu einer Erhöhung der Pflichtteilsbeträge beim durch ausgleichungspflichtige Zuwendungen unter Abkömmlingen erhöhten Pflichtteil. Demgegenüber führt ein Erbverzicht zu einer Erhöhung der gesetzlichen Erb- und Pflichtteilsquoten der übrigen Erben und Pflichtteilsberechtigten, da der Verzichtende bei der Bestimmung der gesetzlichen Erb- und Pflichtteilsquoten nicht mehr mitgezählt wird (§ 2310 Satz 2 BGB). Es empfiehlt sich daher in der Regel ein Pflichtteilsverzicht ohne gleichzeitigen Erbverzicht, zumal das mit einem Erbverzicht verfolgte Enterbungsziel auch auf testamentarischem Wege erreicht werden kann.

43–49 *(frei)*

[40] BeckOK BGB/*Litzenburger* BGB § 2346 Rz. 16; Staudinger/*Schotten* BGB § 2346 Rz. 30; aA *von Proff* ZErb 2017, 33, 33f.

[41] MüKoBGB/*Wegerhoff* BGB § 2349 Rz. 6; Soergel/*Damrau* BGB § 2349 Rz. 1.

[42] *Nieder/Kössinger* § 19 Rz. 3.

[43] Soergel/*Damrau* BGB § 2349 Rz. 1; Staudinger/*Schotten* BGB § 2347 Rz. 17.

[44] BeckOK BGB/*Litzenburger* BGB § 2346 Rz. 21; Staudinger/*Schotten* BGB § 2346 Rz. 66; *Reimann* in FS Schippel, 1996, 301, 307; *J. Mayer* ZEV 2007, 556, 557; *Münch* ZEV 2008, 571, 574f.; *von Proff* ZErb 2017, 33, 34ff.; aA LG Ravensburg v. 31.1.2008 – 2 O 338/07, FamRZ 2008, 1289, 1290; Erman/*Maier* BGB § 1586b Rz. 11; MüKoBGB/*Maurer* BGB § 1586b Rz. 7f.; Palandt/*Brudermüller* BGB § 1586b Rz. 8; Soergel/*Häberle* BGB § 1586b Rz. 1.

[45] *Frentz* ZEV 1997, 450, 451 mit Formulierungsvorschlägen.

[46] Staudinger/*Otte* BGB § 2310 Rz. 21 vertritt nunmehr die Auffassung, dass auch derjenige, der allein auf sein Pflichtteilsrecht verzichtet hat, bei der Feststellung des für die Berechnung des Pflichtteilsmaßgeblichen Erbteils nicht mitgezählt wird (zurecht ablehnend *von Proff* ZEV 2016, 173 ff; *Schotten* RNotZ 2015, 412ff.).

III. Steuerliche Aspekte

1. Ertragsteuern

Der Pflichtteilsverzicht gegen Abfindung ist **kein entgeltliches Geschäft** iSd. §§ 17 und 23 EStG. Da sich das Pflichtteilsrecht vor Eintritt des Erbfalls noch nicht hinreichend zu einem Wirtschaftsgut konkretisiert hat, kann der Verzicht hierauf auch nicht als Gegenleistung für die Hingabe eines Grundstücks oder von Gesellschaftsanteilen angesehen werden. Erhält der Verzichtende als Abfindung für seinen Pflichtteilsverzicht eine Rente oder dauernde Last, so sind diese wiederkehrenden Leistungen nicht gem. § 22 Nr. 1 Satz 1 EStG steuerbar und beim Abfindungsverpflichteten nicht als Sonderausgaben iSd. § 10 Abs. 1 Nr. 1a) EStG abzugsfähig.[47] Während der Bundesfinanzhof zunächst offen gelassen hatte, ob eine Besteuerung der wiederkehrenden Leistungen mit dem enthaltenen Zinsanteil als Kapitaleinkünfte in Betracht kommt, hatte er dies später ausdrücklich verneint.[48] **50**

2. Erbschaft- und Schenkungsteuer

Der **Verzicht** auf das gesetzliche Pflichtteilsrecht ist weder als Schenkung gegenüber dem Erblasser noch gegenüber demjenigen anzusehen, der später dem Pflichtteilsanspruch ausgesetzt wäre.[49] Erhält jedoch der Verzichtende für seinen Verzicht eine **Abfindung,** so gilt der Erwerb der Abfindung nach § 7 Abs. 1 Nr. 5 ErbStG als Schenkung unter Lebenden.[50] Auch wenn die Abfindung nicht vom Erblasser selbst, sondern von einem Dritten, etwa dem durch den Pflichtteilsverzicht Begünstigten gezahlt wird, erfolgt die Besteuerung nach dem Verhältnis zum Erblasser.[51] Dies eröffnet Gestaltungsmöglichkeiten zur Steuerreduzierung bei Geschwisterzuwendungen.[52] So können Zuwendungen zwischen Geschwistern in Steuerklasse I besteuert werden, wenn sie in einen notariellen Verzichtsvertrag mit den Eltern „verpackt" werden und die untereinander zu leistende Abfindung ungefähr dem Wert des Pflichtteilsrechts zum Verzichtszeitpunkt entspricht.[53] **51**

Wird der Verzicht gegen Abfindung nicht mit dem Erblasser, sondern zwischen den künftigen gesetzlichen Erben vereinbart, wird die Abfindung nicht nach § 7 Abs. 1 Nr. 5 ErbStG, sondern als freigebige Zuwendung nach § 7 Abs. 1 Nr. 1 ErbStG besteuert. **52**

Die Steuer entsteht nach **§ 9 Abs. 1 Nr. 2 ErbStG** mit Ausführung der Zuwendung, somit erst wenn der Verzichtende die Abfindung auch tatsächlich erhält.[54] **53**

---

[47] BFH v. 20.10.1999 – X R 132/95, BStBl. II 2000, 82; a. A. noch BFH v. 7.4.1992 – VIII R 59/89, BStBl. II 1992, 809.

[48] BFH v. 9.2.2010 – VIII R 43/06, BStBl. II 2010, 818 (= ZEV 2010, 425 m. Anm. *Seifried*).

[49] BFH v. 16.7.1975 – II R 154/66, BStBl. II 1976, 17; Kapp/Ebeling/*Geck* § 7 Rz. 116.

[50] Davon ist die Frage zu unterscheiden, ob die Zahlung einer Abfindung zu Pflichtteilsergänzungsansprüchen führt. Nach dem BGH (v. 3.12.2008 – IV ZR 58/07, NJW 2009, 1143 ff.) ist dies bei der Abfindung für einen Erbverzicht nicht der Fall, wenn deren Höhe der Erberwartung des Verzichtenden entspricht. Denn dann wird zwar der Nachlass durch die Abfindungszahlung geschmälert, der gesetzliche Erbteil der übrigen Pflichtteilsberechtigten (§ 2310 Satz 2 BGB) erhöht sich jedoch gleichzeitig. Bei einem isolierten Pflichtteilsverzicht greift diese Argumentation nicht durch, da es hier gerade zu keiner Erhöhung der übrigen Pflichtteilsquoten kommt, so dass von einer ergänzungspflichtigen Zuwendung auszugehen ist (hierzu auch *von Proff* NJW 2016, 539, 540 f.).

[51] BFH v. 25.5.1977 – II R 136/73, BStBl. II 1977, 733. Entsprechendes gilt nach BFH v. 25.1.2001 – II R 22/98, BStBl. II 2001, 456 f.; BFH v. 16.5.2013 – II R 21/11, BStBl. II 2013, 922 für einen Vertrag zwischen gesetzlichen Erben, in dem der eine auf seine künftigen Pflichtteilsansprüche gegen Zahlung eines Geldbetrages verzichtet.

[52] Moench/*Weinmann* ErbStG § 7 Rz. 215; *Wälzholz* MittBayNot 2001, 361 ff.

[53] *Wälzholz* (MittBayNot 2001, 361, 364) weist zutreffend darauf hin, dass bei einem offensichtlichen Missverhältnis zwischen dem Wert der Abfindung und dem Wert des Pflichtteilsrechts ein überschießender Betrag als Zuwendung zwischen den Geschwistern nach § 7 Abs. 1 Nr. 1 ErbStG in ungünstigerer Steuerklasse besteuert werden könnte.

[54] Zum Pflichtteil im Erbschaftsteuerrecht auch *Görges/Lohr* DStR 2011, 1939 ff.; *Holler* ErbR 2014, 562 ff.; *Jülicher* ZErb 2014, 126 ff.; *Tölle* Steuk 2011, 517 ff.

3. Verkehrssteuern

54 Wird als Abfindung für den Pflichtteilsverzicht Grundbesitz übertragen, so ist der Grundstückserwerb nach § 3 Nr. 2 GrEStG von der **Grunderwerbsteuer** befreit. Die Qualifizierung des Grundstückerwerbs als schenkungssteuerpflichtige Schenkung in § 7 Abs. 1 Nr. 5 ErbStG wird auch vom Grunderwerbsteuergesetz nachvollzogen.

55–59 *(frei)*

B. Einzelerläuterungen

Zu I.

60 Die **Erstreckung des Pflichtteilsverzichts auf die Abkömmlinge** hat in der vorliegenden Konstellation lediglich klarstellende Bedeutung. Nach § 2349 BGB erstreckt sich nämlich die Wirkung des Pflichtteilsverzichts eines Abkömmlings oder eines Seitenverwandten des Erblassers auch auf seine Abkömmlinge.[55]

61 Dagegen können andere Personen als Abkömmlinge oder Seitenverwandte des Erblassers nicht das Pflichtteilsrecht ihrer Abkömmlinge ausschließen. Eine Regelung, wonach Ehegatten gegenseitig auch mit Wirkung für ihre Abkömmlinge auf ihr gesetzliches Pflichtteilsrecht verzichten, wäre somit unwirksam. Allerdings würde man auch bei einer solchen Regelung im Wege der Auslegung zu dem Ergebnis kommen müssen, dass der gegenseitige Pflichtteilsverzicht der Ehegatten als das von den Vertragsparteien jedenfalls gewollte Wirksamkeit entfaltet und lediglich die vereinbarte Erstreckungswirkung auf Abkömmlinge unwirksam ist.[56] Zu den Abkömmlingen, die mit Erstreckungswirkung auf ihre eigenen Abkömmlinge verzichten können, gehören neben den ehelichen Kindern auch die nichtehelichen Kinder und die Adoptivkinder des Erblassers.[57]

62 § 2349 letzter Halbs. BGB gestattet den Vertragsparteien die Wirkung des Verzichts auf die Abkömmlinge des Verzichtenden auch auszuschließen. In diesem Fall würde die vertragliche Regelung konstitutiv. Insoweit erscheint es auch zulässig, den Verzicht nur auf einzelne von mehreren Abkömmlingen des Verzichtenden zu erstrecken.[58] Auch nachträgliche Vereinbarungen zur Erstreckungswirkung sind, unter den Voraussetzungen des § 2349 möglich. Der Verzichtende kann also auch später noch mit dem Erblasser vereinbaren, dass sich die Wirkung des Verzichts doch nicht auf seine Abkömmlinge erstrecken soll oder, wenn im Vertrag Gegenteiliges vereinbart war, dass die Erstreckungswirkung wieder aufgehoben wird.[59]

63 Zu den Abkömmlingen, auf die sich der Verzicht erstreckt, gehören die ehelichen und nichtehelichen Kinder sowie die Adoptivkinder des Verzichtenden, unabhängig davon, ob sie im Zeitpunkt des Verzichts schon leben oder erst danach geboren oder adoptiert werden.[60]

64 Nur selten empfiehlt es sich, den Pflichtteilsverzicht mit einem Verzicht auch auf das gesetzliche Erbrecht zu verbinden. Der **Erbverzicht** führt bekanntlich zur Erhö-

---

[55] § 2349 BGB gilt nach Neufassung des § 2352 S. 3 BGB durch das ErbRRefG auch für den Zuwendungsverzicht, so dass bei einer erbrechtlichen Bindung (Erbvertrag, gemeinschaftliches Testament) Abkömmlinge des Verzichtenden als Ersatzerben der Zuwendung ausgeschlossen werden können (hierzu *Everts* ZEV 2010, 392 ff.; *Kanzleiter* DNotZ 2010, 520 ff.; *Keim* NJW 2008, 161, 168; *Muscheler* ZEV 2008, 105, 109).

[56] Staudinger/*Schotten* BGB § 2349 Rz. 9.

[57] Palandt/*Weidlich* BGB § 2349 Rz. 1.

[58] BeckOK BGB/*Litzenburger* BGB § 2349 Rz. 3; Soergel/*Damrau* BGB § 2349 Rz. 3; aA Staudinger/*Schotten* BGB § 2349 Rz. 14 mit Hinweis auf den Normzweck, der die Ausschaltung des ganzen Stammes des Verzichtenden verfolge.

[59] BeckOK BGB/*Litzenburger* BGB § 2349 Rz. 5; Staudinger/*Schotten* BGB § 2349 Rz. 16 f.; umstritten ist allerdings, ob eine nachträgliche Aufhebung der Erstreckungswirkung auch noch nach dem Tod des Verzichtenden zwischen dem Erblasser und dessen Abkömmlingen vereinbart werden kann, ablehnend BGH v. 24.6.1998 – IV ZR 159/67, NJW 1998, 3117; Soergel/*Damrau* BGB § 2351 Rz. 5; *Kuchinke* ZEV 2000, 169, 171; zustimmend hingegen Staudinger/*Schotten* BGB § 2349 Rz. 16; *Muscheler* ZEV 1999, 49, 51.

[60] Palandt/*Weidlich* BGB § 2346 Rz. 1.

hung der Erb- und damit auch der Pflichtteilsquoten anderer Pflichtteilsberechtigter und das mit ihm verfolgte Enterbungsziel kann genauso auch auf testamentarischem Wege erreicht werden (vgl. Rz. 42).

Der Pflichtteilsverzicht ist gesetzlich als Vertrag konzipiert und bedarf damit zu seiner Wirksamkeit neben der Verzichtserklärung des Verzichtenden auch der Annahme des Erblassers. **65**

Zu II.

Die **Eltern** werden gesetzliche Erben (§§ 1924ff. BFB) und gehören zum Kreis der Pflichtteilsberechtigten, wenn der Erblasser, also ihr Kind, seinerseits keine Abkömmlinge hinterlässt (§ 2309 BGB). Wird in solchen Fällen der längerlebende Ehegatte Alleinerbe, kann er somit Pflichtteilsansprüchen der Schwiegereltern ausgesetzt sein. Entsprechendes gilt, wenn der Erblasser, etwa als Alleinstehender statt der Eltern andere Verwandte (beispielsweise Geschwister oder Neffen und Nichten), Freunde oder beispielsweise gemeinnützige Organisationen bedenkt. Dabei genügt es nicht, darauf zu vertrauen, dass die Eltern des Erblassers ihren Pflichtteil ohnehin nicht beanspruchen. Es muss vielmehr auch damit gerechnet werden, dass ein Dritter, etwa ein Betreuer oder ein Sozialhilfeträger nach Überleitung des Anspruchs den Pflichtteil geltend macht. Im Hinblick auf derartige Fälle kann sich daher auch der hier vorgesehene Pflichtteilsverzicht der Eltern gegenüber den Kindern empfehlen. **66**

Zu III.

Ein Pflichtteilsverzicht unter **Ehegatten** wird vor allem dann relevant, wenn der Nachlass des Erstversterbenden im Wesentlichen an die Abkömmlinge gehen soll, was gerade dann häufig vorkommt, wenn der Nachlass überwiegend aus unternehmerischem Vermögen besteht und die Ehefrau eigenes, bereits ihre Versorgung ausreichend sicherndes Vermögen hat. Leben die Ehegatten im gesetzlichen Güterstand der Zugewinngemeinschaft, sind ergänzend zum Pflichtteilsverzicht güterstandsrechtliche Vereinbarungen angezeigt, da der Zugewinnausgleichsanspruch durchaus noch deutlich höher ausfallen kann als der (kleine) Pflichtteil des Ehegatten. **67**

Zu IV.

Mit der Klarstellung, dass der Pflichtteilsverzicht unentgeltlich und ohne Verpflichtung zur Gewährung einer Abfindung erfolgt und das auch lebzeitige oder letztwillige Zuwendungen nicht Grundlage des Vertrages sind, kann versucht werden, dem Risiko vorzubeugen, dass sich der Verzichtende später auf derartige angeblichen Zusagen beruft. **68**

Zu V.

Bei Verträgen mit mehreren Verzichtenden, etwa mehreren Kindern kann sich eine Regelung dazu empfehlen, inwieweit die **Unwirksamkeit** des Pflichtteilsverzichts eines der Verzichtenden die Pflichtteilsverzichte der anderen berühren soll. Geht es vorrangig um den Schutz vor Liquiditätsbelastungen, sollte es bei der Wirksamkeit der übrigen Pflichtteilsverzichte bleiben. Ist dem Erblasser aber vorrangig an einer Gleichbehandlung der Kinder gelegen, sollte bei Unwirksamkeit des Pflichtteilsverzichtes des einen auch der Pflichtteilsverzicht der anderen entfallen. **69**

Vorsorge sollte auch für den Fall getroffen werden, dass der Pflichtteilsverzicht zusammen mit anderen Regelungen beurkundet wird, damit deren etwaige Unwirksamkeit den Verzicht unberührt lässt. Besondere Relevanz hat dabei die Verbindung mit ehevertraglichen Regelungen. Zum einen ist die **Kombination von Ehevertrag und Pflichtteilsverzicht** nicht selten, da zum umfassenden Ausschluss unerwünschter **70**

Ehefolgen nicht nur unterhalts- und güterrechtliche sondern auch auf erbrechtliche Ansprüche gehören. Zum anderen besteht aufgrund Rechtsprechung zur Inhaltskontrolle von Eheverträgen die Gefahr, dass der Ausschluss von Scheidungsfolgen für gerichtlich unwirksam erklärt wird. Das LG Ravensburg[61] hat entschieden, dass davon auch ein in derselben Urkunde erklärter Erb- und Pflichtteilsverzicht betroffen sein kann. Auch wenn dieses Urteil rechtlich angezweifelt werden kann, verlangt es die Berücksichtigung durch den vorsichtigen Vertragsgestalter. Neben der Verwendung einer **salvatorischen Klausel**[62] sollte über die Beseitigung des (teilweise bejahten) Unterhaltscharakters des Pflichtteils nachgedacht werden. Hier kann sich die Aufrechterhaltung der Unterhaltsansprüche entgegen §§ 1586b BGB und § 1933 Satz 3 BGB daher besonders empfehlen. Eine getrennte Beurkundung wird in vielen Fällen aufgrund der höheren Kosten nicht gewünscht sein.

71 Insbesondere vor dem Hintergrund der Rechtsprechung zur Inhaltskontrolle von Eheverträgen wird erörtert, ob Pflichtteilsverzichte in ähnlicher Weise einer **gerichtlichen Überprüfung** unterliegen.[63] Inzwischen ist eine Tendenz im Schrifttum erkennbar, mangels vergleichbarer Interessenlage eine Übertragung der „Ausübungskontrolle" vom Familien- auf das Erbrecht abzulehnen und Pflichtteilsverzichten damit insofern Bestandsschutz zu gewähren.[64] Wie ein Gericht im Einzelfall entscheidet, kann aber nicht vorhergesagt werden.[65]

Ebenfalls weitgehend ungeklärt ist, welche „Gegenmaßnahmen" denkbar und angezeigt sind. *Wachter* weist darauf hin, dass der Abschluss eines Pflichtteilsvertrages transparent und fair gestaltet werden sollte und schlägt eine umfassende Darstellung der Ausgangssituation (Familien-, Berufs-, Vermögensverhältnisse) im Pflichtteilsverzichtsvertrag vor.[66] Ein von Offenheit und umfassender Information aller Beteiligten geprägtes Verfahren beim Abschluss eines Pflichtteilsverzichts gebietet sich bereits, um eine Störung der Vertragsbeziehung nach allgemeinen Regeln (§§ 119, 123, 138,[67] 313 BGB)[68] zu verhindern. Neben der Offenlegung der tatsächlichen Verhältnisse hat – spätestens durch den Notar – eine Erläuterung der rechtlichen Auswirkungen eines Pflichtteilverzichtes zu erfolgen. Bereits vorher sollten die Beteiligten zeitlich ausreichend Gelegenheit gehabt haben, sich mit dem Inhalt des Pflichtteilsverzichtsvertrages auseinanderzusetzen und einen Rechtsbeistand ihres Vertrauens zu Rate zu ziehen. Ob damit der rechtssichere Ausschluss einer speziellen „Ausübungskontrolle" erreichbar ist, kann nicht abschließend beantwortet werden. Insbesondere kann die Antwort nicht in einem Mustervertrag verarbeitet werden, so dass hier nur ein grundsätzliches Problembewusstsein für die wesentlich von den individuellen Gegebenheiten des Einzelfalles geprägte Vertragsgestaltung geschaffen werden kann und soll.

---

[61] LG Ravensburg v. 31.1.2008 – 2 O 338/07, FamRZ 2008, 1289ff. m. Anm. *Bergschneider.*

[62] Das LG Ravensburg hat im Entscheidungsfall eine salvatorische Klausel ausdrücklich für unbeachtlich erachtet, da der Vertrag insgesamt gewürdigt wurde und daher auch keine Teilnichtigkeit in Betracht komme (v. 31.1.2008 – 2 O 338/07, FamRZ 2008, 1289, 1291). Unabhängig davon, dass eine getrennte Beurteilung von Ehevertrag und Pflichtteilverzicht wegen der unterschiedlichen Zielrichtung sachgerechter erscheint (hierzu *Bengel* ZEV 2006, 192, 196f.; *Brambring* NJW 2007, 865, 868; *Münch* Ehebezogene Rechtsgeschäfte, 2007, Rz. 778; *Münch* ZEV 2008, 571, 577f.), gebietet allein die unklare Rechtslage die vorsorgliche Verwendung einer erhaltenden Klausel.

[63] Vgl. *Ludyga* Inhaltskontrolle von Pflichtteilsverzichtsverträgen, 2008; *Bengel* ZEV 2005, 192ff.; *Kapfer* MittBayNot 2006, 385ff.; *Röthel* NJW 2012, 337ff.; *Wachter* ZErb 2004, 238ff., 306ff.; *Wendt* ZNotP 2006, 2ff.

[64] Vgl. BeckOK BGB/*Litzenburger* BGB § 2346 Rz. 25; Staudinger/*Schotten* BGB § 2346 Rz. 197; HdB Pflichtteilsrecht/*J. Mayer* § 11 Rz. 37ff.; *Muscheler* FS Spiegelberger, S. 1079ff.; *Zimmer* NJW 2017, 513, 515f.

[65] In diesem Zusammenhang ist das Urteil des OLG München im Fall *Wildmoser* zu nennen (v. 25.1.2006 – 15 U 4751/04, ZEV 2006, 313), in dem eine „Umstandsittenwidrigkeit" wegen einer vorwerfbaren Ausnutzung der schwächeren Verhandlungsposition der Verzichtenden angenommen wurde, ohne jedoch die Zulässigkeit einer Inhaltskontrolle zu erörtern (kritisch hierzu *Kapfer* MittBayNot 2006, 385ff.; *Theiss/Boger* ZErb 2006, 164ff.).

[66] *Wachter* ZErb 2004, 306, 313ff.

[67] OLG Hamm v. 8.11.2016 – 10 U 36/15, NJW 2017, 576.

[68] Hierzu *Zimmer* NJW 2017, 513, 515.

Zu VI.

Im Vertragsmuster wird klargestellt, dass der Pflichtteilsverzicht nicht nur den ordentlichen Pflichtteilanspruch (§ 2303 BGB) sondern auch Zusatzpflichtteile (§ 2305 BGB und § 2307 BGB), den Pflichtteilsergänzungsanspruch (§§ 2325 ff. BGB) und die Rechte nach § 2306 BGB sowie die Verteidigungsrechte nach §§ 2318 Abs. 2, 2319 und 2328 BGB[69] umfasst. Zudem wird auf das weltweite Vermögen abgestellt und es werden auch ausländische Pflichtteils- und Noterbrechte einbezogen, was bei Erbfällen mit Auslandsberührung und der Anwendung eines ausländischen Pflichtteilsrechts (zB infolge eines Wegzugs des Erblassers) die Verzichtswirkungen möglichst auch dann eintreten lassen soll. Entscheidend ist hier natürlich, wie das ausländische Pflichtteilsrecht den Verzicht beurteilt. 72

[69] Deren Verlust als Verzichtsfolge ist umstritten (vgl. *von Proff* ZErb 2017, 33, 33 f.).

A. 5.10 Pflichtteilsverzicht nach dem erstversterbenden Elternteil

A. 5.10 **UR-Nr. [...]/2017**

Verhandelt zu [...] am [...]
Vor mir, dem unterzeichnenden Notar

[...]
mit dem Amtssitz in [...]

erschienen:
1. **Herr A, geboren am [...],**
   wohnhaft in [...],
2. **dessen Ehefrau B, geboren am [...],**
   wohnhaft ebendort,
3. **beider Sohn, C, geboren am [...],**
   wohnhaft in [...].

Die Erschienenen erklärten nachfolgenden

Pflichtteilsverzichtsvertrag

1. **Ich, C, Sohn der Erschienenen zu 1. und 2., verzichte auch mit Wirkung für meine gegenwärtigen und zukünftigen Abkömmlinge auf mein gesetzliches Pflichtteilsrecht nach dem Erstversterbenden meiner Eltern.**
   Mein gesetzliches Erbrecht nach beiden Eltern sowie mein Pflichtteilsrecht nach dem Längerlebenden meiner Eltern bleibt dagegen bestehen.
2. **Wir, A und B, nehmen den Pflichtteilsverzicht unseres Sohnes an.**

[notarielle Hinweise und Ausgangsformel]

A. Grundsätzliche Anmerkungen

1 Siehe die grundsätzlichen Erläuterungen unter A. 5.00 Rz. 1 ff.

B. Einzelerläuterungen

2 Der Pflichtteilsverzicht nur nach dem Erstversterbenden der Eltern macht vor allem dann Sinn, wenn im ersten Erbfall der Nachlass des Erstversterbenden im Wesentlichen auf den Längerlebenden übergehen soll, nach dem Tode des Längerlebenden der Verzichtende jedoch in pflichtteilsübersteigender Höhe bedacht werden soll. Die **klassische Konstellation** hierfür ist die Erbfolge entsprechend einem **Berliner Testament.** Hier genügt zum Schutz des Längerlebenden vor Liquiditätsbelastung und damit zur Sicherung seiner Altersversorgung der Pflichtteilsverzicht im ersten Erbfall. Die Kinder sind hierzu regelmäßig bereit, wenn sie nicht gleichzeitig durch einen Pflichtteilsverzicht auch nach dem Längerlebenden das Risiko eingehen müssen, auch im zweiten Erbfall enterbt zu werden, sondern entsprechend der Planung der Eltern Schlusserbe werden.

3 Im Rahmen der Risikoabwägung ist von Seiten der Kinder allerdings zu berücksichtigen, dass die Eltern auch bei einer Beschränkung des Pflichtteilsverzichts auf den ersten Erbfall durchaus weit reichenden **Spielraum** haben, die **Kinder zu enterben.** Dies gilt insbesondere dann, wenn das Vermögen der Eltern ungleich verteilt ist und

– wie häufig – der hauptsächliche Teil des Vermögens beim statistisch erstversterbenden Ehemann liegt. Dieser hat dann die Möglichkeit, unter dem Schutz des für den ersten Erbfall abgegebenen Pflichtteilsverzichts seinen Nachlass anderen Personen als dem längerlebenden Ehegatten – etwa Geschwistern des Verzichtenden – zuzuwenden und dessen Altersversorgung lediglich über die Verpflichtung der Bedachten zur Versorgungsleistungen oder die Gewährung von Nießbrauchrechten zu sichern. Mangels bedeutenden Eigenvermögens des Längerlebenden geht der verzichtende Abkömmling in diesem Falle leer aus.

Daher kann es sich empfehlen, den Pflichtteilsverzicht nach dem Erstversterbenden 4 mit der **erbvertraglichen Zusage** der Eltern gegenüber dem verzichtenden Abkömmling zu verbinden, diesem spätestens nach dem Tode des Längerlebenden Vermögenswerte zuzuwenden, welche seinen Pflichtteil in beiden Erbfällen übersteigt. Abgesichert werden kann dies durch Vermächtnisse unter der aufschiebenden Bedingung, dass die Zusage nicht erfüllt wird, was sich spätestens beim Tode des Längerlebende herausstellt.

Soll der länger lebende Ehegatte lediglich vor Liquiditätsbelastungen geschützt wer- 5 den, kann auch eine **Pflichtteilsstundung** ausreichend sein, die bewirkt, dass der im ersten Erbfall entstandene Pflichtteilsanspruch erst mit dem Tode des länger lebenden Elternteils fällig wird.[1] Ein solcher (zeitlich) beschränkter Pflichtteilsverzicht ist von der gesetzlichen Stundungsmöglichkeit nach § 2331a BGB zu unterscheiden, die immer von dem Vorliegen besonderer Umstände abhängig ist und daher keinen bedingungslosen Schutz des Erben bewirkt.[2] Dieser wird nur durch eine vertragliche Pflichtteilsstundung vermittelt.

Damit einhergehend wurde eine **Abmilderung der erbschaftsteuerlichen** 6 **Nachteile des Berliner Testaments** bejaht. Da der Pflichtteilsanspruch vom Pflichtteilsberechtigten als Erwerb des erstversterbenden Elternteils zu versteuern sei und die Pflichtteilslast beim längerlebenden Elternteil als Nachlassverbindlichkeit vom Wert des eigenen Erwerbs abgezogen werden könne, seien die persönlichen Freibeträge des Abkömmlings nutzbar und darüber hinaus Progressionsvorteile erzielbar. Zweifel an dieser Lösung haben sich aus einem Urteil des BFH vom 27.6.2007,[3] der den Abzug einer Abfindungsverpflichtung im Rahmen eines Berliner Testaments für einen Pflichtteilsverzicht verneint hat, wenn die Abfindung bis zum Tode des Zweitversterbenden gestundet wird, ergeben. Diskutiert wurde, ob diese Rechtsprechung (im Entscheidungsfall wurde die Abfindungsvereinbarung erst nach dem ersten Erbfall abgeschlossen) auf eine Stundung zu Lebzeiten beider Elternteile zu übertragen ist.[4] Von diesem sog. Belastungsprinzip ist der BFH aber mit Urteil vom 19.2.2013[5] abgekehrt. Hier verstarb ein Elternteil, der andere Elternteil wurde Erbe und verstarb, bevor der Pflichtteilsanspruch des gemeinsamen Kindes gegenüber dem vorverstorbenen Ehegatten verjährt war. Das Kind wurde Schlusserbe und machte gegenüber sich selbst den Pflichtteil geltend. Trotz des zivilrechtlichen Erlöschens des Pflichtteilsanspruchs durch Konfusion hat der BFH den erbschaftsteuerlichen Abzug des nicht verjährten Pflichtteils als Nachlassverbindlichkeit zugelassen. Die Konfusion (vgl. § 10 Abs. 3 ErbStG) war für ihn genauso unerheblich wie die Frage, ob der Verpflichtete (hier der längerle-

---

[1] *J. Mayer* ZEV 2000, 263, 265 f. mwN und Formulierungsvorschlag.

[2] Nach dem Gesetz kann der Erbe nur in Härtefällen eine Stundung verlangen. Allerdings wurde durch das ErbRRefG die Schwelle herabgesetzt. Früher musste die Erfüllung des Pflichtteils den Erben „ungewöhnlich hart" treffen. Heute bedarf es (nur noch) einer „unbilligen Härte", die nach der Gesetzesbegründung bspw. gegeben sein soll, wenn die Erfüllung des Pflichtteilsanspruchs zur Aufgabe des Familienwohnheims oder zur Veräußerung eines Wirtschaftsguts zwingen würde, das die Lebensgrundlage des Erben bildet. „Einfache Liquiditätsprobleme" und insbesondere auch erzwungene Veräußerungen zur Unzeit bleiben jedoch weiterhin unbeachtlich (vgl. *Herzog* ErbR 2008, 206, 211; *Muscheler* ZEV 2008, 105, 106).

[3] BFH v. 27.6.2007 – II R 30/05, ZEV 2007, 502 m. Anm. *Wälzholz* und *Berresheim* ZErb 2007, 436 ff.; *Heinrichshofen* ErbStB 2007, 219 f.

[4] Vgl. *J. Mayer* ZEV 2007, 556, 559; *Hartmann* DNotZ 2007, 812, 820.

[5] BFH v. 19.2.2013 – II R 47/11, BStBl. II 2013, 332.

bende Elternteil) damit rechnen musste, den Anspruch zu Lebzeiten erfüllen zu müssen. Ob auch die Geltendmachung eines verjährten Pflichtteilsanspruchs durch den Pflichtteilsberechtigten gegenüber sich selbst zu einer abzugsfähigen Nachlassverbindlichkeit führt, ist Gegenstand von Revisionsverfahren.[6]

7 **Ertragsteuerlich** ist zu beachten, dass eine zinslose Stundung des Pflichtteilsanspruchs zu Einkünften aus Kapitalvermögen in Höhe des Zinsanteils führen kann.[7] Auch wenn die Pflichtteilsstundung damit als steuerliches Gestaltungsmittel zumindest kritisch betrachtet werden muss, verbleibt die Liquiditätsbelastung als mögliches Argument für ein entsprechendes Vorgehen.[8]

---

[6] BFH II R 1/16 (das FG Hessen v. 3.11.2015 – 1 K 1059/14, ZEV 2016, 168 hat einen Abzug abgelehnt) und II R 17/16 (das FG Schleswig-Holstein v. 4.5.2016 – 3 K 148/1, DStR 2016, 1443 hat einen Abzug zugelassen). – Zur Zuschrift eines vom Erblasser nicht geltend gemachten Pflichtteilsanspruchs zum Nachlass BGH v. 7.12.2016 – II R 21/14, ZEV 2017, 283 m. Anm. *Wachter.*

[7] Troll/Gebel/Jülicher/*Gottschalk* ErbStG § 3 Rz. 229 zu denkbaren steuerlichen Folgen der zinslosen Stundung.

[8] *J. Mayer* ZEV 2000, 263, 266 weist auf die Gefahr hin, dass bei einer Stundung ohne Wertsicherung und Sicherstellung der Zahlungsverpflichtung beim Tode des Längerlebenden zur Erfüllung des gestundeten Pflichtteilsanspruchs nichts mehr übrig sein kann und empfiehlt entsprechende Belehrungsvermerke in die notarielle Urkunde aufzunehmen.

A. 5.20 Bedingter Pflichtteilsverzicht

UR-Nr. [...]/2017 A. 5.20

Verhandelt zu [...] am [...]
Vor mir, dem unterzeichnenden Notar

[...]
mit dem Amtssitz in [...]

erschienen:
1. **Herr A, geboren am [...], wohnhaft in [...],**
2. **dessen Ehefrau, B, geboren am [...], wohnhaft ebendort,**
3. **beider Tochter C, geboren am [...], wohnhaft in [...].**

Die Erschienenen erklärten folgenden

Pflichtteilsverzichtsvertrag

I.

1. **Ich, die Erschienene zu 3., verzichte hiermit auch mit Wirkung für meine gegenwärtigen und zukünftigen Abkömmlinge auf mein gesetzliches Pflichtteilsrecht gegenüber meinem Vater, dem Erschienenen zu 1., und meiner Mutter, der Erschienenen zu 2.**[Rz. 4]
2. **Der jeweilige Verzicht erfolgt jedoch unter der Bedingung, dass meine Eltern mir oder meinen leiblichen Abkömmlingen, derzeit also meinen Kindern [...], lebzeitig oder von Todes wegen jeweils Vermögen in pflichtteilsübersteigendem Wert zuwenden. Dabei sind bis heute bereits erfolgte Schenkungen nicht mit zu berücksichtigen.**[Rz. 5ff.]
3. **Für die Bewertung des zum Nachlass und fiktiven Nachlass gehörenden Vermögens sowie des mir oder meinen Abkömmlingen zugewendeten Vermögens gelten die Regelungen zur Ermittlung der Pflichtteils- und Pflichtteilsergänzungsansprüche entsprechend. Bei der Ermittlung des zugewendeten Vermögens sind insbesondere auch solche lebzeitigen Zuwendungen zu berücksichtigen, bei denen eine Anrechnung auf den Pflichtteil nicht bestimmt wurde, es sei denn, die Anrechnung wurde ausdrücklich ausgeschlossen.**[Rz. 8]
4. **Zuwendungen an mich oder meine Abkömmlinge sind nur insoweit zu berücksichtigen, als sie frei von Belastungen und Beschwerungen sind. Vermächtnisbelastungen sind gestattet, mindern aber den Wert der Zuwendung um den Wert des Vermächtnisses.**
   Meinen Eltern ist es weiterhin gestattet, meine Abkömmlinge mit einer Testamentsvollstreckung – sowohl einer Abwicklungs- als auch einer Verwaltungsvollstreckung – zu belasten, ohne dass dies wertmindernd berücksichtigt wird. Eine Verwaltungsvollstreckung hat jedoch spätestens mit Vollendung des 35. Lebensjahres des jeweiligen Kindes zu enden. Der Testamentsvollstrecker ist in der letztwilligen Verfügung anzuweisen, aus den Erträgen der seiner Verwaltung unterliegenden Nachlassgegenstände, soweit diese ausreichen, einem jeden mit der Testamentsvollstreckung Beschwerten mindestens so viel zu überlassen, wie dieser zur Begleichung seiner sich auf Grund dieser Erträge ergebenden steuerlichen Mehrbelastung sowie zu einer angemessenen Lebensführung bedarf. Dabei gehe

ich davon aus, dass zur angemessenen Lebensführung ein Betrag ausreicht, der dem ersten Grundgehalt eines Beamten der Besoldungsgruppe A 12 entspricht. Der Testamentsvollstrecker darf höchstens eine sich nach der „Neuen Rheinischen Tabelle“ des Deutschen Notarvereins ergebende Vergütung erhalten. Auch dürfen meine Eltern, ohne dass dies als Wertminderung berücksichtigt wird, mich und meine Abkömmlinge mit einer Nacherbschaft oder einem Nachvermächtnis belasten, wobei sich der Kreis der Nacherben und Nachvermächtnisnehmer auf meine Abkömmlinge und meine Person zu beschränken hat.[Rz. 9, 10]

5. **Mein gesetzliches Erbrecht nach beiden Eltern bleibt bestehen.**

II.

Wir, die Erschienenen zu 1. und 2., nehmen den vorstehend erklärten Pflichtteilsverzicht unserer Tochter an.

III.[Rz. 11]

1. **Streitigkeiten über den Wert von Nachlassgegenständen, von Schenkungen und von anrechnungspflichtigen Zuwendungen entscheidet Herr/Frau [...], ersatzweise Herr/Frau [...], höchst ersatzweise ein von der zuständigen Industrie- und Handelskammer auf Antrag eines Beteiligten zu benennender Sachverständiger für alle Vertragspartner und deren jeweiligen Rechtsnachfolger verbindlich. Der Schiedsgutachter erhält eine angemessene Vergütung, die beide Seiten hälftig und jeweils unter sich zu gleichen Teilen zu tragen haben.**
2. **Alle Rechtsstreitigkeiten zwischen den Vertragsparteien oder ihren Rechtsnachfolgern über die Gültigkeit dieses Vertrages oder im Zusammenhang mit seinem Gegenstand werden ausschließlich und abschließend durch ein Schiedsgericht nach Maßgabe des dieser Urkunde als Anlage beigefügten Schiedsvertrages entschieden.**

[notarielle Hinweise und Ausgangsformel]

A. Grundsätzliche Anmerkungen

1 Ebenso wie ein bedingter Erbverzicht kann auch ein **bedingter Pflichtteilsverzicht** vereinbart werden. Dabei kommen aufschiebende Bedingungen genauso in Betracht wie auflösende Bedingungen.[1] Der Wirksamkeit der Vereinbarung steht es nicht entgegen, wenn die Bedingung erst nach dem Erbfall eintritt, da auch in diesem Fall der Pflichtteilsverzicht selbst noch mit dem Erblasser zu dessen Lebzeiten vereinbart wurde.[2] Häufig wird als Bedingung des Pflichtteilsverzichts die Leistung einer Abfindung oder die Erfüllung eines vom Erblasser zu Gunsten des Verzichtenden erbvertraglich ausgesetzten Vermächtnisses vereinbart. Auch bei dem nach dem erstversterbenden Elternteil erklärten Pflichtteilsverzicht (Formular A. 5.10) handelt es sich um einen bedingten Pflichtteilsverzicht, da mit jedem Elternteil ein Pflichtteilsverzichtsvertrag abgeschlossen wird, der aber nur unter der Bedingung wirksam wird, dass der jeweilige Elternteil vor dem anderen verstirbt.[3] Die einen relativen Erbverzicht begründende Auslegungsregelung des § 2350 BGB gilt nicht für einen bloßen Pflichtteilsverzicht. So weit also ein Pflichtteilsverzicht zu Gunsten eines bestimmten Erben

[1] BGH v. 2.7.1962 – VIII ZR 12/61, NJW 1962, 1910, 1912; BayObLG v. 27.1.1995 – 1 Z BR 22/94, ZEV 1995, 228, 228; MüKoBGB/*Wegerhoff* BGB § 2346 Rz. 15.
[2] Staudinger/*Schotten* BGB § 2346 Rz. 54.
[3] Staudinger/*Schotten* BGB § 2346 Rz. 54.

erklärt werden soll, damit nur dieser keiner Pflichtteilslast ausgesetzt ist, muss eine entsprechende Bedingung ausdrücklich in den Vertrag aufgenommen werden.[4]

Siehe iÜ die grundsätzlichen Erläuterungen unter A. 5.00.

(frei) 2, 3

B. Einzelerläuterungen

Zu I. 1.:

Anders als in Formular A. 5.10 erfolgt vorliegend der Pflichtteilsverzicht gegenüber beiden Elternteilen, unabhängig davon, ob sie als Erster oder als Letzter versterben. 4

Zu I. 2.:

Trotz der Bedingung, dass der jeweilige Pflichtteilsverzicht nur wirksam ist, wenn jedes Elternteil dem verzichtenden Kind oder dessen Abkömmlingen lebzeitig oder von Todes wegen Vermögen in pflichtteilsübersteigendem Wert zuwendet, schützt die Vereinbarung zum einen die Abkömmlinge des verzichtenden Kindes vor Pflichtteilsbelastungen, zum anderen aber auch sonstige Erben vor Liquiditätsbelastungen, etwa nach Ausschlagung und Pflichtteilsgeltendmachung wegen Belastung und Beschwerung i. S. d. § 2306 BGB. Die Regelung ermöglicht dem Erblasser insbesondere das Überspringen einer Generation ohne die Geltendmachung von Pflichtteilsansprüchen durch das übersprungene Kind befürchten zu müssen. Anbieten kann sich solches zum einen aus erbschaftsteuerlichen Gründen, zum anderen aber auch deshalb, weil etwa das Kind nicht zur Unternehmensnachfolge bereit oder qualifiziert ist, in der Enkelgeneration aber qualifizierte Nachfolger heranwachsen. 5

Mit der Regelung, in der Vergangenheit bereits erfolgte Schenkungen nicht zu berücksichtigen, sollen klare Verhältnisse geschaffen und eine rückwirkende Bewertung dieser Schenkungen vermieden werden, da eine Diskussion hierüber häufig die Verhandlungen über den Pflichtteilsverzichtsvertrag belasten würde. In Fällen, in denen der Verzichtende allerdings schon bedeutende lebzeitige Zuwendungen erhalten hat, kann freilich auch deren Berücksichtigung angezeigt sein. 6

Ein wesentlicher Nachteil bedingter Pflichtteilsverzichtsverträge ist allerdings darin zu sehen, dass mit dem Eintritt der Bedingung der Pflichtteilsverzicht steht oder fällt und somit keine Zwischenlösungen denkbar werden. Neben dieser „Alles-Oder-Nichts-Lösung" sollte nicht versäumt werden, die Anrechnung der Zuwendungen auf den Pflichtteil zu bestimmen (§ 2315 BGB). Selbst wenn die Bedingung nicht eintritt, bleibt das durch das Pflichtteilsrecht begründete Liquiditätsrisiko zumindest in Höhe des Wertes der Zuwendungen gemindert. 7

Zu I. 3.:

Die Bewertung des Nachlasses, des fiktiven Nachlasses und der zu berücksichtigenden Zuwendungen sollte möglichst einheitlich erfolgen. Mit dem Verweis auf die Regelung zur Ermittlung der Pflichtteils- und Pflichtteilsergänzungsansprüche ist zumindest klargestellt, dass Verkehrswerte zu ermitteln sind, es grundsätzlich auf den Zeitpunkt der Zuwendung ankommt (Stichtagsprinzip) und Kaufkraftveränderungen zu berücksichtigen sind. Damit versäumte Anrechnungsbestimmungen im Hinblick auf den Bedingungseintritt keine negativen Folgen haben, wird weiterhin klargestellt, dass die dortige Berücksichtigung entgegen der gesetzlichen Regelung auch dann zu erfolgen hat, wenn der Erblasser dies nicht ausdrücklich bestimmt hat. Etwas anderes soll nur bei einem ausdrücklichen Ausschluss des Erblassers gelten. 8

---

[4] MüKoBGB/*Wegerhoff* BGB § 2350 Rz. 2; BeckOK BGB/*Litzenburger* BGB § 2350 Rz. 2.

Zu I. 4.:

9 Die Bedingung, dass der Verzichtende oder seine Abkömmlinge Vermögen im pflichtteilsübersteigenden Wert erhalten, ist nur dann erfüllt, wenn der Zuwendungsempfänger hinsichtlich des erhaltenen Vermögens in keiner Weise belastet oder beschwert ist. Vermächtnisbelastungen wirken sich unmittelbar wertmindernd aus, indem der Wert des Vermächtnisses vom Wert der Zuwendung abzuziehen ist. Dagegen würde die Anordnung einer Testamentsvollstreckung, einer Nacherbschaft oder eines Nachvermächtnisses zu einer wertmäßig nur schwer konkretisierbaren Belastung führen. Deshalb empfehlen sich Vereinbarungen, die entweder derartige Beschwerungen ganz ausschließen oder nur innerhalb bestimmter Grenzen gestatten. So kann bei Zuwendungen von Todes wegen an Enkel die Anordnung einer Testamentsvollstreckung, auch in Form der Verwaltungsvollstreckung, bis zur Erreichung eines bestimmten Mindestalters durchaus sinnvoll sein. Allerdings will das verzichtende Kind in diesem Fall gewährleistet wissen, dass für den Unterhalt der eigenen Kinder, also der Enkel gesorgt ist und der Wert der Zuwendung auch nicht durch unangemessen hohe Testamentsvollstreckervergütungen gemindert wird. Vorliegend erscheint auch die Gestattung einer Nacherbschaft oder eines Nachvermächtnisses unproblematisch, soweit der Kreis der Nacherben und Nachvermächtnisnehmer dem Personenkreis entspricht, an den ohnehin die Zuwendungen zu erfolgen haben.

10 Allerdings muss sich der Verzichtende bewusst sein, dass mit der vorliegenden Vereinbarung auch Zuwendungen solchen Vermögens berücksichtigt werden, welches einer Testamentsvollstreckung ähnliche Beschränkungen bereits in sich trägt. So hätte der Erblasser durchaus die Möglichkeit, dem Verzichtenden oder seinen Abkömmlingen Beteiligungen an einer Gesellschaft zuzuwenden, an welcher auch ein Dritter (etwa eine Stiftung) beteiligt ist und in deren nur einstimmig änderbaren Gesellschaftsvertrag zahlreiche Kautelen (Kündigungs-, Entnahme- und Abfindungsbeschränkungen, Vinkulierungsklauseln, Sonderstimmrechte zu Gunsten des Dritten und Ähnliches) aufgenommen sind. Derartige Beschränkungen würden allenfalls zu einer Minderung des Wertes des übertragenen Anteils führen, nicht aber zu einer gänzlichen Nichtberücksichtigung der Anteilszuwendung.

Zu III.:

11 Wertermittlungen sind streitanfällig, weshalb sich die Einigung auf einen verbindlich entscheidenden Schiedsgutachter empfiehlt. Zur Klärung von Rechtsstreitigkeiten kann sich zudem eine Schiedsklausel empfehlen.

A. 5.30 Betragsmäßig beschränkter Pflichtteilsverzicht mit Anrechnungsverpflichtung

UR-Nr. [...]/2017 A. 5.30

Verhandelt zu [...] am [...]
Vor mir, dem unterzeichnenden Notar

[...]
mit dem Amtssitz in [...]

erschienen:
1. **Herr A, geboren am [...],**
   wohnhaft in [...],
2. **dessen Sohn B, geboren am [...],**
   wohnhaft in [...],
3. **dessen Tochter C, geboren am [...],**
   wohnhaft in [...],
4. **dessen Sohn D, geboren am [...],**
   wohnhaft in [...].

Sie erklärten folgenden

Pflichtteilsverzichtsvertrag

1.a) Die Erschienenen zu 2. bis 4. verzichten hiermit gegenüber dem Erblasser jeweils für sich und ihre gegenwärtigen und zukünftigen Abkömmlinge in der Weise auf ihr gesetzliches Pflichtteilsrecht an seinem Nachlass, dass sich ihr jeweiliger gesetzlicher Pflichtteilsanspruch betragsmäßig auf € [...],– heutiger Kaufkraft beschränkt.
Das gesetzliche Erbrecht der Erschienenen zu 2. bis 4. bleibt hingegen unverändert bestehen.[Rz. 5]

b) Zur Ermittlung von Pflichtteilsergänzungsansprüchen gemäß § 2325 BGB sind abweichend von § 2325 Abs. 3 BGB jedoch sämtliche nach Abschluss dieses Vertrages vollzogenen Schenkungen, einschließlich unentgeltlicher Zuwendungen an Stiftungen, dem Nachlass hinzuzurechnen, auch soweit zur Zeit des Erbfalls bereits mehr als zehn Jahre verstrichen sind.[Rz. 6]

c) Die Erschienenen zu 2. bis 4. haben sich auf ihren betragsmäßig beschränkten Pflichtteilsanspruch dasjenige anrechnen zu lassen, was der Erschienene zu 1. ihnen oder ihren leiblichen Abkömmlingen nach Abschluss dieses Vertrages lebzeitig oder von Todes wegen zuwendet, es sei denn, die Anrechnung wird ausdrücklich ausgeschlossen.

Als Zuwendung anrechnungspflichtig ist auch die Übernahme der Erbschaft- und Schenkungsteuer durch einen anderen. Im Falle der Ausschlagung der Erbschaft oder eines Vermächtnisses gilt dasjenige, was der Ausschlagende bei Annahme erhalten hätte, als zugewendet. Nicht anrechnungspflichtig sind Zuwendungen von Todes wegen, soweit der Zuwendungsempfänger mit einer Nacherbschaft oder für die Zeit nach Vollendung seines 25sten Lebensjahres mit einer Dauertestamentsvollstreckung belastet ist.
Werden Abkömmlinge der Erschienenen zu 2. bis 4. pflichtteilsberechtigt, haben diese sich neben selbst erhaltenen Zuwendungen auch die Zuwendungen an diejenigen anrechnen zu lassen, an deren Stelle sie als Pflichtteilsberechtigte treten.[Rz. 7 ff.]

d) Für die Bewertung der anrechnungspflichtigen Zuwendungen gelten die Regelungen zur Ermittlung der Pflichtteils- und Pflichtteilsergänzungsansprüche des

Bürgerlichen Gesetzbuchs entsprechend. Maßgeblich ist der Wert im Zeitpunkt des Erbfalls, bei lebzeitigen Zuwendungen der Wert im Zeitpunkt der Zuwendung, jedoch unter Berücksichtigung der Kaufkraftveränderung bis zum Zeitpunkt des Erbfalls. Der Wert von Beteiligungen an börsennotierten Gesellschaften bestimmt sich nach dem durchschnittlichen Kurs in der Zeitspanne von drei Monaten vor und drei Monaten nach dem Erbfall bzw. der Schenkung.[Rz. 11]

e) **Streitigkeiten über den Wert von Nachlassgegenständen, von Schenkungen und von anrechnungspflichtigen Zuwendungen entscheidet Herr/Frau [...], ersatzweise Herr/Frau [...], höchstersatzweise ein von der zuständigen Industrie- und Handelskammer auf Antrag eines Beteiligten zu benennender Sachverständiger für alle Vertragspartner und deren jeweiligen Rechtsnachfolger verbindlich. Der Schiedsgutachter erhält eine angemessene Vergütung, die beide Seiten hälftig und jeweils unter sich zu gleichen Teilen zu tragen haben.**[Rz. 11]

f) **Der Begrenzungsbetrag gemäß Ziffer 1.a ist wertgesichert. Er verändert sich nach oben und nach unten im gleichen prozentualen Verhältnis wie sich der vom Statistischen Bundesamt amtlich festgestellte Verbraucherpreisindex (2010 = 100) nach oben oder unten verändert. Eine Anpassung erfolgt mit dem Erbfall durch Vergleich des heute geltenden Preisindex mit dem dann geltenden Preisindex.**

2. **Der Erschienene zu 1. nimmt den jeweiligen Pflichtteilsverzicht seiner Kinder an.**
3. **Alle Rechtsstreitigkeiten zwischen den Vertragsparteien oder ihren Rechtsnachfolgern über die Gültigkeit dieses Vertrages oder im Zusammenhang mit seinem Gegenstand werden ausschließlich und abschließend durch ein Schiedsgericht nach Maßgabe des dieser Urkunde als Anlage beigefügten Schiedsvertrages entschieden.**

[notarielle Hinweise und Ausgangsformel]

A. Grundsätzliche Anmerkungen

1 Die betragsmäßige Beschränkung des Pflichtteils durch Vereinbarung einer Fest- (oder wie hier) Höchstsumme wird allgemein als zulässig angesehen.[1] Es bleibt bei den gesetzlichen Regelungen, jedoch ist der sich hieraus ergebende Pflichtteilsanspruch der Höhe nach begrenzt. Für die Vertragsbeteiligten hat eine betragsmäßige Beschränkung den Nachteil, dass ihre Relation zum später tatsächlich entstehenden Pflichtteilsanspruch nicht sicher prognostizierbar ist. Je nach Wertentwicklung des Nachlassvermögens kann es durchaus sein, dass die Erben durch die vom Erblasser vereinbarte Beschränkung nur eine geringe oder gar keine Entlastung haben und umgekehrt kann sich für den Verzichtenden bei entsprechenden Wertsteigerungen des Nachlassvermögens ergeben, dass er auf einen deutlich höheren Anteil am Nachlass verzichtet hat, als er eigentlich wollte.

2 Bei einer betragsmäßigen Beschränkung des Pflichtteilsanspruchs kann insbesondere Streit entstehen, wenn die Anrechnung von Zuwendungen auf den Höchstbetrag vereinbart wird. Dies gilt zum einen hinsichtlich der Bewertung des zugewendeten Vermögens, zum andern aber auch hinsichtlich von Beschränkungen, Belastungen und Beschwerungen, welchen der Verzichtende als Zuwendungsempfänger in Bezug auf das ihm zugewendete Vermögen ausgesetzt ist. Dem Erblasser und letztlich dem Erben bieten derartige Anrechnungsverpflichtungen vor allem Schutz vor Liquiditätsbelastungen. Der Verzichtende setzt sich mit einer Anrechnungsvereinbarung dem Risiko aus, objektiv werthaltiges Vermögen zu erhalten, welches aber mittel- oder langfristig

[1] BeckOK BGB/*Litzenburger* BGB § 2346 Rz. 17; MüKoBGB/*Wegerhoff* BGB § 2346 Rz. 20.

kaum liquidierbar (beispielsweise vinkulierte Gesellschaftsbeteiligungen) oder fast ertraglos (unbebaute Grundstücke, Kunst) ist.[2]

(frei) **3, 4**

B. Einzelerläuterungen

Zu 1a):

Da Pflichtteilsverzichtsverträge langwirkende Verträge sind, sollte die betragsmäßige Beschränkung kaufkraftgesichert vereinbart werden. Konkretisiert wird die Kaufkraftsicherung durch die in unter Ziffer 1.f aufgenommene Wertsicherungsklausel. **5**

Zu 1b):

Wer sich als Verzichtender auf eine betragsmäßige Beschränkung seines Pflichtteilsrechts einlässt, will meist davor geschützt werden, dass der Erblasser dennoch versucht, durch lebzeitige Maßnahmen Pflichtteilsansprüche weiter zu mindern. Derartige pflichtteilsreduzierende Maßnahmen können beispielsweise lebzeitige Schenkungen oder Zuwendungen an gemeinnützige Stiftungen sein, die mit jedem vergangenen Jahr geringere und nach Ablauf von zehn Jahren keine Pflichtteilsergänzungsansprüche mehr begründen würden (§ 2325 Abs. 3 BGB). Es kann sich deshalb empfehlen, sämtliche Schenkungen ab Vertragsschluss in die Pflichtteilsergänzung einzubeziehen und die Abschmelzung insoweit abzubedingen. **6**

Zu 1c):

Die Verpflichtung, die Anrechnung von Schenkungen erst mit Vertragsschluss beginnen zu lassen, schafft klare Verhältnisse und erspart Diskussionen zum Wert vergangener Zuwendungen. Um von der Anrechnung von § 2315 BGB unabhängig zu sein, empfiehlt sich die Klarstellung, dass eine Anrechnung auf den Höchstbetrag nur dann nicht zu erfolgen hat, wenn sie ausdrücklich ausgeschlossen wird. **7**

Aus erbschaftsteuerlichen Gründen kann es sich empfehlen, dass bei Schenkungen der Schenker oder bei Zuwendungen von Todes wegen ein anderer Bedachter die Erbschaft- und Schenkungsteuer übernimmt. Für den Zuwendungsempfänger ist dies ein Vermögensvorteil, der als Zuwendung anrechnungspflichtig ist. **8**

Um innerhalb der betragsmäßigen Grenzen Liquiditätsbelastungen durch Ausschlagung und Pflichtteilsgeltendmachung zu vermeiden, empfiehlt sich die Regelung, dass anrechnungspflichtig auch dasjenige ist, was der Ausschlagende bei Annahme der Erbschaft oder des Vermächtnisses erhalten hätte. **9**

Umgekehrt erscheint es zum Schutz des Verzichtenden angemessen, dass er sich nur solche Zuwendungen von Todes wegen anrechnen zu lassen hat, die nicht mit der Beschwerung durch eine Nacherbschaft oder eine Dauertestamentsvollstreckung verbunden sind. Da der betragsmäßig beschränkte Pflichtteilsverzicht auch für die Abkömmlinge des Verzichtenden gilt, empfiehlt es sich, auch die Anrechnungsverpflichtung auf die Abkömmlinge des Verzichtenden auszudehnen. Da jedoch lebzeitige Zuwendungen regelmäßig nicht bereits an die Abkömmlinge des Verzichtenden, sondern noch den Verzichtenden selbst erfolgen, erscheint es angemessen, wenn sich die Abkömmlinge des Verzichtenden neben den selbst erhaltenen Zuwendungen auch die Zuwendungen an den Verzichtenden, an dessen Stelle sie als Pflichtteilsberechtigte treten, anrechnen zu lassen haben. **10**

---

[2] S. auch A. 5.20 Rz. 9 f.

Zu 1d) und e):

11 Für die Bewertung kann auf die gesetzlichen Regelungen zur Ermittlung der Pflichtteils- und Pflichtteilsergänzungsansprüche verwiesen werden. Der Verweis auf das Stichtagsprinzip unter Berücksichtigung der Kaufkraftveränderung ist insoweit nur klarstellend. Bei sehr volatilen Nachlassgegenständen (zB Aktien) kann sich der Verweis auf einen Durchschnittswert einer längeren Zeitspanne vor und nach dem Erbfall bzw. der Schenkung empfehlen. Da Wertermittlungen sehr streitanfällig sind, sollten sich die Vertragsbeteiligten der verbindlichen Wertbestimmung durch einen Sachverständigen unterwerfen.

A. 5.40 Gegenständlich beschränkter Pflichtteilsverzicht

UR-Nr. [...]/2017 A. 5.40

Verhandelt zu [...] am [...]
Vor mir, dem unterzeichnenden Notar

[...]
mit dem Amtssitz in [...]

erschienen:
1. **Herr A, geboren am [...],**
   wohnhaft in [...],
2. **dessen Ehefrau B, geb. [...], geboren am [...],**
   wohnhaft ebendort,
3. **beider Sohn C, geboren am [...],**
   wohnhaft in [...].

Die Erschienenen erklärten nachfolgenden

Pflichtteilsverzichtsvertrag

1. **Ich, C, Sohn der Erschienenen zu 1. und 2., verzichte auch mit Wirkung für meine gegenwärtigen und zukünftigen Abkömmlinge auf mein gesetzliches Pflichtteilsrecht sowohl nach dem Erstversterbenden als auch dem Längerlebenden meiner Eltern. Mein gesetzliches Erbrecht bleibt dagegen bestehen.**
   Der Verzicht ist jedoch gegenständlich beschränkt auf das nachfolgend noch näher bezeichnete Betriebsvermögen. Soweit also dieses Betriebsvermögen zum Nachlass oder fiktiven Nachlass des Erschienenen zu 1. und/oder der Erschienenen zu 2. gehört, soll es bei der Berechnung meines Pflichtteilsanspruchs, sowie jeglicher sonstiger aus dem gesetzlichen Pflichtteilsrecht erwachsender Ansprüche, insbesondere des Pflichtteilsergänzungsanspruchs und des Ausgleichspflichtteils, unberücksichtigt bleiben. Mein gesetzliches Erbrecht nach beiden Eltern und mein gesetzliches Pflichtteilsrecht aus sonstigem Vermögen meiner Eltern bleiben hingegen bestehen.[Rz. 5]
2. **Zum Betriebsvermögen gehört**
   a) **die derzeit dem Erschienenen zu 1. gehörende Beteiligung an der A GmbH & Co. KG sowie deren Komplementärin, der A Verwaltungs-GmbH einschließlich aller mit den Beteiligungen verbundenen Rechte, Pflichten und Ansprüche, insbesondere den jeweiligen Kapital- und Darlehenskonten;**
   b) **die derzeit im Alleineigentum des Erschienenen zu 1. stehende Immobilie [...], welche der A GmbH & Co. KG zur Nutzung überlassen ist und deshalb zu seinem steuerlichen Sonderbetriebsvermögen gehört;**
   c) **die derzeit im Alleineigentum der Erschienenen zu 2. stehende Immobilie [...], welche ebenfalls der A GmbH & Co. KG zur Nutzung überlassen ist, ungeachtet ihrer Zugehörigkeit zum steuerlichen Privatvermögen der Erschienenen zu 2.;**
   d) **die mit dem vorgenannten Betriebsvermögen in wirtschaftlichem Zusammenhang stehenden Verbindlichkeiten;**
   e) **Surrogate des vorgenannten Betriebsvermögens;**
   f) **Erträge aus dem vorgenannten Betriebsvermögen, soweit sie nicht entnommen oder wieder in das Betriebsvermögen reinvestiert werden.**

   Nicht zum Betriebsvermögen gehören hingegen zukünftige Zuführungen aus dem sonstigen Vermögen in das Betriebsvermögen, soweit diese zu einer Wertminderung des sonstigen Vermögens führen. Insbesondere gehören hierzu Einlagen,

Einbringungen gegen Gewährung von Gesellschaftsrechten sowie Verwendungen und Aufwendungen auf das vorgenannte Betriebsvermögen. Diese sind somit vom Pflichtteilsverzicht nicht umfasst und werden deshalb bei der Berechnung des Pflichtteils dem Nachlass hinzugerechnet. Maßgeblich ist der Wert im Zeitpunkt der Zuführung unter Berücksichtigung der bis zum Erbfall entstandenen Kaufkraftveränderung.[Rz. 6 ff.]

3. **Wir, A und B, nehmen den Pflichtteilsverzicht unseres Sohnes an.**
4. **Über die Zugehörigkeit eines Nachlassgegenstandes zum Betriebsvermögen entscheidet auf Verlangen eines Vertragsbeteiligten oder seines Rechtsnachfolgers Herr/Frau [...], ersatzweise Herr/Frau [...], höchst ersatzweise ein von der zuständigen Industrie- und Handelskammer auf Antrag eines Beteiligten zu benennender Sachverständiger verbindlich. Die Kosten des Sachverständigen trägt der Nachlass.**[Rz. 9]
5. **Alle Rechtsstreitigkeiten zwischen den Vertragsparteien oder ihren Rechtsnachfolgern über die Gültigkeit dieses Vertrages oder im Zusammenhang mit seinem Gegenstand werden ausschließlich und abschließend durch ein Schiedsgericht nach Maßgabe des dieser Urkunde als Anlage beigefügten Schiedsvertrages entschieden.**

[notarielle Hinweise und Ausgangsformel]

A. Grundsätzliche Anmerkungen

1 Geht es hauptsächlich darum, die Unternehmensnachfolge eines von mehreren Kindern oder zunächst des längerlebenden Ehegatten zu sichern und insbesondere den Unternehmensnachfolger vor die Substanz des Unternehmens angreifenden Liquiditätsbelastungen zu schützen, so kann ein auf das unternehmerische Vermögen beschränkter Pflichtteilsverzicht, ggf. gekoppelt mit moderaten Abfindungszahlungen, ein taugliches und für die weichenden Geschwister akzeptables Mittel sein. Während ein gegenständlich beschränkter Erbverzicht mit dem Wesen des Erbrechts als Gesamtrechtsnachfolge unvereinbar und deshalb unwirksam wäre, wird ein gegenständlicher beschränkter Pflichtteilsverzicht heute als zulässig angesehen.[1] Dabei darf aber nicht verkannt werden, dass die **vertragliche Konkretisierung** des von der Pflichtteilsberechnung ausgenommenen Gegenstandes bei unternehmerischem Vermögen häufig schwerfällt und höchst missbrauchsanfällig ist. Grund hierfür ist, dass in der Regel der Bestand unternehmerischen Vermögens steten Veränderungen unterliegt. Deshalb wird der Unternehmensnachfolger, der durch den Vertrag geschützt werden soll, Wert darauf legen, dass auch zukünftige Expansionen, etwa durch Begründung neuer Standorte oder durch Gründung neuer eigenständiger Gesellschaften vom Verzicht umfasst sind. Umgekehrt werden die Verzichtenden darauf zu achten haben, dass nicht künstlich, etwa durch gewerbliche Prägung (§ 15 Abs. 3 Nr. 2 EStG) oder gewerbliche Abfärbung (§ 15 Abs. 3 Nr. 1 EStG), Teile des Privatvermögens, welche an sich vom Verzicht nicht umfasst werden sollen, in unternehmerisches Vermögen umqualifiziert werden und so bei der Pflichtteilsberechnung außen vor bleiben. Den Verzichtenden wird deshalb an einer möglichst weit gehenden Konkretisierung der von der Pflichtteilsberechnung ausgenommenen Vermögensgegenstände gelegen sein.

2 Am leichtesten fällt eine solche Konkretisierung bei gegenständlich beschränkten Pflichtteilsverzichten in **Ergänzung zu Maßnahmen vorweggenommener Erbfolgen.** Hier kann der Pflichtteilsverzicht auf dasjenige bezogen werden, was der Bruder oder die Schwester konkret geschenkt erhält. Soweit der Beschenkte für den zu

[1] BeckOK BGB/*Litzenburger* BGB § 2346 Rz. 17; Staudinger/*Schotten* BGB § 2346 Rz. 50.

seinem Schutz erklärten Pflichtteilsverzicht seiner Geschwister eine Abfindung zahlt, können sich ergänzende vertragliche Regelungen empfehlen, die ihn vor einer späteren einvernehmlichen Aufhebung des Pflichtteilsverzichts schützen. Dies kann in der Weise geschehen, dass sich der Verzichtende auch gegenüber dem Beschenkten nach § 311b Abs. 5 BGB (ehemals § 312 BGB) verpflichtet, nach Eintritt des Erbfalls keine Pflichtteilsergänzungsansprüche geltend zu machen. Verträge über den „Pflichtteil" aus dem Nachlass eines noch lebenden Dritten sind danach nur unter gesetzlichen Erben erlaubt und ansonsten nach § 311b Abs. 4 BGB nichtig. Zudem ist umstritten, ob in dieser Weise auf den künftigen Pflichtteilsergänzungsanspruch schon vor Eintritt des Erbfalls verzichtet werden kann.[2] Daher wird empfohlen, vorsorglich die zusätzliche Verpflichtung aufzunehmen, nach dem Erbfall in einem Erlassvertrag auf den sich aus der Schenkung ergebenden Pflichtteilsergänzungsanspruch zu verzichten.[3] Weiterhin ist darauf zu achten, dass sich der Verzicht auch auf einen etwaigen Ausgleichspflichtteil nach § 2316 BGB bezieht,[4] was bei einem generellen Verzicht auf das Pflichtteilsrecht der Fall wäre, nicht aber bei einem im Zusammenhang mit Schenkungen nahe liegenden Verzicht auf lediglich den Pflichtteilsergänzungsanspruch.

(frei) **3, 4**

B. Einzelerläuterungen

Zu 1.:

Der Pflichtteilsverzicht erfolgt gegenüber beiden Eltern und ist beschränkt auf das in Ziffer 2 definierte Betriebsvermögen, unabhängig davon, welchem Elternteil das jeweilige Betriebsvermögen gehört. Erbt also der Längerlebende vom Erstversterbenden Betriebsvermögen, so ist dieses in beiden Erbfällen von der Pflichtteilsberechnung ausgeschlossen. Klargestellt wird, dass sich der gegenständlich beschränkte Verzicht auch auf Pflichtteilsergänzungsansprüche und den Ausgleichspflichtteil bezieht. **5**

Zu 2.:

Umso konkreter das Betriebsvermögen definiert wird, umso geringer ist das Risiko für den Verzichtenden, dass der Erblasser noch zu Lebzeiten durch Umstrukturierungen Vermögen in den Verzicht einbezieht, welches an sich privates Kapitalanlagevermögen darstellt. Eine abstraktere Definition des Betriebsvermögens als beispielsweise dasjenige Vermögen, welches im steuerlichen Sinne als Betriebsvermögen oder Sonderbetriebsvermögen gilt, ist, wie ausgeführt, für den Verzichtenden meist zu weit und zu missbrauchsanfällig. Aber auch für den Erblasser und den künftigen Unternehmensnachfolger kann eine solche Definition nachteilig, nämlich zu eng sein. So war früher beliebtes Gestaltungsziel, auch unternehmerisch genutztes Vermögen möglichst im steuerlichen Privatvermögen zu halten, um es, falls es nicht zur familieninternen Unternehmensnachfolge kommen sollte, nach Ablauf der damals noch kürzeren Spekulationsfristen steuerfrei veräußern zu können. Mit der Erhöhung der erbschaftsteuerlichen Grundbesitzwerte und der besonderen erbschaftsteuerlichen Privilegierung des Erwerbs von Betriebsvermögen sind diese Gestaltungen zwar seltener geworden, kommen aber dennoch auch heute noch häufig vor. In diesen Fällen kann es angezeigt sein, auch die unternehmerisch genutzten, aber dem steuerlichen Privatvermögen zugehörigen Vermögensgegenstände als Betriebsvermögen iSd. Regelungen des Pflichtteilsverzichtsvertrages zu definieren. **6**

---

[2] Vgl. *Henssler* RNotZ 2010, 221, 229.
[3] *J. Mayer* ZEV 2000, 263, 264; *J. Mayer* ZEV 1996, 441, 445.
[4] *J. Mayer* ZEV 2000, 263, 264.

7 Die Konkretisierung des unternehmerischen Vermögens kann sich als Hindernis künftiger Umstrukturierungen darstellen. Mit der Regelung, dass auch Surrogate des im Vertrag bezeichneten Betriebsvermögens wiederum als Betriebsvermögen gelten sollen, kann hingegen künftigen Veränderungen in hinnehmbarem Maße Rechnung getragen werden.

8 Die Regelung, dass zwar Erträge aus dem Betriebsvermögen dort zur Liquiditätsstärkung belassen und reinvestiert werden können, aus dem sonstigen Vermögen dem Betriebsvermögen zugeführte Mittel hingegen bei der Pflichtteilsberechnung zu berücksichtigen sind, führt im Ergebnis dazu, dass ohne die Begründung von Pflichtteilsrisiken das Unternehmen nur aus eigener Kraft wachsen kann. Zum Schutz des Verzichtenden vor Missbrauch erscheint eine derartige Abgrenzung aber angezeigt. Will man eine Investitionsreserve in den Pflichtteilsverzicht einbeziehen, kann dies aber in der Weise erfolgen, dass Einlagen und Aufwendungen aus dem sonstigen Vermögen bis zu einem bestimmten Betrag gestattet oder zum sonstigen Vermögen gehörende Gegenstände, die derzeit nicht unternehmerisch genutzt werden, dem Betriebsvermögen zugerechnet werden.

Zu 4.:

9 Da die Zugehörigkeit eines Nachlassgegenstandes zum Betriebsvermögen, insbesondere wegen der Surrogats-, Ertrags- und Verwendungsregelungen streitanfällig ist, empfiehlt es sich, hierüber einen Sachverständigen verbindlich entscheiden zu lassen, soweit die Beteiligten hierzu kein Einvernehmen erzielen können.

A. 5.50 Pflichtteilsverzicht mit Bewertungs- und Stundungsregelungen

Gliederung

UR-Nr. [...]/2017 A. 5.50

Verhandelt zu [...] am [...]
Vor mir, dem unterzeichnenden Notar

[...]
mit dem Amtssitz in [...]

erschienen:
1. **Herr A, geboren am [...], wohnhaft in [...],**
2. **dessen Sohn B, geboren am [...], wohnhaft in [...],**
3. **dessen Tochter C, geboren am [...], wohnhaft in [...],**
4. **dessen Sohn D, geboren am [...], wohnhaft in [...].**

Sie erklärten folgenden

Pflichtteilsverzichtsvertrag

1. **Wir, B, C und D, die Erschienenen zu 2. bis 4. und Abkömmlinge der Erschienenen zu 1., verzichten auch mit Wirkung für unsere gegenwärtigen und zukünftigen Abkömmlinge auf unser gesetzliches Pflichtteilsrecht gegenüber unserem Vater, dem Erschienenen zu 1., in der Weise, dass wir uns mit nachfolgenden Bestimmungen zur Berechnung und Erfüllung unserer Pflichtteilsansprüche, einschließlich Pflichtteilsergänzungsansprüche und Ausgleichspflichtteil einverstanden erklären:**
   a) **Soweit zum Nachlass oder zum für die Berechnung von Pflichtteilsergänzungsansprüchen maßgeblichen fiktiven Nachlass Beteiligungen an Unternehmen (insbesondere Einzelunternehmen, Personengesellschaftsbeteiligungen, Kapitalgesellschaftsbeteiligungen) gehören, sollen diese nach dem Ertragswertverfahren entsprechend dem Standard S 1 des Instituts der Wirtschaftsprüfer in Deutschland e.V. (IDW) in der Fassung zum Zeitpunkt des Erbfalls bewertet werden.**[Rz. 25ff.]
   Soweit zum Nachlass oder zum fiktiven Nachlass Beteiligungen an nicht börsennotierten Kapitalgesellschaften von weniger als 50 vH gehören, bestimmt sich der Wert der Beteiligung nach dem in §§ 199–203 BewG niedergelegten vereinfachten Ertragswertverfahren heutiger Fassung.
   Beteiligungen an börsennotierten Gesellschaften bestimmen sich nach dem durchschnittlichen Kurswert in der Zeit von drei Monaten vor und nach dem Bewertungsstichtag.

Soweit zum Nachlass Immobilien gehören, die nicht Teil des vorgenannten Vermögens sind, bestimmt sich deren Wert nach den Vorschriften der §§ 178–191 BewG heutiger Fassung.

Die sich nach den vorstehenden Bewertungsverfahren ergebenden Werte sind jeweils um einen Abschlag von 20 vH zu mindern.

b) Die Bewertung aller oder einzelner Nachlassgegenstände erfolgt auf Verlangen eines Beteiligten durch Herrn/Frau [...], ersatzweise Herrn/Frau [...]. Höchstersatzweise erfolgt auf Verlangen eines Beteiligten die Bewertung der Unternehmen und Gesellschaftsbeteiligungen durch einen von der für diese zuständigen Industrie- und Handelskammer zu benennenden Sachverständigen und die Bewertung der Immobilien durch den für die jeweilige Immobilie zuständigen Gutachterausschuss. Der von diesen ermittelte Wert ist für alle Vertragsbeteiligten und deren jeweiligen Rechtsnachfolger verbindlich.

Die Kosten der jeweiligen Bewertungen trägt entsprechend der gesetzlichen Regelung der Nachlass.[Rz. 33]

c) Die Erfüllung des Pflichtteilsanspruchs, einschließlich des Pflichtteilsergänzungsanspruchs und Ausgleichspflichtteils findet in zehn gleichen Jahresraten statt, wovon die erste Rate drei Monate nach verbindlicher Einigung über die Höhe des Pflichtteilsanspruchs fällig wird.

Der Pflichtteilsberechtigte kann als erste Rate mindestens den Betrag verlangen, den er an Erbschaftsteuern auf den geltend gemachten Pflichtteilsanspruch zu zahlen hat. Die übrigen neun Raten reduzieren sich dann entsprechend.

Der Pflichtteilsanspruch wird ab Fälligkeit der ersten Rate mit 1 % p.a. über dem jeweils geltenden Basiszinssatz verzinst. Die Zahlung der Zinsen erfolgt mit den jeweiligen Raten. Der Pflichtteilsschuldner ist berechtigt, den Pflichtteilsanspruch ganz oder teilweise vorzeitig zu erfüllen.

Eine Sicherheitsleistung für die Pflichtteilsansprüche kann nicht verlangt werden.

Unser gesetzliches Erbrecht und unser gesetzliches Pflichtteilsrecht im Übrigen bleiben bestehen.[Rz. 34]

2. Ich, A, nehme den beschränkten Pflichtteilsverzicht meiner Kinder an.

[notarielle Hinweise und Ausgangsformel]

A. Grundsätzliche Anmerkungen

I. Wirtschaftliche Aspekte

1 Mit Regelungen zur Bewertung des Nachlassvermögens und zur Erfüllung des Pflichtteilsanspruchs werden meist mehrere Ziele verfolgt. Soweit das im Vertrag festzulegende Bewertungsverfahren zu Werten unterhalb des Verkehrswertes führt, kommt der Bewertungsregelung ein unmittelbar **pflichtteilsreduzierender** und damit liquiditätssichernder **Zweck** zu. Einfache und klare Vorgaben für die Bewertung tragen zudem zu einer einfachen und unaufwendigen Nachlassabwicklung bei. Entscheidend aber ist, dass Bewertungsfragen immer höchst streitträchtig sind und eine vertragliche Festlegung der Bewertungsmethode von vornherein das **Konfliktpotential** zwischen Erben und Pflichtteilsberechtigten erheblich entschärft. Aus letzterem Grunde empfiehlt sich auch, auf Verlangen eines Beteiligten die Bewertung verbindlich durch einen Sachverständigen vornehmen zu lassen.

Mit der Festlegung von Auszahlungsmodalitäten wird die **Liquidität des Unternehmensnachfolgers** geschont und es wird ihm eine Begleichung des Pflichtteilsanspruchs aus künftigen Erträgen unter Vermeidung teurer Fremdfinanzierungen ermöglicht. Denkbar wäre auch, eine Begleichung des Pflichtteilsanspruchs in Sachwerten zulassen, jedoch führt dies bei unternehmerischem Vermögen meist zu Entnahmen und somit zusätzlichen ertragsteuerlichen Belastungen. 2

(frei) 3, 4

II. Rechtliche Aspekte

1. Bewertung von Unternehmen für Pflichtteilszwecke

Nach § 2311 BGB ist für die Berechnung des Pflichtteils der Wert des Nachlasses im Zeitpunkt des Erbfalls maßgeblich. Er ist durch Schätzung zu ermitteln. Vom Erblasser getroffene Wertbestimmungen sind unmaßgeblich. Regelungen zur Bewertung oder zur Person des Schätzers sind daher nur im Einvernehmen mit dem Pflichtteilsberechtigten, somit in einem Pflichtteilsverzichtsvertrag möglich. Welcher Wert zu schätzen ist, sagt das Gesetz nicht. Jedoch ergibt sich aus § 2303 Abs. 1 Satz 2 BGB, dass der Pflichtteil in der Hälfte des Wertes des gesetzlichen Erbteils besteht. Da der Pflichtteilsberechtigte also in Geld so gestellt werden soll, wie wenn er die Hälfte des gesetzlichen Erbteils erhalten hätte, muss der Pflichtteilsberechnung der tatsächliche Wert des Erbteils zu Grunde gelegt und im Rahmen der Schätzung somit der tatsächliche Wert (der Verkehrswert) des Nachlasses ermittelt werden. Das ist der Wert, der sich bei Verkauf des Nachlassgegenstandes auf dem Markt erzielen lässt. Entsprechend ist in der Regel eine Schätzung des Wertes nicht erforderlich, wenn zeitnah[1] zum Erbfall auf dem Markt für den Nachlassgegenstand ein **Verkaufserlös** erzielt wird. 5

Soweit hingegen eine **Schätzung** erforderlich ist, hat diese sachverständig, insbesondere unter Anwendung anerkannter Bewertungsmethoden zu erfolgen, wobei der Tatrichter unter Hinzuziehung eines Sachverständigen über das im Einzelfall zu angemessenen Ergebnissen kommende Vorgehen zu entscheiden hat. Eine bestimmte Methode für die Wertermittlung ist nicht vorgeschrieben.[2] So kann also auch heute noch, insbesondere bei überdurchschnittlich hohem Anteil des nicht betriebsnotwendigen Vermögens, dem Substanzwert – vor allem in Form des Liquidationswertes – eine erhöhte Bedeutung zukommen. Auch sog. Praktikermethoden können, wenn sie sich auf dem Markt durchgesetzt haben, durchaus für die Bestimmung des Unternehmenswerts herangezogen werden.[3] 6

Bei der Bewertung von Unternehmen[4] orientieren sich die meisten Sachverständigen am Standard des Instituts der Wirtschaftsprüfer zur Durchführung von Unternehmensbewertungen (IDW S 1), wonach die Bewertung grundsätzlich entsprechend einem **Gesamtbewertungsverfahren,** insbesondere der Ertragswertmethode oder dem für die Masse mittelständischer Unternehmen allerdings weniger gebräuchlichen Discounted-Cashflow-Verfahren zu erfolgen hat. Auch in der Rechtsprechung hat sich zur Bestimmung des Unternehmenswerts eine Gesamtbewertung in Form der Ertragswertmethode durchgesetzt. 7

---

[1] Was noch zeitnah ist, hängt im Wesentlichen davon ab, ob und in welchem Maße sich nach dem Erbfall die Marktverhältnisse oder der Nachlassgegenstand selbst verändern. In der Rechtsprechung finden sich Zeiten von sechs Monaten bis zur über sechs Jahren: BGH v. 13.3.1991 – IV ZR 52/90, NJW-RR 1991, 900 (6 Monate), BGH v. 17.3.1982 – IVa ZR 27/81, NJW 1982, 2497, 2498 (1 Jahr), OLG Düsseldorf v. 23.9.1994 – 7 U 198/93, FamRZ 1995, 1236, 1237 (3 Jahre), BGH v. 14.10.1992 – IV ZR 211/91, NJW-RR 1993, 131 (5 Jahre), OLG Düsseldorf v. 4.11.1988 – 6 UF 27/88, FamRZ 1989, 1181 (6,5 Jahre). – Zur Möglichkeit des Typenbeweises vgl. BGH v. 8.4.2015 – IV ZR 150/14, 349.

[2] Vgl. BeckOK BGB/*G. Müller* BGB § 2311 Rz. 24; MüKoBGB/*Lange* BGB § 2311 Rz. 25 ff.

[3] BGH v. 25.11.1998 – XII ZR 84–97, NJW 1999, 784, 787 zu Umsatzverfahren bei der Bewertung von Steuerberaterpraxen.

[4] Hierzu bereits oben A. 5.00 Rz. 2.

8 Das **Ertragswertverfahren** ist getragen von der Erkenntnis, dass das Ganze mehr wert ist als die Summe seiner Teile. Wertbestimmender Faktor ist nach dem Ertragswertverfahren der zukünftige Ertrag (Einnahmeüberschuss aus dem Unternehmen). Der Ertragswert ist der Barwert der zukünftigen Einnahmeüberschüsse. Er wird ermittelt durch Diskontierung des Zukunftsertrages auf den Bewertungsstichtag. Aufgabe des Bewerters ist daher zunächst die Ermittlung des nachhaltig erzielbaren Zukunftsertrages und sodann die Bestimmung des Kapitalisierungszinsfußes.

9 Die **Ermittlung des Zukunftsertrages** erfolgt regelmäßig in zwei Schritten, zunächst einer Vergangenheitsanalyse und sodann einer hierauf basierenden Zukunftsprognose. Im Rahmen der Vergangenheitsanalyse werden zunächst die Erfolgsfaktoren der vergangenen Jahre ermittelt, die nachhaltig zu dem Vergangenheitsergebnis beigetragen haben. Dabei sind einmalige und außerordentliche Aufwendungen und Erträge zu korrigieren. So sind insbesondere die Aufwendungen und Erträge des nicht betriebsnotwendigen Vermögens zu eliminieren und das nicht betriebsnotwendige Vermögen selbst gesondert mit dem Liquidationswert zu bewerten. Der nach handelsrechtlichen Bilanzierungsvorschriften und damit nicht immer entstehungsgerecht bilanzierte Aufwand und Ertrag ist periodengerecht zuzuordnen. Schließlich ist der Ertrag um personenbezogene Erfolgsfaktoren (unentgeltliche Tätigkeit des Gesellschafter-Geschäftsführers, mietfreie Nutzung von Immobilien des Gesellschafters) durch Berücksichtigung eines kalkulatorischen Aufwands zu kürzen. Derartige Bereinigungen der Vergangenheitsergebnisse können wiederum eine Korrektur des Steueraufwands des Unternehmens veranlassen. Im Rahmen der hiernach erfolgenden Prognose des Zukunftserfolgs ist auf der Grundlage der Vergangenheitsergebnisse eine Plan-, Gewinn- und Verlustrechnung zu fertigen, ggf. ergänzt um eine Umsatzprognose, Investitionsplanung und Finanzbedarfrechnung. Der ermittelte Zukunftsertrag[5] ist nach dem Standard des IDW schließlich um die auf ihn entfallenden Steuerbelastungen zu reduzieren. Auch die jüngere Rechtsprechung berücksichtigt die persönlichen Steuern, allerdings typisiert für jeden Anteilseigner in gleicher Weise.[6]

10 Durch die anschließende **Abzinsung des Zukunftserfolgs mit einem Kapitalisierungszinssatz** werden die Erträge aus dem Unternehmen mit denen einer Alternativinvestition vergleichbar gemacht. Denn bei der Ertragswertermittlung wird der Wert des Unternehmens mit dem Betrag bestimmt, den ein Investor für eine alternative Investition mit gleicher Sicherheit und gleichem Ertrag aufwenden müsste. Das Problem bei der Bestimmung des Kapitalisierungszinssatzes aber ist, dass es eine identische Alternativinvestition nicht gibt. Die alternative Investition, welcher der Kapitalisierungszins entnommen werden könnte, ist in der Regel einem anderen Risiko ausgesetzt, kann schwerer oder leichter wieder zu Liquidität gemacht werden, unterliegt in stärkerem oder schwächerem Maße inflationären Entwicklungen und ist zeitlich begrenzt. Diesem Problem versucht man dadurch zu begegnen, dass man zunächst einen Basiszins bestimmt, der regelmäßig dem landesüblichen Zins langfristiger, risikofreier Kapitalmarktanlagen entspricht, und diesen um Zuschläge für allgemeine und individuelle Unternehmensrisiken sowie für die geringere Fungibilität von Unternehmen erhöht und um Abschläge für den gegenüber einer Alternativinvestition meist geringeren Kaufkraftschwund und – sofern auch beim Zukunftsertrag berücksichtigt – für die Steuerbelastung mindert.

11 Statt mit Kapitalisierungszinsfüßen wird häufig auch mit Multiplikatoren gearbeitet.[7] Bekannt ist diese Methode vor allem bei der Bewertung von Immobilien, bei welcher der Wert der Immobilie mit einem Vielfachen der Jahresnettomiete bewertet wird.

---

[5] Zu Unternehmensbewertung und Steuern *Siepe* WPg 1997, 1 ff. und 37 ff.; *Ballwieser* DB 1997, 2393; *Günther* DB 1999, 2425; *Hennrichs* ZHR 2000, 453 ff.

[6] Nach OLG München v. 18.2.2014 – 31 Wx 211/13, NJW-RR 2014, 473 zur Typisierung auch OLG Stuttgart v. 15.10.2013 – 20 W 3/13, BB 2014, 113.

[7] *Piltz* Unternehmensbewertung, S. 28 ff.

Rechnerisch macht dies keinen Unterschied, da ein Multiplikator den reziproken Wert des Kapitalisierungszinsfußes darstellt. Unterschiede zwischen beiden Verfahren bestehen aber in der Herleitung einerseits des Multiplikators und andererseits des Kapitalisierungszinsfußes. Während die Multiplikatoren meist Erfahrungswerte darstellen und keiner weiteren Prüfung unterzogen werden, werden die Kapitalisierungszinssätze durch konkret ermittelte Zu- und Abschläge auf den Basiszins ermittelt.

Ein grundsätzlich gleiches Bewertungsprinzip, nämlich die Diskontierung eines Überschusses auf den Barwert zum Bewertungsstichtag, verfolgt auch das **Discounted Cashflow-Verfahren,**[8] bei dem man vor allem drei Varianten unterscheidet: **12**

Bei dem, dem Ertragswertverfahren am nächsten stehenden Nettoansatz werden die den Eigentümern zufließenden Zahlungsströme mit einem risikoangepassten Zinsfuß auf der Basis des sog. **Capital Asset Pricing-Modell** (CAPM) auf ihren Gegenwartswert diskontiert. **13**

Im Rahmen der sog. **Entity-Methode** wird nicht lediglich der Wert des Eigenkapitals, sondern der (auch fremdfinanzierte) Gesamtwert des Unternehmens ermittelt, nämlich durch Diskontierung der den Eigen- und Fremdkapitalgebern zufließenden Zahlungsströme. Als Diskontierungsfaktor werden die gewogenen durchschnittlichen Kapitalkosten, die sog. **Weighted-Average-Costs of Capital** (WACC) herangezogen. Reduziert man sodann den ermittelten Unternehmensgesamtwert um den Wert des Fremdkapitals, so erhält man den maßgeblichen Eigenkapitalwert. **14**

Eine komponentenweise Ermittlung des Unternehmensgesamtwerts erfolgt nach der sog. Adjusted-Present-Value-Methode (APV-Methode). Hier wird der Einfluss der Finanzierung auf den Gesamtkapitalwert gesondert berechnet und zum Marktwert eines unverschuldeten Unternehmens addiert. **15**

Neben dieser Varianten des Gesamtbewertungsverfahrens, bei dem der zukünftig aus dem Unternehmen erzielbare Ertrag wertbestimmend ist, können auch andere gängige Verfahren zur Unternehmensbewertung zur Anwendung kommen, die sich grob in Einzelbewertungsverfahren und Mischverfahren einteilen lassen. **16**

Bei den **Einzelbewertungsverfahren** ist die Substanz der wertbestimmende Faktor. Der Substanzwert bestimmt sich nach der Summe der Werte der einzelnen Wirtschaftsgüter. Die Einzelbewertung erfolgt nach Fortführungsgesichtspunkten. Der Wert der Einzelwirtschaftsgüter bestimmt sich nach deren Wiederbeschaffungspreisen. Nicht selbstständig wiederbeschaffbare Wirtschaftsgüter (wie insbesondere Know-how, Kundenstamm, Ruf des Unternehmens) bleiben unberücksichtigt.[9] **17**

Vom Substanzwert abzugrenzen ist der Liquidationswert, bei dessen Ermittlung die Zerschlagung des Unternehmens vorausgesetzt wird. Die Wertansätze erfolgen hier nicht nach Wiederbeschaffungs-, sondern nach Veräußerungspreisen. Der Liquidationswert stellt zudem die Untergrenze des Ertragswerts eines Unternehmens dar, denn wer durch den Verkauf sämtlicher Wirtschaftsgüter einen höheren Ertrag erzielt als durch die Fortführung des Unternehmens, der wird, wenn er sich ökonomisch rational verhält, liquidieren.[10] **18**

Bei den **Mischverfahren** wird versucht, mit unterschiedlicher Gewichtung sowohl den Substanzwert als auch den Ertragswert eines Unternehmens zu berücksichtigen. Das Mittelwertverfahren bestimmt den Unternehmenswert als Mittelwert zwischen Substanz- und Ertragswert, wobei nicht beide gleichwertig berücksichtigt werden müssen. Beim Verfahren der Übergewinnabgeltung wird dem Substanzwert ein zeitlich begrenzter Übergewinn hinzugerechnet. Der Übergewinn ist dabei die Differenz aus dem Ertrag und der Rendite aus normal verzinster Substanz. **19**

---

[8] Hierzu *Ballwieser* WPg 1998, 81 ff.; *Drukarczyk* Unternehmensbewertung, S. 176 ff.; IDW Standard S 1 idF 2008, Rz. 124 ff.

[9] *Piltz* Unternehmensbewertung, S. 34 ff.

[10] *Piltz* Unternehmensbewertung, S. 31 ff. mit dem Hinweis, dass dennoch der niedrigere Fortführungswert gilt, wenn eine rechtliche oder auch nur faktische Verpflichtung zur Fortführung des Unternehmens besteht.

2. **Fälligkeit**

20 Der Pflichtteilsanspruch ist ein mit dem Erbfall entstehender und sofort fällig werdender Geldanspruch. Der Erblasser kann nicht einseitig die Fälligkeit des Pflichtteilsanspruchs hinausschieben oder eine ratierliche Erfüllung des Pflichtteilsanspruchs anordnen.[11] Auch hierzu ist vielmehr eine Vereinbarung zwischen dem Erblasser und dem Pflichtteilsberechtigten im Rahmen eines Pflichtteilsverzichtsvertrages erforderlich.

Eine **Verzinsung** des Pflichtteilsanspruchs erfolgt allerdings erst ab Verzug oder Rechtshängigkeit.[12]

21–24 *(frei)*

B. Einzelerläuterungen

Zu 1a):

25 Im Rahmen eines Pflichtteilsverzichtsvertrages kann zum einen ein konkretisierender Verweis auf eines der unterschiedlichen Bewertungsverfahren zur Ermittlung des Verkehrswertes erfolgen. Zum anderen ist es aber auch möglich, auf Wertermittlungsverfahren zu verweisen, die zu einem Wert führen, der deutlich unter dem Verkehrswert liegt. Die Entscheidung für eine bestimmte Bewertungsmethode wird sich daran zu orientieren haben, welches der eingangs dargestellten Gestaltungsziele (Kapital- und Liquiditätsschutz, Vereinfachung, Streitvermeidung) mit der Regelung vorrangig verfolgt werden soll. Anregungen geben insbesondere die von der Kautelarpraxis entwickelten gesellschaftsvertraglichen Abfindungsklauseln, wobei im Rahmen von Pflichtteilsverzichtsverträgen die Vielfalt der Gestaltungsmöglichkeiten noch größer ist, da nicht das Damoklesschwert der Unwirksamkeit wegen beispielsweise Sittenwidrigkeit oder unzulässiger Beschränkung des Kündigungsrechts über der Regelung schwebt. Vielmehr ist bis zu einem gegenständlich beschränkten Pflichtteilsverzicht, der einem gesellschaftsvertraglichen Abfindungsausschluss entsprechen würde, alles möglich.

26 Der Vereinfachung und Streitvermeidung dienlich wäre bei unternehmerischem Vermögen beispielsweise eine **Buchwertklausel.** Sie hat jedoch den Nachteil, dass sie, da der Zeitpunkt des Erbfalls nicht prognostizierbar ist und Abschreibungen auf den Buchwert nur selten periodengerecht erfolgen, relativ willkürlich ist. Da bei Maßgeblichkeit des Buchwerts stille Reserven und insbesondere der Firmenwert des Unternehmens unberücksichtigt bleiben, enthält eine Buchwertklausel regelmäßig einen erheblichen Pflichtteilsverzicht.

27 Bis zum Inkrafttreten des Erbschaftsteuerreformgesetzes[13] am 1.1.2009 konnten durch den Verweis auf **erbschaftsteuerliche Bewertungsverfahren** Werte erzielt werden, die regelmäßig unter dem Verkehrswert lagen. Der erbschaftsteuerliche Wert von Immobilien bewegte sich in der Regel in der Größenordnung von 50 vH–80 vH des Verkehrswertes. Das Stuttgarter Verfahren führte bei Betriebsvermögen meist zu einem Wert, der bei ca. 60 vH–80 vH des Verkehrswertes lag. Entsprechend der Vorgaben des Bundesverfassungsgerichts sind nach Änderung des Bewertungsgesetzes für Betriebsvermögen und Immobilien am Verkehrswert orientierte Ergebnisse zu erwarten. Eine Anknüpfung an die dortigen Bewertungsverfahren (im Muster für Immobilien und Anteile an Kapitalgesellschaften von weniger als 50 vH vorschlagen) kann sich jedoch weiterhin zur Vereinfachung und damit auch zur Streitvermeidung anbieten.

28 Problematisch bleibt, dass diese Verfahren **vergangenheitsorientiert** sind. Läuft der Mietvertrag über die Immobilie nur noch zwei Jahre und ist ein Nachmieter nicht in

---

[11] Staudinger/*Herzog* BGB § 2317, Rz. 29 f.
[12] Ausführlicher hierzu *Rissmann* ZErb 2002, 181 ff.
[13] Gesetz zur Reform des Erbschaftsteuer- und Bewertungsrechts – ErbStRG (BGBl. 2008 I 3018 ff.).

Sicht, so kann der Erbschaftsteuerwert durchaus über dem Verkehrswert liegen. Zwar sieht das Gesetz weiterhin vor, dass der Steuerpflichtige einen geringeren Verkehrswert nachweisen kann (vgl. § 198 BewG). Überträgt man dies jedoch auf die Wertermittlung zum Zwecke der Pflichtteilsberechnung (im Muster ist dies nicht vorgesehen), so wird das mit der Klausel verfolgte Ziel der Vereinfachung verfehlt, da neben dem erbschaftsteuerlichen Wert immer auch vergleichsweise der Verkehrswert zu ermitteln ist.

Das gleiche Problem stellt sich beim sog. **vereinfachten Ertragswertverfahren** **29** (im Muster nur für Anteile an Kapitalgesellschaften von weniger als 50 vH vorgeschlagen). Hat die Gesellschaft in den letzten drei Jahren vor dem Erbfall in die Entwicklung von Produkten investiert, die erst in den nächsten, zukünftigen Jahren auf den Markt gebracht werden, so bleibt dies bei der Wertbestimmung zu Lasten des Pflichtteilsberechtigten unberücksichtigt. Hat hingegen die Gesellschaft in den vergangenen Jahren hohe Erträge erzielt, es aber in dieser Zeit versäumt, neue Produkte zu entwickeln (Investitionsstau), so wird der Unternehmensnachfolger mit einem unangemessen hohen Pflichtteilsanspruch belastet.

Der Verweis auf **Substanz- oder Liquidationswerte** führt zwar wegen der **30** Außerachtlassung eines eventuellen Firmenwerts regelmäßig zu einer Pflichtteilsreduzierung. Der Vereinfachung und Streitvermeidung können derartige Einzelbewertungsverfahren aber meist nicht dienen. Im Gegenteil ist insbesondere bei Unternehmen mit zahlreichen unterschiedlichen Vermögensgegenständen eine Einzelbewertung meist aufwändig und die Bestimmung der Wiederbeschaffungs- oder Zerschlagungswerte der einzelnen Wirtschaftsgüter birgt ein erhebliches Konfliktpotential.

Zu meist realistischen Werten führt der Verweis auf **Gesamtbewertungsverfahren,** **31** vorzugsweise auf das Ertragswertverfahren (im Muster für Unternehmen vorgeschlagen). Eine Pflichtteilsreduzierung kann durch einen Wertabschlag verwirklicht werden. Eine Vereinfachung der Bewertung kann mit einem Verweis auf das Ertragswertverfahren allerdings nicht erreicht werden. Im Gegenteil empfiehlt sich, die Bewertung für die Parteien verbindlich einem Sachverständigen zu übertragen.

Nicht abschließend geklärt ist, ob angesichts des **Formgebots des § 2348 BGB** **32** überhaupt auf anerkannte Bewertungsverfahren, wie beispielsweise das Ertragswertverfahren nach dem Standard S 1 des IDW, pauschal verwiesen werden kann, oder ob die einzelnen Modalitäten der Bewertung in der Urkunde wiederzugeben sind. Während bei rechtsnormähnlichen Vorschriften wie beispielsweise den Erbschaftsteuerrichtlinien, die zumindest auf gesetzlicher Grundlage ergehen, ein Verweis für ausreichend gehalten wird, wird für von Berufsverbänden vorgeschlagene Bewertungsverfahren zumindest eine Bezugnahme nach § 13a BeurkG verlangt,[14] was freilich dann nicht möglich ist, wenn, wie vorschlagsweise im Muster, auf die im Erbfall geltende Fassung des von dem Berufsverband empfohlenen Bewertungsverfahren verwiesen wird. Auch dieses Problem wird jedoch entschärft, wenn man einem Sachverständigen die Bewertung überträgt, sofern man davon ausgehen kann, dass er sich an die vorgegebene Bewertungsmethode hält.

Zu 1b):

Zur Streitvermeidung empfiehlt es sich, die Bewertung einem Sachverständigen zu **33** übertragen; um nicht unnötig Kosten zu verursachen, allerdings nur für den Fall, dass sich die Beteiligten nicht selbst auf Werte einigen. Der Sachverständige sollte also erst tätig werden, wenn einer der Beteiligten dies verlangt. Statt der im Muster vorgeschlagenen Kostentragung durch den Nachlass, kann es sich empfehlen, denjenigen in höherem Maße etwa zur Hälfte an den Kosten zu beteiligen, der die Bewertung durch einen Sachverständigen verlangt.

[14] So *J. Mayer* ZEV 2000, 263, 267.

Zu 1c):

34 Bei der Gestattung einer ratierlichen Zahlung des Pflichtteilsanspruchs, sollte vorsorglich davon ausgegangen werden, dass der Pflichtteilsberechtigte die Erbschaftsteuer auf den gesamten Anspruch sofort zu zahlen hat. Zwar gilt nach § 3 Abs. 1 Nr. 1 ErbStG als Erwerb von Todes wegen der „Erwerb" auf Grund eines geltend gemachten Pflichtteilsanspruchs. Jedoch wird entgegen dem Wortlaut bereits der Erwerb des Pflichtteilsanspruchs – nicht also der Gelderwerb bei Erfüllung des Anspruchs – besteuert, wobei nach § 9 Abs. 1 Nr. 1b ErbStG die Steuer mit dem Zeitpunkt der Geltendmachung entsteht. Dies soll insbesondere auch dann gelten, wenn der Pflichtteilsberechtigte dem Pflichtteilsschuldner den Anspruch stundet, wobei in einer zinslosen Stundung sogar eine freigebige Zuwendung des Pflichtteilsberechtigten an den belasteten Erben gesehen wird.[15] Gleiches dürfte auch dann gelten, wenn auf Grund des Pflichtteilsverzichtsvertrages bereits (nur) ein gestundeter Pflichtteilsanspruch entsteht. Ein betagter Anspruch i. S. v. § 9 Abs. 1 Nr. 1a ErbStG ist nicht gegeben, da der Zeitpunkt des zur Fälligkeit führenden Ereignisses feststeht.[16] Auch wenn teilweise bei einer Stundung nach § 2331a BGB vertreten wird, dass die Steuer erst mit Ablauf der Stundungsfrist entsteht,[17] empfiehlt sich eine (vorsorgliche) Vereinbarung, dass die erste Rate mindestens dem Betrag der auf den Pflichtteilsanspruch zu entrichtenden Erbschaftsteuer entspricht, damit der Pflichtteilsberechtigte keine Liquidität vorstrecken muss.

---

[15] *Moench/Weinmann* ErbStG § 9 Rz. 17.
[16] *Moench/Weinmann* ErbStG § 9 Rz. 17; Troll/Gebel/Jülicher/*Gottschalk* ErbStG § 9 Rz. 53.
[17] *Meincke* ErbStG § 9 Rz. 33; a. A. Troll/Gebel/Jülicher/*Gottschalk* ErbStG § 9 Rz. 53.

A. 6 Begleitende Vollmachten

Übersicht

A. 6.00 Generalvollmacht

Nummer der Urkundenrolle [...] A. 6.00
Verhandelt zu [...] am [...]
Vor dem Notar [...] erschien:[Rz. 2]
Frau A, geboren am [...] in [...], wohnhaft [...]
dem Notar ausgewiesen durch [...].
Die Erschienene erklärte, nachdem sich der Notar durch Unterhaltung von der Geschäftsfähigkeit überzeugt hatte:[Rz. 3]

Hiermit bevollmächtige ich
meinen Sohn, [Rz. 4] **Herrn B, geboren am [...], wohnhaft [...],**
mich in allen Angelegenheiten, soweit die Gesetze eine Vertretung zulassen, gerichtlich und außergerichtlich zu vertreten (Generalvollmacht).[Rz. 5]
Der Bevollmächtigte ist berechtigt, in meinem Namen auch mit sich im eigenen Namen oder als Vertreter eines Dritten Rechtsgeschäfte vorzunehmen (Befreiung vom Verbot des § 181 BGB).[Rz. 6]
Der Bevollmächtigte kann für bestimmte Arten von Geschäften oder für einzelne Geschäfte Untervollmacht erteilen.[Rz. 7]
Diese Vollmacht bleibt auch dann gültig, wenn ich geschäftsunfähig sein sollte. Sie gilt über meinen Tod hinaus und erlischt nur, wenn ich oder meine Erben sie widerrufen.[Rz. 8]
Dem Bevollmächtigten ist eine Ausfertigung dieser Urkunde zu erteilen; diese ist der Erschienenen zu übersenden.[Rz. 9]
Der Notar hat empfohlen, bei einem Widerruf der Vollmacht sich die Ausfertigungen dieser Urkunde vom Bevollmächtigten zurückgeben zu lassen.[Rz. 10]

Diese Niederschrift wurde der Erschienenen vorgelesen, von ihr genehmigt und eigenhändig wie folgt unterschrieben:

A. Grundsätzliche Anmerkungen

1 Wer eine Generalvollmacht erteilt, sollte nahezu grenzenloses **Vertrauen in die Person des Bevollmächtigten** haben, weil dieser mit Wirkung für und gegen den Vollmachtgeber im Rechtsverkehr umfassend auftreten kann. Der Verstoß gegen Auflagen führt in aller Regel lediglich zu Schadensersatzansprüchen gegen den Bevollmächtigten.

2 Eine Generalvollmacht bedarf grundsätzlich keiner **Form.** Für bestimmte Rechtsgeschäfte schreibt das Gesetz jedoch entweder **Schriftform** (zB § 1904 Abs. 2 S. 2 BGB; § 134 Abs. 3 AktG) oder öffentliche bzw. notarielle **Beglaubigung** der Unterschrift unter der Vollmacht (zB § 1945 Abs. 2 BGB, § 29 GBO; § 2 Abs. 2 GmbHG) vor. Wird die vorgeschriebene Form nicht gewahrt, können vom Generalbevollmächtigten derartige Rechtsgeschäfte nicht vorgenommen werden. Nur ausnahmsweise besteht eine Pflicht zur notariellen **Beurkundung,** nämlich wenn und soweit die Vollmacht bei Grundstücksgeschäften iSd. § 311b Abs. 1 S. 1 BGB:
- den Widerruf ausschließt oder für diesen Fall eine Vertragsstrafe vereinbart ist[1] oder
- eine faktische Bindungswirkung für den Vollmachtgeber entfaltet, insbesondere bei einem eigenen Interesse des Bevollmächtigten an der Erteilung.[2]

Der sicherste Weg besteht jedoch stets darin, eine Generalvollmacht notariell beurkunden zu lassen. Eine nach materiellem Recht durchaus zulässige privatschriftliche Generalvollmacht[3] sollte niemand vorschlagen, ohne gleichzeitig über die eingeschränkte Verwendungsfähigkeit bei bestimmten Rechtsgeschäften, vor allem im Grundbuch- und Handelsrecht, hinzuweisen.

B. Einzelerläuterungen

3 Ein Vermerk über die **Geschäftsfähigkeit** in der Urkunde ist zwar nicht vorgeschrieben (§ 11 BeurkG), jedoch zur Verdeutlichung des Sinns notarieller Beurkundung empfehlenswert.

4 Im Hinblick auf § 17 Abs. 2a S. 2 Nr. 1 BeurkG sollte in jeder Vollmacht, als auch in einer Generalvollmacht angegeben werden, ob und wie der bevollmächtigte mit dem Vollmachtgeber **verwandt** ist.[4] Dies erspart bei einer notariellen Beurkundung von Verbraucherverträgen Rückfragen des Notars.

5 Die **Aufzählung der Einzelbefugnisse** in einer Generalvollmacht ist nicht nur überflüssig,[5] sondern auch irritierend. Es kann nicht sicher ausgeschlossen werden, dass ein Umkehrschluss aus der Nichterwähnung einer Angelegenheit auf die Beschränktheit der Rechte des Generalbevollmächtigten gezogen wird. Die kürzeste Generalvollmacht ist demnach auch die beste.[6]

6 Eine Aussage zum Verbot des Insichgeschäfts gemäß **§ 181 BGB** sollte jede Generalvollmacht enthalten, und zwar entweder – wie hier – im positiven oder im negativen Sinne. Dabei sollte auch eine Befreiung von nur einem der beiden Verbotstatbestände in § 181 BGB erwogen werden. Es kann nicht davon ausgegangen werden, dass aus dem Wesen der Generalbevollmächtigung auf eine Befreiung geschlossen wird.

---

[1] BGH v. 29.2.1996 – IX ZR 153/95, NJW 1996, 1467, 1468; BGH v. 11.7.1952 – V ZR 80/52, NJW 1952, 1210, 1211; *Rösler* NJW 1999, 1150, 1151.

[2] BGH v. 29.2.1996 – IX ZR 153/95, NJW 1996, 1467, 1468; BGH v. 23.2.1979 – V ZR 171/77, NJW 1979, 2306f.; *Wolfsteiner* DNotZ 1979, 579, 585f.

[3] Vgl. das Formular von W. *Peter* in *Kersten/Bühling* § 28 Rz. 95 M.

[4] *Litzenburger* NotBZ 2002, 280, 282.

[5] Vgl. jedoch den Formulierungsvorschlag von *Bühler* BWNotZ 1990, 1, 4.

[6] *Milzer* NJW 2003, 1836, 1838; *Baumann* MittRhNotK 1998, 1.

Das Gleiche gilt für die Frage der **Unterbevollmächtigung.** Die entsprechende Ermächtigung sollte grundsätzlich nicht fehlen, da der Bevollmächtigte sonst keinen Grundstückskaufvertrag mit einer Belastungsvollmacht zum Zwecke der Kaufpreisfinanzierung abschließen kann. Die Unterbevollmächtigung muss sich dabei im Rahmen der Hauptvollmacht halten. Der Hauptbevollmächtigte kann den Unterbevollmächtigten deshalb nur dann von den Beschränkungen des § 181 BGB befreien, wenn er selbst in dieser Weise befreit ist.[7] [8] 7

Um Zweifel über die **Fortgeltung nach dem Tod** des Vollmachtgebers gemäß § 168 BGB zu vermeiden,[9] sollte diese ausdrücklich angeordnet werden. 8

Da dem juristischen Laien in aller Regel die Funktion einer **Ausfertigung** bei der Vollmachtserteilung unbekannt ist (§ 172 BGB iVm. §§ 45 Abs. 1, 47 BeurkG), sollte der Notar auf deren Bedeutung bei einem Widerruf hinweisen. Außerdem sollte dem Bevollmächtigten im Hinblick auf § 51 BeurkG ausdrücklich ein eigenständiger Anspruch auf Erteilung einer Ausfertigung eingeräumt werden. 9

Das Widerrufsrecht kann bei einer Generalvollmacht nicht durch Vereinbarung gemäß § 168 BGB ausgeschlossen werden (§ 138 BGB).[10] Bei Spezialvollmachten ist ein **Ausschluss des Widerrufsrechts** durch besondere Vereinbarung hingegen denkbar, allerdings nur, wenn sowohl Vollmachtgeber als auch Bevollmächtigter gleichermaßen ein berechtigtes Interesse hieran haben.[11] 10

---

[7] AA BeckFormB BHW/*Weidmann* Formular 37 Anm. 3.
[8] BayObLG v. 26.2.1993 – 2 Z BR 6/93, MittBayNot 1993, 150.
[9] Vgl. OLG Hamm v. 17.9.2002 – 15 W 338/02, NJW-RR 2003, 800.
[10] RG JW 1912, 1102.
[11] Vgl. BGH v. 13.12.1990 – III ZR 333/89, NJW-RR 1991, 439, 441.

A. 6.10 Vorsorgevollmachten

Übersicht

A. 6.11 Vorsorgevollmacht an Ehe-/Lebenspartner

A. 6.11 **Nummer der Urkundenrolle [...]**
Verhandelt zu [...] am [...]
Vor dem Notar/der Notarin [...] erschien:[Rz. 3]
Frau A, geboren am [...] in [...] [Rz. 3a]**, wohnhaft [...],**
nach eigenen Angaben deutsche Staatsangehörige, [Rz. 3a]
dem Notar ausgewiesen durch [...]. [Rz. 3a]
Die Erschienene erklärte, nachdem sich der Notar durch Unterhaltung von der Geschäftsfähigkeit überzeugt hatte:

I. Generalvollmacht[Rz. 6]

Hiermit bevollmächtige ich meinen Ehemann B, geboren am [...], wohnhaft [...], mich in allen Angelegenheiten, soweit die Gesetze eine Vertretung zulassen, gerichtlich und außergerichtlich zu vertreten (Generalvollmacht).

Der Bevollmächtigte ist berechtigt, in meinem Namen auch mit sich im eigenen Namen oder als Vertreter eines Dritten Rechtsgeschäfte vorzunehmen (Befreiung vom Verbot des § 181 BGB).

Der Bevollmächtigte kann für bestimmte Arten von Geschäften oder für einzelne Geschäfte Untervollmacht erteilen.

Diese Vollmacht bleibt auch dann gültig, wenn ich geschäftsunfähig sein sollte. Sie gilt über meinen Tod hinaus und erlischt nur, wenn ich oder meine Erben sie widerrufen.

Diese Generalvollmacht erfasst auch sämtliche Rechte und Pflichten aus den Rechtsbeziehungen aufgrund aller meiner Benutzerkonten und Daten im Internet sowie an meinen auf Computern aller Art oder sonstigen Datenträgern gespeicherten elektronischen Daten (digitales Vermögen).[Rz. 6a] **Dazu gehören insbesondere, aber nicht ausschließlich:**

- **meine Urheber- und sonstigen Rechte an Websites, Domains, Apps, Widgets und ähnlichen Internetangeboten,**
- **die Verträge mit Anbietern von Diensten, Inhalten oder technischen Leistungen, die für die Nutzung oder den Betrieb von Inhalten und Diensten im Internet erforderlich sind,**
- **die Verträge mit Anbietern von Telekommunikationsdiensten im Sinne des § 3 Ziff. 24 Telekommunikationsgesetz in der jeweils geltenden Fassung,**
- **meine Rechte an sämtlichen Accounts und Blogs im Internet, insbesondere das Recht auf uneingeschränkten Zugang zu sowie auf die umfassende Nutzung und Verwertung von Diensten auf sozialen oder sonstigen Internetnetzwerken, von E-Mail-Diensten aller Art, von Nachrichtendiensten sowie von Streaming- und Dateiabonnements aller Art,**
- **meine Rechte an sämtlichen Daten im Internet, insbesondere an meinen digitalen Datei-Sammlungen aufgrund von Streaming- und Dateiabonnements, den in mei-**

nen E-Mail-Accounts gespeicherten Mails sowie an allen Dateien auf cloud-Speicher-Diensten,
- meine Rechte und Pflichten, einschließlich etwaiger Guthaben, aufgrund von Verträgen mit Online-Bezahldiensten oder -systemen aller Art,
- meine Rechte an von mir erworbener Software,
- alle Rechte und Pflichten aus über den Online(versand)handel begründeten Vertragsbeziehungen

Der Bevollmächtigte darf – auch nach meinem Tod – über mein digitales Vermögen in jeder beliebigen Art und Weise verfügen und sämtliche Ansprüche aus dem zugrundeliegenden Rechtsverhältnis in meinem Namen geltend machen. Er hat insbesondere Anspruch auf umfassende Auskunft über mein gesamtes digitales Vermögen, insbesondere auf Mitteilung vorhandener Zugangsdaten einschließlich der Passwörter, sowie das Recht, diese zurückzusetzen bzw. zu erneuern und die neuen Zugangsdaten einschließlich der Passwörter entgegenzunehmen. Er ist ferner berechtigt, alle meine Dateien zu öffnen, zu lesen, zu bearbeiten und zu löschen.

Ich befreie sämtliche Anbieter dieser digitalen Dienste allumfassend von etwaigen gesetzlichen oder vertraglichen Geheimhaltungspflichten gegenüber dem Bevollmächtigten und ermächtige diese hiermit, diesem umfassend Auskunft zu erteilen und den uneingeschränkten Zugang zu allen meinen Profilen und Daten zu gewähren.

II. Gesundheitsfürsorgevollmacht

Diese Vollmacht umfasst, soweit die Gesetze dies zulassen, für den Fall, dass ich auf Grund Krankheit oder körperlicher, geistiger oder seelischer Behinderung meine Angelegenheiten ganz oder teilweise nicht mehr persönlich besorgen kann oder in meiner natürlichen Einsichtsfähigkeit beeinträchtigt bin, auch:[Rz. 7, 8]

1. **die Wahrnehmung aller Angelegenheiten der Gesundheitsfürsorge, insbesondere:**
   - **die Befugnis, Auskunft über meine Erkrankung, meinen Zustand und die Prognose zu verlangen,**
   - **in ärztliche Maßnahmen aller Art einzuwilligen, die Einwilligung hierzu zu verweigern sowie lebenserhaltende oder -verlängernde Maßnahmen abbrechen zu lassen, und zwar auch dann, wenn dabei die Gefahr besteht, dass ich sterbe oder dauerhaften gesundheitlichen Schaden davontrage und der behandelnde Arzt derartige Maßnahmen empfiehlt,**[1]
2. **die Zustimmung zur Entnahme von Organen zu Transplantationszwecken,**
3. **die Bestimmung meines Aufenthalts, auch eine etwaige Unterbringung in einer psychiatrischen Klinik,**
4. **die Einwilligung in oder die Veranlassung von freiheitsentziehenden Maßnahmen aller Art, also auch in das Ruhigstellen durch Medikamente oder mit physischen Mitteln, und zwar auch dann, wenn ich mich in einem Krankenhaus, einem Heim oder einer sonstigen Einrichtung aufhalte,**
5. **die Einwilligung in ärztliche Zwangsmaßnahmen aller Art, und zwar auch im Falle eines stationären Aufenthalts in einem Krankenhaus, einem Heim oder einer sonstigen Einrichtung**[Rz. 9]

sowie alle sonstigen Erklärungen und Handlungen, zu denen ein Betreuer mit oder ohne Genehmigung des Vormundschaftsgerichts befugt wäre.

III. Schlussbestimmungen

Sollte eine Bestimmung in dieser Urkunde unwirksam sein oder werden, so bleiben die übrigen Bestimmungen hiervon unberührt. Die Urkunde ist so auszule-

[1] Vgl. zu den Anforderungen an die Bestimmbarkeit, wenn es um den Abbruch der künstlichen Ernährung geht, BGH v. 6.7.2016 – XII ZB 61/16, BeckRS 2016, 14029 Rz. 16 ff.

gen, dass die Einleitung eines gerichtlichen Betreuungsverfahrens vermieden wird.[Rz. 11]

Der Notar hat darauf hingewiesen, dass zur Einwilligung in Heileingriffe, eine Unterbringung in einer psychiatrischen Einrichtung oder in freiheitsentziehende Maßnahmen (Bettgitter, Beruhigungsmittel usw.) die Genehmigung des Amtsgerichts erforderlich ist.[Rz. 13]

Dem Bevollmächtigten ist eine vollständige sowie eine nur die Generalvollmacht enthaltende Ausfertigung dieser Urkunde zu erteilen; diese sind der Erschienenen zu übersenden.[Rz. 12, 14]

Der Bevollmächtigte kann sich weitere Ausfertigungen erteilen lassen, wenn dem Notar ein ärztliches Attest über die Geschäftsunfähigkeit des Vollmachtgebers vorgelegt wird. Das Recht endet, sobald der Notar Kenntnis vom Widerruf der Vollmacht erhält. [Rz. 14a]

Der Notar hat empfohlen, bei einem Widerruf der Vollmacht sich die Ausfertigungen dieser Urkunde vom Bevollmächtigten zurückgeben zu lassen.

Diese Urkunde soll kostenpflichtig im zentralen Register der Bundesnotarkammer für Vorsorgeurkunden registriert werden. Der Notar ist ermächtigt, auf Anfrage dem Vormundschaftsgericht eine Abschrift dieser Urkunde zu erteilen.[Rz. 15]

Diese Niederschrift wurde der Erschienenen vorgelesen, von ihr genehmigt und eigenhändig wie folgt unterschrieben:

A. Grundsätzliche Anmerkungen

1 Ziel dieser Vorsorgevollmacht ist die möglichst umfassende **Vermeidung der Fremdbestimmung,** und zwar sowohl durch das Vormundschaftsgericht als auch durch den behandelnden Arzt. Zu diesem Zweck wird eine Person des (grenzenlosen) Vertrauens bevollmächtigt, für den Vollmachtgeber zu handeln, wenn dieser infolge Krankheit oder körperlicher, geistiger oder seelischer Behinderung seine Angelegenheiten ganz oder teilweise nicht mehr persönlich besorgen kann. Diese Einschränkung des Verwendungszwecks ist Motiv, keinesfalls aber Bedingung der Vollmacht in Vermögensangelegenheiten. Würde diese Vollmacht hiervon abhängig gemacht werden, so wäre sie im Rechtsverkehr praktisch wertlos, weil diese Voraussetzungen nicht nachgewiesen werden können. Siehe zur Bedingung der Gesundheitsfürsorgevollmacht unten Rz. 6.

2 Rechtsgrundlagen dieser Vorsorgevollmacht sind § 1896 Abs. 2 Satz 2 BGB und für Maßnahmen der Personensorge ieS § 1904 Abs. 2 BGB. Eine Vollmacht ist nach allgemeiner Auffassung **abstrakt** zum sie tragenden Rechtsverhältnis zwischen Vollmachtgeber und Bevollmächtigtem **(Grund- bzw. Kausalverhältnis).**[2] Eine Vollmacht ohne ein zugrunde liegendes Rechtsverhältnis ist nicht denkbar.[3] Im Verhältnis von Ehepartnern bzw. Partnern einer eingetragenen Lebenspartnerschaft ergeben sich die grundlegenden Rechte und Pflichten aus der gegenseitigen Verantwortung gemäß § 1353 Abs. 1 Satz 2 BGB bzw. § 2 LPartG.[4] Bei Partnern einer **nichtehelichen Lebensgemeinschaft** fehlt eine solche rechtliche Grundlage ebenso wie bei Abkömmlingen und allen anderen Bevollmächtigten, so dass diesen die Regelung des Grundverhältnisses gemäß dem Formular A. 6.12 zu empfehlen ist.[5]

---

[2] Vgl. MüKoBGB/*Schramm* BGB § 164 Rz. 74, 97f.

[3] Missverständlich deshalb *Krauß* BWNotZ 1999, 86, 88.

[4] Vgl. BGH v. 5.7.2000 – XII ZR 26/98, NJW 2000, 3199, 3200; OLG Naumburg v. 6.7.2007 – 10 U 27/07, BeckRS 2008, 11185; OLG Zweibrücken v. 9.9.2004 – 4 U 168/03, BeckRS 2004, 09275; aA *U. Walter* Die Vorsorgevollmacht, Grundprobleme eines Rechtsinstituts unter besonderer Berücksichtigung der Frage nach Vorsorge im personalen Bereich, Bielefeld 1997, S. 113f.

[5] Ähnlich *Zimmermann* Vorsorgevollmacht, Betreuungsverfügung, Patientenverfügung für die Beratungspraxis, 2007, Rz. 351.

Eine Vorsorgevollmacht, die auch Maßnahmen der Personensorge erfasst, bedarf gemäß § 1904 Abs. 2 Satz 2 BGB der Schriftform, während sie im übrigen formfrei ist. Auch außerhalb der Grundstücksgeschäfte iSd. § 311b Abs. 1 BGB ist die **notarielle Beurkundung** empfehlenswert, um Zweifel zu vermeiden: 3
- an der Geschäftsfähigkeit des Vollmachtgebers (vgl. § 11 BeurkG),
- an der Kenntnis der rechtlichen Tragweite der Vollmacht (vgl. § 17 Abs. 1 BeurkG) und
- an der Identität des Vollmachtgebers (vgl. § 9 BeurkG).

Eine Vorsorgevollmacht, die eine Generalvollmacht beinhaltet, ist zugleich eine **Kontovollmacht** und ermächtigt den Bevollmächtigten auch zu Verfügungen über Konten bei Banken und Sparkassen.[6] Soll der Bevollmächtigte damit auch Konten namens des Vollmachtgebers neu eröffnen können, so muss die Urkunde alle zur Identifizierung durch die Bank nach § 3 Abs. 1 Nr. 1 GWG erforderlichen Angaben enthalten, nämlich Name, Geburtsort, Geburtsdatum, Staatsangehörigkeit und Anschrift des Vollmachtgebers (§ 4 Abs. 3 Nr. 1 GWG). Bei natürlichen Personen ist gemäß § 4 Abs. 4 Nr. 1 GWG ein gültiger amtlicher Ausweis, der ein Lichtbild des Inhabers enthält und mit dem die Pass- und Ausweispflicht im Inland erfüllt wird, vorzulegen. Der Notar sollte deshalb all diese Angaben in das Rubrum einer Vorsorgevollmacht aufnehmen und sich selbst dann einen amtlichen Lichtbildausweis vorlegen lassen, wenn er den bzw. die Vollmachtgeber(in) persönlich kennt.[7] Der Notar führt die Identifizierungspflicht der Bank bzw. Sparkasse dabei als Dritter gemäß § 7 Abs. 1 S. 4 GWG an deren Stelle aus. 3a

Bevollmächtigt werden sollte nur eine natürliche Person, die das **grenzenlose Vertrauen** des Vollmachtgebers besitzt. Bei Ehepartnern und Partnern einer eingetragenen Lebenspartnerschaft kann diese Voraussetzung ebenso unterstellt werden wie bei den Partnern einer nichtehelichen Lebensgemeinschaft. In allen anderen Fällen, also auch bei Abkömmlingen, sollte der Notar dagegen dem Vollmachtgeber die rechtliche Tragweite einer umfassenden Vorsorgevollmacht gemäß § 17 Abs. 1 BeurkG so deutlich erklären, dass dieser die überragende Bedeutung der Vertrauensbeziehung für die Auswahl der Person des Bevollmächtigten klar erkennt und danach entscheiden kann. 4

Sollen **neben dem Partner** auch **Abkömmlinge oder sonstige Personen** bevollmächtigt werden, so muss zunächst zwischen der Einzel- und der Gesamtvertretungsberechtigung gewählt werden. Interessengerecht erscheint dabei allein, dem Ehe- bzw. Lebenspartner Einzelvertretungsbefugnis zu erteilen. Die Bevollmächtigung der anderen Personen kann dabei aber nicht in der Weise erfolgen, dass diese nur „ersatzweise" oder „im Verhinderungsfalle" tätig werden dürfen. Diese tatbestandlichen Voraussetzungen der Vertretungsmacht können im Rechtsverkehr nicht nachgewiesen werden und machen die Vollmacht der weiteren Bevollmächtigten praktisch wertlos.[8] Zulässig ist es allerdings zu bestimmen, dass das Vertretungsrecht des einen Bevollmächtigten erst mit dem Tod des anderen beginnt, weil hier ein Nachweis durch Vorlage der Sterbeurkunde problemlos möglich ist. Diese Bedingung erfasst jedoch den Fall nicht, dass der bevollmächtigte Ehe- bzw. Lebenspartner aufgrund Krankheit, Alter oder Gebrechlichkeit die Vorsorgevollmacht nicht wahrnehmen kann. Deshalb wird vielfach die gleichzeitige Bevollmächtigung der Abkömmlinge oder sonstiger Personen gewünscht. Stehen diese aber mit dem Ehepartner auf einer Stufe, so kann die Uneinigkeit zwischen diesen Personen und dem bevollmächtigten Ehe- bzw. Lebenspartner die Funktion, ein Betreuungsverfahren auszuschließen, gefährden. Das Gericht muss in diesem Fall doch einen Betreuer bestellen. Diese Gefahr besteht unabhängig davon, ob Einzel- oder Gesamtvertretungsbefugnis erteilt worden ist. Da – wie dargelegt – eine 5

[6] LG Detmold v. 14.1.2015 – 10 S 110/14, BeckRS 2015, 03780.
[7] Ausführlich *Tersteegen* NJW 2007, 1717; *Litzenburger* FD-ErbR 2015, 369666.
[8] *Bühler* BWNotZ 1990, 1, 3; falsch daher die Formulierung bei *U. Walter* ZEV 2000, 353, 356 unter „E. Ersatzbevollmächtigung".

Rangordnung der Vertretungsrechte im Rahmen der Vollmachtserteilung ausgeschlossen ist, muss diese Frage im Rahmen des der Vorsorgevollmacht im Allgemeinen zugrundeliegenden Auftragsverhältnisses geregelt werden. Sollen also neben Ehe- bzw. Lebenspartnern weitere Personen Vollmacht erhalten, ist dringend zu empfehlen, das Formular A. 6.12 mit der Regelung des Auftragsverhältnisses zu wählen.[9]

B. Einzelerläuterungen

Zu I: Generalvollmacht

6 Die Vorsorgevollmacht ist in aller Regel auch Generalvollmacht. Auf die Ausführungen zu Formular A. 6.00 wird verwiesen.

6a Eigentlich erfasst eine Generalvollmacht alle Angelegenheiten, in denen das Gesetz eine Vertretung nicht verbietet. Da bezüglich digitalen Vermögens die Auffassung vertreten wird, dass es sich dabei um höchstpersönliche Angelegenheiten handelt,[10] ist zweifelhaft, ob eine Bevollmächtigung für diesen Aufgabenbereich zulässig ist. Deshalb ist bis zu einer höchstrichterlichen Entscheidung dieser Frage ein klarstellender Vermerk in der Vollmachtsurkunde empfehlenswert.[11] Zusätzlich sollten die Anbieter digitaler Dienste ausdrücklich von etwaigen Geheimhaltungspflichten befreit werden, um entsprechenden Einwänden aus dem Wege zu gehen. Sollte nach den Bedingungen der Dienstanbieter ein derartige Bevollmächtigung nicht zulässig oder an weitere Anforderungen geknüpft sein,[12] so wird durch die in den Schlussbemerkungen enthaltene Salvatorische Klausel (siehe unten Rz. 11) verhindert, dass sich die Unwirksamkeit bzw. Undurchführbarkeit auf die übrigen Bestimmungen in dieser Urkunde auswirkt. Schließlich ist angesichts der unklaren Rechtslage ein Belehrungsvermerk mit dem Hinweis, dass die Durchsetzbarkeit dieser Befugnisse unsicher ist, überlegenswert, aber letztlich nicht geboten.

Zu II: Gesundheitsfürsorgevollmacht

7 Unschädlich ist es, die Gesundheitsfürsorgevollmacht davon abhängig zu machen, dass der Vollmachtgeber infolge **Krankheit oder körperlicher, geistiger oder seelischer Behinderung** seine Angelegenheiten ganz oder teilweise nicht mehr persönlich besorgen kann. Nur unter dieser Voraussetzung ist ein Handeln des Bevollmächtigten überhaupt rechtlich zulässig.

8 Um das gesteckte Ziel der Vermeidung einer Fremdbestimmung durch Gericht und Arzt (siehe Rz. 1) auch sicher zu erreichen, kommt es darauf an, die Befugnisse nicht nur generalklauselartig zu bestimmen, sondern **enumerativ** so aufzuführen, dass keine Zweifel an der Reichweite aufkommen können.[13] Nach der einschlägigen Rechtsprechung[14] gilt dies vor allem für:
- die Entscheidung über Heileingriffe bei Gefahr für Leib oder Leben des Vollmachtgebers,
- das Untersagen oder den Abbruch lebensverlängernder Maßnahmen, wenn der Arzt diese durchführen will,
- die Unterbringung in einer psychiatrischen Klinik und
- die Zulassung freiheitsentziehender Maßnahmen.

[9] Ausf. *Litzenburger* NotBZ 2007, 1, 6f.
[10] Vgl. dazu einerseits *Hoeren* NJW 2005, 2113, 2114; *Martini* JZ 2012, 1145, 1152; andererseits NK-NachfolgeR/*Herzog* Teil 1 Kapitel 9 Rn. 13ff.
[11] NK-NachfolgeR/Herzog, Teil 1 Kapitel 9 Rn. 80; krit dagegen *Lange/Holtwiesche* ErbR 2016, 487, 491f.
[12] Vgl. *Lange/Holtwiesche* ErbR 2016, 487, 491f.
[13] *Keilbach* FamRZ 2003,969, 980; *Renner* NotBZ 1998, 88; *Limmer* ZNotP 1998, 323; *Müller* DNotZ 1999, 107, 111ff.; DNotI-Report 1998, 167; *Bühler* BWNotZ 1994, 68; *Cypionka* DNotZ 1995, 691; *Perau* MittRhNotK 1996, 281, 297; aM *Baumann* MittRhNotK 1998, 1, 2f. für notariell beurkundete Generalvollmacht.
[14] OLG Zweibrücken v. 29.4.2002 – 3 W 59/02, RNotZ 2002, 455; OLG Stuttgart v. 23.2.1994 – 8 W 534/93, DNotZ 1995, 687, 689 m. Anm. *Cypionka;* aM OLG Düsseldorf v. 6.12.1996 – 25 Wx 60/96, NJW-RR 1997, 903.

Die Einwilligung eines Bevollmächtigten in **ärztliche Zwangsmaßnahmen** nach § 1906 Abs. 3 und 4 BGB setzt voraus, dass diese in einer schriftlichen Vollmacht ausdrücklich genannt sind (§ 1906 Abs. 4 S. 1 BGB). 9

Aus dem Text der Vollmacht muss nach Inkrafttreten des Gesetzes zur Änderung der materiellen Zulässigkeitsvoraussetzungen von ärztlichen Zwangsmaßnahmen und zur Stärkung des Selbstbestimmungsrechts von Betreuten (BGBl. I 2017, 2426) außerdem hervorgehen, dass der Bevollmächtigte nicht nur über Unterbringungen mit freiheitsentziehender Wirkung und über freiheitsentziehende Maßnahmen in einem Heim oder in einer sonstigen Einrichtung entscheiden darf, sondern auch über ärztliche Zwangsmaßnahmen (§ 1906a Abs. 1 BGB) sowie über die zwangsweise Verbringung zu einem stationären Aufenthalt in ein Krankenhaus (§ 1906a Abs. 4 BGB). 10

Zu III: Schlussbestimmungen

Angesichts der Fülle von Zweifelsfragen rund um Vorsorgevollmacht und Patientenverfügung kommt der **salvatorischen Klausel** eine erhöhte Bedeutung zu. Sie sollte konkret das Ziel formulieren, nämlich die Vermeidung einer gerichtlich angeordneten Betreuung. 11

Durch die Übersendung der **Ausfertigung** nicht an den Bevollmächtigten, sondern ausschließlich an den Vollmachtgeber soll erreicht werden, dass von der Vorsorgevollmacht nicht vorzeitig Gebrauch gemacht wird. Die Beifügung von Bedingungen schadet der praktischen Verwendung, weil sie im Rechtsverkehr nicht nachgewiesen werden können (siehe oben Rz. 1, aber auch Rz. 6). Dem Notar die Verwendungskontrolle zu übertragen, scheidet aus den gleichen Überlegungen aus. Interne Anweisungen an den Bevollmächtigten sind gebräuchlich,[15] verhindern aber Missbrauch nicht, sondern begründen allenfalls Schadensersatzansprüche. Zur Vermeidung von Missverständnissen über den Inhalt der Vollmacht, sollten derartige Anweisungen aber nicht in die Vollmachtsurkunde selbst aufgenommen sondern separat schriftlich niedergelegt werden. Letztlich wird man aber einem Beteiligten, der Angst vor einem Missbrauch der Vollmacht durch den Bevollmächtigten hat, wohl nur von deren Erteilung generell abraten können. 12

Der Notar muss gemäß § 17 Abs. 1 BeurkG darüber belehren, dass die **autonome Entscheidung** des Bevollmächtigten gemäß §§ 1904, 1906 BGB eingeschränkt ist. 13

Eine Vorsorgevollmacht enthält neben der Generalvollmacht höchst persönliche Bestandteile, von denen der Beteiligte in aller Regel nicht wünscht, dass sie Fremden vor allem Banken, Behörden und Geschäftspartnern bekannt werden. Zu diesem Zweck sollte der Notar für den Bevollmächtigten **2 Ausfertigungen** erteilen, nämlich: 14
- eine auszugsweise, die nur die Generalvollmacht enthält, sowie
- eine vollständige mit allen Erklärungen.

Das Recht, weitere Ausfertigungen einer notariell beurkundeten Vorsorgevollmacht verlangen zu können, steht dabei nur dem Vollmachtgeber selbst zu. Zum Schutz des Vollmachtgebers sollte dem Bevollmächtigten auch kein entsprechendes eigenes Recht eingeräumt werden. Entsteht jedoch nachträglich die Notwendigkeit der Erteilung weiterer Ausfertigungen (zB Bank), so kann das Problem auftreten, dass der Vorsorgebevollmächtigte zu dieser Zeit nicht mehr geschäftsfähig und deshalb keine weitere Ausfertigung mehr zu erlangen ist. 14a

Gemäß § 20a BeurkG muss der Notar auf die Möglichkeit der Registrierung der Vorsorgevollmacht im **Zentralregister der Bundesnotarkammer** hinweisen. Er bedarf dazu allerdings der Befreiung von der Verschwiegenheitspflicht (§ 18 Abs. 1 BNotO) durch Vollmachtgeber und Bevollmächtigten. 15

[15] *Keilbach* FamRZ 2003, 969, 981 mwN; *Müller* DNotZ 1997, 104, 111 ff.

A. 6.12 Vorsorgevollmacht mit Auftrag an Verwandte und andere nahestehende Personen

A. 6.12 **Nummer der Urkundenrolle [...]**
Verhandelt zu [...] am [...]
Vor dem Notar/der Notarin [...] erschien:[Rz. 1]
Frau A, geboren am [...] in [...], wohnhaft [...],
nach eigenen Angaben deutsche Staatstangehörige,
dem Notar ausgewiesen durch amtlichen Lichtbildausweis.
Die Erschienene erklärte, nachdem sich der Notar durch Unterhaltung von der Geschäftsfähigkeit überzeugt hatte:

I. Generalvollmacht[Rz. 6]

Hiermit bevollmächtige ich:
– meinen Ehemann B, geboren am [...], wohnhaft [...],
– meine Tochter C, geboren am [...], wohnhaft [...],
– meinen Sohn D, geboren am [...], wohnhaft [...],

mich in allen Angelegenheiten, soweit die Gesetze eine Vertretung zulassen, gerichtlich und außergerichtlich zu vertreten (Generalvollmacht).Jeder Bevollmächtigte ist berechtigt, mich allein zu vertreten (Einzelvertretungsbefugnis).

Jeder Bevollmächtigte ist berechtigt, in meinem Namen auch mit sich im eigenen Namen oder als Vertreter eines Dritten Rechtsgeschäfte vorzunehmen (Befreiung vom Verbot des § 181 BGB).

Jeder Bevollmächtigte kann für bestimmte Arten von Geschäften oder für einzelne Geschäfte Untervollmacht erteilen.

Diese Vollmacht bleibt auch dann gültig, wenn ich geschäftsunfähig sein sollte. Sie gilt über meinen Tod hinaus und erlischt nur, wenn ich oder meine Erben sie widerrufen.

Diese Generalvollmacht erfasst auch sämtliche Rechte und Pflichten aus den Rechtsbeziehungen aufgrund aller meiner Benutzerkonten und Daten im Internet sowie an meinen auf Computern aller Art oder sonstigen Datenträgern gespeicherten elektronischen Daten (digitales Vermögen).[Rz 6a] **Dazu gehören insbesondere, aber nicht ausschließlich:**

– meine Urheber- und sonstigen Rechte an Websites, Domains, Apps, Widgets und ähnlichen Internetangeboten,
– die Verträge mit Anbietern von Diensten, Inhalten oder technischen Leistungen, die für die Nutzung oder den Betrieb von Inhalten und Diensten im Internet erforderlich sind,
– die Verträge mit Anbietern von Telekommunikationsdiensten im Sinne des § 3 Ziff. 24 Telekommunikationsgesetz in der jeweils geltenden Fassung,
– meine Rechte an sämtlichen Accounts und Blogs im Internet, insbesondere das Recht auf uneingeschränkten Zugang zu sowie auf die umfassende Nutzung und Verwertung von Diensten auf sozialen oder sonstigen Internetnetzwerken, von E-Mail-Diensten aller Art, von Nachrichtendiensten sowie von Streaming- und Dateiabonnements aller Art,
– meine Rechte an sämtlichen Daten im Internet, insbesondere an meinen digitalen Datei-Sammlungen aufgrund von Streaming- und Dateiabonnements, den in meinen E-Mail-Accounts gespeicherten Mails sowie an allen Dateien auf cloud-Speicher-Diensten,
– meine Rechte und Pflichten, einschließlich etwaiger Guthaben, aufgrund von Verträgen mit Online-Bezahldiensten oder -systemen aller Art,

– meine Rechte an von mir erworbener Software
– alle Rechte und Pflichten aus über den Online(versand)handel begründeten Vertragsbeziehungen.

Der Bevollmächtigte darf – auch nach meinem Tod – über mein digitales Vermögen in jeder beliebigen Art und Weise verfügen und sämtliche Ansprüche aus dem zugrundeliegenden Rechtsverhältnis in meinem Namen geltend machen. Er hat insbesondere Anspruch auf umfassende Auskunft über mein gesamtes digitales Vermögen, insbesondere auf Mitteilung vorhandener Zugangsdaten einschließlich der Passwörter, sowie das Recht, diese zurückzusetzen bzw. zu erneuern und die neuen Zugangsdaten einschließlich der Passwörter entgegenzunehmen. Er ist ferner berechtigt, alle meine Dateien zu öffnen, zu lesen, zu bearbeiten und zu löschen.

Ich befreie sämtliche Anbieter dieser digitalen Dienste allumfassend von etwaigen gesetzlichen oder vertraglichen Geheimhaltungspflichten gegenüber dem Bevollmächtigten und ermächtige diese hiermit, diesem umfassend Auskunft zu erteilen und den uneingeschränkten Zugang zu allen meinen Profilen und Daten zu gewähren.

II. Auftrag [Rz. 2, 3]

Dieser Vollmacht liegt ein Auftrag mit folgenden Beschränkungen, die nichts an der umfassenden und unbedingten Vertretungsmacht gemäß Teil I. ändern, zugrunde:

Die Bevollmächtigten erhalten keine Vergütung und haften nur für Vorsatz und grobe Fahrlässigkeit. [Rz. 11, 12]

Sie sind meinen Erben gegenüber nicht verpflichtet zu beweisen, dass ihre Verfügungen durch meine Weisungen gedeckt sind.

Den Bevollmächtigten sind alle bei Ausführung des Auftrags erlittenen Schäden zu ersetzen, die nicht von ihnen zu vertreten sind und bei persönlichem Handeln auch bei mir entstanden wären. [Rz. 13]

Die Bevollmächtigten sollen von dieser Vollmacht nur Gebrauch machen, wenn ich es verlange oder ich auf Grund Krankheit oder körperlicher, geistiger oder seelischer Behinderung meine Angelegenheiten ganz oder teilweise nicht mehr persönlich besorgen kann oder in meiner natürlichen Einsichtsfähigkeit beeinträchtigt bin.

Frau C und Herr D sollen die Geschäft nur und erst dann besorgen, wenn mein Ehemann B dies verlangt oder wegen Krankheit, Gebrechlichkeit oder Tod dies nicht mehr selbst kann. [Rz. 5]

Die beiderseitigen Rechte und Pflichten ergeben sich aus §§ 662 ff. BGB, soweit in dieser Urkunde nicht ausdrücklich et was anderes bestimmt ist.

III. Gesundheitsfürsorgevollmacht [Rz. 11]

Diese Vollmacht umfasst, soweit die Gesetze dies zulassen, für den Fall, dass ich auf Grund Krankheit oder körperlicher, geistiger oder seelischer Behinderung meine Angelegenheiten ganz oder teilweise nicht mehr persönlich besorgen kann oder in meiner natürlichen Einsichtsfähigkeit beeinträchtigt bin, auch:

1. **die Wahrnehmung aller Angelegenheiten der Gesundheitsfürsorge, insbesondere:**
   - **die Befugnis, Auskunft über meine Erkrankung, meinen Zustand und die Prognose zu verlangen,**
   - **in ärztliche Maßnahmen aller Art einzuwilligen, die Einwilligung hierzu zu verweigern sowie lebenserhaltende oder -verlängernde Maßnahmen abbrechen zu lassen, und zwar auch dann, wenn dabei die Gefahr besteht, dass ich sterbe oder dauerhaften gesundheitlichen Schaden davontrage und der behandelnde Arzt derartige Maßnahmen empfiehlt,**
2. **die Zustimmung zur Entnahme von Organen zu Transplantationszwecken,**

3. die Bestimmung meines Aufenthalts, auch eine etwaige Unterbringung in einer psychiatrischen Klinik,
4. die Einwilligung in oder die Veranlassung von freiheitsentziehenden Maßnahmen aller Art, also auch in das Ruhigstellen durch Medikamente oder mit physischen Mitteln, und zwar auch im Falle eines stationären Aufenthalts in einem Krankenhaus, einem Heim oder einer sonstigen Einrichtung,
5. die Einwilligung in ärztliche Zwangsmaßnahmen aller Art, und zwar auch im Falle eines stationären Aufenthalts in einem Krankenhaus, einem Heim oder einer sonstigen Einrichtung,

sowie alle sonstigen Erklärungen und Handlungen, zu denen ein Betreuer mit oder ohne Genehmigung des Vormundschaftsgerichts befugt wäre.

Ich wünsche nicht, dass das Vormundschaftsgericht die Entscheidung der Bevollmächtigten, lebenserhaltende oder -verlängernde Maßnahmen zu verbieten oder solche Maßnahmen abbrechen zu lassen, kontrolliert. Die Bevollmächtigte genießt insoweit mein uneingeschränktes Vertrauen und nimmt dabei mein Selbstbestimmungsrecht an meiner Stelle wahr. Sollte eine Kontrolle dennoch notwendig sein, so bitte ich darum, die vom Bevollmächtigten getroffene Entscheidung als Ausdruck meines Selbstbestimmungsrechts zu genehmigen.

IV. Schlussbestimmungen [Rz. 12]

Sollte eine Bestimmung in dieser Urkunde unwirksam sein oder werden, so bleiben die übrigen Bestimmungen hiervon unberührt. Die Urkunde ist so auszulegen, dass die Einleitung eines gerichtlichen Betreuungsverfahrens vermieden wird.

Der Notar hat darauf hingewiesen, dass zur Einwilligung in
Heileingriffe, eine Unterbringung in einer psychiatrischen Einrichtung oder in freiheitsentziehende Maßnahmen (Bettgitter, Beruhigungsmittel usw.) die Genehmigung des Amtsgerichts erforderlich ist.

Den Bevollmächtigten ist eine vollständige sowie eine nur die Generalvollmacht enthaltende Ausfertigung dieser Urkunde zu erteilen; diese sind der Erschienenen zu übersenden.

Jeder Bevollmächtigte kann sich weitere Ausfertigungen erteilen lassen, wenn dem Notar ein ärztliches Attest über die Geschäftsunfähigkeit des Vollmachtgebers vorgelegt wird. Das Recht endet, sobald der Notar Kenntnis vom Widerruf der Vollmacht erhält.

Der Notar hat empfohlen, bei einem Widerruf der Vollmacht sich die Ausfertigungen dieser Urkunde vom Bevollmächtigten zurückgeben zu lassen.

Diese Urkunde soll kostenpflichtig im zentralen Register der Bundesnotarkammer für Vorsorgeurkunden registriert werden. Der Notar ist ermächtigt, auf Anfrage dem Vormundschaftsgericht eine Abschrift dieser Urkunde zu erteilen.

Diese Niederschrift wurde der Erschienenen vorgelesen, von ihr genehmigt und eigenhändig wie folgt unterschrieben:

A. Grundsätzliche Anmerkungen

1 Vgl. zunächst A. 6.11 Rz. 1 bis 5.

2 Rechtsgrundlagen dieser Vorsorgevollmacht sind § 1896 Abs. 2 S. 2 BGB und für Maßnahmen der Personensorge ieS § 1904 Abs. 2 BGB. Eine Vollmacht ist nach allgemeiner Auffassung **abstrakt** zum sie tragenden Rechtsverhältnis zwischen Vollmachtgeber und Bevollmächtigtem **(Grundverhältnis).**[1] Eine Vollmacht ohne ein

[1] Vgl. MüKoBGB/*Schramm* BGB § 164 Rz. 74, 97 f.

zugrunde liegendes Rechtsverhältnis ist nicht denkbar.[2] Da die Vorsorgebevollmächtigten die „Betreuung" in aller Regel völlig uneigennützig übernehmen, bedarf es der Abgrenzung des rechtlichen Auftrags von einer reinen Gefälligkeit. Die Unentgeltlichkeit ist Kennzeichen beider Erscheinungsformen.[3] Bei der Abgrenzung der Gefälligkeit vom ebenfalls unentgeltlichen Auftrag kommt es in erster Linie auf den Rechtsbindungswillen an.[4] Indizien eines Rechtsbindungswillens sind vor allem die – materielle oder ideelle – Bedeutung der Angelegenheit für beide Seiten, deren Interessen, die Art der Gefälligkeit und die persönlichen Beziehungen zueinander.[5] Die überragende – persönliche und materielle – Bedeutung einer umfassenden Vorsorgevollmacht für den Vollmachtgeber steht außer Zweifel.[6] Da er zudem Vorsorge für einen Zeitraum treffen will, in dem er den Bevollmächtigten persönlich nicht kontrollieren kann, ist er zwingend darauf angewiesen, dass dieser eine Tätigkeitspflicht übernimmt und rechtlichen Bindungen an seine Anweisungen unterliegt.[7] Deshalb herrscht Einigkeit unter allen, die sich mit dem Grundverhältnis zu einer Vorsorgevollmacht befassen, dass dabei von einem Auftragsrechtsverhältnis auszugehen ist.[8] Siehe zu den Besonderheiten im Verhältnis von Ehepartnern bzw. Partnern einer eingetragenen Lebensgemeinschaft untereinander das Formular A. 6.11 und dort unter Rz. 2.

Der Notar sollte auf eine Regelung der durch den Auftrag begründeten beiderseitigen Rechte und Pflichten hinwirken. Andernfalls besteht die Gefahr, dass der Bevollmächtigte mit den Erben über Rechnungslegungs- und Haftungsfragen streitet, weil nichts geregelt und alles den Gerichten überlassen worden ist.[9] Bei der Beurkundung von Vorsorgevollmachten sollten deshalb immer die Vor- und Nachteile des Auftragsrechts mit den Beteiligten ausdrücklich erörtert werden.[10] In aller Regel empfiehlt sich die Mitbeurkundung des Kausalverhältnisses als einseitige Erklärung des Auftraggebers und gegebenenfalls die Anpassung des Auftragsrechts an die konkreten Umstände.[11] 3

Aus Kostengründen sowie im Interesse der sicheren Vermeidung eines Betreuungsverfahrens empfiehlt sich die **Zusammenfassung** der Vorsorgevollmacht mit dem Auftrag in einer Urkunde.[12] Das Geheimhaltungsinteresse kann bei einer notariellen Urkunde durch Erteilung von auszugsweisen Ausfertigungen befriedigt werden. 4

Besondere Probleme ergeben sich, wenn **mehrere Personen** zeitgleich eine Vorsorgevollmacht erhalten sollen. Sowohl bei Einzel- wie bei Gesamtvertretungsrecht mehrerer Bevollmächtigter verliert die Vorsorgevollmacht ihre Eignung, die Einleitung eines Betreuungsverfahrens gemäß § 1896 Abs. 2 S. 1 BGB zu verhindern, wenn die Bevollmächtigten uneinig sind. Dieses Problem kann nicht im Rahmen der Vollmacht erfolgen, weil sonst deren Benutzbarkeit im Rechtsverkehr beeinträchtigt würde. Das Problem kann ausschließlich im Rahmen des Auftragsverhältnisses in der Weise gelöst werden, dass dem weiteren – nach außen unbeschränkten – Bevollmächtigten ein entsprechend eingeschränkter Ersatzauftrag erteilt wird (siehe Ziff. II Abs. 5 des Formulars). 5

---

[2] Missverständlich deshalb *Krauß* BWNotZ 1999, 86, 88.

[3] BGH v. 22.6.1956 – 1 ZR 198/54, NJW 1956, 1313.

[4] BGH v. 22.6.1956 – 1 ZR 198/54, NJW 1956, 1313.

[5] MüKoBGB/*Seiler* BGB § 662 Rz. 60 mwN.

[6] Vgl. dagegen zur Kontovollmacht: BGH v. 5.7.2000 – XII ZR 26/98, NJW 2000, 3199; PfälzOLG Zweibrücken v. 9.9.2004 – 4 U 168/03 (unveröffentlicht).

[7] *U. Walter* Die Vorsorgevollmacht, Grundprobleme eines Rechtsinstituts unter besonderer Berücksichtigung der Frage nach Vorsorge im personalen Bereich, Bielefeld 1997, S. 113 f.

[8] *Bühler* FamRZ 2001, 1585, 1593.

[9] Vgl. die Haftungsfälle BGH v. 18.2.1993 – III ZR 23/92, NJW-RR 1993, 795; OLG Köln v. 31.3.2000 – 19 U 128/99, NJW-RR 2001, 652; OLG Zweibrücken v. 9.9.2004 – 4 U 168/03, BeckRS 2004, 09275; OLG Naumburg v. 6.7.2007 – 10 U 27/07, BeckRS 2008, 11185; OLG Hamm v. 20.11.2007 – 26 U 62/06, ZEV 2008, 600.

[10] Ausf. *Litzenburger* NotBZ 2007, 1, 6 ff.; ähnlich: *Keilbach* DNotZ 2004, 164; *Bühler* FamRZ 2001, 1585, 1593.

[11] Vgl. *Keilbach* DNotZ 2004, 164; *Bühler* FamRZ 2001, 1585, 1593.

[12] *U. Walter* ZEV 2000, 353, 354 ff.; *Litzenburger* NotBZ 2007, 1, 7; aA *Bühler* FamRZ 2001, 1585, 1593.

B. Einzelerläuterungen

Zu I: Generalvollmacht

6 Die Vorsorgevollmacht ist in aller Regel auch Generalvollmacht. Auf die Ausführungen zu Formular A. 6.00 und A. 6.11 Rz. 6a wird verwiesen.

Zu II: Auftrag

7 Bei einer Vorsorgevollmacht, der ein Auftrag zugrunde liegt, muss der Notar unbedingt klarstellen, ob die Vollmacht (und das Grundverhältnis) sowohl beim Tod des Vollmachtgebers als auch bei dessen Geschäftsunfähigkeit weitergilt (vgl. §§ 168, 672 BGB).[13] Andernfalls handelt der Bevollmächtigte nach dem Tod des Vollmachtgebers nur auf der Grundlage der Regeln über den Geschäftsführung ohne Auftrag, eine nicht ungefährliche Konsequenz.[14]

8 Regelungsbedürftig im Rahmen des Auftrags, der der Vorsorgevollmacht zugrunde liegt, ist zunächst die Auskunfts- und Rechenschaftspflicht (§ 666 BGB).[15] Die vollständige Befreiung von der Auskunfts- und Rechenschaftspflicht gegenüber den Erben geht zwar in der Regel zu weit, jedoch sollte die Urkunde eine Aussage zur Beweislast zu der Frage enthalten, ob die Verfügungen des Bevollmächtigten durch die Weisungen gedeckt waren. Dies hat natürlich in erster Linie Bedeutung für Schenkungen des Vollmachtgebers an den Bevollmächtigten. [16]

9 Die Vergütung oder der Verzicht hierauf (§ 662 BGB) sollte ausdrücklich geregelt werden, um zu verhindern, dass nach dem Tod des Vollmachtgebers Streit darüber entsteht, zu welchen Entnahmen der Bevollmächtigte berechtigt war. Gemäß §§ 669, 670 BGB steht dem Bevollmächtigten nur Ersatz seiner Aufwendungen zu, nicht aber Vergütung seiner Arbeitszeit.

10 Wird der Bevollmächtigte unentgeltlich tätig, so erscheint es inkongruent, ihm die volle Haftung für leicht fahrlässige Pflichtverletzungen aufzubürden. In jedem Falle unpraktikabel ist die Entscheidung für den Haftungsmaßstab des § 277 BGB. Deshalb sollte seine Haftung für Schäden (§§ 280, 276 BGB) auf Vorsatz und grobe Fahrlässigkeit beschränkt werden. Der Haftungsmaßstab ist vor allem bei Entscheidungen über die Vermögensanlage sehr wichtig.[17]

11 Ob der unentgeltlich Beauftragte vom Auftraggeber den Ersatz derjenigen Schäden verlangen kann, die er bei Ausführung des Auftrags ohne sein eigenes Verschulden erlitten hat, ist umstritten. Obwohl derartige unfreiwillige Schäden beim besten Willen nicht unter den Aufwendungsbegriff des § 670 BGB subsumiert werden können, wendet die hM diese Vorschrift auf diese Fälle mindestens analog an.[18] Andere entnehmen § 242 BGB ein Prinzip der „Risikohaftung bei Tätigkeit im fremden Interesse".[19] Über alle dogmatischen Unterschiede hinweg besteht jedoch Einigkeit darüber, dass nicht alle bei Ausführung entstandenen Schäden ersatzfähig sind, sondern nur solche, die tätigkeitsspezifisch sind. Dafür allerdings kommt es ganz entscheidend auf die Vereinbarungen, so vorhanden, zwischen den Beteiligten an. Fehlt hierzu eine ausdrückliche Regelung, so bereitet die Risikoverteilung größte Probleme. Eine Gestal-

[13] Vgl. das negative Beispiel in OLG Hamm v. 17.9.2002 – 15 W 338/02, NJW-RR 2003, 800, 801, wo diese Klarstellung fehlte.
[14] *Staudinger/Wittmann* Vor §§ 662 ff. Rz. 26.
[15] Vgl. OLG Hamm v. 20.11.2007 – 26 U 62/06, BeckRS 2008, 20414.
[16] OLG Hamm v. 20.11.2007 – 26 U 62/06, BeckRS 2008, 20414.
[17] LG Stuttgart v. 14.7.1998 – 14 O 176/98 (unveröffentlicht) [Genussscheine] (zitiert von *Krauß* BWNotZ 1999, 86, 90 Fn. 23); vgl. zum Betreuungsrecht auch OLG Köln NJW-RR 2001, 577 [Aktienfonds].
[18] Vgl. *Staudinger/Wittmann* BGB § 670 Rn. 14 ff.
[19] MüKoBGB/*Seiler* BGB § 670 Rn. 14, § 683 Rn. 18.

tung dieser Risikoabgrenzung und der Haftungsfolgen erscheint daher im Interesse des Bevollmächtigten dringend geboten.

Zu III: Gesundheitsfürsorgevollmacht

Vgl. hierzu A. 6.11 Rz. 7 ff. **12**

Zu III: Schlussbestimmungen

Vgl. hierzu A. 6.11 Rz. 11 ff. **13**

A. 6.20 Vollmachten im Gesellschaftsrecht

Übersicht

A. 6.21 Generalhandlungsvollmacht

A. 6.21

Frau A, geboren am [. . .] in [. . .], wohnhaft [. . .]
hier handelnd als Geschäftsführer[Rz. 1, 2] für die im Handelsregister des Amtsgerichts [. . .] unter HRB [. . .] eingetragenen Firma [. . .] mit dem Sitz in [. . .], Postanschrift: [. . .]
bevollmächtigt hiermit
Herrn B, geboren am [. . .], wohnhaft [. . .]

1. **im Namen der Gesellschaft alle Geschäfte und Rechtshandlungen vorzunehmen, die der Betrieb eines derartigen Unternehmens mit sich bringt, auch Grundbesitz und Beteiligungen an anderen Unternehmen zu erwerben, zu belasten und zu veräußern, Zweigniederlassungen zu errichten und zu veräußern, Kredite aufzunehmen, Bürgschaften abzugeben, Miet-, Pacht- und Leasingverträge abzuschließen, zu kündigen oder aufzuheben, Verträge mit Angestellten abzuschließen, zu kündigen oder aufzuheben und über alle Konten bei Banken zu verfügen;**
2. **allen Angestellten der Gesellschaft generell oder im Einzelfall Weisungen zu erteilen;**
3. **meine Geschäftsanteile an der Gesellschaft zu belasten oder zu veräußern;**
4. **an Gesellschafterversammlungen dieser Gesellschaft teilzunehmen und in meinem Namen das Stimmrecht auszuüben, auch bei Kapitalerhöhungen und sonstigen Satzungsänderungen;**
5. **bei Kapitalerhöhungen in meinem Namen Stammeinlagen zu übernehmen und weitere Geschäftsanteile an der Gesellschaft zu erwerben;**
6. **alle Anmeldungen zum Handelsregister, zu denen ich als Geschäftsführer der Gesellschaft berechtigt oder verpflichtet bin, an meiner Stelle vorzunehmen.**

Der Bevollmächtigte ist berechtigt, Untervollmacht zu erteilen.

Der Bevollmächtigte ist außerdem ermächtigt, mit sich im eigenen Namen oder als Vertreter eines Dritten Rechtsgeschäfte vorzunehmen.

.... , den ....
[Ort, Datum]

..
[Unterschrift][Rz. 3]

Anmerkungen

Der Geschäftsführer einer GmbH darf **keine Generalvollmacht** erteilen, weil er sich seiner Verantwortung durch umfassende Delegation auf einen Bevollmächtigten nicht entziehen kann.[1] 1

Scheidet die Bestellung eines weiteren Geschäftsführers aus irgendeinem Grund aus, so will der einzige Geschäftsführer aus **Sorge um die Handlungsfähigkeit der Gesellschaft** für den Fall, dass der einzige Geschäftsführer schwer erkrankt, oft den Ehepartner oder eine andere Vertrauensperson zur Fortführung der Geschäfte bevollmächtigen. Dazu dient diese umfassende Handlungsvollmacht. 2

Eine Handlungsvollmacht bedarf zwar grundsätzlich keiner **Form.** Wegen der Ermächtigung zur Vornahme von Anmeldungen zum Handelsregister sowie zur Übernahme von Stammeinlagen bei Kapitalerhöhung ist zumindest eine notarielle Beglaubigung vonnöten. Im Hinblick auf die Befugnis zur Veräußerung und Belastung von Gesellschaftsanteilen ist dennoch notarielle Beurkundung anzuraten, um allen aus § 15 GmbHG folgenden Problemen aus dem Weg zu gehen. 3

A. 6.22 Stimmrechtsvollmacht

Hiermit erteile ich A. 6.22

Frau A, geboren am [...], wohnhaft [...],
als Gesellschafter der im Handelsregister des Amtsgerichts [...] unter HRB [...] eingetragenen Firma [...]
mit dem Sitz in [...]

Herrn B, geboren am [...], wohnhaft [...],

Vollmacht,

mich auf Gesellschafterversammlungen der oben genannten Firma uneingeschränkt zu vertreten und das Stimmrecht für mich auszuüben. Dies gilt auch für Gesellschafterversammlungen unter Verzicht auf die Einhaltung aller Form- und Fristvorschriften hinsichtlich Ladung, Einberufung und Mitteilung der Tagesordnung.
Der Bevollmächtigte ist von den Beschränkungen des § 181 BGB befreit.
Diese Vollmacht gilt über meinen Tod hinaus.

.................................., den
[Ort, Datum]

...
[Unterschrift]

[Öffentliche Beglaubigung der Unterschrift]

---

[1] BGH v. 18.7.2002 – III ZR 124/01, NJW 2002, 3545.

A. 6.23 Handelsregistervollmacht

A. 6.23 **Hiermit bevollmächtigt**
Herr A, geboren am [...], wohnhaft [...],
über den Tod hinaus

Herrn B, geboren am [...], geschäftsansässig [...][Rz. 2]
ihn als Kommanditisten der im Handelsregister des Amtsgerichts [...] unter HRA [...] eingetragenen Kommanditgesellschaft [...]
mit dem Sitz in [...]

bei allen diese Kommanditgesellschaft betreffenden Anmeldungen zum Handelsregister zu vertreten, insbesondere:
a) den Eintritt des Vollmachtgebers und/oder weiterer Personen als Gesellschafter in diese Kommanditgesellschaft;[Rz. 3]
b) die Erhöhung und/oder Herabsetzung der Kommanditeinlagen (Haftsummen) des Vollmachtgebers und/oder weiterer Gesellschafter;
c) das Ausscheiden des Vollmachtgebers und/oder weiterer Personen aus der Gesellschaft;
d) die Änderung der Firma und/oder des Sitzes der Kommanditgesellschaft
anzumelden.
Der Bevollmächtigte ist von den Beschränkungen des § 181 BGB befreit und berechtigt, Untervollmacht zu erteilen.
......................................, den ....
[Ort, Datum]

..
[Unterschrift]

[Öffentliche Beglaubigung der Unterschrift]

A. Grundsätzliche Anmerkungen

1 Das Erfordernis der Anmeldung durch alle Gesellschafter stellt für Kommanditgesellschaften mit vielen Gesellschaftern eine erhebliche verwaltungsmäßige Belastung dar. Aus diesem Grund ist bei größeren Gesellschaften oder Publikums-Gesellschaften die Erteilung solcher Vollmachten dringend zu empfehlen.

B. Einzelerläuterungen

2 Auch die persönlich haftende Gesellschafterin und/oder deren Geschäftsführer können bevollmächtigt werden.

3 Wichtig ist es, alle Fälle zu erfassen, bei denen ein Kommanditist an der Anmeldung mitwirken muss. Dazu gehört auch das eigene Ausscheiden.

A. 6.30 Nachlassvollmachten

Übersicht

A. 6.31 Nachlassvollmacht

Ich, A. 6.31
Herr A, geboren am [. . .], wohnhaft [. . .],

erteile
Herrn B, geboren am [. . .], geschäftsansässig [. . .]
mich als Erben/Miterben
nach Frau B, geboren am [...] in [...], zuletzt wohnhaft [...], gestorben am [...] (nachstehend „der Erblasser" genannt)

bei allen Rechtsgeschäften bezüglich des Nachlasses des Erblassers zu vertreten, bei denen die Gesetze eine Vertretung zulassen, insbesondere in meinem Namen: Rz. 2

- **Nachlass- oder Inventarverzeichnisse zu errichten oder errichten zu lassen,**
- **Konten bei Banken jeder Art zu eröffnen, zu schließen oder in jeder beliebigen Weise hierüber zu verfügen,**
- **Grundstücke, Handelsgeschäfte, Schiffe, Aktien, Obligationen, bewegliche Sachen, Rechte (ohne Ausnahme), Forderungen, Erbschaftsrechte und alle sonstigen Rechtsgüter zu erwerben, zu verkaufen und auszutauschen,**
- **die Teilung des Nachlasses oder ein der Teilung gleichwertiges Rechtsgeschäft in jeder Form zu vereinbaren und in jeder Weise durchzuführen,**
- **den Vollmachtgeber als Eigentümer oder persönlich der sofortigen Zwangsvollstreckung zu unterwerfen,**
- **die Abgabe und Entgegennahme rechtsgeschäftlicher Erklärungen aller Art, insbesondere den Abschluss von Verträgen und die Bewirkung von Zustellungen,**
- **Prozesse zu führen,**
- **Gelder und Wertsachen entgegenzunehmen.**

Der Bevollmächtigte ist von den Beschränkungen des § 181 BGB befreit und berechtigt, Untervollmacht zu erteilen.
Die Vollmacht gilt über meinen Tod hinaus.

.................................., den ....
[Ort, Datum]

..
[Unterschrift]

[Öffentliche Beglaubigung der Unterschrift]

A. Grundsätzliche Anmerkungen

1 Eine umfassende Nachlassvollmacht ist vor allem bei umfangreichen Nachlässen oder einer größeren Erbengemeinschaft sinnvoll. Im Regelfall genügen Spezialvollmachten für einzelne Geschäfte. Eine öffentliche Beglaubigung ist dabei wegen § 29 GBO notwendig, wenn Grundbesitz zum Nachlass gehört. Sind gesellschaftsrechtliche Maßnahmen oder Kontoverfügungen aufgrund von Vollmachten erforderlich, so ist eine öffentliche Beglaubigung der Unterschrift dringend anzuraten.

B. Einzelerläuterungen

2 Wird die Nachlassvollmacht nur innerhalb der Bundesrepublik Deutschland benötigt, so reicht eine nachlassbezogene generelle Vollmacht aus. Einer beispielhaften Aufzählung einzelner Befugnisse bedarf es innerhalb Deutschlands eigentlich nicht, doch schadet sie auch nicht. Ist jedoch Auslandsvermögen vorhanden, so sollte das Muster einer internationalen Nachlassvollmacht mit einer Aufzählung der einzelnen Befugnisse (A. 6.32) verwendet werden. In vielen Rechtsordnungen werden nämlich Generalvollmachten nicht anerkannt.

A. 6.32 Internationale Nachlassvollmacht

A. 6.32 **Power of Attorney**

I, Mr A, born on [...], residing

hereby authorize

Mr B, born on [...], residing

to represent me

as an heir/co-heir from Mrs C, born on [...] in [...], with the last residence in [...], died on [...] in [...], German citizen

completely and in general to third parties, public authorities and courts of all kinds. It shall include, but not be limited to, the authority to

- **make and receive statements and declarations of any nature, in particular, to receive service of process, including the authority to raise and withdraw,**
- **establish inventory registers or to let establish,**
- **agree on the division of the reduction or a legal business equivalent to the division in every form and to carry out in every manner,**
- **sale and exchange properties, stores, ships, stocks, bonds, movable properties, rights (without exception) to purchase receivables, inheritance rights and other legal goods,**
- **subject the principal as an owner or personally of the immediate compulsive enforcement,**
- **close accounts with banks to open any kind, or to have in any way about this,**
- **represent me in any litigation as well as enforcement and ancillary proceedings and**
- **accept on behalf of me money and valuables.**

I grant exemption from the restrictions of Sec. 181 German Civil Code. The power of attorney includes, to transfer the power of attorney over to others, in whole or in part (substitute).

This power of attorney remains valid in case of death or legal incapacity of me.

...
[Ort, Datum]

..
[Unterschrift]

File No. […]

I hereby certify, that the signatures overleaf were signed in my presence by:

[…]

identified by his German Identity Card.

......................................, den ....
[Ort, Datum]

..
Notary public

Anmerkungen

Vgl. hierzu A. 6.31 Rz. 2. 1
Eine internationale Nachlassvollmacht ist immer dann notwendig, wenn der Erblasser Auslandsvermögen hinterlassen möchte. Manchmal erkennen ausländische Behörden die Erbscheine und anderen Bescheinigungen aus Deutschland nicht an und verweigern den Erben dann den Zugriff auf das Erbe. Durch die globale Ausrichtung der Nachlassvollmacht können diese Probleme vermieden werden.

A. 6.33 Postmortale Vollmacht für den digitalen Nachlass

A. 6.33

Ich,
Herr A, geboren am […], wohnhaft […],
erteile
Herrn B, geboren am […], geschäftsansässig […]

nach meinem Tod (postmortale Vollmacht) sämtliche Rechte und Pflichten aus den Rechtsbeziehungen aufgrund aller meiner Benutzerkonten und Daten im Internet sowie an meinen auf Computern aller Art oder sonstigen Datenträgern gespeicherten elektronischen Daten (digitales Vermögen).[Rz. 3] **Dazu gehören insbesondere, aber nicht ausschließlich:**
- **meine Urheber- und sonstigen Rechte an Websites, Domains, Apps, Widgets und ähnlichen Internetangeboten,**

– die Verträge mit Anbietern von Diensten, Inhalten oder technischen Leistungen, die für die Nutzung oder den Betrieb von Inhalten und Diensten im Internet erforderlich sind,
– die Verträge mit Anbietern von Telekommunikationsdiensten im Sinne des § 3 Ziff. 24 Telekommunikationsgesetz in der jeweils geltenden Fassung,
– meine Rechte an sämtlichen Accounts und Blogs im Internet, insbesondere das Recht auf uneingeschränkten Zugang zu sowie auf die umfassende Nutzung und Verwertung von Diensten auf sozialen oder sonstigen Internetnetzwerken, von E-Mail-Diensten aller Art, von Nachrichtendiensten sowie von Streaming- und Dateiabonnements aller Art,
– meine Rechte an sämtlichen Daten im Internet, insbesondere an meinen digitalen Datei-Sammlungen aufgrund von Streaming- und Dateiabonnements, den in meinen E-Mail-Accounts gespeicherten Mails sowie an allen Dateien auf cloud-Speicher-Diensten,
– meine Rechte und Pflichten, einschließlich etwaiger Guthaben, aufgrund von Verträgen mit Online-Bezahldiensten oder -systemen aller Art,
– meine Rechte an von mir erworbener Software
– alle Rechte und Pflichten aus über den Online(versand)handel begründeten Vertragsbeziehungen

in meinem Namen bzw. im Namen der Erben wahrzunehmen und uneingeschränkt hierüber in jeder beliebigen Art und Weise zu verfügen und sämtliche Ansprüche aus dem zugrundeliegenden Rechtsverhältnis in meinem Namen geltend zu machen. Er hat insbesondere Anspruch auf umfassende Auskunft über mein gesamtes digitales Vermögen, insbesondere auf Mitteilung vorhandener Zugangsdaten einschließlich der Passwörter, sowie das Recht, diese zurückzusetzen bzw. zu erneuern und die neuen Zugangsdaten einschließlich der Passwörter entgegenzunehmen. Er ist ferner berechtigt, alle meine Dateien zu öffnen, zu lesen, zu bearbeiten und zu löschen.

Ich befreie sämtliche Anbieter dieser digitalen Dienste allumfassend von etwaigen gesetzlichen oder vertraglichen Geheimhaltungspflichten gegenüber dem Bevollmächtigten und ermächtige diese hiermit, diesem umfassend Auskunft zu erteilen und den uneingeschränkten Zugang zu allen meinen Profilen und Daten zu gewähren.
Zum Nachweis meines Todes genügt die Vorlage einer Sterbeurkunde gegenüber dem Anbieter digitaler Dienste.
Diese Vollmacht kann von meinen Erben nur aus wichtigem Grund widerrufen werden.[Rz. 4]
Zum Nachweis des Fortbestands der Vollmacht genügt es, wenn der Bevollmächtigte dem Anbieter digitaler Dienste das Original dieser Vollmachtsurkunde vorlegt.[Rz. 5]

......................................, den ....
[Ort, Datum]

....
[Unterschrift]

[Öffentliche Beglaubigung der Unterschrift]

A. Grundsätzliche Anmerkungen

1 Dieses Muster einer postmortalen Vollmacht für den digitalen Nachlass ist eine sinnvolle Ergänzung zu einer entsprechenden Anordnung in einem Testament (siehe Formular B. 1.01d). Mit dieser Vollmacht ist es nicht erforderlich, dass der Bevollmächtigte den gesamten Inhalt der Verfügung von Todes wegen dem Anbieter digitaler Dienste zur Kenntnis bringt. Es reicht die Vorlage dieser Vollmacht zur Legitimation aus. Dennoch ist zu beachten, dass im Bereich des digitalen Nachlasses aufgrund der fehlenden gesetzlichen Vorgaben keinerlei Rechtssicherheit gegeben ist, dass diese Vollmacht auch vom Anbieter anerkannt wird. Um Legitimationsproblemen aus dem Wege zu gehen, ist eine öffentliche Beglaubigung der Unterschrift dringend anzuraten; notwendig ist sie aber nicht.

B. Einzelerläuterungen

2 Auf die Ausführungen zur Generalvollmacht im Rahmen einer Vorsorgevollmacht wird verwiesen (siehe A. 6.11 Rz. 6a).

3 Von zentraler Bedeutung ist die Formulierung des Vollmachtsgegenstands. Ein anerkannter Begriff des digitalen Nachlasses bzw. Vermögens existiert nicht, so dass eine Kombination aus abstrakter Beschreibung und enumerativer Aufzählung von einzelnen Befugnissen empfehlenswert ist. Dabei sollte der abstrakte Begriff des digitalen Vermögens möglichst weit gefasst werden, um auch nicht enumerativ aufgezählte digitale Beziehungen einzubeziehen. In der Aufzählung sollten – selbst auf die Gefahr von Doppelungen und Überschneidungen – möglichst viele digitale Beziehungen benannt werden, und zwar möglichst konkret.

4 Eine postmortale Vollmacht ist zwar grundsätzlich von den Erben widerrufbar, jedoch kann der Erblasser die freie Widerruflichkeit ausschließen und diese auf wichtige Gründe beschränken.[1]

5 Der Nachweis des Todes des Vollmachtgebers sollte unbedingt in der Vollmachtsurkunde ausdrücklich geregelt werden, da die Anbieter digitaler Dienste insoweit sehr unterschiedliche Regelung in ihren Allgemeinen Geschäftsbedingungen verwenden.

Die – ohnehin geltende – Regelung des § 172 Abs. 1 BGB sollte im Hinblick darauf, dass Anbieter digitaler Dienste häufig ihren Sitz nicht in Deutschland haben, in den Text der Vollmachtsurkunde aufgenommen werden, um dahingehende Zweifel von vorneherein auszuschließen.

A. 6.34 Passworthinterlegung beim Notar

Nummer der Urkundenrolle [...] A. 6.34
Verhandelt zu [...] am [...]
Vor dem Notar/der Notarin [...] erschien:
Frau A, geboren am [...] in [...], wohnhaft [...],
und erklärte:[Rz. 3, 4]

Ich will für den Fall meines Todes oder meiner Geschäftsunfähigkeit sicherstellen, dass meine Erben bzw. ein Bevollmächtigter in der Lage sind bzw. ist, über meine Rechte und Pflichten aus den Rechtsbeziehungen aufgrund aller meiner Benutzerkonten und Daten im Internet sowie an meinen auf Computern aller Art oder sonstigen Datenträgern gespeicherten elektronischen Daten (digitales Vermögen) zu verfügen.

[1] Vgl. BayObLG v. 23.8.1989 – BReg. 2 Z 83/89, MittBayNot 1989, 308, 309.

Meine Passwörter sind in einer verschlüsselten Datei unter [...] gespeichert. Der Benutzername lautet [...] und das dazugehörige Master-Passwort lautet [...].[Rz. 5]

Ich weise den Notar oder seinen Vertreter oder Nachfolger im Amt an, eine Ausfertigung dieser Urkunde nur zu erteilen, wenn ihm der Antragsteller:[Rz. 6]
- **eine Generalvollmacht oder eine die Herausgabe dieser Zugangsdaten umfassende Vollmacht in Ausfertigung bzw. im Original sowie ein ärztliches Attest über meine Geschäftsunfähigkeit vorlegt oder**
- **den Eintritt der Erbfolge und seine Rechtsstellung als Erbe bzw. Miterbe in entsprechender Anwendung des § 35 Absatz 1 Grundbuchordnung nachweist oder**
- **sich als Betreuer, dem mindestens der Aufgabenkreis der Vermögenssorge übertragen ist, einen entsprechenden Betreuerausweis vorlegt; eine Anordnung gemäß § 1896 Absatz 4 BGB ist dabei nicht erforderlich.**[Rz. 7]

Die Aushändigung der Ausfertigung dieser Urkunde darf an den Bevollmächtigten, den oder die Erben bzw. den Betreuer nur höchstpersönlich erfolgen. Bei mehreren Erben darf die Aushändigung auch an einen Miterben allein erfolgen.

Der Notar hat empfohlen, einen Bevollmächtigten bzw. den oder die Erben darüber zu informieren, dass die Zugangsdaten beim Notar hinterlegt worden sind.

Der Notar hat darüber belehrt, dass die Erschienene selbst dafür verantwortlich ist zu prüfen, ob die Überlassung des niedergeschriebenen Passworts an Bevollmächtigte bzw. Erben nach den jeweils einschlägigen Geschäftsbedingungen der Anbieter digitaler Dienste überhaupt zulässig ist.[Rz. 8]

Diese Niederschrift wurde der Erschienenen vorgelesen, von ihr genehmigt und eigenhändig wie folgt unterschrieben:

A. Grundsätzliche Anmerkungen

1 Dieses Muster einer Passworthinterlegung beim Notar ist eine sinnvolle Ergänzung zu einer postmortalen digitalen Vollmacht und/oder einer entsprechenden Anordnung in einem Testament (siehe Formular A. 6.35). Die einschlägigen Allgemeinen Geschäftsbedingungen fast aller Anbieter von digitalen Diensten im Internet verbieten zwar die Weitergabe der Zugangsdaten einschließlich der Passwörter. Mit dem Tod bzw. dem Eintritt der Geschäftsunfähigkeit sind diese Zugangsdaten dann aber verloren, so dass ein Zugriff nicht mehr möglich und die digitalen Vermögenswerte faktisch verloren sind. Die rechtliche Zulässigkeit derartiger Bedingungen ist jedoch zweifelhaft.

2 Um den faktischen Verlust aller digitalen Vermögenswerte zu vermeiden, werden verschiedene Lösungen vorgeschlagen: Selbstverständlich können Passwortlisten in einem Safe verwahrt werden. Auch im Internet gibt es Angebote sog. digitaler Nachlassverwalter. Der Nachteil vor allem dieser digitalen Nachlassverwalter besteht jedoch darin, dass ihre Server zum Teil im Ausland stehen und deshalb der Datenschutz nicht gewährleistet ist. Darüber hinaus unterliegen sie keiner beruflichen Verschwiegenheitspflicht. Deshalb bietet sich die Hinterlegung des Masterpassworts bei einem Notar an. Da Passwörter regelmäßig geändert werden, verdient dessen „Hinterlegung" den Vorzug vor der „Hinterlegung" einer Passwortliste. Der Begriff „Hinterlegung" ist dabei nicht rechtstechnisch zu verstehen.

3 Der einzig beurkundungsrechtlich zulässige und zugleich praktikable Weg einer derartigen „Hinterlegung" besteht darin, eine entsprechende notarielle Niederschrift iSd.

§§ 8ff. BeurkG zu errichten. Diese wird nämlich dauerhaft in Urschrift vom Notar verwahrt und steht deshalb zeitlich unbegrenzt zur Verfügung. Bei Unterschriftbeglaubigungen verbleibt dagegen nur ein Vermerkblatt in der Urkundensammlung des Notars. Die Nebenakten des Notars sind ebenfalls ungeeignet, weil sie aus datenschutzrechtlichen Gründen innerhalb der gesetzlichen Frist vernichtet werden sollen.

Die Beurkundungsgebühr beträgt 45,00 € zuzüglich Nebengebühren und Umsatzsteuer (KV 21200 aus dem Regelwert). **4**

B. Einzelerläuterungen

Alternativ kann auch die Passwortliste als Anlage beigefügt werden. Wegen der gebotenen regelmäßigen Änderung der einzelnen Passwörter ist dies jedoch sehr aufwändig und sehr teuer. Die „Hinterlegung“ des Master-Passworts ist in jedem Fall vorzuziehen. **5**

[Formular A. 6.34a] A. 6.34a

Meine Passwörter sind in der Anlage zu dieser Urkunde aufgelistet.

Bei notariellen Niederschriften kann der Beteiligte selbst bestimmen, unter welchen Voraussetzungen andere Personen als er selbst einen Ausfertigungsanspruch haben. Durch dessen Ausgestaltung wird gewährleistet, dass nur legitimierte Personen das Masterpasswort erfahren können. **6**

Wegen des starken Persönlichkeitsbezugs sollte in jedem Falle geklärt werden, ob der Beteiligte wirklich einem – möglicherweise fremden – Betreuer den Zugriff auf das digitale Vermögen gestatten will. **7**

Eine Belehrung über die möglicherweise entgegenstehenden Allgemeinen Geschäftsbedingungen der Anbieter digitaler Dienste ist im Hinblick auf die Belehrungspflicht des Notars gemäß § 17 Abs. 1 BeurkG dringend erforderlich. Sie sollte auch in der Urkunde vermerkt werden, um späteren Beweisschwierigkeiten aus dem Wege zu gehen. **8**

Teil B. Vermögensübertragung von Todes wegen

B. 1 Letztwillige Verfügungen des Erblassers

Übersicht

B. 1.00 Einseitige Verfügungen des Erblassers

B. 1.01 Alleinstehender Erblasser

Gliederung

B. 1.01 **Nummer der Urkundenrolle [...]**
Verhandelt zu [...] am [...]
Vor dem Notar [...] erschien:[Rz. 4, 5]
Frau A, geboren am [...] in [...] als Tochter von [...], wohnhaft [...],
nach eigenen Angaben deutsche Staatsangehörige,
dem Notar ausgewiesen durch [...].
Die Erschienene erklärte, nachdem sich der amtierende Notar durch eingehende Verhandlung von der Testierfähigkeit überzeugt hatte, unter Verzicht auf die Zuziehung von Zeugen dem Notar mündlich folgendes

Testament

zur Beurkundung:

§ 1 Frühere Verfügungen von Todes wegen

Ich widerrufe hiermit alle bisher von mir errichteten Verfügungen von Todes wegen.[Rz. 12]

An diesem Widerruf sowie an der Errichtung dieses Testaments bin ich nicht durch ein gemeinschaftliches Testament oder einen Erbvertrag gehindert, so dass ich, auch von Todes wegen, frei über mein Vermögen verfügen kann.[Rz. 13, 14]

§ 2 Erbeinsetzung[Rz. 19, 20]

Ich setze zu meinen unbeschränkten Erben ein:

a) die Kinder meines Bruders B:
aa) Herrn C, geboren am [...], wohnhaft [...],
bb) Frau D, geboren am [...], wohnhaft [...],
zu je 1/4 Anteil,[Rz. 15]
ersatzweise jeweils deren Abkömmlinge nach den Regeln der gesetzlichen Erbfolge; sind keine Abkömmlinge vorhanden, so wächst der Erbteil dem jeweils anderen der Vorgenannten bzw. dessen Abkömmlingen im Verhältnis der Erbteile an.[Rz. 16, 17]

b) die Tochter meiner Schwester, Frau E, geboren am [...], wohnhaft [...],
zu 1/2 Anteil,[Rz. 15]
ersatzweise deren Tochter F, geboren am [...], wohnhaft [...],
weiter ersatzweise deren Abkömmlinge nach den Regeln der gesetzlichen Erbfolge.[Rz. 16, 17]

Sind bei meinem Tod keine Erben gemäß a) oder b) vorhanden oder werden diese aus anderen Gründen nicht Erben, so wächst der Erbteil dem jeweils verbleibenden Erben im Verhältnis der Erbteile an.[Rz. 18]

§ 3 Geldvermächtnis

Ich vermache mit meinem Tod dem gemeinnützigen Verein G e.V. mit dem Sitz in [...], Postanschrift: [...], einen Geldbetrag in Höhe von € [...],– (in Worten: [...] Euro), höchstens jedoch [...]% der Summe aller bei meinem Tod vorhandenen Guthaben bei Banken und Sparkassen, einschließlich der Wertpapierkonten.[Rz. 21–23]

Er ist fällig innerhalb von sechs Monaten ab meinem Tod.[Rz. 25]

Der Betrag soll nicht durch eine Wertsicherungsklausel an die Kaufkraftveränderungen der Währung angepasst werden.[Rz. 24]

Ich verknüpfe dieses Vermächtnis mit der Auflage, den Geldbetrag ausschließlich für die satzungsmäßigen Zwecke des Vereins in [...] zu verwenden.[Rz. 26]

§ 4 Tiervermächtnis

Ich vermache mit meinem Tod Frau H, geboren am [...], wohnhaft [...], meinen Hund sowie einen Geldbetrag von € [...],– (in Worten: [...] Euro), verbunden mit der

Auflage, das Tier bis zu seinem Tod artgerecht zu pflegen und zu betreuen und den vermachten Geldbetrag hierfür zu verwenden.[Rz. 28, 32ff.]

Ersatzvermächtnisnehmer ist die Person, die der Testamentsvollstrecker für geeignet hält, meinen Hund artgerecht bis zum Tod zu pflegen und zu betreuen.[Rz. 29]

Die Entscheidung des Testamentsvollstreckers über die Person des Vermächtnisnehmers wird mit Zugang der schriftlichen Bestimmungserklärung bei einem Erben wirksam und ist einer gerichtlichen Nachprüfung in vollem Umfang entzogen.[Rz. 30, 31]

§ 5 Grabpflegeauflage

Ich mache meinen Erben zur Auflage, mir auf ihre Kosten ein standesgemäßes, ortsübliches Begräbnis zu bereiten und das Grab für die Dauer der gewöhnlichen Ruhezeit zu pflegen.[Rz. 39ff.]

§ 6 Testamentsvollstreckung

Ich ordne Testamentsvollstreckung an.[Rz. 42]

Aufgabe des Testamentsvollstreckers ist es, diese Verfügung von Todes wegen auszuführen und den Nachlass nach billigem Ermessen als Schiedsgutachter abzuwickeln und auseinander zusetzen.[Rz. 44]

Zum – soweit zulässig – von allen Beschränkungen und Verpflichtungen, auch vom Verbot des § 181 BGB, befreiten Testamentsvollstrecker berufe ich
Herrn I, geboren am [...], wohnhaft [...].[Rz. 43, 46]

Sollte der Vorgenannte das Amt nicht annehmen wollen oder können und auch keinen Amtsnachfolger durch Erklärung gegenüber dem Nachlassgericht benannt haben, so wird das Nachlassgericht ersucht einen Testamentsvollstrecker zu ernennen, der jedoch allen gesetzlichen Beschränkungen, auch dem Verbot des 181 BGB, unterliegt.

Der Testamentsvollstrecker erhält als Vergütung einen Geldbetrag von € [...],– (in Worten: [...] Euro), höchstens jedoch [...]% der Summe aus allen bei meinem Tod vorhandenen Guthaben bei Banken und Sparkassen, einschließlich der Wertpapierkonten, und aus den Verkehrswerten meiner Immobilien.[Rz. 47ff.]

§ 7 Vollständigkeit

Weitere Verfügungen über meinen Nachlass oder nichtvermögensrechtliche Angelegenheiten [Rz. 49a, 49b] **sowie eine Rechtswahl für den Fall, dass ich meinen gewöhnlichen Aufenthalt ins Ausland verlegen sollte,** [Rz. 49c] **will ich nicht treffen.**

Ich habe kein Vermögen im Ausland. [Rz. 49d]

Der Notar hat darauf hingewiesen, dass die vorstehenden Verfügungen einen Erwerb aufgrund von Lebensversicherungen mit festgelegter Bezugsberechtigung oder sonstige Verträge zugunsten Dritter auf den Todesfall nicht erfassen. [Rz. 49e]

§ 8 Salvatorische Klausel[Rz. 50]

Für diese Verfügung von Todes wegen soll das Recht der Bundesrepublik Deutschland gelten. [Rz. 50a]

Sollte eine Bestimmung dieser Urkunde ganz oder teilweise unwirksam sein oder werden, so soll der übrige Teil hiervon nicht berührt und die unwirksame Anordnung, soweit möglich, sinngemäß ausgeführt werden.

Diese Niederschrift wurde in Gegenwart des Notars der Erschienenen vorgelesen, von ihr durch mündliche Erklärung genehmigt und eigenhändig wie folgt unterschrieben:

A. Grundsätzliche Anmerkungen

I. Wirtschaftliche Aspekte

1 Bei der eigenverantwortlichen Gestaltung der Erbfolge stehen Personen ohne Partner und Abkömmlinge vor grundlegend anderen **Problemen** als Ehepaare, Eltern oder Partner nichtehelicher oder gleichgeschlechtlicher Gemeinschaften:

Die größte Sorge alleinstehender Menschen gilt ihrer **eigenen Pflege** im Falle der Krankheit und des Alters, weil Kinder usw. dafür nicht zur Verfügung stehen. Der Abschluss eines entgeltlichen Pflegevertrags ist eigentlich die richtige Lösung dieses Problems. Kann oder will der Alleinstehende sein Vermögen zu seinen Lebzeiten dafür nicht angreifen, so kommt stattdessen der Abschluss eines Erb- und Pflegevertrags mit einer Erbeinsetzung des Pflegewilligen gegen Übernahme der Pflegepflicht in Betracht (siehe das Muster B. 1.02).

Zudem muss Vorsorge für eine reibungslose **Abwicklung des Nachlasses** getroffen werden, weil die Erben oder Vermächtnisnehmer in der Regel die persönlichen und finanziellen Verhältnisse des Erblassers nicht so gut kennen wie Ehepartner oder Abkömmlinge.

Der **Vermeidung von Streit** ist bei der Einsetzung von mehreren Erben oder Vermächtnisnehmern eine erhöhte Aufmerksamkeit zu schenken als bei Verfügungen zugunsten von Partnern oder Abkömmlingen, bei denen die persönlichen Bindungen häufig – aber keineswegs immer – die außergerichtliche Beilegung von Auseinandersetzungen erleichtern.

Die **Versorgung von Tieren** und die **Grabpflege** muss bei alleinstehenden Personen genau geregelt werden, weil nicht davon ausgegangen werden kann, dass sich die Erben oder Vermächtnisnehmer aus eigenem persönlichem Antrieb hierum kümmern.

Nicht zuletzt fordert das **Erbschaftsteuerrecht** mit seinen geringeren Freibeträgen und Steuersätzen von 15 vH bis 43 vH in der Steuerklasse II und von 30 bzw. 50 vH in der Steuerklasse III besondere Gestaltungen heraus.

2 Leben Vater und/oder Mutter des Alleinstehenden noch, so kann der Wunsch nach **Versorgung der Eltern** entweder durch Wohnrechts- und Leibrentenvermächtnisse oder durch eine Erbeinsetzung erfüllt werden. Bei einer Erbeinsetzung sollte allerdings zusätzlich bedacht werden, dass in diesem Fall die Nachlassabwicklung in den Händen des Erben liegt. Ist dieser wegen Alters oder Krankheit hierzu nicht mehr in der Lage, so kann durch die Anordnung einer Testamentsvollstreckung Abhilfe geschaffen werden. Ferner muss bei der Gestaltung der gesetzliche **Pflichtteil von Vater und Mutter** (§ 2303 Abs. 2 1. Alt. BGB) berücksichtigt werden. Der Hinweis hierauf gehört zur Belehrungspflicht des Notars gem. § 17 Abs. 1 S. 1 BeurkG.

II. Erbrechtliche Aspekte

3 Der Erblasser muss das Testament nicht nur **persönlich errichten** (§ 2064 BGB), sondern dessen Inhalt auch eigenverantwortlich selbst festlegen (§ 2065 BGB). Er kann vor allem die Bestimmung des Erben keinem Dritten überlassen, auch nicht einem Testamentsvollstrecker. Damit kann der vielfach geäußerte Wunsch, zum Erben denjenigen einzusetzen, der den Erblasser bis zum Tode pflegt, nicht umgesetzt werden.[1]

[1] Vgl. BayObLG v. 19.10.1992 – 1 Z BR 13/92, NJW-RR 1993, 138.

Dagegen ist ihm bei einem Vermächtnis diese Möglichkeit durch §§ 2151, 2152 BGB eröffnet. Entsprechendes gilt gemäß §§ 2153 bis 2156 BGB für die Festlegung des Vermächtnisgegenstands.

Zur freien **Wahl** stehen dabei **das eigenhändige und das öffentliche Testament,** es sei denn, der Erblasser ist minderjährig oder Analphabet (§ 2233 BGB). Die Mitwirkung des Notars bei der Gestaltung und Formulierung des öffentlichen Testaments durch mündliche Erklärung (§ 2232 S. 1 1. Alt. BGB) erhöht allerdings die Rechtssicherheit: 4

- Durch die Feststellungen des Notars zur **Testierfähigkeit** wird das Risiko entsprechender Anfechtungen ganz erheblich verringert.
- Zudem werden **Formulierungen** in einem notariellen Testament nur ausnahmsweise Anlass zu Streitigkeiten geben.
- Schließlich haftet der Notar gemäß § 19a BNotO in Verbindung mit § 17 Abs. 1 S. 1 BeurkG für etwaige Amtspflichtverletzungen bei der Abfassung des Testaments.

Der **Kostenvorteil** des eigenhändigen Testaments wird dadurch mehr als kompensiert, dass das öffentliche Testament in Verbindung mit dem gerichtlichen Eröffnungsprotokoll (§ 348 Abs. 1 S. 2 FamFG) im Allgemeinen als Erbfolgenachweis ausreicht, also kein Erbschein beantragt werden muss. Bei gleichem Geschäftswert für Testament und Erbschein ist das eigenhändige Testament in diesem Fall sogar doppelt so teuer wie das vom Notar fachgerecht gestaltete Testament mit einer Erbeinsetzung. Nach § 35 Abs. 1 S. 2 GBO muss das Grundbuchamt das notariell beurkundete Testament als Nachweis der Erbfolge anerkennen, so dass die Grundbuchberichtigung sogar mit keinerlei Kosten verbunden ist, wenn sie innerhalb von zwei Jahren ab dem Erbfall beantragt wird (vgl. KV-Nr. 14110 Abs. (1) Anlage 1 zum GNotKG). Entsprechendes gilt im Handelsregisterverfahren für den nach § 12 Abs. 2 S. 2 HGB durch öffentliche Urkunden zu führenden Rechtsnachfolgenachweis.[2] Auch in allen anderen Fällen steht keinem Nachlassschuldner ein gesetzliches Leistungsverweigerungsrecht bis zur Vorlage eines Erbscheins zu, so dass auch er sich mit dem Eröffnungsprotokoll einer notariell beurkundeten Verfügung von Todes wegen zufrieden geben muss.[3] Dies gilt selbst im Geschäftsverkehr mit Banken und Sparkassen.[4] 5

Das Pflichtteilsrecht ist bei der Testamentsgestaltung regelmäßig ohne besondere Bedeutung, weil allenfalls den Eltern des Erblassers ein solches zusteht (§ 2303 Abs. 2 1. Alt. BGB), nicht aber Geschwistern, Neffen oder Nichten usw. (§ 2303 Abs. 2 S. 1 BGB). Der Pflichtteil der Eltern ist allerdings vererblich (§ 2317 Abs. 2 BGB), vorausgesetzt jedoch, dass der betreffende Elternteil nach dem alleinstehenden Erblasser, aber vor dem Ablauf der Verjährungsfrist verstorben ist oder den Anspruch vor seinem Tod in einer Weise geltend gemacht hat, die die Verjährung unterbricht. 6

III. Erbschaftsteuerliche Aspekte

Die Erbschaftsbesteuerung richtet sich nach den Steuerklassen, denen die eingesetzten Erben und Vermächtnisnehmer angehören. Die Eltern und die Großeltern des alleinstehenden Erblassers versteuern den Erwerb von Todes wegen[5] nach der **Steuerklasse I** (§ 15 Abs. 1 ErbStG). Allerdings werden nur die leiblichen Eltern/Großeltern und die Adoptiveltern/Großeltern in die günstige Steuerklasse I mit einem Freibetrag von € 100 000,– (§ 16 Abs. 1 Nr. 4 ErbStG) eingestuft, nicht dagegen Stief- und Schwiegereltern, die unter die **Steuerklasse II** fallen (§ 15 Abs. 1 II Nr. 4 bzw. 6 ErbStG). Zu dieser gehören auch die Geschwister des Erblassers, und zwar sowohl die 7

[2] KG v. 17.1.2006 – 1 W 175/05, DNotZ 2006, 550, 551.
[3] BGH v. 7.6.2005 – XI ZR 311/04, NJW 2005, 2779; BGH v. 10.12.2004 – V ZR 120/04, ZEV 2005, 170.
[4] Bamberger/Roth/*Litzenburger* BGB § 2232 Rz. 21 ff.
[5] Andere Erwerbe, insbes. solcher unter Lebenden (§ 7 ErbStG) unterliegen der Steuerklasse II Nr. 1; vgl. dazu *Meincke* ErbStG § 15 Rz. 12.

voll- als auch die halbbürtigen, sowie deren Abkömmlinge ersten Grades, also die Neffen und Nichten. Weiter entfernte Verwandte, also auch die Großneffen und -nichten, werden ebenso wie nicht blutsverwandte Personen nach der **Steuerklasse III** besteuert. Die Freibeträge in den Steuerklassen II und III betragen einheitlich € 20000,– (§ 16 Abs. 1 Nr. 5 bzw. 7 ErbStG). Die Steuersätze sind in der Steuerklasse II progressiv von 15 vH bis 43 vH gestaffelt, in der Steuerklasse III beginnen einheitlich bei 30 vH und springen ab 6 Mio. € des steuerpflichtigen Erwerbs auf 50 vH (§ 19 ErbStG). Deshalb muss die Erbschaftsteuerbelastung bei der Gestaltung mit ins Kalkül gezogen werden.

8 Zu beachten sind außerdem die **personenbezogenen Steuerbefreiungstatbestände des § 13 ErbStG,** vor allem beim Erwerb durch Gebietskörperschaften (Abs. 1 Nr. 15), Kirchen (Abs. 1 Nr. 16) oder politische Parteien (Abs. 1 Nr. 18). Steuerfrei gemäß § 13 Abs. 1 Nr. 17 ErbStG bleiben außerdem Zuwendungen zu mildtätigen, kirchlichen oder gemeinnützigen Zwecken, vorausgesetzt allerdings, dass die zweckentsprechende Verwendung gesichert ist. Mit der unmittelbaren Zuwendung an eine steuerbefreite Person kann so die Verwendung sichergestellt werden, während bei Zuwendungen an erbschaftsteuerpflichtige Personen der Steuerklassen II und III in beträchtlicher Höhe abzuführenden Steuern in den allgemeinen Haushalten der Bundesländer verschwinden. Der alleinstehende Erblasser sollte deshalb die Zuwendung an bestehende oder von ihm als Stiftung zu errichtende gemeinnützige Einrichtungen in jedem Falle erwägen.

9 Ferner sind die **gegenständlichen bzw. sachlichen Steuerbefreiungstatbestände** für Hausrat (§ 13 Abs. 1 Nr. 1 ErbStG), für Kunst- und Kulturgüter (§ 13 Abs. 1 Nr. 2 ErbStG) und für den Rückfall geschenkten Vermögens an Eltern/Voreltern (§ 13 Abs. 1 Nr. 10 ErbStG) beim Testament alleinstehender Personen von besonderer Bedeutung. Dies gilt auch für § 13 Abs. 1 Nr. 9 ErbStG, wonach bis zu € 20000,– steuerfrei bleiben, wenn der Erbe bzw. Vermächtnisnehmer den Alleinstehenden unentgeltlich oder gegen unzureichendes Entgelt gepflegt oder Unterhalt gewährt hat, wenn und soweit der Betrag angemessen ist. Insoweit handelt es sich um eine echte Freibetragsregelung, so dass bei einer höherwertigen Pflege- oder Unterhaltsleistung der volle Betrag steuerfrei bleibt und andernfalls nur der angemessene (niedrigere) Betrag abzuziehen ist.

10 Bei erbrechtlichen Zuwendungen an steuerpflichtige Personen kann sich eine gewisse Steuerersparnis ergeben, wenn man das **Vermögen auf mehrere Personen** verteilt. Setzt man beispielsweise außer einem Bruder bzw. einer Schwester auch dessen bzw. deren Kinder (Neffen/Nichten) zu gleichen Erbteilen ein, so ergibt sich folgendes Bild der Belastung aller Erben mit Erbschaftsteuer:

Nachlasswert	Summe der Steuerlast aller Erben		
	Bruder/Schwester als Alleinerbe	Anzahl der Neffen/Nichten als Miterben	
		1	2
50000	1500	1500	0
100000	13600	18000	12000
300000	56000	52000	40800
600000	145000	112000	108000

Weil mit der Zahl der Zuwendungsempfänger auch das Streitpotential zunimmt, ist bei derartigen Gestaltungen immer Vorsicht geboten und der erbschaftssteuerliche Vor- gegen den Nachteil einer schwierigeren Nachlassauseinandersetzung abzuwägen. Dies gilt vor allem bei Nachlasswerten, die die persönlichen Freibeträge deutlich übersteigen. In begrenztem Umfang Abhilfe schaffen jedoch bestimmt gefasste Teilungsanordnungen oder Vermächtnisse sowie die Anordnung einer Testamentsvollstreckung. Vor allem bei minderjährigen Erben/Vermächtnisnehmern sollte eine Dauervollstreckung bis zu einem bestimmten Lebensalter durch Vater oder Mutter verfügt werden, um Streit und einen Vermögenszugriff vor einer bestimmten Reife zu vermeiden.

Die Besteuerung erfolgt unabhängig von der **Art der erbrechtlichen Zuwendung.** Es spielt also keine Rolle, ob jemand als Erbe oder als Vermächtnisnehmer steuerpflichtiges Vermögen erwirbt. Jeder versteuert nur, aber auch immer das, was er erhält. Der Erbe braucht folgerichtig Vermögenswerte, die er als Vermächtnisse auszuliefern hat, nicht zu versteuern. Dieses Vermögen ist allein vom Vermächtnisnehmer zu versteuern. Deshalb sollte die Entscheidung über die Art der erbrechtlichen Zuwendung – Erbeinsetzung oder Vermächtnisanordnung – nicht unter steuerlichen Gesichtspunkten getroffen werden, sondern allein unter dem Aspekt der Einfachheit der Nachlassabwicklung und der Streitvermeidung. 11

B. Einzelerläuterungen

Zu § 1: Frühere Verfügungen von Todes wegen

Der **vollständige Widerruf** verhindert, dass nur teilweise widersprechende frühere Verfügungen von Todes wegen unbeabsichtigt fortgelten (§ 2258 Abs. 1 BGB). Zudem erhöht die Zusammenfassung aller letztwilligen Verfügungen in einer Urkunde die Verständlichkeit für den juristischen Laien erheblich. 12

Ist der alleinstehende Erblasser verwitwet, so ist zu prüfen, ob er durch einen Erbvertrag oder ein gemeinschaftliches Testament mit dem verstorbenen Ehepartner erbrechtlich gebunden ist. Vor allem bei der Abfassung eigenhändiger gemeinschaftlicher Testamente wird der Frage nach der **Bindung des Längerlebenden** nicht die notwendige Beachtung geschenkt, so dass beim gängigen Berliner Testament die Schlusserbeneinsetzung von Verwandten des Zuerstverstorbenen, insbesondere Geschwister und Neffen oder Nichten, aufgrund der Auslegungsregel des § 2270 Abs. 2 BGB nicht selten wechselbezügliche Wirkung hat, den Längerlebenden also in seiner erbrechtlichen Verfügungsmöglichkeit einschränkt oder diese sogar völlig ausschließt. Diese kann der Alleinstehende dann nur noch wiedererlangen durch: 13
- Ausschlagung gemäß § 2271 Abs. 2 S. 1 BGB,
- Widerruf bei einer Verfehlung des Bedachten gemäß §§ 2271 Abs. 2 S. 2, 2294, 2336 BGB,
- Selbstanfechtung wegen Irrtums über die erbrechtliche Bindung an wechselbezügliche Verfügungen gemäß §§ 2281, 2079 BGB.[6]

Zur Vermeidung von **Amtshaftungsprozessen** sollte ein Notar die Frage nach früher errichteten bindenden Verfügungen nicht nur stellen, sondern die Erklärung des Beteiligten hierzu auch in die Urkunde aufnehmen. Nur dann nimmt die Erklärung an der Beweiskraft gemäß § 415 ZPO teil. 14

Zu § 2: Erbeinsetzung

Unter dem Gesichtspunkt der Erbschaftsteuerersparnis ist die Einsetzung mehrerer Erben zu überlegen (siehe Rz. 10). Dann sind aber auch die **Erbquoten** genau festzulegen. Auf die Auslegungsregeln der §§ 2089 bis 2093 BGB sollte sich bei der Erbfolgegestaltung niemand verlassen. 15

Auch die **Ersatzerbfolge** bedarf der ausdrücklichen Anordnung, weil die Auslegungsregel des § 2069 BGB unmittelbar nur bei der Einsetzung eigener Abkömmlinge und analog allenfalls bei Einsetzung nahestehender Personen anwendbar ist. Auch 16

[6] BayObLG v. 23.4.1997 – 1 Z BR 140/96, NJW-RR 1997, 1027; OLG Frankfurt v. 6.6.1997 – 20 W 606/94, ZEV 1997, 422.

wenn die Ersatzberufung bei der Einsetzung von Geschwistern oder Neffen bzw. Nichten sehr nahe liegt,[7] sollten Missverständnisse von vorneherein ausgeschlossen werden.

17 Bei **Anordnung der Ersatzerbfolge** sollte nicht nur auf den Fall des Vorversterbens des eingesetzten Erben abgestellt werden („vorversterben", „nicht vorhanden sein" usw.), da dadurch die Auslegungsregel des § 2097 außer Kraft gesetzt ist und die Fälle der Ausschlagung und der Erbunwürdigkeit nicht erfasst würden. Anstelle der vorgeschlagenen Formulierung kann auch ausführlich bestimmt werden:

„Sollte [. . .] vorversterben oder aus sonstigen Gründen nicht Erbe werden, so [. . .]."

18 Ist die angeordnete Ersatzerbfolge erschöpft, so stellt sich die Frage der **Anwachsung** an die anderen Erben (§ 2099 BGB). Gerade bei der Einsetzung von Personen aus verschiedenen Familien sollte geklärt werden, ob – wie hier unter a) des Musters vorgesehen – zunächst innerhalb dieser Familie Anwachsung eintreten soll. Auf die für einen gemeinschaftlichen Erbteil geltende Auslegungsregel des § 2093 BGB ist nämlich kein Verlass. Über eine rein äußerliche Zusammenfassung der Erbteile bedarf es hierzu der Feststellung einer persönlichen oder sachlichen Beziehung der Erben zueinander.

19 Mit Blick auf die beträchtliche Erbschaftsteuerlast und als Ausdruck der Verantwortung Alleinstehender für das Gemeinwohl ist auch die Alleinerbeinsetzung einer mit dem Tod entstehenden gemeinnützigen rechtsfähigen Stiftung denkbar. Siehe zu den Mustersatzungen hierfür C. 3.01, C. 3.02 und C. 3.10. Bei der Erbeinsetzung einer erst mit dem Tod entstehenden Stiftung ist zu berücksichtigen, dass sie der staatlichen Anerkennung bedarf. Deshalb sollte bereits vor, aber spätestens unmittelbar nach der Beurkundung des Testaments eine erste Stellungnahme der Aufsichtsbehörde zur Zulässigkeit der Stiftungserrichtung eingeholt werden. Ferner sollte für den Fall, dass die Genehmigung nicht innerhalb einer fest bestimmten Frist nach dem Erbfall erteilt wird, eine Ersatzerbfolge angeordnet werden. Zu beachten ist nämlich, dass bis zur rechtswirksamen Entstehung der Stiftung konstruktive Vorerbfolge der gesetzlichen Erben gemäß § 2103 BGB eintritt. Deshalb muss eine derartige Erbeinsetzung auch zwingend mit einer Testamentsvollstreckung verbunden werden, um eine schnellstmögliche Errichtung zu ermöglichen. Als Alternative zur Erbeinsetzung bietet sich auch die Anordnung eines (Geld-)Vermächtnisses zu Gunsten dieser mit dem Tod zu errichtenden Stiftung an (siehe dazu unten Rz. 22). Die Erbeinsetzung einer auf den Tod zu errichtenden rechtsfähigen Stiftung lautet daher wie folgt:

B. 1.01a **[Formular B. 1.01a]**

Zu meinem unbeschränkten Alleinerben berufe ich die hiermit errichtete rechtsfähige Stiftung des bürgerlichen Rechts unter dem Namen [. . .] und mit dem Sitz in [. . .].
Diese Stiftung soll die dieser Urkunde als mitverlesene Anlage beigefügte Satzung erhalten.
Der Notar hat mich darauf hingewiesen, dass zur Entstehung dieser Stiftung eine staatliche Anerkennung erforderlich ist, die erst nach dem Tod erteilt werden kann.
Ich ermächtige den Notar, der zuständigen Behörde eine beglaubigte Abschrift dieser Urkunde und der Anlage zum Zwecke der Prüfung und Mitteilung von Änderungswünschen zu übersenden, die dazu erforderlichen Auskünfte zu geben und die Stellungnahme entgegenzunehmen.
Sollte die erforderliche staatliche Anerkennung nicht innerhalb von zwei Jahren ab meinem Tod erteilt sein, so ist [. . .] Ersatzerbe, und zwar mit der Auflage, meinen Nachlass ausschließlich für die in § [. . .] der Satzung aufgeführten Zwecke zu verwenden.

---

[7] OLG Karlsruhe v. 18.8.1992 – 4 W 24/92, NJW-RR 1992, 1482; Bamberger/Roth/*Litzenburger* BGB § 2069 Rz. 6.

Der Testamentsvollstrecker (§ 6) ist verpflichtet, die Stiftung unverzüglich nach meinem Tod zu errichten.

Statt einer rechtlich selbstständigen Stiftung kommt auch die Zuwendung an eine (juristische) Person in Betracht, die das Stiftungsvermögen treuhänderisch als Sondervermögen verwaltet. Dabei handelt es sich um eine Erbeinsetzung, verbunden mit der Auflage, das Vermögen in einer bestimmten Weise (treuhänderisch) als „Stiftung" zu verwalten. Siehe zu den Mustersatzungen hierfür C. 3.01, C. 3.02 und C. 3.10. Wer die Einhaltung der Auflage rechtlich absichern will, muss Dauertestamentsvollstreckung mit dem Auftrag anordnen, die treuhänderische Verwaltung zu überwachen. Als Stiftungsträger eignen sich besonders gemeinnützige Einrichtungen sowie Städte und Gemeinden. In der Urkunde ist dann nach der Erbeinsetzung des „Stiftungsträgers" zum Erben zu formulieren: 20

[Formular B. 1.01b] B. 1.01b

Der Erbe ist verpflichtet, den gesamten Nachlass unter dem Namen „[...]" als unselbstständige Stiftung dauerhaft nach Maßgabe der dieser Urkunde als mitverlesene Anlage beigefügten Satzung treuhänderisch zu verwalten. Der Erbe ist verpflichtet, den Nachlass getrennt von seinem sonstigen Vermögen zu verwalten.

Zu § 3: Geldvermächtnis

Alleinstehende sollten stets überlegen, ob sie nicht durch erbrechtliche Zuwendungen an mildtätige, kirchliche oder sonst gemeinnützige Einrichtungen, an Kirchen, an Gebietskörperschaften oder an politische Parteien die Erbschaftsteuerbelastung verringern können (siehe oben Rz. 8). Bei der Wahl zwischen einer **Einsetzung zum Miterben** und der **Zuwendung eines Vermächtnisses** sollte berücksichtigt werden, dass die gemeinnützige Einrichtung in aller Regel eher am Geldwert als am Vermögensgegenstand selbst interessiert ist. Außerdem führt die Erbeinsetzung von gemeinnützigen Einrichtungen neben natürlichen Personen zur Erbengemeinschaft mit allen unliebsamen Konsequenzen. Von Ausnahmen abgesehen ist daher die Zuwendung eines Vermächtnisses, und zwar am besten eines bestimmten Geldbetrags, der Einsetzung zum Miterben vorzuziehen. Soll allerdings der gesamte Nachlass an eine steuerbefreite Körperschaft oder Vereinigung gehen, so ist deren Erbeinsetzung der einzig richtige Weg. 21

Bei einem Vermächtnis an eine nach dem Tod erst noch zu errichtende selbstständige Stiftung (siehe dazu oben Rz. 19) ist das Muster folgendermaßen zu fassen: 22

[Formular B. 1.01c] B. 1.01c

Ich vermache mit meinem Tod einen Geldbetrag in Höhe von € [...],– (in Worten: [...] Euro), höchstens jedoch [...]% der Summe aller bei meinem Tod vorhandenen Guthaben bei Banken und Sparkassen, einschließlich der Wertpapierkonten der nach meinem Tod zu errichtenden rechtsfähigen Stiftung des bürgerlichen Rechts unter dem Namen [...] und mit dem Sitz in [...].
Der Geldbetrag ist fällig innerhalb von drei Monaten ab Erlangung der Rechtsfähigkeit der Stiftung.
Der Betrag soll nicht durch eine Wertsicherungsklausel an die Kaufkraftveränderungen der Währung angepasst werden.
Diese Stiftung soll die dieser Urkunde als mitverlesene Anlage beigefügte Satzung erhalten.
Der Notar hat mich darauf hingewiesen, dass zur Entstehung dieser Stiftung eine staatliche Anerkennung erforderlich ist, die erst nach dem Tod erteilt werden kann.

Ich ermächtige den Notar, der zuständigen Behörde eine beglaubigte Abschrift dieser Urkunde und der Anlage zum Zwecke der Prüfung und Mitteilung von Änderungswünschen zu übersenden, die dazu erforderlichen Auskünfte zu geben und die Stellungnahme entgegenzunehmen.
Der Testamentsvollstrecker (§ 6) ist verpflichtet, die Stiftung unverzüglich nach meinem Tod zu errichten.

23 Die Anordnung eines Geldvermächtnisses bereitet immer dann besondere Probleme, wenn sich der **Nachlasswert** nach der Errichtung **verringert,** etwa infolge der Pflegebedürftigkeit des Alleinstehenden. Deshalb sollte für diesen Fall eine höhenmäßige Beschränkung des Geldbetrags aufgenommen werden. Im Muster wird als Bezugsgröße die Summe aller Bank- und Sparguthaben sowie der Wertpapiere am Todestag (ohne Abzug der Nachlassverbindlichkeiten) vorgeschlagen, weil sich dieser Betrag sehr leicht ermitteln lässt. Die Höhe des Prozentsatzes ist dann allerdings so zu bemessen, dass dem bzw. den Erben nach Begleichung der Nachlassverbindlichkeiten noch der angestrebte Vermögenswert verbleibt.

24 Das Problem der Kaufkraftveränderung des Geldes sollte angesprochen werden. Verzichtet der Erblasser auf die Vereinbarung einer **Wertsicherungsklausel,** sollte dies in der Urkunde vermerkt werden. Siehe zu einer Wertsicherung Formular B. 1.06 § 4b).

25 Das Vermächtnis fällt mit dem Erbfall an (§ 2176 BGB). Die gem. § 271 Abs. 1 BGB damit verbundene sofortige **Fälligkeit** würde jedoch den bzw. die Erben überfordern. Zur Geldbeschaffung sollte genügend Zeit eingeräumt werden. Besteht das Vermögen überwiegend aus schwer veräußerbaren Werten, insbesondere Immobilien und langlaufenden Wertpapieren, so sollte eine längere Frist eingeräumt werden als bei liquiden Vermögenswerten.

26 **Vermächtnisnehmer** kann nur eine natürliche oder juristische Person werden. Soll das Vermächtnis nur einer bestimmten Einrichtung einer juristischen Person zugute kommen, so muss dennoch diese selbst als Vermächtnisnehmer bestimmt werden. Die Anordnung ist in diesem Fall jedoch mit einer **Auflage iSd. § 2192 BGB** zu verbinden, dass der vermachte Vermögenswert ausschließlich für die konkrete Einrichtung zu verwenden ist. Im Unterschied zu einem Vermächtnis begründet eine Auflage keinen Erfüllungsanspruch, sondern lediglich einen Vollziehungsanspruch gemäß § 2194 BGB. Außer den in § 2194 BGB aufgeführten Personen bzw. Stellen kann auch ohne ausdrückliche Ermächtigung der Testamentsvollstrecker die Vollziehung der Auflage durchsetzen.[8]

27 Der Erblasser kann einen **Ersatzvermächtnisnehmer** für den Fall bestimmen, dass der zunächst Bedachte das Vermächtnis nicht erwirbt (§ 2190 BGB). Verzichtet er hierauf, so entfällt das Vermächtnis ersatzlos, wenn die juristische Person beim Erbfall nicht mehr besteht (vgl. § 2160 BGB). Dies gilt selbst dann, wenn – wie bei gemeinnützigen, kirchlichen oder mildtätigen Vereinigungen üblich – das Vermögen der eingesetzten juristischen Person mit Zustimmung der Finanzverwaltung auf eine andere Körperschaft übergegangen ist. Ohne ausdrückliche Bestimmung im Testament kann nicht angenommen werden, dass der Erblasser diese zum Ersatzvermächtnisnehmer berufen wollte. Ist die eingesetzte juristische Person vor dem Erbfall aufgelöst worden, so steht der vermachte Geldbetrag der Erbengemeinschaft bzw. dem Erben zu.

Zu § 4: Tiervermächtnis

28 Tiere sind zwar gemäß § 90a S. 1 BGB keine **Sachen,** jedoch finden auf sie die für Sachen geltenden Bestimmungen entsprechende Anwendung. Folglich können auch Tiere Gegenstand eines Vermächtnisses sein. Selbstverständlich können Tiere nicht selbst Vermächtnisnehmer sein, weil sie keine Personen sind.

[8] BayObLG v. 12.2.1986 – BReg 1 Z 78/85, NJW-RR 1986, 629.

Der Vermächtnisnehmer, der sich um das Tier kümmern soll, braucht nicht zwingend vom Erblasser selbst bestimmt zu werden (siehe oben Rz. 1). Das **Bestimmungsrecht** kann auch einem Dritten, insbesondere dem Testamentsvollstrecker, übertragen werden (§ 2151 Abs. 1 BGB).[9] Die Beschränkung des Auswahlrechts auf diejenigen Personen, die der Testamentsvollstrecker für geeignet hält, das Tier artgerecht bis zum Tod zu pflegen und zu betreuen, genügt den Anforderungen des § 2151 Abs. 1 BGB an die Bestimmtheit des Personenkreises. 29

Das **Auswahlverfahren** regelt § 2151 Abs. 2 BGB. Danach genügt eine formlose Erklärung gegenüber dem Beschwerten, im vorliegenden Fall also gegenüber allen Erben. Aus Beweisgründen sollte jedoch die Schriftform der Erklärung gefordert werden. 30

Ob und in welchem Umfang die **Auswahlentscheidung gerichtlich nachgeprüft** werden kann, ist nicht ganz geklärt.[10] Deshalb sollte diese Frage eindeutig und abschließend im Testament beantwortet werden. Anstelle des vollständigen Ausschlusses der gerichtlichen Nachprüfung kann diese in vollem Umfang zugelassen werden oder auf die Überprüfung bei grober Unbilligkeit beschränkt werden. 31

Der Geldbetrag dient dazu, den Aufwand des Vermächtnisnehmers für die artgerechte Betreuung des Tieres abzudecken. Die **Summe** muss dabei für die Bezahlung sowohl der voraussichtlichen Betreuungskosten (Hundesteuer, Futter-, Unterbringungs- und Arztkosten) während der üblichen Lebensdauer des Tieres als auch der mit einer erbrechtlichen Zweckzuwendung verbundenen Erbschaftsteuer (siehe unten Rz. 31 ff.) ausreichen. 32

Für das im Muster vorgeschlagene Vermächtnis unter Betreuungs- und Verwendungsauflage fällt in jedem Falle **Erbschaftsteuer** an. Die Steuerpflicht des Vermächtnisnehmers ergibt sich dabei je nach Ausgestaltung der Auflage aus einem der beiden nachstehend aufgeführten Tatbestände: 33

1. Vermächtnis als Erwerb von Todes wegen (§ 1 Abs. 1 Nr. 1 ErbStG): Bei dem Vermächtnis des Hundes samt Geldbetrag handelt es sich um einen steuerpflichtigen Erwerb von Todes wegen. Steuerwert ist die Summe aus dem Verkaufswert des Tieres und dem Geldbetrag. Gemäß § 10 Abs. 5 Nr. 2 ErbStG kann jedoch der Wert der Betreuungsauflage (siehe dazu unten Rz. 36) abgesetzt werden, so dass sich der steuerpflichtige Erwerb verringert oder sogar vollständig entfällt. Das Abzugsverbot des § 10 Abs. 9 ErbStG für Auflagen, die dem Beschwerten selbst zugute kommen, greift nicht ein, weil die Auflage nicht dem Vermächtnisnehmer sondern dem Tier zugute kommt.[11] Mangelt der Anordnung jedoch die Rechtsqualität einer Auflage iSd. §§ 1940, 2192 BGB, so scheidet ein Abzug vom steuerpflichtigen Erwerb von vorneherein aus.[12] In diesem Fall muss der Vermächtnisnehmer das Vermächtnis nach der für ihn geltenden Steuerklasse versteuern, ohne die Betreuungskosten abziehen zu können. Missverständnisse über die Rechtsqualität der Auflage werden durch die Verwendung des Fachbegriffs ausgeschlossen. Auch sollte ausdrücklich bestimmt werden, dass der Geldbetrag für die Betreuung des Tieres bestimmt ist. Führt die Besteuerung aufgrund § 1 Abs. 1 Nr. 1 ErbStG zur Verringerung oder zum vollständigen Wegfall einer Steuerpflicht, so kommt eine Besteuerung als Zweckzuwendung gemäß § 1 Abs. 1 Nr. 3 iVm. § 8 ErbStG in Betracht (siehe unten Rz. 35). 34

2. Erbrechtliche Zweckzuwendung (§ 1 Abs. 1 Nr. 3 iVm. § 8 ErbStG): Diese Vorschrift soll vermeiden, dass durch eine Zuwendung unter Auflagen die Steuerpflicht umgangen oder verringert wird. Voraussetzung einer erbrechtlichen Zweckzuwendung[13] ist folglich, dass: 35

---

[9] Zu Unrecht behandelt FG Düsseldorf v. 29.5.1998 – 4 K 3167/94, ZEV 1998, 406, eine Tierbetreuungsauflage als Schenkungsversprechen auf den Todesfall.

[10] Bamberger/Roth/*Müller-Christmann* BGB § 2152 Rz. 5 mwN.

[11] Grundlegend hierzu BFH v. 5.11.1992 – II R 62/89, BStBl. II 1993, 161 („Pudel-Enscheidung").

[12] BFH v. 5.11.1992 – II R 62/89, BStBl. II 1993, 161, 162.

[13] BFH v. 5.11.1992 – I R 62/89, BStBl. II 1993, 161.

- ein Erbe oder ein Vermächtnisnehmer mit einer wirksamen und bindenden **Auflage** iSd. §§ 1940, 2192 BGB beschwert ist,
- die Auflagenerfüllung **nicht im eigenen Interesse des Beschwerten,** des Erblassers oder einer dritten Person liegt sondern einem objektiven Zweck dient (vgl. § 10 Abs. 9 ErbStG) und
- infolge des Abzugs der mit der Auflagenerfüllung verbundenen Belastungen gemäß § 10 Abs. 5 Nr. 2 die **Steuerpflicht** aufgrund des § 1 Abs. 1 Nr. 1 ErbStG (siehe oben Rz. 32) entweder **ganz ausfällt oder** aber **verringert** wird. Dabei ist umstritten, ob die gesonderte Besteuerung der Zweckzuwendung zulässig ist, wenn unter Anwendung des persönlichen Freibetrags des Erben/Vermächtnisnehmers eine Steuerpflicht gemäß § 1 Abs. 1 Nr. 1 ErbStG überhaupt nicht besteht.[14] Da jedoch die Besteuerung der Zweckzuwendungen die mit Abzug der Auflage gem. § 10 Abs. 5 Nr. 2 ErbStG eintretende Verminderung der Steuerpflicht kompensieren soll, scheidet richtiger Ansicht nach eine Besteuerung der Zweckzuwendung dann aus, wenn und soweit das Erbe bzw. Vermächtnis auch ohne Abzug der Auflage steuerfrei ist.

36 Die Steuerpflicht trifft bei der Zweckzuwendung (Rz. 35) den beschwerten Erben bzw. Vermächtnisnehmer (§ 20 Abs. 1 ErbStG). Gemäß § 10 Abs. 1 S. 4 ErbStG richtet sich die Steuerpflicht nach dem Wert der Verpflichtungen des Beschwerten. Besteuerungsgrundlage ist also die Summe der Kosten der Tierhaltung, bezogen auf die restliche Lebensdauer des Tieres. Der Kapitalwert ist aufgrund des jährlichen Aufwands gemäß § 13 Abs. 1 S. 1 BewG zu berechnen. Selbst dann, wenn der vermachte Geldbetrag geringer ist als der Kapitalwert der Zweckzuwendung, der Beschwerte zur Auflagenerfüllung also eigenes Vermögen aufwenden muss, kann er diese Mehraufwendungen nicht gemäß § 10 ErbStG abziehen.[15] In jedem Falle ist der Beschwerte aber berechtigt, die zu entrichtende Steuer aus dem vermachten Geldbetrag zu bezahlen. Deshalb muss die Steuerpflicht bei der Bemessung des für die Betreuung bestimmten Geldbetrags berücksichtigt werden.

37 Die **Zweckzuwendung** wird gemäß § 15 Abs. 1 ErbStG ohne Rücksicht auf die verwandtschaftliche Beziehung des Erben oder Vermächtnisnehmers zum Erblasser stets in der **Steuerklasse III** versteuert. Gehört der mit der Betreuungsauflage beschwerte Erbe oder Vermächtnisnehmer selbst der Steuerklasse II an (Geschwister, Neffen oder Nichten), so ist zu überlegen, ob nicht gänzlich auf die Auflagen verzichtet werden kann. Der Vorteil der Erbschaftsteuerersparnis wird jedoch durch einen Verlust an Rechtssicherheit erkauft: mangels verbindlicher Auflage kann auch der Testamentsvollstrecker eine artgerechte Tierhaltung nicht durchsetzen.

38 Die Erbschaftsteuerpflicht lässt sich auch nicht dadurch vermeiden, dass ein Tierschutzverein oder andere **gemeinnützige mit der Tierhaltung befasste Einrichtung** mit dem Vermächtnis bedacht wird. Zwar sind Zuwendungen an gemeinnützige Einrichtungen gemäß § 13 Abs. 1 Nr. 17 ErbStG grundsätzlich von der Erbschaftsteuer befreit. Dies gilt jedoch nur, wenn die Zuwendung selbst dem gemeinnützigen Zweck zugute kommt. Die Betreuungsauflage ist jedoch nicht gemein- sondern eigennützig, so dass auch eine gemeinnützige Tierbetreuungseinrichtung in gleicher Weise wie jede natürliche Person steuerpflichtig ist, und zwar in Steuerklasse III.

Zu § 5: Grabpflegeauflage

39 Gemäß § 1968 BGB fallen die **Beerdigungskosten** dem bzw. den Erben zur Last. Die Kosten der Instandhaltung und Pflege der Grabstätte und des Grabdenkmals fallen

[14] Dagegen *Meincke* ErbStG § 8 Rz. 8; dafür: Troll/Gebel/Jülicher/*Gebel* ErbStG § 8 Rz. 12; *Moench/Weinmann* ErbStG § 8 Anm. 10.

[15] BFH v. 5.11.1992 – II R 62/89, BStBl. II 1993, 161, 162.

nicht hierunter[16] und sind deshalb nur dann vom Erben zu tragen, wenn und soweit dies ausdrücklich im Testament angeordnet worden ist. Durch eine entsprechende **Auflage iSd. §§ 1940, 2192 BGB** kann er den bzw. die Erben verpflichten, auch diese Kosten zu tragen.

Da das Testament erst Wochen nach dem Tod eröffnet wird, macht es keinen Sinn, zusätzlich zu dieser Auflage noch Anordnungen über die Art und Weise der **Bestattung** in das Testament aufzunehmen. 40

Die Grabpflegekosten gehören bei der **Erbschaftsteuer** gemäß § 10 Abs. 5 Nr. 3 ErbStG zu den abzugsfähigen Nachlassverbindlichkeiten. Die entsprechende Auflage im Testament ist auch nicht als Zweckzuwendung gemäß § 1 Abs. 1 Nr. 3 iVm. § 8 ErbStG steuerpflichtig, weil der Erblasser hieran ein persönliches Eigeninteresse hat.[17] Wegen der Einzelheiten wird auf die bemerkenswert detaillierten Ausführungen unter H 29 der ErbSt-Hinweise 2003 Bezug genommen. Steuerlich am günstigsten ist es, wenn der Alleinstehende zu Lebzeiten die **Grabpflege durch Vertrag** mit einer Gärtnerei regelt und bezahlt, weil diese Summe dann nicht vom Pauschbetrag der Erben abgezogen wird. 41

Zu § 6: Testamentsvollstreckung

Alleinstehende sollten eine Testamentsvollstreckung zum Zwecke der **Nachlassabwicklung** immer dann anordnen, wenn: 42

- mehrere natürliche oder juristische Personen erben, die sich untereinander nicht oder nur wenig kennen,
- in Nachlassangelegenheiten unerfahrene, alte oder kranke Personen erben sollen,
- Quoten- oder andere Vermächtnisse angeordnet werden, die eine Abrechnung gegenüber dem Vermächtnisnehmer erfordern (zB 40 vH meiner Guthaben auf Giro- und Sparkonten) oder
- die Erfüllung von Vermächtnissen bzw. Auflagen überwacht werden soll.

Die **Ernennung der Person** des Testamentsvollstreckers kann einem Dritten oder dem Nachlassgericht überlassen werden (§ 2198 Abs. 1 S. 1 BGB). Folgerichtig ist es gemäß § 2199 Abs. 2 BGB auch zulässig, den Testamentsvollstrecker selbst zu ermächtigen einen Nachfolger im Amte zu bestimmen. 43

Mangels abweichender Anordnung ist der Testamentsvollstrecker nur berechtigt, das Testament auszuführen (§ 2203 BGB) und die Erbauseinandersetzung zwischen Miterben zu vermitteln (§ 2204 BGB), darf also ohne Zustimmung der Erben keine gegenständliche oder persönliche Teilerbauseinandersetzung durchführen.[18] Ohne diese Zustimmung bleibt ihm eigentlich nur die freihändige Veräußerung der Nachlassgegenstände mit anschließender Berichtigung der Nachlassverbindlichkeiten. Da die Veräußerung jedoch regelmäßig nicht dem Erblasserwillen entspricht, ist eine **Erweiterung der Befugnisse des Testamentsvollstreckers** zu empfehlen, wonach er auch eine solche reale oder persönliche Erbauseinandersetzung als Schiedsgutachter gemäß § 317 BGB anordnen kann. 44

Der **Testamentsvollstrecker** hat, soweit seine Verwaltungsbefugnis reicht,[19] gemäß § 31 Abs. 5 S. 1 ErbStG die Erbschaftsteuererklärung abzugeben. Außerdem haftet er für die Abführung der Erbschaftsteuer gemäß § 32 Abs. 1 S. 2 ErbStG persönlich, wenn er durch vorsätzliche oder grob fahrlässige Verletzung dieser Pflicht verhindert oder verzögert, dass die Erbschaftsteuer erhoben oder erfüllt wird (§§ 69, 34 Abs. 3 AO). 45

---

[16] BGH v. 20.9.1973 – III ZR 148/71, NJW 1973, 2103; aA *Lange/Kuchinke* § 47 III 2b Fn. 48 für das erste Jahr.
[17] Vgl. BFH v. 30.9.1987 – II R 122/85, BStBl. II 1987, 861.
[18] BeckOK BGB/*Lange* BGB § 2204 Rz. 4, Stand: 1.2.2016.
[19] BFH v. 14.11.1990 – II R 58/86, BStBl. II 1991 52, 53.

46 Obwohl der Testamentsvollstrecker nicht Vertreter sondern Treuhänder des Nachlasses ist, findet nach allgemeiner Meinung **§ 181 BGB** analog Anwendung.[20] Hat der Erblasser uneingeschränktes Vertrauen in die Person des Testamentsvollstreckers, so kann er ihn im Testament von dieser Beschränkung befreien.[21] Unter dieser Voraussetzung kann der Erblasser auch die **Verpflichtungsbefugnis** des Testamentsvollstreckers gemäß § 2207 BGB erweitern, ihn jedoch nur in den engen Grenzen des § 2205 S. 3 BGB zu **unentgeltlichen Verfügungen** über den Nachlass oder Teile hiervon ermächtigen.

47 Häufiger Streitpunkt zwischen Erben und Testamentsvollstrecker ist die angemessene **Vergütung,** auf die letzterer gemäß § 2221 BGB Anspruch hat. Fehlt eine Bestimmung durch den Erblasser, so wird diese auf Antrag des Testamentsvollstreckers vom Nachlassgericht festgesetzt.[22] Zur Vermeidung von Streit sollte jedoch der Erblasser die Vergütung selbst festlegen. Dabei sollte angeordnet werden, zu wessen Lasten eine etwaige **Umsatzsteuer** geht, wenn der Testamentsvollstrecker als Unternehmer tätig wird. Außerdem ist zu berücksichtigen, dass der Testamentsvollstrecker auf die Vergütung **Einkommensteuer** entrichten muss (§§ 18 Abs. 1 Nr. 3 bzw. 15 Abs. 3 Nr. 1 EStG).

48 Die Testamentsvollstreckervergütung ist für den Amtsinhaber **erbschaftsteuerfrei,** und zwar auch soweit sie das angemessene Maß überschreitet.[23]

49 Die Vergütung für eine Abwicklungsvollstreckung[24] zählt umgekehrt zu den beim Erben bzw. Vermächtnisnehmer **abzugsfähigen Nachlassverbindlichkeiten.**

49a Regelungen für den sog. **digitalen Nachlass** werden immer wichtiger, vor allem bei alleinstehenden Personen. Entsprechende Verfügungen in einem Testament sind besonders deshalb notwendig, weil die juristische Behandlung des digitalen Nachlasses, vor allem der Umfang seiner Vererblichkeit gemäß § 1922 BGB, umstritten ist,[25] und die Handhabung durch die Anbieter von E-Mail-Accounts oder sozialen Netzwerken sehr unterschiedlich ist.[26] Die Umsetzung entsprechender Verfügungen scheitert jedoch häufig an abweichenden Auffassungen zum Fernmeldegeheimnis, an der Weigerung der Provider, Daten herauszugeben oder einfach an der Tatsache, dass dem Erben die Zugangsdaten samt Passwörtern nicht bekannt sind. Trotzdem sollten Regelungen wie folgt aufgenommen werden, wenn der Erblasser die Weitergabe seines digitalen Nachlasses an die Erben wünscht. Ergänzt werden kann eine entsprechende Regelung in der Verfügung von Todes wegen durch eine notariell beurkundete Niederschrift mit der Bekanntgabe des Masterpassworts (Formular A 6.35) und/oder eine postmortale digitale Vollmacht (Formular A 6.33).

[Formular B. 1.01d]

B. 1.01d **Ich stelle ausdrücklich klar, dass meine Erben an meiner Stelle in sämtliche Rechte und Pflichten aus den Rechtsbeziehungen aufgrund aller meiner Benutzerkonten und Daten im Internet sowie an meinen auf Computern aller Art oder sonstigen Datenträgern gespeicherten elektronischen Daten (digitales Vermögen). Dazu gehören insbesondere, aber nicht ausschließlich:**

- **meine Urheber- und sonstigen Rechte an Websites, Domains, Apps, Widgets und ähnlichen Internetangeboten,**

---

[20] Vgl. BGH v. 9.5.1984 – IVa ZR 234/82, NJW 1984, 2464, 2465.

[21] Soergel/*Damrau* BGB § 2205 Rz. 70.

[22] Siehe ausführlich hierzu BeckOK BGB/*Lange* BGB § 2221 Rz. 11, Stand: 1.2.2017.

[23] BFH v. 2.2.2005 – II R 18/03, BStBl. II 2005, 489.

[24] Zum Abzugsverbot des § 10 Abs. 5 Nr. 3 S. 3 ErbStG bei Dauervollstreckung *Viskorf/Glier/Schuck* ErbStG § 10 Rz. 113.

[25] Vgl. dazu einerseits *Hoeren* NJW 2005, 2113, 2114; *Martini* JZ 2012, 1145, 1152; andererseits NK-NachfolgeR/*Herzog,* Teil 1 Kapitel 9 Rn. 13 ff.

[26] Vgl. dazu LG Berlin v. 17.12.2015 – 20 O 172/15, BeckRS 2015, 20953; *Steiner/Holzer* ZEV 2015, 262 ff.; *Deutsch* ZEV 2014, 2, 7.

- die Verträge mit Anbietern von Diensten, Inhalten oder technischen Leistungen, die für die Nutzung oder den Betrieb von Inhalten und Diensten im Internet erforderlich sind,
- die Verträge mit Anbietern von Telekommunikationsdiensten im Sinne des § 3 Ziff. 24 Telekommunikationsgesetz in der jeweils geltenden Fassung,
- meine Rechte an sämtlichen Accounts und Blogs im Internet, insbesondere das Recht auf uneingeschränkten Zugang zu sowie auf die umfassende Nutzung und Verwertung von Diensten auf sozialen oder sonstigen Internetnetzwerken, von E-Mail-Diensten aller Art, von Nachrichtendiensten sowie von Streaming- und Dateiabonnements aller Art,
- meine Rechte an sämtlichen Daten im Internet, insbesondere an meinen digitalen Datei-Sammlungen aufgrund von Streaming- und Dateiabonnements, den in meinen E-Mail-Accounts gespeicherten Mails sowie an allen Dateien auf cloud-Speicher-Diensten,
- meine Rechte und Pflichten, einschließlich etwaiger Guthaben, aufgrund von Verträgen mit Online-Bezahldiensten oder –systemen aller Art,
- meine Recht an von mir erworbener Software
- alle Rechte und Pflichten aus über den Online(versand)handel begründeten Vertragsbeziehungen.

Die Erben sind berechtigt über mein digitales Vermögen in jeder beliebigen Art und Weise zu verfügen und sämtliche Ansprüche aus dem zugrundeliegenden Rechtsverhältnis in meinem Namen geltend zu machen. Sie haben insbesondere Anspruch auf umfassende Auskunft über mein gesamtes digitales Vermögen, insbesondere auf Mitteilung vorhandener Zugangsdaten einschließlich der Passwörter, sowie das Recht, diese zurückzusetzen bzw. zu erneuern und die neuen Zugangsdaten einschließlich der Passwörter entgegenzunehmen. Sie sind ferner berechtigt, alle meine Dateien zu öffnen, zu lesen, zu bearbeiten und zu löschen.

Im Wege der Auflage verfüge ich, dass:
- drei Monate nach meinem Tode der Blog auf meiner Website [...] und sämtliche Inhalte vollständig gelöscht werden,
- mein [...]-Profil in den Gedenkzustand versetzt und auf keinen Fall gelöscht wird,
- drei Monate nach meinem Tod meine bei [...] digital gespeicherten Fotos gelöscht werden; meine Erben sind berechtigt, die Fotos vorab für sich selbst lokal zu speichern.

Mein Masterpasswort für die von mir unter [...] gespeicherte Passwortliste habe ich in der Urkunde des Notars [...] in [...] vom [...], UR.Nr. [...] hinterlegt und diesen angewiesen, eine Ausfertigung dieser Urkunde gegen Nachweis der Erbfolge an die Erben herauszugeben.

Entscheidet sich der Erblasser jedoch dafür, dass alle seine Daten bei seinem Tod gelöscht werden, so sind folgende Verfügungen im Wege der Auflage empfehlenswert, deren Ausführung gegebenenfalls durch einen Testamentsvollstrecker erzwungen werden kann. **49b**

[Formular B. 1.01e]

Im Wege der Auflage verfüge ich, dass meine Erben unverzüglich nach meinem Tod alle Rechtsverhältnisse bezüglich informationstechnischer System einschließlich des gesamten elektronischen Datenbestands (digitaler Nachlass) löschen lassen, und zwar ohne selbst von den gespeicherten Daten selbst Kenntnis zu nehmen und unabhängig davon, ob und wie die Partner solcher Rechtsverhältnisse die Rechtsnachfolge im Todesfall geregelt haben und/oder handhaben. B. 1.01e

Zu § 7: Vollständigkeit

49c Die Frage nach ausländischem Vermögen ist Bestandteil der Aufklärungspflicht gemäß § 17 Abs. 1 BeurkG. Immer mehr Erblasser besitzen Vermögen im Ausland, was zusätzlichen Gestaltungsbedarf auslösen kann. Die Aufnahme eines Vermerks, dass kein Vermögen im Ausland vorhanden ist, dient also dem Schutz des Notars vor Regressansprüchen wegen unzureichender Sachverhaltsaufklärung.

49d Nach dem Inkrafttreten der EU-Erbrechtsverordnung besteht im Falle der Wohnsitzverlegung des Erblassers ins EU-Ausland (ohne Großbritannien, Irland und Dänemark) Gestaltungsbedarf, weil danach der gewöhnliche Aufenthalt und nicht mehr die Staatsangehörigkeit das maßgebende Erbstatut bestimmt. Eine Verlegung des gewöhnlichen Aufenthaltsortes ins EU-Ausland kann so zur Unwirksamkeit einiger oder gar aller letztwilligen Verfügungen im Testament führen. Deshalb gehört es zur Sachverhaltsaufklärung vor der Beurkundung eines Testaments den Erblasser nach „Auswanderungsabsichten" zu fragen. Wird diese bejaht, so eröffnet Art. 22 Abs. 1 EU-ErbVO die Möglichkeit der Rechtswahl des deutschen Erbrechts bei einem deutschen Staatstangehörigen um den Erbstatuten-Wechsel auszuschließen. Siehe zur Rechtswahl des Errichtungsstatuts Rz. 50a. Wegen der mit einer Wahl des deutschen Erbrechts verbundenen deutlich höheren Kosten des Beurkundungsverfahrens gemäß § 104 Abs. 2 GNotKG sollte die folgende Formulierung nur aufgenommen werden, wenn der Beteiligte dies nach Hinweis auf die höheren Kosten auch wünscht:

49e Da Verträge zugunsten Dritter unter bestimmten Umständen außerhalb der gesetzlichen Erbfolgeregeln vollzogen werden, empfiehlt sich eine Belehrung der Beteiligten darüber, dass etwa die Regeln für die Vor- und Nacherbfolge derartige Rechtsverhältnisse (zB Kapitallebensversicherungen mit festgelegter Bezugsberechtigung, Sparverträge zugunsten Dritter) nicht erfassen. Vor allem bei Gestaltungen zum Zwecke der Minimierung von Pflichtteilsansprüchen oder Zugriffsrechten der Sozialverwaltung sind derartige Verträge zugunsten Dritter kontraproduktiv, weil sie von den letztwilligen Verfügungen nicht erfasst werden und damit den Zugriff der Pflichtteilsberechtigten bzw. Sozialämter ermöglichen.

[Formular B. 1.01f]

B. 1.01f **Ich wähle für die Rechtsnachfolge bei meinem Tod (Erbstatut) das Recht der Bundesrepublik Deutschland, und zwar auch dann, wenn ich meinen Wohnsitz oder letzten gewöhnlichen Aufenthalt im Ausland habe.**

Zu § 8: Salvatorische Klausel

50 § 2085 BGB sieht den Ersatz einer ungültigen Bestimmung durch eine wirtschaftlich vom Erblasser gewollte nicht vor. Zur Vermeidung von sonst eintretenden Regelungslücken sollte daher eine Teilnichtigkeitsklausel in das Testament aufgenommen werden.

50a Gemäß Art. 22 Abs. 1 EU-ErbVO kann auch die für die Errichtung einer letztwilligen Verfügung maßgebende Rechtsordnung gewählt werden. Eine förmliche Rechtswahl würde jedoch höhere Kosten auslösen (siehe Rz. 49d). Eine derartige Rechtswahl ist jedoch in aller Regel nicht erforderlich. Die hier vorgeschlagene Formulierung reicht völlig aus, um die Auslegungsprobleme unter dem Stichwort „Handeln unter falschem Recht" zutreffend zu lösen.[27] Darüber hinaus reicht es nach Art. 22 Abs. 2 EU-ErbVO aus, wenn sich die Rechtswahl auch ohne ausdrückliche Bestimmung aus der Urkunde ergibt. Falls jedoch eine Verlegung des Wohnsitzes oder letzten gewöhnlichen Aufenthaltsortes ins Ausland geplant ist, sollte das Formular B.1.01.d wie folgt erweitert werden:

---

[27] Vgl. OLG Köln v. 15.1.2014 – 2 Wx 291/13, ZEV 2014, 297 mit Anmerkung *Litzenburger.*

[Formular B. 1.01g]

Ich wähle sowohl für diese Verfügung von Todes wegen als auch für die Rechtsnachfolge bei meinem Tod (Erbstatut) das Recht der Bundesrepublik Deutschland, und zwar auch dann, wenn ich meinen Wohnsitz oder letzten gewöhnlichen Aufenthalt im Ausland habe. B. 1.01g

B. 1.02 Einseitige Erbeinsetzung als Gegenleistung für Pflegepflicht („Erb- und Pflegevertrag")

Gliederung

Nummer der Urkundenrolle [...] B. 1.02
Verhandelt zu [...] am [...]
Vor dem Notar [...] erschienen:
1. **Herr A, geboren am [...] in [...] als Sohn [...], wohnhaft [...],**[Rz. 3]
   nach eigenen Angaben deutscher Staatsangehöriger,
2. **Frau B, geboren am [...], wohnhaft [...],**
   nach eigenen Angaben deutsche Staatsangehörige,
   dem Notar ausgewiesen durch [...].

Die Erschienenen erklärten, nachdem sich der amtierende Notar durch eingehende Verhandlung von der Geschäftsfähigkeit überzeugt hatte, unter Verzicht auf die Zuziehung von Zeugen dem Notar mündlich folgenden

Erb- und Pflegevertrag

zur Beurkundung:

§ 1 Frühere Verfügungen von Todes wegen

Herr A widerruft hiermit alle bisher von ihm errichteten Verfügungen von Todes wegen.[Rz. 14]

Herr A versichert, dass er an diesem Widerruf sowie an der Errichtung dieser Verfügung von Todes wegen nicht durch ein gemeinschaftliches Testament oder einen Erbvertrag mit einer anderen Person gehindert, so dass er auch von Todes wegen, frei über sein Vermögen verfügen kann.[Rz. 15, 16, 17]

§ 2 Letztwillige Verfügungen durch A

Herr A setzt Frau B, die Beteiligte zu 2., zu seiner unbeschränkten Alleinerbin ein, und zwar ohne Rücksicht darauf, ob und welche Pflichtteilsberechtigte bei seinem Tod vorhanden sind.[Rz. 19]

Mit einseitig testamentarischer Wirkung, also mit dem Recht der jederzeitigen Abänderung, setzt Herr A die Abkömmlinge von Frau B nach den Regeln der gesetzlichen Erbfolge zu Ersatzerben ein.[Rz. 6, 7, 18]

Stirbt Frau B vor Herrn A, vermacht dieser einen Geldbetrag an deren Abkömmlinge nach den Regeln der gesetzlichen Erbfolge, ersatzweise – den Fortbestand der Ehe vorausgesetzt – an deren Ehemann, Herrn C, geboren am [...], wohnhaft [...].

Der Geldbetrag entspricht der Summe aus einem Betrag von € [...],– (in Worten: [...] Euro) je angefangenem Monat ab dem ersten Tag des auf diese Beurkundung folgenden Kalendermonats bis zum letzten Tag des Monats, in dem Frau B gestorben ist. Der Betrag ist 6 Monate nach dem Erbfall fällig. Der so festgestellte Geldbetrag ist bis zu seiner Fälligkeit in der Weise wertgesichert, dass er sich im gleichen Verhältnis ändert wie der Verbraucherpreisindex.[Rz. 8, 20, 21, 22, 23]

Weitere Verfügungen von Todes wegen will Herr A heute nicht treffen.

§ 3 Pflegepflicht

Frau B verpflichtet sich als Gegenleistung[Rz. 9] **für die letztwilligen Verfügungen gemäß § 2, Herrn A lebenslang entsprechend den bisherigen Lebensgewohnheiten sowie den jeweiligen Bedürfnissen das Essen zu bereiten, die Wohnung sauber zu halten, die Wäsche zu waschen und auch alle sonstigen Verrichtungen des täglichen Lebens abzunehmen, soweit der Berechtigte wegen Alters, Krankheit oder Gebrechlichkeit hierzu nicht mehr in der Lage ist. Die Pflegepflicht besteht jedoch nur, soweit sie nach dem Urteil des Hausarztes des Berechtigten von Frau B ohne Inanspruchnahme fremder Hilfe fachgerecht geleistet werden kann und einen durchschnittlichen täglichen Zeitaufwand von einer Stunde nicht übersteigt.**[Rz. 24, 25]

Diese Pflegepflicht ruht für die Dauer einer auswärtigen Unterbringung in einem Krankenhaus, Alten- oder Pflegeheim und lebt bei der Rückkehr wieder auf; in diesem Fall ist für ersparte Aufwendungen während der auswärtigen Unterbringung kein Ersatz zu leisten.[Rz. 25]

Es handelt sich um ein reine Dienstleistungspflicht, so dass Frau B insbesondere für die Kosten der Verpflegung und der Medikamente nicht aufzukommen hat.[Rz. 24, 25]

Diese Pflegepflicht ist höchstpersönlich, geht also beim Tod von Frau B nicht auf deren Erben über.[Rz. 6]

§ 4 Annahme und Bindungswirkung

Frau B nimmt die vorstehende Erbeinsetzung zu ihren Gunsten (§ 2 Abs. 1) und das aufschiebend bedingte Geldvermächtnis (§ 2 Abs. 3) mit erbvertraglicher Bindungswirkung an. Die Ersatzerbeinsetzung ihrer Abkömmlinge (§ 2 Abs. 2) hat dagegen keinen vertragsmäßigen Charakter und ist in jederzeit widerrufbarer Weise einseitig durch Herrn A erfolgt.

Herr A nimmt die lebzeitige Pflegeverpflichtung (§ 3) mit vertraglicher Wirkung an.

Der Notar hat die Beteiligten darüber belehrt, dass:[Rz. 27]

- **Frau B im Vertrauen auf die freie Verfügungsbefugnis auf die Angaben von Herrn A in § 1 in keiner Weise geschützt ist und auch der Notar keine Möglichkeit hat, die Richtigkeit dieser Angaben zu überprüfen.**[Rz. 17]
- **der Erbvertrag zwar später errichteten Verfügungen von Todes wegen entgegensteht, aber die Befugnis des Erblassers, zu seinen Lebzeiten über sein Vermögen zu Gunsten anderer Personen zu verfügen, durch einen Erbvertrag in keiner Weise ausgeschlossen ist.**[Rz. 17]
- **Frau B in keiner Weise vor dem vollständigen Vermögensverbrauch bis zum Tod von Herrn A geschützt ist, so dass die letztwilligen Verfügungen wirtschaftlich wertlos werden und sie mit ihrer Pflegeleistung eine ungesicherte Vorleistung erbringt.**[Rz. 22]
- **Herr A diesen Erbvertrag bei Heirat oder beim Hinzukommen von Abkömmlingen gemäß § 2079 BGB anfechten kann.**

Herr A verzichtet hiermit auf die Anfechtung dieses Erbvertrags für den Fall der Heirat und/oder des Hinzukommens von Abkömmlingen.

§ 5 Verfügungsunterlassungspflicht

Herr A verpflichtet sich, den im Grundbuch des Amtsgerichts [...] von [...] Blatt [...] eingetragenen Grundbesitz der Gemarkung [...]
Flur [...] Nr. [...]
ohne Zustimmung von Frau B weder zu veräußern noch zu belasten; der rechtsgeschäftlichen Verfügung steht die im Wege der Zwangsversteigerung oder durch den Insolvenzverwalter gleich (Verfügungsunterlassungspflicht).

Bei einem Verstoß gegen diese Verfügungsunterlassungspflicht ist das Eigentum an diesem Grundbesitz unverzüglich auf Frau B zu übertragen, und zwar unter Vorbehalt des lebenslangen Nießbrauchs für Herrn A. Etwa eingetragene weitere Grundstücksbelastungen sind unter Eintritt in die zugrundeliegenden Rechte und Pflichten zu übernehmen, soweit sie der nachstehend zur Eintragung ins Grundbuch bewilligten Vormerkung im Rang vorgehen oder gleichstehen.[Rz. 28]

Dieser Übereignungsanspruch ist weder vererblich noch übertragbar.

Zur Sicherung dieser aufschiebend bedingten Übereignungsverpflichtung wird hiermit eine Vormerkung zur Eintragung ins Grundbuch bewilligt.

Die Pflegepflicht (§ 3) besteht unabhängig von dem Verstoß gegen die Verfügungsunterlassungspflicht uneingeschränkt fort.[Rz. 29]

§ 6 Rücktrittsrechte

Herr A behält sich den Rücktritt von diesem Vertrag, einschließlich der vertragsmäßigen letztwilligen Verfügungen (§ 2) vor, wenn Frau B trotz schriftlicher Abmahnung die Pflegepflicht nicht oder nicht ordnungsgemäß erfüllt, und zwar ohne Rücksicht darauf, ob die Nicht- oder Schlechterfüllung von Frau B zu vertreten ist oder nicht.[Rz. 30, 31]

Die Rücktrittserklärung bedarf der notariellen Beurkundung und wird mit dem Zugang einer Ausfertigung der Urkunde bei Frau B wirksam.[Rz. 32]

Frau B ist verpflichtet, sofort nach Zugang der Rücktrittserklärung die Löschung der zu ihren Gunsten eingetragenen Vormerkung (§ 5) in grundbuchmäßiger Form zu bewilligen.[Rz. 33]

Zug um Zug gegen Abgabe der Löschungsbewilligung hat Herr A an Frau B für jeden angefangenem Monat ab dem ersten Tag des auf diese Beurkundung folgenden Kalendermonats bis zum letzten Tag des Monats, der dem Zugang der Rücktrittserklärung vorausgeht, einen Betrag von € [...],– (in Worten: [...] Euro) zu zahlen. Der so festgestellte Geldbetrag ist bis zu seiner Fälligkeit in der Weise wertgesichert, dass er sich im gleichen Verhältnis ändert wie der Verbraucherpreisindex.[Rz. 34]

Weitergehende Ansprüche und Rechte wegen des Rücktritts sind beiderseits ausgeschlossen.

§ 7 Rechtswahl

Herr A wählt sowohl für diese Verfügung von Todes wegen als auch für die Rechtsnachfolge bei seinem Tod (Erbstatut) das Recht der Bundesrepublik Deutschland, und zwar auch dann, wenn er seinen Wohnsitz oder letzten gewöhnlichen Aufenthalt im Ausland hat. [Rz. 34a]

§ 8 Vollständigkeit

Weitere Verfügungen von Todes wegen will Herr A heute nicht treffen.

Der Notar hat darauf hingewiesen, dass die vorstehenden Verfügungen einen Erwerb aufgrund von Lebensversicherungen mit festgelegter Bezugsberechtigung oder sonstige Verträge zugunsten Dritter auf den Todesfall nicht erfassen.

§ 9 Salvatorische Klausel

Sollte eine Bestimmung in dieser Urkunde ganz oder teilweise unwirksam sein oder werden, soll der übrige Teil hiervon nicht berührt und die unwirksame Anordnung, soweit möglich, sinngemäß ausgeführt werden.[Rz. 35]

Diese Niederschrift wurde in Gegenwart des Notars den Erschienenen vorgelesen, von ihnen durch mündliche Erklärung genehmigt und eigenhändig wie folgt unterschrieben:

A. Grundsätzliche Anmerkungen

I. Wirtschaftliche Aspekte

1 Eine große Sorge alleinstehender Menschen ist ihre Pflege im Falle von Krankheit und Alter. Kinder stehen nicht zur Verfügung, so dass sie oft Kontakt zu Bekannten oder Nachbarn suchen, um Vorsorge für diesen Fall zu treffen. Der Abschluss eines entgeltlichen Pflegevertrags ist eigentlich die richtige Lösung. Aber nicht selten kann oder will der Alleinstehende sein Vermögen zu seinen Lebzeiten nicht angreifen, so dass der Gedanke an den Abschluss einer Erbeinsetzung des Pflegewilligen gegen Übernahme der Pflegepflicht als bester Ausweg erscheint. Doch dieser Schein trügt, weil der Pflegewillige dabei begriffsnotwendig eine mehr oder weniger ungesicherte Vorleistung erbringt. Notare müssen deshalb bei der Gestaltung nicht nur darauf achten, dass dem Pflegewilligen ein höchstmögliches Maß an Sicherung seiner Erberwartung zuteil wird, sondern dürfen auch unter keinen Umständen vergessen, diesen über die Gefahren der trotz allem ungesicherten Vorleistung zu belehren (§ 17 Abs. 1 BeurkG). Erb- und Pflegeverträge kommen in der Praxis wohl auch deshalb so selten vor, weil angesichts dieser erheblichen Risiken viele Pflegewilligen von diesem Vorhaben Abstand nehmen und einen entgeltlichen Pflegevertrag mit dem Erblasser abschließen, eventuell verbunden mit erbrechtlichen Zuwendungen in einem einseitigen und damit jederzeit widerruflichen Testaments. Zu rechtfertigen ist ein Erb- und Pflegevertrag wegen seiner unübersehbaren Risiken für die Pflegeperson in der Praxis meist nur, wenn das Einkommen des Erblassers für die Zahlung einer Vergütung nicht ausreicht und das Vermögen im Wesentlichen nur aus einer einzigen Immobilie besteht.

II. Erbrechtliche Aspekte

2 Ein Erb- und Pflegevertrag setzt die erbrechtliche Bindung des Erblassers an die Erbeinsetzung bzw. die Vermächtnisanordnung voraus. Diese kann nicht durch ein einseitiges Testament des Erblassers, sondern nur durch einen Erbvertrag erreicht werden. Der Erb- und Pflegevertrag bedarf zwingend der **Beurkundung** durch einen Notar (§ 2276 Abs. 1 S. 1 BGB).

3 Der Erblasser muss den Vertrag **persönlich abschließen** (§ 2074 BGB) und kann sich daher im Gegensatz zum pflegewilligen Vertragsteil in keiner Weise bei der Beurkundung vertreten lassen. Damit scheidet auch eine vollmachtlose Vertretung des Erblassers aus.

4 Das **Pflichtteilsrecht** ist bei der Gestaltung regelmäßig ohne besondere Bedeutung, weil allenfalls den Eltern des Erblassers ein solches zusteht (§ 2303 Abs. 2 1. Alt. BGB), nicht aber Geschwistern, Neffen oder Nichten usw. (§ 2303 Abs. 2 S. 1 BGB). Das Pflichtteil der Eltern ist allerdings vererblich (§ 2317 Abs. 2 BGB), vorausgesetzt jedoch, dass der betreffende Elternteil nach dem alleinstehenden Erblasser, aber vor

dem Ablauf der Verjährungsfrist verstorben ist oder den Anspruch vor seinem Tod in einer Weise geltend gemacht hat, die die Verjährung unterbricht.

Die Leistung des Erblassers besteht idR in der Einsetzung der pflegewilligen Person zum unbeschränkten Alleinerben. Möglich ist aber auch die erbrechtlich in gleicher Weise verbindliche Anordnung eines Vermächtnisses. Dann muss aber dafür Sorge getragen werden, dass es nicht zu einem Streit zwischen der Pflegeperson und dem bzw. den Erben kommt. Deshalb sollte ein **Vermächtnis** immer mit einer Testamentsvollstreckung zum Zwecke der Vermächtniserfüllung verbunden werden, wobei es tunlich ist, den Vermächtnisnehmer zum Testamentsvollstrecker mit diesem beschränkten Aufgabenkreis zu bestellen (siehe unten Rz. 19). 5

Die vertragsmäßig bindende Berufung eines Ersatzerben verbietet sich, wenn nicht auch die Pflegepflicht auf dieselbe Person übergehen soll. Die Synchronisierung von Erbrecht und Pflegepflicht bereitet erhebliche Probleme. Eine Ersatzerbeinsetzung derjenigen Personen, die auch die pflegewillige Person zu ihren Erben einsetzt, scheitert am **Selbstbestimmungsgebot des § 2065 BGB.** Der Erblasser kann, ohne das Selbstbestimmungsgebot zu verletzen, zwar die gesetzlichen Erben eines anderen zu seinen Erben einsetzen,[1] nicht aber dessen gewillkürte Erben.[2] 6

Die **Synchronisierung** zwischen **Ersatzerbrecht und Pflegepflicht** kann deshalb sicher nur so erreicht werden, dass die pflegewillige Person den Ersatzerben auch zu seinem eigenen Erben einsetzt und die Vererblichkeit der Pflegelast ausdrücklich vereinbart wird. Überhaupt nicht zu verhindern ist allerdings, dass der Erbe der pflegewilligen Person die Erbschaft nach dieser ausschlägt, aber die Ersatzerbschaft nach dem Erblasser annimmt. Eine entsprechend auflösend bedingte Ersatzerbfolge würde wiederum zu einer konstruktiven Vor- und Nacherbfolge gemäß § 2103 BGB mit ihren nicht gewollten Verfügungsbeschränkungen führen. Hinzu kommt, dass die pflegewillige Person in den allermeisten Fällen die eigenen Erben mit der übernommenen Pflegepflicht gar nicht belasten will. Die Höchstpersönlichkeit der Pflegelast steht daher einer erbrechtlich bindenden Ersatzerbeinsetzung der Erben der pflegewilligen Person entgegen. Der Erblasser muss beim Tod der Pflegeperson das Recht zurückerhalten, anderweitig für seine Pflege zu sorgen und damit jemand anderen zum Erben einsetzen zu können. Dies steht allerdings einer einseitig testamentarischen und damit jederzeit abänderbaren Ersatzerbeinsetzung beispielsweise der Abkömmlinge der Pflegeperson nicht entgegen (vgl. § 2299 BGB). 7

Beim **Tod der Pflegeperson** muss, da sie dann nicht mehr Erbe werden kann und der Erblasser eine etwaige einseitig testamentarische Ersatzerbeinsetzung jederzeit ohne Angabe von Gründen wieder aufheben kann, geregelt werden, wie die bis dahin erbrachten Pflegeleistungen vergütet werden. Der völlige Verzicht auf irgendeine „Vergütung" widerspricht der Interessenlage der pflegewilligen Person. Es ist davon abzuraten, eine Abrechungsmethode zu vereinbaren, die an den Umfang der tatsächlich erbrachten Pflegeleistungen anknüpft. Wie im Muster vorgeschlagen sollte ganz pauschal ein wertgesicherter Monatsbetrag für den Zeitraum, in dem die Pflegepflicht abstrakt bestanden hat, vereinbart werden. Alles andere führt beim Tod des Erblassers nur zum Streit zwischen den Erben des Erblassers und den Erben der Pflegeperson. Da davon auszugehen ist, dass der Erblasser beim Tod der Pflegeperson selbst keine Zahlungen an deren Erben für die erbrachte Pflege leisten will, bleibt nur der Weg über ein entsprechend aufschiebend bedingtes Vermächtnis. 8

Wirtschaftlich betrachtet stehen sich Erbeinsetzung und Pflegepflicht zwar als Gegenleistungen gegenüber, nicht aber rechtlich. Der entgeltliche Erbvertrag ist **kein gegenseitiger Vertrag** iSd. §§ 320ff. BGB. Daran ändert auch § 2295 BGB nichts, der dem Erblasser nur bei Aufhebung der Leistungspflicht ein Rücktrittsrecht ein- 9

[1] *Schäfer* BWNotZ 1962, 203; *Gaberdiel* Rpfleger 1966, 265.
[2] Soergel/*Loritz* BGB § 2065 Rz. 14; aA AnwKBGB/*Beck* BGB § 2065 Rz. 19.

räumt. Nach hM ist er nach dieser Vorschrift nicht zum Rücktritt berechtigt, wenn die Leistungspflicht fortbesteht und nicht oder schlecht erfüllt wird.[3] Für diese Fälle müssen dem Erblasser im Erb- und Pflegevertrag besonders ausgestaltete Rücktrittsrechte vorbehalten werden (§ 2293 BGB). Die umgekehrte Verknüpfung der Pflegepflicht mit der Erbeinsetzung muss dagegen durch entsprechende Bedingungen (zB. aufschiebend bedingtes Vermächtnis in § 2 Abs. 3) erreicht werden. Die Haftungsrisiken bei der Gestaltung eines Erb- und Pflegevertrags sind daher ganz erheblich.

III. Erbschaftsteuerliche Aspekte

10 Die Pflegeperson wird in aller Regel der Steuerklasse II oder III angehören. Die persönlichen Freibeträge in den Steuerklassen II und III betragen einheitlich € 20 000,– (§ 16 Abs. 1 Nr. 5 bzw. 7 ErbStG). Steuerfrei bleiben darüber hinaus Hausrat und sonstige bewegliche Sachen bis zum Wert von € 12 000,– (§ 13 Abs. 1 Nr. 1 Buchst. c ErbStG). Die Steuersätze sind in den Steuerklassen II und III beginnen einheitlich bei 30 vH und steigen ab 6 Mio. € des steuerpflichtigen Erwerbs auf 50 vH an (§ 19 ErbStG).

11 Gemäß § 13 Abs. 1 Nr. 9 ErbStG bleibt ein Betrag von bis zu € 20 000,– steuerfrei, wenn der Erbe bzw. Vermächtnisnehmer den Alleinstehenden unentgeltlich oder gegen unzureichendes Entgelt gepflegt oder Unterhalt gewährt hat und der Betrag angemessen ist.[4] Dieser Freibetrag für unentgeltliche Pflegeleistungen schließt die volle Abzugsfähigkeit entgeltlicher Pflegeleistungen nach § 10 Abs. 5 Nr. 3 3. Alt. ErbStG, wonach vom Erwerb die Kosten des Erwerbers abzuziehen sind, die „mit der Erlangung des Erwerbs" entstehen, nicht aus.[5] Die Rechtsprechung erkennt die **Abzugsfähigkeit der Pflegeaufwendungen** zwar im Grundsatz an, verlangt dafür jedoch, eine ernsthafte und tatsächlich durchgeführte entgeltliche Vereinbarung.[6] Die Abzugsfähigkeit erfasst dabei aber nur die nach dem Abschluss des Erb- und Pflegevertrags erbrachten Dienste.[7] Die Finanzverwaltung lehnt dagegen die Abzugsfähigkeit nach § 10 Abs. 5 Nr. 3 ErbStG ab.[8] Auf die Gestaltung des Erb- und Pflegevertrags hat dieser Streit keine Auswirkungen, sondern nur auf die beim Erbfall entstehende Steuerlast.

12 Bei erbrechtlichen Zuwendungen an steuerpflichtige Personen kann sich eine gewisse Steuerersparnis ergeben, wenn man das **Vermögen auf mehrere Personen** verteilt (siehe B. 1.01 Rz. 10), doch verbietet sich eine entsprechende Gestaltung bei einem Erb- und Pflegevertrag, weil Zuwendungsempfänger und Pflegeperson identisch sein müssen.

13 Die Besteuerung erfolgt unabhängig von der **Art der erbrechtlichen Zuwendung,** so dass statt der im Muster gewählten Erbeinsetzung auch die Anordnung eines Vermächtnisses in Betracht kommt.

B. Einzelerläuterungen

Zu § 1: Frühere Verfügungen von Todes wegen

14 Der **vollständige Widerruf** verhindert, dass nur teilweise widersprechende frühere Verfügungen von Todes wegen unbeabsichtigt fortgelten (§ 2258 Abs. 1 BGB). Zu-

[3] MüKoBGB/*Musielak* BGB § 2295 Rz. 1, 5 mwN; aM *Stürzbecher* NJW 1988, 2717.
[4] ErbStR 2011 E 13.5 Abs. 1.
[5] BFH v. 13.7.1983 – II R 105/82, BStBl. II 1984, 37.
[6] BFH v. 9.11.1994 – II R 110/91, BStBl. II 1995, 62.
[7] FG München v. 25.10.1999 – 4 K 3137 – 96, DStRE 2000, 371.
[8] ErbStR 2011 E 13.5 Abs. 2.

dem erhöht die Zusammenfassung aller letztwilligen Verfügungen in einer Urkunde die Verständlichkeit für den juristischen Laien erheblich.

Ist der alleinstehende Erblasser verwitwet, so ist zu prüfen, ob er durch einen Erbvertrag oder ein gemeinschaftliches Testament mit dem verstorbenen Ehepartner erbrechtlich gebunden ist. Vor allem bei der Abfassung eigenhändiger gemeinschaftlicher Testamente wird der Frage nach der **Bindung des Längerlebenden** nicht die notwendige Beachtung geschenkt, so dass beim gängigen Berliner Testament die Schlusserbeneinsetzung von Verwandten des Zuerstverstorbenen, insbesondere Geschwister und Neffen oder Nichten, aufgrund der Auslegungsregel des § 2270 Abs. 2 BGB nicht selten wechselbezügliche Wirkung hat, den Längerlebenden also in seiner erbrechtlichen Verfügungsmöglichkeit einschränkt oder diese sogar völlig ausschließt. Diese kann der Alleinstehende dann nur noch wiedererlangen durch: 15
- Ausschlagung gemäß § 2271 Abs. 2 S. 1 BGB,
- Widerruf bei einer Verfehlung des Bedachten gemäß §§ 2271 Abs. 2 S. 2, 2294, 2336 BGB,
- Selbstanfechtung wegen Irrtums über die erbrechtliche Bindung an wechselbezügliche Verfügungen gemäß §§ 2281, 2079 BGB.[9]

Zur Vermeidung von **Amtshaftungsprozessen** sollte ein Notar gerade bei einem Erb- und Pflegevertrag, bei dem die Absicherung der Pflegleistung davon abhängt, die Frage nach früher errichteten bindenden Verfügungen nicht nur stellen, sondern die Erklärung des Beteiligten hierzu auch in die Urkunde aufnehmen. Nur dann nimmt die Erklärung an der Beweiskraft gemäß § 415 ZPO teil. 16

Der Erklärung des Erblassers über erbrechtlich bindende frühere Verfügungen von Todes wegen kommt bei einem Erb- und Pflegevertrag überragende Bedeutung zu. Hat der Erblasser einen bindenden Erbvertrag oder ein bindendes gemeinschaftliches Testament verschwiegen oder vergessen, wird dem Vertrag die **rechtliche Grundlage** völlig entzogen. Der Notar muss darüber hinaus die pflegewillige Person ausdrücklich und am besten in der Urkunde darüber belehren, dass sie in ihrem Vertrauen auf die Richtigkeit der Erblassererklärungen in keiner Weise geschützt ist (siehe § 4 des Musters). 17

Zu § 2: Letztwillige Verfügungen durch A

Die erbrechtlich bindende Regelung der **Ersatzerbfolge** scheidet in aller Regel aus, weil beim Vorversterben der Pflegeperson die Erbeinsetzung nicht mit der Vererblichkeit der Pflegepflicht synchronisiert werden kann (siehe oben Rz. 7). Die Einsetzung der Erben der Pflegeperson zu Ersatzerben des Erblassers scheitert an § 2065 BGB. Hinzu kommt, dass in aller Regel die Pflegepflicht eine höchstpersönliche ist, mit der die Pflegeperson ihre Familie nicht belasten will. Keine Bedenken begegnet es aber, dass der Erblasser durch einseitig testamentarische Verfügung iSd. § 2299 BGB eine der Pflegeperson nahestehende Person zum Ersatzerben beruft. 18

Der Erb- und Pflegevertrag setzt keineswegs zwingend eine Zuwendung in Form einer Erbeinsetzung voraus. Auch ein vertragsmäßig angeordnetes Vermächtnis erfüllt wirtschaftlich den gleichen Zweck. Um Streit zwischen dem bzw. den Erben und der Pflegeperson als Vermächtnisnehmer von vorneherein zu vermeiden, ist dringend zu empfehlen, in diesem Fall den Vermächtnisnehmer auch zum Testamentsvollstrecker zum Zwecke der Vermächtniserfüllung einzusetzen. Diese Anordnung ist im Unterschied zum Vermächtnis aber nur als einseitige und jederzeit änderbare Verfügung möglich (§ 2278 Abs. 2 BGB). 19

[9] BayObLG v. 23.4.1997 – 1 Z BR 140/96, NJW-RR 1997, 1027; OLG Frankfurt a. M. v. 6.6.1997 – 20 W 606/94, ZEV 1997, 422.

B. 1.02a **[Formular B. 1.02a]**

Herr A vermacht Frau B den im Grundbuch des Amtsgerichts [...] von [...] Blatt [...] eingetragenen Grundbesitz der Gemarkung [...]
Flur [...] Nr. [...].
Etwa im Grundbuch eingetragene Belastungen sind einschließlich der hierdurch gesicherten Verbindlichkeiten mit Wirkung vom Todestag zur Entlastung des Nachlasses zu übernehmen.
Mitvermacht sind alle Ansprüche aus Lebensversicherungen, die bei meinem Tod in den Nachlass fallen und an Grundpfandrechtsgläubiger zum Zwecke der Tilgung abgetreten sind.
Die Kosten der Vermächtnisauslieferung gehen zu Lasten des Vermächtnisnehmers.
Herr A ordnet mit einseitig testamentarischer Wirkung Testamentsvollstreckung zum Zwecke der Vermächtniserfüllung an und bestimmt Frau B zur Testamentsvollstreckerin. Sie erhält keine Vergütung.

20 Weil mit dem Tod der Pflegeperson vor dem Erblasser Erbeinsetzung bzw. Vermächtnis wirkungslos werden, bedarf es einer Ersatzverfügung in Form eines durch deren Tod **aufschiebend bedingten Geldvermächtnisses** an von dieser zu bestimmende Personen (siehe oben Rz. 8). Soll der Ehepartner der Pflegeperson Vermächtnis- bzw. Ersatzvermächtnisnehmer sein, so ist es unerlässlich diese Zuwendung an die Bedingung des Fortbestands der Ehe zur Pflegeperson zu binden, um nach einer Scheidung Rechtsstreitigkeiten zu vermeiden.[10]

21 Die **Höhe** der Geldsumme muss sich am Wert der erbrachten Dienstleistungen bis zum Tod der Pflegeperson orientieren. Da der Erblasser bei einem Erb- und Pflegevertrag im Unterschied zu einem rechtsgeschäftlichen Pflegevertrag zu Lebzeiten sein Vermögen nicht angreifen will, wird der Betrag erst sechs Monate nach dem Tod des Erblassers fällig (siehe Rz. 23). Da zwischen dem Tod der Pflegeperson und dem des Erblassers ein langer Zeitraum liegen kann, ist eine Wertsicherung unerlässlich.

22 Bei dieser Konstruktion tragen die Vermächtnisnehmer allerdings das **Risiko des Vermögensverbrauchs- bzw. -verfalls** beim Erblasser. Eine Belehrung durch den Notar erscheint angebracht, weil sich die erbrachten Pflegeleistungen in diesem Fall als ungesicherte Vorleistung darstellen. Sie sollte unbedingt in der Urkunde dokumentiert werden (siehe § 4 Abs. 3 des Musters).

23 Das Vermächtnis fällt mit dem Erbfall an (§ 2176 BGB). Die gemäß § 271 Abs. 1 BGB damit verbundene sofortige **Fälligkeit** würde jedoch den bzw. die Erben überfordern. Zur Geldbeschaffung sollte genügend Zeit eingeräumt werden. Besteht das Vermögen überwiegend aus schwer veräußerbaren Werten, insbesondere Immobilien und langlaufenden Wertpapieren, so sollte eine längere Frist eingeräumt werden als bei liquiden Vermögenswerten.

Zu § 3: Pflegepflicht

24 Bei der Formulierung der Pflegepflicht müssen notgedrungen viele **unbestimmte Rechtsbegriffe** verwendet werden. In Verbindung mit dem Rücktrittsvorbehalt wegen Nicht- oder Schlechterfüllung der Pflegepflicht (siehe § 6 des Formulars) ist hierin die hohe Streitanfälligkeit dieser rechtlichen Gestaltungsform begründet.

25 Um die **Pflegeperson nicht** zu **überfordern,** sollte auf einige grundlegende Formulierungen geachtet werden. Die Pflicht sollte auf die häusliche Pflege beschränkt werden. Ort der Leistungserbringung ist deshalb der Wohnsitz des Erblassers bei Vertragsabschluss. Daraus folgt, dass für die Dauer einer Unterbringung des Erblassers in einem Krankenhaus oder einem Pflegeheim die Pflegepflicht ruhen muss. Um zu

[10] Ausführlich *Litzenburger* ZEV 2003, 385.

vermeiden, dass für die Dauer eines solchen Aufenthalts anstelle der primären Pflegepflicht Wertersatz gefordert wird, empfiehlt sich die Klarstellung, dass es sich um eine reine Dienstleistungspflicht handelt. Darüber hinaus sollte diese Pflicht nur gelten, solange der Erblasser nicht den Pflegestufen II und höher unterfällt.

Zu § 4: Annahme und Bindungswirkung

Kernstück des Erb- und Pflegevertrags ist die Verknüpfung der erbrechtlichen Zuwendung (Erbeinsetzung oder Vermächtnis) mit der lebzeitigen Pflegepflicht. Bei Formulierung des erbvertraglichen Teils ist der allergrößte Wert darauf zu legen, dass wirklich nur diejenigen letztwilligen Verfügungen im Wege des Erbvertrags von der Pflegeperson angenommen werden, die **vertragsmäßig angeordnet** werden sollen (siehe oben Rz. 7, 19) und können (§ 2278 Abs. 2 BGB). 26

Aus Sicht des Notars ist der **Belehrungsvermerk** über die weitgehend ungesicherte **Vorleistungspflicht der Pflegeperson** das Kernstück eines Erb- und Pflegevertrags (§ 17 Abs. 1 BeurkG). Der Notar muss dabei umfassend und möglichst konkret über sämtliche rechtlichen Risiken, die dem Wirksamwerden der Erbeinsetzung bzw. des Vermächtnisses entgegenstehen können, belehren.[11] Vorsorglich sollte auch auf das wirtschaftliche Risiko des Vermögensverfalls bzw. -verbrauchs beim Erblasser hingewiesen werden. Darüber hinaus muss der Notar auf die rechtlich möglichen Mittel der Sicherung hinweisen (zB aufschiebend bedingtes Geldvermächtnis beim Vorversterben der Pflegeperson, Verfügungsunterlassungspflicht des Erblassers, Verzicht auf Anfechtung wegen Übergehens eines Pflichtteilsberechtigten). Der Hinweis auf die Gefahren einer Anfechtbarkeit wegen Übergehens eines Pflichtteilsberechtigten gemäß §§ 2079, 2078 BGB sowie der dementsprechende Anfechtungsverzicht[12] gehören ebenfalls zu den unabdingbaren Voraussetzungen für den Abschluss eines Erb- und Pflegevertrags. Der Belehrungsvermerk sollte unbedingt dokumentiert werden. 27

Zu § 5: Verfügungsunterlassungspflicht

Da ein Erb- und Pflegevertrag wegen seiner unübersehbaren Risiken für die Pflegeperson in der Praxis meist nur dann der einzig sinnvolle Weg ist, wenn das Vermögen des Erblassers im Wesentlichen nur aus einer einzigen Immobilie besteht, ist eine hierauf bezogene Verfügungsunterlassungsvereinbarung der wichtigste Anwendungsfall (siehe oben Rz. 1). Die aus einer Verletzung dieser Pflicht resultierende aufschiebend bedingte Übereignungspflicht kann durch eine Vormerkung im Grundbuch gesichert werden. 28

Nicht vergessen werden darf die Klarstellung, dass trotz eines Verstoßes gegen die Verfügungsunterlassungspflicht die Pflegepflicht fortbestehen soll. Nicht diese, sondern erbrechtliche Zuwendung und Pflegepflicht stehen sich wirtschaftlich als Gegenleistungen gegenüber, so dass die verbotswidrige Verfügung an dieser Verknüpfung nichts ändern darf. 29

Zu § 6: Rücktrittsrechte

Nach hM ist der Erblasser gemäß § 2295 BGB nicht zum Rücktritt vom Erbvertrag berechtigt, wenn die von der Pflegeperson als Gegenleistung übernommene Leistungspflicht nicht oder schlecht erfüllt wird.[13] Für diese Fälle müssen deshalb dem Erblasser im Erb- und Pflegevertrag besonders ausgestaltete Rücktrittsrechte vorbehalten werden (§ 2293 BGB). 30

---

[11] BGH v. 21.3.1999 – IX ZR 155/88, NJW-RR 1989, 1492, 1493.
[12] Vgl. dazu *Bengel* DNotZ 1984, 132, 138.
[13] MüKoBGB/*Musielak* BGB § 2295 Rz. 1, 5 mwN; aM *Stürzbecher* NJW 1988, 2717.

31 Die Streitanfälligkeit eines derartigen Rücktrittsvorbehalts in Verbindung mit einer Pflegepflicht, die eine Vielzahl unbestimmter Rechtsbegriffe beinhaltet, ist unverkennbar. Der Vorschlag, einen Erb- und Pflegevertrag abzuschließen, sollte daher nur ultima ratio sein (siehe dazu Rz. 1).

32 Die Rücktrittserklärung bedarf gemäß § 2296 Abs. 2 S. 1 BGB der notariellen Beurkundung.

33 Die Pflicht der Pflegeperson zur Löschung der Vormerkung im Grundbuch darf ebenso wenig vergessen werden wie die Regelung einer Entschädigung für die bis dahin „geleisteten" Pflegedienste. Die Höhe der Entschädigung orientiert sich dabei an der Höhe des Geldvermächtnisses für den Fall, dass die Pflegeperson vor dem Erblasser sterben sollte (siehe § 2 Abs. 2 des Musters). Die Erfahrung zeigt, dass gerade ein völliger Verzicht auf eine Entschädigungsregelung im Erb- und Pflegevertrag Anlass zu heftigen Rechtstreitigkeiten gibt. Der Pflegeperson wird es mit einer solchen Regelung erleichtert, den Rücktritt widerspruchslos hinzunehmen. So erweist sich diese Entschädigungsregelung als ein wichtiger Beitrag zum Rechtsfrieden. Allerdings muss darauf geachtet werden, dass der Erblasser im Falle des Scheiterns des Erb- und Pflegevertrags auch finanziell in der Lage ist, den vereinbarten Geldbetrag zu zahlen.

34 Die sofort nach Wirksamwerden der Rücktrittserklärung eintretende Fälligkeit der Vergütung dürfte dem Erblasser keine Probleme bereiten, da er den Zugang bei der Pflegeperson selbst steuern kann.

Zu § 7: Rechtswahl

34a Die Rechtswahl gemäß Art. 22 EU-ErbVO ist zum Schutz des pflegepflichtigen Vertragspartners erforderlich, weil bei einem Wohnsitzwechsel in das EU-Ausland (ohne Großbritannien, Irland und Dänemark) das dort geltende Erbrecht Anwendung findet, mit der Folge, dass der Erbvertrag allenfalls ohne erbrechtlich bindende Wirkung gilt. Die Tatsache, dass die Aufnahme dieser Rechtswahl die Kosten des Beurkundungsverfahrens gemäß § 104 Abs. 2 GNotKG erhöht, ändert nichts an der Pflicht des Notars, den sichersten Weg vorzuschlagen. Dazu gehört obligatorisch die Mitbeurkundung einer Rechtswahl gemäß Art. 22 EU-ErbVO.

Zu § 8: Vollständigkeit

35 Die Pflegeperson muss darauf hingewiesen werden, dass sie durch die Erbeinsetzung keinen Anspruch auf Lebensversicherungs- oder sonstige Verträge auf den Todesfall, bei denen das Bezugsrecht nicht ihr zusteht, erwirbt.[14]

Zu § 9: Teilnichtigkeit

36 § 2085 BGB sieht den Ersatz einer ungültigen Bestimmung durch eine wirtschaftlich vom Erblasser gewollte nicht vor. Zur Vermeidung von sonst eintretenden Regelungslücken sollte daher eine Teilnichtigkeitsklausel in den Erbvertrag aufgenommen werden. Dadurch wird eine Synchronisierung der Beweislast mit § 139 BGB erreicht, der im Hinblick auf die lebzeitige Pflegepflicht ebenfalls anwendbar ist.

---

[14] Vgl. OLG Koblenz v. 1.2.2007 – 2 U 898/05, BeckRS 2007, 10388 m. Anm. *Litzenburger* beck-FD-ErbR 2007, 237549.

B. 1.03 Erblasser mit auf Sozialleistungen angewiesenem Kind („Bedürftigentestament“)

Gliederung

B. 1.03

Nummer der Urkundenrolle [...]
Verhandelt zu [...] am [...]
Vor dem Notar [...] erschien:
Frau B, geboren am [...] in [...] als Tochter [...],
nach eigenen Angaben deutsche Staatsangehörige,
wohnhaft [...]
dem Notar [...].

Die Erschienene erklärte, nachdem sich der amtierende Notar durch eingehende Verhandlung von der Testierfähigkeit überzeugt hatte, unter Verzicht auf die Zuziehung von Zeugen dem Notar mündlich das folgende

Testament

zur Beurkundung:

§ 1 Frühere Verfügungen von Todes wegen

Ich widerrufe hiermit alle bisher von mir errichteten Verfügungen von Todes wegen.[Rz. 19]

An diesem Widerruf sowie an der Errichtung dieses Testaments bin ich nicht durch ein gemeinschaftliches Testament oder einen Erbvertrag gehindert, so dass ich, auch von Todes wegen, frei über mein Vermögen verfügen kann.[Rz. 20, 21]

§ 2 Erbeinsetzung

Zu meinen Erben berufe ich hiermit:

a) meinen Sohn B, geboren am [...], wohnhaft [...],
zu 1/2 Anteil,
und zwar zum unbeschränkten Vollerben,
ersatzweise dessen Abkömmlinge nach den Regeln der gesetzlichen Erbfolge.[Rz. 22]
Sind in diesem Fall keine Abkömmlinge vorhanden, so wächst der Erbteil meinem Sohn C unter den Bedingungen von Buchst. b an.

b) meinen Sohn C, geboren am [...], wohnhaft [...],
zu 1/2 Anteil,
und zwar zum allen gesetzlichen Beschränkungen und Verpflichtungen unterworfenen Vorerben;[Rz. 22] **mit dem etwaigen Ende der Testamentsvollstreckung (§ 3 Abs. 10) erlangt mein Sohn C die Rechtsstellung eines befreiten Vorerben, der von allen gesetzlichen Beschränkungen – soweit zulässig – befreit ist.**[Rz. 13, 25]
Der Nacherbfall tritt ein mit dem Tode des Vorerben oder mit der Feststellung eines Gerichts, dass die Verwaltungstestamentsvollstreckung (§ 3) unwirksam ist.[Rz. 24]
Nacherben sind die Abkömmlinge meines Sohnes C nach den Regeln der gesetzlichen Erbfolge, ersatzweise mein Sohn B, vorgenannt, ersatzweise dessen Abkömmlinge nach den Regeln der gesetzlichen Erbfolge.
Die Nacherbenrechte sind nicht vererblich und nicht übertragbar.

§ 3 Testamentsvollstreckung

Ich ordne bezüglich des Vorerbteils (§ 2b) meines Sohnes C bis zu dessen Tod Testamentsvollstreckung an.[Rz. 26]

Der Testamentsvollstrecker hat alle Verwaltungsrechte auszuüben, die meinem Sohn C als Erbe zustehen. Er ist zur Verwaltung des Nachlasses in Gemeinschaft mit den weiteren Miterben berechtigt und verpflichtet. Er ist von den Beschränkungen des § 181 BGB in vollem Umfang befreit.

Über den Erbteil selbst darf der Testamentsvollstrecker nicht verfügen. Er ist jedoch berechtigt und verpflichtet, an der Teilung des Nachlasses mit weiteren Miterben mitzuwirken, und zwar ohne Zustimmung der Nach- bzw. Ersatznacherben. Nach Teilung des Nachlasses setzt sich die Testamentsvollstreckung an den dabei erworbenen Vermögenswerten fort.[Rz. 27]

Der Testamentsvollstrecker hat meinem Sohn C zum Zwecke der Verbesserung der Lebensqualität den gesamten jährlichen Reinertrag des Vorerbteils nur in Form folgender Leistungen zuzuwenden:[Rz. 28]

- Zuwendungen zur Befriedigung der individuellen Bedürfnisse meines Sohns in Bezug auf Freizeit oder Hobbies;
- Finanzierung von Urlauben;
- Aufwendungen für die Besuche von Freunden und Verwandten;
- Aufwendungen für ärztliche oder sonstige Heilbehandlungen und Therapien, Medikamente und medizinische Hilfsmittel, die von der Krankenkasse nicht vollständig bezahlt werden;
- Aufwendungen für persönliche Sachen wie Kleidung und für Einrichtungsgegenstände;
- ein Taschengeld, jedoch nicht mehr als der Betrag, den ein Sozialleistungsempfänger ungekürzt zur freien Verfügung haben darf.[Rz. 30]

Für welche der genannten Leistungen der Reinertrag verwendet wird, ob dieser also auf sämtliche Leistungen gleichmäßig oder nach einem bestimmten Schlüssel verteilt wird oder ob dieser in einem Jahre nur für eine oder mehrere der genannten Leistungen verwendet wird, entscheidet der Testamentsvollstrecker nach seinem Ermessen, wobei er allerdings immer auf das Wohl des Erben bedacht sein muss.[Rz. 28]

Wird der jährliche Reinertrag in einem Jahr nicht in voller Höhe in Form der bezeichneten Leistungen verwendet, sind die entsprechenden Teile vom Testamentsvollstrecker gewinnbringend anzulegen.[Rz. 31]

Vorerbe und Testamentsvollstrecker sind dabei von den Beschränkungen des § 2119 BGB befreit.

Zum Testamentsvollstrecker wird berufen:

- Herr D, geboren am [...], wohnhaft [...],
- ersatzweise Frau E, geboren am [...], wohnhaft [...],
- weiter ersatzweise ein Testamentsvollstrecker, den das Nachlassgericht ernennen soll.

Auf schriftlichen Antrag meines Sohnes C muss das Nachlassgericht einen Testamentsvollstrecker entlassen und durch den von meinem Sohn vorgeschlagenen Nachfolger ersetzen, wenn dessen Ernennung keiner der in § 2201 BGB genannten Gründe entgegensteht. Sich selbst kann er dabei nicht als Testamentsvollstrecker vorschlagen. Der Antrag muss von meinem Sohn höchstpersönlich gestellt werden.[Rz. 32]

Die Testamentsvollstreckung endet ersatzlos, wenn mein Sohn C:

1. für einen ununterbrochenen Zeitraum von 12 Monate tatsächlich weder Sozialhilfe nach den jeweils geltenden Vorschriften des SGB XII noch Grundsicherung für Arbeitssuchende nach den jeweiligen Vorschriften des SGB II erhalten hat und
2. dies gegenüber dem Nachlassgericht erklärt und eidesstattlich versichert.[Rz. 13, 14, 15, 34]

Bezieht mein Sohn danach erneut Sozialleistungen ändert dies an den eingetretenen Rechtsfolgen nichts mehr.

§ 4 Vollständigkeit Rz. 35

Weitere Verfügungen über meinen Nachlass oder nichtvermögensrechtliche Angelegenheiten sowie eine Rechtswahl für den Fall, dass ich meinen gewöhnlichen Aufenthalt ins Ausland verlegen sollte, will ich nicht treffen.
Ich habe kein Vermögen im Ausland.
Der Notar hat darauf hingewiesen, dass die vorstehenden Verfügungen einen Erwerb aufgrund von Lebensversicherungen mit festgelegter Bezugsberechtigung oder sonstige Verträge zugunsten Dritter auf den Todesfall nicht erfassen.

§ 5 Salvatorische Klausel Rz. 36

Für diese Verfügung von Todes wegen soll das Recht der Bundesrepublik Deutschland gelten.

Sollte die in § 3 Abs. 10 enthaltene Beendigungsklausel der Testamentsvollstreckeranordnung undurchführbar oder aus irgendeinem Grund unwirksam sein oder werden, so entfällt sie ersatzlos und die nicht befreite Vorerbschaft meines Sohnes C sowie die Testamentsvollstreckung bestehen, wie angeordnet, fort.
Sollte eine andere Bestimmung in dieser Urkunde ganz oder teilweise undurchführbar oder unwirksam sein oder werden, soll der übrige Teil hiervon nicht berührt und die unwirksame Anordnung, soweit möglich, sinngemäß ausgeführt werden.

Diese Niederschrift wurde in Gegenwart des Notars den Erschienenen vorgelesen, von ihnen durch mündliche Erklärung genehmigt und eigenhändig wie folgt unterschrieben:

A. Grundsätzliche Anmerkungen

I. Wirtschaftliche Aspekte

Nicht nur Eltern von behinderten Kindern, sondern auch Eltern gesunder Kinder 1
wollen im Allgemeinen verhindern, dass der Nachlass bei ihrem Tod dem **Zugriff des Sozialleistungsträgers** unterliegt, wenn ein Kind auf Sozialhilfe (SGB XII) oder Grundsicherung für Arbeitnehmer (SGB II) angewiesen ist. Auf der Grundlage des sozialrechtlichen Subsidiaritätsprinzips sind nämlich sowohl der Anspruch auf Sozialhilfe als auch der auf Grundsicherung für Arbeitssuchende (Arbeitslosengeld II) davon abhängig, dass der Bezieher vor Leistungsgewährung sein Einkommen (§§ 88, 82 SGB XII [Sozialhilfe] bzw. § 11 SGB II [Arbeitslosengeld II]) sowie sein Vermögen (§ 90 SGB XII [Sozialhilfe] bzw. § 12 SGB II [Arbeitslosengeld II]) verwertet. Erschwerend kommt hinzu, dass bei einer Haushalts- bzw. Bedarfsgemeinschaft auch das Vermögen des Ehepartners bzw. Partners einer eingetragenen Lebensgemeinschaft oder einer nichtehelichen Lebensgemeinschaft herangezogen werden kann (§ 36 SGB XII [Sozialhilfe] bzw. § 9 SGB II [Arbeitslosengeld II]), so dass auch dann ein Bedürftigentestament angebracht ist, wenn zwar nicht der Erbe sondern dessen Partner derartige Sozialleistungen bezieht. Zum verwertbaren Vermögen bzw. Einkommen gehören grundsätzlich auch Substanz und Ertrag einer Erbschaft.[1] Da die Sozialleis-

[1] Vgl. LSG Baden-Württemberg v. 21.2.2007 – L 7 AS 690/07 ER – B, BeckRS 2007, 41689 mwN zur im Hinblick auf Art. 3 Abs. 1 GG rechtlich bedenklichen Differenzierung zwischen aus Barvermögen bestehenden Nachlässen und solchen, die sich ganz oder teilweise aus Sachwerten wie Immobilien zusammensetzen.

tungsansprüche an die Hilfebedürftigkeit des Anspruchstellers anknüpfen, setzt sich langsam für diesen besonderen Testamentstyp der Begriff des „Bedürftigentestaments" durch.

2 Die sozialrechtliche Ausgangslage ist dieselbe wie beim Testament zugunsten Behinderter (siehe B. 1.15 Rz. 2). Im Unterschied zur lebenslangen Behinderung ist die sozialrechtliche Anspruchsberechtigung in den meisten Fällen aber nur eine **vorübergehende Erscheinung.** Das Testament zugunsten einer Person, die auf Sozialleistungen angewiesen ist, muss versuchen, diesem Umstand durch entsprechende Änderungsklauseln Rechnung zu tragen. Darüber hinaus muss einem Erblasser bei der Beurkundung vermittelt werden, dass er bei einer Änderung der Lebensumstände des Sozialleistungsempfängers sein Testament hieran anpassen sollte. Eine regelmäßige Überprüfung ist dringend geboten.

3 Erblasser bewegen sich dabei notgedrungen im Spannungsfeld zwischen erbrechtlicher Testierfreiheit (Art. 14 Abs. 1 GG) und sozialrechtlichem Nachrangprinzip. Der Erbe soll durch die Erbschaft dauerhaft versorgt werden, ohne dass der Sozialleistungsträger auf Ertrag und Substanz des Vermögens zugreifen kann. Der BGH hat zwar in mehreren Entscheidungen die **Sittenwidrigkeit** entsprechender Testamentsgestaltungen zu Gunsten behinderter Kinder abgelehnt.[2] Doch kann diese Rechtsprechung nicht ohne weiteres auf die Fallgestaltung des Bedürftigentestaments übertragen werden. Bis zu einer höchstrichterlichen Klärung auch für das Bedürftigentestament, sollte mit entsprechenden Teilnichtigkeitsklauseln die Wirksamkeit der Verfügung von Todes wegen auch für den Fall gerettet werden, dass die Rechtsprechung zwischen Behinderten- und Bedürftigentestament differenzieren sollte (siehe § 5 Abs. 1 des Musters).

4 Wie beim Behindertentestament muss zum **Schutz der Substanz** nicht befreite Vorerbschaft und zum **Schutz des Ertrags** Dauertestamentsvollstreckung angeordnet werden. Vor allem die Testamentsvollstreckung mit ihrer bevormundenden Wirkung wird dem Sozialleistungsempfänger nur schwer zu vermitteln sein, wenn diese Folgen gegenüber einem Behindertentestament nicht deutlich abgemildert werden. Dem Erben muss daher Einfluss auf die Person des Testamentsvollstrecker ebenso eingeräumt werden wie das Recht, nach dem Ende des Sozialleistungsbezugs ohne wesentliche Einschränkungen über seinen Erbteil verfügen zu können. Darin liegen die besonderen Herausforderungen bei der Gestaltung eines Testaments zugunsten von Empfängern von Sozialhilfe bzw. von Arbeitslosengeld II.

II. Erb- und sozialrechtliche Aspekte

5 Wird der Sozialleistungsempfänger **Vollerbe,** kann sowohl die Sozialhilfe als auch das Arbeitslosengeld II unter Berufung auf den sozialrechtlichen Grundsatz der Nachrangigkeit so lange eingestellt werden, bis der Nachlass bzw. Erbteil aufgebraucht ist. Die Erbschaft würde damit letztlich nur den Haushalt des Sozialleistungsträgers entlasten.

6 Die vollständige **Enterbung** scheidet als Lösung ebenfalls aus. Der Träger der Sozialhilfe kann den Anspruch des Hilfeempfängers auf den gesetzlichen Pflichtteil (§ 2303 Abs. 1 BGB) gemäß § 93 Abs. 1 SGB XII auf sich überleiten und die Geldforderung beim Erben geltend machen. Eine vergleichbare Regelung für das Arbeitslosengeld II enthält § 33 Abs. 1 SGB II. Die Enterbung reduziert damit zwar den Zugriff des Sozialleistungsträgers, schließt ihn aber auch nicht aus.

7 Vorzuziehen ist daher die Einsetzung des Sozialleistungsempfängers zum **nicht befreiten Vorerben.** Damit wird die Substanz vor dem Zugriff geschützt. Da dem Vor-

---

[2] BGH v. 21.3.1990 – IV ZR 169/89, NJW 1990, 2055; BGH v. 20.10.1993 – IV ZR 231/92, NJW 1994, 248.

erben die Verwertung des Nachlasses rechtlich unmöglich ist, kann weder die Sozialhilfe noch das Arbeitslosengeld II davon abhängig gemacht bzw. deswegen eingestellt werden. Da der Nacherbe nicht Erbe des Vorerben, sondern des Erblassers ist, scheidet eine Erbenhaftung für die erbrachten Sozialleistungen gemäß § 102 SGB XII bzw. § 35 SGB II von vorneherein aus.

Der mit der Nacherbschaft belastete Vorerbe kann gemäß § 2306 BGB die (nicht) befreite Vorerbschaft ausschlagen und stattdessen seinen Pflichtteil verlangen. Da der Sozialleistungsträger auf diesen Zugreifen und die vorrangige Verwertung verlangen kann, ist für den Leistungsträger die **Überleitung des Ausschlagungsrechts** von zentraler Bedeutung. Nach mittlerweile einhelliger Meinung scheidet eine Überleitung des Ausschlagungsrechts gemäß § 93 Abs. 1 SGB XII bzw. § 33 Abs. 1 SGB II aber aus, weil das Ausschlagungsrecht ein Gestaltungsrecht und kein Anspruch ist.[3] **8**

Damit ist aber nur die Substanz des Erbteils vor dem Zugriff des Sozialhilfeträgers geschützt, nicht aber der **Ertrag.** Deshalb ist die Anordnung der nicht befreiten Vorerbschaft unbedingt mit einer Verwaltungstestamentsvollstreckeranordnung zu verbinden, bei der der Anspruch des Vorerben auf den Ertrag beschränkt ist. **9**

Der Zugriff des bedürftigen Kindes auf den Ertrag kann durch die Anordnung der **Verwaltungstestamentsvollstreckung** zwar eingeschränkt (§ 2216 Abs. 2 S. 1 BGB), nicht aber vollständig ausgeschlossen werden (§ 2220 BGB). Die Grenzziehung zwischen zulässiger Einschränkung und verbotenem Ausschluss ist von zentraler Bedeutung, weil der Anspruch des Sozialleistungsempfängers gemäß § 93 Abs. 1 SGB XII bzw. § 33 Abs. 1 SGB II vom Träger auf sich übergeleitet werden kann. Nach überwiegender Auffassung ist jedoch eine Verwaltungsanordnung mit dem Inhalt, dass nur solche Erträge auszukehren sind, auf die der Sozialhilfeträger keinen Zugriff durch Überleitung oder durch Leistungsverweigerungsrechte hat, mit § 2220 BGB vereinbar.[4] **10**

Dennoch ist Vorsicht geboten. So sollte das Bemühen nicht darauf gerichtet sein, den Ertrag möglichst umfassend dem Sozialleistungsträger vorzuenthalten, sondern zu einer tatsächlichen Verbesserung der Lebensumstände des Sozialleistungsempfängers beitragen. So gestaltete Anordnungen entgehen auch leichter dem Vorwurf der **Sittenwidrigkeit.** **11**

Das Bedürftigentestament muss versuchen, die Belastungen durch die Vorerbschaft sowie die Testamentsvollstreckung auf den **Zeitraum des Sozialleistungsbezugs** zu beschränken. Dabei stehen sich zwei Konzeptionen gegenüber. Die einen suchen die Lösung in einer durch den Wegfall der Hilfsbedürftigkeit auflösend bedingten Vorerbschaft bzw. einer aufschiebend bedingten Vollerbschaft.[5] Das damit verbundene Anwartschaftsrecht ist allerdings bereits zu Zeiten des Bezugs der Sozialleistungen gemäß § 93 Abs 1 SGB XII bzw. § 33 Abs. 1 SGB II überleitungsfähig. Andere schlagen, um dieses Recht zu vermeiden vor, dem Vorerben für den Wegfall der Hilfsbedürftigkeit ein Anfechtungsrecht dadurch zu verschaffen, dass das Motiv im Testament angegeben wird.[6] Dagegen wird mit Recht eingewandt, dass eine Testamentsauslegung wohl auch bei dieser Gestaltung zu einer aufschiebend bedingten Vollerbschaft gelangen wird, das erstrebte Ziel also verfehlt werden wird.[7] **12**

Das Problem lässt sich nur sicher lösen, wenn der Erblasser darauf verzichtet, den Hilfsbedürftigen für den Fall zum Vollerben machen zu wollen, wenn keine Sozialleistungen mehr bezogen werden. In vielen Fällen entspricht der Fortbestand der Vor- und Nacherbschaft auch den Intentionen des Erblassers eher, will er doch oft langfristig die Versorgung des Erben sicherstellen. Die eigentliche Belastung geht auch weni- **13**

---

[3] Vgl. die Nachweise bei Bamberger/Roth/*Litzenburger* BGB § 2100 Rz. 13.
[4] BGH v. 1.2.2017 – XII ZB 299/15, BeckRS 2017, 103144.
[5] Vgl. *Langenfeld* Rz. 433.
[6] *Limmer* ZEV 2004, 133, 140; *Everts* ZErb 2005, 353, 357.
[7] *J. Mayer* ZEV 2005, 175, 178.

ger von der Vorerbschaft an sich als vielmehr von den damit verbundenen gesetzlichen Beschränkungen und Verpflichtungen aus. In vielen Fällen wird es daher genügen, dem Vorerben das Recht zu geben, beim Wegfall der Hilfsbedürftigkeit sich die **Rechtsstellung eines iSd. § 2136 BGB umfassend befreiten Vorerben** zu verschaffen. Dies ist durch eine entsprechende Bedingung möglich. § 2065 BGB steht dem nicht entgegen, weil es sich dabei zwar um eine Potestativbedingung handelt, bei der jedoch nicht der Willensentschluss des Bedürftigen sondern der Schutz des Nachlasses vor einem Zugriff des Sozialleistungsträgers im Vordergrund steht.[8] Völlig problemlos ist es auch, zusätzlich die Testamentsvollstreckung durch dasselbe Ereignis auflösend zu bedingen. So erhält der Erbe die Möglichkeit als befreiter Vorerbe Substanz und Ertrag für sich zu verbrauchen. Dass er weder Schenkungen vornehmen noch über den Nachlass anderweitig letztwillig verfügen darf, fällt bei derartigen Fallgestaltungen nicht so stark ins Gewicht. Das Weniger an Freiheit des Sozialleistungsempfängers bringt ein Mehr an Rechtssicherheit.

14 Die **Festlegung des Ereignisses,** mit dem diese Wirkungen eintreten sollen, bereitet unter sozialrechtlichen Gesichtspunkten einige Probleme. Zunächst kann es sein, dass der Sozialleistungsanspruch nur für kurze Zeit entfällt. Darüber hinaus sollte vermieden werden, die Bedingung sofort nach dem Ende des Sozialleistungsbezugs enden zu lassen, weil dies dem Sozialleistungsträger die Möglichkeit eröffnet, diese mit der Begründung einzustellen, dass der Hilfsbedürftige danach sofort auf Ertrag und Substanz zugreifen kann. Deshalb erscheint es besser an den Ablauf eines längeren Zeitraums nach dem Ende des Sozialleistungsbezugs abzustellen. Dadurch ist dem Träger der Sozialleistung ein Verweis auf die Erbschaft schon allein deshalb unmöglich, weil der Hilfsbedürftige in der Zwischenzeit ohne jedes Einkommen dastehen würde. Im übrigen ist es dem Erben durchaus zumutbar noch eine überschaubare Zeit von 12 Monaten mit den Beschränkungen durch nicht befreite Vorerbschaft und Verwaltungstestamentsvollstreckung zu leben.

15 Der Erbe muss nach Beendigung der Testamentsvollstreckung und der Aufhebung der Beschränkungen der Vorerbschaft ohnehin einen neuen Erbschein beantragen. Diesen Umstand kann man sich bei der Gestaltung zunutze machen, indem man die Bedingung mit einer **Erklärung** des Erben **gegenüber dem Nachlassgericht** eintreten lässt. Der Nichtbezug von Sozialleistungen innerhalb der letzten 12 Monate seit der Beantragung des Erbscheins stellt eine negative Tatsache dar. Derartige Tatsachen entziehen sich einem förmlichen Beweis. Deshalb gibt sich § 2356 Abs. 2 BGB beim Fehlen von Verfügungen von Todes wegen mit einer entsprechenden eidesstattlichen Versicherung zufrieden.[9] Es begegnet daher keinen durchgreifenden Bedenken, die Bedingung wie im Muster vorgeschlagen zu fassen.

16 Wegen der Gefahr von Rechtsprechungs- und Gesetzesänderungen ist Vorsorge für den Fall zu treffen, dass der Sozialleistungsempfänger ausschlägt oder ausschlagen muss und doch der Zugriff des Sozialleistungsträgers auf den Pflichtteil eröffnet ist. Dazu gehört auch die Reduktion des Pflichtteilsrechts der Kinder durch Wahl oder Beibehaltung des gesetzlichen Güterstands der **Zugewinngemeinschaft,** weil diese mit ihrem erhöhten Ehegattenerbteil (§ 1371 Abs. 1 BGB) spiegelbildlich zum geringsten Pflichtteil von Abkömmlingen führt. Siehe zum Wechsel von der Gütertrennung zum gesetzlichen Güterstand das Formular A. 4.20.

17 Außerdem kann versucht werden, den Pflichtteil des Sozialleistungsempfängers durch Vermögensübertragungen im Wege **vorweggenommener Erbfolge** an andere Kinder zu reduzieren. Gerade bei kleinen und mittleren Vermögen verbietet sich dies allerdings, weil der Vorbehalt von lebenslänglichen Nießbrauchs- oder den Erwerber ausschließenden Wohnungsrechten den Pflichtteilsergänzungsanspruch des Bedürftigen

---

[8] Bamberger/Roth/*Litzenburger* BGB § 2065 Rz. 11.
[9] Vgl. dazu grundsätzlich *Litzenburger* ZEV 2004, 450.

mangels Vollzug gemäß § 2325 Abs. 3 BGB nicht verringert[10] und weniger weitreichende Wohnungs- oder Rentenrechte zu einer in aller Regel nicht hinnehmbaren Abhängigkeit der Eltern von den Kindern führt. Bei vermögenden Eltern sollte dieser Ausweg aber unbedingt in Erwägung gezogen werden.

III. Erbschaftsteuerliche Aspekte

Die Erbschaftsbesteuerung richtet sich nach den Steuerklassen, denen die eingesetzten Erben angehören. Kinder und alle sonstigen Abkömmlinge des Erblassers versteuern den Erwerb von Todes wegen nach der Steuerklasse I (§ 15 Abs. 1 ErbStG). Im Verhältnis des Erblassers zu jedem Kind beträgt der allgemeine Freibetrag € 400 000,– (§ 16 Abs. 1 Nr. 2 ErbStG), zu dem noch ein besonderer Versorgungsfreibetrag gemäß § 17 Abs. 2 ErbStG und unter Umständen auch der objektbezogene Familienheimfreibetrag gemäß § 13 Abs. 1 Nr. 4c ErbStG hinzukommt. Der Steuersatz beginnt mit 7% (§§ 19 Abs. 1 I, 15 Abs. 1 I Nr. 2 ErbStG). Stirbt ein Kind vor dem Erblasser, so kommen die Enkelkinder in den Genuss der gleichen Vergünstigungen, andernfalls beträgt ihr allgemeiner Steuerfreibetrag lediglich € 200 000,– (§ 16 Abs. 1 Nr. 3 ErbStG). **18**

(frei) **19–21**

B. Einzelerläuterungen

Zu § 1: Frühere Verfügungen von Todes wegen

Vgl. hierzu B. 1.01 Rz. 12ff.

Zu § 2: Erbeinsetzung

Die Ersatzerbfolge für das zum **Vollerben** eingesetzte Kind sollte ausdrücklich bestimmt werden, weil § 2069 BGB nur eine Auslegungsregel ist. Bei Anordnung der Ersatzerbfolge darf nicht nur auf den Fall des Vorversterbens des eingesetzten Erben abgestellt werden („vorversterben", „nicht vorhanden sein" usw.), da dadurch die Auslegungsregel des § 2097 außer Kraft gesetzt ist und die Fälle der Ausschlagung und der Erbunwürdigkeit nicht erfasst würden. Darüber hinaus muss im Rahmen eines Bedürftigentestaments deutlich zum Ausdruck gebracht werden, dass im Falle der Ersatzerbfolge des Sozialleistungsempfängers dieser auch insoweit nicht Voll- sondern lediglich nicht befreiter Vorerbe ist. **22**

Eine zweifelsfreie **Einsetzung zum Vorerben** besteht aus: **23**
- der genauen Bezeichnung des Vorerben (vgl. § 2105 BGB) und des Umfangs seiner Befugnisse (§§ 2136, 2112ff. BGB),
- der Bestimmung des Nacherbfalls, dh. des Ereignisses, mit dem der Nachlass auf den oder die Nacherben übergehen soll (vgl. § 2106 BGB),
- der Nennung des oder der Nacherben (vgl. § 2104 BGB) und der Klarstellung, ob sie unbeschränkte Erben oder ihrerseits durch die Einsetzung weiterer Nacherben belastet sind,
- der Einsetzung von Ersatznacherben für den Fall, dass ein Nacherbe vor dem Nacherbfall wegfällt und
- dem Ausschluss der Vererblichkeit des Nacherbenanwartschaftsrechts gemäß § 2108 Abs. 2 BGB.

Der **Nacherbfall** sollte nicht nur beim Tod des bedürftigen Vorerben sondern bereits dann eintreten, wenn einen Gericht die Unwirksamkeit der Regelungen über die **24**

---

[10] BGH v. 27.4.1994 – IV ZR 132/93, NJW 1994, 1791; *N. Mayer* ZEV 1994, 325, 328; BeckOK BGB/ *G. Müller* BGB § 2325 Rz. 30 (Stand: 1.2.2017).

Verwaltungstestamentsvollstreckung, vor allem über die Anordnungen gemäß § 2216 BGB, festgestellt hat. Die gesamte Konstruktion verliert ihren Sinn, wenn zwar die Substanz durch die Vor- und Nacherbschaft, nicht dagegen der Ertrag vor dem Zugriff des Sozialleistungsträgers geschützt ist. Mangels höchstrichterlicher Entscheidungen und unterschiedlicher Rechtsauffassungen in der Literatur zu dieser Kernfrage (siehe unten Rz. 31) ist die Gefahr zumindest der teilweisen Nichtigkeit groß. Der ungehinderte Zugriff auf den Ertrag muss dann, so schnell wie möglich dadurch beendet werden, dass die Substanz im Wege der Nacherbschaft an den oder die Nacherben fällt, verbunden allerdings mit dem Nachteil, dass – sofern noch nicht verjährt – der Pflichtteil verwertet werden muss.

25 An der nicht befreiten Vorerbschaft führt für die Dauer des Sozialleistungsbezugs kein Weg vorbei, um zu vermeiden, dass die Erbschaft beim Vorerben als verwertbares Einkommen bzw. Vermögen vorrangig herangezogen wird. Die Beschränkungen und Belastungen machen jedoch keinen Sinn mehr, wenn der Erbe nicht mehr auf Sozialleistungen angewiesen ist. Deshalb stehen die gesetzlichen Beschränkungen und Belastungen bis hin zur absoluten Grenze des § 2136 BGB unter derselben **auflösenden Bedingung** wie die Testamentsvollstreckung (siehe unten Rz. 34).

Zu § 3: Testamentsvollstreckung

26 Die Dauervollstreckung gemäß § 2209 BGB kann **bis zum Tod** des Vorerben angeordnet werden, auch wenn damit die 30-Jahresfrist überschritten wird (§ 2210 S. 2 BGB).

27 Der Miterbe soll durch die Testamentsvollstreckung nicht belastet werden. Soll er bestimmte Vermögenswerte aus dem Nachlass erhalten, so lässt sich dies durch **Vorausvermächtnisse** oder **Teilungsanordnungen** realisieren. Andernfalls müssen sich Miterbe und Testamentsvollstrecker hierüber einig werden. Möglich ist es, dem Miterben das Recht einzuräumen, die Teilung des Nachlasses nach billigem Ermessen gemäß § 319 BGB zu bestimmen (§ 2048 S. 2 BGB).

28 Das Bedürftigentestament steht und fällt mit der rechtlichen Zulässigkeit von **Beschränkungen des Anspruchs am Ertrag** auf solche Verwendungen, die der Versorgung des Sozialleistungsempfängers dienen, jedoch dessen Anspruch auf Sozialleistungen weder ausschließen noch verringern. Sicher ist dabei nur, dass der Anspruch des mit der Testamentsvollstreckung belasteten Erben auf Auskehrung des Ertrags zwar nicht vollständig ausgeschlossen, aber eingeschränkt werden kann, wobei die Grenzziehung im Einzelnen schwierig und in keiner Weise geklärt ist (§§ 2216 Abs. 2, 2220 BGB).

29 Keine zulässige Anordnung iSd. § 2216 BGB ist es, die Auskehrung des Ertrags in das **Ermessen** des Testamentsvollstreckers zu stellen.[11]

30 Zulässig ist es aber wohl, den Anspruch auf **Naturalleistungen** zu beschränken und dem Testamentsvollstrecker die Befugnis einzuräumen darüber zu entscheiden, in welcher Form diese konkret erfolgen.[12] Dabei ist auf die persönlichen Bedürfnisse des Behinderten Rücksicht zu nehmen.

31 Umstritten ist, ob **nicht aufgebrauchte Erträge** dem Vorerben überhaupt vorenthalten werden können,[13] wenn und soweit der Bedürftige ohne die Erträge seinen Unterhalt nicht bestreiten kann. Ebenso ungeklärt ist, ob das Nachlassgericht mit dieser Begründung die im Formular getroffenen Anordnungen gemäß § 2216 Abs. 2 S. 2

[11] *Settergren* Das „Behindertentestament" im Spannungsfeld zwischen Privatautonomie und sozialhilferechtlichem Nachrangprinzip, 1999, S. 200; DNotI-Report 1996, 48, 49.

[12] *Settergren* Das „Behindertentestament" im Spannungsfeld zwischen Privatautonomie und sozialhilferechtlichem Nachrangprinzip, 1999, S. 194 mwN.

[13] So *Krampe* AcP 191 [1991], 527, 544 ff.; ähnlich *Nieder* NJW 1994, 1264, 1265; *Settergren* Das „Behindertentestament" im Spannungsfeld zwischen Privatautonomie und sozialhilferechtlichem Nachrangprinzip, 1999, S. 193 ff.

BGB aufheben kann.[14] Überwiegend wird dem mit Recht entgegen gehalten, dass nach § 2216 Abs. 1 S. 1 BGB den Anordnungen des Erblassers der Vorrang gebührt, und zwar sowohl gegenüber dem Gebot der ordnungsgemäßen Verwaltung iSd. § 2216 Abs. 1 BGB als auch gegenüber der Aufhebungskompetenz des Nachlassgerichts (§ 2216 Abs. 2 S. 2 BGB).[15] Letztlich geht es dabei um die Zulässigkeit der Thesaurierung der Erträge. Nur dann, wenn man es für zulässig hält, den nicht verbrauchten Ertrag dem Nachlassvermögen gut zu bringen, ist der Zugriff des Sozialhilfeträgers sicher ausgeschlossen. Andernfalls kann er aufgrund der Überleitung des Anspruchs auf den Ertrag (§ 90 Abs. 1 BSHG) die Überweisung des restlichen Ertrags an sich verlangen, wenn und soweit der Bedürftige Sozialhilfe bezieht. Die Bildung einer **Rücklage**[16] löst das Problem nicht wirklich, weil dann die beim Tod des bedürftigen Vorerben noch vorhandene Rücklage nicht mit der Nacherbschaftssubstanz auf die Nacherben übergeht, sondern in den Nachlass des Vorerben fällt, wo sie dem Zugriff des Sozialhilfeträgers ausgesetzt ist. Empfehlenswerter erscheint es demgegenüber bis zur höchstrichterlichen Klärung dieser zentralen Frage den Nacherbfall mit einer Gerichtsentscheidung eintreten zu lassen, die den Anspruch des Bedürftigen und damit des Sozialhilfeträgers auf den Ertrag feststellt (§ 3 Abs. 1 Buchst. b Abs. 2 des Formulars).[17]

Bei der **Auswahl der Person** des Testamentsvollstreckers ist in aller erster Linie darauf zu achten, dass er auch vom Vorerben akzeptiert wird. Dem Erblasser steht es im Rahmen seiner Testierfreiheit darüber hinaus frei, dem belasteten Erben einen über das Gesetz hinausgehenden Einfluss auf die Person des Testamentsvollstreckers einzuräumen, und zwar bis hin zu einer faktischen Selbstbestimmung der Person. Diese Erweiterung des Einflusses des belasteten Sozialleistungsempfängers trägt dazu bei, dass er die mit jeder Verwaltungstestamentsvollstreckung verbundene materielle und persönliche Abhängigkeit leichter akzeptieren kann. Damit die Testamentsvollstreckung mangels Amtsinhaber nicht ersatzlos entfällt, muss der Sozialleistungsempfänger verpflichtet werden, einen rechtlich geeigneten Amtsnachfolger vorzuschlagen, den das Nachlassgericht dann ernennen muss („konstruktives Abberufungsverlangen"). Sich selbst kann er nicht als Testamentsvollstrecker vorschlagen.[18] **32**

Wegen der **Vergütung** wird auf die Ausführungen zu B. 1.01 Rz. 47ff. verwiesen. **33**

Wie unter Rz. 13 bereits eingehend erörtert, sollte die Verwaltungstestamentsvollstreckung **auflösend bedingt** angeordnet werden, um die damit verbundenen Belastungen des Vorerben beim Wegfall der Hilfsbedürftigkeit enden zu lassen. Die auflösende Bedingung knüpft dabei nicht allein daran an, dass der Vorerbe mindestens zwölf Monate lang keine Sozialleistungen bezogen hat. Erst, aber auch nur dann, wenn er dies gegenüber dem Nachlassgericht im Erbscheinsantrag erklärt und die Richtigkeit der Aussage eidesstattlich versichert tritt die auflösende Bedingung ein. So erhält der Vorerbe die Möglichkeit, den Bedingungseintritt zu vermeiden. Dies kann etwa angezeigt sein, wenn er befürchtet, in absehbarer Zeit doch wieder auf Sozialleistungen angewiesen zu sein. Dies ist mit dem Selbstbestimmungsgebot des § 2065 BGB sowohl im Hinblick auf die Testamentsvollstreckung als auch die Befreiung der Vorerbenstellung vereinbar, weil im Vordergrund das Motiv des Erblassers steht, den Zugriff des Sozialleistungsträgers zu vermeiden und dem Erben einen höheren Lebensstandard zu gewährleisten.[19] Auf das Erklärungserfordernis gegenüber dem Nachlassgericht sollte deshalb nicht verzichtet werden. Darüber hinaus hat dieser Vorschlag den Vorteil, **34**

[14] So *Otte* JZ 1990, 1027, 1028.
[15] Bamberger/Roth/*J. Mayer* BGB § 2216 Rz. 36; *Eichenhofer* JZ 1999, 226, 229f.; DNotI-Report 1996, 48, 52.
[16] *Nieder/Kössinger* Rz. 1305.
[17] Vgl. *van de Loo* MittRhNotK 1989, 233, 251 aE.
[18] BGH v. 26.1.2005 – IV ZR 296/03, NJW-RR 2005, 591, 592 mwN.
[19] BGH v. 1.2.2017 – XII ZB 299/15, BeckRS 2017, 103144.

dass es der Vorerbe selbst in der Hand hat, die nicht befreite Vorerbschaft samt Verwaltungstestamentsvollstreckung fortdauern zu lassen, wenn er damit rechnet, demnächst wieder auf Sozialleistungen angewiesen zu sein, oder mit diesen Beschränkungen gut weiterleben kann.

Zu § 5: Vollständigkeit

35 Vgl. hierzu B. 1.01 Rz. 49c ff.

Zu § 6: Salvatorische Klausel

36 Vgl. hierzu B. 1.01 Rz. 50f.

B. 1.04 Erblasser mit Kind aus einer aufgelösten Ehe, nichtehelichen Beziehung oder eingetragenen Lebenspartnerschaft („Geschiedenentestament")

Gliederung

B. 1.04

Nummer der Urkundenrolle [...]
Verhandelt zu [...] am [...]
Vor dem Notar [...] erschien:
Herr A, geboren am [...] in [...] als Sohn [...],
wohnhaft [...],
nach eigenen Angaben deutscher Staatsangehöriger,
dem Notar ausgewiesen durch [...].

Der Erschienene erklärte, nachdem sich der amtierende Notar durch eingehende Verhandlung von der Testierfähigkeit überzeugt hatte, unter Verzicht auf die Zuziehung von Zeugen dem Notar mündlich folgendes

Testament

zur Beurkundung:

§ 1 Frühere Verfügungen von Todes wegen

Ich widerrufe hiermit alle bisher von mir errichteten Verfügungen von Todes wegen.[Rz. 15]

An diesem Widerruf sowie an der Errichtung dieses Testaments bin ich nicht durch ein gemeinschaftliches Testament oder einen Erbvertrag gehindert, so dass ich, auch von Todes wegen, frei über mein Vermögen verfügen kann.[Rz. 16, 17]

§ 2 Erbeinsetzung

Zu meinem unbeschränkten Alleinerben berufe ich hiermit meine Tochter B, geboren am [...], wohnhaft [...].

Sollte die Vorgenannte vor mir sterben oder aus anderen Gründen nicht Erbe werden, so sind deren Abkömmlinge nach den Regeln der gesetzlichen Erbfolge Ersatzerben.

§ 3 Geschiedenenvermächtnis

Ich beschwere meine Tochter B mit folgendem Vermächtnis:[Rz. 18, 19]

Fallen bei deren Tod Gegenstände, die aus meinem Nachlass stammen und dann noch vorhanden sind, im Wege der Erbfolge oder der Vermächtniserfüllung an meine geschiedene Ehefrau C,[Rz. 28] an deren nicht mit mir verwandte Abkömmlinge oder an ihre Verwandte aufsteigender Linie, vermache ich diese Gegenstände den Abkömmlingen meiner Tochter B, ersatzweise meinen dann lebenden sonstigen Verwandten, jeweils nach den Regeln der gesetzlichen Erbfolge.

Das Gleiche gilt, wenn meine geschiedene Ehefrau C beim Tod meiner Tochter den gesetzlichen Pflichtteil geltend macht.[Rz. 24]

Gehört ein Gegenstand, den der Erbe aus meinem Nachlass erhalten hat, zur Zeit seines Todes nicht mehr zu seinem Vermögen, so ist – soweit vorhanden – der Ersatz bzw. der Erlös hierfür vermacht.[Rz. 22]

Dieses aufschiebend bedingte Vermächtnis fällt mit dem Tod des Beschwerten an und ist sechs Monate später fällig.[Rz. 20, 21, 27]

Die Vererblichkeit und die Übertragbarkeit des Vermächtnisanwartschaftsrechts für die Zeit zwischen meinem Tod und dem Tod der Beschwerten ist ausgeschlossen.[Rz. 26]

§ 4 Testamentsvollstreckung

Ich ordne Verwaltungstestamentsvollstreckung an, wenn und soweit meine Tochter B noch nicht das 21. Lebensjahr vollendet hat.[Rz. 29, 30]

Aufgabe des Testamentsvollstreckers ist es, den Nachlass zu verwalten und für eine angemessene Ausbildung sowie für den Lebensunterhalt zu sorgen, bis meine Tochter B das 21. Lebensjahr vollendet hat. Mit Erreichen dieser Altersgrenze entfällt die Testamentsvollstreckung.

Ferner ordne ich Testamentsvollstreckung mit dem Zweck an, das Vermächtnis gemäß § 3 zu erfüllen.[Rz. 25, 29]

Jeweils zum – soweit zulässig – von allen Beschränkungen und Verpflichtungen befreiten Testamentsvollstrecker berufe ich

– Frau D, geboren am [...], wohnhaft [...],

– ersatzweise Herrn E, geboren am [...], wohnhaft [...].

Sollte keiner der Vorgenannten das Amt annehmen wollen oder können und auch keinen Amtsnachfolger durch Erklärung gegenüber dem Nachlassgericht benannt haben, so wird das Nachlassgericht ersucht einen Testamentsvollstrecker zu ernennen.[Rz. 31]

§ 5 Entzug der Vermögenssorge

Soweit meine Tochter B zur Zeit meines Todes noch minderjährig ist, entziehe ich meiner geschiedenen Ehefrau C das Recht, das infolge des Erbfalls erworbene Vermögen zu verwalten.[Rz. 33]

Auf die Benennung eines Ergänzungspflegers verzichte ich.

§ 6 Vollständigkeit [Rz. 33a]

Weitere Verfügungen über meinen Nachlass oder nichtvermögensrechtliche Angelegenheiten sowie eine Rechtswahl für den Fall, dass ich meinen gewöhnlichen Aufenthalt ins Ausland verlegen sollte, will ich nicht treffen.

Ich habe kein Vermögen im Ausland.

Der Notar hat darauf hingewiesen, dass die vorstehenden Verfügungen einen Erwerb aufgrund von Lebensversicherungen mit festgelegter Bezugsberechtigung oder sonstige Verträge zugunsten Dritter auf den Todesfall nicht erfassen.

§ 7 Salvatorische Klausel[Rz. 34]

Für diese Verfügung von Todes wegen soll das Recht der Bundesrepublik Deutschland gelten. Sollte eine Bestimmung dieser Urkunde ganz oder teilweise unwirksam sein oder werden, so soll der übrige Teil hiervon nicht berührt und die unwirksame Anordnung, soweit möglich, sinngemäß ausgeführt werden.

Diese Niederschrift wurde in Gegenwart des Notars dem Erschienenen vorgelesen, von ihm durch mündliche Erklärung genehmigt und eigenhändig wie folgt unterschrieben:

A. Grundsätzliche Anmerkungen

I. Wirtschaftliche Aspekte

1 Wer ein Geschiedenentestament errichtet, will den geschiedenen Ehepartner in der Regel **von der Teilhabe am eigenen Vermögen ausschließen,** also auch in dem seltenen Fall, dass das gemeinsame Kind nach dem Erbfall, aber vor dem ehemaligen Partner stirbt. Entgegen der in der kautelarjuristischen Praxis üblichen Bezeichnung als „Geschiedenentestament" tritt das Problem nicht nur bei geschiedenen Ehepaaren, sondern ebenso bei Partnern nichtehelicher Lebensgemeinschaften und Partnern einer eingetragenen Lebenspartnerschaft mit gemeinsamen – auch adoptierten – Kindern auf. In allen diesen Fällen besteht das Ziel darin, dem früheren Partner beim Tod unter keinen auch noch so unwahrscheinlichen Bedingungen etwas zukommen zu lassen. Dies ließe sich mit der Anordnung einer Vor- und Nacherbschaft ohne weiteres erreichen, wenn damit nicht gleichzeitig der Wunsch verbunden wäre, das Kind so wenig wie möglich zu belasten. Doch selbst bei befreiter Vorerbschaft wird die Verfügungsfreiheit des Kindes stärker beschnitten als bei einer unbeschränkten Vollerbschaft. Das Ziel einer derartigen Erbfolgegestaltung ist also eigentlich der „superbefreite Vorerbe"[1] oder eine alternative erbrechtliche Gestaltung, die wirtschaftlich der unbeschränkten Vollerbschaft nahe kommt, aber in rechtlich sicherer Weise ausschließt, dass zumindest beim Tod des Kindes kein eigenes Vermögen an den ehemaligen Ehepartner fällt.

2 Weil das Kind den Erblasser in aller Regel um viele Jahrzehnte überleben wird und nicht absehbar ist, welche Vermögensverteilung dann vernünftig ist, geht das Bestreben regelmäßig dahin, dem Kind das Recht vorzubehalten, sowohl durch lebzeitiges Rechtsgeschäft als auch durch Verfügung von Todes wegen den Nachlass zwischen seinem Ehepartner und den eigenen Abkömmlingen frei zu verteilen. Dieser **Übertragungs- und Verfügungsvorbehalt zugunsten des Kindes,** verbunden mit dem kategorischen Ausschluss des ehemaligen Ehepartners des Erblassers, ist das zentrale erbrechtliche Problem des Geschiedenentestaments.

3 Dabei muss die **erbrechtliche Konstruktion** jedoch **in einem angemessenen Verhältnis zum verfolgten Ziel** stehen, da die Wahrscheinlichkeit, dass das gemeinsame Kind vor den geschiedenen Eltern stirbt, gering ist. Außerdem entfällt mit der Geburt von Enkelkindern ein gesetzliches Erbrecht sowie das Pflichtteilsrecht des anderen Elternteils ohnehin. Schließlich dürfte in aller Regel mit dem Tod des geschiedenen Ehepartners die Triebkraft der Motivation, dessen Familie von der Vermögensteilhabe auszuschließen, erheblich nachlassen. Seiner Natur nach ist ein Geschiedenentestament daher oft nur eine Durchgangserscheinung.

---

[1] *Zawar* DNotZ 1989, 116, 141.

II. Erbrechtliche Aspekte

Das Ziel des Geschiedenentestaments stimmt mit dem Zweck der Vor- und Nacherbschaft weitgehend überein. Mit diesem erbrechtlichen Institut kann die Erbfolge über den Erbfall hinaus bis zum Tod des Vorerben und noch weiter vorherbestimmt werden. 4

Allerdings muss der Erblasser die Nacherben selbst bestimmen **(Selbstbestimmungsgebot des § 2065 BGB)** und darf diese Entscheidung nicht dem Vorerben überlassen. Im einzelnen ist dabei jedoch vieles umstritten: 5

- Nach hM ist die Einsetzung von Nacherben unter der Potestativbedingung, dass der Vorerbe keine anderweitige Verfügung über seinen eigenen Nachlass trifft, zulässig.[2] Der Eintritt oder Ausfall der Bedingung knüpft in diesem Fall unmittelbar und ausschließlich an das Vorhandensein oder das Fehlen einer Verfügung von Todes wegen des Vorerben über seinen eigenen Nachlass an.[3]
- Die hM geht noch einen Schritt weiter und hält es mit dem Gebot des § 2065 Abs. 2 1. Alt. BGB für vereinbar, die Nacherbfolge fortbestehen zu lassen und dem Vorerben zu gestatten, durch eigene Verfügung von Todes wegen den Nachlass unter den vom Erblasser selbst konkret eingesetzten Nacherben anders zu verteilen.[4] In diesem Fall sind die Nacherben nämlich nur unter der auflösenden Bedingung eingesetzt, dass der Vorerbe nicht anderweitig verfügt. Mit dem Eintritt der Bedingung wächst der Erbteil den verbleibenden Nacherben an. Gleichzustellen sind Klauseln, nach denen die vom Vorerben zu seinen eigenen Erben eingesetzten Personen zugleich Nacherben sein sollen,[5] vorausgesetzt allerdings, dass diese einem vom Erblasser bestimmten Personenkreis (zB Abkömmlinge des Vorerben, gesetzliche Erben des Vorerben) angehören.
- Unstreitig zulässig ist es, die Nacherbfolge aufschiebend bedingt für den Fall anzuordnen, dass Nachlassgegenstände an den geschiedenen Ehepartner des Erblassers fallen.

Jedoch kann der Erblasser mit keiner der danach zulässigen Ausgestaltungen der Vor- und Nacherbschaft sein Ziel, dem Kind die **freie Verfügung über** die Verteilung der **Nacherbschaft** zu überlassen, sicher erreichen: 6

- Die Einsetzung von Nacherben unter der auflösenden Bedingung, dass der Vorerbe eine abweichende Verfügung von Todes wegen über sein eigenes Vermögen trifft, führt gegebenenfalls zur Vollerbschaft des Kindes, verbunden mit Erb- und Pflichtteilsrechten des geschiedenen Ehegatten. Außerdem gelten, da der Bedingungseintritt erst beim Tode des Kindes feststeht, bis dahin die belastenden Schutzvorschriften der §§ 2113ff. BGB.
- Das Gleiche gilt im Falle der nur für den Fall angeordneten Nacherbschaft, dass Nachlassgegenstände an den geschiedenen Ehegatten oder dessen Verwandte fallen.
- Eine Gestaltung, die zu Nacherben die Personen bestimmt, die der Vorerbe durch Verfügung von Todes wegen zu seinen eigenen Erben bestimmt, ist mit dem außerordentlich großen Risiko[6] verbunden, dass die Anordnung der Nacherbschaft wegen

---

[2] BGH v. 26.4.1951 – IV ZR 4/50, NJW 1951, 959; BGH v. 4.12.1980 – IVa ZR 46/80, NJW 1981, 2051; Staudinger/*Otte* BGB § 2065 Rz. 19; aA *Erman/M. Schmidt* BGB § 2065 Rz. 5; *Stiegler* BWNotZ 1986, 27; differenzierend MüKoBGB/*Leipold* BGB § 2065 Rz. 9ff.; einschränkend *Herrmann* AcP 155 (1954), 434; kritisch *Lange/Kuchinke* § 27 I 7b.

[3] Vgl. MüKoBGB/*Leipold* BGB § 2065 Rz. 9.

[4] BGH v. 14.7.1972 – V ZR 124/70, NJW 1972, 1987; aA MüKoBGB/*Leipold* BGB § 2065 Rz. 11; OLG Hamm v. 6.7.1995 – 15 W 172/95, ZEV 1995, 376; offen gelassen in BGH v. 4.12.1980 – IVa ZR 46/80, NJW 1981, 2051, 2052.

[5] MüKoBGB/*Leipold* BGB § 2065 Rz. 14; ablehnend *Frank* MittBayNot 1987, 234; kritisch *J. Mayer* ZEV 2000, 1, 7; unentschieden OLG Stuttgart v. 27.2.1997 – 19 U 249/94, BWNotZ 1998, 47.

[6] Vgl. die knappen Ausführungen in OLG Frankfurt a. M. 10.12.1999 – 20 W 224/97, DNotZ 2001, 143, 144 m. Anm. *Kanzleiter.*

Verletzung des Selbstbestimmungsgebots in § 2065 Abs. 2 BGB nichtig ist. Die Möglichkeit der Umdeutung in eine durch die abweichende Verfügung des Vorerben auflösend bedingte Nacherbschaft führt – wie dargelegt – auch nicht weiter. Außerdem ist die Hoffnung auf Umdeutung keine Basis für eine sichere erbrechtliche Gestaltung.

7 Auch § 2136 BGB stellt ein erbrechtliches Problem bei der Verwirklichung des Erblasserwillens dar, weil er den Rahmen **zulässiger Befreiungen** des **Vorerben** von den gesetzlichen Beschränkungen und Verpflichtungen verbindlich absteckt. Der Erblasser muss sich daher anderer zulässiger Gestaltungsmöglichkeiten bedienen, um die Verfügungsfreiheit des Vorerben zu erweitern:[7]

- Das **Vorausvermächtnis** an den Vorerben gemäß § 2110 Abs. 2 BGB scheidet dabei schon deshalb aus, weil die vermachten Gegenstände beim Tod des Vorerben nicht zur Nacherbschaft gehören, also entgegen der Intention des Erblassers als Eigenvermögen des Erblassers an den geschiedenen Ehepartner fallen können.
- Umstritten ist, ob der Erblasser dem Vorerben mit dem Nacherbfall den Anspruch gegen den Nacherben vermachen kann, generell allen[8] oder wenigstens bestimmten[9] unentgeltlichen Verfügungen zuzustimmen **(Genehmigungsvermächtnis).** Richtiger Ansicht nach sind jedoch beide Auffassungen mit dem zwingenden Charakter des § 2136 BGB unvereinbar.[10]
- Die Bevollmächtigung des Vorerben, in beliebiger Weise **über das Nacherbenrecht zu verfügen,** steht im Widerspruch zu § 2136 BGB, der die äußerste Grenze der Befreiungsmöglichkeiten im Rahmen der Nacherbfolge zieht.[11]
- Die Bestellung des Vorerben zum Testamentsvollstrecker für die Nacherben ist weder mit dem Wesen der Nacherbschaft noch mit dem der Testamentsvollstreckung vereinbar.

8 Findet sich der Erblasser aber mit den Einschränkungen der Verfügungsmöglichkeiten seines Kindes infolge der **befreiten Vorerbschaft** ab, so ist die Anordnung der Nacherbfolge ein sicherer und gangbarer Weg, bei dem lediglich überlegt werden sollte, ob man sie nicht spätestens mit dem Tod des geschiedenen Ehepartners des Erblassers entfallen lässt (siehe oben Rz. 3).

9 Soll das Kind zu seinen Lebzeiten **keinerlei Beschränkungen** unterworfen sein, so ist die Anordnung eines aufschiebend bedingten Universalvermächtnisses für den Fall, dass bei dessen Tod Nachlassgegenstände an den geschiedenen Ehepartner fallen, der befreiten Vorerbschaft vorzuziehen.[12] Bei einem solchen Vermächtnis unterliegt das zum Erben eingesetzte Kind bei lebzeitigen Rechtsgeschäften weder den Schutzvorschriften der §§ 2113ff. BGB noch der Vorschrift des § 161 BGB. Die geringere gesetzliche Regelungsdichte ist kein entscheidendes Argument gegen diese Lösung,[13] sondern nur ein berechtigter Hinweis auf erhöhten Gestaltungsbedarf.

10 Dem Wunsch des Erblassers, seinem Kind auch von Todes wegen völlig freie Hand zu lassen, setzt das in § 2065 Abs. 2 BGB enthaltene Selbstbestimmungsgebot auch dieser Gestaltung Grenzen. § 2151 BGB, der es gestattet, dem Erben die Auswahl aus einem bestimmten Personenkreis zu überlassen, ist eine eng auszulegende Ausnahmevorschrift hierzu, verdrängt § 2065 Abs. 2 BGB also nicht vollständig. Nach hM kann das Kind gemäß § 2151 Abs 2 allerdings dazu ermächtigt werden, durch eigene Verfügung von Todes wegen den oder die Vermächtnisnehmer aus einem vorgegebenen

---

[7] Ausführlich dazu *J. Mayer* ZEV 2000, 1.
[8] OLG Düsseldorf v. 14.6.1999 – 3 Wx 104/99, ZEV 2000, 29, 30 m. abl. Anm. *Wübben*; Staudinger/*Behrends/Avenarius* BGB § 2113 Rz. 7.
[9] Palandt/*Edenhofer* BGB § 2138 Rz. 5; *Kipp/Coing* § 51 III 1b.
[10] MüKoBGB/*Grunsky* BGB § 2136 Rz. 9; im Ergebnis ebenso *Wübben* ZEV 2000, 30, 31.
[11] MüKoBGB/*Grunsky* BGB § 2136 Rz. 8; aA *Wingerter* Die Erweiterung der Befugnisse des befreiten Vorerben, 2000, S. 138ff.
[12] Zur Zulässigkeit *Schnabel* Das Geschiedenentestament S. 141f.
[13] *J. Mayer* ZEV 2000, 1, 8.

Personenkreis selbst auszuwählen.[14] Dabei wird jedoch übersehen, dass die Auswahlerklärung aus zwei Gründen nicht auf dem Wege einer Verfügung von Todes wegen abgegeben werden kann:

– Sie ist ein Rechtsgeschäft unter Lebenden und muss deshalb dem Begünstigten vor dem Tod des Kindes zugehen.[15]
– Da das Bestimmungsrecht nicht vererblich ist, erlischt es mit dem Tod des beschwerten Erben.[16]

Deshalb muss richtiger Ansicht nach der Erblasser die Vermächtnisnehmer selbst festlegen und kann die Auswahl nicht der letztwilligen Verfügung des Erben überlassen.[17] Wer trotzdem der hM folgen will, aber damit den sichersten Weg verlässt, kann § 3 Abs. 2 des Formulars folgendermaßen fassen:

[Formular B. 1.04a] B. 1.04a

Fallen bei deren Tod Gegenstände, die aus meinem Nachlass stammen und dann noch vorhanden sind, im Wege der Erbfolge oder der Vermächtniserfüllung an meine geschiedene Ehefrau C, an deren nicht mit mir verwandte Abkömmlinge oder an deren Verwandte aufsteigender Linie, vermache ich diese Gegenstände den Erben meiner Tochter C nach Bruchteilen im Verhältnis ihrer Erbteile zueinander.
Ausgeschlossen sind jedoch meine geschiedene Ehefrau C, deren nicht mit mir verwandte Abkömmlinge oder ihre Verwandte aufsteigender; an deren Stelle treten die Abkömmlinge meiner Tochter C, ersatzweise meine dann lebenden sonstigen Verwandten, jeweils nach den Regeln der gesetzlichen Erbfolge.

Die Übertragung des **Bestimmungsrechts** auf eine **dritte Person** ist zwar unstreitig zulässig, kommt aber wohl nur selten in Betracht, da diese Einmischung Dritter das Kind noch stärker belastet als die Festlegung der Vermächtnisnehmer durch den Erblasser selbst. 11

Für die **Vermächtnislösung** spricht aber in allen Fällen, dass sie im Vergleich mit jeder Nacherbschaftslösung **das Kind am wenigsten belastet:** 12

– Zu seinen Lebzeiten unterliegt der Erbe keinerlei Einschränkungen in seiner Dispositionsfreiheit über den Nachlass.
– Die erbrechtliche Verfügungsfreiheit des Kindes bleibt grundsätzlich erhalten. Nur in dem seltenen Ausnahmefall, dass es dem Willen des Erblassers zuwider seine Testierfreiheit zugunsten des geschiedenen Ehepartners des Erblassers oder dessen Verwandten ausnutzen will, zieht ein solches Vermächtnis Grenzen.

III. Erbschaftsteuerliche Aspekte

Im Verhältnis des Erblassers zu jedem Kind beträgt der allgemeine Freibetrag € 400 000,– (§ 16 Abs. 1 Nr. 2 ErbStG), zu dem noch ein besonderer Versorgungsfreibetrag gemäß § 17 Abs. 2 ErbStG hinzukommt. Auch die Kinder bzw. Stiefkinder gehören zur Steuerklasse I, so dass der Steuersatz mit 7 vH beginnt (§§ 19 Abs. 1 I, 15 Abs. 1 I Nr. 2 ErbStG). Stirbt ein Kind vor dem Erblasser, so kommen die Enkelkinder in den Genuss der gleichen Vergünstigungen, andernfalls beträgt ihr allgemeiner Steuerfreibetrag lediglich € 200 000,– (§ 16 Abs. 1 Nr. 3 ErbStG). 13

Gemäß § 9 Abs. 1 Nr. 1 Buchst. a ErbStG tritt wegen der aufschiebenden Bedingung des **Geschiedenenvermächtnisses** die Erbschaftsteuerpflicht erst, aber auch 14

[14] *Frohnmayer* Geschiedenentestament, 2004, S. 117 ff. mwN.
[15] AA *Wagner* ZEV 1997, 369, 370.
[16] MüKoBGB/*Schlichting* BGB § 2151 Rz. 13.
[17] Bamberger/Roth/*Litzenburger* BGB § 2100 Rz. 9.

nur dann ein, wenn Vermögenswerte aus dem Nachlass des Erblassers an dessen geschiedenen Ehepartner oder dessen Verwandte fallen. Beim Erben unterliegt bis dahin der gesamte Nachlass der Erbschaftsteuerpflicht, ohne dass das Vermächtnis gemäß § 10 Abs. 5 Nr. 2 ErbStG abgezogen werden kann (§ 12 Abs. 1 ErbStG iVm. § 6 Abs. 1 BewG). Tritt die aufschiebende Bedingung ein, so ist auf Antrag die Erbschaftsteuerfestsetzung zu berichtigen (§ 12 Abs. 1 ErbStG iVm. §§ 6 Abs. 2, 5 Abs. 2 S. 1 BewG). Der Antrag ist bis zum Ablauf des Jahres zu stellen, das auf den Eintritt der Bedingung folgt (§ 5 Abs. 2 S. 2 BewG).

B. Einzelerläuterungen

Zu § 1: Frühere Verfügungen von Todes wegen

15 Der **vollständige Widerruf** verhindert, dass nur teilweise widersprechende frühere Verfügungen von Todes wegen unbeabsichtigt fortgelten (§ 2258 Abs. 1 BGB). Zudem erhöht die Zusammenfassung aller letztwilligen Verfügungen in einer Urkunde die Verständlichkeit für den juristischen Laien erheblich.

16 Der Erblasser kann – trotz §§ 2077, 2268 BGB – an einen Erbvertrag oder an ein gemeinschaftliches Testament, den bzw. das er gemeinsam mit dem geschiedenen oder in Scheidung lebenden Ehepartner errichtet hat, **erbrechtlich gebunden** sein. Beide erwähnten Normen enthalten nämlich nur Auslegungsregeln, so dass abweichende Anordnungen in der Verfügung von Todes wegen Vorrang haben. Vor allem bei früheren eigenhändigen gemeinschaftlichen Testamenten ist deshalb Vorsicht geboten. In aller Regel werden derartige Verfügungen von Todes wegen jedoch mit der Scheidung unwirksam. In einem laufenden Scheidungsverfahren muss geklärt werden, ob die Voraussetzungen des § 2077 Abs. 2 BGB gegeben sind.

17 Zur Vermeidung von **Amtshaftungsprozessen** sollte ein Notar die Frage nach früher errichteten bindenden Verfügungen und dem Verfahrensstand eines laufenden Scheidungsverfahrens nicht nur stellen, sondern die Erklärung des Beteiligten hierzu auch in die Urkunde aufnehmen. Nur dann nimmt die Erklärung an der Beweiskraft gemäß § 415 ZPO teil.

Zu § 2: Erbeinsetzung

18 Die Ersatzerbfolge für das eingesetzte Kind sollte ausdrücklich bestimmt werden, weil § 2069 BGB nur eine Auslegungsregel ist. Bei Anordnung der Ersatzerbfolge darf nicht nur auf den Fall des Vorversterbens des eingesetzten Erben abgestellt werden („vorversterben", „nicht vorhanden sein" usw.), da dadurch die Auslegungsregel des § 2097 BGB außer Kraft gesetzt ist und die Fälle der Ausschlagung und der Erbunwürdigkeit nicht erfasst würden.

Zu § 3: Geschiedenenvermächtnis

19 Die rechtliche Qualifizierung dieser Verfügung als **Universalvermächtnis** muss klar und deutlich zum Ausdruck gebracht werden, damit sie nicht gemäß § 2087 Abs. 1 BGB als Nacherbeneinsetzung missverstanden wird.[18]

20 Die **30-Jahresfrist** des § 2162 BGB stellt kein Problem dar, weil das Vermächtnis mit dem Tod des Erben, also einem in seiner Person als Beschwertem liegenden Ereignis iSd. § 2163 Abs. 1 Nr. 1 BGB, anfallen soll.

21 Das Vermächtnis ist aufschiebend bedingt, so dass es gemäß § 2177 BGB nicht bereits mit dem Tod des Erblassers (Erbfall) anfällt, sondern erst mit dem Tod des Erben

[18] *G. Müller* ZEV 1996, 179, 181.

bzw. mit dem Pflichtteilsverlangen des geschiedenen Ehepartners. Eine Betagung des Vermächtnisses, also der **Anfall** mit dem Tod des Erblassers bei bis zum Tod des Erben hinausgeschobener Fälligkeit, scheidet von vorneherein gemäß § 2179 BGB aus, weil die Vermächtnisnehmer (Abkömmlinge des Erben, sonstige Abkömmlinge des Erblassers usw.) erst mit dem Tod des Erben feststehen.[19] Damit steht zugleich fest, dass der Erbe die Früchte des Nachlasses nicht gemäß § 2184 BGB bereits ab dem Erbfall an die Vermächtnisnehmer herausgeben muss.

Die Rechte des Vermächtnisnehmers in der Zeit **zwischen Erbfall** (Tod des Erblassers) **und Anfall des Vermächtnisses** (Tod des Erben bzw. Pflichtteilsforderung des geschiedenen Ehepartners) ergeben sich aus §§ 158ff., 2179 BGB, wobei § 161 BGB nicht gilt.[20] Folglich müsste der Erbe, der zu seinen Lebzeiten ganz oder teilweise unentgeltlich über Nachlassgegenstände verfügt, gemäß §§ 160 Abs. 1, 2179 BGB dem Vermächtnisnehmer Schadensersatz leisten. Die bloße Beschränkung des Haftungsmaßstabs des Erben auf vorsätzliche Handlungen (§ 276 Abs. 3 BGB) ist zwar möglich, führt aber insoweit nicht weiter, weil die Verfügung in jedem Fall auf Vorsatz des Erben beruht. Der Erblasser kann jedoch noch einen Schritt weiter gehen und den Anspruch aus dem Vermächtnis auf die beim Anfall des Vermächtnisses tatsächlich noch vorhandenen Nachlassgegenstände beschränken. Damit wird erreicht, dass alle Verfügungen des Erben nicht nur wirksam sind, sondern auch keinerlei Haftungsansprüche der Vermächtnisnehmer auslösen können. 22

Eine **dingliche Surrogation** iSd. § 2111 BGB ist dem Vermächtnisrecht fremd und kann auch nicht angeordnet werden. Verfügungen über Nachlassgegenstände können deshalb zu einer sukzessiven Umschichtung von Nachlassgegenständen in freies Eigenvermögen des Erben führen, so dass der geschiedene Ehepartner des Erblassers auf diesem Weg mittelbar auf Vermögensteile des Erblassers zugreifen kann, und zwar mindestens über sein Pflichtteilsrecht am Eigenvermögen des gemeinsamen Kindes. Dies widerspricht der Intention des Erblassers beim Geschiedenentestament. Deshalb muss in Übereinstimmung mit dem auch im Vermächtnisrecht anwendbaren § 285 Abs. 1 BGB mit allerdings nur schuldrechtlicher Wirkung angeordnet werden, dass auch Surrogate, soweit sie beim Anfall des Vermächtnisses noch vorhanden, mitvermacht sind.

Das Geschiedenenvermächtnis wäre lückenhaft, würde es nicht auch **Schutz vor dem gesetzlichen Pflichtteil** des geschiedenen Ehepartners beim Tod des gemeinsamen Kindes bieten. Dabei geht es um die Frage, ob im Rahmen des § 2311 BGB der Herausgabeanspruch an die Vermächtnisnehmer als Nachlassverbindlichkeit mit Rang vor dem Pflichtteil des überlebenden Elternteils abgezogen werden kann. Die besseren Argumente sprechen dafür, dass ein Abzug möglich ist, weil der Erbe den Nachlass von Anfang an mit dieser aufschiebend bedingten Herausgabepflicht erworben hat. Auch im Insolvenzverfahren über den Nachlass des Erben fällt der Vermächtnisanspruch nicht unter § 327 Abs. 1 Nr. 2 InsO, weil diese Vorschrift nur vom Erben selbst angeordnete Vermächtnisse meint, nicht aber solche des ursprünglichen Erblassers.[21] Der Ausweg über die Anordnung eines in jedem Fall abzugsfähigen betagten Vermächtnisses[22] ist versperrt, weil die Vermächtnisnehmer nicht bereits beim Tod des Erblassers sondern erst bei dem des Erben feststehen (siehe oben Rz. 20). 23

Der Formulierungsvorschlag stellt darauf ab, dass der geschiedene Ehegatte den **Pflichtteil** auch tatsächlich **verlangt.** Dadurch wird vermieden, dass das Vermächtnis auch dann anfällt, wenn der überlebende Elternteil seinen Pflichtteil überhaupt nicht 24

---

[19] *Schnabel* Das Geschiedenentestament, S. 144.

[20] HM; zB *Schnabel* Das Geschiedenentestament, S. 145 mwN; *Zawar* Das Vermächtnis in der Kautelarjurisprudenz, 1983, S. 38f.; *Bungeroth* NJW 1967, 1357; teilw. aA *Gudian* NJW 1967, 431.

[21] *Schnabel* Das Geschiedenentestament, S. 150ff.; vgl. zum gleichen Problem beim Behindertentestament mit Vermächtnislösung *Hartmann* ZEV 2001, 89, 91ff.; aA *Damrau* ZEV 1998, 1, 3.

[22] *J. Mayer* ZEV 2000, 1, 8.

fordert. Den Gegnern dieser Lösung[23] ist zwar zuzugeben, dass damit bis zum Ablauf der 3-jährigen Verjährungsfrist unsicher ist, ob das Vermächtnis entsteht oder nicht. Diese kurze Frist fällt jedoch angesichts des in aller Regel sehr viel längeren Zeitraums zwischen Tod des Erblassers und Tod des Erben, in dem das Entstehen ebenfalls ungewiss ist, nicht weiter ins Gewicht. Viel schwerer wiegen demgegenüber die mit einem unnötigen Vermächtnisanfall verbundenen Abwicklungsprobleme.

25 Da das Vermächtnis nur einen schuldrechtlichen Herausgabeanspruch gewährt, bereitet die Vermächtniserfüllung immer dann große Probleme, wenn der geschiedene Ehepartner des Erblassers Allein- oder Miterbe bezüglich des eigenen Vermögens des gemeinsamen Kindes ist. Aus diesem Grunde ist die Anordnung einer **Vermächtnisvollstreckung** gemäß § 2223 BGB empfehlenswert (siehe dazu § 4 Abs. 3 des Formulars und unten Rz. 29).

26 Aus den oben unter Rz. 6 dargelegten Gründen wird im Formulierungsvorschlag darauf verzichtet, die Erben des Kindes im Verhältnis ihrer Erbteile zueinander zu Vermächtnisnehmern einzusetzen. Stattdessen werden die Abkömmlinge des Erben als Vermächtnisnehmer bestimmt. Vorsorglich sollte die **Vererblichkeit** und die **Übertragbarkeit des Anwartschaftsrechts** der Vermächtnisnehmer zwischen Tod des Erblassers und Anfall des Vermächtnisses ausgeschlossen werden.

27 Abweichend von der allgemeinen Regel des § 271 Abs. 1 BGB sollte die **Fälligkeit** frühestens 6 Monate ab dem Anfall des Vermächtnisses eintreten, weil die Probleme der Feststellung der betroffenen Nachlassgegenstände alles andere als einfach ist.

28 Überlegenswert ist es, das Vermächtnis mit dem **Tod des geschiedenen Ehepartners,** sofern er keine weiteren eigenen Abkömmlinge hinterlassen hat, ersatzlos entfallen zu lassen, weil damit der eigentliche Anlass des Geschiedenentestaments entfallen ist (siehe oben Rz. 3). Der unterbreitete Vorschlag geht allerdings davon aus, dass der Erblasser weitergehend die gesamte Familie des geschiedenen Ehepartners von der Vermögensteilhabe unter allen Umständen ausschließen will. Deshalb ist als Bedingung auch der Anfall an die Verwandten aufsteigender Linie des geschiedenen Ehepartners angeordnet worden.

Zu § 4: Testamentsvollstreckung

29 In § 4 des Formulars wird sowohl eine **Verwaltungstestamentsvollstreckung** (§ 2209 BGB) über den Nachlass des Kindes bis zu einem bestimmten Lebensalter als auch eine **Vermächtnisvollstreckung** zum Zwecke der Erfüllung des Geschiedenenvermächtnisses (§ 2223 BGB) angeordnet.

30 Der **Verwaltungstestamentsvollstrecker** hat kraft Amtes bis zur Vollendung des angegebenen Lebensalters durch den Erben die volle Verfügungsgewalt über den Nachlass. Er ist gemäß § 31 Abs. 5 S. 1 ErbStG auch zur Berechnung und Abführung der Erbschaftsteuer verpflichtet.

31 Der eingesetzte Testamentsvollstrecker ebenso wie der Ersatztestamentsvollstrecker sind gemäß § 2199 Abs. 2 BGB ermächtigt, einen **Nachfolger im Amt** zu ernennen. Nehmen beide das Amt nicht an und haben sie auch keinen Nachfolger ernannt, so sollte das Nachlassgericht um die Ernennung eines Testamentsvolltreckers gemäß § 2200 Abs. 1 BGB ersucht werden, um zu vermeiden, dass die Anordnung entfällt und das Kind vor Erreichen des angegebenen Lebensalters in den Besitz des Nachlasses gelangt.

32 Siehe zur **Vergütung** des Testamentsvollstreckers die Ausführungen zu B. 1.1 Rz. 47 ff.

[23] *Schnabel* Das Geschiedenentestament, S. 155; *Busse* MittRhNotK 1998, 225, 239.

Zu § 5: Entzug der Vermögenssorge

Die Verbindung der Anordnung einer Verwaltungstestamentsvollstreckung mit einem Entzug des Verwaltungsrechts gemäß § 1638 Abs. 1 BGB ist zulässig, führt aber nach hM nicht dazu, dass dem allein sorgeberechtigten Elternteil das Recht genommen wird, die Erbschaft nach dem Erblasser auszuschlagen.[24] Wird die Erbschaft angenommen, hat das Vormundschaftsgericht gemäß § 1909 Abs. 1 S. 2 BGB einen Ergänzungspfleger zur Wahrnehmung der Erbenrechte gegenüber dem Testamentsvollstrecker zu bestellen. Zwar kann der Erblasser den Pfleger gemäß § 1917 Abs. 1 BGB bestimmen. Dieser darf aber wegen der Interessenkollision nicht mit dem Testamentsvollstrecker identisch sein (§§ 1778 Abs. 1 Nr. 4, 1917 Abs. 1 BGB). Zur Vermeidung von Streitereien zwischen Testamentsvollstrecker und dem geschiedenen Ehegatten des Erblassers sollte auf den Entzug des Verwaltungsrechts nicht verzichtet werden, auch dann, wenn dem Vormundschaftsgericht kein bestimmter Ergänzungspfleger vorgegeben wird. **33**

Zu § 5: Vollständigkeit

Vgl. hierzu B. 1.01 Rz. 49cff. **33a**

Zu § 6: Salvatorische Klausel

Vgl. hierzu B. 1.01 Rz. 50f. **34**

B. 1.05 Unternehmertestament mit Vorsorge durch Vermächtnis und Testamentsvollstreckeranordnung („Statthalterlösung")

Gliederung

B. 1.05

Nummer der Urkundenrolle [...]
Verhandelt zu [...] am [...]
Vor dem Notar [...] erschien:
Herr A, geboren am [...] in [...] als Sohn von [...],
wohnhaft [...],
nach eigenen Angaben deutscher Staatsangehöriger,
dem Notar ausgewiesen durch [...].
Der Erschienene erklärte, nachdem sich der amtierende Notar durch eingehende Verhandlung von der Testierfähigkeit überzeugt hatte, unter Verzicht auf die Zuziehung von Zeugen dem Notar mündlich folgendes

Testament

zur Beurkundung:

[24] Reimann/Bengel/Mayer/*Limmer* Teil A Rz. 382 mwN; aA RGRK/*Schäffler* BGB § 1638 Rz. 7.

§ 1 Frühere Verfügungen von Todes wegen

Ich widerrufe hiermit alle bisher von mir errichteten Verfügungen von Todes wegen.[Rz. 23]

An diesem Widerruf sowie an der Errichtung dieses Testaments bin ich nicht durch ein gemeinschaftliches Testament oder einen Erbvertrag gehindert, so dass ich, auch von Todes wegen, frei über mein Vermögen verfügen kann.[Rz. 24, 25]

§ 2 Erbeinsetzung

Zu meinen unbeschränkten Erben berufe ich hiermit meine Kinder:
a) B, geboren am [...], wohnhaft [...],
b) C, geboren am [...], wohnhaft [...],
zu gleichen Anteilen.

Sollte einer der Vorgenannten vor mir sterben oder aus anderen Gründen nicht Erbe werden, so sind dessen Abkömmlinge nach den Regeln der gesetzlichen Erbfolge Ersatzerben. Wenn in diesem Fall keine Abkömmlinge vorhanden sind, wächst dieser Anteil den übrigen Erben im Verhältnis ihrer Erbteile an.[Rz. 26]

Die Abkömmlinge haben etwaige Vorempfänge auch dann nicht bei Erbteilung untereinander auszugleichen, wenn dies bei der Übertragung angeordnet worden war.[Rz. 28]

§ 3 Unternehmensvermächtnis

Ich vermache im voraus, also zusätzlich zum und ohne Anrechnung auf das etwaige Erbteil,[Rz. 29] mit meinem Tod demjenigen meiner vorgenannten Kinder,[Rz. 30] das:
- Frau D, geboren am [...], wohnhaft [...],
- ersatzweise Herr E, geboren am [...], wohnhaft [...],
- weiter ersatzweise Herr F, geboren am [...], wohnhaft [...],[Rz. 31]

nach freiem Ermessen[Rz. 33] bestimmt:
- meine im Handelsregister des Amtsgerichts [...] unter HRA [...] eingetragene Firma [...] in [...] mit allen Aktiva und Passiva,
- in Übereinstimmung mit § [...] des Gesellschaftsvertrags meine Beteiligung als persönlich haftender Gesellschafter an der im Handelsregister des Amtsgerichts [...] unter HRA [...] eingetragenen [...] mit dem Sitz in [...] mit allen Rechten, einschließlich sämtlicher Kapitalkonten und sonstigen Forderungen gegen die Gesellschaft, und Pflichten sowie
- den folgenden im Grundbuch des Amtsgerichts [...] von [...] Blatt [...] eingetragenen Grundbesitz der Gemarkung [...] Flur [...] Nr. [...].[Rz. 34]

Etwa im Grundbuch eingetragene Belastungen sind einschließlich der hierdurch gesicherten Verbindlichkeiten mit Wirkung vom Todestag zur Entlastung des Nachlasses zu übernehmen.

Mitvermacht sind alle Ansprüche aus Lebensversicherungen, die bei meinem Tod in den Nachlass fallen und an Grundpfandrechtsgläubiger zum Zwecke der Tilgung abgetreten sind.

Das Bestimmungsrecht geht ersatzweise jeweils auf den nächsten Bestimmungsberechtigten über, wenn der vorher zur Auswahl Berufene:
- stirbt oder
- schriftlich gegenüber den Erben auf das Bestimmungsrecht verzichtet oder
- für ihn eine Betreuung vom Gericht angeordnet wird oder
- er nicht innerhalb von sechs Monaten, nachdem ihn das Nachlassgericht gemäß § 2151 Abs. 3 S. 2 BGB hierzu aufgefordert hat, eine Entscheidung trifft.

Das Vermächtnis entfällt, wenn auch der zuletzt berufene Bestimmungsberechtigte nicht innerhalb der 6-Monatsfrist eine Entscheidung getroffen hat.[Rz. 32]

Die Entscheidung über die Person des Vermächtnisnehmers wird mit Zugang der schriftlichen Bestimmungserklärung bei allen Erben wirksam und ist einer gerichtlichen Nachprüfung in vollem Umfang entzogen.[Rz. 35, 36, 37]

Der Vermächtnisanspruch entsteht mit dem Beginn des Kalendermonats, der auf die wirksame Ausübung des Bestimmungsrechts folgt, und ist drei Monate später fällig.[Rz. 38]

§ 4 Vermächtnis

Ich vermache im voraus, also zusätzlich zum und ohne Anrechnung auf das etwaige Erbteil,[Rz. 39] **mit meinem Tod demjenigen meiner vorgenannten Kinder, das nicht zum Nachfolger in das Unternehmen gemäß § 3 bestimmt wird, zum Ausgleich**[Rz. 40] **den folgenden im Grundbuch des Amtsgerichts [...] von [...] Blatt [...] eingetragenen Grundbesitz der Gemarkung [...]**
Flur [...] Nr. [...].[Rz. 41]

Etwa im Grundbuch eingetragene Belastungen sind einschließlich der hierdurch gesicherten Verbindlichkeiten mit Wirkung vom Todestag zur Entlastung des Nachlasses zu übernehmen.

Mitvermacht sind alle Ansprüche aus Lebensversicherungen, die bei meinem Tod in den Nachlass fallen und an Grundpfandrechtsgläubiger zum Zwecke der Tilgung abgetreten sind.

Die Kosten der Vermächtnisauslieferung gehen zu Lasten des Vermächtnisnehmers.

Ersatzvermächtnisnehmer sind dessen Abkömmlinge nach den Regeln der gesetzlichen Erbfolge.

Der Vermächtnisanspruch entsteht mit dem Beginn des Kalendermonats, der auf die wirksame Ausübung des Bestimmungsrechts (§ 3) folgt, und ist drei Monate später fällig.

Dieses Vermächtnis entfällt, wenn das Vermächtnis gemäß § 3 ersatzlos entfällt.

§ 5 Testamentsvollstreckung

Ich ordne Testamentsvollstreckung bezüglich der in §§ 3 und 4 vermachten Vermögenswerte an, bis der Vermächtnisnehmer des Unternehmens (§ 3) bestimmt ist und dieser das Vermächtnis angenommen hat oder, wenn das Vermächtnis gemäß § 3 entfällt, das Unternehmen veräußert worden ist.[Rz. 42, 44]

Aufgabe des Testamentsvollstreckers ist es, das der Testamentsvollstreckung unterliegende Vermögen zu verwalten, insbesondere das Unternehmen solange fortzuführen, und alle Verpflichtungen der Erben für diese zu erfüllen.[Rz. 43]

Der Testamentsvollstrecker kann das einzelkaufmännische Unternehmen bzw. meine Beteiligung als persönlich haftender Gesellschafter (§ 3) nach freiem Ermessen in jeder rechtlich zulässigen Weise fortführen, insbesondere:

- **im eigenen Namen und mit eigener Haftung als Treuhänder für die Erben oder**
- **als weisungsungebundener Bevollmächtigter der Erben aufgrund einer Generalhandlungsvollmacht, die die Erben ihm zu erteilen haben und nur aus wichtigem Grund widerrufen dürfen, oder**
- **mit Prokura, die die Erben ihm zu erteilen haben und nur aus wichtigem Grund widerrufen dürfen, oder**
- **als einzelvertretungsberechtigter und, soweit gesetzlich zulässig, von den Beschränkungen des § 181 BGB befreiter Geschäftsführer bzw. Vorstand nach Umwandlung des Unternehmens in eine Kapitalgesellschaft oder in eine GmbH & Co KG, wobei die Einzelheiten der Umwandlung, die Beteiligungen der Erben sowie der Inhalt der Gesellschaftsverträge vom Testamentsvollstrecker nach freiem Ermessen festgelegt werden, oder**

– als Inhaber aller Mitgliedschaftsrechte aus der Kommanditbeteiligung nach Umwandlung meiner Beteiligung als persönlich haftender Gesellschafter, wozu die Erben auf Verlangen des Testamentsvollstreckers verpflichtet sind, oder
– durch Verpachtung des einzelkaufmännischen Unternehmens.[Rz. 45, 46, 47]

Er ist auch befugt, das Unternehmen zu veräußern oder zu liquidieren, wenn die Fortführung nicht möglich oder wirtschaftlich nicht zweckmäßig ist.

Der Testamentsvollstrecker haftet den Erben nur für Vorsatz oder grobe Fahrlässigkeit, wobei Maßstab die Sorgfalt in eigenen Angelegenheiten ist.[Rz. 48]

Er hat einen Anspruch darauf, dass er für die Zeit ab Beendigung der Testamentsvollstreckung vom Vermächtnisnehmer von seiner unbeschränkten Haftung für die Geschäftsverbindlichkeiten freigestellt und ihm eine angemessene Sicherheit hierfür geleistet wird.[Rz. 49]

Zum – soweit zulässig – von allen Beschränkungen und Verpflichtungen befreiten[Rz. 51] **Testamentsvollstrecker berufe ich:**
– Frau D, geboren am [...], wohnhaft [...]
– ersatzweise Herrn E, geboren am [...], wohnhaft [...].[Rz. 52]

Sollte keiner der Vorgenannten das Amt annehmen wollen oder können und auch keinen Amtsnachfolger durch Erklärung gegenüber den Erben benannt haben, so wird das Nachlassgericht ersucht einen Testamentsvollstrecker zu ernennen.

Als Vergütung erhält der Testamentsvollstrecker [...] vom Hundert des jährlichen Unternehmensgewinns (vor Steuern), mindestens jedoch den Betrag, den eine Gesellschaft mit beschränkter Haftung gleicher Größe ihrem alleinigen Geschäftsführer jährlich als steuerlich abzugsfähiges Gehalt ohne Gewinnbeteiligung und Sonderleistungen zahlen würde. Der Testamentsvollstrecker hat Anspruch auf angemessene monatliche Abschlagszahlungen.[Rz. 53, 54, 55]

§ 6 Vollständigkeit [Rz. 55a]

Weitere Verfügungen über meinen Nachlass oder nichtvermögensrechtliche Angelegenheiten sowie eine Rechtswahl für den Fall, dass ich meinen gewöhnlichen Aufenthalt ins Ausland verlegen sollte, will ich nicht treffen.

Ich habe kein Vermögen im Ausland.

Der Notar hat darauf hingewiesen, dass die vorstehenden Verfügungen einen Erwerb aufgrund von Lebensversicherungen mit festgelegter Bezugsberechtigung oder sonstige Verträge zugunsten Dritter auf den Todesfall nicht erfassen.

§ 7 Salvatorische Klausel[Rz. 55b]

Für diese Verfügung von Todes wegen soll das Recht der Bundesrepublik Deutschland gelten. Sollte eine Bestimmung dieser Urkunde ganz oder teilweise unwirksam sein oder werden, so soll der übrige Teil hiervon nicht berührt und die unwirksame Anordnung, soweit möglich, sinngemäß ausgeführt werden.

Diese Niederschrift wurde in Gegenwart des Notars dem Erschienenen vorgelesen, von ihm durch mündliche Erklärung genehmigt und eigenhändig wie folgt unterschrieben:

A. Grundsätzliche Anmerkungen

I. Wirtschaftliche Aspekte

1 Die **Unternehmensnachfolge** wird am besten – weil am sichersten – rechtzeitig und **zu Lebzeiten des Erblassers** durch Vertrag mit allen pflichtteilsberechtigten Fa-

milienangehörigen geregelt. Dies setzt allerdings voraus, dass der oder die Unternehmensnachfolger bereits feststehen. Bis zu diesem Zeitpunkt, also vor allem solange die Kinder des Unternehmers noch zu jung zur Firmenfortführung sind, muss durch Verfügung von Todes wegen sicher gestellt werden, dass nach dem Tod des Unternehmers:

1. das Unternehmen bis dahin weiter geführt und
2. der oder die geeignetsten Unternehmensnachfolger bestimmt wird.

Die vorgeschlagene Erbfolgegestaltung ist damit nur eine Übergangsregelung bis zum Abschluss eines Vertrags zur Unternehmensnachfolge.

Die Weiterführung eines Unternehmens durch Geschwister erweist sich – von seltenen Ausnahmen abgesehen – als äußerst streitträchtig. Deshalb sollte das Unternehmen **einem einzigen Kind** anvertraut und dessen Geschwister mit sonstigem Vermögen abgefunden werden. 2

Das zentrale Problem dieser Erbfolgegestaltung ist – wie bei jeder anderen Unternehmensnachfolge – der ausgewogene **Ausgleich zwischen den Interessen** an der Unternehmensfortführung und denen der weichenden Erben an einer angemessenen Beteiligung am elterlichen Vermögen. Bei der Unternehmensnachfolge im Wege der Erbfolge zieht der gesetzliche Pflichtteil der weichenden Erben die äußerste Grenze, die keinesfalls unterschritten werden darf, soll der wirtschaftliche Erfolg des Testaments nicht gefährdet werden. Zum Zwecke der Abwägung dieser Interessen bedarf es einer internen Wertermittlung der vermachten Gegenstände. Die größte Gefahr für die vorgeschlagene Erbfolgegestaltung droht durch nachträgliche Wertveränderungen. Ein solches Testament bedarf daher einer ständigen Kontrolle. 3

Ist der Unternehmer verheiratet, so kommt als weitere Gestaltungsaufgabe die **Absicherung** der angemessenen Lebensführung **des Ehepartners** hinzu (siehe hierzu Formular B. 1.06 § 3 und dort Rz. 16ff.). 4

Es liegt in der Natur einer **provisorischen Erbfolgeregelung,** dass erbschaft- und ertragsteuerliche Überlegungen in den Hintergrund treten müssen. Doch gerade nach der zum 1.1.2009 in Kraft getretenen Erbschaftsteuerreform ist eine langfristige Planung wichtiger denn je. Die danach notwendige Abgrenzung des steuerlich privilegierten Betriebs- vom nicht begünstigten Verwaltungsvermögen (§ 13b ErbStG) ist sowohl rechtlich als auch tatsächlich schwierig, aber von überragender Bedeutung für die Steuerlast, die auf das Unternehmen bzw. den Unternehmensnachfolger zukommt. Nur mit rechtzeitig eingeleiteten Umstrukturierungsmaßnahmen im Unternehmen ebenso wie bei den Beteiligungen am Unternehmen kann die steuerliche Belastung auf ein erträgliches Maß reduziert werden. Deshalb sowie wegen der Pflichtteilsprobleme verdient die lebzeitige Unternehmensnachfolgeregelung den unbedingten Vorzug vor allen erbrechtlichen Lösungen. 5

II. Erbrechtliche Aspekte

1. Auswahl des Unternehmensnachfolgers

Der Unternehmensübergang durch Erbeinsetzung des Nachfolgers (vgl. Formular B. 1.06 § 2) verdient eigentlich den Vorzug vor der Anordnung eines Vermächtnisses, weil die mit der Erbeinsetzung verbundene **Universalsukzession** die sonst notwendigen und mit Kosten verbundenen Einzelübertragungen erspart. 6

Der Erblasser muss jedoch den Erben selbst bestimmen und darf einem anderen bei dessen Benennung keine eigenständige Entscheidungsbefugnis einräumen **(Selbstbestimmungsgebot des § 2065 Abs. 2 BGB).** Nach hM ist eine Verfügung, mit der der Erblasser die Auswahl des Erben einem von ihm selbst bestimmten Dritten überlässt, allerdings dann mit § 2065 Abs. 2 BGB vereinbar, wenn er dabei die Auswahlkri- 7 terien genau bestimmt hat. Umstritten ist, wie genau der Erblasser diese Bedingungen selbst festlegen muss.[1] Während sich das RG noch mit dem Ausschluss willkürlicher Entscheidungen des Dritten begnügte, hält der BGH[2] bereits die Einräumung eines, wenn auch noch so geringen Entscheidungsspielraums für unzulässig. Die Literatur folgt überwiegend dieser Auffassung nicht.[3] Nach ihr soll es zulässig sein, den zur Unternehmensnachfolge geeignetsten Abkömmling von einem Dritten als Erben bezeichnen zu lassen, auch wenn das Eignungskriterium dem Auswählenden einen gewissen Beurteilungsspielraum lässt.[4] Einigkeit besteht jedoch, dass einem Dritten die Auswahl einer Person nicht nur „empfohlen" und damit kein freier Ermessensspielraum eröffnet werden darf.[5] Vor diesem Hintergrund sollte sicherheitshalber auf den Abwicklungsvorteil einer Erbeinsetzung mit Drittbestimmungsrecht verzichtet und der unstreitig zulässige Ausweg über ein **Vermächtnis gemäß § 2151 BGB** gewählt werden.

8 Aber auch dieser erbrechtlichen Gestaltungsmöglichkeit setzt das in § 2065 Abs. 2 BGB geregelten **Selbstbestimmungsgebot** des Zuwendungsempfängers Grenzen. § 2151 BGB, der es gestattet, einem Dritten die Auswahl aus einem bestimmten Personenkreis zu überlassen, ist eine eng auszulegende Ausnahmevorschrift hierzu, verdrängt § 2065 Abs. 2 BGB also nicht vollständig. Deshalb sollten die Bedingungen, die auch diese Vorschrift dem Bestimmungsrecht des Dritten setzt, beachtet werden. Fehlt die Angabe eines überschaubaren Kreises von Personen, aus denen der Vermächtnisnehmer ausgewählt werden soll, liegt kein wirksames Vermächtnis vor, sondern allenfalls eine Auflage.[6] Dagegen könnte auf die Angabe von Auswahlkriterien sogar völlig verzichtet und die Bestimmung in das freie Ermessen des Dritten gestellt werden.

9 Handelt es sich bei dem Unternehmen um eine Gesellschaft, ist bei der Erbfolgegestaltung der **Vorrang der gesellschaftsvertraglichen Bestimmungen** zu beachten. Bei einer Personengesellschaft kann eine Beteiligung als persönlich haftender Gesellschafter nur vermacht werden, wenn und soweit dies gesellschaftsvertraglich zugelassen ist. Bei einer Kapitalgesellschaft kann die Vererblichkeit zwar nicht ausgeschlossen, jedoch können für den Erbfall Einziehungsrechte vereinbart werden.

2. Unternehmensfortführung bis zur Nachfolgerbestimmung

10 Bei noch minderjährigen oder unreifen Kindern muss der Unternehmer zum Zwecke der Unternehmensfortführung **Verwaltungstestamentsvollstreckung** (§ 2209 BGB) anordnen.

11 Der Testamentsvollstrecker kann jedoch kraft dieses Amtes weder ein einzelkaufmännisches Unternehmen noch eine Beteiligung an einer Personengesellschaft ohne zusätzliche Maßnahmen fortführen, weil die **handels- und gesellschaftsrechtlichen Haftungsgrundsätze** mit denen des Erbrechts unvereinbar sind.[7] Der Einzelkaufmann ebenso wie der persönlich haftende Gesellschafter einer Personengesellschaft haften unbeschränkt und unbeschränkbar mit ihrem gesamten Vermögen, während sich die Verpflichtungsbefugnis des Testamentsvollstreckers gemäß § 2206 BGB ausschließlich auf den Nachlass bezieht.[8] Eine Fortführung durch den Testamentsvollstre-

[1] MüKoBGB/*Leipold* BGB § 2065 Rz. 16 mwN; für freie Ermessensentscheidung durch Dritten: *Frey* Flexibilisierung der Nachlaßgestaltung im Lichte von § 2065 BGB, 1999, S. 101 ff.; *Sens* Die Erbenbestimmung durch Dritte, Diss. Marburg 1990, S. 98 ff. [Analogie zu § 2151].

[2] BGH v. 18.11.1954 – IV ZR 152/54, NJW 1955, 100.

[3] MüKoBGB/*Leipold* BGB § 2065 Rz. 16; Staudinger/*Otte* BGB § 2065 Rz. 35; *Brox* Rn. 104; aM *Erman/M. Schmidt* § 2065 Rz. 7 f.; *Westermann* FS Möhring, S. 191 ff.

[4] BGH v. 18.11.1954 – IV ZR 152/54, NJW 1955, 100; OLG Köln v. 1.2.1994 – 23 W Lw 20/93, MittRhNotK 1994, 117 mwN.

[5] OLG Hamm v. 6.7.1995, NJW-RR 1995, 1477.

[6] RG v. 13.5.1919 – Rep. VII 89/19, RGZ 96, 15; *Haegele* BWNotZ 1972, 74, 78.

[7] Staudinger/*Reimann* BGB § 2205 Rz. 90 ff.

[8] *Reimann/Bengel/J. Mayer/Reimann* Testament und Erbvertrag, 5. Aufl. 2006, Teil A Rz. 490 ff. mwN; aM *Buchwald* AcP 154, 29 f.

cker kraft Amtes würde deshalb zu einer dem Handels- und Gesellschaftsrecht fremden Haftungsbeschränkung eigener Art führen.

Bei einer Beteiligung als persönlich haftender Gesellschafter an einer Personengesellschaft ist die **Testamentsvollstreckung** zudem davon abhängig, dass diese entweder **im Gesellschaftsvertrag zugelassen** ist oder ihr alle **anderen Gesellschafter zustimmen.** Fehlt diese Zustimmung, so beschränkt sich die Testamentsvollstreckung lediglich auf die sog. „Außenseite" der Gesellschaftsbeteiligung.[9] Das Gleiche gilt bei einer Beteiligung als Kommanditist. Diese Unterscheidung ermöglicht außer eine alle Mitgliedschaftsrechte, also die Innenseite erfassenden Testamentsvollstreckung auch eine rein beaufsichtigende über den Gesellschaftsanteil, weil der Erbe als Gesellschafter dann zu allen vermögensrechtlichen Maßnahmen der Zustimmung des Testamentsvollstreckers bedarf.[10] **12**

Bei allen Gesellschaftsbeteiligungen gelten außerdem folgende Einschränkungen: **13**

- § 2206 Abs. 1 BGB hindert den Testamentsvollstrecker daran, den oder die Erben persönlich mit dem Eigenvermögen zu verpflichten, so dass die Mitwirkung an **Kapitalerhöhungsmaßnahmen** nur bei Volleinzahlung durch den Testamentsvollstrecker möglich ist.
- **Unentgeltliche Verfügungen** über den Gesellschaftsanteil sind gemäß § 2205 S. 3 BGB verboten.
- Der **Kernbereich der Mitgliedschaft** ist für den Testamentsvollstrecker unantastbar. Dazu gehören alle unentziehbaren bzw. mehrheitsfeste Rechte des Gesellschafters, die nur mit seiner Zustimmung durch Gesellschaftsvertrag und Satzung eingeschränkt oder aufgehoben werden können.[11]
- Der Testamentsvollstrecker kann sich nur dann **selbst zum Geschäftsführer oder Vorstand bestellen,** wenn der Erblasser ihm dies gestattet (vgl. § 47 Abs. 4 S. 2 GmbHG).[12]

Deshalb müssen dem Testamentsvollstrecker weitergehende Kompetenzen eingeräumt werden, soll er ein Unternehmen bis zur Bestimmung des Nachfolgers fortführen. Rechtsformabhängig kommen dabei folgende Wege in Betracht: **14**

- **Treuhandlösung:** Bei ihr führt der Testamentsvollstrecker das Unternehmen nach außen im eigenen Namen und mit unbeschränkter persönlicher Eigenhaftung, aber für Rechnung der Erben fort. Bleiben die Erben Inhaber des Geschäftsvermögens, so handelt es sich um eine **Verwaltungstreuhand.** Der Testamentsvollstrecker hat dann lediglich die Rechtsstellung eines Unternehmenspächters.[13] Im Unterschied hierzu müssen die Erben bei der **Vollrechtstreuhand** das Geschäftsvermögen auf den Testamentsvollstrecker übertragen. Ist diese Art der Treuhandlösung gewollt, so müssen die Erben durch eine Auflage iSd. § 2192 BGB verpflichtet werden, das Geschäftsvermögen auf den Testamentsvollstrecker zu übertragen. Wegen der damit verbundenen Eigenhaftung wird ein Testamentsvollstrecker nur ausnahmsweise und allenfalls für eine kurze Frist bereit sein, ein Unternehmen als Verwaltungs- oder als Vollrechtstreuhänder fortzuführen.
- **Vollmachtslösung:** Der Testamentsvollstrecker führt das Unternehmen als Bevollmächtigter im Namen der Erben fort. Diese haften bei einem einzelkaufmännischen Unternehmen oder einer Beteiligung als persönlich haftender Gesellschafter einer OHG oder KG persönlich mit dem gesamten eigenen Vermögen. Diese Lösung setzt voraus, dass die Erben durch eine Auflage iSd. § 2192 BGB verpflichtet wer-

[9] Grundlegend BGH v. 25.2.1985 – II ZR 130/84, NJW 1985, 1953; BGH v. 4.5.1986 – IVa ZR 155/84, NJW 1986, 2431.
[10] *Bengel/Reimann/D. Mayer* HdB TV, Kap. 5 Rz. 158ff., 194ff.
[11] Ausführlich *Priester* FS W. Stimpel, 1985, S. 481ff.
[12] *Bengel/Reimann/D. Mayer* HdB TV, Kap. 5 Rz. 241.
[13] *Reimann* DNotZ 1999, 179, 194f.

den, dem Testamentsvollstrecker eine entsprechende Vollmacht zu erteilen. Dabei scheidet eine Generalvollmacht aus,[14] nicht aber eine Generalhandlungsvollmacht (siehe Formular A. 6.21) oder die Erteilung einer Prokura. Das Weisungsrecht sollte dabei weitgehend ausgeschlossen sein.[15] Derartige Vollmachten sind jedoch stets aus wichtigem Grunde widerrufbar. Zudem ist dem deutschen Recht eine verdrängende Vollmacht unbekannt, so dass die Erben zu eigenem Handeln berechtigt bleiben.[16] Schließlich spricht auch die unbegrenzte Haftung der Erben mit dem eigenen Vermögen gegen diese Lösung.[17]

- **Umwandlung eines einzelkaufmännischen Unternehmens in eine Kapitalgesellschaft oder GmbH & Co. KG:** Angesichts der Haftungsrisiken sämtlicher Treuhand- und Vollmachtslösungen für den Testamentsvollstrecker bzw. für die Erben sprechen die besseren Argumente für eine Umwandlung eines einzelkaufmännischen Unternehmens in eine Gesellschaftsform ohne persönliche Haftung der Gesellschafter. Der Testamentsvollstrecker nimmt nach der Umwandlung die Rechte der Gesellschafter aus ihrer Beteiligung wahr.
- **Umwandlung einer Beteiligung als persönlich haftender Gesellschafter in eine Kommanditbeteiligung:** Gemäß § 139 Abs. 1 HGB hat der Erbe einen Anspruch auf Umwandlung der Komplementär-Beteiligung in einen Kommanditanteil, der mangels einer Eigenhaftung des Kommanditisten problemlos vom Testamentsvollstrecker verwaltet werden kann.
- **Verpachtung des einzelkaufmännischen Unternehmens:** Wenn sich ein Pächter für das Unternehmen findet, ist auch dies eine Lösung, um das einzelkaufmännische Unternehmen ohne Eigenhaftung des Testamentsvollstreckers und der Erben fortzuführen. Dabei muss jedoch sicher gestellt sein, dass zum Zeitpunkt der Bestimmung des eigentlichen Unternehmensnachfolgers die Unternehmenspacht endet.

15 Eine so ausgestaltete Testamentsvollstreckung ist allerdings für den „Testamentsvollstrecker“ je nach Lösung mit mehr oder weniger erheblichen **Haftungsgefahren** verbunden. Deshalb kann eine solche Firmenfortführung nur für eine äußerst begrenzte Zeit in Betracht gezogen werden. Eine schematische Lösung verbietet sich von selbst. In jedem Einzelfall müssen die Vor- und Nachteile der einen oder der anderen Lösung gegeneinander abgewogen werden.[18]

III. Steuerliche Aspekte

1. Erbschaftsteuer

16 Die Besteuerung erfolgt unabhängig von der **Art der erbrechtlichen Zuwendung.** Es spielt also keine Rolle, ob jemand als Erbe oder als Vermächtnisnehmer steuerpflichtiges Vermögen erwirbt. Jeder versteuert nur, aber auch immer das, was er erhält. Der Erbe braucht folgerichtig Vermögenswerte, die er als Vermächtnisse auszuliefern hat, nicht zu versteuern. Dieses Vermögen ist allein vom Vermächtnisnehmer zu versteuern.

17 Im **Verhältnis des Erblassers zu jedem seiner Kinder** beträgt der allgemeine persönliche Freibetrag € 400 000,– (§ 16 Abs. 1 Nr. 2 ErbStG), zu dem noch ein besonderer Versorgungsfreibetrag gemäß § 17 Abs. 2 ErbStG hinzukommt. Stirbt ein Kind vor dem Längerlebenden, so kommen die Enkelkinder in den Genuss der gleichen Vergünstigungen, andernfalls beträgt ihr allgemeiner Steuerfreibetrag lediglich € 200 000,– (§ 16 Abs. 1 Nr. 3 ErbStG).

---

[14] *Bengel/Reimann/D. Mayer* HdB TV, Kap. 5 Rz. 133.
[15] Eingehend MüKoBGB/*Brandner* BGB § 2205 Rz. 24a.
[16] BeckOK BGB/*Lange* BGB § 2205 Rz. 28, Stand: 1.2.2017.
[17] Deshalb kritisch BGH v. 21.4.1969 – II ZR 200/67, NJW 1969, 1483.
[18] Vgl. Staudinger/*Reimann* BGB § 2205 Rz. 93.

Kinder und Stiefkinder sowie auch ihre Abkömmlinge gehören zur Steuerklasse I, so dass der Steuersatz mit 7 vH beginnt (§§ 19 Abs. 1 I, 15 Abs. 1 I Nr. 2 ErbStG).

Die **Steuerbegünstigung für Betriebsvermögen,** Betriebe der Land- und Forstwirtschaft und Kapitalgesellschaftsanteile setzt sich zusammen aus: 18

- einem **Verschonungsabschlag in Höhe von 85 vH bzw. 100 vH** des begünstigten Vermögens iSd. § 13b ErbStG (§ 13a Abs. 1 S. 1 ErbStG), der allerdings von der Einhaltung einer bestimmten Mindestlohnsumme in Verbindung mit einer Haltefrist von 5 bzw. 7 Jahren abhängig ist. Bereits bei dieser provisorischen Nachfolgeregelung durch Testament sollte im Hinblick auf diese Steuerbegünstigung versucht werden, im Unternehmen das steuerlich privilegierte Betriebsvermögen vom nicht steuerbefreiten Verwaltungsvermögen deutlich und nach außen erkennbar abzugrenzen (zB Abspaltung nach dem Umwandlungsgesetz). Diese Maßnahmen müssen im Hinblick auf die Lohnsummenregelung möglichst frühzeitig getroffen werden und lohnen sich auch im Hinblick auf die unter allen Gesichtspunkten vorzugswürdige Regelung der Unternehmensnachfolge durch vorweggenommene Erbfolge;
- einem für das nach Verschonungsabschlag verbleibende Betriebsvermögen geltenden (gleitender) **Abzugsbetrag von € 150 000,–** (§ 13a Abs. 2 ErbStG).

Diese Begünstigungen stehen grundsätzlich dem Erben dieses Vermögens zu. Muss dieser jedoch das Betriebsvermögen im Wege des Vermächtnisses an einen anderen Erwerber ausliefern, so sind die Begünstigungen diesem unmittelbar zu gewähren (§ 13a Abs. 3 ErbStG). Einer über die rechtswirksame Vermächtnisanordnung hinausgehenden Zuweisung dieser steuerlichen Begünstigungen an den Vermächtnisnehmer bedarf es nicht. Auch der Erwerb aufgrund eines aufschiebend bedingten Vermächtnisses ist ein begünstigter Erwerb von Todes wegen (vgl. § 3 Abs. 1 Nr. 1 ErbStG).

Beide **Vermächtnisse** sind **aufschiebend bedingt** durch die Ausübung des Bestimmungsrechts. Eine Rückwirkung auf den Erbfall sieht § 2178 BGB nicht vor, um schwierige Auseinandersetzungen zu vermeiden. Folglich haben die Kinder bis zur Bestimmung des Unternehmensnachfolgers die Erbschaft entsprechend ihren Erbanteilen nach den allgemeinen Vorschriften zu versteuern. Die Vermächtnisse können bis dahin nicht wertmindernd gemäß § 10 Abs. 5 Nr. 2 ErbStG berücksichtigt werden (§ 12 Abs. 1 ErbStG iVm. § 6 Abs. 1 BewG). Übt der Dritte sein Bestimmungsrecht aus, tritt also die aufschiebende Bedingung ein, so ist auf Antrag die Erbschaftsteuerfestsetzung zu berichtigen (§ 12 Abs. 1 ErbStG iVm. §§ 6 Abs. 2, 5 Abs. 2 S. 1 BewG). Der Antrag ist bis zum Ablauf des Jahres zu stellen, das auf den Eintritt der Bedingung folgt (§ 5 Abs. 2 S. 2 BewG). 19

2. Einkommensteuer

Der Übergang des Unternehmens auf die Erben ist weder Veräußerung (§ 16 Abs. 1 EStG) noch Betriebsaufgabe (§ 16 Abs. 3 EStG). Die Erben führen dieses als Unternehmer ohne Aufdeckung stiller Reserven in **schlichter Erbengemeinschaft** bis zur Bestimmung des Unternehmensnachfolgers durch den Dritten fort. Dies gilt selbst dann, wenn das Unternehmen vom Testamentsvollstrecker als Treuhänder fortgeführt wird.[19] Mit der Erfüllung des Vermächtnisses durch den Testamentsvollstrecker wird der zum Nachfolger bestimmte **Vermächtnisnehmer Unternehmer,** und zwar wegen des Anspruchs auf die Früchte des Unternehmens gemäß § 2184 S. 1 BGB, rückwirkend auf den Anfall des Vermächtnisses.[20] 20

Wenn – wie im Formular unterstellt – die **zum Ausgleich** dem anderen Kind **vermachten Vermögenswerte Privatvermögen** sind, ergeben sich keine zusätzlichen einkommensteuerlichen Probleme. 21

---

[19] Vgl. Schmidt/*Wacker* EStG § 15 Rz. 301; *Geschwendtner* NJW 1996, 362; DStZ 1995, 708, 709.

[20] Vgl. BFH v. 24.9.1991 – VIII R 349/83, BStBl. II 92, 330; BMF BStBl. I 93, 62 Rz. 68, 73; Schmidt/*Wacker* EStG § 16 Rz. 28; aM *Märkle* DStR 93, 506; *Groh* DB 92, 1312, 1313.

22 Bezieht sich das in § 4 des Formulars angeordnete Vermächtnis dagegen zumindest teilweise auf **Betriebsvermögen,** so ist die Erfüllung eine Veräußerung gemäß § 16 Abs. 1 EStG. Dies ließe sich aber dadurch vermeiden, dass dem weichenden Erben keine Teile des Betriebsvermögens sondern eine atypisch stille Beteiligung am Unternehmen vermacht wird. Damit wird er Mitunternehmer. Auch die Beschwerung des Unternehmensnachfolgers mit einem Rentenvermächtnis zugunsten des weichenden Erben ist denkbar, führt aber nicht zu einer betrieblichen Versorgungsrente.[21]

23, 24 *(frei)*

B. Einzelerläuterungen

Zu § 1: Frühere Verfügungen von Todes wegen

25 Vgl. hierzu B. 1.01 Rz. 12ff.

Zu § 2: Erbeinsetzung

26 Die **Ersatzerbfolge** sollte ausdrücklich bestimmt werden, weil § 2069 BGB nur eine Auslegungsregel ist.

27 Bei **Anordnung der Ersatzerbfolge** darf nicht nur auf den Fall des Vorversterbens des eingesetzten Erben abgestellt werden („vorversterben", „nicht vorhanden sein" usw.), da dadurch die Auslegungsregel des § 2097 BGB außer Kraft gesetzt ist und die Fälle der Ausschlagung und der Erbunwürdigkeit nicht erfasst würden.

28 Siehe zu den rechtlichen Problemen bei Vorempfängen die Ausführungen zu B. 1.21 Rz. 27.

Zu § 3: Unternehmensvermächtnis

29 Mit der Anordnung sowohl des Unternehmensvermächtnisses als auch des Vermächtnisses zur Abfindung des anderen Erben (§ 4 des Formulars) als **Vorausvermächtnisse** (§ 2150 BGB) wird vermieden, dass zum Zwecke einer Ausgleichszahlung zwischen den Erben der Unternehmenswert ermittelt werden muss. Zudem steht es dem Vermächtnisnehmer dann frei zu entscheiden, ob er das Vermächtnis annehmen will oder nicht. Bei einem Vorausvermächtnis kann er die Erbschaft annehmen, das Vermächtnis hingegen ausschlagen. Will der Erblasser die getrennte Annahme von Erbschaft und Unternehmensvermächtnis unterbinden, so muss er eine Teilungsanordnung mit einem Vorausvermächtnis kombinieren,[22] um zu vermeiden, dass der über die Erbquote hinausgehende Mehrwert auszugleichen ist.

30 Der **Personenkreis,** aus dem der Dritte den Vermächtnisnehmer auswählen soll, muss bestimmt sein (siehe oben Rz. 8). Sonst ist das Vermächtnis unwirksam und kann allenfalls in eine Auflage umgedeutet werden.[23]

31 Auch die **Person, die die Auswahlentscheidung treffen soll,** muss bestimmt sein. Da das Bestimmungsrecht gemäß § 2151 Abs. 3 BGB erlischt und das Vermächtnis dann an alle Bedachten gemeinsam fällt, bedarf es auch der Regelung für den Fall, dass dieser Dritte die Bestimmung nicht vornehmen kann (Tod oder Krankheit) oder will (Verzicht oder Untätigkeit). Die Voraussetzungen für den Übergang von einem Dritten auf den nächsten sollten dabei präziser gefasst werden als die in § 2151 Abs. 3 BGB für das Erlöschen des Bestimmungsrechts. Ist die Liste der Bestimmungsberechtigten erschöpft, fällt das Vermächtnis allen Bedachten als Gesamtgläubigern an. Deshalb sollte auch mehr als eine Ersatzperson benannt werden.

---

[21] BFH v. 26.3.1981 – IV R 130/77, BStBl. II 1981, 614.
[22] Vgl. BGH v. 27.6.1990 – IV ZR 104/89, NJW-RR 1990, 1220, 1221.
[23] Vgl. OLG München v. 27.1.2016 – 31 Wx 168/15, NJW-RR 2016, 976, 977.

Trifft **keine** der benannten Personen eine **Entscheidung,** so tritt Gesamtgläubigerschaft gemäß § 428 BGB mit der Folge ein, dass der Beschwerte an den Bedachten seiner Wahl leisten kann, der dann noch nicht einmal zur Teilung gemäß § 430 BGB verpflichtet ist. Dieses untragbare Ergebnis sollte durch eine abweichende Bestimmung in der Verfügung vermieden werden. **32**

Dagegen kann auf **Kriterien für die Auswahlentscheidung** völlig verzichtet werden (siehe oben Rz. 8). Darin liegt der gravierendste Unterschied zur entsprechenden Erbschaftslösung. Wird die Entscheidung des Dritten jeder gerichtlichen Nachprüfung entzogen (siehe unten Rz. 36), so kann auf die Angabe von Auswahlkriterien verzichtet werden, weil diese ohnehin nicht justitiabel wären. Allerdings spricht auch nichts dagegen, dabei auf die Eignung des zu bestimmenden Kindes zur Unternehmensfortführung abzustellen. **33**

Der **Vermächtnisgegenstand** muss eindeutig bestimmt werden, da alle nicht erwähnten Vermögenswerte sonst der Erbengemeinschaft verbleiben: **34**

- **Firmen und Gesellschaftsbeteiligungen** sollten also konkret mit Firma, Sitz und Handelsregistereintrag bezeichnet werden. Nicht vergessen sollte man etwaige Ansprüche des Gesellschafters gegen die Gesellschaft (zB Guthaben auf Kapitalkonten, Gesellschafterdarlehen).
- Bei **Grundbesitz** ist die Wiedergabe der Grundbuch- und Grundstücksbezeichnungen empfehlenswert. Zur Vermeidung von Unklarheiten sollte bei den Grundstücksbelastungen nicht auf die Regelungen in §§ 2165 ff. BGB vertraut, sondern ausdrücklich bestimmt werden, welche übernommen und welche vom Nachlass abgelöst werden müssen. Nicht vergessen sollte man bei Finanzierungen über Lebensversicherungen, diese ebenfalls mitzuvermachen.

Die Bestimmung durch den Dritten ist eine **empfangsbedürftige Willenserklärung,** die gegenüber den Erben abzugeben ist (§ 2151 Abs. 2 2. Hs. BGB). Abweichend vom Gesetz sollte der Erblasser jedoch aus Beweisgründen verlangen, dass diese in Schriftform erfolgt. **35**

Da nicht völlig geklärt ist, ob und in welchem Umfang die Auswahlentscheidung der **gerichtlichen Nachprüfung** unterliegt,[24] ist es unerlässlich, diese Frage in dem einen oder anderen Sinne klar zu beantworten. Lässt man jedoch die gerichtliche Überprüfung zu, so gefährdet ein deshalb möglicher langwieriger Rechtsstreit die Unternehmensfortführung, weil bis zu dessen Ende nicht feststeht, wer Vermächtnisnehmer ist. Dies gilt selbst dann, wenn die Gerichtskontrolle auf die Fälle offensichtlicher Unbilligkeit (§ 319 Abs. 1 S. 1 BGB) beschränkt wird. **36**

Kraft Gesetzes tritt die aufschiebende Bedingung mit dem **Zugang der Auswahlerklärung** des Dritten bei den Erben ein (§ 2179 BGB). Damit fällt das Vermächtnis an und ist fällig. Eine Rückwirkung auf den Todestag ist nicht vorgesehen, um Streitigkeiten zu vermeiden. Ab diesem Zeitpunkt gebühren die Früchte der vermachten Gegenstände dem Vermächtnisnehmer (§ 2184 S. 1 BGB). Zur Erleichterung der Abgrenzung der Rechtszuständigkeit der Erbengemeinschaft von der des Unternehmensnachfolgers in Bezug auf die Früchte und Nutzungen sollte der Beginn des auf den Zugang der Ausübungserklärung folgenden Kalendermonats bestimmt werden. **37**

Die **Fälligkeit** sollte – abweichend von der allgemeinen Regel des § 271 Abs. 1 BGB – um einen angemessenen Zeitraum hinausgeschoben werden, damit der Testamentsvollstrecker die Unternehmensübergabe ohne Hektik vollziehen kann. **38**

Zu § 4: Vermächtnis

Dieses Vermächtnis dient dem Ausgleich des weichenden Erben, weshalb es ebenso wie das Unternehmensvermächtnis (§ 3 des Formulars) als **Vorausvermächtnis** aus- **39**

---

[24] MüKoBGB/*Schlichting* BGB § 2151 Rz. 12; Bamberger/Roth/*Müller-Christmann* BGB § 2151 Rz. 5.

gestaltet werden muss (siehe dazu oben Rz. 29). Der Wert der zum Ausgleich vermachten Gegenstände muss den gesetzlichen Pflichtteil des Kindes übersteigen, weil dieses andernfalls gemäß § 2305 BGB Anspruch auf den Zusatzpflichtteil erheben kann.

40 **Vermächtnisnehmer** ist der andere Miterbe. Damit bezieht sich das Auswahlrecht in § 3 des Formulars gleichzeitig auch auf dieses Vermächtnis, so dass auf die Ausführungen unter Rz. 30 ff. verwiesen werden kann.

41 Handelt es sich bei dem Vermächtnisgegenstand um **Privatvermögen,** so ergeben sich keine einkommensteuerrechtlichen Probleme. Anders dagegen, wenn es sich zumindest teilweise um **Betriebsvermögen** handelt. Siehe hierzu oben Rz. 22.

Zu § 5: Testamentsvollstreckung

42 Die **Verwaltungstestamentsvollstreckung** (§ 2209 BGB) bezieht sowohl auf das einzelkaufmännische Unternehmen, die Gesellschaftsbeteiligung und den (betrieblichen) Grundbesitz als auch auf das als Ausgleich für den weichenden Erben bestimmte Vermächtnis.

43 Die **Testamentsvollstreckung endet** mit der Übergabe des Unternehmens an den Unternehmensnachfolger. Deshalb muss spätestens bis dahin auch das andere Vermächtnis erfüllt werden.

44 Erweist sich **keines der Kinder** aus der Sicht der Benennungsberechtigten als **geeigneter Unternehmensnachfolger,** so entfallen beide Vermächtnisse ebenso wie die Testamentsvollstreckung. Ein zwar unerwünschtes, aber nicht ausgeschlossenes Ergebnis.

45 Der Verwaltungstestamentsvollstrecker hat kraft Amtes bis zur Vollendung des angegebenen Lebensalters durch den Erben die volle **Verfügungsgewalt über den Nachlass.**

46 Die gesetzlichen Befugnisse des Testamentsvollstreckers reichen jedoch zur Unternehmensfortführung nicht aus (siehe oben Rz. 11). Welche Art und Weise der Fortführung am zweckmäßigsten ist, kann bei Errichtung des Testaments nicht vorhergesagt werden. Zudem muss dem Testamentsvollstrecker freie Hand gegeben werden, um diejenige **Art der Fortführung zu wählen,** die für ihn das geringste Risiko mit sich bringt. Deshalb kann der Testamentsvollstrecker nach dem Vorschlag zwischen den verschiedenen Treuhand-, Vollmachts- und alternativen Lösungen frei wählen. Den Erben hingegen wird zur Auflage (§ 2197 BGB) gemacht, die entsprechenden Willenserklärungen abzugeben. Da es sich um eigennützige Auflagen handelt, mindern sie den Steuerwert des Nachlasses nicht (§ 10 Abs. 9 ErbStG). Der Testamentsvollstrecker hat einen Anspruch auf Vollziehung dieser Auflagen.[25]

47 Bei einem einzelkaufmännischen Unternehmen ist eine **Umwandlung in eine Kapitalgesellschaft oder in eine GmbH & Co KG** allen anderen Lösung vorzuziehen (siehe oben Rz. 14). Wichtig ist es dann jedoch, dem Testamentsvollstrecker freie Hand zu geben, wie diese Umwandlung durchgeführt wird. Vorgaben des Erblassers können dazu führen, dass dieser Weg ausscheidet oder der Testamentsvollstrecker das Amt ablehnt. Auch sollte im Hinblick auf § 47 Abs. 4 S. 2 GmbHG vorgesehen werden, dass der Testamentsvollstrecker selbst Geschäftsführer werden kann. Bei der Befreiung von den Beschränkungen des § 181 BGB ist zu beachten, dass diese bei einer Aktiengesellschaft nur eingeschränkt zulässig ist (§ 112 AktG).

48 Die **Haftung des Testamentsvollstreckers** gegenüber den Erben muss angesichts der erheblichen Gefahren der Unternehmensfortführung auf Vorsatz und Fahrlässigkeit in eigenen Angelegenheiten beschränkt werden. Ohne diese Haftungsbeschränkung wird sich vernünftigerweise niemand zur Übernahme eines solchen Amtes bereit fin-

[25] Vgl. BayObLG v. 27.11.1990 – BReg 1a Z 4/89, NJW-RR 1991, 523.

den. Der Abschluss einer Haftpflichtversicherung steht ihm frei, so er sich nicht, zB als Rechtsanwalt, berufsbedingt versichern muss.

Hat sich der Testamentsvollstrecker bei der Treuhandlösung (siehe oben Rz. 14) im Rahmen ordnungsgemäßer Verwaltung des Nachlasses gehalten, kann er vom Vermächtnisnehmer im Innenverhältnis **Befreiung von der persönlichen Haftung** verlangen (§§ 2216, 2218, 670 BGB).[26] **49**

Der **Testamentsvollstrecker** hat, soweit seine Verwaltungsbefugnis reicht,[27] gemäß § 31 Abs. 5 S. 1 ErbStG die Erbschaftsteuererklärung abzugeben. Außerdem haftet er für die Abführung der Erbschaftsteuer gemäß § 32 Abs. 1 S. 2 ErbStG persönlich, wenn er durch vorsätzliche oder grobfahrlässige Verletzung dieser Pflicht verhindert oder verzögert, dass die Erbschaftsteuer erhoben oder erfüllt wird (§§ 69, 34 Abs. 3 AO). **50**

Obwohl der Testamentsvollstrecker nicht Vertreter sondern Treuhänder des Nachlasses ist, findet nach allgemeiner Meinung **§ 181 BGB** analog Anwendung.[28] Hat der Erblasser uneingeschränktes Vertrauen in die Person des Testamentsvollstreckers, so kann er ihn im Testament von dieser Beschränkung befreien.[29] Unter dieser Voraussetzung kann der Erblasser auch die **Verpflichtungsbefugnis** des Testamentsvollstreckers gemäß § 2207 BGB erweitern, ihn jedoch nur in den engen Grenzen des § 2205 S. 3 BGB zu **unentgeltlichen Verfügungen** über den Nachlass oder Teile hiervon ermächtigen. **51**

Das größte Problem der vorgeschlagenen Erbfolgegestaltung besteht darin, eine **Person zu finden, die geeignet und bereit ist,** ein Unternehmen als Testamentsvollstrecker fortzuführen. Die ausgesuchte Person sollte im Vorhinein um ihr Einverständnis gebeten werden. **52**

Angesichts der Haftungsgefahren muss die **Vergütung** in der Verfügung geregelt werden, darf also nicht der Festsetzung durch das Nachlassgericht (§ 2221 BGB) überlassen bleiben. Maßstab muss die Vergütung eines eigenverantwortlichen Geschäftsführers in einem vergleichbaren Unternehmen sein. **53**

Die Testamentsvollstreckervergütung ist für den Amtsinhaber **erbschaftsteuerfrei,** und zwar im Regelfall auch soweit sie das angemessene Maß überschreitet.[30] Allerdings unterliegt sie der Einkommensteuer. **54**

Die (periodische) Vergütung für die Verwaltungsvollstreckung kann der Vermächtnisnehmer **nicht** gemäß § 10 Abs. 5 Nr. 3 ErbStG als **Verbindlichkeit** vom Steuerwert des Nachlasses abziehen, weil sie nicht unmittelbar dessen Abwicklung dient. **55**

Zu § 6: Vollständigkeit

Vgl. hierzu B. 1.01 Rz. 49cff. **55a**

Zu § 7: Salvatorische Klausel

Vgl. hierzu B. 1.01 Rz. 50f. **55b**

---

[26] Vgl. hierzu Staudinger/*Reimann* BGB § 2205 Rz. 95.
[27] BFH v. 14.11.1990 – II R 58/86, BStBl. II 1991 52, 53.
[28] Vgl. BGH v. 29.4.1959 – V ZR 11/58, NJW 1959, 1429; BGH v. 9.5.1984 – IVa ZR 234/82, NJW 1984, 2464, 2465.
[29] Soergel/*Damrau* BGB § 2205 Rz. 70.
[30] BFH v. 2.2.2005 – II R 18/03, BStBl. II 2005, 489.

B. 1.06 Unternehmensnachfolge mit Pflichtteilsverzichten durch Ehe- bzw. Lebenspartner und Kinder

Gliederung

B. 1.06

Nummer der Urkundenrolle [...]
Verhandelt zu [...] am [...]
Vor dem Notar [...] erschienen:

1. Herr A, geboren am [...] in [...] als Sohn der Eheleute [...], wohnhaft [...], nach eigenen Angaben deutscher Staatsangehöriger,
2. dessen Ehefrau, Frau B, geboren am [...], wohnhaft [...],
3. der Sohn der Eheleute A und B, Herr C, geboren am [...], wohnhaft [...],
4. die Tochter der Eheleute A und B, Frau D, geboren am [...], wohnhaft [...],
dem Notar ausgewiesen durch [...].

Die Erschienenen erklärten, nachdem sich der amtierende Notar durch eingehende Verhandlung von der Geschäftsfähigkeit überzeugt hatte, unter Verzicht auf die Zuziehung von Zeugen dem Notar mündlich folgenden

Erbvertrag mit Pflichtteilsverzichten

zur Beurkundung, in dem nur Herr A letztwillig verfügt:

§ 1 Frühere Verfügungen von Todes wegen

Ich widerrufe hiermit alle bisher von mir errichteten Verfügungen von Todes wegen.[Rz. 12]

An diesem Widerruf sowie an der Errichtung dieses Testaments bin ich nicht durch ein gemeinschaftliches Testament oder einen Erbvertrag gehindert, so dass ich, auch von Todes wegen, frei über mein Vermögen verfügen kann.[Rz. 13, 14]

§ 2 Erbeinsetzung

Zu meinem unbeschränkten Alleinerben berufe ich hiermit meinen Sohn C, geboren am [...], wohnhaft [...].

Sollte er vor mir sterben oder aus anderen Gründen nicht Erbe werden, so sind Ersatzerben:
a) dessen Sohn E, geboren am [...], wohnhaft [...],
b) meine Tochter D, die Beteiligte zu 4.,
zu gleichen Teilen.[Rz. 15]

Weitere Ersatzerben sind jeweils deren Abkömmlinge nach den Regeln der gesetzlichen Erbfolge. Mangels Abkömmlingen soll Anwachsung eintreten.

§ 3 Vermächtnisse an Ehefrau B

Ich vermache mit meinem Tod meiner Ehefrau B, der Beteiligten zu 2.:[Rz. 16]
a) an dem nachstehend in § 4a. vermachten Grundbesitz der Gemarkung [...] Flur [...] Nr. [...]

das lebenslängliche und ausschließliche Wohnungsrecht am aufstehenden Wohnhaus nebst Garten.[Rz. 17]
Der jeweilige Eigentümer ist verpflichtet, das Gebäude und die zum Gebrauch der Bewohner bestimmten Gemeinschaftseinrichtungen und -anlagen zu erhalten, soweit es für die Ausübung des Wohnungs- und Mitbenutzungsrechts erforderlich ist. Hinsichtlich der Wohnung obliegen dem Eigentümer die außergewöhnlichen, nicht aber die gewöhnlichen Unterhaltungsmaßnahmen wie Schönheitsreparaturen.
Dieses Wohnungs- und Mitbenutzungsrecht ist auf Kosten des Nachlasses durch Eintragung im Grundbuch zu sichern.

b) eine Rente von € [...],– (in Worten: [...] Euro) monatlich im voraus, jeweils bis spätestens zum dritten Werktag eines jeden Monats zu zahlen. Die Rente ist erstmals fällig [...] Monate nach meinem Tod.[Rz. 18]
Der Rentenanspruch endet mit dem Tod des Berechtigten.
§ 323 ZPO wird in vollem Umfang vorbehalten. Veränderungen im Bedarf des Berechtigten oder in der Leistungskraft des Verpflichteten haben daher Einfluss auf die Höhe der Rente.
Sie erhöht oder verringert sich jedoch im gleichen Maße, in dem sich der vom Statistischen Bundesamt in Wiesbaden für die gesamte Bundesrepublik amtlich festgestellte monatliche Verbraucherpreisindex gegenüber dem Stand für den heutigen Tag bis zum Todestag verändert.
Von da an gilt diese Wertsicherungsklausel mit der Maßgabe, dass die Rente sich im gleichen Verhältnis ändert wie dieser Lebenshaltungskostenindex, sobald die Veränderung mindestens 10 vH beträgt, und zwar mit dem Monatsersten, der dieser Veränderung des Indexes folgt. Einer Geltendmachung der Veränderung bedarf es nicht. Der so festgestellte Betrag ist seinerseits Bezugsgröße für die erneute Anwendung dieser Wertsicherungsklausel.

c) meine Giro- und Sparkonten bei Banken und Sparkassen, die nach Bezahlung der Nachlassverbindlichkeiten und der Beerdigungskosten übrig bleiben.[Rz. 19]

d) meine Lebensversicherung bei der [...] in [...].[Rz. 19]

e) die gesamte Einrichtung sowie den Hausrat in der gemeinsamen Wohnung sowie den Pkw.[Rz. 20]

f) den lebenslangen Nießbrauch an allen Kunstgegenständen und Antiquitäten.

Auf die Einsetzung von Ersatzvermächtnisnehmern wird ausdrücklich verzichtet.
Die vorstehenden Vermächtnisse sind unwirksam, wenn bei meinem Tod unsere Ehe aufgelöst worden ist oder einer von uns die Auflösung beantragt hat.

§ 4 Vermächtnisse an die Tochter D

Ich vermache mit meinem Tod meiner Tochter D, der Beteiligten zu 4.:[Rz. 21]

a) den folgenden im Grundbuch des Amtsgerichts [...] von [...] Blatt [...] eingetragenen Grundbesitz der Gemarkung [...]
Flur [...] Nr. [...].
Etwa im Grundbuch eingetragene Belastungen sind einschließlich der hierdurch gesicherten Verbindlichkeiten mit Wirkung vom Todestag zur Entlastung des Nachlasses zu übernehmen.
Mitvermacht sind alle Ansprüche aus Lebensversicherungen, die bei meinem Tod in den Nachlass fallen und an Grundpfandrechtsgläubiger zum Zwecke der Tilgung abgetreten sind.
Die Kosten der Vermächtnisauslieferung gehen zu Lasten des Vermächtnisnehmers.

b) einen Geldbetrag in Höhe von € [...],– (in Worten: [...] Euro). Dieser ist fällig innerhalb von [...] Monaten ab meinem Tod.

Dieser Betrag erhöht oder verringert sich jedoch im gleichen Maße, in dem sich der vom Statistischen Bundesamt in Wiesbaden für die gesamte Bundesrepublik amtlich festgestellte monatliche Lebenshaltungskostenindex für alle privaten Haushalte gegenüber dem Stand für den heutigen Tag bis zum Todestag verändert.

c) sämtliche Kunstgegenstände und Antiquitäten sowie die Einrichtung der Wohnung und den Hausrat, vorbehaltlich des Vermächtnisses gemäß § 3 Buchst. e und f.

Ersatzvermächtnisnehmer sind deren Abkömmlinge nach den Regeln der gesetzlichen Erbfolge.[Rz. 22]

§ 5 Testamentsvollstreckung

Ich ordne Testamentsvollstreckung an.[Rz. 23]

Aufgabe des Testamentsvollstreckers ist es, diese Verfügung von Todes wegen auszuführen und den Nachlass nach billigem Ermessen als Schiedsgutachter abzuwickeln und auseinander zusetzen.

Zum – soweit zulässig – von allen Beschränkungen und Verpflichtungen befreiten Testamentsvollstrecker berufe ich

Herrn E, geboren am [...], wohnhaft [...],

ersatzweise Frau F, geboren am [...], wohnhaft [...].

Der Testamentsvollstrecker erhält als Vergütung einen Geldbetrag von € [...],– (in Worten: [...] Euro), höchstens jedoch [...]% der Summe aller bei meinem Tod vorhandenen Guthaben bei Banken und Sparkassen, einschließlich der Wertpapierkonten, und der Verkehrswerte meiner Immobilien.[Rz. 24]

§ 6 Bindungswirkung

Frau B nimmt die Vermächtnisse gemäß § 3 dieser Urkunde mit erbvertraglicher Bindungswirkung an.[Rz. 25, 26]

Frau D nimmt die Vermächtnisse gemäß § 4 dieser Urkunde mit erbvertraglicher Bindungswirkung an.[Rz. 25, 26]

Herr C nimmt die Erbeinsetzung gemäß § 2 dieser Urkunde mit erbvertraglicher Bindungswirkung an.[Rz. 25, 26]

Die Testamentsvollstreckeranordnung in § 5 dieser Urkunde hat nur einseitig testamentarische Wirkung, kann also jederzeit geändert oder aufgehoben werden.

Der Notar hat uns über die bindende Wirkung der erbvertraglichen Bestimmungen belehrt und ferner darauf hingewiesen, dass die lebzeitige Verfügungsbefugnis von Herrn A hierdurch nicht ausgeschlossen ist.[Rz. 27]

Auch im Falle der Wiederverheiratung und/oder beim Hinzukommen von Abkömmlingen bleiben die in § 4 angeordneten Vermächtnisse gültig. Nach Belehrung durch den Notar verzichte ich, Herr A, insoweit auf das Anfechtungsrecht gemäß § 2079 BGB.

Ein Rücktrittsrecht, das über die gesetzlichen Bestimmungen hinausgeht, behält sich Herr A nicht vor.

§ 7 Pflichtteilsverzichte

Frau B ist als Ehefrau kraft Gesetzes beim Tod ihres Ehemannes A pflichtteilsberechtigt. Unter der Bedingung der vollständigen Erfüllung der Vermächtnisse gemäß § 3 dieser Urkunde verzichtet Frau B hiermit in vollem Umfang auf ihr gesetzliches Pflichtteilsrecht beim Tod ihres Ehemannes A.[Rz. 28, 29]

Frau D ist als Tochter kraft Gesetzes beim Tod ihres Vaters A pflichtteilsberechtigt. Unter der Bedingung der vollständigen Erfüllung der Vermächtnisse gemäß § 4 dieser Urkunde verzichtet Frau B hiermit in vollem Umfang auf ihr gesetzliches Pflichtteilsrecht beim Tod ihres Vaters A.

Die vorstehenden Verzichte nimmt Herr A hiermit an.

§ 8 Rechtswahl Rz. 30

Herr A wählt sowohl für diese Verfügung von Todes wegen als auch für die Rechtsnachfolge bei seinem Tod (Erbstatut) das Recht der Bundesrepublik Deutschland, und zwar auch dann, wenn er seinen Wohnsitz oder letzten gewöhnlichen Aufenthalt im Ausland hat.

§ 9 Vollständigkeit Rz. 30a

Weitere Verfügungen über den Nachlass oder nichtvermögensrechtliche Angelegenheiten will Herr A nicht treffen.

Herr A hat kein Vermögen im Ausland.

Der Notar hat darauf hingewiesen, dass die vorstehenden Verfügungen einen Erwerb aufgrund von Lebensversicherungen mit festgelegter Bezugsberechtigung oder sonstige Verträge zugunsten Dritter auf den Todesfall nicht erfassen.

§ 10 Salvatorische Klausel Rz. 31

Für diese Verfügung von Todes wegen soll das Recht der Bundesrepublik Deutschland gelten.

Sollte eine Bestimmung dieser Urkunde ganz oder teilweise unwirksam sein oder werden, so soll der übrige Teil hiervon nicht berührt und die unwirksame Anordnung, soweit möglich, sinngemäß ausgeführt werden.

Diese Niederschrift wurde in Gegenwart des Notars den Erschienenen vorgelesen, von ihnen durch mündliche Erklärung genehmigt und eigenhändig wie folgt unterschrieben:

A. Grundsätzliche Anmerkungen

I. Wirtschaftliche Aspekte

Die **Unternehmensnachfolge** wird am besten und sichersten rechtzeitig und **zu Lebzeiten des Erblassers** durch Vertrag mit allen pflichtteilsberechtigten Familienangehörigen geregelt. Nur ausnahmsweise kommt eine Regelung durch Verfügung von Todes wegen in Betracht: 1

- Dem bereits feststehenden Unternehmensnachfolger (andernfalls siehe Formular B. 1.03) fehlt noch die **berufliche Qualifikation zur selbstständigen Fortführung** des Unternehmens (zB Meisterprüfung), wobei die erbrechtliche Regelung der Unternehmensnachfolge in diesem Fall nur eine Übergangslösung darstellt.
- Aus **familienrechtlichen Gründen** soll die Schaffung von Vermögen oder hohem Einkommen des Unternehmensnachfolgers so lange wie möglich hinausgeschoben werden (zB drohende Zugewinnausgleichsansprüche bei einer Scheidung, Unterhaltsansprüche von nichtehelichen Kindern oder Kindern aus einer anderen Beziehung).
- Aus **ertragsteuerrechtlichen Gründen** soll die Vereinigung von Betriebs- und Besitzvermögen so lange wie möglich hinausgezögert werden, um das Entstehen von steuerlichem Betriebsvermögen zu vermeiden.
- Zur Vorbereitung der Unternehmensnachfolge durch Vertrag im Wege der vorweggenommenen Erbfolge bedarf es im Hinblick auf den von der Einhaltung einer Mindestlohnsumme abhängigen Verschonungsabschlag in Höhe von 85 vH bzw. 100 vH (§ 13a Abs. 1 S. 1 ErbStG) bei der **Erbschaftsteuer** noch **Umstrukturierungsmaßnahmen** im Unternehmen oder in der Zusammensetzung der Gesell-

schafter. Da der Erwerber auf die Dauer von 5 bzw. 7 Jahren eine Mindestlohnsumme einzuhalten hat und diese von einer **Ausgangslohnsumme** abhängt, die auf die letzten fünf Jahre vor dem Unternehmensübergang abstellt (§ 13a Abs. 1 S. 3 ErbStG), müssen das Unternehmen und die Beteiligungen daran vor dem Beginn dieser 5-Jahres-Frist so neu geordnet werden, dass die Ausgangslohnsumme möglichst niedrig ist. Darüber hinaus muss bis zur Übergabe das Unternehmen durch Abspaltungen, Entnahmen usw. so umstrukturiert werden, dass das nicht steuerlich privilegierte **Verwaltungsvermögen** den Anteil von 50 vH bzw. 10 vH des Betriebsvermögens nicht überschreitet (§ 13b ErbStG). Auch wenn es aus erbrechtlichen Gründen empfehlenswert ist, den Unternehmensübergang durch Vertrag endgültig zu regeln, sobald der Unternehmensnachfolger feststeht, zögern diese aus erbschaftsteuerrechtlich zwingend erforderlichen Umstrukturierungsmaßnahmen einen schnellen Abschluss oft hinaus. Noch besser ist es natürlich, bereits zu einem Zeitpunkt diese Maßnahmen in Angriff zu nehmen, zu dem der Nachfolger noch nicht feststeht.

Die Unternehmensnachfolge per Testament erweist sich damit als **temporäres Gestaltungsmittel.** Für den Übergangszeitraum bietet die testamentarische Unternehmensnachfolgeregelung dem künftigen Unternehmer eine rechtliche Sicherung seiner Erwerbsposition.

2 In solchen Ausnahmesituationen sollten jedoch mindestens **alle pflichtteilsberechtigten Personen** ihr **Einverständnis** in Form von Pflichtteilsverzichten erteilen. Ist auch nur ein Pflichtteilsberechtigter nicht einverstanden, so muss der Weg der lebzeitigen Übertragung gewählt werden.

3 Zur **Vermeidung einer Vielzahl von Einzelrechtsübertragungen** und Schuldübernahmen sollte das Unternehmen im Wege der Gesamtrechtsnachfolge auf den Nachfolger übergehen. Dieser Alleinerbe ist dann mit Vermächtnissen zum Zwecke der Versorgung des überlebenden Ehepartners des Erblassers und zur Gleichstellung der Geschwister zu beschweren. Dies ist auch unter Kostengesichtspunkten der beste Weg.

II. Erbrechtliche Aspekte

4 Die **Wahl des Erbvertrags** folgt aus der Überlegung, dass sowohl der Nachfolger als auch die weichenden Erben sicher sein können, dass diese Verfügung von Todes wegen beim Tod des Erblassers auch durchgeführt wird. Dieser Schutz ist jedoch höchst unvollkommen, weil der Erbvertrag abweichende lebzeitige Verfügungen des Erblassers nicht ausschließt.

III. Steuerliche Aspekte

5 Die Belastung der Unternehmensnachfolge mit **Erbschaftsteuer** kann bei dieser Gestaltung **nicht sicher** vorhergesagt werden. Zum einen sind Änderungen der Rechtslage bis zum Tod des Erblassers wahrscheinlich. Darüber hinaus bringt die zuletzt in Kraft getretene Reform der Erbschaftsteuer gerade im Bereich der Besteuerung von Unternehmen erhebliche Rechtsunsicherheiten mit sich. Beispielhaft sei an dieser Stelle die schwierige Abgrenzung des privilegierten Betriebsvermögens vom Verwaltungsvermögen gemäß § 13b ErbStG genannt. Einen weiteren Unsicherheitsfaktor stellen die vom Gesetz geforderte Mindesthaltedauer sowie die Mindestlohnsumme dar (siehe oben Rz. 1). Diese Unsicherheiten sind nur im Rahmen einer Übergangsregelung hinnehmbar. Vor einer endgültigen Regelung der Unternehmensnachfolge durch

Verfügung von Todes wegen muss mit allem Nachdruck gewarnt werden: der finanzielle Ruin ist vorprogrammiert.

Für die Besteuerung macht es keinen Unterschied, ob ein Kind die Zuwendung als **Erbe oder** als **Vermächtnisnehmer** erhält. Jedem Kind steht zunächst der allgemeine Freibetrag von € 400000,– (§ 16 Abs. 1 Nr. 2 ErbStG) zu, zu dem noch ein besonderer Versorgungsfreibetrag gemäß § 17 Abs. 2 ErbStG hinzukommt. Auch die Kinder bzw. Stiefkinder gehören zur Steuerklasse I, so dass der Steuersatz mit 7 vH beginnt (§§ 19 Abs. 1 I, 15 Abs. 1 I Nr. 2 ErbStG). Stirbt ein Kind vor dem Längslebenden, so kommen die Enkelkinder in den Genuss der gleichen Vergünstigungen, andernfalls beträgt ihr allgemeiner Steuerfreibetrag lediglich € 200000,– (§ 16 Abs. 1 Nr. 3 ErbStG). **6**

Zur **Steuerbegünstigung des Betriebsvermögens** vgl. B. 1.05 Rz. 18. **7**

Bei **rechtzeitiger Erbfolgeplanung** ließe sich Erbschaftsteuer auch dadurch vermeiden, dass alle 10 Jahre Vermögenswerte auf den Unternehmensnachfolger und dessen Geschwister im Wege vorweggenommener Erbfolge übertragen werden. **8**

Der Übergang des Unternehmens auf den Erben ist **einkommensteuerrechtlich** weder Veräußerung (§ 16 Abs. 1 EStG) noch Betriebsaufgabe (§ 16 Abs. 3 EStG). Er führt dieses als Unternehmer ohne Aufdeckung stiller Reserven fort. **9**

Wenn – wie im dem Formular zugrundeliegenden Sachverhalt unterstellt – die **zum Ausgleich** dem anderen Kind **vermachten Vermögenswerte Privatvermögen** sind, ergeben sich keine zusätzlichen einkommensteuerlichen Probleme. **10**

Bezieht sich das in § 4 des Formulars angeordnete **Vermächtnis** dagegen zumindest teilweise auf einzelne Wirtschaftsgüter des **Betriebsvermögens,** so ist die Erfüllung eine Veräußerung gemäß § 16 Abs. 1 EStG. Dies ließe sich aber dadurch vermeiden, dass dem weichenden Erben keine Teile des Betriebsvermögens sondern eine atypisch stille Beteiligung am Unternehmen vermacht wird. Damit wird er Mitunternehmer. Die Beschwerung des Unternehmensnachfolgers mit einem Rentenvermächtnis zugunsten des weichenden Erben führt nicht zu einer betrieblichen Versorgungsrente.[1] **11**

B. Einzelerläuterungen

Zu § 1: Frühere Verfügungen von Todes wegen

Der **vollständige Widerruf** verhindert, dass nur teilweise widersprechende frühere Verfügungen von Todes wegen unbeabsichtigt fortgelten (§§ 2258 Abs. 1, 2299 Abs. 2 S. 1 bzw. § 2289 Abs. 1 S. 1 BGB). Zudem erhöht die Zusammenfassung aller letztwilligen Verfügungen in einer Urkunde die Verständlichkeit für den juristischen Laien erheblich. **12**

Ist ein Beteiligter verwitwet gewesen, so ist zu prüfen, ob er durch einen Erbvertrag oder ein gemeinschaftliches Testament mit dem verstorbenen Ehepartner erbrechtlich gebunden ist. Vor allem bei der Abfassung eigenhändiger gemeinschaftlicher Testamente wird der Frage nach der **Bindung des Längerlebenden** nicht die notwendige Beachtung geschenkt, so dass die Schlusserbeneinsetzung von Verwandten des Zuerstverstorbenen aufgrund der Auslegungsregel des § 2270 Abs. 2 BGB nicht selten wechselbezügliche Wirkung hat, den Längerlebenden also in seiner erbrechtlichen Verfügungsmöglichkeit einschränkt oder diese sogar völlig ausschließt. **13**

Zur Frage nach früher errichteten bindenden Verfügungen vgl. B. 1.05 Rz. 25. **14**

---

[1] BFH v. 26.3.1981 – IV R 130/77, BStBl. II 1981, 614.

Zu § 2: Erbeinsetzung

15 Die in der Erbeinsetzung des Unternehmensnachfolgers liegende **Enterbung der Geschwister** sollte nicht weiter reichen, als dies zur einfacheren Abwicklung notwendig ist. Die Geschwister des Nachfolgers sollten also gemeinsam mit den Abkömmlingen des Erben zu Ersatzerben eingesetzt werden.

Zu § 3: Vermächtnisse an Ehefrau B

16 Diese Vermächtnisse dienen der **Hinterbliebenen- bzw. Altersversorgung des überlebenden Ehepartners** des Erblassers. Deshalb entfallen diese auch, wenn dieser vor oder gleichzeitig mit dem Erblasser stirbt.

17 Der Erbvertrag enthält keine Verfügungen des Längerlebenden Ehepartners. Um dennoch die **weitere Erbfolge bezüglich der vermachten Gegenstände sicherzustellen,** ist der Ehefrau im Formular nur das Wohnungsrecht an der Immobilie vermacht, die die Tochter zu Eigentum erhält (§ 4 Buchst. a des Formulars). An die Stelle des Wohnrechts könnte auch ein lebenslanger Nießbrauch treten, bei dem allerdings zu regeln ist, wer die Kosten und Lasten bis zum Tod der Ehefrau trägt. Aus dem gleichen Grund ist der Ehefrau auch nur der lebenslange Nießbrauch an den Kunst- und Wertgegenständen vermacht.

18 Das **Vermächtnis einer Rente** verdient gegenüber dem eines **Nießbrauchs am Unternehmen** den Vorzug, weil sie den beiderseitigen Interessen besser entspricht. Dadurch entfällt nämlich die immer schwierige Abgrenzung der Rechte und Pflichten des Nießbrauchers gegenüber dem Unternehmer. Außerdem sichert sie dem überlebenden Ehepartner dauerhafte und verlässlichere Einnahmen als ein Nießbrauch am Unternehmen. Die Wertsicherungsklausel ist kraft Gesetzes zulässig (§§ 1 Abs. 1, 3 Nr. 1 Buchst. a PrKG) und bedarf keiner Genehmigung mehr.

19 Das Vermächtnis der **Konten, Wertpapiere und Lebensversicherungen** soll dem überlebenden Ehepartner eine gewisse zusätzliche Liquidität verschaffen. Wer die nicht verbrauchten Vermögenswerte beim Tod des Ehepartners erhält, ist im Erbvertrag nicht geregelt, könnte aber durch eigene Verfügungen des Ehegatten bestimmt werden. Von der alternativen Gestaltung durch Anordnung eines Nachvermächtnisses durch den Erblasser selbst muss dringend abgeraten werden, weil die Rechtsbeziehungen zwischen Vor- und Nachvermächtnisnehmer im Gesetz nur rudimentär geregelt sind und daher hoher Gestaltungsbedarf herrscht. Zudem vertragen sich damit einhergehende Verfügungsbeschränkungen für den überlebenden Ehepartner nicht mit dem Versorgungszweck des Vermächtnisses.

20 Das Vermächtnis an **Hausrat und Pkw** soll verhindern, dass sich die konkreten Lebensumstände des überlebenden Ehepartners durch einen Streit mit dem Erben ändern.

Zu § 4: Vermächtnisse an die Tochter D

21 Diese Vermächtnisse dienen dem **Ausgleich der weichenden Tochter.** Außerdem wird damit erreicht, dass das Eigentum am Hausgrundstück sowie an den Wert- und Kunstgegenständen, an denen der überlebenden Ehefrau nur das Wohn- bzw. Nießbrauchsrecht vermacht ist (§ 3 Buchst. a. des Formulars), in der Familie verbleibt.

22 Die **Ersatzvermächtnisnehmerbestimmung** darf nicht fehlen, da sonst das Vermächtnis beim Vorversterben des Bedachten entfällt (§ 2160 BGB).

Zu § 5: Testamentsvollstreckung

23 Die Anordnung der Abwicklungstestamentsvollstreckung dient dem **Schutz der Vermächtnisnehmer,** ist aber nicht unbedingt erforderlich.

Wegen der **Vergütung** des Testamentsvollstreckers wird auf die Ausführungen zu B. 1.01 Rz. 47ff. verwiesen. 24

Zu § 6: Bindungswirkung

Die Annahme der Vermächtnisse durch die jeweiligen Vermächtnisnehmer mit erbvertraglicher Bindungswirkung ist **Voraussetzung für** den in der Urkunde erklärten **Pflichtteilsverzicht.** Da die lebzeitige Verfügungsbefugnis des Erblassers nicht ausgeschlossen ist, wird das Vorhandensein der vermachten Gegenstände zur Bedingung der Pflichtteilsverzichte gemacht. 25

Die **Annahme der Erbeinsetzung** des Unternehmensnachfolgers soll diesem einen begrenzten Schutz vor einer anderweitigen Verfügung des Erblassers bieten. Aus Sicht des Unternehmensnachfolgers ist jedoch eine lebzeitige Regelung allemal vorzuziehen. 26

Eine mögliche **Verfügungsunterlassungsvereinbarung** (siehe Formular B. 1.02 § 5) wird nicht vorgeschlagen, da diese angesichts des temporären Charakters eines derartigen Unternehmertestaments (siehe Rz. 1) unangemessen kompliziert ist und eine Unternehmensnachfolge durch lebzeitiges Rechtsgeschäft ohnehin die bessere Alternative darstellt. 27

Zu § 7: Pflichtteilsverzichte

Die Pflichtteilsverzichte durch Ehepartner und weichendes Kind sind **unabdingbare Voraussetzung** für eine Unternehmensnachfolgeregelung durch Verfügung von Todes wegen. Ohne diese Verzichte kann der Nachfolger weder die Erbschaftsteuerbelastung noch die Höhe der Pflichtteilszahlungen kalkulieren, hat also keine ökonomisch verlässliche Basis für die Fortführung. 28

Anstelle der umfassenden Pflichtteilsverzichte kommen auch **gegenständlich beschränkte Verzichte** in Betracht (siehe dazu Formular A. 5.40). Dagegen sollte auf das Erbrecht nicht verzichtet werden, weil ein so weitgehender Verzicht beim Hinzukommen weiterer pflichtteilsberechtigter Personen (zB. Geburt eines weiteren Kindes des Erblassers, Adoption) ungewollt zur Erhöhung der Pflichtteilsquote dieser Personen führt (§ 2310 S. 2 BGB). 29

In beiden Fällen sollten die Verzichte zum Schutz der Verzichtenden davon abhängig gemacht werden, dass die **vermachten Gegenstände** beim Tod des Erblassers **zum Nachlass** gehören. Andernfalls beinhaltet der Pflichtteilsverzicht eine ungesicherte Vorleistung der Verzichtenden, über die der Notar gemäß § 17 Abs. 1 BeurkG belehren müsste. 30

Zu § 8: Rechtswahl

Die Rechtswahl durch den Erblasser ist vor allem im Hinblick auf die Pflichtteilsverzichte (§ 7) unerlässlich, weil im Falle der Verlegung des gewöhnlichen Aufenthalts in das EU-Ausland (ohne Großbritannien, Irland und Dänemark) gemäß Art. 21 EU-ErbVO das ausländische Erbrecht zur Anwendung kommt. Die Pflichtteilsverzichte und sehr viele Verfügungen in diesem Muster setzen jedoch die Anwendbarkeit des deutschen Erbrechts voraus. Beabsichtigt der Erblasser eine Wohnsitzverlegung in andere Staaten, so muss geprüft werden, ob und in welchem Umfang das Muster an das ausländische Erbrecht angepasst werden muss. 30a

Zu § 9: Vollständigkeit

Vgl. hierzu B. 1.01 Rz. 49cff. 30b

Zu § 10: Salvatorische Klausel

31 Vgl. hierzu B. 1.01 Rz. 50f.

B. 1.10 Zweiseitige Verfügungen von Todes wegen

Übersicht

B. 1.11 „Berliner Modell" mit änderbarer Schlusserbeneinsetzung, Pflichtteils- und Wiederverheiratungsklausel

Gliederung

Nummer der Urkundenrolle [...] B. 1.11
Verhandelt zu [...] am [...]
Vor dem Notar [...] erschienen:
1. Herr A, geboren am [...] in [...] als Sohn [...],
nach eigenen Angaben deutscher Staatsangehöriger,
2. dessen Ehefrau,
Frau B, geboren am [...] in [...] als Tochter [...],
nach eigenen Angaben deutsche Staatsangehörige,
beide wohnhaft [...],
dem Notar ausgewiesen durch [...].

Die Erschienenen erklärten, nachdem sich der amtierende Notar durch eingehende Verhandlung von der Geschäftsfähigkeit überzeugt hatte, unter Verzicht auf die Zuziehung von Zeugen dem Notar mündlich folgenden

Erbvertrag

zur Beurkundung:

§ 1 Frühere Verfügungen von Todes wegen

Jeder von uns und wir beide widerrufen hiermit alle bisher von uns errichteten Verfügungen von Todes wegen.[Rz. 21]

An diesem Widerruf sowie an der Errichtung dieser Verfügung von Todes wegen ist keiner von uns durch ein gemeinschaftliches Testament oder einen Erbvertrag gehindert, so dass wir, auch von Todes wegen, frei über unser Vermögen verfügen können.[Rz. 22, 23]

§ 2 Gegenseitige Erbeinsetzung

Wir setzen uns gegenseitig zu unbeschränkten Alleinerben ein, und zwar ohne Rücksicht darauf, ob und welche Pflichtteilsberechtigte dann vorhanden sind.[Rz. 24, 25]

Der Längstlebende ist nicht verpflichtet, ein Nachlassverzeichnis zu errichten.[Rz. 25]

§ 3 Erbfolge beim Tod des Längstlebenden

Der Längstlebende und, wenn wir gleichzeitig ums Leben kommen oder der Längstlebende aus anderen Gründen nicht Erbe des zuerst Verstorbenen wird,[Rz. 26, 27] ein jeder von uns setzt zu seinen Erben unsere Kinder:
a) C, geboren am [...], wohnhaft [...],
b) D, geboren am [...], wohnhaft [...],
zu gleichen Teilen ein.

Sollte ein Kind vorversterben oder aus anderen Gründen nicht Erbe werden, so sind dessen Abkömmlinge nach den Regeln der gesetzlichen Erbfolge Ersatzerben.

Sind in diesem Fall keine Abkömmlinge vorhanden, so wächst der Erbteil den anderen Erben im Verhältnis der Erbteile an.

Der Längstlebende ist berechtigt, nach freiem Ermessen und ohne Auswirkungen auf die übrigen Verfügungen in dieser Urkunde die vorstehende Erbeinsetzung aufzuheben, abzuändern und/oder einzuschränken; dabei sind jedoch alle Verfügungen, die andere Personen als gemeinschaftliche Abkömmlinge irgendwie begünstigen, ausgeschlossen und daher insoweit unwirksam.[Rz. 28, 29]

Die Abkömmlinge haben etwaige Vorempfänge auch dann nicht bei Erbteilung untereinander auszugleichen, wenn dies bei der Übertragung angeordnet worden war.[Rz. 30]

§ 4 Ersatzerbfolge beim Tod des Längstlebenden

Der Längstlebende und, wenn wir gleichzeitig ums Leben kommen oder der Längstlebende aus sonstigen Gründen nicht Erbe des zuerst Verstorbenen wird, ein jeder von uns setzt mit lediglich einseitig testamentarischer Wirkung, also mit dem Recht der jederzeitigen Abänderung, für den Fall, dass dann keine gemeinschaftlichen Abkömmlinge vorhanden sind, zu Erben ein:
a) die dann lebenden Verwandten von A nach den Regeln der gesetzlichen Erbfolge,
b) die dann lebenden Verwandten von B nach den Regeln der gesetzlichen Erbfolge,
zu je $1/2$ Anteil.[Rz. 31, 32]

§ 5 Pflichtteilsklausel

Falls ein Abkömmling nach dem Tod des Erstversterbenden von uns seinen Pflichtteilsanspruch geltend macht, kann der Längstlebende diesen einschließlich der Abkömmlinge durch Verfügung von Todes wegen von seiner Erbfolge und von etwaigen Vermächtnissen ausschließen und auf den Pflichtteil beschränken. Unterbleibt die Enterbung, muss sich dieser Abkömmling die Pflichtteilszahlung auf sein Erbteil nach dem Längstlebenden anrechnen lassen.[Rz. 33, 34, 35]

§ 6 Wiederverheiratung

Falls der Längstlebende sich wieder verheiratet, ist er verpflichtet, unseren gemeinsamen Kindern bzw. Abkömmlingen den Wert ihres gesetzlichen Erbteils am Nachlass des Erstverstorbenen in Geld- oder in Sachwerten nach seiner Wahl bei Wiederheirat im Wege des Quotenvermächtnisses auszuliefern.[Rz. 36, 37, 39, 42] Maßgebend für die Berechnung ist dabei der Bestand des Nachlasses beim Tod des Erst-

verstorbenen, jedoch unter Zugrundelegung des Werts am Tag der Wiederverheiratung.[Rz. 38] Hat ein Abkömmling nach dem Tod des Erstverstorbenen seinen Pflichtteil gefordert, so ist die Pflichtteilszahlung auf das vorstehende Vermächtnis anzurechnen.[Rz. 40]

Mit der Wiederverheiratung treten die in dieser Urkunde begründeten erbrechtlichen Bindungen bezüglich der Erbfolge des Längstlebenden von uns außer Kraft und er kann auch durch Verfügung von Todes wegen frei über sein Vermögen verfügen.[Rz. 41]

§ 7 Vollständigkeit

Weitere Verfügungen über unseren Nachlass oder nichtvermögensrechtliche Angelegenheiten sowie eine Rechtswahl für den Fall, dass ich meinen gewöhnlichen Aufenthalt ins Ausland verlegen sollte, wollen wir nicht treffen.

Wir haben kein Vermögen im Ausland.

Der Notar hat darauf hingewiesen, dass die vorstehenden Verfügungen einen Erwerb aufgrund von Lebensversicherungen mit festgelegter Bezugsberechtigung oder sonstige Verträge zugunsten Dritter auf den Todesfall nicht erfassen.[Rz. 43]

§ 8 Salvatorische Klausel

Für diese Verfügung von Todes wegen soll das Recht der Bundesrepublik Deutschland gelten.

Sollte eine Bestimmung in dieser Urkunde ganz oder teilweise unwirksam sein oder werden, soll der übrige Teil hiervon nicht berührt und die unwirksame Anordnung, soweit möglich, sinngemäß ausgeführt werden.[Rz. 44]

§ 9 Bindungswirkung

Wir nehmen die vorstehenden letztwilligen Verfügungen, soweit wir sie nicht ausdrücklich einseitig testamentarisch getroffen haben, mit erbvertraglicher Bindungswirkung wechselseitig an.[Rz. 45, 46]

Der Notar hat uns über die bindende Wirkung der erbvertraglichen Bestimmungen belehrt.

Ein Rücktrittsrecht, das über die gesetzlichen Bestimmungen hinausgeht, behält sich keiner von uns vor.

Alle Verfügungen in dieser Urkunde sind unwirksam, wenn unsere Ehe aufgelöst worden ist oder beim Tod des Erstversterbenden einer von uns die Auflösung beantragt hat.[Rz. 47]

Diese Niederschrift wurde in Gegenwart des Notars den Erschienenen vorgelesen, von ihnen durch mündliche Erklärung genehmigt und eigenhändig wie folgt unterschrieben:

A. Grundsätzliche Anmerkungen

I. Wirtschaftliche Aspekte

1 **Hauptzweck** des „Berliner Modells" (§ 2269 BGB) ist es, die angemessene Lebensführung des länger lebenden Ehepartners durch die größtmögliche Verfügungsfreiheit über das „gemeinsame" Vermögen zu sichern. Dieses gegenüber sowohl der gesetzlichen Erbfolge als auch der Erbrechtsgestaltung nach dem Trennungsmodell (siehe hierzu Formular B. 1.12) erhöhte Maß an Ungebundenheit verringert jedoch gleichzeitig den Schutz der regelmäßig zu Schlusserben eingesetzten Kinder vor abweichenden rechtsgeschäftlichen oder erbrechtlichen Verfügungen des Längstlebenden sowie vor den erbrechtlich nachteiligen Wirkungen einer Wiederverheiratung. Den Abkömmlingen verbleibt als äußerster Schutz nur der gesetzliche Pflichtteil, dessen Einforderung die Ehepartner jedoch durch Sanktionsklausel vermeiden wollen, damit das Vermögen beim Längstlebenden nicht geschmälert wird. Bei der Erbfolgegestaltung müssen diese zum Teil widerstreitenden Interessen in ein ausgewogenes Verhältnis zueinander gebracht werden.

2 Dabei dürfen auch die **erbschaftsteuerlichen Konsequenzen** dieser Konstruktion nicht unbeachtet bleiben. Da die Kinder beim Tod des ersten Elternteils nicht zur Erbfolge gelangen, verfällt beim Berliner Modell der Freibetrag im Verhältnis des Zuerstverstorbenen zu seinen Kindern. Gleichzeitig führt die gegenseitige Erbeinsetzung der Ehepartner zu einer Vermehrung des Vermögens des Längstlebenden, das bei dessen Tod dann in vollem Umfang auf die Kinder als Schlusserben übergeht. Diesen steht dann aber nur noch der Freibetrag in Relation zum zuletzt verstorbenen Elternteil zur Verfügung, während der andere Freibetrag ungenutzt verfallen ist.

3 Vergleicht man die **Erbschaftsteuerbelastung** des **Berliner Modells** mit der **gesetzlichen Erbfolge,** so haben, wenn das Vermögen den Ehepartnern je zur Hälfte gehört, kein eigengenutztes Familienheim iSd. § 13 Abs. 1 Nr. 4b ErbStG vorhanden ist, Versorgungsfreibeträge (§ 17 ErbStG) nicht zur Verfügung stehen und zwischen dem ersten und dem zweiten Erbfall mehr als zehn Jahre liegen,[1] der längstlebende Ehepartner und nach dessen Tod zwei gemeinsame Kinder zusammen folgende Steuern zu zahlen:

Nachlass *jedes* Ehegatten €	Gesetzliche Erbfolge €	Gegenseitige Erbeinsetzung €
400 000	0	0
500 000	0	22 000
800 000	44 000	120 000

Daraus ergibt sich: Bis zu einem Vermögen von € 400 000,– je Ehegatten spielt der aufgezeigte erbschaftssteuerliche Nachteil überhaupt keine Rolle. Erst darüber ergibt sich zunächst ein geringerer und mit steigendem Nachlasswert ein größerer steuerlicher Nachteil des Berliner Modells mit seiner gegenseitigen Erbeinsetzung gegenüber der gesetzlichen Erbfolge. Auch die Steuerbefreiung für das vom längerlebenden Ehe- bzw. Lebenspartner mindestens 10 Jahre ab dem Erbfall selbst bewohnte Familienheim iSd. § 13 Abs. 1 Nr. 4b ErbStG ändert nichts am Belastungsvorteil der gesetzlichen Erbfolge, wenn keines der Kinder beim Schlusserbfall selbst in dieses Familienheim einziehen will oder kann. Selbst das **Trennungsmodell** (siehe Formular B. 1.12) erweist sich gegenüber der gesetzlichen Erbfolge unter steuerlichem Gesichtspunkt als nachteilig, weil § 6 Abs. 2 S. 1 ErbStG die Nacherbschaft und das Eigenvermögen des

[1] Andernfalls tritt die Steuerermäßigung für Mehrfacherwerb gemäß § 27 ErbStG ein.

Vorerben einheitlich der Besteuerung unterwirft, also die zivilrechtliche Unterscheidung zwischen Einheits- und Trennungsprinzip ignoriert.

Dieser steuerliche **Nachteil des Berliner Modells** lässt sich jedoch durch folgende Maßnahmen unmittelbar nach dem Tod des zuerst verstorbenen Ehepartners **verringern,** wenn nicht sogar ganz **vermeiden,** und zwar durch: 4

- freiwillige Pflichtteilsauszahlung durch den Längstlebenden in Anrechnung auf den Erbschaftssteuerfreibetrag beim Tod des zuerst Verstorbenen und/oder
- vorweggenommene Erbfolgen aus dem Vermögen des Längstlebenden (siehe Formularteil A. 1.00).

Gegenüber einem vom Erstversterbenden letztwillig angeordneten Vermächtnis zugunsten der Kinder, um den Freibetrag auszunutzen, haben diese Maßnahmen den unschätzbaren Vorteil, dass sie die Entscheidung darüber, auf welche Vermögenswerte er verzichten kann oder will, weitgehend dem Längstlebenden selbst überlässt.

Solche steuerlichen Überlegungen sind jedoch nur ein Kriterium für die Erbfolgegestaltung, und dabei noch nicht einmal das wichtigste, denn Steuerrecht ist vergänglich und Streitigkeiten mit gesetzlichen Miterben oder Nacherben können teurer werden. **Andere Ziele** sind Ehepaaren mit Kindern bei der Erbfolgegestaltung deshalb oft viel wichtiger, und zwar meist in folgender Reihenfolge: 5

1. Sicherung der angemessenen Lebensführung des Längstlebenden durch volle und von den Kindern unabhängige Verfügungsfreiheit über das „gemeinsame" Vermögen;
2. Vermeidung der Vermögensschmälerung durch Pflichtteilsansprüche der Kinder;
3. gerechte und streitfreie Verteilung des Nachlasses unter den Kindern beim Tod des Längstlebenden;
4. Erhalt des Vermögens für die eigenen Nachkommen.

II. Erbrechtliche Aspekte

Auch ein Erbvertrag kann ein „Berliner Testament" sein. Die **Wahl** zwischen **Erbvertrag** und **gemeinschaftlichem Testament** darf keinesfalls schematisch oder gar nach den persönlichen Vorlieben des Beraters oder Notars erfolgen. Der Erbvertrag entfaltet eine stärkere erbrechtliche Bindung als das gemeinschaftliche Testament mit seinem jederzeitigen Widerrufsrecht zu Lebzeiten beider Ehepartner, auch wenn der Erbvertrag durch entsprechende Vorbehalte letzterem angenähert werden kann. Argumente für die Errichtung eines Erbvertrags können sein: 6

- erhebliche persönliche oder finanzielle Aufwendungen für Vermögenswerte des anderen (zB Renovierung eines Hauses mit Mitteln des Nichteigentümers);
- Übertragung von Vermögen eines Unternehmers auf den Ehepartner zur Vermeidung zivilrechtlicher Haftung oder steuerlichen Betriebsvermögens;
- Errichtung durch Partner einer nichtehelichen Lebensgemeinschaft oder durch Verlobte.

Bei Beteiligung eines **Ausländers** sollte auf die Errichtung eines Erbvertrags verzichtet werden, da in den meisten Staaten ein Erbvertrag unzulässig ist oder zumindest die Bindungswirkung nicht anerkannt wird. Allerdings ist auch bei gemeinschaftlichen Testamenten insoweit Vorsicht am Platz, da es Länder gibt, die die gemeinsame Errichtung von Testamenten verbieten. Zur eigenen Sicherheit sollte in den Urkundseingang eine Erklärung der Beteiligten über ihre Staatsangehörigkeit aufgenommen werden (siehe den Urkundseingang des Formulars). 7

Trotz der grundsätzlichen Entscheidung für den Erbvertrag muss bei jeder einzelnen Verfügung (Erbeinsetzung, Vermächtnis, Auflage) geprüft werden, ob und in welchem Umfang sie **erbrechtliche Bindungswirkung** entfalten soll (siehe dazu § 9 des Formulars und unten Rz. 40ff.). Allein der Umstand, dass die Verfügung in einem Erb- 8 vertrag enthalten ist, führt keineswegs von selbst zur erbvertraglichen Bindungswirkung. Sind die Schlusserben unterschiedlich mit den Beteiligten verwandt, so hat die bindende Schlusserbeneinsetzung auch den **Steuervorteil,** dass gemäß §§ 15 Abs. 3, 6 Abs. 2 S. 3 bis 5 ErbStG das günstigere Verwandtschaftsverhältnis zugrunde gelegt[2] und bei einem Zeitraum von weniger als zehn Jahren zwischen dem ersten und dem zweiten Erbfall die Steuervergünstigung für Mehrfacherwerbe gemäß § 27 Abs. 1 ErbStG gewährt wird.[3]

9 Der **Pflichtteil der Kinder** beim ersten Erbfall ist eines der zentralen erbrechtlichen Probleme beim Berliner Modell. Dieser entsteht kraft Gesetzes mit der Enterbung durch den Erstversterbenden mit dessen Tod (§ 2303 Abs. 1 BGB). Zwar verzichten die allermeisten Kinder auf dessen Einforderung innerhalb der 3-jährigen Verjährungsfrist, doch gehört es zu einer sinnvollen Erbrechtsgestaltung zusätzliche Absicherungen für den Längstlebenden vorzusehen, sei es durch **Pflichtteilssanktionsklauseln** oder sei es dadurch, dass dieser seine eigenen Verfügungen für den Schlusserbfall generell oder für diesen Fall ändern und den fordernden Abkömmling bei seinem Tod auf den Pflichtteil setzen kann (siehe dazu § 5 des Formulars und unten Rz. 30ff.). Die strafende Wirkung kann durch die zusätzliche Anordnung eines Vermächtnisses im Sinne der sog. **Jastrowschen Klausel** erheblich verstärkt werden,[4] vorausgesetzt allerdings, es sind überhaupt weitere Abkömmlinge vorhanden, die ihren Pflichtteil beim Tod des ersten Elternteils nicht fordern. Bei der Entscheidung für eine Jastrowsche Klausel ist § 5 des Musters so zu fassen:

B. 1.11a **[Formular B. 1.11a]**

Falls ein Abkömmling nach dem Tod des Erstversterbenden von uns seinen Pflichtteilsanspruch geltend macht, so soll dieser einschließlich der Abkömmlinge auch nicht Erbe oder Vermächtnisnehmer des Längstlebenden sein, sondern auch aus dessen Nachlass nur seinen Pflichtteil erhalten. Der Erbteil des Ausgeschlossenen wächst den übrigen Erben an.
Außerdem erhalten diejenigen Abkömmlinge, die den Pflicht teil nicht verlangen, mit dem Tod des Erstversterbenden ein Geldvermächtnis in Höhe des Wertes ihres gesetzlichen Erbteils, berechnet aus dem zum Zeitpunkt des Todes des Längstlebenden noch vorhandenen Wert des Nachlasses des Erstversterbenden. Dieses Geldvermächtnis ist mit 4 % jährlich zu verzinsen und wird samt der Zinsen mit dem Tod des Längstlebenden fällig. Die Vermächtnisforderung ist nur an die Abkömmlinge des Vermächtnisnehmers vererblich und übertragbar.
Die genannten Folgen treten nicht ein, wenn der Pflichtteil im Einvernehmen mit dem Längstlebenden geltend gemacht wird. Unabhängig hiervon kann der Längstlebende auch einen Abkömmling, der den Pflichtteil geltend gemacht hat, erneut als Erben berufen.

10 Aber alle diese Sanktionsklauseln können nichts daran ändern, dass derjenige Abkömmling, der den Pflichtteil fordert, sich beim Berliner Modell besser steht als beim **Trennungsmodell** (siehe dazu Formulare B. 1.12). Steht also die Vermeidung von Pflichtteilsansprüchen der Kinder im Vordergrund, so ist die Entscheidung für das Trennungsmodell der Aufnahme einer Jastrowschen Klausel vorzuziehen.

11 Der Abschluss von **Pflichtteilsverzichtsverträgen** (§ 2346 Abs. 2 BGB) ist demgegenüber weniger empfehlenswert, weil im Vorfeld unangenehme Diskussionen über das gegenwärtige Vermögen bzw. den künftigen Nachlass der Eltern entstehen können.

[2] Ausführlich zu den Voraussetzungen *Viskorf/Glier/Hübner/Knobel/Schuck* ErbStG § 15 Rz. 71 ff.
[3] *Viskorf/Glier/Hübner/Knobel/Schuck* ErbStG § 27 Rz. 5.
[4] *Jastrow* RNotZ 1904, 424; ausführlich zu Inhalt und Zulässigkeit *Seufert* Die Jastrowsche Klausel, Gestaltungsfreiheit und Gestaltungsgrenzen im Erb- und Erbschaftsteuerrecht, 1999, S. 77 ff., 84 ff., 129 f.

Die **Wiederverheiratung** des Längstlebenden stellt in aller Regel die Kinder und oft auch den Erstversterbenden vor ein Problem, das gelöst werden muss: Der zweite Ehepartner erlangt nämlich mit der Heirat das gesetzliche Erb-, mindestens jedoch ein Pflichtteilsrecht, was notwendigerweise zur Schmälerung des Nachlassanteils der Abkömmlinge beim Tod des Längstlebenden führt. Dies kann entweder durch eine auf die Wiederheirat bedingte **Nacherbeneinsetzung** der Abkömmlinge oder der gesetzlichen Erben (siehe unten Rz. 13) oder durch ein in gleicher Weise **bedingtes Vermächtnis** auf Herausgabe eines Geldbetrags oder eines bestimmten Nachlassteils (siehe unten Rz. 14) erreicht werden. 12

Nach hM[5] hat eine durch die Wiederverheiratung **bedingte Erbeinsetzungsklausel** folgende Wirkungen: Bleibt der überlebende Ehegatte ledig, so entscheidet sich in der logischen Sekunde vor seinem Tod, dass er endgültig Vollerbe geblieben ist. Damit steht dann auch fest, dass alle seine lebzeitigen Verfügungen wirksam sind. Der oder die Schlusserben erben nur noch den bei seinem Tod vorhandenen Nachlass. Heiratet der Längstlebende dagegen wieder, so endet damit dessen Vollerbschaft und er wird Vor- und der oder die Dritten werden Nacherben. Gleichzeitig löst die Wiederverheiratung den Nacherbfall aus und der überlebende Ehegatte muss den Nachlass des Erstverstorbenen in dem von der Wiederverheiratungsklausel vorgegebenen Umfang an die Nacherben ausliefern. Zusätzlich sind alle Rechtsgeschäfte, die gegen Beschränkungen verstoßen, von denen ein Vorerbe gemäß § 2136 BGB nicht befreit werden kann, ihnen gegenüber unwirksam und die Nacherben können entsprechende Herausgabeansprüche geltend machen. 13

Vor allem in der notariellen Praxis hat sich, um diesen schwierigen Fragen zur Rechtsstellung des Längstlebenden bis zur Wiederheirat aus dem Wege zu gehen, eine andere Gestaltung durchgesetzt. Der oder die Dritten erhalten ein **durch die Wiederheirat des Überlebenden aufschiebend bedingtes Vermächtnis,** den Nachlass ganz oder teilweise von diesem fordern zu dürfen.[6] Üblich ist es, den Abkömmlingen Vermögenswerte in Höhe des gesetzlichen Erbteils am Nachlass des zuerst verstorbenen Ehegatten zuzuwenden und dem Überlebenden dabei auch noch das Auswahlrecht der Vermögenswerte zuzugestehen. Zusätzlich kann bestimmt werden, dass etwaige Pflichtteilszahlungen aus dem Nachlass des zuerst verstorbenen Ehegatten auf dieses Vermächtnis anzurechnen sind. Hierdurch wird eine Besserstellung desjenigen ausgeschlossen, der seinen Pflichtteil gefordert hat (vgl. auch unten Rn. 31). Der überlebende Ehegatte kann bei einer solchen Klausel zu seinen Lebzeiten bis zur etwaigen Wiederheirat völlig frei über den Nachlass, einschließlich des aufschiebend bedingten Vermächtnisgegenstands, verfügen, da gemäß § 2179 BGB zwar §§ 158, 159, 160 und 162, nicht dagegen § 161 BGB gilt. Das Testament kann jedoch einschränkende Anordnungen enthalten. 14

Unabhängig von der Entscheidung in dieser Frage, sollte geklärt werden, ob und in welchem Umfang der Längstlebende im Falle der Wiederheirat **an die gemeinsame Verfügung gebunden** ist (siehe dazu § 6 des Formulars und unten Rz. 43). Vom Verzicht auf das Anfechtungsrecht gemäß § 2079 BGB bis hin zur völligen Verfügungsfreiheit ist jede Gestaltung möglich und denkbar. 15

III. Erbschaftsteuerliche Aspekte

Da die Erbfolge beim Berliner Modell in zwei Schritten erfolgt, nämlich zunächst zwischen den Ehegatten und erst danach an die Schlusserben, liegen **zwei getrennt steuerbare Erbschaftsvorgänge** vor. Liegen zwischen beiden Erbfällen weniger 16

[5] BGH v. 6.11.1985 – IVa ZB 5/85, NJW 1988, 59; differenzierend hinsichtlich §§ 2133 f.; Staudinger/*Kanzleiter* BGB § 2133 Rz. 43 f.

[6] Vgl. ausführlich dazu *Zawar* DNotZ 1986, 515.

als 10 Jahre, so kommt die Steuervergünstigung gemäß § 27 Abs. 1 ErbStG in Betracht.[7]

17 Im Verhältnis der Ehegatten und der Partner einer eingetragenen Lebenspartnerschaft untereinander steht ein persönlicher **Freibetrag** von € 500 000,– (§ 16 Abs. 1 Nr. 1 bzw. Nr. 6 ErbStG) sowie ein besonderer Versorgungsfreibetrag von € 256 000,– zur Verfügung, der allerdings um den nach § 14 des Bewertungsgesetzes zu ermittelnden Kapitalwert erbschaftssteuerfreier Versorgungsbezüge gekürzt wird (§ 17 Abs. 1 ErbStG). Darüber hinaus bleibt das von beiden Ehe- bzw. Lebenspartnern beim Erbfall bewohnte **Familienheim** – ohne Rücksicht auf Größe und Wert der Immobilie – gemäß § 13 Abs. 1 Nr. 4b ErbStG völlig steuerfrei, wenn der überlebende Teil dieses mindestens 10 Jahre lang weiter nutzt oder hieran aus zwingendem Grund (zB Pflegebedürftigkeit, Tod) gehindert ist. Gegenüber der gesetzlichen Erbfolge erweist sich die gegenseitige Erbeinsetzung in dieser Beziehung als überlegen, weil bei jener die Kinder, die nicht mehr zu Hause wohnen, den gesetzlichen Erbteil am Familienheim nach den allgemeinen Regeln versteuern müssen. Der Steuersatz des Ehepartners beginnt bei 7 vH (§§ 19 Abs. 1 I, 15 Abs. 1 I Nr. 1 ErbStG). Der Partner einer eingetragenen **Lebenspartnerschaft** wird zwar bei den Freibetrags- und Steuerbefreiungstatbeständen mit einem Ehepartner gleichgestellt, nicht aber beim Steuersatz. Dieser beträgt in der insoweit maßgebenden Steuerklasse III 30 vH und steigt ab € 6 000 000,– Steuerwert auf 50 vH an.

18 Im **Verhältnis des Längstlebenden zu jedem einzelnen seiner Kinder** oder der seines verstorbenen Ehepartners (Stiefkinder) beträgt der allgemeine Freibetrag € 400 000,– (§ 16 Abs. 1 Nr. 2 ErbStG), zu dem noch ein besonderer Versorgungsfreibetrag gemäß § 17 Abs. 2 ErbStG hinzukommt. Darüber hinaus bleibt das vom Erblasser beim Erbfall bewohnte **Familienheim** bis zu einer Größe von 200 qm Wohnfläche gemäß § 13 Abs. 1 Nr. 4c ErbStG steuerfrei, wenn das Kind bzw. Enkelkind dieses mindestens zehn Jahre lang weiter nutzt oder hieran aus zwingendem Grund (zB Pflegebedürftigkeit, Tod) gehindert ist. Bei einem größeren Familienheim ist der darüber hinausgehende Steuerwert der Immobilie nach den allgemeinen Bestimmungen zu versteuern. Stirbt ein Kind vor dem Längslebenden, so kommen die Enkelkinder in den Genuss der gleichen Vergünstigungen, andernfalls beträgt ihr allgemeiner Steuerfreibetrag lediglich € 200 000,– (§ 16 Abs. 1 Nr. 3 ErbStG).

Kinder bzw. Stiefkinder sowie auch deren Abkömmlinge gehören zur Steuerklasse I, so dass der Steuersatz mit 7 vH beginnt (§§ 19 Abs. 1 I, 15 Abs. 1 I Nr. 2 ErbStG).

19 Je nach Kinderzahl dürften diese Steuerfreibeträge bei kleineren bis mittleren Vermögen ausreichen, eine **Erbschaftsteuerbelastung** beim Berliner Modell **zu vermeiden** (siehe oben Rz. 3). Bei größeren Nachlässen sollte überlegt werden, ob:

- Vermächtnisse zugunsten der Kinder beim Tode des Erstversterbenden angeordnet werden können, ohne die Versorgung des Längerlebenden zu gefährden,
- beim Tod des Erstverstorbenen der Längerlebende freiwillig den Pflichtteil an die Kinder auszahlt, um den Freibetrag der Kinder nach dem Erstverstorbenen auszunutzen oder
- vorweggenommene Erbfolgen in Frage kommen.

20 Angesichts der niedrigen Steuersätze sollten Erbfolgegestaltungen nach dem **Trennungsmodell** (siehe dazu die Formulare B. 1.12) oder die Erbeinsetzung der Kinder unter Beschwerung mit einem **Nießbrauchsvermächtnis** zugunsten des Längstlebenden (siehe dazu die Ausführungen bei B. 1.12 Rz. 3) nur in außergewöhnlichen Fällen in Betracht gezogen werden. Diese Erbfolgegestaltungen bringen den länger lebenden Ehepartner doch in allzu große Abhängigkeiten von den Kindern.

21, 22 *(frei)*

---

[7] *Viskorf/Glier/Hübner/Knobel/Schuck* ErbStG § 27 Rz. 5.

B. Einzelerläuterungen

Zu § 1: Frühere Verfügungen von Todes wegen

Vgl. hierzu B. 1.01 Rz. 12ff. 23

Zu § 2: Gegenseitige Erbeinsetzung

Die Beteiligten sind oft überrascht, wenn sie erfahren, dass trotz der Schlusserbeneinsetzung die Kinder bereits beim Tod des ersten Elternteils ihr gesetzliches **Pflichtteil** verlangen können. Der Hinweis auf den Pflichtteil sowie entsprechende Gestaltungsalternativen gehört zu den Amtspflichten des Notars gemäß § 17 Abs. 1 BeurkG. 24

Die Einsetzung zum **„Alleinerben"** reicht zur sicheren Abgrenzung von der Vorerbschaft nicht aus, weil auch der Vorerbe alleiniger Erbe sein kann.[8] Der Hinweis auf die Unbeschränktheit der Erbenstellung sollte deshalb keinesfalls fehlen. Da der Vorerbe gemäß § 2136 BGB von der Pflicht zur Inventarerrichtung (§ 2121 BGB) nicht befreit werden kann, kann durch die ausdrückliche Befreiung hiervon noch stärker hervorgehoben werden, dass Voll- und nicht Vorerbschaft gemeint ist. 25

Zu § 3: Erbfolge beim Tod des Längstlebenden

Erbeinsetzungen für den **gleichzeitigen Tod** gelten nicht ohne weiteres für zeitlich **aufeinanderfolgende Todesfälle.**[9] Umgekehrt kann zweifelhaft sein, ob eine Erbeinsetzung für den Fall des Überlebens auch den des gleichzeitigen Todes erfasst. Deshalb müssen beide Fälle ausdrücklich geregelt werden. Zur Vermeidung von Regelungslücken muss zusätzlich klar gestellt werden, dass die Schlusserbeneinsetzung auch im Falle der **Erbausschlagung** durch den Längstlebenden oder dessen **Erbunwürdigkeit** gilt. 26

Auch bei der Einsetzung von Ersatzerben an Stelle der Schlusserben darf nicht nur auf den Fall abgestellt werden, dass der Schlusserbe vor dem Längstlebenden stirbt, weil die Ersatzerbfolge dann im Falle der **Ausschlagung** oder der **Erbunwürdigkeit** des Schlusserben nicht gelten würde. 27

Gemäß § 9 des Formulars entfaltet die Schlusserbeneinsetzung erbvertragliche Bindungswirkung (siehe auch unten Rz. 44). Um dem Längstlebenden dennoch abweichende Verfügungen zu ermöglichen, ist es zulässig, Erbeinsetzungen und Vermächtnisse des Längstlebenden unter einen **Änderungsvorbehalt** zu stellen. Mit dem BGH[10] ist die Grenze eines zulässigen Änderungsvorbehalts dort zu ziehen, wo nicht mindestens eine einzige vertragsmäßige Verfügung wenigstens teilweise jeder einseitigen Änderung durch den Erblasser entzogen ist.[11] Nach einer zutreffenden neueren Meinung in der Literatur[12] ist es zuzulassen, dass der Erblasser zwar alle vertragsmäßigen Verfügungen ändern kann, jedoch nur unter Einhaltung bestimmter von seiner Willkür unabhängigen Voraussetzungen (zB „als Längstlebender", Änderung nur zugunsten gemeinsamer Abkömmlinge). Diesen Anforderungen genügt der vorgeschlagene Änderungsvorbehalt, weil er sowohl zeitlich („Der Längstlebende") als auch inhaltlich („vorausgesetzt, dass er nur zugunsten gemeinschaftlicher Abkömmlinge verfügt") begrenzt ist. Wichtig ist in allen Fällen klar zu stellen, dass bei Ausnutzung 28

---

[8] MüKoBGB/*Musielak* BGB § 2269 Rz. 18 mwN.

[9] Vgl. OLG Stuttgart v. 29.12.1993 – 8 W 583/92, NJW-RR 1994, 592; BayObLG v. 8.2.1996 – 1 Z BR 157/95, ZEV 1996, 191; OLG Frankfurt a. M. v. 3.3.1998 – 20 W 143/95, Rpfleger 1998, 250.

[10] BGH v. 8.1.1958 – IV ZR 219/57, NJW 1958, 498, 499; BGH v. 11.6.1986 – IVa ZR 248/84, MittBayNot 1986, 265, 266.

[11] AM *Lange/Kuchinke* § 25 VI 4.

[12] *J. Mayer* DNotZ 1990, 755, 765ff. mwN; *Weiler* DNotZ 1994, 427, 436.

des Änderungsvorbehalts nicht etwa die Erbeinsetzung des Längstlebenden durch den zuerst Verstorbenen unwirksam wird („ohne Auswirkungen auf die übrigen Bestimmungen in dieser Urkunde"). Die Ausnutzung des Änderungsvorbehalts bedarf nicht der für den Rücktritt vom Erbvertrag bestimmten notariellen Beurkundung. Aufgrund des hier vorgeschlagenen Änderungsvorbehalts kann der Längstlebende entweder durch Verfügung von Todes wegen oder durch lebzeitiges Rechtsgeschäft das Vermögen unter Kindern, Enkeln usw. abweichend von der Schlusserbeneinsetzung verteilen, ohne dass die eingesetzten Erben dies nach dem Tod des Längslebenden aufgrund § 2287 BGB vereiteln können.

29 Bei der Formulierung des Änderungsvorbehalts sollte auf eine **enumerative Aufzählung** nur einzelner Befugnisse zugunsten einer bestimmt abgefassten Generalklausel verzichtet werden, um der Gefahr zu begegnen, dass Gerichte – wie in letzter Zeit mehrfach geschehen – aus den aufgezählten Änderungskompetenzen Rückschlüsse auf den Umfang der Vertretungsmacht ziehen und einengend auslegen.[13]

30 **Vorempfänge einzelner Schlusserben** können die gerechte Nachlassverteilung empfindlich stören. Deshalb ordnet § 2052 BGB die Ausgleichung der Zuwendungen sowohl des Längstlebenden als auch des Erstversterbenden[14] gemäß §§ 2050, 2051 BGB an. Schwierigkeiten entstehen jedoch, wenn die lebzeitigen Zuwendungen teilweise Anrechnungsbestimmungen iSd. § 2050 Abs. 3 BGB enthalten und teilweise nicht. Während bei Grundstücksschenkungen diese Frage in aller Regel angesprochen wird, wird sie bei Geldschenkungen, die auch ohne notarielle Mitwirkung durch Vollzug wirksam werden, meist übersehen. Die Erbfolgegestaltung bietet die letzte Gelegenheit, zwischen den Schlusserben für Gerechtigkeit zu sorgen und damit endgültig Erbstreitigkeiten zu vermeiden. Dies kann geschehen durch:
- nachträgliche Anrechnungsbestimmungen iSd. § 2050 Abs. 3 BGB,
- durch Festsetzung unterschiedlicher Erbquoten,
- durch Vorausvermächtnisse zugunsten anderer Kinder (siehe dazu § 3 des Formulars B. 1.05 und dort Rz. 29, 39) oder
- durch einseitig mögliche Aufhebung der bei Vorempfängen angeordneten Anrechnungsbestimmung (siehe § 3 Abs. 5 des Formulars).

Das Pflichtteilsrecht bleibt allerdings durch diese nachträglichen Maßnahmen unberührt.[15] Einzige Ausnahme bildet die nachträgliche Anordnung der Anrechung eines Vorempfangs auf den Pflichtteil gemäß § 2315 Abs. 1 BGB. Auch im Rahmen des Berliner Testaments kann eine nachträgliche Anrechnungsbestimmung für den Schlusserbfall nur dann angeordnet werden, wenn die anzurechnende Zuwendung vom Längerlebenden gemacht worden ist.[16]

Zu § 4: Ersatzerbfolge beim Tod des Längstlebenden

31 Nicht selten wollen Eltern kleiner Kinder oder Ehepaare ohne Kinder Vorsorge treffen für den Fall, dass sie gemeinsam mit oder vor ihren Kindern bzw. ohne Kinder sterben. Derart vorsorgende Ersatzerbeinsetzungen sollten keinesfalls mit erbvertraglicher Bindungswirkung getroffen werden, und zwar auch dann nicht, wenn ihnen ein Änderungsvorbehalt beigefügt wird. Nur bei **einseitig testamentarischem Charakter** können sie von jedem jederzeit geändert oder aufgehoben werden. Legt ein Beteiligter Wert darauf, dass Vermögenswerte an bestimmte Personen fallen, so kommt ein bindendes Vermächtnis des Längstlebenden – mit oder ohne Änderungsvorbehalt – in Betracht.

---

[13] OLG München v. 3.6.2008 – 34 Wx 29/08, BeckRS 2008, 13925 m. abl. Anm. v. *Litzenburger* FD-ErbR 2008, 264812 mwN aus der Rechtsprechung; weniger restriktiv *Schmucker* DNotZ 2007, 777 ff.
[14] Bamberger/Roth/*Lohmann* BGB § 2052 Rz. 1 mwN.
[15] BGH v. 30.9.1981 – IVa ZR 127/80, NJW 1982, 575, 577.
[16] Vgl. BGH v. 13.7.1983 – IVa ZR 15/82, NJW 1983, 2875, 2876.

Die im Formular vorgeschlagene **hälftige Verteilung des Nachlasses** hat bei Ehepaaren mit Kindern den Vorteil, dass bei einem gemeinsamen Unfall der Familie, die gleiche Erbfolge unabhängig davon eintritt, ob ein Elternteil oder eines der Kinder länger lebt. 32

Zu § 5: Pflichtteilsklausel

Bei der Wahl zwischen der **von selbst eintretenden Enterbung** durch Pflichtteilsverlangen des Berechtigten und der Einräumung eines **Enterbungsvorbehalts** für den Längstlebenden sollte die zuletzt genannte Alternative immer dann gewählt werden, wenn Grundbesitz vorhanden ist. Gemäß § 35 Abs. 1 S. 2 GBO genügt an Stelle eines Erbscheins die Vorlage einer notariellen Verfügung von Todes wegen nebst Eröffnungsprotokoll nämlich nur unter der Voraussetzung, dass sich die Erbfolge aus der Verfügung selbst ergibt. Hängt das Erbrecht der Schlusserben jedoch von dem Umstand der Nichteinforderung des Pflichtteils ab, so ist umstritten, ob dazu die Vorlage einer entsprechenden eidesstattlichen Versicherung gegenüber dem Grundbuchamt genügt[17] oder ein Erbschein (zu Grundbuchberichtigungszwecken) erforderlich ist[18] oder nicht.[19] Macht der Längstlebende allerdings von seinem Enterbungsrecht Gebrauch, so taucht das gleiche Problem bezüglich der Frage, ob er hierzu berechtigt war, wieder auf. Da das Pflichtteilsverlangen jedoch eher die Ausnahme sein wird, sprechen diese Überlegungen gegen die automatische Enterbung und für den Enterbungsvorbehalt.[20] 33

Unterbleibt die Enterbung, sollte zur Vermeidung einer Besserstellung des Abkömmlings, der den Pflichtteil nach dem zuerst verstorbenen Elternteil gefordert hat, die **Anrechnung auf den Schlusserbteil** bestimmt werden.[21] 34

Wer sich trotz der Überlegungen zu Rz. 33 für die Variante entscheidet, wonach der pflichtteilsfordernde Abkömmling damit automatisch enterbt ist, sollte dabei unbedingt regeln, welcher konkrete Tatbestand zum Ausschluss führt[22] und ob der Längstlebende in diesem Falle volle Verfügungsfreiheit über den Schlusserbteil des Anspruchstellers erlangt:[23] 35

[Formular B. 1.11b]

Falls ein Abkömmling nach dem Tod des Erstversterbenden von uns seinen Pflichtteilsanspruch geltend macht, ist dieser einschließlich der Abkömmlinge auch von der Erbfolge und von etwaigen Vermächtnissen nach dem Längstlebenden ausgeschlossen und erhält, soweit er überhaupt pflichtteilsberechtigt ist, auch aus dessen Nachlass nur seinen Pflichtteil. Durch Verfügung von Todes wegen kann der Längstlebende jedoch eine hiervon abweichende Bestimmung treffen. B. 1.11b

Zu § 6: Wiederverheiratungsklausel

Es handelt sich um ein durch die Wiederverheiratung des Längstlebenden **aufschiebend bedingtes Vermächtnis** des Erstversterbenden, und zwar in der Form ei- 36

[17] So LG Koblenz v. 19.9.1994 – 2 T 551/94, MittRhNotK 1995, 67; LG Bochum v. 3.12.1991 – 7 T 661/91, Rpfleger 1992, 194 mit abl. Anm. *Meyer-Stolte* und krit. Anm. *Peißinger* Rpfleger 1992, 428, 429.

[18] So OLG Frankfurt a.M. v. 18.11.1993 – 20 W 158/93, Rpfleger 1994, 206f.; *Böhringer* BWNotZ 1988, 155, 158.

[19] So LG Köln v. 1.10.1987, 11 T 321/87, MittRhNotK 1988, 177; LG Stuttgart v. 15.6.1988 – 1 T 9/88, BWNotZ 1988, 163 mit abl. Anm. *Böhringer* BWNotZ 1988, 155 und krit. Anm. *Karch* BWNotZ 1989, 75; *Meyer-Stolte* Rpfleger 1992, 195, 196.

[20] Vgl. DNotI-Report 2002, 129, 131.

[21] Für Anrechnung auch ohne Bestimmung Soergel/*M. Wolf* BGB § 2269 Rz. 38; RGRK/*Johannsen* BGB § 2269 Rz. 34.

[22] Vgl. zu den einzelnen Alternativen BeckOK BGB/*Litzenburger* BGB § 2269 Rz. 44ff., Stand: 1.2.2017, mwN.

[23] BayObLG v. 31.5.1990 – BReg. 3 Z 38/90, BayObLGZ 1990, 156.

nes Quotenvermächtnisses. Diese Vermächtnislösung hat gegenüber allen anderen Klauseln den Vorteil, dass der Längstlebende bis zur Wiederheirat völlig frei verfügen kann (siehe dazu oben Rz. 1), da § 161 BGB gemäß § 2179 BGB auf ein solches Vermächtnis gerade nicht anwendbar ist.

37 Um den Längstlebenden nicht übermäßig zu belasten, sollte dieser **gemäß § 2154 Abs. 1 S. 1 BGB wählen** dürfen, welche Vermögenswerte er den Kindern ausliefern will.

38 Damit **Wertveränderungen** zwischen dem Tod des Erstversterbenden und der Wiederheirat nicht zu Lasten einer Seite gehen, sollte zwar auf den Bestand des Nachlasses am Todestag abgestellt werden, allerdings mit den Werten bei Wiederheirat.

39 **Vermächtnisnehmer** sind die Abkömmlinge, die bei Wiederheirat vorhanden und beim Tode des Erstversterbenden dessen gesetzliche Erben geworden wären. Stammen die Schlusserben aus unterschiedlichen Ehen, handelt es sich also teilweise um Stiefkinder zu einem Beteiligten, so ist genau zu bestimmen, wer wie viel als Vermächtnisnehmer erhalten soll.

40 Müsste sich der Vermächtnisnehmer, der den **Pflichtteil** gefordert und erhalten hat, diesen nicht **anrechnen** lassen, so würde er sich besser stehen als die andern Kinder, was wiederum diese faktisch dazu zwingen würde, vorsorglich selbst auch den Pflichtteil zu fordern.

41 Auch wenn überwiegend die Auffassung vertreten wird, dass bei Aufnahme einer Wiederverheiratungsklausel der Längstlebende ohne zusätzliche Anhaltspunkte mit der Heirat wieder die volle **Verfügungsfreiheit** erlangt,[24] sollte diese Frage geklärt und nicht der Auslegung überlassen werden.

42 Gemäß § 9 Abs. 1 Nr. 1 Buchst. a ErbStG tritt wegen der aufschiebenden Bedingung die **Erbschaftsteuerpflicht der Abkömmlinge** erst mit der Wiederverheiratung ein. Die Vermächtnisse können bis dahin nicht wertmindernd gemäß § 10 Abs. 5 Nr. 2 ErbStG berücksichtigt werden (§ 12 Abs. 1 ErbStG iVm. § 6 Abs. 1 BewG). Tritt die aufschiebende Bedingung ein, so ist auf Antrag die Erbschaftsteuerfestsetzung zu berichtigen (§ 12 Abs. 1 ErbStG iVm. §§ 6 Abs. 2, 5 Abs. 2 S. 1 BewG). Der Antrag ist bis zum Ablauf des Jahres zu stellen, das auf den Eintritt der Bedingung folgt (§ 5 Abs. 2 S. 2 BewG).

Zu § 7: Vollständigkeit

43 Die Beteiligten sollten darauf hingewiesen werden, dass sie durch die gegenseitige Erbeinsetzung keinen Anspruch auf Lebensversicherungs- oder sonstige Verträge auf den Todesfall, bei denen einem Dritten (zB Eltern, Kinder, Ex-Ehepartner) das Bezugsrecht eingeräumt ist, erwerben.[25]

Zu § 8: Teilnichtigkeit

44 Vgl. hierzu B. 1.01 Rz. 50.

Zu § 9: Bindungswirkung

45 Da es eine dem § 2270 Abs. 2 BGB entsprechende Auslegungsregel beim Erbvertrag nicht gibt und allein der Umstand, dass eine Erbeinsetzung oder ein Vermächtnis Bestandteil einer Erbvertragsurkunde ist, noch nichts darüber aussagt, ob diese Verfügung **vertragsgemäß oder einseitig** erfolgt ist, muss diese Frage in der Verfügung unbedingt genau geklärt werden.

---

[24] OLG Hamm v. 23.6.1994 – 15 W 265/93, NJW 1994, 1355; *Soergel/M. Wolf* BGB § 2269 Rz. 31; aM *Huken* DNotZ 1965, 731 f.; *M. Huber* Rpfleger 1981, 41, 44; MüKoBGB/*Musielak* BGB § 2269 Rz. 62.

[25] Vgl. OLG Koblenz v. 1.2.2007 – 2 U 898/05, BeckRS 2007, 10388 m. Anm. *Litzenburger* beck-FD-ErbR 2007, 237 549.

Mindestens eine Verfügung muss dabei **vertragsgemäß** erfolgen, auch wenn insoweit ein Rücktrittsrecht eingeräumt wird.[26] Dies ist beim Berliner Modell sicher die gegenseitige Erbeinsetzung. Die Schlusserbeneinsetzung könnte auch einseitig testamentarisch erfolgen, was die Aufnahme einer Pflichtteilssanktionsklausel überflüssig machen würde. 46

Stirbt eine Ehegatte während eines **Scheidungsverfahrens,** so bleiben seine Verfügungen zugunsten des anderen wirksam, wenn nur der andere den Scheidungsantrag gestellt und der Verstorbene diesem (noch) nicht zugestimmt hatte (§§ 2077 Abs. 1 S. 2, 3, 2268 BGB).[27] Es ist empfehlenswert, einen Auslegungsstreit hierüber durch die hier vorgeschlagene Regelung von vorneherein auszuschließen. Anstelle der hier gewählten Vernichtung aller getroffenen Verfügungen ist es auch denkbar, nur denjenigen die Wirksamkeit zu nehmen, die den Ehepartner begünstigen. 47

B. 1.12 Beiderseitige Vor- und Nacherbschaft mit Beschränkung auf Grundbesitz („Trennungsmodell")

Gliederung

Nummer der Urkundenrolle [...] B. 1.12
Verhandelt zu [...] am [...]
Vor dem Notar [...] erschienen:
1. Herr A, geboren am [...] in [...] als Sohn [...],
nach eigenen Angaben deutscher Staatsangehöriger,
2. dessen Ehefrau,
Frau B, geboren am [...] in [...] als Tochter [...],
nach eigenen Angaben deutsche Staatsangehörige,
beide wohnhaft [...],
dem Notar ausgewiesen durch [...].

Die Erschienenen erklärten, nachdem sich der amtierende Notar durch eingehende Verhandlung von der Testierfähigkeit überzeugt hatte, unter Verzicht auf die Zuziehung von Zeugen dem Notar mündlich das folgende

Gemeinschaftliche Testament

zur Beurkundung:

§ 1 Frühere Verfügungen von Todes wegen

Jeder von uns und wir beide widerrufen hiermit alle bisher von uns errichteten Verfügungen von Todes wegen.[Rz. 13]

An diesem Widerruf sowie an der Errichtung dieser Verfügung von Todes wegen ist keiner von uns durch ein gemeinschaftliches Testament oder einen Erbvertrag

---

[26] Vgl. BGH v. 8.1.1958 – IV ZR 219/57, NJW 1958, 498; BGH v. 11.6.1986 – IVa ZR 248/84, MittBayNot 1986, 265, 266.

[27] BayObLG v. 30.10.1989 – 1a Z 19/88, FamRZ 1990, 322; *Muscheler* DNotZ 1994, 733, 735; Staudinger/*Kanzleiter* BGB § 2268 Rz. 8; für analoge Anwendung: MüKoBGB/*Musielak* BGB § 2268 Rz. 13.

gehindert, so dass wir, auch von Todes wegen, frei über unser Vermögen verfügen können.[Rz. 14, 15]

§ 2 Gegenseitige Einsetzung zu Vorerben und Vorausvermächtnis

Wir setzen uns gegenseitig zu allen gesetzlichen Beschränkungen und Verpflichtungen unterworfenen Vorerben ein.[Rz. 6, 7, 16]

Der Nachlass soll mit dem Tod des Vorerben unmittelbar auf die jeweiligen Nacherben übergehen.[Rz. 20]

Ich vermache dem Vorerben außerhalb der Vorerbschaft alle zum Nachlass gehörenden Gegenstände und Verbindlichkeiten, jedoch mit Ausnahme des im Grundbuch des Amtsgerichts [...] von [...] Blatt [...] eingetragenen Grundbesitzes der Gemarkung [...]
Flur [...] Nr. [...]
einschließlich der hierauf durch Grundpfandrechte abgesicherten Verbindlichkeiten, zur völlig freien Verfügung, so dass sich das Recht der Nacherben ausschließlich auf diesen Grundbesitz und diese dinglich gesicherten Verbindlichkeiten bezieht.[Rz. 4, 5, 17, 18, 19]

Das Recht des Vorerben, den Nachlass auszuschlagen und den gesetzlichen Pflichtteil zu fordern, wird nicht ausgeschlossen.[Rz. 21]

§ 3 Nacherbeneinsetzung von A[Rz. 26]

Ich setze zu meinen Nacherben und, wenn ich der Längstlebende bin oder der Vorerbe aus sonstigen Gründen nicht Erbe wird, zu meinen Ersatzerben:
a) unsere gemeinsame Tochter C, geboren am [...], wohnhaft [...]
b) meinen Sohn aus erster Ehe D, geboren am [...], wohnhaft [...]
zu gleichen Teilen ein.

Ersatznacherben sind jeweils deren Abkömmlinge nach den Regeln der gesetzlichen Erbfolge.[Rz. 22, 23]

Sind keine Abkömmlinge vorhanden, so wächst der Erbteil dem anderen Nacherben bzw. dessen Abkömmlingen im Verhältnis der Erbteile an.[Rz. 24]

Die Nacherbenrechte sind nicht vererblich und nicht übertragbar, ausgenommen auf den Vorerben, der damit unbeschränkter Vollerbe wird.[Rz. 25]

§ 4 Nacherbeneinsetzung von B[Rz. 26]

Ich setze zu meinen Nacherben und, wenn ich der Längstlebende bin oder der Vorerbe aus sonstigen Gründen nicht Erbe wird, zu meinem Ersatzerben unsere gemeinsame Tochter C, geboren am [...], wohnhaft [...] ein.

Ersatznacherben sind deren Abkömmlinge nach den Regeln der gesetzlichen Erbfolge.[Rz. 22, 23]

Sind keine Abkömmlinge vorhanden, so ist Ersatznacherbe mein Bruder E, geboren am [...], wohnhaft [...], weiter ersatzweise dessen Abkömmlinge nach den Regeln der gesetzlichen Erbfolge.[Rz. 24]

Die Nacherbenrechte sind nicht vererblich und nicht übertragbar, ausgenommen auf den Vorerben, der damit unbeschränkter Vollerbe wird.[Rz. 25]

§ 5 Pflichtteilsklausel[Rz. 27]

Schlägt ein gemeinsamer Abkömmling nach dem Tod des Erstversterbenden von uns die Nacherbschaft aus und macht seinen Pflichtteilsanspruch geltend, kann der Längstlebende diesen einschließlich der Abkömmlinge durch Verfügung von Todes wegen von seiner Erbfolge ausschließen und auf den Pflichtteil beschränken. Unterbleibt die Enterbung, muss sich dieser Abkömmling die Pflichtteilszahlung auf sein Erbteil nach dem Längstlebenden anrechnen lassen.

§ 6 Wiederverheiratung[Rz. 28]

Falls der Längstlebende sich wieder verheiratet, ist er verpflichtet, unseren gemeinsamen Kindern bzw. Abkömmlingen den Wert ihres gesetzlichen Erbteils an den dem Vorerben gemäß § 2 im voraus vermachten Nachlassgegenständen des Erstverstorbenen in Geld- oder in Sachwerten nach seiner Wahl bei Wiederheirat im Wege des Quotenvermächtnisses auszuliefern. Maßgebend für die Berechnung ist dabei der Bestand beim Tod des Erstverstorbenen, jedoch unter Zugrundelegung des Werts am Tag der Wiederverheiratung. Hat ein Abkömmling nach dem Tod des Erstverstorbenen seinen Pflichtteil gefordert, so ist die Pflichtteilszahlung auf das vorstehende Vermächtnis anzurechnen.

Mit der Wiederverheiratung treten die in dieser Urkunde begründeten erbrechtlichen Bindungen bezüglich der Erbfolge des Längstlebenden von uns außer Kraft und er kann auch durch Verfügung von Todes wegen frei über sein Vermögen verfügen.

§ 7 Vollständigkeit

Weitere Verfügungen über unseren Nachlass oder nichtvermögensrechtliche Angelegenheiten sowie eine Rechtswahl für den Fall, dass ich meinen gewöhnlichen Aufenthalt ins Ausland verlegen sollte, wollen wir nicht treffen.

Wir haben kein Vermögen im Ausland.

Der Notar hat darauf hingewiesen, dass die vorstehenden Verfügungen einen Erwerb aufgrund von Lebensversicherungen mit festgelegter Bezugsberechtigung oder sonstige Verträge zugunsten Dritter auf den Todesfall nicht erfassen.[Rz. 29]

Diese Urkunde enthält keine Erb- und Pflichtteilsverzichte.

§ 8 Salvatorische Klausel

Für diese Verfügung von Todes wegen soll das Recht der Bundesrepublik Deutschland gelten.

Sollte eine Bestimmung in dieser Urkunde ganz oder teilweise unwirksam sein oder werden, soll der übrige Teil hiervon nicht berührt und die unwirksame Anordnung, soweit möglich, sinngemäß ausgeführt werden.[Rz. 30]

§ 9 Bindungswirkung

Alle vorstehenden Verfügungen sind wechselbezüglich, also in ihrem Bestand voneinander abhängig.[Rz. 30, 31]

Der Längstlebende ist berechtigt, nach freiem Ermessen und ohne Auswirkungen auf die übrigen Bestimmungen in dieser Urkunde seine vorstehende Erbeinsetzung in § 3 bzw. § 4 aufzuheben oder abzuändern, ausgenommen jedoch die Einsetzung unserer gemeinschaftlichen Tochter und deren Abkömmlinge.[Rz. 31]

Alle Verfügungen in dieser Urkunde sind unwirksam, wenn unsere Ehe aufgelöst worden ist oder beim Tod des Erstversterbenden einer von uns die Auflösung beantragt hat.[Rz. 32]

Diese Niederschrift wurde in Gegenwart des Notars den Erschienenen vorgelesen, von ihnen durch mündliche Erklärung genehmigt und eigenhändig wie folgt unterschrieben:

A. Grundsätzliche Anmerkungen

I. Wirtschaftliche Aspekte

1 Im Unterschied zum „Berliner Modell" (siehe Formular B. 1.11) zeichnet sich die Erbfolgegestaltung nach dem Trennungsmodell durch eine **stärkere Abhängigkeit des Längstlebenden von den Nacherben** aus. Diese Gestaltungsvariante kommt nur dann in Betracht, wenn jeder Ehepartner aus seinem eigenen Vermögen in Verbindung mit dem Ertrag aus dem Nachlass als Längstlebender ein angemessenes Leben führen kann und die Beteiligten in erster Linie den **Zweck** verfolgen:
- den gesamten Nachlass oder einzelne Nachlassgegenstände **in der Substanz** zu **erhalten** und ungeschmälert auf bestimmte Personen, insbesondere eigene Abkömmlinge oder Verwandte übergehen zu lassen (siehe dazu auch das Geschiedenentestament in Formular B. 1.02) oder
- den Nachlass vor dem Zugriff der Gläubiger des Vorerben zu **schützen und** diesen durch den Ertrag **versorgt** zu wissen (siehe dazu auch das Behindertentestament in Formular B. 1.14) oder
- den **Pflichtteil von Abkömmlingen** besonders **gering** zu halten (siehe dazu Formular B. 1.13).

2 Die **Erbschaftsteuerbelastung** ist beim Trennungsmodell gegenüber der gesetzlichen Erbfolge ebenso ungünstig wie beim Berliner Modell (siehe dazu die Ausführungen zu B. 1.11 Rz. 3).

3 Die alternative Gestaltung durch unmittelbare Einsetzung der „Nacherben" zu Erben unter Beschwerung mit dem Nießbrauch am gesamten Nachlass oder mindestens an einzelnen Nachlassgegenständen (siehe das Formular B. 1.14) kommt nur in Ausnahmefällen in Betracht, weil sie nicht nur den Längstlebenden völlig von der Disposition über den Nachlassgegenstand ausschließt, sondern auch mit ihren wechselseitigen Rechten und Pflichten aus dem Nießbrauch äußerst streitträchtig ist, zumal wenn der Erbe kein Abkömmling des Längstlebenden ist.

4 Mit der im Formular vorgesehenen Beschränkung der Vor- und Nacherbschaft auf einzelne Nachlassgegenstände wird einerseits der Schutz der Nacherben vor abweichenden Verfügungen des Längstlebenden hierüber gegenüber dem Berliner Modell wesentlich gestärkt und andererseits dem Längstlebenden die volle Dispositionsfreiheit über das restliche Nachlassvermögen belassen. Es handelt sich also um eine **Kombination aus Berliner Modell** mit seiner nahezu schrankenlosen Dispositionsfreiheit **und Trennungsmodell** mit seinem starken Schutz der Nacherben. Erreicht wird dies durch die Anordnung eines Vorausvermächtnisses iSd. § 2110 Abs. 2 BGB, das die dem Vorerben selbst vermachten Gegenstände vom Nacherbenrecht frei macht. Damit sieht sich der Erbfolgegestalter bezüglich der im voraus vermachten Vermögenswerte vor die gleichen Probleme gestellt wie beim Berliner Modell, wenn die Erbeinsetzung durch den Längstlebenden ausnahmsweise wechselbezüglichen Charakter hat (siehe unten Rz. 31):
- Mittels einer **Pflichtteilssanktionsklausel** muss auf die Ausschlagung der Nacherbschaft nach dem zuerst verstorbenen Elternteil gemäß § 2306 Abs. 2 BGB reagiert werden.
- Für den Fall der **Wiederverheiratung** bedarf es einer beim Berliner Modell gebräuchlichen Klausel, um auf der einen Seite zu vermeiden, dass der Nacherbe bezüglich der im voraus vermachten Nachlassgegenstände leer ausgeht, und auf der anderen Seite den Längstlebenden in seiner Verfügungsfreiheit nicht übermäßig einzuschränken.

Wird mit der Entscheidung für das Trennungsmodell die **Verminderung von Pflichtteilsansprüchen gemeinsamer Abkömmlinge** erstrebt (siehe dazu B. 1.13 Rz. 2ff.), so dürfen dem Vorerben nicht zu viele Nachlassgegenstände im voraus vermacht werden, weil diese in dessen Eigenvermögen übergehen und damit – wie beim Berliner Modell – bei seinem Tod die Pflichtteile der Abkömmlinge erhöhen. 5

II. Erbrechtliche Aspekte

Das zentrale Gestaltungsproblem beim Trennungsmodell ist die **Entscheidung zwischen befreiter und nicht befreiter Vorerbschaft.** Allgemeingültige Kriterien hierfür lassen sich zwar nicht aufstellen, jedoch sollten zwei Grundgedanken nicht außer Acht gelassen werden: 6

- Je jünger die Ehepartner sind, desto eher sollten sie sich für die befreite Vorerbschaft entscheiden.
- Der Umfang der Beschränkungen sollte auf das notwendige Maß reduziert werden, um das erstrebte Ziel (siehe oben Rz. 1) zu erreichen und unverhältnismäßige Belastungen des Längstlebenden zu vermeiden.

Außer der vollständigen oder teilweisen Befreiung gemäß § 2136 BGB und der vom Gesetz vorgesehenen nicht befreiten Vorerbschaft gibt es eine Reihe von Zwischenlösungen,[1] zu denen auch das im Formular unter § 2 Abs. 3 vorgesehene **Universal-Vorausvermächtnis** (§ 2110 Abs. 2 BGB) gehört. Die mit der nicht befreiten Vorerbschaft verbundenen Belastungen beschränken sich damit nur auf den Grundbesitz und die hierauf dinglich abgesicherten Verbindlichkeiten. Den restlichen Nachlass erwirbt der Längstlebende bereits mit dem Tod des zuerst versterbenden Ehepartners.[2] 7

III. Erbschaftsteuerliche Aspekte

Der **Vorerbe** hat den Nachlass wie ein Vollerbe ohne Rücksicht auf die Beschränkungen durch die Nacherbfolge zu versteuern (§§ 6 Abs. 1, 3 Abs. 1 Nr. 1 ErbStG). Selbst wenn die wirtschaftliche Stellung des Vorerben durch zusätzliche Anordnungen des Erblassers der eines Nießbrauchers gleichkommt, folgt das Erbschaftsteuerrecht – von der Fiktion eines Erwerbs vom Vorerben abgesehen – zwingend der zivilrechtlichen Einordnung.[3] Die Erweiterung der Dispositionsmöglichkeiten durch das Vorausvermächtnis ist erbschaftssteuerlich ebenfalls irrelevant. Die Erbschaftsteuer wird aus dem Nachlass bezahlt (§ 20 Abs. 4 ErbStG), geht also letztlich zu Lasten des Nacherben. Da die Erbschaftsteuerschuld den Vorerben als Person trifft, geht sie beim Nacherbfall nicht auf den Nacherben über, sondern trifft die eigenen Erben des Vorerben.[4] Beim Nacherben tritt gemäß § 10 Abs. 4 ErbStG ein steuerbarer Vorgang erst mit dem Nacherbfall ein. 8

Im Verhältnis der Ehegatten und der Partner einer eingetragenen Lebenspartnerschaft untereinander steht ein persönlicher **Freibetrag** von € 500000,– (§ 16 Abs. 1 Nr. 1 bzw. Nr. 6 ErbStG) sowie ein besonderer Versorgungsfreibetrag von € 256000,– zur Verfügung, der allerdings um den nach § 14 des Bewertungsgesetzes zu ermittelnden Kapitalwert erbschaftssteuerfreier Versorgungsbezüge gekürzt wird (§ 17 Abs. 1 ErbStG). Darüber hinaus bleibt das von beiden Ehe- bzw. Lebenspartnern beim Erbfall bewohnte **Familienheim** – ohne Rücksicht auf Größe und Wert der Immobilie – gemäß § 13 Abs. 1 Nr. 4b ErbStG völlig steuerfrei, wenn der überlebende Teil dieses mindestens zehn Jahre lang weiter nutzt oder hieran aus zwingendem Grund (zB 9

[1] Siehe dazu *J. Mayer* ZEV 2000, 1; außerdem § 2 Abs. 3 des Formulars B.1.14.
[2] BGH v. 10.2.1960 – V ZR 39/58, NJW 1960, 959.
[3] MüKoBGB/*Grunsky* BGB § 2100 Rz. 42.
[4] Soergel/*Harder*/*Wegmann* Vor § 2100 Rz. 21.

Pflegebedürftigkeit, Tod) gehindert ist. Gegenüber der gesetzlichen Erbfolge erweist sich die gegenseitige Erbeinsetzung in dieser Beziehung als überlegen, weil bei jener die Kinder, die nicht mehr zu Hause wohnen, den gesetzlichen Erbteil am Familienheim nach den allgemeinen Regeln versteuern müssen. Der Steuersatz des Ehepartners beginnt bei 7 vH (§§ 19 Abs. 1 I, 15 Abs. 1 I Nr. 1 ErbStG). Der Partner einer eingetragenen **Lebenspartnerschaft** wird zwar bei den Freibetrags- und Steuerbefreiungstatbeständen mit einem Ehepartner gleichgestellt, nicht aber beim Steuersatz. Dieser beträgt in der insoweit maßgebenden Steuerklasse III 30 vH und steigt ab € 6 000 000,– Steuerwert auf 50 vH an.

10 Beim **Nacherbfall** ist der Nachlass ein **zweites Mal zu versteuern.** Tritt die Nacherbfolge durch den Tod des Vorerben ein, so wird im Rahmen der Erbschaftsteuer der unmittelbare Erwerb vom Vorerben fingiert (§ 6 Abs. 2 S. 1 ErbStG). Freibetrag und Steuersatz richten sich also nach dem Verwandtschaftsverhältnis des Nach- zum Vorerben. Auf Antrag des Nacherben ist jedoch die Besteuerung der Nacherbschaft auf der Grundlage der Verwandtschaft zum Erblasser vorzunehmen (§ 6 Abs. 2 S. 2 ErbStG). Falls der Nacherbe zugleich auch ganz oder teilweise Vollerbe des Vorerben bezüglich dessen eigenen Vermögens ist, so wird der Nachlass als einheitlicher Erwerb angesehen, damit sich der Antragsteller auf diesem Weg nicht etwa einen doppelten Freibetrag verschaffen kann (§ 6 Abs. 2 S. 3 bis 5 ErbStG). Die Vermögen sind ihrer Herkunft nach getrennt in der jeweiligen Steuerklasse zu versteuern. Dabei sind die jeweiligen persönlichen Freibeträge zu berücksichtigen. Der für die Erbfolge in das persönliche Vermögen geltende Freibetrag kann jedoch nur in dem Umfang abgezogen werden, in dem der Freibetrag für den der Nacherbfolge unterliegenden Nachlass nicht verbraucht ist.[5] Liegen zwischen Vor- und Nacherbfall weniger als zehn Jahre, so greift gemäß § 27 Abs. 1 ErbStG eine Vergünstigung wegen dieses mehrfachen Erwerbs.

11 Im **Verhältnis** des **Erblassers zu** den als **Nacherben** berufenen Kindern oder Stiefkindern beträgt der allgemeine Freibetrag € 400 000,– (§ 16 Abs. 1 Nr. 2 ErbStG), zu dem noch ein besonderer Versorgungsfreibetrag gemäß § 17 Abs. 2 ErbStG hinzukommt. Darüber hinaus bleibt das vom Erblasser beim Erbfall bewohnte **Familienheim** bis zu einer Größe von 200 qm Wohnfläche gemäß § 13 Abs. 1 Nr. 4c ErbStG steuerfrei, wenn das Kind bzw. Enkelkind dieses mindestens zehn Jahre lang weiter nutzt oder hieran aus zwingendem Grund (zB Pflegebedürftigkeit, Tod) gehindert ist. Bei einem größeren Familienheim ist der darüber hinausgehende Steuerwert der Immobilie nach den allgemeinen Bestimmungen zu versteuern. Stirbt ein Kind vor dem Längslebenden, so kommen die Enkelkinder in den Genuss der gleichen Vergünstigungen, andernfalls beträgt ihr allgemeiner Steuerfreibetrag lediglich € 200 000,– (§ 16 Abs. 1 Nr. 3 ErbStG).

Kinder bzw. Stiefkinder sowie auch deren Abkömmlinge gehören zur Steuerklasse I, so dass der Steuersatz mit 7 vH beginnt (§§ 19 Abs. 1 I, 15 Abs. 1 I Nr. 2 ErbStG)

12 Je nach Kinderzahl dürften diese Steuerfreibeträge bei kleineren bis mittleren Vermögen ausreichen, eine **Erbschaftsteuerbelastung** beim Trennungsmodell **zu vermeiden** (siehe B. 1.11 Rz. 3). Bei größeren Nachlässen sollte überlegt werden, ob:

- Vermächtnisse zugunsten der Kinder beim Tode des Erstversterbenden angeordnet werden können, ohne die Versorgung des Längerlebenden zu gefährden,
- beim Tod des Erstverstorbenen der Längerlebende freiwillig den Pflichtteil an die Kinder auszahlt, um den Freibetrag der Kinder nach dem Erstverstorbenen auszunutzen oder
- vorweggenommene Erbfolgen in Frage kommen.

[5] Vgl. BFH v. 2.12.1998 – II R 43/97, BStBl. II 1999, 235.

B. Einzelerläuterungen

Zu § 1: Frühere Verfügungen von Todes wegen

Zum **vollständigen Widerruf** siehe B. 1.06 Rz. 12. 13

Ist ein Beteiligter verwitwet gewesen, so ist zu prüfen, ob er durch einen Erbvertrag 14 oder ein gemeinschaftliches Testament mit dem verstorbenen Ehepartner erbrechtlich gebunden ist. Vor allem bei der Abfassung eigenhändiger gemeinschaftlicher Testamente wird der Frage nach der **Bindung des Längerlebenden** nicht die notwendige Beachtung geschenkt, so dass beim gängigen Berliner Testament die Schlusserbeneinsetzung von Verwandten des Zuerstverstorbenen, insbesondere Geschwister und Neffen oder Nichten, aufgrund der Auslegungsregel des § 2270 Abs. 2 BGB nicht selten wechselbezügliche Wirkung hat, den Längerlebenden also in seiner erbrechtlichen Verfügungsmöglichkeit einschränkt oder diese sogar völlig ausschließt. Diese kann der Alleinstehende dann nur noch wiedererlangen durch:
- Ausschlagung gemäß § 2271 Abs. 2 S. 1 BGB,
- Widerruf bei einer Verfehlung des Bedachten gemäß §§ 2271 Abs. 2 S. 2, 2294, 2336 BGB,
- Selbstanfechtung wegen Irrtums über die erbrechtliche Bindung an wechselbezügliche Verfügungen gemäß §§ 2281, 2079 BGB.[6]

Zur Frage nach früher errichteten bindenden Verfügungen vgl. B. 1.05 Rz. 25. 15

Zu § 2: Gegenseitige Einsetzung zu Vorerben und Vorausvermächtnis

Die fehlende Befreiung des Vorerben schränkt seine Verfügungsmöglichkeiten über 16 den Nachlass stark ein. Außerdem bereitet die Abgrenzung der Nacherbschaft vom eigenen Vermögen beim Tod des Längstlebenden in der Praxis oft ganz erhebliche Schwierigkeiten, so dass die Vor- und Nacherbschaft dem Anspruch einer **streitvermeidenden Erbfolgegestaltung** nicht immer gerecht wird.

Geht es den Beteiligten in erster Linie um die **Sicherung des eigenen Grundbe-** 17 **sitzes zugunsten der Nacherben,** so bietet sich die vorgeschlagene Ausgestaltung an. Mit dem Erbfall erwirbt der Längstlebende den ihm im Voraus vermachten Nachlass unbelastet durch das Nacherbenrecht zur völlig freien Verfügung. Lediglich der Grundbesitz unterliegt dem vollen Nacherbenrecht, so dass der Längstlebende hierüber nur mit Zustimmung des Nacherben verfügen kann.

Die **auf dem Grundbesitz lastenden Verbindlichkeiten** sollten ebenfalls dem 18 Nacherbenrecht unterworfen bleiben, um sicherzustellen, dass der Vorerbe aus dem Ertrag des Grundbesitzes die Zins- und Tilgungsleistungen erbringen darf, diese also nicht zu Lasten seines Eigenvermögens sondern der Nacherbschaft gehen.

Bei Ausgestaltung des Vorausvermächtnisses muss bedacht werden, dass die nicht mit 19 dem Nacherbenrecht belasteten Nachlassgegenstände in das **Eigenvermögen des Längstlebenden** übergehen und an dessen Nach- bzw. Ersatzerben fallen, nicht aber an die Nacherben des zuerst verstorbenen Ehepartners.

Der **Nacherbfall** kann außer beim Tod auch bei Wiederverheiratung des Vorerben 20 eintreten. Um ungewollte Härten und den Einwand der Sittenwidrigkeit zu vermeiden, sollte bei einer derartigen Ausgestaltung Vorsorge getroffen werden, dass dem Vorerben wenigstens der Nießbrauch oder ein anderes Recht am Grundbesitz verbleibt.

Nach der Rechtsprechung des BGH kann in der gemeinsamen Errichtung eines 21 Testaments oder eines Erbvertrags der **konkludente Abschluss eines Pflichtteils-**

[6] BayObLG v. 23.4.1997 – 1Z BR 140/96, NJW-RR 1997, 1027.

verzichtsvertrags gesehen werden.[7] Auch wenn diese Rechtsprechung in der Literatur mit Recht abgelehnt wird,[8] sollte klargestellt werden, dass dem Längstlebenden das Recht vorbehalten ist, das Vorerbe gemäß § 2306 Abs. 1 BGB auszuschlagen und seinen Pflichtteil gemäß § 1371 BGB zu verlangen.

Zu §§ 3 und 4: Nacherbeneinsetzung

22 Es muss klar gestellt werden, dass die Nacherben auch **Ersatzerben** in dem Falle sind, dass der andere Ehepartner vorher oder gleichzeitig stirbt, die Vorerbschaft ausschlägt oder für erbunwürdig erklärt wird.

23 Bei **Anordnung der Ersatznacherbfolge** sollte nicht nur auf den Fall des Vorversterbens des eingesetzten Nacherben abgestellt werden („vorversterben", „nicht vorhanden sein" usw.), da dadurch die Auslegungsregel des § 2097 außer Kraft gesetzt ist und die Fälle der Ausschlagung und der Erbunwürdigkeit nicht erfasst würden. Anstelle der vorgeschlagenen Formulierung kann auch ausführlich bestimmt werden:

„Sollte [...] vorversterben oder aus sonstigen Gründen nicht Erbe werden, so [...]".

24 Ist die angeordnete Ersatzerbfolge erschöpft, so stellt sich die Frage der **Anwachsung** an die anderen Erben (§ 2099 BGB).

25 Schließlich sollte die **Vererblichkeit des Anwartschaftsrechts** gemäß § 2108 Abs. 2 BGB ausdrücklich ausgeschlossen werden, um ganz sicher zu gehen, dass nicht die Erben des Nacherben, sondern die eingesetzten Ersatznacherben nachrücken.[9] Gleiches sollte für die Übertragbarkeit angeordnet werden. Insoweit empfiehlt sich jedoch eine Ausnahme für den Fall zu machen, dass die Übertragung auf den Vorerben erfolgt, der damit unbeschränkter Vollerbe wird. Damit wird die Möglichkeit eröffnet, dass im beiderseitigen Einvernehmen zwischen Vor- und Nacherbe die Beschwerung mit dem Nacherbenrecht ihr Ende findet.

26 Wegen der Trennung der Nacherbeneinsetzung beider Ehepartner werden die Verfügungen des Längstlebenden beim ersten Erbfall nicht eröffnet (§ 2273 Abs. 1 BGB).

Zu § 5: Pflichtteilsklausel

27 Gemäß § 2306 Abs. 1 BGB steht es jedem Nacherben frei, die Nacherbschaft auszuschlagen und seinen Pflichtteil zu verlangen. Ist dieser Nacherbe zugleich auch Erbe des Längstlebenden, so bedarf es einer Bestimmung, welche Auswirkungen die Ausschlagung des zum Nacherben Eingesetzten auf die Erbeinsetzung nach dem Längstlebenden hat, nur, aber auch immer dann, wenn der länger lebende Ehepartner erbrechtlich an seine Verfügungen gebunden ist, also insbesondere bei gemeinsamen Abkömmlingen (siehe hierzu § 9 des Formulars und unten Rz. 31). Wegen des Inhalts der Klausel wird wegen der vergleichbaren Interessenlage auf die Ausführungen zu B. 1.11 Rz. 33ff. verwiesen.

Zu § 6: Wiederverheiratungsklausel

28 Ist der Längstlebende ausnahmsweise an die Verfügungen über sein eigenes Vermögen, zu dem auch die im voraus vermachten Nachlassgegenstände zählen, gebunden, also insbesondere bei gemeinsamen Abkömmlingen, muss eine dem Berliner Modell entsprechende Klausel für den Fall der Wiederverheiratung aufgenommen werden (siehe hierzu B. 1.11 Rz. 36ff.).

---

[7] BGH v. 9.3.1977 – IV ZR 114/75, NJW 1977, 1728; ebenso OLG Düsseldorf v. 23.7.1999 – 7 U 236/98, MittBayNot 1999, 574.

[8] Vgl. *Keim* ZEV 2001, 1, 3f.

[9] BGH v. 23.1.1963 – V ZR 82/61, NJW 1963, 1150, 1151; OLG Karlsruhe v. 19.11.2008 – 7 U 8/08, BeckRS 2008, 24157 m. Anm. *Litzenburger* BeckFD-ErbR 2008, 272604.

Zu § 7: Vollständigkeit

Die Beteiligten sollten darauf hingewiesen werden, dass sie durch die gegenseitige Erbeinsetzung keinen Anspruch auf Lebensversicherungs- oder sonstige Verträge auf den Todesfall, bei denen einem Dritten (zB Eltern, Kinder, Ex-Ehepartner) das Bezugsrecht eingeräumt ist, erwerben.[10] Beim Trennungsmodell verhindern nämlich Lebensversicherungs- oder sonstige Verträge auf den Todesfall, bei denen das Bezugsrecht dem Vorerben namentlich eingeräumt ist, die gewünschte Sicherung des Nacherben, weil sich der Erwerb der Versicherungssumme usw. dann außerhalb des Erbrechts vollzieht. Der bezugsberechtigte Vorerbe erwirbt den Anspruch so unbelastet durch das Nacherbenrecht. Beim Trennungsmodell sollte der Notar zum Schutz vor Amtshaftungsansprüchen stets einen entsprechenden Belehrungsvermerk in die Urkunde aufnehmen. 29

Zu § 8: Bindungswirkung

In gemeinschaftlichen Testamenten ist stets die Frage der **Wechselbezüglichkeit** der darin enthaltenen Erbeinsetzungen, Vermächtnisse und Auflagen zu klären. Die Auslegungsregel des § 2270 Abs. 2 BGB kann sonst leicht zu ungewollten erbrechtlichen Bindungen des Längstlebenden führen. 30

Außer Frage steht, dass die gegenseitige Einsetzung zu Vorerben nebst Vorausvermächtnis wechselbezügliche Wirkung haben muss. Ebenso sicher ist aber in aller Regel auch, dass die **Einsetzung der Nach- bzw. Ersatzerben** nur einseitig testamentarischen Charakter haben darf, weil das Trennungsmodell gerade auf dem Gedanken beruht, dass der Vorerbe kein persönliches Eigeninteresse daran hat, dass sein Vermögen an die Nacherben des Erstversterbenden fällt. Etwas anderes gilt jedoch dann, wenn die beiderseitigen Nacherben zumindest zum Teil gemeinsame Abkömmlinge sind. Da infolge des Vorausvermächtnisses – wie beim Berliner Modell – auch Vermögensteile des Erstversterbenden in das des Längstlebenden übergehen, hat der zuerst versterbende Elternteil durchaus ein berechtigtes Interesse daran, dass nicht verbrauchtes Vermögen des Längstlebenden an die gemeinsamen Abkömmlinge fällt. Die gegenständlich beschränkte Vor- und Nacherbschaft hat daher mit dem Berliner Modell oft mehr Gemeinsamkeiten als auf den ersten Blick erkennbar ist. 31

Stirbt ein Ehegatte während eines **Scheidungsverfahrens,** so bleiben seine Verfügungen zugunsten des anderen wirksam, wenn nur der andere den Scheidungsantrag gestellt und der Verstorbene diesem (noch) nicht zugestimmt hatte (§§ 2077 Abs. 1 S. 2, 3, 2268 BGB).[11] Es ist empfehlenswert, einen Auslegungsstreit hierüber durch die hier vorgeschlagene Regelung von vorneherein auszuschließen. Anstelle der hier gewählten Vernichtung aller getroffenen Verfügungen ist es auch denkbar, nur denjenigen die Wirksamkeit zu nehmen, die den Ehepartner begünstigen. Entsprechendes gilt beim Tod eines Partners einer eingetragenen Lebenspartnerschaft. 32

---

[10] Vgl. OLG Koblenz v. 1.2.2007 – 2 U 898/05, BeckRS 2007, 10388 m. Anm. *Litzenburger* beck-FD-ErbR 2007, 237549.

[11] BayObLG v. 30.10.1989 – 1a Z 19/88, FamRZ 1990, 322; *Muscheler* DNotZ 1994, 733, 735; Staudinger/*Kanzleiter* BGB § 2268 Rz. 8; für analoge Anwendung: MüKoBGB/*Musielak* BGB § 2268 Rz. 13.

B. 1.13 Gegenseitige Erbeinsetzung bei Kindern aus verschiedenen Beziehungen (Kombiniertes Einheits- und Trennungsmodell)

Gliederung

B. 1.13

Nummer der Urkundenrolle [...]
Verhandelt zu [...] am [...]
Vor dem Notar [...] erschienen:
1. Herr A, geboren am [...] in [...] als Sohn [...],
nach eigenen Angaben deutscher Staatsangehöriger,
2. dessen Ehefrau,
Frau A, geboren am [...] in [...] als Tochter [...],
nach eigenen Angaben deutsche Staatsangehörige,
beide wohnhaft [...],
dem Notar ausgewiesen durch [...].

Die Erschienenen erklärten, nachdem sich der amtierende Notar durch eingehende Verhandlung von der Geschäftsfähigkeit überzeugt hatte, unter Verzicht auf die Zuziehung von Zeugen dem Notar mündlich folgenden

Erbvertrag[Rz. 15]

zur Beurkundung:

§ 1 Frühere Verfügungen von Todes wegen

Jeder von uns und wir beide widerrufen hiermit alle bisher von uns errichteten Verfügungen von Todes wegen.[Rz. 19]

An diesem Widerruf sowie an der Errichtung dieser Verfügung von Todes wegen ist keiner von uns durch ein gemeinschaftliches Testament oder einen Erbvertrag gehindert, so dass wir, auch von Todes wegen, frei über unser Vermögen verfügen können.[Rz. 20, 21, 22]

§ 2 Erbeinsetzung von A[Rz. 28]

Ich bestimme von Todes wegen:

Ich setze meine Ehefrau B zum unbeschränkten Alleinerben ein, und zwar ohne Rücksicht darauf, ob und welche Pflichtteilsberechtigte bei meinem Tod vorhanden sind.[Rz. 23, 24]

Zu Ersatzerben berufe ich unsere Kinder:
1. C, geboren am [...], wohnhaft [...]
2. D, geboren am [...], wohnhaft [...]
3. E, geboren am [...], wohnhaft [...]
zu gleichen Anteilen.[Rz. 25]

Sollte einer der Vorgenannten vor mir sterben oder aus anderen Gründen nicht Erbe werden, so sind dessen Abkömmlinge nach den Regeln der gesetzlichen Erbfolge Ersatzerben.[Rz. 25] **Wenn in diesem Fall keine Abkömmlinge vorhanden sind, wächst dieser Anteil den übrigen Erben im Verhältnis ihrer Erbteile an.**

Ich behalte mir das Recht vor, als Längstlebender von uns nach freiem Ermessen und ohne Auswirkungen auf die übrigen Bestimmungen in dieser Urkunde die vorstehend getroffene Ersatzerbeinsetzung (Absatz 2 und 3) aufzuheben oder abzuändern, vorausgesetzt, dass nur zugunsten gemeinschaftlicher Abkömmlinge verfügt wird.[Rz. 26]

§ 3 Erbeinsetzung von B[Rz. 36]

Ich bestimme von Todes wegen:

Ich setze meinen Ehemann A zum alleinigen und – soweit zulässig – von allen gesetzlichen Beschränkungen und Verpflichtungen befreiten Vorerben ein, und zwar ohne Rücksicht darauf, ob und welche Pflichtteilsberechtigte bei meinem Tod vorhanden sind.[Rz. 29, 30]

Der Nachlass soll mit dem Tod des Vorerben unmittelbar auf die Nacherben übergehen.

Ich berufe zu meinen unbeschränkten Nacherben unsere Kinder:

1. C, geboren am [...], wohnhaft [...]
2. D, geboren am [...], wohnhaft [...]
3. E, geboren am [...], wohnhaft [...]

zu gleichen Anteilen.

Sollte einer der Vorgenannten vorher sterben oder aus anderen Gründen nicht Nacherbe werden, so sind dessen Abkömmlinge nach den Regeln der gesetzlichen Erbfolge Ersatznacherben.[Rz. 31] **Wenn in diesem Fall keine Abkömmlinge vorhanden sind, wächst dieser Anteil den übrigen Nacherben im Verhältnis ihrer Erbteile an.**[Rz. 32]

Die Nacherbenrechte sind nicht vererblich und nicht übertragbar, ausgenommen auf Vorerben.[Rz. 33]

Sollte der Vorerbe vor mir sterben oder aus anderen Gründen nicht Erbe werden, so sind die Nach- bzw. Ersatznacherben in der angegebenen Weise auch Ersatzerben.[Rz. 34]

Ich behalte mir das Recht vor, als Längstlebender von uns nach freiem Ermessen und ohne Auswirkungen auf die übrigen Bestimmungen in dieser Urkunde die im vorstehenden Absatz getroffene Ersatzerbeinsetzung aufzuheben oder abzuändern, vorausgesetzt, dass nur zugunsten gemeinschaftlicher Abkömmlinge verfügt wird.[Rz. 35]

§ 4 Pflichtteilsklausel

Falls ein Abkömmling nach dem Tod des Erstversterbenden von uns seinen Pflichtteilsanspruch geltend macht, kann der Längstlebende diesen einschließlich der Abkömmlinge durch Verfügung von Todes wegen von seiner Erbfolge und von etwaigen Vermächtnissen ausschließen und auf den Pflichtteil beschränken.[Rz. 37, 38]

§ 5 Wiederverheiratung

Auch im Falle der Wiederverheiratung des Längstlebenden soll es bei den in dieser Urkunde getroffenen Regelungen bleiben. Das gleiche gilt beim Hinzukommen von Abkömmlingen nach dem Tod des Erstversterbenden. Nach Belehrung durch den Notar verzichten wir daher auf das Anfechtungsrecht gemäß § 2079 BGB.[Rz. 39]

§ 6 Vollständigkeit

Weitere Verfügungen über unseren Nachlass oder nichtvermögensrechtliche Angelegenheiten sowie eine Rechtswahl für den Fall, dass ich meinen gewöhnlichen Aufenthalt ins Ausland verlegen sollte, wollen wir nicht treffen.

Wir haben kein Vermögen im Ausland.

Der Notar hat darauf hingewiesen, dass die vorstehenden Verfügungen einen Erwerb aufgrund von Lebensversicherungen mit festgelegter Bezugsberechtigung oder sonstige Verträge zugunsten Dritter auf den Todesfall nicht erfassen.[Rz. 40]

Diese Urkunde enthält keine Erb- und Pflichtteilsverzichte.

§ 7 Salvatorische Klausel

Für diese Verfügung von Todes wegen soll das Recht der Bundesrepublik Deutschland gelten.

Sollte eine Bestimmung in dieser Urkunde ganz oder teilweise unwirksam sein oder werden, soll der übrige Teil hiervon nicht berührt und die unwirksame Anordnung, soweit möglich, sinngemäß ausgeführt werden.

§ 8 Bindungswirkung

Wir nehmen die vorstehenden letztwilligen Verfügungen, soweit wir sie nicht ausdrücklich einseitig testamentarisch getroffen haben, mit erbvertraglicher Bindungswirkung wechselseitig an.[Rz. 41]

Der Notar hat uns über die bindende Wirkung der erbvertraglichen Bestimmungen belehrt.

Ein Rücktrittsrecht, das über die gesetzlichen Bestimmungen hinausgeht, behält sich keiner von uns vor.

Alle Verfügungen in dieser Urkunde sind unwirksam, wenn unsere Ehe aufgelöst worden ist oder beim Tod des Erstversterbenden einer von uns die Auflösung beantragt hat.[Rz. 42]

Ein gesetzliches Pflichtteilsrecht eines Beteiligten wird durch diese Urkunde nicht ausgeschlossen, soweit in dieser Urkunde nicht ausdrücklich etwas anderes vereinbart ist.[Rz. 43]

Diese Niederschrift wurde in Gegenwart des Notars den Erschienenen vorgelesen, von ihnen durch mündliche Erklärung genehmigt und eigenhändig wie folgt unterschrieben:

A. Grundsätzliche Anmerkungen

I. Wirtschaftliche Aspekte

1 Hat ein Partner oder haben sogar beide **Kinder aus einer anderen Beziehung** (frühere Ehe oder nichteheliches Kind), so müssen sich die Beteiligten bei der Erbfolgegestaltung entscheiden, ob:
- nur die gemeinsamen Kinder erben und die aus der anderen Beziehung auf den Pflichtteil nach Vater oder Mutter beschränkt werden sollen oder
- jeder unabhängig vom anderen jeweils alle seine eigenen Kinder bedenken will.

2 Das Formular geht davon aus, dass die Beteiligten sich für die **Erbeinsetzung der gemeinsamen Kinder** und die Beschränkung der Kinder aus der anderen Beziehung auf den Pflichtteil am Vermögen ihres Vaters bzw. ihrer Mutter entschieden haben. Bei einer Entscheidung für die andere Alternative liegt eine Erbfolgegestaltung nach dem Trennungsprinzip nahe (siehe Formular B. 1.12).

3 Mitbestimmend für die vorgeschlagene Gestaltung ist aber auch der beiderseitige Wunsch nach gegenseitiger Absicherung einer angemessenen und von den gemeinsamen Kindern unabhängigen Lebensführung nach dem Tod des Erstversterbenden. Dabei steht das **Berliner Modell** mit seiner nahezu unbeschränkten Dispositionsfreiheit

für den Längstlebenden nicht zur Verfügung, weil sich aufgrund der gegenseitigen Einsetzung zu unbeschränkten Vollerben das Vermögen des Längstlebenden erhöhen würde, mit der unerwünschten Folge, dass seine Kinder aus der anderen Beziehung über ihr Pflichtteilsrecht mittelbar auch am Vermögen des Erstversterbenden partizipieren würden.

Das **Trennungsmodell** mit seiner gegenseitigen Einsetzung zu Vorerben ist demgegenüber zwar besser geeignet, die Pflichtteilsansprüche von Kindern aus anderen Beziehungen zu vermeiden, schränkt den Längstlebenden jedoch stärker in seiner Verfügungsfreiheit ein als das Berliner Modell. Haben allerdings beide Beteiligte Kinder aus anderen Beziehungen, so ist das Trennungsmodell mit seiner gegenseitigen Einsetzung zu befreiten Vorerben die einzig richtige Wahl. Wegen der steuerlichen Nachteile des Trennungsmodells gegenüber der gesetzlichen Erbfolge wird auf die Ausführungen zu B. 1.11 Rz. 3 verwiesen. 4

Auch mit der Einsetzung der gemeinsamen Kinder zu alleinigen Erben, verbunden mit dem **Vorbehalt des lebenslänglichen Nießbrauchs** für den Ehepartnern mit Kindern aus einer anderen Beziehung (siehe Formular B. 1.14), können deren Pflichtteile auf dessen Eigenvermögen beschränkt werden. Diese Gestaltung scheidet jedoch in aller Regel aus, weil der Längstlebende bei ihr in äußerst große Abhängigkeit von den gemeinsamen Kindern gebracht wird. 5

Mit der vorgeschlagenen Gestaltung dieser Fälle sollen dagegen die Belastungen des Längstlebenden so gering wie angesichts des drohenden Pflichtteils der Kinder aus der anderen Beziehung möglich gehalten werden. Die Konstruktion weicht demgemäß vom Berliner Modell nur insoweit ab, als der Ehepartner mit Kindern aus einer anderen Beziehung nicht zum unbeschränkten Vollerben, sondern lediglich zum befreiten Vorerben eingesetzt wird. Es **kombiniert** das **Einheits- mit dem Trennungsmodell.** 6

Mit der vorgeschlagenen Erbfolgegestaltung wird zusätzlich erreicht, dass die Kinder aus den unterschiedlichen Beziehungen **keine unerwünschte Erbengemeinschaft** bilden. 7

Die Kinder aus der anderen Beziehung können und werden bei dieser Konstruktion allerdings, wenn ihr Elternteil zuerst stirbt, vom Längstlebenden und andernfalls von ihren Halbgeschwistern den **Pflichtteil fordern.** Der Pflichtteil kann nur durch einen notariell zu beurkundenden Pflichtteilsverzichtsvertrag (§ 2346 Abs. 2 BGB) oder durch eine berechtigte Pflichtteilsentziehung (§ 2333 BGB) vollständig ausgeschlossen werden. Eine Verminderung durch die Erbfolgegestaltung ist nicht möglich, wohl aber durch Vermögensübertragungen zum Zwecke der vorweggenommenen Erbfolge. 8

II. Erbrechtliche Aspekte

Das zentrale Gestaltungsproblem beim Vorhandensein von Kindern aus einer anderen Beziehung ist deren **gesetzlicher Pflichtteil beim Tode ihres Vaters bzw. ihrer Mutter,** wenn es nach dem Willen der Beteiligten durch die Erbfolgegestaltung möglichst gering gehalten werden soll. 9

Der **andere Ehepartner** muss die gesetzliche Erbfolge ausschließen und darf dabei den **Vater bzw. die Mutter des Kindes aus der anderen Beziehung** nicht zum unbeschränkten Erben oder Miterben einsetzen, sondern nur zum **Vorerben.** Damit wird erreicht, dass der nicht aufgebrauchte Nachlass beim Tod des Vorerben ungeschmälert durch den Pflichtteil von Kindern aus der anderen Beziehung auf die gemeinsamen Kinder übergeht. Dabei spielt es keine Rolle, ob der Vorerbe von den gesetzlichen Beschränkungen befreit ist oder nicht. Keinesfalls jedoch dürfen Vorausvermächtnisse iSd. § 2110 Abs. 2 an den Vorerben angeordnet werden, weil die sol- 10 chermaßen vermachten Vermögensteile in das Eigenvermögen des Vorerben übergehen und dort den Pflichtteil der Kinder aus der anderen Beziehung erhöhen würden.

11 Im Unterschied zu seinem Ehepartner kann der **Elternteil mit Kindern aus einer anderen Beziehung** wählen, ob er den Längstlebenden zum unbeschränkten **Voll- oder** nur zum – befreiten oder nicht befreiten – **Vorerben** einsetzt. Die Entscheidung hängt wesentlich davon ab, ob ihm die Dispositionsfreiheit des anderen oder der Schutz der gemeinsamen Kinder wichtiger ist (siehe oben Rz. 1). Steht die Freiheit des Überlebenden im Vordergrund, so ist wie beim Berliner Modell (siehe B. 1.11 Rz. 1) Vollerbschaft zu wählen, andernfalls wie beim Trennungsmodell (siehe B. 1.12 Rz. 1) Vorerbschaft.

12 Der Ehepartner mit Kindern aus einer anderen Beziehung kann zusätzlich den Pflichtteil durch **Vermögensübertragungen an die gemeinsamen Kinder** reduzieren, wenn nach dem Vollzug und dem eigenen Tod noch mindestens zehn Jahre vergehen. Zuwendungen an den Ehepartner sind hierzu nicht geeignet, weil bei diesen gemäß § 2325 Abs. 3 2. Hs. BGB die 10-Jahresfrist erst mit der Auflösung der Ehe beginnt. Ebenfalls ungeeignet sind Übertragungen, bei denen sich der Veräußerer den lebenslänglichen Nießbrauch oder ein umfassendes Wohnungsrecht vorbehält, weil es dann nach der Rechtsprechung des BGH am Schenkungsvollzug gemäß § 2325 Abs. 3 1. HS BGB bis zum Tod des Veräußerers fehlt.[1]

13 Der Pflichtteil der Kinder aus der anderen Beziehung kann auch durch den **Wechsel des ehelichen Güterstands** verringert werden:

- Ist das Vermögen des Ehepartners mit Kindern aus einer anderen Beziehung mindestens drei Mal so hoch wie das des anderen, so kann durch Vereinbarung der **Gütergemeinschaft** der Pflichtteil dieser Kinder verkürzt werden.[2] Doch darf die „güterrechtliche causa" nicht durch ehefremde Motive, zu denen auch der Wunsch nach Pflichtteilsreduktion von Kindern eines Ehepartners aus einer anderen Beziehung gehört, verdrängt werden.[3] Die Gefahr, dass die Rechtsprechung derartige Motive annimmt, ist besonders groß, wenn wegen der mit der Gütergemeinschaft verbundenen erb- und haftungsrechtlichen Nachteilen diese später – auch nach Jahren – wieder aufgehoben wird.[4]
- Auch der Wechsel in den Güterstand der **Gütertrennung** mit Durchführung des Zugewinnausgleichs (siehe Formular A. 4.21) wird überwiegend als ein zulässiger Weg betrachtet, um den Pflichtteil von Kindern des übertragenden Ehepartners zuverlässig zu reduzieren,[5] jedenfalls solange die Zuwendung den rechnerischen Zugewinnausgleichsanspruch nicht erheblich übersteigt.

Erkauft wird die Pflichtteilsminderung durch Güterstandswechsel mit einer Reduzierung des Ehegattenerbrechts sowie mit Nachteilen bei der Erbschaftssteuer. Deshalb wird auch teilweise empfohlen, nach einer gewissen Zeit zum Güterstand der Zugewinngemeinschaft zurückzukehren („Güterstandsschaukel").[6] Davor kann jedoch nur mit Nachdruck gewarnt werden.[7] Die Anerkennung dieses wiederholten Wechsels ist angesichts der äußerst pflichtteilsfreundlich gesinnten Rechtsprechung des BGH mehr als zweifelhaft. Außerdem setzt sich der Berater dem Vorwurf aus, nicht den sichersten Weg gewählt zu haben. Der Versuch, den Pflichtteil durch Übertragungen an gemeinsame Kinder zu reduzieren (siehe oben Rz. 12), ist in jedem Falle dieser ungewissen Lösung vorzuziehen.

---

[1] BGH v. 27.4.1994 – IV ZR 132/93, NJW 1994, 1791; *N. Mayer* ZEV 1994, 325, 328.
[2] *Wieser* MittBayNot 1970, 137; HdB Pflichtteilsrecht/*J. Mayer* 2003 Rz. 46.
[3] BGH v. 27.11.1992 – IV ZR 266/09, BGHZ 116, 178, 181 f.; vgl. dazu ausführlich und zutreffend HdB Pflichtteilsrecht/*J. Mayer* 2003 Rz. 47.
[4] Vgl. BGH v. 27.11.1991 – IV ZR 266/90, NJW 1992, 558, 559.
[5] *Wegmann* ZEV 1996, 201, 203 ff.; *Brambring* ZEV 1996, 248, 252 ff.; *Hayler* DNotZ 2000, 681, 686 ff.
[6] *Wegmann* ZEV 1996, 201, 206 f.; *Hayler* DNotZ 2000, 681, 689.
[7] HdB Pflichtteilsrecht/*J. Mayer* 2003 Rz. 52.

Beim ersten Erbfall stellt sich auch bei dieser erbrechtlichen Konstruktion die Frage nach dem **Pflichtteil der gemeinsamen Kinder.** Dabei spielt es keine Rolle, wer von den beiden Beteiligten zuerst stirbt: 14

- Sind die gemeinsamen Kinder nur Ersatzerben steht ihnen gemäß § 2303 Abs. 1 BGB infolge der Enterbung der gesetzliche Pflichtteil unmittelbar zu.
- Sind sie dagegen zu Nacherben eingesetzt, so können sie gemäß § 2306 Abs. 2 BGB die Nacherbschaft ausschlagen, um sodann ihr Pflichtteil zu verlangen.

Da der Längstlebende sich im Formular die Abänderbarkeit seiner Verfügung vorbehalten hat (siehe § 2 Abs. 8 bzw. § 3 Abs. 8 des Formulars sowie unten Rz. 41), kann er auf ein entsprechendes Verlangen seine eigene Verfügungen abändern. Dies sollte er auch tun, um zu vermeiden, dass gemeinsame Kinder, die den Pflichtteil fordern, sich besser stellen als die anderen.

Die Entscheidung für einen **Erbvertrag** hat einen praktischen Grund. Um die Durchsetzung von Pflichtteilsansprüchen der Kinder aus der anderen Beziehung zu vermeiden, wird „gemeinsames Vermögen“ oft durch den nicht mit diesen Pflichtteilsansprüchen belasteten Partner allein erworben. Obwohl die Beiträge des anderen Ehegatten zum Erwerb dieses Vermögens in aller Regel pflichtteilsergänzungspflichtige Ehegattenzuwendung darstellen, der Pflichtteil also tatsächlich nicht vermindert wird, ist diese Vorgehensweise durchaus geeignet, die Durchsetzung der Pflichtteilsansprüche zu erschweren. Wegen dieser Vermögensverschiebungen bedarf der Ehepartner mit Kindern aus einer anderen Beziehung des erbrechtlichen Schutzes eines Erbvertrags. Bei einem gemeinschaftlichen Testament könnte er einem Widerruf nicht widersprechen, müsste also darum fürchten, beim Tod des anderen „sein Vermögen zurück zu erhalten.“ Nur die vertragsmäßig erfolgte gegenseitige Erbeinsetzung bietet ihm den für derartige Vermögenstransaktionen notwendigen erbrechtlichen Schutz vor abweichenden Verfügungen von Todes wegen. 15

III. Erbschaftsteuerliche Aspekte

Beim **Tod des Ehepartners mit Kindern aus einer anderen Beziehung** gilt ebenso wie beim Tod des anderen, wenn er länger lebt, bezüglich dessen Eigenvermögen folgendes: 16

- Zum **Ehepartner** siehe B. 1.12 Rz. 9.
- Bei **jedem Kind** und Stiefkind bleibt ein Betrag von € 400 000,– (§ 16 Abs. 1 Nr. 2 ErbStG), zu dem noch ein besonderer Versorgungsfreibetrag gemäß § 17 Abs. 2 ErbStG hinzukommt, steuerfrei. Darüber hinaus bleibt das vom Erblasser beim Erbfall bewohnte **Familienheim** bis zu einer Größe von 200 qm Wohnfläche gemäß § 13 Abs. 1 Nr. 4c ErbStG steuerfrei, wenn das Kind bzw. Enkelkind dieses mindestens zehn Jahre lang weiter nutzt oder hieran aus zwingendem Grund (zB. Pflegebedürftigkeit, Tod) gehindert ist. Bei einem größeren Familienheim ist der darüber hinausgehende Steuerwert der Immobilie nach den allgemeinen Bestimmungen zu versteuern. Beim Vorversterben eines Kindes kommen die Enkelkinder in den Genuss der gleichen Vergünstigungen, andernfalls beträgt ihr allgemeiner Steuerfreibetrag lediglich € 200 000,– (§ 16 Abs. 1 Nr. 3 ErbStG).
  Auch die Kinder bzw. Stiefkinder gehören zur Steuerklasse I, so dass der Steuersatz mit 7 vH beginnt (§§ 19 Abs. 1 I, 15 Abs. 1 I Nr. 2 ErbStG).

Stirbt der andere Ehepartner zuerst, wird der Ehegatte Vorerbe, so dass der Nachlass zweimal der Erbschafsbesteuerung nach folgenden Regelungen unterliegt: 17

- Der **Vorerbe** hat den Nachlass wie ein Vollerbe (siehe Rz. 16) ohne Rücksicht auf die Beschränkungen durch die Nacherbfolge zu versteuern (§§ 6 Abs. 1, 3 Abs. 1 Nr. 1 ErbStG). Die Erbschaftsteuer wird aus dem Nachlass bezahlt (§ 20 Abs. 4 ErbStG), geht also letztlich zu Lasten des Nacherben. Da die Erbschaftsteuerschuld den

Vorerben als Person trifft, geht sie beim Nacherbfall nicht auf den Nacherben über, sondern trifft die eigenen Erben des Vorerben.[8] Beim Nacherben tritt gemäß § 10 Abs. 4 ErbStG ein steuerbarer Vorgang erst beim Nacherbfall ein.

– Beim **Nacherbfall** ist der Nachlass ein **zweites Mal zu versteuern.** Tritt die Nacherbfolge durch den Tod des Vorerben ein, so wird im Rahmen der Erbschaftsteuer der unmittelbare Erwerb vom Vorerben fingiert (§ 6 Abs. 2 S. 1 ErbStG). Falls der Nacherbe zugleich auch ganz oder teilweise Vollerbe des Vorerben bezüglich dessen eigenen Vermögens ist, so wird der Nachlass als einheitlicher Erwerb angesehen, damit sich der Antragsteller auf diesem Weg nicht etwa einen doppelten Freibetrag verschaffen kann (§ 6 Abs. 2 S. 3 bis 5 ErbStG). Die Vermögen sind nach ihrer Herkunft getrennt nach der jeweiligen Steuerklasse zu versteuern. Dabei sind die jeweiligen persönlichen Freibeträge zu berücksichtigen. Der für die Erbfolge in das persönliche Vermögen geltende Freibetrag kann jedoch nur in dem Umfang abgezogen werden, in dem der Freibetrag für den der Nacherbfolge unterliegenden Nachlass nicht verbraucht ist.[9] Eine Anrechnung der vom Vorerben entrichteten Erbschaftsteuer auf die vom Nacherben zu zahlenden erfolgt bei Nacherbfolge aufgrund Tod des Vorerben nicht. Liegen zwischen Vor- und Nacherbfall weniger als zehn Jahre, so greift gemäß § 27 Abs. 1 ErbStG eine Vergünstigung wegen dieses mehrfachen Erwerbs.

18 Machen die Kinder aus der anderen Beziehung ihren Pflichtteilsanspruch geltend, so vermindert dies gemäß § 10 Abs. 5 Nr. 2 ErbStG den steuerpflichtigen Erwerb. Dies gilt auch dann, wenn der Anspruch verjährt ist.[10] Wenn und solange der Pflichtteil nicht gefordert ist, mindert er den Steuerwert des Nachlasses nicht. Der Pflichtteil ist mit dem aufgrund der gesetzlichen Bestimmungen ermittelten oder durch Vergleich vereinbarten Geldbetrag anzusetzen, und zwar auch dann, wenn an Erfüllungs statt ein Grundstück übertragen wird.[11]

B. Einzelerläuterungen

Zu § 1: Frühere Verfügungen von Todes wegen

19 Zum **vollständigen Widerruf** siehe B. 1.06 Rz. 12.

20 Ein Ehepartner mit Kindern aus einer anderen, **geschiedenen Ehe** kann – trotz §§ 2077, 2268 BGB – an einen Erbvertrag oder ein gemeinschaftliches Testament, den bzw. das er gemeinsam mit dem geschiedenen Ehepartner errichtet hat, **erbrechtlich gebunden** sein. Beide erwähnten Normen enthalten nämlich nur Auslegungsregeln, so dass abweichende Anordnungen in der Verfügung von Todes wegen Vorrang haben. In aller Regel werden derartige Verfügungen von Todes wegen jedoch mit der Scheidung unwirksam.

21 Ist ein Beteiligter **verwitwet** gewesen, so ist zu prüfen, ob er durch einen Erbvertrag oder ein gemeinschaftliches Testament mit dem verstorbenen Ehepartner **erbrechtlich gebunden** ist. Vor allem bei der Abfassung eigenhändiger gemeinschaftlicher Testamente wird der Frage nach der **Bindung des Längerlebenden** nicht die notwendige Beachtung geschenkt, so dass beim gängigen Berliner Testament die Schlusserbeneinsetzung von Verwandten des Zuerstverstorbenen, insbesondere Geschwister und Neffen oder Nichten, aufgrund der Auslegungsregel des § 2270 Abs. 2 BGB nicht selten wechselbezügliche Wirkung hat, den Längerlebenden also in seiner

[8] Soergel/*Harder*/*Wegmann* Vor § 2100 BGB Rz. 21.
[9] Vgl. BFH v. 2.12.1998 – II R 43/97, BStBl. II 1999, 235.
[10] *Meincke* ErbStG § 10 Rz. 36.
[11] BFH v. 7.10.1998 – II R 52/96, BStBl. II 1999, 23.

erbrechtlichen Verfügungsmöglichkeit einschränkt oder diese sogar völlig ausschließt. Diese kann der Überlebende dann nur noch wiedererlangen durch:
- Ausschlagung gemäß § 2271 Abs. 2 S. 1 BGB,
- Widerruf bei einer Verfehlung des Bedachten gemäß §§ 2271 Abs. 2 S. 2, 2294, 2336 BGB,
- Selbstanfechtung wegen Irrtums über die erbrechtliche Bindung an wechselbezügliche Verfügungen gemäß §§ 2281, 2079 BGB.[12]

Zur Frage nach früher errichteten bindenden Verfügungen siehe B. 1.05 Rz. 25. 22

Zu § 2: Erbeinsetzung von A

Die Einsetzung zum **„Alleinerben"** reicht zur sicheren Abgrenzung von der Vor- 23 erbschaft nicht aus, weil auch der Vorerbe alleiniger Erbe sein kann.[13] Der Hinweis auf die Unbeschränktheit sollte deshalb keinesfalls fehlen.

Die Beteiligten sind oft überrascht, wenn sie erfahren, dass trotz der Ersatzerbeinset- 24 zung die Kinder bereits beim Tod des ersten Elternteils ihr gesetzliches **Pflichtteil** verlangen können. Der Hinweis auf den Pflichtteil sowie entsprechende Gestaltungsalternativen gehört zu den Amtspflichten des Notars gemäß § 17 Abs. 1 BeurkG.

Bei **Anordnung der Ersatzerbfolge** sollte nicht nur auf den Fall des Vorverster- 25 bens des eingesetzten Nacherben abgestellt werden („vorversterben", „nicht vorhanden sein" usw.), da dadurch die Auslegungsregel des § 2097 außer Kraft gesetzt ist und die Fälle der Ausschlagung und der Erbunwürdigkeit nicht erfasst würden. Anstelle der vorgeschlagenen Formulierung kann auch ausführlich bestimmt werden: „Sollte [...] vorversterben oder aus sonstigen Gründen nicht Erbe werden, so [...]."

Gemäß § 8 des Formulars entfaltet auch die Einsetzung der gemeinsamen Kinder 26 erbvertragliche Bindungswirkung (siehe auch unten Rz. 41). Um dem Längstlebenden dennoch abweichende Verfügungen zu ermöglichen, ist es zulässig Erbeinsetzungen und Vermächtnissen des Längstlebenden unter einen **Änderungsvorbehalt** zu stellen. Mit dem BGH[14] und der hM[15] ist die Grenze eines zulässigen Änderungsvorbehalts dort zu ziehen, wo nicht mindestens eine einzige vertragsmäßige Verfügung wenigstens teilweise jeder einseitigen Änderung durch den Erblasser entzogen ist.[16] Nach einer zutreffenden neueren Meinung in der Literatur[17] ist es zulässig, wenn der Erblasser zwar alle vertragsmäßigen Verfügungen ändern kann, jedoch nur unter Einhaltung bestimmter von seiner Willkür unabhängigen Voraussetzungen (zB „als Längstlebender", Änderung nur zugunsten gemeinsamer Abkömmlinge). Diesen Anforderungen genügt der vorgeschlagene Änderungsvorbehalt, weil er die Erbeinsetzung des anderen Ehepartners überhaupt nicht erfasst und zudem sowohl zeitlich („Der Längstlebende") als auch inhaltlich („vorausgesetzt, dass er nur zugunsten gemeinschaftlicher Abkömmlinge verfügt") begrenzt ist. Wichtig ist in allen Fällen klar zu stellen, dass bei Ausnutzung des Änderungsvorbehalts nicht etwa die Erbeinsetzung des Längstlebenden durch den zuerst Verstorbenen unwirksam wird („ohne Auswirkungen auf die übrigen Bestimmungen in dieser Urkunde"). Die Ausnutzung des Änderungsvorbehalts bedarf nicht der für den Rücktritt vom Erbvertrag bestimmten notariellen Beurkundung. Aufgrund des hier vorgeschlagenen Änderungsvorbehalts kann der Längstlebende entweder durch Verfügung von Todes wegen oder durch lebzeitiges Rechtsgeschäft das Vermögen unter Kindern, Enkeln usw. abweichend von der Schlusserbeneinsetzung

---

[12] BayObLG v. 23.4.1997 – 1 Z BR 140/96, NJW-RR 1997, 1027.
[13] MüKoBGB/*Musielak* BGB § 2269 Rz. 18 mwN; aM RG v. 21.3.1911 – Reg. VII 594/10, RGZ 76, 20, 25.
[14] BGH v. 8.1.1958 – IV ZR 219/57, NJW 1958, 498, 499; BGH v. 11.6.1986 – IV a ZR 248/84, MittBayNot 1986, 265, 266.
[15] MüKoBGB/*Musielak* BGB § 2269 Rz. 15 ff. mwN.
[16] AM *Lange/Kuchinke* § 25 VI 4.
[17] *J. Mayer* DNotZ 1990, 755, 765 ff. mwN; *Weiler* DNotZ 1994, 427, 436.

verteilen, ohne dass die eingesetzten Erben dies nach dem Tod des Längslebenden aufgrund § 2287 BGB vereiteln können.

27 Verzichten die Beteiligten auf eine stärkere Absicherung der gemeinsamen Abkömmlinge, kann die Ersatzerbeneinsetzung auch als **einseitig testamentarische Verfügung** gemäß § 2299 BGB getroffen werden. In diesem Falle sollte formuliert werden: „Zu Ersatzerben berufe ich mit einseitig testamentarischer Wirkung, also mit dem Recht der jederzeitigen Abänderung, unsere Kinder [...]".

28 Wegen der Trennung der Erbeinsetzungen beider Ehepartner werden die Verfügungen des Längstlebenden beim ersten Erbfall nicht **eröffnet.**

Zu § 3: Erbeinsetzung von B

29 Weil der Hauptzweck dieser erbrechtlichen Konstruktion die Vermeidung von Pflichtteilsrechten der Kinder aus der anderen Beziehung ist, kommt in erster Linie die **befreite Vorerbschaft** in Betracht.

30 Geht es dem anderen Ehepartner (im Formular „B" genannt) darüber hinaus auch um eine stärkere Absicherung der gemeinsamen Kinder, so kann auch die Einsetzung zum **nicht befreiten Vorerben** sinnvoll sein. Die damit verbundenen Einschränkungen des Längstlebenden in seiner Verfügungsfreiheit können zwar durch teilweise Befreiungen im Rahmen des § 2136 BGB verringert werden. Keinesfalls darf jedoch ein **Vorausvermächtnis gemäß § 2110 Abs. 2 BGB** zu diesem Zweck angeordnet werden, weil damit die davon betroffenen Nachlassgegenstände in das Eigenvermögen übergehen und damit den Pflichtteil der Kinder aus der anderen Beziehung erhöhen. Auch auf einen **Übertragungsvorbehalt** sollte deshalb verzichtet werden. Zwar geht das übertragene Vermögen sofort auf den Erwerber über, jedoch fällt es bei der Übertragung für eine logische Sekunde in das Eigenvermögen des Längstlebenden und führt deshalb erst nach Ablauf der 10-Jahresfrist gemäß § 2325 Abs. 1 BGB zum gewünschten Ergebnis.

31 Bei **Anordnung der Ersatznacherbfolge** sollte nicht nur auf den Fall des Vorversterbens des eingesetzten Nacherben abgestellt werden („vorversterben", „nicht vorhanden sein" usw.), da dadurch die Auslegungsregel des § 2097 außer Kraft gesetzt ist und die Fälle der Ausschlagung und der Erbunwürdigkeit nicht erfasst würden. Anstelle der vorgeschlagenen Formulierung kann auch ausführlich bestimmt werden:

B. 1.13a **„Sollte [...] vorversterben oder aus sonstigen Gründen nicht Erbe werden, so [...]".**

32 Ist die angeordnete Ersatzerbfolge erschöpft, so stellt sich die Frage der **Anwachsung** an die anderen Erben (§ 2099 BGB).

33 Schließlich sollte die **Vererblichkeit des Anwartschaftsrechts** gemäß § 2108 Abs. 2 BGB ausdrücklich ausgeschlossen, um ganz sicher zu gehen, dass nicht die Erben des Nacherben, sondern die eingesetzten Ersatznacherben nachrücken. Gleiches sollte für die Übertragbarkeit angeordnet werden. Insoweit empfiehlt sich jedoch eine Ausnahme für den Fall zu machen, dass die Übertragung auf den Vorerben erfolgt, der damit unbeschränkter Vollerbe wird. Damit wird die Möglichkeit eröffnet, dass im beiderseitigen Einvernehmen zwischen Vor- und Nacherbe die Beschwerung mit dem Nacherbenrecht ihr Ende findet.

34 Es muss klar gestellt werden, dass die **Nacherben auch Ersatzerben** in dem Falle sind, dass der andere Ehepartner vorher oder gleichzeitig stirbt, die Vorerbschaft ausschlägt oder für erbunwürdig erklärt wird.

35 Wegen des der Ersatzerbeinsetzung von A beigefügten **Änderungsvorbehalts** wird auf die Ausführungen oben Rz. 26 verwiesen.

36 Wegen der Trennung der Erbeinsetzungen beider Ehepartner werden die Verfügungen des Längstlebenden beim ersten Erbfall nicht **eröffnet.**

Zu § 4: Pflichtteilsklausel

Trotz der Änderungsvorbehalte in § 2 Abs. 8 und § 3 Abs. 8 des Formulars ist es notwendig zum Schutz vor dem Pflichtteil der gemeinsamen Kinder bzw. Abkömmlinge eine **Pflichtteilssanktionsklausel** aufzunehmen. Diese sind inhaltlich beschränkt, erlauben also keine Enterbung aller Abkömmlinge, wenn alle Kinder den Pflichtteil fordern sollten. **37**

Wegen der inhaltlichen Ausgestaltung wird auf die Ausführungen bei B. 1.11 Rz. 33ff. verwiesen. **38**

Zu § 5: Wiederverheiratung

Zum Schutze der gemeinsamen Abkömmlinge verzichten beide Beteiligte auf das Recht zur Anfechtung im Falle einer Wiederverheiratung oder wegen des Hinzukommens von Abkömmlingen. Ein derartiger Verzicht ist zulässig, wenn er die Tatbestände konkret genug bezeichnet. Ein ganz allgemein gehaltener Verzicht auf Anfechtungsrechte aller Art ist dagegen unzulässig.[18] **39**

Zu § 6: Vollständigkeit

Die Beteiligten müssen wissen, dass mit Lebensversicherungs- oder sonstigen Verträgen auf den Todesfall, bei denen das Bezugsrecht dem Ehepartner mit Kindern aus einer anderen Beziehung persönlich zusteht, der Schutzzweck dieser erbrechtlichen Konstruktion verfehlt wird. Da sich der Erwerb bei diesen Rechtsgeschäften außerhalb des Erbrechts vollzieht, fallen die Versicherungssumme oder sonstigen Leistungen aufgrund dieser Verträge auf den Todesfall in das Eigenvermögen des Bezugsberechtigten und werden bei diesem zur Berechnung des Pflichtteils seiner Kinder aus der anderen Beziehung herangezogen. **40**

Zu § 8: Bindungswirkung

Da es eine dem § 2270 Abs. 2 BGB entsprechende Auslegungsregel beim Erbvertrag nicht gibt und allein der Umstand, dass eine Erbeinsetzung oder ein Vermächtnis Bestandteil einer Erbvertragsurkunde ist, noch nichts darüber aussagt, ob diese Verfügung **vertragsgemäß oder einseitig** erfolgt ist, muss diese Frage in der Verfügung unbedingt genau geklärt werden. § 2 Abs. 8 und § 3 Abs. 8 des Formulars enthalten Abänderungsvorbehalte, so dass zumindest bis zum Tod des Erstversterbenden eine vertragsgemäße Bindung gegeben ist. Außerdem ist die gegenseitige Einsetzung zu Voll- bzw. Vorerben nicht änderbar. Soll bereits zu Lebzeiten des anderen Ehepartners und ohne dessen Zustimmung eine abweichende Verfügung der Ersatzerben- bzw. Nacherbeneinsetzung möglich sein, so müssten diese Verfügungen ausdrücklich als „einseitig testamentarisch" bezeichnet werden. **41**

Stirbt eine Ehegatte während eines **Scheidungsverfahrens,** so bleiben seine Verfügungen zugunsten des anderen wirksam, wenn nur der andere den Scheidungsantrag gestellt und der Verstorbene diesem (noch) nicht zugestimmt hatte (§§ 2077 Abs. 1 S. 2, 3, 2268 BGB).[19] Es ist empfehlenswert, einen Auslegungsstreit hierüber durch die hier vorgeschlagene Regelung von vorneherein auszuschließen. Anstelle der hier gewählten Vernichtung aller getroffenen Verfügungen ist es auch denkbar, nur denjenigen die Wirksamkeit zu nehmen, die den Ehepartner begünstigen. **42**

---

[18] *Bengel* DNotZ 1984, 132, 138.

[19] BayObLG v. 30.10.1989 – 1a Z 19/88, FamRZ 1990, 322; *Muscheler* DNotZ 1994, 733, 735; *Staudinger/Kanzleiter* BGB § 2268 Rz. 8; für analoge Anwendung: MüKoBGB/*Musielak* BGB § 2268 Rz. 13.

43 Nach der Rechtsprechung des BGH kann in der gemeinsamen Errichtung eines Testaments oder eines Erbvertrags der **konkludente Abschluss eines Pflichtteilsverzichtsvertrags** gesehen werden.[20] Auch wenn diese Rechtsprechung in der Literatur mit Recht abgelehnt wird,[21] sollte klargestellt werden, dass dem Längstlebenden das Recht vorbehalten ist, das Vorerbe gemäß § 2306 Abs. 1 BGB auszuschlagen und seinen Pflichtteil gemäß § 1371 BGB zu verlangen.

B. 1.14 Getrennte Erbeinsetzung mit gegenseitigem Nießbrauchsvermächtnis („Nießbrauchsmodell")

Gliederung

B. 1.14

Nummer der Urkundenrolle [...]
Verhandelt zu [...] am [...]
Vor dem Notar [...] erschienen:
1. Herr A, geboren am [...] in [...] als Sohn [...],
nach eigenen Angaben deutscher Staatsangehöriger,
2. dessen Ehefrau,
Frau B, geboren am [...] in [...] als Tochter [...],
nach eigenen Angaben deutsche Staatsangehörige,
beide wohnhaft [...],
dem Notar ausgewiesen durch [...].

Die Erschienenen erklärten, nachdem sich der amtierende Notar durch eingehende Verhandlung von der Testierfähigkeit überzeugt hatte, unter Verzicht auf die Zuziehung von Zeugen dem Notar mündlich das folgende

Gemeinschaftliche Testament

zur Beurkundung:

§ 1 Frühere Verfügungen von Todes wegen

Jeder von uns und wir beide widerrufen hiermit alle bisher von uns errichteten Verfügungen von Todes wegen.[Rz. 11]

An diesem Widerruf sowie an der Errichtung dieser Verfügung von Todes wegen ist keiner von uns durch ein gemeinschaftliches Testament oder einen Erbvertrag gehindert, so dass wir, auch von Todes wegen, frei über unser Vermögen verfügen können.[Rz. 12, 13]

§ 2 Erbeinsetzung durch A

Ich, Herr A, setze mit einseitig testamentarischer Wirkung, also mit dem Recht der jederzeitigen Abänderung, zu meinen Erben:
a) unsere gemeinsame Tochter C, geboren am [...], wohnhaft [...]
b) mein Sohn aus erster Ehe D, geboren am [...], wohnhaft [...]
zu gleichen Teilen ein.[Rz. 14]

---

[20] BGH v. 9.3.1977 – IV ZR 114/75, NJW 1977, 1728; ebenso OLG Düsseldorf v. 23.7.1999 – 7 U 236/98, MittBayNot 1999, 574.
[21] Vgl. *Keim* ZEV 2001, 1, 3 f.

Ersatzerben sind jeweils deren Abkömmlinge nach den Regeln der gesetzlichen Erbfolge.[Rz. 15, 16]

Sind keine Abkömmlinge vorhanden, so wächst der Erbteil dem anderen Erben bzw. dessen Abkömmlingen im Verhältnis der Erbteile an.[Rz. 17]

§ 3 Erbeinsetzung durch B

Ich, Frau A, setze mit einseitig testamentarischer Wirkung, also mit dem Recht der jederzeitigen Abänderung, zu meinen Erben:
a) unsere gemeinsame Tochter C, geboren am [...], wohnhaft [...]
b) mein Sohn aus erster Ehe D, geboren am [...], wohnhaft [...]
zu gleichen Teilen ein.[Rz. 14]

Ersatzerben sind jeweils deren Abkömmlinge nach den Regeln der gesetzlichen Erbfolge.[Rz. 15, 16]

Sind keine Abkömmlinge vorhanden, so wächst der Erbteil dem anderen Erben bzw. dessen Abkömmlingen im Verhältnis der Erbteile an.[Rz. 17]

§ 4 Gegenseitige Vermächtnisse

Wir vermachen uns gegenseitig:

a) das Eigentum an dem von uns gemeinsam bewohnten, im Grundbuch des Amtsgerichts [...] von [...] Blatt [...] eingetragenen Grundstücks der Gemarkung [...][Rz. 10, 18]
Flur [...] Nr. [...].
Etwa im Grundbuch eingetragene Belastungen sind einschließlich der hierdurch gesicherten Verbindlichkeiten mit Wirkung vom Todestag zur Entlastung des Nachlasses zu übernehmen.
Mitvermacht sind alle Ansprüche aus Lebensversicherungen, die bei meinem Tod in den Nachlass fallen und an Grundpfandrechtsgläubiger zum Zwecke der Tilgung abgetreten sind.
Die Kosten der Vermächtnisauslieferung gehen zu Lasten des Nachlasses.
Gehört der Gegenstand beim Tod nicht mehr zum Vermögen, so entfällt dieses Vermächtnis.
Der Überlebende von uns ist nur Vorvermächtnisnehmer. Mit dem Tod des Überlebenden (aufschiebende Bedingung) können die jeweiligen Nachvermächtnisnehmer die Übereignung an sich verlangen. Jeder von uns bestimmt zu Nachvermächtnisnehmern diejenigen Personen, die gemäß § 2 bzw. § 3 seine Erben würden, wenn er zur Zeit des Todes des Längstlebenden von uns gestorben wäre, und zwar im Verhältnis der fiktiven Erbteile zueinander. Gehört das Eigentum am Familienheim beim Tod des Überlebenden nicht mehr zu seinem Vermögen, so ist – soweit vorhanden – der Ersatz bzw. der Erlös hierfür vermacht, die Verfügung des Überlebenden aber in jedem Falle wirksam. Die Vererblichkeit und die Übertragbarkeit des Vermächtnisanwartschaftsrechts für die Zeit bis zum Tod des Überlebenden ist ausgeschlossen.[Rz. 19]

b) am restlichen Nachlass des Zuerstversterbenden von uns den lebenslänglichen Nießbrauch.
Soweit zum Nachlass Grundbesitz gehört, ist der Nießbraucher dem bzw. den Erben gegenüber abweichend von den gesetzlichen Bestimmungen verpflichtet:[Rz. 20, 21]
aa) alle für die Erhaltung des Grundbesitzes in seinem wirtschaftlichen Bestand erforderlichen Ausbesserungen und Erneuerungen, auch soweit sie den gewöhnlichen Unterhaltungsaufwand übersteigen, allein zu tragen,
bb) den Grundbesitz umfassend zu versichern und dauernd versichert zu halten, und

cc) sämtliche öffentlichen und privaten Lasten des Grundbesitzes, auch soweit es außerordentliche sind, zu bezahlen, insbesondere Tilgungsleistungen und Zinsen sowie Erschließungs-, Anschluss- und Ausbaubeiträge nach dem Baugesetzbuch oder nach dem Kommunalabgabengesetz.

Der Nießbrauch ist im Grundbuch auf Kosten des Nachlasses einzutragen.

Das Recht des Längstlebenden von uns, die vorstehend angeordneten Vermächtnisse – zusammen oder getrennt – auszuschlagen und den gesetzlichen Pflichtteil zu fordern, wird nicht ausgeschlossen.[Rz. 22]

§ 5 Vollständigkeit

Weitere Verfügungen über unseren Nachlass oder nichtvermögensrechtliche Angelegenheiten sowie eine Rechtswahl für den Fall, dass ich meinen gewöhnlichen Aufenthalt ins Ausland verlegen sollte, wollen wir nicht treffen.

Wir haben kein Vermögen im Ausland.

Der Notar hat darauf hingewiesen, dass die vorstehenden Verfügungen einen Erwerb aufgrund von Lebensversicherungen mit festgelegter Bezugsberechtigung oder sonstige Verträge zugunsten Dritter auf den Todesfall nicht erfassen.[Rz. 23]

Diese Urkunde enthält keine Erb- und Pflichtteilsverzichte.

§ 6 Salvatorische Klausel

Für diese Verfügung von Todes wegen soll das Recht der Bundesrepublik Deutschland gelten.

Sollte eine Bestimmung in dieser Urkunde ganz oder teilweise unwirksam sein oder werden, soll der übrige Teil hiervon nicht berührt und die unwirksame Anordnung, soweit möglich, sinngemäß ausgeführt werden.

§ 7 Bindungswirkung

Alle vorstehenden Verfügungen sind, soweit wir sie nicht ausdrücklich einseitig testamentarisch getroffen haben, wechselbezüglich, also in ihrem Bestand voneinander abhängig.[Rz. 24, 25]

Alle Verfügungen in dieser Urkunde sind unwirksam, wenn unsere Ehe aufgelöst worden ist oder beim Tod des Erstversterbenden einer von uns die Auflösung beantragt hat.[Rz. 26]

Diese Niederschrift wurde in Gegenwart des Notars den Erschienenen vorgelesen, von ihnen durch mündliche Erklärung genehmigt und eigenhändig wie folgt unterschrieben:

A. Grundsätzliche Anmerkungen

I. Wirtschaftliche Aspekte

1 Im Unterschied zum „Berliner Modell“ (siehe Formular B. 1.11) zeichnet sich die Erbfolgegestaltung nach dem Trennungsmodell (siehe Formular B. 1.12) durch eine stärkere Abhängigkeit des Längstlebenden von den Nacherben aus. Eine besonders starke Sicherung des- bzw. derjenigen, die nach dem Tod des Überlebenden Erbe werden sollen, lässt sich im Wege des **Nießbrauchsmodells** erreichen. Dabei setzt jeder den bzw. die Dritten unmittelbar zu Erben ein und wendet dem anderen Ehe- bzw. Lebenspartner nur den lebenslänglichen Nießbrauch am gesamten Nachlass oder einem Teil hiervon zu (§ 1089 iVm §§ 1085 ff. BGB; §§ 2147 ff. BGB).

Haben die Ehe- bzw. Lebenspartner (auch) Kinder aus unterschiedlichen Beziehungen **(„Patch-work-Familien“),** so verstärkt sich in vielen Fällen der Wunsch nach Absicherung gerade der eigenen Abkömmlinge, während die Gewährleistung der Verfügungsrechte des längerlebenden Partners etwas in den Hintergrund tritt. Kommt dann noch die Absicht hinzu, die Abkömmlinge des überlebenden Partners von der Teilhabe am Nachlass des zuerst verstorbenen Partners auf dem Weg über den Pflichtteil nach dem eigenen Elternteil auszuschließen, führt dies nahezu zwangsläufig zur Gestaltung auf der Grundlage des Trennungsmodells oder des Nießbrauchsmodells. 2

Das Nebeneinander von Eigentums- und Nutzungsrecht auf lange Zeit erhöht auf der anderen Seite die **Gefahr von Rechtsstreitigkeiten** zwischen Erben und Nutzungsrechtsinhaber beträchtlich. Deshalb ist vorab immer zu überlegen, ob nicht mittels Einschränkung auf bestimmte Gegenstände, insbesondere Immobilien, der Versorgungscharakter ebenso gut erreicht werden kann wie mit dem umfassenden Nießbrauchsvermächtnis an den überlebenden Ehe- bzw. Lebenspartner. 3

Die alternative Gestaltung durch unmittelbare Einsetzung der „Nacherben“ zu Erben unter Beschwerung mit dem Nießbrauch am gesamten Nachlass oder mindestens an einzelnen Nachlassgegenständen **(Nießbrauchsmodell)** kommt nur in Ausnahmefällen in Betracht, weil sie nicht nur den Längstlebenden völlig von der Disposition über den Nachlassgegenstand ausschließt, sondern auch mit ihren wechselseitigen Rechten und Pflichten aus dem Nießbrauch äußerst streitträchtig ist, zumal wenn der Erbe kein Abkömmling des Längstlebenden ist. Bei **nichtehelichen Lebensgemeinschaften** kann mit dieser Lösung allerdings eine Einsparung von Erbschaftsteuern erzielt werden, weil § 16 BewG den jährlichen Nutzungswert auf den durch 18,6 teilbaren Steuerwert höhenmäßig begrenzt. Wegen der aufgezeigten Nachteile sollte die Nießbrauchslösung aber nur bei auf Dauer angelegten Lebensgemeinschaften gewählt werden. 4

II. Erbrechtliche Aspekte

Dem Nießbrauchsberechtigten steht nur ein Nutzungsrecht an der Vermögenssubstanz zu, so dass Verfügungen des überlebenden Partners hierüber kraft Gesetzes ausgeschlossen sind. Die Rechte und Pflichten im Verhältnis zwischen Nießbraucher und Eigentümer bzw. Inhaber der Rechte ergeben sich aus §§ 1085, 1030ff. BGB. 5

Das Nießbrauchsmodell setzt sich zusammen aus der Erbeinsetzung zugunsten Dritter und der Zuwendung des lebenslänglichen unentgeltlichen Nießbrauchs am gesamten Nachlass an den Ehe- bzw. Lebenspartner im Wege des Vermächtnisses. Besondere erbrechtliche Formulierungsprobleme ergeben sich nicht, allerdings sollte die Frage geklärt werden, wer für die Dauer des Nießbrauchs die Kosten und Lasten trägt (§§ 1085, 1043, 1045, 1047 BGB). Auch die Frage der Grundbucheintragung bei Immobilien sollte geregelt werden. 6

Die Erbeinsetzung Dritter wird in aller Regel einseitig testamentarischen Charakter, die gegenseitige Nießbrauchszuwendung dagegen wechselbezügliche Bindungswirkung haben. Dies sollte im Text der Urkunde ausdrücklich klargestellt werden. 7

III. Erbschaftsteuerliche Aspekte

Im Verhältnis des Erblassers zu jedem Kind beträgt der allgemeine Freibetrag € 400 000,– (§ 16 Abs. 1 Nr. 2 ErbStG), zu dem noch ein besonderer Versorgungsfreibetrag gemäß § 17 Abs. 2 ErbStG hinzukommt. Auch die Kinder bzw. Stiefkinder gehören zur Steuerklasse I, so dass der Steuersatz mit 7 vH beginnt (§§ 19 Abs. 1 I, 15 Abs. 1 I Nr. 2 ErbStG). Stirbt ein Kind vor dem Erblasser, so kommen die Enkel- 8 kinder in den Genuss der gleichen Vergünstigungen, andernfalls beträgt ihr allgemeiner Steuerfreibetrag lediglich € 200 000,– (§ 16 Abs. 1 Nr. 3 ErbStG).

9 Beim Nießbrauchsmodell muss der überlebende Ehepartner nur den Nutzungswert des Nießbrauchs versteuern. Dabei steht ihm ein allgemeiner Freibetrag von € 500 000,– (§ 16 Abs. 1 Nr. 1 ErbStG) sowie ein besonderer Versorgungsfreibetrag von € 256 000,– zur Verfügung, der allerdings um den nach § 14 des Bewertungsgesetzes zu ermittelnden Kapitalwert erbschaftssteuerfreier Versorgungsbezüge gekürzt wird (§ 17 Abs. 1 ErbStG). Der Steuersatz beginnt bei 7 vH (§§ 19 Abs. 1 I, 15 Abs. 1 I Nr. 1 ErbStG).

10 Die Steuerbefreiung für das vom Erblasser und seinem Ehepartner selbst bewohnte **Familienheim** (§ 13 Abs. 1 Nr. 4b ErbStG) geht dem Überlebenden beim Nießbrauchsmodell allerdings verloren, weil diese voraussetzt, dass dieser Eigentümer wird. Der vermachte Nießbrauch am gesamten Nachlass, einschließlich der selbst bewohnten Immobilie reicht nicht aus, um die Steuerfreiheit hierfür zu erlangen. Deshalb müssen sich die Ehepartner beim Nießbrauchsmodell gegenseitig das Eigentum an der selbstgenutzten Immobilie und den Nießbrauch am restlichen Nachlass vermachen (siehe § 4 Abs. 1 Buchst. a des Formulars). Nur so kommen sie in den Genuss der Steuerfreiheit der Immobilie. Dabei spielt – im Unterschied zur Erbfolge der Abkömmlinge – die Größe der Immobilie keine Rolle. Die Ausnutzung dieses Steuervorteils kann daher nicht hoch genug veranschlagt werden.

B. Einzelerläuterungen

Zu § 1: Frühere Verfügungen von Todes wegen

11 Zum **vollständigen Widerruf** siehe B. 1.06 Rz. 12.

12 Zur **Bindung des Längerlebenden** siehe B. 1.12 Rz. 14.

13 Zur Frage nach früher errichteten bindenden Verfügungen vgl. B. 1.05 Rz. 25.

Zu § 2 und § 3: Erbeinsetzung

14 Bei mehreren Erben sind die **Erbquoten** genau festzulegen. Auf die Auslegungsregeln der §§ 2089 bis 2093 BGB sollte sich bei der Erbfolgegestaltung niemand verlassen.

15 Die **Ersatzerbfolge** für ein Kind sollte ausdrücklich bestimmt werden, weil § 2069 BGB nur eine Auslegungsregel ist. Bei Einsetzung sonstiger Personen zum Erben ist die ausdrückliche Regelung der Ersatzerbfolge zwingend erforderlich, weil die Auslegungsregel des § 2069 BGB unmittelbar nur bei der Einsetzung eigener Abkömmlinge und analog allenfalls bei Einsetzung nahestehender Personen anwendbar ist. Auch wenn die Ersatzberufung bei der Einsetzung von Geschwistern oder Neffen bzw. Nichten sehr nahe liegt,[1] sollten Missverständnisse von vorneherein ausgeschlossen werden.

16 Bei **Anordnung der Ersatzerbfolge** sollte nicht nur auf den Fall des Vorversterbens des eingesetzten Erben abgestellt werden („vorversterben", „nicht vorhanden sein" usw.), da dadurch die Auslegungsregel des § 2097 außer Kraft gesetzt ist und die Fälle der Ausschlagung und der Erbunwürdigkeit nicht erfasst würden. Anstelle der vorgeschlagenen Formulierung kann auch ausführlich bestimmt werden:

B. 1.14a **„Sollte [. . .] vorversterben oder aus sonstigen Gründen nicht Erbe werden, so [. . .]".**

17 Ist die angeordnete Ersatzerbfolge erschöpft, so stellt sich die Frage der **Anwachsung** an die anderen Erben (§ 2099 BGB).

[1] OLG Karlsruhe v. 18.8.1992 – 4 W 24/92, NJW-RR 1992, 1482.

Zu § 5: Gegenseitige Vermächtnisse

Sind die Ehe- bzw. Lebenspartner Eigentümer eines gemeinsam bewohnten Familienheims iSd. § 13 Abs. 1 Nr. 4b ErbStG, so ist es erforderlich, dass sie sich gegenseitig das Eigentum hieran vermachen, wenn sie nicht auf die Steuerbefreiung hierfür bei der Erbschaftsteuer verzichten wollen. Der Befreiungstatbestand verlangt nämlich, dass dem überlebenden Partner, der das Familienheim mindestens zehn Jahre ab dem Erbfall bewohnt oder aus zwingenden Gründen (zB Tod, Pflegeheimaufenthalt) nicht nutzen kann, Eigentum hieran zusteht, nicht nur ein Nießbrauchsrecht. 18

Das Vermächtnis des Eigentums am Familienheim führt allerdings dazu, dass der überlebende Partner hierüber sowohl von Todes wegen als auch zu Lebzeiten völlig frei verfügen kann. Dies widerspricht im Allgemeinen der Intention der Ehe- bzw. Lebenspartner, die sich für das Nießbrauchsmodell entscheiden (siehe Rz. 2). Deshalb kommt die Anordnung eines **Vor- und Nachvermächtnisses** in Betracht. Die zeitliche Beschränkung durch § 2162 BGB greift nicht ein, weil auf den Tod des überlebenden Partners abgestellt wird (§ 2163 Abs. 1 Nr. 1 BGB). Bei einem solchen aufschiebend bedingten Vermächtnis unterliegt der überlebende Partner bei lebzeitigen Rechtsgeschäften zwar nicht den ausschließlich für die Nacherbfolge geltenden Schutzvorschriften der §§ 2113ff. BGB, aber der Vorschrift des § 161 BGB (§ 2177 BGB). Deshalb bedarf es auch einer Regelung, ob bei einer lebzeitigen Veräußerung durch den überlebenden Partner, das Vermächtnis gänzlich entfällt oder aber wenigstens der in dessen Nachlass noch vorhandene Gegenwert vermacht ist. Der oder die Nachvermächtnisnehmer haben beim Tod des Vorvermächtnisnehmers das Recht, von dessen Erben die Herausgabe des Eigentums am Familienheim zu verlangen. Die Vererblichkeit und die Übertragbarkeit des daraus resultierenden Anwartschaftsrechts ist auszuschließen, um sicherzustellen, dass die angeordnete Ersatzvermächtnisfolge nicht unterlaufen wird. 19

Der vermachte Nießbrauch bezieht sich auf den gesamten Nachlass, außer dem Familienheim. Gehört zum Nachlass weiterer Grundbesitz, insbesondere vermietete Immobilien, so sollte bedacht werden, dass bei der gesetzlichen **Lastenverteilungsregel** der Eigentümer (Erbe) auch die außergewöhnlichen Reparaturaufwendungen zu tragen hat, obwohl er bis zum Tod des Nießbrauchers keinen Nutzen davon hat. 20

Der Vermächtnisnehmer ist trotz der vom Gesetz abweichenden Lastenverteilung zwischen Eigentümer (Erbe) und Nießbraucher nicht berechtigt, die **AfA** für das vom Erblasser hinterlassene Gebäude in Anspruch zu nehmen.[2] Andere Werbungskosten darf der Nießbraucher abziehen, soweit er sie im Rahmen der Nießbrauchbestellung vertraglich übernommen und tatsächlich getragen hat oder – bei Fehlen einer vertraglichen Regelung – aufgrund der gesetzlichen Lastenverteilung getragen hat. Aufwendungen, zu denen der Nießbraucher nicht verpflichtet, aber nach § 1043 BGB berechtigt ist und die in seinem Interesse erfolgen, sind abzuziehen.[3] Die vorgeschlagene Lastenverteilung ist daher auch steuerrechtlich motiviert. 21

Nach der Rechtsprechung des BGH kann in der gemeinsamen Errichtung eines Testaments oder eines Erbvertrags der **konkludente Abschluss eines Pflichtteilsverzichtsvertrags** gesehen werden.[4] Auch wenn diese Rechtsprechung in der Literatur mit Recht abgelehnt wird,[5] sollte klargestellt werden, dass dem Längstlebenden das Recht vorbehalten ist, das Vorerbe gemäß § 2306 Abs. 1 BGB auszuschlagen und seinen Pflichtteil gemäß § 1371 BGB zu verlangen. Darüber hinaus sollte klargestellt 22

---

[2] BFH v. 28.9.1993 – IX R 156/88, BStBl. II 1994, S. 319.

[3] Schreiben betr. einkommensteuerrechtliche Behandlung des Nießbrauchs und anderer Nutzungsrechte bei Einkünften aus Vermietung und Verpachtung („Nießbrauch-Erlaß") v. 24.7.1998 (BStBl. I 1998, 914), zuletzt geändert durch Schreiben v. 9.2.2001 (BStBl. I 2001, 171) und v. 29.5.2006 (BStBl. I 2006, 392) Tz. 21.

[4] BGH v. 9.3.1977 – IV ZR 114/75, NJW 1977, 1728; ebenso OLG Düsseldorf v. 23.7.1999 – 7 U 236/98, MittBayNot 1999, 574.

[5] Vgl. *Keim* ZEV 2001, 1, 3f.

werden, ob beide Vermächtnisse nur einheitlich oder auch getrennt ausgeschlagen werden können.

Zu § 5: Vollständigkeit

23 Beim Nießbrauchsmodell müssen die Beteiligten wissen, dass mit Lebensversicherungs- oder sonstigen Verträgen auf den Todesfall, bei denen das Bezugsrecht nicht dem Vorerben zusteht, die gewünschte Sicherung des Nacherben nicht eintritt, weil sich der Erwerb bei diesen Rechtsgeschäften außerhalb des Erbrechts vollzieht. Der Bezugsberechtigte erwirbt den Anspruch folglich unbelastet durch das Nacherbenrecht.

Zu § 7: Bindungswirkung

24 In gemeinschaftlichen Testamenten ist stets die Frage der **Wechselbezüglichkeit** der darin enthaltenen Erbeinsetzungen, Vermächtnisse und Auflagen zu klären. Die Auslegungsregel des § 2270 Abs. 2 BGB kann sonst leicht zu ungewollten erbrechtlichen Bindungen des Längstlebenden führen.

25 Die gegenseitigen Vermächtnisse müssen und die jeweilige **Einsetzung der Erben** bzw. Ersatzerben können wechselbezügliche Wirkung haben. Einseitig testamentarischen Charakter werden sie immer dann haben, wenn der andere Ehe- bzw. Lebenspartner kein persönliches Eigeninteresse an der unmittelbaren Erbeinsetzung durch den anderen hat. Bei der Einsetzung gemeinsamer Abkömmlinge ist die wechselbezügliche Einsetzung dagegen vertretbar. Unabhängig von der Entscheidung im Einzelfall muss in der Urkunde ausdrücklich geregelt werden, welche Verfügung jeweils untereinander in diesem Verhältnis der Wechselbezüglichkeit stehen.

26 Zum **Tod** eines Ehegatten **während eines Scheidungsverfahrens** vgl. B. 1.13 Rz. 42.

B. 1.15 Testament von Eltern zugunsten behinderter Kinder („Behindertentestament")

Gliederung

B. 1.15

Nummer der Urkundenrolle [...]
Verhandelt zu [...] am [...]
Vor dem Notar [...] erschienen:

1. **Herr A, geboren am [...] in [...] als Sohn [...],**
   nach eigenen Angaben deutscher Staatsangehöriger,
2. **dessen Ehefrau,**
   Frau B, geboren am [...] in [...] als Tochter [...],
   nach eigenen Angaben deutsche Staatsangehörige,

beide wohnhaft [...]
dem Notar ausgewiesen durch [...].

Die Erschienenen erklärten, nachdem sich der amtierende Notar durch eingehende Verhandlung von der Testierfähigkeit überzeugt hatte, unter Verzicht auf die Zuziehung von Zeugen dem Notar mündlich das folgende

Gemeinschaftliche Testament

zur Beurkundung:

§ 1 Frühere Verfügungen von Todes wegen

Jeder von uns und wir beide widerrufen hiermit alle bisher von uns errichteten Verfügungen von Todes wegen.[Rz. 21]

An diesem Widerruf sowie an der Errichtung dieser Verfügung von Todes wegen ist keiner von uns durch ein gemeinschaftliches Testament oder einen Erbvertrag gehindert, so dass wir, auch von Todes wegen, frei über unser Vermögen verfügen können.[Rz. 22, 23]

§ 2 Tod des Erstversterbenden

Wir setzen uns gegenseitig zu – soweit zulässig – von allen gesetzlichen Beschränkungen und Verpflichtungen befreiten Vorerben ein.[Rz. 26]

Der Nachlass soll mit dem Tod des Vorerben unmittelbar auf die Nacherben (§ 3) übergehen.

Wenn und soweit der Vorerbe über zum Nachlass gehörende Grundstücke oder grundstücksgleiche Rechte zugunsten gemeinsamer Abkömmlinge ganz oder teilweise unentgeltlich verfügt, so wird der betroffene Grundbesitz dem Vorerben mit dem Verfügungszeitpunkt im voraus, also zusätzlich zum und unbelastet durch das Recht der Nacherben, zur Verfügung zu diesem Zweck vermacht.[Rz. 24]

Das Recht des Vorerben, den Nachlass auszuschlagen und den gesetzlichen Pflichtteil zu fordern, wird nicht ausgeschlossen.[Rz. 25]

§ 3 Tod des Längerlebenden

Nacherben (§ 2) bzw. Erben des Erstversterbenden und zugleich Erben des Länger lebenden sind:[Rz. 27]

a) unser Sohn C, geboren am [...], wohnhaft [...],
zu 1/2 Anteil,
und zwar unbeschränkter Vollerbe,
ersatzweise dessen Abkömmlinge nach den Regeln der gesetzlichen Erbfolge.
Sind in diesem Fall keine Abkömmlinge vorhanden, so wächst der Erbteil unserem Sohn D unter den Bedingungen des Buchst. b an.

b) unser Sohn D, geboren am [...], wohnhaft [...],
zu 1/2 Anteil,
und zwar allen gesetzlichen Beschränkungen und Verpflichtungen unterworfener Vorerbe, soweit in § 5 nichts anderes bestimmt ist.[Rz. 28, 30, 32]
Der Nacherbfall tritt ein:[Rz. 29]
- **mit dem Tode des Vorerben oder**
- **mit der Entscheidung eines Gerichts, dass die Verwaltungstestamentsvollstreckung (§ 4) ganz oder teilweise aus irgendeinem Rechtsgrund unwirksam ist.**

Nacherbe ist unser Sohn C, vorgenannt, ersatzweise dessen Abkömmlinge nach den Regeln der gesetzlichen Erbfolge.
Die Nacherbenrechte sind nicht vererblich und nicht übertragbar.

Schlägt unser Sohn D die Erb- bzw. Nacherbschaft nach dem Erstversterbenden aus oder ist diese aus irgendeinem Grund ganz oder teilweise unwirksam, so wird er auch nicht Erbe des Länger lebenden, sondern sein Erbteil wächst den zu Abs. 1a) vorgenannten Erben im Verhältnis der Erbteile an.

Alle vorstehenden Regelungen gelten auch, wenn wir gleichzeitig ums Leben kommen.[Rz. 27]

§ 4 Testamentsvollstreckung

Jeder von uns ordnet bezüglich des Vorerbteils (§ 3b) unseres Sohnes D bis zu dessen Tod Testamentsvollstreckung an.[Rz. 33]

Der Testamentsvollstrecker hat alle Verwaltungsrechte auszuüben, die unserm Sohn D als Erbe zustehen. Er ist zur Verwaltung des Nachlasses in Gemeinschaft mit den weiteren Miterben berechtigt und verpflichtet. Er ist von den Beschränkungen des § 181 BGB in vollem Umfang befreit.

Über den Erbteil selbst darf der Testamentsvollstrecker nicht verfügen. Er ist jedoch berechtigt und verpflichtet, an der Teilung des Nachlasses mit weiteren Miterben mitzuwirken, und zwar ohne Zustimmung der Nach- bzw. Ersatznacherben. Nach Teilung des Nachlasses setzt sich die Testamentsvollstreckung an den dabei erworbenen Vermögenswerten fort.[Rz. 34]

Der Testamentsvollstrecker hat unserm Sohn D zum Zwecke der Verbesserung der Lebensqualität den gesamten jährlichen Reinertrag des Vorerbteils (zB Miet- und Pachtzinsen, Zinserträge, Dividenden- und Gewinnanteile) nur in Form folgender Leistungen zuzuwenden:[Rz. 36, 37, 38]

- **Geschenke zu Weihnachten, Ostern, Pfingsten und zum Geburtstag;**
- **Zuwendungen zur Befriedigung der individuellen Bedürfnisse unseres Sohns in Bezug auf Freizeit oder Hobby;**
- **Finanzierung von Freizeiten und Ferien- und Kuraufenthalten;**
- **Aufwendungen für die Besuche von Freunden und Verwandten;**
- **Aufwendungen für ärztliche oder sonstige Heilbehandlungen und Therapien, Medikamente und medizinische Hilfsmittel, die von der Krankenkasse nicht vollständig bezahlt werden;**
- **Aufwendungen für persönliche Sachen wie Kleidung und für Einrichtungsgegenstände**
- **ein Taschengeld, jedoch nicht mehr als der Betrag, den ein Sozialhilfeempfänger ungekürzt zur freien Verfügung haben darf.**

Für welche der genannten Leistungen der Reinertrag verwendet wird, ob dieser also auf sämtliche Leistungen gleichmäßig oder nach einem bestimmten Schlüssel verteilt wird oder ob dieser in einem Jahre nur für eine oder mehrere der genannten Leistungen verwendet wird, entscheidet der Testamentsvollstrecker nach seinem Ermessen, wobei er allerdings immer auf das Wohl des Erben bedacht sein muss.

Wird der jährliche Reinertrag in einem Jahr nicht in voller Höhe in Form der bezeichneten Leistungen verwendet, sind die entsprechenden Teile vom Testamentsvollstrecker gewinnbringend anzulegen.

Vorerbe und Testamentsvollstrecker sind dabei von den Beschränkungen des § 2119 BGB befreit.

Im übrigen gelten für die Testamentsvollstreckung die gesetzlichen Bestimmungen.

Zum Testamentsvollstrecker wird berufen:[Rz. 39–43]

- **Herr E, geboren am [...], wohnhaft [...],**
- **ersatzweise Frau F, geboren am [...], wohnhaft [...],**
- **weiter ersatzweise ein Testamentsvollstrecker, den das Nachlassgericht ernennen soll.**[Rz. 44]

§ 5 Wiederverheiratung

Nach Belehrung durch den Notar verzichten wir darauf, für den Fall der Wiederverheiratung des Länger lebenden und/oder für den Fall des Hinzukommens von Abkömmlingen eine Regelung zu treffen.

§ 6 Vormund und Betreuer

Sollte unser Sohn D, vorgenannt, beim Tod des Länger lebenden noch minderjährig sein, so benennt der Längstlebende in jederzeit änderbarer Weise Frau E, geboren am [...], wohnhaft [...] als Vormund.[Rz. 46]

Sollte unser Sohn D dann bereits volljährig sein, so regen wir an, Frau E, vorgenannt, zum Betreuer für unseren Sohn D zu bestellen.[Rz. 47]

§ 7 Vollständigkeit

Weitere Verfügungen über unseren Nachlass oder nichtvermögensrechtliche Angelegenheiten sowie eine Rechtswahl für den Fall, dass ich meinen gewöhnlichen Aufenthalt ins Ausland verlegen sollte, wollen wir nicht treffen.

Wir haben kein Vermögen im Ausland.

Der Notar hat darauf hingewiesen, dass die vorstehenden Verfügungen einen Erwerb aufgrund von Lebensversicherungen mit festgelegter Bezugsberechtigung oder sonstige Verträge zugunsten Dritter auf den Todesfall nicht erfassen.[Rz. 48]

Diese Urkunde enthält keine Erb- und Pflichtteilsverzichte.

§ 8 Salvatorische Klausel

Für diese Verfügung von Todes wegen soll das Recht der Bundesrepublik Deutschland gelten.

Sollte eine Bestimmung in dieser Urkunde ganz oder teilweise unwirksam sein oder werden, soll der übrige Teil hiervon nicht berührt und die unwirksame Anordnung, soweit möglich, sinngemäß ausgeführt werden.[Rz. 49]

§ 9 Bindungswirkung

Nur die in § 2 enthaltenen gegenseitigen Erbeinsetzungen sowie das Vorausvermächtnis sind wechselbezüglich, also in ihrem Bestand voneinander abhängig.[Rz. 50, 51]

Alle anderen Verfügungen, insbesondere die Einsetzung von Abkömmlingen zu Erben oder zu Vor- bzw. Nacherben und die Anordnung der Testamentsvollstreckung, sind in ihrer Wirksamkeit von allen anderen Verfügungen völlig unabhängig, können also von jedem von uns, auch ohne Zustimmung des anderen und ohne Auswirkungen auf die übrigen Verfügungen, jederzeit und frei widerrufen werden.[Rz. 32, 51]

Alle Verfügungen in dieser Urkunde sind unwirksam, wenn unsere Ehe aufgelöst worden ist oder beim Tod des Erstversterbenden einer von uns die Auflösung beantragt hat.[Rz. 52]

Diese Niederschrift wurde in Gegenwart des Notars den Erschienenen vorgelesen, von ihnen durch mündliche Erklärung genehmigt und eigenhändig wie folgt unterschrieben:

A. Grundsätzliche Anmerkungen

I. Wirtschaftliche Aspekte

1 Eltern von behinderten und gesunden Kindern verfolgen bei gemeinsamer Erbrechtsgestaltung folgende **Ziele,** und zwar meistens in dieser Reihenfolge:[1]

1. Sicherung der angemessenen Lebensführung des Längerlebenden durch volle und von den Kindern unabhängige Verfügungsfreiheit über das „gemeinsame" Vermögen;
2. Vermeidung der Vermögensschmälerung durch Pflichtteilsansprüche der Kinder;
3. Fürsorge für den Behinderten ab dem Tod des Längerlebenden sowohl durch Sicherung einer persönlichen Betreuung durch Geschwister oder Dritte als auch durch Verbesserung der Lebensumstände;
4. gerechte und streitfreie Verteilung des Nachlasses unter den Kindern beim Tod des Längerlebenden;
5. Erhalt des Vermögens für die eigenen Nachkommen.

2 Die besondere Herausforderung dieser Erbfolgegestaltung besteht darin, dass auch verhindert werden soll, dass der Träger der Sozialhilfe unter Hinweis auf den Erb- oder Pflichtteil des Behinderten seine Leistungen auf Grund des in § 2 Abs. 1 SGB XII normierten Grundsatzes der Nachrangigkeit der Sozialhilfe so lange einstellt, bis der Nachlass bzw. der Erb- oder Pflichtteil aufgebraucht ist. Die Eltern bewegen sich dabei im Spannungsfeld zwischen erbrechtlicher **Testierfreiheit** (Art. 14 Abs. 1 GG) und sozialrechtlichem **Nachrangprinzip** (§ 2 Abs. 1 SGB XII): das Kind soll durch die Erbschaft dauerhaft versorgt werden, ohne dass der Sozialhilfeträger auf Substanz und Ertrag des Vermögens zugreifen kann.

3 Für diese Erbfolgegestaltung hat sich die verkürzende Bezeichnung als **Behindertentestament** durchgesetzt, obwohl es sich bei genauer Betrachtung um ein Testament oder Erbvertrag zu Gunsten eines Behinderten handelt. Von einem **Bedürftigentestament** (siehe Formular B. 1.03) unterscheidet sich das Behindertentestament dadurch, dass bei jenem die Abhängigkeit von den Sozialleistungen nur eine temporäre Erscheinung ist, während letzteres von einer lebenslangen Hilfsbedürftigkeit ausgeht. Im Unterschied zu einem Bedürftigentestament spielt beim Behindertentestament der Anspruch auf Grundsicherung nach dem SGB II („Arbeitslosengeld II") eine völlig untergeordnete Rolle, so dass in den nachfolgenden Ausführungen auf die entsprechenden Vorschriften nicht eingegangen wird.

4 Entsprechende Testamentsgestaltungen sind nach höchstrichterlicher Rechtsprechung **nicht sittenwidrig.**[2] Entgegen einem obiter dictum im ersten BGH-Urteil[3] kommt es bei dieser Frage auch nicht auf die Höhe des Pflichtteils an.[4] Höchstrichterlich geklärt ist dies allerdings bisher nur für Nachlässe, bei denen der jährliche Ertrag des Pflichtteils nicht höher ist als die Sozialhilfeleistungen,[5] so dass nach wie vor bei solchen Gestaltungen Vorsicht angebracht ist (zB salvatorische Klausel, auflösende Bedingungen).

5 Folgerichtig sollte im Mittelpunkt des Gestaltungsvorschlags für ein Behindertentestament auch weniger der Schutz vor dem Zugriff des Sozialhilfeträgers stehen als vielmehr die anderen Gesichtspunkte stehen, nämlich:

---

[1] Vgl. hierzu insgesamt *Litzenburger* RNotZ 2004, 138 ff.

[2] BGH v. 21.3.1990 – IV ZR 169/89, NJW 1990, 2055; BGH v. 20.10.1993 – IV ZR 231/92, NJW 1994, 248; ebenso OLG Frankfurt a. M. v. 7.10.2003 – 14 U 233/02, ZEV 2004, 24, 26; OVG Saarlouis v. 17.3.2006 – 4 K 156/03, NotBZ 2006, 330, 331; krit. *J. Mayer* DNotZ 1994, 347, 349 ff.; aA *Raiser* MDR 1995, 237, 238; *Eichenhofer* JZ 1999, 226, 231.

[3] BGH v. 21.3.1990 – IV ZR 169/89, NJW 1990, 2055, 2056; BGH v. 20.10.1993 – IV ZR 231/92, NJW 1994, 248.

[4] *Staudinger/Avenarius* Rz. 62; aA *Nieder* NJW 1994, 1264, 1266 f.

[5] *Grziwotz* NotBZ 2006, 149, 151; *Damrau* ZEV 1998, 2.

– die Vermeidung von Erbengemeinschaften mit Kindern,
– größtmöglicher Schutz vor deren Pflichtteilen,
– Sicherung der Lebensumstände des Behinderten ab dem Tod des Länger lebenden, jedoch ohne dass der Nachlass dadurch ganz oder teilweise der Familie verloren geht,
– einfache und klare Nachlassabwicklung beim Tod des Länger lebenden.

II. Erb- und Sozialrechtliche Aspekte

1. Erbfolge beim Tod des Erstversterbenden

Wichtiger als die Frage nach dem besten Schutz vor dem Zugriff des Sozialhilfeträ- 6
gers ist für die Eltern behinderter Kinder meist die Sicherung der **Unabhängigkeit des Länger lebenden** von den Kindern. Eltern behinderter Kinder sind noch seltener als solche gesunder Kinder bereit, Einschränkungen in der Dispositionsfreiheit des überlebenden Teils durch die Erbfolgegestaltung hinzunehmen.

Ein Höchstmaß an Dispositionsfreiheit des länger lebenden Ehepartners verwirklicht 7
eigentlich eine gegenseitige Erbeinsetzung im Rahmen eines **Berliner Modells** iSd § 2269 BGB (siehe dazu das Formular B. 1.11 und dort Rz. 1). Gegenüber allen anderen Lösungen (siehe Rz. 8, 9 und 10) weist diese Gestaltung jedoch den Nachteil auf, dass es gemäß § 93 SGB XII im Ermessen des Trägers der Sozialhilfe steht, ob beim ersten Erbfall der zivilrechtlich entstandene Pflichtteil (§ 2303) übergeleitet wird oder nicht.[6] Diese Ermessensentscheidung kann nicht von den ordentlichen Gerichten überprüft werden, sondern nur von den Verwaltungsgerichten. Gegen die Überleitung durch die Behörde sprechen dabei zwar die Gefahr, dass der Erbe, insbesondere der längerlebende Elternteil, andernfalls seine freiwilligen materiellen oder persönlichen Fürsorgeleistungen einstellt,[7] oder der Verlust des Schlusserbteils infolge einer Pflichtteilssanktionsklausel.[8] Doch kann zur Zeit nicht sicher prognostiziert werden, wie sich die Rechtsprechung in dieser Frage entwickeln wird. Von dieser Gestaltungsvariante ist daher abzuraten, wenn der Schutz des behinderten Erben vor dem Zugriff des Sozialhilfeträgers im Vordergrund steht.[9]

Bei der überwiegend vorgeschlagenen **Erbschaftslösung** in einem gemeinschaftli- 8
chen Testament von Ehegatten wird der Pflichtteil des behinderten Kindes beim ersten Erbfall zwar dadurch relativ sicher vermieden, dass der Erstversterbende dem behinderten Kind den gesetzlichen Erbteil belässt und den überlebenden Ehepartner nur bezüglich des Restes zum Miterben einsetzt. Doch sprechen gegen diese Erbschaftslösung folgende gewichtigen Argumente:
– Entgegen dem allgemein anerkannten Gestaltungsgrundsatz, **Erbengemeinschaften** zwischen **Eltern** und **Kindern** zu vermeiden, wird eine solche hier begründet, verbunden mit all den bekannten Problemen, vor allem der gesamthänderischen Bindung des Länger lebenden und der Probleme bei der Verfügung über Nachlassgegenstände. Mit Teilungsanordnungen und Vermächtnissen lassen sich diese Probleme nur schwer lösen, wenn bei Testamentserrichtung noch nicht fest steht, welche Vermögenswerte der Längstlebende zur weiteren Lebensführung künftig benötigt.
– Da der länger lebende Elternteil naturgemäß zugleich **Betreuer** seines behinderten Kindes und **Verwaltungstestamentsvollstrecker** ist (siehe unten Rz. 42), kann

[6] BGH v. 21.3.1990 – IV ZR 169/89, NJW 1990, 2055, 2056; BGH v. 20.10.1993 – IV ZR 231/92, NJW 1994, 248, 249; *Spall* ZEV 2004, 28; *van de Loo* ZEV 2006, 473, 476f; aA OLG Frankfurt a. M. v. 7.10.2003 – 14 U 233/02, ZEV 2004, 24 m. abl. Anm. *Spall.*

[7] BVerwG v. 26.11.1969 – 5 C 54/69, BVerwGE 34, 219, 224.

[8] BGH v. 21.3.1990 – IV ZR 169/89, NJW 1990, 2055, 2056; BGH v. 20.10.1993 – IV ZR 231/92, NJW 1994, 248, 249.

[9] *Litzenburger* RNotZ 2005, 162, 164f.

nicht sicher ausgeschlossen werden, dass er von einem familienfremden Ergänzungspfleger wegen der Führung der Testamentsvollstreckung kontrolliert wird,[10] eine für die meisten Eltern schlicht nicht hinnehmbare Verschlechterung ihrer eigenen Lebensqualität. Nach einer Entscheidung des BGH darf das Vormundschaftsgericht einen Ergänzungspfleger aber nicht schon bei der abstrakten Möglichkeit eines Interessenwiderstreits im Sinne des § 1796 Abs. 2 BGB bestellen, sondern erst dann, wenn konkrete Anhaltspunkte gegeben sind, dass die Interessen des Minderjährigen durch eine unbeschränkte Vertretungsmacht gefährdet sind.[11]

- Besteht das Vermögen der Eltern des behinderten Kindes überwiegend aus einer selbstgenutzten Immobilie mit einem hohen Wert und ist das Kind in einer Behinderteneinrichtung untergebracht, so muss im Hinblick auf die Steuerfreiheit für eigengenutzte Immobilien **(Familienheim)** gemäß § 13 Nr. 4b ErbStG im Wege der Teilungsanordnung bzw. des Vorausvermächtnisses bestimmt werden, dass das Eigentum hieran dem überlebenden Elternteil zusteht, während das behinderte Kind aus dem Nachlass einen Wertausgleich erhält; andernfalls entfällt nämlich die sachliche Steuerbefreiung, soweit der Behinderte daran mit seinem Erbteil beteiligt ist.
- Die Konstruktion lässt sich in ihrer **Komplexität** ratsuchenden Eltern nur schwer vermitteln ist.

9 Im Gegensatz zu dieser Erbschaftslösung sichert die **Vermächtnislösung** dem Länger lebenden eine ebenso unabhängige Rechtsstellung wie beim Berliner Modell. Bei ihr erhält das behinderte Kind anstelle und in Höhe seines gesetzlichen Erbteils ein Quotenvermächtnis, beschwert mit einem bei seinem Tod zu erfüllenden Nachvermächtnis an Geschwister oder gemeinnützige Behinderteneinrichtungen und verbunden mit der Anordnung einer Vermächtnisvollstreckung, so dass der Behinderte nicht Miterbe wird.[12] Die sozial- und haftungsrechtlichen Folgen dieser Konstruktion sind jedoch weitgehend ungeklärt:

- Gefahren drohen zunächst, weil das Nachvermächtnis nur einen schuldrechtlichen Anspruch des Nachvermächtnisnehmers auf Herausgabe des Vermächtnisgegenstands gegen den Nachlass des Vorvermächtnisnehmers gewährt, wenn dessen Vermögen bei seinem Tod nicht zur Rückzahlung der Sozialhilfeleistungen ausreicht. Umstritten und ungeklärt ist nämlich, ob sich der Sozialhilfeträger gemäß § 102 SGB XII beim Tod des behinderten Vorvermächtnisnehmers wegen der von ihm erbrachten Leistungen mit Rang vor dem Nachvermächtnisnehmer an den Nachvermächtnisgegenstand halten kann **(Erbenhaftung).** Ist Vermächtnisvollstreckung auch zum Zwecke der Erfüllung dieses Nachvermächtnisses angeordnet (§ 2223 BGB), scheidet ein Zugriff allerdings bereits gemäß § 2214 BGB von vorneherein aus.[13] Nach überwiegender Ansicht scheidet der Zugriff des Sozialhilfeträgers dagegen auch deshalb aus, weil das Nachvermächtnis nicht vom Vorvermächtnisnehmer angeordnet wurde sondern vom ursprünglichen Erblasser, also das Vorvermächtnis von Anfang an mit dem aufschiebend befristeten Herausgabeanspruch zugunsten der Nachvermächtnisnehmer belastet gewesen ist. Da § 102 SGB XII die Haftung der Erben des Behinderten auf den Aktivnachlass beschränkt, ist das Nachvermächtnis zu erfüllen, bevor der Träger der Sozialhilfe sich befriedigen kann.[14]

---

[10] Für Ergänzungspflegschaft: OLG Nürnberg v. 29.6.2001 – 11 UF 1441/01, ZEV 2002, 158; OLG Hamm v. 13.1.1993 – 15 W 216/92, MittBayNot 1994, 53; BayObLG v. 13.7.1977 – BReg 3 Z 40/76, Rpfleger 1977, 440; vgl. auch OLG München v. 18.4.2007 – 33 Wx 052/07, BeckRS 2007, 6544; dagegen: OLG Zweibrücken v. 21.12.2006 – 5 UF 190/06, BeckRS 2007, 819 m. zust. Anm. *Litzenburger* BeckFD-ErbR 2007, 213012; *Damrau* ZEV 1994, 1 f.; *Kirchner* MittBayNot 1997, 203, 205.

[11] BGH v. 5.3.2008 – XII ZB 2/07, NJW-RR 2008, 963, 965.

[12] *Heinz-Grimm/Krampe/Pieroth* Testamente zugunsten von Menschen mit geistiger Behinderung, 1997, S. 21 f., 232; vgl. zur Gestaltung auch DNotI-Report 1999, 149; *Hartmann* ZEV 2001, 89, 91; vgl. ferner den Vorschlag von *Grziwotz* ZEV 2003, 409.

[13] *Hartmann* ZEV 2001, 89, 92.

[14] *Hartmann* ZEV 2001, 89, 92 f.; aA *Damrau* ZEV 1998, 1, 3.

– Auch im **Insolvenzverfahren** über den Nachlass des Behinderten soll nach überwiegender Auffassung der Herausgabeanspruch des Nachvermächtnisnehmers nicht unter § 327 Abs. 1 Nr. 2 InsO fallen, weil diese Vorschrift nur vom Behinderten selbst angeordnete Vermächtnisse meint, nicht aber solche des ursprünglichen Erblassers.[15]
– Offen und ebenso wenig entschieden ist, ob der Nachvermächtnisnehmer in Analogie zu §§ 2385 Abs. 1, 2382 BGB für die Schulden des Vorvermächtnisnehmers haftet, weil es sich um ein **Universalvermächtnis** handelt.[16]

Die rechtlichen Risiken sind bei dieser Lösung folglich noch größer als beim klassischen Behindertentestament mit Vor- und Nacherbschaft und Testamentsvollstreckung, so dass bei dieser Lösung Vorsicht geboten ist. Zudem ist die Gefahr von Rechtsprechungs- und/oder Gesetzesänderungen größer als bei jeder Erbschaftslösung, weil die Frage, ob der Sozialhilfeträger Zugriff auf den Nachlass hat, erst beim Tod des Behinderten entschieden wird, nicht aber bereits beim Tod des länger lebenden Elternteils.

Das **Trennungsmodell** (siehe dazu das Formular B. 1.12) wiederum schränkt selbst **10** bei einer gegenseitigen Einsetzung zu befreiten Vorerben die Verfügungsfreiheit des länger lebenden Elternteils in einem für dessen Altersversorgung ganz zentralen Punkt erheblich ein, weil er zur vorweggenommenen Erbfolge unter Vorbehalt von Nutzungs-, Renten- oder Pflegerechten im Rahmen des § 2136 BGB nicht ermächtigt werden kann (§ 2113 Abs. 2 BGB). Mit einem Übertragungsvorbehalt kann dieser Nachteil jedoch vermieden werden und das Trennungsmodell insoweit an das Berliner Modell angenähert werden (siehe dazu § 2 Abs. 3 des Formulars und unten Rz. 23). Damit erweist sich dieses Grundmodell als die beste Basis für ein gemeinschaftliches Testament von Eltern zugunsten behinderter Kinder.[17]

Setzen sich die Ehegatten im Rahmen des Trennungsmodells zunächst gegenseitig **11** zu befreiten Vorerben und die gemeinsamen Kinder mit ihren gesetzlichen Erbteilen beim Tod des Länger lebenden zu Nacherben ein, so steht dem behinderten Kind ein Pflichtteil gegen den Länger lebenden zu, wenn es die Nacherbschaft gemäß § 2306 Abs. 2 BGB **ausschlägt.**

Im Falle der Ausschlagung steht dem Kind der Pflichtteil zu, auf den der Träger der **12** Sozialhilfe ungehindert zugreifen kann. Deshalb ist die Frage nach der Überleitbarkeit dieses Ausschlagungsrechts von elementarer Bedeutung für sämtliche Gestaltungsvorschläge für ein Behindertentestament. Nach mittlerweile einhelliger Meinung scheitert die **Überleitung** des Rechts zur **Ausschlagung** der Erbschaft (§ 2306 BGB) gemäß § 93 Abs. 1 SGB XII sowohl an der Höchstpersönlichkeit als auch an der Rechtsnatur als Gestaltungsrecht.[18] Wegen der faktisch gleichen Wirkung kann der Sozialhilfeträger auch nicht seine Hilfeleistungen gemäß § 26 Abs. 1 Nr. 1 SGB XII auf das zum Lebensunterhalt Unerlässliche beschränken, wenn der Behinderte bzw dessen Betreuer es trotz Aufforderung unterlässt, die Erbschaft gemäß §§ 2306, 2307 auszuschlagen und seinen Pflichtteil zu verlangen. Ob der Gesetzgeber berechtigt ist, durch Gesetzesänderung eine derartige Einmischung in eine innerfamiliäre Entscheidung zu gestatten, muss im Hinblick auf die Erbrechtsgarantie des Art 14 Abs. 1 GG[19] und den Schutz der Familie gemäß Art. 6 Abs. 1 GG bezweifelt werden.[20] Nach gegenwärtiger Rechtslage bietet die vorgeschlagene Konstruktion also Schutz vor einem Zugriff des Sozialhilfeträgers beim Tod des ersten Elternteils.

---

[15] *Hartmann* ZEV 2001, 89, 91 ff.; aA *Damrau* ZEV 1998, 1, 3.

[16] *Settergren* Das „Behindertentestament" im Spannungsfeld zwischen Privatautonomie und sozialhilferechtlichem Nachrangprinzip, 1999, S. 41; aA *Hartmann* ZEV 2001, 89, 93 f.

[17] Ausf. dazu *Litzenburger* RNotZ 2005, 162.

[18] *J. Mayer* DNotZ 1994, 347, 355; *Litzenburger* RNotZ 2005, 162, 164 mwN; im Ergebnis für die Erbschaftslösungen ebenso *van de Loo* ZEV 2006, 473, 475 f. unter Aufgabe seiner in MittRhNotK 1989, 233, 249 und NJW 1990, 2852, 2856 geäußerten abweichenden Meinung.

[19] Ablehnend *Nieder/Kössinger* Rz. 1304; *Lange/Kuchinke* § 35 IV 3b.

[20] Zweifelnd auch BGH v. 20.10.1993 – IV ZR 231/92, NJW 1994, 248, 251.

13 Im Gegensatz zum Sozialhilfeträger steht dem **Betreuer** des Behinderten zwar dieses **Ausschlagungsrecht** zu, jedoch darf dieser in aller Regel die Nacherbschaft nicht ausschlagen, weil die Nachteile, nämlich die Beschränkung auf den Pflichtteil beim Tod des Länger lebenden und der Wegfall der mit der Verwaltungstestamentsvollstreckung verbundenen Versorgung, die Vorteile der Verfügbarkeit des Geldpflichtteils aus der Sicht des behinderten Kindes überwiegen. Die finanziellen Interessen des Sozialhilfeträgers darf der Betreuer bei seiner Entscheidung nicht berücksichtigen.[21] Nach einer Entscheidung des OLG Köln entspricht es den Interessen des Betreuten am besten, den Stamm des ihm als nicht befreitem Vorerben zustehenden Vermögens zu erhalten und aus seinem Ertrag in der in der letztwilligen Verfügung vorgesehenen Weise die im einzelnen genannten Zuwendungen an sie zu bestreiten, vorausgesetzt allerdings, dass der Auskehrungsanspruch gegen den Testamentsvollstrecker nicht völlig ausgeschlossen ist.[22]

2. Erbfolge beim Tod des Längerlebenden

a) Schutz der Substanz

14 Weder die **gesetzlichen Erbfolgeregeln** noch die **testamentarische Einsetzung** des behinderten Kindes **zum Vollerben** schützen den Nachlass bzw. den Erbteil des Behinderten vor dem Zugriff des Trägers der Sozialhilfe. Dieser kann seine Leistungen unter Berufung auf den in § 2 Abs. 1 SGB XII, § 9 SGB I normierten Grundsatz der Nachrangigkeit der Sozialhilfe so lange einstellen, bis der Nachlass bzw. Erbteil aufgebraucht ist. Die Erbschaft würde damit letztlich nicht dem Behinderten zu Gute kommen, sondern allein den Haushalt des Sozialhilfeträgers entlasten.

15 Entscheiden sich die Eltern aus diesem Grunde beim Tod des Länger lebenden für die vollständige **Enterbung des Kindes,** so kann der Träger der Sozialhilfe den Anspruch des Behinderten auf den gesetzlichen Pflichtteil (§ 2303 Abs. 1 BGB) gemäß § 93 Abs. 1 SGB XII auf sich überleiten und die Geldforderung beim Erben geltend machen. Dies reduziert den Zugriff des Sozialhilfeträgers zwar auf die Hälfte des gesetzlichen Erbteils, vermag aber nichts daran zu ändern, dass sich die Lebensumstände des behinderten Kindes durch den Erbfall nicht verbessern.

16 Vorzuziehen ist jedoch die Einsetzung des behinderten Kindes zum **nicht befreiten Vorerben.** Bezüglich des Erstversterbenden stellt sich dies als die Anordnung mehrfacher Nacherbschaft dar. Da diese nur die Substanz des Erbteils vor dem Zugriff des Sozialhilfeträgers schützt, ist diese unbedingt mit der Anordnung einer Verwaltungstestamentsvollstreckung zu verbinden, bei der der Anspruch des Vorerben auf den Ertrag beschränkt ist.

b) Schutz des Ertrags

17 Der Zugriff des behinderten Kindes auf den Ertrag kann durch die Anordnung der **Verwaltungstestamentsvollstreckung** zwar eingeschränkt (§ 2216 Abs. 2 S. 1 BGB), nicht aber vollständig ausgeschlossen werden (§ 2220 BGB). Die Grenzziehung zwischen zulässiger Einschränkung und verbotenem Ausschluss ist umstritten, aber von zentraler Bedeutung, weil der Anspruch des Behinderten auf den Ertrag gemäß § 93 Abs. 1 SGB XII vom Sozialhilfeträger auf sich übergeleitet werden kann. Nach überwiegender Auffassung ist jedoch eine Verwaltungsanordnung mit dem Inhalt, dass nur solche Erträge auszukehren sind, auf die der Sozialhilfeträger keinen Zugriff durch Überleitung oder durch Leistungsverweigerungsrechte hat, mit § 2220 BGB verein-

[21] AA bei Ausschlagung eines unbeschwerten Erbteils OLG Stuttgart v. 25.6.2001 – 8 W 494/99, NJW 2001, 3484.

[22] OLG Köln v. 29.6.2007 – 16 Wx 112/07, BeckRS 2008, 00582.

bar.[23] Dennoch ist Vorsicht geboten, weil die Frage der Sittenwidrigkeit wegen Benachteiligung des Sozialhilfeträgers bei solchen Anordnungen – zumindest bei größeren Nachlässen über € 230 000,–[24] – höchstrichterlich noch nicht entschieden ist.[25] Getreu der eigentlichen Zielsetzung der Eltern, zum Wohle des Kindes Vorsorge für die Zeit nach dem Tod des Längerlebenden zu treffen, sollte das Bemühen nicht darauf gerichtet sein, den Ertrag möglichst umfassend dem Sozialhilfeträger vorzuenthalten, sondern zu einer tatsächlichen Verbesserung der Lebensumstände des Behinderten beizutragen. So gestaltete Anordnungen entgehen auch leichter dem Vorwurf der Sittenwidrigkeit.

3. Begleitende Maßnahmen

Wegen der Gefahr von Rechtsprechungs- und Gesetzesänderungen ist Vorsorge für den Fall zu treffen, dass der Betreuer für das behinderte Kind ausschlägt und doch den Pflichtteil fordert. Dazu gehört auch die Reduktion des Pflichtteilsrechts der Kinder durch Wahl oder Beibehaltung des gesetzlichen Güterstands der **Zugewinngemeinschaft,** weil diese mit ihrem erhöhten Ehegattenerbteil (§ 1371 Abs. 1 BGB) spiegelbildlich zum geringsten Pflichtteil von Abkömmlingen führt. Siehe zum Wechsel von der Gütertrennung zum gesetzlichen Güterstand das Formular A. 4.21. **18**

Außerdem könnten die Eltern versuchen, den Pflichtteil des Behinderten durch Vermögensübertragungen im Wege **vorweggenommener Erbfolge** an gesunde Kinder zu reduzieren. Gerade bei kleinen und mittleren Vermögen verbietet sich dies allerdings, weil der Vorbehalt von lebenslänglichen Nießbrauchs- oder den Erwerber ausschließenden Wohnungsrechten (siehe Formular B. 1.14) den Pflichtteilsergänzungsanspruch des Behinderten mangels Vollzug gemäß § 2325 Abs. 3 BGB nicht verringert[26] und weniger weitreichende Wohnungs- oder Rentenrechte zu einer in aller Regel nicht hinnehmbaren Abhängigkeit der Eltern von den Kindern führt. Bei vermögenden Eltern sollte dieser Ausweg dagegen unbedingt in Erwägung gezogen werden, zumal keineswegs geklärt ist, ob bei diesen die hier behandelte erbrechtliche Konstruktion sittenwidrig ist oder nicht (siehe oben Rz. 2). **19**

III. Erbschaftsteuerliche Aspekte

Da es sich bei dem Formular im Grundsatz um eine Erbeinsetzung nach dem **Trennungsmodell** handelt, kann insoweit auf die Ausführungen zu Formular B. 1.12 Rz. 8f. verwiesen werden. **20**

B. Einzelerläuterungen

Zu § 1: Frühere Verfügungen von Todes wegen

Zum **vollständigen Widerruf** vgl. B. 1.06 Rz. 12. **21**

Zur **Bindungswirkung des Längerlebenden** siehe B. 1.12 Rz. 14. **22**

Zur Frage nach früher errichteten bindenden Verfügungen vgl. B. 1.05 Rz. 25. **23**

---

23 *Settergren* Das „Behindertentestament" im Spannungsfeld zwischen Privatautonomie und sozialhilferechtlichem Nachrangprinzip, 1999, S. 194 mwN; aA *Otte* JZ 1990, 1027, 1028.

24 Für Sittenwidrigkeit *Krampe* AcP 191 (1991), 527, 560.

25 Ebenso *Nieder/Kössinger* Rz. 1305 mwN.

26 BGH v. 27.4.1994 – IV ZR 132/93, NJW 1994, 1791; *N. Mayer* ZEV 1994, 325, 328; BeckOK BGB/*G. Müller* BGB § 2325 Rz. 30, Stand: 1.2.2017; vgl. auch OLG München v. 25.6.2008 – 20 U 2205/08, BeckRS 2008, 21478; OLG Düsseldorf v. 11.4.2008 – 7 U 70/07, BeckRS 2008, 23552.

Zu § 2: Tod des Erstversterbenden

24 Gemäß § 2113 Abs. 2, § 2136 BGB kann der Vorerbe nicht zu ganz oder teilweise unentgeltlichen Verfügungen und Nachlassgegenstände ermächtigt werden. Dies ist die gravierendste Einschränkung des Längerlebenden beim Trennungsmodell gegenüber dem Berliner Testament (§ 2269 BGB). Der Vollerbe kann so im Wege vorweggenommener Erbfolge unter Vorbehalt von Nießbrauchs-, Wohnungs-, Pflege- und sonstiger Rechte seine Altersversorgung im Familienkreis sichern, der Vorerbe dagegen nicht, jedenfalls nicht ohne Zustimmung der Nacherben, hier also aller Kinder. Der hier vorgeschlagene **Übertragungsvorbehalt** in der Form eines Vorausvermächtnisses an den Vorerben iSd. § 2110 Abs. 2 BGB stellt die einzig zulässige Konstruktion dar, um eine über § 2136 BGB hinausgehende „Befreiung" des befreiten Vorerben zu erreichen.[27] Die Anordnung von Genehmigungsvermächtnissen zu Lasten der Nacherben ist umstritten und nach richtiger Ansicht wegen Denaturierung der gesetzlichen Vor- und Nacherbschaft unzulässig.[28] Falls gewünscht, kann in dieser Weise auch ein Vorbehalt einer abweichenden Verfügung von Todes wegen **(Verfügungsvorbehalt)** aufgenommen werden. Im Hinblick auf das Ausschlagungsrecht des Betreuers gemäß § 2306 Abs. 2 BGB beim Tod des Erstversterbenden (siehe oben Rz. 13) sollten dem Längerlebenden aber nicht zu viele Freiheiten eingeräumt werden, weil dieser dann sehr wohl zur Ausübung dieses Rechts berechtigt und verpflichtet sein kann. Ein Weniger an Freiheit des länger lebenden Elternteils ist ein Mehr an Sicherheit der erbrechtlichen Konstruktion.

25 Nach der Rechtsprechung des BGH kann in der gemeinsamen Errichtung eines Testaments oder eines Erbvertrags der **konkludente Abschluss eines Pflichtteilsverzichtsvertrags** gesehen werden.[29] Auch wenn diese Rechtsprechung in der Literatur mit Recht abgelehnt wird,[30] sollte klargestellt werden, dass dem Längstlebenden das Recht vorbehalten ist, das Vorerbe gemäß § 2306 Abs. 1 BGB auszuschlagen und seinen Pflichtteil gemäß § 1371 BGB zu verlangen.

26 Abzuraten ist von einer Regelung, wonach der Überlebende mit der **Ausschlagung des Behinderten** unbeschränkter Vollerbe wird, weil dies dessen Pflichtteil beim Tod des Überlebenden erhöhen würde. Wird die befreite Vorerbschaft trotz der Ausschlagung der Nacherbfolge durch das behinderte Kind beibehalten, so bezieht sich dessen Pflichtteil beim Tod des Überlebenden nur auf dessen Eigenvermögen, nicht aber auf den Nachlass des zuerst verstorbenen Elternteils. Mit dem Eintritt der Vollerbschaft würden beide Vermögensmassen erbrechtlich zu einer Einheit zusammengefasst und so einheitlich Bezugsobjekt des Pflichtteilsrechts beim Tod des Überlebenden. Mit anderen Worten: der Nachlass des zuerst verstorbenen Elternteils unterliegt dem Pflichtteil ein zweites Mal!

Zu § 3: Tod des Längerlebenden

27 **Absatz 1** fasst zum besseren Verständnis für den Laien folgende Erbeinsetzungen zusammen, nämlich die:

1. der **Nacherben** bezüglich der Vorerbschaft durch den Erstversterbenden,
2. der **Ersatzerben** durch den Erstversterbenden für den Fall, dass der andere Ehepartner infolge Tod oder Ausschlagung nicht Vorerbe wird, und
3. der **Erben bezüglich des Eigenvermögens** durch den Längerlebenden.

Damit verbunden ist allerdings der Nachteil, dass die Verfügungen des Länger lebenden bereits beim Tod des Erstversterbenden in vollem Umfang miteröffnet werden müssen (§ 2273 Abs. 1 BGB).

---

[27] *Wingerter* Die Erweiterung der Befugnisse des befreiten Vorerben, 2000, S. 15 ff.

[28] MüKoBGB/*Grunsky* BGB § 2136 Rz. 9; im Ergebnis ebenso *Wübben* ZEV 2000, 30, 31.

[29] BGH v. 9.3.1977 – IV ZR 114/75, NJW 1977, 1728; ebenso OLG Düsseldorf v. 23.7.1999 – 7 U 236/98, MittBayNot 1999, 574.

[30] Vgl. *Keim* ZEV 2001, 1, 3 f.

Bei der Einsetzung des behinderten Kindes durch den Erstversterbenden handelt es sich um eine zulässige Anordnung **mehrfacher Vor- und Nacherbschaft.** 28

Der **Nacherbfall** sollte nicht nur beim Tod des behinderten Vorerben sondern bereits dann eintreten, wenn einen Gericht die Unwirksamkeit der Regelungen über die Verwaltungstestamentsvollstreckung, vor allem über die Anordnungen gemäß § 2216 BGB, festgestellt hat (siehe unten Rz. 38). Die gesamte Konstruktion des Behindertentestaments, und zwar auch bei klassischer Gestaltung (siehe oben Rz. 8), verliert ihren Sinn, wenn zwar die Substanz durch die Vor- und Nacherbschaft, nicht dagegen der Ertrag vor dem Zugriff des Trägers der Sozialhilfe geschützt ist. Mangels höchstrichterlicher Entscheidungen und unterschiedlicher Rechtsauffassungen in der Literatur zu dieser Kernfrage ist die Gefahr zumindest der teilweisen Nichtigkeit groß. Der ungehinderte Zugriff des Sozialhilfeträgers auf den Ertrag muss dann, so schnell wie möglich dadurch beendet werden, dass die Substanz im Wege der Nacherbschaft an den oder die Nacherben fällt. 29

Anders als bei der gegenseitigen Erbeinsetzung (§ 2 des Formulars) ist hier der Weg der **nicht befreiten Vorerbschaft** des behinderten Kindes zu wählen, um ganz sicher zu gehen, dass der Sozialhilfeträger nicht auf die Substanz des Nachlasses zugreifen kann.[31] Zwar kann dieser wegen § 2115 BGB auch bei befreiter Vorerbschaft nicht in den Nachlass vollstrecken, wohl aber seine Leistungen gemäß § 88 Abs. 1 BSHG davon abhängig machen, dass der Behinderte die Nachlassgegenstände selbst aufbraucht, wozu er aufgrund der Befreiung berechtigt ist.[32] 30

Wegen der Formulierungen bei der **Anordnung der Nacherbfolge** wird auf die Ausführungen zu B. 1.12 Rz. 22 ff. Bezug genommen. 31

Schlägt der Betreuer oder – soweit zulässig – der Sozialhilfeträger für das behinderte Kind die Erb- bzw. Nacherbschaft nach dem zuerst verstorbenen Elternteil aus, steht dem Kind der Pflichtteil (§ 2303 Abs. 1 BGB) zu. Diese Ausschlagung lässt jedoch die Erbeinsetzung durch den länger lebenden Elternteil unberührt. Enthält das Testament für diesen Fall keine vorsorgliche **Enterbungsklausel** auf den Tod des Längerlebenden (siehe § 3 Abs. 2 des Formulars), besteht Handlungsbedarf, wenn es zu dieser Ausschlagung kommt. Der überlebende Teil muss durch eine neue Verfügung von Todes wegen, den Behinderten enterben und auf den gesetzlichen Geldpflichtteil verweisen. Damit diese Enterbung jedoch überhaupt möglich ist, muss diese entweder ausdrücklich zugelassen werden oder die Erbeinsetzung des behinderten Kindes darf keine erbrechtliche Bindung entfalten, sei es als wechselbezügliche Verfügung im gemeinschaftlichen Testament, sei es als vertragsmäßige Verfügung im Erbvertrag. 32

Zu § 4: Testamentsvollstreckung

Die Dauervollstreckung gemäß § 2209 BGB kann **bis zum Tod** des behinderten Erben angeordnet werden, auch wenn damit die 30-Jahresfrist überschritten wird (§ 2210 S. 2 BGB). 33

Der gesunde Erbe soll durch die Testamentsvollstreckung nicht belastet werden. Soll er bestimmte Vermögenswerte aus dem Nachlass erhalten, so lässt sich dies durch Vorausvermächtnisse oder Teilungsanordnungen realisieren. Andernfalls müssen sich Miterbe und Testamentsvollstrecker hierüber einig werden. Möglich ist es, dem gesunden Erben das Recht einzuräumen, die Teilung des Nachlasses nach billigem Ermessen gemäß § 319 BGB zu bestimmen (§ 2048 S. 2 BGB). 34

Das Behindertentestament, und zwar unabhängig von der Gestaltungsvariante, steht und fällt mit der rechtlichen **Zulässigkeit von Beschränkungen des Anspruchs am Ertrag** auf solche Verwendungen, die der Versorgung des behinderten Kindes 35

[31] *Otte* JZ 1990, 1027.
[32] *Van de Loo* NJW 1990, 2852; *Nieder* NJW 1994, 1264, 1265.

dienen, jedoch dessen Anspruch auf Sozialhilfeleistungen weder ausschließen noch verringern. Sicher ist dabei nur, dass der Anspruch des mit der Testamentswollstreckung belasteten Erben auf Auskehrung des Ertrags zwar nicht vollständig ausgeschlossen, aber eingeschränkt werden kann, wobei die Grenzziehung im einzelnen schwierig und in keiner Weise geklärt ist (§§ 2216 Abs. 2, 2220 BGB).

36 Keine zulässige Anordnung iSd. § 2216 BGB ist es, die Auskehrung des Ertrags in das **Ermessen des Testamentsvollstreckers** zu stellen.[33]

37 Zulässig ist es aber wohl, den Anspruch auf **Naturalleistungen** zu beschränken und dem Testamentsvollstrecker die Befugnis einzuräumen darüber zu entscheiden, in welcher Form diese konkret erfolgen.[34] Dabei ist auf die persönlichen Bedürfnisse des Behinderten Rücksicht zu nehmen.

38 Umstritten ist, ob **nicht aufgebrauchte Erträge** dem Vorerben überhaupt vorenthalten werden können,[35] wenn und soweit der Behinderte ohne die Erträge seinen Unterhalt nicht bestreiten kann. Ebenso ungeklärt ist, ob das Nachlassgericht mit dieser Begründung die im Formular getroffenen Anordnungen gemäß § 2216 Abs. 2 S. 2 BGB aufheben kann.[36] Überwiegend wird dem mit Recht entgegen gehalten, dass nach § 2216 Abs. 1 S. 1 BGB den Anordnungen des Erblassers der Vorrang gebührt, und zwar sowohl gegenüber dem Gebot der ordnungsgemäßen Verwaltung iSd. § 2216 Abs. 1 BGB als auch gegenüber der Aufhebungskompetenz des Nachlassgerichts (§ 2216 Abs. 2 S. 2 BGB).[37] Letztlich geht es dabei um die Zulässigkeit der Thesaurierung der Erträge. Nur dann, wenn man es für zulässig hält, den nicht verbrauchten Ertrag dem Nachlassvermögen gut zu bringen, ist der Zugriff des Sozialhilfeträgers sicher ausgeschlossen. Andernfalls kann er aufgrund der Überleitung des Anspruchs auf den Ertrag (§ 93 Abs. 1 SGB XII) die Überweisung des restlichen Ertrags an sich verlangen, wenn und soweit der behinderte Sozialhilfe bezieht. Die Bildung einer **Rücklage**[38] löst das Problem nicht wirklich, weil dann die beim Tod des behinderten Vorerben noch vorhandene Rücklage nicht mit der Nacherbschaftssubstanz auf die Nacherben übergeht, sondern in den Nachlass des Vorerben fällt, wo sie dem Zugriff des Sozialhilfeträgers ausgesetzt ist. Empfehlenswerter erscheint demgegenüber bis zur höchstrichterlichen Klärung dieser zentralen Frage, den Nacherbfall mit einer Gerichtsentscheidung eintreten zu lassen, die den Anspruch des Behinderten auf den Ertrag feststellt (§ 3 Abs. 1 Buchst. b Abs. 2 des Formulars).[39]

39 Bei **Auswahl der Person** des Testamentsvollstreckers ist in aller erster Linie darauf zu achten, dass er sich mit dem Behinderten versteht und auch verständigen kann. Außerdem sollte er größtmögliches Vertrauen der Eltern besitzen, weil er infolge seiner Unabhängigkeit eine große Machtfülle bei der Lebensgestaltung des Behinderten besitzt.

40 Auch der Nacherbe kann zum Testamentsvollstrecker ernannt werden,[40] jedoch sollte dabei Vorsicht walten, denn er kann durch sparsame Verwaltung seinen eigenen Vermögenserwerb beim Tod des Vorerben vergrößern.[41] Die Identität zwischen **Nacherbe und Testamentsvollstrecker** kommt daher nur in Betracht, wenn die

[33] *Settergren* Das „Behindertentestament" im Spannungsfeld zwischen Privatautonomie und sozialhilferechtlichem Nachrangprinzip, 1999, S. 200; DNotI-Report 1996, 48, 49.

[34] *Settergren* Das „Behindertentestament" im Spannungsfeld zwischen Privatautonomie und sozialhilferechtlichem Nachrangprinzip, 1999, S. 194 mwN.

[35] So *Krampe* AcP 191 [1991], 527, 544 ff.; ähnlich *Nieder* NJW 1994, 1264, 1265; *Settergren* Das „Behindertentestament" im Spannungsfeld zwischen Privatautonomie und sozialhilferechtlichem Nachrangprinzip, 1999, S. 193 ff.

[36] So *Otte* JZ 1990, 1027, 1028.

[37] BeckOK BGB/*Lange* BGB § 2216 Rz. 36, Stand: 1.2.2017; *Eichenhofer* JZ 1999, 226, 229 f.

[38] *Nieder/Kössinger* Rz. 1305.

[39] Vgl. *van de Loo* MittRhNotK 1989, 233, 251 aE.

[40] BayObLG v. 10.4.1959 – BReg. 1 Z 178/58, NJW 1959, 1920.

[41] Vgl. *Settergren* Das „Behindertentestament" im Spannungsfeld zwischen Privatautonomie und sozialhilferechtlichem Nachrangprinzip, 1999, S. 199.

Eltern insoweit größtmögliches Vertrauen haben. In diesem Fall sollte außerdem eine Befreiung von den Beschränkungen des § 181 BGB angeordnet werden.

Soll eine gemeinnützige Einrichtung Testamentsvollstrecker und/oder Nacherbe 41
werden, so ist zudem das gesetzliche **Verbot** des § 14 Abs. 1 **HeimG** zu beachten, wonach der Träger des Heims, in dem sich der Behinderte befindet, nur mit Genehmigung begünstigt werden darf.

Einige Vormundschaftsgerichte halten es für unzulässig, wenn der **Testamentsvollstrecker zugleich Betreuer** des Behinderten sein soll.[42] Andere wiederum halten 42
dies zwar für zulässig, bestellen dann aber in aller Regel einen unabhängigen Betreuer mit dem Wirkungskreis, den Testamentsvollstrecker zu überwachen.[43] Um dieses Problem zu vermeiden, sollte zum Testamentsvollstrecker nicht die Person bestellt werden, die als Betreuer in Frage kommt.[44] Aus diesem Grunde ist die überwiegend vorgeschlagene Erbschaftslösung dem überlebenden Elternteil nicht zumutbar (siehe oben Rz. 8).

Zulässig ist es auch, den Testamentsvollstrecker zu ermächtigen, einen **Nachfolger** 43
im Amt zu ernennen (§ 2199 Abs. 2 BGB). Ist die Geschäftsfähigkeit des Behinderten nicht oder nur unwesentlich beeinträchtigt so ist zu überlegen, ob ihm nicht ein stärkerer Einfluss auf die Person des Testamentsvollstreckers eingeräumt wird. Dem Erblasser steht es im Rahmen seiner Testierfreiheit nämlich frei, dem behinderten Erben einen über das Gesetz hinausgehenden Einfluss auf die Person des Testamentsvollstreckers einzuräumen, und zwar bis hin zu einer faktischen Selbstbestimmung der Person. Damit die Testamentsvollstreckung mangels Amtsinhaber nicht ersatzlos entfällt, muss der Erbe aber verpflichtet werden, einen rechtlich geeigneten Amtsnachfolger vorzuschlagen, den das Nachlassgericht dann ernennen muss **(„konstruktives Abberufungsverlangen")**. In diesem Falle ist § 4 des Formulars folgender Absatz anzufügen:

[Formular B. 1.15a] B. 1.15a

Auf schriftlichen Antrag von D muss das Nachlassgericht einen Testamentsvollstrecker entlassen und durch den von D vorgeschlagenen Nachfolger ersetzen, wenn dessen Ernennung keiner der in § 2201 BGB genannten Gründe entgegensteht. Der Antrag muss von D höchstpersönlich gestellt werden.

Um zu vermeiden, dass die Testamentsvollstreckung mangels Benennung einer be- 44
stimmten Person endet, sollte in jedem Falle das **Nachlassgericht** ermächtigt werden, einen Testamentsvollstrecker zu ernennen (§ 2200 BGB).

Wegen der **Vergütung** wird auf die Ausführungen zu B. 1.01 Rz. 47 ff. verwiesen. 45

Zu § 6: Vormund und Betreuer

Die Eltern können dem Vormundschaftsgericht gemäß § 1776 Abs. 1 BGB eine Per- 46
son als **Vormund** benennen, die das Vormundschaftsgericht nur aus den in § 1778 BGB aufgeführten wichtigen Gründen abgelehnt werden darf. Die Benennung erfolgt in Form eines Testaments (§ 1777 Abs. 3 BGB) und ist weder einer wechselbezüglichen noch einer erbvertragsmäßigen Wirkung zugänglich. Eine Identität zwischen Testamentsvollstrecker und Betreuer sollte jedoch vermieden werden (siehe oben Rz. 42).

Ist der Behinderte volljährig, so können die Eltern die Ernennung einer bestimmten 47
Person zum **Betreuer** nur anregen (vgl. § 1897 Abs. 4 S. 1 BGB), und zwar auch

---

[42] Unzulässig nach OLG Hamm v. 13.1.1993 – 15 W 216/92, MittBayNot 1994, 53; aA *Reimann* MittBayNot 1994, 54, 56; kritisch *Damrau* ZEV 1994, 1, 6.

[43] LG Frankfurt a. M. v. 10.1.1990 – 2/9 T 1299/89, Rpfleger 1990, 207; *Zimmermann* Testamentsvollstreckung, Rz. 106.

[44] Vgl. OLG München v. 18.4.2007 – 33 Wx 052/07, BeckRS 2007, 6544 m. Anm. *Litzenburger* BeckFD-ErbR 2007, 225307 m. Darstellung des Streitstands.

dann, wenn sie beide oder einer von ihnen als Betreuer bestellt ist. Das Gericht ist an diesen Wunsch in keiner Weise gebunden, wird ihn aber bei seiner Entscheidung zu berücksichtigen haben. Die zum Betreuer vorgeschlagene Person sollte allerdings nicht mit dem Testamentsvollstrecker identisch sein (siehe oben Rz. 42).

Zu § 7: Vollständigkeit

48 Die Beteiligten sollten darauf hingewiesen werden, dass sie durch die gegenseitige Einsetzung zu Vorerben keinen Anspruch auf Lebensversicherungs- oder sonstige Verträge auf den Todesfall, bei denen einem Dritten (zB Eltern, Kinder, Ex-Ehepartner) das Bezugsrecht eingeräumt ist, erwerben.[45] Vor allem die Einräumung eines Bezugsrechts für das behinderte Kind ist kontraproduktiv, weil sich der Erwerb der Versicherungssumme usw. damit außerhalb der Erbfolge und damit ungeschützt vor dem Zugriff des Sozialhilfeträgers vollzieht.

Zu § 8: Teilnichtigkeit

49 § 2085 BGB sieht den Ersatz einer ungültigen Bestimmung durch eine wirtschaftlich vom Erblasser gewollte nicht vor. Angesichts der Vielzahl von ungelösten Problemen in einem Behindertentestament sollte zur Vermeidung von sonst eintretenden Regelungslücken unbedingt eine Teilnichtigkeitsklausel in das Testament aufgenommen werden.

Zu § 9: Bindungswirkung

50 In einem gemeinschaftlichen Testament ist stets die Frage der **Wechselbezüglichkeit** der darin enthaltenen Erbeinsetzungen, Vermächtnisse und Auflagen zu klären. Die Auslegungsregel des § 2270 Abs. 2 BGB kann sonst leicht zu ungewollten erbrechtlichen Bindungen des Länger lebenden führen.

51 Die Gefahr von Gesetzes- und Rechtsprechungsänderungen verbietet die Errichtung eines Erbvertrags oder gemeinschaftlichen Testaments mit zu weitgehender **erbrechtlicher Bindungswirkung.** Die Erbeinsetzung durch den Länger lebenden sowie die Anordnung der Verwaltungstestamentsvollstreckung sollten nur in einseitig testamentarischer Weise getroffen werden, also ohne wechselbezügliche Wirkung. Aber auch die gegenseitige Erbeinsetzung der Eltern sollte zwar wechselbezüglich iSd. § 2270 Abs. 1 BGB, aber widerrufbar sein. Nur so ist gewährleistet, dass im Falle einer Änderung der Rechtslage jeder Vertragsteil die notwendigen Anpassungen vornehmen kann, und zwar auch dann, wenn der andere Ehepartner zwischenzeitlich infolge eines schweren Unfalls oder aus anderen Gründen testierunfähig geworden sein sollte.

52 Stirbt ein Ehegatte während eines **Scheidungsverfahrens,** so bleiben seine Verfügungen zugunsten des anderen wirksam, wenn nur der andere den Scheidungsantrag gestellt und der Verstorbene diesem (noch) nicht zugestimmt hatte (§§ 2077 Abs. 1 S. 2, 3, 2268 BGB).[46] Es ist empfehlenswert, einen Auslegungsstreit hierüber durch die hier vorgeschlagene Regelung von vorneherein auszuschließen. Anstelle der hier gewählten Vernichtung aller getroffenen Verfügungen ist es auch denkbar, nur denjenigen die Wirksamkeit zu nehmen, die den Ehepartner begünstigen. Bei einer so komplizierten erbrechtlichen Konstruktion wie einem Behindertentestament sollte man jedoch drohende Regelungslücken vermeiden und das gesamte Testament für ungültig erklären. Allerdings muss dann jeder Elternteil in einem einseitigen Testament entsprechende Regelungen wie in §§ 3 und 4 des Formulars treffen.

---

[45] Vgl. OLG Koblenz v. 1.2.2007 – 2 U 898/05, BeckRS 2007, 10388 m. Anm. *Litzenburger* BeckFD-ErbR 2007, 237549.

[46] BayObLG v. 30.10.1989 – 1a Z 19/88, FamRZ 1990, 322; *Muscheler* DNotZ 1994, 733, 735; *Lange/Kuchinke* § 24 I 6; Staudinger/*Kanzleiter* BGB § 2268 Rz. 8; für analoge Anwendung: MüKoBGB/*Musielak* BGB § 2268 Rz. 13.

B. 1.20 Vertrag zu Gunsten Dritter auf den Todesfall

Übersicht

B. 1.21 Kontenvertrag

Gliederung

Vertrag zu Gunsten Dritter auf den Todesfall für das Konto mit der IBAN [...] bei der D-Bank

B. 1.21

Nummer der Urkundenrolle [...] [Rz. 6, 11]

Verhandelt zu [...] am [...]

Vor dem Notar [...] erschienen:

Herr A, geboren am [...], in [...],
wohnhaft [...],
nach eigenen Angaben deutscher Staatsangehöriger,
Steuerliche Identifikationsnummer [...],
– nachfolgend „Schenker" oder „Kontoinhaber" genannt –,

Frau B, geboren am [...], in [...],
wohnhaft [...],
nach eigenen Angaben deutsche Staatsangehörige,
Steuerliche Identifikationsnummer [...],
– nachfolgend „Beschenkte" oder „Begünstigte" genannt –,

Herr C, geboren am [...], in [...],
geschäftsansässig [...],
nach eigenen Angaben deutscher Staatsangehöriger,
handelnd nicht für sich selbst, sondern als Vertreter der D-Bank, [...]
– nachfolgend „Bank" genannt –,

dem Notar [...].

Die Erschienenen erklären mündlich Folgendes zur Beurkundung:

Präambel

Der Schenker ist Inhaber eines Kontos bei der D-Bank. Dieses Konto will er der Beschenkten im Falle seines Todes außerhalb des Nachlasses zukommen lassen.

Aus diesem Grunde wird der nachfolgende Vertrag zu Gunsten Dritter auf den Todesfall gemäß den §§ 328ff. BGB (vgl. I.) sowie in Erfüllung des § 518 Abs. 1 Satz 1 BGB der nachfolgende Schenkungsvertrag (als Valutaverhältnis) (vgl. II.) abgeschlossen.

I. Vertrag zu Gunsten Dritter[Rz. 1–9]

§ 1 Vertragsgegenstand

Der Kontoinhaber ist bis zum nachstehend vereinbarten Eintritt des Rechtserwerbs ausschließlicher verfügungsberechtigter Gläubiger des bei der Bank bestehenden Kontos mit der IBAN [...].[Rz. 22, 23]

§ 2 Begünstigter

Begünstigter aus diesem Vertrag ist entsprechend dem unter II. geregelten Schenkungsvertrag Frau B.[Rz. 24–26]

§ 3 Eintritt des Rechtserwerbs

Alle Rechte aus dem in § 1 genannten Konto stehen der Begünstigten gemäß den §§ 328ff. BGB mit dem Tod des Kontoinhabers zu, ohne dass sie in den Nachlass fallen. Der Nachweis des Todes kann durch Vorlage der Sterbeurkunde erbracht werden. Insoweit ist der Rechtserwerb der Begünstigten auf den Tod des Kontoinhabers aufschiebend bedingt.[Rz. 3, 5, 19, 20]

Bis zum Rechtsübergang kann der Kontoinhaber jederzeit ohne Zustimmung der Begünstigten über das in § 1 genannte Konto uneingeschränkt verfügen, insbesondere es auflösen.[Rz. 12, 18]

Stirbt die Begünstigte vor dem Rechtsübergang, so wird dieser Vertrag gegenstandslos.[Rz. 28]

§ 4 Widerrufsrecht

Der Kontoinhaber ist nicht berechtigt, diesen Vertrag bis zum Rechtsübergang zu widerrufen.[Rz. 12, 30]

Von dem in Abs. 1 geregelten Widerrufsverbot sind folgende Fälle ausgenommen: [...].[Rz. 30]

Liegt einer der in Abs. 2 genannten Fälle vor, so kann der Kontoinhaber diesen Vertrag ohne Zustimmung der Begünstigten durch schriftliche Erklärung gegenüber der Bank widerrufen. Eines Nachweises über das Vorliegen einer der in Abs. 2 genannten Fälle bedarf es hierfür nicht.[Rz. 32]

Das in Abs. 2 und 3 geregelte Widerrufsrecht ist weder übertragbar noch vererblich. Es erlischt mit dem Tode des Kontoinhabers.[Rz. 33]

§ 5 Vollmachten

Vollmachten, die der Kontoinhaber bereits erteilt hat oder noch erteilen wird, gelten nicht für das in § 1 genannte Konto. Eine Ausnahme hiervon soll für den Fall gelten, dass die bevollmächtigte oder zu bevollmächtigende Person mit der aus diesem Vertrag begünstigten Person identisch ist.[Rz. 34]

II. Schenkungsvertrag[Rz. 11, 12, 19, 20, 35]

§ 1 Schenkungsgegenstand

Der Schenker ist ausschließlicher verfügungsberechtigter Gläubiger des bei der D-Bank [...], bestehenden Kontos mit der IBAN [...], für das er mit gleicher Urkunde aufschiebend auf seinen Tod einen Vertrag zu Gunsten der Beschenkten mit der D-Bank gemäß den Regelungen unter I. abschließt.

§ 2 Schenkung und Abtretung auf den Todesfall

Der Schenker schenkt der Beschenkten aufschiebend bedingt auf seinen Tod sämtliche von ihm aus dem in § 1 genannten Schenkungsgegenstand noch zu erwerbenden Rechte und tritt sie an sie ab. Die Beschenkte nimmt die auf den Tod des Schenkers bedingte Schenkung und Abtretung dankend an.[Rz. 16]

§ 3 Auflösende Bedingung, Widerrufsrecht

Die in § 2 geregelte Schenkung wird gegenstandslos, wenn der Schenker vor der Beschenkten verstirbt.

Der Schenker ist in den Fällen der Ziffer I. § 4 Abs. 2 berechtigt, die in § 2 geregelte Schenkung zu widerrufen.

Die Ausübung des Widerrufsrechts ist auflösende Bedingung für die schuldrechtliche Schenkung. Der Widerruf kann nur binnen einer Frist von [...], nachdem der Schenker von dem Widerrufsgrund Kenntnis erlangt hat, ausgeübt werden. Der Widerruf hat durch eingeschriebenen Brief gegenüber der Beschenkten zu erfolgen.

Das Recht zum Widerruf ist weder übertragbar noch vererblich. Es erlischt mit dem Tod des Schenkers.

§ 4 Wirksamkeit

Der hiermit beurkundete Schenkungsvertrag sowie die Abtretung werden mit der Unterzeichnung dieser Urkunde wirksam.

III. Gemeinsame Bestimmungen

§ 1 Anweisungen an den Notar

Der Notar wird gebeten, den Erschienenen je eine Ausfertigung dieser Urkunde zu erteilen.

§ 2 Schlussbestimmungen, Kosten, Belehrungen

Sollten einzelne Bestimmungen in dieser Urkunde ganz oder teilweise nicht rechtswirksam oder nicht durchführbar sein oder ihre Rechtswirksamkeit oder Durchführbarkeit später verlieren, so soll hierdurch die Gültigkeit und Wirksamkeit der übrigen Bestimmungen nicht berührt werden. Das Gleiche gilt, soweit sich herausstellen sollte, dass die Urkunde eine Regelungslücke enthält.

Anstelle der unwirksamen oder undurchführbaren Bestimmung oder zur Ausfüllung der Lücke soll eine angemessene Regelung als vereinbart gelten, die, soweit rechtlich möglich, dem wirtschaftlichen Grundgehalt der Vereinbarung am Nächsten kommt.

Die Kosten dieser Urkunde tragen [...].

Der Notar hat die Erschienenen vor Unterzeichnung dieser Urkunde ausführlich über Bedeutung und Tragweite der abgegebenen Erklärungen belehrt, insbesondere: [...].

Diese Niederschrift wurde in Gegenwart des Notars den Erschienenen vorgelesen, von ihnen durch mündliche Erklärung genehmigt und eigenhändig wie folgt unterschrieben:

.., den ....
[Ort, Datum]

..
[Unterschriften]

A. Grundsätzliche Anmerkungen

I. Wirtschaftliche Aspekte

1 Im Falle eines Vertrages zu Gunsten Dritter auf den Todesfall vollzieht sich die **Vermögensübertragung außerhalb des Nachlasses.**[1] Er ist daher das Mittel für Vermögensübertragungen ohne eine nur schwerfällig handlungsfähige Erbengemeinschaft, ohne das Erfordernis der Vorlage eines Erbscheins[2] und ohne dass ein eventueller Testamentsvollstrecker seine Hand auf dieses Vermögen legen kann, sowie für diskrete Zuwendungen an bestimmte Personen[3] am allgemeinen Verfahren der Erbauseinandersetzung vorbei. Der Vertrag zu Gunsten Dritter kann aber auch zur faktischen außer Kraftsetzung bindender Verfügungen von Todes wegen genutzt werden, da eine Schenkung auf Grund Vertrages zu Gunsten Dritter auf den Todesfall auch dann wirksam ist, wenn sie im Widerspruch zu bindenden Verfügungen in einem Erbvertrag oder gemeinschaftlichen Testament ist.[4] Er bietet sich daher zB für Zuwendungen an Dritte an, wenn dadurch die Pflegeleistung des Dritten gegenüber dem Zuwendenden gesichert werden soll.

2 Da der **Vertrag zu Gunsten Dritter auf den Todesfall formfre**i abgeschlossen werden kann und bei Banken hierfür häufig vorgefertigte Formulare bereit stehen,[5] ist er auch deutlich **günstiger als** die Errichtung, Hinterlegung und dann Eröffnung eines **Testamentes.**

II. Rechtliche Aspekte

3 Der **Vertrag zu Gunsten Dritter auf den Todesfall** ist **nicht** wie das **Schenkungsversprechen von Todes wegen** im Sinne von § 2301 BGB im Erbrecht angesiedelt, sondern im Bereich der §§ 328, 331 BGB.[6] Typische Anwendungsfälle sind die Begünstigung eines Dritten in Lebensversicherungsverträgen und sonstigen Versorgungsverträgen, von Bausparverträgen oder aber – wie im Formular – Vereinbarungen mit Banken, nach dem Tod des Kontoinhabers den auf dem Konto befindlichen Geldbetrag (zB Guthabenforderung aus Sparverhältnis[7] oder Festgeldeinlage) an einen Dritten zu bezahlen oder ihm den Inhalt eines Depots nach dem Tod des Depotinhabers auszuhändigen.[8]

Durch den Vertrag zu Gunsten Dritter vereinbaren die Vertragsparteien, dass der Schuldner (die kontoführende Bank) eine Leistung an einen vom Gläubiger (dem Kontoinhaber) verschiedenen Dritten (dem Begünstigten) zu erbringen hat. Es handelt sich dabei um einen **echten Vertrag zu Gunsten Dritter,** weil der Begünstigte durch den Vertrag einen eigenen Anspruch gegen die Bank erwirbt.[9] Im Gegensatz zu

[1] So die Rspr. und hM in der Literatur (vgl. nur BGH v. 28.4.2010 – IV ZR 73/08, NJW 2010, 3232 (3234 Rz. 17) sowie die Nachweise bei *Peters* ZErb 2010, 165 (168)); aA *Hoffmann* AcP 158, 178 (194 ff.) und *Wall* ZEV 2011, 3 (4 ff. mwN): Vollzug innerhalb des Nachlasses als Forderungsvermächtnis.

[2] Groll/*Esser* B II Rz. 785.

[3] ZB zur Versorgung der Geliebten oder wenn Kinder aus erster Ehe von den Kindern aus zweiter Ehe ferngehalten werden sollen.

[4] Groll/*Esser* B II Rz. 781 mwN.

[5] Der Vertrag zu Gunsten Dritter auf den Todesfall zählt zu den Standardprodukten einer Bank und ist aus der Bankpraxis nicht mehr wegzudenken, vgl. statt vieler Lange/Werkmüller/*Werkmüller/Lang* § 22 Rz. 3 sowie das Muster 12 bei *Ott-Eulberg/Schebesta/Bartsch.*

[6] BGH v. 26.11.2003 – IV ZR 438/02, NJW 2004, 767.

[7] Zur Zuwendung eines auf einen fremden Namen angelegten Sparbuchs siehe Formular I. V.2. in Beck-FormB ErbR/*Lehmann.*

[8] Siehe hierzu das Formular B. 1.22.

[9] Bei einem unechten Vertrag zu Gunsten Dritter wäre die Bank lediglich ermächtigt, mit befreiender Wirkung an den Begünstigten zu zahlen, was im Regelfall nicht dem Willen des Kunden entspricht.

den gewöhnlichen Verträgen zu Gunsten Dritter erwirbt der **Begünstigte** den **Anspruch** jedoch nicht sofort, sondern **erst mit** dem **Tod des Kontoinhabers.**

Wie bei jedem Vertrag zu Gunsten Dritter sind auch beim Vertrag zu Gunsten Dritter auf den Todesfall **drei Rechtsbeziehungen** zu unterscheiden: das Deckungs- oder Grundverhältnis, das Valuta- oder Zuwendungsverhältnis und das Vollzugs- oder Drittverhältnis. 4

Das **Deckungsverhältnis** liegt in dem Vertrag zwischen der Bank und dem Kontoinhaber und **stellt** den **eigentlichen Vertrag zu Gunsten Dritter dar,**[10] weil er die zu erbringende Leistung und die Person des Begünstigten bestimmt. Dieser wird **mit** dem **Tod des Kontoinhabers** ohne weiteres Zutun originär (dh. ohne Durchgangserwerb durch das Vermögen des Kontoinhabers)[11] **Forderungsinhaber gegenüber** der **Bank,** selbst wenn er keinerlei Kenntnis von dem Vertrag hat.[12] Er kann in diesem Fall jedoch von seinem **Zurückweisungsrecht nach § 333 BGB** Gebrauch machen, weil – wie bei einer Erbausschlagung – niemand gegen seinen Willen bereichert werden kann.[13] 5

Für den Vertrag zu Gunsten Dritter auf den Todesfall existieren **keine** besonderen **Formvorschriften.** Insbesondere sind die Formvorschriften letztwilliger Verfügungen – auch der des § 2301 BGB – nach ständiger Rechtsprechung des BGH nicht zu beachten.[14] Auch die Allgemeinen Geschäftsbedingungen der Banken sehen keine besondere Form vor.[15] Aus Beweisgründen sollte aber immer die Schriftform eingehalten werden. 6

Sofern der Begünstigte von dem Abschluss des Vertrages zu Gunsten Dritter auf den Todesfall nichts weiß, können ihm **nur Konten mit Guthabenforderungen** zugewandt werden und keine Kontokorrentkonten, weil Verträge zu Lasten Dritter ohne deren Mitwirkung nicht zulässig sind. 7

Besonderheiten sind auch bei **Gemeinschaftskonten** zu beachten. Handelt es sich um ein sog. **Oder-Konto,**[16] so ist es möglich, durch eine gegenseitige Einsetzung der Kontoinhaber als Begünstigte die aus dem Oder-Konto resultierende Gesamtgläubigerstellung des verstorbenen Kontoinhabers iSd. § 428 BGB dem jeweils überlebenden Kontoinhaber zuzuwenden. Der überlebende Kontoinhaber wird dann alleiniger Kontoinhaber mit alleiniger Verfügungsbefugnis. Die Bank kann an ihn mit befreiender Wirkung leisten. Gleiches gilt im Prinzip für das sog. **Und-Konto,**[17] unabhängig davon, ob man die Rechtsstellung der Gemeinschaftskontoinhaber als Bruchteils-[18] oder Gesamthandsgemeinschaft[19] bezüglich der Forderungen aus dem Gemeinschaftskonto einordnet. Im Regelfall wird man von einem Rechtserwerb der Rechtsstellung des Erstversterbenden durch den Überlebenden – zumindest dann, wenn lediglich zwei Kontoinhaber vorhanden waren – ausgehen können.[20] 8

Da das Deckungsverhältnis das die drei Rechtsbeziehungen prägende Grundverhältnis darstellt, kann sich die Bank auf **Mängel des Deckungsverhältnisses** nach § 334 BGB auch gegenüber dem Dritten berufen. Ist zB der Vertrag zu Gunsten Dritter auf den Todesfall schwebend unwirksam, weil der Kunde – was die Bank zunächst nicht weiß – nach §§ 1896, 1903 BGB unter Betreuung mit Einwilligungsvorbehalt steht, kann sich die Bank hierauf gegenüber dem Begünstigten berufen.[21] 9

---

[10] BeckOK BGB/*Janoschek* § 328 Rz. 7.
[11] BGH v. 28.4.2010 – IV ZR 73/08, NJW 2010, 3232 Rz. 17.
[12] *Muscheler* WM 1994, 921; *Ott-Eulberg/Schebesta/Bartsch* § 5 Rz. 12 mwN.
[13] *Nieder/Kössinger* § 4 Rz. 36.
[14] Vgl. nur BGH v. 28.4.2010 – IV ZR 73/08, NJW 2010, 3232 (3234, Rz. 20).
[15] *Ott-Eulberg/Schebesta/Bartsch* § 5 Rz. 14.
[16] Dh. ein Gemeinschaftskonto mit Einzelverfügungsbefugnis.
[17] Dh. ein Gemeinschaftskonto mit gemeinschaftlicher Verfügungsbefugnis.
[18] BGH v. 30.10.1990 – XI ZR 352/89, NJW 1991, 420.
[19] Schimansky/Bunte/Lwowski/*Hadding/Häuser* § 35 Rz. 17.
[20] Vgl. hierzu näher *Ott-Eulberg/Schebesta/Bartsch* § 5 Rz. 46 ff. sowie Lange/Werkmüller/*Lang* § 22 Rz. 48 bis 50 mwN.
[21] Beispiel nach *Ott-Eulberg/Schebesta/Bartsch* § 5 Rz. 9.

10 Wenn der Begünstigte die Guthabenforderung gegen die Bank auch ohne seine Mitwirkung und sogar ohne Kenntnis erwerben kann, so darf er diese Rechtsposition gegenüber den Erben erst dann endgültig behalten, wenn dafür ein Rechtsgrund, das sog. **Valuta- oder Zuwendungsverhältnis** besteht. Andernfalls hat er sie an die Erben nach den Grundsätzen der ungerechtfertigten Bereicherung nach § 812 Abs. 1 Satz 1 BGB herauszugeben.[22]

11 Der **Rechtsgrund für** das **Valutaverhältnis** ist **in der Regel** eine **Schenkung,**[23] für deren Wirksamkeit nach § 518 Abs. 1 BGB das Schenkungsversprechen notariell beurkundet werden muss. Der Formmangel des Schenkungsversprechens wird durch den Erwerb des Leistungsanspruchs nach § 518 Abs. 2 BGB jedoch geheilt.[24] Weiß der Beschenkte von der beabsichtigten Schenkung nichts oder ist sonst zu Lebzeiten des Schenkers im Gegensatz zu dem im Formular dargestellten Fall noch kein (auch nicht formloser) Schenkungsvertrag abgeschlossen worden, so kann dieser **auch noch postmortal** zustande kommen. In diesem Fall liegt nach der Rechtsprechung im Vertrag zu Gunsten Dritter auf den Todesfall gleichzeitig ein Schenkungsangebot des Kunden an den Begünstigten, das die Bank nach Kenntnis von dem Tod des Kunden dem Begünstigten zu übermitteln hat.[25] Mit der auftragsgemäßen Weiterleitung dieses mit dem Tod des Kunden nicht erloschenen Schenkungsangebotes kann die erforderliche Einigung über die Schenkung nach den §§ 130 Abs. 2, 151, 153 BGB auch noch nach dem Tod des Kunden herbeigeführt werden.[26] Eine ausdrückliche Annahme der unentgeltlichen Zuwendung braucht nach der Verkehrssitte nicht erklärt zu werden.[27]

12 Dies wirft die Frage[28] auf, inwieweit **Erben des Kunden** diese **Einigung** möglicherweise **noch verhindern** können und wie dies vermieden werden kann. Gegen das Deckungsverhältnis können die **Erben** nicht mehr vorgehen, da dieses mit dem Tod des Kunden bereits vollzogen ist. Den Auftrag an die Bank, die Schenkungsofferte an den Begünstigten weiterzuleiten sowie die Schenkungsofferte selbst **können** sie jedoch gemäß § 130 Abs. 1 Satz 2 BGB so lange **widerrufen,**[29] wie der Begünstigte diese noch nicht angenommen hat.[30] Hierdurch kann es zu einem Wettlauf zwischen den Erben und der Bank kommen.[31] **Dem kann** neben der im Formular dargestellten Art und Weise dadurch **entgegengewirkt werden,** dass der Kunde zu Lebzeiten auf sein Recht zum Widerruf des Schenkungsangebotes verzichtet und zugleich der Bank den unwiderruflichen Auftrag erteilt, das Schenkungsangebot dem Begünstigten zu übermitteln. Diese Selbstbindung geht dann nach dem Grundsatz der Gesamtrechtsnachfolge iSv. § 1922 BGB auf die Erben über.[32] Für den Kunden als Erblasser ist dieser Widerrufsverzicht ohne Risiko, da er weiterhin die volle lebzeitige Verfügungsfreiheit über das Konto behält.[33] Zu weiteren Möglichkeiten, den **Wettlauf** zwischen

---

[22] Scherer/*Ridder* § 32 Rz. 26f. mwN sowie *Peters* ZErb 2010, 165 (169 mwN).

[23] BGH v. 28.4.2010 – IV ZR 73/08, NJW 2010, 3232 (3234 Rz. 16 mwN); Scherer/*Ridder* § 32 Rz. 26 mwN; Groll/*Esser* B II Rz. 790. In Betracht kommt aber auch eine ehebedingte Zuwendung oder eine Ausstattung, vgl. näher *Vorwold* ErbStB 2006, 22 (23) mwN; *Mayer/Süß/Tanck/Wälzholz* HdB Pflichtteilsrecht § 7 Rz. 39; BeckOK BGB/*J. Mayer* BGB § 2325 Rz. 9; Damrau/Tanck/*Riedel* BGB § 2325 Rz. 70; aA *Wall* ZEV 2011, 3 (4 ff.): keine Schenkung, sondern Forderungsvermächtnis; ähnlich *Peters* ZErb 2010, 195 (200 ff.): vermächtnisähnliche Zuwendung von Todes wegen mit dinglicher Wirkung.

[24] MüKoBGB/*Gottwald* BGB § 331 Rz. 6, 8; Palandt/*Grüneberg* BGB § 331 Rz. 5.

[25] Groll/*Esser* B II Rz. 790; *Kühne* ZErb 2015, 33 (36).

[26] *Muscheler* WM 1994, 921 (922); Lange/Werkmüller/*Lang* § 22 Rz. 18 f.

[27] *Vorwold* ErbStB 2006, 22 (23 mwN).

[28] Diese Frage stellt sich selbstverständlich nur dann, wenn nicht bereits zu Lebzeiten des Kunden ein – wenn auch formloser – Schenkungsvertrag abgeschlossen und damit das Schenkungsangebot bereits vor dem Tod angenommen wurde. Vgl. näher Lange/Werkmüller/*Lang* § 22 Rz. 33 und 41 ff.

[29] Zum Widerrufsrecht bei mehreren Erben und im Falle einer Testamentsvollstreckung vgl. Lange/Werkmüller/*Lang* § 22 Rz. 37 f. sowie *Muscheler* WM 1994, 921 (926).

[30] MüKoBGB/*Gottwald* BGB § 331 Rz. 10; aA *Peters* ZErb 2010, 195 (203), der aber den Rechtsgrund im Valutaverhältnis nicht als Schenkung, sondern als vermächtnisähnliche Zuwendung mit dinglicher Wirkung ansieht.

[31] Groll/*Esser* B II Rz. 791.

[32] *Nieder/Kössinger* § 4 Rz. 53 mwN und weiteren Sicherungsmöglichkeiten gegen den Erbenwiderruf.

[33] Scherer/*Ridder* § 32 Rz. 27 mwN.

Erben und Begünstigtem zu vermeiden vgl. eingehend *Gubitz*,[34] Scherer/*Ridder*[35] und Groll/*Grötsch*.[36]

13 **Mängel im Valutaverhältnis** berühren die Bank grundsätzlich nicht, da dieses Verhältnis ausschließlich zwischen dem Kunden und dem Begünstigten Rechtswirkungen entfaltet.[37] Das Fehlen eines Rechtsgrundes kann die Bank lediglich ausnahmsweise gegenüber dem Auszahlungsanspruch des Begünstigten unter dem Gesichtspunkt von Treu und Glauben nach § 242 BGB einwenden.[38]

14 Neben dem Deckungs- und Valutaverhältnis gibt es noch das **Vollzugs- oder Drittverhältnis,** dh. das Verhältnis zwischen Bank und dem Begünstigten. Dies wird allerdings von dem Deckungsverhältnis dominiert, weil aus ihm der Anspruch des Begünstigten resultiert, so dass es sich nicht um ein vertragliches Verhältnis handelt.[39]

15 Auch wenn Verträge zu Gunsten Dritter auf den Todesfall außerhalb des Nachlasses vollzogen werden, so steht dem **Erben** in seiner Eigenschaft als Gesamtrechtsnachfolger gegenüber der Bank ein **Auskunftsanspruch** hinsichtlich des Bestehens solcher Verträge zu. Er muss **aber berechtigte Gründe** wie etwa die Absicht, eventuell vorhandene Verträge zu widerrufen, **darlegen.** Anfragen eines Erben ohne sachlichen Anlass, die erkennbar nur der allgemeinen Ausforschung oder der Befriedigung der Neugier dienen, brauchen nicht beantwortet zu werden.[40]

Einen **Auskunftsanspruch** gegenüber der Bank hat **auch** ein **ehemals Begünstigter** eines Vertrages zu Gunsten Dritter auf den Todesfall. Er kann jedoch nur darauf gerichtet sein, zu erfahren, ob es bei der Begünstigung geblieben ist, und wenn ja, welche Werte mit dem Todesfall auf ihn übergegangen sind.[41]

Keinen Auskunftsanspruch gegen die Bank haben jedoch **Vermächtnisnehmer und Pflichtteilsberechtigte,**[42] es sei denn, sie haben sich den Auskunftsanspruch des Erben gegen die Bank abtreten lassen.[43]

16 Hinzuweisen ist noch auf Folgendes: Auch wenn die Rechtsposition des Begünstigten durch die Erben nicht mehr beeinträchtigt werden kann, weil er entweder schon zu Lebzeiten des Bankkunden die Schenkung angenommen hat oder weil der Widerruf aus den oben genannten Gründen[44] ausgeschlossen ist, so dürfen beim Abschluss von Verträgen zu Gunsten Dritter auf den Todesfall das **Pflichtteilsrecht der Erben** sowie etwaige **Testamente oder Erbverträge mit Bindungswirkung** nicht außer acht gelassen werden, wenn man die Zuwendungen endgültig unangreifbar vor den Erben machen will. Wird nämlich zuviel Liquidität außerhalb des Nachlasses an den Erben vorbeigesteuert, können **erbrechtliche Korrekturvorschriften** (§§ 2287, 2329 BGB) greifen. Die **Zehnjahresfrist** des § 2325 Abs. 3 BGB spielt beim Vertrag zu Gunsten Dritter auf den Todesfall faktisch keine Rolle, da die Schenkung idR erst mit dem Tod des Bankkunden vollzogen ist und damit auch erst mit dessen Tod zu laufen beginnt.[45]

17 Auch wenn eine **lebzeitige Vermögensverschiebung am Nachlass vorbei** mittels Vertrages zu Gunsten Dritter auf den Todesfall bei entsprechender Gestaltung und Beachtung des Vorgenannten nach **deutschem Erbrecht** prinzipiell **bestandsfest** ist,

---

[34] ZEV 2006, 333 (334ff.).
[35] Scherer/*Ridder* § 32 Rz. 28 mwN.
[36] Groll/*Grötsch* B I 2 Rz. 7c.
[37] BeckOK BGB/*Janoschek* BGB § 328 Rz. 8 mwN.
[38] Vgl. hierzu näher *Ott-Eulberg/Schebesta/Bartsch* § 5 Rz. 21.
[39] BeckOK BGB/*Janoschek* BGB § 328 Rz. 9 mwN.
[40] *Ott-Eulberg/Schebesta/Bartsch* § 5 Rz. 76.
[41] *Ott-Eulberg/Schebesta/Bartsch* § 5 Rz. 77 mwN.
[42] Ihnen steht nach §§ 2314, 2325 BGB nur ein Auskunftsanspruch gegen den Erben zu.
[43] *Ott-Eulberg/Schebesta/Bartsch* § 5 Rz. 78.
[44] Vgl. Rz. 12.
[45] Lange/Werkmüller/*Werkmüller* § 22 Rz. 68; *Ott-Eulberg/Schebesta/Bartsch* § 5 Rz. 71ff. – so zumindest für den hier behandelten Vertrag. Dies kann für die Zuwendung von Lebensversicherungen mittels Vertrages zu Gunsten Dritter anders aussehen (vgl. nur *Rudy* ZErb 2010, 351 (354ff.)).

so **kann** dies **anders sein, wenn** der Kontoinhaber zum Zeitpunkt seines Todes seinen Wohnsitz nicht mehr in Deutschland hat und auf Grund der für Erbfälle ab dem 17.8.2015 geltenden EuErbVO ein **fremdes Erbstatut** zum Tragen kommt.

Es ist zwar **streitig, ob** der Vertrag zu Gunsten Dritter auf den Todesfall oder das Valutaverhältnis davon überhaupt **von** der **EuErbVO umfasst** sind oder nicht.[46] **Aber selbst wenn** der Meinung gefolgt wird, dass der Forderungserwerb und das Zustandekommen eines Schenkungsvertrages im Valutaverhältnis wegen Art. 1 Abs. 2 Buchst. g EuErbVO vollständig vom Anwendungsbereich der EuErbVO **ausgenommen** ist,[47] so **kann** die **Zuwendung** mittels Vertrages zu Gunsten Dritter auf den Todesfall nach Art. 23 Abs. 2 lit. i) EuErbVO **auszugleichen oder anzurechnen sein,** auch wenn dies nach deutschem Erbstatut nicht der Fall ist, weil die Zuwendung typischer- und üblicherweise zu Gunsten von Personen erfolgt, die außerhalb der Erbfolge stehen.[48] Will der Kontoinhaber dies verhindern, so sollte in dem Schenkungsvertrag klargestellt werden, dass die Zuwendung ungeachtet von sich aus einem ausländischen Erbstatut ergebenden Anrechnungs- bzw. Ausgleichsbestimmungen geleistet wird oder aber er wählt im Rahmen seiner letztwilligen Verfügung ausdrücklich die Anwendung deutschen Erbrechts. Letzteres hat sogar den Vorteil, dass dem vorgenannten Streit aus dem Weg gegangen wird.

III. Steuerrechtliche Aspekte

1. Ertragsteuern

18 Da der Rechtserwerb bei dem Begünstigten erst mit dem Tod des Bankkunden eintritt, hat der **Bankkunde weiterhin** die **Erträge** aus dem Konto zu **versteuern.**

2. Erbschaft- und Schenkungsteuern

19 Die **Leistung,** die der Begünstigte nach dem Tod des Bankkunden auf Grund des Vertrages zu Gunsten Dritter auf den Todesfall von der Bank erhält, ist als Erwerb von Todes wegen **nach § 3 Abs. 1 Nr. 4 ErbStG erbschaftsteuerpflichtig.**[49] Versteuern muss der Begünstigte jedoch nur die objektive Bereicherung, da es sich bei dem nach § 3 Abs. 1 Nr. 4 ErbStG steuerpflichtigen Erwerb durch Vertrag zu Gunsten Dritter auf den Todesfall vom Typus her um eine freigebige Zuwendung iSv. § 7 Abs. 1 Nr. 1 ErbStG handelt, die nur deshalb den Erwerben von Todes wegen zugerechnet wird, weil die die Steuerpflicht auslösende Bereicherung des Dritten erst beim Tod des Erblassers als Zuwendenden eintritt. Hat der Bankkunde zB außerhalb des mit der Bank geschlossenen Vertrages, in dem er einen Begünstigten eingesetzt hat, in einem gesonderten Schriftstück weitere Begünstigte benannt und verteilt der in dem mit der Bank geschlossenen Vertrag genannte Begünstigte die von der Bank nach dem Tod des Bankkunden erhaltene Leistung entsprechend diesem gesonderten Schriftstück, so ist bei ihm nicht die gesamte von der Bank erhaltene Leistung erbschaftsteuerpflichtig, sondern nur das ihm nach Verteilung an die anderen Verbleibende.[50]

20 Weist der Begünstigte die Leistung nach § 333 BGB gegenüber der Bank als Schuldnerin zurück und erhält er hierfür von demjenigen, dem die **Zurückweisung** zu Gute kommt eine Abfindung, so fehlte bisher ein die Erbschaftsteuerpflicht auslösender Tatbestand. Das ErbStRG 2009 hat diese Lücke geschlossen. Die **Abfindung**

[46] Zum Meinungsstand siehe MüKoBGB/*Dutta* Art. 1 EuErbVO Rz. 22 oder Dutta/Weber/*Schmidt* EuErbVO Art. 1 Rz. 89 ff.

[47] So *Nordmeier* ZEV 2013, 117 (121) und ihm folgend *Werkmüller* ZEV 2016, 123 (125) und MüKoBGB/*Gottwald* BGB § 331 Rz. 6.

[48] Siehe näher hierzu mit Beispielsfällen *Werkmüller* ZEV 2016, 123.

[49] ErbStR 2011 E 3.7 Abs. 1 Satz 2; Näheres hierzu bei Troll/Gebel/Jülicher/*Gottschalk* ErbStG § 3 Rz. 274 ff.

[50] Siehe näher BFH v. 17.10.2007 – II R 8/07, BFH/NV 2008, 572.

ist daher wie auch Abfindungen für Erb- und Vermächtnisausschlagungen **nach § 3 Abs. 2 Nr. 4 ErbStG erbschaftsteuerpflichtig.**[51] Derjenige, dem die Zurückweisung des Rechts zu Gute kommt und der die **Abfindung** leistet, kann wie schon vor dem ErbStRG 2009 das aufgewendete Vermögen **als Kosten** zur Erlangung des Erwerbs **nach § 10 Abs. 5 Nr. 3 ErbStG abziehen.**

Im Rahmen der **von der Bank nach § 33 Abs. 1 ErbStG iVm. § 1 ErbStDV** 21
mittels Muster 1 nach dem Tod des Bankkunden **zu erstattenden Anzeige** sind **auch Angaben über Verträge zu Gunsten Dritter auf den Todesfall** zu machen. Hierbei sind der Name und die genaue Anschrift des Dritten sowie der Kontostand zu Beginn des Todestages bzw. des Vortages[52] und die bis zum Todestag angefallenen Zinsen anzugeben. Die Anzeige ist innerhalb eines Monats nach Bekanntwerden des Todes des Bankkunden gegenüber dem für die Verwaltung der Erbschaftsteuer zuständigen Finanzamt zu erstatten. Sie kann nur unterbleiben, wenn der Wert per Todestag den Betrag von € 5000 nicht übersteigt.

B. Einzelerläuterungen

Zu I. § 1 Vertragsgegenstand

Soll sich der Vertrag auf **mehrere Konten** erstrecken, so sind alle Konten zu nennen. 22
Andernfalls fallen die nicht genannten in den Nachlass.[53] Werden mehrere Konten von dem Vertrag erfasst und wird später eines dieser Konten gelöscht, so geht der Vertrag insoweit ins Leere. Ein neuer Vertrag zu Gunsten Dritter muss deswegen nicht abgeschlossen werden.

Will der Bankkunde (ausnahmsweise) dem Begünstigten alle seine **gegenwärtigen** 23
und zukünftigen bei der Bank geführten **Konten** zuwenden, so bestehen gegen einen derartigen Vertrag zu Gunsten Dritter auf den Todesfall keine rechtlichen Bedenken, üblich ist er in der Bankpraxis jedoch nicht.[54]

Zu I. § 2 Begünstigter

Im Regelfall wird nur eine Person als Begünstigter eingesetzt. Es ist aber auch mög- 24
lich, **mehrere Personen** einzusetzen. In diesem Fall sollte der **Zuwendungsanteil** des jeweiligen Begünstigten bestimmt werden, weil im Zweifel von einer Verteilung nach Köpfen ausgegangen wird.[55] Des Weiteren sollte in diesem Fall das **Verfügungsrecht** geregelt werden, weil mangels Angaben im Zweifel gemeinschaftliche Verfügungsbefugnis angenommen wird.[56] Schließlich sollte die Rechtsfolge bestimmt werden für den Fall, dass **einer der Begünstigten vorverstirbt.**[57]

Handelt es sich bei dem Begünstigten um einen **Minderjährigen,** so ist danach zu 25
unterscheiden, ob er geschäftsunfähig oder beschränkt geschäftsfähig ist:

- Sofern er **beschränkt geschäftsfähig** iSv. § 106 BGB ist, kann er ohne Weiteres an der Vertragsunterzeichnung mitwirken, da sowohl der Vertrag zu Gunsten Dritter als auch der Schenkungsvertrag für ihn lediglich rechtlich vorteilhaft iSv. § 107 BGB sind.
- Ist der Minderjährige **geschäftsunfähig,** so bedarf es grundsätzlich der Zustimmung der gesetzlichen Vertreter. Sollen diese – wie häufig – nichts von dem Vertrag wissen, so kann der Weg über den Vertrag zu Gunsten Dritter auf den Todesfall

[51] Vgl. näher *Meincke* ErbsStG § 3 Rz. 100 sowie Troll/Gebel/Jülicher/*Gottschalk* ErbStG § 3 Rz. 282 ff. und 329.
[52] Siehe näher Troll//Gebel/Jülicher/*Jülicher* ErbStG § 33 Rz. 14.
[53] OLG Celle v. 10.1.1990 – 3 U 45/89, WM 1990, 1706 (1707).
[54] Lange/Werkmüller/*Lang* § 22 Rz. 16.
[55] Lange/Werkmüller/*Lang* § 22 Rz. 25.
[56] Lange/Werkmüller/*Lang* § 22 Rz. 26.
[57] *Ott-Eulberg/Schebesta/Bartsch* § 5 Rz. 41.

ohne Widerrufsvorbehalt oder über die Bestellung eines Ergänzungspflegers (§ 1638 Abs. 1 BGB) gewählt werden.[58]

26 Für den Fall, dass der **Begünstigte** zum Zeitpunkt des Todes des Bankkunden **noch nicht geboren** ist, siehe *Gottwald*.[59]

27 *(frei)*

Zu I. § 3 Eintritt des Rechtserwerbs

28 Sofern der Bankkunde nicht möchte, dass der Vertrag bei Vorversterben des Begünstigten gegenstandslos wird und damit die Forderungen daraus in den Nachlass fallen, muss er bestimmen, wer **Ersatzbegünstigter** sein soll.[60] Da in diesem Fall der Ersatzbegünstigte nicht am Vertragsschluss mitwirkt, wird man zur Absicherung des Ersatzbegünstigten gegen einen möglichen Widerruf durch die Erben den Weg über den Vertrag zu Gunsten Dritter auf den Todesfall ohne Widerrufsvorbehalt wählen.[61]

29 Ist der **Begünstigte minderjährig,** so bedarf es einer Regelung, wem die Verfügungsbefugnis bei Eintritt des Rechtserwerbs zustehen soll.[62]

Zu I. § 4 Widerrufsrecht

30 Die Regelungen zum Widerrufsrecht sollten im Vertrag zu Gunsten Dritter auf den Todesfall und in dem Schenkungsvertrag gleich ausgestaltet sein, um ein Auseinanderfallen von Deckungs- und Valutaverhältnis zu vermeiden. **Auf** einen **Widerrufsvorbehalt** sollte aus den in Rz. 12 genannten Gründen insbesondere dann **verzichtet** werden, wenn – wie in der Praxis häufig – der Begünstigte von der Zuwendung bis zum Ableben des Bankkunden nichts weiß.

31 Wird der Begünstigte – wie im Formular – am Abschluss des Vertrages zu Gunsten Dritter auf den Todesfall beteiligt und wird mit ihm auch gleichzeitig ein Schenkungsvertrag geschlossen, so kann sich der Bankkunde **für bestimmte Fälle** (zB bei grobem Undank) ein **Widerrufsrecht** vorbehalten. Dies sollte dann aber ebenso im Schenkungsvertrag enthalten sein. Ob ein Widerrufsvorbehalt für bestimmte Fälle auch in den Fällen sinnvoll ist, in denen der Begünstigte von der Zuwendung bis zum Ableben des Bankkunden nichts weiß, ist angesichts der Rechtsprechung, dass den Erben ein Widerrufsrecht nur dann nicht zusteht, wenn dies auch dem Erblasser nicht zustand,[63] fraglich.

32 Behält sich der Bankkunde ein Widerrufsrecht für bestimmte Fälle vor, so wird die Bank im Zweifel nicht gewillt sein, das Vorliegen der Voraussetzungen für den Widerruf zu prüfen. Der Widerruf sollte daher an **keinen Nachweis über** das **Vorliegen des Widerrufsgrundes** gekoppelt sein.

33 Um einen Widerruf des Vertrages zu Gunsten Dritter auf den Todesfall durch andere Personen als den Bankkunden zu verhindern, sollte ein für bestimmte Fälle vorbehaltenes **Widerrufsrecht weder übertragbar noch vererblich** sein.

Zu I. § 5 Vollmachten

34 **Existieren** für die im Wege des Vertrages zu Gunsten Dritter auf den Todesfall übertragenen Konten **Vollmachten für andere Personen als die Begünstigten,** besteht die **Gefahr,** dass diese bei Ableben des Bankkunden hiervon Gebrauch machen. Aus diesem Grunde sollte entweder bestimmt werden, dass bestehende Vollmachten nicht über den Tod des Bankkunden hinaus oder aber die bestehenden Voll-

[58] Vgl. zum Ganzen näher *Ott-Eulberg/Schebesta/Bartsch* § 5 Rz. 42 ff.
[59] MüKoBGB/*Gottwald* BGB § 331 Rz. 13.
[60] BGH v. 12.5.1993 – IV ZR 227/92, WM 1993, 1276.
[61] Vgl. Rz. 12.
[62] Vgl. näher *Ott-Eulberg/Schebesta/Bartsch* Rz. 42; Lange/Werkmüller/*Lang* § 22 Rz. 27.
[63] BGH v. 14.7.1976 – IV ZR 123/75, WM 1976, 1130 (1132).

machten nicht für die übertragenen Konten gelten sollen, sofern Bevollmächtigter und Begünstigter nicht identisch sind.

Zu II. Schenkungsvertrag

Die Ausführungen in den Rz. 22 bis 25, und 31 bis 33 gelten hier sinngemäß. 35

B. 1.22 Depotvertrag

Gliederung

Vertrag zu Gunsten Dritter auf den Todesfall für das Depot mit der Nr. [...] bei der D-Bank

B. 1.22

Nummer der Urkundenrolle [...][Rz. 7]
Verhandelt zu [...] am [...]

Vor dem Notar [...] erschienen:

Herr A, geboren am [...], in [...],
wohnhaft [...],
nach eigenen Angaben deutscher Staatsangehöriger,
Steuerliche Identifikationsnummer [...],
– nachfolgend „Schenker" oder „Depotinhaber" genannt –,

Frau B, geboren am [...], in [...],
wohnhaft [...],
nach eigenen Angaben deutsche Staatsangehörige,
Steuerliche Identifikationsnummer [...],
– nachfolgend „Beschenkte" oder „Begünstigte" genannt –,

Herr C, geboren am [...], in [...],
geschäftsansässig [...],
nach eigenen Angaben deutscher Staatsangehöriger,
handelnd nicht für sich selbst, sondern als Vertreter der D-Bank, [...]
– nachfolgend „Bank" genannt –,

dem Notar [...]

Die Erschienenen erklären mündlich Folgendes zur Beurkundung:

Präambel

Der Schenker ist Inhaber eines Depots bei der D-Bank. Dieses Depot will er der Beschenkten im Falle seines Todes außerhalb des Nachlasses zukommen lassen. Zu diesem Zweck wird der nachfolgende Treuhandvertrag (vgl. I.) sowie in Erfüllung des § 518 Abs. 1 Satz 1 BGB der nachfolgende Schenkungsvertrag (vgl. II.) abgeschlossen.

I. Treuhandvertrag

§ 1 Vertragsgegenstand

Der Depotinhaber unterhält bei der Bank das Wertpapierdepot mit der Nr. [...] und der Kundennummer [...]. Die in seinem Depot enthaltenen Wertpapiere befinden sich in Sammelverwahrung und/oder Sonderverwahrung. Soweit die Wertpapiere im Ausland nach Maßgabe der Nr. 12 der Sonderbedingungen für Wertpapiergeschäfte aufbewahrt werden, sind dem Depotinhaber Gutschriften in Wertpapierrechnungen (WR-Gutschriften) erteilt worden.[Rz. 8–8b]

§ 2 Eigentumsübertragung auf die Bank

Der Depotinhaber überträgt der Bank das Eigentum an den streifbandverwahrten Wertpapieren und/oder die Sammeldepotanteile. Die Bank nimmt diese Übereignung an. Für die WR-Gutschriften bleiben die Sonderbedingungen für Wertpapiergeschäfte maßgeblich.[Rz. 4, 5]

§ 3 Verwahrung und Verwaltung

Die Bank verwahrt und verwaltet die ihr übereigneten Wertpapiere und Sammeldepotanteile in einem Sonderdepot nach Weisung des Depotinhabers. Erträgnisse, Erlöse und frei werdende Kapitalbeträge wird die Bank bis zum Übergang der Depotwerte auf die Begünstigte (vgl. § 6) auf dem Konto mit der IBAN [...] bei der [...] Bank, gutschreiben.[Rz. 9]

Der Depotinhaber trägt die bei der Verwahrung und Verwaltung des Sonderdepots entstehenden Kosten.[Rz. 9]

§ 4 Zusätzlicher Erwerb von Werten

Auf Wertpapiere und Sammeldepotanteile, die durch die Ausübung von Bezugsrechten oder in sonstiger Weise im Zusammenhang mit den vorgenannten Wertpapieren und Sammeldepotanteilen für den Depotinhaber erworben werden, finden die Bestimmungen dieses Treuhandvertrages gleichfalls Anwendung, ohne dass es einer besonderen weiteren Vereinbarung bedarf.

Das in Abs. 1 Gesagte gilt gleichermaßen für Wertpapiere oder Sammeldepotanteile, die kraft ausdrücklicher Weisung des Depotinhabers für das Sonderdepot angeschafft werden.

§ 5 Begünstigter

Begünstigte aus diesem Vertrag ist entsprechend dem unter II. geregelten Schenkungsvertrag Frau B.[Rz. 10]

§ 6 Eintritt des Rechtserwerbs, Kündigungsrecht

Die Rechte aus dem in § 1 genannten Depot sollen der Begünstigten gemäß den §§ 328 ff. BGB bei Eintritt des Todes des Depotinhabers zustehen. Der Nachweis des Todes kann durch Vorlage der Sterbeurkunde erbracht werden. Der Eintritt des Rechtserwerbs ist folglich auf den Tod des Depotinhabers aufschiebend bedingt.

Bis zum Eintritt des Rechtserwerbs ist der Depotinhaber nicht berechtigt, den Vertrag ganz oder teilweise zu kündigen. Von diesem Kündigungsverbot sind das außerordentliche Kündigungsrecht des Depotinhabers und die folgenden Fälle ausgenommen: [...]. [Rz. 11]

Liegt einer der in Abs. 2 genannten Fälle vor, so kann der Depotinhaber diesen Vertrag ohne Zustimmung der Begünstigten durch schriftliche Erklärung gegenüber der Bank kündigen. Eines Nachweises über das Vorliegen einer der in Abs. 2 genannten Fälle bedarf es hierfür nicht.[Rz. 12]

Stirbt die Begünstigte vor dem Eintritt des Rechtserwerbs, so wird dieser Vertrag gegenstandslos.[Rz. 13]

§ 7 Anspruchserwerb der Begünstigten im Todesfall

Mit dem Tod des Depotinhabers ist die Bank gegenüber der Begünstigten verpflichtet, die sodann in dem Sonderdepot verbuchten Wertpapiere und/oder die Sammeldepotanteile an die Begünstigte auf deren Verlangen zu übereignen und bis zu dieser Übereignung für sie treuhänderisch zu verwahren und zu verwalten. Zugleich erwirbt die Begünstigte im Todeszeitpunkt die Ansprüche des Depotinhabers aus WR-Gutschriften (Vertrag zu Gunsten Dritter auf den Todesfall nach den §§ 328, 331 BGB).[Rz. 4]

Mit dem vorbezeichneten Anspruchserwerb durch die Begünstigte erlischt der bisherige Treuhandvertrag mit dem Depotinhaber. Damit endet das bis zu diesem Zeitpunkt ihm zustehende gesetzliche Recht, diesen Treuhandvertrag zu kündigen.

§ 8 Vollmachten

Vollmachten, die der Depotinhaber bereits erteilt hat oder noch erteilen wird, gelten nicht für das Depot, das den Gegenstand dieses Vertrages bildet. Eine Ausnahme hiervon soll für den Fall gelten, dass die bevollmächtigte oder zu bevollmächtigende Person mit der aus diesem Vertrag begünstigten identisch ist.[Rz. 14]

II. Schenkungsvertrag[Rz. 15]

§ 1 Schenkungsgegenstand

Der Schenker ist ausschließlicher verfügungsberechtigter Gläubiger des Wertpapierdepots mit der Nr. [...] und der Kundennummer [...] bei der D-Bank, [...]. Die darin enthaltenen Wertpapiere, die sich in Sammel- und/oder Streifbandverwahrung befinden, hat er der Bank gemäß den Regelungen unter I. übereignet. Aus diesem Treuhandvertrag stehen ihm gegen die Bank ein Rückübereignungsanspruch und Ansprüche aus WR-Gutschriften zu.

§ 2 Schenkung und Abtretung auf den Todesfall

Der Schenker schenkt der Beschenkten aufschiebend bedingt auf seinen Tod den ihm aus dem in § 1 genannten Schenkungsgegenstand in Zukunft zustehenden Rückübereignungsanspruch nebst den Ansprüchen aus WR-Gutschriften und tritt sie an sie ab. Die Beschenkte nimmt die auf den Tod des Schenkers bedingte Schenkung und Abtretung dankend an.

§ 3 Auflösende Bedingung, Widerrufsrecht

Die in § 2 geregelte Schenkung wird gegenstandslos, wenn der Schenker vor der Beschenkten verstirbt.

Der Schenker ist berechtigt, die in § 2 geregelte Schenkung in den unter I. § 6 Abs. 2 genannten Fällen zu widerrufen [...].

Die Ausübung des Widerrufsrechts ist auflösende Bedingung für die schuldrechtliche Schenkung. Der Widerruf kann nur binnen einer Frist von [...], nachdem der Schenker von dem Widerrufsgrund Kenntnis erlangt hat, ausgeübt werden. Der Widerruf hat durch eingeschriebenen Brief gegenüber der Beschenkten zu erfolgen.

Das Recht zum Widerruf ist weder übertragbar noch vererblich. Es erlischt mit dem Tod des Schenkers.

§ 4 Wirksamkeit

Der hiermit beurkundete Schenkungsvertrag sowie die Abtretung werden mit der Unterzeichnung dieser Urkunde wirksam.

III. Gemeinsame Bestimmungen

§ 1 Anweisungen an den Notar

Der Notar wird gebeten, den Erschienenen je eine Ausfertigung dieser Urkunde zu erteilen.

§ 2 Schlussbestimmungen, Kosten, Belehrungen

Sollten einzelne Bestimmungen in dieser Urkunde ganz oder teilweise nicht rechtswirksam oder nicht durchführbar sein oder ihre Rechtswirksamkeit oder Durchführbarkeit später verlieren, so soll hierdurch die Gültigkeit und Wirksamkeit der übrigen Bestimmungen nicht berührt werden. Das Gleiche gilt, soweit sich herausstellen sollte, dass die Urkunde eine Regelungslücke enthält.

Anstelle der unwirksamen oder undurchführbaren Bestimmung oder zur Ausfüllung der Lücke soll eine angemessene Regelung als vereinbart gelten, die, soweit rechtlich möglich, dem wirtschaftlichen Grundgehalt der Vereinbarung am Nächsten kommt.

Die Kosten dieser Urkunde tragen [...].

Der Notar hat die Erschienenen vor Unterzeichnung dieser Urkunde ausführlich über Bedeutung und Tragweite der abgegebenen Erklärungen belehrt, insbesondere: [...].

Diese Niederschrift wurde in Gegenwart des Notars den Erschienenen vorgelesen, von ihnen durch mündliche Erklärung genehmigt und eigenhändig wie folgt unterschrieben:

A. Grundsätzliche Anmerkungen

I. Wirtschaftliche Aspekte

1 Vgl. B. 1.21 Rz. 1 bis 2.

II. Rechtliche Aspekte

2 Unterhält der Bankkunde ein **Depot,** so ist er Allein- oder Miteigentümer der in dem Depot verwahrten Wertpapiere. **Alleineigentum** hat er jedoch nur in dem mittlerweile seltenen Fall,[1] dass sich die Wertpapiere nach § 2 DepotG in **Sonderverwahrung** (auch Steifbandverwahrung genannt)[2] befinden. Befinden sich die Wertpapiere hingegen – wie in der Regel – in **Sammelverwahrung,**[3] so hat er nur **Miteigentum** an ihnen. Will er diese Wertpapiere – unabhängig davon, ob er sie im Allein- oder Miteigentum hat – im Falle seines Todes außerhalb des Nachlasses einem Dritten zukommen lassen, so kann dies nicht wie bei der Übertragung eines Kontos (besser: des Forderungsanspruchs) im **Rahmen eines Vertrages zu Gunsten Dritter auf den**

[1] Etwa 90 vH aller Wertpapiere werden aus wirtschaftlichen Gründen nunmehr in Sammelverwahrung gehalten, vgl. Scherer/*Scherer/Löber* DepotG § 2 Rz. 4 mwN.

[2] Siehe hierzu näher Rz. 8.

[3] Siehe hierzu näher Rz. 8a.

Todesfall geschehen.[4] Gegenstand eines Vertrages zu Gunsten Dritter können nur schuldrechtliche Ansprüche sein. Auf dingliche Verträge sind die Vorschriften der §§ 328ff. BGB weder direkt noch analog anwendbar.[5] Es ist zwar möglich, den schuldrechtlichen Anspruch des Bankkunden gegen die Bank auf Herausgabe der verwahrten Wertpapiere dem Begünstigten im Rahmen eines Vertrages zu Gunsten Dritter auf den Todesfall zuzuwenden.[6] Das Eigentum an diesen Wertpapieren würde gleichwohl im Wege der Gesamtrechtsnachfolge an die Erben fallen. Der Streit zwischen dem Begünstigten und den Erben wäre damit vorprogrammiert.

Soll ein dem Vertrag zu Gunsten Dritter auf den Todesfall vergleichbares Ergebnis 3
erzielt werden, so stehen **zwei Möglichkeiten** zur Verfügung, dem Begünstigten die Wertapiere zuzuwenden, ohne dass erbrechtliche Bestimmungen Anwendung finden.

Einmal können die Bank, der Bankkunde und der Begünstigte einen **dreiseitigen Vertrag** schließen, durch den das Eigentum an bestimmten Wertpapieren im Todeszeitpunkt des Bankkunden unmittelbar von ihm auf den Begünstigten übergehen soll.[7] Der Eigentumsübergang erfolgt in diesem Fall auf Grund einer sachenrechtlichen Einigung iSd. §§ 929ff. BGB, die auf den Tod des Bankkunden aufschiebend bedingt ist.[8] Zu Lebzeiten kann der Bankkunde gleichwohl über die Wertpapiere verfügen, da die Beteiligten vor der Übergabe bzw. Besitzverschaffung an die erklärte Einigung grundsätzlich nicht gebunden sind.[9] **Nachteil** dieser Konstruktion ist, dass der **Begünstigte** an dem **Vertragsschluss mitwirken** muss.

Will man dies – wie häufig in der Praxis – nicht, so kann – wie im Formular – der 4
Weg über die **treuhänderische Eigentumsübertragung auf die Bank** gewählt werden.[10] Hier überträgt der Bankkunde die entsprechenden Wertpapiere der Bank treuhänderisch und erwirbt dadurch einen schuldrechtlichen Anspruch auf Rückübereignung gegen sie. Diesen schuldrechtlichen Anspruch kann er dem Begünstigten dann im Wege eines Vertrages zu Gunsten Dritter auf den Todesfall zuwenden.[11] Beim Tod des Bankkunden kann der Begünstigte diesen schuldrechtlichen Rückübereignungsanspruch gegenüber der Bank geltend machen. Die Erben sind hierzu nicht befugt, weil der Rückübereignungsanspruch auf Grund der Vorschriften der §§ 328, 331 BGB nicht in den Nachlass gefallen ist.[12]

Wie bei einem Vertrag zu Gunsten Dritter auf den Todesfall über ein Bankkonto 5
entsteht auch bei der Treuhandlösung ein **Dreipersonenverhältnis mit Deckungs-, Valuta- und Drittverhältnis.** Diesbezüglich siehe B. 1.21 Rz. 5 bis 17.

III. Steuerrechtliche Aspekte

Vgl. hierzu zunächst Formular B. 1.21 Rz. 18 bis 21. Ergänzend dazu ist festzuhal- 6
ten, dass die **Übertragung eines Depots** gemäß § 43 Abs. 1 Satz 4 EStG **grundsätzlich** als **Veräußerung** der darin enthaltenen Wertpapiere gilt mit der Folge, dass die depotführende Bank einen **Kapitalertragsteuerabzug** vorzunehmen hat, wenn steuerpflichtige Gewinne vorliegen. Dies **gilt** nach § 43 Abs. 1 Satz 5 EStG allerdings **nicht, wenn** es sich um einen **unentgeltlichen Depotübertrag** – wie im Formular – handelt und die depotführende Bank eine entsprechende Meldung mit den in § 43

[4] BeckOK BGB/*Janoschek* BGB § 328 Rz. 29.

[5] Vgl. nur Palandt/*Grüneberg* Einf. vor § 328 BGB Rz. 8, 9.

[6] BGH v. 29.1.1964 – V ZR 209/61, NJW 1964, 1124 (1125).

[7] Lange/Werkmüller/*Lang/Werkmüller* § 22 Rz. 54 mwN; MüKoHGB/*Einsele* Depotgeschäft Rz. 149 mwN.

[8] Eine bedingte Übereignung ist rechtlich zulässig, vgl. nur Palandt/*Herrler* BGB § 929 Rz. 4.

[9] Lange/Werkmüller/*Lang/Werkmüller* § 22 Rz. 54.

[10] Dies ist auch die von der Rspr. und hL favorisierte Konstruktion, vgl. MüKoHGB/*Einsele* Depotgeschäft Rz. 151 mwN.

[11] *Muscheler* WM 1994, 921; MüKoBGB/*Gottwald* BGB § 328 Rz. 59; Schimansky/Bunte/Lwowski/*Klanten* § 72 Rz. 134f.; Langenbucher/Bliesener/Spindler/*Binder* Depotrecht Rz. 69.

[12] *Ott-Eulberg/Schebesta/Bartsch* § 5 Rz. 67.

Abs. 1 Satz 6 genannten Angaben dem für sie zuständigen Betriebsstättenfinanzamt macht. Diese Meldung kann entsprechend dem BMF v. 18.1.2016[13] jedoch unterbleiben, wenn in Erbfällen eine Meldung gemäß § 33 ErbStG zu erfolgen hat. Des Weiteren ist darauf hinzuweisen, dass vom übertragenden Bankkunden herrührende **Verluste nicht auf** den **Begünstigten übergehen.**[14]

B. Einzelerläuterungen

Zu Beurkundung

7 Vgl. B. 1.21 Rz. 6, 11.

Zu I. § 1 Vertragsgegenstand

8 Nach § 2 DepotG kommt für Wertpapiere eine **Sonderverwahrung (Streifbandverwahrung),** die früher die Regelverwahrung war, nur noch in Betracht, wenn der Bankkunde dies ausdrücklich wünscht oder es sich um Wertpapiere handelt, die nicht zur Sammelverwahrung durch eine Wertpapiersammelbank zugelassen sind.[15]

Bei der Sonderverwahrung bleiben die **Eigentumsverhältnisse** an den eingelieferten Wertpapieren **unverändert,** dh. der **Bankkunde** ist weiterhin **Alleineigentümer.** Er wird mit der Vereinbarung des Verwahrungs-/Depotvertrags jedoch **mittelbarer Eigenbesitzer** der eingelieferten Wertpapiere. **Unmittelbarer Fremdbesitzer** wird der **Verwahrer.** Dieser ist verpflichtet, die Wertpapiere des Bankkunden gesondert von seinen eigenen Beständen und von denen Dritter in geeigneter Form aufzubewahren, um eine Vermischung bzw. Vermengung der Wertpapierbestände des Bankkunden mit solchen des Verwahrers oder Dritter zu verhindern.[16] Die **Übertragung** solcher Wertpapiere erfolgt **nach den §§ 929 ff. BGB.**[17]

8a Unter **Sammelverwahrung** versteht man die Verwahrung von vertretbaren Wertpapieren derselben Art, die Depotinhaber ungetrennt in einem einheitlichen Sammelbestand hinterlegt haben. Ist die **Verwahrstelle** – wie heute allgemein üblich – die **Clearstream Banking AG** mit Sitz in Frankfurt/Main als einzige deutsche Wertpapiersammelbank,[18] so spricht man von **Girosammelverwahrung. Durch** die **Hinterlegung** in dem Sammelbestand **verliert** der **Bankkunde** sein bisheriges **Alleineigentum und wird** nach § 6 Abs. 1 Satz 1 DepotG **kraft Gesetzes Miteigentümer** der zum Sammelbestand gehörenden Wertpapiere **nach Bruchteilen.** Für die Bestimmung des Bruchteils ist nach § 6 DepotG der Wertpapiernennbetrag bzw. bei Wertpapieren ohne Nennbetrag die Stückzahl maßgebend. Hierüber wird dem Bankkunden eine **Girosammel-Depotgutschrift (GS-Gutschrift)** erteilt. Diese weist die Rechtposition des Bankkunden deklaratorisch aus und ist Bestandteil des Übereignungsvorgangs bei späteren Übertragungsvorgängen.[19]

Was den **Besitz bei** der **Sammelverwahrung** anbelangt, so ist festzustellen, dass der **unmittelbare Fremdbesitz** naturgemäß bei der **Wertpapiersammelbank** liegt. Diese mittelt den Besitz auf Grund des Depotvertrages als Besitzmittlungsverhältnis den Zwischenverwahrern (den Banken) als mittelbaren Fremdbesitzern der ersten Stufe, die bei ihr Depotkonten unterhalten und ihrerseits den Besitz gegenüber den

[13] BMF v. 18.1.2016, BStBl. I 2016, 85 ff. Rz. 162 ff.

[14] BMF v. 18.1.2016, BStBl. I 2016, 85 ff. Rz. 223, 237.

[15] Zu Wertpapieren, die für die Sammelverwahrung geeignet sind, siehe Baumbach/Hopt/*Kumpan* DepotG § 5 Rz. 1 und MüKoHGB/*Einsele* Depotgeschäft Rz. 43 ff. Über die Zulassung von Wertpapieren zur Girosammelverwahrung entscheidet die Clearstream Banking AG (vgl. Ziffer IX Abs. 3 und 4 der AGB der Clearstream Banking AG).

[16] Vgl. hierzu näher Scherer/*Scherer/Löber* DepotG § 2 Rz. 1 ff.

[17] Baumbach/Hopt/*Kumpan* DepotG § 2 Rz. 1.

[18] Zur Europäischen Zentralbank als Wertpapiersammelbank kraft Gesetzes siehe Scherer/*Rögner* DepotG § 5 Rz. 23.

[19] Langenbucher/Bliesener/Spindler/*Binder* Depotrecht Rz. 18.

Bankkunden als **mittelbaren Eigenbesitzern.** Letztere sind daher mittelbare Eigenbesitzer der zweiten Stufe.[20]

Vorteil dieser Verwahrung ist die **schnelle und kostengünstige Abwicklung** von Wertpapiergeschäften im Wege des stücklosen Effektengiroverkehrs, dh. ohne die Notwendigkeit, vertretbare Wertpapiere für die Zwecke der Übertragung von Sammelbestandteilen physisch zu bewegen.[21] Die **Übertragung** derartiger Miteigentumsanteile erfolgt zwar nach hM ebenfalls **nach sachenrechtlichen Grundsätzen, allerdings** tritt **an** die **Stelle** der **Übergabe** nach § 929 Satz 1 BGB die **Umbuchung.** Sie gibt die Umstellung des Besitzmittlungsverhältnisses wieder.[22]

Sofern **im Ausland angeschaffte** (idR ausländische) **Wertpapiere** nicht im Inland in die Girosammelverwahrung einbezogen sind, sondern **im Ausland aufbewahrt** werden, bestimmen sich die Rechtsverhältnisse an den Wertpapieren regelmäßig nicht nach dem sachenrechtlich geprägten Modell des deutschen Depotgesetzes,[23] sondern nach dem jeweiligen Wertpapiersachstatut. Danach erwirbt die **inländische Depotbank** für ihre inländischen Kunden an den betreffenden Wertpapieren **Treuhand(mit)eigentum** bzw. eine funktionsäquivalente Rechtsposition nach der jeweils anwendbaren Rechtsordnung. Die **inländische Depotbank erteilt** ihren **Bankkunden** nach Nr. 12 der Sonderbedingungen für Wertpapiergeschäfte sog. **Gutschriften in Wertpapierrechnung** (WR-Gutschrift) unter Angabe des ausländischen Staates, in dem sich die Wertpapiere befinden. An die Stelle des depotrechtlichen Verwahrungsverhältnisses tritt damit ein Treuhandverhältnis, das den Bankkunden in eine der Inlandsverwahrung wirtschaftlich zumindest vergleichbare Lage setzen soll.[24] Die **Übertragung** einer **WR-Gutschrift** erfolgt nicht über eine Zession, sondern **ähnlich einer Giroüberweisung** dadurch, dass die Depotbank des Kunden, dessen WR-Gutschrift übertragen werden soll, dessen Depot entsprechend belastet und die WR-Gutschrift an die Depotbank des Erwerbers leitet und diese ihm eine entsprechende WR-Gutschrift erteilt.[25] **8b**

An die **Stelle einer WR-Gutschrift tritt** eine **Girosammel-Depotgutschrift (GS-Gutschrift), wenn** zwischen der Clearstream Banking AG und einem ausländischen (Zentral-)Verwahrer eine die Voraussetzungen von **§ 5 Abs. 4 DepotG** erfüllende **gegenseitige Kontoverbindung** besteht und das im Ausland angeschaffte Wertpapier bei diesem Verwahrer hinterlegt wird. In diesem Fall bilden die im Ausland verwahrten Wertpapiere mit den Wertpapieren derselben Gattung, die bei der Clearstream Banking AG verwahrt werden, einen **Girosammelbestand.** Hierdurch ist es möglich, wie im nationalen Effektengiroverkehr für den Bankkunden Wertpapiere im Ausland ohne Rücksicht auf den Verwahrungsort durch bloße Verbuchung auf dem jeweiligen Konto zu erwerben bzw. im Ausland verwahrte Wertpapiere zu übertragen.[26]

---

[20] So die hM, vgl. nur Langenbucher/Bliesener/Spindler/*Binder* Depotrecht Rz. 22 mwN auch zur Gegenansicht.

[21] Scherer/*Rögner* DepotG § 5 Rz. 1, 16 ff., jeweils mwN.

[22] Vgl. eingehend hierzu Langenbucher/Bliesener/Spindler/*Binder* Depotrecht Rz. 29 ff. sowie Rz. 2, 14 ff. hinsichtlich der EU-weiten Umsetzung des Genfer UNIDROIT-Übereinkommens über materiellrechtliche Normen für intermediär-verwahrte Wertpapiere vom 09.10.2009; Scherer/*Rögner* DepotG § 5 Rz. 72 ff.; Ziffer XX und XXI der AGB der Clearstream Banking AG.

[23] Siehe Rz. 8 und 8a.

[24] Siehe näher hierzu MüKoHGB/*Einsele* Depotgeschäft Rz. 206 ff.; Langenbucher/Bliesener/Spindler/*Binder* Depotrecht Rz. 13, 54; Scherer/*Rögner* DepotG § 5 Rz. 89 ff.; Schimansky/Bunte/Lwowski/*Klanten* § 72 Rz. 139 ff.

[25] Siehe näher hierzu MüKoHGB/*Einsele* Depotgeschäft Rz. 211 ff.; Langenbucher/Bliesener/Spindler/*Binder* Depotrecht Rz. 58 mwN.

[26] Siehe näher hierzu MüKoHGB/*Einsele* Depotgeschäft Rz. 183; Scherer/*Rögner* DepotG § 5 Rz. 92 ff.; Baumbach/Hopt/*Kumpan* DepotG § 5 Rz. 5; Langenbucher/Bliesener/Spindler/*Binder* Depotrecht Rz. 62 mwN, der auch feststellt, dass die Bedeutung der auf dieser Grundlage verbuchten Effekte jene der in WR-Gutschriften gehaltenen überwiegt.

Zu I. § 3 Verwahrung und Verwaltung

9 Dadurch, dass bestimmt wird, dass das Depot auch nach der Übereignung der darin befindlichen Wertpapiere an die Bank nach Weisung des Bankkunden verwahrt und verwaltet werden soll und auch die Erträge dem Konto des Bankkunden gutgeschrieben werden sollen, wird deutlich, dass bis zum Ableben der Bankkunde wirtschaftlicher Eigentümer bleibt.[27] Er trägt daher auch weiterhin die entstehenden Kosten.

Zu I. § 5 Begünstigter

10 Vgl. hierzu B. 1.21 Rz. 24 bis 26.

Zu I. § 6 Eintritt des Rechtserwerbs, Kündigungsrecht

11 Vgl. B. 1.21 Rz. 30, 31.
12 Vgl. B. 1.21 Rz. 32.
13 Vgl. B. 1.21 Rz. 28, 29.

Zu I. § 8 Vollmachten

14 Vgl. B. 1.21 Rz. 34.

Zu II. Schenkungsvertrag

15 Vgl. B. 1.21 Rz. 35.

---

[27] Vgl. auch *Ott-Eulberg/Schebesta/Bartsch* § 5 Rz. 68.

B. 2 Reaktionsmöglichkeiten der Nachlassbeteiligten

Übersicht

B. 2.00 Ausschlagung der Erbschaft und des Vermächtnisses

B. 2.01 Erbausschlagung ohne Abfindung

Gliederung

Nummer der Urkundenrolle [...][Rz. 17, 27o] B. 2.01

Amtsgericht
– Nachlassgericht –[Rz. 18–20, 27j, 27l-27o]
[...]

Aktenzeichen [...]

§ 1 Vorbemerkung

Am [...] ist Herr A, geboren am [...], ausschließlich deutscher Staatsangehöriger, zuletzt wohnhaft in [...], verstorben. Sein letzter gewöhnlicher Aufenthalt[Rz. 19ff.] **war ebenda. Er hat ein notarielles Testament vom [...] des Notars [...], UR-Nr. [...], hinterlassen. Dieses wurde vom Nachlassgericht [...] am [...] unter dem Aktenzeichen [...] eröffnet. Das Protokoll der Testamentseröffnung wurde mir am [...] zugestellt. Nach diesem Testament bin ich, B, geboren am [...], derzeit wohnhaft [...] (auch gleichzeitig mein gewöhnlicher Aufenthalt) als Erbe zu [...] eingesetzt. Als Abkömmling komme ich zudem als gesetzlicher Erbe in Betracht.**[Rz. 11–15a]

§ 2 Erbausschlagung

Da der Nachlass überschuldet ist, schlage ich, B, die Erbschaft nach A hiermit aus allen Berufungsgründen und ohne jegliche Bedingung aus.[Rz. 1, 41–43]

Auf Grund dieser Ausschlagung kommen sowohl nach dem Testament als auch kraft gesetzlicher Erbfolge mein volljähriger Sohn C, geboren am [...], und meine

minderjährige Tochter D, geboren am [...], beide wohnhaft [...] (gleichzeitig gewöhnlicher Aufenthalt), als Erben in Betracht. Weitere Kinder sind nicht vorhanden und werden auch nicht erwartet.[Rz. 24–25, 44]

Für die noch minderjährige D schlagen wir, die Eheleute B und E als gesetzliche Vertreter der D, die auf sie entfallende Erbschaft nach A aus allen möglichen Berufungsgründen und ohne jegliche Bedingung aus.[Rz. 45–46]

Der bereits geschäftsfähige C wird die Ausschlagung selbst gesondert erklären.[Rz. 47]

§ 3 Anweisung an den Notar

Ich, B, beantrage, mir eine öffentlich beglaubigte Empfangsbestätigung meiner Ausschlagungserklärung bzw. derjenigen meiner minderjährigen Tochter D zu erteilen.[Rz. 49]

Wir beauftragen den Notar, diese Erklärung an das Nachlassgericht [...] weiterzuleiten und uns eine beglaubigte Kopie auszuhändigen.

[Notarieller Beglaubigungsvermerk]

A. Grundsätzliche Anmerkungen

I. Wirtschaftliche Aspekte

1 Der **praktisch bedeutsamste Grund** eine Erbschaft aus wirtschaftlichen Aspekten auszuschlagen, dürfte – wie im Formular – in der **Überschuldung des Nachlasses** liegen. Die wenigsten Erben wollen für die Nachlassverbindlichkeiten mit dem Eigenvermögen haften.

2 Ein **anderer Grund** liegt in der **Benachteiligung der Eigengläubiger des Erben.** Durch die Ausschlagung der Erbschaft wird diese in keiner Weise und zu keiner Zeit Bestandteil des eigenen Vermögens, so dass den eigenen Gläubigern der Zugriff hierauf verwehrt ist. Obwohl die **Ausschlagung** damit in eindeutiger Benachteiligungsabsicht erfolgt, **berechtigt** sie **nicht zur Gläubigeranfechtung.**[1]

3 Ein **weiterer Grund** für die Ausschlagung einer Erbschaft liegt in der **Erlangung des Pflichtteils.** Grundsätzlich ist es zwar nicht möglich, die Erbschaft auszuschlagen und anschließend den Pflichtteil zu verlangen. Gemäß § 2303 Abs. 1 Satz 1 BGB entsteht der Pflichtteilsanspruch nur dann, wenn der Erbe durch letztwillige Verfügung von der Erbfolge ausgeschlossen ist.[2] Gibt dieser aber selbst und freiwillig die Erbschaft aus der Hand, so ist er nicht durch letztwillige Verfügung, sondern auf Grund eigener Entscheidung von der Erbfolge ausgeschlossen. Ihm steht daher grundsätzlich kein Pflichtteil zu.

4 Von diesem **Grundsatz, dass** eine **Ausschlagung** den **Pflichtteil beseitigt,** gibt es **drei Ausnahmen:**

1. § 1371 Abs. 3 BGB: Danach kann der überlebende Ehegatte beim gesetzlichen Güterstand der Zugewinngemeinschaft, wenn er die Erbschaft ausschlägt und ihm deshalb an sich der Pflichtteil nicht zustünde, **neben** dem **Zugewinnausgleich** den **„kleinen" Pflichtteil** verlangen **(sog. güterrechtliche Lösung).**[3] Dies gilt selbstverständlich nur dann, wenn der überlebende Ehegatte mit dem Verstorbenen nicht einen Erb- oder Pflichtteilsverzichtsvertrag abgeschlossen hatte. Vom „klei-

---

[1] Vgl. näher hierzu Groll/*Muscheler* C II Rz. 28, 42 mwN; *Nieder/Kössinger* § 25 Rz. 5 sowie *Siebert* ZEV 2010, 454 (455).

[2] Zu den hierunter fallenden Fällen siehe zB Damrau/Tanck/*Riedel* BGB § 2303 Rz. 19 ff. mwN.

[3] Siehe zu dieser taktischen Ausschlagung *Volland* NWB-EV 2016, 233 (234 Beispiel 1) und zum Vergleich zur Situation beim Güterstand der (deutsch-französischen) Wahl-Zugewinngemeinschaft *Jünemann* ZEV 2013, 353.

nen" Pflichtteil spricht man deshalb, weil er sich nur aus dem sich nach § 1931 BGB ergebenden Erbteil und nicht aus dem um ein Viertel gemäß § 1371 Abs. 1 BGB erhöhten Erbteil berechnet. Voraussetzung ist ferner, dass im Zeitpunkt des Erbfalls nicht alle Voraussetzungen für eine Ehescheidung erfüllt waren und der Erblasser die Scheidung beantragt oder ihr zugestimmt hatte. In diesem Fall und im Falle der Aufhebungsklage entfallen nach § 1933 BGB die Erb- und Pflichtteilsrechte.[4]

2. **§ 6 LPartG i. V. m. § 1371 Abs. 3 BGB:** Das unter Ziffer 1. Gesagte gilt entsprechend bei im gesetzlichen Güterstand der Zugewinngemeinschaft lebenden Lebenspartnern.
3. **§ 2306 BGB:**
   - **Abs. 1:** Nach dieser Vorschrift kann ein als Erbe[5] berufener Pflichtteilsberechtigter **trotz Ausschlagung** den **Pflichtteil verlangen, wenn** sein **Erbteil** durch Einsetzung eines Nacherben, die Ernennung eines Testamentsvollstreckers oder eine Teilungsanordnung beschränkt oder mit einem Vermächtnis oder einer Auflage **beschwert** ist. Auf den Umfang der abschließend[6] aufgezählten Belastungen und Beschwerungen kommt es nicht an. Entscheidend ist, dass sie den pflichtteilsberechtigten Erben zum Zeitpunkt des Erbfalls konkret belasten oder beschweren.[7] Es kommt auch nicht auf die Höhe des hinterlassenen Erbteils an. Die Höhe des Erbteils hat nur Bedeutung für die Frage, ob dem Pflichtteilsberechtigten ein Pflichtteilsrestanspruch nach § 2305 BGB zusteht.[8]
     Liegen die Tatbestandsvoraussetzungen von § 2306 Abs. 1 BGB vor, so hat der pflichtteilsberechtigte Erbe die Wahl zwischen Annahme der Erbschaft mit allen Beschränkungen und Belastungen oder Ausschlagung und Forderung des vollen Pflichtteils.
   - **Abs. 2:** Hiernach **wird** der **als Nacherbe eingesetzte Pflichtteilsberechtigte wie** ein **beschwerter Erbe** behandelt. Die Beschränkung besteht in diesem Fall darin, dass der Pflichtteilsberechtigte den ihm hinterlassenen Erbteil erst nach dem anderen Erben, dem Vorerben, erhalten soll. Gleiches gilt im Falle mehrfacher Nacherbfolge oder wenn der Pflichtteilsberechtigte aufschiebend befristet zum Nacherben eingesetzt ist.[9] Der Pflichtteilsberechtigte kann entweder die Nacherbschaft annehmen oder nach deren Ausschlagung den vollen Pflichtteil fordern.

Die **Ausschlagung nach § 2306 Abs. 1 BGB empfiehlt sich insbesondere dann, wenn** der **Nachlass mit hohen Vermächtnissen oder Auflagen belastet** ist. Diese beeinträchtigen den Erbteil zwar nicht in seiner formalen Quote, wohl aber in Bezug auf seinen Wert. Anders ist dies beim Pflichtteil. Sein Wert wird durch Vermächtnisse oder sonstige Beeinträchtigungen nicht geschmälert, da bei der Berechnung des Pflichtteils gemäß § 2311 Abs. 1 BGB Vermächtnisse etc. zuvor nicht abgezogen werden, sondern nur Erblasserschulden.[10] Dies gilt erst recht für den pflichtteilsberechtigten Alleinerben, dessen Erbschaft wertmäßig hoch belastet ist, denn § 2318 BGB hilft ihm nicht.[11] 5

Die **Frage, ob** der überlebende **Ehegatte/Lebenspartner im Falle** des gesetzlichen Güterstandes der **Zugewinngemeinschaft und** des **Eintritts gesetzlicher** 6

[4] Damrau/Tanck/*Riedel* BGB § 2303 Rz. 17 mwN.

[5] Unabhängig davon, ob auf Grund gesetzlicher Erbfolge oder durch Verfügung von Todes wegen. Nicht ausreichend ist allerdings die Einsetzung als Ersatz- oder Schlusserbe, vgl. MüKoBGB/*Lange* BGB § 2306 Rz. 3 mwN.

[6] Allgemeine Meinung, vgl. nur MüKoBGB/*Lange* BGB § 2306 Rz. 7 mwN.

[7] Siehe hierzu näher *Mayer/Süß/Tanck/Wälzholz* HdB Pflichtteilsrecht § 3 Rz. 14 mwN.

[8] Siehe hierzu näher *Mayer/Süß/Tanck/Wälzholz* HdB Pflichtteilsrecht § 3 Rz. 13 und § 4 Rz. 3 ff.

[9] Ob dies auch für den Fall gilt, dass der Pflichtteilsberechtigte unter einer aufschiebenden Bedingung als Nacherbe eingesetzt ist, ist streitig, vgl. näher MüKoBGB/*Lange* BGB § 2306 Rz. 10 mwN sowie *Mayer/Süß/Tanck/Wälzholz* HdB Pflichtteilsrecht § 3 Rz. 36 f. mwN.

[10] BGH v. 16.9.1987 – IV a ZR 97/86, NJW 1988, 136 (137).

[11] *Mayer/Süß/Tanck/Wälzholz* HdB Pflichtteilsrecht § 3 Rz. 13.

Erbfolge die **Erbschaft ausschlagen soll,** ist – aus wirtschaftlicher Sicht – **von vornherein zu verneinen, wenn keine Abkömmlinge** im Sinne von § 1924 BGB **vorhanden** sind. Existieren nur Erben zweiter Ordnung oder Großeltern, so erhält der überlebende Ehegatte/Lebenspartner bei der güterrechtlichen Lösung im günstigsten Fall, in dem der Zugewinn den gesamten Nachlass ausmacht, maximal ein Halb als Zugewinnausgleich und daneben ein Viertel (= ein Halb des gesetzlichen Erbteils nach § 1931 Abs. 1 Satz 1 Alt. 2 BGB) des verbleibenden Nachlasses, insgesamt also maximal fünf Achtel[12] des gesamten Nachlasses. Dies ist weniger als bei der sog. erbrechtlichen Lösung. Bei dieser erhält der überlebende Ehegatte/Lebenspartner, der gesetzlicher Erbe ist, zunächst ein Halb als Erbteil gemäß § 1931 Abs. 1 Satz 1 Alt. 1 BGB und zusätzlich ein Viertel gemäß § 1371 Abs. 1 BGB für den Zugewinn,[13] mithin also drei Viertel des Nachlasses. Im Vergleich zur güterrechtlichen Lösung erhält der überlebende Ehegatte/Lebenspartner nach der erbrechtlichen Lösung damit ein Achtel mehr.

7 Sind jedoch **Abkömmlinge vorhanden,** so **entscheidet sich** die **Frage nach dem Wertverhältnis** der erbrechtlichen zur güterrechtlichen Lösung.[14]

8 Haben Ehegatten in einem gemeinschaftlichen Testament **wechselbezügliche Verfügungen** getroffen, so **kann** der überlebende **Ehegatte** gemäß § 2271 Abs. 2 Satz 1 HS 2 BGB **durch Ausschlagung** des ihm Zugewendeten seine **Testierfreiheit wiedererlangen.**[15] Die Ausschlagung ist also ein Mittel, um die Bindungswirkung zu überwinden. Gleiches gilt nach § 2298 Abs. 2 Satz 3 BGB für den gegenseitigen Erbvertrag, sofern ein Rücktrittsvorbehalt nach § 2293 BGB vereinbart wurde.[16]

9 *(frei)*

II. Rechtliche Aspekte

10 Im Gegensatz etwa zum englischen Recht bestimmt das deutsche in § 1922 Abs. 1 BGB, dass die Erbschaft mit dem Tode des Erblassers von Gesetzes wegen nach dem **sog. Von-Selbst-Erwerb** und dem **Prinzip der Universalsukzession** dinglich auf den Erben übergeht. Als Ausgleich für den ohne oder sogar gegen den Willen des Erben eintretenden Von-Selbst-Erwerb erhält der Erbe gemäß § 1942 Abs. 1 BGB das Recht, sich von der Erbschaft durch **Ausschlagung** wieder zu lösen. Dieses Ausschlagungsrecht steht nur dem Staat nicht zu, § 1942 Abs. 2 BGB.

11 Damit in möglichst kurzer **Frist** die Person des Erben feststeht, gilt die Erbschaft als angenommen, wenn sie nicht binnen **sechs Wochen** ausgeschlagen wird, §§ 1943, 1944 Abs. 1 BGB.

Die **Ausschlagungsfrist verlängert** sich nach § 1944 Abs. 2 BGB auf **sechs Monate,** wenn

– der **Erblasser** seinen **letzten Wohnsitz nur im Ausland** gehabt hat[17] **oder**
– sich der **Erbe bei** dem **Beginn der Frist im Ausland** aufhält.[18]

---

[12] Ein Halb als Zugewinnausgleich und von dem verbleibenden ein Halb ein Viertel.

[13] Dies gilt unabhängig davon, ob ein Zugewinn tatsächlich erzielt wurde.

[14] Vgl. näher hierzu Groll/*Muscheler* C II Rz. 20 mwN; *Siebert* ZEV 2010, 454 f. und *Mayer/Süß/Tanck/Wälzholz* HdB Pflichtteilsrecht § 11 Rz. 252 ff. auch mit Beispielen zur Veranschaulichung.

[15] Siehe aber *Nieder/Kössinger* § 25 Rz. 7 zur Gefahr bei Ausschlagung der gewillkürten Erbschaft und Annahme als gesetzlicher Erbe.

[16] Vgl. näher hierzu Groll/*Muscheler* C II Rz. 25 ff. sowie Damrau/Tanck/*Klessinger* BGB § 2271 Rz. 58 ff. und Damrau/Tanck/*Krüger* BGB § 2298 Rz. 5.

[17] Die verlängerte Frist setzt voraus, dass der Erblasser seinen letzten Wohnsitz (§ 7 BGB) ausschließlich im Ausland hatte, und greift daher nicht, wenn neben dem Auslandswohnsitz auch ein Wohnsitz im Inland bestand (Doppelwohnsitz nach § 7 Abs. 2 BGB) oder sich der Erblasser zum Zeitpunkt seines Todes lediglich im Ausland aufhielt, ohne einen Wohnsitz zu begründen, vgl. MüKoBGB/*Leipold* BGB § 1944 Rz. 8.

[18] Entscheidend ist nur der tatsächliche Aufenthalt im Ausland nicht der Wohnsitz, so dass zB eine Auslandsreise genügt, vgl. MüKoBGB/*Leipold* BGB § 1944 Rz. 9.

Der Beginn der Frist hängt davon ab, ob eine letztwillige Verfügung vorliegt oder nicht: 12

- **Liegt keine letztwillige Verfügung vor,** so beginnt die Frist in dem Zeitpunkt, in dem der Erbe vom Anfall der Erbschaft und dem Grund der Berufung positiv Kenntnis erlangt. Dies ist dann der Fall, wenn der (vorläufige) Erbe[19] vom Tod des Erblassers, seinem gesetzlichen Erbrecht auf Grund Verwandtschaftsverhältnis bzw. bestehender Ehe respektive eingetragener Lebenspartnerschaft, der fehlenden Existenz vorgehender Erben und dem Fehlen eines Testamentes oder Erbvertrages weiß.[20] Ergibt sich das Fehlen vorgehender Erben erst aus deren Ausschlagung, so muss die Kenntnis auch diese Ausschlagung umfassen.[21]
- Ist der **Erbe durch Verfügung von Todes wegen berufen,** so ist gemäß § 1944 Abs. 2 Satz 2 BGB für den Beginn der Frist unabhängig von der Kenntnis vom Anfall der Erbschaft und der Einsetzung zum Erben mittels Testament oder Erbvertrag[22] die Bekanntgabe der letztwilligen Verfügung durch das Nachlassgericht erforderlich. Nach § 348 FamFG hat das die Wahl zwischen mündlicher Bekanntgabe in einem Verkündungstermin und schriftlicher (stiller) Bekanntgabe. Vor dieser Bekanntgabe gegenüber dem Ausschlagungsberechtigten[23] beginnt die Ausschlagungsfrist nicht zu laufen,[24]auch wenn der Erbe vorher anderweitig Kenntnis erlangt hat.[25]
  Hinzuweisen ist in diesem Zusammenhang noch auf Folgendes: Werden bei der Bekanntgabe eines **gemeinschaftlichen Testamentes** nach dem Tod des Erstverstorbenen die Verfügungen des Überlebenden wegen Untrennbarkeit mit den Verfügungen des Erstverstorbenen mit bekannt gegeben, so liegt darin noch keine amtliche Bekanntgabe in Bezug auf den zweiten Erbfall.[26]

Sind mehrere Erben vorhanden, so läuft die **Ausschlagungsfrist für jeden Miterben gesondert.**[27] 13

Unterliegt der Erbe einem **Tatsachen- und/oder Rechtsirrtum,** so kann der Fristbeginn gehindert sein.[28]

Handelt es sich bei dem Erben um einen Pflichtteilsberechtigten, dessen Erbe mit Belastungen oder/und Beschwerungen im Sinne von § 2306 Abs. 1 HS 1 BGB versehen ist, so beginnt nach **§ 2306 Abs. 1 HS 2 BGB** die Ausschlagungsfrist erst, wenn der Pflichtteilsberechtigte von den Beschränkungen oder Beschwerungen Kenntnis erlangt hat. Die Voraussetzungen von § 1944 Abs. 2 BGB und die **Kenntnis von den Beschränkungen oder Beschwerungen** müssen also kumulativ vorliegen. Ungeklärt ist dabei, ob die Frist schon mit der reinen Kenntnis von den Beschränkungen oder Beschwerungen beginnt (also mit Kenntnis des Inhalts der letztwilligen Verfügung) oder erst wenn der Pflichtteilsberechtigte den Wert des hinterlassenen Erbteils einschließlich der damit verbundenen Beschränkungen oder Beschwerungen und den Wert seines Pflichtteilsanspruchs kennt, was gerade bei komplex zusammengesetzten Nachlässen eine geraume Zeit in Anspruch nehmen kann.[29]

Für den **Nacherben** beginnt die **Ausschlagungsfrist** erst **mit Kenntnis** vom Eintritt des **Nacherbfalls,** § 2139 iVm. § 1944 Abs. 2 BGB. Er kann daher mit der Aus-

---

[19] Zur Kenntnis des gesetzlichen oder gewillkürten Vertreters siehe Damrau/Tanck/*Masloff* BGB § 1944 Rz. 3 ff. und MüKoBGB/*Leipold* BGB § 1944 Rz. 15 f. mwN.

[20] Groll/*Muscheler* C II Rz. 67 mwN.

[21] MüKoBGB/*Leipold* BGB § 1944 Rz. 3; BeckOK BGB/*Siegmann/Höger* BGB § 1944 Rz. 4.

[22] Einzelheiten der letztwilligen Verfügung muss der Erbe nicht kennen.

[23] Damrau/Tanck/*Masloff* BGB § 1944 Rz. 10; MüKoBGB/*Leipold* BGB § 1944 Rz. 18.

[24] Zum Fristbeginn bei Unmöglichkeit der Bekanntgabe sowie bei Eröffnung und Bekanntgabe nach ausländischem Recht siehe MüKoBGB/*Leipold* BGB § 1944 Rz. 22 f. auch zur gegenteiligen Ansicht.

[25] Kroiß/Ann/Mayer/*Ivo* BGB § 1944 Rz. 15 mwN.

[26] MüKoBGB/*Leipold* BGB § 1944 Rz. 21; Palandt/*Weidlich* BGB § 1944 Rz. 4.

[27] Damrau/Tanck/*Masloff* BGB § 1944 Rz. 2 mwN.

[28] Siehe näher hierzu Palandt/*Weidlich* BGB § 1944 Rz. 5; MüKoBGB/*Leipold* BGB § 1944 Rz. 3 ff. mwN; Damrau/Tanck/*Masloff* BGB § 1944 Rz. 2 und 8 mwN.

[29] Zum Meinungsstand siehe MüKoBGB/*Lange* BGB § 2306 Rz. 22 ff. mwN; Damrau/Tanck/*Riedel* BGB § 2306 Rz. 28 ff. sowie *Mayer/Süß/Tanck/Wälzholz* HdB Pflichtteilsrecht § 3 Rz. 39 mwN.

schlagung grundsätzlich bis zum Eintritt des Nacherbfalls warten. Ihm ist es jedoch unbenommen, sie bereits nach dem Erbfall[30] zu erklären. Dies gilt auch für den unter einer aufschiebenden Bedingung oder Befristung eingesetzten sowie den an zweiter oder fernerer Stelle berufenen Nacherben.[31]

Handelt es sich um einen **pflichtteilsberechtigten Nacherben,** der seinen Pflichtteilsanspruch sichern will, so kann er mit der Ausschlagung nicht bis zum Eintritt des Nacherbfalls warten. Die Verjährung des Pflichtteilsanspruchs beginnt bereits mit Kenntnis vom (ersten Erbfall) und der ihn beeinträchtigenden Verfügung (Einsetzung zum Nacherben) und nicht erst mit der Ausschlagung (§ 2332 BGB).

14 Hingewiesen sei in diesem Zusammenhang noch darauf, dass soweit die Länge der Ausschlagungsfrist nach § 1944 Abs. 3 BGB vom Wohnsitz abhängt, der Wohnsitz des Erblassers und nicht der des Vorerben maßgeblich ist.[32]

15 Für die **Berechnung der Ausschlagungsfrist** gelten die allgemeinen Vorschriften der §§ 186ff. BGB. Nach § 1944 Abs. 2 Satz 3 BGB finden auf den Lauf der Frist die für die Verjährung geltenden Vorschriften der §§ 206, 210 BGB entsprechende Anwendung. Zur Hemmung der Ausschlagungsfrist siehe MüKoBGB/*Leipold.*[33]

15a Die **Ausschlagungsfrist** ist eine **Ausschlussfrist,** die **nicht dispositiv** ist. Sie kann daher weder durch Parteivereinbarung noch durch das Nachlassgericht verlängert oder verkürzt werden, ebenso wenig durch letztwillige Verfügung des Erblassers.

16 Eine **Ausschlagung ist nicht mehr möglich, wenn** die **Erbschaft** bereits **angenommen** wurde, § 1943 BGB. Dies kann zum einen durch Verstreichenlassen der Ausschlagungsfrist erfolgen. Zum anderen kann die Annahme aber auch ausdrücklich oder stillschweigend erklärt werden, da eine bestimmte Form für die Annahme nicht vorgeschrieben ist.[34] Voraussetzung einer stillschweigenden Annahmeerklärung ist jedoch, dass nach allgemeinen Auslegungsregeln auf das Vorliegen eines Annahmewillens bei dem Erben geschlossen werden kann.[35]

Als Willenserklärung ist die **Annahme der Erbschaft** ebenso wie die Ausschlagung den Vorschriften des Allgemeinen Teils des BGB unterworfen, soweit die §§ 1942ff. BGB nichts Anderes bestimmen. Dementsprechend besteht die **Möglichkeit der Anfechtung.**[36] Dies gilt auch für den Fall, dass Erben sich über die zur Beurteilung der Zuständigkeit maßgeblichen Umständen (insbesondere über den gewöhnlichen Aufenthalt des Erblassers)[37] geirrt haben. In diesem Fall kann eine Annahme durch Fristablauf nach § 1956 BGB angefochten werden.[38]

17 Im Gegensatz zur Annahme der Erbschaft ist **für** die **Ausschlagung zum Schutz des Ausschlagenden,** sich voreilig eines Erbes zu entledigen, eine **besondere Form vorgeschrieben.** Laut § 1945 Abs. 1 BGB muss die Ausschlagung
- **entweder** zur **Niederschrift des Nachlassgerichts**
- **oder** – wie im Formular – in öffentlich beglaubigter, also **notariell beglaubigter Form,** abgegeben werden.[39]

18 Für die **Entgegennahme** der **Ausschlagungserklärung** ist nach § 1945 Abs. 1 HS 1 BGB das **Nachlassgericht sachlich zuständig.**[40] Dies ist gemäß § 23a Abs. 1,

[30] Vor dem Erbfall kann eine Ausschlagung generell nicht erklärt werden, § 1946 BGB. Zu Lebzeiten des Erblassers besteht nur die Möglichkeit des Erbverzichts.
[31] Damrau/Tanck/*Bothe* BGB § 2142 Rz. 4 mwN.
[32] Vgl. nur BeckOK BGB/*Litzenburger* BGB § 2142 Rz. 1.
[33] MüKoBGB/*Leipold* BGB § 1944 Rz. 25f. mwN.
[34] Vgl. näher zur Annahme der Erbschaft *Walter* ZEV 2008, 319.
[35] Vgl. hierzu die Übersicht bei Damrau/Tanck/*Masloff* BGB § 1943 Rz. 3 und bei Groll/*Muscheler* C II Rz. 56.
[36] Vgl. hierzu näher Groll/*Muscheler* C II Rz. 94ff.
[37] Siehe Rz. 19ff.
[38] BeckOK BGB/*Siegmann/Höger* BGB § 1945 Rz. 7.
[39] Für den Fall, dass sich die Erben im Ausland aufhalten siehe Rz. 27o.
[40] Für den Fall der Auslandsberührung des Erbfalls siehe Rz. 27ff.

2 Nr. 2 GVG das Amtsgericht. Die Sonderregelung in Baden-Württemberg, dass diese Aufgabe von den staatlichen Notariaten wahrgenommen wird,[41] entfällt mit Wirkung vom 1.1.2018. **Funktionell** ist der **Rechtspfleger zuständig.**[42]

Sofern sich im Nachlass auch ein **Hof** befindet, ist die isolierte Ausschlagung des Hofanfalls gemäß § 11 HöfeO dem Landwirtschaftsgericht gegenüber zu erklären.[43] Dies gilt allerdings nicht, wenn nicht nur der Hof allein, sondern die gesamte Erbschaft ausgeschlagen wird. In diesem Fall muss die Ausschlagungserklärung gegenüber dem Nachlassgericht erklärt werden.

Die **örtliche Zuständigkeit** des Nachlassgerichts ergibt sich – zumindest dann, **19** wenn es sich um einen rein deutschen Erball handelt, dh. dass es sich sowohl bei dem Erblasser als auch bei dem/den Erben um Personen mit deutscher Staatsangehörigkeit handelt, die alle ihren gewöhnlichen Aufenthalt im Inland haben[44] – aus den §§ 342 Abs. 1 Nr. 5, 343 Abs. 1, 344 Abs. 7 FamFG. Nach **§ 343 Abs. 1 FamFG** bestimmt sich die Zuständigkeit nach dem **gewöhnlichen Aufenthalt des Erblassers zum Zeitpunkt seines Todes.** Diese seit dem 17.8.2015 geltende Neuregelung[45] war die notwendige Anpassung an die ab diesem Zeitpunkt geltende EuErbVO. Was unter „gewöhnlichem Aufenthalt" zu verstehen ist, wird jedoch weder im FamFG noch in der EuErbVO bzw. dem IntErbRVG gesagt. Der unbestimmte Rechtsbegriff muss daher „mit Leben gefüllt werden".

Im Rahmen der EuErbVO hat nach gegenwärtiger Rechtsprechung[46] und Lite- **19a** ratur[47] zur Bestimmung des **gewöhnlichen Aufenthalts** des Erblassers eine **einzelfallbezogene Gesamtbetrachtung** der Lebensumstände des Erblassers in den Jahren vor seinem Tod und im Zeitpunkt seines Todes[48] stattzufinden.[49] Anhand der Erwägungsgründe Nr. 23 ff. EuErbVO ist der faktische Lebens-/Daseinsmittelpunkt des Erblassers in familiärer, sozialer und beruflicher Hinsicht[50] zu ermitteln. Hierbei sind die Dauer[51] und die Regelmäßigkeit des Aufenthalts, die mit dem Aufenthalt zusammenhängenden Umstände und Gründe (zB Begründung eines auf Dauer angelegten Arbeitsverhältnisses,[52] Erwerb von Immobilien) sowie die Intensität der Bindung des Erblassers an den zur Debatte stehenden Staat[53] zu berücksichtigen. **Subjektive Elemente** sind ebenfalls in die Betrachtung **mit einzubeziehen.**[54] **Nicht entscheidend**

---

[41] §§ 1, 38 LFGG.

[42] Siehe näher hierzu *Bumiller/Harders/Schwamb* Vorbemerkung zu §§ 343, 344 FamFG Rz. 7 ff., Keidel/*Zimmermann* FamFG § 343 Rz. 96 ff.

[43] MüKoBGB/*Leipold* BGB § 1945 Rz. 9.

[44] Für den Fall der Auslandsberührung siehe Rz. 27 ff.

[45] Die bis 16.8.2015 geltende Regelung stellte für die örtliche Zuständigkeit auf den Wohnsitz des Erblassers ab, vgl. hierzu näher die Vorauflage.

[46] KG v. 26.4.2016 – 1 AR 8/16, FGPrax 2016, 181 (182) zu dem atypischen Fall eines Grenzpendlers, vgl. kritisch hierzu die Anmerkung von *Lehmann* ZEV 2016, 516 f. sowie *Mankowski* FamRZ 2016, 1204 (1205).

[47] Vgl. statt vieler nur Dutta/Weber/*Lein* EuErbVO Art. 4 Rz. 12 ff. mwN.; Palandt/*Thorn* EuErbVO Art. 21 Rz. 6 mwN.

[48] Zum Aufenthaltswechsel kurz vor dem Tod siehe Dutta/Weber/*Lein* EuErbVO Art. 4 Rz. 21 ff.

[49] „Ausgesprochener oder unausgesprochener Ausgangspunkt ist dabei das aus der Welt der Haager Übereinkommen stammende Begriffsverständnis", so *Dörner* ZEV 2016, 117.

[50] Vgl. näher Dutta/Weber/*Lein* EuErbVO Art. 4 Rz. 18 ff.

[51] Eine gewisse Mindestdauer ist jedoch nicht Voraussetzung, *Emmerich* ErbR 2016, 122.

[52] Nicht dagegen ein zeitlich begrenzter Aufenthalt im Ausland, sei es aus beruflichen Gründen (zB Soldaten, die im Ausland stationiert sind), zu Studien- oder anderen Zwecken, solange nur ein Rückkehrwille erkennbar bleibt, vgl. Palandt/*Thorn* EuErbVO Art. 21 Rz. 6, Dutta/Weber/*Lein* EuErbVO Art. 4 Rz. 14 ff.

[53] Dies kann zB anhand des Integrationsgrades des Erblassers mittels Kriterien wie Sprachkenntnisse, Eingebundensein in das soziale Umfeld, Wohnsitzbegründung, ggf. auch Erwerb der Staatsangehörigkeit, ermittelt werden.

[54] Diesbezüglich herrscht aber noch viel Unklarheit. Eine Ansicht hält einen nach außen manifestierten Bleibewillen für erforderlich, MüKoBGB/*Dutta* EuErbVO Art. 4 Rz. 4 mwN, während die andere Meinung subjektive Elemente nur mittelbar berücksichtigen will, und zwar immer dann, wenn sie sich darauf bezogen haben, dass der Erblasser seinen gewöhnlichen Aufenthalt wechseln wollte, nicht aber wenn es sich um Vorstellungen des Erblassers zu seinem (momentanen) gewöhnlichen Aufenthalt handelt, so *Zimmer/Oppermann* ZEV 2016, 126 (128) v. a. im Hinblick auf geschäftsunfähige bzw. demente Erblasser; einschränkend auch Dutta/Weber/*Lein* EuErbVO Art. 4 Rz. 12 mwN.

ist der steuer- oder verwaltungsrechtliche Wohnsitz bzw. gewöhnliche Aufenthalt. Er kann aber in die Gesamtbetrachtung miteinbezogen werden.[55]

Minderjährige haben einen **eigenen** und nicht einen von den Eltern abgeleiteten **gewöhnlichen Aufenthalt,** wobei Kleinkinder idR (aber nicht notwendigerweise) den gewöhnlichen Aufenthalt der Eltern teilen.[56] Bei der Ermittlung des gewöhnlichen Aufenthalts von Kindern sind unter Berücksichtigung des Aufenthaltsbestimmungsrechts des Sorgeberechtigten die aufenthaltsbegründenden Umstände gerade auf die Situation eines Kindes (Staatsangehörigkeit, Ort und Umstände der Einschulung, Kindeswohl etc.) zu beziehen, wobei die familiären Bindungen im Vordergrund stehen.[57]

19b Angesichts dessen, dass der Begriff „gewöhnlicher Aufenthalt" in der EuErbVO autonom auszulegen ist,[58] stellt sich die Frage, ob der **Aufenthaltsbegriff in § 343 FamFG identisch** ist **mit** dem in der **EuErbVO.** Im Hinblick auf den beabsichtigten Gleichlauf von § 343 FamFG mit dem Aufenthaltsbegriff in Art. 4 EuErbVO wird dies bejaht.[59] Das in Rz. 19 und 19a gilt hier daher entsprechend.
Im Gegensatz zum Wohnsitz[60] gibt es **nur einen einzigen gewöhnlichen Aufenthalt.**[61] Sofern dieser zum Zeitpunkt des Todes des Erblassers im Inland war, so ist das Gericht für die Ausschlagungserklärung örtlich zuständig, in dessen Bezirk der gewöhnliche Aufenthalt war.[62] Unerheblich ist dabei grundsätzlich, ob es sich um einen deutschen oder ausländischen Erblasser handelt und welches Erbrecht anzuwenden ist.[63]

20 Daneben ist nach **§ 344 Abs. 7 FamFG** auch das **Nachlassgericht (subsidiär) örtlich zuständig,** in dessen Bezirk der **Ausschlagende** seinen **gewöhnlichen Aufenthalt** zum Zeitpunkt der Ausschlagung (nicht zum Zeitpunkt des Erbfalls)[64] hat. Dies gilt nicht nur für Erklärungen zur Niederschrift des Nachlassgerichts, sondern – wie im Formular – auch für notariell beglaubigte Ausschlagungserklärungen.[65] Das die Ausschlagung entgegennehmende Gericht hat die Urschrift der Niederschrift über die Ausschlagungserklärung oder die Urschrift der Ausschlagungserklärung in öffentlich beglaubigter Form nach § 344 Abs. 7 Satz 2 FamFG an das (originär) nach § 343 FamFG zuständige Gericht zu übersenden. Von dieser Möglichkeit wird der Ausschlagende v. a. dann Gebrauch machen, wenn die originäre örtliche Zuständigkeit unklar ist oder das originär zuständige Gericht weit weg ist und/oder der Ablauf der Ausschlagungsfrist droht. Die **Ausschlagungsfrist** wird nämlich durch die Erklärung gegenüber dem gemäß § 344 Abs. 7 FamFG zuständigen Gericht **gewahr**t.[66]

21 Die **Ausschlagung** ist zwar ein **höchstpersönliches Recht.** Sie muss aber nicht selbst erklärt werden. Der **Erbe kann** sich hierbei nach den allgemeinen Vorschriften der §§ 164 ff. BGB **vertreten lassen.** Die **Vollmacht** muss nach § 1945 Abs. 3 BGB jedoch **öffentlich beglaubigt** sein und entweder der Ausschlagungserklärung beigefügt oder innerhalb der Ausschlagungsfrist beim Nachlassgericht nachgereicht werden. Grundsätzlich reicht auch eine öffentliche beglaubigte Generalvorsorgevollmacht, soweit nicht im Einzelfall die Auslegung ergibt, dass das Recht zur Ausschlagung von der Vollmacht nicht erfasst sein soll. Nicht ausreichend ist eine öffentlich beglaubigte

---

[55] Dutta/Weber/*Lein* EuErbVO Art. 4 Rz. 12 mwN.
[56] Palandt/*Thorn* EuErbVO Art. 21 Rz. 6 mwN.
[57] *Dörner* ZEV 2016, 117; *Lehmann* DStR 2012, 2085 (2087 mwN).
[58] Vgl. nur MüKoBGB/*Dutta* EuErbVO Art. 4 Rz. 3 mwN.
[59] BeckOK FamFG/*Schlögel* FamFG § 343 Rz. 5; Keidel/*Zimmermann* FamFG § 343 Rz. 63 mwN.
[60] Von dem man nach § 7 Abs. 2 BGB mehrere haben kann.
[61] Siehe näher hierzu MüKoBGB/*Dutta* EuErbVO Art. 4 Rz. 6 mwN; Palandt/*Thorn* EuErbVO Art. 21 Rz. 6 mwN.; aA wohl Keidel/*Zimmermann* FamFG § 343 Rz. 70.
[62] Das Gericht hat nach § 26 FamFG von Amts wegen seine Zuständigkeit zu prüfen und nötigenfalls über die Tatsachen, die die Zuständigkeit begründen (also auch den gewöhnlichen Aufenthalt) Ermittlungen anzustellen.
[63] Vgl. näher hierzu Rz. 27 ff.
[64] Keidel/*Zimmermann* FamFG § 344 Rz. 46 mwN.
[65] Dies ist im Rahmen der Anpassung des FamFG an die EuErbVO nun auch im Gesetz klar gestellt worden, vgl. *Fröhler* BWNotZ 2015, 47 (48 mwN).
[66] MüKoBGB/*Leipold* BGB § 1945 Rz. 13 mwN; *Bumiller/Harders/Schwamb* § 344 Rz. 16.

Generalvorsorgevollmacht jedoch dann, wenn mittels Ausschlagung einer nach den §§ 2271 Abs. 2, 2289 BGB unwirksamen Verfügung von Todes wegen des länger Lebenden nachträglich zur Wirksamkeit verholfen werden soll.[67]

Das **Ausschlagungsrecht** ist **untrennbar mit** der **Erbenstellung** verbunden. Aus diesem Grunde können weder Testamentsvollstrecker noch Nachlasspfleger gegen den Willen des Erben ausschlagen. Eine Pfändung des Erbteils durch einen persönlichen Gläubiger des Erben oder eine Beschlagnahme nach § 443 StPO hindert die Ausschlagung durch den Erben ebenfalls nicht.[68] Ebenso wenig kann der Sozialhilfeträger das Ausschlagungsrecht auf sich überleiten.[69] Hiervon zu unterscheiden ist die immer noch umstrittene Frage der **Sittenwidrigkeit** der **Ausschlagung** einer werthaltigen Erbschaft durch einen Sozialhilfeempfänger. Während der BGH[70] in einem obiter dictum und die hM in der Literatur[71] die Sittenwidrigkeit verneinen, vertritt das LSG Bayern[72] und Teile der Literatur[73] die Ansicht, dass die Sittenwidrigkeit nicht grundsätzlich verneint werden könne, sondern es vielmehr auf den Einzelfall ankomme. 22

Steht der Erbe unter Betreuung, so kann der **Betreuer** als dessen gesetzlicher Vertreter die Erbschaft ausschlagen, wenn dies zu seinem Aufgabenkreis gehört und das Vormundschaftsgericht die Ausschlagung genehmigt hat.[74] Die Ausschlagung ist nicht genehmigungsfähig, wenn dadurch ein Zugriff des Sozialhilfeträgers verhindert werden soll.[75]

Stirbt der **Ausschlagungsberechtigte** zwischen Erbfall und Ausschlagung, so geht das Ausschlagungsrecht nach § 1952 Abs. 1 BGB auf seine Erben über. Diesen stehen folglich zwei Ausschlagungsrechte zu: das geerbte und das eigene. Die Ausschlagungsfrist für das geerbte Ausschlagungsrecht endet in diesem Fall nicht vor dem Ende der Ausschlagungsfrist für das eigene Ausschlagungsrecht, § 1952 Abs. 2 BGB. 23

Die **Wirkungen der Ausschlagung** sind in **§ 1953 BGB** zu finden. In dieser Vorschrift sind zwei Dinge geregelt: 24

- **Abs. 1: Auswirkung** der Ausschlagung **auf** die **Position des Ausschlagenden:**
  Die Erbausschlagung bewirkt den Wegfall des Ausschlagenden ex tunc auf den Zeitpunkt des Todes des Erblassers.
  Dies gilt jedoch nicht für den Fall, dass dem Ausschlagenden ein Vorausvermächtnis zustand. Dieses bleibt bestehen, sofern sich die Ausschlagung nicht auch hierauf bezieht oder der Erblasser das Vorausvermächtnis an die Annahme der Erbschaft geknüpft hat.[76]
- **Abs. 2: Weiteres Schicksal des Nachlasses:**
  Die **Erbschaft fällt** ebenfalls ex tunc auf den Zeitpunkt des Todes des Erblassers **an** den **Nächstberufenen,** für den eine **neue Ausschlagungsfrist läuft.** Nach § 517 BGB handelt es sich hierbei jedoch nicht um eine Schenkung des Ausschlagenden an den durch die Ausschlagung Begünstigten. Nächstberufener ist derjenige, dem die Erbschaft zugefallen wäre, wenn der Ausschlagende im Zeitpunkt des Erbfalls nicht gelebt hätte. Wer dies ist, hängt von der Art der Erbfolge ab:
  - Im Falle einer letztwilligen Verfügung ist dies zunächst der Ersatzerbe, § 2096 BGB. Gibt es keinen, so tritt Anwachsung ein, §§ 2094, 2099 BGB. Ist weder ein Ersatzerbe vorhanden noch tritt Anwachsung ein, so gilt für den frei gewordenen Erbteil entsprechend § 2088 Abs. 1 BGB gesetzliche Erbfolge.

---

[67] Vgl. hierzu näher *Keim* Zerb 2008, 260 (261 f.); *Zimmer* ZEV 2008, 194 ff.
[68] BeckOK BGB/*Siegmann/Höger* BGB § 1942 Rz. 13a und Palandt/*Weidlich* BGB § 1945 Rz. 2.
[69] BGH v. 19.1.2011 – IV ZR 7/10, BGHZ 188, 81 Rz. 30 mwN.
[70] Urteil v. 19.1.2011 – IV ZR 7/10, BGHZ 188, 81.
[71] Groll/*Muscheler* C II Rz. 45; BeckOK BGB/*Siegmann/Höger* BGB § 1942 Rz. 13 mwN.
[72] Beschluss v. 30.7.2015 – L 8 SO 146/15 B ER, ZEV 2016, 43 mit ablehnender Anmerkung von Litzenburger.
[73] MüKoBGB/*Leipold* BGB § 1945 Rz. 3.
[74] Vgl. näher hierzu auch mit Formulierungsbeispiel Beck FormB ErbR/*Ivo* J. IV. 5 und Beck-Online-Form ErbR/*Horn* 5.4.7.
[75] Burandt/Rojahn/*Nadjecki* BGB § 1942 Rz. 8 mwN.
[76] MüKoBGB/*Leipold* BGB § 1953 Rz. 6.

– Bei gesetzlicher Erbfolge sind zur Bestimmung des Nächstberufenen die §§ 1924 ff. BGB heranzuziehen.

Zu den **weiteren Wirkungen der Ausschlagung** auf zB Besitz, Haftung, Auskunftspflicht gegenüber dem Nächstberufenen etc. siehe Groll/*Muscheler.*[77]

25 Für **Interimsgeschäfte des Ausschlagenden** in dem Zeitraum zwischen Erbfall und Ausschlagung ist § 1959 BGB zu beachten.[78]

26 Hinzuweisen ist noch auf Folgendes: Sofern die Ausschlagung nicht wegen Überschuldung des Nachlasses, sondern zu dem Zweck erfolgt, dem Nächstberufenen zuzufallen, kann das gleiche Ergebnis auch durch Annahme der Erbschaft und anschließender Schenkung an diese Person erreicht werden. Diese Konstruktion hat gegenüber der bedingungsfeindlichen[79] Ausschlagung den Vorteil, dass der Schenker den Schutz der §§ 527 ff. BGB genießt und für den Schenkungsvertrag zahlreiche Gestaltungsmöglichkeiten zur Auswahl stehen.[80] Diesen zivilrechtlichen Vorteilen der Konstruktion können aber (erbschaft- bzw. schenkung-)steuerliche Nachteile gegenüberstehen, so dass innerhalb der Ausschlagungsfrist immer ein Belastungsvergleich für die beiden Varianten durchgeführt werden sollte, um so die für den jeweiligen Fall richtige Variante herauszufinden.[81]

27 Zielten die bisherigen Ausführungen auf den rein deutschen Erbfall ab, dh. Erben und Erblasser sind deutsche Staatsangehörige mit jeweils gewöhnlichem Aufenthalt im Inland, wird im Folgenden zumindest überblicksartig auf die **Erbfälle mit Auslandsberührung** eingegangen.

Wie bereits in Rz. 19 erwähnt, ist die **EuErbVO** und das dazu ergangene **IntErbRVG ab dem 17.8.2015**[82] **auf** die **Rechtsnachfolge von Todes wegen**[83] in den Mitgliedstaaten der EU mit Ausnahme des Vereinigten Königreichs,[84] Irlands und Dänemarks **anwendbar.**[85]

27a Als **Verordnung** im Sinne von Art. 288 Abs. 2 AEUV **gilt** sie **in jedem Mitgliedstaat unmittelbar** und verdrängt im Rahmen ihres Regelungsbereichs innerstaatliches Recht. **Vorrang vor der EuErbVO haben** nach deren Art. 75 Abs. 1 jedoch bereits bestehende multilaterale Übereinkommen wie das auch von der Bundesrepublik Deutschland ratifizierte **Haager Testamentsformübereinkommen vom 5.10.1961 sowie** bereits bestehende bilaterale Abkommen mit Drittstaaten, selbst wenn diese Fragen regeln, auf welche die EuErbVO anwendbar wäre. Dies bedeutet, dass in Deutschland **auch nach dem 16.8.2015** das **deutsch-iranische Niederlassungsabkommen**[86] sowie der **deutsch-türkische**[87] und der **deutsch-sowjetische Konsularvertrag**[88] weiterhin **gelten.**[89]

27b **Unter „Rechtsnachfolge von Todes wegen" ist laut Art. 3 Abs. 1 Buchstabe a) EuErbVO** jede Form des Übergangs von Vermögenswerten, Rechten und Pflichten von Todes wegen **zu verstehen,** sei es im Wege der gewillkürten Erfolge durch eine Verfügung von Todes wegen oder im Wege der gesetzlichen Erbfolge. Der Begriff ist autonom und weit auszulegen, also nicht nach Maßgabe des materiellen Rechts eines

---

[77] Groll/*Muscheler* C II Rz. 87 ff. sowie Scherer/*Sarres* § 45 Rz. 35 ff.

[78] Damrau/Tanck/*Masloff* BGB § 1959 Rz. 1 ff. sowie Groll/*Muscheler* C II Rz. 114 ff.

[79] Vgl. Rz. 43.

[80] Man denke da nur an die in vielen Schenkungsverträgen enthaltenen Rückforderungsrechte.

[81] Vgl. hierzu näher *Hannes* ZEV 1996, 10 (12 f.).

[82] Vgl. Art. 83 Abs. 1 EuErbVO.

[83] Art. 1 Abs. 1 Satz 1 EuErbVO.

[84] Das Vereinigte Königreich bleibt trotz Referendums vom 23.6.2016 rechtlich gesehen bis zum Abschluss der Austrittsverhandlungen Mitglied der Europäischen Union.

[85] Vgl. Erwägungsgründe Nr. 82 und 83 der EuErbVO.

[86] Siehe hierzu näher Dutta/Weber/*Bauer* Anhang I zu Art. 75 EuErbVO Rz. 1 ff.

[87] Siehe hierzu näher Dutta/Weber/*Bauer* Anhang II zu Art. 75 EuErbVO Rz. 1 ff. sowie *Kaya* ZEV 2015, 208 zum Nachlass eines deutsch-türkischen Doppelstaaters.

[88] Siehe hierzu näher Dutta/Weber/*Bauer* Anhang III zu Art. 75 EuErbVO Rz. 1 ff.; Süß/*Masanek* ErbR zur Russischen Föderation.

[89] Süß/*Süß* ErbR § 1 Rz. 3 ff.

Mitgliedstaates. Eingeschlossen sind alle mit der Rechtsnachfolge verbundenen Aspekte, neben der Erbfolge also beispielsweise auch die Verwaltung und Abwicklung des Nachlasses.[90] Zur genaueren Abgrenzung des weiten Begriffs „Rechtsnachfolge von Todes wegen" enthält Art. 23 EuErbVO einen nicht abschließenden Positivkatalog der unter das Erbstatut und damit in den Anwendungsbereich der EuErbVO fallenden Rechtsinstitute. **Hierzu gehört laut Art. 23 Abs. 2 EuErbVO** nicht nur der Eintritt des Erbfalls, sondern u. a. **auch** die **Ausschlagung einer Erbschaft.**

Mit Einführung der EuErbVO hat das **deutsche internationale Erbrecht** eine fundamentale Änderung erfahren, denn zur Bestimmung des **maßgeblichen Erbstatuts** wird **nicht mehr** wie bei Art. 25 Abs. 1 EGBGB aF an die **Staatsangehörigkeit des Erblassers** angeknüpft, **sondern nach Art. 21 Abs. 1 EuErbVO** an seinen (letzten) **gewöhnlichen Aufenthalt,** sofern nicht eine Rechtswahl nach Art. 22 EuErbVO bezüglich des anzuwendenden Rechts getroffen wurde oder Art. 21 Abs. 2 EuErbVO zum Zuge kommt. **27c**

Zum Begriff des gewöhnlichen Aufenthalts siehe Rz. 19ff. Nach **Art. 21 Abs. 2 EuErbVO**[91] ist aber **ausnahmsweise** nicht das Recht am gewöhnlichen Aufenthalt anwendbar, **wenn** sich aus der Gesamtheit der Umstände eine **wesentlich engere Verbindung zu einem anderen Staat** ergibt. In welchen Fällen dies neben der doch eigentlich alle Umstände einzubeziehenden Bestimmung des gewöhnlichen Aufenthalts denkbar sein soll, bleibt unklar.[92] Hier wird man die Entwicklung in der Praxis abwarten müssen.

Neben diesen objektiven Anknüpfungen zur Bestimmung des maßgeblichen Erbstatuts kann der **Erblasser nach Art. 22 Abs. 1 Satz 1 EuErbVO** aber auch das **Recht des Staates als Erbstatut** wählen, **dessen Staatsangehörigkeit** er zum Zeitpunkt seines Todes oder zum Zeitpunkt der Rechtswahl (in seiner Verfügung von Todes wegen) inne hat. Gehört der Erblasser **mehreren Staaten** an, so kann er nach Art. 22 Abs. 1 Satz 2 EuErbVO das Recht (nur) eines dieser Staaten wählen, dem er zum Zeitpunkt seines Todes oder zum Zeitpunkt der Rechtswahl angehört. Die Frage, ob jemand einem Staat angehört, fällt nicht in den Regelungsbereich der EuErbVO, sondern beantwortet sich nach dem Recht des Staates, dessen Staatsangehörigkeit in Rede steht, für Deutschland also das Staatsangehörigkeitsgesetz.[93] **Staatenlose** können dem Wortlaut von Art. 22 Abs. 1 EuErbVO nach mangels Staatsangehörigkeit keine Rechtswahl treffen, so dass für sie allein Art. 21 EuErbVO gilt.[94] **27d**

Verfügt der zur Wahl stehende Heimatstaat nicht über ein einheitliches Rechtssystem, sondern existieren in einzelnen Gebietseinheiten unterschiedliche Regeln (**interlokale Rechtsspaltung** wie zB in Spanien), so kann der Erblasser nur das Recht des Heimatstaates wählen (also spanisches und nicht zB katalanisches Recht).[95] **27e**

Die **Rechtswahl** kann **ausdrücklich oder** aber **konkludent** („aus den Bestimmungen einer solchen Verfügung ergeben") erfolgen. Indizien einer konkludenten Rechtswahl sind Bezugnahmen auf Rechtsinstitute einer bestimmten Rechtsordnung[96] oder die Verwendung charakteristischer Rechtsbegriffe in der Muttersprache.[97] **27f**

Sie muss **in** der Form einer **Verfügung von Todes wegen** erfolgen, wobei der Begriff „Verfügung von Todes wegen" **im unionsrechtlichen Sinne zu verstehen** ist, dh. nach Art. 3 Abs. 1 Buchstabe d) EuErbVO in Form eines Testamentes, eines **27g**

---

90 Siehe näher Dutta/Weber/*Schmidt* EuErbVO Art. 1 Rz. 5ff. mwN.

91 Siehe auch Erwägungsgrund 25 der EuErbVO.

92 Vgl. *Wilke* RIW 2012, 601 (605); Dutta/Weber/*Lein* EuErbVO Art. 4 Rz. 21.; MüKoBGB/*Dutta* EuErbVO Art. 21 Rz. 5ff.

93 Dutta/Weber/*Bauer* EuErbVO Art. 22 Rz. 7 mwN; *Firsching/Graf* Teil 2 Ziffer 5 Rz. 2.71ff.

94 Vgl. hierzu und zur Problematik bei internationalen Flüchtlingen näher Süß/*Süß* ErbR § 2 Rz. 85f. mwN; Dutta/Weber/*Bauer* EuErbVO Art. 22 Rz. 8ff.

95 Siehe näher hierzu Süß/*Süß* ErbR § 2 Rz. 84 und 147 sowie Dutta/Weber/*Bauer* EuErbVO Art. 22 Rz. 14.

96 Vgl. Erwägungsgrund Nr. 39 Satz 2 EuErbVO.

97 Dutta/Weber/*Bauer* EuErbVO Art. 22 Rz. 20.; Palandt/*Thorn* EuErbVO Art. 22 Rz. 6.

gemeinschaftlichen Testamentes[98] oder eines Erbvertrages.[99] Zu beachten ist in diesem Zusammenhang, dass diese Begriffe sich nicht mit denen im deutschen Recht decken, sondern weiter sind.[100] Was die **Form der Verfügung von Todes** wegen anbelangt, so leitet sich diese nicht aus dem gewählten Recht ab, sondern wird in Art. 27 EuErbVO geregelt.[101] Da es sich hierbei aber um die Übernahme bzw. Inkorporation des Haager Testamentsformübereinkommens vom 5.10.1961 handelt, das für Mitgliedstaaten wie zB Deutschland, die auch Mitgliedstaaten des Haager Testamentsformübereinkommens sind, Vorrang vor der EuErbVO hat,[102] gilt in Deutschland auch nach dem 17.8.2015 das Haager Testamentsformübereinkommen, soweit dessen Anwendungsbereich berührt ist, dh. im Fall von einseitigen und gemeinschaftlichen Testamenten. Für Erbverträge ist hingegen auf Art. 27 EuErbVO zurückzugreifen, da das Haager Testamentsformübereinkommen keine Erbverträge erfasst.[103] Hinsichtlich der **formellen Wirksamkeit der Rechtswahl** genügt somit die Einhaltung der Form einer der alternativ anwendbaren Formstatute.[104] Dies gilt nach Art. 22 Abs. 4 EuErbVO auch für die Änderung oder den Widerruf der Rechtswahl.

27h Die **materielle Wirksamkeit**[105] **der Rechtswahlerklärung,** dh. die materielle Wirksamkeit der Verfügung von Todes wegen hingegen bestimmt sich gemäß Art. 22 Abs. 3 EuErbVO nach dem gewählten Recht. Zur Sonderanknüpfung nach Art. 24, 25 EuErbVO hinsichtlich der Zulässigkeit und materiellen Wirksamkeit von Testamenten und Erbverträgen als Ausnahme vom Grundsatz der Einheit des Erbstatuts sowie zum **Übergangsrecht nach Art. 83 Abs. 2 bis 4 EuErbVO** für vor dem 17.8.2015 errichtete Verfügungen von Todes wegen bzw. für vor diesem Zeitpunkt getroffene Rechtswahlen siehe näher die Kommentierung bei Dutta/Weber.[106]

27i Die **EuErbVO** ist nach deren Art. 20 nicht nur im Verhältnis der Mitgliedstaaten zueinander, sondern **auch im Verhältnis zu Drittstaaten**[107] **anwendbar,** und zwar selbst dann, wenn es sich um reine Drittstaatensachverhalte handelt ohne gleichzeitigem Bezug zu einem Mitgliedstaat.[108] Dies bedeutet, dass es auch zur Anwendung drittstaatlichen Rechts kommen kann, wenn die Kollisionsnormen der EuErbVO auf dieses verweisen. Ob die Bestimmungen des drittstaatlichen Kollisionsrechts aus Sicht der EuErbVO zu beachten sind, richtet sich nach Art. 34 EuErbVO. Die Vorschrift enthält eine differenzierte Regelung des Renvoi. Eine Rück- oder Weiterverweisung des drittstaatlichen Kollisionsrechts ist nur beachtlich, wenn der Verweis zur Anwendung mitgliedstaatlichen Rechts oder auf das Recht eines Drittstaates verweist, der sein eigenes Recht anwenden würde. Eine **Nachlasspaltung**[109] ist im Verhältnis zu Drittstaaten daher weiterhin möglich, wenn das drittstaatliche Recht hinsichtlich des unbeweglichen Vermögens auf das mitgliedstaatliche Recht zurückverweist oder den Verweis nur hinsichtlich des unbeweglichen Vermögens annimmt. Seine Grenzen findet die Anwendung drittstaatlichen Rechts unabhängig von den Rück- und Weiterverweisungen in Art. 34 EuErbVO[110] auch in der Regelung des ordre public in Art. 35 EuErbVO.[111]

---

[98] Zur Definition siehe Art. 3 Abs. 1 Buchst. c EuErbVO.
[99] Zur Definition siehe Art. 3 Abs. 1 Buchst. b EuErbVO.
[100] *Lutz* BWNotZ 2016, 34 mwN.
[101] *Leitzen* ZEV 2013, 128 (129).
[102] Siehe oben Rz. 27a.
[103] MüKoBGB/*Dutta* EuErbVO Art. 22 Rz. 15.
[104] MüKoBGB/*Dutta* EuErbVO Art. 22 Rz. 15.
[105] Zur Auslegung dieses Begriffs siehe MüKoBGB/*Dutta* EuErbVO Art. 22 Rz. 16 mwN.
[106] sowie Süß/*Süß* ErbR § 1 Rz. 38 ff., 47 ff. bzw. § 2 Rz. 89 ff., 104 ff.; *Heinig* RNotZ 2014, 197; *Döbereiner* DNotZ 2014, 323 und *Leitzen* ZEV 2013, 128.
[107] Hierzu zählen auch Großbritannien, Irland und Dänemark, da sie der EuErbVO nicht beigetreten sind.
[108] Dutta/Weber/*Weber* Einleitung zur EuErbVO Rz. 26 und 72 ff.
[109] Die durch den die EuErbVO prägenden Grundsatz der Nachlasseinheit gerade vermieden werden soll.
[110] Vgl. hierzu näher Erwägungsgrund Nr. 57; Süß/*Süß* ErbR § 2 Rz. 43 ff. auch mit Beispielen sowie Dutta/Weber/*Bauer* EuErbVO Art. 34 Rz. 1 ff.
[111] Siehe näher hierzu Dutta/Weber/*Bauer* EuErbVO Art. 35 Rz. 1 ff.; Süß/*Süß* ErbR § 5 Rz. 4 ff. auch mit Beispielen.

Im Hinblick auf die **internationale Zuständigkeit** begründen Art. 4 bis 19 der EuErbVO im Anwendungsbereich der Verordnung ein neues die §§ 105, 343 FamFG verdrängendes Zuständigkeitsregime.[112] **Kernstück** des Zuständigkeitsregimes ist **Art. 4 EuErbVO,** der einen Gleichlauf von internationaler Zuständigkeit und anwendbarem Recht anstrebt,[113] indem er die Zuständigkeit für Entscheidungen in Erbsachen[114] für den gesamten weltweiten Nachlass[115] **grundsätzlich** den **Gerichten**[116] **des Mitgliedstaates** zuweist, in dessen Hoheitsgebiet der **Erblasser** zum Zeitpunkt seines Todes den **gewöhnlichen Aufenthalt** hatte und dessen Recht damit in der Regel gemäß Art. 21 Abs. 1 EuErbVO anwendbar wäre. Zum Begriff des gewöhnlichen Aufenthalts siehe oben Rz. 19ff. Hatte der Erblasser seinen **gewöhnlichen Aufenthalt** zum Zeitpunkt seines Todes in einem **Drittstaat,** so greift Art. 4 EuErbVO nicht. **In diesem Fall** kommt aber sein Gegenstück, **Art. 10 Abs. 1 EuErbVO** zum Zuge, der eine subsidiäre Zuständigkeit der Gerichte eines Mitgliedstaates, in dem sich Nachlassvermögen[117] befindet, für den gesamten Nachlass begründet. Voraussetzung ist jedoch, dass der Erblasser entweder dessen Staatsangehöriger war oder dort seinen vorhergehenden gewöhnlichen Aufenthalt hatte, sofern dieser nicht länger als fünf Jahre zurückliegt. Liegt keine dieser beiden Voraussetzungen vor, so begründet **Art. 10 Abs. 2 EuErbVO** eine Zuständigkeit für diejenigen Gerichte eines Mitgliedstaates, in dem sich Nachlassvermögen befindet. Diese Zuständigkeit bezieht sich dann aber nicht auf den gesamten Nachlass, sondern nur auf den im Mitgliedstaat befindlichen Nachlassteil.[118] Zur Notzuständigkeit von Gerichten eines Mitgliedsstaates nach Art. 11 EuErbVO und zur Beschränkung des Verfahrens nach Art. 12 EuErbVO in Drittstaatensachverhalten siehe die einschlägige Kommentierung bei *Dutta/Weber.* Im Übrigen nimmt die EuErbVO auf drittstaatliche Verfahren keine Rücksicht.[119] 27j

Von dieser **Regelzuständigkeit kann** nach **Art. 5ff. EuErbVO nur abgewichen werden, wenn** der **Erblasser** das **anwendbare Erbstatut gewählt** hat, und zwar **zu Gunsten** eines **Mitgliedstaates** (und nicht eines Drittstaates), weil die EuErbVO keine Zuständigkeiten drittstaatlicher Gerichte begründen kann. Die Verlagerung der Zuständigkeit auf Gerichte eines anderen Mitgliedstaates kann entweder durch Gerichtsstandsvereinbarung zwischen den vom Erbfall betroffenen Parteien (Art. 5 EuErbVO),[120] durch Anerkennung der Zuständigkeit (Art. 7 Buchst. c EuErbVO), durch rügelose Einlassung (Art. 9 EuErbVO) oder aber durch Ermessensentscheidung des Gerichts auf Antrag einer Partei (Art. 6 Buchst. a EuErbVO) erfolgen. Zur Beendigung eines begonnenen Verfahrens nach Art. 8 EuErbVO siehe Dutta/Weber/*Lein.*[121] 27k

Die Art. 4ff. EuErbVO regeln mit Ausnahme von Art. 5 EuErbVO nur die internationale Zuständigkeit. Die **örtliche und sachliche Zuständigkeit** bestimmen sich hingegen nach dem **internen Verfahrensrecht der Mitgliedstaaten.**[122] Ist also entsprechend den vorhergehenden Ausführungen ein **deutsches Gericht nach Art. 4 EuErbVO international zuständig,** weil der Erblasser zum Zeitpunkt seines Todes 27l

[112] Dutta/Weber/*Lein* Vorbemerkung zu Art. 4ff. EuErbVO Rz. 39; MüKoBGB/*Leipold* BGB § 1945 Rz. 20.

[113] Vgl. Erwägungsrund Nr. 27.

[114] Zu diesem nicht in Art. 3 EuErbVO definierten Begriff siehe näher Dutta/Weber/*Lein* Vorbemerkung zu Art. 4ff. EuErbVO Rz. 29ff. mwN.

[115] Unabhängig davon, ob es sich um beweglichen oder unbeweglichen Nachlass handelt und unabhängig davon, wo dieser belegen ist.

[116] Hierzu gehören auch alle sonstigen Behörden und Angehörigen von Rechtsberufen mit Zuständigkeiten in Erbsachen, die gerichtliche Funktionen ausüben, vgl. Art. 3 Abs. 2 EuErbVO und Erwägungsgrund Nr. 20.

[117] Auf die Art und Größe des Nachlassvermögens kommt es nicht an, vgl. Dutta/Weber/*Lein* Art. 10 Rz. 12ff.

[118] MüKoBGB/*Dutta* EuErbVO Art. 4 Rz. 10.

[119] Dutta/Weber/*Weber* EuErbVO Einleitung Rz. 73.

[120] Der Erblasser selbst hat keine Gerichtsstandswahlfreiheit.

[121] Vorbemerkung zu Art. 4ff. EuErbVO Rz. 8 sowie eingehender die Kommentierung zu Art. 8 EuErbVO.

[122] Dutta/Weber/*Lein* Vorbemerkung zu Art. 4ff. EuErbVO Rz. 1; zu den Auswirkungen auf die Praxis der Nachlassgerichte siehe auch *Lutz* BWNotZ 2016, 34.

seinen gewöhnlichen Aufenthalt in Deutschland hatte, so kann die **Ausschlagung** einer Erbschaft **nach § 47 Nr. 2 IntErbRVG, § 343 Abs. 1 FamFG** gegenüber dem Nachlassgericht erklärt werden, in dessen Bezirk der Erblasser zum Zeitpunkt seines Todes seinen gewöhnlichen Aufenthalt hatte.[123]

27m Klarstellend ist im Zusammenhang mit der Ausschlagung einer Erbschaft an dieser Stelle darauf hinzuweisen, dass entsprechend den obigen Ausführungen **keine** (Regel-)**Zuständigkeit deutscher Gerichte** besteht, **wenn** der **Erblasser** zum Zeitpunkt seines Todes seinen **gewöhnlichen Aufenthalt in** einem **anderen Mitgliedstaat** hatte. Dies gilt auch dann, wenn auf Grund Rechtswahl des Erblassers nach Art. 22 Abs. 1 EuErbVO deutsches Erbrecht anzuwenden ist. Auch durch Gerichtsstandsvereinbarung nach Art. 5 EuErbVO oder eine rügelose Einlassung nach Art. 9 EuErbVO kann insoweit nichts geändert werden. Ebenso scheidet bei gewöhnlichem Aufenthalt des Erblassers zum Zeitpunkt seines Todes in einem anderen Mitgliedstaat eine Zuständigkeit deutscher Nachlassgerichte zur Entgegennahme von Ausschlagungserklärungen auf Grund früheren gewöhnlichen Aufenthalts in Deutschland nach § 343 Abs. 2 FamFG aus. Gleiches gilt hinsichtlich einer Zuständigkeit des Amtsgerichts Berlin-Schöneberg nach § 343 Abs. 3 Satz 1 Alt. 1 FamFG auf Grund deutscher Staatsangehörigkeit des Erblassers oder nach § 343 Abs. 3 Satz 1 Alt. 2 FamFG auf Grund Belegenheit von Nachlassgegenständen in Deutschland.[124]

27n Eine **örtliche Zuständigkeit deutscher Gerichte** nach den vorher genannten Vorschriften des FamFG besteht aber dann, **wenn** deutsche Gerichte **nach Art. 10 Abs. 1 oder Abs. 2 EuErbVO international zuständig** sind.[125] In diesen Fällen kann die Ausschlagung vor dem entsprechenden deutschen Nachlassgericht erklärt werden.

27o Neben den genannten Zuständigkeitsbestimmungen der EuErbVO, die auf den Erblasser zurückgehen, enthält die EuErbVO in **Art. 13 EuErbVO** eine **spezielle Zuständigkeitsvorschrift für** die Annahme oder **Ausschlagung** einer Erbschaft, eines Vermächtnisses oder eines Pflichtteils. Diese Erklärungen sind an sich vor den nach Art. 4ff. EuErbVO zuständigen mitgliedschaftlichen Gerichten[126] abzugeben, die den Nachlass abwickeln. Art. 13 EuErbVO ermöglicht es den betroffenen Personen aber, solche Erklärungen auch vor dem **Gericht des Mitgliedstaates** abzugeben, **in dem** die **erklärende Person** ihren **gewöhnlichen Aufenthalt**[127] hat. Voraussetzung ist, dass nach dem anzuwendenden Erbstatut Erklärungen über Ausschlagung, Annahme usw. vor einem Gericht abzugeben sind und dass diese Erklärungen nach dem Recht des Gerichts auch vor einem Gericht abgegeben werden können. Die Kompetenz nach Art. 13 EuErbVO und die sich aus der Vorschrift ergebende Substitutionswirkung[128] sind damit im Prinzip davon abhängig, ob es sich um gerichtsempfangsfähige und gerichtsempfangsbedürftige Erklärungen handelt.[129]

Die nach Art. 4ff. EuErbVO zuständigen Gerichte bleiben daneben jedoch weiterhin auch für die Entgegennahme erbrechtlicher Erklärungen zuständig. Mit Art. 13 EuErbVO soll den vom Nachlass betroffenen Personen nur die Nachlassabwicklung erleichtert werden.[130]

Sind deutsche Gerichte auf Grund gewöhnlichen Aufenthalts der erklärenden Person nach Art. 13 EuErbVO international zuständig, so bestimmt **§ 31 Satz 1 IntErbRVG,** dass für die Entgegennahme der Ausschlagungserklärung das **Gericht örtlich zuständig** ist, in dessen Bezirk die **erklärende Person** ihren **gewöhnlichen Auf-**

[123] Siehe auch oben Rz. 19.
[124] MüKoBGB/*Leipold* BGB § 1945 Rz. 22ff.
[125] Siehe hierzu auch die Ausführung oben Rz. 27j sowie MüKoBGB/*Leipold* BGB § 1945 Rz. 26f.
[126] Vgl. hierzu näher MüKoBGB/*Dutta* EuErbVO Art. 13 Rz. 2.
[127] Vgl. hierzu oben Rz. 19ff.
[128] Siehe hierzu näher MüKoBGB/*Dutta* EuErbVO Art. 13 Rz. 10.
[129] *Lehmann/Hahn* ZEV 2016, 185 (189) mwN.
[130] Vgl. Erwägungsgrund Nr. 32.

enthalt hat. Damit ist eine internationale Zuständigkeit nach §§ 105, 344 Abs. 7 FamFG[131] in diesem Fall ausgeschlossen.[132]

Was die **Form** der Erklärungen nach Art. 13 EuErbVO – also auch der **Ausschlagungserklärungen** – anbelangt, so bestimmt **Art. 28 EuErbVO,** dass die Erklärung wirksam ist, wenn sie entweder den Formerfordernissen des maßgeblichen Erbstatuts oder den Formerfordernissen des Rechts des Staates entspricht, in dem der Erklärende seinen gewöhnlichen Aufenthalt hat. Die **materielle Wirksamkeit** der (Ausschlagungs-)Erklärung und ihre Folgen richten sich hingegen nach dem anzuwendenden Erbstatut.[133]

Für in Deutschland abzugebende Ausschlagungserklärungen bestimmt § 31 Satz 2 IntErbRVG (wie auch § 1945 BGB), dass diese entweder zur Niederschrift des Nachlassgerichts oder in öffentlich beglaubigter Form abzugeben ist. **Strittig** ist, **in welcher Sprache die Erklärung abzugeben ist,** dh. ob es für die Wirksamkeit einer Ausschlagungserklärung ausreicht, wenn diese in der Sprache des Gerichts erklärt wird, vor dem sie abgegeben wird,[134] oder ob es für die Wirksamkeit der Ausschlagungserklärung erforderlich ist, dass sie in der Sprache des maßgeblichen Erbstatuts erfolgt.[135] **Unstrittig** dürfte mittlerweile aber sein, dass eine Ausschlagungserklärung vor einem nach Art. 13 EuErbVO international zuständigen Gericht mit deren Abgabe wirksam wird und nicht erst beim Eingang bei dem allgemein zuständigen Gericht. Eine **laufende Ausschlagungsfrist** wird also **bereits mit** der **Abgabe der Erklärung gegenüber** dem **Gericht des Aufenthaltsortes des Erklärenden gewahrt.**[136] **Für** die **Weiterleitung** der **Ausschlagungserklärung** an das eigentlich für die Erbsache zuständige Gericht ist der **Erklärende zuständig.**[137]

Nicht in den **Anwendungsbereich der EuErbVO fallen** die in Art. 1 Abs. 1 Satz 2, Abs. 2 EuErbVO aufgezählten Rechtsgebiete. Danach sind ua. ausgenommen **Steuer-**[138] **und Zollsachen,** Familienstands- und Statusfragen,[139] die Rechts- und Geschäftsfähigkeit, die Verschollenheit, **Fragen des Gesellschaftsrechts** im weitesten Sinne sowie das **Ehegüter- und Unterhaltsrecht. Fragen** aus diesen Problemkreisen sind **selbständig anhand** der auf sie anwendbaren **Kollisionsregeln anzuknüpfen.** Dementsprechend kann auch unter der EuErbVO weiterhin deutsches Güterrechtsstatut[140] mit ausländischem Erbstatut zusammentreffen. In diesem Zusammenhang ist zu berücksichtigen, dass es sich bei der **Vorschrift des § 1371 Abs. 1 BGB** um eine **rein güterrechtliche** handelt.[141] Vereinfacht ausgedrückt bedeutet das, dass das Erhöhungsviertel eine „besondere Art des Zugewinnausgleichs" darstellt und nicht eine erbrechtliche Beteiligung am Nachlass des verstorbenen Ehegatten. Damit erhält ein Ehegatte, der mit seinem verstorbenen Ehegatten im (deutschen) Güterstand der Zugewinngemeinschaft verheiratet war, grundsätzlich das Erhöhungsviertel, wohingegen sich sein Erbteil nach dem ausländischen Erbrecht richten kann. Gegebenenfalls ist das Ergebnis durch Anpassung so zu korrigieren, dass der überlebende Ehegatte **27p**

[131] Siehe hierzu oben Rz. 20.

[132] Keidel/*Zimmermann* FamFG § 344 Rz. 43a mwN.

[133] Vgl. Art. 23 Abs. 2 Buchstabe e) EuErbVO. Die materielle Wirksamkeit der Erklärung ist vom aufnehmenden Gericht nicht zu prüfen und es ist hierüber auch nicht zu belehren, vgl. *Lutz* BWNotZ 2016, 34 (39 mwN); Dutta/Weber/*Dutta* IntErbRVG § 31 Rz. 15.

[134] So MüKoBGB/*Leipold* BGB § 1945 Rz. 30; *Leipold* ZEV 2015, 553 (554 f.).

[135] *Lange/Holtwietsche* ZErb 2016, 29; kritisch auch *Lehmann/Hahn* ZEV 2016, 185 (188), die auch noch auf eine andere Problematik in diesem Zusammenhang hinweisen.

[136] MüKoBGB/*Leipold* BGB § 1945 Rz. 33 mwN.

[137] Siehe hierzu näher MüKoBGB/*Dutta* EuErbVO Art. 13 Rz. 12 mwN.

[138] Siehe zum Verhältnis der EuErbVO zum ErbStG Troll/Gebel/Jülicher/*Gottschalk* ErbStG § 3 Rz. 15a ff.

[139] Vgl. in diesem Zusammenhang *Bruns* ZErb 2014, 181 zu eingetragenen Lebenspartnerschaften im Rahmen der EuErbVO sowie *Mankowski* ZEV 2016, 479 insbesondere zum Verhältnis EuErbVO und der ab 29.1.2019 geltenden EuPartVO.

[140] Siehe in diesem Zusammenhang Süß/Ring/*Süß* EheR § 2 Rz. 10 ff., 210 ff. zur ab dem 29.1.2019 anwendbaren EuGüVO und *Mankowksi* ZEV 2016, 479.

[141] BGH v. 13.5.2015 – IV ZB 30/14, NJW 2015, 2185.

höchstens das erhält, was ihm nach jedem der beiden Rechte für sich betrachtet zustünde.[142]

III. Steuerrechtliche Aspekte

1. Ertragsteuern

28 **Ertragsteuerliche Gesichtspunkte** können aus verschiedenen Gründen **Motivation für** eine **Ausschlagung** sein. So bietet sich die Ausschlagung zur **Reparatur** zB in den Fällen an, in denen es zum zwangsweisen Ausscheiden aus der Gesellschaft kommt, weil die letztwillige Verfügung nicht abgestimmt ist mit dem Gesellschaftsvertrag[143] oder in denen ungewollte einkommensteuerliche Belastungen drohen, weil es auf Grund der letztwilligen Verfügungen zu ungewollten Entnahmen mit der Auflösung stiller Reserven kommt. Gefahr für letzteres besteht v. a. bei Betriebsaufspaltungen, Sonderbetriebsvermögen und bei Abfindungen im Rahmen von Erbauseinandersetzungen.[144]

29 Die Ausschlagung kann aber auch aus Gründen der **Steuerersparnis** bei der Einkommensteuer in Frage kommen, wenn in Folge der Ausschlagung Einkunftsquellen von Personen, deren Einkünfte im Spitzensteuersatz liegen, auf Personen übergehen, die seither kein oder nur ein geringes Einkommen hatten.[145]

30 *(frei)*

2. Erbschaft- und Schenkungsteuern

31 Dadurch, dass das Erbschaftsteuerrecht zivilrechtlich geprägt ist, werden die **zivilrechtlichen Rechtsfolgen einer Erbschaftsausschlagung** auch **erbschaftsteuerlich anerkannt.** Ist die Ausschlagung wirksam, so wird der Ausschlagende erbschaftsteuerlich so behandelt, als ob er nie Erbe geworden sei. Der Nächstberufene gilt von Anfang an als Erbe. Der Erwerb erfolgt nach § 3 Abs. 1 Nr. 1 ErbStG unmittelbar durch Erbfall vom Erblasser und nicht etwa auf Grund einer freigebigen Zuwendung durch den Ausschlagenden.[146] Angesichts dessen kommen neben den wirtschaftlichen Motiven einer Ausschlagung,[147] den persönlichen (zB Abneigung gegenüber dem Erblasser oder Zuneigung gegenüber einem Dritten, dem man die Erbschaft als Nächstberufenem zukommen lassen will, oder zur Erlangung der Testierfreiheit im Falle eines gemeinschaftlichen Testamentes oder Erbvertrages)[148] und den ertragsteuerlichen für eine Ausschlagung auch erbschaftsteuerliche Gründe in Betracht.

32 So kann die **Ausschlagung** als **Abwehrmaßnahme gegen** eine **zu hohe Erbschaftsteuerbelastung** eingesetzt werden. Dies bietet sich insbesondere dann an, wenn durch die Ausschlagung erbschaftsteuerliche Freibeträge mehrfach ausgenutzt werden können. So können zB die Kinder beim Tod der Mutter, die von dem kurz vorher verstorbenen Vater zur Alleinerbin eingesetzt worden war, den auf die Mutter übergegangenen Nachlass des Vaters als Erben der Mutter ausschlagen und als Erben des Vaters annehmen, dadurch die von den Eltern stammenden Vermögen trennen, eine zweimalige Besteuerung des vom Vater herrührenden Erwerbs vermeiden, die Steuerprogression mindern und die Freibeträge sowohl nach dem Vater als auch nach der Mutter in Anspruch nehmen. Sie bietet sich aber auch dann an, wenn der Nächst-

[142] Vgl. hierzu näher *Lorenz* NJW 2015, 2157; *Volland* NWB-EV 2016, 233 (238); *Mankowski* ZEV 2016, 479 zum Verhältnis zwischen der EuErbVO und den neuen Verordnungen zum internationalen Güterrecht.
[143] Vgl. hierzu Beispiel eins bei *Flick* DStR 2000, 1816 sowie *Kaya* NWB-EV 2015, 281 (284).
[144] Vgl. hierzu Beispiel zwei bis vier bei *Flick* DStR 2000, 1816.
[145] Vgl. hierzu das Beispiel bei *Mehne* BB 1988, 951 (955 Ziff. 6 Buchst. b).
[146] Vgl. statt vieler Troll/Gebel/Jülicher/*Gottschalk* ErbStG § 3 Rz. 21 ff.
[147] Vgl. hierzu Rz. 1 bis 9.
[148] Vgl. hierzu näher Scherer/*Malitz* § 22 Rz. 39 f. mwN.

berufene einer günstigeren Steuerklasse unterliegt oder das geerbte Vermögen mit einem niedrigeren Steuersatz besteuert wird.[149]

Bei im gesetzlichen Güterstand der **Zugewinngemeinschaft** verheirateten Ehegatten und zugewinnbehaftetem Vermögen des Erstversterbenden konnte es sich zumindest bis zum ErbStRG 2009 neben wirtschaftlichen Aspekten[150] auch aus erbschaftsteuerlichen Gründen anbieten, dass der überlebende Ehegatte zur Erlangung einer im Vergleich zur erbrechtlichen Lösung höheren Zugewinnausgleichsforderung auf Basis der güterrechtlichen Lösung ausschlägt. Dies war aus den nachfolgenden Gründen der Fall, wenn zwischen Verkehrswert und Steuerwert des Nachlasses eine Differenz bestand: 33

Beim Tod eines im gesetzlichen Güterstand der Zugewinngemeinschaft lebenden Ehegatten erfolgt **im Erbschaftsteuerrecht** eine **Freistellung der Zugewinnausgleichsforderung.** § 5 ErbStG unterscheidet dabei entsprechend der zivilrechtlichen Rechtslage zwischen der erbrechtlichen und güterrechtlichen Lösung des Zugewinnausgleichs. 34

Bei der **erbrechtlichen Lösung** erhöht sich der gesetzliche Erbteil des überlebenden Ehegatten um ein Viertel, wenn die Zugewinngemeinschaft durch Tod eines Ehegatten beendet wird und der überlebende Ehegatte gesetzlicher Erbe ist, § 1371 Abs. 1 BGB. Erbschaftsteuerlich bleibt in diesem Fall nach § 5 Abs. 1 Satz 1 ErbStG abweichend vom Zivilrecht aber nicht diese pauschale Erhöhung von einem Viertel steuerfrei, sondern der Betrag, den der überlebende Ehegatte tatsächlich als Zugewinnausgleich verlangen könnte (sog. fiktive Zugewinnausgleichsforderung).[151] Die **danach steuerfreie Ausgleichsforderung wird der Höhe nach** gemäß **§ 5 Abs. 1 Satz 5 ErbStG** jedoch **begrenzt.** Soweit das Endvermögen des Erblassers bei der Ermittlung der Ausgleichsforderung mit einem Wert anzusetzen ist, der über dem Steuerwert **liegt, ist** höchstens der dem Steuerwert des Endvermögens des Erblassers entsprechende Teil der Ausgleichsforderung anzusetzen.[152] 35

Diese Kürzung war vor dem ErbStRG 2009 relevant, weil es zum Teil große Unterschiede zwischen dem Steuer- und dem Verkehrswert von Vermögenswerten gab. Mittlerweile dürfte es jedoch eine Annäherung der Steuerwerte an die Verkehrswerte geben, so dass eine merkliche Reduzierung des Steuerfreibetrags im Rahmen der fiktiven Ausgleichsforderung in der Praxis kaum noch vorkommen wird.[153]

Zu der vorstehend beschriebenen Begrenzung kommt es nicht im Falle der **güterrechtlichen Lösung.** In diesem Fall bleibt **nach § 5 Abs. 2 ErbStG** die **gesamte tatsächliche Zugewinnausgleichsforderung erbschaftsteuerfrei.**[154] Anzumerken ist in diesem Zusammenhang noch, dass eine steuerpflichtige Schenkung vorliegen kann, wenn der überlebende Ehegatte auf die Ausgleichsforderung verzichtet, ohne hierfür ein Entgelt zu erhalten.[155] 36

Für eingetragene im Güterstand der Zugewinngemeinschaft lebende **Lebenspartnerschaften** gilt das Vorgenannte entsprechend, da § 5 ErbStG durch das ErbStRG 2009 auch auf sie Anwendung findet. 37

Hinzuweisen ist noch auf Folgendes: Wird die Erbschaft erst nach Ablauf der Ausschlagungsfrist oder nach Annahme der Erbschaft ausgeschlagen und ist die Ausschlagung deshalb zivilrechtlich unwirksam, schlägt dies auf das Erbschaftsteuerrecht durch. 38

---

[149] Beispiele hierzu finden sich bei *Christ* ZEV 1995, 446 (447); *Flick* DStR 2000, 1816 (1817) Beispiel fünf bis sieben; Troll/Gebel/Jülicher/*Gottschalk* ErbStG § 3 Rz. 26 Beispiel 1; *Keller/von Schrenck* NWB-EV 2011, 50 (52 ff.); *Volland* NWB-EV 2016, 233 (235).

[150] Siehe hierzu die Ausführungen unter Rz. 4 ff.

[151] Zur Berechnung siehe *von Oetzen/Schienke-Ohletz* FPR 2012, 103 (104).

[152] Vgl. mit Beispiel Troll/Gebel/Jülicher/*Gottschalk* ErbStG § 5 Rz. 243 ff.

[153] Troll/Gebel/Jülicher/*Gottschalk* ErbStG § 5 Rz. 246.

[154] Zum gleichen Ergebnis kommt man nach § 5 Abs. 3 bei der Wahl-Zugewinngemeinschaft auch ohne Erbausschlagung, vgl. näher Troll/Gebel/Jülicher/*Gottschalk* ErbStG § 5 Rz. 262 ff.

[155] ErbStR 2011 E 5.2 Abs. 1 Satz 2.

Der Erwerb des Erben unterliegt der Erbschaftsteuer nach § 3 Abs. 1 Nr. 1 ErbStG.[156] Dies gilt unabhängig davon, ob die Beteiligten die Nachlassabwicklung auch tatsächlich unter Berücksichtigung der Unwirksamkeit der Erbausschlagung vornehmen. Übertragen die Beteiligten auf der Grundlage der unwirksamen Erbausschlagung Gegenstände des Nachlassvermögens auf den Nächstbegünstigten, liegt darin eine steuerpflichtige Zuwendung des Ausschlagenden an den Begünstigten im Sinne des § 7 Abs. 1 Nr. 1 ErbStG. Anders ist dies, wenn die Ausschlagung zivilrechtlich deshalb unwirksam ist, weil sie an die Bedingung geknüpft ist, dass ein bestimmter Dritter Erbe wird. Behandeln die Beteiligten die Ausschlagung gleichwohl als wirksam und wickeln sie den Nachlass auf dieser Grundlage ab, so ist dies erbschaftsteuerlich anzuerkennen.[157]

39 Erwähnt sei noch, dass eine Ausschlagung, die nur aus Gründen der Steuerersparnis erfolgt, in keiner Weise ein Scheingeschäft oder ein Missbrauch von Gestaltungsmöglichkeiten, sondern voll wirksam ist.[158]

40 Hinsichtlich Erbfällen mit Auslandsberührung wurde bereits unter Rz. 27p dargestellt, dass das Steuerrecht nicht von der EuErbVO umfasst ist, sondern wie vor Geltung der EuErbVO dem Regime des jeweiligen Mitgliedstaates unterliegt. In Deutschland regelt § 2 ErbStG die internationale Abgrenzung des Besteuerungsanspruchs nach dem deutschen Erbschaftsteuerrecht. Danach erfasst das ErbStG grundsätzlich auch Erwerbe mit ausgeprägten Auslandsbezügen sowie Erwerbvorgänge, die ausländischem Erbrecht unterstehen.[159] Näher hierzu siehe die Ausführungen von *von Oertzen*[160] oder von *Reich*.[161]

3. Grunderwerbsteuer

40a Grunderwerbsteuer entsteht weder für die Ausschlagung noch für den Übergang auf den nächstberufenen Erben.[162]

B. Einzelerläuterungen

Zu § 2 Erbausschlagung

41 Der **Inhalt der Ausschlagungserklärung** ist **nicht vorgeschrieben.** Es muss sich aus der Erklärung nur unzweideutig ergeben, dass der Erbe die Erbschaft nicht annehmen will. Ein Grund für die Ausschlagung muss nicht angegeben werden. Die Angabe eines Grundes kann jedoch bei einer späteren Anfechtung der Ausschlagung den Nachweis der Motivation erleichtern.

42 Nach § 1950 BGB ist eine **Teilausschlagung**[163] **einer Erbschaft unwirksam.** Der Erbe kann durch die Ausschlagung also nicht Einfluss nehmen auf die Quote seiner Beteiligung oder den Erhalt einzelner Gegenstände.[164] **Anders** ist dies in **folgenden Fällen:**

– Ist jemand – wie im Formular – kraft letztwilliger Verfügung zum Erben berufen und wäre er ohne die letztwillige Verfügung gesetzlicher Erbe, so kann er die Ausschlagung auf die gewillkürte Erbfolge beschränken, § 1948 Abs. 1 BGB.

---

[156] Troll/Gebel/Jülicher/*Gottschalk* ErbStG § 3 Rz. 334.
[157] *Wachter* ErbStB 2004, 256 (260 f.) mwN.
[158] FG Düsseldorf v. 16.10.1964 – III 8/63, EFG 1965, 183.
[159] Troll/Gebel/Jülicher/*Jülicher* ErbStG § 2 Rz. 1, 3 ff.
[160] Scherer/*von Oertzen* § 34 Rz. 28 ff.
[161] Süß/*Reich* ErbR § 7 Rz. 29 ff.
[162] Boruttau/*Meßbacher-Hönsch* GrEStG § 3 Rz. 137.
[163] Hiervon zu unterscheiden sind die Fälle der international privatrechtlichen Nachlassspaltung, zu denen es auch noch nach Geltung der EuErbVO kommen kann, vgl. Rz. 27i sowie Palandt/*Weidlich* BGB § 2353 Rz. 72.
[164] MüKoBGB/*Leipold* BGB § 1950 Rz. 1.

- Der Erbe ist sowohl durch Testament als auch durch Erbvertrag zum Erben berufen, ohne jedoch als gesetzlicher Erbe in Frage zu kommen. In diesem Fall kann er nach § 1948 Abs. 2 die Erbschaft aus dem einen Berufungsgrund annehmen und die andere ausschlagen.
- Der Erbe ist aus verschiedenen Berufungsgründen[165] zu mehreren Erbteilen[166] berufen. In diesem Fall kann er gemäß § 1951 Abs. 1 BGB den einen Erbteil annehmen und den anderen ausschlagen.
- Der Erblasser hat den Erben auf mehrere Erbteile eingesetzt und ihm mittels Verfügung von Todes wegen gestattet, den einen Erbteil anzunehmen und den anderen auszuschlagen, § 1951 Abs. 3 BGB.
- Der Erbe ist zugleich als Vermächtnisnehmer bedacht.[167]
- § 11 Satz 1 HöfeO.[168]

Sofern die Ausschlagung in einem der vorgenannten Fälle uneingeschränkt erfolgen soll, sollte die Ausschlagung vorsorglich auf alle Berufungsgründe erstreckt werden. Dies gilt v.a. im Falle der Überschuldung. So erspart man sich erneute Aktivitäten, falls sich später der Berufungsgrund ändert.

Die **Erbausschlagung** ist **bedingungs- und befristungsfeindlich,** § 1947 BGB, 43 weil der Rechtsverkehr gerade im Erbrecht nach möglichst klarer und definitiver Rechtslage verlangt. Es ist daher nicht möglich – wie beim Erbverzicht – eine Ausschlagung zu Gunsten einer bestimmten Person zu erklären, es sei denn, es handelt sich bei der Angabe des Dritten nur um ein Motiv. Sofern einer bestimmten Person das Erbe zufallen soll, die nicht ohnehin durch die Ausschlagung Erbe wäre, bleibt nur der Weg der Erbschaftsannahme und der anschließenden rechtsgeschäftlichen Übertragung.

Unschädlich sind hingegen **reine Rechtsbedingungen.** Dies sind solche Bedingungen, die nur eine gesetzliche Voraussetzung für die Rechtswirkung sind.[169] Im Einzelfall kann die Abgrenzung von Motiven, Rechtsbedingungen und schädlichen Bedingungen problematisch sein,[170] weshalb ihr Einsatz in der Praxis sorgfältig überlegt werden sollte. Mangels gesicherter Meinung ist auch Vorsicht geboten bei der **Ausschlagung unter „Vorbehalt des Pflichtteils“,** wenn bspw. zum Zeitpunkt der Ausschlagung wegen anrechnungspflichtiger Vorschenkungen unklar ist, ob überhaupt ein Pflichtteilsanspruch besteht.[171]

Der **Ausschlagende** ist **nicht verpflichtet,** – wie im Formular – **Auskunft** dar- 44 über **zu geben, wer Nächstberufener** ist. Dies herauszufinden, ist nach § 26 FamFG Sache des Nachlassgerichts, denn dieses soll gemäß § 1953 Abs. 3 Satz 1 BGB den Nächstberufenen über den Anfall der Erbschaft informieren, um so die Nachlassabwicklung zu beschleunigen.

Gehören zu den **Nächstberufenen** jedoch **minderjährige Kinder** des Ausschla- 45 genden und soll die Erbschaft diesen – wie im Fall der Überschuldung des Nachlasses – ebenfalls nicht anfallen, so bietet es sich an, die Ausschlagungserklärung für diese Kinder mit der eigenen zu verbinden.[172] Grundsätzlich bedarf es im Falle gesetzlicher Vertretung[173] eines Minderjährigen nach § 1643 Abs. 2 Satz 1 BGB zur Ausschlagung zwar der **familiengerichtlichen Genehmigung,** die dem Nachlassgericht innerhalb

[165] Siehe hierzu Tabelle bei Damrau/Tanck/*Masloff* BGB § 1951 Rz. 3.
[166] Siehe hierzu Tabelle bei Damrau/Tanck/*Masloff* BGB § 1951 Rz. 2.
[167] Vgl. hierzu auch Rz. 24 erster Spiegelstrich.
[168] Vgl. auch Rz. 18.
[169] MüKoBGB/*Leipold* BGB § 1947 Rz. 3; aA LG München v. 12.7.1999 – 16 T 9048/99, NJWE-FER 2000, 184 (185).
[170] Damrau/Tanck/*Masloff* BGB § 1947 Rz. 3.
[171] Vgl. näher *Mayer/Süß/Tanck/Wälzholz* HdB Pflichtteilsrecht § 11 Rz. 257 mwN.
[172] Zu beachten ist bei der Ausschlagung, dass diese nicht wie der Erbverzicht eines Abkömmlings gemäß § 2349 BGB zum Wegfall des gesamten Stammes, sondern nur zum Wegfall der ausschlagenden Person führt.
[173] Diese muss gegeben sein, damit die Eltern für ihr minderjähriges Kind ausschlagen können, vgl. BGH v. 29.6.2016 – XII ZB 300/15, NJW 2016, 2032 Rz. 24.

der Ausschlagungsfrist nachzuweisen ist.[174] Dies gilt nach § 1643 Abs. 2 Satz 2 BGB jedoch nicht, wenn die Erbschaft dem Kind – wie im Formular – erst durch die Ausschlagung eines Elternteils zu Gute kommt und dieser Elternteil nicht neben dem Kind berufen war.[175] Sind beide Eltern gemeinsam vertretungsberechtigt, müssen auch beide Elternteile die formgerechte Ausschlagung für das Kind erklären.[176] Der Lauf der Ausschlagungsfrist bei Gesamtvertretung eines minderjährigen Kindes beginnt für das Kind erst, wenn beide Elternteile Kenntnis vom Berufungsgrund haben[177]. Schlagen **beschränkt geschäftsfähige Minderjährige** selbst aus, so ist darauf zu achten, dass ihr gesetzlicher Vertreter bereits zuvor eingewilligt hat. Seine nachträgliche Genehmigung ist nicht ausreichend (§ 111 BGB).[178]

46 Ob die Eltern für ein bereits gezeugtes, aber noch nicht geborenes Kind wirksam ausschlagen können, ist strittig.[179]

47 Sofern **nächstberufene Kinder** schon **volljährig** sind, müssen sie die Ausschlagung selbst formgerecht erklären. Für sie beginnt die Ausschlagungsfrist jedoch neu zu laufen, sobald sie Kenntnis von dem Erbfall und der Ausschlagung des Vorberufenen erlangt haben.

48 *(frei)*

Zu § 3 Anweisung an den Notar

49 Der Antrag auf Erteilung einer **Empfangsbestätigung,** die das Nachlassgericht nach Einreichung der Ausschlagungserklärung in öffentlich beglaubigter Form zu erteilen hat, dient zur Dokumentation der Wahrung der Ausschlagungsfrist.

B. 2.02 Erbausschlagung mit Abfindung

Gliederung

B. 2.02

Nummer der Urkundenrolle [...][Rz. 3, 19]

Verhandelt zu [...] am [...]

Vor dem Notar [...] erschienen:

Frau A, geboren am [...], in [...],
wohnhaft [...],
nach eigenen Angaben deutsche Staatsangehörige,

Herr A, geboren am [...], in [...],
wohnhaft [...],
nach eigenen Angaben deutsche Staatsangehörige,

dem Notar ausgewiesen durch [...].

---

174 Soweit sich die Erteilung der rechtzeitig beantragten Genehmigung verzögert, kann dies ein Fall höherer Gewalt sein, der den Ablauf der Ausschlagungsfrist hemmt, Palandt/*Weidlich* BGB § 1945 Rz. 6, Palandt/*Weidlich* BGB § 1944 Rz. 7; MüKoBGB/*Leipold* BGB § 1945 Rz. 38.

175 *Sagemeister* ZEV 2012, 121.

176 MüKoBGB/*Leipold* BGB § 1945 Rz. 35 mwN.

177 OLG Frankfurt a. M. v. 3.7.2012 – 21 W 22/12, ZEV 2013, 196; Palandt/*Weidlich* BGB § 1944 Rz. 6; MüKoBGB/*Leipold* BGB § 1944 Rz. 16.

178 BeckOK BGB/*Siegmann*/*Höger* BGB § 1945 Rz. 10.

179 Vgl. für die einzelnen Ansichten die Nachweise bei Palandt/*Weidlich* § 1946 Rz. 1, Palandt/*Weidlich* BGB § 1943 Rz. 4.

Die Erschienenen erklären mündlich Folgendes zur Beurkundung:

§ 1 Vorbemerkung

Nach dem notariellen Testament vom [...] (Notar [...], UR-Nr. [...]) des am [...] verstorbenen Herrn B, geboren am [...], zuletzt wohnhaft [...](gleichzeitig auch gewöhnlicher Aufenthalt) sind als Erben Frau A (Tochter des Verstorbenen) zu $^2/_3$ und Herr A (Schwiegersohn des Verstorbenen) zu $^1/_3$ eingesetzt. Dieses Testament wurde vom Nachlassgericht [...] am [...] unter dem Aktenzeichen [...] eröffnet. Das Protokoll der Testamentseröffnung wurde Frau A und Herrn A jeweils am [...] zugestellt. Als einzige Tochter des verwitweten Verstorbenen kommt Frau A zudem als gesetzliche Erbin in Betracht.[Rz. 2, 20, 21]

§ 2 Erbausschlagung

Herr A schlägt hiermit die auf ihn entfallende Erbschaft nach B aus allen Berufungsgründen und ohne jegliche Bedingung aus.[Rz. 22]

Auf Grund dieser Ausschlagungen kommt sowohl nach dem Testament als auch kraft gesetzlicher Erbfolge allein Frau A als Erbin in Betracht.[Rz. 23]

Herr A beantragt eine öffentliche beglaubigte Empfangsbestätigung seiner Ausschlagungserklärung.[Rz. 22]

§ 3 Abfindung

Die Erschienenen sind sich darüber einig, dass Herr A für seine Ausschlagung eine Abfindung in Höhe von € [...],– (in Worten: Euro [...]) von Frau A erhält. Frau A verpflichtet sich daher, bis spätestens zum [...] den vorgenannten Betrag auf folgende Bankverbindung [...] zu überweisen.[Rz. 6–17, 25]

§ 4 Zwangsvollstreckungsunterwerfung

Wegen der in § 3 genannten Abfindungszahlung unterwirft sich Frau A gegenüber Herrn A der sofortigen Zwangsvollstreckung aus dieser Urkunde in ihr gesamtes Vermögen.[Rz. 3]

§ 5 Anweisungen an den Notar

Der Notar wird angewiesen, der Erschienenen zu 1. eine beglaubigte Abschrift und dem Erschienenen zu 2. eine Ausfertigung dieser Urkunde zu erteilen.[Rz. 27]

Er wird ferner angewiesen, an das Nachlassgericht [...], AZ [...], unverzüglich eine auszugsweise Ausfertigung über die Ausschlagung nebst Vorbemerkung mit dem Vermerk gemäß § 49 Abs. 5 iVm. § 42 Abs. 3 BeurkG weiterzuleiten.[Rz. 28, 29]

Zur Erteilung einer vollstreckbaren Ausfertigung dieser Urkunde ist der Notar erst nach Ablauf des in § 3 genannten Zeitpunktes berechtigt.

§ 6 Schlussbestimmungen, Kosten, Belehrungen

Sollten einzelne Bestimmungen in dieser Urkunde ganz oder teilweise nicht rechtswirksam oder nicht durchführbar sein oder ihre Rechtswirksamkeit oder Durchführbarkeit später verlieren, so soll hierdurch die Gültigkeit und Wirksamkeit der übrigen Bestimmungen nicht berührt werden. Das Gleiche gilt, soweit sich herausstellen sollte, dass die Urkunde eine Regelungslücke enthält.

Anstelle der unwirksamen oder undurchführbaren Bestimmung oder zur Ausfüllung der Lücke soll eine angemessene Regelung als vereinbart gelten, die, soweit rechtlich möglich, dem wirtschaftlichen Grundgehalt der Vereinbarung am Nächsten kommt.

Die Kosten dieser Urkunde tragen die Erschienenen [...].

Der Notar hat die Erschienenen vor Unterzeichnung dieser Urkunde ausführlich über Bedeutung und Tragweite der abgegebenen Erklärungen belehrt, insbesondere: [...].

Diese Niederschrift wurde in Gegenwart des Notars den Erschienenen vorgelesen, von ihnen durch mündliche Erklärung genehmigt und eigenhändig wie folgt unterschrieben:

A. Grundsätzliche Anmerkungen

I. Wirtschaftliche Aspekte

1 Vgl. zunächst B. 2.01 Rz. 1ff. Da die (reine) Ausschlagung eine gewisse Großzügigkeit voraussetzt, weil der zum Erben Berufene auf das gesamte ererbte Vermögen zu Gunsten eines Dritten verzichtet, ist in den meisten Fällen[1] eine Ausschlagung nur dann wirtschaftlich sinnvoll, wenn der Ausschlagende als Ausgleich für seinen Verzicht auf die Erbschaft eine Abfindung erhält.

II. Rechtliche Aspekte

2 Vgl. zunächst B. 2.01 Rz. 10 bis 27p.

3 Die **Vereinbarung** über die Ausschlagung gegen Abfindung ist **grundsätzlich formlos möglich,** da es sich um einen Vertrag nach dem Tod des Erblassers handelt und § 311b Abs. 5 BGB nicht eingreift.[2] Dies gilt selbstverständlich nicht, wenn die Abfindung aus Vermögensgegenständen besteht, für deren Übertragung eine besondere Form vorgeschrieben ist.[3] Zur **Sicherung der gegenseitigen Vertragserfüllung** kann die Ausschlagung jedoch nicht unter der aufschiebenden Bedingung der Erbringung der Abfindung erklärt werden, da die Ausschlagung einer Erbschaft nach § 1947 BGB bedingungsfeindlich und die Frist des § 1944 BGB zwingend einzuhalten ist. Weiterhin ist bei Ausbleiben der Gegenleistung eine Anfechtung der Ausschlagungserklärung nicht möglich, da es sich bei dem Irrtum über die Zahlung einer Abfindung für die Ausschlagung um einen unbeachtlichen Motivirrtum handelt.[4] Deshalb empfiehlt sich – wenn die Parteien nicht eine Abwicklung auf Vertrauensbasis wünschen[5] – bei Abfindungen in Form von Geldzahlungen – wie im Formular – die Zwangsvollstreckungsunterwerfung als im Zweifel die einfachste Lösung. Allerdings ist hierfür nach § 794 Abs. 1 Nr. 5 ZPO notarielle Beurkundung erforderlich.[6]

4 Zu beachten ist, dass bei einer **zwischen Eltern und** deren **minderjährigen Kindern** zu treffenden Vereinbarung über die Ausschlagung gegen Abfindung nach §§ 1629 Abs. 2, 1795 Abs. 1 und 2, 181 BGB eine Vertretung der Kinder durch die Eltern ausgeschlossen und eine **Pflegerbestellung** erforderlich ist.

5 *(frei)*

---

[1] Selbstverständlich nur, wenn es sich nicht um einen überschuldeten Nachlass handelt.

[2] *Damrau* ZEV 1995, 425f.; *Gothe* MittRhNotK 1998, 193 (222) sowie *Tiedtke/Wälzholz* BB 2001, 234 (235), alle jedoch noch zu dem vor der Schuldrechtsreform geltenden § 312 BGB.

[3] ZB § 15 Abs. 3, 4 GmbHG für GmbH-Anteile oder § 311b BGB für Grundstücke.

[4] Damrau/Tanck/*Masloff* BGB § 1954 Rz. 6; *Gothe* MittRhNotK 1998, 193 (222).

[5] Vgl. hierzu Scherer/*Erker/Oppelt* § 26 Rz. 89.

[6] Zu weiteren Möglichkeiten der Sicherung der Gegenleistung vgl. *Gothe* MittRhNotK 1998, 193 (222).

III. Steuerrechtliche Aspekte

1. Ertragsteuern

So vorteilhaft die **Ausschlagung gegen Abfindung** aus erbschaftsteuerlicher Sicht sein **kann,**[7] so **nachteilig** kann sie es aus einkommensteuerlicher Sicht sein.[8] Vornehmlich die **Finanzverwaltung,**[9] aber auch wohl die **Rechtsprechung**[10] und ein **beachtlicher Teil der Literatur**[11] sieht in der Ausschlagung gegen Abfindung ein **entgeltliches Rechtsgeschäft,** so dass die Abfindung zu einem steuerpflichtigen Gewinn führen kann. Begründet wird dies damit, dass der ausschlagende Erbe in Abweichung zur zivil- und erbschaftsteuerlichen Betrachtungsweise bis zur Ausschlagung wirtschaftlicher Eigentümer gewesen sei, so dass die Ausschlagung gegen Abfindung eine Veräußerung darstelle und somit die Abfindung beim Erben als Veräußerungserlös zu werten sei. Korrespondierend hierzu lägen beim endgültigen Erben Anschaffungskosten in Höhe der Abfindungszahlung vor. Besonders hiervon betroffen sind all die Nachlässe, in denen sich Einzelunternehmen, Mitunternehmeranteile, Anteile an Kapitalgesellschaften und vermietete Grundstücke befinden. Die einzelnen Auswirkungen richten sich nach der Zusammensetzung des jeweiligen Nachlasses: 6

a) Nachlass besteht nur aus Betriebsvermögen

Besteht der Nachlass (ausnahmsweise) nur aus Betriebsvermögen, so führt die Ausschlagung gegen Abfindung je nach Fall zur Veräußerung eines Einzelunternehmens oder eines Mitunternehmeranteils im Sinne von § 16 Abs. 1 EStG. Der Nächstberufene hat in Höhe der Barabfindung[12] Anschaffungskosten und der Ausschlagende einen Veräußerungserlös. Ist dieser höher als das Kapitalkonto des Ausschlagenden entsteht in Höhe der Differenz ein Veräußerungsgewinn, der nach §§ 16, 34 EStG begünstigt ist.[13]

b) Nachlass besteht nur aus Privatvermögen

Gehört zum Nachlass nur Privatvermögen, so stellt die Barabfindung beim Ausschlagenden Veräußerungserlös und beim Nächstberufenen Anschaffungskosten dar. Diese sind, wenn es sich um Grundstücke handelt, auf das Gebäude und den Grund und Boden aufzuteilen. Die AfA für das Gebäude bestimmt sich nicht nach § 11d Abs. EStDV, sondern nach § 7 EStG.[14]

Veräußerungsgewinne sind nur steuerpflichtig, wenn es sich um steuerverstricktes Privatvermögen handelt,[15] also Anteile an Kapitalgesellschaften im Sinne von § 17 EStG oder § 20 Abs. 2 EStG, einbringungsgeborene bzw. sperrfristbehaftete Anteile im Sinne des UmwStG oder um Wirtschaftsgüter im Sinne von § 23 EStG, insbesondere Immobilien, bei denen die Spekulationsfristen noch nicht abgelaufen sind. Dies gilt jedoch nicht für Anteile im Sinne von § 20 Abs. 2 EStG, die der Erblasser vor dem 31.12.2008 angeschafft hatte. Ein etwaiger Veräußerungsgewinn, der im Rahmen der Ausschlagung gegen Abfindung beim Ausschlagenden entsteht, ist in diesem Fall nicht

---

[7] Vgl. Rz. 10ff.

[8] Dies gilt natürlich nur für den Fall, dass es sich bei der Abfindung um eine Gegenleistung für die Ausschlagung und nicht um die Erfüllung von Pflichtteils- oder Zugewinnausgleichsansprüchen handelt.

[9] BMF v. 14.3.2006, BStBl. I 2006, 253 Rz. 37.

[10] BFH v. 4.6.1996 – X R 160/94, BStBl. II 1997, 32 (33) in einem obiter dictum.

[11] *Groh* DB 1992, 1312 (1313f.), *Heiliger* ZEV 2001, 432 (433ff.) allerdings zu dem insoweit gleichlautenden BMF v. 11.1.1993, BStBl. I 1993, 62 Rz. 40; differenzierend im Rahmen von § 23 EStG *Tiedtke/Wälzholz* BB 2001, 234 (237f.); Schmidt/*Wacker* EStG § 16 Rz. 59.

[12] Zur Sachwertabfindung vgl. BMF v. 14.3.2006, BStBl. I 2006, 253, Rz. 51f.

[13] Vgl. hierzu näher BMF v. 14.3.2006, BStBl. I 2006, 253, Rz. 39 mit dem dazugehörigen Beispiel.

[14] BMF v. 14.3.2006, BStBl. I 2006, 253, Rz. 41 mit dem dazugehörigen Beispiel.

[15] BMF v. 14.3.2006, BStBl. I 2006, 253 Rz. 43.

steuerpflichtig, weil die Vorschrift erst mit Wirkung ab Veranlagungszeitraum 2009[16] eingeführt wurde und nur Veräußerungsgewinne aus Kapitalanlagen im Privatvermögen betrifft, die nach dem 31.12.2008 angeschafft worden sind.[17] Anschaffungen des Erblassers gelten als Anschaffungen des Ausschlagenden, nicht jedoch des Nächstberufenen. Für diesen stellt die Zahlung der Abfindung für die Ausschlagung den Anschaffungsvorgang dar. Dies hat zur Folge, dass bislang nicht unter § 20 Abs. 2 EStG fallendes Privatvermögen infolge der Ausschlagung gegen Abfindung zu steuerverstricktem Privatvermögen im Sinne von § 20 Abs. 2 EStG wird. Paralleles gilt im Rahmen von § 23 EStG. Für den Nächstberufenen beginnen die darin genannten Fristen mit der Ausschlagung gegen Abfindungszahlung neu zu laufen.[18]

Soweit mehrere Wirtschaftsgüter zum Nachlass gehören, hat die Finanzverwaltung für die Aufteilung der Anschaffungskosten einer nach außen hin erkennbaren Zuordnung der Anschaffungskosten durch die Beteiligten zu folgen, soweit die Aufteilung nicht zu einer unangemessenen wertmäßigen Berücksichtigung der einzelnen Wirtschaftsgüter gehört.[19]

c) Nachlass besteht sowohl aus Betriebs- als auch aus Privatvermögen

6a Setzt sich der Nachlass sowohl aus Betriebs- als auch aus Privatvermögen zusammen, so führt die Abfindung beim Ausschlagenden ebenfalls zu einem Veräußerungserlös und beim Nächstberufenen zu Anschaffungskosten. Dabei ist die Abfindung auf das Betriebs- und das Privatvermögen in dem Verhältnis aufzuteilen, wie die Verkehrswerte des Betriebsvermögens zu den Verkehrswerten des Privatvermögens zueinander stehen.[20] Im Übrigen gilt das in Rz. 6 Buchstabe a) und Buchstabe b) Gesagte entsprechend.

Die **zuvor dargelegte Ansicht** zum entgeltlichen Rechtsgeschäft ist in der **Literatur** auf **nicht unerhebliche Kritik** gestoßen,[21] weil sie im Einkommensteuerrecht die zivil- und erbschaftsteuerlichen Folgen einer Ausschlagung gegen Abfindung außer Acht lässt.[22] Nach ihr ist **jede Ausschlagung** gegen Abfindung ein **unentgeltlicher Vorgang,** da der Ausschlagende nie endgültig zivilrechtlicher Erbe geworden ist.[23]

7 Doch auch **nach** dem **BFH** gibt es Fälle, in denen ein **entgeltlicher Vorgang zu verneinen** ist. So hat er in seinem Urteil vom 4.6.1996[24] den zu entscheidenden Fall, in dem die Erbschaft gegen Nießbrauchseinräumung an zum Nachlass gehörenden Immobilien ausgeschlagen wurde, wie den Fall der Übertragung einer Immobilie unter Nießbrauchsvorbehalt behandelt und entschieden, der Ausschlagende sei zum Abzug von AfA nach § 11 EStDV berechtigt, was letztlich eine Unentgeltlichkeit der Nießbrauchseinräumung bedeutet. Dies entspricht auch der Ansicht der Finanzverwaltung, da die dem Vorbehaltsnießbrauch dienende Nießbrauchsbestellung nicht als Gegenleistung angesehen wird.[25] Dies gilt für ein vorbehaltenes Wohnrecht entsprechend.[26]

7a Ebenfalls **kein entgeltliches Rechtsgeschäft** hat der **BFH** in seinem Urteil vom 17.4.1996[27] angenommen, in dem die Gegenleistung für die Ausschlagung in der Zahlung wiederkehrender Bezüge des Begünstigten lag. Der BFH hat diesen Fall einer vorweggenommenen Erbfolge durch Vermögensübergabe gegen Versorgungsleistun-

---

[16] Vgl. § 52a Abs. 1 EStG.
[17] § 52a Abs. 10 EStG mit Ausnahme der Finanzinnovationen iSd. § 20 Abs. 2 Nr. 7 EStG.
[18] BMF v. 14.3.2006, BStBl. I 2006, 253, Rz. 43.
[19] BMF v. 14.3.2006, BStBl. I 2006, 253, Rz. 42 mit Verweis auf BFH v. 27.7.2004 – IX R 54/02, BStBl. II 2006, 9.
[20] BMF v. 14.3.2006, BStBl. I 2006, 253, Rz. 46.
[21] *Crezelius* Rz. 174; *Felix* DStZ 1991, 50; *Hannes* ZEV 1996, 10 (14); *Zimmermann* ZEV 2001, 5 (7) – allesamt jedoch noch zu dem insoweit gleichlautenden BMF v. 11.1.1993, BStBl. I 1993, 62 Rz. 40.
[22] *Crezelius* Rz. 174; *Felix* DStZ 1991, 50; Scherer/*von Sothen* § 36 Rz. 287; *Spiegelberger* Rz. 674.
[23] Scherer/*von Sothen* § 36 Rz. 287.
[24] BFH v. 4.6.1996 – IX R 59/94, BStBl. II 1998, 431 (432), allerdings noch zu dem insoweit gleich lautenden BMF v. 11.1.1993, BStBl. I 1993, 62 Rz. 40.
[25] BMF v. 30.9.2013, BStBl. I 2013, 1184 Rz. 39f.
[26] BMF v. 30.9.2013, BStBl. I 2013, 1184 Rz. 49ff.
[27] X R 160/94, BStBl. II 1997, 32 (33).

gen gleichgestellt, also einen unentgeltlichen Vorgang angenommen und dementsprechend die Versorgungsleistungen als abziehbare dauernde Last anerkannt. Dieser Ansicht folgt auch die Literatur, die in dieser Konstellation die **Ausschlagung gegen wiederkehrende Leistungen** als unentgeltlichen Vorgang qualifiziert.[28]

Voraussetzung ist jedoch, dass die durch das JStG 2008[29] verschärften Anforderungen an dieses Rechtsinstitut[30] eingehalten werden.[31] Begünstigt ist nicht mehr die Übertragung existenzsichernden Vermögens schlechthin, sondern nur noch die Übertragung von: 8

- Mitunternehmeranteilen an Personengesellschaften, die eine Tätigkeit iSd. §§ 13, 15 Abs. 1 Satz 1 Nr. 1 oder § 18 Abs. 1 EStG ausüben[32]
- Betriebe oder Teilbetriebe[33] oder
- mindestens 50 vH betragende Anteile an einer GmbH, wenn der Übergeber als Geschäftsführer tätig war und der Übernehmer diese Tätigkeit nach der Übertragung übernimmt.[34]

Herausgefallen sind damit insbesondere die Übertragung von Kapitalvermögen, Anteilen an gewerblich geprägten Personengesellschaften und Immobilien, wodurch wiederum der Nießbrauchsvorbehalt an Attraktivität gewinnt, zumal § 25 ErbStG seit 1.1.2009 weggefallen ist.[35]

Nach Änderung des § 10 Abs. 1 Nr. 1a EStG ist ferner Voraussetzung, dass die Versorgungsleistungen[36] (es wird nicht mehr zwischen Rente und dauernder Last unterschieden) auf Lebenszeit des Empfängers erbracht werden, und zwar aus dem übertragenen Vermögen.[37] Als Empfänger der Leistungen kommen nur Personen aus dem Generationennachfolgeverbund[38] in Frage. Bei Leistungen an Geschwister des Übernehmers wird widerlegbar vermutet, dass sie nicht versorgt, sondern gleichgestellt werden sollen.[39] Der Leistungsempfänger muss unbeschränkt einkommensteuerpflichtig oder aber im Hoheitsbereich eines anderen Mitgliedstaates der EU oder eines EWR-Staates ansässig sein; außerdem muss die Besteuerung der Versorgungsleistungen beim Empfänger durch eine Bescheinigung der zuständigen ausländischen Steuerbehörde nachgewiesen werden.[40]

Wie für sämtliche steuerrelevante Gestaltungen zwischen Angehörigen wird auch für die steuerliche Anerkennung von Vermögensübertragungen gegen Versorgungsleistungen iSv. § 10 Abs. 1 Nr. 1a EStG eine klare, eindeutige, ernsthafte und rechtswirksame Vereinbarung gefordert, die auch tatsächlich durchgeführt wird.[41] 9

Schließlich muss die Übertragung des begünstigten Vermögens (wie bisher schon) auf Personen stattfinden, die ein persönliches Interesse an der lebenslangen Versorgung des Übergebers haben, oder aber die Vertragsbedingungen müssen allein auf das Ver-

---

[28] *Wachter* ZNotP 2004, 176; *Zimmermann* ZEV 2001, 5; *Heiliger* ZEV 2001, 432.

[29] JStG 2008 v. 20.12.2007, BStBl. I 2007, 3150.

[30] Zur Rechtslage bis zum Inkrafttreten des JStG 2008 vgl. BMF v. 16.9.2004, BStBl. I 2004, 922 (sog. III. Rentenerlass).

[31] Vgl. *Wälzholz* NWB 2010, 1360 ff. mit Formulierungsbeispiel auch zum Nießbrauch.

[32] Vgl. näher BMF v. 11.3.2010, BStBl. I 2010, 227 Rz. 8 (sog. IV. Rentenerlass) sowie kritisch hierzu *Korn* KÖSDI 2010, 16920 (16924) und *Geck* ZEV 2010, 161 (162 f.).

[33] Vgl. näher BMF v. 11.3.2010, BStBl. I 2010, 227 Rz. 12 ff.

[34] Vgl. näher BMF v. 11.3.2010, BStBl. I 2010, 227 Rz. 15 ff. sowie *Korn* KÖSDI 2010, 16920 (16924 f.) und *Geck* ZEV 2010, 161 (165 f.).

[35] Siehe hierzu A. 1.03 Rz. 20 ff. und A. 1.04 Rz. 3 ff. sowie *Korn* KÖSDI 2009, 16514 ff. und Formular A. 1.05 sowie A. 1.73.

[36] Welche Aufwendungen hierzu gehören, ist in BMF v. 11.3.2010, BStBl. I 2010, 227 Rz. 44 ff. geregelt.

[37] Näher hierzu BMF v. 11.3.2010, BStBl. I 2010, 227 Rz. 26 ff.

[38] Näher hierzu BMF v. 11.3.2010, BStBl. I 2010, 227 Rz. 50; zum Generationennachfolgeverbund gehören nicht Leistungsempfänger, die auf ihr gesetzliches Pflichtteilsrecht verzichtet haben, Scherer/*von Sothen* § 36 Rz. 183 mwN.

[39] BMF v. 11.3.2010, BStBl. I 2010, 227 Rz. 50.

[40] Str., vgl. *Korn* KÖSDI 2010, 16920 (16928).

[41] Zu den Einzelheiten und den Möglichkeiten der Änderung siehe BMF v. 11.3.2010, BStBl. I 2010, 227 Rz. 59 ff.

sorgungsbedürfnis des Übergebers und die Leistungsfähigkeit des Übernehmers gerichtet sein. Bei diesen Personen handelt es sich typischerweise um Angehörige. Zwingend ist dies jedoch nicht.[42]

Die Übertragung erfolgt zwar typischerweise kraft einzelvertraglicher Regelung unter Lebenden zur vorweggenommenen Erbfolge, kann ihren Grund aber auch in einer Verfügung von Todes wegen haben, wenn die entsprechende Vermögensübertragung im Wege der vorweggenommenen Erbfolge ebenfalls begünstigt wäre.[43] Zu dem Fall der Ausschlagung einer Erbschaft gegen Abfindung in Form von Versorgungsleistungen äußert sich die Finanzverwaltung nicht. Gleichwohl wird man auch diesen Fall entsprechend behandeln müssen, solange nur die zuvor genannten Voraussetzungen erfüllt sind. Andernfalls hätte man ohnehin keine Unentgeltlichkeit der Übertragung.[44]

Sofern sich im Nachlass neben begünstigtem Vermögen auch nicht begünstigtes befindet, sollte in der Vereinbarung klargestellt werden, dass sich die Versorgungsleistungen nur auf das begünstigte Vermögen beziehen.[45] Andernfalls werden die Versorgungsleistungen nach einem angemessenen Maßstab auf die übergegangenen Wirtschaftsgüter aufgeteilt.[46]

9a Können die vorgenannten Voraussetzungen einer Vermögensübertragung gegen Versorgungsleistungen jedoch nicht bejaht werden, weil zB kein begünstigtes Vermögen iSv. § 10 Abs. 1 Nr. 2a Satz 2 EStG übertragen wird, gelten entsprechend dem BMF vom 11.3.2010[47] die Grundsätze zur entgeltlichen Vermögensübergabe gegen Versorgungsleistungen entsprechend, so dass (wohl) ein entgeltliches Rechtsgeschäft anzunehmen ist.[48]

2. Erbschaft- und Schenkungsteuern

10 Zu den erbschaftsteuerlichen Folgen einer Ausschlagung vgl. zunächst B. 2.01 Rz. 31–40. Erhält der Erbe für die Ausschlagung eine **Abfindung,** so ist diese nach § 3 Abs. 2 Nr. 4 ErbStG **erbschaftsteuerpflichtig.** Begründet wird dies mit dem in Deutschland herrschenden Prinzip der Erbanfallsteuer, bei dem nicht der Nachlass als solcher besteuert wird,[49] sondern der jeweilige Erwerb von Todes wegen bzw. die jeweilige Schenkung unter Lebenden. Da die Abfindung an die Stelle der ursprünglichen Zuwendung tritt, unterliegt sie auch der Erbschaftsteuer. Der **Ausschlagende und** der **Nächstberufene** können damit den Zuwendungsgegenstand mit steuerlicher Wirkung austauschen und so **Fehler in der Nachfolge(-planung) korrigieren.**[50]

11 **Maßgeblich für die Besteuerung** (Steuerklasse, Freibeträge etc.) ist das **Verwandtschaftsverhältnis zwischen Ausschlagendem und Erblasser,** weil die Abfindung als Erwerb vom Erblasser gilt und nicht als Erwerb von demjenigen, der die Abfindung erbringt.[51]

12 Im Gegensatz zur Erbschaft **entsteht** im Falle der Ausschlagung gegen Abfindung die **Erbschaftsteuer** nicht bereits im Zeitpunkt des Erbfalls, sondern nach § 9 Abs. 1 Nr. 1 Buchst. f ErbStG **im Zeitpunkt der Ausschlagung.**

---

[42] Vgl. näher BMF v. 11.3.2010, BStBl. I 2010, 227 Rz. 4.

[43] BMF v. 11.3.2010, BStBl. I 2010, 227 Rz. 2 mit Verweis auf BFH v. 11.10.2007 – X R 14/06, BStBl. II 2008, 123.

[44] Vgl. BMF v. 11.3.2010, BStBl. I 2010, 227, insbesondere Rz. 21–23, 57f., 65ff.

[45] Scherer/*von Sothen* § 36 Rz. 284.

[46] BMF v. 11.3.2010, BStBl. I 2010, 227 Rz. 47.

[47] BStBl. I 2010, 227 Rz. 69ff.

[48] Zum ertragsteuerlich taktischen Einsatz der Ausschlagung einer Erbschaft gegen wiederkehrende Leistungen siehe *Reich* DStR 2011, 2030.

[49] Wie bei der zB in den USA existierenden Nachlasssteuer.

[50] Vgl. die Beispiele bei *Wachter* ErbStB 2004, 256 (257); *Flick* DStR 2000, 1816ff.; *Siebert* ZEV 2010, 454 (456); *Wälzholz* NWB 2010, 1360ff.; *Volland* NWB-EV 2016, 233 (237 Beispiel 4); *Stein/Stein* Erbfolgebesteuerung 2013, 41 (43).

[51] *Meincke* ErbStG § 3 Rz. 98; Viskorf/Knobel/Schuck/Wälzholz/*Viskorf* § 3 Rz. 110.

Gegenstand der Besteuerung ist nach dem Wortlaut des Gesetzes der Gegenstand, der als Abfindung für die Ausschlagung gewährt wird, dh. der Abfindungserwerb selbst und nicht der Erwerb des Anspruchs auf Abfindung.[52] Die Leistung der Abfindung ist demnach keine Leistung an Erfüllungs statt, so dass Gegenstand der Besteuerung der **Steuerwert des Abfindungsgegenstandes** ist. 13

Übersteigt der Wert der Abfindung den Wert des ursprünglichen Erwerbs, kann hinsichtlich eines überschießenden Betrages eine freigebige Zuwendung an den Abfindungsempfänger vorliegen.[53] 14

Besteht die **Abfindung** aus begünstigungsfähigem **Betriebsvermögen iSd. § 13b Abs. 1 ff. ErbStG,** so erhielten die Abfindungsempfänger vor dem ErbStRG 2009 dennoch nicht die **Begünstigungen nach §§ 13a, b, 19a ErbStG.**[54] Mit Einführung der Regelung zum Begünstigungstransfer nach § 13a Abs. 3 ErbStG im Rahmen des ErbStRG 2009 (jetzt § 13a Abs. 5 ErbStG) war diese Auffassung aber nicht mehr haltbar,[55] so dass Abfindungserwerbe inzwischen in den Genuss der Begünstigungen kommen.[56] Gleichzeitig versteht es sich von selbst, dass der das Betriebsvermögen übertragende (nach der Ausschlagung nunmehrige) Erbe die Begünstigungen nach den §§ 13a, b, 19a ErbStG nicht mehr in Anspruch nehmen kann.[57] Zu einer Doppelbegünstigung nach den § 13a ff. ErbStG kann es aber ohnehin nicht kommen, weil der die Abfindung leistende Erbe die gezahlte Abfindung als Erwerbsaufwand nach § 10 Abs. 5 Nr. 3 ErbStG abzieht. Denn nur durch das Anbieten und Ausreichen der Abfindung ist es ihm nach Ausschlagung einer Erbschaft möglich, seinen Erwerb uneingeschränkt anzutreten.[58] 15

Da die **Abfindung** bezahlt wird, damit der zunächst Berufene auf seine Erbschaft verzichtet, entstehen dem Nachrückenden Kosten im Zusammenhang mit dem Erwerb der Erbschaft. Diese kann er **nach § 10 Abs. 5 Nr. 3 ErbStG als Nachlassverbindlichkeit abziehen,** und zwar unabhängig davon, ob die Abfindung aus dem eigenen Vermögen oder aus dem Nachlassvermögen erbracht wird. Dies gilt zumindest dann uneingeschränkt, wenn der Nächstberufene und der die Abfindung Leistende identisch sind. Wird die **Abfindung** jedoch **von einem Dritten** erbracht, so sind die Meinungen geteilt. 16

- Nach der hM im Schrifttum ist die Abfindung auch in diesem Fall als Nachlassverbindlichkeit abziehbar. In der Leistung der Abfindung durch den Dritten kann aber eine nach § 7 Abs. 1 Nr. 1 ErbStG steuerpflichtige Zuwendung des Dritten an den Nächstbegünstigten liegen, wenn die Zuwendung von dem Dritten freigebig erfolgt.[59]
- Nach aA im Schrifttum soll die Abfindung nicht als Nachlassverbindlichkeit abgezogen werden können. Dafür soll aber auch in der Leistung der Abfindung kein steuerpflichtiger Erwerb des Dritten an den Nächstberufenen zu sehen sein.[60]

Nicht nach § 10 Abs. 5 Nr. 3 ErbStG **abzugsfähig** ist jedoch eine Abfindung, die der Vorerbe an den Nacherben für die Ausschlagung der Nacherbschaft zahlt.[61] 17

(frei) 18

---

[52] *Meincke* ErbStG § 3 Rz. 98; *derselbe* ZEV 2000, 214 (217); *Zimmermann* ZEV 2001, 5 (6); *Wachter* ErbStB 2004, 256 (259).

[53] Troll/Gebel/Jülicher/*Gottschalk* ErbStG § 3 Rz. 330 mwN; aA *Th. Müller* ErbStB 2006, 54 (57).

[54] So noch ErbStR 2003 55 Abs. 4 Satz 4.

[55] Siehe hierzu die Ausführungen in der Vorauflage B. 2.02 Rz. 15.

[56] ErbStR 2011 E 13b.1 Abs. 1 Satz 4 Nr. 7 (= A 13b.1 Abs. 1 Satz 4 Nr. 7 AEErbSt 2017).

[57] Viskorf/Knobel/Schuck/Wälzholz/*Viskorf* ErbStG § 3 Rz. 229.

[58] Viskorf/Knobel/Schuck/Wälzholz/*Viskorf* ErbStG § 3 Rz. 231; Troll/Gebel/Jülicher/*Jülicher* ErbStG § 13a Rz. 151 mit Stellungnahme zur Überflüssigkeit des Nachsteuertatbestandes nach § 13a Abs. 6 ErbStG bzw. ErbStR 2011 E 13a.5 Abs. 3 Nr. 1 (= A 13a.11 Abs. 3 Nr. 1 AEErbSt 2017) in diesem Zusammenhang.

[59] Troll/Gebel/Jülicher/*Gebel* ErbStG § 3 Rz. 338; Viskorf/Knobel/Schuck/Wälzholz/*Viskorf* ErbStG § 3 Rz. 232 mwN.

[60] *Meincke* ErbStG § 3 Rz. 99.

[61] BFH v. 23.8.1995 – II R 88/92, BStBl. II 1996, 137; Viskorf/Knobel/Schuck/Wälzholz/*Viskorf* ErbStG § 3 Rz. 114.

3. Grunderwerbsteuer

18a Da die Abfindung an den Ausschlagenden eine Zuwendung darstellt, die nach § 3 Abs. 2 Nr. 4 ErbStG der Erbschafteuer unterliegt, ist diese Abfindung nach § 3 Nr. 2 GrEStG grunderwerbsteuerfrei, wenn die Abfindung in der Übertragung eines Grundstücks liegt.[62]

B. Einzelerläuterungen

Zu Beurkundung

19 Notarielle Beurkundung der Ausschlagung mit Abfindungsvereinbarung wurde hier deshalb gewählt, weil als Sicherungsmittel die Zwangsvollstreckungsunterwerfung eingesetzt wurde und die Ausschlagungserklärung öffentlich zu beglaubigen[63] ist, sofern sie nicht zur Niederschrift des Nachlassgerichts erklärt wird. Möglich wäre jedoch auch, die Ausschlagungserklärung lediglich öffentlich zu beglaubigen und die davon getrennte Abfindungs- nebst Sicherungsvereinbarung notariell zu beurkunden.[64] Dies bietet sich insbesondere dann an, wenn das Nachlassgericht keine Kenntnis über die Modalitäten der Abfindung erhalten soll.

Zu § 1 Vorbemerkung

20 Vgl. B. 2.01 Rz. 11 bis 15a.

21 Ist der Schwiegersohn – wie im Formular – zum Miterben eingesetzt, empfiehlt sich eine **Ausschlagung gegen Abfindung aus erbschaftsteuerlichen Aspekten** deshalb, weil es sich bei ihm nach § 15 Abs. 1 ErbStG um eine Person der Steuerklasse II handelt, die nur einen persönlichen Freibetrag von € 20 000,– hat, § 16 Abs. 1 Nr. 5 ErbStG. Dies gilt insbesondere dann, wenn es sich – wie im Formular – bei dem Nächstbegünstigten um eine Person der Steuerklasse I mit einem Freibetrag von € 400 000,– handelt. Dies soll an Hand des nachfolgenden **Beispiels** erläutert werden.[65]

Unterstellt, der verwitwete Erblasser mit einer Tochter habe einen Nachlass bestehend aus einer Eigentumswohnung mit einem erbschaftsteuerlichen Wert von € 360 000,– und Barvermögen von € 120 000,– hinterlassen, so ergibt sich **ohne Ausschlagung** folgende **Erbschaftsteuerbelastung:**

Nachlasswert € 480 000,–	
Anteil Tochter $^2/_3$	€ 320 000,–
./. Freibetrag, § 16 ErbStG	€ 400 000,–
Steuerpflichtiger Erwerb	€ 0,–
Erbschaftsteuer hierauf (§ 19 ErbStG, Steuerkl. I)	€ 0,–
Anteil Schwiegersohn $^1/_3$	€ 160 000,–
./. Freibetrag, § 16 ErbStG	€ 20 000,–
Steuerpflichtiger Erwerb	€ 140 000,–
Erbschaftsteuer hierauf (§ 19 ErbStG, Steuerkl. II) 20 vH	€ 28 000,–
Gesamtsteuerbelastung	€ 28 000,–

Schlägt der Schwiegersohn gegen Zahlung einer Abfindung von € 20 000,– aus, so ergibt sich folgendes Bild:

Eine Steuerbelastung bei dem Schwiegersohn tritt nicht ein, weil die Abfindung genau dem Freibetrag entspricht.

---

[62] Boruttau/*Meßbacher-Hönsch* GrEStG § 3 Rz. 137.
[63] Notarielle Beurkundung als Mehr ist damit erst recht ausreichend.
[64] Vgl. Beck-Online-Form ErbR/*Horn* Nr. 5.4.9.
[65] Ein anderes Beispiel findet sich bei Troll/Gebel/Jülicher/*Gebel* ErbStG § 3 Rz. 335.

Steuerbelastung bei der Tochter:	
Nachlasswert	€ 480 000,–
./. Abfindung, § 10 Abs. 1 Nr. 5 ErbStG	€ 20 000,–
./. Freibetrag, § 16 ErbStG	€ 400 000,–
Steuerpflichtiger Erwerb	€ 60 000,–
Erbschaftsteuer hierauf (§ 19 ErbStG, Steuerkl. I) 7 vH	€ 4 200,–
Steuerersparnis durch Ausschlagung	€ 23 800,–

Man könnte nun einwenden, durch diese Konstruktion sei zwar Erbschaftsteuer gespart worden, letztlich hätte der Schwiegersohn aber nicht soviel wie im Fall der Erbschaft erlangt. Diesem Einwand könnte dadurch abgeholfen werden, dass die Tochter des Verstorbenen als Ehefrau des Schwiegersohnes diesem nach Ablauf einer Schamfrist in der nun günstigeren Steuerklasse I mit einem Freibetrag von € 500 000,– weiteres Vermögen (aus dem Nachlass des Erblassers) schenkt.

Zu § 2 Erbausschlagung

Vgl. B. 2.01 Rz. 24, 25, 41 bis 43 und 49. 22

Sofern nicht ganz eindeutig ist, dass die Erbschaft infolge der Ausschlagung an den 23 Bedachten als Nächstberufenen iSv. § 1953 Abs. 2 BGB fällt, sollte im Rahmen der Vereinbarung auch geklärt werden, wer dieses Risiko tragen soll. Um hier dann für die Abfindung nicht auf die Regelungen des Bereicherungsrechts angewiesen zu sein, kann vereinbart werden, dass die Abfindung erst vollständig zu erbringen ist, wenn ein den Erwartungen der Beteiligten entsprechender Erbschein erteilt worden ist. Für den Fall, dass der Ausschlagende sich auf eine derartige Vereinbarung nicht einlassen sollte, ist die Rückabwicklung der Abfindungsleistung je nach Art und Umfang abzusichern.[66]

(frei) 24

Zu § 3 Abfindung

Ist der Nächstberufene zur Barabfindung nicht in der Lage oder müsste er erst den 25 Nachlassgegenstand veräußern, um die notwendige Liquidität für die Abfindung zu erlangen, kommt auch eine **Abfindung durch Einräumung eines Nießbrauchs** in Betracht.[67] Dies gilt insbesondere dann, wenn es um Grundstücke, Unternehmen oder Unternehmensteile geht. Auf diese Weise wird zum einen die Zerschlagung der Wirtschaftseinheit vermieden und zum anderen langfristig die Versorgung des Ausschlagenden gesichert.[68] Zu beachten ist jedoch Folgendes: Selbst wenn nach dem ErbStRG 2009 die Vorschrift des § 25 ErbStG abgeschafft worden ist und der die Abfindung Zahlende damit den kapitalisierten Wert des Nießbrauchs im Gegensatz zu früher auch dann als Nachlassverbindlichkeit nach § 10 Abs. 5 Nr. 3 ErbStG abziehen kann, wenn es sich bei dem Nießbrauchsempfänger um den Ehegatten des Erblassers handelt, und die Einräumung eines Nießbrauchsrechtes an steuerlich begünstigtem Vermögen iSv. § 13a ErbStG keinen nachsteuerschädlichen Tatbestand darstellt,[69] so kann sich aus ertragsteuerlichen Gründen die Zahlung von Versorgungsleistungen anbieten.[70]

(frei) 26

---

[66] Vgl. auch *Gothe* MittRhNotK 1998, 193.

[67] Siehe A. 1.03 Rz. 26 ff. bzw. (zur Grunderwerbsteuerpflicht) A. 1.01 Rz. 41.

[68] *Hannes* ZEV 1996, 10 (14 f.).

[69] *Meincke* ErbStG § 13a Rz. 31; Troll/Gebel/Jülicher/*Jülicher* ErbStG § 13a Rz. 234; BayLfSt v. 1.6.2016, DStR 2016, 1322.

[70] Siehe Rz. 10, 12, A. 1.05 Rz. 7 ff. und A. 1.01 Rz. 12 ff. sowie *Wälzholz* NWB 2010, 1360 (1368 f.) und *Reich* DStR 2011, 2030 (2031 f.).

Zu § 5 Anweisungen an den Notar

27 Die Erteilung einer Ausfertigung an den Ausschlagenden ist Voraussetzung für die Erteilung der Vollstreckungsklausel im Falle der Nichtzahlung der Abfindung.[71]

28 Da das Nachlassgericht keine Kenntnis von der Abfindungsvereinbarung haben muss, reicht die Übersendung einer auszugsweisen Ausfertigung der Urkunde über die Ausschlagungserklärung an das Nachlassgericht aus.

29 Hinzuweisen ist noch auf das folgende wohl eher theoretische Problem: Selbst wenn vereinbart worden ist, dass der Notar die Ausschlagungserklärung an das Nachlassgericht weiterleitet, kann ein dem Ausschlagenden jederzeit möglicher Widerruf nach § 130 Abs. 1 BGB nicht verhindert werden. Dies gilt jedenfalls dann, wenn der Widerruf dem Nachlassgericht gleichzeitig mit der vom Notar eingereichten Ausschlagungserklärung zugeht. In diesem Fall bleibt nur die Möglichkeit der Geltendmachung von Schadensersatzansprüchen wegen Nichterfüllung.[72]

B. 2.03 Vermächtnisausschlagung ohne Abfindung

Gliederung

B. 2.03

A ***[Ort, Datum]***

[...]

Herrn B[Rz. 6]

[...]

Vermächtnis nach C, geboren am [...], verstorben am [...]

Sehr geehrter Herr B,

mit Schreiben vom [...] hat das Nachlassgericht [...] mich darüber unterrichtet, dass der Erblasser C mir auf Grund notariellen Testamentes vom [...] des Notars [...], UR-Nr. [...], sein Kraftfahrzeug der Marke [...] sowie einen Betrag in Höhe von € [...],– vermacht hat und dass Sie als Alleinerbe mit diesen Vermächtnissen beschwert sind. Das Kfz-Vermächtnis schlage ich hiermit ohne jede Bedingung aus. Das Geldvermächtnis nehme ich jedoch an und bitte insoweit um Überweisung des Betrages auf das auf mich lautende Konto bei der [...] Bank, IBAN [...], BIC [...], bis zum [...].[Rz. 7, 15] **Da laut Testament des C als Ersatzvermächtnisnehmer meine minderjährige Tochter D benannt ist, schlagen wir, die Eheleute A und E, als gesetzliche Vertreter der D für sie das Kfz-Vermächtnis bedingungslos aus.**[Rz. 11, 15, 16]

Mit freundlichen Grüßen

.... den ....
[Ort, Datum]

...
[Unterschriften]

[71] §§ 725 ZPO, 52 BeurkG.

[72] Vgl. näher (auch zu dem Problem, dass die Ausschlagungserklärung nicht erzwungen werden kann) *Gothe* MittRhNotK 1998, 193.

A. Grundsätzliche Anmerkungen

I. Wirtschaftliche Aspekte

1 Außer zur **Benachteiligung der Eigengläubiger**[1] kann die Ausschlagung eines Vermächtnisses aus wirtschaftlichen Gründen auch zur **„Reparatur" von missglückten Testamentsgestaltungen** eingesetzt werden.[2]

2 Ist der **Vermächtnisnehmer zugleich Pflichtteilsberechtigter und Erbe** kann die Ausschlagung ebenfalls wirtschaftlich von Vorteil sein. Hierbei ist jedoch zu unterscheiden zwischen den Fällen, in denen der hinterlassene Erbteil belastet und denjenigen, in denen er unbelastet ist:

1. Unbelasteter Erbteil

2a Ist der Erbteil zusammen mit dem (Sach-)Vermächtnis niedriger als der Wert des Pflichtteils, so kann der Berechtigte den Erbteil und das Vermächtnis annehmen und zusätzlich gemäß §§ 2305, 2307 Abs. 1 BGB den Restpflichtteil fordern oder aber das (Sach-)Vermächtnis ausschlagen und den (Rest-)Pflichtteil geltend machen. Eine Ausschlagung macht aber nur dann Sinn, wenn der auf Geld gerichtete, durch das Vermächtnis nicht geschmälerte Pflichtteilsrestanspruch vorteilhafter ist als die Kombination aus dem durch das Vermächtnis geschmälerten in Geld bestehenden Pflichtteilsrestanspruch und dem (Sach-)Vermächtnis.[3]

2. Belasteter Erbteil

3 Ist der dem Pflichtteilsberechtigten hinterlassene Erbteil mit Beschränkungen oder Beschwerungen iSv. § 2306 Abs. 1 BGB belastet, so kann er sowohl den Erbteil als auch das Vermächtnis ausschlagen, ohne seine Pflichtteilsansprüche zu verlieren. Die Reihenfolge der Ausschlagung ist nicht mehr von Belang.[4] Wirtschaftlich sinnvoll wird dies in erster Linie dann sein, wenn es sich um Belastungen von hohem Wert handelt.[5]

II. Rechtliche Aspekte

3a Im Gegensatz zur Erbschaft wird der **Vermächtnisnehmer** nicht Gesamtrechtsnachfolger des Erblassers, sondern **erlangt** nach § 2174 BGB **nur** einen **schuldrechtlichen Anspruch** gegen den mit dem Vermächtnis Beschwerten. Diesen Anspruch muss der Vermächtnisnehmer nicht geltend machen, wenn er das Vermächtnis nicht will, so dass man sich fragen könnte, wozu das Gesetz überhaupt eine Ausschlagung für das Vermächtnis vorsieht. Dies beruht auf dem Prinzip, dass sich niemand eine Zuwendung von Todes wegen – und sei es auch nur eine schuldrechtliche Forderung – aufdrängen lassen muss.[6]

4 Angesichts des in Rz. 3a genannten Unterschiedes zwischen Erbschaft und Vermächtnis ergeben sich auch hinsichtlich der Ausschlagung einige Unterschiede. So ist zunächst **keine Frist für** die **Ausschlagung** eines Vermächtnisses vorgesehen (auch

---

[1] Vgl. hierzu B. 2.01 Rz. 2.
[2] Vgl. Beispiel zwei bei *Flick* DStR 2000, 1816.
[3] Zu den anderen Konstellationen, in denen eine Ausschlagung wirtschaftlich nicht sinnvoll ist, vgl. näher Damrau/Tanck/*Riedel* § 2307 Rz. 26 sowie Groll/*Muscheler* C X Rz. 112.
[4] Zur Rechtslage für Erbfälle vor dem 1.1.2010 siehe *Mayer/Süß/Tanck/Wälzholz* HdB Pflichtteilsrecht § 4 Rz. 40 ff.
[5] Groll/*Muscheler* C X Rz. 112.
[6] MüKoBGB/*Rudy* BGB § 2180 Rz. 1.

nicht im Falle von wechselbezüglichen Verfügungen nach §§ 2270, 2271 BGB),[7] so dass es auch keine Annahme durch Fristablauf gibt. Eine Annahmefrist kann sich aber aus einer Anordnung des Erblassers ergeben. Dann handelt es sich um eine bedingte Vermächtniseinsetzung.[8] Daneben gibt § 2307 Abs. 2 BGB dem mit dem Vermächtnis Beschwerten die Möglichkeit, dem pflichtteilsberechtigten Vermächtnisnehmer eine Frist für die Annahme oder Ausschlagung zu setzen.[9]

5 Ist das **Vermächtnis** einmal **angenommen,** kann es wie die Erbschaft auch nicht mehr ausgeschlagen werden, § 2180 Abs. 1 BGB. Die Annahme kann jedoch **gemäß** den §§ 119 bis 124, 142 bis 144 bzw. nach § 2308 Abs. 2 BGB **angefochten** werden.

6 Anders als bei der Erbschaft ist für die Ausschlagung eines Vermächtnisses **keine bestimmte Form** vorgeschrieben. Sie ist auch nicht **gegenüber** dem Nachlassgericht, sondern nach § 2180 Abs. 2 Satz 1 BGB gegenüber dem mit dem Vermächtnis **Beschwerten zu erklären. Vertretung** in der Erklärung ist **zulässig.**[10] Ist bezüglich des Beschwerten Testamentsvollstreckung angeordnet, ist sie dem Testamentsvollstrecker gegenüber zu erklären und im Falle der Nachlasspflegschaft gegenüber dem Nachlasspfleger.[11] Zur Beweissicherung sollte die Ausschlagung jedoch schriftlich erfolgen. Außerdem sollte für einen zweifelsfreien Zugang gesorgt werden. Neben der förmlichen Zustellung nach § 132 BGB genügt jedoch auch ein formloser Zugang, insbesondere gegen Aushändigung einer Empfangsbestätigung.

7 Erklärt werden kann die Ausschlagung erst mit dem Eintritt des Erbfalls. Sie kann aber bereits vor Anfall des Vermächtnisses erfolgen, was gerade bei aufschiebend bedingten oder befristeten Vermächtnissen auch erforderlich ist, wenn der volle Pflichtteil geltend gemacht werden soll.[12] Sie ist ebenso wie bei der Erbschaft **bedingungs- und befristungsfeindlich,** § 2180 Abs. 2 Satz 2 BGB.

8 Sofern der **Vermächtnisnehmer zugleich** auch zum **Erben** berufen ist, ist zu prüfen, ob der Erblasser (ausnahmsweise) eine Verknüpfung beider Verfügungen in der Weise gewollt hat, dass die Ausschlagung einer Zuwendung die Unwirksamkeit der anderen zur Folge hat.

9 Ist der Vermächtnisnehmer zum Zeitpunkt des Erbfalls bereits verstorben, ist das Vermächtnis nach § 2160 BGB unwirksam. Das **Ausschlagungsrecht** ist damit im Gegensatz zur Erbschaft **nicht vererblich.** Hiervon zu unterscheiden ist der Fall, in dem der Vermächtnisnehmer während der Zeit verstirbt, in der ein Wahlrecht nach § 2307 BGB besteht. In diesem Fall ist das Wahlrecht mitsamt Ausschlagungsrecht vererblich.[13]

10 Zur **Einflussnahme Dritter** auf das Ausschlagungsrecht vgl. zunächst B. 2.01 Rz. 22. Beim Vermächtnis steigt gegenwärtig jedoch die Tendenz der Sozialhilfeträger, Vermächtnisforderungen als Ansprüche nach § 1939 BGB gegen den Nachlass gemäß § 93 Abs. 1 SGB XII auf sich selbst überzuleiten, um es dann auszuschlagen und den Pflichtteil geltend zu machen. Als Begründung wird angeführt, dass das Ausschlagungsrecht als akzessorisches Sicherungsrecht nach §§ 412, 401 BGB mit übergehe.[14]

11 Im Hinblick auf die Wirkung der Ausschlagung eines Vermächtnisses verweist § 2180 Abs. 3 BGB auf § 1953 Abs. 1 und 2 BGB. Dementsprechend gilt der Anfall des Vermächtnisses an den Ausschlagenden als nicht erfolgt. Die **Wirkung** ist folglich **dieselbe wie bei** der **Erbschaft.** Zur Bestimmung des Nächstberufenen muss jedoch auf Grund von § 2178 BGB nicht nur fingiert werden, der Ausschlagende habe zur

---

[7] BGH v. 12.1.2011 – IV ZR 230/09, NJW 2011, 1353 Rz. 12.
[8] Groll/*Muscheler* C X Rz. 109 mwN.
[9] Siehe auch Rz. 13.
[10] MüKoBGB/*Rudy* BGB § 2180 Rz. 2.
[11] Palandt/*Weidlich* BGB § 2180 Rz. 1.
[12] Damrau/Tanck/*Riedel* BGB § 2307 Rz. 10.
[13] MüKoBGB/*Lange* BGB § 2307 Rz. 13.
[14] Vgl. näher *Beckervordersandfort/Lüerßen* Erbfolgebesteuerung 2010, 269 mwN.

Zeit des Erbfalls nicht gelebt, sondern auch, er sei nicht nach dem Erbfall geboren worden. Anders als bei der Erbeinsetzung kann ein Vermächtnis zu Gunsten von Personen errichtet werden, die erst nach dem Erbfall zur Existenz kommen.[15] Als **Nächstberufener** kommt zunächst der Ersatzvermächtnisnehmer in Frage, sofern der Erblasser in seiner letztwilligen Verfügung einen solchen bestimmt hat, § 2190 BGB, oder sich aus § 2069 BGB oder durch ergänzende Testamentsauslegung[16] ein solcher ergibt. Bei mehreren Vermächtnisnehmern kommt auf zweiter Stufe infolge der Ausschlagung eine Anwachsung nach § 2158 BGB in Betracht. Greift eine Anwachsung nicht ein, ist das Vermächtnis gegenstandslos und kommt dem Beschwerten zu Gute.

Von der **Ausschlagung zu unterscheiden** ist der nach Annahme des Vermächtnisses durch formlose Vereinbarung mit dem Beschwerten geschlossene Erlassvertrag (§ 397 BGB) sowie der gegenüber dem Erblasser vor dessen Tod gemäß § 2352 BGB erklärte Zuwendungsverzicht. 12

Abschließend ist für den **pflichtteilsberechtigten Vermächtnisnehmer** noch auf § 2332 BGB hinzuweisen. Nach dessen Abs. 2 beginnt die dreijährige Verjährungsfrist für den Pflichtteilsanspruch bereits vor der Ausschlagung. Soll die Ausschlagung daher zu dem Zweck erfolgen, den Pflichtteil geltend zu machen,[17] so ist auf die Einhaltung dieser Frist zu achten, auch wenn an sich bei dem Vermächtnis keine Ausschlagungsfrist existiert. 13

Hinsichtlich **Erbfällen mit Auslandsberührung** siehe zunächst B. 2.01 Rz. 27–27p. Ergänzend hierzu ist im Zusammenhang mit Vermächtnissen darauf hinzuweisen, dass im Anwendungsbereich des Art. 13 EuErbVO **deutsche Nachlassgerichte** selbst dann **nicht zur Entgegennahme von Vermächtnisausschlagungen zuständig** sind, wenn das ausländische Erbstatut eine solche Erklärung gegenüber dem Gericht vorsieht. Entscheidend ist für die Zuständigkeit nicht die Gerichtsempfangsfähigkeit einer Erklärung, sondern die Gerichtsempfangsbedürftigkeit nach deutschem Recht. Die Ausschlagung eines Vermächtnisses ist aber nicht gegenüber einem deutschen Nachlassgericht, sondern nach § 2180 Abs. 2 Satz 1 BGB gegenüber dem mit dem Vermächtnis Beschwerten zu erklären.[18] 13a

III. Steuerrechtliche Aspekte

Da die Vermächtnisausschlagung ebenso wie die Erbschaftsausschlagung gemäß § 517 BGB keine Schenkung ist, löst sie keine Erbschaftsteuer aus. Zu den restlichen steuerrechtlichen Aspekten vgl. B. 2.01 Rz. 28, 29, 31, 32 sowie Rz. 39–40a mit den jeweiligen Fußnoten. 14

B. Einzelerläuterungen

Nach **§ 2180 Abs. 3 iVm. § 1950 BGB** kann die Ausschlagung eines Vermächtnisses nicht wirksam auf einen Teil des Vermächtnisses beschränkt werden. Ist derselbe Berechtigte aber – wie im Formular – durch mehrere Vermächtnisse begünstigt, ist in Bezug auf ein Vermächtnis die Annahme und in Bezug auf ein anderes die Ausschlagung möglich. Die Abgrenzung danach, ob ein (unteilbares) Vermächtnis vorliegt oder mehrere, hängt davon ab, ob dem Begünstigten ein einheitlicher Anspruch oder mehrere Ansprüche im Sinne der § 2174 und § 194 Abs. 1 BGB zugewendet werden. 15

[15] ZB zur Zeit des Erbfalls noch nicht gezeugt oder als juristische Personen noch nicht entstanden sind.
[16] Damrau/Tanck/*Linnartz* BGB § 2160 Rz. 2 mwN.
[17] Zu den Fällen, in denen dies wirtschaftlich sinnvoll sein kann, vgl. Rz. 2 ff. mit dazugehörigen Fußnoten.
[18] *Lutz* BWNotZ 2016, 34 (39).

Handelt es sich um einen einheitlichen Anspruch, könnte bezüglich des nicht gewünschten Teiles an einen Teilerlass mit dem Verpflichteten gedacht werden.[19]

16 Sind die Ersatzvermächtnisnehmer nicht voll geschäftsfähig, die Ausführungen in B. 2.01 Rz. 45 entsprechend.

B. 2.04 Vermächtnisausschlagung mit Abfindung

Gliederung

B. 2.04

Nummer der Urkundenrolle [...][Rz. 6]

Verhandelt zu [...] am [...]

Vor dem Notar [...] erschienen:

**1. Frau A, geboren am [...], in [...],
wohnhaft [...],
nach eigenen Angaben deutsche Staatsangehörige,**
**2. Frau B, geboren am [...], in [...],
wohnhaft [...],
nach eigenen Angaben deutsche Staatsangehörige,**

dem Notar ausgewiesen durch [...].

Die Erschienenen erklären mündlich Folgendes zur Beurkundung:

§ 1 Vorbemerkung

In seinem notariellen Testament vom [...] des Notars [...], UR-Nr. [...], hat der am [...] verstorbene Herr D, geboren am [...], zuletzt wohnhaft [...] (gleichzeitig auch sein gewöhnlicher Aufenthalt) seine Ehefrau, Frau A, als Alleinerbin eingesetzt und seiner Nichte, Frau B, das unbebaute Grundstück in [...], Flurstück Nr. [...] vermächtnisweise zugewandt. Dieses Testament wurde vom Nachlassgericht [...] am [...] unter dem Aktenzeichen [...] eröffnet. Das Protokoll der Testamentseröffnung wurde Frau A und Frau B jeweils am [...] zugestellt.[Rz. 7]

§ 2 Vermächtnisausschlagung

Frau B schlägt hiermit das Vermächtnis ohne jede Bedingung aus.[Rz. 8]

§ 3 Abfindung

Die Erschienenen sind sich darüber einig, dass Frau B für ihre Ausschlagung eine Abfindung in Höhe von € [...],– (in Worten: Euro [...]) von Frau A erhält. Frau A verpflichtet sich daher, bis spätestens zum [...] (Eingang auf dem Bankkonto) den vorgenannten Betrag auf das Notaranderkonto des beurkundenden Notars bei der [...] Bank, IBAN [...], BIC [...], zu überweisen.[Rz. 2, 9]

[19] Zu etwaigen steuerlichen Nachteilen vgl. *Muscheler* ZEV 2001, 377 (378).

§ 4 Anweisungen an den Notar

Der Notar wird angewiesen, von dieser Urkunde der Erschienenen zu 2. eine beglaubigte Abschrift und der Erschienenen zu 1. eine auszugsweise Ausfertigung über die Abfindung nebst Vorbemerkung mit dem Vermerk gemäß § 49 Abs. 5 iVm. § 42 Abs. 3 BeurkG zu erteilen.[Rz. 10]

Er wird ferner in einseitig nicht abänder- oder widerrufbarer Weise angewiesen, die Abfindungssumme unmittelbar nach Eingang auf dem Notaranderkonto auf das Konto von Frau B bei der [...] Bank, IBAN [...], BIC [...], zu überweisen. Mit gleichem Datum hat er Frau A eine auszugsweise Ausfertigung über die Ausschlagung nebst Vorbemerkung mit dem Vermerk gemäß § 49 Abs. 5 iVm. § 42 Abs. 3 BeurkG weiterzuleiten.[Rz. 10, 11]

Der Notar nimmt den vorgenannten Treuhandauftrag an.[Rz. 11]

§ 5 Schlussbestimmungen, Kosten, Belehrungen

Sollten einzelne Bestimmungen in dieser Urkunde ganz oder teilweise nicht rechtswirksam oder nicht durchführbar sein oder ihre Rechtswirksamkeit oder Durchführbarkeit später verlieren, so soll hierdurch die Gültigkeit und Wirksamkeit der übrigen Bestimmungen nicht berührt werden. Das Gleiche gilt, soweit sich herausstellen sollte, dass die Urkunde eine Regelungslücke enthält.

Anstelle der unwirksamen oder undurchführbaren Bestimmung oder zur Ausfüllung der Lücke soll eine angemessene Regelung als vereinbart gelten, die, soweit rechtlich möglich, dem wirtschaftlichen Grundgehalt der Vereinbarung am Nächsten kommt.

Die Kosten dieser Urkunde tragen die Erschienenen [...]. Gleiches gilt für die Treuhandgebühren. Zinsen des Treuhandkontos stehen abzüglich Bankspesen Frau B zu.

Der Notar hat die Erschienenen vor Unterzeichnung dieser Urkunde ausführlich über Bedeutung und Tragweite der abgegebenen Erklärungen belehrt, insbesondere: [...].

Diese Niederschrift wurde in Gegenwart des Notars den Erschienenen vorgelesen, von ihnen durch mündliche Erklärung genehmigt und eigenhändig wie folgt unterschrieben:

A. Grundsätzliche Anmerkungen

I. Wirtschaftliche Aspekte

Vgl. hierzu B. 2.02 Rz. 1. 1

II. Rechtliche Aspekte

Vgl. zunächst B. 2.03 Rz. 3a bis 13a sowie B. 2.02 Rz. 3 und 4. Da beim Ver- 2
mächtnis im Gegensatz zur Erbschaft keine Frist für die Ausschlagung besteht,[1] bedarf es zur Sicherung der gegenseitigen Vertragserfüllung nicht der Zwangsvollstreckungsunterwerfung des die Abfindung Leistenden. Für den Fall, dass die Abfindung in Geld besteht, reicht es zur Sicherung aus, wenn – wie im Formular – die Abfindung auf ein Notaranderkonto zu überweisen ist und der Notar die Ausschlagungserklärung erst

[1] Die Fristsetzung des mit dem Vermächtnis Beschwerten nach § 2307 Abs. 2 und § 2332 Abs. 2 BGB außer Acht gelassen.

nach Eingang der Abfindung an den mit dem Vermächtnis Beschwerten übersenden darf.

III. Steuerrechtliche Aspekte

1. Ertragsteuern

3 Die **einkommensteuerlichen Folgen** der Ausschlagung eines Vermächtnisses gegen Abfindung sind **nicht geklärt,** da sich zu dieser Thematik bislang – soweit ersichtlich – weder die Literatur noch die Finanzverwaltung geäußert hat. Rechtsprechung existiert hierzu – soweit ersichtlich – ebenfalls nicht. In dem BMF-Schreiben vom 14.3.2006[2] hat die Finanzverwaltung unter Rz. 37 zwar bestimmt, dass die Ausschlagung einer Erbschaft gegen Abfindung der entgeltlichen Veräußerung eines Erbteils gleichstehe, ob dies jedoch auch für die Ausschlagung eines Vermächtnisses gegen Abfindung gilt, ist fraglich. Dies deshalb, weil die Finanzverwaltung weder bei der Regelung der Ausschlagung einer Erbschaft gegen Abfindung noch bei der Behandlung der steuerlichen Auswirkung von Vermächtnissen in Rz. 60 angeordnet hat, dies gelte entsprechend für die Ausschlagung eines Vermächtnisses gegen Abfindung.

4 **Gegen** die **Entgeltlichkeit** der Vermächtnisausschlagung gegen Abfindung **spricht** neben den bereits gegen die Entgeltlichkeit der Erbausschlagung gegen Abfindung ins Feld geführten Argumenten[3] auch die Tatsache, dass das Vermächtnis im Gegensatz zur Erbschaft nur einen schuldrechtlichen Anspruch des Vermächtnisnehmers gegen den mit dem Vermächtnis Belasteten vermittelt. Dh. der Vermächtnisnehmer ist im Gegensatz zum Erben zu keinem Zeitpunkt Eigentümer des Vermächtnisgegenstandes. Ihm werden daher auch die aus dem Vermächtnis erzielten Einkünfte grundsätzlich[4] steuerlich nicht zugerechnet, solange das Vermächtnis nicht erfüllt ist.[5] Eine Veräußerung des Vermächtnisgegenstandes kann folglich im Falle der Ausschlagung eines Vermächtnisses gegen Abfindung keinesfalls angenommen werden. In Betracht käme allenfalls eine Veräußerung des schuldrechtlichen Anspruchs. Ob die Ausschlagung eines Vermächtnisses gegen Abfindung als Veräußerung bzw. veräußerungsähnlicher Vorgang oder als unentgeltliches Rechtsgeschäft zu qualifizieren ist, kann dahingestellt bleiben. In beiden Fällen wäre der Vorgang nicht steuerbar.

Wäre die **Vereinbarung als entgeltlich zu beurteilen,** so käme als Rechtsgrundlage für die Steuerbarkeit nur § 22 Nr. 3 EStG in Betracht. Nach ständiger Rechtsprechung des BFH führen jedoch Veräußerungsvorgänge oder veräußerungsähnliche Vorgänge im privaten Bereich, bei denen ein Entgelt dafür bezahlt wird, dass ein Vermögensgegenstand in seiner Substanz endgültig aufgegeben wird, nicht zu Einkünften iSv. § 22 Nr. 3 EStG.[6] Die Ausschlagung eines Vermächtnisses bewirkt den endgültigen Verlust des schuldrechtlichen Anspruchs gegen den mit dem Vermächtnis Beschwerten. Beurteilte man die Abfindung für die Ausschlagung[7] als Entgelt, entfiele entsprechend dem Vorgenannten eine Besteuerung nach § 22 Nr. 3 EStG.[8]

Wäre die **Vereinbarung** als **unentgeltliches Rechtsgeschäft** zu beurteilen, so wäre dieses mangels erzieltem Einkommen iSv. § 2 Abs. 1 EStG ebenfalls nicht einkommensteuerbar.

---

[2] BMF v. 14.3.2006, BStBl. I 2006, 253.
[3] Vgl. die Darstellung bei *Tiedtke/Wälzholz* BB 2001, 234 (236) sowie *Hannes* ZEV 1996, 10ff.
[4] Etwas anderes gilt nur, wenn der Vermächtnisnehmer schon vor Erfüllung des Vermächtnisses als Unternehmer anzusehen ist, vgl. BMF v. 14.3.2006, BStBl. I 2006, 253 Rz. 61 mit Verweis auf BFH v. 24.9.1991, BStBl. II 1992, 330.
[5] BMF v. 14.3.2006, BStBl. I 2006, 253, Rz. 61.
[6] BFH v. 20.10.1999 – X R 132/95, BStBl. II 2000, 82 mwN.
[7] Die im Ergebnis nichts anderes als ein Verzicht auf das Vermächtnis ist.
[8] Vgl. auch *Zimmermann* ZEV 2001, 5 (7f.).

2. Erbschaft- und Schenkungsteuern

Zu den **erbschaftsteuerlichen Aspekten** vgl. B. 2.02 Rz. 10 bis 18a. 5

B. Einzelerläuterungen

Zu Beurkundung

Da sowohl für die Ausschlagung eines Vermächtnisses als auch für die Abfindungs- 6 vereinbarung keine bestimmte Form vorgeschrieben ist, ist die notarielle Beurkundung – wie im Formular – nicht zwingend. Beides kann auch privatschriftlich erfolgen. Dann sollte jedoch die Ausschlagungserklärung – sofern das Sicherungsmittel der Treuhand gewählt wird – bei dem Treuhänder hinterlegt und dieser – wie im Formular – angewiesen werden, die Ausschlagungserklärung erst an den mit dem Vermächtnis Belasteten zu versenden, wenn die Abfindungsleistung erbracht wurde.

Zu § 1 Vorbemerkung

Die Aufnahme der Daten über die Testamentseröffnung und die Zustellung des Pro- 7 tokolls hierüber ist nicht zwingend erforderlich, da beim Vermächtnis keine Frist für die Ausschlagung vorgesehen ist.

Zu § 2 Vermächtnisausschlagung

Siehe B. 2.03 Rz. 5 bis 13a sowie 15 und 16. 8

Zu § 3 Abfindung

Vgl. B. 2.02 Rz. 25. 9

Zu § 4 Anweisungen an den Notar

Da die Ausschlagungserklärung an den mit dem Vermächtnis Belasteten aus Sicher- 10 heitsgründen erst weitergeleitet werden soll, wenn die Abfindung auf dem Notaranderkonto eingegangen ist, erhält er vorab nur eine auszugsweise Ausfertigung der Urkunde nach § 49 Abs. 5 iVm. § 42 Abs. 3 BeurkG.

Vgl. § 54a Abs. 2 BeurkG. 11

B. 2.10 Pflichtteilsverlangen

Übersicht

B. 2.11 Feindliche Pflichtteilsgeltendmachung

Gliederung

B. 2.11 **Sehr geehrte Frau A,**

ich vertrete die Interessen des Sohnes B Ihres verstorbenen Ehemannes aus dessen erster Ehe. Eine Kopie meiner Vollmacht ist diesem Schriftsatz beigefügt.

Gemäß notariellem Testament vom [...] – UR. Nr. [...] des Notars [...] in [...], eröffnet vom Amtsgericht [...] am [...] unter dem Aktenzeichen [...], sind Sie zur alleinigen Erbin Ihres verstorbenen Ehemannes berufen. Mein Mandant ist als Sohn des Erblassers pflichtteilsberechtigt.[Rz. 3]

Sie sind als Erbin gemäß § 2314 BGB verpflichtet, ein Nachlassverzeichnis[Rz. 10] **vorzulegen, welches den Bestand und den Umfang des Nachlasses im Zeitpunkt des Erbfalles ausweist. In das Verzeichnis sind sämtliche Aktiva und Passiva des Nachlasses aufzunehmen. Zu den Aktiva zählen insbesondere das Immobilienvermögen und die Gesellschaftsbeteiligungen Ihres Ehemannes, seine Guthaben bei Kreditinstituten, seine Forderungen gegen Schuldner, Bargeldbestände, Wertpapierdepots, Kunstgegenstände etc.**

Das Nachlassverzeichnis hat ferner alle von Ihrem Ehemann zu Lebzeiten gemachten Schenkungen, auch sogenannte gemischte Schenkungen und ehebezogene Zuwendungen, zu enthalten. Gleiches gilt für von Ihrem Ehemann abgeschlossene Lebensversicherungs- und sonstige Verträge zugunsten Dritter, etwa Sparbücher, deren Guthaben im Sterbefall von der Bank an eine Dritte Person ausgezahlt werden sollten. Des Weiteren muss das Nachlassverzeichnis sämtliche Vorempfänge enthalten, die nach den §§ 2050 ff. BGB unter den Abkömmlingen zur Ausgleichung zu bringen sind.

Sollten Sie selbst nicht in der Lage sein, die für das Nachlassverzeichnis erforderlichen Informationen zusammenzustellen, sind Sie verpflichtet, diese gegebenenfalls bei den betreffenden Kreditinstituten und den beschenkten Personen zu beschaffen. Darüber hinaus sind Sie verpflichtet, den Güterstand[Rz. 11] **mitzuteilen, in dem Sie mit Ihrem Ehemann gelebt haben, da dieser gegebenenfalls Einfluss auf die Pflichtteilsquote meines Mandanten haben kann.**

Im Namen meines Mandanten fordere ich Sie auf, die gewünschte Auskunft [Rz. 4] bis spätestens zum

[...]

durch Vorlage des Nachlassverzeichnisses und geeigneter Belege zu leisten. Mein Mandant kann gemäß § 2314 Abs. 1 Satz 2 BGB verlangen, bei der Erstellung des Nachlassverzeichnisses zugezogen zu werden. Ferner kann er gemäß § 2314 Abs. 1 Satz 3 BGB verlangen, dass das Verzeichnis durch einen Notar aufgenommen wird. Von diesen Rechten will mein Mandant zunächst keinen Gebrauch machen. Er behält sie sich jedoch ausdrücklich vor. Ebenso vorbehalten bleibt der Anspruch meines Mandanten auf sachverständige Wertermittlung bezüglich der Nachlassgegenstände. Sollte mein Mandant Grund zu der Annahme haben, dass Sie das Nachlassverzeichnis nicht mit der erforderlichen Sorgfalt erstellt haben, wird er Sie gemäß § 260 Abs. 2 BGB auffordern, die Vollständigkeit des Nachlassverzeichnisses an Eides statt zu versichern.[Rz. 10]

Im Namen meines Mandanten fordere ich Sie ferner auf, seinen Pflichtteilsanspruch dem Grunde nach bis zum

[...]

schriftlich anzuerkennen. Zugleich fordere ich Sie auf, den Pflichtteilsanspruch zu begleichen. Die genaue Höhe des Anspruches werde ich beziffern, nachdem Sie vollständig Auskunft über den Nachlass erteilt haben.[Rz. 5] Bis dahin ist mein Mandant bereit, Teilzahlungen anzunehmen, deren Höhe sich aus einem von Ihnen geschätzten Umfang des Nachlasses ergibt. Darüber hinausgehende Ansprüche behält sich mein Mandant vor.

Sollten Sie die Ansprüche meines Mandanten nicht innerhalb der vorgenannten Fristen erfüllen, sieht mein Mandant sich gezwungen, diese gerichtlich durchzusetzen.[Rz. 4]

Mit freundlichen Grüßen

...

[Rechtsanwalt]

A. Grundsätzliche Anmerkungen

I. Wirtschaftliche Funktion

Das Pflichtteilsrecht soll den Gegensatz der Interessen des Erblassers an einer unbe- 1
schränkten Testierfreiheit einerseits und seiner nächsten Angehörigen an einer Teilhabe am Nachlassvermögen andererseits auflösen. Hierzu gewährt es dem Pflichtteilsberechtigten – gewissermaßen als Abfindung – einen bloßen Geldanspruch. Der Pflichtteilsberechtigte wird nicht Mitglied der Erbengemeinschaft und erhält demnach keine dingliche Beteiligung an den Nachlassgegenständen.

Praktische Bedeutung kommt dem Pflichtteilsrecht insbesondere in Konstellationen zu, in denen Kinder aus früheren Ehen oder Beziehungen des Erblassers ohne Aussicht auf eine spätere Partizipation am Nachlassvermögen enterbt wurden. Aber auch in dem Fall, dass der überlebende Elternteil eine neue Ehe schließt, kann aus Sicht der Kinder – gerade im Hinblick auf den erhöhten Erbteil des Ehegatten/Stiefelternteils bei Zugewinngemeinschaft gemäß § 1371 Abs. 1 BGB – die Geltendmachung des Pflichtteils nach dem erstverstorbenen Elternteil geboten sein; andernfalls könnte dessen Vermögen letztlich über die Erbfolge nach dem überlebenden Elternteil in wesentlichen Teilen dem Stiefelternteil zukommen. Freilich dürfte in derartigen Fällen der Durchsetzbarkeit des Pflichtteilsanspruchs nach dem erstverstorbenen Elternteil häufig die Einrede der Verjährung (Rz. 6) entgegenstehen.

II. Zivilrecht

2 Das Pflichtteilsrecht des BGB unterlag seit jeher und unterliegt bis heute vielfacher **rechtspolitischer Kritik.**[1] Soweit auch verfassungsrechtliche Argumente dagegen vorgebracht wurden, hat das Bundesverfassungsgericht festgestellt, dass die Normen des Pflichtteilsrechts mit dem Grundgesetz vereinbar sind.[2]

3 **Pflichtteilsberechtigt** sind nach § 2303 BGB die Abkömmlinge des Erblassers, seine Eltern und sein Ehegatte beziehungsweise nach § 10 Abs. 6 LPartG sein Lebenspartner. Entferntere Abkömmlinge und die Eltern des Erblassers sind jedoch gemäß § 2309 BGB nicht pflichtteilsberechtigt, wenn ein Abkömmling, der sie im Falle der gesetzlichen Erbfolge ausschließen würde, den Pflichtteil verlangen kann oder das ihm Hinterlassene annimmt.

4 Gemäß § 2311 Abs. 1 Satz 1 BGB ist für die Berechnung des Pflichtteils der Bestand und Wert des Nachlasses zum Zeitpunkt des Todes des Erblassers nach Verkehrswerten zugrunde zu legen. Der Pflichtteilsberechtigte ist aber zumeist aus tatsächlichen Gründen nicht in der Lage, die Höhe seines Anspruches auch nur annähernd richtig zu berechnen. Deswegen gewährt ihm § 2314 Abs. 1 BGB einen **Auskunftsanspruch** gegen den Erben über den Bestand und Wert des Nachlasses; mehrere Erben sind Gesamtschuldner, so dass jeder Erbe einzeln zur Auskunft verpflichtet ist. Daneben kann auch der in den letzten 10 Jahren vor dem Erbfall Beschenkte verpflichtet sein, dem pflichtteilsberechtigten Nichterben Auskunft über den fiktiven Nachlass (Rz. 10) zu erteilen.[3] Der Testamentsvollstrecker ist dagegen nicht Anspruchsgegner des Auskunftsanspruchs, arg. e. § 2213 Abs. 1 Satz 3 BGB. Der Anspruch auf Auskunftserteilung ist gemäß § 271 BGB sofort mit dem Erbfall fällig.[4] Für die Erstellung des danach geschuldeten Verzeichnisses der Nachlassgegenstände gilt § 260 BGB.

Der **Auskunftsanspruch** aus § 2314 Abs. 1 BGB steht jedem Nichterben aus dem Personenkreis der §§ 2303, 2309 BGB, 10 Abs. 6 LPartG zu.[5] Dazu zählt etwa auch der Pflichtteilsberechtigte, der als Erbe nach § 2306 Abs. 1 Satz 2 BGB die Erbschaft ausgeschlagen hat oder lediglich mit einem Vermächtnis bedacht wurde, wobei es letzterenfalls unerheblich ist, wie hoch das Vermächtnis ist und ob er es ausschlägt.[6]

Der Auskunftsanspruch kann gerichtlich unmittelbar mit dem **Pflichtteilsanspruch** im Wege der **Stufenklage** gemäß § 254 ZPO verfolgt werden, so dass über die Ansprüche sukzessiv zu entscheiden ist.

---

[1] Vgl. etwa *Dauner-Lieb* Forum Familien- und Erbrecht 2001, 78, 79 f.; *Schlüter* Die Änderung der Rolle des Pflichtteilsrechts im sozialen Kontext, in: 50 Jahre Bundesgerichtshof, Festgabe aus der Wissenschaft, Band 1, 2000, 1047, 1049 f.; *Otte* AcP 202 [2002], 317, 335 ff., 353 ff. Siehe auch BT-Drs. 16/13543 v. 23.6.2009 sowie die ausführliche Darstellung von *Mayer* in: *Mayer/Süß/Tanck/Wälzholz* Handbuch Pflichtteilsrecht 3. Aufl. 2013, S. 5 ff.

[2] BVerfG v. 30.8.2000 – 1 BvR 2464/97, DNotZ 2001, 133 ff = MittBayNot 2000, 443 ff.; BVerfG v. 19.4.2005 – 1 BvR 1644/00 und 1 BvR 188/03, BVerfGE 112, 332 ff. = ZEV 2005, 301 ff. = DNotZ 2006, 60 ff. = MittBayNot 2006, 512 ff.; BVerfG v. 11.5.2005 – 1 BvR 62/00, DNotZ 2005, 791.

[3] BGH v. 27.6.1973 – IV ZR 50/72, BGHZ 61, 180.

[4] Zu den damit für den Erben und den Pflichtteilsberechtigten verbundenen praktischen Problemen und deren rechtliche Bewältigung siehe *Damrau* ZEV 2009, 274 ff.

[5] Vgl. BGH v. 4.12.1980 – IVa ZR 46/80, NJW 1981, 2051, 2052.

[6] Palandt/*Edenhofer* BGB § 2314 Rz. 2.

Der **Pflichtteilsanspruch** ist eine persönliche Forderung in Form einer **Geldsummenforderung.**[7] Anspruchsgegner im Außenverhältnis ist grundsätzlich nach § 2303 Abs. 1 Satz 1 BGB der Erbe, nicht dagegen der Testamentsvollstrecker, § 2213 Abs. 1 Satz 3 BGB. Hat der Erblasser eine Vor- und Nacherbfolge angeordnet, kann der Anspruch während der Dauer der Vorerbschaft nur von dem Vorerben verlangt werden.[8] Mehrere Erben haften im Außenverhältnis gegenüber dem Pflichtteilsberechtigten regelmäßig wie für jede Nachlassverbindlichkeit gemäß § 2058 BGB als Gesamtschuldner. Einem pflichtteilsberechtigten Miterben bleibt sein eigener Pflichtteil jedoch erhalten; er kann eine weitergehende Haftung verweigern, § 2319 BGB. Hiervon zu scheiden ist die Frage, wer im Innenverhältnis die aus dem Pflichtteilsanspruch folgende **Pflichtteilslast** zu tragen hat. Grundsätzlich hat der Ausgleich unter mehreren Miterben nach dem Verhältnis ihrer Erbteile zu erfolgen. Das Gesetz, §§ 2318, 2320ff. BGB, regelt für besondere Fallkonstellationen die Pflichtteilslast aber präziser: So kann der Erbe einem Vermächtnisnehmer gemäß § 2318 Abs. 1 BGB das Vermächtnis im Verhältnis seiner Beteiligung am Nachlass kürzen. Der an die Stelle des Pflichtteilsberechtigten getretene Erbe hat nach § 2320 BGB im Verhältnis zu den Miterben die Pflichtteilslast und, wenn der Pflichtteilsberechtigte ein ihm zugewendetes Vermächtnis annimmt, das Vermächtnis in Höhe seines erlangten Vorteils zu tragen; entsprechendes gilt für den Ersatzvermächtnisnehmer im Falle der Vermächtnisausschlagung, § 2321 BGB. Die gesetzlichen Regelungen zur Pflichtteilslast gelten nicht, wenn der Erblasser die Pflichtteilslast gemäß § 2324 BGB abweichend zugeordnet hat. 5

Der Anspruch auf den Pflichtteil entsteht mit dem Erbfall, § 2317 Abs. 1 BGB. Er **verjährt** gemäß §§ 195, 199 Abs. 1 BGB in drei Jahren, beginnend mit dem Schluss des Jahres, in dem der Anspruch entstanden ist und der Pflichtteilsberechtigte von den den Anspruch begründenden Umständen und der Person des Schuldners Kenntnis erlangt oder grob fahrlässig nicht erlangt. Die dreijährige Verjährung gilt auch für den Auskunftsanspruch nach § 2314 BGB. Unabhängig von der Kenntnis verjährt der Pflichtteilsanspruch gemäß § 199 Abs. 3a BGB spätestens in 30 Jahren vom Eintritt des Erbfalls an. 6

Die anspruchsbegründenden Tatsachen sind der Erbfall selbst und die den Pflichtteilsberechtigten enterbende oder sonst pflichtteilsrechtlich relevant beeinträchtigende Verfügung. Auch nach der Erbrechtsreform kommt es nach herrschender Meinung – und entgegen der Vorauflage – für den Lauf der Frist nicht auf die Kenntnis des Nachlassbestandes oder den Wert des Nachlasses (§ 2311 BGB) an.[9] Ebenso wenig ist erforderlich, dass der Pflichtteilsberechtigte alle inhaltlichen Einzelheiten der letztwilligen Verfügung oder deren Form kennt. So beginnt die Verjährungsfrist grundsätzlich auch zu laufen, obwohl ein fehlerhaftes Nachlassverzeichnis (unten Rz. 10) vorgelegt wird, es sei denn, der Auskunftspflichtige handelt arglistig oder vorsätzlich. Andererseits können berechtigte Zweifel an der Wirksamkeit der letztwilligen Verfügung oder an deren Auslegung die Kenntnis und damit den Fristbeginn ausschließen, wobei in einem solchen Fall die Frist zumindest mit Erteilung eines entsprechenden Erbscheins zu laufen beginnt.[10]

---

[7] RG v. 17.1.1927 – IV 332/26, RGZ 116, 5; BGH v. 24.1.1952 – III ZR 192/50, BGHZ 5, 12, 17; BGH v. 1.10.1958 – V ZR 53/58, BGHZ 28, 177, 178.

[8] RG v. 18.2.1926 – IV 336/25, RGZ 113, 45, 49f.

[9] BGH DNotZ 2013, 453, mit zustimmender Anm. Lange (zu § 2332 aF BGB); MüKoBGB/*Lange* BGB § 2332 Rn. 3; *Tanck* in Mayer/Süß/Tanck/Wälzholz, Handbuch Pflichtteilsrecht, 3. Aufl. 2013, S. 664; aA *Damrau* ZEV 2009, 274, 277, der der hM entgegenhält, dass auch die Kenntnis über den Bestand und den Wert des Nachlasses erforderlich ist, da auch diese Fakten für die Höhe des Anspruchs maßgeblich seien.

[10] BGH v. 6.10.1999 – IV ZR 262/98, FamRZ 2000, 223, OLG Rostock v. 11.11.2010 – 3 U 59/10, FamRZ 2011, 1430, 1431, MüKoBGB/*Lange* BGB § 2332 Rn. 3.

III. Steuerrecht

7 Gemäß 3 Abs. 1 Nr. 1 ErbStG gilt als – der Erbschaftsteuer unterfallender – Erwerb von Todes wegen unter anderem dasjenige, was ein Pflichtteilsberechtigter aufgrund seines geltend gemachten Pflichtteilsanspruchs erworben hat. Erforderlich ist demnach, dass zum einen dem Grunde nach ein Pflichtteilsanspruch besteht und zum anderen dieser Anspruch von dem Berechtigten auch geltend gemacht worden ist. Aufgrund dessen entsteht gemäß § 9 Abs. 1 Nr. 1 Buchst. b) ErbStG die Erbschaftsteuerschuld nur dann, wenn der Pflichtteilsberechtigte seinen Anspruch geltend macht, und auch erst im Zeitpunkt der Geltendmachung. Dies trägt dem Umstand Rechnung, dass zivilrechtlich der Pflichtteilsanspruch – anders als verschiedene Noterbrechte anderer Rechtsordnungen – nicht zu einem automatischen Anfall von Vermögen beim Berechtigten führt; vielmehr liegt es in dessen Entscheidungsmacht, ob er den Pflichtteil fordert. Daher soll Erbschaftsteuer für ihn nur dann anfallen, wenn und soweit er den Pflichtteilsanspruch geltend macht.[11]

Geltend gemacht ist der Anspruch, wenn der Pflichtteilsberechtigte zu erkennen gibt, dass er seinen Pflichtteil verlangen will.[12] Ein bloßes Auskunftsverlangen und auch die Erhebung der Auskunftsklage reichen hierfür noch nicht aus, es sei denn, der Anspruchsteller bringt – wie im Muster – deutlich zum Ausdruck, dass er ohne Ansehung des Ergebnisses seines Auskunftsverlangens jedenfalls den vollen Pflichtteil verlangt.[13] Demgegenüber ist es nicht Voraussetzung für ein Geltendmachen, dass der Anspruchsteller seinen Anspruch bereits beziffert.[14] An eine bestimmte Form ist das Pflichtteilsverlangen nicht geknüpft.[15]

8 Der Pflichtteilsanspruch ist auf Geld gerichtet und demnach als Kapitalforderung steuerlich gemäß §§ 12 Abs. 1 ErbStG iVm. 12 Abs. 1 Satz 1 BewG zum **Nennwert** anzusetzen.[16] Wird an Erfüllungs statt (§ 364 Abs. 1 BGB) ein erbschaftsteuerlich in anderer Weise zu bewertender Vermögensgegenstand geleistet, ist daher gleichwohl der Nennwert des Geldanspruches zu versteuern.[17] Vorsicht ist bei Gestaltungen geboten, in denen ein Grundstück an Erfüllungs statt übertragen wird: Hier erkennt der BFH die Grunderwerbsteuerfreiheit nach § 3 Nr. 2 GrEStG nicht mehr an. Der Befreiungstatbestand greife nicht ein, da nach der neueren erbschaftsteuerlichen Rechtsprechung des BFH nicht der Erwerb des Grundstücks der Erbschaftsteuer unterliege, sondern nach § 3 Abs. 1 Nr. 1 Alt. 3 ErbStG der auf Geld gerichtete, geltend gemachte Pflichtteilsanspruch; die Übertragung des Grundstücks sei ein davon rechtlich getrennt zu betrachtender Vorgang, der sich wie ein regulärer Verkauf unter Verrechnung mit Pflichtteilsansprüchen auswirke.[18] Freilich gilt in Fällen, in denen Erbe und Pflichtteilsberechtigter in gerader Linie verwandt sind, der Befreiungstatbestand des § 3 Nr. 6 GrEStG.[19] Falls der Pflichtteilsanspruch noch nicht geltend gemacht wurde, mag

[11] *Kerscher/Riedel/Lenz* Pflichtteilsrecht § 17 Rn. 2; *Crezelius* BB 2000, 2333, 2334.

[12] RFH v. 29.4.1929 – V e A 908/28, RStBl. 1929, 515; RFH v. 5.11.1936 – III e A 63/36, RStBl. 1936, 1131; Troll/Gebel/Jülicher/*Gebel* ErbStG § 9 Rz. 52; *Meincke* ErbStG § 9 Rz. 31 ff.; *Moench* ErbStG § 3 Rz. 119, § 9 Rz. 16.

[13] Für die Stufenklage strittig: Nach FG Rheinland-Pfalz ZErb 2002, 196 m. Anm. *Daragan,* ist auch die Erhebung der Stufenklage ein Geltendmachen iSv. § 9 Abs. 1 Nr. 1 Buchst. b ErbStG; aA *Meincke* ErbStG § 9 Rz. 32; *ders.* ZErb 2004, 1 ff.: Im Fall der Stufenklage sei erst die Bezifferung des Leistungsantrages ein Geltendmachen iSv. § 9 Abs. 1 Nr. 1 Buchst. b ErbStG.

[14] BFH v. 19.7.2006 – II R 1/05, BStBl. II 2006, 718 = NJW 2006, 3455 = ZEV 2006, 514 = MittBayNot 2007, 347 m. Anm. *Kreilinger.*

[15] *Crezelius* BB 2000, 2333, 2336.

[16] *Meincke* ErbStG § 12 Rz. 29.

[17] BFH v. 7.10.1998 – II R 52/96, BStBl. II 1999, 23 = BB 1999, 145 = ZEV 1999, 34 m. Anm. *Daragan; Griesel/Wälzholz* in Mayer/Süß/Tanck/Wälzholz, Handbuch Pflichtteilsrecht 3. Aufl. 2013, S. 823.

[18] BFH v. 10.7.2002 – II R 11/01, BStBl. II 2002, 775 = DStR 2002, 1527 (Aufgabe des BFH-Urteils vom 30.9.1981 – II R 64/80, BFHE 134, 370, BStBl. II 1982, 76), bestätigt durch BFH v. 29.9.2015 – II R 23/14, BStBl. II 2016, 104, für einen Grundstückserwerb, durch den ein Abfindungsergänzungsanspruch nach einer Hofübergabe abgegolten wird.

[19] *Griesel/Wälzholz* in Mayer/Süß/Tanck/Wälzholz, Handbuch Pflichtteilsrecht 3. Auflage 2013, S. 823.

es sich im Übrigen anbieten, das Grundstück nicht an Erfüllungs statt, sondern als Pflichtteilsabfindung für den Verzicht auf den Pflichtteilsanspruch zu übertragen (siehe hierzu nachfolgend B. 2.13).

Korrespondierend zu der steuerlichen Behandlung beim Pflichtteilsberechtigten ist die bloße Existenz eines Pflichtteilsanspruchs erbschaftsteuerlich – wie auch zivilrechtlich – noch keine Nachlassverbindlichkeit. Erst mit **Geltendmachung des Pflichtteilsanspruchs** ist die Pflichtteilslast beim Erben für die Ermittlung des steuerpflichtigen Erwerbs gemäß § 10 Abs. 5 Nr. 2 ErbStG wertmindernd in Ansatz zu bringen.[20] Die Bewertung der Pflichtteilslast erfolgt ebenso wie diejenige des Pflichtteilsanspruchs gemäß §§ 12 Abs. 1 ErbStG, 12 Abs. 1 Satz 1 BewG zu ihrem Nennwert.[21] 9

B. Einzelerläuterungen

Nachlassverzeichnis

Das **Nachlassverzeichnis,** auch Bestandsverzeichnis genannt, hat sämtliche beim Erbfall tatsächlich vorhandenen Nachlassgegenstände (reale Nachlassaktiva) und Nachlassverbindlichkeiten (Nachlasspassiva) aufzulisten; ferner den sogenannten **fiktiven Nachlassbestand,** also die ausgleichspflichtigen Zuwendungen des Erblassers (§§ 2316 Abs. 1, 2052, 2055 Abs. 1 BGB) und seine Schenkungen an den Ehegatten sowie, soweit sie innerhalb der letzten 10 Jahre vor dem Erbfall getätigt wurden, an sonstige Personen.[22] Zweifelt der Pflichtteilsberechtigte die Vollständigkeit des Nachlassverzeichnisses an, kann er zwar zumeist eine Vervollständigung nicht verlangen;[23] das Gesetz gibt ihm aber gemäß §§ 2314, 260 Abs. 2 BGB den Anspruch, vom Erben die Abgabe einer **eidesstattlichen Versicherung** zu verlangen, dass dieser nach bestem Wissen den Bestand so vollständig angegeben habe, als er dazu imstande sei. Der Pflichtteilsberechtigte kann zudem gemäß § 2314 Abs. 1 Satz 3 BGB verlangen, dass ein **notarielles Verzeichnis** über den Bestand des Nachlasses aufgenommen wird; zur Aufnahme des Verzeichnisses hat der Erbe persönlich vor dem Notar zu erscheinen. 10

Angabe des Güterstandes bei verheiratetem Erblasser

Damit der Pflichtteilsberechtigte die Pflichtteilsquote ermitteln kann, hat der Erbe in entsprechender Anwendung des § 2314 Abs. 1 BGB Auskunft darüber zu erteilen, ob der verheiratete Erblasser im **Güterstand** der Zugewinngemeinschaft gelebt hat und ob der überlebende Ehegatte Erbe beziehungsweise Vermächtnisnehmer geworden ist.[24] 11

Sachverständige Wertermittlung

Der Anspruch auf **sachverständige Wertermittlung** steht selbständig neben dem Auskunftsanspruch: Während der Erbe nach letzterem lediglich die Weitergabe von Wissen schuldet, ist ihm aufgrund des ersteren eine Mitwirkung zur Feststellung der Höhe des Pflichtteilsanspruchs abverlangt.[25] Ebenso wie das Nachlassverzeichnis bereitet das Wertgutachten die Durchsetzung des Pflichtteilsanspruchs nur vor; es ist für die Beteiligten nicht verbindlich. Der Pflichtteilsberechtigte kann verlangen, dass der Wert 12

---

[20] *Crezelius* BB 2000, 2333, 2334; *Griesel/Wälzholz* in Mayer/Süß/Tanck/Wälzholz, Handbuch Pflichtteilsrecht 3. Auflage 2013, S. 813 ff.

[21] *Meincke* ErbStG § 12 Rz. 29; *Griesel/Wälzholz* in Mayer/Süß/Tanck/Wälzholz, Handbuch Pflichtteilsrecht 3. Aufl. 2013, S. 814.

[22] Palandt/*Edenhofer* BGB § 2314 Rn. 7.

[23] Zu den Konstellationen, in denen der Pflichtteilsberechtigte einen Anspruch auf Vervollständigung des Nachlassverzeichnisses hat, siehe *Damrau* ZEV 2009, 274, 275 ff.

[24] OLG Düsseldorf v. 31.5.1996 – 7 U 120/95, NJW 1996, 3156.

[25] BGH v. 9.11.1983 – IVa ZR 151/82, BGHZ 89, 24.

von einem unparteiischen Sachverständigen ermittelt wird.[26] Der Erbe ist auch verpflichtet, den Wert solcher Gegenstände feststellen zu lassen, die zum fiktiven Nachlass (Rz. 10) gehören. Die Kosten der Wertermittlung gehen zu Lasten des Nachlasses.

B. 2.12 Einvernehmliche Pflichtteilsgeltendmachung

Gliederung

B. 2.12

Vereinbarung

zwischen

Frau B
als der alleinigen Erbin ihres verstorbenen Ehemannes Herrn B sen.
– Frau B nachfolgend als „Erbin" bezeichnet –

und

den gemeinschaftlichen Kindern von Herrn und Frau B, nämlich
Frau A geb. B,
Herrn B jun. und
Frau C geb. B
– Frau A geb. B, Herr B jun. und Frau C geb. B nachfolgend gemeinsam als „Pflichtteilsberechtigte" bezeichnet –.

§ 1 Vorbemerkung

Herr B sen. ist am 1. Januar 2010 in X-Stadt mit letztem gewöhnlichen Aufenthalt in X-Stadt (Deutschland) verstorben. Er war mit Frau B verheiratet und lebte mit ihr im gesetzlichen Güterstand der Zugewinngemeinschaft. Herr B sen. hatte drei Kinder, nämlich Frau A geb. B, Herrn B jun. und Frau C geb. B. Er hat einen mit seiner Ehefrau Frau B geschlossenen notariellen Erbvertrag vom […] – UR.Nr. […]/[…] des Notars […] in […] – hinterlassen, welcher nach ihm am […] durch das zuständige Nachlassgericht unter dem Aktenzeichen […] eröffnet wurde. In diesem Erbvertrag hat er seine Ehefrau Frau B zu seiner alleinigen und unbeschränkten Erbin eingesetzt. Seine Kinder, die Pflichtteilsberechtigten, hat Herr B sen. lediglich für den Fall zu seinen Erben eingesetzt, dass er der Letztversterbende der Eheleute sei.

§ 2 Pflichtteilsquote, Höhe des Pflichtteilsanspruchs

Jedem der Pflichtteilsberechtigten steht demnach ein Pflichtteil in Höhe von einem Zwölftel des Wertes des Nachlasses zu.

Über den Bestand des Nachlasses haben die Vertragsparteien das dieser Vereinbarung als Anlage beigefügte Nachlassverzeichnis[Rz. 6] **aufgenommen und die darin aufgeführten Gegenstände gemäß § 2311 BGB bewertet. Die genannten Werte erkennen die Vertragsparteien als verbindlich an.**[Rz. 5] **Die Erbin verpflichtet sich, den**

[26] BGH v. 19.4.1989 – IVa ZR 85/88, NJW 1989, 2887.

Pflichtteilsberechtigten Tatsachen, die zu einer Erweiterung des Umfanges des Nachlasses führen, unverzüglich mitzuteilen.[Rz. 6]

Unter Berücksichtigung des Frau B gebührenden Voraus ergibt sich für den Nachlass ein Wert in Höhe von € 1.800.000,00 – in Worten: Euro eine Million achthunderttausend –. Demnach errechnet sich für jeden der Pflichtteilsberechtigten ein Pflichtteilsanspruch in Höhe von jeweils € 150.000,00 – in Worten: Euro einhundertfünfzigtausend –.

Mit der Zahlung dieser Beträge sind auch etwaige Pflichtteilsergänzungsansprüche gemäß § 2325 BGB im Hinblick auf die im Nachlassverzeichnis genannten Schenkungen abgegolten. Weitergehende Ansprüche der Pflichtteilsberechtigten im Hinblick auf nachträglich bekannt werdende Nachlassgegenstände und solche gemäß § 2313 Abs. 1 Satz 3 BGB bleiben dagegen von dieser Vereinbarung unberührt.[Rz. 6]

§ 3 Zahlung

Die Beträge von jeweils € 150.000,00 sind fällig[Rz. 7] am 31. Dezember 2010 und zahlbar an die Pflichtteilsberechtigen wie folgt:
an Frau A geb. B auf deren Konto Nr.... bei der ..., IBAN ...,
an Herrn B jun. auf dessen Konto Nr.... bei der ..., IBAN ...,
an Frau C geb. B auf deren Konto Nr.... bei der ..., IBAN ...
Die Beträge müssen am Fälligkeitstag auf den genannten Konten eingegangen sein. Bei verspäteter Zahlung gelten die gesetzlichen Verzugsregelungen.

§ 4 Garantien, Zusicherungen

Die Erbin garantiert, dass das Nachlassverzeichnis[Rz. 6] hinsichtlich des Immobilien-, Geld- und Wertpapiervermögens des Erblassers vollständig ist und dass sie mit dem Erblasser im gesetzlichen Güterstand gelebt hat.

Sie versichert, dass ihr Schenkungen durch den Erblasser, die zu einer Pflichtteilsergänzung nach § 2325 BGB führen würden, nicht bekannt sind, ausgenommen die in dem dieser Vereinbarung beigefügten Nachlassverzeichnis[Rz. 6] aufgeführten Schenkungen. Ebenso wenig sind ihr Umstände bekannt, die zu einer anderen als der in dem dieser Vereinbarung beigefügten Nachlassverzeichnis vorgenommenen Bewertung führen. Auch andere Tatsachen, die zu einer anderen als der hier angenommenen Höhe der Pflichtteile führen, sind ihr nicht bekannt.

Sollte sich eine der vorgenannten Garantien oder Zusicherungen als unzutreffend erweisen, hat die Erbin die Pflichtteilsberechtigten so zu stellen, wie diese bei Richtigkeit der betreffenden Garantie oder Zusicherung stünden. Der sich ergebende Differenzbetrag ist sodann an die Pflichtteilsberechtigten innerhalb von 3 Monaten nach Geltendmachung, nicht jedoch vor dem in § 3 genannten Zeitpunkt, auf die in § 3 genannten Konten zu den dort genannten Bedingungen zu zahlen.

§ 5 Sonstiges

Sollten einzelne Bestimmungen dieser Vereinbarung unwirksam sein oder werden, berührt dies die Gültigkeit der übrigen Bestimmungen nicht. Die Vertragsparteien verpflichten sich, anstelle der unwirksamen Bestimmung eine andere zu vereinbaren, die unter Berücksichtigung des im Übrigen unveränderten Vertragsinhaltes der ursprünglich beabsichtigten Regelung in rechtlich zulässiger Weise am nächsten kommt. Dasselbe gilt im Falle einer Lücke.

Jede Vertragspartei trägt die mit dieser Vereinbarung zusammenhängenden Kosten selbst. Ebenso trägt jede Vertragspartei eine etwaige Erbschaftsteuer nach dem Erblasser für seinen Erwerb selbst.

Mündliche Abreden sind nicht getroffen. Änderungen und Ergänzungen dieser Vereinbarung bedürfen der Schriftform, wenn das Gesetz nicht ein weitergehendes Formerfordernis vorschreibt.[Rz. 8]

................................., den ....
[Ort, Datum]

..
[Unterschriften]

A. Grundsätzliche Anmerkungen

I. Wirtschaftliche Funktion

1 Die freundliche Geltendmachung des Pflichtteils ist auf eine **einvernehmliche Korrektur des Erblasserwillens** gerichtet. Sie ist gestalterisches Mittel, den Erbschaftsteuerfreibetrag des Pflichtteilsberechtigten nach dem Erblasser zu nutzen.[1] Zumeist wird sie in Konstellationen eingesetzt, in welchen sich Ehegatten in Ehegattentestamenten oder Erbverträgen gegenseitig zu Alleinerben und die Kinder zu Schlusserben eingesetzt haben (sog. „Berliner Testament"). Ändern sich hier die Vermögensverhältnisse im Laufe der Zeit derart, dass sich der überlebende Ehegatte auch mit einem Teil des Nachlasses hinreichend abgesichert und versorgt fühlt, kann die einvernehmliche Geltendmachung des Pflichtteils zu erheblicher Ersparnis von Erbschaftsteuer führen: Denn der Erwerb des vollständigen Nachlasswertes durch den überlebenden Ehegatten löst bei Überschreiten der Freibeträge zunächst bei ihm und später bei den Schlusserben, den gemeinschaftlichen Kindern, eine häufig gänzlich vermeidbare, zumindest aber in der Höhe reduzierbare Erbschaftsteuerbelastung aus.

II. Zivilrecht

2 Die einvernehmliche Pflichtteilsgeltendmachung ist eine grundsätzlich **formfreie Vereinbarung.** Zu Beweiszwecken sollte die Vereinbarung zumindest schriftlich geschlossen werden.

Die Möglichkeit zur einvernehmlichen Geltendmachung des Pflichtteils ist auch dann gegeben, wenn der Pflichtteilsanspruch verjährt ist, sofern der Erbe die Einrede der **Verjährung** (§ 214 BGB) nicht geltend macht.

III. Steuerrecht

3 Mit der **Geltendmachung** des Pflichtteils fällt für den Pflichtteilsberechtigten gemäß §§ 3 Abs. 1 Nr. 1, 9 Abs. 1 Nr. 1b) ErbStG Erbschaftsteuer an. Der Erbe kann den Pflichtteil von seinem steuerpflichtigen Erwerb abziehen gemäß § 10 Abs. 5 Nr. 2 ErbStG (vgl. B 2.11, Rz. 9), und zwar auch dann, wenn der Pflichtteilsanspruch bereits verjährt ist, sofern der Erbe sich nicht auf die Verjährung beruft. Der Erbe kann somit auch **nachträglich** seinen Erwerb reduzieren und gegebenenfalls eine Steuererstattung beantragen.[2] Ob nach dem Tode beider Eltern noch der Pflichtteil nach dem Erstversterbenden nachträglich in Abzug gebracht werden kann, ist allerdings

[1] Näher etwa *Dressler* NJW 1997, 2848; *Muscheler* ZEV 2001, 377 ff.; *Wälzholz* ZEV 2001, 392; *Griesel/Wälzholz* in Mayer/Süß/Tanck/Wälzholz, Handbuch Pflichtteilsrecht, 3. Aufl. 2013, S. 818 ff.

[2] *Moench* DStR 87, 139, 144.

streitig.[3] Beruft sich der Erbe zu Recht auf Verjährung, kommt ein steuerpflichtiger Erwerb des Pflichtteilsberechtigten nicht in Betracht,[4] ebenso wenig eine Minderung des steuerpflichtigen Erwerbs des Erben.

Vereinbaren der Erbe und der Pflichtteilsberechtigte, dass der – auf Geld gerichtete – Pflichtteilsanspruch gemäß § 364 Abs. 1 BGB an **Erfüllungs Statt** durch Übertragung bestimmter Nachlassgegenstände abzugelten ist, wird für den erbschaftsteuerrechtlichen Wert gleichwohl auf den Nennwert des Pflichtteilsanspruchs abgestellt. Überträgt der Erbe dem Pflichtteilsberechtigten zum Beispiel ein Grundstück, wird dieses nicht nach Maßgabe § 12 Abs. 3 ErbStG iVm §§ 157 bis 198 BewG in Ansatz gebracht, sondern mit dem Nennwert des Pflichtteilsanspruchs. Ebenso wenig greifen bei Betriebsvermögen die Bewertungsregeln der § 12 Abs. 5 ErbStG, §§ 199 bis 203 BewG.[5] Aus Sicht des Pflichtteilsberechtigten kann es in diesen Fällen unter Umständen günstiger sein, den Pflichtteilsanspruch nicht geltend zu machen und den Grundbesitz als **Abfindung** für den Verzicht auf die Geltendmachung zu übertragen (siehe unten B. 2.13).[6] Insgesamt sind derartige Gestaltungen nach den Bewertungsneuregelungen des Erbschaftsteuerreformgesetzes vom 24.12.2008[7] weniger interessant, als dies in der Vergangenheit der Fall war. So ist eine Abfindung durch Übertragung von Betriebsvermögen gänzlich unlukrativ, solange die erbschaftsteuerliche Verschonungsregelung auf Abfindungsleistungen nicht angewandt werden darf.[8] 4

Vereinbaren Pflichtteilsberechtigter und Erbe, dass der geschuldete Geldbetrag durch die Beteiligung des Pflichtteilsberechtigten an einer Personengesellschaft abgegolten wird, liegt nach dem BFH **ertragsteuerlich** ein entgeltliches Rechtsgeschäft vor.[9] Die Grundsätze dieser Rechtsprechung sind nach der Praxis der Finanzverwaltung auch auf die Übertragung eines Grundstückes zur Erfüllung einer Pflichtteilsschuld anwendbar; demnach kann die Übertragung beim Erben zu einem Veräußerungsgewinn gemäß § 23 EStG führen, und beim Pflichtteilsberechtigten sind Anschaffungskosten in Höhe seines Pflichtteilsanspruches anzunehmen.[10] 5

Zu beachten ist bei der Übertragung eines Grundstücks an Erfüllungs Statt ferner, dass der Erwerb der **Grunderwerbsteuer** unterliegt, da der BFH dies nicht als einen von der Grunderwerbsteuer befreiten Fall des § 3 Nr. 2 S. 1 GrEStG ansieht.[11] Freilich mag im Einzelfall ein anderer Befreiungstatbestand des § 3 GrEStG einschlägig sein, etwa bei der Übertragung an Kinder des Erben gemäß § 3 Nr. 6 GrEStG.

Gerade in Konstellationen, in denen der Pflichtteil einvernehmlich geltend gemacht wird, kommt es zuweilen vor, dass der Erbe dem Pflichtteilsberechtigten mehr zuwendet, als diesem aufgrund der Höhe seines Pflichtteilsanspruches gebührt. Hierin kann eine selbständige freigebige und steuerpflichtige Zuwendung zwischen dem Erben und dem Pflichtteilsberechtigten nach § 7 Abs. 1 Nr. 1 ErbStG liegen.[12] Es ist daher auch bei Einigkeit der Vertragsparteien über die Höhe des Pflichtteilsanspruchs ratsam, diesen in der Vereinbarung substantiiert zu dokumentieren.

---

[3] Vgl. *Griesel/Wälzholz* in *Mayer/Süß/Tanck/Wälzholz* Handbuch Pflichtteilsrecht, 3. Aufl. 2013, S. 804 f.; *Meincke* ErbStG § 3 Rz. 52.

[4] *Meincke* ErbStG § 9 Rz. 33.

[5] Vgl. BFH v. 7.10.1998 – II R 52/96, BStBl. II 1999, 23 = BB 1999, 145 = ZEV 1999, 34 m. Anm. *Daragan; Crezelius* BB 2000, 2333, 2334.

[6] *Griesel/Wälzholz* in *Mayer/Süß/Tanck/Wälzholz* Handbuch Pflichtteilsrecht, 3. Aufl. 2013, S. 811 f.

[7] BGBl. I 2008, 3018.

[8] Vgl. *Meincke* ErbStG § 3 Rz. 53.

[9] BFH v. 16.12.2004 – III R 38/00, BStBl. II 2005, 554 = ZEV 2005, 315 m. Anm. *Hübner.*

[10] OFD Münster, v. 7.6.2006, ZEV 2006, 311.

[11] Vgl. BFH v. 10.7.2002 – II R 11/01, BStBl. II 2002, 775 = DStR 2002, 1527; *Meincke* Einführung Rz. 4. Bestätigt durch BFH v. 29.9.2015 – II R 23/14, BStBl. II 2016, 104, für einen Grundstückserwerb, durch den ein Abfindungsergänzungsanspruch nach einer Hofübergabe abgegolten wird.

[12] Vgl. BFH v. 18.7.1973 – II R 34/69, BStBl. II 1973, 798, 800; *Crezelius* BB 2000, 2333, 2335; *Griesel/Wälzholz* in *Mayer/Süß/Tanck/Wälzholz* Handbuch Pflichtteilsrecht, 3. Aufl. 2013, S. 822.

B. Einzelerläuterungen

6 **Zu § 2:** Der Bestand und Wert des Nachlasses bildet für die Vertragsbeteiligten die Berechnungsgrundlage für den an den Pflichtteilsberechtigten zu zahlenden Betrag. Es empfiehlt sich daher, der Vereinbarung ein **Nachlassverzeichnis** (siehe hierzu oben B. 2.11 Rz. 10) zugrunde zu legen und dabei auch zu regeln, welcher Art die in das Nachlassverzeichnis aufzunehmenden Nachlasspositionen sein sollen. Aus Praktikabilitätsgründen wird man sich im Falle einer einvernehmlichen Pflichtteilsgeltendmachung nur auf die wirtschaftlich wesentlichen Vermögensgegenstände verständigen, obschon § 2314 BGB die Auskunftspflicht des Erben auf jedweden Nachlassgegenstand erstreckt. Die Vereinbarung sollte auch eine Regelung dazu enthalten, ob und welche Auswirkungen spätere Erkenntnisse über weitere dem Nachlass zugehörige Vermögenswerte auf den Abfindungsbetrag haben.

7 **Zu § 3:** Hinsichtlich der **Fälligkeit des Pflichtteilsanspruchs** ist auch eine Stundungsvereinbarung mit dem Erben möglich, ohne dass dies erbschaftsteuerlich im Verhältnis zum Erblasser zu einer anderen Behandlung führt;[13] demgegenüber kann die zinsfreie Stundung – in Höhe des fiktiven Zinssatzes von 5,5% gemäß § 12 Abs. 3 BewG – als freigebige Zuwendung des Pflichtteilsberechtigten an den Erben anzusehen und insoweit der Schenkungsteuer unterworfen sein.[14] Dies mag sinnvoll sein, wenn dem Erben, etwa dem überlebenden Ehegatten, das Vermögen noch längere Zeit, im äußersten Fall bis zu seinem Ableben, ungeschmälert zur Verfügung stehen soll.

8 **Zu § 5:** Grundsätzlich ist keine besondere **Form** für die Vereinbarung einzuhalten. Wegen der steuerlichen Relevanz ist zumindest Schriftform oder besser noch notarielle Beurkundung zu empfehlen. Vereinbaren die Beteiligten, dass der Pflichtteilsanspruch statt durch Geld durch Übertragung von anderen Vermögensgegenständen, etwa Grundbesitz oder Gesellschaftsbeteiligungen, zu erfüllen ist, kann für das formgerechte Zustandekommen notarielle Beurkundung (etwa §§ 311b Abs. 1 BGB, 15 Abs. 3 und 4 GmbH-Gesetz) erforderlich sein.

B. 2.13 Pflichtteilsabfindung nach § 3 Abs. 2 Nr. 4 ErbStG

Gliederung

Formular-Klausel für einen Pflichtteilsverzicht gegen Abfindung, enthalten in einem Grundstücksübertragungsvertrag, der nach § 311b Abs. 1 BGB beurkundungsbedürftig[Rz. 10] *ist:*

B. 2.13 **Der Erwerber ist das einzige Kind des am […] in […] mit letztem Wohnsitz in […] (Deutschland) verstorbenen A – A im folgenden „Erblasser“ genannt –. Der Erblasser war mit der Veräußerin verheiratet und lebte mit ihr im gesetzlichen Güterstand der Zugewinngemeinschaft. Er hat einen mit ihr geschlossenen notariellen Erbvertrag vom […] – UR. Nr. […] des Notars Y in […] – hinterlassen, welcher nach ihm am […] durch das zuständige Nachlassgericht unter dem Aktenzeichen […] eröffnet wurde. In diesem Erbvertrag hat der Erblasser die Veräußerin zu seiner alleinigen und unbeschränkten Erbin eingesetzt. Dem Erwerber steht demnach ein Pflichtteil in Höhe**

---

[13] *Griesel/Wälzholz* in *Mayer/Süß/Tanck/Wälzholz* Handbuch Pflichtteilsrecht, 3. Aufl. 2013, S. 822.
[14] *Moench* DStR 1987, 139, 143; *Meincke* ErbStG § 7 Rz. 50.

von einem Viertel des Wertes vom Nachlass des Erblassers zu. Die Beteiligten gehen übereinstimmend von einem Gesamtnachlasswert in Höhe von € 1 000 000,– [in Worten: Euro eine Million] aus.

Der Erwerber hat seinen vorbeschriebenen Pflichtteilsanspruch bis heute nicht eingefordert und nicht geltend gemacht.[Rz. 4] Die durch diese Urkunde vorgenommene Übertragung des vertragsgegenständlichen Grundbesitzes erfolgt zur Abwendung der Geltendmachung des Pflichtteilsanspruches[Rz. 1]; diesem Grundbesitz messen die Beteiligten auf der Grundlage des vom Gutachterausschuss von [...] erstellten Gutachtens vom [...] einen Verkehrswert von € 250 000,– [in Worten Euro zweihundertfünfzigtausend], also einem Viertel des Gesamtnachlasswertes, bei.[Rz. 8] Der Erwerber verzichtet[Rz. 3] im Hinblick auf die Übertragung des vertragsgegenständlichen Grundbesitzes[Rz. 9] auf seinen Pflichtteilsanspruch am Nachlass des Erblassers, was die Veräußerin hiermit annimmt.

A. Grundsätzliche Anmerkungen

I. Wirtschaftliche Funktion

Der in § 3 Abs. 2 Nr. 4 ErbStG behandelte Verzicht auf den nicht geltend gemachten (dazu B.2.11, A.III. Rz. 5) Pflichtteilsanspruch gegen Abfindung betrifft lediglich den Verzicht auf den nach dem Erbfall **bereits entstandenen Pflichtteilsanspruch.** Die Besteuerung im Falle eines vor dem Erbfall gegenüber dem Erblasser (§ 2346 BGB) oder gegenüber dem künftigen Erben erklärten Pflichtteilsverzichts ist dagegen in § 7 Abs. 1 Nr. 5 bzw Nr. 1 ErbStG geregelt.[1] 1

Besteht das Nachlassvermögen zu wesentlichen Teilen aus Grund- oder Betriebsvermögen, welches der Erbe nur unter erheblichem Aufwand veräußern kann und welches zugleich für den Pflichtteilsberechtigten von Interesse ist, mag es sich anbieten, den Pflichtteilsberechtigten im Hinblick auf seinen Pflichtteilsanspruch statt mit Geld mit diesen Vermögenswerten abzufinden. 2

Während es wirtschaftlich keinen Unterschied macht, ob die auf den Pflichtteilsberechtigten zu übertragenden Vermögenswerte als **Abfindung** oder gemäß § 364 Abs. 1 BGB **an Erfüllungs Statt** auf einen geltend gemachten Pflichtteilsanspruch geleistet werden, kann es erbschaftsteuerlich zu Bewertungsdifferenzen kommen: Werden Sachleistungen an den Pflichtteilsberechtigten an Erfüllungs Statt geleistet, ist die Höhe des Pflichtteilsanspruchs die steuerliche Bemessungsgrundlage.[2] Wird der Pflichtteilsberechtigte dagegen für den Verzicht auf das Geltendmachen seines Anspruches mit einer Sachleistung abgefunden, ist der steuerliche Wert der Abfindung nach den einschlägigen Bewertungsgrundsätzen zu ermitteln,[3] das heißt nach § 12 Abs. 3 ErbStG iVm §§ 157 bis 198 BewG im Falle von Grundbesitz und nach § 12 Abs. 5 ErbStG, §§ 199 bis 203 BewG im Falle von Betriebsvermögen.

II. Zivilrecht

Der Verzicht auf den gemäß § 2317 BGB einmal entstandenen Pflichtteilsanspruch stellt ein Rechtsgeschäft dar, durch welches der Pflichtteilsberechtigte dem Erben nach 3

---

[1] *Meincke* ErbStG § 3 Rz. 101.

[2] BFH v. 7.10.1998 – II R 52/96, BStBl. II 1999, 23 = BB 1999, 145 = ZEV 1999, 34 m. Anm. *Daragan; Griesel/Wälzholz* in Mayer/Süß/Tanck/Wälzholz, Handbuch Pflichtteilsrecht, 3. Aufl. 2013, S. 827 f.

[3] *Meincke* ErbStG § 3 Rz. 101.

dem Erbfall, aber noch vor der Geltendmachung des Anspruchs die **Schuld erlässt** (§ 397 BGB). Er ist auch als Teilverzicht möglich.[4]

III. Steuerrecht

4 Wird für den Verzicht auf den entstandenen Pflichtteilsanspruch – das heißt nach dem Erbfall, aber vor seiner Geltendmachung – vom Erben oder von einem Dritten eine Abfindung gewährt, ist diese beim verzichtenden Pflichtteilsgläubiger gemäß § 3 Abs. 2 Nr. 4 ErbStG als Erwerb aus dem Nachlass des Erblassers steuerpflichtig.[5] Abweichend von § 3 Abs. 1 Nr. 1 ErbStG ist hier Voraussetzung, dass der Pflichtteilsberechtigte seinen Anspruch gerade **nicht geltend gemacht** hat (dazu B.2.11, A.III. Rz. 5), sondern auf ihn verzichtet. Verzichtet der Pflichtteilsberechtigte dagegen, nachdem er seinen Anspruch bereits geltend gemacht hat, verbleibt es dabei, dass sich die Besteuerung des Pflichtteilsberechtigten gemäß § 3 Abs. 1 Nr. 1 ErbStG nach der Höhe des Pflichtteilsanspruchs richtet.[6]

Der Erbe kann die Abfindung gemäß § 10 Abs. 5 ErbStG als Erwerbskosten von seinem Erwerb in Abzug bringen.[7] Soll die Abfindungszahlung indes erst beim Tod des Erben fällig sein, versagt der BFH die Abzugsfähigkeit, da die Abfindung für den Erben keine wirtschaftliche Belastung darstelle.[8]

5 Wird die Abfindung nicht in Geld, sondern durch Übertragung anderer Vermögensgegenstände, etwa Immobilien oder Betriebsvermögen, geleistet, ist anders als im Falle von § 3 Abs. 1 Nr. 1 ErbStG für die Bewertung der geleisteten Vermögensgegenstände deren – gegebenenfalls niedrigerer – **Steuerwert** und nicht der Nominalwert des Pflichtteilsanspruches, auf den verzichtet wird, zugrunde zu legen.[9]

6 Gemäß § 9 Abs. 1 Nr. 1 Buchst. f ErbStG entsteht die Steuerschuld für die Abfindung nicht mit dem Tode des Erblassers, sondern erst im **Zeitpunkt des Verzichts.**[10] Gleichwohl kann dies beim verzichtenden Pflichtteilsgläubiger insoweit zu Finanzierungsproblemen führen, als es nicht auf den Zeitpunkt der tatsächlichen Entrichtung der Abfindung ankommt. Letzteres gilt selbst dann, wenn die Abfindung nach der Verzichtsvereinbarung nur in Teilzahlungen zu erfolgen hat.[11] Diesem Umstand sollte bei der Ausgestaltung der Abfindungsfälligkeit Rechnung getragen werden.

7 Zwar wird der Erbe durch den Verzicht des Pflichtteilsberechtigten von seiner nach § 2317 BGB mit dem Tode des Erblassers entstandenen Verbindlichkeit frei. Jedoch stellt der Verzicht unabhängig davon, ob er gegen Abfindung erfolgt oder nicht, nach § 13 Abs. 1 Nr. 11 ErbStG **keine steuerbare Zuwendung** des Pflichtteilsberechtigten an den Erben dar. Dies erklärt sich daraus, dass der Erwerb des Erben vor Geltendmachung des Pflichtteilsanspruchs steuerlich nicht gemindert ist; eine besondere Erfassung des im Verzicht liegenden Vorteils des Erben würde demnach in Höhe des Pflichtteilsanspruchs zu einer doppelten Besteuerung führen.[12]

Zu beachten ist jedoch, dass § 13 Abs. 1 Nr. 11 ErbStG nicht eingreift, wenn der Pflichtteilsanspruch bereits geltend gemacht worden ist. Hier ist der Tatbestand des § 3 Abs. 1 Nr. 1 ErbStG bereits erfüllt, und der nachträgliche Verzicht auf die Erfüllung des Anspruchs stellt eine steuerpflichtige unentgeltliche Zuwendung gemäß § 7 Abs. 1 Nr. 1 ErbStG des Pflichtteilsberechtigten an den Erben dar.

---

[4] *Meincke* ErbStG § 3 Rz. 101.
[5] *Meincke* ErbStG § 3 Rz. 98.
[6] *Meincke* ErbStG § 3 Rz. 101.
[7] Vgl. BFH v. 18.3.1981 – II R 89/79, BStBl. II 1981, 473 = BB 1981, 1202.
[8] BFH v. 18.3.1981 – II R 89/79, BStBl. II 1981, 473; aA *Meincke* ErbStG § 3 Rz. 101.
[9] BFH v. 7.10.1998 – II R 52/96, BStBl. II 1999, 23 = BB 1999, 145 = ZEV 1999, 34 m. Anm. *Daragan*.
[10] BFH v. 18.7.1973 – II R 34/69, BStBl. II 1973, 798, 800.
[11] RFH v. 26.1.1934 V e A 1037/31, RStBl. 1934, 444; Troll/Gebel/Jülicher/*Gottschalk* ErbStG § 3 Rz. 332; *Crezelius* BB 2000, 2333, 2336.
[12] Dazu *Crezelius* BB 2000, 2333, 2334, 2336.

Ist der Wert des als Abfindung geleisteten Gegenstandes höher als der Pflichtteilsanspruch, handelt es sich bei dem überschießenden Wert um eine **freigebige Zuwendung** iSv. § 7 Abs. 1 Nr. 1 ErbStG.[13] Bei der Beurteilung der Frage, ob der als Abfindung hingegebene Gegenstand den Wert des Pflichtteilsanspruchs übersteigt, dürfte auf den Verkehrswert des Gegenstandes abzustellen sein.[14] **8**

Wird ein Grundstück als Abfindung geleistet, dürfte dies ein nach § 3 Nr. 2 GrEStG von der **Grunderwerbsteuer** befreiter Fall sein, da das Grundstück aufgrund der Fiktion des § 3 Abs. 2 Nr. 4 ErbStG als vom Erblasser zugewendet gilt und damit von Todes wegen erworben wird. **9**

B. Einzelerläuterungen

Formbedürftigkeit

Anders als für den zu Lebzeiten des Erblassers gegenüber diesem erklärten Pflichtteilsverzicht, der wegen seiner Tragweite gemäß § 2348 BGB der notariellen Beurkundung bedarf, ist grundsätzlich für den Verzicht auf die Geltendmachung des bereits entstandenen Pflichtteilsanspruchs eine Form nicht vorgeschrieben. Wird – wie im Formular – als Abfindung für den Verzicht Grundbesitz übertragen, bedarf der Vertrag gemäß § 311b Abs. 1 BGB insgesamt der notariellen Beurkundung. Gleiches gilt gemäß § 15 Abs. 3 GmbH-Gesetz für den Fall, dass als Abfindung ein GmbH-Geschäftsanteil übertragen werden soll. **10**

---

[13] *Meincke* ZEV 2000, 214, 216.
[14] Vgl. hierzu *Crezelius* BB 2000, 2333, 2337.

B. 3 Erbauseinandersetzung

Übersicht

B. 3.00 Erbauseinandersetzungsvereinbarungen

B. 3.01 Erbauseinandersetzung ohne Spitzenausgleich

Gliederung

Urkunden-Rolle Nr. [. . .]/[. . .] B. 3.01
Verhandelt zu [. . .] am [. . .]
Vor mir, dem unterzeichnenden Notar

[. . .]
mit dem Amtssitz in [. . .]

erschienen:
1. **Herr/Frau [. . .],**
   wohnhaft in [. . .],
2. **Herr/Frau [. . .],**
   wohnhaft in [. . .].

Die Erschienenen erklärten nachfolgenden

Erbauseinandersetzungsvertrag

§ 1 Erbfolge[Rz. 90]

Der Erblasser E war deutscher Staatsangehöriger und zuletzt wohnhaft in [. . .]. Er ist am [. . .] in [. . .] verstorben. Ausweislich des Erbscheins des Amtsgerichts [. . .] vom

[...], Aktenzeichen [...] ist er von seinen beiden einzigen Kindern, den Erschienenen, entsprechend den Regeln der gesetzlichen Erbfolge zu gleichen Teilen, also zu je 1/2 Erbteil, beerbt worden.

§ 2 Ausgleichungspflichten[Rz. 91]

Die Miterben haben vom Erblasser keine Zuwendungen erhalten, die eine Ausgleichungspflicht nach §§ 2050 ff. BGB begründen.

§ 3 Nachlass[Rz. 92–94]

(1) Zum ungeteilten Nachlass gehören derzeit noch:

I. Betriebsvermögen

1. Schreinerei E e.K., eingetragen im Handelsregister des Amtsgerichts [...] unter HRA [...] mit sämtlichen Aktiven und Passiven, insbesondere des zum Betriebsvermögen gehörenden bebauten Grundbesitzes, eingetragen im Grundbuch von [...], Band [...], Blatt, [...], Flurstück-Nr. [...] Das Eigenkapital des Einzelunternehmens betrug zum 31.12. [...] € 100 000,– — € 200 000,–
2. Kommanditeinlage i.H.v. € 30 000,– entsprechend einer Beteiligung von 30 vH an der Möbelhaus E + F KG, eingetragen im Handelsregister des Amtsgerichts [...] unter HRA [...], mit den zugehörigen Gesellschafter- und Darlehenskonten. Das Kapitalkonto des Erblassers belief sich zum 31.12. [...] auf € 50 000,–, sein Darlehenskonto auf € 20 000,–. Zum Anteil gehört kein weiteres Sonderbetriebsvermögen. Anteil und zugehörige Gesellschafterkonten haben die Erschienenen unmittelbar in Höhe ihrer Erbquoten im Wege der Sondererbfolge erworben. — € 350 000,–

II. Steuerverstricktes Privatvermögen

1. Geschäftsanteil im Nennwert von € 100 000,– entsprechend einer Beteiligung von 100 vH an der Küchenstudio E GmbH. Die Anschaffungskosten für den Geschäftsanteil beschränken sich auf die voll erbrachte Stammeinlage von € 100 000,–. — € 400 000,–
2. Bebautes Grundstück [...], eingetragen im Grundbuch von [...], Band [...], Blatt [...], Flurstück-Nr. [...] Das Grundstück wurde vom Erblasser am [...] angeschafft. Die Anschaffungskosten betrugen € 300 000,–, wovon € 250 000,– auf das Gebäude entfielen, und sind zwischenzeitlich gemindert um AfA von € 50 000,–. — € 350 000,–
3. Festverzinsliche Wertpapiere im Depot bei der [...] Bank. — € 80 000,–

III. Sonstiges Privatvermögen

1. Bebautes Grundstück [...], eingetragen im Grundbuch von [...], Band [...], Blatt [...], Flurstück-Nr. [...]. Das Grundstück wurde vom Erblasser vor mehr als zehn Jahren angeschafft. — € 400 000,–
2. Grundschuld i.H.v. € 200 000,– auf dem unter Ziff. III 1. beschriebenen Grundstück mit einer Valuta für die [...] Bank per heute von € 50 000,–. — € - 50 000,–
3. Hausrat, Inventar und Kunstgegenstände gemäß Aufstellung in Anlage I. — € 20 000,–

4. Guthaben auf dem Girokonto mit der Nr. [...] bei der [...] Bank.	€	15000,–
5. Pkw der Marke [...] mit dem amtlichen Kennzeichen [...]	€	10000,–
6. Verbindlichkeit gegenüber der [...] Bank von € 25000,– per heute.	€	– 25000,–
Reinnachlass	€	1750000,–

(2) Die Verkehrswerte des Betriebsvermögens und der Immobilien wurden sachverständig ermittelt, die Verkehrswerte der übrigen Nachlassgegenstände geschätzt. In einzelnen Nachlassgegenständen ruhende latente Steuerbelastungen wurden bereits bei den vorstehenden Wertansätzen angemessen berücksichtigt.
Sämtliche vorgenannten Verkehrswerte sollen für diese Auseinandersetzung verbindlich sein. Zukünftige Erkenntnisse, die auf die Wertbestimmung Einfluss haben könnten, sollen unberücksichtigt bleiben und auf die hier getroffenen Regelungen keinen Einfluss mehr haben.

(3) Entsprechend der Erbanteile der Erschienenen von jeweils ein Halb entfallen somit vom Reinnachlass auf jeden der Erschienenen wertmäßig € 875000,–.

§ 4 Auseinandersetzung[Rz. 95]

Die Erschienenen heben die zwischen ihnen bestehende Erbengemeinschaft auf und setzen sich über das oben aufgeführte Nachlassvermögen wie folgt auseinander:

Der Erschienene zu 1. erhält

1. Die Schreinerei E e. K. (§ 3 Abs. 1 I. 1.) mit allen Aktiva und Passiva wie sie sich aus dem zum [...] aufgestellten Jahresabschluss und Inventar, ergänzt um die als Anlage II beigefügte Neuerwerbungs- und Veräußerungsliste, ergeben. Der Erschienene zu 1. stellt den Erschienenen zu 2. von jeglicher Inanspruchnahme aus betrieblichen Verbindlichkeiten frei.	€	200000,–
2. Die Kommanditeinlage i. H. v. € 30000,– an der Möbelhaus E + F KG mit den dazugehörigen Gesellschafter- und Darlehenskonten (§ 3 Abs. 1 I. 2.)	€	350000,–
3. Den Geschäftsanteil im Nennwert von € 100000,– an der Küchenstudio E GmbH (§ 3 Abs. 1 II. 1.)	€	400000,–
4. Die durch Grundschuld gesicherte Verbindlichkeit gegenüber der [...] Bank (§ 3 Abs. 1 III. 2). Der Erschienene zu 1. verpflichtet sich, die Verbindlichkeit mit schuldbefreiender Wirkung für den Erschienenen zu 2. im Rahmen des vertraglich vereinbarten Zins- und Tilgungsplans abzulösen und die laufenden Zinsen zu tragen. Der Erschienene zu 2. erklärt sich damit einverstanden, dass die Grundschuld als Sicherheit bestehen bleibt, der Rückübertragungsanspruch und alle weiteren Gläubigerrechte bezüglich der Grundschuld werden ihm hiermit abgetreten.	€	– 50000,–
5. Die Verbindlichkeit gegenüber der [...] Bank (§ 3 Abs. 1 III. 7.)	€	– 25000,–
Wert der Zuteilung	€	875000,–

Der Erschienene zu 2. erhält

1. Das bebaute Grundstück [...] (§ 3 Abs. 1 II. 2.)	€	350000,–
2. Das bebaute Grundstück [...] (§ 3 Abs. 1 III. 1.)	€	400000,–
3. Hausrat, Inventar und Kunstgegenstände (§ 3 Abs. 1 III. 3.) mit Ausnahme der in Anlage II aufgeführten persönlichen Gegenstände, die lediglich Erinnerungswert haben und die der Erschienene zu 1. erhält.	€	20000,–

4. Die festverzinslichen Wertpapiere (§ 3 Abs. 1 III. 4.). Der Erschienene zu 1. bevollmächtigt hierzu den Erschienenen zu 2. unwiderruflich, die zur Übertragung der Wertpapiere erforderlichen Erklärungen gegenüber den Schuldnern und der depotführenden Bank abzugeben. € 80 000,–
5. Das Guthaben auf dem Girokonto (§ 3 Abs. 1 III. 5.). Der Erschienene zu 1. bevollmächtigt hierzu den Erschienenen zu 2. unwiderruflich, die zur Übertragung des Guthabens erforderlichen Erklärungen gegenüber der [...] Bank abzugeben. € 15 000,–
6. Den Pkw (§ 3 Abs. 1 III. 6.) € 10 000,–

Wert der Zuteilung € 875 000,–

§ 5 Gewährleistung/Verzug[Rz. 96]

Den Erschienenen sind Art, Umfang und Beschaffenheit der von ihnen jeweils übernommenen Nachlassgegenstände bekannt. Sie schließen deshalb, soweit zulässig, jegliche Haftung für Sach- und Rechtsmängel aus.

§ 6 Übergabe[Rz. 97 ff.]

(1) Die Übertragung der Nachlassgegenstände erfolgt mit schuldrechtlicher Wirkung auf den Todestag des Erblassers. Entsprechend erfolgt rückwirkend auf diesen Tag der Übergang von Gefahr, Nutzungen und Lasten.
(2) Die Übergabe des Besitzes an den einzelnen Nachlassgegenständen erfolgt mit Beurkundung dieses Vertrages.

§ 7 Dingliche Einigung, Auflassung

Die Erschienenen sind über den Eigentumsübergang der ihnen in § 4 jeweils zugeteilten Nachlassgegenstände von der Erbengemeinschaft auf den jeweils erwerbenden Miterben einig. Sie bewilligen und der jeweilige Erwerber beantragt für den ihm zugeteilten Grundbesitz die Eigentumsumschreibung im Grundbuch.

Der Erschienene zu 2. tritt seine im Wege der Sondererbfolge erworbene Kommanditeinlage in Höhe von € 15 000,– an der Möbelhaus E + F KG mit den dazugehörigen Gesellschafterkonten an den dies annehmenden Erschienenen zu 1. ab.

§ 8 Steuerfreistellung

(1) Die Erschienenen gehen davon aus, dass ihnen auch steuerlich die ihnen rückwirkend auf den Todestag des Erblassers wirtschaftlich zustehenden Einkünfte aus den ihnen in § 4 jeweils zugeteilten Nachlassgegenständen zugerechnet werden. Für den Fall einer hiervon abweichenden Einkünftezurechnung stellen sie sich gegenseitig von daraus erwachsenden Steuerbelastungen frei.
(2) Die Erschienenen haben für den Erwerb des zum Nachlass gehörenden Einzelunternehmens, Kommanditanteils und GmbH-Geschäftsanteils die erbschaftsteuerlichen Betriebsvermögensbegünstigungen in Anspruch genommen. Den Erschienenen ist bekannt, dass nach der Teilung des Nachlasses diese Begünstigungen ausschließlich dem Erschienenen zu 1. als Übernehmer des Betriebsvermögens zustehen. Hierdurch ergibt sich eine unterschiedliche Steuerbelastung der Erschienenen trotz wertmäßig gleichen Erwerbs. Ein Ausgleich hierfür ist unter den Miterben in Ansehung des Unternehmer- und (Nach-)Steuerrisikos des Erschienenen zu 1. nicht geschuldet. Kommt es daher nicht zu einer Nachversteuerung, sollen dem Erschienenen zu 1. die Vorteile der Betriebsvermögensbegünstigung endgütig verbleiben. Im Gegenzug stellt der Erschienene zu 1. den Erschienenen zu 2. von sämtlichen denkbaren Nachsteuerbelastungen in Ansehung des von

ihm übernommenen Betriebsvermögens frei, soweit dies nicht ohnehin schon kraft Gesetzes der Fall ist.

§ 9 Abgeltungsklausel

Mit dem heutigen Erbauseinandersetzungsvertrag sind sämtliche gegenseitigen Ansprüche der Erschienenen aus dem Erbfall abgegolten. Auf die Geltendmachung weiterer Ansprüche bezüglich des Nachlasses wird ausdrücklich verzichtet.

§ 10 Zustimmungserfordernisse[Rz. 101 ff.]

(1) Die Erschienenen leben im gesetzlichen Güterstand, verfügen jedoch nicht über ihr Vermögen im Ganzen oder Wesentlichen.
(2) Nach dem Gesellschaftsvertrag der Möbelhaus E + F KG bedarf die Übertragung einer Kommanditbeteiligung und nach der Satzung der Küchenstudio E GmbH bedarf die Übertragung eines Geschäftsanteils auf Abkömmlinge des Erblassers keiner besonderen Zustimmung.

§ 11 Kosten

Die Kosten dieser Urkunde und ihres Vollzugs tragen die Erschienenen zu gleichen Teilen.

§ 12 Schlussbestimmungen

[Abwicklungsvollmacht, Salvatorische Klausel, Steuern, Abschriften, Hinweise]

A. Grundsätzliche Anmerkungen

I. Wirtschaftliche Aspekte

Der Erbauseinandersetzungsvertrag dient in erster Linie der Aufteilung und Überführung des gesamthänderisch gebundenen Nachlassvermögens in Allein- oder Bruchteilseigentum der einzelnen Miterben unter weitestgehender Vermeidung der Zerschlagung wirtschaftlicher Werte. Er tritt an die Stelle des von jedem einzelnen Miterben klageweise durchsetzbaren gesetzlichen Teilungskonzepts, welches hinsichtlich des unteilbaren Nachlassvermögens, zu dem insbesondere regelmäßig auch Unternehmen gehören, eine Zwangsverwertung durch Pfandverkauf und Teilungsversteigerung vorsieht. Eine solche Zwangsverwertung führt nicht nur meist zu einer Wertvernichtung, sondern zudem auch häufig zu unnötigen Liquiditätsbelastungen durch Steuern auf die dabei entstehenden Veräußerungsgewinne. 1

Neben diesen wirtschaftlichen Zielen können für den Abschluss eines Erbauseinandersetzungsvertrages aber auch familiär-emotionale Gründe eine große Rolle spielen. So dienen einvernehmliche Erbauseinandersetzungen dem Zusammenhalt des nicht selten über Generationen aufgebauten Familienvermögens, zu dem die Familienangehörigen einen besonderen Bezug haben, beispielsweise das schon vom Großvater gegründete Unternehmen, die über Jahrzehnte selbst genutzte Immobilie, Kunstgegenstände oder Schmuck, an die sich persönliche Erinnerungen knüpfen. Schließlich dient eine gelungene Erbauseinandersetzung auch der langfristigen Wahrung des Familienfriedens, ein Wert, der kaum hoch genug geschätzt werden kann. 2

So vorteilhaft jedoch eine einvernehmliche Erbauseinandersetzung sein kann, so schwer fällt den Miterben meist ihr Abschluss. Eine streitvorbeugende Nachfolgeplanung sollte daher immer darauf ausgerichtet sein, bereits die Entstehung einer Erbengemeinschaft zu vermeiden und damit eine Erbauseinandersetzung entbehrlich zu machen oder zumindest in die Erbengemeinschaft nur solches Vermögen fallen zu lassen, welches leicht bewertbar und möglichst teilbar oder doch zumindest verteilbar ist.

II. Zivilrecht

1. Erbengemeinschaft

3 Hinterlässt ein Erblasser mehrere Erben, so entsteht eine Erbengemeinschaft. Die Erbengemeinschaft wird allerdings weder als rechtsfähig noch als parteifähig angesehen. Eine Übertragung der Rechtsprechung zur Teilrechtsfähigkeit der Außen-GbR und zur Rechtsfähigkeit der Gemeinschaft der Wohnungseigentümer wird abgelehnt.[1] Der Nachlass wird gemeinschaftliches Vermögen der Erben. Die Erbengemeinschaft ist also eine Gesamthandsgemeinschaft. Als gesamthänderisches Vermögen stellt ein Nachlass ein vom Vermögen des einzelnen Miterben getrenntes Sondervermögen dar. Über Nachlassgegenstände können die Miterben nur gemeinsam verfügen und die Verwaltung des Nachlassvermögens hat grundsätzlich gemeinschaftlich zu erfolgen.

4 Allerdings bestehen hierzu Ausnahmen. Nicht in das Gesamthandsvermögen fallen insbesondere zum Nachlass gehörende Beteiligungen an Personengesellschaften.[2] Stattdessen geht der Anteil im Wege der Sondererbfolge in dem gesellschaftsvertraglich vorgegebenen Rahmen unmittelbar auf den oder die Erben über.[3] Eine Auseinandersetzung ist somit nicht erforderlich. Allerdings ist bei der Bestimmung der Teilungsquote die unmittelbar an den oder die Nachfolgererben gefallene Beteiligung wertmäßig zu berücksichtigen.[4]

5 Im Hinblick auf die hier zu behandelnde Auseinandersetzung der Erbengemeinschaft ist von besonderer Bedeutung, dass eben diese Auseinandersetzung den hauptsächlichen Zweck der Erbengemeinschaft ausmacht. Die Erbengemeinschaft ist vom Gesetz nicht auf Dauer angelegt, sie wird vielmehr als Liquidationsgemeinschaft angesehen.[5] Jeder auch noch so gering beteiligte Miterbe kann jederzeit die Auflösung der Erbengemeinschaft verlangen (§ 2042 BGB). Damit ist die Frage der Auseinandersetzung und insbesondere der Art und Weise der Auseinandersetzung vom Tag des Erbfalls an virulent.

2. Beschränkungen der Auseinandersetzung

6 Der Grundsatz, dass jeder Miterbe jederzeit die Auseinandersetzung verlangen kann, wird allerdings im Gesetz mehrfach durchbrochen.

a) Letztwilliges Auseinandersetzungsverbot

7 Ausgeschlossen ist die Auseinandersetzung, wenn der Erblasser durch letztwillige Verfügung dies angeordnet hat. Allerdings kann der Erblasser den Ausschluss nicht auf ewig verfügen. Wie bei der Dauertestamentsvollstreckung, dem aufgeschobenen Vermächtnis und der Nacherbschaft schränkt das Gesetz die Testierfreiheit insoweit ein, dass die Auseinandersetzung nur ausgeschlossen werden kann für die Dauer von 30 Jahren seit dem Erbfall oder – was möglicherweise länger werden kann – bis zum Eintritt eines bestimmten Ereignisses in der Person eines Miterben, es sei denn, bei dem Miterben handelt es sich um eine juristische Person. Schließlich kann die Ausei-

---

[1] BGH v. 17.10.2006 – VIII ZB 94/05, NJW 2006, 3715; BeckOK BGB/*Lohmann* BGB § 2032 Rz. 5; MüKoBGB/*Gergen* BGB § 2032 Rz. 12; Palandt/*Weidlich* vor § 2032 BGB Rz. 1.

[2] Ausnahme: Liquidationsgesellschaften, s. BGH v. 21.9.1995 – II ZR 273/93, NJW 1995, 3314; BeckOK BGB/*Lohmann* BGB § 2032 Rz. 14.

[3] Zu weiteren Ausnahmen s. § 4 Höfeordnung, § 563 BGB, §§ 56, 58 SGB, Art. 233 § 11 Abs. 2 EGBGB.

[4] MüKoBGB/*Gergen* BGB § 2032 Rz. 60b.

[5] Vgl. MüKoBGB/*Ann* BGB § 2042 Rz. 1 mwN.

nandersetzung auch bis zum Eintritt einer angeordneten Nacherbfolge oder dem Anfall eines angeordneten Vermächtnisses ausgeschlossen werden (§ 2044 Abs. 1 BGB).

Allerdings kann der Erblasser mit einer solchen Anordnung nicht erreichen, dass den Miterben damit auch die Möglichkeit einer einvernehmlichen Auseinandersetzung genommen ist. Lediglich kann ein einzelner Miterbe in dieser Zeit keine Auseinandersetzung durchsetzen. Einvernehmlich aber können sich die Miterben durchaus über die Anordnung des Erblassers hinwegsetzen und vor Ablauf der Ausschlussfrist den Nachlass untereinander verteilen. Der Erblasser kann eine solche einvernehmliche Auseinandersetzung nur erschweren, so etwa durch Auflagen, Bedingungen oder durch Anordnung einer Testamentsvollstreckung. **8**

Neben diesen zeitlichen Grenzen für ein Auseinandersetzungsverbot gibt es auch sachliche Gründe, die, wie sich aus dem Verweis des § 2044 Abs. 1 Satz 2 BGB auf das Recht der Gemeinschaft ergibt, ein letztwilliges Auseinandersetzungsverbot hinfällig werden lassen. So ist eine Auseinandersetzung immer möglich, wenn ein wichtiger Grund vorliegt, der eine Fortführung der Erbengemeinschaft unzumutbar macht (§ 749 Abs. 2 BGB). Gleiches gilt, wenn ein Gläubiger den Erbteil eines Miterben auf Grund eines nicht nur vorläufig vollstreckbaren Titels gepfändet hat (§ 751 Satz 2 BGB) oder über das Vermögen eines Miterben das Insolvenzverfahren eröffnet wurde (§ 84 Abs. 2 Satz 2 InsO). Da das Auseinandersetzungsverbot als Belastung jedes einzelnen Miterben mit einem Vorausvermächtnis zu Gunsten der jeweils anderen Miterben oder, sofern auch eine einvernehmliche Auseinandersetzung ausgeschlossen sein soll, als Auflage zu qualifizieren ist,[6] kann ein damit beschwerter pflichtteilsberechtigter Miterbe seine Erbschaft ausschlagen und den Pflichtteil verlangen (§ 2306 BGB). **9**

Wie der Erblasser können nach dem Erbfall auch die Miterben einvernehmlich die Auseinandersetzung ausschließen. Etwaige Sonderrechtsnachfolger in den Erbteilen sind dann an diese Vereinbarung gebunden. Keine oder nur begrenzte Wirkung hat eine solche Vereinbarung jedoch gegenüber Pfandrechtsgläubigern und in der Insolvenz.[7] Allerdings lässt sich mit der Vereinbarung des Auseinandersetzungsausschlusses etwa zur Fortführung eines Unternehmens nicht die Wirkung einer identitätswahrenden Umwandlung in eine werbende Personengesellschaft erzielen. Vielmehr ist eine Übertragung des Gesamthandseigentums auf die Personengesellschaft erforderlich. Dies gilt auch dann, wenn an der Erbengemeinschaft und der Personengesellschaft dieselben Personen im gleichen Verhältnis beteiligt sind.[8] **10**

b) Auseinandersetzungsaufschub bis Kreis der Miterben feststeht

Die Auseinandersetzung ist weiterhin ausgeschlossen, so lange der Kreis der Miterben noch nicht feststeht (§ 2043 BGB), etwa ein bereits gezeugter, aber noch nicht geborener Miterbe oder über seine Annahme als Kind, über die noch nicht entschieden ist. Bei einer als Miterbe eingesetzten Stiftung ist mit der Auseinandersetzung bis zu deren Genehmigung zu warten. **11**

Auch über diese zeitweilige Beschränkung der Geltendmachung des gesetzlichen Auseinandersetzungsanspruchs (kein gesetzliches Verbot i. S. v. § 134 BGB) können sich die (bereits vorhandenen) Miterben einvernehmlich hinwegsetzen. Dabei können sie in unterschiedlicher Weise vorgehen. Sie können die Auseinandersetzung unter der Bedingung vereinbaren, dass kein weiterer Miterbe mehr hinzukommt. Sie können aber auch den voraussichtlich demnächst hinzutretenden Miterben bereits in der Auseinandersetzungsvereinbarung berücksichtigen. Tritt dieser Miterbe dann hinzu, ist der Vertrag zwar zunächst schwebend unwirksam, er kann aber von dem neuen Miterben genehmigt werden. Kommt es nicht zum Hinzutritt eines neuen Miterben, werden **12**

---

[6] Staudinger/*Werner* BGB § 2044 Rz. 6 ff. mwN.
[7] MüKoBGB/*Ann* BGB § 2042 Rz. 11.
[8] Ausführlicher hierzu MüKoBGB/*Gergen* BGB § 2032 Rz. 32.

sich die Miterben in einer Nachtragsauseinandersetzung über die Verteilung des dem erwarteten Miterben zunächst zugewiesenen Nachlassvermögens einigen müssen. Genehmigt der neue Miterbe die Auseinandersetzungsvereinbarung nicht, so ist der Auseinandersetzungsvollzug unwirksam und dem neuen Miterben steht der Auseinandersetzungs- und Erbschaftsanspruch zu.[9] Will man das Unwirksamkeitsrisiko vermeiden, kann es sich empfehlen, soweit möglich, den erwarteten Miterben schon an der Auseinandersetzungsvereinbarung zu beteiligen.

c) Auseinandersetzungsaufschub bei Aufgebotsverfahren

13 Nach § 2045 BGB kann sich ein Miterbe einer Auseinandersetzung widersetzen, so lange ein Aufgebotsverfahren läuft. Einer einvernehmlichen Auseinandersetzung steht das laufende Aufgebotsverfahren aber ebenfalls nicht entgegen. Allerdings verlieren die Miterben mit der Teilung ihr Recht, nach § 2059 Abs. 1 BGB die Befriedigung von Nachlassverbindlichkeiten mit ihrem Eigenvermögen zu verweigern.

3. Das gesetzliche Auseinandersetzungsverfahren

14 Für den Fall, dass die Miterben zu einer einvernehmlichen Auseinandersetzung nicht bereit sind und auch der Erblasser keine bestimmte Art der Auseinandersetzung angeordnet hat, sieht das Gesetz ein Verfahren zur Auseinandersetzung der Erbengemeinschaft vor.

15 Hiernach sind zunächst die Nachlassverbindlichkeiten zu berichtigen (§ 2046 BGB). Erst danach kann der verbleibende Überschuss auf die Miterben entsprechend dem Verhältnis ihrer Erbteile verteilt werden (§ 2047 BGB). Der Überschuss kann sich aus den unterschiedlichsten Nachlassgegenständen zusammensetzen. Ihre Verteilung bestimmt sich nach den Vorschriften über die Teilung einer Gemeinschaft (§§ 752ff. BGB). Soweit die Nachlassgegenstände teilbar oder bei mehreren gleichartigen Nachlassgegenständen aufteilbar sind, erfolgt die Teilung in Natur und die Verteilung gleicher Teile durch Los. Ist dies nicht möglich, sind die Nachlassgegenstände zu verwerten, bewegliche Sachen durch Pfandverkauf, Grundstücke durch Zwangsversteigerung. Auch Unternehmen gehören im Regelfall zu den unteilbaren Gegenständen. Anschließend wird der Erlös verteilt. Dabei muss die Teilungsquote keineswegs der Erbquote entsprechen. Sie kann vielmehr durch Ausgleichung lebzeitiger Zuwendungen (§§ 2050ff. BGB) auch darunter oder bei den nicht ausgleichspflichtigen Erben darüber liegen.

16 Das gesetzliche Teilungsverfahren wird dadurch in Gang gesetzt, dass ein Miterbe durch Erhebung der Auseinandersetzungsklage die Erbteilung beansprucht. Vor der Klageerhebung kann ein Vermittlungsverfahren nach den §§ 363ff. FamFG durchgeführt werden,[10] was aber nicht Voraussetzung für die Zulässigkeit der Klageerhebung ist.[11]

17 Die Auseinandersetzungsklage ist gerichtet auf die Zustimmung zu einem von dem Kläger vorzulegenden Teilungsplan. Der Teilungsplan hat den gesetzlichen Regelungen zu entsprechen. Da das Gericht nicht befugt ist, den vom Kläger vorgelegten Teilungsplan zu ändern, muss der Nachlass „teilungsreif" sein. Bestehen hieran Zweifel, kann dem Risiko einer Klageabweisung durch Hilfsanträge begegnet werden. Diese können sich etwa auf die Frage der Bereinigung von Nachlassverbindlichkeiten oder die Verwertung von Nachlassgegenständen beziehen. Ungeachtet dieser Möglichkeit ist aber nicht zu verkennen, dass bei Auseinandersetzungsklagen regelmäßig ein hohes Prozessrisiko besteht. Es kann sich deshalb empfehlen, zur Vorbereitung einer gerichtlichen oder auch außergerichtlichen Auseinandersetzung einzelne Streitpunkte durch

[9] BeckOK BGB/*Lohmann* BGB § 2043 Rz. 3; MüKoBGB/*Ann* BGB § 2043 Rz. 10ff.
[10] Ausführlich hierzu *Zimmermann* ZEV 2009, 374.
[11] Zuständig hierfür ist das Nachlassgericht, in Bayern, Baden-Württemberg, Hessen und Niedersachsen auch der Notar (vgl. MüKoBGB/*Ann* BGB § 2042 Rz. 47, 57).

eine Feststellungsklage klären zu lassen, was trotz deren grundsätzlicher Subsidiarität gegenüber der Leistungsklage vorwiegend aus prozessökonomischen Gründen für zulässig erachtet wird.[12]

4. Teilungsanordnungen des Erblassers

Die Zerschlagungsrisiken, die das gesetzliche Auseinandersetzungsverfahren mit sich bringt, und die Erfahrung, dass vielen Erbengemeinschaften eine einvernehmliche Auseinandersetzung nicht gelingt, lassen es jedem Erblasser geraten erscheinen, selbst Teilungsanordnungen zu treffen. § 2048 BGB gestattet solches ausdrücklich. Soweit die Teilungsanordnung jedoch einen pflichtteilsberechtigten Miterben beschwert, kann der Pflichtteilsberechtigte gemäß § 2306 BGB seinen Pflichtteil nach Ausschlagung verlangen. Darüber hinaus sind aber auch bei der Formulierung von Teilungsanordnungen der Testierfreiheit kaum Grenzen gesetzt. Der Erblasser kann Nachlassgegenstände und Nachlassverbindlichkeiten frei zuweisen. Er kann den einzelnen Nachlassgegenständen für Zwecke der Verteilung bestimmte Werte beimessen, er kann Anrechnungspflichten begründen, Übernahmerechte gewähren und Anordnungen zur Verwertung treffen. Schließlich kann er auch die Auseinandersetzung dem billigen Ermessen eines Dritten überlassen (§ 2048 Satz 2 BGB). Dabei müssen die Anordnungen des Erblassers nicht erschöpfend sein. Vielmehr kann sich seine Teilungsanordnung auch auf die Regelung von Einzelaspekten beschränken, die dann im Teilungsplan zu berücksichtigen sind. **18**

Eine „reine" Teilungsanordnung verändert grundsätzlich nicht die Höhe des Erbteils. Vielmehr sind die den einzelnen Miterben zugewiesenen Nachlassgegenstände und Verbindlichkeiten auf deren Erbteil anzurechnen. Nach der Rechtsprechung kommt es zu keiner Wertverschiebung,[13] so dass ein Anspruch auf Wertausgleich bestehen kann, wenn die in der Teilungsanordnung vorgenommene Zuweisung der Nachlassgegenstände dazu führt, dass ein Erbe mit einem höheren Wert als seinem Erbteil am Nachlass beteiligt ist. Sollen einzelne Erben begünstigt werden, muss der Erblasser Nachlasswerte im Wege von Vorausvermächtnissen zuweisen, was sich auch im Wege der Auslegung der letztwilligen Verfügung ergeben kann. Eine „überquotale" Teilungsanordnung enthält neben der Erbschaft zu einer bestimmten Quote ein zusätzliches Vermächtnis.[14]

Die zur Ermittlung des Ausgleichs entsprechend einer Teilungsanordnung erforderlich werdende Bewertung des Nachlasses und der zugewiesenen Nachlassgegenstände erhöht freilich das Streitpotential unter den Erben in erheblichem Maße. Zudem darf nicht übersehen werden, dass gerade bei Vorhandensein von betrieblichem Vermögen ein solcher Wertausgleich die Liquidität des Unternehmensnachfolgers existenzgefährdend belasten und zudem Ertragsteuern auslösen kann. Die Teilungsanordnung sollte daher so gestaltet werden, dass ein Wertausgleich möglichst gering gehalten wird. Zur Reduzierung des Wertausgleichs kann es anzeigt sein, noch zu Lebzeiten das Betriebsvermögen durch Einlagen zu erhöhen oder durch Entnahmen – ggf. nach Aufnahme entsprechenden Fremdkapitals – zu reduzieren. Zwar stehen die gleichen Gestaltungsmaßnahmen auch nach dem Erbfall den Miterben zur Vorbereitung einer einvernehmlichen Auseinandersetzung ohne oder mit geringen Ausgleichszahlungen zu, jedoch sind diese dem Vorwurf des Missbrauchs rechtlicher Gestaltungsmöglichkeiten nach § 42 AO ausgesetzt, sofern sich kein außersteuerlicher Grund für die jeweilige Gestaltungsmaßnahme finden lässt. Werden entsprechende Nachlassstrukturierungen aber noch vom Erblasser durchgeführt, besteht ein solches Risiko nicht. Auch Regelungen über die Lastentragung der Miterben im Innenverhältnis, beispielsweise durch die Ver- **19**

[12] BGH v. 17.1.1951 – II ZR 16/50, NJW 1951, 311.
[13] BGH v. 23.9.1981 – IV a ZR 185/80, BGHZ 82, 274, 279.
[14] Zur Abgrenzung zwischen Vorausvermächtnis und Teilungsanordnung vgl. MüKoBGB/*Ann* BGB § 2048 Rz. 17.

pflichtung einzelner Erben zur Erfüllung bestimmter Vermächtnisse oder Pflichtteilsansprüche, können der Vermeidung eines steuerpflichtigen Wertausgleichs dienen. Schließlich sollte, damit späterer Streit vermieden wird, die Wertfindung weitestgehend festgelegt oder einem Dritten verbindlich übertragen werden.

20 Einer Streitunterdrückung noch dienlicher ist es freilich, auf andere erbrechtliche Regelungsinstrumente auszuweichen, insbesondere als Erblasser in letztwilliger Verfügung ein „Machtwort" zu sprechen und das Vermögen weit gehend vorausvermächtnisweise und somit ohne Verpflichtung zum Wertausgleich zu verteilen. Eine Bewertung wird damit entbehrlich und die entgeltliche Auseinandersetzung kann sich auf den wirtschaftlich unbedeutenden und leicht bewertbaren Nachlassrest beschränken.

21 Die letztwillige Teilungsanordnung hat allerdings nur Vorrang gegenüber dem gesetzlichen Auseinandersetzungsmodell. Eine einvernehmliche abweichende Auseinandersetzung unter den Miterben kann sie hingegen nicht hindern. Lediglich können in die letztwillige Verfügung Sanktionen für den Fall einer Missachtung des Erblasserwillens aufgenommen werden oder der Erblasser kann die Auseinandersetzung einem Testamentsvollstrecker übertragen, so dass es für eine Abweichung von der Teilungsanordnung auch dessen Mitwirkung bedürfte. Allerdings empfehlen sich derartige Sanktionen nur, wenn aus Sicht des Erblassers einzelne Miterben schutzbedürftig sind, insbesondere zu befürchten ist, dass sie von anderen übervorteilt werden. Ansonsten aber kann einem Erblasser nichts lieber sein, als eine einvernehmliche und streitfreie Auseinandersetzung unter seinen Erben, selbst wenn diese von seiner letztwilligen Teilungsanordnung abweicht.

5. Einvernehmliche Erbauseinandersetzungsvereinbarungen

22 Sowohl die gesetzlichen Teilungsregeln als auch letztwillig verfügte Teilungsanordnungen sind gegenüber einer einvernehmlichen Erbauseinandersetzung der Miterben subsidiär. Die Miterben können sich also durchaus über entsprechende gesetzliche Regelungen und letztwillige Anordnungen hinwegsetzen. Zur Regelung einer einvernehmlichen Auseinandersetzung der Erbschaft stehen den Miterben im Wesentlichen drei Wege offen: Der Auseinandersetzungsvertrag, die Erbanteilsübertragung (s. hierzu Formular B. 3.20) und die Abschichtung (s. hierzu Formular B. 3.10). Als „vierter Weg" der Auseinandersetzung kann im Einzelfall auch die Ausschlagung dienen, die auch gegen Abfindung erfolgen kann.

a) Der Erbauseinandersetzungsvertrag

23 Am differenziertesten lässt sich die Erbauseinandersetzung durch einen von sämtlichen Miterben zu schließenden Erbauseinandersetzungsvertrag regeln. Darin verpflichten sich die Miterben gegenseitig zur Übertragung der Nachlassgegenstände aus dem Gesamthandsvermögen der Erbengemeinschaft an einen oder mehrere Miterben. In der inhaltlichen Gestaltung des Erbauseinandersetzungsvertrages sind die Miterben weitestgehend frei. Auch unterliegt der Vertrag keinem besonderen Formerfordernis. Insbesondere handelt es sich bei der Erbauseinandersetzung nicht um einen Erbschaftskauf, der nach § 2371 BGB beurkundungspflichtig wäre. Jedoch gelten auch für den Erbauseinandersetzungsvertrag die allgemeinen Formvorschriften, so dass eine notarielle Beurkundung erforderlich wird, wenn Immobilien (§ 311b Abs. 1 BGB) oder GmbH-Geschäftsanteile (§ 15 GmbHG) zum Nachlass gehören (zu weiteren Einzelheiten siehe die Einzelerläuterungen unter B. Rz. 90 ff.).

b) Erbauseinandersetzung durch Erbanteilsübertragung

24 Bei der Erbauseinandersetzung durch Erbanteilsübertragung wird die Erbengemeinschaft dadurch aufgelöst, dass alle Erbteile auf einen Miterben oder auch einen Dritten übertragen werden, der dann alleine das gesamte Nachlassvermögen hält. Die ihren Erbteil übertragenden Miterben erhalten eine entsprechende Abfindung. Die Erbanteilsübertragung bedarf der notariellen Beurkundung (§ 2033 Abs. 1 Satz 2 BGB). Gleiches gilt für den der Übertragung zu Grunde liegenden Erbteilskaufvertrag (§ 2371 BGB).

c) Erbauseinandersetzung durch Abschichtung

Der sog. „dritte Weg" der Erbauseinandersetzung, die Abschichtung, unterscheidet 25
sich von der Erbanteilsübertragung dadurch, dass die ausscheidenden Miterben nicht ihre Erbteile übertragen, sondern lediglich auf ihre Rechte als Miterben verzichten. Hierdurch wächst, wie bei Ausscheiden eines Gesellschafters aus einer GbR, dem verbleibenden Miterben der Anteil des Ausgeschiedenen am Nachlassvermögen an.[15] Wenn man mit dem BGH davon ausgeht, dass die Abschichtung grundsätzlich[16] formfrei erfolgen kann,[17] so ist sie gegenüber der Erbteilsübertragung vor allem kostengünstiger (s. hierzu näher Formular B. 3.10).

d) Ausschlagung

Als einen „vierten Weg" der Erbauseinandersetzung wird man schließlich auch 26
noch die Ausschlagung nennen können. Sie wird nur selten in Betracht kommen. Dies zum einen auf Grund des durch die im Regelfall sechswöchige Ausschlagungsfrist geschaffenen Zeitdrucks, zum anderen aber auch, weil an die Stelle des oder der Ausschlagenden nicht notwendigerweise der nichtausschlagende Miterbe tritt, vielmehr auf Grund gesetzlicher oder letztwillig verfügter Ersatzerbenregelungen ganz andere Personen in die Erbengemeinschaft eintreten können.

III. Steuerrechtliche Aspekte

1. Einkommensteuer

a) Steuerliche Auswirkungen der Erbauseinandersetzung im Überblick

Nach Aufgabe der von der Rechtsprechung[18] über Jahrzehnte vertretenen These der 27
Einheit von Erbfall und Erbauseinandersetzung durch die Entscheidung des Großen Senats vom 5.7.1990[19] sind auch bei der Gestaltung eines Erbauseinandersetzungsvertrages dessen ertragsteuerlichen Auswirkungen zu besorgen. Die Erbauseinandersetzung folgt dem Todesfall als selbstständiger Rechtsvorgang nach und ist als solcher eigenständig einkommensteuerlich zu würdigen.

aa) Veräußerungsgewinn. Steuerliche Belastungen können durch eine Erbausei- 28
nandersetzung insbesondere dann entstehen, wenn einer der Miterben Nachlassvermögen erhält, welches den Wert seines Erbteils übersteigt, und er deshalb den anderen Miterben einen Ausgleich aus seinem Eigenvermögen zu leisten hat. Der Erwerb dieses Mehrempfangs gegen Spitzenausgleich ist nämlich als Veräußerungsgeschäft zu qualifizieren. Diejenigen Erben, die vom Nachlassvermögen wertmäßig weniger als ihren Erbteil erhalten, verkaufen einen ihnen an sich zustehenden Teil der Erbschaft an

[15] BGH v. 21.1.1998 – IV ZR 346-96, NJW 1998, 1557; BGH v. 27.10.2004 – IV ZR 174/03, NJW 2005, 284; hierzu *Fest* JuS 2007, 2081.

[16] Eine formfreie Übertragung kommt aber dann nicht in Betracht, wenn als Abfindung für den Verzicht ein nur durch formbedürftiges Rechtsgeschäft übertragbarer Gegenstand zu erbringen ist.

[17] BGH v. 21.1.1998 – IV ZR 346-96, NJW 1998, 1557; BGH v. 27.10.2004 – IV ZR 174/03, NJW 2005, 284; ebenso MüKoBGB/*Ann* BGB § 2042 Rz. 36; Palandt/*Weidlich* BGB § 2042 Rz. 10 mit Hinweisen auf die Gegenmeinung.

[18] RFH v. 8.11.1933, RStBl. 1934, 395.

[19] BFH v. 5.7.1990 – GrS 2/89, BStBl. II 1990, 837.

die Miterben, die entsprechend mehr vom Nachlassvermögen erhalten. Der Kaufpreis für diesen verkauften Teil des Nachlassvermögens ist die Ausgleichsleistung.

Ob den veräußernden Miterben hierdurch ein Veräußerungsgewinn entsteht und ob dieser steuerpflichtig ist, hängt wesentlich davon ab, ob die anteilig veräußerten Nachlassgegenstände (zB Unternehmen, eigengenutzte und fremdvermietete Immobilien, Wertpapiere etc.) steuerverstrickt sind oder nicht und wie hoch ihr Buchwert ist oder ihre Anschaffungskosten waren. Steuerpflichtige Veräußerungsgewinne können nicht nur bei der Auseinandersetzung über Nachlassgegenstände entstehen, die zum steuerlichen Betriebsvermögen gehören. Vielmehr kann eine Auseinandersetzung mit Spitzenausgleich auch dann zu steuerlichen Belastungen führen, wenn es sich bei den Nachlassgegenständen um beispielsweise Anteile an Kapitalgesellschaften iSd. § 17 EStG oder des § 20 Abs. 2 EStG, einbringungsgeborene Anteile iSd. § 21 UmwStG aF oder um Wirtschaftsgüter, insbesondere Immobilien handelt, bei denen die in § 23 EStG bestimmten Spekulationsfristen noch nicht abgelaufen sind. Soweit dem veräußernden Miterben ein steuerpflichtiger Veräußerungsgewinn entsteht, hat der erwerbende Miterbe Anschaffungskosten auf die jeweils anteilig erworbenen Nachlassgegenstände. Hierdurch mindert sich der ihm bei späterer Veräußerung der erworbenen Nachlassgegenstände entstehende Gewinn und hinsichtlich der abnutzbaren Wirtschaftsgüter erhöht sich sein AfA-Volumen.

29 Nicht abschließend geklärt sind die Rechtsfolgen, wenn Kapitalgesellschaftsanteile in den Nachlass fallen, die der Erblasser auf Grundlage der §§ 20, 21 UmwStG nF durch eine steuerneutrale Einbringung erworben hat. Sofern der Erblasser selbst diese Anteile binnen sieben Jahren nach der Einbringung veräußert hätte, wäre die Steuerneutralität der Einbringung bei ihm gem. § 22 Abs. 1 UmwStG nF ganz oder teilweise beseitigt worden. Der Erblasser hätte einen sog. „Einbringungsgewinn I" im Jahr der Einbringung zu versteuern gehabt. Der bisherige Steuerbescheid des Erblassers wäre in diesem Sinne rückwirkend geändert worden. Sofern nicht der Erblasser, sondern ein Miterbe im Rahmen der Erbauseinandersetzung veräußert, entsteht nach einer Ansicht in der Literatur[20] der Einbringungsgewinn I noch beim Erblasser. Eine etwaige Mehrsteuer wird damit zur Erblasserschuld, die die Erben nach ihren Erbquoten gemeinsam zu tragen haben. Die Gegenansicht[21] in der Literatur geht auf Grundlage des § 22 Abs. 6 UmwStG nF davon aus, dass der Erbe an die Stelle des Erblassers tritt und daher ein etwaiger Einbringungsgewinn I allein von dem jeweils veräußernden Erben zu tragen ist. Die wirtschaftlichen Belastungen können damit je nach Sachverhalt äußerst unterschiedlich ausfallen und müssen daher bei Vorliegen von steuerverstrickten Anteilen iSv. §§ 20, 21 UmwStG nF genau untersucht werden.

30 Die steuerlichen Interessen der das Nachlassvermögen veräußernden Miterben auf der einen Seite und der erwerbenden Miterben auf der anderen Seite, sind also grundsätzlich gegenläufig. Die veräußernden Miterben möchten einen möglichst geringen steuerpflichtigen Veräußerungsgewinn, die erwerbenden Miterben möglichst hohe und kurzfristig abschreibbare Anschaffungskosten. Da sich die Höhe des Spitzenausgleichs, den die erwerbenden Miterben aus ihrem Eigenvermögen zu erbringen haben, bei der Gestaltung der Erbauseinandersetzung beeinflussen lässt – bspw. durch disquotale Zuweisung von Nachlassverbindlichkeiten –, ist der aufgezeigte steuerliche Interessengegensatz bei der Konzeption des Auseinandersetzungsvertrages durchaus beachtlich. Es empfiehlt sich daher, bereits im Vorfeld zur Vorbereitung der Verhandlungen unter den Miterben, das Nachlassvermögen steuerlich zu ordnen, um so die Miterben im Rahmen der Erörterung verschiedener Auseinandersetzungsvarianten kurzfristig über deren jeweiligen steuerlichen Auswirkungen aufklären zu können. Dies gilt freilich auch für die im Folgenden noch zu behandelnden übrigen Steuerarten.

---

[20] Dötsch/Pung/Möhlenbrock/*Patt* UmwStG § 22 Rz. 89 und 92; Rödder/Herlinghaus/van Lishaut/*Stangl* UmwStG § 22 Rz. 205; so auch BMF v. 11.11.2011, BStBl. I 2011, 1314, 22.41 (Bsp.).

[21] Schmitt/Hörtnagl/Stratz/*Schmitt* UmwStG § 22 Rz. 178; Blümich/*Nitzschke* UmwStG § 22 Rz. 93.

bb) Entnahmegewinn. Besondere Vorsicht ist bei der Gestaltung der Erbauseinandersetzung v.a. dann geboten, wenn zum Nachlass Betriebsvermögen gehört. So kann die Zuweisung einzelner zum Betriebsvermögen oder Sonderbetriebsvermögen gehörender Nachlassgegenstände an Miterben, die an dem Betrieb oder der Personengesellschaft, der der Nachlassgegenstand als (Sonder-)Betriebsvermögen zugeordnet ist, nicht beteiligt sind und die den ihnen zugewiesenen Nachlassgegenstand auch keinem anderen, eigenem Betriebsvermögen zuordnen, zu einer steuerpflichtigen Entnahme führen. Es entsteht dann ein Entnahmegewinn in Höhe der Differenz aus dem Teilwert (Verkehrswert) des Nachlassgegenstandes und seinem Buchwert im Zeitpunkt der Entnahme. Da es sich hierbei um eine Entnahme der Erbengemeinschaft und nicht des übernehmenden Miterben handelt, trifft die Steuerbelastung sämtliche Miterben in Höhe ihrer Erbquote. 31

cc) Aufgabegewinn. Teilen die Erben das Betriebsvermögen untereinander auf, ohne den Betrieb fortzuführen, so liegt steuerlich eine Betriebsaufgabe vor, die zu einer Realisierung stiller Reserven führt. Dieser Aufgabegewinn ist ggf. nach §§ 16, 34 EStG begünstigt.[22] Sofern und soweit die Erben das Betriebsvermögen aber in ein anderes Betriebsvermögen überführen, wird die Gewinnrealisierung nach § 16 Abs. 3 Satz 2ff. EStG vermieden.[23] Dazu ist aber notwendig, dass mindestens eine wesentliche Betriebsgrundlage Betriebsvermögen bei mindestens einem Miterben bleibt. Eine einheitliche Ausübung dieses Wahlrechts ist jedoch nicht erforderlich.[24] Vielmehr führen diejenigen Erben, die den oder die übernommenen Nachlassgegenstände in ein Betriebsvermögen überführen, zwingend die Buchwerte fort, bei den anderen Erben kommt es zur Gewinnrealisierung. 32

b) Ordnung des Nachlassvermögens nach steuerlichen Kriterien

Die Ordnung des Nachlassvermögens nach steuerlichen Kriterien macht in zweifacher Hinsicht Sinn: Zum einem zur Ermittlung der ertragsteuerlichen Belastungen, die sich durch Entnahmen, Betriebsaufgaben und die Verpflichtung zu Ausgleichszahlungen im Rahmen der Erbauseinandersetzung ergeben können (hierzu bereits oben). Zum anderen aber auch zur Berücksichtigung der mit den jeweiligen Nachlassgegenständen ebenso verteilten latenten Steuerlasten, die bei der Verkehrswertbestimmung in der Regel nicht mit berücksichtigt werden. Hinterlässt beispielsweise der Erblasser seinen beiden Kindern eine vor mehr als zehn Jahren angeschaffte Mietimmobilie im Verkehrswert von € 1 Mio. und einen Handwerksbetrieb im Verkehrswert von ebenfalls € 1 Mio. aber einem Buchwert von lediglich € 100 000,–, so dürfte klar sein, dass mit der Übernahme der Immobilie durch die Tochter und des Betriebes durch den Sohn das Ziel einer quotenentsprechenden Auseinandersetzung nicht erreicht wird. Veräußert nämlich die Tochter die Immobilie zum Verkehrswert, bleibt ihr € 1 Mio. Liquidität, tut gleiches der Sohn mit seinem Betrieb, verbleiben ihm nach Abzug der hierbei entstehenden Einkommensteuern auf den Veräußerungsgewinn von € 900 000,– gerade einmal ca. € 550 000,–. Angemessener wäre es daher, bei der Auseinandersetzung oder schon bei der Verkehrswertbestimmung die in den jeweiligen Nachlassgegenständen ruhenden Steuerbelastungen ganz oder – etwa bei Privatvermögen, welches lediglich nach § 23 EStG, also nicht dauerhaft steuerverstrickt ist – teilweise zu berücksichtigen. 33

Es empfiehlt sich, das Nachlassvermögen in folgende drei Gruppen einzuteilen: 34
- Betriebsvermögen,
- steuerverstricktes Privatvermögen und
- sonstiges Privatvermögen.

---

[22] BMF v. 14.3.2006, BStBl. I 2006, 253, Tz. 11.
[23] BMF v. 14.3.2006, BStBl. I 2006, 253, Tz. 12.
[24] OFD Karlsruhe v. 13.11.2006, S 2242/4 – St 111, Tz. 3.2; Rißmann/*Unger* Erbengemeinschaft, § 17 Rz. 38.

Jede der genannten Vermögensgruppen wird nämlich steuerlich unterschiedlich behandelt.

35 Darüber hinaus sollten sowohl für die Nachlassgegenstände des Betriebsvermögens als auch diejenigen Nachlassgegenstände, die dem steuerverstrickten Privatvermögen zuzurechnen sind, die stillen Reserven ermittelt werden. Das kann relativ einfach dadurch geschehen, dass von den für die Auseinandersetzung ohnehin zu ermittelnden Verkehrswerten die Buchwerte bzw. Anschaffungskosten der jeweiligen Nachlassgegenstände abgezogen werden. Bei der Ermittlung stiller Reserven sollte man sich allerdings bewusst sein, dass die bei der Verkehrswertermittlung der einzelnen Wirtschaftsgüter regelmäßig bestehenden Unsicherheiten auch steuerliche Risiken begründen. So wird man nicht fest darauf vertrauen können, dass das Finanzamt die von der Erbengemeinschaft ermittelten Verkehrswerte übernimmt, selbst wenn die Miterben diese bei der Auseinandersetzung zu Grunde gelegt haben.[25]

c) Steuerliche Auswirkungen der Erbauseinandersetzung bei den verschiedenen Vermögensgruppen

36 **aa) Betriebsvermögen. (1) Erbengemeinschaft als (partielle) Mitunternehmerschaft.** Soweit zum Nachlass ein Gewerbebetrieb gehört, hält die Erbengemeinschaft diesen als Mitunternehmerschaft. Sowohl in der laufenden Besteuerung als auch bei der späteren Auseinandersetzung wird die Erbengemeinschaft daher genauso behandelt wie eine gewerblich tätige oder geprägte Personengesellschaft.

37 Dies gilt jedoch nicht für das zum Nachlass gehörende Privatvermögen. Hieraus erzielt die Erbengemeinschaft – wie zuvor der Erblasser als Einzelperson – nach wie vor nichtgewerbliche Einkünfte, bspw. solche aus Kapitalvermögen oder aus Vermietung und Verpachtung. § 15 Abs. 3 Nr. 1 EStG, wonach eine Personengesellschaft, die teils gewerblich und teils vermögensverwaltend tätig ist, in vollem Umfang als Gewerbebetrieb gilt (Abfärbe- oder Infektionstheorie), wird von der Rechtsprechung auf die Erbengemeinschaft nicht angewandt.[26] Vielmehr führt die Erbengemeinschaft wie eine Einzelperson die verschiedenen Einkunftsarten nebeneinander fort.

38 Entsprechendes gilt, wenn zum Nachlass land- und forstwirtschaftliches Betriebsvermögen gehört. Auch hier bestehen Gewerbebetrieb und land- und forstwirtschaftlicher Betrieb als steuerlich selbstständige Betriebe nebeneinander.

39 Hingegen ist bei einer zum Nachlass gehörenden freiberuflichen Praxis zu differenzieren. So sind die Einkünfte der Erbengemeinschaft aus einer solchen Praxis nur dann weiterhin solche freiberuflicher Art, wenn sämtliche Miterben eine entsprechende freiberufliche Qualifizierung aufweisen. Ist dies nicht der Fall, fehlt also nur einem Miterben die freiberufliche Qualifikation, so verwandelt sich die freiberufliche Praxis mit dem Erbfall in einen Gewerbebetrieb und die Miterben erzielen auch hieraus gewerbliche Einkünfte. Die Umqualifizierung erfolgt allerdings steuerneutral. Es kommt nicht etwa zu einer Aufgabe der freiberuflichen Praxis mit Realisierung der stillen Reserven.[27] Die Finanzverwaltung korrigiert die Umqualifizierung wieder rückwirkend auf den Erbfall und abermals steuerneutral in freiberufliche Einkünfte, wenn ein oder mehrere freiberuflich qualifizierte Miterben im Rahmen der (Teil-)Auseinandersetzung die Praxis übernehmen. Voraussetzung einer solchen rückwirkenden Korrektur ist allerdings nach Auffassung der Finanzverwaltung, dass die freiberufliche Praxis innerhalb von sechs Monaten nach dem Erbfall von berufsqualifizierten Miterben übernommen wird.[28]

---

[25] In BMF v. 14.3.2006, BStBl. I 2006, 253, Tz. 26 heißt es lediglich, dass bei der entsprechend der Verkehrswerte vorzunehmenden Ermittlung des entgeltlichen und unentgeltlichen Teils einer Erbauseinandersetzung mit Spitzenausgleich über Privatvermögen „in der Regel" davon auszugehen sei, dass der Verkehrswert dem Wert entspreche, den die Miterben der Erbauseinandersetzung zu Grunde legen (Anrechnungswert). Auf die Bestimmung stiller Reserven zur Berechnung eines Entnahme- oder Aufgabegewinns wird man diese Aussage jedoch nicht übertragen können.

[26] BFH v. 5.7.1990 – GrS 2/89, BStBl. II 1990, 837; ebenso BMF v. 14.3.2006, BStBl. I 2006, 253, Tz. 4.

[27] BMF v. 14.3.2006, BStBl. I 2006, 253, Tz. 5.

[28] BMF v. 14.3.2006, BStBl. I 2006, 253, Tz. 8f.

Die Zurechnung der gewerblichen Einkünfte der Erbengemeinschaft an die Erben (= Mitunternehmer) erfolgt entsprechend deren Erbquoten. Vereinbaren die Miterben hingegen in der Erbauseinandersetzungsvereinbarung, dass ihnen jeweils die Einkünfte aus den übernommenen Nachlassgegenständen bereits ab dem Zeitpunkt des Erbfalls – und nicht erst ab Übernahme des Nachlassgegenstandes im Rahmen der Auseinandersetzung – zustehen sollen, so erscheint es angemessen, auch die steuerliche Einkünftezurechnung der wirtschaftlichen folgen zu lassen. Die Finanzverwaltung lässt eine steuerliche Rückbeziehung auf den Zeitpunkt des Erbfalls jedoch nur zu, wenn die Auseinandersetzung innerhalb von sechs Monaten nach dem Erbfall vereinbart wird.[29] Gelingt die Auseinandersetzung also nicht innerhalb von sechs Monaten, fallen die vereinbarte wirtschaftliche und die steuerliche Einkünftezurechnung auseinander. Wenn auch davon auszugehen ist, dass in diesem Fall die Miterben untereinander zur Freistellung oder Erstattung verpflichtet sind, so sind doch Nachteile auf Grund von Progressionsunterschieden nicht auszuschließen. Entgegen der Praxis der Finanzverwaltung hat der BFH[30] in einem Fall, in dem eine Auseinandersetzung entsprechend einer letztwillig verfügten Teilungsanordnung erfolgte und die Miterben sich bereits in der Zwischenzeit entsprechend dieser Teilungsanordnung verhalten hatten, eine $2^1/_4$-jährige Rückwirkung anerkannt. Die Finanzverwaltung hat dies jedoch nicht zum Anlass genommen, die 6-Monats-Frist generell zu lockern. Sie ist hierzu vielmehr nur unter den sich aus der BFH-Entscheidung ergebenden Voraussetzungen (Auseinandersetzung entsprechend Teilungsanordnung und zwischenzeitliches Verhalten entsprechend dieser Teilungsanordnung) bereit.[31] Bei einer einvernehmlichen Auseinandersetzung sollte die 6-Monats-Frist daher nach wie vor beachtet werden. 40

(2) Erbauseinandersetzung als Realteilung der Mitunternehmerschaft. Aus der Qualifikation der Erbengemeinschaft als Mitunternehmerschaft folgt, dass sich die steuerlichen Auswirkungen ihrer Auseinandersetzung entsprechend der Vorschriften zur Realteilung einer Mitunternehmerschaft bestimmen. Nach § 16 Abs. 3 Sätze 2 bis 4 EStG haben nach einer Realteilung die Mitunternehmer die Buchwerte der übernommenen Wirtschaftsgüter zwingend fortzuführen. Entsprechendes gilt somit für die Miterben nach Auseinandersetzung. 41

Voraussetzung der Buchwertfortführung ist jedoch, dass im Rahmen der Auseinandersetzung das Betriebsvermögen wieder in ein Betriebsvermögen oder Sonderbetriebsvermögen der jeweiligen übernehmenden Miterben übertragen wird. Dabei reicht es aus, wenn der Betrieb eines Miterben erst im Zuge der Auseinandersetzung entsteht.[32] Da Mitunternehmeranteile bereits Anteile am Betriebsvermögen darstellen, müssen sie nicht nochmals besonders in ein weiteres Betriebsvermögen überführt werden. Auch die Spaltung von Mitunternehmeranteilen in mehrere Teilanteile, die dann verschiedenen Miterben zugewiesen werden, steht der Buchwertfortführung nicht entgegen.[33] Sonderbetriebsvermögen gehört zwar nach der Rechtsprechung des BFH[34] zum Mitunternehmeranteil, angesichts der Steuerneutralität der Realteilung auch bei Zuweisung von Einzelwirtschaftsgütern wird bei Zuweisung von Teilanteilen eine quotenentsprechende Zuweisung des Sonderbetriebsvermögens allerdings nicht erforderlich sein.[35] 42

Weitere Voraussetzung der Steuerneutralität ist, dass die Besteuerung der in dem Betriebsvermögen ruhenden stillen Reserven gesichert ist. Daran kann es etwa fehlen, wenn zum Kreis der Miterben beschränkt Steuerpflichtige gehören, die das ihnen zu- 43

[29] BMF v. 14.3.2006, BStBl. I 2006, 253, Tz. 8f.
[30] BFH v. 4.5.2000 – IV R 10/99, BStBl. II 2002, 850; nochmals bestätigt durch BFH v. 16.5.2013 – IV R 15/10, BStBl. II 2013, 858, zu einer Vergleichsvereinbarung mehrerer Erbprätendenten.
[31] BMF v. 5.12.2002, BStBl. I 2002, 1392 sowie BMF v. 14.3.2006, BStBl. I 2006, 253, Tz. 8.
[32] BMF v. 14.3.2006, BStBl. I 2006, 253, Tz. 12 iVm. BMF v. 28.2.2006, BStBl. I 2006, 228 zu IV. 1.; Schmidt/*Wacker* EStG § 16 Rz. 543.
[33] Schmidt/*Wacker* EStG § 16 Rz. 544.
[34] BFH v. 6.12.2000 – VIII R 21/00, BStBl. II 2003, 194.
[35] Schmidt/*Wacker* EStG § 16 Rz. 544.

geteilte Betriebsvermögen in keine deutsche, sondern lediglich eine ausländische Betriebsstätte überführen.

44 Soweit einer der Miterben eine der vorgenannten Voraussetzungen nicht erfüllt, entsteht ihm – und nicht den anderen Miterben – ein steuerpflichtiger Aufgabegewinn, der bei Realisierung aller stillen Reserven unter den weiteren Voraussetzungen des § 34 Abs. 3 EStG einem ermäßigten Steuersatz unterliegt (personen- und objektbezogene Betrachtung).[36]

45 Die Buchwertfortführung findet nicht nur bei Zuweisung von Betrieben,[37] Teilbetrieben[38] und Mitunternehmeranteilen statt. Vielmehr ist in § 16 Abs. 3 Satz 2 EStG auch für die Realteilung mit Zuweisung von Einzelwirtschaftsgütern die Fortführung der Buchwerte vorgesehen. Dies allerdings mit folgenden Einschränkungen: Nach § 16 Abs. 3 Satz 4 EStG ist eine steuerneutrale Realteilung nicht möglich, soweit einzelne Wirtschaftsgüter dabei unmittelbar oder mittelbar auf eine Körperschaft, Personenvereinigung oder Vermögensmasse übertragen werden.[39] Gemeint ist vor allem der Fall, dass an der Mitunternehmerschaft auch eine Kapitalgesellschaft beteiligt ist („unmittelbar") oder eine Personengesellschaft, die wiederum teilweise von einer Kapitalgesellschaft gehalten wird („mittelbar"). Bei Erbauseinandersetzungen wird dies vor allem relevant, wenn der Erblasser eine Kapitalgesellschaft oder, was häufiger vorkommt, bspw. eine Familienstiftung als Miterbe eingesetzt hat. In diesem Fall sollte bei der Auseinandersetzung darauf geachtet werden, dass der Kapitalgesellschaft oder Stiftung keine Einzelwirtschaftsgüter mit erheblichen stillen Reserven zugewiesen werden.

46 Von größerer praktischer Bedeutung ist demgegenüber die zweite Beschränkung der Buchwertfortführung bei Realteilung unter Zuweisung von Einzelwirtschaftsgütern. § 16 Abs. 3 Satz 3 EStG schafft nämlich eine Sperrfrist für verteilten Grund und Boden, Gebäude und sonstige Wirtschaftsgüter, die eine wesentliche Betriebsgrundlage darstellen.[40] Werden derartige zum Buchwert übertragene Wirtschaftsgüter innerhalb einer Frist von drei Jahren nach Abgabe der Steuererklärung der Erbengemeinschaft für den Veranlagungszeitraum der Auseinandersetzung von einem Miterben veräußert oder in sein Privatvermögen entnommen – maßgeblicher Zeitpunkt ist der Übergang des wirtschaftlichen Eigentums –, so führt dies insoweit rückwirkend zur Gewinnrealisierung. Zu den schädlichen Veräußerungen gehören nicht nur Veräußerungen der einzelnen Wirtschaftsgüter, sondern, wenn diese Wirtschaftsgüter bspw. zur Sicherung ihrer Betriebsvermögensqualität in eine gewerblich geprägte Personengesellschaft übertragen wurden, die Veräußerung von Anteilen an dieser Gesellschaft (mittelbare Veräußerung). Ebenso stellt eine anschließende Buchwerteinbringung der ins Betriebsvermögen übernommenen Einzelwirtschaftsgüter nach §§ 20, 24 UmwStG oder nach § 6 Abs. 5 eine schädliche Veräußerung dar.[41]

47 Die Rückwirkung der Gewinnrealisierung hat zur Folge, dass die innerhalb der Sperrfrist veräußerten Wirtschaftsgüter noch bei der Erbengemeinschaft mit dem gemeinen Wert angesetzt werden. Der hierdurch entstehende Gewinn verteilt sich dann auf die Miterben entsprechend der Erbquoten. Für den nach Auseinandersetzung veräußernden Miterben wirkt sich dies steuermindernd aus, da er lediglich die Differenz aus dem erzielten Kaufpreis und den durch die rückwirkende Gewinnrealisierung auf-

[36] Schmidt/*Wacker* EStG § 16 Rz. 551.

[37] Analog § 16 Abs. 3 EStG, da im Wortlaut nicht genannt; Schmidt/*Wacker* EStG § 16 Rz. 617 mit dem Hinweis, dass als Rechtsgrundlage auch § 6 Abs. 3 Satz 1, Hs. 1 EStG in Betracht kommt.

[38] Einschließlich 100 %-igen Beteiligungen an Kapitalgesellschaften, da diese nach § 16 Abs. 1 Nr. 1 Satz 2 EStG als Teilbetrieb gelten.

[39] *Röhrig* EStB 2002, 231 und *Clausen* DB Beilage 1, 2002, 34 halten eine Realisierung nur in dem Maße für angemessen, als sich die Anteilsberechtigung der Kapitalgesellschaft an den einzelnen Wirtschaftsgütern erhöht. Die Finanzverwaltung hat sich dieser Sichtweise angeschlossen, BMF v. 20.12.2016, DStR 2017, 106 zu I.

[40] Nach BMF v. 20.12.2016, DStR 2017, 106 zu I. und Schmidt/*Wacker* EStG § 16 Rz. 553 ist die Wesentlichkeit nicht nur funktional – so *Rödder/Schumacher* DStZ 2002, 105, 107 –, sondern auch quantitativ zu bestimmen.

[41] BMF v. 20.12.2016, DStR 2017, 106 zu VIII.; aA Schmidt/*Wacker* EStG § 16 Rz. 553, der Buchwertübertragungen nach § 6 Abs. 5 Satz 3 EStG und nach § 24 UmwStG für unschädlich hält.

gestockten Buchwerten zu versteuern hat. Die anderen Miterben tragen somit die Steuer auf seinen Veräußerungs- oder Entnahmegewinn mit. Dem Sperrfristrisiko sollte deshalb im Erbauseinandersetzungsvertrag Rechnung getragen werden, was in zweifacher Weise geschehen kann. Zum einen empfiehlt es sich, diejenigen Miterben, die Einzelwirtschaftsgüter des Betriebsvermögens übernehmen, zu verpflichten, diese nicht oder nur mit Zustimmung der übrigen Miterben innerhalb der Sperrfrist zu veräußern oder zu entnehmen. Zum anderen sollten diejenigen Miterben, die gegen diese Pflicht verstoßen, verpflichtet werden, die Steuer auf den durch ihre Veräußerung oder Entnahme entstehenden Gewinn zu übernehmen,[42] hilfsweise eine den übrigen Miterben hierdurch entstehende Steuerbelastung zu erstatten.[43] Eine solche Erstattungspflicht bei Verstoß einzelner Miterben gegen Sperrfristen kann auch generell und ohne ausdrückliche Verpflichtung zur Einhaltung konkreter Sperrfristen in den Vertrag aufgenommen werden.

Die vorgenannten Realisierungsrisiken bestehen unabhängig davon, ob die Realteilung mit oder ohne Spitzenausgleich erfolgt. Insbesondere steht ein Spitzenausgleich der Buchwertfortführung nicht entgegen.[44] Soweit mit einem Spitzenausgleich (auch) Betriebsvermögen erworben wurde, entsteht insoweit nicht der Erbengemeinschaft, sondern den jeweiligen veräußernden Miterben ein Veräußerungsgewinn. Dagegen führt, wie dargestellt, eine Realisierung stiller Reserven im Rahmen der Realteilung – etwa mangels Erfüllung der Voraussetzungen des § 16 Abs. 3 Satz 2 EStG oder wegen Verstoßes gegen die Behaltefrist des § 16 Abs. 3 Satz 3 EStG – zu einer Aufstockung der Buchwerte noch auf Ebene der Erbengemeinschaft und damit zu einer (anteiligen) Reduzierung des den veräußernden Miterben entstehenden Gewinns. **48**

(3) Erbauseinandersetzung ohne Spitzenausgleich. Gelingt es den Miterben, sich in einer Weise auseinanderzusetzen, in der jeder von ihnen in Höhe seiner Erbquote mit Nachlassgegenständen befriedigt wird, so hat dies keine einkommensteuerlichen Konsequenzen, solange die Voraussetzungen einer steuerneutralen Realteilung nach § 16 Abs. 3 EStG erfüllt werden und auch danach nicht gegen die dreijährige Behaltensfrist verstoßen wird. Ohne die Verpflichtung eines Miterben zu Ausgleichszahlungen ist die Erbauseinandersetzung als unentgeltlicher Vorgang zu qualifizieren. Jeder Miterbe führt – zwingend – die Buchwerte des ihm überlassenen Betriebsvermögens fort. **49**

Dies sollte auch dann gelten, wenn der Nachlass nur aus einem Gewerbebetrieb besteht und die einen Miterben den Betrieb und die anderen nur die liquiden Mittel des Betriebs übernehmen.[45] Da eine derartige Auseinandersetzung jedoch wirtschaftlich dem Fall vergleichbar ist, dass ein Erbe den Betrieb übernimmt und alle anderen in Geld abfindet, wird bezweifelt, ob nicht stattdessen von einer entgeltlichen Veräußerung eines Betriebs auszugehen ist.[46] Hingegen ist es unproblematisch, wenn bei einem Mischnachlass der eine Miterbe das Betriebsvermögen und der andere das Privatvermögen übernimmt. Auch eine überproportionale Zuteilung von liquiden Mitteln des Betriebs- oder Privatvermögen steht einer steuerneutralen Auseinandersetzung nicht entgegen. Zusätzlich zum Gewerbebetrieb übernommene private Nachlassverbindlichkeiten werden nach Auffassung der Finanzverwaltung sogar zu Betriebsschulden.[47] Entfallen die Verbindlichkeiten auf Anteile an Kapitalgesellschaften, greift das „Teilabzugsverbot". **50**

Nach Auffassung der FinVerw. stellt die Übernahme von Nachlassverbindlichkeiten auch insoweit kein Entgelt dar, als sie die Erbquoten des Miterben übersteigen. Die **51**

---

[42] Das BMF-Schreiben v. 20.12.2016, DStR 2017, 106 erkennt eine schriftliche Vereinbarung über die Zurechnung des Veräußerungs- oder Entnahmegewinns an.

[43] Nach Schmidt/*Wacker* EStG § 16 Rz. 554 kann eine nachträgliche Ausgleichszahlung allerdings zu Gewinn führen und auf den Übertragungszeitpunkt zurückwirken.

[44] Schmidt/*Wacker* EStG § 16 Rz. 548 zur Realteilung einer Personengesellschaft mit Wertausgleich.

[45] BMF v. 14.3.2006, BStBl. I 2006, 253, Tz. 30 zu einem Nachlass von Privatvermögen.

[46] Schmidt/*Wacker* EStG, § 16 Rz. 616 mit Hinweis auf BFH v. 16.5.2013 – IV R 15/10, BStBl. II 2013, 858.

[47] BMF v. 14.3.2006, BStBl. I 2006, 253, Tz. 34.

Finanzverwaltung behandelt die Nachlassschulden damit genauso wie die liquiden Mittel („negative liquide Mittel"). Hiernach könnte also ein die Erbquote übersteigender Wert der übernommenen Aktiva durch überquotale Schuldübernahme ausgeglichen werden.[48]

52 Hingegen hat der BFH[49] klargestellt, dass überquotal übernommene Schulden sehr wohl Anschaffungskosten darstellen. Er sieht sich dabei im Einklang mit der Entscheidung des Großen Senats vom 5.7.1990,[50] in welcher dieser der Schuldübernahme keine Bedeutung beimessen musste, weil bei der Auseinandersetzung dem Miterben das Nachlassvermögen entsprechend seiner Erbquote zugeteilt wurde. Bei einer solchen Konstellation seien die Nachlassverbindlichkeiten lediglich ein Rechnungsposten für die Ermittlung des Wertes des Erbteils. Kein Rechnungsposten, sondern Anschaffungskosten aber lägen vor, wenn der Miterbe mehr Gemeinschaftsvermögen erhält, als es dem Wert seines Erbteils entspricht, und dafür „Abfindungsleistungen" erbringe, indem er über seine Erbquote hinaus Verbindlichkeiten der Erbengemeinschaft übernimmt.[51] Während in dem vom BFH entschiedenen Fall die Qualifizierung der überquotalen Schuldübernahme als Anschaffungskosten dem Steuerpflichtigen ausschließlich zugutekam – er übernahm Immobilien und erhöhte mit den Anschaffungskosten steuerfrei sein AfA-Volumen –, wirkt sich bei Vorhandensein von Betriebsvermögen und steuerverstricktem Privatvermögen die Rechtsprechung zum Nachteil der abgebenden Miterben aus. Die Finanzverwaltung ist dem BFH nicht gefolgt,[52] so dass den Miterben dieses häufig genutzte Gestaltungsmittel zur Vermeidung von Veräußerungsgewinnen weiterhin zur Verfügung steht.

53 Die vorstehenden Grundsätze gelten unabhängig davon, ob die Erbengemeinschaft bereits kurz nach dem Erbfall oder erst viele Jahre später, also zu einem Zeitpunkt, da sich der Nachlass bereits erheblich verändert hat, auseinandergesetzt wird. Insofern ist es auch zulässig, den Nachlass so umzugestalten, dass eine Auseinandersetzung ohne Spitzenausgleich erst möglich wird. Grundsätzlich gestattet ist etwa die Entnahme liquider Mittel aus dem Betriebsvermögen zur Tilgung von Nachlassschulden des Privatvermögens. Geschieht dies jedoch zeitnah zur Auseinandersetzung und muss die Entnahme der liquiden Mittel durch Kreditaufnahme finanziert werden, nimmt die Finanzverwaltung aufgrund Gestaltungsmissbrauchs (§ 42 AO) eine Realteilung mit Ausgleichszahlung an.[53]

54 **(4) Erbauseinandersetzung mit Spitzenausgleich.** Hat im Rahmen der Erbauseinandersetzung ein Miterbe den anderen einen Ausgleich dafür zu zahlen, dass er vom Nachlassvermögen mehr als seine Erbquote erhält, so stellt dies insoweit einen entgeltlichen Vorgang dar. Der ausgleichspflichtige Miterbe hat in Höhe des Spitzenausgleichs Anschaffungskosten auf den überquotal erworbenen Teil der Nachlassgegenstände. Bei den ausgleichsberechtigten Miterben ist der Spitzenausgleich als Veräußerungserlös anzusehen. Im Übrigen, also soweit alle Miterben wertentsprechende Nachlassgegenstände erhalten, gelten hinsichtlich des Betriebsvermögens die oben dargestellten Grundsätze zur steuerneutralen Realteilung einer Personengesellschaft nach § 16 Abs. 3 EStG. Die Erbauseinandersetzung mit Spitzenausgleich ist also in einen entgeltlichen und einen unentgeltlichen Vorgang aufzuteilen.

55 Zur Ermittlung des sich aus dem entgeltlichen Vorgang ergebenden Veräußerungsgewinns ist nach Auffassung der FinVerw. die Abfindung um den anteiligen Buchwert

[48] BMF v. 14.3.2006, BStBl. I 2006, 253, Tz. 18, 23, 34; Schmidt/*Wacker* EStG § 16 Rz. 630.

[49] BFH v. 1.12.2004 – IX R 23/02, BStBl. II 2006, 296 im Anschluss an BFH v. 20.12.1990 – XI R 1/85, BFH/NV 1991, 382 und BFH v. 25.7.1991 – II R 36/89, BFH/NV 1992, 30 und bestätigt durch BFH v. 14.7.2009 – IX R 48/08, BFH/NV 2009, 1808.

[50] BFH v. 5.7.1990 – GrS 2/89, BStBl. II 1990, 837.

[51] BFH v. 1.12.2004 – IX R 23/02, BStBl. II 2006, 296.

[52] Nichtanwendungserlass des BMF v. 30.3.2006, BStBl. I 2006, 306.

[53] BMF v. 14.3.2006, BStBl. I 2006, 253, Tz. 33.

zu kürzen, dh. von der Abfindungszahlung (= Veräußerungserlös) wird der Teil des Kapitalkontos des dem Abfindungsverpflichteten übertragenen Teilbetriebs oder Betriebs bzw. der Teil des Buchwerts des ihm übertragenen Wirtschaftsguts abgezogen, der dem Verhältnis der Abfindungszahlung zum Wert des übertragenen Betriebs, Teilbetriebs oder Wirtschaftsguts entspricht.[54] Demgegenüber ist nach Ansicht des BFH (bei Realteilung einer Personengesellschaft) die gesamte Abfindung als Veräußerungsgewinn zu versteuern.[55]

Nach Auffassung der FinVerw. ist der Gewinn tarifbegünstigt nach §§ 16, 34 EStG **56**
zu versteuern, wenn die bei der Aufteilung erhaltenen Wirtschaftsgüter insgesamt in das Privatvermögen des Miterben gelangen. Überführt der Miterbe dagegen die Wirtschaftsgüter, für die der Ausgleich gezahlt wird, in ein Betriebsvermögen, so ist der Gewinn laufender Gewinn und damit nicht tarifbegünstigt.[56]

Der ausgleichsverpflichtete Miterbe hat in Höhe des Spitzenausgleichs Anschaf- **57**
fungskosten, die, soweit sie sich auf abnutzbare Wirtschaftsgüter beziehen, Bemessungsgrundlage für die zukünftige AfA des entgeltlich erworbenen Teils dieser Wirtschaftsgüter sind. Hinsichtlich des unentgeltlich erworbenen Teils sind hingegen die Buchwerte und das bestehende AfA-Volumen fortzuführen. Soweit also der das Betriebsvermögen übernehmende Miterbe unentgeltlich erwirbt, tritt er auch hinsichtlich degressiver und erhöhter AfA in die Rechtsstellung des Erblassers ein. Es ergeben sich damit für das erworbene Betriebsvermögen zwei AfA-Reihen, eine für den entgeltlich erworbenen Teil und eine für den unentgeltlich erworbenen Teil. Bei beweglichen Wirtschaftsgütern verzichtet die Finanzverwaltung allerdings auf eine Aufspaltung in zwei AfA-Reihen, da hier, anders als bei Gebäuden, die Nutzungsdauer des entgeltlich erworbenen Teils der Wirtschaftsgüter regelmäßig mit der Restnutzungsdauer des unentgeltlich erworbenen Teils der Wirtschaftsgüter übereinstimmt.[57] Auch bei Anwendung des § 6b EStG ist zu differenzieren: So können nur die durch den Spitzenausgleich entstehenden Anschaffungskosten auf einen Sonderposten mit Rücklageanteil nach § 6b EStG übertragen werden. Soweit der Miterbe unentgeltlich erwirbt, übernimmt er auch hinsichtlich § 6b EStG die Rechtsstellung des Erblassers. Insbesondere ist also im Falle einer späteren Veräußerung bei der Ermittlung der 6-jährigen Vorbesitzzeit (§ 6b Abs. 4 Satz 1 Nr. 2 EStG) auch die Besitzzeit des Erblassers und der Erbengemeinschaft mitzuzählen.[58]

bb) Steuerverstricktes Privatvermögen. Soweit zum Nachlass steuerverstricktes **58**
Privatvermögen gehört, sind im Rahmen der Erbauseinandersetzung lediglich dann steuerliche Auswirkungen zu besorgen, wenn ein Miterbe mehr als seine Erbquote erhält und deshalb zu einem Spitzenausgleich verpflichtet wird. Entnahme- oder Aufgabegewinne können hingegen nicht entstehen. Auch § 16 Abs. 3 EStG bezieht sich nur auf steuerliches Betriebsvermögen.

Doch auch bei einer Erbauseinandersetzung mit Spitzenausgleich können hinsicht- **59**
lich des Privatvermögens steuerliche Belastungen nur dann entstehen, wenn dieses steuerverstrickt ist. Dies ist immer dann der Fall, wenn auf Grund steuerlicher Sondertatbestände ausnahmsweise auch die Veräußerung eines Wirtschaftsgutes des Privatvermögens zu einer Besteuerung des Veräußerungsgewinns führt. Derartige Sondertatbestände sind § 17 EStG und § 20 Abs. 2 EStG (Veräußerung von Anteilen an Kapitalgesellschaften), § 21 UmwStG aF (Veräußerung einbringungsgeborener Anteile),

---

[54] BMF v. 14.3.2006, BStBl. I 2006, 253, Tz. 14 ff.; Schmidt/*Wacker* EStG § 16 Rz. 619 mwN; aA *Esser* DStZ 1997, 439; *Dänghaus/Reichel* DStZ 1998, 34; *Seeger* DB 1992, 1010.

[55] BFH v. 1.12.1992 – VIII R 57/90, BStBl. II 1994, 607, 610, wo der Spitzenausgleich als Gegenleistung für ein zunächst gegenüber der Gesellschaft bestehendes, aber im Rahmen der Realteilung abgetretenes Abfindungsguthaben qualifiziert wird, welchem kein Buchwert beizulegen sei. Die Finanzverwaltung hat hierauf mit einem Nichtanwendungserlass reagiert: BMF v. 11.8.1994, BStBl. I 1994, 601.

[56] BMF v. 14.3.2006, BStBl. I 2006, 253, Tz. 14.

[57] BMF v. 14.3.2006, BStBl. I 2006, 253, Tz. 20.

[58] BMF v. 14.3.2006, BStBl. I 2006, 253, Tz. 21.

§ 22 UmwStG nF (Veräußerung von Anteilen nach einer Buchwerteinbringung) und § 23 EStG (Veräußerung von Wirtschaftsgütern innerhalb der Spekulationsfristen). Für solches steuerverstricktes Privatvermögen stellt die Erbauseinandersetzung mit Spitzenausgleich eine steuerpflichtige Veräußerung dar.

60 Es gelten die gleichen Grundsätze wie bei der Auseinandersetzung über Betriebsvermögen. Veräußert wird nur der Teil des Nachlassvermögens, der die Erbquote des ausgleichspflichtigen Miterben übersteigt. Der Rest wird, wie bei der Auseinandersetzung ohne Spitzenausgleich, unentgeltlich erworben. Der ausgleichspflichtige Miterbe hat Anschaffungskosten auf den entgeltlichen Teil, was bei abnutzbaren Wirtschaftsgütern zu einer Erhöhung seines AfA-Volumens führt. Bei Gebäuden können sich auf Grund der Sonderregelung in § 7 Abs. 4 EStG für den entgeltlichen und unentgeltlichen Teil unterschiedliche Abschreibungszeiten ergeben, was die Aufteilung in zwei Abschreibungsreihen notwendig macht. Bei beweglichen Wirtschaftsgütern, bei denen die tatsächliche Nutzungsdauer maßgeblich ist, ist eine solche Aufspaltung hingegen entbehrlich. Wird der Ausgleich für steuerverstrickte Anteile an Kapitalgesellschaften gezahlt, wirkt sich die damit verbundene Erhöhung der Anschaffungskosten erst bei einer späteren Veräußerung der Anteile gewinnmindernd aus.

61 Den Miterben, die den Spitzenausgleich erhalten, entsteht ein Veräußerungsgewinn. Soweit dieser auf wesentliche Anteile an Kapitalgesellschaften iSv. § 17 EStG entfällt, findet das Teileinkünfteverfahren Anwendung (§ 3 Nr. 40c) EStG).[59] Zur Bestimmung der Wesentlichkeit (derzeit ab 1 vH) werden die zum Nachlass gehörenden Kapitalgesellschaftsanteile den Miterben entsprechend der Erbquoten zugerechnet. Hinzu kommen aber eigene Anteile des jeweiligen Miterben. Doch selbst wenn mit dem geerbtem Bruchteil und dem eigenen Anteil noch nicht die Wesentlichkeitsgrenze erreicht wird, kann die Erbauseinandersetzung eine Steuerpflicht begründen. Erfolgt nämlich die Auseinandersetzung innerhalb von fünf Jahren nach dem Erbfall, was die Regel sein dürfte, müssen sich die veräußernden Miterben den ganzen Anteil des Erblassers als ihres Rechtsvorgängers zurechnen lassen (§ 17 Abs. 1 Satz 4 EStG). Steuerpflichtig ist in diesem Fall aber nur die Veräußerung des ererbten Anteils, nicht aber des Anteils, den der Miterbe bereits vorher hatte.[60]

62 Zur Bestimmung der zehnjährigen Spekulationsfrist bei Immobilien und der einjährigen Spekulationsfrist bei sonstigen Wirtschaftsgütern ist die Besitzzeit des Erblassers und der Erbengemeinschaft mitzuzählen.[61] Im Hinblick auf spätere Veräußerungen des Miterben ist allerdings zu beachten, dass der Erwerb im Rahmen einer Auseinandersetzung mit Spitzenausgleich für ihn hinsichtlich des entgeltlichen Teils als erneute Anschaffung iSd. § 23 EStG zu qualifizieren ist und insoweit eine neue Spekulationsfrist in Gang setzt.

63 Erfolgt die Erbauseinandersetzung entsprechend den Erbquoten und ohne die Verpflichtung eines Miterben zu Abfindungsleistungen, liegt insgesamt ein unentgeltliches Rechtsgeschäft vor. Mangels Veräußerung greifen die vorgenannten Sonderbesteuerungstatbestände der §§ 17, 20 Abs. 2 und 23 EStG und § 21 UmwStG aF sowie § 22 UmwStG nF nicht. Wie bei der Auseinandersetzung über Betriebsvermögen kann auch hier nach Auffassung der Finanzverwaltung – anders der BFH[62] – ein steuerpflichtiger Spitzenausgleich dadurch vermieden werden, dass ein Miterbe überquotal Verbindlichkeiten der Erbengemeinschaft übernimmt. Bis zur Grenze des Gestaltungsmissbrauchs (s. o.) können die Verbindlichkeiten auch erst nach dem Erbfall als Ausgleichsvolumen geschaffen werden.[63] Auch die Umwandlung von Gesamthandsei-

---

[59] Zu den Besonderheiten bei einbringungsgeborenen Anteilen iSd. § 21 UmwStG aF siehe § 3 Nr. 40 Satz 3f. EStG aF.

[60] Schmidt/*Weber-Grellet* EStG § 17 Rz. 88.

[61] EStH 23 Stichwort „Veräußerungsfrist"; BFH v. 12.7.1988 – IX R 149/83, BStBl. II 1988, 942.

[62] Siehe oben Rz. 51 ff.

[63] BMF v. 14.3.2006, BStBl. I 2006, 253, Tz. 23 ff., 34.

gentum in Bruchteilseigentum und der anschließende Austausch der Bruchteilsanteile stellt einen unentgeltlichen Vorgang dar, wenn beides in sachlichem Zusammenhang steht.[64] Ebenso ist die zeitlich begrenzte Einräumung eines Nutzungsrechts, insbesondere Wohnungsrecht an einem einem anderen Miterben zugeteilten Nachlassgegenstand keine Ausgleichsleistung, soweit dieses Recht einen die Erbquote ausfüllenden Wert hat. Allerdings würde die Ablösung des Nutzungsrechts durch den anderen Miterben zu nachträglichen Anschaffungskosten führen.[65]

cc) Privatvermögen. Soweit Nachlassgegenstände dem steuerlichen Privatvermögen zuzurechnen sind und eine Veräußerung dieser Gegenstände auch keinen Sonderbesteuerungstatbestand (§§ 17, 20 Abs. 2, 23 EStG, § 21 UmwStG aF, § 22 UmwStG nF) erfüllen würde, sind steuerliche Belastungen durch eine Erbauseinandersetzung nicht zu befürchten. Zwar begründet eine Abfindung für einen Mehrerwerb an derartigen Nachlassgegenständen genauso ein entgeltliches Geschäft, jedoch ist ein hierbei entstehender Gewinn nicht einkommensteuerpflichtig. Wohl aber kann zum Vorteil des abfindungsverpflichteten Miterben mit einer als entgeltlichen Vorgang gestalteten Auseinandersetzung neues AfA-Volumen geschaffen werden. 64

2. Erbschaftsteuer

Für Zwecke der Erbschaftsteuer ist grundsätzlich auf dasjenige Erbschaftsteuerrecht abzustellen, welches auf den Erbfall Anwendung findet, welcher der Erbauseinandersetzung zugrundeliegt. Da die Erbauseinandersetzung nicht selten viele Jahre nach dem Erbfall erfolgt, kann insoweit auch ein Erbschaftsteuerrecht zur Anwendung kommen, dass längst überholt erscheint. Ein einschneidender Systemwechsel erfolgte vor allem bezüglich der Inanspruchnahme von erbschaftsteuerlichen Begünstigungen durch die einzelnen Miterben mit der Erbschaftsteuerreform 2009.[66] Hingegen brachte die Erbschaftsteuerreform 2016[67] keine wesentlichen die Erbauseinandersetzung betreffenden Änderungen.: 65

a) Rechtslage bis zum 31.12.2008

Bis zum Inkrafttreten des Erbschaftsteuerreformgesetzes vom 24.12.2008[68] hatte die Erbauseinandersetzung auf die Erbschaftbesteuerung der einzelnen Miterben grundsätzlich keinen Einfluss.[69] Besteuert wurde vielmehr der Erwerb durch Erbanfall. Hierzu wurde der erbschaftsteuerliche Wert des Gesamtnachlasses den Miterben in Höhe ihrer Erbquote als Bereicherung zugerechnet. Der Gesamtwert des Nachlasses ergab sich aus der Summe der auf den Todestag zu ermittelnden Steuerwerte der einzelnen Nachlassgegenstände abzüglich der Nachlassverbindlichkeiten. Unmaßgeblich war somit, welche Nachlassgegenstände ein Miterbe im Rahmen der nachfolgenden Erbauseinandersetzung erhält und welchen Steuerwert die Nachlassgegenstände hatten. Das galt unabhängig davon, ob die Auseinandersetzung bereits kurz nach dem Erbfall erfolgte oder erst mehrere Jahre später. Eine nachträgliche Korrektur der Erbanfallbesteuerung fand nicht statt. Insbesondere konnte derjenige Miterbe, der im Rahmen der Erbauseinandersetzung Nachlassgegenstände erhielt, die in der Summe unter seiner quotalen Bereicherung lagen, keine Reduzierung seiner Erbschaftsteuerbelastung verlangen. Umgekehrt hatte der andere Miterbe, der vorwiegend hochbewertete Nach- 66

[64] BMF v. 14.3.2006, BStBl. I 2006, 253, Tz. 22.

[65] BMF v. 14.3.2006, BStBl. I 2006, 253, Tz. 22; Schmidt/*Wacker* EStG § 16 Rz. 627.

[66] Gesetz zur Reform des Erbschaftsteuer- und Bewertungsrechts vom 24.12.2008, BGBl. I 2008, 3018. Zu der durch Art. 3 des Gesetzes zur Reform des Erbschaftsteuer- und Bewertungsrechts eingeräumten Wahlmöglichkeit zugunsten der Anwendung des (damals) neuen Rechts auf Erbfälle zwischen dem 1.1.2007 und dem 31.12.2008 siehe *Theissen* ZEV 2009, 227; *Hartmann* ErbStB 2010, 140.

[67] Gesetz zur Anwendung des Erbschaft- und Schenkungsteuergesetzes an die Rechtsprechung des Bundesverfassungsgerichts vom 4.11.2016, BStBl. I 2016, 2464.

[68] Gesetz zur Reform des Erbschaftsteuer- und Bewertungsrechts vom 24.12.2008, BGBl. 2008 I 3018.

[69] Vgl. ErbStR 2003 5 Abs. 1; BFH v. 1.4.1992 – II R 21/89, BStBl. II 1992, 669.

lassgegenstände, wie zB Wertpapiere oder Geldvermögen erhielt, keine Nachversteuerung zu befürchten. Demzufolge war es auch unerheblich, ob die Auseinandersetzung mit oder ohne Spitzenausgleich erfolgte.

67 Allerdings war bei der Ermittlung der quotalen Bereicherung der jeweiligen Miterben eine Quotenverschiebung durch Ausgleichungspflichten nach §§ 2050ff. BGB zu berücksichtigen. Hatte also der Erblasser zu Lebzeiten einem seiner Kinder eine Ausstattung zugewandt, übermäßige Aufwendungen für die Berufsvorbildung erbracht, übermäßige als Einkünfte zu verwendende Zuschüsse geleistet oder bei sonstigen Zuwendungen angeordnet, dass sie als Vorempfang beim Erbfall auszugleichen seien, so wurden diese ausgleichungspflichtigen Zuwendungen dem Miterben, der sie erhalten hat, bei der Ermittlung seiner Teilungsquote in Rechnung gestellt. Dies führte dazu, dass bei den ausgleichungspflichtigen Miterben die Teilungsquote unter, bei den anderen Miterben über der Erbquote lag. Für die Bereicherung der Miterben und damit die Ermittlung der Erbschaftsteuern war in diesen Fällen nicht die Erbquote, sondern die Teilungsquote maßgeblich. Der Gesamtwert des Nachlasses war ihnen somit entsprechend der Teilungsquoten zuzurechnen.[70]

68 Da die Besteuerung der Miterben von der Erbauseinandersetzung nicht beeinflusst wurde, bestimmte sich auch die Aufteilung des Betriebsvermögensfreibetrags nach § 13a Abs. 1 ErbStG aF nach dem Verhältnis der Erbteile.[71] Vereinbarungen unter den Miterben, den Freibetrag anderweitig aufzuteilen, ihn insbesondere allein den Miterben zuzuweisen, die im Rahmen der Auseinandersetzung das begünstigte Betriebsvermögen übernahmen, waren erbschaftsteuerlich unbeachtlich. Lediglich der Erblasser hatte die Möglichkeit, eine abweichende Verfügung zur Aufteilung des Freibetrages zu treffen.[72]

69 Waren die Betriebsvermögensprivilegien – also neben dem Betriebsvermögensfreibetrag iHv. € 225 000,– der 35%ige Bewertungsabschlag (§ 13a Abs. 2 ErbStG aF) sowie das sog. Steuerklassenprivileg, wonach eine sich aus ungünstigerer Steuerklasse als der Steuerklasse I ergebende Mehrsteuer zu 88 vH erlassen wurde (§ 19a ErbStG aF) – mehreren Erben zugute gekommen, konnten diese im Rahmen der Erbauseinandersetzung über ihren Anteil am begünstigten Vermögen ohne Steuernachteile verfügen. Insbesondere war es möglich, einem Miterben das gesamte Betriebsvermögen zuweisen, ohne damit einen Verstoß gegen die Behaltensfristen auszulösen. Das galt selbst dann, wenn dabei der das Betriebsvermögen übernehmende Miterbe zum Wertausgleich eine Abfindung zu zahlen hatte,[73] also teilweise entgeltlich erwarb.[74] Auch stellte die Übertragung begünstigten Vermögens als Abfindung im Rahmen einer Erbauseinandersetzung, anders als etwa zur Erfüllung von Vermächtnis- oder Pflichtteilsansprüchen keine nachsteuerrelevante Verfügung dar.[75] Allerdings konnte der Nachsteuertatbestand der Betriebsaufgabe erfüllt sein, wenn die Erbauseinandersetzung in der Weise erfolgte, dass alle Miterben nur einzelne Wirtschaftsgüter erhielten. Dies sollte nach Ansicht des FG Rheinland-Pfalz selbst dann gelten, wenn die Miterben die übernommenen Einzelwirtschaftsgüter in ein eigenes Betriebsvermögen überführten und so eine Besteuerung der stillen Reserven vermeiden konnten.[76]

70 Erfüllte der Miterbe, der im Rahmen der Erbauseinandersetzung das begünstigte Vermögen übernommen hatte, einen der Nachsteuertatbestände des § 13a Abs. 5

[70] ErbStR 2003 5 Abs. 5.

[71] ErbStR 2003 57 Abs. 2.

[72] Zu den Einzelheiten ErbStR 2003 57 Abs. 6 sowie Ländererlass v. 30.11.2005, BStBl. I 2005, 1031 sowie BFH v. 15.12.2004 – II R 75/01, BStBl. II 2005, 295; BFH v. 25.1.2006 – II R 56/04, BStBl. II 2006, 465.

[73] ErbStR 2003 61 Abs. 2.

[74] Grund hierfür ist, dass das begünstigte Vermögen auch nach Auseinandersetzung bei einem oder mehreren Miterben verbleibt und der Zweck der Entlastungsvorschrift somit erfüllt wird. Ungeachtet dessen ist eine der Erbauseinandersetzung nachfolgende Veräußerung an einen Miterben schädlich.

[75] ErbStR 2003 55 Abs. 4 Satz 6.

[76] FG Rheinland-Pfalz v. 25.2.2005 – 4 K 1777/02, DStRE 2005, 656ff. (rkr.).

ErbStG aF, so entfielen die Betriebsvermögensprivilegien nicht nur rückwirkend für ihn, sondern für sämtliche Miterben.[77] Diesem Nachsteuerrisiko, auf dessen Realisierung die übrigen Miterben keinen Einfluss hatten, konnte in der Auseinandersetzungsvereinbarung dadurch Rechnung getragen werden, dass der das begünstigte Vermögen übernehmende Miterbe die übrigen Miterben von allen sich aus § 13a Abs. 5 ErbStG aF ergebenden Nachsteuerbelastungen freizustellen hatte. Soweit im Rahmen der Erbauseinandersetzung keine Übertragung von begünstigtem Vermögen stattgefunden hatte, die Miterben also an diesem Vermögen nach der Teilung weiterhin beteiligt waren, führte der Verstoß eines Miterben gegen die Behaltensvorschriften nicht zu einer Nachsteuer bei den anderen Miterben.[78]

b) Rechtslage seit dem 1.1.2009 mit Änderungen durch die Erbschaftsteuerreform 2016

Auch im heutigen Erbschaftsteuerrecht gilt nach wie vor der Grundsatz, dass Erbanfall und Erbauseinandersetzung getrennt zu beurteilen sind. Ebenso bleibt es bei der „Grundregel" des bisherigen Rechts,[79] dass die Erbauseinandersetzung keine Auswirkung auf die erbschaftsteuerliche Behandlung der Erben hat.[80] Dieser Grundsatz erfährt jedoch verschiedene Ausnahmen, die unternehmerisches Vermögen (§ 13a Abs. 5, § 13c Abs. 2 Satz 1, § 28a Abs. 1, Sätze 3 und 4 sowie § 19a Abs. 2 ErbStG), das Familienheim (§ 13 Abs. 1 Nr. 4b, Nr. 4c ErbStG) sowie zu Wohnzwecken vermietete Grundstücke (§ 13d Abs. 2 ErbStG) betreffen. Die genannten Vorschriften wollen erreichen, dass die Begünstigung letztlich dort „ankommt", wo auch die vom Gesetzgeber als begünstigungswürdig anerkannte Tätigkeit ausgeübt und das als begünstigungswürdig qualifizierte Vermögen tatsächlich gehalten wird.[81] 71

aa) Unternehmerisches Vermögen (§§ 13a, 13b, § 13c, § 28a ErbStG). Im Falle einer Nachlassteilung, von der begünstigtes Vermögen iSd. § 13b Abs. 2 ErbStG betroffen ist, ordnet §§ 13a Abs. 5, Satz 2 ErbStG an, dass derjenige Erbe, der das begünstigte Vermögen aufgibt, die Verschonungen der §§ 13a, 13b, § 13c und § 28a ErbStG verliert. An seiner Stelle erlangt derjenige Miterbe, der das begünstigte Betriebsvermögen erhält, die Begünstigung (§ 13a Abs. 5 Satz 3 ErbStG). Dieser Miterbe muss nunmehr die Anforderungen der Lohnsummenkontrolle (§ 13a Abs. 3 ErbStG) sowie der Behaltensfrist (§ 13a Abs. 6 ErbStG) erfüllen. Die steuerlichen Folgen eines etwaigen Verstoßes hat er allein zu tragen.[82] Gleichgültig ist dabei, ob die Nachlassteilung auf einer Teilungsanordnung des Erblassers beruht oder einvernehmlich von den Erben vorgenommen wird.[83] Damit können sich die Steuerlasten der Miterben wesentlich verschieben, was ggf. zwischen den Erben ausgeglichen werden sollte.[84] Die FinVerw. will allerdings bei einer freien Erbauseinandersetzung einen Begünstigungstransfer nur dann vornehmen, wenn die Auseinandersetzung innerhalb von sechs Monaten nach dem Erbfall erfolgt. Bei einer späteren Auseinandersetzung soll ein Begünstigungstransfer nur dann ausnahmsweise in Betracht kommen, wenn der Steuerpflichtige besondere Gründe für die Verzögerung darlegen kann.[85] Als solche Gründe nennt die FinVerw. beispielhaft Erbstreitigkeiten oder die Erstellung von Gutachten. Diese Auffassung findet im Gesetz keine Grundlage. Dort ist der Begünstigungstransfer 72

---

[77] ErbStR 2003 67 Abs. 2 Satz 3.
[78] ErbStR 2003 67 Abs. 2 Satz 2.
[79] S. o. Rz. 66 ff.
[80] ErbStR 2011 E 3.1 Abs. 1 und 2, § 13a. 3 Abs. 2 Satz 5 (= A 13a.10 Abs. 2 Satz 5 AEErbSt 2017).
[81] Vgl. bereits die Begründung des Regierungsentwurfs, BR-Drs. 4/08, S. 57.
[82] ErbStR 2011 E 13a. 3 Abs. 1 Satz 5 (= A 13a.10 Abs. 1 Satz 5 AEErbSt 2017).
[83] ErbStR 2011 E 13a. 3 Abs. 2 Satz 1 und 6 (= A 13a.10 Abs. 2 Satz 1 und 6 AEErbSt 2017).
[84] *Wälzholz* ZEV 2009, 113, 115 mit Berechnungsbeispielen zur Rechtslage bis zum 30.6.2016 und ZEV 2017, 135 mit Berechnungsbeispielen für die Rechtslage ab dem 1.7.2016.
[85] ErbStH 2011 E 13a. 3 und Ländererlass v. 3.3.2016, BStBl. I 2016, 280; so jetzt auch H 13a.3 AEErbSt 2017 unter Hinweis auf BFH v. 23.6.2015 – II R 39/13, BStBl. II 2016, 225.

vielmehr unbefristet angeordnet. Auch der BFH[86] hat – unter ausdrücklicher Ablehnung der Auffassung der FinVerw. in den ErbSt-Richtlinien 2011 – klargestellt, dass eine zeitliche Nähe zum Erbfall für die Teilung des Nachlasses nicht vorgeschrieben ist.

73 § 13b Abs. 5 Satz 3 ErbStG trifft in diesem Zusammenhang eine Sonderregelung für die Bemessungsgrundlage. Überträgt der eine Miterbe begünstigtes Vermögen auf einen anderen Miterben und gibt dieser andere Miterbe nicht begünstigtes Vermögen hin, so ist bei der Berechnung der Begünstigung der Wert des nicht begünstigten Vermögens anzusetzen, höchstens jedoch der Wert des begünstigten Vermögens. Zum begünstigten Vermögen zählt nach seit dem 1.7.2016 geltender Rechtslage nicht mehr das sog. Verwaltungsvermögen (vgl. § 13b Abs. 2 ErbStG). Wertverschiebungen im Bereich des Verwaltungsvermögens bleiben damit unberücksichtigt. Bei der Gestaltung der Erbauseinandersetzung sind zudem die über die Anwendung der verschiedenen Verschonungsarten entscheidenden Wertgrenzen – Normalverschonung bis 26 Mio. €, Abschmelzung bis maximal € 90 Mio. und unbegrenzt der Erlass – zu beachten. Dabei sind auch hinzuzurechnende Vorerwerbe von begünstigtem Vermögen (vgl. § 13a Abs. 1 Satz 2 ErbStG) zu berücksichtigen.

So kann durch eine überquotale oder unterquotale Zuweisung von begünstigtem Vermögen die Normalverschonung verloren gehen oder erlangt werden. Im Rahmen des sog. Abschmelzungsmodells (§ 13c ErbStG) hat eine solche Zuweisung unmittelbaren Einfluss auf die Höhe des Verschonungsabschlages. Beim sog. Erlassmodell (§ 28a ErbStG) kann sich zudem die Zuweisung von Verwaltungsvermögen sowie auch sonstigem nicht begünstigtem Vermögen außerhalb der begünstigungsfähigen Einheit auf die Höhe des Erlasses auswirken, da in Höhe der Hälfte des Wertes dieses sog. verfügbaren Vermögens (vgl. § 28a Abs. 2 Nr. 1 ErbStG) kein Erlass in Anspruch genommen werden kann. Dies kann soweit gehen, dass durch die Zuweisung des gesamten begünstigten Vermögens an den einen und des gesamten nicht begünstigten Vermögens an den anderen Miterben statt einer vollen Besteuerung eine Vollbefreiung durch Erlass erlangt werden kann. Allerdings ist auch zu berücksichtigen, dass im Rahmen der Erlassberechnung bei der Ermittlung des verfügbaren Eigenvermögens (§ 28a Abs. 2 Nr. 2 ErbStG) allein auf das Eigenvermögen des Miterben abzustellen ist, der letztlich den Erlass in Anspruch nehmen kann.[87]

74 Der Grundsatz der Begünstigung des Letzterwerbers gilt auch für das Steuerklassenprivileg des § 19a ErbStG. Diese Vorschrift gewährt einer natürlichen Person als Erwerber von begünstigtem unternehmerischem Vermögen eine Besteuerung in der günstigen Steuerklasse I, auch wenn für diese Person eigentlich die Steuerklasse II oder III anwendbar wäre. Nach § 19a Abs. 2 Satz 3 ErbStG verliert der Miterbe diese Begünstigung, wenn er im Rahmen der Nachlassteilung begünstigtes Vermögen auf einen Miterben überträgt. Die Begünstigung des § 19a ErbStG ist nunmehr bei dem übernehmenden Miterben anwendbar.

75 Findet die Erbauseinandersetzung gegen einen Spitzenausgleich innerhalb der Behaltensfrist des § 13a Abs. 6 ErbStG statt, so ist der Vorgang als teilweise entgeltliche Veräußerung einzustufen. In einem solchen Fall liegt auf Seiten des Miterben, der begünstigtes unternehmerisches Vermögen gegen Entgelt abgibt, in Höhe des entgeltlichen Teils ein Behaltensfristverstoß iSd. § 13a Abs. 6 ErbStG vor. Damit geht die Begünstigung anteilig verloren und kann in dieser Höhe auch nicht von dem übernehmenden Miterben in Anspruch genommen werden.[88]

76 Findet die Erbauseinandersetzung nach Ablauf der 5jährigen Behaltensfrist des § 13a Abs. 6 ErbStG oder im Falle der vollen Steuerfreistellung des Erwerbs gem. § 13a

[86] BFH v. 23.6.2015 – II R 39/13, BStBl. II 2016, 225 zur Familienheimbefreiung.

[87] Zum Ganzen *Wälzholz* ZEV 2017, 135, 137 ff. mit Berechnungsbeispielen.

[88] *Geck* in Kapp/Ebeling ErbStG § 13a Rz. 92; in diesem Sinne wohl auch FG Hamburg v. 11.3.2016 – 3 V 230/15, EFG 2016, 924 zur Familienheimbefreiung.

Abs. 10 ErbStG nach Ablauf von 7 Jahren statt, so kommt es zu keinem Verlust der Begünstigung auf Ebene des abgebenden Miterben. § 13a Abs. 5 ErbStG tritt hinter § 13a Abs. 6 ErbStG zurück.[89] Ob die Finanzverwaltung diese Sichtweise teilt, ist jedoch noch nicht geklärt, so dass in entsprechenden Fällen ein steuerliches Risiko besteht.

bb) Familienheim und Wohnimmobilien. § 13 Nr. 4b Satz 2 bis 4 ErbStG, § 13 Nr. 4c Satz 2 bis 4 ErbStG sowie § 13d Abs. 2 ErbStG enthalten Regelungen, die inhaltlich dem § 13a Abs. 5, ErbStG entsprechen. Es gilt daher das unter Rz. 72ff. Gesagte.[90] 77

cc) Verfahrensrechtliche Umsetzung. Die Erbauseinandersetzung, die zur Verteilung von nach §§ 13a, 13b, 13c, 28a, 19a, 13 Abs. 1 Nr. 4b, Nr. 4c, § 13d ErbStG privilegierten Vermögens führt, ist ein rückwirkendes Ereignis iSd. § 175 Abs. 1 Satz 1 Nr. 2 AO. Der ursprüngliche Erbschaftsteuerbescheid ist zu ändern, da sich die erbschaftsteuerliche Bemessungsgrundlage bei den Erben durch die Auseinandersetzung ändert. Die Änderung kann noch viele Jahre nach dem Erbfall erfolgen, da § 175 Abs. 1 Satz 2 AO den Beginn der Festsetzungsfrist auf den Ablauf des Kalenderjahrs hinausschiebt, in dem das rückwirkende Ereignis (hier also die Auseinandersetzung) eintritt.[91] 78

3. Grunderwerbsteuer

Der Erwerb eines zum Nachlass gehörenden Grundstücks durch Miterben zur Teilung des Nachlasses ist zunächst nach § 1 GrEStG steuerbar. Er ist jedoch regelmäßig nach § 3 Nr. 3 GrEStG von der Grunderwerbsteuer befreit. 79

4. Umsatzsteuer

Die Umsatzsteuerbarkeit eines bestimmten Vorgangs erfordert regelmäßig, dass die ihn verwirklichende Person Unternehmer iSd. § 2 Abs. 1 UStG ist. Die Unternehmereigenschaft ist grundsätzlich nicht vererblich.[92] Der Erbe wird – ebenso wie die Erbengemeinschaft – nur dann Unternehmer, wenn er in eigener Person unternehmerisch tätig wird.[93] Sofern also die Erben das umsatzsteuerliche Unternehmen fortführen, ist die Erbengemeinschaft als Unternehmer im umsatzsteuerlichen Sinne zu qualifizieren.[94] Im Hinblick auf die umsatzsteuerrechtlichen Folgen der Erbauseinandersetzung ist allerdings zu differenzieren. So weit bei der Erbauseinandersetzung ein Spitzenausgleich zu zahlen ist, besteht weitgehend Einigkeit, dass dieser Vorgang umsatzsteuerbar ist. Hingegen sah noch der RFH[95] die Erbauseinandersetzung ohne Spitzenausgleich als nicht umsatzsteuerbaren Vorgang an, da es sich lediglich um einen Akt des Erbrechts handele und die Erben mit der Übereignung der einzelnen Wirtschaftsgüter lediglich von dem ihnen von Anfang an zustehenden Recht auf Erbauseinandersetzung Gebrauch machten. Nach Aufgabe der seinerzeit noch der einkommensteuerlichen Beurteilung zu Grunde liegenden Theorie der Einheit von Erbfall und Erbauseinandersetzung durch den Großen Senat des BFH und nach dem umsatzsteuerlichen Systemwechsel zum Vorsteuerabzug wird diese Auffassung jedoch ganz überwiegend als überholt angesehen.[96] Stattdessen wird davon ausgegangen, dass bei einer 80

---

89 So bereits *Wälzholz* ZEV 2009, 113, 116f. zur Rechtslage vor dem 1.7.2016; *Geck* in Kapp/Ebeling, ErbStG § 13a, Rz. 94.

90 Zu § 13 Abs. 1 Nr. 4b, 4c ErbStG siehe auch ErbStR 2011 E 13.4 Abs. 5 und zu § 13d Abs. 2 ErbStR 2011 E 13 c. Abs. 5.

91 ErbStR 2011 E 13a. 3 Abs. 2 Satz 7 (= A 13a.10 Abs. 2 Satz 7 AEErbSt 2017).

92 Vgl. BFH v. 19.11.1970 – V R 14/67, BStBl. II 1971, 121; UStR 2008 19 Abs. 5 Satz 1.

93 UStR 2008 19 Abs. 5 Satz 2.

94 Rau/Dürrwächter/*Stadie* UStG § 2 Rz. 721.

95 RFH v. 3.5.1935 – vA 228/34 RStBl. 1935, 763.

96 *Mensching* Umsatzsteuer bei Erbfall und vorweggenommener Erbfolge, 250ff.; *Tehler* in: Reiß/Kraeusel/Langer/Wäger, UStG, § 2 Rz. 500; Rau/Dürrrwächter/*Stadie* UStG, § 1 Rz. 725.

Erbauseinandersetzung im Wege der Realteilung die Miterbengemeinschaft hinsichtlich der vorsteuerentlasteten Gegenstände des Unternehmensvermögens generell steuerbare Umsätze nach § 1 Abs. 1 Nr. 1 UStG erzielt.[97] Gegenleistung sei die Aufgabe des Erbteils der Miterben sowie zusätzlich, je nach Ausgestaltung, der Verzicht auf das Auseinandersetzungsguthaben[98] oder die Ausgleichszahlung.[99] Wird im Rahmen der Erbauseinandersetzung das zunächst von der Erbengemeinschaft fortgeführte Unternehmen auf einen oder mehrere Miterben übertragen, fehlt es unter den Voraussetzungen des § 1 Abs. 1a UStG (Geschäftsveräußerung an einen anderen Unternehmer für dessen Unternehmen) allerdings an der Steuerbarkeit des Vorgangs.

81–89 *(frei)*

B. Einzelerläuterungen

Zu § 1:

90 Als wesentliche Grundlage der Erbauseinandersetzung – und zur Beschleunigung des Verfahrens zur Erteilung einer Unbedenklichkeitsbescheinigung nach § 22 GrEStG – empfiehlt sich zunächst eine Beschreibung der Erbfolge und der Hinweis, dass mit dem Vertrag die Erbauseinandersetzung zwischen den Beteiligten bezweckt wird. Mit dem Kreis der Erben ist gleichzeitig der Kreis der Vertragsbeteiligten festgelegt. Am Auseinandersetzungsvertrag müssen alle Miterben teilnehmen. Hat ein Miterbe seinen Erbteil veräußert, tritt der Erbteilserwerber an seine Stelle. Ist der Erbteil verpfändet, so müssen bis zum Eintritt der Pfandreife sowohl der Miterbe als auch der Gläubiger der Erbauseinandersetzung zustimmen. Nach Eintritt der Pfandreife ist die Zustimmung des Miterben hingegen nur erforderlich, wenn im Rahmen der Erbauseinandersetzung von den gesetzlichen Regelungen abgewichen wird, ansonsten kann der Pfandgläubiger den Auseinandersetzungsvertrag alleine schließen (§§ 1273 Abs. 2, 1258 Abs. 2 BGB).[100] Auch wenn der Erbteil mit einem Nießbrauch belastet ist, können der Miterbe und der Nießbraucher nur gemeinsam über den Abschluss des Vertrages entscheiden (§ 1066 Abs. 2 BGB). Ist Nacherbschaft angeordnet, so müssen die Nacherben grundsätzlich nicht an der Erbauseinandersetzung beteiligt werden. Auch bedarf eine Grundstücksübertragung zum Zwecke der Erbauseinandersetzung nicht der Zustimmung des Nacherben.[101] Allerdings stellt die Erbauseinandersetzung einen Erwerb mit Mitteln der Erbschaft iSd. § 2111 Abs. 1 BGB dar, so dass die im Rahmen der Auseinandersetzung erworbenen Gegenstände weiterhin der Nacherbschaft unterliegen.[102] Ist für einen Erben Testamentsvollstreckung angeordnet, so tritt der Testamentsvollstrecker an seine Stelle. Entsprechendes gilt für den Insolvenzverwalter, wenn über das Vermögen eines Miterben Insolvenz angeordnet wurde.

Zu § 2:

91 Vgl. hierzu die Einzelerläuterungen zu § 2 unter B. 3.02 Rz. 2ff.

Zu § 3:

92 Üblicherweise wird das Nachlassvermögen derart beschrieben, dass zwischen Aktiva und Passiva unterschieden wird. Das Formular folgt einer steuerlich orientierten Einteilung in Betriebsvermögen, steuerverstricktes Privatvermögen und sonstiges Privat-

[97] *Tehler* in Reiß/Kraeusel/Langer/Wäger UStG § 2 Rz. 500; Rau/Dürrwächter/*Stadie* UStG § 1 Rz. 727.
[98] *Tehler* in Reiß/Kraeusel/Langer/Wäger UStG § 2 Rz. 500.
[99] *Mensching* Umsatzsteuer bei Erbfall und vorweggenommener Erbfolge, 253 mwN; Rau/Dürrwächter/*Stadie* UStG § 1 Rz. 727.
[100] MüKoBGB/*Ann* BGB § 2042 Rz. 32.
[101] BeckOK BGB/*Litzenburger* BGB § 2113 Rz. 4; MüKoBGB/*Ann* BGB § 2042 Rz. 32.
[102] BGH v. 13.10.2000 – V ZR 451/98, DNotZ 2001, 392, 394.

vermögen, wobei Verbindlichkeiten, die im wirtschaftlichen Zusammenhang zu bestimmten Nachlassgegenständen stehen, diesen besonders zugeordnet werden. Beim Betriebsvermögen und steuerverstrickten Privatvermögen empfiehlt es sich, auch die Buchwerte und Anschaffungskosten mit aufzunehmen, da hierdurch die in den jeweiligen Nachlassgegenständen ruhenden stillen Reserven und damit die von den Erben jeweils mit zu übernehmenden latenten Steuerlasten sichtbar werden und die auf einen erhaltenen Spitzenausgleich zu zahlende Steuer leichter ermittelbar wird.

Die Verkehrswerte sollten sorgfältig und soweit erforderlich sachverständig ermittelt **93**
werden. Der mit zu übernehmenden latenten Steuerbelastung kann bereits bei der Wertbestimmung Rechnung getragen werden. Um späterem Streit über die Angemessenheit der Bewertung vorzubeugen, sollten die ermittelten Werte verbindlich gestellt werden.

So weit Grundbesitz belastet ist, sind die Belastungen ebenfalls in den Vertrag auf- **94**
zunehmen, da die Miterben sich auch darüber zu verständigen haben, was mit diesen Belastungen geschieht. Dienstbarkeiten werden idR übernommen, nicht mehr valutierende Grundschulden gelöscht. So weit die Grundschulden hingegen noch valutieren, kommt eine Ablösung der zu Grunde liegenden Verbindlichkeiten sowohl durch die Erbengemeinschaft als auch den Übernehmer in Betracht. Die Grundschuld ist dann nach Ablösung zu löschen. Alternativ hierzu können die Vertragsbeteiligten aber auch vereinbaren, dass die Grundschuld bestehen bleibt und von einem Miterben in ausschließlich dinglicher Haftung übernommen wird, um später, nach Ablösung der Verbindlichkeit durch ihn oder durch einen anderen Miterben, wieder für eine Neuvalutierung genutzt werden zu können.

Zu § 4:

Bei der Zuweisung der einzelnen Nachlassgegenstände an die jeweiligen Miterben **95**
kann hinsichtlich der Beschreibung der Nachlassgegenstände auf § 3 verwiesen werden. Jedoch sollte der Verkehrswert der einzelnen Nachlassgegenstände mit aufgeführt werden, um so den Vertragsparteien ihre jeweilige wertmäßige Beteiligung am Nachlass sichtbar zu machen. Zur Übertragung von Wertpapieren oder Bankguthaben empfiehlt sich die Erteilung einer Vollmacht an den diese Nachlassgegenstände erwerbenden Miterben.

Zu § 5:

Der hier vorgeschlagene Gewährleistungsausschluss empfiehlt sich nicht nur zur **96**
Streitvermeidung, sondern auch aus Praktikabilitätsgründen. Zum Nachlass gehören meist gebrauchte Gegenstände, für die kein Qualitäts- oder Beschaffenheitsstandard festgelegt werden kann. Entsprechend schwer fällt es, nach Auseinandersetzung die Mangelhaftigkeit eines erhaltenen Nachlassgegenstandes nachzuweisen. Der weit gehende Gewährleistungsausschluss korrespondiert mit der Verbindlichkeit der Wertfeststellung. Beides setzt freilich entsprechende Sorgfalt bei der Wertermittlung voraus.

Zu § 6:

Eine schuldrechtliche Rückwirkung der Auseinandersetzung auf den Todestag bie- **97**
tet sich insbesondere dann an, wenn die Auseinandersetzung zeitnah zum Erbfall erfolgt. Sie kann darüber hinaus angezeigt sein, wenn bestimmtes Nachlassvermögen ohnehin schon seit dem Erbfall von einzelnen Miterben faktisch übernommen wurde. Insbesondere bei der Auseinandersetzung über unternehmerisches Vermögen ist es meist so, dass der präsumtive Unternehmensnachfolger bereits in der Zeit zwischen Erbfall und Abschluss des Auseinandersetzungsvertrages das Unternehmen führt, so dass es nur angemessen erscheint, wenn ihm auch bereits ab dem Zeitpunkt des Erb-

falls die Nutzungen zustehen und er die Gefahren und Lasten zu tragen hat. Anderes gilt, wenn die Erbauseinandersetzung in größerem Zeitabstand zum Erbfall erfolgt und insbesondere das Nachlassvermögen zwischenzeitlich erhebliche Veränderungen erfahren hat.

98 Steuerlich sind die in der Zeit zwischen Erbfall und Erbauseinandersetzung erzielten Einkünfte der Erbengemeinschaft zuzurechnen. Sie werden in einer einheitlichen und gesonderten Gewinnfeststellung erfasst und sodann auf die Erben entsprechend ihrer Erbquoten verteilt. Die steuerliche Zuordnung folgt insoweit dem Zivilrecht. Haben die Erben jedoch im Auseinandersetzungsvertrag vereinbart, dass der Übergang insbesondere von Nutzen und Lasten rückwirkend auf den Todestag des Erblassers erfolgen soll, wird dies von der FinVerw. steuerlich nur dann nachvollzogen, wenn die Erbauseinandersetzung innerhalb von sechs Monaten nach dem Erbfall erfolgt.[103] Nur wenn innerhalb dieser Sechs-Monatsfrist eine klare und rechtlich bindende Vereinbarung über die Auseinandersetzungen und deren Einzelheiten vorliegt, besteuert die Finanzverwaltung die Einkünfte bei dem, dem sie entsprechend der Auseinandersetzungsvereinbarung auch tatsächlich wirtschaftlich zustehen. Gelingt die Erbauseinandersetzung innerhalb der sechs Monate hingegen nicht, so bleibt es bei der steuerlichen Einkünftezurechnung entsprechend der Erbquoten. Dies kann dazu führen, dass der eine Miterbe Steuern auf Einkünfte zu zahlen hat, die dem anderen Miterben zustehen.

99 Der BFH[104] ist, was die steuerliche Rückwirkung angeht, zurecht großzügiger. Konnte, etwa weil die erbrechtliche Rechtslage noch ungeklärt war, eine zeitnahe Erbauseinandersetzung nicht erfolgen, aber wurde unmittelbar nach Beseitigung der Unklarheiten mit der Erbauseinandersetzung begonnen, so soll eine vereinbarte Rückwirkung auf den Zeitpunkt des Erbfalls auch dann steuerlich nachvollzogen werden, wenn die Erbauseinandersetzungsvereinbarung später als sechs Monate nach dem Erbfall erfolgt. Das Urteil erging jedoch zu einer Erbauseinandersetzung auf Grund einer Teilungsanordnung. Die FinVerw.[105] ist deshalb nicht von ihrer Auffassung abgerückt, sondern lässt in Anlehnung an die BFH-Entscheidung lediglich ein Überschreiten der Sechs-Monatsfrist zu, wenn eine Teilungsanordnung vorliegt und sich die Miterben bereits vor der Auseinandersetzung entsprechend dieser Anordnung verhalten haben. Demgegenüber ist bei einer „freien“ Erbauseinandersetzung nach wie vor von der Maßgeblichkeit der Sechs-Monatsfrist auszugehen. Das Muster begegnet dem Risiko einer abweichenden steuerlichen Einkünftezurechnung durch die Begründung eines Erstattungsanspruchs.

100 Zwar gilt der Grundsatz, dass die Erbauseinandersetzung keine Auswirkungen auf die Festsetzung der Erbschaftsteuer hat. Dieser Grundsatz wird jedoch u.a. durch §§ 13a Abs. 5, 19a Abs. 2 ErbStG durchbrochen. Danach erhält nur derjenige Miterbe die erbschaftsteuerliche Begünstigung der §§ 13a, 13b, 13c und 28a, 19a ErbStG, der das unternehmerische Vermögen im Rahmen der Erbauseinandersetzung erhält. Die erbschaftsteuerlichen Belastungen der Miterben können daher aufgrund der Nachlassteilung sehr unterschiedlich ausfallen.[106] Das Formular lässt diese Unterschiede bestehen und regelt keine Ausgleichspflicht. Grund hierfür ist, dass der Erwerber des unternehmerischen Vermögens zum einem Vermögenswerte erhält, die mit einem höherem Risiko (nämlich dem unternehmerischen Risiko) behaftet sind. Dagegen erhält der andere Miterbe im Formular weitgehend risikofreie Werte. Zum anderen läuft der Erwerber des unternehmerischen Vermögens Gefahr, aufgrund eines Behaltensfristverstoßes (§ 13a Abs. 6 ErbStG) oder eines Lohnsummenverstoßes (§ 13a Abs. 3 ErbStG) die erbschaftsteuerliche Privilegierung zumindest teilweise wieder zu verlieren.

---

[103] BMF v. 14.3.2006, BStBl. I 2006, 253, Tz. 8f.

[104] BFH v. 4.5.2000 – IV R 10/99, BStBl. II 2002, 850 (Auseinandersetzung nach 2 Jahren), s. auch FG Niedersachsen v. 20.10.1993 – XIII 287/89, EFG 1994, 507 (Vergleich nach 3 Jahren und 8 Monaten).

[105] BMF v. 5.12.2002, BStBl. I 2002, 1392 sowie BMF v. 14.3.2006, BStBl. I 2006, 253, Tz. 8.

[106] Zu den Einzelheiten oben Rz. 72ff.

Zu § 10:

101 Nach § 1365 Abs. 1 BGB bedarf ein Ehegatte, der im gesetzlichen Güterstand verheiratet ist, zum Abschluss eines Vertrages, in dem er sich zur Verfügung über sein Vermögen im Ganzen verpflichtet, der Zustimmung seines Ehepartner. Das Zustimmungserfordernis wird ausgedehnt auf isolierte Verfügungsverträge, denen kein Verpflichtungsvertrag zu Grunde liegt. Auch wird es als ausreichend angesehen, wenn über das nahezu Ganze verfügt wird. Macht also der Erbteil das wesentliche Vermögen des an der Auseinandersetzung beteiligten Miterben aus, so bedarf der Erbauseinandersetzungsvertrag grundsätzlich der Zustimmung des Ehegatten.[107] Folgt die Erbauseinandersetzung allerdings einer Teilungsanordnung oder entspricht sie den gesetzlichen Regelungen, so soll keine Zustimmung erforderlich sein, weil hierdurch die wirtschaftliche Grundlage der Familie nicht berührt werde.[108] Vorsorglich sollte jedoch auch in derartigen Fällen die Zustimmung des Ehegatten eingeholt werden.

102 Daneben können weitere Genehmigungen erforderlich werden. Gehören insbesondere Minderjährige zur Erbengemeinschaft, so bedürfen die Eltern, auch wenn sie selbst nicht Mitglied der Erbengemeinschaft sind, der familiengerichtlichen Genehmigung, wenn der Auseinandersetzungsvertrag ein nach §§ 1643, 1821, 1822 Nr. 1, 3, 5, 8–11 BGB genehmigungspflichtiges Rechtsgeschäft enthält. Ist auch ein Elternteil des Minderjährigen oder ein nach § 1795 Abs. 2 BGB mit diesem Verwandter Mitglied der Erbengemeinschaft, so ist wegen des Verbots von In-Sich-Geschäften (§ 181 BGB) für den Minderjährigen ein Ergänzungspfleger zu bestellen.

103 Generell bedarf der Auseinandersetzungsvertrag der familiengerichtlichen Genehmigung, wenn ein Erbe unter Vormundschaft, Betreuung oder Pflegschaft steht (§ 1822 Nr. 2 i. V. m. §§ 1908i, 1915 BGB).

B. 3.02 Erbauseinandersetzung mit Spitzenausgleich

Urkunden-Rolle Nr. [...]/[...] B. 3.02

Verhandelt zu [...] am [...]
Vor mir, dem unterzeichnenden Notar

[...]
mit dem Amtssitz in [...]

erschienen:

1. **Herr/Frau [...],**
   wohnhaft in [...],
2. **Herr/Frau [...],**
   wohnhaft in [...].

Die Erschienenen erklärten nachfolgenden

Erbauseinandersetzungsvertrag

§ 1 Erbfolge

Der Erblasser E war deutscher Staatsangehöriger und zuletzt wohnhaft in [...]. Er ist am [...] in [...] verstorben. Ausweislich des Erbscheins des Amtsgerichts [...] vom [...], Aktenzeichen [...] ist er von seinen beiden einzigen Kindern, den Erschienenen

[107] BGH v. 28.4.1961 – V ZB 17/60, NJW 1961, 1301; BeckOK BGB/*Siede* BGB § 1365 Rz. 19.5; Palandt/*Brudermüller* BGB § 1365 Rz. 4; aA MüKoBGB/*Koch* BGB § 1365 Rz. 78.

[108] BeckOK BGB/*Siede* BGB § 1365 Rz. 19.5.

entsprechend den Regeln der gesetzlichen Erbfolge zu gleichen Teilen, also zu je $^1/_2$ Erbteil, beerbt worden.

§ 2 Ausgleichungspflichten[Rz. 2ff.]

(1) Der Erschienene zu 1. hat vom Erblasser bereits im Wege vorweggenommener Erbfolge eine Kommanditeinlage von € 10000,– entsprechend einer Beteiligung von 10 vH an der Möbelhaus E + F KG erhalten. In dem der Zuwendung zu Grunde liegenden Schenkungsvertrag vom [...] hat der Erblasser angeordnet, dass der Erschienene zu 1. sich die Schenkung auf seinen Erbteil anrechnen zu lassen hat. Die Erschienenen gehen übereinstimmend davon aus und erkennen im Rahmen dieses Vertrages als verbindlich an, dass der Wert des geschenkten Kommanditanteils im Zeitpunkt der Zuwendung unter Berücksichtigung des zwischenzeitlichen Kaufkraftschwundes € 150000,– betrug und mit diesem Wert auf den Erbteil des Erschienenen zu 1. anzurechnen ist.

(2) Der Erschienene zu 2. hat vom Erblasser zur Heirat im Jahre [...] einen Betrag von € [...],– und zur Existenzgründung im Jahre [...] einen Betrag von € [...],– erhalten, das entspricht unter Berücksichtigung des Kaufkraftschwundes einem Gesamtbetrag von € 50000,–. Die Erschienenen sind darüber einig, dass es sich bei den Zuwendungen um Ausstattungen handelt, die sich der Erschienene zu 2. auf seinen Erbteil anrechnen zu lassen hat.

§ 3 Nachlass

(1) Zum ungeteilten Nachlass gehören noch:

I. Betriebsvermögen

1. Schreinerei E e.K., eingetragen im Handelsregister des Amtsgerichts [...] unter HRA [...] mit sämtlichen Aktiven und Passiven, insbesondere des zum Betriebsvermögen gehörenden bebauten Grundbesitzes, eingetragen im Grundbuch von [...], Band [...], Blatt, [...], Flurstück-Nr. [...] Das Eigenkapital des Einzelunternehmens betrug zum 31.12. [...] € 100000,–.	€	400000,–
2. Kommanditeinlage i.H.v. € 30000,– entsprechend einer Beteiligung von 30 vH an dem Möbelhaus E + F KG, eingetragen im Handelsregister des Amtsgerichts [...] unter HRA [...], mit den jeweiligen zugehörigen Gesellschafter- und Darlehenskonten. Das Kapitalkonto des Erblassers belief sich zum 31.12. [...] auf € 50000,–, sein Darlehenskonto auf € 20000,–. Zum Anteil gehört kein Sonderbetriebsvermögen.	€	350000,–

II. Steuerverstricktes Privatvermögen

1. Geschäftsanteil im Nennwert von € 100000,– entsprechend einer Beteiligung von 100 vH an der Küchenstudio E GmbH. Die Anschaffungskosten für den Geschäftsanteil beschränken sich auf die voll erbrachte Stammeinlage von € 100000,–.	€	400000,–
2. Bebautes Grundstück [...], eingetragen im Grundbuch von [...], Band [...], Blatt [...], Flurstück-Nr. [...] Das Grundstück wurde vom Erblasser am [...] angeschafft. Die Anschaffungskosten betrugen € 300000,–, wovon € 250000,– auf das Gebäude entfielen, und sind zwischenzeitlich gemindert um AfA von € 50000,–.	€	350000,–
3. Festverzinsliche Wertpapiere im Depot bei der [...] Bank.	€	80000,–

III. Sonstiges Privatvermögen

1. Bebautes Grundstück [...], eingetragen im Grundbuch von [...], Band [...], Blatt [...], Flurstück-Nr. [...].	€	400 000,–
2. Grundschuld i. H. v. € 200 000,– auf dem unter Ziff. III 1. beschriebenen Grundstück mit einer Valuta für die [...] Bank per heute von € 50 000,–.	€	– 50 000,–
3. Hausrat, Inventar und Kunstgegenstände gemäß Aufstellung in Anlage I.	€	20 000,–
4. Guthaben auf dem Girokonto mit der Nr. [...] bei der [...] Bank.	€	15 000,–
5. Pkw der Marke [...] mit dem amtlichen Kennzeichen [...]	€	10 000,–
6. Verbindlichkeit gegenüber der [...] Bank von € 25 000,– per heute.	€	– 25 000,–
Reinnachlass:	€	1 950 000,–
zzgl. ausgleichungspflichtiger Zuwendungen:	€	200 000,–
Reinnachlass einschließlich ausgleichungspflichtiger Zuwendungen:	€	2 150 000,–

(2) Die Verkehrswerte des Betriebsvermögens und der Immobilien wurden sachverständig ermittelt. Die Verkehrswerte der übrigen Nachlassgegenstände geschätzt. In einzelnen Nachlassgegenständen ruhende latente Steuerbelastungen wurden bereits bei den vorstehenden Wertansätzen angemessen berücksichtigt. Sämtliche vorgenannten Verkehrswerte sollen für diese Auseinandersetzung verbindlich sein. Zukünftige Erkenntnisse, die auf die Wertbestimmung Einfluss haben könnten, sollen unberücksichtigt bleiben und auf die hier getroffenen Regelungen keinen Einfluss mehr haben.

(3) Entsprechend der Erbanteile der Erschienenen von 1/2 entfallen somit von den um die ausgleichungspflichtigen Zuwendungen erhöhten Reinnachlass auf jeden der Erschienenen wertmäßig € 1 075 000,–. Hierauf hat sich der Erschienene zu 1. € 150 000,– anrechnen zu lassen, so dass auf ihn wertmäßig € 925 000,– vom Reinnachlass entfallen. Der Erschienene zu 2. hat sich auf seinen Erbteil € 50 000,– anrechnen zu lassen, so dass auf ihn wertmäßig € 1 025 000,– vom Reinnachlass entfallen.

§ 4 Auseinandersetzung

Die Erschienenen heben die zwischen ihnen bestehende Erbengemeinschaft auf und setzen sich über das oben aufgeführte Nachlassvermögen wie folgt auseinander:

Der Erschienene zu 1. erhält

1. Die Schreinerei E e. K. (§ 3 Abs. 1 I. 1.) mit allen Aktiva und Passiva wie sie sich aus dem zum [...] aufgestellten Jahresabschluss, ergänzt um die als Anlage II beigefügte Neuerwerbungsliste, ergeben. Der Erschienene zu 1. stellt den Erschienenen zu 2. von jeglicher Inanspruchnahme aus betrieblichen Verbindlichkeiten frei.	€	400 000,–
2. Die Kommanditeinlage i. H. v. € 30 000,– an der Möbelhaus E + F KG mit den dazugehörigen Gesellschafter- und Darlehenskonten (§ 3 Abs. 1 I. 2.).	€	350 000,–
3. Den Geschäftsanteil im Nennwert von € 100 000,– an der Küchenstudio E GmbH (§ 3 Abs. 1 II. 1.).	€	400 000,–
4. Die durch Grundschuld gesicherte Verbindlichkeit gegenüber der [...] Bank (§ 3 Abs. 1 III. 2). Der Erschienene zu 1. verpflichtet sich, die Verbindlichkeit mit schuldbefreiender Wirkung für den Erschienenen zu 2. im Rahmen des vertraglich vereinbarten Zins- und Tilgungsplans abzulösen und die laufenden Zinsen zu tragen.		

Der Erschienene zu 2. erklärt sich damit einverstanden, dass die Grundschuld als Sicherheit bestehen bleibt, der Rückübertragungsanspruch und alle weiteren Gläubigerrechte bezüglich der Grundschuld werden ihm hiermit abgetreten. € – 50 000,–

5. Die Verbindlichkeit gegenüber der [...] Bank (§ 3 Abs. 1 III. 7.). € – 25 000,–

Wert der Zuteilung: € 1 075 000,–
zuzüglich ausgleichspflichtige Schenkung (§ 2): € 150 000,–

Gesamterwerb des Erschienenen zu 1.: € 1 225 000,–

Der Erschienene zu 1. erhält damit wertmäßig € 150 000,– mehr als ihm entsprechend seiner Teilungsquote gemäß § 3 Abs. 3 vom Reinnachlass zusteht.
Der Erschienene zu 2. erhält

1. Das bebaute Grundstück [...] (§ 3 Abs. 1 II. 2.). € 350 000,–
2. Das bebaute Grundstück [...] (§ 3 Abs. 1 III. 1.). € 400 000,–
3. Hausrat, Inventar und Kunstgegenstände (§ 3 Abs. 1 III. 3.) mit Ausnahme der in Anlage III aufgeführten persönlichen Gegenstände, die lediglich Erinnerungswert haben und die der Erschienene zu 1. erhält. € 20 000,–
4. Die festverzinslichen Wertpapiere (§ 3 Abs. 1 III. 4.) Der Erschienene zu 1. bevollmächtigt hierzu den Erschienenen zu 2. unwiderruflich, die zur Übertragung der Wertpapiere erforderlichen Erklärungen gegenüber den Schuldnern und der depotführenden Bank abzugeben. € 80 000,–
5. Das Guthaben auf dem Girokonto (§ 3 Abs. 1 III. 5.). Der Erschienene zu 1. bevollmächtigt hierzu den Erschienenen zu 2. unwiderruflich, die zur Übertragung des Guthabens erforderlichen Erklärungen gegenüber der [...] abzugeben. € 15 000,–
6. Den Pkw (§ 3 Abs. 1 III. 6.). € 10 000,–

Wert der Zuteilung: € 875 000,–
zuzüglich ausgleichungspflichtige Ausstattungen: € 50 000,–
Gesamterwerb des Erschienenen zu 2.: € 925 000,–

Der Erschienen zu 2. erhält damit wertmäßig € 150 000,– weniger als ihm am Reinnachlass zusteht.

§ 5 Ausgleichszahlung[Rz. 5, 6]

(1) Nach vorgenannter Auseinandersetzung und Anrechnung der zur Ausgleichung zu bringenden Zuwendungen nach § 2 entfällt auf den Erschienenen zu 1. ein Mehrerwerb von € 300 000,–.

(2) Zum Ausgleich dieses Mehrerwerbs hat der Erschienene zu 1. dem Erschienenen zu 2. eine Geldabfindung von € 150 000,– zu zahlen.
Die Ausgleichszahlung ist fällig zum [...] und bis dahin unverzinslich. Auf Sicherheiten und die Unterwerfung unter die sofortige Zwangsvollstreckung wird verzichtet.

§ 6 Gewährleistung

Den Erschienenen sind Art, Umfang und Beschaffenheit der von ihnen jeweils übernommenen Nachlassgegenstände bekannt. Sie schließen deshalb, soweit zulässig, jegliche Haftung für Sach- und Rechtsmängel aus.

§ 7 Übergabe

(1) Die Übertragung der Nachlassgegenstände erfolgt mit schuldrechtlicher Wirkung auf den Todestag des Erblassers. Entsprechend erfolgt rückwirkend auf diesen Tag der Übergang von Gefahr, Nutzungen und Lasten.

(2) Die Übergabe des Besitzes aus den einzelnen Nachlassgegenständen erfolgt mit Beurkundung dieses Vertrages.

§ 8 Dingliche Einigung, Auflassung

Die Erschienenen sind über den Eigentumsübergang der ihnen in § 4 jeweils zugeteilten Nachlassgegenstände von der Erbengemeinschaft auf den jeweils erwerbenden Miterben einig. Sie bewilligen und der jeweilige Erwerber beantragt für den ihm jeweils zugeteilten Grundbesitz die Eigentumsumschreibung im Grundbuch.

§ 9 Steuerfreistellung

(1) Die Erschienenen gehen davon aus, dass ihnen auch steuerlich die ihnen rückwirkend auf den Todestag des Erblassers wirtschaftlich zustehenden Einkünfte aus den ihnen in § 4 jeweils zugeteilten Nachlassgegenständen zugerechnet werden. Für den Fall einer hiervon abweichenden Einkünftezurechnung stellen sie sich gegenseitig von daraus erwachsenden Steuerbelastungen frei.

(2) Die Erschienenen haben für den Erwerb des zum Nachlass gehörenden Einzelunternehmens, Kommanditanteils und GmbH-Geschäftsanteils die erbschaftsteuerlichen Betriebsvermögensbegünstigungen in Anspruch genommen. Den Erschienenen ist bekannt, dass nach der Teilung des Nachlasses diese Begünstigungen ausschließlich dem Erschienenen zu 1. als Übernehmer des Betriebsvermögens zustehen. Hierdurch ergibt sich eine unterschiedliche Steuerbelastung der Erschienenen trotz wertmäßig gleichen Erwerbs. Ein Ausgleich hierfür ist unter den Miterben in Ansehung des Unternehmer- und (Nach)-Steuerrisikos des Erschienenen zu 1. nicht geschuldet. Kommt es daher nicht zu einer Nachversteuerung, sollen dem Erschienenen zu 1. die Vorteile der Betriebsvermögensbegünstigung endgütig verbleiben. Im Gegenzug stellt der Erschienene zu 1. den Erschienenen zu 2. von sämtlichen denkbaren Nachsteuerbelastungen in Ansehung des von ihm übernommenen Betriebsvermögens frei, soweit dies nicht ohnehin schon kraft Gesetzes der Fall ist.

§ 10 Abgeltungsklausel

Mit dem heutigen Erbauseinandersetzungsvertrag sind sämtliche gegenseitigen Ansprüche der Erschienenen aus dem Erbfall abgegolten. Auf die Geltendmachung weiterer Ansprüche bezüglich des Nachlasses wird ausdrücklich verzichtet.

§ 11 Zustimmungserfordernisse

(1) Die Erschienenen leben im gesetzlichen Güterstand, verfügen jedoch nicht über ihr Vermögen im Ganzen oder Wesentlichen.

(2) Nach dem Gesellschaftsvertrag der Möbelhaus E + F KG bedarf die Übertragung einer Kommanditbeteiligung und nach der Satzung der Küchenstudio A GmbH bedarf die Übertragung eines Geschäftsanteils auf Abkömmlinge des Erblassers keiner besonderen Zustimmung.

§ 12 Kosten

Die Kosten dieser Urkunde und ihres Vollzugs tragen die Erschienenen zu gleichen Teilen.

§ 13 Schlussbestimmungen

[Abwicklungsvollmacht, Salvatorische Klausel, Steuern, Abschriften, Hinweise]

A. Grundsätzliche Anmerkungen

1 Vgl. hierzu die Erläuterungen in B. 3.01 Rz. 1–80.

B. Einzelerläuterungen

Zu § 2

2 Die Ausgleichungspflicht von Abkömmlingen als gesetzlichen Erben[1] für lebzeitige Zuwendungen des Erblassers ergibt sich aus § 2050 BGB. Nicht jeder Vorempfang ist ausgleichspflichtig. Das Gesetz unterscheidet zwischen „geborenen" und „gekorenen" Ausgleichspflichten. Der Erblasser kann hinsichtlich jeder Zuwendung die Ausgleichung anordnen (§ 2050 Abs. 3 BGB). Daneben sind drei Arten von Vorempfängen, nämlich Ausstattungen, Zuschüsse und Aufwendungen für die Vorbildung zu einem Beruf auszugleichen, wenn der Erblasser nicht etwas anderes angeordnet hat.

3 Zur Ausstattung gehört nach § 1624 BGB, was einem Kind mit Rücksicht auf seine Verheiratung oder auf die Erlangung einer selbstständigen Lebensstellung zur Begründung oder zur Erlangung der Wirtschafts- oder der Lebensstellung zugewendet wird. Hierzu gehören vor allem Zuwendungen zur Heirat (insbesondere die früher in § 1620 BGB aF noch als Anspruch ausgestaltete Aussteuer) und Zuwendungen zur Existenzgründung. Zuschüsse sind nur dann ausgleichungspflichtig, wenn sie zu dem Zweck gegeben worden sind, als Einkünfte verwendet zu werden, was voraussetzt, dass sie wiederkehrend auf gewisse Dauer und mit gewisser Regelmäßigkeit bezogen werden,[2] und sie das den Vermögensverhältnissen des Erblassers entsprechende Maß überstiegen haben. Auch Aufwendungen für die Vorbildung zu einem Beruf sind nur dann ausgleichungspflichtig, wenn sie übermäßig waren. Bei den anderen Zuwendungen mit angeordneter Ausgleichungspflicht ist zu beachten, dass diese Anordnung nicht nachgeholt werden kann. Sie muss deshalb spätestens gleichzeitig mit der Zuwendung dem Bedachten so zur Kenntnis gebracht worden sein, dass dieser die Zuwendung auch ablehnen kann. Neben lebzeitigen Zuwendungen des Erblassers können besondere Leistungen eines Abkömmlings gemäß § 2057a BGB bei der Auseinandersetzung zu berücksichtigen sein. Hier wird keine Bevorzugung durch einen Vorempfang, sondern eine Schlechterstellung durch ein „Sonderopfer" ausgeglichen. Mit dem Gesetz zur Änderung des Erb- und Verjährungsrechts[3] ist zum 1.1.2010 der Anwendungsbereich der Norm verbreitert worden. Der Abkömmling muss die Leistung nicht mehr „unter Verzicht auf berufliches Einkommen" erbracht haben.[4] Erfolgt die Auseinandersetzung ohne Berücksichtigung der Ausgleichungspflicht, so steht dem hierdurch benachteiligten Miterben im Zweifel ein Bereicherungsanspruch zu, es sei denn, ihm war die Ausgleichungspflicht schon bei der Auseinandersetzung bekannt.[5]

4 Die Durchführung der Ausgleichung ist in § 2055 BGB geregelt. Hiernach werden sämtliche ausgleichungspflichtigen Zuwendungen mit dem Wert im Zeitpunkt der Zuwendung – allerdings unter Berücksichtigung des zwischenzeitlichen Kaufkraftschwundes[6] – dem Nachlass hinzugerechnet. Sodann wird von dem so erhöhten Nachlass der Erbteil eines jeden Abkömmlings errechnet und dem Ausgleichungs-

---

[1] Gemäß § 2052 BGB findet eine Ausgleichung im Zweifel auch statt, wenn die Abkömmlinge in gewillkürter Erbfolge, jedoch im Verhältnis ihrer gesetzlichen Erbteile eingesetzt werden.

[2] BeckOK BGB/*Lohmann* BGB § 2050 Rz. 8 ff.

[3] BGBl. 2009 I 3142.

[4] Ausführlich hierzu *Baumann/Karsten* RNotZ 2010, 95; *Ludyga* ZErb 2009, 289 ff.; MüKoBGB/*Ann* BGB § 2057a Rz. 24.

[5] BeckOK BGB/*Lohmann* BGB § 2055 Rz. 5.

[6] BGH v. 4.7.1975 – IV ZR 3/74, NJW 1975, 1831; BGH v. 12.10.1988 – IVa ZR 166/87, NJW-RR 1989, 259, 260; BeckOK BGB/*Lohmann* BGB § 2055 Rz. 4; aA Staudinger/*Werner* BGB § 2055 Rz. 8 ff.

pflichtigen von seinem aus dem erhöhten Nachlass ermittelten Erbteil der Wert seines Vorempfangs abgezogen[7] (siehe hierzu auch § 3 Abs. 1 und Abs. 3 des Musters).

Zu § 5

Da im Muster der eine Miterbe in der Auseinandersetzung unter Berücksichtigung der zur Ausgleichung zu bringenden Zuwendungen mehr als der andere Miterbe erwirbt, hat er diesem für diesen Mehrerwerb eine Abfindung zu zahlen. Da mit der Abfindung auch der Mehrempfang von Betriebsvermögen und steuerverstricktem Privatvermögen abgefunden wird, hat der abfindungsberechtigte Miterbe den ihm hierbei entstehenden Gewinn zu versteuern. Dem abfindungsverpflichteten Miterben entstehen Anschaffungskosten (ausführlicher hierzu B. 3.01 Rz. 54ff.). **5**

Erbschaftsteuerlich ist der Vorgang als teilentgeltlich einzuordnen. Damit wird teilweise der Nachsteuertatbestand des § 13a Abs. 6 ErbStG ausgelöst. Im Übrigen, also in Höhe des unentgeltlichen Teils, geht die Begünstigung für unternehmerisches Vermögen gem. §§ 13a Abs. 5, 19a Abs. 2 ErbStG auf den Miterben über, der das unternehmerische Vermögen erwirbt (ausführlicher hierzu B. 3.01 Rz. 72ff.). **6**

---

[7] BeckOK BGB/*Lohmann* BGB § 2055 Rz. 5.

B. 3.10 Erbauseinandersetzung durch Abschichtung

Gliederung

B. 3.10

Abschichtungsvertrag

Abschichtungsvertrag

zwischen

1. Herr/Frau [...],
wohnhaft in [...],

2. Herr/Frau [...],
wohnhaft in [...],

Präambel

Die Erschienenen zu 1. und 2. sind zu gleichen Teilen Erben nach dem am [...] verstorbenen Erblasser E geworden. Sie bilden eine Erbengemeinschaft nach den gesetzlichen Vorschriften der §§ 2032 ff. BGB. Aus dieser Erbengemeinschaft möchte der Erschiene zu 1. gegen Abfindung durch Verzicht auf sein Mitgliedschaftsrecht (sog. personelle Abschichtung) ausscheiden. Die Parteien vereinbaren deshalb, was folgt:

§ 1 Erbfolge

Der Erblasser E war deutscher Staatsangehöriger und zuletzt wohnhaft in [...]. Er ist am [...] in [...] verstorben. Ausweislich des Erbscheins des Amtsgerichts [...] vom [...], Aktenzeichen [...] ist er von seinen beiden einzigen Kindern, den Erschienenen entsprechend den Regeln der gesetzlichen Erbfolge zu gleichen Teilen, also zu je $^1/_2$ Erbteil, beerbt worden.

§ 2 Ausgleichungspflichten

(1) Der Erschienene zu 1. hat vom Erblasser bereits im Wege vorweggenommener Erbfolge das mit einem Geschäftshaus bebaute Grundstück, eingetragen im Grundbuch von [...], Gemarkung [...], Band [...], Blatt, [...], Fl.-Nr. [...] erhalten. In dem der Zuwendung zu Grunde liegenden Schenkungsvertrag vom [...] hat der Erblasser angeordnet, dass der Erschienene zu 1. sich die Schenkung auf seinen Erbteil anrechnen zu lassen hat. Die Erschienenen gehen übereinstimmend davon aus und erkennen im Rahmen dieses Vertrages als verbindlich an, dass der Wert des geschenkten Grundstücks im Zeitpunkt der Zuwendung unter Berücksichtigung des zwischenzeitlichen Kaufkraftschwundes € 5 000 000,– betrug und mit diesem Wert auf den Erbteil des Erschienenen zu 1. anzurechnen ist.

(2) Der Erschienene zu 2. hat vom Erblasser zur Heirat im Jahre [...] einen Betrag von [...] und zur Existenzgründung im Jahre [...] einen Betrag von [...] erhalten, das entspricht unter Berücksichtigung des Kaufkraftschwundes einem Gesamtbetrag von € 50000,–. Die Erschienenen sind darüber einig, dass es sich bei den Zuwendungen um Ausstattungen handelt, die sich der Erschienene zu 2. auf seinen Erbteil anrechnen zu lassen hat.

§ 3 Nachlass

(1) Zum ungeteilten Nachlass gehören noch:

I. Grundbesitz	
1. Grundstück in [...], X-Straße, eingetragen im Grundbuch von [...], Gemarkung [...], Band [...], Blatt, [...], Fl.-Nr. [...]; in Abt. II und III des Grundbuchs lastenfrei vorgetragen. Das Grundstück befand sich samt aufstehenden Baulichkeiten mit sämtlichen Nutzungs- und Funktionszusammenhängen im Privatvermögen des Erblassers. Es wurde von der Erbengemeinschaft nicht betrieblich genutzt oder sonst in ein Betriebsvermögen eingelegt. Wohnungen im Sinne des § 181 Abs. 9 BewG sind nicht vorhanden.	€ 2000000,–
2. Grundstück in [...], Y-Straße, eingetragen im Grundbuch von [...], Gemarkung [...], Band [...], Blatt, [...], Fl.-Nr. [...]; in Abt. II und III des Grundbuchs lastenfrei vorgetragen. Das Grundstück befand sich samt aufstehenden Baulichkeiten mit sämtlichen Nutzungs- und Funktionszusammenhängen im Privatvermögen des Erblassers. Es wurde von der Erbengemeinschaft nicht betrieblich genutzt oder sonst in ein Betriebsvermögen eingelegt. Wohnungen im Sinne des § 181 Abs. 9 BewG sind nicht vorhanden.	€ 3000000,–
II. Sonstiges Privatvermögen	
1. Hausrat, Inventar und Kunstgegenstände gemäß Aufstellung in Anlage I	€ 100000,–
2. Guthaben auf dem Girokonto mit der Nr. [...] bei der [...] Bank	€ 120000,–
3. Guthaben auf dem Festgeldkonto mit der Nr. [...] bei der [...] Bank	€ 700000,–
4. Pkw der Marke [...] mit dem amtlichen Kennzeichen [...]	€ 80000,–
Reinnachlass	€ 6000000,–
zzgl. ausgleichungspflichtiger Zuwendungen	€ 5050000,–
Reinnachlass einschließlich ausgleichungspflichtiger Zuwendungen	€ 11050000,–

(2) Die Verkehrswerte der Immobilien wurden sachverständig ermittelt. Die Verkehrswerte der übrigen Nachlassgegenstände wurden geschätzt. Für sämtliche Nachlassgegenstände sind die Spekulationsfristen des § 23 EStG bereits zu Lebzeiten des Erblassers abgelaufen. Sonstige nachteilige Steuerfolgen sind nicht zu befürchten. Latente Steuerbelastungen sind daher nicht zu berücksichtigen.
Sämtliche vorgenannten Verkehrswerte sollen für diese Auseinandersetzung verbindlich sein. Zukünftige Erkenntnisse, die auf die Wertbestimmung Einfluss haben könnten, sollen unberücksichtigt bleiben und auf die hier getroffenen Regelungen keinen Einfluss mehr haben.

(3) Entsprechend der Erbanteile der Erschienenen von $1/2$ entfallen somit von den um die ausgleichungspflichtigen Zuwendungen erhöhten Reinnachlass auf jeden der Erschienenen wertmäßig € 5525000,–. Hierauf hat sich der Erschienene zu 1.

€ 5000000,– anrechnen zu lassen, so dass auf ihn wertmäßig € 525000,– des Reinnachlasses entfallen. Der Erschienene zu 2. hat sich auf seinen Erbteil € 50000,– anrechnen zu lassen, so dass auf ihn wertmäßig € 5475000,– des Reinnachlasses entfallen.

§ 4 Ausscheiden[Rz. 35 ff.]

(1) Die Erschienenen sind sich darüber einig, dass der Erschienene zu 1. zum [...] aus der Erbengemeinschaft ausscheidet. Eine gegenständliche Auseinandersetzung der Erbengemeinschaft durch Teilung des Nachlasses ist hiermit nicht verbunden.
(2) Das Ausscheiden steht unter der aufschiebenden Bedingung der Zahlung der nach § 5 geschuldeten Abfindung durch den Erschienen zu 2.
(3) Nach gegenwärtigem Stand sind keine Nachlassverbindlichkeiten mehr vorhanden. Sollten nach dem Abschluss dieser Vereinbarung noch Ansprüche von Nachlassgläubigern geltend gemacht werden, trägt diese der Erschienene zu 2. allein. Er stellt den Erschienenen zu 1. von sämtlichen Forderungen frei, die im Zuge der Erbenhaftung gegen den Erschienenen zu 1. geltend gemacht werden.

§ 5 Abfindung[Rz. 39 ff.]

(1) Der Erschienene zu 2. verpflichtet sich, dem Erschienenen zu 1. als Abfindung für sein Ausscheiden aus der Erbengemeinschaft einen Betrag von € 525000,– zu bezahlen. Der Erschienene zu 2. ist berechtigt, die Zahlung aus Mitteln des Nachlasses zu bewirken. Der Erschienene zu 1. nimmt die Abfindung an.
(2) Die Höhe der vorgenannten Abfindung soll nach dem Willen der Parteien endgültig sein. Sie soll insbesondere auch dann unberührt bleiben, wenn nach Abschluss dieser Vereinbarung noch Aktiva oder Passiva des Nachlasses bekannt werden oder sonst eine Änderung in den Vermögensverhältnissen des Nachlasses eintritt.
(3) Die Abfindung ist am [...] zur Zahlung fällig und zahlbar auf das Konto des Erschienenen zu 1. bei der [...] Bank, BLZ [...], Konto-Nr. [...]. Der Erschienene zu 2. ist zur Vorleistung verpflichtet. Mit Ablauf des *[Fälligkeitstermins]* kommt der Erschienene zu 2. in Verzug, ohne dass es hierfür einer Mahnung bedarf. Maßgeblich für die Fristwahrung ist der Tag der Gutschrift auf dem Konto des Erschienenen zu 1.
(4) Auf Unterwerfung unter die sofortige Zwangsvollstreckung sowie auf Sicherheitsleistung wird ausdrücklich verzichtet.

§ 6 Anwachsung[Rz. 43]

(1) Bei Eintritt der unter § 4 Abs. 2 vereinbarten Bedingung scheidet der Erschienene zu 1. aus der Erbengemeinschaft aus. Infolge dieses Ausscheidens wächst dem Erschienenen zu 2. der gesamte Nachlass kraft Gesetzes dinglich an; er wird somit Alleineigentümer sämtlicher Nachlassgegenstände, ohne dass es hierfür eines rechtsgeschäftlichen Übertragungsakts bedürfte.
(2) Der Erschienene zu 1. verpflichtet sich, nach Bedingungseintritt die zur Eigentumsumschreibung gegenüber dem Grundbuchamt erforderlichen Erklärungen abzugeben.

§ 7 Gewährleistung[Rz. 44]

(1) Der Erschienene zu 1. garantiert, dass er den von E hinterlassenen Erbteil nicht veräußert hat und ihm dieser frei von Rechten Dritter zusteht.
(2) Im Übrigen sind den Erschienenen Art, Umfang und Beschaffenheit der Nachlassgegenstände bekannt. Sie schließen deshalb – vorbehaltlich des Absatzes 1 –

jegliche Haftung für Sach- und Rechtsmängel aus, soweit dies gesetzlich zulässig ist.

§ 8 Abgeltungsklausel

(1) Mit Vollzug des heutigen Erbauseinandersetzungsvertrages sind sämtliche gegenseitigen Ansprüche der Erschienenen aus dem Erbfall nach E – gleich ob bekannt oder unbekannt – ausgeglichen und erledigt, soweit dieser Vertrag nicht ausdrücklich etwas anderes bestimmt.

(2) Hilfsweise wird auf die Geltendmachung eventueller weiterer Ansprüche bezüglich des Nachlasses ausdrücklich verzichtet.

§ 9 Zustimmungserfordernisse

(1) Die Erschienenen leben im gesetzlichen Güterstand, verfügen jedoch nicht über ihr Vermögen im Ganzen oder Wesentlichen.

(2) Weitere Zustimmungserfordernisse bestehen nicht.

§ 10 Kosten

Die Kosten dieser Urkunde und ihres Vollzugs tragen die Erschienenen zu gleichen Teilen.

§ 11 Schlussbestimmungen

(1) Änderungen und Ergänzungen dieses Vertrages bedürfen der Schriftform. Das gilt auch für diese Schriftformklausel. Mündliche Nebenabreden bestehen nicht.

(2) Sollten eine oder mehrere Bestimmungen dieses Vertrages unwirksam oder lückenhaft sein, wird die Gültigkeit der übrigen Bestimmungen hierdurch nicht berührt. Die Parteien verpflichten sich in diesem Falle, umgehend eine Neuregelung zu treffen, die dem wirtschaftlich Gewollten am Nächsten kommt. Sollte eine solche Vereinbarung scheitern, ist die Lücke im Wege ergänzender Vertragsauslegung unter besonderer Berücksichtigung des wirtschaftlichen Zwecks dieses Vertrages zu schließen.

....

[Unterschrift] ***[Unterschrift]***

Vollzug [Rz. 45ff.]

Vereinbarung
zum Vollzug eines Abfindungsvertrages

zwischen

1. Herr/Frau [. . .],
wohnhaft in [. . .],
2. Herr/Frau [. . .],
wohnhaft in [. . .].

§ 1 Grundbuch

Im Grundbuch von [. . .], Gemarkung [. . .], Band [. . .], Blatt, [. . .], Fl.-Nr. [. . .] ist das Grundstück X-Straße, im Grundbuch von [. . .], Gemarkung [. . .], Band [. . .], Blatt, [. . .], Fl.-Nr. [. . .] das Grundstück Y-Straße eingetragen.

Als Eigentümer beider Grundstücke sind wir – jeweils in Erbengemeinschaft – eingetragen.

Beide Grundstücke sind in Abt. II und III des Grundbuchs lastenfrei vorgetragen.

§ 2 Erklärungen

Wir erklären, am [...] den als Anlage beigefügten privatschriftlichen Abschichtungsvertrag geschlossen zu haben.

Wir erkennen übereinstimmend an, dass es sich bei den Unterschriften auf dem Abschichtungsvertrag jeweils um unsere eigenen handelt.

Ferner erklären wir unter Hinweis auf den als Anlage beigefügten Kontoauszug, dass der Abfindungsbetrag von € 525 000,– am [...] eingehend auf dem Konto von [...] gutgeschrieben wurde. Verzugszinsen sind damit keine angefallen. Wir erklären weiter, dass damit die in § 4 Abs. 2 des Abschichtungsvertrages vereinbarte aufschiebende Bedingung eingetreten ist.

Wir stellen übereinstimmend fest, dass [...] infolge des Ausscheidens von [...] aus der Erbengemeinschaft kraft Gesetzes – ohne Auflassung – Alleineigentümer der unter § 2 bezeichneten Grundstücke geworden ist.

Das Grundbuch ist damit unrichtig.

[...] bewilligt, der [...] beantragt die Eintragung des [...] als Alleineigentümer im Grundbuch.

§ 3 Kosten

Die Kosten dieser Vereinbarung und ihres Vollzugs tragen wir zu gleichen Teilen.

....

[Unterschrift] ***[Unterschrift]***

[Beglaubigungsvermerk]

A. Grundsätzliche Anmerkungen

I. Zivilrecht

1 Die Erbauseinandersetzung durch Abschichtung wird allgemein als „dritter Weg der Erbauseinandersetzung" neben der Teilung bzw. Veräußerung der Nachlassgegenstände und der Übertragung von Erbteilen bezeichnet. Im Wesentlichen vom Schrifttum[1] entwickelt, wurde sie erstmals mit Urteil des BGH vom 21.1.1998[2] höchstrichterlich anerkannt.

2 Der Begriff der „Abschichtung" ist missverständlich.[3] Der Sache nach handelt es sich um das Ausscheiden eines Miterben aus der Gesamthand, verbunden mit der Anwachsung des von ihm aufgegebenen Anteils bei den verbleibenden Miterben. Begründet wird dies mit einer Analogie zu den gesellschaftsrechtlichen Bestimmungen der §§ 736, 738 BGB. Unverständlich ist deshalb, warum hier nicht ebenfalls die Begriffe „Ausscheiden" und „Anwachsung" verwendet werden.

3 In entsprechender Anwendung der §§ 736, 738 BGB führt die Abschichtung bei den verbleibenden Miterben zu einem Erwerb kraft Gesetzes, der selbst dann formfrei möglich ist, wenn die rechtsgeschäftliche Übertragung einzelner Nachlassgegenstände (etwa nach den § 311b Abs. 1 BGB; § 15 Abs. 3, 4 GmbHG) formbedürftig wäre.[4] Die für die Erbteilsübertragung geltende Formvorschrift des § 2033 Abs. 1 Satz 2 BGB

---

[1] Vgl. *Damrau* ZEV 1996, 361.

[2] BGH v. 21.1.1998 – IV ZR 346/96, ZEV 1998, 141; bestätigt durch BGH v. 27.10.2004 – IV ZR 174/03, NJW 2005, 284 sowie BGH v. 30.9.2010 – VZB 219/09, NJW 2011, 525; ablehnend *Kanzleiter* ZEV 2012, 447 mit Zusammenfassung der Kritik des Schrifttums.

[3] Kritisch auch *Wesser/Saalfrank* NJW 2003, 2937, 2938.

[4] So ausdrücklich LG Köln v. 7.5.2003 – 11 T 63/03, NJW 2003, 2993.

findet mangels rechtsgeschäftlicher Verfügung über den Erbteil ebenfalls keine Anwendung.

4 Eine Ausnahme vom Grundsatz der Formfreiheit gilt nur, wenn als Abfindung für den Ausscheidenden Nachlassgegenstände hingegeben werden, deren Übertragung wiederum der notariellen Beurkundung bedarf. Schließlich ist eine notarielle Beurkundung erforderlich, wenn sich die verbleibenden Miterben hinsichtlich der Zahlung der Abfindung der sofortigen Zwangsvollstreckung unterwerfen sollen (§§ 794 Abs. 1 Nr. 5; 797 Abs. 2 ZPO), was im Einzelfall zur Sicherung des Ausscheidenden durchaus sinnvoll sein kann. Auch aus Sicherungsgründen kann daher im Einzelfall eine notarielle Beurkundung angezeigt sein.[5]

5 Alternativ dazu kann das Ausscheiden aus der Erbengemeinschaft unter die aufschiebende Bedingung[6] der Zahlung der Abfindung gestellt werden, was freilich im Falle der Nichterfüllung durch die verbleibenden Erben zu einer – jedenfalls von einer Partei – unerwünschten Fortsetzung der Erbengemeinschaft führen würde. Die verbleibenden Miterben hätten es durch eine solche Bedingung in der Hand, die getroffene Abschichtungsvereinbarung einseitig zu unterlaufen und den status quo ante gegen den Willen des Ausscheidenden nach Gutdünken aufrecht zu erhalten. Eine an die Ausübung eines Rücktrittsrechts gekoppelte auflösende Bedingung wird bei der Abschichtung als nicht zulässig angesehen, da die Anwachsung eine gesetzliche und keine vertragliche Rechtsfolge sei. Diese könne nicht durch vertragliche „Wiederaufnahme in die Erbengemeinschaft" rückgängig gemacht werden.[7]

6 Zur Verhinderung von Missbrauch bietet sich daher eine Vorleistungspflicht des verbleibenden Miterben im Hinblick auf die Zahlung der Abfindung an, damit diese sofort fällig und durchsetzbar wird. Vor beeinträchtigenden Verfügungen des Ausscheidenden in der Schwebezeit (etwa: Veräußerung an einen Dritten) ist der verbleibende Miterbe durch § 161 Abs. 1 BGB in ausreichender Weise geschützt. Ein gutgläubiger Erwerb des Erbteils iSd. § 161 Abs. 3 BGB ist nicht möglich. Gleiches gilt für Nachlassgrundstücke solange der verbleibende Miterbe nicht als Alleineigentümer im Grundbuch eingetragen ist.[8]

7 Werden diese Grundsätze beachtet, kann die Erbauseinandersetzung in Form der Abschichtung eine notarielle Beurkundung (und die damit verbundenen Kosten) entbehrlich machen.[9] Nicht vermeiden kann sie allerdings die Vornahme einer notariellen Beglaubigung, welche nach grundbuch- oder handelsrechtlichen Vorschriften (§ 29 GBO; 12 HGB; § 5 Abs. 2 PartGG) erforderlich werden kann, wenn Grundstücke oder registerrelevante Gesellschaftsbeteiligungen im Nachlass vorhanden sind.[10] Die Beglaubigung muss sich in diesem Fall auf die die Rechtsfolgen auslösende Erklärung beziehen, also das Ausscheiden aus der Erbengemeinschaft selbst.[11] Sicherheitshalber sollte daher die gesamte Abschichtungsvereinbarung beglaubigt werden, wie es auch das Muster vorsieht.

8 Die Ersparnis von Notargebühren wäre jedoch teuer erkauft, wenn sie mit Rechtsnachteilen für einen oder mehrere Beteiligten einherginge. Der umsichtige Berater

---

[5] Vgl. *Reimann* ZEV 1998, 213, 215; *Krug* ErbR 2017, 2.

[6] Vgl. *Wesser/Saalfrank* NJW 2003, 2937, 2940. Eine solche Bedingung ist bereits deshalb ohne Weiteres zulässig, weil ihr Eintritt von den verbleibenden Miterben abhängt und es sich daher um eine unbedenkliche Potestativbedingung handelt (vgl. MüKoBGB/*Westermann* BGB § 158 Rz. 19).

[7] *Bredemeyer/Tews* ZEV 2012, 352, 357 sehen daher in der Abschichtung dogmatisch eine „Einbahnstraße"; vgl. auch BeckFormB ErbR/Brambring/Mutter/*G. Müller/Braun* J. III 7. Anm. 7 mwN; anders wohl *Keim* RNotZ 2003, 375, 387.

[8] *Keim* RNotZ 2003, 375, 387.

[9] *Erker/Oppelt* in Münchener Anwaltshandbuch Erbrecht, § 26 Rz. 104; *Klinger/Maulbetsch* NJW-Spezial 2005, 397.

[10] Die Kosten für die notarielle Beglaubigung werden jedoch nach §§ 141, 45 Abs. 1 Satz 1 KostO auf maximal € 130,– begrenzt. Dagegen fällt bei einer gegenständlichen Erbauseinandersetzung über Nachlässe mit Grundvermögen die doppelte Gebühr (§ 36 Abs. 2 KostO) aus dem gesamten Bruttonachlasswert (§§ 39 Abs. 1 Satz 1, 18 Abs. 3 KostO) an und zwar ohne Gebührenobergrenze (vgl. *Firsching/Graf* Nachlassrecht, Rz. 4.875).

[11] OLG Köln v. 24.11.2008 – 2 Wa 41/08, FGPrax 2009, 6, 8.

wird daher anhand der Umstände des Einzelfalles zu entscheiden haben, ob eine Abschichtungsvereinbarung nach Art und Zusammensetzung des Nachlasses und der angedachten Abfindung bzw. dem Verhältnis der Parteien zueinander vertretbar ist. Im Zweifel, insbesondere bei drohender Gefahr ungesicherter Vorleistungen bzw. sonst erkennbarem Sicherungsbedürfnis, ist den Parteien eine notarielle Beurkundung anzuraten. Diese wäre im Fall einer beurkundeten Abschichtungsvereinbarung immer noch günstiger als bei einer gegenständlichen Auseinandersetzung des gesamten Nachlasses, da Gegenstandswert nicht der Bruttonachlasswert, sondern lediglich der Wert der Abfindung ist.[12]

9 Weil die Erbauseinandersetzung durch Abschichtung lediglich zum Ausscheiden eines Miterben führt, die Erbengemeinschaft im Übrigen aber bestehen bleibt, erscheint sie regelmäßig nur für den Fall sinnvoll, dass alle Miterben bis auf einen ausscheiden, da (nur) dann der verbleibende Miterbe im Wege der Anwachsung Alleineigentümer des (nicht für Abfindungen verwendeten Nachlasses) wird. Ansonsten müsste die endgültige Erbauseinandersetzung zwischen den verbleibenden Miterben noch auf andere Weise bewirkt werden.

10 Nicht hinreichend geklärt ist auch, ob dem ausscheidenden Miterben bereits kraft Gesetzes ein Abfindungsanspruch gegen die Erbengemeinschaft analog § 738 Abs. 1 Satz 2 BGB zusteht. Bislang wird als zwingende gesetzliche Folge des Ausscheidens nur die Anwachsung des Erbteils des Ausscheidenden bei den Miterben genannt.[13] Eine gesetzliche Abfindungspflicht analog § 738 Abs. 1 Satz 2 BGB könnte etwa angezweifelt werden, weil der ausscheidende Miterbe – im Gegensatz zum ausscheidenden Gesellschafter – keine Einlage und damit keine eigene (schutzwürdige) Vermögensdisposition erbracht hat. Das Ausscheiden aus der Erbengemeinschaft sollte daher stets in die Form eines Auseinandersetzungsvertrages gekleidet werden, welcher die entsprechende Gegenleistung ausdrücklich bezeichnet.

11 Ebenfalls ungeklärt ist, ob die Abschichtung des Erbteils eines minderjährigen oder unter Betreuung stehenden Miterben der familiengerichtlichen Genehmigung nach den §§ 1822 Nr. 1, 1643 Abs. 1, 1908i Abs. 1 Satz 1 BGB bedarf und ob die Abschichtung entsprechend § 2384 BGB beim Nachlassgericht anzuzeigen ist. Nach dem Schutzzweck der Vorschriften (Minderjährigen- bzw. Gläubigerschutz) wird man dies wohl bejahen müssen.[14] Aus Vorsichtsgründen wird daher in der Praxis die Genehmigung einzuholen und die Anzeige vorzunehmen sein.

II. Steuerrecht

1. Einkommensteuer

12 Die ertragsteuerlichen Folgen einer Auseinandersetzung der Erbengemeinschaft im Wege der Abschichtung sind im Detail noch nicht abschließend geklärt. Bei der Verwendung dieses Rechtsinstituts in der Praxis ist daher – jedenfalls bei steuerverstrickten Nachlässen – Vorsicht geboten. Das Muster betrifft deshalb – mit Bedacht – einen nicht steuerverhafteten Nachlass.

13 Nach richtiger Auffassung ergeben sich einkommensteuerlich jedoch keine Besonderheiten gegenüber der Rechtslage bei Teilung des Nachlasses. Dem steht auch das – insoweit missverständlich formulierte – BMF-Schreiben v. 14.3.2006 nicht entgegen.[15]

---

[12] *Keim* RNotZ 2003, 375, 385.

[13] So auch *Fest* JuS 2007, 1081, 1083.

[14] Vgl. *Keim* RNotZ 2003, 375, 387.

[15] Das BMF v. 14.3.2006, BStBl. I 2006, 253, (dort Tz. 50, 51) verweist auf die Grundsätze zum Verkauf eines Erbteils. Die dort einschlägige Tz. 44 verweist indes wiederum auf die Tz. 32ff., welche eine steuerneutrale Aufteilung eines (Misch-)Nachlasses ermöglichen. Außerdem behandelt das Beispiel in Tz. 51 (Ausscheiden gegen Sachwertabfindung) einen Nachlass, der ausschließlich aus Betriebsvermögen besteht. Die Handhabung bei einem Mischnachlass wird nicht erläutert. Für den in der Praxis vorherrschenden Fall des Mischnachlasses gelten daher

Insbesondere löst die an den ausscheidenden Erben zu zahlende „Abfindung" – entgegen bisheriger Stellungnahmen im Schrifttum[16] – keine Veräußerungsfolgen aus, solange diese aus Mitteln des Nachlasses (Privatvermögen oder Mischnachlass) bewirkt wird und mit ihr keine Überführung von Wirtschaftsgütern des Betriebsvermögens in das Privatvermögen einhergeht.[17] Denn wegen der im Steuerrecht vorherrschenden *wirtschaftlichen Betrachtungsweise* (§ 39 Abs. 2 Nr. 1 AO) kann es nach der hier vertretenen Auffassung keinen Unterschied machen, ob der Ausscheidende die betreffenden Wirtschaftsgüter im Wege der Teilung des Nachlasses oder als Abfindung im Zuge einer Abschichtung erhält. Entscheidend ist allein, dass die Erbengemeinschaft als Gesamthands- und Zufallsgemeinschaft auseinandergesetzt wird. Auf welche Art und Weise dies zivilrechtlich geschieht, ist steuerlich ohne Belang,[18] solange keine Zahlungen aus dem Eigenvermögen der Miterben bewirkt werden bzw. Zahlungen aus dem Eigenvermögen nicht dem internen Ausgleich für eine Übernahme von Verbindlichkeiten dienen.[19] 14

Entgegen teilweise im Schrifttum[20] vertretener Auffassung steht dem auch nicht das Urteil des BFH vom 20.4.2004[21] entgegen. Denn dieses hatte die Ausübung des gesetzlichen Vorkaufsrechts eines Miterben zum Gegenstand. Insoweit wurde der Kaufpreis also gerade aus dem Eigenvermögen des ausübenden Miterben entrichtet. In diesem Fall liegt selbstverständlich auch eine Veräußerung vor. Anders ist die Rechtslage aber zu beurteilen, wenn die Abfindung mit Mitteln des Nachlasses entrichtet wird. Dann greift wiederum die bereits erwähnte *wirtschaftliche Betrachtungsweise,* nach welcher der Nachlass bei der Abschichtung – wenn auch in einem anderen zivilrechtlichen Modus – geteilt wird. 15

Bei Mischnachlässen ist unter den vorgenannten Voraussetzungen auch eine unentgeltliche Auseinandersetzung der im Nachlass befindlichen (partiellen) Mitunternehmerschaft (Betriebsvermögen) möglich, da insoweit hinsichtlich des Mitunternehmeranteils die Voraussetzungen des § 6 Abs. 3 Satz 1 EStG vorliegen.[22] Der Vorgang ist unentgeltlich, soweit die „Abfindung" dem im Nachlass befindlichen Privatvermögen entnommen wird.[23] Das gilt – im Gegensatz zu einem Nachlass, der ausschließlich aus Betriebsvermögen besteht – auch, wenn die Erbengemeinschaft nur teilweise auseinandergesetzt wird (etwa im Falle des Ausscheidens eines von mehreren Miterben). In diesem Fall ist nämlich davon auszugehen, dass (quotenentsprechend) Teile des Mitunternehmeranteils des Ausscheidenden unentgeltlich auf die verbleibenden Miterben übertragen werden. Für diesen Vorgang ordnet § 6 Abs. 3 Satz 1, 2. HS EStG (zwingend) Buchwertfortführung an, wenn es sich bei den übrigen Miterben um natürliche Personen handelt. 16

Wird dagegen – was in der Praxis nur selten vorkommen dürfte[24] – eine Erbengemeinschaft abgeschichtet, deren Gesamthandsvermögen ausschließlich aus Betriebsver- 17

auch im Fall der Abschichtung die Grundsätze der Tz. 32ff. Eine „Abfindung" ist daher nur dann als steuerschädlich anzusehen, wenn sie nicht dem Nachlass selbst, sondern dem Eigenvermögen der Miterben entstammt oder wenn der Abfindungsanspruch durch Entnahme eines Wirtschaftsguts des Betriebsvermögens in das Privatvermögen des Ausscheidenden erfüllt wird.

[16] Vgl. etwa *Röhrig/Döge* DStR 2006, 969, 974; *Cornelius/Müller* ErbStB 2006, 263, 265; *Bredemeyer/Tews* ZEV 2012, 352, 357, BeckFormB ErbR Brambring/Mutter/*G. Müller/Braun* J. III.7 Anm. 10.

[17] Ebenso von *Sothen* in Münchener Anwaltshandbuch Erbrecht (4. Aufl.), § 35 Rz. 238.

[18] Ebenso – allerdings im Zusammenhang mit den Nachsteuertatbeständen des § 13a Abs. 5 ErbStG aF – FG Münster v. 3.6.2004 – 3 K 1433/02, EFG 2004, 1309 (rkr.) für den Fall, dass ein Miterbe gegen Gewährung von Barvermögen aus einer Erbengemeinschaft (Mischnachlass) ausscheidet. Das FG verneint hier ausdrücklich eine Veräußerung, da der Nachlass lediglich geteilt werde.

[19] Vgl. BMF v. 14.3.2006, BStBl. I 2006, 253, Tz. 24 (Beispiel 8).

[20] Vgl. BeckFormB ErbR Brambring/Mutter/*G. Müller/Braun* J. III.7 Anm. 10.

[21] BFH v. 20.4.2004 – IX R 5/02, BStBl. II 2004, 987, 988f.

[22] AA wohl *Ebeling/Geck* Teil III Rz. 300, die generell von einer Veräußerung von Mitunternehmeranteilen im Sinne des § 16 Abs. 1 Nr. 2 EStG ausgehen.

[23] Vgl. FG Münster v. 3.6.2004 – 3 K 1433/02, EFG 2004, 1309 (rkr.).

[24] So auch *Ebeling/Geck* Teil III Rz. 304.

mögen besteht, ist eine ertragsteuerneutrale „Abfindung“ nur möglich, wenn entweder eine Barabfindung zum Buchwert erfolgt[25] oder bei einer Sachwertabfindung die übertragenen (Einzel-)Wirtschaftsgüter nach § 6 Abs. 5 Satz 3 EStG in ein Betriebsvermögen des Ausscheidenden überführt werden.[26]

18 Fraglich ist, ob eine steuerneutrale Abschichtung auch dann in Betracht kommt, wenn bei einem ausschließlich aus Betriebsvermögen bestehenden Nachlass als „Abfindung“ ein Teilbetrieb oder eine sonstige betriebliche Einheit auf den Ausscheidenden übertragen wird. Hier dürfte ein Fall der Realteilung gem. § 16 Abs. 3 Sätze 2 bis 4 EStG vorliegen, welche das BMF-Schreiben v. 14.3.2006 ausdrücklich als steuerneutral bezeichnet.[27] Allerdings wird gleichzeitig auf die Grundsätze des BMF-Schreibens v. 28.2.2006 zur Realteilung verwiesen, wonach das Ausscheiden eines Mitunternehmers aus einer Mitunternehmerschaft gegen Sachabfindung ausdrücklich kein Anwendungsfall der Realteilungsgrundsätze sein soll.[28]

19 Nach der hier vertretenen Auffassung kann es jedoch – wirtschaftlich gesehen – keinen Unterschied machen, auf welche Weise das Ausscheiden eines Miterben zivilrechtlich vollzogen wird, solange (nur) der Nachlass zwischen den Miterben aufgeteilt wird. Voraussetzung bei der Realteilung war allerdings stets, dass im Zuge der Abschichtung die Erbengemeinschaft (und damit auch die partielle Mitunternehmerschaft) beendet wird.[29] Ist dies nicht der Fall, dürfte mangels Übertragung von Einzelwirtschaftsgütern auch § 6 Abs. 5 Satz 3 EStG keine Anwendung finden. Allerdings kann nach jüngerer Rechtsprechung des BFH[30] eine Realteilung auch dann vorliegen, wenn die Mitunternehmerschaft bestehen bleibt und Teile des Betriebsvermögens dem ausscheidenden Mitunternehmer als Abfindung überlassen werden. Jedoch ist die Finanzverwaltung dem bisher nur mit Zurückhaltung gefolgt.[31] Nach ihr soll eine begünstigte Realteilung nur ausnahmsweise dann vorliegen, wenn ein oder mehrere Mitunternehmer unter Mitnahme eines Teilbetriebs aus der Mitunternehmerschaft ausscheiden und die Mitunternehmerschaft fortgeführt wird. Bei einem Ausscheiden gegen Übertragung von Einzelwirtschaftsgütern soll dies hingegen auch dann nicht gelten, wenn diese weiterhin in einem Betriebsvermögen genutzt werden.[32] Eine Abschichtung unter Gewährung einer „Teilbetriebsabfindung“ wird daher nunmehr voraussichtlich steuerneutral möglich sein; nicht hingegen eine Abfindung mit Einzelwirtschaftsgütern mit anschließender Nutzung in einem Betriebsvermögen des Abfindungsempfängers. Auch steht nach wie vor zu befürchten, dass die Finanzverwaltung den Fall der (Mit-)Übernahme von betrieblichen Verbindlichkeiten als teilentgeltliches Rechtsgeschäft mit Veräußerungsfolge qualifiziert. Die grundsätzlich vorhandene Möglichkeit einer steuerneutralen Übernahme von betrieblichen Nachlassverbindlichkeiten im Rahmen der Erbauseinandersetzung wäre damit verbaut.

20 Deshalb sollte – jedenfalls bei steuerverstrickten Nachlässen mit umfangreichen stillen Reserven und/oder Betriebsvermögen – vor Durchführung einer Abschichtung sicherheitshalber eine verbindliche Auskunft nach § 89 Abs. 2 AO eingeholt werden oder generell auf die „sicherere Variante“ einer Teilung des Nachlasses ausgewichen werden.

21 Letzteres gilt insbesondere für den Fall, dass wegen der Art des Abfindungsgegenstands ohnehin eine notarielle Beurkundung des Auseinandersetzungsvertrages erfor-

---

[25] Hierauf wird sich allerdings der ausscheidende Miterbe regelmäßig nur dann einlassen, wenn auf diese Weise die Ausgleichung von Vorempfängen nach den §§ 2050 ff. BGB bewirkt werden soll und sich die Miterben darüber einig sind.

[26] Vgl. BMF v. 14.3.2006, BStBl. I 2006, 253, Tz. 52.

[27] Vgl. BMF v. 14.3.2006, BStBl. I 2006, 253, Tz. 12 (Beispiel 2).

[28] Vgl. BMF v. 14.3.2006, BStBl. I 2006, 228, unter Ziffer II. aE.

[29] S. noch BMF v. 28.2.2006, BStBl. I 2006, 228 Ziffer II.

[30] BFH v. 17.9.2015 – III R 49/13, BFH/NV 2016, 624.

[31] BMF v. 20.12.2016, DStR 2017, 106 Ziffer II.

[32] AA *Bünning* BB 2016, 753; *Wendt* FR 2016, 536, 539 f.; *Wollweber/Stenert* DStR 2016, 2144, 2150.

derlich wird. In diesem Fall ist kein vernünftiger Grund mehr ersichtlich, eine Erbauseinandersetzung in Form der Abschichtung durchzuführen.

2. Erbschaftsteuer

Sowohl im alten wie auch im seit dem 1.1.2009 geltenden Erbschaftsteuerrecht hat die Erbauseinandersetzung auf Entstehen und Höhe der Erbschaftsteuer keinen Einfluss.[33] Daraus folgt, dass (auch) im Zuge des Abschichtungsmodells der ausscheidende Erbe seine quotale Beteiligung am Nachlass unabhängig von der Höhe seiner tatsächlichen Abfindung der Erbschaftsteuer unterwerfen muss. 22

Abweichend von der Grundregel können im Falle der Abschichtung aber dann erbschaftsteuerliche Auswirkungen eintreten, wenn – anders als im vorliegenden Formular – bestimmtes erbschaftsteuerlich begünstigtes Vermögen Teil des Nachlasses und damit Gegenstand der Abschichtung ist, sei es unter Geltung des alten Erbschaftsteuerrechts (§ 13a ErbStG aF), sei es unter Geltung des neuen Erbschaftsteuerrechts (§§ 13a Abs. 5, 19a Abs. 2, 13 Abs. 1 Nr. 4b, Nr. 4c, 13d Abs. 2 ErbStG in der Fassung des Erbschaftsteuerreformgesetzes 2016).[34] 23

Wird unternehmerischem Vermögen im Wege der Abschichtung gegen eine *Abfindung* übertragen, die *nicht aus dem Nachlass* stammt, so stellt dies einen Verstoß gegen die Behaltensregelung des § 13a Abs. 6 ErbStG dar, wenn die Abschichtung innerhalb von fünf Jahren nach dem Erbfall erfolgt (im Falle der Vollverschonung des § 13a Abs. 10 ErbStG innerhalb von sieben Jahren).[35] Folge ist, dass bei dem im Zuge der Abschichtung ausscheidenden Miterben die Begünstigung verloren geht. Dem Miterben, der das Vermögen durch Anwachsung erwirbt, bleibt jedoch in Höhe seines bisherigen Anteils die Verschonung erhalten.[36] Zu einem Begünstigungstransfer von dem verbleibenden auf den weichenden Miterben kommt es nicht, da dieser nur im Falle der unentgeltlichen Übertragung von Nachlassvermögen möglich ist.[37] 24

Bleibt der Wert der Abfindung des ausscheidenden Miterben hinter dem Steuerwert seiner quotalen Nachlassbeteiligung zurück, so ist hierin ein schenkungsteuerbarer Vorgang im Verhältnis zu den verbleibenden Miterben zu sehen.[38] Anderes gilt dann, wenn mit dieser Wertdifferenz etwaige Vorempfänge des ausscheidenden Miterben ausgeglichen werden sollen.[39] Entsprechendes gilt im umgekehrten Falle, wenn der Ausscheidende eine „zu hohe" Abfindung erhält. 25

3. Grunderwerbsteuer

Die Steuerbefreiung des § 3 Nr. 3. GrEStG findet auf den Erwerb von Grundbesitz durch Abschichtung ebenfalls Anwendung, da auch hier ein Erwerb von Grundbesitz durch Miterben stattfindet.[40] 26

4. Zusammenfassung

Die Erbauseinandersetzung im Wege der Abschichtung wird angesichts der bestehenden steuerlichen Unsicherheiten als ernstlich zu erwägende Alternative nur in Betracht kommen, wenn 27

- im Nachlass vorhandene (gebundene) Sachwerte einen hohen Verkehrswert aufweisen und damit eine erhebliche Belastung mit Notargebühren erwarten lassen,

---

[33] Siehe o. B. 3.01 Rz. 65 ff.
[34] Zu den Einzelheiten B. 3.01 Rz. 68 ff. u. 72 ff.
[35] Vgl. FG Münster v. 3.6.2004 – 3 K 1433/02, EFG 2004, 1309 (rkr.).
[36] Für das alte Recht siehe ErbStR 2003 67 Abs. 2 Satz 2, für das neue Recht ErbStR 2011 E 13a. 5 (= A 13a.5 AEErbSt 2017), jeweils dem Sinne nach.
[37] Siehe o. B. 3.01 Rz. 75 f.
[38] Vgl. § 35 Abs. 3 ErbStG sowie *Zauner/Berg* ZEV 2009, 63, 66; *Cornelius/Müller* ErbStB 2006, 263, 265.
[39] Hierin kann keine freigiebige Zuwendung im Sinne des § 7 Abs. 1 Satz 1 Nr. 1 ErbStG gesehen werden, da nur die gesetzliche Ausgleichungspflicht der §§ 2050 ff. BGB erfüllt wird.
[40] Vgl. Boruttau/*Meßbacher-Hönsch* GrEStG § 3 Rz. 349 für den Erbteilserwerb.

– der Nachlass in ertragsteuerlicher Hinsicht nicht steuerverhaftet ist und
– es sich bei dem Nachlassvermögen um erbschaftsteuerlich nicht begünstigungsfähiges Vermögen handelt.

28 Praktisch denkbar sind solche Gegebenheiten nach Einführung der Abgeltungsteuer auf Kapitalerträge[41] eigentlich nur noch bei privaten Immobilienportfolios, wenn für die Immobilien die Spekulationsfrist des § 23 Abs. 1 Satz 1 Nr. 1 EStG bereits abgelaufen ist und auch kein Fall eines Familienheims nach § 13 Abs. 1 Nr. 4b, Nr. 4c ErbStG nF vorliegt.

29 In allen anderen Fällen, in denen eine notarielle Beurkundung des Erbauseinandersetzungsvertrages nicht erforderlich ist, bringt die Abschichtung grundsätzlich mehr Nachteile als Vorteile, da sie steuerliche Risiken birgt. Hier sollte also vorzugsweise auf die gegenständliche Erbauseinandersetzung ausgewichen werden.

30–34 *(frei)*

B. Einzelerläuterungen

I. Abschichtungsvertrag

Zu § 4:

35 Wichtig ist zunächst, dass im Vertrag klar der Charakter der Vereinbarung als personelle Auseinandersetzung der Erbengemeinschaft zum Ausdruck kommt. Wird der Vertrag als gegenständliche Erbauseinandersetzung ausgelegt, droht Formnichtigkeit nach den §§ 311b Abs. 1; 125 BGB, falls das Grundbuchamt die Eintragung verweigert.[42] Es sollte also ausdrücklich klargestellt werden, dass der Miterbe aus der Erbengemeinschaft ausscheidet. Zur Sicherheit sieht das Muster außerdem eine ausdrückliche negative Abgrenzung vor. Im Interesse der Rechtssicherheit sollte ein bestimmter Termin für das Ausscheiden festgelegt werden.[43]

36 Das Ausscheiden aus der Erbengemeinschaft sollte unter die aufschiebende Bedingung der Zahlung der Abfindung gestellt werden. Dass diese Sicherheit nicht vollkommen ist, wurde oben bereits ausgeführt. In dem Sachverhalt, der dem Muster zu Grunde liegt, erübrigen sich jedoch weitere Sicherheiten, da der Abfindungsbetrag in Form von liquiden Mitteln im Nachlass vorhanden und dem verbleibenden Miterben an einer Grundbuchumschreibung gelegen ist, die der Mitwirkung des Ausscheidenden bedarf. Verbleibende Restrisiken bei der Abschichtung müssen hingenommen werden.

37 Der ausscheidende Miterbe sollte im Innenverhältnis von sämtlichen Ansprüchen freigestellt werden, da die Erbenhaftung im Außenverhältnis durch das Ausscheiden aus der Erbengemeinschaft nicht erlischt.[44] Diese Freistellung sollte im Interesse einer gerechten Risikoabgrenzung auch auf eventuell nach Vertragsschluss noch bekannt werdende Nachlassverbindlichkeiten erstreckt werden. Alternativ könnte eine Freistellung in Höhe der Erbquote des verbleibenden Miterben vereinbart werden.

38 Soweit sich – anders als im Muster – Verbindlichkeiten im Nachlass befinden, führt die Abschichtung nicht zu einer Haftentlassung im Außenverhältnis.[45] Insoweit bedarf es einer Zustimmung der Gläubiger nach den §§ 414, 415 BGB. Solange diese nicht

[41] Nach § 20 Abs. 2 EStG idF des Unternehmensteuerreformgesetzes 2008 v. 14.8.2007 (BGBl. I 2007, 1912) unterliegen Wertzuwächse beim Kapitalvermögen ab dem 1.1.2009 dauerhaft der Einkommensteuer. Vgl. dazu *Schaumburg/Rödder* Unternehmensteuerreform 2008, 384, 385.

[42] In diesem Fall wäre keine Heilung nach § 311b Abs. 1 Satz 2 BGB möglich. Die Abfindungszahlung an den ausscheidenden Miterben wäre dann nicht kondiktionsfest.

[43] *Wesser/Saalfrank* NJW 2003, 2937; *Klinger/Maulbetsch* NJW-Spezial 2005, 397.

[44] BeckFormB ErbR Brambring/Mutter/*G. Müller/Braun* J. III.7 Anm. 8.

[45] *Reimann* ZEV 1998, 213, 215.

erteilt ist, sollte zwischen den Miterben im Innenverhältnis Erfüllungsübernahme vereinbart werden.

Zu § 5:

Die Zahlung sollte aus den in der Erläuterung zu § 4 ausgeführten Gründen (Gefahr der Auslegung als gegenständliche Erbauseinandersetzung) ausdrücklich als Abfindung für das Ausscheiden aus der Erbengemeinschaft bezeichnet werden. 39

Da den verbleibenden Miterben eine Vorleistungspflicht trifft, sollte klargestellt werden, dass dieser berechtigt ist, die Zahlung aus Mitteln des Nachlasses zu bewirken, was zulässig ist.[46] Darin ist eine antizipierte Einwilligung des Ausscheidenden als Noch-Miterben iSd. §§ 2038ff. BGB zu sehen. Anderenfalls bestünde die Gefahr, dass der verbleibende Miterbe die Abfindung aus seinem Privatvermögen zu bestreiten hätte, wozu er finanziell möglicherweise nicht in der Lage sein könnte. Auf diese Weise könnte der Ausscheidende eine Auseinandersetzung verhindern oder zumindest verzögern, was unbedingt zu vermeiden ist. 40

Für die Abfindung sollte ein ausdrücklicher Fälligkeitstermin festgelegt werden. Bei Überschreiten sollte der verbleibende Miterbe automatisch ohne Mahnung in Verzug geraten.

Im Interesse einer endgültigen Auseinandersetzung sollte klargestellt werden, dass möglicherweise später bekannt werdende Aktiva oder Passiva des Nachlasses keinen Einfluss (mehr) auf die Höhe der Abfindung haben. 41

Eine Unterwerfung unter die sofortige Zwangsvollstreckung ist nach § 794 Abs. 1 Nr. 5 ZPO nur möglich, wenn der Abschichtungsvertrag notariell beurkundet wird. Im privatschriftlichen Vertrag muss daher auf sie verzichtet werden. Die Gestellung von Sicherheiten war im Muster nicht erforderlich, es wurde daher auf sie verzichtet. 42

Zu § 6:

Aus den in der Erläuterung zu § 4 genannten Gründen sollten die Rechtsfolgen der Anwachsung im Vertrag ausdrücklich dargestellt werden. Da diese aber kraft Gesetzes eintreten, hat eine vertragliche Regelung lediglich deklaratorische Wirkung. Dennoch kann es in der praktischen Abwicklung durchaus sinnvoll sein, auf die Rechtsfolgen hinzuweisen, um dem Grundbuchamt die Hintergründe der Grundbuchumschreibung zu erläutern. 43

Zu § 7:

Die Frage der Gewährleistung bei der Abschichtung ist noch ungeklärt. Überwiegend wird davon ausgegangen, dass Kaufrecht keine Anwendung finde und daher ein eigenes Gewährleistungsrecht im Vertrag zu schaffen sei.[47] 44

Nach der hier vertretenen Auffassung erscheint es sachgerecht, dass der ausscheidende Miterbe im Wege der Garantie dafür einstehen muss, dass er bislang noch keine Verfügungen über seinen Anteil vorgenommen hat bzw. dieser nicht von seinen Privatgläubigern gepfändet worden ist. Dem trägt das Muster in § 7 Rechnung. Eine weitergehende Haftung erscheint nicht angebracht, da den verbleibenden Erben der Nachlass ebenso gut bekannt ist wie dem Ausscheidenden selbst. Ein weitergehendes Schutzbedürfnis der verbleibenden Miterben ist daher nicht ersichtlich.

[46] Vgl. AnwKBGB/*Eberl-Borges* BGB Vor §§ 2042–2057a Rz. 8 mwN.
[47] BeckFormB ErbR Brambring/Mutter/*G. Müller/Braun* J. III.7 Anm. 9 mwN.

II. Vollzug

45 Ist Grundvermögen im Nachlass vorhanden, so bedarf es für eine Berichtigung des Grundbuches nach § 19 GBO der Berichtigungsbewilligungen sämtlicher Miterben. Diese müssen schlüssig darlegen, warum das Grundbuch unrichtig ist. Die materielle Rechtslage bedarf also grundbuchrechtlich einer formalen Umsetzung. Hierfür gilt die Form des § 29 GBO, der einen Nachweis durch öffentliche (§ 415 ZPO) oder öffentlich beglaubigte Urkunden fordert. Gleiches gilt auch im Fall des § 22 GBO. Die Berichtigungsbewilligung samt schlüssigem Nachweis der Unrichtigkeit des Grundbuchs muss daher von allen Miterben durch öffentlich beglaubigte Urkunden erklärt werden.

46 Hieraus resultiert ein gewisses Dilemma, da sowohl das Ausscheiden an sich als auch der (spätere) Eintritt der aufschiebenden Bedingung und die Berichtigungsbewilligungen durch öffentlich beglaubigte Urkunden nachgewiesen werden müssen. Da der Abschichtungsvertrag (causa) bereits vor Zahlung der Abfindung geschlossen werden muss, um kondiktionsfest zu sein, ergibt sich ein Koordinierungsproblem.

47 Das Muster geht daher den Weg, dass bereits die Unterschriften auf dem Abschichtungsvertrag durch späteres Anerkenntnis derselben in Gegenwart des Notars notariell beglaubigt werden, was nach § 40 Abs. 1 BeurkG möglich ist.[48] Die Vorschrift des § 41 BeurkG findet keine Anwendung, da der Abschichtungsvertrag nicht „zur Aufbewahrung beim Gericht bestimmt ist". In der beglaubigten Vollzugsvereinbarung erklären die Parteien neben dem Anerkenntnis der früheren Unterschriften übereinstimmend, dass die geschuldete Zahlung bewirkt und die Bedingung damit eingetreten sei. Des Weiteren werden die Berichtigungsbewilligungen nach § 19 GBO abgegeben.

48 Eine separate Beglaubigung des ursprünglichen Abschichtungsvertrages ist ebenfalls möglich, bietet aber – zumindest im hier favorisierten Fall des aufschiebend bedingten Ausscheidens – keine verfahrensmäßigen Vorteile, da der Bedingungseintritt ebenfalls in der Form des § 29 GBO nachgewiesen werden muss. Die Parteien müssten also zweimal den Notar aufsuchen, was durch die im Muster beschriebene Vorgehensweise vermieden werden kann.

---

[48] OLG Köln v. 10.5.1993 – 2 Wx 15/93, NJW-RR 1994, 756.

B. 3.20 Erbteilskauf

Gliederung

Urkundenrolle Nr. [...] für 2017 B. 3.20

Verhandelt zu [...] am [...]

Vor mir,

DR. JUR. [...]
– NOTAR/IN IN [...] –

erschienen:

I. als Veräußerer:
Herr A. M., geboren am [...]
wohnhaft in [...]

– nachstehend „Veräußerer" genannt –,

II. als Erwerber:
Herr B. M., geboren am [...]
wohnhaft in [...]

– nachstehend „Erwerber" genannt –.

Die Erschienenen wiesen sich aus durch Vorlage ihrer amtlichen mit Lichtbild versehenen Personalausweise.

Die Erschienenen ließen den folgenden

ERBTEILSKAUF- UND ÜBERTRAGUNGSVERTRAG

beurkunden und erklärten:

§ 1 Erbrechtliche Verhältnisse, Grundbesitz

1. **Veräußerer und Erwerber sind zu je $1/2$ Anteil Miterben ihres Vaters M. (nachfolgend kurz „Erblasser" genannt). Die Erbfolge ergibt sich aus dem Erbschein des Amtsgerichts D. vom [...] – Aktenzeichen [...] –. Eine Ausfertigung des Erbscheins lag bei Beurkundung vor.**
2. **Der ungeteilte Nachlass des Erblassers besteht nur noch aus folgendem im Grundbuch von A. Blatt 250 eingetragenen Grundbesitz:**
   Gemarkung A.
   Flur 2 Flurstück 321, Gebäude- und Freifläche,
   Pestalozziring 2,
   groß: 650 qm.
   Als Alleineigentümer ist im Grundbuch noch der Erblasser eingetragen.

Der – in Abteilung II lastenfreie – Grundbesitz ist in Abteilung III unter lfd. Nr. 1 mit einer Grundschuld von € 80000,– zugunsten der Sparkasse D. belastet.

3. Über den sonstigen Nachlass haben sich Veräußerer und Erwerber bereits auseinandergesetzt. Bei dieser Auseinandersetzung verbleibt es; sie wird von der heutigen Erbteilsübertragung nicht berührt.

§ 2 Verkauf des Erbteils[Rz. 5–7, 24]

Der Veräußerer verkauft seinen 1/2 Erbteil am Nachlass des Erblassers M. an den Erwerber. Dieser nimmt den Verkauf an.

§ 3 Kaufpreis[Rz. 25]

1. Der Kaufpreis beträgt € [...],–.
2. Der Kaufpreis ist zinslos fällig und zahlbar innerhalb eines Monats, gerechnet ab dem heutigen Tag.
3. Wegen der Verpflichtung zur Zahlung des Kaufpreises unterwirft sich der Erwerber dem Veräußerer gegenüber der sofortigen Zwangsvollstreckung aus dieser Urkunde in sein gesamtes Vermögen.

§ 4 Schuldübernahme[Rz. 9, 26]

1. Veräußerer und Erwerber sind in ihrer Eigenschaft als Miterben des Erblassers M. Gesamtschuldner der Verbindlichkeiten, die der in § 1 dieses Vertrages genannten Grundschuld Abteilung III Nr. 1 zugrunde liegen. Es handelt sich um Verbindlichkeiten in Höhe von noch € [...],– aus dem Darlehen Nr. [...], das die Sparkasse D. dem Erblasser gewährt hatte.
2. Als weitere Gegenleistung für den Verkauf und die Übertragung des Erbteils übernimmt der Erwerber – zusätzlich zur Kaufpreiszahlung – die vorgenannten Verbindlichkeiten zur vollständigen Entlastung des Veräußerers zur Alleinschuld.
   Fortan sollen durch die vorbezeichnete Grundschuld nur noch Verbindlichkeiten des Erwerbers, nicht aber solche des Veräußerers gesichert werden.
   Der Notar wird gebeten, dem Gläubiger eine auszugsweise beglaubigte Abschrift dieser Urkunde mit dem Ersuchen zu übersenden, die Entlassung des Veräußerers aus der Mithaft zu genehmigen und die Änderung der Sicherungszweckerklärung zu bestätigen.
   Die Entscheidung des Gläubigers soll dieser den Beteiligten selbst mitteilen; eine Abschrift hiervon wird an den Notar erbeten.
   Sollte die Entlassung aus der Mithaft durch die Gläubigerin nicht erklärt werden, ist der Erwerber dem Veräußerer im Innenverhältnis verpflichtet, die Verbindlichkeiten jeweils fristgerecht zu erfüllen und den Veräußerer im Falle einer Inanspruchnahme durch die Gläubigerin unverzüglich freizustellen (Erfüllungsübernahme).
   Ansprüche auf Rückgewähr des vorgenannten Grundpfandrechts werden mit Wirkung zum Zeitpunkt der Zahlung des Kaufpreises an den Erwerber abgetreten. Der Erwerber nimmt die Abtretung an.

§ 5 Wirtschaftlicher Übergang, Mängelhaftung[Rz. 27–31]

1. Die mit dem Erbteil verbundenen Nutzungen, Lasten und Gefahren gehen auf den Erwerber mit dem Tag der vollständigen Kaufpreiszahlung über.
2. Der Veräußerer garantiert, dass er zu 1/2 Anteil Miterbe des Erblassers geworden ist, er über diesen Erbteil bisher noch nicht verfügt, insbesondere ihn weder veräußert noch verpfändet hat, und dass der Erbteil frei von Rechten Dritter ist.
   Im Garantiefall kann der Erwerber verlangen so gestellt zu werden, wie er stünde, wenn die Garantie zutreffend gewesen wäre. Diese Einstandspflicht gilt unabhän-

gig von einem Verschulden des Veräußerers. Der Erwerber kann bei Eintritt des Garantiefalls auch vom Vertrag zurücktreten.

3. **Für die Mängelfreiheit des eingangs genannten Grundbesitzes übernimmt der Veräußerer keine Haftung.**
4. **Der Veräußerer braucht für dasjenige, was er bereits aus dem Nachlass erhalten hat, keinen Ersatz zu leisten, auch nicht für gezogene Nutzungen. Andere Nachlassgegenstände als den eingangs genannte Grundbesitz hat er nicht an den Erwerber herauszugeben. Andererseits stehen dem Veräußerer wegen etwaiger Aufwendungen im Zusammenhang mit dem Nachlass keine Ansprüche zu.**

§ 6 Erbteilsübertragung[Rz. 5–6, 32–33]

1. **Der Veräußerer überträgt seinen ½ Erbteil mit dinglicher Wirkung an den Erwerber unter der aufschiebenden Bedingung der vollständigen Zahlung des in § 3 vereinbarten Kaufpreises.**
2. **Der Erwerber nimmt die aufschiebend bedingte Übertragung an.**[Rz. 33]
3. **Die aufschiebende Bedingung gilt als eingetreten, wenn der Notar eine den Grundbuchberichtigungsantrag in § 7 enthaltende Ausfertigung oder beglaubigte Abschrift dieses Vertrages dem Grundbuchamt einreicht.**[Rz. 33]

§ 7 Grundbuchanträge, Anweisung an den Notar[Rz. 34–35]

1. **Veräußerer und Erwerber bewilligen und beantragen die Berichtigung des Grundbuchs von A. Blatt 250 dahingehend, dass der Erwerber aufgrund der Erbteilsübertragung als neuer Alleineigentümer im Grundbuch eingetragen wird.**[Rz. 34]
2. **Der Notar wird angewiesen, den Grundbuchberichtigungsantrag erst dann dem Grundbuchamt einzureichen, nachdem ihm die vollständige Zahlung des in § 3 vereinbarten Kaufpreises nachgewiesen worden ist. Vorher soll der Notar dem Grundbuchamt und dem Erwerber keine Ausfertigungen oder beglaubigte Abschriften dieser Urkunde erteilen, die den Grundbuchberichtigungsantrag und die Erbteilsübertragung enthalten.**[Rz. 35]

§ 8 Kosten, Grunderwerbsteuer[Rz. 21–22]

Die mit diesem Vertrag und seinem Vollzug verbundenen Kosten und eine etwaige Grunderwerbsteuer trägt der Erwerber. Dieser nimmt Befreiung von der Grunderwerbsteuer gemäß § 3 Nr. 3 GrEStG in Anspruch.

§ 9 Schlussbestimmungen

Der Notar wird angewiesen, dem zuständigen Nachlassgericht gemäß § 2384 BGB den Verkauf des Erbteils anzuzeigen.

Diese Niederschrift wurde den Erschienenen von dem Notar vorgelesen, von ihnen genehmigt und von ihnen und dem Notar wie folgt eigenhändig unterschrieben:

A. Grundsätzliche Anmerkungen

I. Wirtschaftliche Aspekte

Regelungsziel ist der **Verkauf eines Erbteils** an einen Miterben. Der Verkauf einer gesamten Erbschaft durch den Alleinerben oder durch sämtliche Miterben an einen Dritten kommt in der Praxis kaum jemals vor. Häufiger als ein solcher Verkauf der Erbschaft „in Bausch und Bogen“ ist die Veräußerung eines Erbteils durch einen Miterben an einen anderen Miterben oder – auch dies eher selten – an einen Dritten. 1

2 Als **wirtschaftliche Motive** für die Veräußerung eines Erbteils kommen in Betracht:

- Der Miterbe möchte sein Erbe vor Abschuss der Erbauseinandersetzung verwerten, weil der Erblasser die Auseinandersetzung ausgeschlossen hat (§ 2044 BGB) oder mit den übrigen Erben eine gütliche Einigung über die Auseinandersetzung in angemessener Zeit nicht zu erreichen ist.[1]
- Bei einem formnichtigen oder fehlenden Testament soll dem mutmaßlichen Willen des Erblassers dadurch Geltung verschafft werden, dass die gesetzlichen Erben ihre Erbteile an denjenigen übertragen, dem das Erbe hätte zufallen sollen.[2]
- Ein Miterbe hat die Ausschlagungsfrist versäumt. Durch die Erbteilsübertragung möchte er denjenigen begünstigen, der im Falle einer fristgerechten Ausschlagung Miterbe geworden wäre.[3]
- Ein Miterbe möchte verhindern, dass der Nachlass in fremde Hände gerät und kauft daher die anderen Erbteile auf.[4]
- Ein Dritter möchte sich in den Nachlass einkaufen, um sodann entweder im Verhandlungswege auch die Anteile der übrigen Erben erwerben zu können oder nach § 2042 BGB, §§ 180ff. ZVG die Zwangsversteigerung bezüglich einzelner Nachlassgegenstände, insbesondere Grundstücke, betreiben und diese ersteigern zu können.[5]
- Der Nachlass besteht ausschließlich aus einem Grundstück, das der Käufer erwerben möchte. Anstelle eines Erbauseinandersetzungsvertrages über diesen Grundbesitz wird ein Erbteilskauf- und Übertragungsvertrag abgeschlossen, durch den ein Miterbe die Erbteile der übrigen Miterben erwirbt und damit Alleineigentümer der Nachlassimmobilie wird.

II. Rechtliche Aspekte

3 Das BGB unterscheidet in § 1922 BGB zwischen Erbschaft und Erbteil. Erbschaft ist das gesamte hinterlassene Vermögen (§ 1922 Abs. 1 BGB), Erbteil der Anteil des Miterben an der Erbschaft (§§ 1922 Abs. 2, 2033 BGB). Erbschaft wie Erbteil können als solche veräußert, insbesondere verkauft werden.[6] Der Kaufvertrag bedarf gemäß § 2371 BGB der notariellen Beurkundung. Ein formnichtiger Kaufvertrag über eine Erbschaft oder einen Erbteil wird nach herrschender Ansicht nicht durch Erfüllung geheilt, und zwar selbst dann nicht, wenn Gegenstand des Kaufs ein Erbteil war und dieser in Erfüllung des Kaufvertrages formgerecht gemäß § 2033 BGB an den Erwerber abgetreten worden ist.[7]

Folgende Verkaufsfälle sind zu unterscheiden:

1. Verkauf der gesamten Erbschaft durch den Alleinerben oder durch sämtliche Miterben (Erbschaftskauf)

4 Durch den Erbschaftskauf wird der Verkäufer verpflichtet, den **Nachlass als Ganzes** auf den Käufer zu übertragen.[8] **Die Erfüllung des Vertrages** erfolgt nicht durch einen einheitlichen, die Erbschaft als Gesamtheit umfassenden Übertragungsakt, sondern durch Einzelübertragung der zum Nachlass gehörenden Vermögensgegenstände

[1] Staudinger/*Olshausen* Einl. zu §§ 2371 ff. Rz. 3; *Zarnekow* MittRhNotK 1969, 620.
[2] *Zarnekow* MittRhNotK 1969, 620; Staudinger/*Olshausen* Einl. zu §§ 2371 ff. Rz. 5.
[3] *Faßbender/Grauel/Ohmen/Peter/Roemer/Wittkowski* Notariatskunde, 18. Aufl. 2014, § 4 Rz. 1356.
[4] Staudinger/*Olshausen* Einl. zu §§ 2371 ff. Rz. 4.
[5] *J. Mayer* ZEV 1997, 105 f.
[6] *Kersten/Bühling/Wegmann* § 118 Rz. 1 ff.
[7] BGH v. 2.3.1967 – III ZR 193/64, NJW 1967, 1128; Palandt/*Weidlich* BGB § 2371 Rz. 2; aA – Heilung eines formnichtigen Erbteilskauf durch formgerechte Abtretung – *Keller* ZEV 1995, 427; Staudinger/*Olshausen* BGB § 2371 Rz. 22 ff.
[8] *Weirich* Erben und Vererben, 6. Aufl. 2010, Rz. 298; Staudinger/*Olshausen* Einl. zu §§ 2371 ff. Rz. 18 f.

nach den hierfür jeweils geltenden Vorschriften.[9] Grundstücke müssen daher durch Auflassung und Eintragung (§§ 873, 925 BGB), bewegliche Sachen durch Einigung und Übergabe (§ 929 BGB) übereignet und Forderungen gemäß § 398 BGB abgetreten werden. Wenn sämtliche Mitglieder einer Erbengemeinschaft veräußern, kann der dingliche Vollzug auch dadurch erfolgen, dass alle Miterben ihre Erbteile nach § 2033 BGB an den Erwerber übertragen.[10]

2. Verkauf eines Erbteils

Ein Miterbe kann seinen Erbteil oder einen Bruchteil[11] seines Erbteils an Miterben oder Dritte veräußern. Entsprechendes gilt für den Weiterverkäufer eines erworbenen Miterbenanteils (§ 2037 BGB). Die **Erfüllung** eines Erbteilskaufs erfolgt durch **Übertragung des Erbteils** an den Erwerber (§ 2033 BGB). Die Übertragung bedarf der notariellen Beurkundung (§ 2033 Abs. 1 S. 2 BGB). Der Kaufvertrag als Kausalgeschäft (§ 2371 BGB) und die Erbteilsübertragung als dingliches Erfüllungsgeschäft sind, obwohl beide derselben notariellen Form unterliegen, streng zu unterscheiden. Beide können aber, was in der Praxis meist geschieht, in einer Urkunde verbunden werden.[12] 5

Die Erfüllung eines Erbteilskaufs durch Übertragung eines Miterbenanteils ist nur möglich, solange noch Gesamthandsvermögen der Erbengemeinschaft vorhanden ist, mag dieses auch nur noch aus einem einzigen Gegenstand bestehen.[13] Nach vollständiger Erbauseinandersetzung kann der Erbteilsverkäufer seine Verpflichtung nur durch Einzelübertragung aller ihm anstelle des Erbteils zugefallenen Gegenstände nach den jeweils für sie geltenden Vorschriften erfüllen. Ist die Auseinandersetzung teilweise durchgeführt, sind, sofern nichts anders bestimmt ist, sowohl die dem Miterben bereits zugeteilten Gegenstände als auch der Erbteil bezüglich des restlichen Nachlasses zu übertragen.[14] Werden sämtliche Erbteile an einen Miterben übertragen, vereinigt sich die Erbschaft in dessen Hand mit der Folge der Aufhebung der ungeteilten Erbengemeinschaft. Eine Rück- oder Weiterübertragung der Erbteile ist dann nicht mehr möglich.[15] Der Erbteilserwerber kann in einem solchen Fall nur noch wie ein Alleinerbe über die einzelnen Nachlassgegenstände verfügen.[16] 6

Über einen im Nachlass des Erblassers befindlichen Erbteil am **Nachlass eines Dritten** kann ein Alleinerbe durch Erbteilsübertragung gemäß § 2033 BGB verfügen. Miterben dagegen können über einen solchen Erbteil am Nachlass eines Dritten wie auch über sonstige Nachlassgegenstände nur gemeinschaftlich (§ 2040 Abs. 1 BGB) verfügen.[17] 7

3. Verkauf einer Nacherbenanwartschaft

Gegenstand eines Verkaufs nach §§ 2371 ff. BGB kann auch das **Anwartschaftsrecht des Nacherben** sein.[18] Das Anwartschaftsrecht auf den späteren Erwerb des Nachlasses erwirbt der Nacherbe mit Eintritt des Vorerbfalls. Er ist rechtsgeschäftlich übertragbar,[19] sofern der Erblasser die Übertragbarkeit nicht ausgeschlossen hat. Das Anwartschaftsrecht kann auf den Vorerben oder einen Dritten übertragen werden. Die Übertragung als Erfüllungsgeschäft bedarf analog § 2033 BGB der Form der notariel- 8

---

[9] Staudinger/*Olshausen* Einl. zu §§ 2371 ff. BGB Rz. 51.
[10] *Kersten/Bühling/Wegmann* § 118 Rz. 3; Staudinger/*Olshausen* Einl. zu §§ 2371 ff. BGB Rz. 78.
[11] BGH v. 24.4.1963 – V ZR 16/62, NJW 1963, 1611; Palandt/*Weidlich* BGB § 2371 Rz. 1.
[12] Staudinger/*Olshausen* Einl. zu §§ 2371 ff. BGB Rz. 77.
[13] BGH v. 14.10.1968 – III ZR 73/66, NJW 1969, 92; OLG Düsseldorf v. 11.11.1976 – 8 U 76/75, NJW 1977, 1828; Palandt/*Weidlich* BGB § 2033 Rz. 1.
[14] *Neusser* MittRhNotK 1979, 143, 144; Staudinger/*Olshausen* Einl. zu § 2371 BGB Rz. 59 ff.
[15] Palandt/*Weidlich* BGB § 2033 Rz. 4.
[16] *Neusser* MittRhNotK 1979, 143, 144.
[17] *Neusser* MittRhNotK 1979, 143, 144; OLG Düsseldorf MittRhNotK 1967, 112.
[18] Staudinger/*Olshausen* Einl. zu §§ 2371 ff. BGB Rz. 29; Palandt/*Weidlich* BGB § 2371 Rz. 1.
[19] BGH v. 9.6.1983 – IX ZR 41/82, BGHZ 87, 367; Palandt/*Weidlich* BGB § 2100 Rz. 13.

len Beurkundung, und zwar unabhängig davon, ob über das Anwartschaftsrecht des alleinigen Nacherben oder eines Mitnacherben verfügt wird.[20] Für das Verpflichtungsgeschäft folgt die Beurkundungsbedürftigkeit aus § 2371 BGB.

4. Fortbestand der Erbenstellung des Veräußerers

9 Wer eine Erbschaft oder einen Erbteil vom Erben kauft, wird hierdurch nicht selbst Erbe. Erbe bleibt der Veräußerer.[21] Dessen Erbrecht und Erbenstellung beruhen auf verwandtschaftlicher Verbindung oder auf Verfügung von Todes wegen und können daher nicht durch Rechtsgeschäft unter Lebenden auf einen anderen übertragen werden.[22] Gegenstand des Verkaufs ist somit nicht das Erbrecht selbst, sondern die angefallene Erbschaft als Vermögensinbegriff oder der Erbteil eines Miterben.[23] Da der Verkäufer Erbe oder Miterbe ist und bleibt, stehen ihm gemäß § 2373 BGB auch solche Erbteile zu, die er nach Abschluss des Verkaufs durch Nacherbfolge oder infolge des Wegfalls eines Miterben erlangt.[24] Er haftet weiterhin neben dem Käufer für die Nachlassverbindlichkeiten (§ 2382 BGB). Er und nicht der Käufer wird im Erbschein als Erbe aufgeführt.[25] Ein Erbschein wird daher durch den Verkauf einer Erbschaft oder eines Erbteils nicht unrichtig. Wenn auch der Käufer keinen auf ihn lautenden Erbschein erlangen kann, so steht ihm doch ein eigenes Antragsrecht auf Erteilung eines die Erben ausweisenden Erbscheins zu.[26]

5. Vorkaufsrechte

10 Verkauft ein Miterbe seinen Erbteil an einen Dritten, so steht den übrigen Miterben ein **gesetzliches Vorkaufsrecht** zu (§ 2034 BGB). Das gilt auch, wenn der Erbe eines Miterben dessen Erbteil verkauft.[27] Den Miterben steht das Vorkaufsrecht auch dann zu, wenn ein Erbteilserwerber weitere Erbteile aufkauft.[28] Das Vorkaufsrecht besteht nicht beim Verkauf eines Erbteils an einen anderen Miterben.[29] Es geht mit der Veräußerung eines Erbteils nicht auf den Erwerber über .[30] Der rechtsgeschäftliche Erwerber ist nicht vorkaufsberechtigt,[31]und zwar auch dann nicht, wenn er den Erbteil im Wege der vorweggenommenen Erbfolge erlangt hat.[32] Ein Miterbe, der durch Übertragung seines Erbteils aus der Erbengemeinschaft ausgeschieden ist, hat, obwohl er im Rechtssinne Erbe bleibt, kein Vorkaufsrecht mehr.[33] Das Vorkaufsrecht, das der Miterbe durch Übertragung seines Erbteils verloren hat, lebt auch dann nicht wieder auf, wenn der Erwerber den Veräußerer des Erbteils später beerbt,[34] oder der Veräußerer den Erbteil zurückerwirbt.[35]

---

[20] MüKoBGB/*Grunsky* BGB § 2100 Rz. 37.
[21] BGH v. 22.4.1971 – III ZR 46/68, NJW 1971, 1264.
[22] *Neusser* MittRhNotK 1979, 143; Staudinger/*Olshausen* Einl. zu §§ 2371 ff. BGB Rz. 17.
[23] *Kersten/Bühling/Wegmann* § 118 Rz. 8; Staudinger/*Olshausen* Einl. zu §§ 2371 ff. BGB Rz. 17.
[24] *Neusser* MittRhNotK 1979, 143.
[25] *Neusser* MittRhNotK 1979, 143; Staudinger/*Olshausen* Einl. zu §§ 2371 ff. BGB Rz. 17.
[26] Staudinger/*Olshausen* Einl. zu §§ 2371 ff. BGB Rz. 17; Palandt/*Weidlich* BGB § 2371 Rz. 4.
[27] BGH v. 13.6.1966 – III ZR 198/64, NJW 1966, 2207; BGH v. 14.10.1968 – III ZR 73/66, NJW 1969, 92; vgl. aber auch BGH v. 20.12.1974 – V ZR 72/73, NJW 1975, 445.
[28] BGH v. 22.4.1971 – III ZR 46/68, NJW 1971, 1264.
[29] BGH v. 16.12.1992 – IV ZR 222/91, NJW 1993, 726.
[30] BGH v. 22.4.1971 – III ZR 46/68, NJW 1971, 1264, 1265.
[31] BGH v. 22.4.1971 – III ZR 46/68, NJW 1971, 1264; BGH v. 16.12.1992 – IV ZR 222/91, NJW 1993, 726; Staudinger/*Löhning* BGB § 2034 Rz. 14.
[32] BGH ZEV 2011, 248 m. Anm. *Herrler;* OLG Düsseldorf NJW 2013, 2764; Staudinger/*Löhning* BGB § 2034 Rz. 14; *Herrler* ZEV 2011, 250.
[33] BGH v. 16.12.1992 – IV ZR 222/91, BGHZ 121, 47= NJW 1993, 726; BGH v. 19.1.2011 – IV ZR 169/10, ZEV 2011, 248 m. Anm. *Herrler;* OLG Düsseldorf v. 22.2.2013 – I-7 U 175/11, NJW 2013, 2764.
[34] BGH v. 19.1.2011 – IV ZR 169/10, ZEV 2011, 248 m. Anm. *Herrler;* OLG Düsseldorf v. 22.2.2013 – I-7 U 175/11, NJW 2013, 2764.
[35] BGH v. 19.1.2011 – IV ZR 169/10, ZEV 2011, 248 Tz. 17; Palandt/*Weidlich* BGB § 2034 Rz. 2; aA MüKoBGB/*Gergen* § 2034 Rz. 22.

Vorkaufsberechtigt sind die übrigen Miterben gemeinschaftlich.[36] Will einer von ihnen das Vorkaufsrecht nicht ausüben, so steht es den übrigen zu (§ 472 BGB). Die Frist für die Ausübung des Vorkaufsrechts beträgt zwei Monate (§ 2034 Abs. 2 BGB). Die Ausübung erfolgt durch formlose Erklärung gegenüber dem Verkäufer, nach Übertragung des Erbteils gegenüber dem Käufer (§ 2035 BGB).[37] Missachtet der verkaufende Miterbe das ihm gegenüber ausgeübte Vorkaufsrecht und überträgt den Erbteil trotzdem mit dinglicher Wirkung auf den Käufer, so steht den vorkaufsberechtigten Miterben ein Anspruch gegen den Erwerber auf Rückübertragung des Erbteils zu.[38] Bei anderen Veräußerungsfällen wie insbesondere Tausch und Schenkung besteht kein Vorkaufsrecht.[39] **11**

Ein **gesetzliches Vorkaufsrecht der Gemeinde** nach §§ 24 BauGB beim Verkauf von Erbteilen an einem Nachlass, zu dem Grundbesitz gehört, besteht **nicht**.[40] **12**

Dagegen kann die Veräußerung eines solchen Erbteils nach § 2 Abs. 2 S. 2 GrdstVG genehmigungsbedürftig sein, wenn zum Nachlass ein land- oder forstwirtschaftlicher Betrieb gehört, der Nachlass im wesentlichen hieraus besteht und die Veräußerung an einen Nichterben erfolgt.

Erbschaftskauf- und Erbteilskauf sind dem Nachlassgericht anzuzeigen (§ 2384 BGB). **13**

(frei) **14, 15**

III. Steuerrechtliche Aspekte

1. Ertragssteuern

Der Verkauf eines Erbteils führt beim Verkäufer zu einem Veräußerungserlös und beim Käufer zu Anschaffungskosten. **16**

Bei der Veräußerung eines Erbteils richtet sich die steuerliche Beurteilung nach der Zusammensetzung des Nachlasses:

a) Zum Nachlass gehört nur Privatvermögen

Ein Veräußerungsgewinn ist nur steuerpflichtig, wenn die Voraussetzungen des § 17 EStG (wesentliche Beteiligung an einer Kapitalgesellschaft), des § 23 EStG (Spekulationsgeschäft) oder des § 21 UmwG (einbringungsgeborene Anteile) vorliegen.[41] **17**

Der Verkauf eines Erbteils fällt, auch wenn zum Nachlass Grundbesitz gehört, nicht unter § 23 Abs. 1 S. 1 Nr. 1 EStG, da Gegenstand der Veräußerung kein Grundstück, sondern eine gesamthänderische Beteiligung ist.[42] Auf die Erbteilsveräußerung wird jedoch nach allerdings umstrittener Ansicht § 23 Abs. 1 S. 4 EStG analog angewendet, obwohl diese Vorschrift nach ihrem Wortlaut nur die Veräußerung von Anteilen an Personengesellschaften regelt und insoweit der anteiligen Veräußerung von Grundstücken gleichstellt, dies jedoch nicht für andere Gesamthandsgemeinschaften anordnet.[43]

Der Käufer muss, wenn er nicht Miterbe ist, seine Afa nach § 7 EStG, also ausgehend von seinen Anschaffungskosten bemessen; § 11d EStDV ist dann auf seinen Erwerb nicht anwendbar. Die Miterben führen die Afa der Erbengemeinschaft dagegen

[36] BGH v. 11.6.1979 – IV ZR 69/77, MittBayNot 1979, 185.
[37] Palandt/*Weidlich* BGB § 2034 Rz. 6.
[38] BGH v. 31.10.2001 – IV ZR 268/00, ZEV 2002, 67; Palandt/*Weidlich* BGB § 2035 Rz. 2.
[39] Palandt/*Weidlich* BGB § 2034 Rz. 5.
[40] BGH v. 14.11.1969 – V ZR 115/66, DNotZ 1970, 423.
[41] BMF v. 11.1.1993, BStBl. I 1993, 62 Tz. 46.
[42] *Tiedtke/Wälzholz* ZEV 2002, 183, 185 unter Hinweis auf BFH v. 4.10.1990 – X R 148/88, BStBl. II 1992, 211.
[43] Für eine analoge Anwendung des § 23 Abs. 1 S. 4: Schmidt/*Weber-Grellet* § 23 EStG Rz. 47; im Ergebnis auch BFH v. 20.4.2004 – IX R 5/02, ZEV 2004, 295; *Heiliger* ZEV 2001, 432, 433; wohl auch *Geck/Messner* ZEV 2001, 145, 148; aA *Tiedtke/Wälzholz* ZEV 2002, 183, 184 f.; *dies.* BB 2001, 234 und ZEV 2004, 296.

nach § 11d EStDV fort.[44] Gehören mehrere Wirtschaftsgüter zum Nachlass, sind die Anschaffungskosten für den Erbteil auf alle Wirtschaftsgüter nach dem Verhältnis der Verkehrswerte zu verteilen.[45]

Bei Schenkung eines Erbteils findet § 11d EStDV Anwendung. Die anteilige Afa, die dem Beschenkten zusteht, bemisst sich nach der Afa-Bemessungsgrundlage der Erbengemeinschaft.[46]

b) Zum Nachlass gehört ausschließlich Betriebsvermögen

18 Wird ein Erbteil verschenkt, gilt § 6 Abs. 3 EStG. Der Beschenkte hat das Kapitalkonto des Schenkers fortzuführen.

Der Verkauf eines Erbteils an einer gewerblich tätigen Erbengemeinschaft ist Veräußerung eines Mitunternehmeranteils iSv. § 16 Abs. 1 Nr. 2 EStG, und zwar auch dann, wenn der Erwerber Miterbe ist. Anschaffungskosten und Veräußerungsgewinn errechnen sich wie bei der Übertragung eines Gesellschaftsanteils.[47]

c) Mischnachlass aus Privat- und Betriebsvermögen

19 Wird der Erbteil an einem Mischnachlass übertragen, gelten die vorgenannten Grundsätze.

Bei einer Schenkung hat der Erwerber im privaten Bereich des Nachlasses die Afa der Erbengemeinschaft nach § 11d EStDV und im betrieblichen Bereich die Buchwerte der Erbengemeinschaft nach § 6 Abs. 3 EStG fortzuführen.

Bei Verkauf eines Erbteils an einem Mischnachlass müssen der Veräußerungserlös und der Kaufpreis jeweils nach dem Verhältnis des Verkehrswertes des Mitunternehmeranteils und der anteiligen Verkehrswerte der Wirtschaftsgüter des Privatvermögens aufgeteilt werden.[48]

2. Erbschaft- und Schenkungsteuern

20 Der Erbschaftskauf ist kein nach dem ErbStG steuerpflichtiger Vorgang, da er nicht als Erwerb von Todes wegen iSd. § 3 ErbStG gilt.[49] Erwerber von Todes wegen iSd. § 3 ErbStG ist nur, wer unmittelbar mit dem Erbfall von Todes wegen erwirbt, nicht, wer als Außenstehender durch Rechtsgeschäft unter Lebenden in die Stellung eines Erben einrückt.[50] Die Erbschaftsteuer ist eine persönliche Steuer des Erben, die den Erbschaftskäufer als außenstehenden Dritten nicht als persönliche Leistungspflicht trifft. Der Erbschaftskäufer haftet jedoch mit der erworbenen Erbschaft für die entstandene Steuerschuld (§ 2382 BGB, § 20 Abs. 3 ErbStG), bei unentgeltlichem Erwerb auch persönlich (§ 20 Abs. 5 ErbStG).[51] Der Verkäufer bleibt trotz der Übertragung Steuerschuldner. Im Innenverhältnis zum Verkäufer hat jedoch, sofern nichts anderes vereinbart ist, der Käufer die Erbschaftsteuer zu tragen (§ 2379 BGB).[52]

3. Verkehrssteuern

21 Wird die **gesamte Erbschaft** durch den Alleinerben oder durch sämtliche Miterben verkauft (Erbschaftskauf), so ist, wenn zum Nachlass Grundbesitz gehört, der Verkäufer zur Übertragung des Grundbesitzes verpflichtet. In diesem Fall besteht gem. § 1

[44] BMF 11.1.1993, BStBl. I 1993, 62 Tz. 44.
[45] BMF 11.1.1993, BStBl. I 1993, 62 Tz. 45.
[46] BMF 11.1.1993, BStBl. I 1993, 62 Tz. 43.
[47] BMF 11.1.1993, BStBl. I 1993, 62 Tz. 42.
[48] BMF 11.1.1993, BStBl. I 1993, 62 Tz. 47 ff.
[49] Staudinger/*Olshausen* Einl. zu §§ 2371 BGB Rz. 106.
[50] *Meincke* ErbStG § 3 Rz. 11.
[51] Staudinger/*Olshausen* Einl. zu § 2371 BGB Rz. 106.
[52] Vgl. Staudinger/*Olshausen* BGB § 2379 Rz. 8.

Abs. 1 Nr. 1 GrEStG **Grunderwerbsteuerpflicht.** Der auf die Nachlassimmobilie entfallende Kaufpreis ist anteilig zu ermitteln.[53]

Ein Kaufvertrag über den **Erbteil eines Miterben** begründet demgegenüber weder einen Anspruch auf Übertragung von Grundstücken noch bedarf es zu seiner Erfüllung einer Auflassung, so dass sowohl § 1 Abs. 1 Nr. 1 GrEStG als auch § 1 Abs. 1 Nr. 2 GrEStG als Grundlage einer Besteuerung ausscheiden.[54] In Abkehr von seiner früheren Rechtsprechung, die in der Übertragung eines Erbteils, sofern sie nicht zu einer Vereinigung sämtlicher Erbteile in einer Person führte, lediglich einen nach GrEStG nicht steuerbaren Wechsel im Personenbestand der Erbengemeinschaft sah,[55] bejaht der BFH seit einer Grundsatzentscheidung aus dem Jahre 1975 die Grunderwerbsteuerpflicht der Erbteilsübertragung gemäß § 1 Abs. 1 Nr. 3 GrEStG, sofern zum Nachlass Grundbesitz gehört.[56]Steuerliche Bemessungsgrundlage ist die für den Erwerb des Erbteils erbrachte Gegenleistung, soweit sie auf das zum Nachlass gehörende Grundstück entfällt.[57] 22

Erlangt der Erwerber durch Abtretung den letzten Erbteil und vereinigen sich dadurch sämtliche Erbteile in seiner Hand, so erlischt die Erbengemeinschaft und der Erwerber wird Alleineigentümer des zum Nachlass gehörenden Grundstücks. Auch dieser Erwerb ist nach § 1 Abs. 1 Nr. 3 GrEStG steuerbar. Der Grunderwerbsteuer unterliegt in diesem Fall jedoch nicht der Erwerb des gesamten Grundstücks, sondern nur der zuletzt erworbene quotale Anteil.[58]

Wird der Erbteil an einen Miterben übertragen, so ist der Erwerb analog § 3 Nr. 3 GrEStG grunderwerbsteuerfrei.[59] Den erwerbenden Miterben stehen in entsprechender Anwendung des § 3 Nr. 3 GrEStG ihre Ehegatten gleich.[60] Eine Befreiung nach § 3 Nr. 3 GrEStG setzt die Miterbeneigenschaft des Erwerbers voraus; ein Erwerb von Erbanteilen nach dem Erbfall begründet diese Stellung nicht.[61] Ein nicht schon nach § 3 GrEStG befreiter Erwerb kann gemäß § 6 Abs. 2 GrEStG – vorbehaltlich § 6 Abs. 4 GrEStG – begünstigt sein.[62]

Übt nach Verkauf und Übertragung eines Erbteils ein Miterbe sein gesetzliches Vorkaufsrecht(§ 2034 BGB) aus und überträgt daraufhin der Erwerber in Erfüllung seiner Verpflichtung aus § 2035 den Erbteil an den vorkaufsberechtigten Miterben, so liegt hierin die Rückgängigmachung eines Erwerbsvorgangs analog § 16 Abs. 2 Nr. 3 GrEStG.[63]Auf Antrag ist daher in diesem Fall die Grunderwerbsteuer für den Ersterwerb nicht festzusetzen oder die Steuerfestsetzung aufzuheben.

B. Einzelerläuterungen

Zu § 1: Erbrechtliche Verhältnisse

Das Vertragsformular geht davon aus, dass der Erblasser von zwei Miterben beerbt worden ist, die sich mit Ausnahme eines Grundstücks bereits über den Nachlass auseinandergesetzt haben. Durch die Übertragung des Erbteils vereinigen sich die beiden 23

[53] Staudinger/*Olshausen* Einl. zu §§ 2371 BGB Rz. 107; *Neusser* MittRhNotK 1979, 143, 150.

[54] *Neusser* MittRhNotK 1979, 143, 150.

[55] Vgl. hierzu mit Nachweisen *Neusser* MittRhNotK 1979, 143, 150.

[56] BFH v. 17.7.1975 – II R 141/74, BStBl. II 1976, 159. Seit dieser Entscheidung st.Rspr., vgl. BFH v. 19.9. 2012 – II R 50/12, DStRE 2014, 1393 mwN; Boruttau/*Fischer* § 1 Rz. 567.

[57] BFH v. 17.7.1975 – II R 141/74, BStBl. II 1976, 159; *Pahlke* GrEStG § 9 Rz. 201.

[58] Boruttau/*Fischer* GrEStG § 1 Rz. 571; *Pahlke* GrEStG § 1 Rz. 180.

[59] Koordinierter Ländererlass v. 13.12.1984, DNotZ 1985, 193; Staudinger/*Olshausen* Einl. zu §§ 2371 BGB Rz. 109; *Neusser* MittRhNotK 1979, 143, 150.

[60] Staudinger/*Olshausen* Einl. zu §§ 2371 ff., BGB Rz. 109.

[61] Staudinger/*Olshausen* Einl. zu §§ 2371 ff. BGB Rz. 109; *Pahlke* GrEStG § 3 Rz. 187; BFH v. 22.9.1976, BStBl. II 1977, 13.

[62] *Pahlke* GrEStG § 1 Rz. 180.

[63] BFH v. 9.7.2014 – II R 50/12, DStRE 2014, 1393.

Erbteile in der Hand eines Miterben, der hierdurch Alleineigentümer des zum Nachlass gehörenden Grundstücks wird und im Wege der Grundbuchberichtigung (§ 894 BGB) als neuer Eigentümer einzutragen ist. Befinden sich im Nachlass noch weitere Grundstücke, die nicht in das Alleineigentum des Erbteilserwerbers übergehen sollen, so darf keine Erbteilsübertragung gewählt werden. Statt dessen ist in einem solchen Fall ein Teilerbauseinandersetzungsvertrag über den Grundbesitz abzuschließen, der gemäß § 311b Abs. 1 BGB beurkundungspflichtig und durch Auflassung und Eintragung (§§ 925, 873 BGB) zu erfüllen ist.

Zu § 2: Verkauf des Erbteils

24 Der Verkauf des Erbteils ist von dessen Übertragung (§ 2033 S. 2. BGB) streng zu unterscheiden. Die Übertragung als dingliches Erfüllungsgeschäft ist in § 6 des Vertragsformulars gesondert geregelt und dort zum Schutz des Veräußerers aufschiebend bedingt ausgestaltet.

Zu § 3: Kaufpreis

25 Die Fälligkeit des Kaufpreises kann bei gegebenen Anlass von weiteren Voraussetzungen abhängig gemacht werden. Hierzu gehören, wenn zur Wirksamkeit oder zum Vollzug des Vertrages behördliche oder private Genehmigungen erforderlich sein sollten, deren Erteilung, etwa nach § 2 Abs. 2 S. 2 GrdstVG (vgl. hierzu Rz. 12). Bestehen gesetzliche Vorkaufsrechte von Miterben (§ 2034 BGB), so wird die Kaufpreisfälligkeit üblicherweise an die entsprechenden Vorkaufsverzichtserklärungen oder den fruchtlosen Ablauf der Frist für die Ausübung der Vorkaufsrechte geknüpft. Wird, wie im Formular, der Erbteil an einen Miterben verkauft, so besteht kein gesetzliches Vorkaufsrecht (vgl. hierzu Rz. 10f.).

Zu § 4: Schuldübernahme

26 Der Käufer eines Erbteils wird durch dessen Erwerb nicht selbst Miterbe. Miterbe bleibt der Veräußerer.[64] Dieser haftet neben dem Käufer (§ 2382 BGB) weiterhin den Nachlassgläubigern. Beide haften als Gesamtschuldner.[65] Soll der Veräußerer aus dieser Haftung entlassen werden, so ist dies gemäß §§ 414ff. BGB nur mit Zustimmung der Gläubiger möglich.

Zu § 5: Wirtschaftlicher Übergang, Mängelhaftung

27 Mit Abschluss des Kaufvertrages gehen gemäß § 2380 BGB die Gefahr des zufälligen Untergangs und der zufälligen Verschlechterung der Erbschaftsgegenstände, die Lasten sowie die Nutzungen auf den Käufer über. Abweichende Vereinbarungen sind möglich.

28 Nach dem Grundgedanken, der den §§ 2372ff. BGB zugrunde liegt, sollen die Vertragsparteien verpflichtet sein, einander das zu gewähren, was sie hätten, wenn der Käufer anstelle des Verkäufers Erbe geworden wäre.[66] Demgemäß hat der Verkäufer nicht nur die zurzeit des Verkaufs vorhandenen Erbschaftsgegenstände, sondern auch die zu diesem Zeitpunkt noch vorhandenen Surrogate an den Käufer herauszugeben (§ 2374 BGB) sowie Ersatz zu leisten für die Erbschaftsgegenstände, die er vor dem Verkauf verbraucht, unentgeltlich veräußert oder unentgeltlich belastet hat (§ 2375 BGB). Der Veräußerer wiederum kann vom Käufer Ersatz für alle Nachlassschulden verlangen, die er nach dem Erbfall erfüllt hat (§ 2378 Abs. 2 BGB), für alle Verwendungen auf die Erbschaft, die notwendig waren oder ihren Wert erhöht haben (§ 2381

[64] BGH v. 22.4.1971 – III ZR 46/68, NJW 1971, 1264.
[65] Staudinger/*Olshausen* BGB § 2382 Rz. 7; MüKoBGB/*Musielak* BGB § 2382 Rz. 3.
[66] Staudinger/*Olshausen* BGB § 2372 Rz. 2.

BGB), und für die von der Erbschaft zu entrichtenden Abgaben und außerordentlichen Lasten (§ 2379 S. 2 BGB). Besteht der ungeteilte Nachlass, wie im Vertragsformular, nur noch aus einem Gegenstand, so werden diese Verpflichtungen regelmäßig, so auch im Vertragsformular, vertraglich abbedungen.[67]

Für **Sachmängel** einer zur Erbschaft gehörenden Sache haftet der Verkäufer grundsätzlich nicht (§ 2376 Abs. 2), es sei denn, es läge Arglist oder eine Garantieübernahme vor.[68] 29

Die **Rechtsmängelhaftung** des Verkäufers beschränkt sich gemäß § 2376 BGB auf die Haftung dafür, dass ihm das Erbrecht zusteht, dieses nicht durch das Recht eines Nacherben oder die Ernennung eines Testamentsvollstreckers beschränkt ist, dass nicht Vermächtnisse, Auflagen, Pflichtteilslasten, Ausgleichspflichten oder Teilungsanordnungen bestehen und dass nicht unbeschränkte Haftung gegenüber Nachlassgläubigern eingetreten ist. 30

Eine zuverlässige Sicherung des Erbteilserwerbers vor der Gefahr, dass dem Veräußerer der Erbteil nicht, nicht mehr, nur mit Belastungen oder Beschränkungen oder nicht mit dem vereinbarten Bestand an Nachlassgegenständen zusteht, besteht nicht.[69] Das Vertrauen des Erbteilserwerbers auf die Erbenstellung des Veräußerers oder den angenommenen Bestand des Nachlasses wird weder durch die §§ 2033ff. BGB noch durch die subsidiär geltenden Vorschriften der §§ 398 BGB geschützt. Auch die Vorschriften über den Erwerb vom Nichtberechtigten (§ 892, §§ 932ff. BGB) können nicht herangezogen werden, da bei einer Erbteilsübertragung lediglich über den Erbteil und nicht über einzelne Nachlassgegenstände verfügt wird.[70] Selbst der öffentliche Glaube des Erbscheins kommt dem Erbteilserwerber nicht zugute, da § 2366 BGB im Falle eines Erwerbs vom Nichterben nur den Erwerber einzelner Nachlassgegenstände schützt.[71] Hinsichtlich dieser Risiken sind Sicherungsmöglichkeiten nur auf der – schwächeren – schuldrechtlichen Ebene möglich, zB durch Abgabe einer Garantie des Veräußerers.[72] In jedem Fall sollten die Nachlassakten und ggf. das Grundbuch eingesehen werden und der Kaufpreis, sofern die Erbfolge nicht auf notarieller Verfügung von Todes wegen beruht, erst nach Erteilung eines Erbscheins fällig gestellt werden.[73] 31

Zu § 6: Erbteilsübertragung

Der Erbteilskauf wird durch das dingliche Verfügungsgeschäft der Erbteilsübertragung erfüllt. Die Erbteilsübertragung bedarf der notariellen Beurkundung (§ 2033 S. 2 BGB). Anders als die Auflassung eines Grundstücks, die bedingungsfeindlich ist (§ 925 Abs. 2 BGB), kann die Erbteilsübertragung mit einer Bedingung versehen werden.[74] Das gilt selbst dann, wenn der Nachlass nur oder nur noch aus einem einzigen Grundstück bestehen sollte, da auch in einem solchen Fall der Veräußerer nicht über Grundbesitz, sondern über einen Erbteil verfügt.[75] 32

Zum Schutz des Veräußerers vor einem vorzeitigen Verlust des Erbteils kann die Erbteilsübertragung unter der aufschiebenden Bedingung der vollständigen Kaufpreiszahlung erklärt werden.[76] Möglich ist auch eine auflösende Bedingung, bestehend in dem Rücktritt des Verkäufers wegen Nichtzahlung des Kaufpreises.[77] Um dem 33

---

[67] Münchener Vertragshandbuch/*Otto,* Bürgerliches Recht II, Band 6, XVIII Anm. 11.
[68] Staudinger/*Olshausen* BGB § 2376 Rz. 18.
[69] *Neusser* MittRhNotK 1979, 143, 148.
[70] *Neusser* MittRhNotK 1979, 143, 148; *N. Mayer* ZEV 1997, 106.
[71] *Neusser* MittRhNotK 1979, 143, 148.
[72] *N. Mayer* ZEV 1997, 106.
[73] *N. Mayer* ZEV 1997, 106; *Neusser* MittRhNotK 1979, 143, 148.
[74] *J. Mayer* ZEV 1997, 105, 106; *Neusser* MittRhNotK 1979, 143, 147.
[75] *Neusser* MittRhNotK 1979, 143, 147; KG MittRhNotK 1973, 263.
[76] *Faßbender/Grauel/Ohmen/Peter/Roemer/Wittkowski* Notariatskunde, 18. Aufl. 2014 § 4, Rz. 1358; *J. Mayer* ZEV 1997, 105, 107.
[77] *J. Mayer* ZEV 1997, 105, 106; *Faßbender/Grauel/Ohmen/Peter/Roemer/Wittkowski* § 4 Rz. 1358.

Grundbuchamt den Eintritt oder den Ausfall der Bedingung in der von § 29 GBO vorgeschriebenen öffentlichen oder öffentlich beglaubigten Form nachweisen zu können, müssen entsprechende Vorkehrungen getroffen werden. So kann zB vereinbart werden, dass die aufschiebende Bedingung der Kaufpreiszahlung als eingetreten gilt, wenn der Notar dem Grundbuchamt eine Ausfertigung oder beglaubigte Abschrift der Vertragsurkunde einreicht.[78] Eine bedingt erklärte Erbteilsübertragung schützt den Erwerber gemäß § 161 BGB dagegen, dass der Veräußerer oder dessen Gläubiger nach Vertragsabschluss zum Nachteil des Erwerbers über den Erbteil verfügt.[79] Die Vereinbarung einer Bedingung kann jedoch nicht verhindern, dass der Veräußerer in der Zwischenzeit gemeinsam mit den weiteren Miterben über einen einzelnen Gegenstand, insbesondere ein Grundstück, zugunsten eines gutgläubigen Dritten verfügt.[80] Die Auflassungsvormerkung, die beim Kauf eines Grundstücks eine entsprechende Schutzfunktion für den Erwerber übernimmt, kommt im Falle eines Erbteilskaufs nicht in Betracht, da dieser nicht zur Übereignung eines Grundstücks, sondern zur Übertragung eines Erbteils verpflichtet, selbst wenn der Nachlass nur noch aus einem Grundstück bestehen sollte.[81] Hier hilft aber die Eintragung einer vom Erbteilsveräußerer zu bewilligenden, aus der bedingten Erbteilsübertragung resultierenden Verfügungsbeschränkung im Grundbuch, die nach Zahlung des Kaufpreises aufgrund entsprechender Löschungsbewilligung, die dem Notar vorab zu treuen Händen überlassen wird, wieder gelöscht werden kann.[82] Im Vertragsformular ist die Eintragung einer solchen Verfügungsbeschränkung mit Rücksicht auf das Verwandtschaftsverhältnis der Beteiligten und im Hinblick darauf, dass beide die einzigen Miterben sind, nicht vorgesehen.

Zu § 7: Grundbuchberichtigung, Anweisung an den Notar

34 Gehört zum Nachlass Grundbesitz, wird das Grundbuch durch die Übertragung des Erbteils unrichtig und ist folglich zu berichtigen. Die Berichtigung erfolgt in der Weise, dass der Erbteilserwerber an Stelle des Veräußerers als Eigentümer in Erbengemeinschaft oder – wenn sich wie hier alle Erbteile in einer Hand vereinigen – als neuer Alleineigentümer eingetragen wird. Die Eigentumsänderung bezüglich des Nachlassgrundstücks wird **nicht** durch Auflassung und Eintragung (§§ 925, 873 BGB) bewirkt, selbst wenn der Nachlass nur noch aus diesem Grundstück bestehen sollte, sondern durch die Übertragung des Erbteils und vollzieht sich deshalb außerhalb des Grundbuchs, das lediglich zu berichtigen ist.[83]

35 Die im Vertragsformular vorgesehene Anweisung an den Notar dient im Zusammenhang mit der Regelung in § 6 Abs. 3 dem Schutz des Verkäufers und soll erreichen, dass der Käufer erst nach Zahlung des Kaufpreises als Eigentümer im Grundbuch eingetragen wird.

Zu § 8: Kosten, Grunderwerbsteuer

36 Die Übertragung eines Erbteils an einem Nachlass, zu dem Grundbesitz gehört, ist grunderwerbsteuerpflichtig, sofern kein Befreiungstatbestand gemäß § 3 GrEStG eingreift. Wird der Erbteil an einen Miterben übertragen, ist der Erwerb analog § 3 Nr. 3 GrEStG von der Besteuerung ausgenommen. (Vgl. hierzu die Erläuterungen in Rz. 22).

---

[78] *J. Mayer* ZEV 1997, 105, 107.

[79] *J. Mayer* ZEV 1997, 105, 106; *Faßbender/Grauel/Ohmen/Peter/Roemer/Wittkowski* § 4 Rz. 1358.

[80] *Neusser* MittRhNotK 1979, 143, 1481.

[81] *Neusser* MittRhNotK 1979, 143, 148; N. *Mayer* ZEV 1997, 105, 106.

[82] *J. Mayer* ZEV 1997, 105, 106; *Neusser* MittRhNotK 1979, 143, 149; *Faßbender/Grauel/Ohmen/Peter/Roemer/Wittkowski* § 4 Rz. 1358, dort auch zu der Möglichkeit, den Käufer schon vor Eintragung der Verfügungsbeschränkung, die erst nach Erteilung der grunderwerbsteuerlichen Unbedenklichkeitsbescheinigung erfolgen kann, durch Eintragung eines Widerspruchs im Grundbuch zu schützen.

[83] BGH v. 14.10.1968 – III ZR 73/66, NJW 1969, 92; *Neusser* MittRhNotK 1979, 143, 144.

B. 3.30 Nachlassvollmacht

Urkundenrolle Nr. [...] für 2011 B. 3.30

Verhandelt zu [...] am [...]

Vor mir,

DR. JUR. [...]
– NOTAR/IN IN [...] –

erschien:

Frau Erika D. geborene F., geboren am [...], wohnhaft in [...]

Die Erschienene wies sich aus durch Personalausweis.

Die Erschienene ließ folgende

NACHLASSVOLLMACHT

beurkunden und erklärte:

Ich bin Miterbin meines am [...] verstorbenen Vaters Eduard F. Die Erbfolge ergibt sich aus dem Erbschein des Amtsgerichts M. – Aktenzeichen [...] –.
Hierdurch bevollmächtige ich meine Schwester

Frau Margit E. geborene F.
geboren am [...],
wohnhaft in [...]

mich in allen Angelegenheiten, die den Nachlass meines Vaters Eduard F. betreffen, gerichtlich und außergerichtlich zu vertreten und zu diesem Zweck alle Rechtsgeschäfte und Rechtshandlungen ohne Ausnahme vorzunehmen.
Die Bevollmächtige ist befugt, Rechtgeschäfte mit sich im eigenen Namen und als Vertreter Dritter vorzunehmen.
Die Vollmacht soll durch meinen Tod nicht erlöschen.
Die Bevollmächtigte ist berechtigt, Untervollmachten zu erteilen.
Der Bevollmächtigten können beliebig viele Ausfertigungen dieser Urkunde erteilt werden.

Diese Niederschrift wurde der Erschienenen von dem Notar vorgelesen, von ihr genehmigt und von ihr und dem Notar wie folgt eigenhändig unterschrieben:

Anmerkungen

Regelungsziel ist die Erteilung einer Nachlassvollmacht. Sie dient der Erleichterung der Nachlassabwicklung insbesondere in den Fällen, in denen der Erblasser von mehreren Personen beerbt worden ist und folglich eine Erbengemeinschaft entstanden ist. Bei Vorliegen einer Erbengemeinschaft wird der Nachlass gemeinschaftliches Vermögen der Erben (§ 2032 Abs. 1 BGB). Die Miterben können über einen **Nachlassge-** 1

genstand aber nur **gemeinschaftlich verfügen** (§ 2040 Abs. 1 BGB), müssten also etwa bei der Veräußerung eines Nachlassgrundstücks oder der Einziehung einer Nachlassforderung (zB Sparguthaben des Erblassers bei Kreditinstituten) stets alle gemeinsam mitwirken. Hier kann eine Nachlassvollmacht zur Vereinfachung und Beschleunigung der Abwicklung beitragen. Sie wird in der Praxis zumeist einem Miterben erteilt, Bevollmächtigter kann aber auch ein außenstehender Dritter sein.

2 Die Nachlassvollmacht kann, wie sonstige Vollmachten auch, grundsätzlich **formfrei** erteilt werden, und zwar auch dann, wenn das Rechtsgeschäft, das in Ausübung der Vollmacht geschlossen wird, seinerseits formbedürftig ist (§ 167 Abs. 2 BGB). Ausnahmen von der Formfreiheit der Vollmacht gelten insbesondere dann, wenn der Vertretene durch die Erteilung der Vollmacht rechtlich und tatsächlich in gleicher Weise gebunden wird wie durch die Vornahme des formbedürftigen Rechtsgeschäfts selbst.[1] Dies ist zB bei der Erteilung einer unwiderruflichen Vollmacht zur Veräußerung oder zum Erwerb eines Grundstücks der Fall, die gemäß § 311b Abs. 1 BGB der notariellen Beurkundung bedarf.[2]

3 Soll die Nachlassvollmacht, wie häufig, auch zur Vornahme von Rechtsgeschäften berechtigten, die mit Eintragungen im Grundbuch verbunden sind (zB Veräußerung von Nachlassgrundstücken, Löschung von Grundpfandrechten) so ist sie verfahrensrechtlich in der Form des § 29 GBO (öffentliche Beglaubigung oder Beurkundung) nachzuweisen.

---

[1] Palandt/*Ellenberger* BGB § 167 Rz. 2; *Rösler* NJW 1999, 1159.
[2] BGH v. 23.2.1979 – V ZR 171/77, NJW 1979, 2306.

Teil C. Spezialthemen

C. 1 Familiengesellschaften

Übersicht

C. 1.00 Gewerbliche Familien-GbR

Gliederung

A, B und C gründen hiermit mit Wirkung ab dem […][Rz. 51] eine Gesellschaft bürgerlichen Rechts, für die sie den folgenden C. 1.00

Gesellschaftsvertrag

vereinbaren:

Präambel

Der Unternehmer A bringt sein bisheriges Einzelunternehmen hiermit in die Familiengesellschaft ein. Die Gründung der Familiengesellschaft ist verbunden mit der Erwartung, dass alle Mitgesellschafter unter seiner Führung das übertragene Vermögen für die Familie erhalten und mehren.

§ 1 Rechtsform, Name, Sitz[Rz. 52]

(1) Die Gesellschaft ist eine Gesellschaft bürgerlichen Rechts. Sie führt den Namen [...].
(2) Sitz der Gesellschaft ist [...].

§ 2 Zweck der Gesellschaft[Rz. 54]

Zweck der Gesellschaft ist [...] sowie die Vornahme aller Maßnahmen und Rechtsgeschäfte, die diesem Zweck förderlich sein können.

§ 3 Festkapital, Beteiligung der Gesellschafter[Rz. 56]

(1) Die Gesellschaft hat ein festes Gesellschaftskapital (Festkapital) von € 20 000,–.
(2) Am Festkapital sind die Gesellschafter wie folgt beteiligt:
  a) A mit einem festen Kapitalanteil von € 10 000,–,
  b) B mit einem festen Kapitalanteil von € 5 000,–,
  c) C mit einem festen Kapitalanteil von € 5 000,–.

§ 4 Einlagen[Rz. 57]

(1) A erbringt seine Einlage, indem er sein bisher unter der Firma „A..." betriebenes Einzelunternehmen und insbesondere dessen in Anlage 1 zu diesem Gesellschaftsvertrag aufgeführten Aktiva und Passiva zu Gesamthandseigentum auf die Gesellschaft überträgt. Die Gesellschaft übernimmt zudem die in Anlage 2 aufgeführten Vertragsverhältnisse und Verbindlichkeiten. Die Einlage des A ist damit voll erbracht.
(2) B und C erbringen eine Bareinlage auf das Konto der Gesellschaft in Höhe von jeweils € 5 000,–. Die Einlagen sind sofort fällig.

§ 5 Gesellschafterkonten[Rz. 61]

(1) Die Gesellschaft führt für jeden Gesellschafter folgende Konten:
  – ein festes Kapitalkonto (Kapitalkonto I),
  – ein Verrechnungskonto (Kapitalkonto II) und
  – ein Privatkonto.
  Zudem wird für alle Gesellschafter gemeinsam ein Rücklagekonto geführt.
(2) Auf dem Kapitalkonto I wird der feste Kapitalanteil des Gesellschafters (Anteil am Festkapital gemäß § 3 Abs. 2) gebucht. Die Kapitalkonten I sind unveränderliche Festkonten. Sie werden nicht verzinst.
(3) Dem Kapitalkonto II werden die Gewinnanteile und die über das Kapitalkonto I hinausgehenden Einlagen gutgeschrieben sowie die Verlustanteile und die Entnahmen belastet. Die Kapitalkonten II werden nicht verzinst.
(4) Auf dem Privatkonto werden alle weiteren Geschäftsvorfälle, die zwischen der Gesellschaft und dem Gesellschafter stattfinden, gebucht. Bei den Privatkonten handelt es sich um Fremdkapitalkonten. Guthaben und Schulden auf den Privatkonten werden mit zwei Prozentpunkten über dem Basiszinssatz gem. § 247 BGB verzinst. Die Zinsen werden staffelmäßig berechnet. Grundlage ist der jeweilige Stand des Kontos am Ersten eines Kalendermonats. Die Zinsen stellen im Verhältnis der Gesellschafter zueinander Aufwand bzw. Ertrag dar.
(5) Auf dem Rücklagekonto[Rz. 63] wird nach Maßgabe von § 9 Abs. 2 eine gesamthänderisch gebundene Rücklage gebildet.

§ 6 Geschäftsführung und Vertretung[Rz. 64]

(1) Zur Geschäftsführung und Vertretung der Gesellschaft sind die Gesellschafter A und B jeweils einzeln befugt (geschäftsführende Gesellschafter). Jeder von ihnen ist von den Beschränkungen des § 181 BGB befreit.

(2) Der Gesellschafter C ist von der Geschäftsführung und Vertretung der Gesellschaft ausgeschlossen. Ihm stehen die gesetzlichen Kontrollrechte gem. § 716 BGB zu.

(3) Für die Vornahme der folgenden Maßnahmen und Rechtsgeschäfte ist die vorherige Zustimmung sämtlicher Gesellschafter erforderlich:

a) Erwerb, Belastung und Veräußerung von Grundstücken oder grundstücksgleichen Rechten;

b) Einstellung und Entlassung von Personal, wenn die jährliche Vergütung € 10 000,– übersteigt;

c) Beteiligung an anderen Unternehmen;

d) alle übrigen Maßnahmen und Rechtsgeschäfte, die über den gewöhnlichen Geschäftsbetrieb der Gesellschaft hinaus gehen oder durch welche die Gesellschaft mit einem Betrag von mehr als € 20 000,– verpflichtet wird.

(4) Die geschäftsführenden Gesellschafter sind verpflichtet, sich bei Verträgen mit Dritten, deren Geschäftswert € 10 000,– übersteigt, darum zu bemühen, dass die Haftung durch eine entsprechende Vereinbarung auf das Gesellschaftsvermögen beschränkt wird.[Rz. 67]

§ 7 Gesellschafterbeschlüsse[Rz. 68]**, Stimmrecht**[Rz. 69]

(1) Alle den Gesellschaftern durch Gesetz oder diesen Gesellschaftsvertrag zugewiesenen Entscheidungen werden durch Gesellschafterbeschlüsse getroffen. Grundsätzlich werden Gesellschafterbeschlüsse in Gesellschafterversammlungen gefasst. Gesellschafterbeschlüsse können aber auch außerhalb von Gesellschafterversammlungen in jeder möglichen Form gefasst werden, wenn kein Gesellschafter dieser Art der Beschlussfassung widerspricht. Zulässig ist auch ein kombiniertes Beschlussverfahren. Beschlüsse der Gesellschafter sind in geeigneter Weise aktenkundig zu machen.

(2) Eine Gesellschafterversammlung kann durch jeden Gesellschafter einberufen werden. Die Einberufung hat mit mindestens zweiwöchiger Frist, schriftlich und unter Beifügung der Tagesordnung zu erfolgen.

(3) Beschlussfähig ist die Gesellschafterversammlung nur, wenn alle Gesellschafter anwesend oder vertreten sind. Ist die Gesellschafterversammlung nicht beschlussfähig, so kann jeder Gesellschafter unter Beachtung von Abs. 2 Satz 2 eine neue Versammlung mit gleicher Tagesordnung einberufen, die unabhängig von der Anzahl der erschienenen oder vertretenen Gesellschafter beschlussfähig ist, wenn darauf in der Einladung hingewiesen wurde.

(4) Ein Gesellschafter kann sich in der Gesellschafterversammlung nur durch einen Mitgesellschafter, einen Abkömmling oder einen Angehörigen der rechts- oder steuerberatenden Berufe vertreten lassen. Der Bevollmächtigte hat eine schriftliche Vollmacht vorzulegen.

(5) Falls nicht kraft Gesetzes oder in diesem Gesellschaftsvertrag zwingend eine andere Mehrheit vorgeschrieben ist, erfolgt die Beschlussfassung mit einfacher Mehrheit. Dies gilt auch für Beschlüsse über außergewöhnliche Geschäfte. Je € 1,– fester Kapitalanteil (Anteil am Festkapital gem. § 3 Abs. 2) gewährt eine Stimme. Ein Gesellschafter kann seine Stimmen nur einheitlich abgeben. Der Gesellschafter A verfügt unabhängig von seinem festen Kapitalanteil stets über 51 vH der in der Gesellschaft insgesamt vorhandenen Stimmen; die übrigen 49 vH der Stimmen verteilen sich auf die weiteren Gesellschafter nach dem Verhältnis ihrer festen Kapitalanteile. Dieses Sonderrecht des A ist nicht vererblich oder sonst übertragbar.

(6) Änderungen und Ergänzungen dieses Gesellschaftsvertrages bedürfen einer Mehrheit von drei Vierteln der abgegebenen Stimmen. Mit dieser Mehrheit können auch grundlegende Regelungen geändert werden. Soweit ein Änderungsbe-

schluss einem Gesellschafter zusätzliche Verpflichtungen auferlegt oder seine Rechtsstellung zu seinem Nachteil verändert, bedarf er der Zustimmung des Betroffenen.

§ 8 Geschäftsjahr, Rechnungsabschluss[Rz. 72]

(1) Geschäftsjahr der Gesellschaft ist das Kalenderjahr.
(2) Der Rechnungsabschluss für das abgelaufene Geschäftsjahr ist von den geschäftsführenden Gesellschaftern innerhalb von sechs Monaten nach Ende des Geschäftsjahres zu erstellen und der Gesellschafterversammlung vorzulegen. Der Rechnungsabschluss ist durch einstimmigen Gesellschafterbeschluss festzustellen. Können sich die Gesellschafter nicht innerhalb von drei Monaten nach Vorlage des Rechnungsabschlusses über dessen Feststellung einigen, so wird der Rechnungsabschluss durch einen von der zuständigen Wirtschaftsprüferkammer zu benennenden Wirtschaftsprüfer überprüft, ggf. korrigiert und als Schiedsgutachter mit verbindlicher Wirkung für alle Gesellschafter festgestellt. Die Kosten trägt die Gesellschaft.

§ 9 Beteiligung an Gewinn und Verlust[Rz. 74], Rücklage[Rz. 75]

(1) Am Gewinn und Verlust der Gesellschaft sind die Gesellschafter im Verhältnis ihrer festen Kapitalanteile (Anteil am Festkapital gem. § 3 Abs. 2) beteiligt.
(2) Die Gesellschaft bildet eine gesamthänderisch gebundene Rücklage bis zur Höhe von 50 vH der Betriebsausgaben des abgelaufenen Geschäftsjahres. Zur Bildung der Rücklage werden vom Gewinnanteil jedes Gesellschafters jährlich 20 vH in die Rücklage eingestellt, bis die Rücklage in der vorbezeichneten Höhe gebildet ist. Ist die Rücklage zu hoch dotiert, wird sie insoweit zu Gunsten des jeweiligen Kapitalkontos II aufgelöst. Die Gesellschafter sind an der Rücklage entsprechend ihrer Beteiligung am Gesellschaftsvermögen (Anteil am Festkapital gem. § 3 Abs. 2) beteiligt.
(3) Der nach Dotierung der Rücklage auf den einzelnen Gesellschafter entfallende Gewinnanteil oder ein Verlustanteil wird dessen Kapitalkonto II gutgeschrieben bzw. belastet.

§ 10 Entnahmen[Rz. 76]

(1) Die Gesellschafter beschließen zu Beginn eines jeden Geschäftsjahres Fixbeträge, die jeder Gesellschafter monatlich zu Lasten seines Gewinnanteils als Gewinnvoraus entnehmen kann. Im Übrigen bedürfen Entnahmen eines Gesellschafterbeschlusses.
(2) Ohne dass es dazu eines Beschlusses bedarf, kann jeder Gesellschafter während des Geschäftsjahres diejenigen Beträge entnehmen, die er benötigt, um die auf seinen Gesellschaftsanteil entfallenden Steuerzahlungen und Steuervorauszahlungen (Einkommensteuer, Solidaritätszuschlag und ggf. Kirchensteuer) zu leisten. Der Entnahmebetrag errechnet sich auf der Basis des einheitlich und gesondert festgestellten Gewinnanteils. Unabhängig von dem persönlichen Steuersatz eines Gesellschafters ist dabei stets der höchste für den betreffenden Veranlagungszeitraum geltende Steuersatz zugrunde zu legen.[Rz. 77]

§ 11 Urlaub, Krankheit[Rz. 78]

(1) Jedem geschäftsführenden Gesellschafter steht ein Jahresurlaub von 30 Arbeitstagen zu, der die Gewinn- und Verlustbeteiligung unberührt lässt.
(2) Wenn wegen Krankheit oder sonstiger Umstände die Arbeitskraft eines geschäftsführenden Gesellschafters nicht zur Verfügung steht, bleibt seine Gewinnbeteiligung gem. § 9 Abs. 1 für die Dauer von sechs Monaten unverändert. An-

schließend können die übrigen Gesellschafter wahlweise die Gewinnbeteiligung des Betroffenen nach billigem Ermessen für die Restdauer des Ausfalls reduzieren oder zu Lasten der Gewinnbeteiligung des Ausgefallenen eine Ersatzkraft beschäftigen. Dieser Absatz 2 gilt nicht für den Gesellschafter A.

§ 12 Übertragung und Belastung des GbR-Anteils[Rz. 79]

Gesellschaftsanteile oder Teile davon dürfen nur mit Zustimmung aller Gesellschafter übertragen oder belastet werden. Übertragungen auf eheliche Abkömmlinge des betreffenden Gesellschafters können ohne Zustimmung vorgenommen werden.

§ 13 Dauer der Gesellschaft, Kündigung, Ausschluss[Rz. 80]

(1) Die Dauer der Gesellschaft ist unbestimmt.

(2) Jeder Gesellschafter kann die Gesellschaft unter Wahrung einer Kündigungsfrist von sechs Monaten zum Ende eines Kalenderjahres kündigen; erstmals zum 31. Dezember [...]. Das Recht zur fristlosen Kündigung aus wichtigem Grund bleibt unberührt. Die Kündigung hat durch schriftliche Erklärung gegenüber den übrigen Gesellschaftern zu erfolgen. Im Falle der Kündigung durch einen Gesellschafter kann jeder der übrigen Gesellschafter durch schriftliche Erklärung binnen eines Monats, nachdem ihm die Kündigung zugegangen ist, gegenüber dem Kündigenden und den übrigen Gesellschaftern die Anschlusskündigung mit der Maßgabe erklären, dass diese ebenfalls zum Ende des Kalenderjahres wirksam wird.

(3) Wird über das Vermögen eines Gesellschafters das Insolvenzverfahren eröffnet, wird die Eröffnung des Insolvenzverfahrens über das Vermögen eines Gesellschafters mangels Masse abgelehnt oder wird die Zwangsvollstreckung in sein Abfindungsguthaben oder ein sonstiges Gesellschaftsrecht betrieben, so können die übrigen Gesellschafter ihn durch einstimmigen Beschluss aus der Gesellschaft ausschließen. Der Ausschluss wird mit der Bekanntgabe des Beschlusses gegenüber dem betroffenen Gesellschafter wirksam.

(4) Bei Kündigung der Gesellschaft sowie bei Ausschluss oder Insolvenz eines Gesellschafters wird die Gesellschaft nicht aufgelöst, sondern von den übrigen Gesellschaftern fortgesetzt, solange nach dem Ausscheiden noch zwei Gesellschafter vorhanden sind. Ist nur noch ein Gesellschafter vorhanden, so steht diesem ein Übernahmerecht zu, dass gegenüber den ausscheidenden Gesellschaftern durch schriftliche Erklärung auszuüben ist. Macht der Gesellschafter von seinem Übernahmerecht Gebrauch, geht das Gesellschaftsvermögen auf ihn über und der bzw. die Ausscheidende(n) sind abzufinden. Macht der Gesellschafter von seinem Übernahmerecht keinen Gebrauch, so ist die Gesellschaft zu liquidieren.

(5) Scheidet ein Gesellschafter ohne Liquidation der Gesellschaft aus ihr aus, so erhält er eine Abfindung nach Maßgabe von § 15.

§ 14 Tod eines Gesellschafters[Rz. 85]

(1) Beim Tod eines Gesellschafters wird die Gesellschaft mit dessen Erben oder Vermächtnisnehmern fortgesetzt, sofern es sich dabei um eheliche Abkömmlinge des Gesellschafters handelt. Bei mehreren nachfolgeberechtigten Abkömmlingen teilt sich die Mitgliedschaft des verstorbenen Gesellschafters entsprechend den Erbteilen bzw. den Bestimmungen des Erblassers zwischen den Nachfolgern auf.

(2) Die Anordnung der Testamentsvollstreckung[Rz. 86] **für den Gesellschaftsanteil, insbesondere durch Überlassung der Rechtsausübung oder durch Übertragung des Gesellschaftsanteils auf den Testamentsvollstrecker, ist zulässig. Die Beschränkungen aus Abs. 1 Satz 1 und § 7 Abs. 4 finden für die Person des Testamentsvollstreckers keine Anwendung.**

(3) Hinterlässt ein Gesellschafter keine Erben oder Vermächtnisnehmer, die Gesellschafter werden, so wird die Gesellschaft von den verbleibenden Gesellschaftern fortgesetzt. Die Erben erhalten eine Abfindung nach Maßgabe von § 15. § 13 Abs. 4 gilt entsprechend.

§ 15 Abfindung[Rz. 87]

(1) Scheidet ein Gesellschafter unter Fortsetzung der Gesellschaft aus ihr aus, so erhält er als Abfindung den Buchwert seiner Beteiligung. Der Buchwert der Beteiligung ergibt sich aus seinem festen Kapitalanteil (Anteil am Festkapital gem. § 3 Abs. 2) zuzüglich anteiliger Rücklagen zuzüglich eines positiven Saldos bzw. abzüglich eines negativen Saldos seines Kapitalkontos II. An den am Tag des Ausscheidens schwebenden Geschäften nimmt der Ausscheidende nicht teil. Stille Reserven und ein etwaiger Firmenwert werden nicht vergütet. Das Privatkonto ist auf den Ausscheidensstichtag abzurechnen und auszuzahlen bzw. auszugleichen.

(2) Maßgeblich für die Ermittlung des Buchwerts ist ein auf den Stichtag des Ausscheidens aufzustellender Zwischenabschluss bzw. der auf diesen Stichtag aufzustellende Jahresabschluss der Gesellschaft (Stichtagsabschluss). Kann innerhalb von sechs Monaten nach dem Ausscheidensstichtag über den Stichtagsabschluss keine Einigkeit erzielt werden, so wird er durch einen von der zuständigen Wirtschaftsprüferkammer zu benennenden Wirtschaftsprüfer als Schiedsgutachter mit verbindlicher Wirkung festgestellt. Die Kosten tragen die Gesellschaft und der Ausscheidende je zur Hälfte. Der Stichtagsabschluss bleibt auch dann maßgeblich, wenn sich seine Ansätze auf Grund einer Prüfung durch die Finanzbehörden nachträglich ändern.

(3) Das Abfindungsguthaben ist in fünf gleichen Jahresraten zu zahlen, beginnend sechs Monate nach dem Tag des Ausscheidens. Es ist ab dem Tag nach dem Ausscheidensstichtag mit zwei Prozentpunkten über dem jeweiligen Basiszinssatz (§ 247 BGB) zu verzinsen. Die Zinsen werden mit jeder fälligen Rate ausgezahlt. Sicherheiten können nicht verlangt werden. Die Gesellschaft ist berechtigt, die Abfindungsverpflichtung durch Sonderzahlungen ganz oder teilweise vorzeitig abzulösen.

(4) Ist im Zeitpunkt des Ausscheidens der Unterschied zwischen dem Buchwert der Beteiligung und ihrem Verkehrswert durch Bildung stiller Reserven so groß, dass die Abfindung zum Buchwert für den Ausscheidenden eine unbillige Härte darstellen würde, so erfolgt die Abfindung zum Verkehrswert der Beteiligung abzüglich eines zum Bestandsschutz des Unternehmens vorzunehmenden Abschlags in Höhe von 30 vH. Von einer unbilligen Härte ist auszugehen, wenn die Buchwert-Abfindung $^2/_3$ oder weniger des Verkehrswerts der Beteiligung entspricht. Können sich die Parteien über den Verkehrswert der Beteiligung nicht einigen, so wird dieser verbindlich durch einen von der zuständigen Wirtschaftsprüferkammer zu benennenden Wirtschaftsprüfer als Schiedsgutachter bestimmt. Die Kosten des Schiedsgutachters tragen die Gesellschaft und der ausscheidende Gesellschafter nach Maßgabe der §§ 91, 92 ZPO.

(5) Wird der ausgeschiedene Gesellschafter von Gläubigern der Gesellschaft in Anspruch genommen, so ist er von der Gesellschaft und den verbleibenden Gesellschaftern von den Ansprüchen freizustellen. Eine vorherige Befreiung von den gemeinschaftlichen Schulden oder Sicherheitsleistung hierfür kann er nicht verlangen.

§ 16 Nebentätigkeit, Wettbewerbsverbot, Verschwiegenheit[Rz. 92]

(1) Die geschäftsführenden Gesellschafter widmen ihre ganze Arbeitskraft dem Unternehmen. Nebentätigkeiten sind nur mit der vorherigen schriftlichen Zustimmung der anderen Gesellschafter zulässig.

(2) Den Gesellschaftern ist es ohne die vorherige schriftliche Zustimmung der übrigen Gesellschafter nicht gestattet, der Gesellschaft für eigene oder fremde Rechnung Konkurrenz zu machen, insbesondere sich an Konkurrenzunternehmen direkt oder indirekt zu beteiligen oder solche Unternehmen zu beraten oder in sonstiger Weise zu unterstützen.

(3) Jeder Gesellschafter hat in Angelegenheiten der Gesellschaft gegenüber Dritten Stillschweigen zu bewahren, dies gilt auch nach seinem Ausscheiden aus der Gesellschaft.

§ 17 Schlussbestimmungen

(1) Änderungen dieses Vertrages, einschließlich dieser Klausel, bedürfen zu ihrer Wirksamkeit der Schriftform.

(2) Sollte eine Bestimmung dieses Vertrages nichtig, anfechtbar oder unwirksam sein, so soll die Wirksamkeit der übrigen Bestimmungen hiervon nicht berührt werden. Die angreifbare Bestimmung ist vielmehr durch eine wirksame zu ersetzen und/oder so auszulegen, dass der mit ihr erstrebte wirtschaftliche Zweck nach Möglichkeit erreicht wird. Das Gleiche gilt im Falle einer Regelungslücke.

....

[Ort, Datum]

....

[Unterschriften]

A. Grundsätzliche Anmerkungen

I. Wirtschaftliche Aspekte

Die Gesellschaft bürgerlichen Rechts (GbR) ist die **Grundform aller Personengesellschaften.** Konstitutives Merkmal ist die Verfolgung eines gemeinsamen Zwecks durch alle Gesellschafter. Während die Personenhandelsgesellschaften (OHG und KG) auf den Betrieb eines Handelsgewerbes und die Partnerschaftsgesellschaft auf die gemeinschaftliche Ausübung freier Berufe beschränkt sind, kann eine GbR jeden beliebigen Zweck zum Gegenstand haben.[1] 1

Das wirtschaftliche Ziel einer unternehmerischen GbR liegt in der Bündelung der Aktivitäten ihrer Gesellschafter. Regelmäßig stehen bei der unternehmerischen GbR die persönlichen Beiträge der Gesellschafter im Vordergrund. Der besondere Vorteil der GbR liegt in der hohen **Flexibilität bei der inhaltlichen Ausgestaltung** und der daraus folgenden universellen Einsetzbarkeit. Zudem ist ihre Gründung weniger aufwändig und kostengünstiger als die Gründung einer GmbH, Partnerschaftsgesellschaft oder Personenhandelsgesellschaft. Die grundsätzliche Formfreiheit und der fehlende Registerzwang ermöglichen es, den Gesellschaftsvertrag kurzfristig abzuschließen und ihn jederzeit ohne großen Aufwand an veränderte Gegebenheiten anzupassen. Kehrseite ist die **volle persönliche Haftung** eines jeden Gesellschafters. 2

II. Rechtliche Aspekte

1. Familiengesellschaft

Der **Begriff** der Familiengesellschaft steht für Gesellschaften, deren Gesellschaftsanteile ausschließlich oder überwiegend von den Angehörigen einer oder weniger Fami- 3

[1] Palandt/*Sprau* BGB § 705 Rz. 20.

lien gehalten werden und bei denen alle oder einige Mitglieder dieser Familie(n) maßgeblichen Einfluss auf die Unternehmensführung ausüben. Oft dient die Gesellschaft der Eignerfamilie als (einzige) Vermögens- und Einkommensgrundlage, einige oder alle Gesellschafter sind im Unternehmen tätig und die Gesellschaft hat sich gegen die Einflussnahme Familienfremder abgeschottet. Das vorrangige Ziel besteht in dem Erhalt und der Sicherung des Unternehmens im Familienbesitz auch in künftigen Generationen.

4 Gehören die Gesellschafter nur einer Familie an, so wird von einer **Einfamiliengesellschaft** gesprochen. Werden die Anteile an der Gesellschaft von mehreren Familien gehalten, so wird dies als **Mehrfamiliengesellschaft** bezeichnet. Eine Mehrfamiliengesellschaft kann bereits als solche gegründet werden. Sie kann sich aber auch im Laufe der Zeit aus einer Einfamiliengesellschaft entwickeln, wenn in den nächsten Generationen mehrere Abkömmlinge in das Unternehmen eintreten und dann mit ihren jeweiligen Familien eigene Familienstämme bilden.

5 In einer Familiengesellschaft ist stets auch der **Generationswechsel** im Unternehmen vorzubereiten und zu vollziehen. Durch die gesellschaftsrechtliche Beteiligung können die potenziellen Nachfolger unter Wahrung der Unternehmenskontinuität an das Unternehmen herangeführt werden. Die große Gestaltungsfreiheit bei den Personen(handels)gesellschaften ermöglicht es dem Senior, sukzessive Verantwortung auf seine(n) Nachfolger zu übertragen und sich dennoch bestimmte Entscheidungs- oder Kontrollrechte vorzubehalten. Gerade wenn der Erfolg und die Akzeptanz des Unternehmens entscheidend von der Person des Unternehmers abhängen, ist eine solche schrittweise Übergabe an die nächste Generation sinnvoll.

Häufig kommt es aber auch vor, dass neben dem designierten Unternehmensnachfolger noch weitere Familienmitglieder an der Gesellschaft beteiligt werden, unabhängig davon, ob sie im Unternehmen tätig sind oder nicht. Durch diese Beteiligungen soll ihre **Teilhabe an den Gewinnen und Wertsteigerungen des Unternehmens** gesichert werden.[2]

6 Die Gründung einer Familiengesellschaft ist vielfach auch steuerlich motiviert. Durch die Aufnahme weiterer Familienmitglieder in den Gesellschafterkreis wird die Einkunftsquelle im Familienverband aufgeteilt. Dadurch werden die einkommensteuerrechtlichen Freibeträge mehrfach ausgenutzt und ein Progressionsvorteil erzielt (sogenanntes **Familiensplitting**).[3] Schließlich hat die lebzeitige Beteiligung der Familienmitglieder im Wege der **vorweggenommenen Erbfolge** den Zweck, die Freibeträge des Erbschafts- bzw. Schenkungssteuerrechts im 10-jährigen Turnus (§ 14 ErbStG) mehrfach auszunutzen.

7 Die schrittweise Übergabe des Unternehmens an die Nachfolgegeneration ist ein Prozess, der sich idR über mehrere Jahre erstreckt. In jeder Phase des Übergangs liegt erhebliches **Konfliktpotential.** Der Senior will zunächst noch Einfluss und Kontrolle behalten. Die Nachfolgegeneration will hingegen möglichst bald ihre eigenen unternehmerischen Vorstellungen umsetzen. Unterschiedliche Interessen bestehen zudem zwischen den geschäftsführenden Gesellschaftern und nur passiv beteiligten Familienmitgliedern. Ein klassisches Konfliktfeld stellen die häufig unterschiedlichen Vorstellungen der Gesellschafter zur Ausschüttungspolitik der Gesellschaft dar. Oft wollen die geschäftsführenden Gesellschafter zudem die Einflussnahme der nur passiv Beteiligten möglichst gering halten. Kommt es zu Auseinandersetzungen unter den Beteiligten, so kann dies zu einer schwerwiegenden Belastung sowohl für das Unternehmen als auch für die Familie führen. Bei der **Gestaltung des Gesellschaftsvertrages** für eine Familiengesellschaft gilt es daher, sowohl der jeweiligen Übergabephase als auch den vielschichtigen Motiven aller Beteiligten Rechnung zu tragen. Wegen der in der Fa-

---

[2] Ist dauerhaft die bloß passive Beteiligung bestimmter Familienmitglieder beabsichtigt, so empfiehlt sich dazu aus Haftungsgründen idR die Rechtsform der (GmbH & Co.) KG oder eine stille Gesellschaft.

[3] Dazu *Carlé/Halm* KÖSDI 2000, 12383.

miliengesellschaft anzutreffenden Interessenvielfalt sollte der Gesellschaftsvertrag darauf abzielen, Konflikte unter den Gesellschaftern zu vermeiden und Mechanismen für eine schnelle Streitschlichtung vorsehen.

Eine Sonderstellung hat regelmäßig der Unternehmensgründer bzw. der Senior der Unternehmerfamilie. Ihm werden häufig **Sonderrechte** eingeräumt. So wird der Senior auch nach der Aufnahme der potenziellen Nachfolger zunächst einmal die Geschäftsführung und Vertretung der Gesellschaft in der Hand behalten. Im Gesellschaftsvertrag wird ihm dazu in der Regel **Einzelvertretungsmacht und Einzelgeschäftsführungsbefugnis** eingeräumt werden. Je nach Alter und persönlicher Entwicklung der im Unternehmen tätigen Nachfolger werden diese dann **schrittweise** in die Geschäftsführung und Vertretung einbezogen. Zunächst sind sie uU von der Geschäftsführung und Vertretung ausgeschlossen. Dann kann für sie Gesamtgeschäftsführungsbefugnis mit der Maßgabe angeordnet werden, dass sie das Unternehmen nur gemeinsam mit einem anderen Gesellschafter (oder gemeinsam mit einem Prokuristen) vertreten. Je mehr die Nachfolgegeneration im Laufe der Zeit in die Unternehmerrolle hineinwächst, desto mehr kann sich der Senior aus dem Tagesgeschäft zurückziehen. 8

Selbst wenn der Senior sich aus dem Tagesgeschäft zurückgezogen hat, will er sich idR dennoch bei wichtigen Fragen ein Mitbestimmungsrecht vorbehalten. Gesellschaftsvertraglich kann dies dadurch geregelt werden, dass bestimmte Geschäfte an die **Zustimmung der Gesellschafterversammlung** gebunden werden. Sollte der Senior mit seinem Rückzug aus dem Tagesgeschäft auch bereits die Mehrheit der Gesellschaftsanteile auf die nachfolgende Generation übertragen, so kann sein Mitbestimmungsrecht dadurch gesichert werden, dass ihm im Gesellschaftsvertrag unabhängig von seiner Beteiligungsquote ein **erhöhtes Stimmgewicht** oder ein **Vetorecht** eingeräumt wird. 9

In finanzieller Hinsicht besteht nicht selten die Notwendigkeit, dem Gründungsgesellschafter Sonderrechte einzuräumen, denn häufig bildet das Unternehmen seine Haupteinnahmequelle. Insbesondere zur Sicherung seiner Altersversorgung kann er daher auch nach seinem Rückzug auf **regelmäßige Zahlungen** aus dem Unternehmen angewiesen sein. Diese Zahlungen gilt es ggf. gesellschaftsvertraglich abzusichern. Geregelt werden kann beispielsweise, dass dem Senior ein laufender Vorschuss auf seinen Gewinnanteil gezahlt wird. Zudem sollte ein Höchstmaß der Thesaurierung bzw. eine Mindestausschüttung vertraglich festgeschrieben werden. Sofern der Senior bereits in erheblichem Umfang Gesellschaftsanteile auf die nachfolgende Generation übertragen hat, kann seinem Finanzbedarf auch mit einer disquotalen Gewinnverteilungsabrede Rechnung getragen werden.[4] Zivilrechtlich sind **inkongruente Gewinnausschüttungen** bis zur Grenze des § 138 BGB ohne Weiteres zulässig. Einkommensteuerrechtlich werden sie jedoch nur anerkannt, wenn sie klar und eindeutig – d. h. insbesondere auch schriftlich – und im Vorhinein vereinbart werden.[5] Bei einer disquotalen Gewinnverteilung ist allerdings zu berücksichtigen, dass diese gem. § 7 Abs. 6 ErbStG eine Schenkung an den Senior darstellen kann. 10

Sofern sich der Unternehmensgründer weiter zurückzieht und die unternehmerische Verantwortung auf die Nachfolgegeneration überträgt, stellt sich die Frage, ob dies nicht auch zum Anlass genommen werden sollte, den Gründungsgesellschafter aus der Vollhaftung zu entlassen. Dazu könnte ihm bereits im Gesellschaftsvertrag das Recht eingeräumt werden, die Umwandlung der Gesellschaft in eine KG oder GmbH & Co. KG zu verlangen und im Zuge dessen **in die Kommanditistenstellung zu wechseln.** 11

Die Übertragung von Vermögenswerten an die Abkömmlinge zu deren freier Verfügung ist idR nicht gewollt. Weder sollen die Abkömmlinge aus der Gesellschaft sämtliche Gewinne entnehmen noch sollen sie berechtigt sein, über den Gesellschafts- 12

---

[4] *Tavakoli* DB 2006, 1882.

[5] BFH v. 12.6.1980 – IV R 40/77, BStBl. II 1980, 723; BFH v. 29.5.2001 – VIII R 10/00, BStBl. II 2001, 747.

anteil frei zu verfügen. Dem kann mit einer **Vinkulierung** der Anteile und **Entnahmebeschränkungen** Rechnung getragen werden. Durch die Vinkulierung der Anteile und eine entsprechende gesellschaftsvertragliche **Nachfolgeklausel**[6] wird zudem das Eindringen Familienfremder in die Gesellschaft verhindert.

2. Gesellschaftsrecht

13 Wesensbestimmende Merkmale der GbR sind der **gemeinsame Zweck** sowie die zu seinem Erreichen bestehende gegenseitige **Förderungspflicht** der Gesellschafter.[7] Gegenstand der GbR kann jeder erlaubte, dauernde oder vorübergehende, gewerbliche oder ideelle Zweck sein. Negative Voraussetzung ist, dass es sich bei der Gesellschaft nicht um eine OHG oder KG handeln darf. Übt die Gesellschaft ein Handelsgewerbe (§ 1 HGB) aus, so handelt es sich ohne Rücksicht auf den Willen der Parteien Kraft Gesetzes um eine OHG oder KG, es sei denn das Unternehmen erfordert nach Art und Umfang keinen in kaufmännischer Weise eingerichteten Geschäftsbetrieb.[8] OHG bzw. KG ist eine Gesellschaft aber auch dann, wenn ihr Unternehmen nach Art und Umfang zwar einen in kaufmännischer Weise eingerichteten Geschäftsbetrieb nicht erfordert, die Gesellschaft aber im Handelsregister eingetragen ist (§ 105 Abs. 2 HGB).

14 Die GbR muss mindestens zwei **Gesellschafter** haben. Neben natürlichen und juristischen Personen können Gesellschafter einer GbR auch die OHG, die KG, die Partnerschaftsgesellschaft oder eine andere GbR[9] sein – nicht hingegen eine Erbengemeinschaft, denn die Haftungsbegrenzung nach § 2059 Abs. 1 BGB ist mit der unbeschränkten Haftung der GbR-Gesellschafter nicht vereinbar.[10]

Jeder Gesellschafter kann sich bei der Gründung der GbR nach den allgemeinen Vorschriften (§§ 164ff., 181 BGB) vertreten lassen. Will sich ein **Minderjähriger** an einer GbR beteiligen, so ist dazu die Mitwirkung seines gesetzlichen Vertreters erforderlich. Ist Gegenstand der GbR der Betrieb eines Erwerbsgeschäfts, so muss für einen minderjährigen Gesellschafter zusätzlich noch nach §§ 1643 Abs. 1, 1822 Nr. 3 BGB die Genehmigung des Familiengerichts eingeholt werden. Falls der gesetzliche Vertreter selbst Gesellschafter der GbR ist, muss wegen des Verbots aus § 181 BGB für den Abschluss und jede wesentliche Änderung des GbR-Vertrages ein Ergänzungspfleger bestellt werden (§§ 1629 Abs. 2, 1795 Abs. 2, 1909 BGB). Wegen der unbeschränkten Haftung wird die Beteiligung eines Minderjährigen an einer gewerblichen GbR idR von den Gerichten nicht genehmigt. Stattdessen sollte auf eine stille Beteiligung oder eine Kommanditgesellschaft ausgewichen werden.

15 Für die Gründung einer GbR ist eine besondere **Form** grundsätzlich nicht zu beachten.[11] Der Gesellschaftsvertrag kann auch mündlich oder konkludent geschlossen werden.[12] Eine Registereintragung ist weder erforderlich noch möglich. Formbedürftig ist der Gesellschaftsvertrag nur, wenn er eine formbedürftige Leistungsverpflichtung eines Gesellschafters enthält oder untrennbar mit einer formbedürftigen Abrede verbunden ist.[13] Notarielle Beurkundung des GbR-Vertrages ist zB erforderlich, wenn als Einlage eines Gesellschafters ein Grundstück (§ 311b Abs. 1 BGB), ein GmbH-Anteil (§ 15 Abs. 4 GmbHG) oder sein gesamtes Vermögen (§ 311b Abs. 3 BGB) vereinbart wird. Die Formbedürftigkeit umfasst dann stets den gesamten GbR-Vertrag.[14] Auch wenn keine besondere Form vorgeschrieben ist, empfiehlt sich idR die schriftliche

[6] S. zur Nachfolgeklausel Rz. 21ff.
[7] Palandt/*Sprau* BGB § 705 Rz. 1.
[8] MüKoBGB/*Ulmer* BGB § 705 Rz. 23.
[9] BGH v. 2.10.1997 – II ZR 249/96, WM 1997, 2220.
[10] BGH v. 22.11.1956 – II ZR 222/55, BGHZ 22, 186, 192; Staudinger/*Keßler* BGB § 705 Rz. 46.
[11] RG v. 15.5.1936 – II 291/35, RGZ 151, 327.
[12] MüKoBGB/*Ulmer* BGB § 705 Rz. 25.
[13] Staudinger/*Keßler* BGB § 705 Rz. 36.
[14] MüKoBGB/*Ulmer* BGB § 705 BGB Rz. 34.

Abfassung des Gesellschaftsvertrages und des Gründungsakts, da hierdurch Rechtssicherheit unter den Gesellschaftern geschaffen wird. Zudem verlangen gerade bei Familiengesellschaften die Finanzbehörden einen schriftlichen Gesellschaftsvertrag.[15]

Verpflichtet sich ein im gesetzlichen Güterstand verheirateter Gesellschafter im Rahmen der Beitragspflicht zur Einbringung nahezu seines gesamten Vermögens, so ist gemäß § 1365 BGB dazu die **Einwilligung seines Ehegatten** erforderlich.

Nach dem dispositiven gesetzlichen Grundmuster ist die GbR **personalistisch ausgestaltet.** Dies kommt u.a. darin zum Ausdruck, dass nach den gesetzlichen Regelungen alle Gesellschafter die gleichen Beiträge leisten (§ 706 Abs. 1 BGB), jeder den gleichen Anteil an Gewinn und Verlust hat (§ 722 Abs. 1 BGB), Geschäftsführung und Vertretung allen Gesellschaftern gemeinschaftlich zustehen (§§ 709, 714 BGB) und nach Köpfen abgestimmt wird (§ 709 Abs. 2 BGB). In der Praxis wird diese personalistische Struktur häufig durch eine **kapitalistische Gestaltung** ersetzt, indem der Umfang der Verwaltungs- und Vermögensrechte eines Gesellschafters an die Höhe seiner kapitalmäßigen Beteiligung gekoppelt wird. **16**

Der BGH hat in seiner Rechtsprechung die **Haftungsverfassung** der GbR derjenigen der OHG angenähert. Grundlegend dafür war das Urteil v. 27.9.1999,[16] mit welchem er unter Aufgabe der bis dahin herrschenden Doppelverpflichtungstheorie das Modell der **akzessorischen Gesellschafterhaftung** nach §§ 128 ff. HGB auf die GbR übertragen hat. Seit dem BGH-Urteil v. 29.1.2001[17] ist zudem die **Rechtsfähigkeit** der Außen-GbR anerkannt. Eine Außen-GbR ist eine Gesellschaft, die durch Teilnahme am Rechtsverkehr eigene Rechte und Pflichten begründet, was bei einer gewerblichen GbR stets der Fall ist. Vertragliche Erfüllungs- und Schadensersatzansprüche treffen somit die GbR selbst, wobei sich die GbR das Verhalten ihrer Vertreter und Erfüllungsgehilfen gemäß § 31 BGB analog und § 278 BGB zurechnen lassen muss. Unter Aufgabe der bis dahin herrschenden Meinung hat der BGH mit Urteil v. 24.2.2003[18] zudem festgestellt, dass sich die GbR auch deliktisches Handeln ihrer geschäftsführenden Gesellschafter entsprechend **§ 31 BGB** zurechnen lassen muss, was zur Folge hat, dass die Gesellschafter auch insoweit persönlich als Gesamtschuldner dem Geschädigten gegenüber einzustehen haben. Schließlich hat der BGH mit Urteil v. 7.4.2003[19] entschieden, dass neu eingetretene Gesellschafter entsprechend **§ 130 HGB** für bestehende Verbindlichkeiten der GbR neben den bisherigen Gesellschaftern haften, wenn sie die betreffende Altverbindlichkeit kannten oder hätten kennen können.[20] **17**

Wegen der persönlichen unbeschränkten Haftung der Gesellschafter darf sowohl die organschaftliche Geschäftsführung als auch die organschaftliche Vertretung der GbR nur durch die Gesellschafter erfolgen (sog. **Selbstorganschaft**). Außenstehende Dritte können nur als rechtsgeschäftlich Beauftragte oder Bevollmächtigte für die GbR handeln. Ein vollständiger Rückzug aller Gesellschafter aus Geschäftsführung und Vertretung kommt wegen des Prinzips der Selbstorganschaft nicht in Betracht. **18**

3. Erbrecht

Gemäß § 727 Abs. 1 BGB hat der Tod eines Gesellschafters die Auflösung der GbR zur Folge. Die Mitgliedschaft in einer GbR ist also **nach der gesetzlichen Regelung nicht vererblich.** Die GbR ist vielmehr nach dem Tod eines Mitgesellschafters zu liquidieren, wobei die Erben des Gesellschafters an die Stelle des Verstorbenen tre- **19**

---

[15] Zur Anerkennung der Familiengesellschaft durch die Finanzbehörden sogleich unten unter Rz. 27.
[16] BGH v. 27.9.1999 – II ZR 371/98, NJW 1999, 3483.
[17] BGH v. 29.1.2001 – II ZR 331/00, NJW 2001, 1056.
[18] BGH v. 24.2.2003 – II ZR 385/99, NJW 2003, 1445.
[19] BGH v. 7.4.2003 – II ZR 56/02, NJW 2003, 1803 bestätigt und ergänzt durch BGH v. 12.12.2005 – II ZR 283/03, NJW 2006, 765.
[20] BGH v. 12.12.2005 – II ZR 283/03, NZG 2006, 106.

ten, an der Liquidation teilnehmen und den auf ihn entfallenden Anteil am Liquidationserlös erhalten. Sie haften als Rechtsnachfolger des verstorbenen Gesellschafters für die Gesellschaftsschulden; ggf. trifft sie auch die Nachschusspflicht des § 735 BGB.[21] Allerdings besteht die Möglichkeit, die Haftung nach den erbrechtlichen Vorschriften auf den Nachlass zu begrenzen.

20 Die vom Gesetz vorgesehene **Auflösung der GbR durch den Tod** eines Gesellschafters ist nicht immer sinnvoll. Soll die GbR mit dem Tod eines Gesellschafters nicht aufgelöst werden, sondern fortbestehen, so bedarf es dazu einer entsprechenden Regelung im Gesellschaftsvertrag. Für die Fortsetzung der GbR gibt es dabei zwei unterschiedliche Konzepte:

21 Zum einen kann vereinbart werden, dass die Gesellschaft von den verbleibenden Gesellschaftern fortgesetzt wird (§ 736 Abs. 1 BGB). Musterformulierung:

C. 1.00a **„Abweichend von § 727 Abs. 1 BGB wird die Gesellschaft bei Tod eines Gesellschafters nicht aufgelöst, sondern mit den verbleibenden Gesellschaftern fortgesetzt."**

Nach § 738 Abs. 1 BGB wächst dann der Anteil des Verstorbenen den verbleibenden Gesellschaftern an und die Erben des Verstorbenen erhalten eine Abfindung, die sich – wenn nichts Abweichendes geregelt ist – nach dem Verkehrswert des Anteils bemisst. Eine solche sog. **Fortsetzungsklausel** ist zweckmäßig, wenn es für den Erfolg der Gesellschaft auf die Persönlichkeit oder die Qualifikation der (Gründungs) Gesellschafter ankommt und sich die Gesellschafter eine Zusammenarbeit mit den Erben eines Gesellschafters nicht vorstellen können. Für eine Familiengesellschaft ist eine derartige Klausel nicht sinnvoll, da die Familiengesellschaft gerade darauf gerichtet ist, dass die Unternehmensbeteiligung innerhalb der Familie von Generation zu Generation weitergegeben wird.

22 Zum anderen kann die Vererblichkeit des GbR-Anteils vereinbart werden, mit der Folge, dass an Stelle des verstorbenen Gesellschafters andere Personen in die GbR eintreten. Eine derartige Regelung wird als **Nachfolgeklausel** bezeichnet. Der Anteil des Verstorbenen geht in diesem Fall mit dem Tod des Gesellschafters unmittelbar auf seine(n) Nachfolger über. Bei mehreren Erben wird jeder abweichend von § 1922 BGB einzeln entsprechend seiner Erbquote Rechtsnachfolger (sog. **Sonderrechtsnachfolge**).[22] Der Gesellschaftsanteil fällt in diesem Fall dinglich nicht in den Nachlass, ist aber wertmäßig bei der Erbauseinandersetzung zu berücksichtigen.[23] Hinsichtlich der Ausgestaltung einer Nachfolgeklausel ist sodann weiter zu differenzieren:

23 Die **allgemeine Nachfolgeklausel** (auch einfache Nachfolgeklausel genannt) sieht im Gesellschaftsvertrag vor, dass die Mitgliedschaft in der GbR frei vererblich ist. Musterformulierung:

C. 1.00b **„Verstirbt ein Gesellschafter, wird die Gesellschaft mit dem oder den Erben fortgesetzt".**

Damit sind als Rechtsnachfolger alle Personen zugelassen, die der Erblasser in seinem Testament oder Erbvertrag bestimmt oder die ihn kraft Gesetzes beerben. Es obliegt allein dem Gesellschafter, zu entscheiden, wer an seiner Stelle GbR-Gesellschafter werden soll.[24] Für eine Familiengesellschaft ist eine solche Klausel nicht zu empfehlen, da sie das Eindringen Familienfremder in den Gesellschafterkreis ermöglicht.

24 Bei einer **qualifizierten Nachfolgeklausel** hingegen wird die Mitgliedschaft im Gesellschaftsvertrag zwar grundsätzlich auch vererblich gestellt, es wird aber zudem

---

[21] Palandt/*Sprau* BGB § 727 Rz. 1.

[22] BGH v. 22.11.1956 – II ZR 222/55, BGHZ 22, 186, 192; BGH v. 10.2.1977 – II ZR 120/75, BGHZ 68, 225.

[23] BGH v. 10.2.1977 – II ZR 120/75, BGHZ 68, 225.

[24] *Winkler* ZErb 2006, 195.

bestimmt, dass nur bestimmte Personen, wie etwa Ehegatten oder Abkömmlinge, im Wege der Erbfolge Mitgesellschafter werden können.[25] Durch den Gesellschaftsvertrag wird also der Kreis der möglichen Gesellschafternachfolger eingeengt. Die qualifizierte Nachfolgeklausel erlaubt damit eine familiengerechte Regelung, denn das Eindringen von Familienfremden in die GbR kann dadurch verhindert werden. Zu beachten ist jedoch, dass eine Nachfolge des oder der vom Gesellschafter auserwählten Erben in die Gesellschafterstellung nur gelingt, wenn und soweit diese den im Gesellschaftsvertrag normierten Anforderungen genügen. Wichtig ist daher, die **Abstimmung der letztwilligen Verfügung mit der gesellschaftsvertraglichen Nachfolgeregelung.** Wird dies versäumt und gehört beispielsweise keiner der testamentarischen Erben dem durch die qualifizierte Nachfolgeklausel begrenzten Personenkreis an, so läuft die Erbeinsetzung ins Leere.

Testamentarischer Regelungsbedarf besteht regelmäßig auch dann, wenn nur einer der Erben qualifizierter Nachfolger ist und damit in die GbR einrückt, der GbR-Anteil aber wertmäßig mehr ausmacht, als es seiner Erbquote entspricht. In diesem Fall wäre der Nachfolger in den GbR-Anteil, falls im Testament nicht Vorsorge getroffen wurde, seinen Miterben zum **Wertausgleich** verpflichtet,[26] was ihn in Ermangelung liquiden Vermögens unter Umständen zur Belastung oder Veräußerung des GbR-Anteils zwingen könnte. Das Gleiche gilt für die Erfüllung von etwaigen Pflichtteilsansprüchen, denen der Rechtsnachfolger in den GbR-Anteil ausgesetzt sein kann. Regelungsbedarf besteht bei einer qualifizierten Nachfolgeklausel schließlich im Hinblick auf etwaiges **Sonderbetriebsvermögen.** Wird der Nachfolger in den GbR-Anteil nicht zugleich auch Erbe der Wirtschaftsgüter, die der Verstorbene der GbR zur Nutzung überlassen hat, so können diese Wirtschaftsgüter nicht mehr Sonderbetriebsvermögen sein. Mit dem Übergang aus dem Sonderbetriebsvermögen in das Privatvermögen der Erben kommt es dann zur steuerpflichtigen Aufdeckung der stillen Reserven.[27]

Schließlich können die Gesellschafter im GbR-Vertrag eine sog. **Eintrittsklausel** **25**
vorsehen. Mit dieser wird dem Erben oder einer dritten Person im Gesellschaftsvertrag der GbR das Recht eingeräumt, an Stelle des Verstorbenen in die GbR einzutreten. Musterformulierung:

(„Verstirbt der Gesellschafter X, hat Herr Y das Recht, an seiner Stelle in die Gesellschaft einzutreten.") C. 1.00c

Es tritt also nicht automatisch ein Nachfolger an die Stelle des Verstorbenen. Für die Ausübung des Eintrittsrechts ist eine Frist vorzusehen. In der Zwischenphase, also in der Zeit zwischen dem Tod des Gesellschafters und dem Eintritt des Nachfolgers, besteht die Gesellschaft allein aus den verbliebenen Gesellschaftern. Der Eintritt des neuen Gesellschafters bedarf einer Aufnahmevereinbarung zwischen den verbliebenen Gesellschaftern und dem Eintrittsberechtigten.

Die verschiedensten Gründe können einen Gesellschafter veranlassen, für seinen **26**
Nachlass oder beschränkt auf den GbR-Anteil **Testamentsvollstreckung** anzuordnen. Unproblematisch ist dies, wenn die Gesellschaft mit dem Tod des Gesellschafters aufgelöst wird. In diesem Fall unterliegt der Gesellschaftsanteil als Nachlassgegenstand auch ohne Zustimmung der Mitgesellschafter in vollem Umfang der Testamentsvollstreckung[28] und die Haftung der Erben kann auf den Nachlass begrenzt werden.[29] Sieht der Gesellschaftsvertrag die Fortsetzung der Gesellschaft durch die verbleibenden Gesellschafter vor, so ist die Testamentsvollstreckung ebenfalls unproblematisch, da sie sich insofern nur auf einen etwaigen Abfindungsanspruch bezieht. Problematisch ist

[25] Eine qualifizierte Nachfolgeklausel findet sich in § 14 des vorstehenden Vertragsmusters.
[26] BGH v. 10.2.1977 – II ZR 120/75, BGHZ 68, 225, 236 ff.
[27] Dazu sogleich Rz. 43.
[28] BGH v. 3.7.1989 – II ZB 1/89, BGHZ 108, 187, 190.
[29] BGH v. 6.7.1981 – II ZR 38/81, NJW 1982, 45.

jedoch der Fall, dass der Gesellschaftsvertrag eine einfache oder qualifizierte Nachfolgeklausel enthält. Denn die persönliche Haftung der Gesellschafter steht im Widerspruch dazu, dass der Testamentsvollstrecker die Erben nicht persönlich verpflichten kann und deren Haftung ggf. auf den Nachlass beschränkt ist. Nach Auffassung des BGH[30] ist die Testamentsvollstreckung am Gesellschaftsanteil eines persönlich haftenden Gesellschafters daher auf die Wahrnehmung der mit dem Anteil verbundenen übertragbaren Vermögensrechte (sog. „Außenseite“ des Gesellschaftsanteils) beschränkt. Dies gilt insbesondere für den laufenden Gewinnanteil sowie ein Auseinandersetzungs- oder Abfindungsguthaben. Soweit hingegen die „Innenseite“ der Beteiligung (d. h. die über die Vermögensrechte hinausgehenden Mitgliedschaftsrechte) betroffen ist, wie etwa das Stimmrecht, das Recht auf Teilnahme an der Gesellschafterversammlung, das Informationsrecht sowie das Recht auf Vertretung und Geschäftsführung, kann der Testamentsvollstrecker keinerlei Mitwirkungsrechte haben.[31] Die Praxis begegnet dieser Einschränkung mit der sog. **Treuhandlösung.**[32] Danach wird der Gesellschaftsanteil dem Testamentsvollstrecker durch letztwillige Verfügung treuhänderisch übertragen. Der Testamentsvollstrecker wird vollwertiger Gesellschafter. Dies bedeutet allerdings auch, dass er im Außenverhältnis zwingend der Haftung aus § 128 HGB analog ausgesetzt ist. Alternativ kommt das sog. **Vollmachtmodell**[33] in Betracht. Bei diesem übt der Testamentsvollstrecker lediglich die Rechte aus dem Gesellschaftsanteil im Namen der Erben als deren Bevollmächtigter aus. Der Erbe wird persönlich haftender Gesellschafter und der Testamentsvollstrecker wird bevollmächtigt, die übertragbaren Rechte aus dem Gesellschaftsanteil („Außenseite“) auszuüben. Kritisch ist, dass eine solche Bevollmächtigung jederzeit durch den Erben widerrufen werden kann. Der Erblasser muss daher durch eine entsprechende Sanktionierung für die Aufrechterhaltung der Bevollmächtigung sorgen.

III. Steuerliche Aspekte

1. Steuerliche Anerkennung

27 **Gesellschaftsverträge zwischen nahen Angehörigen** werden von der Finanzverwaltung besonders kritisch betrachtet, denn innerhalb der Familie fehlt es regelmäßig an den unter Fremden vorherrschenden Interessengegensätzen.[34] Die Finanzverwaltung will ausschließen, dass derartige Verträge entgegen dem auf eine geschäftliche Beziehung hindeutenden äußeren Bild in Wahrheit allein zur Erzielung steuerlicher Vorteile abgeschlossen werden.[35] Die Grundvoraussetzung für die steuerliche Anerkennung von Verträgen zwischen Angehörigen ist, dass die Verträge **ernsthaft gewollt** worden sind. Das bedeutet, sie müssen **zivilrechtlich wirksam** zu Stande gekommen sein und die getroffenen Regelungen müssen **klar und eindeutig** sein.[36] Um dem Kriterium der Klarheit und Eindeutigkeit zu genügen, sollten Gesellschaftsverträge unter nahen Angehörigen **schriftlich** abgefasst werden.[37]

28 Nach ständiger Rechtsprechung des BFH haben Gesellschaftsverträge unter nahen Angehörigen inhaltlich dem zu entsprechen, **was unter fremden Dritten üblich ist,** denn bei Rechtsverhältnissen zwischen fremden Dritten führt der natürliche Inte-

[30] BGH v. 10.1.1996 – IV ZB 21/94, NJW 1996, 1284.
[31] BGH v. 12.1.1998 – II ZR 23/97, NJW 1998, 1313; BGH v. 10.1.1996 – IV ZB 21/94, NJW 1996, 1284.
[32] S. dazu BGH v. 24.11.1980 – II ZR 194/79, NJW 1981, 749.
[33] S. dazu OLG Düsseldorf v. 24.9.2007 – I-9 U 26/07, ZEV 2008, 142.
[34] Ausführlich *Zipfel/Pfeffer* BB 2010, 343.
[35] BFH v. 27.1.1994 – IV R 114/91, BStBl. II 1994, 635; BFH v. 21.2.1991 – IV R 35/89, BStBl. II 1995, 449.
[36] BFH v. 7.11.2000 – VIII R 16/97, BStBl. II 2001, 186; BMF v. 23.12.2010 – IV C 6 – S 2144/07/10004, BStBl. I 2011, 37.
[37] BFH v. 4.6.1991 – IX R 150/85, BStBl. II 1991, 838.

ressengegensatz regelmäßig dazu, dass eine private Veranlassung bei der Ausgestaltung ausscheidet.[38]

Weitere Voraussetzung für die steuerliche Anerkennung ist der **tatsächliche Vollzug** des Gesellschaftsvertrages, d.h. es müssen alle Konsequenzen aus den vertraglichen Vereinbarungen auch tatsächlich gezogen werden.[39] So muss die vereinbarte Einlage tatsächlich in das Vermögen der Gesellschaft erbracht und ein Gewinn entsprechend der vertraglichen Regelung verteilt werden. Die Vermögenssphären der Gesellschafter sind daher scharf zu trennen.[40] Schädlich ist insbesondere, wenn Eltern die Gewinnanteile ihrer Kinder entnehmen und für eigene Zwecke verwenden.[41] 29

Wird das Gesellschaftsverhältnis – obwohl zivilrechtlich wirksam – steuerlich nicht anerkannt, so ist der betreffende Angehörige nicht Mitunternehmer iSv. § 15 Abs. 1 Nr. 2 EStG geworden. Der Gewinn wird steuerlich allein den steuerlichen Mitunternehmern zugerechnet und bei ihnen der Einkommensteuer unterworfen. Die zivilrechtlich wirksame Einräumung von Gewinnanteilen stellt dann eine einkommensteuerlich unbeachtliche Einkommensverwendung (§ 12 Nr. 2 EStG) dar,[42] die regelmäßig als Schenkung zu qualifizieren ist. 30

Wird die Familiengesellschaft anerkannt, so erfolgt schließlich noch eine Überprüfung der **Angemessenheit der Gewinnverteilung.** Denn auch bei der Gewinnverteilung zwischen nahen Angehörigen fehlt es regelmäßig an einem natürlichen Interessengegensatz, der dafür sorgt, dass der Gewinnanteil dem Beitrag des Gesellschafters zur Erreichung des Gesellschaftszwecks entspricht.[43] Somit muss auch die Gewinnverteilung dem Drittvergleich standhalten. 31

2. Ertragsteuern

Nicht die GbR, sondern die einzelnen Gesellschafter sind mit ihrem jeweiligen Gewinnanteil einkommensteuerpflichtig. Für Zwecke der Besteuerung werden ihre Einkünfte bei der GbR **einheitlich und gesondert festgestellt** (§§ 179, 180 Abs. 1 Nr. 2a, 182 Abs. 1 AO). 32

Eine GbR, die nicht ausschließlich vermögensverwaltend oder freiberuflich, sondern auch gewerblich tätig ist, wird als in vollem Umfang gewerblich angesehen (sog. Abfärbe- oder Infektionstheorie).[44] Ist die GbR (auch) gewerblich tätig, so hat ein Gesellschafter Einkünfte aus Gewerbebetrieb, wenn in seiner Person die Voraussetzungen für eine **Mitunternehmerschaft** vorliegen.[45] Nach der Rechtsprechung des BFH ist nicht jeder zivilrechtliche Gesellschafter einer Personengesellschaft auch Mitunternehmer iSv. § 15 Abs. 1 Satz 1 Nr. 2 EStG. Mitunternehmer ist er nur dann, wenn er auf Grund seiner gesellschaftsrechtlichen Stellung Mitunternehmerrisiko trägt und Mitunternehmerinitiative ausüben kann.[46] **Mitunternehmerrisiko** bedeutet gesellschaftsrechtliche Teilnahme am Erfolg und Misserfolg des Unternehmens. Dieses Risiko wird im Regelfall durch die Beteiligung an Gewinn und Verlust sowie an den stillen Reserven vermittelt. **Mitunternehmerinitiative** bedeutet Teilhabe an den unternehmerischen Entscheidungen. Ausreichend ist dabei bereits die Möglichkeit zur Ausübung von Gesellschafterrechten, die wenigstens den Stimm-, Kontroll- und Widerspruchsrechten angenähert sind, die einem Kommanditisten nach dem HGB zuste- 33

---

[38] BFH v. 7.11.2000 – VIII R 16/97, BStBl. II 2001, 186; EStH 2012 4.8 „Fremdvergleich".

[39] BFH v. 30.1.1980 – I R 194/77, BStBl. II 1980, 449.

[40] BFH v. 14.10.2002 – VIII R 42/01, GmbHR 2003, 243; EStH 15.9 Abs. 1 „Tatsächliche Gewinnverteilung".

[41] BFH v. 5.6.1986 – IV R 272/84, BStBl. II 1986, 802, 804; BFH v. 30.3.1999 – VIII R 19/98, BFH/NV 1999, 1325.

[42] BFH v. 7.11.2000 – VIII R 16/97, GmbHR 2001, 152, 153; EStH 15.9 Abs. 2 „Allgemeines".

[43] BFH v. 29.5.1972 – GrS 4/71, BStBl. II 1973, 5; BFH v. 9.10.2001, BStBl. II 2002, 460; EStH 15.9 Abs. 3.

[44] Schmidt/*Wacker* EStG § 15 Rz. 185.

[45] Zu den Einzelheiten EStR 15.8 und Schmidt/*Wacker* EStG § 15 Rz. 160ff.

[46] BFH v. 3.5.1993 – GrS 3/92, BStBl. II 1993, 616; BFH v. 26.7.1984 – IV R 11/81, BStBl. II 1984, 715; BFH v. 25.4.2006 – VIII R 74/03, BB 2006, 1539.

hen oder die den gesellschaftsrechtlichen Kontrollrechten nach § 716 Abs. 1 BGB entsprechen.[47] Da der gesetzlich nicht erläuterte Begriff des Mitunternehmers einer abschließenden Definition im Sinne einer tatbestandlichen Kennzeichnung durch eine begrenzte Anzahl von Kriterien nicht zugänglich ist, können die Merkmale der Mitunternehmerinitiative und des Mitunternehmerrisikos im Einzelfall mehr oder weniger ausgeprägt sein.[48] Ein geringeres mitunternehmerisches Risiko kann deshalb durch eine besonders starke Ausprägung des Initiativrechts ausgeglichen werden und umgekehrt; beide Merkmale müssen jedoch vorliegen.[49] Ob dies der Fall ist, ist unter Berücksichtigung aller die rechtliche und wirtschaftliche Stellung des Gesellschafters insgesamt bestimmenden Umstände zu würdigen. Bei der GbR führt die Außenhaftung der Gesellschafter regelmäßig dazu, dass die Mitunternehmerstellung bejaht wird.[50] Sowohl Extremgestaltungen in einzelnen Punkten als auch eine Kumulation verschiedener Beschränkungen können allerdings problematisch sein. Bei der Ausgestaltung des GbR-Vertrages ist somit ein besonderes Augenmerk auf alle Regelungen zu legen, durch die das Widerspruchs-, Kontroll- und Stimmrecht sowie die Kündigungsmöglichkeit und die Abfindung eines Gesellschafters einschränkt werden.

34 Die **Ermittlung der Mitunternehmereinkünfte** erfolgt zweistufig.[51] Auf der ersten Stufe wird der Gewinnanteil des Gesellschafters auf der Grundlage der **GbR-Jahresrechnung** und einer etwaigen **Ergänzungsbilanz** des Gesellschafters ermittelt. Eine Ergänzungsbilanz ist aufzustellen, wenn für einen Gesellschafter andere Wertansätze gelten, als sie sich aus der GbR-Bilanz ergeben. Dies ist dann der Fall, wenn der Gesellschafter für den Erwerb seines Mitunternehmeranteils mehr oder weniger aufgewendet hat als sich aus der GbR-Bilanz ergibt.[52] Auf der zweiten Stufe werden sodann die Ergebnisse der **Sonderbilanzen** einschließlich der Sondervergütungen hinzugerechnet. In der Sonderbilanz eines Gesellschafters werden insbesondere die Aufwendungen und Erträge des Gesellschafters erfasst, die sich aus der Überlassung von Wirtschaftsgütern zur Nutzung an die Gesellschaft (sog. Sonderbetriebsvermögen) ergeben. Insgesamt ergibt sich damit aus der GbR-Bilanz und etwaigen Ergänzungs- und Sonderbilanzen der zu versteuernde Gewinn des Mitunternehmers.

35 Die gewerbliche GbR ist anders als bei der Einkommensteuer selbst Schuldnerin der **Gewerbesteuer.** Gewerbesteuerpflicht besteht, wenn die von der GbR ausgeübte Tätigkeit im Fall der alleinigen Ausübung durch einen Gesellschafter gewerblich wäre. Die Gewerbesteuer ist bei der Gesellschaft nicht als Betriebsausgabe abziehbar. Für die Gesellschafter erfolgt im Gegenzug eine pauschalierte Ermäßigung der Einkommensteuer gem. § 35 Abs. 1 Satz 1 Nr. 2 EStG. Danach ermäßigt sich die tarifliche Einkommensteuer um das 3,8-fache des jeweils anteiligen Gewerbesteuermessbetrages. Bestimmte steuerliche Sachverhalte in der Sphäre der Gesellschafter können zu Gewerbesteuermehrungen oder -minderungen bei der Gesellschaft führen. Diese Effekte sollten durch eine gesellschaftsvertragliche Gewerbesteuerklausel verursachungsgerecht ausgeglichen werden.[53]

36–38 *(frei)*

3. Erbschaft- und Schenkungsteuer

39 Wird ein Anteil an einer Personengesellschaft vererbt oder durch letztwillige Verfügung zugewandt, so kommt es im Hinblick auf die erbschaftsteuerlichen Folgen ent-

[47] BFH v. 10.11.1987 – VIII R 166/84, BStBl. II 1989, 758; BFH v. 27.1.1994 – VI R 114/91, BStBl. II 1994, 635; BFH v. 16.12.2009 – II R 44/08, GmbHR 2010, 499.

[48] BFH v. 1.8.1996 – VIII R 12/94, BStBl. II 1997, 272; BFH v. 28.10.1999 – VIII R 66–70/97, BStBl. II 2000, 183.

[49] BFH v. 27.5.1993 – IV R 1/92, BStBl. II 1994, 700; EStH 15.8 Abs. 1.

[50] BFH v. 14.8.1986 – IV R 131/84, BStBl. II 1987, 60; BFH v. 10.5.2007 – IV R 2/05, DB 2007, 2456.

[51] *Tipke/Lang* Steuerrecht § 18 Rz. 50 ff.

[52] *Tipke/Lang* Steuerrecht § 18 Rz. 62.

[53] Siehe zu einer solchen Gewerbesteuerklausel Formular C. 1.20 § 11 Abs. 5.

scheidend darauf an, welche gesellschaftsrechtliche **Nachfolgeregelung** für die GbR zur Anwendung kommt.

Bleibt es bei der **gesetzlichen Regelung** des § 727 Abs. 1 BGB, wonach die Gesellschaft bei dem Tod eines Gesellschafters liquidiert wird, so geht zunächst einmal die Mitunternehmerstellung des Verstorbenen auf die oder den Erben über. Die Liquidation führt zur Aufgabe des Mitunternehmeranteils. Einen etwaigen Aufgabegewinn versteuern die Erben nach §§ 16, 34 EStG. Die erbschaftsteuerlichen Verschonungsregeln für Betriebsvermögen greifen mangels Fortführung des Unternehmens nicht. **40**

Enthält der Gesellschaftsvertrag eine **Fortsetzungsklausel,** so bewirkt der Tod eines Gesellschafters zwei erbschaftsteuerlich relevante Vorgänge. Zum einen wächst der Gesellschaftsanteil des Verstorbenen den verbleibenden Gesellschaftern an und zum anderen erwerben die Erben des Verstorbenen in der Regel einen Abfindungsanspruch gegen die Gesellschaft. Gemäß § 3 Abs. 1 Nr. 2 Satz 2 ErbStG stellt die Anwachsung des Gesellschaftsanteils des verstorbenen Gesellschafters bei den verbleibenden Gesellschaftern eine Schenkung auf den Todesfall dar, wenn und soweit der erbschaftsteuerliche Wert, der sich für den Anteil des Verstorbenen zum Zeitpunkt des Todes nach § 12 ErbStG ergibt, die durch den Tod ausgelösten Abfindungsansprüche übersteigt. Das Gesetz fingiert also einen Erwerb der verbleibenden Gesellschafter von Todes wegen, wenn der Steuerwert des Anteils höher ist als die an die Erben zu zahlende Abfindung.[54] Dies ist immer dann der Fall, wenn der Gesellschaftsvertrag eine **Beschränkung des Abfindungsanspruchs** normiert. Da die verbleibenden Gesellschafter durch die Anwachsung Betriebsvermögen erwerben, kommen sie unter den einschlägigen Voraussetzungen in den Genuss der in §§ 13aff. ErbStG normierten Verschonungsregeln sowie des Steuerklassenprivilegs nach § 19a Abs. 4 ErbStG.[55] Die Erben hingegen erwerben mit der Abfindungszahlung kein Betriebsvermögen, sondern eine Kapitalforderung. Diese unterliegt als reines Forderungsrecht mit ihrem Nominalbetrag der Erbschaftsteuer. Ertragsteuerlich wird das Ausscheiden gegen Abfindung wie eine Veräußerung des Mitunternehmeranteils behandelt. Der Veräußerungsgewinn entsteht allerdings noch in der Person des Erblassers und errechnet sich aus der Differenz zwischen der Abfindung und dem Buchwert des Gesellschaftsanteils im Todeszeitpunkt.[56] Hatte der Erblasser der GbR Wirtschaftsgüter zur Nutzung überlassen, so zählen diese zum Sonderbetriebsvermögen. Wird die Gesellschaft aufgrund der Fortsetzungsklausel jedoch nur durch die verbliebenen Gesellschafter fortgesetzt und werden diese nicht zugleich Erben des Sonderbetriebsvermögens, dann wird das Sonderbetriebsvermögen durch den Tod des Gesellschafters zwangsentnommen, wodurch die in den Wirtschaftsgütern enthaltenen stillen Reserven aufgedeckt werden.[57] Etwas anderes gilt nur, wenn die Erben des Sonderbetriebsvermögens selbst Gesellschafter der GbR sind. **41**

Bei der **einfachen Nachfolgeklausel** werden alle Erben unmittelbar entsprechend ihrer Erbquote Gesellschafter. Der Vorgang unterliegt nach § 3 Abs. 1 Nr. 1 ErbStG der Erbschaftsteuer. Zugunsten der Erben kommen, falls die tatbestandlichen Voraussetzungen erfüllt sind, die Verschonungsregeln der §§ 13aff. ErbStG sowie das Steuerklassenprivileg (§ 19a Abs. 4 ErbStG) zur Anwendung. Ertragsteuerlich treten die Erben in die Mitunternehmerstellung des verstorbenen Gesellschafters ein. § 6 Abs. 3 EStG schreibt dafür die Fortführung der Buchwerte vor. Dies gilt auch für etwaiges Sonderbetriebsvermögen, soweit dies zu Gesamthandvermögen der Erbengemeinschaft geworden ist. Wurde Sonderbetriebsvermögen hingegen Personen vermacht, die nicht **42**

[54] *Casper/Altgen* DStR 2008, 2319; *Krumm* NJW 2010, 187; *Neumayer/Imschweiler* DStR 2010, 201.

[55] Die gleichen Rechtsfolgen ergeben sich, wenn das Ausscheiden des Gesellschafters nicht todesbedingt erfolgt. Hier fingiert § 7 Abs. 7 ErbStG eine Schenkung unter Lebenden, wenn der Abfindungsanspruch unter dem erbschaftsteuerlichen Wert des Gesellschaftsanteils liegt.

[56] BFH v. 15.4.1993 – IV R 66/92, BStBl. II 1994, 227; BFH v. 19.8.1999 – IX R 69/98, BStBl. II 2000, 179; BMF v. 14.3.2006, BStBl. I 2006, 253 Rz. 69.

[57] BFH v. 10.3.1998 – VIII R 76/96, BStBl. II 1999, 269.

Gesellschafter geworden sind, so kommt es insofern zu einer steuerpflichtigen Entnahme.

43 Im Falle einer **qualifizierten Nachfolgeklausel** wird der Erwerb des Gesellschaftsanteils ausschließlich dem qualifizierten Nachfolger zugerechnet. Für diesen kommen, falls die tatbestandlichen Voraussetzungen erfüllt sind, die Verschonungsregeln der §§ 13aff. ErbStG sowie das Steuerklassenprivileg (§ 19a Abs. 4 ErbStG) zur Anwendung. Ertragsteuerlich wird der qualifizierte Nachfolger Mitunternehmer iSv. § 15 Abs. 1 Nr. 2 EStG.[58] Er führt gemäß § 6 Abs. 3 EStG die Buchwerte des Erblassers fort. Ein etwaiger den weichenden Miterben gegen den qualifizierten Nachfolger zustehender erbrechtlicher Ausgleichsanspruch wird erbrechtlich dem Nachlass zugerechnet. Für den qualifizierten Nachfolger handelt es sich nicht um Anschaffungskosten.[59] Entsprechend sind bei einer Fremdfinanzierung dieser Ausgleichszahlung die Schuldzinsen dem privaten Bereich zuzuordnen und können nicht als (Sonder)Betriebsausgaben abgezogen werden.[60] Hat Sonderbetriebsvermögen des Verstorbenen bestanden und fällt dieses in den Nachlass, dann führt die qualifizierte Nachfolgeklausel in Höhe der Erbquote der weichenden Miterben zu einer Entnahme aus dem Sonderbetriebsvermögen und damit zur Aufdeckung der stillen Reserven.[61] Lediglich in Höhe der Erbquote des Nachfolgers behalten die Wirtschaftsgüter ihre Eigenschaft als Sonderbetriebsvermögen und der Nachfolger führt insofern die Buchwerte fort (§ 6 Abs. 3 EStG).

44 Sieht der Gesellschaftsvertrag eine **Eintrittsklausel** vor und macht der Berechtigte innerhalb von sechs Monaten nach dem Tod des Gesellschafters von dem Eintrittsrecht Gebrauch, so gelten dieselben steuerlichen Folgen wie bei der qualifizierten Nachfolgeklausel. Falls er von seinem Eintrittsrecht keinen (rechtzeitigen) Gebrauch macht, gelten dieselben Steuerfolgen wie bei der Fortsetzungsklausel.[62]

4. Umsatzsteuer

45 **Unternehmer** im iSd. Umsatzsteuerrechts ist jedes selbstständig tätige Wirtschaftsgebilde, das nachhaltig Leistungen gegen Entgelt ausführt. Die gewerbliche GbR ist daher Unternehmer iSv. § 2 UStG und damit Subjekt der Umsatzsteuer. Für die Steuerbarkeit und Steuerpflicht der von der GbR getätigten Umsätze und für die Möglichkeit des Vorsteuerabzugs durch die GbR gelten die allgemeinen Regeln.

46 Erbringt die GbR **Leistungen gegenüber einzelnen Gesellschaftern gegen Sonderentgelt,** also gegen ein Entgelt, das sich nach dem Umfang der in Anspruch genommenen Leistung bemisst, so liegt ein steuerbarer Leistungsaustausch vor.[63] Ist das Entgelt unangemessen niedrig, gilt gem. § 10 Abs. 5 UStG die Mindestbemessungsgrundlage. Erbringt die GbR die Leistung unentgeltlich, so ist regelmäßig der Tatbestand des § 3 Abs. 1b UStG (unentgeltliche Wertabgabe) erfüllt.

47 Ist der Gesellschafter selbst auch Unternehmer iSd. Umsatzsteuerrechts, so ist bei **Leistungen eines Gesellschafters an die GbR** zwischen Leistungen, die im Rahmen eines gewöhnlichen Leistungsaustausches gegen Entgelt ausführt werden, und solchen, die als Gesellschafterbeitrag iSv. § 706 BGB durch die Beteiligung an Gewinn und Verlust der GbR abgegolten sind, zu unterscheiden.[64] Die Beteiligten haben es insofern in der Hand, Leistungen als Gesellschafterbeitrag (und damit mangels Leistungsaustausch als nicht umsatzsteuerbar) zu qualifizieren oder die Leistungen auf der Grundlage eines echten Austauschvertrages gegen (Sonder-)Entgelt und damit umsatz-

---

[58] BFH v. 29.10.1991 – VIII R 51/84, BStBl. II 1992, 512.
[59] BFH v. 29.10.1991 – VIII R 51/84, BStBl. II 1992, 512.
[60] BFH v. 27.7.1993 – VIII R 11/02, BStBl. II 1994, 625.
[61] BMF v. 14.3.2006, BStBl. I 2006, 253 Rz. 73.
[62] BMF v. 14.3.2006, BStBl. I 2006, 253 Rz. 70.
[63] UStR 2008 6 Abs. 1.
[64] UStR 6 Abs. 3 Satz 2 bis 4.

steuerbar zu erbringen.[65] Dies gilt insbesondere für eine etwaige Geschäftsführervergütung.[66] Erhält ein geschäftsführender Gesellschafter, der selbst umsatzsteuerlicher Unternehmer ist, einen Gewinnvorab, dann sind diese Zahlungen als bloße Gewinnverteilung nicht umsatzsteuerbar. Erhält er hingegen eine Tätigkeitsvergütung, die auch in Verlustjahren gezahlt wird und die im Rahmen der handelsbilanziellen Ergebnisermittlung als Aufwand zu berücksichtigen ist, dann handelt es sich um ein umsatzsteuerbares Sonderentgelt.[67]

5. Grunderwerbsteuer

Die GbR ist selbst grunderwerbsteuerpflichtig. Bei der Übertragung eines Grundstücks von einem Gesellschafter auf eine GbR, wird die Grunderwerbsteuer insoweit nicht erhoben, wie es dem Anteil des übertragenden Gesellschafters am Vermögen der GbR entspricht **(§ 5 Abs. 1 und 2 GrEStG).** Geht ein Grundstück umgekehrt von der GbR in das Eigentum eines Gesellschafters über, so wird die Steuer in Höhe des Anteils nicht erhoben, zu dem der Gesellschafter am Vermögen der GbR beteiligt ist **(§ 6 Abs. 1 und 2 GrEStG).** Befreiungen bestehen zudem, soweit Ehegatten und Verwandte ersten Grades GbR-Gesellschafter sind (§ 3 Nr. 4 und Nr. 6 GrEStG). 48

Nach § 1 Abs. 2a GrEStG fällt Grunderwerbsteuer auch dann an, wenn innerhalb von fünf Jahren mittelbar oder unmittelbar mindestens **95 vH der Anteile** am Gesellschaftsvermögen einer GbR auf neue Gesellschafter übertragen werden. 49

B. Einzelerläuterungen

Dem Vertragsmuster liegt ein Fall zugrunde, in dem das Unternehmen vom Familienvater A als Einzelunternehmen gegründet und aufgebaut wurde. Nunmehr soll Sohn B, der im Unternehmen bereits tätig ist, auch gesellschaftsrechtlich eingebunden werden, um kontinuierlich die Unternehmensnachfolge vorzubereiten. Neben Sohn B soll auch dessen nicht im Unternehmen tätiger Bruder C als Gesellschafter aufgenommen werden, um auf diese Weise die steuerlichen Vorteile des sog. Familiensplittings[68] in Anspruch zu nehmen. Es handelt sich mithin um eine **Einfamiliengesellschaft.** Sie ist dadurch gekennzeichnet, dass dem Senior bestimmte Sonderrechte (bspw. Mehrfachstimmrecht, Entnahmerecht im Krankheitsfall) vorbehalten sind. 50

Gründung

Die GbR **beginnt mit dem Abschluss des Gesellschaftsvertrages** oder mit dem darin für ihren Beginn genannten Zeitpunkt. Das Gesellschaftsverhältnis kann auch aufschiebend bedingt abgeschlossen werden. Die rückwirkende Gründung auf einen bereits vergangenen Zeitpunkt hat allerdings nur für das Innenverhältnis der Gesellschafter Bedeutung; im Außenverhältnis gibt es keine rückwirkende Gründung einer GbR.[69] 51

Zu § 1: Rechtsform, Name, Sitz

Da die GbR kein Kaufmann iSv. § 1 HGB ist,[70] kann sie keine Firma führen. Allerdings kann im Gesellschaftsvertrag ein **Name oder eine Geschäftsbezeichnung** für 52

[65] BFH v. 18.12.1996 – XI R 12/96, BStBl. II 1997, 374.
[66] BFH v. 6.6.2002 – V R 43/01, BStBl. II 2003, 36 und BMF v. 23.12.2003, DStR 2004, 90.
[67] BFH v. 7.7.2006 – V B 202/05, BFH/NV 2006, 2039.
[68] S. dazu oben Rz. 6.
[69] MüKoBGB/*Ulmer* BGB § 705 Rz. 7.
[70] Würde sie ein Handelsgewerbe betreiben und damit Kaufmann sein, läge eine OHG vor.

die GbR festgelegt werden.[71] Häufig wird der Name aus den Namen aller oder bestimmter Gesellschafter gebildet. Zulässig ist auch eine Sachbezeichnung (zB „Grundbesitz-GbR") oder ein Phantasiename. Unzulässig ist der Zusatz „und Partner" oder „Partnerschaft", da diese Bezeichnung gem. § 11 PartGG der Partnerschaftsgesellschaft vorbehalten ist. Bei der Wahl des Namens sind die allgemeinen wettbewerbsrechtlichen Vorschriften zu beachten. Ob auf einen die Gesellschaftsform kennzeichnenden Zusatz („GbR" oder „Gesellschaft bürgerlichen Rechts") verzichtet werden kann, ist streitig.[72] Zum Schutz ihres Namens kann sich die GbR auf § 12 BGB berufen.[73] Wird der Name der GbR im geschäftlichen Verkehr benutzt, so steht er als Unternehmenskennzeichen iSv. § 5 Abs. 2 MarkenG zudem unter dem Schutz von § 15 MarkenG.

53 **Sitz** der Gesellschaft ist die Gemeinde, in der die Tätigkeit der GbR ihren Schwerpunkt hat. Die Festlegung eines Sitzes im Gesellschaftsvertrag ist bei der GbR nicht erforderlich. Dies bedeutet jedoch nicht, dass die Gesellschafter nicht vertraglich einen Sitz der GbR vereinbaren können. Das Steuer- und das Gewerberecht orientieren sich allerdings nicht an dem vertraglich festgelegten Sitz, sondern an dem Ort, an dem sich die Geschäftsleitung tatsächlich befindet. Auch für den Gerichtsstand der GbR ist der vertragliche Sitz ohne Bedeutung.[74]

Zu § 2: Gemeinsamer Zweck

54 Der gemeinsame Zweck der Gesellschafter besteht im vorliegenden Muster in dem **gemeinschaftlichen Betrieb eines Unternehmens,** dessen Gewerbebetrieb nicht nach § 1 Abs. 2 HGB Handelsgewerbe ist und das auch nicht im Handelsregister eingetragen ist (vgl. § 105 Abs. 2 HGB). Die exakte Umschreibung des Gesellschaftszwecks ist wichtig, weil dies den Handlungsrahmen der geschäftsführenden Gesellschafter abgrenzt. Den geschäftsführenden Gesellschaftern sind nämlich Geschäfte, die außerhalb des Gesellschaftszwecks liegen, untersagt.[75]

55 Die Gesellschaft hat die Eröffnung ihres gewerblichen Betriebes gem. § 138 Abs. 1 und Abs. 3 AO dem zuständigen **Finanzamt** und gem. § 14 GewO der **Gemeindebehörde** anzuzeigen. Ist Gegenstand der GbR der Betrieb eines Handwerks, so ist der Betrieb nach § 1 Abs. 1 Satz 1 und § 7 HandwerksO in die **Handwerksrolle** einzutragen.

Zu § 3: Festkapital, Beteiligung der Gesellschafter

56 Nach dem gesetzlichen Grundmodell sind alle Gesellschafter zu gleichen Teilen an der GbR beteiligt. Gerade bei der gewerblichen GbR wird vertraglich idR. ein kapitalistisches Modell vereinbart, in welchem sich die Beteiligungsquoten der Gesellschafter nach ihrem Kapitalanteil richten. Aus Gründen der Klarheit empfiehlt es sich, in der kapitalistischen GbR die **Beteiligungsquoten** der Gesellschafter durch einen fixen Anteil am Festkapital zum Ausdruck zu bringen. Der Umfang der Herrschafts- und Vermögensrechte jedes Gesellschafters ergibt sich dann aus dem Verhältnis seiner ziffernmäßigen Kapitalbeteiligung (Kapitalkonto I) zum Festkapital. Alternativ kann die Beteiligungsquote auch prozentual oder durch Bruchteile bezeichnet werden.

Zu § 4: Einlagen

57 Nach den §§ 705, 706 BGB haben die Gesellschafter zur Förderung des gemeinsamen Zwecks die vereinbarten **Beiträge** zu leisten. Worin die zu leistenden Beiträge

---

[71] MüKoBGB/*Ulmer* BGB § 705 Rz. 270.
[72] MüKoBGB/*Ulmer* BGB § 705 Rz. 271.
[73] MüKoBGB/*Ulmer* BGB § 705 Rz. 272.
[74] BayObLG v. 22.2.1990 – AR 1 Z 12/90, NJW-RR 1990, 742.
[75] Palandt/*Sprau* Vorb. § 709 BGB Rz. 1.

bestehen, bleibt den Gesellschaftern überlassen. Ein Beitrag kann auch immaterieller oder ideeller Art sein oder in der Leistung von Diensten, etwa in der Übernahme der Geschäftsführung, bestehen.

Beiträge, die durch Einbringung von Sachen oder Geld in das Gesellschaftsvermögen geleistet werden, werden als Einlagen bezeichnet. Bei **Vermögensübergängen** zwischen einem Gesellschafter und der GbR sind die allgemeinen Übertragungsregeln des Sachenrechts maßgeblich. Da bei Mangelhaftigkeit der Sacheinlage die kaufrechtlichen Mängelvorschriften gelten,[76] empfiehlt sich aus Sicht des Einbringenden ein Gewährleistungsausschluss. In der Bewertung der Einlage sind die Gesellschafter grundsätzlich frei.[77] Ein Mindestkapital oder eine Mindesteinlage ist für die GbR nicht vorgeschrieben. 58

A bringt vorliegend seinen bestehenden Betrieb gegen Gewährung von Gesellschaftsrechten in die GbR ein. Die steuerliche Behandlung des Einbringungsvorgangs richtet sich nach § 24 UmwStG. Danach hat die GbR das eingebrachte Betriebsvermögen in ihrer Bilanz grundsätzlich mit dem gemeinen Wert anzusetzen, so dass es zur Aufdeckung der stillen Reserven kommt. Abweichend von diesem Grundsatz kann das übernommene Betriebsvermögen jedoch auf Antrag auch mit dem Buchwert oder einem höheren Wert, höchstens jedoch mit dem gemeinen Wert, angesetzt werden, soweit das Recht der Bundesrepublik Deutschland hinsichtlich der Besteuerung des eingebrachten Betriebsvermögens nicht ausgeschlossen oder beschränkt wird. Damit ist auch eine steuerneutrale Einbringung möglich. 59

Nach der gesetzlichen Regel (§ 707 BGB) sind die Gesellschafter vor der Auflösung der GbR zu **Nachschüssen** nicht verpflichtet. Eine nachträgliche Erhöhung der Beiträge ist grundsätzlich nur einvernehmlich möglich. Abweichendes gilt, wenn der Gesellschaftsvertrag eine Erhöhung der Beiträge durch Mehrheitsbeschluss ausdrücklich zulässt und die Grenzen einer solchen Nachschusspflicht in objektiv bestimmbarer Weise festlegt.[78] 60

Zu § 5: Gesellschafterkonten

Bei der kapitalistischen Ausgestaltung einer GbR ergibt sich aus dem Verhältnis des unveränderlichen Betrages auf dem **festen Kapitalkonto** zum Festkapital der Gesellschaft der Umfang der Beteiligung des betreffenden Gesellschafters. 61

Neben dem festen Kapitalkonto (auch **Kapitalkonto I** genannt) wird für jeden Gesellschafter noch mindestens ein weiteres Konto (sog. Verrechnungskonto oder **Kapitalkonto II**) geführt, dessen Saldo beweglich ist. Auf dem Verrechnungskonto werden alle Geschäftsvorfälle gebucht, die den Umfang der Beteiligung nicht berühren, wie etwaige über das Festkapitalkonto hinausgehenden Einlagen, die jährlichen Gewinn- und Verlustanteile und die Entnahmen. In der Praxis wird das Verrechnungskonto häufig noch in mehrere Konten aufgespalten, wie etwa Verlustvortrags-, Darlehens- oder Privatkonten.[79] Dies schafft Klarheit darüber, ob es sich bei den Konten um **Eigen- oder Fremdkapitalkonten** handelt. Im vorliegenden Muster stellen Kapitalkonto I und II Eigenkapitalkonten und die Privatkonten Fremdkapitalkonten dar. 62

Schließlich sieht das Muster noch die Bildung eines gemeinsamen **Rücklagekontos** vor, auf welchem zur Stärkung des Eigenkapitals der Gesellschaft bestimmte nicht entnehmbare Teile des Gewinns gebucht werden. Das Rücklagekonto wird von den Gesellschaftern gemäß ihrer Beteiligungsquote dotiert, daher sind sie an der Rücklage entsprechend ihrem Gesellschaftsanteil beteiligt. 63

---

[76] Erman/*Westermann* BGB § 706 Rz. 10; Palandt/*Sprau* BGB § 706 Rz. 5; aA MüKoBGB/*Ulmer/Schäfer* BGB § 706 Rz. 21 f.

[77] Palandt/*Sprau* BGB § 706 Rz. 3.

[78] BGH v. 23.1.2006 – II ZR 126/04, DStR 2006, 621; BGH v. 4.7.2005 – II ZR 354/03, WM 2005, 1608.

[79] Dazu *Huber* ZGR 1988, 1, 72 ff.

Zu § 6: Geschäftsführung und Vertretung

64 Nach der gesetzlichen Regelung in §§ 709, 714 BGB erfolgen Geschäftsführung und Vertretung der GbR durch alle Gesellschafter gemeinschaftlich. Häufig ist eine derartige **Gesamtgeschäftsführung und Gesamtvertretung** unpraktikabel bzw. unzweckmäßig, so auch im vorliegenden Musterfall, wo der Gesellschafter C nicht im Unternehmen tätig ist und zudem der Gesellschafter A keine Einschränkung seiner Befugnisse gegenüber seinem bisherigen Einzelunternehmen akzeptieren würde. Da die gesetzlichen Regelungen dispositiver Natur sind, kann der Gesellschaftsvertrag stattdessen **Einzelgeschäftsführung und Einzelvertretung** oder Geschäftsführung und Vertretung durch bestimmte Gesellschafter vorsehen. Im Formular sind die Gesellschafter A und B einzeln geschäftsführungsbefugt und vertretungsberechtigt. C ist hingegen von der Geschäftsführung und Vertretung ausgeschlossen. Sind mehrere Gesellschafter einzelvertretungsberechtigt, so steht gemäß § 711 BGB jedem geschäftsführenden Gesellschafter das Recht zu, der Vornahme eines Geschäfts durch den anderen zu widersprechen. Das Widerspruchsrecht ist dispositiv, kann also im Gesellschaftsvertrag abbedungen werden.

65 Als Gegengewicht zur Einzelgeschäftsführung und -vertretung durch A und B ist ein Katalog von Geschäften vorgesehen, deren Vornahme im Innenverhältnis der **Zustimmung aller Gesellschafter** bedarf. Insofern wirkt auch C an den maßgeblichen unternehmerischen Entscheidungen mit. Hintergrund dieses weit reichenden Zustimmungsvorbehalts ist, dass C aus allen Rechtsgeschäften im Namen der GbR persönlich verpflichtet wird.

66 Anders als bei den Handelsgesellschaften wird die Vertretungsbefugnis bei einer GbR nicht in einem öffentlichen Register verlautbart. Aus diesem Grunde empfiehlt es sich, den zur Vertretung bestimmten Gesellschaftern eine (beurkundete) **Vollmacht** zur Verfügung zu stellen.[80]

67 Für die im Namen der GbR begründeten Verbindlichkeiten haften die Gesellschafter gem. § 128 HGB analog persönlich.[81] Diese Haftung kann weder durch einen Namenszusatz („GbR mbH")[82] noch durch Allgemeine Geschäftsbedingungen[83] noch durch gesellschaftsvertragliche Einschränkung der Vertretungsmacht auf das Gesellschaftsvermögen beschränkt werden.[84] Eine **Haftungsbeschränkung auf das GbR-Vermögen** ist nur durch eine individuelle vertragliche Vereinbarung mit dem jeweiligen Geschäftspartner der GbR möglich.[85] Im vorliegenden Muster werden die Geschäftsführer dazu angehalten, sich bei wirtschaftlich bedeutsamen Geschäften um eine solche individualvertragliche Haftungsbeschränkung zu bemühen. Sie können den Vertrag aber auch ohne Haftungsbeschränkung abschließen, ohne dadurch dem Risiko ausgesetzt zu sein, aus dem Vertrag mangels Vertretungsmacht selbst zu haften (§ 179 BGB). In restriktiveren Gestaltungen ist es den geschäftsführenden Gesellschaftern im Innenverhältnis untersagt, Verträge bestimmter Art abzuschließen, wenn eine Haftungsbeschränkung auf das Gesellschaftsvermögen nicht durchgesetzt werden kann.

Zu § 7: Gesellschafterbeschlüsse, Stimmrecht

68 Im gesetzlichen Grundmodell der GbR ist die gemeinsame Willensbildung der Gesellschafter nicht an die Abhaltung von Gesellschafterversammlungen gebunden. Sie vollzieht sich vielmehr dadurch, dass die Gesellschafter die Geschäfte gemeinsam füh-

---

[80] Muster einer solchen Vollmacht zB bei *Hund v. Hagen* in FormB RS, A 5.32 sowie bei *Wicke/Ruhwinkel* in Fuhrmann/Wälzholz, Formularbuch ResR, 2. Aufl. 2015 M 19.4.

[81] BGH v. 27.9.1999 – II ZR 371/98, BGHZ 142, 315.

[82] BayObLG v. 24.9.1998 – 3 Z BR 58/98, NJW 1999, 297; KG Berlin v. 3.6.2004 – 12 U 51/03, NZG 2004, 714.

[83] BGH v. 21.1.2002 – II ZR 2/00, NJW 2002, 1642.

[84] Palandt/*Sprau* BGB § 714 Rz. 3 und 18.

[85] BGH v. 24.11.2004 – XII ZR 113/01, ZIP 2005, 391; *Goette* DStR 1999, 1797.

ren und sich somit zwangsläufig über die zu treffenden Maßnahmen abstimmen müssen. Sofern jedoch nicht sämtliche Gesellschafter die Geschäftsführungsaufgabe wahrnehmen oder bestimmten Gesellschaftern Einzelgeschäftsführungsbefugnis eingeräumt wird, ist es sinnvoll, bei der GbR wie bei den Handelsgesellschaften zwischen der **Geschäftsführungsebene** und der **Gesellschafterebene** zu unterscheiden. Der Gesellschaftsvertrag sollte in diesem Fall klare Regeln für die Einberufung und Abhaltung von Gesellschafterversammlungen und für die Beschlussfassung enthalten. Die Einhaltung dieser Förmlichkeiten ist jedoch entbehrlich, wenn im Rahmen einer sog. Vollversammlung, d. h. bei Teilnahme aller Gesellschafter, alle auf ihre Einhaltung verzichten.[86]

Nach § 709 Abs. 1 BGB kann für Gesellschafterbeschlüsse die Entscheidung auf **69** Grund von **Stimmenmehrheit** vereinbart werden. Wenn dies nicht geschieht, ist stets Einstimmigkeit erforderlich. Auch kann abweichend von der gesetzlichen Vermutung einer Stimmenberechnung nach der Zahl der Gesellschafter auf die Beteiligungsquote abgestellt werden. Folgerichtig ist dann das gesetzlich vorgesehene Einstimmigkeitsprinzip durch eine Mehrheitsklausel zu ersetzen. Zu beachten ist allerdings, dass Entscheidungen, die den unentziehbaren Bereich der Gesellschafterrechte berühren, auch weiterhin nur mit der Zustimmung des betroffenen Gesellschafters gefasst werden können.[87]

Unter dem Schlagwort **„Bestimmtheitsgrundsatz"** vertrat der BGH ursprüng- **70** lich eine sehr enge Auslegung einer einfachen Mehrheitsklausel. Sie sollte nur für gewöhnliche Geschäfte und einfache Vertragsänderungen gelten, wenn nicht der Gesellschaftsvertrag ausdrücklich die Mehrheitsentscheidung für den konkreten Beschlussgegenstand zuließ. Diese Rechtsprechung hat der BGH zugunsten einer zweistufigen Prüfung aufgegeben, auf deren erster Stufe rein formal geprüft wird, ob der Beschluss von einer (allgemeinen) Mehrheitsklausel gedeckt ist. Der Minderheitenschutz findet erst auf der zweiten Stufe statt, auf der im konkreten Einzelfall geprüft wird, ob der Mehrheitsbeschluss in unentziehbare Mitgliedschaftsrechte des betroffenen Gesellschafters eingreift. Derartige Eingriffe sind nur mit Zustimmung des Betroffenen zulässig.

Zu § 8: Geschäftsjahr, Rechnungsabschluss

Die GbR kann kein vom Kalenderjahr abweichendes Wirtschaftsjahr haben (§ 4a **71** Abs. 1 Nr. 3 EStG). Die Regelung im Vertragmuster hat lediglich deklaratorischen Charakter.

Da die GbR kein Kaufmann ist, braucht sie keinen Jahresabschluss iSd. § 242 HGB **72** aufzustellen. § 721 BGB verlangt lediglich einen Rechnungsabschluss. Fraglich ist, ob darunter die Vorlage einer **Bilanz mit Gewinn- und Verlustrechnung** oder eine bloße Rechenschaftslegung zu verstehen ist.[88] Erfüllt eine GbR die Voraussetzungen des § 141 AO, so folgt daraus jedenfalls für steuerliche Zwecke die Buchführungspflicht.

Die **Feststellung des Rechnungsabschlusses** durch die Gesellschafter bildet die **73** Grundlage für die Gewinnverteilung. Die Feststellung kann mit Bindungswirkung für alle Gesellschafter auch einem Dritten als Schiedsgutachter übertragen werden. Ein solche Übertragung empfiehlt sich jedenfalls dann, wenn sich die Gesellschafter innerhalb bestimmter Frist nicht über die Feststellung des Rechnungsabschlusses einigen können.

Zu § 9: Beteiligung an Gewinn und Verlust, Rücklage

Nach der dispositiven Regelung des § 722 BGB hat jeder Gesellschafter ohne **74** Rücksicht auf Art und Größe seines Beitrags einen gleichhohen Anteil am Gewinn

[86] OLG Celle v. 10.11.1999 – 9 U 53/99, NZG 2000, 586; Beck PersGes-HB/*Stengel* § 3 Rz. 442.
[87] S. dazu auch Rz. 71.
[88] Vgl. BGH v. 6.4.1981 – II ZR 186/80, NJW 1981, 2563; Staudinger/*Keßler* BGB § 721 Rz. 1.

und Verlust der GbR. Diese Regelung ist in der Regel nicht sachgerecht und wird dann abbedungen. Häufig erfolgt – wie auch im Formular – die **Beteiligung am Ergebnis entsprechend der Beteiligung am Festkapital** der GbR. Der Gewinnanspruch entsteht nicht bereits mit Ende des Geschäftsjahres, sondern erst mit der **Feststellung des Rechnungsabschlusses.**[89]

75 Gerade bei Familienunternehmen sollte durch eine gesellschaftsvertragliche Regelung sicher gestellt werden, dass das Unternehmen nicht durch übermäßige Abflüsse belastet wird. Mit der Regelung über die Bildung einer **Rücklage** soll das Eigenkapital der GbR gestärkt werden, damit sich bei vorübergehend geringeren Einnahmen nicht sofort die Frage nach Nachschüssen stellt.

Zu § 10: Entnahmen

76 Damit die Gesellschafter ihren laufenden Lebensunterhalt bestreiten können, sieht der Vertrag **monatliche Fixentnahmen** vor. Es handelt sich dabei um Vorauszahlungen auf den zu erwartenden Gewinnanteil, daher sollten diese Entnahmen den zu erwartenden Jahresgewinn nicht übersteigen. Die Höhe der Fixentnahmen wird jährlich im Vorhinein durch Gesellschafterbeschluss festgelegt. Dies ist insbesondere auch für die Liquiditätsplanung der Gesellschaft nützlich.

77 Das **Steuerentnahmerecht** sollte explizit geregelt werden.[90] Zu regeln sind die Steuern, für welche Entnahmen zulässig sind (nur Einkommen-, Kirchensteuer und Solidaritätszuschlag oder auch Erbschaftsteuer) und wann die Beträge entnommen werden können. Die Bezugnahme auf den Spitzensteuersatz erspart es den Gesellschaftern, ihre individuellen steuerlichen Verhältnisse offenzulegen.

Zu § 11: Urlaub, Krankheit

78 Da der Erfolg der GbR von der Mitarbeit der geschäftsführenden Gesellschafter abhängt, kann die Teilhabe am Gewinn bei längerem Ausfall eines solchen Gesellschafters ausgeschlossen werden. Für die betreffenden Gesellschafter bedeutet dies, dass sie selbst Vorsorge gegen die vermögensmäßigen Auswirkungen einer längeren Krankheit zu treffen haben. Der Gesellschafter A wird vorliegend wegen seiner Verdienste um den Aufbau des Unternehmens von dieser Regelung ausgenommen.

Zu § 12: Übertragung und Belastung des GbR-Anteils

79 Die Verfügung über einen GbR-Anteil ist **nur mit Zustimmung aller Gesellschafter** zulässig.[91] Der Gesellschaftsvertrag kann eine Zustimmung durch Mehrheitsentscheidung vorsehen.[92] Für eine Belastung des GbR-Anteils mit Rechten Dritter gilt das Gleiche.[93] Bis zur Erteilung der Zustimmung ist die Verfügung schwebend unwirksam. Durch das Einstimmigkeitserfordernis ist vorliegend sichergestellt, dass Familienfremde nur dann eine Beteiligung an der Gesellschaft erwerben können, wenn sämtliche Gesellschafter dies befürworten. Falls gewünscht, kann im Gesellschaftsvertrag die zustimmungsfreie Übertragung der Anteile an bestimmte Personen, etwa an Abkömmlinge, generell zugelassen werden. Nach der BGH-Rechtsprechung[94] sind die Mitgesellschafter grundsätzlich verpflichtet, einer Anteilsübertragung zuzustimmen, mit der eine im Gesellschaftsvertrag vorgesehene Nachfolge von Todes wegen im Wege der vorweggenommenen Erbfolge bereits zu Lebzeiten vollzogen wird. Das

[89] MüKoBGB/*Ulmer/Schäfer* BGB § 721 Rz. 8.
[90] BGH v. 29.3.1996 – II ZR 263/94, BGHZ 130, 263, 277.
[91] Palandt/*Sprau* BGB § 719 Rz. 6.
[92] BGH v. 14.11.1960 – II ZR 55/59, WM 1961, 303.
[93] OLG Hamm v. 27.12.1976 – 15 W 72/76, DB 1977, 579; MüKoBGB/*Ulmer/Schäfer* BGB § 719 Rz. 48 f.
[94] BGH v. 8.11.2004 – II ZR 350/02, DStR 2005, 256.

Muster sieht daher vor, dass lebzeitige Übertragungen auf die nachfolgeberechtigten Erben zustimmungsfrei erfolgen können.

Zu § 13: Dauer der Gesellschaft, Kündigung, Ausschluss

Nach § 723 Abs. 1 BGB kann jeder Gesellschafter eine GbR, die nicht für eine bestimmte Zeit eingegangen ist, jederzeit und ohne Frist kündigen; ein Kündigungsgrund ist nicht erforderlich.[95] Die Regelung ist dispositiv und es empfiehlt sich, sowohl eine **Kündigungsfrist** vorzusehen, als auch eine **Mindestdauer,** vor deren Ablauf die Gesellschaft nicht ordentlich gekündigt werden kann. Die Vereinbarung einer Mindestdauer soll dafür sorgen, dass die Gesellschafter nicht bereits bei ersten Anlaufschwierigkeiten die Gesellschaft kündigen. Zu beachten ist, dass eine übermäßige Beschränkung des Kündigungsrechts gem. § 723 Abs. 3 BGB unwirksam ist.[96] Das Recht zur außerordentlichen Kündigung, d. h. zur Kündigung aus wichtigem Grund, kann nicht eingeschränkt werden. § 723 Abs. 1 Satz 3 BGB nennt zwei Regelbeispiele für einen zur außerordentlichen Kündigung berechtigenden wichtigen Grund: vorsätzliche oder grob fahrlässige Pflichtverletzung sowie den Eintritt in die Volljährigkeit bei einem minderjährigen Gesellschafter. 80

Nach den gesetzlichen Regeln der §§ 723 ff., 736 BGB wird die Gesellschaft durch die Kündigung eines Gesellschafters **aufgelöst.** Die Gesellschaft ist dann zu liquidieren, was idR unzweckmäßig ist, wenn die anderen Gesellschafter die Gesellschaft fortsetzen wollen. Daher wird regelmäßig im Gesellschaftsvertrag bestimmt, dass die Gesellschaft in einem solchen Fall unter Wahrung ihrer Identität unter den übrigen Gesellschaftern fortgesetzt wird. Eine derartige **Fortsetzungsklausel** verhindert die automatische Auflösung der Gesellschaft. Die verbleibenden Gesellschafter haben dann immer noch die Möglichkeit, zu entscheiden, ob sie die Gesellschaft durch Beschluss auflösen oder an der Fortsetzung festhalten. Sinnvoll ist es ferner, die Fortsetzung der Gesellschaft auch in den sonstigen gesetzlichen Auflösungsfällen, d. h. bei Gläubigerkündigung, Tod eines Gesellschafters und Gesellschafterinsolvenz (§§ 725, 727, 728 BGB) vorzusehen. 81

§ 737 BGB regelt den **Ausschluss** eines Gesellschafters. Voraussetzung für einen Ausschluss ist, dass der Gesellschaftsvertrag eine Fortsetzungsklausel enthält. Besteht in der Person eines Gesellschafters ein wichtiger Grund zur Kündigung, so können die anderen den Störer ausschließen, wenn für sie die Fortsetzung der Gesellschaft unzumutbar ist.[97] Klauseln, die einen Ausschluss auch ohne wichtigen Grund zulassen (sog. Hinauskündigung), sind nur unter engen Voraussetzungen zulässig.[98] 82

Scheidet aus einer **zweigliedrigen Gesellschaft** ein Gesellschafter aus, kann die GbR nicht fortgesetzt werden. Die Fortsetzungsklausel wird dann regelmäßig als Übernahmeklausel ausgelegt.[99] In diesem Fall oder bei expliziter Übernahmeklausel hat der verbleibende Gesellschafter das Recht, durch einseitige Erklärung das Vermögen der Gesellschaft zu übernehmen. Das Gesellschaftsvermögen verwandelt sich dann im Wege der Gesamtrechtsnachfolge in Alleineigentum des übernehmenden Gesellschafters.[100] 83

Kommt es infolge des Ausscheidens eines Gesellschafters bei den verbleibenden Gesellschaftern zu einem Anwachsungserwerb und liegt die aufgrund des Ausscheidens von der Gesellschaft zu zahlende Abfindung unter dem steuerlichen Wert des Gesell- 84

---

[95] OLG Karlsruhe v. 19.4.2002 – 14 U 129/00, NZG 2003, 324.

[96] Nach *Wertenbruch* DB 2009, 1222, stellt ein Kündigungsausschluss von mehr als fünf Jahren eine unzulässige Beschränkung iSv. § 723 Abs. 3 BGB dar.

[97] BGH v. 31.3.2003 – II ZR 8/01, NZG 2003, 625; Palandt/*Sprau* BGB § 737 Rz. 2.

[98] BGH v. 8.3.2004 – II ZR 165/02, NZG 2004, 569; *Gehrlein* NJW 2005, 1969; Palandt/*Sprau* BGB § 737 Rz. 5; MüKoBGB/*Ulmer/Schäfer* BGB § 737 Rz. 16 f.

[99] MüKoBGB/*Ulmer/Schäfer* BGB § 736 Rz. 6.

[100] BGH v. 6.12.1993 – II ZR 242/92, NJW 1994, 796; OLG Hamm v. 3.6.2004 – 27 U 224/03, NZG 2005, 175.

schaftsanteils des Ausscheidenden, so hat dies **erbschaft- bzw. schenkungsteuerliche Konsequenzen** für die Verbleibenden Gesellschafter zur Folge. § 3 Abs. 1 Nr. 2 Satz 2 ErbStG (in Todesfällen) und § 7 Abs. 7 ErbStG (bei lebzeitigem Ausscheiden) fingieren einen steuerpflichtigen Erwerb in Höhe der Differenz zwischen dem Steuerwert des Anteils und dem Abfindungsanspruch.[101]

Zu § 14: Tod eines Gesellschafters

85 Das Vertragsmuster sieht eine **qualifizierte erbrechtliche Nachfolgeklausel** vor.[102] Durch die Begrenzung der nachfolgeberechtigten Personen auf die ehelichen Abkömmlinge des Gesellschafters wird ein Eindringen Familienfremder in die Gesellschaft verhindert und damit der Charakter des Unternehmens als Familiengesellschaft gewahrt. Wichtig ist, dass die **Testamente** der Gesellschafter auf diese Klausel abgestimmt werden, denn die testamentarische Einsetzung eines Nachfolgers in den GbR-Anteil oder das gesetzliche Erbrecht laufen ins Leere, wenn danach Personen zu Erben oder Vermächtnisnehmern werden, die nach dem Gesellschaftsvertrag nicht nachfolgeberechtigt sind. Nicht ausreichend ist es, zu Gunsten des designierten qualifizierten Nachfolgers ein Vermächtnis in Form der GbR-Beteiligung auszusetzen, denn die nicht nachfolgeberechtigten Erben könnten dieses Vermächtnis nicht erfüllen, weil der GbR-Anteil aufgrund der qualifizierten Nachfolgeklausel gar nicht auf sie übergehen wird.[103]

86 Soll **Testamentsvollstreckung** an einem Gesellschaftsanteil zulässig sein,[104] so muss dies im Gesellschaftsvertrag ausdrücklich vorgesehen werden.[105] Häufig wird zudem eine Eingrenzung des Personenkreises vorgenommen, der als Testamentsvollstrecker in Betracht kommt. Vollmachts- und Treuhandmodell laufen jedoch ins Leere, wenn der Gesellschaftsvertrag nur bestimmte Personen als Bevollmächtigte bzw. Gesellschafter zulässt und der vom Erblasser eingesetzte Testamentsvollstrecker diese Anforderungen nicht erfüllt.[106] Das Formular sieht aus diesem Grunde insoweit Ausnahmen für den Testamentsvollstrecker vor.

Zu § 15: Abfindung

87 Das Gesetz stellt den ausscheidenden Gesellschafter in §§ 738 ff. BGB so, als würde das Gesellschaftsvermögen auf den Zeitpunkt seines Ausscheidens auseinandergesetzt. Selbst an schwebenden Geschäften nimmt der Ausscheidende nach § 740 BGB teil. Nach der gesetzlichen Regelung hat der Gesellschafter also Anspruch auf eine **Abfindung zum vollen Verkehrswert,** einschließlich der stillen Reserven und des good will.[107] Für die Errechnung des Abfindungsguthabens ist auf den Ausscheidensstichtag eine **Abfindungsbilanz** aufzustellen.

88 Bei einer gewerblichen GbR ist die gesetzliche Abfindungsregelung in der Regel nicht zweckmäßig, da eine Abfindung zum vollen Verkehrswert das Unternehmen erheblich belasten und seinen Bestand gefährden kann. Es empfiehlt sich eine Regelung, die die Abfindung des ausscheidenden Gesellschafters zu Gunsten des Fortbestands der Gesellschaft **beschränkt.** Zudem können mit einer klaren Regelung zur Bewertung des Gesellschaftsanteils Streitigkeiten über die zutreffende Bewertungsmethode vermieden werden. Zur weiteren Liquiditätsschonung sollte eine Auszahlung der Abfindung in Raten vorgesehen werden. Unproblematisch sind Auszahlungsfristen von bis zu fünf Jahren, während Fristen von mehr als acht Jahren als kritisch angesehen

---

[101] Siehe dazu oben Rz. 41.
[102] Zu den verschiedenen Möglichkeiten für eine Nachfolgeregelung s. o. Rz. 21 ff.
[103] MüKoBGB/*Ulmer/Schäfer* BGB § 727 Rn. 42.
[104] Ausführlich zur Testamentsvollstreckung bei Personengesellschaftsanteilen oben Rz. 26.
[105] BGH v. 3.7.1989 – II ZB 1/89, BGHZ 108, 187.
[106] So bspw. in OLG Düsseldorf v. 24.9.2007 – I-9 U 26/07, ZEV 2008, 142.
[107] BGH v. 24.9.1984 – II ZR 256/83, WM 1984, 1506.

werden, insbesondere wenn sie mit einer Beschränkung der Abfindungshöhe zusammenfallen.[108]

Zu beachten ist, dass eine vertragliche Abfindungsregelung das gesetzliche Kündigungsrecht aus § 723 Abs. 3 BGB nicht in unvertretbarer Weise einschränken darf.[109] Dies ist der Fall, wenn die vertragliche Abfindung so weit hinter dem tatsächlichen Anteilswert zurück bleibt, dass der Gesellschafter dadurch von der Wahrnehmung seines Kündigungsrechts abgehalten wird.[110] Liegt ein solches **grobes Missverhältnis** zwischen diesen Werten bereits bei Abschluss des Gesellschaftsvertrages vor, dann ist die vertragliche Abfindungsklausel nach § 138 BGB nichtig und es gilt die gesetzliche Abfindungsregelung.[111] Führt erst eine nachträgliche Änderung der Verhältnisse zu einem groben Missverhältnis, so nimmt die Rechtsprechung eine von den Parteien nicht bedachte Regelungslücke an, mit der Folge, dass die vertraglich festgelegte Abfindung durch ergänzende Vertragsauslegung nach Treu und Glauben und unter Berücksichtigung alle Umstände des Einzelfalls angemessen zu erhöhen ist.[112] 89

Eine Beschränkung der Abfindung auf den Buchwert ist vor diesem Hintergrund grundsätzlich zulässig.[113] Eine **Buchwertklausel** erspart den Aufwand für eine Unternehmensbewertung und dient der Liquiditäts- und Vermögenssicherung des Unternehmens. Sie ist aber auch streitanfällig, falls sich Buchwert und Verkehrswert des Unternehmens auseinander entwickeln. Bei Vertragsschluss ist es idR nicht schwierig, sich auf eine restriktive Regelung zu verständigen, da hier das Interesse der Gesellschafter am Bestand der Gesellschaft im Vordergrund steht. Konflikte treten bei sehr restriktiven Gestaltungen aber später auf, wenn anspruchsberechtigte Gesellschafter sich mit diesen Restriktionen nicht abfinden wollen und deren Unwirksamkeit geltend machen. Diesem Umstand trägt im vorliegenden Muster § 15 Abs. 4 Rechnung. Für den Fall, dass sich im Laufe der Zeit ein grobes Missverhältnis zwischen Buchwert und Verkehrswert einstellen sollte, ist dort eine Auffangregelung vorgesehen, welche eine Abfindung zu einem um einen Abschlag reduzierten Verkehrswert zuspricht. Das Muster geht davon aus, dass ein grobes Missverhältnis vorliegt, wenn die Buchwertabfindung $^{2}/_{3}$ oder weniger des Verkehrswerts beträgt.[114]

Zu beachten ist ferner, dass eine Abfindungsbeschränkung **erbschaft- bzw. schenkungsteuerliche Konsequenzen** für die verbleibenden Gesellschafter hat.[115]

Unzulässig sind Abfindungsklauseln, die auf **Gläubigerbenachteiligung** angelegt sind, indem sie den Abfindungsanspruch allein für den Fall ausschließen oder mindern, dass ein Gesellschafter insolvent wird oder in seinen Gesellschaftsanteil gepfändet wird.[116] 90

Gemäß § 738 BGB ist der ausgeschiedene Gesellschafter von den Schulden der GbR zu befreien. Dieser Anspruch wird vorliegend dahin modifiziert, dass der Ausgeschiedene nur dann eine **Freistellung durch die GbR** verlangen kann, wenn er von einem Gläubiger der GbR tatsächlich in Anspruch genommen wird. Zudem wird sein gesetzlicher Anspruch auf **Sicherheitsleistung** ausgeschlossen. 91

---

[108] OLG Münster v. 1.9.2004 – 7 U 6152/99, NZG 2004, 1055; *Ulmer* ZIP 2010, 805, 811.

[109] BGH v. 17.4.1989 – II ZR 258/88, NJW 1989, 3272.

[110] BGH v. 13.3.2006 – II ZR 295/04, WM 2006, 776 mwN.

[111] BGH v. 16.12.1991 – II ZR 58/91, BGHZ 116, 359, 370; BGH v. 9.1.1989 – II ZR 83/88, NJW 1989, 2685.

[112] BGH v. 24.5.1993 – II ZR 36/92, NJW 1993, 2101; BGH v. 20.9.1993 – II ZR 104/92, BGHZ 123, 281; OLG München v. 1.9.2004 – 7 U 6152/99, NZG 2004, 1055.

[113] Staudinger/*Keßler* BGB § 723 Rz. 49 ff.; MüKoBGB/*Ulmer/Schäfer* BGB § 738 Rz. 46, 63 f.

[114] Der BGH hat in einer älteren Entscheidung ein grobes Missverhältnis jedenfalls dann angenommen, wenn die Abfindung nur 20 vH des Verkehrswerts beträgt, vgl. BGH v. 23.10.1972 – II ZR 31/70, DB 1973, 611. Im Schrifttum wird zum Teil (bspw. MüKoBGB/*Ulmer/Schäfer* BGB § 738 Rz. 52) davon ausgegangen, dass die Grenze bei zwei Dritteln des Verkehrswerts liegt; ebenso *Winter* Ubg 2009, 822, 827.

[115] S. dazu oben Rz. 41 sowie *Meincke* ErbStG § 7 Rz. 142 ff.

[116] BGH v. 7.4.1960 – II ZR 69/58, BGHZ 32, 151; BGH v. 12.6.1975 – II ZB 12/73, BGHZ 65, 22; OLG Hamm v. 11.2.1999 – 27 U 187/98, NZG 1999, 599.

Zu § 16: Nebentätigkeit, Wettbewerbsverbot, Verschwiegenheit

92 Für die GbR fehlt eine gesetzliche Regelung zum Wettbewerbsverbot. Im Fall der unternehmerischen GbR soll sich aus der gesellschaftsrechtlichen Treuepflicht jedenfalls für die geschäftsführenden Gesellschafter ein Wettbewerbsverbot ergeben.[117] Um Streitigkeiten zu vermeiden, sollte diese Frage besser explizit geregelt werden. Zulässig ist auch die Vereinbarung eines **nachvertraglichen Wettbewerbsverbots;**[118] dies sollte die Frist von zwei Jahren nicht überschreiten.[119] Der räumliche und gegenständliche Geltungsbereich ist konkret festzulegen.

Güterstand der Gesellschafter; Schiedsklausel

93 Gesellschaftsverträge von Familiengesellschaften enthalten regelmäßig noch Regelungen, die die Gesellschafter verpflichten, mit ihrem Ehegatten im Hinblick auf den Gesellschaftsanteil etwaige Zugewinnausgleichsansprüche auszuschließen.[120] Sinnvoll ist zudem eine Schiedsklausel oder ein Schiedsvertrag, damit etwaige Streitigkeiten schnell und diskret beigelegt werden können.[121]

---

[117] MüKoBGB/*Ulmer* BGB § 705 Rz. 235.
[118] S. dazu das Formulierungsbeispiel in Formular C. 1.10 § 18.
[119] BGH v. 14.7.1997 – II ZR 238/96, NJW 1997, 3089.
[120] Zu einer solchen Güterstandsklausel s. Formular C. 1.10 § 19.
[121] Zu einer entsprechenden Klausel s. Formular C. 1.10 § 20.

C. 1.10 Gewerbliche Familien-OHG

Gliederung

A, B und C gründen hiermit mit Wirkung ab dem [...] eine offene Handelsgesellschaft, für die sie den folgenden C. 1.10

Gesellschaftsvertrag

vereinbaren:

§ 1 Rechtsform, Firma, Sitz[Rz. 19]

(1) Die Gesellschaft ist eine offene Handelsgesellschaft. Sie führt die Firma
„[...] OHG".

(2) Sitz der Gesellschaft ist [...].

§ 2 Gesellschaftszweck[Rz. 21]

(1) Gegenstand der Gesellschaft ist [...].

(2) Die Gesellschaft ist berechtigt, alle zur Erreichung des Gesellschaftszwecks dienlichen Maßnahmen und Rechtsgeschäfte vorzunehmen, sich an anderen Unternehmen zu beteiligen sowie Zweigniederlassungen im In- und Ausland zu errichten.

§ 3 Gesellschafter, Festkapital, Kapitalanteile[Rz. 22]

(1) Unbeschränkt persönlich haftende Gesellschafter sind A, B und C.

(2) Am Festkapital der Gesellschaft in Höhe von € 100000,– sind die Gesellschafter wie folgt beteiligt:
a) A mit einem festen Kapitalanteil von € 60000,–,
b) B mit einem festen Kapitalanteil von € 30000,–,
c) C mit einem festen Kapitalanteil von € 10000,–.

§ 4 Einlagen[Rz. 24]

(1) A erbringt seine Einlage, indem er die in Anlage 1 zu diesem Gesellschaftsvertrag aufgeführten Aktiva und Passiva und das gesamte von ihm bisher unter der Firma A e.K. als Einzelkaufmann betriebene Handelsgeschäft auf die Gesellschaft überträgt. Die Einlage des A ist damit voll erbracht.

(2) B erbringt eine Bareinlage in Höhe von € 30000,–. Die Einlage ist sofort fällig.

(3) C erbringt eine Bareinlage in Höhe von € 10000,–. Die Einlage ist sofort fällig.

§ 5 Gesellschafterkonten[Rz. 26]

(1) Die Gesellschaft führt für jeden Gesellschafter folgende Konten:
– Kapitalkonto I,

- Kapitalkonto II,
- Verlustvortragskonto,
- Privatkonto.

(2) Auf dem Kapitalkonto I wird der feste Kapitalanteil des Gesellschafters (Anteil am Festkapital, § 3 Abs. 2) gebucht. Die Kapitalkonten I sind Festkonten und können nur durch eine Änderung des Gesellschaftsvertrages verändert werden. Der feste Kapitalanteil eines Gesellschafters ist maßgeblich für die Beteiligung des Gesellschafters am Ergebnis und Vermögen der Gesellschaft, für sein Auseinandersetzungsguthaben und für sein Stimmrecht. Das Kapitalkonto I wird nicht verzinst.

(3) Auf dem Kapitalkonto II (Rücklagekonto) werden die nicht entnahmefähigen Gewinnanteile gebucht sowie Einlagen des Gesellschafters soweit sie nicht Kapitalkonto I gutgeschrieben werden. Das Kapitalkonto II wird nicht verzinst.

(4) Auf dem Verlustvortragskonto wird ein etwaiger Verlustanteil des Gesellschafters gebucht. Das Verlustvortragskonto wird nicht verzinst.

(5) Alle sonstigen den Gesellschafter betreffenden Geschäftsvorfälle, insbesondere Entnahmen, Gewinne (soweit diese nicht dem Kapitalkonto II oder dem Verlustvortragskonto gutgeschrieben werden), Zinsen u. ä., werden auf dem Privatkonto gebucht. Bei dem Privatkonto handelt es sich um ein Fremdkapitalkonto. Das Privatkonto wird im Soll und Haben mit zwei Prozentpunkten p. a. über dem Basiszinssatz (§ 247 BGB) verzinst. Die Zinsberechnung erfolgt staffelmäßig. Grundlage ist der jeweilige Stand des Kontos am Ersten eines jeden Kalendermonats.

§ 6 Geschäftsführung und Vertretung[Rz. 30]

(1) Zur Geschäftsführung und Vertretung sind die Gesellschafter wie folgt berechtigt und verpflichtet:
   a) der Gesellschafter A hat Einzelgeschäftsführungsbefugnis und ist befugt die Gesellschaft einzeln zu vertreten. Er ist von den Beschränkungen des § 181 BGB befreit;
   b) der Gesellschafter B hat die Befugnis zur Geschäftsführung und Vertretung nur zusammen mit einem weiteren Gesellschafter oder in Gemeinschaft mit einem Prokuristen;
   c) der Gesellschafter C hat die Befugnis zur Geschäftsführung und Vertretung nur zusammen mit einem weiteren Gesellschafter oder in Gemeinschaft mit einem Prokuristen.

(2) Folgende Rechtsgeschäfte und Maßnahmen dürfen nur mit vorheriger Zustimmung[Rz. 33] aller Gesellschafter vorgenommen werden:
   a) Erwerb, Veräußerung und Belastung von Grundstücken;
   b) Übernahme von Bürgschaften;
   c) Gründung von Filialbetrieben, Zweigniederlassungen, Übernahme von Beteiligungen, Aufnahme stiller Gesellschafter und partiarischer Darlehen;
   d) Abschluss und Kündigung von Anstellungsverträgen bei Jahresbruttogehältern von mehr als € 30 000,–;
   e) Abschluss von Anschaffungs- und Verkaufsverträgen über Gegenstände des Anlagevermögens im Einzelwert von mehr als € 30 000,– und Abschluss und Kündigung von Miet- und Leasingverträgen und sonstigen Dauerschuldverhältnissen über Gegenstände, die bei Erwerb durch die Gesellschaft unter diese Bestimmung fallen würden;
   f) Rechtsgeschäfte aller Art, welche einen Gegenstandswert von mehr als € 50 000, haben;
   g) Rechtsgeschäfte aller Art zwischen der Gesellschaft auf der einen sowie einem Gesellschafter oder seinen Angehörigen im Sinne des § 15 der Abgabenordnung auf der anderen Seite und Rechtsgeschäfte zwischen der Gesell-

schaft und Unternehmen, an denen Gesellschafter oder deren Angehörige zu mehr als 10 vH beteiligt sind;

h) alle sonstigen Handlungen und Maßnahmen, die über den gewöhnlichen Geschäftsbetrieb des von der Gesellschaft betriebenen Handelsgewerbes hinausgehen.

(3) Die Gesellschafter erhalten eine angemessene Tätigkeitsvergütung[Rz. 34], die auch dann zu zahlen ist, wenn die Gesellschaft keinen Gewinn macht.

§ 7 Gesellschafterversammlung[Rz. 35]

(1) Die ordentliche Gesellschafterversammlung findet innerhalb eines Monats nach Aufstellung des Jahresabschlusses für das vorangegangene Geschäftsjahr statt. Außerordentliche Gesellschafterversammlungen finden statt, wenn dies im Interesse der Gesellschaft erforderlich ist oder wenn ein Gesellschafter die Einberufung verlangt.

(2) Gesellschafterversammlungen finden am Sitz der Gesellschaft statt, es sei denn alle Gesellschafter sind mit der Abhaltung an einem anderen Ort einverstanden.

(3) Eine Gesellschafterversammlung kann von jedem Gesellschafter unter Bekanntgabe der zu behandelnden Tagesordnung einberufen werden. Die Einladung hat schriftlich zu erfolgen. Zwischen der Absendung der Einladung und dem Tag der Versammlung müssen mindestens zwei Wochen liegen, wobei der Tag der Absendung und der Tag der Versammlung nicht mitgezählt werden. Mit der Einladung sind Zeit und Ort der Versammlung sowie die Tagesordnung mitzuteilen. Die Einladung erfolgt an die letzte von dem Gesellschafter der Gesellschaft bekannt gegebene Adresse; kann die Einladung dort nicht zugestellt werden, ist die Gesellschafterversammlung auch ohne den betreffenden Gesellschafter beschlussfähig.

(4) Die Gesellschafterversammlung ist beschlussfähig, wenn alle Gesellschafter anwesend oder vertreten sind. Ist eine Gesellschafterversammlung nicht beschlussfähig, so ist unter Beachtung von Abs. 3 unverzüglich eine weitere Gesellschafterversammlung mit gleicher Tagesordnung einzuberufen, die ohne Rücksicht auf die Zahl der anwesenden oder vertretenen Gesellschafter beschlussfähig ist, wenn auf diesen Umstand in der erneuten Ladung hingewiesen wurde.

(5) Wenn die für die Einberufung geltenden gesetzlichen und gesellschaftsvertraglichen Vorschriften nicht eingehalten werden, können Beschlüsse nur dann gefasst werden, wenn die von dem Mangel betroffenen Gesellschafter anwesend oder vertreten sind und der Beschlussfassung nicht widersprechen.

(6) Jeder Gesellschafter kann sich in der Gesellschafterversammlung durch einen anderen Gesellschafter oder durch eine von Gesetzes wegen zur Berufsverschwiegenheit verpflichtete Person vertreten oder beraten lassen. Die Vollmacht ist schriftlich zu erteilen und in der Versammlung vorzulegen.

(7) Die Leitung der Gesellschafterversammlung obliegt dem Gesellschafter A und bei dessen Abwesenheit dem ältesten anwesenden Gesellschafter. Der Versammlungsleiter erstellt über die Gesellschafterversammlung ein Protokoll, von dem jeder Gesellschafter eine Kopie erhält. Einwendungen gegen die Wirksamkeit eines Beschlusses können nur innerhalb einer Ausschlussfrist von sechs Wochen seit Zugang der Kopie des Protokolls durch Feststellungsklage geltend gemacht werden.

§ 8 Gesellschafterbeschlüsse, Stimmrecht[Rz. 36]

(1) Beschlüsse können in einer Gesellschafterversammlung nur über Gegenstände gefasst werden, die in der Tagesordnung angekündigt worden sind. Ohne Einhaltung von Formen und Fristen können Beschlüsse nur gefasst werden, wenn alle Gesellschafter damit einverstanden sind.

(2) Gesellschafterbeschlüsse werden mit einfacher Mehrheit der abgegebenen Stimmen gefasst, sofern nicht dieser Vertrag oder das Gesetz zwingend eine andere Mehrheit vorschreiben.

(3) Folgende Maßnahmen bedürfen einer Mehrheit von 75 vH der abgegebenen Stimmen:
  a) Änderung des Gesellschaftsvertrages (einschließlich der grundlegenden Bestimmungen),
  b) Entnahmen zu Lasten der Kapitalkonten II,
  c) Feststellung des Jahresabschlusses,
  d) Auflösung der Gesellschaft.

Soweit eine Änderung des Gesellschaftsvertrages die Rechte eines Gesellschafters vermindert, seine Pflichten erhöht oder die vertragliche Bindung verlängert, bedarf sie seiner Zustimmung.

(3) Je € 100,– fester Kapitalanteil (Kapitalkonto I gem. § 3 Abs. 2) gewähren eine Stimme. Dem Gesellschafter A stehen unabhängig von der Höhe seines festen Kapitalanteils stets 75 vH der Stimmen zu; dieses Mehrfachstimmrecht des A ist weder vererblich noch in sonstiger Weise übertragbar. Ein Gesellschafter kann seine Stimmen nur einheitlich abgeben. Stimmenthaltungen werden nicht mitgezählt.

(4) Außerhalb von Gesellschafterversammlungen können Beschlüsse mündlich, schriftlich, in Textform oder in elektronischer Form gefasst werden, wenn kein Gesellschafter dieser Art der Beschlussfassung widerspricht. Zulässig ist auch ein kombiniertes Beschlussverfahren. Die gefassten Beschlüsse sind den Gesellschaftern durch den die Abstimmung herbeiführenden Gesellschafter schriftlich zu bestätigen.

§ 9 Geschäftsjahr, Jahresabschluss[Rz. 38]

(1) Das Geschäftsjahr der Gesellschaft ist das Kalenderjahr.

(2) Der Jahresabschluss ist innerhalb von sechs Monaten seit Ende des Geschäftsjahres zu erstellen. Eine Abschrift des Jahresabschlusses ist den Gesellschaftern zusammen mit der Ladung zur ordentlichen Gesellschafterversammlung zuzuleiten.

(3) Der Jahresabschluss ist von der Gesellschafterversammlung festzustellen. Können sich die Gesellschafter nicht innerhalb von drei Monaten nach Vorlage des Jahresabschlusses über die Feststellung einigen, so wird der Jahresabschluss durch einen von der zuständigen Wirtschaftsprüferkammer zu benennenden Wirtschaftsprüfer überprüft, ggf. korrigiert und als Schiedsgutachter mit verbindlicher Wirkung für alle Gesellschafter festgestellt. Der Schiedsgutachter entscheidet in entsprechender Anwendung der §§ 91 ff. ZPO und darüber, welche(r) Gesellschafter seine Kosten zu tragen haben.

(4) Wird die Steuerbilanz im Rahmen des Veranlagungsverfahrens oder auf Grund einer Außenprüfung durch das Finanzamt bestandskräftig geändert, so ist die Handelsbilanz und die auf ihrer Grundlage erfolgte Ergebnisverteilung zum nächstmöglichen Zeitpunkt an die Steuerbilanz anzupassen, sofern nicht zwingende handelsrechtliche Bestimmungen entgegenstehen.

§ 10 Ergebnisverteilung[Rz. 42]

Zur Ermittlung des zur Verteilung gelangenden Jahresergebnisses werden die Tätigkeitsvergütungen der Gesellschafter als abzugsfähiger Aufwand der Gesellschaft behandelt. Zinsen für Guthaben oder Schulden auf Privatkonten werden zur Ermittlung des verteilungsfähigen Ergebnisses als Aufwand bzw. Ertrag der Gesellschaft behandelt. Das danach verbleibende Ergebnis wird nach dem Verhältnis der festen Kapitalanteile (§ 3 Abs. 2) auf die Gesellschafter verteilt. Dabei wird ein sich erge-

bender Verlust den Verlustvortragskonten belastet; Gewinnanteile werden solange den Verlustvortragskonten gutgeschrieben, bis diese ausgeglichen sind. Von dem danach verbleibenden Gewinnanteil eines Gesellschafters sind 25 vH seinem Kapitalkonto II und der Rest seinem Privatkonto gutzuschreiben.

§ 11 Entnahmen[Rz. 44]

(1) Guthaben auf den Privatkonten können jederzeit entnommen werden.

(2) Jeder Gesellschafter kann auch ohne entsprechendes Guthaben Auszahlungen zu Lasten seines Privatkontos verlangen, um die auf seine Einkünfte aus der Beteiligung an der Gesellschaft entfallende Einkommensteuer sowie Kirchensteuer und Solidaritätszuschlag zu bezahlen. Bemessungsgrundlage ist der einheitlich und gesondert festgestellte Gewinnanteil des Gesellschafters, auf welchen unabhängig von den individuellen Verhältnissen der jeweilige deutsche Spitzensteuersatz anzuwenden ist. Die Thesaurierungsbegünstigung (§ 34a EStG) bleibt unberücksichtigt; jeder Gesellschafter darf daher auch im Falle steuerbegünstigter Thesaurierung Beträge nach Maßgabe des Spitzensteuersatzes entnehmen, später jedoch keine Steuern mehr auf den Nachversteuerungsbetrag.

§ 12 Urlaub, Krankheit[Rz. 45]

(1) Den Gesellschaftern steht ein Jahresurlaub von 30 Tagen zu, der die Gewinn- und Verlustbeteiligung unberührt lässt.

(2) Im Krankheitsfall wird die Tätigkeitsvergütung für sechs Monate weitergezahlt.

(3) Wenn wegen Krankheit oder sonstiger Umstände die Arbeitskraft eines Gesellschafters der Gesellschaft nicht zur Verfügung steht, bleibt seine Gewinnbeteiligung gem. § 10 bei Abwesenheit/Arbeitsunfähigkeit von weniger als sechs Monaten unverändert. Anschließend können die übrigen Gesellschafter wahlweise die Gewinnbeteiligung des Betroffenen nach billigem Ermessen für die Restdauer seiner Arbeitsunfähigkeit reduzieren oder zu Lasten der Tätigkeitsvergütung des Betroffenen eine Ersatzkraft beschäftigen.

(4) Abs. 2 und 3 gelten nicht für den Gesellschafter A.

§ 13 Verfügung über Gesellschaftsanteile[Rz. 46]

Die Abtretung oder Belastung eines Gesellschaftsanteils oder von Teilen davon und jede sonstige Verfügung über den Gesellschaftsanteil einschließlich der Einräumung einer Unterbeteiligung oder eines Nießbrauchs ist nur mit Zustimmung aller Gesellschafter zulässig. Keiner Zustimmung bedürfen Verfügungen zu Gunsten von ehelichen Abkömmlingen.

§ 14 Dauer, Kündigung, Fortführung der Firma[Rz. 48]

(1) Die Gesellschaft beginnt am [...]. Sie wird auf unbestimmte Dauer errichtet.

(2) Das Gesellschaftsverhältnis kann von jedem Gesellschafter mit einer Frist von zwölf Monaten zum Ende eines Geschäftsjahres gekündigt werden, erstmals zum 31. Dezember 20[...]. Die Kündigung ist durch eingeschriebenen Brief gegenüber den anderen Gesellschaftern zu erklären.

(3) Mit Ablauf der Kündigungsfrist scheidet der kündigende Gesellschafter aus der Gesellschaft aus.[Rz. 50] Die Gesellschaft wird von den verbleibenden Gesellschaftern fortgesetzt, es sei denn, diese beschließen vor Ablauf der Kündigungsfrist bzw. bei einer außerordentlichen Kündigung innerhalb von sechs Wochen nach Zugang der Kündigung einstimmig die Auflösung der Gesellschaft. In diesem Fall nimmt auch der kündigende Gesellschafter an der Liquidation teil. Anstelle einer Abfindung erhält er dann seinen Anteil am Liquidationserlös.

(4) Beim Ausscheiden des vorletzten Gesellschafters ist der verbleibende Gesellschafter berechtigt, aber nicht verpflichtet, das Unternehmen der Gesellschaft ohne Liquidation mit allen Aktiven und Passiven zu übernehmen. Abs. 3 gilt entsprechend.
(5) Für den Fall seines Ausscheidens aus der Gesellschaft gibt jeder Gesellschafter seine Einwilligung zur Fortführung der Firma durch die Gesellschaft.[Rz. 51]

§ 15 Ausschluss eines Gesellschafters[Rz. 52]

(1) Ein Gesellschafter kann durch einstimmigen Beschluss aus der Gesellschaft ausgeschlossen werden, wenn ein wichtiger Grund vorliegt. Ein wichtiger Grund ist gegeben, wenn der Gesellschafter die Interessen der Gesellschaft schuldhaft grob verletzt hat oder wenn den übrigen Gesellschaftern eine weitere Zusammenarbeit nicht zuzumuten ist. Bei der Beschlussfassung ist der betreffende Gesellschafter nicht stimmberechtigt.
(2) Ohne dass es eines Beschlusses bedarf, scheidet ein Gesellschafter aus der Gesellschaft aus, wenn
  a) über sein Vermögen ein Insolvenzverfahren eröffnet oder die Eröffnung mangels Masse abgelehnt wird;
  b) er eine eidesstattliche Versicherung gem. § 807 ZPO abgibt oder gegen ihn Haft zur Abgabe einer solchen eidesstattlichen Versicherung angeordnet wird;
  c) in seinen Gesellschaftsanteil, seinen Gewinnanteil oder sein Abfindungsguthaben die Zwangsvollstreckung betrieben wird.
(3) Das Ausscheiden gem. Abs. 2 wird wirksam im Falle
  a) des Abs. 2 Buchst. a mit der Rechtskraft des entsprechenden Beschlusses;
  b) des Abs. 2 Buchst. b am Tage des ersten für die Abgabe der eidesstattlichen Versicherung angesetzten Termins;
  c) des Abs. 2 Buchst. c mit Ablauf von drei Monaten nach Zustellung des Pfändungs- und Überweisungsbeschlusses an die Gesellschaft, wenn dieser bis dahin nicht wieder aufgehoben wurde.

§ 16 Tod eines Gesellschafters[Rz. 54]

(1) Bei Tod eines Gesellschafters wird die Gesellschaft vorbehaltlich der nachfolgenden Regelungen unter den verbleibenden Gesellschaftern fortgesetzt.
(2) Soweit eheliche Abkömmlinge eines verstorbenen Gesellschafters dessen Erben oder Vermächtnisnehmer seines Gesellschaftsanteils werden (nachfolgeberechtigte Personen), wird die Gesellschaft mit diesen fortgesetzt. Die Anordnung der Testamentsvollstreckung[Rz. 55] für den Gesellschaftsanteil, insbesondere durch Überlassung der Rechtsausübung oder Übertragung des Gesellschaftsanteils an den Testamentsvollstrecker, ist zulässig.
(3) Wird die Gesellschaft mit einer nachfolgeberechtigten Person fortgesetzt, können die verbleibenden Gesellschafter binnen drei Monaten nach dem Zeitpunkt, in welchem sie von der nachfolgeberechtigten Person Kenntnis erlangt haben, verlangen, dass diese als Kommanditist ohne Geschäftsführungs- und Vertretungsbefugnis in der Gesellschaft verbleibt. Sind mehrere nachfolgeberechtigte Personen vorhanden, kann dieses Verlangen auf einen oder einzelne von ihnen beschränkt werden. Kommt der Betreffende dem Verlangen der Mitgesellschafter nicht nach, so stellt dies einen wichtigen Grund im Sinne von § 15 Abs. 1 dar. [Rz. 56]
(4) § 139 HGB bleibt unberührt.
(5) Das Abfindungsguthaben von nicht in der Gesellschaft verbleibenden bzw. nicht zu Gesellschaftern werdenden Erben bemisst sich nach § 17. Dies gilt auch für ein Ausscheiden nach § 139 Abs. 2 HGB.

§ 17 Abfindung[Rz. 57]

(1) Scheidet ein Gesellschafter aus der Gesellschaft aus oder ist ein Erbe eines Gesellschafters, der nicht Gesellschafter wird bzw. bleibt, abzufinden, so berechnet sich sein Abfindungsguthaben nach dem Buchwert seiner Beteiligung (Saldo des Kapitalkontos I, des Kapitalkontos II und eines etwaigen Verlustvortragskontos) zuzüglich seines Anteils an den stillen Reserven der Gesellschaft nach Maßgabe von nachfolgendem Abs. 2. Das Privatkonto ist auf den Tag des Ausscheidens abzurechnen und auszugleichen.

(2) Zur Ermittlung der bei der Abfindung zu berücksichtigenden stillen Reserven der Gesellschaft ist auf den Zeitpunkt des Ausscheidens eine Auseinandersetzungsbilanz zu erstellen, in der die Vermögensgegenstände der Gesellschaft mit folgenden Werten anzusetzen sind:

a) Grundstücke werden mit ihrem Verkehrswert angesetzt.

b) Sonstige Vermögensgegenstände werden mit dem Mittelwert zwischen Buchwert gemäß Steuerbilanz und Verkehrswert angesetzt.

c) Ein selbstgeschaffener Geschäfts- oder Firmenwert und sonstige nicht bilanzierungsfähige Wirtschaftsgüter werden nicht berücksichtigt; dies gilt auch für schwebende Geschäfte.

Der ausscheidende Gesellschafter kann verlangen, dass der Verkehrswert der betreffenden Vermögensgegenstände auf seine Kosten von einem Sachverständigen als Schiedsgutachter ermittelt wird. Der Sachverständige ist von der für die Gesellschaft zuständigen Industrie- und Handelskammer zu benennen.

(3) Das nach vorstehenden Grundsätzen ermittelte Abfindungsguthaben ist ab dem Tag des Ausscheidens mit 6 vH p. a. zu verzinsen. Ein Anspruch auf Sicherheitsleistung besteht nicht.

(4) Das Abfindungsguthaben ist in fünf gleichen Jahresraten[Rz. 58] zu entrichten, von denen die erste sechs Monate nach dem Tag des Ausscheidens fällig wird. Die folgenden Raten sind jeweils ein Jahr nach Fälligkeit der vorangegangenen Rate zu entrichten. Zusammen mit den Raten sind die Zinsen für den jeweils vorausgegangenen Zeitraum zu entrichten. Die Gesellschaft ist berechtigt, das Abfindungsguthaben ganz oder teilweise vorzeitig zur Auszahlung zu bringen.

(5) Wird der ausgeschiedene Gesellschafter von Gläubigern der Gesellschaft in Anspruch genommen, so ist er von der Gesellschaft und den verbleibenden Gesellschaftern von den Ansprüchen freizustellen. Befreiung von den gemeinschaftlichen Schulden oder Sicherheitsleistung hierfür (§ 738 BGB) kann er hingegen nicht verlangen.[Rz. 60]

§ 18 Nebentätigkeit, Wettbewerbsverbot, Verschwiegenheit[Rz. 61]

(1) Jeder Gesellschafter hat die Interessen der Gesellschaft nach besten Kräften zu fördern. Die Gesellschafter widmen der Gesellschaft ihre ganze Arbeitskraft. Nebentätigkeiten sind nur mit der vorherigen schriftlichen Zustimmung der übrigen Gesellschafter zulässig.

(2) Geschäftsbeziehungen der Gesellschaft dürfen von keinem Gesellschafter für Konkurrenzgeschäfte auf eigene oder fremde Rechnung ausgenutzt werden. Jeder Gesellschafter verpflichtet sich, während seiner Zugehörigkeit zur Gesellschaft und auf die Dauer von zwei Jahren nach seinem Ausscheiden aus der Gesellschaft nur mit vorheriger schriftlicher Zustimmung der übrigen Gesellschafter im sachlichen und räumlichen Tätigkeitsbereich der Gesellschaft tätig zu werden, sich mittelbar oder unmittelbar an Unternehmen zu beteiligen, die in einem Konkurrenzverhältnis zur Gesellschaft stehen, oder in sonstiger Weise selbstständig oder unselbstständig für solche Unternehmen tätig zu werden. Das nachvertragliche Wettbewerbsverbot gilt nur für das Gebiet der Bundesrepublik Deutschland.

(3) Für jeden Verstoß gegen das Wettbewerbsverbot schuldet der betreffende Gesellschafter der Gesellschaft eine Vertragsstrafe in Höhe der gesamten Bezüge, Vergütungen und Gewinnanteile, die ihm auf Grund seiner gegen das Wettbewerbsverbot verstoßenden Tätigkeit zustehen, mindestens jedoch € 10000,– für jeden angefangenen Monat des Wettbewerbsverstoßes. Zur Ermittlung der Höhe der Vertragsstrafe verpflichtet sich der gegen das Wettbewerbsverbot verstoßende Gesellschafter hiermit ausdrücklich zur Vorlage der erforderlichen Nachweise (zB Steuerbescheide, Berichtigungsbescheide, Betriebsprüfungsberichte, Bilanzen etc.). Die Geltendmachung eines weitergehenden Schadens sowie von Unterlassungsansprüchen durch die Gesellschaft und/oder die Gesellschafter bleibt unberührt.

(4) Jeder Gesellschafter hat in Angelegenheiten der Gesellschaft gegenüber Dritten Stillschweigen zu bewahren, dies gilt auch nach einem Ausscheiden aus der Gesellschaft.

§ 19 Güterstand[Rz. 62]

Verheiratete Gesellschafter sind verpflichtet, mit ihren Ehegatten entweder Gütertrennung zu vereinbaren oder eine ehevertragliche Regelung zu treffen, nach welcher bei der Ermittlung des lebzeitigen Zugewinnausgleichs Wertsteigerungen ihrer Beteiligung an dieser Gesellschaft sowie Wertsteigerungen etwaigen Sonderbetriebsvermögens dem Anfangsvermögen hinzugerechnet werden. Ein Gesellschafter, der im Güterstand der Zugewinngemeinschaft lebt, hat mit seinem Ehegatten zudem zu vereinbaren, dass die Verfügungsbeschränkungen des § 1365 BGB für den Anteil an dieser Gesellschaft nicht gelten. Der Abschluss eines entsprechenden Ehevertrages ist der Gesellschaft nachzuweisen. Solange der Nachweis nicht geführt ist, ruht das Stimmrecht des betreffenden Gesellschafters. Erbringt ein Gesellschafter nach Aufforderung durch einen Mitgesellschafter nicht innerhalb von drei Monaten den Nachweis, dass er mit seinem Ehegatten eine diesem § 19 entsprechende Vereinbarung getroffen hat, so stellt dies einen wichtigen Grund iSv. § 15 Abs. 1 dar. § 19 gilt entsprechend für Gesellschafter, die eine eingetragene Lebenspartnerschaft oder eine Ehe nach ausländischem Recht begründet haben.

§ 20 Schiedsgericht[Rz. 63]

(1) Über alle Streitigkeiten aus oder im Zusammenhang mit diesem Gesellschaftsvertrag zwischen der Gesellschaft und einzelnen Gesellschaftern oder zwischen den Gesellschaftern entscheidet unter Ausschluss des ordentlichen Rechtswegs ein Schiedsgericht. Dies gilt nicht, soweit Streitigkeiten kraft Gesetzes der Schiedsgerichtsbarkeit entzogen sind. Zuständigkeit, Zusammensetzung und Verfahren des Schiedsgerichts regelt ein gesonderter Schiedsvertrag, den die Gesellschafter zeitgleich mit diesem Gesellschaftsvertrag abgeschlossen haben.

(2) Jeder neue Gesellschafter unterwirft sich dem Schiedsgericht entsprechend den in dem Schiedsvertrag getroffenen Vereinbarungen.

§ 21 Schlussbestimmungen

(1) Änderungen und Ergänzungen dieses Vertrages bedürfen der Schriftform, dies gilt auch für eine Abänderung dieser Schriftformklausel. Mündliche Nebenabreden bestehen nicht. Kein Gesellschafter kann sich auf eine vom Vertrag abweichende tatsächliche Übung berufen, solange die Abweichung nicht schriftlich fixiert ist.

(2) Sollten sich einzelne Bestimmungen dieses Vertrages als ungültig erweisen, so wird dadurch die Gültigkeit des Vertrages im Übrigen nicht berührt. In einem solchen Fall sind die Gesellschafter verpflichtet, durch Beschluss die ungültige Be-

stimmung durch diejenige gesetzlich zulässige Bestimmung zu ersetzen, die den Zweck der ungültigen Bestimmung, insbesondere das, was die Vertragsparteien gewollt haben, mit der weitestgehend möglichen Annäherung erreicht. Entsprechendes gilt, wenn sich bei Durchführung des Vertrages eine ergänzungsbedürftige Lücke ergeben sollte.

(3) Erfüllungsort und Gerichtsstand für sämtliche Streitigkeiten aus oder im Zusammenhang mit diesem Vertrag oder über das Zustandekommen dieses Vertrages ist der Sitz der Gesellschaft, soweit dies zulässig vereinbart werden kann.

...

[Datum]

...

[Unterschriften]

A. Grundsätzliche Anmerkungen

I. Wirtschaftliche Aspekte

Die OHG ist die traditionelle Grundform für die Zusammenarbeit von Kaufleuten. 1
Typischer Weise stellen alle Gesellschafter der Gesellschaft ihre Arbeitskraft in vollem Umfang zur Verfügung und gerade das persönliche (Zusammen-)Wirken ihrer Gesellschafter ist entscheidend für den geschäftlichen Erfolg der OHG. Kennzeichnend für die OHG ist zudem die **unbeschränkte persönliche Haftung aller Gesellschafter.** Aus diesen Merkmalen der OHG ergibt sich eine besonders starke persönliche Verbundenheit und die Notwendigkeit eines besonderen Vertrauensverhältnisses unter den Gesellschaftern. Die persönliche haftungsrechtliche Einbindung der Gesellschafter erzeugt einerseits eine bereite Kreditbasis und damit eine besondere Krisenfestigkeit der Gesellschaft. Andererseits besteht für alle Gesellschafter ein hohes persönliches Haftungsrisiko.

II. Rechtliche Aspekte

1. Familiengesellschaft

Siehe zu den typischen Gestaltungsmotiven und Regelungen einer Familiengesell- 2
schaft bereits C. 1.00 Rz. 3ff.

2. Gesellschaftsrecht

Zweck der OHG ist der Zusammenschluss mehrerer Personen zum **Betrieb eines** 3
Handelsgewerbes unter gemeinsamer Firma. Dabei darf bei keinem Gesellschafter die Haftung gegenüber den Gesellschaftsgläubigern beschränkt sein. Die einschlägigen Rechtsvorschriften finden sich in §§ 105ff. HGB. Über die Verweisung in § 105 Abs. 3 HGB kommen ergänzend die Vorschriften über die GbR (§§ 705ff. BGB) zur Anwendung. Allerdings sind die gesetzlichen Regelungen zur OHG überwiegend veraltet und für die heutige Praxis unbrauchbar. Das macht es notwendig, die gesetzlichen Bestimmungen durch ein modernes Gesellschaftsrecht auf gesellschaftsvertraglicher Basis zu ersetzen.

Mit dem auf den Betrieb eines Handelsgewerbes gerichteten Zweck unterscheidet sich die OHG von der GbR, deren Zweck gerade nicht in dem Betrieb eines Handelsgewerbes bestehen kann. **Handelsgewerbe** ist nach § 1 Abs. 2 HGB jeder Gewerbebetrieb, es sei denn, das Unternehmen erfordert nach Art und Umfang keinen in kaufmännischer Weise eingerichteten Geschäftsbetrieb. Falls ein in kaufmännischer Weise eingerichteter Geschäftsbetrieb nicht erforderlich ist oder die Gesellschaft nur eigenes Vermögen verwaltet, ist die Gesellschaft eine GbR. Sie kann allerdings gem. § 105 Abs. 2 HGB zur OHG werden, indem die Firma des Unternehmens in das Handelsregister eingetragen wird.

Bis auf den Unternehmensgegenstand und die Registerfähigkeit der OHG unterscheidet sich diese nicht wesentlich von der gewerblichen GbR, so dass auf die Ausführungen zu Formular C. 1.00 verwiesen werden kann.

4 Die OHG muss sowohl bei ihrer Gründung als auch in der Folgezeit mindestens zwei **Gesellschafter** haben. Gesellschafter einer OHG können natürliche und juristische Personen, Personenhandelsgesellschaften und Partnerschaftsgesellschaften sein. Seit der Anerkennung der Rechtsfähigkeit der Außen-GbR kann auch diese Gesellschafterin einer OHG sein,[1] dasselbe muss für den nicht rechtsfähigen Verein gelten. Die Erbengemeinschaft und die reine Innen-GbR können hingegen nicht OHG-Gesellschafter sein.[2]

5 Hinsichtlich der **Entstehung** der OHG ist zwischen dem Verhältnis der Gesellschafter untereinander und dem Verhältnis der OHG gegenüber Dritten zu unterscheiden. Im Innenverhältnis unter den Gesellschaftern entsteht die Gesellschaft mit Abschluss des Gesellschaftsvertrages bzw. mit dem darin für ihren Beginn angegebenen Zeitpunkt. Im Außenverhältnis entsteht die OHG mit der Aufnahme ihrer Geschäfte, wenn die Gesellschaft ein Handelsgewerbe betreibt und wenn alle Gesellschafter der Geschäftsaufnahme zugestimmt haben (§ 123 Abs. 2 HGB). Die Eintragung im Handelsregister hat in diesem Fall nur deklaratorische Bedeutung. Betreibt die Gesellschaft kein Handelsgewerbe, weil ein in kaufmännischer Weise eingerichteter Geschäftsbetrieb nicht erforderlich ist oder die Gesellschaft nur eigenes Vermögen verwaltet, so entsteht die OHG erst mit Eintragung im Handelsregister (§ 123 Abs. 1 HGB). Die Eintragung ist in diesem Fall konstitutiv. Bis dahin ist die Gesellschaft eine GbR.

6 Soweit die OHG wirksam vertreten wurde, **haftet** sie mit ihrem Vermögen für die Erfüllung ihrer vertraglichen Verbindlichkeiten. Sie haftet ferner für Verbindlichkeiten aus gesetzlichen Schuldverhältnissen. Insofern wird ihr das Verhalten ihrer Gesellschafter gemäß § 31 BGB analog zugerechnet. Werden Dritte durch Angestellte der OHG geschädigt, kann sie sich ggf. nach § 831 Abs. 1 Satz 2 BGB exculpieren. Für alle Verbindlichkeiten der OHG haften neben der Gesellschaft die einzelnen Gesellschafter persönlich, unbeschränkt und unmittelbar als Gesamtschuldner (§ 128 HGB). Eine Beschränkung der Haftung auf das Gesellschaftsvermögen ist nur im Einzelfall durch eine individualvertragliche Vereinbarung mit dem jeweiligen Vertragspartner möglich.

7 Ein Gesellschafter, der in eine bestehende OHG **eintritt,** haftet gleich den anderen Gesellschaftern auch für die vor seinem Eintritt begründeten Verbindlichkeiten (§ 130 HGB), auch wenn sie ihm bei seinem Eintritt nicht bekannt waren. Nach dem **Ausscheiden** eines Gesellschafters aus der OHG und nach Auflösung der Gesellschaft besteht die Haftung des Ausgeschiedenen bzw. der ehemaligen Gesellschafter für die bis dahin begründeten Verbindlichkeiten fort (§ 159 HGB). Die Verjährungsfrist beträgt gem. §§ 159, 160 HGB maximal fünf Jahre und beginnt mit dem Ausscheiden bzw. mit der Eintragung der Auflösung der Gesellschaft im Handelsregister.

8 Der Gesellschaftsvertrag der OHG kann **formfrei** und auch konkludent abgeschlossen werden.[3] Aus Beweisgründen empfiehlt sich stets die Schriftform. Zudem verlangt die FinVerw. bei Verträgen unter Familienangehörigen idR die schriftliche Abfassung.

---

[1] OLG Celle v. 27.3.2012 – 9 W 37/12, ZIP 2012, 766; LG Berlin v. 8.4.2003 – 102 T 6/03, BB 2003, 1351; MüKoBGB/*Ulmer* BGB § 705 Rz. 316; *Steinbeck* DStR 2001, 1162.

[2] BGH v. 10.2.1977 – II ZR 120/75, BGHZ 68, 225, 237; bestätigt in Ansehung der geänderten Rechtsprechung zur Rechtsfähigkeit der GbR durch BGH v. 17.10.2006 – VIII ZB 94/05, NJW 2006, 3715.

[3] BGH v. 29.11.1956 – II ZR 282/55, BGHZ 22, 244.

Formbedürftig ist der Gesellschaftsvertrag hingegen, wenn er eine formbedürftige Leistungsverpflichtung eines Gesellschafters enthält oder untrennbar mit einer formbedürftigen Abrede verbunden ist.[4] So ist notarielle Beurkundung beispielsweise erforderlich, wenn als Einlage eines Gesellschafters ein Grundstück (§ 311b Abs. 1 BGB), ein GmbH-Anteil (§ 15 Abs. 4 GmbHG) oder sein gesamtes Vermögen (§ 311b Abs. 3 BGB) vereinbart wird. Die Formbedürftigkeit umfasst stets dann den gesamten Vertrag.[5]

3. Erbrecht

Stirbt ein Gesellschafter und ist im Gesellschaftsvertrag nichts abweichendes geregelt, so hat dies gem. § 131 Abs. 3 Satz 1 Nr. 1 HGB sein **Ausscheiden** aus der OHG zur Folge. Die Gesellschaft wird unter den verbleibenden Gesellschaftern **fortgesetzt.** Im Gesellschaftsvertrag der OHG hat eine Fortsetzungsklausel daher nur deklaratorische Bedeutung.[6] Wird die Gesellschaft unter den verbliebenen Gesellschaftern fortgesetzt, so wächst der Gesellschaftsanteil des Verstorbenen den verbleibenden Gesellschaftern an und dem oder den Erben steht kraft Gesetzes ein **Abfindungsanspruch** zu, der sich gem. § 105 Abs. 3 HGB iVm. §§ 738f. BGB nach dem Verkehrswert des Anteils bemisst. Im Gegensatz zum Abfindungsanspruch eines Kündigenden kann der Abfindungsanspruch der Erben im Gesellschaftsvertrag erheblich beschränkt oder sogar vollständig ausgeschlossen werden.[7] 9

Soll der Gesellschaftsanteil des Verstorbenen hingegen **vererblich gestellt** werden, mit der Folge, dass mit dem Tod des Gesellschafters an dessen Stelle ein oder mehrere Nachfolger Gesellschafter der OHG werden, so muss dies im Gesellschaftsvertrag explizit geregelt sein. Dazu bestehen im Wesentlichen folgende Möglichkeiten: 10
- die Gesellschaft wird mit allen Erben fortgeführt **(einfache Nachfolgeklausel),**
- die Gesellschaft wird mit nur mit den Erben fortgeführt, die die im Gesellschaftsvertrag normierten Anforderungen erfüllen **(qualifizierte Nachfolgeklausel),**
- die Gesellschaft wird von den verbleibenden Gesellschaftern fortgeführt, es besteht aber ein Eintrittsrecht eines Dritten oder eines bestimmten Erben **(Eintrittsklausel).**[8]

Soll die Gesellschaft gem. dem Gesellschaftsvertrag mit einem oder mehreren Erben fortgesetzt werden, so kann ein jeder Erbe seinen Eintritt in die Gesellschaft gemäß § 139 Abs. 1 HGB von der **Umwandlung seines Gesellschaftsanteils in eine Kommanditbeteiligung** abhängig machen. Nehmen die übrigen Gesellschafter den entsprechenden Antrag an, so wandelt sich die OHG zur KG. Lehnen sie den Antrag hingegen ab, so hat der Erbe das Recht, innerhalb von drei Monaten sein Ausscheiden aus der Gesellschaft zu erklären. Erklärt er sein Ausscheiden, so steht ihm im Zweifel eine Abfindung zum Verkehrswert zu, es sei denn der Gesellschaftsvertrag enthält auch für diesen Fall eine explizite Beschränkungen der Abfindung.[9] 11

Nach hM ist eine uneingeschränkte **Testamentsvollstreckung** an einem OHG-Anteil nicht zulässig, denn die unbeschränkte Haftung des OHG-Gesellschafters ist mit der beschränkten Rechtsmacht des Testamentsvollstreckers (§ 2208 BGB) nicht vereinbar.[10] Hintergrund ist, dass der Testamentsvollstrecker den Erben nicht persönlich und nicht mit seinem ganzen Vermögen verpflichten kann, wie dies für den Gesellschafter einer OHG kennzeichnend ist. Der BGH lässt die Testamentsvollstreckung 12

[4] Staudinger/*Keßler* BGB § 705 Rz. 36.
[5] BGH v. 9.12.1971 – II ZR 33/68, NJW 1972, 480, MüKoBGB/*Ulmer* BGB § 705 Rz. 34.
[6] Anders hingegen bei der GbR, siehe dazu C. 1.00 Rz. 21.
[7] MüKoBGB/*Ulmer/Schäfer* BGB § 738 Rz. 40 und 61.
[8] Ausführlich zu den gesellschaftsvertraglichen Nachfolgeregelungen C. 1.00 Rz. 21ff.
[9] *Baumbach/Hopt* HGB § 139 Rz. 43.
[10] BGH v. 3.7.1989 – II ZR 1/89, BGHZ 108, 195; *Baumbach/Hopt* HGB § 139 Rz. 21; MüKoHGB/*K. Schmidt* HGB § 139 HGB Rz. 47.

jedoch insofern zu, als sie sich auf die Wahrnehmung der mit dem Anteil verbundenen Vermögensrechte bezieht[11] (sog. **Vollmachtmodell,** siehe dazu und zum alternativen **Treuhandmodell** C. 1.00 Rz. 26).

III. Steuerliche Aspekte

1. Steuerliche Anerkennung

13 Zur steuerlichen Anerkennung einer Familiengesellschaft siehe die Erläuterungen zu Formular C. 1.00 unter Rz. 27 ff.

2. Ertragsteuern

14 Die ertragsteuerliche Behandlung der OHG und ihrer Gesellschafter entspricht der der gewerblichen GbR. Siehe dazu die Ausführungen zu Formular C. 1.00 unter Rz. 32 ff.

3. Erbschaft- und Schenkungsteuer

15 Hinsichtlich der erbschaft- und schenkungsteuerlichen Behandlung der OHG und ihrer Gesellschafter ergeben sich keine Unterschiede zur gewerblichen GbR. Es wird daher auf die Ausführungen zu Formular C. 1.00 unter Rz. 36 ff. sowie – insbesondere zur Betriebsvermögensbegünstigung – auf die Erläuterungen zur GmbH & Co. KG unter C. 1.20, dort Rz. 31 ff. verwiesen.

4. Umsatzsteuer

16 Die OHG ist Unternehmerin im Sinne von § 2 UStG. Hinsichtlich der umsatzsteuerlichen Behandlung der OHG sowie der Leistungsbeziehungen zwischen ihr und ihren Gesellschaftern ergeben sich keine Unterschiede zur gewerblichen GbR. Siehe dazu die Erläuterungen zu Formular C. 1.00 unter Rz. 45 ff.

5. Grunderwerbsteuer

17 Hinsichtlich der Grunderwerbsteuer ergeben sich keine Unterschiede zur GbR. Es wird daher auf die Ausführungen zu Formular C. 1.00 unter Rz. 48 f. verwiesen.

B. Einzelerläuterungen

18 Das Vertragsmuster behandelt einen Fall, in dem das Familienoberhaupt A das Unternehmen als Einzelunternehmen gegründet und aufgebaut hat. Nunmehr werden die beiden Söhne B und C, die bereits im Unternehmen tätig sind, auch gesellschaftsrechtlich eingebunden. Dadurch soll kontinuierlich die Unternehmensnachfolge vorbereitet werden. Zurzeit will A sich aber noch verschiedene **Sonderrechte** vorbehalten. Dies sind insbesondere
- Einzelgeschäftsführungs- und -vertretungsbefugnis,
- Vorsitz in der Gesellschafterversammlung,
- Sonderstimmrecht und
- Tätigkeitsvergütung im Krankheitsfall.

[11] BGH v. 3.7.1989 – II ZR 1/89, BGHZ 108, 195.

Zu § 1: Rechtsform, Firma, Sitz

Für die Firma der OHG gelten die allgemeinen Grundsätze der **Firmenwahrheit, Firmenunterscheidbarkeit und Firmenbeständigkeit** sowie das Erfordernis der **Kennzeichnungseignung** und das **Irreführungsverbot.**[12] Die ursprünglich sehr restriktiven Vorschriften für die Bildung der Firma einer Personenhandelsgesellschaft wurden durch das Handelsrechtsreformgesetz[13] erheblich gelockert. Bei Wahrung der vorstehenden Grundsätze sind neben der **Personenfirma** auch **Sach- und Phantasiefirmen** für die OHG zulässig. Im Gegensatz zur Rechtslage vor dem Handelsrechtsreformgesetz muss die Firma der OHG nunmehr aber zwingend einen die Rechtsform kennzeichnenden Zusatz, bspw. die Bezeichnung „OHG" oder „Offene Handelsgesellschaft", enthalten. 19

Sitz der Gesellschaft ist der Ort, an dem sich die Geschäftsführung befindet. Eine hiervon abweichende Bestimmung im Gesellschaftsvertrag ist unbeachtlich. Die OHG muss ihren Sitz im Inland haben. Sie ist am Ort ihres Sitzes zur Eintragung in das **Handelsregister** anzumelden (§ 106 Abs. 1 HGB). Anmeldepflichtig sind nach § 108 HGB sämtliche Gesellschafter. Der Inhalt der Anmeldung ergibt sich aus § 106 Abs. 2 HGB. Die Anmeldung ist öffentlich zu beglaubigen. Der Gesellschaftsvertrag der OHG wird nicht zum Handelsregister eingereicht. 20

Zu § 2: Gesellschaftszweck

Ursprünglich konnte Gegenstand einer OHG nur der Betrieb eines vollkaufmännischen Handelsgewerbes sein. Dies hat sich seit dem Handelsrechtsreformgesetz durch den neu eingefügten **§ 105 Abs. 2 HGB** geändert. Seitdem können auch solche Gesellschaften, deren Gewerbebetrieb nicht schon nach § 1 Abs. 2 HGB Handelsgewerbe ist, zur OHG werden. Voraussetzung ist, dass ihre Firma in das Handelsregister eingetragen wird. 21

Zu § 3: Gesellschafter, Festkapital, Kapitalanteile

Die **Haftung** für die Verbindlichkeiten der OHG trifft neben der Gesellschaft die Gesellschafter unmittelbar, persönlich und unbeschränkt (§ 128 HGB). Die Gesellschafter sind Gesamtschuldner. 22

Nach dem gesetzlichen Leitbild sind alle Gesellschafter zu gleichen Teilen und mit gleichen Rechten an der OHG beteiligt. Abweichend davon kann der Gesellschaftsvertrag unterschiedliche Beteiligungsquoten vorsehen. Aus Gründen der Klarheit empfiehlt es sich, die **Beteiligungsquoten** der Gesellschafter durch einen fixen Anteil am Festkapital der Gesellschaft zum Ausdruck zu bringen. Dies gilt jedenfalls dann, wenn die Gesellschafter Einlagen erbringen, die auf dem festen Kapitalkonto gebucht werden können. Der Umfang der Herrschafts- und Vermögensrechte jedes Gesellschafters ergibt sich dann aus dem Verhältnis seines festen Kapitalanteils zum Festkapital der Gesellschaft. Alternativ kann die Beteiligungsquote auch prozentual oder durch Bruchteile ausgedrückt werden. 23

Zu § 4: Einlagen

§ 105 Abs. 3 HGB iVm. § 705 BGB verpflichtet die Gesellschafter lediglich zur Förderung des gemeinsamen Zwecks, nicht aber zur Leistung bestimmter Einlagen in das Vermögen der OHG. Derartige Pflichteinlagen müssen – wenn sie nach dem Willen der Gesellschafter geschuldet sein sollen – vielmehr im Gesellschaftsvertrag besonders vereinbart werden. Art und Höhe der Einlagen können die Gesellschafter frei vereinbaren. Einlagen können **alle übertragbaren Vermögenswerte** sein, bspw. 24

---

[12] *Baumbach/Hopt* HGB § 17 Rz. 7.
[13] BGBl. 1998 I 1474 ff.

Geld, Sachen oder Rechte. Die Gesellschafter sind in der Bewertung der Einlagen frei. Der von den Gesellschaftern festgesetzte Wert der Einlage findet seinen Niederschlag im festen Kapitalanteil (Kapitalkonto I). Die Verpflichtung zur Arbeitsleistung stellt hingegen kein bewertungsfähiges Wirtschaftsgut dar, so dass insofern keine Einbuchung auf dem Kapitalkonto erfolgen kann. Dienstleistungen des Gesellschafters können somit zwar Gesellschafterbeitrag im Sinne von § 705 BGB sein, sind aber nicht einlagefähig, weil sie bilanziell nicht aktivierbar sind. Zulässig ist es jedoch, den Entgeltanspruch für erbrachte Dienste, sobald er entstanden ist, mit der Geldeinlage zu verrechnen. Die Summe der Einlagen bildet das Festkapital der Gesellschaft. Die Gesellschafter sind daran im Verhältnis ihrer Einlagen beteiligt.

25 Der Eintritt weiterer Personen in das Handelsgeschäft eines Einzelunternehmers ist entgegen dem Wortlaut der §§ 24 Abs. 1, 28 Abs. 1 HGB rechtstechnisch nicht möglich. Vielmehr gründen der Einzelkaufmann und der Eintretende eine Gesellschaft, auf welche der Einzelkaumann dann sämtliche Vermögensgegenstände seines Unternehmens im Wege der Einzelrechtsnachfolge überträgt. Er leistet damit eine **Sacheinlage** in Form seines bisher allein geführten Unternehmens. Wird ein Betrieb im umwandlungssteuerlichen Sinne in die OHG eingebracht und wird der Einbringende als Gegenleistung dafür zum Mitunternehmer, so richtet sich die steuerliche Behandlung des Einbringungsvorgangs nach § 24 UmwStG. Danach kann die OHG das eingebrachte Betriebsvermögen in ihrer Bilanz mit dem Buchwert oder einem höheren Wert, höchstens jedoch mit dem gemeinen Wert, ansetzen. Die Einbringung löst nach § 1 Abs. 1a UStG keine Umsatzsteuer aus.

Zu § 5: Gesellschafterkonten

26 Auf dem festen Kapitalkonto **(Kapitalkonto I)** des Gesellschafters wird seine vertraglich festgelegte Pflichteinlage gebucht. Aus dem Verhältnis des jeweiligen Kontosaldos zum Festkapital der Gesellschaft ergibt sich in der kapitalistisch ausgestalteten OHG die Beteiligungsquote des Gesellschafters. Die Beteiligungsquote kann insbesondere für die Beteiligung am Ergebnis und am Vermögen der Gesellschaft und für das Stimmrecht von Bedeutung sein.

27 Zur **Stärkung des Eigenkapitals** der OHG werden im vorliegenden Formular jedes Jahr 25 vH des nach einem etwaigen Verlustausgleich verbleibenden Gewinnanteils dem **Kapitalkonto II** (Rücklagekonto) zugeführt. Das Guthaben auf dem Kapitalkonto II kann grundsätzlich nicht entnommen werden.

28 Für jeden Gesellschafter wird bei Bedarf ein **Verlustvortragskonto** eingerichtet. Die Gesellschafter haben damit jederzeit einen Überblick über aufgelaufene Verluste. Nach der vertraglichen Regelung ist das Verlustvortragskonto aus zukünftigen Gewinnen auszugleichen. Damit besteht eine Ausschüttungssperre, solange Verluste noch nicht ausgeglichen sind. Übersteigt der Saldo des Verlustvortragskontos die Summe aus Kapitalkonto I und II, so wird der Kapitalanteil des Gesellschafters negativ. Dies begründet zwar bei der laufenden Gesellschaft keine Nachschusspflicht, im Fall der Liquidation oder bei einem Ausscheiden hat der betroffene Gesellschafter den negativen Saldo jedoch auszugleichen.[14]

29 Alle sonstigen Verrechnungen zwischen Gesellschaft und Gesellschafter werden über das **Privatkonto** gebucht. Während die Kapitalkonten I und II sowie das Verlustvortragskonto stets im Verhältnis der Beteiligungen der Gesellschafter zueinander stehen, steht der Saldo des Privatkontos mit der Beteiligungsquote in keinerlei Zusammenhang. Die Gesellschafter stellen der Gesellschaft über das Privatkonto in unterschiedlichem Umfang Geld zur Verfügung oder nehmen Kredit bei ihr in Anspruch. Um diesem Umstand Rechnung zu tragen, werden Guthaben und Schulden auf dem Privatkonto **verzinst.** Im vorliegenden Formular ist ein Guthaben auf dem Privatkonto

[14] *Baumbach/Hopt* HGB § 120 Rz. 22.

stets entnahmefähig. Die notwendige Eigenkapitalbasis der Gesellschaft wird bereits durch die Zuweisungen auf das Kapitalkonto II geschaffen.

Zu § 6: Geschäftsführung und Vertretung

Zur Führung der Geschäfte der OHG sind gem. § 114 Abs. 1 HGB alle Gesellschafter berechtigt und verpflichtet. Das Gesetz geht dabei von der **Einzelgeschäftsführung** aus. Gem. § 125 Abs. 1 HGB besteht nach dem gesetzlichen Regelfall zudem **Einzelvertretungsbefugnis.** Geschäftsführungs- und Vertretungsbefugnis können vertraglich jedoch eingeschränkt werden. Nach § 125 Abs. 2 HGB kann im Gesellschaftsvertrag bestimmt werden, dass alle oder mehrere Gesellschafter nur zusammen zur Vertretung der OHG berechtigt sind **(Gesamtvertretung)** oder dass die Gesellschaft nur durch einen Gesellschafter in Gemeinschaft mit einem Prokuristen vertreten werden kann **(unechte Gesamtvertretung).** Schließlich können bestimmte Gesellschafter auch ganz von der Geschäftsführung und Vertretung ausgeschlossen werden. Allein der Ausschluss sämtlicher Gesellschafter von der Geschäftsführung und Vertretung ist mit dem Prinzip der Selbstorganschaft nicht vereinbar.[15] **30**

Nach § 106 Abs. 2 Nr. 4 HGB ist die Art der Vertretungsmacht der Gesellschafter zwingend in das **Handelsregister** einzutragen. Dies gilt auch für den Fall, dass die gesetzliche Vertretungsregelung beibehalten wird. Eine Beschränkung des Umfangs der im Handelsregister bekannt gemachten Vertretungsmacht ist gem. § 126 Abs. 2 HGB Dritten gegenüber unwirksam. **31**

Im vorstehenden Formular wird dem Unternehmensgründer A Einzelgeschäftsführungs- und Einzelvertretungsbefugnis eingeräumt. Die Söhne B und C, die zunächst an das Unternehmen und die Übernahme von Verantwortung herangeführt werden sollen, können Geschäftsführungsmaßnahmen und Vertretungshandlungen nur zusammen mit einem weiteren Gesellschafter oder gemeinsam mit einem Prokuristen vornehmen. Auch wenn A aus der Gesellschaft ausscheiden sollte, wird die unechte Gesamtgeschäftsführungs- und Vertretungsbefugnis nicht automatisch zur Einzelbefugnis. **32**

Der persönlichen Haftung aller Gesellschafter wird im Formular dadurch Rechnung getragen, dass Rechtsgeschäfte von besonderer Bedeutung nur mit der vorherigen Zustimmung aller Gesellschafter vorgenommen werden dürfen. Ein derartiger **Zustimmungsvorbehalt** beschränkt die Geschäftsführungsbefugnis allerdings allein im Innenverhältnis. Die Vertretungsmacht nach außen bleibt hingegen unbeschränkt. **33**

Im Gesellschaftsvertrag der OHG kann weiterhin die **Geschäftsverteilung** unter den geschäftsführenden Gesellschaftern festgelegt werden. Flexibeler ist es aber, einen Geschäftsverteilungsplan durch Gesellschafterbeschluss festzulegen. Eine Festlegung im Gesellschaftsvertrag empfiehlt sich nur dann, wenn bestimmte Funktionen im Unternehmen einem Gesellschafter als unentziehbares Sonderrecht zugewiesen werden sollen (bspw. „Vorsitzender der Geschäftsführung“). **34**

Grundsätzlich ist die Geschäftsführung Teil des Beitrags eines Gesellschafters und damit durch seine Beteiligung am Gewinn abgegolten.[16] Wird im Gesellschaftsvertrag oder durch einen separaten Dienstvertrag eine **Tätigkeitsvergütung** vereinbart, so handelt es sich dabei um eine Gewinnverwendungsabrede, nach welcher dem Gesellschafter in Höhe der Tätigkeitsvergütung ein Gewinnvoraus zusteht.[17] Gesellschaftsvertraglich kann aber auch geregelt werden, dass die Vergütung auch dann zu zahlen ist, wenn die Gesellschaft keinen entsprechenden Gewinn erzielt. Besteht die Zahlungsverpflichtung auch in Verlustjahren, so hat dies zur Folge, dass sich der von allen Gesellschaftern zu tragende Verlust erhöht.

[15] *Baumbach/Hopt* HGB § 125 HGB Rz. 5.
[16] MüKoBGB/*Ulmer/Schäfer* BGB § 709 Rz. 32.
[17] MüKoBGB/*Ulmer/Schäfer* BGB § 709 Rz. 33.

Zu § 7: Gesellschafterversammlung

35 Die Abhaltung von Gesellschafterversammlungen ist im Gesetz nicht geregelt. Aus diesem Grunde empfiehlt es sich, im Gesellschaftsvertrag detaillierte Regelungen zur Einberufung und Abhaltung der Gesellschafterversammlungen vorzusehen. Dies schränkt die Flexibilität der Gesellschafter nicht ein, da sie stets auch die Möglichkeit haben, im Rahmen einer sog. **Vollversammlung** auf sämtliche Förmlichkeiten zu verzichten.

Zu § 8: Gesellschafterbeschlüsse, Stimmrecht

36 Nach § 119 Abs. 1 HGB sind Beschlüsse der Gesellschafter **einstimmig** zu fassen. Gem. § 119 Abs. 2 HGB kann der Gesellschaftsvertrag jedoch auch **Mehrheitsbeschlüsse** vorsehen. Unter dem Schlagwort „Bestimmtheitsgrundsatz" vertrat der BGH ursprünglich eine sehr enge Auslegung einer einfachen Mehrheitsklausel. Sie sollte nur für gewöhnliche Geschäfte und einfache Vertragsänderungen gelten, wenn nicht der Gesellschaftsvertrag ausdrücklich die Mehrheitsentscheidung für den konkreten Beschlussgegenstand zuließ. Diese Rechtsprechung hat der BGH inzwischen zugunsten einer zweistufigen Prüfung aufgegeben, auf deren erster Stufe rein formal geprüft wird, ob der Beschluss von einer (allgemeinen) Mehrheitsklausel gedeckt ist. Der Minderheitenschutz findet sodann erst auf der zweiten Stufe statt, auf der im konkreten Einzelfall geprüft wird, ob der Mehrheitsbeschluss in unentziehbare Mitgliedschaftsrechte des betroffenen Gesellschafters eingreift. Derartige Eingriffe sind nur mit Zustimmung des Betroffenen zulässig.[18] Zwar ist es nach dem BGH-Urteil vom 15.1. 2007[19] nicht mehr erforderlich, dass der Gesellschaftsvertrag alle Regelungen, die durch Mehrheitsentscheidung geändert werden können, minutiös aufführt, es sollte sich aber dennoch eindeutig aus dem Vertrag ergeben, welcher Beschlussgegenstand einer Mehrheitsentscheidung unterworfen sein soll.[20]

37 Trifft der Gesellschaftsvertrag keine Regelung, so hat jeder Gesellschafter nur eine Stimme. In der Regel wird dies dadurch abbedungen, dass sich die **Anzahl der Stimmen** nach dem Anteil des Gesellschafters am Festkapital der Gesellschaft richtet. Eine derartige Regelung hätte im vorliegenden Muster zur Folge, dass der Unternehmensgründer A zwar über die einfache, nicht aber über die qualifizierte Mehrheit verfügen würde. Da A sich (jedenfalls zurzeit noch) die Entscheidungsmacht in allen wesentlichen Fragen allein vorbehalten will, räumt ihm der Gesellschaftsvertrag ein **Sonderstimmrecht** ein, nach welchem er stets über 75 vH der Stimmen verfügt.[21] Damit kann er auch solche Beschlüsse alleine fassen, die nach Gesetz oder Gesellschaftsvertrag einer qualifizierten Mehrheit bedürfen. Lediglich für Entscheidungen, die in unentziehbare Mitgliedschaftsrechte eingreifen oder für die der Gesellschaftsvertrag Einstimmigkeit vorsieht, benötigt er die Zustimmung der Mitgesellschafter.

Zu § 9: Geschäftsjahr, Jahresabschluss

38 Die OHG ist **Kaufmann** und kann daher ein vom Kalenderjahr abweichendes Geschäftsjahr haben. Bei ihrer Gründung kann ohne weiteres ein abweichendes Geschäftsjahr gewählt werden. Die nachträgliche Umstellung auf ein abweichendes Geschäftsjahr ist hingegen nur mit Zustimmung des Finanzamts möglich.

39 Eine bestimmte **Aufstellungsfrist** für den Jahresabschluss einer OHG ist im Gesetz nicht vorgesehen. Gem. § 243 Abs. 3 HGB hat die Aufstellung lediglich innerhalb der einem ordnungsgemäßen Geschäftsgang entsprechenden Zeit zu erfolgen. Als Anhaltspunkt dafür kann auf die für kleine Kapitalgesellschaften geltende 6-Monats-Frist zu-

---

[18] RG v. 15.10.1926 – II 119/26, RGZ 114, 395.
[19] BGH v. 15.1.2007 – II ZR 245/05, ZIP 2007, 475.
[20] Vgl. dazu auch C. 1.00 Rz. 70 f.
[21] Zum Mehrstimmrecht *Baumbach/Hopt* HGB § 119 Rz. 14.

rückgegriffen werden. Die Rechtsprechung hat aber auch schon Fristen bis zu einem Jahr zugelassen.[22]

Gem. § 245 Satz 2 HGB ist der Jahresabschluss von allen persönlich haftenden Gesellschaftern zu unterzeichnen. Er wird durch die **Feststellung** für alle Beteiligten verbindlich. Die Feststellung erfolgt durch Beschluss der Gesellschafter. **40**

(frei) **41**

Zu § 10: Ergebnisverteilung

Die gesetzliche Regelung zur Ergebnisverteilung in § 121 HGB, wonach die Kapitalanteile zunächst mit 4 vH verzinst werden und der verbleibende Gewinn sodann nach Köpfen verteilt wird, ist in der Regel nicht sachgerecht und wird in der Praxis zumeist abbedungen. Üblich ist es, die **Gewinnverteilung nach dem Anteil der Gesellschafter am Festkapital** vorzunehmen. **42**

Tätigkeitsvergütungen der Gesellschafter und Zinszahlungen an die Gesellschafter werden von der Gesellschaft handelsrechtlich wie Aufwand behandelt. Steuerlich hingegen zählen sie neben dem Anteil am Gewinn als sog. **Sondervergütungen** zu den Einkünften des Gesellschafters. Um insofern Klarheit zu schaffen, von welcher Grundlage bei der handelsrechtlichen Verteilung des Gewinns auszugehen ist, wird im Vertragsmuster klargestellt, dass Tätigkeitsvergütungen und Zinsen insofern als **Aufwand** bzw. Ertrag der Gesellschaft zu behandeln sind. **43**

Zu § 11: Entnahmen

Entnahmen zu Lasten des Privatkontos sind nach dem Vertragsmuster jederzeit zulässig, wenn das Konto einen positiven Saldo aufweist. Ggf. ist eine Regelung ratsam, nach der Beträge ab einer bestimmten Höhe erst nach vorheriger **Kündigung** entnommen werden können. **44**

Das **Steuerentnahmerecht** sollte explizit geregelt werden. Zu regeln ist, für welche Steuern Entnahmen zulässig sein sollen (nur Einkommen-, Kirchensteuer und Solidaritätszuschlag oder auch Erbschaft- bzw. Schenkungsteuer), und wann die Beträge entnommen werden können (idR bei Fälligkeit der Steuern bzw. Vorauszahlungen). Zu klären ist ferner, in welcher Höhe die Entnahme zulässig ist. Insofern kann auf die tatsächlich zu zahlenden Steuern abgestellt werden, so dass die individuelle Steuersituation des Gesellschafters die Entnahmehöhe beeinflusst. Alternativ kann für das Entnahmerecht aber auch unabhängig von der individuellen Steuerlast allein auf den Gewinnanteil aus der OHG abgestellt und der Berechung der Spitzensteuersatz zu Grunde gelegt werden.

Zu § 12: Urlaub, Krankheit

Der Geschäftsbetrieb der OHG ist in der Regel auf die **persönliche Mitwirkung** sämtlicher Gesellschafter angelegt. Aus diesem Grunde ist es notwendig, im Gesellschaftsvertrag Regelungen zu Urlaub und zu krankheitsbedingten Ausfällen zu treffen. **45**

Grundsätzlich sollen die geschäftsführenden Gesellschafter für den Fall längerer Arbeitsunfähigkeit selbst Vorsorge treffen. Eine Sonderbehandlung genießt insoweit der Gesellschafter A. Damit wird dem Umstand Rechnung getragen, dass er mit dem Aufbau des Unternehmens einen besonderen Beitrag für seine private Versorgung geschaffen hat.

Zu § 13: Verfügung über Gesellschaftsanteile

Nach § 105 Abs. 3 HGB iVm. § 719 Abs. 1 BGB ist die Übertragung eines Gesellschaftsanteils unzulässig. Der Gesellschaftsvertrag kann Übertragungen und sonstige **46**

[22] BFH v. 6.12.1983 – VIII R 110/79, ZIP 1984, 882.

Verfügungen jedoch für Einzelfälle oder generell zulassen. Im Hinblick auf die enge persönliche Verbindung der Gesellschafter einer OHG empfiehlt es sich, Verfügungen über Gesellschaftsanteile nur unter engen Voraussetzungen zuzulassen. Aus diesem Grunde sieht das Formular vor, dass zur Abtretung und für sonstige Verfügungen die **Zustimmung aller Gesellschafter** erforderlich ist. Bis zur Erteilung der Zustimmung ist die Verfügung schwebend unwirksam. Ausgenommen vom Zustimmungserfordernis ist im Vertragsmuster die Verfügung zu Gunsten von ehelichen Abkömmlingen, was den Gesellschaftern eine lebzeitige Anteilsübertragung im Wege der vorweggenommenen Erbfolge ermöglicht.

47 *(frei)*

Zu § 14: Dauer, Kündigung, Fortführung der Firma

48 Ist die Gesellschaft auf unbestimmte Zeit eingegangen, so sieht § 132 HGB vor, dass die Kündigung nur für den Schluss eines Geschäftsjahres erfolgen kann und mindestens sechs Monate vor diesem Zeitpunkt erklärt werden muss. Auch diese Regelung ist dispositiv. Regelmäßig werden **längere Kündigungsfristen** vorgesehen, damit sich Gesellschaft und die verbleibenden Gesellschafter auf die sich ändernde Situation einstellen können. Außerdem wird häufig eine **Mindestdauer** vorgesehen, vor deren Ablauf eine ordentliche Kündigung unzulässig ist.

49 Ein Ausschluss der Kündigung auf Dauer sowie eine **erhebliche Erschwerung des Kündigungsrechts** sind hingegen unzulässig (§ 723 Abs. 3 BGB).[23] Unzulässig ist damit insbesondere die Anordnung gravierender wirtschaftlicher Nachteile für den Kündigenden, weil dies einem Ausschluss des Kündigungsrechts gleich kommt (bspw. durch ein erheblich vermindertes Abfindungsguthaben bzw. den vollständigen Abfindungsausschluss).[24] Die **Kündigung aus wichtigem** Grund kann weder ausgeschlossen noch an eine Frist geknüpft werden.[25]

50 Die Kündigung führt gem. § 131 Abs. 3 Satz 1 Nr. 3 HGB zum **Ausscheiden** des betreffenden Gesellschafters. Die Gesellschaft wird unter den verbliebenen Gesellschaftern fortgesetzt. Sinnvoll ist es, den übrigen Gesellschaftern die Möglichkeit zu geben, als Reaktion auf die Kündigung anstelle der Fortsetzung die Liquidation der Gesellschaft zu beschließen, mit der Folge, dass der Kündigende nicht die gesellschaftsvertragliche Abfindung erhält, sondern ein etwaiges Liquidationsguthaben. Auch in der Zwei-Personen-OHG soll ein Gesellschafter durch die frühere Kündigung seines Mitgesellschafters nicht daran gehindert sein, die Gesellschaft seinerseits zu kündigen und damit die Liquidation herbeizuführen.[26]

51 Gemäß § 24 Abs. 2 HGB bedarf es beim Ausscheiden eines Gesellschafters, dessen Name in der Firma enthalten ist, zur **Firmenfortführung** der ausdrücklichen Einwilligung des betroffenen Gesellschafters oder seiner Erben. Da der Firma für die Bekanntheit und das Image der Unternehmung eine besondere Bedeutung zukommen kann, sieht der Gesellschaftsvertrag vor, dass die Gesellschafter bereits bei Abschluss des Gesellschaftsvertrages ihre Einwilligung zur Firmenfortführung auch nach ihrem Ausscheiden erteilen.

Zu § 15: Ausschluss eines Gesellschafters

52 Im Gesetz ist der Ausschluss eines Gesellschafters durch Gesellschafterbeschluss nicht vorgesehen. Vielmehr können die Gesellschafter gem. § 140 HGB lediglich den **gerichtlichen Ausschluss im Klagewege** herbeiführen, was einen wichtigen Grund im Sinne von § 133 HGB voraussetzt. Von dieser gesetzlichen Regelung kann durch

---

[23] BGH v. 14.11.1953 – II ZR 232/52, NJW 1954, 106.
[24] *Baumbach/Hopt* HGB § 131 Rz. 64.
[25] *Baumbach/Hopt* HGB § 133 Rz. 20.
[26] So auch OLG Karlsruhe v. 25.10.2006 – 7 U 11/06, DB 2007, 104.

den Gesellschaftsvertrag abgewichen werden, indem geregelt wird, dass ein Gesellschafter durch Beschluss der übrigen Gesellschafter aus der Gesellschaft ausgeschlossen werden kann.[27] Der betreffende Gesellschafter hat in diesem Fall kein Stimmrecht. Für den **Ausschluss durch Gesellschafterbeschluss** ist idR aber auch ein wichtiger Grund erforderlich.[28]

Nach § 131 Abs. 3 Satz 1 HGB scheidet ein Gesellschafter im Falle seines Todes, bei Eröffnung des Insolvenzverfahrens über sein Vermögen, bei eigener Kündigung und bei Kündigung seines Anteils durch den Privatgläubiger Kraft Gesetzes aus der Gesellschaft aus. Darüber hinaus bestimmt § 131 Abs. 3 Satz 1 Nr. 5 HGB ausdrücklich, dass im Gesellschaftsvertrag weitere Gründe vorgesehen werden können, welche zu einem **Ausscheiden des Gesellschafters** führen. 53

Zu § 16: Tod eines Gesellschafters

Nach § 131 Abs. 3 Nr. 1 HGB wird die Gesellschaft im Falle des Todes eines Gesellschafters von den übrigen Gesellschaftern fortgesetzt. Das vorliegende Vertragsmuster enthält dagegen eine **qualifizierte Nachfolgeklausel,** durch welche der Gesellschaftsanteil unter Einschränkungen vererblich gestellt wird. Nur eheliche Abkömmlinge eines Gesellschafters können an seiner Stelle die Gesellschaft fortsetzen. Ein Erbe, der diese Anforderungen nicht erfüllt, wird nicht Gesellschafter. Er erhält von der Gesellschaft eine Abfindung. Das Abfindungsguthaben kann, wie im vorliegenden Formular, durch den Gesellschaftsvertrag beschränkt werden. Sogar ein völliger Ausschluss der Abfindung für den Erben ist zulässig.[29] 54

Um **Testamentsvollstreckung** an einem Gesellschaftsanteil zu ermöglichen, haben Rechtsprechung und Praxis das Treuhand- und das Vollmachtsmodell entwickelt;[30] dies muss im Gesellschaftsvertrag ausdrücklich vorgesehen werden.[31] Häufig wird zudem eine Eingrenzung des Personenkreises vorgenommen, der als Testamentsvollstrecker in Betracht kommt. 55

Nach dem Vertragsmuster können die verbliebenen Gesellschafter verlangen, dass Abkömmlinge, die als Erben in die Gesellschaft eintreten, in die Stellung eines **Kommanditisten** wechseln. Dies hat zur Folge, dass die Erben gem. § 164 HGB von der Geschäftsführung sowie von der organschaftlichen Vertretung der Gesellschaft ausgeschlossen sind. Die Bestimmung trägt dem Umstand Rechnung, dass zwar einerseits dem Gesellschafter ermöglicht werden soll, seine Unternehmensbeteiligung weiterzuvererben. Andererseits sollen es die verbleibenden Gesellschafter auf Grund der personalistischen Struktur und in Anbetracht der Haftungsverfassung der OHG in der Hand haben, ob sie den Erben des ehemaligen Mitgesellschafters unternehmerische Verantwortung übertragen wollen oder nicht. Bereits kraft Gesetzes kann jeder Erbe verlangen, dass ihm die Mitgesellschafter die Stellung eines Kommanditisten einräumen (§ 139 HGB). 56

Zu § 17: Abfindung

Bei einem Ausscheiden aus der Gesellschaft steht dem Gesellschafter nach der gesetzlichen Regelung eine Abfindung in Höhe des **Verkehrswerts** seines Gesellschaftsanteils zu (§ 105 Abs. 3 HGB, § 738 BGB). Die Ermittlung des Verkehrswerts kann allerdings mit erheblichen Schwierigkeiten verbunden sein. Zudem kann eine Abfindung auf Verkehrswertsbasis die **Liquidität der Gesellschaft** nicht unerheblich beeinträchtigen und unter Umständen sogar die Existenz der Gesellschaft gefährden. Aus diesem Grunde empfiehlt sich eine gesellschaftsvertragliche Regelung zur Ermittlung 57

---

[27] BGH v. 20.1.1977 – ZR 217/75, BGHZ 68, 214.
[28] *Baumbach/Hopt* HGB § 140 Rz. 31.
[29] MüKoBGB/*Ulmer/Schäfer* BGB § 738 Rz. 40 und 61.
[30] Ausführlich zur Testamentsvollstreckung bei Personengesellschaftsanteilen C. 1.00 Rz. 26.
[31] BGH v. 3.7.1989 – II ZB 1/89, BGHZ 108, 187.

des Abfindungsguthabens und zu den Auszahlungsmodalitäten. Gerade in Familiengesellschaften wird dabei in der Regel den Interessen der Gesellschaft und der verbleibenden Gesellschafter der Vorrang gegeben, indem nicht sämtliche stillen Reserven in das Abfindungsguthaben einfließen. Das vorliegende Vertragsmuster sieht in diesem Sinne eine **modifizierte Buchwertklausel** vor. Danach erhält der ausscheidende Gesellschafter zunächst einmal den Buchwert seiner Beteiligung. Zudem nimmt er in begrenztem Umfang an den stillen Reserven teil. Nicht vergütet werden hingegen der Geschäftswert, nicht bilanzierungsfähige Wirtschaftsgüter und schwebende Geschäfte. Die Anpassung bestimmter Bilanzwerte an den Verkehrswert sorgt dafür, dass zwischen der gesellschaftsvertraglichen Abfindung und dem Verkehrswert des Anteils nach Möglichkeit kein grobes Missverhältnis entsteht, welches die Abfindungsklausel angreifbar machen würde.[32]

Zu den **steuerlichen Auswirkungen der Abfindungsbeschränkung** für die verbleibenden Gesellschafter siehe Formular C. 1.00 Rz. 41.

58 Die Abfindung kann in **Raten** ausgezahlt werden. Dies dient dem Liquiditätsinteresse der Gesellschaft. Eine Auszahlung verteilt auf drei bis maximal sieben Jahre erscheint auch für den Ausscheidenden zumutbar.[33] Die ausstehende Abfindung ist dann allerdings angemessen zu verzinsen.

59 Ist der Buchwert der Beteiligung zzgl. des Anteils des Gesellschafters an den stillen Reserven beim Ausscheiden negativ, so ist der Gesellschafter zum **Nachschuss** verpflichtet.

60 Gem. § 159 HGB haftet ein ausgeschiedener Gesellschafter noch maximal fünf Jahre nach seinem Ausscheiden für Verbindlichkeiten der Gesellschaft (sog. **Nachhaftung**). Gem. § 105 Abs. 3 HGB in Verbindung mit § 738 BGB ist der ausgeschiedene Gesellschafter im Innenverhältnis von den Schulden der Gesellschaft, für die er gem. § 128 HGB persönlich haftet, zu befreien. Der Vertrag modifiziert dies dahin, dass er nur dann Freistellung verlangen kann, wenn er auch tatsächlich in Anspruch genommen wird. Sicherheitsleistung soll er nicht verlangen können.

Zu § 18: Nebentätigkeit, Wettbewerbsverbot, Verschwiegenheit

61 Die Gesellschafter einer OHG unterliegen gem. § 112 HGB einem gesetzlichen Wettbewerbsverbot. Dieses gilt nur für die Dauer der Mitgliedschaft in der OHG. Es wird im Gesellschaftsvertrag für die Dauer von zwei Jahren nach Ausscheiden aus der Gesellschaft ausgedehnt. Eine Karrenzentschädigung ist für ein solches **nachvertragliches Wettbewerbsverbot** nicht erforderlich.[34] Das Formular gibt zunächst einmal die gesetzlichen Rechtsfolgen eines Verstoßes gegen das Wettbewerbsverbots wieder. Zudem ist die Verletzung des Wettbewerbsverbots mit einer Vertragsstrafe sanktioniert.

Zu § 19: Güterstand

62 Einen Gesellschafter, der im gesetzlichen Güterstand der Zugewinngemeinschaft lebt, können im Fall der Ehescheidung unter Umständen erhebliche **Zugewinnausgleichsansprüche** treffen. Dies gilt insbesondere für den Fall, dass sich der Wert seines Gesellschaftsanteils während der Ehe wesentlich erhöht hat. Oft kann ein Gesellschafter solche Ansprüche nur dadurch befriedigen, dass er seinen Anteil veräußert oder der Gesellschaft erhebliche Liquidität entzieht. Da beides für die Gesellschaft und die Mitgesellschafter nicht erstrebenswert ist, verpflichten sich die Gesellschafter im

[32] Siehe zur Unwirksamkeit bzw. ergänzenden Auslegung der Buchwertklausel bei grobem Missverhältnis C. 1.00 Rz. 89.

[33] Der BGH hat eine Auszahlung in fünfzehn Raten für unwirksam erklärt (BGH v. 9.1.1989 – II ZR 83/88, NJW 1989, 2685). Das OLG Dresden hat eine Zahlung in drei Raten nach fünf, acht und zehn Jahren für nichtig erklärt (OLG Dresden v 18.5.2000 – 21 U 3559/99, DB 2000, 1221).

[34] *Baumbach/Hopt* HGB § 112 Rz. 14.

Vertragsmuster, mit ihrem jeweiligen Ehepartner entweder Gütertrennung zu vereinbaren oder eine Vereinbarung zu treffen, nach welcher ihre Beteiligung an der OHG und etwaiges Sonderbetriebsvermögen bei der Ermittlung eines Zugewinnausgleichs nicht zu berücksichtigen ist (sog. modifizierte Zugewinngemeinschaft). Im Güterstand der Zugewinngemeinschaft kann zudem die Verfügungsbeschränkung des § 1365 BGB wichtige Unternehmensentscheidungen blockieren, falls die Beteiligung an der Gesellschaft (nahezu) das gesamte Vermögen des Gesellschafters darstellt. Umstrukturierungen und Umwandlungen aber auch eine Veräußerung des Unternehmens als Ganzes könnten dadurch verhindert oder jedenfalls erschwert werden. Der Gesellschaftsvertrag verpflichtet daher dazu, die Regelung des § 1365 BGB abzubedingen. Diesbezügliche Regelungen können die Ehegatten nur durch notariellen **Ehevertrag** treffen.[35]

Zu § 20: Schiedsgericht

Damit **familieninterne Streitigkeiten** nicht öffentlich ausgetragen werden müssen, empfiehlt es sich, anstelle des ordentlichen Rechtswegs die Entscheidung durch ein Schiedsgericht zu vereinbaren. So wird die Vertraulichkeit gewahrt und Betriebsgeheimnisse wie Familieninterna bleiben geschützt. Das Schiedsverfahren ist zudem schneller als ein (ggf. mehrinstanzliches) Verfahren vor den ordentlichen Gerichten und es können Schiedsrichter mit besonderen Kenntnissen über den Gesellschafterkreis bzw. das spezifische Unternehmen gewählt werden. Die besondere Sachkunde der Schiedsrichter sorgt idR dafür, dass die Auseinandersetzung mit einem vernünftigen wirtschaftlichen Ergebnis beendet wird. Wird ein separater Schiedsvertrag geschlossen, so ist die Form des § 1031 ZPO zu beachten. Bei minderjährigen Gesellschaftern muss er zudem familiengerichtlich genehmigt werden (§ 1822 Nr. 12 BGB). Der Schiedsvertrag gilt auch für einen etwaigen Rechtsnachfolger in den Gesellschaftsanteil.[36] Alternativ kommt die Aufnahme einer Schiedsklausel in den Gesellschaftsvertrag in Betracht.[37] 63

[35] *Rieger/Götze* in Münchener Vertragshandbuch Bd. 1 III. 4 Anm. 13, vertreten die Auffassung, dass die gesellschaftsvertragliche Verpflichtung nur dann wirksam ist, wenn sie gem. § 1410 BGB notariell beurkundet wurde. Dies ist jedenfalls zweifelhaft, da der Gesellschaftsvertrag keinerlei Rechtswirkungen gegenüber dem Ehegatten des Gesellschafters entfaltet. Dieser bleibt frei in seiner Entscheidung, ob er dem Abschluss eines entsprechenden Ehevertrages zustimmt oder nicht. Dies spricht dafür, dass sich der Formzwang des § 1410 BGB nicht auf den Gesellschaftsvertrag erstreckt (so auch MüKoBGB/*Kanzleiter* BGB § 1410 Rz. 4). Eine Ausdehnung des Formzwangs kommt allenfalls in Betracht, wenn beide Ehegatten Gesellschafter sind.

[36] BGH v. 2.10.1997 – III ZR 2/96, NJW 1998, 371.

[37] Siehe dazu Formular C. 1.20.

C. 1.20 Gewerbliche Mehrfamilien-GmbH & Co. KG

Gliederung

I. Gesellschaftsvertrag der A B C GmbH & Co. KG

C. 1.20 **A, B, C, D, E, F, G und H sowie die durch ihren einzelvertretungsberechtigten und von den Beschränkungen des § 181 BGB befreiten Geschäftsführer, Herrn Y, vertretene X-GmbH sind die alleinigen Gesellschafter der im Handelsregister des Amtsgerichts [...] unter HRA [...] eingetragenen A B C GmbH & Co. KG. Sie heben hiermit den bestehenden Gesellschaftsvertrag der A B C GmbH & Co. KG vom [...] mit Nachträgen vom [...] und [...] auf und regeln das Gesellschaftsverhältnis ab dem [...] neu durch folgenden**

Gesellschaftsvertrag.

§ 1 Rechtsform, Firma, Sitz[Rz. 43]

(1) Die Gesellschaft ist eine Kommanditgesellschaft. Sie führt die Firma
A B C GmbH & Co. KG.

(2) Sitz der Gesellschaft ist [...].

§ 2 Gesellschaftszweck[Rz. 45]

(1) Gegenstand der Gesellschaft ist [...].
(2) Die Gesellschaft ist berechtigt, alle zur Erreichung des Gesellschaftszwecks dienlichen Maßnahmen und Rechtsgeschäfte vorzunehmen, sich an anderen gleichartigen oder ähnlichen Unternehmen zu beteiligen und Zweigniederlassungen im In- und Ausland zu errichten.

§ 3 Gesellschafter, Kapitalanteile, Haftsummen, Beteiligungsgleichheit mit der Komplementär-GmbH[Rz. 46]

(1) Unbeschränkt persönlich haftende Gesellschafterin (Komplementärin) ist die X-GmbH mit Sitz in ... . Sie ist am Kapital und Vermögen der Gesellschaft nicht beteiligt. Die X-GmbH ist zur Leistung einer Einlage weder berechtigt noch verpflichtet.
(2) Am Festkapital der Gesellschaft in Höhe von € 300.000,- sind die Kommanditisten wie folgt beteiligt:
a) – A mit einem Kapitalanteil (Kommanditanteil) von € 50 000,–
– D mit einem Kapitalanteil (Kommanditanteil) von € 50 000,–
b) – B mit einem Kapitalanteil (Kommanditanteil) von € 60 000,–
– E mit einem Kapitalanteil (Kommanditanteil) von € 20 000,–
– F mit einem Kapitalanteil (Kommanditanteil) von € 20 000,–

c) – C mit einem Kapitalanteil (Kommanditanteil) von € 20 000,–
– G mit einem Kapitalanteil (Kommanditanteil) von € 40 000,–
– H mit einem Kapitalanteil (Kommanditanteil) von € 40 000,–

(3) Die Kommanditeinlagen (Pflichteinlagen) der Gesellschafter sind voll erbracht. Sie sind fest und können nur durch eine Änderung des Gesellschaftsvertrages verändert werden. Sämtliche Kommanditeinlagen bilden zusammen das Festkapital der Gesellschaft.

(4) Die in das Handelsregister einzutragenden Haftsummen entsprechen dem jeweiligen Kommanditanteil.

(5) Die Gesellschafterstellung ist wirtschaftlich verbunden mit der Gesellschafterstellung bei der Komplementärin, der X-GmbH. Die Kommanditisten müssen daher am Festkapital der Gesellschaft und am Stammkapital der X-GmbH mit gleichen Quoten beteiligt sein. Maßgebend ist die Beteiligungsquote am Festkapital dieser Gesellschaft.

§ 4 Familienstämme Rz. 52

(1) Die Kommanditisten bilden drei Familienstämme, und zwar
a) den Stamm A, zu dem die in § 3 Abs. 2 Buchst. a genannten Kommanditisten gehören,
b) den Stamm B, zu dem die in § 3 Abs. 2 Buchst. b genannten Kommanditisten gehören und
c) den Stamm C, zu dem die in § 3 Abs. 2 Buchst. c genannten Kommanditisten gehören.

(2) Künftige Gesellschafter gehören dem Stamm an, dem der Gesellschafter angehört(e), von dem sie ihren Kommanditanteil erhalten haben. Würde ein Gesellschafter danach mehreren Familienstämmen angehören, so hat er verbindlich und unwiderruflich zu erklären, welchem dieser Stämme er angehört; bis dahin ruht sein Stimmrecht.

§ 5 Gesellschafterkonten Rz. 54

(1) Die Gesellschaft führt für jeden Kommanditisten folgende Gesellschafterkonten:
– Festkapitalkonto,
– Verlustvortragskonto,
– Privatkonto.

(2) Auf dem Festkapitalkonto wird der feste Kapitalanteil (Anteil des Gesellschafters am Festkapital, § 3 Abs. 2) des Gesellschafters gebucht. Die Festkapitalkonten werden nicht verzinst. Der feste Kapitalanteil eines Gesellschafters ist maßgeblich für die Beteiligung des Gesellschafters am Ergebnis und Vermögen der Gesellschaft, für sein Auseinandersetzungsguthaben und für sein Stimmrecht.

(3) Auf dem Verlustvortragskonto werden etwaige Verlustanteile (Anteile am Jahresfehlbetrag) des Gesellschafters gebucht. Ein Verlustvortragskonto wird im Bedarfsfall für jeden Gesellschafter eingerichtet. Die Verlustvortragskonten werden nicht verzinst.

(4) Über das Privatkonto vollzieht sich der Verrechnungsverkehr zwischen der Gesellschaft und dem Gesellschafter. Die Privatkonten sind Fremdkapitalkonten und werden im Soll und Haben mit zwei Prozentpunkten über dem Basiszinssatz (§ 247 BGB) p. a. verzinst.

(5) Bei der Gesellschaft wird für alle Kommanditisten ein gemeinsames, gesamthänderisch gebundenes Rücklagekonto geführt. In das Rücklagekonto werden gemäß § 12 Abs. 2 beschlossene Rücklagen eingestellt. Das Rücklagekonto wird nicht verzinst. Guthaben auf dem Rücklagekonto stellt Eigenkapital dar. Am Rücklagekonto sind die Gesellschafter im Verhältnis ihrer Kapitalanteile (Anteile

am Festkapital, § 3 Abs. 2) beteiligt. Die Gesellschafterversammlung kann mit einer Mehrheit von 75 vH der in der Gesellschaft insgesamt vorhandenen Stimmen beschließen, dass ein Guthaben auf dem Rücklagekonto ganz oder teilweise aufgelöst und den Verlustvortrags- oder Privatkonten der Gesellschafter im Verhältnis ihrer Kapitalanteile gutgeschrieben wird.

§ 6 Geschäftsführung und Vertretung[Rz. 59]

(1) Zur Geschäftsführung und Vertretung der Gesellschaft ist allein die Komplementärin berechtigt und verpflichtet.
(2) Die Komplementärin und ihre Geschäftsführer sind für Rechtsgeschäfte mit der Gesellschaft von den Beschränkungen des § 181 BGB befreit.
(3) Für folgende Geschäfte und Maßnahmen bedarf die Komplementärin der vorherigen Zustimmung des Beirats:
   a) Erwerb, Veräußerung und Belastung von Grundstücken;
   b) Übernahme von Bürgschaften;
   c) Gründung von Filialbetrieben und Zweigniederlassungen, Übernahme von Beteiligungen, Aufnahme stiller Gesellschafter und partiarischer Darlehen;
   d) Abschluss und Kündigung von Anstellungsverträgen bei Jahresbruttogehältern von mehr als € 50 000,–;
   e) Rechtsgeschäfte aller Art, welche einen Gegenstandswert von mehr als € 100 000,– haben;
   f) Rechtsgeschäfte aller Art zwischen der Gesellschaft auf der einen sowie Gesellschaftern oder deren Angehörigen im Sinne des § 15 der Abgabenordnung auf der anderen Seite und Rechtsgeschäfte zwischen der Gesellschaft und Unternehmen, an denen Gesellschafter oder deren Angehörige zu mehr als 10 vH beteiligt sind;
   g) alle sonstigen Handlungen und Maßnahmen, die über den gewöhnlichen Geschäftsbetrieb des von der Gesellschaft betriebenen Handelsgewerbes hinausgehen.
(4) Der Beirat kann mit Zustimmung der Gesellschafterversammlung, die einer Mehrheit von 75 vH der abgegebenen Stimmen bedarf, weitere Maßnahmen bestimmen, die seiner Zustimmung bedürfen.
(5) Der Beirat kann seine Zustimmung allgemein oder im Einzelfall erteilen. Die Komplementärin hat vor Beginn eines jeden Geschäftsjahres einen Wirtschaftsplan, bestehend aus Umsatzplan, Personalplan, Investitionsplan, Finanzplan und Ergebnisplan, für das kommende Geschäftsjahr aufzustellen und dem Beirat zur Zustimmung vorzulegen. Maßnahmen, die in dem vom Beirat verabschiedeten Wirtschaftsplan enthalten sind, bedürfen nicht mehr der Zustimmung nach Abs. 3.
(6) In dringenden Fällen, in denen es der Komplementärin nicht möglich ist, die vorherige Zustimmung des Beirats einzuholen, kann die Komplementärin auch ohne dessen Zustimmung handeln. Sie hat den Beirat anschließend unverzüglich über die Maßnahme zu unterrichten.

§ 7 Gesellschafterversammlungen[Rz. 61]

(1) Die ordentliche Gesellschafterversammlung findet in den ersten acht Monaten nach Ablauf eines Geschäftsjahres statt. Sie beschließt insbesondere über die Feststellung des Jahresabschlusses, die Ergebnisverwendung, die Entlastung der Geschäftsführung und die Wahl des Abschlussprüfers.
(2) Eine außerordentliche Gesellschafterversammlung findet statt, wenn dies im Interesse der Gesellschaft erforderlich ist oder wenn ein Familienstamm die Einberufung schriftlich unter Angabe des Zwecks verlangt.

(3) Gesellschafterversammlungen finden am Sitz der Gesellschaft statt, es sei denn alle Gesellschafter sind mit der Abhaltung an einem anderen Ort einverstanden.

(4) Die Gesellschafterversammlung wird von der Komplementärin schriftlich einberufen. Kommt die Komplementärin dem Einberufungsverlangen eines Familienstammes nicht innerhalb von zwei Wochen nach, ist dieser selbst zur Einberufung berechtigt. Zwischen der Absendung der Einladung und dem Tag der Versammlung müssen mindestens zwei Wochen liegen, wobei der Tag der Absendung und der Tag der Versammlung nicht mitgezählt werden. Mit der Einladung sind Zeit und Ort der Versammlung sowie die Tagesordnung mitzuteilen. Die Einladung erfolgt an die letzte von dem Gesellschafter der Gesellschaft bekannt gegebene Adresse; kann die Einladung dort nicht zugestellt werden, ist die Gesellschafterversammlung auch ohne den betreffenden Gesellschafter beschlussfähig.

(5) Wenn die für die Einberufung geltenden gesetzlichen und gesellschaftsvertraglichen Vorschriften nicht eingehalten werden, können Beschlüsse nur gefasst werden, wenn die von dem Mangel betroffenen Gesellschafter anwesend oder vertreten sind und der Beschlussfassung nicht widersprechen.

(6) Jeder Gesellschafter kann sich in der Gesellschafterversammlung durch einen anderen Gesellschafter, einen volljährigen Abkömmling oder einen zur Berufsverschwiegenheit verpflichteten Angehörigen der rechts- oder steuerberatenden Berufe vertreten oder begleiten lassen. Die Vollmacht ist schriftlich zu erteilen und in der Versammlung vorzulegen.

(7) Den Vorsitz in der Gesellschafterversammlung führt der Vorsitzende des Beirats oder ein von ihm benannter Vertreter. Die Gesellschafterversammlung kann mit einer Mehrheit von 75 vH der abgegebenen Stimmen einen anderen Versammlungsleiter bestimmen.

§ 8 Gesellschafterbeschlüsse[Rz. 65]

(1) Die Gesellschafterversammlung ist beschlussfähig, wenn alle Gesellschafter ordnungsgemäß geladen wurden und in der Versammlung mindestens 75 vH der in der Gesellschaft insgesamt vorhandenen Stimmen vertreten sind. Ist die Versammlung nicht beschlussfähig, so ist unverzüglich unter Beachtung von § 7 Abs. 4 eine neue Gesellschafterversammlung mit derselben Tagesordnung einzuberufen, die dann ohne Rücksicht auf Satz 1 beschlussfähig ist, wenn auf diese Folge in der erneuten Ladung hingewiesen wurde.

(2) Beschlüsse können in einer Gesellschafterversammlung nur über Gegenstände gefasst werden, die in der Tagesordnung angekündigt worden sind. Ohne Einhaltung von Formen und Fristen können Beschlüsse nur gefasst werden, wenn alle Gesellschafter damit einverstanden sind.

(3) Außerhalb von Gesellschafterversammlungen können Beschlüsse fernmündlich oder in Textform (schriftlich, per Fax oder E-Mail) gefasst werden, wenn kein Gesellschafter dieser Art der Beschlussfassung widerspricht. Auch eine kombinierte Beschlussfassung (die bei der Beschlussfassung der Gesellschafterversammlung abwesenden Gesellschafter geben ihre Stimme nachträglich gemäß Satz 1 ab) ist zulässig, wenn kein Gesellschafter dieser Art der Beschlussfassung widerspricht.

(5) Je volle € 100,– Anteil am Festkapital (§ 3 Abs. 2) gewähren eine Stimme. Die Gesellschafter eines Familienstammes können ihr Stimmrecht nur einheitlich ausüben. Werden die Stimmen eines Familienstammes nicht einheitlich abgegeben, werden sämtliche Stimmen dieses Familienstammes als Enthaltungen gewertet. Das Stimmrecht der Komplementärin ist ausgeschlossen.

(6) Gesellschafterbeschlüsse werden mit einfacher Mehrheit der abgegebenen Stimmen gefasst, sofern das Gesetz oder dieser Gesellschaftsvertrag nicht zwingend eine höhere Mehrheit vorschreibt. Stimmenthaltungen werden nicht mitgezählt.

(7) Folgende Beschlüsse können nur mit einer Mehrheit von mindestens 75 vH der abgegebenen Stimmen gefasst werden:
- Aufnahme und Ausschließung von Gesellschaftern,
- Änderung des Gesellschaftsvertrages,
- Zustimmung zur Verfügung über Gesellschaftsanteile,
- Auflösung von Rücklagen,
- Auflösung der Gesellschaft.

(8) Soweit eine Änderung des Gesellschaftsvertrages den Grundsatz der Gleichbehandlung aller Gesellschafter verletzt oder den Gesellschaftern zusätzliche Verpflichtungen auferlegt, insbesondere Einlageverpflichtungen, bedarf der Gesellschafterbeschluss zusätzlich zur qualifizierten Mehrheit nach Abs. 7 der Zustimmung des betroffenen Gesellschafters.

(9) Ein Gesellschafter ist vom Stimmrecht ausgeschlossen, wenn das Gesetz oder dieser Gesellschaftsvertrag das bestimmen oder wenn der Gesellschafter einer GmbH nach den dafür geltenden gesetzlichen Regelungen vom Stimmrecht ausgeschlossen wäre.

(10) Über die Beschlüsse der Gesellschafter ist eine Niederschrift anzufertigen, die vom Vorsitzenden der Gesellschafterversammlung bzw. bei einer Beschlussfassung außerhalb einer Gesellschafterversammlung von der Geschäftsführung der Komplementärin zu unterzeichnen ist. Jedem Gesellschafter ist unverzüglich eine Abschrift der Niederschrift zuzustellen.

(11) Einwendungen gegen die Wirksamkeit eines Beschlusses können nur innerhalb einer Ausschlussfrist von sechs Wochen seit Zugang der Abschrift von der betreffenden Niederschrift durch Feststellungsklage geltend gemacht werden.

§ 9 Beirat[Rz. 72]

(1) Die Gesellschaft hat einen Beirat, der aus vier Mitgliedern besteht.

(2) Die Beiratsmitglieder können Gesellschafter oder Dritte sein. Sie müssen über die Sachkenntnis und Erfahrung verfügen, die der Bedeutung ihres Amtes entsprechen. Geschäftsführer der Komplementärin, Personen, die bei der Gesellschaft oder ihrer Komplementärin angestellt sind, sowie der Abschlussprüfer der Gesellschaft dürfen dem Beirat nicht angehören.

(3) Jeder Familienstamm hat das Recht, ein Beiratsmitglied zu entsenden. Die von den Familienstämmen entsandten Beiratsmitglieder wählen mit einfacher Mehrheit eine familienfremde Person zum weiteren Beiratsmitglied; dieses vierte Beiratsmitglied übt das Amt des Beiratsvorsitzenden aus. Das Amt eines Beiratsmitglieds dauert drei Jahre; es beginnt mit dem Tag der konstituierenden Beiratssitzung. Nach Ablauf seiner Amtszeit bleibt ein Beiratsmitglied so lange im Amt, bis sein Nachfolger entsandt bzw. gewählt ist. Die erneute Bestellung bzw. Wahl eines amtierenden Mitglieds ist zulässig. Scheidet ein Beiratsmitglied vorzeitig aus, so bestimmt der Familienstamm, der dieses Mitglied entsandt hat, für die restliche Amtszeit ein Ersatzmitglied. Scheidet der Beiratsvorsitzende vorzeitig aus, so wählt der Beirat eine neue Person für den Rest der Amtszeit zum Beiratsmitglied und zum Vorsitzenden. Bis zu einer Neuwahl führt das an Lebensjahren älteste Beiratsmitglied den Vorsitz.

(4) Jedes Beiratsmitglied kann sein Amt jederzeit ohne Angabe von Gründen durch schriftliche Erklärung gegenüber der Komplementärin mit einer Frist von vier Wochen zum Monatsende niederlegen. Jedes Beiratsmitglied kann durch einen Beschluss der Gesellschafter, der einer Mehrheit von 75 vH der abgegebenen Stimmen bedarf, abberufen werden.

(5) Die Beiratsmitglieder sind an Weisungen nicht gebunden. Sie haben ihre Entscheidungen nach bestem Wissen und Gewissen zu treffen. Ihre Haftung ist auf vorsätzliches und grob fahrlässiges Verhalten beschränkt.

(6) Die Mitglieder des Beirats haben Anspruch auf Ersatz ihrer Auslagen und auf eine angemessene Tätigkeitsvergütung einschließlich einer etwa darauf entfallenden Umsatzsteuer. Über die Höhe der Vergütung beschließt die Gesellschafterversammlung.

(7) Der Beirat überwacht und berät die Komplementärin und deren Geschäftsführung. Zudem stimmt er mit der Geschäftsführung die strategische Unternehmensplanung ab. Er kann durch seinen Vorsitzenden jederzeit Auskunft über alle Angelegenheiten der Gesellschaft sowie die Erstattung von Berichten verlangen. Er kann zudem die Bücher und Schriften der Gesellschaft sowie deren Vermögensgegenstände einsehen und prüfen. Er kann mit dieser Prüfung auch einzelne seiner Mitglieder oder Sachverständige beauftragen. Der Beirat hat nicht die Befugnis, der Geschäftsführung Weisungen zu erteilen. Die Vorschriften des Aktiengesetzes finden keine entsprechende Anwendung. Der Beirat hat jährlich in der ordentlichen Gesellschafterversammlung den Gesellschaftern über seine Tätigkeit im abgelaufenen Geschäftsjahr zu berichten.

(8) Der Beirat tritt zusammen, so oft es die Erfüllung seiner Aufgaben erfordert. Der Beirat ist beschlussfähig, wenn mindestens drei seiner Mitglieder an der Beschlussfassung teilnehmen. Der Beirat entscheidet mit einfacher Mehrheit der abgegebenen Stimmen. Jedes Beiratsmitglied hat eine Stimme. Enthaltungen werden nicht mitgezählt. Bei Stimmengleichheit entscheidet die Stimme des Beiratsvorsitzenden. Telefonische Beschlussfassung oder Beschlüsse in Textform durch Brief, Telefax oder E-Mail sind zulässig, wenn kein Mitglied des Beirates einer solchen Beschlussfassung widerspricht.

(9) Der Beirat gibt sich mit Zustimmung der Gesellschafterversammlung, die mit einfacher Mehrheit erteilt wird, eine Geschäftsordnung.

(10) Solange ein Beirat nicht besteht, werden die nach diesem Gesellschaftsvertrag dem Beirat zugewiesenen Aufgaben von der Gesellschafterversammlung wahrgenommen.

§ 10 Aufwendungsersatz, Haftungsentschädigung[Rz. 84]

Die Komplementärin hat Anspruch auf Ersatz aller ihr durch die Geschäftsführung erwachsenden Aufwendungen. Für die Übernahme der persönlichen Haftung erhält sie unabhängig vom Geschäftsergebnis der Gesellschaft eine jährliche Netto-Vergütung in Höhe von 5 vH ihres Stammkapitals. Sie hat der Gesellschaft zum Ende eines Geschäftsjahres eine entsprechende Rechnung (ggf. unter Ausweis der gesetzlichen Umsatzsteuer) zu erteilen.

§ 11 Geschäftsjahr, Jahresabschluss, Gewerbesteuer[Rz. 86]

(1) Das Geschäftsjahr der Gesellschaft ist das Kalenderjahr.

(2) Die Komplementärin hat innerhalb der gesetzlichen Frist den Jahresabschluss (Bilanz nebst Gewinn- und Verlustrechnung und Anhang) und ggf. den Lagebericht für das abgelaufene Geschäftsjahr aufzustellen.

(3) Der Jahresabschluss ist unter Beachtung der handels- und steuerrechtlichen Vorschriften aufzustellen. Soweit nicht zwingende handelsrechtliche Vorschriften entgegenstehen, hat die Handelsbilanz der für Zwecke der Einkommensbesteuerung aufzustellenden Steuerbilanz zu entsprechen. Abweichend von den steuerlichen Vorschriften werden in der Handelsbilanz die Verzinsung der Gesellschafterkonten sowie etwaige von den Gesellschaftern zu zahlende Zinsen als Aufwand bzw. Ertrag behandelt. Aufwendungsersatz und Haftungsentschädigung

nach § 10 stellen im Verhältnis der Gesellschafter zueinander Aufwand dar; das Gleiche gilt für etwaige Tätigkeitsvergütungen an Gesellschafter.

(4) Die Komplementärin hat den Jahresabschluss unverzüglich nach dessen Aufstellung durch den von der Gesellschafterversammlung bestimmten Wirtschaftsprüfer/Wirtschaftsprüfungsgesellschaft prüfen zu lassen.

(5) Gewerbesteuerliche Mehr- oder Minderbelastungen der Gesellschaft sollen bei der handelsrechtlichen Gewinnverteilung verursachungsgerecht berücksichtigt werden, so dass dem verursachenden Gesellschafter der wirtschaftliche Vor- oder Nachteil aus der steuerlichen Mehr- oder Minderbelastung der anderen Gesellschafter derart zugerechnet wird, dass die anderen Gesellschafter den Nachsteuergewinn erhalten, den sie ohne diese Umstände erhalten hätten. Die Gewerbesteueranrechnung nach § 35 EStG ist zu berücksichtigen und ggf. ebenfalls verursachungsgerecht auszugleichen.

(6) Den geprüften Jahresabschluss und den Prüfungsbericht hat die Komplementärin unverzüglich dem Beirat und sämtlichen Gesellschaftern zuzuleiten. Der Beirat hat zum Jahresabschluss Stellung zu nehmen.

(7) Wird die Steuerbilanz im Rahmen des Veranlagungsverfahrens oder auf Grund einer Außenprüfung durch das Finanzamt bestandskräftig geändert, so sind die Handelsbilanz und die auf ihrer Grundlage erfolgte Ergebnisverteilung zum nächstmöglichen Zeitpunkt an die Steuerbilanz anzupassen, sofern nicht zwingende handelsrechtliche Bestimmungen entgegenstehen.

§ 12 Ergebnisverteilung, Entnahmen[Rz. 90]

(1) Die Gesellschafterversammlung beschließt über die Feststellung des Jahresabschlusses und die Ergebnisverteilung.

(2) Die Gesellschafterversammlung kann durch Beschluss, der mit einfacher Mehrheit der abgegebenen Stimmen zu fassen ist, bis zu 25 vH des Gewinns (Jahresüberschuss) in die Rücklage einstellen. Soll der Rücklage ein höherer Betrag zugeführt werden, bedarf es eines Beschlusses der Gesellschafterversammlung, der mit mindestens 75 vH der in der Gesellschaft insgesamt vorhandenen Stimmen zu fassen ist.

(3) Der nach Abs. 2 verbleibende Gewinn oder ein Verlust wird im Verhältnis ihrer Anteile am Festkapital (§ 3 Abs. 2) auf die Gesellschafter wie folgt verteilt:
a) Verluste werden auf den Verlustvortragskonten gebucht;
b) Gewinnanteile werden auf den Privatkonten gebucht, sofern nicht Verlustvortragskonten auszugleichen sind.

(4) Guthaben auf den Privatkonten können jederzeit frei entnommen werden.

(5) Jeder Gesellschafter darf während des Geschäftsjahres diejenigen Beiträge entnehmen, die er benötigt, um die auf seinen Gesellschaftsanteil entfallenden Steuerzahlungen und Steuervorauszahlungen (Einkommensteuer, Solidaritätszuschlag und ggf. Kirchensteuer) zu leisten. Der Entnahmebetrag errechnet sich auf der Basis des einheitlich und gesondert festgestellten Gewinnanteils. Unabhängig von dem persönlichen Steuersatz eines Gesellschafters ist dabei stets der höchste für den betreffenden Veranlagungszeitraum geltende Steuersatz zugrunde zu legen.

§ 13 Verfügungen über Gesellschaftsanteile[Rz. 94]

(1) Die Abtretung oder Belastung eines Gesellschaftsanteils oder von Teilen davon und jede sonstige Verfügung über den Gesellschaftsanteil einschließlich der Einräumung einer Unterbeteiligung und der Bestellung eines Nießbrauchs ist nur mit Zustimmung des Beirats zulässig. Dasselbe gilt für Verfügungen über Ansprüche der Gesellschafter gegen die Gesellschaft.

(2) Keiner Zustimmung bedürfen Verfügungen zu Gunsten von nachfolgeberechtigten Personen im Sinne von § 16 Abs. 1 Satz 2.

§ 14 Dauer, Kündigung Rz. 96

(1) Die Gesellschaft hat am .... begonnen. Sie ist auf unbestimmte Dauer errichtet.

(2) Jeder Gesellschafter kann seine Beteiligung an der Gesellschaft mit einer Frist von zwölf Monaten zum Ende eines Geschäftsjahres kündigen, erstmals zum 31. Dezember 20[...]. Die Kündigung ist durch eingeschriebenen Brief gegenüber der Komplementärin zu erklären. Die Kündigung ist nur wirksam, wenn der Gesellschafter auch seine Beteiligung an der X-GmbH auf denselben Stichtag gekündigt hat.

(3) Mit Wirksamwerden der Kündigung scheidet der kündigende Gesellschafter aus der Gesellschaft aus. Die Gesellschaft wird von den verbleibenden Gesellschaftern unter Beibehaltung der Firma fortgesetzt, es sei denn, diese beschließen vor Ablauf der Kündigungsfrist bzw. bei einer außerordentlichen Kündigung innerhalb von sechs Wochen nach Zugang der Kündigung einstimmig die Auflösung der Gesellschaft. In diesem Fall nimmt auch der kündigende Gesellschafter an der Liquidation teil und erhält anstelle einer Abfindung seinen Anteil am Liquidationserlös.

(4) Beim Ausscheiden des vorletzten Gesellschafters ist der verbleibende Gesellschafter berechtigt, aber nicht verpflichtet, das Unternehmen der Gesellschaft ohne Liquidation mit allen Aktiven und Passiven zu übernehmen. Abs. 3 gilt entsprechend.

§ 15 Ausscheiden und Ausschluss eines Gesellschafters Rz. 98

(1) Ein Gesellschafter scheidet aus der Gesellschaft aus, wenn

a) er das Gesellschaftsverhältnis gekündigt hat (§ 14) und die Kündigungsfrist abgelaufen ist;

b) über sein Vermögen das Insolvenzverfahren eröffnet oder die Eröffnung des Verfahrens mangels Masse abgelehnt wird;

c) er eine eidesstattliche Versicherung gem. § 807 ZPO abgibt oder gegen ihn Haft zur Abgabe der eidesstattlichen Versicherung angeordnet wird;

d) sein Gesellschaftsanteil oder ein Anspruch aus dem Gesellschaftsverhältnis gepfändet und die Aufhebung der Pfändung nicht innerhalb von drei Monaten seit deren Wirksamwerden gegenüber der Geschäftsführung der Komplementärin nachgewiesen ist;

e) er am Gesellschaftskapital (Festkapital) dieser Gesellschaft nicht mit der gleichen Quote beteiligt ist, wie am Stammkapital der X-GmbH;

f) er Auflösungsklage nach § 133 HGB erhoben hat;

g) er seine Verpflichtungen aus diesem Vertrag in grobem Maß verletzt oder wenn den übrigen Gesellschaftern eine weitere Zusammenarbeit mit ihm nicht zuzumuten ist oder wenn ein anderer wichtiger Grund im Sinne von § 133 HGB gegeben ist.

Die Gesellschaft wird von den verbleibenden Gesellschaftern fortgesetzt.

(2) In den Fällen des Abs. 1 Buchst. a bis d scheidet der Gesellschafter mit Eintritt des Ereignisses aus der Gesellschaft aus, ohne dass es eines Beschlusses der Gesellschafterversammlung bedarf. In den Fällen des Abs. 1 Buchst. e bis g beschließen die Gesellschafter den Ausschluss. Der betroffene Gesellschafter hat dabei kein Stimmrecht und scheidet mit dem Wirksamwerden des Beschlusses aus der Gesellschaft aus. Sofern von dem Übernahmerecht gemäß § 17 kein Gebrauch gemacht wird, kann die Gesellschafterversammlung beschließen, dass der Gesellschaftsanteil des betroffenen Gesellschafters ganz oder teilweise auf

einen oder mehrere Gesellschafter und/oder Dritte zu übertragen ist. Die Komplementärin ist in diesem Fall bevollmächtigt, die Übertragung für den betroffenen Gesellschafter vorzunehmen. Die Beschlussfassung muss innerhalb von einem Jahr gefasst werden, nachdem der zur Ausschließung berechtigende Tatbestand sämtlichen Gesellschaftern bekannt geworden ist.

§ 16 Tod eines Gesellschafters[Rz. 101]

(1) Verstirbt ein Gesellschafter, wird die Gesellschaft mit seinen Erben und/oder Vermächtnisnehmern fortgesetzt, sofern diese zu den nachfolgeberechtigten Personen zählen. Nachfolgeberechtigte Personen eines verstorbenen Gesellschafters sind nur seine Abkömmlinge, sein Ehegatte oder Mitglieder seines Familienstammes. Sind keine nachfolgeberechtigten Personen Rechtsnachfolger des Verstorbenen geworden, so wird die Gesellschaft von den verbliebenen Gesellschaftern fortgesetzt.

(2) Die Anordnung der Testamentsvollstreckung für den Gesellschaftsanteil, insbesondere durch Überlassung der Rechtsausübung oder durch treuhänderische Übertragung des Gesellschaftsanteils an den Testamentsvollstrecker, ist zulässig.

(3) Das Abfindungsguthaben von nicht zu Gesellschaftern werdenden Erben bemisst sich nach § 18.

§ 17 Übernahmerecht[Rz. 105]

Scheidet ein Kommanditist aus der Gesellschaft aus, ohne dass sein Gesellschaftsanteil auf einen Rechtsnachfolger übergeht, ist jeder der übrigen Kommanditisten seines Familienstammes berechtigt, den Kommanditanteil des Ausscheidenden zu übernehmen. Üben mehrere Kommanditisten das Übernahmerecht aus, sind sie untereinander im Verhältnis ihrer Kapitalanteile zur Übernahme berechtigt. Der übernehmende Gesellschafter ist verpflichtet, die Gesellschaft von dem Anspruch des Ausscheidenden oder seiner Rechtsnachfolger auf Zahlung einer Abfindung nach § 18 in Höhe des Teils freizustellen, der von ihm übernommen wurde. Die Komplementärin ist in diesem Fall ermächtigt, die Übertragung des Gesellschaftsanteils für den betroffenen Gesellschafter vorzunehmen.

§ 18 Abfindung[Rz. 106]

(1) Scheidet ein Gesellschafter aus der Gesellschaft aus und wächst sein Gesellschaftsanteil dadurch den verbleibenden Gesellschaftern an, so hat er einen Anspruch auf eine Abfindung nach Maßgabe der nachfolgenden Bestimmungen.

(2) Die Abfindung beträgt 70 vH des auf den ausgeschiedenen Gesellschafter gemäß seinem Anteil am Festkapital entfallenden Unternehmenswerts (Verkehrswerts) der Gesellschaft. Kommt eine Einigung über das Abfindungsguthaben innerhalb von drei Monaten ab dem Ausscheidensstichtag nicht zustande, so ist es durch einen von der Industrie- und Handelskammer am Sitz der Gesellschaft zu bestimmenden Wirtschaftsprüfer als Schiedsgutachter auf der Grundlage der vom Institut der Wirtschaftsprüfer in Deutschland e. V. entwickelten Grundsätze zur Durchführung von Unternehmensbewertungen in der im Zeitpunkt des Ausscheidens gültigen Fassung verbindlich festzusetzen. Die Kosten des Wirtschaftsprüfers tragen die Gesellschaft und der ausscheidende Gesellschafter je zur Hälfte.

(3) Das Abfindungsguthaben ist in fünf gleichen Jahresraten, von denen die erste sechs Monate nach dem Ausscheidensstichtag fällig wird, auszuzahlen und mit zwei Prozentpunkten über dem Basiszinssatz (§ 247 BGB) p. a. zu verzinsen. Die Zinsen sind mit jeder Rate zu zahlen. Die Gesellschaft ist zur vorzeitigen Tilgung berechtigt. Eine Sicherheitsleistung kann nicht verlangt werden.

(4) Ein Guthaben des ausgeschiedenen Gesellschafters auf seinem Privatkonto bleibt bei der Ermittlung der Abfindung außer Betracht und ist zum Ausscheidensstichtag auszuzahlen. Ein negativer Saldo ist zum Ausscheidensstichtag durch den Ausscheidenden oder seinen Rechtsnachfolger auszugleichen.

§ 19 Wettbewerbsverbot, Verschwiegenheit[Rz. 108]

(1) Jedem Gesellschafter ist es untersagt, der Gesellschaft mittelbar oder unmittelbar, gelegentlich oder gewerbsmäßig, im eigenen oder fremden Namen, für eigene oder fremde Rechnung Wettbewerb zu machen. Wettbewerb ist jede selbstständige oder unselbstständige Tätigkeit im örtlichen und sachlichen Tätigkeitsbereich der Gesellschaft. Dies umfasst auch solche Tätigkeitsgebiete, in denen die Gesellschaft bei Abschluss dieses Vertrages noch nicht tätig war. Untersagt ist auch der Erwerb, die Beteiligung oder eine sonstige Unterstützung eines Unternehmens, das Geschäfte im örtlichen und sachlichen Tätigkeitsgebiet der Gesellschaft betreibt; dies gilt nicht für Anteilsbesitz im Rahmen der privaten Vermögensverwaltung von maximal 5% des gezeichneten Kapitals, der keinen Einfluss auf die Organe des Unternehmens ermöglicht. Über eine Befreiung vom Wettbewerbsverbot entscheidet der Beirat.

(2) Für das Gebiet der Bundesrepublik Deutschland bleibt das Wettbewerbsverbot für die Dauer von zwei Jahren nach dem Ausscheiden des Gesellschafters aus der Gesellschaft bestehen. Eine besondere Entschädigung für die Einhaltung dieses Wettbewerbsverbots durch den ausgeschiedenen Gesellschafter wird nicht gezahlt.

(3) Bei Verletzung des Wettbewerbsverbots gilt § 113 HGB.

(4) Jeder Gesellschafter hat in Angelegenheiten der Gesellschaft gegenüber Dritten Stillschweigen zu bewahren, dies gilt auch nach seinem Ausscheiden aus der Gesellschaft.

§ 20 Güterstandsvereinbarung[Rz. 109]

(1) Verheiratete Gesellschafter sind verpflichtet, durch ehevertragliche Regelung sicherzustellen, dass ihre Beteiligung an dieser Gesellschaft im Falle der Beendigung des Güterstands durch Scheidung bei der Berechnung eines etwaigen Zugewinnausgleichs außer Ansatz bleibt und dass die Verfügungsbeschränkungen der §§ 1365 ff. BGB für seinen Gesellschaftsanteil keine Anwendung finden. Diese Regelung gilt entsprechend für die eingetragene Lebenspartnerschaft und vergleichbare ausländische Güterstände.

(2) Ein Verstoß gegen diese Bestimmung gilt als wichtiger Grund im Sinne von § 15 Abs. 1 Buchst. g.

§ 21 Schiedsgericht[Rz. 111]

(1) Über alle Streitigkeiten aus oder im Zusammenhang mit diesem Gesellschaftsvertrag zwischen der Gesellschaft und einzelnen Gesellschaftern oder zwischen den Gesellschaftern entscheidet unter Ausschluss des ordentlichen Rechtswegs ein Schiedsgericht. Dies gilt nicht, soweit Streitigkeiten kraft Gesetzes der Schiedsgerichtsbarkeit entzogen sind. Zuständigkeit, Zusammensetzung und Verfahren des Schiedsgerichts regelt ein gesonderter Schiedsvertrag, den die Gesellschafter zeitgleich mit diesem Gesellschaftsvertrag abgeschlossen haben.

(2) Jeder neue Gesellschafter unterwirft sich dem Schiedsgericht entsprechend den in dem Schiedsvertrag getroffenen Vereinbarungen.

§ 22 Schlussbestimmungen

(1) Änderungen und Ergänzungen dieses Vertrages bedürfen der Schriftform; dasselbe gilt für einen Verzicht auf das Schriftformerfordernis. Mündliche Nebenab-

reden bestehen nicht. Kein Gesellschafter kann sich auf eine vom Vertrag abweichende tatsächliche Übung berufen, solange die Abweichung nicht schriftlich fixiert ist.

(2) Sollten sich einzelne oder mehrere Bestimmungen dieses Vertrages als nichtig, unwirksam oder undurchführbar erweisen, so wird dadurch die Gültigkeit des Vertrages im Übrigen nicht berührt. In einem solchen Fall sind die Gesellschafter verpflichtet, durch Beschluss die nichtige, unwirksame oder undurchführbare Bestimmung durch diejenige gesetzliche zulässige Bestimmung zu ersetzen, die dem Zweck der nichtigen, unwirksamen oder undurchführbaren Bestimmung am nächsten kommt. Entsprechendes gilt, wenn sich bei Durchführung des Vertrages eine ergänzungsbedürftige Lücke ergeben sollte.

(3) Erfüllungsort und Gerichtsstand für sämtliche Streitigkeiten aus diesem Vertrag und über das Zustandekommen dieses Vertrages ist der Sitz der Gesellschaft, soweit dies zulässig vereinbart werden kann.

..

[Ort, Datum]

..

[Unterschriften]

II. Satzung der Komplementär-GmbH

§ 1 Rechtsform, Firma, Sitz

(1) Die Gesellschaft ist eine Gesellschaft mit beschränkter Haftung. Sie führt die Firma

X-GmbH.

(2) Sitz der Gesellschaft ist [...].

§ 2 Gegenstand des Unternehmens

Gegenstand des Unternehmens ist der Erwerb und die Verwaltung von Beteiligungen sowie die Übernahme der persönlichen Haftung und der Geschäftsführung bei Handelsgesellschaften, insbesondere die Beteiligung als persönlich haftende geschäftsführende Gesellschafterin an der A B C GmbH & Co. KG.

§ 3 Stammkapital, Stammeinlagen

(1) Das Stammkapital der Gesellschaft beträgt € 30 000,–.

(2) Auf das Stammkapital haben übernommen:

a) A eine Einlage von € 5 000,–
b) B eine Einlage von € 6 000,–
c) C eine Einlage von € 2 000,–
d) D eine Einlage von € 5 000,–
e) E eine Einlage von € 2 000,–
f) F eine Einlage von € 2 000,–
g) G eine Einlage von € 4 000,–
h) H eine Einlage von € 4 000,–.

(3) Die Einlagen sind in voller Höhe sofort in Geld zu erbringen.

(4) Jeder Gesellschafter soll am Stammkapital der Gesellschaft stets in dem gleichen Verhältnis beteiligt sein, in dem er am Festkapital der A B C GmbH & Co. KG beteiligt ist. Jeder Gesellschafter verpflichtet sich gegenüber der Gesellschaft und gegenüber jedem einzelnen Gesellschafter, alles seinerseits zur Aufrechterhaltung oder Wiederherstellung des gleichen Beteiligungsverhältnisses Erforderliche zu tun. Maßgebend ist die Beteiligung an der ABC GmbH & Co. KG.

§ 4 Familienstämme

(1) Die Gesellschafter bilden drei Familienstämme, und zwar
a) den Stamm A, zu dem die Gesellschafter A und D gehören,
b) den Stamm B, zu dem die Gesellschafter B, E und F gehören und
c) den Stamm C, zu dem die Gesellschafter C, G und H gehören.

(2) Künftige Gesellschafter gehören dem Stamm an, dem der Gesellschafter angehört(e), von dem sie ihren Geschäftsanteil erhalten haben. Würde ein Gesellschafter danach mehreren Familienstämmen angehören, so hat er verbindlich und unwiderruflich zu erklären, welchem dieser Stämme er angehört; bis dahin ruht sein Stimmrecht.

§ 5 Organe der Gesellschaft

Die Organe der Gesellschaft sind
a) ein oder mehrere Geschäftsführer,
b) die Gesellschafterversammlung,
c) der Beirat.

§ 6 Geschäftsführung, Vertretung

(1) Die Gesellschaft hat einen oder mehrere Geschäftsführer. Ist nur ein Geschäftsführer bestellt, so vertritt er die Gesellschaft allein. Sind mehrere Geschäftsführer bestellt, so wird die Gesellschaft von zwei Geschäftsführern oder einem Geschäftsführer in Gemeinschaft mit einem Prokuristen vertreten.

(2) Die Gesellschafter können einem oder mehreren Geschäftsführern Einzelvertretungsbefugnis und Befreiung von den Beschränkungen des § 181 BGB erteilen.

(3) Für Rechtsgeschäfte zwischen der Gesellschaft und Gesellschaften, an denen die Gesellschaft als persönlich haftende Gesellschafterin beteiligt ist, sind die Geschäftsführer und ist die Gesellschaft von den Beschränkungen des § 181 BGB befreit.

§ 7 Gesellschafterversammlungen

(1) Die ordentliche Gesellschafterversammlung findet in den ersten acht Monaten nach Ablauf eines Geschäftsjahres statt. Sie beschließt insbesondere über die Feststellung des Jahresabschlusses.

(2) Eine außerordentliche Gesellschafterversammlung findet statt, wenn dies im Interesse der Gesellschaft erforderlich ist oder wenn ein Familienstamm die Einberufung verlangt.

(3) Gesellschafterversammlungen finden am Sitz der Gesellschaft statt, es sei denn alle Gesellschafter sind mit der Abhaltung an einem anderen Ort einverstanden.

(4) Die Gesellschafterversammlung wird von der Geschäftsführung in vertretungsberechtigter Anzahl schriftlich einberufen. Kommt die Geschäftsführung dem Einberufungsverlangen eines Familienstammes nicht innerhalb von zwei Wochen nach, ist dieser selbst zur Einberufung berechtigt. Zwischen der Absendung der Einladung und dem Tag der Versammlung müssen mindestens zwei Wochen liegen, wobei der Tag der Absendung und der Tag der Versammlung nicht mitgezählt werden. Mit der Einladung sind Ort und Zeit der Versammlung sowie die Tagesordnung mitzuteilen. Die Einladung erfolgt an die letzte von dem Gesellschafter der Gesellschaft bekanntgegebene Adresse; kann die Einladung dort nicht zugestellt werden, ist die Gesellschafterversammlung auch ohne den betreffenden Gesellschafter beschlussfähig.

(5) Wenn die für die Einberufung geltenden gesetzlichen und gesellschaftsvertraglichen Vorschriften nicht eingehalten wurden, können Beschlüsse nur gefasst wer-

den, wenn die von dem Mangel betroffenen Gesellschafter anwesend oder vertreten sind und der Beschlussfassung nicht widersprechen.

(6) Jeder Gesellschafter kann sich in der Gesellschafterversammlung durch einen anderen Gesellschafter, einen volljährigen Abkömmling oder durch einen zur Berufsverschwiegenheit verpflichteten Angehörigen der rechts- oder steuerberatenden Berufe vertreten oder begleiten lassen. Die Vollmacht ist schriftlich zu erteilen und in der Versammlung vorzulegen.

(7) Den Vorsitz in der Gesellschafterversammlung führt der Vorsitzende des Beirats oder ein von ihm benannter Vertreter. Die Gesellschafterversammlung kann mit einer Mehrheit von 75 vH der abgegebenen Stimmen einen anderen Versammlungsleiter bestimmen.

§ 8 Gesellschafterbeschlüsse

(1) Die Gesellschafterversammlung ist beschlussfähig, wenn alle Gesellschafter ordnungsgemäß geladen wurden und in der Versammlung mindestens 75 vH der in der Gesellschaft insgesamt vorhandenen Stimmen vertreten sind. Ist die Versammlung nicht beschlussfähig, so ist unverzüglich unter Beachtung von § 7 Abs. 4 eine neue Gesellschafterversammlung mit derselben Tagesordnung einzuberufen, die dann ohne Rücksicht auf Satz 1 beschlussfähig ist, wenn auf diese Folge in der erneuten Ladung hingewiesen wurde.

(2) Beschlüsse können in der Gesellschafterversammlung nur über Gegenstände gefasst werden, die in der Tagesordnung angekündigt worden sind. Ohne Einhaltung von Formen und Fristen können Beschlüsse nur gefasst werden, wenn alle Gesellschafter damit einverstanden sind.

(3) Außerhalb von Gesellschafterversammlungen können Beschlüsse auch fernmündlich oder in Textform (schriftlich, Fax oder E-Mail) gefasst werden, wenn kein Gesellschafter dieser Art der Beschlussfassung widerspricht. Auch eine kombinierte Beschlussfassung (die bei der Beschlussfassung der Gesellschafterversammlung abwesenden Gesellschafter geben ihre Stimme nachträglich gemäß Satz 1 ab) ist zulässig, wenn kein Gesellschafter dieser Art der Beschlussfassung widerspricht.

(4) Je Euro 1,– eines Geschäftsanteils gewährt eine Stimme.

(5) Die Gesellschafter eines Familienstammes können ihr Stimmrecht nur einheitlich ausüben. Werden die Stimmen eines Familienstammes nicht einheitlich abgegeben, werden sämtliche Stimmen dieses Familienstammes als Enthaltung gewertet.

(6) Gesellschafterbeschlüsse werden mit einfacher Mehrheit der abgegebenen Stimmen gefasst, sofern das Gesetz oder dieser Gesellschaftsvertrag nicht zwingend eine höhere Mehrheit vorschreibt. Stimmenthaltungen werden nicht mitgezählt.

(7) Über die Beschlüsse der Gesellschafter ist eine Niederschrift anzufertigen und von dem Vorsitzenden der Gesellschafterversammlung bzw. bei einer Beschlussfassung außerhalb einer Gesellschafterversammlung von der Geschäftsführung zu unterzeichnen. Die Niederschrift ist den Gesellschaftern schriftlich zuzustellen.

(8) Einwendungen gegen die Wirksamkeit eines Beschlusses können nur innerhalb einer Ausschlussfrist von sechs Wochen seit Zugang der betreffenden Niederschrift durch Feststellungsklage geltend gemacht werden.

§ 9 Beirat

(1) Die Gesellschaft hat einen Beirat, der aus vier Mitgliedern besteht.

(2) Die Beiratsmitglieder können Gesellschafter oder Dritte sein. Sie müssen über die Sachkenntnis und Erfahrung verfügen, die der Bedeutung ihres Amtes ent-

sprechen. Geschäftsführer der Gesellschaft, Personen, die bei der Gesellschaft oder der A B C GmbH & Co. KG angestellt sind, sowie ein etwaiger Abschlussprüfer der Gesellschaft dürfen dem Beirat nicht angehören. Der Beirat soll mit dem Beirat der A B C GmbH & Co. KG personengleich sein. Deshalb können nur solche Personen in den Beirat berufen werden, die auch dem Beirat der A B C GmbH & Co. KG angehören.

(3) Jeder Familienstamm hat das Recht, ein Beiratsmitglied zu entsenden. Die von den Familienstämmen entsandten Beiratsmitglieder wählen mit einfacher Mehrheit eine familienfremde Person zum weiteren Beiratsmitglied; dieses vierte Beiratsmitglied übt das Amt des Beiratsvorsitzenden aus. Das Amt eines Beiratsmitglieds dauert drei Jahre; es beginnt mit dem Tag der konstituierenden Beiratssitzung. Nach Ablauf seiner Amtszeit bleibt ein Beiratsmitglied so lange im Amt, bis sein Nachfolger entsandt bzw. gewählt ist. Die erneute Bestellung bzw. Wahl eines amtierenden Mitglieds ist zulässig. Scheidet ein Beiratsmitglied vorzeitig aus, so bestimmt der Familienstamm, der dieses Mitglied entsandt hat, für die restliche Amtszeit ein Ersatzmitglied. Scheidet der Beiratsvorsitzende vorzeitig aus, so wählt der Beirat ersatzweise eine neue Person für den Rest der Amtszeit zum Beiratsmitglied und Vorsitzenden. Bis zu einer Neuwahl führt das an Lebensjahren älteste Beiratsmitglied den Vorsitz.

(4) Jedes Beiratsmitglied kann sein Amt jederzeit ohne Angabe von Gründen durch schriftliche Erklärung gegenüber der Geschäftsführung mit einer Frist von vier Wochen zum Monatsende niederlegen. Jedes Beiratsmitglied kann durch einen Beschluss, der mit 75 vH der abgegebenen Stimmen zu fassen ist, abberufen werden.

(5) Die Beiratsmitglieder sind an Weisungen nicht gebunden. Sie haben ihre Entscheidungen nach bestem Wissen und Gewissen zu treffen. Ihre Haftung ist auf vorsätzliches und grob fahrlässiges Verhalten beschränkt.

(6) Die Mitglieder des Beirats haben Anspruch auf Ersatz ihrer Auslagen und eine angemessene Tätigkeitsvergütung einschließlich einer etwa darauf entfallenden Umsatzsteuer. Über die Höhe der Vergütung beschließt die Gesellschafterversammlung.

(7) Der Beirat überwacht und berät die Geschäftsführung. Zudem stimmt er mit der Geschäftsführung die strategische Unternehmensplanung ab. Er kann durch seinen Vorsitzenden jederzeit Auskunft über alle Angelegenheiten der Gesellschaft sowie die Erstattung von Berichten verlangen. Er kann zudem die Bücher und Schriften der Gesellschaft sowie deren Vermögensgegenstände einsehen und prüfen. Er kann mit dieser Prüfung auch einzelne seiner Mitglieder oder Sachverständige beauftragen. Der Beirat hat nicht die Befugnis, der Geschäftsführung Weisungen zu erteilen. Die Vorschriften des Aktiengesetzes finden keine entsprechende Anwendung. Der Beirat hat jährlich in der ordentlichen Gesellschafterversammlung den Gesellschaftern über seine Tätigkeit im abgelaufenen Geschäftsjahr zu berichten.

(8) Der Beirat tritt zusammen, so oft es die Erfüllung seiner Aufgaben erfordert. Der Beirat ist beschlussfähig, wenn mindestens drei seiner Mitglieder an der Beschlussfassung teilnehmen. Der Beirat entscheidet mit einfacher Mehrheit der abgegebenen Stimmen. Jedes Beiratsmitglied hat eine Stimme. Enthaltungen werden nicht mitgezählt. Telefonische oder textliche Beschlussfassungen durch Brief, Telefax oder E-Mail sind zulässig, wenn kein Mitglied des Beirates einer solchen Beschlussfassung widerspricht.

(9) Der Beirat gibt sich mit Zustimmung der Gesellschafterversammlung, die mit einfacher Mehrheit erteilt wird, eine Geschäftsordnung. Hinsichtlich der Verpflichtung zur Verschwiegenheit gelten für den Beirat die Bestimmungen des Aktiengesetzes entsprechend.

(10) Solange ein Beirat nicht besteht, werden die nach diesem Gesellschaftsvertrag dem Beirat zugewiesenen Aufgaben von der Gesellschafterversammlung wahrgenommen.

§ 10 Geschäftsjahr, Jahresabschluss, Gewinnverteilung

(1) Geschäftsjahr ist das Kalenderjahr. Das erste Geschäftsjahr endet mit Ablauf des Jahres, in dem die Gesellschaft entstanden ist.
(2) Die Geschäftsführer haben innerhalb der gesetzlichen Frist den Jahresabschluss – soweit gesetzlich vorgeschrieben nebst Lagebericht – für das vorangegangene Geschäftsjahr unter Beachtung der ertragsteuerlichen Regeln aufzustellen, soweit nicht zwingende handelsrechtliche Bestimmungen oder dieser Gesellschaftsvertrag etwas anderes bestimmen, und unverzüglich dem Beirat und sämtlichen Gesellschaftern zuzuleiten. Der Beirat hat zum Jahresabschluss Stellung zu nehmen.
(3) Den Gesellschaftern obliegt die Feststellung des Jahresabschlusses und die Beschlussfassung über die Verwendung des Jahresüberschusses und/oder des Bilanzgewinns.

§ 11 Rechtsgeschäftliche Verfügungen über Geschäftsanteile

(1) Rechtsgeschäftliche Verfügungen eines Gesellschafters über seinen Geschäftsanteil oder über Teile davon bedürfen zu ihrer Wirksamkeit eines zustimmenden Beschlusses des Beirats.
(2) Die Übertragung eines Geschäftsanteils oder eines Teils eines solchen ist außerdem nur wirksam, wenn der übertragende Gesellschafter gleichzeitig seinen Gesellschaftsanteil an der A B C GmbH & Co. KG oder einen entsprechenden Teil desselben auf den Erwerber überträgt. Der gleichzeitigen Übertragung des Gesellschaftsanteils bedarf es insoweit nicht, als die Übertragung des Geschäftsanteils zur Herstellung der verhältnismäßig gleichen Beteiligung des Erwerbers und/oder des Veräußerers an der Gesellschaft und der A B C GmbH & Co. KG geschieht.

§ 12 Einziehung von Geschäftsanteilen

(1) Die Gesellschafter können die Einziehung von Geschäftsanteilen beschließen, wenn der betroffene Gesellschafter zustimmt.
(2) Die Gesellschafter können die Einziehung von Geschäftsanteilen beschließen, ohne dass es der Zustimmung des betroffenen Gesellschafters bedarf,
   a) wenn er das Gesellschaftsverhältnis kündigt (§ 14) und die Kündigungsfrist abgelaufen ist;
   b) wenn über das Vermögen des betroffenen Gesellschafters rechtskräftig das Insolvenzverfahren eröffnet oder die Eröffnung mangels Masse abgelehnt worden ist;
   c) wenn er eine eidesstattliche Versicherung gem. § 807 ZPO abgibt oder gegen ihn Haft zur Abgabe der eidesstattlichen Versicherung angeordnet wird;
   d) wenn Zwangsvollstreckungsmaßnahmen in den Geschäftsanteil des betroffenen Gesellschafters unternommen und die Aufhebung der Maßnahmen nicht innerhalb von drei Monaten seit deren Wirksamwerden gegenüber der Geschäftsführung nachgewiesen ist;
   e) wenn und soweit der Geschäftsanteil von einem Gesellschafter gehalten wird, der nicht im gleichen Verhältnis am Festkapital der A B C GmbH & Co. KG beteiligt ist und der der schriftlichen Aufforderung durch einen Gesellschafter, eine gleichmäßige Beteiligung an beiden Gesellschaften herbeizuführen, nicht

binnen zwei Monaten nach Empfang der Aufforderung genügt, gleichgültig ob er dieser Aufforderung nicht genügen kann oder will.

(3) Statt der Einziehung können die Gesellschafter beschließen, dass der Geschäftsanteil des betroffenen Gesellschafters ganz oder teilweise auf die Gesellschaft oder eine im Beschluss zu benennende, zur Übernahme bereite Person übertragen wird. Die Geschäftsführung ist in diesem Fall bevollmächtigt, die Übertragung des Geschäftsanteils für den betroffenen Gesellschafter vorzunehmen.

(4) Ein Geschäftsanteil, der mehreren Inhabern zur gesamten Hand oder nach Bruchteilen zusteht, kann eingezogen werden, wenn die Voraussetzungen nach Abs. 2 auch nur für einen Mitberechtigten vorliegen.

(5) Die Einziehung erfolgt durch die Geschäftsführer auf Grund des Beschlusses der Gesellschafter. Bei der Beschlussfassung nach Abs. 2 und 3 hat der betroffene Gesellschafter kein Stimmrecht.

§ 13 Abfindung

(1) In den Fällen der Einziehung eines Geschäftsanteils oder der statt ihrer beschlossenen Übertragung gemäß § 12 Abs. 3 steht dem betroffenen Gesellschafter eine Abfindung zu. Schuldner der Abfindung ist im Falle der Einziehung die Gesellschaft, ansonsten der Erwerber des Geschäftsanteils und die Gesellschaft als Gesamtschuldner.

(2) Das Entgelt bemisst sich nach dem Wert des Geschäftsanteils, der sich für den Zeitpunkt aus den Büchern der Gesellschaft ergibt (Buchwert), auf den die Einziehung bzw. Übertragung beschlossen wurde (Tag des Ausscheidens). Fällt der Tag des Ausscheidens nicht auf das Ende eines Geschäftsjahres, so ist der Wert maßgebend, der sich für das Ende des vorangegangenen Geschäftsjahres aus den Büchern der Gesellschaft ergibt. In diesem Falle ist die Abfindung um die Beträge zu vermindern, die der betroffene Gesellschafter zwischen dem Bilanzstichtag und dem Tag des Ausscheidens auf seine Beteiligung als Gewinnanteile ausgeschüttet erhalten hat.

(3) Die Abfindung ist in fünf gleichen Jahresraten zu bezahlen. Die erste Rate wird sechs Monate nach dem Tag des Ausscheidens fällig. Steht zu diesem Zeitpunkt die Höhe des Entgelts noch nicht fest, so ist eine von der Gesellschaft zu bestimmende angemessene Abschlagszahlung zu leisten. Das Entgelt ist ab dem Tag des Ausscheidens mit 2 vH über dem Basiszinssatz (§ 247 BGB) zu verzinsen. Die angelaufenen Zinsen sind mit jeder Rate zu bezahlen. Die Gesellschaft und der Erwerber sind berechtigt, das Entgelt ganz oder teilweise früher zu bezahlen.

(4) Ändert sich der für das Entgelt maßgebende Jahresabschluss infolge einer steuerlichen Außenprüfung der Gesellschaft oder durch anderweitig veranlasste Änderungen der Veranlagungen, so ist das Entgelt der Änderung entsprechend anzupassen.

§ 14 Dauer der Gesellschaft, Kündigung

(1) Die Gesellschaft ist auf unbestimmte Dauer errichtet.

(2) Jeder Gesellschafter kann seine Beteiligung an der Gesellschaft mit einer Frist von zwölf Monaten zum Ende eines Geschäftsjahres kündigen, erstmals zum 31. Dezember 20[...]. Die Kündigung ist durch eingeschriebenen Brief gegenüber der Geschäftsführung zu erklären.

(3) Die Gesellschafterversammlung beschließt gemäß § 12, wie mit den Geschäftsanteilen des betreffenden Gesellschafters mit Wirksamwerden der Kündigung zu verfahren ist (Einziehung oder Abtretung).

§ 15 Bekanntmachungen

Die gesetzlich vorgeschriebenen Bekanntmachungen erfolgen nur im elektronischen Bundesanzeiger.

§ 16 Schiedsgericht

(1) Über alle Streitigkeiten aus oder im Zusammenhang mit diesem Gesellschaftsvertrag zwischen der Gesellschaft und einzelnen Gesellschaftern oder zwischen den Gesellschaftern entscheidet unter Ausschluss des ordentlichen Rechtswegs ein Schiedsgericht. Dies gilt nicht, soweit Streitigkeiten kraft Gesetzes der Schiedsgerichtsbarkeit entzogen sind. Zuständigkeit, Zusammensetzung und Verfahren des Schiedsgerichts regelt ein gesonderter Schiedsvertrag, den die Gesellschafter zeitgleich mit diesem Gesellschaftsvertrag abgeschlossen haben.

(2) Jeder neue Gesellschafter unterwirft sich dem Schiedsgericht entsprechend den in dem Schiedsvertrag getroffenen Vereinbarungen.

§ 17 Schlussbestimmungen

(1) Änderungen und Ergänzungen dieses Vertrages bedürfen der Schriftform. Mündliche Nebenabreden bestehen nicht. Kein Gesellschafter kann sich auf eine vom Vertrag abweichende tatsächliche Übung berufen, solange die Abweichung nicht schriftlich fixiert ist.

(2) Sollten sich einzelne oder mehrere Bestimmungen dieses Vertrages als nichtig, unwirksam oder undurchführbar erweisen, so wird dadurch die Gültigkeit des Vertrages im Übrigen nicht berührt. In einem solchen Fall sind die Gesellschafter verpflichtet, durch Beschluss die nichtige, unwirksame oder undurchführbare Bestimmung durch diejenige gesetzlich zulässige Bestimmung zu ersetzen, die dem Zweck der nichtigen, unwirksamen oder undurchführbaren Bestimmung am nächsten kommt. Entsprechendes gilt, wenn sich bei Durchführung des Vertrages eine ergänzungsbedürftige Lücke ergeben sollte.

(3) Erfüllungsort und Gerichtsstand für sämtliche Streitigkeiten aus diesem Vertrag und über das Zustandekommen dieses Vertrages ist der Sitz der Gesellschaft, soweit dies zulässig vereinbart werden kann.

....

[Ort, Datum]

....

[Unterschriften]

A. Grundsätzliche Anmerkungen

I. Wirtschaftliche Aspekte

1 Kennzeichnend für die Kommanditgesellschaft (KG) ist, dass allein der Komplementär für die Verbindlichkeiten der Gesellschaft unbeschränkt und persönlich haftet, während die Haftung des Kommanditisten auf den Betrag der von ihm übernommenen Kommanditeinlage bzw. Haftsumme begrenzt ist. Für Familienunternehmen ist die Rechtsform der KG besonders geeignet, um einen potenziellen Nachfolger über die Stellung des Kommanditisten allmählich an die Unternehmensleitung heranzuführen, während der Senior zunächst persönlich haftender Gesellschafter bleibt und später in die Stellung des Kommanditisten wechselt. Aber auch die **bloß kapitalmäßige Beteiligung** als Kommanditist ist bei Familienunternehmen dann interessant, wenn nicht

alle Familienmitglieder zur Mitarbeit im Unternehmen bereit oder in der Lage sind. Alle Kinder können an der KG entsprechend ihrer Erb- oder Pflichtteilsquote beteiligt werden. Zudem kann der steuerliche Vorteil des sog. **Familiensplittings**[1] genutzt werden.

Das Gesellschaftsrecht der KG bietet große **Gestaltungsfreiheit** (§ 163 HGB). Der 2
Gesellschaftsvertrag kann so optimal auf die Bedürfnisse des betreffenden Unternehmens und die Vorstellungen der Gesellschafter zugeschnitten werden. Vorteilhaft ist ferner, dass kein Mindestkapital aufgebracht werden muss und dass Änderungen des Gesellschaftsvertrages sowie die Aufnahme weiterer Gesellschafter nicht der notariellen Beurkundung bedürfen.

Ein Nachteil der KG (jedenfalls gegenüber der Kapitalgesellschaft) ist die unbe- 3
schränkte und persönliche Haftung des Komplementärs. Dem kann jedoch dadurch begegnet werden, dass eine juristische Person als Komplementär fungiert. Insbesondere die **GmbH & Co. KG** verbindet auf diese Art und Weise die haftungsrechtlichen Vorteile einer Kapitalgesellschaft mit den gesellschafts- und steuerrechtlichen Vorzügen einer Personengesellschaft. Die unbeschränkte persönliche Haftung des Komplementärs trifft lediglich die GmbH, bei welcher die Haftung auf das Gesellschaftsvermögen beschränkt ist. Zudem besteht bei der GmbH die Möglichkeit der Fremdorganschaft, also der Übernahme der Geschäftsführerstellung durch einen Nichtgesellschafter, was gerade bei Familiengesellschaften von Vorteil sein kann, wenn geeignete Führungspersönlichkeiten aus der Familie (noch) nicht vorhanden sind. Rechtsträger des Unternehmens ist auch bei der GmbH & Co. KG die Kommanditgesellschaft, so dass die hohe Flexibilität bei der gesellschaftsrechtlichen Ausgestaltung erhalten bleibt. Die GmbH & Co. KG ist daher heute im Bereich der gewerblichen Wirtschaft eine der verbreitetsten Rechtsformen in Deutschland.

II. Rechtliche Aspekte

1. (Mehr-)Familiengesellschaft

Der Begriff der Familiengesellschaft[2] steht für Gesellschaften, deren Gesellschaftsan- 4
teile ausschließlich oder überwiegend von den Angehörigen einer oder weniger Familien gehalten werden und bei denen alle oder einige Mitglieder dieser Familie(n) maßgeblichen Einfluss auf die Unternehmensführung ausüben. In der Regel dient die Gesellschaft der Eignerfamilie als (einzige) Vermögens- und Einkommensgrundlage, einige oder alle Gesellschafter sind im Unternehmen tätig und die Gesellschaft hat sich gegen die Einflussnahme Familienfremder abgeschottet. Das vorrangige Ziel besteht in dem Erhalt und der Sicherung des Unternehmens über mehrere Generationen.

Gehören die Gesellschafter nur einer Familie an, so wird von einer Einfamilienge- 5
sellschaft gesprochen. Werden die Anteile an der Gesellschaft von mehreren Familien gehalten, so wird dies als Mehrfamiliengesellschaft bezeichnet. Eine **Mehrfamiliengesellschaft** kann entweder als solche gegründet werden, indem sich Personen aus verschiedenen Familien zur Gründung einer Gesellschaft zusammenschließen, oder sie entsteht im Laufe der Zeit aus einer Einfamiliengesellschaft, wenn der Gründergeneration mehrere Kinder nachfolgen, welche dann mit ihren eigenen Abkömmlingen einzelne Familienstämme bilden. Mit der Zeit führt das dazu, dass der Gesellschafterkreis immer größer und heterogener wird. Dem ist bei der Ausgestaltung des Gesellschaftsvertrages Rechnung zu tragen.

Gerade wenn sich infolge des Generationenwechsels der Gesellschafterkreis vergrö- 6
ßert, wachsen die Gefahren von unterschiedlichen Zielsetzungen und streitigen Aus-

[1] Siehe dazu C. 1.00 Rz. 6.
[2] Ausführlich zur Familiengesellschaft in C. 1.00 Rz. 3 ff.

einandersetzungen innerhalb des Gesellschafterkreises und der Familie. Auch das Verhältnis der Gesellschafterstämme untereinander birgt zusätzliches **Streitpotential.** Eskalierende Konflikte und persönlich geprägte Auseinandersetzungen können für das Unternehmen existenzbedrohende Ausmaße erreichen. Aus diesem Grund stellt die Mehrfamiliengesellschaft eine besondere Herausforderung an die Vertragsgestaltung dar. Ziel muss es sein, etwaige Streitigkeiten zu entschärfen und selbst im Konfliktfall die Handlungsfähigkeit des Unternehmens zu gewährleisten.

7 Eine Möglichkeit, die Interessen eines Familienstammes zu kanalisieren und zudem die Beteiligungsverhältnisse stabil zu halten ist die **Vorschaltung von Beteiligungsgesellschaften.** D. h. jeder Familienstamm gründet eine Beteiligungsgesellschaft, an der ausschließlich Mitglieder dieser Familie beteiligt sind. Die Beteiligungsgesellschaft hält dann die auf den jeweiligen Familienstamm entfallenden Gesellschaftsanteile an der operativen Gesellschaft. Familienstreitigkeiten, Anteilsverschiebungen usw. spielen sich dann nur auf der Ebene der Beteiligungsgesellschaft ab und ihnen kann dort durch gesellschaftsvertragliche und erbrechtliche Regelungen, die einzig den spezifischen Belangen des einen Familienstamms Rechnung tragen, begegnet werden. Jeder Stamm kann so beispielsweise seine eigenen Erbfolgeregelungen treffen und die stamminterne Willensbildung spezifisch regeln. Die Gesellschafterrechte in der Gesellschafterversammlung der operativen Gesellschaft werden dann einheitlich durch die jeweilige Beteiligungsgesellschaft wahrgenommen.

8 Wird von der Vorschaltung von Beteiligungsgesellschaften abgesehen, so müssen entsprechende **Regelungen im Gesellschaftsvertrag** der GmbH & Co. KG getroffen werden. Diese sollten insbesondere sicherstellen, dass
- familieninterne Streitigkeiten aus der Gesellschaft herausgehalten werden,
- die Mitglieder eines Stammes gegenüber der Gesellschaft und den übrigen Gesellschafterstämmen einheitlich auftreten,
- keine Einmischung von stammesfremden Gesellschaftern in die internen Angelegenheiten der Stämme erfolgt,
- das Gewicht der Stämme und damit der Einfluss eines jeden Stammes stabil gehalten wird und ungewollte Machtverschiebungen vermieden werden,
- unternehmerische Entscheidungen im Sinne der Gesellschaft möglichst unkompliziert und zeitnah getroffen werden,
- sich die Familienstämme nicht gegenseitig blockieren und die Handlungsfähigkeit der Gesellschaft gewahrt ist.

2. Gesellschaftsrecht

9 Das Recht der KG ist vorrangig in den §§ 161–177a HGB geregelt. Über die Verweisungen in § 161 Abs. 2 und § 105 Abs. 3 HGB finden zudem die für die OHG und die GbR geltenden Vorschriften Anwendung. Das Gesetzesrecht der Personenhandelsgesellschaften ist antiquiert. Da es aber **weitgehend dispositiv** ist, ist es in der Rechtspraxis üblich und ratsam, die gesetzlichen Bestimmungen durch angemessene gesellschaftsvertragliche Regelungen zu ersetzen.

10 Bei der KG handelt es sich, wie bei der GbR und der OHG, um eine **Personengesellschaft.** Trägerin des Gesellschaftsvermögens ist die KG. Die KG tritt im Rechtsverkehr unter ihrer Firma selbstständig auf und ist delikts- wie verfahrensrechtlich selbstständiges Rechtssubjekt. Die KG ist jedoch keine juristische Person.

11 Zweck der KG ist der **Betrieb eines Handelsgewerbes** unter gemeinschaftlicher Firma. Handelsgewerbe ist nach der Legaldefinition des § 1 Abs. 2 HGB jeder Gewerbebetrieb, es sei denn, das Unternehmen erfordert nach Art und Umfang keinen in kaufmännischer Weise eingerichteten Geschäftsbetrieb. Wenn das Unternehmen keinen in kaufmännischer Weise eingerichteten Geschäftsbetrieb erfordert oder die Gesellschaft nur das eigene Vermögen verwaltet, kann die Gesellschaft dennoch gemäß

§ 161 Abs. 2, § 105 Abs. 2 HGB zur KG gemacht werden, indem die Firma des Unternehmens in das Handelsregister eingetragen wird.

Die KG muss mindestens einen **unbeschränkt haftenden Gesellschafter** (Komplementär) haben. Neben dem Komplementär muss mindestens ein nur **beschränkt haftender Gesellschafter** (Kommanditist) vorhanden sein. Gemäß § 161 Abs. 2, § 124 Abs. 1 HGB haftet die KG ihren Gläubigern mit ihrem Gesellschaftsvermögen. Zusätzlich haftet der Komplementär gemäß § 161 Abs. 2, § 128 HGB persönlich und unbeschränkt (akzessorisch) für die Schuld der KG. Ein Kommanditist haftet nur in Höhe seiner im Handelsregister eingetragenen Haftsumme. Hat der Kommanditist seine Einlage geleistet, so ist seine Haftung gegenüber den Gläubigern der KG ausgeschlossen (§ 171 Abs. 1 HGB). Wird die Einlage an den Kommanditisten zurückgezahlt, gilt sie den Gläubigern der KG gegenüber als nicht geleistet. Gleiches gilt, soweit der Kommanditist Gewinnanteile entnimmt, während sein Kapitalanteil durch Verluste oder Entnahmen unter die im Handelsregister eingetragene Haftsumme herabsinkt. Rechtsfolge ist, dass die Außenhaftung des Kommanditisten in dieser Höhe wieder auflebt (§ 172 Abs. 4 HGB). Bis zur Eintragung des Kommanditisten und seiner Haftsumme im Handelsregister haftet auch der Kommanditist unbeschränkt und persönlich für die mit seiner Zustimmung getätigten Geschäfte (§ 176 HGB).[3] 12

Gesellschafter einer KG kann jede natürliche oder juristische Person, jede Personenhandelsgesellschaft sowie die Partnerschaftsgesellschaft sein. Seit Änderung der Rechtsprechung zur Rechtsfähigkeit der GbR kann auch eine Außen-GbR Gesellschafterin einer Kommanditgesellschaft sein. Dies ist für die Übernahme der Kommanditistenstellung inzwischen gesetzlich geregelt.[4] Für die Übernahme der unbeschränkten Haftung kann nichts anderes gelten.[5] Was für die GbR gilt, muss zudem auch für den nicht rechtsfähigen Verein gelten. Eine Erbengemeinschaft und die reine Innen-GbR können hingegen nicht Gesellschafter einer KG sein.[6] Auch kann die KG – anders als eine Kapitalgesellschaft – keine Anteile an sich selbst halten. 13

In der **GmbH & Co. KG** übernimmt eine Kapitalgesellschaft in der Rechtsform der GmbH die Stellung des persönlich haftenden Gesellschafters. Als Komplementär kann aber auch eine Aktiengesellschaft, eine UG (haftungsbeschränkt) oder eine Stiftung fungieren. Eine Gesellschaft ausländischer Rechtsform kommt als Komplementärin in Betracht, wenn sie ihre Geschäftsleitung im Inland hat.

In der Praxis häufig anzutreffen ist die **personenidentische GmbH & Co. KG,** bei der die Kommanditisten im gleichen Verhältnis an der Komplementär-GmbH beteiligt sind wie am Festkapital der KG. Alternativ dazu bietet sich die sog. Einheitsgesellschaft an, bei der die KG selbst die Geschäftsanteile an ihrer eigenen Komplementär-GmbH hält, wodurch sich Regelungen zum Gleichlauf der Beteiligungen und die Verzahnung der beiden Gesellschaftsverträge erübrigen.

Soll ein **Minderjähriger** Gesellschafter einer KG werden, so wird er beim Abschluss des Gesellschaftsvertrages grundsätzlich durch seine gesetzlichen Vertreter (idR die Eltern gemeinsam, § 1629 Abs. 1 Satz 2 BGB) vertreten. Sofern ein gesetzlicher Vertreter des Minderjährigen gleichfalls an der KG beteiligt ist, kann er wegen des Verbots des § 181 1. Alt. BGB den **Minderjährigen** beim Abschluss des Gesellschaftsvertrages nicht vertreten.[7] Das Gleiche gilt für den Fall, dass der gesetzliche Vertreter 14

[3] Nach OLG Frankfurt am Main v. 9.5.2007 – 13 U 195/06, ZIP 2007, 1809, führt allerdings die Firmierung der Gesellschaft als GmbH & Co. KG dazu, dass die unbeschränkte Haftung des Kommanditisten nach § 176 Abs. 1 HGB ausgeschlossen ist, denn die Verkehrserwartung bei einer GmbH & Co. KG sei, dass nur die GmbH unbeschränkt hafte, während die übrigen Gesellschafter Kommanditisten sind.

[4] Vgl. § 162 Abs. 1 S. 2 HGB sowie LG Berlin v. 8.4.2003 – 102 T 6/03, BB 2003, 1351; *Werthenbruch* BB 2001, 737.

[5] OLG Celle v. 27.3.2012 – 9 W 37/12, ZIP 2012, 766; *Steinbeck* DStR 2001, 1162.

[6] BGH v. 10.2.1977 – II ZR 120/75, BGHZ 68, 237.

[7] Der Ausschluss der Eltern von der Vertretung bei Rechtsgeschäften zwischen Eltern und Kind oder anderen Verwandten in gerader Linie, insbesondere Großeltern, folgt zudem aus § 1629 Abs. 2 Satz 1 iVm. § 1795 Abs. 1 Nr. 1 BGB.

mehrere Personen bei der Gründung der KG vertritt (§ 181 2. Alt. BGB). Da die Gründung einer KG für den Minderjährigen nicht lediglich rechtlich vorteilhaft ist,[8] ist für den Abschluss des Gesellschaftsvertrages ein **Ergänzungspfleger** zu bestellen (§§ 1795 Abs. 2, 1629 Abs. 2 iVm. § 1909 BGB).[9] Der Ergänzungspfleger wird durch das Familiengericht ausgewählt und bestellt (§§ 1774, 1779 BGB). Er vertritt den Minderjährigen nur beim Abschluss des Gesellschaftsvertrages; eine Dauerpflegschaft ist nicht erforderlich. Da ein Ergänzungspfleger nicht von den Beschränkungen des § 181 BGB befreit werden kann, muss für jeden Minderjährigen ein eigener Pfleger bestellt werden.

Unabhängig von der Frage der Vertretung, d.h. sowohl bei der Vertretung des Minderjährigen durch einen Ergänzungspfleger als auch bei zulässiger Vertretung durch seine Eltern, ist zum Abschluss eines Gesellschaftsvertrages gemäß § 1643 Abs. 1, § 1915 Abs. 1, § 1822 Nr. 3 BGB die **Genehmigung des Familiengerichts** erforderlich, wenn der Betrieb eines Erwerbsgeschäfts Gegenstand der Gesellschaft ist.

15 Die KG entsteht grundsätzlich mit der Aufnahme ihrer Geschäfte (§ 161 Abs. 2, § 123 Abs. 2 HGB). Die **Eintragung im Handelsregister** hat dann lediglich deklaratorische Bedeutung. Ist allerdings kein in kaufmännischer Weise eingerichteter Geschäftsbetrieb vorhanden oder verwaltet die Gesellschaft nur eigenes Vermögen, so entsteht die KG erst mit ihrer Eintragung im Handelsregister (§ 161 Abs. 2, § 123 Abs. 2 HGB). In diesem Fall ist die Eintragung konstitutiv; bis zur Eintragung ist diese Gesellschaft eine GbR.

16 Der Gesellschaftsvertrag der KG kann **formfrei** und sogar durch schlüssiges Verhalten abgeschlossen und geändert werden. Aus Gründen der Rechtssicherheit empfiehlt sich jedoch die Schriftform. Notarielle Beurkundung des Vertrages ist nur erforderlich, wenn sich die Formbedürftigkeit aus anderen Vorschriften ergibt, insbesondere wenn ein Gesellschafter im Gesellschaftsvertrag die Verpflichtung zur Einbringung eines Grundstücks oder eines GmbH-Geschäftsanteils oder seines gesamten Vermögens übernimmt (§ 311b BGB, § 15 Abs. 4 Satz 1 GmbHG).[10] Der Gesellschaftsvertrag einer GmbH & Co. KG bedarf auch dann der notariellen Beurkundung gemäß § 15 Abs. 4 Satz 1 GmbHG, wenn sich ihre Gesellschafter zur Wahrung oder Wiederherstellung der Beteiligungsidentität an KG und Komplementär-GmbH im Gesellschaftsvertrag der KG verpflichten, ihre Geschäftsanteile an der Komplementärin abzutreten.

3. Erbrecht

17 Der **Tod eines Komplementärs** hat nach der gesetzlichen Regelung zur Folge, dass der Verstorbene aus der Gesellschaft ausscheidet und die Gesellschaft unter den verbliebenen Gesellschaftern fortgesetzt wird (§ 161 Abs. 2, § 131 Abs. 3 Nr. 1 HGB). Es besteht jedoch die Möglichkeit, die Gesellschaft aufgrund gesellschaftsvertraglicher Regelung mit den Erben des Verstorbenen oder mit einem Dritten fortzusetzen.[11] Handelt es sich bei dem Verstorbenen um den einzigen persönlich haftenden Gesellschafter, so muss für die Fortsetzung der Gesellschaft ein neuer Vollhafter gefunden werden. Häufig kommt es spätestens zu diesem Zeitpunkt zur Bildung einer GmbH & Co. KG, indem eine GmbH als Komplementärin neu in die KG eintritt.

18 Nach der gesetzlichen Regelung des § 177 HGB wird die KG beim **Tod eines Kommanditisten** mit dessen Erben fortgesetzt. Der Kommanditanteil ist also nach dem Gesetz frei vererblich. Im Falle von mehreren nachfolgeberechtigten Erben geht der Gesellschaftsanteil nicht auf die Erbengemeinschaft über, sondern jeder Erbe rückt entsprechend seiner Erbquote unmittelbar in die Stellung des Verstorbenen ein (sog.

---

[8] OLG Zweibrücken v. 14.1.1999 – 3 W 253/98, FamRZ 2000, 117.

[9] Zur steuerlichen Anerkennung der Mitunternehmerstellung des Minderjährigen siehe Rz. 21.

[10] Ein etwaiger Formmangel kann gemäß § 311b Abs. 1 Satz 2 BGB oder § 15 Abs. 4 Satz 2 GmbHG geheilt werden.

[11] Es gelten insofern die für die OHG beschriebenen Möglichkeiten; siehe dazu C. 1.10 Rz. 9ff.

Sonderrechtsnachfolge).[12] Der Gesellschaftsvertrag kann eine abweichende Regelung treffen und bspw. bestimmen, dass die Gesellschaft nur von den verbleibenden Gesellschaftern fortgesetzt wird **(Fortsetzungsklausel) oder** dass nur bestimmte Personen als Rechtsnachfolger des verstorbenen Kommanditisten in Betracht kommen **(qualifizierte Nachfolgeklausel)** oder dass bestimmten Personen für den Fall des Todes eines Kommanditisten das Recht zum Eintritt in die Gesellschaft eingeräumt wird **(Eintrittsklausel).**[13] Eine Klausel, nach welcher die Gesellschaft mit den Erben des Verstorbenen fortgesetzt wird **(einfache Nachfolgeklausel)** ist nicht erforderlich, da dies der gesetzlichen Regelung des § 177 HGB entspricht.

Insbesondere bei der in Familiengesellschaften häufig anzutreffenden **qualifizierten Nachfolgeklausel** ist Vorsicht geboten, denn das Testament eines jeden Gesellschafters ist auf die gesellschaftsvertragliche Regelung abzustimmen. Dabei ist zunächst einmal sicherzustellen, dass der testamentarische Erbe den Anforderungen der qualifizierten Nachfolgeklausel entspricht. Sollte dies nicht der Fall sein, so läuft die letztwillige Verfügung leer, denn der vom Erblasser bestimmte Erbe kann aufgrund der gesellschaftsvertraglichen Bestimmungen nicht in die Gesellschafterstellung des Verstorbenen einrücken. Zu beachten ist ferner, dass der qualifizierte Nachfolger aus erbrechtlichen Gründen ggf. erhebliche Ausgleichszahlungen an etwaige Miterben leisten muss, wenn er wertmäßig durch den Kommanditanteil mehr erhalten hat, als ihm nach seiner Erbquote zusteht. Der Erblasser kann dies verhindern, indem er dem qualifizierten Nachfolger seinen Kommanditanteil im Wege eines Vorausvermächtnisses zuwendet. Schließlich kann eine qualifizierte Nachfolgeklausel dann zur Steuerfalle werden, wenn zum Nachlass Gegenstände des Sonderbetriebsvermögens gehören.[14] **19**

Im Fall der GmbH & Co. KG ist zu beachten, dass auch in der **GmbH-Satzung** Nachfolgeregelungen zu treffen und diese mit den Regelungen bei der GmbH & Co. KG abzustimmen sind. Allerdings kann – anders als bei der KG – die Vererbbarkeit eines GmbH-Geschäftsanteils durch die Satzung nicht ausgeschlossen werden. Eine Zuordnung des Geschäftsanteils zu bestimmten Erben kann nur dadurch erreicht werden, dass unerwünschten Erben mittels Abtretungs- und Einziehungsklauseln die Kraft Erbfolge erlangte Gesellschafterstellung wieder entzogen wird. **20**

III. Steuerliche Aspekte

1. Steuerliche Anerkennung

(Gesellschafts-)**Verträge zwischen nahen Angehörigen** werden von der FinVerw. wegen des innerhalb der Familie typischerweise fehlenden Interessengegensatzes besonders kritisch betrachtet, um einen etwaigen steuerlichen Missbrauch zivilrechtlich zulässiger Gestaltungen zu verhindern. Die steuerliche Anerkennung wird verweigert, wenn Verträge nicht ernsthaft vereinbart oder tatsächlich nicht durchgeführt werden.[15] Voraussetzung für die steuerliche Anerkennung ist ferner, dass die Verträge zivilrechtlich wirksam sowie klar und eindeutig abgefasst sind. Zudem müssen die Regelungen dem Drittvergleich standhalten.[16] Die steuerliche Anerkennung wird bspw. verweigert, wenn Kommanditanteile an Kinder schenkweise mit der Maßgabe übertragen werden, dass der Schenker die Anteile jederzeit auch ohne Grund zurückverlangen kann.[17] **21**

---

[12] BGH v. 4.5.1983 – IV ZR 229/81, WM 1983, 672.
[13] Vgl. dazu C. 1.10 Rz. 10.
[14] Siehe dazu unten Rz. 36.
[15] EStH 15.9 Abs. 1.
[16] Ausführlich zur steuerlichen Anerkennung von Familiengesellschaften in C. 1.00 Rz. 27.
[17] Ausführlich Schmidt/*Wacker* EStG § 15 Rz. 740 sowie nachfolgend Rz. 25 ff.

2. Ertragsteuern

22 Die KG (auch in der Ausgestaltung der GmbH & Co. KG) ist Personengesellschaft und damit weder bei der Einkommensteuer noch bei der Körperschaftsteuer selbst Besteuerungssubjekt; die Besteuerung erfolgt auf Ebene der Gesellschafter und damit in Abhängigkeit vom steuerlichen Status eines jeden Gesellschafters als natürliche Person (Einkommensteuer) oder juristische Person (Körperschaftsteuer). Die Gewinn- bzw. Verlustanteile der Gesellschafter werden unter Berücksichtigung etwaiger Ergänzungs- und Sonderbilanzen auf Ebene der KG **einheitlich und gesondert festgestellt** (§§ 180 Abs. 1 Satz 1 Nr. 2a, 179 Abs. 2 Satz 2 AO). Das Gleiche gilt für Veräußerungsgewinne und -verluste.

23 Betreibt die KG ein gewerbliches Unternehmen, so erzielen ihre Gesellschafter **Einkünfte aus Gewerbebetrieb** (§ 15 Abs. 1 Satz 1 Nr. 2 EStG). Zu beachten ist, dass bereits eine geringe gewerbliche Tätigkeit der KG nach § 15 Abs. 3 Nr. 1 EStG die Gewerblichkeit aller Einkünfte zur Folge hat (sog. Infektions- oder Abfärbewirkung).[18] Selbst wenn die KG kein gewerbliches Unternehmen betreibt, erzielen die Gesellschafter Einkünfte aus Gewerbebetrieb, wenn es sich um eine gewerblich geprägte Gesellschaft im Sinne von § 15 Abs. 3 Nr. 2 EStG handelt. Dies ist der Fall, wenn Komplementär der Gesellschaft ausschließlich eine oder mehrere Kapitalgesellschaften sind und nur diese oder Personen, die nicht gleichzeitig Kommanditisten sind, zur Geschäftsführung befugt sind.

24 Ein Gesellschafter einer gewerblichen KG erzielt nur dann gewerbliche Einkünfte, wenn er steuerlich als **Mitunternehmer** zu qualifizieren ist. Dies ist der Fall, wenn er Mitunternehmerinitiative entfalten kann und Mitunternehmerrisiko trägt.[19] Bei einem Komplementär ist dies regelmäßig der Fall. Die Kommanditisten einer gewerblichen KG sind Mitunternehmer, wenn ihre rechtliche und wirtschaftliche Position in etwa dem gesetzlichen Leitbild des HGB entspricht.[20] Dagegen kann eine vom gesetzlichen Regelstatut abweichende Einschränkung der Kommanditistenrechte zur Versagung der Mitunternehmerstellung führen.[21]

25 Der zivilrechtliche Begriff des Gesellschafters und der steuerliche Begriff des Mitunternehmers sind nicht deckungsgleich. Nicht jeder, der Gesellschafter ist, genügt auch den steuerlichen Anforderungen für die Mitunternehmerstellung. Dabei ist der Begriff des Mitunternehmers kein fester Tatbestand, sondern es erfolgt eine Gesamtschau aller Umstände. Beschränkungen, die regelmäßig zur **Verneinung der Mitunternehmerstellung** führen, liegen insbesondere vor, wenn

- ein Kommanditist gegen seinen Willen aus der KG ausgeschlossen werden kann und dabei als Abfindung nur den Buchwert erhält,[22]
- das Stimm- oder Widerspruchsrecht eines Kommanditisten ausgeschlossen ist und der Gesellschaftsvertrag Stimmrechte und Mehrheitserfordernisse so regelt, dass der Senior in allen Angelegenheiten, einschließlich der Änderung des Gesellschaftsvertrages und der Auflösung der Gesellschaft, allein entscheiden kann,[23]
- die Überwachungs- und Kontrollrechte gem. § 166 HGB eingeschränkt sind,
- der Gesellschafter bei Ausscheiden und Liquidation der KG an den stillen Reserven und am Geschäftswert nicht teil hat,[24]

---

[18] In einem Einzelfall, bei dem der gewerbliche Teil der Umsätze lediglich 1,25 vH des Gesamtumsatzes ausmachte, hat der BFH allerdings aus Gründen der Verhältnismäßigkeit eine Ausnahme zugelassen und eine Infektion der übrigen, nicht gewerblichen Einkünfte verneint, BFH v. 11.8.1999 – XI R 12/98, BStBl. II 2000, 229.

[19] Siehe dazu oben C. 1.00 Rz. 33.

[20] BFH v. 25.6.1984 – GrS 4/82, BStBl. II 1984, 751; EStH 15.9 Abs. 1; Schmidt/*Wacker* EStG § 15 Rz. 266 und 322.

[21] BFH v. 29.1.1976 – IV R 73/73, BStBl. II 1976, 324; Schmidt/*Wacker* EStG § 15 Rz. 750.

[22] BFH v. 5.6.1986 – IV R 53/82, BStBl. II 1986, 798; BFH v. 6.7.1995 – IV R 79/94, DStR 1995, 1706.

[23] BFH v. 11.10.1988 – VIII R 328/83, BStBl. II 1989, 762.

[24] Schmidt/*Wacker* EStG § 15 Rz. 753.

– die Mitgliedschaft von vorn herein nur befristet ist,[25]
– sich der Schenker die Verwaltung der Anteile vorbehalten hat,[26]
– die Schenkung des Gesellschaftsanteils frei widerruflich ist oder der Schenker den Beschenkten nach freiem Ermessen aus der KG hinaus kündigen kann.[27]

Im Hinblick auf die Anerkennung der Mitunternehmerstellung aller Gesellschafter werden gerade **Familiengesellschaften** von der Finanzverwaltung besonders kritisch geprüft. Die rein formale Beteiligung von Kindern an einer KG ist nicht ausreichend, vielmehr müssen die Familienangehörigen volle Gesellschafterrechte genießen.[28] Wurde die Rechtsstellung der Abkömmlinge zu Gunsten der Eltern in einer Weise beschränkt, wie es in Gesellschaftsverträgen zwischen Fremden nicht üblich ist, dann sind die Abkömmlinge zivilrechtlich zwar Gesellschafter geworden, steuerlich werden ihnen jedoch keine Einkünfte aus der KG zugerechnet. Die Einkünfte werden vielmehr allein den Gesellschaftern zugewiesen, die steuerlich auch Mitunternehmer sind. 26

Bei Familiengesellschaften wird in steuerlicher Hinsicht auch noch die **Ergebnisverteilung** einem **Drittvergleich** unterzogen.[29] Wurde die KG-Beteiligung einem Abkömmling unentgeltlich zugewandt, und ist dieser in der Gesellschaft nicht tätig, wird der vereinbarte Gewinnverteilungsschlüssel steuerlich nur anerkannt, wenn er für den Abkömmling eine durchschnittliche Rendite von nicht mehr als 15 vH des tatsächlichen Wertes der Kommanditeinlage ergibt.[30] Handelsrechtliche Gewinnanteile, welche nach diesen Vorgaben als nicht angemessen gelten, werden steuerlich allein den Mitunternehmern zugerechnet. 27

Der steuerliche Gewinn- oder Verlustanteil eines Gesellschafters wird in einem zweistufigen Verfahren ermittelt.[31] Wesentlicher Unterschied bei der Besteuerung der Personengesellschaft gegenüber der Kapitalgesellschaft ist die Zuweisung der Gewinnbzw. Verlustanteile an die Gesellschafter unabhängig von etwaigen Entnahmen. Aus der unmittelbaren Zuweisung der Verluste folgt ein wesentlicher steuerlicher Vorteil der KG, nämlich die Möglichkeit der **Verlustverrechnung** im Bereich der persönlichen Einkommensteuer. Der Gesellschafter kann Verluste aus der KG mit positiven Einkünften aus der selben Einkunftsart oder aus anderen Einkunftsarten verrechnen. Der Verlustausgleich für beschränkt haftende Gesellschafter (Kommanditisten) ist jedoch gemäß **§ 15a EStG** auf die Höhe des steuerlichen Kapitalkontos bzw. – falls darüber hinaus gehend – in Höhe der im Handelsregister eingetragenen Haftsumme begrenzt. Verluste, die darüber hinausgehen, können nur mit zukünftigen Gewinnen aus der KG verrechnet werden (§ 15a Abs. 2 EStG). Das steuerliche Kapitalkonto setzt sich zusammen aus den tatsächlich geleisteten Einlagen, anteiligen Kapital- und Gewinnrücklagen sowie allen sonstigen Gesellschafterkonten, die als Eigenkapital der KG zu qualifizieren sind.[32] Gesellschafterdarlehen bleiben regelmäßig außer Betracht, es sei denn, sie sind als sog. Finanzplandarlehen[33] zu qualifizieren. Schließlich zählt noch ein etwaiges Kapital aus der Ergänzungsbilanz zum steuerlichen Kapitalkonto im Sinne von § 15a EStG. Haftet der Kommanditist am Bilanzstichtag den Gläubigern der Gesellschaft wegen einer noch nicht erbrachten Einlage nach § 171 Abs. 1 HGB, so können bis zur Höhe der ausstehenden Einlage Verluste ausgeglichen oder abgezogen werden. Die KG ist wegen dieser Möglichkeit zur steuerlichen Verlustverrechnung auf Gesellschafterebene insbesondere in der Gründungs- und Anlaufphase interessant. 28

---

[25] BFH v. 29.1.1976 – IV R 73/73, BStBl. II 1976, 324.
[26] BFH v. 25.6.1981 – IV R 135/78, BStBl. II 1981, 779.
[27] EStR 15.9 Abs. 2; BFH v. 16.5.1989 – VIII R 196/84, BStBl. II 1989, 877.
[28] BFH v. 21.2.1974 – IV B 28/73, BStBl. II 1974, 404; BFH v. 3.5.1979 – VI R 153/78, BStBl. II 1979, 515.
[29] Grundlegend BFH v. 29.5.1972 – GrS 4/71, BStBl. II 1973, 5; BFH v. 24.7.1986 – IV R 103/83, BStBl. II 1987, 54.
[30] Schmidt/*Wacker* EStG § 15 Rz. 776.
[31] Siehe dazu oben C. 1.00 Rz. 34.
[32] Schmidt/*Wacker* EStG § 15a Rz. 83 ff.
[33] BFH v. 7.4.2005 – IV R 24/03, BStBl. II 2005, 598.

29 Durch die Unternehmenssteuerreform 2008 wurde für Personengesellschaften eine **Tarifbegünstigung für nicht entnommene Gewinne** eingeführt. Danach kann ein Mitunternehmer den nicht entnommenen Gewinn auf Antrag ganz oder teilweise einem Einkommensteuersatz von 28,25 vH plus Solidaritätszuschlag unterwerfen (§ 34a Abs. 1 Satz 1 EStG). Voraussetzung ist, dass der Gewinnanteil des Antragsteller 10 vH oder € 10 000,– übersteigt.[34] Erst bei einer späteren Entnahme des begünstigt besteuerten Gewinns kommt es dann zur Nachversteuerung mit 25 vH plus Solidaritätszuschlag.[35]

30 Bei der **Gewerbesteuer** hingegen ist die KG selbst eigenständiges Besteuerungssubjekt. Sie unterliegt der Gewerbesteuer, wenn sie entweder selbst eine gewerbliche Tätigkeit ausübt oder gewerblich geprägt iSv. § 15 Abs. 3 Nr. 1 oder 2 EStG ist. Ausgangspunkt für die Besteuerung ist der einkommensteuerliche Gewinn aus Gewerbebetrieb einschließlich der Ergebnisse aus Sonder- und Ergänzungsbilanzen und etwaiger Tätigkeitsvergütungen. Dieser Gewinn ist gemäß §§ 8 und 9 GewStG um verschiedene Hinzurechnungen und Kürzungen zu korrigieren sowie um einen Freibetrag von € 24 500,– (§ 11 Abs. 1 Nr. 1 GewStG) zu kürzen. Die Höhe der zu zahlenden Gewerbesteuer wird letztlich durch den von jeder Gemeinde selbst festzulegenden Gewerbesteuerhebesatz bestimmt. Seit der Unternehmenssteuerreform 2008 stellt die Gewerbesteuer bei der KG keine abziehbare Betriebsausgabe mehr dar. Als Kompensation wurde auf Ebene des Gesellschafters die Anrechnung der Gewerbesteuer gemäß § 35 EStG auf das 3,8fache des anteilig auf den Gesellschafter entfallenden Gewerbesteuermessbetrages angehoben.

3. Erbschaft- und Schenkungsteuer

31 Der Erwerb eines Kommanditanteils von Todes wegen, sei es durch Erbanfall (§ 1922 BGB), durch Vermächtnis (§ 2147 BGB) oder durch Schenkung auf den Todesfall (§ 2301 BGB) ist ein nach § 3 Abs. 1 Nr. 1 oder Nr. 2 ErbStG **steuerbarer Tatbestand.** Entsprechendes gilt für den Erwerb eines Geschäftsanteils an der Komplementär-GmbH. Als Schenkung auf den Todesfall gilt nach der Fiktion des § 3 Abs. 1 Nr. 2 Satz 2 ErbStG auch der Fall, dass der Gesellschaftsanteil des verstorbenen Gesellschafters kraft einer gesellschaftsvertraglichen Fortsetzungsklausel auf die anderen Gesellschafter oder die Gesellschaft übergeht und der Wert des steuerliche Anteils die an Dritte zu zahlende Abfindung übersteigt. Steuerbar ist schließlich nach § 7 ErbStG die Schenkung eines Gesellschaftsanteils unter Lebenden, wobei nach §§ 7 Abs. 7 und 10 Abs. 10 ErbStG auch die Fälle als Schenkung qualifiziert werden, in denen der auf dem Ausscheiden eines Gesellschafters beruhende Übergang seiner Beteiligung aus einer gesellschaftsvertraglichen Abtretungs- oder Einziehungsklausel resultiert.

Die Erbschaft- bzw. Schenkungsteuer entsteht mit dem Tod des Erblassers (§ 9 Abs. 1 Nr. 1 ErbStG) bzw. mit der Ausführung der Schenkung (§ 9 Abs. 1 Nr. 2 ErbStG), die idR mit dem Wirksamwerden der dinglichen Abtretung vollzogen ist.

Bemessungsgrundlage für die Erbschaft-/Schenkungsteuer ist der Wert des steuerpflichtigen Erwerbs (§ 10 ErbStG). Der Wert von Anteilen an einer gewerblichen GmbH & Co. KG wird nach § 12 Abs. 5 ErbStG iVm. §§ 151, 109, 199–203 BewG nach dem Ertragswert der Gesellschaft oder nach einer anderen im Geschäftsverkehr anerkannten üblichen Methode ermittelt.

Das ErbStG sah und sieht für den Erwerb von Betriebsvermögen (und dazu zählen nach § 13b Abs. 1 Nr. 2 ErbStG auch Anteile an einer gewerblichen GmbH & Co. KG) **Steuerbegünstigungen** vor. Für Erwerbe, für die die Steuer bis zum 30.6.2016 entstanden ist, richtet sich die Verschonung nach den §§ 13a, 13b ErbStG aF. Für Er-

---

[34] Ausführlich zur Besteuerung der Personengesellschaft nach der Unternehmenssteuerreform 2008 bspw. *Dörfler/Graf/Reichl* DStR 2007, 645; *Knief/Nienaber* BB 2007, 1309; *Thiel/Sterner* DB 2007, 1009.

[35] Vgl. BMF v. 11.8.2008, DStR 2008, 1637.

werbe, für die die Steuer nach dem 30.6.2016 entsteht, kommen die neuen §§ 13a, 13b, 13c, 28 und 28a ErbStG zur Anwendung. Auch nach dem neuen Recht bleibt die Beteiligung an einer gewerblichen oder gewerblich geprägten GmbH & Co. KG weiterhin **begünstigungsfähiges Betriebsvermögen.** Allerdings ist nach dem neuen Recht das im Unternehmen vorhandene sog. **Verwaltungsvermögen** nicht mehr begünstigt (§ 13b Abs. 2 Satz 1 ErbStG nF). Zur Ermittlung des begünstigten Vermögens ist daher das begünstigungsfähige Vermögen um den Nettowert des Verwaltungsvermögens zu kürzen. Was alles unter das nicht begünstigte Verwaltungsvermögen fällt, ergibt sich abschließend aus § 13b Abs. 4 ErbStG. Besteht das begünstigungsfähige Vermögen zu 90 vH oder mehr aus Verwaltungsvermögen, ist es komplett von der Verschonung ausgenommen. Die Optionsverschonung kommt nur in Betracht, wenn die Verwaltungsvermögensquote maximal 20 vH beträgt (§ 13a Abs. 10 Satz 2 ErbStG nF; ausführlich A 13b.5 ff. AEErbSt 2017).

Für Erwerbe begünstigten Vermögens bis zu einem Wert von 26 Mio. € bleibt es auch nach dem neuen Recht bei dem bisherigen Verschonungssystem aus Regel- und Optionsverschonung. Bei der **Regelverschonung** bleibt das begünstigte Vermögen zu 85 vH steuerfrei, bei der **Optionsverschonung** zu 100 vH. Verschonungsvoraussetzungen bei der Regelverschonung sind die Einhaltung einer **Behaltensfrist** von fünf Jahren, innerhalb welcher die **Lohnsumme** 400 vH der Ausgangslohnsumme nicht unterschreiten darf. Bei der Optionsverschonung muss über sieben Jahre eine Lohnsumme von 700 vH gehalten werden.[36] Zudem wird bei der Regelverschonung ein abschmelzender Abzugsbetrag von € 150 000 gewährt (§ 13a Abs. 2 ErbStG nF; s. dazu auch A 13a.3 AEErbSt 2017).

Die Betriebsvermögensbegünstigung entfällt mit Wirkung für die Vergangenheit, soweit der Erwerber innerhalb der Behaltensfrist von 5 bzw. 7 Jahren gegen die Behaltensregeln des § 13a Abs. 6 und 10 Nr. 6 ErbStG nF verstößt. Bei Anteilen an einer GmbH & Co. KG liegt ein **Verstoß gegen die Behaltensregeln** insbesondere dann vor, wenn der Mitunternehmeranteil veräußert wird, wenn eine oder mehrere wesentliche Betriebsgrundlagen veräußert[37] oder entnommen werden oder das Insolvenzverfahren über das Vermögen der GmbH & Co. KG eröffnet wird. Schließlich liegt ein Verstoß auch dann vor, wenn der Erwerber innerhalb der Behaltensfrist Entnahmen tätigt, die die Summe seiner Einlagen und Gewinnanteile in diesem Zeitraum um mehr als € 150 000 übersteigen.[38]

Regel- und Optionsverschonung gelten nur für einen Erwerb von bis zu € 26 Mio. Überschreitet der Erwerb diese Schwelle, hat der Erwerber die Wahl zwischen dem sog. Abschmelzmodell und der Verschonungsbedarfsprüfung. Beim **Abschmelzmodell** (§ 13c ErbStG) wird für jede voll € 750 000, die der Erwerb über € 26 Mio. liegt, der Verschonungsabschlag um 1 vH reduziert. Bei der **Verschonungsbedarfsprüfung** (§ 28a ErbStG) wird die Steuer auf Antrag erlassen, wenn der Erwerber nachweist, dass er nicht in der Lage ist, die Steuer aus der Hälfte seines verfügbaren Vermögens zu begleichen. Für Erwerbe von € 90 Mio. und mehr gilt allein die Verschonungsbedarfsprüfung.

§ 13a Abs. 9 ErbStG nF gewährt **Familienunternehmen** einen besonderen Bewertungsabschlag (sog. **Vorababschlag**) von bis zu 30 vH, wenn der Gesellschaftsvertrag zwei Jahre vor und 20 Jahre nach Entstehung der Steuer kumulativ folgende 32

[36] Im Gegensatz zum früheren Recht ist die Lohnsummenregelung nur für Betriebe mit bis zu 5 Mitarbeitern unbeachtlich (§ 13a Abs. 3 ErbStG nF). Bei 6–10 Mitarbeitern muss die Lohnsumme im Fall der Regelverschonung 250 vH betragen und bei 11–15 Mitarbeitern 300 vH in fünf Jahren. Bei der Optionsverschonung erhöht sich die Quote auf 500 vH und 565 vH. Erst bei mehr als 15 Mitarbeitern gelten die Mindestlohnsummen von 400 vH bzw. 700 vH (s. dazu auch A 13a.4 ff. AEErbSt 2017).

[37] Eine schädliche Veräußerung liegt nicht vor, wenn der Veräußerungserlös innerhalb von 6 Monaten in begünstigtes Vermögen reinvestiert wird (§ 13b Abs. 1 Nr. 1 bis 3 ErbStG nF sowie A 13a.17 AEErbSt 2017).

[38] Wenn der Erwerber schon vor dem Erwerb an der Gesellschaft beteiligt war, bezieht sich diese Maximalentnahme nur auf den hinzuerworbenen Teil, vgl. ErbStR 2011 E 13a.8 Abs. 3 = A 13a.14 Abs. 3. AEErbSt 2017.

Entnahme-, Verfügungs- und Abfindungsbeschränkungen enthält: (i) Begrenzung der Entnahmen auf max. 37,5 vH des Gewinns nach Steuern, (ii) Beschränkung von Anteilsübertragungen auf Mitgesellschafter, Angehörige und Familienstiftungen sowie (iii) gesellschaftsvertragliche Abfindung, die unter dem gemeinen Wert der Beteiligung liegt (ausführlich dazu A 13a.19 AEErbSt 2017). Sind diese Voraussetzungen erfüllt, wird auf das begünstigte Vermögen iSv § 13b ErbStG ein Wertabschlag in Höhe des Prozentsatzes gewährt, um den die Abfindung unter dem gemeinen Wert liegt, max. 30 vH. Der Vorababschlag wird unabhängig von den anderen Betriebsvermögensvergünstigungen und unabhängig von der Größe des Erwerbs gewährt.[39]

Die Anforderungen des § 13a Abs. 9 ErbStG dürften in der Praxis schwer zu erfüllen sein. Dies gilt sowohl für die Fristen von 2 und 20 Jahren, in denen der Gesellschaftsvertrag nicht geändert werden darf, wie auch für die Einhaltung der Entnahmebeschränkung, bei welcher insbesondere auch die individuellen Nachweispflichten für jeden einzelnen Gesellschafter kaum handhabbar sein dürften. Wenn sich die Gesellschafter die Chance auf den Vorababschlag erhalten wollen, dann ist zu empfehlen, dass alle Gesellschafter ihre Kommanditanteile an der operativen GmbH & Co. KG in eine eigene Holding (GmbH oder GmbH & Co. KG) einbringen. In dieser Ein-Mann-Holding kann der Gesellschafter dann selbst steuern, ob und wie der den Anforderungen des § 13a Abs. 9 ErbStG entspricht.[40] Damit der Gesellschaftsvertrag den Anforderungen für den erbschaftsteuerlichen Vorababschlag genügt, muss er folgende Regelungen enthalten:

(1) Die Entnahmen eines Gesellschafters sind auf höchstens 37,5 vH seines um die auf den Gewinnanteil entfallenden Steuern vom Einkommen gekürzten Anteils am steuerlichen Gewinn beschränkt; zudem ist die Entnahme der zur Begleichung der auf den Gewinnanteil des Gesellschafters entfallenden Steuern vom Einkommen erforderlichen Beträge zulässig. Der nicht entnahmefähige Teil des Gewinnanteils ist zum Ende des Geschäftsjahres den Kapitalkonto II (persönliches Rücklagekonto) des Gesellschafters gutzuschreiben.

(2) Verfügungen über Gesellschaftsanteile sind nur zugunsten von Mitgesellschaftern, Angehörigen von Gesellschaftern iSv § 15 der Abgabenordnung oder einer Familienstiftung iSd § 1 Abs. 1 Nr. 4 des Erbschaftsteuergesetzes zulässig; dies gilt ausdrücklich auch für Nießbrauchsbestellungen, Verpfändungen und andere Verfügungen dieser Art.

(3) Scheidet ein Gesellschafter aus der Gesellschaft aus und wächst sein Gesellschaftsanteil den verbleibenden Gesellschaftern an, so erhält er eine Abfindung, die 70 vH des Verkehrswerts seines Gesellschaftsanteils entspricht.

(4) Die Regelungen dieses Paragraphen zu Entnahme- und Verfügungsbeschränkungen sowie zur Beschränkung der Abfindung stehen jedem Gesellschafter als Sonderrecht zu. Von ihnen kann nur mit der Zustimmung aller Gesellschafter abgewichen werden. Die vorstehenden Regelungen sind so auszulegen, dass die gesetzlichen Anforderungen des § 13a Abs. 9 des Erbschaftsteuergesetzes erfüllt werden. Alle Gesellschafter sind verpflichtet, ihr tatsächliches Verhalten und ihr Abstimmungsverhalten so zu gestalten, dass die Voraussetzungen des § 13a Abs. 9 des Erbschaftsteuergesetzes erfüllt werden.

§ 19a ErbStG gewährt zudem das sog. **Steuerklassenprivileg.** Erwerber, die den Steuerklassen II oder III zuzuordnen sind, erhalten eine weitere Entlastung dadurch, dass auf das begünstigte Vermögen die Besteuerung nach den günstigeren Sätzen der Steuerklasse I gewährt wird.

[39] Zu den Schwierigkeiten bei der gesellschaftsvertraglichen Umsetzung *Eisele* NWB 2016, 3002; *Reich* DStR 2016, 2447; *Viskorf/Löcherbach/Jehle* DStR 2016, 2425 und *Weber/Schwind* ZEV 2016, 688.

[40] *Reich* DStR 2016, 2447.

Schuldner der Erbschaft-/Schenkungsteuer ist der Erwerber, bei der Schenkung daneben auch der Beschenkte. Der Erwerber ist nach § 30 Abs. 1 ErbStG verpflichtet, jeden erbschaftsteuerbaren Erwerb innerhalb von 3 Monaten dem Finanzamt schriftlich anzuzeigen. Bei Schenkungen trifft diese Verpflichtung auch den Schenker. Die Verpflichtung besteht nicht, wenn der Erwerb auf einer notariell beurkundeten Schenkung beruht.

Wird ein Anteil an einer Personengesellschaft vererbt oder durch letztwillige Verfügung zugewandt, so kommt es im Hinblick auf die erbschaft- und ertragsteuerlichen Folgen entscheidend auf die gesellschaftsrechtliche **Nachfolgeregelung** an. 33

Nach der **gesetzlichen Regelung des § 177 HGB** wird die Gesellschaft mangels abweichender vertraglicher Bestimmung mit den Erben des Kommanditisten fortgesetzt. Gibt es mehrere Erben, so wird nicht die Erbengemeinschaft, sondern jeder Erbe im Wege der Sonderrechtsnachfolge unmittelbar entsprechend seiner Erbquote Gesellschafter.[41] Der Vorgang unterliegt nach § 3 Abs. 1 Nr. 1 ErbStG der Erbschaftsteuer. Zugunsten der Erben kommen, falls die tatbestandlichen Voraussetzungen erfüllt sind, die Verschonungsregeln der §§ 13a ff. ErbStG sowie das Steuerklassenprivileg (§ 19a Abs. 4 ErbStG) zur Anwendung. Ertragsteuerlich treten die Erben in die Mitunternehmerstellung des verstorbenen Gesellschafters ein. § 6 Abs. 3 EStG schreibt dafür zwingend die Fortführung der Buchwerte vor. Dies gilt auch für etwaiges Sonderbetriebsvermögen, soweit dies von Todes wegen auf den Anteilserben übergegangen ist. Geht Sonderbetriebsvermögen hingegen auf Personen über, die nicht Gesellschafter geworden sind, so kommt es insofern zu einer steuerpflichtigen Entnahme. Dies gilt auch für die Beteiligung an der Komplementär-GmbH. Wird eine Erbengemeinschaft Eigentümer des Sonderbetriebsvermögens, so kommt es in Höhe der Erbquote des Anteilserben zur Buchwertfortführung und im Übrigen zur Entnahmebesteuerung. 34

Enthält der Gesellschaftsvertrag eine **Fortsetzungsklausel,** so bewirkt der Tod eines Gesellschafters zwei erbschaftsteuerlich relevante Vorgänge. Zum einen wächst der Gesellschaftsanteil des Verstorbenen den verbleibenden Gesellschaftern an, zum anderen erwerben die Erben des Verstorbenen in der Regel einen Abfindungsanspruch gegen die Gesellschaft. Gemäß § 3 Abs. 1 Nr. 2 Satz 2 ErbStG stellt die Anwachsung des Gesellschaftsanteils des verstorbenen Gesellschafters bei den verbleibenden Gesellschaftern eine Schenkung auf den Todesfall dar, wenn und soweit der erbschaftsteuerliche Wert, der sich für den Anteil des Verstorbenen zum Zeitpunkt des Todes nach § 12 ErbStG ergibt, die gesellschaftsvertraglichen Abfindungsansprüche der Erben übersteigt. Das Gesetz fingiert hier einen Erwerb der verbleibenden Gesellschafter von Todes wegen, wenn der Steuerwert des Anteils höher ist als die an die Erben zu zahlende Abfindung.[42] Dies ist immer dann der Fall, wenn der Gesellschaftsvertrag eine **Beschränkung des Abfindungsanspruchs normiert.**[43] Da die verbleibenden Gesellschafter durch die Anwachsung Betriebsvermögen erwerben, kommen sie unter den einschlägigen Voraussetzungen in den Genuss der in §§ 13a ff. ErbStG normierten Verschonungsregeln sowie des Steuerklassenprivilegs nach § 19a Abs. 4 ErbStG.[44] Ein mit dem Tod des Gesellschafters entstandener Abfindungsanspruch fällt in den Nachlass. Die Erben erwerben mit der Abfindungszahlung kein Betriebsvermögen, sondern eine Kapitalforderung. Diese unterliegt als reines Forderungsrecht mit ihrem Nominalbetrag der Erbschaftsteuer. Ertragsteuerlich wird das Ausscheiden gegen Abfindung wie eine Veräußerung des Mitunternehmeranteils behandelt. Der Veräußerungsgewinn entsteht allerdings noch in der Person des Erblassers und errechnet sich aus der Diffe- 35

[41] BGH v. 4.5.1983 – IV ZR 229/81, WM 1983, 672.

[42] *Casper/Altgen* DStR 2008, 2319; *Götzenberger* BB 2009, 131; *Wangler* DStR 2009, 1501.

[43] S. dazu C. 1.00 Rz. 41.

[44] Die gleichen Rechtsfolgen ergeben sich, wenn das Ausscheiden des Gesellschafters nicht todesbedingt erfolgt. Hier fingiert § 7 Abs. 7 ErbStG eine Schenkung unter Lebenden, wenn der Abfindungsanspruch unter dem erbschaftsteuerlichen Wert des Gesellschaftsanteils liegt.

renz zwischen der Abfindung und dem Buchwert des Gesellschaftsanteils im Todeszeitpunkt.[45] Hatte der Erblasser der Gesellschaft Wirtschaftsgüter zur Nutzung überlassen, so zählen diese zum Sonderbetriebsvermögen. Wird die Gesellschaft aufgrund der Fortsetzungsklausel jedoch nur durch die verbliebenen Gesellschafter fortgesetzt und werden diese nicht zugleich Erben des Sonderbetriebsvermögens, so wird das Sonderbetriebsvermögen durch den Tod des Gesellschafters zwangsentnommen, wodurch die in den Wirtschaftgütern enthaltenen stillen Reserven aufgedeckt werden.[46]

36 Im Falle einer **qualifizierten Nachfolgeklausel** können nur bestimmte Personen Rechtsnachfolger des Verstobenen in den Kommanditanteil werden. Für denjenigen, der Rechtsnachfolger des Verstorbenen wird, kommen, falls die tatbestandlichen Voraussetzungen erfüllt sind, die Verschonungsregeln der §§ 13aff. ErbStG sowie das Steuerklassenprivileg (§ 19a Abs. 4 ErbStG) zur Anwendung. Ertragsteuerlich wird der qualifizierte Nachfolger Mitunternehmer iSv. § 15 Abs. 1 Nr. 2 EStG.[47] Er führt gemäß § 6 Abs. 3 EStG die Buchwerte des Erblassers fort. Ein etwaiger den weichenden Miterben gegen den qualifizierten Nachfolger zustehender erbrechtlicher Ausgleichsanspruch wird dem Nachlass zugerechnet. Für den qualifizierten Nachfolger handelt es sich nicht um Anschaffungskosten.[48] Entsprechend sind bei einer Fremdfinanzierung dieser Ausgleichszahlung die Schuldzinsen dem privaten Bereich zuzuordnen und können nicht als (Sonder-)Betriebsausgaben abgezogen werden.[49] Hat Sonderbetriebsvermögen des Verstorbenen bestanden und fällt dieses in den Nachlass, dann führt die qualifizierte Nachfolgeklausel in Höhe der Erbquote der weichenden Miterben zu einer Entnahme aus dem Sonderbetriebsvermögen und damit zur Aufdeckung der stillen Reserven.[50] Lediglich in Höhe der Erbquote des Nachfolgers behalten die Wirtschaftsgüter ihre Eigenschaft als Sonderbetriebsvermögen und der Nachfolger führt insofern die Buchwerte fort (§ 6 Abs. 3 EStG).

37 Sieht der Gesellschaftsvertrag eine **Eintrittsklausel** vor und macht der Berechtigte innerhalb von sechs Monaten nach dem Tod des Gesellschafters von dem Eintrittsrecht Gebrauch, so gelten dieselben steuerlichen Folgen wie bei der qualifizierten Nachfolgeklausel. Falls er von seinem Eintrittsrecht keinen (rechtzeitigen) Gebrauch macht, gelten dieselben Steuerfolgen wie bei der Fortsetzungsklausel.[51]

4. Umsatzsteuer

38 Die gewerblich tätige **KG ist Unternehmer** im Sinne von § 2 UStG und damit selbst Besteuerungssubjekt; sie unterliegt mit ihren steuerpflichtigen Umsätzen der Umsatzsteuer.

39 Auch zwischen der Gesellschaft und ihren Gesellschaftern kann es zu einem Leistungsaustausch iSd. UStG kommen. Für die umsatzsteuerliche Behandlung von **Leistungsbeziehungen zwischen KG und Gesellschafter** kommt es zunächst einmal darauf an, ob der Gesellschafter umsatzsteuerlicher Unternehmer ist.[52] Ist der Gesellschafter Unternehmer im Sinne des UStG, ist weiter zu prüfen, ob es sich um einen Leistungsaustausch gegen **Sonderentgelt** handelt oder ob die Leistung mit der allgemeinen Gewinnbeteiligung des betreffenden Gesellschafters abgegolten ist; nur der erste Fall ist steuerbar, im zweiten Fall handelt es sich um einen nicht steuerbaren Ge-

[45] BFH v. 15.4.1993 – IV R 66/12, BStBl. II 1994, 227; BFH v. 19.8.1999 – IV R 67/98, BStBl. II 2000, 179; BMF v. 14.3.2006, BStBl. I 2006, 253 Rz. 69.
[46] BFH v. 10.3.1998 – VIII R 76/96, BStBl. II 1999, 269.
[47] BFH v. 29.10.1991 – VIII R 51/84, BStBl. II 1992, 512.
[48] BFH v. 29.10.1991 – VIII R 51/84, BStBl. II 1992, 512.
[49] BFH v. 27.7.1993 – VIII R 72/90, BStBl. II 1994, 625.
[50] BMF v. 14.3.2006, BStBl. I 2006, 253 Rz. 73.
[51] BMF v. 14.3.2006, BStBl. I 2006, 253 Rz. 70.
[52] Weder seine Beteiligung an der KG noch seine einkommensteuerliche Qualifikation als Mitunternehmer macht den Gesellschafter zum Unternehmer iSd. UStG.

sellschafterbeitrag.[53] Nach Auffassung des BMF liegt ein umsatzsteuerbarer Leistungsaustausch gegen Sonderentgelt immer dann vor, wenn die Vergütung in der Ergebnisermittlung der KG als (handelsrechtlicher) Aufwand behandelt wird.[54]

Erhält eine Komplementär-GmbH Aufwendungsersatz für die von ihr erbrachten **Geschäftsführungs- und Vertretungsleistungen,** so stellt dies eine Sondervergütung dar, die der KG von der GmbH mit gesondertem Umsatzsteuerausweis in Rechnung zu stellen ist.[55] Dies gilt insbesondere für das Gehalt des GmbH-Geschäftsführers, über das selbst dann eine Rechnung zu erteilen ist, wenn es im abgekürzten Zahlungsweg unmittelbar von der KG ausgezahlt wird.[56] Fraglich ist die umsatzsteuerliche Behandlung der sog. **Haftungsvergütung** an den persönlich haftenden Gesellschafter. Ehemals ging man davon aus, dass die Übernahme der Haftung einen nicht steuerbaren Gesellschafterbeitrag darstellt.[57] Inzwischen vertritt die Finanzverwaltung aber die Auffassung, dass auch bei isolierter Betrachtung die Haftungsübernahme Gegenstand eines umsatzsteuerbaren Leistungsaustausches sein kann.[58] Erbringt der persönlich haftende Gesellschafter neben der Übernahme der persönlichen Haftung – wie üblich – auch Geschäftsführungs- und Vertretungsleistungen, so liegt eine einheitliche Leistung vor, die umsatzsteuerpflichtig ist.[59] 40

5. Grunderwerbsteuer

Bei der **Übertragung von Grundbesitz von der Gesellschaft auf den Gesellschafter und umgekehrt** normieren die §§ 3, 5 und 6 GrEStG personenbezogene Befreiungstatbestände, durch die die Übertragung insofern steuerfrei gestellt wird, wie der Gesellschafter an der KG beteiligt ist. 41

Zu beachten ist, dass Grunderwerbsteuer auch dann ausgelöst wird, wenn die Gesellschaft Eigentümerin eines Grundstücks ist und innerhalb von fünf Jahren mindestens **95 vH der Anteile an der Gesellschaft** unmittelbar oder mittelbar auf neue Gesellschafter übergehen werden oder sich 95 vH oder mehr der Anteile in einer Hand vereinigen (§ 1 Abs. 2a, Abs. 3 und Abs. 3aGrEStG).[60] 42

B. Einzelerläuterungen

Zu § 1: Rechtsform, Firma, Sitz

Seit der Liberalisierung des Firmenrechts durch das Handelsrechtsreformgesetz[61] besteht auch für die KG grundsätzlich die **freie Wahl der Firma.** Die KG kann eine Personen-, Sach- oder Fantasiefirma führen. Die Aufnahme des Namens eines persönlich haftenden Gesellschafters in die Firma ist nicht mehr erforderlich. Zwingend muss die Firma hingegen einen die Rechtsform kennzeichnenden **Zusatz** wie „KG" oder „Kommanditgesellschaft" enthalten (§ 19 Abs. 1 Nr. 3 HGB). Hat die KG keine natürliche Person als Komplementär, so muss in der Firma durch einen Zusatz wie „GmbH & Co. KG" oder „UG (haftungsbeschränkt) & Co. KG" auf die Haftungsbeschränkung hingewiesen werden (§ 19 Abs. 2 HGB). Dies gilt auch, wenn Komplementärin eine nach ausländischem Recht gegründete Gesellschaft ist („Ltd. & Co. 43

[53] BFH v. 6.6.2002 – V R 43/01, BStBl. II 2003, 36; BMF v. 31.5.2007 – IV A 5 – S 7100/07/0031, BStBl. I 2007, 503, Tz. 7. *Küffner/Zugmaier* DStR 2007, 1241.

[54] BMF v. 31.5.2007 – IV A 5 – S 7100/07/0031, BStBl. I 2007, 503, Tz. 9.

[55] UStAE 1.1 Abs. 12.

[56] *Fromm* GmbHR 2007, 865, 868.

[57] So noch die FinVerw. in BMF v. 23.12.2003 – IV B 7 – S 7100 – 247/03, DStR 2004, 208.

[58] BMF v. 14.11.2011 – IV D 2-S 7100/07/10028:003, BStBl. I 2011, 1158 im Anschluss an BFH v. 3.3.2011 – V R 24/10, BStBl. II 2011, 950.

[59] BFH v. 3.3.2011 – V R 24/10, BStBl. II 2011, 950; UStAE 1.6 Abs. 6.

[60] Boruttau/*Fischer* GrEStG § 1 Rz. 810 ff.

[61] BGBl. 1998 I 1474 ff.

KG“). Zu beachten sind schließlich die allgemeinen Grundsätze zur Firmenbildung, insbesondere die **Firmenunterscheidbarkeit** und das **Irreführungsverbot.**

44 **Sitz** der KG ist der Ort, an dem sich die Geschäftsführung befindet. Entscheidend ist, wo die wesentlichen Leitungsentscheidungen getroffen werden. Eine davon abweichende Bestimmung im Gesellschaftsvertrag ist unbeachtlich.[62] Die KG muss ihren Sitz im Inland haben. Verlegt sie ihre Geschäftsleitung und damit ihren Sitz in das Ausland, so hat das (auch bei Sitzverlegung innerhalb der EU) die Auflösung der Gesellschaft zur Folge.[63]

Die KG ist am Ort ihres Sitzes zur Eintragung in das **Handelsregister** anzumelden (§ 161 Abs. 2, § 106 Abs. 1 HGB). Anmeldepflichtig sind nach §§ 161 Abs. 2, 108 HGB sämtliche Gesellschafter, also auch die Kommanditisten. Der Inhalt der Anmeldung ergibt sich aus § 106 Abs. 2 HGB. Die Handelsregisteranmeldung ist öffentlich zu beglaubigen. Sie kann von einem Stellvertreter vorgenommen werden, wenn die Vollmacht öffentlich beglaubigt ist (§ 12 HGB). Der Gesellschaftsvertrag der KG wird nicht zum Handelsregister eingereicht.

Zu § 2: Gesellschaftszweck

45 Gesellschaftszweck der KG ist der Betrieb eines Handelsgewerbes. Der Gesellschaftszweck bestimmt den Umfang der Geschäftsführungsbefugnis (§ 161 Abs. 2, § 116 HGB). Der Komplementär darf grundsätzlich nur solche Handlungen vornehmen, die der gewöhnliche Betrieb des Handelsgewerbes der betreffenden KG mit sich bringt. Zur Vornahme von Handlungen, die darüber hinausgehen, ist ein Beschluss sämtlicher Gesellschafter erforderlich.[64] Ohne eine konkrete Umschreibung des Unternehmensgegenstands im Gesellschaftsvertrag wird es schwierig, die Grenzen der Geschäftsführungsbefugnis zu bestimmen.

Zu § 3: Gesellschafter, Kapitalanteile, Haftsummen, Beteiligungsgleichheit mit der Komplementär-GmbH

46 Im Gesellschaftsvertrag der KG ist festzulegen, welcher Gesellschafter als Komplementär für die Verbindlichkeiten der Gesellschaft unbeschränkt und welcher Gesellschafter als Kommanditist lediglich auf seine Haftsumme beschränkt haftet.

47 Bei den Kommanditisten ist begrifflich ist zwischen der (Pflicht-)Einlage und der Haftsumme zu unterscheiden. Die Pflichteinlage ist die Einlage, zu deren Erbringung sich der Gesellschafter im Gesellschaftsvertrag im Innenverhältnis zu der Gesellschaft und seinen Mitgesellschaftern verpflichtet hat. Die Haftsumme bezeichnet hingegen den im Handelsregister einzutragenden Geldbetrag, mit dem der Kommanditist gegenüber Gläubigern der Gesellschaft haftet. Pflichteinlage und Haftsumme müssen nicht identisch sein.

48 Der Kommanditist wird von der Haftung gegenüber den Gläubigern der Gesellschaft frei, soweit er die Haftsumme geleistet hat (§ 171 Abs. 1 HGB). Bei Sacheinlagen entfällt die Haftung jedoch nur in Höhe des objektiven Werts der Leistung.

49 Als **Einlage** wird ein durch Einbringung in das Gesellschaftsvermögen zu erbringender Gesellschafterbeitrag bezeichnet. Als Einlagen können alle übertragbaren Vermögenswerte geleistet werden, insbesondere Geld, Sachen, Good will, Rechte und Know-how. Dienstleistungen des Gesellschafters können zwar Gesellschafterbeitrag im Sinne von § 705 BGB sein, sind aber nicht einlagefähig, weil sie bilanziell nicht aktivierbar sind.[65] Zulässig ist es jedoch, den Entgeltanspruch für erbrachte Dienste, sobald

---

[62] BGH v. 27.10.2008 – II ZR 158/06, NJW 2009, 289.

[63] *Baumbach/Hopt* HGB Einl. 29 ff. vor § 105.

[64] *Baumbach/Hopt* HGB § 164 Rz. 2.

[65] Str., wie hier: Großkomm. HGB/*Theissen* § 171 Rz. 124 ff und 139; MüKoHGB/*K. Schmidt* HGB § 171 Rz. 9 f mwN. AA (auch Dienstleistungen sind einlagefähig): EBJS/*Strohn* HGB § 171 Rz. 55 und *Oetker* HGB § 171 Rz. 42 jeweils mwN.

er entstanden ist, mit dem Anspruch auf Geldeinlage zu verrechnen. Die Summe der Einlagen bildet das Festkapital der Gesellschaft. In der kapitalistisch ausgestalteten KG sind die Gesellschafter daran im Verhältnis ihrer Einlagen beteiligt.

Leistet ein Gesellschafter als Sacheinlage einen Betrieb, Teilbetrieb oder Mitunter- **50**
nehmeranteil und ist der tatsächliche Wert dieser Sacheinlage auf Grund stiller Reserven höher als ihr Buchwert, so kann die Einbringung unter den Voraussetzungen des § 24 UmwStG **steuerneutral** erfolgen. Die steuerliche Buchwertfortführung nach § 24 UmwStG kommt selbst dann in Betracht, wenn handelsrechtlich eine Wertaufstockung vorgenommen wird. Eine Gewinnrealisierung für den einbringenden Gesellschafter wird in diesem Fall durch Bildung einer Ergänzungsbilanz vermieden, in der die in der Handelsbilanz aufgestockten stillen Reserven auf den steuerlichen Buchwert abgestockt werden. Für die Einbringung einzelner Wirtschaftsgüter des (Sonder)Betriebsvermögens besteht gemäß **§ 6 Abs. 5 EStG** ein Buchwertfortführungsgebot. Leistet ein Gesellschafter die Sacheinlage hingegen aus seinem Privatvermögen, so ist dieser Vorgang mit Ausnahme der Fälle der **§§ 17 und 23 EStG** ohne steuerliche Relevanz. Die Einlage von Wirtschaftsgütern im Sinne von § 20 Abs. 2 EStG stellt keine Veräußerung dar.[66]

Während der Dauer der Gesellschaft sind die Gesellschafter grundsätzlich zu Nach- **51**
schüssen nicht verpflichtet. Etwas anderes gilt nur, falls der Gesellschaftsvertrag eine **Nachschussklausel** enthält. Diese ist jedoch nur dann wirksam, wenn sie eine Obergrenze und sonstige Kriterien festlegt, die das Erhöhungsrisiko eingrenzen.[67] Andernfalls können nachträgliche Beitragspflichten nur mit der Zustimmung des betroffenen Gesellschafters beschlossen werden.[68] Dies gilt auch für die spätere Einführung einer gesellschaftsvertraglichen Nachschussklausel.[69]

Häufig sind bei der GmbH & Co. KG die Kommanditisten und die Gesellschafter der Komplementär-GmbH identisch. Dies sorgt vor dem Hintergrund, dass die Komplementär-GmbH die Geschäftsführungs- und Vertretungsfunktion in der KG ausübt, für einen Interessengleichlauf in beiden Gesellschaften. Durch gesellschaftsvertragliche Regelungen ist sicherzustellen, dass diese **Beteiligungsgleichheit** in KG und Komplementär-GmbH auch im Fall von Anteilsübertragungen gewahrt bzw. wieder hergestellt wird. Wird dazu im KG-Vertrag die Verpflichtung normiert, im Falle der Anteilsübertragung auch den Geschäftsanteil an der Komplementär-GmbH mit zu übertragen, führt dies wegen § 15 Abs. 4 Satz 1 GmbHG dazu, dass der Gesellschaftsvertrag der KG notariell zu beurkunden ist. Will man eine Beurkundung des KG-Vertrages vermeiden, sollte die Verpflichtung zur Mitübertragung des Geschäftsanteils an der Komplementär-GmbH nur in der ohnehin zu beurkundenden GmbH-Satzung normiert werden. Im KG-Vertrag wird die Beteiligungsidentität dadurch gewährleistet, dass ein Kommanditanteil eingezogen werden kann (s. § 15 Abs. 1 Buchst. e des Formulars), sofern der betreffende Gesellschafter nicht auch an der Komplementärin mit gleicher Quote beteiligt ist.

Alternativ zu den gesellschaftsvertraglichen Regelungen zur Beteiligungsgleichheit kommt die Bildung einer sog. Einheitsgesellschaft in Betracht, also einer GmbH & Co. KG, bei der die KG sämtliche Geschäftsanteile an ihrer Komplementär-GmbH hält.[70] In einem solchen Fall erübrigen sich Regelungen zum Gleichlauf der Anteile.

---

[66] Schmidt/*Kulosa* EStG § 6 Rz. 564.

[67] BGH v. 15.1.2007 – II ZR 245/05, ZIP 2007, 475.

[68] Der BGH hat allerdings in seinen „Sanieren oder Ausscheiden"-Urteilen entschieden, dass Gesellschafter, die sich nicht an einer freiwilligen Kapitalerhöhung zur Sanierung der Gesellschaft beteiligen, unter bestimmten Umständen ggf. aus der Gesellschaft ausscheiden müssen, vgl. bspw. BGH v. 9.6.2015 – II ZR 420/13, MDR 2015, 1143; BGH v. 19.10.2009 – II ZR 240/08, BGHZ 183, 1; *Schöne* ZIP 2015, 501.

[69] BGH v. 21.5.2007 – II ZR 96/06, ZIP 2007, 1458.

[70] Zur Einheitsgesellschaft siehe bspw. *Jorde/Götz* BB 2005, 2718; *Werner* DStR 2006, 706.

Zu § 4: Familienstämme

52 Der Begriff des Familienstammes und seine Zugehörigkeit sind zu definieren. Dem Stamm gehört zunächst einmal der jeweilige Stammbegründer an. Hinzukommende Gesellschafter sind dem Familienstamm zuzuordnen, von dem der Anteil, den sie erworben haben, herrührt. Dies stellt sicher, dass sich das Machtgefüge unter den Stämmen nicht verschiebt. Eine doppelte Stammeszugehörigkeit gilt es zu vermeiden, denn ein Gesellschafter kann seine Rechte nur einheitlich ausüben.

53 Das Formular geht davon aus, dass an der Gesellschaft drei Familienstämme beteiligt sind. Jeder Stamm hält ein Drittel des Festkapitals. Dieses Verhältnis soll auch künftig aufrecht erhalten werden. Damit bleibt der Einfluss jeder Familie auf die Geschicke der Gesellschaft gleich groß. Durch die Regelungen in § 4 Abs. 2, § 13 Abs. 2 und § 17 wird daher sichergestellt, dass es auch zukünftig keine Anteilsverschiebungen unter den Familienstämmen geben wird.

Zu § 5: Gesellschafterkonten

54 Das Gesetz geht von variablen Kapitalanteilen der KG-Gesellschafter aus, denn nach § 120 Abs. 2 HGB sind Gewinne und Verluste dem Kapitalanteil gutzuschreiben bzw. zu belasten, so dass dieser sich fortlaufend verändert. Dies hat sich aus vielfachen Gründen als unzweckmäßig erwiesen, so dass die Praxis stattdessen diverse **Zwei- oder Mehrkontenmodelle** entwickelt hat. Das Vertragsmuster folgt einem Vierkontenmodell, in dem neben einem festen Kapitalkonto ein Verlustvortragskonto und ein Privatkonto sowie ein Rücklagekonto geführt werden.

55 Auf dem **Festkapitalkonto** eines jeden Gesellschafters wird der Betrag seiner Einlage (Pflichteinlage) gebucht. Das Konto bleibt während der Dauer der Gesellschaft unverändert, es sei denn, die Gesellschafter beschließen eine Änderung des Gesellschaftsvertrages. Aus dem Verhältnis seines Festkapitalkontos zum Festkapital der Gesellschaft ergibt sich die **Beteiligungsquote** des Gesellschafters. Abweichend von der gesetzlichen Vorgabe wird diese Beteiligungsquote durch die gesellschaftsvertraglichen Reglungen zum Maßstab für die Beteiligung des Gesellschafters am Ergebnis, am Vermögen und für das Stimmrecht gemacht (kapitalistisches Modell). Das Guthaben auf dem Festkapitalkonto ist eine reine Rechengröße und keine Forderung des Gesellschafters gegen die KG. Damit das Festkapitalkonto dauerhaft unverändert bleibt, werden alle anderen den Gesellschafter betreffenden Geschäftsvorfälle auf den weiteren Gesellschafterkonten gebucht.

56 Die Einrichtung eines gesonderten **Verlustvortragskontos** dient u.a. der erleichterten Feststellung aufgelaufener Verluste und in steuerlicher Hinsicht der Feststellung der Verrechenbarkeit von Verlusten gemäß § 15a EStG. Entnahmen des Gesellschafters kommen erst wieder in Betracht, wenn das Verlustvortragskonto ausgeglichen ist. Werden dennoch Entnahmen getätigt, so führt dies zum Wiederaufleben der persönlichen Haftung des Kommanditisten. Das Verlustvortragskonto ist als Unterkonto des Festkapitalkontos ebenfalls ein Eigenkapitalkonto.

57 Auf dem **Privatkonto** (auch als Gesellschafter-Darlehens- oder -Verrechnungskonto bezeichnet) werden die entnahmefähigen Gewinnanteile, die Entnahmen und freiwillige Einlagen des Gesellschafters sowie alle sonstigen Zahlungsströme zwischen Gesellschaft und Gesellschafter gebucht. Das Privatkonto ist somit variabel. Es ist ein Fremdkapitalkonto. Guthaben und Schulden auf dem Privatkonto werden verzinst, denn die Gesellschafter stellen der KG über dieses Konto in unterschiedlichem Maße Geld zur Verfügung oder nehmen Kredit bei der KG in Anspruch.

58 Die Bildung von Rücklagen stärkt das Eigenkapital der Gesellschaft. Wenn die Rücklage von allen Gesellschaftern gleichmäßig dotiert wird, kann ein **gemeinsames Rücklagekonto** für alle Gesellschafter geführt werden, an dem die Gesellschafter ent-

sprechend ihrer Beteiligungsquote beteiligt sind (sog. gesamthänderisch gebundene Rücklage). Alternativ wird für jeden Gesellschafter ein eigenes Rücklagekonto eingerichtet. Das Rücklagekonto ist als weiteres Unterkonto zum Festkapitalkonto ebenfalls ein Eigenkapitalkonto.

Zu § 6: Geschäftsführung und Vertretung

Zur Führung der Geschäfte und zur Vertretung der KG sind gemäß § 161 Abs. 2, §§ 114ff., 125ff. HGB die Komplementäre berufen. Geschäftsführungs- und Vertretungsorgan der GmbH & Co. KG ist mithin die **Komplementär-GmbH.** Für sie handelt ihre Geschäftsführung. Die Frage, ob ein **Geschäftsführer der GmbH** Einzel- oder Gesamtvertretungsmacht hat, ist auf Ebene der GmbH zu regeln. Das Gleiche gilt für etwaige Sonderrechte, die bspw. dem Senior im Hinblick auf die Geschäftsführung (stets Einzelgeschäftsführung, in der Satzung verbrieftes Recht zur Geschäftsführung) eingeräumt werden. Oftmals finden sich in Gesellschaftsverträgen Regelungen, wonach jeder Familienstamm einen Geschäftsführer stellt. Auch diese Regelung ist im Gesellschaftsvertrag der GmbH zu treffen. Fraglich ist jedoch, ob auf diese Art und Weise die Geschäftsführung stets optimal besetzt wird. Um bei der Auswahl des Geschäftsleiters möglichst große Objektivität walten zu lassen, empfiehlt es sich, die Auswahl und Bestellung dem Beirat zu überlassen. 59

Die Kommanditisten sind zwar von der Geschäftsführung und organschaftlichen Vertretung ausgeschlossen (§§ 164, 170 HGB), sie können jedoch Handlungen, die über den gewöhnlichen Betrieb des Handelsgewerbes der Gesellschaft hinausgehen, widersprechen (§ 164 HGB). Das **Widerspruchsrecht** der Kommanditisten kann gesellschaftsvertraglich ausgeschlossen werden. Allerdings kann eine Beschränkung der Kommanditistenrechte die steuerliche Anerkennung der Mitunternehmerstellung gefährden.[71] Aus diesem Grund wird hier von einem vertraglichen Ausschluss des Widerspruchsrechts abgesehen. 60

Zu § 7: Gesellschafterversammlung

Das Gesetz enthält keine Vorschriften über das Zustandekommen von Gesellschafterbeschlüssen. Aus Gründen der Rechtssicherheit ist es sinnvoll, im Gesellschaftsvertrag Regelungen für die Abhaltung von Gesellschafterversammlungen und die Beschlussfassung zu treffen. 61

Regeln zur **Beschlussfähigkeit** schützen vor Zufallsbeschlüssen durch Gesellschafterversammlungen, in denen nur wenige Gesellschafter vertreten sind. Es muss allerdings darauf geachtet werden, dass Minderheitsgesellschafter die Beschlussfassung nicht dauerhaft dadurch verhindern können, dass sie der Gesellschafterversammlung fernbleiben. Dies wird dadurch gewährleistet, dass nach einer beschlussunfähigen Gesellschafterversammlung die zweite Gesellschafterversammlung ohne Rücksicht auf die Zahl der Stimmen der anwesenden oder vertretenen Gesellschafter beschlussfähig ist. 62

Das Stimmrecht und das Recht auf Teilnahme an der Gesellschafterversammlung stehen dem Gesellschafter nur **höchstpersönlich** zu.[72] Insbesondere in den durch die persönlichen Beziehungen geprägten Personengesellschaften stellt sich daher die Frage, ob und ggf. von welchen Personen sich Gesellschafter in der Gesellschafterversammlung vertreten lassen können. Zu regeln ist weiterhin die Frage, ob ein Gesellschafter in der Gesellschafterversammlung von einem Berater begleitet werden darf. 63

Die Komplementär-GmbH wird in der Gesellschafterversammlung durch ihre Geschäftsführung vertreten. Auch wenn sie mangels eines Anteils am Festkapital kein Stimmrecht haben sollte, ist sie als Gesellschafter dennoch zur Gesellschafterversammlung zu laden. Sofern ein Geschäftsführer gleichzeitig Kommanditist ist, muss **§ 181** 64

---

[71] Siehe dazu Rz. 24f.

[72] *Baumbach/Hopt* HGB § 119 Rz. 5.

BGB beachtet werden, denn der Geschäftsführer nimmt an der Gesellschaftsversammlung der KG sowohl im eigenen Namen als auch als Vertreter der GmbH teil.[73] Die Befreiung vom Verbot der Doppelvertretung muss insofern allerdings durch die Gesellschaftsversammlung oder Satzung der GmbH erfolgen.

Zu § 8: Gesellschafterbeschlüsse

65 Gesellschafterbeschlüsse sind in der KG nach dem gesetzlichen Leitbild der §§ 161 Abs. 2, 119 Abs. 1 HGB einstimmig zu fassen. Dies dient dem Schutz der Minderheit. Der Gesellschaftsvertrag kann allerdings auch **Mehrheitsentscheidungen** zulassen. Lässt der Gesellschaftsvertrag Mehrheitsbeschlüsse zu, so ist in Ermangelung einer weitergehenden Regelung die Mehrheit nach der Zahl der Gesellschafter, d.h. nach Köpfen, zu berechnen. Dies ist in der Regel nicht sachgerecht. In der Praxis wird daher im Gesellschaftsvertrag bestimmt, dass sich die Anzahl der Stimmen eines Gesellschafters **nach seinem festen Kapitalanteil** bestimmt.

Unter den Schlagwörtern **Bestimmtheitsgrundsatz und Kernbereichslehre** hatte die frühere Rechtsprechung der gesellschaftsvertraglichen Mehrheitsklausel Grenzen gesetzt. Zum einen mussten sich die Beschlussgegenstände, für die das Mehrheitsprinzip gelten sollte, ausdrücklich aus dem Gesellschaftsvertrag ergeben. Zum anderen sollte ein Kernbereich mitgliedschaftlicher Grundrechte einer Mehrheitsentscheidung per se nicht zugänglich sein. Die neue BGH-Rechtsprechung hat Bestimmtheitsgrundsatz und Kernbereichslehre ausdrücklich zugunsten einer **Zwei-Stufen-Prüfung** aufgegeben.[74] Auf der ersten Stufe wird rein formal geprüft, ob der Gesellschaftsvertrag eine Mehrheitsentscheidung für den betreffenden Beschlussgegenstand zulässt. Insoweit ist es nicht mehr erforderlich, einen detaillierten Katalog in den Vertrag aufzunehmen, es genügt vielmehr eine allgemeine Mehrheitsklausel.[75] Nur wenn bestimmte Geschäfte von der Mehrheitsentscheidung ausgenommen sein sollen, ist dies ausdrücklich zu regeln.[76] Auf der zweiten Stufe findet sodann im konkreten Einzelfall die Prüfung statt, ob der Mehrheitsbeschluss in (absolut oder relativ) unentziehbare Mitgliedschaftsrechte eingreift. Das Gericht hat zu prüfen, ob der individuelle Eingriff im Interesse der Gesellschaft geboten und dem betroffenen Gesellschafter unter Berücksichtigung seiner eigenen schützenswerten Belange zumutbar ist.[77] Die Darlegungs- und Beweislast trifft den überstimmten Gesellschafter.

66 Gesellschaftsverträge von Familiengesellschaften sehen häufig eine Abstimmung nach Familienstämmen vor. Das bedeutet, dass ein Familienstamm sein **Stimmrecht nur einheitlich** ausüben kann (so auch die Regelung in § 8 Abs. 3 des Formulars). Die Stammesmitglieder müssen dann vor einer Abstimmung zunächst stammintern einen Meinungsbildungs- bzw. Abstimmungsprozess durchlaufen. Dies hat den Vorteil, dass etwaige Meinungsverschiedenheiten innerhalb des Stammes nicht in die Gesellschafterversammlung getragen werden. Die Regeln für die **stamminterne Willensbildung** stellt jeder Stamm für sich selbst auf, insofern gilt das Recht der GbR.[78]

67 Lässt der Gesellschaftsvertrag Mehrheitsbeschlüsse zu, so muss er bestimmen, welche Art von Mehrheit erforderlich ist. Dabei ist zunächst zwischen **einfacher Mehrheit** (50 vH + eine Stimme) und **qualifizierter Mehrheit** ($^2/_3$- oder $^3/_4$-Mehrheit oder anderes Quorum) zu unterscheiden. Festzulegen ist ferner, ob es auf die Mehrheit der abgegebenen Stimmen **(relative Mehrheit)** oder auf die in der Gesellschaft insgesamt vorhandenen Stimmen **(absolute Mehrheit)** ankommt. Enthält der Gesellschaftsver-

---

[73] MüKoHGB/*Grunewald* HGB § 161 Rz. 89.
[74] BGH v. 16.10.2012 – II ZR 251/10, GmbHR 2013, 197; BGH v. 21.10.2014 – II ZR 84/13, GmbHR 2014, 1303.
[75] BGH v. 15.11.2011 – II ZR 266/09, NZG 2012, 393.
[76] BGH v. 21.10.2014 – II ZR 84/13, GmbHR 2014, 1303.
[77] BGH v. 21.10.2014 – II ZR 84/13, GmbHR 2014, 1303; *Schäfer* NZG 2014, 1401.
[78] BGH v. 4.10.2004 – II ZR 356/02, DStR 2005, 37.

trag keine näheren Regelungen zur Ausgestaltung der Mehrheitsklausel, so entscheidet im Zweifel die einfache absolute Mehrheit.[79] Falls dies nicht gewollt ist, muss im Gesellschaftsvertrag ausdrücklich auf die „Mehrheit der abgegebenen Stimmen" abgestellt werden.

Bei einer GmbH & Co. KG, bei der sich das Stimmrecht gemäß Gesellschaftsvertrag nach dem festen Kapitalanteil richtet, stellt sich die Frage, ob und inwiefern die am Vermögen nicht beteiligte Komplementär-GmbH dadurch vollständig vom Stimmrecht ausgeschlossen ist. Ein solcher Ausschluss ist grundsätzlich nur insoweit möglich, wie nicht absolut unentziehbare Mitgliedschaftsrechte betroffen sind. Allein im Fall der beteiligungsidentischen GmbH & Co. KG, d.h. wenn die Gesellschafter der KG gleichzeitig die Gesellschafter der GmbH sind, kann das **Stimmrecht der Komplementär-GmbH** vollständig ausgeschlossen werden, denn hinter der beteiligungsidentischen Komplementär-GmbH können keine Interessen stehen, die nicht bereits durch die Kommanditisten vertreten sind.[80] Zu beachten ist, dass der Komplementär-GmbH auch bei vollständigem Ausschluss ihres Stimmrechts alle übrigen Gesellschafterrechte – insbesondere das Recht auf Teilnahme an Gesellschafterversammlungen – in vollem Umfang zustehen. 68

Wenn alle Gesellschafter einverstanden sind, können Gesellschafterbeschlüsse auch **außerhalb von Gesellschafterversammlungen** gefasst werden. Insbesondere kommt eine schriftliche oder telefonische Abstimmung oder eine Abstimmung in Textform (insbesondere durch Fax oder E-Mail) in Betracht. 69

Fehlerhafte Gesellschafterbeschlüsse in einer KG sind in der Regel nichtig. Die Feststellung der Nichtigkeit im Klagewege ist grundsätzlich nicht fristgebunden. Es empfiehlt sich aber aus Gründen der Rechtssicherheit in den Gesellschaftsvertrag eine Frist aufzunehmen, innerhalb derer die Klage erhoben werden muss. Die Klagefrist darf die Monatsfrist des § 246 Abs. 1 AktG nicht unterschreiten.[81] 70

(frei) 71

Zu § 9: Beirat

Die Bildung eines Aufsichtsrates ist in der GmbH & Co. KG erst bei Überschreitung von bestimmten Größenklassen obligatorisch.[82] Doch auch wenn keine gesetzliche Pflicht zur Bildung eines Aufsichtsrats besteht, kann die Einsetzung eines solchen Organs **auf freiwilliger Basis** sinnvoll sein. In Familienunternehmen gilt dies insbesondere dann, wenn sich die Gründergeneration aus dem operativen Geschäft zurückzieht. Der Wechsel in den Beirat ermöglicht es den Senioren, die Unternehmensnachfolge einzuleiten und das Unternehmen dabei aus verantwortlicher Position weiter zu begleiten. Die Delegation von Rechten der Gesellschafter auf einen Beirat kann auch dann sinnvoll sein, wenn der Gesellschafterkreis zu groß ist, um flexibel und mit Sachkunde notwendige Entscheidungen zu treffen. 72

Im Recht der Personengesellschaften fehlt jegliche gesetzliche Regelung für einen freiwilligen Beirat. Die diesbezüglichen Regelungen sind also im Gesellschaftsvertrag zu treffen. Wird der Beirat nachträglich eingeführt, so stellt dies eine **Änderung des Gesellschaftsvertrages** dar. Soll der Beirat nur beratend und überwachend tätig sein, so ist die Einführung aufgrund einer Mehrheitsklausel möglich. Soll der Beirat hingegen wesentliche Gesellschafterrechte ausüben, so bedarf es zu der entsprechenden Änderung des Gesellschaftsvertrages der für Vertragsänderungen erforderlichen qualifi- 73

[79] *Scholz/K. Schmidt* GmbHG, Anh. § 45 Rz. 23.

[80] BGH v. 24.5.1993 – II ZR 73/92, NJW 1993, 2100; MüKoHGB/*Grunewald* HGB § 161 Rz. 90, 92; *Scholz/K. Schmidt* GmbHG § 45 Rz. 21.

[81] BGH v. 13.2.1995 – II ZR 15/94, NJW 1995, 1218; *Baumbach/Hopt* HGB § 119 Rz. 32.

[82] Gem. §§ 1, 4 MitbestG bei mehr als 2000 Arbeitnehmern. Das DrittelbG findet auf die GmbH & Co. KG keine Anwendung.

zierten Mehrheit; sollten unentziehbare Gesellschafterrechte betroffen sein, ist die Zustimmung aller Gesellschafter erforderlich.

74 Üblicherweise wird der **Beirat bei der KG** installiert, denn diese ist die Trägerin des Unternehmens und die Aufgaben des Beirats betreffen primär die operative Gesellschaft. Sinnvoll ist es aber auch die Befugnis zur Bestellung und Anstellung, Abberufung und Kontrolle der Geschäftsführer der Komplementär-GmbH auf den Beirat zu delegieren. Dazu muss ein entsprechender (sinnvollerweise personenidentischer) **Beirat bei der GmbH** errichtet werden.

75 Welche **Aufgaben** dem Beirat zugewiesen werden, ist Sache der Gesellschafter. Der Beirat kann insbesondere folgende Aufgaben wahrnehmen:
- Kontrolle und Überwachung der Geschäftsführung
- Beratung der Geschäftsführung
- Zustimmung bei Vorbehaltsgeschäften
- Mitwirkung bei der strategischen Unternehmensplanung
- Bestellung Abschlussprüfer
- Bestellung, Abberufung, Anstellung und Entlastung der Geschäftsführer
- Befreiung vom Wettbewerbsverbot
- Schlichtung von Streitigkeiten.

76 In Mehrfamiliengesellschaften wird der Beirat regelmäßig als eine Art Gesellschafterausschuss verstanden. In diesem Fall entsendet jeder Familienstamm ein Beiratsmitglied. Zu bedenken ist jedoch, dass sich das von einem Stamm entsandte Beiratsmitglied in der Regel als Interessenvertreter dieses Stammes versteht. Damit können Interessenkonflikte zwischen den Gesellschafterstämmen in den Beirat getragen werden. Aus diesem Grunde kann es sinnvoll sein, wenn angeordnet wird, dass dem Beirat nur Familienfremde angehören. Jedenfalls aber sollte **mindestens ein neutrales Beiratsmitglied** bestellt werden, das dann auch den Beiratsvorsitz übernimmt. Dem Beiratsvorsitzenden, der nach dem vorliegenden Formular auch den Vorsitz in der Gesellschafterversammlung führt, kommt als Vermittler unter den Repräsentanten der Familienstämme sowie als Bindeglied zwischen Beirat, Gesellschaftern und Geschäftsführung eine besondere Rolle zu. Im Gesellschaftsvertrag können Anforderungen an die persönliche Qualifikation der Beiratsmitglieder normiert werden; ggf. kann auch eine Altersgrenze sinnvoll sein.

77 Der Gesellschaftsvertrag sollte nicht mit Regelungen zur inneren Ordnung des Beirats überfrachtet werden. Sinnvoller ist es vielmehr, diese Dinge in einer **Geschäftsordnung** zu regeln, die sich der Beirat mit Zustimmung der Gesellschafterversammlung gibt.

78 Das Formular sieht einen Beirat vor, auf den die Gesellschafter einen Teil ihrer **Kontroll- und Entscheidungsbefugnisse** übertragen. Da mit steigender Gesellschafteranzahl die Gesellschafterversammlung immer unflexibeler wird, sichert die Übertragung weitgehender Entscheidungsbefugnisse auf den Beirat die Handlungsfähigkeit der Gesellschaft. Neben der Kontrolle der Komplementärin obliegt dem Beirat insbesondere die Zustimmung zu außergewöhnlichen Geschäften. Die Übertragung von Kompetenzen auf den Beirat kann Blockade- und Konfliktpotential reduzieren. Allerdings sollte die Errichtung des Beirates nicht die Widerspruchs- und Kontrollrechte der Kommanditisten nach dem Regelstatut des HGB beschneiden, weil dies die steuerliche Anerkennung der Mitunternehmerstellung des Kommanditisten gefährden könnte.

79 Zu den wesentlichen Kontrollaufgaben zählt die **Bestellung und Abberufung der Geschäftsführer,** Abschluss, Beendigung und Ausgestaltung ihrer Anstellungsverträge, die Festlegung einer Geschäftsordnung für das Management sowie die Entscheidung über seine Entlastung. Voraussetzung dafür ist allerdings, dass der Beirat (auch) bei der Komplementärin installiert ist.

80 Ein moderner Beirat sollte nicht nur kontrollierend, sondern auch mitgestaltend und präventiv schützend tätig sein. Allein mit einem Katalog zustimmungspflichtiger

Geschäfte können die Herausforderungen moderner Unternehmensführung nicht gemeistert werden. Wesentlich wichtiger ist die strategische Ausrichtung sowie das Erkennen von Marktveränderungen und den sich daraus ergebenden Chancen und Risiken. Auch hier muss der Beirat in die wesentlichen Entscheidungen einbezogen sein. **Strategie und Planung** sind mit ihm abzuklären. Zudem ist ein umfassendes **Berichtswesen** erforderlich, wonach die Geschäftsführung dem Beirat regelmäßig zeitnah zu berichten hat.

Entscheidungen des Beirats können die Gesellschafter nicht ohne weiteres wieder rückgängig machen. Allerdings bleibt die Gesellschafterversammlung das oberste Gesellschaftsorgan, sie kann die Regelungen über den Beirat jederzeit ändern oder vollständig abschaffen. Das setzt jedoch eine Änderung des Gesellschaftsvertrages voraus. **81**

Zu § 10: Aufwendungsersatz, Haftungsentschädigung

Eine Komplementär-GmbH, die nach dem Gesellschaftsvertrag keinen Anteil am Festkapital und damit keinen Gewinnanteil hat, muss aus steuerlichen Gründen neben dem **Ersatz ihrer Auslagen** für die Geschäftsführung ein **Entgelt für die Übernahme des Haftungsrisikos** erhalten. Andernfalls führt dies auf Ebene der GmbH zu einer verdeckten Gewinnausschüttung. **82**

Zwischen der KG und der Komplementär-GmbH können umsatzsteuerbare Leistungsbeziehungen bestehen. Dies gilt insbesondere für die Geschäftsführervergütung und die Haftungsentschädigung.[83] **83**

Zu § 11: Geschäftsjahr, Jahresabschluss

Die KG ist Kaufmann. Sie kann daher ein vom Kalenderjahr **abweichendes Geschäftsjahr** haben. Die Gesellschafter sind frei, dies bereits bei der Gründung so festzulegen. Eine nachträgliche Umstellung vom Kalenderjahr auf ein abweichendes Wirtschaftsjahr ist hingegen nur mit dem Einverständnis des Finanzamts zulässig (§ 4a Abs. 1 Nr. 2 Satz 2 EStG, § 8b Nr. 2 Satz 2 EStDV). **84**

Die dem Kaufmann obliegenden **Buchführungs- und Bilanzierungspflichten** sind in §§ 238ff. HGB geregelt. Bei einer GmbH & Co. KG bei der nur eine GmbH persönlich haftender Gesellschafter ist, finden gem. **§ 264a HGB** auf den Jahresabschluss die Vorschriften Anwendung, die für Kapitalgesellschaften gelten. Die GmbH & Co. KG hat daher einen **Jahresabschluss mit Anhang und ggf. Lagebericht** zu erstellen. Der Jahresabschlusses ist grundsätzlich innerhalb von drei Monaten nach dem Ende des Geschäftsjahres aufzustellen (§ 264 Abs. 1 Satz 2, § 264a Abs. 1 HGB). Die Frist verlängert sich für kleine Gesellschaften (§ 267 Abs. 1 HGB) auf sechs Monate. **85**

Soweit ein Kommanditist für die KG gegen Bezahlung tätig wird, ist klarzustellen, ob die **Tätigkeitsvergütung** als Vorabgewinn auf die Gewinnbeteiligung anzurechnen ist oder ob sie auch in Verlustjahren gezahlt werden soll. Handelsrechtlicher Aufwand liegt nur dann vor, wenn die Vergütung auch in Verlustjahren zu zahlen ist. Da handelsrechtlicher Aufwand im Gegensatz zum Vorabgewinn nicht zu einem Wiederaufleben der Kommanditistenhaftung führt, ist eine entsprechende Klarstellung im Gesellschaftsvertrag aus Haftungsgesichtspunkten angeraten. Steuerlich sind solche Tätigkeitsvergütungen sowie sonstige Vergütungen an Gesellschafter als Sonderbetriebseinnahmen zu qualifizieren. **86**

Die **Aufstellung** des Jahresabschlusses ist Angelegenheit der Komplementäre. Seine **Feststellung** fällt hingegen in die Zuständigkeit der Gesellschafterversammlung[84] und **87**

---

[83] S. dazu oben Rz. 38ff.

[84] BGH v. 24.3.1980 – II ZR 88/79, BGHZ 76, 339; BGH v. 29.3.1996 – II ZR 263/94, NJW-RR 1996, 989.

wird regelmäßig von einer allgemeinen Mehrheitsklausel im Gesellschaftsvertrag gedeckt.[85]

88 Wenn nicht mehr alle Gesellschafter der Geschäftsführung angehören, sollte der **Jahresabschluss** auf freiwilliger Basis von einem Wirtschaftsprüfer geprüft werden, falls die Gesellschaft nicht ohnehin schon Kraft Gesetzes (§ 316 HGB) prüfungspflichtig ist.

Zu § 12: Ergebnisverteilung, Entnahmen

89 Nach dem Gesetz werden in einer KG aus einem Gewinn zunächst die Kapitalanteile mit je 4 vH verzinst und der darüber hinausgehende Gewinn wird unter den Gesellschaftern in einem „angemessenen Verhältnis" verteilt (§ 168 HGB). Diese Regelung ist nicht praxistauglich und wird daher regelmäßig abbedungen. Sinnvollerweise erfolgt eine **Verteilung nach Kapitalanteilen.**

90 Das **Entnahmerecht** bestimmt, welche Auszahlungen der Gesellschafter von der KG zu welchem Zeitpunkt verlangen kann. Die gesetzlichen Regelungen dazu in §§ 122, 169 HGB sind antiquiert und sollten daher abbedungen werden. Welche Entnahmeklausel im Einzelfall zweckmäßig und sachgerecht ist, hängt von den Umständen ab. Dabei ist insbesondere entscheidend, ob und in welcher Höhe die Gesellschafter ihren Lebensunterhalt aus den Erträgen bestreiten. Während die in der Gesellschaft aktiven Gesellschafter zumeist an einer hohen Thesaurierungsquote interessiert sind, sind die nur finanziell beteiligten Gesellschafter auf Ausschüttungen angewiesen, wenn sie am Erfolg des Unternehmens partizipieren wollen. Vorliegend soll zur Stärkung des Eigenkapitals ein festgelegter Teil des Gewinnes thesauriert werden. Damit aber auch dem Ausschüttungsinteresse genügt wird, kann ein höherer Anteil von der Gesellschafterversammlung nur mit qualifizierter Mehrheit beschlossen werden.

91 Insbesondere wenn das Entnahmerecht stark eingeschränkt wird, muss beachtet werden, dass dem Gesellschafter der auf ihn entfallende Gewinnanteil auch dann **steuerlich zugeflossen** ist, wenn er ihn nach der Beschlussfassung oder dem Gesellschaftsvertrag nicht (vollständig) entnehmen darf. Aus diesem Grunde muss zumindest ein Steuerentnahmerecht vorgesehen sein.

92 Die **Gewerbesteuer** legt als Bemessungsgrundlage den Gesamtgewinn der Personengesellschaft einschließlich der Ergebnisse aus Sonder- und Ergänzungsbilanzen der einzelnen Gesellschafter sowie aus gesellschafterindividuellen Vergütungen zugrunde. Die Gewerbesteuer ist von der KG zu zahlen (§ 5 Abs. 1 Satz 3 GewStG); sie ist dort nicht als Betriebsausgabe abziehbar. Zur Kompensation kann jeder Gesellschafter nach § 35 EStG das 3,8fache des anteilig auf ihn entfallenden Gewerbesteuermessbetrages im Rahmen seiner Einkommensteuererklärung zur Anrechnung bringen. § 35 Abs. 2 EStG geht für die Aufteilung des Gewerbesteuermessbetrages auf die einzelnen Gesellschafter jedoch von dem allgemeinen Gewinnvereilungsschlüssel gemäß Gesellschaftsvertrag (idR also der Beteiligungsquote am Festkapital) aus. Da in den Gewerbesteuermessbetrag aber auch die Sonderbetriebsausgaben und -einnahmen sowie die Ergebnisse der Ergänzungsbilanzen der einzelnen Gesellschafter eingegangen sind, kann dies zu einer durch die Individualverhältnisse einzelner Gesellschafter verursachten Verschiebung führen.[86] Falls insofern mit erheblichen Effekten zu rechnen ist, sollte dies durch eine **Gewerbesteuerklausel** im Gesellschaftsvertrag verursachungsgerecht korrigiert werden.[87]

---

[85] BGH v. 15.1.2007 – II ZR 245/05, DB 2007, 564.

[86] Dazu ausführlich *Lange* in Winter, Beratungspraxis GmbH & Co. KG S. 297 ff.; *Levedag* GmbHR 2009, 15; *Plambeck* DStR 2010, 1553 jeweils auch mit Musterformulierungen.

[87] *Ottersbach* DStR 2002, 47; *Roser* EStB 2003, 157; *Fuhrmann* KÖSDI 2010, 16886.

Die Entnahmeregelung des Vertragsmusters genügt nicht den Anforderungen zur Erlangung des **erbschaftsteuerlichen Vorababschlags.**[88] Diese Anforderungen sind in einer Gesellschaft mit mehr als zwei Gesellschaftern kaum handhabbar. Will man sich dennoch die Chance auf den Vorababschlag erhalten, empfiehlt es sich, dass alle Gesellschafter ihre Kommanditanteile in eine eigene Holding einbringen, so dass die erbschaftsteuerlichen Anforderungen nur noch für die Holding beachtet werden müssen. 93

Zu § 13: Verfügung über Gesellschaftsanteile

Grundsätzlich sind gem. § 161 Abs. 2, § 105 Abs. 3 HGB in Verbindung mit § 719 Abs. 1 BGB Verfügungen über einen Gesellschaftsanteil oder über Teile davon nur mit **Zustimmung aller Gesellschafter** zulässig. Der Gesellschaftsvertrag kann Übertragungen und sonstige Verfügungen jedoch für Einzelfälle oder generell ohne gesonderte Zustimmung oder aufgrund einer Mehrheitsentscheidung zulassen. Im Hinblick auf die enge persönliche Verbindung der Gesellschafter bei einer Familien-KG empfiehlt es sich, Verfügungen über Gesellschaftsanteile nur unter engen Voraussetzungen zuzulassen. Aus diesem Grunde sieht das Vertragsmuster vor, dass zur Abtretung und für sonstige Verfügungen (bspw. Verpfändung oder Nießbrauch) die **Zustimmung des Beirats** erforderlich ist. Bis zur Erteilung der Zustimmung ist die Verfügung schwebend unwirksam. Ausgenommen vom Zustimmungserfordernis ist die Verfügung zu Gunsten von Personen, die auch im Todesfall nachfolgeberechtigt sind. 94

Will man für Zwecke der Erbschaft-/Schenkungsteuer in den Genuss des sog. **Vorababschlags** (§ 13a Abs. 9 ErbStG) kommen, ist neben anderen Voraussetzungen eine Verfügungsbeschränkung erforderlich, die Anteilsübertragungen nur an Mitgesellschafter, Angehörige oder eine Familienstiftung zulässt.[89]

Um eine Verschiebung der Gewichte unter den Familienstämmen zu vermeiden, werden im Vertragsmuster Übertragungen von Gesellschaftsanteilen unter Lebenden und von Todes wegen grundsätzlich nur stammintern zugelassen, so dass dadurch das **Machtgefüge der Stämme unverändert** bleibt. Ein Kommanditist kann seinen Kommanditanteil damit nur an eigene Abkömmlinge oder an Mitglieder seines Familienstammes übertragen. 95

Zu § 14: Dauer, Kündigung

Ist eine KG für unbestimmte Zeit eingegangen, kann sie nach § 161 Abs. 2, § 132 HGB mit einer Frist von sechs Monaten zum Ende eines Geschäftsjahres formlos gekündigt werden. In der Praxis wird diese Regelung regelmäßig abbedungen und eine längere **Kündigungsfrist** bestimmt. Auch kann die ordentliche Kündigung vor einem gewissen Zeitpunkt ausgeschlossen werden. Zudem wird aus Gründen der Rechtssicherheit idR festgelegt, dass die Kündigung **schriftlich** bzw. durch eingeschriebenen Brief zu erfolgen hat. 96

Nach § 131 Abs. 3 Nr. 3 HGB hat die Kündigung zur Folge, dass der kündigende Gesellschafter mit Ablauf der Kündigungsfrist aus der Gesellschaft ausscheidet und die Gesellschaft von den übrigen Gesellschaftern fortgesetzt wird. Wollen die übrigen Gesellschafter die Gesellschaft nicht fortsetzen, so können sie ihre Auflösung beschließen, mit der Folge, dass auch der kündigende Gesellschafter an der Liquidation teilnimmt. Scheidet der vorletzte Gesellschafter aus der Gesellschaft aus, so ist der Verbleibende nicht verpflichtet, das Unternehmen fortzuführen. Er hat zwar ein Übernahmerecht, kann aber nicht gegen seinen Willen zur Fortsetzung gezwungen werden.[90] 97

---

[88] Zum erbschaftsteuerlichen Vorababschlag für Familienunternehmen s. Rz. 31.
[89] Zum erbschaftsteuerlichen Vorababschlag für Familienunternehmen s. Rz. 31.
[90] OLG Karlsruhe v. 25.10.2006 – 7 U 11/06, NZG 2007, 265.

Zu § 15: Ausscheiden und Ausschluss eines Gesellschafters

98 Gemäß § 131 Abs. 3 Satz 1 HGB scheidet ein Gesellschafter im Falle seines Todes, bei Eröffnung des Insolvenzverfahrens über sein Vermögen, bei eigener Kündigung und bei Kündigung seines Anteils durch den Privatgläubiger Kraft Gesetzes aus der Gesellschaft aus. Darüber hinaus bestimmt § 131 Abs. 3 Satz 1 Nr. 5 HGB, dass im Gesellschaftsvertrag weitere Gründe vorgesehen werden können, welche zu einem Ausscheiden des Gesellschafters führen. Schließlich kann das Ausscheiden gemäß § 131 Abs. 3 Satz 1 Nr. 6 HGB durch Beschluss der Gesellschafter herbeigeführt werden. Der betreffende Gesellschafter hat in diesem Fall kein Stimmrecht. Möglich ist es sogar, das Recht zum Ausschluss eines Mitgesellschafters einem bestimmten Gesellschafter oder bestimmten Gesellschaftern zuzuweisen.[91] Für den Ausschluss durch Gesellschafterbeschluss ist grundsätzlich ein sachlicher Grund erforderlich.[92] Der Ausschluss eines Gesellschafters ohne sachlichen Grund (sog. Hinauskündigung), ist nur ausnahmsweise aus besonderen Umständen des Einzelfalls möglich.[93] Zudem bedarf es dazu einer ausdrücklichen Vereinbarung im Gesellschaftsvertrag.

99 Der ausgeschlossene Gesellschafter scheidet ohne weiteren Übertragungsakt aus der KG aus. Sein Gesellschaftsanteil wächst den übrigen Gesellschaftern an. Es gelten die §§ 738–740 BGB. Daher hat der ausgeschlossene Gesellschafter grundsätzlich einen Abfindungsanspruch in Höhe des vollen Verkehrswerts seines Gesellschaftsanteils. Der Abfindungsanspruch wird jedoch regelmäßig durch den Gesellschaftsvertrag im Interesse der verbleibenden Gesellschafter und der Gesellschaft gemindert.[94]

100 Bei einer GmbH & Co. KG ist im Hinblick auf die Ausscheidenstatbestände an eine parallele Regelung in der GmbH-Satzung zu denken.

Zu § 16: Tod eines Gesellschafters

101 Ist im Gesellschaftsvertrag nichts anderes bestimmt, wird die KG mit den Erben des Kommanditisten fortgesetzt (§ 177 HGB). Die Vertragspraxis hat zur gesellschaftsrechtlichen Nachfolgegestaltung verschiedene Klauseln[95] entwickelt. Das Formular verwendet eine **qualifizierte Nachfolgeklausel.** Sie stellt sicher, dass die Beteiligung an der Gesellschaft nur familien- bzw. stammintern weitervererbt werden kann.

102 Im Fall der GmbH & Co. KG ist zu berücksichtigen, dass die **Vererblichkeit des GmbH-Geschäftsanteils** anders als bei der KG in der Satzung weder ausgeschlossen noch beschränkt werden kann. Zudem tritt bei mehreren Erben hinsichtlich des GmbH-Geschäftsanteils keine Sonderrechtsnachfolge ein, sondern der Geschäftsanteil fällt ungeteilt in das Gesamthandsvermögen der Erbengemeinschaft. Soll die Nachfolge bei beiden Gesellschaften synchron erfolgen, ist eine sorgfältige Abstimmung beider Gesellschaftsverträge und der Gesellschaftsverträge mit den testamentarischen Regelungen erforderlich.

103 Zu den **steuerlichen Folgen** bei der Vererbung von Gesellschaftsanteilen siehe oben Rz. 31.

104 Die Anordnung der **Testamentsvollstreckung** kann sowohl den Interessen des Erblassers als auch den Interessen der verbleibenden Gesellschafter entsprechen. Da die Übertragbarkeit des Gesellschaftsanteils vom Gesellschaftsvertrag nur unter Einschrän-

---

[91] *Baumbach/Hopt* HGB § 140 Rz. 30.

[92] BGH v. 19.9.1988 – II ZR 329/87, NJW 1989, 834; BGH v. 9.7.1990 – II ZR 194/89, NJW 1990, 2622; *Gehrlein* NJW 2005, 1969.

[93] BGH v. 8.3.2004 – II ZR 165/02, DStR 2004, 826; BGH v. 14.3.2005 – II ZR 153/03, DStR 2005, 798; BGH v. 19.9.2005 – II ZR 173/04, DStR 2005, 1913; BGH v. 19.3.2007 – II ZR 300/05, DStR 2007, 914; BGH v. 7.5.2007 – II ZR 281/05, DStR 2007, 1216; *Baumbach/Hopt* HGB § 140 Rz. 31; *Verse* DStR 2007, 1822.

[94] Zu den schenkungssteuerlichen Konsequenzen einer Abfindungsbeschränkung siehe Rz. 35.

[95] Siehe dazu C. 1.10 Rz. 9 ff.

kungen zugelassen wird, muss die Übertragung eines Kommanditanteils auf den Testamentsvollstrecker im Gesellschaftsvertrag ausdrücklich zugelassen werden.[96]

Zu § 17: Übernahmerecht

Durch das Übernahmerecht wird sichergestellt, dass die Machtverhältnisse unter den Familienstämmen trotz des Ausscheidens eines Gesellschafters erhalten bleiben. Damit der Anteil des Ausscheidenden nicht sämtlichen Gesellschaftern anwächst, haben die Mitglieder seines Familienstamms die Möglichkeit, den Kapitalanteil an sich zu ziehen. 105

Zu § 18: Abfindung

Von Gesetzes wegen ist eine Abfindung zum **Verkehrswert** vorgesehen (§ 738 BGB). Wegen der Höhe der Abfindung besteht jedoch grundsätzlich **Vertragsfreiheit.** Auch sog. Buchwertklauseln, die eine Ermittlung der Abfindung allein nach den bilanziellen Werten (insbes. ohne stille Reserven, Firmenwert und laufende Geschäfte) vorsehen, sind grundsätzlich zulässig.[97] Eine Abfindungsregelung durch die das Kündigungsrecht allerdings unverhältnismäßig eingeschränkt wird, ist gemäß § 723 Abs. 3 BGB nichtig. Dies ist insbesondere dann der Fall, wenn zwischen der gesellschaftsvertraglichen Abfindung und dem Verkehrswert des Anteils bereits im Zeitpunkt des Vertragsschlusses ein grobes Missverhältnis besteht.[98] Entwickelt sich dieses grobe Missverhältnis erst im Laufe der Zeit, so ist die Abfindungsregelung zwar nicht nichtig, sie ist nach der Rechtsprechung des BGH jedoch dahingehend auszulegen, dass eine Erhöhung der vertraglichen Abfindung „in Richtung auf den Verkehrswert" zu erfolgen hat.[99] Aus diesem Grunde bergen vertragliche Regelungen, die lediglich eine Abfindung zum Buchwert vorsehen, das Risiko langwieriger Abfindungsstreitigkeiten. 106

Zur Vermeidung von Streitigkeiten über die Wirksamkeit oder ergänzende Auslegung einer Buchwertklausel sieht das Vertragsmuster eine Abfindung auf der Grundlage des Verkehrswerts vor. Allerdings wird im Interesse des Unternehmens und der verbleibenden Gesellschafter ein Abschlag auf den Verkehrswert von 30 vH vorgenommen. Bei einer Abfindung unterhalb des Verkehrswerts sind jedoch die **schenkungssteuerlichen Konsequenzen** für die verbleibenden Gesellschafter zu beachten.[100] 107

Bei der Erbschaft-/Schenkungsteuer ermöglicht § 13a Abs. 9 ErbStG einen Bewertungsabschlag (sog. **Vorababschlag**) von bis zu 30vH. Eine Voraussetzung für den Vorababschlag ist, dass der Gesellschaftsvertrag für den Ausscheidensfall eine Abfindung vorsieht, die unter dem Verkehrswert liegt.[101]

Zu § 19: Wettbewerbsverbot, Verschwiegenheit

Kommanditisten unterliegen grundsätzlich keinem gesetzlichen Wettbewerbsverbot (§ 165 HGB). Etwas anderes kann gelten, wenn der Kommanditist eine beherrschende Stellung in der Komplementär-GmbH und in der KG einnimmt.[102] Ist eine Wettbewerbsbeschränkung auch für die nicht beherrschenden Kommanditisten gewollt, so sollte dies explizit geregelt werden. Die Beschränkung muss in räumlicher, gegenständlicher und zeitlicher Hinsicht präzise formuliert sein und darf das notwendige Maß 108

[96] BGH v. 3.7.1989 – II ZB 1/89, NJW 1989, 3152.
[97] Zu einer Buchwertklausel siehe Formular C. 1.00 § 15 und Rz. 89. Eine modifizierte Buchwertklausel findet sich in Formular C. 1.10 § 7.
[98] BGH v. 16.12.1991 – II ZR 58/91, BGHZ 116, 359.
[99] BGH v. 24.5.1993 – II ZR 36/92, NJW 1993, 2101; BGH v. 20.9.1993 – II ZR 104/92, NJW 1993, 3193.
[100] Siehe dazu Rz. 35.
[101] Zum erbschaftsteuerlichen Vorababschlag für Familienunternehmen s. Rz. 31.
[102] BGH v. 5.12.1983 – II ZR 242/82, WM 1984, 227.

nicht überschreiten. Eine Karenzentschädigung ist nicht erforderlich, auch nicht für das nachvertragliche Wettbewerbsverbot.

Zu § 20: Güterstandsvereinbarung

109 Einen Gesellschafter, der im gesetzlichen Güterstand der Zugewinngemeinschaft lebt, können im Fall der Ehescheidung unter Umständen erhebliche **Zugewinnausgleichsansprüche** treffen. Dies gilt insbesondere für den Fall, dass sich der Wert seines Gesellschaftsanteils während der Ehe wesentlich erhöht hat. Oft kann ein Gesellschafter solche Ansprüche nur dadurch befriedigen, dass er seinen Anteil veräußert oder der Gesellschaft erhebliche Liquidität entzieht. Da beides für die Gesellschaft und die Mitgesellschafter nicht erstrebenswert ist, verpflichten sich die Gesellschafter im Vertragsmuster, mit ihrem jeweiligen Ehepartner entweder Gütertrennung zu vereinbaren oder eine Vereinbarung zu treffen, nach welcher ihre Beteiligung an der KG und etwaiges Sonderbetriebsvermögen bei der Ermittlung eines Zugewinnausgleichs im Scheidungsfall nicht zu berücksichtigen ist (sog. modifizierte Zugewinngemeinschaft). Zum Ausschluss des Zugewinnausgleichs müssen die Ehegatten einen notariellen Ehevertrag schließen.[103]

110 Im Güterstand der Zugewinngemeinschaft kann zudem die **Verfügungsbeschränkung des § 1365 BGB** wichtige Unternehmensentscheidungen blockieren, falls die Beteiligung an der Gesellschaft (nahezu) das gesamte Vermögen des Gesellschafters darstellt. Umstrukturierungen und Umwandlungen aber auch eine Veräußerung des Unternehmens als Ganzes können dadurch verhindert oder jedenfalls erschwert werden. Der Gesellschaftsvertrag muss dann zusätzlich die Verpflichtung enthalten, die Regelung des § 1365 BGB abzubedingen. Auch diese Regelung können die Ehegatten nur durch notariellen Ehevertrag treffen.

Zu § 21: Schiedsgericht

111 Damit familieninterne Streitigkeiten nicht öffentlich ausgetragen werden, empfiehlt es sich, anstelle des ordentlichen Rechtswegs die Entscheidung durch ein Schiedsgericht zu vereinbaren. So wird die Vertraulichkeit gewahrt und Betriebsgeheimnisse wie Familieninterna bleiben geschützt. Das Schiedsverfahren ist zudem schneller als ein (ggf. mehrinstanzliches) Verfahren vor den ordentlichen Gerichten und es können Schiedsrichter mit besonderen Kenntnissen über den Gesellschafterkreis bzw. das spezifische Unternehmen gewählt werden. Die besondere Sachkunde der Schiedsrichter sorgt idR. dafür, dass die Auseinandersetzung mit einem vernünftigen wirtschaftlichen Ergebnis beendet wird. Wird ein separater Schiedsvertrag geschlossen, so ist die Form des § 1031 ZPO zu beachten. Bei minderjährigen Gesellschaftern muss er zudem familiengerichtlich genehmigt werden (§ 1822 Nr. 12 BGB). Der Schiedsvertrag gilt auch für einen etwaigen Rechtsnachfolger in den Gesellschaftsanteil.[104]

Zum Gesellschaftsvertrag der Komplementär-GmbH

112 In der Regel wird die Komplementär-GmbH im Vorfeld der KG-Gründung neu errichtet. Alternativ kann jedoch auch auf eine bestehende GmbH zurückgegriffen werden. Sinnvollerweise verwendet man dann jedoch eine unbelastete Vorrats-GmbH

[103] *Rieger/Götze* in Münchener Vertragshandbuch Bd. 1 III. 4 Anm. 13, vertreten die Auffassung, dass die gesellschaftsvertragliche Verpflichtung nur dann wirksam ist, wenn sie gem. § 1410 BGB notariell beurkundet wurde. Dies ist jedenfalls zweifelhaft, da der Gesellschaftsvertrag keinerlei Rechtswirkungen gegenüber dem Ehegatten des Gesellschafters entfaltet. Dieser bleibt frei in seiner Entscheidung, ob er dem Abschluss eines entsprechenden Ehevertrages zustimmt oder nicht. Dies spricht dafür, dass sich der Formzwang des § 1410 BGB nicht auf den Gesellschaftsvertrag erstreckt (so auch MüKoBGB/*Kanzleiter* BGB § 1410 Rz. 4).

[104] BGH v. 2.10.1997 – III ZR 2/96, NJW 1998, 371.

und keinen gebrauchten GmbH-Mantel, da dieser mit Risiken aus der bisherigen Geschäftstätigkeit belastet sein könnte.

Die **Gründung der GmbH** kann durch eine oder mehrere Personen erfolgen. Gründer kann jede natürliche oder juristische Person, jede Person einer Handelsgesellschaft oder Gesamthandsgemeinschaft sein. Die Gründung vollzieht sich in fünf Schritten:
- Abschluss des Gesellschaftsvertrages,
- Bestellung des Geschäftsführers bzw. der Geschäftsführer,
- Leistung auf die Geschäftsanteile,
- Anmeldung zum Handelsregister,
- Eintragung in das Handelsregister und Bekanntmachung.

Die Satzung der GmbH ist gem. § 2 Abs. 1 GmbHG **notariell zu beurkunden.** Sie muss von sämtlichen Gesellschaftern unterzeichnet werden. Die Unterzeichnung der Gründungsurkunde kann auch durch einen Bevollmächtigten erfolgen, allerdings bedarf dieser dazu einer beglaubigten Vollmacht (§ 2 Abs. 2 GmbHG). Soll ein **Minderjähriger** Gesellschafter werden, so gelten die zur KG dargestellten Grundsätze.[105]

Der Gesellschaftsvertrag der GmbH muss gem. § 3 Abs. 1 GmbHG die Firma, den **113**
Sitz und den Gegenstand des Unternehmens, den Betrag des Stammkapitals sowie die Zahl und die Nennbeträge der von jedem Gesellschafter übernommenen Geschäftsanteile ausweisen (Mindestinhalt). Bei der GmbH & Co. KG ist es sinnvoll, den Gesellschaftsvertrag der KG und die GmbH-Satzung aufeinander abzustimmen. Eine **Harmonisierung** sollte insbesondere im Hinblick auf die Gesellschafterbeschlüsse und das Stimmrecht stattfinden. Im vorliegenden Muster wurden hier die Regelungen aus dem KG-Vertrag übernommen. Gleiches gilt für die Möglichkeit, die Gesellschaft zu kündigen. Auch bei Abtretung und Belastung der GmbH-Anteile wurde die Regelung aus dem KG-Vertrag übernommen. Im Bereich des **Erbrechts** hingegen lässt das Gesetz eine Harmonisierung der Verträge nicht zu. Während der Kommanditanteil im Wege der Sonderrechtsnachfolge unmittelbar auf den einzelnen Erben übergeht, wird bei der GmbH die Erbengemeinschaft Rechtsnachfolgerin in den GmbH-Geschäftsanteil. Dieser Umstand kann dazu führen, dass nach einem Todesfall unterschiedliche Gesellschafter oder Gesellschafter mit unterschiedlichen Quoten an GmbH und KG beteiligt sind. Um die **Quotenidentität in beiden Gesellschaften** wieder herzustellen, muss der Vertrag der GmbH entsprechende Regelungen enthalten. Erreicht wird dies durch eine Einziehungs- und Abtretungsklausel (s. § 12 des Formulars).

Die Verzahnungs- und Harmonisierungsproblematik lässt sich durch Bildung einer Einheits-GmbH & Co. KG vermeiden. Bei der Einheitsgesellschaft ist die GmbH & Co. KG die alleinige Gesellschafterin der Komplementär-GmbH. Damit erübrigt sich eine Abstimmung der Verträge aufeinander. Allerdings sind in diesem Fall Regelungen erforderlich zur Ausübung der Gesellschafterrechte in der Gesellschafterversammlung der GmbH.[106]

---

[105] Siehe oben Rz 14.
[106] Zur Einheitsgesellschaft bspw. *Jorde/Götz* BB 2005, 2718; *Werner* DStR 2006, 706.

C. 1.30 Familiengesellschaftsvertrag GmbH

Gliederung

C. 1.30

I. Satzungsänderung[Rz. 12]

URNr. [...]

Heute, den [...]
ist vor mir, [...], Notar/in [...]
in meinen Amtsräumen in [...] anwesend:

Herr A, geb. am [...],
wohnhaft in [...]
nach Angabe im gesetzlichen Güterstand verheiratet,
mir, dem Notar, persönlich bekannt.

Auf Ansuchen beurkundete ich gem. den Erklärungen des Erschienenen die Beschlüsse der Gesellschafterversammlung der Gesellschaft
A-GmbH mit dem Sitz in [...],
(Anschrift: [...])
eingetragen im Handelsregister des Amtsgerichts [...] unter HRB [...]
– nachfolgend auch kurz „GmbH" genannt –

wie folgt:

I. Sachverhalt

Nach Angabe sowie der im Handelsregister aufgenommenen Gesellschafterliste beträgt das Stammkapital der GmbH € 25 000,– und verteilt sich wie folgt:
Herr A hält 25 000 Geschäftsanteile im Nennbetrag zu je € 1,– (Geschäftsanteile Nr. 1-25 000).
Die Einlagen sind nach Versicherung in voller Höhe erbracht.

II. Gesellschafterbeschlüsse

Unter Verzicht auf alle Form- und Fristvorschriften über die Einberufung und Abhaltung wird hiermit eine Gesellschafterversammlung der GmbH abgehalten und einstimmig mit allen Stimmen was folgt beschlossen:
Die Satzung der Gesellschaft wird neu gefasst, wie aus der Anlage ersichtlich; auf die mitverlesene Anlage wird verwiesen.
Weitere Beschlüsse werden nicht gefasst. Damit ist die Gesellschafterversammlung beendet.

III. Vollzug

Der Notar wird beauftragt, den Vollzug dieser Urkunde zu veranlassen.

Die Beteiligten erteilen dem beurkundenden Notar, seinem Vertreter, Sozius bzw. Amtsnachfolger

Vollmacht,

die zur Wirksamkeit oder zum Vollzug dieser Urkunde erforderlichen Erklärungen und Genehmigungen einzuholen und entgegenzunehmen und überhaupt alle Erklärungen abzugeben und Rechtshandlungen vorzunehmen, die zur Durchführung dieser Urkunde erforderlich oder (aus seiner Sicht) zweckdienlich sind.
Der Erschienene bevollmächtigt hiermit die jeweiligen Angestellten des Notars bzw. dessen Amtsnachfolger, insbesondere [...], und zwar jeden für sich allein, unter Befreiung von allen gesetzlichen Beschränkungen, sie bei der Beurkundung von Nachträgen uneingeschränkt zu vertreten, soweit solche zum Vollzug oder zur Durchführung dieser Urkunde erforderlich oder (aus Sicht des Notars) zweckdienlich sein sollten.

IV. Hinweise

Der Notar wies darauf hin, dass der vorstehend gefasste Gesellschafterbeschluss erst mit seiner Eintragung in das Handelsregister wirksam wird.

V. Kosten, Abschriften

Die Kosten dieser Urkunde und ihrer Durchführung trägt die GmbH.

Von dieser Urkunde erhalten eine beglaubigte Abschrift:
– der Gesellschafter,
– die GmbH,
– das Finanzamt – Körperschaftsteuerstelle –,
– das Registergericht,
– der Steuerberater der Gesellschaft.

Vorgelesen vom Notar samt Anlage,
von dem Beteiligten genehmigt
und eigenhändig unterschrieben

II. Anlage Satzung

Satzung[Rz. 15 f.] der A-GmbH mit dem Sitz in [...]

§ 1 Firma und Sitz[Rz. 30–36]

Die Firma der Gesellschaft lautet:

A-GmbH.[Rz. 30 f.]

Sitz der Gesellschaft ist [...].[Rz. 32 ff.]

§ 2 Gegenstand des Unternehmens[Rz. 38–39]

Gegenstand des Unternehmens ist [...].
Die Gesellschaft darf andere Unternehmen gleicher oder ähnlicher Art übernehmen, vertreten und sich an solchen Unternehmen beteiligen. Sie darf Zweigniederlassungen im In- und Ausland errichten und Unternehmensverträge abschließen, sowie im Übrigen alle Geschäfte tätigen, die der Förderung ihres Unternehmenszwecks unmittelbar oder mittelbar dienlich erscheinen.

§ 3 Stammkapital, Geschäftsanteile[Rz. 41–43]

Das Stammkapital der Gesellschaft beträgt

€ 25 000,–
(in Worten: Euro fünfundzwanzigtausend).

[evtl.: Hiervon übernimmt als Gründungsgesellschafter:
Herr A 25000 Geschäftsanteile im Nennbetrag von jeweils € 1,– (i. w. Euro ein) (Geschäftsanteile Nr. 1–25000).
Herr A erbringt die geschuldeten Stammeinlagen in voller Höhe dadurch, dass er sein nicht im Handelsregister eingetragenes Einzelunternehmen mit der Bezeichnung A [...] und mit dem Sitz in [...] mit allen Aktiva und Passiva in die GmbH einbringt. Die Einbringung erfolgt mit wirtschaftlicher und steuerlicher Wirkung zum [...] (Übertragungsstichtag). Ab dem [...] gilt das eingebrachte Unternehmen als für Rechnung der Gesellschaft geführt. Gegenstand der Einbringung sind alle zum Stichtag erfassten Aktiva und Passiva unter Berücksichtigung der Zu- und Abgänge, die sich seit diesem Zeitpunkt im Rahmen ordnungsgemäßer Geschäftsführung ergeben haben.
Die Einbringung erfolgt gem. der Bilanz zum [...], wobei die eingebrachten Gegenstände mit den Buchwerten anzusetzen sind. Soweit der in der Eröffnungsbilanz der GmbH anzusetzende Wert des eingebrachten Vermögens den Nennbetrag der übernommenen Stammeinlage übersteigt, wird der überschießende Betrag nicht eingebracht, sondern in die Rücklagen der Gesellschaft verbucht.[Rz. 41]*]*

§ 4 Dauer der Gesellschaft, Kündigung[Rz. 45–46]

Die Dauer der Gesellschaft ist unbestimmt.

Die Gesellschaft kann mit einer Frist von sechs Monaten jeweils zum Schluss eines Geschäftsjahres von jedem Gesellschafter gekündigt werden, erstmals zum [...].

Die Kündigung hat durch eingeschriebenen Brief an die Gesellschaft und die übrigen Gesellschafter zu erfolgen. Für die Wirksamkeit kommt es lediglich auf den Zugang des Kündigungsschreibens an die Gesellschaft an.

Kündigt ein Gesellschafter, so haben die verbleibenden Gesellschafter das Recht, die Fortführung der Gesellschaft zu beschließen. Der Beschluss hat vor Ablauf der Kündigungsfrist zu erfolgen. In diesem Fall hat der kündigende Gesellschafter seine Geschäftsanteile an die verbleibenden Gesellschafter oder an einen von der Gesellschaft benannten Mitgesellschafter oder Dritten abzutreten oder die Einziehung zu dulden (§ 11).[Rz. 92ff.]

§ 5 Geschäftsjahr

Das Geschäftsjahr ist das Kalenderjahr.

§ 6 Geschäftsführung und Vertretung[Rz. 48–53]

Die Gesellschaft hat einen oder mehrere Geschäftsführer.

Ist nur ein Geschäftsführer bestellt, so vertritt er die Gesellschaft allein. Sind mehrere Geschäftsführer bestellt, so wird die Gesellschaft durch zwei Geschäftsführer oder durch einen Geschäftsführer gemeinsam mit einem Prokuristen vertreten.

Die Gesellschafterversammlung kann einem, mehreren oder allen Geschäftsführern Einzelvertretungsbefugnis und Befreiung von den Beschränkungen des Selbstkontrahierungsverbots gem. § 181 BGB erteilen.

Dies gilt auch im Falle der Liquidation der Gesellschaft.

Die Gesellschafterversammlung kann – unbeschadet § 7 Abs. 1 – jederzeit einen Katalog von Geschäften beschließen, die nur mit vorheriger Zustimmung der Gesellschafterversammlung vorgenommen werden dürfen.[Rz. 49f., 57]

§ 7 Gesellschafterbeschlüsse[Rz. 56–69]

(1) Die Gesellschafterversammlung ist zuständig für:[Rz. 49f., 57]
– die Genehmigung des Jahresabschlusses,

– die Ergebnisverwendung,
– die Bestellung, Abberufung und Entlastung der Geschäftsführer sowie deren Befreiung vom Wettbewerbsverbot,
– Satzungsänderungen,
– die Auflösung der Gesellschaft,
– die Einwilligung zu ungewöhnlichen Geschäftsführungsmaßnahmen,
– den Ausschluss eines Gesellschafters.

Im Übrigen beschließt die Gesellschafterversammlung in den im Gesetz und in diesem Gesellschaftsvertrag bestimmten Angelegenheiten.

(2) Spätestens bis zum Ablauf des sechsten Monats eines jeden Geschäftsjahres ist von den Geschäftsführern die ordentliche Gesellschafterversammlung einzuberufen.[Rz. 58] Daneben sind außerordentliche Gesellschafterversammlungen einzuberufen, wenn es im Interesse der Gesellschaft erforderlich ist.

Die Einberufung hat mittels Einschreibebrief mit einer Frist von zwei Kalenderwochen an die letzte von den Gesellschaftern mitgeteilte Adresse oder durch Übergabe gegen Empfangsbestätigung zu erfolgen. Die Tagesordnung ist in der Einladung bekanntzugeben.

(3) Die Gesellschafterversammlung ist beschlussfähig, wenn mindestens soviele Gesellschafter anwesend oder vertreten sind, dass sie drei Viertel aller vorhandenen Stimmen in sich vereinigen. Ist diese Mehrheit nicht anwesend, so ist eine neue Gesellschafterversammlung mit der gleichen Tagesordnung einzuberufen, die dann ohne Rücksicht auf die Höhe des vertretenen Stammkapitals beschlussfähig ist, wenn hierauf in der Einladung hingewiesen ist.[Rz. 59]

(4) Je € 1,– eines Geschäftsanteils gewährt eine Stimme, soweit nicht stimmrechtlose Anteile ausgegeben sind.[Rz. 43, 60]

(5) Jeder Gesellschafter kann sich durch eine mit schriftlicher Vollmacht legitimierte Person vertreten lassen. Er ist auch berechtigt, einen zur Berufsverschwiegenheit verpflichteten Dritten in der Gesellschafterversammlung beizuziehen. Die Vollmacht muss bei der Gesellschaft aufbewahrt werden.[Rz. 61]

(6) Sofern es sich nicht um Satzungsänderungen handelt oder sonst zwingendes Recht eine andere Form vorschreibt, können die Beschlüsse auch außerhalb von Versammlungen sowohl durch Stimmabgabe in Schrift- oder Textform (§§ 126, 126b BGB) oder per E-Mail oder in elektronischer Form gem. § 126a BGB als auch durch mündliche bzw. fernmündliche Abstimmung gefasst werden, wenn sich jeder Gesellschafter mit der zu treffenden Bestimmung einverstanden erklärt oder der Abstimmung in diesem Verfahren zustimmt.[Rz. 62]

Zulässig ist dann auch eine sog. kombinierte Beschlussfassung, wonach teils in einer Gesellschafterversammlung und teils durch Stimmabgabe in vorstehender Form abgestimmt wird.

(7) Die Beschlüsse werden mit einfacher Stimmenmehrheit gefasst, soweit zwingende Gesetzesbestimmungen oder die Satzung keine anderen Mehrheiten vorschreiben.[Rz. 5ff., 63]

Die Änderung des Gesellschaftsvertrages oder des Verwaltungssitzes, die Auflösung der Gesellschaft sowie Beschlüsse betreffend die Bestellung und Abberufung von Geschäftsführern, deren Befreiung vom Wettbewerbsverbot, deren Vertretungsmacht und die Befreiung von Gesellschaftern von einem Wettbewerbsverbot bedürfen einer Mehrheit von drei Viertel der abgegebenen Stimmen.[Rz. 5ff., 64]

Hält ein Gesellschafter mehrere Geschäftsanteile, kann er aus diesen auch uneinheitlich abstimmen.

(8) Über den Verlauf der Gesellschafterversammlung bzw. außerhalb einer Versammlung gefasste Beschlüsse ist auf Verlangen auch nur eines Gesellschafters eine Niederschrift zu fertigen, die vom Versammlungsleiter bzw. ersatzweise zumindest von einem Geschäftsführer zu unterzeichnen ist.[Rz. 67] Diese Niederschrift ist

den Gesellschaftern zuzuleiten. Diese können innerhalb von vier Wochen nach Zustellung der Niederschrift eine Ergänzung oder Berichtigung schriftlich verlangen. Die unwidersprochene oder ergänzte bzw. berichtigte Niederschrift hat die Vermutung der Richtigkeit und Vollständigkeit.

Gesellschafterbeschlüsse können nur innerhalb von sechs Wochen, beginnend mit Kenntnis von der Beschlussfassung, durch Klage angefochten werden.

§ 8 Jahresabschluss und Gewinnverwendung[Rz. 72–75]

Für den Jahresabschluss, den Lagebericht und die Gewinnverwendung gelten die jeweiligen gesetzlichen Bestimmungen.

Die Ergebnisverteilung erfolgt nach dem Verhältnis der Geschäftsanteile, soweit nicht mit Zustimmung aller Gesellschafter etwas anderes beschlossen wird.[Rz. 9, 24, 73 ff.]

§ 9 Verfügung über Geschäftsanteile[Rz. 77–82]

Jede Verfügung über Geschäftsanteile oder Teile von Geschäftsanteilen bedarf der schriftlichen Zustimmung aller übrigen Gesellschafter; für die Gesellschafterstellung ist die im Handelsregister aufgenommene Gesellschafterliste maßgeblich.

[evtl.: Die Teilung von Geschäftsanteilen bedarf nur der Erklärung des betreffenden Gesellschafters und nicht eines Beschlusses der Gesellschafterversammlung.]

§ 10 Erbfolge[Rz. 84–90]

Im Fall des Todes eines Gesellschafters können die übrigen Gesellschafter innerhalb von 12 Monaten ab Kenntnis der Geschäftsführung vom Todesfall und der Person des Rechtsnachfolgers beschließen, dass die Anteile des verstorbenen Gesellschafters ganz oder geteilt an die Gesellschaft, an einen oder mehrere Gesellschafter oder an einen Dritten abzutreten sind oder eingezogen werden (§ 11).[Rz. 84 ff., 92 ff., 98 ff.]

Mehrere Erben oder Vermächtnisnehmer sind verpflichtet, sich durch einen gemeinsamen Bevollmächtigten vertreten zu lassen. Der Bevollmächtigte muss zur Berufsverschwiegenheit verpflichtet sein, wenn er nicht selbst Gesellschafter ist. Die Gesellschafterrechte der Erben und Vermächtnisnehmer ruhen, solange der Bevollmächtigte nicht bestellt ist.[Rz. 90]

§ 11 Einziehung von Geschäftsanteilen[Rz. 92–96]

(1) Die Einziehung von Geschäftsanteilen ist zulässig.
(2) Die Einziehung der Geschäftsanteile eines Gesellschafters ohne dessen Zustimmung ist zulässig, soweit[Rz. 93]
  a) ein Geschäftsanteil aufgrund eines nicht nur vorläufig vollstreckbaren Titels gepfändet und die Pfändung nicht innerhalb von drei Monaten, spätestens bis zur Anteilsverwertung, durch anderweitige Befriedigung des Gläubigers als durch die Gesellschaft oder einen anderen Gesellschafter wieder aufgehoben wird; oder
  b) über das Vermögen des Gesellschafters das Insolvenzverfahren eröffnet und nicht innerhalb von zwei Monaten seit Eröffnung – ausgenommen mangels Masse – eingestellt wird oder die Eröffnung eines solchen Verfahrens mangels Masse abgelehnt wird; oder
  c) ein Geschäftsanteil im Wege der Zwangsvollstreckung oder in der Insolvenz eines Gesellschafters an einen Dritten gelangt ist, weil die Einziehung während des Verfahrens nach Abs. 6 nicht zulässig war; oder
  d) in der Person des Gesellschafters ein seine Ausschließung rechtfertigender Grund (entsprechend § 140 HGB) vorliegt, insbes. der Gesellschafter Gesellschafterpflichten grob verletzt; oder
  e) der Gesellschafter die Gesellschaft gekündigt hat (§ 4); oder

f) die Voraussetzungen für die Einziehung der Anteile eines verstorbenen Gesellschafters gem. § 10 vorliegen; oder

g) der Gesellschafter trotz Abmahnung und Fristsetzung eine fällige Einzahlung auf seine Stammeinlage nicht entrichtet; oder

h) […].[Rz. 94 f.]

(3) Steht ein Geschäftsanteil mehreren Mitberechtigten ungeteilt zu, so ist die Einziehung auch zulässig, wenn deren Voraussetzungen nur in der Person eines Mitberechtigten vorliegen.

(4) Die Einziehung erfolgt durch schriftliche Mitteilung des Einziehungsbeschlusses gegenüber dem betroffenen Gesellschafter bzw. dessen Nachfolger.

Statt der Einziehung kann die Gesellschafterversammlung beschließen, dass der jeweilige Geschäftsanteil von der Gesellschaft erworben oder an die verbleibenden Gesellschafter entsprechend dem Verhältnis ihrer Nominalgeschäftsanteile oder an Dritte übertragen wird; ein Erwerb durch die Gesellschaft selbst setzt voraus, dass der Geschäftsanteil voll eingezahlt ist.[Rz. 96]

Bei der Beschlussfassung über die Einziehung oder Übertragung eines Geschäftsanteils hat der betroffene Gesellschafter bzw. dessen Erben kein Stimmrecht. Ein Gesellschafter, für den selbst die Voraussetzungen für eine Ausschließung vorliegen, darf sein Stimmrecht für eine Beschlussfassung über die Ausschließung eines Mitgesellschafters nicht ausüben.

Der Beschluss bedarf einer Mehrheit von drei Vierteln aller übrigen vorhandenen Stimmen.

(5) Stichtag für die Einziehung bzw. Übertragung ist im Falle der Kündigung nach § 4 das Geschäftsjahresende gem. § 4 S. 2, im Übrigen der Tag der diesbezüglichen Beschlussfassung, sofern nicht als Stichtag das folgende Geschäftsjahresende beschlossen wird. Ab dem Stichtag ruhen sämtliche Gesellschafterrechte aus dem/den betreffenden Geschäftsanteil(en); am Gewinn der Gesellschaft ist der Gesellschafter bis zum Bewertungsstichtag (§ 12) beteiligt.

Dinglich wird die Einziehung bzw. – vorbehaltlich einer abweichenden Vereinbarung – die Übertragung im Übrigen jedoch erst wirksam mit Leistung der geschuldeten Abfindung gem. § 12 oder mit der Bestätigung des Übergangs durch den betroffenen Gesellschafter. Dieser ist zur Abgabe der Bestätigung verpflichtet, wenn ihm für die geschuldete Abfindung eine angemessene Sicherheit geleistet wird bzw. die Abfindung geleistet wurde.

(6) Der Beschluss über die Einziehung eines Geschäftsanteils oder die Abtretung an die Gesellschaft kann nur bedingt unter der Voraussetzung gefasst werden, dass durch die Zahlung der Abfindung das Stammkapital im Zeitpunkt der Zahlung der Abfindung nicht angegriffen wird.

(7) Geschäftsanteile, die durch Einziehung untergehen, können neugebildet und wieder ausgegeben werden; alternativ werden die Geschäftsanteile der verbliebenen Gesellschafter entsprechend aufgestockt.

§ 12 Abfindung ausscheidender Gesellschafter[Rz. 98–108]

(1) Ein aus der Gesellschaft ausscheidender Gesellschafter hat Anspruch auf Auszahlung des Wertes seiner Geschäftsanteile. Maßgeblich ist im Ausgangspunkt der Verkehrswert der Geschäftsanteile.

Die Ermittlung des Verkehrswertes soll im Zweifel nach den derzeit geltenden Regelungen des Bewertungsgesetzes erfolgen, insbes. unter Anwendung des vereinfachten Ertragswertverfahrens gem. §§ 200 ff. BewG, sofern dieses nicht zu offensichtlich unzutreffenden Ergebnissen führt.[Rz. 104 f.]

Bewertungsstichtag ist das dem Stichtag des Ausscheidens (§ 11 Abs. 5) unmittelbar vorangegangene Geschäftsjahresende bzw., wenn der Ausscheidensstichtag auf ein Geschäftsjahresende fällt, dieser Zeitpunkt.

Von dem so ermittelten Verkehrswert ist sodann jedoch ein Abzug von 40 vH vorzunehmen; im Falle des Ausscheidens eines Gesellschafters infolge einer Kündigung gem. § 4 erfolgt nur ein Abzug von 20 vH.
Änderungen der Steuerbilanz, die sich nach dem Bewertungsstichtag aufgrund einer Betriebsprüfung ergeben, bleiben für die Abfindung unberücksichtigt.

(2) Das Abfindungsentgelt ist vom Erwerber der betreffenden Anteile in drei gleichen Jahresraten auszuzahlen, von denen die erste sechs Monate nach der Feststellung des Abfindungsentgelts, und die zweite erst nach Ablauf eines weiteren Jahres fällig werden.[Rz. 107] Ist das Abfindungsentgelt ein Jahr nach dem Bewertungsstichtag noch nicht festgestellt, ist spätestens zu diesem Zeitpunkt die erste Jahresrate auszuzahlen, und zwar in geschätzter Höhe, die Folgeraten dann jeweils ein Jahr später; die Abrechnung der geschätzten Zahlungen hat unverzüglich nach Feststellung des Abfindungsguthabens zu erfolgen.
Anspruch auf Sicherheitsleistung besteht nicht.
Das Abfindungsentgelt ist ab dem Bewertungsstichtag mit jährlich 2 Prozentpunkten über dem jeweiligen Basiszinssatz zu verzinsen.

(3) Der Wert der Geschäftsanteile ist von einem Wirtschaftsprüfer oder Steuerberater als Schiedsgutachter festzustellen, falls sich die Beteiligten über den Wert der Geschäftsanteile nicht einigen.[Rz. 108] Bei fehlender Einigung über die Person des Schiedsgutachters soll auf Antrag eines der Beteiligten von der für die Gesellschaft zuständigen Industrie- und Handelskammer ein Wirtschaftsprüfer benannt werden. Die Kosten des Schiedsgutachtens trägt der Gesellschafter im Verhältnis seiner Beteiligung, im Übrigen die Gesellschaft.

§ 13 Wettbewerbsverbot, Geheimhaltung[Rz. 110–114]

(1) Kein Gesellschafter, der mehrheitlich beteiligt oder für die Gesellschaft zugleich als Geschäftsführer tätig ist, darf der Gesellschaft mittelbar oder unmittelbar, gelegentlich oder gewerbsmäßig, unter eigenem oder unter fremdem Namen, für eigene oder für fremde Rechnung im Geschäftszweig der Gesellschaft Konkurrenz machen, für ein Konkurrenzunternehmen tätig sein oder sich an einem Konkurrenzunternehmen derart beteiligen, dass er wesentlichen Einfluss auf die Geschäftsführung nehmen kann.
Die Gesellschafterversammlung kann durch Beschluss einzelne oder alle Gesellschafter bzw. Geschäftsführer unentgeltlich oder entgeltlich vom Wettbewerbsverbot befreien. Regelungen über Umfang, Art und Weise der Befreiung sowie eine Abgrenzung der einzelnen Tätigkeitsbereiche sowie die Festlegung der Höhe eines etwaigen Entgelts erfolgen in dem jeweiligen Gesellschafterbeschluss.
[evtl.: Ausgenommen vom vorstehenden Wettbewerbsverbot ist jedoch bereits die bereits bestehende Geschäftstätigkeit des Gründungsgesellschafters, Herrn A, im bisherigen bzw. vergleichbaren Umfang.]

(2) Jeder Gesellschafter hat über die Angelegenheiten der Gesellschaft Stillschweigen zu bewahren.
Ferner ist jedem Gesellschafter untersagt, seine Kenntnisse über die Gesellschaft, insbes. über deren Geschäftsbetrieb, weiterzugeben oder zu ihrem Nachteil zu verwerten. Auch nach dem Ausscheiden aus der Gesellschaft besteht die Pflicht des Gesellschafters zur Verschwiegenheit hinsichtlich der Geschäfts- und Betriebsgeheimnisse der Gesellschaft und zur Unterlassung einer treuewidrigen Verwertung der erlangten Kenntnisse fort.

§ 14 Beirat[Rz. 116–118]

Die Gesellschafter können beschließen, dass die Gesellschaft einen Beirat erhält.

Der Beirat berät und überwacht die Geschäftsführung. Die Gesellschafter können durch einstimmigen Beschluss aller Gesellschafter die Zahl der Beiratsmitglieder bestimmen sowie dem Beirat weitere Aufgaben und Befugnisse zuweisen, insbesondere das Recht gewähren, Geschäftsführer zu bestellen und abzuberufen, Anstellungsverträge mit diesen abzuschließen, zu ändern und zu beendigen, Geschäftsführer zur Einzelvertretung zu ermächtigen, eine Geschäftsordnung für die Geschäftsführer festzulegen und diesen Weisungen zu erteilen.

Die Gesellschafter können durch einstimmigen Beschluss aller Gesellschafter beschließen, dass die Haftung der Beiratsmitglieder auf Vorsatz und grobe Fahrlässigkeit beschränkt ist.

Auf den Beirat finden § 52 Abs. 1 GmbHG und die dort genannten aktienrechtlichen Bestimmungen nur Anwendung, soweit die Gesellschafter gem. vorstehenden Regelungen nichts anderes beschlossen haben.

Die Gesellschafter können jederzeit mit einfacher Mehrheit der abgegebenen Stimmen beschließen, dass durch Gesellschafterbeschluss für nicht anwendbar erklärte aktienrechtliche Bestimmungen wieder Anwendung finden oder dass dem Beirat Aufgaben und Befugnisse, welche ihm durch Gesellschafterbeschluss zugewiesen wurden, nicht weiter zustehen.

§ 15 Steuerklausel[Rz. 120–121]

Die Organe der Gesellschaft haben die handelsrechtlichen und steuerlichen Grundsätze ordnungsgemäßer Geschäftsführung einzuhalten und im Geschäftsverkehr die Sorgfalt eines ordentlichen und gewissenhaften Kaufmannes zu wahren. Den Organen der Gesellschaft ist es im Verhältnis zu den Gesellschaftern insbes. untersagt, außerhalb satzungsmäßiger Gewinnverteilungsbeschlüsse unangemessene Vorteile zu gewähren, gegen das Nachzahlungs- oder Rückwirkungsverbot zu verstoßen oder andere anerkannte steuerliche Grundsätze zu verletzen, deren Missachtung eine verdeckte Gewinnausschüttung bewirkt.

Im Falle der Zuwiderhandlung ist auf Verlangen mindestens eines Gesellschafters der unangemessene Vorteil betragsmäßig von dem Gesellschafter, dem der Vorteil steuerlich zugerechnet wird, auszugleichen und vom Zeitpunkt der Vorteilsgewährung bis zur Erbringung der Ausgleichsleistung banküblich zu verzinsen.

§ 16 Bekanntmachungen

Die Bekanntmachungen der Gesellschaft erfolgen nur im gesetzlich bestimmten Gesellschaftsblatt (vgl. § 12 S. 1 GmbHG); das ist derzeit der Bundesanzeiger.

§ 17 Schlussbestimmungen[Rz. 122–124]

Die Nichtigkeit oder Anfechtbarkeit einzelner Bestimmungen dieser Satzung soll die Gültigkeit der übrigen Bestimmungen nicht berühren. Die ungültige Bestimmung ist durch eine wirtschaftlich möglichst gleichwertige zu ersetzen.

Ergänzend zu diesem Gesellschaftsvertrag gelten die Bestimmungen des Gesetzes betreffend die Gesellschaften mit beschränkter Haftung.

[evtl. Gründungsaufwand, zB: Die Gesellschaft trägt die mit der Gründung verbundenen Kosten (Notar-, Gerichts- und Veröffentlichungskosten sowie die Kosten der Gründungsberatung) bis zu einem Gesamtbetrag von € 1500,–.][Rz. 123]

A. Grundsätzliche Anmerkungen

I. Wirtschaftliche Aspekte und allgemeine Gestaltungsüberlegungen

1 *Zugrunde gelegter Sachverhalt:*

Herr A ist Alleingesellschafter und einziger Geschäftsführer der A-GmbH, in die er sein früheres Einzelunternehmen eingebracht und dafür 25 000 Geschäftsanteile im Nennbetrag von je € 1,– erhalten hat. Die bisherige Satzung enthält nur die für die (Sach-)Gründung einer Einpersonen-GmbH notwendigen Satzungsbestimmungen.[1]

Nunmehr möchte Herr A seine beiden Kinder B und C in die Gesellschaft aufnehmen, indem er ihnen von seinen Anteilen jeweils 25 vH überträgt. Vor der Beurkundung dieser Anteilsabtretung[2] *möchte Herr A die bestehende Satzung in geeigneter Form für die künftige „Familien-GmbH" anpassen.*

1. Die GmbH als Familiengesellschaft

2 Die GmbH ist die beliebteste Rechtsform für eine Handelsgesellschaft in Deutschland[3] und eignet sich aufgrund der weitreichenden Gestaltungsmöglichkeiten insbes. auch für Familiengesellschaften.[4] Die Verwendung einer GmbH erlaubt jedenfalls im Grundsatz die Beschränkung der Haftung auf das Vermögen der Gesellschaft, weist gegenüber der Verwendung einer Aktiengesellschaft erheblich größere Gestaltungsmöglichkeiten und eine deutlich einfachere Struktur (zB ist bei einer AG – anders als bei der GmbH – ein Aufsichtsrat zwingend erforderlich) auf. Die einfachere Struktur der GmbH besteht auch im Vergleich zur (ebenfalls haftungsbeschränkten) Rechtsform der GmbH & Co. KG, die aus zwei Gesellschaften zusammengesetzt ist.[5]

Steuerlich hat die **Unternehmenssteuerreform 2008** eine deutliche Annäherung der Besteuerung der verschiedenen Rechtsformen gebracht.[6] Ertragsteuerlich besteht nach wie vor eine gewisse Tendenz, dass bei angestrebter Vollausschüttung der Gewinne die Rechtsform eines Personenunternehmens (e. K., OHG, KG einschließlich GmbH & Co. KG, GbR) vorzugswürdig erscheint, bei beabsichtigter weitgehender Thesaurierung der Gewinne die Rechtsform einer Kapitalgesellschaft (GmbH, AG).[7]

2. Ausgangspunkt: Übliche Satzungsregelungen

3 Eine typische Satzung für eine Familien-GmbH gibt es nicht. Im Ausgangspunkt sind Regelungen erforderlich, wie sie sich in jeder Satzung für eine Mehrpersonen-GmbH finden.[8] Die konkret vorzunehmenden Anpassungen bzw. Ergänzungen hängen dann von den jeweiligen Umständen des Einzelfalls und Vorstellungen der Beteiligten ab, zB

- Soll ein Familienmitglied bzw. mehrere Familienmitglieder eine dominierende Stellung in der Familien-GmbH erhalten?
- Welche Beteiligungsverhältnisse bestehen bzw. werden jetzt oder künftig gewünscht?
- Handelt es sich um eine GmbH mit wenigen oder vielen Gesellschaftern? Sind verschiedene Familien mit unterschiedlichen Interessenlagen beteiligt? (vgl. hierzu auch Rz. 66 und 82)

---

[1] Vgl. hierzu Münchener Vertragshandbuch, Bd. 1/*Heidenhain/Hasselmann* Muster IV.7.
[2] Vgl. hierzu Formular A.2.80.
[3] Vgl. Lutter/Hommelhoff/*Lutter* GmbHG Einleitung Rz. 1.
[4] Vgl. *Sudhoff* Unternehmensnachfolge, § 38 Rz. 19 ff. und § 45.
[5] Vgl. zu den verschiedenen Rechtsformen *Sudhoff* Unternehmensnachfolge, §§ 38 ff.; *Spiegelberger* Unternehmensnachfolge, §§ 7 ff.; ferner die anderen Formulare in diesem Kapital C. 1.
[6] Zur Unternehmenssteuerreform 2008 vgl. zB *Streck* NJW 2007, 3176.
[7] Vgl. auch *Grashoff/Kleinmanns* Steuerrecht 2015, Rz. 355 ff.
[8] Vgl. hierzu Münchener Vertragshandbuch, Bd. 1/*Meister/Klöcker* Muster IV.25 ff.; FormB RS Formular A. 6.00. Zu Regelungen bei einer Familien-GmbH (& Co. KG) mit mehreren Stämmen s. auch Formular C. 1.20 Teil II.

3. Einfluss- und Beherrschungsmöglichkeiten in der Familiengesellschaft

Sollen bestimmte Personen eine dominierende Stellung in der Familien-GmbH erhalten, kann dem auf unterschiedliche Weise Rechnung getragen werden. 4

a) Am geringsten ist der Regelungsbedarf, wenn die dominierende Stellung bereits durch die **Höhe der Beteiligung** vermittelt wird: 5

aa) Behält sich im Ausgangssachverhalt Herr A mindestens **75 vH** der Anteile zurück, kann er bereits nach den gesetzlichen Bestimmungen des GmbHG nahezu uneingeschränkt über die Geschicke der GmbH bestimmen. Mit dieser **Stimmenmehrheit** kann er fast jeden von ihm gewünschten Gesellschafterbeschluss fassen bzw. unerwünschten Beschluss blockieren, auch Geschäftsführer bestellen und abberufen, diesen Weisungen für die Geschäftsführung erteilen, Satzungsänderungen einschließlich Kapitalerhöhungen und ggf. der damit verbundenen Aufnahme weiterer Gesellschafter oder die Liquidation der GmbH ggf. verbunden mit dem Verkauf der Wirtschaftsgüter des Unternehmens (Asset Deal) durchsetzen (vgl. §§ 47 Abs. 1, 53 Abs. 2, 60 Abs. 1 Nr. 2 GmbHG). Die wesentlichen Unterschiede zwischen einem solcherart beherrschenden Gesellschafter und einem Alleingesellschafter liegen vor allem darin, dass

- der beherrschende Gesellschafter einer **Treuepflicht** bzw. einem Rücksichtnahmegebot auf die Mitgesellschafter unterliegt, also zB keine für die Ertrags- oder Vermögenslage der GmbH nachteiligen Weisungen erteilen darf und die GmbH auch nicht auf andere Weise ohne Zustimmung der Mitgesellschafter schädigen darf, zB durch eine gewinnbeeinträchtigende Konkurrenztätigkeit;[9]
- der beherrschende Gesellschafter nicht einfach alleine Beschlüsse fassen darf, sondern an der Beschlussfassung entweder alle Gesellschafter mitwirken müssen oder unter Einhaltung der gesetzlichen bzw. satzungsmäßigen Bestimmungen zu einer Gesellschafterversammlung geladen werden muss; die qualifizierte Stimmenmehrheit macht es dem beherrschenden Gesellschafter also zwar meist möglich, sich bei Gesellschafterbeschlüssen letztlich durchzusetzen, der Weg dahin ist allerdings langsamer und aufwendiger als bei einem Alleingesellschafter;
- der beherrschende Gesellschafter in bestimmten Fällen (vgl. § 47 Abs. 4 GmbHG) einem Stimmverbot unterliegt (vgl. Rz. 111, dort Fn. 103) und für bestimmte Satzungsänderungen auf die Zustimmung der Mitgesellschafter angewiesen ist (vgl. Rz. 63);
- der beherrschende Gesellschafter nur über seine eigenen Anteile verfügen kann (soweit dem nicht eine satzungsmäßige Vinkulierungsklausel oÄ entgegensteht) und damit ein Verkauf der gesamten GmbH im Wege eines **Anteilsverkaufs** *(Share Deal)* nur unter Mitwirkung aller Gesellschafter möglich ist;
- jedem Gesellschafter ein umfassendes **Auskunftsrecht** gegenüber der Geschäftsführung zusteht (§ 51a GmbHG);
- auch Minderheitsgesellschafter mit mindestens 10 vH die **Einberufung einer Gesellschafterversammlung** zu Beschlussfassungen verlangen können (§ 50 Abs. 1 GmbHG);
- jeder Gesellschafter entsprechend seinem **Anteil am Gewinn und Vermögen** der GmbH beteiligt ist (§§ 29 Abs. 3, 72 GmbHG).

bb) Behält Herr A zumindest mehr als **50 vH** der Anteile zurück, kann er sich noch bei den „normalen" Beschlussfassungen durchsetzen (vgl. § 47 Abs. 1 GmbHG), zB Bestellung und Abberufung der Geschäftsführer, Erteilung von Weisungen an die Geschäftsführer und Gewinnverwendung. Grundlegende Entscheidungen, wie Satzungsänderungen, Kapitaländerungen oder die Liquidation, kann er jedoch nicht mehr alleine realisieren.

---

[9] Vgl. Baumbach/Hueck/*Fastrich* GmbHG § 13 Rz. 20 ff.

cc) Behält Herr A zumindest mehr als **25 vH** der Anteile zurück, kann er zwar bei den „normalen“ Beschlussfassungen, aber nicht bei den Grundlagenentscheidungen überstimmt werden.

6 **b)** Besteht die gewünschte **dominierende Stellung** eines Gesellschafters nicht schon aufgrund seiner Beteiligungshöhe, kann dem in gewissem Umfang durch eine entsprechende Ausgestaltung der Satzung Rechnung getragen werden, zB durch Änderung der Entscheidungsmehrheiten, Veto- und sonstige **Sonderrechte** (zu Einzelheiten s. nachfolgend Rz. 12ff. und 30ff.).

7 **c)** Schließlich kann die gewünschte dominierende Stellung eines Gesellschafters auch durch Regelungen außerhalb der Satzung bzw. auf anderen Ebenen verschafft werden.

In Betracht kommen hier insbes.

- schuldrechtliche **Gesellschaftervereinbarungen** (zu **Poolvereinbarungen** s. Rz. 27 sowie Formular C.2), in denen zB **Stimmbindungsvereinbarungen, Andienungsrechte bzw. -pflichten** und/oder **Mitverkaufsrechte bzw. -pflichten („Tag-Along- bzw. Drag-Along-Klauseln“)** vereinbart werden können, ggf. ergänzt durch **Vollmachten** zur Ausübung von Stimmrechten bzw. zum Erwerb bzw. Veräußerung von Anteilen;[10]
- **Regelungen** im Rahmen der Beteiligung der weiteren Gesellschafter, namentlich **im Anteilsübertragungsvertrag** (zB im Ausgangsfall in den Anteilsübertragungsverträgen des A mit seinen Söhnen B und C), zB Vorbehalt eines (Quoten-)**Nießbrauchs,** Widerrufs- bzw. **Rückforderungsrechte;**[11]
- die Verschaffung einer **„Sondergesellschafterstellung“,** namentlich die (evtl. auch zusätzliche) Beteiligung als stiller Gesellschafter an der GmbH.[12]

8 **d)** Eine interessengerechte Ausgestaltung der Satzung einer Familien-GmbH wird also erheblich durch die Beteiligungsverhältnisse an der GmbH beeinflusst. Dabei kann die vorstehende skizzierte Rechtslage auch durch entsprechende Vereinbarungen in gewissem Rahmen angepasst werden (zu Einzelheiten s. nachfolgend Rz. 15ff., 18ff. und Abschn. B).

4. Vermögensrechte und Gewinnverteilung in der Familiengesellschaft

9 Ähnliche Überlegungen wie unter vorstehend Rz. 4ff. gelten auch für die vermögensrechtlichen Aspekte in einer Familiengesellschaft.

Im Ausgangspunkt bestimmt sich die vermögensmäßige Beteiligung eines Gesellschafters nach der Höhe seiner Beteiligung an der GmbH (s. Rz. 5 unter Doppelbuchst. aa aE).

Durch die Einräumung satzungsmäßiger Sonderrechte kann ein Gesellschafter jedoch auch überproportional am Gewinn und/oder am Vermögen der Gesellschaft beteiligt werden (vgl. Einzelerläuterungen zu § 8 des Formulars).

Eine jedenfalls faktisch abweichende Gewinnverteilung kann schließlich auch unabhängig von der Ausgestaltung der Gesellschafterstellung zB im Rahmen von Anstellungs- oder Mitarbeiter-/Beraterverträgen bzw. ggf. auch sonstigen Austauschverträgen, zB Darlehens-, Liefer-, Miet- oder Pachtverträgen, weiter durch Nießbrauch oder stille Beteiligung bzw. Unterbeteiligung erreicht werden.

10, 11 *(frei)*

---

[10] Lutter/Hommelhoff/*Bayer* GmbHG § 3 Rz. 69ff.; Baumbach/Hueck/*Fastrich* GmbHG § 3 Rz. 39; s. ferner Rz. 16 sowie BGH v. 15.3.2010 – II ZR 4/09, DStR 2010, 1850; *Wälzholz* GmbHR 2009, 1020; *Hannes/Reich* ZEV 2014, 652; *Noack* NZG 2013, 281 (insbes. zu Verträgen auch mit der GmbH). Zu Andienungspflichten/-rechten und Mitverkaufspflichten/-rechten s. auch Heckschen/Heidinger/*Heckschen* § 4, Rz. 180ff.; *Lange/Sabel* NZG 2015, 1249.

[11] Vgl. hierzu Formulare A. 2.20–A. 2.50, ferner Nachweis in Fn. 2.

[12] Vgl. hierzu Formular A. 1.21, ferner *Weigl* Stille Gesellschaft und Unterbeteiligung, Muster 3.

II. Rechtliche Aspekte

1. Formalien einer Satzungsänderung

12 Die Änderung der Satzung einer GmbH bedarf gem. § 53 GmbHG eines notariell zu beurkundenden Gesellschafterbeschlusses, der im Grundsatz mit einer Mehrheit von mindestens 75 vH der abgegebenen Stimmen zu fassen ist, soweit nach der Satzung keine höhere Mehrheit oder sonstige zusätzliche Anforderungen bestimmt sind.[13] Die Beurkundung kann als Protokoll gem. §§ 36f. BeurkG oder als Niederschrift zur Beurkundung von Willenserklärungen gem. §§ 8ff. BeurkG erfolgen. Zur Wirksamkeit der Satzungsänderung ist weiterhin die notarielle Anmeldung der Satzungsänderung (s. Formular C. 1.31) und die Eintragung im Handelsregister erforderlich (§ 54 GmbHG).

13 Sind **minderjährige Kinder** Gesellschafter,[14] werden diese bei der Beschlussfassung durch ihre gesetzlichen Vertreter, also regelmäßig die Eltern, vertreten. Ist jedoch auch nur ein Elternteil Mitgesellschafter der GmbH, sind beide Eltern von der Vertretung ausgeschlossen (§§ 181, 1795 BGB), so dass dann zur Vertretung des Kindes ein Ergänzungspfleger gem. § 1909 BGB zu bestellen ist (bei mehreren Kindern für jedes Kind ein eigener Ergänzungspfleger). Eine familiengerichtliche Genehmigung ist nicht erforderlich (anders für die Übernahme von Geschäftsanteilen im Rahmen einer etwa mitbeschlossenen Kapitalerhöhung).

14 Die Aufnahme von Familienangehörigen in eine GmbH erfolgt entweder durch eine **Übertragung bestehender Anteile** oder im Rahmen einer **Kapitalerhöhung.**[15]

2. Satzungsinhalt

15 Der **Mindestinhalt einer GmbH-Satzung** (Firma, Sitz, Gegenstand, Stammkapital) ergibt sich aus § 3 GmbHG.

Darüber hinaus gibt es zahlreiche **fakultative Regelungsgegenstände,** die bei einer Mehrpersonen-GmbH und namentlich einer Familien-GmbH in die Satzung einbezogen werden müssen bzw. können (vgl. das Formular sowie die Erläuterungen unter B.). Dabei ist bei den fakultativen Regelungsgegenständen zu unterscheiden zwischen den Gegenständen, die zu ihrer Wirksamkeit zwingend in der Satzung geregelt werden müssen, und den Gegenständen, die auch außerhalb der Satzung geregelt werden können (zB in einer ergänzenden Gesellschaftervereinbarung).

Zwingend in der Satzung zu regeln sind (je nachdem zumindest in Form einer Ermächtigung) **zB:** Zeitbeschränkung der GmbH (§ 3 Abs. 2 GmbHG), an die Mitgliedschaft gebundenen Leistungspflichten der Gesellschafter gem. § 3 Abs. 2, §§ 26ff. GmbHG, Einziehungsbefugnisse (§ 34 GmbHG), Vertretungsregelungen (§ 35 Abs. 2, § 37 Abs. 1 GmbHG), Beschränkungen des Widerrufs einer Geschäftsführerbestellung (§ 38 Abs. GmbHG), Regelungen zur Beschlussfassung (§ 45 Abs. 2, § 53 Abs. 2, § 60 Abs. 1 Nr. 2 GmbHG), Errichtung eines fakultativen Aufsichtsrats (§ 52 GmbHG), Auflösungsgründe (§ 60 Abs. 2 GmbHG), Vermögensverteilung (§ 72 GmbHG).[16]

16 Soweit Gegenstände nach den gesetzlichen Regelungen nicht zwingend in der Satzung zu regeln sind, können sie auch in ergänzenden Gesellschaftervereinbarungen geregelt werden (s. Rz. 7). Hierbei ist zu beachten, dass solche Gesellschaftervereinbarungen im Grundsatz nur schuldrechtlich unter den an der Vereinbarung beteiligten Gesellschaftern und deren Gesamtrechtsnachfolgern (zB Erbe) wirken und nicht ge-

---

[13] Zu den Fällen, in denen auch ohne besondere Satzungsregelung die Zustimmung aller Gesellschafter bzw. besonders betroffener Gesellschafter erforderlich ist, vgl. Rz. 63f. Stimmberechtigt sind im Grundsatz nur die Gesellschafter, die in der zum Handelsregister aufgenommenen Gesellschafterliste aufgeführt sind (vgl. § 16 Abs. 1 S. 1 GmbHG und A. 2.81 Rz. 2 aE).

[14] Vgl. Lutter/Hommelhoff/*Bayer* GmbHG § 53 Rz. 9. Vgl. ferner Formular A. 3.00.

[15] Zur Anteilsschenkung s. Fn. 2 mwN; zur Kapitalerhöhung vgl. zB BeckFormB BHW Muster IX.35ff.

[16] Vgl. Lutter/Hommelhoff/*Bayer* GmbHG § 3 Rz. 1f., 48ff. S. ferner Erläuterungen gem. nachfolgend B.

genüber sog. Einzelrechtsnachfolgern (namentlich beim Erwerb durch Anteilsabtretung).

Die Vor- und Nachteile einer Aufnahme in die Satzung bzw. einer schuldrechtlichen Gesellschaftervereinbarung sind im Einzelfall abzuwägen. Dabei ist auch zu berücksichtigen, dass die Satzung im Handelsregister für jedermann einsehbar ist (§ 9 HGB), die interne Gesellschaftervereinbarung dagegen nicht. Änderungen der Satzung bedürfen der notariellen Beurkundung und der Registereintragung, Änderungen schuldrechtlicher Gesellschaftervereinbarungen nicht, soweit nicht aus besonderem Rechtsgrund ein Beurkundungserfordernis besteht, zB die in der Gesellschaftervereinbarung enthaltene Verpflichtung zur Abtretung eines Geschäftsanteils gem. § 15 Abs. 4 GmbHG.

17 Neben der Satzung und den Gesellschaftervereinbarungen bestehen weitere gesellschaftsrelevante Regelungsebenen, insbes. Anstellungs- bzw. Mitarbeiterverträge und sonstige Austauschverträge (zB Miet- bzw. Pacht-, Liefer- oder Darlehensverträge), Geschäftsordnungen, Treuhandvereinbarungen, Regelungen in Beteiligungs- bzw. in Anteilsübertragungsverträgen, stille Beteiligungen bzw. Unterbeteiligungen, die je nach den Umständen des Einzelfalls bei der Gestaltung miteinzubeziehen sind (vgl. Rz. 7).

3. Allgemeine Rahmenbedingungen der Satzungsgestaltung; Sonderrechte

18 Für die Gestaltung einer GmbH-Satzung gilt im Ausgangspunkt der Grundsatz der Vertragsfreiheit, dh., es kann alles geregelt werden, was nicht gesetzlich für unzulässig erklärt ist. Neben den allgemeinen Grenzen (zB Verstöße gegen gesetzliche Verbote gem. § 134 BGB, Sittenwidrigkeit gem. § 138 BGB) sind hier besonders die zwingenden Bestimmungen des GmbHG (zB die Minderheitsschutzbestimmungen der §§ 50, 51a GmbHG) und bei Gesellschaften mit idR mehr als 500 Arbeitnehmern die Mitbestimmungsgesetze (vgl. auch Einzelerläuterungen zu § 14) zu beachten.[17] Insbesondere bei Familiengesellschaften sind allerdings auch die Anforderungen für eine steuerlichen Anerkennung bedeutsam (vgl. nachfolgend Rz. 22ff.).

19 Von großer praktischer Relevanz sind gerade bei Familiengesellschaften die sog. **Sonderrechte** für einzelne Gesellschafter.

Das auch im GmbH-Recht zu berücksichtigende Gleichbehandlungsgebot steht einer unterschiedlichen Ausgestaltung der Rechtsstellung der Gesellschafter einer GmbH nicht entgegen.[18] Daher können – zB auch zur Vermeidung von „Patt-Situationen" – in der Satzung im weiten Umfang für einzelne Gesellschafter Sonderbefugnisse und Vorzugsrechte eingeräumt werden, zB Vorzugsdividenden, Geschäftsführungsrechte, Liquidationspräferenzen, Vetorechte oder Vorzugsrechte bei der Übertragung oder Vererbung.[19]

Bei der Ausgestaltung solcher Sonderrechte sind die Details sorgfältig zu regeln. Dies gilt insbes. für die Frage, ob das Sonderrecht dem jeweiligen Inhaber eines oder mehrerer Geschäftsanteile eingeräumt ist oder einer bestimmten Person bzw. ob das Sonderrecht vererblich und/oder übertragbar ist oder nicht. Klärungsbedürftig ist weiter die Dauer des Sonderrechts bzw. ggf. dessen Kündbarkeit.[20]

Wegen Einzelheiten wird auf die Erläuterungen in Abschnitt B. Rz. 30ff. verwiesen.

20, 21 *(frei)*

---

[17] Vgl. Lutter/Hommelhoff/*Bayer* GmbHG § 3 Rz. 92, ferner die Erläuterungen gem. nachfolgend B. Übermäßige Beschränkungen der Gesellschafterrechte eines Minderjährigen können der Erteilung einer erforderlichen familiengerichtlichen Genehmigung entgegenstehen, vgl. zB OLG Nürnberg v. 16.12.2014 – 11 WF 1415/14, ZEV 2015, 306.

[18] Vgl. Lutter/Hommelhoff/*Bayer* GmbHG § 14 Rz. 33f.

[19] Vgl. Lutter/Hommelhoff/*Bayer* GmbHG § 3 Rz. 64ff.; Heckschen/Heidinger/*Heckschen* § 4 Rz. 98cff.; *Kallrath* notar 2014, 75; *van Venrooy* GmbHR 2010, 841; ferner Erläuterungen gem. nachfolgend B.; zur steuerlichen Problematik s. jedoch Rz. 23ff.

[20] Vgl. hierzu zB die Erläuterungen in Rz. 52 zum Sonderrecht auf Geschäftsführung.

III. Steuerliche Aspekte; Sozialversicherungsrecht

1. Allgemeines

a) Von der Gestaltung der Satzung einer Familien-GmbH hängen unmittelbar nur wenige Steuerfolgen ab. 22

Die steuerlichen Berührungspunkte einer Satzung sind in Abschnitt B. erwähnt (zu sog. Steuerklauseln vgl. § 15 nebst Erläuterungen, zum möglichen Anfall einer Schenkungsteuer bei Ausscheiden eines Gesellschafter vgl. Rz. 104, zu weiteren erbschaft- bzw. schenkungsteuerlichen Berührungspunkten vgl. Rz. 27), zur steuerlichen Abzugsfähigkeit des Gründungsaufwands s. Rz. 123, dort Fn. 116).

b) Nicht selten finden sich in Satzungen von Familien-GmbHs Regelungen, die unter Fremd-Gesellschaftern eher unüblich sind. Vor allem in diesem Zusammenhang stellt sich die Frage nach der steuerlichen Anerkennung der Familien-Gesellschaft bzw. der Vermeidung steuernachteiliger verdeckter Gewinnausschüttungen. 23

Rechtsverhältnisse zwischen nahen Angehörigen werden steuerlich im Allgemeinen nur anerkannt, wenn sie rechtswirksam und ernsthaft vereinbart sind, tatsächlich durchgeführt werden und keine Abreden enthalten, die unter fremden Dritten nicht getroffen würden (sog. Fremd- bzw. Drittvergleich).[21]

Die für die Anerkennung von Familienpersonengesellschaften geltenden Grundsätze,[22] soweit sie die Anerkennung von Angehörigen als Mitunternehmer betreffen, lassen sich auf Familien-GmbHs allerdings nicht unmittelbar übertragen, da GmbH-Gesellschafter als solche typischerweise keine Mitunternehmer sind.

Soweit die Beteiligung an der GmbH nicht in einem Betriebsvermögen gehalten wird, erzielt der Anteilsinhaber Einkünfte aus Kapitalvermögen gem. § 20 EStG, so dass für die steuerliche Anerkennung und Zurechnung der Gewinnausschüttungen grundsätzlich die diesbezüglichen Anforderungen gelten.

Problematisch sind danach Regelungen, die die Stellung als **Anteilseigner gem. § 20 Abs. 5 EStG** in Frage stellen. Dazu können der weitgehende Entzug von Gesellschafterrechten oder evtl. auch **Einziehungsbefugnisse** eines Gesellschafters gehören, die ihm weitgehend nach seinem Belieben den Ausschluss anderer Gesellschafter ermöglicht; dies könnte deren steuerliche Stellung als Anteilseigner gefährden,[23] ist aber auch gesellschaftsrechtlich problematisch (vgl. Einzelerläuterungen zu § 11 Rz. 92 ff.). 24

Problematisch kann auch eine unangemessene Gewinnverteilungsabrede sein, die beschenkten Anteilsinhabern einen **unter- oder überproportionalen Gewinnanteil** zuweisen[24] (vgl. hierzu auch Einzelerläuterungen zu § 8).

Darüber hinaus droht nach der Rspr. bei **grundlegenden Abweichungen vom Regelstatut des GmbHG** zu Lasten beteiligter Familienangehöriger die steuerliche Nichtanerkennung.[25] Allerdings verbietet der Grundsatz des Drittvergleichs nicht allgemein Sonderregelungen für verschiedene Gesellschafter, sondern es ist idR ausreichend, wenn jedem Gesellschafter wenigstens annäherungsweise die Gesellschafterrechte eingeräumt werden, die nach dem Regelstatut der betreffenden Gesellschaftsform bestehen.[26]

Dies spricht dafür, mit der Verwendung von **Sonderrechten** (vgl. Rz. 19) insbes. für den „Senior"-Gesellschafter eher vorsichtig zu sein. Auch wenn FinVerw. und 25

---

[21] Vgl. Schmidt/*Heinicke* EStG § 4 Rz. 520 (unter „Angehörige"); speziell zur Beteiligung von Kindern an einer GmbH: BFH v. 14.10.2002 – VIII R 42/01, DStRE 2003, 337.

[22] Zur steuerlichen Anerkennung von Familiengesellschaften s. insbes. EStR/EStH 2012 15.9. Zum Nießbrauchsvorbehalt mit einer Stimmrechtsübertragung vgl. BFH v. 24.1.2012 – IX R 51/10, GmbHR 2012, 523.

[23] Tendenziell anders jedoch BFH v. 19.11.2003 – IX R 54/00, ZEV 2004, 518 f. m. Anm. *Klose*.

[24] Vgl. *Mutter* ZEV 2007, 512.

[25] Vgl. BFH v. 31.5.1989 – III R 91/87, NJW 1990, 1622.

[26] Vgl. *Sudhoff* Unternehmensnachfolge, § 71 Rz. 45; EStR/EStH 2012 15 (9).

Rspr. meist eine Gesamtbetrachtung aller Umstände vornehmen, kann es sich empfehlen, „Sonderrechte" für einen „Senior"-Gesellschafter eher im Rahmen der Beteiligungs-/Schenkungsverträge mit den Abkömmlingen etc. aufzunehmen als in die GmbH-Satzung, weil bei solchen Übertragungsverträgen Gegenleistungen, Vorbehalte bzw. Auflagen (zB Nießbrauch, bedingte Rückforderungsrechte) üblicher sind als in der Satzung.

2. Ertragssteuern

26 Eine GmbH unterliegt ertragsteuerlich der Körperschaftsteuer und der Gewerbesteuer. Ausgeschüttete Gewinne unterliegen wiederum der Besteuerung beim empfangenden Gesellschafter.

Über die Höhe einer Ausschüttung entscheiden – im Rahmen der gesetzlichen Möglichkeiten – die Gesellschafter (vgl. Einzelerläuterungen zu § 8).

3. Schenkung-/Erbschaftsteuerrecht

27 Schenkung- bzw. Erbschaftsteuer kann beim Ausscheiden eines Gesellschafters entstehen, insbes. beim Ableben eines Gesellschafters oder einer Anteilsschenkung (vgl. zur Besteuerung einer Abfindung unter Wert Rz. 104).

Dabei ist zu beachten, dass die Privilegien der §§ 13a, 19a ErbStG wohl nicht bei einer Einziehung[27] und nur für Beteiligungen über 25 vH Anwendung finden (vgl. § 13b Abs. 1 Nr. 3 ErbStG). Bei Beteiligungen bis 25 vH können die Privilegien ggf. mittels einer Pool-Vereinbarung zur Anwendung kommen, in der sich die Pool-Mitglieder zur einheitlichen Stimmrechtsausübung und zur einheitlichen Anteilsverfügung verpflichtet haben. Die hierfür notwendigen Regelungen können in der Satzung getroffen werden, in der Praxis werden Pool-Vereinbarungen meist außerhalb der Satzung in einem gesonderten Pool-Vertrag geregelt (vgl. hierzu Formular C. 2).[28] Bestimmte Satzungsregelungen können zu einem Bewertungsabschlag bei der Erbschaft- bzw. Schenkungsteuer führen (vgl. Rz. 121).

Die Gewährung von Sonderrechten kann die steuerliche Bewertung der Beteiligung beeinflussen (vgl. § 97 Abs. 1b ErbStG u. Fn. 77).

4. Sozialversicherungsrecht

28 Gerade bei Familiengesellschaften spielt auch die Frage der **Sozialversicherungspflicht** mitarbeitender Familienangehöriger eine praktisch wichtige Rolle. Bei Kapitalgesellschaften kann dies durch die Satzungsgestaltung mitbeeinflusst werden (vgl. näher Rz. 69).

29 *(frei)*

---

[27] Vgl. *Wälzholz* DStR 2009, 1605, 1606; *Wangler* DStR 2009, 1501, 1505 f.; *Meincke* ErbStG § 13a Rz. 8 f.; kritisch *Neumayer/Imschweiler* DStR 2010, 201, 205. Zum Erwerb eigener Anteile (jedoch ohne Berücksichtigung von § 7 Abs. 8 ErbStG) s. BFH v. 20.1.2016 – II R 40/14, ZEV 2016, 281 m. Anm. *Crezelius*.

[28] Vgl. hierzu ErbStR 2011 E 13b.6 u. 13a.10 (= A 13b.6 und .16 AEErbSt 2017); BayLfSt v. 11.8.2011, DStR 2011, 2254; BayLfSt v. 10.1.2011, DStR 2011, 413; BayLfSt v. 11.8.2010, DStR 2010, 2134; FM Bayern v. 30.1.2013, DStR 2013, 1035; ferner *Schwind/Weber* DStR 2011, 13; *Wälzholz* MittBayNot 2013, 281. Zu den Gefahren des Abschlusses solcher Poolverträge für den Fortbestand von Verlust- bzw. Zinsvorträgen gem. §§ 8c bzw. 8a KStG vgl. BMF v. 4.7.2008, DStR 2008, 1436, Tz. 7; *Honert/Obser* BB 2009, 1161; kritisch *Felten* DStR 2010, 1261. Zur Zulässigkeit von Stimmbindungsvereinbarungen vgl. BGH v. 24.11.2008 – II ZR 116/08, DStR 2009, 280; *Garbe/Bauer* ZEV 2014, 61.

B. Einzelerläuterungen

Zu § 1: Firma und Sitz

1. Firma

Die Firma, also der Name der Gesellschaft, kann im Grundsatz frei gewählt werden, auch unter Verwendung von Phantasienamen, Abkürzungen oder Buchstabenkombinationen, allerdings mit folgenden Maßgaben:[29] 30

Handels- bzw. gesellschaftsrechtlich muss die Firma einer GmbH nach § 4 GmbHG den Bestandteil „Gesellschaft mit beschränkter Haftung" oder eine entsprechende Abkürzung (zB „GmbH") enthalten. Außerdem muss die Firma nach § 18 Abs. 1 HGB Kennzeichnungs- und Unterscheidungskraft aufweisen. Damit sind insbes. reine Branchenbezeichnungen (zB „Getränkemarkt GmbH") unzulässig, anders bei Hinzufügung eines individualisierenden Zusatzes (zB „MS Getränkemarkt GmbH"). Nach § 18 Abs. 2 HGB darf die Firma nicht irreführend sein; dies schließt zB die Verwendung einer Branchenbezeichnung in der Firma, die keinen Bezug zur Tätigkeit der Gesellschaft ausweist, ebenso aus wie evtl. die Aufnahme des Namens einer Person, die mit der Gesellschaft nichts zu tun hat bzw. hatte.[30] Enthält die Firma den Namen eines Gesellschafters, darf die Firma auch nach dem Ausscheiden dieses Gesellschafters beibehalten werden, sofern nichts anderes vereinbart ist.

Von bestehenden Firmen am selben Ort bzw. derselben Gemeinde muss sich eine neugewählte Firma nach § 30 Abs. 1 HGB ausreichend unterscheiden, so dass die gleiche Firma am selben Ort bzw. derselben Gemeinde nicht zulässig ist.

Nicht vom Registergericht geprüft wird und handelsrechtlich nicht unzulässig ist die Verwendung einer Firma, die es an einem anderen Ort bzw. einer anderen Gemeinde schon gibt, ebenso nicht die Verwendung von Firmenbestandteilen, die bereits anderweitig verwendet werden. Hier können allerdings **namens-, wettbewerbs- und/oder markenrechtliche Abwehransprüche** bestehen; relevant ist dies vor allem bei der Verwendung prägender Firmenbestandteile von Konkurrenzunternehmen. Zur Vermeidung entsprechender Abwehransprüche empfiehlt sich vor Festlegung einer bestimmten Firmierung eine sog. Firmenrecherche.[31] 31

2. Sitz

Der Sitz der Gesellschaft wird nach § 4a GmbHG in der Satzung bestimmt. Es muss sich um einen im Inland belegenen Ort handeln. 32

Von diesem sog. Satzungssitz jedenfalls rechtlich **zu unterscheiden** sind der sog. Verwaltungssitz, an dem sich tatsächlich die Verwaltung der Gesellschaft befindet, sowie die beim Handelsregister anzumeldende Geschäftsanschrift.

Der **Satzungssitz** kann – vorbehaltlich eines evtl. Rechtsmissbrauchs – im Inland frei gewählt werden, auch unabhängig davon, wo sich Geschäftsräume bzw. die Verwaltung der Gesellschaft befinden;[32] nach ihm richtet sich insbes. der allgemeine Gerichtsstand (§ 17 ZPO) und die Zuständigkeit des Registergerichts.

---

[29] Vgl. hierzu zB Baumbach/Hueck/*Fastricht* GmbHG Erläuterungen zu § 4; Baumbach/*Hopt* HGB, Erläuterungen zu §§ 17, 18, 22, 30 HGB. Zur Zulässigkeit von Buchstabenkombinationen und deren Grenzen vgl. BGH v. 8.12.2008 – II ZB 46/07, DStR 2009, 333.

[30] Vgl. Lutter/Hommelhoff/*Bayer* GmbHG § 4 Rz. 11, 34 f.

[31] Vgl. hierzu auch die Übersicht unter *www.gruenderagentur-bayern.de* (unter *„Handelsrecht", „Die Firma des Kaufmanns"*). Bereits verwendete Firmen bzw. Firmenbestandteile in Deutschland können unter *www.unternehmensregister.de* ermittelt werden. Hilfestellungen bieten auch die zuständige IHK oder Handwerkskammer; in problematischen Fällen ist die Hinzuziehung eines spezialisierten Rechtsanwalts empfehlenswert. Zum Namensschutz usw. s. auch Lutter/Hommelhoff/*Bayer* GmbHG § 4 Rz. 39.

[32] Lutter/Hommelhoff/*Bayer* GmbHG § 4a Rz. 7; *Meckbach* NZG 2014, 526 (auch zur Abgrenzung von Satzungssitz, Verwaltungssitz, Geschäftsanschrift und Lage der Geschäftsräume, ferner zur rechtsmissbräuchlichen Sitzwahl/-änderung).

33 Zum **Verwaltungssitz** bestehen keine ausdrücklichen gesetzlichen Vorgaben. Der Ort der Verwaltung kann frei bestimmt werden, unabhängig davon, wo sich der Satzungssitz befindet.[33] Der Verwaltungssitz soll – ohne Änderung der Rechtsform – auch in das Ausland verlegt werden können; endgültige Klärung sollte das „Gesetz zum Internationalen Privatrecht der Gesellschaften, Vereine und juristischen Personen" schaffen.[34] Wird der Verwaltungssitz nicht zu einem echten Satzungsbestandteil bestimmt, kann der Verwaltungssitz jederzeit durch einfachen Gesellschafterbeschluss – ohne Einhaltung der für eine Satzungsänderung geltenden Formalien (§§ 53f. GmbHG) – verlegt werden.[35] Eine Änderung der **Lage der Geschäftsräume** ist dem Registergericht unverzüglich mitzuteilen.[36]

34 Die beim Registergericht weiter anzumeldende **inländische Geschäftsanschrift** (vgl. §§ 8 Abs. 4 Nr. 1, 10 Abs. 1 S. 2 GmbHG, 31 Abs. 1 HGB), unter der die Gesellschaft postalisch im Inland erreichbar sein muss (vgl. auch § 185 ZPO), kann sowohl vom Satzungssitz als auch vom Verwaltungssitz bzw. der Lage der Geschäftsräume abweichen.[37] Änderungen sind durch den/die Geschäftsführer/in vertretungsberechtigter Zahl in notariell beglaubigter Form (§ 12 HGB) beim Registergericht anzumelden.

35 Durch die Wahl des Sitzes in einer Gemeinde mit einem niedrigen Gewerbesteuerhebesatz kann versucht werden, **Gewerbesteuer** einzusparen. Dabei ist freilich zu berücksichtigen, dass die Gewerbesteuer nicht an den gewählten Satzungssitz anknüpft, sondern an den Ort, an dem tatsächlich eine Betriebsstätte besteht.

36 Da die Änderung des Satzungssitzes zwingend an eine Satzungsänderung geknüpft ist, können in der Satzung einer Familiengesellschaft allenfalls zusätzliche Erfordernisse, zB eine Mehrheit von mehr als 75 vH der abgegebenen Stimmen bzw. ein Vetorecht eines Gesellschafters, aber keine Erleichterungen geschaffen werden (vgl. Rz. 12). Weitergehende **Gestaltungsmöglichkeiten in der Satzung** bestehen für die Wahl bzw. Änderung des Verwaltungssitzes, insbes. kann der Verwaltungssitz als echter Satzungsbestandteil festgelegt werden, so dass eine Änderung ebenfalls nur durch eine Satzungsänderung erfolgen kann. Ist dies nicht gewünscht, kann zur Festlegung des Verwaltungssitzes – alternativ zur diesbezüglichen Regelung in § 7 Abs. 7 S. 2 – in § 1 der Satzung zB ergänzend geregelt bzw. klargestellt werden:

C. 1.30a **„Satzungssitz ist [...]. Über den Verwaltungssitz beschließt die Gesellschafterversammlung durch einfachen Beschluss; solange nichts Abweichendes beschlossen ist, entspricht der Verwaltungssitz dem Satzungssitz."**

37 *(frei)*

Zu § 2: Gegenstand des Unternehmens

38 Der Gegenstand der Gesellschaft ist zwingender Satzungsbestandteil (§ 3 Abs. 1 Nr. 2 GmbHG), muss zumindest den Schwerpunkt der Geschäftstätigkeit der Gesellschaft angeben und legt dadurch zugleich den Rahmen der zulässigen Handlungen der Geschäftsführer sowie eines Wettbewerbsverbots fest.[38] Geschäfte außerhalb des Gegenstands können zur Haftung des betreffenden Geschäftsführers führen, sofern nicht

---

[33] *Heckschen* DStR 2009, 166, 168; *Melchior* GmbHR 2013, 853, 854f.

[34] Vgl. Lutter/Hommelhoff/*Bayer* GmbHG § 4a Rz. 15; *Melchior* GmbHR 2013, 853, 855; OLG Düsseldorf v. 16.4.2009 – I-3 Wx 85/09, NZG 2009, 678. Zum seinerzeit geplanten „Gesetz zum Internationalen Privatrecht der Gesellschaften, Vereine und juristischen Personen", vgl. *Clausnitzer* DNotZ 2008, 484.

[35] Vgl. auch *Wälzholz* MittBayNot 2008, 425, 432.

[36] Vgl. Abschnitt 24 Abs. 2 HRV; *Wachter* ZNotP 2009, 82, 83ff. Besondere Formvorschriften bestehen für diese Mitteilung wohl nicht, so dass ein privatschriftliches Anschreiben insoweit ausreichen müsste.

[37] Vgl. *Wachter* ZNotP 2009, 82, 83f.; *Melchior* GmbHR 2013, 853, 855.

[38] Lutter/Hommelhoff/*Bayer* GmbHG § 3 Rz. 5. Zu den Wechselwirkungen zwischen Gegenstand und Wettbewerbsverbot vgl. auch § 13 nebst Erläuterungen.

die Gesellschafterversammlung durch einen „satzungsdurchbrechenden“ Beschluss zugestimmt hat; eine dauerhafte Änderung bzw. Erweiterung des Gegenstands kann wirksam nur durch eine Satzungsänderung gem. §§ 53f. GmbHG erfolgen.[39]

Für eine **Änderung des generellen Zwecks** der Gesellschaft, also eine ganz grundlegende Änderung des Gegenstands, wird abweichend von § 53 Abs. 2 GmbHG sogar die Zustimmung aller Gesellschafter für erforderlich gehalten.[40]

In der Praxis wird der Gegenstand der Gesellschaft häufig eher weit gefasst und beschränkt sich auf eine **kurze schlagwortartige Angabe der relevanten Branche** bzw. der Branchen der Gesellschaft. Weiter gewünschte **Beschränkungen der Geschäftsführung** erfolgen dann auf der **Ebene des Anstellungsvertrags bzw. einer Geschäftsordnung** für die Geschäftsführer. Über Änderungen der Geschäftsordnung bzw. Zustimmungen der Gesellschafterversammlung zu Maßnahmen, die nach dem Anstellungsvertrag bzw. der Geschäftsordnung erforderlich sind, beschließt die Gesellschafterversammlung mit einfacher Mehrheit der abgegebenen Stimmen, sofern die Satzung nichts anderes bestimmt. **39**

Ein Gesellschafter bzw. ein Gesellschafterstamm, der eine Stimmenanzahl besitzt, mit der zwar Satzungsänderungen, nicht aber einfache Gesellschafterbeschlüsse blockiert werden können, ist dagegen eher an einer detaillierten, den Handlungsspielraum der Geschäftsführung stärker begrenzenden Gegenstandsregelung interessiert.

(frei) **40**

Zu § 3 Stammkapital, Geschäftsanteile

1. Notwendiger Satzungsinhalt

Bei Gründung einer GmbH sind in der Satzung gem. § 3 Abs. 1 Nr. 3 und 4 GmbHG zwingend die Höhe des Stammkapitals sowie die Zahl und Nennbeträge der Geschäftsanteile sowie die Namen der die jeweiligen Geschäftsanteile übernehmenden Gesellschafter anzugeben. Die Angabe der Zahl und Nennbeträge der übernommenen Geschäftsanteile sowie der übernehmenden Gesellschafter können bei einer Satzungsänderung jedenfalls dann weggelassen werden, wenn und sobald die Geschäftsanteile voll einbezahlt wurden.[41] **41**

Wird die Einlage auf einen bzw. mehrere Geschäftsanteile nicht durch Bar-, sondern durch Sacheinlage erbracht, sind gem. § 5 Abs. 4 GmbHG auch der Gegenstand der Sacheinlage und der Nennbetrag des/der betroffenen Geschäftsanteil(e)s in der Satzung aufzuführen; diese Angaben können wohl erst nach Ablauf von zehn Jahren ab Ersteintragung der Gesellschaft gestrichen werden.[42]

Wenn – wie hier durch Herrn A im zugrunde gelegten Ausgangssachverhalt (vgl. oben A.I. Rz. 1ff.) – ein Unternehmen bei Gründung der Gesellschaft eingebracht wurde, müssen daher ggf. die entsprechenden Bestimmungen aus der Gründungsurkunde auch bei einer Satzungsänderung noch beibehalten werden (vgl. Sätze 2ff. des § 3).

2. Nummerierung, Stückelung und Teilung von Geschäftsanteilen

Die für eine GmbH bestehenden Geschäftsanteile sind gem. § 40 Abs. 1. S. 1 GmbHG in der zum Registergericht einzureichenden Gesellschafterliste zu nummerieren. Jedenfalls wenn die Satzung Regelungen zu bestimmten Geschäftsanteilen enthält (s. nachfolgend 3.), empfiehlt sich, die **Nummerierung der Geschäftsanteile** auch in die Satzung aufzunehmen. **42**

---

[39] Lutter/Hommelhoff/*Bayer* GmbHG § 3 Rz. 5.

[40] In Anlehnung an § 33 BGB, vgl. Lutter/Hommelhoff/*Bayer* GmbHG § 53 Rz. 23.

[41] Vgl. Lutter/Hommelhoff/*Bayer* GmbHG § 3 Rz. 44f.

[42] Baumbach/Hueck/*Fastricht* GmbHG § 5 Rz. 49; aA Lutter/Hommelhoff/*Bayer* GmbHG § 3 Rz. 44 (5 Jahre).

Ein Geschäftsanteil muss mindestens auf den Nennbetrag von € 1,– lauten (vgl. § 5 Abs. 2 S. 1 GmbHG). Wird eine größere **Stückelung** gewählt, kann sich die Aufnahme von Regelungen zur Teilung von Geschäftsanteilen in der Satzung empfehlen (vgl. § 9 S. 2); soweit nichts anderes bestimmt ist, ist für die Teilung ein Gesellschafterbeschluss (vgl. § 46 Nr. 4 GmbHG) oder zumindest eine Gesellschafterzustimmung zur entsprechenden Erklärung des Geschäftsanteilsinhabers erforderlich.[43]

3. Sonderrechte; stimmrechtslose Anteile

43 Einzelnen Gesellschaftern bzw. Geschäftsanteilen können Sonderrechte zugewiesen oder Rechtsbeschränkungen auferlegt werden (vgl. Rz. 19).

Sollen bestimmten Gesellschaftern keine Stimmrechte eingeräumt sein, können die diesbezüglichen Geschäftsanteile stimmrechtslos gestellt werden, zB mit folgender Formulierung, die als letzter Absatz in § 3 (oder auch in § 7) eingefügt werden könnte:

C. 1.30b **„Bei den Geschäftsanteilen Nr. 12501-25000 handelt es sich um Anteile ohne Stimmrecht. Für diese gilt: Diese Anteile sind von jeglichem Stimmrecht ausgeschlossen (stimmrechtslose Geschäftsanteile). Der Stimmrechtsausschluss gilt auch für Rechtsnachfolger dieser Anteile. Das Recht auf Teilnahme an den Gesellschafterversammlungen bleibt dem Inhaber eines stimmrechtslosen Geschäftsanteils erhalten, ebenso das Informationsrecht nach § 51a GmbHG und das Recht zur Anfechtung von Beschlüssen, ebenso das Erfordernis einer Zustimmung dieses Gesellschafters bei Eingriffen in den Kernbereich seiner Mitgliedschaft und bei Leistungsvermehrungen durch Satzungsänderung."**

Eine solche Regelung könnte in dem zugrunde gelegten Ausgangssachverhalt (vgl. A.I. Rz. 1 ff.) dazu eingesetzt werden, trotz hälftiger Übertragung der Geschäftsanteile von Herrn A an seine Kinder diesem das alleinige Stimmrecht vorzubehalten. Bei der Formulierung einer solchen Sonderbeschränkung ist jedoch den Mindestrechten eines Gesellschafters Rechnung zu tragen; dazu gehören die im letzten Satz der Formulierung genannten Rechte.[44]

Umgekehrt können einem Gesellschafter auch verstärkte Stimmrechte zugewiesen werden, zB ein **Mehr-(fach-)stimmrecht** oder ein **Vetorecht.**[45]

44 Beschränkungen oder Erweiterungen des Stimmrechts können sich ggf. auch steuerlich auswirken, zB uU bei der Bewertung (vgl. § 97 Abs. 1b S. 4 BewG) oder bei der steuerlichen Würdigung einer Poolvereinbarung (vgl. ErbStR 2011 E 13b.6 Abs. 5 S. 1 HS 2 zu stimmrechtslosen Anteilen = A 13b.6 Abs. 5 AEErbSt 2017) oder einer Betriebsaufspaltung (vgl. EStH 15.7 Abs. 6).

Zu § 4: Dauer der Gesellschaft, Kündigung

45 Soweit die Satzung nichts anderes festlegt, besteht eine GmbH auf unbeschränkte Zeit (vgl. § 3 Abs. 2 GmbHG). Auch ein gesetzliches **Kündigungsrecht** für einen Gesellschafter besteht nicht; nach der Rspr. besteht jedoch bei Vorliegen eines wichtigen Grundes ein **Austrittsrecht.**[46] Will ein Gesellschafter ohne Vorliegen eines wichtigen Grundes ausscheiden, besteht für ihn die Möglichkeit, seine Beteiligung an einen Erwerbsinteressenten gem. § 15 GmbHG zu übertragen. In vielen Fällen ist diese

[43] Vgl. BGH v. 17.12.2013 – II ZR 21/12, DStR 2014, 340. Str. ist, ob bei einer Teilung durch Gesellschafterbeschluss auch die Zustimmung des Inhabers des zu teilenden Anteils erforderlich ist, vgl. MüKoGmbHG/*Liebscher* § 46, Rz. 84 ff.

[44] Vgl. Baumbach/Hueck/*Zöllner* GmbHG § 47 Rz. 70.

[45] Vgl. Baumbach/Hueck/*Zöllner* GmbHG § 47 Rz. 68. Zur Gestaltung eines Vetorechts s. auch Rz. 52.

[46] Vgl. Lutter/Hommelhoff/*Lutter* GmbHG § 34 Rz. 70.

Möglichkeit jedoch durch eine **Vinkulierungsklausel** gem. § 15 Abs. 5 GmbHG eingeschränkt bzw. – ohne Zustimmung der Mitgesellschafter bzw. der Gesellschaft – ausgeschlossen (vgl. auch § 9). Fehlt es daher an einer satzungsmäßigen Kündigungsmöglichkeit und ist zugleich die freie Abtretung beschränkt, kann das gewünschte Ausscheiden eines Gesellschafters sehr erschwert sein. Die mehrfache Verweigerung der Zustimmung zur Veräußerung einer Beteiligung aufgrund einer Vinkulierungsklausel kann allerdings einen wichtigen Grund zum Austritt darstellen.[47]

Jedenfalls bei einer satzungsmäßig weitgehenden beschränkten Übertragung von Geschäftsanteilen durch eine Vinkulierungsklausel, sollte eine interessengerechte Satzung die Möglichkeit eines Gesellschafters zu einer **ordentlichen Kündigung** vorsehen. Zugleich sollten Voraussetzungen und Folgen einer wirksamen Kündigung geregelt werden (vgl. § 4 S. 2 ff. der Satzung).

Sofern eine solche **Kündigung erst nach Ablauf einer bestimmten Mindestzeitdauer** zulässig sein soll, kann auch dies in der Satzung festgelegt werden. Dabei kann das ordentliche Kündigungsrecht wohl auf beliebig lange Zeit ausgeschlossen werden[48] und auch zwischen verschiedenen Gesellschaftern bzw. Gesellschafterstämmen differenziert werden;[49] die steuerliche Anerkennung sollte hierdurch nicht gefährdet werden.[50] 46

(frei) 47

Zu § 6: Geschäftsführung und Vertretung

Die organschaftliche Geschäftsführung und Vertretung einer GmbH obliegt zwingend dem/den Geschäftsführer(n) (§§ 35, 37 GmbHG). Hat die Gesellschaft mehrere Geschäftsführer, stellt sich die Frage, wie diese vertretungsbefugt sind; § 6 S. 3 des Formulars enthält hier eine praxisübliche Abweichung von der gesetzlichen Regelung der Gesamtvertretung (§ 35 Abs. 2 S. 2 GmbHG). § 6 S. 4 sieht weiter eine Ermächtigung vor, dass dem/den Geschäftsführer(n) Einzelvertretungsbefugnis eingeräumt und Befreiung vom Selbstkontrahierungsverbot gem. § 181 BGB erteilt werden kann. § 6 S. 5 dehnt diese Regelungen auch auf die Liquidatoren im Falle einer späteren Liquidation der Gesellschaft aus.[51] 48

Die Gesellschafter sind in dieser Eigenschaft nicht geschäftsführungsbefugt. Die Gesellschafterversammlung kann jedoch Beschlüsse betreffend die Geschäftsführung fassen, die dann von den Geschäftsführern zu befolgen sind (§ 37 Abs. 1 BGB). Solche Beschlüsse können einzelne Maßnahmen betreffen oder auch generelle Vorgaben für die Geschäftsführung enthalten. Das dominierende Organ in der GmbH ist somit die Gesellschafterversammlung, die Geschäftsführer sind also gegenüber dieser weisungsgebunden. 49

Entsprechende Vorgaben für die Geschäftsführer können in der Satzung, im Anstellungsvertrag, in einer Geschäftsordnung für die Geschäftsführer (vgl. § 6 S. 6 des Formulars) oder in sonstigen Beschlüssen der Gesellschafterversammlung getroffen

[47] Vgl. Lutter/Hommelhoff/*Lutter* GmbHG § 34 Rz. 72.

[48] Im Personengesellschaftsrecht wird dies insbes. im Hinblick auf § 723 Abs. 3 BGB überwiegend anders gesehen und zB über einen maximalen Ausschluss der ordentlichen Kündigung auf 30 Jahre diskutiert, vgl. Baumbach/Hopt/*Roth* HGB § 132 Rz. 12 f. Auf das GmbH-Recht dürfte dies nicht übertragbar sein, weil hier schon von Gesetzes wegen kein ordentliches Kündigungsrecht besteht.

[49] Das sog. Gleichbehandlungsgebot steht satzungsmäßigen Differenzierungen jedenfalls solange und soweit nicht entgegen, als die Differenzierung nicht vollkommen willkürlich erfolgt, vgl. Lutter/Hommelhoff/*Bayer* GmbHG, § 14 Rz. 34.

[50] Vgl. Rz. 23 ff. Zwar muss die Ausgestaltung im Grundsatz dem sog. Drittvergleich standhalten; dies verbietet jedoch nicht Sonderregelungen für verschiedene Gesellschafter, wenn jedem Gesellschafter wenigstens annäherungsweise die Gesellschafterrechte eingeräumt werden, die nach dem Regelstatut der betreffenden Gesellschaftsform bestehen, vgl. Rz. 24. Und nach dem Regelstatut der GmbH besteht überhaupt kein ordentliches Kündigungsrecht.

[51] Vgl. Lutter/Hommelhoff/*Kleindiek* GmbHG, § 68 Rz. 2; BGH v. 27.10.2008 – II ZR 255/07, DStR 2009, 174.

werden. Soweit nichts Abweichendes bestimmt ist, dürfen die Geschäftsführer ohne vorherige Zustimmung der Gesellschafterversammlung alle gewöhnlichen Geschäftsführungsmaßnahmen treffen, außergewöhnliche bedürfen dagegen im Innenverhältnis der Zustimmung der Gesellschafterversammlung (vgl. auch § 7 Abs. 1 vorletzter Spiegelstrich).[52]

50 Ob ein Katalog zustimmungspflichtiger Geschäfte in die Satzung aufgenommen werden sollte oder nur durch einfachen Gesellschafterbeschluss bzw. in eine durch einen solchen Beschluss festgelegte Geschäftsordnung oder in den Anstellungsvertrag, hängt vor allem davon ab, unter welchen Voraussetzungen Änderungen des Katalogs herbeigeführt werden können sollen. Bei der Aufnahme in der Satzung als echter Satzungsbestandteil bedarf jede Änderung einer Satzungsänderung unter Einhalt der §§ 53f. GmbHG, bei einem durch einfachen Beschluss festgelegten Katalog kann die Änderung durch einen ebensolchen Beschluss erfolgen. Bei einer Festlegung im **Anstellungsvertrag** kann eine Änderung – je nach Ausgestaltung – nur im Einvernehmen mit dem Geschäftsführer erfolgen.

51 Die Bestellung und Abberufung eines Geschäftsführers erfolgt, soweit die Satzung nichts anderes bestimmt, durch einfachen Beschluss der Gesellschafterversammlung (§ 46 Nr. 5 GmbHG); eines solchen bedarf auch der Abschluss eines **Anstellungsvertrag,** der die Grundlage für die Dienstleistungen des Geschäftsführers bildet und insbes. seine Vergütung oder zB eine **Beschränkung seiner Haftung** (§ 43 GmbHG) regelt.[53] Soll für einen Gesellschafter bzw. für einen Gesellschafterstamm sichergestellt sein, dass er letztendlich über die Bestellung und Abberufung entscheiden kann, benötigt dieser Gesellschafter bzw. der Gesellschafterstamm die einfache Stimmenmehrheit bzw., falls nur sichergestellt sein soll, dass keine Änderung ohne dessen Zustimmung vorgenommen werden, zumindest ein entsprechendes **Vetorecht.**

52 Alternativ kann einem Gesellschafter bzw. einem Gesellschafterstamm ein **Sonderrecht auf Geschäftsführung** bzw. auf Bestimmung eines, mehrerer oder aller Geschäftsführer eingeräumt werden,[54] zB wie folgt (einzufügen zB als letzter Absatz in § 6):

C. 1.30c **„Dem Gründungsgesellschafter, Herrn A, steht, solange er Gesellschafter ist, hinsichtlich der Geschäftsführung folgendes Sonderrecht zu:**
Er kann jederzeit, auch ohne Zustimmung anderer Gesellschafter, sich selbst zum Geschäftsführer bestellen oder abberufen oder stattdessen einen anderen Geschäftsführer bestellen und diesen wieder abberufen – dies auch wiederholt – sowie sich bzw. diesem auch Einzelvertretungsbefugnis zuweisen und entziehen oder sich bzw. diesem Befreiung vom Selbstkontrahierungsverbot gem. § 181 BGB erteilen. Ein Anspruch auf Geschäftsführervergütung ist mit dem Sonderrecht nicht verbunden; diese bleibt einer einvernehmlichen Vereinbarung aufgrund Gesellschafterbeschlusses mit einfacher Mehrheit der abgegebenen Stimmen vorbehalten.
Von der Gesellschafterversammlung darf ein kraft Sonderrechts bestellter Geschäftsführer nur aus wichtigem Grund abberufen werden.
Auf einen Rechtsnachfolger des genannten Gründungsgesellschafters geht das Sonderrecht nur über, wenn es zusammen mit dem gesamten Anteil des betreffenden Gründungsgesellschafters übertragen wird und die Gesellschafterversammlung dem Übergang des Sonderrechts zustimmt.“

---

[52] Vgl. Lutter/Hommelhoff/*Kleindiek* GmbHG § 37 Rz. 10f. (dort auch zur Abgrenzung, für die auch der satzungsmäßige Unternehmensgegenstand bedeutsam ist; vgl. hierzu bereits oben Erläuterungen zu § 2). S. hierzu ferner OLG Stuttgart v. 14.1.2013 – 14 W 17/12, GmbHR 2013, 535.

[53] Baumbach/Hueck/*Zöllner* bzw. *Zöllner/Noack* GmbHG § 46 Rz. 36ff. und § 35 Rz. 163ff. Haftungsbeschränkungen zugunsten eines Geschäftsführers können nach überwiegender Meinung aufgrund eines entsprechenden Gesellschafterbeschlusses im Anstellungsvertrag vereinbart werden, und zwar auch ohne satzungsmäßige Grundlage, vgl. Baumbach/Hueck/*Zöllner/Noack* GmbHG § 43 Rz. 5.

[54] Hierzu Lutter/Hommelhoff/*Kleindiek* GmbHG § 38 Rz. 10, ferner bereits Rz. 19, insbes. dort Fn. 19.

Bei vorstehendem Sonderrecht steht dem Gesellschafter nur das Bestimmungsrecht für einen organschaftlichen Geschäftsführer zu; für die Bestellung und Abberufung anderer Geschäftsführer verbleibt es bei der Beschlusskompetenz der Gesellschafterversammlung. Der Abschluss eines Anstellungsvertrags erfolgt nur, wenn sich Gesellschafterversammlung und der von A bestimmte Geschäftsführer darauf einigen; nur dann erhält der Geschäftsführer auch eine Vergütung. Selbstverständlich kann das Sonderrecht auch abweichend gestaltet sein.

Soll lediglich sichergestellt sein, dass ein bestimmter Geschäftsführer nicht vor einem **53**
bestimmten Zeitpunkt abberufen wird, kann dies auch im Anstellungsvertrag durch Festlegung einer entsprechenden Laufzeit festgelegt werden, der möglichst mit allen Gesellschaftern zu vereinbaren ist. Eine vorzeitige Abberufung ist zwar auch dann nach § 38 Abs. 1 GmbHG nicht generell ausgeschlossen, aber doch erschwert; insbes. können dem Geschäftsführer entsprechende Entschädigungsansprüche zustehen, über die auch Regelungen im Anstellungsvertrag getroffen werden können.[55]

Eine Abberufung des Geschäftsführers aus wichtigem Grund kann im Übrigen nicht ausgeschlossen werden (vgl. § 38 Abs. 2 GmbHG).

(frei) **54, 55**

Zu § 7: Gesellschafterbeschlüsse

§ 7 enthält Regelungen zu den Zuständigkeiten der Gesellschafterversammlung **56**
bzw. zur Kompetenzverteilung und zum Zustandekommen von Gesellschafterbeschlüssen (vgl. auch §§ 46 ff. GmbHG).

1. Zuständigkeiten der Gesellschafterversammlung

§ 7 Abs. 1 gibt eine Übersicht über wichtige Zuständigkeiten der Gesellschafter- **57**
versammlung und belässt es im Übrigen bei den sonstigen gesetzlichen Zuständigkeiten. Da die Geschäftsführer den Beschlüssen der Gesellschafterversammlung Folge zu leisten haben und diese zu beliebigen Gegenständen Beschlüsse fassen können, besteht letztlich eine umfassende Zuständigkeit der Gesellschafterversammlung (vgl. auch Erläuterungen zu § 6).

Durch entsprechende Satzungsregelungen können Zuständigkeiten der Gesellschafterversammlung in weitem Umfang auf einzelne Gesellschafter, Gesellschaftergruppen, Aufsichts- oder Beiräte (nur sehr eingeschränkt jedoch auf gesellschaftsfremde Dritte) übertragen werden.[56]

2. Einberufung

Die Einberufung der Gesellschafterversammlung erfolgt durch die Geschäftsführer **58**
(vgl. **§ 7 Abs. 2** des Formulars sowie § 49 GmbHG). Gesellschafter, die über mindestens zehn Prozent der Geschäftsanteile verfügen, können nach § 50 Abs. 1 GmbHG die Einberufung einer Gesellschafterversammlung erzwingen. Insbes. bei Gesellschaftern mit Wohnsitz im Ausland sollte an die Festlegung einer vereinfachten Einberufungsform gedacht werden, zB durch einfachen Brief, oder ggf. zur Verpflichtung zur Vorhaltung einer inländischen Zustellungsanschrift.

3. Beschlussfähigkeit

Zur Beschlussfähigkeit enthält das Gesetz keine besonderen Vorgaben, so dass Be- **59**
schlussfähigkeit besteht, wenn nur ein Gesellschafter erschienen ist.[57] Bei Mehrperso-

---

[55] Hierzu Lutter/Hommelhoff/*Kleindiek* GmbHG § 38 Rz. 13 ff.
[56] Vgl. Lutter/Hommelhoff/*Bayer* GmbHG § 45 Rz. 8 ff.; Baumbach/Hueck/*Zöllner* GmbHG § 46 Rz. 92 ff.
[57] Vgl. Lutter/Hommelhoff/*Bayer* GmbHG § 48 Rz. 20.

nengesellschaften werden in der Satzung meist höhere Anforderungen an die Beschlussfähigkeit gestellt, insbes. eine gewisse Mindestanzahl erschienener bzw. vertretener Gesellschafter bzw. Stimmen (vgl. **§ 7 Abs. 3**). Die genaue Festlegung einer solchen Mindestanzahl hängt von den Beteiligungsverhältnissen und den konkreten Gesellschafterinteressen ab.

4. Stimmrechtsanteil, Stimmrechtsausschluss

60 **§ 7 Abs. 4** entspricht der gesetzlichen Regelung des § 47 Abs. 2 GmbHG; der zweite Halbsatz kann weggelassen werden, wenn keine stimmrechtlosen Anteile (vgl. hierzu Erläuterungen zu § 3) ausgegeben sind.

Gem. § 47 Abs. 4 GmbHG besteht in einer Mehrpersonen-GmbH in bestimmten Fällen ein Stimmverbot bzw. -ausschluss, von dem ggf. in der Satzung jedenfalls teilweise befreit werden kann,[58] zB:

C. 130d **„Ein Stimmrechtsausschluss gem. § 47 Abs. 4 GmbHG gilt nicht, wenn die Beschlussfassung die Vornahme eines Rechtsgeschäfts gegenüber dem Gesellschafter betrifft."**

5. Stimmrechtsvollmacht; Hinzuziehung von Beratern

61 Eine auch für Familiengesellschaften wichtige Frage betrifft **§ 7 Abs. 5,** nämlich ob und durch wen sich ein Gesellschafter in der Gesellschafterversammlung vertreten lassen kann und ob ein Gesellschafter einen Berater in die Versammlung mitnehmen darf. § 7 Abs. 5 enthält hierzu eine eher „liberale" Regelung; auch das Gesetz lässt die Vertretung durch eine beliebige, vom Gesellschafter ausgesuchte Person zu (vgl. § 47 Abs. 3 GmbHG).[59] Die Mitnahme weiterer Personen in die Gesellschafterversammlung, zB eines Beraters, ist vom Gesetz nicht vorgesehen und damit jedenfalls im Grundsatz unzulässig[60] (großzügiger insoweit § 7 Abs. 5 S. 2). Sofern es dem Willen der Gesellschafter entspricht, Dritte von der Gesellschafterversammlung möglichst fern zu halten, kann die Satzung auch restriktivere Regelungen enthalten, zB eine Vertretung nur durch bestimmte Personen bzw. Personenkreise zulassen (vgl. zB § 10 Satz 3) und die Hinzuziehung Dritter generell ausschließen, soweit nicht ausnahmsweise ein besonderes Interesse an der Hinzuziehung besteht. Zu berücksichtigen ist hierbei allerdings auch, dass es einem Gesellschafter nicht verwehrt ist, sich außerhalb von Gesellschafterversammlungen in Angelegenheiten der Gesellschaft beraten zu lassen und dabei jedenfalls zur Berufsverschwiegenheit verpflichteten Beratern (insbes. Rechtsanwälten, Steuerberatern, Notaren) Informationen zur Gesellschaft weiterzugeben (zur Geheimhaltungspflicht vgl. auch § 13 Abs. 2 und Rz. 113f.). Auch kann die Einbeziehung außenstehender Dritter in eine Gesellschafterversammlung Beschlussfassungen durchaus positiv beeinflussen.[61]

Generell empfohlen wird iÜ sowohl aus Gesellschaftersicht als auch aus Gesellschaftssicht die Erteilung von **Vorsorgevollmachten,** ggf. sogar die Aufnahme einer entsprechenden Verpflichtung hierzu in der Satzung (vgl. noch und Rz. 94 und dort Fn. 86).

---

[58] Vgl. Lutter/Hommelhoff/*Bayer* GmbHG § 47 Rz. 33.

[59] Vgl. Lutter/Hommelhoff/*Bayer* GmbHG § 47 Rz. 21 f.

[60] Vgl. Lutter/Hommelhoff/*Bayer* GmbHG § 48 Rz. 4.

[61] Zum Recht auf Hinzuziehung Dritter bei besonderem Interesse vgl. Lutter/Hommelhoff/*Bayer* GmbHG § 47 Rz. 21 und § 48 Rz. 4. Zur Geheimhaltungspflicht und deren Schranken vgl. Lutter/Hommelhoff/*Lutter* GmbHG § 51a Rz. 24.

6. Beschlüsse außerhalb einer Versammlung bzw. in einer Vollversammlung

§ 7 Abs. 6 erlaubt es den Gesellschaftern im weitest gehenden Umfang (über die Möglichkeiten des § 48 Abs. 2 GmbHG hinaus) Beschlüsse auch außerhalb von Versammlungen fassen zu können,[62] wenn alle Gesellschafter hiermit einverstanden sind. Die Formalien für eine Gesellschafterversammlung (vgl. § 7 Abs. 2 des Formulars sowie § 51 GmbHG) brauchen dann nicht eingehalten werden. 62

7. Mehrheitserfordernisse

Grundlegende Bedeutung haben die Regelungen zu den erforderlichen Stimmen- 63
mehrheiten bei Beschlussfassungen (vgl. **§ 7 Abs. 7**).

Nach dem Gesetz (§ 47 Abs. 1 GmbHG) reicht für eine Beschlussfassung grundsätzlich die einfache Mehrheit der abgegebenen Stimmen aus. In bestimmten Fällen sieht das Gesetz eine qualifizierte Mehrheit von 75 vH der abgegebenen Stimmen vor, zB bei Satzungsänderungen (§ 53 Abs. 2 GmbHG, entsprechend für satzungsdurchbrechende Beschlüsse), Auflösung bzw. Liquidation der Gesellschaft (§ 60 Abs. 1 Nr. 2 GmbHG), Umwandlungsmaßnahmen (zB § 13 Abs. 1, § 50 Abs. 1, § 125 Abs. 1, § 193 Abs. 1, § 240 Abs. 1 UmwG) oder einer Veräußerung des gesamten Unternehmens (§ 179a AktG analog).[63] Eine Zustimmung aller Gesellschafter wird lediglich für eine grundlegende Änderung des Zwecks der Gesellschaft für erforderlich gehalten (vgl. Erläuterungen zu § 2), teils auch für den Abschluss von Beherrschungs- und Gewinnabführungsverträgen.[64] Für bestimmte Beschlüsse wird die Zustimmung aller hiervon betroffenen Gesellschafter für erforderlich gehalten, zB Schaffung zusätzlicher Leistungspflichten gem. § 53 Abs. 3 GmbHG, der Entzug von Sonderrechten, Einführung einer Zwangseinziehungsmöglichkeit, Herabsetzung der satzungsmäßigen Abfindung, Verminderung des Gewinnbezugsrechts oder die Einführung einer nachträglichen Vinkulierung von Geschäftsanteilen.[65]

Durch die Satzung kann für Beschlussgegenstände, die nach dem Gesetz keiner qua- 64
lifizierten Mehrheit bedürfen, eine solche bestimmt werden. Sieht das Gesetz eine qualifizierte Mehrheit vor, kann das erforderliche Quorum in der Satzung grundsätzlich sowohl erhöht als auch verringert werden, soweit sich aus der jeweiligen gesetzlichen Regelung nicht etwas anderes ergibt, wie zB für Satzungsänderungen.[66]

Je nach gewünschter Interessenlage sind also die Mehrheitserfordernisse im Rahmen des Zulässigen in der Satzung für bestimmte Beschlussgegenstände anzupassen (vgl. auch Rz. 4 ff.).

§ 7 Abs. 7 regelt die Mehrheitserfordernisse in Anlehnung an die gesetzlichen Re- 65
gelungen (vgl. auch § 11 Abs. 4 S. 4 und § 14). § 7 Abs. 7 S. 3 enthält schließlich noch eine Regelung zur umstrittenen Frage der gespaltenen Stimmrechtsabgabe.[67]

Für bestimmte Gesellschaftergruppen kann schließlich auch eine einheitliche 66
Stimmrechtsausübung vorgeschrieben werden (s. hierzu Ziff. II, § 8 Abs. 5 des Formulars C. 1.20; zu Pool-Vereinbarungen s. bereits Rz. 7 und Rz. 27).

---

[62] Vgl. hierzu Lutter/Hommelhoff/*Bayer* GmbHG § 48 Rz. 21.

[63] Vgl. BGH v. 9.1.1995 – II ZR 24/94, DStR 1995, 424; Baumbach/Hueck/*Zöllner/Noack* GmbHG § 53 Rz. 26, dort Fn. 28. Zu den (str.) Anforderungen an satzungsdurchbrechende Beschlüsse s. Baumbach/Hueck/*Zöllner/Noack* GmbHG § 53 Rz. 40 ff.

[64] Vgl. Baumbach/Hueck/*Zöllner/Noack* GmbHG § 53 Rz. 38.

[65] Vgl. Baumbach/Hueck/*Zöllner/Noack* bzw. *Fastricht* GmbHG § 53 Rz. 33, § 34 Rz. 8, § 29 Rz. 53.

[66] Für Satzungsänderungen kann nach hM keine geringere als die $^{3}/_{4}$-Mehrheit vorgesehen werden, vgl. Lutter/Hommelhoff/*Bayer* GmbHG § 53 Rz. 13, ebenso für Umwandlungsmaßnahmen, vgl. zB Schmitt/Hörtnagl/*Stratz* UmwG § 13 Rz. 33; anders zB für die Auflösung der Gesellschaft, vgl. Lutter/Hommelhoff/*Kleindiek* GmbHG § 60 Rz. 6. Zur erforderlichen Mehrheit bei der Änderung eines satzungsmäßigen Quorums s. Baumbach/Hueck/*Zöllner/Noack* GmbHG § 53 Rz. 64; *Wertenbruch* NZG 2013, 641, 644 f.

[67] Vgl. Heckschen/Heidinger/*Heckschen* § 8 Rz. 51 ff.

8. Protokollierung

67 Über gefasste Gesellschafterbeschlüsse sollte zu Nachweiszwecken ein Protokoll errichtet werden. Wirksamkeitserfordernis ist die Protokollierung nur bei einer Einpersonen-GmbH (vgl. § 48 Abs. 3 GmbHG) oder, wenn dies in der Satzung entsprechend festgelegt ist. Von einer solchen Festlegung ist eher abzuraten, da gerade in einer Familiengesellschaft die Protokollierung eines Beschlusses gelegentlich unterbleibt und sich dann bei steuerlicher Relevanz das Finanzamt ggf. zum Nachteil der Beteiligten auf die Formnichtigkeit berufen kann (vgl. dementsprechend **§ 7 Abs. 8** des Formulars).

9. Vetorecht

68 Soll einem oder mehreren Gesellschaftern gesichert werden, dass unabhängig von den allgemeinen gesetzlichen oder satzungsmäßigen Mehrheiten keine Beschlüsse zu bestimmten Gegenständen ohne seine/ihre Zustimmung gefasst werden können, kann diesem/diesen ein sog. Vetorecht in der Satzung eingeräumt werden,[68] zB wie folgt (zB am Ende von § 7 einzufügen):

C. 1.30e **„Dem Gründungsgesellschafter, Herrn A, steht bei Gesellschafterbeschlüssen ein Vetorecht zu, d.h. sofern sich der vetoberechtigte Gesellschafter an einer Abstimmung beteiligt, können Beschlüsse nicht ohne dessen Zustimmung gefasst werden. Das Vetorecht gilt nur für den betreffenden Gesellschafter persönlich, erlischt also, sofern der betreffende Gesellschafter aus der Gesellschaft ausscheidet.**
(evtl.: Das Vetorecht gilt nicht für Beschlussfassungen über die Abberufung von Geschäftsführern aus wichtigem Grund, die Auflösung der Gesellschaft und/oder die Übertragung/Veräußerung des Unternehmens der Gesellschaft.)“

Die Abberufung eines Geschäftsführers aus wichtigem Grund oder der Ausschluss eines Gesellschafters aus wichtigem Grund können auch durch ein Vetorecht nicht blockiert werden. Um sonstige zu weitgehende Blockaden zu vermeiden, sollte auch um übrigen ein Vetorecht nicht allumfassend vereinbart werden, sondern zB **Ausnahmen** für die Liquidation und Veräußerung des Unternehmens vorgesehen werden (vgl. vorstehendes Formulierungsmuster).

69 Ein Vetorecht kann auch im Zusammenhang mit der Sozialversicherungspflicht eines Geschäftsführers Bedeutung erlangen.

Ein nicht zugleich als Gesellschafter beteiligter Geschäftsführer ist idR abhängig beschäftigt und damit sozialversicherungspflichtig, ein als Mehrheitsgesellschafter beteiligter Geschäftsführer ist idR nicht abhängig beschäftigt und damit nicht sozialversicherungspflichtig.

Bei einem als Minderheitsgesellschafter beteiligten Geschäftsführer hängt die Einstufung von verschiedenen Faktoren ab. Ein Vetorecht eines solchen Gesellschafter-Geschäftsführers schließt idR die Sozialversicherungspflicht aus, sofern nicht wesentliche Bereiche (dazu soll zB auch die Auflösung der Gesellschaft zählen!) vom Vetorecht ausgenommen sind.[69]

70, 71 *(frei)*

---

[68] Zu Sonderrechten eines Gesellschafters s. bereits oben Erläuterungen zu § 3, dort auch zu Mehrfachstimmrechten und stimmrechtslosen Anteilen, ferner Rz. 19.

[69] Vgl. das Gemeinsame Rundschreiben der Sozialversicherungen v. 13.4.2010, u. hierzu *Reiserer/Fallenstein* DStR 2010, 2085; s. ferner BSG v. 11.11.2015 – B 12 KR 10/14 R, DStR 2016, 1275. Zur Geltung der allg. Grundsätze bei Familiengesellschaften s. BSG v. 29.8.2012 – B 12 KR 25/10 R, DStR 2013, 770. S. hierzu ferner *Brand* DStR 2017, 728. Nach LSG Baden-Württemberg v. 23.11.2016 – L 5 R 50/16, BeckRS 2016, 74565, soll ein Vetorecht bei einem Minderheitsgesellschafter nicht für dessen Sozialversicherungfreiheit ausreichend sein, wenn es sich nicht auch auf die Auflösung der Gesellschaft, die operative Neuausrichtung oder seine Abberufung als Geschäftsführer (außer bei Vorliegen eines wichtigen Grunds) erstreckt. Zur evtl. Mitversicherung eines Gesellschafter-Geschäftsführers in der gesetzlichen Familienversicherung s. BSG v. 4.6.2009, NJW 2010, 1836.

Zu § 8: Jahresabschluss und Gewinnverwendung

Über die Feststellung des Jahresabschlusses und die Gewinnverwendung beschließt nach § 46 Nr. 1 GmbHG die Gesellschafterversammlung mit einfacher Stimmenmehrheit, soweit die Satzung nichts anderes bestimmt. Wie und bis wann der Jahresabschluss aufzustellen ist, ergibt sich aus den §§ 264ff. HGB. Die Gewinnverteilung erfolgt grundsätzlich im Verhältnis der Geschäftsanteile (§ 29 Abs. 3 GmbHG). 72

Satzungsmäßige Regelungen zur Auf- und Feststellung des Jahresabschlusses machen idR wenig Sinn.[70]

Zur Gewinnverwendung können sich dagegen **Satzungsregelungen** empfehlen. Soll für einen Gesellschafter bzw. einen Gesellschafterstamm, der nicht über die einfache Mehrheit verfügt, eine **Mindestausschüttung** gesichert sein, kann dies in der Satzung festgelegt werden.[71] Weniger zielführend wäre dagegen wohl die Festlegung einer qualifizierten Mehrheit für Gewinnverwendungsbeschlüsse, weil dann die Gewinnverwendung bis zur Erreichung einer qualifizierten Mehrheit in der Schwebe bliebe. 73

Empfehlenswert ist die Aufnahme einer Ermächtigung in die Satzung, wonach eine Ausschüttung abweichend vom Verhältnis der Geschäftsanteile möglich ist (vgl. **§ 8 S. 2 zweiter HS** des Formulars); anderenfalls wäre eine solche **disproportionale Ausschüttung** wohl unzulässig und würde dann auch steuerlich nicht anerkannt.[72] 74

Bestimmten Gesellschaftern kann auch ein satzungsmäßiges **Gewinnvorrecht bzw. eine sog. Vorzugsdividende** eingeräumt werden,[73] zB (aE von § 8 zu ergänzen): 75

„Der Gründungsgesellschafter, Herr A, erhält jedoch, solange er Gesellschafter der Gesellschaft ist, vorab aus allen ausschüttungsfähigen Gewinnen eine Vorzugsdividende von 10 vH dieses Gewinns, so dass nur der verbleibende Rest gem. vorstehender Regelung zu verteilen ist. Dieses Vorzugsrecht ist nicht vererblich und nicht übertragbar." C. 1.30f

Gerade bei Familiengesellschaften bleibt hier allerdings die steuerliche Anerkennung im Einzelfall zu prüfen (vgl. Rz. 23f.).

Wenn ein Gesellschafter finanziell bevorzugt werden soll, sind in diesem Zusammenhang auch sonstige Gestaltungsmöglichkeiten außerhalb der Satzung in Betracht zu ziehen, zB Vergütungen in Geschäftsführeranstellungs- bzw. Mitarbeiter- oder Beraterverträgen, stille Beteiligungen oder einen Nießbrauchsvorbehalt an einem auf einen Familienangehörigen übertragenen Anteil (s. Rz. 9).

Um den sog. Vorabbewertungsabschlag bei der Erbschaft- bzw. Schenkungsteuer gem. § 13a Abs. 9 ErbStG zu erlangen (vgl. unten Rz. 121), wird folgende Regelung vorgeschlagen (Nachweis s. Fn. 116 und 118): 76

„Durch Gesellschafterbeschluss kann beschlossen werden, dass ein Teil des Jahresüberschusses/Bilanzgewinns iHv bis zu 37,5 vH des um die auf die Ausschüttungen aus der Gesellschaft entfallenden Steuern vom Einkommen gekürzten Betrages

---

[70] Vgl. Beck'sches Notarhandbuch/*Mayer/Weiler* Kap. D I, Rz. 121. Vor allem sollten in der Satzung keine über die gesetzlichen Anforderungen hinausgehenden, unerwünschten Bilanzierungspflichten geschaffen werden, zB zur Erstellung eines Lageberichts oder zum Anhang, vgl. hierzu *Schienstock/Veldkamp* BB 2012, 2809. Denkbar sind zB Bestimmungen zur Fälligkeit der Auszahlung von Gewinnausschüttungen, die dann den Zeitpunkt des steuerlichen Zuflusses beeinflussen können, vgl. BFH v. 2.12.2014 – VIII R 2/12, DStR 2015, 402.

[71] Vgl. Lutter/Hommelhoff/*Hommelhoff* GmbHG § 29 Rz. 26.

[72] Zur Notwendigkeit einer satzungsmäßigen Ermächtigung für eine inkongruente Gewinnausschüttung vgl. BayObLG v. 23.5.2001 – 3 Z BR 31/01, NJW-RR 2002, 248; BMF v. 17.12.2013, DStR 2014, 36; einschränkend *Bender/Bracksiek* DStR 2014, 121. Zur steuerlichen Anerkennung inkongruenter Ausschüttungen s. BFH v. 28.6.2006 – I R 97/05, DB 2006, 2327; zur Nichtanerkennung inkongruenter Ausschüttungen ohne außersteuerlichen Grund s. jedoch BMF v. 17.12.2013, DStR 2014, 36.

[73] Vgl. Lutter/Hommelhoff/*Bayer* GmbHG § 3 Rz. 66. Solche Regelungen können sich auf die steuerliche Bewertung der Beteiligung auswirken, vgl. § 97 Abs. 1b BewG u. hierzu BayLfSt v. 6.4.2016, DStR 2016, 966.

des steuerlichen Gewinns (Steuerbilanz vor außerbilanziellen Korrekturen) ausgeschüttet wird. Die abzuziehenden Steuern nach S. 1 errechnen sich auf Basis eines pauschalen persönlichen Einkommensteuersatzes einschließlich Kirchensteuer und Solidaritätszuschlag von insgesamt 28,625 %. Ausschüttungen zur Begleichung der auf die Ausschüttung aus der Gesellschaft entfallenden Steuern vom Einkommen sind darüber hinaus stets zulässig. Darüber hinausgehende Teile des Jahresüberschusses/Bilanzgewinns können zur Bildung von Rücklagen verwendet oder auf neue Rechnung vorgetragen werden. Bleibt die jährliche Ausschüttung in einem Jahr hinter der in diesem Absatz geregelten Höchstgrenze zurück, kann diese insoweit in den Folgejahren nachgeholt werden."

Daran anschließend kann mit dem Text von § 8 des Hauptmusters fortgefahren werden, mit folgender Anpassung:

„Im Übrigen gelten für den Jahresabschluss, den Lagebericht und die Gewinnverwendung die jeweiligen gesetzlichen Bestimmungen.
Die Ergebnisverteilung ... (usw.)"

Zu § 9: Verfügung über Geschäftsanteile

77 Nach der gesetzlichen Regelung (§ 15 Abs. 1 GmbHG) sind Geschäftsanteile **frei veräußerlich;** die Veräußerung (Verkauf bzw. Schenkung etc. sowie auch die dingliche Abtretung) bedarf jedoch zwingend der notariellen Beurkundung (§ 15 Abs. 3 und 4 GmbHG). Soll der **Teil eines Geschäftsanteils** veräußert werden, bedarf es einer Teilung des Geschäftsanteils, die wiederum eines Teilungsbeschlusses bedarf (§ 46 Nr. 4 GmbHG; vgl. hierzu auch Rz. 42), soweit die Satzung hierzu nichts anderes festlegt (vgl. § 9 letzter Satz des Formulars).

78 Vielfach wird die freie Veräußerlichkeit durch **Vinkulierungsklauseln** gem. § 15 Abs. 5 GmbHG eingeschränkt; dies gilt insbes. für Familiengesellschaften, bei denen ein „Eindringen" Familienfremder ohne Zustimmung aller oder der maßgeblichen Mitgesellschafter ausgeschlossen sein soll. Durch solche Vinkulierungsklauseln kann die Veräußerung oder Belastung von Geschäftsanteilen von der Zustimmung der Mitgesellschafter bzw. bestimmter Mitgesellschafter, der Gesellschafterversammlung oder der Gesellschaft, vertreten durch den/die Geschäftsführer, oder sonstiger Gremien, zB dem Aufsichtsrat einer GmbH, abhängig gemacht werden. Die Verweigerung einer Veräußerungszustimmung kann auch an das Vorliegen bestimmter Verweigerungsgründe gebunden werden.

79 Ist die Veräußerung auf bestimmte Verweigerungsgründe beschränkt oder nicht von der Zustimmung aller Mitgesellschafter abhängig, ist überlegenswert, den Mitgesellschaftern – über die Vinkulierungsklausel hinaus – ein **Vorkaufsrecht oder Ankaufsrecht** an den zur Veräußerung stehenden Geschäftsanteilen einzuräumen.[74]

80 Die Vinkulierung kann für verschiedene Geschäftsanteile unterschiedlich ausgestaltet sein, bestimmte **Anteile** können **von der Vinkulierung** auch **ausgenommen** sein, zB (ergänzend nach § 9 S. 1 des Formulars):

C. 1.30 g **„Davon abweichend bedarf der Gründungsgesellschafter, Herr A, keiner Zustimmung zu einer Verfügung über seine Geschäftsanteile; dieses Sonderrecht ist nicht übertragbar und nicht vererblich."**

81 Je stärker die Veräußerlichkeit der Anteile eingeschränkt ist, desto wichtiger wird für jeden Gesellschafter zur Sicherung einer gewissen Dispositionsfähigkeit die Möglichkeit zur **Kündigung** seiner Gesellschafterstellung (vgl. Erläuterungen zu § 5).

---

[74] Vgl. hierzu Münchener Vertragshandbuch, Bd. 1/*Meister/Klöcker* Muster IV.28 (§ 22 f.) und Muster IV.26 (§ 20).

In Satzungen von Familiengesellschaften mit mehreren Familienstämmen finden sich teils sehr ausführliche Regelungen zur Übertragung von Anteilen, welche insbes. den status quo der Stimmverteilung unter den Familienstämmen aufrecht erhalten sollen.[75] 82

Pool-Vereinbarungen über die Verpflichtung zur einheitlichen Anteilsverfügung haben ferner schenkung-/erbschaftsteuerliche Bedeutung (vgl. Rz. 27).

Für den Fall, dass Anteile nicht von einer natürlichen Person, sondern von einer Gesellschaft gehalten werden, können ergänzend zu einer Vinkulierungsklausel sog. change-of-control-(Einziehungs-)Klauseln vereinbart werden (s. Rz. 94). 83

Um den sog. Vorabbewertungsabschlag bei der Erbschaft- bzw. Schenkungsteuer gem. § 13a Abs. 9 ErbStG zu erlangen (vgl. u. Rz. 121), könnte – wenn die generelle Vinkulierung gem. § 9 des Hauptmusters nicht für ausreichend gehalten wird (vgl. Rz. 121 aE) – § 9 des Hauptmusters am Ende wie folgt ergänzt werden:

„Verfügungen über Geschäftsanteile dürfen in jedem Fall nur zugunsten von Mitgesellschaftern, von Angehörigen im Sinne des § 15 Abgabenordnung und Familienstiftungen gemäß § 1 Abs. 1 Nr. 4 ErbStG erfolgen."

Zu § 10: Erbfolge

1. Gesetzliche Ausgangslage

Nach der gesetzlichen Regelung (§ 15 Abs. 1 GmbHG) sind Geschäftsanteile **frei vererblich.** Die Vererblichkeit als solche kann auch nicht durch Satzungsregelungen ausgeschlossen oder beschränkt werden.[76] 84

2. Regelungsmöglichkeiten zur Nachfolge

Vielfach wollen sich die Gesellschafter bzw. ein Gesellschafterstamm aber auch für den Fall des Ablebens eines Mitgesellschafters davor schützen, dass eine missliebige Person Gesellschafter wird. Zulässiges Gestaltungsmittel ist hier ein satzungsmäßiges **Einziehungsrecht** der Gesellschafter, das entweder ohne weiteres bei Ableben eines Gesellschafters besteht (so **§ 10 S. 1** des Formulars) oder nur dann, wenn die Beteiligung im Todesfall auf Personen übergeht, die unerwünscht sind;[77] im letzteren Fall könnte § 10 S. 1 zB wie folgt formuliert werden: 85

„Falls im Fall des Todes eines Gesellschafters die Geschäftsanteile des verstorbenen Gesellschafters nicht ausschließlich an einen oder mehrere Mitgesellschafter, an Ehegatten oder an (*evtl. einzufügen:* leibliche) Abkömmlinge des verstorbenen Gesellschafters fallen, können die übrigen Gesellschafter innerhalb von 12 Monaten ab Kenntnis der Geschäftsführung vom Todesfall und der Person des Rechtsnachfolgers beschließen, dass die Anteile des verstorbenen Gesellschafters ganz oder geteilt an die Gesellschaft, an einen oder mehrere Gesellschafter oder an einen Dritten abzutreten sind oder eingezogen werden (§ 11); der Beschluss wird jedoch gegenstandlos, wenn innerhalb von vier Wochen ab Bekanntgabe des Beschlusses die Abtretung an eine oder mehrere der vorgenannten nachfolgeberechtigten Personen erfolgt." C. 1.30h

Für die Bestimmung des Personenkreises, auf den eine Beteiligung vererbt werden kann, ohne dass ein Einziehungsrecht besteht, bestehen für die Gesellschafter keine gesetzlichen Einschränkungen.

[75] Vgl. Münchener Vertragshandbuch, Bd. 1/*Meister/Klöcker* Muster IV.28 (§§ 20 ff.), ferner *Binz/Mayer* NZG 2012, 201. Allg. zur Gestaltung von Vinkulierungsklauseln s. *Reichert* GmbHR 2012, 713.

[76] Vgl. Lutter/Hommelhoff/*Bayer* GmbHG § 15 Rz. 11.

[77] Vgl. Baumbach/Hueck/*Fastricht* GmbHG § 15 Rz. 13. Zur Frage einer satzungsmäßigen Beschränkung auf leibliche Abkömmlinge s. *Reimann* NZG 2013, 479.

86 Da sich idR empfiehlt, anstelle einer Einziehung generell auch eine Übertragungsverpflichtung vorzusehen (vgl. Rz. 96), gilt diese Empfehlung genauso auch für den Erbfall (vgl. dementsprechend § 10 S. 1 letzter HS).

Ergänzende Bestimmungen zur Einziehung bzw. Übertragungsverpflichtung finden sich in § 11.

87 Jeder Gesellschafter sollte unbedingt darauf achten, dass seine letztwilligen Verfügungen im **Testament bzw. Erbvertrag auf** die **satzungsmäßige Todesfallregelung abgestimmt** ist.[78] Probleme bzw. unerwünschte Ergebnisse können sich insbes. ergeben, wenn der verstorbene Gesellschafter mehrere Erben hinterlässt, die teilweise nachfolgeberechtigt sind (also nicht durch Einziehung oder Übertragungsverpflichtung ausgeschlossen werden können) und teilweise nicht, oder wenn die nachfolgeberechtigten Personen lediglich Vermächtnisnehmer sind. Im letzteren Fall kann sich im Hinblick darauf, dass die Geschäftsanteile im Erbfall nicht automatisch auf den Vermächtnisnehmer übergehen, sondern vom Erben mittels notarieller Beurkundung an den Vermächtnisnehmer abgetreten werden müssen, die Frage stellen, ob die übrigen Gesellschafter durch Einziehung oder Geltendmachung des Übertragungsverlangens oder – im Falle einer entsprechenden Vinkulierung (vgl. § 9 des Formulars) – durch Nichterteilung der zur Abtretung erforderlichen Zustimmung die Abtretung an den Vermächtnisnehmer verhindern können. Die vorstehende Formulierung macht eine nachträgliche Übertragung auf einen Erben oder Vermächtnisnehmer, der zum Kreis der nachfolgeberechtigten Personen gehört, möglich; für die Mitgesellschafter ergäbe sich hier nach Sinn und Zweck dieser Regelung eine Zustimmungspflicht zur Übertragung.[79]

3. Abfindung

88 Werden Geschäftsanteile bei Ableben eines Gesellschafters eingezogen bzw. die Übertragungsverpflichtung eingefordert, stellt sich die Frage, ob und in welcher Höhe der ausscheidende Erbe bzw. Vermächtnisnehmer eine Abfindung erhält (vgl. hierzu **§ 12** des Formulars). Abweichend von anderen Einziehungsgründen wird es überwiegend für zulässig gehalten, bei einem solchen Ausschluss anlässlich des Ablebens eines Gesellschafters, jegliche Abfindung auszuschließen;[80] dies wird freilich meist nicht interessengerecht sein.

4. Sonderrechte

89 Zulässig ist es auch, für Geschäftsanteile bzw. Beteiligungen verschiedener Gesellschafter unterschiedliche Regelungen festzusetzen bzw. Sonderregelungen bzw. Sonderkompetenzen/Sonderrechte für die Beschlussfassung über die Einziehung bzw. die Übertragungsverpflichtung vorzusehen.[81] Möchte zB der „Senior-Gesellschafter" über die Vererblichkeit seiner Beteiligung frei bestimmen können, dieses Recht aber nicht seinen an der Gesellschaft zu beteiligenden Kindern zugestehen, kann zB nach § 7 S. 1 des Formulars folgende Regelung eingefügt werden:

C. 1.30i **„Dies, nämlich das Einziehungsrecht bzw. die vorstehende Übertragungsverpflichtung, gilt nicht für die im künftigen Nachlass des Gründungsgesellschafters, Herrn A, befindlichen Geschäftsanteile."**

---

[78] Vgl. hierzu auch *Ivo* ZEV 2006, 252, 255; *Wachter* DB 2009, 159. Abgesehen von der nachfolgend im Haupttext genannten Problematik kann zB die Satzung auch einschränkende Regelungen zu den Befugnissen eines Testamentsvollstreckers vorsehen, vgl. Lutter/Hommelhoff/*Bayer* GmbHG § 15 Rz. 21 aE.

[79] Vgl. hierzu im Übrigen Baumbach/Hueck/*Fastricht* GmbHG § 15 Rz. 15; *Wachter* DB 2009, 159, 165 f.

[80] Baumbach/Hueck/*Fastricht* GmbHG § 15 Rz. 14; unklar OLG Bremen v. 13.3.2013, NJW 2013, 2527.

[81] Vgl. zu Sonderrechten bereits Rz. 19.

5. Gemeinsamer Bevollmächtigter

Wenn ein Einziehungsrecht nicht besteht oder nicht geltend gemacht werden soll, kann sich beim Ableben eines Gesellschafters eine Erschwernis für die übrigen Gesellschafter bzw. die Geschäftsführung daraus ergeben, dass die Anteile des verstorbenen Gesellschafters einer **Mehrzahl von Erben bzw. Vermächtnisnehmern** gehören. Hier empfiehlt sich dann eine § 18 GmbHG ergänzende Satzungsregelung dahingehend, dass die Gesellschafterrechte der Erben bzw. Vermächtnisnehmer nur durch eine einzige Person, dem eine entsprechende Vollmacht erteilt wird, ausgeübt werden können (vgl. **§ 10 letzter Absatz**); diese Bevollmächtigungsregelung muss ggf. mit § 7 Abs. 5 der Satzung abgestimmt werden. 90

(frei) 91

Zu § 11: Einziehung von Geschäftsanteilen

§ 11 behandelt die Einziehung von Geschäftsanteilen, also die Möglichkeit zur Trennung von missliebigen Gesellschaftern. Eine Einziehung setzt eine entsprechende Satzungsermächtigung voraus (§ 34 Abs. 1 und 2 GmbHG); fehlt eine solche, kann ein missliebiger Gesellschafter nur bei Vorliegen eines wichtigen Grundes ausgeschlossen werden.[82] 92

§ 11 Abs. 1 ermöglicht lediglich die Einziehung mit Zustimmung des betroffenen Gesellschafters.[83]

Erheblich größere Bedeutung hat die Einziehung bzw. der Ausschluss gegen den Willen des betroffenen Gesellschafters **(§ 11 Abs. 2).** Zu dessen Schutz müssen die Einziehungsgründe mit hinreichender Bestimmtheit in der Satzung bestimmt sein (vgl. § 34 Abs. 2 GmbHG); unzulässig ist die Festlegung eines allgemeinen Einziehungsrechts, d.h. unabhängig vom Vorliegen eines bestimmten satzungsmäßig festgelegten Grundes, mit einfacher oder qualifizierter Mehrheit.[84] Die Festsetzung der Einziehungsgründe kann nicht völlig beliebig erfolgen; zulässig sind nur sachlich nachvollziehbare Einziehungsgründe.[85] 93

§ 11 Abs. 2 enthält einige typische Einziehungsgründe, deren Zulässigkeit allgemein anerkannt ist, wobei die dort genannten Einziehungsgründe teilweise lediglich andere Satzungsbestimmungen ergänzen, zB die Kündigungsregelung gem. § 4 und die Erbfallregelung gem. § 10.

Gerade bei Familiengesellschaften werden nicht selten weitere Einziehungsmöglichkeiten gewünscht, zB wenn[86] 94
- die Mitgesellschafter keinen Ehevertrag mit ihrem Ehegatten abgeschlossen haben, der problematische Abfindungszahlungen im Scheidungsfall und eherechtliche Verfügungsbeschränkungen (zB gem. § 1365 BGB) verhindern soll,
- keine Pflichtteilsverzichtsverträge (mit vergleichbarer Intention wie vorstehend) abgeschlossen sind,
- keine Vorsorgevollmacht für den Fall einer Handlungs- bzw. Geschäftsunfähigkeit eines Gesellschafters erteilt ist bzw. eine Betreuerbestellung für einen Gesellschafter erfolgt,

---

[82] Vgl. Baumbach/Hueck/*Fastricht* GmbHG Anhang nach § 34 Rz. 2ff.
[83] Vgl. Baumbach/Hueck/*Fastricht* GmbHG § 34 Rz. 3ff.
[84] Vgl. Baumbach/Hueck/*Fastricht* GmbHG § 34 Rz. 7ff.
[85] Vgl. Baumbach/Hueck/*Fastricht* GmbHG § 34 Rz. 9.
[86] Vgl. Heckschen/Heidinger/*Heckschen* § 4 Rz. 208a. Zur Zulässigkeit von sog. Mitarbeiter- bzw. Managerklauseln vgl. Heckschen/Heidinger/*Heckschen* § 4 Rz. 240ff. (dort auch zur Empfehlung einer ergänzenden Regelung im Beteiligungsvertrag des Mitarbeiters); BGH v. 19.9.2005 – II ZR 342/03, DStR 2005, 1910; sowie BGH v. 19.9.2005 – II ZR 173/04, DStR 2005, 1913. Zur Empfehlung einer Vorsorgevollmacht zur Vermeidung einer Betreuung vgl. Heckschen/Heidinger/*Heckschen* § 14 Rz. 77ff.; einschränkend *Müller/Renner,* Betreuungsrecht und Vorsorgeverfügungen, Rz. 1050ff.; Vollmachtsmuster s. A. 6.20. Zu change-of-control-Klauseln s. Heckschen/Heidinger/*Heckschen* § 4 Rz. 171a.

- Anteile von einer (Handels-)Gesellschaft gehalten werden und dort unerwünschte Personaländerungen im Gesellschafterkreis bzw. der Geschäftsführung erfolgen **(change-of-control-Klauseln),**
- ein Mitgesellschafter nicht im erwarteten Maße im Unternehmen mitarbeitet **(Mitarbeiter- bzw. Managerklausel),** und/oder
- sonstige in die Beteiligung des betreffenden Gesellschafters gesetzte Erwartungen enttäuscht werden.

§ 11 Abs. 2 könnte dann zB wie folgt ergänzt werden:

C. 1.30j **h) ein Gesellschafter, ausgenommen der Gesellschafter [...], geb. am [...], mit seinem Ehegatten**
– nicht zumindest einen gegenständlich auf die Beteiligung an der Gesellschaft beschränkten Pflichtteilsverzicht
und zugleich
– entweder Gütertrennung oder zumindest die Herausnahme der Beteiligung an der Gesellschaft aus einem Zugewinnausgleich und jeglichen eherechtlichen Verfügungsbeschränkungen vereinbart hat.
Die Einziehung kann jedoch erst dann beschlossen werden, wenn der Gesellschafter nach schriftlicher Aufforderung der Gesellschaft nicht binnen längstens drei Monaten nach Empfang der Aufforderung nachgewiesen hat, dass der Einziehungsgrund nicht (mehr) besteht; die Einziehung kann jedoch ohne vorstehende Frist beschlossen werden, wenn der Gesellschafter nach Erbringung des Nachweises die Güterstandsregelung oder die Pflichtteilsverzichtsregelung in einer Weise ändert, die nach obiger Regelung zum Ausschluss berechtigt; oder
i) für einen Gesellschafter ein gerichtlicher Betreuer bestellt und die Betreuung nicht innerhalb von drei Monaten wieder aufgehoben wird; oder
j) es sich bei einem Gesellschafter selbst um eine Gesellschaft handelt und sich die Mehrheitsverhältnisse in dieser Gesellschaft in der Weise ändern, dass die einfache Mehrheit aller Stimmen von anderen Gesellschaftern erreicht werden kann als bisher; oder
k) der Gesellschafter [...], geb. am [...], während eines Zeitraums von mindestens sechs Monaten nicht oder nicht mehr als Arbeitnehmer oder Geschäftsführer für die Gesellschaft tätig ist; dies gilt nicht, wenn die Beendigung der Tätigkeit willkürlich auf Veranlassung der Gesellschaft erfolgt."

Güterstandsklauseln bzw. Erbrechtsklauseln gem. vorstehendem Formulierungsvorschlag h) werden allerdings nur in bestimmten Fällen sinnvoll sein, da die Mitgesellschafter durch eine Zugewinnausgleichs- oder Pflichtteilsauszahlung nicht unmittelbar betroffen werden, so dass es im Grundsatz jedem Gesellschafter selber vorbehalten sein sollte, mit seinem Ehegatten über derartige Regelungen zu entscheiden.[87] Mittelbar betroffen werden könnten die Mitgesellschafter zB dadurch, dass der betreffende Gesellschafter zur Liquiditätsbeschaffung Gelder aus der Gesellschaft abzieht, zB Gesellschafterdarlehen, oder die Kündigung erklärt bzw. erklären muss, um die Zugewinnausgleichs- oder Pflichtteilsauszahlungen leisten zu können.

95 Will sich der „Senior-Gesellschafter" **weitergehende Zugriffsrechte** auf die Beteiligungen anderer Gesellschafter sichern, ist an entsprechende Regelungen außerhalb der Satzung zu denken. Dabei ist allerdings zu berücksichtigen, dass die Rechtsprechung „freien Hinauskündigungsklauseln" bzw. solchen im wirtschaftlichen Ergebnis gleichkommenden Erwerbsrechten bzw. **Übertragungsverpflichtungen** kritisch ge-

[87] Vgl. *Wenckstern* NJW 2014, 1335 (auch mit alternativem Formulierungsvorschlag); Heckschen/Heidinger/*Heckschen* § 4 Rz. 213 ff.

genübersteht.[88] Den größten Gestaltungsspielraum hat der „Senior-Gesellschafter" wohl bei der Vereinbarung von Übertragungsverpflichtungen in Verträgen, in denen er die Beteiligung zuvor selbst auf den potentiell Übertragungsverpflichteten übertragen hat, zB im Anteilsschenkungsvertrag; dort wird teilweise sogar ein jederzeit ausübbarer Rückforderungsvorbehalt für zulässig gehalten.[89]

In § 11 Abs. 4 S. 2 sind wichtige Alternativen zur Einziehung geregelt, nämlich **96**
Übertragungsverpflichtungen auf die Gesellschaft, Mitgesellschafter oder Dritte, die nicht zuletzt dann relevant sind, wenn eine Einziehung nicht zulässig bzw. zweckmäßig ist (vgl. hierzu insbes. § 11 Abs. 6 sowie in steuerlicher Hinsicht oben Rz. 27).[90]

§ 11 Abs. 3–7 des Formulars regeln weitere Modalitäten der Einziehung bzw. der Übertragungsverpflichtung, wobei die Einziehung abweichend vom Muster auch dahingehend geregelt werden könnte, dass sie abweichend von der Zahlung einer Abfindung oder Leistung einer Sicherheit sofort wirksam wird.[91]

(frei) **97**

Zu § 12: Abfindung ausscheidender Gesellschafter

1. Gesetzliche Abfindung

Einen essentiellen Regelungsbereich jeder Mehrpersonen-Gesellschaft stellt die Ab- **98**
findung für einen ausscheidenden Gesellschafter dar. Enthält die Satzung keine abweichenden Regelungen erhält ein ausscheidender Gesellschafter als Abfindung den Verkehrswert seiner Beteiligung; die entsprechende Zahlung ist sofort mit dem Ausscheiden fällig.[92]

2. Gestaltungsmöglichkeiten

Durch entsprechende Satzungsregelungen können die Höhe der Abfindung und de- **99**
ren Fälligkeit abweichend geregelt werden.[93]

a) Bei Ausscheiden infolge Ablebens eines Gesellschafters wird ein **vollständiger** **100**
Abfindungsausschluss für zulässig gehalten, ebenso wohl bei einer gemeinnützigen GmbH, in allen anderen Fällen darf eine Abfindung grundsätzlich nicht vollständig ausgeschlossen werden.[94] Eine exakte Mindesthöhe ist vom Gesetz allerdings nicht vorgegeben.

Die Prüfung der Zulässigkeit einer Abfindungsbeschränkung erfolgt auf zwei Stufen: **101**
Zunächst ist zu prüfen, ob die Abfindungsbeschränkung wegen übermäßiger Beschränkung von Anfang an sittenwidrig ist; ist dies nicht der Fall, entsteht aber im Nachhinein ein zu großes Missverhältnis zwischen dem Beteiligungswert und der Abfindung, erfolgt eine (richterliche) Anpassung der Abfindungsklausel.[95] Zu berücksichtigen ist bei der Frage der Angemessenheit der Abfindungsbeschränkung insbes. der

---

[88] Vgl. zB BGH v. 19.3.2007 – II ZR 300/05, DStR 2007, 914; tendenziell offener BGH v. 22.1.2013 – II ZR 80/10, DStR 2013, 367; vgl. ferner *Mülsch/Penzel* ZIP 2004, 1987.

[89] Vgl. Erläuterungen zu Formular A. 2.21, Rz. 41. Fraglich bei entgeltlich angeschaffter Beteiligung und fehlender Abfindung, vgl. BGH v. 22.1.2013 – II ZR 80/10, DStR 2013, 367. Zweifelnd *Krauß* Vermögensnachfolge in der Praxis, 4. Aufl. 2015, Rz. 2121. Zum Meinungsstand s. auch *Schulte* ErbR 2014, 146; *Wälzholz* GmbHR 2007, 1177.

[90] Zur Zulässigkeit einer Abtretungsverpflichtung vgl. Lutter/Hommelhoff/*Lutter* GmbHG § 34 Rz. 67.

[91] Vgl. BGH v. 24.1.2012 – II ZR 109/11, NZG 2012, 259; Heckschen/Heidinger/*Heckschen* § 4 Rz. 221 ff. Zu einer entsprechenden Formulierung s. auch FormB RS Muster A 6.00 § 16. Allerdings stellt sich dann verstärkt die Frage der Absicherung des Abfindungszahlungsanspruchs, vgl. hierzu auch BGH v. 10.5.2016 – II ZR 342/14, DStR 2016, 1558.

Zum Einziehungsbeschluss u. -verfahren s. auch BGH v. 2.12.2014 – II ZR 322/13, DStR 2015, 1194.

[92] Vgl. Baumbach/Hueck/*Fastrich* GmbHG § 34 Rz. 24.

[93] Ausführlich zur Ausgestaltung von Abfindungsklauseln *Leitzen* RNotZ 2009, 315.

[94] Vgl. bereits Rz. 88, ferner BGH v. 29.4.2014 – II ZR 216/13, DStR 2014, 2306; Lutter/Hommelhoff/*Lutter* GmbHG § 34 Rz. 85 und 96.

[95] Vgl. Lutter/Hommelhoff/*Lutter* GmbHG § 34 Rz. 83 ff.

Grund des Ausscheidens: Wird ein Gesellschafter aus wichtigem Grund ausgeschlossen, rechtfertigt dies idR einen höheren Abschlag, als wenn ein Gesellschafter selbst aus wichtigem Grund austritt oder kündigt. Für den letzteren Fall soll ein Abschlag vom Verkehrswert nur in Höhe von bis ca. 30 vH zulässig sein, im ersteren Fall ein Abschlag von bis zu 50 vH.[96] Bei Mitarbeiterbeteiligungen wird als Abfindung die Rückzahlung der vom Mitarbeiter/Geschäftsführer erbrachten Einlage für ausreichend gehalten (s. Rz. 94, dort insb. Fußn 86). Vor diesem Hintergrund kann sich eine differenzierende Abfindungsregelung empfehlen. Bedeutsam für die Angemessenheit einer Abfindung ist auch die Frage, ob und inwieweit der Gesellschafter nach seinem Ausscheiden noch einem fortdauernden Wettbewerbsverbot unterliegt (vgl. hierzu auch § 13).[97]

Um den sog. Vorabbewertungsabschlag bei der Erbschaft- bzw. Schenkungsteuer gem. § 13a Abs. 9 ErbStG im weitestgehenden Umfang zu erlangen (vgl. unten Rz. 121), müsste der Abfindungsabschlag anstelle der 20 vH in § 12 Abs. 1 S. 5 des Hauptmusters auf 30% erhöht werden (vgl. Rz. 121 aE).

102 **b)** Als schwierig erweist sich idR die Wertfeststellung eines Unternehmens. Betriebswirtschaftlich vorherrschend sind jedenfalls derzeit sog. Ertragswertverfahren. Die Prognose der künftigen Erträge ist jedoch naturgemäß mit großen Unsicherheiten behaftet und damit streitbehaftet. Weniger streitanfällig ist eine Berechnung des Unternehmenswerts auf der Grundlage der vergangenen Erträge, doch werden hiermit mögliche künftige Änderungen der Ertragssituation mehr oder weniger ausgeblendet.

Verhältnismäßig einfach festzustellen ist der sog. Buchwert eines Unternehmens, der sich aus den Bilanzwerten ergibt. Hilfestellungen für die Anwendung der Verfahren finden sich zB unter www.unternehmenswertrechner.de.

103 **c)** Bei der Ausgestaltung der Abfindungsregelung sind die konkreten Unternehmensverhältnisse und Gesellschafterinteressen mit einzubeziehen. Sind hohe stille Reserven und ein erheblicher Firmenwert vorhanden oder künftig zu erwarten, liegt die Vereinbarung einer Buchwertabfindung idR weniger nahe, als bei Unternehmen, bei denen nur geringe stille Reserven und nur ein weniger relevanter Firmenwert vorhanden und auch künftig zu erwarten ist.

104 **d)** Zu berücksichtigen ist ferner der erbschaft-/schenkungsteuerliche Umstand, dass gem. §§ 3 Abs. 1 Nr. 2, 7 Abs. 7 ErbStG eine Abfindung unter dem Wert der Beteiligung, ermittelt nach § 12 ErbStG iVm. den Regelungen des BewG, als steuerpflichtige Schenkung/Erbschaft behandelt wird. Maßgeblich ist gem. § 11 Abs. 2 BewG bei GmbH-Anteilen der sog. gemeine Wert der Beteiligung. Sofern dieser nicht aus zeitnahen Verkäufen unter fremden Dritten abgeleitet werden kann, sieht § 199 BewG für die Wertermittlung ein sog. vereinfachtes Ertragswertverfahren (vgl. hierzu §§ 200 ff. BewG) vor, sofern dieses nicht zu offensichtlich unzutreffenden Ergebnissen führt. Dabei wird der bereinigte durchschnittliche Ertrag der letzten drei Jahre mit dem sich aus § 203 BewG ergebenden Multiplikator vervielfacht. Alternativ kann der Unternehmenswert durch ein anderes anerkanntes Verfahren, zB gem. den IDW-Standards oder auf der Grundlage des sog. Discounted-Cash-Flow-Verfahrens oder – insbes. bei Freiberuflerpraxen – mittels sog. Umsatzverfahren, ermittelt werden.[98] Die Untergrenze bei der Wertermittlung bildet gem. § 11 Abs. 2 S. 3 BewG der Substanzwert des Unternehmens. Sofern nicht insbes. aufgrund der Freibeträge gem. § 16 ErbStG offensichtlich eine Besteuerung ausscheidet (zu den Privilegien der §§ 13a, 19a ErbStG vgl. Rz. 27), muss deshalb praktisch bei jedem Ausscheiden eines Gesellschafters ein Wertermittlungsverfahren gem. den Regelungen des BewG erfolgen, es sei denn, dass

---

[96] Vgl. Lutter/Hommelhoff/*Lutter* GmbHG § 34 Rz. 90.

[97] Vgl. hierzu auch *Leitzen* RNotZ 2009, 319.

[98] Zu Unterschieden des vereinfachten Ertragswertverfahren zur IDW-Bewertung s. *Bruckmeier/Zwirner/Mugler* DStR 2011, 422. Zur Bewertung von Geschäftsanteilen vgl. Ländererlass v. 5.6.2014, DStR 2014, 1446.

keine Abfindung unter dem maßgeblichen Wert gem. den Regelungen des BewG festgelegt wurde und keine Anzeichen für eine zu niedrige Abfindungszahlung vorliegen.

e) Soll eine Besteuerung nach dem ErbStG durch eine Abfindungszahlung anlässlich des Ausscheidens eines Gesellschafters möglichst sicher vermieden werden, ist dem bei der Ausgestaltung der Abfindungszahlung Rechnung zu tragen und eine Abfindung unter dem Steuerwert der Beteiligung möglichst zu vermieden. Um den Aufwand einer doppelten Wertermittlung zu vermeiden, kommt in Betracht, sich bei der Wertermittlung an die Vorschriften des BewG anzulehnen (so § 12 Abs. 1, mit einem Beispiel für eine mögliche Differenzierung nach dem Grund des Ausscheidens, vgl. § 12 Abs. 1 S. 5).[99] Weniger empfehlenswert dürfte allerdings eine ausschließliche Bezugnahme auf das vereinfachte Ertragswertverfahren sein, da dies teils zu unangemessenen Ergebnissen führen kann und zu unflexibel ist. Außerdem dürfen natürlich – neben den steuerlichen Interessen – auch die anderen Gesellschafterinteressen bei der Festlegung der Abfindung nicht außer Betracht bleiben, so dass alle sonstigen üblichen Abfindungsregelungen nach wie vor ihre Bedeutung behalten. 105

Eine **Buchwertklausel** könnte zB wie folgt formuliert werden (anstelle von § 12 Abs. 1 des obigen Formulars): 106

C. 1.30k

„(1) Ein aus der Gesellschaft ausscheidender Gesellschafter hat Anspruch auf Auszahlung des Wertes seiner Geschäftsanteile, wie sich dieser auf der Grundlage der zum Bewertungsstichtag aufzustellenden Handelsbilanz ergibt; insbes. bleiben ein Firmenwert und stille Reserven außer Betracht, sofern sie nicht in der Bilanz erfasst sind. Bewertungsstichtag ist das dem Stichtag des Ausscheidens (§ 11 Abs. 5) unmittelbar vorangegangene Geschäftsjahresende bzw., wenn der Ausscheidensstichtag auf ein Geschäftsjahresende fällt, dieser Zeitpunkt.
Änderungen der Steuerbilanz, die sich nach dem Bewertungsstichtag aufgrund einer Betriebsprüfung ergeben, bleiben für die Abfindung unberücksichtigt.“

3. Zahlungsmodalitäten

Bedeutung kommt auch der **Auszahlungs- bzw. Fälligkeitsregelung** zur Abfindung zu (vgl. **§ 12 Abs. 2**), da eine sofortige Auszahlung der gesamten Abfindung beim Auszahlungspflichtigen zu Liquiditätsschwierigkeiten führen kann. Um der richterlichen Inhaltskontrolle standhalten zu können, darf die Abfindungszahlung aber nicht unangemessen lange verzögert werden; dabei ist auch zu berücksichtigen, ab wann der ausscheidende Gesellschafter seine Gesellschaftsrechte nicht mehr ausüben kann und welches Äquivalent er für die verzögerte Auszahlung erhält (insbes. sog. Stundungszinsen). 107

Im Regelfall wird eine Abfindungszahlung mit bis zu fünf (gleichen) Jahresraten jedenfalls bei üblicher Verzinsung für zulässig gehalten, eine Abfindungszahlung mit mehr als zehn Jahresraten für unzulässig; bei Abfindungszahlungen mit einer Laufzeit zwischen fünf bis zehn Jahren hängt die Zulässigkeit von den Umständen des Einzelfalls ab.[100]

4. Schiedsgutachterklausel

Zur Streitvermeidung bezüglich der Abfindungsberechnung empfiehlt sich eine Schiedsgutachterklausel (§§ 315, 317 BGB, vgl. **§ 12 Abs. 3**). 108

(frei) 109

---

[99] Vgl. hierzu und zum Nachfolgenden *Milatz/Kämper* GmbHR 2009, 470, 476; *Spiegelberger* Unternehmensnachfolge, § 13 Rz. 121 (dort § 20); *Hübner/Maurer* ZEV 2009, 428, 433 f.; *Krumm* NJW 2010, 187.

[100] Vgl. Baumbach/Hueck/*Fastricht* GmbHG § 34 Rz. 38.

Zu § 13: Wettbewerbsverbot, Geheimhaltung

1. Wettbewerbsverbot

110 Gesetzlich nicht näher geregelt ist die Frage, ob und inwieweit Gesellschafter einer GmbH einem Wettbewerbsverbot unterliegen. Jedenfalls für Gesellschafter, die zugleich Geschäftsführer der GmbH sind, sowie für Mehrheitsgesellschafter wird aufgrund einer allgemeinen gesellschafterlichen **Treuepflicht** ein Wettbewerbsverbot entsprechend § 112 HGB angenommen, wobei dessen Umfang insbes. vom Gegenstand der GmbH (vgl. hier § 2 des Formulars) abhängt.[101] Verstöße gegen ein Wettbewerbsverbot können auch zu **verdeckten Gewinnausschüttungen** mit nachteiligen Steuerfolgen führen.[102]

111 Für Erweiterungen oder Einschränkungen des Wettbewerbsverbots werden Satzungsregelungen, auch in der Form einer Ermächtigungsklausel, für erforderlich gehalten, wobei Verbotsverschärfungen insbes. einer Kontrolle nach Kartellrecht sowie § 138 BGB unterliegen.[103] Dementsprechend dürfen auch in der Satzung einer Familiengesellschaft Regelungen zum Wettbewerbsverbot nicht fehlen, die zB eine Befreiungsmöglichkeit vom Wettbewerbsverbot für den Mehrheitsgesellschafter oder Gesellschafter-Geschäftsführer vorsehen (vgl. **§ 13 Abs. 1**).

2. Nachvertragliches Wettbewerbsverbot

112 Mit Ausscheiden eines Gesellschafters bzw. Geschäftsführers endet ein ihn betreffendes Wettbewerbsverbot, sofern nicht in der Satzung, einer Gesellschaftervereinbarung bzw. im Geschäftsführeranstellungsvertrag etwas anderes geregelt ist, so dass ggf. auch für ein nachvertragliches Wettbewerbsverbot Regelungsbedarf besteht.[104] Dabei sind Wechselwirkungen zur Abfindungsregelung zu beachten, wonach ein weitgehendes nachvertragliches Wettbewerbsverbot zur Unangemessenheit einer erheblichen Abfindungsbeschränkung führen kann (vgl. bereits oben Rz. 101).

3. Verschwiegenheitspflicht

113 Ebenfalls nicht näher im Gesetz geregelt sind **Verschwiegenheitspflichten** der Gesellschafter einer GmbH. Im Hinblick auf das umfassende Informationsrecht jedes Gesellschafters gem. § 51a GmbHG wird auf der Grundlage der allgemeinen gesellschafterlichen Treuepflicht auch eine Verschwiegenheitspflicht angenommen, soweit dies zur Wahrung der Interessen der Gesellschaft und der Mitgesellschafter erforderlich ist.[105]

114 § 13 Abs. 2 enthält hierzu eine klarstellende Regelung, wobei auch die nach dem Ausscheiden eines Gesellschafters fortgeltende Verwertungsbeschränkung gem. § 13 Abs. 2 S. 3 des Formulars noch Ausfluss dieser allgemeinen gesellschafterlichen Treuepflicht sein dürfte, obwohl insoweit bereits Berührungspunkte zum nachvertraglichen Wettbewerbsverbot bestehen.[106]

115 *(frei)*

---

[101] Vgl. Lutter/Hommelhoff/*Bayer* GmbHG § 14 Rz. 26.

[102] Vgl. *Tillmann/Schiffers/Wälzholz/Rupp,* Rz. 344 ff., 1332.

[103] Vgl. BGH v. 23.6.2009 – K ZR 58/07, DStR 2009, 2547; *Wilde* NZG 2010, 252. Zur Erforderlichkeit einer Satzungsregelung s. Lutter/Hommelhoff/*Bayer* GmbHG § 14 Rz. 26 f. Bei Aufhebung eines Wettbewerbsverbots ist der hierdurch begünstigte Gesellschafter nach OLG Bamberg v. 11.12.2009 – 6 U 12/09, NZG 2010, 385, vom Stimmrecht nach § 47 Abs. 4 GmbHG ausgeschlossen.

[104] Vgl. Palandt/*Heinrichs* BGB § 157 Rz. 17; FormB RS Formular A. 6.00 (§ 11); s. auch BFH v. 30.11.2009 – II ZR 208/08, DStR 2010, 388.

[105] Vgl. Lutter/Hommelhoff/*Lutter/Bayer* GmbHG § 51a Rz. 24.

[106] Vgl. hierzu (aus dem arbeitsrechtlichen Bereich): Palandt/*Weidenkaff* BGB § 611 Rz. 41. Die Rspr. nimmt teils nur einen Schutz für Geschäftsgeheimnisse an, vgl. zB BGH v. 27.4.2006 – I ZR 126/03, DB 2006, 2459; s. hierzu auch *Salger/Breitfeld* BB 2005, 154.

Zu § 14: Beirat

Das GmbHG selbst sieht keine Verpflichtung zur Schaffung eines Bei- bzw. Aufsichtsrats vor. Eine diesbezügliche Verpflichtung kann sich jedoch aus arbeits-/mitbestimmungsrechtlichen Gesetzen bei Gesellschaften, die regelmäßig mehr als 500 Arbeitnehmer beschäftigen, zB nach dem Drittelbeteiligungsgesetz, oder gem. § 5 Abs. 2 InvestmG bei Kapitalanlagegesellschaften ergeben (sog. **obligatorischer Aufsichtsrat**).[107] **116**

§ 52 GmbHG erlaubt durch satzungsmäßige Regelung auch in allen sonstigen Fällen die Schaffung eines Beirats bzw. Aufsichtsrats. Dabei können diesem **fakultativen Aufsichtsrat bzw. Beirat** neben der Überwachung und ggf. der Beratung der Geschäftsführung bestimmte Befugnisse übertragen werden, namentlich Einzelmaßnahmen der Geschäftsführung, soweit sie zulässigerweise auf die Gesellschafterversammlung übertragen werden könnten, und delegierbare Zuständigkeiten der Gesellschafterversammlung.[108] **117**

Sinnvoll ist die Bildung eines fakultativen Bei- oder Aufsichtsrats bspw., wenn Beschlussfassungen durch die Gesellschafterversammlung zB aufgrund der großen Anzahl der Gesellschafter erschwert sind, oder zur Vermeidung von „Patt-Situationen" bei Gesellschafterbeschlüssen.[109]

§ 14 des Formulars sieht lediglich die satzungsmäßige Ermächtigung zur Schaffung eines Aufsichtsrats vor; die konkrete Bildung eines Aufsichtsrats und dessen nähere Ausgestaltung, einschließlich etwaiger Haftungsbeschränkungen zur Minderung der mit der Übernahme eines Aufsichtsratsposten verbundenen Haftungsrisiken, soll dann – nach allerdings umstrittener Meinung – durch entsprechenden Gesellschafterbeschluss erfolgen können.[110] **118**

Eine detailliertere Satzungsregelung wäre nach derzeitigem Stand rechtssicherer und – unabhängig davon – jedenfalls dann sinnvoll, wenn die Bildung des Aufsichtsrats bzw. spätere Änderungen, insbes. betreffend die Kompetenzen, nur im Wege einer Satzungsänderung möglich sein sollen.[111]

(frei) **119**

Zu § 15: Steuerklausel

„Klassischer" Anwendungsbereich der sog. Steuerklausel in einer GmbH-Satzung sollte die Vermeidung nachteiliger Steuerfolgen aus sog. verdeckten Gewinnausschüttungen sein.[112] Die ständige Rspr. erkennt allerdings die nachträgliche Beseitigung einer verdeckten Gewinnausschüttung auch bei Vorliegen einer solchen Steuerklausel nicht an.[113] Damit ist der eigentlich gewünschte Hauptanwendungsbereich der „klassischen" Steuerklausel gar nicht gegeben. **120**

Verwendet man teilweise dennoch eine solche Steuerklausel in der Satzung, soll damit einerseits den Geschäftsführern von vornherein die Vermeidung verdeckter Gewinnausschüttungen verstärkt nahegebracht werden. Andererseits soll dadurch den nicht durch eine verdeckte Gewinnausschüttung begünstigten Gesellschaftern gegenüber dem begünstigten Gesellschafter die rechtliche Möglichkeit eingeräumt werden,

---

[107] Vgl. Baumbach/Hueck/*Zöller/Noack* GmbHG § 52 Rz. 2, 144 ff.

[108] Vgl. Lutter/Hommelhoff/*Lutter* GmbHG § 52 Rz. 13; Heckschen/Heidinger/*Heckschen* § 4 Rz. 307 ff.; *Spindler/Kepper* DStR 2005, 1738 u. 1775; *Werner* ZEV 2010, 619.

[109] Zur Vermeidung von Pattsituationen s. *Kallrath* notar 2014, 75, 79 ff.

[110] Entsprechend dem Formulierungsvorschlag im Münchener Vertragshandbuch, Bd. 1/*Meister/Klöcker* Muster IV.26, § 12. KG v. 23.7.2015 – 23 U 18/15, NZG 2016, 787, verlangt jedoch für den Beschluss zur Installierung des Aufsichtsrats die notarielle Form und Eintragung im Handelsregister. Zur Haftungsthematik s. *v. Venroy* GmbHR 2009, 449. Zum schuldrechtlichen Beirat ohne Satzungsgrundlage s. *Uffmann* NZG 2015, 169.

[111] Vgl. hierzu § 9 in Teil II des Formulars C. 1.20, ferner *Spiegelberger* Unternehmensnachfolge, § 13 Rz. 121 (§§ 10 ff.); BeckOF/*Giehl* Vertragsrecht, Muster 7.8.2.6.

[112] Beck'sches Notarhandbuch/*Mayer/Weiler* Kap. D I, Rz. 174.

[113] BFH v. 14.7.2009 – VIII R 10/07, DStR 2009, 2142.

einen entsprechenden Ausgleich verlangen zu können. Insofern kann man solchen Steuerklauseln nach wie vor eine Daseinsberechtigung nicht generell absprechen.[114]

121 Nach den geltenden Steuergesetzen besteht darüber hinaus die Möglichkeit, dass bestimmte Handlungen eines Gesellschafters oder evtl. eines Geschäftsführers der GmbH bzw. den Mitgesellschaftern sonstige steuerliche Nachteile bringen können. So kann zB die Veräußerung von Geschäftsanteilen die Vernichtung bestehender Verlustvorträge gem. § 8c KStG oder Zinsvorträge gem. §§ 8a, KStG, 4h EStG zur Folge haben. Auch zur Vermeidung solcher Nachteile werden dementsprechend weitere Steuerklauseln vorgeschlagen. Ist eine Veräußerung von Geschäftsanteilen ohne Zustimmung der Mitgesellschafter durch eine entsprechende Vinkulierungsklausel ausgeschlossen (vgl. hierzu § 9 des Formulars), besteht jedenfalls nach heutigen Steuergesetzen wohl keine generelle Notwendigkeit für diesbezügliche Steuerklauseln.[115]

Auch für die **Erbschaft- bzw. Schenkungsteuer** kann die Satzungsgestaltung relevant sein. Dies betrifft Poolregelungen iSd. § 13b Abs. 1 Nr. 3 S. 2 ErbStG (s. o. Rz. 27), die Steuerfolgen einer Abfindung unter Wert (s. o. Rz. 104) und einer Einziehung (s. o. Rz. 27) sowie Gewinnentnahme-, Verfügungs- und Abfindungsbeschränkungen zur Inanspruchnahme des **Vorabbewertungsabschlags gem. § 13a Abs. 9 ErbStG.**[116] Dieser kann bis zu 30 vH des begünstigten Betriebsvermögens betragen, wenn nach den getroffenen Satzungsregelungen

– die Entnahme bzw. Ausschüttung nach näherer Maßgabe des § 13a Abs. 9 Nr. 1 ErbStG auf höchstens 37,5 vH des steuerrechtlichen Gewinns beschränkt ist, und zugleich
– die Verfügung über die GmbH-Beteiligung auf Mitgesellschafter, Angehörige iSd. § 15 AO oder auf eine Familienstiftung beschränkt ist, und zugleich
– die Abfindung des Gesellschafters bei seinem Ausscheiden unter dem gemeinen Wert seiner Beteiligung liegt.

Entscheidend für die Höhe des Abschlags ist die Abfindungsbeschränkung: der maximale Abschlag von 30 vH wird ab einer Abfindungsbeschränkung von mindestens 30 vH bezogen auf den gemeinen Wert erreicht. Die Satzungsregelungen müssen spätestens zwei Jahre vor der Entstehung der Erbschaft- bzw. Schenkungsteuer wirksam geworden sein und müssen für mindestens 20 Jahre danach fortbestehen. Insofern könnte erwogen werden, für eine Änderung dieser Satzungsbestimmungen – abweichend von § 7 der Satzung – Einstimmigkeit vorzusehen.

Um die Anforderungen des § 13a Abs. 9 ErbStG zu erfüllen, müsste für den vorliegenden Satzungsvorschlag zusätzlich darauf geachtet werden, dass

– in § 12 Abs. 1 des Hauptmusters der Abzug in Satz 5 mindestens 30 vH beträgt;
– die Verfügung über einen Geschäftsanteil wohl entweder generell von der Zustimmung der Mitgesellschafter bzw. der Gesellschaft abhängig ist (so § 9 des Hauptmusters) bzw. eine Verfügung ohne Zustimmung (vgl. Rz. 80) nur zugunsten des vorerwähnten Personenkreises zulässig ist; unklar ist, ob darüber hinaus in der Satzung geregelt sein muss, dass eine Zustimmung nur erteilt werden darf, wenn die Verfügung zugunsten des vorgenannten Personenkreises erfolgt;[117]

---

[114] Vgl. Beck'sches Notarhandbuch/*Mayer/Weiler* Kap. D I, Rz. 174; Münchener Vertragshandbuch, Bd. 1 Gesellschaftsrecht, Muster IV.26, Rz. 51. Durch die Steuerklausel kann ferner eine Schenkungsteuerpflicht einer verdeckten Gewinnausschüttung (vgl. hierzu Tz. 2.6 des Ländererlasses v. 14.3.2012, BStBl. I 2012, 331; einschränkend BFH v. 30.1.2013 – II R 6/12, DStR 2013, 649) gem. § 29 ErbStG entfallen.

[115] Vorschläge für solche Steuerklauseln machen *Schildknecht/Riel* DStR 2009, 117; *Levedag* GmbHR 2009, 13, 22 ff.; *Waitz* BB 2010, 2535; *Fuhrmann* KÖSDI 312010, 16884 (insbes. im Hinblick auf § 22 Abs. 2 UmwStG und § 6a GrEStG sowie zur Erbschaftsteuer); *Weng* BB 2009, 1780 (zur Nachsteuer gem. § 13a Abs. 5 ErbStG).

[116] Vgl. hierzu A 13a.19 AEErbSt 2017; *Weber/Schwind* ZEV 2016, 688; *Wachter* NZG 2016, 1168; *Geck* ZEV 2016, 546, 551; *Steger/Königer* BB 2016, 3099; *Welser* DStZ 2017, 13; Troll/Gebel/Jülicher/*Jülicher* ErbStG § 13a Rz. 471 ff., ferner C. 1.20 Rz. 31.

[117] Dies empfiehlt „vorsorglich" *Wachter* NZG 2016, 1167 und ist so offenbar auch von A 13a.19 Abs. 2 S. 2 Nr. 2 S. 2 AEErbSt 2017 vorausgesetzt; ablehnend *Weber/Schwind* ZEV 2016, 692; *Geck* ZEV 2016, 551 unter Ziff. 3. (2). Selbst wenn in der Satzung vorgesehen ist, dass eine Verfügung nur zugunsten des betreffenden Personen-

– § 8 der Satzung entsprechend der Regelung in Rz. 76 ergänzt wird.[118] Zusätzliche Steuerklauseln wären insofern nicht erforderlich.

Zu § 17: Schlussbestimmungen

§ 17 Abs. 1 des Formulars enthält eine übliche **salvatorische Klausel** für den Fall der Unwirksamkeit einzelner Bestimmungen der Satzung. **122**

§ 17 Abs. 3 weist darauf hin, dass die (bei Gründung auch steuerrelevanten) **Bestimmungen zum Gründungsaufwand** auch bei Satzungsänderungen nach überwiegender Meinung frühestens fünf Jahre nach Eintragung der GmbH im Handelsregister entfallen können.[119] **123**

Will man bei Streitigkeiten den Gang zu den ordentlichen Gerichten möglichst vermeiden, kann – neben sog. Mediationsklauseln – eine entsprechende **Schiedsklausel** in die Satzung aufgenommen werden, zB:[120] **124**

„Über alle Streitigkeiten, die sich aus diesem Gesellschaftsverhältnis ergeben, sowohl zwischen der Gesellschaft und Gesellschaftern, als auch zwischen Gesellschaftern untereinander, entscheidet unter Ausschluss des ordentlichen Rechtswegs ein Schiedsgericht. Dies gilt auch für Einwendungen von Gesellschaftern gegen Gesellschafterbeschlüsse, Streitigkeiten über die Wirksamkeit dieses Gesellschaftsvertrags und bei Streitigkeiten mit ausgeschiedenen Gesellschaftern. Das Nähere regelt der in der Anlage beigefügte Schiedsvertrag.[121]" C. 1.30l

C. 1.31 Handelsregisteranmeldung

An das C. 1.31
Amtsgericht [...]
– Handelsregister –
[...]

HRB [...]
Firma [...] GmbH
Sitz [...]
Anschrift: [...]

Zur Eintragung in das Handelsregister wird angemeldet:
Unter Vorlage einer beglaubigten Abschrift der Urkunde des Notars [...] in [...] vom [...] nebst Satzung, versehen mit der Bescheinigung des Notars nach § 54 GmbHG, wird hiermit zur Eintragung in das Handelsregister angemeldet:
Der Gesellschaftsvertrag wurde vollständig neu gefasst. Die Bestimmungen des Gesellschaftsvertrages, welche die in § 10 Abs. 1 und Abs. 2 GmbHG genannten Angaben betreffen, sind – abgesehen von der Firma, dem Sitz, dem Gegenstand, der Vertretungsregelung, der Dauer der Gesellschaft, Höhe des Stammkapitals – sachlich unverändert.

---

kreises zulässig ist, könnte aber mit Zustimmung aller Gesellschafter wohl auch ohne Satzungsänderung an andere Personen wirksam übertragen werden (zur Problematik satzungsdurchbrechender Beschlüsse s. Fn. 63).

[118] Formulierungsvorschlag übernommen von *Weber/Schwind* ZEV 2016, 691 f.

[119] Vgl. OLG München v. 6.10.2010 – 31 Wx 143/10, NZG 2010, 1302; nach einer Mindermeinung Beseitigungsrecht erst nach 30 Jahren, vgl. Baumbach/Hueck/*Fastrich* GmbHG § 5 Rz. 49, 57 mwN. Zur steuerlichen Notwendigkeit der Aufnahme des Gründungsaufwands in die Satzung, um deren steuerliche Abzugsfähigkeit zu ermöglichen, vgl. *Tillmann/Schiffers/Wälzholz/Rupp* Rz. 246.

[120] Vgl. Münchener Vertragshandbuch, Bd. 1/*Meister/Klöcker* Muster IV.27 § 29; Kersten/Bühling/*Wachter* Formularbuch § 129. Zur Zulässigkeit einer umfassenden Schiedsklausel in einer Satzung s. BGH v. 6.4.2009 – II ZR 255/08, DStR 2009, 1043.

Zu Mediationsklauseln s. Heckschen/Heidinger/*Heckschen* § 4 Rz. 387 ff.

[121] Auf den Abdruck wurde verzichtet. Vgl. hierzu FormB RS, Formular A. 13.

Anschrift der Gesellschaft ist die im Betreff genannte Geschäftsanschrift.
Die Unterzeichner erteilen hiermit dem die Unterschriften beglaubigenden Notar, ferner seinem Vertreter sowie seinem Amtsnachfolger und seinem Sozius, weiterhin sämtlichen Notarangestellten an der Notarstelle des die Unterschriften beglaubigenden Notars und dessen Sozius, insbesondere [...], und zwar jeweils einzeln,

Vollmacht

unter Befreiung von den Beschränkungen des § 181 BGB die Anmeldung bis zur Eintragung im Handelsregister abzuändern und zu ergänzen und alles zur Durchführung der Anmeldung Erforderliche oder (aus Sicht des Bevollmächtigten) Zweckdienliche zu tun.
Die Kosten dieser Anmeldung trägt der Erwerber.
Benachrichtigung von der Eintragung wird erbeten an
a) den neuen Inhaber
b) den beglaubigenden Notar.
Das Original der Anmeldung verwahrt der Notar, Abschriften erhalten die Beteiligten.

.... den ....
[Ort, Datum]

...
[Unterschriften: Geschäftsführer in vertretungsberechtigter Anzahl; bei gleichzeitiger Anmeldung einer Kapitalerhöhung bzw. -herabsetzung: sämtliche Geschäftsführer, § 78 GmbHG]

[Notarieller Beglaubigungsvermerk]

Anmerkungen

1 Satzungsänderungen sind gem. § 54 GmbHG in notariell beglaubigter Form unter Beifügung einer Abschrift des Gesellschafterbeschlusses und der Satzungsbescheinigung (§ 54 Abs. 1 S. 2 GmbHG) beim zuständigen Registergericht in elektronischer Form anzumelden und im Handelsregister eintragen zu lassen (vgl. auch Erläuterungen zu Formular A. 2.25).

C. 1.40 Familiengesellschaftsvertrag AG (mehrere Familien)

Gliederung

Satzung der [. . .]-Aktiengesellschaft

C. 1.40

Inhaltsverzeichnis

I. Allgemeine Bestimmungen

§ 1 Firma, Sitz und Geschäftsjahr

(1) Die Gesellschaft führt die Firma

[...]-Aktiengesellschaft".

(2) Sie hat ihren Sitz in [...].
(3) Geschäftsjahr ist das Kalenderjahr.

§ 2 Gegenstand des Unternehmens

(1) Gegenstand des Unternehmens ist [...].
(2) Die Gesellschaft ist zu allen Geschäften und Maßnahmen berechtigt, die geeignet sind, dem Gegenstand des Unternehmens unmittelbar oder mittelbar zu dienen. Sie kann zu diesem Zweck auch andere Unternehmen gründen, erwerben und sich an ihnen beteiligen sowie solche Unternehmen pachten, vertreten, leiten oder sich auf die Verwaltung der Beteiligung beschränken. Die Gesellschaft kann ihren Betrieb ganz oder teilweise in verbundene Unternehmen ausgliedern. Sie kann Zweigniederlassungen errichten.

§ 3 Bekanntmachungen

Bekanntmachungen der Gesellschaft erfolgen im Bundesanzeiger.

II. Grundkapital und Aktien

§ 4 Höhe und Einteilung des Grundkapitals[Rz. 7, 8]

(1) Das Grundkapital der Gesellschaft beträgt € [...],–. Es ist in [...] Stückaktien mit einem anteiligen Betrag des Grundkapitals von jeweils einem Euro eingeteilt. Die Aktien sind Namensaktien.
(2) Die Aktienurkunden sind mit der vervielfältigten Unterschrift von zwei Vorstandsmitgliedern zu versehen. Die Gesellschaft stellt für jeden Aktionär eine Urkunde über sämtliche von ihm gehaltenen Aktien aus. Der Anspruch eines Aktionärs auf Einzelverbriefung einzelner oder mehrerer Aktien ist ausgeschlossen. Die Gesellschaft gibt keine Gewinnanteil- und Erneuerungsscheine aus.
(3) Bei einer Kapitalerhöhung kann die Gewinnbeteiligung neuer Aktien abweichend von § 60 Abs. 2 Satz 3 Aktiengesetz geregelt werden.

§ 5 Übertragung der Aktien

(1) Die Übertragung der Aktien an eigene Abkömmlinge und an die Abkömmlinge der Abkömmlinge der Gründerin/des Gründers [...] (A) und der Gründerin/des Gründers [...] (B) (nachfolgeberechtigte Personen) ist ohne die Zustimmung der Gesellschaft zulässig. Zustimmungsfrei ist auch die Übertragung zwischen den Abkömmlingen jeder Stufe. Gegenstand einer zustimmungsfreien Übertragung müssen jeweils mindestens [...] Aktien oder ein Vielfaches davon sein.
(2) Die Übertragung der Aktien an nicht nachfolgeberechtigte Personen bedarf der Zustimmung der Gesellschaft. Abs. 1 Satz 3 findet auch bei diesen Übertragungen Anwendung. Über die Erteilung der Zustimmung entscheidet die Hauptversammlung mit einer Mehrheit von drei Vierteln der vertretenen Stimmen. Die Zustimmung kann ohne Angabe von Gründen verweigert werden. Sind Aktien auf Grund der Zustimmung der Hauptversammlung auf nicht nachfolgeberechtigte Personen übergegangen, bedürfen auch alle weiteren Übertragungen auf diese Personen der Zustimmung der Hauptversammlung nach Satz 2.

§ 6 Einziehung von Aktien[Rz. 13–17]

(1) Die Einziehung der Aktien zwangsweise oder nach Erwerb durch die Gesellschaft ist nach Maßgabe der §§ 237 ff. Aktiengesetz zulässig.

(2) Die Zwangseinziehung von Aktien ist der Gesellschaft gestattet, wenn

a) über das Vermögen des betroffenen Aktionärs das Insolvenzverfahren eröffnet oder die Eröffnung eines solchen Verfahrens rechtskräftig mangels Masse abgelehnt wurde oder der Aktionär nach den Vorschriften der Zivilprozessordnung die Richtigkeit seines Vermögensverzeichnisses an Eides statt zu versichern hat;

b) die Aktien ganz oder teilweise von einem Gläubiger des betroffenen Aktionärs gepfändet werden oder in sonstiger Weise in diese vollstreckt wird und die Vollstreckungsmaßnahme nicht innerhalb von drei Monaten, spätestens jedoch bis zur Verwertung der Aktien, aufgehoben wird. Die Aufhebung der Vollstreckungsmaßnahme nach Ablauf der Frist von drei Monaten lässt die Zulässigkeit der Einziehung unberührt;

c) die Aktien von Todes wegen auf nicht nachfolgeberechtigte Personen übergehen und diese Personen die Aktien nicht innerhalb von sechs Monaten nach dem Tod des Aktionärs auf nachfolgeberechtigte Personen übertragen;

d) ein Aktionär einen so schweren Verstoß gegen seine Pflichten als Aktionär zu vertreten hat, dass den übrigen Aktionären die Fortsetzung der Gesellschaft mit ihm nicht zuzumuten ist.

(3) Über die Einziehung in den Fällen des Abs. 2 entscheidet die Hauptversammlung gemäß § 21 Abs. 3. Der betroffene Aktionär hat bei der Beschlussfassung kein Stimmrecht.

(4) Jeder Aktionär kann die Einziehung seiner Aktien verlangen, wenn er gegenüber dem Vorstand mit einer Frist von einem Jahr zu dem Ende eines Geschäftsjahres erklärt, dass er seine Aktien übertragen möchte. Das Verlangen ist durch eingeschriebenen Brief mit Rückschein oder schriftlich gegen Empfangsbekenntnis zu erheben und muss sämtliche von dem Aktionär gehaltenen Aktien umfassen. Der Anspruch setzt voraus, dass der Aktionär seine Aktien zuvor allen nachfolgeberechtigten Personen zum Erwerb angeboten hat. Liegen die vorgenannten Voraussetzungen vor, so bedarf es keines Beschlusses der Hauptversammlung über die Einziehung.

(5) Dem von der Einziehung betroffenen Aktionär steht in den Fällen der Abs. 2 und 4 ein Entgelt zu, das in folgender Weise ermittelt wird:

a) In den Fällen des Abs. 2 Buchst. a, b und d erhält der Aktionär den anteiligen Betrag am Grundkapital der eingezogenen Aktien;

b) in den Fällen des Abs. 2 Buchst. c und des Abs. 4 erhält der Aktionär einen Betrag in Höhe des anteiligen gemeinen Werts. Dieser ist nach den Grundsätzen des Berufsstands der Wirtschaftsprüfer über die Bewertung von Unternehmen zu ermitteln. Der Aktionär erhält jedoch mindestens den anteiligen Betrag am Grundkapital. Der Abschlussprüfer der Gesellschaft hat den Betrag schriftlich zu bestätigen.

(6) Die Festsetzung der Einziehungsbedingungen im Übrigen bleibt der Beschlussfassung durch die Hauptversammlung überlassen.

III. Vorstand

§ 7 Zusammensetzung und Geschäftsordnung[Rz. 18]

(1) Der Vorstand besteht aus einer oder aus mehreren Personen. Der Aufsichtsrat bestimmt die Zahl seiner Mitglieder. Der Aufsichtsrat kann, wenn der Vorstand aus mehreren Personen besteht, einen Vorsitzenden des Vorstands und einen

stellvertretenden Vorsitzenden des Vorstands ernennen. Es können stellvertretende Vorstandsmitglieder bestellt werden.

(2) Der Vorstand kann sich, wenn er aus mehreren Personen besteht, durch einstimmigen Beschluss seiner Mitglieder eine Geschäftsordnung geben, wenn nicht der Aufsichtsrat eine Geschäftsordnung für den Vorstand erlässt. Der Aufsichtsrat kann auch eine Geschäftsordnung ändern oder aufheben, die sich der Vorstand selbst gegeben hat.

§ 8 Vertretung der Gesellschaft[Rz. 18]

Die Gesellschaft wird durch zwei Mitglieder des Vorstands oder durch ein Mitglied des Vorstands in Gemeinschaft mit einem Prokuristen gesetzlich vertreten. Besteht der Vorstand aus nur einer Person, so ist diese allein vertretungsberechtigt.

IV. Aufsichtsrat

§ 9 Zusammensetzung, Amtsdauer und Amtsniederlegung[Rz. 19–21]

(1) Der Aufsichtsrat besteht aus sechs Mitgliedern.

(2) Aufsichtsratsmitglieder werden höchstens für die Zeit bis zur Beendigung der Hauptversammlung bestellt, die über die Entlastung für das vierte Geschäftsjahr nach Beginn der Amtszeit beschließt. Das Geschäftsjahr, in dem die Amtszeit beginnt, wird nicht mitgerechnet. Die Hauptversammlung kann bei der Wahl der Aufsichtsratsmitglieder eine kürzere Amtszeit bestimmen. Der Nachfolger eines vor dem Ablauf seiner Amtszeit ausgeschiedenen Mitglieds wird, soweit die Amtszeit des Nachfolgers bei seiner Bestellung nicht abweichend bestimmt wird, für den Rest der Amtszeit des ausgeschiedenen Mitglieds bestellt.

(3) Die Aktionäre des Familienstammes [...] (A) sowie die Aktionäre des Familienstammes [...] (B) sind berechtigt, jeweils ein Mitglied in den Aufsichtsrat zu entsenden. Die Entsendung hat für die gleiche Zeit zu erfolgen wie die Bestellung der übrigen Mitglieder des Aufsichtsrats nach Abs. 2. Die Familienstämme können das Entsendungsrecht nur einstimmig ausüben und haben hierüber einen Entsendungsbeschluss zu fassen. Sie können ein Mitglied des Familienstammes mit der Erklärung gegenüber der Gesellschaft bevollmächtigen. Die Aktionäre des Familienstammes [...] (A) sowie des Familienstammes [...] (B) sind aus der ANLAGE zu dieser Satzung ersichtlich.

(4) Mit der Bestellung oder Entsendung eines Aufsichtsratsmitglieds kann gleichzeitig ein Ersatzmitglied bestellt oder entsendet werden. Das Ersatzmitglied wird Mitglied des Aufsichtsrats, wenn das Aufsichtsratsmitglied vor dem Ablauf seiner Amtszeit ausscheidet, ohne dass ein Nachfolger bestellt oder entsendet ist. Das Amt eines in den Aufsichtsrat nachgerückten Ersatzmitglieds erlischt, sobald ein Nachfolger für das ausgeschiedene Aufsichtsratsmitglied bestellt oder entsendet ist, spätestens jedoch mit dem Ablauf der Amtszeit des ausgeschiedenen Aufsichtsratsmitglieds.

(5) Die Mitglieder und die Ersatzmitglieder des Aufsichtsrats können ihr Amt, auch ohne wichtigen Grund, durch eine an den Vorstand zu richtende schriftliche Erklärung unter Einhaltung einer Frist von einem Monat zu dem Ablauf eines jeden Kalendermonats niederlegen.

§ 10 Vorsitzender und Stellvertreter

(1) Der Aufsichtsrat wählt im Anschluss an die Hauptversammlung, welche die zu bestellenden Aufsichtsratsmitglieder gewählt hat, in einer ohne besondere Einberufung stattfindenden Sitzung aus seiner Mitte seinen Vorsitzenden und dessen Stellvertreter. Die Amtszeit des Vorsitzenden und des Stellvertreters entspricht,

soweit bei der Wahl nicht eine kürzere Amtszeit bestimmt wird, ihrer Amtszeit als Mitglieder des Aufsichtsrats.

(2) Scheidet der Vorsitzende oder sein Stellvertreter vor Ablauf der Amtszeit aus seinem Amt aus, so hat der Aufsichtsrat eine Neuwahl für die restliche Amtszeit des Ausgeschiedenen vorzunehmen.

§ 11 Geschäftsordnung

Der Aufsichtsrat kann sich eine Geschäftsordnung geben. Zwingende gesetzliche Vorschriften und die Bestimmungen dieser Satzung sind hierbei zu beachten.

§ 12 Einberufung

(1) Die Sitzungen des Aufsichtsrats werden durch den Vorsitzenden mit einer Frist von zwei Wochen schriftlich einberufen. Bei der Berechnung der Frist werden der Tag der Absendung der Einladung und der Tag der Sitzung nicht mitgerechnet. In dringenden Fällen kann der Vorsitzende die Frist abkürzen und die Sitzung mündlich oder auf telekommunikativem Weg (zB Telefon, Telefax oder E-Mail) einberufen.

(2) Mit der Einladung sind die Gegenstände der Tagesordnung mitzuteilen. Ergänzungen der Tagesordnung müssen vor Ablauf der Einberufungsfrist mitgeteilt werden.

(3) Der Vorsitzende kann eine einberufene Sitzung aus erheblichen Gründen aufheben oder verlegen.

§ 13 Beschlussfassung

(1) Beschlüsse des Aufsichtsrats werden in der Regel in Sitzungen gefasst. Die Sitzung kann auch im Wege der Videokonferenz abgehalten werden. Der Vorsitzende bestimmt die Reihenfolge, in der die Gegenstände der Tagesordnung behandelt werden, sowie die Art und die Reihenfolge der Abstimmungen. Zu Gegenständen der Tagesordnung, die nicht rechtzeitig mitgeteilt worden sind, kann nur Beschluss gefasst werden, wenn kein Mitglied dem Verfahren widerspricht. Abwesenden Mitgliedern ist ein einem solchen Fall innerhalb einer vom Vorsitzenden bestimmten, angemessenen Frist Gelegenheit zu geben, der Beschlussfassung zu widersprechen; der Beschluss wird erst wirksam, wenn kein abwesendes Mitglied innerhalb der Frist widersprochen hat.

(2) Außerhalb von Sitzungen sind Beschlussfassungen durch schriftliche oder auf telekommunikativem Weg (zB Telefon, Telefax oder E-Mail) übermittelte Stimmabgaben zulässig, wenn sich alle Mitglieder mit der von dem Vorsitzenden vorgeschlagenen Art der Abstimmung einverstanden erklären oder sich an ihr beteiligen. Solche Beschlüsse werden von dem Vorsitzenden schriftlich festgestellt und allen Mitgliedern zugeleitet.

(3) Der Aufsichtsrat ist beschlussfähig, wenn mindestens die Hälfte der Mitglieder, aus denen er insgesamt zu bestehen hat, an der Beschlussfassung teilnimmt. In jedem Fall müssen mindestens drei Mitglieder an der Beschlussfassung teilnehmen. Der Beschlussfähigkeit steht nicht entgegen, dass dem Aufsichtsrat weniger Mitglieder als die durch Gesetz oder Satzung festgesetzte Zahl angehören, auch wenn das für seine Zusammensetzung maßgebende zahlenmäßige Verhältnis nicht gewahrt ist. Ein Mitglied nimmt auch dann an der Beschlussfassung teil, wenn es sich in der Abstimmung der Stimme enthält. Abwesende Mitglieder können an der Beschlussfassung teilnehmen, indem sie eine schriftliche Stimmabgabe durch ein anderes Mitglied überreichen lassen. Die Überreichung von schriftlichen Stimmabgaben durch andere Personen ist nicht gestattet.

(4) Der Vorsitzende kann die Beschlussfassung über einzelne oder sämtliche Gegenstände der Tagesordnung auf höchstens vier Wochen vertagen, wenn ein erheblicher Grund für die Vertagung vorliegt. Zu einer erneuten Vertagung ist der Vorsitzende nicht befugt.

(5) Beschlüsse des Aufsichtsrats bedürfen der Mehrheit der abgegebenen Stimmen. Ergibt eine Abstimmung Stimmengleichheit, so hat bei einer erneuten Abstimmung über denselben Gegenstand, wenn auch sie Stimmengleichheit ergibt, der Vorsitzende zwei Stimmen. Dasselbe gilt für den Stellvertreter, falls der Vorsitzende an der Beschlussfassung nicht teilnimmt. Auch die zweite Stimme kann gemäß Absatz 3 schriftlich abgegeben werden.

(6) Der Vorsitzende und, bei Verhinderung des Vorsitzenden, sein Stellvertreter sind ermächtigt, im Namen des Aufsichtsrats die zur Durchführung der Beschlüsse des Aufsichtsrats und seiner Ausschüsse erforderlichen Willenserklärungen abzugeben. Nur der Vorsitzende und, im Fall seiner Verhinderung, sein Stellvertreter sind befugt, Erklärungen für den Aufsichtsrat entgegenzunehmen.

§ 14 Ausschüsse

(1) Der Aufsichtsrat kann aus seiner Mitte einen oder mehrere Ausschüsse bestellen. Den Ausschüssen können, soweit gesetzlich zulässig, Entscheidungsbefugnisse des Aufsichtsrats übertragen werden.

(2) Für das Verfahren der Ausschüsse gelten die Regelungen in den §§ 12 und 13 entsprechend. Der Ausschuss kann aus seiner Mitte einen Vorsitzenden wählen, wenn nicht der Aufsichtsrat einen Vorsitzenden bestimmt.

§ 15 Verschwiegenheit

Die Mitglieder des Aufsichtsrates haben – auch nach ihrem Ausscheiden aus dem Amt – über vertrauliche Angaben, Berichte, Beratungen und über Geheimnisse der Gesellschaft, namentlich Betriebs- und Geschäftsgeheimnisse, die ihnen durch ihre Tätigkeit im Aufsichtsrat bekannt werden, Stillschweigen zu bewahren. Will ein Mitglied des Aufsichtsrats Informationen an Dritte weitergeben, von denen nicht mit Sicherheit auszuschließen ist, dass sie vertraulich sind oder Geheimnisse der Gesellschaft betreffen, so ist es verpflichtet, den Vorsitzenden des Aufsichtsrats vorab zu unterrichten und ihm Gelegenheit zur Stellungnahme zu geben. Will der Vorsitzende des Aufsichtsrats Informationen an Dritte weitergeben, so findet Satz 2 mit der Maßgabe Anwendung, dass an die Stelle des Vorsitzenden sein Stellvertreter tritt.

§ 16 Änderungen der Satzungsfassung

Der Aufsichtsrat ist ermächtigt, Änderungen der Satzung zu beschließen, die nur die Fassung betreffen.

§ 17 Vergütung

(1) Die Mitglieder des Aufsichtsrats erhalten außer dem Ersatz ihrer Auslagen eine feste, nach Ablauf des Geschäftsjahres zahlbare jährliche Vergütung in Höhe von € [...],–. Die Hauptversammlung beschließt über eine Anpassung der Vergütung.

(2) Die nach Absatz 1 bestimmte Vergütung erhöht sich für den Vorsitzenden auf das Doppelte, für den Stellvertreter auf das Eineinhalbfache. Aufsichtsratsmitglieder, die nur während eines Teils des Geschäftsjahres dem Aufsichtsrat angehört haben, erhalten eine zeitanteilige Vergütung.

(3) Die auf die Vergütung zu zahlende Umsatzsteuer wird von der Gesellschaft erstattet, soweit die Mitglieder des Aufsichtsrats berechtigt sind, die Umsatzsteuer

der Gesellschaft gesondert in Rechnung zu stellen und von diesem Recht Gebrauch machen.

V. Hauptversammlung[Rz. 22–26]

§ 18 Ort und Einberufung

(1) Die ordentliche Hauptversammlung findet innerhalb von acht Monaten nach dem Ablauf des Geschäftsjahres an dem Sitz der Gesellschaft statt.

(2) Die Hauptversammlung wird durch den Vorstand und in den gesetzlich vorgeschriebenen Fällen durch den Aufsichtsrat einberufen. Die Einberufung erfolgt durch eingeschriebenen Brief an die im Aktienregister eingetragene Adresse des Aktionärs unter Einhaltung einer Frist von mindestens einem Monat vor dem letzten Tag der Anmeldung. Die Einberufung kann auch durch Telefax oder per E-Mail an die der Gesellschaft durch den Aktionär zuletzt bekannt gegebene Telefaxnummer oder E-Mail-Adresse erfolgen. Durch die Bekanntgabe der Telefaxnummer und/oder der E-Mail-Adresse erklärt sich der Aktionär mit der Einberufung der Hauptversammlung über diese Kommunikationswege einverstanden. Mit der Einberufung sind alle Gegenstände der Tagesordnung mitzuteilen.

§ 19 Teilnahmerecht und Stimmrecht

(1) Die Aktionäre sind zur Teilnahme an der Hauptversammlung und zur Ausübung des Stimmrechts berechtigt, wenn sie in dem Aktienregister der Gesellschaft eingetragen sind und sich spätestens an dem dritten Tag vor der Hauptversammlung bei der Gesellschaft schriftlich oder auf telekommunikativem Weg (zB Telefon, Telefax oder E-Mail) angemeldet haben. Fällt der letzte Tag der Anmeldungsfrist auf einen Sonntag, einen Sonnabend oder einen gesetzlichen Feiertag am Sitz der Gesellschaft, so haben sich die Aktionäre spätestens an dem vorhergehenden Werktag anzumelden.

(2) Aktionäre können sich in der Hauptversammlung nur durch andere Aktionäre vertreten lassen. Die Bevollmächtigten bedürfen einer schriftlichen Vollmacht.

§ 20 Vorsitz

(1) Den Vorsitz in der Hauptversammlung führt der Vorsitzende des Aufsichtsrats, im Fall seiner Verhinderung sein Stellvertreter. Wenn sowohl der Vorsitzende des Aufsichtsrats als auch sein Stellvertreter verhindert sind, wird der Versammlungsleiter durch die Hauptversammlung gewählt.

(2) Der Vorsitzende leitet die Versammlung und die Verhandlungen. Er bestimmt die Reihenfolge, in der die Gegenstände der Tagesordnung behandelt werden, und entscheidet über die Art und Reihenfolge der Abstimmungen.

§ 21 Beschlussfassung, Niederschrift

(1) Die Hauptversammlung ist beschlussfähig, wenn mindestens die Hälfte des stimmberechtigten Grundkapitals vertreten ist. Erweist sich eine Hauptversammlung als nicht beschlussfähig, so ist eine neu einberufene Hauptversammlung, die innerhalb der nächsten sechs Wochen stattfindet, hinsichtlich der Gegenstände, die auf der Tagesordnung der beschlussunfähigen Hauptversammlung standen, ohne Rücksicht auf die Höhe des vertretenen Grundkapitals beschlussfähig, wenn in der Einberufung hierauf hingewiesen wurde.

(2) Jede Aktie gewährt eine Stimme.

(3) Beschlüsse werden, soweit dem nicht zwingende gesetzliche Vorschriften entgegenstehen und diese Satzung etwas anderes bestimmt, mit der einfachen Mehrheit der abgegebenen Stimmen und, sofern das Gesetz außer der Stimmen- eine

Kapitalmehrheit vorschreibt, mit der einfachen Mehrheit des bei der Beschlussfassung vertretenen Grundkapitals gefasst.

(4) Über die Verhandlungen ist eine Niederschrift zu fertigen, die von dem Vorsitzenden des Aufsichtsrats zu unterzeichnen ist. Werden Beschlüsse gefasst, für die das Gesetz eine Dreiviertel- oder eine größere Mehrheit bestimmt, so sind sie durch eine über die Verhandlung notariell aufgenommene Niederschrift zu beurkunden.

VI. Jahresabschluss, Gewinnverwendung[Rz. 27]

§ 22 Jahresabschluss

(1) Der Vorstand hat in den ersten drei Monaten des Geschäftsjahres den Jahresabschluss und den Lagebericht für das vergangene Geschäftsjahr aufzustellen und dem Abschlussprüfer vorzulegen. Nach dem Eingang des Prüfungsberichts sind der Jahresabschluss, der Lagebericht, der Prüfungsbericht und der Vorschlag für die Verwendung des Bilanzgewinns unverzüglich dem Aufsichtsrat zur Prüfung vorzulegen.

(2) Der Aufsichtsrat hat den Jahresabschluss, den Lagebericht des Vorstands und den Vorschlag für die Verwendung des Bilanzgewinns zu prüfen und über das Ergebnis der Prüfung schriftlich an die Hauptversammlung zu berichten. Billigt der Aufsichtsrat nach erfolgter Prüfung den Jahresabschluss, so ist dieser festgestellt, sofern nicht Vorstand und Aufsichtsrat beschließen, die Feststellung des Jahresabschlusses der Hauptversammlung zu überlassen.

(3) Vorstand und Aufsichtsrat sind ermächtigt, bei der Feststellung des Jahresabschlusses den Jahresüberschuss, der nach Abzug der in die gesetzliche Rücklage einzustellenden Beträge und eines etwaigen Verlustvortrags verbleibt, zum Teil oder ganz in andere Gewinnrücklagen einzustellen. Die Einstellung eines größeren Teils als der Hälfte des Jahresüberschusses ist nicht zulässig, soweit die anderen Gewinnrücklagen die Hälfte des Grundkapitals übersteigen oder nach der Einstellung übersteigen würden.

§ 23 Gewinnverwendung

Die Hauptversammlung beschließt über die Verwendung des Bilanzgewinns. Sie ist hierbei an den festgestellten Jahresabschluss gebunden.

VII. Familien- und erbrechtliche Bestimmungen[Rz. 28, 29]

§ 24 Ehegüterrecht, Ehegattenpflichtteil und -nießbrauch, Lebenspartnerschaft

(1) Die Aktionäre sind verpflichtet, im Fall ihrer Verheiratung oder des Bestehens einer Ehe ihre Aktien aus dem Güterstand der Zugewinngemeinschaft, jeglicher Form der Gütergemeinschaft, seien diese Güterstände deutschen oder ausländischen Rechts, oder einer Errungenschaftsgemeinschaft ausländischen Rechts in der Weise auszunehmen, dass der Aktionär
   a) während des Bestehens des Güterstandes seine Aktionärsrechte allein ausüben und jederzeit ohne Mitwirkung seines Ehegatten über seine Aktien verfügen kann und
   b) seinem Ehegatten im Fall der Beendigung des Güterstands keinen Wertausgleich bezüglich seiner Aktien schuldet.

   Satz 1 gilt für den Fall des Eingehens oder des Bestehens einer Lebenspartnerschaft im Sinne des Lebenspartnerschaftsgesetzes oder einer vergleichbaren Lebensgemeinschaft ausländischen Rechts entsprechend. Satz 1 Buchst. b gilt ferner entsprechend für den Ehegatten- bzw. Lebenspartnerpflichtteil.

(2) Jeder Aktionär kann von jedem anderen Aktionär den Nachweis der nach Abs. 1 erforderlichen Güterstands- und Pflichtteilsregelung für dessen Ehe bzw. Lebenspartnerschaft verlangen. Der Nachweis erfolgt – nach Wahl des anderen Aktionärs – durch die Vorlage einer beglaubigten Abschrift des verbindlichen Ehe- bzw. Lebenspartnerschaftsvertrages oder eines beglaubigten Auszugs aus diesem Vertrag, der die nach Abs. 1 maßgeblichen Bestimmungen enthält. Wird ein solcher Nachweis nicht erbracht, so kann die Hauptversammlung beschließen, dass der betreffende Aktionär innerhalb einer angemessenen Frist, die nicht kürzer als sechs Monate sein darf, den Nachweis der erforderlichen Güterstandsregelung allen übrigen Gesellschaftern gegenüber zu erbringen hat. Wird die Frist nicht gewahrt, so ist die Hauptversammlung berechtigt, den Aktionär mit einer Mehrheit von mindestens 75 vH des in der Hauptversammlung vertretenen Grundkapitals zu dem Ende des Geschäftsjahres, in dem die Frist abgelaufen ist, aus der Gesellschaft auszuschließen.

(3) Die mit dem Ausschluss eines Aktionärs einhergehende Einziehung seiner Aktien richtet sich nach den §§ 237 ff. Aktiengesetz. Der Aktionär hat bei Beschlussfassungen über seinen Ausschluss und die Einziehung seiner Aktien kein Stimmrecht. Seine Aktien werden bei der Berechnung der erforderlichen Mehrheit nicht berücksichtigt.

(4) Der ausgeschlossene Aktionär erhält als Entgelt für seine eingezogene Aktien 75 vH des gemäß § 6 Abs. 5 Buchst. b ermittelten Betrags. § 6 Abs. 6 findet entsprechende Anwendung.

(5) Die Bestellung eines Nießbrauchs an den Aktien unter Lebenden oder vermächtnishalber von Todes wegen ist zu Gunsten des Ehegatten bzw. Lebenspartners oder einer nachfolgeberechtigten Person zulässig. Im Übrigen ist die Bestellung eines Nießbrauchs ausgeschlossen.

VIII. Schlussvorschriften

§ 25 Schiedsgericht[Rz. 30, 31]

(1) Über alle Streitigkeiten zwischen den Aktionären untereinander und zwischen der Gesellschaft und den Aktionären, welche die Gesellschaft oder die Mitgliedschaft der Aktionäre betreffen oder aus ihr herrühren, entscheidet unter Ausschluss des ordentlichen Rechtswegs ein Schiedsgericht. Dies gilt auch für Streitigkeiten über die Gültigkeit dieser Satzung oder einzelne ihrer Bestimmungen, insbesondere auch für Streitigkeiten über die Gültigkeit dieser Schiedsklausel. Zwingende gesetzliche Vorschriften, nach denen bestimmte Streitigkeiten nicht vor einem Schiedsgericht verhandelt werden dürfen, bleiben unberührt.

(2) Zuständigkeit, Zusammensetzung und Verfahren des Schiedsgerichts bestimmen sich nach dem „Schiedsvertrag für Familiengesellschafter", der von allen Aktionären der Gesellschaft geschlossen wurde.

(3) Unbeschadet der sonstigen Bestimmungen dieser Satzung über den Erwerb von Aktien und unbeschadet der gesetzlichen Vorschriften über den Übergang einer Schiedsvereinbarung ist ein Erwerber von Aktien erst dann zur Ausübung von Rechten aus den Aktien berechtigt, wenn er sich dem Schiedsgericht durch einen schriftlichen Ergänzungsvertrag zu dem Schiedsvertrag nach Abs. 2 ausdrücklich unterworfen hat.

§ 26 Gründungsaufwand[Rz. 32]

Die Gesellschaft trägt die Gründungskosten bis zu einem Höchstbetrag von insgesamt € [...],–.

A. Grundsätzliche Anmerkungen

I. Wirtschaftliche Aspekte

1 Die Aktiengesellschaft ist für Familiengesellschaften eine **eher seltene Rechtsform.** Die Zahl der Familienaktiengesellschaften hat allerdings im Zuge der gesetzgeberischen Öffnung der Rechtsform auch für kleinere Unternehmen, angestoßen insbesondere durch das Gesetz für kleine Aktiengesellschaften und zur Deregulierung des Aktienrechts vom 2. August 1994 (BGBl. I S. 1961), merklich zugenommen. Die insgesamt jedoch immer noch festzustellende Präferenz der Familienunternehmen für die Personenhandelsgesellschaften, namentlich für die GmbH & Co. KG, sowie für die GmbH bei Organisation des Unternehmens als Kapitalgesellschaft, hat im Wesentlichen zwei **Gründe:** Ein Grund ist die relativ **detaillierte und nur beschränkt satzungsdispositive** (§ 23 Abs. 5 AktG) **gesetzliche Regelung** des Aktienrechts, die zudem erheblich beratungsintensiver ist als die Rechtsform der GmbH oder die der Personenhandelsgesellschaften. Der zweite Grund ist die **Eigenverantwortlichkeit und Weisungsfreiheit des Vorstandes** der Aktiengesellschaft im Verhältnis zu den Aktionären (§ 76 Abs. 1 AktG). Eine unmittelbare Einwirkung auf die Führung der Geschäfte haben selbst wesentlich beteiligte Aktionäre – auch der Hauptaktionär – nicht. Das widerspricht häufig den Vorstellungen von Familienunternehmern, die es gewohnt sind, ihr Unternehmen selbst zu führen.

2 Andererseits geht praktisch kaum ein Weg an der Aktiengesellschaft (oder ihren Sonderformen KGaA und SE) vorbei, wenn die Gesellschaft den **Kapitalmarkt** durch Ausgabe börsennotierter Aktien in Anspruch nehmen will oder sich dies zumindest als Option eröffnen möchte. Die Kommanditgesellschaft auf Aktien kommt zwar als Alternative in Betracht, wobei jedoch gegen diese Rechtsform wegen der eingeschränkten Rechtsstellung der Aktionäre gegenüber den Komplementären kapitalmarktseitig vielfach Vorbehalte bestehen. Auch die SE ist zwar familiengesellschaftstauglich, aber wegen des Zusammenspiels von europäischem und nationalem Recht nochmals komplexer und beratungsintensiver als die AG. Die Rechtsform der Aktiengesellschaft ist für Familienunternehmen namentlich dann passend, wenn das Unternehmen stark gewachsen ist und dem Wachstum durch den Übergang in eine Rechtsform Rechnung getragen werden soll, die üblicherweise von großen Unternehmen und Konzernobergesellschaften genutzt wird. Ferner ist die Wahl der Rechtsform der Aktiengesellschaft für ein Familienunternehmen dann erwägenswert, wenn die Familiengesellschafter in dem Unternehmen eine überwiegend passive Rolle einnehmen und daher eine (weithin) **unabhängige** (Fremd-)**Geschäftsführung** wünschen. Dies schließt nicht aus, dass einzelne Familienmitglieder Verantwortung im Vorstand oder im Aufsichtsrat der Gesellschaft übernehmen.

3 Das Formular geht davon aus, dass an der **nicht börsennotierten** und **nicht mitbestimmten** Aktiengesellschaft **zwei Familienstämme** vermögensmäßig (im Wesentlichen) paritätisch beteiligt sind, die **gleiche Einwirkungsrechte** auf die Verwaltung der Gesellschaft wünschen. Zu einem Vorschlag für eine Satzung einer Einfamilienaktiengesellschaft vgl. Formular C. 1.41. Die Gesellschaft ist idR keine „Familiengesellschaft" im Sinne des § 1 Abs. 1 Nr. 1 Satz 3 Drittelbeteiligungsgesetz,[1] da die Aktionäre untereinander nur ausnahmsweise durchweg im Sinne von § 15 Abs. 1 Nr. 2 bis 8, Abs. 2 AO verwandt oder verschwägert sein werden. Dies bedeutet, dass – bei Altgesellschaften – der „familiäre Charakter" der Gesellschaft keine Eintrittshürde für das Eingreifen der Drittelbeteiligung darstellt.

[1] Vgl. Gesetz über die Drittelbeteiligung der Arbeitnehmer im Aufsichtsrat – DrittelbG v. 18.5.2004, BGBl. 2004 I, 974.

Der Satzungsentwurf versteht sich nicht als einzige oder gar beste Modellierung der Familien-AG. Er ist als **Ausgangspunkt für die notwendigen Überlegungen** zu verstehen, wie den Verhältnissen des Einzelfalls gerecht zu werden ist.

II. Gesellschaftsrecht

Der gesetzliche Mindestinhalt der Satzung einer Aktiengesellschaft ist in § 23 Abs. 3 und Abs. 4 AktG relativ knapp definiert. Eine „Minimalsatzung" erfordert daher nur wenige Bestimmungen. Das Formular geht über den Mindestumfang deutlich hinaus und enthält insbesondere Satzungsbestimmungen, die dem Charakter als **mehrstämmige Familiengesellschaft** Rechnung tragen sollen. Als **wesentliche Elemente** sind hier im Überblick zu nennen: **4**

- Ausstellung der Aktien als **vinkulierte Namensaktien** zur Verhinderung unerwünschter Übertragungen;
- Eröffnung der **Möglichkeit zur Einziehung von Aktien bei** gleichwohl erfolgtem **„unerwünschten Erwerb";**
- **Entsendungsrecht** je eines Vertreters in den Aufsichtsrat für beide Familienstämme;
- **Erleichterung der Einberufung** der Hauptversammlung;
- besondere **familien- und erbrechtliche Bestimmungen** und
- Einführung eines **Schiedsgerichts.**

Die Aufzählung erhebt nicht den Anspruch, ein abschließender Katalog besonderer Regelungsgegenstände bei (Mehr-)Familienaktiengesellschaften zu sein. Bei der Aufnahme weiterer Bestimmungen zur Anpassung an die konkreten Verhältnisse des Einzelfalls ist jedoch stets zu berücksichtigen, dass die Satzung von den Vorschriften des Gesetzes nur dann abweichen kann, wenn das ausdrücklich zugelassen ist (§ 23 Abs. 5 Satz 1 AktG, sog. **„Satzungsstrenge"**). Allerdings sind ergänzende Bestimmungen der Satzung grundsätzlich zulässig, es sei denn, dass das AktG eine abschließende Regelung enthält (§ 23 Abs. 5 Satz 2 AktG).

III. Steuerrecht

Bei der Besteuerung gibt es **keine rechtsformspezifischen Besonderheiten** im Vergleich zu anderen Kapitalgesellschaften, die hier näher erörtert werden müssten. Auch gibt es kein besonderes „Steuerrecht der Familienaktiengesellschaft". Die Familienaktiengesellschaft ist Kapitalgesellschaft und unterliegt als solche namentlich der Körperschaftsteuer (§ 1 Abs. 1 Nr. 1 KStG) und der Gewerbesteuer (§ 2 Abs. 2 GewStG). **5**

B. Einzelerläuterungen

Die folgenden Einzelerläuterungen fokussieren sich auf diejenigen Satzungsbestimmungen, die der Gesellschaft den besonderen Charakter als Familienaktiengesellschaft vermitteln. **6**

Zu § 4: Höhe und Einteilung des Grundkapitals

Die Bestimmung sieht in Abs. 1 vor, dass die Aktien als **Stückaktien** ausgegeben werden mit einem anteiligen Betrag des Grundkapitals von jeweils einem Euro, also zu dem **geringsten Ausgabebetrag** (§ 9 Abs. 1 AktG). Damit ist die maximale Stückelung des Grundkapitals vorgesehen, was im Hinblick auf Veräußerungen und Übertra- **7** gungen vorteilhaft ist. Alternativ – aber insgesamt nur einheitlich – können die Aktien auch als Nennbetragsaktien ausgegeben werden (§ 8 Abs. 1 AktG). Die Stückaktien haben sich jedoch seit ihrer Einführung im Jahr 1998[2] bei Neugründungen weithin durchgesetzt und dürfen heute als Standard gelten.

Ein wesentliches Element der Satzung einer Familienaktiengesellschaft ist die Ausgabe der Aktien als **Namensaktien** (§ 10 Abs. 1 Satz 1 AktG). Abgesehen davon, dass Namensaktien, anders als Inhaberaktien, bereits vor der vollen Leistung des Ausgabebetrages ausgegeben werden können (§ 10 Abs. 2 Satz 1 AktG), hat die Namensaktie den wesentlichen Vorteil, dass die Aktiengesellschaft ihre Aktionäre kennt. Hierzu hat sie ein **Aktienregister** zu führen, in das die Aktionäre unter Angabe ihres Namens, ihres Geburtsdatums, ihrer Adresse und (bei Stückaktien) der Stückzahl der von ihnen gehaltenen Aktien einzutragen sind (§ 67 Abs. 1 Satz 1 AktG). Im Verhältnis zur Aktiengesellschaft gilt nur derjenige als Aktionär, der als solcher in das Aktienregister eingetragen ist (§ 67 Abs. 2 Satz 1 AktG). Die Kenntnis des Aktionärskreises ermöglicht ferner eine **einfache Einberufung der Hauptversammlung** ohne über den Aktionärskreis hinausgehende Publizität. Die vorgenannten Vorzüge machen die Namensaktie auch für Publikumsgesellschaften interessant, sodass diese in den vergangenen Jahren auch bei großen börsennotierten Aktiengesellschaften Verbreitung gefunden hat.

8 Abs. 2 der Vorschrift sieht vor, dass jedem (Familien-)Aktionär eine **Sammelurkunde** über die von ihm gehaltenen Aktien ausgestellt wird. Damit wird der ansonsten bestehende Anspruch des Aktionärs auf Einzelverbriefung seiner Aktien ausgeschlossen. Andererseits wird nicht, was § 10 Abs. 5 AktG zulässt, der Anspruch des Aktionärs auf **Verbriefung seines Anteils** vollständig ausgeschlossen. Dieser Mittelweg hat die (psychologische) Wirkung, dass jeder Aktionär seine Beteiligung physisch in Händen halten kann. Aber auch die vollständige Ausnutzung des Satzungswahlrechts gemäß § 10 Abs. 5 AktG ist bei Familienaktiengesellschaften üblich. Denkbar ist ferner, dass die **Aktien überhaupt nicht verbrieft** werden. Dies ist ebenfalls zulässig, auch wenn die Satzung nach § 23 Abs. 3 Nr. 5 AktG Namensaktien vorsieht.[3] Diese Alternative ist jedoch nur bei einem sehr statischen Aktionärskreis sinnvoll, da ohne Verbriefung die Aktien nur nach den Vorschriften über die Übertragung von Rechten übertragen werden können (§§ 413, 398ff. BGB) und daher die Möglichkeit eines gutgläubigen Erwerbs der Aktienrechte (§§ 932ff. BGB) ausgeschlossen ist. Letzterer ist eine wichtige Absicherung namentlich von späteren Erwerbern der Aktien.

Zu § 5: Übertragung der Aktien

9 Ein weiterer Vorzug der Namensaktie für Familiengesellschaften ist, dass die Satzung die Übertragung an die Zustimmung der Gesellschaft binden kann (§ 68 Abs. 2 Satz 1 AktG, sog. **Vinkulierung**). Die Zustimmung zur Übertragung wird grundsätzlich von dem Vorstand der Gesellschaft erteilt (§ 68 Abs. 2 Satz 2 AktG). Die Satzung kann jedoch eine abweichende Zuständigkeit entweder des Aufsichtsrats oder der Hauptversammlung bestimmen (§ 68 Abs. 2 Satz 3 AktG). Ferner können – nicht müssen – in der Satzung die Gründe bestimmt werden, aus denen die Zustimmung verweigert werden darf (§ 68 Abs. 2 Satz 4 AktG). Durch die Vinkulierung kann das Hinzutreten familienfremder Aktionäre im Wege rechtsgeschäftlichen Aktienerwerbes unterbunden werden bzw. nur nach einem vorgeschalteten „Unbedenklichkeitsverfahren" erfolgen.

Das Formular sieht hierzu in Abs. 1 und Abs. 2 ein **differenziertes System von Zustimmungserfordernissen** vor. Es wird nicht jede Übertragung von Aktien an die Zustimmung der Gesellschaft gebunden. Abs. 1 sieht vielmehr vor, dass die Übertragung von Aktien von den beiden Gründern an deren Abkömmlinge, an Abkömmlinge nachgeordneter Stufen sowie zwischen den Abkömmlingen jeder Stufe unterein-

[2] Vgl. Stückaktiengesetz vom 25.3.1998, BGBl. 1998 I 590.
[3] Vgl. *Hüffer/Koch* AktG § 10 Rz. 2.

ander möglich ist. Die Übertragung von Aktien an andere Personen – auch wenn sie dem anderen Familienstamm angehören – ist hingegen nach Maßgabe des Abs. 2 der Vinkulierung unterworfen. Hinter dieser Regelung steht die Idee der **Zustimmungsfreiheit der Weitergabe von Aktien im Familienstamm** an nachfolgende Generationen und zwischen den Stammesmitgliedern derselben Stufe. Erwogen werden kann auch die zustimmungsfreie Übertragung zwischen Mitgliedern verschiedener Familienstämme. Das Formular sieht hiervon jedoch ab, da die damit notwendig verbundene Verschiebung der Stimmrechtsverhältnisse zwischen den Familienstämmen nicht ohne die Befassung der Hauptversammlung erfolgen soll.

Im Übrigen sieht Abs. 1 vor, dass nur Aktien einer zu bestimmenden **„Paketgröße"** zustimmungsfrei übertragen werden können. Hierdurch soll einer Zersplitterung des Aktienbesitzes vorgebeugt werden. Die Übertragung auch von Kleinbeteiligungen mit Zustimmung der Gesellschaft bleibt natürlich möglich. 10

In den Fällen zustimmungsbedürftiger Übertragung macht Abs. 2 von dem Wahlrecht des § 68 Abs. 2 Satz 3 AktG Gebrauch und erklärt zur Entscheidung über die Erteilung der Zustimmung die **Hauptversammlung** für **zuständig.** Sinn dieser Zuständigkeitsregelung ist, die Familiengesellschafter selbst über den Eintritt familienfremder Aktionäre bestimmen zu lassen. Zur Erzielung eines weitgehenden Konsenses im Aktionärskreis wird ein deutlich über der gesetzlichen Regel (§ 133 Abs. 1 AktG) liegendes Quorum – drei Viertel der in der Hauptversammlung vertretenen Stimmen – vorgesehen. Auch das Erfordernis der Einstimmigkeit (aller in der Hauptversammlung vertretenen Stimmen) kann in der Satzung vorgesehen werden. 11

Es entspricht der herrschenden Ansicht, dass die **Zustimmung ohne die Angabe von Gründen versagt** werden kann. Entsprechendes gilt für die **Erteilung der Zustimmung.**[4] Dieser Ansicht ist insbesondere bei der Entscheidungszuständigkeit der Hauptversammlung zu folgen, da hier die Entscheidung über die Zustimmung nicht von dem Vorstand oder dem Aufsichtsrat, sondern von den Unternehmenseignern selbst getroffen wird. Gleichwohl darf die Entscheidung gemäß den §§ 53a AktG, 226, 242 BGB nicht willkürlich gefällt werden. Eine „Zustimmungspraxis" darf daher bei künftigen Entscheidungen nicht unberücksichtigt bleiben. Auch bei der Zuständigkeit der Hauptversammlung erfolgt die Erklärung (oder Versagung) der Zustimmung **im Außenverhältnis** gegenüber dem übertragungswilligen Aktionär jedoch **durch den Vorstand**).[5]

Die **Vinkulierung wirkt dinglich,** betrifft also die Wirksamkeit des rechtsgeschäftlichen Übertragungsakts. Die Wirksamkeit des der Übertragung zu Grunde liegenden Kausalgeschäfts (Kauf, Schenkung usw.) bleibt hingegen von der Vinkulierung unberührt. Dort ist bei noch ausstehender Zustimmung der Gesellschaft durch Rücktrittsvorbehalt oder durch auflösende Bedingung für den Fall Sorge zu tragen, dass die Zustimmung versagt wird. Ferner erfasst die Vinkulierung von Aktien nur deren rechtsgeschäftliche Übertragung. Fälle des **Rechtsübergangs durch Erbfall** oder auf Grund sonstiger gesetzlicher Bestimmung (zB Verschmelzung) sind **unabhängig von der Vinkulierung möglich.** Ein flankierendes Instrument zur Vermeidung des Eindringens unerwünschter Aktionäre durch solche Vorgänge ist daher die Einziehung von Aktien. 12

Zu § 6: Einziehung von Aktien

Die Einziehung von Aktien ist eine der durch das AktG vorgesehenen Formen der Kapitalherabsetzung. Durch die Einziehung kann zum einen gewährleistet werden, dass Aktien, die durch Erbfall oder durch andere gesetzliche Übertragungsakte auf nicht nachfolgeberechtigte Personen übergegangen sind, von diesen Personen heraus- 13

[4] Vgl. *Hüffer/Koch* AktG § 68 Rz. 15 mwN.
[5] Vgl. *Hüffer/Koch* AktG § 68 Rz. 15.

verlangt werden können. Zum anderen kann hierdurch einem übertragungswilligen Aktionär, der keinen Erwerbsinteressenten in dem Kreis der nachfolgeberechtigten Personen findet, die Möglichkeit eröffnet werden, aus der Gesellschaft auszuscheiden. Dies wäre ihm sonst – mangels eines bei der Aktiengesellschaft gesetzlich vorgesehenen Austrittsrechts – nicht möglich.

Eine Einziehung gegen den Willen des betroffenen Aktionärs **(Zwangseinziehung)** ist zu dem Schutz der Aktionäre nur dann zulässig, wenn sie in der ursprünglichen Satzung oder durch eine Satzungsänderung vor der Übernahme oder der Zeichnung der Aktien angeordnet oder gestattet war (§ 237 Abs. 1 Satz 2 AktG). Mit der Einwilligung des Aktionärs ist die Einziehung hingegen auch dann zulässig, wenn die vorgenannten Voraussetzungen nicht vorliegen. Die Aktien können nach dem Erwerb von diesem Aktionär durch die Gesellschaft eingezogen werden (§ 237 Abs. 1 Satz 1 2. Alt. AktG). Abs. 1 des Formulars gibt diese Grundsätze in der Satzung klarstellend wieder.

14 Zur Definition der Tatbestände gestatteter – also nicht zwingend angeordneter – Zwangseinziehung zählt Abs. 2 insgesamt vier Fallgruppen auf. Die Fälle gemäß Buchst. a und Buchst. b behandeln die Zwangseinziehung in den **Fällen der Gesamt-** (Buchst. a) **sowie der Individualzwangsvollstreckung** (Buchst. b). Diese Einziehungstatbestände bewirken zum Einen, dass Aktionäre, die in Vermögensverfall geraten sind und über die Ausübung ihrer Mitgliedschaftsrechte aus ihren Aktien nicht mehr selbst bzw. nicht mehr ungehindert entscheiden können, aus dem Aktionärskreis ausgeschlossen werden können. Zum Anderen mindert die Bestimmung, dass der Aktionär nur den Nennbetrag erhält (vgl. Abs. 4 Buchst. a), die Attraktivität des Vollstreckungszugriffs, was ebenfalls im Interesse der Aktiengesellschaft liegt.

Von besonderem Interesse für Familienaktiengesellschaften ist die Bestimmung in Abs. 2 Buchst. c. Die Regelung erfasst den **Fall des Todes eines (Familien-)Aktionärs.** In diesem Fall der Gesamtrechtsnachfolge wird der Rechtsübergang auf eine nicht nachfolgeberechtigte Person durch die Vinkulierung der Namensaktien nicht verhindert. Werden die Aktien von dem Erben nicht innerhalb eines überschaubaren Zeitraums – das Formular schlägt sechs Monate vor – auf eine nachfolgeberechtigte Person übertragen, so können die Aktien eingezogen werden. Schließlich sieht Abs. 2 Buchst. d den **Fall des schweren Pflichtverstoßes** durch den Aktionär als weiteren Tatbestand der Zwangseinziehung vor. Der Tatbestand dient zum Einen präventiv der Disziplinierung der Familienaktionäre. Zum Anderen schafft er eine Möglichkeit, Familienaktionäre aus der Gesellschaft zu entfernen, die ihre gesetzlichen Pflichten als Aktionär – wozu auch die Treuepflicht gegenüber der Aktiengesellschaft und den Mitaktionären rechnet – nicht erfüllen.

15 Die **Zuständigkeit der Hauptversammlung** für die Entscheidung über die Einziehung entspricht dem gesetzlichen Regelstatut. Der **Ausschluss des** von der Einziehung **betroffenen Aktionärs vom Stimmrecht** ist hingegen eine nach § 23 Abs. 5 Satz 2 AktG zulässige Klarstellung der nicht eindeutigen Gesetzeslage. Nach dieser ist der Einziehungsbetroffene zwar grundsätzlich stimmberechtigt. Dies ist aber dann zweifelhaft, wenn über eine Zwangseinziehung aus wichtigem Grund in der Person des betroffenen Aktionärs beschlossen werden soll.[6] Die Satzungsregelung vermeidet die im Einzelfall streitanfällige Frage des Vorliegens eines wichtigen Grundes und trägt der in der Natur der Sache liegenden Befangenheit des betroffenen Aktionärs Rechnung.

16 Abs. 4 der Bestimmung regelt die **Einziehung** von Aktien **auf Verlangen eines Aktionärs.** Da es sich um den Fall einer durch die Satzung **angeordneten Einziehung** handelt, bedarf es keines Beschlusses der Hauptversammlung über die Einziehung. An die Stelle des Beschlusses der Hauptversammlung tritt die Entscheidung des

[6] Vgl. MüKoAktG/*Oechsler* AktG § 237 Rz. 79 mwN.

Vorstandes (§ 237 Abs. 6 AktG). Die Hauptversammlung ist an dem Verfahren nur insofern beteiligt, als ihre Ablehnung der Veräußerung der Aktien des ausscheidewilligen Aktionärs an einen familienfremden Dritten eine Voraussetzung des Einziehungsverlangens ist. Die Bestimmung will einem Aktionär, der keinen anderen tauglichen Erwerbsinteressenten (nachfolgeberechtigte Person oder von der Hauptversammlung konsentierten Dritten) findet, eine Möglichkeit eröffnen, seine Aktien der Gesellschaft anzudienen. Andererseits soll den Aktionären nicht die Möglichkeit zu einer schrittweisen Desinvestition ihrer Beteiligung geboten werden. Daher muss das Einziehungsverlangen des Aktionärs sämtliche von ihm gehaltene Aktien umfassen. Der Planungssicherheit der Aktiengesellschaft dient es schließlich, dass das Einziehungsverlangen mit einer Frist von einem Jahr zu dem Ende eines Geschäftsjahres gestellt werden muss.

Zu der **Höhe des Einziehungsentgelts** sieht Abs. 4 eine differenzierte Lösung **17** vor: In den Fällen des Abs. 2 Buchst. a, Buchst. b und Buchst. d (Insolvenz, Zwangsvollstreckung bzw. schwerer Gesetzesverstoß) erhält der Aktionär (nur) den **Nennbetrag** bzw. den **anteiligen Betrag am Grundkapital** der eingezogenen Aktien. In den übrigen Fällen des Abs. 2 Buchst. c und Abs. 4 („unqualifizierter" Erwerber und Einziehung auf Veranlassung des Aktionärs) erhält der Aktionär ein Entgelt in Höhe des **Verkehrswerts** seiner Aktien, mindestens jedoch den anteiligen Betrag des Grundkapitals. Der Verkehrswert soll nach den Grundsätzen des Berufsstands der Wirtschaftsprüfer über die Unternehmensbewertung ermittelt werden. Damit wird der Sache nach auf IDW S 1 verwiesen. Die Formulierung ist aber im Sinne einer „dynamischen Verweisung" bewusst offen gehalten.

Zu den §§ 7 und 8: Satzungsbestimmungen über den Vorstand

Die Bestimmungen enthalten eine knappe, gleichwohl aber vollständige Regelung **18** über das Organ „Vorstand". Die Größe des Vorstandes ist nicht näher vorgegeben, sondern wird vom Aufsichtsrat bestimmt. Dabei ist zu beachten, dass der Vorstand bei Gesellschaften mit einem Grundkapital von mehr als drei Mio. Euro aus mindestens zwei Personen zu bestehen hat, es sei denn die Satzung bestimmt ausdrücklich, dass er nur aus einer Person besteht (§ 76 Abs. 2 Satz 2 AktG). Im Einzelfall sind auch spezialgesetzliche Vorschriften zu beachten (zB die §§ 188 Abs. 1, 33 Abs. 1 VAG). Spezifische Regelungen für Familienaktiengesellschaften sind in den §§ 7f. nicht enthalten und in Satzungen von Familienaktiengesellschaften auch nicht üblich. Ob – und in welcher Funktion – Familienaktionäre ggf. Verantwortung als Mitglied des Vorstands übernehmen, entzieht sich der Satzungsgestaltung.

Zu den §§ 9 bis 17: Satzungsbestimmungen über den Aufsichtsrat

Die §§ 9 bis 17 enthalten eine – verglichen mit dem Umfang der Bestimmungen **19** über den Vorstand – ausführliche Regelung des Organs „Aufsichtsrat". Diese unterschiedliche Regelungsdichte ist allerdings sowohl bei Familiengesellschaften als auch bei Aktiengesellschaften üblich. Die überwiegende Zahl der Bestimmungen sind nicht familiengesellschaftstypisch. Auf sie wird im Folgenden nicht näher eingegangen.

§ 9 Abs. 1 sieht vor, dass der Aufsichtsrat der Gesellschaft aus sechs Mitgliedern be- **20** steht. Damit wird die gesetzliche Regelgröße und Mindestzahl von drei Mitgliedern (§ 95 Satz 1 AktG) um drei Mitglieder überschritten. Da die Aufsichtsräte von Familienaktiengesellschaften tendenziell eher klein sind – wenn die Gesellschaft nicht dem MitbestG (vgl. dort § 7) unterliegt – sind drei bzw. sechs Mitglieder die häufigsten Alternativen. Die Zahl der Mitglieder des Aufsichtsrats muss aber seit der Aktienrechtsnovelle 2016, vorbehaltlich mitbestimmungsrechtlicher Vorgaben, nicht mehr durch drei teilbar sein. In der Regel sind daher auch „Zwischengrößen" des Aufsichtsrats möglich (§ 95 Satz 3 AktG). Der Vorzug eines sechsköpfigen Aufsichtsrats ist, dass er bei der vorliegend unterstellten Aktionärsstruktur mit zwei Familienstämmen die

Statuierung eines **Entsendungsrechts** für jeden Familienstamm eröffnet. Entsendungsrechte können sich aber nicht auf alle Aufsichtsratssitze erstrecken. Sie können vielmehr höchstens für ein Drittel der sich aus dem Gesetz oder der Satzung ergebenden Zahl der Aufsichtsratsmitglieder eingeräumt werden (§ 101 Abs. 2 Satz 4 AktG). Durch sie wird den Entsendungsberechtigten ein gesteigerter Einfluss auf die Besetzung des Aufsichtsrats eingeräumt und damit mittelbar auch auf die Bestellung, Überwachung und Abberufung der Mitglieder des Vorstandes.

Das Entsendungsrecht kann nur durch die Satzung begründet werden und nur für bestimmte Aktionäre oder für die jeweiligen Inhaber bestimmter Aktien (§ 101 Abs. 2 Satz 1 AktG). Inhabern bestimmter Aktien kann das Entsendungsrecht nur dann eingeräumt werden, wenn die Aktien auf den Namen lauten und ihre Übertragung an die Zustimmung der Gesellschaft gebunden ist (§ 101 Abs. 2 Satz 2 AktG). Die letztgenannten Voraussetzungen für ein „inhaberbezogenes" Entsendungsrecht wären vorliegend gegeben. Das Formular sieht dennoch von einer solchen inhaberbezogenen Ausgestaltung ab und weist das Entsendungsrecht den in § 9 Abs. 3 näher definierten Aktionären zu, die einem der beiden Familienstämme angehören **(stammesbezogenes Entsendungsrecht).** Das ist nach dem Gesetzeswortlaut zulässig, da „bestimmte Aktionäre" im Sinne des § 101 Abs. 2 Satz 1 AktG nicht notwendig einzelne Personen sein müssen, sondern auch eine klare Abgrenzung des entsendungsberechtigten Personenkreises den gesetzlichen Anforderungen genügt.[7]

21 Das Formular sieht in § 17 eine feste jährliche **Vergütung der Aufsichtsratsmitglieder** vor, die gem. Abs. 2 der Vorschrift für den Vorsitzenden und den Stellvertreter in üblicher Weise erhöht ist. Die hier vorgeschlagene schlichte Regelung der Vergütung ohne erfolgsbezogene Vergütungskomponenten dürfte bei nicht börsennotierten Familienaktiengesellschaften der Regelfall sein. Im Rahmen der gesetzlichen Grenzen (s. § 113 Abs. 3 AktG)[8] ist jedoch die Einführung variabler Vergütungen möglich. Die Vergütungsregelung ist **nicht zwingender Satzungsbestandteil.** Die Festlegung der Vergütung in der Satzung enthebt allerdings die Hauptversammlung von der Notwendigkeit, möglicherweise unangenehme oder kontroverse Vergütungsdiskussionen führen zu müssen. Nach § 17 Abs. 1 Satz 2 ist es der Hauptversammlung jedoch unbenommen, eine Anpassung (Erhöhung oder Herabsetzung) der Vergütung zu beschließen.

Zu den §§ 18 bis 21: Hauptversammlung

22 Die Ausgabe von Namensaktien und die damit einhergehende Errichtung eines Aktienregisters (§ 67 AktG) ist auch bei der **Einberufung** der Hauptversammlung vorteilhaft. Diese erfolgt nach § 18 Abs. 2 Satz 2 der Satzung, der die Wahlmöglichkeit des § 121 Abs. 4 Satz 2 AktG ausnutzt, **durch eingeschriebenen Brief** an die im Aktienregister eingetragene Adresse des Aktionärs. Die bei Ausgabe von Inhaberaktien regelmäßig erforderliche Einberufung durch Bekanntmachung in den Gesellschaftsblättern (§ 121 Abs. 4 Satz 1 AktG) kann unterbleiben. Die Einberufung der Hauptversammlung wird daher nicht notwendig über den Kreis der (Familien-)Aktionäre hinaus publik.

23 Die Führung des Aktienregisters ermöglicht ferner eine einfache und kurzfristige und hinsichtlich des Kommunikationswegs flexible **Anmeldung** der Aktionäre **zur Hauptversammlung.** Sind sie im Aktienregister eingetragen, so können sie sich gemäß § 19 Abs. 1 Satz 1 der Satzung schriftlich oder auf telekommunikativem Weg bis zu dem dritten Tag vor der Hauptversammlung anmelden. Die Dreitagesfrist ist – aus Sicht der Aktiengesellschaft – relativ knapp bemessen. Sie ist aber bei Familienaktien-

[7] Vgl. MüKoAktG/*Habersack* AktG § 101 Rz. 35 mwN.
[8] Vgl. auch BGH v. 16.2.2004 – II ZR 316/02, NZG 2004, 376 zu Aktienoptionen; dazu *Peltzer* NZG 2004, 509.

gesellschaften mit ihrem regelmäßig überschaubaren Aktionärskreis gleichwohl praktikabel. Eine Hinterlegung der Aktien als Voraussetzung für die Teilnahme an der Hauptversammlung (§ 123 Abs. 2 AktG) sieht das Formular zulässigerweise nicht vor.

§ 19 Abs. 2 lässt die nach dem Gesetz (§ 134 Abs. 3 Satz 1 AktG) ohne Eingren- 24
zung auf bestimmte Personen gestattete **Vertretung eines Aktionärs** zu, beschränkt diese aber zur Wahrung der Vertraulichkeit und Vermeidung der Öffentlichkeit der Inhalte der Hauptversammlung auf einen eng begrenzten Kreis zugelassener Vertreter (nur andere Aktionäre). Denkbar ist, diesen Kreis um Ehegatten oder Lebenspartner und/oder um zur Berufsverschwiegenheit verpflichtete Personen (insb. Rechtsanwälte, Steuerberater) zu erweitern. Diese Erleichterung für die Familienaktionäre, ihre Rechte in der Hauptversammlung wahrzunehmen, ist im Einzelfall gegen die genannten Nachteile abzuwägen. Das ferner vorgesehene Schriftformerfordernis für die Vollmacht geht über den heutigen gesetzlichen Standard der Textform hinaus (§ 134 Abs. 3 Satz 3 AktG). Die erhöhte Gewähr der Authentizität der Vollmacht rechtfertigt die Verschärfung.

In § 21 Abs. 1 Satz 1 der Satzung ist geregelt, dass die Hauptversammlung nur be- 25
schlussfähig ist, wenn mindestens die Hälfte des stimmberechtigten Grundkapitals vertreten ist. Dies weicht von der gesetzlichen Regel ab, wonach – mangels einer gegenteiligen Vorschrift – auf der Hauptversammlung für deren **Beschlussfähigkeit** keine Mindestpräsenz von Aktionären bzw. Stimmen erforderlich ist.[9] Dies erscheint bei Gesellschaften mit größerem Aktionärskreis, insbesondere bei Publikumsgesellschaften, sinnvoll, um das Risiko zu vermeiden, wegen der Beschlussunfähigkeit der Hauptversammlung eine erneute Versammlung einberufen zu müssen. Bei Familienaktiengesellschaften ist der Aufwand der Hauptversammlungsvorbereitung und -durchführung typischerweise erheblich geringer als bei Publikumsaktiengesellschaften. Es überwiegt daher der Vorzug, durch die Einführung eines Quorums zu verhindern, dass ein Familienstamm von dem anderen überstimmt werden kann. Die Höhe des Quorums muss an Hand der konkreten Verhältnisse des jeweiligen Aktionärskreises bestimmt werden. § 21 Abs. 1 Satz 1 versteht sich daher nur als Vorschlag, der im Einzelfall zu hinterfragen ist.

Zur Vermeidung von dauerhaften Blockaden in der Hauptversammlung – ggf. als Folge von Auseinandersetzungen zwischen den Familienstämmen – oder der Obstruktion der Versammlung durch bloßes Fernbleiben ist in § 21 Abs. 1 Satz 2 die Einberufung einer **Wiederholungsversammlung** vorgesehen, die ohne ein Quorum beschlussfähig ist, wenn in der Einberufung hierauf hingewiesen wurde.

Jeder Beschluss der Hauptversammlung ist grundsätzlich in einer über die Verhand- 26
lung notariell aufgenommenen **Niederschrift** zu beurkunden (§ 130 Abs. 1 Satz 1 AktG). Allerdings genügt bei nicht börsennotierten Gesellschaften (vgl. § 3 Abs. 2 AktG) eine von dem Aufsichtsratsvorsitzenden unterzeichnete (private) Niederschrift, soweit keine Beschlüsse gefasst werden, für die das Gesetz eine Dreiviertel- und/oder eine größere Mehrheit bestimmt ist (§ 130 Abs. 1 Satz 3 AktG). § 21 Abs. 4 setzt diese Kannvorschrift als satzungsmäßige Regel um.

Zu § 22: Jahresabschluss

§ 22 Abs. 3 ermächtigt Vorstand und Aufsichtsrat, bei der Feststellung des Jahresab- 27
schlusses (§ 172 AktG) den Jahresüberschuss, soweit er nicht ohnehin in die gesetzliche Rücklage (§ 150 AktG) einzustellen ist, zum Teil oder sogar ganz in „andere Gewinnrücklagen" (§§ 266 Abs. 3 A. III. 4., 272 Abs. 3 HGB) einzustellen. Damit weicht die Satzung von der gesetzlichen Regel ab, die dem Vorstand und dem Aufsichtsrat „nur" die **Befugnis zur Thesaurierung** von maximal der Hälfte des Jahresüberschusses zubilligt (§ 58 Abs. 2 Satz 1 AktG). Das ist der Satzung jedoch ausdrücklich gestattet

[9] Vgl. MüKoAktG/*Schröer* AktG § 133 Rz. 16 mwN.

(§ 58 Abs. 2 Satz 2 AktG). Allerdings ist – was § 22 Abs. 3 Satz 2 der Satzung klarstellt – auf Grund einer solchen Satzungsbestimmung die Dotierung der anderen Gewinnrücklagen auf die Hälfte des Jahresüberschusses beschränkt, wenn die anderen Gewinnrücklagen die Hälfte des Grundkapitals bereits übersteigen oder soweit sie nach der Einstellung des Jahresüberschusses die Hälfte übersteigen würden (§ 58 Abs. 2 Satz 3 AktG).

Diese Beschränkung dient dem **Schutz** der (Familien-)Aktionäre **vor übermäßiger Thesaurierung.** Sie stärkt zudem die **Finanzierungsautonomie der Aktionäre,** da dann, wenn die Gewinnrücklagen in dem vorgenannten Sinne „ausreichend" dotiert sind, eine – betriebswirtschaftlich gleichwohl sinnvolle – weitergehende Thesaurierung nur durch Beschluss der Hauptversammlung möglich ist (§ 58 Abs. 3 Satz 1 AktG). Die hier vorgesehene, erweiterte Thesaurierungsbefugnis von Vorstand und Aufsichtsrat ist gerade bei Familienaktiengesellschaften sinnvoll, da hier die Innenfinanzierung des Gesellschaftswachstums besonderen Stellenwert hat: Ist die Gesellschaft nicht börsennotiert, kommt die Inanspruchnahme des Kapitalmarktes durch eine Kapitalerhöhung (unter Ausschluss des Bezugsrechts der bisherigen Aktionäre) kurzfristig nicht in Betracht und ist häufig auch wegen der Wahrung des Familiencharakters der Aktiengesellschaft nicht gewünscht.

Zu § 24: Familien- und erbrechtliche Bestimmungen

28 Die Satzungsbestimmung soll zum Einen vermeiden, dass Ehegatten von Familienaktionären die Rechte aus den Aktien (mit-)ausüben können. Ferner soll sie verhindern, dass im Fall der Ehescheidung eines Familienaktionärs der Zugewinnausgleich auch die Beteiligung des Familienaktionärs an der Gesellschaft erfasst. Beides dient mittelbar dem **Schutz der Familienaktiengesellschaft und ihres Aktionärskreises,** da ansonsten der betroffene Aktionär seine Aktien ggf. scheidungsbedingt entweder auf seinen vormaligen Ehegatten übertragen oder die Aktien zur Finanzierung des Zugewinnausgleichsanspruchs an Dritte veräußern müsste.

Die vorgenannten Zielsetzungen werden dadurch erreicht, dass der Familienaktionär mit seinem Ehegatten einen Ehevertrag zu schließen hat, der den in Abs. 1 näher definierten Anforderungen genügt. Auch der Ehegattenpflichtteil ist entsprechend zu beschränken.[10] Die Befolgung dieser Regelung wird dadurch effektuiert, dass gemäß Abs. 2 Satz 1 jeder Aktionär von seinen Mitaktionären eine beglaubigte Abschrift des Ehevertrags oder zumindest einen beglaubigten Auszug aus diesem Vertrag verlangen kann. Die an zweiter Stelle genannte Alternative dient dem Schutz des betroffenen Aktionärs vor einer Offenlegung von Ehevertragsinhalten, die nichts zur Sache tun.

Wird dieser Nachweis nicht erbracht, so kann die Hauptversammlung dem unwilligen Aktionär eine entsprechende (Nachholungs-)Frist setzen (Abs. 2 Satz 2). Nach fruchtlosem Ablauf dieser Frist ist die Hauptversammlung berechtigt, den Aktionär aus der Gesellschaft auszuschließen (Abs. 2 Satz 3). Für die Wirksamkeit eines solchen Ausschließungsbeschlusses wird allerdings eine Mehrheit von 75 vH des in der Hauptversammlung vertretenen Grundkapitals verlangt, also ein weitgehender Konsens im Aktionärskreis. Die Aktien des ausgeschlossenen Familienaktionärs werden gemäß Abs. 3 eingezogen. Der Aktionär erhält für seine Aktien nur 75 vH des nach IDW S 1 ermittelten Anteilswerts, also nur eine reduzierte Abfindung. Das soll präventiv auf die Einhaltung der in Abs. 1 und Abs. 2 der Vorschrift aufgestellten Pflichten hinwirken.

Die Regelung erfasst nicht nur Ehen, sondern auch (gleichgeschlechtliche) Lebenspartnerschaften im Sinne des LPartG. Hier stellen sich die gleichen Fragen (vgl. §§ 6 und 10 Abs. 6 LPartG).

29 § 24 Abs. 5 regelt die Bestellung eines **Nießbrauchs an Aktien der Gesellschaft.** Die Regelung hat beschränkenden Charakter, da die Nießbrauchsbestellung an Aktien

[10] Zur Beschränkbarkeit des Pflichtteilsrechts näher MüKoBGB/*Strobel* BGB § 2346 Rz. 19f.

auch ohne eine Satzungsbestimmung zulässig ist. Nur die Nießbrauchsbestellung zu Gunsten des Ehegatten bzw. Lebenspartners oder einer nachfolgeberechtigten Person wird gestattet. Auch das dient dem Schutz der Familienaktiengesellschaft vor der Einflussnahme durch familienfremde Dritte.

Zu § 25: Schiedsgericht

Streitigkeiten zwischen der Familienaktiengesellschaft und ihren Aktionären und zwischen diesen sollen, soweit sie gesellschaftsbezogener Natur sind, nicht vor den ordentlichen Gerichten, sondern ausschließlich vor einem **Schiedsgericht** ausgetragen werden. Das ist grundsätzlich zulässig (§ 1066 ZPO). Allerdings werden bei der AG mit Rücksicht auf § 23 Abs. 5 (Satz 1) AktG Bedenken dagegen angemeldet, eine Schiedsklausel in die Satzung aufzunehmen. Die Bedenken sind jedoch unbegründet, da es sich richtigerweise um eine nach § 23 Abs. 5 Satz 2 AktG zulässige, ergänzende Bestimmung handelt. Jedenfalls dann, wenn alle Aktionäre – wie von Abs. 2 vorgesehen – zudem „neben" der Satzung eine Schiedsvereinbarung abschließen, dürfte die Zuweisung der gesellschaftsbezogenen Streitigkeiten an ein Schiedsgericht vertretbar sein, wenn die Familienaktionäre auch bei Streitigkeiten die Öffentlichkeit vermeiden möchten.[11] 30

Allerdings wird die Schiedsfähigkeit von Streitigkeiten über die Wirksamkeit von Hauptversammlungsbeschlüssen von der wohl noch überwiegenden Meinung abgelehnt.[12] Ein zur GmbH ergangenes, in die gegenteilige Richtung weisendes Urteil des BGH könnte aber auch insoweit zum Umdenken führen.[13] Abs. 1 Satz 3 macht gleichwohl aus Gründen der Vorsicht eine entsprechende Einschränkung. Die Einzelheiten des schiedsgerichtlichen Verfahrens bestimmen sich gemäß Abs. 2 nach einem Schiedsvertrag, dem sich die Aktionäre nach Abs. 3 zu unterwerfen haben, um die Rechte aus ihren Aktien ausüben zu können. Damit sollen Zweifel daran vermieden werden, ob neu in die Familienaktiengesellschaft eintretende Aktionäre bereits kraft Gesetzes an die schiedsvertragliche Regelung gebunden sind.

Der wesentliche Vorteil eines schiedsgerichtlichen Verfahrens – gerade für eine Familienaktiengesellschaft – liegt darin, dass das **Verfahren nicht öffentlich** ist. Ein weiterer Vorzug liegt darin, dass die Streitbeilegung schneller erfolgen kann, da der im ordentlichen Zivilprozess eröffnete Instanzenzug wegfällt. 31

Zu § 26: Gründungsaufwand

Soll die Familienaktiengesellschaft den Aufwand für ihre Gründung bzw. einen Teil hiervon selbst tragen, so bedarf dies einer entsprechenden Festsetzung in der Satzung (§ 26 Abs. 2 AktG). Dem trägt § 26 Rechnung. Der von der Gesellschaft zu übernehmende Aufwand ist als Höchstbetrag in der Satzung festzusetzen. Er darf nicht unangemessen hoch festgelegt werden und ist daher im Einzelfall zu bestimmen. In der Regel dürfte die Übernahme eines Gründungsaufwandes in Höhe von € 20 000,– bis € 30 000,– angemessen sein. 32

---

[11] Dazu *Waclawik* Prozessführung im Gesellschaftsrecht, 2. Aufl. 2013, Rz. 747.
[12] Vgl. *Hüffer/Koch* AktG § 246 Rz. 18 f. mwN.
[13] Vgl. BGH v. 6.4.2009 – II ZR 255/08, BGHZ 180, 221.

C. 1.41 Familiengesellschaftsvertrag AG (eine Familie)

Gliederung

C. 1.41

Satzung der [...]-Aktiengesellschaft

Inhaltsverzeichnis

I. Allgemeine Bestimmungen

§ 1 Firma, Sitz und Geschäftsjahr

(1) Die Gesellschaft führt die Firma

„[...]-Aktiengesellschaft“.

(2) Sie hat ihren Sitz in [...].

(3) Geschäftsjahr ist das Kalenderjahr.

§ 2 Gegenstand des Unternehmens

(1) Gegenstand des Unternehmens ist [...].

(2) Die Gesellschaft ist zu allen Geschäften und Maßnahmen berechtigt, die geeignet sind, dem Gegenstand des Unternehmens unmittelbar oder mittelbar zu dienen. Sie kann zu diesem Zweck auch andere Unternehmen gründen, erwerben und sich an ihnen beteiligen sowie solche Unternehmen pachten, vertreten, leiten oder sich auf die Verwaltung der Beteiligung beschränken. Die Gesellschaft kann ihren Betrieb ganz oder teilweise in verbundene Unternehmen ausgliedern. Sie kann Zweigniederlassungen errichten.

§ 3 Bekanntmachungen

Bekanntmachungen der Gesellschaft erfolgen im Bundesanzeiger.

II. Grundkapital und Aktien

§ 4 Höhe und Einteilung des Grundkapitals [Rz. 7]

(1) Das Grundkapital der Gesellschaft beträgt € [...],–. Es ist in [...] Stückaktien mit einem anteiligen Betrag des Grundkapitals von jeweils einem Euro eingeteilt. Die Aktien sind Namensaktien.

(2) Die Aktienurkunden sind mit der vervielfältigten Unterschrift von zwei Vorstandsmitgliedern zu versehen. Die Gesellschaft stellt für jeden Aktionär eine Urkunde über sämtliche von ihm gehaltenen Aktien aus. Der Anspruch eines Aktionärs auf Einzelverbriefung einzelner oder mehrerer Aktien ist ausgeschlossen. Die Gesellschaft gibt keine Gewinnanteil- und Erneuerungsscheine aus.

(3) Bei einer Kapitalerhöhung kann die Gewinnbeteiligung neuer Aktien abweichend von § 60 Abs. 2 Satz 3 Aktiengesetz geregelt werden.

§ 5 Übertragung der Aktien [Rz. 9]

(1) Die Übertragung der Aktien an eigene Abkömmlinge und an die Abkömmlinge der Gründerin/des Gründers [...] (A) sowie deren Abkömmlinge (nachfolgeberechtigte Personen) ist ohne die Zustimmung der Gesellschaft zulässig. Zustimmungsfrei ist auch die Übertragung zwischen den Abkömmlingen jeder Stufe. Gegenstand einer zustimmungsfreien Übertragung müssen jeweils mindestens [...] Aktien oder ein Vielfaches davon sein.

(2) Die Übertragung der Aktien an nicht nachfolgeberechtigte Personen bedarf der Zustimmung der Gesellschaft. Abs. 1 Satz 2 findet auch bei diesen Übertragungen Anwendung. Über die Erteilung der Zustimmung entscheidet die Hauptversammlung mit einer Mehrheit von drei Vierteln der vertretenen Stimmen. Die Zustimmung kann ohne Angabe von Gründen verweigert werden. Sind Aktien auf Grund der Zustimmung der Hauptversammlung auf nicht nachfolgeberechtigte Personen übergegangen, bedürfen auch alle weiteren Übertragungen auf diese Personen der Zustimmung der Hauptversammlung nach Satz 2.

§ 6 Einziehung von Aktien [Rz. 10]

(1) Die Einziehung der Aktien zwangsweise oder nach Erwerb durch die Gesellschaft ist nach Maßgabe der §§ 237 ff. Aktiengesetz zulässig.

(2) Die Zwangseinziehung von Aktien ist der Gesellschaft gestattet, wenn
a) über das Vermögen des betroffenen Aktionärs das Insolvenzverfahren eröffnet oder die Eröffnung eines solchen Verfahrens rechtskräftig mangels Masse abgelehnt wurde oder der Aktionär nach den Vorschriften der Zivilprozessordnung die Richtigkeit seines Vermögensverzeichnisses an Eides statt zu versichern hat;
b) die Aktien ganz oder teilweise von einem Gläubiger des betroffenen Aktionärs gepfändet werden oder in sonstiger Weise in diese vollstreckt wird und die Vollstreckungsmaßnahme nicht innerhalb von drei Monaten, spätestens jedoch bis zur Verwertung der Aktien, aufgehoben wird. Die Aufhebung der Vollstreckungsmaßnahme nach Ablauf der Frist von drei Monaten lässt die Zulässigkeit der Einziehung unberührt;
c) die Aktien von Todes wegen auf nicht nachfolgeberechtigte Personen übergehen und diese Personen die Aktien nicht innerhalb von sechs Monaten nach dem Tod des Aktionärs auf nachfolgeberechtigte Personen übertragen;
d) ein Aktionär einen so schweren Verstoß gegen seine Pflichten als Aktionär zu vertreten hat, dass den übrigen Aktionären die Fortsetzung der Gesellschaft mit ihm nicht zuzumuten ist.

(3) Über die Einziehung in den Fällen des Abs. 2 entscheidet die Hauptversammlung gemäß § 20 Abs. 3. Der betroffene Aktionär hat bei der Beschlussfassung kein Stimmrecht.

(4) Jeder Aktionär kann die Einziehung seiner Aktien verlangen, wenn er gegenüber dem Vorstand mit einer Frist von einem Jahr zu dem Ende eines Geschäftsjahres erklärt, dass er seine Aktien übertragen möchte. Das Verlangen ist durch eingeschriebenen Brief mit Rückschein oder schriftlich gegen Empfangsbekenntnis zu erheben und muss sämtliche von dem Aktionär gehaltenen Aktien umfassen. Der Anspruch setzt voraus, dass der Aktionär seine Aktien zuvor allen nachfolgeberechtigten Personen erfolglos zum Erwerb angeboten hat. Liegen die vorgenannten Voraussetzungen vor, so bedarf es keines Beschlusses der Hauptversammlung über die Einziehung.

(5) Dem von der Einziehung betroffenen Aktionär steht in den Fällen der Abs. 2 und 4 ein Entgelt zu, das in folgender Weise ermittelt wird:
a) In den Fällen des Abs. 2 Buchst. a, b und d erhält der Aktionär den anteiligen Betrag am Grundkapital der eingezogenen Aktien;
b) in den Fällen des Abs. 2 Buchst. c und des Abs. 4 erhält der Aktionär einen Betrag in Höhe des anteiligen gemeinen Werts. Dieser ist nach den Grundsätzen des Berufsstands der Wirtschaftsprüfer über die Bewertung von Unternehmen zu ermitteln. Der Aktionär erhält jedoch mindestens den anteiligen Betrag am Grundkapital. Der Abschlussprüfer der Gesellschaft hat den Betrag schriftlich zu bestätigen.

(6) Die Festsetzung der Einziehungsbedingungen im Übrigen bleibt der Beschlussfassung durch die Hauptversammlung überlassen.

III. Vorstand[Rz. 11]

§ 7 Zusammensetzung und Geschäftsordnung

(1) Der Vorstand besteht aus einer oder aus mehreren Personen. Der Aufsichtsrat bestimmt die Zahl seiner Mitglieder. Der Aufsichtsrat kann, wenn der Vorstand aus mehreren Personen besteht, einen Vorsitzenden des Vorstands und einen stellvertretenden Vorsitzenden des Vorstands ernennen. Es können stellvertretende Vorstandsmitglieder bestellt werden.

(2) Der Vorstand kann sich, wenn er aus mehreren Personen besteht, durch einstimmigen Beschluss seiner Mitglieder eine Geschäftsordnung geben, wenn nicht

der Aufsichtsrat eine Geschäftsordnung für den Vorstand erlässt. Der Aufsichtsrat kann auch eine Geschäftsordnung ändern oder aufheben, die sich der Vorstand selbst gegeben hat.

§ 8 Vertretung der Gesellschaft[Rz. 11]

Die Gesellschaft wird durch zwei Mitglieder des Vorstands oder durch ein Mitglied des Vorstands in Gemeinschaft mit einem Prokuristen gesetzlich vertreten. Besteht der Vorstand aus nur einer Person, so ist diese allein vertretungsberechtigt.

IV. Aufsichtsrat

§ 9 Zusammensetzung, Amtsdauer und Amtsniederlegung[Rz. 12]

(1) Der Aufsichtsrat besteht aus drei Mitgliedern.

(2) Aufsichtsratsmitglieder werden höchstens für die Zeit bis zur Beendigung der Hauptversammlung bestellt, die über die Entlastung für das vierte Geschäftsjahr nach Beginn der Amtszeit beschließt. Das Geschäftsjahr, in dem die Amtszeit beginnt, wird nicht mitgerechnet. Die Hauptversammlung kann bei der Wahl der Aufsichtsratsmitglieder eine kürzere Amtszeit bestimmen. Der Nachfolger eines vor dem Ablauf seiner Amtszeit ausgeschiedenen Mitglieds wird, soweit die Amtszeit des Nachfolgers bei seiner Bestellung nicht abweichend bestimmt wird, für den Rest der Amtszeit des ausgeschiedenen Mitglieds bestellt.

(3) Frau/Herr [...] (A) ist berechtigt, ein Mitglied in den Aufsichtsrat zu entsenden. Die Entsendung hat für die gleiche Zeit zu erfolgen wie die Bestellung der übrigen Mitglieder des Aufsichtsrats nach Abs. 2.

(4) Mit der Bestellung oder Entsendung eines Aufsichtsratsmitglieds kann gleichzeitig ein Ersatzmitglied bestellt oder entsendet werden. Das Ersatzmitglied wird Mitglied des Aufsichtsrats, wenn das Aufsichtsratsmitglied vor dem Ablauf seiner Amtszeit ausscheidet, ohne dass ein Nachfolger bestellt oder entsendet ist. Das Amt eines in den Aufsichtsrat nachgerückten Ersatzmitglieds erlischt, sobald ein Nachfolger für das ausgeschiedene Aufsichtsratsmitglied bestellt oder entsendet ist, spätestens jedoch mit dem Ablauf der Amtszeit des ausgeschiedenen Aufsichtsratsmitglieds.

(5) Die Mitglieder und die Ersatzmitglieder des Aufsichtsrats können ihr Amt, auch ohne wichtigen Grund, durch eine an den Vorstand zu richtende schriftliche Erklärung unter Einhaltung einer Frist von einem Monat zu dem Ablauf eines jeden Kalendermonats niederlegen.

§ 10 Vorsitzender und Stellvertreter

(1) Der Aufsichtsrat wählt im Anschluss an die Hauptversammlung, welche die zu bestellenden Aufsichtsratsmitglieder gewählt hat, in einer ohne besondere Einberufung stattfindenden Sitzung aus seiner Mitte seinen Vorsitzenden und dessen Stellvertreter. Die Amtszeit des Vorsitzenden und des Stellvertreters entspricht, soweit bei der Wahl nicht eine kürzere Amtszeit bestimmt wird, ihrer Amtszeit als Mitglieder des Aufsichtsrats.

(2) Scheidet der Vorsitzende oder sein Stellvertreter vor Ablauf der Amtszeit aus seinem Amt aus, so hat der Aufsichtsrat eine Neuwahl für die restliche Amtszeit des Ausgeschiedenen vorzunehmen.

§ 11 Geschäftsordnung

Der Aufsichtsrat kann sich eine Geschäftsordnung geben. Zwingende gesetzliche Vorschriften und die Bestimmungen dieser Satzung sind hierbei zu beachten.

§ 12 Einberufung

(1) Die Sitzungen des Aufsichtsrats werden durch den Vorsitzenden mit einer Frist von zwei Wochen schriftlich einberufen. Bei der Berechnung der Frist werden der Tag der Absendung der Einladung und der Tag der Sitzung nicht mitgerechnet. In dringenden Fällen kann der Vorsitzende die Frist abkürzen und die Sitzung mündlich oder auf telekommunikativem Weg (zB Telefon, Telefax oder E-Mail) einberufen.
(2) Mit der Einladung sind die Gegenstände der Tagesordnung mitzuteilen. Ergänzungen der Tagesordnung müssen vor Ablauf der Einberufungsfrist mitgeteilt werden.
(3) Der Vorsitzende kann eine einberufene Sitzung aus erheblichen Gründen aufheben oder verlegen.

§ 13 Beschlussfassung

(1) Beschlüsse des Aufsichtsrats werden in der Regel in Sitzungen gefasst. Die Sitzung kann auch im Wege der Videokonferenz abgehalten werden. Der Vorsitzende bestimmt die Reihenfolge, in der die Gegenstände der Tagesordnung behandelt werden, sowie die Art und die Reihenfolge der Abstimmungen. Zu Gegenständen der Tagesordnung, die nicht rechtzeitig mitgeteilt worden sind, kann nur Beschluss gefasst werden, wenn kein Mitglied dem Verfahren widerspricht.
(2) Außerhalb von Sitzungen sind Beschlussfassungen durch schriftliche oder auf telekommunikativem Weg (zB Telefon, Telefax oder E-Mail) übermittelte Stimmabgaben zulässig, wenn sich alle Mitglieder mit der von dem Vorsitzenden vorgeschlagenen Art der Abstimmung einverstanden erklären oder sich an ihr beteiligen. Solche Beschlüsse werden von dem Vorsitzenden schriftlich festgestellt und allen Mitgliedern zugeleitet.
(3) Der Aufsichtsrat ist beschlussfähig, wenn alle seine Mitglieder an der Beschlussfassung teilnehmen. Ein Mitglied nimmt auch dann an der Beschlussfassung teil, wenn es sich in der Abstimmung der Stimme enthält. Abwesende Mitglieder können an der Beschlussfassung teilnehmen, indem sie eine schriftliche Stimmabgabe durch ein anderes Mitglied überreichen lassen. Die Überreichung von schriftlichen Stimmabgaben durch andere Personen ist nicht gestattet.
(4) Der Vorsitzende kann die Beschlussfassung über einzelne oder sämtliche Gegenstände der Tagesordnung auf höchstens vier Wochen vertagen, wenn ein erheblicher Grund für die Vertagung vorliegt. Zu einer erneuten Vertagung ist der Vorsitzende nicht befugt.
(5) Beschlüsse des Aufsichtsrats bedürfen der Mehrheit der abgegebenen Stimmen.
(6) Der Vorsitzende und, bei Verhinderung des Vorsitzenden, sein Stellvertreter sind ermächtigt, im Namen des Aufsichtsrats die zur Durchführung der Beschlüsse des Aufsichtsrats und seiner Ausschüsse erforderlichen Willenserklärungen abzugeben. Nur der Vorsitzende und, im Fall seiner Verhinderung, sein Stellvertreter sind befugt, Erklärungen für den Aufsichtsrat entgegenzunehmen.

§ 14 Verschwiegenheit

Die Mitglieder des Aufsichtsrates haben – auch nach ihrem Ausscheiden aus dem Amt – über vertrauliche Angaben, Berichte, Beratungen und über Geheimnisse der Gesellschaft, namentlich Betriebs- und Geschäftsgeheimnisse, die ihnen durch ihre Tätigkeit im Aufsichtsrat bekannt werden, Stillschweigen zu bewahren. Will ein Mitglied des Aufsichtsrats Informationen an Dritte weitergeben, von denen nicht mit Sicherheit auszuschließen ist, dass sie vertraulich sind oder Geheimnisse der Gesellschaft betreffen, so ist es verpflichtet, den Vorsitzenden des Aufsichtsrats vorab zu unterrichten und ihm Gelegenheit zur Stellungnahme zu geben. Will der Vorsit-

zende des Aufsichtsrats Informationen an Dritte weitergeben, so findet Satz 2 mit der Maßgabe Anwendung, dass an die Stelle des Vorsitzenden sein Stellvertreter tritt.

§ 15 Änderungen der Satzungsfassung

Der Aufsichtsrat ist ermächtigt, Änderungen der Satzung zu beschließen, die nur die Fassung betreffen.

§ 16 Vergütung

(1) Die Mitglieder des Aufsichtsrats erhalten außer dem Ersatz ihrer Auslagen eine feste, nach Ablauf des Geschäftsjahres zahlbare jährliche Vergütung in Höhe von € [...],–. Die Hauptversammlung beschließt über eine Anpassung der Vergütung.

(2) Die nach Absatz 1 bestimmte Vergütung erhöht sich für den Vorsitzenden auf das Doppelte, für den Stellvertreter auf das Eineinhalbfache. Aufsichtsratsmitglieder, die nur während eines Teils des Geschäftsjahres dem Aufsichtsrat angehört haben, erhalten eine zeitanteilige Vergütung.

(3) Die auf die Vergütung zu zahlende Umsatzsteuer wird von der Gesellschaft erstattet, soweit die Mitglieder des Aufsichtsrats berechtigt sind, die Umsatzsteuer der Gesellschaft gesondert in Rechnung zu stellen und von diesem Recht Gebrauch machen.

V. Hauptversammlung[Rz. 13ff.]

§ 17 Ort und Einberufung

(1) Die ordentliche Hauptversammlung findet innerhalb von acht Monaten nach dem Ablauf des Geschäftsjahres an dem Sitz der Gesellschaft statt.

(2) Die Hauptversammlung wird durch den Vorstand und in den gesetzlich vorgeschriebenen Fällen durch den Aufsichtsrat einberufen. Die Einberufung erfolgt durch eingeschriebenen Brief an die im Aktienregister eingetragene Adresse des Aktionärs unter Einhaltung einer Frist von mindestens einem Monat vor dem letzten Tag der Anmeldung. Die Einberufung kann auch durch Telefax oder per E-Mail an die der Gesellschaft durch den Aktionär zuletzt bekannt gegebene Telefaxnummer oder E-Mail-Adresse erfolgen. Durch die Bekanntgabe der Telefaxnummer und/oder der E-Mail-Adresse erklärt sich der Aktionär mit der Einberufung der Hauptversammlung über diese Kommunikationswege einverstanden. Mit der Einberufung sind alle Gegenstände der Tagesordnung mitzuteilen.

§ 18 Teilnahmerecht und Stimmrecht

(1) Die Aktionäre sind zur Teilnahme an der Hauptversammlung und zur Ausübung des Stimmrechts berechtigt, wenn sie in dem Aktienregister der Gesellschaft eingetragen sind und sich spätestens an dem dritten Tag vor der Hauptversammlung bei der Gesellschaft schriftlich oder auf telekommunikativem Weg (zB Telefon, Telefax oder E-Mail) angemeldet haben. Fällt der letzte Tag der Anmeldungsfrist auf einen Sonntag, einen Sonnabend oder einen gesetzlichen Feiertag am Sitz der Gesellschaft, so haben sich die Aktionäre spätestens an dem vorhergehenden Werktag anzumelden.

(2) Aktionäre können sich in der Hauptversammlung nur durch andere Aktionäre vertreten lassen. Die Bevollmächtigten bedürfen einer schriftlichen Vollmacht.

§ 19 Vorsitz

(1) Den Vorsitz in der Hauptversammlung führt der Vorsitzende des Aufsichtsrats, im Fall seiner Verhinderung sein Stellvertreter. Wenn sowohl der Vorsitzende des

Aufsichtsrats als auch sein Stellvertreter verhindert sind, wird der Versammlungsleiter durch die Hauptversammlung gewählt.

(2) Der Vorsitzende leitet die Versammlung und die Verhandlungen. Er bestimmt die Reihenfolge, in der die Gegenstände der Tagesordnung behandelt werden, und entscheidet über die Art und Reihenfolge der Abstimmungen.

§ 20 Beschlussfassung, Niederschrift

(1) Die Hauptversammlung ist beschlussfähig, wenn mindestens die Hälfte des stimmberechtigten Grundkapitals vertreten ist. Erweist sich eine Hauptversammlung als nicht beschlussfähig, so ist eine neu einberufene Hauptversammlung, die innerhalb der nächsten sechs Wochen stattfindet, hinsichtlich der Gegenstände, die auf der Tagesordnung der beschlussunfähigen Hauptversammlung standen, ohne Rücksicht auf die Höhe des vertretenen Grundkapitals beschlussfähig, wenn in der Einberufung hierauf hingewiesen wurde.

(2) Jede Aktie gewährt eine Stimme.

(3) Beschlüsse werden, soweit dem nicht zwingende gesetzliche Vorschriften entgegenstehen und diese Satzung etwas anderes bestimmt, mit der einfachen Mehrheit der abgegebenen Stimmen und, sofern das Gesetz außer der Stimmen- eine Kapitalmehrheit vorschreibt, mit der einfachen Mehrheit des bei der Beschlussfassung vertretenen Grundkapitals gefasst.

(4) Über die Verhandlungen ist eine Niederschrift zu fertigen, die von dem Vorsitzenden des Aufsichtsrats zu unterzeichnen ist. Werden Beschlüsse gefasst, für die das Gesetz eine Dreiviertel- oder eine größere Mehrheit bestimmt, so sind sie durch eine über die Verhandlung notariell aufgenommene Niederschrift zu beurkunden.

VI. Jahresabschluss, Gewinnverwendung[Rz. 17]

§ 21 Jahresabschluss

(1) Der Vorstand hat in den ersten drei Monaten des Geschäftsjahres den Jahresabschluss und den Lagebericht für das vergangene Geschäftsjahr aufzustellen und dem Abschlussprüfer vorzulegen. Nach dem Eingang des Prüfungsberichts sind der Jahresabschluss, der Lagebericht, der Prüfungsbericht und der Vorschlag für die Verwendung des Bilanzgewinns unverzüglich dem Aufsichtsrat zur Prüfung vorzulegen.

(2) Der Aufsichtsrat hat den Jahresabschluss, den Lagebericht des Vorstands und den Vorschlag für die Verwendung des Bilanzgewinns zu prüfen und über das Ergebnis der Prüfung schriftlich an die Hauptversammlung zu berichten. Billigt der Aufsichtsrat nach erfolgter Prüfung den Jahresabschluss, so ist dieser festgestellt, sofern nicht Vorstand und Aufsichtsrat beschließen, die Feststellung des Jahresabschlusses der Hauptversammlung zu überlassen.

(3) Vorstand und Aufsichtsrat sind ermächtigt, bei der Feststellung des Jahresabschlusses den Jahresüberschuss, der nach Abzug der in die gesetzliche Rücklage einzustellenden Beträge und eines etwaigen Verlustvortrags verbleibt, zum Teil oder ganz in andere Gewinnrücklagen einzustellen. Die Einstellung eines größeren Teils als der Hälfte des Jahresüberschusses ist nicht zulässig, soweit die anderen Gewinnrücklagen die Hälfte des Grundkapitals übersteigen oder nach der Einstellung übersteigen würden.

§ 22 Gewinnverwendung

Die Hauptversammlung beschließt über die Verwendung des Bilanzgewinns. Sie ist hierbei an den festgestellten Jahresabschluss gebunden.

VII. Familien- und erbrechtliche Bestimmungen[Rz. 18]

§ 23 Ehegüterrecht, Ehegattenpflichtteil und -nießbrauch, Lebenspartnerschaft

(1) Die Aktionäre sind verpflichtet, im Fall ihrer Verheiratung oder des Bestehens einer Ehe ihre Aktien aus dem Güterstand der Zugewinngemeinschaft, jeglicher Form der Gütergemeinschaft, seien diese Güterstände deutschen oder ausländischen Rechts, oder einer Errungenschaftsgemeinschaft ausländischen Rechts in der Weise auszunehmen, dass der Aktionär

(a) während des Bestehens des Güterstands seine Aktionärsrechte allein ausüben und jederzeit ohne Mitwirkung seines Ehegatten über seine Aktien verfügen kann und

(b) seinem Ehegatten im Fall der Beendigung des Güterstands keinen Wertausgleich bezüglich seiner Aktien schuldet.

Satz 1 gilt für den Fall des Eingehens oder des Bestehens einer Lebenspartnerschaft im Sinne des Lebenspartnerschaftsgesetzes oder einer vergleichbaren Lebensgemeinschaft ausländischen Rechts entsprechend. Satz 1 Buchst. b gilt ferner entsprechend für den Ehegatten- bzw. Lebenspartnerpflichtteil.

(2) Jeder Aktionär kann von jedem anderen Aktionär den Nachweis der nach Abs. 1 erforderlichen Güterstands- und Pflichtteilsregelung für dessen Ehe bzw. Lebenspartnerschaft verlangen. Der Nachweis erfolgt – nach Wahl des anderen Aktionärs – entweder durch die Vorlage einer beglaubigten Abschrift des verbindlichen Ehe- bzw. Lebenspartnerschaftsvertrages oder eines beglaubigten Auszugs aus diesem Vertrag, der die nach Abs. 1 maßgeblichen Bestimmungen enthält. Wird ein solcher Nachweis nicht erbracht, so kann die Hauptversammlung beschließen, dass der betreffende Aktionär innerhalb einer angemessenen Frist, die nicht kürzer als sechs Monate sein darf, den Nachweis der erforderlichen Güterstandsregelung allen übrigen Gesellschaftern gegenüber zu erbringen hat. Wird die Frist nicht gewahrt, so ist die Hauptversammlung berechtigt, den Aktionär mit einer Mehrheit von mindestens 75 vH des in der Hauptversammlung vertretenen Grundkapitals zu dem Ende des Geschäftsjahres, in dem die Frist abgelaufen ist, aus der Gesellschaft auszuschließen.

(3) Die mit dem Ausschluss eines Aktionärs einhergehende Einziehung seiner Aktien richtet sich nach den §§ 237 ff. Aktiengesetz. Der Aktionär hat bei Beschlussfassungen über seinen Ausschluss und die Einziehung seiner Aktien kein Stimmrecht. Seine Aktien werden bei der Berechnung der erforderlichen Mehrheit nicht berücksichtigt.

(4) Der ausgeschlossene Aktionär erhält als Entgelt für seine eingezogene Aktien 75 vH des gemäß § 6 Abs. 5 Buchst. b ermittelten Betrags. § 6 Abs. 6 findet entsprechende Anwendung.

(5) Die Bestellung eines Nießbrauchs an den Aktien unter Lebenden oder vermächtnishalber von Todes wegen ist zu Gunsten des Ehegatten bzw. Lebenspartners oder einer nachfolgeberechtigten Person zulässig. Im Übrigen ist die Bestellung eines Nießbrauchs ausgeschlossen.

VIII. Schlussvorschriften

§ 24 Schiedsgericht[Rz. 19]

(1) Über alle Streitigkeiten zwischen den Aktionären untereinander und zwischen der Gesellschaft und den Aktionären, welche die Gesellschaft oder die Mitgliedschaft der Aktionäre betreffen oder aus ihr herrühren, entscheidet unter Ausschluss des ordentlichen Rechtswegs ein Schiedsgericht. Dies gilt auch für Streitigkeiten über die Gültigkeit dieser Satzung oder einzelne ihrer Bestimmungen, insbesondere auch für Streitigkeiten über die Gültigkeit dieser Schiedsklausel. Zwingende

gesetzliche Vorschriften, nach denen bestimmte Streitigkeiten nicht vor einem Schiedsgericht verhandelt werden dürfen, bleiben unberührt.

(2) Zuständigkeit, Zusammensetzung und Verfahren des Schiedsgerichts bestimmen sich nach dem „Schiedsvertrag für Familiengesellschafter", der von allen Aktionären der Gesellschaft geschlossen wurde.

(3) Unbeschadet der sonstigen Bestimmungen dieser Satzung über den Erwerb von Aktien und unbeschadet der gesetzlichen Vorschriften über den Übergang einer Schiedsvereinbarung ist ein Erwerber von Aktien erst dann zur Ausübung von Rechten aus den Aktien berechtigt, wenn er sich dem Schiedsgericht durch einen schriftlichen Ergänzungsvertrag zu dem Schiedsvertrag nach Abs. 2 ausdrücklich unterworfen hat.

§ 25 Gründungsaufwand[Rz. 20]

Die Gesellschaft trägt die Gründungskosten bis zu einem Höchstbetrag von insgesamt € [. . .],–.

A. Grundsätzliche Anmerkungen

I. Wirtschaftliche Aspekte

1 Vgl. hierzu die Ausführungen in C. 1.40 Rz. 1 ff.

2 Das Formular geht davon aus, dass an der **nicht börsennotierten** und **nicht mitbestimmten** Aktiengesellschaft **ein einziger Familienstamm** beteiligt ist, aus der eine Mehrzahl von Aktionären stammt. Für den Fall, dass aus dem einen Familienstamm mehrere Familienstämme werden, ist der Inhalt der Satzung zu überdenken und ggf. zu ergänzen; zu einem Vorschlag für eine Mehrfamilienaktiengesellschaft vgl. Kapitel C 1.40. Die Gesellschaft ist „Familiengesellschaft" im Sinne des § 1 Abs. 1 Nr. 1 Satz 3 Drittelbeteiligungsgesetz,[1] da die Aktionäre typischerweise untereinander im Sinne von § 15 Abs. 1 Nr. 2 bis 8, Abs. 2 AO verwandt oder verschwägert sein werden. Dies bedeutet, dass bei Altgesellschaften, die vor dem 10.8.1994 in das Handelsregister eingetragen worden sind und nicht mehr als 500 Arbeitnehmer beschäftigen, der „familiäre Charakter" der Gesellschaft dem Eingreifen der Drittelbeteiligung entgegensteht. Bei Neugesellschaften gilt hingegen die Schwelle von mehr als 500 Arbeitnehmern unabhängig von dem Charakter der Gesellschaft als Familiengesellschaft (§ 1 Abs. 1 Satz 1 Nr. 1 DrittelbG).

3 Der Satzungsentwurf versteht sich nicht als einzige oder gar beste Modellierung der Familien-AG. Er ist als **Ausgangspunkt für die notwendigen Überlegungen** zu verstehen, wie den Verhältnissen des Einzelfalls gerecht zu werden ist.

II. Gesellschaftsrecht

4 Vgl. hierzu die Ausführungen in C. 1.40 Rz. 4.

III. Steuerrecht

5 Vgl. hierzu die Ausführungen in C. 1.40 Rz. 5.

---

[1] Vgl. Gesetz über die Drittelbeteiligung der Arbeitnehmer im Aufsichtsrat – DrittelbG v. 18.5.2004, BGBl. 2004 I 974.

B. Einzelerläuterungen

Die Einzelerläuterungen fokussieren sich auf diejenigen Satzungsbestimmungen, die der Gesellschaft den besonderen Charakter als Familienaktiengesellschaft vermitteln. **6**

Zu § 4: Höhe und Einteilung des Grundkapitals

Vgl. hierzu die Ausführungen in C. 1.40 Rz. 7, 8. **7**

(frei) **8**

Zu § 5: Übertragung der Aktien

Vgl. hierzu die Ausführungen in C. 1.40 Rz. 9–12. **9**

Zu § 6: Einziehung von Aktien

Vgl. hierzu die Ausführungen in C. 1.40 Rz. 13–17. **10**

Zu den §§ 7 und 8: Satzungsbestimmungen über den Vorstand

Vgl. hierzu die Ausführungen in C. 1.40 Rz. 18. **11**

Zu den §§ 9 bis 16: Satzungsbestimmungen über den Aufsichtsrat

Vgl. hierzu die Ausführungen in C. 1.40 Rz. 19–21. **12**

Zu den §§ 17 bis 20: Hauptversammlung

Vgl. hierzu die Ausführungen in C. 1.40 Rz. 22 ff. **13**

(frei) **14–16**

Zu § 21: Jahresabschluss

Vgl. hierzu die Ausführungen in C. 1.40 Rz. 27. **17**

Zu § 23: Familien- und erbrechtliche Bestimmungen

Vgl. hierzu die Ausführungen in C. 1.40 Rz. 28, 29. **18**

Zu § 24: Schiedsgericht

Vgl. hierzu die Ausführungen in C. 1.40 Rz. 30, 31. **19**

Zu § 25: Gründungsaufwand

Vgl. hierzu die Ausführungen in C. 1.40 Rz. 32. **20**

C. 1.50 KGaA-Gesellschaftsvertrag für hybride KGaA

Gliederung

C. 1.50

Satzung der A-KGaA

I. Allgemeine Bestimmungen

§ 1 Firma, Sitz und Geschäftsjahr Rz. 69, 70

(1) Die Gesellschaft führt die Firma

„A-KGaA“.

(2) Sie hat ihren Sitz in [...].

(3) Das Geschäftsjahr ist abweichend vom Kalenderjahr der Zeitraum vom [...] eines jeden Jahres bis zum [...] des Folgejahres.[1]

§ 2 Gegenstand des Unternehmens Rz. 72

(1) Gegenstand des Unternehmens ist [...]

(2) Zur Förderung ihres Gesellschaftszwecks kann die Gesellschaft innerhalb des Gegenstands ihres Unternehmens alle Geschäfte betreiben, die hierfür erforderlich oder zweckmäßig erscheinen, sowie andere Unternehmen gründen, erwerben, sich an solchen beteiligen und Zweigniederlassungen errichten.

§ 3 Bekanntmachungen Rz. 74

Die Bekanntmachungen der Gesellschaft erfolgen ausschließlich im Bundesanzeiger.

II. Gesamt- und Grundkapital Rz. 76, 77

§ 4 Gesamtkapital

(1) Das Gesamtkapital der Gesellschaft beträgt € [...],– (in Worten: Euro [...]).

(2) Dieses Gesamtkapital gliedert sich wie folgt auf:

a) Das Grundkapital der Gesellschaft beträgt € [...],– (in Worten: Euro [...]).

b) Der Kapitalanteil des persönlich haftenden Gesellschafters beträgt € [...],– (in Worten: Euro [...]).

§ 5 Grundkapital

(1) Das Grundkapital ist eingeteilt in [...] Stückaktien. Die Aktien lauten auf den Namen.

---

[1] Soll als Geschäftsjahr das Kalenderjahr dienen, bedarf es keiner entsprechenden Regelung (zB „Das Geschäftsjahr ist das Kalenderjahr.“), wobei das Geschäftsjahr der Betriebsaufnahme in diesem Fall am 31.12. des gleichen Jahres endet (sog. Rumpfgeschäftsjahr); unstr., vgl. nur MHdB GesR IV/*Sailer-Coceani* § 9 Rz. 2 mwN; das abweichend bestimmte Geschäftsjahr darf, mit Ausnahme des Rumpfgeschäftsjahres, zwölf Monate nicht über- oder unterschreiten (§ 240 Abs. 2 Satz 2 HGB). Ganz ausnahmsweise können zwei aufeinanderfolgende Rumpfgeschäftsjahre zulässig sein, BMF v. 18.5.1990, DB 1990, 1164.

(2) Form und Inhalt der Aktienurkunden und der Gewinnanteil- und Erneuerungsscheine setzen die persönlich haftenden Gesellschafter mit Zustimmung des Aufsichtsrates fest. Über mehrere Aktien eines Aktionärs kann eine Urkunde ausgestellt werden. Der Anspruch des Aktionärs auf Einzelverbriefung seines Anteils ist ausgeschlossen.[2]

(3) Bei einer Kapitalerhöhung kann die Gewinnbeteiligung neuer Aktien abweichend von § 60 Abs. 2 AktG bestimmt werden.

III. Persönlich haftende Gesellschafter[Rz. 79ff.]

§ 6 Persönlich haftende Gesellschafter mit Kapitalanteil, Konten

(1) Persönlich haftender Gesellschafter mit einer Vermögenseinlage, die nicht auf das Grundkapital geleistet wurde (Kapitalanteil), ist Herr A mit einem Kapitalanteil von € [...],–.

(2) Für den persönlich haftenden Gesellschafter werden ein Kapitalkonto I, auf dem die Vermögenseinlage gemäß Abs. 1 gebucht wird, ein Kapitalkonto II als Kapitalrücklagekonto, ein Kapitalkonto III als Gewinnrücklagekonto und ein Verlustvortragskonto geführt.

Auf dem Kapitalkonto II wird ein bei Erbringung der Vermögenseinlage gegebenenfalls zu leistendes Aufgeld gebucht. Auf dem Kapitalkonto III werden die dem persönlich haftenden Gesellschafter zustehenden, jedoch nicht entnahmefähigen Gewinnanteile erfasst.

Auf dem Verlustvortragskonto werden die Verlustanteile des persönlich haftenden Gesellschafters gebucht.

Die Kapitalkonten I, II und III und das Verlustvortragskonto sind unverzinslich.

(3) Für den persönlich haftenden Gesellschafter wird ferner ein Verrechnungskonto geführt. Auf dem Verrechnungskonto werden die entnahmefähigen Gewinnanteile, Entnahmen, Tätigkeitsvergütungen, Zinsen sowie der sonstige Zahlungsverkehr zwischen der Gesellschaft und dem persönlich haftenden Gesellschafter gebucht. Soweit gesetzlich zulässig, kann der persönlich haftende Gesellschafter zulasten des Verrechnungskontos die Beträge entnehmen, die zur Bezahlung der im Zusammenhang mit seiner Beteiligung bei ihm anfallenden persönlichen Steuern erforderlich sind. Die Zinsen gelten ungeachtet etwa abweichender steuerlicher Vorschriften als Aufwand bzw. Ertrag der Gesellschaft. Guthaben auf dem Verrechnungskonto können von dem persönlich haftenden Gesellschafter jederzeit unter Wahrung einer Ankündigungsfrist von zwei Wochen entnommen werden. Das Verrechnungskonto darf nicht durch Entnahmen negativ werden oder sich ein Negativsaldo durch Entnahmen vergrößern.

Guthaben und Sollsalden auf dem Verrechnungskonto sind mit einem Zinssatz von 2%-Punkte p.a. über dem jeweiligen Basiszinssatz nach § 247 BGB zu verzinsen.

(4) Der persönlich haftende Gesellschafter mit Kapitalanteil nimmt am Vermögen der Gesellschaft einschließlich der stillen Reserven sowie am Liquidationserlös jeweils in dem Maße teil, das dem Verhältnis seines Kapitalanteils (§ 6 Abs. 1) zum Gesamtkapital (§ 4 Abs. 1) entspricht. Die Beteiligung am Gewinn und Verlust ist in § 22 geregelt.

§ 7 Persönlich haftende Gesellschafter ohne Kapitalanteil

(1) Persönlich haftender Gesellschafter ohne Kapitalanteil ist die A-Management AG. Die A-Management AG ist eingetragen im Handelsregister des Amtsgerichts [...] unter HRB [...].

---

[2] Alternativ, insbesondere bei Inhaberaktien zwingend: Über sämtliche Aktien der Gesellschaft wird eine Globalurkunde ausgestellt. Der Anspruch des Aktionärs auf Einzelverbriefung seines Anteils ist ausgeschlossen.

(2) Die A-Management AG erhält – unabhängig vom Ergebnis der Gesellschaft – eine Haftungsvergütung in Höhe von 5 vH ihres eingezahlten Grundkapitals, das zu Beginn des Geschäftsjahres der A-KGaA bei dem persönlich haftenden Gesellschafter vorhanden ist.

(3) Persönlich haftende Gesellschafter ohne Kapitalanteil können durch Beschluss der Hauptversammlung aufgenommen werden. Die Zustimmung der persönlich haftenden Gesellschafter mit Kapitalanteil ist erforderlich und ausreichend.[3]

§ 8 Rechtsverhältnisse der persönlich haftenden Gesellschafter

(1) Die Rechtsbeziehungen zwischen der Gesellschaft und den persönlich haftenden Gesellschaftern werden, soweit sie sich nicht aus der Satzung oder dem Gesetz zwingend ergeben, durch Vereinbarungen zwischen dem einzelnen persönlich haftenden Gesellschafter und der Hauptversammlung geregelt.[4]

(2) Die persönlich haftenden Gesellschafter erhalten für ihre Geschäftsführungstätigkeit nach Maßgabe der gemäß Abs. 1 getroffenen Vereinbarung eine angemessene feste Vergütung und Gewinnbeteiligung sowie die Zusage einer Alters-, Invaliditäts- und Hinterbliebenenversorgung.

(3) Alle Bezüge, welche die persönlich haftenden Gesellschafter für ihre Geschäftsführungstätigkeit erhalten, gelten – ungeachtet etwa abweichender steuerlicher Vorschriften – im Verhältnis zu den Kommanditaktionären als Aufwand der Gesellschaft.

§ 9 Umwandlung der Vermögenseinlage in Grundkapital

(1) Verlangt der persönlich haftende Gesellschafter mit Kapitalanteil durch schriftliche Erklärung gegenüber dem Aufsichtsrat die Umwandlung seiner Vermögenseinlage (ganz oder teilweise) in Grundkapital, so muss einem solchen Verlangen unverzüglich durch die Ausgabe von auf den Namen lautenden Aktien mit einem Gesamtnennbetrag entsprochen werden, der dem Betrag der umgewandelten Vermögenseinlage entspricht. Der persönlich haftende Gesellschafter mit Kapitalanteil kann erstmals nach Ablauf von [...] die Umwandlung der Vermögenseinlage in Grundkapital verlangen.

(2) Der Anspruch gemäß Abs. 1 besteht nicht, wenn und soweit die Vermögenseinlage des persönlich haftenden Gesellschafters mit Kapitaleinlage durch Verluste gemindert und sein Verlustvortragskonto dementsprechend nicht ausgeglichen ist.

(3) Die neuen Aktien werden entweder aus einem zu diesem Zweck etwa bestehenden bedingten Kapital oder aus genehmigten Kapital oder aufgrund einer von der Hauptversammlung beschlossenen Kapitalerhöhung ausgegeben. Ein etwa erforderlicher Beschluss der Hauptversammlung zur Kapitalerhöhung ist in der nächsten, dem Umwandlungsverlangen folgenden Hauptversammlung zu fassen. Das Bezugsrecht der Kommanditaktionäre kann dabei ausgeschlossen werden.

(4) Mit der Kapitalerhöhung und der Zeichnung der neuen Aktien durch den persönlich haftenden Gesellschafter mit Kapitalanteil ist die Vermögenseinlage herabgesetzt und gilt ein Anspruch des persönlich haftenden Gesellschafters mit Kapitalanteil auf Auszahlung der umzuwandelnden Vermögenseinlage und der Rücklagen des persönlich haftenden Gesellschafters mit Kapitalanteil (bei teilweiser Umwandlung eines entsprechenden Teils dieser Rücklagen) als begründet. Die Kapitalerhöhung erfolgt gegen Einlage dieses Anspruchs. Der persönlich haftende Gesellschafter mit Kapitalanteil nimmt mit Wirkung vom Beginn des auf

[3] Die Erklärung der Zustimmung eines Komplementärs zum Komplementärwechsel bedarf gemäß § 285 Abs. 3 Satz 2 AktG der notariellen Beurkundung, vgl. OLG Stuttgart v. 27.11.2002 – 20 U 14/02, AG 2003, 587.

[4] Vgl. aber auch BGH v. 29.11.2004 – II ZR 364/02, AG 2005, 239.

das Umwandlungsverlangen folgenden Geschäftsjahres mit der umgewandelten Vermögenseinlage nicht mehr am Ergebnis teil und die neuen Aktien sind ab diesem Zeitpunkt gewinnberechtigt.

§ 10 Ausscheiden von persönlich haftenden Gesellschaftern

(1) Ein persönlich haftender Gesellschafter scheidet mit Beendigung der mit ihm gemäß § 8 Abs. 1 getroffenen Vereinbarung sowie in den Fällen der §§ 131 Abs. 3 Nr. 1 bis 3, 135 HGB aus der Gesellschaft aus. Die Gesellschaft wird zwischen den verbleibenden persönlich haftenden Gesellschaftern und den Kommanditaktionären fortgesetzt. Der ausgeschiedene persönlich haftende Gesellschafter kann nicht Befreiung von den Verbindlichkeiten der Gesellschaft oder Sicherheitsleistung verlangen, jedoch steht ihm die Gesellschaft dafür ein, dass er für die Verbindlichkeiten der Gesellschaft nicht in Anspruch genommen wird.
Sofern über die vorstehend geregelten Fälle hinaus ein persönlich haftender Gesellschafter auf Grund einer besonderen Vereinbarung aus der Gesellschaft ausscheidet, muss diese schriftlich erfolgen. Sie muss den Zeitpunkt des Ausscheidens bestimmen und bedarf der Zustimmung der übrigen persönlich haftenden Gesellschafter.

(2) Ein persönlich haftender Gesellschafter ohne Kapitalanteil, der aus der Gesellschaft ausscheidet, hat keinen Anspruch auf ein Auseinandersetzungsguthaben.

(3) Scheidet ein persönlich haftender Gesellschafter mit Kapitalanteil von Todes wegen aus der Gesellschaft aus, so gilt Folgendes:
a) Der oder die Rechtsnachfolger des ausscheidenden persönlich haftenden Gesellschafters mit Kapitalanteil wachsen zunächst in die Rechtsstellung als persönlich haftende Gesellschafter mit Kapitalanteil hinein.
b) Jeder Rechtsnachfolger hat jedoch das Wahlrecht, mit seinem Anteil aus der persönlichen Haftung auszuscheiden und die Umwandlung seines Anteils in entsprechendes Grundkapital gemäß § 9 zu verlangen.
c) Dieses Wahlrecht hat jeder Rechtsnachfolger unverzüglich, spätestens binnen drei Monaten nach dem Ausscheiden des persönlich haftenden Gesellschafters mit Kapitalanteil auszuüben und seine Entscheidung dem Aufsichtsratsvorsitzenden schriftlich mitzuteilen.
d) Entscheidet sich ein Rechtsnachfolger für die Rechtsstellung des persönlich haftenden Gesellschafters mit Kapitalanteil, so hat die Hauptversammlung binnen vier Wochen nach Bekanntgabe seiner Entscheidung die nachfolgenden Befugnisse:
aa) Sie kann der Entscheidung widersprechen und die Umwandlung des Kapitalanteils in anteiliges Grundkapital verlangen und erzwingen oder
bb) sie kann nach pflichtgemäßem Ermessen
a1) die Vertretungsbefugnis entziehen oder
a2) im Innenverhältnis die Geschäftsführungsbefugnis einschränken.

(4) Äußert sich ein Rechtsnachfolger überhaupt nicht innerhalb der in Buchst. c genannten Frist, so kann die Hauptversammlung jederzeit die Umwandlung seines Anteils in entsprechendes Grundkapital verlangen und erzwingen.

(5) Scheidet der persönlich haftende Gesellschafter mit Kapitalanteil aus anderen als in Abs. 3 genannten Gründen aus der Gesellschaft aus, so steht ihm vorbehaltlich Satz 3 eine Abfindung in Aktien an der Gesellschaft zu, deren rechnerischer Wert der Vermögenseinlage des persönlich haftenden Gesellschafters mit Kapitalanteil entspricht. Ein Anspruch auf Barabfindung ist ausgeschlossen. Für die Gewährung der Aktien und deren Gewinnberechtigung gelten die Regelungen des § 9 entsprechend.

IV. Geschäftsführung und Vertretung[Rz. 85f.]

§ 11 Vertretung

(1) Der persönlich haftende Gesellschafter A ist einzelvertretungsberechtigt und von den Beschränkungen des § 181 BGB befreit.

(2) Die A-Management AG ist zur Vertretung der Gesellschaft in Gemeinschaft mit einem der in Abs. 1 genannten persönlich haftenden Gesellschafter berechtigt.

(3) Die Hauptversammlung kann einem persönlich haftenden Gesellschafter die Befugnis zur Einzelvertretung – auch unter Befreiung von den Beschränkungen des § 181 BGB – erteilen, soweit dieser Gesellschafter nicht bereits nach Abs. 1 einzelvertretungsberechtigt ist. Wenn nur ein persönlich haftender Gesellschafter vorhanden ist, vertritt dieser die Gesellschaft allein.

(4) Den persönlich haftenden Gesellschaftern ist es untersagt, während ihrer Zugehörigkeit zur Gesellschaft dieser Gesellschaft mittelbar oder unmittelbar, gelegentlich oder gewerbsmäßig, unter eigenem oder fremden Namen, für eigene oder fremde Rechnung im Geschäftszweig der Gesellschaft Konkurrenz zu machen. Dies gilt auch für solche Geschäftszweige, in denen die Gesellschaft bei dem Abschluss dieses Vertrages noch nicht tätig war.
Die persönlich haftenden Gesellschafter können jedoch von diesem Wettbewerbsverbot befreit werden. Darüber entscheidet die Hauptversammlung.

§ 12 Geschäftsführung

(1) Zur Geschäftsführung sind grundsätzlich nur zwei persönlich haftende Gesellschafter gemeinschaftlich befugt. Der persönlich haftende Gesellschafter A ist jedoch berechtigt, allein zu handeln. Die persönlich haftenden Gesellschafter können sich durch einstimmigen Beschluss eine Geschäftsordnung geben, wenn nicht die Hauptversammlung eine Geschäftsordnung erlässt.

(2) In der Geschäftsordnung oder durch Beschluss der Hauptversammlung kann bestimmt werden, dass bestimmte Arten von Geschäften nur mit Zustimmung der Hauptversammlung vorgenommen werden dürfen. Die Hauptversammlung ist berechtigt, Zustimmungs- und Eingriffskompetenzen in die Geschäftsführung auf ein besonderes, zu diesem Zweck geschaffenes Organ (Aktionärsausschuss bzw. – mit Zustimmung des persönlich haftenden Gesellschafters A – auf einen Beirat) zu übertragen. Die Befugnisse dieses Gremiums sind explizit zu benennen.
Die Geschäftsordnung kann ferner bestimmen, dass bestimmten persönlich haftenden Gesellschaftern, sofern sie nicht ohnehin einzelgeschäftsführungsbefugt sind, einzelne Geschäfte oder bestimmte Arten von Geschäften allein übertragen werden können. Wird eine solche Bestimmung in die Geschäftsordnung aufgenommen, kann die Übertragung jederzeit und ohne das Vorliegen eines wichtigen Grundes widerrufen werden. Der Widerruf durch einen der anderen persönlich haftenden Gesellschafter ist ausreichend.
Die Berechtigung des persönlich haftenden Gesellschafters A zur Geschäftsführung kann durch eine Bestimmung der Geschäftsordnung nicht ausgeschlossen oder beschränkt werden.

(3) Das Widerspruchsrecht der Kommanditaktionäre bei außergewöhnlichen Geschäften nach § 164 Satz 1 2. Halbsatz HGB ist – vorbehaltlich der nachfolgenden Regelungen – ausgeschlossen. Wenn und soweit
- das Grundkapital höher ist als 25 vH der Summe aus Grundkapital und Kapitalanteilen der persönlich haftenden Gesellschafter mit Kapitalanteil nach § 6 und
- die Zahl der Kommanditaktionäre geringer ist als drei,

hat die Geschäftsführung zu folgenden Geschäften und Maßnahmen die Zustimmung nach Abs. 4 einzuholen:

(a) Erwerb und Belastung von und Verfügung über Grundstücke, grundstücksgleiche Rechte sowie den Abschluss von Leasingverträgen über unbewegliche Wirtschaftsgüter, sofern der Wert € [...],– im Einzelfall übersteigt;
(b) Vornahme von Neubauten, Anbauten, Erweiterungen von Gebäuden, Erwerb von und Verfügung über Gegenstände des mobilen Anlagevermögens einschließlich des Abschlusses von Leasingverträgen, sofern dies nicht im jährlichen Investitionsplan genehmigt ist oder der Anschaffungsaufwand für einen bestimmten Anlagegegenstand oder eine Sachgesamtheit den Betrag von € [...],– überschreitet;
(c) Erwerb von und Verfügung über Wertpapiere und Beteiligungen mit Ausnahme der Entgegennahme und Diskontierung handelsüblicher Wechsel;
(d) Änderung der Geschäftsrichtung im Rahmen des Gesellschaftszweckes, insbesondere die Aufnahme einer neuen Fertigung;
(e) Erwerb und Verfügung über Patente oder ähnliche Verfahrensrechte sowie Abschluss von Lizenzverträgen;
(f) Grundsatzfragen im Personalwesen, insbesondere soweit diese leitende Angestellte und Führungskräfte betreffen;
(g) Errichtung und Aufhebung von Zweigniederlassungen, Filialen und anderen Betriebsstätten;
(h) Eingehen von Bürgschaften, sowie Haftungsverhältnissen, die ein Einstehen für Verbindlichkeiten Dritter begründen und
(i) Stimmrechtsausübung bei Beteiligungsgesellschaften.

(4) Die vorstehend bezeichneten Geschäfte und Maßnahmen bedürfen der Zustimmung von 75 vH des aus dem Grundkapital und den Kapitalanteilen bestehenden Gesamtkapitals. Die Zustimmungsbeschlüsse werden regelmäßig im schriftlichen Umlaufverfahren gefasst.

V. Aufsichtsrat[Rz. 88, 89]

§ 13 Zusammensetzung und Amtsdauer

(1) Der Aufsichtsrat besteht aus drei Mitgliedern, falls nicht abweichende gesetzliche Vorschriften Anwendung finden. Die Zusammensetzung des Aufsichtsrates bestimmt sich nach den Bestimmungen dieses Paragrafen und nach den gesetzlichen Vorschriften.

(2) Nach § 101 Abs. 2 AktG hat der Kommanditaktionär B sowie die Personen, die dessen Rechtsposition auf Grund Übertragung, Erbfolge oder durch Vermächtnis erlangen werden, solange, wie er selbst/oder ihm ausschließlich gehörende Gesellschaften Eigentümer von zusammen jeweils mehr als 25 vH der Aktien der Gesellschaft sind, das Recht, ein Mitglied in den Aufsichtsrat der Gesellschaft zu entsenden.
Das Entsendungsrecht kann der Gesellschaft gegenüber von den jeweils Berechtigten nur einheitlich und nur durch eine von ihnen allen unterzeichnete Erklärung, aus der sich das zu entsendende Mitglied des Aufsichtsrates ergibt, ausgeübt werden. Dabei dürfen Personen, die kraft Gesetzes an der Ausübung eines Stimmrechtes bei Beschlussfassung über die Wahl und Abberufung von Mitgliedern des Aufsichtsrates oder an der Ausübung des Entsendungsrechtes gehindert sind, nicht mit stimmen; jedoch werden die Aktien solcher Personen bei der Berechnung der Mindestbeteiligung mit berücksichtigt. Wird das Entsendungsrecht nicht spätestens sechs Monate nach der ordentlichen Hauptversammlung ausgeübt, die der Hauptversammlung vorausgeht, in der die turnusmäßige Wahl des Aufsichtsrates durchgeführt werden soll, so ruht es für die Dauer der anstehenden Wahlperiode.

(3) Die übrigen Aufsichtsratsmitglieder werden, soweit nicht zwingende gesetzliche Vorschriften anderes bestimmen, von den Kommanditaktionären nach dem Aktiengesetz gewählt. Sofern die Voraussetzungen des Sonderrechtes nicht mehr gegeben sind, werden, vorbehaltlich abweichender zwingender gesetzlicher Bestimmungen, alle Mitglieder von den Kommanditaktionären nach den Vorschriften des Aktiengesetzes gewählt.

(4) Die Aufsichtsratsmitglieder werden für die Zeit bis zur Beendigung der Hauptversammlung gewählt, die über ihre Entlastung für das vierte Geschäftsjahr nach dem Beginn der Amtszeit beschließt. Das Geschäftsjahr, in dem die Amtszeit beginnt, wird nicht mitgerechnet. Die Hauptversammlung kann für Mitglieder der Kommanditaktionäre bei der Wahl eine kürzere Amtszeit bestimmen. Die Wahl des Nachfolgers eines vor Ablauf der Amtszeit ausgeschiedenen Mitglieds erfolgt, soweit die Hauptversammlung die Amtszeit des Nachfolgers nicht abweichend bestimmt, für den Rest der Amtszeit des ausgeschiedenen Mitglieds.

(5) Die Mitglieder des Aufsichtsrates können ihr Amt durch eine an den Vorsitzenden des Aufsichtsrates oder an die persönlich haftenden Gesellschafter zu richtende schriftliche Erklärung unter Einhaltung einer Frist von vier Wochen niederlegen.

(6) Gleichzeitig mit den Aufsichtsratsmitgliedern der Kommanditaktionäre können für ein oder mehrere bestimmte Aufsichtsratsmitglieder Ersatzmitglieder gewählt werden. Sie werden nach einer bei der Wahl festzulegenden Reihenfolge Mitglieder des Aufsichtsrates, wenn Aufsichtsratsmitglieder, als deren Ersatzmitglieder sie gewählt wurden, vor Ablauf der Amtszeit aus dem Aufsichtsrat ausscheiden. Wird ein Aufsichtsratsmitglied anstelle eines ausscheidenden Mitglieds gewählt, so besteht sein Amt für den Rest der Amtsdauer des ausscheidenden Mitglieds. Tritt ein Ersatzmitglied an die Stelle des Ausscheidenden, so erlischt sein Amt, falls in der nächsten oder übernächsten Hauptversammlung nach Eintritt des Ersatzfalles eine Neuwahl für den Ausgeschiedenen stattfindet, mit Beendigung dieser Hauptversammlung, anderenfalls mit Ablauf der restlichen Amtszeit des Ausgeschiedenen. Soll die Nachwahl für ein vorzeitig ausgeschiedenes Aufsichtsratsmitglied das Ausscheiden eines hierfür nachgerückten Ersatzmitgliedes aus dem Aufsichtsrat bewirken, bedarf der Beschluss einer Mehrheit von $^3/_4$ der abgegebenen Stimmen.

§ 14 Vorsitzender und Stellvertreter

(1) Der Aufsichtsrat wählt im Anschluss an die Hauptversammlung, in der die Aufsichtsratsmitglieder der Kommanditaktionäre gewählt worden sind, in einer ohne besondere Einberufung stattfindenden Sitzung aus seiner Mitte den Vorsitzenden und den Stellvertreter. Die Amtszeit des Vorsitzenden und des Stellvertreters entspricht, soweit bei der Wahl nicht eine kürzere Amtszeit bestimmt wird, ihrer Amtszeit als Mitglied des Aufsichtsrates.

(2) Scheidet der Vorsitzende oder der Stellvertreter vor Ablauf der Amtszeit aus seinem Amt aus, so hat der Aufsichtsrat eine Neuwahl für die restliche Amtszeit des Ausgeschiedenen vorzunehmen.

§ 15 Einberufung und Beschlussfassung

(1) Die Sitzungen des Aufsichtsrates werden durch den Vorsitzenden mit einer Frist von vierzehn Tagen schriftlich oder in Textform (§ 126b BGB) einberufen. Bei der Berechnung der Frist werden der Tag der Absendung der Einladung und der Tag der Sitzung nicht mitgerechnet. In dringenden Fällen kann der Vorsitzende die Frist abkürzen und mündlich, fernmündlich, durch Telefax oder per E-Mail einberufen.

(2) Außerhalb von Sitzungen sind Beschlussfassungen durch schriftliche oder per Telefax oder per E-Mail übermittelte Stimmabgaben zulässig, wenn sich alle Mitglieder mit der vom Vorsitzenden vorgeschlagenen Art der Abstimmung einverstanden erklären oder sich an ihr beteiligen.

(3) Die Beschlüsse bedürfen der Mehrheit der abgegebenen Stimmen. Bei Stimmengleichheit gibt die Stimme des Vorsitzenden oder, falls der Vorsitzende nicht an der Beschlussfassung teilnimmt, die Stimme des Stellvertreters den Ausschlag.

(4) Der Vorsitzende ist ermächtigt, im Namen des Aufsichtsrats die zur Durchführung der Beschlüsse des Aufsichtsrates und seiner Ausschüsse erforderlichen Willenserklärungen abzugeben.

(5) Jedes Aufsichtsratsmitglied ist nicht nur in Ausübung des Aufsichtsratsmandats, sondern auch nach dessen Beendigung zur absoluten Verschwiegenheit über alle Tatsachen verpflichtet, die ihm in Ausübung des Aufsichtsratsmandats zuteil geworden sind.

§ 16 Geschäftsordnung und Änderungen der Satzungsfassung

(1) Im Rahmen der zwingenden gesetzlichen Vorschriften und der Bestimmungen dieser Satzung kann sich der Aufsichtsrat eine Geschäftsordnung geben.

(2) Der Aufsichtsrat ist ermächtigt, Änderungen der Satzung zu beschließen, die nur die Fassung betreffen.

§ 17 Vergütung

(1) Jedes Aufsichtsratsmitglied erhält neben dem Ersatz seiner Auslagen inklusive darauf entfallender Umsatzsteuer eine nach Ablauf des Geschäftsjahres zahlbare jährliche Vergütung. Über die Höhe der Vergütung beschließt die Hauptversammlung. Sie kann hierbei für den Vorsitzenden des Aufsichtsrates und seinen Stellvertreter eine höhere Vergütung vorsehen.

(2) Den Aufsichtsratsmitgliedern wird die Umsatzsteuer auf ihre Vergütung erstattet. Aufsichtsratsmitglieder, die nur während eines Teils des Geschäftsjahres dem Aufsichtsrat angehört haben, erhalten eine quotale Vergütung.

VI. Hauptversammlung[Rz. 91]

§ 18 Einberufung und Vorsitz

(1) Die Hauptversammlung wird von den persönlich haftenden Gesellschaftern einberufen. Sie findet regelmäßig am Sitz der Gesellschaft statt.

(2) Die Einberufung muss mindestens 30 Tage vor dem Tage der Versammlung erfolgen. Dabei werden der Tag der Veröffentlichung und der Tag der Hauptversammlung nicht mitgerechnet.

(3) Die Einberufung der Hauptversammlung erfolgt durch einmalige Bekanntmachung im Bundesanzeiger oder durch eingeschriebenen Brief.

(4) Den Vorsitz in der Hauptversammlung führt der Vorsitzende des Aufsichtsrates oder ein von ihm bestimmtes anderes Aufsichtsratsmitglied aus dem Kreis der von den Kommanditaktionären gewählten Aufsichtsratsmitglieder. Falls weder der Vorsitzende des Aufsichtsrates noch ein von ihm bestimmtes Mitglied des Aufsichtsrats den Vorsitz übernimmt, wird der Vorsitzende von der Hauptversammlung unter Leitung des an Lebensjahren ältesten anwesenden persönlich haftenden Gesellschafters gewählt.

(5) Der Vorsitzende leitet die Versammlung. Er bestimmt die Reihenfolge, in der die Gegenstände der Tagesordnung verhandelt werden, sowie die Art und Folge der Abstimmungen.

§ 19 Beschlussfassung

(1) In der Hauptversammlung gewährt eine Aktie eine Stimme.

(2) Die Beschlüsse der Hauptversammlung werden, soweit nicht zwingende gesetzliche Vorschriften entgegenstehen, mit einfacher Mehrheit der abgegebenen Stimmen und, soweit das Gesetz außer der Stimmenmehrheit eine Kapitalmehrheit vorschreibt, mit einfacher Mehrheit des bei der Beschlussfassung vertretenen Grundkapitals gefasst.

(3) Im Fall der Stimmengleichheit gilt, ausgenommen bei Wahlen, ein Antrag als abgelehnt. Sofern bei Wahlen im ersten Wahlgang die einfache Stimmenmehrheit nicht erreicht wird, findet eine Stichwahl zwischen den Personen statt, die die beiden höchsten Stimmenzahlen erhalten haben. Bei gleicher Stimmenzahl im zweiten Wahlgang entscheidet das vom Vorsitzenden der Hauptversammlung zu ziehende Los.

§ 20 Zustimmung der persönlich haftenden Gesellschafter

(1) Soweit Beschlüsse der Hauptversammlung der Zustimmung der persönlich haftenden Gesellschafter bedürfen, wird die Zustimmung oder Ablehnung für alle persönlich haftenden Gesellschafter einheitlich durch den Vorsitzenden der Geschäftsführung oder, falls ein Vorsitzender nicht ernannt oder dieser verhindert ist, durch den nach der Geschäftsordnung dazu berufenen persönlich haftenden Gesellschafter erklärt. Zu diesem Zweck stimmen die persönlich haftenden Gesellschafter außerhalb der Hauptversammlung nach Köpfen über den Gegenstand der Beschlussfassung mit einfacher Mehrheit ab. Einer gesonderten Beschlussfassung außerhalb der Hauptversammlung bedarf es jedoch dann nicht, wenn alle persönlich haftenden Gesellschafter in der Hauptversammlung anwesend oder nach Maßgabe des Abs. 2 vertreten sind. In diesem Fall können sie ihre Zustimmung bzw. Ablehnung zu den Beschlüssen der Hauptversammlung selbst durch Erklärung zur Niederschrift abgeben.

(2) Persönlich haftende Gesellschafter können sich im Fall ihrer Verhinderung bei der Beschlussfassung gemäß Abs. 1 Satz 2 durch einen anderen persönlich haftenden Gesellschafter auf Grund einer schriftlichen Vollmacht vertreten lassen.

VII. Jahresabschluss und Gewinnverwendung[Rz. 93ff.]

§ 21 Jahresabschluss

(1) Die persönlich haftenden Gesellschafter haben in den ersten drei Monaten des Geschäftsjahres den Jahresabschluss und den Lagebericht für das vergangene Geschäftsjahr nach den für Kapitalgesellschaften geltenden handelsrechtlichen Grundsätzen aufzustellen und dem Abschlussprüfer vorzulegen. Bei der Aufstellung des Jahresabschlusses können die persönlich haftenden Gesellschafter Einstellungen aus dem Jahresüberschuss in Gewinnrücklagen vorsehen. Unverzüglich nach Eingang des Prüfungsberichtes des Abschlussprüfers haben die persönlich haftenden Gesellschafter den Jahresabschluss, den Lagebericht und den Prüfungsbericht zusammen mit dem Vorschlag für die Verwendung des Bilanzgewinns dem Aufsichtsrat zur Prüfung vorzulegen.

(2) Der Jahresabschluss wird durch die Hauptversammlung festgestellt. Der Beschluss bedarf der Zustimmung der persönlich haftenden Gesellschafter.

§ 22 Verteilung des Jahresergebnisses zwischen den persönlich haftenden Gesellschaftern mit Kapitalanteil und den Kommanditaktionären

(1) Grundlage für die Verteilung des Ergebnisses zwischen den persönlich haftenden Gesellschaftern mit Kapitalanteil und den Kommanditaktionären ist der mit Jah-

resabschluss gemäß § 21 Abs. 1 festgestellte Jahresüberschuss oder Jahresfehlbetrag, wie er sich ergeben würde
– ohne Berücksichtigung des auf die persönlich haftenden Gesellschafter mit Kapitalanteil entfallenden Gewinns oder Verlustes als Aufwand oder Ertrag,
– ohne Berücksichtigung des Aufwands aus der auf den Gewinnanteil der Kommanditaktionäre entfallenden Körperschaftsteuer einschließlich etwaiger Zuschläge und der Erträge aus der Auflösung von Rückstellungen für die genannten Steuern oder der Erstattung solcher Steuern,
– nach Berücksichtigung der Bezüge der persönlich haftenden Gesellschafter nach § 8 Abs. 2 unter Einschluss etwaiger Tantiemen als Aufwand,
– nach Berücksichtigung der Einstellung in Gewinnrücklagen als Aufwand und der Entnahmen aus Gewinnrücklagen als Ertrag.

An dem so ermittelten Ergebnis ist ein persönlich haftender Gesellschafter mit Kapitalanteil mit dem Prozentsatz beteiligt, der seinem Kapitalanteil im Verhältnis zum gesamten Gesellschaftskapital (Grundkapital zuzüglich Kapitalanteile der persönlich haftenden Gesellschafter) entspricht. Der Prozentsatz bestimmt sich auch dann nach dem unverminderten Kapitalanteil, wenn der Kapitalanteil durch die Verbuchung von Verlusten gemindert ist.

(2) Über die Verwendung des Bilanzgewinns entscheidet die Hauptversammlung. Der auf einen persönlich haftenden Gesellschafter mit Kapitalanteil nach Abs. 1 entfallende Gewinn steht ihm nach Feststellung des Jahresabschlusses zur Entnahme zur Verfügung, es sei denn ein Verlustvortrag besteht. In diesem Fall ist der Gewinn des persönlich haftenden Gesellschafters mit Kapitalanteil zunächst zum Ausgleich des Verlustvortragskontos zu verwenden. Soweit die Hauptversammlung mit Zustimmung der persönlich haftenden Gesellschafter beschließt, den Bilanzgewinn vorzutragen, dürfen auch die persönlich haftenden Gesellschafter mit Kapitalanteil einen entsprechenden Teil des auf sie entfallenden Gewinns nicht entnehmen; dies gilt nicht für Steuern.

(3) Die Hauptversammlung kann auch eine Sachausschüttung beschließen.

VIII. Schlussbestimmungen[Rz. 100]

§ 23 Auflösung

(1) Im Falle der Auflösung der Gesellschaft erfolgt die Abwicklung durch die persönlich haftenden Gesellschafter, wenn die Hauptversammlung nicht andere Personen als Abwickler bestellt.

(2) Das nach Berichtigung der Verbindlichkeiten verbleibende Vermögen der Gesellschaft wird zwischen den persönlich haftenden Gesellschaftern mit Kapitalanteil und den Kommanditaktionären im Verhältnis der Nennbeträge der Kapitalanteile und der Anteile am Grundkapital verteilt.

§ 24 Weitere Bestimmungen

(1) Gerichtstand für alle Rechtstreitigkeiten aus diesem Vertrag ist der Sitz der Gesellschaft.

(2) Alle das Gesellschaftsverhältnis betreffenden Vereinbarungen zwischen den Gesellschaftern oder zwischen der Gesellschaft und ihren Gesellschaftern bedürfen zu ihrer Wirksamkeit der Schriftform, soweit nicht durch das Gesetz die notarielle Beurkundung vorgeschrieben ist. Das gilt auch für einen Verzicht auf das Erfordernis dieser Schriftform.

§ 25 Salvatorische Klausel

Sollte eine Bestimmung dieser Satzung ganz oder teilweise unwirksam sein oder ihre Wirksamkeit später verlieren oder sollte sich in dieser Satzung eine Lücke her-

ausstellen, so soll hierdurch die Gültigkeit der übrigen Bestimmungen nicht berührt werden. Anstelle der unwirksamen Bestimmung oder zur Ausfüllung der Lücke soll eine angemessene Regelung gelten, die, soweit nur rechtlich möglich, dem Sinn und Zweck dieser Satzung am meisten gerecht wird. Beruht die Unwirksamkeit einer Bestimmung auf einem darin festgelegten Maß der Leistung oder der Zeit (Frist oder Termin), so soll das der Bestimmung am nächsten kommende rechtlich zulässige Maß an die Stelle des Vereinbarten treten.

A. Grundsätzliche Anmerkungen

I. Rechtliche Aspekte

1 Die Ursprünge der KGaA[5] reichen bis weit in das 18. Jahrhundert zurück. Dennoch fristete die KGaA auch nach ihrer erstmaligen Kodifizierung im ADHGB von 1861 und auch nach den zahlreichen Gesetzesänderungen in der Kautelarpraxis lange Zeit ein Schattendasein.[6] Erst durch die bekannte Entscheidung des BGH,[7] mit der auch nicht natürliche Personen als persönlich haftende Gesellschafter anerkannt wurden,[8] gewann die KGaA eine gewisse Attraktivität,[9] insbesondere auch für den breiten Mittelstand. Der BGH eröffnete mit seiner genannten Entscheidung die Möglichkeit, eine juristische Person wie auch eine GmbH & Co. KG als persönlich haftende Gesellschafterin der KGaA anzuerkennen und damit die unbeschränkte Haftung natürlicher Personen auf das Vermögen der Komplementärin zu begrenzen.[10] Wie die Neufassung des § 279 Abs. 2 AktG verdeutlicht,[11] hat sich der Gesetzgeber dieser Rechtsprechung angeschlossen. Danach muss die Firma eine Bezeichnung enthalten, die auf die Haftungsbeschränkung hinweist, sofern keine natürliche Person persönlich haftender Gesellschafter der KGaA ist.[12]

1. Rechtsnatur der KGaA

2 Die KGaA ist eine **eigenständige Rechtsform,**[13] wirkt jedoch auf Grund ihrer Organisationsverfassung als gesellschaftsrechtlicher Hybrid, da sie sowohl personen- als auch kapitalgesellschaftsrechtliche Elemente aufweist. Für die rechtliche Bewertung dieser Elemente gelten die Spezialregelungen in den §§ 278 ff. AktG, die quasi „vor die Klammer gezogen" werden und in deren Lichte die Grundkonstruktion nach dem HGB und dem AktG auszulegen ist (§ 278 Abs. 2 und 3 AktG).

3 Die KGaA ist gemäß § 278 Abs. 1 AktG eine Gesellschaft mit eigener Rechtspersönlichkeit (juristische Person) und besteht aus mindestens einem persönlich, dh. unbeschränkt haftenden Gesellschafter sowie weiteren Gesellschaftern, die das in Aktien zerlegte Grundkapital aufbringen ohne persönlich für die Verbindlichkeiten der Gesellschaft eintreten zu müssen, sog. Kommanditaktionäre. Als Äquivalent zur KG kennt

[5] Kommanditgesellschaft auf Aktien.

[6] Umfassend: *Schmidt* in Aktienrecht im Wandel, Band II, S. 1188 ff.; Bürgers/Fett/*Fett* § 1 Rz. 1 ff.; *Lieder/Hoffmann* AG 2016, 704 ff.; vgl. auch *Schulte* DStR 2005, 951.

[7] Beschluss v. 24.2.1997 – II ZB 11/96, NJW 1997, 1923.

[8] Zum Streit vgl. insbes. OLG Hamburg v. 5.12.1968 – 2 W 34/68, NJW 1969, 1030; dazu zuletzt *Priester* ZHR 160, 250 ff.

[9] Zum 11.7.2016 waren 307 KGaA in Deutschland registriert, davon 13 börsennotiert, vgl. *Lieder/Hoffmann* AG 2016, 704 (707).

[10] Zur Gestaltung als SE & Co. KGaA siehe *v. Eiff/Otte* GWR 2015, 246 (248); *Reichert* ZIP 2014, 1957 (1964 f.).

[11] Gesetz vom 16.7.1998, BGBl. 1998 I 1842 ff.

[12] Vergleichbares gilt für die Firma einer KG, vgl. § 19 Abs. 2 HGB.

[13] So auch klarstellend BGH v. 24.2.1997 – II ZB 11/96, NJW 1997, 1923 ff.

die KGaA daher auch geschäftsführende Komplementäre und kapitalgebende, in aller Regel nur mit Kontrollrechten ausgestattete Kommanditisten, die das Gesetz jedoch auf Grund der Ausgestaltung ihres Gesellschaftsanteils Kommanditaktionäre nennt (§ 278 Abs. 1 AktG).

Der Charme der KGaA liegt insbesondere in ihrer **hybriden Rechtsform** begründet. Dies umso mehr, nachdem der BGH nicht nur natürliche Personen als persönlich haftende Gesellschafter der KGaA zugelassen hat. Für den persönlich haftenden Gesellschafter gilt das Recht der Personengesellschaft, welches grundsätzlich dispositives Recht darstellt. Insoweit erlaubt es die Rechtsform der KGaA, stets dann von der Regelungsstrenge des Aktienrechtes abzuweichen, wenn auf das Personenhandelsrecht verwiesen wird (§ 278 Abs. 2 AktG). Demnach gilt das Recht der Personengesellschaft für das Rechtsverhältnis der persönlich haftenden Gesellschafter untereinander und gegenüber der Gesamtheit der Kommanditaktionäre sowie gegenüber Dritten, insbesondere hinsichtlich der Befugnis des persönlich haftenden Gesellschafters zur Geschäftsführung und zur Vertretung der Gesellschaft. Hingegen gilt im Übrigen das Aktienrecht mit der Folge, dass insbesondere für die Kommanditaktionäre die aktienrechtliche Satzungsstrenge gilt (§§ 278 Abs. 3 iVm. 23 Abs. 5 AktG). 4

Kommen aber unterschiedliche Rechtsvorschriften in Abhängigkeit von der Frage, ob die Rechte eines persönlich haftenden Gesellschafters oder die eines Kommanditaktionärs zu regeln sind, zur Anwendung, so kann dies als Basis für eine individuelle Ausgestaltung der Gesellschafterrechte genutzt werden. So besteht zum einen die Möglichkeit, dem persönlich haftenden Gesellschafter eine dominierende Rechtsstellung in der KGaA zu verschaffen.[14] Dies findet sich häufig bei familiengeführten Unternehmen. Mitunter kann diese Rechtsform aber auch für die besonderen Belange eines Investors verwandt werden, indem sich der Investor über die Stellung eines persönlich haftenden Gesellschafters nicht nur den Einfluss auf die KGaA sichert, sondern über eine vermögensmäßige Beteiligung auch an den Früchten der Gesellschaft entsprechend partizipiert. 5

Zwischen der **personalistischen KGaA** (starke Stellung des Komplementärs) und der **hauptversammlungsorientierten KGaA** (starke Stellung der Kommanditaktionäre) gibt es eine Vielzahl unterschiedlich ausgestalteter Rechtsformen der KGaA. Mitunter werden die Kompetenzen der Kommanditaktionäre durch die Etablierung eines von ihnen bestimmten Beirates oder Aufsichtsrates auf Ebene des persönlich haftenden Gesellschafters gestärkt. Dabei werden die Kompetenzen dieser Aufsichtsgremien häufig denen des Aufsichtsrates der Aktiengesellschaft angeglichen. Diese Möglichkeiten, die Rechte und Pflichten der Gesellschafter einer KGaA auf die individuellen Bedürfnisse anzupassen und nicht auf die gesetzlichen Vorgaben beschränkt zu sein, ist das Besondere und macht zugleich den Reiz der KGaA aus. Berücksichtigt man, dass der persönlich haftende Gesellschafter nicht eine natürliche Person sein muss, so ist kaum zu verstehen, warum von der Rechtsform der KGaA nur selten Gebrauch gemacht wird; dies umso weniger, weil der Aufsichtsrat der KGaA im Verhältnis zu einem Aufsichtsrat einer anderen Kapitalgesellschaft nur eingeschränkte Rechte hat. Weder steht den Arbeitnehmern das Recht zu, ein gleichberechtigtes Mitglied als Arbeitsdirektor zu bestellen (§ 33 Abs. 1 Satz 2 MitbestG), noch steht dem Aufsichtsrat das Recht zu, die Geschäftsführung zu bestellen oder gar die eigenen Kompetenzen zu Lasten der Geschäftsführung zu erweitern. Insoweit gilt das Personengesellschaftsrecht über die Verweisung des § 278 Abs. 2 AktG.[15] 6

Hinzu kommt, dass auch aus **steuerlicher Sicht** die KGaA eine hybride Rechtsform ist mit der Folge, dass das Körperschaftsteuerrecht für die Besteuerung der KGaA sowie ihrer Kommanditaktionäre Platz greift und für die persönlich haftenden Gesell- 7

---

[14] In der Praxis wird diese Gestaltungsmöglichkeit regelmäßig genutzt, vgl. *Lieder/Hoffmann* AG 2016, 704 (710f.).

[15] Vgl. hierzu Kölner Komm/*Mertens/Cahn* § 287 Rz. 14, 17; MHdB GesR IV/*Herfs* § 79 Rz. 54.

schafter grundsätzlich die Besteuerung für Personengesellschaften zum Tragen kommt.[16] Dies schafft Raum für individuelle Lösungen.

8, 9 *(frei)*

2. Organschaftliche Verfassung

10 Von wesentlicher Bedeutung für das Verständnis der KGaA ist es, sich das Wesen der KGaA zu verdeutlichen.[17] Als Organe kennt die KGaA den oder die persönlich haftenden Gesellschafter (Komplementär), den Aufsichtsrat, die Hauptversammlung und gewillkürte weitere Organe, wie zB einen (sachverständigen) Beirat.

a) Komplementäre

11 Komplementäre können natürliche Personen sein oder nicht natürliche Personen. Als Komplementäre einer KGaA kommen heute neben einer weiteren (typischen oder atypischen) KGaA (sog. doppelstöckige KGaA), alle rechtsfähigen Gesellschaftsformen in Betracht.[18] Zu beachten ist, dass grundsätzlich auch die Gestaltung als GbR & Co. KGaA denkbar ist,[19] wobei aus haftungsrechtlichen Erwägungen diese Konstruktion nur in sehr seltenen Fällen sachgerecht erscheinen wird. Zulässig ist auch die Strukturierung einer **Einheits-KGaA,** in der diese die Anteile an ihrer Komplementär-Kapitalgesellschaft hält, wodurch eine Konstruktion erreicht wird, in der der Einfluss der Kommanditaktionäre in der Gesellschaft gesichert wird.[20] Vor dem Hintergrund der Europäisierung des Gesellschaftsrechts nach der *Überseering*-Entscheidung[21] muss der Berater aber auch an im Einzelfall vorteilhaftere Konstruktionen unter Einschaltung ausländischer Gesellschaftsformen denken.[22]

12 Die **Geschäftsführung und die Vertretung der Gesellschaft** obliegt unabhängig von einer Kapitalmehrheit in der Hauptversammlung den persönlich haftenden Gesellschaftern kraft ihrer Gesellschafterstellung. Deren Kompetenzen sind umso stärker zu gewichten, als die **Einflussrechte des Aufsichtsrates** mangels Geschäftsordnungskompetenz und Personalkompetenz gesetzlich begrenzt sind. Dafür ist im Gegenzug der **Einfluss der Komplementäre auf den Aufsichtsrat** der KGaA nicht gegeben. Das Gesetz sieht dazu vor, dass die Komplementäre nicht gleichzeitig auch Aufsichtsratsmitglieder der Gesellschaft sein können (§ 287 Abs. 3 AktG) oder an der Wahl oder Abwahl eines Aufsichtsratsmitglieds teilhaben können (§ 285 Abs. 1 Satz 1 Nr. 1 AktG).[23] Ein Komplementär kann selbst dann nicht Aufsichtsratsmitglied werden, wenn er von der Geschäftsführung ausgeschlossen ist.[24] Das gesetzliche Verbot gilt analog auch für die Geschäftsführer[25] und die Mehrheitsgesellschafter einer juristischen Person, die als Komplementärin an einer KGaA beteiligt ist, denn insoweit besteht eine Regelungslücke für § 287 Abs. 3 AktG.[26] Eine weitere Analogie des § 287 Abs. 3

---

[16] Siehe hierzu unter Rz. 45 ff.

[17] Anschaulich die tabellarische Darstellung von Bürgers/Fett/*Göz* § 2 Rz. 4.

[18] AG, GmbH, eG, Verein, Stiftung, VVaG, oHG, KG – vgl. Nachweise bei *Schaumburg/Schulte* Rz. 42 und Bürgers/Fett/*Reger* § 5 Rz. 21 ff.

[19] Vgl. zu GbR & Co. KG: LG Berlin v. 8.4.2003 – 102 U 6/03, GmbHR 2003, 719 f. (rkr.).

[20] *Schaumburg/Schulte* Rz. 46 ff.

[21] EuGH v. 5.11.2002 – Rs C-208/00, GmbHR 2002, 1137 (Überseering); im Anschluss EuGH v. 30.9.2003 – Rs. C-167/01, NJW 2003, 3331 (Inspire Art); EuGH v. 13.12.2005 – Rs. C-411/03, NJW 2006, 425 (Sevic).

[22] Grundlegend *Bödefeld* in FS Rädler, S. 33 ff.

[23] Auch ist es unzulässig, dass zugunsten eines Komplementärs oder seines rechtsgeschäftlichen oder gesetzlichen Vertreters oder maßgebenden Gesellschafters ein Entsendungsrecht (§ 101 Abs. 2 AktG) bestimmt wird, wonach dieser eine von ihm zu bestimmende Person direkt in den Aufsichtsrat entsenden kann, vgl. nur GroßkommAktG/*Assmann/Sethe* § 287 Rz. 6; Spindler/Stilz/*Bachmann* § 287 Rz. 4.

[24] *Hüffer/Koch* AktG § 287 Rz. 4; OLG München v. 13.8.2003 – 7 U 2927/02, AG 2004, 151.

[25] BGH v. 5.12.2005 – II ZR 291/03, ZIP 2006, 177.

[26] Umstritten vgl. BGH v. 5.12.2005 – II ZR 291/03, ZIP 2006, 177; MüKoAktG/*Perlitt* AktG § 278 Rz. 323 ff.; *Ihrig/Schlitt* Die GmbH & Co. KG nach dem Beschluss BGHZ 134, 392, 1998, S. 45; Bürgers/Fett/*Bürgers* § 5 Rz. 452; Spindler/Stilz/*Bachmann* § 287 Rz. 5.

AktG zu Lasten solcher Personen, die keinen bestimmenden Einfluss auf die Willensbildung in der Komplementärin ausüben können, verbietet jedoch der Charakter der Vorschrift als eng auszulegende Verbotsnorm.[27]

Der **Umfang der Geschäftsführung und der Vertretung der Gesellschaft** unterliegt in weiten Teilen der personengesellschaftsrechtlichen Satzungsautonomie. Die Komplementäre schulden bei ihrer Geschäftsführung in jedem Fall die Sorgfalt eines ordentlichen Geschäftsleiters. Eine Haftungsmilderung nach §§ 708 BGB iVm. 105 Abs. 2 HGB kommt nicht in Betracht.[28] Die Haftung für ein Verschulden richtet sich nach §§ 93 iVm. 283 Nr. 3 AktG.[29] **13**

Im Einzelnen umstritten ist jedoch, ob **Grundlagengeschäfte** und **außergewöhnliche Geschäftsführungsmaßnahmen,** für die nach §§ 278 Abs. 2 AktG, 164 Satz 1, 161 Abs. 2, 116 Abs. 2 HGB grundsätzlich die Zustimmung aller Gesellschafter – also auch der Kommanditaktionäre – einzuholen ist, den Komplementären zur alleinigen Kompetenz zugewiesen werden kann. Ein vollständiger Ausschluss der Mitwirkungsmöglichkeiten der Kommanditaktionäre für diese Geschäfte begegnet insbesondere im Fall einer **Publikums-KGaA**[30] rechtlichen Bedenken, da es insoweit zu einer rechtlich unzulässigen Minderheitenherrschaft käme.[31] Zulässig ist es hingegen, für außergewöhnliche Geschäfte (§ 164 HGB) die Mitwirkungsbefugnisse der Kommanditaktionäre in der Satzung auf den Aufsichtsrat[32] zu übertragen.[33] Umstritten ist jedoch, ob eine solche Übertragung der Rechte auf den Aufsichtsrat dann wirksam vorgenommen werden kann, soweit **strukturändernde und andere Grundlagenentscheidungen** betroffen sind.[34] In diesem Zusammenhang werden allenthalben Parallelen zur sog. *Holzmüller-/Gelatine*-Rechtsprechung[35] gesucht. Nach wohl herrschender Ansicht können diese Entscheidungen nicht der Hauptversammlung vorenthalten bleiben und bedürfen – nach den tragenden Erwägungen der *Holzmüller-/Gelatine*-Rechtsprechung – ihrer Zustimmung,[36] wobei sich die Vorlagepflicht der Komplementäre aus deren Treuepflicht ergibt.[37] **14**

b) Aufsichtsrat

Für die Zusammensetzung des Aufsichtsrates einer KGaA gelten die allgemeinen aktienrechtlichen Vorschriften, § 278 Abs. 3 iVm. §§ 96–99 AktG. Hierbei sind auch die mitbestimmungsrechtlichen Vorschriften zu beachten.[38] Die Komplementär-Ge- **15**

---

[27] *Reichert* ZIP 2014, 1957 (1960 f.).

[28] BGH v. 24.2.1997 – II ZB 11/96, NJW 1997, 1923.

[29] OLG München v. 17.9.1999 – 23 U 1514/98, AG 2000, 426 (427).

[30] Vgl. zur Publikumspersonengesellschaft BGH v. 9.11.1987 – II ZR 100/87, BGHZ 102, 172 (177 f.); eine Publikums-KGaA liegt in diesem Sinne immer dann vor, wenn sich an der Gesellschaft nach deren Satzung eine Vielzahl erst noch zu werbender Kommanditaktionäre beteiligen sollen.

[31] Für Grundlagengeschäfte hat das OLG Stuttgart Zweifel, ob die Zuständigkeit der Hauptversammlung auf den Aufsichtsrat delegiert werden kann, OLG Stuttgart v. 14.5.2003 – 20 U 31/02, ZIP 2003, 1981 (1987).

[32] Dessen Legitimierung leitet sich nach § 285 Abs. 1 Nr. 1 AktG durch die Wahl der Aktionäre ab.

[33] OLG Stuttgart v. 14.5.2003 – 20 U 31/02, ZIP 2003, 1981 (1986) (rkr.) mit Anm. *Wagner* DStR 2004, 469 (470) mwN.

[34] Dagegen *Koch* DB 2002, 1701 (1703 f.), mit dem Hinweis, dass jedenfalls Praktikabilitätserwägungen insbes. bei Publikums-KGaAs nicht durchgreifen könnten.

[35] BGH v. 25.2.1982 – II ZR 174/80, NJW 1982, 1703 *(Holzmüller)* und Konkretisierung in BGH v. 26.4.2004 – II ZR 155/02, ZIP 2004, 993 *(Gelatine I),* BGH v. 26.4.2004 – II ZR 154/02, ZIP 2004, 1001 (Gelatine II) – danach ist eine solche außerordentliche Hauptversammlungszuständigkeit stets erst dann notwendig, wenn die jeweilige Maßnahme in ihrer Bedeutung die Ausmaße des streitgegenständlichen Geschäfts der *Holzmüller*-Entscheidung erreicht, dh. unmittelbar ca. 80 vH des Gesellschaftsvermögens betrifft.

[36] Für die Anwendung der Grundsätze vgl. nur *Heermann* ZGR 2000, 61 (81 f.); *Schaumburg/Schulte* Rz. 60; *Wichert* AG 2000, 268 (270); insoweit nicht klar OLG Stuttgart v. 14.5.2003 – 20 U 31/02, ZIP 2003, 1981 mit Anm. *Wagner* DStR 2004, 469 (470); gegen die Anwendbarkeit der Holzmüller-/Gelatine-Entscheidung mit der Begründung, die Abgrenzung sei anhand der Kriterien des § 116 HGB vorzunehmen: MüKoAktG/*Perlitt* AktG § 278 Rz. 181; GroßkommAktG/*Assmann/Sethe* AktG § 278 Rz. 123; MHdB GesR IV/*Herfs* § 79 Rz. 15; *Kessler* NZG 2005, 145 (148).

[37] *Koch* DB 2002, 1701 (1703 f.).

[38] Vgl. hierzu die Regelungen im DrittelbG sowie im Mitbestimmungsgesetz 1976. Die KGaA wird vom Montan-Mitbestimmungsgesetz nicht erfasst, § 1 Abs. 2 Montan-MitbestG.

sellschaft einer kapitalistischen KGaA bleibt mitbestimmungsfrei, sofern diese nicht selbst die relevanten Schwellenwerte überschreitet. Eine Zurechnung der Arbeitnehmer der KGaA erfolgt nicht über §§ 4, 5 MitbestG (analog).[39] Seit dem 1.1.2016 ist für die Zusammensetzung des Aufsichtsrats einer börsennotierten und mitbestimmten KGaA die gesetzliche Geschlechterquote gemäß § 96 Abs. 2 Satz 1 AktG zu beachten.[40] In Bezug auf die **Inkompatibilität** gelten über die Verweisungsvorschrift des § 278 Abs. 3 AktG die Regelungen in §§ 100, 105 AktG. Wegen der besonderen Regelungen für die KGaA in Bezug auf die persönlichen Anforderungen eines Aufsichtsratsmitgliedes ist auf § 287 Abs. 3 AktG zu verweisen, wonach persönlich haftende Gesellschafter nicht Aufsichtsratsmitglieder sein können. Im Übrigen wird auf die Ausführungen unter Rz. 12 verwiesen.

16 Die **Zuständigkeiten des Aufsichtsrates** einer KGaA orientieren sich an denen, die der Aufsichtsrat einer AG hat. Der Aufsichtsrat besitzt jedoch – im Gegensatz zu dem einer AG – im Grundsatz weder ein Initiativrecht für Geschäftsführungsmaßnahmen, noch ist er in der Lage, einen Zustimmungsvorbehalt nach § 111 AktG geltend zu machen oder die Geschäftsführung (Komplementäre) zu bestellen oder abzuberufen.[41] Er kann auch nicht Geschäftsordnungen für die Geschäftsführung erlassen.[42] Im Wesentlichen ist der Aufsichtsrat einer KGaA mit einer Informations- und Beratungsfunktion ausgestattet.[43] Durch Satzungsgestaltung ist es jedoch möglich, die Funktion des Aufsichtsrats dem einer AG weitgehend anzugleichen.[44] Bis dahin bleibt dem Aufsichtsrat lediglich die allgemeine Überwachungskompetenz und das Prüfungsrecht iSd. § 111 AktG sowie das Informationsrecht iSd. § 90 AktG. Auch wirkt der Aufsichtsrat nicht an der Feststellung des Jahresabschlusses mit. Hierfür ist ausschließlich die Hauptversammlung und der Komplementär zuständig, § 286 Abs. 1 AktG. Gemäß § 287 Abs. 1 AktG führt der Aufsichtsrat schließlich – soweit die Satzung nichts Abweichendes bestimmt – auch die Beschlüsse der Kommanditaktionäre aus und ist in Rechtsstreitigkeiten zwischen den Komplementären und den Kommanditaktionären grundsätzlich Vertretungsorgan der Hauptversammlung. Des Weiteren vertritt der Aufsichtsrat die Gesellschaft bei Geschäften mit dem Komplementär. Insoweit gilt § 112 AktG.[45]

c) Hauptversammlung

17 Die Kommanditaktionäre nehmen grundsätzlich ihre Rechte und Pflichten in der Hauptversammlung wahr. Nur diese haben in der Hauptversammlung ein **Stimmrecht.** Sollte ein Komplementär zugleich auch Kommanditaktien halten, was grundsätzlich zulässig ist, nimmt ihm § 285 Abs. 1 Satz 2 AktG[46] insoweit sein Stimmrecht in der Hauptversammlung, als es zu Kollisionen mit seiner Funktion als Komplementär kommen kann. Beschlüsse der Hauptversammlung stehen insoweit unter dem **Zustimmungsvorbehalt der Komplementäre,** wie auch bei einer Kommanditgesellschaft ein solches Einverständnis erforderlich wäre (§ 285 Abs. 2 AktG). Dies betrifft vor allem Satzungsänderungen, Grundlagengeschäfte, außergewöhnliche Geschäftsführungsmaßnahmen[47] und gemäß § 286 Abs. 1 AktG die Feststellung des Jahresabschlus-

---

[39] OLG Celle v. 9.10.2014 – 9 W 116/14, BeckRS 2014, 21703 (rkr.).

[40] Statistischen Auswertungen zufolge betrifft dies weniger als 10 KGaA, vgl. *Weckes/Pütz,* abrufbar https://www.boeckler.de/pdf/mbf_pb_geschlechterquote_puetz-weckes_20140414.pdf. Ist das Unternehmen lediglich börsennotiert *oder* mitbestimmt, sind vom Aufsichtsrat gemäß § 111 Abs. 5 AktG Zielgrößen für den Frauenanteil im Aufsichtsrat und im Vorstand festzulegen.

[41] Anschaulich *Kusterer* FR 2003, 503.

[42] *Schaumburg/Schulte* Rz. 18.

[43] *Hasselbach/Ebbinghaus* DB 2015, 1269 (1272).

[44] Näheres dazu in den Einzelerläuterungen Rz. 88 f.; dazu auch Bürgers/Fett/*Fett* § 5 Rz. 507.

[45] BGH v. 29.11.2004 – II ZR 364/02, AG 2005, 239; *Herfs* AG 2005, 589; zum Streitstand vgl. Bürgers/Fett/*Bürgers* § 5 Rz. 497 ff.; Kölner Komm/*Mertens/Cahn* § 287 Rz. 20 f.

[46] Dieser flankiert als Sondervorschrift § 136 AktG, der für jeden Aktionär gilt.

[47] Vgl. auch Darstellung oben unter Rz. 14.

ses. Der Katalog kann durch Satzungsregelungen erweitert werden.[48] Der Zustimmungsvorbehalt der Komplementäre ist jedoch gemäß § 285 Abs. 2 Satz 2 AktG gesetzlich für die Fälle ausgeschlossen, in denen Sonderprüfer nach §§ 142ff., 258ff., 315ff. AktG durch die Hauptversammlung oder Minderheitsaktionäre bestellt sind oder in denen es um die Geltendmachung von Ansprüchen geht, die aus der Gründung der Gesellschaft oder der Geschäftsführung resultieren (§§ 46, 53, 93 AktG).[49]

d) Beirat

Anders als für die AG kann in der KGaA ohne weiteres in der Satzung auch ein Beirat installiert werden. Der Verweis in § 278 Abs. 2 AktG auf das allgemeine Personengesellschaftsrecht erlaubt es, wesentliche Regelungsbereiche im Hinblick auf organschaftliche Befugnisse in der Satzung von der gesetzlichen Ausgangslage abweichend zu gestalten. Insbesondere können bestimmte Rechte auf Sonderorgane übertragen werden.[50] Insoweit ist zu beachten, dass der personengesellschaftsrechtliche **Grundsatz der Verbandssouveränität** nicht verletzt wird, wonach die Gesellschaft ihren satzungsmäßigen Zweck eigenständig, frei von Einflüssen außenstehender Dritter, nur durch ihre Gesellschafter verfolgen können muss. Die Gesellschafter dürfen durch die Installation des Beirats nicht ihrer Leitungsmacht verlustig gehen. Insbesondere die Kompetenz zur Entscheidung von Grundlagen- und strukturverändernden Geschäften kann nicht auf ein mit Nichtgesellschaftern besetztes Gremium übertragen werden.[51] **18**

(frei) **19–21**

3. Gründung der KGaA

Die KGaA entsteht mit der Eintragung der Gesellschaft in das Handelsregister. Seit dem 1.11.2005 ist die **Einmanngründung** einer KGaA zulässig.[52] Bis dahin waren mindestens fünf Personen für die Gründung notwendig. **22**

Von besonderer Bedeutung ist, dass die Satzung den Namen und Wohnort jedes Komplementärs enthalten muss (§ 281 Abs. 1 AktG) und sich alle Komplementäre sowie solche Kommanditaktionäre, die Aktien gegen Einlagen übernommen haben, an der Feststellung der Satzung beteiligen müssen (§ 280 Abs. 2 AktG). **23**

Die Gründer, dh. die Kommanditaktionäre und die persönlich haftenden Gesellschafter, die die Satzung festgestellt haben, haben nach § 32 AktG einen **Gründungsbericht** anzufertigen. Gemäß § 33 Abs. 1 AktG ist zudem eine **Gründungsprüfung** durchzuführen. An der Gründungsprüfung sind nicht nur die Mitglieder des Aufsichtsrates, sondern auch die persönlich haftenden Gesellschafter beteiligt, § 283 Nr. 2 AktG. Da die persönlich haftenden Gesellschafter aber Mitgründer sind, hat stets eine weitere Gründungsprüfung **durch externe Prüfer** gemäß §§ 278 Abs. 3 iVm. 33 Abs. 2 AktG zu erfolgen.[53] Leistet der persönlich haftende Gesellschafter eine Vermögenseinlage, so ist diese nicht Gegenstand der Gründungsprüfung, da insoweit Personengesellschaftsrecht gilt.[54] Nur die Komplementäre werden in das Handelsregister als solche eingetragen (§ 282 AktG). Die Vermögenseinlage der Komplementäre wird nicht in das Handelsregister eingetragen. **24**

(frei) **25**

---

[48] Näheres dazu in den Einzelerläuterungen Rz. 88f.; vgl. auch Bürgers/Fett/*Bürgers/Reger* § 5 Rz. 389, 495; *Hüffer/Koch* AktG § 285 Rz. 2.

[49] *Hüffer/Koch* AktG § 285 Rz. 3.

[50] Bürgers/Fett/*Bürgers* § 5 Rz. 559 mwN.

[51] Umfassend dazu mwN: Bürgers/Fett/*Bürgers* § 5 Rz. 585ff.

[52] § 280 Abs. 1 Satz 1 AktG durch das UMAG geändert, BGBl. 2005 I 2802.

[53] *Hüffer/Koch* AktG § 283 Rz. 2; Kölner Komm/*Mertens/Cahn* AktG § 283 Rz. 8.

[54] Umstritten, MHdB GesR IV/*Herfs* § 77 Rz. 3; *Schaumburg/Schulte* Rz. 24; aA Kölner Komm/*Mertens/Cahn* AktG § 280 Rz. 10.

4. Finanzierung der KGaA

a) Kapitalisierung

26 **aa) Grundkapital.** Das **Grundkapital** wird von den Kommanditaktionären aufgebracht. Die Einlagepflicht der Kommanditaktionäre beschränkt sich insoweit auf den Nennbetrag oder einen ggf. höheren Ausgabebetrag der Aktien (§ 54 Abs. 1 AktG). **Bareinlagen** sind in Geld zu erbringen. **Sacheinlagen** sind vollständig zu leisten, § 36a Abs. 2 AktG. Das Grundkapital unterliegt den strengen **Kapitalaufbringungs- und -erhaltungsregeln,** wie sie für Kapitalgesellschaften bekannt sind. Hingegen finden die Kapitalschutzvorschriften keine Anwendung auf freiwillige Zuzahlungen gemäß § 272 Abs. 2 Nr. 4 HGB.[55] Auch sind die Vorschriften über die **Nachgründung** einzuhalten (§§ 278 Abs. 3, 52, 53 AktG).

27 **bb) Vermögenseinlagen/Sondereinlagen.** Der Komplementär ist neben der Übernahme der persönlichen Haftung nicht zu weiteren Leistungen aus seinem Vermögen verpflichtet.[56] Er kann jedoch eine zusätzliche **Vermögenseinlage** iSd. § 281 Abs. 2 AktG erbringen, die in der Bilanz gesondert auszuweisen ist (§ 286 Abs. 2 AktG). Diese kann durch Bar- oder Sacheinlagen erbracht werden. Die **Einlagefähigkeit** bestimmt sich nicht nach § 27 Abs. 2 AktG, sondern nach §§ 705 ff. BGB.[57] Deswegen sind auch Dienstleistungen einlagefähig. Soll ein Komplementär eine Vermögenseinlage erbringen, muss diese nach Art und Höhe in der Satzung fixiert werden (§ 281 Abs. 2 AktG). Allerdings wird die Leistung dieser Einlage weder Gegenstand der Anmeldung der KGaA zum Handelsregister noch – nach umstrittener Ansicht[58] – der Gründungsprüfung. Insoweit gilt Personengesellschaftsrecht. Denn einzutragen ist lediglich die Höhe der Haftsumme, dh. des Grundkapitals.[59] Der Gegenwert der Vermögenseinlage wird dem Kapitalkonto des Komplementärs gutgeschrieben und ist weder übertrag- noch pfändbar.[60]

b) Haftung

28 Die **KGaA haftet** als juristische Person gegenüber ihren Gläubigern **mit ihrem Gesellschaftsvermögen** (§ 278 Abs. 1 AktG). **Kommanditaktionäre,** die nur an dem in Aktien zerlegten Grundkapital der KGaA beteiligt sind, **haften** – wie Aktionäre einer AG – **nur mit ihrer geschuldeten Einlage,** jedoch nicht darüber hinaus für Verbindlichkeiten der KGaA.[61] Das von den Kommanditaktionären eingebrachte Grundkapital dient somit als Mindesthaftungsfonds.[62] Die **Komplementäre haften** den Gesellschaftsgläubigern dagegen im Außenverhältnis für Verbindlichkeiten der Gesellschaft **gesamtschuldnerisch, unbeschränkt, unbeschränkbar und unmittelbar mit ihrem Gesamtvermögen** (§§ 278 Abs. 2 AktG, 161 Abs. 2, 128 ff. HGB). Dabei ist jedoch umstritten, ob sich die Haftung auf das geldwerte Interesse des Gläubigers bezieht (Schadenersatz) oder auf die Erfüllung des Vertrags.[63] In der Praxis wird die Art der Haftung durch eine individuelle Auslegung des Vertrags, der mit der KGaA geschlossen wurde, mit anschließender Interessenabwägung der Beteiligten bestimmt.[64]

---

[55] OLG München v. 27.9.2006 – 7 U 1857/06, AG 2007, 292 bestätigt BGH v. 15.10.2007 – KVR 19/07, AG 2008, 122.
[56] *Schaumburg/Schulte* Rz. 22.
[57] Vgl. *Hüffer/Koch* AktG § 281 Rz. 2 mwN.
[58] Vgl. dazu sogleich bei Rz. 37 ff.
[59] *Schaumburg/Schulte* Rz. 25 mwN.
[60] GroßkommAktG/*Assmann/Sethe* AktG § 281 Rz. 22.
[61] Ausnahme: Der Kommanditaktionär tilgt freiwillig im Außenverhältnis eine Verbindlichkeit der Gesellschaft; da er in diesem Fall wie ein Komplementär auftritt, soll er nach BGH v. 17.12.2001 – II ZR 382/99, NZG 2002, 232 f. neben diesem auch wie ein solcher haften (§ 426 BGB).
[62] *Hölzl* Die Besteuerung der KGaA, 2003, S. 21.
[63] Nachweise zum Theorienstreit bei Bürgers/Fett/*Reger* § 5 Rz. 221.
[64] Bürgers/Fett/*Reger* § 5 Rz. 222 mwN.

Haben sich die Kommanditaktionäre im Rahmen der Gründung oder Kapitalerhöhung verpflichtet, Sacheinlagen zu leisten und bleiben diese Einlagen trotz Prüfung wertmäßig hinter der übernommenen Verpflichtung zurück, so trifft den jeweiligen Gesellschafter ausnahmsweise die sog. **Differenzhaftung** mit anderen Worten, in Höhe der Differenz hat er eine Bareinlage zu leisten.[65] Dies gilt nicht für freiwillige Zuzahlungen gemäß § 272 Abs. 2 Nr. 4 HGB.[66] 29

aa) Haftungsfreistellung. Im Innenverhältnis der Komplementäre zueinander oder zur KGaA ist eine **Haftungsfreistellung** in der Satzung oder auf Grund schuldrechtlicher Vereinbarung grundsätzlich möglich.[67] Eine solche Haftungsfreistellung kann Dritten jedoch nicht entgegen gehalten werden. Ebenfalls zulässig ist der Abschluss sog. **D&O-Versicherungen** (Directors' & Officers' Liability Insurance) durch die Gesellschaft mit einem mindestens 10 vH Selbstbehalt und zu Gunsten der Komplementäre.[68] Die Freistellung der Komplementäre durch die Kommanditaktionäre kann in der Satzung hingegen nicht vereinbart werden, da dies zu einer aktienrechtlich unzulässigen Nachschusspflicht der Kommanditaktionäre führen würde. Zulässig sind dagegen schuldrechtliche Freistellungsvereinbarungen zwischen diesen Parteien.[69] Durch eine Freistellung wird jedoch die gesetzliche Außenhaftung des § 128 Satz 1 HGB nicht tangiert.[70] Kommt es zur Tilgung einer Gesellschaftsverbindlichkeit durch einen Komplementär und kann dieser seine Aufwendungen dafür nicht bei der KGaA liquidieren (§ 110 HGB), sind die übrigen Komplementäre – mit Ausnahme derer, die von einer Haftung freigestellt sind – diesem zum Ausgleich verpflichtet.[71] Unzulässig ist eine Freistellungsvereinbarung in Bezug auf Ersatzansprüche der Gesellschaft gegen ihren Komplementär wegen sorgfaltswidriger Geschäftsführung aus §§ 283 Nr. 3 iVm. 93 Abs. 2 AktG, da sich der geschäftsführende Komplementär so seiner zwingenden, persönlichen Verantwortung aus § 93 AktG entledigen könnte.[72] 30

bb) Haftungsdauer. Die Haftung des Komplementärs beginnt mit der Gründung der KGaA, dh. der Beurkundung der Satzung (sog. **Gründerhaftung**).[73] Bis zur Eintragung dieser Vor-KGaA ins Handelsregister haftet der Komplementär sowohl für das Fehlen der Vorbelastung des Grundkapitals (sog. **Vorbelastungshaftung**) wie auch – in dem Fall, in dem die Eintragung unterbleibt – für alle durch die KGaA entstandenen Verbindlichkeiten ohne Haftungsbegrenzung auf das Grundkapital (sog. **Verlustdeckungshaftung**).[74] Ausnahmsweise haften neben den Komplementären in der Zeit bis zur Eintragung auch alle anderen für die KGaA Handelnden unter dem Gesichtspunkt der sog. **Handelndenhaftung** (§§ 278 Abs. 3, 41 Abs. 1 Satz 2 AktG). 31

Unabhängig davon, dass der Komplementär auch während der Gründungsphase unbeschränkt haftet, haften während der Gründungsphase auch die Kommanditaktionäre gemäß den vorgenannten Grundsätzen unbeschränkt. Dabei haften die Gründer, dh. auch die Kommanditaktionäre als Gesamtschuldner. Da es sich zumindest bei den Kommanditaktionären grundsätzlich nur um eine Innenhaftung handelt, dh. um eine Haftung gegenüber der Gesellschaft,[75] haften diese beim Innenregress nur beschränkt auf das anteilige Verhältnis des von ihnen gezeichneten Grundkapitals. An dieser Haf- 32

---

[65] Vgl. § 9 Abs. 1 AktG; BGH v. 27.2.1975 – II ZR 111/72, NJW 1975, 974.

[66] Vgl. OLG München v. 27.9.2006 – 7 U 1857/06, AG 2007, 292 bestätigt BGH v. 15.10.2007 – KVR 19/07, AG 2008, 122.

[67] GroßkommAktG/*Assmann/Sethe* AktG § 278 Rz. 69.

[68] Vgl. § 93 Abs. 2 S. 3 AktG; Deutscher Corporate Governance Kodex idF v. 7.2.2017, Tz. 3.8.

[69] Kölner Komm/*Mertens/Cahn* AktG § 278 Rz. 40; *Herfs* AG 2005, 589 (595 f.).

[70] GroßkommAktG/*Assmann/Sethe* AktG § 278 Rz. 69.

[71] Der Ausgleich ist im Zweifel nicht nach Köpfen, sondern nach der Höhe des jeweiligen Anteilsverhältnisses am Gesellschaftskapital vorzunehmen, vgl. BGH v. 17.12.2001 – II ZR 382/99, NZG 2002, 232 f.

[72] Bürgers/Fett/*Reger* § 5 Rz. 231.

[73] §§ 280 Abs. 3 iVm. 46 AktG.

[74] Vgl. insoweit zur Vor-GmbH: BGH v. 27.1.1997 – II ZR 123/94, NJW 1997, 1507 (Vorbelastungs- oder Unterbilanzhaftung und Verlustdeckungshaftung).

[75] Vgl. *Hüffer/Koch* AktG § 41 Rz. 14.

tung ändert auch die in der Rechtsnatur der KGaA begründete unbeschränkte Haftung des Komplementärs nichts. Denn dem Kapitalgesellschaftsrecht liegt allgemein der Rechtsgedanke zugrunde, dass eine Haftungsbegrenzung erst dann in Betracht kommt, wenn die juristische Person entstanden ist und der Rechtsverkehr von der Beschränkung der Haftung Kenntnis erlangen kann.

33 Tritt der Komplementär erst später der KGaA bei, so haftet er für alle **vor seinem Beitritt** begründeten Verbindlichkeiten (§§ 278 Abs. 2 AktG, 130, 128, 129 HGB). Die Haftung für die **bis zum Ausscheiden** aus der Gesellschaft begründeten Verbindlichkeiten endet fünf Jahre nach der Eintragung des Ausscheidens des Gesellschafters im Handelsregister (§§ 278 Abs. 2 AktG, 161 Abs. 2, 160 iVm. 143 HGB), wobei diese Nachhaftungsfrist durch Vereinbarung des Gläubigers mit dem Ausscheidenden abgeändert werden kann.[76]

34–36 *(frei)*

5. Börsennotierung der KGaA

37 Die Kommanditaktien der KGaA sind neben den Aktien der Aktiengesellschaft fungibel, da sie aufgrund der Börsennotierung an der Börse gehandelt werden können.[77] Im Vergleich zur Aktiengesellschaft fristet die KGaA jedoch ein Außenseiterdasein an der Börse.[78] Ungerechtfertigt – denn die KGaA ist gegenüber der Aktiengesellschaft und deren strengen Anforderungen (vgl. § 23 Abs. 5 AktG) nicht zuletzt wegen der immensen Gestaltungsflexibilität hinsichtlich ihrer Verfassung eine attraktive Alternative zur AG. Denn das Personengesellschaftsrecht als dispositives Recht erlaubt es, immer dann von den gesetzlichen Leitregeln in der Satzung der KGaA abzuweichen, wenn auf das Recht der Kommanditgesellschaft in den §§ 279ff. AktG verwiesen wird. Durch die sorgsame Ausgestaltung der Satzung der KGaA wird ferner erreicht, dass sich die Gesellschaft relativ sicher am offenen Geldmarkt finanzieren kann, ohne von einer Übernahme existentiell bedroht zu sein, da die Geschäftsführung den Komplementären vorbehalten bleibt und diese weder durch den Aufsichtsrat noch durch die Hauptversammlung abberufen werden können.[79]

38 Letztlich scheuen aber viele Unternehmen dennoch diese Rechtsform aus Gründen gewisser Rechtsunsicherheiten. Denn während Aktiengesellschaften weitgehend nach standardisierten Satzungsmustern verfasst sind, führt die Gestaltungsflexibilität bei der Anwendbarkeit des Personengesellschaftsrechts dazu, dass die Satzung einer KGaA individuelle Regelungen beinhalten kann. Institutionelle Investoren scheuen aber häufig den Aufwand, die jeweilige Satzung dezidiert zu prüfen. Hinzu kommt, dass – nach umstrittener Ansicht – in Bezug auf Vermögenseinlagen des Komplementärs kein Äquivalent zu den aktienrechtlichen Kapitalaufbringungs- und -erhaltungsvorschriften Anwendung findet.[80] Denn gemäß der gesetzlichen Leitentscheidung in § 34 Abs. 1 AktG erstreckt sich der Umfang der Gründungsprüfung nur auf die Angaben der Gründer und den Wert der Sacheinlagen der Kommanditaktionäre, nicht aber auf die Sondereinlagen der Komplementäre, da diese gemäß § 281 Abs. 2 AktG nicht in das

[76] Vgl. nur MüKoHGB/*K. Schmidt* HGB § 160 Rz. 16f.

[77] Zur Zulassung vgl. §§ 32, 48 BörsG.

[78] Nach *Lieder/Hoffmann* AG 2016, 704 (707) waren zum 11.7.2016 folgende 13 KGaA börsennotiert iSd. § 3 Abs. 1 AktG: Borussia Dortmund GmbH & Co. KGaA; CEWE Stiftung & Co. KGaA; CTS Eventim AG & Co. KGaA; Drägerwerk AG & Co. KGaA; Eurokai GmbH & Co. KGaA; Fresenius SE & Co. KGaA; Fresenius Medical Care AG & Co. KGaA; Hella KGaA Hueck & Co.; Henkel AG & Co. KGaA; Hornbach Holding AG & Co. KGaA; MERCK KGaA; Ströer SE & Co. KGaA. Daneben wurden Aktien von weniger als 20 KGaA im Freiverkehr gehandelt.

[79] Vgl. dazu Bürgers/Fett/*Wieneke/Fett* § 10 Rz. 21; *Reichert* ZIP 2014, 1957 (1963); *Hasselbach/Ebbinghaus* DB 2015, 1269.

[80] So MüKoAktG/*Perlitt* AktG § 281 Rz. 31f., 36; Kölner Komm/*Mertens/Cahn* AktG § 281 Rz. 23f.; aA GroßkommAktG/*Assmann/Sethe* AktG § 281 Rz. 24ff.; *Dieckmann* ZIP 1996, 2149 (2150); *Sethe* DB 1998, 1044 (1046f.).

Grundkapital der KGaA geleistet werden.[81] Entsprechende Schutzwirkungen können auch hier nur durch individuell ausgestaltete Satzungsregelungen herbeigeführt werden. In der Konsequenz besteht die Gefahr, dass der Kapitalmarkt den Unwägbarkeiten einer individualisierten Satzung der KGaA durch einen „Sicherheitsabschlag" bei der Bewertung der Kommanditaktien begegnet. Hinzu kommt, dass Grundlage für einen Bewertungsabschlag der mangelnde Einfluss der Kommanditaktionäre auf die Besetzung der Geschäftsführung sein kann.

Diskutiert wird derzeit noch, ob für die Aktionäre der KGaA ein hinreichender Anlegerschutz gewährleistet werden muss. Der BGH[82] nimmt zutreffend an, dass für die KGaA die von ihm entwickelten Grundsätze für Publikumsgesellschaften Anwendung finden sollen. Danach sind im Hinblick auf eine unzulässige Minderheitenherrschaft Satzungsgestaltungen zu Lasten der Kommanditaktionäre nur beschränkt zulässig. Ein gewisser Anlegerschutz wird durch eine ausreichende Informationspolitik, Regel- und ad-hoc-Publizität sowie dem Schutz vor Insiderhandel gewährleistet. In der Literatur wird teilweise versucht, krasse Benachteiligungsfälle bereits durch die Versagung der Börsenzulassung zu verhindern[83] oder eine Korrektur über die gesellschaftsrechtliche Treuepflicht als Generalklausel herbeizuführen.[84] 39

Im Übrigen wird wegen der Besonderheiten der Satzungen einer börsennotierten KGaA sowie des Zulassungsverfahrens auf die Ausführungen von *Wieneke/Fett* verwiesen.[85] 40

(frei) 41, 42

II. Steuerliche Aspekte

1. Umsatzsteuer

Die hybride Rechtsform der KGaA löst **keine Besonderheiten** in Bezug auf die Umsatzsteuer aus. Die KGaA ist Unternehmer iSd. § 2 UStG, sofern sie eine gewerbliche Tätigkeit selbstständig ausübt. Etwas anderes gilt nur dann, wenn die KGaA als reine Holdinggesellschaft fungiert, da diese nach ständiger Rechtsprechung keine Unternehmereigenschaft begründet.[86] Ausnahmsweise ist eine Holding jedoch Unternehmer, wenn sie eigene umsatzsteuerpflichtige Leistungen, bspw. an ihre Tochtergesellschaft, erbringt. In Betracht kommen administrative, finanzielle, kaufmännische oder technische Dienstleistungen. Hinsichtlich der Leistungen der Komplementäre an die KGaA ist die Rechtsprechung des BFH zu beachten, wonach – mit Ausnahme der Haftungsübernahme[87] – umsatzsteuerpflichtige Leistungen vorliegen.[88] 43

2. Grunderwerbsteuer

Erwirbt die KGaA von einem Nichtgesellschafter oder von einem Kommanditaktionär ein Grundstück, so unterliegt der Erwerb der Grunderwerbsteuer. Insoweit ergeben sich keine Besonderheiten im Verhältnis zu anderen juristischen Personen als 44

---

[81] Vgl. *Schaumburg/Schulte* Rz. 24f.; ebenso MHdB GesR IV/*Herfs* § 77 Rz. 3; MüKoAktG/*Semler/Perlitt* AktG § 281 Rz. 31f.; Kölner Komm/*Mertens/Cahn* AktG § 281 Rz. 22f.; *Wichert* Die Finanzen der KGaA, 1999, S. 112f.; *Masuch* NZG 2003, 1048 (1049f.); Bürgers/Fett/*Reger* § 4 Rz. 35ff. (mit umfassender Darstellung des Meinungsstreits).

[82] BFH v. 24.2.1997 – II ZB 11/96, NJW 1997, 1923.

[83] *Hommelhoff* ZHR Beiheft 67 (1998), 9 (26ff.).

[84] *Jaques* NZG 2000, 401 (407ff.); Bürgers/Fett/*Wieneke/Fett* § 10 Rz. 39.

[85] Bürgers/Fett/*Wieneke/Fett* § 10 Rz. 48ff.

[86] EuGH v. 20.6.1991 – Rs. C-60/90 (Polysar Investments Netherlands), EuGHE 1991, I-3111 Rz. 17; EuGH v. 6.9.2012 – C-496/11 (Portugal Telecom); BFH v. 20.1.1988 – X R 48/81, BStBl. II 1988, 557; BFH v. 28.9.1988 – X R 6/82, BStBl. II 1989, 122 und BFH v. 9.2.2012 – V R 40/10, BStBl. II 2012, 844; vgl. auch Ziffer 2.3 Abs. 3 UStAE.

[87] Umsatzsteuerfrei gemäß § 4 Nr. 8g UStG.

[88] Rechtsprechungsänderung durch BFH v. 6.6.2002 – V R 43/01, BStBl. II 2003, 36; dazu BMF v. 23.12.2003, BStBl. I 2004, 240.

Erwerberin. Gleiches gilt für die Übertragung eines Grundstücks von der KGaA auf einen oder mehrere Kommanditaktionäre. Fraglich ist hingegen, ob sich aufgrund der hybriden Rechtsform der KGaA Besonderheiten für den Fall ergeben, in dem Grundstücksübertragungen zwischen KGaA und Komplementär und vice versa erfolgen. Da das Vermögen, das der Komplementär auf die KGaA überträgt, Eigentum der KGaA wird und mithin kein Gesamthandseigentum[89] gebildet wird, kommen die §§ 5, 6 GrEStG, wonach eine grunderwerbsteuerpflichtige Grundstücksübertragung nur in dem Umfang, in dem der Komplementär nicht an der KGaA beteiligt ist, ausgelöst wird, nicht unmittelbar zur Anwendung. Dennoch erscheint wegen der hybriden Rechtsform der KGaA eine analoge Anwendung der §§ 5, 6 GrEStG sachgerecht, sofern Grundstücke zwischen der KGaA und dem Komplementär übertragen werden.[90]

3. Ertragsbesteuerung

45 Hinsichtlich der Ertragsbesteuerung der KGaA ist zu differenzieren zwischen der Besteuerung der KGaA, der Kommanditaktionären und des persönlich haftenden Gesellschafters. Für die Ertragsbesteuerung der KGaA und ihrer Anteilseigner ist das Urteil des BFH vom 21.6.1989[91] von evidenter Bedeutung. In dem zu entscheidenden Sachverhalt hatte der BFH Gelegenheit umfassend mit Unsicherheiten bei der Ertragsbesteuerung dieser Gesellschaftsform aufzuräumen.

a) Besteuerung der KGaA

46 Die KGaA ist als juristische Person mit eigener Rechtspersönlichkeit (§ 278 Abs. 1 AktG) Kapitalgesellschaft. De lege lata (§ 1 Abs. 1 Nr. 1 KStG) unterliegt die KGaA daher auch im Grundsatz konsequent der **unbeschränkten Körperschaftsteuerpflicht.** Die Besteuerung der KGaA richtet sich dabei – wie üblich – nach der Handelsbilanz, korrigiert um die steuerrechtlichen Zurechnungen bzw. Kürzungen.

47 Fraglich ist, ob aufgrund der hybriden Rechtsform der KGaA Besonderheiten bei der Gewinnermittlung und -verteilung gelten. Dies ist umstritten.[92] Der sog. „Dualistische Ansatz" basiert mit Hinweis auf § 278 Abs. 2 AktG darauf, dass für die Ermittlung des auf die Komplementäre entfallenden Ergebnisanteils das Recht der Personengesellschaften gilt. Ist der Ergebnisanteil der Komplementäre nach den Regelungen, die für Personengesellschaften gelten, ermittelt, so erfolgt auf einer zweiten Stufe die Ermittlung des Ergebnisses der KGaA unter Berücksichtigung der aktienrechtlichen Grundsätze.[93] Hingegen wird nach dem „Monoistischen Ansatz" auch der Gewinn, der auf die Komplementäre entfällt, gemäß den für Kapitalgesellschaften geltenden Bestimmungen ermittelt. Im Ergebnis wird also nur ein Abschluss erstellt. Ist beiden Ansätzen gemein, dass die Ergebnisermittlung nach den Bestimmungen zu erfolgen hat, die für Kapitalgesellschaften gelten und stellt sich lediglich bei der richtigen Ergebnisverteilung die Frage, ob hierfür eine gesonderte Ermittlung nach den Regelungen zu erfolgen hat, die für die Personengesellschaften gelten, so sollte die Satzung zur Vermeidung von Rechtsunsicherheiten diesbezüglich Regelungen vorsehen.[94] Dies erscheint zulässig, da eine solche Regelung das Innenverhältnis zwischen der Gesellschaftergruppe der Komplementäre und der Kommanditaktionäre betrifft.

---

[89] Dessen ungeachtet ist das Verhältnis der Komplementäre gegenüber der KGaA von Merkmalen gekennzeichnet, die bei Gesellschaften mit Gesamthandsvermögen zum Tragen kommen, vgl. dazu *Schulte* DStR 2005, 951.

[90] Vgl. auch *Schaumburg/Schulte* Rz. 159; aA BFH v. 27.4.2005 – II B 76/04, BFH/NV 2005, 1627; Bürgers/Fett/*Engel* § 9 Rz. 98.

[91] BFH v. 21.6.1989 – X R 14/88, BStBl. II 1989, 881; vgl. auch EStH 2012 15.8 Abs. 4.

[92] Siehe auch die umfassende Darstellung von Bürgers/Fett/*Schließer* § 6 Rz. 41 ff.

[93] *Schaumburg/Schulte* Rz. 27 – der BFH hat in seinem Urteil v. 21.6.1989 – X R 14/88, BStBl. II 1989, 881, jedenfalls ausdrücklich offengelassen, ob er der handelsrechtlich dualistischen oder monoistischen Gewinnermittlung folgt.

[94] Dazu Näheres in den Einzelerläuterungen; §§ 20, 21 zur Satzung der A-KGaA.

Zu beachten ist die Sonderregelung des § 9 Abs. 1 Nr. 1 KStG. Diese lässt den Abzug der **Gewinnanteile und Vergütungen der Komplementäre**,[95] wie er sich ausgehend von der Handelsbilanz betragsmäßig darstellt, wie Aufwand zu (Betriebsausgabenfiktion). Sofern es später, bspw. im Rahmen einer Betriebsprüfung, zu einer Berichtigung der Steuerbilanz – nicht der Handelsbilanz – kommt, fallen die daraus resultierenden Gewinne oder Verluste in vollem Umfang der KGaA zu.[96] Nicht in den – insoweit subsidiären[97] – Anwendungsbereich des § 9 KStG fallen die Leistungen der KGaA an ihre Komplementäre auf Grund von gesonderten Vereinbarungen (zB Darlehenshingabe oder Überlassung von Wirtschaftsgütern durch den Komplementär). Derartige Sondervergütungen stellen bei der KGaA klassische Betriebsausgaben iSd. § 4 Abs. 4 EStG iVm. § 8 Abs. 1 KStG dar.[98] Eine verdeckte Gewinnausschüttung an den Komplementär kommt – nach umstrittener Ansicht[99] – nicht in Betracht, da der Komplementär steuerrechtlich nach den Grundsätzen der Mitunternehmerschaft (§ 15 EStG) behandelt wird (dazu sogleich). 48

Die Leistungen der KGaA an ihre Kommanditaktionäre stellen demgegenüber eine Einkommensverwendung der KGaA dar, mit der Folge, dass diese nicht den Gewinn der Gesellschaft mindern (§ 8 Abs. 3 Satz 1 KStG). Kommt es zu Gunsten der Kommanditaktionäre zu einer verdeckten Gewinnausschüttung, ist diese nach den bekannten Grundsätzen dem Ergebnis der Gesellschaft hinzuzurechnen (§ 8 Abs. 3 Satz 2 KStG). Ist der begünstigte Kommanditaktionär zugleich auch Komplementär wird sich in aller Regel das Problem stellen, dass die verdeckte Gewinnausschüttung nicht der einen oder anderen gesellschaftsrechtlichen Stellung zugeordnet werden kann. Die streitgegenständliche Leistung ist daher anteilig den gesellschaftsrechtlichen Stellungen zuzurechnen. Als Aufteilungsmaßstab dient – nach umstrittener Ansicht – das satzungsmäßige Gewinn- und Verlustverhältnis von Komplementär zu Kommanditaktionär unter Berücksichtigung des individuellen Beteiligungsverhältnisses am Grundkapital.[100] 49

b) Besteuerung der Komplementäre

Wegen der erheblichen wirtschaftlichen Nähe und Vergleichbarkeit von Komplementären einer KGaA und solchen einer KG, vermochte der Gesetzgeber nicht die Gesellschafterebene strikt von der Gesellschaftsebene zu trennen. Nur insoweit – also nur in Bezug auf die Komplementäre der KGaA – lösen sich die trennscharfen Grenzen zwischen Gesellschaft und Gesellschafter auf. Die KGaA wird für die Besteuerung der Komplementäre und nur insoweit also als transparentes Besteuerungsvehikel betrachtet.[101] 50

Durch § 15 Abs. 1 Satz 1 Nr. 3 EStG werden die Komplementäre nicht Mitunternehmer einer „Mitunternehmerschaft KGaA“, sondern lediglich in dieser Position[102] „wie Mitunternehmer“ behandelt.[103] Es bleibt dabei, dass der Komplementär – nicht 51

[95] Es werden insoweit nur die Sondereinlage iSd. § 281 Abs. 2 AktG und die Vergütung (Tantieme) für die Geschäftsführung erfasst.

[96] Streck/*Olgemüller* KStG § 9 Rz. 9.

[97] *Hölzl* Die Besteuerung der KGaA, S. 91.

[98] Vgl. Bürgers/Fett/*Engel* § 9 Rz. 29; *Hölzl* Die Besteuerung der KGaA, S. 82f. Zur Abgrenzung von Sondervergütungen vor diesem Hintergrund *Drüen/van Heek* DB 2012, 2184.

[99] Für die Möglichkeit einer vGA: *Mahlow* DB 2003, 1540; *Halasz/Kloster/Kloster* GmbHR 2002, 77 (88); *Fischer* DStR 1997, 1519f.; *Crezelius* JbFStR 1998/99, 318 (322f.); dagegen wie hier *Schaumburg/Schulte* Rz. 109 mwN; Bürgers/Fett/*Engel* § 9 Rz. 40; *Wassermeyer* GmbHR 1999, 18 (23); *Jünger* DB 1988, 1969 (1971).

[100] *Schaumburg/Schulte* Rz. 111f.; Bürgers/Fett/*Engel* § 9 Rz. 42 mit Nachweisen zu den abweichenden Ansichten.

[101] Vgl. dazu *Kusterer* DStR 2008, 484.

[102] Sollte der Komplementär zugleich auch Kommanditaktionär sein, ist der Teil der Vergütung, der auf seine Kommanditaktien entfällt, nicht nach § 9 Abs. 1 Nr. 1 KStG abzugsfähig; insoweit ist trennscharf zwischen den einzelnen gesellschaftsrechtlichen Positionen zu unterscheiden.

[103] BFH v. 21.6.1989 – X R 14/88, BStBl. II 1989, 881.

anders als jeder andere Gesellschafter einer Kapitalgesellschaft auch – im Grundsatz seine Einkünfte aus einer von derjenigen der KGaA unabhängigen, eigenständigen Einkünftequelle bezieht.[104] Es werden im Ergebnis lediglich die Gewinnanteile und Vergütungen des Komplementärs gesetzlich zu gewerblichen Einkünften iSd. § 15 EStG umqualifiziert.[105]

52 Gemäß § 15 Abs. 1 Satz 1 Nr. 3 EStG unterliegen die Komplementäre daher mit ihren Gewinnanteilen nebst Sondervergütungen, Sonderbetriebseinnahmen und -ausgaben sowie den Ergebnissen ihrer Ergänzungsbilanzen[106] als Bezieher gewerblicher Einkünfte unmittelbar der Einkommensteuer (Betriebsvermögensvergleich). Die Einkommensbesteuerung des persönlich haftenden Gesellschafters wird „an der Wurzel" von der Körperschaftsbesteuerung der KGaA abgespalten und unterliegt der Einkommensbesteuerung.[107] Dabei ist zu beachten, dass Kommanditaktien, die ein Komplementär hält, nicht zu dessen Sonderbetriebsvermögen gehören;[108] insoweit wird der Komplementär als „normaler" Kommanditaktionär behandelt. Allerdings sind Zuführungen zu den Pensionsrückstellungen, die bei der KGaA den Gewinn gemindert haben, bei dem Komplementär als Sonderbetriebseinnahmen im Jahr der Zuführung zu erfassen.[109]

53 Ist der Komplementär eine natürliche Person, so kommt für ihn die Steuerermäßigung gemäß § 35 Abs. 1, 2 EStG in Betracht. Danach wird von der Einkommensteuer die Gewerbesteuerbelastung, die auf den Komplementär entfällt, pauschaliert in Abzug gebracht. Der Umfang richtet sich nach dem allgemeinen Gewinnverteilungsschlüssel.

54 In Bezug auf die Vergütungen der Komplementäre für ihre Leistungen an die KGaA, die bei dieser nach § 9 Abs. 1 Nr. 1 KStG abziehbar waren, kommt es – nach umstrittener Ansicht – nicht zu einer gesonderten und einheitlichen Gewinnfeststellung.[110] Obschon der BFH klargestellt hat, dass der Komplementär „wie ein Mitunternehmer" Sonderbetriebsvermögen bei der KGaA unterhalten könne, sind der Komplementär und die KGaA nicht Mitunternehmer einer gemeinsamen Mitunternehmerschaft.

55 Ist der Komplementär eine Kapitalgesellschaft, so sind § 3 Nr. 40 EStG und § 8b Abs. 6 KStG auf den Komplementär anzuwenden mit der Folge, dass § 8b Abs. 1, 2 und 5 KStG gelten.[111]

56 Soll die Beteiligung des Komplementärs gegen Gewährung von Gesellschaftsrechten in eine andere Gesellschaft übertragen werden, so gelten auch hier die besonderen Vorschriften, die zur Anwendung kommen, sofern Gegenstand der Einbringung ein Mitunternehmeranteil ist.[112] Insoweit kommt je nach Rechtsträger der aufnehmenden Gesellschaft entweder § 20 oder § 24 UmwStG zum Tragen.

---

[104] FG München v. 16.1.2003 – 7 K 5340/01, EFG 2003, 670 (rkr.).

[105] BFH v. 23.10.1985 – I R 235/81, BStBl. II 1986, 72; FG München v. 16.1.2003 – 7 K 5340/01, EFG 2003, 670 (rkr.).

[106] AA – nicht überzeugend – FG München v. 10.7.2003 – 5 K 2681/97, GmbHR 2004, 597 (rkr.); *Kollruss* FR 2016, 203 ff.; vgl. dagegen nur *Schaumburg/Schulte,* Rz. 140; Bürgers/Fett/*Engel* § 9 Rz. 104; *Bock* GmbHR 2004, 554; *Kusterer* DStR 2004, 77; zum „KGaA-Modell" und zu der Frage, ob ein Agio des phG in einer Ergänzungsbilanz abgebildet werden kann, BFH v. 7.9.2016 – I R 57/14, DStR 2017, 193 ff. sowie *Hageböke* Der Konzern 2017, 126 ff.

[107] BFH v. 21.6.1989 – X R 14/88, BStBl. II 1989, 881; *Hageböke* S. 74.

[108] BFH v. 21.6.1989 – X R 14/88, BStBl. II 1989, 881; vgl. Wortlaut § 15 Abs. 1 Satz 1 Nr. 3 EStG („nicht auf Anteile am Grundkapital entfallen").

[109] OFD Köln v. 27.6.1991, DStR 1991, 1218 f.; *Claussen* GmbHR 1996, 73 (79); *Patt/Rasche* DB 1993, 2400 (2401 f.); *Probst* FR 1991, 529 (539); aA *Raupach* JbFfStR 1994/95, 251 (263 ff); *Gocke* DB 1994, 2162 ff.

[110] FG Hamburg v. 14.11.2002 – V 231/99, EFG 2003, 711 (rkr.); FG München v. 16.1.2003 – 7 K 5340/01, EFG 2003, 670 (rkr.), nach *Hageböke* Der Konzern 2017, 28 ff. (Fn. 7); wohl auch FinVerw.; aA FG Hamburg v. 9.7.2015 – 3 K 308/14, EFG 2015, 1682; FG München v. 28.1.2016 – 13 K 2396/13, EFG 2016, 869 (rkr.); *Hageböke* Der Konzern 2017, 28 ff. mwN zum Meinungsstand.

[111] *Kusterer* DStR 2008, 484 (485 f.); D/P/M/*Dötsch/Pung* § 8b Rz. 405; *Hageböke* S. 89.

[112] Umstritten, vgl. dazu ausführlich *Schulte* DStR 2005, 951.

c) Besteuerung der Kommanditaktionäre

Sind **natürliche Personen** als Kommanditaktionäre an der KGaA beteiligt, so unterliegen die Dividenden der **Abgeltungsteuer,** §§ 20 Abs. 1 Nr. 1, 32d EStG. Dies gilt nicht, wenn die Kommanditaktien sich im **Betriebsvermögen** befinden. Für diesen Fall gilt das Teileinkünfteverfahren mit der Folge, dass 40 vH der Dividenden steuerfrei sind, vgl. §§ 3 Abs. 40, 3c Abs. 2 EStG. Ferner gilt **auf Antrag** die Abgeltungsteuer dann nicht, wenn zwar die Kommanditaktien sich im Privatvermögen befinden, jedoch die Beteiligung entweder 25 vH beträgt oder mindestens 1 vH beträgt und in letzterem Fall der Kommanditaktionär für die KGaA beruflich tätig ist (§ 32d Abs. 2 Nr. 3 EStG). Kommt die Abgeltungsteuer aus den vorgenannten Gründen nicht zum tragen, so gilt das Teileinkünfteverfahren (§ 3 Nr. 40 Buchst. d EStG). 57

Handelt es sich bei dem Kommanditaktionär um eine **Kapitalgesellschaft,** qualifiziert § 8 Abs. 2 KStG deren Einkünfte als gewerbliche. Jedoch sieht § 8b Abs. 1, 5 KStG vor, dass die Bezüge aus der Beteiligung an der KGaA bei der Ermittlung des Einkommens des Kommanditaktionärs zu 95 vH außer Ansatz bleiben. 58

4. Gewerbesteuer

Die KGaA unterliegt mit ihrem Gewerbebetrieb unmittelbar der Gewerbesteuer gemäß § 2 Abs. 2 Satz 1 GewStG. Die KGaA kann sowohl Organgesellschaft als auch Organträger sein. Insoweit unterscheidet sich die KGaA nicht von anderen Kapitalgesellschaften. 59

§ 8 Nr. 4 GewStG ordnet für die KGaA an, dass „die Gewinnanteile, die an persönlich haftende Gesellschafter einer KGaA auf ihre nicht auf das Grundkapital gemachte Einlage oder Vergütungen (Tantieme) für die Geschäftsführung verteilt worden sind", wieder dem gewerbesteuerlichen Gewinn der KGaA hinzugerechnet werden.[113] Dadurch wird für gewerbesteuerliche Zwecke der Betriebsausgabenabzug gemäß § 9 Abs. 1 Nr. 1 KStG wieder rückgängig gemacht. Ziel ist es, auch die Gewinnanteile des persönlich haftenden Gesellschafters mindestens einmal auf Ebene der KGaA der Gewerbesteuer zu unterwerfen. Unterliegt der persönlich haftende Gesellschafter selbst der Gewerbesteuer, so erfolgt auf Ebene des persönlich haftenden Gesellschafters gem. § 9 Nr. 2b GewStG eine Kürzung in Höhe des auf Ebene der KGaA hinzugerechneten Betrages gem. § 8 Nr. 4 GewStG. Dadurch wird eine doppelte Belastung vermieden. Der von dem Komplementär erwirtschaftete Gewinn beschränkt sich jedoch regelmäßig auf eine Haftungsvergütung. Bleibt der so erwirtschaftete Gewerbeertrag hinter dem Kürzungsbetrag gemäß § 9 Nr. 2b GewStG zurück, entsteht bei dem Komplementär ein jährlich ansteigender Verlustvortrag, der ohne entsprechende Gewinne wirtschaftlich nicht nutzbar gemacht werden kann.[114] Daher sind die Zahlungen der KGaA an den Komplementär möglichst gering zu halten. 60

Nach § 7 Satz 2 Nr. 3 GewStG unterliegt auch die Veräußerung oder die Aufgabe eines Komplementäranteils an einer KGaA der Gewerbesteuer, sofern der jeweilige Komplementär nicht eine natürliche Person ist.[115] 61

5. Erbschaftsteuer

Wird eine Beteiligung an einer KGaA, deren Sitz oder Geschäftsleitung sich im Zeitpunkt der Entstehung der Steuer im Inland oder in einem Mitgliedstaat der Europäischen Union oder in einem Staat des Europäischen Wirtschaftsraums befindet, verschenkt oder durch letztwillige Verfügung übertragen, so stellt sich zunächst die Frage, 62

---

[113] Zum Umfang siehe auch *Hageböke* S. 84; siehe auch BFH v. 28.11.2007 – X R 6/05, BFH/NV 2008, 459.

[114] *Hasselbach/Ebbinghaus* DB 2015, 1269 (1276).

[115] Vgl. zum Ganzen *Behrens/Schmitt* BB 2002, 860.

ob es sich hierbei um verschonungsfähiges Vermögen handelt, das gemäß §§ 13a, b, c, 19a, 28a ErbStG begünstigt werden kann. Stets begünstigungsfähig ist die Beteiligung des Komplementärs (vgl. § 13b Abs. 1 Nr. 2 ErbStG). Insoweit kommt es auf die Höhe der Beteiligung des Komplementärs nicht an. Handelt es sich hingegen um Kommanditaktien, so stellen diese nur dann verschonungsfähiges Vermögen dar, wenn die Beteiligung, die der Schenker bzw. Erblasser im Zeitpunkt der Übertragung noch hat, mehr als 25 vH beträgt (§ 13b Abs. 1 Nr. 3 ErbStG). Bei der Ermittlung der Beteiligungshöhe können im Fall einer Poolbindung ggf. Anteile von Mitgesellschaftern mitberücksichtigt werden. Soweit begünstigungsfähiges Betriebsvermögen vorliegt, ist sodann zu prüfen, inwieweit sich dieses aus tatsächlich begünstigtem Vermögen bzw. aus nicht begünstigtem Verwaltungsvermögen zusammensetzt (§ 13b Abs. 2 ErbStG). Nur für das begünstigte Vermögen kommt eine Verschonung von insgesamt bis zu 100% nach Maßgabe der §§ 13a, c, 28a ErbStG in Betracht. Voraussetzung für die Begünstigung ist dabei u.a. das Bestehen eines Lohnsummentests (§§ 13a Abs. 3, 28a Abs. 4 Nr. 1 ErbStG) sowie die Einhaltung einer Behaltensfrist (§§ 13a Abs. 6, 28a Abs. 4 Nr. 2 ErbStG). Bemessungsgrundlage ist der gemeine Wert (für nicht börsennotierte Aktien: § 11 Abs. 2, § 151 Abs. 1 Satz 1 Nr. 3 BewG, § 12 Abs. 2 ErbStG; für die Beteiligung des Komplementärs: §§ 151 Abs. 1 Satz 1 Nr. 2, 97 Abs. 1 Nr. 1, Abs. 1b BewG, § 12 Abs. 5 ErbStG). Die Steuer kann im Fall des Erwerbs durch eine natürliche Person der Steuerklasse II oder III ggf. unter Berücksichtigung eines Entlastungsbetrages (vgl. § 19a ErbStG) berechnet werden.

63–65 *(frei)*

B. Einzelerläuterungen

66 Die vorstehende Satzung mit ihren Alternativformulierungen greift den klassischen Sachverhalt eines familiengeführten Unternehmens auf. Erwähnenswert ist, dass neben einer natürlichen Person als Komplementär eine Kapitalgesellschaft ebenfalls als Komplementär fungiert. Dadurch ist eine ununterbrochene nach dem Willen des Komplementärs intendierte Fortführung der KGaA gewährleistet, sofern dieser versterben sollte oder aus anderen Gründen seine Komplementärfunktion nicht mehr ausüben kann. Selbstverständlich kann diese Satzung nicht sämtliche Eventualitäten berücksichtigen. So mag bspw. auch von Interesse sein, Vorzugsaktien auszugeben oder einen Beirat zu implementieren. Diese Sondergestaltungen können hier nur bedingt dargestellt werden. Insoweit wird auf die Einzelerläuterungen verwiesen.

67 In der Beraterpraxis kann es hilfreich sein, für Formulierungsfragen das Internet zu einer Recherche heranzuziehen, da jedenfalls die börsennotierten Unternehmen in aller Regel ihre Satzungen auf ihren Internetseiten zum Download bereithalten.

68 *(frei)*

Zu § 1

69 Nach § 279 Abs. 1 AktG muss eine typische KGaA die Bezeichnung „Kommanditgesellschaft auf Aktien" oder eine allgemein verständliche Abkürzung enthalten (KGaA, KG auf Aktien oder Kommanditgesellschaft aA). Handelt es sich um eine kapitalistische KGaA sieht § 279 Abs. 2 AktG vor, dass auch die immanente Haftungsbeschränkung in der Firma der KGaA hinlänglich zum Ausdruck kommen muss, bspw. durch die Firmierung als Kapitalgesellschaft & Co. KGaA; diese Firmierung trifft auch dann zu, wenn die Komplementärin eine Kapitalgesellschaft & Co. KG ist.[116] § 279 Abs. 2 AktG steht jedoch einer Simplifizierung der Firma der KGaA nicht entgegen. Diese kann wegen des Unterscheidbarkeitserfordernisses gemäß § 30 HGB zwingend

[116] MHdB GesR IV/*Herfs* § 77 Rz. 9.

notwendig sein, wenn Komplementärin und KGaA am selben Ort ihren Sitz unterhalten.[117]

Obwohl vorliegend auch eine Kapitalgesellschaft als Komplementär agiert, ist ein Zusatz in der Firma nicht notwendig, da daneben auch Herr A als natürliche Person unbeschränkt haftet, § 279 Abs. 2 AktG. **70**

(frei) **71**

Zu § 2

Hinsichtlich des Unternehmensgegenstandes gelten die üblichen Grundsätze.[118] Zu beachten ist, dass eine Konzernklausel die Komplementäre im Fall eines die Unternehmensstruktur verändernden Rechtsgeschäfts vor der Anwendung der Grundsätze der *Holzmüller-/Gelatine*-Rechtsprechung[119] nicht bewahrt, da es sich – obschon satzungsgemäß –, doch um ein Grundlagengeschäft mit unmittelbarer Wirkung für die Anteilseigner handelt.[120] Gleichwohl ist eine solche Klausel erforderlich, wenn die Gesellschaft sich auch an anderen Gesellschaften beteiligen können soll, denn die Komplementäre sind an den in der Satzung definierten Unternehmensgegenstand gebunden.[121] **72**

(frei) **73**

Zu § 3

Gemäß § 25 AktG sind sämtliche Bekanntmachungen in den Gesellschaftsblättern stets im Bundesanzeiger[122] zu veröffentlichen. Rechtserhebliche Konsequenzen einer Bekanntmachung, wie bspw. ein Fristbeginn, kann danach nur durch die Veröffentlichung im Bundesanzeiger ausgelöst werden.[123] Es bleibt der Geschäftsführung unbenommen, Bekanntmachungen auch auf der unternehmenseigenen Homepage der breiten Öffentlichkeit anzubieten. Die ebenfalls anzutreffende Einschränkung „soweit das Gesetz im Einzelfall nichts anderes bestimmt" ist sinnentleert, da die Satzungsbestimmung nur solche Bekanntmachungen erfassen kann, für die diese nach dem Gesetz selber verantwortlich ist. Für solche sieht das Gesetz jedoch keine Ausnahmen vor. Etwas anderes kann nur für solche Bekanntmachungen gelten, zu denen Behörden von Gesetzes wegen angehalten sind. **74**

(frei) **75**

Zu §§ 4, 5

Im Rahmen der Kapitalisierungsregelungen sind Bestimmungen über das Haftungskapital der Gesellschaft aufzunehmen und wie dieses sich zusammensetzt. Für das Grundkapital und die Aktiengestaltung gelten die §§ 6ff. AktG. Das Mindestkapital einer KGaA beträgt danach € 50000,– (§ 275 Abs. 3 iVm. § 7 AktG). Nach der Aktienrechtsnovelle 2016[124] ist in § 10 Abs. 1 Satz 1 AktG die Namensaktie als Standardverbriefungsart festgelegt. Inhaberaktien können nur noch von börsennotierten Gesellschaften oder unter der Bedingungen ausgegeben werden, dass der Anspruch auf Einzelverbriefung ausgeschlossen und eine Sammelurkunde hinterlegt ist, § 10 Abs. 1 **76**

---

[117] Vgl. *Hesselmann* BB 1989, 2344ff.: Die Schwartauer Werke Verwaltungsgesellschaft mbH ist die Komplementärin der Schwartau GmbH & Co. KG.

[118] Vgl. §§ 281 iVm. 23 Abs. 3 Nr. 2 AktG; zu beachten ist, dass bestimmte Unternehmensgegenstände bestimmten Rechtsformen vorbehalten sind (vgl. § 6 Abs. 1 InvG); umstritten ist, ob auch Standesrecht entgegenstehen kann: vgl. *Muthers* NZG 2001, 930 mwN.

[119] Vgl. dazu ausführlich oben Rz. 14.

[120] BGH v. 26.4.2004 – II ZR 155/02, ZIP 2004, 993 (Gelatine I).

[121] Unstreitig, vgl. nur MHdB GesR IV/*Krieger* § 70 Rz. 5 mwN.

[122] http://www.bundesanzeiger.de.

[123] Vgl. *Noack* BB 2002, 2025ff.

[124] BGBl. I 2015, 2565. Siehe hierzu den Überblick bei *Paschos/Goslar* NJW 2016, 359.

Satz 2 AktG. Unter Umständen mag es sinnvoll erscheinen, die Übertragbarkeit von Namensaktien in der Satzung gemäß § 68 Abs. 2 AktG einzuschränken. Ferner können bestimmte Aktien bspw. mit einem Entsendungsrecht in den Aufsichtsrat verbunden werden.[125] Sollen Vorzugsaktien ausgegeben werden, ist § 139 Abs. 2 AktG zu beachten.

77 Eine Pflicht, wonach der Komplementär eine Vermögenseinlage zu erbringen hat, ist gesetzlich nicht kodifiziert. Die Vermögenseinlage ist für die Partizipation des Komplementärs am Gewinn und Verlust sowie am Liquidationserlös der KGaA von Bedeutung. Besondere Regelungen finden sich in der Mustersatzung in §§ 6 Abs. 4; 9; 10 Abs. 3 bis 5; 12 Abs. 3; 22 Abs. 1; 23 Abs. 2.

78 *(frei)*

Zu §§ 6–10

79 Komplementär einer KGaA kann eine natürliche Person, eine juristische Person oder eine Personengesellschaft sein. Der Komplementär einer KGaA haftet für die Verbindlichkeiten der KGaA unbeschränkt. Ob und wenn ja, in welchem Umfang der Komplementär am Vermögen der KGaA partizipiert, ist in der Satzung zu regeln.

80 Sollen neben dem Grundkapital seitens der Komplementäre Vermögenseinlagen geleistet[126] werden, ist diese Verpflichtung der Art und Höhe nach in der Satzung zu bestimmen (§ 281 Abs. 2 AktG). Die Einlagefähigkeit von Vermögenseinlagen richtet sich nach Personengesellschaftsrecht.[127] Das Gesamtkapital der Gesellschaft setzt sich summenmäßig dann aus dem Grundkapital und der Vermögenseinlage zusammen (vgl. auch § 286 Abs. 2 Satz 1 AktG). Soll die Vermögenseinlage später herauf- oder herabgesetzt werden, sind die Regelungen in § 9 der Mustersatzung zu beachten. Zulässig ist die Bestimmung einer Unter- und/oder Obergrenze, bis zu deren Erreichen der Komplementär seine Vermögenseinlage erhöhen oder herabsetzen kann.[128] Die gesetzliche Abfindungsregelung ist für den Komplementär mit Vermögenseinlage in §§ 278 Abs. 2 AktG, 161 Abs. 2, 105 Abs. 3 HGB, 738 BGB geregelt. Die Satzung sieht in § 10 Abs. 5 Satz 2 vor, dass ein Anspruch auf Barabfindung ausgeschlossen ist. Eine Abfindung erfolgt nur in Aktien. Dadurch wird das Unternehmensvermögen möglicherweise zu Lasten des Einflusses der Unternehmerfamilie geschont, da die Aktien fungibel sind.

81 In der vorliegenden Satzung wurde die Besonderheit, zwei Komplementäre vorzusehen, gewählt. Als Komplementäre fungieren hier eine AG sowie eine natürliche Person, wobei nur die natürliche Person zu einer Vermögenseinlage im Wege der Barleistung verpflichtet ist. Hintergrund dieser Gestaltung ist Folgender: Durch die Implementierung der AG wird erreicht, dass die natürliche Person als geschäftsführender Komplementär durch weitere Mitgeschäftsführer entlastet wird. Die Wahl der Rechtsform der AG anstelle der GmbH hat dabei den reizvollen weiteren Charme, den Mitgeschäftsführern den Titel eines Vorstands zuführen zu können, was für die Anwerbung entsprechend qualifizierter Personen hilfreich sein kann. Dem gegenüber darf der mögliche Nachteil, dass Aktionäre nicht unmittelbar auf die Bestellung und Abberufung der Vorstände Einfluss nehmen können, nicht außer Acht bleiben. Für den Fall

[125] Vgl. oben § 13 Abs. 2 der Mustersatzung und § 101 Abs. 2 AktG.

[126] Für deren Leistung gelten die §§ 161 Abs. 2, 105 Abs. 2 HGB iVm. 705 ff. BGB; Mängel und Verzugsschäden werden nach dem HGB ausgeglichen. Die Einlagen, deren Fälligkeit sich allein nach der Satzung bestimmt, gehen mit ihrer Leistung in das Eigentum der KGaA über.

[127] Vgl. GroßkommAktG/*Assmann/Sethe* AktG § 281 Rz. 15; Bürgers/Fett/*Reger* § 5 Rz. 235; einlagefähig sind daher Sachgüter, Geldwerte, Rechte, Dienstleistungen, Gebrauchsüberlassungen, obligatorische Nutzungsrechte, Geschäftsbeziehungen und sog. Good Will, wobei die jeweilige Bilanzierungsfähigkeit keine Bedingung ist, die Satzungsbestimmung jedoch auch nicht das Bilanzrecht konterkariert. Sollte eine Einlage aktivierungsfähig sein oder – im Fall einer zukünftigen Leistung – aktivierungsfähig werden, ist ihr jeweiliger Wert dem Kapitalkonto des Komplementärs zuzurechnen.

[128] MHdB GesR IV/*Herfs* § 77 Rz. 4 mwN.

des Versterbens der natürlichen Person, die Komplementär ist, ist kein Zwang gegeben, sofern die Rechtsform der KGaA erhalten bleiben soll, einen Nachfolger zu finden, der zugleich unbeschränkt haftet. Vielmehr kann die KGaA durch Änderung ihrer Firma als AG & Co. KGaA fortgeführt werden.

In der vorliegenden Satzung sind in § 7 Abs. 3 und § 10 Regelungen enthalten zur **82** Frage, ob und wie ein weiterer oder neuer Komplementär aufgenommen werden kann oder wie ein solcher ausscheidet. Die Aufnahme unterliegt in vollem Umfang dem Personengesellschaftsrecht, mit der Folge, dass die Ausgestaltung der Aufnahme in der Satzung frei gestaltet werden kann, soweit nicht zwingende Vorschriften des Personengesellschaftsrechts – vor allem zur Frage der Haftung – entgegenstehen.[129] Auch die Frage des – gesetzlich nicht vorgesehenen – Ausscheidens eines Komplementärs bzw. des Übertragens seines Kapitalanteils auf einen Dritten unterliegt in vollem Umfang der Satzungsautonomie.[130] In beiden Fällen ist jedoch zu beachten, dass im Grundsatz eine Änderung der Gesellschaftsstruktur vorliegt. Dies bedarf der Satzungsänderung. Soweit es sich um den Austausch des Komplementärs gemäß § 10 Abs. 3 handelt, vollzieht sich die Änderung der Gesellschaftsstruktur außerhalb der Satzung; für solche Satzungsumgestaltungen sieht § 16 der Satzung vor, dass der Aufsichtsrat berechtigt ist, sodann die Änderung der Satzung eigenständig herbeizuführen (§§ 278 Abs. 3, 179 Abs. 1 Satz 2 AktG).[131] Scheidet der Komplementär aus der KGaA aus, so steht ihm kein Barabfindungsguthaben zu, sondern vielmehr nur Aktien, die nach Maßgabe des § 9 zu schaffen sind (vgl. § 10 Abs. 5).

(frei) **83, 84**

Zu §§ 11, 12

Die Gestaltungsgrenzen der Geschäftsführung und Vertretung der KGaA bestimmen **85** sich nach dem Personengesellschaftsrecht (§ 278 Abs. 2 AktG). Zu beachten ist vor allem, dass die Verbandssouveränität gewahrt wird, die organschaftliche Geschäftsführungs- und Vertretungsbefugnis in der aktiven KGaA den Gesellschaftern vorbehalten bleibt und die gesellschaftsrechtliche Mitgliedschaft nicht von den Mitgliedschaftsrechten abgespalten wird. Zulässig ist insbesondere – wie vorliegend – der Ausschluss des Widerspruchsrechts der Kommanditaktionäre nach § 164 HGB (vgl. § 12 Abs. 3 der Satzung) für außergewöhnliche Geschäfte.[132] Gemäß §§ 114, 115 HGB bzw. §§ 161 Abs. 2, 125 Abs. 1 HGB sind die Komplementäre mangels abweichender Satzungsbestimmung einzelgeschäftsführungs- und einzelvertretungsbefugt; vorliegend wurde davon für die Geschäftsführungsbefugnis abgewichen und auch die Möglichkeit eröffnet, dass eine Geschäftsordnung – aus Gründen der Flexibilität außerhalb der Satzung – vereinbart wird.[133] Mangels abweichender Regelung[134] können den Komplementären bei Vorliegen eines wichtigen Grundes ihre Geschäftsführungsbefugnisse durch Hauptversammlungsbeschluss[135] entzogen werden (§§ 278 Abs. 2, 161 Abs. 2, 117, 127 HGB).

§ 284 AktG definiert ein – nach umstrittener Ansicht[136] – satzungsdispositives Wett- **86** bewerbsverbot zu Lasten der Komplementäre. Dieses Verbot kann daher nicht nur er-

---

[129] Vgl. auch MüKoAktG/*Perlitt* AktG § 278 Rz. 67 ff.

[130] Vgl. dazu MüKoAktG/*Perlitt* AktG § 289 Rz. 127 ff.

[131] Kölner Komm/*Zöllner* AktG § 179 Rz. 83 ff.

[132] Vgl. oben C. 1.21.2.1.

[133] Wichtig ist, dass die Geschäftsordnung das Widerspruchsrecht nach § 115 Abs. 1 HGB ausschließt, vgl. GroßkommHGB/*Ulmer* HGB § 114 Rz. 80.

[134] Das Recht zur Entziehung kann sowohl erschwert als auch ausgeschlossen werden, vgl. MHdB GesR IV/*Herfs* § 79 Rz. 8.

[135] BGH v. 15.12.2015 – II ZR 144/14, StuB 2016, 204.

[136] Für die Dispositivität (hM) vgl. nur GroßkommAktG/*Assmann/Sethe* AktG § 284 Rz. 25 mwN; aA *Armbrüster* ZIP 1997, 1269 (1272) und MHdB GesR IV/*Herfs* § 78 Rz. 25 (jedoch Befreiung durch Einwilligung aller Komplementäre und Zustimmung des Aufsichtsrats).

gänzt und näher bestimmt, sondern auch teilweise oder gänzlich abbedungen werden (vgl. hier § 11 Abs. 4 der Satzung).

87 *(frei)*

Zu §§ 13–17

88 Abweichend vom Beispiel in der vorstehenden Satzung, die den gesetzlich schwachen Aufsichtsrat fortführt, ist es denkbar, die Stellung des Aufsichtsrats in der Satzung zu stärken und dem Aufsichtsrat einer AG anzugleichen. Dazu könnten bspw. in der Satzung bestimmte Geschäfte dem Zustimmungsbedürfnis des Aufsichtsrats unterworfen werden (§ 111 Abs. 4 AktG).[137] Ebenso kann dem Aufsichtsrat die Personalkompetenz hinsichtlich der Bestellung weiterer Komplementäre zugestanden werden. Ferner können Bestimmungen aufgenommen werden, die die Wählbarkeit als Aufsichtsrat[138] oder das Wahlverfahren – in den Grenzen des gesetzlichen Schutzzwecks des § 285 AktG – ausgestalten. Diese Stärkungsmöglichkeiten finden schließlich erst da ihre Grenze, wo die in § 287 Abs. 3 AktG normierte Trennung von Geschäftsleitung und Kontrollinstanz tangiert wird.[139] Andererseits ist auch denkbar, den Aufsichtsrat kompensationslos weiter zu entmachten und in der Satzung zu bestimmen, dass auch die Exekutivkompetenz gemäß § 287 Abs. 1 AktG auf ein anderes Organ transferiert wird.

89 § 113 Abs. 1 AktG sieht vor, dass für Aufsichtsratsmitglieder eine angemessene Vergütung festgesetzt werden kann. Anspruchsgrundlage hinsichtlich dieser Vergütung bildet die jeweilige Regelung in der Satzung oder der einzelne Hauptversammlungsbeschluss. Nicht erforderlich ist, dass die Gesamtausstattung der Aufsichtsratsmitglieder dezidiert in der Satzung niedergelegt wird. Es reicht vielmehr aus, wenn die Vergütung einem Hauptversammlungsbeschluss vorbehalten bleibt. In der Satzung oder schließlich im Beschluss muss jedoch die Vergütung beziffert werden, um deren Angemessenheit prüfen zu können. Nicht zur Vergütung gehört dagegen der Ersatz angemessener Auslagen (Reise-, Übernachtungs-, Verpflegungs-, Telekommunikationskosten), für die es daher auch keiner individualvertraglichen Anspruchsgrundlage bedarf, da dieser Ersatzanspruch bereits aus dem Amtsverhältnis in analoger Anwendung des § 670 BGB gesetzlich entsteht.[140] Umstritten ist, ob eine sog. D&O-Versicherung zum Auffangen der Haftungsrisiken aus der Aufsichtsratstätigkeit in die Angemessenheitsprüfung der Gesamtausstattung des Aufsichtsratsmitglieds einfließt[141] oder ob es sich um eine Leistung im Interesse der Gesellschaft handelt. Nach zutreffender Auffassung handelt es sich tatsächlich um eine Leistung, die zumindest auch im Interesse der Gesellschaft vorgenommen wird. Obschon § 87 Abs. 1 Satz 1 AktG für die Vorstandsvergütung auch Versicherungsentgelte aufzählt, lässt sich diese Regelung nicht heranziehen, da insoweit nur solche Versicherungen erfasst werden sollen, die im privaten Interesse des Vorstands abgeschlossen wurden. Mit der D&O-Versicherung sichert aber die KGaA lediglich das Risiko ab, mit ihrer Schadenersatzforderung gegen das Aufsichtsratsmitglied auszufallen. Daher sind diese Leistungen jedenfalls dann keine Vergütungsleistungen, wenn Versicherungspartner und Prämienschuldner die KGaA ist.[142]

90 *(frei)*

---

[137] *Hüffer/Koch* AktG § 111 Rz. 35.
[138] *Hüffer/Koch* AktG § 100 Rz. 20.
[139] Vgl. MHdB GesR IV/*Herfs* § 79 Rz. 57 mwN.
[140] *Hüffer/Koch* AktG § 113 Rz. 2b.
[141] So *Kästner* AG 2000, 113 (115); *Feddersen* AG 2000, 385 (394); *Kästner* DStR 2001, 195.
[142] So auch *Hüffer/Koch* AktG § 113 Rz. 2a; MHdB GesR IV/*Hoffmann-Becking* § 33 Rn. 19; *Mertens* AG 2000, 447 (452); *Vetter* AG 2000, 453 (456); *Lange* ZIP 2001, 1524 ff.; *Schüppen/Sanna* ZIP 2002, 550 (551).

Zu §§ 18–20

Die Macht der Hauptversammlung – bestehend insbesondere in deren Zustimmungsvorbehalt zu außerordentlichen Geschäften (§§ 164, 116 Abs. 2 HGB, 285 Abs. 2 AktG) – kann ebenfalls gestärkt, aber ebenso auch beschnitten werden. In dem vorliegenden § 12 Abs. 3 der Satzung ist der Zustimmungsvorbehalt auf bestimmte Fälle beschränkt worden. Ein völliger Ausschluss der Mitwirkungsrechte bei außerordentlichen Geschäften wäre bei einer Nicht-Publikumsgesellschaft – wie hier[143] – noch möglich,[144] wäre für Grundlagengeschäften aber in jedem Fall unzulässig.[145] **91**

(frei) **92**

Zu §§ 21, 22

Die Feststellung des Jahresabschlusses ist zwingend der Hauptversammlung vorbehalten (§ 286 AktG); deren Beschluss bedarf der – hinsichtlich Form und Mehrheitserfordernissen gestaltbaren[146] – Zustimmung der Komplementäre (§ 285 Abs. 2 AktG). **93**

Die Satzung kann von dem gesetzlichen Entnahmerecht der Komplementäre (§§ 278 Abs. 2 AktG, 161 Abs. 2, 122 HGB) in den Grenzen des § 288 AktG abweichen. **94**

Vorbehaltlich einer abweichenden Satzungsgestaltung richtet sich die Gewinn- und Verlustverteilung unter den Gesellschaftern nach den §§ 278 Abs. 2 AktG, 168 HGB. Da diese Verteilung aber dem Personengesellschaftsrecht unterliegt, kann diese in der Satzung anderweitig gestaltet werden. Denkbar sind insb. Regelungen über eine fixe Kapitalverzinsung, bestimmte Gewinnermittlungs- bzw. Bewertungsgrundsätze für eine Sonderbilanz der Komplementäre und – wie hier – die Berücksichtigung des Kapitalanteils des Komplementärs im Verhältnis zum Grundkapital. Zur Vermeidung möglicher Divergenzen insbesondere zwischen den Kommanditaktionären und dem Komplementär im Hinblick auf die umstrittene Ansicht, dass nur ein Jahresabschluss zu fertigen sei (sog. monoistischer Ansatz)[147] bietet es sich an, eine Regelung aufzunehmen, wonach sich die Gewinnverteilung nach dem, für Kapitalgesellschaften geltenden handelsrechtlichen Grundsätzen festgestellten Jahresabschluss bestimmt. Der dem Komplementär zuzurechnende Gewinnanteil unterliegt – wiederum vorbehaltlich abweichender Satzungsgestaltung[148] – jedenfalls der gesetzlichen Regelung des § 120 HGB. **95**

Soweit im Jahresabschluss Rücklagen ausgewiesen werden, können diese nur aus dem Gewinnanteil gebildet werden, der den Aktionären zusteht. In der Satzung kann aber bestimmt werden, dass die Komplementäre im gleichen Verhältnis Rücklagen bilden.[149] **96**

Über die Gewinnverwendung zu Gunsten der Aktionäre ist ein Beschluss der Hauptversammlung auf Grundlage der Vorschläge der Komplementäre (§§ 283 Nr. 9, 170 Abs. 2 AktG) einzuholen (§§ 278 Abs. 3, 174 Abs. 1 AktG). In der Satzung kann den Komplementären ein Zustimmungsrecht zugestanden werden.[150] **97**

(frei) **98, 99**

---

[143] Vgl. die Beschränkung auf den Fall, dass nur drei Kommanditaktionäre vorhanden sind und das Grundkapital eine Mindestquote übersteigt.

[144] *Schaumburg/Schulte* Rz. 52.

[145] Vgl. oben Rz. 14 und 17 (insbes. auch zu den Abweichungen bei einer Publikumsgesellschaft).

[146] Abbedingung ist nicht möglich, da es um eine Grundlagenentscheidung geht.

[147] Zur Streitdarstellung vgl. ausführlich *Adler/Düring/Schmaltz* Bd. 4, AktG § 286 Rz. 52 ff.; vgl. auch oben unter Rz. 47.

[148] Zur Abdingbarkeit und Ausgestaltung vgl. nur MüKoHGB/*Priester* HGB § 120 Rz. 9.

[149] MHdB GesR IV/*Herfs* § 81 Rz. 33.

[150] MHdB GesR IV/*Herfs* § 81 Rz. 21 mwN.

Zu §§ 23–25

100 Neben den üblichen – daher hier nicht näher zu erläuternden – Bestimmungen zur salvatorischen Klausel, den Formerfordernissen von das Gesellschaftsverhältnis betreffenden Vereinbarungen und dem Gerichtsstand, ist es zweckdienlich für den Fall der Auflösung der Gesellschaft Bestimmungen darüber zu treffen, wer die Abwicklung der Gesellschaft durchführt und wie das freiwerdende Kapital verteilt werden soll. Das Ergebnis der KGaA, das den Grundkapitalbereich betrifft, unterliegt § 11 KStG, während bei der Zurechnung des Ergebnisses des Komplementäranteils für diesen die Regelungen über die Betriebsaufgabe iSd. §§ 16 Abs. 3, 34 EStG Anwendung finden.[151]

[151] Vgl. nur Schmidt/*Wacker* EStG § 16 Rz. 570.

C. 1.60 Familiengesellschaft für Privatvermögen in der Rechtsform der vermögensverwaltenden KG

Übersicht

C. 1.61 Gründungs- und Einbringungsvertrag

Gliederung

Urkundenrolle Nummer [...] C. 1.61

Verhandelt am [...] zu [...]

Vor dem Notar [...] erschienen:

1. die Eheleute Frau A, geboren am [...], und Herr A, geboren am [...], beide wohnhaft in [...],
– Frau A und Herr A nachfolgend auch „Veräußerer" genannt –

2. die Tochter der Beteiligten zu 1., Frau B, geboren am [...], wohnhaft in [...]

3. der Sohn der Beteiligten zu 1., Herr C, geboren am [...], wohnhaft in [...].

Die Erschienenen wiesen sich wie folgt aus: [...].

Sie erklärten zur Beurkundung:

§ 1 Errichtung einer Kommanditgesellschaft[Rz. 18]

(1) Wir errichten hiermit unter der Firma D Vermögensverwaltungs KG mit dem Sitz in [...] eine Kommanditgesellschaft.

(2) Für die Rechtsverhältnisse der Gesellschaft gilt der als Anlage dieser Niederschrift beigefügte Gesellschaftsvertrag. Er wurde vom Notar vorgelesen.[1]

§ 2 Einbringung[Rz. 19, 20]

(1) Ich, Herr A., bringe hiermit gemäß § 3 Abs. 3 des Gesellschaftsvertrags der soeben errichteten Kommanditgesellschaft als Einlage meinen beim Amtsgericht [...] im Grundbuch von [...] Blatt [...] verzeichneten Grundbesitz Flur [...] Flurstück [...], [...], in die Gesellschaft ein.
Ich, Frau A., bringe hiermit gemäß § 3 Abs. 3 des Gesellschaftsvertrags der soeben errichteten Kommanditgesellschaft als Einlage meinen beim Amtsgericht [...] im Grundbuch von [...] Blatt [...] verzeichneten Grundbesitz Flur [...] Flurstück [...], [...], ebenfalls in die Gesellschaft ein.

[1] Siehe Formular C. 1.62.

Die Kommanditgesellschaft nimmt die Einlage jeweils an.

(2) Der Notar hat den Grundbuchinhalt feststellen lassen am [...].
Das Grundbuch Blatt [...] ist in Abteilung II lastenfrei und weist in Abteilung III unter lfd. Nr. 4 folgende Belastung aus: € [...],– Grundschuld für die Y-Bank.
Das Grundbuch Blatt [...] weist in Abteilung II unter lfd. Nr. 1 eine Grunddienstbarkeit (Wegerecht) aus und ist in Abteilung III lastenfrei.

(3) Das in Blatt [...] in Abteilung II unter lfd. Nr. 1 eingetragene Wegerecht wird nebst den zugrunde liegenden Verpflichtungen von der Kommanditgesellschaft übernommen.

(4) Die in Blatt [...] in Abteilung III unter lfd. Nr. 4 eingetragene Grundschuld wird von der Kommanditgesellschaft dinglich übernommen.
Die Kommanditgesellschaft übernimmt die dieser Belastung zugrunde liegenden Zahlungsverpflichtungen mit Wirkung ab Erlöschen der nachfolgend vereinbarten Nießbrauchsrechte mit allen Zinsen und Nebenleistungen zu den dann geltenden Bedingungen.
Die Enthaftung des Veräußerers ist von der Genehmigung des Gläubigers abhängig. Diese werden die Beteiligten zu gegebener Zeit selbst einholen. Sollte die Genehmigung verweigert werden, gilt diese Vereinbarung im Innenverhältnis der Beteiligten als Erfüllungsübernahme, so dass die Kommanditgesellschaft den Veräußerer freizustellen hat.

(5) Der jeweilige Veräußerer behält sich an dem von ihm eingebrachten Grundbesitz den lebenslangen Nießbrauch vor. Für den Inhalt des Nießbrauchs gelten die gesetzlichen Bestimmungen mit der Abweichung, dass der Nießbraucher sämtliche privaten und öffentlichen Lasten tragen muss, auch wenn sie sonst dem Eigentümer obliegen. Der Nießbraucher trägt insbesondere alle Ausbesserungen und Erneuerungen, auch soweit sie über die gewöhnliche Unterhaltung hinausgehen, und alle Erschließungskosten. Die Eintragung dieser Nießbrauchsrechte an dem von dem jeweiligen Veräußerer eingebrachten Grundbesitz wird bewilligt und beantragt.
Nach dem Ableben des jeweiligen Veräußerers steht seinem Ehegatten ein Nießbrauch mit entsprechendem Inhalt zu. Die Eintragung dieses aufschiebend bedingten Nießbrauchsrechts für Herrn A an dem Grundbesitz Blatt [...] und für Frau A an dem Grundbesitz Blatt [...] wird bewilligt und beantragt. Der bedingte Nießbrauch für den Ehegatten soll den Rang nach dem Nießbrauch für den jeweiligen Veräußerer erhalten.
Die Nießbrauchsrechte sollen jeweils mit dem Vermerk eingetragen werden, dass das Recht nach dem Tod des Berechtigten mit Todesnachweis gelöscht werden kann.

(6) Besitz, Nutzungen und Lasten gehen an dem auf die Eintragung der Kommanditgesellschaft im Handelsregister nächstfolgenden Monatsersten auf die Kommanditgesellschaft über, vorbehaltlich der Nießbrauchsrechte.

(7) Der jeweilige Veräußerer haftet nicht für Sach- oder Rechtsmängel.

(8) Die Beteiligten sind sich darüber einig, dass das Eigentum an dem in Abs. 1 aufgeführten Grundbesitz auf die Kommanditgesellschaft als Alleineigentümerin übergeht und bewilligen und beantragen die entsprechende Eintragung im Grundbuch. Der Notar soll den Antrag auf Eigentumsumschreibung stellen, sobald die Kommanditgesellschaft im Handelsregister eingetragen ist.

§ 3 Kosten/Hinweise

Die Kosten dieser Urkunde und ihres Vollzugs trägt die Kommanditgesellschaft.

Diese Niederschrift nebst Anlage wurde den Erschienenen in Gegenwart des Notars vorgelesen, von ihnen genehmigt und eigenhändig wie folgt unterschrieben:

A. Grundsätzliche Anmerkungen

I. Wirtschaftliche Aspekte

1. Die Weitergabe von Privatvermögen im Rahmen einer Gesellschaft als Alternative zur Direktübertragung

Privatvermögen kann durch unmittelbare Übertragung der einzelnen Vermögensgegenstände weitergegeben werden (siehe dazu die Ausführungen in Kapitel A. I.). Alternativ ist es möglich, das Vermögen in eine Gesellschaft einzubringen und den Erwerber an dieser Gesellschaft zu beteiligen. 1

Die Weitergabe von Vermögen im Rahmen einer Gesellschaft bringt **Vorteile.** Die Einbringung von Vermögen in eine vermögensverwaltende Familiengesellschaft ist eine geeignete Möglichkeit, das Familienvermögen zu bündeln und unter eine einheitliche Verwaltung zu stellen. So lässt sich in besonderer Weise eine „gleitende Vorwegerbfolge" erreichen, indem im Abstand von zehn Jahren Anteile an der Gesellschaft auf die Kinder übertragen werden, um die schenkungssteuerrechtlichen Freibeträge passgenau auszuschöpfen. Weiterhin bietet die Einbringung in eine Gesellschaft einen erheblich höheren Gestaltungsspielraum, etwa indem im Rahmen einer Nachfolgeklausel die Vererblichkeit nur an bestimmte Personen geregelt wird. Durch die Bündelung des Familienvermögens in der vermögensverwaltenden Gesellschaft wird zudem vermieden, dass einzelne Objekte im Rahmen einer vorweggenommenen Erbfolge gegenständlich einzelnen Kindern zugewiesen werden, was frühzeitig Rivalitäten hinsichtlich der Gleichwertigkeit der Objekte auslösen kann. Eine spätere Auseinandersetzung der Erwerber lässt sich, anders als bei der Übertragung zu Bruchteilseigentum, in der Regel grunderwerbsteuerfrei realisieren: Durch Aufteilung unter den Erwerbern gemäß § 7 Abs. 2 GrEStG oder indem eine Beteiligung von mehr als 5 vH an der Gesellschaft stets bei einem Dritten belassen wird, etwa dem Ehegatten desjenigen, der die Gesellschaft übernehmen soll (vgl. § 2 Abs. 2a, 3 GrEStG). 2

Die Weitergabe von Privatvermögen im Rahmen einer Gesellschaft ist aber auch mit **Nachteilen** verbunden. Die Errichtung der Gesellschaft zur Übertragung von Privatvermögen ist gegenüber der Direktübertragung mit zusätzlichem Aufwand verbunden. Des Weiteren gelten die von der Rechtsprechung entwickelten gesellschaftsrechtlichen Schutzprinzipien (etwa die grundsätzliche Unzulässigkeit von Hinauskündigungsklauseln und von Beschränkungen der Kündigungs- und Abfindungsrechte) im Grundsatz auch, wenn die Gesellschaft nicht unternehmerisch tätig ist, sondern lediglich als Vehikel zur Übertragung von Privatvermögen dient. Aufgrund dieser Schutzprinzipien kann der Erwerber von im Rahmen einer Gesellschaft übertragenen Vermögens teilweise weniger stark gebunden werden, als dies bei der Direktübertragung von Privatvermögen möglich ist.[2] 3

2. Gesellschaftsform für die Weitergabe von Privatvermögen

Soll Privatvermögen in eine Gesellschaft eingebracht werden und gleichwohl Privatvermögen bleiben (und nicht Betriebsvermögen werden), so kommt als Gesellschaftsform nur eine nicht gewerbliche Personengesellschaft in Betracht. Dies kann eine **GbR,** seit 1998 aber auch eine vermögensverwaltende **KG** sein (vgl. §§ 161 Abs. 2, 105 Abs. 2 HGB). Auch eine vermögensverwaltende GmbH & Co. KG ist als Gesellschaftsform geeignet, wenn diese nicht unter § 15 Abs. 3 Nr. 2 EStG fällt, dh., wenn eine natürliche Person – ohne notwendig persönlich haftende Gesellschafterin zu sein – zur Geschäftsführung befugt ist (siehe dazu C. 1.71 Rz. 4). 4

---

[2] Vgl. die nachfolgenden Ausführungen sowie *Oppermann* RNotZ 2005, 453 ff.

5 Den **Vorzug** verdient die **KG.** Bei der GbR bedeutet die fehlende Eintragung in ein Handelsregister zwar auf den ersten Blick eine Verfahrenserleichterung. Die fehlende Registerpublizität für Firma, Gesellschafter und Vertretungsbefugnisse erweist sich aber letztlich als Nachteil. Dies wird im Grundbuchverkehr in besonderer Weise deutlich. Die GbR ist zwar seit der Grundsatzentscheidung des BGH vom 4.12.2008[3] grundbuchfähig. Gleichwohl müssen bei der GbR gemäß § 47 Abs. 2 GBO (in der seit 18.8.2009 geltenden Fassung) alle Gesellschafter im Grundbuch eingetragen werden. Ein Gesellschafterwechsel muss in jedes Grundbuch, in dem Grundbesitz der Gesellschaft verzeichnet ist, eingetragen werden. Im Todesfall eines Gesellschafters muss gegenüber jedem Grundbuchamt die Rechtsnachfolge unter anderem durch Vorlage des Gesellschaftsvertrages nachgewiesen werden. Dieser Aufwand erübrigt sich bei der KG, da hier nur die KG im Grundbuch eingetragen wird. Die Vertretung der KG kann unproblematisch durch das Handelsregister nachgewiesen werden. Bei Tod eines Gesellschafters muss die Rechtsnachfolge lediglich einmal gegenüber dem Handelsregister angemeldet und nachgewiesen werden. Schließlich führt nur die KG dazu, dass die Haftung einzelner Gesellschafter beschränkt ist, während bei der GbR nach der neueren Rechtsprechung alle Gesellschafter unbeschränkt haften.[4] Aufgrund der Haftungsbeschränkung ist bei Beteiligung Minderjähriger die KG der GbR in besonderer Weise vorzuziehen: Die vormundschaftsgerichtliche Genehmigung wird bei Haftungsbeschränkung deutlich eher erteilt (nach h. M. ist eine Ergänzungspflegschaft ebenso wie die vormundschaftsgerichtliche Genehmigung sogar insgesamt entbehrlich, wenn eine voll eingezahlte Kommanditeinlage übertragen wird, da ein lediglich rechtlich vorteilhaftes Geschäft vorliege;[5] wegen der nicht gesicherten Rechtlage, wird in der Praxis häufig gleichwohl ein Ergänzungspfleger bestellt und die Genehmigung bzw. das Negativattest des Familiengerichts eingeholt) und das Sonderkündigungsrecht des § 723 Abs. 1 S. 2 Nr. 2 BGB gilt nicht für einen Kommanditisten, dessen Einlage voll erbracht ist.[6] Schließlich bietet die KG den Vorteil, dass an Kommanditanteilen eine Dauertestamentsvollstreckung umfassend möglich ist, während eine Testamentsvollstreckung an GbR-Anteilen wegen der im Widerspruch zu § 2206 Abs. 2 BGB stehenden unbeschränkten Haftung nur an der „Außenseite" des Gesellschaftsanteils zulässig ist.[7]

Eine gute Gegenüberstellung von vermögensverwaltender KG und GbR findet sich bei *v. Oertzen/Hermann* ZEV 2003, 400 ff.

3. Konstruktiver Weg der Vermögensweitergabe

6 Vermögen kann im Rahmen einer Gesellschaft konstruktiv auf zwei Arten weitergegeben werden: Zum einen in zwei Schritten, indem das Vermögen zunächst in eine Gesellschaft eingebracht wird, an der wirtschaftlich nur der Veräußerer beteiligt ist, und durch anschließende Übertragung der Gesellschaftsbeteiligung an den Erwerber. Zum anderen in einem Schritt dadurch, dass das Vermögen unmittelbar in eine gemeinsam mit dem Erwerber gegründete Gesellschaft eingebracht wird. Ein Beispiel für die erste Variante gibt das Vertragsmuster C. 1.71, für die zweite Variante das vorliegende Vertragsmuster C. 1.61. Für die erste Variante spricht der größere Gestaltungsspielraum (zB durch Vereinbarung von Rückforderungsrechten bei Übertragung der Gesellschaftsbeteiligung), für die zweite Variante die größere Einfachheit.

---

[3] BGH v. 4.12.2008 – V ZB 74/08, NJW 2009, 594 ff.
[4] BGH v. 29.1.2001 – II ZR 331/00, NJW 2001, 1056.
[5] Vgl. OLG Bremen v. 16.6.2008 – 2 W 38/08, ZEV 2008, 608.
[6] Eine gute Gegenüberstellung von vermögensverwaltender KG und GbR findet sich bei *von Oertzen/Hermann* ZEV 2003, 400 ff., dort auch zur Buchführungs- und Bilanzierungspflicht bei der KG (Nachteil der KG).
[7] Vgl. Palandt/*Weidlich* BGB § 2205 Rz. 11, 14.

4. Weitere mögliche Regelungen

Sollte ein **Pflichtteilsverzicht** der Kinder nicht bereits anderweitig erklärt sein, so liegt es nahe, einen derartigen Pflichtteilsverzicht (zumindest nach dem Erstversterbenden der Eltern) mit in die Urkunde aufzunehmen. Möglich ist auch eine bloße Anrechnung der Zuwendung auf den Pflichtteil. Jedoch empfiehlt sich dann die Einbringung in die Gesellschaft und die anschließende Übertragung der Gesellschaftsbeteiligung unter Pflichtteilsanrechnung in zwei Schritten, damit die Höhe der von dem jeweiligen Elternteil stammenden Beteiligung klar ist. 7

Ebenfalls zu überlegen ist, ob **Rückforderungsrechte** gewünscht werden. Solange es möglich ist, dass die Erwerber kinderlos vor den Veräußerern versterben, empfiehlt es sich, für diesen Fall ein Rückforderungsrecht zu vereinbaren (vgl. dazu die nachfolgenden Ausführungen).

II. Rechtliche Aspekte

1. Zivilrecht/Gesellschaftsrecht

Die im Muster dargelegte Grundbesitzübertragung auf die Gesellschaft gleicht einem Übertragungsvertrag bei der Direktübertragung von Grundbesitz auf den Erwerber. Wie bei der Direktübertragung von Grundbesitz behält sich der jeweilige Veräußerer den Nießbrauch vor (zur Sicherung der Erträge für den Veräußerer siehe die Einzelerläuterungen zu § 2 Abs. 5). Anders als bei der Direktübertragung ist allerdings kein **Rückforderungsrecht** vereinbart für den Fall des Vorversterbens, der Zwangsvollstreckung und Insolvenz derjenigen Gesellschafter, die die Erwerber sind. Ein solches Rückforderungsrecht kann, wenn mehrere Erwerber in die Gesellschaft aufgenommen werden, schon deshalb nicht vereinbart werden, weil sich die Rückforderung aus dem Gesellschaftsvermögen zu Lasten aller Erwerber auswirken würde, was im Regelfall nicht gewollt ist. Soll also ein Rückforderungsrecht vereinbart werden, so ist in zwei Schritten vorzugehen: Zunächst die Einbringung in die Gesellschaft, an der nur die Veräußerer beteiligt sind, und sodann die Übertragung der Gesellschaftsbeteiligung unter Vereinbarung von Rückforderungsrechten hinsichtlich der Beteiligung, abgesichert durch eine aufschiebend bedingte Rückübertragung der Beteiligung. Sowohl bei Vereinbarung eines Rückforderungsrechts auf der Ebene der Zuwendung an die Gesellschaft als auch auf der Ebene der Zuwendung der Gesellschaftsbeteiligung ist nicht abschließend geklärt, inwieweit gesellschaftsrechtliche Grundsätze (Unzulässigkeit von Hinauskündigungsklauseln sowie von übermäßigen Abfindungsbeschränkungen; kein Ausschluss der Abfindung für den Fall der Pfändung) für diese Rückforderungsrechte gelten;[8] ein Rückforderungsrecht für den Fall des Vorversterbens ist jedenfalls unproblematisch. 8

2. Handelsrecht

Nach hM ist die vermögensverwaltende KG gem. §§ 238 ff. HGB buchführungs- und bilanzierungspflichtig.[9] Wenn – wie im Muster – zumindest eine natürliche Person Komplementär ist, gilt aber gemäß §§ 264a Abs. 1, 335b HGB: **Buchführungspflicht** kann handelsrechtlich **nicht erzwungen** werden; es besteht auch keine Pflicht zur Prüfung des Jahresabschlusses durch einen Wirtschaftsprüfer und keine Pflicht zur Einreichung des Jahresabschlusses beim Handelsregister. Auch steuerrechtlich kann die Buchführungspflicht nicht erzwungen werden, da steuerlich nur eine Überschussrechnung verlangt werden kann. Nicht geklärt ist, ob die fehlende Buchführung zur Straf- 9

---

[8] Vgl. dazu *Oppermann* RNotZ 2005, 453, 466 ff.

[9] Vgl. *Winnefeld* Bilanzhandbuch, A Rz. 12; BeBiKo/*Winkeljohann/Klein* HGB § 238 Rz. 42.

barkeit gemäß §§ 283 Abs. 1 Nr. 5, 283b StGB führen kann, wenn es zur Zahlungsunfähigkeit/Insolvenz kommt (§ 283 Abs. 6 StGB); dies ist richtigerweise nach dem Grundsatz der Einheit der Rechtsordnung aufgrund der im Übrigen fehlenden Sanktion zu verneinen. Weiter kann nicht ausgeschlossen werden, dass uU bei fehlender Buchführung eine Rückgewähr der Hafteinlage und damit eine Haftung des Kommanditisten gemäß § 172 Abs. 4 HGB eher angenommen wird. Das Risiko lässt sich begrenzen, indem die im Handelsregister eingetragene Hafteinlage der Kommanditisten von vornherein relativ niedrig angesetzt wird.

III. Steuerliche Aspekte

1. Ertragsteuer

a) Vorbehaltsnießbrauch für den einbringenden Gesellschafter

10 Im Muster ist ein Vorbehaltsnießbrauch für den jeweiligen Veräußerer vorgesehen. Damit stehen die Erträge wie auch die AfA dem Veräußerer zu. Daher erzielt die KG, solange die Veräußerer leben, keine Einkünfte. Sie ist einkommenssteuerlich eine virtuelle Gesellschaft. Eine Gewinnfeststellung findet nicht statt.

Das Muster legt zugrunde, dass zusätzlich dem Ehegatten des jeweiligen Veräußerers der bedingte Nießbrauch mit Wirkung ab Tod des Veräußerers zugewendet wird. Ein derartiger aufschiebend bedingter Zuwendungsnießbrauch führt mit Bedingungseintritt zum AfA-Verlust.

b) Besteuerung der KG

11 Sobald die KG nach dem Tod der Veräußerer Einkünfte erzielt, erfolgt gemäß § 180 AO einheitliche und gesonderte Gewinnfeststellung. Da die KG nur vermögensverwaltend tätig ist, erzielen die Gesellschafter nicht Einkünfte aus Gewerbebetrieb, sondern Einkünfte aus Vermietung und Verpachtung. Der Grundbesitz bleibt steuerliches Privatvermögen.

c) Steuerrechtliche Anerkennung einer Familiengesellschaft

12 Der Gesellschaftsvertrag einer vermögensverwaltenden Familiengesellschaft zielt darauf ab, den Erwerber durch Gestaltung des Gesellschaftsvertrages zu binden. Anderseits bestehen steuerrechtliche Bedenken gegen eine Gestaltung des Gesellschaftsvertrages, bei der der Erwerber in besonders starkem Maß gebunden ist, wenn dem Erwerber gleichwohl die Einkünfte der Gesellschaft steuerrechtlich zugerechnet werden sollen. Dies wird relevant, wenn sich der Veräußerer – anders als im Muster – nicht den Nießbrauch vorbehält bzw. wenn auf den Nießbrauch nachträglich verzichtet wird. Dies kann wirtschaftlich interessant sein, um den Grundfreibetrag der Kinder nach § 32a EStG in Anspruch zu nehmen bzw. wenn die Erwerber aufgrund der Progression niedrigere Steuersätze haben, um so eine Art **„Familiensplitting“** zu erreichen. Der besondere Reiz liegt dabei darin, dass die Kinderfreibeträge der Eltern nach § 32 Abs. 6 EStG vollständig erhalten bleiben, wenn das Kind eigene Einkünfte erzielt und diese steuerfrei vereinnahmt.

Die steuerliche Anerkennung einer Familiengesellschaft setzt voraus, dass eine Mitunternehmerschaft vorliegt, der Gesellschaftsvertrag zivilrechtlich wirksam und auch verwirklicht wird und dass die tatsächliche Gestaltung der Dinge mir ihrer formellen Gestaltung übereinstimmt, insbesondere die aufgenommenen Familienangehörige auch volle Gesellschafterrechte genießen.[10] Ein freies Rückforderungsrecht

[10] Dazu Beck PersGes-HB/*Stengel* § 15 Rz. 38 ff. mwN; *Krauß* Vermögensnachfolge Rz. 2290 ff.

bei der Zuwendung der Gesellschaftsbeteiligung schließt die Mitunternehmerschaft aus.

Das in C. 1.62 dargelegte Vertragsmuster wird diesen Anforderungen gerecht, da darin keine gesellschaftsvertraglich begründeten Sonderrechte der Eltern begründet werden und die Erwerber deshalb „volle Gesellschafterrechte" genießen. Problematisch wäre es dagegen, wenn – was zivilrechtlich zulässig ist – das Stimmrecht der Erwerber ausgeschlossen wäre. Soll also den Eltern die Entscheidungsmacht in der Gesellschaft gesichert werden, obwohl den Kindern die Erträge der Gesellschaft steuerrechtlich zugerechnet werden, ist darauf zu achten, dass die Eltern die Mehrheit der Anteile behalten und aufgrund dieser Mehrheit ihren Einfluss ausüben können.

d) Einbringung als Veräußerungsgeschäft iSd § 23 EStG?

Die Einbringung von Grundbesitz in die vermögensverwaltende KG kann ein entgeltlicher Vorgang sein, sodass es beim Veräußerer zur Steuerpflicht nach § 23 EStG kommt, wenn dessen Voraussetzungen im Übrigen vorliegen (insbesondere keine ausschließliche Nutzung zu eigenen Wohnzwecken; Einbringung innerhalb von 10 Jahren nach Anschaffung). Die Entgeltlichkeit der Einbringung kann sich ergeben **13**
- aus der Übernahme von Schulden. Auch aus diesem Grund ist im Muster lediglich eine aufschiebend bedingte Schuldübernahme mit Wirkung ab Erlöschen des Nießbrauchs vorgesehen;
- unter dem Gesichtspunkt eines tauschähnlichen Rechtsgeschäfts daraus, dass mehrere Veräußerer Grundbesitz in die Gesellschaft einbringen und daher im Rahmen der Gesellschaft wechselseitig an dem Grundbesitz des jeweils anderen beteiligt werden bzw. daraus, dass die Einbringung des Grundbesitzes gegen Gewährung von Gesellschaftsrechten erfolgt.[11]

Wenn die Voraussetzungen des § 23 EStG wegen eines tauschähnlichen Geschäfts vorliegen könnten, sollte daher von jedem Veräußerer eine eigene Gesellschaft gegründet werden, an der er zu beinahe 100 vH beteiligt ist. Nach Schmidt/*Weber-Grellet* § 17 Rz. 116 liegt bei der Übertragung in das Gesamthandvermögen einer Personengesellschaft ohne Betriebsvermögen, auch wenn diese gegen Gewährung von Gesellschaftsrechten erfolgt, nämlich nur insoweit anteilig eine Veräußerung vor (arg. § 39 Abs. 2 Nr. 2 AO), als der Übertragende nicht an der Personengesellschaft beteiligt ist. Eine anschließende unentgeltliche Übertragung der Anteile an der Gesellschaft führt ebenfalls nicht zur Veräußerung. **14**

2. Keine Gewerbesteuer/IHK-Zwangsmitgliedschaft

Die vermögensverwaltende (nicht gewerbliche) KG unterliegt gemäß § 2 Abs. 1 S. 2 GewStG **nicht** der **Gewerbesteuer,** da sie kein gewerbliches Unternehmen iSd EStG darstellt. **15**

Aufgrund der fehlenden Veranlagung zur Gewerbesteuer besteht gemäß § 2 Abs. 1 IHKG **keine Zwangsmitgliedschaft in der Industrie- und Handelskammer.**

3. Erbschafts- und Schenkungssteuer

Die unmittelbare Einbringung des zu übertragenden Privatvermögens in die bereits mit dem Erwerber gegründete Gesellschaft führt zu keinen schenkungssteuerrechtlichen Problemen dahingehend, dass die Gesellschaft als Beschenkte herangezogen wird. Denn nach der Rechtsprechung des BFH[12] ist bei einer Vermögensübertragung auf **16**

---

[11] Vgl. Schmidt/*Weber-Grellet* EStG § 23 Rz. 51.

[12] Urteil des BFH v. 14.9.1994 – II R 95/92, DStR 1995, 94 = DNotZ 1995, 300 ff. unter Aufgabe der in der Zeit von 1988 bis 1994 vertretenen gegenteiligen Ansicht.

eine Gesamthandgemeinschaft der einzelne Gesellschafter und nicht die Gesellschaft als für die Erbschafts- und Schenkungssteuer bereichert anzusehen.

4. Verkehrssteuer

17 **Grunderwerbsteuer** fällt bei einer Einbringung in eine Personengesellschaft nicht an, sofern nur die Einbringenden an der Gesellschaft in vermögensrechtlicher Hinsicht beteiligt sind (§ 5 Abs. 1 GrEStG). Auch eine unmittelbare Beteiligung von Personen, die vom Einbringenden gemäß § 4 Nr. 1 GrEStG grunderwerbsteuerfrei erwerben können, schadet nicht (sog. Interpolation).[13]

B. Einzelerläuterungen

Zu § 1: Errichtung der Kommanditgesellschaft

18 Die Kommanditgesellschaft entsteht im Außenverhältnis gemäß §§ 123 Abs. 2, 105 Abs. 2 HGB erst mit der **Eintragung in das Handelsregister.** Zuvor ist die Gesellschaft eine GbR. Die GbR und die durch die Eintragung entstehende vermögensverwaltende KG sind identisch. Aus diesem Grund kann bereits vor der Eintragung in das Handelsregister die Auflassung erklärt werden. Eine Eintragung der KG im Grundbuch kann demgegenüber erst nach deren Eintragung im Handelsregister erfolgen, denn die GbR kann nicht unter der Firma der KG eingetragen werden, sondern nur gemäß § 47 Abs. 2 GBO, indem zumindest auch alle Gesellschafter im Grundbuch eingetragen werden.

Die Errichtung der KG ist grds. an keine **Form** gebunden. Das Erfordernis notarieller Beurkundung besteht aber gemäß § 311b Abs. 1 BGB, wenn der Gesellschaftsvertrag die Einbringung von Grundbesitz vorsieht. In diesem Fall entstehen aber durch die Mitbeurkundung des Gesellschaftsvertrages gegenüber der isolierten Beurkundung der Auflassung des Grundbesitzes an die Gesellschaft keine zusätzlichen Kosten, vielmehr besteht ab einem Grundstückswert von 5 Mio. € sogar ein Kostenvorteil durch Beurkundung des Gesellschaftsvertrages, da die Grenze des § 39 Abs. 4 KostO dann auch für die Einbringung gilt.

Zu § 2 Abs. 4: Schuldübernahme

19 Die in § 2 Abs. 4 vorgesehene aufschiebend bedingte Schuldübernahme mit Wirkung ab Nießbrauchsbeendigung verhindert, dass das Eigentum und die Verbindlichkeit auseinander fallen, wenn die Veräußerer von Dritten beerbt werden.

Zu § 2 Abs. 5: Nießbrauch

20 Bei der Weitergabe von Vermögen im Rahmen einer vermögensverwaltenden Gesellschaft kann sich der Veräußerer auf drei Arten die **Erträge vorbehalten:** Zum Ersten kann – wie im Muster vorgesehen – bereits an den einzelnen Vermögensgegenständen bei deren Einbringung in die Gesellschaft der Nießbrauch vorbehalten werden. Zum Zweiten kann die Einbringung in eine Gesellschaft der Veräußerer erfolgen und sodann die Gesellschaftsbeteiligung unter Nießbrauchsvorbehalt übertragen werden. Zum Dritten kann im Gesellschaftsvertrag eine beteiligungskonträre Gewinnverteilung zugunsten der Veräußerer vereinbart werden. Alle drei Vorgehensweisen sind zivilrechtlich zulässig. Steuerrechtlich verdient die hier gewählte Variante jedenfalls dann den Vorzug, wenn mehrere Veräußerer Grundbesitz einbringen. Denn die AfA bleibt dem Veräußerer nur beim Vorbehaltsnießbrauch erhalten, sie geht beim Zuwen-

[13] Vgl. *Pahlke/Franz* GrEStG § 5 Rz. 66.

dungsnießbrauch verloren. Wird der Nießbrauch bzw. die Gewinnzuweisung durch Gesellschaftsvertrag auf der Ebene der Gesellschaft vereinbart, so droht der Verlust der AfA, da sich der Nießbrauch dann auch auf den von dem jeweils anderen Veräußerer eingebrachten Grundbesitz bezieht.

C. 1.62 Familiengesellschaftsvertrag Vermögensverwaltungs-KG

§ 1 Rechtsform, Firma, Sitz C. 1.62

Die Gesellschaft ist eine Kommanditgesellschaft mit der Firma

D Vermögensverwaltungs KG

Sitz der Gesellschaft ist X-Stadt.

§ 2 Gesellschaftszweck [Rz. 1]

Zweck der Gesellschaft ist die Verwaltung eigenen Vermögens. Die Gesellschaft ist zu gewerblicher Tätigkeit nicht befugt.

§ 3 Gesellschafter, Beiträge

(1) Persönlich haftende Gesellschafter (Komplementäre) sind Herr A und Frau A mit einem Gesellschaftsanteil in Höhe von jeweils 30 vH.

(2) Kommanditisten sind Frau B und Herr C mit einem Gesellschaftsanteil in Höhe von jeweils 20 vH und einer Haftsumme („Kommanditeinlage") in Höhe von jeweils € 1000,–.

(3) Die Komplementäre leisten die in der Gründungsurkunde vorgesehenen Beiträge. Im Übrigen leisten die Gesellschafter Beiträge nach eigenem Ermessen.

§ 4 Gesellschafterkonten

(1) Die Beteiligung des jeweiligen Gesellschafters gemäß § 3 Abs. 1, 2 wird auf seinem Kapitalkonto gebucht. Das Kapitalkonto wird als unveränderliches Festkonto geführt. Die Gesellschafter sind am Vermögen der Gesellschaft im Verhältnis der Kapitalkonten beteiligt, nach diesem Verhältnis erfolgt die Gewinn- und Verlustverteilung.

(2) Die Gesellschaft führt zur Abwicklung etwaiger Zahlungsvorgänge zwischen der Gesellschaft und den Gesellschaftern für jeden Gesellschafter ein Verrechnungskonto.

(3) Etwaige Rücklagen sowie Gewinn- und Verlustvorträge werden nicht für jeden Gesellschafter gesondert, sondern einheitlich für alle Gesellschafter gemeinsam bei der Gesellschaft gebildet.

§ 5 Geschäftsführung und Vertretung

(1) Die Geschäftsführung in der Gesellschaft richtet sich nach den nachfolgenden Bestimmungen zur Vertretung.

(2) Die Gesellschaft wird von jedem Komplementär einzeln vertreten. Die Vertretung kann abweichend geregelt werden; insbesondere kann Gesamtvertretungsmacht erteilt oder können Komplementäre von der Vertretung ausgeschlossen werden. Komplementäre und Liquidatoren können ermächtigt werden, Rechtsgeschäfte mit sich selbst im eigenen Namen oder als Vertreter eines Dritten vorzunehmen (Befreiung von § 181 BGB).

(3) Frau A und Herr A vertreten die Gesellschaft gemeinschaftlich. Sie sind jeder befugt, Rechtsgeschäfte mit sich selbst im eigenen Namen oder als Vertreter eines Dritten vorzunehmen (Befreiung von § 181 BGB).

(4) Bei der Auflösung der Gesellschaft sind die zu diesem Zeitpunkt vorhandenen Komplementäre als Liquidatoren berufen, mehrere als Gesamtvertretungsberechtigte.
(5) Jeder Komplementär wird unter Befreiung von § 181 BGB von jedem Kommanditisten unwiderruflich bevollmächtigt, Anmeldungen zum Handelsregister jeder Art auch für die Kommanditisten vorzunehmen und in diesem Zusammenhang sämtliche Erklärungen abzugeben und entgegenzunehmen. Die Vollmacht erlischt nicht durch das Ableben des jeweiligen Vollmachtgebers. Jeder künftige Kommanditist ist verpflichtet, eine entsprechende Vollmacht in notariell beglaubigter Form abzugeben.

§ 6 Gesellschafterbeschlüsse

(1) Beschlüsse der Gesellschafter werden mit einfacher Mehrheit der abgegebenen Stimmen gefasst, soweit nicht das Gesetz die Zustimmung aller Gesellschafter verlangt. Das Stimmrecht bemisst sich nach dem Beteiligungsverhältnis gem. § 4 Abs. 1.
(2) Änderungen des Gesellschaftsvertrages bedürfen einer Mehrheit von drei Vierteln der abgegebenen Stimmen.
(3) Soweit eine Änderung des Gesellschaftsvertrags die Rechte eines Gesellschafters mindert, seine Pflichten erhöht oder die vertragliche Bindung verlängert, bedarf sie seiner Zustimmung.

§ 7 Geschäftsjahr, Überschussrechnung

(1) Das Rechnungsjahr der Gesellschaft (das „Geschäftsjahr") ist das Kalenderjahr.
(2) Die Ermittlung der Einkünfte der Gesellschaft erfolgt durch Einnahme-/Werbungskosten-/Überschussrechnung.

§ 8 Dauer der Gesellschaft, Kündigung[Rz. 3ff.]

Die Gesellschaft ist auf unbestimmte Zeit errichtet. Jeder Gesellschafter kann die Gesellschaft mit einer Frist von sechs Monaten zum Ende eines Geschäftsjahres kündigen. Eine Kündigung kann jedoch frühestens zum 31.12.2046 erfolgen.

§ 9 Ausscheiden eines Gesellschafters

Bei Kündigung der Gesellschaft sowie bei Ausschließung oder Insolvenz eines Gesellschafters wird die Gesellschaft nicht aufgelöst, sondern – nach Ausscheiden des betroffenen Gesellschafters – von den übrigen Gesellschaftern fortgesetzt.

Besteht die Gesellschaft nur aus zwei Gesellschaftern und scheidet einer von ihnen aus oder scheiden gleichzeitig mehrere Gesellschafter aus, so dass nur ein Gesellschafter übrig bleibt, so steht dem verbleibenden Gesellschafter ein Übernahmerecht zu, das gegenüber den Ausscheidenden durch rechtsgestaltende Willenserklärung auszuüben ist. Macht der verbleibende Gesellschafter von seinem Übernahmerecht Gebrauch, so wächst das Gesellschaftsvermögen dem Übernehmenden ohne Einzelübertragung an; die Ausscheidenden sind gem. § 11 abzufinden.

§ 10 Ausschließung

(1) Die übrigen Gesellschafter können den Ausschluss eines Gesellschafters beschließen,
  a) wenn über das Vermögen des Gesellschafters das Insolvenzverfahren eröffnet oder die Eröffnung mangels Masse abgelehnt wird oder
  b) wenn die Zwangsvollstreckung von dritter Seite aufgrund eines zur Verwertung ermächtigenden Titels in das Auseinandersetzungsguthaben oder ein sonsti-

ges Gesellschaftsrecht betrieben wird, sofern die Zwangsvollstreckungsmaßnahmen nicht innerhalb von drei Monaten wieder aufgehoben werden, oder

c) wenn im Übrigen in der Person des Gesellschafters ein wichtiger Grund im §§ 133, 140 HGB eintritt, der die übrigen Gesellschafter zum Antrag auf Ausschließung des Gesellschafters berechtigen würde.

Der Ausschluss wird mit der Bekanntgabe des Beschlusses wirksam.

(2) Sofern ein Gesellschafter mit seinem (künftigen) Ehegatten nicht Gütertrennung nach Maßgabe der Bestimmungen des BGB oder modifizierte Zugewinngemeinschaft mit dem Inhalt vereinbart, dass der Gesellschaftsanteil aus einem Zugewinnausgleich im Fall der Scheidung der Ehe ausscheidet, kann die Gesellschaft nach vorheriger fruchtloser Fristsetzung mit einer Frist von drei Monaten zur Nachholung dieser Vereinbarungen die Ausschließung des betroffenen Gesellschafters beschließen. Diese Regelung gilt nicht für die Gründungskomplementäre.

(3) Der ausgeschlossene Gesellschafter erhält eine Entschädigung gemäß § 11.

§ 11 Abfindung[Rz. 6]

(1) Wenn ein Gesellschafter die Gesellschaft kündigt oder sonst aus der Gesellschaft ausscheidet, erhält er eine Abfindung, soweit nicht ausdrücklich etwas anderes bestimmt ist.

(2) Die Abfindung bemisst sich nach dem anteiligen Substanzwert des Gesellschaftsvermögens. Die Abfindung beläuft sich auf zwei Drittel dieses Wertes.

(3) Beim Ausschluss eines Gesellschafters nach § 10 Abs. 1 des Gesellschaftsvertrages beträgt die Abfindung 50 vH des anteiligen Substanzwertes.

(4) Bei Meinungsverschiedenheiten über die Höhe der Abfindung entscheidet darüber für alle Gesellschafter verbindlich ein von den Gesellschaftern gemeinsam zu bestellender Sachverständiger als Schiedsgutachter. Kommt eine Einigung über die Person des Schiedsgutachters nicht zustande, so ist dieser – auf Antrag eines Beteiligten – von der für den Sitz der Gesellschaft zuständigen Industrie- und Handelskammer zu bestellen.

(5) Das Abfindungsguthaben ist in fünf gleichen, unmittelbar aufeinander folgenden Jahresraten auszuzahlen. Die erste Rate ist ein Jahr nach dem Ausscheidungsstichtag zur Zahlung fällig. Ab diesem Zeitpunkt ist das restliche Abfindungsguthaben mit jährlich zwei Prozentpunkten über dem jeweiligen Basiszinssatz zu verzinsen. Die Zinsen sind jeweils mit den Jahresraten zu entrichten, vorzeitige Zahlung ist zulässig. Sicherheitsleistung kann nicht gefordert werden.

(6) Die Gesellschaft ist berechtigt, dem ausscheidenden Gesellschafter in Anrechnung auf die Barabfindung eine Immobilie oder andere Vermögenswerte aus dem Gesellschaftsvermögen zu Eigentum zu übertragen.

(7) Sollte sich die vorstehende Abfindungsregelung gleich aus welchem Grund und gleich in welchem Umfang als nicht wirksam erweisen, so hat der ausgeschiedene Gesellschafter Anspruch auf die niedrigste zulässige Abfindung.

§ 12 Verfügung über Gesellschaftsanteile

(1) Jeder Gesellschafter kann seinen Gesellschaftsanteil ganz oder teilweise auf Abkömmlinge im Wege der vorweggenommenen Erbfolge übertragen.

(2) Ehegatten kann ein Nießbrauchsrecht an dem Gesellschaftsanteil mit der Berechtigung zur Ausübung des Stimmrechts bestellt werden.

(3) Alle übrigen Verfügungen über einen Gesellschaftsanteil bedürfen zu ihrer Wirksamkeit der vorherigen schriftlichen Zustimmung jedes Komplementärs.

§ 13 Ableben eines Gesellschafters[Rz. 7]

(1) Bei dem Ableben des Erstversterbenden der Eheleute Frau A und Herr A ist dessen Beteiligung nach Absatz 3 vererblich. Andere Erben des Erstversterbenden als dessen Ehegatte und weiterer Gründungskomplementär werden Kommanditisten mit einem Gesellschaftsanteil entsprechend dem vererbten Gesellschaftsanteil und einer Haftsumme („Kommanditeinlage") von € 50,– je Prozentpunkt der Gesellschaftsbeteiligung.

(2) Bei Ableben des letzten der Eheleute Frau A und Herr A vererbt sich dessen Beteiligung nach Absatz 3. Daneben gilt Folgendes:
Die Gesellschaft wird als offene Handelsgesellschaft oder als Kommanditgesellschaft fortgesetzt.
Alle beim Ableben des Letztversterbenden der Eheleute Frau A und Herr A vorhandenen Kommanditisten werden persönlich haftende Gesellschafter. Die Gesellschafter führen die Geschäfte der Gesellschaft gemeinschaftlich und vertreten die Gesellschaft gemeinschaftlich.
Sind minderjährige Kommanditisten vorhanden, so bleibt die Gesellschaft eine Kommanditgesellschaft und die minderjährigen Gesellschafter bleiben Kommanditisten; die Stellung der volljährig gewordenen Kommanditisten wandelt sich in diejenige von persönlich haftenden Gesellschaftern mit gemeinschaftlicher Geschäftsführungs- und Vertretungsbefugnis um.
Jeder Gesellschafter kann – auch schon vor dem Ableben von Frau A und Herrn A – schriftlich gegenüber der Gesellschaft erklären, dass er dauerhaft Kommanditist bleiben oder werden will; in diesem Fall behält bzw. erhält er die Stellung als Kommanditist nach diesem Gesellschaftsvertrag. Ist aufgrund dieser Regelung kein Komplementär mehr vorhanden, so wird die Gesellschaft aufgelöst.

(3) Die Gesellschaftsanteile sind vererblich, jedoch – solange es solche gibt – nur an mitgliedsfähige Personen, d.h. an Mitgesellschafter oder an Abkömmlinge der Gründungsgesellschafter.
Ist ein Gesellschafter sowohl von mitgliedsfähigen als auch von nicht mitgliedsfähigen Personen beerbt worden, so geht sein Anteil nur auf die mitgliedsfähigen über, ohne dass die Gesellschaft eine Abfindung zu leisten hätte.
Ist ein Gesellschafter nur von Personen beerbt worden, die nicht mitgliedsfähig sind, so wächst der Anteil des Verstorbenen den anderen Gesellschaftern entschädigungslos an. Eine Abfindung ist also in diesem Fall abweichend von § 11 ausdrücklich nicht geschuldet. Ist der Anteil jedoch einer mitgliedsfähigen Person vermacht oder wird der Anteil innerhalb von zwölf Monaten an einen Abkömmling des verstorbenen Gesellschafters übertragen, so gelten die Erben für die Zwecke der Erfüllung des Vermächtnisses bzw. der Durchführung der Übertragung als Gesellschafter.

(4) Der Notar hat über die Rechtsfolgen der vorstehenden Klausel eingehend belehrt. Den Beteiligten ist bewusst, dass eine mitgliedsfähige Person Miterbe werden bzw. den Anteil an der Beteiligung zumindest im Wege des Vermächtnisses oder durch sonstige Übertragung erhalten muss, damit nicht Vermögenswerte aufgrund der Nachfolgeklausel verloren gehen.

(5) Die Anordnung der Testamentsvollstreckung über einen Gesellschaftsanteil ist zulässig.

§ 14 Liquidation

Im Falle der Auflösung der Gesellschaft sind die Liquidatoren berechtigt, den Grundbesitz der Gesellschaft im Wege der Realteilung nach ihrer Entscheidung den einzelnen Gesellschaftern zuzuweisen und Wertdifferenzen aus dem Gesellschaftsvermögen in bar auszugleichen.

§ 15 Schlussbestimmungen

(1) Soweit in diesem Gesellschaftsvertrag keine besondere Regelung getroffen ist, gelten die gesetzlichen Bestimmungen.

(2) Die etwaige Nichtigkeit einzelner Bestimmungen berührt die Wirksamkeit des Gesellschaftsvertrages im Übrigen nicht. Die Beteiligten sind verpflichtet, an Stelle der unwirksamen Bestimmungen eine dem Vertragsgedanken entsprechende Neuregelung zu treffen.

Einzelerläuterungen

Zu § 2: Gesellschaftszweck

1 Die KG verwaltet lediglich eigenes Vermögen. Sie ist daher **kein gewerbliches Unternehmen.** Es werden deshalb grds. keine Einkünfte aus Gewerbebetrieb gemäß § 15 EStG erzielt. Übt die Gesellschaft allerdings auch nur in geringem Umfang eine gewerbliche Tätigkeit aus, wird die Tätigkeit der Gesellschaft gemäß § 15 Abs. 3 Nr. 1 EStG in vollem Umfang gewerblich **(„Infektionswirkung").** Es ist daher auf eine strenge Trennung zwischen vermögensverwaltenden und gewerblichen Gesellschaften zu achten. Diese Trennung kommt im Gesellschaftsvertrag durch das ausdrückliche Verbot gewerblicher Tätigkeit zum Ausdruck. Soweit auch gewerbliche Tätigkeit in eine Familiengesellschaft eingebracht werden soll, ist hierfür eine gesonderte Gesellschaft zu gründen.

Zu § 5: Geschäftsführung und Vertretung

2 § 5 Abs. 2 stellt die **abstrakte Vertretungsregelung** für die Komplementäre dar. Die Wiedergabe der abstrakten Vertretungsregelung empfiehlt sich zur Veranschaulichung für die Gesellschafter, da diese seit 2001 im Handelsregister eingetragen wird.

§ 5 Abs. 3 sieht im Rahmen der **konkreten Vertretungsregelung** Gesamtvertretungsmacht für die beiden Gesellschafter, die ihr Vermögen in die Gesellschaft eingebracht haben, vor. Stammt das in die Gesellschaft eingebrachte Vermögen von lediglich einem Gesellschafter, kann es sachgerecht sein, für diesen Einzelvertretungsmacht festzulegen. Auch kann es sinnvoll sein, Prokura (ohne die Ermächtigung zur Veräußerung von Grundbesitz) zu erteilen, um die Handlungsfähigkeit der Gesellschaft auch bei Verhinderung der Komplementäre zu sichern.

Zu § 8: Dauer der Gesellschaft, Kündigung

3 Die Übertragung von Privatvermögen im Rahmen einer Gesellschaft zielt auf die Bindung des Erwerbers mit Mitteln des Gesellschaftsrechts. Die Bindung durch den Gesellschaftsvertrag wird allerdings unterlaufen, wenn der Erwerber die Gesellschaft kündigen und so auf den Abfindungsanspruch zugreifen kann, da der Abfindungsanspruch nicht den Beschränkungen des Gesellschaftsvertrages unterliegt. Bei vermögensverwaltenden Familiengesellschaften sollen daher die **Kündigungsrechte** regelmäßig in möglichst weitgehendem Umfang ausgeschlossen werden.

4 Die Möglichkeit, aus **wichtigem Grund** die Gesellschaft zu kündigen bzw. die Auflösung der Gesellschaft zu betreiben, kann jedoch in keinem Fall ausgeschlossen werden (§§ 723 Abs. 1, 3 BGB, 133 HGB sowie allgemein § 314 BGB). Ein wichtiger Grund zur Kündigung besteht nach § 723 Abs. 1 S. 3 Nr. 2 BGB bei der GbR stets, wenn ein zunächst minderjähriger Gesellschafter das 18. Lebensjahr vollendet hat. Der Zweck dieses Kündigungsrechts besteht darin, dem volljährig Gewordenen eine effektive Haftungsbeschränkung nach § 1629 BGB zu ermöglichen, indem durch die Kündigung die ansonsten nachteilige Vermutung des § 1629 Abs. 4 BGB nicht zur Anwendung kommt. Aufgrund dieses Gesetzeszwecks greift das Kündigungsrecht des

§ 723 Abs. 1 S. 3 Nr. 2 BGB für einen volljährig gewordenen Kommanditisten wegen dessen Haftungsbeschränkung generell nicht[1] oder jedenfalls dann nicht, wenn diesem wegen voll erbrachter Hafteinlage kein Haftungsrisiko droht.[2] Hierin liegt ein Vorteil der KG gegenüber der GbR bei der Beteiligung minderjähriger Gesellschafter. Allerdings sollte die Bedeutung des Kündigungsrechts auch bei der GbR nicht überschätzt werden. Denn sofern der Betroffene von seiner Gesellschafterstellung weiß, erlischt das Kündigungsrecht gemäß § 723 Abs. 1 S. 4 BGB innerhalb von drei Monaten nach Erreichen der Volljährigkeit, auch wenn dem Betroffenen das Kündigungsrecht nicht bekannt ist und er es schon deshalb nicht ausgeübt hat.

5 §§ 723 Abs. 1 S. 1, Abs. 3 BGB regelt schließlich ein zwingendes Kündigungsrecht bei der **Personengesellschaft,** das für die GbR und die KG gleichermaßen gilt. Danach kann das **Kündigungsrecht nur für eine bestimmte Zeit,** nicht aber dauerhaft **ausgeschlossen** werden. Die verbreitete Sichtweise ist dabei, dass ein Ausschluss des Kündigungsrechts für einen Zeitraum von bis zu maximal 30 Jahren zulässig ist.[3] Teilweise werden aber auch kürzere Zeiten befürwortet.[4] Aus § 724 BGB ergibt sich jedenfalls, dass das Kündigungsrecht auf die Lebenszeit eines Gesellschafters (etwa auf die Lebenszeit der Veräußerer) nicht ausgeschlossen werden kann, auch wenn entsprechende Regelungen in vielen Musterbüchern zu Familiengesellschaften zu finden sind.

Wird eine unzulässig lange Bindung vereinbart, so sind die Gerichte befugt, dem Parteiwillen durch ergänzende Vertragsauslegung, dh. durch Festsetzung einer den Vorstellungen der Beteiligen möglichst nahe kommenden, noch zulässigen Bindung Rechnung zu tragen.[5]

Zu § 11: Abfindung

6 Bei vermögensverwaltenden Familiengesellschaften besteht in besonderer Weise ein Interesse daran, die **Abfindung** ausscheidender Gesellschafter zu **begrenzen.** Für den Fall, dass die ausscheidenden Gesellschafter – zB die Kinder – von sich aus kündigen, um den Gesellschaftsanteil zu versilbern, geht das Interesse der Eltern dahin, dass die Abfindung, wenn schon die Kündigung nicht verhindert werden kann, auf ein Minimum reduziert wird. Zugleich ist in diesen Fällen die Möglichkeit, die Abfindung zu beschränken, stark eingeschränkt. Denn nach der Rechtsprechung schließt das Kündigungsrecht das Recht ein, eine angemessene Abfindung zu verlangen.

Wie weit eine generelle, d.h. für alle Fälle des Ausscheidens eingreifende Abfindungsbeschränkung gehen darf, ist unklar. Der BGH hat entschieden, dass die unentgeltliche Aufnahme eines Gesellschafters keinen Einfluss auf die Höhe der diesem zustehenden Abfindung habe.[6] Die Rechtsprechung und die überwiegende Literatur vermeiden im Übrigen bislang eine auch nur ungefähre Festlegung. Soweit Zahlen genannt werden, wird teilweise eine Beschränkung auf 50 vH des wahren Anteilswertes für zulässig gehalten,[7] von anderen die Grenze aber auch bei $^2/_3$ des wahres Anteilwertes gezogen.[8] Die im Muster in § 11 Abs. 2 vorgesehene allgemeine Abfindungsbeschränkung auf $^2/_3$ des wahren Anteilwertes ist als hinreichend rechtssicher zu werten.

---

[1] MHdB GesR II/*Piehler/Schulte* § 36 Rz. 24; *Reimann* DNotZ 1999, 179, 206.

[2] MüKoBGB/*Ulmer* BGB § 723 Rz. 63; *Grunewald* ZIP 1999, 597, 599 f.

[3] BGH v. 19.1.1967 – II ZR 27/65, WM 1967, 315 f.; ferner etwa MüKoHGB/*K. Schmidt* HGB § 132 Rz. 33; vgl. dagegen BGH v. 18.9.2006 – II ZR 137/04, NJW 2007, 295 ff.: kein Ausschluss des Kündigungsrechts für 30 Jahre in Rechtsanwaltssozietätsvertrag.

[4] Vgl. etwa *Wiedemann* WM 1992, Beil. 7, 51: 5 Jahre für Geschäftsführer (Hinweis auf § 624 BGB), 10 Jahre für nur kapitalistisch beteiligte Gesellschafter.

[5] BGH v. 18.9.2006 – II ZR 137/04, NJW 2007, 295 ff.; MüKoHGB/*K. Schmidt* HGB § 132 Rz. 35; MüKoBGB/*Ulmer* BGB § 723 Rz. 63.

[6] BGH v. 9.1.1989 – II ZR 83/88, NJW 1989, 2685 – Schenkung mache den Gesellschafter nicht zum Gesellschafter „zweiter Klasse".

[7] Vgl. *Erman* in FS Westermann 1974, S. 74, 78 f.

[8] So MüKoBGB/*Ulmer* BGB § 738 Rz. 52.

§ 11 Abs. 3 sieht eine darüber hinausgehende Abfindungsbeschränkung auf die Hälfte des Anteilswertes für den Fall vor, dass der Gesellschafter aufgrund von Zwangsvollstreckungsmaßnahmen in den Anteil oder aufgrund eines sonstigen, in der Person des Gesellschafters liegenden wichtigen Grundes ausgeschlossen wird. Für den Fall des Ausschlusses eines Gesellschafters aus wichtigem Grund wird angenommen, dass hier in weiterem Umfang Abfindungsbeschränkungen zulässig sind.[9] Der BGH hat jedoch entschieden, dass ein vollständiger Abfindungsausschluss grds. unwirksam ist und auch nicht als Vertragsstrafe gerechtfertigt werden kann.[10] Die in § 11 Abs. 3 vorgesehene Abfindungsbeschränkung auf den halben Anteilswert für den Fall des Ausschlusses aus wichtigem Grund ist für vermögensverwaltende Familiengesellschaften deshalb von besonderem Interesse, weil sie auch für die **Pfändung** des Gesellschaftsanteils gilt. Nach der Rechtsprechung sind **Abfindungsbeschränkungen zu Lasten der Gläubiger** wirksam, wenn für den Fall des Ausscheidens eines Gesellschafters aus wichtigem Grund dieselbe Abfindung wirksam vereinbart ist.[11]

Zu beachten ist schließlich für alle Abfindungsbeschränkungen, dass diese nach § 7 Abs. 7 S. 1 ErbStG für die **Schenkungssteuer** als Schenkung fingiert werden.

Zu § 13: Ableben eines Gesellschafters

§ 13 Abs. 1 sichert dem überlebenden Ehegatten der Veräußerer, dass er auch nach 7
dem Tod des erstversterbenden Ehegatten alleiniger Komplementär bleibt. Demnach ist die Beteiligung des erstversterbenden Ehegatten zwar nach der allgemeinen Regelung des § 13 Abs. 3 vererblich, jedoch wandelt sie sich in eine Kommanditbeteiligung um, sofern sie nicht an den überlebenden Ehegatten und Gründungskomplementär vererbt wird.

§ 13 Abs. 2 regelt das Ableben des letzten Gründungskomplementärs. In diesem Fall bedarf es neuer Komplementäre. Insoweit regelt § 13 Abs. 2 des Musters, dass alle volljährigen Kommanditisten nunmehr Komplementäre werden. Jedoch haben auch die volljährigen Gesellschafter die Möglichkeit, durch Erklärung gegenüber der Gesellschaft Kommanditist zu bleiben. Besteht Anlass zur Sorge, dass aufgrund dieser Regelung möglicherweise kein Gesellschafter Komplementär werden will, könnte ein Anreiz dadurch geschaffen werden, dass die Komplementäre bei der Gewinnverteilung besonders berücksichtigt werden.

§ 13 Abs. 3 regelt schließlich im Sinne einer **qualifizierten Nachfolgeklausel,** dass der Anteil nur an Mitgesellschafter oder an Abkömmlinge der Mitgesellschafter vererbt werden kann. Auch eine Weitergabe an derartige nachfolgeberechtigte Personen im Wege des Vermächtnisses wird ausdrücklich zugelassen. Schließlich wird – mit Blick auf „versehentlich" errichtete „Berliner Testamente" unabhängig von einem Vermächtnis eine Übertragung an Abkömmlinge des verstorbenen Erblassers innerhalb von zwölf Monaten nach dem Tod ermöglicht. Dagegen scheidet der Gesellschafter in allen anderen Fällen – insbesondere also der kinderlos verstorbene Gesellschafter, der nicht einen Mitgesellschafter als Erben eingesetzt hat – entschädigungslos aus der Gesellschaft aus. Ein Abfindungsausschluss für den Fall des Todes eines Gesellschafters ist zulässig.[12] Dem Zweck der vermögensverwaltenden Familiengesellschaft – Erhalt des Familienvermögens für die Abkömmlinge – entspricht es auch, wenn in diesem Fall keine Abfindung gezahlt wird.

---

[9] Vgl. *Mecklenbrauck* BB 2000, 2001, 2006.

[10] BGH v. 29.4.2014 – II ZR 216/13, DB 2014, 1542; ebenso MüKoHGB/*K. Schmidt* HGB § 131 Rz. 166; *Behnke* NZG 1999, 113 mwN; anders dagegen einem obiter dictum OLG Naumburg v. 23.9.1998 – 12 U 2/98, NZG 1999, 111; *Heckelmann,* Abfindungsklauseln in Gesellschaftsverträgen, 1973, 104 ff.

[11] BGH v. 12.6.1975 – II ZB 12/73, NJW 1975, 1835 ff.; BGH v. 19.6.2000 – II ZR 73/99, NJW 2000, 2819 ff.

[12] BGH v. 29.4.2014 – II ZR 216/13, DB 2014, 1542; MüKoBGB/*Ulmer* BGB § 738 Rz. 40, 61.

C. 1.70 Familiengesellschaft für Privatvermögen in der Rechtsform der gewerblich geprägten GmbH & Co. KG (Wohnungsunternehmen)

Übersicht

C. 1.71 Gründungs- und Einbringungsvertrag

C. 1.71 **Urkundenrolle Nummer [...]**

Verhandelt am [...] zu [...]

Vor dem Notar [...] erschien

Herr A, geboren am [...], wohnhaft in [...], ausgewiesen durch [...]

hier handelnd

a) im eigenen Namen
b) als einzelvertretungsberichtigter und von den Beschränkungen des § 181 BGB befreiter Geschäftsführer für die im Handelsregister des Amtsgerichts [...] unter HRB [...] eingetragene B GmbH mit Sitz in [...].

Er erklärte, handelnd wie angegeben, zur Beurkundung:

§ 1 Errichtung einer Kommanditgesellschaft

(1) Ich errichte hiermit unter der Firma C GmbH & Co. KG mit dem Sitz in [...] eine Kommanditgesellschaft.
(2) Für die Rechtsverhältnisse der Gesellschaft gilt der als Anlage dieser Niederschrift beigefügte Gesellschaftsvertrag. Er wurde vom Notar vorgelesen.

§ 2 Einbringung

(1) Herr A bringt hiermit gemäß § 3 Absatz 4 des Gesellschaftsvertrages seinen beim Amtsgericht [...] im Grundbuch von [...] Blatt [...] verzeichneten Grundbesitz Flur [...] Flurstück [...], [...], als Einlage in die Gesellschaft ein.
Die Kommanditgesellschaft nimmt die Einlage an.
(2) Der Notar hat den Grundbuchinhalt feststellen lassen am [...].
Das Grundbuch ist in Abteilung II und Abteilung III lastenfrei.
(3) Besitz, Nutzungen und Lasten gehen an dem auf die Eintragung der Kommanditgesellschaft im Handelsregister nächstfolgenden Monatsersten auf die Kommanditgesellschaft über. Die bestehenden Mietverhältnisse werden übernommen, wirtschaftlich mit Wirkung ab dem Tag des Nutzungsübergangs.
(4) Herr A haftet nicht für Sach- oder Rechtsmängel.
(5) Die Beteiligten sind sich darüber einig, dass das Eigentum an dem in Abs. 1 aufgeführten Grundbesitz auf die Kommanditgesellschaft als Alleineigentümerin übergeht und bewilligen und beantragen die entsprechende Eintragung im Grundbuch. Der Notar soll den Antrag auf Eigentumsumschreibung stellen, sobald die Kommanditgesellschaft im Handelsregister eingetragen ist.

§ 3 Kosten

Die Kosten dieser Urkunde und ihres Vollzugs trägt die Kommanditgesellschaft.

Diese Niederschrift nebst Anlage wurde dem Erschienenen in Gegenwart des Notars vorgelesen, genehmigt und eigenhändig wie folgt unterschrieben:

Grundsätzliche Anmerkungen

I. Wirtschaftliche Aspekte

1. Vor- und Nachteile der Einbringung von Vermögen in eine gewerblich geprägte Personengesellschaft (Wohnungsunternehmen)

Die Übertragung von Privatvermögen im Rahmen einer gewerblich geprägten Personengesellschaft in der Form des sog. Wohnungsunternehmens nach § 13b Abs. 2 Nr. 1d ErbStG erfolgt aus steuerlichen Gründen. 1

Vermögen in einer gewerblich geprägten Personengesellschaft in der Form des Wohnungsunternehmens bietet die nachfolgend unter Rz. 1 ff. dargestellten, erheblichen **Vorteile** bei der **Erbschaft-/Schenkungsteuer.** Weiter führt die Einbringung gegen Gewährung von Gesellschafterrechten (sog. offene Einlage) dazu, dass für die AfA eine neue Bemessungsgrundlage geschaffen wird.

Demgegenüber bestehen folgende **Nachteile:**

- zeitlich unbegrenzte Einkommensbesteuerung des Wertzuwachses (was die neue AfA-Bemessungsgrundlage bei offener Einlage relativiert),
- Bilanzierungspflicht,
- Publizitätspflicht.

2. Konstruktiver Weg der Vermögensweitergabe

Eine Weitergabe von Vermögen im Rahmen einer gewerblich geprägten Personengesellschaft erfolgt in zwei Schritten. Zunächst wird das Vermögen in die gewerblich geprägte Gesellschaft, an der wirtschaftlich nur der Veräußerer beteiligt ist, eingebracht. Das Vermögen wird durch diese Einbringung Betriebsvermögen. Anschließend wird die Gesellschaftsbeteiligung (ggf. unter Nießbrauchsvorbehalt an der Beteiligung) an den Erwerber übertragen. Das Vertragsformular gibt den ersten Schritt wieder; für den zweiten Schritt ist auf die allgemeinen Formulare zur Übertragung einer Gesellschaftsbeteiligung zurückzugreifen. 2

II. Rechtliche Aspekte

Die gewerblich geprägte GmbH & Co. KG ist gem. §§ 264a Abs. 1, 335b HGB zur **Buchführung** und zur Prüfung verpflichtet. Der Jahresabschluss (bei kleinen Gesellschaften iSv. § 267 Abs. 1 HGB gem. § 326 HGB in verkürzter Form; bei Kleinstgesellschaften iSv. § 267a HGB nach Maßgabe von § 326 Abs. 2 HGB) ist beim Betreiber des elektronischen Bundesanzeigers einzureichen. Gemäß § 335 HGB wird seit dem 1.1.2007 bei Nichteinreichung von Amts wegen (und nicht mehr nur wie zuvor auf Antrag einer beliebigen Person) vom Bundesamt für Justiz ein Ordnungsgeld von mindestens € 2500,– bis maximal € 25000,– festgesetzt. 3

III. Steuerliche Aspekte

1. Merkmale der gewerblich geprägte Personengesellschaft/Gesellschaftsform

4 Die mit Gewinnerzielungsabsicht unternommene Tätigkeit einer gewerblich geprägten Personengesellschaft gilt gemäß § 15 Abs. 1 EStG als Gewerbebetrieb. Eine gewerblich geprägte Personengesellschaft ist gem. § 15 Abs. 1 Nr. 2 EStG eine Personengesellschaft, bei der ausschließlich eine oder mehrere Kapitalgesellschaften persönlich haftende Gesellschafter sind und nur diese oder Personen, die nicht Gesellschafter sind, zur Geschäftsführung befugt sind.

Aufgrund des Merkmals „mit **Gewinnerzielungsabsicht**" sollte – im Gegensatz zur nicht gewerblich geprägten Gesellschaft (siehe C. 1.31) – kein Nießbrauch bei der Einbringung von Grundbesitz vorgehalten bleiben.

Um dem weiteren Merkmal gerecht zu werden, dass nur eine **Kapitalgesellschaft persönlich haftender Gesellschafter** ist, ist eine GmbH & Co. KG zu gründen, bei der die GmbH einzige Komplementärin ist. Eine „GbR mbH" (mit einer GmbH als Gesellschafterin) kommt demgegenüber nicht mehr in Betracht, seitdem der BGH[1] eine Haftungsbeschränkung bei der GbR durch Namenszusatz oder dergleichen als unzulässig verworfen hat.

§ 15 Abs. 1 Nr. 2 EStG verlangt schließlich, dass die **Kapitalgesellschaft** der einzige zur **Geschäftsführung** befugte Gesellschafter ist. Dies ist bei einer GmbH & Co. KG, bei der die GmbH die alleinige Komplementärin ist, nicht zwingend. Denn der Ausschluss der Kommanditisten von der Geschäftsführung nach § 164 HGB ist (anders als die entsprechende Bestimmung des § 170 HGB zur Vertretung der Gesellschaft) nicht zwingend. Durch eine bloße Änderung des Gesellschaftsvertrages, bei der einem Kommanditisten die Befugnis zur Geschäftsführung eingeräumt bzw. genommen wird, entfällt bzw. entsteht also die gewerbliche Prägung der Gesellschaft. Insoweit lässt sich flexibel auf die jeweilige Rechtslage reagieren.

2. Ertragsteuer

a) Besteuerung der KG/AfA

5 Die Gesellschafter der gewerblich geprägten GmbH & Co. KG erzielen Einkünfte aus Gewerbebetrieb gem. § 15 EStG. Das gesamte Gesellschaftsvermögen wird Betriebsvermögen.

Bei der Einbringung in das Gesellschaftsvermögen sind zwei Fälle zu unterscheiden:[2] Die Einbringung kann erfolgen

- gegen Gewährung von Gesellschaftsrechten, insbesondere wenn die Einlage dem Kapitalkonto gutgeschrieben wird, das für die Beteiligung am Gesellschaftsvermögen maßgeblich ist (sog. offene Einlage);
- ohne Gewährung von Gesellschafterrechten, insbesondere bei Buchung auf das gesamthänderisch gebundene Rücklagenkonto (sog. verdeckte Einlage).

6 Die **offene Einlage** stellt einen tauschähnlichen Vorgang dar. Die Gesellschaft setzt das Wirtschaftsgut mit dem Teilwert an (§ 6 Abs. 6 EStG). Dadurch entsteht eine neue AfA-Bemessungsgrundlage. Zugleich führt die offene Einlage unter den Voraussetzungen des § 23 EStG zur Steuerpflicht bei dem Einbringenden.

Die **verdeckte Einlage** ist in § 6 Abs. 1 Nr. 5 EStG geregelt. Danach ist das Wirtschaftgut mit den in der Vorschrift genannten Einschränkungen ebenfalls grds. mit dem Teilwert anzusetzen. Jedoch sind die Anschaffungs- und Herstellungskosten für die AfA

---

[1] BGH v. 27.9.1999 – II ZR 371/98, NJW 1999, 3483.

[2] Vgl. BMF v. 5.10.2000, BStBl. I 2000, 1383ff., Rz. 4ff.; BFH v. 24.1.2008 – 4 R 37/06, ZEV 2008, 522; BFH v. 19.10.1998 – VIII R 69/95, BStBl. II 2000, 230; Schmidt/*Glanegger* EStG § 6 Rz. 440, 29. Aufl. 2010, Stichwörter Gesellschaftsrechtl. Einlagen und verdeckte Einlagen.

gemäß § 7 Abs. 1 S. 5 EStG um die bisherige AfA zu mindern. Im Fall der verdeckten Einlage entsteht also keine neue AfA-Bemessungsgrundlage. Dafür liegt ein Fall des § 23 EStG auch nur unter den besonderen Vorrausetzungen des § 23 Abs. 1 S. 5 EStG vor.

Zur **Abgrenzung von offener und verdeckter Einlage** siehe BFH v. 24.1.2008 – IV R 37/06, ZEV 2008, 522: Danach gibt es keine Aufteilung in eine teilweise offene und eine teilweise verdeckte Einlage. Vielmehr liegt bei einer Einlage gegen die Gewährung von Gesellschafterrechten (Erhöhung des Kapitalkontos I) insgesamt eine offene Einlage vor, auch wenn daneben teilweise eine Einstellung in die gesamthänderisch gebundene Rücklage erfolgt. Siehe weiter BMF v. 26.11.2004 (BStBl. I 2004, 1190). Danach kommt es auch bei der „Einmann-GmbH & Co. KG" trotz der fehlenden Interessengegensätze grds. darauf an, ob die Buchung auf das Kapitalkonto des Gesellschafters oder das Rücklagenkonto der Gesellschaft erfolgt. Das BMF verweist weiter darauf, dass der Gesellschafter es in der Hand habe, die Buchung später wieder rückgängig zu machen (zB durch Auflösung der Rücklage gegen Gutschrift auf seinem Kapitalkonto, so dass der ursprünglich angenommene unentgeltliche Vorgang später nicht mehr gegeben ist, weil die – im Nachhinein vorgenommene – Umbuchung auf das Kapitalkonto gerade nicht zu einem unentgeltlichen Vorgang führt). Es sei daher insbesondere bei der Übertragung von Grundstücken auf eine „Einmann-GmbH & Co. KG" zu prüfen, ob im Hinblick auf die Anwendung des § 23 Abs. 1 S. 1 Nr. 1 EStG ein Missbrauch von rechtlichen Gestaltungsmöglichkeiten im Sinne des § 42 AO anzunehmen ist, wenn die Übertragung (zunächst) auf einem Rücklagenkonto der Gesellschaft gutgeschrieben werde.

b) Einbringung als Veräußerungsgeschäft iSd § 23 EStG?

Die Einbringung von Grundbesitz in die gewerbliche geprägte GmbH & Co. KG 7
kann ein entgeltlicher Vorgang sein, sodass es beim Veräußerer zur Steuerpflicht nach § 23 EStG kommt, wenn dessen Voraussetzungen im Übrigen vorliegen (insbesondere keine ausschließliche Nutzung zu eigenen Wohnzwecken; Einbringung innerhalb von zehn Jahren nach Anschaffung). Die Entgeltlichkeit der Einbringung kann sich ergeben
- aus der Übernahme von Schulden.
- daraus, dass die Übertragung aus dem Privatvermögen in das betriebliche Gesamthandsvermögen einer Personengesellschaft gegen die Gewährung von Gesellschaftsrechten erfolgt (sog. offene Einlage, vgl. die vorstehenden Ausführungen).

Es ist indes nicht jede Überführung in betriebliches Vermögen einer Personengesell- 8
schaft eine Veräußerung im Sinne von § 23 Abs. 1 S. 1 Nr. 1 EStG. Die bloße verdeckte Einlage eines Grundstücks in das betriebliche Gesamthandsvermögen einer Personengesellschaft ohne Gewährung von Gesellschaftsrechten und sonstigen Gegenleistungen gilt vielmehr gemäß § 23 Abs. 1 S. 5 Nr. 1 EStG nur dann nachträglich als Veräußerung, wenn das Grundstück innerhalb von zehn Jahren nach seiner Anschaffung aus dem Betriebsvermögen veräußert wird.[3]

3. Gewerbesteuer/IHK-Zwangsmitgliedschaft

Die gewerblich geprägte GmbH & Co. KG unterliegt gem. § 2 Abs. 1 S. 2 GewStG 9
grds. der **Gewerbesteuer.** Gemäß **§ 9 Abs. 1 S. 2 GewStG** wird für die Berechnung des Gewerbeertrags auf Antrag bei Unternehmen, die ausschließlich eigenen Grundbesitz oder neben eigenem Grundbesitz eigenes Kapitalvermögen verwalten und nutzen, der auf die Verwaltung und Nutzung des Grundbesitzes entfallenden Gewerbeertrag **gekürzt.** Bei Gesellschaften, die lediglich Grundbesitz verwalten, fällt also keine Gewerbesteuer an. Das Privileg des § 9 Abs. 1 S. 2 GewStG gilt auch bei Veräußerung

[3] Vgl. dazu BMF v. 5.10.2000, BStBl. I 2000, 1383 ff., Rz. 4 ff.; BFH v. 19.10.1998 – VIII R 69/95, BStBl. II 2000, 230; Schmidt/*Weber-Grellet* EStG § 23 Rz. 51 f.

von Grundbesitz, sofern die Veräußerung noch letzter Teil der auf Fruchtziehung aus zu erhaltender Substanz gerichteten Tätigkeit ist und damit die Substanzverwertung durch Umschichtung nicht in den Vordergrund tritt.[4]

10 Es besteht gemäß § 2 IHKG aufgrund der allgemeinen Veranlagung zur Gewerbesteuer **Zwangsmitgliedschaft in der Industrie- und Handelskammer** mit Beitragspflicht. Hieran ändert die Anwendung der Kürzungsvorschrift des § 9 Abs. 1 S. 2 GewStG nichts. Aus § 3 Abs. 3 S. 3 IHKG ergibt sich nämlich für im Handelsregister eingetragene Gesellschaften, dass auch bei fehlender Festsetzung eines Gewerbeertrags nach dem GewStG die Mitgliedschaft besteht. Diese Sichtweise entspricht der Handhabung der IHK Düsseldorf.

4. Erbschafts- und Schenkungssteuer

11 Die Übertragung von Vermögen als Betriebsvermögen statt als Privatvermögen bietet enorme **Vorteile** für die Erbschafts- und Schenkungssteuer, insbesondere (neben der Tarifbegrenzung gemäß § 19a ErbStG und dem Abzugsbetrag nach § 13a Abs. 2 ErbStG) den Verschonungsabschlag von 85 vH des Wertes nach § 13b Abs. 1 ErbStG, im Fall der **Optionsverschonung** nach § 13a Abs. 10 ErbStG sogar die Befreiung zu 100 vH.

Seit dem 1.1.2009 ist es aber grds. nicht mehr möglich, Gegenstände des Privatvermögens in eine gewerblich geprägte GmbH & Co. KG einzubringen, um so die Begünstigung von Betriebsvermögen nach dem ErbStG in Anspruch zu nehmen. Denn nach § 13b Abs. 2 ErbStG ist **Verwaltungsvermögen** nicht begünstigt.

Zum Verwaltungsvermögen zählt u.a. Dritten zur Nutzung überlassener Grundbesitz sowie Wertpapiere (§ 13b Abs. 4 Nr. 1 ErbStG).

Eine wichtige Ausnahme von dem Grundsatz, dass Dritten zur Nutzung überlassener Grundbesitz Verwaltungsvermögen darstellt, sind die **Wohnungsunternehmen** nach § 13b Abs. 4 Nr. 1d ErbStG (vormals § 13b Abs. 2 Nr. 1d ErbStG). Diese Bestimmung wird im **Erbschaftssteuererlass** vom 22.6.2017 unter A 13b.17 (BStBl. I 2017, 902) wie folgt erläutert:

„**Abschnitt 13 b.17 Grundstücksüberlassung im Rahmen eines Wohnungsunternehmens**

(1) Grundstücke im Sinne des Abschnitt 13b.13, die zum Betriebsvermögen oder gesamthänderisch gebundenen Betriebsvermögen einer Personengesellschaft oder zum Vermögen einer Kapitalgesellschaft gehören, zählen nicht zum Verwaltungsvermögen (§ 13b Absatz 4 Nummer 1 Buchstabe d ErbStG), wenn

- der Hauptzweck des Betriebs in der Vermietung von eigenen Wohnungen im Sinne des § 181 Absatz 9 BewG besteht und
- dessen Erfüllung einen wirtschaftlichen Geschäftsbetrieb (§ 14 AO) erfordert.

(2) [1]Der Hauptzweck des Betriebs besteht in der Vermietung von eigenen Wohnungen, wenn diese den überwiegenden Teil der betrieblichen Tätigkeit ausmacht. [2]Das gilt auch dann, wenn Grundstücke oder Grundstücksteile vermietet werden, die nicht zu Wohnzwecken, sondern z.B. auch zu gewerblichen, freiberuflichen oder öffentlichen Zwecken genutzt werden. [3]Maßstab ist die Summe der Grundbesitzwerte der zu Wohnzwecken vermieteten Grundstücke oder Grundstücksteile im Verhältnis zur Summe der Grundbesitzwerte aller vermieteten Grundstücke. [4]Dient der Betrieb danach im Hauptzweck der Vermietung von eigenen Wohnungen, sind auch solche Grundstücke oder Grundstücksteile kein Verwaltungsvermögen, die nicht zu Wohnzwecken, sondern z.B. zu gewerblichen, freiberuflichen oder öffentlichen Zwecken genutzt werden. [5]Die Prüfung dieser Voraussetzungen ist betriebsbezogen und nicht für das gesamte auf den Erwerber übergehende Vermögen vorzunehmen.

(3) [1]Folgende Indizien sprechen für einen wirtschaftlichen Geschäftsbetrieb:
- Umfang der Geschäfte,
- Unterhalten eines Büros,
- Buchführung zur Gewinnermittlung,
- umfangreiche Organisationsstruktur zur Durchführung der Geschäfte,

[4] Vgl. zu dieser Abgrenzung *Glanegger/Güroff* GewStG § 9 Nr. 1 Rz. 22b.

– Bewerbung der Tätigkeit,
– Anbieten der Dienstleistung/der Produkte einer breiteren Öffentlichkeit gegenüber.
[2]Das Vorliegen eines wirtschaftlichen Geschäftsbetriebs ist regelmäßig anzunehmen, wenn das Unternehmen mehr als 300 eigene Wohnungen hält.

(4) [1]Der notwendige wirtschaftliche Geschäftsbetrieb muss nicht direkt bei dem Betrieb vorliegen, welcher übertragen wird bzw. an dem eine Beteiligung oder Anteile übertragen werden. [2]Erfordert die Vermietung des Wohnungsbestandes des Unternehmens, in dessen Eigentum sich die Immobilien befinden, einen wirtschaftlichen Geschäftsbetrieb, liegt z. B. auch dann ein Wohnungsunternehmen vor, wenn die Vermietung und Verwaltung der eigenen Wohnungen
– im Rahmen einer Betriebsaufspaltung durch das Betriebsunternehmen erfolgt,
– durch ein Unternehmen erfolgt, an dem das Unternehmen, in dessen Eigentum sich die Immobilien befinden, beteiligt ist oder
– einem externen Dienstleistungsunternehmen übertragen wurde.
[3]Wurde die Verwaltung der Immobilien, die nach Art und Umfang im Rahmen der Vermögensverwaltung vorgenommen werden kann, auf ein externes Dienstleistungsunternehmen übertragen, ist ein wirtschaftlicher Geschäftsbetrieb nicht erforderlich. [4]In diesem Fall liegt kein Wohnungsunternehmen vor."

Der Erbschaftssteuererlass macht in zutreffender Auslegung der gesetzlichen Bestimmung deutlich, dass der gesamte Grundbesitz eines Wohnungsunternehmens, der Dritten überlassen ist, also auch der gewerblich genutzte Grundbesitz, kein Verwaltungsvermögen darstellt. Auch solcher gewerblich genutzte Grundbesitz kann also bei geringerem Wert als die Wohnungen in das neu gegründete Wohnungsunternehmen eingebracht werden. 12

Die entscheidende Voraussetzung für das Vorliegen eines Wohnungsunternehmens ist, dass die Erfüllung des Betriebszwecks einen **„wirtschaftlichen Geschäftsbetrieb"** erfordert (§ 13b Abs. 4 Nr. 1d ErbStG). Soweit der Gesetzgeber dabei auf § 14 AO verweist, ist dieser Hinweis verunglückt.[5] Leider ist der Begriff auch in der Verwaltungsanweisung nicht näher ausgeführt. Die Begründung des Finanzausschusses (BT-Drs. 16/11107, 12) setzt einen wirtschaftlichen Geschäftsbetrieb mit einem „in kaufmännischer Weise eingerichteten Geschäftsbetrieb" gleich. Es ist daher sachgerecht, auf die Kriterien des § 1 Abs. 2 HGB abzustellen.[6]

Das FG Düsseldorf[7] hat entschieden, dass bei 37 Wohnungen und 19 Garagen, die mit vergleichsweise geringem Personalaufwand bewirtschaftet wurden, kein Wohnungsunternehmen vorlag und dabei der Anzahl der Beschäftigten starkes Gewicht gegeben. Die vom Finanzgericht Düsseldorf zugelassene Revision ist beim BFH anhängig (Az.: II R 44/15).

Wegen der **Auslegungsschwierigkeiten zum Begriff des „wirtschaftlichen Geschäftsbetriebs"** lässt sich derzeit Rechtssicherheit nur über eine verbindliche Auskunft nach § 89 AO erreichen.[8]

Zu beachten ist schließlich, dass für Grundbesitz, der in ein Wohnungsunternehmen eingebracht wird und Dritten zur Nutzung überlassen ist, **keine zweijährige Sperrfrist für „junges Verwaltungsvermögen"** nach § 13 Abs. 4 Nr. 5 S. 2 ErbStG gilt. Denn dieser Grundbesitz ist gerade kein Verwaltungsvermögen des Wohnungsunternehmens.[9] Die zweijährige Sperrfrist würde dagegen gelten, wenn zB Wertpapiere eingebracht werden. 13

---

[5] Vgl. *Hannes/Onderka* ZEV 2009, 14; *Ostermayer/Riedel* BB 2009, 1395, 1397; *Warlich/Kühne* DB 2009, 2062, 2064 mwN auch zu Ansicht, die auf § 14 AO abstellen will, in Fn. 31.

[6] Vgl. *Warlich/Kühne* DB 2009, 2062, 2064; *Pauli* DB 2009, 641, 64: mehr als 20 Wohneinheiten, bei restriktiver Auslegung ab 50, jedenfalls ab 100 Wohneinheiten; *Bauer/Wartenburger* MittBayNot 2009, 96: wirtschaftlicher Geschäftsbetrieb bei 50 vermieten Wohnungen, nicht dagegen bei 5; *Tiedtke/Wälzholz* § 13b Rz. 142: „Wohnungsbestand von hinreichender Größe", zB Wohnungen; vgl. auch *Meincke* ErbStG § 13b Rz. 18: Unternehmen, das „in einer nicht ganz geringen Größenordnung im Geschäftsverkehr tätig ist"; skeptisch gegenüber dem Abstellen auf eine bestimmte Mindestzahl von Wohnungen auch Moench/*Weinmann* ErbStG § 13b Rz. 149; vgl. auch *Möhrle/Gerber* DB 2011, 903, 905, wonach die FinVerw. für verbindliche Auskünfte eine Grenze von 300 Wohneinheiten zu ziehen scheint.

[7] FG Düsseldorf v. 24.6.2015 – 4 K 2086/14 Erb, ZEV 2015, 602.

[8] *Ostermayer/Riedel* BB 2009, 1395, 1397.

[9] *Ostermayer/Riedel* BB 2009, 1395, 1397; anders wohl – nicht überzeugend – *Warlich/Kühne* DB 2009, 2062, 2067.

Die vorstehend dargestellten Vergünstigungen gemäß §§ 13a, 19a ErbStG entfallen gemäß § 13a Abs. 6 ErbStG jeweils rückwirkend, wenn das Betriebsvermögen innerhalb von fünf Jahren (bzw. bei Optionsverschonung nach § 13a Abs. 10 ErbStG innerhalb von sieben Jahren) wieder in Privatvermögen überführt wird, wobei der Verstoß gegen diese **Behaltensfrist** nur zu einer anteiligen Nachversteuerung führt. Danach ist aber ein Wechsel vom Betriebsvermögen zum Privatvermögen möglich und auch zu empfehlen, damit dann Wertzuwächse im Privatvermögen außerhalb der Grenzen des § 23 EStG steuerfrei sind (sofern bis dahin die gesetzliche Regelung nicht geändert ist).

Wird vermieteter Grundbesitz als Wohnungsunternehmen übertragen, stellt sich die Frage, ob hierfür die Regelverschonung (85 vH) oder die Optionsverschonung (100 vH) nach § 13a Abs. 10 ErbStG in Anspruch genommen werden soll. Den **Vorzug** verdient regelmäßig die **Optionsverschonung.** Die schärfere Lohnsummenregelung bei der Optionsverschonung (durchschnittlich 100 vH der Ausgangslohnsumme über 7 Jahre) wird bei Wohnungsunternehmen regelmäßig verkraftbar sein, da die Lohnsummenregel bei bis zu 5 Beschäftigten nicht zur Anwendung kommt (§ 13a Abs. 3 S. 3 Nr. 2 ErbStG), da bei bis zu 15 Beschäftigten Erleichterungen gelten (s. § 13a Abs. 10 Satz 1 Nr. 4, 5 ErbStG) und ein Wohnungsunternehmen eine vergleichsweise konstante Beschäftigtenzahl benötigen wird. Die bei der Optionsverschonung geltende Grenze für Verwaltungsvermögen von 10 vH wird beim Wohnungsunternehmen regelmäßig zu erreichen sein, da der vermietete Grundbesitz gerade kein Verwaltungsvermögen darstellt. Schließlich wird die längere Behaltensfrist bei der Optionsverschonung (7 Jahre statt 5 Jahre) durch die 100 vH-Befreiung bei der Schenkungssteuer mehr als kompensiert.

5. Verkehrssteuer

14 Die Einbringung von Grundbesitz in eine GmbH & Co. KG, an der – wie im Muster C. 1.72 – nicht die Komplementär-GmbH, sondern allein der einbringende Kommanditist in vermögensrechtlicher Hinsicht beteiligt ist, ist **grunderwerbsteuerfrei** (§ 5 Abs. 1 GrEStG). Werden später Anteile an dem Wohnungsunternehmen an die Kinder übertragen, ist dies nach § 3 Nr. 6 GrEStG ebenfalls grunderwerbsteuerfrei, und zwar auch bei zeitlich unmittelbarer Übertragung; § 5 Abs. 3 GrEStG (fünfjährige Behaltensfrist) findet bei Übertragung auf die Kinder keine Anwendung.

C. 1.72 Gesellschaftsvertrag

C. 1.72

Gesellschaftsvertrag der C Wohnungsunternehmen GmbH & Co. KG

§ 1 Rechtsform, Firma, Sitz

Die Gesellschaft ist eine Kommanditgesellschaft mit der Firma

C Wohnungsunternehmen GmbH & Co. KG

Sitz der Gesellschaft ist [. . .].

§ 2 Gegenstand des Unternehmens[Rz. 1]

Gegenstand des Unternehmens ist die Vermietung von Wohnungen. Die Vermietung und Verpachtung von sonstigem Grundbesitz und andere Vermögensverwaltung ist daneben zulässig, sofern die Vermietung von Wohnungen den überwiegenden Teil der betrieblichen Tätigkeit ausmacht.

§ 3 Gesellschafter, Beiträge[Rz. 2]

(1) Persönlich haftende Gesellschafterin (Komplementärin) ist die B GmbH mit Sitz in [...], eingetragen im Handelsregister des Amtsgerichts [...] unter HR B [...].

(2) Die Komplementärin leistet keinen Beitrag zum Gesellschaftsvermögen. Sie ist am Vermögen und am Ergebnis der Gesellschaft nicht beteiligt. Sie erhält aber jährlich am Ende eines Geschäftsjahres eine Haftungsvergütung in Höhe von 5 vH des Stammkapitals. Darüber hinaus hat die Gesellschaft ihr alle Aufwendungen zu erstatten, die sie im Interesse der Gesellschaft für ihre eigene Geschäftsführung machen muss.

(3) Kommanditist ist Herr A mit einer Haftsumme („Kommanditeinlage“) von € 10000,–.

(4) Herr A leistet die in der Gründungsurkunde vorgesehenen Beiträge. Diese Beiträge werden in voller Höhe seinem Kapitalkonto gutgeschrieben. Im Übrigen leisten die Gesellschafter Beiträge nach eigenem Ermessen.

§ 4 Gesellschafterkonten

(1) Die Beteiligung des jeweiligen Kommanditisten wird auf seinem Kapitalkonto gebucht. Das Kapitalkonto wird als unveränderliches Festkonto geführt. Die Kommanditisten sind am Vermögen der Gesellschaft im Verhältnis der Kapitalkonten beteiligt, nach diesem Verhältnis erfolgt die Gewinn- und Verlustverteilung.

(2) Die Gesellschaft führt zur Abwicklung etwaiger Zahlungsvorgänge zwischen der Gesellschaft und den Gesellschaftern für jeden Gesellschafter ein Verrechnungskonto.

(3) Etwaige Rücklagen sowie Gewinn- und Verlustvorträge werden nicht für jeden Kommanditisten gesondert, sondern einheitlich für alle Kommanditisten gemeinsam bei der Gesellschaft gebildet.

§ 5 Geschäftsführung und Vertretung[Rz. 3]

(1) Zur Geschäftsführung ist allein die Komplementärin ermächtigt. Die Kommanditisten sind von der Geschäftsführung ausgeschlossen.

(2) Zur Vertretung der Gesellschaft ist allein die Komplementärin ermächtigt. Sie ist befugt, Rechtsgeschäfte mit sich selbst im eigenen Namen oder als Vertreter eines Dritten vorzunehmen (Befreiung § 181 BGB).

(3) Die Komplementärin wird unter Befreiung von § 181 BGB von dem Kommanditisten unwiderruflich bevollmächtigt, Anmeldungen zum Handelsregister jeder Art auch für den Kommanditisten vorzunehmen und in diesem Zusammenhang sämtliche Erklärungen abzugeben und entgegenzunehmen. Die Vollmacht erlischt nicht durch das Ableben des Vollmachtgebers. Jeder künftige Kommanditist ist verpflichtet, eine entsprechende Vollmacht in notariell beglaubigter Form abzugeben.

§ 6 Gesellschafterbeschlüsse

(1) Beschlüsse der Gesellschafter werden mit einfacher Mehrheit der abgegebenen Stimmen gefasst, soweit nicht das Gesetz die Zustimmung aller Gesellschafter verlangt. Das Stimmrecht bemisst sich nach dem Beteiligungsverhältnis gem. § 4 Abs. 1.

(2) Änderungen des Gesellschaftsvertrages bedürfen einer Mehrheit von drei Vierteln der abgegebenen Stimmen.

(3) Soweit eine Änderung des Gesellschaftsvertrags die Rechte eines Gesellschafters mindert, seine Pflichten erhöht oder die vertragliche Bindung verlängert, bedarf sie seiner Zustimmung.

§ 7 Geschäftsjahr, Jahresabschluss

(1) Das Geschäftsjahr ist das Kalenderjahr.

(2) Die Einkunftsermittlung der Gesellschaft erfolgt durch Jahresabschluss unter Beachtung der handels- und steuerrechtlichen Vorschriften. Soweit nicht zwingende Vorschriften entgegenstehen, hat die Handelsbilanz der für Zwecke der Einkommensbesteuerung aufzustellenden Steuerbilanz zu entsprechen.

§ 8 Dauer der Gesellschaft, Kündigung

Die Gesellschaft ist auf unbestimmte Zeit errichtet. Jeder Gesellschafter kann die Gesellschaft mit einer Frist von sechs Monaten zum Ende eines Geschäftsjahres kündigen. Eine Kündigung kann jedoch frühestens zum 31.12.2046 erfolgen.

§ 9 Ausscheiden eines Gesellschafters

Bei Kündigung der Gesellschaft sowie bei Ausschließung oder Insolvenz eines Gesellschafters wird die Gesellschaft nicht aufgelöst, sondern – nach Ausscheiden des betroffenen Gesellschafters – von den übrigen Gesellschaftern fortgesetzt.

§ 10 Ausschließung

(1) Ein Kommanditist ist von der Komplementärin durch schriftliche Erklärung aus der Gesellschaft auszuschließen,
   a) wenn über das Vermögen des Kommanditisten das Insolvenzverfahren eröffnet oder die Eröffnung mangels Masse abgelehnt wird oder
   b) wenn die Zwangsvollstreckung von dritter Seite aufgrund eines zur Verwertung ermächtigenden Titels in das Auseinandersetzungsguthaben oder ein sonstiges Gesellschaftsrecht betrieben wird, sofern die Zwangsvollstreckungsmaßnahmen nicht innerhalb von drei Monaten wieder aufgehoben werden, oder
   c) wenn im Übrigen in der Person des Kommanditisten ein wichtiger Grund im §§ 133, 140 HGB eintritt, der die übrigen Gesellschafter zum Antrag auf Ausschließung des Gesellschafters berechtigen würde.

   Der Ausschluss wird mit dem Zugang der Ausschlusserklärung wirksam.
(2) Sofern ein anderer Kommanditist als Herr A mit seinem (künftigen) Ehegatten nicht Gütertrennung nach Maßgabe der Bestimmungen des BGB oder modifizierte Zugewinngemeinschaft mit dem Inhalt vereinbart, dass der Gesellschaftsanteil aus einem Zugewinnausgleich im Fall der Scheidung der Ehe ausscheidet, kann die Komplementärin nach vorheriger fruchtloser Fristsetzung mit einer Frist von drei Monaten zur Nachholung dieser Vereinbarungen die Ausschließung des betroffenen Gesellschafters beschließen.
(3) Der ausgeschlossene Gesellschafter erhält eine Entschädigung gemäß § 11.

§ 11 Abfindung

(1) Wenn ein Gesellschafter die Gesellschaft kündigt oder sonst aus der Gesellschaft ausscheidet, erhält er eine Abfindung.
(2) Die Abfindung bemisst sich nach dem anteiligen Substanzwert des Gesellschaftsvermögens. Die Abfindung beläuft sich auf zwei Drittel dieses Wertes.
(3) Beim Ausschluss eines Gesellschafters nach § 10 Abs. 1 des Gesellschaftsvertrages beträgt die Abfindung 50 vH des anteiligen Substanzwertes.
(4) Bei Meinungsverschiedenheiten über die Höhe der Abfindung entscheidet darüber für alle Gesellschafter verbindlich ein von den Gesellschaftern gemeinsam zu bestellender Sachverständiger als Schiedsgutachter. Kommt eine Einigung über die Person des Schiedsgutachters nicht zustande, so ist dieser – auf Antrag eines Beteiligten – von der für den Sitz der Gesellschaft zuständigen Industrie- und Handelskammer zu bestellen.
(5) Das Abfindungsguthaben ist in fünf gleichen, unmittelbar aufeinander folgenden Jahresraten auszuzahlen. Die erste Rate ist ein Jahr nach dem Ausscheidungsstichtag zur Zahlung fällig. Ab diesem Zeitpunkt ist das restliche Abfindungsguthaben mit jährlich zwei Prozentpunkten über dem jeweiligen Basiszinssatz zu

verzinsen. Die Zinsen sind jeweils mit den Jahresraten zu entrichten, vorzeitige Zahlung ist zulässig. Sicherheitsleistung kann nicht gefordert werden.

(6) Die Gesellschaft ist berechtigt, dem ausscheidenden Gesellschafter in Anrechnung auf die Barabfindung eine Immobilie oder andere Vermögenswerte aus dem Gesellschaftsvermögen zu Eigentum zu übertragen.

(7) Sollte sich die vorstehende Abfindungsregelung gleich aus welchem Grund und gleich in welchem Umfang als nicht wirksam erweisen, so hat der ausgeschiedene Gesellschafter Anspruch auf die niedrigste zulässige Abfindung.

§ 12 Verfügung über Gesellschaftsanteile

(1) Jeder Kommanditist kann seinen Gesellschaftsanteil ganz oder teilweise auf leibliche Abkömmlinge im Wege der vorweggenommenen Erbfolge übertragen.

(2) Ehegatten kann ein Nießbrauchsrecht an dem Gesellschaftsanteil mit der Berechtigung zur Ausübung des Stimmrechts bestellt werden.

(3) Alle übrigen Verfügungen über einen Gesellschaftsanteil bedürfen zu ihrer Wirksamkeit der vorherigen schriftlichen Zustimmung des Komplementärs.

§ 13 Ableben eines Gesellschafters[Rz. 4]

(1) Die Gesellschaftsanteile sind vererblich, jedoch – solange es solche gibt – nur an mitgliedsfähige Personen, d.h. an Mitgesellschafter oder an Abkömmlinge des Gründungskommanditisten oder an dessen Ehegatten.
Ist ein Gesellschafter sowohl von mitgliedsfähigen als auch von nicht mitgliedsfähigen Personen beerbt worden, so geht sein Anteil nur auf die mitgliedsfähigen über, ohne dass die Gesellschaft eine Abfindung zu leisten hätte.
Ist ein Gesellschafter nur von Personen beerbt worden, die nicht mitgliedsfähig sind, so wächst der Anteil des Verstorbenen den anderen Gesellschaftern entschädigungslos an. Eine Abfindung ist also in diesem Fall abweichend von § 11 ausdrücklich nicht geschuldet. Ist der Anteil jedoch einer mitgliedsfähigen Person vermacht oder wird der Anteil innerhalb von zwölf Monaten an einen Abkömmling des verstorbenen Gesellschafters übertragen, so gelten die Erben für die Zwecke der Erfüllung des Vermächtnisses bzw. der Durchführung der Übertragung als Gesellschafter.

(2) Der Notar hat über die Rechtsfolgen der vorstehenden Klausel eingehend belehrt. Den Beteiligten ist bewusst, dass eine mitgliedsfähige Person Miterbe werden bzw. den Anteil an der Beteiligung zumindest im Wege des Vermächtnisses oder durch sonstige Übertragung erhalten muss, damit nicht Vermögenswerte aufgrund der Nachfolgeklausel verloren gehen.

(3) Die Anordnung der Testamentsvollstreckung über einen Gesellschaftsanteil ist zulässig.

§ 14 Liquidation

Im Falle der Auflösung der Gesellschaft sind die Liquidatoren berechtigt, den Grundbesitz der Gesellschaft im Wege der Realteilung nach ihrer Entscheidung den einzelnen Gesellschaftern zuzuweisen und Wertdifferenzen aus dem Gesellschaftsvermögen in bar auszugleichen.

§ 15 Schlussbestimmungen

(1) Soweit in diesem Gesellschaftsvertrag keine besondere Regelung getroffen ist, gelten die gesetzlichen Bestimmungen.

(2) Die etwaige Nichtigkeit einzelner Bestimmungen berührt die Wirksamkeit des Gesellschaftsvertrages im Übrigen nicht. Die Beteiligten sind verpflichtet, an Stelle der unwirksamen Bestimmungen eine dem Vertragsgedanken entsprechende Neuregelung zu treffen.

Einzelerläuterungen

Vgl. insoweit zunächst die Einzelerläuterungen zum Formular C. 1.61 (Gesellschaftsvertrag für die vermögensverwaltende KG).

Zu § 2: Gegenstand des Unternehmens

1 § 2 stellt sicher dass der Hauptzweck des Betriebs in der Vermietung von Wohnungen besteht, damit insoweit die Voraussetzungen eines Wohnungsunternehmens iSv § 13b Abs. 2 Nr. 1d ErbStG vorliegen.

Zu § 3 Abs. 4: Beiträge

2 § 3 Abs. 5 regelt, dass die von dem Gründungsgesellschafter erbrachten Beiträge in voller Höhe seinem Kapitalkonto gutgeschrieben werden. Hierdurch soll erreicht werden, dass es sich um eine sog. **offene Einlage** (gegen Gewährung von Gesellschaftsrechten) handelt. Dadurch entsteht eine neue AfA-Bemessungsgrundlage. Zugleich wird die offene Einlage als tauschähnliches Rechtsgeschäft gewertet, so dass § 23 EStG zur Anwendung kommt. Kommt eine Steuerpflicht nach § 23 EStG in Betracht, sollte auf eine verdeckte Einlage (ohne Gewährung von Gesellschafterrechten) zurückgegriffen werden. Die Einlage ist dann also auf das gemäß § 4 Abs. 3 des Gesellschaftsvertrages bei der Gesellschaft einheitlich gebildete Rücklagenkonto zu buchen, und zwar vollständig, weil der BFH[1] von einer offenen Einlage auch dann ausgeht, wenn nur teilweise eine Gutschrift auf das Kapitalkonto I erfolgt. Das BMF[2] erkennt die Möglichkeit einer verdeckten Einlage auch bei einer Einmann-GmbH & Co. KG an, verlangt aber die Prüfung des § 42 AO, ohne darzulegen, wann ein Missbrauch von rechtlichen Gestaltungsmöglichkeiten anzunehmen ist. Im Fall der verdeckten Einlage sollte daher zunächst eine verbindliche Auskunft des Finanzamts eingeholt werden.

Zu § 5: Geschäftsführung und Vertretung

3 § 5 Abs. 1 wiederholt die gesetzliche Regelung des § 164 HGB zur **Geschäftsführung.** Dadurch ist die KG eine gewerblich geprägte GmbH & Co. KG iSv § 15 Abs. 1 Nr. 2 EStG. § 164 HGB ist dispositiv. Indem man § 5 Abs. 1 des Gesellschaftsvertrages ändert und zumindest auch einem Kommanditisten die Geschäftsführung zuweist, wird die gewerbliche Prägung iSv § 15 Abs. 1 Nr. 2 EStG aufgehoben. Durch eine schlichte Änderung des Gesellschaftsvertrages ohne jeden Gesellschafterwechsel erhält bzw. verliert die Gesellschaft also ihre gewerblich Prägung. Dies kann genutzt werden, um kurzfristig auf Änderungen durch den Gesetzgeber zu reagieren. Auch nach der Anteilsübertragung einer Wohnungsvermietungsgesellschaft iSv § 13b Abs. 2 Nr. 1d ErbStG und dem Ablauf der fünfjährigen Behaltensfrist der §§ 13a Abs. 5, 19a Abs. 5 ErbStG kann die gewerbliche Prägung durch Änderung des Gesellschaftsvertrages aufgehoben werden. Zu beachten ist allerdings, dass auch die vermögensverwaltende (nicht gewerblich geprägte) GmbH & Co. KG, bei der nur die GmbH Komplementärin ist, gemäß §§ 264a Abs. 1, 335b HGB, zur Buchführung und Einreichung der Bilanz beim Handelsregister verpflichtet ist. Soll dies vermieden werden, muss (zumindest auch) eine natürliche Person Komplementär werden.

§ 5 Abs. 2 wiederholt die gesetzliche Regelung des § 170 HGB zur **Vertretung** der Gesellschaft. Diese Regelung ist zwingend.

---

[1] BFH v. 24.1.2008 – IV R 37/06, ZEV 2008, 522.
[2] BMF v. 26.11.2004, BStBl. I 2004, 1190.

Zu § 13: Ableben eines Gesellschafters

§ 13 regelt die eingeschränkte Vererblichkeit der Gesellschaftsanteile (vgl. die entsprechenden Anmerkungen in Vertragsmuster C. 1.62). Zu beachten ist, dass der Gesellschaftsvertrag der Komplementär-GmbH entsprechend angepasst sein muss. Die Vererblichkeit der Gesellschaftsanteile an einer GmbH kann allerdings gemäß § 15 Abs. 1 GmbHG nicht ausgeschlossen werden. Jedoch kann im Rahmen des Gesellschaftsvertrages der GmbH ein Einziehungsrecht bzw. eine Abtretungsverpflichtung begründet werden, sofern der KG-Anteil nicht oder nur teilweise auf die Erben übergegangen ist. 4

Eine entsprechende Regelung im Gesellschaftsvertrag der GmbH ermöglicht es darüber hinaus, den regelmäßig gewollten **Gleichlauf der Beteiligungsquoten** an der GmbH und der KG zu erreichen.[3]

---

[3] Vgl. etwa die Formulierung in Beck FormB BHW Muster VIII. D. 14, § 8 des Vertragsmusters.

C. 2. Poolvereinbarung

Gliederung

Urkunden-Rolle Nr. [. . .]/200[. . .] C. 2

Verhandelt zu [. . .] am [. . .]
Vor mir, dem/der unterzeichnenden Notar/Notarin

[. . .]
mit dem Amtssitz in [. . .]

erschienen:

1. **Herr A, geboren am [. . .], wohnhaft [. . .],**
2. **Frau B, geboren am [. . .], wohnhaft [. . .],**
3. **Herr C, geboren am [. . .], wohnhaft [. . .],**
4. **Frau D, geboren am [. . .], wohnhaft [. . .],**
5. **Herr E, geboren am [. . .], wohnhaft [. . .]**
   (im Folgenden gemeinsam: „Poolmitglieder").

Die Erschienen wiesen sich durch Vorlage ihrer Bundespersonalausweise aus/sind dem Notar von Person bekannt.

Die Erschienen erklären, mit der Bitte um Beurkundung, was folgt:

Präambel

Die vorgenannten Poolmitglieder sind Gesellschafter der [. . .]-GmbH mit dem Sitz in [. . .], eingetragen im Handelsregister des Amtsgerichts [. . .] unter HRB [. . .] (im Folgenden auch: „Gesellschaft"). Das Stammkapital der Gesellschaft beträgt € [. . .],– Die Poolmitglieder sind an der [. . .]-GmbH wie folgt beteiligt:

1. **Herr A mit einer Stammeinlage von € [. . .],–, entsprechend einer Beteiligungsquote an der Gesellschaft von [. . .] vH,**
2. **Frau B mit einer Stammeinlage von € [. . .],–, entsprechend einer Beteiligungsquote an der Gesellschaft von [. . .] vH,**
3. **Herr C mit einer Stammeinlage von € [. . .],–, entsprechend einer Beteiligungsquote an der Gesellschaft von [. . .] vH,**
4. **Frau D mit einer Stammeinlage von € [. . .],–, entsprechend einer Beteiligungsquote an der Gesellschaft von [. . .] vH,**
5. **Herr E mit einer Stammeinlage von € [. . .],–, entsprechend einer Beteiligungsquote an der Gesellschaft von [. . .] vH.**

Die Poolmitglieder sind Mitglieder der Familie A. Sie wollen zur nachhaltigen Sicherung ihres Einflusses auf die Gesellschaft ihre Interessen abstimmen und Rechte nur einheitlich ausüben. Ziel der Poolmitglieder ist es, den Einfluss der Familie A im Sinne des Gründungsgesellschafters Herrn A auf die [...]-GmbH auch dann zu erhalten, wenn zukünftig weitere Gesellschafter der [...]-GmbH beitreten oder ihre Beteiligung erhöhen. Außerdem wollen sich die Poolmitglieder untereinander verpflichten, zukünftig nur einheitlich über ihre Anteile an der [...]-GmbH zu verfügen.
Die Poolmitglieder schließen sich deshalb zu einer Gesellschaft bürgerlichen Rechts ohne Gesamthandsvermögen (im Folgenden: „Pool") zusammen und schließen die folgende Poolvereinbarung betreffend ihre Anteile an der [...]-GmbH:

§ 1 Umfang der Poolbindung[Rz. 28]

(1) Den Bindungen dieses Poolvertrages unterliegen sämtliche Geschäftsanteile, die die Poolmitglieder gegenwärtig oder zukünftig an der [...]-GmbH halten, unabhängig davon, ob diese von den Vertragsparteien selbst oder für eine oder mehrere der Vertragsparteien von anderen, zB von Treuhändern, gehalten werden. Den Bestimmungen dieser Poolvereinbarung unterliegen also insbesondere diejenigen Geschäftsanteile,
   a) die ein Poolmitglied durch Erbfall oder im Wege vorweggenommener Erbfolge erwirbt;
   b) die ein Poolmitglied aus einer Kapitalerhöhung durch Ausgabe neuer Geschäftsanteile oder aus Gesellschaftsmitteln bezieht;
   c) die ein Poolmitglied durch Kauf erwirbt.
(2) Soweit diese Poolvereinbarung nichts anderes vorsieht, bleiben sämtliche Rechte und Pflichten der Poolmitglieder aus ihren Anteilen an der [...]-GmbH unberührt.
(3) Die Poolmitglieder sind berechtigt, Unterpoolvereinbarungen abzuschließen.

§ 2 Verpflichtung zur einheitlichen Stimmabgabe[Rz. 29]

Die Poolmitglieder verpflichten sich hiermit, ihre Stimmrechte aus allen dieser Poolvereinbarung unterliegenden Geschäftsanteilen an der [...]-GmbH bei allen in der Gesellschafterversammlung der [...]-GmbH zu fassenden Beschlüssen und durchzuführenden Wahlen übereinstimmend auszuüben oder sich übereinstimmend der Stimme zu enthalten.

§ 3 Poolversammlungen und Poolsprecher[Rz. 30, 31]

(1) Zur Sicherstellung einer einheitlichen Stimmabgabe der Poolmitglieder in der Gesellschafterversammlung der [...]-GmbH werden die Poolmitglieder spätestens eine Woche vor jeder Gesellschafterversammlung in einer Poolversammlung ihr Stimmverhalten zu den einzelnen Punkten der Tagesordnung der Gesellschafterversammlung durch einen zwischen den Poolmitgliedern zu treffenden Beschluss festlegen. Alle Poolmitglieder sind sodann verpflichtet, in der Gesellschafterversammlung der [...]-GmbH ihr Stimmrecht aus den in dieser Poolvereinbarung gebundenen Geschäftsanteilen entsprechend dem in der Poolversammlung gefassten Beschluss auszuüben, unabhängig davon, ob und wie sie in der Poolversammlung ihre Stimme abgegeben haben und unabhängig davon, ob sie in der betreffenden Poolversammlung anwesend bzw. vertreten waren oder nicht.
(2) Die Poolmitglieder wählen in der ersten Poolversammlung mit [...]-Mehrheit aller den Poolmitgliedern zustehenden Stimmen einen Poolsprecher mit einer Amtszeit von drei Jahren. Aufgabe des Poolsprechers ist die Vorbereitung, Einberufung und Leitung der Poolversammlung sowie die Vertretung der Poolmitglieder in der Gesellschafterversammlung der [...]-GmbH gemäß § 5 dieser Vereinba-

rung. Ein amtierender Poolsprecher kann jederzeit durch Wahl eines neuen Poolsprechers abberufen werden, hierbei hat auch der amtierende Poolsprecher ein Stimmrecht. In gleicher Weise wird ein stellvertretender Poolsprecher gewählt, der den Poolsprecher vertritt, wenn dieser an der Ausübung seines Amtes gehindert ist. Der Poolsprecher und der stellvertretende Poolsprecher haben Anspruch auf Ersatz ihrer Auslagen. Den Auslagenersatz tragen die Poolmitglieder im Verhältnis ihrer dieser Poolvereinbarung unterliegenden Anteile an der [...]-GmbH.

(3) Die Poolversammlungen finden am Sitz der [...]-GmbH statt. Sie werden vom Poolsprecher schriftlich mit einer Ladungsfrist von mindestens einer Woche einberufen, wobei der Tag der Absendung der Einladung und der Tag der Poolversammlung nicht mitzuzählen sind. In dringenden Fällen kann der Poolsprecher auch mündlich, telefonisch, per Telefax oder per E-Mail einladen und, falls dem alle Poolmitglieder zustimmen, in der entsprechenden Form Beschlüsse herbeiführen.

(4) Die Poolversammlung ist beschlussfähig, wenn mindestens so viele Poolmitglieder anwesend oder vertreten sind, dass sie [...] vH der im Pool insgesamt vorhandenen Stimmen repräsentieren. Ist die Poolversammlung nicht beschlussfähig, ist unverzüglich eine neue Poolversammlung einzuberufen, die ohne Rücksicht auf die Höhe der vertretenen Stimmen beschlussfähig ist.

(5) Jedes Poolmitglied kann sich in der Poolversammlung durch ein anderes Poolmitglied vertreten lassen. Es ist auch berechtigt, eine zur Berufsverschwiegenheit verpflichtete Person mit der Vertretung in der Poolversammlung zu beauftragen und zu bevollmächtigen. Die Vollmachten zur Vertretung und Ausübung des Stimmrechts sind schriftlich zu erteilen und vorzulegen.

(6) Der Poolsprecher hat über sämtliche in oder außerhalb einer Poolversammlung gefassten Beschlüsse ein Protokoll anzufertigen, zu unterzeichnen und sämtlichen Poolmitgliedern zuzuleiten. Das Protokoll muss die Abstimmungsergebnisse im Einzelnen festhalten.

§ 4 Mehrheitserfordernisse[Rz. 32]

(1) Beschlüsse in der Poolversammlung werden nach Möglichkeit einstimmig gefasst. Soweit eine einstimmige Entscheidung nicht zu erreichen ist und das Gesetz oder diese Poolvereinbarung keine andere Mehrheit zwingend vorschreiben, werden Beschlüsse in der Poolversammlung mit einfacher Mehrheit der abgegebenen Stimmen gefasst, wobei Stimmenthaltungen wie „Nein"-Stimmen zu werten sind.

(2) Betrifft die Beschlussfassung des Pools die Art und Weise der Abstimmung in der Gesellschafterversammlung der [...]-GmbH und bedarf der betreffende Beschluss der Gesellschafterversammlung dort einer qualifizierten Mehrheit, ist für die vorherige Beschlussfassung in der Poolversammlung dieselbe Mehrheit erforderlich, die bei dem entsprechenden Beschlussgegenstand für die Gesellschafterversammlung der [...]-GmbH vorgeschrieben ist.

(3) Stehen bei einer Beschlussfassung im Pool mehr als zwei Möglichkeiten zur Auswahl (insbesondere bei Wahlen der Poolversammlung oder der Gesellschafterversammlung der [...]-GmbH), kann aber nur eine beschlossen werden, so sind zunächst alle Alternativen zur Abstimmung zu stellen. Sodann wird zwischen den beiden Alternativen, die die meisten Stimmen erhalten, durch Beschluss mit einfacher Mehrheit entschieden, wobei Stimmenthaltungen wie „Nein"-Stimmen zu werten sind. Stehen bei einer Beschlussfassung im Pool mehr als zwei Möglichkeiten zur Auswahl und können mehrere beschlossen werden, so entscheidet die relative Mehrheit der abgegebenen Stimmen, sofern das in Absatz 1 geregelte Mehrheitserfordernis erreicht wird, wobei Stimmenthaltungen wie „Nein"-Stimmen zu werten sind.

(4) Je € 1,– Nennbetrag der Geschäftsanteile an der [...]-GmbH gewähren eine Stimme in der Poolversammlung. Das Stimmrecht kann nur für sämtliche Geschäftsanteile eines Poolmitglieds einheitlich ausgeübt werden.

(5) Soweit ein Poolmitglied aufgrund des Gesellschaftsvertrages der [...]-GmbH oder kraft Gesetzes in der Gesellschafterversammlung der [...]-GmbH vom Stimmrecht ausgeschlossen ist, darf es auch an der Abstimmung in der Poolversammlung nicht teilnehmen.

§ 5 Vollmacht für den Poolsprecher[Rz. 33]

(1) Sämtliche Poolmitglieder verpflichten sich hiermit, dem jeweils amtierenden Poolsprecher, ersatzweise dem jeweiligen stellvertretenden Poolsprecher, jeweils einzeln Vollmacht zu erteilen, ihr Stimmrecht einheitlich aus sämtlichen dieser Poolvereinbarung unterliegenden Anteilen in der Gesellschafterversammlung der [...]-GmbH auszuüben und sie in der Gesellschafterversammlung der [...]-GmbH zu vertreten. Der Poolsprecher bzw. der stellvertretende Poolsprecher ist verpflichtet, in der Gesellschafterversammlung der [...]-GmbH gemäß dem Beschluss der Poolversammlung über die einheitliche Ausübung des Stimmrechts nach § 3 abzustimmen, abweichende Weisungen eines Vollmachtgebers hat er nicht zu befolgen. Die Poolmitglieder sind verpflichtet, die Bevollmächtigung gegenüber der [...]-GmbH schriftlich nachzuweisen. Jedes neu hinzutretende Poolmitglied ist verpflichtet, eine entsprechende Vollmacht unverzüglich schriftlich zu erteilen.

(2) Das Recht der Poolmitglieder, an den Gesellschafterversammlungen der [...]-GmbH teilzunehmen, bleibt unberührt. Die eigene Teilnahme an der Gesellschafterversammlung oder ein Widerruf der Vollmacht gegenüber dem Poolsprecher bzw. dem stellvertretenden Poolsprecher beseitigen nicht die Pflicht zur einheitlichen Stimmabgabe.

§ 6 Verpflichtung zur einheitlichen Verfügung über Geschäftsanteile[Rz. 34 ff.]

(1) Den Bestimmungen dieses § 6 unterfallen sämtliche dieser Poolvereinbarung unterliegenden Geschäftsanteile der Poolmitglieder an der [...]-GmbH gemäß § 1 Abs. 1.

(2) Die Poolmitglieder sind jederzeit berechtigt, ihre Anteile an der [...]-GmbH unter Lebenden zustimmungsfrei ganz oder teilweise auf andere Poolmitglieder zu übertragen oder sie zu Gunsten anderer Poolmitglieder zu belasten.

(3) Zur Übertragung oder Belastung von Geschäftsanteilen an der [...]-GmbH unter Lebenden oder Einräumung einer Unterbeteiligung zu Gunsten von Personen oder Personenvereinigungen, die nicht Poolmitglieder sind, sind die Poolmitglieder zustimmungsfrei berechtigt, wenn die Übertragung oder Belastung erfolgt
   a) zu Gunsten von Abkömmlingen aller Grade des Verfügenden;
   b) zu Gunsten einer juristischen Person oder Personenvereinigung, an der ausschließlich der Verfügende und/oder unter Buchst. a und b fallende Personen oder die [...]-GmbH selbst beteiligt sind.

   Die Poolmitglieder verpflichten sich, ihre Anteile an der [...]-GmbH nur und erst dann zu übertragen, wenn der jeweilige Erwerber zuvor dieser Poolvereinbarung durch schriftliche Erklärung gegenüber sämtlichen Poolmitgliedern beigetreten ist.

(4) Im Übrigen ist die Übertragung oder Belastung von Anteilen an der [...]-GmbH unter Lebenden nur dann zulässig, wenn die Mitglieder des Pools der Übertragung oder Belastung mit einer Mehrheit von [...] vH der abgegebenen Stimmen zustimmen, bei dieser Beschlussfassung hat auch das verfügungswillige Poolmitglied ein Stimmrecht.

(5) Wird ein Beschluss über die Zustimmung zur Übertragung von Anteilen mit der nach Abs. 4 erforderlichen Mehrheit gefasst, ist das übertragungswillige Poolmitglied verpflichtet, seine Anteile an der [...]-GmbH vor der beabsichtigten Übertragung allen übrigen Poolmitgliedern durch eingeschriebenen Brief zum Erwerb anzubieten. Darin sind der oder die zum Kauf angebotenen Geschäftsanteile, die Zahlungsbedingungen und der Verkaufspreis, der wirtschaftlich angemessen sein muss, anzugeben. Können sich das übertragungswillige Poolmitglied und die übrigen Poolmitglieder nicht auf einen angemessenen Kaufpreis einigen, wird dieser auf Kosten des übertragungswilligen Poolmitglieds durch das Wertgutachten eines Wirtschaftsprüfers, auf dessen Person sich die Poolmitglieder einigen müssen, verbindlich festgelegt. Können sich die Poolmitglieder nicht auf einen Wirtschaftsprüfer einigen, wird dieser durch das Institut der Wirtschaftsprüfer in Düsseldorf ernannt. Die übrigen Poolmitglieder sind berechtigt, das Übertragungsangebot innerhalb eines Monats durch eingeschriebenen Brief anzunehmen. Diese Frist beginnt mit Ablauf des dritten Werktages nach Aufgabe des Angebotsschreibens (Datum des Poststempels) bzw. in den Fällen des Satz 3 dieses Absatzes mit der Vorlage des Wertgutachtens. Nach Ablauf der Monatsfrist gemäß Satz 2 dieses Absatzes darf das übertragungswillige Poolmitglied seine Anteile innerhalb von sechs Monaten an andere als die in Absatz 2 und 3 bezeichneten Personen veräußern, soweit das Angebot nach Satz 2 dieses Absatzes nicht von einem anderen Poolmitglied fristgemäß angenommen wurde. Nach Ablauf des Zeitraums von sechs Monaten unterliegen die zum Erwerb angebotenen Anteile wieder uneingeschränkt den Bindungen dieser Poolvereinbarung.

(6) Sofern nicht gewichtige Gründe entgegenstehen, sind Verfügungen über Geschäftsanteile nur zum Schluss des Geschäftsjahres der [...]-GmbH, also zum [...] eines jeden Jahres, zulässig.

§ 7 Vertragsdauer; Ausscheiden einzelner Poolmitglieder[Rz. 39ff.]

(1) Diese Poolvereinbarung wird bis zum [...] fest abgeschlossen. Sie verlängert sich jeweils um weitere [...] Jahre, wenn sie nicht mit einer Frist von [...] Monaten vor Laufzeitende durch das einzelne Poolmitglied durch eingeschriebenen Brief gegenüber dem Poolsprecher gekündigt wird. Das Recht zur Kündigung aus wichtigem Grund bleibt unberührt. Durch die Kündigung eines Poolmitglieds wird der Pool nicht aufgelöst, sondern zwischen den verbleibenden Poolmitgliedern fortgesetzt. Nach Ablauf der Kündigungsfrist unterliegen die Anteile des kündigenden Poolmitglieds an der [...]-GmbH nicht mehr den Bindungen dieses Poolvertrages.

(2) Besitzt ein Poolmitglied keine Anteile an der [...]-GmbH mehr, scheidet es aus dem Pool aus. Dieser wird unter den verbleibenden Poolmitgliedern fortgesetzt.

(3) Tritt in der Person eines Poolmitglieds ein Ereignis ein, dass nach den gesetzlichen Bestimmungen der Gesellschaft bürgerlichen Rechts den Pool auflösen würde, so scheidet das betreffende Poolmitglied – soweit in diesem Vertrag nichts anderes bestimmt ist – aus dem Pool aus, dieser wird von den übrigen Poolmitgliedern fortgesetzt. Abs. 6 bleibt unberührt.

(4) Ein Poolmitglied scheidet auch dann aus dem Pool aus, wenn es sich fortgesetzt und in erheblichem Umfang ein die [...]-GmbH oder diesen Pool schädigendes Verhalten zu schulden kommen lässt und die übrigen Poolmitglieder einstimmig, dh. mit sämtlichen abgegebenen Stimmen, seine Ausschließung beschließen. Das betroffene Poolmitglied hat hierbei kein Stimmrecht. Der Pool wird von den übrigen Poolmitgliedern fortgesetzt.

(5) Scheidet ein Poolmitglied gemäß Abs. 1, Abs. 3 oder Abs. 4 aus dem Pool aus, gelten die Bestimmungen über die Andienungspflicht des § 6 Abs. 5 mit der Maß-

gabe entsprechend, dass die Geschäftsanteile des ausscheidenden Poolmitglieds an der [...]-GmbH binnen zwei Wochen nach dem Ausscheiden aus dem Pool ohne Rücksicht auf eine etwaige Veräußerungsabsicht des ausscheidenden Poolmitglieds den übrigen Poolmitgliedern zum Kauf anzubieten sind. Nach Ablauf der in § 6 Abs. 5 geregelten Annahmefrist von einem Monat unterliegen die bis dahin nicht durch Annahme des Angebots erworbenen Geschäftsanteile nicht mehr den Bindungen dieses Poolvertrages; das Erwerbsrecht der Poolmitglieder erlischt.

(6) Verstirbt ein Poolmitglied, wird der Pool mit dem oder den Erben von dessen Anteilen an der [...]-GmbH fortgesetzt. Gehört ein Alleinerbe im Zeitpunkt des Erbfalls nicht zu den in § 6 Abs. 2 und 3 genannten Personen, können die Poolmitglieder binnen einer Frist von [...] Monaten nach dem Erbfall mit einfacher Mehrheit der abgegebenen Stimmen beschließen, dass diese Poolvereinbarung mit dem Erben nicht fortgesetzt wird, der Erbe hat hierbei kein Stimmrecht. Verstirbt ein Poolmitglied und fallen seine Geschäftsanteile an der [...]-GmbH einer Erbengemeinschaft an, welcher ein Mitglied angehört, dass im Zeitpunkt des Erbfalls nicht zu den in § 6 Abs. 2 und 3 bezeichneten Personen gehört, können die Poolmitglieder binnen einer Frist von [...] Monaten nach dem Erbfall mit einfacher Mehrheit der abgegebenen Stimmen beschließen, dass diese Poolvereinbarung mit keinem Mitglied der Erbengemeinschaft fortgesetzt wird, die Mitglieder der Erbengemeinschaft haben hierbei kein Stimmrecht. Der oder die vom Nichtfortsetzungsbeschluss betroffenen Erben scheiden auf den Tag der Beschlussfassung aus dem Pool aus, die den ausscheidenden Erben gehörenden Anteile an der [...]-GmbH unterliegen dann nicht mehr den Bindungen dieser Poolvereinbarung. Den Poolmitgliedern wird empfohlen, dafür Sorge zu tragen, dass ihre Geschäftsanteile an der [...]-GmbH im Wege der Erbfolge oder des Vermächtnisses nur auf Personen übergehen, die gemäß § 6 Abs. 2 oder Abs. 3 dieser Poolvereinbarung nachfolgeberechtigt sind.

(7) Für die Übertragung oder Belastung von Anteilen an der [...]-GmbH durch den oder die Erben in Erfüllung eines von dem verstorbenen Poolmitglied ausgesetzten Vermächtnisses und bei Auseinandersetzung einer Erbengemeinschaft gelten § 6 Abs. 2 und 3 entsprechend. Die Verhältnisse des § 6 Abs. 3 Satz 1 bestimmen sich insoweit nach der Person des verstorbenen Poolmitglieds. Den Poolmitgliedern wird empfohlen, für den Fall der vermächtnisweisen Zuwendung von Anteilen an der [...]-GmbH die Aussetzung des Vermächtnisses mit der Bedingung zu verknüpfen, dass der Begünstigte vor der Erfüllung des Vermächtnisses dieser Poolvereinbarung beitritt.

§ 8 Durchsetzung der Poolvereinbarung[Rz. 43 ff.]

(1) Im Falle einer von einer rechtmäßigen Vorabstimmung nach § 3 dieser Poolvereinbarung abweichenden Stimmabgabe oder einem Widerruf der Vollmacht gemäß § 5 dieses Vertrages durch ein Poolmitglied hat dieses den übrigen Poolmitgliedern im Verhältnis ihrer Beteiligung am Pool eine Vertragsstrafe in Höhe von insgesamt € [...],– je Zuwiderhandlung unter Ausschluss des Fortsetzungszusammenhangs zu zahlen.

(2) Das Recht, Schadensersatz oder Erfüllung bzw. Unterlassung, letztere ggf. auch im Wege einstweiligen Rechtsschutzes, zu verlangen, bleibt unberührt. Der Schadensersatz umfasst auch den steuerlichen Nachteil, der den übrigen Poolmitgliedern dadurch entsteht, dass erbschaftsteuerliche Haltefristen verletzt werden, die Voraussetzung für die Inanspruchnahme erbschaftsteuerlicher Vergünstigungstatbestände sind. Die Vertragsstrafe wird auf den Schadensersatz angerechnet.

(3) Abs. 1 und 2 gelten entsprechend im Fall einer gegen § 6 verstoßenden Verfügung über Anteile an der [...]-GmbH.

§ 9 Schiedsvereinbarung[Rz. 46]

(1) Über alle Streitigkeiten aus und im Zusammenhang mit dieser Poolvereinbarung, insbesondere auch über die Wirksamkeit einzelner Bestimmungen, entscheidet unter Ausschluss des ordentlichen Rechtsweges ein Schiedsgericht, es sei denn, es handelt sich um eine Streitigkeit, die von Gesetzes wegen einem Schiedsgericht nicht zur Entscheidung zugewiesen werden kann. Zuständigkeit, Zusammensetzung und Verfahren des Schiedsgerichts sind in einem gesonderten Schiedsgerichtsvertrag zwischen den Poolmitgliedern geregelt.

(2) Jedes dem Pool neu hinzutretende Poolmitglied unterwirft sich dem Schiedsgericht entsprechend den im Schiedsvertrag getroffenen Vereinbarungen.

§ 10 Schlussbestimmungen[Rz. 47, 48]

(1) Sämtliche diese Poolvereinbarung betreffenden Vereinbarungen zwischen den Poolmitgliedern bedürfen zu ihrer Wirksamkeit der Schriftform, sofern nicht im Gesetz notarielle Beurkundung vorgeschrieben ist. Dies gilt auch für einen etwaigen Verzicht auf das Schriftformerfordernis. Ein Verstoß hiergegen führt zur Nichtigkeit.

(2) Aufhebung und Änderungen dieser Poolvereinbarung bedürfen der Zustimmung sämtlicher Poolmitglieder.

(3) Sollte eine Bestimmung dieser Poolvereinbarung unwirksam oder anfechtbar sein oder werden, so soll deren Inhalt im Übrigen nicht berührt, sondern sinngemäß ausgeführt werden. Anstelle der unwirksamen oder anfechtbaren Bestimmung soll eine angemessene Regelung gelten, die, soweit rechtlich möglich, dem am nächsten kommt, was die Vertragsschließenden gewollt haben oder nach dem Sinn und Zweck dieses Vertrages gewollt haben würden, sofern sie diesen Punkt bei Abschluss dieser Poolvereinbarung bedacht hätten.

Diese Niederschrift wurde den Erschienenen von dem Notar vorgelesen, von ihnen genehmigt und von ihnen und dem Notar eigenhändig wie folgt unterschrieben:

A. Grundsätzliche Anmerkungen

I. Wirtschaftliche Aspekte

Poolvereinbarungen, durch die sich mehrere Gesellschafter einer Kapitalgesellschaft 1
zu einer **einheitlichen Stimmrechtsausübung** in der Gesellschafterversammlung verpflichten, können in Familiengesellschaften bei der Hereinnahme von Kapital von dritter Seite oder der Aufnahme familienfremder Gesellschafter aus anderen Gründen verhindern, dass der Einfluss der Familie dadurch verloren geht, dass die einzelnen Familienmitglieder ihre Stimmrechte unterschiedlich ausüben und so familienfremde Gesellschafter wechselnde Mehrheiten zwischen den Familienmitgliedern herbeiführen können. Sind an einer Kapitalgesellschaft mehrere Familienstämme beteiligt, kann eine Poolvereinbarung auch dazu dienen, durch die Bündelung der Stimmrechte eines Familienstammes den Einfluss dieses Stammes gegenüber anderen zu erhalten oder auszubauen. Außerdem kann durch entsprechende Regelungen im Poolvertrag dafür gesorgt werden, dass die Familienmitglieder über ihre Anteile an der Kapitalgesellschaft nur eingeschränkt zu Gunsten bestimmter Personen verfügen dürfen, damit der Familiencharakter des Unternehmens erhalten bleibt.

2 Neben diesem Ziel, den Einfluss der Familie auf ein Unternehmen, welches zwar als Familienunternehmen geführt wird, an dem sich aber auch Dritte wie bspw. Arbeitnehmer oder Kapitalgeber beteiligen, zu erhalten, können Poolvereinbarungen auch dem Zweck dienen, die Voraussetzungen für eine erbschaftsteuerlich begünstigte Übertragung von Kapitalgesellschaftsanteilen zu schaffen. § 13b Abs. 1 Nr. 3 Satz 2 ErbStG, die sog. **„Poolklausel"**, ermöglicht auch dann die Inanspruchnahme der erbschaftsteuerlichen Begünstigungen für Betriebsvermögen, wenn der Erblasser bzw. Schenker die Mindestbeteiligungsquote von 25 vH zwar nicht selbst erreicht, ihm aber die Anteile weiterer Gesellschafter zuzurechnen sind, weil er und die weiteren Gesellschafter untereinander verpflichtet sind, über die Anteile nur einheitlich zu verfügen oder auf andere derselben Verpflichtung unterliegende Anteilseigner zu übertragen und das Stimmrecht gegenüber nicht gebundenen Gesellschaftern nur einheitlich auszuüben.

3 Poolvereinbarungen können, wie im Formular, als rein schuldrechtliche Vereinbarungen begründet werden. Daneben ist es aber auch möglich, die der Stimmbindung unterliegenden Kapitalgesellschaftsanteile in ein Gesellschaftsvermögen des Pools einzubringen, um auf diese Weise die Wirkungen der Poolbindung zu verstärken. Zu den erbschaft- und schenkungsteuerlichen Folgen einer solchen Vereinbarung vgl. Rz. 19.

II. Rechtliche Aspekte

4 Die **Zulässigkeit** von Stimmbindungsverträgen zwischen Gesellschaftern ist allgemein anerkannt.[1] Dies gilt auch dann, wenn sie sich nicht auf einzelne Gegenstände beschränken, sondern alle Arten von Abstimmungen in der Gesellschafterversammlung der Hauptgesellschaft erfassen.[2] Einer Gestattung des Abschlusses von Stimmbindungsvereinbarungen im Gesellschaftsvertrag der Hauptgesellschaft oder einer Zustimmung der übrigen Gesellschafter bedarf es nach hM nicht.[3]

5 **Inhaltliche Schranken** für die Wirksamkeit von Stimmbindungsverträgen ergeben sich zunächst aus **§ 138 BGB** und der gesellschaftsvertraglichen Treuepflicht. Stimmbindungsverträge dürfen nicht auf eine sittenwidrige Schädigung der Gesellschaft oder von Mitgesellschaftern gerichtet sein oder eine solche Schädigung mit Wahrscheinlichkeit erwarten lassen.[4] Die gesellschaftsvertragliche **Treupflicht** steht der Wirksamkeit einer Stimmbindungsvereinbarung entgegen, wenn die Vereinbarung zwischen den Gesellschaftern einen treuwidrigen Inhalt hat.[5] Ergibt sich aus einer Stimmbindungsvereinbarung im Einzelfall die Verpflichtung, unter Verletzung der gesellschafterlichen Treupflicht abzustimmen, ist die Vereinbarung dahingehend auszulegen, dass insoweit eine Bindung des Gesellschafters an die Vorabstimmung nicht besteht.[6] Eine Unwirksamkeit der Stimmbindungsvereinbarung wegen Gesetzesverstoß gemäß **§ 134 BGB** ergibt sich etwa bei einem Verstoß der Vereinbarung gegen § 136 Abs. 2 AktG. Hiernach sind Stimmbindungsvereinbarungen unzulässig, durch die sich ein Aktionär verpflichtet, nach Weisung der Gesellschaft, des Vorstands oder des Aufsichtsrates der Gesellschaft oder nach Weisung eines abhängigen Unternehmens das Stimmrecht auszuüben oder sich verpflichtet, für die jeweiligen Vorschläge des Vorstands oder des Aufsichtsrats der Gesellschaft zu stimmen. Der Regelungsgehalt des § 136 Abs. 2 AktG

---

[1] BGH v. 29.5.1967 – II ZR 105/66, BGHZ 48, 163, 166; BGH v. 20.1.1983 – II ZR 243/81, NJW 1983, 1910, 1911; BGH v. 25.9.1986 – II ZR 272/85, DB 1987, 157; MüKoBGB/*Ulmer* BGB § 717 Rz. 23; MüKo-AktG/*Schröer* AktG § 136 Rz. 61; Michalski/*Römermann* GmbHG § 47 Rz. 494; *Noack* Gesellschaftervereinbarungen bei Kapitalgesellschaften, 1994, S. 66.

[2] MüKoBGB/*Ulmer* BGB § 717 Rz. 23; Staudinger/*Habermeier* BGB § 717 Rz. 11.

[3] MüKoBGB/*Ulmer* BGB § 717 Rz. 23; teilweise aA *K. Schmidt* GesR § 21 II, S. 619: Zustimmung erforderlich bei Unkündbarkeit der Bindung und Zustimmungserfordernis durch alle Gesellschafter für Anteilsübertragungen nach dem Gesellschaftsvertrag.

[4] MüKoBGB/*Ulmer* BGB § 717 Rz. 20.

[5] MüKoBGB/*Ulmer* BGB § 717 Rz. 20.

[6] MüKoBGB/*Ulmer* BGB § 717 Rz. 21.

ist unter dem Gesichtspunkt des Verbots einer sittenwidrigen Schädigung gemäß § 138 BGB auch für Stimmbindungsverträge von GmbH-Gesellschaftern von Bedeutung.[7] Bei der Aktiengesellschaft fallen unter § 134 BGB außerdem die Fälle des Stimmkaufs, die gemäß § 405 Abs. 3 Nr. 6 und Nr. 7 AktG als Ordnungswidrigkeit geahndet werden.

Stimmbindungsvereinbarungen dürfen nicht der Umgehung von **Stimmverboten** 6
dienen. Ein Gesellschafter, der von Gesetzes wegen oder aufgrund gesellschaftsvertraglicher Regelung vom Stimmrecht ausgeschlossen ist, darf nicht über eine Abstimmungsvereinbarung Einfluss auf die Willensbildung der Gesellschaft nehmen.[8] Wesentlich sind in diesem Zusammenhang die Stimmverbote nach §§ 47 Abs. 4 GmbHG, 136 Abs. 1 AktG, die die Fälle des Insichgeschäfts und des Richtens in eigener Sache betreffen.[9] Hiernach ist ein Stimmverbot etwa dann gegeben, wenn es um die Entlastung des betreffenden Gesellschafters, seine Befreiung von einer Verbindlichkeit, die Vornahme eines Rechtsgeschäfts oder die Einleitung oder Erledigung eines Rechtsstreites ihm gegenüber geht. Die Stimmbindungsvereinbarung muss die betreffenden Beschlüsse der Gesellschafterversammlung, bei denen ein oder mehrere Gesellschafter einem Stimmverbot unterliegen, nicht generell von der vorherigen Beschlussfassung im Pool ausnehmen. Es genügt, wenn diesbezüglich geregelt wird, dass ein von einem Stimmverbot betroffener Gesellschafter in der betreffenden Frage auch im Pool nicht abstimmen darf.

Eine Vereinbarung der Gesellschafter einer GmbH oder Aktiengesellschaft, ihr 7
Stimmrecht einheitlich auszuüben, lässt im Regelfall eine **Innengesellschaft bürgerlichen Rechts** ohne Gesamthandsvermögen entstehen,[10] deren Gesellschaftsvertrag die Stimmbindung begründet.[11] Die Gesellschafter haben aber auch die Möglichkeit, die Bindungen der Poolvereinbarung zu verstärken, indem sie ihre Anteile in das Gesamthandsvermögen einer vermögensverwaltenden (Außen-)Gesellschaft bürgerlichen Rechts einbringen. Zu den erbschaftsteuerlichen Wirkungen einer solchen „dinglichen" Poolbindung vgl. unten Rz. 19. Die Stimmrechtsausübung in der Gesellschafterversammlung der Kapitalgesellschaft erfolgt in diesem Fall einheitlich durch den Geschäftsführer der vermögensverwaltenden GbR gemäß der Vorabstimmung in der Gesellschafterversammlung der GbR. Eine Verfügung der einzelnen GbR-Gesellschafter über die Kapitalgesellschaftsanteile ist gem. § 719 Abs. 1 Alt. 2 BGB nicht mehr möglich.

Stimmbindungsvereinbarungen zwischen Gesellschaftern sind nach hM auch dann 8
formlos möglich, wenn sie sich auf formbedürftige Gesellschafterbeschlüsse wie etwa eine Satzungsänderung beziehen.[12] Eine wirksame Stimmbindung kann sich deshalb bspw. auch aus einer Vereinbarung ergeben, die durch langjährige Übung der Gesellschafter zum Ausdruck kommt. Enthält eine Poolvereinbarung über Anteile an einer GmbH aber wie im Formular vorgesehen neben der Stimmbindung auch Regelungen für die Übertragung von Gesellschaftsanteilen und werden in diesem Zusammenhang Vorkaufsrechte der übrigen Poolmitglieder begründet, muss die Poolvereinbarung gemäß § 15 Abs. 4 GmbHG **notariell beurkundet** werden. Das Beurkundungserfordernis des § 15 Abs. 4 GmbHG umfasst auch solche vertraglichen Abtretungsverpflichtungen, die nur bedingt, wahlweise oder auf Verlangen zu erfüllen sind und da-

---

[7] Vgl. OLG Oldenburg v. 16.3.2006 – I U 12/05, AG 2006, 724 ff., das die Unwirksamkeit eines Stimmbindungsvertrages von Aktionären auf einen Verstoß gegen § 136 Abs. 2 AktG und – mit denselben Erwägungen – hilfsweise auch auf die Sittenwidrigkeit der getroffenen Vereinbarung gestützt hatte.

[8] BGH v. 29.5.1967 – II ZR 105/66, BGHZ 48, 163, 166 f.; *K. Schmidt* GesR § 21 II, S. 617 f.; *Habersack* ZHR 164 (2000), 1, 10; Scholz/*K. Schmidt* GmbHG § 47 Rz. 47; MüKoBGB/*Ulmer* BGB § 717 Rz. 22.

[9] *Michalski/Römermann* GmbHG § 47 Rz. 75.

[10] MüKoBGB/*Schäfer* Vor § 705 Rz. 68; *Habersack* ZHR 164 (2000), 1, 2.

[11] MüKoBGB/*Schäfer* BGB § 717 Rz. 19.

[12] Baumbach/Hueck/*Zöllner/Noack* GmbHG § 53 Rz. 76a; Roth/Altmeppen/*Roth* GmbHG § 53 Rz. 21; *Noack* Gesellschaftervereinbarungen bei Kapitalgesellschaften, 1994, S. 319 f.; *Müller* GmbHR 2007, 113, 114; aA Scholz/*K. Schmidt* GmbHG § 47 Rz. 46.

mit auch die Begründung eines Vorkaufsrechts.[13] Für eine Poolvereinbarung über Anteile an einer **Aktiengesellschaft** ist eine notarielle Beurkundung demgegenüber auch bei Vereinbarung von Vorkaufsrechten nicht erforderlich, da auch die Verpflichtung zur Übertragung von Aktien formlos eingegangen werden kann.

9 Durch eine Stimmbindungsvereinbarung wird der einzelne Gesellschafter (Schuldner) verpflichtet in dem vereinbarten Sinn abzustimmen. Dem Berechtigten (Gläubiger) steht insoweit ein eigener **Erfüllungsanspruch** zu.[14] Ein Verstoß gegen die Pflicht zur vereinbarungsgemäßen Stimmabgabe stellt damit eine Vertragsverletzung dar und kann **Schadensersatzansprüche** des Berechtigten auslösen. Die vorgenannten Rechtsfolgen können sich aber nur aus einer Stimmbindungsvereinbarung ergeben, die im jeweiligen Einzelfall zulässig ist. Eine **unzulässige Stimmbindung** entfaltet keine Rechtswirkungen, so dass ein Verstoß rechtlich folgenlos bleiben muss.[15] Vgl. im Einzelnen zur Durchsetzbarkeit der Poolvereinbarung und zur Vereinbarung einer Vertragsstrafe Rz. 43ff.

10 Ein Verstoß gegen die Stimmbindungsvereinbarung bei der Abstimmung in der Gesellschafterversammlung der Hauptgesellschaft berührt grundsätzlich weder die **Wirksamkeit der Stimmabgabe,** noch macht er den darauf beruhenden Beschluss der Gesellschafterversammlung **anfechtbar.**[16] Der Bundesgerichtshof hat allerdings in zwei Entscheidungen, bei denen sich sämtliche Gesellschafter gegenseitig zu einem bestimmten Abstimmungsverhalten verpflichtet hatten, Ausnahmen von diesem Grundsatz zugelassen und die Anfechtbarkeit von Gesellschafterbeschlüssen bejaht, die aufgrund einer stimmbindungswidrigen Stimmabgabe zustande gekommen waren.[17]

11 Aus dem Abschluss einer Poolvereinbarung über Anteile an einer **börsennotierten Aktiengesellschaft** kann sich die Verpflichtung der Poolmitglieder ergeben, gemäß § 35 Abs. 2 WpÜG ein **Pflichtangebot** zum Erwerb der restlichen Aktien der Gesellschaft abzugeben. Die Verpflichtung nach § 35 Abs. 2 WpÜG knüpft an die Erlangung der Kontrolle über die Gesellschaft an. Nach § 29 Abs. 2 WpÜG ist ein Kontrollerwerb dann gegeben, wenn mindestens **30 vH der Stimmrechte** an der Zielgesellschaft gehalten werden. Gemäß der Zurechnungsvorschrift des § 30 WpÜG kann die Kontrolle auch mittelbar erlangt werden. Eine Zurechnung von Stimmrechten wird gemäß § 30 Abs. 2 WpÜG auch dann ausgelöst, wenn in Bezug auf die Zielgesellschaft eine Verhaltensabstimmung „auf Grund einer Vereinbarung oder in sonstiger Weise" stattfindet, ausgenommen sind Vereinbarungen über die Ausübung von Stimmrechten in Einzelfällen. Unter § 30 Abs. 2 WpÜG fallen auch Stimmbindungsverträge.[18] Die Verpflichtung zur Abgabe eines Pflichtangebots wird auch dann ausgelöst, wenn die Beteiligten ohne eine schriftliche Vereinbarung bewusst ein gleichförmiges Abstimmungsverhalten praktizieren *(Acting in concert).*[19] Für die Verpflichtung zur Abgabe eines Pflichtangebots kommt es nicht darauf an, ob der in Abstimmung Handelnde bereits von Anfang an an der Poolvereinbarung beteiligt war oder ob er ihr später beigetreten ist. Es ist deshalb möglich, dass ein Aktionär, der einem iSv. § 29 Abs. 2 WpÜG kontrollierenden Pool beitritt, die Kontrollerlangung nach § 35 Abs. 1 WpÜG veröffentlichen und nach § 35 Abs. 2 WpÜG ein Pflichtangebot abgegeben muss.[20] Die Bundesanstalt für Finanzdienstleistungsaufsicht kann den Verpflichteten gem. § 37 WpÜG auf Antrag von der Verpflichtung zur Veröffentlichung des Kontrollerwerbs und der Abgabe eines Pflichtangebots befreien.

---

[13] Baumbach/Hueck/*Fastrich* GmbHG § 15 Rz. 33.
[14] Michalski/*Römermann* GmbHG § 47 Rz. 524.
[15] Michalski/*Römermann* GmbHG § 47 Rz. 525.
[16] HM, vgl. nur Michalski/*Römermann* GmbHG § 47 Rz. 532 mwN.
[17] BGH v. 27.10.1986 – II ZR 240/85, NJW 1987, 1890.
[18] Assmann/Pötzsch/Schneider/*Schneider* WpÜG § 30 Rz. 99.
[19] OLG Frankfurt v. 25.6.2004 – WpÜG 5, 6 und 8/03, ZIP 2004, 1309ff.
[20] *Lenz/Linke* AG 2002, 361ff.

Außerdem können sich aus dem Abschluss einer Poolvereinbarung über Anteile an einer börsennotierten Aktiengesellschaft **kapitalmarktrechtliche Mitteilungspflichten** nach §§ 21 ff. WpHG ergeben. Für die Ermittlung der Überschreitung der Schwellenwerte des § 21 Abs. 1 WpHG (3 vH, 5 vH, 10 vH, 15 vH, 20 vH, 25 vH, 30 vH, 50 vH, 75 vH) findet gemäß § 22 WpHG ebenfalls eine Zurechnung von Stimmrechten statt. Gemäß § 22 Abs. 2 WpHG hat auch der Abschluss eines Stimmbindungsvertrages eine wechselseitige Zurechnung von Stimmrechten zur Folge,[21] es sei denn, es handelt sich um Vereinbarungen über die Stimmrechtsausübung im Einzelfall (§ 22 Abs. 2 Satz 1 Halbs. 2). **12**

Der Abschluss einer Poolvereinbarung kann außerdem grundsätzlich der deutschen **Fusionskontrolle** unterliegen. Die deutsche Fusionskontrolle erfasst Unternehmenstransaktionen, die einen Zusammenschlusstatbestand des § 37 GWB erfüllen, wenn die am Zusammenschluss beteiligten Unternehmen die Umsatzschwellenwerte des § 35 Abs. 1 GWB erreichen. Der Abschluss einer Poolvereinbarung kann den **Zusammenschlusstatbestand des § 37 Abs. 1 Nr. 2 GWB** (Erwerb der unmittelbaren oder mittelbaren, alleinigen oder gemeinsamen Kontrolle über ein anderes Unternehmen) und des **§ 37 Abs. 1 Nr. 3 GWB** (Erwerb einer Beteiligung von mindestens 25 vH oder 50 vH der Kapitalanteile oder Stimmrechte an einem anderen Unternehmen) verwirklichen. Die **Umsatzschwellen** sind erreicht, wenn die an der Poolvereinbarung beteiligten Unternehmen weltweit mehr als € 500 Mio. an Umsatz erzielten und mindestens eines von ihnen in Deutschland mehr als € 25 Mio. umsetzte und ein anderes in Deutschland mehr als € 5 Mio. an Umsatz erzielte (§ 35 Abs. 1 GWB). Das Fusionskontrollrecht ist nur auf **Unternehmen** anwendbar. Wird die Poolvereinbarung von einzelnen **Privatpersonen** abgeschlossen, ist aber zu berücksichtigen, dass auch Einzelpersonen oder Personenvereinigungen als Unternehmen anzusehen sein können, wenn sie Einzelkaufmann sind oder sonst einer selbständigen geschäftlichen Tätigkeit nachgehen. Darüber hinaus fingiert die sog. *„Flick-Klausel"* des § 36 Abs. 3 GWB die Unternehmereigenschaft von natürlichen Personen oder Personenvereinigungen, die nicht schon nach der funktionalen Definition Unternehmen sind, aber die Mehrheitsbeteiligung an einem Unternehmen halten. Die Mehrheitsbeteiligung muss hierbei im Zeitpunkt des fraglichen Zusammenschlusses bereits bestehen, ein erstmaliger Mehrheitserwerb unterliegt mangels Unternehmenseigenschaft des Erwerbers nicht der Fusionskontrolle.[22] **13**

III. Steuerliche Aspekte

Ertragsteuerlich stellt der Abschluss der Poolvereinbarung über im Privatvermögen gehaltene wesentliche Beteiligungen an einer Kapitalgesellschaft keine Anteilsveräußerung iSv. § 17 Abs. 1 EStG dar. Durch die Begründung einer Innengesellschaft bürgerlichen Rechts wird weder dinglich, noch wirtschaftlich das Eigentum an den Kapitalgesellschaftsanteilen übertragen. Werden die Wirkungen der Poolvereinbarung dadurch verstärkt, dass die Anteile in das Gesamthandsvermögen einer vermögensverwaltenden (Außen-)Gesellschaft bürgerlichen Rechts eingebracht werden, handelt es sich, soweit die Übertragung entgeltlich erfolgt – wobei auch die Übertragung gegen Gewährung von Gesellschaftsrechten als entgeltlich anzusehen ist – nur insoweit um eine Veräußerung iSv. § 17 Abs. 1 EStG, als dem Veräußerer nicht das Gesamthandsvermögen gemäß § 39 Abs. 2 Nr. 2 AO zuzurechnen ist.[23] **14**

---

[21] Assmann/Pötzsch/Schneider/*Schneider* WpHG § 22 Rz. 199 ff.

[22] MüKoGWB/*Becker/Knebel* GWB § 36 Rz. 229.

[23] HHR/*Eilers/R. Schmidt* EStG § 17 Rz. 88; Blümich/*Vogt* EStG § 17 Rz. 390; offen gelassen in BFH v. 13.7.1999 – VIII R 72/98, BStBl. II 1999, 820 ff.

15 **Körperschaftsteuerlich** kann der Abschluss einer Poolvereinbarung im Rahmen des **§ 8c KStG** von Bedeutung sein.[24] Gemäß § 8c KStG entfällt der Verlustvortrag einer Kapitalgesellschaft anteilig oder vollständig, wenn mehr als 25 vH bzw. 50 vH der Stimmrechte in einer Körperschaft an einen Erwerber oder eine diesem nahestehende Person übertragen werden oder ein vergleichbarer Sachverhalt vorliegt. Vergleichbare Sachverhalte in diesem Sinne sind auch Stimmrechtsvereinbarungen.[25] Da die Verlustabzugsbeschränkung des § 8c KStG gemäß § 10a Satz 10 GewStG auch für gewerbesteuerliche Verluste von Körperschaften gilt, kann der Abschluss eines Poolvertrages auch **gewerbesteuerlich** relevant werden.[26]

16 Seit Inkrafttreten des **Gesetzes zur Reform des Erbschaftsteuer- und Bewertungsrechts**[27] können Poolvereinbarungen auch dem Zweck dienen, die Voraussetzungen dafür zu schaffen, dass die **erbschaftsteuerlichen Begünstigungen für Betriebsvermögen,** also der Verschonungsabschlag nach § 13a Abs. 1 ErbStG, der Abzugsbetrag nach § 13a Abs. 2 ErbStG und ggf. auch der Entlastungsbetrag nach § 19a ErbStG, für die Übertragung von Kapitalgesellschaftsanteilen in Anspruch genommen werden können. Nach dem Begünstigungstatbestand des § 13b Abs. 1 Nr. 3 Satz 2 ErbStG, der sog. **„Poolklausel",** kann die grundsätzlich für eine begünstigte Übertragung von Kapitalgesellschaftsanteilen geltende 25%-Grenze im Einzelfall überwunden werden, wenn der Erblasser bzw. Schenker die Mindestbeteiligung zwar nicht erreicht, ihm aber die Anteile weiterer Gesellschafter zuzurechnen sind, weil er und die weiteren Gesellschafter untereinander verpflichtet sind, über die Anteile nur einheitlich zu verfügen oder auf andere derselben Verpflichtung unterliegende Anteilseigner zu übertragen und das Stimmrecht gegenüber nicht gebundenen Gesellschaftern nur einheitlich auszuüben. Der bisherige Ausschluss von Kleinanteilen an Kapitalgesellschaften von jeglicher erbschaftsteuerlichen Begünstigung konnte insbesondere für **Familienkapitalgesellschaften** problematisch sein, weil die einzelnen Gesellschafter in vielen Fällen die vorgesehene Mindestbeteiligung nicht erreichten, nachdem die Anteile möglicherweise bereits über mehrere Generationen weiter gegeben worden waren. Mit der Poolklausel des § 13b Abs. 1 Nr. 3 Satz 2 ErbStG hat der Gesetzgeber diese Problematik aufgegriffen.[28] Das Gesetz zur Anpassung des Erbschaftsteuer- und Schenkungsteuergesetzes an die Rechtsprechung des Bundesverfassungsgerichts vom 9.11.2016[29] hat die Regelungen zur Poolvereinbarung unverändert gelassen. **Voraussetzung** für die Zusammenrechnung von Kapitalgesellschaftsanteilen nach § 13b Abs. 1 Nr. 3 Satz 2 ErbStG ist, dass der Erblasser/Schenker und die weiteren Gesellschafter untereinander verpflichtet sind

- über die Anteile nur einheitlich zu verfügen *oder*
- ausschließlich auf andere derselben Verpflichtung unterliegende Anteilseigner zu übertragen *und*
- das Stimmrecht gegenüber nicht gebundenen Gesellschaftern einheitlich auszuüben.

17 Gesellschafter einer Poolvereinbarung iSv. § 13b Abs. 1 Nr. 3 Satz 2 ErbStG können sowohl natürliche Personen als auch Personen- und Kapitalgesellschaften sein.[30] Offen ist nach dem Gesetzeswortlaut, wie viele Gesellschafter einer Kapitalgesellschaft eine erbschaftsteuerlich motivierte Poolvereinbarung maximal umfassen darf, insbesondere, ob eine **Poolvereinbarung sämtlicher Gesellschafter** erbschaftsteuerlich anzuer-

---

[24] Vgl. hierzu *Hannes/Von Freeden* Ubg 2008, 624 ff.

[25] BMF v. 4.7.2008, BStBl. I 2008, 736, Tz. 7.

[26] *Von Oertzen* in FS Schaumburg, 2009, S. 1045, 1056.

[27] Erbschaftsteuerreformgesetz – ErbStRG – v. 24.12.2008, BGBl. 2008 I 3018.

[28] Ausweislich der Gesetzesbegründung ist es ausdrücklicher Zweck der Poolklausel, Anteile an Familienkapitalgesellschaften in die Verschonungsregelungen für Betriebsvermögen einzubeziehen, weil diese eine erhebliche Beschäftigungswirkung erzielten und hierdurch ein deutliches Gegengewicht zu Publikumsgesellschaften bildeten, vgl. BR-Drs. 4/08, 56.

[29] BGBl. 2016 I 2464.

[30] *Von Oertzen* Ubg 2008, 57, 61.

kennen ist. § 13b Abs. 1 Nr. 3 Satz 2 ErbStG spricht davon, dass das Stimmrecht „gegenüber nicht gebundenen Gesellschaftern" einheitlich ausgeübt werden muss, was nahelegt, dass es stets auch Gesellschafter geben muss, die nicht dem Pool angehören. Andererseits ist die Ablehnung eines 100%-Pools sachlich kaum zu begründen. Es ist nicht einzusehen, dass eine Bindung von 26 vH der Anteile an einer Kapitalgesellschaft für eine taugliche Poolung genügen, eine 100%ige Bindung aber wiederum schädlich sein soll. Die Ablehnung eines 100%-Pools führt dazu, dass es stets mindestens einen Gesellschafter geben muss, der von der Poolung und damit der Inanspruchnahme der erbschaftsteuerlichen Begünstigungen ausgeschlossen ist. Dies führt insbesondere dann zu nicht sachgerechten Ergebnissen, wenn eine Gesellschaft nur zwei Gesellschafter – bspw. Vater und Sohn – hat. Diese Überlegungen sprechen dafür, dass die Zurechnung nach § 13b Abs. 1 Nr. 3 Satz 2 ErbStG auch dann in Betracht kommt, wenn es keinen nicht gepoolten Gesellschafter gibt.[31] Diese Auffassung wird auch von der Finanzverwaltung geteilt.[32] Umfasst die Poolvereinbarung die Anteile aller Gesellschafter, ist darauf zu achten, dass die Willensbildung in der Poolversammlung getrennt von der Willensbildung in der Gesellschafterversammlung zu protokollieren, um im Zweifelsfall gegenüber der Finanzverwaltung die tatsächliche Durchführung der Poolvereinbarung nachweisen zu können.

Stimmbindungsvereinbarungen sind grundsätzlich **formlos** möglich.[33] Fraglich ist, **18**
ob dies auch für eine von § 13b Abs. 1 Nr. 3 Satz 2 ErbStG geforderte Vereinbarung gilt. In ErbStR 13b.6 Abs. 6 (= A 13b.6 Abs. 6 AEErbSt 2017) heißt es, dass sich die Poolvereinbarung aus dem Gesellschaftsvertrag oder aus anderen *schriftlichen Vereinbarungen* ergeben kann. Damit wäre auch eine bei einer Übertragung als Bedingung beigefügte Vorgabe in einem Schenkungsvertrag oder einer letztwilligen Verfügung ausreichend.[34] Allerdings kommt im Wortlaut des § 13b Abs. 1 Nr. 3 Satz 2 ErbStG nicht zum Ausdruck, dass für eine für erbschaftsteuerliche Zwecke taugliche Poolung von Anteilen eine bestimmte Form gewahrt werden muss.[35] Außerdem dürften die von der Finanzverwaltung sonst beachteten strengen Grundsätze der Rechtsprechung für die ertragsteuerliche **Anerkennung von vertraglichen Vereinbarungen zwischen Familienangehörigen,** die eine schriftliche Vereinbarung nahe legen könnten,[36] auf Poolvereinbarungen iSv. § 13b Abs. 1 Nr. 3 Satz 2 ErbStG keine Anwendung finden.[37] Der neue Poolungstatbestand wurde vom Gesetzgeber speziell für Familienkapitalgesellschaften geschaffen, so dass von dem Abschluss einer Poolvereinbarung eine Missbrauchsgefahr nicht ausgehen kann. Hiernach müsste es also genügen, wenn die Stimmbindung bspw. durch eine langjährige Übung der Gesellschafter, einheitlich abzustimmen, zum Ausdruck kommt. Andererseits muss von den betroffenen Gesellschaftern gegenüber der Finanzverwaltung nachvollziehbar dargelegt und ggf. bewiesen werden können, dass in der Vergangenheit ein entsprechendes Abstimmungsverhalten praktiziert wurde. Schon aus diesem Grund sollten deshalb Gesellschafter von Familienkapitalgesellschaften, die in der Vergangenheit bereits aufgrund interner Absprachen ein bestimmtes einheitliches Abstimmungsverhalten praktiziert haben, die neue Poolklausel des § 13b Abs. 1 Nr. 3 Satz 2 ErbStG zum Anlass nehmen, ihr Stimmverhalten schriftlich in einer Poolvereinbarung festzuhalten. Werden – wie im Formular in § 6 Abs. 5 und § 7 Abs. 5 vorgesehen – Vorkaufsrechte und/oder Andienungspflichten vereinbart, muss die Poolvereinbarung gemäß § 15 Abs. 4 GmbH notariell beurkundet werden (Rz. 8).

---

[31] So auch *von Oertzen* in FS Schaumburg 2009, S. 1045, 1049.

[32] ErbStR 2011 E 13b.6 Abs. 4 Satz 8f. (= A 13b.6 Abs. 5 Satz 8f. AEErbSt 2017).

[33] Vgl. hierzu oben Rz. 8.

[34] Troll/Gebel/Jülicher/*Jülicher* ErbStG § 13b Rn. 212.

[35] *Onderka/Lasa* Ubg 2009, 309, 310.

[36] Schmidt/*Heinicke* EStG § 4 Rz. 520 „Angehörige".

[37] *Onderka/Lasa* Ubg 2009, 309, 310; aA *von Oertzen* in FS Schaumburg, 2009, S. 1045, 1048; wohl auch *Wehage* ErbStB 2008, 148, 152.

19 Verstärken die Gesellschafter die Bindungen der Poolvereinbarung, indem sie ihre Anteile in das Gesamthandsvermögen einer **vermögensverwaltenden (Außen-)Gesellschaft bürgerlichen Rechts** einbringen, kann damit allerdings auch nach neuem Erbschaft- und Schenkungsteuerrecht eine begünstigte Übertragung von Kapitalgesellschaftsanteilen, die weniger als 25 vH des Nennkapitals betragen, wohl nicht erreicht werden.[38] Eine Bindung der Kapitalgesellschaftsanteile im Gesamthandsvermögen einer Personengesellschaft genügt zwar den Anforderungen einer einheitlichen Verfügung und Stimmrechtsausübung iSd. § 13b Abs. 1 Nr. 3 Satz 2 ErbStG, denn eine Verfügung der einzelnen GbR-Gesellschafter über die Anteile ist gemäß § 719 Abs. 1 Alt. 2 BGB nicht möglich und die Stimmrechtsausübung in der Gesellschafterversammlung der Kapitalgesellschaft erfolgt einheitlich durch den Geschäftsführer der vermögensverwaltenden GbR gemäß der Vorabstimmung in der Gesellschafterversammlung der GbR. Eine Begünstigung könnte würde daran scheitern, dass die GbR-Gesellschafter dann nicht mehr *unmittelbar* an der Kapitalgesellschaft beteiligt sind, was für eine begünstigte Übertragung von einzelnen Kapitalgesellschaftsanteilen von mehr als 25 vH gefordert wird.[39]

20 § 13b Abs. 1 Nr. 3 Satz 2 ErbStG verlangt für eine für erbschaftsteuerliche Zwecke taugliche Poolung von Kapitalgesellschaftsanteilen, dass der Erblasser oder Schenker und die weiteren Gesellschafter untereinander verpflichtet sind, über die Anteile nur einheitlich zu verfügen oder ausschließlich auf andere derselben Verpflichtung unterliegende Anteilseigner zu übertragen. Das Tatbestandsmerkmal der **einheitlichen Verfügung** wird in der Gesetzesbegründung nicht näher erläutert. Unter „Verfügung" iSv. § 13b Abs. 1 Nr. 3 Satz 2 ErbStG kann die rechtsgeschäftliche Verfügung über die Anteile inklusive der entgeltlichen als auch der unentgeltlichen Übertragung der Anteile verstanden werden.[40] Problematisch ist aber die Auslegung des Begriffs der „Einheitlichkeit". Eine Möglichkeit der Interpretation besteht darin, die Einheitlichkeit der Verfügung nur dann anzunehmen, wenn die Übertragung durch alle Poolteilnehmer gleichzeitig – möglicherweise sogar auf denselben Erwerber – erfolgt. Nach herrschender Auffassung im Schrifttum ist der Begriff der „Einheitlichkeit" aber nicht in diesem Sinne zeitlich oder personell, sondern sachlich auszulegen. Die Übertragung muss nach **einheitlichen sachlichen Kriterien und Standards** erfolgen.[41] Die Beteiligten müssen dafür sorgen, dass Anteile nicht beliebig veräußert werden dürfen und der bestimmende Einfluss der Familie erhalten bleibt.[42] Das Kriterium der einheitlichen Verfügung ist deshalb dann erfüllt, wenn der Anteilseigner nur mit mehrheitlicher Zustimmung seiner Mitgesellschafter über seinen Anteil verfügen kann oder aber dieses Zustimmungserfordernis für die Übertragung auf bestimmte Personen, bspw. Abkömmlinge des Unternehmensgründers, andere Familienmitglieder oder Angehörige desselben Familienstammes, eingeschränkt ist.[43] Durch das Zustimmungserfordernis ist sichergestellt, dass die Verfügung nur nach einheitlichen Maßstäben vorgenommen werden kann. Es muss eine relevante Beschränkung der Übertragbarkeit der Anteile vorliegen, die einen fremden Dritten von einer Beteiligung unter diesen Bedingungen typischerweise abhalten wür-

---

[38] Troll/Gebel/Jülicher/*Jülicher* ErbStG § 13b Rz. 2120; *von Oertzen* Ubg 2008, 57, 61; *Weber/Schwind* ZEV 2009, 16, 18; *Onderka/Lasa* Ubg 2009, 309, 311, zu den Bedenken gegenüber der Sichtweise der Finanzverwaltung siehe ebenda.

[39] BFH v. 11.6.2013 – II R 4/12, BStBl. II 2013, 742.

[40] *Von Oertzen* in FS Schaumburg, 2009, S. 1045, 1049.

[41] Troll/Gebel/Jülicher/*Jülicher* ErbStG § 13b Rz. 208; *von Oertzen* Ubg 2008, 57, 61; *ders.* in FS Schaumburg, 2009, S. 1045, 1050; *Hannes/Onderka* ZEV 2008, 16, 20; *Kreklau* BB 2009, 728, 759; *Lahme/Zikesch* DB 2009, 527, 528; *Weber/Schwind* ZEV 2009, 16, 17ff.; *Scholten/Korezkij* DStR 2009, 73, 76f.; *Wehage* ErbStB 2009, 148, 151; *Onderka/Lasa* Ubg 2009, 309, 311f.; *Kapp/Ebeling/Geck* § 13b Rz. 64.

[42] So die Gesetzesbegründung, BR-Drs. 4/08, 56.

[43] *Hannes/Onderka* ZEV 2008, 16, 20; *Kreklau* BB 2009, 748, 750; *Lahme/Zikesch* DB 2009, 527, 528; *Weber/Schwind* ZEV 2009, 16, 17ff.; *Scholten/Korezkij* DStR 2009, 73, 76f.; *Wehage* ErbStB 2009, 148, 151; *Onderka/Lasa* Ubg 2009, 309, 311f.

de.[44] Dieser Auffassung hat sich auch die Finanzverwaltung angeschlossen.[45] Die Verfügungsbeschränkungen können durch Vorerwerbs- und Vorkaufsrechte ergänzt werden, die alleine aber den Anforderungen an die Verpflichtung zur einheitlichen Verfügung nicht genügen, da von ihnen kein Gebrauch gemacht werden muss.[46] Die Regelungen des Formulars (§ 6) gehen von diesem Verständnis des § 13b Abs. 1 Nr. 3 Satz 2 ErbStG aus.

Die für eine Zusammenrechnung der Anteile gemäß § 13b Abs. 1 Nr. 3 Satz 2 ErbStG erforderliche Verfügungsbeschränkung kann alternativ auch darin bestehen, dass die Anteile **ausschließlich auf andere derselben Verpflichtung unterliegende Anteilseigner** übertragen werden dürfen. Diese Verfügungsbeschränkung ermöglicht also die Übertragung auf andere Poolmitglieder, ohne dass diese in ihrer Person die sachlichen Kriterien der einheitlichen Verfügung erfüllen müssen. Hierdurch wird sicher die Übertragung an denjenigen begünstigt, der zum Zeitpunkt der Übertragung bereits Anteilseigner und Poolmitglied ist,[47] aber auch an denjenigen, der zeitgleich mit der Anteilsübertragung der Poolvereinbarung beitritt.[48] Eine künstliche Aufspaltung der Übertragung in einen Beitritt zum Pool und einen anschließenden Schenkungsvorgang an den Neugesellschafter ist deshalb nicht erforderlich.[49] 21

Im erbschaftsteuerlichen Schrifttum wird im Zusammenhang mit dem Erfordernis der Verpflichtung zur einheitlichen Verfügung außerdem die Frage diskutiert, ob es für eine für erbschaftsteuerliche Zwecke taugliche Poolung von Anteilen erforderlich ist, dass auch die Verfügung von Todes wegen über die gepoolten Anteile nur nach einheitlichen Kriterien und Standards erfolgen darf, also eine **erbrechtliche Vinkulierung** der Anteile vorgesehen ist.[50] Der Wortlaut des § 13b Abs. 1 Nr. 3 Satz 2 ErbStG und der Sinn und Zweck des Erbschaftsteuergesetzes, rechtsgeschäftliche Übertragungen und Verfügungen von Todes wegen für erbschaftsteuerliche Zwecke gleich zu behandeln, sprechen für das Erfordernis einer erbrechtlichen Vinkulierung.[51] Andererseits kann eine solche Vereinbarung aufgrund der Unzulässigkeit des Testiervertrages gemäß § 2302 BGB nicht in der Weise getroffen werden, dass die Gesellschafter verpflichtet werden, von Todes wegen nur nach einheitlichen Kriterien zu verfügen.[52] Möglich ist aber, Regelungen für den Fall vorzusehen, dass die Anteile eines verstorbenen Gesellschafters an Personen fallen, bei denen die von den Poolmitgliedern aufgestellten Voraussetzungen für eine einheitliche Verfügung nicht erfüllt sind. Zu denken wäre hier etwa an Einziehungsregelungen. Eine Einziehungsregelung kann allerdings allenfalls in der Satzung der Gesellschaft und nicht in einer Poolvereinbarung einzelner Gesellschafter getroffen werden, § 34 Abs. 1 GmbHG, § 237 Abs. 1 AktG. Da also zivilrechtlich eine unmittelbare Beschränkung der Verfügung von Todes wegen unzulässig und eine mittelbar wirkende Beschränkung gesellschaftsrechtlich nicht ohne weiteres umsetzbar ist, ist zweifelhaft, ob der Gesetzgeber des ErbStRG eine erbrechtliche Vinkulierung von Anteilen für eine erbschaftsteuerlich taugliche Poolung von Anteilen gewollt hat. Die Erbschaftsteuerrichtlinien nehmen zu dieser Frage nicht Stellung. Rechtssicherheit kann insofern nur erreicht werden, wenn im Einzelfall vor 22

[44] *Hannes/Onderka* ZEV 2008, 16, 20.

[45] ErbStR 2011 E 13b.6 Abs. 4 Satz 3 (= A 13b.6 Abs. 4 Satz 3 AEErbSt 2017).

[46] *Von Oertzen* Ubg 2008, 57, 61.

[47] Troll/Gebel/Jülicher/*Jülicher* ErbStG § 13b Rz. 210; *von Oertzen* Ubg 2008, 57, 62.

[48] ErbStR 2011 E 13b.6 Abs. 4 S. 5 (= A 13b.6 Abs. 4 Satz 5 AEErbSt 2017); Troll/Gebel/Jülicher/*Jülicher* ErbStG, § 13b Rz. 210; *Hannes/Onderka* ZEV 2008, 16, 20; *Weber/Schwind* ZEV 2009, 16, 18; *Onderka/Lasa* Ubg 2009, 309, 313; enger *Balmes/Felten* FR 2009, 258, 263.

[49] Troll/Gebel/Jülicher/*Jülicher* ErbStG § 13b Rz. 210.

[50] Bejahend etwa *Weber/Schwind* ZEV 2009, 16, 18; *Feick/Nordmeier* DStR 2009, 893, 894; *Lahme/Zikesch* DB 2009, 527, 528; *Onderka/Lasa* Ubg 2009, 309, 313; *Wehage* ErbStB 2009, 148, 150; ablehnend *von Oetzen* in FS Schaumburg 2009, 1045, 1050; *Wachter* GmbH-StB 2006, 356, 359 (zu der entsprechenden Vorschrift im „Entwurf eines Gesetzes zur Erleichterung der Unternehmensnachfolge" [BR-Drs. 778/06 v. 3.11.2006]).

[51] *Onderka/Lasa* Ubg 2009, 309, 312f.

[52] *Von Oertzen* in FS Schaumburg 2009, S. 1045, 1050; *Kramer* GmbHR 2010, 1023f.

einer beabsichtigten Anteilsübertragung unter Inanspruchnahme der Begünstigung nach § 13b Abs. 1 Nr. 3 Satz 2 ErbStG eine verbindliche Auskunft nach § 89 AO eingeholt wird.

23 Weitere Voraussetzung für eine Zusammenrechnung von Kapitalgesellschaftsanteilen nach § 13b Abs. 1 Nr. 3 Satz 2 ErbStG ist, dass das Stimmrecht aus den betroffenen Anteilen gegenüber nichtgebundenen Gesellschaftern nur einheitlich ausgeübt werden darf, also eine **Stimmbindung** vereinbart wird. Nach der Gesetzesbegründung soll dies bedeuten, dass die Einflussnahme einzelner Anteilseigner zum Zwecke einer einheitlichen Willensbildung zurücktreten muss.[53] Stimmrechtslose Anteile können deshalb nicht in eine Poolvereinbarung einbezogen werden.[54] Die Stimmbindung kann auch dadurch erreicht werden, dass einzelne Anteilseigner auf ihr Stimmrecht zugunsten der Poolgemeinschaft verzichten.[55] Werden bei der Ausgestaltung und Durchführung einer Poolvereinbarung die oben Rz. 5f. dargestellten zivilrechtlichen Grenzen zulässiger Stimmbindung beachtet, steht dies der Anerkennung der Vereinbarung für erbschaftsteuerliche Zwecke nicht entgegen. Das Steuerrecht kann von den betroffenen Gesellschaftern nicht den Abschluss von vertraglichen Vereinbarungen verlangen, die gesellschaftsrechtlich unzulässig sind.[56]

24 Für den Begünstigungstatbestand der Poolung von Anteilen gilt der **Nachsteuertatbestand** des § 13a Abs. 6 Satz 1 Nr. 5 ErbStG. Der Verschonungsabschlag nach § 13a Abs. 1 ErbStG und der Abzugsbetrag nach § 13a Abs. 2 ErbStG fallen mit Wirkung für die Vergangenheit weg, wenn innerhalb von fünf bzw. sieben Jahren nach dem Erwerb der Kapitalgesellschaftsanteile die Verfügungsbeschränkung oder die Stimmrechtsbündelung aufgehoben wird. Da die Haltefrist des § 13a Abs. 6 Satz 1 Nr. 5 ErbStG an den Anteilserwerb anknüpft, beginnt der Fristlauf des § 13a Abs. 6 ErbStG mit jeder Anteilsübertragung neu. Für die Bemessung der Haltefristen müssen also stets sämtliche Anteilsübertragungen aller Poolteilnehmer im Blick behalten werden. Um diesbezüglich die Praktikabilität einer Poolvereinbarung zu erhöhen und zu vermeiden, dass für jeden Poolbeteiligten unterschiedliche Haltefristen laufen, kann in der Poolvereinbarung bspw. vorgesehen werden, dass die Übertragung von Anteilen für die beteiligten Gesellschafter nur zu bestimmten Zeitpunkten, etwa zum Jahresende, erfolgen darf (vgl. § 6 Abs. 6 des Formulars).

25 Der Nachsteuertatbestand des § 13a Abs. 6 Satz 1 Nr. 5 ErbStG wird in jedem Fall dann verwirklicht, wenn die Poolvereinbarung **einvernehmlich** von sämtlichen Poolmitgliedern aufgehoben wird oder infolge Zeitablaufs oder Kündigung eines Poolmitglieds endet.[57] Scheiden einzelne Poolmitglieder aus dem Pool infolge Kündigung oder Veräußerung der Anteile aus, ist fraglich, ob auch diese **teilweise Aufhebung** der Poolvereinbarung dazu führt, dass die Nachsteuer für alle Poolmitglieder fällig wird oder ob die Begünstigungen für diejenigen Poolmitglieder erhalten bleiben, die weiter an der Poolvereinbarung festhalten. Eine Poolvereinbarung lässt in der Regel eine Innengesellschaft bürgerlichen Rechts entstehen.[58] Nach § 723 BGB wird eine Gesellschaft bürgerlichen Rechts – unabhängig davon, ob es sich um eine Innen- oder Außengesellschaft handelt – durch die Kündigung eines Gesellschafters aufgelöst, wenn im Gesellschaftsvertrag keine Fortsetzung der Gesellschaft vorgesehen ist. Um zu vermeiden, dass das Ausscheiden eines einzelnen Poolmitglieds innerhalb der Haltefrist eine Nachversteuerung auch für die verbleibenden Poolteilnehmer auslöst, muss die Poolvereinbarung also eine **Fortsetzungsklausel** für den Fall der Kündigung einzelner Poolmitglieder vorsehen. Entsprechendes gilt gemäß § 727 BGB für den Fall des

[53] BR-Drs. 4/08, 56.
[54] ErbStR 2011 E 13b.6 Abs. 5 Satz 1 (= A 13b.6 Abs. 5 Satz 1 AEErbSt 2017); aA *M. Söffing/Thonemann-Micker,* DB 2012, 593.
[55] ErbStR 2011 E 13b.6 Abs. 5 Satz 3 (= A 13b.6 Abs. 5 Satz 3 AEErbSt 2017).
[56] *Hübner* Erbschaftsteuerreform 2009, S. 427; *Kreklau* BB 2009, 748, 749f.; *Onderka/Lasa* Ubg 2009, 309, 314.
[57] ErbStR 2011 E 13a.10 Abs. 2 Nr. 2 (= A 13a.16 Abs. 2 Nr. 2 AEErbSt 2017).
[58] Vgl. hierzu oben Rz. 7.

Todes und nach § 728 BGB für den Fall der Insolvenz eines Gesellschafters. Haben die Poolmitglieder eine Fortsetzungsklausel vereinbart, bleibt der Pool im Fall des Ausscheidens einzelner Poolmitglieder bestehen. Zu der Frage, ob das Ausscheiden einzelner Poolmitglieder innerhalb der Haltefrist trotz des Fortbestehens der Poolvereinbarung für die verbleibenden Poolteilnehmer eine Nachversteuerung auslöst, wird im Schrifttum einhellig die Auffassung vertreten, dass der Nachsteuertatbestand des § 13a Abs. 5 Nr. 5 ErbStG zumindest dann nicht greift, wenn weiterhin **mehr als 25 vH** der Kapitalgesellschaftsanteile im Pool gebunden bleiben.[59] Ob die erbschaftsteuerlichen Begünstigungen für die im Pool verbleibenden Gesellschafter auch dann erhalten bleiben, wenn deren Beteiligungsquote nach dem Ausscheiden anderer Poolteilnehmer **nicht mehr als 25 vH** beträgt, ist **umstritten.**[60] Nach Auffassung der Finanzverwaltung sollen die Begünstigungen entfallen, wenn die Beteiligung der Poolgesellschafter auf 25 vH oder weniger sinkt, zB weil ein oder mehrere Poolgesellschafter ausscheiden oder infolge einer Kapitalerhöhung.[61] Es ist deshalb empfehlenswert, in die Poolvereinbarung Regelungen aufzunehmen, die das Absinken der im Pool gebundenen Anteile unter die 25 vH-Grenze durch Ausscheiden einzelner Poolmitglieder nach Möglichkeit verhindern, vgl. hierzu Rz. 39ff.

Erlischt der Poolvertrag durch **Konfusion,** wird hierdurch der Nachsteuertatbestand des § 13a Abs. 6 Satz 1 Nr. 5 ErbStG nicht verwirklicht.[62] Unschädlich ist es auch, wenn ein Gesellschafter an seinem Anteil einen **Nießbrauch** bestellt und das Stimmrecht beim Nießbrauchsbesteller verbleibt.[63] **26**

Wird auf Ebene der Hauptgesellschaft eine **Kapitalerhöhung** durchgeführt und verringert sich die Beteiligungsquote aller oder einzelner Poolteilnehmer entsprechend, so dass der Pool die Mindestbeteiligung nicht mehr erreicht, wird man ebenfalls keinen Verstoß gegen die Haltefrist des § 13a Abs. 5 Nr. 5 ErbStG annehmen können.[64] Die Poolvereinbarung wird in diesem Fall weder aufgehoben, noch fällt die von den Gesellschaftern untereinander eingegangene Bindung für einzelne Gesellschafter weg. Die Finanzverwaltung vertritt allerdings die Auffassung, dass auch in diesem Fall ein Wegfall der Begünstigung eintritt.[65] Für zukünftige Anteilsübertragungen muss der Pool in jedem Fall wieder mehr als 25 vH der Anteile an der Kapitalgesellschaft umfassen, damit die erbschaftsteuerlichen Begünstigungen für Betriebsvermögen in Anspruch genommen werden können. Es müssen also ggf. weitere Poolmitglieder aufgenommen werden oder die bisherigen Poolteilnehmer müssen weitere Anteile hinzu erwerben. **27**

B. Einzelerläuterungen

Zu § 1: Umfang der Poolbindung

Die Poolmitglieder unterliegen mit sämtlichen im Pool gebundenen Anteilen den Verpflichtungen aus dem Poolvertrag. Grundsätzlich gehört zu den gebundenen Gesellschaftern auch ein ggf. Unterbeteiligter.[66] Im Formular wird ausdrücklich festgehalten, dass die Poolmitglieder zum Abschluss von **Unterpoolvereinbarungen** berech- **28**

---

[59] Troll/Gebel/Jülicher/*Jülicher* ErbStG § 13a Rz. 348; *von Oertzen* Ubg 2008, 57, 67; *von Oertzen* in FS Schaumburg, 2009, S. 1045, 1055; *Lahme/Zikesch* DB 2009, 527, 531; *Schulz/Althof/Markl* BB 2008, 528, 534; *Onderka/Lasa* Ubg 2009, 309, 315.

[60] Bejahend etwa *Onderka/Lasa* Ubg 2009, 309, 316; ablehnend *von Oertzen* in FS Schaumburg, 2009, S. 1045, 1055; wohl auch Troll/Gebel/Jülicher/*Jülicher* ErbStG § 13a Rz. 348.

[61] ErbStR 2011 E 13a.10 Abs. 2 Nr. 3 (= A 13a.16 Abs. 2 Nr. 3 AEErbSt 2017).

[62] ErbStR 2011 E 13a.10 Abs. 1 Nr. 3 (= A 13a.16 Abs. 1 Nr. 3 AEErbSt 2017).

[63] ErbStR 2011 E 13a.10 Abs. 1 Nr. 1 (= A 13a.16 Abs. 1 Nr. 1 AEErbSt 2017).

[64] Vgl. hierzu *Onderka/Lasa* Ubg 2009, 309, 316.

[65] ErbStR 2011 E 13a.10 Abs. 2 Nr. 3 (= A 13a.16 Abs. 2 Nr. 3 AEErbSt 2017).

[66] Troll/Gebel/Jülicher/*Jülicher* ErbStG § 13b Rz. 208; ErbStR 2011 E 13b.6 Abs. 3 Satz 4 (= A 13b Abs. 3 Satz 4 AEErbSt 2017).

tigt sind. Bei entsprechender Interessenlage sollte eine solche ausdrückliche Regelung getroffen werden, da die Zulässigkeit von Unterpoolvereinbarungen unter dem Gesichtspunkt der gesellschafterlichen Treupflichten aus dem Hauptpool nicht unproblematisch ist.[67] Auch die Unterpoolvereinbarung ist ein Stimmbindungsvertrag, dessen Teilnehmer wiederum eine Innengesellschaft bürgerlichen Rechts bilden mit dem Zweck der einheitlichen Stimmabgabe im Hauptpool.[68] Der Abschluss von Unterpoolvereinbarungen kann sich bspw. anbieten, wenn sich in einem Pool mehrere Familienstämme zusammenschließen, die jeweils untereinander eine einheitliche Interessenwahrnehmung in der Poolversammlung des Hauptpools sicher stellen wollen.

Zu § 2: Verpflichtung zur einheitlichen Stimmabgabe

29 Im Formular ist vorgesehen, dass sich die Stimmbindung auf alle in der Gesellschafterversammlung zu fassenden Beschlüsse und durchzuführenden Wahlen erstreckt. Die Minderheitsrechte, die den Poolmitgliedern als Gesellschaftern der Hauptgesellschaft zu stehen, bleiben aber von der Stimmbindung unberührt. Hierzu gehören insbesondere Antrags-, Klage- und Auskunftsrechte (vgl. etwa §§ 50, 61 Abs. 2, 66 Abs. 2 GmbHG und §§ 122, 126, 127, 131 AktG). Die Poolvereinbarung kann auch eine Beschränkung der Stimmbindung auf bestimmte Beschlussgegenstände vorsehen bzw. einzelne Beschlussgegenstände ausdrücklich von der Vorabstimmung im Pool ausnehmen. Für eine für **erbschaftsteuerliche Zwecke** taugliche Poolung von Anteilen gemäß § 13b Abs. 1 Nr. 3 Satz 2 ErbStG dürfte es aber erforderlich sein, dass die Poolvereinbarung vorbehaltlich der gesetzlichen Grenzen zulässiger Stimmbindung[69] und der Wahrung der Minderheitsrechte der Poolmitglieder alle Arten von Abstimmungen in der Gesellschafterversammlung der Hauptgesellschaft erfasst. Außerdem können in die Poolvereinbarung zusätzlich weitere Regelungen aufgenommen werden, durch die für bestimmte Sachverhalte bereits ein bestimmtes Abstimmungsverhalten festgelegt wird, bspw. zur Sicherstellung einer bestimmten Mindestausschüttung.

Zu § 3: Poolversammlungen und Poolsprecher

30 Das Formular sieht die Wahl eines **Poolsprechers** vor, dessen Aufgaben die Vorbereitung, Einberufung und Leitung der Poolversammlung sowie die Vertretung der Poolmitglieder in der Gesellschafterversammlung der Hauptgesellschaft sind. Anstelle eines einzelnen Poolsprechers kann je nach Größe des Pools auch ein aus mehreren Personen bestehendes Gremium vorgesehen werden, welches die Poolversammlung vorbereitet, einberuft und leitet.[70] Insbesondere bei einem größeren Pool können die Aufgaben der Organisation der Poolversammlung und der Vertretung der Poolmitglieder auch getrennt werden, in dem bspw. mehrere Gesellschaftergruppen jeweils einen gemeinsamen Vertreter für die Stimmrechtsausübung in der Gesellschafterversammlung bestimmen. Ergänzend zum Auslagenersatz kann auch eine feste Vergütung für den Poolsprecher vorgesehen werden.

31 Die **Protokollierung** der Beschlüsse der Poolversammlung dient auch dem Nachweis der tatsächlichen Durchführung der Poolvereinbarung ggü. dem Erbschaftsteuerfinanzamt, wenn die Poolvereinbarung auch dem Zweck dient, die Inanspruchnahme der erbschaftsteuerlichen Begünstigungen für Betriebsvermögen für die Übertragung von im Pool gebundenen Anteilen zu ermöglichen. Auch die Finanzverwaltung verlangt eine fortlaufende Dokumentation der poolgerechten Stimmrechtsausübung.[71]

---

[67] Vgl. hierzu *Odersky* in FS Lutter, 2000, 557, 567.
[68] *Odersky* in FS Lutter, 2000, S. 557, 564.
[69] Vgl. hierzu oben Rz. 5f.
[70] ErbStR 2011 E 13b.6 Abs. 5 Satz 3 (= A 13b.6 Abs. 5 Satz 3 AEErbSt 2017).
[71] ErbStR 2011 E 13b.6 Abs. 5 Satz 10 (= A 13b.6 Abs. 5 Satz 10 AEErbSt 2017).

Zu § 4: Mehrheitserfordernisse

Das Formular knüpft die **Mehrheitserfordernisse** in der Poolversammlung an die Mehrheitserfordernisse an, die für die entsprechende Beschlussfassung in der Gesellschafterversammlung der Hauptgesellschaft gelten. Abweichend hiervon ist auch eine Regelung möglich, nach der die Mehrheitserfordernisse im Pool von den Mehrheitserfordernissen in der Gesellschafterversammlung abweichen, indem bspw. bei allen Beschlüssen einfache Mehrheit genügt oder im Pool von der Gesellschafterversammlung abweichende qualifizierte Mehrheitserfordernisse vereinbart werden. Stehen einzelnen Poolmitgliedern aufgrund einer entsprechenden Regelung im Gesellschaftsvertrag der Hauptgesellschaft **Sonderstimmrechte** zu, können diese in die Poolvereinbarung übernommen und dem betreffenden Gesellschafter so auch für die Vorabstimmung im Pool eingeräumt werden. **Eine Stimmrechtsvervielfachung** eines Einzelnen ohne Bindung mehrerer ist für sich allein aber nicht ausreichend.[72] Zur Bedeutung von **Stimmverboten** vgl. bereits oben Rz. 6. 32

Zu § 5: Vollmacht für den Poolsprecher

Die **Vollmachtserteilung an den Poolsprecher** für die Stimmrechtsausübung in der Gesellschafterversammlung der Hauptgesellschaft ist nicht zwingend erforderlich. Durch die Bevollmächtigung wird aber sichergestellt, dass das Stimmrecht in der Gesellschafterversammlung entsprechend der Vorabstimmung im Pool einheitlich ausgeübt wird. Da die Vollmachtserteilung aufgrund des Abspaltungsverbots **keine verdrängende Wirkung** hat, wird die Stimmrechtsausübung durch das einzelne Poolmitglied hierdurch nicht ausgeschlossen. Auch bei einer Verpflichtung der Poolmitglieder zur Erteilung einer Stimmrechtsvollmacht an den Poolsprecher ist es deshalb erforderlich, die einheitliche Stimmrechtsausübung durch Regelung entsprechender Sanktionen wie Vertragsstrafen- und/oder Schadenersatzregelungen abzusichern (vgl. hierzu unten Rz. 43ff.). 33

Zu § 6: Verpflichtung zur einheitlichen Verfügung über Geschäftsanteile

Die Regelung schränkt die Übertragbarkeit von im Pool gebundenen Anteilen ein, um den Familiencharakter des Unternehmens zu erhalten, also die Gesellschaft vor „Überfremdung" zu schützen. Wird ein Pool in der Rechtsform einer vermögensverwaltenden (Außen-)Gesellschaft bürgerlichen Rechts vereinbart, ist eine Verfügung der Anteilseigner über einzelne Kapitalgesellschaftsanteile gemäß § 719 Abs. 1 Alt. 2 BGB von vornherein nicht möglich. 34

Das Formular differenziert zwischen der Anteilsübertragung auf andere Poolmitglieder, der Übertragung auf (außenstehende) Familienmitglieder der Poolgesellschafter und der Übertragung auf fremde Dritte. Die beabsichtigte Übertragung an Dritte löst zudem ein Vorerwerbsrecht der übrigen Poolmitglieder aus.[73] Sollen nach den Vorstellungen der Beteiligten Anteile zustimmungsfrei auch auf Ehegatten übertragen werden dürfen, sollten entsprechend dem Zweck des Pools, den Einfluss der Familie auf die Gesellschaft zu erhalten, auch Regelungen für den Fall getroffen werden, dass die Ehe der Beteiligten geschieden wird. Der Übertragung von Anteilen werden im Formular schließlich die Belastung von gebundenen Anteilen sowie die Einräumung einer Unterbeteiligung hieran gleichgestellt, da sich diese beschränkten dinglichen bzw. schuldrechtlichen Rechte je nach Ausgestaltung wirtschaftlich wie eine Anteilsübertragung auswirken können. 35

§ 6 des Formulars nimmt in der Überschrift ausdrücklich auf den Wortlaut des **§ 13b Abs. 1 Nr. 3 Satz 2 ErbStG** Bezug, um klarzustellen, dass von den Poolmit- 36

[72] FG Münster v. 9.6.2016 – 3 K 3171/14, EFG 2016, 1530, Rev. BFH II R 25/16.
[73] Vgl. zur erbschaftsteuerlichen Relevanz von Vorerwerbs- und Vorkaufsrechten oben Rz. 20.

gliedern eine „Verpflichtung zur einheitlichen Verfügung" iSv. § 13b Abs. 1 Nr. 3 Satz 2 ErbStG gewollt ist und beschränkt dementsprechend den Kreis der Personen, auf die ohne Zustimmung der übrigen Poolmitglieder im Pool gebundene Anteile übertragen werden dürfen (vgl. hierzu oben Rz. 20). Unabhängig von der zivilrechtlichen Notwendigkeit, ggf. die Belastung von Kapitalgesellschaftsanteilen und die Vereinbarung von Unterbeteiligungsverhältnissen in gleicher Weise wie die Übertragung von Anteilen zu beschränken, ist es für die Anerkennung der Poolvereinbarung für **erbschaftsteuerliche Zwecke** nicht erforderlich, dass auch das Recht zur Belastung von im Pool gebundenen Kapitalgesellschaftsanteilen eingeschränkt wird. Eine Poolvereinbarung muss die **Verpfändung** von Anteilen oder die Einräumung von **Nießbrauchsrechten** nicht in gleicher Weise beschränken wie die vollständige Übertragung.[74] Der Wortlaut des § 13b Abs. 1 Nr. 3 Satz 2 ErbStG kann als Argument hierfür zwar nicht herangezogen werden, denn „Verfügung" kann zivilrechtlich auch eine Belastung und damit Verpfändung eines Kapitalgesellschaftsanteils sein. Das Erbschaftsteuergesetz knüpft aber auch im Übrigen nicht an die Verpfändung von Anteilen, sondern nur an den Erwerb des Eigentums an einem Kapitalgesellschaftsanteil an. Erst der Verlust des Eigentums kann deshalb eine schädliche Verfügung iSd. § 13b Abs. 1 Nr. 3 Satz 2 ErbStG darstellen. Dies entspricht auch der Auffassung der Finanzverwaltung, nach der erst die Verwertung des Pfandguts durch den Pfandgläubiger zum Verlust der erbschaftsteuerlichen Begünstigungen führt.[75] Zum Erfordernis **erbrechtlicher Vinkulierung** von Anteilen vgl. oben Rz. 22.

37 Entsprechendes gilt für die Einräumung von **Unterbeteiligungen.** Der Unterbeteiligte wird lediglich mittelbar an dem Kapitalgesellschaftsanteil beteiligt. Die Einräumung einer Unterbeteiligung bedeutet – unabhängig davon, ob es sich um eine typische oder eine atypische Beteiligung handelt – die Vereinbarung einer reinen Innengesellschaft an der Kapitalgesellschaftsbeteiligung.[76] Im Außenverhältnis bleibt allein der Hauptbeteiligte Inhaber des Gesellschaftsanteils. Auch in der Einräumung einer Unterbeteiligung ist deshalb keine schädliche Verfügung iSd. § 13b Abs. 1 Nr. 3 Satz 2 ErbStG zu sehen, so dass eine Beschränkung des Rechts zur Einräumung von Unterbeteiligungen für erbschaftsteuerliche Zwecke nicht erforderlich ist.[77] Bei Einräumung einer Unterbeteiligung muss aber auch der Unterbeteiligte den Verpflichtungen der Poolvereinbarung unterliegen.[78]

38 Bei der vertraglichen Ausgestaltung der beschränkt dinglichen Rechte wie Pfandrecht oder Nießbrauch sowie der Unterbeteiligung sollte aber darauf geachtet werden, dass dem Berechtigten keine Rechte eingeräumt werden, die den Anteilsinhaber – wenn auch nur schuldrechtlich – an der einheitlichen Stimmrechtsausübung in der Gesellschafterversammlung der Hauptgesellschaft hindern können, um die tatsächliche vereinbarungsgemäße Durchführung der Poolvereinbarung sicher zu stellen.

Zu § 7: Vertragsdauer, Kündigung der Poolvereinbarung

39 Ein auf unbestimmte Zeit abgeschlossener Stimmbindungspool kann als Innengesellschaft bürgerlichen Rechts gemäß § 723 Abs. 1 Satz 1 BGB jederzeit gekündigt werden. Auch das ErbStG sieht keine Mindestfrist vor, während derer die Stimmbindungsvereinbarung vor einer Anteilsübertragung bestanden haben muss.[79] Es wird allerdings nicht ausreichen, wenn erst der Erwerber die Poolvereinbarung im Nachhin-

---

[74] So auch *von Oertzen* Ubg 2008, 57, 62; *Schulz/Althof* BB 2008, 528, 534; *Onderka/Lasa* Ubg 2009, 309, 312; aA unter Hinweis auf den Wortlaut des § 13b Abs. 1 Nr. 3 Satz 2 ErbStG *Weber/Schwind* ZEV 2009, 16, 18.

[75] ErbStR 2011 E 13a.10 Abs. 1 Nr. 2 Satz 3 (= A 13a.16 Abs. 1 Nr. 2 Satz 3 AEErbSt 2017).

[76] MüKoHGB/*K. Schmidt* HGB § 230, Rz. 194.

[77] *Wehage* ErbStB 2009, 148, 150; *Onderka/Lasa* Ubg 2009, 309, 312; aA für die atypische Unterbeteiligung *Weber/Schwind* ZEV 2009, 16, 18; aA BayLfSt v. 11.8.2010 – S 3812b.1.1 – 1 St 34, ZEV 2010, 659.

[78] ErbStR 2011 E 13b.6 Abs. 3 Satz 4 (= A 13b.6 Abs. 3 Satz 4 AEErbSt 2017).

[79] Vgl. auch Troll/Gebel/Jülicher/*Jülicher* ErbStG § 13b Rz. 206.

ein abschließt.[80] Das Formular trägt den Interessen der Beteiligten, die Wirkungen des Pools auch aus erbschaftsteuerlichen Gründen zumindest für eine gewisse Zeit aufrecht zu halten dadurch Rechnung, dass das **ordentliche Kündigungsrecht** für einen bestimmten Zeitraum ausgeschlossen ist. Das Recht zur außerordentlichen Kündigung aus wichtigem Grund bleibt hiervon – was im Formular klar gestellt wird – gemäß § 723 Abs. 1 Satz 2 BGB unberührt. Bei der Festlegung der Mindestlaufzeit des Pools muss darauf geachtet werden, dass diese keine unzulässige Beschränkung des Kündigungsrechts gemäß § 723 Abs. 3 BGB darstellt, indem eine überlange Bindung vereinbart wird. Bindungen von 15 Jahren wird man hierbei als zulässig ansehen können.[81] Diese Grenze kann nur im Einzelfall unter Berücksichtigung aller Umstände bestimmt werden.[82] Im Hinblick auf die erbschaftsteuerliche Haltefrist gemäß § 13a Abs. 6 Satz 1 Nr. 5 ErbStG bietet es sich an, die ordentliche Kündigung der Poolvereinbarung für einen Zeitraum von mindestens fünf Jahren auszuschließen.

Die Bindung der Poolmitglieder wird im Formular außerdem dadurch verstärkt, **40** dass die Poolmitglieder im Fall der Kündigung des Pools verpflichtet sind, ihre Geschäftsanteile den übrigen Poolmitgliedern zum Erwerb anzubieten. Durch dieses Erwerbsrecht der übrigen Poolmitglieder kann außerdem verhindert werden, dass die im Pool gebundenen Anteile infolge der Kündigung einzelner Poolmitglieder unter die 25%-Grenze des § 13b Abs. 1 Nr. 3 Satz 2 ErbStG absinken und so die erbschaftsteuerliche Haltefrist des § 13a Abs. 5 Nr. 5 ErbStG verletzt wird.[83] Eine solche Regelung stellt keinen faktischen Ausschluss des Kündigungsrechts iSv. § 723 Abs. 3 BGB dar und ist damit grundsätzlich wirksam.[84] Hinsichtlich der Höhe der an das kündigende Poolmitglied zu zahlenden Vergütung ist zu berücksichtigen, dass die Regelung zur Ermittlung des Übernahmepreises gemäß § 138 BGB unwirksam sein kann, wenn bereits im Zeitpunkt des Vertragsschlusses ein grobes Missverhältnis zwischen dem Verkehrswert des Anteils und der zu zahlenden Vergütung bestand; entwickelt sich ein solches Missverhältnis erst nachträglich, kommt entsprechend den Rechtsprechungsgrundsätzen zur Behandlung gesellschaftsvertraglicher Abfindungsklauseln eine Anpassung der Vergütungsvereinbarung im Wege ergänzender Vertragsauslegung in Betracht.[85]

Gemäß § 727 BGB führt der Tod eines Gesellschafters einer Gesellschaft bürgerli- **41** chen Rechts – unabhängig davon, ob es sich um eine Innen- oder Außengesellschaft handelt – zur Auflösung der Gesellschaft.[86] Da ein Stimmbindungspool im Regelfall eine (Innen-)Gesellschaft bürgerlichen Rechts entstehen lässt,[87] sollte die Poolvereinbarung eine **Fortsetzungsklausel** für den Fall des Ablebens einzelner Poolmitgliedern vorsehen, um die Fortsetzung des Pools mit den **Erben** auch im Hinblick auf die erbschaftsteuerliche Haltefrist des § 13a Abs. 5 Nr. 5 ErbStG sicherzustellen.[88] Das Formular sieht dementsprechend die Fortsetzung der Poolvereinbarung mit den Erben eines verstorbenen Poolmitglieds vor, räumt aber den übrigen Poolmitgliedern das Recht ein, die Ausschließung von Erben aus dem Pool zu beschließen, wenn diese nicht zum nachfolgeberechtigten Personenkreis gehören. Der Erblasser muss also dafür sorgen, dass seine letztwillige Verfügung den in der Poolvereinbarung getroffenen Regelungen entspricht. Da ein Begünstigter, dem die gebundenen Anteile durch ein **Vermächtnis** zugewandt wurden, den Bindungen des Poolvertrages anders als der Erbe nicht unmittelbar unterliegt, sollte sichergestellt werden, dass der Vermächtnis-

[80] ErbStR 2011 E 13b.6 Abs. 4 Satz 5 (= A 13b.6 Abs. 4 Satz 5 AEErbSt 2017).
[81] Ebenroth/Boujong/Joost/Strohn/*Lorz* HGB § 132 Rz. 25.
[82] Palandt/*Sprau* BGB § 723 Rz. 2.
[83] Troll/Gebel/Jülicher/*Jülicher* ErbStG § 13a Rz. 348.
[84] BGH v. 13.6.1994 – II ZR 38/93, BGHZ 126, 227, 234 ff.
[85] BGH v. 13.6.1994 – II ZR 38/93, BGHZ 126, 227, 241 ff.
[86] Vgl. hierzu oben Rz. 25.
[87] Vgl. hierzu oben Rz. 7.
[88] Vgl. hierzu oben Rz. 25.

nehmer dem Pool beitritt, was ebenfalls eine entsprechende Anordnung durch den Erblasser voraussetzt. Fehlt es an einer entsprechenden Auflage für den Vermächtnisnehmer, läuft die in Abs. 8 S. 1 des Formulars vorgesehene Regelung ins Leere, da der Vermächtnisnehmer einen unbedingten Anspruch auf Übertragung der im Pool gebundenen Anteile erwirbt. Die Poolvereinbarung kann dem einzelnen Poolmitglied eine entsprechende Ausgestaltung seiner letztwilligen Verfügung allerdings nicht bindend vorschreiben, da eine solche Verpflichtung gemäß § 2302 BGB, der einen Testiervertrag verbietet, unwirksam wäre. Abs. 7 und 8 des Formulars enthalten dementsprechend lediglich rechtlich nicht bindende Empfehlungen an die Poolmitglieder.

Zu § 8: Durchsetzung der Poolvereinbarung

42 Dem einzelnen Mitglied des Pools steht ein Erfüllungsanspruch auf vereinbarungsgemäße Stimmabgabe in der Gesellschafterversammlung der Hauptgesellschaft zu. Dieser Erfüllungsanspruch kann im Wege der **Erfüllungsklage** durchgesetzt werden.[89] Die **Zwangsvollstreckung** richtet sich nach § 890 ZPO, wenn im Urteilstenor die Verpflichtung ausgesprochen wird, die Stimmabgabe im Hinblick auf den konkret im Tenor ausgewiesenen Beschlussantrag zu unterlassen. Sieht der Urteilstenor die Verpflichtung zur Stimmabgabe für einen konkret im Tenor bezeichneten Beschlussantrag vor, ist nach Auffassung des Bundesgerichtshofs[90] und des überwiegenden Teils des Schrifttums[91] § 894 ZPO anzuwenden. Im Hinblick auf das grundsätzliche Verbot der Vorwegnahme der Hauptsache ist streitig, ob neben dem normalen Klageweg und dem anschließenden Vollstreckungsverfahren auch die Möglichkeit der Gewährung **einstweiligen Rechtsschutzes** besteht.[92] Dafür spricht, dass die Versagung einstweiligen Rechtsschutzes in der Praxis regelmäßig dazu führen würde, dass aufgrund der Dauer des normalen Klageweges mit anschließendem Vollstreckungsverfahren der Berechtigte seine Ansprüche aus der Stimmbindungsvereinbarung überhaupt nicht durchsetzen könnte.

43 Da idR im ordentlichen Klageverfahren eine rechtskräftige Entscheidung nicht vor dem Termin der Gesellschafterversammlung wird erreicht werden können und die Durchsetzbarkeit von Stimmbindungsvereinbarungen im einstweiligen Verfügungsverfahren mit den dargestellten Unsicherheiten verbunden ist, sollte zur Absicherung einer einheitlichen Stimmabgabe eine **Vertragsstrafen- und/oder Schadenersatzregelung** für den Fall getroffen werden, dass ein Poolmitglied in der Gesellschafterversammlung der Hauptgesellschaft sein Stimmrecht im Widerspruch zu den Ergebnissen einer rechtmäßigen Vorabstimmung in der Poolversammlung ausübt. In gleicher Weise sollte auch die Beachtung der Verfügungsbeschränkungen für im Pool gebundene Anteile abgesichert werden. Der Schadensersatzanspruch kann hierbei wie im Formular vorgesehen auch eine Erbschaft- und Schenkungsteuer- bzw. Nachsteuerbelastung umfassen, die bei den übrigen Poolmitgliedern durch den Verstoß gegen die Haltefrist des § 13a Abs. 5 Nr. 5 ErbStG infolge einer abredewidrigen Verfügung eines einzelnen Poolmitglieds angefallen ist.[93]

44 Anstelle einer einen Erfüllungszwang beinhaltenden „harten" Stimmbindung[94] können sich die Poolteilnehmer auch auf eine „weiche" Vereinbarung beschränken, die allenfalls Schadensersatzpflichten auslöst, wenn einzelne Gesellschafter nicht vereinbarungsgemäß abstimmen. Für **erbschaftsteuerliche Zwecke** ist zu berücksichtigen, dass zwar der Wortlaut des § 13b Abs. 1 Nr. 3 Satz 2 ErbStG über die erforderliche

---

[89] Michalski/*Römermann* GmbHG § 47 Rz. 537.
[90] BGH v. 29.5.1967 – II ZR 105/66, BGHZ 48, 163, 174.
[91] Michalski/*Römermann* GmbHG, § 47 Rz. 546; *Lutter/Hommelhoff* GmbHG, § 47 Rz. 5; Scholz/*K. Schmidt* GmbHG, § 47 Rz. 56; aA etwa *R. Fischer* GmbHR 1953, 65, 69 f. (Anwendung § 888 ZPO).
[92] Vgl. hierzu ausführlich Michalski/*Römermann* GmbHG § 47 Rz. 547 ff. mit Hinweisen zum Meinungsstand.
[93] Troll/Gebel/Jülicher/*Jülicher* ErbStG § 13a Rz. 348; vgl. hierzu auch oben Rz. 25.
[94] So die Terminologie bei Scholz/*K. Schmidt* GmbHG § 47 Rz. 37.

Intensität der Stimmbindung nichts aussagt.[95] Um aber die Ernsthaftigkeit der Vereinbarung deutlich zu machen, empfiehlt es sich, in der Poolvereinbarung die Klagbarkeit der Stimmbindung klarzustellen, also eine „harte“ Stimmbindung zu vereinbaren. Da für die steuerliche Anerkennung auch die tatsächliche Durchführung der Poolvereinbarung erforderlich ist, müssen im Einzelfall von den übrigen Poolmitgliedern auch die vereinbarten Vertragsstrafen verhängt bzw. Schadensersatzansprüche geltend gemacht werden, wenn einzelne Poolmitglieder gegen die Vereinbarung verstoßen.[96] Werden die Bindungen der Poolvereinbarung von einem oder mehreren Gesellschaftern über einen längeren Zeitraum nicht beachtet, ohne dass dies von den übrigen Gesellschaftern entsprechend den Regelungen der Poolvereinbarung sanktioniert wird, kann dies darüber hinaus als **faktische Aufhebung** des Pools interpretiert werden, die einen Verstoß gegen den Nachsteuertatbestand des § 13a Abs. 6 Satz 1 Nr. 5 ErbStG beinhaltet und damit, wenn sie innerhalb der fünf- bzw. siebenjährigen Behaltensfrist erfolgt, den rückwirkenden Verlust der erbschaftsteuerlichen Begünstigungen auslöst.[97]

Zu § 9: Schiedsvereinbarung

Das Formular sieht vor, dass bei Streitigkeiten aus und im Zusammenhang mit dem Poolvertrag ein **Schiedsverfahren** unter Ausschluss der ordentlichen Gerichte durchgeführt werden soll. Entsprechend **§ 1031 Abs. 5 ZPO,** der bei Beteiligung von Verbrauchern, also Gesellschaftern, die bei Abschluss der Poolvereinbarung weder gewerblich noch freiberuflich tätig werden, grundsätzlich fordert, dass eine besondere Schiedsvereinbarung geschlossen wird, verweist das Formular auf einen gesonderten Schiedsgerichtsvertrag. Da vorliegend sowohl die Poolvereinbarung als auch die GmbH-Satzung der Hauptgesellschaft der notariellen Beurkundung bedürfen, könnte auch auf eine gesonderte Schiedsvereinbarung verzichtet und das Schiedsverfahren gemäß § 1031 Abs. 5 Satz 2 Hs. 2 ZPO ausführlich in der Poolvereinbarung geregelt oder ggf. auf ein im Gesellschaftsvertrag der Hauptgesellschaft geregeltes Schiedsverfahren verwiesen werden. 45

Zu § 10: Schlussbestimmungen

Zur Bedeutung von **Formerfordernissen** vgl. bereits oben Rz. 18. 46

Das Formular sieht vor, dass **Aufhebung und Änderung der Poolvereinbarung** der Zustimmung sämtlicher Poolmitglieder bedürfen. Diese Regelung entspricht dem Grundsatz, dass Änderungen des Gesellschaftsvertrages einer Gesellschaft bürgerlichen Rechts grundsätzlich der Zustimmung aller Gesellschafter bedürfen.[98] Die Poolvereinbarung könnte diesbezüglich auch eine Mehrheitsentscheidung vorsehen, wobei nach Auffassung der Rechtsprechung eine allgemein gehaltene Mehrheitsklausel aber nur für gewöhnliche oder übliche Vertragsänderungen gelten kann.[99] Aufgrund der erheblichen steuerlichen Konsequenzen, die mit der Aufhebung einer Poolvereinbarung im Hinblick auf die erbschaftsteuerliche Haltefrist des § 13a Abs. 5 Satz 5 ErbStG verbunden sein können,[100] ist es aber sachgerecht, zumindest die Aufhebung einer Poolvereinbarung von der Zustimmung sämtlicher Poolmitglieder abhängig zu machen. 47

---

[95] *Hübner* Erbschaftsteuerreform 2009, S. 424; *Onderka/Lasa* Ubg 2009, 309, 313 f.
[96] Vgl. hierzu *Onderka/Lasa* Ubg 2009, 309, 316.
[97] *Onderka/Lasa* Ubg 2009, 309, 316.
[98] Palandt/*Sprau* BGB § 705 Rz. 15.
[99] BGH v. 24.11.1975 – II ZR 89/74, BGHZ 66, 82 ff.
[100] Vgl. hierzu oben Rz. 24.

C. 3 Die Stiftung und verwandte Rechtsinstitute

Übersicht

C. 3.00 Gemeinnützige Körperschaften

C. 3.01 Gemeinnützige rechtsfähige Stiftung

Gliederung

I. Stiftungsgeschäft zu Lebzeiten[Rz. 33–36]

C.3.01

Hiermit errichte ich
[Name des Stifters]
wohnhaft in [...],
geboren am [...],
in Hamburg
eine rechtsfähige Stiftung des bürgerlichen Rechts unter dem Namen [...].

(1) Die Stiftung verfolgt den in der anliegenden Satzung – die Bestandteil dieses Stiftungsgeschäfts ist – festgelegten Zweck.

(2) Ich statte die Stiftung mit folgendem Vermögen aus:
Barvermögen in Höhe von € [...],– (Grundstockvermögen).

(3) Dieses Grundstockvermögen ist nicht zum Verbrauch bestimmt.

(4) Zum ersten Stiftungsvorstand bestelle ich folgende Personen:
Den Vorsitz im Vorstand übernimmt Frau [...], den stellvertretenden Vorsitz Herr [...]. Die Einverständniserklärungen sind beigefügt.

(5) Als Mitglieder des ersten Kuratoriums bestelle ich folgende Personen:
1. *[Stifter selbst],* und zwar als Vorsitzender des Kuratoriums,
2. [...], und zwar als stellvertretender Vorsitzender des Kuratoriums und

3. [...].
Die Einverständniserklärungen sind beigefügt.
(6) Ich bitte um staatliche Anerkennung.

....
[Ort, Datum] [Unterschrift]

Satzung

der [...] Stiftung

Präambel

Mit der Errichtung dieser Stiftung möchte ich [...], – im Folgenden als „Stifter" bezeichnet – die in den vergangenen Jahren erfolgte Förderung gemeinnütziger Zwecke durch unsere Familie auf Dauer fortsetzen und intensivieren. Die im Rahmen der Satzungszwecke in Frage kommenden Projekte sollen je nach Prioritätenlage und verfügbaren Mitteln ausgesucht und entweder zeitlich begrenzt oder dauerhaft gefördert werden. Dies kann auch in Zusammenarbeit mit anderen steuerbegünstigten Körperschaften geschehen.

§ 1 Name, Rechtsform, Sitz, Geschäftsjahr[Rz. 37]

(1) Die Stiftung führt den Namen
„[...] Stiftung".
(2) Sie ist eine rechtsfähige Stiftung des bürgerlichen Rechts.
(3) Sie hat ihren Sitz in Hamburg.
(4) Das erste Geschäftsjahr beginnt mit der Anerkennung und endet am [...] desselben Jahres. Im Übrigen ist das Geschäftsjahr das Kalenderjahr.

§ 2 Stiftungszwecke und Verwirklichung[Rz. 38–41]

(1) Zweck der Stiftung ist die ausschließliche und unmittelbare Verfolgung gemeinnütziger Zwecke durch selbstlose Förderung der Allgemeinheit auf materiellem, geistigen bzw. sittlichen Gebiet, insbesondere die Förderung[Rz. 39, 40]
(a) von Wissenschaft und Forschung,
(b) der Bildung und Erziehung,
(c) der Kunst und Kultur sowie
(d) der Jugendhilfe.
(2) Die Stiftung verwirklicht ihre Zwecke ausschließlich und unmittelbar, insbesondere durch[Rz. 38]
(a) die Gewährung von Stipendien an junge Menschen für Wissenschaft und Forschung, vor allem in Europa, Übersee und in Entwicklungsländern,
(b) die Durchführung von ausgewählten Projekten im Rahmen der Satzungszwecke, beispielsweise Initiierung und Durchführung von Kunstausstellungen, vor allem in der Heimatstadt des Stifters, [...],
(c) die Vergabe von Preisen, Beihilfen oder ähnlichen Zuwendungen im Rahmen der genannten Satzungszwecke, vor allem zu Ausbildungszwecken einschließlich Auslandsaufenthalten im Schifffahrtsbereich,
sowie
daneben ausnahmsweise mittelbar, insbesondere durch
(d) zeitlich begrenzte Unterstützung bestimmter Projekte im Rahmen gemeinnütziger Zwecke, zB des Projekts [...] der Stiftung [...], geschäftsansässig: [...], und

(e) die Unterstützung von anderen steuerbegünstigten Körperschaften zur Verwirklichung steuerbegünstigter Zwecke.

(3) Zweck der Stiftung ist auch die Beschaffung und Weiterleitung von Mitteln für die Verwirklichung der in Abs. 1 genannten Zwecke durch andere steuerbegünstigte Körperschaften, juristische Personen des öffentlichen Rechts und ausländische Körperschaften gemäß § 58 Nr. 1 AO.[Rz. 41]

(4) Die Satzungszwecke werden insgesamt verfolgt. Eine bestimmte Rangfolge zwischen ihnen besteht nicht. Es können auch nur jeweils einzelne Zwecke nach Wahl der Stiftungsorgane gefördert werden.

(5) Die Benennung der zu unterstützenden Körperschaft unter Abs. 2 Buchst. d ist nicht abschließend. Es können auch gemeinnützige Zwecke anderer steuerbegünstigter Körperschaften gemäß § 58 Nr. 2 AO gefördert werden.

(6) Es besteht kein Rechtsanspruch auf Gewährung der jederzeit widerruflichen Förderleistungen. Hierüber entscheiden allein die nach dieser Satzung zuständigen Organe. Niemand kann sich bei Bewilligung oder Versagung von Förderleistungen auf Gleichbehandlung berufen.

(7) Die Vergabe der Stipendien, Preise, Beihilfen und ähnlichen Zuwendungen ist in Richtlinien zu regeln, die auch im Falle ihrer Abänderung der Zustimmung des Finanzamtes bedürfen.

(8) Stiftungsmittel dürfen nur dann an eine ausländische Körperschaft weitergeleitet werden, wenn der Empfänger sich verpflichtet, spätestens vier Monate nach Abschluss jedes Geschäftsjahres einen detaillierten Rechenschaftsbericht über die Verwendung der von der Stiftung erhaltenen Mittel vorzulegen. Ergibt sich aus diesem Rechenschaftsbericht nicht, dass mit den erhaltenen Mitteln ausschließlich die satzungsmäßigen Zwecke der Stiftung verfolgt werden, oder kommt der Empfänger der Mittel seiner Pflicht zur Vorlage des Rechenschaftsberichts nicht nach, wird die Weiterleitung der Stiftungsmittel unverzüglich eingestellt.

§ 3 Steuerbegünstigte Zwecke[Rz. 42–53]

(1) Die Stiftung verfolgt ausschließlich und unmittelbar gemeinnützige Zwecke im Sinne des Abschnitts „Steuerbegünstigte Zwecke" der AO.[Rz. 41–45]

(2) Die Stiftung ist selbstlos tätig. Sie verfolgt nicht in erster Linie eigenwirtschaftliche Zwecke. Die Mittel der Stiftung dürfen nur für die satzungsmäßigen Zwecke verwendet werden.

(3) Keine Person darf durch Ausgaben, die dem Zweck der Stiftung fremd sind, oder durch unverhältnismäßig hohe Vergütungen begünstigt werden.

(4) Die Stiftung erfüllt ihre Aufgaben selbst. Dies kann auch durch eine Hilfsperson iSv. § 57 Abs. 1 Satz 2 AO geschehen, sofern sie nicht im Wege der Mittelbeschaffung nach § 58 Nr. 1 AO tätig wird.[Rz. 49]

(5) Die Stiftung kann zur Verwirklichung der Stiftungszwecke auch Zweckbetriebe unterhalten sowie zur Mittelbeschaffung vermögensverwaltend tätig werden und – soweit zwingend erforderlich – auch partiell steuerpflichtige, wirtschaftliche Geschäftsbetriebe unterhalten, soweit die jeweiligen Mittel daraus für die steuerbegünstigte Satzungszweckverwirklichung verwendet werden.[Rz. 46–48]

§ 4 Stiftungsvermögen[Rz. 54–60]

(1) Das Stiftungsvermögen besteht aus den im Stiftungsgeschäft genannten Vermögenswerten und ist von anderen Vermögen getrennt zu halten.[Rz. 54, 55]

(2) Das Stiftungsvermögen ist grds. in seinem realen Bestand dauerhaft zu erhalten. Das Stiftungsvermögen ist möglichst sicher und ertragreich anzulegen.[Rz. 56–60] **Soweit sich angemessene Erträge zur Verwirklichung der Stiftungszwecke nur unter Inkaufnahme eines begrenzten Mindestrisikos erwirtschaften lassen, ist**

eine entsprechende Vermögensanlage zulässig. Vermögensumschichtungen sind zur Stärkung der Ertragskraft und Werterhaltung zulässig.

(3) Das Stiftungsvermögen kann durch Zustiftungen des Stifters sowie Dritter erhöht werden.

(4) Zustiftungen und andere Zuwendungen fließen dem Stiftungsvermögen zu, wenn sie vom Zuwendenden ausdrücklich dazu bestimmt worden sind. Andernfalls dienen sie zeitnah den in § 2 genannten Zwecken in der dort beschriebenen Weise der Zweckverfolgung.

(5) Ein Rückgriff auf die Substanz des Stiftungsvermögens ist nur mit vorheriger Zustimmung der Aufsichtsbehörde zulässig und nur dann, wenn die Zwecke der Stiftung und der Stifterwille nachhaltig anders nicht zu verwirklichen sind und der Bestand der Stiftung gewährleistet ist.

§ 5 Verwendung der Vermögenserträge und Zuwendungen[Rz. 61–63]

(1) Die Stiftung erfüllt ihre Aufgaben nach Maßgabe des Stifterwillens aus den Erträgen des Stiftungsvermögens und aus Zuwendungen, soweit diese nicht ausdrücklich zur Stärkung des Stiftungsvermögens bestimmt sind.

(2) Die verfügbaren Mittel der Stiftung, dh. die Erträge aus dem Stiftungsvermögen und sonstige Zuwendungen, dürfen nur zur Erfüllung des Stiftungszwecks entsprechend dieser Satzung verwendet werden.[Rz. 62, 63] Dasselbe gilt im Falle des § 4 Abs. 5 dieser Satzung für das Stiftungsvermögen.

(3) Die Stiftung hat ihre Mittel grundsätzlich zeitnah für ihre steuerbegünstigten satzungsmäßigen Zwecke zu verwenden, dh. spätestens in den auf den Zufluss folgenden zwei Kalenderjahren.[Rz. 61]

(4) Die Stiftung kann ihre Mittel nach den Bestimmungen der AO und des Anwendungserlasses der AO ganz oder teilweise einer zweckgebundenen Rücklage zuführen, soweit dies erforderlich ist, um ihre steuerbegünstigten Zwecke nachhaltig erfüllen zu können und soweit für die Verwendung der Rücklage konkrete Ziel- und Zeitvorstellungen bestehen.

(5) Im Rahmen des steuerrechtlich Zulässigen können zur Werterhaltung Teile der jährlichen Erträge einer freien Rücklage oder dem Stiftungsvermögen zugeführt werden. Ferner ist in Ausnahme vom Gebot der zeitnahen Mittelverwendung die Bildung von Rücklagen und Vermögen im Rahmen des gesetzlichen Zulässigen gemäß § 62 AO möglich.

§ 6 Stiftungsorgane[Rz. 64, 65]

(1) Stiftungsorgane sind der Vorstand und das Kuratorium.

(2) Der Stifter ist berechtigt, in freier Entscheidung eine Mitgliedschaft und ggf. ein Amt im Vorstand oder im Kuratorium innezuhaben bzw. auszuüben und zu Lebzeiten seine ehelich-leiblichen Abkömmlinge als Mitglieder eines Organs zu bestimmen.

(3) Die Mitgliedschaft in einem Stiftungsorgan schließt die Mitgliedschaft in einem anderen Stiftungsorgan aus.[Rz. 65]

(4) Mitglieder eines Stiftungsorgans können nicht Angestellte der Stiftung sein.

§ 7 Gemeinsame Vorschriften für die Stiftungsorgane[Rz. 66–68]

(1) Zu Sitzungen der Stiftungsorgane wird grundsätzlich mit einer Ladungsfrist von vier Wochen durch den Vorsitzenden unter Mitteilung der Tagesordnung schriftlich geladen. Die Ladungsfrist kann aus wichtigem Grund abgekürzt werden.

(2) Die Stiftungsorgane fassen ihre Beschlüsse mit der einfachen Mehrheit der abgegebenen Stimmen, soweit die Satzung oder das Gesetz nicht etwas anderes bestimmen. Bei Stimmengleichheit entscheidet die Stimme des Vorsitzenden,

ersatzweise die Stimme seines Stellvertreters. Ein abwesendes Mitglied kann sich aufgrund einer schriftlichen Erklärung gegenüber dem jeweiligen Stiftungsorgan durch ein anwesendes Mitglied vertreten lassen.

(3) Ein Stiftungsorgan ist grundsätzlich beschlussfähig, wenn mindestens die Hälfte seiner Mitglieder einschließlich des jeweils Vorsitzenden oder dessen Stellvertreter nach ordnungsgemäßer Ladung anwesend sind. Ladungsfehler gelten als geheilt, wenn alle Mitglieder anwesend sind und niemand widerspricht. Zu Lebzeiten des Stifters genügt für die Beschlussfähigkeit die Anwesenheit des Stifters in der Sitzung des Organs, in dem er Mitglied ist.

(4) Wenn eine besondere Dringlichkeit oder Notwendigkeit vorliegt, können die Stiftungsorgane auch schriftlich beschließen. Schriftliche Übermittlungen per Telefax sind zulässig. Bei Beschlussfassung im schriftlichen Umlaufverfahren oder mit verkürzten Ladungsfristen ist die Zustimmung aller Mitglieder des Stiftungsorgans erforderlich.

(5) Über die Sitzungen der Stiftungsorgane sind Protokolle zu fertigen, die vom Protokollführer und vom jeweiligen Vorsitzenden zu unterzeichnen sind. Beschlüsse sind im Wortlaut festzuhalten. Sie sind allen Mitgliedern des jeweiligen Stiftungsorgans und dem Vorsitzenden des jeweils anderen Stiftungsorgans zur Kenntnis zu bringen.

(6) Die Organe können sich jeweils eine eigene Geschäftsordnung geben; der Vorstand bedarf hierzu aber der Zustimmung des Kuratoriums.

(7) Scheidet ein Mitglied eines Organs vorzeitig aus dem Organ aus, wird ein Nachfolger nur für die restliche Mitgliedszeit bestellt.

(8) Die Mitglieder der Stiftungsorgane können ihre Mitgliedschaft jederzeit, grundsätzlich aber nicht zur Unzeit (entsprechend § 671 BGB) kündigen. Unabhängig von einer Kündigung endet die Mitgliedschaft in den Stiftungsorganen mit Ablauf des Monats, in dem das Mitglied das siebzigste Lebensjahr vollendet. Diese Altersgrenze gilt nicht für den Stifter.[Rz. 66]

(9) Die Mitglieder der Stiftungsorgane haften nur für Vorsatz und grobe Fahrlässigkeit. Sofern die Vermögens- und Ertragslage der Stiftung dies zulässt, schließt die Stiftung auf Wunsch eines Mitglieds eines Stiftungsorgans für dieses eine D & O-Versicherung mit einer angemessenen Versicherungssumme ab.

(10) Mitglieder eines Stiftungsorgans, die sich einer groben Pflichtverletzung schuldig gemacht haben oder zur ordnungsgemäßen Amtsführung nicht mehr fähig sind, insbesondere wegen gemeinnützigkeitsgefährdenden Handelns, können vom Kuratorium mit einer Mehrheit von $^2/_3$ seiner Mitglieder abberufen werden. Das betreffende Mitglied ist vorher zu hören. Bei der Abstimmung ist das betreffende Mitglied nicht beteiligt.

(11) Die Mitglieder der Stiftungsorgane erhalten jeweils eine jährliche Aufwandspauschale in Höhe von € 500,–. Zusätzlich haben sie Anspruch auf Ersatz der ihnen entstandenen und nachgewiesenen, notwendigen Auslagen. Das Kuratorium kann als Entschädigung für den Zeitaufwand und Arbeitseinsatz der Mitglieder des Vorstandes und seiner eigenen Mitglieder eine angemessene Erhöhung beschließen, soweit dies der Umfang der Tätigkeit mit sich bringt.[Rz. 67, 68]

§ 8 Vertretung der Stiftung[Rz. 69–71]

(1) Die Vorstandsmitglieder bilden den Vorstand im Sinne von §§ 86, 26 BGB. Jeweils zwei von ihnen sind gemeinsam vertretungsberechtigt, wobei es genügt, wenn sich der stellvertretende Vorsitzende darunter befindet.[Rz. 69, 70]

(2) Jedes Vorstandsmitglied wird von den Beschränkungen des § 181 BGB (Insichgeschäfte und Mehrfachvertretung) befreit.

(3) Der Vorstand hat jede Änderung der Zusammensetzung der Stiftungsorgane der zuständigen Stiftungsaufsichtsbehörde anzuzeigen.[Rz. 71]

§ 9 Vorstand[Rz. 72]

(1) Der Vorstand besteht aus mindestens zwei und höchstens drei Personen.
(2) Der Stifter bestellt den ersten Vorstand. Danach werden seine Mitglieder vom Kuratorium mit 2/3 der Mitglieder gewählt. Der erste Vorstand besteht aus:
(a) Frau [...],
(b) Herrn [...].
(3) Die Mitglieder des Vorstandes werden jeweils auf vier Geschäftsjahre bestellt. Die Mitgliedszeit nach Eintritt bzw. vor Austritt in einem laufenden Geschäftsjahr gilt als volles Geschäftsjahr.
(4) Der Vorstand wählt aus seiner Mitte einen Vorsitzenden und einen Stellvertreter. Den Vorsitzenden und dessen Stellvertreter des ersten Vorstands bestimmt der Stifter.
(5) Nach Ausscheiden von Mitgliedern des Vorstandes werden ihre Nachfolger unverzüglich vom Kuratorium mit 2/3 der Mitglieder bestellt. Auf Ersuchen des Vorsitzenden des Kuratoriums kann das ausscheidende Mitglied bis zur Bestellung seines Nachfolgers im Vorstand verbleiben. Scheidet der Vorsitzende des Vorstandes oder sein Stellvertreter aus, so ist dieses Amt vom neu zusammengesetzten Vorstand entsprechend Abs. 4 zu besetzen.

§ 10 Aufgaben des Vorstandes[Rz. 73–76]

(1) Der Vorstand hat im Rahmen des Hamburgischen Stiftungsgesetzes, der gemeinnützigkeitsrechtlichen Vorschriften nach der Abgabenordnung und den jeweiligen Einzelsteuergesetzen sowie auf Grundlage dieser Satzung den Willen des Stifters so wirksam wie möglich zu erfüllen. Er führt die laufenden Geschäfte der Stiftung nach Maßgabe des Stiftungszwecks und dieser Satzung und unter Beachtung der Sorgfalt eines ordentlichen Kaufmanns sowie der vorstehend genannten Bestimmungen. Zu seinen Aufgaben gehören insbesondere:[Rz. 73, 74]
– Verwaltung des Stiftungsvermögens;
– eigene Beschlussfassungen über die Mittelverwendung. Soweit für ein einzelnes Projekt Mittel von mehr als € 5000,– pa. eingesetzt werden sollen, hat der Vorstand zuvor die Zustimmung des Kuratoriums einzuholen;
– Erstellung der Jahresrechnung nebst Anlagen nach Maßgabe von Abs. 2;
– Beschlussfassungen im Rahmen der §§ 13 und 14 dieser Satzung.
(2) Der Vorstand erstellt innerhalb von sechs Monaten nach Ablauf des jeweiligen Geschäftsjahres eine Jahresrechnung mit folgendem Inhalt und Anlagen:[Rz. 75, 76]
(a) Vermögensübersicht mit Bestandsangaben des Grundstockvermögens der Stiftung zum Beginn und Ende des Geschäftsjahres;
(b) getrennte Auflistung der Erträge aus der Vermögensverwaltung, aus Zweckbetrieben und aus etwaigen steuerpflichtigen wirtschaftlichen Geschäftsbetrieben sowie der Spenden, der Zustiftungen zum Grundstockvermögen und der sonstigen Zuwendungen zur Erfüllung der Satzungszwecke;
(c) schriftlicher Bericht über die Tätigkeit der Stiftung und die Erfüllung der Satzungszwecke im Einzelnen;
(d) Einnahmen-Ausgaben-Rechnung nebst detaillierter Verwendungsrechnung zwecks Kontrolle der zeitnahen Mittelverwendung und der Zulässigkeit der Rücklagenbildung im jeweiligen Geschäftsjahr.

Die Jahresrechnung nebst Vermögensübersicht und der Bericht über die Erfüllung des Stiftungszwecks sind dem Kuratorium – und nach dem Ableben des Stifters auch der zuständigen Stiftungsaufsichtsbehörde – innerhalb von sechs Monaten nach Ende des Geschäftsjahres vorzulegen.
(3) Beschlüsse des Vorstandes werden in der Regel in Sitzungen gefasst. Der Vorstand wird vom Vorsitzenden oder seinem Stellvertreter nach Bedarf, mindestens

aber einmal jährlich in der in § 7 Abs. 1 genannten Form und Frist zu einer Sitzung einberufen. Sitzungen sind ferner einzuberufen, wenn mindestens ein Drittel der Vorstandsmitglieder dies verlangen.

(4) Zur Erledigung seiner Aufgaben kann der Vorstand einen Geschäftsführer und/oder Hilfspersonen im Rahmen des nach Satzung und Gesetz Zulässigen beschäftigen bzw. beauftragen.

§ 11 Kuratorium[Rz. 77–79]

(1) Das Kuratorium besteht aus mindestens zwei bis höchstens fünf Personen. Es wählt aus seiner Mitte den Vorsitzenden und dessen Stellvertreter. Zu seinen Lebzeiten ist der Stifter der Vorsitzende des Kuratoriums. Er ist berechtigt, sein Amt jederzeit niederzulegen.

(2) Der Stifter bestellt das erste Kuratorium und besetzt das Amt des Stellvertreters in diesem ersten Kuratorium nach seiner Wahl. Danach bestimmt das Kuratorium durch Kooptation mit einfacher Mehrheit der verbleibenden Mitglieder seine turnusmäßigen bzw. vorzeitig nachrückenden, neuen Mitglieder. Der Stifter ist berechtigt, das Kuratorium jederzeit um höchstens zwei Mitglieder, also auf höchstens fünf Mitglieder zu erweitern. Das erste Kuratorium besteht aus:[Rz. 77]

(a) Herrn *[Name des Stifters]* als Vorsitzender,

(b) Herrn [...] als Stellvertreter,

(c) Herrn [...].

(3) Die Mitgliedszeit eines jeden Kuratoriumsmitglieds beträgt fünf Geschäftsjahre. Die Mitgliedszeit nach Eintritt bzw. vor Austritt in einem laufenden Geschäftsjahr gilt als volles Geschäftsjahr. Für den Stellvertreter des Vorsitzenden des ersten Kuratoriums verlängert sich die erste Amtszeit auf sechs Geschäftsjahre.[Rz. 78] **Die Mitgliedschaft des Stifters im Kuratorium und sein Amt als Vorsitzender bestehen auf Lebenszeit.**

(4) Das Kuratorium wählt aus seiner Mitte einen Stellvertreter und – soweit erforderlich – einen neuen Vorsitzenden.

(5) Die Mitglieder des Kuratoriums führen ihr Amt weisungsfrei.

(6) Gegenüber dem Vorstand und/oder den Vorstandsmitgliedern wird die Stiftung vorbehaltlich Abs. 7 durch den Vorsitzenden des Kuratoriums vertreten oder durch ein anderes, zu bevollmächtigendes Mitglied. Diesem obliegt die Abgabe aller rechtsgeschäftlichen Erklärungen für das Kuratorium.

(7) Jedes einzelne Mitglied des Kuratoriums kann unmittelbar vom Vorstand Auskunft über alle Vorgänge der Stiftung verlangen und Einsicht in die Unterlagen der Stiftung nehmen. Zur Einsichtnahme kann ein Rechtsanwalt, Steuerberater oder Wirtschaftsprüfer beauftragt werden. Die Kosten hierfür trägt das beauftragende Kuratoriumsmitglied.[Rz. 79]

§ 12 Aufgaben des Kuratoriums[Rz. 80, 81]

(1) Das Kuratorium berät, unterstützt und überwacht als unabhängiges Kontrollorgan die Beachtung des Stifterwillens durch den Vorstand nach Maßgabe des Stiftungsgesetzes und dieser Stiftungssatzung. Seine Aufgaben sind insbesondere:

– Zustimmung per Beschlussfassung über die Mittelverwendung, soweit für ein einzelnes Projekt Mittel von mehr als € 5000,– pa. eingesetzt werden sollen;

– Empfehlungen für die Verwaltung des Stiftungsvermögens;

– Genehmigung der Jahresrechnung nebst Vermögensübersicht und des Berichts über die Erfüllung des Stiftungszwecks;

– Bestellung, Entlastung und Abberufung des Vorstands;

– Beschlussfassungen im Rahmen der §§ 13 und 14 dieser Satzung;

– Überwachung der Geschäftsführung des Vorstandes, insbesondere den Gleichlauf zwischen formeller und materieller Satzungsmäßigkeit.

(2) Zur Vorbereitung seiner Beschlüsse kann das Kuratorium Sachverständige hinzuziehen.

(3) Das Kuratorium soll mindestens einmal im Jahr zu einer ordentlichen Sitzung zusammenkommen. Eine außerordentliche Sitzung ist einzuberufen, wenn mindestens 2/3 seiner Mitglieder oder der Vorstand dies verlangen. Die Mitglieder des Vorstandes, ein etwaiger Geschäftsführer und Sachverständige können an den Sitzungen des Kuratoriums beratend teilnehmen.

(4) Das Kuratorium darf dem Vorstand insgesamt oder einzelnen seiner Mitglieder die Befreiung von den Beschränkungen des § 181 BGB jederzeit bestätigen.

§ 13 Änderungen der Satzung[Rz. 82–84]

(1) Änderungen dieser Satzung können von dem Vorstand mit vorheriger Zustimmung (Einwilligung) des Kuratoriums beschlossen werden, wenn sie nicht den Stiftungszweck berühren und die ursprüngliche Gestaltung der Stiftung nicht wesentlich verändern oder wenn sie die Erfüllung des Stiftungszwecks erleichtern.[Rz. 82, 83]

(2) Über Änderungen der Satzung iSd. Abs. 1 beschließt der Vorstand mit einer Mehrheit von 2/3 seiner Mitglieder. Die Zustimmung des Kuratoriums ist vorher einzuholen. Das Kuratorium stimmt per Beschlussfassung zu, und zwar ebenfalls mit einer Mehrheit von 2/3 seiner Mitglieder. Die zuständige Finanzbehörde ist vor einem Beschluss über eine Satzungsänderung zwecks Erhalt der Gemeinnützigkeit anzuhören.

(3) Beschlüsse über Änderungen der Satzung bedürfen der Genehmigung der zuständigen Stiftungsaufsichtsbehörde. Sie sind mit einer Stellungnahme der zuständigen Finanzbehörde anzuzeigen.[Rz. 84]

§ 14 Zweckerweiterung bzw. -änderung, Zusammenlegung, Zulegung, Auflösung[Rz. 85–88]

(1) Die Organe der Stiftung können der Stiftung gemeinsam einen weiteren Zweck geben, der dem ursprünglichen Zweck verwandt ist, und solange dessen dauernde und nachhaltige Verwirklichung ohne Gefährdung des ursprünglichen Zwecks gewährleistet erscheint. Dies setzt voraus, dass das Vermögen bzw. der Ertrag der Stiftung nur teilweise für die Verwirklichung der bisherigen Stiftungszwecke benötigt wird.

(2) Wird die Erfüllung des Stiftungszwecks unmöglich oder ändern sich die Verhältnisse derart, dass die Erfüllung des Stiftungszwecks anders nicht mehr möglich erscheint, können die Stiftungsorgane gemeinsam die Änderung des Stiftungszwecks, die Zusammenlegung mit einer anderen Stiftung, die Zulegung zu einer anderen Stiftung oder die Auflösung der Stiftung beschließen und – soweit erforderlich vertraglich unter Berücksichtigung gesetzlicher Voraussetzungen – umsetzen. Die Beschlüsse dürfen die Steuerbegünstigung der Stiftung nicht beeinträchtigen.

(3) Über Zweckerweiterung, Zweckänderung, Zusammenlegung, Zulegung oder Auflösung beschließt der Vorstand einstimmig auf gemeinsamen Sitzungen mit dem Kuratorium, das per Beschlussfassung zustimmen muss. Für einen zustimmenden Beschluss bedarf es im Kuratorium einer Mehrheit von 2/3 seiner Mitglieder. Zu Lebzeiten des Stifters können Beschlüsse nach Satz 1 nur mit Zustimmung des Stifters gefasst werden.

(4) Beschlüsse über Zweckerweiterung, Zweckänderung, Zusammenlegung, Zulegung oder Auflösung werden erst nach Genehmigung durch die zuständige Stiftungsaufsichtsbehörde wirksam. Das zuständige Finanzamt ist vorher anzuhören. Nach Beschlussfassung ist dem zuständigen Finanzamt innerhalb eines Monats Mitteilung zu erstatten.

§ 15 Vermögensanfall[Rz. 89–91]

Im Falle der Auflösung oder Aufhebung der Stiftung oder bei Wegfall der steuerbegünstigten Zwecke fällt das nach Abzug sämtlicher Verbindlichkeiten verbleibende Stiftungsvermögen an die
[konkrete Bezeichnung einer anderen steuerbegünstigten Körperschaft],
die es unmittelbar und ausschließlich für gemeinnützige Zwecke, die den Satzungszwecken dieser Stiftung möglichst nahe kommen, selbstlos zu verwenden hat.

§ 16 Stiftungsaufsicht und Inkrafttreten[Rz. 92, 93]

(1) Die Stiftung untersteht der Aufsicht nach Maßgabe des in der Freien und Hansestadt Hamburg jeweils geltenden Stiftungsrechts.
(2) Stiftungsaufsichtsbehörde ist die Justizbehörde Hamburg in der Freien und Hansestadt Hamburg.
(3) Die Stiftungsaufsichtsbehörde ist auf Wunsch jederzeit über die Angelegenheiten der Stiftung zu unterrichten. Der Vorstand unterrichtet die Stiftungsaufsichtsbehörde gemäß § 5 Abs. 5 des Hamburgischen Stiftungsgesetzes idF. vom 14.12. 2005.
(4) Diese Stiftungssatzung tritt mit dem Tag ihrer Anerkennung in Kraft.

....
[Unterschrift Stifter]
Amtsannahmeerklärung[Rz. 94]

Hiermit erkläre ich, [...], mich mit der Übernahme des Amtes als Kuratoriumsmitglied und als Stellvertreter des Vorsitzenden im Kuratorium der [...] Stiftung einverstanden.

....
[Stellvertreter] ***[Stifter]***

II. Vorabstimmung mit Landesaufsichtsbehörde und Finanzamt[Rz. 34]

Vorab per Telefax Nr. [...]
Justizbehörde Hamburg
Referat Stiftungsangelegenheiten
Herrn [...]
[Postfach]
[PLZ] [Ort]

Entwurf eines Stiftungsgeschäftes und einer Satzung der geplanten [...] Stiftung – unser Telefonat vom [...].

Sehr geehrter Herr [...],

namens und im Auftrag unseres Mandanten, Herrn [...], übermitteln wir Ihnen den Entwurf eines Stiftungsgeschäftes und einer Satzung der geplanten [...] Stiftung mit der Bitte um Prüfung zwecks Anerkennung.
Die beigefügten Anlagen wurden heute zugleich an das Finanzamt [...], dort an Herrn [...] (Tel.-Nr.: [...]), mit der Bitte um Prüfung aus gemeinnützigkeitsrechtlicher Sicht übersandt.

Wir bitten um etwaige Hinweise bzw. um Mitteilung, dass aus stiftungsrechtlicher Sicht keine Bedenken bestehen. Sodann würden wir unverzüglich die Erklärungen über die Bereitschaft der Annahme des jeweiligen Amtes als Vorstands- bzw. Kuratoriumsmitglied nebst einer Bestätigung, dass die Barmittel laut Stiftungsgeschäft zur Überweisung auf ein auf die Stiftung lautendes Konto zur Überweisung bereitstehen, einreichen.

Für Rückfragen stehen wir Ihnen gerne zur Verfügung und bedanken uns für Ihre Bemühungen im Voraus.

Mit freundlichen Grüßen

....

[Unterschrift]

Anlagen

III. Errichtung von Todes wegen[Rz. 95–97]

Antrag auf Anerkennung

Der unterzeichnende Testamentsvollstrecker, ausgewiesen durch beiliegendes Zeugnis, beantragt hiermit, das in beglaubigter Ausfertigung überreichte Stiftungsgeschäft (Testament des [...] vom [...], UR-Nr. [...]) zur Errichtung einer rechtsfähigen Stiftung bürgerlichen Rechts mit Sitz in [...] anzuerkennen. Die Anerkennung soll sich auch auf solche Änderungen erstrecken, die auf Wunsch der Aufsichtsbehörde eingefügt werden.

In Erfüllung des Testaments wird die Stiftung aus dem Nachlass wie folgt ausgestattet:

a) Barvermögen in Höhe von insgesamt € [...],
b) Wertpapiere im Nennwert von insgesamt € [...],
c) Grundstücke mit Verkehrswerten laut Gutachten des öffentlich bestellten und vereidigten Sachverständigen für die Bewertung bebauter und unbebauter Grundstücke von insgesamt € [...],
d) Beteiligungen an Kapital- und Personengesellschaften mit geschätzten Verkehrswerten von insgesamt € [...].

Die einzelnen Vermögensgegenstände des Nachlasses (Bezeichnung der Konten, Depotaufstellungen, Grundbuchauszüge, Bewertungen der Gesellschaften) ergeben sich aus den beigefügten Anlagen [...].

Zum ersten Stiftungsvorstand werden folgende Personen bestellt:

[...]

Die Einverständniserklärungen sind als Anlagen [...] beigefügt.

Testament

I.

Zu meiner Alleinerbin bestimme ich,

....

[Vorname, Name, Anschrift],

die hiermit durch Gründungsgeschäft von Todes wegen errichtete

....

[Name der Stiftung].

II.

Die Stiftung soll als rechtsfähige Stiftung des bürgerlichen Rechts auf der Grundlage des Stiftungsgesetzes des Landes [...] vom [...] anerkannt werden, damit Rechtsfähigkeit erlangen und ihren Sitz in [...] haben.

III.

Zweck der Stiftung ist die Förderung von *[zB Wissenschaft und Forschung, Kunst und Kultur etc.]* auf dem Gebiet [...].

Zusatz möglich: „Aus dem Einkommen der Stiftung soll ein Teil im Rahmen des steuerrechtlich Zulässigen (vgl. § 58 Nr. 6 AO) zur regelmäßigen Pflege des Familiengrabes des Stifters und seiner nächsten Angehörigen auf dem [...]-Friedhof in [...] verwendet werden."

IV.

Die Stiftung soll durch einen aus [...] Personen bestehenden Vorstand und ein aus [...] Personen bestehendes Kuratorium verwaltet werden.

Zu den Mitgliedern des ersten Vorstandes bestelle ich:

1. ***[Vorname, Name, Anschrift]***
2. ***[Vorname, Name, Anschrift]***
3. ***[Vorname, Name, Anschrift]***

Steht eine dieser Personen nicht zur Verfügung, so sollen die verbleibenden Vorstandsmitglieder gemeinsam und im Benehmen mit dem Testamentsvollstrecker eine andere geeignete Persönlichkeit benennen.

V.

Die weiteren Einzelheiten über die Organisation der Stiftung und die Verwirklichung des Zwecks sind in der Stiftungssatzung geregelt, die Bestandteil dieses Stiftungsgeschäfts ist.

Sollte die beigefügte Stiftungssatzung hinsichtlich ihrer Voraussetzungen für die Anerkennung und/oder für die steuerliche Gemeinnützigkeit und/oder ihrer praktischen Lebensfähigkeit unvollständig sein, so soll die zuständige Stiftungsbehörde in Abstimmung mit meinem Testamentsvollstrecker diese Satzung entsprechend meines hierin niedergelegten Stifterwillens um die fehlenden Erfordernisse ergänzen.

VI.

Zu Lasten meiner Erbin setze ich folgende Vermächtnisse aus: [...].

VII.

Ich ordne Testamentsvollstreckung an. Zum Testamentsvollstrecker ernenne ich *[Vorname, Name, Anschrift]*, ersatzweise [...]. Wiederum ersatzweise soll das Nachlassgericht den Testamentsvollstrecker bestimmen.

VIII.

Der Testamentsvollstrecker soll im Benehmen mit den von mir bestellten Vorstandsmitgliedern das Verfahren zur Anerkennung der Stiftung betreiben und zur konstituierenden Sitzung des Stiftungsvorstands einladen. Er hat ferner die Aufgabe, der Stiftung das ihr durch Erbanfall gewidmete Nachlassvermögen nach Abzug der Nachlassverbindlichkeiten zu übertragen. Der Testamentsvollstrecker ist befugt, nach meinem Tode die beigefügte Satzung zu ändern, soweit dies erforderlich ist, um meinem Willen im Anerkennungsverfahren Geltung zu verschaffen. Dieses Satzungsergänzungsrecht bezieht sich auch auf die steuerliche Anerkennung der Ge-

meinnützigkeit und die praktische Lebensfähigkeit der Stiftung. Dieses Recht des Testamentsvollstreckers geht dem Recht der Stiftungsbehörde vor. Jedoch sollen die notwendigen Satzungsergänzungen im Einvernehmen zwischen Testamentsvollstrecker und Stiftungsbehörde bzw. Finanzamt erfolgen.

....	....
[Ort, Datum]	***[Unterschrift]***

A. Grundsätzliche Anmerkungen

I. Wirtschaftliche Aspekte

1 Die Stiftungslandschaft ist vielfältig. Gleiches gilt für die gemeinnützigen Institutionen. Stiftungen und Gemeinnützigkeit bedingen einander nicht automatisch gegenseitig. So fallen bspw. unter gemeinnützige Körperschaften auch GmbH's oder Vereine. Umgekehrt ist nicht jede Stiftung eine gemeinnützige steuerbegünstigte Einrichtung.[1] Dennoch bildet die **rechtsfähige gemeinnützige Stiftung** den **Hauptanwendungsfall** in dem sog. dritten Sektor. Trotz anhaltender Niedrigzinsphase wurden allein im Jahr 2016 582 neue rechtsfähige Stiftungen gegründet. Inzwischen gibt es über 21.806 rechtsfähige Stiftungen bürgerlichen Rechts in Deutschland.[2] Die rechtsfähige Stiftung grenzt sich von der nicht rechtsfähigen Stiftung[3] in erster Linie dadurch ab, dass sie staatlich anerkannt wird und damit ihre Rechtsfähigkeit erlangt und sodann der staatlichen Aufsicht unterliegt. Die rechtsfähige Stiftung ist ein selbstständiges Rechtssubjekt ohne Anteilseigner, auf das Vermögen endgültig übertragen wird. Gut 70 vH der rechtsfähigen Stiftungen haben ein Kapital von bis zu € 1 Mio.[4] Daraus können heute oftmals nicht mehr ausreichend Erträge generiert werden, um die satzungsgemäßen Stiftungszwecke befriedigend verwirklichen zu können. Daher bestehen konkrete Vorschläge zu einer Reform des – bundes- und landesrechtlichen – Stiftungsrechts, die vor allem bundeseinheitliche Regelungen zu den Voraussetzungen und Rechtsfolgen einer Zulegung bzw. Zusammenlegung von Stiftungen vorsehen.[5] Dies soll ua. zur Erleichterung bspw. der Zusammenlegung von kleineren, allein nicht mehr lebensfähigen Stiftungen führen, um vereint weiterhin die Verwirklichung gemeinnütziger Zwecke zu gewährleisten. Das wäre sehr zu begrüßen.

2 **Motive für die Errichtung** einer rechtsfähigen gemeinnützigen Stiftung können sein: Engagement für das Gemeinwohl, Beschäftigung im letzten Lebensabschnitt, durch eigenes Gestalten gesellschaftliche Veränderungen zu erreichen, das „Verewigen" einer Person oder Sache, etwas an die Gemeinschaft aus Dankbarkeit zurückzugeben, auf Dauer ein mit persönlichen Erfahrungen verbindendes Ziel zu verfolgen, ein gesellschaftspolitisches Signal zu setzen oder aber lediglich keine geeigneten Nachfolger zu haben. Grundvoraussetzung für die Implementierung einer rechtsfähigen gemeinnützigen Stiftung ist dabei jedenfalls, sich bewusst endgültig von Vermögen trennen zu wollen und die Gemeinnützigkeit tatsächlich zu leben. Ein potenzieller Stifter sollte sich niemals arm schenken, sondern zunächst seine eigene Versorgung sicherstellen. Wenn dies gewährleistet ist, empfiehlt sich immer eine **lebzeitige Anstiftung** verbunden mit einer letztwilligen Zustiftung, um zunächst den Stifterwillen

[1] Vgl. zB die Familienstiftung (C. 3.10).

[2] Vgl. Homepage des Bundesverbandes Deutscher Stiftungen (Umfrage unter den Stiftungsaufsichtsbehörden, Stichtag: 31.12.2016).

[3] Vgl. dazu Formular C. 3.02.

[4] Datenbank Deutscher Stiftungen, Stand März 2017.

[5] Bericht der Bund-Länder-Arbeitsgruppe „Stiftungsrecht" an die Ständige Konferenz der Innenminister und -senatoren der Länder vom 9.9.2016, dort insbes. S. 67–81; begrüßt in Stellungnahme des Deutschen Anwaltsvereins durch den Ausschuss Erbrecht zur Reform des Stiftungsrechts im März 2017, dort S. 14.

auch selbst mit „zum Leben zu erwecken" und die Stiftung nach den eigenen Vorstellungen aufzustellen.

II. Rechtliche Aspekte

1. Bundesrecht und Landesstiftungsrecht

Der Anspruch auf Anerkennung der Rechtsfähigkeit der Stiftung ist seit dem 1.9. 2002 bundesgesetzlich verankert.[6] Die Voraussetzungen für ein wirksames Stiftungsgeschäft sind in § 81 BGB normiert. Der Stifter hat nach Anerkennung das im Stiftungsgeschäft zugesicherte Vermögen der Stiftung zu übertragen gemäß § 82 BGB. Bei Stiftungsgeschäften von Todes wegen kann die Stiftungsbehörde der Stiftung vor der Anerkennung eine Satzung geben oder eine unvollständige Satzung ergänzen.[7] 3

Bereits im Zuge der Stiftungsreform 2002 teilweise diskutierte Vorschläge werden derzeit wieder aufgegriffen[8] und könnten zum Teil 2018 Gesetz werden. Dies betrifft neben der og. Zu- bzw. Zusammenlegung von Stiftungen ua. Erleichterungen bei der Aufhebung einer Stiftung, ein zeitlich begrenztes Recht des Stifters zur Nachjustierung der Stiftungssatzung, die etwaige Einführung eines konstitutiven dezentralen Stiftungsregisters der Länder, bundeseinheitliche Regelungen zur Verwaltung des Stiftungsvermögens einschließlich einer gesetzlichen Garantie für die Verbrauchsstiftung etc. Hiervon losgelöst zu beachten ist das am 26.6.2017 in Kraft getretene neue Geldwäschegesetz,[9] mit dem in § 18 GwG nF ein **Transparenzregister** zur Erfassung und Zugänglichmachung von Angaben über wirtschaftlich Berechtigte ua. bei rechtsfähigen Stiftungen eingerichtet worden ist. Nach § 3 Abs. 3 GwG nF zählen zu den wirtschaftlich Berechtigten ua. Stiftungsvorstände. Einheitliche grundlegende Regelungen auf Ebene des Bundesrechts in den §§ 80ff. BGB sind zweckmäßig. Föderale ausgestaltende Regelungen zum Stiftungsrecht haben weiterhin ihre Berechtigung. Wichtige Regelungen zu Stiftungsverzeichnissen, Vertretungsbescheinigungen usw. finden sich in etlichen Landesstiftungsgesetzen.[10] Die Landesstiftungsgesetze sind Ausdruck des Föderalismusprinzips,[11] wobei bei Abweichungen zum Bundesrecht das Bundesrecht Vorrang hat;[12] vor allem die Praxis der Landesaufsichtsbehörden ist weiterhin sehr unterschiedlich.[13] 4

Wie jede rechtsfähige Stiftung **entsteht** die gemeinnützige Stiftung **in zwei Akten:** Erforderlich sind das Stiftungsgeschäft und die Anerkennung durch die zuständige Landesbehörde gem. § 80 Abs. 1 BGB. Die Stiftung ist nach § 80 Abs. 2 BGB als rechtsfähig anzuerkennen, wenn das Stiftungsgeschäft den in § 81 Abs. 1 BGB normierten Mindestanforderungen genügt, die dauernde und nachhaltige Erfüllung des Stiftungszwecks gesichert erscheint und der Stiftungszweck das Gemeinwohl nicht gefährdet. 5

Dabei bezieht sich die gesetzliche Voraussetzung „Nichtgefährdung des Gemeinwohls" iSd. § 80 Abs. 2 BGB allein auf den Stiftungszweck, weil nur dieser im Vorwege nach seiner Beschreibung in der Satzung überprüft werden kann. Eine spätere, gemeinwohlgefährdende Satzungszweckverwirklichung, also die nicht gesetzeskonforme 6

---

[6] Vgl. Gesetz zur Modernisierung des Stiftungsrechts vom 15.7.2002 (BGBl. I 2002, 2634ff.), so in § 80 Abs. 2 BGB; ausführlich dazu Staudinger/*Hüttemann/Rawert* BGB § 80 Rz. 14ff.

[7] Vgl. § 83 Satz 2 BGB.

[8] Vgl. den Bericht der Bund-Länder-Arbeitsgruppe „Stiftungsrecht" an die Ständige Konferenz der Innenminister und -senatoren der Länder vom 9.9.2016; steuerliche Reformvorschläge vgl. *Weitemeyer/Klene* DStR 2016, 937ff.

[9] Vgl. Art. 1 zum „Gesetz zur Umsetzung der Vierten EU-Geldwäscherichtlinie, zur Ausführung der EU-Geldtransferverordnung und zur Neuorganisation der Zentralstelle für Finanztransaktionsuntersuchungen" vom 23.6.2017 (BGBl. 2017 I 1822ff. v. 24.6.2017) in Umsetzung der EU-Richtlinie 2015/849 v. 20.5.2015.

[10] Vgl. zB *Nissel* ZSt 2007, 3, 7.

[11] Einzelheiten zu den neuen Bundesländern vgl. bei *Schulte* ZSt 2006, 154; zu Anpassungen in einzelnen Bundesländern vgl. *Richter* ZEV 2005, 517.

[12] Vgl. Art. 31 GG.

[13] Vgl. dazu C. 3.10 Rz. 10.

Verfolgung des Zwecks aufgrund der Betätigungen der Stiftung, kann von der zuständigen Landesbehörde über den Maßnahmenkatalog des § 87 Abs. 1 BGB sanktioniert werden.

2. Erb- und Pflichtteilsrecht

7 Das Verhältnis der Stifterfreiheit zum Pflichtteils- und insbesondere Pflichtteilsergänzungsrecht wirft eine Vielzahl von Rechtsfragen auf, die mit zunehmender Popularität der Stiftung zwangsläufig vermehrt ins Blickfeld geraten. Das Pflichtteilsrecht gewährt einem engen Kreis von Familienangehörigen ein **nicht entziehbares Recht auf Teilhabe am Nachlass.** Die Pflichtteilsberechtigten sind grds. gegen eine Beeinträchtigung ihrer Rechtsposition am Nachlass durch die Übertragung von Vermögen auf Dritte im Wege der Verfügung von Todes wegen abgesichert. Die Vorschriften der §§ 2303 ff. BGB sind nach ganz herrschender Meinung insbesondere auch dann anwendbar, wenn Vermögen im Wege der Verfügung von Todes wegen auf eine Stiftung übertragen wird.[14] Dem Stifter bleibt jedoch die Möglichkeit, die Rechtsposition der Pflichtteilsberechtigten dadurch zu schmälern, dass er bereits zu Lebzeiten Zuwendungen an Stiftungen tätigt. In diesem Fall kommen jedoch pflichtteilsergänzungsrechtliche Ansprüche in Betracht.[15] Das Verhältnis der Stifterfreiheit zum Pflichtteilsrecht wird damit maßgeblich durch die §§ 2325 ff. BGB bestimmt.

8 Eine Schenkung des späteren Erblassers zu Lebzeiten an einen Dritten führt zur Entstehung eines **Pflichtteilsergänzungsanspruches** des Pflichtteilsberechtigten.[16] Um einen Pflichtteilsberechtigten vor Nachlassschmälerungen durch lebzeitige Schenkungen zu schützen, werden diese lebzeitigen Zuwendungen dem Nachlass für die Berechnung eines Pflichtteilsergänzungsanspruches fiktiv hinzugerechnet. Der hinzuzurechnende Betrag reduziert sich für jedes zwischen Schenkung und Erbfall liegende Jahr um ein Zehntel. Sind zehn Jahre seit der Leistung des verschenkten Gegenstandes verstrichen, bleibt die Schenkung gänzlich unberücksichtigt.[17]

9 Lange war strittig, ob auch eine Stiftung durch eine Anstiftung des Erblassers zu Lebzeiten Pflichtteilsergänzungsansprüchen ausgesetzt ist. Der Wortlaut des § 2325 Abs. 1 BGB berücksichtigt nur „Schenkungen", also Zuwendungen mit Vertragscharakter iSd. § 516 BGB. Unmittelbar wird also das im Rahmen des Stiftungsgeschäfts vom Stifter abgegebene Ausstattungsversprechen mangels Vertragscharakter nicht von dieser Vorschrift erfasst. Inzwischen ist die **analoge Anwendung des § 2325 Abs. 1 BGB** für eine lebzeitige Anstiftung bejaht worden.[18] Für Zuwendungen an gemeinnützige Stiftungen kann die Rechtslage insofern als geklärt gelten. Diese unterliegen ohne Einschränkungen dem Pflichtteilsergänzungsrecht.

10 Zuwendungen an gemeinnützige Stiftungen, sei es zu Lebzeiten, sei es infolge von Stiftungserrichtungen von Todes wegen, können also die Geltendmachung von Pflichtteils- und Pflichtteilsergänzungsansprüchen auslösen.[19] **Gemeinnützigkeit schützt nicht vor Pflichtteilsansprüchen,** und zwar auch dann nicht, wenn eine Stiftung dadurch in existenzielle Bedrängnis geraten sollte.[20] Im Extremfall können Pflichtteils- und Pflichtteilsergänzungsansprüche sogar zum Verlust der Anerkennungsfähigkeit führen oder die Auflösung der Stiftung erzwingen,[21] wenn durch die Vermögensminderung die Satzungszweckverwirklichung nicht mehr gewährleistet werden kann.

---

[14] Vgl. *Röthel* ZEV 2006, 8, 9 mwN.

[15] Näher zum Ganzen *Richter* ZErb 2005, 134 mwN.

[16] § 2325 Abs. 1 BGB.

[17] Vgl. § 2325 Abs. 3 BGB.

[18] Vgl. LG Baden-Baden v. 31.7.1998 – 2 O 70/98, ZEV 1999, 152 – rkr.; eine entgegenstehende Entscheidung des OLG Dresden vom 2.5.2002 (7 U 2905/01, ZEV 2002, 415 ff. m. Anm. *Muscheler* [417 f.]) ist zu Recht vom BGH korrigiert worden (vgl. BGH v. 10.12.2003 – IV ZR 249/02, ZEV 2004, 115 ff. m. Anm. *Kollhosser* [117 f.]).

[19] Fallstudie bei *Damrau* ZEV 2010, 12.

[20] Vgl. *Röthel* ZEV 2008, 112, 113.

[21] Vgl. *Rawert/Katschinski* ZEV 1996, 161.

11 Der Normzweck des § 2325 BGB ist es, eine Aushöhlung des Pflichtteilsrechts durch lebzeitige Rechtsgeschäfte zu verhindern. Somit muss jede freigiebige Vermögenstransferleistung erfasst werden, um den Schutz des Pflichtteilsrechts zu bewahren und eine Aushöhlung durch den Erblasser zu vermeiden. Denn es kann keinen Unterschied machen, ob der Erblasser eine bereits errichtete Stiftung unter Lebenden mit Zustiftungen oder Spenden bedenkt – dies ist unstreitig ein Fall des § 2325 BGB – oder ob er eine neue Stiftung errichtet und mit Vermögen erstausstattet.[22] Die **10-Jahres-Frist** des § 2325 Abs. 3 BGB beginnt frühestens mit der Anerkennung der Stiftung.[23] Bis zur Anerkennung der Stiftung ist der Stifter alleiniger Herr des Stiftungsvorhabens[24] und das der Stiftung zugedachte Vermögen bleibt Vermögen des Stifters.

12 Die Interessen von Pflichtteilsberechtigten bei Begünstigung gemeinnütziger Stiftungen werden nicht eingeschränkt. Gemeinnützige Stiftungen mit den von ihnen verfolgten gemeinnützigen Zwecke genießen keinen Vorrang[25] Regelmäßig ist daher zu empfehlen, auf einen **reinen (Teil-)Pflichtteilsverzicht**[26] hinzuwirken, um die gemeinnützige Stiftung nicht der Pflichtteilsgefahr auszusetzen. Oftmals werden dabei auch die Pflichtteilsberechtigten ausreichend versorgt. Sollte ein potentieller Erblasser einem Pflichtteilsberechtigten den Umgang mit Vermögen nicht zutrauen und ihm nur laufende Erträge zuweisen wollen, wird er dies eher über eine klassische Familienstiftung tun. Dort ist erfahrungsgemäß die Pflichtteilsgefahr noch höher.[27]

13 Ein Pflichtteilsprivileg für Zuwendungen an gemeinnützige Stiftungen ist auch in die Erbrechtsreform[28] nicht eingegangen. Dennoch können Stiftungen von der **Erbrechtsreform ab dem 1.1.2010** profitieren: Zu den Änderungen des Pflichtteilsrechts, die von Stiftern und Stiftungen gestalterisch nutzbar gemacht werden können, gehören die ratierliche Abschmelzung lebzeitiger Zuwendungen (§ 2325 Abs. 3 BGB) sowie die erweiterten Stundungsmöglichkeiten (§ 2331a BGB). Zuwendungen an Stiftungen – sei es als Erstausstattung, Zustiftung oder Spende – wurden früher erst mit Ablauf von zehn Jahren seit der Zuwendung „pflichtteilsfest", ab 2010 kann eine ratierliche Abschmelzung erfolgen. Spendete der Erblasser im Jahr 2010 einer Stiftung € 1 Mio. und verstirbt er im Jahr 2018, unterliegt die Zuwendung im Erbfall nur noch zu $^{3}/_{10}$ der Pflichtteilsergänzung, während sie früher in voller Höhe ergänzungspflichtig war. Dabei ist die Zuwendung mit dem Wert zur Zeit ihrer damaligen Bewirkung in Ansatz zu bringen, wenn es sich um eine verbrauchbare Sache handelt.[29] Diese 10-Jahres-Frist für die ratierliche Abschmelzung des Pflichtteilsergänzungsanspruches beginnt nicht, wenn sich der Erblasser zu Lebzeiten ein uneingeschränktes Nießbrauchsrecht an dem Zuwendungsgegenstand vorbehalten hat.[30] Allerdings würde – auch ohne Abschmelzung – bei nicht verbrauchbaren Gegenständen (zB. Grundstücke, Gesellschaftsbeteiligungen) ein niedrigerer Wert des Schenkungsgegenstandes – dann abzüglich des kapitalisierten Nießbrauchsrechts – im Zeitpunkt der Schenkung gegenüber dem Wert im Erbfall die Berechnungsgrundlage für den Pflichtteilsergänzungsanspruch bilden.[31]

14 Auch wenn der Erbfall als solcher kaum planbar ist, bewirkt diese Abschmelzung doch etwas mehr Planungssicherheit für Stiftungen, die zu Lebzeiten des Zuwenden-

---

[22] Siehe auch *Rawert* ZEV 1999, 153 mwN.

[23] Vgl. auch *Röthel* ZEV 2008, 112, 113.

[24] Vgl. § 81 Abs. 2 BGB.

[25] Zu einem interessensausgleichenden Gesetzgebungsvorschlag, um dem potentiellen Erblasser und Stifter einen pflichtteilsfesten Spielraum zu geben, vgl. *Hüttemann/Rawert* ZEV 2007, 107.

[26] Jedenfalls, soweit es Zuwendungen zugunsten der Stiftung betrifft (also ein gegenständlich beschränkter Pflichtteilsverzicht).

[27] Vgl. dazu C. 3.10 Rz. 13ff.

[28] „Gesetz zur Änderung des Erb- und Verjährungsrechts" (BGBl. 2009 I 3142).

[29] § 2325 Abs. 2 Satz 1 BGB für verbrauchbare Sachen; ein anderer Gegenstand kommt grundsätzlich mit dem Wert in Ansatz, den er zur Zeit des Erbfalls hat.

[30] Vgl. BGH v. 27.4.1994 – IV ZR 132/93, ZEV 1994, 233f.; dazu auch *Meyding* ZEV 1994, 202; nun differenzierend BGH v. 29.6.2016 – IV ZR 474/15, ZEV 2016, 445f.

[31] Vgl. § 2325 Abs. 2 Satz 2 BGB.

den größere Empfänge erhalten. Mussten sie vor 2010 fürchten, bei zeitnahem Versterben des Zuwendenden in großem Umfang Ergänzungsansprüchen ausgesetzt zu sein, können sie heute auch dann, wenn der Erblasser keine Pflichtteilsverzichtsverträge schließen konnte, mit jedem Jahr, dass seit dem Zeitpunkt der Zuwendung vergeht, einen größeren Zuwendungsbetrag als endgültiges Stiftungsvermögen vereinnahmen. Hierin besteht ein Anreiz, **lebzeitige Zuwendungen zugunsten von Stiftungen** so früh wie möglich und auch bei unsicherer Lebenserwartung zu bewirken. Dies mag in einigen Fällen das persönliche Verhältnis zu den Pflichtteilsberechtigten (weiter) belasten, könnte aber in anderen Fällen durch die Notwendigkeit familiärer Auseinandersetzungen die Chance zu konfliktvermeidenden und letztlich einvernehmlichen Vermögenswidmungen erhöhen.

15 Greifbare Bedeutung für Stiftungen dürften schließlich die im Rahmen der Erbrechtsreform erweiterten Stundungsmöglichkeiten gewinnen.[32] Bislang stand Stiftungen keinerlei Stundungsrecht zur Seite, da sie nicht zugleich pflichtteilsberechtigt sind und damit per definitionem aus dem Kreis der Begünstigten ausschieden. Seit 2010 kann jeder Erbe Stundung verlangen, also auch die zur Erbin eingesetzte oder letztwillig errichtete Stiftung. Allerdings sind die sachlichen **Anforderungen eines Stundungsrechts** nach wie vor hoch: Erforderlich ist, dass die sofortige Erfüllung des Pflichtteilsanspruchs für den Erben wegen der Art der Nachlassgegenstände eine „unbillige Härte" darstellt. Abgesehen vom Erfordernis der „unbilligen Härte" sind die Interessen der Pflichtteilsberechtigten angemessen zu berücksichtigen.

III. Steuerliche Aspekte

1. Voraussetzungen für den Status der Gemeinnützigkeit

16 Die §§ 51 bis 68 AO bilden das **Recht vor der Klammer** und sind damit Grundvoraussetzung für die Anerkennung einer Körperschaft – hier Stiftung – als iwS gemeinnützig. Soweit eine Stiftung die – zunächst formellen satzungsmäßigen – Voraussetzungen einhält,[33] „verleiht" das zuständige Finanzamt der Stiftung den Status der Gemeinnützigkeit auf Antrag der Körperschaft oder von Amts wegen bei der Körperschaftsteuerveranlagung[34] durch „Bescheid nach § 60a Abs. 1 AO über die gesonderte Feststellung der Einhaltung der satzungsmäßigen Voraussetzungen nach den §§ 51, 59, 60 und 61 AO" und bestätigt zugleich die Berechtigung zur Ausstellung von Spendenbescheinigungen. Der Feststellungsbescheid hat auch Bindungswirkung für den Spender.[35] Mit der „Anerkennung des Status der Gemeinnützigkeit" durch Feststellungsbescheid sind grds. diverse Steuervergünstigungen nach den Einzelsteuergesetzen verbunden.[36] Über die endgültigen Steuervergünstigungen nach den Einzelsteuergesetzen wird dann im Rahmen der jeweiligen Veranlagung nach Prüfung der tatsächlichen und rechtlichen Verhältnisse, also auch nach Prüfung der Einhaltung der materiellen Satzungsmäßigkeit, bescheidet;[37] bspw. im Rahmen der ertragsteuerlichen Veranlagung durch Freistellungsbescheid von der Körperschaftsteuer und Gewerbesteuer.

---

[32] § 2331a BGB.
[33] Näher dazu unter Rz. 42 ff.
[34] Vgl. § 60a Abs. 2 AO; stellt nun einen Verwaltungsakt in Gestalt eines gesonderten Feststellungsbescheides dar und löst die vorläufige Freistellungsbescheinigung ab; eingeführt durch das Ehrenamtsstärkungsgesetz vom 21.3. 2013 (BGBl. 2013 I 556), insoweit am 29.3.2013 (Tag nach der Verkündung) in Kraft getreten. Näheres in AEAO zu § 60a.
[35] Vgl. § 60a Abs. 1 Satz 2 AO.
[36] Näher dazu unter Rz. 17 ff.
[37] Vgl. ua. Tz. 3 zu § 59 AEAO.

2. Vergünstigungen nach Einzelsteuergesetzen

a) Körperschaftsteuer und Gewerbesteuer

17 Gemeinnützige Stiftungen sind **grds. von der Körperschaftsteuer** (§ 5 Abs. 1 Nr. 9 KStG) **und** von der **Gewerbesteuer** (§ 3 Nr. 6 GewStG) **befreit.** Bei Kapitalerträgen, die der körperschaftsteuerbefreiten Stiftung zufließen, reicht für die Abstandnahme vom Kapitalertragsteuerabzug nach § 44a Abs. 4, 7 und 10 Satz 1 Nr. 3 EStG die Vorlage des Feststellungsbescheides nach § 60a Abs. 1 AO aus. Das Gleiche gilt für die Erstattung von Kapitalertragsteuer nach § 44b Abs. 6 EStG durch das depotführende Kredit- oder Finanzdienstleistungsinstitut.

18 Körperschaftsteuerpflichtig und gewerbesteuerpflichtig ist die gemeinnützige Stiftung nur mit ihren wirtschaftlichen Geschäftsbetrieben, soweit diese nicht als Zweckbetriebe anzusehen sind.[38] Soweit mit einem solchen steuerpflichtigen wGB Einkünfte aus Kapitalvermögen erzielt werden, hat die Kapitalertragsteuer abgeltende Wirkung gem. § 32 Abs. 1 Nr. 1 KStG.[39]

b) Erbschaft- und Schenkungsteuer

19 In der Beratungspraxis empfiehlt sich, eine Stiftung schon zu Lebzeiten zu implementieren und „anzustiften" sowie ggf. von Todes wegen weiter auszustatten. Sowohl die lebzeitige Erstausstattung als auch weitere Zustiftungen erfüllen dem Grunde nach den Schenkungsteuertatbestand iSd. § 7 Abs. 1 Nr. 8 ErbStG. Zuwendungen von Todes wegen (zB Stiftung als Erbin bzw. Vermächtnisnehmerin) erfüllen grds. den Erwerbstatbestand von Todes wegen iSd. § 3 Abs. 2 Nr. 1 ErbStG. Jedoch sind solche lebzeitigen bzw. letztwilligen Zuwendungen an inländische gemeinnützige Stiftungen **von der Erbschaft- bzw. Schenkungsteuer befreit** (§ 13 Abs. 1 Nr. 16 Buchst. b ErbStG). Durch das Steueränderungsgesetz 2015[40] wird klargestellt, dass die gemeinnützigen Empfängerkörperschaften nach der formellen und materiellen Satzungsmäßigkeit steuerbegünstigten Zwecken iSd. §§ 52 bis 54 AO dienen müssen. Die Steuerbefreiung entfällt nicht, wenn die gemeinnützige Stiftung einen Zweckbetrieb unterhält bzw. die Zuwendung sogar darin verwendet wird.[41] Ebenso betrachtet die FinVerw. das Unterhalten eines partiell steuerpflichtigen wirtschaftlichen Geschäftsbetriebs für diese Steuerbefreiung als unschädlich, solange die Stiftung nicht in erster Linie eigenwirtschaftliche Zwecke verfolgt und die im wirtschaftlichen Geschäftsbetrieb generierten Mittel satzungsgemäß für die steuerbegünstigten Zwecke verwendet.[42] Zuwendungen in den steuerpflichtigen wirtschaftlichen Geschäftsbetrieb selbst sind aber nicht steuerbefreit. Insgesamt gilt: Eine gewährte Steuerbefreiung fällt unter den Voraussetzungen des § 13 Abs. 1 Nr. 16 Buchst. b Satz 2 ErbStG mit Wirkung für die Vergangenheit weg. Die Voraussetzungen für die Steuerbefreiung von Zuwendungen an ausländische gemeinnützige Stiftungen gemäß § 13 Abs. 1 Nr. 16 Buchst. c ErbStG haben sich durch das Steueränderungsgesetz 2015 grundlegend geändert.[43] Im Einzelfall kann als Auffangtatbestand § 13 Abs. 1 Nr. 17 ErbStG dienen, wonach ausschließlich kirchlichen, gemeinnützigen oder mildtätigen Zwecken gewidmete Zuwendungen steuerbefreit sind, sofern die Verwendung zu dem bestimmten Zweck gesichert ist.

---

[38] § 5 Abs. 1 Nr. 9 Satz 2 KStG, § 3 Nr. 6 Satz 2 GewStG.

[39] Vgl. BMF v. 2.2.2016, DStR 2016, 318 f. zu Auslegungsfragen zu § 20 Abs. 1 Nr. 10 Buchst. b Satz 4 EStG.

[40] Vgl. Steueränderungsgesetz 2015 vom 2.11.2015, verkündet im BGBl. 2015 I 1834 ff. am 5.11.2015, dort Art. 10. Die Klarstellung gilt für Erwerbe, für die die Steuer nach dem 5.11.2015 entstanden ist, aber auch für bereits vorherige, noch nicht bestandskräftige Steuerfestsetzungen gem. § 37 Abs. 10 ErbStG.

[41] Vgl. ErbStR 2011 E 13.8 Abs. 2 Sätze 1 und 2.

[42] Vgl. ErbStR 2011 E 13.8 Abs. 2 Satz 3; näher Troll/Gebel/Jülicher/*Jülicher* ErbStG § 13 Rz. 199 f. mwN.

[43] Vgl. dazu ausführlich die Erläuterungen zu C. 3.05 Spendensammelverein.

c) Umsatzsteuer

20 Der **umsatzsteuerliche Unternehmerbegriff** iSd. § 2 Abs. 1 UStG ist **weit gefasst,** so dass auch Stiftungen in diesem Sinne Unternehmer sein können. Entscheidend ist diese Einordnung für die (Teil-)Berechtigung zum Vorsteuerabzug hinsichtlich der von der gemeinnützigen Stiftung empfangenen Eingangsleistungen.[44] Die Tätigkeit der gemeinnützigen Stiftung ist in jeder ihrer Sphären insoweit gesondert zu betrachten. Im Rahmen des ideellen Bereichs wird die Stiftung nicht unternehmerisch tätig, während sie mit ihren wirtschaftlichen Geschäftsbetrieben stets zum unternehmerischen Bereich gehört. Im letzteren Fall ist die Stiftung insoweit vorsteuerabzugsberechtigt. Dabei ist im Rahmen der wirtschaftlichen Geschäftsbetriebe die Abgrenzung zum Zweckbetrieb grds. unerheblich.

21 Lediglich für die **Frage der Anwendung des ermäßigten Steuersatzes** iSd. § 12 Abs. 2 Nr. 8 UStG ist dies bedeutsam. So kommt der ermäßigte Steuersatz bei Ausgangsumsätzen im Rahmen eines Zweckbetriebs nur zur Anwendung, wenn die Stiftung mit den dortigen Leistungen nicht in erster Linie Umsätze erbringt, die in unmittelbarem Wettbewerb mit Leistungen anderer Unternehmer stehen, die damit dem allgemeinen Steuersatz unterliegen, oder wenn sie damit den satzungsmäßigen Zwecken ihrer Katalogzweckbetriebe dient.[45] Andernfalls unterliegen ihre Ausgangsumsätze im Zweckbetrieb und erst recht in den steuerpflichtigen wirtschaftlichen Geschäftsbetrieben dem Umsatzsteuersatz von zurzeit 19 vH.

22 Differenzierter zu betrachten ist die Einordnung der einzelnen Leistungen als unternehmerische Betätigung und damit die Frage der **Vorsteuerabzugsberechtigung** im Bereich der Vermögensverwaltung. Erzielt die Stiftung mit der Nutzung von Vermögen Miet- oder Pachteinnahmen, so ist sie mit diesen Leistungen iSd. § 2 Abs. 1 UStG unternehmerisch tätig. Die Nutzung von Kapitalvermögen zwecks Generieren von Kapitalerträgen ist hingegen regelmäßig keine nachhaltige gewerbliche bzw. berufliche Tätigkeit und gehört damit grds. nicht zum Unternehmen.[46]

23 In der Praxis ordnete eine gemeinnützige Stiftung ein zur satzungsgemäßen Zweckerfüllung errichtetes Gebäude mitunter voll dem unternehmerischen Bereich zu, wenn das Gebäude zu mindestens 10 vH für einen steuerpflichtigen wirtschaftlichen Geschäftsbetrieb (zB. Verkaufsstand) der Stiftung genutzt wurde. Eine Korrektur des sodann möglichen vollen Vorsteuerabzugs[47] aus der Errichtung des Gebäudes wurde über zehn Jahre[48] über die unentgeltliche Wertabgabe[49] vollzogen. Nach der Unterscheidung des **EuGH**[50] zwischen unternehmensfremden und dem Unternehmen eigenen Zwecken wurde durch das Jahressteuergesetz 2010[51] der Vorsteuerabzug ab dem 1.1.2011 gesetzlich von vornherein begrenzt.[52] Generell zur Zuordnung von Leistungen zum umsatzsteuerlichen Unternehmen nimmt die FinVerw. ausführlich Stellung.[53]

d) Grundsteuer und Grunderwerbsteuer

24 Die gemeinnützige Stiftung ist von der Grundsteuer befreit (§ 3 Abs. 1 Satz 1 Nr. 3 Buchst. b GrStG), soweit der Grundbesitz für gemeinnützige oder mildtätige Zwecke

---

[44] Zur Aufteilung von Vorsteuern auf einen unternehmerischen und nicht unternehmerischen Bereich einer im Entscheidungsfall betroffenen gemeinnützigen GmbH vgl. BFH v. 14.4.2008 – XI B 171/07, BFH/NV 2008, 1215 mwN.

[45] Vgl. § 12 Abs. 2 Nr. 8 Buchst. a Satz 3 UStG.

[46] Vgl. Schauhoff/*Rasche* § 12 Rz. 14 mwN.

[47] § 15 Abs. 1 Satz 2 UStG.

[48] § 10 Abs. 4 Nr. 2 Satz 3 UStG.

[49] § 3 Abs. 9a Nr. 1 UStG; näher dazu *Buchna/Leichinger/Seeger/Brox* Gemeinnützigkeit im Steuerrecht, 11. Aufl. 2015, unter 4.5.8.1 (S. 590) und 4.5.11.2 (S. 648 ff.).

[50] Vgl. EuGH v. 12.2.2009 – C-515/07, DStR 2009, 369 ff. m. Amn. *Korn.*

[51] JStG 2010 v. 8.12.2010 (BGBl. I 2010, 1768 ff., 1784).

[52] Vgl. § 15 Abs. 1b, § 15a Abs. 6a UStG nF iVm. § 3 Abs. 9a Nr. 1 UStG nF, und zwar mWv. 1.1.2011 gem. Art. 32 Abs. 5 JStG 2010. Zur Übergangsregelung vgl. § 27 Abs. 16 UStG.

[53] Vgl. Abschn. 15.2c Abs. 2 UStAE.

benutzt wird. Hingegen sieht das Grunderwerbsteuergesetz keine besondere Steuervergünstigung für die gemeinnützige Stiftung vor. Eine etwaige Grunderwerbsteuerbelastung ist daher im Rahmen von Grundstücksübertragungen im Zusammenhang mit einer gemeinnützigen Stiftung zu beachten. Die Zusicherung des Stifters zur Übertragung des Eigentums eines Grundstückes im Rahmen eines Stiftungsgeschäfts zugunsten einer noch zu errichtenden rechtsfähigen Stiftung erfüllt erst im Zeitpunkt der staatlichen Anerkennung der Stiftung einen Grunderwerbsteuertatbestand bzw. führt erst dann zur Steuerentstehung.[54] Allerdings ist die unentgeltliche Zuwendung eines Grundstückes auf eine gemeinnützige Stiftung eine schenkungsteuerbare Zuwendung[55] und damit grunderwerbsteuerbefreit gemäß § 3 Nr. 2 GrEStG. Für die Grunderwerbsteuerbefreiung[56] ist es nicht schädlich, dass eine solche Zuwendung idR schenkungsteuerbefreit[57] ist.[58]

3. Spendenabzug

In den letzten zehn Jahren wurde das Spendenrecht zwecks Vereinfachung, Vereinheitlichung und Erweiterung mehrfach geändert.[59] Als bedeutsamste Gesetzesreformen sind dabei zu nennen: Das **Gesetz zur weiteren Stärkung des bürgerschaftlichen Engagements**,[60] das Gesetz zur Umsetzung steuerlicher EU-Vorgaben sowie zur Änderung steuerlicher Vorschriften[61] und das **Gesetz zur Stärkung des Ehrenamtes (Ehrenamtsstärkungsgesetz)**.[62] 25

a) Grundzüge des Spendenrechts

Heute richtet sich die **Frage der Steuer- und Spendenbegünstigung** ausschließlich nach §§ 52 bis 54 AO, auf die § 10b Abs. 1 EStG verweist. Entsprechende Verweise finden sich in § 9 Abs. 1 Nr. 2 Satz 1 KStG und § 9 Nr. 5 Satz 1 GewStG. 26

Für die Förderung der in § 52 bis 54 AO genannten Zwecke gilt einheitlich ein **Spendenhöchstbetrag** von 20 vH des Gesamtbetrages der Einkünfte bzw. 0,4 vH der gesamten Umsätze und der im Kalenderjahr aufgewendeten Löhne und Gehälter, der bei der Einkommensteuer des Spenders als Sonderausgaben abgezogen werden kann. Ferner gilt nach jetziger Gesetzeslage ein **zeitlich unbegrenzter Spendenvortrag** gem. § 10b Abs. 1 Sätze 9 und 10 EStG. Zuwendungen, welche die Spendenhöchstgrenzen iSd § 10b Abs. 1 Satz 1 EStG überschreiten können nach Maßgabe des § 10d Abs. 4 EStG unbegrenzt vorgetragen werden.[63] Ein Spendenrücktrag ist heute nicht mehr möglich. Zu beachten ist, dass ein nicht genutzter Spendenvortrag im Falle des Todes des Zuwendenden richtigerweise nicht auf seine Erben übergeht.[64] Der Ge- 27

---

[54] Vgl. Boruttau/*Viskorf* GrEStG § 14 Rz. 25 sowie Boruttau/*Fischer* GrEStG § 1 Rz. 397b mwN.

[55] Im Zuge eines Stiftungsgeschäfts unter Lebenden nach § 7 Abs. 1 Nr. 8 ErbStG bzw. als Zustiftung nach § 7 Abs. 1 Nr. 1 ErbStG; s. a. Boruttau/*Meßbacher-Hönsch* GrEStG § 3 Rz. 200 und 272 sowie Rz. 197 (für Erwerbe der Stiftung von Todes wegen).

[56] Vgl. § 3 Nr. 2 GrEStG.

[57] Gemäß § 13 Abs. 1 Nr. 16 Buchst. b) ErbStG.

[58] Maßgebend für die Befreiung von der Grunderwerbsteuer nach § 3 Nr. 2 GrEStG ist allein, dass der Lebenssachverhalt unter § 7 ErbStG fällt und damit schenkungsteuerbar ist; er muss nicht schenkungsteuerpflichtig sein, vgl. Boruttau/*Meßbacher-Hönsch* GrEStG § 3 Rz. 221.

[59] Ua. durch Jahressteuergesetz 2010 (JStG 2010) vom 8.12.2010 (BGBl. I 2010, 1768 ff.), Beitreibungsrichtlinie-Umsetzungsgesetz (BeitrRLUmsG) vom 7.12.2011 (BGBl. I 2011, 2592 ff.) und Amtshilferichtlinie-Umsetzungsgesetz (AmtshilfeRLUmsG) vom 26.6.2013 (BGBl. I 2013, 1809 ff.).

[60] Vgl. Gesetz vom 10.10.2007, BGBl. I 2007, 2332 ff. (rückwirkend zum 1.1.2007 in Kraft getreten); einen Überblick gibt für viele *Müller/Thoma* ErbStB 2008, S. 47 sowie *Schienke/Ohletz* ErbStB 2010, 342.

[61] Vgl. Gesetz vom 8.4.2010, BGBl. I 2010, 386 ff., in Kraft getreten am Tag nach Verkündung, also am 15.4.2010.

[62] Vgl. Gesetz vom 21.3.2013, BGBl. I 2013, 556 ff., insoweit zum 1.1.2013 in Kraft getreten.

[63] Vgl. die entsprechenden Regelungen in § 9 Abs. 1 Nr. 2 Sätze 9 und 10 KStG und § 9 Nr. 5 Sätze 8 und 13 GewStG.

[64] Vgl. BFH v. 21.10.2008 – X R 44/05, BFH/NV 2009, 375 f.; vgl. BFH v. 22.9.1993 – X R 107/91, BStBl. II 1993, 874 ff.; bzgl. eines Vermächtnisses; zum Sonderausgabenabzug bei Erbeinsetzung einer gemeinnützigen Stiftung vgl. BFH v. 16.2.2011 – X R 46/09, BStBl. II 2011, 685 ff.

setzgeber hat inzwischen[65] die Voraussetzungen des Spendenabzuges in Bezug auf die **Person des Spendenempfängers** ausführlich in § 10b Abs. 1 Satz 2 EStG geregelt. Dabei wurde der Personenkreis gesetzlich auch auf ausländischen Spendenempfänger erweitert.[66] Bei Auslandsspenden ist ua. auf den sachlichen Inlandsbezug iSd § 51 Abs. 2 AO zu achten.[67] In der Praxis ist allgemein darauf hinzuweisen, dass Zuwendungen an eine rechtsfähige Stiftung vor deren Anerkennung nicht als Sonderausgaben abziehbar sind; eine sog. Vorstiftung ist zivilrechtlich nicht anzuerkennen und kann somit kein begünstigter Zuwendungsempfänger iSv. § 5 Abs. 1 Nr. 9 iVm § 1 Abs. 1 Nr. 4 bzw. 5 KStG sein.[68]

Die gemeinnützige Stiftung hat bei der Ausstellung der Zuwendungsbestätigung[69] die Voraussetzungen des § 63 Abs. 5 AO nF zu befolgen. **Für Zuwendungen,** die dem Zuwendungsempfänger **ab 2017** zufließen,[70] gilt § 50 EStDV nF., der stringent zu beachten sein wird. Der Zuwendende kann die gemeinnützige Stiftung als Zuwendungsempfänger bevollmächtigen, die Zuwendungsbestätigung durch Datenfernübertragung nach Maßgabe des § 93c AO zu übermitteln.[71] Nach § 10b Abs. 3 Sätze 5 und 6 EStG können grds. ebenso **sog. Aufwandsspenden** geltend gemacht werden, also bspw. zugunsten einer gemeinnützigen Stiftung übernommener Aufwendungen, die zur Erfüllung der satzungsmäßigen Zwecke erforderlich waren; dies setzt voraus, dass durch Vertrag oder Satzung ein Anspruch auf Erstattung der Aufwendungen bestanden hat und der Spender auf eine solche Erstattung verzichtet hat.[72] Erfreulicherweise ist durch das Ehrenamtsstärkungsgesetz v. 21.3.2013 eine Beweislastregelung zur Schadensverursachung durch ein Organmitglied oder besonderen Vertreter eingeführt worden in § 31a Abs. 1 Satz 3 BGB und ferner die **Veranlasserhaftung** für die Verwendung von Zuwendungen zu anderen als den in der Zuwendungsbestätigung angegebenen steuerbegünstigten Zwecken auf vorsätzliche und grob fahrlässige Fälle **begrenzt worden** gemäß § 10b Abs. 4 Satz 2 EStG.

b) Stiftungsspezifische Abzugstatbestände

28 Das Ehrenamtsstärkungsgesetz[73] stellt nun in § 10b Abs. 1a Satz 1 EStG gesetzlich klargestellt, dass es sich bei dem Vermögensstock einer Stiftung um das zu erhaltende Vermögen einer Stiftung handelt.

29 Auf Antrag des Steuerpflichtigen können im Zuwendungsjahr und in den folgenden neun Veranlagungszeiträumen zusätzlich zu den in § 10b Abs. 1 EStG bestimmten Höchstbeträgen Zuwendungen in den Vermögensstock einer Stiftung bis zu einem Betrag von € 1 Mio. abgezogen werden. Dies gilt nicht nur für die Erstausstattung, sondern auch für Zustiftungen. Grundvoraussetzung ist die **Zuführung zum zu erhaltenden Vermögensstock.** Für Zuwendungen an eine Stiftung zum Verbrauch, was nunmehr gesetzlich zulässig ist,[74] wird dieser gesonderte Sonderausgabenabzugsbetrag nicht gewährt; dies wird ausdrücklich durch § 10b Abs. 1a Satz 2 EStG gesetzlich klargestellt. Der Höchstbetrag von € 1 Mio. kann nur einmal innerhalb eines Zeitrau-

[65] Vgl. das Gesetz zur Umsetzung steuerlicher EU-Vorgaben sowie zur Änderung steuerlicher Vorschriften vom 8.4.2010 (BGBl. I 2010, 386 ff.).

[66] Dazu näher Schmidt/*Heinicke* EStG § 10b Rz. 27 mwN.

[67] Näher dazu OFD Frankfurt a. M. v. 5.9.2013, DStR 2014, 102 f.

[68] Instruktiv BFH v. 11.2.2015 – X R 36/11, BStBl. II 2015, 545 ff., 551 ff.

[69] Zu den Muster der Zuwendungsbestätigungen BMF v. 7.11.2013 (BStBl. I 2013, 1333) und v. 26.3.2014 (BStBl. I 2014, 791), jeweils BMF IV C4-S2223/07/0018:005; generell EStR 2012 10b.1 und H 10b.1.

[70] Vgl. § 84 Abs. 2c EStDV.

[71] § 93c AO eingefügt durch Gesetz zur Modernisierung des Besteuerungsverfahrens v. 18.7.2016 (BGBl. I 2016, 1679 ff.); näher dazu *Gläser/Schöllhorn* DStR 2016, 1577, 1578.

[72] Näher dazu BMF v. 25.11.2014, BStBl. I 2014, 1584 f.; dortige Tz. 3 neu gefasst durch BMF v. 24.8.2016, BStBl. I 2016, 994.

[73] Gesetz v. 21.3.2013 (aaO).

[74] Näher dazu Formular C. 3.03 Gemeinnützige unselbstständige Verbrauchsstiftung.

mes von 10 Jahren genutzt werden.[75] Vermögensstockspenden sind **sowohl nach § 10b Abs. 1 EStG als auch nach § 10b Abs. 1a EStG als Sonderausgabe abziehbar.** Der Spender kann wählen, nach welcher dieser beiden Vorschriften er den Sonderausgabenabzug geltend macht. Er kann die Vermögensstockspende aber auch aufteilen und sowohl einen Teilbetrag nach § 10b Abs. 1 EStG als auch einen Teilbetrag nach § 10b Abs. 1a EStG geltend machen.[76] Es gilt dabei aber zu beachten: Ein anschließender Wechsel zwischen den Absätzen 1 und 1a des § 10b EStG innerhalb des 10-Jahres-Zeitraums ist nicht möglich. Vermögensstockspenden, die nicht innerhalb des 10-Jahres-Zeitraums nach § 10b Abs. 1a Satz 1 EStG verbraucht wurden, gehen in den allgemeinen unbefristeten Spendenvortrag nach § 10b Abs. 1 EStG über.[77]

Bei zusammenveranlagten Ehegatten **verdoppelt** sich der stiftungsspezifische Spendenhöchstbetrag, also auf € 2 Mio.[78] Nunmehr muss daher nicht mehr nachgewiesen werden, dass die Spende aus dem gemeinsamen Vermögen bzw. aus dem Vermögen jedes Ehegatten geleistet wurde.[79] Zu beachten ist in diesem Zusammenhang, dass sich – anders als bei den übrigen Regelungen im Spendenrecht – für die Abzugsmöglichkeit der € 1 Mio. keine entsprechende Regelung im KStG findet. Eine solche Regelung ist unterblieben, um eine Doppelbegünstigung von Gesellschafter und Gesellschaft zu verhindern. Einzelunternehmen und Personengesellschaften können den Abzugsbetrag hingegen grds. auch gewerbesteuerlich geltend machen.[80] **30**

c) Spendenabzug und Abgeltungsteuer

Soweit ein Spender überwiegend Einkünfte aus Kapitalvermögen erzielt, ist aufgrund der Einführung der Abgeltungsteuer zum 1.1.2009 eine Besonderheit zu beachten. Nach § 10b Abs. 1 Satz 1 Nr. 1 EStG können Spenden insgesamt bis zu 20 vH des Gesamtbetrages der Einkünfte als Sonderausgaben abgezogen werden. Nach § 2 Abs. 5b EStG sind allerdings Kapitalerträge iSd. § 32d Abs. 1 und § 43 Abs. 5 EStG, die also der Abgeltungsteuer unterliegen, nicht mit in den Gesamtbetrag der Einkünfte und damit nicht die Bemessungsgrundlage für den Spendenabzug einzubeziehen. Damit wird bei der Ermittlung des Spendenabzugsvolumens auf die Einbeziehung der abgeltungsteuerpflichtigen Kapitalerträge verzichtet. Der ursprüngliche Satz 2 in § 2 Abs. 5b EStG wurde mit Wirkung zum 1.1.2012 aufgehoben, so dass seitdem ein Antrag auf Einbeziehung dieser Kapitalerträge zum Zwecke eines höheren Spendenabzuges nicht mehr möglich ist. Darüber hinaus mindert die Spende nicht die Bemessungsgrundlage für die Abgeltungsteuer.[81] **31**

In der Praxis ist ein weiteres Thema zum Spendenabzug und Abgeltungsteuer zu beobachten: Oftmals werden versehentlich bei Spenden in Gestalt abgeltungsteuerverstrickter Wertpapiere falsche Zuwendungsbestätigungen ausgestellt, nämlich mit dem Wert der Wertpapiere im Zeitpunkt der Zuwendung. Dabei sind jedoch letztlich nach § 10b Abs. 3 Sätze 2 bis 4 EStG als Wertansatz für ab 2009 angeschaffte Wertpapiere im Privatvermögen ohne Gewinnrealisierung regelmäßig die Anschaffungskosten maßgebend.[82]

4. Besteuerung etwaiger Begünstigter

Die Begünstigten iSd. § 58 Nr. 6 AO haben etwaige Bezüge der gemeinnützigen Stiftung, die außerhalb der Erfüllung steuerbegünstigter Zwecke iSd. §§ 52 bis 54 AO **32**

[75] Vgl. § 10b Abs. 1a Satz 3 EStG.

[76] Vgl. OFD Frankfurt a. M. v. 13.10.2008 – S 2223 A – 155 – St 216; zu der zuvor irritierenden OFD Frankfurt a. M. v. 13.6.2008 siehe *Hüttemann* DB 2008, 2164.

[77] So BMF v. 18.12.2008, BStBl. I 2009, 16 mit weiteren Hinweisen und insgesamt weniger restriktiv als die vorherigen OFD-Verfügungen.

[78] Ebenfalls eingefügt durch das Ehrenamtsstärkungsgesetz v. 21.3.2013 (aaO).

[79] Vgl. so noch OFD Magdeburg v. 13.4.2006, ZEV 2006, 355.

[80] Vgl. § 9 Nr. 5 Satz 9 GewStG.

[81] Vgl. so bereits *Müller/Thoma* ErbStB 2008, 47 ff., 50; s. a. *Schienke-Ohletz/Selzer* DStR 2008, 136, 138.

[82] Ausführlich dazu *Müller/Tolksdorf* DStR 2015, 2116.

geleistet werden, als **sonstige Einkünfte iSd. § 22 Nr. 1 Satz 2 HS 2 Buchst. a EStG** zu versteuern.[83] Das Teileinkünfteverfahren ist nicht anzuwenden;[84] dies ist auch gerechtfertigt, da die Ertragsbildung bei der gemeinnützigen Stiftung grds. selbst auch steuerfrei und damit ohne Körperschaftsteuerbelastung erfolgt ist.

B. Einzelerläuterungen

I. Zum Stiftungsgeschäft zu Lebzeiten

33 Die **Verfassung der Stiftung** wird durch das Stiftungsgeschäft sowie die Bundes- und Landesgesetze bestimmt.[85] Das Stiftungsgeschäft muss mindestens den Stiftungszweck, die Vermögenszuwendung, den Namen, den Sitz sowie die Regelung der Geschäftsführung und Vertretung enthalten.[86] Hier ist vorsorglich im Stiftungsgeschäft bestimmt, dass das Grundstockvermögen nicht zu Verbrauch bestimmt ist. Diese ausdrückliche Bestimmung sollte aber nur dann in das Stiftungsgeschäft aufgenommen werden, wenn sich der Stifter sehr sicher ist und dies so auch wünscht, dass diese Stiftung niemals – soweit zulässig – in eine Verbrauchsstiftung umgewandelt werden soll.

34 Wird die **Stiftung als rechtsfähig anerkannt,** so ist der Stifter nach § 82 BGB verpflichtet, dass in dem Stiftungsgeschäft zugesicherte **Vermögen** auf die Stiftung zu **übertragen.** Das der Stiftung im Stiftungsgeschäft gewidmete Vermögen steht der Stiftung im Zeitpunkt der Anerkennung zu. Im Vorwege, also im Anerkennungsverfahren, hat die Stiftungsaufsichtsbehörde ua. zu prüfen, ob die Stiftung das ihr durch die Einreichung des Entwurfs des Stiftungsgeschäfts geplante Grundstockvermögen auch in absehbarer Zeit erhält, um unverzüglich mit der Satzungszweckverwirklichung beginnen zu können.[87] Zudem ist im Rahmen des Anerkennungsverfahrens parallel das zuständige Finanzamt einzuschalten, um vorab zu klären, ob gegen das geplante Stiftungsgeschäft und die Satzung aus formaler Sicht gemeinnützigkeitsrechtliche Bedenken bestehen.[88]

35 Dabei ist in der Praxis auch daran zu denken, dass ein **Grundstockvermögen** nach Übertragung im Regelfall **nicht sofort ausreichende Erträge** generiert, die unverzüglich als Mitteleinsatz zur Verfügung stehen. Folglich wird die Stiftungsaufsichtsbehörde verlangen, dass ihr vor Anerkennung bestätigt wird, dass das zu widmende Grundstockvermögen unverzüglich zur Übertragung bereitsteht. Nach Anerkennung ist die Vermögensübertragung durch entsprechende Nachweise zu belegen (zB Eröffnungsauszug des Kontos bzw. Depots der Stiftung).

36 Dem Stifter sollte bewusst sein, dass die einzelnen Landesaufsichtsbehörden idR ein eigenes **Stiftungsverzeichnis** führen, dass Mindestangaben wie idR den Namen und den Zweck der Stiftung sowie das Jahr der Anerkennung und die Anschrift der Stiftung[89] enthalten und grds. über die Internetpräsenz von jedermann eingesehen werden kann. Für die Anerkennung der Stiftung entsteht regelmäßig eine Verwaltungsgebühr.[90]

---

[83] Zu Zahlungen einer gemeinnützigen Stiftung an die Ehefrau des Stifters aufgrund eines Vermächtnisses vgl. BFH v. 15.7.2014 – X R 41/12, ZEV 2015, 60.

[84] § 3 Nr. 40 Buchst. i EStG negativ.

[85] Vgl. § 85 BGB.

[86] Vgl. § 81 Abs. 1 Satz 3 BGB.

[87] Vgl. ausführlich zur weiteren Prüfung, insb. zum „Lebensfähigkeitsvorbehalt" Staudinger/*Hüttemann/Rawert* BGB § 80 Rz. 16 ff. mwN.

[88] Vgl. dazu das im Vertragsformular enthaltene Beispiel eines Anschreibens an die Aufsichtsbehörde; zum Inhalt einer Stellungnahme des Finanzamtes vgl. OFD Hannover v. 14.4.2009, DStR 2009, 1432.

[89] Vgl. zB § 3 Abs. 2 Hamburgisches Stiftungsgesetz v. 14.12.2005, HmbGVBl. 2005, 521.

[90] Vgl. hier Gebührenverordnung für Amtshandlungen auf den Gebieten des Vereins- und Stiftungsrechts v. 10.12.2002, HmbGVBl. 2002, 323 ff.

II. Zur Satzung

Zu § 1: Name, Rechtsform, Sitz, Geschäftsjahr

Im Regelfall wird der Name der Stiftung mit dem Namen des Stifters verbunden sein, um an dessen Lebenswerk zu erinnern. Der Sitz der rechtsfähigen Stiftung entscheidet über das anzuwendende Landesstiftungsgesetz.[91] Im Zweifel befindet sich der Sitz der Stiftung an dem Ort, an dem die Verwaltung geführt wird. Soweit die Zweckverwirklichung nicht zwingend ortsgebunden ist, und der Stifter sich nicht unbedingt emotional an seinen Heimatort gebunden fühlt, könnte die **Anerkennungs- und vor allem Aufsichtspraxis** der zuständigen Landesaufsichtsbehörde sowie die Handhabung durch die Landesfinanzverwaltung in Bezug auf gemeinnützige Körperschaften für die Festlegung des Sitzes ausschlaggebend sein. 37

Zu § 2: Stiftungszwecke und Verwirklichung

Neben § 3 der Satzung ist dies die Kernvorschrift in der Satzung der gemeinnützigen Stiftung. Hier wird der Satzungszweck festgelegt und auch die Verwirklichung des Satzungszwecks durch geeignete Maßnahmen konkretisiert. Gerade die **genaue Beschreibung der Satzungszweckverwirklichung** wird häufig in der Praxis der Satzungsgestaltung vernachlässigt. Im Rahmen der Beschreibung der Satzungszweckverwirklichung ist es wichtig, nicht den Eindruck einer abschließenden Aufzählung zu erwecken, um nicht zu sehr eingeschränkt zu sein, wenn die Stiftung mit „Leben erfüllt wird." 38

Im Zuge des Gesetzes zur weiteren Stärkung des bürgerschaftlichen Engagements[92] ist der Katalog der als im engeren Sinne gemeinnützig anerkannten Zwecke in § 52 Abs. 2 Satz 1 AO abschließend normiert und erheblich ausgeweitet worden. Damit ist auch eine Synchronisierung mit den spendenbegünstigten Zwecken erreicht worden. Trotz der grds. abschließenden Aufzählung hat der Gesetzgeber in § 52 Abs. 2 Satz 2 AO eine **Öffnungsklausel** installiert, wonach ein in Satz 1 nicht aufgeführter Zweck für gemeinnützig erklärt werden kann, wenn damit die Allgemeinheit auf materiellem, geistigen oder sittlichem Gebiet entsprechend selbstlos gefördert wird.[93] 39

In der Praxis wird wichtig sein, bei der Satzungsgestaltung und der Beratung mit dem Stifter einerseits darauf zu achten, dass **nicht zu viele** der **Katalogzwecke** aufgenommen werden und **andererseits** aber auch bei zukünftigen Planungen **nicht** von vornherein eine **zu enge Eingrenzung** vorgenommen wird. Generell ist jedenfalls darauf zu achten, dass das Stiftungsvermögen und die aufgrund der Anlagestrategie daraus generierten Erträge ausreichen, um kontinuierlich und dauerhaft die Satzungszwecke verfolgen zu können.[94] Nicht erforderlich ist es, in jedem Jahr alle Satzungszwecke gleichermaßen zu fördern. 40

Vorliegend ist auch die Mittelbeschaffung iSd. § 58 Nr. 1 AO zum Satzungszweck erhoben worden (also Doppelrolle auch als Förderkörperschaft).[95] Dabei hat es die Stiftungsaufsichtsbehörde ganz gerne, wenn die Empfängerkörperschaften dem Grunde nach genannt werden; dies dient zudem der Flexibilität. Nach dem Gesetzeswort- 41

---

[91] Vgl. § 80 Abs. 1 BGB.

[92] Vgl. Gesetz v. 10.10.2007, BGBl. I 2007, 2332 ff.

[93] Näher zum Ganzen *Schauhoff/Kirchhain* DStR 2007, 1985, 1989 sowie *Hüttemann* Non Profit Law, Yearbook 2007, S. 231 ff. Das Verfahren nach § 52 Abs. 2 Sätze 2 und 3 AO ist ein eigenständiges Verwaltungsverfahren, welches in vollem Umfang gerichtlich überprüfbar ist, vgl. anhängige Verfahren vor BFH (V R 69+70/14), Vorinstanz FG Köln v. 17.10.2013 – 13 K 3949/09, EFG 2014, 484.

[94] Meines Erachtens ist es richtig, die Höhe des Grundstockvermögens und deren übliche Ertragskraft allein hieran zu messen und diese Prüfung bei der Anerkennungsbehörde und Fachaufsicht zu belassen, und eben kein gesetzliches Mindestkapital einzuführen, vgl. zum letzteren näher *Schwake* NZG 2008, 248 sowie *Damrau/Wehinger* ZEV 1998, 178 f.

[95] Vgl. hierzu auch die Erläuterungen zum Spendensammelverein im Formular C. 3.05.

laut in § 58 Nr. 1 AO gilt die eigene Steuerbegünstigung ausdrücklich nur für unbeschränkt steuerpflichtige Körperschaften. Unstreitig ist die Mittelweitergabe an ausländische Körperschaften (auch außerhalb von EU/EWR), deren Tätigkeiten im Einklang mit dem deutschen Gemeinnützigkeitsrecht stehen, möglich;[96] dies sollte dann wie hier ausdrücklich in der Satzung erwähnt werden.

Zu § 3: Steuerbegünstigte Zwecke

42 Da die §§ 51 bis 68 AO die zu erfüllenden Grundvoraussetzungen für die Anerkennung einer Stiftung als gemeinnützig bilden, wird durch § 3 der Satzung die – zumindest formale – Übereinstimmung mit den maßgeblichen steuerlichen Vorschriften gewährleistet. Im Rahmen des Anerkennungsverfahrens seitens der Aufsichtsbehörde prüft das **Finanzamt** die im Vorwege abzustimmende Satzung naturgemäß nur auf die formellen Aspekte, also ob in der Satzung die gesetzlichen Voraussetzungen für die Gemeinnützigkeit verankert sind.

43 In § 3 der Satzung spiegeln sich hauptsächlich die gesetzlichen Kriterien iSd. § 55 AO wieder. Die FinVerw. legt gesteigerten Wert darauf, diese Formulierungen in der Satzung einer gemeinnützigen Stiftung wieder zu finden. Diese Formulierungen sind der **Mustersatzung** zu entnehmen, die inzwischen unmittelbar als Anlage 1 zu § 60 AO gesetzlich normiert worden ist.[97] Nach § 60 Abs. 1 Satz 2 AO muss die Satzung die in der Anlage 1 bezeichneten Festlegungen enthalten. Inhaltlich hat sich an der Mustersatzung nichts geändert, so dass auch bereits bestehende gemeinnützige Stiftungen idR diese Musterformulierungen enthalten. Sollte das bislang trotzdem nicht geschehen sein, so ist dies im Zuge von Satzungsänderungen bestehender Körperschaften, die nach dem 31.12.2008 wirksam werden sollen, nachzuholen.[98]

44 Das Recht vor der Klammer (§§ 51 ff. AO) für die Steuervergünstigungen nach den Einzelsteuergesetzen setzt zunächst voraus, dass die Stiftung steuerbegünstigte Zwecke zum **Satzungszweck** erhebt und auch tatsächlich verfolgt, und zwar im engeren Sinne gemeinnützige Zwecke (§ 52 AO), mildtätige Zwecke (§ 53 AO) und/oder kirchliche Zwecke (§ 54 AO). Dabei muss die Stiftung selbstlos tätig sein (§ 55 AO). Nach dem Gesetzeswortlaut, der regelmäßig in der Satzung wiederzugeben ist, darf die Stiftung folglich nicht in erster Linie eigenwirtschaftliche Zwecke verfolgen. In gewissem Umfang sind jedoch Ausnahmen von der Selbstlosigkeit zulässig. Dabei ist nämlich zu beachten, dass die Stiftung nach der allgemeinen Lehre und Praxis **vier Sphären** hat, und zwar

a) den ideellen Bereich,
b) die Vermögensverwaltung,
c) den partiell steuerpflichtigen wirtschaftlichen Geschäftsbetrieb (wGB),
d) den wirtschaftlichen Geschäftsbetrieb als Zweckbetrieb.

45 Während der originäre **ideelle Bereich** regelmäßig nach den Einzelsteuergesetzen von der jeweiligen Steuer befreit bzw. begünstigt ist, wird die Stiftung mit ihren zulässigen **wirtschaftlichen Geschäftsbetrieben** partiell steuerpflichtig. Mit ihrer **Vermögensverwaltung** ist die gemeinnützige Stiftung regelmäßig steuerbegünstigt, da sie damit ihr Grundstockvermögen stärkt und den ideellen Bereich unterstützt und eben nicht – in Abgrenzung zum wGB – mit Marktteilnehmern konkurriert. Die Abgrenzung zwischen einem steuerpflichtigen wGB und der steuerbegünstigten Vermögensverwaltung ist im Einzelfall sehr schwierig. Praktisch enorm bedeutsam ist die Abgrenzung zwischen dem wGB (§§ 14 Sätze 1 und 2, 64 AO – mit dem die gemeinnützige Stiftung partiell körperschaftsteuerpflichtig ist) und einer körperschaftsteuerbefreiten

[96] Vgl. *Buchna/Leichinger/Seeger/Brox* Gemeinnützigkeit im Steuerrecht, 11. Aufl. 2015, unter 2.8.1.3 (S. 200).
[97] Die Mustersatzung war zuvor als Anlage zu § 60 AEAO abgedruckt, integriert durch JStG 2009 v. 19.12.2008, BGBl. I 2008, 2794 ff., 2827, 2829 f.
[98] Vgl. Art. 97 § 1 f Abs. 2 AEAO, geändert durch JStG 2009, BGBl. I 2008, 2794 ff., 2830.

Vermögensverwaltung (§ 14 Satz 3 AO) im Zuge des Beteiligungsmanagements der gemeinnützige Stiftung. Während sich die gemeinnützige Stiftung mit einer Beteiligung an einer Kapitalgesellschaft grds. im Bereich der Vermögensverwaltung befindet,[99] hält sie hingegen mit einer Beteiligung an einer originär gewerblich tätigen Personengesellschaft einen wGB.[100] Mit der Beteiligung an einer ausschließlich vermögensverwaltenden Personengesellschaft bleibt die gemeinnützige Stiftung wiederum unstreitig im Rahmen der Vermögensverwaltung. Inzwischen hat der BFH in zwei Entscheidungen[101] zu Recht geurteilt, dass eine gemeinnützige Stiftung mit ihrer **Beteiligung an einer vermögensverwaltend tätigen, nur gewerblich geprägten Personengesellschaft** keinen steuerpflichtigen wGB unterhält. Denn die einkommensteuerrechtliche Fiktion des § 15 Abs. 3 Nr. 2 EStG findet sich in der AO nicht wieder; der Begriff des wGB ist aber gerade ein eigenständiger abgabenrechtlicher Begriff. Zudem hat eine tatsächlich vermögensverwaltende Tätigkeit keine zu schützende Wettbewerbsrelevanz und ferner hat die einheitliche und gesonderte Feststellung von gewerblichen Einkünften aus dieser Beteiligung aufgrund der einkommensteuerrechtlichen Fiktion keine Bindungswirkung für das Vorliegen eines wGB und damit für die (Nicht-)Besteuerung auf Ebene der als Gesellschafterin beteiligten gemeinnützigen Stiftung. Aber Achtung: Gerade weil ein gewerblich geprägter Personengesellschaftsanteil bei der gemeinnützigen Stiftung keinen wGB darstellt, erzielt sie damit auch keine betrieblichen Einkünfte, so dass bei Übertragung eines solchen Anteils gegen Übernahme von Verbindlichkeiten auf die Stiftung mangels Unentgeltlichkeit § 6 Abs. 1 Nr. 4 Satz 4 und § 6 Abs. 3 EStG zu verneinen und beim Übertragenden vorhandene stille Reserven aus dem Anteil aufzudecken sind.[102] Noch nicht abschließend geklärt ist die Frage, ob die Beteiligung an einer Personengesellschaft, auf deren Ebene die Einkünfte aufgrund der Abfärbe- bzw. Infizierungsregelung des § 15 Abs. 3 Nr. 1 EStG als gewerblich festgestellt werden, bei der beteiligten gemeinnützigen Stiftung einen steuerpflichtigen wGB darstellt.[103] Wurde für einen Mitunternehmeranteil bislang die Thesaurierungsbegünstigung des § 34a EStG in Anspruch genommen, soll die Übertragung des Anteils in die Stiftung keinen Nachversteuerungstatbestand nach § 34a Abs. 6 iVm. Abs. 4 EStG auslösen.[104]

Ein grds. wirtschaftlicher Geschäftsbetrieb wird unter bestimmten Voraussetzungen wiederum als **Zweckbetrieb** qualifiziert (§ 65 AO) bzw. ist mitunter nach in der Regel gesellschaftspolitischen Gesichtspunkten als Zweckbetrieb einzuordnen (§ 65 bis 68 AO) und regelmäßig auch insoweit steuerbegünstigt.

Lediglich mit ihrer Gesamtheit der wirtschaftlichen Geschäftsbetriebe (§ 64 Abs. 2 **46**
AO) ist die Stiftung **partiell steuerpflichtig,** aber eben grds. in gemeinnützigkeitsrechtlich zulässiger Weise tätig, da die Erträge aus diesen wirtschaftlichen Geschäftsbetrieben wiederum in der Regel dem ideellen Bereich zu Gute kommen. In der Beratungspraxis musste bislang sorgfältig darauf geachtet werden, dass die Stiftung sich mit ihrer Gesamtheit der steuerpflichtigen wirtschaftlichen Geschäftsbetriebe nicht insgesamt das Gepräge gegeben hat, weil dies bislang aus Sicht der FinVerw. in Gänze für den Status der Gemeinnützigkeit schädlich sein und somit die Stiftung dann für alle

---

[99] Auch bei Mehrheitsbeteiligungen, soweit sie tatsächlich keinen entscheidenden Einfluss auf die Geschäftsführung der Kapitalgesellschaft nimmt, vgl. AEAO zu § 64, Tz. 3 zu § 64 Abs. 1 AO.

[100] Vgl. BFH v. 27.3.2001 – I R 78/99, BStBl. II 2001, 449 ff. mwN.

[101] Vgl. BFH v. 25.5.2011 – I R 60/10, ZEV 2011, 554 f. mit Anm. *Wachter,* Vorinstanz Hessisches FG v. 23.6.2010 – 4 K 2258/09, BeckRS 2010, 26029534 sowie fortführend für den Fall der Beteiligung an einer ursprünglich originär gewerblich tätigen, nun gewerblich geprägten Kommanditgesellschaft BFH v. 18.2.2016 – V R 60/13, BStBl. II 2017, 251 ff.

[102] Vgl. ua. FM Schleswig-Holstein v. 9.6.2016, DStR 2016, 1474; aA *Kirchhain* DB 2016, 1605 ff. sowie *Kahsnitz* DStR 2016, 2137 mwN.

[103] So wohl im obiter dictum des BFH v. 25.5.2011 – I R 60/10, DStR 2011, 1460.

[104] Vgl. FG Münster v. 27.1.2017 – 4 K 56/16 F, BeckRS 2017, 94334, das nach dem Gesetzeswortlaut keinen Nachversteuerungstatbestand erfüllt sieht und eine analoge Anwendung mangels planwidriger Regelungslücke verneint – Rev. BFH Az. IV R 5/17.

vier Sphären die Steuervergünstigungen verlieren sollte.[105] Dabei war immer unklar, ob das Gepräge bspw. iS eines „Überwiegens" zu verstehen sein sollte, und wenn ja, welche Tätigkeiten maßgeblich sein und welche Bezugsgrößen zugrunde gelegt werden sollten (zB Zeit- und/oder Personalaufwand, Einnahmen, Einkünfte etc.).

47 Zunächst hatte der BFH deutlich eine Geprägetheorie abgelehnt:[106] Ein Verstoß gegen das Gebot der Selbstlosigkeit liege nicht allein deswegen vor, weil die Körperschaft einen wGB unterhält und die nicht begünstigten die gemeinnützigen Aktivitäten übersteigen. Vielmehr sei maßgeblich, ob das Vermögen der gemeinnützigen Körperschaft zweckgerichtet für die ideellen Zwecke eingesetzt werde und die Einnahmen aus der nicht begünstigten Tätigkeit für die begünstigte Tätigkeit verwendet werden. Nur wenn die wirtschaftliche Tätigkeit zum Selbstzweck erhoben werden würde, läge ein Verstoß vor, und zwar gegen das Gebot der Ausschließlichkeit iSd § 56 AO. Nach langem Zögern hat sodann endlich die Finanzverwaltung die auf § 55 Abs. 1 Hs. 1 AO gestützte **Geprägetheorie** und die damit einhergehende quantitative Betrachtung **abgeschafft.**[107] Nach neuer Ansicht der Finanzverwaltung müssen die steuerpflichtigen und vermögensverwaltenden Tätigkeiten um des steuerbegünstigten Zwecks willen erfolgen und dürfen als Ausfluss des Ausschließlichkeitsgebots des § 56 AO nicht zum schädlichen Selbstzweck werden. Entsprechend der BFH-Rechtsprechung[108] ist nunmehr entscheidend, ob das Vermögen der gemeinnützigen Körperschaft und die Einnahmen aus steuerpflichtigen und/oder vermögensverwaltenden Tätigkeiten ausschließlich **für die steuerbegünstigten Satzungszwecke verwendet** werden,[109] wobei eine mehrjährige Betrachtung der Ausrichtung der Körperschaft vorzunehmen ist.[110] Folglich ist es auch möglich und unschädlich für die Gemeinnützigkeit, wenn sich die gemeinnützige Körperschaft vollständig aus Mitteln eines steuerpflichtigen wGB und/oder aus der Vermögensverwaltung finanziert.[111]

48 Vor diesem Hintergrund wird in § 3 Abs. 5 der Satzung ausdrücklich festgelegt, dass die Stiftung vermögensverwaltend tätig sein und wirtschaftliche **Geschäftsbetriebe** unterhalten darf, aber die Mittel zur steuerbegünstigten Satzungszwecksverwirklichung einzusetzen hat. Die tatsächliche Geschäftsführung hat darauf selbstredend zu achten. Die Zulassung von wirtschaftlichen Geschäftsbetrieben ohne Einschränkung würde der formellen Satzungsmäßigkeit (§§ 59, 60 AO) entgegenstehen, die das Finanzamt im Rahmen des Anerkennungsverfahren zu überprüfen hat.

49 Die Stiftung muss ihre Zwecke ausschließlich (§ 56 AO) und unmittelbar (§ 57 AO) verfolgen. Die Stiftung verfolgt ihre Zwecke unmittelbar, wenn sie sie selbst verwirklicht. Dabei kann sie sich jedoch auch Hilfspersonen bedienen (§ 57 Abs. 1 Satz 2 AO).[112] Von diesen beiden **Prinzipien der Ausschließlichkeit und Unmittelbarkeit** listet das Gesetz **Ausnahmen** auf (§§ 58, 62 AO), die ausnahmsweise nicht gemeinnützigkeitsschädlich sein sollen. Dazu gehört ua. auch der Katalog der steuerlich unschädlichen Betätigungen in § 58 AO, wobei die Neuregelung durch das Ehrenamtsstärkungsgesetz[113] in § 58 Nr. 3 AO hervorzuheben ist. Danach ist die Weitergabe der Gewinne aus wGB einschl. Zweckbetriebe, der Überschüsse aus der Vermögens-

---

[105] Vgl. AEAO zu § 55 Abs. 1 Nr. 1 AO Tz. 2 aF, vgl. aber bereits BFH v. 15.7.1998 – I R 156/94, BStBl. II 2002, 162 ff., 163.

[106] Vgl. BFH v. 4.4.2007 – I R 76/05, BStBl. II 2007, 631 ff., 634.

[107] AEAO Tz. 2 zu § 55 Abs. 1 Nr. 1 AO aF. aufgehoben durch Ziff. 6 Buchst. a des BMF v. 17.1.2012, BStBl. I 2012, 83 ff.

[108] Vgl. BFH v. 4.4.2007 – I R 76/05, BStBl. II 2007, 631 ff. mwN.

[109] Vgl. BMF v. 17.1.2012 – IV A 3-S0062/08/10007-12, BStBl. I 2012, 83 ff., dort Ziff. 7, heute AEAO zu § 56 Tz. 1.

[110] Näher dazu *Schauhoff/Kirchhain* DStR 2012, 261, 264.

[111] Zum Ganzen ausführlich *Hüttemann* Gemeinnützigkeits- und Spendenrecht, 3. Aufl. 2015, Rz. 4.90 ff. und Rz. 4.96 ff. mwN; sa. *Buchna/Leichinger/Seeger/Brox* Gemeinnützigkeit im Steuerrecht, 11. Aufl. 2015, Tz. 2.5.2 (S. 119 f.) und Tz. 2.6 (S. 184 ff.).

[112] Vgl. dazu näher Tz. 2 zu § 57 AEAO, neugefasst durch BMF v. 26.1.2016, BStBl. I 2016, 155.

[113] Vgl. Gesetz v. 21.3.2013, aaO.

verwaltung sowie höchstens 15 vH der sonstigen zeitnah zu verwendenden Mittel zur Vermögensausstattung einer anderen steuerbegünstigten Körperschaft (mit den gleichen zu verwirklichenden Satzungszwecken) unschädlich.[114] Ferner gehört dazu die Rücklagenbildung, die gesondert in § 62 AO durch das Ehrenamtsstärkungsgesetz[115] mit Wirkung zum 1.1.2014 neu geregelt ist.[116]

Die **Bildung von Rücklagen** ist in eingeschränktem Umfang zulässig, wenn ohne die Ansammlung der Mittel die steuerbegünstigten Zwecke nicht nachhaltig erfüllt werden können (§ 62 Abs. 1 Nr. 1 AO). Unabhängig von diesen engen Voraussetzungen an eine solche zweckgebundene Rücklage erlaubt § 62 Abs. 1 Nr. 3 AO ua. jährlich „pauschal" bis zu $^1/_3$ des Überschusses aus Vermögensverwaltung und darüber hinaus höchstens 10 vH der sonstigen nach § 55 Abs. 1 Nr. 5 zeitnah zu verwendenden Mittel in eine freie Rücklage einzustellen; dieser Betrag muss somit nicht in Erfüllung der Pflicht zur zeitnahen Mittelverwendung zügig für die steuerbegünstigten satzungsmäßigen Zwecke eingesetzt werden. Nicht ausgeschöpftes freies Rücklagenvolumen kann in den folgenden zwei Jahren nachgeholt werden. 50

Gemeinnützige Stiftungen dürfen selbst dann sog. freie Rücklagen nach § 62 Nr. 3 AO bilden, wenn diese Möglichkeit nicht in der Satzung erwähnt ist. Eine Satzungsänderung ist insoweit nicht erforderlich. Als weitere gesetzlich geregelte Ausnahme von dem Mittelverwendungsgebot ist die Rücklagenbildung zum Erwerb von Gesellschaftsrechten gemäß § 62 Abs. 1 Nr. 4 AO zu nennen. Hierbei ist die Verwendung bzw. Ansammlung von Mitteln der Höhe nach unbegrenzt möglich. Die hierfür eingesetzten Beträge mindern jedoch die Zuführungsmöglichkeit zur freien Rücklage nach § 62 Abs. 1 Nr. 3 AO.[117] Neu eingeführt wurde in § 62 Abs. 1 Nr. 4 AO die Möglichkeit zur Bildung einer Rücklage für die beabsichtigte Wiederanschaffung von Wirtschaftsgütern iHd Regel[118]-AfA. Die Rücklagen nach § 62 AO müssen innerhalb der Rechnungslegung **gesondert ausgewiesen** werden, damit eine Kontrolle jederzeit und ohne besonderen Aufwand möglich ist.[119] Generell muss die Bildung von Rücklagen nach § 62 Abs. 1 AO innerhalb der Frist des § 55 Abs. 1 Nr. 5 Satz 3 AO erfolgen, also spätestens in den auf den Zufluss folgenden zwei Kalender- bzw. Wirtschaftsjahren. Gleiches gilt nach Auflösung einer Rücklage für die frei gewordenen Mittel.[120] 51

Entscheidend ist, dass die Stiftung sowohl die formelle (§§ 51, 59, 60, 61 AO) als auch die materielle (§ 63 AO) Satzungsmäßigkeit einhält. Im Rahmen des Anerkennungsverfahrens seitens der Aufsichtsbehörde bzw. im Zuge der Feststellung nach § 60a AO prüft das Finanzamt die im Vorwege abzustimmende Satzung naturgemäß nur auf die formellen Aspekte, also ob in der Satzung die gesetzlichen Voraussetzungen für die Gemeinnützigkeit verankert sind. Die **tatsächliche Geschäftsführung** hat sich später selbstverständlich auf der Grundlage dieser Satzung zu bewegen. Soweit die tatsächliche Geschäftsführung von dem gesetzlich und satzungsmäßig Zulässigen abweicht, kann das Finanzamt eine Frist setzen, in dem die Geschäftsführung Abhilfe zu schaffen hat (§ 63 Abs. 4 AO). Ein solcher Verstoß führt idR nicht unverzüglich zur Steuerschädlichkeit, sondern ist heilbar. 52

Etwas anderes gilt bei einem formellen oder materiellen Verstoß gegen den **Grundsatz der Vermögensbindung** (§ 61 Abs. 3 iVm. § 63 Abs. 2 AO). In diesem Falle kann das Finanzamt bis zu zehn Jahre rückwirkend die Steuervergünstigungen entfal- 53

[114] Damit soll bspw. die Einrichtung von Stiftungsprofessuren erleichtert werden. Es kann aber auch mit Wirkung zum 1.1.2014 zur ordnungsgemäßen Mittelverwendung gehören, mit zeitnah zu verwendenden Mitteln in den bestehenden Grenzen zB. Anteile an einer gGmbH zu erwerben bzw. eine solche zu dotieren.

[115] Vgl. Gesetz v. 21.3.2013, aaO.

[116] Zum Überblick zu § 62 AO nF vgl. *Halaczinsky* ErbStB 2014, 170, 175.

[117] Vgl. insgesamt zur Berechnung von Rücklagen AEAO zu § 62 AO.

[118] Vgl. näher dazu AEAO Tz. 6–8 zu § 62 Abs. 1 Nr. 2 AO.

[119] Siehe AEAO Tz. 14 zu § 62 Abs. 2 AO.

[120] Vgl. § 62 Abs. 2 Sätze 1 und 3 AO.

len lassen und somit nebst 6%iger Vollverzinsung nachträglich Steuern festsetzen (§ 61 Abs. 3 AO).

Zu § 4: Stiftungsvermögen

54 Die Stiftungssatzung hat Angaben über das Vermögen zu enthalten, das der Erreichung des Stiftungszwecks gewidmet ist. Es besteht aus dem Grundstockvermögen und den daraus zu erzielenden Erträgen. Das **Grundstockvermögen** ist grds. in seinem Bestand ungeschmälert zu erhalten und von anderem Vermögen zu trennen. Will der Vorstand von diesem Grundsatz abweichen, hat er die Genehmigung der Stiftungsaufsichtsbehörde einzuholen. Die Erträge des Grundstockvermögens sind, soweit die Satzung nichts Gegenteiliges bestimmt, zur Erfüllung des Stiftungszwecks zu verwenden. Die Satzung kann jedoch vorsehen, dass der Vorstand im Rahmen des gesetzlich Zulässigen berechtigt ist, Erträge der Vermögensausstattung – etwa um eingetretene Verluste auszugleichen – den Rücklagen zuzuführen. Zudem ist bspw. gesetzlich normiert, dass eine im Aufbau befindliche Stiftung zwecks Stärkung der Ertragskraft im Jahr ihrer Errichtung und in den drei folgenden Kalenderjahren Überschüsse aus der Vermögensverwaltung und die Gewinne aus wirtschaftlichen Geschäftsbetrieben ganz oder teilweise ihrem Vermögen zuführen kann.[121] Dieses gesondert zu erhaltene Grundstockvermögen der Stiftung (Vermögensstock), welches durch das Stiftungsgeschäft, Zustiftungen des Stifters und dafür gewidmeter Spenden[122] ausgestattet wird, ist inzwischen auch für den gesonderten Stiftungsspendenabzug in § 10b Abs. 1a Satz 1 EStG als Vermögensstock legal definiert worden.[123] Spenden in diesen Vermögensstock der Stiftung können im Jahr der Zuwendung und in den folgenden neun Veranlagungszeiträumen bis zu einem Gesamtbetrag von € 1 Mio. zusätzlich zum Spendenabzug nach § 10b Abs. 1 EStG als Sonderausgaben bei der Einkommensteuer des Spenders abgezogen werden; bei zusammenveranlagten Ehegatten bis zu € 2 Mio. Zugleich ist in § 10b Abs. 1a Satz 2 EStG ausdrücklich normiert worden, dass Spenden in das – mögliche – verbrauchbare Vermögen einer Stiftung nicht abzugsfähig sind. Das Vermögen einer zulässigen Verbrauchsstiftung muss gerade nicht erhalten werden, sondern kann selbst für steuerbegünstigte Satzungszwecks vollständig verbraucht werden.[124]

55 Gerade in Zeiten von Finanzkrisen haben selbstverständlich auch gemeinnützige Stiftungen im Rahmen ihrer Vermögensverwaltung mit realisierten und nicht realisierten Verlusten zu kämpfen. Die FinVerw. hat im Laufe der Zeit ihre Grundsätze zur Behandlung von Verlusten und der Auswirkung auf den Status der Gemeinnützigkeit immer wieder angepasst und im Jahr 2002 in die AEAO übernommen.[125] Ohne Konkretisierung dehnte die Finanzverwaltung zugleich die **Verlustausgleichsregelungen** im Rahmen der steuerpflichtigen wirtschaftlichen Geschäftsbetriebe auf den Bereich der Vermögensverwaltung aus.[126] Letztendlich können Verluste aus Vermögensverwaltung nur dann gemeinnützigkeitsschädlich sein, wenn diese Verluste nicht auf einer bloßen Fehlkalkulation beruhen oder die Verluste aus Vermögensverwaltung dauerhaft mit Mitteln aus anderen Bereichen ausgeglichen werden.[127] Verluste in der Vermögenssubstanz im Rahmen der Vermögensverwaltung sind grds. gemeinnützigkeitsunschädlich.[128]

---

[121] § 62 Abs. 4 AO.

[122] Vgl. § 62 Abs. 3 Nr. 2 AO.

[123] Neufassung durch das sog. Ehrenamtsstärkungsgesetz vom 21.3.2013 (BGBl. I 2013, 556), insoweit zum 1.1.2013 in Kraft getreten.

[124] Vgl. näher dazu Formular C. 3.03

[125] Vgl. BMF v. 10.9.2002, BStBl. I 2002, 867 ff.; AEAO zu § 55 Abs. 1 Nr. 1 AO Tz. 4–8.

[126] Vgl. AEAO Tz. 9 zu § 55 Abs. 1 Nr. 1 AO, neugefasst durch BMF v. 26.1.2016, BStBl. I 2016, 155.

[127] Vgl. zum Ganzen *Buchna/Leichinger/Seeger/Brox* Gemeinnützigkeit im Steuerrecht, 11. Aufl. 2015, Rz. 2.5.5.2 (S. 131 ff.) und Rz. 2.5.5.3 (S. 139 ff.); *Hüttemann* Gemeinnützigkeits- und Spendenrecht, 3. Aufl. 2015, Rz. 6.13 ff.; Schauhoff/*Schauhoff* Handbuch der Gemeinnützigkeit, 3. Aufl. 2010, § 7 Rz. 5.

[128] Ausführlich dazu *Orth* DStR 2009, 1397, 1404.

Grundsätzlich ist es möglich, dass der Stifter in der Satzung bzw. in beigefügten Anlagerichtlinien konkretere **Vorgaben zur Verwaltung des Stiftungsvermögens** macht. Allerdings ist mE in der Praxis hiervon zweckmäßigerweise nur sehr zurückhaltend Gebrauch zu machen. Denn da die Stiftung grds. auf Dauer, also über Generationen, angelegt ist, sollte der jeweilige Stiftungsvorstand und das Kuratorium auf veränderte Rahmenbedingungen möglichst flexibel reagieren können. Sinnvoll ist es dabei jedoch durchaus, die Anlagephilosophie des Stifters dem Grunde nach zu dokumentieren, um auch insoweit dem Stifterwillen Genüge zu tun. In der Gesamtschau wird jedoch immer der Erhalt des Stiftungsvermögens im Interesse des Stifterwillens als oberstes Ziel geboten sein, um auch in Zukunft Stiftungserträge generieren und damit die kontinuierliche Satzungszweckverwirklichung sicherstellen zu können. Daher ist im Rahmen der Anlagestrategie neben den Prinzipien der Werterhaltung und Beständigkeit auch darauf zu achten, dass laufend fällig werdende Erträge gewährleistet sind. 56

So kann der Stifter bspw. **allgemeine Anlagegrundsätze** niederlegen, die wie folgt aussehen könnten: „Die Anlage des Stiftungsvermögens soll sich an den Grundsätzen einer langfristigen Werterhaltung und einer angemessenen Risikodiversifizierung ausrichten. Kurzfristige Gewinne sind nicht angestrebt. Die Veräußerung kurzfristig gehaltener Wertpapiere ist dabei jedoch nicht verboten. Die allgemeine Risikobereitschaft ist als gering bis durchschnittlich einzustufen." 57

Bereits weitergehend wäre eine gewisse Vorgabe der **Portfoliostruktur,** mit der noch zurückhaltender operiert werden sollte: „Das zur Vermögensanlage geeignete und dem Erwirtschaften von Erträgen dienende Stiftungsvermögen soll grundsätzlich in vier Anlagegruppen diversifiziert werden. So können von dem Stiftungsvermögen grds. a) bis zu 30 vH in Immobilien, unmittelbar oder über Immobilienfonds, b) bis zu 40 vH in festverzinslichen Wertpapieren, also Rentenfonds und Obligationen, gerne auch inflationsindexierte Bundesanleihen, c) bis zu 20 vH in Aktien(-fonds) sowie d) bis zu 10 vH in andere Anlagen wie zB Finanzinnovationen, Discountzertifikate, Zero Bonds und weitere Risikoanlagen[129] investiert werden. Die vorstehende Grobeinteilung enthält keine starren Grenzen, sondern ist als grundsätzliche Vorstellung über die Anlagestrategie des Stifters zu verstehen. Außergewöhnliche Marktsituationen können grundsätzliche Modifizierungen der skizzierten Portfoliostruktur erforderlich machen." Tendenziell ist eher anzuraten, Leitlinien grundsätzlicher Natur aufzustellen und ggf. Grenzen aufzuzeigen.[130] 58

Die Stiftung kann die Verwaltung des Stiftungsvermögens auch ganz oder teilweise auf Dritte übertragen. Dies sollte dann jedoch in der Satzung geregelt sein. Dazu gehört neben dem Einräumen dieser Option dem Grunde nach die etwaige Konkretisierung des Kreises der Vermögensverwalter (zB Kreditinstitut oder *Family Office*). In einem für diesen Fall zwischen der Stiftung und dem Verwalter zu schließenden **Vermögensverwaltungsvertrag** wäre insbesondere die Beachtung der Stiftungssatzung – und weil die Satzung dies vorsieht, damit des Bundes- und Landesstiftungsrechts sowie der Gemeinnützigkeitsvorschriften der §§ 51 ff. AO – und der ggf. vom Stifter vorgegebenen Anlagerichtlinien verbindlich zu vereinbaren. Ferner sind für diesen Fall sämtliche im Zusammenhang mit der Vermögensverwaltung entstehenden Aufwendungen (Kosten, Gebühren, Provisionen usw.) vertraglich eindeutig zu regeln. Die Satzung sollte für einen solchen Fall festlegen, dass die in diesem Zusammenhang entstehenden jährlichen Aufwendungen nicht mehr als einen gewissen Prozentsatz des verwalteten Stiftungsvermögens bzw. der Erträge betragen dürfen. 59

Ferner sollten dann auch bspw. quartalsweise **Berichtserstattungspflichten** des Vermögensverwalters gegenüber dem Stiftungsvorstand – der wiederum zur Weiterleitung an das Kuratorium zu verpflichten wäre – vereinbart werden. Gleiches gilt für 60

[129] Hierzu näher *Henß* ZSt 2004, 83.

[130] Vgl. zum Ganzen näher *Müller* ErbStB 2004, 212 ff., 215 mwN; siehe auch *Hüttemann* Gemeinnützigkeits- und Spendenrecht, Rz. 6.40 f. mwN.

den Umfang und den Maßstab einer Haftung des Vermögensverwalters im Rahmen von Anlageentscheidungen. Unabhängig davon wäre sodann in der Satzung die Haftung von Mitgliedern von Stiftungsorganen im Zuge der Überwachung der ggf. extern vergebenen Vermögensverwaltung näher zu regeln. Gegebenenfalls sollte in der Satzung die Möglichkeit des Abschlusses einer Vermögensschadensversicherung zum Schutz von Mitgliedern der Stiftungsorgane genannt werden, deren Prämien von der Stiftung getragen werden.[131]

Zu § 5: Verwendung der Vermögenserträge und Zuwendungen

61 Gesetzlich ist der **Grundsatz der zeitnahen Mittelverwendung** (§ 55 Abs. 1 Nr. 5 AO) normiert. Die zeitnahe Mittelverwendung ist eine Konkretisierung des Grundsatzes, dass die gemeinnützigen, mildtätigen und kirchlichen Zwecke von der Stiftung selbstlos verwirklicht werden müssen. In diesem Zusammenhang bedeutet zeitnah, dass die verfügbaren Mittel fortlaufend für die satzungsmäßigen Zwecke verwendet werden müssen. Eine zeitnahe Mittelverwendung ist gegeben, wenn die Mittel spätestens in den auf den Zufluss folgenden zwei Kalender- oder Wirtschaftsjahr für die steuerbegünstigten satzungsmäßigen Zwecke verwendet werden.[132] Eine Ausnahme von der zeitnahen Verwendungspflicht besteht hinsichtlich des Stiftungskapitals, da dieser Kapitalstock nicht geschmälert werden darf. Die Erträge aus diesem Vermögen unterliegen hingegen der zeitnahen Verwendungspflicht.

62 Allerdings erlaubt § 58 Nr. 6 AO einen Teil, jedoch höchstens $^{1}/_{3}$ des Einkommens dazu zu verwenden, um in angemessener Weise den Stifter und seine nächsten Angehörigen zu unterhalten, ihre Gräber zu pflegen und ihr Andenken zu ehren. Alternativ könnte eine solche **Versorgungsregelung** in der Satzung verankert werden. Sie könnte lauten: „Die Stiftung darf in den Grenzen der steuerrechtlichen Vorschriften bis zu $^{1}/_{3}$ ihres Einkommens dazu verwenden, dem Stifter und seinen nächsten Angehörigen in angemessener Weise Unterhalt zu gewähren, die Gräber zu pflegen und ihr Andenken zu ehren. Unterhalt wird nur auf schriftlichen Antrag des Stifters oder eines nächsten Angehörigen gewährt.“ Die Formvorschrift in Satz 2 mit der Antragsvoraussetzung dient der Dokumentation, da § 63 Abs. 3 AO die Stiftung dazu verpflichtet, durch ordnungsgemäße Aufzeichnungen über ihre Einnahmen und Ausgaben den Nachweis über die Erfüllung der steuerbegünstigten Zwecke nebst unschädlicher Betätigungen zu erbringen.

63 Meines Erachtens ist eine solche Versorgungsregelung mit Hinweis auf **§ 58 Nr. 6 AO** in der Satzung **im Regelfall nicht zu empfehlen.** Denn zum einen sind dieser Versorgungsregelung in der Praxis enge Grenzen gesetzt.[133] Die Finanzverwaltung betrachtet es nicht generell als zulässig, bis zu einem Drittel der Erträge der Stiftung an den Stifter oder seine nächsten Angehörigen auszuzahlen. Vielmehr muss es sich dabei um Zahlungen handeln, die notwendig sind, um in angemessener Weise den Stifter und seine nächsten Angehörigen zu unterhalten.[134] Zum anderen beraubt man sich durch die Aufnahme einer solchen Regelung in der Satzung einer anderen Steuervergünstigung, die regelmäßig einen viel weiteren praktischen Anwendungsbereich hat. Dabei handelt es sich um die **Vorschrift des § 29 Abs. 1 Nr. 4 ErbStG.** Sobald eine Versorgungsregelung iSd. § 58 Nr. 6 AO in der Stiftungssatzung enthalten ist, ist es nicht mehr möglich, eine Schenkung bzw. Erbschaft innerhalb von 24 Monaten in diese Stiftung weiter zu leiten, um sich die ursprüngliche Schenkung- bzw. Erbschaftsteuer erstatten zu lassen.[135]

---

[131] Vorliegend vorgesehen in § 7 Abs. 9 der Satzung; zur Haftung des Stiftungsvorstandes bei Vermögensverwaltung vgl. *Stürner* DStR 2015, 1628.

[132] Vgl. § 55 Abs. 1 Nr. 5 Satz 3 AO.

[133] Näher dazu *Buchna/Leichinger/Seeger/Brox* Gemeinnützigkeit im Steuerrecht Tz. 2.8.6.5 (S. 218 f.).

[134] Vgl. hierzu ua. OFD Magdeburg v. 18.5.2004, S 1900 – 22 – St 217/S 0171 – 155 – St 217.

[135] Vgl. ausführlich hierzu C. 3.02 Rz. 23.

Zu § 6: Stiftungsorgane

Der Stifter ist grds. frei in der Wahl seiner Stiftungsorganisation und damit der Anzahl und Funktionen seiner Organe. Dabei kann sich der Stifter auch entscheiden, welche Position er innerhalb dieser Stiftungsorganisation einnehmen will. 64

Eine **Personalunion** in verschiedenen Organen ist zu **vermeiden,** um ua. nicht unnötigerweise in den Fokus der Stiftungsaufsichtsbehörde zu rücken. 65

Zu § 7: Gemeinsame Vorschriften für die Stiftungsorgane

Die Satzung sieht eine Altershöchstgrenze für die Mitglieder der beiden Stiftungsorgane vor. Da der Zeitpunkt des Ausscheidens der einzelnen Mitglieder von der Stiftungsaufsichtsbehörde überwacht wird, ist der Vorstand verpflichtet, regelmäßig die Geburtsdaten neuer Mitglieder von Stiftungsorganen mitzuteilen. Darüber hinaus legt sich die Stiftungsaufsichtsbehörde turnusgemäß die **einzelnen Amtszeiten** der Organmitglieder auf Wiedervorlage. 66

Nach § 3 Nr. 26a EStG[136] sind einkommensteuerfrei u.a. Einnahmen aus nebenberuflicher Tätigkeit im Dienst oder Auftrag einer inländischen, unter § 5 Abs. 1 Nr. 9 KStG fallenden Einrichtung zur Förderung gemeinnütziger, mildtätiger und kirchlicher Zwecke bis zur Höhe von insgesamt € 720,– im Jahr. Soweit Organmitglieder der gemeinnützigen Stiftung nur Auslagenersatz erhalten, ist dies von vornherein nicht einkommensteuerpflichtig und bedarf keiner Steuerbefreiung. Die **Einkommensteuerbefreiung** greift daher nur insoweit, wie das Organmitglied auch eine Vergütung bzw. Zeit-/Arbeitsaufwandspauschale erhält. Für den Fall, dass die Organmitglieder tatsächlich eine Vergütung erhalten, jedoch nach der Satzung diese Mitglieder ehrenamtlich und/oder unentgeltlich tätig sind, verstößt die Körperschaft mit der Zahlung von Vergütungen gegen das Gebot, sämtliche Mittel für die steuerbegünstigten satzungsmäßigen Zwecke zu verwenden, gemäß § 55 Abs. 1 Nr. 1 AO. Um die Gemeinnützigkeit nicht zu gefährden, schreibt die vorliegende Satzung vor, dass die Organmitglieder neben dem Auslagenersatz eine Vergütung erhalten.[137] Die Vergütungen dürfen dann nur nicht unangemessen hoch sein, gem. § 55 Abs. 1 Nr. 3 AO. Bei der Festlegung einer Vergütung zB des Vorstandes sollten die Gesamtbezüge in einem angemessenen Verhältnis zu den Aufgaben des Vorstandsmitglieds, zur Vermögens- und Ertragslage der Stiftung sowie auch zum Haftungsrisiko des Vorstandes stehen.[138] 67

Als weitere Voraussetzungen für die Erlangung des jährlichen Freibetrages schreibt § 3 Nr. 26a EStG u.a. ferner vor, dass diese Tätigkeit nebenberuflich ausgeübt wird.[139] Zudem ist grds. anzunehmen, dass die Tätigkeit der Organmitglieder im Rahmen der Erfüllung der Satzungszwecke der gemeinnützigen Körperschaft ausgeübt wird und damit diese Tätigkeit jedenfalls mittelbar der Förderung dieser steuerbegünstigten Zwecke dient. Allerdings begrenzt die FinVerw. die Steuerbefreiung dem Grunde nach auf Tätigkeiten im Dienst oder Auftrag einer steuerbegünstigten Körperschaft und darauf, dass diese **Tätigkeit für den ideellen Bereich** einschließlich etwaiger Zweckbetriebe ausgeübt wird. Tätigkeiten in einem steuerpflichtigen wirtschaftlichen Geschäftsbetrieb, aber auch unverständlicherweise im Rahmen der Vermögensverwaltung sind nicht begünstigt;[140] das bedeutet, dass die Vermögensverwaltung für eine gemeinnützige Stiftung nach den Einzelsteuergesetzen idR zwar steuerbegünstigt ist, 68

[136] Eingeführt durch das Gesetz zur weiteren Stärkung des bürgerschaftlichen Engagements vom 10.10.2007, BGBl. I 2007 2332 ff., geändert durch das Ehrenamtsstärkungsgesetz v. 21.3.2013, aaO.

[137] Dies ist seit dem Ehrenamtsstärkungsgesetz v. 21.3.2013 (aaO) auch gesetzliche Voraussetzung nach § 27 Abs. 3 Satz 2 BGB iVm § 86 Satz 1 BGB; sa. BMF v. 21.11.2014, BStBl. I 2014, 1581 f., Tz. 8 sowie AEAO zu § 55 Abs. 1 Nr. 3 AO, Ziff. 23.

[138] Vgl. auch *Feick* ZSt 2007, 152, 155.

[139] Zum Ganzen näher *Hüttemann* DB 2009, 1205.

[140] Vgl. BMF v. 21.11.2014, BStBl. I 2014, 1581 ff., Tz. 1.

aber die Tätigkeitsvergütung für den Dienstleistenden bzw. Beauftragten nicht im Rahmen des § 3 Nr. 26a EStG steuerbefreit ist.

Zu § 8: Vertretung der Stiftung

69 Die Satzung sieht hier die gemeinsame Vertretungsbefugnis von zwei Vorstandsmitgliedern vor, wobei es ausreichend ist, wenn der stellvertretende Vorsitzende sich darunter befindet. Solange der Vorstand daher – wie hier in der Erstbesetzung – aus zwei Vorstandsmitgliedern bestehen sollte, handelt es sich faktisch um eine Gesamtvertretung. Bei einer Aufstockung auf höchstens drei Vorstandsmitgliedern, ist auch faktisch durch die Satzung das **Mehrheitsprinzip** vorgegeben. Gerade bei einer im Vermögensumfang zunehmenden Stiftung, bei der sodann naturgemäß auch die Intensität der Zweckverfolgung zunimmt, sollte nicht unbedingt eine Einzelvertretungsberechtigung in der Satzung vorgesehen werden; jedenfalls nicht, solange die Vorstandsmitglieder quasi „ehrenamtlich" tätig sind. Hinzu kommt, dass in zumindest größeren Stiftungen der Stifter idR nicht selbst in den Vorstand geht, sondern Mitglied des Kontrollorgans wird.

70 Sollte die Satzung nichts regeln, gilt bei einem aus mehr als zwei Mitgliedern bestehenden Vorstand gemäß §§ 86 S. 1, 26 Abs. 2 S. 1 BGB die Mehrheitsvertretung.[141] Es ist möglich, über die Satzung den mehrgliedrigen Vorstand intern an Beschlüsse eines anderen Gremiums über die Vornahme von Rechtsgeschäften zu binden.[142] Generell sollten in der Satzung **klare Regelungen getroffen werden.** Bei erkennbar außerhalb der Satzung liegenden Rechtsgeschäften handelt der Vorstand ohne Vertretungsmacht. Es besteht zwingend Einzelempfangsvertretungsmacht gemäß §§ 86, 26 Abs. 2 S. 2 BGB, so dass ein Dritter eine Willenserklärung gegenüber einem einzigen Vorstandsmitglied wirksam abgeben kann.[143] Die Satzung selbst sollte bereits die Befreiung des Vorstandes von den Beschränkungen des § 181 BGB vorsehen. Später ist dies nicht mehr ohne weiteres möglich.

71 Die zuständige Landesstiftungsbehörde wird idR auf Antrag eine – teilweise gebührenpflichtige – **Vertretungsbescheinigung**[144] ausstellen. Diese ist bei Neubesetzung des Vorstandes zurück zu geben und auf Antrag neu auszustellen. So sieht bspw. das hier zuständige Landesstiftungsgesetz vor,[145] dass die zuständige Behörde auf Antrag eine Bescheinigung darüber ausstellt, wer nach Maßgabe der Satzung und der von der Stiftung mitgeteilten Angaben zur Vertretung der Stiftung berechtigt ist. Dabei ist weiter vorgesehen, dass in der Bescheinigung zu vermerken ist, wenn die Vertretungsmacht durch die Satzung gegenüber den gesetzlichen Vorschriften erweitert oder beschränkt worden ist. Trotz mangelnder Publizitätswirkung muss die Stiftung die Vertretungsbescheinigung analog §§ 172, 173 BGB gegen sich gelten lassen, bis dem Geschäftspartner ihr Widerruf bekannt geworden ist.[146]

Zu § 9: Vorstand

72 Die Stiftung muss einen Vorstand haben, der die Stiftung nach außen vertritt.[147] Der Vorstand führt die Geschäfte der Stiftung. Regelmäßig wird der **erste Stiftungsvorstand** von dem Stifter selbst benannt, so auch hier. Der Stifter wird sich hierbei nur selten selbst benennen, da er sich oftmals nicht mit den Einzelheiten des Tagesgeschäfts

---

141 Vgl. Palandt/*Ellenberger* BGB § 26 Rz. 7 mwN.
142 Vgl. dazu MüKoBGB/*Arnold* BGB § 26 Rz. 16 mwN.
143 Vgl. MüKoBGB/*Arnold* BGB § 26 Rz. 19; Palandt/*Ellenberger* BGB § 26 Tz. 8.
144 Zur Frage, ob eine solche Bescheinigung ein anfechtbarer Verwaltungsakt ist, vgl. *Hof* in v. Campenhausen/Richter, Stiftungsrechts-Handbuch, § 8 Rz. 41 (bejahend) mwN auch zur verneinenden Ansicht.
145 Vgl. § 5 Abs. 4 Hamburgisches Stiftungsgesetz v. 14.12.2005, HmbGVBl. 2005, 521.
146 Siehe bei Schauhoff/*Schauhoff*, Handbuch der Gemeinnützigkeit, § 3 Rz. 110 mwN.
147 Vgl. §§ 26, 86 Satz 1 BGB.

auseinandersetzen möchte, sondern vielmehr seinen Einfluss und seine Ideen über ein Kontrollorgan ausüben möchte. Die Satzung sieht vor, dass der Vorstand später durch das Kuratorium gewählt wird.

Zu § 10: Aufgaben des Vorstandes

Wichtig ist es bei einer gemeinnützigen Stiftung, in der Satzung dem Stiftungsvorstand als ausführendes Organ ganz deutlich die Grundlagen seines Handelns darzustellen. Damit soll ua. nochmals auf die **Einhaltung der Konformität der formellen und materiellen Satzungsmäßigkeit** hingewiesen werden. So wäre es bspw. grds. gemeinnützigkeitsschädlich, wenn der Vorstand im Rahmen seiner tatsächlichen Geschäftsführung über das Ziel „hinausschießt" und zB dem Grunde nach neue steuerbegünstigte Zwecke fördert, die jedoch (noch) gar nicht in der Satzung stehen. Dies muss überhaupt nicht mit böser Absicht geschehen: Nicht selten haben engagierte Vorstandsmitglieder innovative Ideen zur Förderung des Allgemeinwohls und beginnen, diese in die Tat umzusetzen, obwohl die Erweiterung der Satzungszwecke noch nicht beschlossen und genehmigt worden ist. Oftmals herrscht im Nachhinein Unverständnis darüber, dass hier gemeinnützigkeitsschädlich gehandelt worden sein soll, obwohl „die Stiftung doch etwas Gutes getan hat". 73

Vorliegend sieht die Satzung vor, dass der Vorstand für einzelne Projekte bis zu einer gewissen Höhe Mittel verwenden kann, ohne die Zustimmung des Kuratoriums einzuholen. Dies ist bei größeren Stiftungen sinnvoll, um die **Handlungsfähigkeit** zu bewahren. Im Rahmen der Erledigung seiner Aufgaben kann sich der Vorstand auch Hilfspersonen bedienen. Dabei ist aber der gesetzliche Rahmen zu beachten, der ausnahmsweise Durchbrechungen des Grundsatzes der Unmittelbarkeit zulässt.[148] 74

Ferner ist der Vorstand für die **Rechnungslegung** der Stiftung zuständig. Die Rechnungslegung hat eine **mehrfache Bedeutung,** und zwar a) für die Organe der Stiftung ist sie Informations- und Entscheidungsgrundlage, b) für die Landesaufsichtsbehörde dient sie der Überwachung der landesstiftungsrechtlichen Vorschriften wie Bestandserhaltung und Mittelverwendung und c) dem Finanzamt fungiert sie als Nachweis für die Einhaltung der Voraussetzungen für die Steuervergünstigungen.[149] Besondere Rechnungslegungsvorschriften für Stiftungen bestehen nicht. Die einzelnen Landesstiftungsgesetze enthalten dagegen unterschiedliche Vorschriften zur Rechnungslegung.[150] Vorliegend ist in der Satzung dem Umstand Rechnung getragen worden, dass das zuständige Landesstiftungsgesetz die Möglichkeit einräumt, der Landesaufsichtsbehörde die Rechnungslegung erst ab dem Geschäftsjahr nach dem Ableben des Stifters einzureichen.[151] Die Vorlage einer Jahresrechnung nach dem hiesigen Landesstiftungsrecht kann sogar generell abbedungen werden.[152] 75

Bei größeren Stiftungen empfiehlt sich eine dezidierte Ausgestaltung der Rechnungslegung in der Satzung. Hier sieht die Satzung ua. vor, dass die Erträge aus den vier Sphären getrennt aufgelistet werden, um undurchsichtigen bzw. unzulässigen Vermögens- und Ertragsverschiebungen vorzubeugen; grds. sind sämtliche Erträge dem ideellen Bereich zwecks Verfolgung der Satzungszwecke zuzuführen. Die Rechnungslegung kann je nach Stiftung von einer optimalen Dokumentation[153] bis zu einer Rechnungslegung mit Mindeststandard[154] reichen.[155] 76

---

[148] Vgl. § 57 Abs. 1 Satz 2 AO.
[149] Vgl. zu den steuerrechtlichen Vorgaben und Auswirkungen auf die Rechnungslegung Berndt/Nordhoff/*Nordhoff* Kap. C. (S. 47 ff.).
[150] Überblick bei *Kußmaul/Meyering/Richter* DStR 2015, 1328.
[151] Vgl. § 5 Abs. 3 Hamburgisches Stiftungsgesetz, HmbGVBl. 2005, 521.
[152] Vgl. § 5 Abs. 3 des Hamburgischen Stiftungsgesetzes.
[153] Vgl. iE *Eichhorn/Heilinger/Scharnbacher* Rote Seiten zu Stiftung & Sponsoring, 3/2004, 7 ff.
[154] Zum Ganzen ausführlich *Römer/Spiegel* in v. Campenhausen/Richter, Stiftungsrechts-Handbuch, § 37.
[155] Zur Weiterentwicklung einer Mittelverwendungsrechnung vgl. *Nolte* DStR 2014, 1350.

Zu § 11: Kuratorium

77 Der Stifter bestimmt mit der Festlegung der Satzung letztlich die Stiftungsorganisation und damit die Kompetenzverteilung zwischen den einzelnen Organen. Soweit es sich um eine größere Stiftung handelt, wird sich der Stifter idR nicht in den Einzelheiten des Tagesgeschäfts verlieren, sondern vielmehr die dauerhafte Kontrollfunktion zu seinen Lebzeiten über den Vorsitz des Kuratoriums übernehmen. Er bestimmt hier auch die weitere **Besetzung des ersten Kuratoriums.** Damit legt er auch langfristig die Denkweise des Kuratoriums fest, da sich später das Kuratorium durch Selbstwahl erneuert und somit oftmals neue Mitglieder hinzukommen, die der gelebten Philosophie des Stifters vermeintlich entsprechen.

78 Die Satzung sieht vor, dass durch die unterschiedlichen Amtszeiten der Mitglieder im ersten Kuratorium sich dieses Organ sukzessive erneuert. So ist eine kontinuierliche Arbeit in diesem Organ gewährleistet.

79 Ferner ist jedem Mitglied die Kompetenz eingeräumt, sich unmittelbar beim Vorstand Auskünfte einholen und Einsicht in die Unterlagen nehmen zu können. Dies ist Grundvoraussetzung für eine fundierte Wahrnehmung der Kontrollfunktion.

Zu § 12: Aufgaben des Kuratoriums

80 Die Aufgaben des Kuratoriums sind sorgfältig in der Satzung zu verankern. Viele der hier vorgesehenen, wahrzunehmenden Aufgaben beruhen darauf, den Status der Gemeinnützigkeit und damit die Gewährung der Steuervergünstigungen nach den Einzelsteuergesetzen sicherzustellen. Nur so ist gewährleistet, dass mit einem nicht geschmälerten Grundstockvermögen und einer zunehmenden Ertragskraft **dauerhaft** die **Satzungszwecke** verfolgt werden können.

81 Hinzu kommen typische Aufgaben eines solchen Kontrollgremiums wie bspw. die Bestellung, Entlastung und Abberufung des Vorstandes sowie die Mitwirkung bei Grundlagenentscheidungen.[156] Grundsätzlich sollten Reibungsverluste zwischen den Organen vermieden werden. Dazu trägt es auch bei, die Kontrollfunktion des Kuratoriums nicht über zu betonen und den Vorstand nicht in seiner alltäglichen Arbeit herabzustufen.[157]

Zu § 13: Änderungen der Satzung

82 Es ist dringend zu empfehlen, die Voraussetzungen für Satzungsänderungen, auch wenn sie nicht in der Änderung des Zwecks bestehen, ausführlich in der Satzung zu regeln. In Abhängigkeit von der Stiftungsaufsichtsbehörde ist es **in einigen Bundesländern äußerst schwierig,** Satzungsänderungen bei einer gemeinnützigen Stiftung genehmigt zu bekommen, sogar selbst noch zu Lebzeiten des Stifters. Die einzelnen Landesstiftungsgesetze enthalten hier eigene Voraussetzungen, die es zu beachten gilt. So kann das Landesstiftungsgesetz bspw. normieren, dass die Stiftung eine Änderung der Satzung beschließen kann, soweit in der Satzung nicht etwas anderes bestimmt ist, hierfür ein sachlicher Grund besteht, insbesondere die tatsächlichen oder rechtlichen Verhältnisse sich nachhaltig geändert haben, und der tatsächliche oder mutmaßliche Wille des Stifters nicht entgegensteht.[158]

83 Vorliegend sieht die Satzung ausdrücklich die Möglichkeit einer Satzungsänderung vor. Die praktische Hürde besteht in der **Erläuterung eines sachlichen Grundes** für eine geplante Satzungsänderung. IdR ist der Stiftungsaufsichtsbehörde darzulegen, inwieweit sich nachhaltig tatsächliche oder rechtliche Verhältnisse geändert haben. Ein

[156] Siehe auch *Hof* in v. Campenhausen/Richter Stiftungsrechts-Handbuch, § 8 Rz. 83.
[157] So auch Münchener Vertragshandbuch/Bd. 1/*Hof,* 7. Aufl. 2011 VIII 1 Rz. 38.
[158] Vgl. zB § 7 Abs. 1 Hamburgisches Stiftungsgesetz v. 14.12.2005, HmbGVBl. 2005, 521; siehe ferner Übersicht über die Genehmigungspflicht für Satzungsänderungen nach den einzelnen Landesstiftungsgesetzen bei *Fritsche* ZSt 2009, 21, 36.

solcher Umstand kann bspw. dadurch gegeben sein, dass die Satzungsstruktur professionalisiert werden soll, weil nunmehr geplant ist, umfangreiches unternehmerisches Vermögen von Todes wegen der Stiftung zuzuwenden, die bislang ggf. nur ein Bar- und Wertpapiervermögen verwaltet.

Neben der Genehmigung durch die zuständige Stiftungsaufsichtsbehörde sollte das zuständige Finanzamt zu der geplanten Satzungsänderung gehört werden. Diese Vorgehensweise sollte der Stifter bereits in der Satzung festlegen, um die Gemeinnützigkeit nicht zu gefährden. Oftmals wird in der Satzung festgelegt, dass der Stifter zu seinen Lebzeiten allein über Satzungsänderungen beschließen bzw. dies nicht ohne seine Stimme erfolgen kann. Generell ist die Tendenz zu erkennen, dem Stifter zu seinen Lebzeiten größtmögliche Kompetenzen in der Satzung zuzuweisen. Es ist aber zu bedenken, dass die Stiftung mit ihrer Besetzung irgendwann auch „alleine laufen muss" und mit dem Tod des Stifters kein Bruch entstehen sollte. Daher sollte, wie hier, idR eine **ausgewogene Kompetenzverteilung** angestrebt werden, die natürlich aber auch gewährleistet, dass Grundentscheidungen nicht „über den Kopf des Stifters hinweg" beschlossen werden können. 84

Zu § 14: Erweiterung und Änderung des Zwecks, Zusammenlegung, Auflösung

Die gravierendsten Maßnahmen können hier nur gemeinsam von den beiden Stiftungsorganen einstimmig beschlossen werden. Dabei handelt es sich um die Erweiterung oder Änderung des bisherigen Satzungszwecks, die Zusammenlegung mit einer anderen Stiftung zu einer neuen übernehmenden Stiftung, die Zulegung durch Übertragung des Vermögens auf eine andere übernehmende Stiftung oder aber sogar die Auflösung der Stiftung. Die Satzung weist darauf hin, dass nach dem anzuwendenden Landesstiftungsgesetz eine solche Maßnahme zu ihrer Wirksamkeit auch der **Genehmigung der Stiftungsaufsichtsbehörde** bedarf.[159] Derartige Maßnahmen stehen grds. konträr zum ursprünglichen Stifterwillen. Folglich sind die Voraussetzungen für solche Maßnahmen sehr hoch geschraubt und können nach der Satzung zu Lebzeiten des Stifters auch nur mit seiner Zustimmung getroffen werden. Die Grundkriterien für solche Maßnahmen sind jedoch so definiert, dass dem Stifter es selbst bewusst sein muss, dass sodann eine solche Maßnahme erforderlich sein kann; oftmals fallen solche Entscheidungen mit zunehmendem Alter schwer. Maßnahmen wie die Erweiterung bzw. Änderung des Satzungszwecks, die Zusammenlegung oder Auflösung der Stiftung sollen nicht mit dem Verlust der Steuervergünstigungen nach den Einzelsteuergesetzen einhergehen. Folglich sieht die Satzung weiter vor, dass das zuständige Finanzamt vor einer solchen Maßnahme anzuhören ist. 85

Vorliegend befindet sich der Sitz der Stiftung in einem stiftungsfreundlichen Bundesland, was auch in der Anzahl der Stiftungen zum Ausdruck kommt. Hier kann also die Stiftung selbst über solche einschneidenden Maßnahmen mit Genehmigung der Stiftungsaufsichtsbehörde beschließen. Es gibt aber auch **Vorschriften einzelner Landesstiftungsgesetze,** die bspw. die Aufhebung der Stiftung nur in die Befugnis der Stiftungsaufsichtsbehörde stellt und die Stiftungsorgane lediglich einen entsprechenden Antrag durch Beschlussfassung stellen können.[160] 86

Das nicht abdingbare und vorrangige Bundesrecht in Gestalt des § 87 Abs. 1 BGB sieht vor, dass die zuständige Behörde der Stiftung eine andere Zweckbestimmung geben oder sie aufheben kann, wenn die Erfüllung des Stiftungszwecks unmöglich geworden ist oder sie das Gemeinwohl gefährdet. Eine solche angeordnete Aufhebung kann jedoch mit Rücksicht auf die grundrechtlich geschützte Stiftungsfreiheit und der 87

[159] Vgl. § 7 Abs. 3 Hamburgisches Stiftungsgesetz, HmbGVBl. 2005, 521.

[160] Vgl. § 9 Hessisches Stiftungsgesetz v. 4.4.1966 (GVBl. I, S. 77), zuletzt geändert mit Gesetz v. 6.9.2007 (GVBl. I, S. 546); oa. § 8 Abs. 1 Niedersächsisches Stiftungsgesetz v. 24.7.1968 (Nds. GVBl., S. 119), zuletzt geändert mit Gesetz v. 23.11.2004 (Nds. GVBl., S. 514).

Prinzipien der Verhältnismäßigkeit sowie der Subsidiarität des staatlichen Eingriffs erst zulässig sein, wenn **mildere Aufsichtsmaßnahmen** nicht geeignet sind bzw. die Stiftungsorgane nach Aufforderung keine Abhilfe leisten.[161]

88 Soweit es unter den besonderen Voraussetzungen zu einer Zusammenlegung[162] von Stiftungen kommt, entsteht die neue Stiftung als Gesamtrechtsnachfolgerin der alten Stiftungen, die sodann erlöschen.[163] Insgesamt ist zu beachten, dass die Möglichkeit zu solchen Maßnahmen **bereits** im Stiftungsgeschäft oder aber wie hier **in der Satzung verankert** wird, da dies regelmäßig nach den Landesstiftungsgesetzen Voraussetzung für eine Antragstellung über eine entsprechende Maßnahme bzw. für einen unmittelbar eigenen Beschluss mit anschließender Genehmigung der Aufsichtsbehörde ist. Es bleibt zu hoffen, dass es Ende 2017 zu bundeseinheitlichen Regelungen zur Vereinfachung der Zusammenlegung und Zulegung von Stiftungen kommt. Nach dem Vorschlag der Bund-Länder-Arbeitsgruppe „Stiftungsrecht"[164] können Stiftungen durch Vertrag zwischen ihnen mit Genehmigung der Landesstiftungsaufsichtsbehörde (oder durch die Behörde selbst) zusammengelegt werden. Als Voraussetzungen schlägt die Arbeitsgruppe vor: „Mindestens zwei übertragende Stiftungen können durch Errichtung einer neuen übernehmenden Stiftung und Übertragung ihres Vermögens als Ganzes zu einer neuen Stiftung zusammengelegt werden, wenn 1. sich die Verhältnisse nach Errichtung der übertragenden Stiftungen so wesentlich verändert haben, dass eine Satzungsänderung nicht ausreicht, um die Stiftungen an die geänderten Verhältnisse anzupassen und die Zusammenlegung als Folge der geänderten Verhältnisse erforderlich ist, 2. bei der übernehmenden Stiftung gesichert erscheint, dass sie die wesentlichen Zwecke der übertragenden Stiftungen im Wesentlichen in gleicher Weise dauernd und nachhaltig erfüllen kann, 3. der ursprüngliche Wille der Stifter der übertragenden Stiftungen berücksichtigt wurde."

Zu § 15: Vermögensanfall

89 Die Satzung wird mit dieser Regelung dem formalen Vermögensbindungsgrundsatz gerecht. Nach § 55 Abs. 1 Nr. 4 Satz 1 AO darf das Vermögen der Körperschaft bei ihrer Auflösung oder Aufhebung oder bei Wegfall ihres bisherigen Zwecks nur für steuerbegünstigte Zwecke verwendet werden **(Grundsatz der Vermögensbindung).** Diese Voraussetzung ist auch erfüllt, wenn das Vermögen einer anderen steuerbegünstigten Körperschaft oder einer Körperschaft des öffentlichen Rechts für steuerbegünstigte Zwecke übertragen werden soll.[165] Daran anknüpfend bestimmt § 61 Abs. 1 AO, dass eine steuerlich ausreichende Vermögensbindung iSd. § 55 Abs. 1 Nr. 4 AO vorliegt, wenn der Zweck, für den das Vermögen bei Auflösung oder Aufhebung der Körperschaft oder bei Wegfall ihres bisherigen Zwecks verwendet werden soll, in der Satzung so genau bestimmt ist, dass aufgrund der Satzung geprüft werden kann, ob der Verwendungszweck steuerbegünstigt ist. Es handelt sich dabei um die Anforderung der formellen Satzungsmäßigkeit des Vermögensbindungsgrundsatzes. Die Anforderung einer Satzungsverankerung nach § 61 Abs. 1 AO hat die Funktion eines Buchnachweises.[166]

90 Folglich hat die Satzung den **Namen der Körperschaft** anzugeben, die das Vermögen bei Auflösung oder Aufhebung der gemeinnützigen Stiftung oder bei Wegfall ihres bisherigen steuerbegünstigten Zwecks zur ausschließlichen und unmittelbaren Verwendung für steuerbegünstigte Zwecke erhalten soll, **oder** aber aus der Satzung

[161] Vgl. v. Campenhausen/Richter/*Hof* Stiftungsrechts-Handbuch, § 11 Rz. 58 mwN.
[162] Zum Ganzen *Saenger* ZSt 2007, 81 ff. sowie aus steuerlicher Sicht *Pauls* ZSt 2007, 123.
[163] Vgl. hierzu MüKoBGB/*Weitemeyer* BGB § 87 Rz. 17.
[164] Vgl. Bericht dieser Arbeitsgruppe an die Ständige Konferenz der Innenminister und -senatoren der Länder vom 9.9.2016, dort S. 75 ff.
[165] Vgl. § 55 Abs. 1 Nr. 4 Satz 2 AO.
[166] Vgl. Tipke/Kruse/*Seer* AO § 61 Tz. 1 [Lfg. 144, April 2016] mwN.

muss sich für diese Fälle ein genau zu bezeichnender **steuerbegünstigter Verwendungszweck** ergeben. Dies würde den materiellen Vermögensbindungsgrundsatz iSd. § 55 Abs. 1 Nr. 4 Sätze 1 und 2 AO auch in formeller Hinsicht erfüllen. Dem ist mit der vorliegenden Satzungsformulierung Genüge getan. In der Praxis ist besonders darauf zu achten, dass bereits der Verstoß gegen die formelle Satzungsmäßigkeit des Vermögensbindungsgrundsatzes zu der schwerwiegenden Sanktion iSd. § 61 Abs. 3 AO führt.

Mit anderen Worten: Bereits eine nachträgliche Änderung dieser Satzungsbestimmung, die in der Neufassung nicht mehr den Buchnachweis über den Vermögensbindungsgrundsatz erbringen kann, führt zu einem Verlust der Gemeinnützigkeit und damit zu einer Nachversteuerung innerhalb der letzten zehn Kalenderjahre vor der Änderung der Bestimmung über die Vermögensbindung. Dass schon der Verstoß gegen die formelle Satzungsmäßigkeit zu dieser schwerwiegenden Sanktion ohne Heilungsmöglichkeit führt, wird kritisiert.[167] Zu einer solchen **rückwirkenden Nachversteuerung** kommt es allerdings erst recht dann, wenn die tatsächliche Geschäftsführung gegen den Vermögensbindungsgrundsatz verstößt,[168] also wenn später tatsächlich bei Auflösung oder Aufhebung der Stiftung bzw. Wegfall ihres bisherigen Zwecks der Vermögensbindungsgrundsatz nicht eingehalten wird. Dies ist allerdings entgegen jeglicher Kritik mE sodann eine gerechtfertigte Konsequenz, die dem Stifter und den Stiftungsorganen von Beginn an bewusst sein muss. Ein erst zukünftiger Beschluss über die Verwendung des Vermögens mit Einwilligung des Finanzamtes ist nicht mehr möglich, da § 61 Abs. 2 AO mit dem Gesetz zur weiteren Stärkung des bürgerschaftlichen Engagements aufgehoben worden ist.[169] 91

Zu § 16: Stiftungsaufsicht und Inkrafttreten

Die Stiftungsaufsichtsbehörde hat insbesondere die Aufgabe, dem Stifterwillen dauerhaft zur Umsetzung zu verhelfen, indem die Stiftungsorgane entsprechend kontrolliert werden. Dabei wird sie insbesondere auf die Bestandserhaltung des Vermögens und die zeitnahe Mittelverwendung zur Verfolgung der anerkannten Satzungszwecke zu achten haben. Je nach Landesstiftungsgesetz sind **unterschiedliche Pflichten für die Stiftungsorgane** geregelt. Im Allgemeinen ist aber damit zu rechnen, dass es grds. a) Berichtspflichten über das Vermögen und die Entwicklung, die Zweckerfüllung, die Zusammensetzung und Tätigkeit der Organe sowie über besondere Rechtsgeschäfte, b) ferner Anzeigepflichten insbesondere über Rechtsgeschäfte zwischen Organmitgliedern und der Stiftung, das Vermögen bzw. die Gemeinnützigkeit gefährdende Ereignisse sowie über neue bzw. ausscheidende Organmitglieder und c) Genehmigungspflichten vor allem über Satzungsänderungen, Eingriffe oder Umschichtungen des Vermögens sowie über die Zusammenlegung oder Aufhebung der Stiftung geben wird. 92

Die **Aufgabe des Finanzamtes** hingegen umfasst regelmäßig die Feststellung nach § 60a AO durch Bescheid, im Rahmen der Veranlagung die Gewährung der Steuervergünstigungen idR durch Freistellungsbescheide, die permanente Überprüfung der steuerlichen Voraussetzungen für die Gemeinnützigkeit und damit ihrer Steuervergünstigungen, insbesondere hinsichtlich der formalen und materiellen Satzungsmäßigkeit, der Selbstlosigkeit, Unmittelbarkeit und Ausschließlichkeit, der Nichtüberschreitung der unschädlichen Betätigungen sowie der Einhaltung des Vermögensbindungsgrundsatzes. Je nach Steuerart handelt es sich dabei um eine Abschnitts- bzw. Stichtagsprüfung. 93

[167] Vgl. dazu Tipke/Kruse/*Seer* AO § 61 Tz. 4 mwN.
[168] Vgl. § 63 Abs. 2 AO; s. a. *Wallenhorst* DStR 2011, 698ff. mit Hinweis auf BFH v. 12.10.2010 – I R 59/09, DStR 2011, 20.
[169] Vgl. dazu näher C. 3.02 unter Rz. 55.

Zu den Amtsannahmeerklärungen

94 Die Amtsannahmeerklärungen sind im Zuge des Anerkennungsverfahrens der Stiftungsaufsichtsbehörde mit zu übersenden. Eine Erklärung des Stifters selbst ist entbehrlich, da dieser dies bereits im Rahmen des Stiftungsgeschäfts bekundet.

III. Zur Alternative „Errichtung von Todes wegen"

95 Eine rechtsfähige Stiftung kann auch durch Testament oder Erbvertrag errichtet und mit Vermögen ausgestattet werden. Aber auch eine bereits zu Lebzeiten errichtete Stiftung kann letztwillig ebenfalls Erbe, Vermächtnisnehmer oder Auflagenbegünstigter sein. Jede Stiftungserrichtung von Todes wegen muss die güterrechtlichen und pflichtteilsrechtlichen Rahmenbedingungen des Erblassers berücksichtigen. In der letztwilligen Verfügung ist eine genaue Zweckbestimmung und Bezeichnung des zuzuwendenden Vermögens zu installieren. Soweit eine Stiftung tatsächlich erst von Todes wegen errichtet werden sollte – abweichend von dem üblichen Beratungsansatz –, ist dringend die **Anordnung einer Testamentsvollstreckung** zu empfehlen. Dabei sind dem Testamentsvollstrecker ausreichende Kompetenzen zuzuweisen, damit dieser insbesondere auch in der Lage ist, gegenüber der Stiftungsaufsichtsbehörde nachbessern zu können und Satzungsänderungen durchführen zu lassen. Jedoch sollte auch in diesen Fällen die Stiftungssatzung und das Stiftungsgeschäft bereits zu Lebzeiten ausgearbeitet und mit dem Finanzamt sowie der Stiftungsaufsichtsbehörde vorbesprochen worden sein. Zudem ist, soweit wie möglich, sicherzustellen, dass der potenzielle Testamentsvollstrecker bzw. der vorgesehene Stiftungsvorstand und das Kuratorium das jeweilige Amt auch annehmen wird. Ferner ist zu prüfen, ob das durch Verfügung von Todes wegen zuzuweisende Vermögen wirklich ausreichen wird, um die geplanten Satzungszwecke dauerhaft verwirklichen zu können.

96 Grundsätzlich ist es möglich, mit einer letztwilligen Verfügung im besonderen Fall auch bereits zu Lebzeiten eine Stiftung errichtet zu haben. Denn wenn **Ehegatten** gemeinsam durch Erbvertrag eine Stiftung errichten, die mit dem Tod des Erstversterbenden entstehen soll, so nimmt jeder Ehegatte ein Stiftungsgeschäft sowohl unter Lebenden wie von Todes wegen vor, und zwar Ersteres unter der Bedingung, dass der andere Ehegatte, sowie Letzteres unter der Bedingung, dass er selbst als Erster verstirbt.[170]

97 Wird eine Stiftung von Todes wegen errichtet, ist sie im Zeitpunkt des Todes noch nicht existent, da es ihrer Anerkennung bedarf. Jedoch gilt sie rückwirkend mit der Anerkennung als erbfähig.[171] Soweit es sich bei der letztwilligen Verfügung nicht um einen zwingend zu beurkundenden Erbvertrag handelt, sollte ein Testament möglichst nicht handschriftlich, sondern ebenso **in notarieller Form** abgefasst sein. Denn gerade bei letztwilligen Verfügungen zugunsten von Stiftungen reagieren Pflichtteilsberechtigte oftmals besonders empfindlich und versuchen nicht selten, bspw. im Wege der Anfechtung einen möglichst hohen Anspruch durchzusetzen. Ein notarielles Testament bietet dabei regelmäßig eine geringere Angriffsfläche, da hiermit bereits ein Beweisanzeichen über die Testier- und Geschäftsfähigkeit des Erblassers geschaffen wird.[172] Grundsätzlich kann ein eröffnetes öffentliches Testament auch einen später idR teureren Erbschein ersetzen. Bei fehlender Anordnung einer Testamentsvollstreckung bzw. fehlender post- und transmortaler Vollmacht für den Testamentsvollstrecker kann für den Nachlass bis zur Anerkennung der von Todes wegen zu errichtenden rechtsfähigen Stiftung ein Nachlasspfleger bestellt werden. Die letztwillige Verfügung gilt als Stiftungsgeschäft und hat folglich die Mindestanforderungen eines

---

[170] Vgl. hierzu induktiv BGH v. 9.2.1978 – III ZR 59/76, BGHZ 70, 313 ff., der gegen die Wirksamkeit eines solchen Stiftungsgeschäfts keine grundsätzlichen Bedenken hatte.
[171] Vgl. § 84 BGB.
[172] Vgl. § 28 BeurkG.

Stiftungsgeschäfts zu erfüllen.[173] Genügt das Stiftungsgeschäft diesen Anforderungen nicht, wird der Stiftung durch die Stiftungsaufsichtsbehörde vor der Anerkennung eine Satzung gegeben oder eine unvollständige Satzung ergänzt, wobei der Wille des Stifters zu berücksichtigen ist.[174] Als Erbin wird die rechtsfähige Stiftung Gesamtrechtsnachfolgerin.[175]

C. 3.02 Gemeinnützige unselbstständige Stiftung

Gliederung

Stiftungsgeschäft über die Errichtung der Stiftung [...] in [...]

C. 3.02

[Stifter]
[Anschrift]
[PLZ, Ort]

– nachfolgend auch „Stifter" genannt –

und
[oftmals Bank oder Sparkasse]

– vertreten durch ihren Vorstand –
– nachfolgend auch „Stiftungsverwalterin" genannt –

vereinbaren Folgendes:[Rz. 25]

I.

Hiermit errichtet *[Name des Stifters]* die
Stiftung [...]
als nichtrechtsfähige Stiftung (Treuhandstiftung).

II.

Zweck der Stiftung ist die Förderung der Jugendhilfe, der Erziehung sowie des Natur- und Umweltschutzes.[Rz. 26]

III.

Der Stifter verpflichtet sich, als Stiftungsvermögen € [...],– (in Worten: Euro [...]) an die Stiftungsverwalterin zu übertragen. Die Übertragung wird spätestens zum [...] fällig.[Rz. 26]

IV.

Die Stiftungsverwalterin verpflichtet sich, dieses Vermögen getrennt von ihrem übrigen Vermögen unter dem Namen der Treuhandstiftung zu verwalten. Sie hat das Stiftungsvermögen und dessen Erträge ausschließlich zur Verfolgung der Zwecke der Treuhandstiftung zu verwenden. Das Vermögen wird von dem Vermögensmanagement des *[Kreditinstitut]* verwaltet.[Rz. 27, 28]

---

173 Vgl. § 81 Abs. 1 Satz 3 BGB.
174 Vgl. § 83 Satz 2 BGB.
175 Vgl. § 1922 BGB.

V.

Die Verwaltung der Treuhandstiftung richtet sich nach der als Anlage beigefügten Stiftungssatzung. Der Stifter und die Stiftungsverwalterin sind sich darüber einig, dass derjenige von ihnen, der den Verlust von Steuervergünstigungen verursacht, die daraus resultierenden Steuerzahlungen im Innenverhältnis schuldet.[Rz. 29]

VI.

(1) Der Stifter behält sich zu seinen Lebzeiten das Recht vor, das Stiftungsgeschäft zu widerrufen und das noch vorhandene übertragene Vermögen zurückzufordern, wenn
(a) über das Vermögen der Stiftungsverwalterin das Insolvenzverfahren eröffnet oder die Eröffnung mangels Masse abgelehnt wird,
(b) in das Stiftungsvermögen die Zwangsvollstreckung wegen – nicht die Treuhandstiftung betreffender – Verbindlichkeiten der Stiftungsverwalterin betrieben wird, sofern die Vollstreckungsmaßnahmen nicht innerhalb von drei Monaten wieder aufgehoben werden oder
(c) die Stiftungsverwalterin die ihr aus diesem Vertrag obliegenden Verpflichtungen fortdauernd nicht oder mangelhaft erfüllt.
(2) Nach Widerruf des Stiftungsgeschäftes hat die Stiftungsverwalterin die Geschäfte der Stiftung bis zur Weiterleitung des Stiftungsvermögens an die von dem Stifter zu bestimmende steuerbegünstigte Körperschaft, längstens bis zum Ende des auf den Widerruf durch den Stifter oder seine Erben bzw. die Kündigung durch die Stiftungsverwalterin folgenden Jahres weiterzuführen.
(3) Dieser Auftrag erlischt nicht mit dem Tod des Stifters. Vielmehr gehen die Rechte und Pflichten hieraus auf die Erben über.
(4) Der Stifter hat im Rahmen seiner letztwilligen Verfügungen seinen Erben zur Auflage gemacht, dieses Stiftungsgeschäft und damit das Treuhandverhältnis aus anderen als in Abs. 1 genannten Gründen nicht zu widerrufen; andernfalls sind die Erben mit einem aufschiebend bedingten Herausgabevermächtnis belastet, und zwar[Rz. 30]
(a) in Höhe des Stiftungsvermögens zugunsten der nach § 10 Abs. 2 der Satzung zu bestimmenden steuerbegünstigten Körperschaft sowie
(b) in Höhe etwaig nachzuzahlender Steuern im Zusammenhang mit dem Widerruf zugunsten des Steuer- bzw. Haftungsschuldners, von dem das Finanzamt die Steuern einfordert. Der Testamentsvollstrecker des Stifters hat für die Erfüllung dieser aufschiebend bedingten Herausgabevermächtnisse entsprechend der letztwilligen Verfügungen Sorge zu tragen.

VII.

(1) Der Datenschutz nach den gesetzlichen Bestimmungen ist einzuhalten.
(2) Die Treuhandstiftung und der Stifter können, zB auf der Internetseite oder im Geschäftsbericht der Stiftungsverwalterin, öffentlich genannt und bei der Vergabe der Erträge namentlich erwähnt werden.[Rz. 31]
☐ Ja ☐ Nein
(3) Die Erklärung zu Ziffer VII. Abs. 2 kann zukünftig jederzeit widerrufen werden.

....	....
[Ort, Datum]	***[Ort, Datum]***
....	....
[Unterschrift des Stifters]	***[Unterschrift der Stiftungsverwalterin]***

Satzung der Stiftung [...]

Präambel

Die Stiftung setzt sich zum Ziel, dauerhaft Kinder und Jugendliche vom Vorschulalter bis zur Vollendung des 18. Lebensjahres in [...] bei der schulischen Begleitung zu unterstützen, zum Ausbau der Ganztagesschulen beizutragen, sowie den Natur- und Umweltschutz finanziell zu fördern.

§ 1 Name, Rechtsform

**(1) Die Stiftung führt den Namen[Rz. 31]
Stiftung [...].**

(2) Sie ist eine nichtrechtsfähige Stiftung bürgerlichen Rechts in der treuhänderischen Verwaltung der *[oftmals Bank oder Sparkasse]* (nachfolgend „Stiftungsverwalterin" genannt). Die Stiftungsverwalterin wird für sie im Rechts- und Geschäftsverkehr handeln. Im Innenverhältnis unterliegt die Stiftungsverwalterin dem Stiftungsgeschäft und dieser Satzung.[Rz. 32, 33]

§ 2 Stiftungszweck und Zweckverwirklichung

(1) Zweck der Stiftung ist die Förderung der Jugendhilfe, der Erziehung sowie des Natur- und Umweltschutzes.[Rz. 34]

(2) Zweck der Stiftung ist auch die Beschaffung und Weiterleitung von Mitteln für andere steuerbegünstigte Körperschaften, juristische Personen des öffentlichen Rechts und ausländische Körperschaften für die Verwirklichung der in Abs. 1 genannten Zwecke, gemäß § 58 Nr. 1 AO.

(3) Der Stiftungszweck wird insbesondere verwirklicht durch Förderung von Vorhaben, die geeignet sind [...] sowie Unterstützung von Maßnahmen, die [...] zum Ziel haben. Gefördert werden sollen auch andere steuerbegünstigte Körperschaften, soweit deren Satzungszwecke mit den hiesigen Zwecken übereinstimmen, und zwar durch die Weiterleitung finanzieller Mittel. Die Weiterleitung von Stiftungsmitteln an ausländische Körperschaften darf nur erfolgen, wenn sich diese Empfängerkörperschaft verpflichtet, binnen vier Monate nach Ende des Geschäftsjahres einen Mittelverwendungsbericht vorzulegen. Daraus muss sich die ausschließliche Verwendung der erhaltenen Mittel für satzungsmäßige Zwecke der Stiftung ergeben, andernfalls oder bei Verstoß gegen die Berichtspflicht wird die Weiterleitung der Mittel unverzüglich eingestellt.[Rz. 35]

(4) Ein Rechtsanspruch auf Zuwendung von Stiftungsmitteln besteht nicht.

(5) Die Stiftung verfolgt ausschließlich und unmittelbar gemeinnützige Zwecke im Sinne des Abschnitts „Steuerbegünstigte Zwecke" der Abgabenordnung.

§ 3 Stiftungsvermögen und Mittelverwendung

(1) Die Stiftung ist mit einem Vermögen ausgestattet, dessen Höhe im Stiftungsgeschäft näher bestimmt ist. Das Stiftungsvermögen ist getrennt vom anderen Vermögen der Stiftungsverwalterin zu verwalten.[Rz. 36]

(2) Das Stiftungsvermögen kann durch Zuwendungen auch von dritter Seite (Geldbeträge, Rechte und sonstige Vermögensgegenstände) erhöht werden. Werden Zuwendungen nicht ausdrücklich zum Vermögen gewidmet, so dienen sie ausschließlich und unmittelbar zeitnah den in § 2 genannten Zwecken.

(3) Das Vermögen der Stiftung ist in seinem Bestand zu erhalten. Es darf nur veräußert oder belastet werden, wenn von dem Erlös gleichwertiges Vermögen erworben wird. Zur Erreichung des Stiftungszwecks dienen grundsätzlich nur die Er-

träge des Vermögens sowie die Zuwendungen, soweit sie nicht nach Abs. 2 das Vermögen erhöhen.[Rz. 37]

(4) Das Stiftungsvermögen ist sicher und ertragsbringend anzulegen.

(5) Die Stiftung ist selbstlos tätig; sie verfolgt nicht in erster Linie eigenwirtschaftliche Zwecke. Die Mittel der Stiftung dürfen nur für satzungsmäßige Zwecke verwendet werden. Die Stiftung darf keine Person durch Ausgaben, die dem Zweck der Stiftung fremd sind, oder durch unverhältnismäßig hohe Vergütungen begünstigen.[Rz. 38]

(6) Die Mittel der Stiftung müssen im gesetzlichen Rahmen des § 55 Abs. 1 Nr. 5 AO zeitnah verwendet werden, d. h. spätestens in den auf den Zufluss folgenden zwei Kalender- oder Wirtschaftsjahren.[Rz. 39]

(7) Die Stiftung ist berechtigt, im Rahmen der Bestimmungen der Abgabenordnung Rücklagen zu bilden und aufzulösen nebst anschließender Verwendung nach Maßgabe des § 62 Abs. 1 und 2 AO, insbesondere auch
   (a) höchstens ein Drittel des Überschusses aus der Vermögensverwaltung und darüber hinaus höchstens 10 vH der sonstigen nach § 55 Abs. 1 Nr. 5 AO zeitnah zu verwendenden Mittel einer freien Rücklage zuzuführen;
   (b) zeitnah zu verwendende Mittel einer zweckgebundenen Rücklage zuzuführen, soweit und solange dies erforderlich ist, um ihre steuerbegünstigten Stiftungszwecke nachhaltig erfüllen zu können. Dies gilt insbesondere zur Finanzierung konkreter langfristiger Vorhaben.

(8) Die Stiftung kann im Jahr ihrer Errichtung und in den drei folgenden Kalenderjahren Überschüsse aus der Vermögensverwaltung und die Gewinne aus wirtschaftlichen Geschäftsbetrieben ganz oder teilweise ihrem Vermögen zuführen.

§ 4 Kuratorium

(1) Die Stiftung hat ein Kuratorium. Das Kuratorium der Stiftung besteht aus drei Personen.[Rz. 40]

(2) Mitglieder des ersten Kuratoriums sind auf Lebzeiten zwei von dem Stifter benannte Personen sowie ein Vertreter der Stiftungsverwalterin, der der Regelamtszeit iSd. Abs. 3 unterliegt. Eine vom Stifter benannte Person, die der Stifter selbst sein kann, ist zu Lebzeiten Vorsitzender des Kuratoriums, die andere vom Stifter benannte Person zu Lebzeiten stellvertretender Kuratoriumsvorsitzender. Die vom Stifter benannten Personen sind berechtigt, das Amt jederzeit niederzulegen. Die benannten Personen sind berechtigt, einen Nachfolger im Amt des Kuratoriumsvorsitzenden bzw. stellvertretenden Kuratoriumsvorsitzenden zu bestimmen, insbesondere durch eine testamentarische Regelung. Machen die benannten Personen von diesem Recht keinen Gebrauch, wählen die verbleibenden Mitglieder des Kuratoriums einen Nachfolger. Im Kuratorium hat dabei immer ein Vertreter der Stiftungsverwalterin zu sein.[Rz. 41, 42]

(3) Nach Erstbestellung – unter Einschluss einer etwaigen Nachfolgerbenennung iSd. Abs. 2 bei Ausscheiden eines Mitglieds – bestellen die verbleibenden Mitglieder des Kuratoriums ein neues Mitglied (Kooption). Die regelmäßige Amtszeit eines Kuratoriumsmitglieds beträgt 4 Jahre. Wiederbestellung ist zulässig. Die Maßgabe des Abs. 2 letzter Satz ist dabei immer zu beachten.

(4) Dem Kuratorium sollen Personen angehören, die besondere Kompetenz im Hinblick auf die Aufgabenerfüllung der Stiftung haben. Ein Mitglied soll in Finanz- und Wirtschaftsfragen sachverständig sein.[Rz. 43]

(5) Vorbehaltlich der Regelung in Abs. 2 wählt sich das Kuratorium aus seiner Mitte einen Vorsitzenden und einen stellvertretenden Vorsitzenden. Wiederwahl ist zulässig.

(6) Das Kuratorium kann sich eine Geschäftsordnung geben.

(7) Kuratoriumsmitglieder üben ihr Amt ehrenamtlich aus. Sie haben nur Anspruch auf Erstattung ihrer Auslagen und Aufwendungen. Eine Vergütung für ihre Tätigkeit erhalten sie nicht.[Rz. 44]

§ 5 Aufgaben und Beschlussfassung des Kuratoriums

(1) Das Kuratorium beschließt über die Verwendung der Stiftungsmittel, wobei höchstens fünf gemeinnützige Organisationen bzw. Einrichtungen im Jahr gefördert werden können. Gegen diese Entscheidung steht der Stiftungsverwalterin ein Vetorecht zu, wenn die Mittelverwendung gegen die Satzung oder rechtliche oder steuerliche Bestimmungen verstößt.[Rz. 45]

(2) Die Beschlüsse des Kuratoriums werden grundsätzlich auf Kuratoriumssitzungen gefasst. Das Kuratorium wird von der Stiftungsverwalterin einmal jährlich, darüber hinaus nach Bedarf schriftlich unter Angabe der einzelnen Beratungsgegenstände einberufen. Zwischen der Einberufung und dem Sitzungstag soll ein Zeitraum von mindestens einer Woche liegen, sofern nicht außerordentliche Umstände eine kürzere Frist erfordern.

(3) Das Kuratorium ist unabhängig von der Anzahl der anwesenden Mitglieder beschlussfähig. Das Kuratorium beschließt mit einfacher Mehrheit der abgegebenen Stimmen, sofern die Satzung nichts anderes bestimmt. Bei Stimmengleichheit entscheidet die Stimme des Vorsitzenden, im Falle seiner Abwesenheit die des Stellvertreters. Stimmenthaltungen gelten als nicht abgegebene Stimmen.[Rz. 46]

(4) Das Kuratorium hält seine Beschlüsse in Niederschriften fest, die mindestens von einem bei der Beschlussfassung mitwirkenden Kuratoriumsmitglied zu unterschreiben sind. Bei der Beschlussfassung abwesende Kuratoriumsmitglieder werden von den Beschlüssen in Kenntnis gesetzt. Ein nachträgliches Einspruchsrecht steht ihnen nicht zu.

(5) Außerhalb von Kuratoriumssitzungen können Beschlüsse auch im schriftlichen Umlaufverfahren durch Brief, Telefax oder E-Mail erfolgen, wenn sich jedes Mitglied an der Abstimmung beteiligt.

§ 6 Stiftungsverwalterin und Treuhandverwaltung

(1) Die Stiftungsverwalterin verwaltet das Stiftungsvermögen getrennt von ihrem Vermögen. Sie vergibt die Stiftungsmittel entsprechend den Beschlüssen des Kuratoriums und wickelt die Fördermaßnahmen ab.[Rz. 47]

(2) Nach Abschluss des Geschäftsjahres erstellt die Stiftungsverwalterin innerhalb von sechs Monaten eine Jahresabrechnung mit einer Vermögensübersicht und einem Bericht über die Erfüllung des Stiftungszwecks.[Rz. 48]

(3) Die Stiftungsverwalterin sorgt für eine angemessene Publizität der Stiftungsaktivitäten.

§ 7 Kosten

(1) Die der Stiftungsverwalterin für die Verwaltung des Stiftungsvermögens von Dritten in Rechnung gestellten Kosten, d. h. insbesondere Ausgabeaufschläge, Depot- und Kontogebühren bzw. sonstige Gebühren, werden der Stiftung belastet. Gleiches gilt für sonstige der Stiftungsverwalterin von Dritten hinsichtlich dieser Stiftung in Rechnung gestellte Kosten, insbesondere die Kosten für die Buchhaltung, die Erstellung der Jahresabrechnung und Steuererklärung sowie Herausgabeansprüche Dritter.

(2) Die Stiftungsverwalterin selbst wird für die Verwaltung des Vermögens bzw. die Ausführung von Maßnahmen zur Satzungszweckverwirklichung keine Verwaltungsgebühr erheben.[Rz. 49]

§ 8 Geschäftsjahr

Das Geschäftsjahr entspricht dem Geschäftsjahr der Stiftungsverwalterin. Es kann von der Stiftungsverwalterin abweichend festgelegt werden.[Rz. 50]

§ 9 Satzungsänderungen

(1) Das Kuratorium kann die Satzung der Stiftung mit einer Mehrheit von zwei Dritteln aller Mitglieder ändern oder ergänzen, soweit dies zur Anpassung an veränderte Verhältnisse erforderlich ist. Dies ist jedoch nicht ohne die Stimme des Stifters möglich. Soweit der Stifter zu Lebzeiten nicht (mehr) dem Kuratorium angehört, bedarf es seiner Zustimmung.[Rz. 51]

(2) Das Kuratorium kann auch den Stiftungszweck ändern; der Zweck muss jedoch im weitesten Rahmen die Förderung der Jugendhilfe umfassen und steuerbegünstigt sein. Absatz 1 Sätze 2 und 3 gelten entsprechend.[Rz. 52]

(3) Die Beschlüsse nach Abs. 1 und 2 bedürfen ferner der Zustimmung der Stiftungsverwalterin.

§ 10 Auflösung

(1) Das Kuratorium und die Stiftungsverwalterin können gemeinsam die Auflösung der Stiftung beschließen, wenn die Umstände es nicht mehr zulassen, den Stiftungszweck dauerhaft und nachhaltig zu erfüllen. § 9 Abs. 1 Sätze 2 und 3 dieser Satzung gelten entsprechend.[Rz. 53]

(2) Bei Auflösung der Stiftung oder bei Wegfall der steuerbegünstigten Zwecke fällt das nach Abzug sämtlicher Verbindlichkeiten restliche Vermögen an die [genaue Bezeichnung einer anderen steuerbegünstigte Körperschaft], die es unmittelbar und ausschließlich für gemeinnützige Zwecke, die den Satzungszwecken dieser Stiftung möglichst nahe kommen, selbstlos zu verwenden hat.[Rz. 54, 55]

....	....
[Ort, Datum]	***[Ort, Datum]***
....	....
[Unterschrift des Stifters]	***[Unterschrift der Stiftungsverwalterin]***

A. Grundsätzliche Anmerkungen

I. Wirtschaftliche Aspekte

1 Im Vergleich zu einer **rechtsfähigen Stiftung** ist die praktische Umsetzung einer unselbstständigen Stiftung und damit der Weg zur selbstlosen Förderung der Allgemeinheit auf materiellem, geistigem oder sittlichem Gebiet wesentlich leichter. Den Weg zur Errichtung einer selbstständiger Stiftung scheuen sich viele zu gehen, da ihnen der **Aufwand** bei der Errichtung und der Verwaltung **und/oder** letztlich natürlich der **Kapitaleinsatz zu hoch** ist. Mit einer unselbstständigen Stiftung hingegen, unabhängig davon, ob als Dauerstiftung[1] oder neuerdings als Verbrauchsstiftung[2] ausgestaltet, engagieren sich zunehmend immer mehr Unternehmer und Privatpersonen im gemeinnützigen Bereich.

2 In den letzten Jahren haben vermehrt die Banken und Sparkassen erkannt, dass mit dem Instrumentarium einer Dachgesellschaft für unselbstständige Stiftungen eine

[1] So das hier vorliegende Formular.

[2] Vgl. dazu das Formular C.3.03.

„Win-win"-Lösung möglich ist. Damit können die Banken und Sparkassen Rahmenbedingungen für eine einfache, schnelle und unbürokratische Stiftungserrichtung schaffen, so dass möglichst viele Kunden mit verhältnismäßig geringem Kapitaleinsatz eine **unselbstständige Stiftung mit eigenem Namen** begründen können. In der Regel wird der gesamte Rechts- und Geschäftsverkehr dauerhaft über die als Stiftungsverwalterin fungierende Gesellschaft des Kreditinstituts abgewickelt. Kosten für die Gründung entstehen regelmäßig keine. Etliche Anbieter verzichten sogar auf eine jährliche Vermögensverwaltergebühr und stellen nur die Kosten für die Vermögensanlage (wie zB Transaktionskosten und Buchhaltungskosten) in Rechnung. Denn ihnen steht allein so schon eine größere Geldmenge im Rahmen der **Vermögensverwaltung** zur Verfügung, wenn auch separiert für jede einzelne unselbstständige Stiftung.

Einige Anbieter erleichtern zusätzlich die Zugangsvoraussetzungen, in dem sie 3
nochmals unterscheiden zwischen einer unselbstständigen Treuhandstiftung, die Kunden bspw. ab einer Größenordnung von € 100 000,– errichten können und einem sog. Stiftungsfonds, der zB ab ca. € 25 000,– möglich ist. In beiden Fällen legt der Kunde als Stifter mithilfe einer Satzung einen Namen für dieses separat zu verwaltende Vermögen (zB in Gestalt eines Bankkontos, Wertpapierdepots) fest und bestimmt einen Förderzweck, der durch die zukünftig generierten Erträge gefördert wird. **Je größer der Kapitaleinsatz, desto mehr Zwecke** können in der Regel benannt werden. Aufgrund der Zinslandschaft ist allerdings vermehrt eine Verschiebung von einer dauernden Einkommensstiftung zu einer Verbrauchsstiftung zu beobachten.[3] Letztere sind naturgemäß bei Stiftungsverwaltern weniger beliebt, weil das zu verwaltende Vermögen sukzessive reduziert wird; teilweise wird sich dies mittelfristig voraussichtlich über die Erhebung einer Verwaltergebühr auswirken.

Treuhandgesellschaften – auch außerhalb der Banken und Sparkassen – als rechtlich 4
selbständiger Träger der unselbstständigen Stiftung sowie als Verwalter dieses Stiftungs-/Sondervermögens konnten in den letzten Jahren einen **enormen Zuwachs** an Stiftern und damit unselbstständigen Stiftungen und somit auch an separat zu verwaltendem Kapital verzeichnen. Beispiele aus der Praxis zeigen, dass teilweise innerhalb von weniger als fünf Jahren bereits über einhundert Treuhandstiftungen unter dem Dach eines Treuhänders eingerichtet werden konnten.

II. Rechtliche Aspekte

Nicht rechtsfähige, also unselbstständige Stiftungen des privaten Rechts haben im 5
Gegensatz zu rechtsfähigen Stiftungen **keine eigene Rechtspersönlichkeit.** Daher **bedarf** ihre Errichtung **keiner** besonderen staatlichen **Anerkennung und** unterliegt auch nicht der **Rechtsaufsicht** der Landesstiftungsbehörde. Folglich erfassen die Landesstiftungsgesetze sie grds. nicht. Die analoge Anwendung der §§ 80 ff. BGB ist auf die unselbstständige Stiftung nach hM nicht zulässig.[4]

Bereits das Reichsgericht hat anerkannt, dass es neben den selbstständigen Stiftun- 6
gen auch solche privatrechtlichen Zuwendungen geben kann, „die zwar einem bestimmten Zwecke gewidmet sind, aber keine selbstständige Natur und keine Rechtsfähigkeit besitzen. Auch diese unselbstständigen Zuwendungen, die ebenso gut auf einem Stiftungsgeschäft unter Lebenden (zB einer belasteten Schenkung) sowie auf einer letztwilligen Anordnung beruhen können, werden herkömmlich (…) unter dem vieldeutigen Ausdrucke „Stiftungen" mitbegriffen."[5] Heute lässt sich die unselbststän-

---

[3] Während erstere die Satzungszwecke über die generierten Erträge verfolgt, verwirklicht dies letztere durch den Verbrauch der Vermögenssubstanz.

[4] Vgl. Staudinger/*Hüttemann/Rawert* Vorbem. zu §§ 80 ff. BGB Rz. 235.

[5] Vgl. RG v. 24.6.1916 – V 137/16, RGZ 88, 335 ff. [339].

dige Stiftung **definieren als** „ein durch Rechtsgeschäft begründetes Rechtsverhältnis zwischen Stifter und Rechtsträger, innerhalb dessen der Träger verpflichtet ist, die ihm vom Stifter übertragenen Vermögenswerte dauerhaft zur Verfolgung eines vom Stifter bestimmten Zwecks zu verwenden und als ein von seinem übrigen Vermögen getrenntes Sondervermögen zu verwalten".[6]

7 Eine solche unselbstständige Stiftung entsteht allein durch Vertrag zwischen dem Stifter und dem Stiftungsträger.[7] Zunehmend schließen diese beiden Beteiligten einen **Treuhandvertrag,** mit dem das Stiftungsvermögen separat vom Stiftungsträger treuhänderisch verwaltet wird. Ein solcher Vertrag zwischen diesen beiden Beteiligten kann aber auch als **Schenkung unter Auflage** iSd. § 525 BGB **oder** als **Zweckschenkung** ausgestaltet werden. Während die Auflage einen klagbaren Anspruch gegen den beschenkten Stiftungsträger auf Erfüllung begründet, ist im Zuge der Zweckschenkung lediglich die Erfüllung bestimmter Aufgaben Geschäftsgrundlage der Zuwendung, die keine durchsetzbare Verpflichtung des beschenkten Stiftungsträgers mit sich bringt.

8 Die **Abgrenzung** zwischen einem **Treuhandvertrag und** einer **Schenkung unter Auflage** ist rechtlich umstritten und praktisch schwierig.[8] Teilweise wird sogar vertreten, dass die unselbstständige Stiftung auf der Grundlage eines Treuhandvertrages ungeeignet ist, weil u.a. die Möglichkeit des Widerrufs und die Herausgabeberechtigung der Erben dem Willen des Stifters über einen endgültigen Übergang des Stiftungsvermögens auf den Stiftungsträger entgegen steht und damit die Existenz der unselbstständigen Stiftung in hohem Maße gefährdet. Ein Ausschluss der Rückgabepflicht mache die unselbstständige Stiftung sodann aber vielmehr zur Schenkung unter Auflage.[9] Einigkeit dürfte heute zumindest darüber bestehen, dass es sich um einen endgültigen Vermögenstransfer handeln muss und damit nur Schenkungstatbestände in Betracht kommen.[10]

9 Die wohl hM sieht dies differenzierter und hält in Abgrenzung zu einer Schenkung unter Auflage durchaus ein Treuhandgeschäft in unterschiedlichster Ausgestaltung für zulässig;[11] dies wird von der Praxis lebhaft genutzt. Inzwischen hat sich der BGH grundlegend dazu geäußert und die **Errichtung einer unselbstständigen Stiftung** auch **in Gestalt eines Treuhandverhältnisses** für **zulässig** erklärt.[12] Die unselbstständige Stiftung kann folglich in unterschiedlicher Ausgestaltung errichtet werden; dies richtet sich nach dem Parteiwillen. Zugleich hat der BGH jedoch das AGB-Recht insoweit für anwendbar erklärt, so dass bei der vertraglichen Ausgestaltung darauf zu achten ist, dass nicht gegen die §§ 305 ff. BGB verstoßen wird. Im Urteilsfall verstieß eine Allgemeine Geschäftsbedingung in einem Treuhandvertrag gegen § 309 Nr. 9a BGB, da sie dem stiftenden Treugeber die Möglichkeit der Kündigung zu seinen Lebzeiten genommen hatte.[13]

10 Letztendlich kann die unselbstständige Stiftung unter Lebenden durch Vertrag also entweder in Gestalt eines Treuhandgeschäfts in Form von Auftrag, Dienstvertrag, Geschäftsbesorgungsvertrag oder aber als Schenkung unter Auflage (§§ 518, 525 BGB) errichtet werden. Die **notarielle Beurkundung** ist gesetzlich vorgesehen grds. bei einer Schenkung unter Auflage (§ 518 BGB, soweit nicht Heilung durch Vollzug),

---

[6] Vgl. *Herzog* Die unselbständige Stiftung bürgerlichen Rechts, 2006, S. 26.

[7] Zur Idee eines einseitigen Schöpfungsaktes über den Gedanken von § 1914 BGB sowie § 1 Abs. 1 Nr. 5 KStG vgl. *Streck* ErbR 2016, 370 f.

[8] Näher zum Ganzen *Fritsche* ZSt 2008, 3 ff. [8 f.]; *Seyfarth* Der Schutz der unselbstständigen Stiftung, 2009, S. 22 ff.; zum Meinungsstand *Muscheler* ErbR 2016, 358 ff., 364 mwN.

[9] So MüKoBGB/*Weitemeyer* BGB § 80 Rz. 199 ff., insb. Rz. 207 mwN. und insgesamt kritisch und zur Rechtsfortbildung in Rz. 218.

[10] So nun auch Staudinger/*Hüttemann/Rawert* Vorbem. zu §§ 80 ff. BGB Rz. 242, die auf Auftragsrecht beruhende Treuhandkonstruktionen für damit nicht vereinbar halten.

[11] Stellvertretend v. Campenhausen/Richter/*Hof* Stiftungsrechts-Handbuch, § 36 Rz. 1 ff., insb. 15, 27 mwN.

[12] BGH v. 12.3.2009 – III ZR 142/08, ZEV 2009, 410 [411] mit Anm. *Möller.*

[13] Vgl. BGH v. 12.3.2009 – III ZR 142/08, BB 2009, 1553 m. Anm. *Krause.*

oder aber, wenn das Stiftungsgeschäft die Übertragung von Grundstücken (§ 311b BGB) oder von GmbH-Anteilen vorsieht (§ 15 Abs. 4 GmbHG).

Der Stifter kann sich grundsätzlich neben den gesetzlichen, auch vertraglich **ausgewählte Widerrufsrechte** vorbehalten. So kann ggf. vermieden werden, dass das Stiftungsvermögen für sonstige Verbindlichkeiten des Stiftungsträgers haftet, da grundsätzlich ohne Widerrufsrechte das Stiftungsvermögen das insolvenz- und vollstreckungsrechtliche Schicksal des Eigenvermögens teilt. 11

Im Rahmen eines Schenkungsvertrages unter Auflage mit dem Stiftungsträger greifen zu Gunsten der **Gläubiger** des schenkenden Stifters die Schutzvorschriften bei unentgeltlichen Zuwendungen wie bspw. die Möglichkeit der Anfechtung iSd. § 4 AnfG. Ferner stehen dem pflichtteilsberechtigten **Erben** des Stifters Pflichtteilsergänzungsansprüche iSd. §§ 2325, 2329 BGB zu. Da in der Praxis zunehmend Treuhandverträge zwischen dem Stifter und dem Stiftungsträger geschlossen werden, ist vorstehend die Ausgestaltung einer Treuhandstiftung aufgezeigt worden. 12

Eine unselbstständige Stiftung kann nicht nur unter Lebenden, sondern **auch durch Stiftungsgeschäft von Todes wegen errichtet** werden. Dafür stehen insbesondere die erbrechtlichen Gestaltungsformen, also das Testament oder der Erbvertrag oder ein Vermächtnis mit Auflage zur Verfügung. Wie bei einer selbstständigen Stiftung gilt auch hier, dass zumindest über einen Teilpflichtteilsverzichtsvertrag nachzudenken ist, wenn die von Todes wegen zu errichtende unselbstständige Stiftung per Vermächtnis oder Auflage begünstigt werden soll. 13

Nach der **Erbrechtsreform**[14] ist zwar die tückische Vorschrift des § 2306 Abs. 1 BGB begrüßenswerter Weise praxisgerechter normiert worden, allerdings kann seitdem ein pflichtteilsberechtigter Erbe seinen beschränkten bzw. beschwerten Erbteil unabhängig von der Höhe des Erbteils zur Pflichtteilsquote ausschlagen und seinen Pflichtteil und damit einen sofort fälligen Geldanspruch geltend machen.[15] Zwecks Erhöhung der Testierfreiheit und Vermeidung einer Liquiditätsbelastung zulasten der unselbstständigen Stiftung sind daher Pflichtteilsverzichtsverträge – soweit möglich – regelmäßig zu empfehlen. Eine erstmalige Errichtung von Todes wegen per Auflage bleibt in ihrer Umsetzung immer latent gefährdet. 14

Tendenziell ist ebenso wie bei der selbstständigen Stiftung zumindest das Anstiften und damit bereits die **Errichtung** der unselbstständigen Stiftung **zu Lebzeiten** einer Errichtung von Todes wegen **vorzuziehen.** Denn so kann die Stiftungsarbeit bereits mit Leben erfüllt werden und das Zusammenspiel zwischen Stifter mit seinem Stifterwillen und der Stiftungsverwalterin erprobt und erforderlichenfalls noch zu Lebzeiten verbessert werden. Gerade weil es bei der unselbstständigen Stiftung auch keine Rechtsaufsicht gibt, sollte auf diese lebzeitige Testphase nicht verzichtet werden. Zur Unterscheidung der einzelnen erbrechtlichen Gestaltungsformen wird auf das weitere Schrifttum verwiesen.[16] 15

III. Steuerliche Aspekte

Die unselbstständige Stiftung ist nicht nur wegen ihrer geringeren Implementierungsvoraussetzungen (geringer Aufwand, verhältnismäßig wenig Kapitaleinsatz) unter Berücksichtigung der allgemeinen Motivation zur Förderung gemeinnütziger Zwecke im weiteren Sinne (§§ 52 bis 54 AO) zunehmend beliebt, sondern auch aufgrund ihrer steuerlichen Attraktivität im Hinblick auf die **Spendenabzugsfähigkeit** (§ 10b 16

[14] Das „Gesetz zur Änderung des Erb- und Verjährungsrechts" vom 3.7.2009 (vgl. BT-Drs. 16/8954 und 16/13543) trat am 1.1.2010 in Kraft (Gesetz vom 24.9.2009, BGBl. I 2009, 3142).

[15] Näher zur Erbrechtsreform *Müller/Tomhave* ErbStB 2009, 244.

[16] Für viele *Wochner* ZEV 1999, 125 ff. [128 bis 130]; v. Campenhausen/Richter/*Hof* Stiftungsrechts-Handbuch, § 36 Rz. 117 ff. mwN; Staudinger/*Hüttemann/Rawert* (2011) Vorbem. zu §§ 80 ff. BGB Rz. 252 f.

Abs. 1 und 1a EStG) und mögliche erbschaftsteuerliche Vorteile (§ 29 Abs. 1 Nr. 4 ErbStG). Grundsätzlich gelten die steuerlichen Ausführungen zur rechtsfähigen Stiftung.[17]

17 Körperschaftsteuerrechtlich ist die nichtrechtsfähige Stiftung (§ 1 Abs. 1 Nr. 5 KStG) der rechtsfähigen Stiftung (§ 1 Abs. 1 Nr. 4 KStG) gleichgestellt. **Gemäß § 1 Abs. 1 Nr. 5 KStG** sind nichtrechtsfähige Stiftungen des privaten Rechts unbeschränkt körperschaftsteuerpflichtig, wenn sich ihre Geschäftsleitung oder ihr Sitz im Inland befinden. Eine nichtrechtsfähige Stiftung ist nach der höchstrichterlichen Finanzrechtsprechung errichtet, wenn einer natürlichen oder juristischen Person Vermögensteile von dritter Seite zugewendet werden mit der Auflage, die Erträgnisse für einen bestimmten Zweck zu verwenden.[18] Ferner ist sie als Stiftung des privaten Rechts anzusehen, wenn sich ihre Organisationsform ebenso auf das Privatrecht gründet wie bei den in § 1 Nr. 1 bis 4 KStG bezeichneten Körperschaften, also dann, wenn sie aufgrund zivilrechtlicher Rechtsgestaltung in Formen des Zivilrechts geschaffen wurde.[19]

18 Allerdings ist zu beachten, dass nach § 3 Abs. 1 KStG nichtrechtsfähige Personenvereinigungen nur dann körperschaftsteuerpflichtig sind, wenn ihr Einkommen weder nach diesem Gesetz noch nach dem EStG unmittelbar bei einem anderen Steuerpflichtigen zu versteuern ist. Folglich ist im Einzelfall zu prüfen, ob das zivilrechtlich dem Stiftungsträger zugeordnete Einkommen des Stiftungsvermögens jedenfalls auch wirtschaftlich als eigenes Einkommen des Stiftungsvermögens anzusehen ist.[20] Dazu bedarf es einer wirtschaftlichen Selbstständigkeit in dem Sinne, dass das Stiftungsvermögen der Stiftungsträgerin eine **eigenständige Leistungsfähigkeit und Verfügungsmacht** begründet. Folglich ist die nichtrechtsfähige Stiftung im steuerlichen Sinne wirtschaftlich selbstständig, wenn das Stiftungsvermögen aus dem Vermögen des Stifters ausscheidet, die Stiftungserträge dem Träger des Stiftungsvermögens steuerlich nicht als eigenes Einkommen zugerechnet werden können und die Bindung an den Stiftungszweck auf Dauer angelegt ist.

19 All dies ist im Beispiel der Treuhandstiftung im Vertragsformular regelmäßig gegeben. Vor allem ist die Stiftungsverwalterin regelmäßig nicht zugleich wirtschaftlicher Eigentümer des Stiftungsvermögens, da sie kraft der treuhänderischen Bindung gegenüber dem Stifter schuldrechtlich verpflichtet ist, das Stiftungsvermögen als Sondervermögen zu verwalten und dessen Erträge nur für den vom Stifter bestimmten Zweck zu verwenden. Dies bringt gerade die Stellung eines Treuhänders mit sich. Die Einkünfte sind auch nicht der Stiftungsverwalterin zuzurechnen, da es für die körperschaftsteuerliche Einkünftezurechnung unerheblich ist, wer über die Anlageform oder eine Vermögensumschichtung entscheidet. Vielmehr ist **maßgebend, wem die Erträge** des Vermögens **wirtschaftlich zu Gute kommen,** so dass es nicht auf die Disposition über das Vermögen, sondern auf die Entscheidung über die Mittelverwendung ankommt.[21] Für die wirtschaftliche Selbstständigkeit der nichtrechtsfähigen Stiftung bedarf es jedoch weiterhin auch der Dauerhaftigkeit der rechtlichen Bindung. Folglich ist darauf zu achten, dass der widmende Stifter und die Stiftungsverwalterin als Rechtsträger nicht das Recht haben dürfen, die Zweckbindung jederzeit nach Belieben aufzuheben. Daher sollten lediglich vertraglich ausgewählte Widerrufsrechte für den Stifter bzw. seine Erben eingeräumt werden. Eine Kündigung durch die Stiftungsverwalterin ist bereits aus praktischen Erwägungen eher der seltene Ausnahmefall.

20 Ist die unselbstständige Stiftung folglich ein selbstständiges Körperschaftsteuersubjekt iSd. § 1 Abs. 1 Nr. 5 KStG, ist im Einzelfall zu prüfen, ob diese Stiftung den Status der Gemeinnützigkeit und damit die Steuerbefreiungen nach den Einzelsteuergesetzen

---

[17] Vgl. C. 3.01 Rz. 16 ff.
[18] BFH v. 29.1.2003 – I R 106/00, ZEV 2003, 258 f. [258].
[19] Vgl. BFH v. 24.3.1993 – I R 27/92, BStBl. 1993 II, 637 f. [638].
[20] Dezidiert dazu *Hüttemann/Herzog* DB 2004, 1001 [1003].
[21] Vgl. *Hüttemann/Herzog* DB 2004, 1001 [1005].

erlangen kann. Hierfür muss die nichtrechtsfähige Stiftung als eigenständiges Steuersubjekt die allgemeinen Voraussetzungen der §§ 51 ff. AO erfüllen, und zwar **in formeller (satzungsmäßiger) und materieller (tatsächlicher)** Hinsicht. Es müssen also wie bei einer rechtsfähigen Stiftung sowohl formell, als auch tatsächlich steuerbegünstigte – also im engeren Sinne gemeinnützige, mildtätige oder kirchliche – Zwecke ausschließlich, unmittelbar und selbstlos verfolgt werden. Ferner muss eine steuerlich ausreichende Vermögensbindung (§ 55 Abs. 1 Nr. 4, § 61 AO) vorgesehen sein und eingehalten werden.

Erfüllt die unselbstständige Stiftung diese Voraussetzungen, ist sie nicht nur **von der Körperschaftsteuerpflicht befreit** (§ 5 Abs. 1 Nr. 9 KStG), sondern kann bspw. auch Zuwendungen schenkung- bzw. erbschaftsteuerbefreit vereinnahmen (§ 13 Abs. 1 Nr. 16b ErbStG). 21

Daneben ist es auch möglich, dass unselbstständige Stiftungen dem **Anwendungsbereich des § 29 Abs. 1 Nr. 4 ErbStG** unterfallen. Es ist kein Grund ersichtlich, weshalb der Gesetzgeber dies nur hinsichtlich rechtsfähiger Stiftungen gelten lassen wollte.[22] Die Vorschriften § 13 Abs. 1 Nr. 16b ErbStG und § 29 Abs. 1 Nr. 4 ErbStG bedingen sich jedoch nicht zwangsläufig wechselseitig, so dass nicht immer zwingend beide bzw. keine der beiden Vorschriften erfüllt sein müssen.[23] Es ist daher grds. möglich, dass Beschenkte oder Erwerber von Todes wegen den Schenkungsgegenstand bzw. die Nachlassgegenstände innerhalb von 24 Monaten nach dem Zeitpunkt der Steuerentstehung (idR die Ausführung der Schenkung bzw. der Todestag, vgl. § 9 ErbStG) einer unselbstständigen Stiftung zuwenden können, die als gemeinnützig anerkannte steuerbegünstigte Zwecke verfolgt, um die aufgrund der Schenkung bzw. dem Erbfall entstandene Schenkung- bzw. Erbschaftsteuer mit Wirkung für die Vergangenheit erlöschen und sich damit erstatten zu lassen. 22

Dies kommt dann in Betracht, wenn der Beschenkte bzw. Erwerber von Todes wegen bereits ausreichend versorgt ist und sich auch aus anderen Gründen mit dem Gedanken getragen hat, die Schenkung bzw. den Erwerb von Todes wegen gemeinnützigen Zwecken zur Verfügung zu stellen. Eine weitere Voraussetzung dafür ist allerdings, dass die unselbstständige Stiftung wiederum **nicht** einen Teil ihrer Erträge im Rahmen des **§ 58 Nr. 6 AO** der Stifterfamilie zur Verfügung stellt. Ferner ist Voraussetzung für die Erstattung der mit Schenkung bzw. Erbanfall entstandenen Schenkung- bzw. Erbschaftsteuer, dass für diese fristgerecht weitergeleitete Zuwendung in die Stiftung kein Spendenabzug iSd. § 10b EStG bzw. § 9 Abs. 1 Nr. 2 KStG und auch keine Gewerbesteuerkürzung iSd. § 9 Nr. 5 GewStG geltend gemacht wird. Zu beachten ist, dass zwar die unselbstständige Stiftung gemeinnützig sein muss, allerdings nicht die Stiftungsträgerin – dies kann grds. jede Person sein, jedoch ist dies aufgrund der Dauerhaftigkeit in der Regel eine juristische Person –, um in den Anwendungsbereich des § 29 Abs. 1 Nr. 4 ErbStG zu gelangen. 23

Da eine unselbstständige Stiftung eine Körperschaft iSd. der gemeinnützigkeitsrechtlichen Vorschriften gem. § 51 Satz 2 AO und insbesondere eine nach § 5 Abs. 1 Nr. 9 KStG steuerbefreite Stiftung des privaten Rechts ist, können Zuwendungen an sie auch als Sonderausgaben nach § 10b Abs. 1 EStG geltend gemacht werden. Zudem kann die **besondere Stiftungsspendenabzugsvorschrift** des § 10b Abs. 1a EStG in Anspruch genommen werden. Damit sind alle Körperschaften iSd. § 51 AO gemeint, die die Voraussetzungen der §§ 52 ff. AO erfüllen. Der Gemeinnützigkeitsstatus ist somit nicht nur Voraussetzung für die Inanspruchnahme bestimmter Steuervergünstigungen nach den Einzelsteuergesetzen, sondern auch gesetzlicher Anknüpfungspunkt für die Berechtigung zum Empfang steuerbegünstigter Spenden.[24] Soweit es sich um den besonderen Spendenabzug zu Gunsten von Stiftungen handelt, muss es sich um 24

---

[22] Vgl. OFD München v. 7.3.2003, ZEV 2003, 239, 239.
[23] Vgl. OFD München v. 7.3.2003, ZEV 2003, 239, 240.
[24] Vgl. *Hüttemann* Gemeinnützigkeits- und Spendenrecht, § 8.15.

eine Stiftung im Rechtssinne als Empfänger handeln;[25] dazu zählen auch die unselbstständigen Stiftungen.[26]

B. Einzelerläuterungen

I. Zum Stiftungsgeschäft

25 Während das Stiftungsgeschäft einer unselbstständigen Stiftung von Todes wegen immer den Formen des Erbrechts entspricht, handelt es sich beim Stiftungsgeschäft einer unselbstständigen Stiftung unter Lebenden immer um einen Vertrag. Das vorliegende Stiftungsgeschäft spiegelt einen **Treuhandvertrag** unter grundsätzlicher Berücksichtigung der Auftragsregelungen (§§ 662 ff. BGB) wieder. Stiftungsgeschäft und beigefügte Satzung legen zwischen den Vertragsparteien, also dem Stifter und der Stiftungsverwalterin als Trägerin der Stiftung (hier Treuhänderin), die Rechte und Pflichten konkret fest. Vorliegend implizieren die Begriffe „Stiftungsverwalterin" und „Treuhandstiftung", dass es sich nicht um eine Schenkung unter Auflage handelt. Vielmehr wird hierdurch die Pflichtenstellung der Stiftungsträgerin deutlich, dass das zuzuwendende Vermögen nicht mit eigenem Vermögen der Stiftungsverwalterin zu vermischen ist, sondern ausdrücklich abgesondert werden und einer eigenen Vermögensverwaltung zugänglich sein muss.

26 Die Widmung, also der Zweck des zu übertragenden Vermögens ist bereits im Stiftungsgeschäft zu bezeichnen. Gleiches gilt für das auf die Stiftungsverwalterin zu übertragende Stiftungsvermögen. Das konkret bezeichnete **Stiftungsvermögen** ist nach den allgemeinen zivilrechtlichen Vorschriften wirksam zum Eigentum der Stiftungsträgerin **zu übertragen,** damit diese ihren vertraglichen Verpflichtungen nachkommen kann.

27 Der ausdrückliche Hinweis auf die Verpflichtung, das übertragene Vermögen getrennt von dem eigenen Vermögen der Stiftungsverwalterin zu verwalten, ist neben ausdrücklichen, ausgewählten Widerrufsrechten auch für den Grundgedanken der „asset protection" von Bedeutung. Denn in dieser Ausgestaltung als Treuhandverhältnis kann der Stifter bzw. seine Erben nach § 771 ZPO Drittwiderspruchsklage gegen Gläubiger der Stiftungsträgerin erheben und **Absonderung** des Stiftungsvermögens von dem übrigen Vermögen der Stiftungsverwalterin im Zwangsvollstreckungsverfahren verlangen.[27]

28 Da das Stiftungsgeschäft in Abgrenzung zu einer Schenkung unter Auflage vorliegend noch keine endgültige Übereignung des Stiftungsvermögens darstellt, können Gläubiger des Stifters es nicht nach § 4 AnfG bzw. § 134 InsO anfechten. Das Stiftungsvermögen als Treugut haftet für **Verbindlichkeiten des Stifters (Treugebers)** aber auch nicht unmittelbar, da es sich im Eigentum des Treuhänders befindet. Jedoch können die Gläubiger des Stifters die Rückgewähransprüche des Stifters aus dem als Treuhandvertrag ausgestalteten Stiftungsgeschäft pfänden. Inwieweit das bei der vorliegenden Ausgestaltung praktisch möglich sein würde, ist fraglich. Jedenfalls dürfte umgekehrt noch nicht das Überschreiten der Schwelle zur Schenkung unter Auflage anzunehmen sein. Soweit dennoch wegen Schulden des Stifters in das Stiftungsvermögen vollstreckt wird, kann die Stiftungsverwalterin als Treuhänderin nicht die Rechte aus §§ 771 ZPO, 47 InsO geltend machen. Es muss lediglich der Gewahrsam der Stiftungsverwalterin beachtet werden (§§ 808 Abs. 1, 809, 846 ff. ZPO).[28]

---

[25] Vgl. Wallenhorst/Halaczinsky/*Wallenhorst* Die Besteuerung gemeinnütziger Vereine, Stiftungen und der juristischen Personen des öffentlichen Rechts, Kap. E Rz. 70 ff., 115.

[26] Siehe auch Schmidt/*Heinicke* EStG § 10b Rz. 28.

[27] Vgl. Schauhoff/*Schauhoff* Handbuch der Gemeinnützigkeit, § 3 Rz. 192 mwN.

[28] Vgl. v. Campenhausen/Richter/*Hof* Stiftungsrechts-Handbuch, § 36 Rz. 197.

Im Stiftungsgeschäft ist vorliegend eine Ausgleichung im Innenverhältnis vorgesehen, falls bspw. durch Verletzung des Vermögensbindungsgrundsatzes iSd. § 61 AO nachträglich die Steuervergünstigungen aberkannt werden und folglich Steuern nachzuzahlen sind. **Bei Ausübung eines Widerrufsrechts** hat der Stifter darauf zu achten, dass er letztlich der ursprünglichen Zweckbestimmung folgend eine steuerbegünstigte Körperschaft mit gleichgelagerten Zwecken mit dem zurückerhaltenen Stiftungsvermögen bedenkt, und zwar ohne eigene Zwischenverwaltung. **29**

Um möglicherweise ausscherende Erben, die als Gesamtrechtsnachfolger in die Rechte und Pflichten des Stifters und Erblassers eintreten, einzufangen, sieht das Stiftungsgeschäft nachträglich mit **Warn- und Hinweisfunktion** vor, dass der Stifter dies mit seinen testamentarischen bzw. erbvertraglichen Regelungen verzahnt und dort Sanktions- und Steuerungsmechanismen installiert. Dafür eignet sich durchaus ein aufschiebend bedingtes Herausgabevermächtnis. Ein Vertrag zulasten Dritter geht damit nicht einher. **30**

II. Zur Satzung

Zu § 1: Name, Rechtsform

Obwohl es sich um eine unselbstständige Stiftung handelt, kann dieses treuhänderisch übertragene Vermögen mit einem **eigenständigen Namen** versehen werden. In der Regel wird der Stifter den Namen mit seiner Familie verbinden. Es ist aber auch durchaus üblich, in dem Namen die Zwecksetzung der unselbstständigen Stiftung abzubilden. Der Stifter kann sein Einverständnis dafür geben, dass zu Marketingzwecken die unselbstständige Stiftung und das geförderte Projekt bekannt gemacht werden. Dies kann neben einer positiven Wirkung für den Stifter auch für das Einwerben weiterer Mittel förderlich sein. **31**

In der Satzung wird ferner deutlich gemacht, dass es sich um eine **nichtrechtsfähige Stiftung privaten Rechts** handelt und dabei wiederum um eine Treuhandstiftung. Es wird nochmals klargestellt, dass die Stiftungsverwalterin an das Stiftungsgeschäft und die Satzung gebunden ist. **32**

Nach der Satzung handelt die Stiftungsverwalterin für die Stiftung im Rechts- und Geschäftsverkehr. Dies ist nicht im rechtstechnischen Sinne zu verstehen. Denn da die unselbstständige Stiftung keine eigene Rechtspersönlichkeit hat, stellt die Stiftungsverwalterin trotz Trägerschaft nicht den gesetzlichen Vertreter der unselbstständigen Stiftung dar. Vielmehr handelt die **Stiftungsverwalterin im eigenen Namen,** um die eigenen Verpflichtungen aus dem Stiftungsgeschäft und der Satzung zu erfüllen. Soweit die Stiftungsverwalterin folglich hinsichtlich dieses Stiftungsvermögens handelt, tut sie dies zwar im eigenen Namen, dennoch hat sie dabei den Hintergrund ihres Handelns deutlich zu machen, um sich mögliche Verdienste – gerade im Hinblick auf die Mittelverwendung – nicht selbst zurechnen zu lassen. **33**

Zu § 2: Stiftungszweck und Zweckverwirklichung

Hier ergeben sich grds. keine Besonderheiten zur rechtsfähigen Stiftung. Zumindest im vorliegenden Fall ist die Treuhandstiftung auf Dauer angelegt und nicht einer Verbrauchsstiftung angenähert. Unabhängig von dem schlankeren Gründungsaufwand und dem geringeren Kapitaleinsatz soll die nichtselbstständige Stiftung den Status der Gemeinnützigkeit erhalten und in den Genuss der **Steuervergünstigungen** kommen. Folglich ist hinsichtlich der Zweckfestlegung wieder auf den Gesetzeswortlaut in den §§ 51 ff. AO, hier va. auf § 52 Abs. 2 AO stringent zu achten. Zusätzlicher Satzungszweck ist hier die Beschaffung von Mitteln für andere – auch ausländische – steuerbegünstigte Körperschaften. Bei Mittelweitergaben ins Ausland verlangt die Finanzver- **34** waltung eindeutige Verwendungsnachweise. Die Satzung könnte sich selbstverständlich aber auch auf die originäre Verwirklichung eigener Satzungszwecke beschränken.

35 Wichtig für das zuständige Finanzamt ist zudem die konkrete Beschreibung der **Satzungszweckverwirklichung,** um u.a. zu einer realistischen Einschätzung zu kommen, ob mit der Größe des Stiftungsvermögens überhaupt die regelmäßige Verwirklichung aller Satzungszwecke möglich ist. Unschädlich ist es, wenn nicht alle Satzungszwecke gleichermaßen jedes Jahr gefördert werden bzw. in bestimmten Jahren Schwerpunkte auf ausgewählte Satzungszwecke gelegt werden. Zudem verlangt die Finanzverwaltung hinsichtlich der Anforderungen an die Satzung, dass auf dieser Grundlage später eine Überprüfung der Einhaltung durch die tatsächliche Geschäftsführung möglich ist.

Zu § 3: Stiftungsvermögen und Mittelverwendung

36 Die Satzung gibt nochmals mit Verweis auf das Stiftungsgeschäft das Stiftungsvermögen wieder. Zudem legt die Satzung fest, dass das Stiftungsvermögen getrennt vom anderen – eigenen bzw. fremdverwalteten – Vermögen der Stiftungsverwalterin zu verwalten ist.[29]

37 Die Satzung sieht weitere Bestimmungen zur Verwaltung des Stiftungsvermögens und zur Mittelverwendung vor. Dabei sollte die Stiftungsverwalterin nicht zu sehr eingeschränkt werden, sondern **flexible Regelungen mit Öffnungsklauseln** im Rahmen der gesetzlichen Vorschriften vorgesehen werden.

38 Vorteilhaft ist hierbei, dass lediglich die gemeinnützigkeitsrechtlichen Vorschriften zu beachten sind, damit das Finanzamt den Status der Gemeinnützigkeit und damit die Steuervergünstigungen nach den Einzelsteuergesetzen bzw. die Spendenabzugsberechtigung anerkennt, und zwar durch gesonderte Feststellung der Einhaltung der satzungsmäßigen Voraussetzungen nach den §§ 51, 59, 60 und 61 AO mit Bescheid nach § 60a AO sowie im Zuge des Veranlagungsverfahrens (ggf. Freistellungsbescheid).

39 Die Vorschriften des jeweiligen Landesstiftungsgesetzes, die teilweise mit den gemeinnützigkeitsrechtlichen Regelungen divergieren, sind gerade nicht einschlägig. So sind ewige Streitpunkte wie das Admassierungsverbot versus Umschichtungsgewinne **nach rein steuerlichen Vorschriften zu beantworten.** Die Satzung hat dabei darauf zu achten, dass hier keine Regelungen getroffen werden, die den Vorschriften der AO bzw. des Anwendungserlasses zur AO entgegenstehen.

Zu § 4: Kuratorium

40 Vor dem Hintergrund, dass die unselbstständigen Stiftungen nicht der Stiftungsaufsicht unterliegen und die naturgemäße Kontrolle seitens des Finanzamtes hinsichtlich der Einhaltung der formellen und materiellen Satzungsmäßigkeit erst Jahre später erfolgt, empfiehlt es sich, in der Satzung ein Kontrollgremium zu verankern, das in der Regel sachverständig besetzt ist. Oftmals wird ein solches Gremium als Beirat oder Kuratorium bezeichnet; die Bezeichnung ist nachrangig. Entscheidend sind **die eingeräumten Befugnisse dieses Gremiums.**[30] Ein solches Gremium kann auf die Kontrollfunktionen beschränkt werden, aber auch als verlängerter Arm des Stifters weitgehendere Beschlussbefugnisse haben, die von der Stiftungsträgerin auszuführen sind.

41 Bei einer vorliegenden Treuhandstiftung unter Beteiligung eines Kreditinstituts wird sich die Stiftungsverwalterin in der Regel – wenn sich überhaupt ein solches Gremium dort installieren lässt – vertraglich ausbedingen, dass mindestens ein Vertreter der Stiftungsverwalterin in diesem Gremium bestellt wird. Der Stifter sollte allerdings darauf

[29] Vgl. hierzu Hinweise oben zu B. zum Stiftungsgeschäft (Rz. 25 ff.).
[30] Siehe dazu unten Rz. 45 f.

achten, dass das Gremium mit einer ungeraden Zahl besetzt und die **Mehrzahl der Mitglieder** dieses Gremiums **vom Stifter bestellt** wird, jedenfalls bei der Erstbestellung.[31] Letztlich sollte die Möglichkeit bestehen, dass der Vertreter des Stiftungsträgers im Kontrollgremium überstimmt werden kann. Denkbar ist es auch, dass der Vertreter des Stiftungsträgers nur beratende Funktion im Kuratorium übernimmt,[32] soweit sich dies vertraglich durchsetzen lässt.

Vorliegend ist eine langjährige Besetzung des Kuratoriums durch entsprechende Benennung des Stifters vorgesehen, und zwar aufgrund der Lebenszeit des Amtes der von dem Stifter benannten Personen. **Später kooptiert** das Kuratorium sich selbst, also durch Zuwahl aus sich selbst heraus. Mangels der staatlichen Fachaufsicht sollte das Kuratorium sachverständig besetzt werden. Jedenfalls ein Mitglied sollte auch in Finanz- und Wirtschaftsfragen sachverständig sein, während ein weiteres Mitglied zweckmäßigerweise auf die ideellen Satzungszwecke fokussiert ist. **42**

In welchem Rechtsverhältnis die Mitglieder des Kuratoriums zum Stifter und zur Stiftungsverwalterin stehen, wird im Schrifttum unterschiedlich beantwortet. So reichen die Antworten vom Erfüllungsgehilfen des Stiftungsträgers, vom Beauftragten und damit Vertragspartner des Stiftungsträgers über die Rolle des Beauftragten des Stifters bis zur Beteiligtenposition am Rechtsverkehr zwischen Stifter und Treuhänder.[33] Auch ohne Weisungsbefugnis, also bei reiner Kontrollfunktion sind die Gremienmitglieder aber jedenfalls als **Vertragspartner des Stiftungsträgers** anzusehen.[34] **43**

In der Regel werden die Kuratoriumsmitglieder unentgeltlich tätig. Dies ist in der Satzung eindeutig festzulegen. Soweit sie Anspruch auf Erstattung ihrer Auslagen und Aufwendungen nach der Satzung haben sollen, ist dies aus den Erträgen der Stiftung zu bestreiten. Erhalten die Kuratoriumsmitglieder dennoch eine Vergütung für ihre Tätigkeit, obwohl etwas anderes oder nichts dazu in der Satzung steht, würde es sich um eine Mittelfehlverwendung handeln.[35] **44**

Zu § 5: Aufgaben und Beschlussfassung des Kuratoriums

Ferner ist der Aufgabenbereich des Kuratoriums genau festzulegen. Hier ist vorgeschlagen, dass der Aufgabenbereich dieses Gremiums über die reine Kontrollfunktion hinausgehen soll. Dem Kuratorium wird die Befugnis zur **Beschlussfassung über die Verwendung** der Stiftungsmittel eingeräumt, so dass die Stiftungsverwalterin diese Beschlüsse lediglich noch auszuführen hat. Allerdings sollte der Stiftungsverwalterin zum eigenen Schutz und dem der Stiftung ein Vetorecht zustehen, falls die Beschlüsse des Kuratoriums gegen die Satzung, gegen rechtliche oder gerade auch gegen steuerliche Bestimmungen verstoßen sollten. **45**

Im Rahmen der Beschlussfassung ist zur Stärkung des Einflusses des Stifters hier vorgesehen, dass dem Vorsitzenden des Kuratoriums ein Stichentscheid zusteht. Die weitere Verfassung des Kuratoriums sollte möglichst praktikabel und schlank gehalten werden. **46**

Zu § 6: Stiftungsverwalterin und Treuhandverwaltung

Die Aufgaben und damit Pflichten der Stiftungsverwalterin sind nochmals genau in der Satzung zu bezeichnen. Somit werden u. a. klare Grundlagen für etwaige spätere Haftungsfragen geschaffen. Für schuldhafte Pflichtverletzungen haftet die Stiftungsverwalterin mit ihrem eigenen Vermögen. Eine Beschränkung der Haftung nach § 277 **47**

---

[31] So auch Münchener Vertragshandbuch Bd. 1/*Hof,* VIII. 6 Rz. 14.
[32] Vgl. v. Campenhausen/Richter/*Hof* Stiftungsrechts-Handbuch, § 36 Rz. 153.
[33] Vgl. zum Meinungsstand und Lösungsangebot *Werner* ZSt 2008, S. 51 [55 f.].
[34] Siehe auch Münchener Vertragshandbuch Bd. 1/*Hof,* VIII. 6 Tz. 14.
[35] Näher zum Ganzen vgl. Formular C.3.01.

BGB auf die in eigenen Angelegenheiten gebotene Sorgfalt findet ohne ausdrückliche Vereinbarung im Stiftungsgeschäft bzw. der Satzung nicht statt.[36] Da die **Stiftungsverwalterin kein Organ** der unselbstständigen Stiftung ist, findet auch § 31 BGB keine Anwendung. Ebenso ist § 31a BGB für die unselbstständige Stiftung nicht einschlägig.[37]

48 Gesetzliche Rechnungslegungspflichten bestehen für die unselbstständige Stiftung nicht. Allerdings besteht eine Nachweispflicht über die Einhaltung der gemeinnützigkeitsrechtlichen Voraussetzungen. Folglich regelt die Satzung, dass die Stiftungsverwalterin eine entsprechende Jahresabrechnung mit Vermögensübersicht und einem Bericht über die Erfüllung der Satzungszwecke aufzustellen hat, um auch den **Nachweisverpflichtungen** gegenüber der Finanzverwaltung nachkommen zu können. Vor allem bei einem Kreditinstitut als Stiftungsverwalterin ist dies in der Praxis unproblematisch, da in der Regel professionelle Strukturen bestehen.

Zu § 7: Kosten

49 Aufgrund der oben skizzierten „Win-win"-Lösung[38] bieten die meisten Banken bzw. Sparkassen die Stiftungsverwaltung einer unselbstständigen Stiftung kostenlos an. In der Regel werden nur Fremdleistungen weiter geleitet, die sodann aus den Erträgen der Stiftung zu begleichen sind. Die **Kreditinstitute** erweitern damit u.a. ihre Produktpalette, betrachten das als Kundenbindungsprogramm und nutzen dies zur Imagepflege.

Zu § 8: Geschäftsjahr

50 Zur Vereinfachung der Abläufe ist das Geschäftsjahr der unselbstständigen Stiftung idR an dem Geschäftsjahr der Stiftungsverwalterin ausgerichtet.

Zu § 9: Satzungsänderungen

51 Da die unselbstständige Stiftung regelmäßig auf Dauer angelegt ist, sollte sie die Möglichkeit haben, flexibel auf veränderte wirtschaftliche bzw. gesellschaftliche Verhältnisse reagieren zu können. Daher sollten nach den Satzungsbestimmungen **Satzungsänderungen** möglich sein. Um dies nicht an zu hohe Anforderungen zu binden und flexibel zu bleiben, ist regelmäßig im Rahmen einer unselbstständigen Stiftung die Einstimmigkeit nicht als Regelfall zu empfehlen.

52 Differenziert werden sollte zwischen „normalen" Satzungsänderungen und **Änderungen des Satzungszwecks.** Zwecks Einhaltung des Vermögensbindungsgrundsatzes iSd. § 55 Abs. 1 Nr. 4 iVm. § 61 AO ist festzulegen, dass auch ein geänderter Zweck steuerbegünstigt zu sein hat. Vorliegend ist zudem die Zustimmung der Stiftungsverwalterin vorgesehen, denn immerhin handelt es sich um grundlegende Änderungen des Vertragsverhältnisses, mit denen sich die Stiftungsverwalterin als Vertragspartnerin einverstanden erklären sollte. Typischerweise benennt sich der Stifter selbst zu Lebzeiten im Zuge der Implementierung als Vorsitzender des Kuratoriums; sollte dies im Einzelfall nicht der Fall sein, so soll eine solche grundlegende Entscheidung dennoch nicht ohne ihn getroffen werden. Gleiches gilt für die Auflösung.

Zu § 10: Auflösung

53 Der Vermögensbindungsgrundsatz iSd. § 55 Abs. 1 Nr. 4 iVm. § 61 Abs. 1 AO ist im Rahmen der formellen Satzungsmäßigkeit und selbstredend auch im Zuge der tatsächlichen Geschäftsführung (materielle Satzungsmäßigkeit nach § 63 AO) einzuhal-

[36] Vgl. v. Campenhausen/Richter/*Hof* Stiftungsrechts-Handbuch, § 36 Rz. 190f.
[37] Vgl. MüKoBGB/*Arnold* BGB § 31a Rz. 3 mwN.
[38] Vgl. oben Rz. 2.

ten. Bei Verstoß kann dies zum Verlust der Gemeinnützigkeit und im *worst case* zur **Steuernachzahlung für die letzten zehn Jahre** einschl. 6 vH Nachzahlungszinsen führen (§ 61 Abs. 3 iVm. § 63 Abs. 2 AO). Dies ist aber auch – anders als bei einer selbstständigen Stiftung – das einzige Korsett für die Erben des Stifters nach dessen Tod. Zumindest ist hierdurch die Gefahr eigennütziger Satzungsänderungen eingegrenzt. Die Satzung lässt grds. die Möglichkeit der Überführung des Vermögens der Treuhandstiftung in eine rechtsfähige Stiftung[39] zu. Sollte dies aber von Beginn an absehbar bzw. gewünscht sein, empfiehlt es sich, dies ausdrücklich im Stiftungsgeschäft für zulässig zu erklären bzw. den Treuhänder dazu zu ermächtigen.

Der Vermögensbindungsgrundsatz muss selbstverständlich tatsächlich eingehalten **54** werden, damit nicht nachträglich die Gemeinnützigkeit und somit die Steuervergünstigungen aberkannt werden. Darüber hinaus ist der Vermögensbindungsgrundsatz aber auch in formaler Hinsicht von Beginn an in der Satzung zu verankern, damit die Finanzverwaltung später die Möglichkeit hat, diesen überprüfen zu können[40]. Folglich ist der **steuerbegünstigte Zweck,** für den das Vermögen bei Auflösung oder Aufhebung der Körperschaft oder bei Wegfall ihres bisherigen Zwecks verwendet werden soll, **von Beginn an** in der Satzung **konkret zu benennen.**

Die Bindung des Vermögens für steuerbegünstigte Zwecke muss vor allem im Falle **55** der Auflösung der Stiftung genau aus der Satzung hervorgehen. Dabei ist in der Satzung bereits konkret eine steuerbegünstigte Empfängerkörperschaft für diesen Fall zu benennen.[41] Soweit dies in einigen alten Satzungen nach Aufhebung des alten § 61 Abs. 2 AO[42] noch nicht geschehen ist, ist dies unverzüglich im Zuge der nächsten Satzungsänderung nachzuholen.

C. 3.03 Gemeinnützige unselbstständige Verbrauchsstiftung

Gliederung

I a. Stiftungsgeschäft zu Lebzeiten[Rz. 16–18]

C.3.03

Hierdurch errichte ich
***[Name der Stifterin]* (Stifterin)**
wohnhaft in [...],
geboren am [...],
in Hamburg
als nichtrechtsfähige Stiftung in der treuhänderischen Verwaltung des [...] e.V. – nachfolgend Stiftungsträger genannt –, geschäftsansässig in [...], der hiermit als Rechtsträger und Treuhänder für diese Stiftung eingesetzt wird.

---

[39] Dazu näher *Möller* ZEV 2007, 565; *Küstermann* ZSt 2008, 161 [166 f.].
[40] Vgl. § 61 Abs. 1 AO.
[41] Vgl. auch AEAO zu § 61 AO, Tz. 1.
[42] Aufgehoben durch Gesetz zur weiteren Stärkung des bürgerschaftlichen Engagements vom 10.10.2007, BGBl. I 2007, 2332 ff. [2335].

Zweck der Stiftung ist die Förderung der Kunst und Kultur, insbesondere in der Freien und Hansestadt Hamburg. Der Stiftungszweck wird verwirklicht insbesondere durch die finanzielle Unterstützung von Projekten der [konkrete gemeinnützige Kultureinrichtung].

Als Stiftungsvermögen übereigne ich deshalb hiermit im Wege der Schenkung unter Auflage dem Stiftungsträger

300 00 € (in Worten: dreihunderttausend Euro)

unter der Auflage, dieses Stiftungsvermögen getrennt von Vermögen des Stiftungsträgers zu verwalten und dieses Stiftungsvermögen nebst den Erträgen hieraus nach Maßgabe der beigefügten Satzung zur Erfüllung des Stiftungszwecks zu verbrauchen. Gleiches wird für das weitere Stiftungsvermögen gelten, welches ich als Stifterin dem Stiftungsträger zugunsten der [...]-Stiftung von Todes wegen zuwende.

Mit vollständigem Verbrauch des gesamten Stiftungsvermögens innerhalb von 10 Jahren nach dem Erbfall der Stifterin ist diese Stiftung aufzulösen.

Das Kuratorium der Stiftung besteht aus bis zu drei Mitgliedern. Dem ersten Kuratorium gehören an:

1. **die Stifterin**
2. **Herr [...], geb. am [...], als Vorsitzender sowie**
3. **ein Vertreter des Stiftungsträgers.**

Unter den Voraussetzungen der Bestimmungen der beigefügten Satzung kann diese nichtrechtsfähige Verbrauchsstiftung in eine selbstständige Stiftung des bürgerlichen Rechts umgewandelt werden.

Die Verwaltung der Stiftung richtet sich nach der beigefügten Satzung.

Die Stifterin:

....	....
[Ort, Datum]	**[...]**

Für den Stiftungsträger:

....	....
[Ort, Datum]	**[...]**

I b. Satzung der unselbstständigen Verbrauchsstiftung[Rz. 19–34]

Satzung

§ 1 – Name, Rechtsform[Rz. 19]

(1) Die Stiftung führt den Namen [...]-Stiftung.

(2) Sie ist eine nichtrechtsfähige Stiftung in der Verwaltung des Stiftungsträgers [...] e. V. (nachfolgend „Stiftungsträger" genannt) und wird folglich von diesem im Rechts- und Geschäftsverkehr vertreten. Im Innenverhältnis unterliegt der Stiftungsträger den testamentarischen Auflagen der Stifterin und dieser Satzung.

§ 2 – Stiftungszweck[Rz. 20]

(1) Die Stiftung mit Sitz am Ort des Stiftungsträgers in [...] verfolgt ausschließlich und unmittelbar gemeinnützige Zwecke im Sinne des Abschnitts ‚Steuerbegünstigte Zwecke' der Abgabenordnung (AO).

(2) Zweck der Stiftung ist die Förderung der Kunst und Kultur, insbesondere in der Freien und Hansestadt Hamburg.
Zweck der Stiftung ist auch die Beschaffung von Mitteln gemäß § 58 Nr. 1 AO zur Förderung der Kunst und Kultur für die Verwirklichung der steuerbegünstigten Zwecke einer anderen Körperschaft oder für die Verwirklichung steuerbegünstigter Zwecke durch eine Körperschaft des öffentlichen Rechts.
Soweit die Stiftung nicht im Wege der institutionellen Förderung tätig wird, verwirklicht sie ihre Aufgaben selbst oder durch eine Hilfsperson im Sinne des § 57 Absatz 1 Satz 2 AO nach Maßgabe von Absatz 3.

(3) Der Stiftungszweck wird verwirklicht insbesondere durch die finanzielle Unterstützung von Projekten der [konkrete gemeinnützige Kultureinrichtung].

§ 3 – Selbstlosigkeit, Ausschließlichkeit Rz. 21

(1) Die Stiftung ist selbstlos tätig; sie verfolgt nicht in erster Linie eigenwirtschaftliche Zwecke.

(2) Die Mittel der Stiftung dürfen nur für die satzungsmäßigen Zwecke verwendet werden.

(3) Es darf keine Person durch Ausgaben, die dem Zweck der Stiftung fremd sind, oder durch unverhältnismäßig hohe Vergütungen begünstigt werden.

§ 4 – Stiftungsvermögen Rz. 22

(1) Die Stiftung wird mit einem Anfangsvermögen von 300 000 € (in Worten: dreihunderttausend Euro) ausgestattet. Die Stiftung ist ferner im Testament der Stifterin bedacht. Das gesamte Stiftungsvermögen ist getrennt vom anderen Vermögen des Stiftungsträgers zu verwalten (vgl. § 7).

(2) Das Stiftungsvermögen ist möglichst ertragreich anzulegen, sofern es nicht nach den nachfolgenden Absätzen verbraucht wird. Sämtliche Kapital- und Sachanlagen des Stiftungsvermögens können zum Zwecke der Vermögensbewirtschaftung umgeschichtet werden. Die realisierten Umschichtungsgewinne können für den Stiftungszweck verwendet oder in eine Umschichtungsrücklage eingestellt werden. Die Umschichtungsrücklage kann durch Beschluss des Kuratoriums zugunsten des Stiftungsvermögens oder der Zweckverfolgung verwendet werden.

(3) Die Stiftung ist als Verbrauchsstiftung gestaltet. Das Stiftungsvermögen soll zur Verwirklichung des Stiftungszwecks ganz oder teilweise innerhalb von 10 Jahren nach dem Erbfall der Stifterin verbraucht werden.

(4) Das Kuratorium der Stiftung darf jährlich $1/_{20}$ des bei Erstausstattung bestehenden Stiftungsvermögens zur Verwendung für satzungsgemäße Zwecke auskehren, nach dem Erbfall der Stifterin jährlich $1/_{10}$ des im Zeitpunkt des Erbfalles bestehenden Stiftungsvermögens. Das jeweils zu verwendende Vermögen mindert sich um eingetretene Fehlbeträge/Wertminderungen des jeweils bezuggenommenen Stiftungsvermögens. Das Stiftungsvermögen soll im Sinne des unter § 2 genannten Stiftungszwecks innerhalb von 10 Jahren nach dem Erbfall der Stifterin vollständig verbraucht werden. Danach soll die Stiftung aufgelöst werden. Nicht ausgeschöpfte Beträge dürfen in Folgejahren nachgeholt werden. Rz. 23

(5) Zustiftungen – mit Ausnahme der von der Stifterin von Todes wegen Geleisteten – dürfen grundsätzlich sofort in voller Höhe verbraucht werden. Das Stiftungsvermögen kann darüber hinaus durch Zuwendungen von dritter Seite erhöht werden. Werden Zuwendungen nicht ausdrücklich zum Vermögen der Stiftung gewidmet, so dienen sie ausschließlich und unmittelbar zeitnah den in § 2 genannten Zwecken. Rz. 24

(6) Die Stiftung verfolgt ihren Stiftungszweck durch den Verbrauch des Stiftungsvermögens und der sonstigen Zustiftungen bzw. Zuwendungen sowie aus den Erträgen des Stiftungsvermögens.

§ 5 – Kuratorium[Rz. 25]

(1) Das Kuratorium besteht aus bis zu drei Mitgliedern.
Geborene Mitglieder sind:
(a) die Stifterin;
(b) Herr [...], geb. am [...], als Vorsitzender;
(c) ein vom Stiftungsträger benanntes Mitglied.

(2) Die Mitgliedschaft im Kuratorium beträgt fünf Jahre. Wiederbenennung ist zulässig. Dem Kuratorium sollen Personen angehören, die besondere Fachkompetenz und Erfahrung im Hinblick auf die Aufgabenerfüllung vorweisen können. Beim Ausscheiden eines Kuratoriumsmitgliedes wird der Nachfolger von den verbleibenden Mitgliedern benannt. Bei Ausscheiden der Stifterin als Kuratoriumsmitglied kann das Kuratorium von den verbleibenden Mitgliedern ersatzlos aufgelöst werden. Die Aufgaben des Kuratoriums im Falle seiner Auflösung übernimmt der Stiftungsträger.[Rz. 26]

(3) Die Mitglieder des Kuratoriums sind ehrenamtlich tätig. Sie haben Anspruch auf Ersatz der ihnen entstandenen angemessenen Aufwendungen.

(4) Die Mitglieder des Kuratoriums wählen aus ihrer Mitte den Vorsitzenden, soweit dies erforderlich wird. Die Amtszeit des Vorsitzenden beträgt fünf Jahre. Wiederwahl ist zulässig.

§ 6 – Aufgaben, Beschlussfassung[Rz. 27]

(1) Das Kuratorium beschließt über die Verwendung der Stiftungsmittel. Gegen diese Entscheidung steht dem Stiftungsträger ein Vetorecht zu, wenn sie gegen die Satzung oder rechtliche oder steuerliche Bestimmungen verstößt.

(2) Das Kuratorium ist beschlussfähig, wenn mehr als die Hälfte seiner Mitglieder einschließlich des Vorsitzenden an der Beschlussfassung mitwirken. Im schriftlichen Verfahren gilt eine Äußerungsfrist von vier Wochen seit Absendung der Aufforderung zur Abstimmung; Stillschweigen gilt als Ablehnung. Beschlüsse werden mit einfacher Mehrheit gefasst. Bei Stimmengleichheit entscheidet die Stimme des Vorsitzenden.

(3) Satzungsänderungen bedürfen der Zustimmung des Stiftungsträgers.

§ 7 – Verwaltung durch Stiftungsträger, Geschäftsjahr[Rz. 28]

(1) Der Stiftungsträger verwaltet das Stiftungsvermögen getrennt von seinem Vermögen. Er vergibt die Stiftungsmittel entsprechend der Beschlüsse des Kuratoriums und wickelt die Fördermaßnahmen ab.

(2) Das Geschäftsjahr der Stiftung entspricht dem Geschäftsjahr des Stiftungsträgers. Es kann von dem Stiftungsträger abweichend festgelegt werden.

(3) Der Stiftungsträger legt dem Kuratorium nach Abschluss des Geschäftsjahres innerhalb von sechs Monaten eine Jahresabrechnung mit einem Bericht vor, der auf der Grundlage eines Vermögensnachweises die Vermögensanlage sowie die Mittelverwendung erläutert.

(4) Der Stiftungsträger wird die Zuwendungsbestätigungen ausstellen.

(5) Der Stiftungsträger belastet die Stiftung für die Grundleistungen mit pauschalierten Kosten und ist berechtigt, das Verwaltungsentgelt unterjährig einzuziehen; die Ausgleichszahlung erfolgt zum Jahresende. Zusatzleistungen und Reiseaufwendungen werden gesondert abgerechnet.[Rz. 30]

§ 8 – Anpassung der Stiftung an veränderte Verhältnisse[Rz. 31]

(1) Ändern sich die Verhältnisse derart, dass die dauernde und nachhaltige Erfüllung des Stiftungszwecks von Kuratorium und Stiftungsträger nicht mehr für sinnvoll gehalten wird, so können beide gemeinsam einen neuen Stiftungszweck beschließen. Der Beschluss bedarf der Zustimmung aller Mitglieder des Kuratoriums. Der neue Stiftungszweck hat gemeinnützig zu sein und auf dem Gebiet der Kunst und Kultur zu liegen. Nach dem Tod der Stifterin ist eine Änderung des Stiftungszwecks nicht mehr möglich.

(2) Die nichtrechtsfähige Stiftung kann aufgrund eines gemeinsamen Beschlusses des Kuratoriums und des Stiftungsträgers unter Zustimmung des zuständigen Finanzamtes und der Stiftungsaufsichtsbehörde in eine selbstständige Stiftung des bürgerlichen Rechts umgewandelt werden.

§ 9 – Auflösung der Stiftung, Vermögensanfall[Rz. 32]

(1) Mit vollständigem Verbrauch des Stiftungsvermögens im Zuge der Satzungszweckverwirklichung gemäß § 2 ist die Stiftung 10 Jahre nach dem Erbfall der Stifterin aufzulösen.

(2) Das Kuratorium und der Stiftungsträger können gemeinsam die Auflösung der Stiftung beschließen, wenn die Umstände es nicht mehr zulassen, den Stiftungszweck dauernd und nachhaltig zu erfüllen.

(3) Bei Auflösung der Stiftung oder bei Wegfall steuerbegünstigter Zwecke fällt das Stiftungsvermögen nach Abzug sämtlicher Verbindlichkeiten mit Beschluss des Kuratoriums an [konkrete gemeinnützige Kultureinrichtung], die es unmittelbar und ausschließlich für gemeinnützige Zwecke im Sinne des § 2 dieser Satzung zu verwenden hat. Vor Ausführung einer solchen Vermögensverwendung bedarf es der Einwilligung des zuständigen Finanzamtes.[Rz. 33]

§ 10 – Stellung des Finanzamtes[Rz. 34]

Beschlüsse über Satzungsänderungen und der Beschluss über die Auflösung der Stiftung sind dem zuständigen Finanzamt anzuzeigen. Für Satzungsänderungen, die den Zweck der Stiftung betreffen, ist im Zweifel eine Unbedenklichkeitserklärung des Finanzamtes einzuholen.

...

[Unterschrift Stifter]

II. Errichtung von Todes wegen durch Testament nebst Satzung (Auszüge)[Rz. 35–44]

Auszug aus dem gemeinschaftlichen Testament der Eheleute als Stifter, soweit die Errichtung der Verbrauchsstiftung von Todes wegen betreffend

[...]

§ 2 Erbeinsetzung nach dem Erstversterbenden

Wir setzen uns gegenseitig, der Erstversterbende den Überlebenden, zum alleinigen und unbeschränkten Erben ein.

§ 3 Erbeinsetzung nach dem Letztversterbenden bzw. bei gleichzeitigem Versterben

(1) Jeder von uns beruft, sowohl für den Fall, dass er der Letztversterbende von uns ist, als auch für den Fall, dass wir gleichzeitig oder aufgrund der gleichen Ursache (zB Unfall) beide innerhalb von 3 Monaten hintereinander versterben, zu sei-

ner alleinigen und unbeschränkten Erbin die [rechtsfähige Stiftungsträgerin/-verwalterin] mit dem Sitz in Hamburg, geschäftsansässig: […].[Rz. 35]

(2) Für den Fall, dass die [Stiftungsverwalterin] zum Zeitpunkt des Anfalls der Erbschaft aufgehoben oder gelöscht sein sollte, oder aber nicht Erbin sein kann oder will (zB bei Ausschlagung), soll Ersatzerbin die […] mit Sitz in Hamburg, geschäftsansässig: […], sein.

§ 4 Auflage nach dem Letztversterbenden

(1) Jeder von uns beschwert die gemäß § 3 Abs. (1) eingesetzte Erbin mit folgender Auflage:

(a) Die in dem Nachlass des Letztversterbenden – bzw. in unserem jeweiligen Nachlass in den weiteren in § 3 Abs. (1) beschriebenen Fällen – befindlichen Vermögenswerte (ausgenommen Vermächtnisse) sind in die sodann zu errichtende, nicht rechtsfähige Verbrauchsstiftung [Name der unselbstständigen Verbrauchs-] Stiftung zu übertragen.[Rz. 38]

(b) Die verbindliche Stiftungssatzung für diese nicht rechtsfähige Verbrauchsstiftung wird zur Konkretisierung dieser Auflage als Anlage beigefügt. Stifter im Sinne dieser Satzung ist der Letztversterbende von uns beiden. Sollte die beigefügte Stiftungssatzung hinsichtlich ihrer Voraussetzungen für die steuerliche Gemeinnützigkeit und/oder ihrer praktischen Funktionsfähigkeit unvollständig sein, so soll die Erbin des Letztversterbenden in Abstimmung mit dem Testamentsvollstrecker diese Satzung entsprechend des hierin niedergelegten Stifterwillens um die fehlenden Erfordernisse ergänzen.

(c) Die Erbin hat im Rahmen der nicht rechtsfähigen Verbrauchsstiftung die aus dem Nachlass übertragenen Vermögenswerte (ausgenommen Vermächtnisse) als Stiftungsverwalterin – getrennt vom anderen Vermögen der Stiftungsverwalterin – zu verwalten. Dieses Stiftungsvermögen nebst den Erträgen hieraus ist nach Maßgabe der beigefügten Satzung zur Erfüllung des Stiftungszwecks in der dort vorgesehenen Zeit zu verbrauchen. Die Stiftungsverwalterin ist zu einer buchhalterischen Trennung mit entsprechender Zuordnung der aus dem Vermögen der nicht rechtsfähigen Verbrauchsstiftung generierten Erträge verpflichtet. Jeder von uns macht der Erbin als Stiftungsverwalterin zur Auflage, auf der Grundlage der beigefügten Satzung zu verwalten und zu handeln.[Rz. 39]

(2) Die Stiftung verfolgt ausschließlich und unmittelbar gemeinnützige und mildtätige Zwecke im Sinne des Abschnitts „steuerbegünstigte Zwecke“ der Abgabenordnung. Stiftungszwecke sind die Förderung der Jugend- und Altenhilfe sowie der Erziehung, Volks- und Berufsausbildung einschließlich der Studentenhilfe. Zweck der Stiftung ist auch die Beschaffung von Mitteln für andere steuerbegünstigte Körperschaften, juristische Personen des öffentlichen Rechts sowie ausländischen Körperschaften für die Verwirklichung der Satzungszwecke.

(3) Jeder von uns beschwert die gemäß § 3 Abs. (2) eingesetzte Ersatzerbin im Falle des Eintritts der Ersatzerbschaft mit der Auflage, die im Nachlass befindlichen Vermögenswerte (ausgenommen Vermächtnisse) für Maßnahmen zur Verwirklichung von denjenigen Satzungszwecken der Ersatzerbin im Sinne des § 3 Abs. (2) zu verwenden, die mit einem der in der beigefügten Satzung genannten Zwecken identisch sind.

Satzung der […] Stiftung

Präambel

Mit der Implementierung dieser nicht rechtsfähigen Verbrauchsstiftung möchte der Letztversterbende von uns beiden, namentlich [Namen der Eheleute], – im Folgenden

auch als „Erblasser" bzw. „Stifter" bezeichnet – die bereits in der Vergangenheit über Jahre durch sowohl persönliches Engagement, als auch finanzielle Unterstützung erfolgte Förderung gemeinnütziger Zwecke auf Dauer für den nachfolgend bestimmten Zeitraum fortsetzen. Die im Rahmen der Satzungszwecke in Frage kommenden Projekte sollen je nach Prioritätenlage und verfügbaren Mitteln ausgesucht und entweder zeitlich begrenzt oder dauerhaft gefördert werden. Dies kann auch in Zusammenarbeit mit steuerbegünstigten Körperschaften geschehen.

§ 1 Name, Rechtsform

(1) Die Stiftung führt den Namen: [...] Stiftung

(2) Sie ist eine nicht rechtsfähige Verbrauchsstiftung in der Verwaltung der [Name der Stiftungsträgerin/-verwalterin] (nachfolgend „Stiftungsverwalterin" genannt). Die Stiftungsverwalterin wird für sie im Rechts- und Geschäftsverkehr handeln. Im Innenverhältnis unterliegt die Stiftungsverwalterin den testamentarischen Auflagen des Erblassers bzw. Stifters und dieser Satzung.

§ 2 Stiftungszweck

[...]

§ 3 Stiftungsvermögen

(1) Die Stiftung ist mit einem Vermögen, bestehend aus dem durch letztwillige Verfügung zugewandten Vermögen des Nachlasses des Stifters ausgestattet. Das Stiftungsvermögen ist getrennt vom anderen Vermögen der Stiftungsverwalterin zu verwalten.

(2) [...].

(3) Die Stiftung ist als Verbrauchsstiftung gestaltet. Das Stiftungsvermögen darf zur Verwirklichung des Stiftungszwecks ganz oder teilweise innerhalb von 25 Jahren (in Worten: fünfundzwanzig Jahren) nach der Gründung verbraucht werden.

(4) Der Stiftungsvorstand darf jährlich $^1/_{25}$ des Stiftungsvermögens zur Verwendung für satzungsgemäße Zwecke auskehren. Das jeweils zu verwendende Vermögen mindert sich um eingetretene Fehlbeträge/Wertminderungen des ursprünglichen Stiftungsvermögens. Das Stiftungsvermögen soll im Sinne des unter § 2 genannten Stiftungszwecks innerhalb von 25 Jahren vollständig verbraucht werden. Danach soll die Stiftung aufgelöst werden (vgl. § 12). Nicht ausgeschöpfte Beträge dürfen in Folgejahren nachgeholt werden. Zustiftungen dürfen grundsätzlich in voller Höhe verbraucht werden.

(5) Sämtliche Kapital- und Sachanlagen des Stiftungsvermögens können zum Zwecke der Vermögensbewirtschaftung umgeschichtet werden.

(6) Das Stiftungsvermögen kann durch Zuwendungen auch von dritter Seite (Geldbeträge, Rechte und sonstige Gegenstände) erhöht werden. Werden Zuwendungen nicht ausdrücklich zum Vermögen der Stiftung gewidmet, so dienen sie ausschließlich und unmittelbar zeitnah den in § 2 genannten Zwecken.

(7) Die Stiftung verfolgt ihren Stiftungszweck durch den Verbrauch des Stiftungsvermögens und der sonstigen Zustiftungen bzw. Zuwendungen sowie aus den Erträgen des Stiftungsvermögens.

(8) Die realisierten Umschichtungsgewinne können für den Stiftungszweck verwendet oder nach Maßgabe des § 62 AO in eine Umschichtungsrücklage eingestellt werden. Die Umschichtungsrücklage kann durch Beschluss des Kuratoriums aufgelöst werden und ist sodann nach Maßgabe des § 62 Abs. 2 Satz 3 AO zu verwenden.[Rz. 41]

§ 5 Kuratorium

(1) Das Kuratorium der Stiftung besteht aus mindestens zwei und höchstens vier Personen.

(2) Mitglieder des ersten Kuratoriums sind

(a) der Testamentsvollstrecker (außerhalb des Amts als Testamentsvollstrecker) des Stifters auf Lebenszeit.
Diese Person ist berechtigt, einen Nachfolger zu bestimmen. Macht diese Person von diesem Recht keinen Gebrauch, können die verbleibenden Mitglieder des Kuratoriums einen Nachfolger wählen (Kooption). Diese oben auf Lebenszeit benannte Person ist berechtigt, das Amt jederzeit niederzulegen.

(b) ein Vertreter der Stiftungsverwalterin.
Der Vertreter der Stiftungsverwalterin ist nicht an eine bestimmte Person gebunden und wird durch die Stiftungsverwalterin bestimmt. Die Stiftungsverwalterin kann sich durch unterschiedliche Personen im Kuratorium vertreten lassen.

Die unter (a) benannte Person kann bis zu zwei weitere Personen für das erste Kuratorium benennen.

(3) […].

§ 8 Kosten, Auflage

(1) Die Stiftungsverwalterin wird für die Verwaltung dieser nicht rechtsfähigen Verbrauchsstiftung und die Zweckerfüllung kein Entgelt erheben.

(2) Die der Stiftungsverwalterin für die Verwaltung dieser nicht rechtsfähigen Verbrauchsstiftung von Dritten in Rechnung gestellten Kosten, zB für die Vermögensverwaltung (u. a. Ausgabeaufschläge, Depot- und Kontogebühren und Vermögensverwaltungsgebühren) und Buchhaltung (u. a. laufende Buchhaltung und Jahresabschlusskosten), werden den Erträgen dieser nicht rechtsfähigen Verbrauchsstiftung belastet.

(3) Die Stiftungsverwalterin wird die Einhaltung der steuerlichen Vorgaben zur Höhe der Verwaltungskosten sicherstellen.

(4) Das Kuratorium und die Stiftungsverwalterin haben für die Dauer des Bestehens dieser nicht rechtsfähigen Verbrauchsstiftung dafür Sorge zu tragen, dass aus den Mitteln der Stiftung (Einkommen und Vermögen) in steuerunschädlicher Weise (vgl. § 58 Nr. 6 AO) eine angemessene Grabpflege des Stifters und seines vorverstorbenen Ehegatten gewährleistet ist.[Rz. 44]

A. Grundsätzliche Anmerkungen

I. Wirtschaftliche Aspekte

1 Seit Jahren leiden viele rechtlich selbstständige und auch unselbstständige gemeinnützige Stiftungen darunter, dass am Kapitalmarkt nicht mehr genügend Erträge generiert werden können, um regelmäßig im ausreichenden Umfang die eigenen steuerbegünstigten Satzungszwecke verwirklichen zu können. Da ist es nun gut, dass die sogenannte Verbrauchsstiftung im Zuge des Ehrenamtsstärkungsgesetzes[1] gesetzlich zugelassen worden ist. In der Beraterpraxis ist inzwischen die **Implementierung einer Verbrauchsstiftung** kein Einzelfall mehr. Denn viele potenzielle Stifter scheuten sich bislang davor, dass sie einen großen Kapitalanteil einsetzen müssen, der in seiner Substanz „brach liegt" und lediglich die dadurch erzielten – aus Sicht des potenziellen

[1] Vgl. Gesetz vom 21.3.2013, BGBl. I 2013, 556.

Stifters viel zu geringen – Erträge als Mittel für die Satzungszweckverwirklichung tatsächlich zur Verfügung stehen. Nun kann der potenzielle Stifter unmittelbar mit seinem gewünschten Kapitaleinsatz **in Gänze „Gutes tun".** Der Wunsch, mit einem bestimmten Betrag über einen gewissen Zeitraum vollständig gemeinnützige Zwecke fördern zu können, ist bei vielen sehr ausgeprägt.

Es ist davon auszugehen, dass in den nächsten Jahren ein erheblicher **Anstieg von Verbrauchsstiftungen** zu verzeichnen sein wird. Naturgemäß werden zyklisch nach Ablauf des – individuellen – Verbrauchszeitraums nach Zweckerfüllung kumuliert viele wieder verschwinden. Es entspricht der Zielvorstellung von vielen, dem Vorstand einer gemeinnützigen Körperschaft quasi einen mit eigenem Namen versehenen Scheck in die Hand geben zu können, der bspw. innerhalb der nächsten 10 Jahre vollständig verbraucht werden kann. Das gemeinnützige Engagement in Deutschland kann so auf eine viel breitere Basis gestellt werden, wenn viele anstelle einer schlichten Spende über eine unkomplizierte Verbrauchsstiftung mit eigenem Namen zB. ein „paar € 10 000" zu mitbestimmten gemeinnützigen Zwecken direkt und zeitlich planbar einsetzen können. 2

Ebenso kann es für eine bestehende Stiftung, die zB. damals von einem einzelnen Stifter zu einem bestimmten Zweck mit überschaubarem – sich real mindernden – Kapitaleinsatz errichtet worden ist und die keine Zuwendungen von außen erhält, interessant sein, an eine – soweit steuerlich verkraftbar und rechtlich zulässig – **Umwandlung** in eine Verbrauchsstiftung zu denken. Dies wäre eine echte Alternative zu einer durch die Stiftungsreform hoffentlich bald leichter möglichen Zusammenlegung bzw. Zulegung mit bzw. zu einer anderen Stiftung. 3

II. Rechtliche Aspekte

Zur Entstehung einer rechtsfähigen Stiftung ist das Stiftungsgeschäft und die staatliche Anerkennung erforderlich.[2] Die Anerkennung der Stiftung als rechtsfähig erfordert ua., dass die dauernde und nachhaltige Erfüllung des Stiftungszwecks gesichert erscheint.[3] Nach § 80 Abs. 2 S. 2 BGB[4] erscheint die dauernde Erfüllung des Stiftungszwecks bei einer Stiftung, die für eine bestimmte Zeit errichtet und deren Vermögen für die Zweckverfolgung verbraucht werden soll **(Verbrauchsstiftung)** gesichert, wenn die Stiftung für einen im Stiftungsgeschäft festgelegten Zeitraum bestehen soll, der mindestens 10 Jahre umfasst. Nach § 81 Abs. 1 S. 2 BGB[5] muss das Stiftungsgeschäft bei einer Verbrauchsstiftung eine verbindliche Erklärung des Stifters enthalten, dass von ihm ein Vermögen zur Erfüllung eines von ihm vorgegeben Zwecks gewidmet wird, dass auch zum Verbrauch bestimmt werden kann.[6] Damit ist nun die sogenannte Verbrauchsstiftung gesetzlich aus der Taufe gehoben worden, und zwar mit einer **Legaldefinition.** 4

Kern dieser Legaldefinition ist allerdings lediglich „Errichtung für eine bestimmte Zeit" und „Vermögen soll für die Zweckverfolgung verbraucht werden". Der gesetzlich normierte **Verbrauchszeitraum von mindestens 10 Jahren,** der **im Stiftungsgeschäft festzulegen** ist,[7] hat grds. zunächst einmal nur Bedeutung für das für eine staatliche Anerkennung **einer rechtsfähigen Stiftung** erforderliche Tatbestandsmerkmal „die dauernde (und nachhaltige) Erfüllung des Stiftungszwecks gesi- 5

[2] Vgl. § 80 Abs. 1 BGB.
[3] Vgl. § 80 Abs. 2 Satz 1 BGB.
[4] Eingefügt durch das Ehrenamtsstärkungsgesetz v. 21.3.2013, BGBl. I 2013, 556.
[5] Geändert durch das Ehrenamtsstärkungsgesetz v. 21.3.2013, BGBl. I 2013, 556.
[6] Der Anspruch der Stiftung auf Übertragung bzw. Abtretung des im Stiftungsgeschäfts gewidmeten Vermögens kann (so v. Campenhausen/Richter/*Hof* Stiftungsrechts-Handbuch, § 6 Rz. 30 mwN), sollte aber nicht viel später erfüllt werden.
[7] Vgl. § 80 Abs. 2 Satz 2 HS 2 BGB.

chert erscheint".[8] Die hM geht daher davon aus, dass eine rechtsfähige Verbrauchsstiftung nur mit einem Mindestverbrauchszeitraum von 10 Jahren zulässig ist.[9] Dies ist wiederum abzugrenzen von einer Dauerstiftung auf Zeit, bei der grds. auch ein kürzerer Zeitraum nicht ausgeschlossen sein soll;[10] hier ergibt sich mE. ein Wertungswiderspruch, der zweckmäßigerweise dadurch aufzulösen wäre, auch einen kürzeren Verbrauchszeitraum zuzulassen, wenn – je nach dem individuellen Satzungszweck – auch damit eine dauernde (und nachhaltige)[11] Erfüllung des Satzungszweckes gesichert erscheint. So ist mE. selbst bei einer rechtsfähigen Stiftung der gesetzlich normierte Verbrauchszeitraum von **mindestens 10 Jahren als gesetzliche Vermutung** dergestalt zu verstehen, dass jedenfalls dann die für die Anerkennung erforderliche dauernde Satzungszweckerfüllung als gesichert erscheint;[12] Ausnahmen – auch bei kürzeren Zeiträumen – erlaubt.

6 Ferner gibt es gute Argumente dafür, dass dieser normierte Mindestverbrauchszeitraum von 10 Jahren für **nicht rechtsfähige Verbrauchsstiftungen** nicht geltend muss, erst recht nicht ausnahmslos. In den gesetzlichen Regelungen zu den Bestandteilen eines Stiftungsgeschäfts ist dieser Verbrauchszeitraum von mindestens 10 Jahren gerade nicht verankert.[13]

Unabhängig davon ist im Zuge der Errichtung einer nicht rechtsfähigen Verbrauchsstiftung **im Stiftungsgeschäft** jedenfalls die gesetzliche Bestimmung aufzunehmen, dass das dort genannte Vermögen zur Erfüllung eines vom Stifter vorgegebenen Zwecks gewidmet wird und dass dieses Vermögen **zum Verbrauch bestimmt werden kann bzw. bestimmt ist.** Denn nur so bringt der Stifter im Zuge des verpflichtenden Stiftungsgeschäfts zur Erstausstattung seinen Willen zum Verbrauch dieses zukünftigen Stiftungsvermögens zum Ausdruck. War bislang Grundmerkmal einer Stiftung, das Grundstockvermögen zu erhalten und die Satzungszwecke allein aus den daraus generierten Erträgen zu verwirklichen, so ist es gerade das Wesen der gesetzlich neu implementierten Verbrauchsstiftung, durch Verbrauch des Stiftungsvermögens die Satzungszwecke zu verfolgen.

7 Ein vollständiger Verbrauch bis zum Ende eines angegebenen Zeitraums ist von Gesetzes wegen nicht zwingend erforderlich, soweit das Stiftungsgeschäft und die Satzung nicht genaue Vorgaben dazu machen. Ein Restvermögen am Ende eines vorgegebenen Beendigungszeitraumes wäre dann bei Vermögensanfall an den – gemeinnützigkeitskonformen – satzungsmäßigen Anfallsberechtigten zu übertragen.[14] Die **Beendigung der Verbrauchsstiftung** ist auf unterschiedlichen Wegen – je nach Ausgestaltung – denkbar. Bei einer von vornherein festgelegten zeitlichen Befristung wird die Stiftung durch Zeitablauf aufgelöst. In den meisten Fällen erfolgt die Beendigung aber durch Verbrauch des gesamten Stiftungsvermögens; dann hat die Stiftungsaufsichtsbehörde die rechtsfähige Verbrauchsstiftung nach § 87 Abs. 1 BGB aufzuheben.

8 Der Gesetzgeber geht nach den Gesetzesmaterialien[15] zum Ehrenamtsstärkungsgesetz im Übrigen davon aus, dass es sich bei der Errichtung einer Verbrauchsstiftung lediglich um eine Klarstellung handelt. Nach der **Gesetzesbegründung** wird durch

---

[8] Vgl. § 80 Abs. 1 Satz 1 BGB.

[9] Vgl. v. Campenhausen/Richter/*Hof* Stiftungsrechts-Handbuch, § 4 Rz. 53 mwN, § 7 Rz. 34, § 9 Rz. 41.

[10] Vgl. v. Campenhausen/Richter/*Hof* Stiftungsrechts-Handbuch, § 4 Rz. 54 sowie § 6 Rz. 335 mwN; zur weiteren Abgrenzung zwischen endlichen Verbrauchsstiftungen (zweck- bzw. zeitbefristet) vgl. MüKoBGB/*Weitemeyer* BGB § 80 Rn. 82 ff. mwN.

[11] ME ist auch die Nachhaltigkeit der Satzungszweckerfüllung bei der rechtsfähigen Verbrauchsstiftung aufgrund § 80 Abs. 2 Satz 1 BGB zu fordern, auch wenn diese in § 80 Abs. 2 Satz 2 BGB nicht genannt wird (dort ist nur die dauernde Erfüllung als Zeitkomponente genannt); die nachhaltige Erfüllung ist aber mE dann gegeben, wenn das Verhältnis zwischen den zur Verfügung stehenden Mitteln zum Verbrauch und der Satzungszweckerfüllung passt.

[12] So auch MüKoBGB/*Weitemeyer* BGB § 80 Rn. 85 mwN.

[13] Vgl. § 81 Abs. 1 Satz 2 BGB.

[14] Vgl. ebenso MüKoBGB/*Weitemeyer* BGB § 80 Rn. 82 mwN.

[15] Vgl. Gesetzentwurf der Bundesregierung vom 2.11.2012, BR-Drs. 663/12, Besonderer Teil zu Nrn. 4 und 5.

die Ergänzung des § 81 Abs. 1 S. 2 BGB nur klargestellt, dass Stifter für jeden rechtmäßigen Zweck auch Verbrauchsstiftungen errichten können, dh. Stiftungen, bei denen zur Verfolgung des Stiftungszwecks nicht nur die Erträge aus dem Stiftungsvermögen eingesetzt werden dürfen, sondern auch das Stiftungsvermögen dazu verwendet werden darf. Durch die neue Vorschrift des § 80 Abs. 2 S. 2 BGB sollen nur die Anforderungen für die Anerkennung von Verbrauchsstiftungen konkretisiert werden und für den Stifter mehr Rechtssicherheit bei der Errichtung von Verbrauchsstiftungen geschaffen werden.

Der Gesetzgeber hat mit der Neuregelung in § 80 Abs. 2 S. 2 BGB jedenfalls endgültig klargestellt, dass die Verbrauchsstiftung eine zulässige Form der rechtsfähigen Stiftung im Sinne der §§ 80ff. BGB ist. Teile des Schrifttums bemängeln hierbei Unklarheiten, bspw. ob die Regelung auch für einen Teilverbrauch des Stiftungskapitals gilt oder ob eine Verbrauchsstiftung nur dann vorliegt, wenn nicht mal mehr ein Sockelbetrag des Stiftungskapitals über einen Zeitraum von 10 Jahren hinaus erhalten werden soll.[16] ME. ist es **zulässig, eine rechtsfähige Stiftung kombiniert auszugestalten,** und zwar in einen zu erhaltenen Vermögensstock und in einen zu verbrauchenden Teil des Stiftungsvermögens (Hybridstiftung).[17] Dafür spricht bereits der Gesetzeswortlaut in § 81 Abs. 1 S. 2 BGB „… ein Vermögen … zu widmen, dass **auch** zum Verbrauch bestimmt werden kann.“. Soweit von vornherein im Stiftungsgeschäft der Stifterwille klar formuliert ist und darüber hinaus jedenfalls beide Teile jeweils für sich – also isoliert sowohl der zu erhaltene Teil des Grundstockvermögens, als auch der zu verbrauchende Teil des Stiftungsvermögens – betrachtet, eigenständig für sich die dauernde und nachhaltige Erfüllung des Stiftungszwecks gesichert erscheinen lassen, sollte dies rechtlich zulässig sein und anerkannt werden können.[18] In der Praxis hat sich dies bereits als gangbarer Weg herauskristallisiert. 9

III. Steuerliche Aspekte

Unabhängig davon, ob eine solche Verbrauchsstiftung als rechtlich selbstständig oder nicht rechtsfähig ausgestaltet wird, kann das Finanzamt bei Vorliegen der weiteren Voraussetzungen einen **Bescheid nach § 60a AO** erlassen, mit dem die Einhaltung der satzungsmäßigen Voraussetzungen nach den §§ 51, 59, 60 und 61 AO gesondert festgestellt wird. Zudem kann später im Zuge der Veranlagung bspw. ein Freistellungsbescheid über Körperschaftsteuer und Gewerbesteuer erfolgen. 10

Die Zukunft wird es erweisen, ob das Finanzamt die zivilrechtliche Vorgabe für rechtsfähige Verbrauchsstiftungen von einem mindestens 10 jährigen Verbrauchszeitraum generell als Voraussetzung für die Feststellung der formellen Satzungsmäßigkeit gem. § 60a AO zugrunde legt, obwohl **bei einer unselbstständigen Verbrauchsstiftung** es keiner staatlichen Anerkennung bedarf und daher jedenfalls zivilrechtlich mE. auch ein kürzerer Zeitraum denkbar wäre. In der Praxis ist jedoch zu empfehlen, sich an dem mindestens 10-jährigen Verbrauchszeitraum auszurichten, soweit der Stifter nicht ausdrücklich den Wunsch nach einem kürzeren Zeitraum bei einer nicht rechtsfähigen Verbrauchsstiftung hegt. 11

Interessant und in der Beratungspraxis teilweise noch offen, sind die **Fragen zum Spendenabzug im Zusammenhang mit einer Verbrauchsstiftung.** Zuwendungen an eine Verbrauchsstiftung unterliegen den allgemeinen Regelungen des Spendenabzugs nach § 10b Abs. 1 EStG.[19] Allerdings **bleibt** der **stiftungsspezifische Spendenabzug** für Spenden in den Vermögensstock einer Stiftung gem. § 10b Abs. 1a 12

[16] Vgl. *Schütz/Runte* DStR 2013, 1261, 1267.
[17] Wird steuerlich sogar bereits durch die Finanzverwaltung im Zuge des Spendenabzuges anerkannt, vgl. BMF v. 15.9.2014, BStBl. I 2014, 1278, Tz. 1 Buchst. a) cc).
[18] So auch MüKoBGB/*Weitemeyer* BGB § 80 Rn. 86 mwN.
[19] Vgl. BMF v. 15.9.2014, BStBl. I 2014, 1278, Tz. 1 Buchst. a) Doppelbuchst. bb).

EStG **versagt. § 10b Abs. 1a Satz 2 EStG** regelt ausdrücklich, dass Spenden in das verbrauchbare Vermögen einer Stiftung nicht nach § 10b Abs. 1a Satz 1 EStG abzugsfähig sind.[20] Damit ist aber zugleich impliziert, dass die Abzugsfähigkeit nach § 10b Abs. 1 EStG nicht in Frage steht.

13 Bedeutsame Fragen stellen sich im Zusammenhang mit der Umwandlung einer bislang dauerhaften Stiftung (Dauerstiftung) mit bislang ausschließlich zu erhaltenden Vermögen in eine Verbrauchsstiftung, soweit dies stiftungs(zivil)rechtlich als zulässig[21] erachtet wird.[22] Soweit bspw. ein Stifter damals im Zuge der Errichtung der Dauerstiftung für die Erstausstattung einen besonderen stiftungsspezifischen Spendenabzug nach § 10b Abs. 1a EStG geltend gemacht hat, stellt sich die Frage, ob nunmehr im Zuge einer **Umwandlung in eine Verbrauchsstiftung** dieser besondere Spendenabzug rückgängig zu machen ist. Auch wenn die ausdrückliche Nichtabzugsfähigkeit nach dieser stiftungsspezifischen Spendenabzugsvorschrift des § 10b Abs. 1a Satz 2 EStG erst mit Wirkung ab dem 1.1.2013 eingefügt worden ist,[23] ist mE. eine **rückwirkende Versagung dieses besonderen Spendenabzuges** als Sonderausgaben nicht auszuschließen. Denn letztendlich wurde dieser besondere Spendenabzugsbetrag schon immer nur für die Zuführung in das Grundstockvermögen – später konkretisiert als das zu erhaltende Vermögen (Vermögensstock) – gewährt.

14 **Verfahrensrechtlich** wird es hierfür mE. mit § 175 Abs. 1 Satz 1 Nr. 2 AO (rückwirkendes Ereignis) eine **Korrekturvorschrift** geben.[24] Zwar besteht für den Spender (zugleich in Personalunion der Stifter) hinsichtlich der damaligen Richtigkeit der Zuwendungsbestätigung grds. Vertrauensschutz nach § 10b Abs. 4 Satz 1 EStG[25] und dieser Vertrauensschutz[26] darf nach einer starken Ansicht im Schrifttum[27] auch nicht über eine Berichtigungspflicht nach § 153 Abs. 1 Nr. 1, Abs. 2 AO leer laufen. Ebenso wird mit guten Argumenten eine Veranlasserhaftung für eine etwaig entgangene Steuer nach § 10b Abs. 4 Satz 2 Alt. 2 EStG verneint werden können.[28] Allerdings sind die Organe einer Stiftung bzw. der Stiftungsträger einer unselbstständigen Stiftung mE. zu einer Berichtigungsanzeige gegenüber dem Finanzamt verpflichtet; uU. macht bereits das für die Gemeinnützigkeit zuständige Finanzamt im Zuge einer Umwandlung in eine Verbrauchsstiftung dem Wohnsitzfinanzamt des Spenders eine Kontrollmitteilung. Jedenfalls sollten vor einer etwaigen Umwandlung in eine Verbrauchsstiftung die steuerlichen Auswirkungen einer möglichen rückwirkenden Versagung des damaligen Sondergabenabzuges bei der Einkommensteuer des Stifters/Spenders ermittelt werden.[29] Bleibt danach trotz einer etwaigen nachteiligen Steuerwirkung die Umwandlung in eine Verbrauchsstiftung weiterhin eine Option, so steht es jedem frei, insoweit vor Sachverhaltsverwirklichung einen Antrag auf verbindliche Auskunft gegenüber dem für die Einkommensteuer zuständigen Wohnsitzfinanzamt zu stellen.

15 Werden zukünftig in der Praxis vermehrt **hybride Strukturen aus einer Kombination von Dauer- und Verbrauchsstiftung** anerkannt – sei es gleich bei Errichtung oder später durch partielle Umwandlung – so wird dabei verstärkt darauf zu achten sein, welche Erstausstattung, Zustiftung bzw. sonstige Zuwendung zugunsten der

---

[20] Vgl. ebenso die gewerbesteuerliche Vorschrift des § 9 Nr. 5 Satz 10 GewStG.

[21] Vgl. dazu MüKoBGB/*Weitemeyer* BGB § 80 Rz. 93 ff. mwN.

[22] Vgl. dazu *Schienke-Ohletz,* ErbStB 2015, 147 ff.; differenzierend zwischen qualifizierten und einfachen Satzungsänderungen und daher plädierend für partielle Umwandlungen, also unter Beibehaltung einer Dauerstiftung mit einem zukünftig verbrauchbaren Teil des bisherigen Grundstockvermögens.

[23] Vgl. Ehrenamtsstärkungsgesetz v. 21.3.2013, aaO.

[24] Ggf. auch über § 175b AO nF.; anders *Buchna/Leichinger/Seeger/Brox* Gemeinnützigkeit im Steuerrecht, Tz. 2.1.4.6 (S. 52) unter Verweis auf einen nicht zitierten Beschluss der ESt-Referatsleiter.

[25] Vgl. dazu näher OFD Frankfurt/Main v. 17.3.2014, DStR 2014, 1445 f.

[26] Maßgeblicher Zeitpunkt ist das Einreichen der damaligen Einkommensteuererklärung mit dem geltend gemachten stiftungsspezifischen Spendenabzugsbetrag.

[27] Vgl. Schmidt/*Heinicke* EStG § 10b Rz. 50.

[28] Dazu näher *Schienke-Ohletz* ErbStB 2015, 147 ff., 149 f.

[29] Dazu gehört ua. die Prüfung der etwaigen Festsetzungsverjährung, bspw. § 170 Abs. 10a AO nF.

Stiftung nach Stiftungsgeschäft, Satzung bzw. Zuwendungsvertrag dauernd dem zu erhaltenden Vermögensstock der Stiftung gewidmet ist[30] und welcher Teil der Zuwendung dem verbrauchbaren Vermögen zuzuordnen ist, damit es keine Abgrenzungsschwierigkeiten bei dem **besonderen Spendenabzug gemäß § 10b Abs. 1a EStG** für die (Teil-)Zuwendung in den zu erhaltenen Vermögensstock der Dauerstiftung gibt.[31]

B. Einzelerläuterungen

I. Zum Stiftungsgeschäft zu Lebzeiten

16 Da es sich in dem Vertragsformular um eine Verbrauchsstiftung in Gestalt einer unselbstständigen Stiftung handelt, bedarf es wiederum **eines rechtlich selbstständigen Stiftungsträgers** (zugleich Stiftungsverwalter), dem das Vermögen laut Stiftungsgeschäft unter einer exakt formulierten Auflage versprochen und übertragen wird. Vorliegend ist die Zusage und Übertragung des Vermögens als Schenkung unter Auflage formuliert.[32] Die verschiedenen Ausformungen der Errichtung einer unselbstständigen Stiftung sind ausführlich im Formular C. 3.02 dargestellt.

17 Das Stiftungsgeschäft enthält die nach § 81 Abs. 1 Satz 2 BGB geforderte verbindliche Erklärung des Stifters, ein Vermögen zur Erfüllung eines von ihm vorgegebenen Zweckes zu widmen, das auch zum Verbrauch bestimmt werden kann.[33] Vorliegend ist in dem Stiftungsgeschäft bereits vorgesehen, dass neben der lebzeitigen Errichtung und Ausstattung dieser unselbstständigen Verbrauchsstiftung **zusätzlich von Todes wegen weiteres Vermögen** dieser nicht rechtsfähigen Verbrauchsstiftung über den Stiftungsträger zufallen wird.

18 Die Festlegung eines Zeitraumes bis zur Beendigung dieser Verbrauchsstiftung und ggf. zugleich eines Zeitraumes bis zum vollständigen Verbrauch kann sehr flexibel und unterschiedlich ausgestaltet werden. Hier sieht das Stiftungsgeschäft vor, dass die Stiftung **mit vollständigem Verbrauch** des gesamten Stiftungsvermögens innerhalb von 10 Jahren nach dem Erbfall der Stifterin die Stiftung **aufzulösen** ist. Mit vollständigem Verbrauch ist die weitere Zweckerfüllung der Stiftung unmöglich geworden.[34] Dies ist eine durchaus übliche Gestaltung, weil die Stifterin so die Gewissheit hat, dass die Stiftung nach ihrem Tod höchstens noch 10 Jahre nach den festgelegten Vorstellungen der Stifterin mit dem gesamten zugewiesenen Vermögen Gutes tut. Wenn es die Stifterin nicht kategorisch ausschließen möchte, empfiehlt sich, in dem Stiftungsgeschäft die Möglichkeit der Umwandlung in eine rechtlich selbstständige Stiftung vorzusehen. Damit kommt der Stifterwille auch hinsichtlich einer etwaig späteren Argumentation zugunsten einer Umwandlung in eine rechtsfähige Stiftung gegenüber der – dann notwendigen – Stiftungsaufsichtsbehörde zum Ausdruck.

II. Zur Satzung

Zu § 1: Name, Rechtsform

19 Es bestehen keine Besonderheiten zu den vorhergehenden Vertragsformularen.

---

[30] So auch *Hüttemann* Gemeinnützigkeits- und Spendenrecht, Rz. 8.166.
[31] Eine genaue Zuordnung auch steuerlich fordernd BMF v. 15.9.2014, BStBl. I 2014, 1278.
[32] Anders als im Formular C.3.02.
[33] Zu den Einzelheiten vgl. in diesem Vertragsformular die Ausführungen zu den rechtlichen Aspekten unter Rz. 4 ff.
[34] Vgl. § 87 Abs. 1 BGB.

Zu § 2: Stiftungszweck

20 Hier sind die von der Stifterin ausgewählten Stiftungszwecke formuliert und im Übrigen der Wortlaut der Mustersatzung (Anlage zu § 60 AO) eingehalten. Zugleich wird der Sitz festgelegt, der sich praktikabler Weise am Ort des Stiftungsträgers orientiert.

Zu § 3: Selbstlosigkeit, Ausschließlichkeit

21 Die Formulierungen der Mustersatzung[35] sind hier wiedergegeben.

Zu § 4: Stiftungsvermögen

22 Die Erstausstattung aus dem Stiftungsgeschäft spiegelt sich hier wieder. Zudem erfolgt ein Hinweis auf das aktuelle Testament der Stifterin, wobei mit dem Begriff „bedacht" bewusst eine offene Formulierung gewählt worden ist, um der Stifterin weiterhin eine gewisse Flexibilität an die Hand zu geben. So kann die Stifterin – korrekterweise unmittelbar – den Stiftungsträger[36] als Erbe oder Vermächtnisnehmer einsetzt.

23 In § 4 Abs. 4 ist eine konkrete Verbrauchsregelung implementiert worden, um eine regelmäßige Satzungszweckerfüllung zu gewährleisten. Sobald im Erbfall das weitere Vermögen der Stifterin von Todes wegen hinzukommt, enthält die Satzung die Anordnung, dass sodann das im Erbfall vorhandene Vermögen (also das bis dahin restliche vorhandene Vermögen einschließlich des von Todes wegen hinzugekommenen Vermögens) innerhalb von 10 Jahren nach dem Erbfall der Stifterin vollständig verbraucht werden soll. Sodann ist die Auflösung der Stiftung bestimmt. Mit der Regelung zu den etwaig nicht ausgeschöpften Beträgen, die im Geschäftsjahr zum Verbrauch möglich gewesen wären, wird eine gewisse Flexibilität geschaffen (Nachholung in den Folgejahren).

24 In § 4 Abs. 5 wird für Zustiftungen ebenfalls eine eindeutige Verbrauchsregelung bestimmt, die sehr flexibel gehalten ist. § 4 Abs. 6 stellt klar, welche Mittel der Stiftung bzw. dem Stiftungsträger letztlich zur Verfügung stehen, um zur Satzungszweckerfüllung verbraucht werden zu können.

Zu § 5: Kuratorium

25 Da die unselbstständige (Verbrauchs-)Stiftung nicht rechtsfähig ist, kann sie auch nicht vertreten werden. Das vorgesehene Kuratorium ist daher kein Stiftungsorgan im Rechtssinne. Vielmehr ist es eine Art Kontrollinstanz und Ansprechpartner für den Stiftungsträger, der wiederum im eigenen Namen nach außen auftritt und in Erfüllung der Auflagen hinsichtlich des übertragenen Vermögens die Satzungszwecke verfolgt. Es ist ratsam und regelmäßig gewollt, dass die Stifterin selbst als Kuratoriumsmitglied fungiert und idealerweise eine Vertrauensperson an ihrer Seite hat, der lebzeitig und gerade auch nach dem Tode der Stifterin den Stifterwillen „weiterlebt". Der Stiftungsträger wird in der Regel darauf bestehen, einen eigenen Vertreter in dieser Beratungs- und Kontrollinstanz zu haben.

26 Bei Ausscheiden eines Mitglieds aus dem Kuratorium erfolgt die Zuwahl aus sich selbst heraus (Kooption). Sind die Vorgaben klar genug und ist der Umfang des jährlich zu verbrauchenden Vermögens und damit der regelmäßige Mitteleinsatz wie vorliegend festgeschrieben, muss es nach dem Tode der Stifterin nicht zwingend erforderlich sein, dass das Kuratorium bestehen bleibt. Daher sieht § 5 Abs. 2 am Ende vor,

[35] Vgl. Anlage zu § 60 AO.

[36] Nur dieser kann Träger von Rechten und Pflichten sein, also auch Erbe oder Vermächtnisnehmer, die unselbstständige Verbrauchsstiftung mangels Rechtsfähigkeit selbst nicht.

dass das Kuratorium sodann aufgelöst werden kann und die Aufgaben vom Stiftungsträger allein fortgeführt werden können.

Zu § 6: Aufgaben, Beschlussfassung

Trotz mangelnder Organstellung soll der Personenkreis unter der Titulierung „Kuratorium" über die Verwendung der Stiftungsmittel beschließen können. Dem Stiftungsträger selbst soll dabei ein Vetorecht zustehen, soweit mit beschlossenen Mittelverwendungsmaßnahmen gegen gesetzliche oder satzungsgemäße Regelungen verstoßen werden würde. Denn immerhin handelt der Stiftungsträger bei allen Tätigkeiten für die unselbstständige (Verbrauchs-)Stiftung im eigenen Namen. Vor diesem Hintergrund ist ferner die Zustimmung des Stiftungsträgers für Satzungsänderungen vorgesehen. 27

Zu § 7: Verwaltung durch Stiftungsträger, Geschäftsjahr

Da es sich letztlich bei dem von der Stifterin dem Stiftungsträger zugewendeten Vermögen um ein zweckgebundenes Sondervermögen handelt, welches der Stiftungsträger unter den vorgegebenen Auflagen und auf der Grundlage der satzungsmäßigen Bestimmungen zu verwenden hat, muss der Stiftungsträger dieses Sondervermögen unter dem Mantel der namensgebenden unselbstständigen Verbrauchsstiftung getrennt von dem übrigen Vermögen des Stiftungsträgers verwalten. Dabei hat er die Beschlüsse des Kuratoriums umzusetzen. Aus praktischen Gründen ist das Geschäftsjahr der Stiftung dem Geschäftsjahr des Stiftungsträgers angepasst. 28

Vor dem Hintergrund, dass es bei dieser unselbstständigen Verbrauchsstiftung keine Stiftungsaufsichtsbehörde gibt und um vorsorglich später böse Überraschungen seitens des Finanzamtes zu vermeiden, soll der Stiftungsträger dem Kuratorium als Kontrollinstanz innerhalb eines halben Jahres nach Abschluss des Geschäftsjahres eine Jahresrechnung mit einem Mittelverwendungsbericht vorlegen. 29

Mangels Rechtsfähigkeit der unselbstständigen Verbrauchsstiftung und damit mangels Vertreter hat der Stiftungsträger Zuwendungsbestätigungen gegenüber der Stifterin und etwaigen weiteren Spendern auszustellen. Damit unterliegt der Stiftungsträger automatisch den Bestimmungen ua der Ausstellerhaftung gemäß § 10b Abs. 4 Satz 2 Alt. 1 EStG. 29a

In § 7 Abs. 5 werden dem Grunde nach die Abrechnungsgrundsätze des Stiftungsträgers genannt. Die Einzelheiten dazu werden in einem gesonderten Auftrag zwischen dem Stiftungsträger und der Stifterin vertraglich geregelt. 30

Zu § 8: Anpassung der Stiftung an veränderte Verhältnisse

§ 8 Abs. 1 regelt, unter welchen Voraussetzungen und mit welchen Inhalten ein neuer Stiftungszweck beschlossen werden kann. Nach dem Tode der Stifterin ist eine solche Änderung des Stiftungszwecks nicht mehr möglich. Zudem ist hier festgehalten, was sich auch bereits aus dem Stiftungsgeschäft ergibt, nämlich dass eine Umwandlung in eine selbstständige Stiftung grundsätzlich möglich sein soll. Dabei hat dann die Stiftungsaufsichtsbehörde neben dem Finanzamt mitzuwirken. 31

Zu § 9: Auflösung der Stiftung, Vermögensanfall

Mit vollständigem Verbrauch des Stiftungsvermögens wird die Zweckerfüllung unmöglich, sodass dann die Stiftung „aufzulösen" ist. Da es sich hier um eine nicht rechtsfähige Stiftung handelt, bedarf es dazu letztlich praktisch nur der Konto-/Depotschließung (soweit sich das Vermögen darauf beschränkt hat) und einer Mitteilung an das für die Gemeinnützigkeit zuständige Finanzamt, dass diese unselbstständige Ver- 32 brauchsstiftung aufgrund vollständigen Verbrauchs des Stiftungsvermögens aufgelöst worden ist. Zugleich ist vorliegend die Regelung impliziert, dass der vollständige Verbrauch spätestens 10 Jahre nach dem Erbfall stattgefunden haben muss.

33 Selbstredend ist im Rahmen einer unselbstständigen Verbrauchsstiftung der formelle und materielle Grundsatz der Vermögensbindung einzuhalten. Dies wird vorliegend durch § 9 Abs. 3 mit konkreter Benennung der Empfängerkörperschaft bspw. bei vorzeitiger Auflösung und Vermögensanfall dieser unselbstständigen Verbrauchsstiftung gewährleistet.

Zu § 10: Stellung des Finanzamtes

34 Bei Satzungsänderungen und der Auflösung der Stiftung ist das für die Gemeinnützigkeit zuständige Finanzamt zwingend mit einzubinden. Neben einer schlichten Anzeige empfiehlt sich immer bereits die vorherige Einbeziehung des Finanzamtes. Dies gilt im Übrigen auch für alle anderen Zweifelsfragen zur Gemeinnützigkeit und im Rahmen der Ausstellung von Zuwendungsbestätigungen und des Spendenabzuges.[37]

III. Zur Alternative „Errichtung von Todes wegen" durch Testament nebst Satzung (Auszüge)

Zum Testament, soweit Errichtung der Verbrauchsstiftung von Todes wegen betreffend

35 Eine unselbstständige Verbrauchsstiftung kann ebenso von Todes wegen errichten werden. Vorliegend errichten Eheleute ein gemeinschaftliches Testament, wonach der überlebende Ehepartner im Schlusserbfall den Stiftungsträger mit Auflagen zur Erbin einsetzt. Damit fungiert der letztversterbende Ehepartner als Stifter.

36 Es empfiehlt sich dringend, diese geplante Erbeinsetzung im Vorwege mit dem potenziellen Stiftungsträger abzustimmen, und zwar ob dagegen Einwände bestehen bzw. wie bestmöglich dies praktisch bereits eingesteuert werden kann. Das betrifft ua Fragen zur Benachrichtigung des Stiftungsträgers im Schlusserbfall. Ferner sollten die Konditionen im Vorwege ausgehandelt werden, auch wenn derzeit naturgemäß nicht genau bestimmt werden kann, welchen Umfang der Nachlass im Schlusserbfall einnehmen wird.

37 Eines Stiftungsträgers für die Erbeinsetzung unter Auflagen bzw. Vermächtnisanordnung unter Auflagen bedarf es bei einer unselbstständigen Verbrauchsstiftung, die mangels Rechtsfähigkeit nicht selbst Erbin oder Vermächtnisnehmerin sein kann. Eine Ersatzerbenregelung sollte auf jeden Fall getroffen werden, bspw. für den Fall, dass der Stiftungsträger im Schlusserbfall nicht mehr existiert.

38 Die Auflagen für den Stiftungsträger im Hinblick auf das von Todes wegen zuzuwendende Vermögen sollten möglichst klar und eindeutig formuliert werden. Bei der Auflage unter § 4 Abs. 1 Buchst. (a) handelt es sich im Kern um die Einrichtung des zweckgebundenen Sondervermögens und ist nicht als Übertragung im rechtstechnischen Sinne zu verstehen. Denn die unselbstständige Verbrauchsstiftung ist gerade kein Rechtsträger, sondern faktisch regelmäßig ein Bankkonto/-depot, welches einzurichten ist.

39 Die Stiftungssatzung ist dem Testament als Anlage beizufügen. Regelmäßig bietet es sich an, dem Stiftungsträger zwecks Abwicklung einen Testamentsvollstrecker zur Seite zu stellen. Das kann erst recht zweckmäßig sein, wenn bspw. der Stiftungsträger als Erbe mit einer Reihe von Vermächtnissen belastet wird, die zu erfüllen sind. In § 4 Abs. 1 Buchst. (c) wird mit Verweis auf die Satzung unmittelbar zusätzlich im Testament auf die Bestimmung zum Verbrauch des Vermögens hingewiesen.

[37] Zu letzteren Themen wäre das Wohnsitzfinanzamt des Spenders anzufragen.

Zur auszugsweisen Satzung als Anlage zum Testament

Hier kann auf die Ausführungen zum vorstehenden Vertragsformular zur Satzung zu Lebzeiten verwiesen werden.[38] In diesem hier vorliegenden weiteren Beispiel einer Satzung für eine Verbrauchsstiftung ist in § 3 Abs. 3 und 4 ein längerer Verbrauchszeitraum vorgesehen. Die Bestimmungen sehen vor, dass diese unselbstständige Verbrauchsstiftung von Todes wegen mit ihrer Errichtung im Schlusserbfall 25 Jahre besteht. Zur Sicherstellung einer regelmäßigen Mittelverwendung und gleichbleibender Satzungszweckerfüllung sollen jährlich $^{1}/_{25}$ des Stiftungsvermögens zur Verfolgung des Satzungszwecks verbraucht werden. **40**

Die Behandlung von Umschichtungsgewinnen und die Möglichkeit der Rücklagenbildung ist in § 3 Abs. 8 geregelt. **41**

Das Kuratorium besteht hier neben einem Vertreter der Stiftungsverwalterin aus dem Testamentsvollstrecker, allerdings außerhalb seines Amtes als Testamentsvollstrecker. Diesbezüglich soll er nicht den Nachlass abwickeln, sondern vielmehr als verlängerter Arm des Stifters den Stiftungsträger kontrollieren und über die Mittelverwendung mitbestimmen. **42**

Die Auswahl des Stiftungsträgers im Vorwege orientiert sich ua an dem Gebührenkatalog des potenziellen Stiftungsträgers. Hier gibt es in Deutschland erstaunlicherweise eine exorbitante Preisspanne. Teilweise werden umfassende Auftragsbedingungen vorgelegt, in denen recht versteckt Gebührenkomponenten und Vergütungsregelungen implementiert sind, deren Abschluss nicht ernsthaft empfohlen werden kann. Es gibt aber eine große Auswahl an kompetenten und seriösen Stiftungsträgern mit transparenten und angemessenen Vergütungsvorschlägen, die sich bereits in der Praxis bewährt haben. **43**

In manchen Fällen unselbstständiger Verbrauchsstiftungen von Todes wegen im Schlusserbfall kann es sich anbieten, eine Regelung entsprechend § 8 Abs. 4 aufzunehmen, wonach die angemessene Grabpflege des Stifters und seines vorverstorbenen Ehegatten gewährleistet ist.[39] **44**

C. 3.04 Gemeinnützige GmbH

Gliederung

[38] Siehe ferner auch die Ausführungen zur Satzung im Formular C.3.02.

[39] Anders im Vergleich zu einer selbstständigen Stiftung, siehe Ausführungen zum Formular C.3.01.

C. 3.04

I. Gründungsprotokoll[Rz. 8–9]

Nr. [. . .] der Urkundenrolle für 20[. . .]
Verhandelt zu [. . .] am [. . .]
Vor mir, dem Notar [. . .]
erschienen heute in meinen Amtsräumen [. . .]:
1. Herr A,
geboren am [. . .],
wohnhaft [. . .],
2. Herr B,
geboren am [. . .],
wohnhaft [. . .],
dem Notar jeweils ausgewiesen durch gültigen Personalausweis der Bundesrepublik Deutschland.
Die Frage des Notars nach einer Vorbefassung iSd. § 3 Abs. 1 Nr. 7 BeurkG wurde von den Erschienenen verneint.[1]
Die Erschienenen erklärten sodann zu meinem Protokoll:

I. Gründung[Rz. 9]

Wir gründen hiermit eine Gesellschaft mit beschränkter Haftung unter der Firma
[. . .] gemeinnützige GmbH
und stellen die Satzung wie aus der Anlage zu diesem Protokoll ersichtlich fest.

II. Geschäftsführerbestellung[Rz. 10–11]

Wir treten hiermit zur ersten Gesellschafterversammlung zusammen und beschließen einstimmig, was folgt:
(1) Zum ersten Geschäftsführer der Gesellschaft wird bestellt:
Herr A.
Ist nur ein Geschäftsführer bestellt, vertritt dieser die Gesellschaft stets allein. Hat die Gesellschaft mehr als einen Geschäftsführer, wird sie entweder durch zwei Geschäftsführer gemeinschaftlich oder durch einen Geschäftsführer gemeinsam mit einem Prokuristen vertreten.
(2) Herrn A wird die Befugnis erteilt, mit sich in eigenem Namen und für Dritte Rechtsgeschäfte mit der Gesellschaft vorzunehmen (Befreiung von den Beschränkungen des § 181 BGB).
(3) Die Geschäftsführung ist bis zur Eintragung der Gesellschaft in das Handelsregister nur zu den für die Eintragung erforderlichen Rechtsgeschäften berechtigt.

III. Kosten

Die mit der Gründung verbundenen Kosten trägt die Gesellschaft bis zu einem Betrag von € 2500,–.

IV. Vollmacht[Rz. 12]

Wir bevollmächtigen die Notarfachangestellten
[. . .],
[. . .],
beide [. . .],

– und zwar je für sich allein –
Änderungen und Ergänzungen dieser Urkunde für uns vorzunehmen und zum Handelsregister anzumelden. Die Bevollmächtigten sind von den Beschränkungen des § 181 BGB befreit und befugt, Untervollmacht zu erteilen.

---

[1] Nicht in Bundesländern mit Singularzulassung als Notar.

Im Innenverhältnis wird vereinbart, dass von dieser Vollmacht nur nach vorheriger Rücksprache mit den Beteiligten und ausschließlich vor dem beurkundenden Notar oder dessen Vertretern im Amt Gebrauch gemacht werden soll. Die Vollmacht erlischt zwei Monate nach Vollzug dieser Urkunde.

V. Hinweise des Notars[Rz. 13–14]

Der Notar hat die Beteiligten belehrt, dass
- **die Gesellschaft mit beschränkter Haftung erst mit der Eintragung in das Handelsregister entsteht und die Haftungsbeschränkung auch erst zu diesem Zeitpunkt eintritt,**
- **diejenigen, die vor der Eintragung im Namen der Gesellschaft handeln, für die so begründeten Verbindlichkeiten unbeschränkt mit ihrem ganzen Vermögen haften (§ 11 Abs. 2 GmbHG),**
- **vor dem heutigen Tage vorgenommene Zahlungen auf die Geschäftsanteile grundsätzlich keine Erfüllungswirkung haben, die Geschäftsanteile also möglicherweise ein weiteres Mal eingezahlt werden müssen,**
- **vereinbarte Geldeinlagen nicht wirksam durch Aufrechnung oder Verrechnung erbracht werden können und sog. verdeckte Einlagen keine Erfüllungswirkung haben,**
- **sich die Leistungen auf die Geschäftsanteile im Zeitpunkt des Eingangs der Registeranmeldung bei Gericht in der freien, uneingeschränkten Verfügung der Geschäftsführung befinden müssen und dass diese – mit Ausnahme der satzungsmäßigen Übernahme der Gründungskosten – auch nicht durch die Eingehung von Verbindlichkeiten gemindert sein dürfen,**
- **die Gesellschafter eine etwaige Differenz zwischen dem Wert des Gesellschaftsvermögens im Zeitpunkt der Eintragung der Gesellschaft und dem Stammkapitalbetrag nachzuschießen haben,**
- **Sacheinlagen statt Geldeinlagen nur möglich sind, wenn dies in die Satzung aufgenommen worden ist,**
- **im Falle des Scheiterns der Eintragung der Gesellschaft die Gesellschafter für Verbindlichkeiten der Vorgesellschaft unbeschränkt und unabhängig von ihrer Beteiligungsquote persönlich haften,**
- **ein Hin- und Herzahlen der vereinbarten Geldeinlagen, zB im Rahmen eines Cash-Pool-Verbundes, gegenüber dem Registergericht offengelegt werden muss,**
- **die Gesellschafter für ausstehende Einlagen gesamtschuldnerisch haften**
- **Gesellschafter und Geschäftsführer der Gesellschaft – ggf. als Gesamtschuldner – zu Ersatzleistungen verpflichtet sind, wenn zum Zwecke der Errichtung falsche Angaben gemacht wurden oder eine Vergütung nicht in den Gründungsaufwand aufgenommen ist, und in diesen Fällen auch eine Strafbarkeit gegeben sein kann,**[2]
- **solange sich alle Gesellschaftsanteile in der Hand eines Gesellschafters oder daneben in der Hand der Gesellschaft befinden, jeweils unverzüglich nach Beschlussfassungen der Gesellschafterversammlung eine Niederschrift anzufertigen und zu unterschreiben ist,**
- **im Geschäftsverkehr der Rechtsformzusatz („GmbH") zutreffend und vollständig benutzt werden muss,**
- **der beurkundende Notar die Voraussetzungen für die Erlangung des Status der Gemeinnützigkeit nicht geprüft hat und er auch keinen steuerlichen Rat erteilt,**
- **jeder Gesellschafter die Angaben in der Gesellschafterliste regelmäßig, spätestens aber alle drei Jahre auf ihre Richtigkeit hin überprüfen sollte.**

Weiterhin hat der Notar die Regelungen über die Kapitalaufbringung und das Verbot verdeckter Sacheinlagen und deren Rechtsfolgen erläutert.

[2] §§ 9a, 82 GmbHG.

Diese Niederschrift nebst Anlage wurde den Erschienenen von dem Notar vorgelesen, von ihnen genehmigt und von ihnen sowie dem Notar eigenhändig, wie folgt unterschrieben:

II. Satzung[Rz. 15]

§ 1 Firma und Sitz[Rz. 16–17]

(1) Die Gesellschaft ist eine Gesellschaft mit beschränkter Haftung unter der Firma [...] gemeinnützige GmbH.
(2) Der Sitz der Gesellschaft ist [...].

§ 2 Zweck und Gegenstand[Rz. 18–20]

(1) Satzungszweck ist die Förderung von Wissenschaft und Forschung, Bildung und Erziehung sowie die Förderung des Umweltschutzes.
(2) Gegenstand des Unternehmens ist die Satzungsverwirklichung. Dabei werden die Satzungszwecke insbesondere verwirklicht durch die aktive und materielle Unterstützung von wissenschaftlichen Projekten im Bereich der erneuerbaren Energien und des Umweltschutzes sowie die Unterstützung mit Know-how von Betreibern für Windenergieanlagen zwecks Weiterentwicklung und hoher Qualitätssicherung im Bereich der Windenergie; dazu gehört auch die Schulung von Mitarbeitern der Windenergiebetreiber, vorrangig für anerkannt gemeinnützige Bildungsträger.
(3) Die Gesellschaft darf alle Geschäfte betreiben und Maßnahmen treffen, die geeignet sind, den Zweck des Unternehmens unmittelbar oder mittelbar zu fördern. Die Gesellschaft darf zur Erfüllung dieses Zwecks Zweigniederlassungen errichten und sich an gleichartigen oder ähnlichen Unternehmen beteiligen.
(4) Die Zwecke werden insgesamt verfolgt. Eine bestimmte Rangfolge zwischen ihnen besteht nicht. Es können auch nur jeweils einzelne Zwecke nach Wahl der Gesellschafterversammlung gefördert werden.

§ 3 Selbstlosigkeit und Mittelverwendung[Rz. 21]

(1) Die Gesellschaft verfolgt ausschließlich und unmittelbar gemeinnützige Zwecke im Sinne des Abschnitts „Steuerbegünstigte Zwecke" der Abgabenordnung (AO).
(2) Die Gesellschaft ist selbstlos tätig und verfolgt nicht in erster Linie eigenwirtschaftliche Zwecke. Die Mittel der Gesellschaft dürfen nur für die satzungsmäßigen Zwecke verwendet werden.
(3) Die Mittel müssen grundsätzlich zeitnah iSd. § 55 Abs. 1 Nr. 5 AO, also spätestens innerhalb der auf den Zufluss folgenden zwei Kalender- oder Wirtschaftsjahren für die steuerbegünstigten satzungsmäßigen Zwecke verwendet werden.
(4) Die Gesellschafter dürfen keine Gewinnanteile und in ihrer Eigenschaft als Gesellschafter auch keine sonstigen Zuwendungen aus den Mitteln der Gesellschaft erhalten. Sie erhalten bei ihrem Ausscheiden oder bei Auflösung der Gesellschaft oder bei Wegfall steuerbegünstigter Zwecke nicht mehr als ihre eingezahlten Kapitalanteile und den gemeinen Wert ihrer geleisteten Sacheinlagen zurück.
(5) Die Gesellschaft erfüllt ihre Aufgaben selbst oder durch eine Hilfsperson iSv. § 57 Abs. 1 Satz 2 AO. Die Gesellschaft kann zur Verwirklichung ihrer Zwecke steuerpflichtige wirtschaftliche Geschäftsbetriebe und Zweckbetriebe unterhalten.
(6) Ein Rechtsanspruch auf Gewährung der jederzeit widerruflichen Leistungen der Gesellschaft besteht nicht und wird auch durch wiederholte Leistung nicht begründet. Hierüber entscheiden allein die nach dieser Satzung zuständigen Organe. Eine Berufung auf Gleichbehandlung in Bewilligungs- oder Versagungsfällen wird ausgeschlossen.

§ 4 Geschäftsjahr[Rz. 22]

Das Geschäftsjahr ist das Kalenderjahr. Das erste Geschäftsjahr ist ein Rumpfgeschäftsjahr; es endet am 31.12. des Jahres, in dem die Gesellschaft nach Gründung ihre Geschäftstätigkeit aufgenommen hat.

§ 5 Stammkapital, Geschäftsanteile und Stammeinlagen[Rz. 23–30]

(1) Das Stammkapital der Gesellschaft beträgt € 25 000,– (in Worten: EURO fünfundzwanzigtausend).

(2) Auf das Stammkapital übernehmen:

(a) Herr A einen Geschäftsanteil im Nennbetrag von € 15 000,– (Geschäftsanteil Nr. 1);

(b) Herr B einen Geschäftsanteil im Nennbetrag von € 6 000,– (Geschäftsanteil Nr. 2);

(c) Herr B einen Geschäftsanteil im Nennbetrag von € 4 000,– (Geschäftsanteil Nr. 3).

(3) Die Stammeinlagen sind in Geld zu erbringen und sofort fällig.

(4) Das der Erfüllung der steuerbegünstigten Satzungszwecke – ggf. auch schuldrechtlich – gewidmete Vermögen der Gesellschaft (Grundstockvermögen), das von dem der Verwaltung und dem Verbrauch dienenden Vermögen getrennt zu verwalten ist, ist auf Dauer in seinem wertmäßigen Bestand zu erhalten. Dies setzt grundsätzlich die regelmäßige Aufstockung um die jährliche Inflationsrate voraus. Dieses Grundstockvermögen besteht mindestens aus dem Stammkapital. Kapitalerhöhungen sind grundsätzlich dem Grundstockvermögen gewidmet, soweit nicht etwas anderes beschlossen wird. Maßgebend für die Mitgliedschaftsrechte bleibt ausschließlich das jeweilige Stammkapital.

§ 6 Geschäftsführung, Vertretung[Rz. 31–37]

(1) Die Gesellschaft hat einen oder mehrere Geschäftsführer.

(2) Ist nur ein Geschäftsführer bestellt, vertritt dieser die Gesellschaft stets allein. Hat die Gesellschaft mehr als einen Geschäftsführer, wird sie entweder durch zwei Geschäftsführer gemeinschaftlich oder durch einen Geschäftsführer gemeinsam mit einem Prokuristen vertreten.

(3) Sämtliche oder einzelne Geschäftsführer können durch Gesellschafterbeschluss zur Einzelvertretung ermächtigt und/oder von den Beschränkungen des § 181 BGB befreit werden.

(4) Die Geschäftsführer sind verpflichtet, die Geschäfte der Gesellschaft in Übereinstimmung mit dem Gesetz – hier vor allem auch mit den Gemeinnützigkeitsvorschriften der §§ 51 ff. AO – und mit diesem Gesellschaftsvertrag sowie den Beschlüssen der Gesellschafterversammlung zu führen.

(5) Die Geschäftsführer bedürfen für alle Geschäfte, die über den gewöhnlichen Betrieb des Unternehmens der Gesellschaft hinausgehen, der ausdrücklichen vorhergehenden Zustimmung (Einwilligung) der Gesellschafterversammlung.

(6) Darüber hinaus kann die Gesellschafterversammlung einen Katalog weiterer zustimmungspflichtiger Geschäfte beschließen. Der Katalog ist nicht formeller, satzungsmäßiger Bestandteil der Satzung, sondern eine interne, bindende Richtlinie für die Geschäftsführung. Der Katalog kann daher durch einen formlosen Beschluss der Gesellschafterversammlung ohne Einhaltung der für eine Satzungsänderung vorgeschriebenen Formvorschriften – auch einzelnen Geschäftsführern gegenüber – beschlossen, erweitert oder beschränkt werden.

§ 7 Gesellschafterversammlung[Rz. 38–43]

(1) Die ordentliche Gesellschafterversammlung findet einmal jährlich innerhalb von zwei Monaten nach Aufstellung des Jahresabschlusses statt. Darüber hinaus

sind außerordentliche Versammlungen einzuberufen, wenn dies im Interesse der Gesellschaft erforderlich ist oder von Gesellschaftern, die zusammen mindestens Geschäftsanteile von 10 vH des Stammkapitals innehaben, verlangt wird. Kommt die Geschäftsführung einem solchen Einberufungsverlangen nicht innerhalb einer Frist von zwei Wochen nach, ist der (sind die) Gesellschafter, der (die) ein solches Verlangen gestellt hat (haben), selbst berechtigt, die Gesellschafterversammlung einzuberufen.

(2) Zu der Gesellschafterversammlung sind alle Gesellschafter unter ihrer zuletzt der Gesellschaft bekanntgegebenen Anschrift zu laden. Die Einberufung der Gesellschafterversammlung erfolgt durch die Geschäftsführung, wobei jeder Geschäftsführer allein einberufungsberechtigt ist, schriftlich (auch per Telefax) mit einer Einberufungsfrist von zwei Wochen unter Mitteilung der Tagesordnung. Bei der Fristberechnung werden der Tag der Absendung der Ladung und der Tag der Versammlung nicht mitgerechnet. Jeder Gesellschafter ist berechtigt, die Ergänzung der Tagesordnung zu verlangen, wobei jedoch zwischen der Ankündigung der ergänzenden Tagesordnungspunkte und der Gesellschafterversammlung mindestens eine Frist von drei Kalendertagen liegen muss. Mit Zustimmung aller Gesellschafter kann auf die Einhaltung von Form und Frist der Einberufung verzichtet werden.

(3) Ist der Aufenthalt eines Gesellschafters unbekannt oder kann er aus anderen Gründen nicht ordnungsgemäß geladen werden, so ruht sein Stimmrecht bis zur Beseitigung dieses Zustandes.

(4) Die Versammlung wählt vor Eintritt in die Tagesordnung unter Leitung des an Lebensjahren ältesten Gesellschafters mit der Mehrheit der abgegebenen Stimmen einen Versammlungsleiter. Der Versammlungsleiter stellt die Beschlussfähigkeit der Gesellschafterversammlung fest und entscheidet über die Art der Abstimmung, sofern die Gesellschafterversammlung nicht etwas anderes beschließt.

(5) Jeder Gesellschafter kann sich in der Gesellschafterversammlung durch einen anderen Gesellschafter oder durch einen Angehörigen der rechts-, steuerberatenden oder wirtschaftsprüfenden Berufe vertreten lassen. Die Vertreter müssen sich durch schriftliche Vollmacht ausweisen. Jeder Gesellschafter ist berechtigt, einen zur beruflichen Verschwiegenheit verpflichteten sachkundigen Berater oder Beistand hinzuzuziehen, wenn er dies der Gesellschaft mit einer Frist von mindestens acht Kalendertagen vorher schriftlich mitgeteilt hat.

§ 8 Gesellschafterbeschlüsse[Rz. 44–51]

(1) Gesellschafterbeschlüsse werden in Gesellschafterversammlungen oder – falls sich alle Gesellschafter damit einverstanden erklären – auch telefonisch oder via Telefax, schriftlich oder mündlich ohne förmliche Gesellschafterversammlung gefasst.

(2) Gesellschafterbeschlüsse werden mit einfacher Mehrheit der in der Gesellschafterversammlung abgegebenen Stimmen gefasst, falls nicht das Gesetz oder die Satzung eine höhere Mehrheit vorschreiben. Stimmenthaltungen werden nicht mitgezählt. Je € 1,– eines Geschäftsanteils gewährt eine Stimme.

(3) Die Gesellschafterversammlung beschließt

(a) mit Zustimmung sämtlicher abgegebener Stimmen über

aa) die Auflösung der Gesellschaft und die Bestellung eines Liquidators (vgl. § 18 dieses Gesellschaftsvertrages);

bb) die Änderung dieses Gesellschaftsvertrages (einschließlich Änderungen des Satzungszweckes, Kapitalerhöhungen und Kapitalherabsetzungen), wobei Beschlüsse über die Änderung der Satzung nur nach Vorlage einer Bescheinigung des zuständigen Finanzamtes, dass die Steuerbegünsti-

gung der Gesellschaft durch die Satzungsänderung nicht beeinträchtigt wird, gefasst werden dürfen;
cc) Umwandlungen im Sinne von § 1 UmwG;
dd) Verfügungen über Geschäftsanteile oder Teilung von Geschäftsanteilen nach Maßgabe des § 13;

(b) mit einer Mehrheit von ³/₄ der abgegebenen Stimmen über
aa) die Bestellung oder Abberufung von Geschäftsführern sowie den Abschluss und/oder die Änderung einschließlich der Aufhebung von Anstellungsverträgen mit Geschäftsführern sowie Gesellschafter-Geschäftsführern;
bb) den Erwerb oder die Veräußerung von Unternehmen oder Unternehmensbeteiligungen durch die Gesellschaft;
cc) Feststellung des Jahresabschlusses und eines etwaigen Lageberichtes der Geschäftsführung (§ 11) sowie Verwendung des Ergebnisses (§ 12);
dd) Beschlüsse gemäß § 6 Abs. 5 sowie die Verabschiedung, Aufhebung oder Änderung einer Geschäftsordnung für die Geschäftsführung;
ee) Beschlüsse gemäß § 10 Satz 3 und § 14;
ff) die Bestellung eines Abschlussprüfers, wenn die Prüfung des Jahresabschlusses gesetzlich vorgeschrieben ist oder die Gesellschafterversammlung dies beschließt.

(4) Die Gesellschafterversammlung ist beschlussfähig, wenn mindestens ³/₄ der stimmberechtigten Stimmen anwesend oder vertreten sind. Ist das nicht der Fall, so ist binnen einer Woche eine zweite Versammlung mit gleicher Tagesordnung und einer Einberufungsfrist, die bis auf sieben Kalendertage verkürzt werden kann, einzuberufen. Diese Gesellschafterversammlung ist ohne Rücksicht auf die Höhe der anwesenden stimmberechtigten Stimmen beschlussfähig. Hierauf ist in der Einberufung hinzuweisen.

(5) Soweit rechtlich zulässig und nicht in dieser Satzung anders bestimmt, sind Gesellschafter auch abweichend von § 47 Abs. 4 GmbHG stimmberechtigt.

(6) Über die Beschlüsse der Gesellschafterversammlung ist eine Niederschrift anzufertigen, von dem Versammlungsleiter der Gesellschafterversammlung zu unterzeichnen und allen Gesellschaftern in Abschrift zu übersenden.

(7) Die Unwirksamkeit oder Anfechtbarkeit von Gesellschafterbeschlüssen kann, sofern nicht gegen zwingende gesetzliche Vorschriften verstoßen wird, nur innerhalb eines Monats durch Klagerhebung geltend gemacht werden. Die Frist beginnt mit Zugang der Niederschrift gemäß Abs. 6. Sie endet auf alle Fälle spätestens sechs Monate nach Beschlussfassung.

§ 9 Beirat[Rz. 52–57]

(1) Die Gesellschafterversammlung kann einen Beirat berufen und abberufen sowie Beiratsmitglieder benennen. Der Beirat hat nicht die Aufgaben eines aktienrechtlichen Aufsichtsrates, auf ihn finden § 52 Abs. 1 GmbHG und die dort genannten aktienrechtlichen Vorschriften nur insofern entsprechende Anwendung, als dies im Gesellschaftsvertrag ausdrücklich bestimmt ist.

(2) Zu den Aufgaben des Beirats gehört die Beratung und Unterstützung der Geschäftsführung. Jedes Mitglied des Beirats kann von der Geschäftsführung Auskunft über die Angelegenheiten der Gesellschaft und Einsicht in die Bücher und Schriften der Gesellschaft verlangen. Der Beirat berät die Geschäftsführung insbesondere bei der Verfolgung der Satzungszwecke. Die Gesellschafterversammlung kann die Aufgaben des Beirats im Falle der Berufung genauer festlegen und dem Beirat durch Gesellschafterbeschluss mit einer Mehrheit von ¾ der abgegebenen Stimmen die Wahrnehmung von Rechten der Gesellschafterversammlung übertragen.

(3) Der Beirat besteht aus mindestens drei und höchstens fünf Mitgliedern. Die Mitglieder des Beirats werden von der Gesellschafterversammlung für die Dauer von zwei Jahren gewählt. Die Gesellschafterversammlung kann die Ernennung einzelner Beiratsmitglieder jederzeit widerrufen. Eine erneute Wahl und Ernennung ist zulässig.

(4) Die von der Gesellschafterversammlung gewählten Mitglieder des Beirats dürfen weder Gesellschafter noch Geschäftsführer der Gesellschaft und auch nicht mit solchen verwandt sein. Die Mitglieder des Beirates sollten über besondere Kenntnisse und Erfahrungen auf dem Tätigkeitsgebiet der Gesellschaft verfügen.

(5) Der Beirat wählt aus seiner Mitte einen Vorsitzenden und einen stellvertretenden Vorsitzenden. Alle Erklärungen des Beirates werden im Namen des Beirates von seinem Vorsitzenden oder dem stellvertretenden Vorsitzenden abgegeben. Der Vorsitzende des Beirates beruft die Beiratsmitglieder mindestens einmal im Halbjahr zur Beiratssitzung ein und übernimmt die Leitung der Sitzung, soweit die Versammlung nichts anderes beschließt. Das Sitzungsprotokoll ist innerhalb von vier Wochen den Gesellschaftern der Gesellschaft zuzuleiten. Der Beirat kann sich im Rahmen der Beschlüsse der Gesellschafterversammlung eine eigene Geschäftsordnung geben.

(6) Jedes Beiratsmitglied hat Anspruch auf Ersatz seiner angemessenen Aufwendungen. Über eine etwaige Vergütung der Beiratsmitglieder beschließt die Gesellschafterversammlung.

§ 10 Wettbewerbsverbot[Rz. 58–59]

Den Gesellschaftern und Geschäftsführern sind grundsätzlich Nebentätigkeiten und Nebengeschäfte erlaubt. Die Belange und Interessen der Gesellschaft sind angemessen zu berücksichtigen. Soweit solche Geschäfte den Geschäftsbereich der Gesellschaft berühren können und eine Wettbewerbssituation entsteht, entscheidet die Gesellschafterversammlung per Beschluss über ein mögliches Wettbewerbsverbot im Einzelfall und legt dessen Art und Umfang sowie etwaig zu entrichtende Entschädigungen fest. Bei einem solchen Beschluss ist der betroffene Gesellschafter vom Stimmrecht ausgeschlossen.

§ 11 Jahresabschluss[Rz. 60–66]

(1) Der Jahresabschluss hat den handelsgesetzlichen Vorschriften zu entsprechen und zugleich den steuerlichen Vorschriften zu genügen. Von der Steuerbilanz weicht die Handelsbilanz ab, soweit dies notwendig ist, um ein den tatsächlichen Verhältnissen entsprechendes Bild der Vermögens-, Finanz- und Ertragslage zu vermitteln. Zusätzlich ist eine Mittelverwendungsrechnung zu erstellen, die Bestandteil des Jahresabschlusses ist.

(2) Die Geschäftsführung hat den Jahresabschluss (Bilanz, Gewinn- und Verlustrechnung sowie Anhang) und den Lagebericht, sofern er gesetzlich oder durch die Gesellschafterversammlung gefordert ist, innerhalb der gesetzlichen Fristen aufzustellen und jedem Gesellschafter unverzüglich in Abschrift zu übersenden.

(3) Der Jahresabschluss und der Lagebericht sind von einem Abschlussprüfer zu prüfen, sofern dies gesetzlich vorgeschrieben ist oder wenn die Gesellschafterversammlung dies beschließt. Die Wahl des Abschlussprüfers obliegt der Gesellschafterversammlung. Soweit danach eine Prüfung des Jahresabschlusses zu erfolgen hat, ist der schriftliche Prüfungsbericht allen Gesellschaftern unverzüglich nach Eingang desselben zusammen mit dem Jahresabschluss zu übersenden.

(4) Die ordentliche Gesellschafterversammlung hat spätestens bis zum Ablauf der ersten acht Monate eines Geschäftsjahres über die Feststellung des Jahresabschlusses und des Lageberichts zu beschließen.

(5) Kommt über den Jahresabschluss, den Lagebericht, die Verwendung des Jahresüberschusses oder die Entlastung der Geschäftsführung kein Beschluss mit den in dieser Satzung festgelegten Mehrheiten zu Stande, so entscheidet ein Sachverständiger, der von der für den Sitz der Gesellschaft zuständigen Industrie- und Handelskammer auf Antrag der Geschäftsführung bestellt wird, als Schiedsgutachter endgültig, wenn die Gesellschafterversammlung nicht mit allen abgegebenen Stimmen einen Sachverständigen wählt. Kommt die Geschäftsführung ihrer Antragspflicht nicht binnen einer Frist von vierzehn Kalendertagen nach der Gesellschafterversammlung nach, ist jeder Gesellschafter berechtigt, den Antrag zu stellen.

§ 12 Ergebnisverwendung[Rz. 67–68]

Über die Verwendung des Jahresergebnisses beschließt die Gesellschafterversammlung gemeinsam mit der Feststellung des Jahresabschlusses. Dabei sind die Regelungen in § 3 der Satzung zu beachten.

§ 13 Verfügung über Geschäftsanteile, Teilung von Geschäftsanteilen[Rz. 69–75]

(1) Die Abtretung und Teilung von Geschäftsanteilen bedarf der Zustimmung aller Gesellschafter durch einstimmigen Gesellschafterbeschluss. Die Zustimmung soll nur erteilt werden, wenn der Erwerber Gewähr für die dauerhafte Erfüllung der gemeinnützigen Satzungszwecke bietet.
(2) Die Belastung von Geschäftsanteilen einschließlich der Bestellung eines Nießbrauchsrechts, der Begründung von Treuhandverhältnissen oder Einräumung einer Unterbeteiligung an einem Geschäftsanteil oder Teilen davon ist unzulässig.
(3) Der verfügende Gesellschafter ist bei der Beschlussfassung zur Stimmabgabe berechtigt.

§ 14 Einziehung von Geschäftsanteilen[Rz. 76–80]

(1) Die Einziehung (Amortisation) von Geschäftsanteilen ist mit Zustimmung des betroffenen Gesellschafters jederzeit zulässig.
(2) Die Einziehung von Geschäftsanteilen eines Gesellschafters ohne dessen Zustimmung ist zulässig, wenn
(a) in seiner Person ein wichtiger Grund vorliegt, der nach den Vorschriften der §§ 140, 133 HGB seinen Ausschluss aus der Gesellschaft rechtfertigt. Ein wichtiger Grund idS liegt insbesondere dann vor, wenn der Gesellschaft ein Verbleiben des betroffenen Gesellschafters in der Gesellschaft nicht mehr zugemutet werden kann; dies ist bspw. der Fall, wenn der Gesellschafter keine Gewähr mehr für die dauerhafte Erfüllung der gemeinnützigen Satzungszwecke bietet;
(b) über das Vermögen des Gesellschafters das Insolvenzverfahren eröffnet oder die Eröffnung eines solchen Verfahrens mangels Masse abgelehnt wird oder der Gesellschafter die Richtigkeit seines Vermögensverzeichnisses an Eides statt zu versichern hat;
(c) in seinen Geschäftsanteil die Zwangsvollstreckung betrieben und diese nicht innerhalb von drei Monaten aufgehoben wird;
(d) ein Geschäftsanteil im Wege der Zwangsvollstreckung oder der Insolvenz eines Gesellschafters an einen Dritten gelangt ist, weil die Einziehung während des Verfahrens nach Abs. 8 nicht zulässig war;
(e) eine Auflösungsklage eines Gesellschafters gemäß § 140 HGB rechtskräftig abgewiesen wurde;
(f) wenn die Voraussetzungen des § 16 Abs. 3 gegeben sind.

(3) Steht ein Geschäftsanteil mehreren Mitberechtigten ungeteilt zu, so ist die Einziehung gemäß vorstehendem Abs. 2 auch zulässig, wenn deren Voraussetzungen nur in der Person eines Mitberechtigten vorliegen.
(4) Die Gesellschaft oder die Gesellschafter können bei der Pfändung eines Geschäftsanteils den vollstreckenden Gläubiger befriedigen und alsdann den gepfändeten Anteil einziehen. Der betroffene Gesellschafter darf der Befriedigung nicht widersprechen; er muss sich das zur Befriedigung des vollstreckenden Gläubigers Aufgewandte auf seinen Abfindungsanspruch anrechnen lassen.
(5) Statt der Einziehung kann die Gesellschafterversammlung beschließen, dass der Geschäftsanteil auf einen oder mehrere von ihr bestimmte Gesellschafter oder Dritte gegen Übernahme der Abfindungslast zu übertragen ist. In diesem Fall haftet die Gesellschaft neben dem Erwerber für die Abfindung als Gesamtschuldnerin. Im Falle der Einziehung schuldet die Gesellschaft die Abfindung. Der Beschluss über die Einziehung und die Abtretung bedarf einer Mehrheit von $^3/_4$ der abgegebenen Stimmen. Bei der Beschlussfassung hat der betroffene Gesellschafter kein Stimmrecht.
(6) Die Einziehung oder der Beschluss über die Abtretungsverpflichtung sind unabhängig von der Zahlung der Abfindung mit der Bekanntgabe des Beschlusses wirksam.
(7) Die Einziehung wird durch die Geschäftsführung erklärt. Soweit der von der Einziehung betroffene Gesellschafter zugleich Geschäftsführer der Gesellschaft ist, ist die Einziehung durch die übrigen Gesellschafter zu erklären. Entsprechendes gilt im Falle des Beschlusses über die Abtretungsverpflichtung nach Abs. 5.
(8) Die Einziehung und der Erwerb durch die Gesellschaft sind nur zulässig, wenn die Abfindung gezahlt werden kann, ohne das Stammkapital anzugreifen.
(9) Die Neubildung eines eingezogenen Geschäftsanteils ist zulässig, soweit dem nicht das zwingende Recht entgegensteht. Sie erfolgt durch Gesellschafterbeschluss mit einer Mehrheit von $^3/_4$ der abgegebenen Stimmen.

§ 15 Dauer der Gesellschaft, Kündigung[Rz. 81–85]

(1) Jeder Gesellschafter kann seine Beteiligung mit einer Frist von zwölf Monaten auf den Schluss eines Geschäftsjahres, erstmals jedoch zum [...], kündigen. Das Recht zur Kündigung aus wichtigem Grund bleibt davon unberührt.
(2) Jedwede Kündigung hat durch eingeschriebenen Brief (Wirksamkeitsvoraussetzung) an die Geschäftsführung zu erfolgen, die die übrigen Gesellschafter unverzüglich hiervon zu unterrichten hat. Für die Rechtzeitigkeit der Kündigung ist der Tag des Zuganges bei der Geschäftsführung maßgebend.
(3) Durch die Kündigung wird die Gesellschaft nicht aufgelöst. Der kündigende Gesellschafter hat seinen Geschäftsanteil auf die übrigen Gesellschafter gegen Abfindung durch diese im Verhältnis ihrer Stammeinlagen zueinander zu übertragen. Ist eine Teilung des Geschäftsanteils nicht möglich, so ist der Geschäftsanteil auf die übrigen Gesellschafter als Mitberechtigte im Sinne des § 18 GmbHG zu übertragen. Die übrigen Gesellschafter sind zur Übernahme des Geschäftsanteils verpflichtet. § 17 gilt entsprechend.
(4) Die übrigen Gesellschafter können mit ¾ der abgegebenen Stimmen verlangen, dass der kündigende Gesellschafter seinen Geschäftsanteil nur auf einen übernahmebereiten Gesellschafter, auf die Gesellschaft oder auf einen oder mehrere übernahmebereite Dritte(n) überträgt. Der kündigende Gesellschafter hat kein Stimmrecht. Der Erwerb durch die Gesellschaft ist nicht zulässig, wenn sie das Entgelt nicht zahlen kann, ohne ihr Stammkapital anzugreifen.
(5) Abs. 3 gilt entsprechend, wenn der Gläubiger eines Gesellschafters das Gesellschaftsverhältnis gemäß § 135 HGB kündigt.

§ 16 Rechtsnachfolge Rz. 86–88

(1) Die Gesellschaft wird durch den Tod eines Gesellschafters nicht aufgelöst.

(2) Mehrere Rechtsnachfolger von Todes wegen können die Gesellschafterrechte nur durch einen gemeinsamen Bevollmächtigten ausüben, der entweder Gesellschafter oder Angehöriger der rechts- oder steuerberatenden oder wirtschaftsprüfenden Berufe sein muss. Auch die Vertretung durch einen Testamentsvollstrecker ist zulässig, wenn er Angehöriger einer der vorgenannten Berufsgruppen ist. Bis zur Bestellung eines Bevollmächtigten ruhen die Gesellschafterrechte.

(3) Geht ein Geschäftsanteil von Todes wegen auf eine oder mehrere Personen über, kann die Gesellschafterversammlung unter Ausschluss des Stimmrechtes des/der betroffenen Gesellschafter(s) innerhalb von drei Monaten nach Kenntnis des Erbfalles die Einziehung oder Übertragung des Geschäftsanteils beschließen. § 17 gilt entsprechend.

§ 17 Abfindung Rz. 89–91

(1) Scheidet ein Gesellschafter durch Einziehung, durch eine Einziehung ersetzende Übertragung an einen oder mehrere Gesellschafter oder einen Dritten oder durch Kündigung aus der Gesellschaft aus, stehen ihm nur die geleistete Stammeinlage und der gemeine Wert etwaig erbrachter Sacheinlagen im Zeitpunkt der Erbringung der Sacheinlage als Abfindung zu.

(2) Die Auszahlung der Abfindung findet in drei gleichen Jahresraten statt. Die erste Rate ist zwölf Monate nach dem Ausscheiden fällig. Der Wert der Auszahlung ist von dem Tag des Ausscheidens an in ihrer jeweiligen Höhe mit einem Prozentpunkt p.a. über dem jeweils geltenden Basiszinssatz gemäß § 247 BGB zu verzinsen. Die Zahlung der Zinsen erfolgt zusammen mit den Auszahlungsraten. Die Gesellschaft ist berechtigt, den Auszahlungsbetrag ganz oder teilweise vorzeitig auszuzahlen. Ein Anspruch auf Bestellung von Sicherheiten besteht nicht.

(3) Sollte die Einhaltung der Jahresraten nicht ohne schweren Schaden der Gesellschaft möglich sein, ermäßigt sich die Höhe der Jahresraten auf den Betrag, der für die Gesellschaft ohne schwere Schädigung tragbar ist, wobei sich die Zahl der Jahresraten entsprechend erhöht. Entsteht darüber, ob die Einhaltung der Jahresraten ohne schweren Schaden für die Gesellschaft möglich ist und/oder um welche Zahl sich die Raten erhöhen, eine Meinungsverschiedenheit zwischen den Beteiligten, so wird diese von einem Schiedsgutachter, für dessen Bestellung § 11 Abs. 5 entsprechend gilt, nach billigem Ermessen entschieden.

§ 18 Auflösung, Liquidation Rz. 92–95

(1) Die Auflösung oder Umwandlung der Gesellschaft soll nur beschlossen werden, wenn die Erfüllung der steuerbegünstigten Satzungszwecke unmöglich oder wirtschaftlich sinnlos geworden ist.

(2) Im Falle der Auflösung der Gesellschaft erfolgt die Liquidation durch den oder die Geschäftsführer im Rahmen ihrer bisherigen Vertretungsmacht, sofern nicht durch Gesellschafterbeschluss andere Liquidatoren bestellt werden. Für die Liquidatoren gelten die Bestimmungen des § 6 entsprechend.

(3) An die Gesellschafter dürfen im Rahmen der Liquidation nur die eingezahlten Kapitalanteile (Stammeinlagen) und der gemeine Wert etwaig geleisteter Sacheinlagen im Zeitpunkt der Leistung zurückgewährt werden.

(4) Bei Auflösung der Gesellschaft oder bei Wegfall der steuerbegünstigten Zwecke fällt das Vermögen der Gesellschaft, soweit es die eingezahlten Kapitalanteile (Stammeinlagen) der Gesellschafter und den gemeinen Wert der von den Gesellschaftern geleisteten Sacheinlagen übersteigt, an den gemeinnützigen Verein „[...] e.V.“, der es wiederum unmittelbar und ausschließlich zu gemeinnützigen

Zwecken, die den Satzungszwecken der Gesellschaft möglichst nahe kommen, selbstlos zu verwenden hat.

§ 19 Bekanntmachungen[Rz. 96]

Bekanntmachungen der Gesellschaft erfolgen ausschließlich im elektronischen Bundesanzeiger.

§ 20 Kosten[Rz. 97–99]

Die Kosten der Gründung der Gesellschaft (Gerichtsgebühren, Veröffentlichungskosten, Notarkosten sowie ggf. Vergütung für vorbereitende Beratungstätigkeiten durch Rechtsanwälte und Steuerberater) bis zu einem Betrag von höchstens insgesamt € 2500,– trägt die Gesellschaft.

§ 21 Schlussbestimmungen

(1) Sollten einzelne Bestimmungen dieser Satzung oder eine künftig in sie aufgenommene Bestimmung ganz oder teilweise unwirksam oder undurchführbar sein oder werden, so bleibt die Gültigkeit der übrigen Bestimmungen hiervon unberührt. Das Gleiche gilt, falls sich herausstellen sollte, dass die Satzung eine Regelungslücke enthält. Anstelle der unwirksamen oder undurchführbaren Bestimmungen oder zur Ausfüllung der Regelungslücke werden die Gesellschafter eine angemessene Regelung in notarieller Form vereinbaren, die dem am nächsten kommt, was die Gesellschafter gewollt hätten, wenn sie die Unwirksamkeit, Undurchführbarkeit oder Lückenhaftigkeit gekannt hätten.
(2) Sämtliche Unterrichtungen, Mitteilungen und Abgaben von Willenserklärungen der Gesellschafter untereinander wie auch zwischen der Gesellschaft und den Gesellschaftern haben an die von den Gesellschaftern der Gesellschaft jeweils zuletzt schriftlich benannte Anschrift zu erfolgen.
(3) Gerichtsstand für alle Auseinandersetzungen der Gesellschafter untereinander und zwischen der Gesellschaft und den Gesellschaftern ist der Sitz der Gesellschaft.

III. Anmeldung[Rz. 100–106]

[Briefkopf]

Amtsgericht [...][Rz. 100]
– Handelsregister –
[Straße]
[Postleitzahl] [Ort]

HR B [...]
[...] gemeinnützige GmbH

Unter Einreichung
– einer Ausfertigung des notariellen Protokolls über die Gründung der Gesellschaft
– des vollständigen Wortlautes der Satzung
– der Liste der Gesellschafter nach § 40 Abs. 1 Satz 1 GmbHG
melde ich hiermit zur Ersteintragung in das Handelsregister an:

I. Inhalt der Anmeldung[Rz. 101]

(1) Unter der im Betreff genannten Firma ist eine Gesellschaft mit beschränkter Haftung gegründet worden.
(2) Sitz der Gesellschaft ist [...].

(3) Die Geschäftsanschrift der Gesellschaft lautet [...].
(4) Zur Vertretungsberechtigung melde ich an:
Ist nur ein Geschäftsführer bestellt, vertritt dieser die Gesellschaft stets allein. Hat die Gesellschaft mehr als einen Geschäftsführer, wird sie entweder durch zwei Geschäftsführer gemeinschaftlich oder durch einen Geschäftsführer gemeinsam mit einem Prokuristen vertreten.
(5) Zum Geschäftsführer wurde bestellt:
Herr A.,
geboren am [...],
wohnhaft [...].
Er vertritt die Gesellschaft gemeinsam mit einem anderen Geschäftsführer oder einem Prokuristen. Solange er alleiniger Geschäftsführer ist, vertritt er die Gesellschaft alleine. Herrn A. wird die Befugnis erteilt, mit sich in eigenem Namen und für Dritte Rechtsgeschäfte mit der Gesellschaft vorzunehmen (Befreiung von den Beschränkungen des § 181 BGB).

II. Versicherungen und Erklärungen[Rz. 102–103]

Nach Belehrung durch den beglaubigenden Notar über die unbeschränkte Auskunftspflicht gegenüber dem Gericht gemäß § 53 des Gesetzes über das Zentralregister und das Erziehungsregister und die Strafbarkeit einer falschen Versicherung versichere ich:
(1) Es liegen keine Umstände vor, die meiner Bestellung zum Geschäftsführer nach § 6 Abs. 2 Satz 2 Nr. 1, 2 und 3 sowie Satz 3 GmbH-Gesetz entgegenstehen.
Insbesondere
(a) unterliege ich nicht als Betreuter bei der Besorgung meiner Vermögensangelegenheiten ganz oder teilweise einem Einwilligungsvorbehalt gemäß § 1903 des BGB;
(b) wurde mir weder durch gerichtliches Urteil noch durch vollziehbare Entscheidung einer Verwaltungsbehörde die Ausübung eines Berufes, Berufszweiges, Gewerbes oder Gewerbezweiges untersagt, jedenfalls nicht im Bereich des Unternehmensgegenstandes der Gesellschaft;
(c) wurde ich nicht während der letzten fünf Jahre wegen einer oder mehrerer vorsätzlich begangener Straftaten
aa) des Unterlassens der Stellung des Antrags auf Eröffnung des Insolvenzverfahrens (Insolvenzverschleppung),
bb) nach den §§ 283 bis 283d des Strafgesetzbuches (Insolvenzstraftaten),
cc) der falschen Angaben nach § 82 des GmbHG oder § 399 des AktG,
dd) der unrichtigen Darstellung nach § 400 des AktG, § 331 des HGB, § 313 des UmwG oder § 17 des PublG oder
ee) nach § 263 (Betrug), § 263a (Computerbetrug), § 264 (Subventionsbetrug), § 264a (Kapitalanlagebetrug), § 265b (Kreditbetrug), § 266 (Untreue) oder § 266a (Vorenthalten und Veruntreuen von Arbeitsentgelt) des StGB zu einer Freiheitsstrafe von mindestens einem Jahr

verurteilt, wobei mir bekannt ist, dass diese Frist seit Rechtskraft des Urteils gilt und in sie die Zeit nicht eingerechnet wird, in welcher ich aufgrund einer behördlichen Anordnung in einer Anstalt verwahrt worden sein sollte. Auch im Ausland wurde ich nicht wegen einer vergleichbaren Tat verurteilt.

Ich wurde über meine unbeschränkte Auskunftspflicht gegenüber dem Gericht belehrt, und zwar durch den Notar.
Der Notar hat mich ferner auf die Haftung gemäß § 6 Abs. 5 GmbHG sowie gemäß § 9a GmbHG und auf die Strafdrohung des § 82 GmbHG für falsche Angaben hingewiesen.

(2) Es wird ferner versichert, dass die Stammeinlagen zu 100 vH in bar eingezahlt worden sind, nicht an den jeweiligen Einleger zurückgezahlt worden sind und sich die eingezahlten € 25 000,– endgültig in der freien Verfügung der Geschäftsführung befinden sowie – mit Ausnahme der nach dem Gesellschaftsvertrag von der Gesellschaft übernommenen Gründungskosten – nicht bereits durch Verbindlichkeiten der Gesellschaft belastet sind.

(3) Zur Aufbewahrung bei Gericht zeichne ich die Namensunterschrift wie unter dieser Anmeldung.

III. Auftrag und Bevollmächtigung

Die Beteiligten beauftragen und bevollmächtigen hiermit die Notarangestellten
[...]
[...]
[...]
alle Anschriften [...],
und zwar einzeln und unter Befreiung vom Verbot der Mehrfachvertretung, für sie alle Erklärungen abzugeben und entgegenzunehmen, die zur Durchführung dieser Anmeldung erforderlich sind, insbesondere Änderungen und Ergänzungen oder eine neue Anmeldung vorzunehmen. Zur Ausübung der Vollmacht sind die Bevollmächtigten nur im Einvernehmen mit den Vollmachtgebern berechtigt. Von ihr kann nur vor dem Notar [...] oder einem seiner Sozien Gebrauch gemacht werden. Die Voraussetzungen zur Ausübung der Vollmacht sind Dritten gegenüber nicht nachzuweisen. Insbesondere das Handelsregister wird von einer etwaigen Prüfungspflicht ausdrücklich befreit.

....
[Unterschrift des/aller Geschäftsführer/s]

Anlage:[Rz. 106]

Gesellschafterliste

Nr. des Geschäftsanteils	Vor- und Nachname/Firma	Geburtsdatum/ Gericht, HR-Nummer	Wohnort/ Sitz	Nennbetrag
1.	A	[...]	[...]	15 000,–
2.	B	[...]	[...]	6 000,–
3.	B	[...]	[...]	4 000,–

[...] gemeinnützige GmbH
HR B [...], Amtsgericht [...]
[Anschrift]

......................................, den...........

....
– Geschäftsführer –

A. Grundsätzliche Anmerkungen

I. Wirtschaftliche Aspekte

Die Anzahl der gemeinnützigen GmbHs hat in den letzten 25 Jahren deutlich zugenommen. Sie sind in dem sog. Dritten Sektor (neben Staat und Wirtschaft) eine **feste Erscheinungsform** zur Förderung des Gemeinwohls geworden. Sie stellen in bestimmten Fällen eine nennenswerte Alternative zu den mitgliedschaftlich organisierten Vereinen und den anteilseignerlosen Stiftungen in dem grundsätzlich Gemeinwohl orientierten und damit gesellschaftlich bedeutsamen Bereich dar.[3] 1

In den meisten Fällen entstehen die gemeinnützigen GmbHs durch Ausgründungen aus bestehenden Rechtsträgern, gerade auch zwecks Verlagerung bestimmter Aktivitäten aus Vereinen und Stiftungen.[4] So lagern bspw. Vereine, die ursprünglich von einem kleinen Personenkreis gegründet worden sind, Dienstleistungsangebote, die sich in den letzten Jahren zB sehr stark verbreitet haben, auf eine gemeinnützige GmbH aus, weil inzwischen eine erhebliche Betriebsgröße erreicht worden und innerhalb des Vereins die dafür nicht mehr adäquate betriebswirtschaftliche Kompetenz vorhanden ist. Über einen Beirat in der gemeinnützigen GmbH können die Vereinsmitglieder ihren Einfluss weiterhin – beratend bis kontrollierend – ausüben.[5] So **dient die gemeinnützige GmbH** oftmals der Trennung von Verband und Betrieb, der kommunalen Auslagerung, der Auslagerung einzelner Arbeitsfelder von gemeinnützigen Institutionen oder aber die gemeinnützige GmbH fungiert als Gemeinschaftsunternehmen von zwei gemeinnützigen Trägern mit gemeinsamen Anknüpfungspunkten. 2

Vermehrt werden gemeinnützige Betriebsgesellschaften für soziale Dienstleistungen in der Rechtsform einer gemeinnützigen GmbH gegründet oder aber die gemeinnützige GmbH wird zur Existenzgründung für soziale Leistungen, Bildungs- und Beratungsangebote genutzt.[6] Im letzteren Fall hat der Jungunternehmer sein Auskommen über das Gehalt als GmbH-Geschäftsführer, da Gewinnausschüttungen bzw. verzinsliche Einlagen nicht zulässig sind. Der Status der Gemeinnützigkeit ist in diesem Bereich trotz Erwerbsorientierung oftmals begehrt, da sich **kommunale Auftraggeber** mit einem solchen Dienstleistungsgeber leichter tun bzw. Zuschüsse und Genehmigungen in diesem Betätigungsfeld leichter erlangt werden können. Mit dem vorliegenden Formular wird eine solche Existenzgründung dargestellt. Ebenso ist eine gemeinnützige GmbH im Zuge der originären Unternehmensnachfolge denkbar. Eine mögliche Konstellation wäre bspw. eine solche GmbH als Tochtergesellschaft in einer Konzernstruktur, um im Rahmen des unternehmerischen Lebenswerks einen dauerhaften gemeinnützigen Zweig zu implementieren, nicht selten mit positiver Strahlkraft für den gesamten Konzern. Vorstellbar ist eine gemeinnützige GmbH ferner für einen Unternehmer, der seine Familie bereits ausreichend versorgt und ausgestattet hat, aber anstelle einer Stiftung das gemeinnützige Handeln ohne Stiftungsaufsicht lieber über eine Anteilsgemeinschaft seiner Familie überlassen möchte. 3

---

[3] Zu den Kriterien der Rechtsformwahl vgl. *Stock* NZG 2001, 440, 446 f.

[4] Vgl. bspw. aus steuerlicher Sicht zur Ausgliederung eines Zweckbetriebes in eine gemeinnützige GmbH *Schröder* DStR 2001, 1415, 1416 f.

[5] Vgl. anschauliche Beispiele dafür bei *v. Holt/Koch* Gemeinnützige GmbH, II., S. 14 ff.; *Holt/Koch* DStR 2009, 2492 ff.

[6] Allgemein zu den Erwartungen an eine gemeinnützige GmbH vgl. *v. Holt/Koch* Gemeinnützige GmbH, S. 63 ff.

II. Gesellschaftsrechtliche Aspekte

4 Zunächst bieten sich Kapitalgesellschaften zur Verfolgung gemeinnütziger Zwecke aufgrund ihrer Zweckoffenheit an.[7] Zudem ist die gemeinnützige Kapitalgesellschaft ein flexibles Instrumentarium, denn sie ist aufgrund ihres Mindeststammkapitals kapitalistischer als der Verein, aber personalistischer als die eigentümerlose Stiftung. **Vorteilhaft kann** es bei einer gemeinnützigen GmbH gegenüber einer Stiftung und einem Verein bspw. sein, zum einen auch ohne großes Grundstockvermögen schon mit der Tätigkeit beginnen zu können und zum anderen in einem geschlossenen Gesellschafterkreis die tatsächliche Geschäftsführung der Organisation beeinflussen und lenken zu können.[8] Dabei ist die GmbH die geeignete Rechtsform für einen kleineren geschlossenen Personenkreis, während die AG auf einen größeren Kreis untereinander wenig verbundener Mitglieder ausgerichtet ist. In der Praxis handelt es sich bei der gemeinnützigen Kapitalgesellschaft idR um eine GmbH.

5 Allerdings kollidieren die gesellschaftsrechtlichen Normen trotz ihrer Flexibilität an einigen Eckpunkten mit den gemeinnützigkeitsrechtlichen Vorschriften. Dies betrifft in erster Linie das gemeinnützigkeitsrechtliche Gebot der Selbstlosigkeit, welches u. a. eine zeitnahe Mittelverwendung gewährleistet und ferner normiert, dass die Mitglieder – hier Gesellschafter – nicht begünstigt werden dürfen. Folglich ist bei einer gemeinnützigen Kapitalgesellschaft vorrangig der Gewinnanspruch des Gesellschafters abzubedingen. Schwerpunkt der Satzungsgestaltung einer gemeinnützigen GmbH ist es, zum Erlangen und Erhalt der Gemeinnützigkeit das **Vermögen** der GmbH **vor dem Zugriff der Gesellschafter** zu **schützen,** also gerade im Zuge eines Gesellschafterwechsels wie der Anteilsübertragung, Anteilsvererbung, Ausschließung von Gesellschaftern, sowie bei der Ausgestaltung des Abfindungsanspruches.[9] Die weiteren Einzelheiten der gesellschaftsrechtlichen und -vertraglichen Regelungen finden sich in den Einzelerläuterungen.

III. Steuerliche Aspekte

6 Die gemeinnützige GmbH partizipiert bei Einhaltung der gemeinnützigkeitsrechtlichen Vorschriften idR an den Steuervergünstigungen nach den Einzelsteuergesetzen. So kann sie u. a. grds. von der Körperschaftsteuer und Gewerbesteuer befreit sein sowie erbschaft- und schenkungsteuerbefreit letztwillige bzw. lebzeitige Zuwendungen erhalten. Die **Körperschaftsteuerbefreiung** der gemeinnützigen GmbH gemäß § 5 Abs. 1 Nr. 9 KStG umfasst auch die Vermögensverwaltung. Soweit die gemeinnützige GmbH jedoch einen wirtschaftlichen Geschäftsbetrieb – der kein Zweckbetrieb ist – unterhält, besteht insoweit eine partielle Steuerpflicht mit einer Tarifbelastung von 15 vH. Keine Steuervergünstigung erfährt die gemeinnützige GmbH nach dem Grunderwerbsteuergesetz. Die in § 4 Nr. 1 GrEStG gewährte Grunderwerbsteuerbefreiung kommt bei einem Erwerb durch eine gemeinnützige GmbH nicht zur Anwendung, da es sich bei dieser nicht um eine „juristische Person des öffentlichen Rechts" handelt, auch wenn diese öffentlich-rechtliche Aufgaben wahrnimmt.[10]

7 Eine Besteuerung auf Ebene der Gesellschafter findet grds. nicht statt, da Gewinnausschüttungen der gemeinnützigen GmbH aufgrund des Gebots der Selbstlosigkeit nicht zulässig sind. Die gemeinnützige GmbH kann ihrerseits jedoch von anderen Kapitalgesellschaften steuerfreie Ausschüttungen vereinnahmen. Gewerbesteuerlich gilt die Tätigkeit einer Kapitalgesellschaft stets und in vollem Umfang als **Gewerbebetrieb**

---

[7] Vgl. § 1 GmbHG, § 3 AktG.
[8] *Raupach/Böckstiegel* in FS Widmann, S. 459 ff., 472 ff.
[9] Vgl. dazu auch *Priester* GmbHR 1999, 149, 154 f.
[10] Boruttau/*Viskorf* GrEStG, § 4 Rz. 12.

gem. § 2 Abs. 2 Satz 1 GewStG; doch ist auch hier die grds. Steuerbefreiung gem. § 3 Nr. 6 GewStG zu beachten. Umsatzsteuerlich gilt grundsätzlich der ermäßigte Steuersatz von 7 vH, soweit es sich nicht um eine Ausgangsleistung aus dem wirtschaftlichen Geschäftsbetrieb einer gemeinnützigen GmbH handelt, gem. § 12 Abs. 2 Nr. 8 Buchst. a UStG. Die gemeinnützige GmbH ist berechtigt Spendenbescheinigungen auszustellen. Zu den steuerlichen Aspekten kann hier umfassend auf die Hinweise zur gemeinnützigen rechtsfähigen Stiftung verwiesen werden.[11]

B. Einzelerläuterungen

I. Zum Gründungsprotokoll

Die Gründung der GmbH kann durch eine oder mehrere Personen erfolgen, § 1 GmbHG, und bedarf der notariellen Form. Hierfür dient das Gründungsprotokoll, welches von sämtlichen Gesellschaftern zu unterzeichnen ist.[12] Die Gründung kann als Bar- oder Sachgründung erfolgen, wobei die Bargründung die weitaus einfachere Gründung einer GmbH ist. Dem **Gründungsprotokoll** ist der Gesellschaftsvertrag der zu gründenden GmbH beizufügen.[13] Alternativ dazu kann die Satzung auch in das Gründungsprotokoll mit aufgenommen werden.[14] Die Satzung ist im Vorwege mit dem zuständigen Finanzamt dahingehend abzustimmen, ob sämtlichen gemeinnützigkeitsrechtlichen Anforderungen aus formaler Sicht Genüge getan wird. 8

Neben dem hier dargestellten Normalfall der Gründung durch ein Gründungsprotokoll besteht grundsätzlich auch die Möglichkeit einer vereinfachten Gründung einer GmbH unter Verwendung des Musterprotokolls, welches als Anlage dem GmbHG angefügt ist.[15] Allerdings dürfen bei Verwendung des Musterprotokolls keine über die Regelungen des Musterprotokolls hinausgehenden zusätzlichen Bestimmungen in die Urkunde aufgenommen werden.[16] Damit ist eine Verwendung des Musterprotokolls für die Gründung einer gemeinnützigen GmbH ausgeschlossen, da die nach §§ 51ff. AO erforderlichen gemeinnützlichkeitsrechtlichen Satzungsanforderungen in der Mustersatzung nicht vorgesehen sind und mithin nicht durch Verwendung der Mustersatzung umgesetzt werden können.[17] 9

Nach § 6 Abs. 3 Satz 2 GmbHG kann die Bestellung der ersten Geschäftsführer der Gesellschaft entweder im Gesellschaftsvertrag oder durch Beschluss der Gesellschafterversammlung erfolgen. Von einer **Bestellung der Geschäftsführer** in der Satzung sollte abgesehen werden, da ansonsten Auslegungsschwierigkeiten bestehen könnten, ob mit der Bestellung der Geschäftsführer in der Satzung zugleich ein Sonderrecht auf Geschäftsführung verbunden ist.[18] Die zum Geschäftsführer der Gesellschaft zu bestellende Person hat nach § 6 Abs. 2 GmbHG verschiedene Eignungsvoraussetzungen zu erfüllen.[19] Die Befreiung des Geschäftsführers von den Beschränkungen des § 181 BGB ist – soweit dies von den Gesellschaftern gewollt ist – ausdrücklich zu erteilen. Im Bestellungsbeschluss ist die konkrete Vertretungsberechtigung der einzelnen Ge- 10

---

[11] Vgl. Formular C. 3.01.

[12] § 2 Abs. 1 Satz 2 GmbHG, §§ 9, 13 BeurkG.

[13] § 9 Abs. 1 Satz 2 BeurkG.

[14] § 9 Abs. 1 Satz 1 BeurkG.

[15] § 2 Abs. 1a GmbHG.

[16] Vgl. aber OLG Stuttgart v. 28.4.2009 – 8 W 116/09, DB 2009, 1121f. (rkr.); dazu auch *Wachter* GmbHR 2009, 785ff., 790f.

[17] Vgl. *Miras* Die neue Unternehmergesellschaft, 2. Aufl. 2011, Rz. 276ff. sowie 413; *Ullrich* GmbHR 2009, 750ff., 756.

[18] Vgl. *Heidenhain/Hasselmann* in Münchener Vertragshandbuch, Bd. 1 Gesellschaftsrecht, IV.1 Anm. 14; Lutter/Hommelhoff/*Kleindiek* GmbHG § 38 Rz. 11.

[19] Zu den Eignungsvoraussetzungen siehe die Darstellung in Münchener Anwaltshandbuch GmbH-Recht, v. Römermann/*Lenz,* § 8 Rz. 12f.

schäftsführer anzugeben. Sie kann der allgemeinen Satzungsregelung entsprechen oder hiervon abweichen, sofern die Satzung eine solche einzelfallbezogene Regelung der Vertretungsbefugnis erlaubt.

11 Um eine Geschäftstätigkeit der Gesellschaft vor ihrer Eintragung in das Handelsregister auszuschließen, sollte klarstellend die Geschäftsführungs- und Vertretungsmacht der Geschäftsführer auf die für die Eintragung erforderlichen Rechtsgeschäfte beschränkt werden. Anderenfalls setzt dies nach überwiegender Auffassung die einstimmige Erweiterung der **Befugnisse des Geschäftsführers** durch die Gesellschafter im Wege einer Bevollmächtigung voraus.[20]

12 Die Aufnahme einer **Registervollmacht** in das Gründungsprotokoll ist zu empfehlen, soweit mehrere Gesellschafter an der Gründung der Gesellschaft beteiligt sind. Dies ermöglicht es, in einer Nachtragsurkunde etwaige Beanstandungen des Registergerichts auszuräumen und die sodann erforderlich werdenden Handelsregisteranmeldungen vorzunehmen, ohne dass hierfür die Mitwirkung aller Gesellschafter erforderlich ist.

13 Die nach § 17 Abs. 1 BeurkG seitens des Notars vorzunehmenden Belehrungen sollten Hinweise darüber enthalten, dass die Gesellschaft erst mit ihrer Eintragung in das Handelsregister entsteht und bis dahin bei einer vorhergehenden Aufnahme der Geschäftstätigkeit ein persönliches Haftungsrisiko für die handelnden Personen aus § 11 Abs. 2 GmbHG besteht. Weiter sollten **Belehrungen** über die Haftung für die Differenz zwischen dem Gesellschaftsvermögen und dem Stammkapital im Zeitpunkt der Eintragung der Gesellschaft (Unterbilanz- bzw. Vorbelastungshaftung)[21] enthalten sein. Auch empfehlen sich Belehrungen des Notars über das Erfordernis, dass die auf die Geschäftsanteile zu bewirkenden Leistungen mindestens noch bis zur Anmeldung der Gesellschaft zum Handelsregister zur freien Verfügung der Geschäftsführung stehen müssen.[22]

14 Ergänzend ist in das Formular der Hinweis aufgenommen worden, dass jeder Gesellschafter die Angaben in der Gesellschafterliste spätestens alle drei Jahre auf ihre Richtigkeit hin überprüfen sollte, da nach § 16 Abs. 3 Satz 1 GmbHG auch ein **gutgläubiger Erwerb** eines Geschäftsanteils möglich ist, soweit die beim Handelsregister aufgenommene Gesellschafterliste einen Nichtberechtigten zum Erwerbszeitpunkt seit mindestens drei Jahren als Inhaber des Geschäftsanteils ausweist und diese Eintragung seit mindestens drei Jahren unrichtig ist. Vor Ablauf der Drei-Jahres-Frist kann der Erwerber vom Nichtberechtigten hingegen nur dann gutgläubig erwerben, wenn die falsche Eintragung dem wahren Rechtsinhaber zuzurechnen ist.[23]

II. Zur Satzung

15 Der Gesellschaftsvertrag (die Satzung) muss nach § 3 Abs. 1 GmbHG als zwingenden Inhalt die Firma und den Sitz der Gesellschaft, den Gegenstand des Unternehmens, den Betrag des Stammkapitals sowie Zahl und Nennbeträge der Geschäftsanteile der Gesellschafter enthalten. Die insoweit notwendigen Angaben müssen hinreichend **bestimmt und unbedingt** sein.[24] Daneben gibt es eine Reihe von Regelungsinhalten, deren Vereinbarung zwar den Gesellschaftern überlassen, für deren Wirksamkeit allerdings eine genaue Festlegung in der notariell beurkundeten Satzung der Gesellschaft erforderlich ist.

---

[20] Vgl. OLG Hamm v. 14.12.1984 – 20 U 147/84, WM 1985, 658, 659.
[21] Baumbach/Hueck/*Fastrich* GmbHG § 11 Rz. 61.
[22] Vgl. zu den weiteren empfehlenswerten Belehrungen BeckNotar-HdB/*Mayer/Weiler,* D I Rz. 19.
[23] Vgl. dazu *Heckschen* Das MoMiG in der notariellen Praxis, 2009, Rz. 557.
[24] Baumbach/Hueck/*Fastrich* GmbHG § 3 Rz. 19.

Zu § 1: Firma und Sitz

Die **Firmierung** einer gemeinnützigen GmbH kann im Einzelfall irreführend sein. 16
So firmieren einige als „Stiftungs-GmbH". Die tatsächliche Rechtsform ist im Einzelfall durch eine Registerabfrage zu eruieren. Die ursprünglich von der Rechtsprechung als unzulässig angesehene Bezeichnung als „gGmbH" ist mittlerweile aufgrund einer entsprechenden Ergänzung des GmbHG zulässig.[25] Vorliegend spiegelt die Firmierung die tatsächliche Rechtsform und den Status der Gemeinnützigkeit wieder.

Der **Sitz einer GmbH** ist in der Satzung zu bestimmen, wobei hierfür nur ein Ort 17
im Sinne einer politischen Gemeinde innerhalb der Bundesrepublik Deutschland in Betracht kommt. Der tatsächliche Verwaltungssitz kann abweichend vom Satzungssitz gewählt werden. Dieser Verwaltungssitz kann auch im Ausland liegen,[26] wobei dies Einfluss auf die Zuständigkeit des Finanzamts haben kann. Denn für die Zuständigkeit ist grds. der Ort der tatsächlichen Geschäftsleitung maßgebend. Zudem könnte dies dem Grunde nach für Gewerbesteuerzwecke bedeutsam werden.[27]

Zu § 2: Zweck und Gegenstand

Der Zweck des Unternehmens sind die steuerbegünstigten satzungsmäßigen Zwe- 18
cke. Die zu konkretisierende Art der Satzungszweckverwirklichung bildet den Unternehmensgegenstand. Im **Gegensatz zum Unternehmensgegenstand,** der die Mittel zur Erreichung des Gesellschaftszwecks umschreibt, muss gesellschaftsrechtlich der Gesellschaftszweck selbst in der Satzung nicht genannt werden.[28] Bei einer gemeinnützigen GmbH ist allerdings aufgrund der gemeinnützigkeitsrechtlichen Vorgaben (vgl. § 60 AO) der steuerbegünstigte Satzungszweck – hier iSv. § 52 AO – festzuschreiben.

Da alle **Voraussetzungen der §§ 51ff. AO** für Steuervergünstigungen nach den 19
einzelnen Steuergesetzen während des ganzen Veranlagungszeitraums bzw. im Zeitpunkt der Steuerentstehung vorliegen müssen, ist zu empfehlen, die Möglichkeit der Förderung nur einzelner Zwecke – vorliegend gestellt in die Kompetenzzuständigkeit der Gesellschafterversammlung – in die Satzung aufzunehmen.

Häufig wird es auch empfehlenswert sein, bereits in der Satzung klarzustellen, ob 20
die Geschäftsführung der Gesellschaft auch zur Gründung von Beteiligungsunternehmen oder Errichtung von Zweigniederlassungen berechtigt sein soll. Diesem Umstand trägt die Regelung unter § 2 Abs. 3 des Formulars Rechnung.

Zu § 3: Selbstlosigkeit und Mittelverwendung

Hier werden die obligatorischen Regelungen zwecks Erlangung des Status der Ge- 21
meinnützigkeit aufgeführt. Diese Passagen aus der **Mustersatzung zur Anlage zu § 60 AO** sind zwingend in die Satzung aufzunehmen, einschließlich des besonderen Zusatzes für eine gemeinnützige Kapitalgesellschaft. Denn anders als bspw. Stiftungen ist hier der Besonderheit Rechnung zu tragen, dass es Anteilseigner der Körperschaft gibt, die jedoch nicht auf Kosten der Gemeinnützigkeit außerhalb einer Vergütung ihres Arbeitseinsatzes an der Gesellschaft partizipieren dürfen. Daher ist v. a. auch der Ausschluss des gesetzlichen Gewinnanspruchs der Gesellschafter (§ 29 Abs. 1 iVm. § 46 Nr. 1 GmbHG) notwendig. Denn zum Gebot der Selbstlosigkeit gehört es, dass die Gesellschafter keine Gewinnanteile und in ihrer Eigenschaft als Mitglieder auch keine sonstigen Zuwendungen aus Mitteln der Körperschaft erhalten dürfen gem. § 55 Abs. 1 Nr. 1 Satz 2 AO sowie als Mitglieder bei ihrem Ausscheiden oder bei Auflösung oder Aufhebung der Körperschaft nicht mehr als ihre eingezahlten Kapitalanteile

---

[25] Vgl. § 4 Satz 2 GmbHG.
[26] Ausführlich *Peters* GmbHR 2008, 245.
[27] Zur Unterscheidung zwischen Verlegung des Verwaltungs- bzw. Satzungssitzes und den ertragsteuerlichen Konsequenzen vgl. *Campos Nave* BB 2009, 870, 872.
[28] Baumbach/Hueck/*Fastrich* GmbHG § 1 Rz. 1.

und den gemeinen Wert ihrer geleisteten Sacheinlagen zurückerhalten dürfen gem. § 55 Abs. 1 Nr. 2 AO. Eingezahlte Kapitalanteile liegen nach Auffassung der Finanzverwaltung nicht vor, wenn Gesellschaftsmittel für eine Kapitalerhöhung verwendet wurden.[29] Durch das Gebot der Selbstlosigkeit sollten folglich verdeckte Gewinnausschüttungen (vGA) bei gemeinnützigen GmbHs eher eine untergeordnete Rolle spielen. Sollte es allerdings im Einzelfall dennoch zu einer vGA kommen, führt diese nicht generell zur Aberkennung der Gemeinnützigkeit.[30] Jedoch hat der BFH[31] entschieden, dass zumindest schwerwiegende Verstöße gegen § 55 Abs. 1 Nr. 1 bis 3 AO, wie zB Ausschüttungen an Gesellschafter, durchaus zu einer Aberkennung der Gemeinnützigkeit nach § 61 Abs. 3 AO führen können. Ob damit eine tatsächliche Mittelfehlverwendung einhergehen muss, die zu einem Verbrauch des gesamten Vermögens für satzungsfremde Zwecke führt,[32] wird eher bezweifelt.

Zu § 4: Geschäftsjahr

22 Ohne eine ausdrückliche Regelung in der Satzung entspricht das Geschäftsjahr einer GmbH dem Kalenderjahr. Eine Bestimmung des Geschäftsjahres in der Satzung ist gesetzlich nicht gefordert. Allerdings schreibt § 240 Abs. 2 Satz 2 HGB vor, dass das Geschäftsjahr nicht länger als zwölf Monate dauern darf.

Zu § 5: Stammkapital und Stammeinlagen

23 Die **Bezifferung des Stammkapitals** ist zwingender Bestandteil der Satzung. Es muss als Festbetrag in Euro angegeben werden. Eine Nennung in anderen Urkunden, zB dem Gründungsprotokoll, genügt nicht; vielmehr ist der genaue Betrag des Stammkapitals in der Satzung anzugeben.[33]

24 Das Stammkapital muss mindestens € 25 000,– betragen, § 5 Abs. 1 GmbHG. Auf dieses Stammkapital muss jeder der Gesellschafter bei Gründung der GmbH einen Geschäftsanteil übernehmen. Der Nennbetrag jedes Geschäftsanteils muss dabei auf volle Euro lauten und kann verschieden bestimmt werden. Anders als vor Inkrafttreten des MoMiG muss dieser nicht mehr auf mindestens € 100,– lauten und durch 50 teilbar sein. Des Weiteren kann ein Gesellschafter bereits bei Errichtung der Gesellschaft mehrere Geschäftsanteile übernehmen, wovon in § 5 Abs. 2 des Formulars Gebrauch gemacht wird.

25 Weiterhin muss die Satzung die Namen der die Geschäftsanteile übernehmenden Gesellschafter angeben.[34] Nach Eintragung der GmbH können diese Angaben über die Gesellschafter und die von ihnen übernommenen Geschäftsanteile aus der Satzung gestrichen werden, selbst wenn die Einlagen auf die übernommenen Geschäftsanteile nicht in voller Höhe geleistet worden sind.[35]

26 Da nach § 8 Abs. 1 Nr. 3 GmbHG die Geschäftsanteile in der der Anmeldung beizufügenden Gesellschafterliste durchgehend zu nummerieren sind, sollte dies ebenfalls in der Satzung selbst erfolgen, auch wenn § 3 Abs. 1 Nr. 4 GmbHG keine derartige Verpflichtung beinhaltet.[36]

27 Zum Zeitpunkt der Handelsregisteranmeldung müssen die Gesellschafter mindestens ¼ des auf den Nennbetrag ihrer Geschäftsanteile entfallenden Betrages, insgesamt jedoch mindestens die Hälfte der auf sämtliche Geschäftsanteile entfallenden Nennbe-

---

[29] Vgl. AEAO zu § 55 Abs. 1 Nr. 2 und 4 AO, Rz. 23 Satz 4.
[30] Vgl. *Hüttemann* Gemeinnützigkeits- und Spendenrecht, Rz. 4.163.
[31] BFH v. 12.10.2010 – I R 59/09, DStR 2011, 20.
[32] Vgl. hierzu *Weidmann/Kohlhepp* DB 2011, 497 ff., 499 mwN.
[33] Römermann/*Seibt* in Münchner Anwalts-Handbuch GmbH-Recht, § 2 Rz. 55.
[34] § 3 Abs. 1 Nr. 4 GmbHG.
[35] Vgl. dazu die Darstellung bei Lutter/Hommelhoff/*Kleindiek* GmbHG § 3 Rz. 17, 18 mwN.
[36] Vgl. dazu *Apfelbaum* Notar 2008, 160 ff., 163.

träge an die Gesellschaft leisten.[37] Solange nicht alle Einlagen auf die übernommenen Geschäftsanteile **voll einbezahlt** sind, haften alle Gesellschafter für die ausstehenden Beträge. Aufgrund der negativen Auswirkung auf die Bonität, der sich ergebenden gesamtschuldnerischen Haftung für ausstehende Einlagen und des erhöhten Aufwandes hinsichtlich der späteren Einforderung der restlichen Bareinlage[38] werden die Einlagen auf die Geschäftsanteile bei einer Bargründung in aller Regel sofort in voller Höhe geleistet und eine dementsprechende Verpflichtung der Gesellschafter in die Satzung aufgenommen.

Für die Gründung von Gesellschaften mit der Bezeichnung **„Unternehmergesellschaft (haftungsbeschränkt)"** oder „UG (haftungsbeschränkt)" reicht ein Stammkapital von € 1,– aus. Eine solche sog. „Mini-GmbH" muss jedoch grundsätzlich ein Viertel ihres Jahresüberschusses in eine gesetzliche Rücklage einstellen.[39] Die Pflicht fällt weg, wenn die Rücklage die Schwelle des § 1 GmbHG von € 25 000,– für die Gründung einer GmbH erreicht und das Stammkapital entsprechend angehoben wird. **28**

Die sog. „Mini-GmbH" kann dem Grunde nach auch eine gemeinnützige GmbH iSd. § 51 AO sein. Folglich kommen auch für sie grds. die Steuerbegünstigungen nach den Einzelsteuergesetzen in Betracht. Diese gesetzlich vorgeschriebene Rücklagenbildung iSd § 5a Abs. 3 GmbHG bis zum Erreichen des Stammkapitals in Höhe von € 25 000,– verstößt nach Ansicht der FinVerw. nicht gegen das Gebot der zeitnahen Mittelverwendung.[40] Das Stammkapital einer Kapitalgesellschaft unterliegt nicht der zeitnahen Mittelverwendungspflicht. Allerdings wird es grds. erforderlich sein, durch gesellschaftsvertragliche oder schuldrechtliche Nebenleistungspflicht weitere Zuwendungen zu tätigen, da das Finanzamt ausreichende Erträge zur Satzungszweckverwirklichung einfordern wird. **29**

Die in einer Stiftungssatzung für die Stiftungsaufsichtsbehörde obligatorische Regelung über den **Bestandserhalt** des Grundstockvermögens kann bei einer GmbH nicht versteinert werden, weil die Gesellschafter (insbesondere diejenigen der nachfolgenden Generation) sich letztlich einstimmig darüber hinwegsetzen können.[41] Eine solche – hier in § 5 Abs. 4 getroffene – Regelung in der GmbH-Satzung ist aber dennoch zulässig[42] und für die steuerliche Anerkennung auch empfehlenswert. Flankiert wird der Kapitalerhaltungsgrundsatz gesellschaftsrechtlich durch § 30 Abs. 1 GmbHG.[43] **30**

Zu § 6: Geschäftsführer, Vertretung

Zuständig für die Bestellung und Abberufung der Geschäftsführer ist gemäß §§ 6 Abs. 3 Satz 2, 46 Nr. 5 GmbHG grundsätzlich die Gesellschafterversammlung. Jedoch kann diese Befugnis durch entsprechende Satzungsregelung auch auf andere Organe der Gesellschaft, wie zB einen (fakultativen) Aufsichtsrat oder Beirat, übertragen werden. Ebenso ist es möglich, durch Satzungsregelung die Bestellungs- und Abberufungskompetenz einem Gesellschafter zuzuweisen.[44] Darüber hinaus ist es zulässig, einem Gesellschafter-Geschäftsführer das Geschäftsführeramt als **Sonderrecht** iSd. § 35 BGB in der Satzung zuzuweisen. Ein solches Sonderrecht kann nur mit Zustimmung des begünstigten Gesellschafters wieder entzogen werden. Da ein Sonderrecht auf Geschäftsführung im Zweifel als höchstpersönliches Recht ausgestaltet ist, geht es **31**

[37] § 7 Abs. 2 GmbHG.

[38] Ohne besondere Satzungsregelung kann die Gesellschafterversammlung nach § 46 Nr. 2 GmbHG jederzeit über die Einforderung der restlichen Bareinlage entscheiden. Möglich ist außerdem, die Einforderungskompetenz durch hinreichend klare Satzungsregelung auf die Geschäftsführung zu übertragen.

[39] § 5a Abs. 3 GmbHG.

[40] Vgl. AEAO zu § 55 Abs. 1 Nr. 1 AO, Tz. 22.

[41] Vgl. *Müller* ErbStB 2005, 165, 168.

[42] S. *Wochner* Rechtsformwahl von Nonprofit-Organisationen, Stiftung und Sponsoring, Rote Seiten zu 2/1999, 6.

[43] Vgl. dazu vor Neufassung Schauhoff/*van Randenborgh* Handbuch der Gemeinnützigkeit, § 4 Rz. 52 f.

[44] Baumbach/Hueck/*Zöllner*/*Noack* GmbHG § 35 Rz. 7, § 46 Rz. 34.

vorbehaltlich einer abweichenden Satzungsregelung jedoch im Falle der Übertragung des Geschäftsanteils nicht mit auf den Erwerber des Geschäftsanteils über.[45]

32 Ebenso kann einem Gesellschafter in der Satzung das Recht zur **Benennung eines Geschäftsführers** als bindendes Vorschlagsrecht eingeräumt werden; mit einer entsprechenden Satzungsregelung werden die Mitgesellschafter des berechtigten Gesellschafters sodann verpflichtet, ihre Stimme in der Gesellschafterversammlung zugunsten des von dem berechtigten Gesellschafter benannten Geschäftsführers beim Bestellungsbeschluss abzugeben.

33 Die **Vertretung der Gesellschaft** ist nach § 35 Abs. 1 GmbHG den Geschäftsführern zugewiesen. Soweit die Satzung nichts anderes bestimmt, sind Geschäftsführer bei mehreren bestellten Geschäftsführern gem. § 35 Abs. 2 Satz 1 GmbHG nur gemeinschaftlich zur Vertretung der Gesellschaft berechtigt. Dem ist in § 6 Abs. 2 des Formulars Rechnung getragen. Allerdings ist dort noch eine unechte Gesamtvertretung des Geschäftsführers mit aufgenommen worden, soweit er bei Bestellung mehrerer Geschäftsführer berechtigt sein soll, die Gesellschaft auch gemeinsam mit einem Prokuristen zu vertreten. Eine dementsprechende unechte Gesamtvertretungsregelung ist dann unzulässig, wenn nicht mindestens zwei Geschäftsführer bestellt worden sind oder ein Geschäftsführer zwar gemeinsam mit einem Prokuristen, aber nicht gemeinsam mit einem weiteren Geschäftsführer zur Vertretung der Gesellschaft berechtigt ist.[46] Solche Vertretungsregelungen sind ebenso unzulässig wie Regelungen, nach der ein Geschäftsführer ganz von der Vertretung der Gesellschaft ausgeschlossen ist.[47]

34 Aufgrund der abstrakten Vertretungsregelung in § 6 Abs. 2 sieht § 6 Abs. 3 des Formulars sodann vor, dass bei Bestellung mehrerer Geschäftsführer einzelne Geschäftsführer durch Gesellschafterbeschluss zur Einzelvertretung ermächtigt werden können. Da es einem GmbH-Geschäftsführer grundsätzlich nicht erlaubt ist, als Vertreter einer GmbH mit sich selbst oder als Vertreter eines Dritten Rechtsgeschäfte abzuschließen, sieht die Mustersatzung gleichfalls vor, dass ein Geschäftsführer durch Gesellschafterbeschluss von den Beschränkungen des § 181 BGB befreit werden kann.

35 Die **Geschäftsführungsbefugnis** der Geschäftsführer einer GmbH ist nicht unbegrenzt. Insoweit sind die Geschäftsführer an gesetzliche Vorschriften sowie die Bestimmungen der Satzung und Weisungen der Gesellschafterversammlung gebunden. Dies gilt hier insbesondere auch für die Einhaltung der formellen und materiellen Satzungsmäßigkeit hinsichtlich der gemeinnützigkeitsrechtlichen Vorschriften. Darüber hinaus bedürfen, auch ohne dass dies in der Satzung näher geregelt wird, alle außerhalb des gewöhnlichen Geschäftsbetriebs oder des Unternehmensgegenstandes der Gesellschaft liegenden Maßnahmen der Zustimmung der Gesellschafter. Insoweit haben die Regelungen unter § 6 Abs. 4 und 5 des Formulars zwar keine eigene rechtliche Funktion, gleichwohl empfiehlt sich aber zur Verdeutlichung der Begrenzung der Geschäftsführungsbefugnis eine Aufnahme in die Satzung. Denn Verstöße gegen die Gemeinnützigkeit haben ihre Ursache meistens in der tatsächlichen Geschäftsführung.

36 Weiterhin können die Gesellschafter die Vornahme einzelner Geschäfte durch die Geschäftsführer von der Zustimmung der Gesellschafterversammlung abhängig machen. Dies kann entweder durch die Aufnahme eines Katalogs zustimmungspflichtiger Geschäfte in der Satzung selbst oder aber zB in einer separat von der Gesellschafterversammlung zu beschließenden Geschäftsordnung für die Geschäftsführung erfolgen. Soll dem Schutz von Minderheitsgesellschaftern Rechnung getragen werden, bietet es sich an, einen dementsprechenden **Katalog zustimmungspflichtiger Geschäfte** in die Satzung selbst aufzunehmen, da eine Aufhebung oder Änderung dieses Kataloges nur durch eine Satzungsänderung, welche nach § 53 Abs. 2 Satz 1 GmbHG einer $^3/_4$-Mehrheit bedarf, möglich ist. Zwar ist damit noch nicht geregelt, dass auch die

[45] Vgl. *Hauschild/Kallrath* in Notarhandbuch Gesellschafts- und Unternehmensrecht, § 16 Rz. 192.
[46] Baumbach/Hueck/*Zöllner/Noack* GmbHG § 35 Rz. 112.
[47] Baumbach/Hueck/*Zöllner/Noack* GmbHG § 35 Rz. 108.

Erteilung der Zustimmung zu den im Katalog enthaltenen zustimmungspflichtigen Geschäften eines mit qualifizierter Mehrheit gefassten Gesellschafterbeschlusses bedarf. Zumindest aber ist damit sichergestellt, dass Minderheitsgesellschafter von der Vornahme einzelner Geschäfte, die ansonsten von der Geschäftsführung ohne dementsprechende Unterrichtung der Gesellschafter vorgenommen werden könnten, in Kenntnis gesetzt werden.

Vorliegend ist einem dementsprechenden Minderheitenschutz durch die Regelung unter § 8 Abs. 3, (b), dd) Rechnung getragen, wonach die Verabschiedung, Aufhebung oder Änderung einer Geschäftsordnung für die Geschäftsführung eines mit $^3/_4$ der abgegebenen Stimmen gefassten Gesellschafterbeschlusses bedarf. In der Geschäftsordnung sollten vor allem auch latent die Gemeinnützigkeit gefährdende Handlungen als zustimmungspflichtige Geschäfte aufgenommen werden. Zudem sollte die Bindung der Geschäftsführer an den Unternehmensgegenstand und damit an die Verwirklichung der gemeinnützigen Satzungszwecke auch in dem Anstellungsvertrag hervorgehoben werden.[48] 37

Zu § 7: Gesellschafterversammlung

Gesellschafterversammlungen sind einzuberufen, wenn Beschlüsse gefasst werden müssen, die aufgrund Gesetz oder Satzung der Gesellschafterversammlung zugewiesen sind. § 49 Abs. 2 GmbHG statuiert, dass Gesellschafterversammlungen außerdem einzuberufen sind, wenn es im Interesse der Gesellschaft erforderlich erscheint. 38

Die Einberufung erfolgt nach § 49 Abs. 1 GmbHG vorrangig durch die Geschäftsführung. Daneben bestehen nach § 50 GmbHG Einberufungsrechte für Minderheitsgesellschafter. Diesem **Minderheitsrecht** ist in § 7 Abs. 1 des Formulars Rechnung getragen und insoweit konkretisiert worden, als dass Fristen aufgenommen worden sind, innerhalb derer die Geschäftsführung einem entsprechenden Einberufungsverlangen durch dazu berechtigte Minderheitsgesellschafter nachzukommen hat, um das Selbsteinberufungsrecht der Minderheitsgesellschafter nach § 50 Abs. 3 GmbHG auszuschließen. Die Satzung darf insoweit die Anforderungen an das Einberufungsrecht der Gesellschafterminderheit nicht verschärfen, kann jedoch den Minderheitenschutz erweitern.[49] 39

Um eine **Handlungsfähigkeit** der Gesellschaft sicherzustellen, sieht § 7 Abs. 2 des Formulars vor, dass bei mehreren Geschäftsführern jeder von ihnen alleine zur Einberufung der Gesellschafterversammlung berechtigt ist. Dies entspricht der hM, wonach auch einzelne, nicht einzelvertretungsberechtigte Geschäftsführer die Gesellschafterversammlung einberufen können.[50] 40

Grundsätzlich ist die **Form und Frist** der Einberufung in § 51 Abs. 1 GmbHG geregelt. Da dies dispositiv ist, konkretisiert § 7 Abs. 2 diese gesetzliche Regelung und stellt satzungsgemäße Anforderungen an Form und Frist der Einberufung einer Gesellschafterversammlung auf. Dies gilt insbesondere für das in § 50 Abs. 1 statuierte Erfordernis, dass die Gesellschafterversammlung mittels eingeschriebenen Brief[51] einberufen werden muss. Insbesondere wurde hier auch die Einberufung der Gesellschafterversammlung per Telefax zugelassen, was sinnvoll erscheint.[52] Da hinsichtlich der gesetzli- 41

---

[48] Generell zum Anstellungsvertrag *Spiegelberger* Unternehmensnachfolge § 13 D. Rz. 66 ff.

[49] Lutter/Hommelhoff/*Bayer* GmbHG § 50 Rz. 4.

[50] Baumbach/Hueck/*Zöllner/Noack* GmbHG § 49 Rz. 3.

[51] Es ist streitig, ob hierfür das Einwurf-Einschreiben ausreicht oder es sich um ein Einschreiben mit Rückschein handeln muss; nach wohl hM ist das Einwurf-Einschreiben ausreichend (Baumbach/Hueck/*Zöllner/Noack* GmbHG § 51 Rz. 12).

[52] Die Zulässigkeit der Einberufung per E-Mail wird von der Rechtsprechung abgelehnt, vgl. BGH v. 13.2.2006 – II ZR 200/04, GmbHR 2006, 538, 539. Teilweise wird die Aufnahme der Möglichkeit, die Gesellschafterversammlung per E-Mail einzuberufen, von den Registergerichten als Eintragungshindernis gewertet. Allerdings ist es nach Teilen des Schrifttums zulässig, in der Satzung die Einladung per E-Mail zuzulassen (Baumbach/Hueck/

chen Anforderung an Form und Frist der Einberufung vielfältige Meinungsverschiedenheiten bestehen, ist dringend zu empfehlen, in jedem Fall eine Konkretisierung in der Satzung der Gesellschaft vorzunehmen, da anderenfalls Mängel bei der Einberufung der Gesellschafterversammlung sowohl zur Nichtigkeit als auch zur Anfechtbarkeit von Beschlüssen führen können.

42 Da im Streitfall die Gesellschaft für den Zugang der Einladung zur Gesellschafterversammlung beweispflichtig ist,[53] sieht das Formular vor, dass alle Gesellschafter unter ihrer zuletzt der Gesellschaft bekannt gegebenen Anschrift zu laden sind und bei unbekanntem Aufenthalt eines Gesellschafters sein Stimmrecht bis zur Beseitigung dieses Zustandes ruht. Ebenso ist zu empfehlen, in die Satzung aufzunehmen, dass die Gesellschafterversammlung in jedem Fall einen **Versammlungsleiter** zu wählen hat. Auch ohne dementsprechende Satzungsregelung bleiben die Gesellschafter allerdings selbstverständlich berechtigt, in der Gesellschafterversammlung mit einfacher Stimmenmehrheit einen Versammlungsleiter zu wählen. Die Wahl eines Versammlungsleiters empfiehlt sich zur Wahrnehmung von Ordnungsaufgaben, insbesondere für die Fertigung einer Niederschrift über die in der Gesellschafterversammlung gefassten Beschlüsse.[54]

43 Grundsätzlich kann sich jeder Gesellschafter in einer Gesellschafterversammlung durch einen bevollmächtigten Vertreter vertreten lassen. Um die **Vertraulichkeit** der Gesellschafterversammlung zu wahren, sollte jedoch nur ein begrenzter Personenkreis als Vertreter eines Gesellschafters zugelassen werden. Dies erfordert eine nähere Regelung in der Satzung, wie dies § 7 Abs. 5 des Formulars vorsieht. Da ein Gesellschafter nach überwiegender Auffassung ohne entsprechende Satzungsregelung nicht das Recht hat, einen Sachverständigen oder Berater zur Gesellschafterversammlung hinzuzuziehen, soweit ihm dies durch die Gesellschafterversammlung nicht ausdrücklich gestattet worden ist,[55] ist eine dementsprechende Möglichkeit ebenfalls in das Formular unter § 7 Abs. 5 eingeflossen.

Zu § 8: Gesellschafterbeschlüsse

44 Zunächst gibt § 8 Abs. 1 des Formulars die gesetzliche Regelung aus § 48 Abs. 1 und 2 GmbHG wieder bzw. konkretisiert diese näher. Eine Aufnahme der konkreten **Kommunikationsform,** in der bei Einverständnis aller Gesellschafter Gesellschafterbeschlüsse auch außerhalb einer körperlichen Gesellschafterversammlung gefasst werden können, ist empfehlenswert.

45 In der Regel werden Gesellschafterbeschlüsse nach § 47 Abs. 1 GmbHG mit einfacher Mehrheit der abgegebenen Stimmen gefasst. Daneben bestehen **qualifizierte Mehrheitserfordernisse** bei u.a. Satzungsänderungen sowie Kapitalerhöhung und Kapitalherabsetzung, §§ 53 Abs. 2 Satz 1, 55 ff. GmbHG. Den Gesellschaftern ist es im Übrigen überlassen, für einzelne Beschlussgegenstände ein qualifiziertes Mehrheitserfordernis in die Satzung aufzunehmen. Sofern dies erfolgt, ist davon auszugehen, dass die Änderung der entsprechenden Satzungsregelung, mit der das qualifizierte Mehrheitserfordernis aufgestellt wird, derselben Mehrheit bedarf.[56]

46 Die Vereinbarung eines qualifizierten Mehrheitserfordernisses für einzelne Beschlussgegenstände bietet sich gerade aus Sicht des Schutzes von Minderheitsgesellschaftern an. Dies ist nicht selten **bei Jungunternehmern** der Fall, von denen einzelne weniger Kapital und mehr Ideen einbringen. Zudem können zB größere Kos-

---

Zöllner/Noack GmbHG § 51 Rz. 39; Römermann/*Seibt* Münchner Anwalts-Handbuch GmbH-Recht, 3. Aufl. 2014, § 2 Rz. 125).

[53] Römermann/*Seibt* Münchner Anwalts-Handbuch GmbH-Recht, § 2 Rz. 125 mwN.

[54] Vgl. hierzu § 8 Abs. 6 des Formulars.

[55] Zum Streitstand vgl. die Darstellung bei Römermann/*Seibt* Münchner Anwalts-Handbuch GmbH-Recht, § 2 Rz. 135 (Fn. 276).

[56] Baumbach/Hueck/*Zöllner/Noack* GmbHG § 53 Rz. 64.

tenpositionen recht schnell gemeinnützigkeitsschädlich werden, so dass eine erhöhte Kontrolle zweckmäßig ist.

Zu beachten sind stets auch bestehende **Stimmrechtsausschlüsse** nach § 47 Abs. 4 GmbHG, wobei diese Regelung allerdings weitestgehend dispositiv ist, so dass in der Satzung der Gesellschaft grundsätzlich geregelt werden kann, dass ein einem Stimmrechtsverbot unterliegender Gesellschafter gleichwohl bei der Abstimmung über den das Stimmrechtsverbot auslösenden Beschlussgegenstand mitstimmen darf. Davon macht § 8 Abs. 5 des Formulars Gebrauch. 47

Nach dem Gesetz ist eine Gesellschafterversammlung ohne Rücksicht auf die vertretenen Geschäftsanteile **beschlussfähig,** soweit sie nur ordnungsgemäß einberufen ist.[57] Dies ist insbesondere unter Berücksichtigung des Schutzes von Minderheitsgesellschaftern oft nicht sachgerecht, so dass die Frage der Beschlussfähigkeit der Gesellschafterversammlung explizit in der Satzung geregelt werden sollte. Um aber eine Handlungsfähigkeit der Gesellschaft sicherzustellen, sollte in der Satzung gleichfalls geregelt werden, dass bei einer nicht beschlussfähigen Gesellschafterversammlung eine folgende Versammlung einzuberufen ist, die ohne Rücksicht auf die Höhe der anwesenden Stimmen beschlussfähig ist. 48

Anderes als das Aktiengesetz regelt das GmbHG nicht ausdrücklich die Nichtigkeit bzw. Anfechtbarkeit von Gesellschafterbeschlüssen. Aufgrund dessen wird hierzu auf die aktienrechtlichen Vorschriften zurückgegriffen, die insoweit Leitbildfunktion für das GmbH-Recht haben.[58] 49

Beschlussmängel sind daher im Falle von schwerwiegenden Verstößen entsprechend § 241 AktG mit der Nichtigkeitslage, anderenfalls durch Anfechtungsklage geltend zu machen. Anfechtungsklagen sind dabei nach § 246 AktG innerhalb eines Monats zu erheben, wohingegen die Geltendmachung der Nichtigkeit wegen besonders schwerwiegender Mängel keiner Befristung unterliegt. Die Monatsfrist des § 246 AktG wird auch für die Anfechtung von Gesellschafterbeschlüssen als Maßstab angesehen, ohne allerdings für die GmbH bindend zu sein.[59] Die Satzung darf hier unter bestimmten Voraussetzungen eine längere Frist vorsehen, nicht hingegen eine kürzere als die Monatsfrist.[60] 50

Eine Regelung zur **Anfechtung** von Gesellschafterbeschlüssen und der hierzu zu beachtenden Frist sollte in jedem Fall in die Satzung aufgenommen werden. Davon ist mit der Regelung unter § 8 Abs. 7 des Formulars Gebrauch gemacht worden. 51

Zu § 9: Beirat

Typischerweise verfügt die GmbH über zwei Organe, und zwar in Gestalt der Gesellschafterversammlung und der Geschäftsführung. Daneben kommt bspw. als **zusätzliches Organ** ein Aufsichtsrat bzw. Beirat in Betracht, soweit nicht bereits durch die Mitbestimmungsgesetze bei einer GmbH ein obligatorischer Aufsichtsrat zu bilden ist. 52

Organschaftliche Kompetenzen können einem freiwillig eingesetzten (fakultativen) Aufsichts- oder Beirat nur dann zukommen, wenn die Errichtung eines dementsprechenden fakultativen Gesellschaftsorgans und dessen Kompetenzen in der Satzung der Gesellschaft geregelt sind.[61] 53

Gerade bei einer gemeinnützigen GmbH empfiehlt es sich, einen Beirat zur **Unterstützung und Beratung** der Geschäftsführung in Bezug auf die Erfüllung der satzungsgemäßen Zwecke der Gesellschaft einzusetzen. 54

Wird einem Beirat in der Satzung als Kompetenz die Kontrolle der Geschäftsführung der Gesellschaft übertragen, sind auf dieses fakultative Gesellschaftsorgan über 55

[57] Baumbach/Hueck/*Zöllner/Noack* GmbHG § 48 Rz. 3.
[58] Vgl. *Geißler* GmbHR 2002, 520.
[59] Vgl. BGH v. 12.10.1992 – II ZR 286/91, NJW 1993, 129.
[60] Vgl. BGH v. 1.6.1987 – II ZR 128/86, BGHZ 101, 113 ff., 117; *Geißler* GmbHR 2002, 520, 527.
[61] Lutter/Hommelhoff/*Lutter/Hommelhoff* GmbHG § 52 Rz. 3.

§ 52 Abs. 1 GmbHG die aktienrechtlichen Vorschriften anzuwenden. In diesem Fall haften die Mitglieder zB nach den §§ 116, 93 AktG für ihre **Überwachungsfunktion.** Um dies und die weiteren, sich gegebenenfalls ergebenden Probleme zu vermeiden, sollte in der Satzung die Anwendung der aktienrechtlichen Vorschriften auf einen fakultativen Aufsichtsrat oder Beirat ausgeschlossen werden.[62] Zur Klarstellung sollte ein dementsprechender Ausschluss auch erfolgen, wenn dem fakultativen Gesellschaftsorgan keine Überwachungskompetenz hinsichtlich der Geschäftsführung der Gesellschaft übertragen wird.

56 Sodann sollten Regelungen zur **Mitgliederzahl und Zusammensetzung,** der Amtszeit, zur Wahl und Abberufung sowie zur persönlichen Eignung der Mitglieder des Beirates und der inneren Ordnung des Beirates selbst getroffen werden. Bei der Gestaltung dieser Fragen sind die Gesellschafter im Falle eines fakultativen Beirates weitgehend frei.

57 Der Anspruch eines Beiratsmitgliedes auf Ersatz seiner angemessenen Aufwendungen entsteht bereits ohne besondere Regelung aus §§ 675, 670 BGB. Die **Vergütung** der Tätigkeit der Beiratsmitglieder hingegen bedarf entweder der satzungsgemäßen Festlegung oder – vorzugsweise – der Beschlussfassung durch die Gesellschafterversammlung. Die Höhe der Vergütung liegt dabei im Ermessen der Gesellschafter, ist aber wiederum in das gemeinnützigkeitsrechtliche Korsett eingebunden.

Zu § 10: Wettbewerbsverbot

58 Gesellschafter einer GmbH unterliegen, zumindest soweit sie einen maßgeblichen Einfluss auf die Geschäftsführung der Gesellschaft ausüben können oder zum Geschäftsführer bestellt sind, einem Wettbewerbsverbot.[63] Dieses Wettbewerbsverbot wird allgemein aus der **gesellschaftsrechtlichen Treuepflicht** hergeleitet und gilt für den vorgenannten Personenkreis unabhängig davon, ob ein Wettbewerbsverbot ausdrücklich in die Satzung der Gesellschaft aufgenommen worden ist.

59 Die Aufnahme eines Wettbewerbsverbots in der Satzung kann Probleme bereiten, da in diesem Fall die Geschäftsbereiche von Gesellschaft und Gesellschafter hinreichend bestimmt abzugrenzen sind.[64] Mit der Regelung unter § 10 des Formulars erfolgt grundsätzlich eine **Befreiung der Gesellschafter** von einem bestehenden Wettbewerbsverbot. Weitergehend beinhaltet die Regelung jedoch auch eine Öffnungsklausel dahingehend, dass die Gesellschafterversammlung durch Beschluss im Einzelfall gegenüber einzelnen Gesellschaftern ein Wettbewerbsverbot verhängen kann. Ein dementsprechender Beschluss bedarf aufgrund von § 8 Abs. 3, (b), ee) einer Mehrheit von $^3/_4$ der abgegebenen Stimmen.[65] Generell ist sehr sorgfältig auf die Vermeidung von verdeckten Gewinnausschüttungen (vGA) zu achten, da der gemeinnützigkeitsrechtliche Grundsatz der Selbstlosigkeit durch eine vGA grds. verletzt wird.[66]

Zu § 11: Jahresabschluss

60 Nach § 264 Abs. 1 HGB iVm. § 42 GmbHG hat die Geschäftsführung der Gesellschaft den Jahresabschluss innerhalb der ersten drei Monate des Geschäftsjahres für das vorangegangene Geschäftsjahr aufzustellen. Soweit es sich bei der Gesellschaft um eine kleine Kapitalgesellschaft iSv. § 267 Abs. 1 HGB handelt, ist die Gesellschaft nicht

---

[62] Vgl. Baumbach/Hueck/*Zöllner/Noack* GmbHG § 52 Rz. 23.

[63] Vgl. BGH v. 3.5.1988 – KZR 17/87, GmbHR 1988, 334, 335; Lutter/Hommelhoff/*Bayer* GmbHG § 14 Rz. 38.

[64] Römermann/*Seibt* Münchner Anwalts-Handbuch GmbH-Recht, 3. Aufl. 2014, § 2 Rz. 190.

[65] Die Regelung berücksichtigt grds. die steuerlichen Anforderungen des BMF v. 4.2.1992 BStBl. I 1992, 137 ff. und des BMF v. 29.6.1993, BStBl. I 1993, 556 ff. Zur näheren Problematik der Befreiung von dem Wettbewerbsverbot unter steuerlichen Gesichtspunkten vgl. die Darstellung bei Römermann/*Seibt* Münchner Anwalts-Handbuch GmbH-Recht, 3. Aufl. 2014, § 2 Rz. 189 ff.

[66] Vgl. auch *Schlüter* GmbHR 2002, 535, 540.

verpflichtet, einen **Lagebericht** aufzustellen; darüber hinaus sind kleine Kapitalgesellschaften gem. § 264 Abs. 1 Satz 3 HGB dahingehend privilegiert, dass sie den Jahresabschluss in den ersten sechs Monaten des Geschäftsjahres aufstellen müssen, sofern dies einem ordnungsgemäßen Geschäftsgang entspricht.

Die gesetzlichen Fristen zur Aufstellung des Jahresabschlusses und gegebenenfalls eines Lageberichts können durch die Satzung nicht verlängert werden.[67] 61

Soweit es sich nicht um eine **kleine Kapitalgesellschaft** iSv. § 267 Abs. 1 HGB handelt, sind der Jahresabschluss und der Lagebericht gem. § 316 Abs. 1 Satz 1 HGB durch einen Abschlussprüfer zu prüfen. Erfolgt keine Prüfung, kann der Jahresabschluss nach § 316 Abs. 1 Satz 2 HGB nicht wirksam festgestellt werden. 62

Auch kleinen Kapitalgesellschaften ist es jedoch möglich, in ihrer Satzung eine **freiwillige Prüfungspflicht** für ihren Jahresabschluss aufzunehmen. In diesem Fall sollten nähere Regelungen zur Bestellung des Abschlussprüfers und zur Durchführung des Prüfungsverfahrens in die Satzung aufgenommen werden.[68] 63

Nach § 42a Abs. 2 GmbHG haben die Gesellschafter bis zum Ablauf der ersten acht Monate oder im Falle einer kleinen Kapitalgesellschaft bis zum Ablauf der ersten elf Monate des Geschäftsjahres über die **Feststellung des Jahresabschlusses** zu beschließen. Der somit festgestellte Jahresabschluss bildet die Grundlage für den Beschluss über die Verwendung des Ergebnisses, worüber gemeinsam mit der Feststellung des Jahresabschlusses zu beschließen ist. Eine Verlängerung dieser Frist ist nach § 42a Abs. 2 Satz 2 GmbHG auch durch entsprechende Satzungsregelung nicht möglich. 64

Die Feststellung des Jahresabschlusses ist nach § 46 Nr. 1 GmbHG der **Kompetenz der Gesellschafterversammlung** zugewiesen. Gleiches gilt für die Verwendung des Ergebnisses. Jedoch kann dies auch durch die Satzung nur einem Gesellschafter oder aber zB einem Beirat oder Aufsichtsrat übertragen werden.[69] 65

Da nach § 8 Abs. 3, Buchst. b), Doppelbuchst. cc) des Formulars die Feststellung des Jahresabschlusses durch Beschluss der Gesellschafterversammlung einer $^3/_4$-Mehrheit der abgegebenen Stimmen bedarf, wird angeraten, in die Satzung eine Klausel aufzunehmen, wonach insbesondere auch **bei nicht möglicher Einigung** über die Feststellung des Jahresabschlusses und die Verwendung des Ergebnisses ein neutraler Sachverständiger verbindlich entscheidet. Eine entsprechende Regelung findet sich in § 11 Abs. 5 des Formulars wieder. 66

Zu § 12: Ergebnisverwendung

Über die **Verwendung des Ergebnisses** entscheidet nach § 46 Nr. 1 GmbHG die Gesellschafterversammlung, sofern die Satzung nicht etwas anderes bestimmt. 67

Der normalerweise nach entsprechendem Gewinnverwendungsbeschluss bestehende gesetzliche **Gewinnanspruch** der Gesellschafter (vgl. § 29 GmbHG) muss für den Erhalt des Status der Gemeinnützigkeit **negiert** werden, § 55 Abs. 1 Nr. 1 Satz 2 AO. Dagegen sind konkrete Regelungen zur Rücklagenbildung, unter Berücksichtigung des § 62 AO, in der Satzung möglich. Dabei sollte jedoch beachtet werden, dass keine engeren Grenzen als die gesetzlichen gesetzt werden.[70] 68

Zu § 13: Verfügung über Geschäftsanteile, Teilung von Geschäftsanteilen

Grundsätzlich sind Geschäftsanteile an einer GmbH frei übertragbar. Nach § 15 Abs. 5 GmbHG kann dies jedoch durch gesellschaftsvertragliche Regelungen an weitere Voraussetzungen geknüpft werden, insbesondere von der **Zustimmung der Ge-** 69

[67] Baumbach/Hopt/*Merkt* HGB § 264 Rz. 9.
[68] Vgl. auch die Regelung unter § 8 Abs. 3, b), ff) des Formulars.
[69] Baumbach/Hueck/*Haas* GmbHG § 42a Rz. 6.
[70] Vgl. *Müller* ErbStB 2005, 165, 171.

sellschaft abhängig gemacht werden.[71] Soweit die Übertragung eines Geschäftsanteils nur von der Zustimmung der Gesellschaft abhängig gemacht wird, wird diese von der Geschäftsführung erteilt.[72]

70 Vorzugswürdig ist das Erfordernis der Erteilung der Zustimmung durch die Gesellschafterversammlung. In diesem Fall hat die Gesellschafterversammlung über die Erteilung der Zustimmung durch Beschlussfassung zu entscheiden und mit Außenwirkung zu erklären.[73] Es bleibt den Gesellschaftern überlassen, ob für einen dementsprechenden Beschluss ein **qualifiziertes Mehrheitserfordernis** in die Satzung aufgenommen wird, oder wie hier sogar das Erfordernis der Einstimmigkeit. Erfolgt dies nicht, entscheidet die Gesellschafterversammlung mit einfacher Mehrheit der abgegebenen Stimmen.

71 Die Entscheidung über die Erteilung der Zustimmung unterliegt dem allgemeinen **Verbot missbräuchlichen Handelns.** Nur wenn ein solches vorliegt oder aber in der Satzung vorgesehen ist, dass eine Zustimmung bei Vorlagen einzelner Voraussetzungen nicht verweigert werden kann, hat der verfügungswillige Gesellschafter einen Anspruch auf Erteilung der Zustimmung. Stützt der verfügungswillige Gesellschafter seinen Anspruch auf das allgemeine Verbot missbräuchlichen Handelns, ist im Rahmen einer gerichtlichen Überprüfung eine Interessenabwägung vorzunehmen.[74] Dabei wird bei einer gemeinnützigen GmbH insbes. auch zu berücksichtigen sein, inwieweit der Gesellschaft mit dem Eintritt des Erwerbers des Geschäftsanteils noch die Erfüllung der gemeinnützigen Satzungszwecke möglich ist.

72 Die Zulässigkeit der **Belastung eines Geschäftsanteils** kann durch Satzungsregelungen ausgeschlossen werden.[75] Davon ist in näherer Ausgestaltung in § 13 Abs. 2 des Formulars Gebrauch gemacht worden, um die Verfolgung der gemeinnützigen Satzungszwecke sicherzustellen. So wird das unerwartete Eindringen eines möglicherweise gegenläufige Interessen verfolgenden Dritten verhindert.[76] Unabhängig davon könnte sich bspw. eine Nießbrauchsbestellung auch nicht auf einen hier ausgeschlossenen Gewinnanspruch beziehen, sondern vorrangig nur auf die Stimmrechtsausübung. Hier sind gerade die besonderen Anforderungen an die Gemeinnützigkeit zu wahren.

73 Auch ohne ausdrückliche Regelung in der Satzung ist der verfügende Gesellschafter bei der Beschlussfassung zur Erteilung der erforderlichen Zustimmung zur Stimmabgabe berechtigt.[77]

74 Im Übrigen ist es den Gesellschaftern überlassen, weitere Erfordernisse für die Wirksamkeit der Übertragung eines Geschäftsanteils aufzustellen, zB in Form der Vereinbarung von Vorkaufs- oder Ankaufsrechten.[78]

75 Nach § 5 Abs. 2 GmbHG ist es den Gesellschaftern möglich, **mehrere Geschäftsanteile** an der Gesellschaft nebeneinander zu halten. Aufgrund dessen ist es auch zulässig, die Teilung eines Geschäftsanteils „auf Vorrat" vorzunehmen.[79] Nach § 46 Nr. 4 GmbHG bedarf die Teilung eines Geschäftanteils eines zustimmenden Beschlusses der Gesellschafter. Von der Möglichkeit, die Teilung von Geschäftsanteilen aufgrund der

---

[71] Die in § 15 Abs. 5 GmbHG genannte Genehmigung ist eine Zustimmung iSv. §§ 182 ff. BGB, kann also vor, bei oder nach Abtretung erteilt werden, vgl. Baumbach/Hueck/*Fastrich* GmbHG § 15 Rz. 41.

[72] Ganz hM, Lutter/Hommelhoff/*Bayer* GmbHG § 15 Rz. 77.

[73] Die Frage der Zuständigkeit für die Außenerklärung ist streitig; wie hier: Lutter/Hommelhoff/*Bayer* GmbHG § 15 Rz. 78; Baumbach/Hueck/*Fastrich* GmbHG § 15 Rz. 43; aA (Zuständigkeit der Geschäftsführung) zB Roth/Altmeppen/*Altmeppen* GmbHG § 15 Rz. 109.

[74] Vgl. OLG Koblenz v. 12.1.1989 – U 1053/87, DB 1989, 672, 673 (rkr.); Baumbach/Hueck/*Fastrich* GmbHG § 15 Rz. 46a ff.

[75] Lutter/Hommelhoff/*Bayer* GmbHG § 15 Rz. 75; Baumbach/Hueck/*Fastrich* GmbHG § 15 Rz. 49.

[76] Vgl. *v. Holt/Koch* Gemeinnützige GmbH, S. 197 Rz. 1.

[77] Lutter/Hommelhoff/*Bayer* GmbHG § 15 Rz. 77, 79; BGH v. 24.1.1974 – II ZR 65/72, BB 1974, 431 f.

[78] Vgl. dazu und zu der Vereinbarung weiterer Rechte in diesem Zusammenhang die eingehende Darstellung bei Römermann/*Seibt* Münchner Anwalts-Handbuch GmbH-Recht, § 2 Rz. 210 ff.

[79] Lutter/Hommelhoff/*Bayer* GmbHG § 46 Rz. 17.

Dispositivität von § 46 GmbHG an erleichterte Voraussetzungen zu knüpfen oder diese sogar noch zu erschweren, ist vorliegend kein Gebrauch gemacht worden.

Zu § 14: Einziehung von Geschäftsanteilen

Nach § 34 Abs. 1 GmbHG darf die Einziehung von Geschäftsanteilen nur erfolgen, soweit dies **ausdrücklich** im Gesellschaftsvertrag **zugelassen** ist. Ohne die Zustimmung des Inhabers des Geschäftsanteils ist eine Einziehung nach § 34 Abs. 2 GmbHG nur statthaft, wenn die Voraussetzungen für die Einziehung in der Satzung bereits vor Erwerb des Geschäftsanteils durch den Gesellschafter festgelegt waren. 76

Sollten später durch Satzungsänderungen weitere oder überhaupt grds. Voraussetzungen für die Möglichkeit einer Zwangseinziehung festgelegt werden, sind solche Regelungen nur wirksam, wenn der Einziehungsgrund hinreichend konkret benannt ist und alle zu diesem Zeitpunkt vorhandenen Gesellschafter, die später auch von einer dementsprechenden Einziehung bedroht sein können, dieser Satzungsänderung zugestimmt haben.[80] In § 14 Abs. 2 des Formulars sind einzelne Gründe, die die **Zwangseinziehung** des Geschäftsanteils eines Gesellschafters rechtfertigen, festgelegt. Diese Gründe beziehen sich im Wesentlichen auf einen etwaigen Vermögensverfall des betroffenen Gesellschafters sowie das etwaige Eindringen fremder Dritter aus in der Sphäre des betroffenen Gesellschafters liegenden Gründen sowie gleichfalls auf schwerwiegende Verletzungen von Gesellschafterpflichten durch den betroffenen Gesellschafter. 77

Voraussetzung für die Einziehung eines Geschäftsanteils ist eine entsprechende Beschlussfassung durch die Gesellschafterversammlung, bei der der betroffene Gesellschafter grds. mitstimmen darf, sofern die Einziehung nicht aus einem in seiner Person liegenden Grund erfolgen soll.[81] Aus Gründen der Rechtssicherheit sollte daher das **Stimmrecht** des betroffenen Gesellschafters bei der Beschlussfassung über eine Zwangseinziehung oder auch Zwangsabtretung in der Satzung **ausgeschlossen** werden. Das Recht zur Teilnahme des betroffenen Gesellschafters an der Gesellschafterversammlung, in der über die Zwangseinziehung oder Zwangsabtretung entschieden wird, bleibt davon unberührt, ebenso wie sein Recht zur Stellungnahme zu den konkreten Einziehungsgründen.[82] 78

Weitere Voraussetzungen für die Wirksamkeit der Einziehung ist die **Erklärung der Einziehung** gegenüber dem betroffenen Gesellschafter. Diese ist nach § 14 Abs. 7 des Formulars der Geschäftsführung zugewiesen. Soweit der betroffene Gesellschafter jedoch zugleich Geschäftsführer der Gesellschaft ist, erfolgt dies durch die übrigen Gesellschafter. 79

Daneben sieht das Formular unter § 14 Abs. 5 vor, dass statt der Einziehung auch die Zwangsabtretung des Geschäftsanteils möglich ist, wobei der sodann von dem Übernehmer des Geschäftsanteils zu zahlende Kaufpreis der ansonsten zu zahlenden **Abfindung** entspricht. Die Aufnahme einer solchen Regelung ist empfehlenswert, da bei der Zahlung einer Abfindung das Auszahlungsverbot des § 30 Abs. 1 GmbHG zu berücksichtigen ist, so dass die Zahlung der Abfindung nur aus dem das Stammkapital übersteigenden freien Gesellschaftsvermögen geleistet werden darf.[83] Dies ist entsprechend in § 14 Abs. 8 des Formulars vorgesehen. Verfügt die Gesellschaft demnach nicht über ausreichend hohe Kapitalrücklagen, kann die Einziehung nicht erfolgen. Daneben kann eine gleichzeitige Kapitalherabsetzung daran scheitern, dass das Min- 80

[80] BGH v. 9.7.1990 – II ZR 194/89, NJW 1990, 2622, 2623; Baumbach/Hueck/*Fastrich* GmbHG § 34 Rz. 8.

[81] Baumbach/Hueck/*Zöllner/Noack* GmbHG § 47 Rz. 88 mwN.

[82] Vgl. OLG München v. 12.11.1997 – 7 U 2929/97, GmbHR 1998, 332; Lutter/Hommelhoff/*Bayer* GmbHG § 47 Rz. 52.

[83] BGH v. 19.6.2000 – II ZR 73/99, NJW 2000, 2819, 2820.

deststammkapital einer GmbH[84] € 25 000,– betragen muss. Um diese Schwierigkeiten bei einer Einziehung eines Geschäftsanteils zu überwinden, ist vorliegend zugleich auch die alternative Möglichkeit einer Zwangsabtretung des Geschäftsanteils mit der Begrenzung aus gemeinnützigkeitsrechtlicher Sicht vorgesehen.

Zu § 15: Dauer der Gesellschaft, Kündigung

81 IdR wird die Gesellschaft auf **unbestimmte Zeit** abgeschlossen. Eine etwaige Beschränkung auf eine gewisse Zeit muss zwingend in den Gesellschaftsvertrag aufgenommen werden, § 3 Abs. 2 GmbHG. Dies ist für die gemeinnützige GmbH hier nicht vorgesehen.

82 Das GmbHG selbst kennt keine ordentliche Kündigung, so dass bei Fehlen einer entsprechenden Satzungsbestimmung der Gesellschafter sich von seiner Beteiligung – soweit nicht ein Austritt bei Vorliegen eines wichtigen Austrittsgrundes in Betracht kommt – nur durch Übertragung seines Geschäftsanteils lösen kann.[85] Aufgrund dessen sollte ein **ordentliches Kündigungsrecht** in der Satzung verankert werden. Das Recht eines Gesellschafters, aus der Gesellschaft aus wichtigem Grund auszutreten, kann durch die Satzung nicht ausgeschlossen oder wesentlich beschränkt werden.[86] Aus Beweisgründen sollte jedoch auch vorgesehen werden, in welcher Form die Kündigung zu erfolgen hat.

83 Gerade bei einer gemeinnützigen GmbH sollte ein ordentliches Kündigungsrecht in die Satzung aufgenommen werden, da eine solche Gesellschaft umso mehr auf den **freiwilligen Einsatz ihrer Mitglieder** angewiesen ist.[87] Dabei sollte ebenfalls in der Satzung geregelt werden, dass die Gesellschaft im Falle der Kündigung nicht aufgelöst, sondern mit den verbleibenden Gesellschaftern fortgeführt wird. Anderenfalls besteht auch heute noch die Gefahr, dass eine Kündigung der Gesellschaft zu deren Auflösung führt.[88]

84 Um die bereits vorstehend geschilderten Probleme bei Einziehung eines Geschäftsanteils und der daraus zu zahlenden Abfindung zu vermeiden, sieht das Formular in § 15 Abs. 3 vor, dass der Geschäftsanteil des ausscheidenden Gesellschafters auf die übrigen Gesellschafter im Verhältnis ihrer Geschäftsanteile zueinander zu übertragen ist. Daneben kommt die Übertragung des Geschäftsanteils auf die übrigen Gesellschafter als Mitberechtigte iSv. § 18 GmbHG in Betracht.

85 Ferner bleibt die Möglichkeit, dass die Gesellschafterversammlung beschließt, den Geschäftsanteil lediglich auf einen Gesellschafter, einen Dritten oder die Gesellschaft selbst zu übertragen. Bei Erwerb eigener Geschäftsanteile durch die Gesellschaft sind die gesetzlichen Anforderungen aus § 33 GmbHG zu beachten.[89] Dabei gilt es ebenfalls, die gemeinnützigkeitsrechtlichen Vorgaben einzuhalten.

Zu § 16: Rechtsnachfolge

86 Nach § 15 Abs. 1 GmbHG sind Geschäftsanteile an einer GmbH **frei vererblich.** Diese Regelung ist nicht dispositiv. Auf mehrere Erben geht der ererbte Geschäftsanteil in Erbengemeinschaft über, so dass er den Erben ungeteilt gem. § 18 Abs. 1 GmbHG zusteht. Damit können mehrere Erben die Rechte aus dem ererbten Geschäftsanteil auch nur gemeinschaftlich ausüben.

87 Um eine Handlungsfähigkeit der Gesellschaft gleichwohl sicherzustellen, sollte zweckmäßigerweise in der Satzung geregelt werden, dass mehrere Erben ihre Rechte

---

[84] Soweit es sich nicht um eine Unternehmergesellschaft iSd. § 5a GmbHG handelt.
[85] Lutter/Hommelhoff/*Lutter/Kleindieck* GmbHG § 34 Rz. 70 ff.
[86] Vgl. BGH v. 16.12.1991 – II ZR 58/91, BGHZ 116, 359 ff., 369.
[87] Vgl. *Wochner* DStR 1998, 1835 ff., 1839.
[88] Vgl. Baumbach/Hueck/*Haas* GmbHG § 60 Rz. 90.
[89] Vgl. dazu die Darstellung bei Römermann/*Römermann/Passarge* Münchner Anwalts-Handbuch GmbH-Recht, § 14 Rz. 63 ff.

und Pflichten aus dem ererbten Geschäftsanteil gegenüber der Gesellschaft nur durch einen gemeinschaftlichen Vertreter oder einen **Testamentsvollstrecker** ausüben können. Das Formular sieht hierzu Eignungsvoraussetzungen des betreffenden gemeinschaftlichen Vertreters vor, die gleichfalls zweckmäßig erscheinen.

Weiterhin ist es möglich, in der Satzung zu regeln, dass der Geschäftsanteil des ver- **88**
storbenen Gesellschafters gegen Zahlung einer Abfindung **eingezogen** wird bzw. die Zwangsabtretung dieses Geschäftsanteils zu erfolgen hat. Der Gesellschaftsvertrag sollte hierzu einen Zeitrahmen und die Kriterien für einen entsprechenden Gesellschafterbeschluss festlegen, um das Risiko einer Unwirksamkeit der entsprechenden Klausel wegen eines unangemessen langen Zeitraumes des Abwartens für die Erben zu vermeiden.[90]

Zu § 17: Abfindung

Soweit die Satzung keine besondere Regelung enthält, hat der infolge Kündigung **89**
oder Einziehung ausscheidende Gesellschafter grundsätzlich einen Anspruch auf Zahlung einer Abfindung in Höhe des Verkehrswertes seiner Beteiligung.[91] Abfindungsbeschränkungen sind in den Grenzen des § 138 BGB zulässig. Bei einer nicht ideelle Zwecke verfolgenden GmbH wird die Zulässigkeit der Beschränkung der Abfindung auf den Nenn- oder Buchwert der Beteiligung allerdings restriktiv beurteilt.[92] Bei einer Gesellschaft allerdings, die ausschließlich ideelle Zwecke verfolgt, wird es als zulässig anerkannt, den Abfindungsbetrag des Ausscheidenden **auf den Betrag des Geschäftsanteils zu beschränken**[93] und im Wege der ergänzenden Auslegung bei einer gemeinnützigen GmbH selbst dann angenommen, wenn eine Satzungsregelung zur Abfindung fehlt. Dies ist auch erforderlich, um als gemeinnützige GmbH die Steuervergünstigungen nach den Einzelsteuergesetzen zu erlangen. Eine Satzung ohne die (Abfindungs-)klausel nach der Mustersatzung in der Anlage zu § 60 AO würde nach Prüfung der Finanzverwaltung gar nicht erst die für die Gemeinnützigkeit erforderliche formelle Satzungsmäßigkeit erfüllen. Auch wird teilweise – bei Vorliegen besonderer Umstände, wie zB dem Verfolgen von rein ideellen Zwecken – ein vollständiger Ausschluss der Abfindung durch Satzungsregelung als zulässig angesehen.[94] Die in dem Formular unter § 17 Abs. 1 enthaltene Regelung entspricht den steuerrechtlichen Anforderungen aus § 55 Abs. 1 Nr. 2 AO, um nicht die Gemeinnützigkeit zu gefährden.

Üblicherweise enthält die Satzung Regelungen über eine Zahlung der Abfindung **in** **90**
mehreren Raten. Allerdings darf die Anzahl der Raten nicht über einen zu langen Zeitraum gestreckt werden, der zu einer weitgehend wirtschaftlichen Entwertung des Anspruches führen würde.[95] Zur Kompensation der Erstreckung der Zahlung auf einen längeren Zeitraum sollte sodann eine Verzinsung der jeweils zur Zahlung ausstehenden Raten vorgesehen werden.

Da bei einer gemeinnützigen GmbH die Erfüllung der satzungsgemäßen Zwecke im **91**
Vordergrund steht, kann zur Vermeidung der Gefährdung der **Liquidität** der Gesellschaft in der Satzung vorgesehen werden, dass die Gesellschaft die Höhe der Jahresraten ermäßigen kann, soweit ansonsten aus der Zahlung der geschuldeten Raten die Gesellschaft einen schweren Schaden erleiden sollte.

---

[90] Siehe dazu BGH v. 19.9.1988 – II ZR 329/87, NJW 1989, 834, 835.

[91] Baumbach/Hueck/*Hueck/Fastrich* GmbHG, 21. Aufl. 2017, § 34 Rz. 22.

[92] Vgl. dazu *Crezelius* Unternehmenserbrecht, § 8 Rz. 326 mwN.

[93] OLG Hamm v. 26.5.1997 – 8 U 163/96, DB 1997, 1612 – Rev. nicht angenommen (BGH ZR 167/97); vgl. auch *Jäger* DB 1997, 1607, 1608.

[94] Vgl. Römermann/*Seibt* Münchner Anwalts-Handbuch GmbH-Recht, 3. Aufl. 2014, § 2 Rz. 254; *Goette* Die GmbH § 6 Rz. 60.

[95] IdR ist eine Grenze von fünf Jahren unbedenklich, vgl. *Lange* NZG 2001, 635, 636.

Zu § 18: Auflösung, Liquidation

92 Die **Gründe** sowie gleichfalls die näheren Voraussetzungen für eine Auflösung der Gesellschaft ergeben sich aus § 60 GmbHG.[96] Daneben eröffnet § 60 Abs. 2 GmbHG die Möglichkeit, im Gesellschaftsvertrag weitere Auflösungsgründe festzulegen.

93 Das Formular sieht vor, dass das nach Abschluss der Liquidation verbleibende Nettovermögen der Gesellschaft nach Abzug der Stammeinlagen und gemeinen Werte der geleisteten Sacheinlagen abweichend von § 72 GmbHG nicht an die Gesellschafter ausgeschüttet, sondern **für gemeinnützige Zwecke verwendet** wird. Eine dementsprechende Abweichung von § 72 GmbHG ist zulässig[97] und für den Gemeinnützigkeitsstatus zwingend erforderlich. Die Regelung wird dem gemeinnützigen Grundsatz der formellen und materiellen Vermögensbindung gem. §§ 55 Abs. 1 Nr. 4, 61 iVm. § 63 Abs. 2 AO gerecht und entspricht der Musterformulierung der Finanzverwaltung. Ein Verstoß gegen den Vermögensbindungsgrundsatz würde nicht nur zum Verlust der Gemeinnützigkeit führen, sondern zugleich den Verlust der Steuervergünstigung rückwirkend für die letzten 10 Jahre zur Folge haben, § 61 Abs. 3 AO.

94 Über die Auflösung der Gesellschaft entscheidet nach § 60 Abs. 1 Nr. 2 GmbHG zwingend die **Gesellschafterversammlung** mit einer Mehrheit von $^3/_4$ der abgegebenen Stimmen. Eine Verlagerung dieser Kompetenz auf ein anderes Gesellschaftsorgan ist nicht zulässig.[98]

95 In dem **Auflösungsbeschluss** ist zugleich auch die Person des Liquidators und dessen Vertretungsmacht zu bestimmen. Da die für die Geschäftsführung bestehenden Regelungen der Satzung über die Vertretungsmacht und insbesondere auch eine Befreiung der Geschäftsführer von den Beschränkungen des § 181 BGB nicht automatisch für den Liquidator gelten (selbst wenn der bisherige Geschäftsführer zum Liquidator bestellt wird),[99] sollte dies ausdrücklich in der Satzung geregelt werden.

Zu § 19: Bekanntmachungen

96 Die Gesellschaft ist zu einzelnen Punkten verpflichtet, diese öffentlich bekannt zu machen.[100] Als alleiniges Verfügungsmedium der Gesellschaft wurde vorliegend der elektronische Bundesanzeiger durch entsprechende Satzungsregelung festgelegt.[101]

Zu § 20: Kosten

97 Üblicherweise werden die **Kosten der Gründung** der Gesellschaft von der Gesellschaft selbst getragen. Dies ist in analoger Anwendung von § 26 Abs. 2 AktG unter Angabe des Gesamtbetrages, der zulasten der Gesellschaft zu zahlen ist, in die Satzung aufzunehmen.[102] Fehlt es an einer entsprechenden Regelung in der Satzung, setzen sich die Gründer der Gesellschaft dem Risiko aus, dass das Handelsregister die Eintragung der Gesellschaft nach § 9c GmbHG zurückweist, da das Stammkapital der Gesellschaft nicht mehr in voller Höhe bei der Eintragung vorhanden ist.[103] Daneben kann bei fehlender Satzungsregelung eine trotzdem vorgenommene Erstattung von Gründungskosten an die Gesellschafter steuerrechtlich zu einer verdeckten Gewinnausschüttung führen.

---

[96] Näher zur Liquidation der gGmbH *Passarge* NZG 2010, 646, 650; zu Haftungsfragen bei der Insolvenz einer gemeinnützigen GmbH vgl. *Richter* in Graf Strachwitz/Mercker (Hrsg.), Stiftungen in Theorie, Recht und Praxis, Berlin 2005, S. 832 ff.

[97] Lutter/Hommelhoff/*Kleindieck* GmbHG § 72 Rz. 9.

[98] Baumbach/Hueck/*Haas* GmbHG § 60 Rz. 17.

[99] OLG Düsseldorf v. 9.12.1988 – 16 U 52/88 – rkr., GmbHR 1989, 465.

[100] Vgl. §§ 30 Abs. 2, 58 Abs. 1 Nr. 1, 65 Abs. 2 Satz 1 GmbHG.

[101] Vgl. auch § 12 GmbHG.

[102] Vgl. BGH v. 20.2.1989 – II ZB 10/88, ZIP 1989, 448 ff., 450; Baumbach/Hueck/*Fastrich* GmbHG § 5 Rz. 57.

[103] Baumbach/Hueck/*Fastrich* GmbHG § 9c Rz. 4.

Ob zu den anerkennenswerten Gründungskosten auch die Kosten der vorbereitenden Beratung durch Rechtsanwälte und Steuerberater zu zählen sind, ist noch nicht abschließend geklärt.[104] § 20 des Formulars nimmt diese Kosten in den von der Gesellschaft zu tragenden Gründungsaufwand mit auf.[105] 98

Der von der Gesellschaft zu tragende Gründungsaufwand ist der Höhe nach in der Satzung festzulegen. Der in § 20 des Formulars diesbezüglich festgelegte Betrag von € 2500,– entspricht dem bei einem Stammkapital von € 25000,– steuerlich grds. berücksichtigungsfähigen Gründungsaufwand. 99

III. Zur Anmeldung

Die künftige GmbH ist in öffentlich beglaubigter Form bei dem Amtsgericht, in dessen **Bezirk** sie ihren Sitz hat, zur Eintragung anzumelden (§ 7 Abs. 1 GmbHG iVm. § 376 FamFG). Dabei hat die Anmeldung durch sämtliche Geschäftsführer persönlich zu erfolgen. Eine Stellvertretung ist demnach unzulässig.[106] 100

Der gesetzlich vorgeschriebene **Inhalt der Anmeldung** ergibt sich aus § 8 GmbHG. Dabei ist unter anderem hinsichtlich der Geschäftsführung die abstrakte Vertretungsbefugnis der Geschäftsführung sowie die konkrete Vertretungsbefugnis des einzelnen Geschäftsführers anzugeben. 101

Des Weiteren haben die Geschäftsführer in der Anmeldung nach § 8 Abs. 3 zu versichern, dass keine Umstände vorliegen, die ihrer Bestellung nach § 6 Abs. 2 Satz 2 und 3 GmbHG entgegenstehen und dass sie über ihre unbeschränkte Auskunftspflicht gegenüber dem Registergericht belehrt worden sind. Zu Beweiszwecken sollte die Versicherung nach § 8 Abs. 3 Satz 1 GmbHG die einzelnen Bestellungshindernisse benennen. 102

Weiterhin ist seitens der Geschäftsführer bei der Anmeldung nach § 8 Abs. 2 **zu versichern, dass** und in welcher Art und Weise die Einlagen auf die übernommenen Geschäftsanteile von den Gesellschaftern geleistet worden sind und dass sich das eingezahlte Kapital im Zeitpunkt der Anmeldung endgültig in der freien Verfügung der Geschäftsführer befindet. 103

Nach § 8 Abs. 2 Satz 2 GmbHG ist eine Vorlage von Einzahlungsnachweisen nur bei erheblichen Zweifeln an der ordnungsgemäßen Kapitalaufbringung erforderlich. Da die Geschäftsführer allerdings die **ordnungsgemäße Kapitalaufbringung** nach § 8 Abs. 2 Satz 1 GmbHG zu versichern haben, sollte die vollständige Einzahlung des Stammkapitals gegeben sein, um eine gesamtschuldnerische Haftung der Geschäftsführer und Gesellschafter für falsche Angaben nach § 9a Abs. 1 GmbHG zu vermeiden. 104

Aus §§ 8 Abs. 4 Nr. 1, 10 Abs. 1 Satz 1 GmbHG ergibt sich die Pflicht zur Anmeldung einer **inländischen Geschäftsanschrift.** 105

Die der Anmeldung **beizufügenden Anlagen** ergeben sich gleichfalls aus § 8 Abs. 1 GmbHG. Im gewählten Formular umfasst dies das Original oder eine beglaubigte Abschrift des Gesellschaftsvertrages, den Beschluss über die Bestellung der Geschäftsführer, sofern diese nicht bereits in der notariell beurkundeten Gründungsurkunde enthalten ist, sowie eine von sämtlichen Geschäftsführern zu unterzeichnende Gesellschafterliste. In der Gesellschafterliste sind gem. § 8 Abs. 1 Nr. 3 GmbHG neben den dort geforderten Angaben zu den Gesellschaftern sämtliche Geschäftsanteile fortlaufend zu nummerieren. 106

---

[104] Bejahend: Lutter/Hommelhoff/*Bayer* GmbHG § 3 Rz. 52 mwN.

[105] Zu der Frage, ob in die Satzung auch eine Regelung zur Tragung der Kosten von späteren Kapitalerhöhungen durch die Gesellschaft und die Bestimmung dieser Kosten aufzunehmen ist, vgl. *Tiedtke/Wälzholz* GmbHR 2001, 223, 227.

[106] Lutter/Hommelhoff/*Bayer* GmbHG § 7 Rz. 1.

C. 3.05 Spendensammelverein

Gliederung

C. 3.05

I. Protokoll der Gründungsversammlung des Spendensammelvereins[Rz. 22–24]

„[…]“
am […], den […] um […]
erschienen in […]

die aus der Anwesenheitsliste ersichtlichen [*Anzahl*] Personen zur Gründung eines Spendensammelvereins primär zugunsten [… *Name der begünstigten Institution*]. Alle […] Personen in der Gründungsversammlung waren volljährig und damit stimmberechtigt. Durch Zuruf wurde [*Herr/Frau …*] zum Versammlungsleiter gewählt.
Die Tagesordnung wurde wie folgt genehmigt:
(1) Begrüßung
(2) Feststellung der Anzahl der stimmberechtigten Teilnehmer
(3) Genehmigung der Tagesordnung
(4) Aussprache über die Gründung des Spendensammelvereins „[…]“
(5) Beratung und Verabschiedung einer Satzung
(6) Wahlen des Vorstands
(7) Wahlen der Kassenprüfer
(8) Weitere Vorgehensweise
(9) Verschiedenes

Der vorgelegte Satzungsentwurf wurde im Einzelnen besprochen und die Satzung in der anliegenden Fassung mit allen Stimmen der stimmberechtigten [*Anzahl*] Versammlungsteilnehmer verabschiedet und von diesen unterschrieben.

Zu Vorstandsmitgliedern wurden jeweils einstimmig in offener Abstimmung gewählt:

[…] **[…]**
[…] **[…]**

Die Gewählten nahmen die Wahl an.

Der Vorstand wurde aufgefordert, die Eintragung des Vereins in das Vereinsregister und die Gemeinnützigkeit des Vereins zu beantragen.

Die Sitzung wurde um […] Uhr geschlossen.

Unterschriften:
………………………………………………
………………………………………………
………………………………………………
………………………………………………
[Der Vorstand gemäß § 26 BGB]

II. Satzung

§ 1 Name, Sitz und Geschäftsjahr[Rz. 25–27]

(1) Der Verein ist ein Spendensammelverein und führt den Namen [...] e.V. – im Folgenden „Verein" genannt –.[Rz. 25]

(2) Der Verein hat seinen Sitz in [...] und ist im Vereinsregister beim Amtsgericht [...] eingetragen.[Rz. 26]

(3) Das Geschäftsjahr ist das Kalenderjahr.[Rz. 27]

§ 2 Zweckbestimmung[Rz. 28–33]

(1) Zweck des Vereins ist die Förderung der [... *genaue Zweckbeschreibung aufnehmen, z.B.: Jugendhilfe sowie die iSd. § 53 Nr. 1 AO selbstlose Unterstützung von Personen, die infolge ihres körperlichen Zustandes auf die Hilfe anderer angewiesen sind,*] durch die Beschaffung und Bereitstellung von Mitteln für die Verwirklichung der steuerbegünstigten Zwecke einer ausländischen Körperschaft.[Rz. 28–31]

(2) Für die Erfüllung dieser satzungsmäßigen Zwecke sollen geeignete Mittel durch Beiträge, Spenden, Zuschüsse und sonstige Zuwendungen eingesetzt werden.

(3) Der Verein verfolgt ausschließlich und unmittelbar gemeinnützige und mildtätige Zwecke im Sinne des Abschnitts „Steuerbegünstigte Zwecke" der Abgabenordnung in der jeweils gültigen Fassung. Er wird als Spendensammelverein nach § 58 Nr. 1 AO tätig, der seine Mittel ausschließlich im unter Abs. 1 genannten Sinne verwendet.[Rz. 29, 31]

(4) Der Verein ist selbstlos tätig; er verfolgt nicht in erster Linie eigenwirtschaftliche Zwecke.

(5) Mittel des Vereins dürfen nur für satzungsgemäße Zwecke verwendet werden. Die Mitglieder des Vereins erhalten in ihrer Eigenschaft als Mitglieder keine Zuwendungen aus Mitteln des Vereins.

(6) Es darf keine Person durch Ausgaben, die dem Zweck des Vereins fremd sind oder durch unverhältnismäßig hohe Vergütungen begünstigt werden.

(7) Die Weiterleitung von Vereinsmitteln an eine ausländische Körperschaft erfolgt nur, sofern sich der Empfänger verpflichtet, jährlich spätestens vier Monate nach Abschluss eines jeden Geschäftsjahres einen detaillierten Rechenschaftsbericht über die Verwendung der vom Verein erhaltenen Mittel vorzulegen. Ergibt sich aus diesem Rechenschaftsbericht nicht, dass mit diesen Mitteln ausschließlich die satzungsmäßigen Zwecke des Vereins verfolgt werden, oder kommt der Empfänger der Mittel seiner Pflicht zur Vorlage des Rechenschaftsberichtes nicht nach, wird die Weiterleitung der Vereinsmittel unverzüglich eingestellt.[Rz. 32, 33]

§ 3 Mitgliedschaft[Rz. 34–35]

(1) Mitglied kann jede natürliche oder juristische Person werden.[Rz. 34]

(2) Der Verein besteht aus aktiven und Fördermitgliedern (ordentliche Mitglieder) sowie aus Ehrenmitgliedern.[Rz. 35]

(3) Aktive Mitglieder sind die im Verein direkt mitarbeitenden Mitglieder; Fördermitglieder sind Mitglieder, die sich zwar nicht aktiv innerhalb des Vereins betätigen, jedoch die Ziele und auch den Zweck des Vereins in geeigneter Weise fördern und unterstützen.

(4) Zum Ehrenmitglied werden Mitglieder ernannt, die sich in besonderer Weise um den Verein verdient gemacht haben. Hierfür ist ein Beschluss der Mitgliederversammlung erforderlich.

(5) Ehrenmitglieder sind von der Beitragszahlung befreit, sie haben jedoch die gleichen Rechte und Pflichten wie ordentliche Mitglieder und können insbesondere an sämtlichen Versammlungen und Sitzungen teilnehmen.

§ 4 Rechte und Pflichten der Mitglieder[Rz. 36]

(1) Die Mitglieder sind berechtigt, an allen angebotenen Veranstaltungen des Vereins teilzunehmen. Sie haben darüber hinaus das Recht, gegenüber dem Vorstand und der Mitgliederversammlung Anträge zu stellen. In der Mitgliederversammlung kann das Stimmrecht nur persönlich ausgeübt werden.
(2) Die Mitglieder sind verpflichtet, den Verein und den Vereinszweck – auch in der Öffentlichkeit – in ordnungsgemäßer Weise zu unterstützen.

§ 5 Beginn/Ende der Mitgliedschaft[Rz. 37]

(1) Die Mitgliedschaft muss gegenüber dem Vorstand schriftlich beantragt werden. Über den schriftlichen Aufnahmeantrag entscheidet der Vorstand mit einfacher Stimmenmehrheit abschließend. Der Vorstand ist nicht verpflichtet, Ablehnungsgründe dem Antragsteller mitzuteilen.
(2) Ummeldungen in der Mitgliedschaft (von aktiver Mitgliedschaft auf Fördermitgliedschaft) müssen spätestens drei Monate vor Ende des Geschäftsjahrs dem Vorstand schriftlich mitgeteilt werden.
(3) Die Mitgliedschaft endet durch freiwilligen Austritt, Ausschluss, Tod des Mitglieds oder Verlust der Rechtsfähigkeit bei juristischen Personen.
(4) Die freiwillige Beendigung der Mitgliedschaft muss durch schriftliche Kündigung zum Ende des Geschäftsjahres unter Einhaltung einer dreimonatigen Frist gegenüber dem Vorstand erklärt werden.
(5) Der Ausschluss eines Mitglieds mit sofortiger Wirkung und aus wichtigem Grund kann dann ausgesprochen werden, wenn das Mitglied in grober Weise gegen die Satzung, Ordnungen, den Satzungszweck oder die Vereinsinteressen verstößt. Über den Ausschluss eines Mitglieds entscheidet der Vorstand mit einfacher Stimmenmehrheit. Dem Mitglied ist unter Fristsetzung von zwei Wochen Gelegenheit zu geben, sich vor dem Vereinsausschluss zu den erhobenen Vorwürfen zu äußern.
(6) Bei Beendigung der Mitgliedschaft, gleich aus welchem Grund, erlöschen alle Ansprüche aus dem Mitgliedsverhältnis. Eine Rückgewähr von auch schon im Voraus gezahlten Beiträgen, Spenden oder sonstigen Unterstützungsleistungen ist grundsätzlich ausgeschlossen. Der Anspruch des Vereins auf rückständige Beitragsforderungen bleibt hiervon unberührt.

§ 6 Mitgliedsbeiträge[Rz. 38]

Die Festsetzungen der Mitgliedsbeiträge, außerordentlichen Beiträge, Aufnahmegebühren, Umlagen und sonstigen Gebühren erfolgen auf Vorschlag des Vorstandes durch Beschluss der Mitgliederversammlung. Für die Höhe der jährlichen Mitgliedsbeiträge, Aufnahmegebühren und Umlagen ist die jeweils gültige Beitragsordnung maßgebend, die von der Mitgliederversammlung beschlossen wird. Bei Vorliegen eines wichtigen Grundes können Umlagen durch die Mitgliederversammlung beschlossen werden. Die Obergrenze für die Erhebung von Umlagen ergibt sich aufgrund der Gemeinnützigkeit des ....Vereins aus den steuer- und gemeinnützigkeitsrechtlichen Vorschriften in der jeweils geltenden Fassung.

§ 7 Organe des Vereins[Rz. 39]

Organe des Vereins sind
(1) die Mitgliederversammlung und
(2) der Vorstand.

§ 8 Mitgliederversammlung[Rz. 40–44]

(1) Oberstes Organ des Vereins ist die Mitgliederversammlung, sie hat insbesondere folgende Aufgaben:[Rz. 40]
(a) Entgegennahme und Beratung der Jahresberichte,
(b) Rechnungslegung für das abgelaufene Geschäftsjahr,
(c) Entlastung des Vorstands,
(d) Wahl des Vorstands,
(e) Bestimmung über Änderungen der Satzung sowie über die Auflösung des Vereins,
(f) Wahl der Kassenprüfer, die weder dem Vorstand noch einem vom Vorstand berufenen Gremium angehören und nicht Angestellte des Vereins sein dürfen.

(2) Eine ordentliche Mitgliederversammlung wird vom Vorstand des Vereins nach Bedarf, mindestens aber einmal im Geschäftsjahr, nach Möglichkeit im ersten Halbjahr des Geschäftsjahrs, einberufen. Die Einladung erfolgt 14 Tage vorher schriftlich durch den Vorstand mit Bekanntgabe der vorläufig festgesetzten Tagesordnung an die dem Verein zuletzt bekannte Mitgliedsadresse.[Rz. 41]

(3) Die Tagesordnung der ordentlichen Mitgliederversammlung hat insbesondere folgende Punkte zu umfassen:
(a) Bericht des Vorstands,
(b) Bericht des Kassenprüfers,
(c) Entlastung des Vorstands,
(d) Wahl des Vorstands,
(e) Wahl von zwei Kassenprüfern,
(f) Genehmigung des vom Vorstand vorzulegenden Haushaltsvoranschlags für das laufende Geschäftsjahr,
(g) Festsetzung der Beiträge für das laufende Geschäftsjahr bzw. Verabschiedung von Beitragsordnungen,
(h) Beschlussfassung über vorliegende Anträge.

(4) Anträge der Mitglieder zur Tagesordnung sind spätestens zwei Wochen vor der Mitgliederversammlung beim Vereinsvorstand schriftlich einzureichen. Nachträglich eingereichte Tagesordnungspunkte müssen den Mitgliedern rechtzeitig vor Beginn der Mitgliederversammlung mitgeteilt werden bzw. spätestens durch Überreichung einer schriftlichen Tischvorlage zugehen.

(5) Spätere Anträge – auch während der Mitgliederversammlung gestellte Anträge – müssen auf die Tagesordnung gesetzt werden, wenn sich in der Mitgliederversammlung die Mehrheit der abgegebenen Stimmen für die Behandlung der Anträge ergibt (Dringlichkeitsanträge).

(6) Der Vorstand hat eine außerordentliche Mitgliederversammlung unverzüglich einzuberufen, wenn es das Interesse des Vereins erfordert oder wenn die Einberufung von mindestens einem Zehntel der stimmberechtigten Vereinsmitglieder schriftlich unter Angabe des Zwecks und der Gründe vom Vorstand verlangt wird.[Rz. 41, 42]

(7) Der Vorsitzende des Vorstands oder sein Stellvertreter leitet die Mitgliederversammlung. Auf Vorschlag des Vorsitzenden kann die Mitgliederversammlung einen besonderen Versammlungsleiter bestimmen.[Rz. 43]

(8) Beschlüsse der Mitgliederversammlung werden in einem Protokoll innerhalb von zwei Wochen nach der Mitgliederversammlung niedergelegt und von zwei Vorstandsmitgliedern unterzeichnet, die an der Mitgliederversammlung teilgenommen haben. Das Protokoll kann von jedem Mitglied auf der Geschäftsstelle eingesehen werden.[Rz. 44]

§ 9 Stimmrecht/Beschlussfähigkeit[Rz. 45]

(1) Stimmberechtigt sind ordentliche Mitglieder und Ehrenmitglieder. Jedes Mitglied hat mit Vollendung des 18. Lebensjahrs eine Stimme. Das Stimmrecht kann nur persönlich ausgeübt werden.
(2) Die Mitgliederversammlung ist ohne Rücksicht auf die Anzahl der erschienenen Mitglieder beschlussfähig.
(3) Die Mitgliederversammlung fasst ihre Beschlüsse mit einfacher Mehrheit. Stimmenthaltungen bleiben außer Betracht. Bei Stimmengleichheit gilt der gestellte Antrag als abgelehnt.
(4) Abstimmungen in der Mitgliederversammlung erfolgen offen durch Handheben oder Zuruf.
(5) Für Satzungsänderungen und Beschlüsse zur Auflösung des Vereins ist eine Dreiviertel-Mehrheit der abgegebenen Stimmen erforderlich.

§ 10 Vorstand[Rz. 46–49]

(1) Der Vorstand setzt sich wie folgt zusammen:[Rz. 46]
  (a) ein Vorsitzender,
  (b) ein stellvertretender Vorsitzender,
  (c) ein Schriftführer und
  (d) ein Schatzmeister.
(2) Sie werden von der Mitgliederversammlung für die Dauer von drei Jahren gewählt. Die unbegrenzte Wiederwahl von Vorstandsmitgliedern ist zulässig. Nach Fristablauf bleiben die Vorstandsmitglieder bis zum Antritt ihrer Nachfolger im Amt.
(3) Der Vorstand leitet verantwortlich die Vereinsarbeit. Er kann sich eine Geschäftsordnung geben und kann besondere Aufgaben unter seinen Mitgliedern verteilen oder Ausschüsse für deren Bearbeitung oder Vorbereitung einsetzen.[Rz. 49]
(4) Vorstand im Sinne des § 26 BGB sind der erste Vorsitzende, der stellvertretende Vorsitzende, der Schatzmeister und der Schriftführer. Zwei Vorstandsmitglieder vertreten gemeinsam den Verein gerichtlich und außergerichtlich.[Rz. 46–48]
(5) Der Vorstand beschließt mit einfacher Stimmenmehrheit. Der Vorstand ist beschlussfähig, wenn mindestens drei Mitglieder anwesend sind oder schriftlich zustimmen. Bei Stimmengleichheit gilt der Antrag als abgelehnt.
(6) Beschlüsse des Vorstands werden in einem Sitzungsprotokoll niedergelegt und von mindestens zwei vertretungsberechtigten Vorstandsmitgliedern unterzeichnet.
(7) Scheidet ein Vorstandsmitglied vor Ablauf seiner Amtszeit aus, ist der Vorstand berechtigt, ein kommissarisches Vorstandsmitglied zu berufen. Auf diese Weise bestimmte Vorstandsmitglieder bleiben bis zur nächsten Mitgliederversammlung im Amt.

§ 11 Kassenprüfer[Rz. 50]

(1) Über die Mitgliederversammlung sind zwei Kassenprüfer für die Dauer von drei Jahren zu wählen.
(2) Die Kassenprüfer haben die Aufgabe, Rechnungsbelege sowie deren ordnungsgemäße Verbuchung und die Mittelverwendung zu prüfen und dabei insbesondere die satzungsgemäße und steuerlich erforderliche Mittelverwendung festzustellen. Die Prüfung erstreckt sich nicht auf die Zweckmäßigkeit der vom Vorstand getätigten Ausgaben.
(3) Die Kassenprüfer haben die Mitgliederversammlung über das Ergebnis der Kassenprüfung zu unterrichten.

§ 12 Auflösung des Vereins Rz. 51–53

(1) Bei Auflösung oder Aufhebung des Vereins oder bei Wegfall steuerbegünstigter Zwecke fällt das Vermögen an die *[konkrete Benennung der gemeinnützigen Körperschaft]* mit der Maßgabe, dieses unmittelbar und ausschließlich für gemeinnützige oder mildtätige Zwecke im Sinne dieser Satzung zu verwenden.Rz. 53

(2) Als Liquidatoren werden die im Amt befindlichen vertretungsberechtigten Vorstandsmitglieder bestimmt, soweit die Mitgliederversammlung nichts anderes abschließend beschließt. Rz. 52

Vorstehender Satzungsinhalt wurde von der Gründungsversammlung am [...] beschlossen.

Die Gründungsmitglieder des Vereins zeichnen wie folgt:

(1)	**(5) ....**
(2)	**(6) ....**
(3)	**(7) ....**
(4)	

III. Vereinsregisteranmeldung[Rz. 54–56]

[*Briefkopf Notar*]

Amtsgericht Hamburg
– Vereinsregister –
[*Postfach*]
[*PLZ*] [*Ort*]

VP – neu –
Neugründung des Vereins mit dem Namen [...] e.V. mit dem Sitz in [...].
Wir, sämtliche vertretungsberechtigten Vorstandsmitglieder iSd. § 26 BGB, überreichen
– die Satzung sowie
– das Gründungsprotokoll mit dem Beschluss über die Bestellung des Vorstands, jeweils in beglaubigter Abschrift
und melden hiermit zum Vereinsregister an:

I.

Der Verein mit dem Namen
[...]
mit dem Sitz in [...]
ist am [...] errichtet worden.
Zum Vorstand iSd. § 26 BGB wurden gewählt:

1. Vorsitzender:
[*Name*],
geboren am [...],
wohnhaft: [...];

2. Stellvertretender Vorsitzender:
[*Name*],
geboren am [...],
wohnhaft: [...];

3. Schriftführer:
[*Name*],
geboren am [...],
wohnhaft: [...];

4. Schatzmeister:
[*Name*],
geboren am [...],
wohnhaft: [...]

Der Verein wird von jeweils zwei Vorstandsmitgliedern gemeinsam vertreten.

II.

Die aktuelle Vereinsanschrift lautet: [...].
Die Beteiligten beauftragen und bevollmächtigen hiermit die Notarangestellten:
[...],
[...],
[...],
aller Anschrift: [...],
und zwar einzeln und unter Befreiung vom Verbot der Mehrvertretung sowie mit Wirkung für etwaige Erben, für sie alle Erklärungen abzugeben und entgegenzunehmen, die zur Durchführung dieser Anmeldung erforderlich sind, insbesondere Änderungen und Ergänzungen oder eine neue Anmeldung vorzunehmen. Zur Ausübung der Vollmacht sind die Bevollmächtigten nur im Einvernehmen mit den Vollmachtgebern berechtigt. Von ihr kann nur vor dem beglaubigenden Notar oder einem seiner Sozien Gebrauch gemacht werden. Die Voraussetzungen zur Ausübung der Vollmacht sind Dritten gegenüber nicht nachzuweisen. Insbesondere das Vereinsregister wird von einer etwaigen Prüfungspflicht ausdrücklich befreit.

......................................, den..........
[Ort], [Datum]

Unterschriften
..
..
..
..

Urkundenrollen-Nr. [...] für 20[...]
Hiermit beglaubige ich, der Notar
[...]
mit dem Amtssitz in [...],
[*geschäftsansässig*],
die vorstehenden, heute vor mir vollzogenen Unterschriften von:

[*Name*],
geboren am [...],
Anschrift: [...]
ausgewiesen durch Bundespersonalausweis Nr. [...],

[*Name*],
geboren am [...],
Anschrift: [...]
ausgewiesen durch Bundespersonalausweis Nr. [...],

[*Name*],
geboren am [...],
Anschrift: [...]
ausgewiesen durch Bundespersonalausweis Nr. [...],

[*Name*],
geboren am [...],
Anschrift: [...]
ausgewiesen durch Bundespersonalausweis Nr. [...].

..................................., den..........
[*Ort*], [*Datum*]

Unterschriften

..
..
..
..

A. Grundsätzliche Anmerkungen

I. Wirtschaftliche Aspekte

In einem Verein organisieren sich regelmäßig natürliche Personen, die eine gemeinschaftliche Aktivität verfolgen. Er bleibt in der Regel auch nach Ausscheiden der Gründungsmitglieder bestehen und lebt fortan durch seine fluktuierenden Mitglieder aufgrund seiner satzungsgemäß verankerten Aktivitäten. Eine Legaldefinition ergibt sich nicht aus dem BGB. Die Beschreibung in § 2 VereinsG entspringt eher einem ordnungspolitischen Gedanken. Vielmehr ist die **Charakterisierung eines Vereins** der höchstrichterlichen Rechtsprechung zu entnehmen. Danach handelt es sich um einen auf Dauer angelegten, körperschaftlich organisierten Zusammenschluss von Personen, die einen gemeinsamen Zweck verfolgen, und dessen körperschaftliche Organisation sich in einem Gesamtnamen, in der Vertretung durch einen Vorstand und in der Unabhängigkeit von der Person der Mitglieder äußert.[1] 1

Bei einem gemeinnützigen Verein liegt die gemeinschaftliche Aktivität in der Regel in der Verfolgung von – dem Gemeinwohl dienenden und damit grundsätzlich steuerbegünstigten – im engeren Sinne gemeinnützigen, oder aber mildtätigen bzw. kirchlichen Zwecken.[2] Von der wirtschaftlichen Zielsetzung unterscheidet sich hiervon wiederum der sog. Spendensammelverein, wie er hier dargestellt wird. Denn dann beschränkt sich die gemeinschaftliche Aktivität allein in dem Einsammeln von Mitteln für die Verwirklichung der steuerbegünstigten Zwecke einer anderen Körperschaft, wobei diese Mittelbeschaffung ausnahmsweise ebenfalls selbst steuerbegünstigt ist.[3] 2

Gerade deutsche – also inländische – Spender haben oftmals das Interesse an einem solchen **Spendensammelverein,** wenn sie letztlich eine Auslandsaktivität einer ausländischen Institution mit dieser Spende fördern möchten, dabei aber auch in Deutschland im Rahmen ihrer Einkommensteuererklärung den Spendenabzug dafür geltend machen möchten. Neben den typischen Aufgaben eines Spendensammelvereins im Inland ist ein solcher Spendensammelverein auch dafür weiterhin ein hoch aktuelles Instrumentarium, da trotz des EuGH-Urteils vom 27.1.2009[4] und der darauf folgenden eiligen Änderungen der gesetzlichen Spendenabzugsregelungen[5] weiterhin 3

---

[1] Vgl. RG v. 18.1.1934 – IV 369/33, RGZ 143, 212ff. [213] und RG v. 29.10.1940 – VII 44/40, RGZ 165, 140ff. [143].
[2] Vgl. §§ 52 bis 54 AO.
[3] Vgl. § 58 Nr. 1 AO.
[4] EuGH v. 27.1.2009 – C-318/07 (Persche), BStBl. II 2010, 440ff.
[5] Vgl. v.a. die modifizierten § 10b Abs. 1 und Abs. 1a EStG § 9 Abs. 1 Nr. 2 KStG und § 9 Nr. 5 GewStG durch das „Gesetz zur Umsetzung steuerlicher EU-Vorgaben sowie zur Änderung steuerlicher Vorschriften" vom 8.4.2010, BGBl. I 2010, 386ff.; weitere Änderungen des Spendenrechts erfolgten sodann durch das „Jahressteuer-

große praktische Unabwägbarkeiten beim Spendenabzug bleiben.[6] Dies gilt insbesondere für die Anforderungen an die Nachweise und Belegbarkeit in der Praxis.

II. Vereinsrechtliche Aspekte

4 §§ 21 bis 79 BGB regeln das Vereinsrecht. Dieses kennt den „Normalverein", unter dem auch ein sog. Spendensammelverein zu subsumieren ist. Der **Normalverein** erlangt seine Rechtsfähigkeit durch Eintragung in das Vereinsregister des zuständigen Amtsgerichts.[7] Mit Eintragung in das Vereinsregister erhält der Verein den Zusatz „eingetragener Verein (e. V.)".[8]

5 Ferner kennt das BGB den wirtschaftlichen Verein, dessen Zweck auf einen wirtschaftlichen Geschäftsbetrieb gerichtet ist[9] und der seine Rechtsfähigkeit durch staatliche Verleihung erlangt. In Abgrenzung zu einem wirtschaftlichen Verein handelt es sich zivilrechtlich – verkürzt formuliert –[10] dennoch um einen Normalverein, wenn der Verein als gemeinnütziger Verein auch einen wirtschaftlichen Geschäftsbetrieb iSd. § 64 AO iVm. § 14 Sätze 1 und 2 AO unterhält und dieser nur Nebenzweck ist.[11]

6 Das **Vereinsrecht** kennt nur wenige zwingende Vorschriften. Zu den Mindestanforderungen gehört nach § 57 Abs. 1 BGB, dass die Satzung den Zweck, den Namen und den Sitz des Vereins enthalten muss sowie die Bestimmung, dass der Verein in das Vereinsregister eingetragen werden soll. Der Verein soll nur eingetragen werden, wenn die Zahl der Gründungsmitglieder mindestens sieben beträgt.[12]

7 Zweckmäßig und daher Sollbestimmungen sind nach § 58 BGB Regelungen in der Satzung über
- den Eintritt und Austritt der Mitglieder,
- darüber, ob und welche Beiträge von den Mitglieder zu leisten sind,
- über die Bildung der Vorstandes,
- über die Voraussetzungen, unter denen die Mitgliederversammlung zu berufen ist,
- über die Form der Berufung und
- über die Beurkundung der Beschlüsse.

8 Die Stellung eines gesetzlichen Vertreters hat der **Vorstand,** der den Verein gerichtlich und außergerichtlich vertritt.[13] Nach § 27 Abs. 3 Satz 2 BGB[14] sind die Mitglieder des Vorstandes grundsätzlich unentgeltlich tätig. Sollte eine Vergütung – neben dem Auslagenersatz – vorgesehen sein, ist dies in der Satzung zu regeln, um nicht die Annahme einer Mittelfehlverwendung durch die FinVerw.[15] widerlegen zu müssen.[16]

9 Der Vorstand hat den Verein zum Vereinsregister anzumelden. Um Streitigkeiten in der Praxis vorzubeugen, sollten sämtliche Vorstandsmitglieder – auch wenn einzelne einzelvertretungsberechtigt sind – die Anmeldung vornehmen, welche in öffentlich beglaubigter Form[17] und damit idR durch den Notar[18] zu erfolgen hat. Fehler im

gesetz 2010" (JStG 2010) vom 8.12.2010, BGBl. I 2010, 1768 ff., Beitreibungsrichtlinie-Umsetzungsgesetz" (BeitrRLUmsG) vom 7.12.2011, BGBl. I 2011, 2592 ff., „Gesetz zur Stärkung des Ehrenamtes" (Ehrenamtsstärkungsgesetz) vom 21.3.2013, BGBl. I 2013, 556 ff. sowie „Amtshilferichtlinie-Umsetzungsgesetz" (AmtshilfeRLUmsG) vom 26.6.2013, BGBl. I 2013, 1809 ff.

[6] Vgl. hierzu unter Rz. 10 ff.

[7] § 21 BGB.

[8] Vgl. § 65 BGB.

[9] § 22 BGB.

[10] Ausführlich zur Dogmatik MüKoBGB/*Reuter* BGB §§ 21, 22 Rz. 8 ff. mwN.

[11] Steuerlich müssen die aus dem wirtschaftlichen Geschäftsbetrieb generierten Mittel per se zur Erfüllung des ideellen Hauptzwecks dienen.

[12] § 56 BGB.

[13] Vgl. § 26 Abs. 1 Satz 2 BGB.

[14] Eingefügt durch das Ehrenamtsstärkungsgesetz vom 21.3.2013, BGBl. I 2013, 556 ff. mit Wirkung zum 1.1.2015.

[15] Vgl. AEAO zu § 55 Abs. 1 Nr. 3 AO, Ziff. 24.

[16] Näher dazu BMF v. 21.11.2014, BStBl. I 2014, 1581.

[17] Vgl. § 77 BGB.

[18] § 129 BGB.

Rahmen der Gründung können grundsätzlich durch eine Gründungsfortsetzungsversammlung korrigiert werden. Erfordern die gemeinschaftlichen Aktivitäten im Verein aus den unterschiedlichsten Gründen eine andere Rechtsform, so kann der rechtsfähige Verein **aufgrund eines Umwandlungsbeschlusses** grundsätzlich nur die Rechtsform einer Kapitalgesellschaft oder einer eingetragenen Genossenschaft erlangen.[19] Ebenso ist die Ausgliederung von Vermögensteilen auf eine GmbH zulässig. Ferner kann ein rechtsfähiger Verein in eine Kapitalgesellschaft auf – oder abgespalten werden.[20] Ferner kann ein rechtsfähiger Verein auf eine bestehende Kapitalgesellschaft oder mit einem anderen Verein zu einer neuen Kapitalgesellschaft verschmolzen werden.[21] Jede Umwandlung setzt voraus, dass die Satzung oder die Vorschriften des Landesrechts nicht entgegenstehen.

III. Steuerliche Aspekte

Nach § 1 Abs. 1 Nr. 4 KStG ist der rechtsfähige Verein mit Sitz im Inland als juristische Person **grundsätzlich** unbeschränkt **körperschaftsteuerpflichtig und** nach § 2 GewStG **gewerbesteuerpflichtig.** Dabei hat der rechtsfähige Verein nicht per se gewerbliche Einkünfte.[22] Ein rechtsfähiger Verein kann auch andere (Gewinn- bzw. Überschuss-)Einkunftsarten verwirklichen wie bspw. Einkünfte aus Kapitalvermögen oder Einkünfte aus Vermietung und Verpachtung. Die Rechnungslegung der Vereine erfolgt mangels zwingender gesetzlicher Vorgaben auf der Grundlage nur weniger Bestimmungen des BGB idR in Gestalt eines Jahresabschlusses bzw. einer Einnahmen-/Ausgabenrechnung mit Vermögensrechnung.[23] **10**

Allerdings handelt es sich bei einem Spendensammelverein wie hier um einen gemeinnützigen Verein, der die allgemeinen Voraussetzungen der §§ 51 bis 68 AO erfüllt. Der gemeinnützige Verein verfolgt im weiten Sinne gemeinnützige[24] Zwecke idR selbstlos,[25] ausschließlich[26] und unmittelbar[27] und geht dabei ausnahmsweise nicht über den gesetzlichen Rahmen der steuerunschädlichen Betätigungen iSd. § 58 AO hinaus. Ferner hält er sowohl die formelle[28] als auch die materielle[29] Satzungsmäßigkeit ein, so dass ein **gemeinnütziger Verein** idR nach den Einzelsteuergesetzen im dort beschriebenen Umfang steuerbefreit ist. Folglich ist er in der Regel von der Körperschaftsteuer[30] und von der Gewerbesteuer[31] steuerbefreit. Er ist lediglich **partiell steuerpflichtig** mit der Gesamtheit seiner wirtschaftlichen Geschäftsbetriebe, soweit diese keine sog. Zweckbetriebe darstellen.[32] Im Rahmen seiner vier Sphären, nämlich **11**

– dem ideellen Bereich,
– der Vermögensverwaltung,
– dem steuerpflichtigen wirtschaftlichen Geschäftsbetrieb (wGB) und
– dem wGB als steuerbegünstigter Zweckbetrieb,

---

[19] Vgl. § 272 UmwG.
[20] Vgl. § 149 iVm. § 124 UmwG.
[21] § 99 iVm. § 3 Abs. 1 Nr. 4 UmwG.
[22] Siehe auch § 8 Abs. 2 KStG.
[23] Ausführlich dazu *Wallenhorst/Halaczinsky* Kap. B, Rz. 1 bis 58a.
[24] Umfasst Zwecke gemeinnütziger Art im engeren Sinne, mildtätige Zwecke und kirchliche Zwecke.
[25] § 55 AO.
[26] § 56 AO.
[27] § 57 AO.
[28] §§ 59–61 AO.
[29] § 63 AO.
[30] § 5 Abs. 1 Nr. 9 KStG.
[31] § 3 Nr. 6 GewStG.
[32] §§ 64 bis 68 AO; zur Abgrenzung zwischen wGB und Zweckbetrieb im gemeinnützigen Verein vgl. BFH v. 27.3.2001 – I R 78/99, BStBl. II 2001, 449 ff. mwN.

ist insbesondere in der Praxis häufig die Abgrenzung zwischen der Vermögensverwaltung und dem steuerpflichtigen wirtschaftlichen Geschäftsbetrieb[33] streitig.[34] Die partielle Steuerpflicht mit der Gesamtheit der wirtschaftlichen Geschäftsbetriebe kann nach Aufgabe der Geprägetheorie[35] regelmäßig nicht mehr in den vollständigen Verlust der Gemeinnützigkeit münden. Die Grenzen einer zulässigen wirtschaftlichen Betätigung einer gemeinnützigen Einrichtung sind allein anhand des aus § 56 AO abgeleiteten Finalitätsgebots zu bestimmen.[36] Unabhängig vom Umfang der wirtschaftlichen Tätigkeit muss diese jedenfalls darauf gerichtet sein, die Verwirklichung der steuerbegünstigten Satzungszwecke voranzubringen.

12 Der hier behandelte Spendensammelverein ist trotz Verstoßes gegen den Grundsatz der Unmittelbarkeit[37] ausnahmsweise nur deshalb steuerbegünstigt, weil er unter die gesetzliche Ausnahmevorschrift des § 58 Nr. 1 AO fällt. Ein Spendensammelverein tut dies sogar vollumfänglich, ohne selbst unmittelbar einen steuerbegünstigten Zweck zu erfüllen. Diese Einordnung in die Gesetzessystematik ist verunglückt. Denn vielmehr ist die **Mittelbeschaffung als ausschließliche Tätigkeit** keine Ausnahme zum Unmittelbarkeitsgrundsatz, sondern letztlich selbst eine gemeinnütziger Zweck, der den Steuerbegünstigungen nach den Einzelsteuergesetzen „würdig" ist. Letztendlich ist dies eher als eine Ergänzung der Zwecke iSd. §§ 52–54 AO zu betrachten.[38]

13 Der Begriff der Mittelbeschaffung ist gesetzlich nicht definiert. Hier ist eine weite Betrachtungsweise anzulegen. Darunter ist nicht nur das Einsammeln von Geld- und Sachspenden zu verstehen, sondern auch das Veranstalten von Basaren u. Ä., also das Betreiben von partiell steuerpflichtigen wirtschaftlichen Geschäftsbetrieben. Gleiches gilt für eine grds. steuerbegünstigte Vermögensverwaltung des Spendensammelvereins, die ebenfalls der Mittelbeschaffung dient. Dies muss wohl auch für bspw. unterhalb der Marktkonditionen liegende Darlehensgewährungen an die Empfängerkörperschaften gelten.

14 Soweit die Mittel für eine grds. unbeschränkt steuerpflichtige Körperschaft des privaten Rechts beschafft werden, muss diese selbst steuerbegünstigt sein.[39] Damit soll verhindert werden, dass bspw. gewerblichen, auf Gewinnerzielung ausgerichteten Körperschaften ein Spendensammelverein vorgeschaltet wird. Dies gilt aber gerade nicht für grds. gemeinnützige ausländische Körperschaften.[40] Die Tätigkeit der ausländischen Körperschaft muss im Einklang mit dem deutschen Gemeinnützigkeitsrecht stehen; dabei treffen die Förderkörperschaft erhöhte Nachweispflichten (§ 90 Abs. 2 AO) einschließlich eines qualifizierten Verwendungsnachweises. Generell kann ein **Spendensammelverein** als besondere Form des Fördervereins **aus mehreren Gründen vorteilhaft** sein. So kann bspw. eine bereits bestehende gemeinnützige Körperschaft Tätigkeiten auf den gegründeten Spendensammelverein ausgliedern, um so bspw. Betätigungen in grds. partiell steuerpflichtigen wirtschaftlichen Geschäftsbetrieben auf zwei Rechtsträger aufzuteilen, um die Besteuerungsfreigrenze in § 64 Abs. 3 AO ggf. in beiden Körperschaften auszuschöpfen. Zudem kann ein Spendensammelverein in einem zunehmend konkurrierenden Markt um Spender und Sponsoren idR gezielter und effektiver potenzielle Spender ansprechen und Mittel einsammeln. Ferner kann durch einen gesonderten Spendensammelverein allgemein der Vorstand und der nor-

---

[33] § 14 AO.

[34] Vgl. hierzu auch die Rspr. zu gemischt veranlassten Aufwendungen: BFH v. 15.1.2015 – I R 48/13, BStBl. II 2015, 713.

[35] Ausführlich dazu Formular C.3.01.

[36] Vgl. *Hüttemann* Gemeinnützigkeits- und Spendenrecht, Rn. 4.100 mwN.

[37] § 57 AO.

[38] So auch *Hüttemann* Gemeinnützigkeits- und Spendenrecht, Rn. 3.183 ff.; vgl. AEAO zu § 58 Nr. 1 AO Tz. 1 Sätze 2 und 3.

[39] Vgl. § 58 Nr. 1 AO aE; s. a. OFD Frankfurt v. 19.8.2013 (S 0177 A – 6 – ST 53), DStR 2013, 2278 Tz. 1.1.

[40] Siehe auch *Buchna/Leichinger/Seeger/Brox* Gemeinnützigkeit im Steuerrecht, Tz. 2.8.1.3.

male Betrieb der bisherigen steuerbegünstigten Körperschaft entlastet werden, damit dieser sich seinen eigentlichen Aufgaben widmen kann.

Die Motivation zu einem Spendensammelverein kann aber auch darin begründet sein, für deutsche spendenwillige Personen den Spendenabzug bei der Einkommensteuer (für natürliche Personen) bzw. bei der Körperschaftsteuer (für juristische Personen) zu ermöglichen, also als Sonderausgaben[41] bzw. als abziehbare Aufwendungen,[42] obwohl mit der Zuwendung eine ausländische steuerbegünstigte Körperschaft begünstigt werden soll. **15**

Wollen bspw. „deutsche Mallorquiner" eine spanische Stiftung unterstützen, so ist grundsätzlich nicht gewährleistet, dass eine unmittelbare Spende in die spanische Stiftung bei ihrer Einkommensteuererklärung in Deutschland als **Sonderausgabenabzug** geltend gemacht werden kann. Hierzu bietet es sich an, einen deutschen Spendensammelverein zu gründen, der die Spenden einsammelt und an diese spanische Stiftung satzungsgemäß weiterleitet, also faktisch zwischengeschaltet wird. Diese Handhabung zwecks Gewährleistung des Sonderausgabenabzugs der Spende ist auch nach der Entscheidung des EuGH[43] und der gesetzlichen Neuregelung[44] weiterhin anzuraten. Denn nach dem Wortlaut des § 10b Abs. 1 Satz 2 Nr. 3 und Satz 3 EStG können Zuwendungen (u.a. Spenden) in gewissem Umfang (bspw. 20 vH des Gesamtbetrags der Einkünfte) zur Förderung steuerbegünstigter Zwecke iSd. §§ 52 bis 54 AO zwar auch dann als Sonderausgaben abgezogen werden, wenn diese Zuwendungen an eine Körperschaft, Personenvereinigung oder Vermögensmasse in einem „EU- bzw. EWR-Staat" geleistet werden, soweit das dortige Rechtsgebilde nach § 5 Abs. 1 Nr. 9 iVm. § 5 Abs. 2 Nr. 2 HS 2 KStG steuerbefreit wäre, wenn dieses Rechtsgebilde inländische Einkünfte erzielen würde. Damit nicht genug: Für einen solchen nicht im Inland ansässigen Zuwendungsempfänger ist weitere Voraussetzung, dass durch den dortigen Belegenheitsstaat Amtshilfe und Unterstützung bei der Beitreibung geleistet wird. Die gleichen Zusatz-Voraussetzungen gelten für eine Stiftungsvermögensstockspende an eine „EU-/EWR-Stiftung", gem. § 10b Abs. 1a Satz 1 EStG. Allein die damit geforderte Gleichwertigkeitsprüfung[45] wirft die Frage nach der praktischen Handhabung auf und führt in der Beratungspraxis zur Rechtsunsicherheit sowie zur Einzelfallungerechtigkeit. All dies vermeidet weiterhin ein deutscher Spendensammelverein, der von einer nicht-inländischen Stiftung implementiert werden könnte. Zudem schafft allein der Spendensammelverein bei gemeinnützigen Einrichtungen im Drittland Abhilfe, da die Spendenregelung in § 10b Abs. 1 Satz 2 Nr. 3 EStG auf EU-/EWR-Staaten beschränkt bleibt, obwohl die Kapitalverkehrsfreiheit auch im Verhältnis zum Drittland zu gewährleisten ist. **16**

In dem Entscheidungsfall zum Sonderausgabenabzug hatte das Finanzamt Lüdenscheid dem deutschen Steuerpflichtigen Hein *Persche* für eine Sachspende zu Gunsten eines Senioren- und Kinderheims in Portugal trotz Vorlage eines – nach portugiesischem Recht für den Spendenabzug ausreichenden – Originalspendenbeleg den Sonderausgabenabzug bei der Einkommensteuerfestsetzung verwehrt. Der BFH führt in seiner Vorlageentscheidung[46] aus, dass das Finanzamt den fraglichen Spendenabzug nach deutschem Recht habe versagen müssen, weil der Spendenempfänger nicht in Deutschland ansässig sei und der Steuerpflichtige keine der Form der Abgabenordnung genügende Zuwendungsbestätigung für diese Spende vorgelegt habe. Der **EuGH urteilte,** dass Art. 56 EG-Vertrag einer Regelung eines Mitgliedsstaats entgegensteht, wonach bei Spenden an eine als gemeinnützig anerkannte Einrichtung nur Spenden an **17**

---

[41] § 10b EStG.
[42] § 9 Abs. 1 Nr. 2 KStG.
[43] Vgl. EuGH v. 27.1.2009 – C-318/07 (Persche), BStBl. II 2010, 440 ff.
[44] Vgl. § 10b Abs. 1 und Abs. 1a EStG, § 9 Abs. 1 Nr. 2 KStG etc.
[45] Vgl. hierzu und zur Gesamtproblematik *Hüttemann* IStR 2010, 118, 121.
[46] BFH v. 9.5.2007 – XI R 56/05, DStR 2007, 1295.

im Inland ansässige Einrichtungen von der Steuer abgezogen werden können, ohne jede Möglichkeit für den Spender, nachzuweisen, dass eine Spende an eine Einrichtung, die in einem anderen Mitgliedsstaat ansässig ist, die nach dieser Regelung geltenden Voraussetzungen für die Gewährung einer solchen Vergünstigung erfüllt.[47] Letztendlich stellte der EuGH eine Beschränkung der Kapitalverkehrsfreiheit fest, da die deutsche Spendenabzugsregelung geeignet sei, sich negativ auf die Bereitschaft deutscher Steuerpflichtiger auszuwirken, an solche ausländischen Einrichtungen zu spenden, da die Möglichkeit des Spendenabzugs das Verhalten des Spenders erheblich beeinflussen kann.

18 Die Vergleichbarkeit von inländischen und in einem anderen Mitgliedsstaat ansässigen – als gemeinnützig anerkannten – Einrichtungen voraussetzend, kann der Ausschluss der steuerlichen Abzugsfähigkeit von Spenden an solche ausländischen Einrichtungen auch nicht mit den Schwierigkeiten des Spendermitgliedsstaates (hier Deutschland) bei der Überprüfung, ob solche Einrichtungen tatsächlich die satzungsmäßigen Ziele iSd. der nationalen Regelung erfüllen, und auch nicht mit dem Erfordernis, die tatsächliche Geschäftsführung dieser Einrichtungen zu kontrollieren, gerechtfertigt werden.

19 Allerdings muss eine identische steuerliche Behandlung der ausländischen Einrichtung nur gewährleistet werden, wenn diese Einrichtung die Voraussetzungen der nationalen Rechtsvorschriften für die Gewährung der Steuervergünstigungen erfüllt, also hier insbesondere die Verfolgung von – aus deutscher Sicht – steuerbegünstigten Zwecken.[48] Die Finanzbehörden sind laut EuGH nicht daran gehindert, bei **Nichtvorlage der Nachweise,** die sie für die zutreffende Steuerfestsetzung als erforderlich ansehen, den beantragten Steuerabzug zu verweigern.[49]

20 So sehr dieses EuGH-Urteil auch zu begrüßen war, so verunglückt ist die Umsetzung in nationales Recht. Folglich bleiben die Unsicherheiten des Spendenabzuges in der Praxis, denn jedes einzelne deutsche Wohnsitz-Finanzamt eines jeden potenziellen Spenders ist „Herr des Verfahrens" und kann letztendlich das **Beweismaß** bestimmen.[50] Das BMF[51] fordert: „Für die Feststellung, ob der ausländische Zuwendungsempfänger die Voraussetzungen des § 10b Abs. 1 Satz 2 Nr. 3 EStG erfüllt, gelten die für die Gewährung der Steuerbefreiung nach § 5 Abs. 1 Nr. 9 KStG für inländische Körperschaften, Personenvereinigungen oder Vermögensmassen maßgebenden Grundsätze entsprechend. Der ausländische Zuwendungsempfänger muss daher nach der Satzung, dem Stiftungsgeschäft oder der sonstigen Verfassung und nach der tatsächlichen Geschäftsführung ausschließlich und unmittelbar gemeinnützigen, mildtätigen oder kirchlichen Zwecken dienen (§§ 51 bis 68 AO). Den Nachweis, dass der ausländische Zuwendungsempfänger die deutschen gemeinnützigkeitsrechtlichen Vorgaben erfüllt, hat der inländische Spender gegenüber dem für ihn zuständigen FA durch Vorlage geeigneter Belege, dies wären insbesondere Satzung, Tätigkeitsbericht, Aufstellung der Einnahmen und Ausgaben, Kassenbericht, Vermögensübersicht mit Nachweisen über die Bildung und Entwicklung der Rücklagen, Aufzeichnung über die Vereinnahmung von Zuwendungen und deren zweckgerechte Verwendung, Vorstandsprotokolle, zu erbringen (§ 90 Abs. 2 AO). Bescheinigungen über Zuwendungen von nicht im Inland steuerpflichtigen Organisationen reichen als alleiniger Nachweis nicht aus." Ohne Frage wäre es von Beginn an wünschenswert gewesen, nicht nur für inländische Empfängerkörperschaften eine allein maßgebende Bescheinigung über die Berechti-

---

[47] Vgl. EuGH v. 27.1.2009 – C-318/07 (Persche), BStBl. II 2010, 440 ff., 447 Tz. 72.

[48] Vgl. auch BFH v. 17.9.2013 – I R 16/12, BStBl. II 2014, 440 zu den satzungsmäßigen Anforderungen.

[49] Vgl. EuGH v. 27.1.2009 – C-318/07 (Persche), BStBl. II 2010, 440 ff., 447 Tz. 69.

[50] Kritisch in der Praxis auch *Fischer* FR 2009, 249 ff. sowie *Putz* NJW 2009, 828; die mit BMF v. 6.4.2010, BStBl. I S. 386 angekündigten Konkretisierung zur Nachweiserbringung wurde recht allgemein und weit formuliert.

[51] BMF v. 16.5.2011, DStR 2011, 972.

gung zur Ausstellung von Spendenbescheinigungen zu haben.[52] Der Kritik folgend wurde mit dem Ehrenamtsstärkungsgesetz vom 21.3.2013[53] § 60a AO neu eingefügt. Danach wird die formelle Satzungsmäßigkeit mit einem gesonderten Bescheid festgestellt, der Bindungswirkung für die Veranlagung des Spenders nach § 60a Abs. 1 Satz 2 AO hat. Dies umfasst auch nach ausländischem Recht begünstigte Körperschaften. Diese können nun ihrerseits erstmals die Bestätigung dafür beantragen, dass sie den satzungsgemäßen Vorgaben der Abgabenordnung für steuerbegünstigte Körperschaften entsprechen. Allerdings fehlt es an einer ausdrücklichen Regelung über die örtliche Zuständigkeit für die gesonderte Feststellung nach § 60a AO für eine solche ausländische steuerbegünstigte Körperschaft. In der Literatur wurde das Bundeszentralamt für Steuern vorgeschlagen.[54] Solange es keine ausdrückliche Zuständigkeitsregelung gibt, muss man wohl auf § 20 Abs. 4 AO zurückgreifen.

Der Spendenabzug einer Direktspende in eine ausländische Einrichtung wird durch **21**
den 2009 angefügten § 51 Abs. 2 AO[55] wiederum erschwert, da für die Fälle, dass die steuerbegünstigten Zwecke im Ausland verwirklicht werden, **neue Anforderungen mit Inlandsbezug** geschaffen werden. Dieser dort normierte strukturelle Inlandsbezug ist europarechtlich gewagt, rechtspolitisch fragwürdig und mit erheblichen Auslegungsunschärfen verbunden.[56] Werden bspw. mit dieser Direktspende ins Ausland keine natürlichen Personen mit Wohnsitz oder gewöhnlichen Aufenthalt in Deutschland gefördert (1. alternative Voraussetzung des § 51 Abs. 2 AO sowie des § 10b Abs. 1 Satz 6 EStG), so müsste für einen Sonderausgabenabzug der Spende die Tätigkeit der spendenempfangenden Körperschaft neben der Verwirklichung der steuerbegünstigten Zwecke „auch zum Ansehen der Bundesrepublik Deutschland im Ausland beitragen" (2. alternative Voraussetzung des § 51 Abs. 2 AO sowie des § 10b Abs. 1 Satz 6 EStG). Dies ist ein sehr unbestimmter Begriff, der viel Kritik erfahren hat.[57] Eine Definition findet sich weder im Gesetz noch in der Gesetzesbegründung. Daher hat das FG Köln[58] jüngst entschieden, dass hierunter alle Aktivitäten fallen können, sofern bereits die Möglichkeit einer Ansehenssteigerung nicht evident ausgeschlossen werden könne. Die gegen diese weite Auslegung eingelegte Revision[59] bleibt abzuwarten. Letztendlich hat über die Erfüllung der gesetzlichen Abzugsvoraussetzungen durch den einzelnen Lebenssachverhalt der Veranlagungsbeamte im deutschen Finanzamt zu entscheiden.[60] Damit wird nicht nur eine etwaige Steuerbefreiung für eine ausländische gemeinnützige Körperschaft mit ihren beschränkt steuerpflichtigen Einkünften in Deutschland erschwert, sondern auch der Spendenabzug des deutschen Spenders hinsichtlich einer Direktspende an eine ausländische gemeinnützige Körperschaft. Folglich hat der deutsche Spendensammelverein auch insoweit an seiner Aktualität zurzeit noch nichts eingebüßt. Dies wird durch das Urteil des BFH vom 21.01.2015[61] zusätzlich untermauert; dort werden die Anforderungen an die Akzeptanz einer Zuwendung an eine ausländische gemeinnützige Stiftung als Sonderausgabe oder Spende näher aufgeführt . Insbesondere die Anforderung und die Nachweispflicht zu den normierten Voraussetzungen treffen den inländischen Spender und nicht die empfangende Institution. Dies sowie die hohen bürokratischen Hürden an die ausländische Institution[62] sprechen in vielen Fällen für die Zwischenschaltung eines Spendensammelvereins.

---

[52] So auch *Weiten/Feldner* ZErb 2013, 88, 89.
[53] BGBl. I 2013, 556 ff.
[54] *Hüttemann* DB 2012, 2592, 2594; ebenso kritisch *Weiter/Feldner* Zerb 2013, 88, 90.
[55] Vgl. JStG 2009 v. 19.12.2008, BGBl. 2008 I, 2794.
[56] So auch *Geserich* DStR 2009, 1173, 1176 f.
[57] Vgl. *Günther* ErbStB 2016, 170 f. mwN.
[58] FG Köln v. 20.1.2016 – 9 K 3177/14, ErbStB 2016, 170.
[59] Rev. anhängig, Az. BFH X R 5/16.
[60] So kritisch auch zurecht Tipke/Kruse/*Seer* AO § 51 Tz. 9 und Tz. 8 mwN.
[61] BFH v. 21.1.2015 – X R 7/13, BStBl. II 2015, 588 ff.
[62] Vgl. *Halaczinsky* ErbStB 2015, 156, 157.

21a Ein weiteres Argument zur Zwischenschaltung eines Spendensammelvereins liefert der geänderte § 13 Abs. 1 Nr. 16c ErbStG.[63] Danach kann nunmehr eine Steuerfreiheit von Zuwendungen an ausländische Religionsgemeinschaften, ausländische Körperschaften, Personenvereinigungen und Vermögensmassen, die nach ihrer Satzung, ihrem Stiftungsgeschäft oder sonstigen Verfassung und nach ihrer tatsächlichen Geschäftsführung ausschließlich und unmittelbar kirchlichen, gemeinnützigen oder mildtätigen Zwecken dienen und die körperschaftsteuerbefreit[64] wären, wenn sie inländische Einkünfte erzielen würden, nur dann gegeben sein, wenn die Belegenheitsstaaten Amtshilfe und Unterstützung bei der Beitreibung leisten. Diese neue Anforderung ersetzt das alte Erfordernis in Gestalt von Gegenseitigkeitserklärungen. Dies ist bei EU/EWR-Staaten aufgrund der entsprechenden Richtlinien unproblematisch, trifft jedoch auf Drittstaaten selten zu,[65] so dass in solchen Konstellationen die Zwischenschaltung eines Spendensammelvereins weiterhin anzuraten ist. Zudem ist bei einer Zweckförderung nur im Ausland wiederum der aus § 51 Abs. 2 AO und § 10b Abs. 1 Satz 6 EStG bekannte Inlandsbezug als Voraussetzung für die Befreiung von der Schenkungsteuer bzw. Erbschaftsteuer gefordert.

B. Einzelerläuterungen

I. Zum Protokoll der Gründungsversammlung

22 Zum Gründungsakt vgl. bereits die Ausführungen unter A. II. Vereinsrechtliche Aspekte. Es ist generell darauf zu achten, dass die beschlossene Satzung über die zwingenden Vorschriften hinaus auch die im Gesetz genannten Sollbestimmungen enthält, da der Rechtspfleger **bei fehlenden Sollvorschriften** den Verein **nicht** ins Vereinsregister **einträgt.**[66]

23 Um Korrekturen über eine **Gründungsfortsetzungsversammlung** und damit eine erneute Zusammenkunft aller Gründungsmitglieder in kurzer Zeit zu vermeiden, sollte peinlichst genau darauf geachtet werden, dass die Vorstandsmitglieder in der Gründungsversammlung genau der Anzahl und ihrer Position nach so gewählt und protokolliert werden, wie es auch in der Satzung bezeichnet ist.

24 Die vor der Gründungsversammlung dem Grunde nach konzipierte Satzung des Vereins sollte im Vorwege auch bereits mit dem Finanzamt, das implizit über eine vorläufige Freistellungsbescheinigung und einen späteren Freistellungsbescheid über den Status der Gemeinnützigkeit entscheidet, hinsichtlich der formellen gemeinnützigkeitsrechtlichen Anforderungen abgestimmt werden.

II. Zur Satzung

Zu § 1: Name, Sitz und Geschäftsjahr

25 In der **Namensfindung** ist der Verein grds. frei. Dennoch sollte auf eine Unterscheidbarkeit zu jedenfalls anderen Vereinen geachtet werden. Ferner sollte der Name nicht irreführend sein;[67] abgesehen davon, dass der Verein grundsätzlich den Begriff

---

[63] Geändert durch das Steueränderungsgesetz 2015 vom 2.11.2015, BGBl. I 2015, 1834 ff.

[64] Nach §§ 5 Abs. 1 Nr. 9 iVm. 5 Abs. 2 Satz 2 2. HS KStG, was insbesondere an den Regelungen in der Satzung und der tatsächlichen Geschäftsführung und Vermögensverwaltung festgemacht wird.

[65] Vgl. *Halaczinsky* ErbStB 2016, 58, 59 f.; *von Oertzen* IStR 2016, 443; aA zum Teil Troll/Gebel/Jülicher/*Jülicher* ErbStG § 13 Nr. 16c Rz. 23, der die in DBAs erklärten Gegenseitigkeitserklärungen als sog. treaty override erforderlich weiter geltend lassen will.

[66] Vgl. § 60 BGB.

[67] Analog § 18 HGB.

„Stiftung" vermeiden sollte, darf er diese Bezeichnung jedenfalls dann nicht führen, wenn er sich ausschließlich durch Mitgliedsbeiträge finanziert.[68] Der Namenszusatz „eingetragener Verein" bzw. „e. V." ist zwingend vom Verein zu führen;[69] hierdurch wird auch eine Rechtscheinshaftung der Handelnden vermieden.

Nach § 24 BGB gilt als Sitz des Vereins der Ort, an welchem die Verwaltung ge- 26
führt wird, soweit nicht ein anderer bestimmt ist. Die Wahl des Sitzes ist grundsätzlich frei. Eine Vereinstätigkeit muss dort noch nicht einmal stattfinden, jedoch muss der Verein an seinem Sitz postalisch erreichbar sein.

Für ein abweichendes Geschäftsjahr gibt es in der Regel bei einem Spendensam- 27
melverein kein Bedürfnis. Falls doch vom Kalenderjahr abgewichen werden soll, bedarf es einer Satzungsänderung, die für ihre steuerliche Anerkennung vor Beginn des neuen Geschäftsjahres eingetragen werden muss.

Zu § 2: Zweckbestimmung

Jeder Verein, der als gemeinnützig anerkannt werden will, sollte zwingend die aus- 28
gewählten **Satzungszwecke** an den Gesetzeswortlaut der im weiten Sinne gemeinnützigen Zwecke der §§ 51 ff. AO anlehnen. Aus gemeinnützigkeitsrechtlicher Sicht gehört zum Kern der Prüfung auch gerade die satzungsgemäße Beschreibung der Art und Weise der Verfolgung der Satzungszwecke. Daher sollte sorgfältig die **Satzungszweckverwirklichung** umschrieben werden, die hier in den Besonderheiten des Spendensammelvereins mit Verweis auf § 58 Nr. 1 AO bestehen.

In der Satzung sollte klargestellt werden, ob es sich um einen gemeinnützigen Ver- 29
ein handelt, der im klassischem Sinne selbst unmittelbar originär im ideellen Bereich tätig wird und nebenbei Mittel für andere steuerbegünstigte Körperschaften beschafft,[70] oder aber ob er ausschließlich als Spendensammelverein und damit als Mittelbeschaffungsorganisation tätig wird.[71]

Darüber hinaus ist zwingend anzuraten, insoweit den weiteren Wortlaut der von der 30
Finanzverwaltung entwickelten Mustersatzung für Vereine mit den aus steuerlichen Gründen notwendigen Bestimmungen zu übernehmen.[72] Gedankenreiche oder kreative neue Formulierungsvorschläge stoßen bei Finanzbeamten regelmäßig nicht auf Gegenliebe.

Es ist erforderlich, aber auch ausreichend, die **Beschaffung von Mitteln als Sat-** 31
zungszweck festzulegen und dabei auch einen steuerbegünstigten Zweck, für den Mittel beschafft werden sollen, in der Satzung anzugeben. Hingegen ist es nicht erforderlich, die Körperschaften, für die die Mittel beschafft werden sollen, in der Satzung aufzuführen. Auch ein Spendensammelverein kann eine zweckgebundene Rücklage iSd. § 62 Abs. 1 Nr. 1 AO bilden, soweit sie wegen Verzögerung bei der Umsetzung der von ihr finanzierten steuerbegünstigten Maßnahme dazu gezwungen ist und die Mittel für bestimmte – die steuerbegünstigten Satzungszwecke verwirklichenden – Vorhaben angesammelt werden, für deren Durchführung bereits konkrete Zeitvorstellungen bestehen bzw. dies glaubhaft und möglich gemacht werden kann.[73] Werden Mittel – wie hier – für nicht unbeschränkt steuerpflichtige Körperschaften beschafft, muss die Verwendung der Mittel für die steuerbegünstigten Zwecke ausreichend nachgewiesen werden.[74]

Dabei ist die Regelung in § 2 Abs. 7 der Satzung eine Kernbestimmung aus Sicht 32
des Finanzamtes. Die mittelbar von dem ausländischen Empfänger eingeforderten Ver-

[68] Vgl. OLG Köln v. 2.10.1996 – 2 Wx 31/96, NJW-RR 1997, 1531, 1532.
[69] Vgl. BayObLG v. 26.5.1987 – AR 3 Z 42/87, BayObLGZ 1987, 161, 171.
[70] Näher dazu Schauhoff/*Schauhoff* Handbuch der Gemeinnützigkeit, § 9 Rz. 53 ff. mwN.
[71] Formulierungsvorschläge auch in Verfügung der OFD Kiel v. 19.6.1998, DB 1998, 1492.
[72] Vgl. Anlage 1 zu § 60 AO.
[73] Vgl. Tz. 4 zu § 62 Abs. 1 Nr. 1 AEAO
[74] Vgl. AEAO zu § 58 Nr. 1.

pflichtungen dienen der Überprüfung der vom deutschen Spendensammelverein nur mittelbar beeinflussbaren materiellen Satzungsmäßigkeit, nämlich, dass die beschafften Mittel auch tatsächlich bestimmungs- und satzungsgemäß im Ausland verwendet worden sind.

33 Typischerweise wird das Finanzamt verlangen, dass die Mittelverwendung **im Ausland durch geeignete Unterlagen** nachgewiesen wird. Dazu gehört etwa:
- im Zusammenhang mit der Mittelverwendung abgeschlossene Verträge und erteilte Rechnungen;
- Belege über den Abfluss der Mittel in das Ausland und Bestätigungen der Empfänger über den Erhalt der Mittel;
- ausführliche Tätigkeitsbeschreibungen über die im Ausland entfalteten Tätigkeiten;
- Material über die durchgeführten Projekte, etwa Fotos, Prospekte, Presseveröffentlichungen; bei großen oder andauernden Projekten auch das Gutachten eines Wirtschaftsprüfers oder die Bestätigung einer deutschen Auslandsvertretung über deren Durchführung;
- Zuwendungsbescheinigungen ausländischer Behörden, wenn die Maßnahmen dort etwa durch staatliche Zuschüsse gefördert werden.

Zu § 3: Mitgliedschaft

34 Bei einem Spendensammelverein sind die in der Satzung zu verankernden Anforderungen an den Erwerb der Mitgliedschaft grundsätzlich gering, so dass es regelmäßig keine Eintrittsschranken gibt. Eine Satzungsbestimmung – auch wenn sie weit gefasst ist – über die Anforderungen an den Eintritt ist jedenfalls zu installieren.[75]

35 Empfehlenswert ist grundsätzlich eine Satzungsbestimmung, die abgestufte **Kategorien von Mitgliedschaften** benennt. Gerade beitragsbefreite Ehrenmitglieder können für einen Spendensammelverein sehr hilfreich sein, soweit sie Spendenmittel akquirieren.

Zu § 4: Rechte und Pflichten der Mitglieder

36 Die Bestimmung über die Rechte und Pflichten der Mitglieder kann bei einem Spendensammelverein in der Regel recht kurz gehalten werden, da es hierbei vorrangig um das Einsammeln von Spenden geht und daher Mitgliederversammlungen in der Regel wenig spektakulär sind.

Zu § 5: Beginn/Ende der Mitgliedschaft

37 Bei einem Spendensammelverein bietet es sich nicht an, das oberste Organ in Gestalt der Mitgliederversammlung über den Eintritt und Beginn einer Mitgliedschaft entscheiden zu lassen. Vielmehr empfiehlt es sich, in der Satzung zu regeln, dass der Vorstand diese Aufgaben übernimmt. Insbesondere auch über einen sofortigen Ausschluss sollte der Vorstand entscheiden können, da das Ansehen und die Außenwirkung für einen Spendensammelverein besondere Bedeutung hat und somit ein **rascher Handlungsbedarf** gegenüber Mitgliedern besteht, die einen Ausschlussgrund bieten.

Zu § 6: Mitgliedsbeiträge

38 Die Mitgliedsbeiträge sind von den Spendenmitteln zu unterscheiden und spielen eine untergeordnete Rolle. Hier kann auf eine schlanke Beitragsordnung verwiesen werden. Im Vordergrund stehen vielmehr die einzusammelnden und weiterzuleitenden Spenden, Beiträge und Umlagen. Sollen auch Mitgliedsbeiträge beim Zuwenden-

[75] § 58 Nr. 1 BGB iVm. § 60 BGB.

den steuerlich abziehbar sein, müssen diese bei Weitergabe an eine andere Körperschaft für einen Zweck verwendet werden, der zum Abzug von Mitgliedsbeiträgen berechtigt.[76]

Zu § 7: Organe des Vereins

Bei einem Spendensammelverein ist es idR ausreichend, das Minimum an Organen satzungsgemäß zu installieren. Eines Beirates mit optional geringer (beratend) bis großer (weisungsbefugt) Kompetenzzuweisung bedarf es neben der Mitgliederversammlung und dem Vorstand idR erst ab einem Volumen von jährlich eingesammelten Spenden, das in der Öffentlichkeit Interesse weckt. 39

Zu § 8: Mitgliederversammlung

Als oberstes Organ hat die Mitgliederversammlung über die Angelegenheiten des Vereins durch Beschlussfassung – in der Regel in einer Versammlung[77] – zu entscheiden, soweit diese nicht vom Vorstand oder einem hier nicht vorgesehenen dritten Vereinsorgan zu besorgen sind. Dabei handelt es sich regelmäßig um die **grundlegenden Angelegenheiten des Vereins.** Dazu gehört auch die Wahl der Kassenprüfer, die gerade bei einem Spendensammelverein von besonderer Bedeutung sind. 40

Hier ist regelmäßig einmal im Jahr eine (ordentliche) Mitgliederversammlung vorgesehen. Das Gesetz sieht in § 32 Abs. 1 Satz 2 BGB vor, dass zur Gültigkeit eines Beschlusses der **Mitgliederversammlung** erforderlich ist, den Gegenstand des Beschlusses bei der Berufung zu bezeichnen. Hier regelt die Satzung die Bekanntgabe der vorläufigen Tagesordnung mit den Mindestinhalten im Zuge der schriftlichen Einladung 14 Tage vor der Einberufung der Mitgliederversammlung. Eine konkrete Einberufungsfrist in der Satzung ist dringend zu empfehlen, da andernfalls fraglich ist, ob dem Rechtsprechungserfordernis „genügend Zeit für sachgerechte Vorbereitung (zu) haben", und zwar jedes einzelne Mitglied, Genüge getan worden ist.[78] Um der Praxisgerecht zu werden, sieht § 8 Abs. 5 der Satzung die Möglichkeit sog. Dringlichkeitsanträge vor. 41

Die Einberufung einer unverzüglichen außerordentlichen Mitgliederversammlung ist hier in der Sicherheitsvariante geregelt. Vorliegend kann bereits eine Minderheit von 10 vH der stimmberechtigten Vereinsmitglieder grds. eine solche Mitgliederversammlung in Anlehnung an § 37 Abs. 1 BGB erzwingen, auch wenn z. B. eine satzungsgemäße Heraufsetzung der Mindestanzahl der fordernden Vereinsmitglieder möglich sein sollte. Dies dürfte aber keine größere Praxiseinschränkung für einen Spendensammelverein sein, da hier der Schwerpunkt der Arbeit eher im praktischen Tagesgeschäft liegt. 42

Die **Leitung** der Mitgliederversammlung organisiert die Mitgliederversammlung dem Grunde nach aus sich selbst heraus. Eine gesetzliche Vorschrift fehlt. Zwecks Klarheit sollte dies somit in der Satzung geregelt werden. 43

§ 58 Nr. 4 BGB sieht u. a. die „Beurkundung" der Beschlüsse vor. Damit ist die schlichte **Protokollierung** gemeint. Mindeststandards hierüber sind in § 8 Abs. 8 der Satzung geregelt. Dabei sollte darauf geachtet werden, dass das Protokoll nur von Personen zu unterzeichnen ist, die auch an der Versammlung teilgenommen haben. Ein abstrakter Verweis auf ein bestimmtes Amt kann dazu führen, dass eine Person zu unterzeichnen hat, die ggf. nicht an der Versammlung teilgenommen hat. 44

---

[76] OFD Frankfurt v. 19.8.2013, DStR 2013, 2278, 2279 Tz. 2.1.
[77] Vgl. aber § 32 Abs. 2 BGB.
[78] Vgl. BGH v. 17.11.1986 – II ZR 304/85, BGHZ 99, 119.

Zu § 9: Stimmrecht/Beschlussfähigkeit

45 Die Beschlussfassung ist der dispositiven[79] Regelung in § 32 Abs. 1 Satz 3 BGB angelehnt, in dem grds. die einfache Mehrheit der abgegebenen Stimmen zur Beschlussfassung ausreichend ist. Ebenso ist die **Beschlussfassung** über Satzungsänderungen und zur Auflösung des Vereins den dispositiven gesetzlichen Regelungen angelehnt.[80] Eine Unterscheidung zwischen Satzungsänderungen und der Änderung des Zwecks des Vereins ist in § 9 Abs. 5 der Satzung nicht vorgesehen, könnte sich aber im Einzelfall anbieten, soweit man die Funktion als Spendensammelverein möglichst verewigen möchte.

Zu § 10: Vorstand[81]

46 Nach § 58 Nr. 3 BGB soll sich die Satzung über die Bildung des Vorstandes äußern. Hier sind konkret die Positionen und damit auch die **Anzahl der Vorstandsmitglieder** benannt. Es kann aber auch lediglich eine Mindest- bzw. Höchstzahl der Vorstandsmitglieder festgelegt werden. Der Vorstand iSd. § 26 BGB vertritt den Verein gerichtlich und außergerichtlich in der Stellung eines gesetzlichen Vertreters. Zur Vertretung gibt es keine zwingende gesetzliche Bestimmung.[82] Es sind alle denkbaren Varianten an **Vertretungsregelungen** möglich, soweit einzelne Vorstandsmitglieder nicht vollständig von der Vertretung des Vereins ausgeschlossen werden. Die Satzung sollte eine konkrete Vertretungsregelung vorsehen.

47 Bei dem Vorstand des Vereins kann es sich auch um einen Fremdvorstand handeln, also um Personen, die nicht zugleich Mitglieder des Vereins sind. In der Satzung kann jedoch bestimmt werden, dass der Vorstand zugleich Vereinsmitglied sein muss und ggf. weitere Anforderungen zu erfüllen hat. Bei einem Spendensammelverein besteht in der Regel kein Zusammenhang zwischen Vorstandsbesetzung und Mitgliedschaft. Durch die hier geregelte unbegrenzte Wiederwahl sind zumindest satzungsgemäß einer Kontinuität keine Grenzen gesetzt. Eine grds. sinnvolle unterschiedliche Amtszeit der einzelnen Vorstandsmitglieder ist für einen Spendensammelverein nicht typisch und hier auch nicht vorgesehen.

48 Die Besonderheit bei einem Verein besteht im Hinblick auf die Vertretung darin, dass der Umfang der **Vertretungsmacht** durch die Satzung mit Wirkung gegen Dritte **beschränkt werden kann.**[83] Diese Beschränkung muss dann in das Vereinsregister eingetragen sein.[84]

49 Hauptaufgabe des Vorstandes ist die Verwirklichung der Satzungszwecke unter Berücksichtigung der satzungsgemäßen und (vor allem gemeinnützigkeits-)rechtlichen Bestimmungen. Der Vorstand hat dabei strikt auf die **Einhaltung der formellen und materiellen Satzungsmäßigkeit** zu achten, also im Rahmen der tatsächlichen Geschäftsführung die Grenzen der Satzung einzuhalten. In diesem Zusammenhang ist auch insbesondere auf die Haftung für entgangene Steuer bei Ausstellung falscher Spendenbescheinigungen nach § 10b Abs. 4 EStG hinzuweisen.[85]

---

[79] Vgl. dazu § 40 BGB.

[80] Vgl. § 33 Abs. 1 Satz 1 iVm. § 40 BGB sowie § 41 BGB.

[81] Der Vollständigkeit halber ist auf das „Gesetz zur Begrenzung der Haftung von ehrenamtlich tätigen Vereinsvorständen" v. 28.9.2009, BGBl. I 2009, 3161 ff. hinzuweisen; näher zum neuen § 31a BGB vgl. *Reuter* NZG 2009, 1368, 1369; steuerlich ist § 3 Nr. 26a EStG zu beachten und dazu BMF v. 21.11.2014, BStBl. I 2014, 1581, wobei hier keine Zahlungen vorgesehen sind.

[82] Vgl. dazu BGH v. 19.9.1977 – II ZB 9/76, NJW 1977, 2310, 2311; § 26 Abs. 2 Satz 1 iVm. § 40 Satz 1 BGB.

[83] Vgl. § 26 Abs. 1 Satz 3 BGB.

[84] Vgl. § 70 iVm. §§ 68, 64 BGB.

[85] Näher dazu Schmidt/*Heinicke* EStG § 10b Rz. 58 mwN.

Zu § 11: Kassenprüfer

Den Kassenprüfern kommt im Rahmen eines Spendensammelvereins eine besondere Bedeutung zu. Daher sind sie direkt von der Mitgliederversammlung zu wählen und unterliegen unmittelbar der Unterrichtungspflicht gegenüber der Mitgliederversammlung. 50

Zu § 12: Auflösung des Vereins

Die Satzung in § 9 Abs. 5 sieht vor, dass mit qualifizierter Mehrheit die Mitgliederversammlung die Auflösung des Vereins beschließen kann. Es können aber auch alle Mitglieder mit schriftlicher Zustimmung einen Auflösungsbeschluss ohne Mitgliederversammlung fassen.[86] 51

Nach § 48 BGB erfolgt die **Liquidation** durch den Vorstand. Hiervon kann durch die Satzung abgewichen werden. Nach § 74 BGB ist die Auflösung des Vereins in das Vereinsregister einzutragen. 52

Zwingend in der Satzung zu installieren und auch in der Praxis zu beachten ist eine Bestimmung, dass bei Auflösung oder Aufhebung des Vereins oder bei Wegfall der steuerbegünstigten Zwecke das Vermögen an eine konkret zu benennende steuerbegünstigte Körperschaft mit der Maßgabe, dieses dort für die Satzungszwecke zu verwenden, fällt. Die Einhaltung dieses Vermögensbindungsgrundsatzes für gemeinnützige Zwecke ist deshalb so entscheidend, weil § 61 Abs. 3 AO vorsieht, dass bei einem Verstoß gegen diesen **Vermögensbindungsgrundsatz** der Status der Gemeinnützigkeit und damit die Steuervergünstigungen nach den Einzelsteuergesetzen mit Wirkung für die Vergangenheit, also nachträglich, wegfallen. Dies kann folglich zu Steuernachzahlungen für die letzten 10 Jahre nebst 6 vH Vollverzinsung und damit zu einem immensen Schaden führen. 53

III. Zur Anmeldung[87]

Die vom Vorstand vorzunehmende **Erstanmeldung** des Vereins zum Vereinsregister kann durch Einreichen der Erklärung in Urschrift oder in öffentlich beglaubigter Abschrift erfolgen.[88] Die örtliche Zuständigkeit des Gerichts richtet sich nach dem Sitz des Vereins.[89] Die Anmeldung hat die nach § 64 BGB in das Vereinsregister einzutragenden Angaben zu enthalten. Beizufügen sind die Satzung in Abschrift[90] sowie eine Abschrift der Urkunden über die Bestellung des Vorstandes, letztlich also das Gründungsprotokoll.[91] 54

Die Satzung ist von mindestens sieben Mitgliedern zu unterzeichnen.[92] Seit der Vereinsrechtsreform 2009[93] und der damit verbundenen Änderung des § 77 BGB sollte unstreitig sein, dass auch bereits die Erstanmeldung des Vereins bei einem mehrgliedrigen Vorstand durch Mitglieder des Vorstandes in vertretungsberechtigter Zahl mittels öffentlich beglaubigter Erklärung ausreichend ist.[94] Dies gilt erst recht bei später zum Vereinsregister anzumeldenden **Änderungen;** ausreichend und erforderlich ist also die 55

---

[86] § 32 Abs. 2 BGB.

[87] Das BGB-Registerrecht (§§ 55 ff. BGB) ist durch das „Gesetz zur Erleichterung elektronischer Anmeldung zum Vereinsregister und anderer vereinsrechtlicher Änderungen" vom 24. 9. 2009, BGBl. I 2009, 3145 ff. geändert worden, um vorrangig elektronische Anmeldungen zum Vereinsregister zu erleichtern; zum Ganzen *Reuter* NZG 2009, 1368, 1372 f.

[88] § 77 Satz 2 BGB.

[89] § 55 BGB.

[90] Nicht mehr in Urschrift, um die elektronische Anmeldung zu ermöglichen.

[91] § 59 Abs. 2 BGB.

[92] § 59 Abs. 3 BGB.

[93] Vgl. Gesetz zur Erleichterung elektronischer Anmeldungen zum Vereinsregister und anderer vereinsrechtlicher Änderungen vom 24.9.2009, BGBl. I 2009, 3145 ff.

[94] So auch MüKoBGB/*Arnold* BGB § 77 Rn. 1.

öffentlich beglaubigte **Anmeldung** durch den Vorstand **in vertretungsberechtigter Zahl.**

56 Sobald der Verein in das Vereinsregister eingetragen worden ist, sind Kopien der Satzung mit dem Eintragungsvermerk (Stempel) des Amtsgerichts sowie des betreffenden Auszugs aus dem Vereinsregister dem zuständigen Finanzamt einzureichen.

C. 3.10 Familienstiftung

Gliederung

Stiftungsgeschäft zu Lebzeiten[Rz. 64–70]

C. 3.10

(1) Hiermit errichte ich, Herr [...] – nachfolgend als Stifter bezeichnet –, die [...] Stiftung als Familienstiftung im Sinne des § 17 Bremisches Stiftungsgesetz mit Sitz in Bremen. Die Stiftung soll folgende Zwecke verfolgen:

(a) die finanzielle Unterstützung des Stifters sowie seiner Abkömmlinge und der durch seine Abkömmlinge mit ihm fortlaufend in gerader absteigender Linie verwandten Abkömmlinge, also Enkel, Urenkel usw., folglich aller hier abschließend aufgeführten Begünstigten (Destinatäre). Zu den jeweiligen Abkömmlingen gehören auch nichteheliche und adoptierte Abkömmlinge;

(b) die Förderung der schulischen und universitären Ausbildung der durch seine Abkömmlinge mit dem Stifter in gerader absteigender Linie verwandten – einschließlich nichtehelicher und adoptierter – Abkömmlinge im In- und Ausland sowie die Förderung der beruflichen Existenzgründungen dieses Personenkreises;

(c) die Organisation und Umsetzung eines jährlichen Familientages sowie die Unterhaltung und Pflege der Grabstätten der Destinatäre in angemessenem Umfang;

(d) die Erhaltung des von dem Stifter gewidmeten Vermögens für einen möglichst langen Zeitraum zum Wohle der vorstehend genannten Destinatäre.

(2) Zur Erfüllung dieser Zwecke wird die Stiftung vom Stifter mit folgenden Vermögensgegenständen erstausgestattet:

(a) Die Stiftung erhält das Wertpapierdepot mit der Nummer [...] bei dem Bankhaus [...] mit dem Wertpapierbestand gemäß beigefügter Depotaufstellung;

(b) einen Betrag in bar in Höhe von € [...],–.

(3) Ferner habe ich mit notariellem Testament (UR-Nr. [...] des Notars [...] in [...]) vom [*Datum*] letztwillig verfügt, dass diese Familienstiftung meine Alleinerbin wird. Mir ist bewusst, dass, wenn ich die hiermit – also mit diesem Stiftungsgeschäft – und mit meinem vorstehend genannten öffentlichen Testament heute verbindlich festgelegte Willensentschließung über die – lebzeitige und von Todes wegen erfolgte – Gesamtausstattung der Familienstiftung wider Erwarten ändern sollte, das Steuerklassenprivileg (hier Besteuerung in Steuerklasse I) für den Erwerb von Todes wegen verloren gehen würde.

(4) Organe der Stiftung sind:

(a) Der Familienrat sowie

(b) der Vorstand.

Zum ersten Familienrat wird bestellt:
Herr [*Stifter*] als Vorsitzender,
Herr [...] als Stellvertreter.
Zum ersten Vorstand wird bestellt:
Frau [...].

(5) Nähere Einzelheiten sind in der beigefügten Stiftungssatzung geregelt, die Bestandteil dieses Stiftungsgeschäftes ist. Die vorstehend genannten Personen haben sich schriftlich bereit erklärt, das Amt zu übernehmen.

(6) Eine Schenkungsteuer auf diese Zuwendungen trägt die Familienstiftung als Beschenkte.

Bremen, den [...]

..
(Unterschrift des Stifters)

Satzung

der
[...] Familienstiftung

§ 1 Name, Rechtsform, Sitz[Rz. 71, 72]

(1) Der Name der Stiftung lautet[Rz. 71]
[...] Familienstiftung.

(2) Die [...] Familienstiftung ist eine selbstständige (rechtsfähige) Stiftung des bürgerlichen Rechts. Sie ist eine Familienstiftung im Sinne des § 17 Bremisches Stiftungsgesetz.

(3) Sie hat ihren Sitz in Bremen.[Rz. 72]

§ 2 Stiftungszweck und Zweckverfolgung[Rz. 73–75]

(1) Zweck der Stiftung ist[Rz. 73]

(a) die finanzielle Unterstützung des Stifters sowie seiner Abkömmlinge und der durch seine Abkömmlinge mit ihm fortlaufend in gerader absteigender Linie verwandten Abkömmlinge, also Enkel, Urenkel usw., folglich aller hier abschließend aufgeführten Begünstigten (Destinatäre). Zu den jeweiligen Abkömmlingen gehören auch nichteheliche und adoptierte Abkömmlinge;

(b) die Förderung der schulischen und universitären Ausbildung der durch seine Abkömmlinge mit dem Stifter in gerader absteigender Linie verwandten – einschließlich nichtehelicher und adoptierter – Abkömmlinge im In- und Ausland sowie die Förderung der beruflichen Existenzgründungen dieses Personenkreises;

(c) die Organisation und Umsetzung eines jährlichen Familientages sowie die Unterhaltung und Pflege der Grabstätten der Destinatäre in angemessenem Umfang;

(d) die Erhaltung des von dem Stifter gewidmeten Vermögens für einen möglichst langen Zeitraum zum Wohle der vorstehend genannten Destinatäre.

(2) Die Satzungszwecke iSd. Abs. 1 werden insbesondere verfolgt durch

(a) materielle und administrative Unterstützung im Rahmen der Betreuung und Erziehung, im Kindergarten, in der Schule, bei der Berufsausbildung, im Studium und bei der beruflichen Existenzgründung der in Abs. 1 genannten Destinatäre;

(b) großzügige Unterstützung und Versorgung aller Destinatäre entsprechend ihrer Anlagen und Neigungen und auskömmliche Absicherung des Lebensunterhalts und des Lebensabends der Destinatäre, soweit dies vom jeweiligen Satzungszweck gedeckt ist.

(3) Ein Rechtsanspruch auf Leistungen der Stiftung besteht in keinem Falle. Ein solcher Anspruch wird weder durch die Satzung noch durch eine Leistungsgewährung begründet. Hierüber entscheiden allein die zuständigen Organe. Auf eine Gleichbehandlung kann sich bei Bewilligung bzw. Versagung von Leistungen niemand berufen.[Rz. 74]

(4) Der Stifter, seine Abkömmlinge und die durch seine Abkömmlinge mit ihm fortlaufend in gerader absteigender Linie verwandten Abkömmlinge sind in jedem Falle zu mehr als der Hälfte bezugs- und anfallsberechtigt.

(5) Für die Bezugsberechtigung der Destinatäre zu mehr als der Hälfte iSd. Abs. 4 kommt es allein auf die Ausschüttungen der Stiftung an.[Rz. 75]

§ 3 Stiftungsvermögen, Verwendung der Erträge, Geschäftsjahr[Rz. 76–78]

(1) Das Vermögen der Stiftung besteht zunächst aus den im Stiftungsgeschäft genannten Vermögenswerten (Grundstockvermögen). Dabei handelt es sich um das Wertpapierdepot mit der Nummer [...] bei dem Bankhaus [...] sowie um einen Betrag in bar in Höhe von € [...],–.

(2) Im Interesse des langfristigen Bestandes der Stiftung ist das Grundstockvermögen ungeschmälert in seinem Wert zu erhalten. Handlungsbedarf bei Kursschwankungen besteht regelmäßig nur dann, wenn eine dauerhafte und wesentliche Reduzierung des Grundstockvermögens droht. Vermögensumschichtungen sind zulässig.[Rz. 78]

(3) Die der Stiftung tatsächlich zufließenden, liquiden Mittel – also nicht das steuerliche Ergebnis der Stiftung – sind grundsätzlich unter Berücksichtigung der hier vorgegebenen Richtlinien nach Maßgabe von § 2 Abs. 2 zur Erfüllung der Satzungszwecke iSd. § 2 Abs. 1 zu verwenden. Nicht hierzu gehören also bspw. in einer etwaigen Tochter-Kapitalgesellschaft thesaurierte Gewinne. Etwaige laufende Belastungen und gesetzliche Abgaben sind aus den zugeflossenen Mitteln vorab zu decken.

(4) Die Verwaltungskosten der Stiftung, zu denen auch Personalkosten zählen, sind aus den zugeflossenen Mitteln vorab zu decken und sollten einen marktüblichen, angemessenen Rahmen nicht übersteigen. Einnahmen aus Grundbesitz sind vorrangig zur Deckung der Betriebskosten zu verwenden, Überschüsse wachsen den satzungskonform zu verwendenden Mitteln zu.

(5) Zu den – für die Satzungszwecke einzusetzenden – tatsächlich zufließenden, liquiden Mitteln (zu verwendende liquide Netto-Mittel) gehören neben den laufenden Erträgen – soweit sie zufließen – auch weitere Zuwendungen an die Stiftung, soweit sie nicht ausdrücklich als Zustiftung dem Grundstockvermögen zuzuführen sind. Hingegen sind realisierte Umschichtungsgewinne grundsätzlich zur Stärkung der Ertragskraft dem Grundstockvermögen zuzuführen, es sei denn, der Familienrat beschließt einstimmig insoweit über eine Satzungszweckverwirklichung. Letzteres ist nicht zulässig, soweit ein realisierter Umschichtungsgewinn zum Erhalt des Grundstockvermögens erforderlich ist.[Rz. 78]

(6) Die Stiftung darf in zulässiger Weise aus den grds. zu verwendenden liquiden Netto-Mitteln freie Rücklagen in Höhe von bis zu einem Fünftel der gesamten grds. zu verwendenden liquiden Netto-Mittel eines Geschäftsjahres p.a. bilden. Diese jährliche Höchstgrenze für neu zu bildende freie Rücklagen kann der Familienrat nur über einen Satzungsänderungsbeschluss verändern. Soweit freie Rücklagen (auf Ebene der Familienstiftung nicht zweckgebundene, thesaurierte

Mittel) gebildet worden sind, sind sie bei Auflösung satzungskonform für die Zweckverwirklichung nach Maßgabe des Abs. 7 zu verwenden. Zweckgebundene Rücklagen sind bei Auflösung dem Satzungszweck zuzuführen, für den sie gebildet worden sind, allerdings unter Anrechnung auf die Quote iSd. Abs. 7.[Rz. 78]

(7) Die unter Berücksichtigung der vorstehenden Absätze jährlich zu verwendenden liquiden Netto-Mittel sind wie folgt satzungskonform zu verwenden:[Rz. 76, 77]
   (a) 25 vH zur Zuführung zum Grundstockvermögen zwecks Stärkung der Ertragskraft,
   (b) 75 vH als Zuwendung an die in § 2 Abs. 1 genannten Destinatäre, und zwar untereinander grundsätzlich bedarfsorientiert verteilt, möglichst aber innerhalb einer Generation zu gleichen Teilen, unabhängig davon, ob auf Dauer ein wesentliches Familieninteresse besteht. Es sollen dabei jedoch diejenigen Destinatäre bevorzugt werden, die durch ein Beschäftigungsverhältnis oder eine selbstständige Tätigkeit ein eigenes Einkommen generieren, oder aber ohne Fremdunterstützung eine entsprechende Arbeitsleistung in Gestalt von Kinderbetreuung erbringen.

(8) Das Geschäftsjahr der Stiftung ist das Kalenderjahr. Das erste Geschäftsjahr beginnt mit der Anerkennung und endet am 31.12. desselben Jahres.

§ 4 Stiftungsorgane, gemeinsame Vorschriften[Rz. 79]

(1) Organe der Stiftung sind der Familienrat und der Vorstand.

(2) Die Mitgliedschaft in einem Stiftungsorgan schließt die Mitgliedschaft in einem anderen Organ dieser Familienstiftung aus.

(3) Ein Stiftungsorgan ist grundsätzlich beschlussfähig, wenn mindestens $^2/_3$ seiner Mitglieder einschließlich des jeweiligen Vorsitzenden anwesend sind. Beschlüsse werden mit der einfachen Mehrheit der abgegebenen Stimmen gefasst, soweit die Satzung nichts anderes bestimmt. Bei Stimmengleichheit entscheidet die Stimme des Vorsitzenden.

(4) Zu Sitzungen des jeweiligen Stiftungsorgans wird mit einer Frist von vier Wochen durch den Vorsitzenden unter Mitteilung der Tagesordnung schriftlich eingeladen. Die Ladungsfrist kann aus wichtigem Grund abgekürzt werden.

(5) Beschlüsse im schriftlichen Umlaufverfahren oder mit kürzeren Ladungsfristen dürfen gefasst werden, sofern alle Mitglieder des jeweiligen Organs einverstanden sind. Schriftliche Übermittlung per Telefax ist zulässig.

(6) Über die Sitzungen der Stiftungsorgane sind Protokolle zu fertigen, die vom Protokollführer und vom jeweiligen Vorsitzenden zu unterzeichnen sind.

(7) Die Organe sollen sich jeweils eine Geschäftsordnung geben. Eine Änderung der Vergütungsregelungen in der Geschäftsordnung des Vorstandes bedarf der Zustimmung des Familienrates.

(8) Die Mitglieder der Stiftungsorgane haften nur für Vorsatz und grobe Fahrlässigkeit.

(9) Den Mitgliedern der Stiftungsorgane soll eine angemessene Vergütung gewährt werden. Über die Vergütung der Vorstandsmitglieder entscheidet der Familienrat. Wird dem Vorstand eine Vergütung gewährt, so soll die Vergütung des einzelnen Vorstandsmitglieds größer als die Vergütung des einzelnen Familienratsmitglieds sein.

§ 5 Familienrat[Rz. 80–84]

(1) Der Familienrat soll höchstens sechs Mitglieder umfassen.[Rz. 83] Der Stifter gehört ihm auf Lebenszeit als Vorsitzender an.[Rz. 80, 81] Die weiteren Mitglieder werden im ersten Familienrat für die Dauer von drei Jahren von dem Stifter bestellt, danach werden sie von den verbleibenden Familienratsmitgliedern jeweils für drei Jahre

per Beschluss kooptiert.[Rz. 82] Wiederwahl ist zulässig. Die Mitgliedschaft der gewählten Mitglieder endet mit Erreichen des 70. Lebensjahres. Nachfolger werden für eine volle Amtszeit gewählt.

(2) Der Familienrat wählt aus seiner Mitte einen Vorsitzenden und einen stellvertretenden Vorsitzenden. Die Amtszeit des stellvertretenden Vorsitzenden im erstmals bestellten Familienrat beträgt vier Jahre.

(3) Der Familienrat soll mindestens einmal im Jahr zusammentreten. Beschlüsse werden mit einfacher Mehrheit gefasst. Bei Stimmengleichheit entscheidet die Stimme des Vorsitzenden. Der Familienrat ist beschlussfähig, wenn mehr als $^2/_3$ seiner satzungsmäßigen Mitglieder anwesend sind. Die Einberufung seiner Sitzung erfolgt durch den Vorsitzenden. Über die Sitzung ist eine Niederschrift zu fertigen, die vom Vorsitzenden und vom Protokollführer zu unterzeichnen ist.

(4) Die Mitglieder des Familienrats haben Anspruch auf Ersatz der ihnen entstehenden angemessenen Aufwendungen und Auslagen. Die Mitglieder des Familienrates erhalten zudem ein am Zeit- und Arbeitsaufwand orientiertes Sitzungsgeld in Höhe von höchstens € 500,– pro Sitzung. Das Sitzungsgeld eines jeden Mitglieds des Familienrats soll € 2000,– im Jahr nicht überschreiten. Diese Beträge sind wertgesichert. Sie verändern sich nach oben und nach unten im gleichen prozentualen Verhältnis wie sich der vom Statistischen Bundesamt jährlich festgelegte Preisindex für die Lebenshaltungskosten aller privaten Haushalte der Bundesrepublik Deutschland nach oben oder nach unten vom Tage der Anerkennung der Stiftung bis zum jeweiligen Ende eines Jahres verändert.[Rz. 84]

§ 6 Vorstand[Rz. 85–87]

(1) Der Vorstand besteht aus höchstens zwei Personen, bei einem zweiköpfigen Vorstand aus dem Vorsitzenden und dessen Stellvertreter. Der erste Vorstand wird von dem Stifter bestellt. Danach werden seine Mitglieder vom Familienrat gewählt. Ein Mitglied des Familienrates kann nicht zugleich Mitglied des Vorstandes sein.[Rz. 85] Der Vorstand darf, sollte aber nicht aus dem Kreis der Destinatäre bestellt werden.

(2) Die Mitglieder des Vorstandes werden auf 5 Jahre bestellt. Wiederbestellung ist zulässig. Sie können vom Familienrat jederzeit aus wichtigem Grund abberufen werden. Ein wichtiger Grund liegt in Anlehnung an § 133 Abs. 2 HGB insbesondere vor, wenn ein Vorstandsmitglied eine ihm nach der Satzung oder Beschluss des Familienrates obliegende wesentliche Verpflichtung vorsätzlich oder aus grober Fahrlässigkeit verletzt.

(3) Sollte ein Vorstandsmitglied nach Ansicht eines oder mehrerer Familienratsmitglieder seine Pflichten grob verletzen oder zur ordnungsgemäßen Geschäftsführung unfähig sein, so kann jedes Familienratsmitglied dies der zuständigen Landesstiftungsaufsichtsbehörde (vgl. § 12 dieser Satzung) mit schriftlicher Begründung und Nachweisen anzeigen, die wiederum Maßnahmen iSd. § 13 Abs. 3 des Bremischen Stiftungsgesetzes verlangen könnte, damit die Stiftung handlungsfähig bleibt.[Rz. 86, 87]

§ 7 Aufgaben des Familienrates[Rz. 88]

Die Aufgaben des Familienrates sind

(a) Koordination der Interessen der Destinatäre mit dem in der Stiftungsurkunde und Satzung niedergelegten Stifterwillen;

(b) Beschlussfassung über die Vergabe von Zuwendungen unter Berücksichtigung der satzungsgemäßen Vorgaben;

(c) Beschlussfassung über die Bildung bzw. Auflösung von Rücklagen unter Berücksichtigung der satzungsgemäßen Vorgaben;

(d) Genehmigung des vom Vorstand zu erstellenden jährlichen Wirtschaftsplanes;
(e) Feststellung des Jahresabschlusses;
(f) Entlastung des Vorstandes;
(g) Beschluss einer eigenen Geschäftsordnung des Familienrats.

§ 8 Aufgaben des Vorstandes[Rz. 89]

(1) Der Vorstand vertritt die Stiftung gerichtlich und außergerichtlich. Er hat die Stellung eines gesetzlichen Vertreters und handelt durch seinen Vorsitzenden oder den Stellvertreter, jeweils mit Einzelvertretungsberechtigung.
(2) Der Vorstand hat insbesondere folgende Aufgaben:
(a) Verwaltung des Stiftungsvermögens;
(b) Ausführung der Beschlüsse des Familienrates;
(c) Führung des Familienbuches mit den bezugs- bzw. anfallsberechtigten Destinatären;
(d) Organisation von Familientagen;
(e) Vorbereitung von Wahl und Einberufung mindestens einer ordentlichen Sitzung des Familienrates jährlich;
(f) Aufstellung der Jahresabrechnung und des Tätigkeitsberichtes;
(g) Beschluss einer eigenen Geschäftsordnung des Vorstandes.
(3) Zur Erfüllung seiner Aufgaben ist der Vorstand befugt, Hilfskräfte einzustellen bzw. Aufträge zu erteilen.
(4) Auf Anforderung des Familienrates ist der Vorstand verpflichtet, jederzeit Aufschluss über die Geschäftstätigkeit und wirtschaftliche Lage zu geben.

§ 9 Prüfung der Jahresabrechnung[Rz. 90]

(1) Die Jahresabrechnung ist durch einen Wirtschaftsprüfer oder eine andere zur Erteilung eines gleichwertigen Bestätigungsvermerks befugte Person oder Gesellschaft prüfen zu lassen, wobei sich der Prüfungsauftrag erstrecken muss auf:
(a) die Erhaltung des Stiftungsvermögens und
(b) die satzungsmäßige Verwendung der Stiftungsmittel.
(2) Das Ergebnis der Prüfung in der Form eines gesonderten Testats ist dem Prüfungsbericht voranzustellen.
(3) Der Prüfer wird vom Familienrat bestimmt.
(4) Die Jahresabrechnung muss mindestens bestehen aus einem schriftlichen Bericht über die Tätigkeit der Stiftung und die Erfüllung der Stiftungszwecke im Einzelnen und einem Vermögensverzeichnis mit Bestandsangaben zum Grundstockvermögen und der Rücklagen zum Beginn und Ende des Geschäftsjahres sowie einer tabellarischen Aufstellung der Einnahmen und Ausgaben im Geschäftsjahr.

§ 10 Satzungsänderung, Auflösung[Rz. 91, 92]

(1) Soweit sich die bei der Errichtung der Stiftung gegebenen Umstände maßgeblich und nachhaltig ändern, kann der Familienrat in Abstimmung mit dem Vorstand Änderungen dieser Satzung, auch Änderungen der Stiftungszwecke, beschließen.[Rz. 91]
(2) Beschlüsse über Änderungen der Satzung, auch hinsichtlich ihrer Zwecke, können nur mit jeweils $^2/_3$-Mehrheit aller in beiden Organen vorhandenen Stimmen ergehen. Satzungsänderungen, die den steuerlichen Status als Familienstiftung gefährden, dürfen nicht beschlossen werden.[Rz. 91]
(3) Bei Zweckänderungen soll die ursprüngliche Gestaltung möglichst wenig verändert werden. Bevorzugt sind steuerbegünstigte Zwecke vorzusehen.

(4) Grundsätzlich besteht die Stiftung für die Ewigkeit. Kann der Satzungszweck nicht mehr erfüllt werden, kann die Auflösung einstimmig vom Familienrat und Vorstand beschlossen werden. Die bezugsberechtigten Destinatäre sind bei Auflösung in gleicher Quote auch anfallsberechtigt.

(5) Zu Lebzeiten des Stifters fasst der Stifter Beschlüsse zur Änderung der Satzung oder Auflösung der Stiftung allein.

(6) Beschlüsse über Änderungen der Satzung sowie der Auflösung bedürfen der vorherigen Zustimmung der Aufsichtsbehörde.[Rz. 92]

§ 11 Stiftungsaufsicht[Rz. 93–95]

(1) Die Stiftung unterliegt der beschränkten staatlichen Aufsicht nach Maßgabe des jeweils geltenden Bremischen Stiftungsgesetzes.[Rz. 93, 94]

(2) Der Vorstand unterrichtet die Aufsichtsbehörde gemäß § 12 Bremisches Stiftungsgesetz.[Rz. 95]

§ 12 Stiftungsaufsichtsbehörde[Rz. 96]

Stiftungsaufsichtsbehörde ist der Senator für Inneres und Sport der Freien Hansestadt Bremen.

§ 13 Inkrafttreten[Rz. 97]

Die Satzung tritt mit dem Tage der Anerkennung der Stiftung in Kraft.

Bremen, den [...]

..
(Unterschrift des Stifters)

Amtsannahmeerklärung (Stellvertreter des Familienrats)[Rz. 98]

[*Name des Stellvertreters*]
[*Anschrift*]

Freie Hansestadt Bremen
Senator für Inneres und Sport
– Stiftungsreferat [...] –
[...]
[...] Bremen

Bremen, den [...]

[...] Familienstiftung i. Gr. – Amtsannahmeerklärung

Hiermit erkläre ich mich mit der Übernahme des Amtes als Mitglied des Familienrates und als dessen Stellvertreter gerne einverstanden.

..
(Unterschrift des Stellvertreters)

Zur Kenntnis genommen:

..

(Unterschrift des Stifters)

Amtsannahmeerklärung (Vorstand):

[*Name des Vorstands*]

[*Anschrift*]

Freie Hansestadt Bremen
Senator für Inneres und Sport
– Stiftungsreferat [...] –
[...]
[...] Bremen

Bremen, den [...]

[...] Familienstiftung i. Gr. – Amtsannahmeerklärung

Hiermit erkläre ich mich mit der Übernahme des Amtes als alleiniges Vorstandsmitglied im ersten zu bestellenden Vorstand der oben genannten Stiftung gerne einverstanden.

..

(Unterschrift des Vorstands)

Zur Kenntnis genommen:

..

(Unterschrift des Stifters)

A. Grundsätzliche Anmerkungen

I. Wirtschaftliche Aspekte

1 In Deutschland gibt es eine überdurchschnittlich wachsende Zahl von Familienstiftungen. Sie stellen zwar weiterhin nur eine kleine Gruppe (ca. 6,5 vH) innerhalb der rechtsfähigen Stiftungen bürgerlichen Rechts[1] und damit gegenüber den gemeinnützigen Stiftungen dar. Zudem sind sie bspw. (noch) nicht so etabliert wie die Privatstiftungen im benachbarten Österreich[2] oder der legitimen[3] Familienstiftungen in Liechtenstein.[4] Allerdings lässt sich feststellen, dass seit der endgültig gesetzlich normierten[5] Zulässigkeit von Familienstiftungen ihre Anzahl – auch ohne Unternehmensbezug – angestiegen ist und nunmehr durch die in Kraft getretene Unternehmenserbschaftsteuerreform[6] einen enormen Schub bekommt.

2 Eine Familienstiftung im klassischen Sinne ist keine Stiftung, die die Voraussetzungen der §§ 51 ff. AO (Gemeinnützigkeitsregelungen) erfüllt. Sie ist daher nicht nach

[1] Vgl. Datenbank Deutscher Stiftungen (Stand März 2017).

[2] Dazu ua. *Söffing* ErbStB 2007, 219 ff.; *Steiner* ErbStB 2008, 60.

[3] Gemeint sind damit nicht die größere Zahl älterer Familienstiftungen in Liechtenstein mit „traditionellen Geldern", sondern vorrangig die jüngeren privatnützigen Stiftungen, die selbst ebenso ihren steuerlichen Erklärungspflichten nachkommen wie ihre Destinatäre und aus legitimen (zB. *Asset Protection*) Gründen errichtet worden sind.

[4] Insgesamt vergleichend *von Löwe* Familienstiftung und Nachfolgegestaltung, 2. Aufl. 2016, S. 86 ff. und S. 205 ff.

[5] Vgl. Gesetz zur Modernisierung des Stiftungsrechts vom 15.7.2002, BGBl. 2002 I, 2634 ff.

[6] Vgl. Gesetz zur Anpassung des Erbschaftsteuer- und Schenkungsteuergesetzes an die Rechtsprechung des Bundesverfassungsgerichts vom 4.11.2016, BGBl. 2016 I, 2464 ff.; s. a. den koordinierten Ländererlass vom 22.6.2017, BStBl. I, 902.

den Einzelsteuergesetzen steuerbegünstigt. Eine Entscheidung zu ihren Gunsten beruht idR nicht auf steuerlichen Aspekten. Obwohl es **keine einheitliche Definition** der Familienstiftung gibt,[7] sollte zur klaren Abgrenzung vermieden werden, im weiteren Sinne gemeinnützige und daher steuerbegünstigte Stiftungen, die in den Grenzen des § 58 Nr. 6 AO steuerunschädliche Unterhaltsleistungen für den Stifter und seine nächsten Angehörigen vorsehen, als Familienstiftung zu bezeichnen. Der **entscheidende Unterschied** zwischen einer gemeinnützigen steuerbegünstigten Stiftung und der Familienstiftung besteht darin, dass die Familienstiftung idR. nicht zum Wohle der Allgemeinheit, sondern vorrangig im Interesse einer oder mehrerer Familienstämme mit Vermögen ausgestattet wird, dessen Erträge zur Verwirklichung der Zwecke für diesen Personenkreis und regelmäßig nicht für Gemeinwohlzwecke eingesetzt wird.

Familienstiftungen bieten sich an, wenn die Unterstützung, Förderung und Begünstigung einer oder mehrerer Familien im Mittelpunkt stehen soll. Die Familienstiftung ermöglicht eine **nachhaltige und uneingeschränkte Versorgung** des Stifters und seiner Angehörigen über die gemeinnützigkeitsrechtliche Schädlichkeitsgrenze[8] hinaus. Dabei muss sich der Stifter bewusst sein, dass einer generationenübergreifenden Versorgung der Familie die endgültige Weggabe des Vermögens – zumindest der Vermögenssubstanz im Zeitpunkt der Ausstattung der Stiftung – gegenübersteht.[9] Das Vermögen wird in der Stiftung verewigt, ohne dass ein Familienmitglied einen Anteil daran halten kann. Die Stiftung gehört ausschließlich sich selbst. Die **Übertragung** des Vermögens ist also regelmäßig **endgültig.** Wie bei jeder rechtsfähigen Stiftung geht das Vermögen „stiften". Daher eignen sich für die Ausstattung einer Familienstiftung idR. Vermögensgegenstände, die der Stifter einerseits über Generationen hinweg erhalten wissen will und die andererseits dauerhaft sehr ertragreich sind, um daraus die Destinatäre aus dem Familienkreis langfristig versorgen zu können. Ein vermietetes Geschäftsgrundstück oder Mietwohngrundstück in einer 1A-Lage einer deutschen Großstadt wäre ein Beispiel dafür. Selbstredend steht die Auswahl von Vermögensgegenständen im Gesamtzusammenhang mit einer steueroptimierten Nachfolgeplanung. So ist dabei ua. zu berücksichtigen, ob eine Familienstiftung (oder mehrere für verschiedene Familienstämme) 3

- als Entreicherungs- bzw. Abschottungsvehikel für das sog. verfügbare Vermögen iSd. § 28a Abs. 2 ErbStG nF. im Rahmen des sog. Erlassmodells iSd § 28a ErbStG,
- umgekehrt ausschließlich als Unternehmensträgerin bzw. Erwerberin des begünstigten Vermögens iSd. § 13b Abs. 2 ErbStG nF. im Rahmen der Verschonungsbedarfsprüfung des Erlassmodells (§ 28a ErbStG nF.)
- oder zB. schlicht als Möglichkeit, die Anzahl der Erwerber im Zuge des Verschonungsmodells mit seiner erwerberbezogenen € 26 Mio.-Freigrenze des § 13a Abs. 1 Satz 1 ErbStG nF zu erhöhen,[10]

dienen kann.

Das Vertragsformular behandelt eine inländische Familienstiftung. Daneben besteht aber auch eine nicht unbeachtliche Anzahl ausländischer Familienstiftungen, errichtet von deutschen Stiftern, wie zumindest schon teilweise im Zuge der Steueramnestie[11] und danach zu sehen war. Solche **ausländischen Familienstiftungen**[12] wurden dabei in der Vergangenheit nicht allein nur mit „traditionellem" Vermögen ausgestattet. 4

---

[7] Vgl. *Boll* Die unternehmensverbundene Familienstiftung als Gestaltungsmöglichkeit der Nachfolge in Familienunternehmen, 2016, S. 14 ff.

[8] Zu den Gründen einer nur zurückhaltenden Beratungsempfehlung der Implementierung dieser Eindrittel-Versorgung nach § 58 Nr. 6 AO vgl. Formular C. 3.01.

[9] Insgesamt auch aufgrund praktischer Aspekte kritisch *Rawert* in JbFStR 1999/2000, Herne 2000, S. 622 ff. [633 f.]; *Rawert* in JbFStR 2000/2001, Herne 2001, S. 552 ff. [556].

[10] Damit könnte ggf. zugleich das mE. weniger praxisrelevante, weil weniger attraktive Abschmelzungsmodell gem. § 13c ErbStG nF. vermieden werden.

[11] Vgl. Gesetz zur Förderung der Steuerehrlichkeit v. 23.12.2003, BGBl. 2003 I, 2928 ff., Art. 1 „Gesetz über die strafbefreiende Erklärung" (Strafbefreiungserklärungsgesetz – StraBEG).

[12] Vgl. zu den steuerlichen Implikationen Rz. 59 ff.

Tatsächlich gab es auch immer schon ausländische Familienstiftungen, die ihren Steuererklärungspflichten vollständig im Inland nachgekommen und vorrangig aus „Asset Protection"-Gründen implementiert worden sind, und zwar idR dann ohne weisungsberechtigenden Mandatsvertrag.[13]

5 Überlegenswert ist die Implementierung einer inländischen Familienstiftung, wenn bspw. die vermögende Privatperson oder der Unternehmer **keine eigenen Abkömmlinge** hat, das eigene Vermögen mit seinem Namen konserviert haben und zB die Neffen und Nichten sowie deren nachfolgende Generationen versorgt wissen möchte. Zudem kann die Familienstiftung Mittel zur rechtzeitigen Abschottung vor den Gefahren „Pflichtteil, Zugewinnausgleich und wiederauflebende, gesetzliche Erbberechtigung geschiedener Ehepartner aufgrund gemeinsamer Kinder" sein.[14]

6 Die Familienstiftung ist allerdings kein Standardprodukt der Unternehmensnachfolge und kein Allheilmittel für das Fehlen geeigneter familiärer Unternehmensnachfolger. Denn die Stiftung als juristische Person **lebt durch ihre Organe;** damit ist sie – wie jede andere Struktur auch – nur so gut wie die Besetzung ihrer Organe. Den Interessen der Familie und des Stiftungsvorstandes bzw. der Geschäftsführung von Beteiligungsunternehmen kann nur eine sorgfältige Satzungsgestaltung gerecht werden; hierüber ist für einen funktionierenden Interessensausgleich zu sorgen. Weder darf die Familie bevormundet oder zu Bittstellern degradiert werden, noch sollte die Stiftung zum Selbstbedienungsladen für externe Berater, den Vorstand oder die Destinatäre selbst mutieren.

7 Überwiegend handelt es sich bei Familienstiftungen dennoch um **unternehmensverbundene Stiftungen,** also Stiftungen, zu deren Vermögen ein Unternehmen oder eine Beteiligung an einem Unternehmensträger gehört.[15] Im Gegensatz zu gemeinnützigen Stiftungen, die sich idR zur Vermeidung eines wirtschaftlichen Geschäftsbetriebes und damit einer partiellen Steuerpflicht[16] nur an Kapitalgesellschaften beteiligen und auch einer vollumfänglichen Fachaufsicht unterliegen, sind Familienstiftungen darüber hinaus zumindest dem Grunde nach auch als Kommanditist bzw. OHG-Gesellschafter oder als Komplementär einer Stiftung & Co. KG geeignet. Im Vordringen begriffen ist die Kombination einer Familienstiftung mit einer gemeinnützigen und damit steuerbegünstigten Stiftung (sog. Doppelstiftung), um einerseits die Steuernachteile der Familienstiftung und die Unternehmensträgernachteile der gemeinnützigen Stiftung weit gehend zu nivellieren und andererseits die Vorteile beider Stiftungen zu vereinen.[17] Nicht zuletzt wird die Zahl der Familienstiftungen aber vorrangig als Gestaltungsmittel im Zuge des Unternehmenserbschaftsteuerrechts zunehmen.

II. Stiftungsrechtliche Aspekte

1. Stiftungszivilrecht

8 Die Errichtung einer rechtsfähigen Familienstiftung erfolgt wie bei jeder anderen rechtsfähigen Stiftung nach den Regeln der §§ 80ff. BGB.[18] Die bisher schon von der herrschenden Meinung vertretene grundsätzliche **Zulässigkeit der Familienstiftung**[19] ist durch Verzicht auf Einschränkungen für bestimmte Stiftungstypen seit dem 1.9.2002[20] gesetzlich bestätigt worden.

[13] Näher dazu *v. Oertzen* Asset Protection im deutschen Recht, 2007, S. 51 ff.; zum Vermögensschutz durch inländische Familienstiftungen vgl. vertiefend *v. Oertzen/Hosser* ZEV 2010, 168.
[14] Zu den Vorzügen bereits *Spiegelberger* ErbStB 2005, 43 [45 f.].
[15] Vgl. dazu *Schiffer* Die Stiftung in der Beraterpraxis, 4. Aufl. 2016, § 11 Rz. 47 ff.
[16] § 64 AO.
[17] Vgl. Formular C. 3.20.
[18] Vgl. C. 3.10 Rz. 5.
[19] Für viele v. Campenhausen/Richter/*Richter,* Stiftungsrechts-Handbuch, 4. Aufl. 2014, § 13 Rz. 29 mwN.
[20] Vgl. Gesetz zur Modernisierung des Stiftungsrechts vom 15.7.2002, BGBl. I 2002, 2634 ff.

2. Landesstiftungsrecht

9 Die unterschiedlichen Landesstiftungsgesetze sind – ungeachtet der langjährigen Diskussion über ein einheitliches Landesstiftungsgesetz[21] – zum Teil an die geänderten Bundesvorschriften angepasst worden. So ist bspw. § 6 Abs. 2 Buchst. d Brandenburgisches Stiftungsgesetz aF, wonach einer Familienstiftung grundsätzlich die Anerkennung zu versagen war, aufgehoben worden.[22] Die §§ 80 ff. BGB sind uneingeschränkt und ohne Berücksichtigung von Besonderheiten auf die Familienstiftung anwendbar.[23] Im Übrigen **bricht** § 80 Abs. 2 BGB als **Bundesrecht** das **Landesrecht.**[24]

10 Die Praxis der Landesaufsichtsbehörden kann dennoch weiterhin sehr unterschiedlich sein, und zwar sowohl im Zuge des Anerkennungsverfahrens, als auch im Rahmen der eingeschränkten Fachaufsicht. Stiftungsrecht ist reines Praxisrecht.[25] Gerade bei unternehmensverbundenen Familienstiftungen ist möglicherweise weiterhin die Entscheidung über den Sitz nach der Stiftungsfreundlichkeit der potenziell in Frage kommenden Bundesländer zu treffen. Solange es **keine einheitliche landesbehördliche Stiftungspraxis** auf der Grundlage eines einheitlichen und angepassten Landesrechts gibt, besteht die Gefahr des „förderalen Verschiebebahnhofes".

11 Familienstiftungen unterliegen nach ihrer Anerkennung grundsätzlich **nur einer eingeschränkten Aufsicht** des Landes.[26] Nach § 21 Abs. 2 Hessisches Stiftungsgesetz unterliegen Familienstiftungen zB „nur insoweit der Aufsicht des Landes, als sicherzustellen ist, dass ihr Bestand und ihre Betätigung nicht dem öffentlichen Interesse zuwiderlaufen". Eine Angleichung des Begriffs „öffentliches Interesse" an den Begriff „Gemeinwohl iSd. § 87 Abs. 1 BGB" wäre hier wünschenswert. Da mangels Gemeinnützigkeit zudem keine „Aufsicht" über den Zweck und die Betätigung durch das Finanzamt erfolgt, ist außerhalb der Gemeinwohlgefährdung die laufende Überwachung durch die stiftungsinternen Organe umso wichtiger.[27] Dies ist immer bei der Satzungsgestaltung im besonderen Maße zu beachten.

3. Erb- und Familienrecht

a) Pflichtteilsrecht

12 Mit einer Familienstiftung kann eine verselbständigte Vermögensmasse geschaffen werden, die das Vermögen davor **schützt,** in hintereinander geschalteten Erbfällen **zersplittert zu werden.** Außerdem können mit Hilfe einer rechtzeitigen, lebzeitigen Erstausstattung einer Familienstiftung Pflichtteilsergänzungsansprüche jedenfalls abgemildert sowie generell die von den Betroffenen außerordentlich gefürchtete Gefahrenquelle „latentes gesetzliches Erbrecht geschiedener Ehegatten über kinderlos vorverstorbene gemeinsame Abkömmlinge" vermieden werden.[28]

13 Das Recht des Stifters, sein Vermögen oder Teile davon auf Stiftungen zu übertragen, ist Ausfluss der über Art. 14 GG als Teil der grundgesetzlichen Erbrechtsgarantie geschützten Testierfreiheit. Diese wird jedoch durch das **Pflichtteils-(ergänzungs)-recht** zwangsläufig deutlich eingeschränkt. Die Errichtung einer Stiftung von Todes wegen (§ 83 BGB) unterliegt den allgemeinen Regeln über das Pflichtteilsrecht. In der Errichtung einer Stiftung unter Lebenden (§ 81 BGB) liegt eine ergänzungsbedürftige Zuwendung, die zumindest eine analoge Anwendung von § 2325 BGB

---

[21] Vgl. *Hüttemann/Rawert* ZIP 2002, 2019; *Backert/Carstensen* ZIP 2003, 284; *Richter/Sturm* NZG 2005, 655.

[22] Vgl. Stiftungsgesetz für das Land Brandenburg (StiftGBbg) v. 20.4.2004, dort §§ 1, 2 Abs. 2, 5 Abs. 1 StiftGBbg; s. a. *Richter* ZEV 2005, 517 [518]; *ders.* NZG 2005, 655 [658].

[23] S. a. *Schwarz* ZEV 2003, 306; Lex, ZEV 2002, 405 [408].

[24] Vgl. Art. 31 GG; näher dazu *Muscheler* NJW 2004, 713.

[25] Vgl. v. Campenhausen/Richter/*Richter* Stiftungsrechts-Handbuch, 4. Aufl. 2014, § 13 Rz. 35 inkl. dortige FN 61.

[26] S. a. *Hof* in Münchener Vertragshandbuch, Band 1, 7. Aufl. 2011, VIII.3, Rz. 2.

[27] S. a. v. Campenhausen/Richter/*Richter* Stiftungsrechts-Handbuch, 4. Aufl. 2014, § 13 Rz. 49.

[28] Vgl. *Spiegelberger* Unternehmensnachfolge, 2. Aufl. 2009, § 17 Rz. 16; *Spiegelberger* ErbStB 2005, 43 [46].

gebietet.[29] So hat auch der BGH[30] Zuwendungen an rechtsfähige Stiftungen grds. als Schenkungen eingestuft, wenn diese nach dem Willen des Stifters in jedem Fall dauernd in das Grundstockvermögen der Stiftung gelangen sollen, unabhängig davon, ob der Stifter mit seiner Zuwendung weiter dienende Zwecke verfolgt hat oder nicht.

14 Für Zuwendungen an Familienstiftungen gilt grds. nichts anderes als für Zuwendungen an gemeinnützige Stiftungen. Letztlich kommt es im Zuge von Ausstattungen auf das **Verhältnis zwischen Stifter und rechtsfähiger Stiftung** an und nicht auf das Verhältnis des Stifters zu den Destinatären. Zudem hat der BGH[31] mit seiner Entscheidung, wonach Vermögensübertragungen unter Nießbrauchsvorbehalt zu keiner wirtschaftlichen Ausgliederung führen und die 10 Jahres-Frist des § 2325 Abs. 3 BGB nicht zu laufen beginnt, die Pflichtteilsergänzungsgefahr erheblich vergrößert. Die Verfassungsmäßigkeit des geltenden Pflichtteilsrechts dürfte inzwischen außer Streit gestellt sein.[32]

15 Allerdings wird diese Pflichtteilsergänzungsgefahr nunmehr durch die ratierliche Abschmelzung lebzeitiger Zuwendungen, die im Rahmen der **Erbrechtsreform**[33] in dem § 2325 Abs. 3 BGB eingefügt worden ist, abgeschwächt. Nach § 2325 Abs. 3 BGB werden nunmehr Pflichtteilsergänzungsansprüche jährlich um 10 vH gekürzt.[34] Zudem wird diskutiert, ob sich die Destinatäre der Familienstiftung die Ausschüttungen analog § 2327 BGB anrechnen lassen müssen.[35] Denn durch die nach der Stiftung satzungszweckgemäße Begünstigung könnte das „Bedürfnis" für weitergehende Pflichtteilsansprüche entfallen. Dies wird mE aber gänzlich zu verneinen sein.

b) Ehegüterrecht

16 Soweit in einer Gesamtabwägung eine Grundentscheidung zugunsten einer Implementierung einer Familienstiftung getroffen worden ist, kann damit ggf. auch ein gewisser Schutz vor Vermögensabflüssen durch Zugewinnausgleichsansprüche erreicht werden. Gerade ein Unternehmer wird vorsorglich bereits bei Eheschließung entweder Gütertrennung oder heutzutage eher eine modifizierte Zugewinngemeinschaft ua. mit dem Ausschluss des Unternehmens aus dem Zugewinnausgleich und aus der Ehegattenpflichtteilsberechnung vereinbaren, um die **Liquidität** des Unternehmens zu **sichern.** Darüber hinaus empfiehlt es sich, bei der vorweggenommenen Erbfolge gesellschaftsvertragliche Vorsorge zu treffen und zudem die Abkömmlinge mit der Auflage zu belasten, durch Ehevertrag und (begrenzten) Pflichtteilsverzicht die vorweg empfangenen Vermögensteile vor Ansprüchen der Schwiegerkinder zu sichern. Für das rechtzeitig – hier ist § 1375 Abs. 3 BGB zu beachten[36] – in eine Familienstiftung eingebrachte Vermögen bedarf es dieser Sicherungsmechanismen nicht.

17 Eines der obersten Gebote lautet jedoch: Der Stifter sollte sich zu Lebzeiten **niemals arm schenken.** Daher ist regelmäßig davon abzuraten, dass der Stifter sein Vermögen zu Lebzeiten bereits als Ganzes überträgt. Sollte er dies doch tun und mangels Ehevertrag im Rahmen des gesetzlichen Güterstandes der Zugewinngemeinschaft leben, ist § 1365 Abs. 1 BGB und damit das vorherige Zustimmungserfordernis des Ehepartners zu beachten.

18 Schenkt der Stifter zu Lebzeiten nicht sein ganzes Vermögen, ist wiederum zu beachten, dass für einen Zugewinnausgleich alle Vermögenszuwendungen innerhalb der

---

[29] Vgl. MüKoBGB/*Lange* 7. Aufl. 2017, § 2325 Rz. 42 mwN.

[30] BGH v. 10.12.2003 – IV ZR 249/02, NJW 2004, 1382.

[31] Vgl. BGH v. 27.4.1994 – IV ZR 132/93, NJW 1994, 1791; inzwischen etwas differenzierter BGH v. 29.6.2016 – IV ZR 474/15, ZEV 2016, 445 f.

[32] Vgl. BVerfG v. 19.4.2005 – 1 BvR 1644/00 u. 1 BvR 188/03, ZEV 2005, 301.

[33] Vgl. „Gesetz zur Änderung des Erb- und Verjährungsrechts" vom 24.9.2009 (BGBl. I S. 3142), das am 1.1. 2010 in Kraft getreten ist.

[34] Siehe dazu unter C. 3.01 Gemeinnützige rechtsfähige Stiftung, Rz. 8.

[35] Bejahend MüKoBGB/*Lange* 7. Aufl. 2017, § 2325 Rz. 42; verneinend *Cornelius* ZErb 2006, 230 [233].

[36] Das zum 1.9.2009 in Kraft tretende „Gesetz zur Änderung des Zugewinnausgleichs- und Vormundschaftsrechts" v. 6.7.2009 (vgl. dazu BT-Drs. 16/10798 und 16/13027), BGBl. I 2009, 1696 ff. hat hierauf keine unmittelbare Auswirkung.

letzten zehn Jahre vor Beendigung des Güterstandes dem Endvermögen zuzurechnen sind und – gleichgültig, ob noch Vermögen vorhanden ist – grundsätzlich den Zugewinnausgleichsanspruch[37] nicht schmälern (nämlich aufgrund der Zurechnung nach § 1375 Abs. 3 1. Alt. BGB). Dies gilt nicht, wenn der **Ehegatte zugestimmt** hat, gemäß § 1375 Abs. 3 2. Alt. BGB. Diese Empfehlung gilt wegen § 1378 Abs. 2 Satz 2 BGB[38] umso mehr, da ohne Zustimmung ggf. über die bisherige Kappungsgrenze hinaus mehr auszugleichen wäre, als noch vorhanden ist. Daher sollte der Ehegatte des Stifters der Vermögensübertragung zustimmen. Vorrangig ist aber idR eine ehevertragliche Regelung zu empfehlen.

4. Errichtung von Todes wegen

Eine Familienstiftung kann auch durch Verfügungen von Todes wegen errichtet **19** bzw. begünstigt werden. So kann die Familienstiftung zB in einem Testament als Vermächtnisnehmerin eingesetzt werden. Damit erwirkt die Stiftung einen einklagbaren Anspruch gegen den oder die Erben auf Herausgabe des vermachten Gegenstandes.[39] In einer Verfügung von Todes wegen kann aber auch eine Auflage bestimmt werden, wonach der **Erbe oder Vermächtnisnehmer** verpflichtet wird, eine Stiftung zu errichten oder an eine bereits existierende Stiftung eine bestimmte Leistung zu erbringen. In Abgrenzung zum Vermächtnis erhält die durch die **Auflage** begünstigte Stiftung allerdings keinen einklagbaren Anspruch gegenüber den Erben bzw. Vermächtnisnehmern.[40] Die Anordnung einer Testamentsvollstreckung ist idR dringend zu empfehlen und oftmals unerlässlich.[41]

In der Regel wird eine Stiftung aber als Erbe eingesetzt. Unstreitig ist, dass Ab- **20** kömmlinge, Ehegatten und ggf. die Eltern des Erblassers als Pflichtteilsberechtigte im Fall der Einsetzung einer Familienstiftung als Erben Pflichtteilsansprüche gem. §§ 2303ff. BGB geltend machen können. Ebenso unterstehen Vermächtnisansprüche einer Familienstiftung den Kürzungsmöglichkeiten der Pflichtteilsberechtigten. Um die Zweckverfolgung und damit die Existenz einer Stiftung zu gewährleisten, sollte vermieden werden, dass eine vom Erblasser begünstigte Stiftung sich nachträglich geltend gemachten Pflichtteilsansprüchen von der Erbfolge ausgeschlossener oder unterhalb der pflichtteilsrechtlich relevanten Eingriffsschwellen[42] abgefundener Familienmitglieder gegenüber sieht. Solche **sofort fälligen Geldansprüche** sind im Vorwege zu **vermeiden.** Sollten Pflichtteilsberechtigte schon zu Lebzeiten bedacht werden, ist im Rahmen der Schenkung zumindest die Anrechnung dieses Vorausempfangs auf den Pflichtteil zu bestimmen.[43] Dadurch wird jedenfalls vermieden, dass der beschenkte Pflichtteilsberechtigte im Erbfall nochmals einen „vollen" Pflichtteil geltend macht.

Zwecks späterer Dispositionsfreiheit ist es aber am sinnvollsten, gegen eine Abfin- **21** dung mit sämtlich potenziellen Pflichtteilsberechtigten einen Pflichtteilsverzichtsvertrag abzuschließen. Es ist darauf zu achten, dass kein Erbverzichtsvertrag geschlossen wird, falls andere Pflichtteilsberechtigte verbleiben. Denn bei einer solchen Vereinbarung wird der Erbverzichtende nicht mitgezählt, so dass sich die Pflichtteilsquoten der verbleibenden Pflichtteilsberechtigten erhöhen.[44] Damit wird also keine höhere Testierfreiheit geschaffen und gereicht der erbenden Stiftung somit zum Nachteil. Dagegen stellt **der reine Pflichtteilsverzicht**[45] gegen eine angemessene Abfindung einen

[37] In den Grenzen des § 1378 Abs. 2 BGB.
[38] Mit Wirkung zum 1.9.2009 eingefügt durch das „Gesetz zur Änderung des Zugewinnausgleichs- und Vormundschaftsrechts" v. 6.7.2009, BGBl. I 2009, 1696ff.
[39] Vgl. § 2174 BGB.
[40] Vgl. § 1940 BGB.
[41] So auch mit Musterformulierungen *Langenfeld* ZEV 2002, 481 [482f.].
[42] Vgl. §§ 2303, 2307 BGB.
[43] Vgl. § 2315 Abs. 1 BGB.
[44] Vgl. § 2310 Satz 2 BGB.
[45] Vgl. § 2346 Abs. 2 BGB.

ausgewogenen Vertrag dar, der dem künftigen Erblasser die Gewähr bietet, dass sich nach seinem Ableben die Erben, wie zB eine Familienstiftung, nicht Pflichtteilsansprüchen und damit verbundenen Prozessen, die den Nachlass schmälern, gegenüber sieht.

III. Steuerliche Aspekte

1. Ertragsteuern

a) Errichtung

22 Die Errichtung der Familienstiftung zu Lebzeiten bzw. genauer, die lebzeitige Ausstattung der Familienstiftung durch eine natürliche Person, ist grundsätzlich **einkommensteuerlich ohne Bedeutung.** Die Familienstiftung übernimmt die historischen Anschaffungskosten und das AfA-Volumen und tritt bezüglich des AfA-Satzes in die Fußstapfen des Rechtsvorgängers,[46] wenn der Stifter aus seinem Privatvermögen einzelne Vermögensgegenstände auf die Familienstiftung überträgt.

23 Ebenso kommt es nicht zu einer Gewinnrealisierung, wenn der Familienstiftung Beteiligungen iSd. § 17 EStG, also mindestens 1%ige Beteiligungen an Kapitalgesellschaften, übertragen werden, weil eine unentgeltliche Ausstattung **keine Veräußerung** iSd. § 17 EStG darstellt. Ferner fehlt es an den Voraussetzungen für eine verdeckte Einlage iSd. § 17 Abs. 1 Satz 2 EStG, weil die Familienstiftung keine Kapitalgesellschaft ist. Der Einzelbegriff „Kapitalgesellschaft" – auch im Rahmen des § 17 EStG – entspricht grds. dem des § 1 Abs. 1 KStG.[47] Für die dortige Einordnung als Kapitalgesellschaft iSd. § 1 Abs. 1 Nr. 1 KStG ist allein entscheidend, ob das Rechtsgebilde die zivilrechtliche Rechtsform einer Kapitalgesellschaft hat.[48] Dies ist bei einer Familienstiftung zu verneinen, weil sie keine Anteilseigner hat. Soweit der Stifter iSd. § 23 EStG steuerverhaftete Grundstücke unentgeltlich überträgt, löst diese Ausstattung mangels Veräußerung ebenfalls keinen einkommensteuerlichen Besteuerungstatbestand aus; ebenso ist wiederum die Veräußerungsfiktion des § 23 Abs. 1 Satz 5 Nr. 2 EStG nicht gegeben, weil es sich bei der Familienstiftung nicht um eine Kapitalgesellschaft handelt.

24 § 6 Abs. 3 EStG gewährleistet idR. auch die Ertragsteuerneutralität der unentgeltlichen Übertragung von betrieblichen Einheiten wie Betriebe, Teilbetriebe oder Mitunternehmeranteile auf die Familienstiftung, so dass dies grds. nicht zu einer Gewinnrealisierung führt.[49] Nach den allgemeinen Grundregeln kommt es **allerdings** dann zu einer **Gewinnrealisierung, wenn** einzelne Wirtschaftsgüter (zB auch Kapitalgesellschaftsanteile) aus einem Betriebsvermögen entnommen und sodann auf die Familienstiftung übertragen werden. Nach § 6 Abs. 1 Nr. 4 Satz 1 EStG ist das entnommene Wirtschaftsgut mit dem Teilwert anzusetzen, so dass der Stifter einen Entnahmegewinn zu versteuern hat. Ein Buchwertansatz ist nicht möglich, da es sich bei der Familienstiftung gerade nicht um eine steuerbegünstigte und damit von der Körperschaftsteuer befreite Stiftung handelt.[50]

b) Laufende Besteuerung der Familienstiftung

25 Die Familienstiftung als rechtsfähige juristische Person ist nach den Einzelsteuergesetzen grds. Steuersubjekt. Damit haben die gesetzlichen Vertreter nach dem steuerlichen Verfahrensrecht der Abgabenordnung die steuerlichen Erklärungspflichten der Familienstiftung zu erfüllen.[51] Folglich hat der Vorstand der Familienstiftung als vertre-

46 Vgl. § 11d Abs. 1 EStDV.
47 Vgl. Blümich/*Vogt* EStG, EL 133 Juli 2016, § 17 Rn. 145.
48 Grundlegend BFH v. 25.6.1984 – GrS 4/82, BStBl. 1984 II, 751 ff., 757 f.
49 Vgl. Schauhoff/*Schauhoff* Handbuch der Gemeinnützigkeit, 3. Aufl. 2010, § 7 Rz. 24.
50 Vgl. § 6 Abs. 1 Nr. 4 Satz 4 EStG.
51 Vgl. § 34 Abs. 1 Satz 1 AO.

tungsberechtigtes Organ der Familienstiftung die **Steuererklärungspflichten** zu erfüllen.[52] Soweit die Familienstiftung gewerbliche Einkünfte erzielt, wird sie zur Gewinnermittlung verpflichtet sein.[53] Unter den Voraussetzungen des § 1 HGB wird sie handelsrechtlich buchführungspflichtig sein.

26 Als Körperschaftsteuersubjekt ist die Familienstiftung grundsätzlich **körperschaftsteuerpflichtig** gem. § 1 Abs. 1 Nr. 4 KStG.[54] Anders als bei einer Kapitalgesellschaft hat sie nicht nur Einkünfte aus Gewerbebetrieb gem. § 8 Abs. 2 KStG, sondern kann grds. – mit Ausnahme der nichtselbständigen und der freiberuflichen Tätigkeit – alle Einkunftsarten erfüllen, gem. § 8 Abs. 1 KStG iVm § 2 Abs. 1 EStG. Folglich sind nicht alle Wirtschaftsgüter als Betriebsvermögen steuerverstrickt, so dass bspw. steuerfreie Veräußerungen von Privatvermögen möglich sind. Ferner gelten für die inländische Familienstiftung als Körperschaftsteuersubjekt die Steuerbefreiungen des § 8b Abs. 1 und 2 KStG.[55] Die Familienstiftung kann bspw. auch Mitunternehmerin einer gewerblichen Personengesellschaftsbeteiligung sein und daher Feststellungsbeteiligte im Zuge einer einheitlichen und gesonderten Feststellung auf Ebene der gewerblichen Personengesellschaft als Gewinnermittlungssubjekt sein. Ferner kann die Familienstiftung als unbeschränkt Steuerpflichtige durchaus Hinzurechnungssubjekt nach §§ 7 ff. AStG sein, wenn sie mehrheitlich an einer Zwischengesellschaft beteiligt ist.

27 Nach § 10 Nr. 1 KStG sind satzungsmäßige Zuwendungen an die Destinatäre bei der Ermittlung des steuerpflichtigen Einkommens nicht abzugsfähig, es sei denn, sie erfolgen auf Grund von Austauschverträgen wie zB Dienstverträgen. Nach derzeit geltendem Körperschaftsteuerrecht kann die inländische Familienstiftung vom Einkommen einen Freibetrag iHv. € 5 000,–, jedoch höchstens iHd. Einkommens abziehen, gem. § 24 Satz 1 KStG. Neben einem **Körperschaftsteuersatz** von zz. **15 vH** gem. § 23 Abs. 1 KStG ist ggf. noch ein Solidaritätszuschlag iHv. 5,5 vH der festgesetzten Körperschaftsteuer abzüglich der Anrechnungs- und Vergütungsbeträge zu berücksichtigen, gem. § 2 Nr. 3 iVm. § 3 Abs. 1 Nr. 1 iVm. § 4 SolZG, sowie ggf. Gewerbesteuer.

c) Laufende Besteuerung der Destinatäre

28 Seit dem 1.1.2009[56] ersetzt die Abgeltungsteuer iHv. 25 vH (zzgl. Solidaritätszuschlag und ggf. Kirchensteuer) auf alle privaten Kapitalerträge und Veräußerungsgewinne (§§ 32d, 52a EStG) die Anwendung des Halb- bzw. Teileinkünfteverfahrens und damit die Besteuerung der ausgeschütteten Dividenden mit dem persönlichen Einkommensteuersatz. Die Möglichkeit der individuellen Veranlagung bleibt allerdings erhalten, wenn sie zu einer niedrigeren Steuer führt – sog. Günstigerprüfung.[57] Nur im Rahmen einer beantragten Günstigerprüfung würden die von der Familienstiftung ausgeschütteten Kapitalerträge in die Ermittlung des zu versteuernden Einkommens des Destinatäre einbezogen werden.[58]

29 **„Ausschüttungen"** der Familienstiftung an die Destinatäre sind – soweit sie Gewinnausschüttungen iSd. § 20 Abs. 1 Nr. 1 EStG wirtschaftlich vergleichbar sind – für die Empfänger **nach § 20 Abs. 1 Nr. 9 EStG** Einnahmen aus Leistungen einer nicht

---

[52] Vgl. § 149 Abs. 1 AO bspw. iVm. § 31 KStG iVm. § 25 Abs. 3 und 4 EStG.

[53] Dann idR bilanzierungspflichtig nach §§ 238 ff. HGB und steuerlich grds. sodann Gewinnermittlung durch Betriebsvermögensvergleich nach § 5 EStG.

[54] Unter § 1 Abs. 1 Nr. 5 KStG fallen nur nichtrechtsfähige Stiftungen, vgl. Blümich/*Rengers,* KStG, EL 130 Oktober 2015, § 1, Rn. 107. Die Zuordnung der rechtsfähigen Familienstiftung zu § 1 Abs. 1 Nr. 4 KStG bejahend R 1.1 Abs. 2 Satz 1 KStR 2015.

[55] Vgl. BMF v. 28.4.2003, BStBl. I 2003, 292 ff. [293] Tz. B. I.4.; § 8b Abs. 4 (Besteuerung der Streubesitzdividenden) und § 8b Abs. 7 (Sonderregelung als Finanzunternehmen theoretisch möglich) sind aber zu beachten, sa. Blümich/*Rengers,* KStG, EL 130 Oktober 2015, § 1, Rn. 91.

[56] Vgl. „Unternehmenssteuerreform 2008" mit Gesetz v. 14.8.2007, BGBl. I 2007, 1912 ff.

[57] Vgl. v. Campenhausen/Richter/*Richter,* Stiftungsrechts-Handbuch, 4. Aufl. 2014, § 13 Rz. 150.

[58] Vgl. § 32d Abs. 6, § 2 Abs. 5b EStG.

von der Körperschaftsteuer befreiten Stiftung und damit Einkünfte aus Kapitalvermögen.[59] Dies gilt nach § 20 Abs. 1 Nr. 9 Satz 2 EStG[60] auch für tatsächliche Ausschüttungen einer ausländischen Familienstiftung an inländische Destinatäre.[61]

30 Nach § 3 Nr. 40 Satz 1 Buchst. d EStG wären diese Einkünfte aus Kapitalvermögen iSd. § 20 Abs. 1 Nr. 9 EStG nach dem Teileinkünfteverfahren zu 40 vH steuerfrei, allerdings nur, soweit es sich für die Destinatäre letztendlich um nicht private Kapitalerträge handeln würde.[62] In der Praxis wird es aber auf Ebene des einzelnen Destinatärs kaum zur Einordnung als bspw. betriebliche Kapitalerträge kommen. Folglich werden diese „Ausschüttungen" an die Destinatäre als Einnahmen iSd. § 20 Abs. 1 Nr. 9 EStG regelmäßig dem Abgeltungsteuersatz iHv. 25 vH unterliegen. Soweit Ausschüttungen nach § 20 Abs. 1 Nr. 9 EStG zu besteuern sind, muss die Familienstiftung 25 vH Abgeltungsteuer für den Destinatär in Form von Kapitalertragsteuer abführen.[63]

31 § 20 Abs. 1 Nr. 9 Satz 1 HS. 2 EStG verweist ua. auf § 20 Abs. 1 Nr. 1 Satz 3 EStG. Danach gehören Bezüge (generell) nicht zu den Einnahmen, soweit sie aus Ausschüttungen einer Körperschaft stammen, für die Beträge aus dem steuerlichen Einlagekonto iSd. § 27 KStG als verwendet gelten. Die herrschende Meinung im Schrifttum[64] geht unter Hinweis auf § 27 Abs. 7 KStG mittlerweile davon aus, dass eine Familienstiftung ein steuerliches Einlagenkonto iSd. § 27 KStG zu führen hat. Dem ist mE. zuzustimmen. Nur so kann unterschieden und belegt werden, ob es sich bei Ausschüttungen von der Familienstiftung an ihre Destinatäre um Gewinnausschüttungen iSd. § 20 Abs. 1 Nr. 1 EStG wirtschaftlich vergleichbare Leistungen handelt oder letztlich um zurückgewährte Einlagen (Zurückzahlung der Erstausstattung und/oder von Zustiftungen). Während erstere Ausschüttungen grds. abgeltungsteuerpflichtig sein werden, wären letztere Ausschüttungen steuerlich irrelevant.

d) Zustiftung

32 Im Zusammenhang mit Zustiftungen, also mit der Übertragung von Vermögensgegenständen nach der Errichtung, stellt sich die grundlegende Frage, ob solche **Zustiftungen** bei Familienstiftungen körperschaftsteuerliche Einkünfte iSd. § 8 Abs. 1 KStG darstellen, oder ob es sich um Einlagen handelt. Das ist letztlich nach einkommensteuerlichen Grundsätzen zu beantworten. ME kann nur die Vermögens- und nicht die Ertragsebene berührt sein. Zustiftungen stellen keine Einkunftsquelle für die Familienstiftung dar, sondern sind vielmehr einer Einlage ähnlich. Es gelten die ertragsteuerlichen Ausführungen zur Errichtung der Stiftung.

e) Aufhebung

33 Eine Familienstiftung kann aufgehoben werden.[65] Die Aufhebung der Familienstiftung führt nicht zu einer allgemeinen Versteuerung eines Abwicklungsgewinns auf der

---

[59] Jedenfalls soweit die Destinatäre als Leistungsempfänger unmittelbar oder mittelbar Einfluss auf das Ausschüttungsverhalten der Stiftung nehmen, vgl. BFH v. 3.11.2010 – I R 98/09, BStBl. II 2011, 417 ff.; die FinVerw. ordnet diese Ausschüttungen vorbehaltslos § 20 Abs. 1 Nr. 9 EStG zu, vgl. BMF v. 27.6.2006 – IV B 7 – S 2252-4/06, BStBl. I 2006, 417. Die Zuordnung zu § 22 Nr. 1 Satz 2 HS 2 Buchst. a) EStG dürfte damit nachrangig sein. Vgl. auch MüKoBGB/*Weitemeyer* BGB § 80 Rz. 268.

[60] Eingeführt durch JStG 2010 vom 8.12.2010, BGBl. I S. 1768 ff. [1770].

[61] Soweit grds. ab 2009 Abschottungswirkung nach § 15 Abs. 6 AStG (Achtung: Im Verhältnis zum Fürstentum Liechtenstein grds. erst ab 2010 aufgrund § 15 Abs. 6 Nr. 2 AStG, ggf. noch nicht einmal dann nach FG Düsseldorf v. 22.1.2015 – 16 K 2858/13, ErbStB 2015, 158 f., NZB unbegründet gem. BFH v. 30.9.2015 – I B 23/15) greift wiederum die Besteuerung der tatsächlich zugeflossenen Kapitalerträge nach § 20 Abs. 1 Nr. 9 S. 2 EStG, möglicherweise zum 25%igen Abgeltungssteuersatz (§ 32d Abs. 2 EStG im Einzelfall prüfen).

[62] Also nur, wenn letztlich die Subsidiaritätsklausel eingreift und die Ausschüttungen vorrangig als eine andere Einkunftsart zu qualifizieren sind, vgl. § 3 Nr. 40 Satz 2 iVm. § 20 Abs. 8 EStG.

[63] Vgl. § 43 Abs. 1 Satz 1 Nr. 7a EStG, § 43a Abs. 1 Satz 1 Nr. 1 EStG, § 44 Abs. 1 Satz 3 EStG.

[64] Zusammenfassend *Kraft* DStR 2016, 2825, 2828 mwN; ausführlich *von Löwe* Familienstiftung und Nachfolgegestaltung, 2. Aufl. 2016, 2. Kap. Rz. 148 ff. mwN.

[65] Vgl. zB § 87 Abs. 1 BGB.

Ebene der Stiftung gem. § 11 Abs. 1 KStG. Diese Vorschrift gilt nur für Kapitalgesellschaften, Erwerbs- oder Wirtschaftsgenossenschaften sowie Versicherungsvereine auf Gegenseitigkeit iSd. § 1 Abs. 1 Nrn. 1 bis 3 KStG. So weit die Familienstiftung **gewerblich** tätig war, richtet sich die Besteuerung der Aufhebung dieser Stiftung nach § 16 EStG iVm. § 8 Abs. 1 KStG. Soweit die Familienstiftung Überschusseinkünfte erzielt hat, bestehen keine besonderen Besteuerungsregeln. Das Vermögen, das der Erzielung dieser **Überschusseinkünfte** diente, und etwaig vorhandene stille Reserven sind nicht steuerverstrickt und werden daher idR. auch nicht schlussbesteuert. Auf der Seite der Anfallsberechtigten ist die einmalige Vermögensauskehrung grds. nicht ertragsteuerpflichtig.[66] Es darf sich nur nicht um ausgezahlte Erträge handeln bzw. um Einnahmen aus Leistungen einer Familienstiftung iSd. § 1 Abs. 1 Nr. 4 KStG, die Gewinnausschüttungen wirtschaftlich vergleichbar sind und dem Destinatär im Rahmen einer Einkunftsart des § 2 Abs. 1 Satz 1 Nrn. 4 bis 7 EStG zufließen.

2. Schenkungsteuer

a) Errichtung

Der im Zuge der Errichtung einer Familienstiftung zu vollziehende Vermögens- 34
transfer, dem ein Stiftungsgeschäft unter Lebenden zu Grunde liegt, erfüllt den schenkungsteuerrechtlichen Besteuerungstatbestand des § 7 Abs. 1 Satz 1 Nr. 8 ErbStG. Die Ausstattung einer inländischen Familienstiftung unterfällt idR nicht der ungünstigen Steuerklasse III, sondern ist begünstigt durch ein **Steuerklassenprivileg.** Voraussetzung hierfür ist, dass es sich um eine Stiftung handelt, die wesentlich im Interesse einer Familie oder bestimmter Familien im Inland errichtet worden ist.[67] Rechtsfolge: Maßgebend ist für den Steuersatz und den persönlichen Freibetrag bei der Ausstattung dann das Verwandtschaftsverhältnis des nach der Stiftungsurkunde entferntest Berechtigten zu dem zuwendenden Stifter.[68]

Nach Ansicht der FinVerw. liegt eine schenkungsteuerliche – und dann steuerklas- 35
senprivilegierte – Familienstiftung vor, wenn nach der Satzung der Stifter, seine Angehörigen und/oder deren Abkömmlinge **zu mehr als der Hälfte** bezugs- (also ertrags-) berechtigt oder anfallsberechtigt sind,[69] also insoweit die Voraussetzungen einer außensteuerlichen Familienstiftung iSd. § 15 Abs. 2 AStG gegeben sind.[70] Ferner liegt auch dann nach Ansicht der Finanzverwaltung[71] und des BFH[72] eine Familienstiftung im schenkungsteuerlichen Sinne vor, wenn der Stifter, seine Angehörigen und/oder deren Abkömmlinge nur **zu mehr als einem Viertel** bezugs- (also ertrags-)berechtigt oder anfallsberechtigt sind **und zusätzlich** ein wesentliches Familieninteresse zu bejahen ist. Das wesentliche Familieninteresse kann zB. dadurch begründet werden, dass die Familie wesentlichen Einfluss auf die Geschäftsführung der Stiftung hat.[73]

Zu den **wesentlichen Familieninteressen** gehören auch Vermögensinteressen im 36
weitesten Sinne.[74] Die Stiftung dient diesen Vermögensinteressen dann wesentlich, wenn nach der Satzung oder dem Stiftungsgeschäft deren Wesen darin besteht, es den Familien zu ermöglichen, das Stiftungsvermögen, soweit es einer Nutzung zu privaten Zwecken zugänglich ist, zu nutzen oder die Stiftungserträge an sich zu ziehen. Das tatsächlich davon Gebrauch machen ist jedoch nicht entscheidend.

---

[66] Vgl. ausführlich dazu oben unter Rz. 31.
[67] Zum Ganzen *von Oertzen* in von Oertzen/Loose, ErbStG, 2017, § 1 ErbStG Rz. 59 ff.
[68] Vgl. § 15 Abs. 2 Satz 1 ErbStG.
[69] Dazu näher BMF v. 14.5.2004, BStBl. I 2004, 3 ff. (Anwendungsschreiben zum Außensteuergesetz), Tz. 15.2.1.
[70] Vgl. ErbStR 2011 E 1.2 Abs. 2 Satz 1.
[71] Vgl. ErbStR 2011 E 1.2 Abs. 2 Sätze 2 bis 4.
[72] Vgl. BFH v. 10.12.1997 – II R 25/94, BStBl. II 1998, 114 ff. [116]; weit auslegend BFH v. 18.11.2009 – II R 46/07, BFH/NV 2010, 898.
[73] Vgl. ErbStR 2011 E 1.2 Abs. 2 Satz 3.
[74] Vgl. dazu näher ErbStR 2011 E 1.2 Abs. 3.

37 Liegen diese Voraussetzungen vor und ist also für den Freibetrag und die Steuerklasse das Verwandtschaftsverhältnis der nach der Stiftungsurkunde entferntesten Berechtigten zum Schenker bei der Ausstattung zu Grunde zu legen, so ist bei der Bestimmung des entferntest Berechtigten auf **sämtliche potenziell Berechtigten** künftiger Generationen abzustellen.[75] Bei der Satzungsgestaltung kann also Einfluss auf die Steuerklasse bei der Ausstattung der Familienstiftung genommen werden. Sind bspw. auch Schwiegerkinder bezugsberechtigt, so vollzieht sich die Ausstattung der Stiftung schon in der Steuerklasse II.

38 Das Steuerklassen- und Freibetragsprivileg greift nur für Zuwendungen **anlässlich der Errichtung** der Familienstiftung, jedoch grundsätzlich nicht für spätere Zuwendungen sowie für Zuwendungen anderer Personen.[76] Solche Zustiftungen werden als gewöhnliche Schenkungen erfasst und sind steuerbar gem. § 7 Abs. 1 Satz 1 Nr. 1 ErbStG[77] und unterliegen der Besteuerung nach Steuerklasse III.[78] ME. sollte das Steuerklassenprivileg des § 15 Abs. 2 Satz 1 ErbStG jedoch dann eingreifen, wenn der Stifter sich im Stiftungsgeschäft bereits zu feststehenden späteren Zuwendungen verpflichtet hat.[79] Eine solche Gestaltung sollte aber vor der Umsetzung durch eine verbindliche Auskunft bei der zuständigen Finanzbehörde[80] abgesichert werden.

39 Das **Erbschaft- und Schenkungsteuerrecht** ist mehrfach reformiert worden.[81] Für die Ausstattung der inländischen Familienstiftung mit betrieblichem Vermögen können die Vergünstigungen der §§ 13a, 13b, 13c ErbStG nF. genutzt werden. Das Vergünstigungskonzept ist nunmehr mehrstufig strukturiert. Schwerpunkt der Steuerbegünstigung für betriebliches Vermögen ist **weiterhin die sog. Verschonungsbegünstigung,** die in der Grundvariante 85 vH des begünstigten[82] Vermögens steuerfrei stellt (§ 13a Abs. 1 ErbStG) und in der Optionsvariante 100 vH (§ 13a Abs. 10 ErbStG). Eine praxisrelevante Verschärfung hat sich durch den **Wegfall des sog. „Alles-oder-Nichts"-Prinzips** ergeben. Danach ist sog. Verwaltungsvermögen von vornherein nicht begünstigt, unabhängig von dem Erreichen einer bestimmten Grenze. Zudem werden keine Vergünstigungen hiernach gewährt, wenn das Verwaltungsvermögen mindestens 90 vH des gemeinen Werts des begünstigungsfähigen Vermögens beträgt.[83] Generell ist zu beachten, dass es unterschiedliche gesetzliche Ermittlungsvorgaben für den Begriff des Verwaltungsvermögens gibt, je nachdem, in welchem Regelungskontext man sich befindet.[84]

40 Welche Vermögensgegenstände zum **Verwaltungsvermögen** gehören, wird weiterhin enumerativ in § 13b Abs. 4 ErbStG aufgezählt (etwa an Dritte vermietete Grundstücke, Wertpapiere und vergleichbare Forderungen, Finanzmittel soweit 15vH des Gemeinen Werts des Betriebsvermögens des Betriebes übersteigend iSd § 13b Abs. 4 Nr. 5 ErbStG nF.). Die Prüfung der Qualifikation als Verwaltungsvermögen hat dabei grds. auf den Besteuerungszeitpunkt zu erfolgen. Zudem ist die vollumfängliche Gewährung des Verschonungsabschlages weiterhin an die Befolgung bestimmter

---

[75] Vgl. ErbStR 2011 E 15.2 Abs. 1 Satz 2; FinVerw. zu weit, so v. Campenhausen/Richter/*Richter* § 13 Rz. 70.

[76] Vgl. BFH v. 9.12.2009 – II R 22/08, BStBl. II 2010, 363 f., 364.

[77] Jedenfalls soweit die Stiftung darüber frei verfügen kann. Insgesamt vgl. *Stein* in von Oertzen/Loose, ErbStG, 2017, § 15 ErbStG Rz. 58 ff. mwN.

[78] Vgl. ErbStR 2011 E 15.2 Abs. 3.

[79] Siehe hierzu näher die Einzelerläuterungen unter Rz. 68 zum Stiftungsgeschäft.

[80] Inzwischen gesetzlich geregelt in § 89 Abs. 2 AO, vgl. zudem Tz. 3 ff. AEAO zu § 89.

[81] Vgl. die letzten beiden großen Reformen durch Erbschaftsteuerreformgesetz 2009 (ErbStRG) v. 24.12.2008, BGBl. I 2008, 3018 ff. mW zum 1.1.2009 mit seitdem jährlichen „Nachbesserungen" sowie Gesetz zur Anpassung des Erbschaftsteuer- und Schenkungsteuergesetzes an die Rechtsprechung des Bundesverfassungsgerichts vom 4.11.2016, BGBl. I 2016, 2464 ff.

[82] Das begünstigte Vermögen ist seit der Unternehmenserbschaftsteuerreform aus dem begünstigungsfähigen Vermögen herauszufiltern gem. § 13b Abs. 2 ErbStG nF.

[83] Vgl. § 13b Abs. 2 Satz 2 ErbStG nF.; aufgrund der gesetzlichen Ermittlungsmethodik ist diese Grenze überraschenderweise selbst bei operativen Gesellschaften recht schnell erreicht, was in der Praxis ein exorbitantes Problem darstellt und Handlungsbedarf erweckt.

[84] ZB. in § 13a Abs. 10 ErbStG nF zu § 13b Abs. 2 Satz 2 ErbStG nF., wiederum anders zu § 13b Abs. 6 ErbStG nF.

Wohlverhaltensregeln geknüpft und fällt ggf. mit Rückwirkung weg (§ 13a Abs. 6 ErbStG nF.), wenn gegen die entsprechenden Voraussetzungen – Lohnsummenregelungen und Behaltensfrist – verstoßen wird. Ferner kann bei Erwerben von Todes wegen eine Erbschaftsteuer auf begünstigtes Vermögen auf Antrag bis zu sieben Jahren gestundet werden, gem. § 28 Abs. 1 ErbStG nF. Die Steuer entsteht bei der Errichtung der Stiftung durch Stiftungsgeschäft unter Lebenden mit der Übertragung des Vermögens auf die Stiftung.[85]

Bei Erwerben von begünstigtem Vermögen binnen 10 Jahren über € 26 Mio. werden grds. keine Vergünstigungen mehr gewährt. Auf Antrag kann jedoch in diesen Fällen das **sog. Abschmelzungsmodell** angewendet werden, wonach sich der 85 vH-Regelverschonungsabschlag bzw. der 100 vH-Optionsverschonungsabschlag um jeweils 1 vH für jede € 750000,– (über € 26 Mio.) verringert (§ 13c ErbStG nF); dies gilt auch für Familienstiftungen.[86] Diese € 26 Mio.-Grenze iSd. § 13a Abs. 1 Satz 1 ErbStG nF. ist eine erwerberbezogene Grenze, gilt also für jeden einzelnen Erwerber. Daraus kann sich der Einsatz der Familienstiftung als Nachfolgeinstrumentarium verstärkt rechtfertigen.[87] Mit einer Familienstiftung kann die Anzahl der Erwerber erhöht werden.

Nützt der Einsatz bspw. einer Familienstiftung – oder mehrerer Familienstiftungen nach Stämmen – für die Beibehaltung des Verschonungsmodells oder im Zuge des Abschmelzungsmodells nichts, so liegt sodann das Hauptaugenmerk bei der Implementierung einer Familienstiftung im Rahmen des **sog. Erlassmodells nach § 28a ErbStG nF.** Im Rahmen einer sog. Verschonungsbedarfsprüfung für Großvermögen kann auf Antrag die auf das begünstigte Vermögen entfallende Erbschaftsteuer – widerruflich[88] – erlassen werden, soweit der Erwerber die Erbschaftsteuer aus seinem verfügbaren Vermögen nicht begleichen kann (§ 28a Abs. 1 ErbStG nF). Klar muss allen Beteiligten sein, dass hiernach überhaupt keine Vergünstigungen mehr gewährt werden und die Erbschaftsteuer „nur" nicht erhoben wird, wenn der Erwerber nicht in der Lage ist, aus seinem zur Zahlung einsetzbaren verfügbaren Vermögen die Erbschaftsteuer begleichen zu können. Das verfügbare Vermögen ist gesetzlich definiert.[89] Das Erlassmodell ist nur möglich, wenn nicht bereits das Abschmelzungsmodell beantragt worden ist.[90] Das Erlassmodell gilt auch für Familienstiftungen.[91] Nach A 28a.6 AEErbSt 2017 kommt die Verschonungsbedarfsprüfung des § 28a ErbStG auch beim Vermögensübergang aufgrund eines Stiftungsgeschäfts unter Lebenden in Betracht.

Die ersten Erfahrungen zeigen, dass das Abschmelzungsmodell wenig praxisrelevant sein wird und daher – trotz des exorbitanten Ermittlungs- und Überwachungsaufwandes – das Erlassmodell in der Praxis für etliche Großvermögen der Königsweg sein wird. Hier sind verschiedene Gestaltungsvarianten denkbar. Bspw. könnte der angedachte Unternehmensnachfolger sich verarmen, um möglichst wenig verfügbares Vermögen im Zeitpunkt des Erwerbs und den nachfolgenden zehn Jahren zu haben. Dazu könnte eine Familienstiftung hilfreich sein, um darin das verfügbare Vermögen – allerdings grds. endgültig – auszulagern. Umgekehrt wäre es möglich, die zu errichtende Familienstiftung zu Lebzeiten bzw. von Todes wegen ausschließlich mit begünstigtem Vermögen auszustatten; mit dem Einsatz einer **Familienstiftung als Unternehmensnachfolgerin** kann gut gesteuert werden, dass sie kein zusätzliches verfügbares Vermögen erhält und ihr somit die Erbschaftsteuer auf das begünstigte Vermögen auf Antrag erlassen werden kann.

---

[85] Vgl. § 9 Abs. 1 Nr. 2 ErbStG.

[86] Vgl. § 13c Abs. 3 ErbStG nF.

[87] Zum Ganzen für viele *Theuffel-Werhahn* ZEV 2017, 17; *Wachter,* FR 2017, 69 (Teil 1) und 130 (Teil 2); *Blusz* DStR 2017, 1016 mwN.

[88] Vgl. § 28a Abs. 4 ErbStG nF.

[89] Vgl. § 28a Abs. 2 ErbStG 6 nF.

[90] Vgl. § 28a Abs. 8 ErbStG nF.

[91] Vgl. § 28a Abs. 7 ErbStG nF sowie koordinierter Ländererlass vom 22.6.2017, BStBl. I, 902 (AEErbSt 2017).

b) Laufende Besteuerung

41 Satzungsmäßige Zuwendungen der Familienstiftung an die Destinatäre unterliegen nicht der Schenkungsteuer.[92] Eine Zuwendung auf Grund einer in der Satzung begründeten Rechtspflicht erfolgt nicht freigebig iSd. § 7 Abs. 1 Satz 1 Nr. 1 ErbStG. Soweit allerdings eine Zuwendung an die Destinatäre außerhalb der Satzung erfolgt, fällt Schenkungsteuer in Steuerklasse III an.[93]

42 Unabhängig davon, ob die Familienstiftung zu Lebzeiten oder von Todes wegen errichtet worden ist, unterliegt sie mit ihrem Vermögen alle 30 Jahre ab dem Zeitpunkt des ersten Übergangs von Vermögen auf die Stiftung[94] der **Erbersatzsteuer** gem. § 1 Abs. 1 Nr. 4 ErbStG. Sind die Voraussetzungen einer Familienstiftung erfüllt, ist das gesamte zum Stichtag vorhandene Vermögen, also auch zwischenzeitliche Vermögensmehrungen und Zustiftungen, erbersatzsteuerpflichtig.[95] Dabei wird der doppelte Freibetrag nach § 16 Abs. 1 Nr. 2 ErbStG und der Steuersatz der Steuerklasse I zu Grunde gelegt, der für die Hälfte des steuerpflichtigen Vermögens gelten würde.[96] Dadurch wird periodisch die Vererbung des Vermögens innerhalb einer Zwei-Kind-Familie fingiert. Gemäß § 10 Abs. 7 ErbStG sind Leistungen an die Bezugsberechtigten im Rahmen der Ermittlung des steuerpflichtigen Erwerbs nicht abzugsfähig.

43 Nach § 13a Abs. 11 ErbStG nF gelten die schenkung- und erbschaftsteuerlichen Vergünstigungen für unternehmerisches Vermögen auch im Rahmen der Erbersatzsteuer. Ferner kann die **Stundung** für Erwerbe von Todes wegen hinsichtlich begünstigten Vermögens beantragt werden.[97] Im Übrigen gelten die „normalen" Steuerbefreiungen, Freibeträge und Freigrenzen. Nach § 24 ErbStG kann die Erbersatzsteuer auch in 30 gleichen Jahresraten zu einem Zinssatz von 5,5 vH getilgt werden. Diese verrentete Erbersatzsteuer darf bei der Körperschaftsteuer nicht abgezogen werden.[98]

44 Eine Familienstiftung wird – außerhalb einer Unternehmensnachfolge – grundsätzlich nicht zur Steueroptimierung errichtet. Allerdings ist Folgendes zu beachten: Neben den Tatsachen, dass sich ein Generationswechsel oftmals schneller als im 30-Jahre-Rhythmus vollzieht sowie die durchschnittliche Kinderzahl in Deutschland unter zwei und damit unter dem Freibetragsvolumen im Rahmen der Erbersatzsteuer[99] liegt, **kann** die **Erbersatzsteuer** zudem ggf. **reduziert werden** durch:

- Nutzung der Vergünstigungen nach den §§ 13a, 13b, 13c ErbStG nF. bei Beachtung der Nachsteuerperiode gem. § 13a Abs. 5 ErbStG,
- erhöhte „Ausschüttung" an Destinatäre,
- vorzeitige Auflösung der Familienstiftung,
- Errichtung mehrerer Stiftungen zugunsten einzelner Destinatäre bzw. Familienstämme zwecks Brechens der Progression und Vervielfältigung der Freibeträge.[100]

45 Für den Fall, dass auch familienfremde Dritte zum Kreis der Destinatäre gehören, ist generell darauf zu achten, dass Familienmitglieder zu mehr als der Hälfte bezugs- bzw. anfallsberechtigt sind bzw. zumindest zu mehr als einem Viertel, wenn im letzteren Fall das wesentliche Familieninteresse bspw. durch dauerhaften Einfluss auf die Ge-

[92] Vgl. zivilrechtlich zur Einordnung auch vertraglicher Leistungen lehrreich *Muscheler* NJW 2010, 341, anlässlich BGH v. 7.10.2009 – Xa ZR 8/08, ZEV 2010, 100; schenkungsteuerlich gibt es in § 7 Abs. 1 Nr. 9 Satz 1 ErbStG gerade keinen „Erwerb durch Zwischenberechtigte" wie in § 7 Abs. 1 Nr. 9 Satz 2 ErbStG bei Vermögensmassen ausländischen Rechts.

[93] Zur Frage, wer bei Vorgängen auf Tochterebene der Stiftung bereichert und damit Erwerber ist, vgl. BFH v. 9.7.2009 – II R 47/07, DStR 2009, 2590.

[94] Vgl. § 9 Abs. 1 Nr. 4 ErbStG.

[95] Der BFH hat mit Urteil v. 25.1.2017 – II R 26/16, DStR 2017, 597 die Diskussion beendet, ob eine nichtrechtsfähige privatnützige Stiftung erbersatzsteuerpflichtig iSd. § 1 Abs. 1 Nr. 4 ErbStG sein kann, indem er dies verneint hat. Noch anders die Vorinstanz FG Köln v. 25.5.2016 – 7 K 291/16, DStRE 2016, 1304.

[96] Vgl. § 15 Abs. 2 Satz 3 ErbStG.

[97] Vgl. § 28 Abs. 2 ErbStG nF.

[98] Vgl. § 10 Nr. 2 KStG, vgl. BFH vom 14.9.1994, BStBl. II 1995, 207.

[99] Vgl. § 15 Abs. 2 Satz 3 ErbStG.

[100] Zum Ganzen auch *Stein* in von Oertzen/Loose, ErbStG 2017, § 15 ErbStG, Rz. 125 mwN.

schäftsführung gewährleistet ist. Denn die Finanzverwaltung sieht in einer **Absenkung der Wesentlichkeitsgrenze** für die Familienbegünstigung eine Aufhebung der Familienstiftung und die Errichtung einer neuen Stiftung, deren Erwerb grds. der Besteuerung nach Steuerklasse III unterliegt.[101] Nur bei einer Umqualifizierung in eine gemeinnützige Stiftung greift dann die Steuerbefreiung des § 13 Abs. 1 Nr. 16 Buchst. b ErbStG. Zu beachten ist dann aber wiederum der rückwirkende Wegfall der Steuerbefreiung, wenn die Gemeinnützigkeit unter Verstoß des Vermögensbindungsgrundsatzes des § 61 AO innerhalb der nächsten zehn Jahre endet.[102]

c) Zustiftung

Nach Ansicht der Finanzverwaltung unterliegen Zustiftungen **stets** der **Steuerklasse III,** auch wenn sie vom Stifter selbst stammen.[103] Dies gilt auch, wenn der Zuwendende selbst der nach dem Stiftungszweck einzige Begünstigte ist.[104] Wenn insoweit eine Auflage zur satzungsmäßigen Verwendung (Begünstigung des Destinatärs) vorliegt, könnte diese Auflage bei der Stiftung nicht abzugsfähig sein, gem. § 10 Abs. 9 ErbStG.[105] Soweit die Zustiftung jedoch auf der Grundlage einer nicht satzungszweckkonformen Auflage nicht satzungsgemäß weitergeleitet wird, wäre mindestens für diesen Fall der Wortlaut des § 10 Abs. 9 ErbStG mE teleologisch zu reduzieren und die Auflage abzugsfähig, da sodann der Vermögensanfall aus der Auflagenerfüllung für den Begünstigten schenkungsteuerpflichtig ist.[106] **46**

Alternativ zu einer sofortigen Festlegung im Stiftungsgeschäft[107] kann es sinnvoll sein, eine spätere Zustiftung in eine neue Stiftung einzubetten. Diese neue Stiftung kann uU nach Anerkennung durch die Aufsichtsbehörde mit der alten Stiftung verschmolzen werden. Bei einem Stiftungsgeschäft und einer späteren Zustiftung an dieselbe Stiftung innerhalb von zehn Jahren, ist die Zusammenrechnung der Erwerbe nach § 14 ErbStG zu beachten. **47**

d) Aufhebung

Nach § 1 Abs. 1 Nr. 2, § 7 Abs. 1 Nr. 9 ErbStG ist die Aufhebung der Familienstiftung schenkungsteuerbar.[108] Es wird der Vermögensanfall bei den einzelnen Anfallsberechtigten besteuert. Die Steuerklasse richtet sich nach dem Verwandtschaftsverhältnis des Anfallsberechtigten zum Stifter. Nach § 15 Abs. 2 Satz 2 ErbStG gilt **im Falle des § 7 Abs. 1 Nr. 9 Satz 1 ErbStG** als Schenker der Stifter. Nach Ansicht des BFH[109] gilt § 15 Abs. 2 Satz 2 ErbStG aber nur für die Bestimmung der Steuerklasse, nicht aber für die Person des Zuwendenden. Entgegen der Ansicht des FG Ddorf[110] ist das bei der Aufhebung einer Stiftung von den Anfallsberechtigten erworbene Vermögen nicht entsprechend den Anteilen der Stifter an dem der Stiftung übertragenen Vermögen in zwei Erwerbe aufzuteilen, es ist nur für die Bestimmung der Steuerklasse auf das jeweilige Verhältnis des Anfallsberechtigten zu den Stiftern abzustellen.[111] Soweit der Stifter selbst der Anfallsberechtigte ist, kann der Vermögensrückfall nicht steuerfrei bleiben bzw. zu einer Erstattung der bei Erstausstattung gezahlten Schenkungsteuer führen. **48**

---

[101] Vgl. ErbStR 2011 E 1.2 Abs. 4 Satz 2.
[102] Vgl. § 13 Abs. 1 Nr. 16 Buchst. b Satz 2 ErbStG.
[103] Vgl. ErbStR 2011 E 15.2 Abs. 3.
[104] So richtig BFH v. 9.12.2009, II R 22/08, BStBl. II 2010, 363 ff.
[105] Vgl. *Fumi* in von Oertzen/Loose, ErbStG 2017, § 10 ErbStG, Rz. 96 aE.
[106] Im Übrigen ist § 10 Abs. 7 ErbStG zu beachten.
[107] Vgl. dazu oben unter Rz. 39.
[108] Vgl. zur etwaigen Doppelbelastung mit Einkommensteuer über § 20 Abs. 1 Nr. 9 EStG kritisch *Meilicke* DStR 2017, 227 ff. zum anhängigen BFH-Verfahren VIII R 30/15 (bejahend Vorinstanz FG Baden-Württemberg v. 3.3.2015 – 5 K 3703/11).
[109] Vgl. BFH v. 25.11.1992 – II R 77/90, BStBl. II 1993, 238 ff. [239].
[110] FG Düsseldorf v. 10.1.2007, EFG 2007, 533.
[111] Vgl. BFH v. 30.11.2009, II R 6/07, BStBl. II 2010, 237 ff.

49 Die Änderung des Stiftungscharakters einer Familienstiftung durch Satzungsänderung gilt erbschaftsteuerlich als Errichtung einer neuen Familienstiftung gem. § 7 Abs. 1 Nr. 8 ErbStG. Dies soll uU auch für die Erweiterung des Kreises der Destinatäre gelten. Die durch die Satzungsänderung entstandene „neue" Stiftung gilt als Erwerber des Vermögens der „bisherigen" Stiftung. Die Aufhebung der bisherigen Stiftung wird dagegen im Aufhebungszeitpunkt nicht gesondert besteuert. Für die „neue" Familienstiftung beginnt eine neue 30-Jahresfrist für die Entstehung der Erbersatzsteuer.[112]

50 **Gezahlte Erbersatzsteuer**[113] kann im abgestuften Umfang bei zeitnaher Aufhebung der Stiftung nach der Entstehung der Erbersatzsteuer angerechnet werden.[114] Der Anrechnungsbetrag beträgt 50 vH, wenn seit der Entstehung der anrechenbaren Steuer nicht mehr als zwei Jahre vergangen sind und 25 vH, wenn seit der Entstehung der anrechenbaren Steuer mehr als zwei Jahre, aber nicht mehr als vier Jahre vergangen sind.

3. Sonstige Steuern

a) Umsatzsteuer

51 Die Familienstiftung kann als rechtsfähige Stiftung des Privatrechts selbst unternehmerische Tätigkeiten ausüben und als Unternehmer iSd. § 2 Abs. 1 UStG umsatzsteuerbare und umsatzsteuerpflichtige Umsätze iSd. § 1 Abs. 1 UStG ausführen. Das umsatzsteuerliche Unternehmen der Familienstiftung umfasst dann ihre gesamte gewerbliche Tätigkeit.[115] Es gelten also die allgemeinen Regeln des UStG für Familienstiftungen, soweit sie iSd. § 2 Abs. 1 UStG unternehmerisch tätig werden. Zuwendungen, die auf Grund der Bestimmungen in der Satzung erfolgen, unterfallen mangels Gegenleistung des Begünstigten jedoch nicht der Umsatzsteuer.

52 Die Umsatzsteuer ist ferner zu beachten, wenn der Stifter die Familienstiftung mit Wirtschaftsgütern aus seinem Unternehmen ausstattet. Allerdings wird es sich bei der Übertragung von Grundbesitz regelmäßig um eine **nicht steuerbare Geschäftsveräußerung im Ganzen** gemäß § 1 Abs. 1a UStG handeln. Eine solche liegt vor, wenn ein Unternehmen oder ein in der Gliederung eines Unternehmens gesondert geführter Betrieb im Ganzen entgeltlich oder unentgeltlich übereignet oder in eine Gesellschaft eingebracht wird. Bei Grundstücken sind die Voraussetzungen zumeist erfüllt, wenn sie zusammen mit den Mietverträgen übergehen.[116] Dann muss der Erwerber die Vorsteuerkorrekturperiode des § 15a UStG beachten. Bei einer Geschäftsveräußerung wird der **maßgebliche Berichtigungszeitraum nicht unterbrochen.**[117] Dies gilt auch dann, wenn der Erwerber durch die Übertragung erst seine unternehmerische Tätigkeit beginnt.[118] Werden die Voraussetzungen des § 1 Abs. 1a UStG nicht erfüllt, kommt es beim Zuwendenden idR zu einer umsatzsteuerlichen Nachversteuerung.[119]

b) Grunderwerbsteuer

53 Im Rahmen der Ausstattung ist die unentgeltliche Grundstücksübertragung als Grundstücksschenkung unter Lebenden nach § 3 Nr. 2 GrEStG von der Grunderwerbsteuer befreit. So weit aber eine gemischte Schenkung vorliegt oder eine Schen-

---

[112] Vgl. so zum Ganzen ErbStR 2011 E 1.2 Abs. 4.
[113] S. o. zur laufenden Besteuerung.
[114] Vgl. § 26 ErbStG.
[115] Vgl. § 2 Abs. 1 Satz 2 UStG.
[116] Vgl. A 1.5 Abs. 3 Satz 2 UStAE v. 1.10.2010 (BStBl. I S. 846); s.a. BFH v. 18.1.2012 – XI R 27/08, DStR 2012, 516mwN., nachfolgend zu EuGH v. 10.11.2011 – C-444/10 „Schriever", DStR 2011, 2196.
[117] Vgl. § 15a Abs. 10 UStG.
[118] Vgl. A 1.5 Abs. 1 Satz 1 UStAE.
[119] Gestaltungshinweise bei *Müller* ErbStB 2003, 270 [271 f.].

kung unter Leistungsauflage, fällt insoweit Grunderwerbsteuer an. Dies gilt auch, sofern unter einer **Auflage** übertragen wird.[120] Werden Anteile an Gesellschaften übertragen, in deren Vermögen sich Grundbesitz befindet, ist ebenfalls eine **Grunderwerbsteuerbelastung** zu prüfen.[121]

c) Gewerbesteuer

Die Familienstiftung gilt nicht als Gewerbebetrieb kraft Rechtsform. Die Stiftung ist daher **nur gewerbesteuerpflichtig, soweit** sie einen wirtschaftlichen Geschäftsbetrieb iSd. § 2 Abs. 3 GewStG unterhält oder einen Gewerbebetrieb nach § 2 Abs. 1 GewStG. Die Gewerbesteuerpflicht beginnt bei der privatnützigen Familienstiftung als sonstige juristische Person des privaten Rechts bei Vorliegen aller anderen Voraussetzungen mit der Aufnahme eines wirtschaftlichen Geschäftsbetriebs,[122] also frühestens mit der Anerkennung als rechtsfähige Stiftung. Es wird derzeit ein Freibetrag iHv. € 5 000,– gewährt, gem. § 11 Abs. 1 Satz 3 Nr. 2 GewStG. **54**

4. Steuerliche Aspekte bei Errichtung von Todes wegen

Der Vermögenstransfer auf eine Stiftung von Todes wegen ist gem. § 3 Abs. 2 Nr. 1 ErbStG erbschaftsteuerbar. Die Steuer entsteht bei der Errichtung der Stiftung von Todes wegen **mit dem Zeitpunkt der Anerkennung** der Stiftung.[123] **55**

Auf Grund der rechtlichen Maßgabe, dass für die Erbschaftsteuer die Vermögensverhältnisse im Zeitpunkt der Anerkennung der Stiftung und nicht im Zeitpunkt des Todes des Stifters maßgebend sind, eröffnen sich für einen zB eingesetzten Testamentsvollstrecker Gestaltungsmöglichkeiten: Bei der Schaffung von Betriebsvermögen zwischen Tod des stiftenden Erblassers und der Anerkennung der Stiftung ist fraglich, ob die **Betriebsvermögensbegünstigungen, ua. der §§ 13a bis 13c ErbStG nF,** anzuwenden sind. Dagegen spricht, dass die §§ 13a, 13b ErbStG aF nach historischer Auffassung der FinVerw. vorausgesetzt haben, dass sowohl beim Erblasser als auch bei der Stiftung schon begünstigtes Betriebsvermögen iSd. §§ 13a, 13b ErbStG aF existiert haben muss.[124] **56**

Im Gegensatz zu anderen Erbschaftsteuertatbeständen ist allerdings gerade nicht der Zeitpunkt des Todes des Erblassers, sondern der Zeitpunkt der Anerkennung der Stiftung maßgebend. Zu diesem maßgeblichen **Zeitpunkt** ist ggf. durch Maßnahmen des Testamentsvollstreckers die **Eigenschaft** als begünstigungsfähiges Vermögen gegeben. ME ist die Forderung, dass bereits beim stiftenden Erblasser Betriebsvermögen bestanden haben muss, fragwürdig, weil im Falle der Errichtung einer Stiftung von Todes wegen gesetzlich ausdrücklich ein gesonderter Zeitpunkt für die Entstehung der Steuer festgelegt worden ist. Dieser Zeitpunkt, nämlich mit Anerkennung der Stiftung, muss auch für die Frage gelten, ob begünstigtes Betriebsvermögen vorliegt. Es besteht kein zwingender Grund für ein Auseinanderfallen der Zeitpunkte für die Steuerentstehung einerseits und für die Anwendung der Verschonungsregelungen andererseits. Selbstverständlich sind – bejaht man für die Beurteilung von begünstigungsfähigem Vermögen die Stichtagsbetrachtung zum Zeitpunkt der Anerkennung – alle gesetzlichen Anforderungen wie bspw. junges Verwaltungsvermögen und junge Finanzmittel zu beachten. Im Übrigen bleibt festzuhalten, dass die allgemeinen Grundsätze zur mittelbaren Grundstücksschenkung auch beim Übergang von Vermögen auf eine Stiftung gelten.[125] **57**

---

[120] Vgl. § 3 Nr. 2 Satz 2 GrEStG.
[121] Vgl. Boruttau/*Meßbacher-Hönsch* GrEStG, 18. Aufl. 2016, § 3 Rz. 951 ff. mwN.
[122] Vgl. GewStR 2009 2.5 Abs. 3.
[123] Vgl. § 9 Abs. 1 Nr. 1 Buchst. c ErbStG.
[124] Zur Rechtslage bis 2008 vgl. R 51 Abs. 1 Satz 1 ErbStR aF; R 53 Abs. 1 Satz 1 ErbStR aF; R 55 Abs. 2 ErbStR aF.
[125] Vgl. FG Rheinland-Pfalz v. 19.3.1998 – 4 K 2887/97, ZEV 1998, 199.

5. Exkurs: Steuerliche Aspekte einer ausländischen Familienstiftung

58 Eine Familienstiftung mit Sitz im Ausland ist in Deutschland nicht unbeschränkt steuerpflichtig. Allerdings werden nach **§ 15 Abs. 1 AStG** die Einkünfte (und Vermögen) einer Familienstiftung unabhängig von tatsächlichen Zuflüssen auch im Thesaurierungsfall entweder dem in Deutschland unbeschränkt steuerpflichtigen Stifter zur Gänze oder subsidiär den Bezugs- und Anfallsberechtigten anteilig zugerechnet.[126] Mit dem AmtshilfeRLUmsG[127] ist über § 15 Abs. 8 AStG nF normiert worden, dass die nach § 15 Abs. 1 AStG zuzurechnenden Einkünfte zu den Einkünften nach § 20 Abs. 1 Nr. 9 EStG gehören; allerdings gilt dies erst ab dem Veranlagungszeitraum 2013.[128] Die **Zurechnung der Einkünfte** der als Familienstiftung iSd. § 15 Abs. 2 AStG zu qualifizierenden Körperschaft setzt voraus, dass der Stifter bzw. die Bezugs- und Anfallsberechtigten im Zurechnungszeitpunkt in Deutschland entweder unbeschränkt oder erweitert beschränkt steuerpflichtig sind.[129]

59 Diese fingierte Einkünftezurechnung nach der nationalen Vorschrift des § 15 AStG[130] ist bis heute im Hinblick auf ihre **Europarechtskonformität** mehrmals nachgebessert worden.[131] Die Vorschrift des § 15 Abs. 6 AStG ist durch das JStG 2009 eingefügt worden.[132]

60 **Nach § 15 Abs. 6 AStG** erfolgt – zusammenfassend – keine Zurechnung der Einkünfte nach § 15 Abs. 1 AStG von Familienstiftungen mit Sitz und Geschäftsleitung in einem Mitgliedsstaat der EU oder der EWR, wenn (kumulativ) nachgewiesen wird, dass das Stiftungsvermögen dem Stifter und seinen Destinatären **rechtlich und tatsächlich entzogen** ist sowie zwischen der Bundesrepublik Deutschland und dem Ansässigkeitsstaat der Familienstiftung die Möglichkeit der Auskunftserteilung (Amtshilfe aufgrund Amtshilferichtlinie gemäß § 2 Abs. 2 EU-Amtshilfegesetz oder einer vergleichbaren zwei- oder mehrseitigen Vereinbarung) zwecks Durchführung der Besteuerung besteht.

61 In jedem Einzelfall sind die Voraussetzungen für eine Abschottung genau zu prüfen. So ist bspw. ein Abkommen über den Informationsaustausch in Steuersachen zwischen der Bundesrepublik Deutschland und dem Fürstentum Liechtenstein in Kraft getreten,[133] welches zumindest nach der Rechtsprechung den Anforderungen des § 15 Abs. 6 Nr. 2 AStG nicht genügt,[134] so dass ohne Mandatsvertrag und damit ohne Weisungsbefugnis ab 2010 trotzdem ggf. noch keine Abschottungswirkung erzielt werden konnte.

62 Eine brisante und praktisch sehr bedeutsame Frage ist derzeit noch beim BFH anhängig, nämlich ob es sich bei ordentlichen Ausschüttungen einer schweizerischen Familienstiftung an Familienangehörige in Deutschland schenkungsteuerrechtlich um den Erwerb durch Zwischenberechtigte iSd § 7 Abs. 1 Satz 2 ErbStG handelt.[135] Die

---

[126] Vgl. profiskalisch dazu – in Abweichung zu dieser ertragsteuerlichen Transparenzfiktion – bspw. die Schenkungsteuertatbestände des § 7 Abs. 1 Nrn. 8 und 9 Sätze 2 ErbStG; zum Verhältnis zu § 20 Abs. 1 Nr. 9 EStG vgl. oben Rz. 29.

[127] Vgl. AmtshilfeRLUmsG v. 26.6.2013, BGBl. I 2013, 1809.

[128] Vgl. § 21 Abs. 21 Satz 4 AStG.

[129] BFH v. 5.11.1992 – I R 39/92, BStBl. II 1993, 388 ff. [389]; BMF v. 14.5.2004, BStBl. I Sondernr. 1/2004, 3 ff.; Tz. 15.1.2. und 15.1.3.

[130] Zur Beteiligung einer ausländischen Familienstiftung an einer inländischen Personengesellschaft vgl. BFH v. 8.4.2009 – I B 223/08, IStR 2009, 503 ff.

[131] JStG 2009 v. 19.12.2008, BGBl. I 2008, 2794 ff. [2826] sowie AmtshilfeRLUmsG v. 26.6.2013, BGBl. I 2013, 1809; vor der Neufassung durch das AmtshilfeRLUmsG v. 26.6.2013 handelte es sich im Übrigen noch um eine Einkommenszurechnung (statt Einkünfte).

[132] AaO; erstmals grds. ab VZ 2009 anzuwenden, § 21 Abs. 18 Satz 1 AStG.

[133] Vgl. das Abkommen zwischen DE und FL über die Zusammenarbeit und den Informationsaustausch in Steuersachen v. 2.9.2009, verkündet am 25.8.2010, BGBl. II 2010, 951 ff.

[134] Vgl. FG Düsseldorf v. 22.1.2015 – 16 K 2858/13 F, EFG 2015, 629 ff., NZB unbegründet gem. BFH v. 30.9.2015 – I B 23/15.

[135] Im Aussetzungsverfahren ernstliche Zweifel bejaht BFH v. 21.7.2014 – II B 40/14, ZEV 2014, 504.

Frage ist inzwischen erweitert worden, ua. um die Frage, ob § 7 Abs. 1 Nr. 1 ErbStG anwendbar ist, wenn es sich um nicht satzungsgemäße Zuwendungen einer ausländischen Stiftung handelt und wie das Verhältnis zwischen § 7 Abs. 1 Nr. 1 und § 7 Abs. 1 Nr. 9 ErbStG bei Zuwendungen durch ausländische (Familien-)Stiftungen zu sehen ist.[136] In der Praxis ebenso bedeutsam ist die Frage, ob eine bei Erstausstattung einer liechtensteinischen Familienstiftung aufgrund der Weisungsberechtigung des deutschen Stifters ursprünglich angenommene sog. unechte Treuhandschaft auch später bei Tod des Stifters fortlaufend angenommen werden kann und damit wegen Fortsetzung der Durchbrechung des Trennungsprinzips die Vermögensmasse als Nachlassmasse vom verstorbenen Stifter als vererbt gilt.[137]

B. Einzelerläuterungen

I. Zum Stiftungsgeschäft zu Lebzeiten

Das Stiftungsgeschäft zu Lebzeiten ist ein einseitiges Rechtsgeschäft, das nach der hM idR bis zur Anerkennung frei widerrufbar ist.[138] Das Stiftungsgeschäft besteht aus zwei Bestandteilen, und zwar dem organisationsrechtlichen Teil sowie dem vermögensrechtlichen (Bewidmungs-)Akt.[139] Der **Bewidmungsakt** des Stiftungsgeschäfts unter Lebenden wird heute überwiegend als Rechtsgeschäft sui generis qualifiziert, auf dass das Schenkungsrecht entsprechend anzuwenden ist.[140] Folglich ist beraterseitig u. a. auch das Pflichtteilsergänzungsrecht zu beachten.[141] 63

Es ist zweckmäßig, dem zuständigen **Finanzamt** für Schenkung- und Erbschaftsteuerzwecke **vorab** das geplante Stiftungsgeschäft mit beiliegender Satzung zu übersenden, und zwar mit der Bitte, neben dem steuerlichen Status als Familienstiftung für Schenkung- und Erbschaftsteuerzwecke hinaus schriftlich zu bestätigen, dass sowohl bei der lebzeitigen Erstausstattung, als auch im Zuge des weiteren Erwerbs von Todes wegen im Erbfall zugunsten der Familienstiftung das Steuerklassenprivileg des § 15 Abs. 2 Satz 1 ErbStG zur Anwendung kommt, im vorliegenden Fall mit der Rechtsfolge der Besteuerung in der Steuerklasse I. Den Status eines Antrags auf verbindliche Auskunft hat solch eine schriftliche Anfrage selbstverständlich nicht; ebenso wenig ist ein etwaiges Bestätigungsschreiben verbindlich, gibt jedoch faktisch eine gewisse Sicherheit im Verhältnis zwischen Steuerpflichtigen und Finanzamt. 64

Diese Anfrage kann wie folgt begründet werden: Das Steuerklassenprivileg für Familienstiftungen ergibt sich aus § 15 Abs. 2 Satz 1 ErbStG: „In den Fällen des § 3 Abs. 2 Nr. 1 und des § 7 Abs. 1 Nr. 8 ist die Besteuerung des Verwandtschaftsverhältnisses des nach der Stiftungsurkunde entferntest Berechtigten zu dem Erblasser oder Schenker zugrunde zu legen, sofern die Stiftung wesentlich im Interesse einer Familie oder bestimmter Familien im Inland errichtet ist." Daran schließt sich die Ansicht der Finanzverwaltung in R E 15.2 Abs. 3 ErbStR 2011 an, wonach die Zustiftung nach Steuerklasse III besteuert wird, wenn der Stifter nach Errichtung einer Familienstiftung **später weiteres Vermögen** auf die Stiftung überträgt. 65

Mit diesem verkürzten und undifferenzierten Wortlaut in den ErbStR 2011 wird keine Aussage zur Behandlung im vorliegenden Fall getroffen. Zu vermuten ist je- 66

[136] Vgl. im Hauptsacheverfahren Az. BFH II R 6/16 (Vorinstanz FG Baden-Württemberg v. 22.4.2015 – 7 K 2471/12, DStRE 2017, 404); zum Ganzen *Werner* ZEV 2016, 133 mwN.

[137] Vgl. dazu FG Münster v. 11.12.2014 – 3 K 764/12 Erb, Rev. eingelegt (Az. BFH II R 9/15). Für die zivilrechtliche Zuordnung dieser Vermögensmasse hilft der BGH v. 8.9.2016 – III ZR 7/15, ZEV 2017, 224 zum Stiftungskollisionsrecht mE nicht weiter.

[138] Zum Meinungsstand sowie plädierend für die alternative Möglichkeit eines vertraglichen und damit zweiseitigen Stiftungsgeschäfts *Muscheler* ZEV 2003, 41 [44 f.].

[139] Staudinger/*Hüttemann/Rawert* (2011), § 80 Rz. 16.

[140] Vgl. Staudinger/*Hüttemann/Rawert* (2011) § 81 Rz. 23 mwN.

[141] Siehe hierzu oben unter Rz. 13.

doch, dass mit der Formulierung in **ErbStR 2011 E 15.2 Abs. 3** „Überträgt ([...]) später weiteres Vermögen ([...])" dem Gedanken des Reichsgerichtshofes Rechnung getragen werden sollte. Danach[142] wird für einen Ausschluss des Steuerklassenprivilegs ausdrücklich darauf abgestellt, dass die zu beurteilende Zustiftung vom Stifter nach Stiftungserrichtung aus freier Willensentschließung der Stiftung zugewandt worden ist. Die Zustiftung stand im Urteilsfall gerade nicht mehr mit dem Stiftungsgeschäft in einem unmittelbaren rechtlichen Zusammenhang. Daraus folgerte das Reichsfinanzgericht, dass dieser Sachverhalt von demjenigen zu unterscheiden sei, dass der Stifter die Zustiftung bereits im Stiftungsgeschäft zugesichert habe.

67 Wird folglich bereits im Stiftungsgeschäft bei Errichtung der Familienstiftung verbindlich festgelegt, dass neben dem Übergang eines Teils des Vermögens weiteres Vermögen zu einem späteren Zeitpunkt, zB. im Zeitpunkt des Ablebens des Stifters auf die Stiftung übergeht, so sollte auch hierauf das **Steuerklassenprivileg** und im vorliegenden Fall die Steuerklasse I anzuwenden sein.[143]

68 Dieses Ergebnis entspricht auch dem Sinn und Zweck des Gesetzes. Denn um für das von Todes wegen zuzuwendende Vermögen der Steuerklasse I unterfallen zu lassen, müsste lediglich eine **zweite Familienstiftung** errichtet werden, und zwar von Todes wegen, die sodann letztwillig bedacht wird. Damit würde sogar ein weiterer Steuereffekt erzielt werden, da durch die Aufsplittung in zwei Erwerbe die Steuerprogression gebrochen werden und bei richtiger Aufteilung jeweils ein niedrigerer Steuersatz zur Anwendung kommen könnte. Gleiches würde für die alle 30 Jahre wiederkehrende Erbersatzsteuer gelten.

69 Mit der Aufnahme der Verpflichtung von Todes wegen in das Stiftungsgeschäft im Zuge der lebzeitigen Errichtung wird auf diesen zusätzlichen Steuereffekt sogar bewusst verzichtet. Die Errichtung einer zweiten Familienstiftung von Todes wegen würde einen in Kauf nehmbaren Mehraufwand bedeuten. Dennoch ist dies hier gar nicht gewünscht; vielmehr soll einmal sofort die **stufenweise Ausstattung** abschließend[144] für eine einzige Familienstiftung geregelt werden.

II. Zur Satzung der Familienstiftung

Zu § 1: Name, Rechtsform, Sitz

70 Der **Name** einer Familienstiftung kann nicht zur Einordnung des rechtlichen bzw. steuerlichen Status als Familienstiftung herangezogen werden. Leider werden in der Praxis teilweise auch gemeinnützige Stiftungen – die über § 58 Nr. 6 AO die teilweise Versorgung der Stifterfamilie vorsehen – als Familienstiftung bezeichnet. Empfehlenswert erscheint, nur solche Stiftungen im Namen als Familienstiftung zu bezeichnen, die auch im (erbschaft-/außen-)steuerrechtlichen Sinne eine grds. nicht steuerbegünstigte Familienstiftung darstellen, selbst dann, wenn im zulässigen Umfang familienfremde Destinatäre vorhanden sind.

71 Der in der Satzung festzulegende **Sitz** der Familienstiftung entscheidet über das anwendbare Landesstiftungsrecht. Da jede Sitzverlegung somit einer Satzungsänderung bedarf, sollte der Sitz im Vorfeld wohl überlegt sein,[145] so zB im Hinblick auf die praktischen – nicht rechtlichen[146] – Anerkennungsverfahren und des Umfanges der an-

---

[142] Vgl. RFH v. 12.5.1931 – LeA 164/30, RStBl. 1931, 539.

[143] S. a. *Geck* in Kapp/Ebeling, ErbStG, Lfg. 70 Juli 2016, Zu § 15 Rn. 63 mwN.

[144] Auch wenn natürlich die letztwillige Verfügung grds. widerrufen werden könnte; dies sollte mE aber aus den o. g. Gründen nicht in Abhängigkeit von einer grds. unwiderruflichen letztwilligen Verfügung wie bspw. einem entsprechend gestalteten Erbvertrag gestellt werden.

[145] Zu den Überlegungen über Regelungen zu einem geordneten Genehmigungsverfahren zur Sitzverlegung vgl. Bericht der Bund-Länder-Arbeitsgruppe „Stiftungsrecht" an die Ständige Konferenz der Innenminister und -senatoren der Länder v. 9.9.2016, S. 30 ff.

[146] Die rechtlichen Anerkennungvoraussetzungen sind zwischenzeitlich bundeseinheitlich in § 80 Abs. 2 BGB geregelt.

schließenden – in der Regel eingeschränkten – Fachaufsicht der Landesstiftungsaufsichtsbehörde des jeweiligen Bundeslandes. Hier bestehen leider weiterhin in der Praxis erhebliche Unterschiede.[147]

Zu § 2: Stiftungszweck und Zweckverfolgung

Vorliegend ist der **Stiftungszweck** ausgerichtet auf die finanzielle Unterstützung der Stifterfamilie, die Förderung der Ausbildung der nachfolgenden Generationen, der Organisation eines jährlichen Familientages und die Unterhaltung und Pflege der Grabstätten der Destinatäre sowie der Erhalt des Vermögens zwecks Stärkung der Einkunftsquellen und damit der Ertragskraft der Familienstiftung zugunsten ihrer Destinatäre. Hier handelt es sich um eine klassische Familienstiftung, die gerade nicht den Status der Gemeinnützigkeit besitzt und somit auch grds. keine Steuervergünstigungen nach den Einzelsteuergesetzen erhält. Sie ist vielmehr u.a. voll körperschaftsteuerpflichtig. Folglich unterliegt sie nicht nur einer eingeschränkten Fachaufsicht durch die Landesstiftungsaufsichtsbehörde, sondern wird auch seitens der Finanzverwaltung als unbeschränkt Steuerpflichtiger behandelt. Dem entsprechend hat das Finanzamt auch nicht die Einhaltung gemeinnützigkeitsrechtlicher Vorschriften für die Voraussetzungen von Steuervergünstigungen zu überwachen, da diese hier nicht einschlägig sind. 72

Um die Familienstiftung nicht mit einklagbaren Ansprüchen der Destinatäre zu belasten, sondern vielmehr den Stiftungsorganen einen flexiblen Freiraum zu verschaffen, bestimmt die vorliegende Satzung, dass ein Rechtsanspruch auf Leistungen in keinem Fall besteht. Dabei ist wichtig, dass ein **klagbarer Rechtsanspruch weder** unmittelbar aufgrund der Satzung selbst begründet wird, **noch** durch die Zuerkennung bzw. Leistungsgewährung eines Stiftungsorgans. In das BGB sind absichtlich keine Bestimmungen darüber aufgenommen worden, ob die dem Kreis der Destinatäre angehörenden Personen einen klagbaren Anspruch auf die Stiftungsleistungen haben oder nicht. Vielmehr entscheidet sich dies ausschließlich nach dem in der Stiftungsurkunde bzw. der Stiftungssatzung niedergelegten Willen des Stifters.[148] 73

In der Satzung wird klargestellt, dass sich die Bezugsberechtigung **allein** anhand der **Ausschüttungen** ausrichtet, und bspw. nicht das steuerliche Ergebnis der Familienstiftung bzw. nicht die ihr selbst zugeflossenen Erträge maßgebend sind. Vielmehr kann die Familienstiftung auch Rücklagen bilden, ohne dass sodann von den Ausschüttungen noch mehr an die Familienangehörigen ausgeschüttet werden muss, um diese zu mehr als zur Hälfte zu begünstigen. Zwar müssen freie Rücklagen bei Auflösung satzungsgemäß entsprechend der Verwendungsquote verwandt werden, jedoch muss im Rahmen der Ausschüttungen nur darauf geachtet werden, dass von den ausgeschütteten Erträgen mehr als die Hälfte bei den Destinatären ankommt. So wird gewährleistet, dass der Status als Familienstiftung erhalten bleibt. 74

Zu § 3: Stiftungsvermögen, Verwendung der Erträge, Geschäftsjahr

Die Familienstiftung kann neben den Familienangehörigen des Stifters und des Stifters selbst auch familienfremde Dritte als Destinatäre vorsehen und begünstigen. Soweit jedoch die Familienstiftung auch als Familienstiftung iSd. § 1 Abs. 1 Nr. 4 ErbStG qualifiziert werden kann, ist der Umfang der Bezugs-/Anfallsberechtigung einzuhalten. Für Erbschaftsteuerzwecke lehnt sich die Finanzverwaltung hier an das Außensteuergesetz an. Soweit daher familienfremde Dritte als Destinatäre aufgenommen werden und die Familienmitglieder nicht mehr als die Hälfte **bezugs-/anfallsberechtigt** sein sollen, müssen sie zumindest noch zu mehr als einem Viertel bezugs-/anfallsberechtigt sein. Sodann kommt als weitere Voraussetzung jedoch hinzu, dass die Stiftung den wesentlichen Familieninteressen zu dienen hat. 75

---

[147] So auch v. Campenhausen/Richter/*Richter* Stiftungsrechts-Handbuch, 4. Aufl. 2014, § 13 Rz. 35 ff.
[148] Vgl. dazu BGH v. 16.1.1957 – IV ZR 221/56, NJW 1957, 708.

76 Um für diesen Fall den Anforderungen der Finanzverwaltung gerecht zu werden, wäre alternativ in § 2 Abs. 4 der Satzung zu formulieren, dass die Familienmitglieder als Destinatäre zu mehr als einem Viertel bezugs-/anfallsberechtigt sind. Dazu wäre weiter in der Satzung zu bestimmen: „Zudem dient die Stiftung den wesentlichen Familieninteressen, weil das Wesen der Stiftung satzungsgemäß darin besteht, es den Destinatären – also der Stifterfamilie in jeder Generation – zu ermöglichen, das Stiftungsvermögen, soweit es einer Nutzung zu privaten Zwecken zugänglich ist, zu nutzen und die Stiftungserträge satzungskonform aus dem gebundenen Vermögen an sich zu ziehen. Auf die tatsächliche Inanspruchnahme kommt es dabei nicht an. Das wesentliche Familieninteresse wird auch durch den **Einfluss der Destinatäre** auf die tatsächliche Geschäftsführung, also auf den Vorstand, gewährleistet.

77 Grundsätzlich hat die Familienstiftung hinsichtlich der **Anlagepolitik** des Stiftungsvermögens und Verwendung der Erträge den Vorteil, dass sie sich nicht in dem engen Korsett der gemeinnützigkeitsrechtlichen Vorschriften befindet. So kann sie bspw. durch umfangreiche Thesaurierungen das Grundstockvermögen stärken, oder aber Rücklagen für eine spätere Mittelverwendung bilden; hier ist die Familienstiftung nicht an die gesetzlichen Grenzen der zweckgebundenen bzw. freien Rücklagen iSd. §§ 56, 57 Abs. 1 AO iVm. § 62 Abs. 1 und 2 AO gebunden. Vielmehr sollte der Stifter je nach langfristiger Zielsetzung die Rahmenbedingungen hierfür selbst in der Satzung festlegen, ebenso wie die Befugnisse, davon abweichen zu können.

Zu § 4: Stiftungsorgane, gemeinsame Vorschriften

78 Die Stiftungsorgane bestehen hier klassischerweise aus zwei Organen, und zwar dem Vorstand und dem Familienrat. Es ist in der Regel zweckmäßig, gemeinsame Vorschriften für beiden Organe zusammengefasst festzulegen, wo es sinnvoll und machbar erscheint. So können insbesondere formale Einberufungsregelungen und Beschlussfassungskriterien gemeinsam geregelt werden.

Zu § 5: Familienrat

79 Innerhalb dieser hier vorgeschlagenen zweigliedrigen verbandsmäßigen Organisation wird im Familienrat über die Grundentscheidungen befunden, um sie sodann dem Vorstand als **Verwaltungsorgan** weiter zu vermitteln. Bei dem Familienrat handelt es sich vorliegend um das Organ, in dem auch die Destinatäre repräsentiert werden. Die Begünstigten sind daher nicht nur Leistungsempfänger, sondern bestimmen hierüber die Geschicke der Familienstiftung mit.

80 Soweit die Familienstiftung allerdings Beteiligte im Rahmen einer Doppelstiftungsstruktur oder anderweitig ein unternehmensverbundener Träger sein sollte, wären sodann die Familienmitglieder als Destinatäre hingegen nicht in ein solches **Entscheidungsorgan** einzubinden. In solchen Fällen sollte dann der Familienrat bzw. das als Kuratorium bezeichnete Organ, in dem letztendlich der Einfluss auf die Beteiligungsgesellschaften ausgeübt wird mit Branchenkennern und Fachpersonal besetzt sein.

81 Im ersten Familienrat sind der Stifter und weitere Familienangehörige, die zugleich Destinatäre sind, Mitglieder. Später kooptiert der Familienrat sich selbst. Dabei sollte jedoch auch darauf geachtet werden, dass sich die Familienstiftung nicht zu einem „Selbstbedienungsladen“ entwickelt. Dies ist häufig die größte Sorge des Stifters. Der Stifter hat in der Regel zu Lebzeiten seine Familienangehörigen auch anderweitig durch Zuwendungen im Rahmen einer vorweggenommenen Erbfolge bereits ausreichend versorgt. Diese benennt er nun zudem als Destinatäre, möchte jedoch vorrangig sein Lebenswerk erhalten bzw. das Stiftungsvermögen dauerhaft bewahrt wissen, gerade auch um über Generationen hinweg für „ewig“ seine sich immer weiter verzweigenden Familienstämme versorgt zu wissen. Dazu kann es beitragen, Amtszeiten im Familienrat zu begrenzen bzw. auch Altersbegrenzungen und Ämterwechsel vorzuse-

hen,[149] um bspw. einen natürlichen Interessensgegensatz zwischen alter und junger Generation **zwecks ausgewogener Steuerungspolitik** strukturell zu nutzen. Gerade nach Wegfall der durch den Stifter erstbesetzten Familienratsmitglieder wird es darauf ankommen mit den nachrückenden Personen dennoch den Stifterwillen zu perpetuieren. Dazu erscheint die Kooption das geeignetste Mittel zu sein.

Vorliegend ist eine Höchstzahl der Mitglieder des Familienrates vorgesehen, um die **82**
Funktionstüchtigkeit aufrecht zu erhalten und einer Zersplitterung vorzubeugen. Alternativ könnte über eine **Gruppenvertreterklausel** nachgedacht werden, nach der zB einzelne Familienstämme – die zahlenmäßig naturgemäß mit jeder neuen Generation ansteigen – jeweils einen Repräsentanten benennen und diesen in den Familienrat zwecks einheitlicher Interessensausübung berufen können.

Zu § 6: Vorstand

Die Mitglieder des Vorstandes sollten nicht zugleich Mitglieder des Familienrates **83**
sein, um **Interessenskollisionen** zu **vermeiden.** Damit scheiden idR zugleich Destinatäre als Mitglieder des Vorstandes aus.

Im konkreten Vertragsformular befindet sich der Sitz der Familienstiftung in Bre- **84**
men, so dass das maßgebende Landesstiftungsrecht sich aus dem Bremischen Stiftungsgesetz ergibt. Je nach Sitz kann daher in der Satzung ein Verweis auf das jeweils maßgebende Landesstiftungsgesetz erfolgen, soweit dieses **Maßnahmen der Stiftungsaufsichtsbehörde** in bestimmten Fällen vorsieht. Vorliegend soll die Möglichkeit eingeräumt werden, auch einzelnen Familienratsmitgliedern ohne den grds. vorgesehenen Mehrheitsbeschluss des Familienrates auf etwaige Missstände aufmerksam zu machen und ggf. die zuständige Stiftungsaufsichtsbehörde zu möglichen Maßnahmen zu bewegen. Nach § 13 Abs. 3 des Bremischen Stiftungsgesetzes kann die Stiftungsbehörde Mitgliedern der Stiftungsorgane wegen grober Pflichtverletzung oder Unfähigkeit zur ordnungsgemäßen Geschäftsführung die Geschäftsführung einstweilen untersagen. Zudem kann sie deren Abberufung sowie die Berufung neuer Mitglieder verlangen.

Darüber hinaus kann die Stiftungsaufsichtsbehörde nach dem Bremischen Stiftungs- **85**
gesetz.[150] Maßnahmen verlangen bzw. durchführen lassen. Allerdings zeigt die Erfahrung, dass aufgrund der nur eingeschränkten Fachaufsicht gegenüber Familienstiftungen die Stiftungsaufsichtsbehörde diese Aufsichtsfunktion in der Praxis nur sehr zurückhaltend wahrnimmt und sich ungern in die Belange der Familienstiftung einmischt. Dieser grds. Vorteil für eine funktionierende Familienstiftung gereicht nur dann zum Nachteil, wenn eine Minderheit von Familienratsmitgliedern fest von objektiven Missständen überzeugt ist und die Stiftungsaufsichtsbehörde als **letzte Handlungsalternative** betrachtet.

Zu § 7: Aufgaben des Familienrates

Der Familienrat ist vorliegend als Entscheidungsorgan ausgestaltet. Hier wird über **86**
die grundlegenden Angelegenheiten der Familienstiftung entschieden und vor allem auch über die **Verwendung der Mittel** beschlossen. Dabei ist der Familienrat selbstredend an den durch Gesetz, Satzung und damit Stifterwillen vorgegebenen Rahmen gebunden.

Zu § 8: Aufgaben des Vorstandes

Der Vorstand vertritt die Familienstiftung gerichtlich und außergerichtlich. Er ist das **87**
handelnde Ausführungsorgan. Er hat für die Umsetzung der Beschlüsse des Familien-

[149] Vgl. hierzu *Hof* in Münchener Vertragshandbuch, Bd. 1, 7. Aufl. 2011, VIII.3. Rz. 26.
[150] Vgl. § 13 Abs. 1, Abs. 2 und Abs. 4 Bremisches Stiftungsgesetz.

rates Sorge zu tragen, aber auch die **Einhaltung des Stifterwillens** zu forcieren, gerade in Angelegenheiten, die naturgemäß eine gewisse Trägheit im Familienrat bzw. bei den Destinatären vermuten lässt. Dies betrifft bspw. die Organisation als Satzungszweck von festgelegten Familientagen oder aber die Vorbereitung und Einberufung der Sitzungen des Familienrates.

Zu § 9: Prüfung der Jahresabrechnung

88 Hiermit hat die Familienstiftung als unbeschränktes Steuersubjekt ihren Verpflichtungen nachzukommen. Hingegen sind Mittelverwendungsrechnungen und Ähnliches grds. entbehrlich, da die Familienstiftung mangels entsprechender Tätigkeit **keine gemeinnützigkeitsrechtlichen Anforderungen zu erfüllen** hat und dementsprechend auch grds. keine Steuervergünstigungen nach den Einzelsteuergesetzen in Anspruch nimmt; mit Ausnahme bspw. des Steuerklassenprivilegs iSd. § 15 Abs. 2 ErbStG. Allerdings werden die Organe und die Destinatäre selbst ein Interesse daran haben, untereinander entsprechende Nachweise hinsichtlich der Mittelverwendung usw. zuzuführen.

Zu § 10: Satzungsänderung, Auflösung

89 An Satzungsänderungen und vor allem auch an **Satzungszweckänderungen** sollten hohe Anforderungen gestellt werden, gerade auch um den Stifterwillen dauerhaft zu bewahren und umzusetzen. Dabei muss es jedoch immer die Möglichkeit geben, reagieren zu können. Gleiches gilt für den Fall, dass sich die ursprünglichen Satzungszwecke nicht mehr verwirklichen lassen, vor allem deshalb, weil keine Destinatäre mehr existieren.

90 Um das Vermögen und die Erträge daraus aber weiterhin dauerhaft einem sinnvollen Zweck zuzuführen, den auch noch der Stifter bestimmen kann, wird regelmäßig für einen solchen Fall vorgesehen, dass das Vermögen grds. gemeinnützigen Zwecken zuzuführen ist. Dies kann durch Zuweisung des Vermögens auf eine steuerbegünstigte Körperschaft bestehen, oder aber bspw. auch durch eine satzungsgemäß vorgesehene Umwandlung der Familienstiftung in eine gemeinnützige Stiftung.[151] Jedenfalls sollte die Satzung mögliche Wege vorgeben, um **anhand des dokumentierten Stifterwillens** in solchen Fällen u.a. die Stiftungsaufsicht nicht mehr als nötig bei solchen Maßnahmen „ins Boot holen zu müssen". Inwieweit Destinatäre auf solche für sie nachhaltigen Änderungen Einfluss haben sollen, entscheidet allein der Stifter durch Satzungsgestaltung.[152] Die steuerlichen Implikationen wurden bereits oben dargestellt.[153]

Zu § 11: Stiftungsaufsicht

91 Wie bereits oben erwähnt,[154] unterliegt die Familienstiftung nur einer eingeschränkten Fachaufsicht. Nach § 17 Bremisches Stiftungsgesetz beschränkt sich die Aufsicht auf Maßnahmen nach § 87 BGB, also betreffend die Zweckänderung bei unmöglich gewordener Erfüllung des bisherigen Stiftungszwecks oder der Gefährdung des Gemeinwohls sowie bezüglich der Umwandlung des Zwecks. Ferner **beschränkt sich die Fachaufsicht** weiterhin nur auf die Sicherstellung der Handlungsfähigkeit der Stiftungsorgane, also vor allem betreffend die Unterrichtungspflichten des Vorstandes, die Nichterledigung nach Gesetz oder Stiftungssatzung gebotener Maßnahmen bzw. umgekehrt grobe Pflichtverletzungen oder Unfähigkeit zur ordnungsgemäßen Geschäftsführung.

---

[151] Dazu ausführlich *Orth* in Non Profit Law Yearbook 2007, S. 251 ff.
[152] Vgl. dazu BGH v. 22.1.1987 – III ZR 26/85, BGHZ 99, 344 ff. [348 f.].
[153] Hierzu oben unter Rz. 49 ff.
[154] Vgl. Rz. 11.

Letztendlich schaltet sich die Stiftungsaufsichtsbehörde gegenüber Familienstiftungen nur bei offensichtlichen Unzulänglichkeiten oder Verstößen ein. Erfahrungsgemäß tendiert diese in der Praxis sogar gegen null. Nicht selten scheut sich die Stiftungsaufsichtsbehörde im Rahmen des Anerkennungsverfahrens bereits davor, eine Satzungsklausel zu akzeptieren, die die Anrufung der Stiftungsaufsichtsbehörde vorsieht für den Fall, dass nach Ansicht einzelner Destinatäre bzw. einzelner Organmitglieder durch einen Beteiligten ein **grundlegender Verstoß** gegen das Gesetz bzw. die Satzung und damit gegen den Stifterwillen vorliegt.[155] 92

In der Satzung wird auf die **Unterrichtungspflicht des Vorstandes** nach dem Landesstiftungsgesetz vorsorglich hingewiesen. Denn nach § 12 Bremisches Stiftungsgesetz hat der Vorstand der Stiftungsbehörde die Zusammensetzung der Stiftungsorgane und deren Änderungen unverzüglich schriftlich anzuzeigen und dabei die Namen, Vornamen und Anschriften der jeweiligen Organmitglieder sowie die Bezeichnung ihrer Stellung innerhalb des Organs – wenn die Satzung dies vorsieht – mitzuteilen. Zudem hat der Vorstand der Stiftungsbehörde auf deren Verlangen einen Bericht über die Erfüllung des Stiftungszwecks sowie eine Jahresabrechnung mit einer Vermögensübersicht einzureichen. Die letztgenannte Pflicht ist nach manchen Landesstiftungsgesetzen zu Lebzeiten des Stifters abdingbar. 93

Zu § 12: Stiftungsaufsichtsbehörde

Hier wird lediglich die zuständige Stiftungsaufsichtsbehörde benannt, die als originäre Aufgabe die Familienstiftung zwecks Errichtung anzuerkennen hat. 94

Zu § 13: Inkrafttreten

Die Familienstiftung tritt mit ihrer Anerkennung in Kraft. 95

III. Zu den Amtsannahmeerklärungen

Im Zuge des Anerkennungsverfahrens haben die zukünftigen Organmitglieder ihre Bereitschaft zur Übernahme des jeweiligen Amtes und der ggf. dort besonderen Funktion gegenüber der Stiftungsaufsichtsbehörde zu erklären. Eine Erklärung des Stifters selbst ist entbehrlich, da dieser dies bereits über das Stiftungsgeschäft erklärt. 96

---

[155] Vgl. hierzu § 6 Abs. 3 der Satzung.

C. 3.20 Doppelstiftung

Gliederung

C. 3.20

I. Gesellschaftsvertrag[Rz. 38–45]

der [...] Holding GmbH

§ 1 Firma, Sitz

(1) Die Firma der Gesellschaft lautet: [...]
(2) Der Sitz der Gesellschaft ist in [...].

§ 2 Gegenstand des Unternehmens

(1) Gegenstand des Unternehmens ist das Halten und Verwalten von Beteiligungen aller Art.
(2) Die Gesellschaft darf alle Geschäfte betreiben und Maßnahmen treffen, die geeignet sind, den Zweck des Unternehmens unmittelbar oder mittelbar zu fördern. Die Gesellschaft kann gleichartige oder ähnliche Unternehmungen im In- und Ausland erwerben, sich an solchen beteiligen, deren Vertretung übernehmen und Zweigniederlassungen errichten.
(3) Die Gesellschaft kann ihr Unternehmen auch als abhängige Gesellschaft im Sinne von § 17 AktG führen.

§ 3 Dauer der Gesellschaft, Geschäftsjahr

(1) Die Gesellschaft ist auf unbestimmte Zeit errichtet.
(2) Das Geschäftsjahr entspricht dem Kalenderjahr. Das erste Geschäftsjahr ist ein Rumpfgeschäftsjahr, das am 31.12. des Jahres endet, in dem die Gesellschaft in das Handelsregister eingetragen worden ist.

§ 4 Stammkapital, Geschäftsanteile, Stammeinlagen[Rz. 39]

(1) Das Stammkapital der Gesellschaft beträgt € 25 000,– (in Worten: EURO fünfundzwanzigtausend).
(2) Hierauf hat Herr [...][Rz. 39]
a) den Geschäftsanteil Nr. 1 mit einem Nennbetrag in Höhe von € 17 500,–
b) den Geschäftsanteil Nr. 2 mit einem Nennbetrag in Höhe von € 7 500,–
übernommen.
(3) Die Stammeinlagen sind in bar zu erbringen und in voller Höhe sofort an die Gesellschaft zu zahlen.

§ 5 Geschäftsführung, Vertretung[Rz. 40]

(1) Die Gesellschaft hat einen oder mehrere Geschäftsführer.
(2) Sind mehrere Geschäftsführer bestellt, so sind jeweils zwei von Ihnen gemeinschaftlich oder ein Geschäftsführer gemeinsam mit einem Prokuristen zur Vertretung der Gesellschaft berechtigt.

(3) Die Gesellschaft kann durch einen Geschäftsführer vertreten werden, wenn dieser alleiniger Geschäftsführer ist – sei es, dass nur ein Geschäftsführer bestellt ist oder die übrigen Geschäftsführer nachträglich fortgefallen sind.

(4) Die Gesellschafterversammlung kann Geschäftsführern durch Beschluss Einzelvertretungsberechtigung und/oder Befreiung von den Beschränkungen des § 181 BGB erteilen.

(5) Sofern die Gesellschaft mehrere Geschäftsführer hat, sind diese – unbeschadet ihrer Vertretungsmacht nach außen – nur gemeinschaftlich zur Geschäftsführung befugt. Sofern die Gesellschafterversammlung nicht etwas Abweichendes festlegt, beschließen sie über Geschäftsführungsmaßnahmen mit einfacher Mehrheit. Bei Stimmengleichheit ist der Beschlussgegenstand der Gesellschafterversammlung zur Entscheidung vorzulegen.

(6) Die Geschäftsführer bedürfen für die folgenden Maßnahmen und Rechtsgeschäfte der vorherigen Zustimmung der Gesellschafterversammlung durch Gesellschafterbeschluss:[Rz. 40]

a) Errichtung, Verlagerung und Aufhebung von Zweigniederlassungen oder Betriebsstätten, Aufnahme neuer oder Aufgabe bestehender Geschäftszweige;

b) Erwerb, Veräußerung oder Belastung von Beteiligungen an anderen Unternehmen, einschließlich stiller Beteiligungen, Unterbeteiligungen und treuhänderischer Beteiligungen;

c) Veräußerung oder Belastung von Betrieben, Teilbetrieben oder Vermögensteilen, die bei wirtschaftlicher Betrachtungsweise im Wesentlichen einen Betrieb oder Betriebsteil ausmachen;

d) Erwerb, Veräußerung oder Belastung von Grundstücken, grundstücksgleichen Rechten oder Rechten an Grundstücken;

e) Schuldübernahmen, Eingehung von Wechsel-, Bürgschafts-, Garantie-, Gewährleistungs- und ähnlichen wirtschaftlichen Zwecken dienenden Verbindlichkeiten, sowie Hingabe von Darlehen oder Aufnahme von Krediten, ausgenommen bankübliche Dispositionskredite bis zu einer Höhe von € [...],–;

f) Einzelinvestitionen, Erwerb und Veräußerung von Gegenständen des Anlagevermögens oder sonstige Verträge, die einen Betrag bzw. Vertragswert von € [...],– per annum oder im Einzelfall überschreiten;

g) Abschluss von Dienstleistungs-, Miet-, Pacht-, Leasing- oder Lizenzverträgen oder sonstigen Dauerschuldverhältnissen, deren vertragsmäßige Zahlung durchschnittlich € [...],– pro Monat (einschließlich aller Nebenkosten, aber zuzüglich Umsatzsteuer) überschreiten;

h) Abschluss, Änderung und Beendigung von Arbeitsverträgen oder Verträgen mit freien Mitarbeitern („Personalmaßnahmen"), die eine feste Laufzeit von mehr als einem Jahr und Jahresbruttobezüge von mehr als € [...],– vorsehen, einschließlich – in jedem Fall genehmigungsbedürftiger – Pensions- und Versorgungszusagen sowie sonstiger Nebenleistungen;

i) Einführung von Mitarbeiterbeteiligungsprogrammen oder Gewinnbeteiligungssystemen;

j) Bestellung und Abberufung von Prokuristen und von Handlungsbevollmächtigten;

k) Abschluss von Verträgen mit Gesellschaftern, mit ihnen verbundenen Unternehmen im Sinne von § 15 AktG oder Angehörigen von Gesellschaftern im Sinne von § 15 AO;

l) alle Maßnahmen und Rechtsgeschäfte, die über den gewöhnlichen Geschäftsbetrieb der Gesellschaft hinausgehen;

m) Ausübung von Gesellschafterrechten (insbesondere von Stimmrechten auf Anteilseignerversammlungen und von Informations- und Anfechtungsrechten) bei Beteiligungsgesellschaften im Hinblick auf die in Buchstaben a bis l aufgeführten zustimmungspflichtigen Rechtsgeschäfte und Maßnahmen.

Die Zustimmung der Gesellschafterversammlung zu einzelnen Maßnahmen bzw. Rechtsgeschäften der in den vorgenannten Buchstaben genannten Art sind entbehrlich, sofern diese in einem Investitionsplan der Gesellschaft und/oder in Bezug auf Personalmaßnahmen bereits von der Gesellschafterversammlung im Einzelfall oder pauschal genehmigt worden sind.

(7) Die Gesellschafterversammlung kann ergänzend eine Geschäftsordnung für den oder die Geschäftsführer beschließen, in der Inhalt und Grenzen der Geschäftsführungsbefugnisse, insbesondere zustimmungspflichtige Rechtsgeschäfte nach Abs. 6, im Rahmen der gesetzlichen Vorschriften in dieser Satzung geregelt und/oder erweitert werden. Weiterhin kann die Gesellschafterversammlung durch Beschluss innerhalb einer Geschäftsordnung Abweichungen von den Bestimmungen des Abs. 5 vorsehen. Die Gesellschafterversammlung kann jederzeit Änderungen oder Ergänzungen der Geschäftsordnung beschließen.

(8) Die in den vorgenannten Absätzen 4 bis 7 der Gesellschafterversammlung zugewiesenen Kontroll-, Überwachungs- und Beschlussrechte nimmt ausschließlich der Beirat der Gesellschaft wahr, soweit ein solcher gebildet worden ist.[Rz. 40]

§ 6 Gesellschafterversammlung

(1) Die ordentliche Gesellschafterversammlung findet einmal jährlich innerhalb der ersten acht Monate eines jeden Geschäftsjahres am Sitz der Gesellschaft statt. Darüber hinaus sind außerordentliche Versammlungen einzuberufen, wenn dies im Interesse der Gesellschaft erforderlich ist oder von einem Gesellschafter oder von dem Vorsitzenden des Beirats verlangt wird. Falls auf das Einberufungsverlangen eines Gesellschafters oder des Vorsitzenden des Beirats nicht binnen von zwei Kalenderwochen Folge geleistet wird, ist derjenige, der die Einberufung verlangt hat, selbst berechtigt, die Gesellschafterversammlung unter Beachtung der nachfolgenden Frist- und Formvorschriften einzuberufen.

(2) Zu der Gesellschafterversammlung sind alle Gesellschafter unter ihrer zuletzt der Gesellschaft bekannt gegebenen Anschrift zu laden. Die Einberufung erfolgt durch die Geschäftsführung, wobei jeder Geschäftsführer allein einberufungsberechtigt ist. Die Gesellschafterversammlung ist mit einer Einberufungsfrist von zwei Kalenderwochen mittels Brief oder Telefax unter Mitteilung der Tagesordnung einzuberufen. Bei der Fristberechnung werden der Tag der Absendung der Ladung und der Tag der Versammlung nicht mitgerechnet.

(3) Die Gesellschafterversammlung ist beschlussfähig, wenn sämtliche Gesellschafter anwesend bzw. vertreten sind. Ist das nicht der Fall, so ist unverzüglich gemäß Abs. 2 eine neue Versammlung mit derselben Tagesordnung einzuberufen, die dann ohne Rücksicht auf die Höhe des vertretenen Stammkapitals beschlussfähig ist. Darauf ist in der Ladung hinzuweisen.

(4) Eine nicht ordnungsgemäß einberufene Gesellschafterversammlung (Abs. 2) ist beschlussfähig, wenn alle Gesellschafter anwesend sind oder vertreten sind und der Beschlussfassung nicht widersprechen.

(5) Mit Zustimmung aller Gesellschafter können Beschlüsse auch ohne Einhaltung von Abs. 2 und darüber hinaus auch außerhalb einer Gesellschafterversammlung schriftlich (auch Telefax) gefasst werden. Dies setzt die ausdrückliche Einverständniserklärung in Textform zu dem schriftlichen Beschlussverfahren sowie die Stimmabgabe jedes Gesellschafters voraus.

(6) Zur Teilnahme an der Gesellschafterversammlung sind die Mitglieder der Geschäftsführung, die Gesellschafter sowie sämtliche Beiratsmitglieder, soweit ein solcher besteht, berechtigt.

(7) Die Leitung der Gesellschafterversammlung obliegt dem Vorsitzenden des Beirats, im Falle seiner Verhinderung seinem Stellvertreter.

(8) Jeder Gesellschafter kann sich durch einen Mitgesellschafter oder einen zur Berufsverschwiegenheit verpflichteten Angehörigen der rechts-, wirtschafts- oder steuerberatenden Berufe vertreten oder begleiten lassen. Die Vollmacht bedarf der schriftlichen Form (auch Telefax).

§ 7 Stimmrechte[Rz. 42]

(1) Abweichend von § 47 Abs. 2 GmbHG wird das Stimmrecht der Gesellschafter wie folgt geregelt: Jeder Euro eines Geschäftsanteils gewährt eine Stimme. In Abweichung zu vorstehendem Satz 2 gewährt jeder Euro des Geschäftsanteils Nr. 2 fünf Stimmen.[Rz. 42]

(2) Beschlüsse, die relativ unentziehbare Mitgliedschaftsrechte des Gesellschafters betreffen, bedürfen abweichend des vorstehenden Abs. 1 zu ihrer Wirksamkeit der Zustimmung des betroffenen Gesellschafters.

(3) Die Gesellschafter sind, soweit gesetzlich zulässig, abweichend von § 47 Abs. 4 GmbHG stimmberechtigt.

§ 8 Gesellschafterbeschlüsse

(1) Gesellschafterbeschlüsse werden mit einfacher Mehrheit der abgegebenen Stimmen gefasst, soweit nicht das Gesetz oder dieser Vertrag zwingend eine andere Mehrheit vorschreiben. Enthaltungen werden nicht mitgezählt.

(2) Folgende Beschlüsse bedürfen der Einstimmigkeit:

a) Zustimmung zu der Verfügung über Geschäftsanteile an der Gesellschaft gemäß § 14 Abs. 1 dieses Vertrages;

b) Einziehung bzw. Abtretung von Geschäftsanteilen gemäß § 15 Abs. 1 und 2 dieses Vertrages;

c) Kapitalerhöhungen oder -herabsetzungen;

d) Änderungen und/oder Ergänzungen dieses Gesellschaftsvertrages;

e) Veräußerung des Geschäftsbetriebes der Gesellschaft im Ganzen oder von wesentlichen Teilen;

f) Umwandlungsvorgänge (wie zB Formwechsel, Spaltung, Verschmelzung) nach dem Umwandlungsgesetz und Abschluss oder Beendigung von Unternehmensverträgen im Sinne der §§ 291 ff. AktG;

g) Auflösung der Gesellschaft.

(3) Zu Beweiszwecken und nicht als Wirksamkeitsvoraussetzung ist über Beschlüsse der Gesellschafterversammlung ein schriftliches Protokoll aufzunehmen, das vom Versammlungsleiter bzw. bei schriftlichen Gesellschafterbeschlüssen von der Geschäftsführung in vertretungsberechtigter Zahl zu unterzeichnen und allen Gesellschaftern und dem Vorsitzenden des Beirats in Abschrift zu übersenden ist. Unberührt hiervon bleiben gesetzliche oder durch diese Satzung begründete Erfordernisse zur notariellen Beurkundung von Gesellschafterbeschlüssen.

(4) Die Wirksamkeit von Beschlüssen der Gesellschaft durch Anfechtungs- oder Nichtigkeitsklage kann nur binnen eines Monats seit der Beschlussfassung und Zugang der Niederschrift über den Beschluss bei dem Gesellschafter durch Klagerhebung gegen die Gesellschaft angefochten werden. Das Urteil wirkt für und gegen alle Gesellschafter.

§ 9 Bildung des Beirats[Rz. 43]

(1) Die Gesellschaft hat einen aus maximal fünf Mitgliedern bestehenden Beirat, der mit dem Kuratorium der [...] Familienstiftung personenidentisch ist.[Rz. 43]

(2) Die erstmalige Einrichtung des Beirates erfolgt durch einstimmigen Beschluss der Gesellschafterversammlung, unabhängig davon aber spätestens mit dem

Zeitpunkt des Ablebens von Herrn [...], ohne dass es eines Beschlusses der Gesellschafterversammlung bedarf.

(3) Die Mitgliedschaft endet an dem Tage, an dem auch die Mitgliedschaft als Kuratoriumsmitglied in der [...] Familienstiftung endet.

(4) Zum Vorsitzenden des Beirats wird dasjenige Mitglied bestimmt, dass bei der [...] Familienstiftung zum Vorsitzenden des Kuratoriums gewählt worden ist. Dies gilt auch für den stellvertretenden Vorsitzenden des Beirats.

(5) Die Mitglieder des Beirats erhalten unabhängig von ihrer Mitgliedschaft in dem Kuratorium der [...] Familienstiftung für jedes volle Geschäftsjahr ihrer Zugehörigkeit zum Beirat ab Aufnahme der Tätigkeit in dem Beirat der Gesellschaft eine feste Vergütung in Höhe von € 4000,–. Der Vorsitzende des Beirats erhält den dreifachen, Stellvertreter erhalten den eineinhalbfachen Betrag der Vergütung. Beiratsmitglieder, die dem Beirat nicht während eines vollen Geschäftsjahres angehört haben, erhalten die Vergütung zeitanteilig. Die ihnen jeweils zustehende Vergütung wird fällig am 31.12. eines Geschäftsjahres.
Die Beträge sind wertgesichert. Sie verändern sich nach oben und nach unten im gleichen prozentualen Verhältnis wie sich der vom Statistischen Bundesamt jährlich festgelegte Preisindex für die Lebenshaltungskosten aller privaten Haushalte der Bundesrepublik Deutschland nach oben oder nach unten vom Tage der erstmaligen Bestellung des ersten Beirats bis zum jeweiligen Ende eines Jahres verändert.

§ 10 Funktion und Aufgaben des Beirats

(1) Der Beirat überwacht und berät die Geschäftsführung. Er wirkt maßgeblich an der strategischen Planung mit, die von der Geschäftsführung vorbereitet und im Detail ausgearbeitet wird. Auf den Beirat finden § 52 GmbHG und die dort genannten aktienrechtlichen Bestimmungen keine Anwendung.

(2) Der Beirat ist von der Geschäftsführung laufend über die wirtschaftliche Entwicklung und wesentliche Vorkommnisse zu unterrichten. Er kann durch Beschluss jederzeit von der Geschäftsführung Auskünfte und Berichte in allen Angelegenheiten verlangen, Einsicht in die Bücher und Schriften der Gesellschaft nehmen, Betriebsbegehungen und alle sonst erforderlichen Maßnahmen durchführen. Mit diesen Aufgaben der Überwachung und Prüfung kann der Beirat auch sachverständige Dritte beauftragen.

(3) Dem Beirat obliegt insbesondere die
   a) Stellungnahme zum Geschäftsplan der Gesellschaft;
   b) die regelmäßige Beurteilung der Umsetzung des Geschäftsplans und die Information der Gesellschafterversammlung über wesentliche Abweichungen;
   c) die Bestellung und Abberufung von Geschäftsführern und Prokuristen;
   d) der Abschluss und die Kündigung von Geschäftsführeranstellungsverträgen;

(4) Über die in § 5 Abs. 4 bis 7 dieses Vertrages aufgeführten Rechtshandlungen ist der Beirat vor deren Umsetzung durch die Geschäftsführung konkret schriftlich zu unterrichten, soweit sie nicht bereits detailliert im Geschäftsplan ausgewiesen sind.

(5) § 5 Abs. 8 dieses Vertrages ist zu beachten.

(6) Die Mitglieder des Beirats sind über alle internen Angelegenheiten der Gesellschaft, die ihnen bei der Wahrnehmung ihrer Aufgaben zur Kenntnis gelangen, zur Verschwiegenheit verpflichtet.

§ 11 Beiratssitzungen

(1) Der Beirat soll mindestens quartalsweise, darüber hinaus nach Bedarf tagen.

(2) Beiratssitzungen sind ferner einzuberufen, wenn zwei Beiratsmitglieder oder der Beiratsvorsitzende dies verlangen. Deren schriftliche Begründung ist der Einladung beizufügen.

(3) Die Beiratssitzungen werden durch den Beiratsvorsitzenden in Abstimmung mit der Geschäftsführung vorbereitet und einberufen.

(4) Die Einberufung erfolgt nach dem für Gesellschafterversammlungen geltenden Verfahren laut § 6 Abs. 2 dieses Vertrages.

(5) Die Geschäftsführung nimmt an den Sitzungen des Beirats teil, wenn und soweit dieser nicht etwas Abweichendes beschließt.

(6) Die Leitung der Sitzungen obliegt dem Vorsitzenden des Beirats, sofern die Versammlung nicht etwas Abweichendes beschließt.

(7) Der ordnungsgemäß einberufene Beirat ist beschlussfähig, wenn mindestens $^2/_3$ der Mitglieder anwesend sind. Die Bestimmungen zu Form und Verfahren gelten als eingehalten, wenn alle Beiratsmitglieder in der Versammlung anwesend sind und soweit die Tagesordnung in der Versammlung einstimmig beschlossen wird.

(8) Schriftlich, elektronisch oder fernmündlich übermittelte Abstimmungen sowie Beschlussfassungen im Rahmen einer Telefonkonferenz oder diesbezüglicher Zuschaltung Abwesender sind zulässig, wenn alle Beiratsmitglieder bei der Abstimmung mitwirken und kein Mitglied diesem Verfahren bei der Abstimmung widerspricht.

(9) Soweit dieser Vertrag nicht etwas Abweichendes bestimmt, wird mit einfacher Mehrheit abgestimmt. Bei Stimmengleichheit gibt die Stimme des Versammlungsleiters den Ausschlag.

(10) Das Ergebnis der Beratungen und die Beschlüsse des Beirats sind zu protokollieren. Das Protokoll ist von dem Versammlungsleiter und dem Protokollführer zu unterzeichnen. Die Protokolle sind innerhalb von vier Wochen, im Falle des Abs. 8 unverzüglich nach der Abstimmung, den Mitgliedern des Beirats und den Gesellschaftern zu übermitteln.

§ 12 Jahresabschluss

(1) Der Jahresabschluss (Bilanz, Gewinn- und Verlustrechnung sowie Anhang) sowie gegebenenfalls der Lagebericht sind von der Geschäftsführung innerhalb der gesetzlichen Frist (§ 264 Abs. 1 HGB) aufzustellen und, falls das Gesetz die Prüfung durch einen Abschlussprüfer vorsieht oder die Gesellschafterversammlung diese beschlossen hat, dem Abschlussprüfer vorzulegen. Die Geschäftsführung hat den Gesellschaftern den Jahresabschluss und gegebenenfalls den Lagebericht – soweit eine Prüfung zu erfolgen hat gemeinsam mit dem schriftlichen Prüfbericht des Abschlussprüfers – unverzüglich nach Fertigstellung zur Beschlussfassung vorzulegen und – soweit ein Beirat implementiert ist – dem Vorsitzenden des Beirats zu übersenden.

(2) Die Gesellschafter können, sofern nicht bereits gesetzlich vorgeschrieben, die Prüfung des Jahresabschlusses durch einen Abschlussprüfer beschließen. Die Auswahl und Bestellung des Abschlussprüfers bedarf dann eines Gesellschafterbeschlusses.

(3) Die Feststellung des Jahresabschlusses sowie die Entscheidung über die Ergebnisverwendung erfolgen durch Beschluss der Gesellschafterversammlung innerhalb der gesetzlichen Frist (§ 42a Abs. 2 GmbHG).

(4) Wird der Jahresabschluss nachträglich berichtigt, insbesondere auf Grund einer steuerlichen Betriebsprüfung, so ist der berichtigte Abschluss maßgeblich.

§ 13 Ergebnisverwendung[Rz. 44]

(1) Bei der Aufstellung und Feststellung des Jahresabschlusses ist zu berücksichtigen, dass zunächst 25 vH des Jahresüberschusses zuzüglich eines etwaigen Gewinnvortrages und abzüglich eines etwaigen Verlustvortrages in eine Gewinnrücklage einzustellen ist. Die Gesellschafterversammlung kann mit einfacher Mehrheit beschließen, insgesamt bis zu 50 vH des Jahresüberschusses zuzüglich

eines etwaigen Gewinnvortrages und abzüglich eines etwaigen Verlustvortrages in eine Gewinnrücklage einzustellen.

(2) Die Auflösung einer Gewinnrücklage dient dem Ausgleich eines Jahresfehlbetrages oder eines Verlustvortrages. Für andere Zwecke können diese Gewinnrücklagen nur verwendet werden, wenn dies die Gesellschafter mit einfacher Mehrheit beschließen.

(3) Der nach den Abs. 1 und 2 verbleibende Bilanzgewinn wird an die Gesellschafter im Verhältnis der von ihnen gehaltenen Geschäftsanteile ausgeschüttet.

§ 14 Verfügungen über Geschäftsanteile[Rz. 45]

(1) Rechtsgeschäftliche Verfügungen jeglicher Art über Geschäftsanteile oder Teile davon sind – soweit in dieser Satzung nicht ausdrücklich Abweichendes bestimmt ist – vorbehaltlich des Abs. 2 nur mit Einwilligung der Gesellschafterversammlung durch Beschluss wirksam, wobei der verfügungswillige Gesellschafter bei der Beschlussfassung mit abstimmen kann. Dies gilt auch für jede Begründung von Unterbeteiligungen, stillen Gesellschaften, Treuhandschaften, der Einräumung eines Nießbrauchs oder ähnlicher Belastungen, Beteiligungen am Gewinn und ähnlichen Rechtsverhältnissen.

(2) Verfügungen über Geschäftsanteile oder Teile davon zugunsten eines Mitgesellschafters sowie die Einräumung von Unterbeteiligungen und die Begründung von Treuhandverhältnissen zugunsten eines Mitgesellschafters bedürfen keiner Einwilligung durch die Gesellschafterversammlung durch Beschluss nach Abs. 1. Zustimmungsfrei ist auch die Verfügung zu Gunsten von Treugebern, sofern die Beteiligung mit Zustimmung der Gesellschafterversammlung treuhänderisch gehalten wurde. Belastungen von Geschäftsanteilen sind von dieser Befreiungsregelung ausgenommen.

(3) Im Falle der Veräußerung eines Geschäftsanteils oder eines Teils davon durch einen Gesellschafter, die nicht gemäß Abs. 2 ohne Einwilligung der Gesellschafterversammlung zulässig ist, haben zunächst die übrigen Gesellschafter ein Vorkaufsrecht im Verhältnis ihrer Beteiligungen. Der Verpflichtete hat die zum Vorkauf berechtigten Gesellschafter unverzüglich durch eingeschriebenen Brief von der Veräußerung in Kenntnis zu setzen und ihnen eine beglaubigte Abschrift des den Vorkaufsfall auslösenden Vertrages zu übersenden. Das Vorkaufsrecht ist binnen eines Monats nach Zugang der Benachrichtigung und des Vertrages mittels eingeschriebenen Briefs auszuüben. Nicht ausgeübte Vorkaufsrechte wachsen den übrigen vorkaufswilligen Gesellschaftern im Quartal zu.[Rz. 45]

§ 15 Einziehung

(1) Der Geschäftsanteil eines Gesellschafters kann mit dessen Zustimmung eingezogen werden.

(2) Ohne Zustimmung des betroffenen Gesellschafter kann dessen Geschäftsanteil durch Beschluss der Gesellschafterversammlung, bei dem der betroffene Gesellschafter kein Stimmrecht hat, mit sofortiger Wirkung eingezogen werden, wenn in seiner Person ein wichtiger Grund vorliegt, insbesondere

a) der Gesellschafter seine Gesellschafterverpflichtungen grob verletzt hat und trotz schriftlicher Mahnung mit Fristsetzung von mindestens zehn Kalendertagen durch die Gesellschaft oder einem Gesellschafter die Verletzung fortsetzt bzw. nicht behebt;

b) ein Privatgläubiger aufgrund eines nicht vorläufig vollstreckbaren Titels den Geschäftsanteil des Gesellschafters pfändet und die Pfändung nicht innerhalb von drei Monaten wieder aufgehoben wird;

c) der Gesellschafter ohne die gemäß § 14 Abs. 1 dieses Vertrages erforderliche Einwilligung ein Treuhandverhältnis oder eine Unterbeteiligung begründet hat und nach schriftlicher Abmahnung der Gesellschaft oder eines Gesellschafters nicht binnen einer Frist von zehn Kalendertagen wieder aufhebt;

d) wenn der Gesellschafter Klage auf Auflösung der Gesellschaft erhoben hat;

e) wenn über das Vermögen des Gesellschafters das Insolvenzverfahren eröffnet wird oder ein Antrag auf Eröffnung des Insolvenzverfahrens mangels Masse abgelehnt wird.

Steht der Geschäftsanteil mehreren Gesellschaftern gemeinschaftlich zu, genügt das Vorliegen eines wichtigen Grundes in der Person eines der Mitgesellschafter.

(3) Mit Zugang der Mitteilung über den Einziehungsbeschluss beim Gesellschafter scheidet der Gesellschafter aus der Gesellschaft – unabhängig von der Zahlung des Abfindungsentgelts – aus (Wirksamkeit der Einziehung).

(4) Statt der Einziehung können die Gesellschafter auch beschließen, dass der einzuziehende Geschäftsanteil – gegebenenfalls nach Teilung – an die Gesellschaft, an Gesellschafter oder an Dritte zu übertragen ist.

§ 16 Kündigung

(1) Jeder Gesellschafter hat das Recht, die Gesellschaft mit einer Frist von sechs Monaten zum Ende eines Geschäftsjahres zu kündigen, erstmals jedoch zum 31.12.2045.

(2) Macht ein Gesellschafter von seinem Kündigungsrecht Gebrauch, so hat jeder andere Gesellschafter das Recht zur Anschlusskündigung. Die Anschlusskündigung kann nur innerhalb von drei Monaten nach Zugang der Kündigung erklärt werden. Machen alle Gesellschafter von diesem Recht Gebrauch, so ist die Gesellschaft aufgelöst. Ist oder wird die Kündigung unwirksam, so ist bzw. wird auch jede sie betreffende Anschlusskündigung unwirksam.

(3) Die Kündigung und Anschlusskündigung haben durch eingeschriebenen Brief an die Gesellschaft und die übrigen Gesellschafter zu erfolgen. Für die Rechtzeitigkeit der Kündigung bzw. Anschlusskündigung ist jeweils das Datum der Aufgabe zur Post maßgebend. Eine erklärte Anschlusskündigung begründet kein Recht der übrigen Gesellschafter zu einer weiteren Anschlusskündigung.

(4) Die Kündigung führt nicht zu der Auflösung der Gesellschaft, sondern zum Ausscheiden des Kündigenden und der Fortsetzung der Gesellschaft unter den verbleibenden Gesellschaftern. Ab Zugang der Kündigung gemäß Abs. 3 ruhen die verzichtbaren Gesellschafterrechte des kündigenden Gesellschafters bis zu seinem Ausscheiden. Der Geschäftsanteil des Kündigenden ist binnen drei Monaten nach Zugang der Kündigung mit Wirkung auf den Zeitpunkt des Ausscheidens durch Beschluss der übrigen Gesellschafter einzuziehen. Durch Beschluss der übrigen Gesellschafter kann innerhalb der Dreimonatsfrist stattdessen auch bestimmt werden, dass der Geschäftsanteil, gegebenenfalls nach entsprechender Teilung, an die Gesellschaft, an Gesellschafter oder Dritte zu übertragen ist.

§ 17 Abfindung und Bewertung

(1) Scheidet ein Gesellschafter gemäß der Regelungen der §§ 15 oder 16 dieses Vertrages aus der Gesellschaft aus, so erhält er eine Abfindung in Höhe des vollen Verkehrswertes seines Geschäftsanteils unter Aufdeckung der stillen Reserven sowie der Berücksichtigung immaterieller Werte, insbesondere Geschäfts- bzw. Firmenwerte zum Stichtag. Stichtag ist der Schluss des letzten vor dem Ausscheiden des Gesellschafters abgelaufenen Geschäftsjahres der Gesellschaft. Der Verkehrswert ist nach dem sog. Ertragswertverfahren zu ermitteln. Die Berechnung des Ertragswerts erfolgt nach den vom IDW (Institut der Wirtschaftsprüfer) verabschiedeten „Grundsätzen zur Durchführung von Unternehmensbewertungen" (IDW S 1) in der jeweils aktuellen Fassung durch einen von der

Gesellschaft zu beauftragenden Wirtschaftsprüfer bzw. Wirtschaftsprüfungsgesellschaft.

(2) Wird der Geschäftsanteil nach § 15 Abs. 2 dieses Vertrages eingezogen oder ist der Geschäftsanteil des betroffenen Gesellschafters in einem dieser Fälle statt der Einziehung auf die Gesellschaft, Gesellschaftern oder Dritten zu übertragen, so erhält der ausscheidende Gesellschafter eine Abfindung in Höhe des Verkehrswertes seines Geschäftsanteils abzüglich eines Abschlags in Höhe von 25 vH.

(3) Kommt über die Höhe der Abfindung eine Einigung nicht zustande, so soll darüber ein unabhängiger Sachverständiger für die Parteien verbindlich als Schiedsgutachter gemäß §§ 317 ff. HGB entscheiden. Der Sachverständige wird, wenn sich die Gesellschaft und der Ausscheidende nicht auf eine Person einigen, von der Handelskammer Hamburg auf Antrag des ausgeschiedenen Gesellschafters und der Gesellschaft ernannt. Die Kosten des Sachverständigen tragen die Gesellschaft und der ausgeschiedene Gesellschafter im Verhältnis ihres Obsiegens bzw. Unterliegens.

(4) Die Abfindung ist in vier gleichen Halbjahresraten auszuzahlen. Die erste Halbjahresrate ist drei Monate nach Feststellung des maßgeblichen Jahresabschlusses zur Zahlung fällig. Eine vorzeitige Auszahlung der Abfindung ist zulässig. Die Abfindung ist seit dem Ausscheidensstichtag mit 1,0 Prozentpunkten über dem jeweiligen Basiszinssatz gemäß § 247 BGB per annum zu verzinsen; die Zinsen sind mit den einzelnen Raten fällig. Schuldner ist im Falle der Einziehung die Gesellschaft, ansonsten derjenige, der den Geschäftsanteil erwirbt. Die Gesellschaft haftet für die Erfüllung der Zahlungspflicht des Erwerbers als Gesamtschuldner.

(5) Ändern sich später der oder die für die Auseinandersetzung maßgeblichen Jahresabschlüsse anlässlich einer steuerlichen Betriebsprüfung, so wird die Abfindung dadurch nicht beeinflusst.

§ 18 Liquidation

(1) Zu Liquidatoren der Gesellschaft sollen, sofern durch Gesellschafterbeschluss nichts anderes bestimmt wird, die Geschäftsführer bestellt werden.

(2) Für die Liquidatoren gelten die Bestimmungen des § 5 dieses Vertrages entsprechend.

§ 19 Veröffentlichungen

Die Bekanntmachungen der Gesellschaft erfolgen nur im elektronischen Bundesanzeiger.

§ 20 Schlussbestimmungen

(1) Soweit in diesem Vertrag keine abweichenden Bestimmungen enthalten sind, finden die Vorschriften des GmbH-Gesetzes in seiner jeweiligen Fassung Anwendung.

(2) Sollten einzelne Bestimmungen dieser Satzung oder eine künftig in sie aufgenommene Bestimmung ganz oder teilweise unwirksam oder undurchführbar sein oder werden, so bleibt die Gültigkeit der übrigen Bestimmungen hiervon unberührt. Das gleiche gilt, falls sich herausstellen sollte, dass die Satzung eine Regelungslücke enthält. Anstelle der unwirksamen oder undurchführbaren Bestimmungen oder zur Ausfüllung der Regelungslücke werden die Gesellschafter eine angemessene Regelung in notarieller Form vereinbaren, die dem am nächsten kommt, was die Gesellschafter gewollt hätten, wenn sie die Unwirksamkeit, Undurchführbarkeit oder Lückenhaftigkeit gekannt hätten.

(3) Die Kosten der Eintragung der Gesellschaft, die Veröffentlichungskosten und die Notarkosten trägt die Gesellschaft bis zur Höhe von € 2 500,–.

(4) Die Kosten von Kapitalerhöhungen (Gerichtsgebühren, Veröffentlichungskosten, Notarkosten sowie ggf. Vergütung für vorbereitende Beratungstätigkeit durch Rechtsanwälte und Steuerberater) und ihrer Durchführung (einschließlich der Kosten von Übernahmeerklärungen der Gesellschafter) trägt die Gesellschaft.

(5) Ausschließlicher Gerichtsstand für Rechtsstreitigkeiten aus oder im Zusammenhang mit diesem Vertrag sowie seiner Durchführung ist der Sitz der Gesellschaft.

II. Schenkungs- und Kaufvertrag nebst Verpflichtungserklärungen[Rz. 46–54]

Urkundenrolle Nr.: [...]/2017

Verhandelt

am [...] [...] 20[...] (zweitausendund[...])
in [...]
Vor mir, dem unterzeichnenden Notar [...]
mit dem Amtssitz in [...],
erschienen heute:

1. Herr [...],
   geboren am: [...],
   Anschrift: [...],

dem beurkundenden Notar von Person bekannt,
handelnd für sich persönlich,

2. Frau [...],
   geboren am: [...],
   Anschrift: [...],

handelnd nicht für sich persönlich, sondern vielmehr gemäß der in beglaubigter Ablichtung als Anlage 1 beigefügten Bescheinigung der Freien und Hansestadt Hamburg vom [...] als einzelvertretungsberechtigter Vorstand der

[...]-Familienstiftung

mit dem Sitz in [...], Anschrift: [...],

3. Herr [...],
   geboren am: [...],
   Anschrift: [...],

handelnd nicht für sich persönlich, sondern vielmehr

a) gemäß der in beglaubigter Ablichtung als Anlage 2 beigefügten Bescheinigung der Freien und Hansestadt Hamburg vom [...] als einzelvertretungsberechtigtes und von den Beschränkungen des § 181 BGB befreites Vorstandsmitglied der gemeinnützigen

[...]-Stiftung

mit dem Sitz in [...], Anschrift: [...], sowie

b) als einzelvertretungsberechtigter und von den Beschränkungen des § 181 BGB befreiter Geschäftsführer für die im Handelsregister des Amtsgerichts Hamburg unter HRB [...] eingetragene Gesellschaft mit beschränkter Haftung in Firma

[...] Holding-GmbH

mit dem Sitz in [...], Anschrift: [...].

Die Erschienenen erklärten zu meinem Protokoll:

I. Vorbemerkung[Rz. 46]

1. Der Erschienene zu 1. hält an der im Handelsregister des Amtsgerichts Hamburg unter HRB[[...] eingetragenen Gesellschaft mit beschränkter Haftung in Firma

   [...] Holding-GmbH

   (die „Gesellschaft") mit dem Sitz in [...], Anschrift: [...], deren voll eingezahltes Stammkapital € 25 000,– beträgt, den Geschäftsanteil Nr. 1 im Nominalwert von € 17 500,– sowie den Geschäftsanteil Nr. 2 im Nennwert von € 7 500,–.
2. Der Erschienene zu 1. (der „Stifter") ist weiterhin Gründer der von der Erschienenen zu 2. vertretenen [...] Familienstiftung (die „Familienstiftung") mit Sitz in [...], welche mit Urkunde der Freien und Hansestadt Hamburg vom [...] als rechtsfähige Stiftung anerkannt wurde.
3. Darüber hinaus hat der Stifter die von dem Erschienenen zu 3. vertretene gemeinnützige [...] Stiftung (die „gemeinnützige Stiftung") mit Sitz in [...] errichtet, welche mit Urkunde der Freien und Hansestadt Hamburg vom [...] anerkannt wurde.
4. Der Stifter beabsichtigt, den von ihm an der Gesellschaft gehaltenen Geschäftsanteil Nr. 1 der gemeinnützigen Stiftung unentgeltlich zuzuwenden sowie des Weiteren den von ihm an der Gesellschaft gehaltenen Geschäftsanteil Nr. 2 an die Familienstiftung zu verkaufen und zu übertragen.

Dies vorausgeschickt, vereinbaren die Parteien was folgt:

II. Schenkungs- und Übertragungsvertrag[Rz. 47]

§ 1 Gegenstand

(1) Der Stifter schenkt hiermit den von ihm an der Gesellschaft gehaltenen Geschäftsanteil Nr. 1 im Nennbetrag von € 17 500,– („der Schenkungsgegenstand") an die diese Schenkung hiermit annehmende gemeinnützige Stiftung. Die Parteien sind sich darüber einig, dass dieser Schenkungsgegenstand dem Grundstockvermögen der gemeinnützigen Stiftung gewidmet ist.

(2) Die Schenkung des Geschäftsanteils Nr. 1 gemäß Abs. 1 erfolgt mit schuldrechtlicher (wirtschaftlicher) Wirkung im Innenverhältnis zum heutigen Tage (der „Stichtag").

(3) Das Gewinnbezugsrecht (Gewinnanspruch) aus dem geschenkten Geschäftsanteil Nr. 1 für das gesamte Geschäftsjahr 2017 ist mitgeschenkt und steht ausschließlich der gemeinnützigen Stiftung zu.

§ 2 Gegenleistung

Die Schenkung des Geschäftsanteils Nr. 1 gemäß § 1 erfolgt insgesamt ohne Gegenleistung, dh. vollständig unentgeltlich.

§ 3 Übertragung und Abtretung

In Vollzug des vorstehenden Schenkungsversprechens gemäß § 1 überträgt der Stifter hiermit durch Abtretung den von ihm geschenkten Geschäftsanteil Nr. 1 an der Gesellschaft im Nennbetrag von € 17 500,– mit sofortiger Wirkung an die gemeinnützige Stiftung, die diese Abtretung hiermit annimmt.

§ 4 Garantien

(1) Der Stifter garantiert hiermit gegenüber der gemeinnützigen Stiftung im Sinne eines selbständigen Garantieversprechens nach § 311 Abs. 1 BGB auf den Zeitpunkt des Abschlusses dieses Vertrages, dass die Ausführungen in den Vorbe-

merkungen in Bezug auf die Gesellschaft vollständig und richtig sind, der Geschäftsanteil Nr. 1 besteht, er der Eigentümer desselben ist und über ihn frei verfügen kann, der Geschäftsanteil Nr. 1 voll eingezahlt und frei von Rechten Dritter ist, insbesondere nicht verpfändet oder in sonstiger Weise belastet ist.

(2) Die vom Stifter übernommenen Garantien sind in diesem Vertrag abschließend aufgeführt. Jede weitere Gewährleistung, Zusicherung oder Garantie sowie jede sonstige Haftung des Stifters, gleich aus welchem Rechtsgrund, ist – im Rahmen des rechtlich Zulässigen – ausgeschlossen.

§ 5 Verzicht auf Anfechtung

Der Stifter einerseits und die gemeinnützige Stiftung andererseits verzichten für sich und ihre Rechtsnachfolger auf die Anfechtung dieses Schenkungs- und Übertragungsvertrages aus allen Rechtsgründen, insbesondere den §§ 119 ff. BGB, und nehmen diesen Verzicht jeweils wechselseitig an.

III. Kauf- und Übertragungsvertrag[Rz. 48]

§ 1 Gegenstand

(1) Der Stifter verkauft hiermit den von ihm an der Gesellschaft gehaltenen Geschäftsanteil Nr. 2 im Nennbetrag von € 7 500,– an die diesen Verkauf hiermit annehmende Familienstiftung.

(2) Der Verkauf des Geschäftsanteils Nr. 2 gemäß Abs. 1 erfolgt mit schuldrechtlicher (wirtschaftlicher) Wirkung im Innenverhältnis zum heutigen Tage (der „Stichtag").

(3) Das Gewinnbezugsrecht (Gewinnanspruch) aus dem verkauften Geschäftsanteil Nr. 2 für das gesamte Geschäftsjahr 2017 ist mitverkauft und steht ausschließlich der Familienstiftung zu.

§ 2 Kaufpreis

(1) Der Kaufpreis für den gemäß § 1 verkauften Geschäftsanteil Nr. 2 entspricht dem Nennbetrag und beträgt € 7 500,–.

(2) Der Kaufpreis ist innerhalb von 10 Banktagen nach Abschluss dieses Vertrages zur Zahlung fällig und auf die von dem Stifter mitzuteilende Bankverbindung des Stifters für diesen spesen- und lastenfrei zu leisten.

§ 3 Übertragung und Abtretung

In Vollzug des vorstehenden Verkaufs gemäß § 1 überträgt der Stifter hiermit durch Abtretung den von ihm verkauften Geschäftsanteil Nr. 2 an der Gesellschaft im Nennbetrag von € 7 500,– mit sofortiger Wirkung an die Familienstiftung, die diese Abtretung hiermit annimmt.

§ 4 Garantien

(1) Der Stifter garantiert hiermit gegenüber der Familienstiftung im Sinne eines selbständigen Garantieversprechens nach § 311 Abs. 1 BGB auf den Zeitpunkt des Abschlusses dieses Vertrages, dass die Ausführungen in den Vorbemerkungen in Bezug auf die Gesellschaft vollständig und richtig sind, der Geschäftsanteil Nr. 2 besteht, er der Eigentümer desselben ist und über ihn frei verfügen kann, der Geschäftsanteil Nr. 2 voll eingezahlt und frei von Rechten Dritter ist, insbesondere nicht verpfändet oder in sonstiger Weise belastet ist.

(2) Die vom Stifter übernommenen Garantien sind in diesem Vertrag abschließend aufgeführt. Jede weitere Gewährleistung, Zusicherung oder Garantie sowie jede sonstige Haftung des Stifters, gleich aus welchem Rechtsgrund, ist – im Rahmen des rechtlich Zulässigen – ausgeschlossen.

IV. Gesellschafterversammlung, Zustimmung

1. Der Stifter hält hiermit in seiner Eigenschaft als Gesellschafter der Gesellschaft unter Verzicht auf gesetzliche und satzungsgemäße Form- und Fristvorschriften hinsichtlich der Einberufung und Abhaltung eine Gesellschafterversammlung der Gesellschaft ab und beschließt einstimmig, was folgt:
   a) Der Schenkung und Übertragung des Geschäftsanteils Nr. 1 an die gemeinnützige Stiftung gemäß Ziffer II. dieser Urkunde wird hiermit zugestimmt.
   b) Dem Verkauf und der Übertragung des Geschäftsanteils Nr. 2 an die Familienstiftung gemäß Ziffer III. dieser Urkunde wird hiermit zugestimmt.
   c) Der Gesellschaftsvertrag der Gesellschaft wird vollkommen neu gefasst und erhält die aus der Anlage 3 zu dieser Urkunde ersichtliche Fassung.

   Damit ist die Gesellschafterversammlung der Gesellschaft geschlossen.
2. Der Erschienene zu 3. erteilt hiermit in seiner Eigenschaft als einzelvertretungsberechtigter und von den Beschränkungen des § 181 BGB befreiter Geschäftsführer der Gesellschaft in deren Namen die gemäß der Satzung der Gesellschaft erforderliche Zustimmung zu der vertragsgegenständlichen Verfügung über den Geschäftsanteil Nr. 1 gemäß Ziffer II. dieser Urkunde und zu der vertragsgegenständlichen Verfügung über den Geschäftsanteil Nr. 2 gemäß Ziffer III. dieser Urkunde.

V. Gesellschafterliste, Vollmachten

1. Der Notar ist verpflichtet, unverzüglich nach Abschluss dieses Vertrages und ohne Rücksicht auf etwa später eintretende Unwirksamkeitsgründe eine neue Gesellschafterliste dem Handelsregister einzureichen und eine Abschrift der geänderten Liste an die Gesellschaft zu übermitteln.
2. Das Stimmrecht aus dem Geschäftsanteil Nr. 1 soll der gemeinnützigen Stiftung bereits mit Vollzug der Übertragung gemäß Ziffer II. § 3 zustehen und nicht erst mit Aufnahme der neuen Gesellschafterliste in das Handelsregister (§ 16 GmbHG). Ebenso soll das Stimmrecht aus dem Geschäftsanteil Nr. 2 der Familienstiftung bereits mit Vollzug der Übertragung gemäß Ziffer III. § 3 zustehen.
   Der Stifter erteilt deshalb hiermit
   a) der gemeinnützigen Stiftung eine entsprechende Stimmrechtsvollmacht zur Ausübung der Stimmrechte aus dem Geschäftsanteil Nr. 1 in der Gesellschafterversammlung der Gesellschaft, sowie gleichfalls
   b) der Familienstiftung eine entsprechende Stimmrechtsvollmacht zur Ausübung der Stimmrechte aus dem Geschäftsanteil Nr. 2 in der Gesellschafterversammlung der Gesellschaft,

jedoch mit der Maßgabe, dass diese jeweils vor seinem Ableben nicht zur Beschlussfassung über Kapitalmaßnahmen der Gesellschaft berechtigt. Die Stimmrechtsvollmacht gilt jeweils auch über den Tod des Stifters hinaus.

VI. Gesellschaftervereinbarungen[Rz. 51]

Die Familienstiftung einerseits sowie die gemeinnützige Stiftung andererseits (nachfolgend in dieser Ziffer VI. gemeinsam auch die „Gesellschafter" genannt) verpflichten sich hiermit wechselseitig sowie gleichfalls gegenüber dem Stifter in ihrer Eigenschaft als zukünftige Alleingesellschafter der Gesellschaft wie folgt:

1. Die Gesellschafter verpflichten sich bereits jetzt, sich stets so zu verhalten, dass Schaden von der Gesellschaft abgewandt wird.
2. Die Gesellschafter verpflichten sich weiterhin, alle ihnen jeweils von dem Stifter lebzeitig oder durch letztwillige Verfügung – soweit dort angeordnet – zugewandten Vermögenswerte unverzüglich zivilrechtlich in ihrer Gesamtheit bzw. den ent-

sprechenden Erbteil in die Gesellschaft einzubringen und auf diese zu übertragen. Steuerrechtlich hat dies – soweit gesetzlich zulässig – nach § 20 Abs. 2 Satz 2 Alt. 1 UmwStG bzw. § 21 Abs. 1 Satz 2 Alt. 1 UmwStG (jeweils in der heute gültigen Fassung) zu erfolgen, verbunden mit einem Antrag auf Buchwertfortführung gegen Gewährung von Gesellschafterrechten.

a) Hierzu werden die Gesellschafter die nach den zum Zeitpunkt des Ablebens des Stifters geltenden gesetzlichen Vorschriften erforderlichen Kapitalmaßnahmen in der jeweils gesetzlich vorgeschriebenen Form beschließen und – gleichfalls unter Beachtung der dafür vorgeschrieben gesetzlichen Erfordernisse – durchführen.

b) Die Gesellschafter verpflichten sich, bei Beschluss und Durchführung der entsprechenden Kapitalmaßnahmen die zum Zeitpunkt des Ablebens des Stifters gegebenen quotalen Verhältnisse ihrer kapitalmäßigen Beteiligung an der Gesellschaft beizubehalten und fortzusetzen, soweit dem nicht im Interesse der Gesellschaft und der Gesellschafter steuerrechtliche und/oder zivilrechtliche Bedenken zwingend entgegenstehen.

c) Weiterhin verpflichten sich die Gesellschafter, ihnen von dem Stifter letztwillig auferlegte Auflagen bei der Einbringung und Übertragung der ihnen von Todes wegen zugewandten Vermögenswerte bzw. Erbteile auf die Gesellschaft jeweils zu berücksichtigen und zu erfüllen sowie eine etwaige Vollmacht eines von dem Stifter benannten Testamentsvollstreckers nicht zu widerrufen.

VII. Allgemeines

1. Änderungen und Ergänzungen dieser Urkunde und der darin getroffenen Vereinbarungen bedürfen – soweit nicht notarielle Beurkundung erforderlich ist – zu ihrer Wirksamkeit der Schriftform. Dies gilt auch für diese Klausel.

2. Gerichtsstand für sämtliche Auseinandersetzungen im Zusammenhang mit dem Abschluss und der Durchführung dieser Urkunde und der darin getroffenen Vereinbarungen ist die Freie und Hansestadt Hamburg.

3. Die Kosten dieser Urkunde und ihrer Durchführung trägt der Stifter. Dies gilt nicht für eine etwaige Schenkungsteuer; eine solche trägt der Beschenkte.

4. Nebenabreden zu dieser Urkunde und den darin getroffenen Vereinbarungen bestehen nicht. Diese Urkunde tritt an die Stelle aller in diesem Zusammenhang im Vorfeld des Vertragsschlusses abgegebenen schriftlichen und mündlichen Erklärungen der Parteien.

5. Sollten sich einzelne Bestimmungen dieser Urkunde und der darin getroffenen Vereinbarungen als unwirksam herausstellen oder undurchführbar werden oder im Einzelfall nicht anwendbar sein, so wird dadurch die Wirksamkeit dieser Urkunde und der darin getroffenen Vereinbarungen im Übrigen nicht berührt. In einem solchen Falle verpflichten sich die von der Unwirksamkeit der Regelung betroffenen Parteien, die unwirksame oder undurchführbare oder nicht anwendbare Bestimmung unter Beachtung des Formerfordernisses gemäß vorstehender Ziffer 1. durch eine solche Bestimmung zu ersetzen, welche die Parteien im Zeitpunkt des Vertragsschlusses gewählt hätten, wenn sie den Fall der Unwirksamkeit oder Undurchführbarkeit bedacht und unter billiger Berücksichtigung der wechselseitigen Interessen gewählt hätten. Entsprechendes gilt im Falle einer Lücke dieser Urkunde und der darin getroffenen Vereinbarungen.

VIII. Durchführung, Vollmacht

Die Beteiligten beauftragen hiermit den beurkundenden Notar, diese Urkunde durchzuführen. Der Notar wird ermächtigt, auch Teilausfertigungen dieser Urkunde herzustellen. Dazu werden hiermit die Notariatsangestellten

[...],
[...]
bevollmächtigt, und zwar jede einzeln und unter Befreiung von den Beschränkungen des § 181 BGB, alle dem Vollzug dieser Urkunde dienenden und noch erforderlichen Erklärungen, auch Abänderungserklärungen, abzugeben und entgegenzunehmen. Die Vollmacht ist im Außenverhältnis unbeschränkt. Im Innenverhältnis soll von ihr nur nach vorhergehender Rücksprache mit den Beteiligten Gebrauch gemacht werden.

IX. Belehrungen und Hinweise

Der Notar belehrte die Erschienenen darüber,
- dass im Falle einer Veränderung in den Personen der Gesellschafter oder des Umfangs ihrer Beteiligung als Inhaber eines Geschäftsanteils im Verhältnis zur Gesellschaft nur gilt, wer als solcher in der im Handelsregister aufgenommenen Gesellschafterliste eingetragen ist;
- dass der Erwerber für die zur Zeit seiner Eintragung in die beim Handelsregister aufgenommene Gesellschafterliste rückständigen Einlageverpflichtungen neben dem Veräußerer haftet.

Mit der Anlage vorgelesen, genehmigt und unterschrieben:

III. Satzung[Rz. 55–77] der [...] Familienstiftung

§ 1 Name, Rechtsform, Sitz

(1) Die Stiftung führt den Namen
[...] Familienstiftung.
(2) Die [...] Familienstiftung ist eine rechtsfähige Stiftung des bürgerlichen Rechts. Sie ist eine Familienstiftung im Sinne des § 2 Abs. 1 Hamburgisches Stiftungsgesetz.
(3) Die Stiftung hat ihren Sitz in der Freien und Hansestadt Hamburg.

§ 2 Stiftungszwecke und Zweckverfolgung[Rz. 56–59]

(1) Zweck der Stiftung ist
a) die finanzielle Unterstützung des Stifters sowie seiner Abkömmlinge und der durch seine Abkömmlinge mit ihm fortlaufend in gerader absteigender Linie verwandten Abkömmlinge, also Enkel, Urenkel usw., folglich die in § 3 Abs. 1 dieser Satzung aufgeführten Begünstigten (Destinatäre). Zu den jeweiligen Abkömmlingen gehören auch nichteheliche und adoptierte Abkömmlinge. Vorstehender Satz 1 gilt auch für die in § 3 Abs. 2 dieser Satzung aufgeführten, aufschiebend bedingt Begünstigten ab Eintritt der aufschiebenden Bedingung;[Rz. 56]
b) die Förderung der schulischen und universitären Ausbildung der in § 3 Abs. 1 dieser Satzung aufgeführten Destinatäre sowie die Förderung der beruflichen Existenzgründungen dieses Personenkreises; dies gilt nicht für die aufschiebend bedingt Begünstigten iSd. § 3 Abs. 2 dieser Satzung;
c) die Organisation und Umsetzung eines jährlichen Familientages sowie die Unterhaltung und Pflege der Grabstätten der in § 3 Abs. 1 dieser Satzung aufgeführten Destinatäre in angemessenem Umfang;
d) die Erhaltung des Lebenswerkes des Stifters; insbesondere hinsichtlich etwaig noch vom Stifter zu erbender Unternehmensbeteiligungen. Die letztwilligen Verfügungen des Stifters sehen insoweit derzeit vor, dass diese Familienstiftung als Miterbin zu 30 vH und die gemeinnützige [...] Stiftung als Miterbin zu

70 vH jeweils ihren Erbteil in Erfüllung einer letztwilligen Auflage des Stifters in die bereits bestehende [...] Holding-GmbH, an der die beiden Stiftungen in obiger Quote bereits beteiligt sind, einbringen; die Testamentsvollstrecker haben für die Erfüllung der jeweiligen Auflage nach dem Testament des Stifters Sorge zu tragen.[Rz. 58]

(2) Die Satzungszwecke iSd. Abs. 1 werden insbesondere verfolgt durch

a) großzügige Unterstützung und Versorgung der in § 3 Abs. 1 genannten Destinatäre entsprechend ihrer Anlagen und Neigungen sowie auskömmliche Absicherung des Lebensunterhalts und des Lebensabends der in § 3 Abs. 1 genannten Destinatäre, soweit dies vom jeweiligen Satzungszweck gedeckt ist; für die finanzielle Unterstützung der aufschiebend bedingt Begünstigten iSd. § 3 Abs. 2 gelten ab Eintritt der aufschiebenden Bedingung die Mittelverwendungsregeln iSd. § 4 Abs. 9 dieser Satzung;

b) materielle und administrative Unterstützung im Rahmen der Betreuung und Erziehung, im Kindergarten, in der Schule, bei der Berufsausbildung, im Studium und bei der beruflichen Existenzgründung der in § 3 Abs. 1 genannten Destinatäre;

(3) Zur Erfüllung des Stiftungszweckes kann sich die Stiftung – auch mittelbar – an Unternehmen im In- und Ausland beteiligen.[Rz. 57]

(4) Ein Rechtsanspruch auf Leistungen der Stiftung besteht in keinem Falle. Ein solcher Anspruch wird weder durch die Satzung noch durch eine Leistungsgewährung begründet. Hierüber entscheiden allein die zuständigen Organe. Auf eine Gleichbehandlung kann sich bei Bewilligung bzw. Versagung von Leistungen niemand berufen.

(5) Der Stifter, seine Abkömmlinge und die durch seine Abkömmlinge mit ihm fortlaufend in gerader absteigender Linie verwandten Abkömmlinge sind in jedem Falle zu mehr als der Hälfte bezugs- oder anfallsberechtigt. Zudem dient die Stiftung den wesentlichen Familieninteressen, weil das Wesen der Stiftung satzungsgemäß darin besteht, es den Destinatären – also der Stifterfamilie in jeder Generation – zu ermöglichen, das Stiftungsvermögen, soweit es einer Nutzung zu privaten Zwecken zugänglich ist, zu nutzen und die Stiftungserträge satzungskonform aus dem gebundenen Vermögen an sich zu ziehen. Auf die tatsächliche Inanspruchnahme kommt es dabei nicht an.

(6) Für die Bezugsberechtigung der Destinatäre zu mehr als der Hälfte iSd. Abs. 5 kommt es allein auf die Ausschüttungen der Stiftung an.

§ 3 Begünstigte Personen (Destinatäre)[Rz. 60, 61]

(1) Begünstigte der Stiftung (Destinatäre) sind der Stifter, seine Abkömmlinge sowie die durch die Abkömmlinge mit dem Stifter fortlaufend in gerader absteigender Linie verwandten Abkömmlinge im Rahmen des jeweiligen Satzungszweckes. Zu den jeweiligen Abkömmlingen gehören auch nichteheliche und adoptierte Abkömmlinge.

(2) Darüber hinaus sind Begünstigte der Stiftung (Destinatäre) aufschiebend bedingt (§ 4 BewG) auf den Erbfall des Stifters (aufschiebende Bedingung) die aktiven Mitarbeiter der [...]-KG bzw. einer Nachfolgegesellschaft, soweit und solange sie einen wirksamen Anstellungsvertrag haben und mindestens fünf Jahre in der [...]-KG betriebszugehörig sind.[Rz. 60]

(3) Bei Eintritt der aufschiebenden Bedingung iSd. vorstehenden Abs. 2, also im Erbfall des Stifters, wird das Begünstigungsverhältnis zwischen den Begünstigten iSd. § 3 Abs. 1 und 2 im Rahmen der Mittelverwendung in § 4 Abs. 9 dieser Satzung geregelt.

§ 4 Stiftungsvermögen, Verwendung der Erträge, Geschäftsjahr[Rz. 62, 63]

(1) Das Vermögen der Stiftung besteht zunächst aus den im Stiftungsgeschäft genannten Vermögenswerten (Grundstockvermögen). Dabei handelt es sich um einen Betrag in bar in Höhe von € 1 000 000,–. Soweit die Stiftung von Todes wegen weitere Zuwendungen vom Stifter erhält, sind diese Zuwendungen oder deren durch bspw. Auflagenerfüllung erlangten Surrogate dem Grundstockvermögen zuzuführen, wenn dies letztwillig so bestimmt wird.[Rz. 62]

(2) Im Interesse des langfristigen Bestandes der Stiftung ist das Grundstockvermögen dauernd und ungeschmälert in seinem Wert zu erhalten. Handlungsbedarf bei Kursschwankungen besteht regelmäßig nur dann, wenn eine dauerhafte und wesentliche Reduzierung des Grundstockvermögens droht. Vermögensumschichtungen, insbesondere auch die Veräußerung von Beteiligungen, sind zulässig. Solche Umschichtungserlöse sind grundsätzlich wiederum dem Stiftungsvermögen zuzuführen. Richtschnur für die Verwaltung des Stiftungsvermögens ist das Lebenswerk des Stifters zu erhalten, wobei betriebswirtschaftliche Grundsätze zu beachten sind.

(3) Ein Rückgriff auf die Substanz des Vermögens ist nur zulässig, wenn der Wille des Stifters anders nicht zu verwirklichen ist und der Bestand der Stiftung gewährleistet bleibt sowie die Vorgaben des Hamburgischen Stiftungsgesetzes gewahrt werden. Zustiftungen (Zuwendungen zum Grundstockvermögen) sind zulässig.

(4) Die Stiftung erfüllt ihre Aufgaben
   a) aus den Erträgen des Grundstocksvermögens und
   b) aus Zuwendungen, soweit sie vom Zuwendenden nicht zur Aufstockung des Grundstockvermögens bestimmt sind.

   Die nähere Definition der Stiftungsmittel und der Grundsätze ihrer Verwendung erfolgt durch die nachfolgenden Absätze.

(5) Die der Stiftung tatsächlich zufließenden, liquiden Mittel – also nicht das steuerliche Ergebnis der Stiftung – sind grundsätzlich unter Berücksichtigung der hier vorgegebenen Richtlinien nach Maßgabe von § 2 Abs. 2 zur Erfüllung der Satzungszwecke iSd. § 2 Abs. 1 zu verwenden. Nicht hierzu gehören also bspw. in einer etwaigen Tochter-Kapitalgesellschaft thesaurierte Gewinne. Etwaige laufende Belastungen und gesetzliche Abgaben sind aus den zugeflossenen Mitteln vorab zu decken.

(6) Zu den – für die Satzungszwecke einzusetzenden – tatsächlich zufließenden, liquiden Mitteln (zu verwendende liquide Netto-Mittel) gehören neben den laufenden Erträgen – soweit sie zufließen – auch weitere Zuwendungen an die Stiftung, soweit sie nicht ausdrücklich als Zustiftung dem Grundstockvermögen zuzuführen sind. Hingegen sind realisierte Umschichtungsgewinne grundsätzlich zur Stärkung der Ertragskraft dem Grundstockvermögen zuzuführen, es sei denn, der Stiftungsrat beschließt einstimmig insoweit über eine Satzungszweckverwirklichung. Letzteres ist nicht zulässig, soweit ein realisierter Umschichtungsgewinn zum Erhalt des Grundstockvermögens erforderlich ist.

(7) Die Bildung von Rücklagen ist nach Maßgabe des § 4 Abs. 3 Satz 2 Hamburgisches Stiftungsgesetz zulässig. Soweit freie Rücklagen (auf Ebene der Familienstiftung nicht zweckgebundene, thesaurierte Mittel) gebildet worden sind, sind sie bei Auflösung satzungskonform für die Zweckverwirklichung nach Maßgabe des Abs. 9 zu verwenden. Zweckgebundene Rücklagen sind bei Auflösung dem Satzungszweck zuzuführen, für den sie gebildet worden sind, allerdings unter Anrechnung auf die Quote iSd. Abs. 9.

(8) Die Verwaltungskosten der Stiftung, zu denen auch Personalkosten zählen, sind aus den zugeflossenen Mitteln vorab zu decken und sollten einen marktübli-

chen, angemessenen Rahmen nicht übersteigen. Einnahmen aus Grundbesitz sind vorrangig zur Deckung der Betriebskosten zu verwenden, Überschüsse wachsen den satzungskonform zu verwendenden Mitteln zu.

(9) Die unter Berücksichtigung der vorstehenden Absätze jährlich zu verwendenden liquiden Netto-Mittel sind zugunsten der in § 3 Abs. 1 genannten Destinatäre, untereinander verteilt unter Berücksichtigung der Satzungszwecke in § 2 Abs. 1 und der Konkretisierung der Zweckverfolgung in § 2 Abs. 2 durch Beschlussbefassung des Kuratoriums zu verwenden.
Soweit die aufschiebende Bedingung iSd. § 3 Abs. 2 dieser Satzung eintritt, sind die unter Berücksichtigung der vorstehenden Absätze jährlich zu verwendenden liquiden Netto-Mittel wie folgt satzungskonform zu verwenden:
a) 60 vH erhalten die in § 3 Abs. 1 genannten Begünstigten, untereinander verteilt unter Berücksichtigung der Satzungszwecke in § 2 Abs. 1 und der Konkretisierung der Zweckverfolgung in § 2 Abs. 2 durch Beschlussbefassung des Kuratoriums sowie
b) 40 vH erhalten die in § 3 Abs. 2 genannten Begünstigten, ebenfalls durch Beschlussfassung des Kuratoriums. Von diesen insoweit jährlich zu verwendenden liquiden Netto-Mitteln soll jeder Begünstigte iSd. § 3 Abs. 2 höchstens 25 vH seiner Bruttogesamtbezüge (also einschl. etwaiger Tantiemen und Sonderzahlungen) eines jeden Jahres erhalten. Soweit die insoweit jährlich zu verwendenden liquiden Netto-Mittel hierzu nicht ausreichen, soll jeder aus dem Kreis der in § 3 Abs. 2 genannten Begünstigten von den zu verteilenden 40 vH der insoweit jährlich zu verwendenden liquiden Netto-Mittel proportional weniger erhalten, und zwar gemessen an seinen jährlichen Bruttogesamtbezügen im Verhältnis zu der Summe der Bruttogesamtbezüge der in § 3 Abs. 2 genannten Begünstigten. Im Hinblick auf die Verteilung unter den in § 3 Abs. 2 genannten Begünstigten sollte auch eine Absprache mit der operativen Geschäftsführung erfolgen; hier können auch Jahr für Jahr Einzelfallentscheidungen getroffen werden.
Mittelverwendungsüberschüsse aufgrund der Kappungsgrenzen für die Begünstigung sind zur Stärkung der Ertragskraft dem Grundstockvermögen zuzuführen.

(10) Das Geschäftsjahr der Stiftung ist das Kalenderjahr. Das erste Geschäftsjahr beginnt mit der Anerkennung und endet am 31.12. desselben Jahres.

§ 5 Stiftungsorgane, gemeinsame Vorschriften

(1) Organe der Stiftung sind der Vorstand und das Kuratorium.

(2) Die Mitgliedschaft in einem Stiftungsorgan schließt die Mitgliedschaft in einem anderen Organ dieser Familienstiftung aus. Zudem dürfen Mitglieder des Vorstandes oder des Kuratoriums nicht zugleich Mitglieder des Vorstandes oder des Stiftungsrats der gemeinnützigen [...] Stiftung sein; andernfalls scheiden sie aus ihrem Amt bei der [...] Familienstiftung aus. Dies gilt nicht für den Stifter selbst.

(3) Ein Stiftungsorgan ist grundsätzlich beschlussfähig, wenn mindestens ²/₃ seiner Mitglieder einschließlich des jeweiligen Vorsitzenden anwesend sind. Beschlüsse werden mit der einfachen Mehrheit der abgegebenen Stimmen gefasst, soweit die Satzung nichts anderes bestimmt. Bei Stimmengleichheit entscheidet die Stimme des Vorsitzenden.

(4) Zu Sitzungen des jeweiligen Stiftungsorgans wird mit einer Frist von vier Wochen durch den Vorsitzenden unter Mitteilung der Tagesordnung schriftlich eingeladen. Die Ladungsfrist kann aus wichtigem Grund abgekürzt werden.

(5) Beschlüsse im schriftlichen Umlaufverfahren oder mit kürzeren Ladungsfristen dürfen gefasst werden, sofern alle Mitglieder des jeweiligen Organs einverstan-

den sind. Schriftliche Übermittlung per Telefax oder per E-Mail mit elektronischer Signatur ist zulässig.

(6) Über die Sitzungen der Stiftungsorgane sind Protokolle zu fertigen, die vom Protokollführer und vom jeweiligen Vorsitzenden zu unterzeichnen sind. Die Organe können sich auf der Grundlage dieser Satzung jeweils eine Geschäftsordnung geben.

(7) Die Mitglieder der Stiftungsorgane haften nur für Vorsatz und grobe Fahrlässigkeit.

(8) Den Mitgliedern der Stiftungsorgane soll der Zeit- und Arbeitsaufwand angemessen vergütet werden. Über die Vergütung der Vorstandsmitglieder entscheidet das Kuratorium. Wird dem Vorstand eine Vergütung gewährt, so soll die Vergütung des einzelnen Vorstandsmitglieds größer als die Vergütung des einzelnen Kuratoriumsmitglieds sein.

§ 6 Vorstand[Rz. 65, 66]

(1) Der zweiköpfige Vorstand besteht aus dem Vorsitzenden und einem Stellvertreter. Der erste Vorstand wird von dem Stifter bestellt. Der Stifter benennt auch den Vorsitzenden. Danach werden seine Mitglieder vom Kuratorium gewählt, das sodann auch den Vorsitzenden benennt. Der Vorstand darf, sollte aber nicht aus dem Kreis der Destinatäre bestellt werden.

(2) Die Mitglieder des Vorstandes werden auf 5 Jahre bestellt. Wiederbestellung ist zulässig. Sie können vom Kuratorium jederzeit aus wichtigem Grund abberufen werden. Ein wichtiger Grund liegt in Anlehnung an § 133 Abs. 2 HGB insbesondere vor, wenn ein Vorstandsmitglied eine ihm nach der Satzung oder Beschluss des Kuratoriums obliegende wesentliche Verpflichtung vorsätzlich oder aus grober Fahrlässigkeit verletzt.

(3) Sollte ein Vorstandsmitglied im Erbfall des Stifters das Amt des Testamentsvollstreckers übernehmen, so scheidet dieses Vorstandsmitglied mit der Annahme des Amtes des Testamentsvollstreckers aus dem Vorstand aus und wird auf Vorschlag des Ausscheidenden mit Beschluss des Kuratoriums durch eine vorgeschlagene Person ersetzt. Dieser im Erbfall des Stifters ggf. neu zu bestellende Vorstand ist für eine volle Amtszeit von fünf Jahren zu bestellen.[Rz. 65]

§ 7 Vertretung der Stiftung, Aufgaben des Vorstandes[Rz. 67, 68]

(1) Der Vorstand vertritt die Stiftung gerichtlich und außergerichtlich. Er hat die Stellung eines gesetzlichen Vertreters. Seine Mitglieder sind einzelvertretungsberechtigt. Im Innenverhältnis vertritt nur der Vorsitzende des Vorstandes.

(2) Der Vorstand führt entsprechend den Richtlinien und Beschlüssen des Kuratoriums die laufenden Geschäfte. Er ist zur gewissenhaften und sparsamen Verwaltung des Stiftungsvermögens und der sonstigen Mittel verpflichtet.

(3) Der Vorstand hat besonders den Umstand zu beachten, dass diese Familienstiftung mit 30 vH am Kapital und Gewinn der [...] Holding-GmbH beteiligt ist und diese Beteiligung einen Stimmrechtsanteil von 70 vH in der [...] Holding-GmbH vermittelt. Weiterer Gesellschafter der [...] Holding-GmbH ist die gemeinnützige [...] Stiftung mit einem 70 vH-Anteil am Kapital und Gewinn, der jedoch einen Stimmrechtsanteil von 30 vH vermittelt. Diese Familienstiftung und die gemeinnützige [...] Stiftung sind als Gesellschafter der [...] Holding-GmbH zur permanenten vertrauensvollen Zusammenarbeit verpflichtet und haben die gesellschaftsrechtliche Treuepflicht gewissenhaft zu erfüllen.[Rz. 67]

(4) Der Vorstand hat insbesondere folgende Aufgaben:
a) Verwaltung des Stiftungsvermögens;
b) Ausführung der Beschlüsse des Kuratoriums;

c) Führung des Familienbuches und eines Mitarbeiterbuches mit den bezugsberechtigten Destinatären;
d) Organisation von Familientagen;
e) Vorbereitung von Wahl und Einberufung mindestens einer ordentlichen Sitzung des Kuratoriums jährlich;
f) Aufstellung der Jahresabrechnung und des Tätigkeitsberichtes;
g) Beschluss einer eigenen Geschäftsordnung des Vorstandes.

(5) Zur Erfüllung seiner Aufgaben ist der Vorstand befugt, Hilfskräfte einzustellen bzw. Aufträge zu erteilen.

(6) Auf Anforderung des Kuratoriums ist der Vorstand verpflichtet, jederzeit Aufschluss über die Geschäftstätigkeit und wirtschaftliche Lage zu geben.

§ 8 Kuratorium[Rz. 69, 70]

(1) Das Kuratorium besteht aus höchstens fünf Mitgliedern. Der Stifter gehört dem Kuratorium auf Lebenszeit als Vorsitzender an. Die weiteren Mitglieder des ersten Kuratoriums werden für die regelmäßige Dauer von drei Jahren von dem Stifter bestellt, danach werden sie von den verbleibenden Kuratoriumsmitgliedern jeweils regelmäßig für drei Jahre per Beschluss kooptiert, jeweils unter Berücksichtigung der nachfolgenden Absätze. Wiederwahl ist zulässig. Die Mitgliedschaft der gewählten Mitglieder endet mit Erreichen des 70. Lebensjahres. Nachfolger werden für eine volle Amtszeit gewählt. Das Kuratorium ist mit einem etwaigen Beirat in der [...] Holding-GmbH personenidentisch. Soweit ein Kuratoriumsmitglied seine Mitgliedschaft im Beirat niederlegt oder diese aus sonstigen Gründen beendet, so endet auch die Mitgliedschaft im Kuratorium.[Rz. 69]

(2) Das Kuratorium wählt aus seiner Mitte einen Vorsitzenden und einen stellvertretenden Vorsitzenden. Die Amtszeit des jeweiligen Vorsitzenden beträgt fünf Jahre, die Amtszeit des jeweiligen stellvertretenden Vorsitzenden beträgt vier Jahre.

(3) Das Kuratorium soll mindestens einmal im Jahr zusammentreten. Beschlüsse werden mit einfacher Mehrheit gefasst. Bei Stimmengleichheit entscheidet die Stimme des Vorsitzenden. Das Kuratorium ist beschlussfähig, wenn mehr als $^2/_3$ seiner satzungsmäßigen Mitglieder anwesend sind. Die Einberufung seiner Sitzung erfolgt durch den Vorsitzenden. Über die Sitzung ist eine Niederschrift zu fertigen, die vom Vorsitzenden und vom Protokollführer zu unterzeichnen ist.

(4) Die Mitglieder des Kuratoriums haben Anspruch auf Ersatz der ihnen entstehenden angemessenen Aufwendungen und Auslagen. Die Mitglieder des Kuratoriums erhalten zudem ein am Zeit- und Arbeitsaufwand orientiertes Sitzungsgeld in Höhe von maximal € 500,– pro Sitzung. Das Sitzungsgeld eines jeden Mitglieds des Kuratoriums soll € 2000,– im Jahr nicht überschreiten. Diese Beträge sind wertgesichert. Sie verändern sich nach oben und nach unten im gleichen prozentualen Verhältnis wie sich der vom Statistischen Bundesamt jährlich festgelegte Preisindex für die Lebenshaltungskosten aller privaten Haushalte der Bundesrepublik Deutschland nach oben oder nach unten vom Tage der Anerkennung der Stiftung bis zum jeweiligen Ende eines Jahres verändert.

§ 9 Aufgaben des Kuratoriums

(1) Der Vorsitzende des Kuratoriums vertritt die Stiftung bei Rechtsgeschäften mit dem Vorstand oder einzelnen Mitgliedern des Vorstandes.

(2) Das Kuratorium berät, unterstützt und überwacht den Vorstand bei seiner Tätigkeit und entscheidet in allen grundsätzlichen Angelegenheiten.

(3) Die Aufgaben des Kuratoriums sind insbesondere
a) Koordination der Interessen der Destinatäre mit dem in Stiftungsurkunde und Satzung niedergelegten Stifterwillen;

b) Beschlussfassung über die Vergabe von Zuwendungen unter Berücksichtigung der satzungsgemäßen Vorgaben;
c) Beschlussfassung über Weisungen an den Vorstand;
d) Genehmigung des vom Vorstand zu erstellenden jährlichen Wirtschaftsplanes;
e) Feststellung des Jahresabschlusses;
f) Entlastung, Bestellung und Abberufung des Vorstandes;
g) Beschluss einer eigenen Geschäftsordnung des Kuratoriums.

§ 10 Prüfung der Jahresabrechnung

(1) Die Jahresabrechnung ist durch einen Wirtschaftsprüfer oder andere zur Erteilung eines gleichwertigen Bestätigungsvermerks befugte Person oder Gesellschaft prüfen zu lassen, wobei sich der Prüfungsauftrag erstrecken muss auf:
a) die Erhaltung des Stiftungsvermögens und
b) die satzungsmäßige Verwendung der Stiftungsmittel.
(2) Das Ergebnis der Prüfung in der Form eines gesonderten Testats ist dem Prüfungsbericht voranzustellen.
(3) Der Prüfer wird vom Kuratorium bestimmt.
(4) Die Jahresabrechnung muss mindestens bestehen aus einem schriftlichen Bericht über die Tätigkeit der Stiftung und die Erfüllung der Stiftungszwecke im Einzelnen und einem Vermögensverzeichnis mit Bestandsangaben zum Grundstockvermögen und der Rücklagen zum Beginn und Ende des Geschäftsjahres sowie einer tabellarischen Aufstellung der Einnahmen und Ausgaben im Geschäftsjahr.

§ 11 Satzungsänderung, Umwandlung und Auflösung, Vermögensanfall[Rz. 73, 74]

(1) Beschlüsse über Änderungen der Satzung, auch hinsichtlich des Zwecks der Stiftung, können nur mit mindestens ²/₃-Mehrheit der vorhandenen Stimmen sowohl des Kuratoriums als auch des Vorstandes gefasst werden, zu Lebzeiten des Stifters jedoch nicht gegen seine Stimme. Satzungsänderungen, die den steuerlichen Status als Familienstiftung gefährden, dürfen nur beschlossen werden, wenn dafür zwingende betriebswirtschaftliche Gründe bestehen. Es darf keine Satzungsänderung beschlossen werden, die die 60%ige Verwendungsquote iSd. § 4 Abs. 9 Buchst. a zugunsten der in § 3 Abs. 1 genannten Begünstigten erhöht, selbst wenn allein damit negative Steuerfolgen abgewendet werden könnten.[Rz. 73]
(2) Bei Zweckänderungen soll die ursprüngliche Gestaltung möglichst wenig verändert werden. Bevorzugt sind steuerbegünstigte Zwecke vorzusehen.
(3) Kann der Satzungszweck nicht mehr erfüllt werden, kann die Auflösung einstimmig durch das Kuratorium und den Vorstand gemeinsam beschlossen werden. Unter diesen Voraussetzungen kann auch die Zulegung bzw. Zusammenlegung mit der gemeinnützigen [...] Stiftung bzw. die Umwandlung einstimmig durch beide Organe beschlossen werden. Zu beachten ist jedoch, dass die bezugsberechtigten Destinatäre in gleicher Quote bei Auflösung oder Zulegung bzw. Zusammenlegung bzw. Umwandlung – soweit rechtlich zulässig – auch anfallsberechtigt sind.
(4) Zu Lebzeiten des Stifters kann dieser vorstehende Beschlüsse allein fassen.
(5) Beschlüsse zur Änderung der Satzung sowie Umwandlung oder Auflösung der Stiftung sowie Zulegung bzw. Zusammenlegung bedürfen der vorherigen Zustimmung der Aufsichtsbehörde und sind unter vorheriger Einhaltung der Bestimmungen des Hamburgisches Stiftungsgesetzes zu fassen.

§ 12 Stiftungsaufsicht

(1) Die Stiftung unterliegt der beschränkten staatlichen Aufsicht nach Maßgabe des jeweils geltenden Hamburgischen Stiftungsgesetzes, derzeit § 5 Abs. 1 Satz 2 Hamburgisches Stiftungsgesetz.

(2) Der Vorstand unterrichtet die Aufsichtsbehörde gemäß § 3 Abs. 3, § 5 Abs. 5 und ggf. 2 sowie § 7 Abs. 3 Hamburgisches Stiftungsgesetz.

§ 13 Stiftungsaufsichtsbehörde

Stiftungsaufsichtsbehörde ist die Justizbehörde – Justizamt/Stiftungsangelegenheiten der Freien und Hansestadt Hamburg.

§ 14 Inkrafttreten

Die Satzung tritt mit dem Tage der Anerkennung der Stiftung in Kraft. Satzungsänderungen werden entsprechend der Genehmigung der Stiftungsaufsichtsbehörde wirksam.

Hamburg, den […]

……………………………………………………
[*Stifter*]

IV. Satzung[Rz. 78–86] der […] Stiftung

§ 1 Name, Rechtsform, Sitz, Geschäftsjahr

(1) Die Stiftung führt den Namen „[…] Stiftung".
(2) Sie ist eine rechtsfähige Stiftung des bürgerlichen Rechts.
(3) Sie hat ihren Sitz in Hamburg.
(4) Das erste Geschäftsjahr beginnt mit der Anerkennung und endet am […] desselben Jahres. Im Übrigen ist das Geschäftsjahr das Kalenderjahr.

§ 2 Stiftungszwecke und Verwirklichung

(1) Zweck der Stiftung ist die ausschließliche und unmittelbare Verfolgung gemeinnütziger Zwecke durch selbstlose Förderung der Allgemeinheit auf materiellem, geistigem und sittlichem Gebiet, insbesondere die Förderung
(a) von Wissenschaft und Forschung,
(b) der Bildung und Erziehung,
(c) der Kunst und Kultur sowie
(d) der Jugendhilfe.

(2) Die Stiftung verwirklicht ihre Zwecke ausschließlich und unmittelbar, insbesondere durch
(a) die Gewährung von Stipendien an junge Menschen für Wissenschaft und Forschung, vor allem in Europa, Übersee und in Entwicklungsländern,
(b) die Durchführung von ausgewählten Projekten im Rahmen der Satzungszwecke, beispielsweise Initiierung und Durchführung von Kunstausstellungen, vor allem in der Heimatstadt des Stifters, […],
(c) die Vergabe von Preisen, Beihilfen oder ähnlichen Zuwendungen im Rahmen der genannten Satzungszwecke, vor allem zu Ausbildungszwecken einschließlich Auslandsaufenthalten im Schifffahrtsbereich,
sowie
daneben ausnahmsweise mittelbar, insbesondere durch
(d) zeitlich begrenzte Unterstützung bestimmter Projekte im Rahmen gemeinnütziger Zwecke, zB des Projekts […] der Stiftung […], geschäftsansässig: […], und
(e) die Unterstützung von anderen steuerbegünstigten Körperschaften zur Verwirklichung steuerbegünstigter Zwecke.

(3) Zweck der Stiftung ist auch die Mittelbeschaffung iSv. § 58 Nr. 1 AO für die Verwirklichung der in Abs. 1 genannten Zwecke durch andere steuerbegünstigte Körperschaften, juristische Personen des öffentlichen Rechts und ausländische Körperschaften. Bei einer Mittelbeschaffung für eine ausländische Körperschaft ist sicherzustellen, dass der Status der Gemeinnützigkeit nicht gefährdet wird, insbesondere auch die erhöhten Mitwirkungspflichten iSd. § 90 Abs. 2 AO erfüllt werden.
(4) Die Satzungszwecke werden insgesamt verfolgt. Eine bestimmte Rangfolge zwischen ihnen besteht nicht. Es können auch nur jeweils einzelne Zwecke nach Wahl der Stiftungsorgane gefördert werden.
(5) Die Benennung der zu unterstützenden Körperschaft unter Abs. 2 Buchst. d ist nicht abschließend. Es können auch gemeinnützige Zwecke anderer steuerbegünstigter Körperschaften gemäß § 58 Nr. 2 AO gefördert werden.
(6) Es besteht kein Rechtsanspruch auf Gewährung der jederzeit widerruflichen Förderleistungen. Hierüber entscheiden allein die nach dieser Satzung zuständigen Organe. Niemand kann sich bei Bewilligung oder Versagung von Förderleistungen auf Gleichbehandlung berufen.
(7) Die Vergabe der Stipendien, Preise, Beihilfen und ähnlichen Zuwendungen ist in Richtlinien zu regeln, die auch im Falle ihrer Abänderung der Zustimmung des Finanzamtes bedürfen.

§ 3 Steuerbegünstigte Zwecke

(1) Die Stiftung verfolgt ausschließlich und unmittelbar gemeinnützige Zwecke im Sinne des Abschnitts „Steuerbegünstigte Zwecke" der AO.
(2) Die Stiftung ist selbstlos tätig. Sie verfolgt nicht in erster Linie eigenwirtschaftliche Zwecke. Die Mittel der Stiftung dürfen nur für die satzungsmäßigen Zwecke verwendet werden.
(3) Keine Person darf durch Ausgaben, die dem Zweck der Stiftung fremd sind, oder durch unverhältnismäßig hohe Vergütungen begünstigt werden.
(4) Die Stiftung erfüllt ihre Aufgaben selbst. Dies kann auch durch eine Hilfsperson iSv. § 57 Abs. 1 S. 2 AO geschehen, sofern sie nicht im Wege der Mittelbeschaffung nach § 58 Nr. 1 AO tätig wird.
(5) Die Stiftung kann zur Verwirklichung der Stiftungszwecke auch Zweckbetriebe unterhalten sowie zur Mittelbeschaffung vermögensverwaltend tätig werden und – soweit zwingend erforderlich – auch partiell steuerpflichtige, wirtschaftliche Geschäftsbetriebe unterhalten, allerdings ohne insgesamt die Gemeinnützigkeit zu gefährden.

§ 4 Stiftungsvermögen

(1) Das Stiftungsvermögen besteht aus den im Stiftungsgeschäft genannten Vermögenswerten und ist von anderen Vermögen getrennt zu halten.
(2) Das Stiftungsvermögen ist grds. in seinem realen Bestand dauerhaft zu erhalten. Das Stiftungsvermögen ist möglichst sicher und ertragreich anzulegen. Vermögensumschichtungen sind zur Stärkung der Ertragskraft und Werterhaltung zulässig.
(3) Das Stiftungsvermögen kann durch Zustiftungen des Stifters sowie Dritter erhöht werden.
(4) Zustiftungen und andere Zuwendungen fließen dem Stiftungsvermögen zu, wenn sie vom Zuwendenden ausdrücklich dazu bestimmt worden sind. Andernfalls dienen sie zeitnah den in § 2 genannten Zwecken in der dort beschriebenen Weise der Zweckverfolgung.
(5) Ein Rückgriff auf die Substanz des Stiftungsvermögens ist nur mit vorheriger Zustimmung der Aufsichtsbehörde zulässig und nur dann, wenn die Zwecke der

Stiftung und der Stifterwille nachhaltig anders nicht zu verwirklichen sind und der Bestand der Stiftung gewährleistet ist.

§ 5 Verwendung der Erträge und Zuwendungen

(1) Die Stiftung erfüllt ihre Aufgaben nach Maßgabe des Stifterwillens aus den Erträgen des Stiftungsvermögens und aus Zuwendungen, soweit diese nicht ausdrücklich zur Stärkung des Stiftungsvermögens bestimmt sind.

(2) Die verfügbaren Mittel der Stiftung, dh. die Erträge aus dem Stiftungsvermögen und sonstige Zuwendungen, dürfen nur zur Erfüllung des Stiftungszwecks entsprechend dieser Satzung verwendet werden. Dasselbe gilt im Falle des § 4 Abs. 5 dieser Satzung für das Stiftungsvermögen.

(3) Die Stiftung hat ihre Mittel grundsätzlich zeitnah für ihre steuerbegünstigten satzungsmäßigen Zwecke zu verwenden, dh. spätestens in den auf den Zufluss folgenden zwei Kalender- oder Wirtschaftsjahren.

(4) Die Stiftung kann ihre Mittel nach den Bestimmungen der AO und des Anwendungserlasses der AO ganz oder teilweise einer zweckgebundenen Rücklage zuführen, soweit dies erforderlich ist, um ihre steuerbegünstigten Zwecke nachhaltig erfüllen zu können und soweit für die Verwendung der Rücklage konkrete Ziel- und Zeitvorstellungen bestehen.

(5) Im Rahmen des steuerrechtlich Zulässigen können zur Werterhaltung Teile der jährlichen Erträge einer freien Rücklage oder dem Stiftungsvermögen zugeführt werden.

§ 6 Stiftungsorgane

(1) Stiftungsorgane sind der Vorstand und der Stiftungsrat.

(2) Der Stifter ist berechtigt, in freier Entscheidung eine Mitgliedschaft und ggf. ein Amt im Vorstand oder im Stiftungsrat innezuhaben bzw. auszuüben und zu Lebzeiten seine leiblichen Abkömmlinge als Mitglieder eines Organs zu bestimmen.

(3) Die Mitgliedschaft in einem Stiftungsorgan schließt die Mitgliedschaft in einem anderen Organ aus.

(4) Mitglieder eines Stiftungsorgans können nicht Angestellte der Stiftung sein.

§ 7 Gemeinsame Vorschriften für die Stiftungsorgane

(1) Zu Sitzungen der Stiftungsorgane wird grundsätzlich mit einer Ladungsfrist von vier Wochen durch den Vorsitzenden unter Mitteilung der Tagesordnung schriftlich geladen. Die Ladungsfrist kann aus wichtigem Grund abgekürzt werden.

(2) Die Stiftungsorgane fassen ihre Beschlüsse mit der einfachen Mehrheit der abgegebenen Stimmen, soweit die Satzung oder das Gesetz nicht etwas anderes bestimmen. Bei Stimmengleichheit entscheidet die Stimme des Vorsitzenden, ersatzweise die Stimme seines Stellvertreters. Ein abwesendes Mitglied kann sich aufgrund einer schriftlichen Erklärung gegenüber dem jeweiligen Stiftungsorgan durch ein anwesendes Mitglied vertreten lassen.

(3) Ein Stiftungsorgan ist grundsätzlich beschlussfähig, wenn mindestens die Hälfte seiner Mitglieder einschließlich des jeweils Vorsitzenden oder dessen Stellvertreter nach ordnungsgemäßer Ladung anwesend sind. Ladungsfehler gelten als geheilt, wenn alle Mitglieder anwesend sind und niemand widerspricht. Zu Lebzeiten des Stifters genügt für die Beschlussfähigkeit die Anwesenheit des Stifters in der Sitzung des Organs, in dem er Mitglied ist.

(4) Wenn eine besondere Dringlichkeit oder Notwendigkeit vorliegt, können die Stiftungsorgane auch schriftlich beschließen. Schriftliche Übermittlungen per Telefax sind zulässig. Bei Beschlussfassung im schriftlichen Umlaufverfahren oder mit verkürzten Ladungsfristen ist die Zustimmung aller Mitglieder des Stiftungsorgans erforderlich.

(5) Über die Sitzungen der Stiftungsorgane sind Protokolle zu fertigen, die vom Protokollführer und vom jeweiligen Vorsitzenden zu unterzeichnen sind. Beschlüsse sind im Wortlaut festzuhalten. Sie sind allen Mitgliedern des jeweiligen Stiftungsorgans und dem Vorsitzenden des jeweils anderen Stiftungsorgans zur Kenntnis zu bringen.
(6) Die Organe können sich jeweils eine eigene Geschäftsordnung geben; der Vorstand bedarf hierzu aber der Zustimmung des Stiftungsrats.
(7) Scheidet ein Mitglied eines Organs vorzeitig aus dem Organ aus, wird ein Nachfolger nur für die restliche Mitgliedszeit bestellt.
(8) Die Mitglieder der Stiftungsorgane können ihre Mitgliedschaft jederzeit, grundsätzlich aber nicht zur Unzeit (entsprechend § 671 BGB) kündigen. Unabhängig von einer Kündigung endet die Mitgliedschaft in den Stiftungsorganen mit Ablauf des Monats, in dem das Mitglied das siebzigste Lebensjahr vollendet. Diese Altersgrenze gilt nicht für den Stifter.
(9) Die Mitglieder der Stiftungsorgane haften nur für Vorsatz und grobe Fahrlässigkeit.
(10) Mitglieder eines Stiftungsorgans, die sich einer groben Pflichtverletzung schuldig gemacht haben oder zur ordnungsgemäßen Amtsführung nicht mehr fähig sind, insbesondere wegen gemeinnützigkeitsgefährdenden Handelns, können vom Stiftungsrat mit einer Mehrheit von $^{2}/_{3}$ seiner Mitglieder abberufen werden. Das betreffende Mitglied ist vorher zu hören. Bei der Abstimmung ist das betreffende Mitglied nicht beteiligt.
(11) Die Mitglieder der Stiftungsorgane erhalten jeweils eine jährliche Aufwandspauschale in Höhe von € 500,–. Zusätzlich haben sie Anspruch auf Ersatz der ihnen entstandenen und nachgewiesenen, notwendigen Auslagen. Der Stiftungsrat kann als Entschädigung für den Zeitaufwand und Arbeitseinsatz der Mitglieder des Vorstandes und ihrer eigenen Mitglieder eine angemessene Erhöhung beschließen, soweit dies der Umfang der Tätigkeit mit sich bringt.

§ 8 Vertretung der Stiftung

(1) Die Vorstandsmitglieder bilden den Vorstand im Sinne von §§ 86, 26 BGB. Jeweils zwei von ihnen sind gemeinsam vertretungsberechtigt, wobei es bei einem mehr als zweiköpfigen Vorstand genügt, wenn sich der stellvertretende Vorsitzende darunter befindet.
(2) Der Vorstand hat jede Änderung der Zusammensetzung der Stiftungsorgane der zuständigen Stiftungsaufsichtsbehörde anzuzeigen.

§ 9 Vorstand[Rz. 79–81]

(1) Der Vorstand besteht aus mindestens zwei und höchstens drei Personen.
(2) Der Stifter bestellt den ersten Vorstand. Danach werden seine Mitglieder vom Stiftungsrat mit $^{2}/_{3}$ der Mitglieder gewählt. Der erste Vorstand besteht aus:
(a) Frau [...],
(b) Herrn [...].
(3) Die Mitglieder des Vorstandes werden jeweils auf vier Geschäftsjahre bestellt. Die Mitgliedszeit nach Eintritt bzw. vor Austritt in einem laufenden Geschäftsjahr gilt als volles Geschäftsjahr.
(4) Der Vorstand wählt aus seiner Mitte einen Vorsitzenden und einen Stellvertreter. Den Vorsitzenden und dessen Stellvertreter des ersten Vorstands bestimmt der Stifter.
(5) Nach Ausscheiden von Mitgliedern des Vorstandes werden ihre Nachfolger unverzüglich vom Stiftungsrat mit $^{2}/_{3}$ der Mitglieder bestellt. Auf Ersuchen des Vorsitzenden des Stiftungsrats kann das ausscheidende Mitglied bis zur Bestellung

seines Nachfolgers im Vorstand verbleiben. Scheidet der Vorsitzende des Vorstandes oder sein Stellvertreter aus, so ist dieses Amt vom neu zusammengesetzten Vorstand entsprechend Abs. 4 zu besetzen.

(6) Mitglied des Vorstandes darf nicht sein, wer Geschäftsführer oder Beiratsmitglied der [...] Holding-GmbH ist, an der die Stiftung kapitalmäßig zu 70 vH beteiligt ist.[Rz. 79, 80]

§ 10 Aufgaben des Vorstandes[Rz. 82, 83]

(1) Der Vorstand hat im Rahmen des Hamburgischen Stiftungsgesetzes, der gemeinnützigkeitsrechtlichen Vorschriften nach der Abgabenordnung und den jeweiligen Einzelsteuergesetzen sowie auf Grundlage dieser Satzung den Willen des Stifters so wirksam wie möglich zu erfüllen. Er führt die laufenden Geschäfte der Stiftung nach Maßgabe des Stiftungszwecks und dieser Satzung und unter Beachtung der Sorgfalt eines ordentlichen Kaufmanns sowie der vorstehend genannten Bestimmungen. Zu seinen Aufgaben gehören insbesondere:

– Verwaltung des Stiftungsvermögens;

– eigene Beschlussfassungen über die Mittelverwendung. Soweit für ein einzelnes Projekt Mittel von mehr als € 5000,– pa. eingesetzt werden sollen, hat der Vorstand zuvor die Zustimmung des Stiftungsrats einzuholen;

– Erstellung der Jahresrechnung nebst Anlagen nach Maßgabe von Abs. 2;

– Beschlussfassungen im Rahmen der §§ 13 und 14 dieser Satzung.

(2) Der Vorstand erstellt innerhalb von sechs Monaten nach Ablauf des jeweiligen Geschäftsjahres eine Jahresrechnung mit folgendem Inhalt und Anlagen:

(a) Vermögensübersicht mit Bestandsangaben des Grundstockvermögens der Stiftung zum Beginn und Ende des Geschäftsjahres;

(b) getrennte Auflistung der Erträge aus der Vermögensverwaltung, aus Zweckbetrieben und aus etwaigen steuerpflichtigen wirtschaftlichen Geschäftsbetrieben sowie der Spenden, der Zustiftungen zum Grundstockvermögen und der sonstigen Zuwendungen zur Erfüllung der Satzungszwecke;

(c) schriftlicher Bericht über die Tätigkeit der Stiftung und die Erfüllung der Satzungszwecke im Einzelnen;

(d) Einnahmen-Ausgaben-Rechnung nebst detaillierter Verwendungsrechnung zwecks Kontrolle der zeitnahen Mittelverwendung und der Zulässigkeit der Rücklagenbildung im jeweiligen Geschäftsjahr.

Die Jahresrechnung nebst Vermögensübersicht und der Bericht über die Erfüllung des Stiftungszwecks sind dem Stiftungsrat – und nach dem Ableben des Stifters auch der zuständigen Stiftungsaufsichtsbehörde – innerhalb von sechs Monaten nach Ende des Geschäftsjahres vorzulegen.

(3) Beschlüsse des Vorstandes werden in der Regel in Sitzungen gefasst. Der Vorstand wird vom Vorsitzenden oder seinem Stellvertreter nach Bedarf, mindestens aber einmal jährlich in der in § 7 Abs. 1 genannten Form und Frist zu einer Sitzung einberufen. Sitzungen sind ferner einzuberufen, wenn mindestens ein Drittel der Vorstandmitglieder dies verlangen.

(4) Zur Erledigung seiner Aufgaben kann der Vorstand einen Geschäftsführer und/oder Hilfspersonen im Rahmen des nach Satzung und Gesetz Zulässigen beschäftigen bzw. beauftragen.

(5) Dem Vorstand ist der Umstand bekannt, dass diese gemeinnützige Stiftung mit 70 vH am Kapital und Gewinn der [...] Holding-GmbH beteiligt ist und diese Beteiligung einen Stimmrechtsanteil von 30 vH in der [...] Holding-GmbH vermittelt. Weiterer Gesellschafter der [...] Holding-GmbH ist die [...] Familienstiftung mit einem 30%-Anteil am Kapital und Gewinn, der jedoch einen Stimmrechtsanteil von 70 vH vermittelt. Diese gemeinnützige Stiftung und die [...] Familienstiftung

sind als Gesellschafter der [...] Holding-GmbH zur permanenten vertrauensvollen Zusammenarbeit verpflichtet und haben die gesellschaftsrechtliche Treuepflicht gewissenhaft zu erfüllen.[Rz. 82]

§ 11 Stiftungsrat[Rz. 84, 85]

(1) Der Stiftungsrat besteht aus mindestens zwei bis höchstens fünf Personen. Es wählt aus seiner Mitte den Vorsitzenden und dessen Stellvertreter.

(2) Der Stifter bestellt den ersten Stiftungsrat und besetzt das Amt des Vorsitzenden und des Stellvertreters in diesem ersten Stiftungsrat nach seiner Wahl. Danach bestimmt der Stiftungsrat durch Kooptation mit einfacher Mehrheit der verbleibenden Mitglieder seine turnusmäßigen bzw. vorzeitig nachrückenden, neuen Mitglieder. Der Stifter ist berechtigt, den Stiftungsrat jederzeit um höchstens zwei Mitglieder, also auf höchstens fünf Mitglieder zu erweitern. Der erste Stiftungsrat besteht aus:[Rz. 84]
(a) Herrn [...] als Vorsitzender,
(b) Herrn [...] als Stellvertreter,
(c) Herrn [...].

(3) Die Mitgliedszeit eines jeden Stiftungsratsmitglieds beträgt fünf Geschäftsjahre. Die Mitgliedszeit nach Eintritt bzw. vor Austritt in einem laufenden Geschäftsjahr gilt als volles Geschäftsjahr. Für den Stellvertreter des Vorsitzenden des ersten Stiftungsrats verlängert sich die erste Amtszeit auf sechs Geschäftsjahre und für den Vorsitzenden des ersten Stiftungsrats auf sieben Geschäftsjahre.

(4) Der Stiftungsrat wählt aus seiner Mitte – soweit erforderlich – einen neuen Vorsitzenden und einen neuen Stellvertreter.

(5) Die Mitglieder des Stiftungsrats führen ihr Amt weisungsfrei.

(6) Gegenüber dem Vorstand und/oder den Vorstandsmitgliedern wird die Stiftung vorbehaltlich Abs. 7 durch den Vorsitzenden des Stiftungsrats vertreten oder durch ein anderes, zu bevollmächtigendes Mitglied. Diesem obliegt die Abgabe aller rechtsgeschäftlichen Erklärungen für den Stiftungsrat.

(7) Jedes einzelne Mitglied des Stiftungsrats kann unmittelbar vom Vorstand Auskunft über alle Vorgänge der Stiftung verlangen und Einsicht in die Unterlagen der Stiftung nehmen. Zur Einsichtnahme kann ein Rechtsanwalt, Steuerberater oder Wirtschaftsprüfer beauftragt werden. Die Kosten hierfür trägt das beauftragende Stiftungsratsmitglied.

§ 12 Aufgaben des Stiftungsrats

(1) Der Stiftungsrat berät, unterstützt und überwacht als unabhängiges Kontrollorgan die Beachtung des Stifterwillens durch den Vorstand nach Maßgabe des Stiftungsgesetzes und dieser Stiftungssatzung. Seine Aufgaben sind insbesondere:
- Zustimmung per Beschlussfassung über die Mittelverwendung, soweit für ein einzelnes Projekt Mittel von mehr als € 5000,– pa. eingesetzt werden sollen;
- Empfehlungen für die Verwaltung des Stiftungsvermögens;
- Genehmigung der Jahresrechnung nebst Vermögensübersicht und des Berichts über die Erfüllung des Stiftungszwecks;
- Bestellung, Entlastung und Abberufung des Vorstands;
- Beschlussfassungen im Rahmen der §§ 13 und 14 dieser Satzung;
- Überwachung der Geschäftsführung des Vorstandes, insbesondere den Gleichlauf zwischen formeller und materieller Satzungsmäßigkeit.

(2) Zur Vorbereitung seiner Beschlüsse kann der Stiftungsrat Sachverständige hinzuziehen.

(3) Der Stiftungsrat soll mindestens einmal im Jahr zu einer ordentlichen Sitzung zusammenkommen. Eine außerordentliche Sitzung ist einzuberufen, wenn min-

destens 2/3 seiner Mitglieder oder der Vorstand dies verlangen. Die Mitglieder des Vorstandes, ein etwaiger Geschäftsführer und Sachverständige können an den Sitzungen des Stiftungsrats beratend teilnehmen.

(4) Der Stiftungsrat darf dem Vorstand insgesamt oder einzelnen seiner Mitglieder im Einzelfall Befreiung von den Beschränkungen des § 181 BGB erteilen.

§ 13 Änderungen der Satzung

(1) Änderungen dieser Satzung können von dem Vorstand mit vorheriger Zustimmung (Einwilligung) des Stiftungsrats beschlossen werden, wenn sie nicht den Stiftungszweck berühren und die ursprüngliche Gestaltung der Stiftung nicht wesentlich verändern oder wenn sie die Erfüllung des Stiftungszwecks erleichtern.

(2) Über Änderungen der Satzung iSd. Abs. 1 beschließt der Vorstand mit einer Mehrheit von 2/3 seiner Mitglieder. Die Zustimmung des Stiftungsrats ist vorher einzuholen. Der Stiftungsrat stimmt per Beschlussfassung zu, und zwar ebenfalls mit einer Mehrheit von 2/3 seiner Mitglieder. Die zuständige Finanzbehörde ist vor einem Beschluss über eine Satzungsänderung zwecks Erhalts der Gemeinnützigkeit anzuhören.

(3) Beschlüsse über Änderungen der Satzung bedürfen der Genehmigung der zuständigen Stiftungsaufsichtsbehörde. Sie sind mit einer Stellungnahme der zuständigen Finanzbehörde anzuzeigen.

§ 14 Erweiterung und Änderung des Zwecks, Zu(-sammen)legung, Auflösung

(1) Die Organe der Stiftung können der Stiftung gemeinsam einen weiteren Zweck geben, der dem ursprünglichen Zweck verwandt ist, und solange dessen dauernde und nachhaltige Verwirklichung ohne Gefährdung des ursprünglichen Zwecks gewährleistet erscheint. Dies setzt voraus, dass das Vermögen bzw. der Ertrag der Stiftung nur teilweise für die Verwirklichung der bisherigen Stiftungszwecke benötigt wird.

(2) Wird die Erfüllung des Stiftungszwecks unmöglich oder ändern sich die Verhältnisse derart, dass die Erfüllung des Stiftungszwecks nicht mehr sinnvoll erscheint, können die Stiftungsorgane gemeinsam die Änderung des Stiftungszwecks, die Zulegung bzw. Zusammenlegung mit einer anderen Stiftung oder die Auflösung der Stiftung beschließen. Die Beschlüsse dürfen die Steuerbegünstigung der Stiftung nicht beeinträchtigen.

(3) Über Zweckerweiterung, Zweckänderung, Zulegung, Zusammenlegung oder Auflösung beschließt der Vorstand einstimmig auf gemeinsamen Sitzungen mit dem Stiftungsrat, der per Beschlussfassung zustimmen muss. Für einen zustimmenden Beschluss bedarf es im Stiftungsrat einer Mehrheit von 2/3 seiner Mitglieder. Zu Lebzeiten des Stifters können Beschlüsse nach Satz 1 nur mit Zustimmung des Stifters gefasst werden.

(4) Beschlüsse über Zweckerweiterung, Zweckänderung, Zulegung, Zusammenlegung oder Auflösung werden erst nach Genehmigung durch die zuständige Stiftungsaufsichtsbehörde wirksam. Das zuständige Finanzamt ist vorher anzuhören. Nach Beschlussfassung ist dem zuständigen Finanzamt innerhalb eines Monats Mitteilung zu erstatten.

§ 15 Vermögensanfall

Im Falle der Auflösung oder Aufhebung der Stiftung oder bei Wegfall der steuerbegünstigten Zwecke fällt das nach Abzug sämtlicher Verbindlichkeiten verbleibende Stiftungsvermögen an die

[konkrete Bezeichnung einer anderen steuerbegünstigten Körperschaft],

die es unmittelbar und ausschließlich für gemeinnützige Zwecke, die den Satzungszwecken dieser Stiftung möglichst nahe kommen, selbstlos zu verwenden hat.

§ 16 Stiftungsaufsicht und Inkrafttreten

(1) Die Stiftung untersteht der Aufsicht nach Maßgabe des in der Freien und Hansestadt Hamburg jeweils geltenden Stiftungsrechts.

(2) Stiftungsaufsichtsbehörde ist die Justizbehörde Hamburg in der Freien und Hansestadt Hamburg.

(3) Die Stiftungsaufsichtsbehörde ist auf Wunsch jederzeit über die Angelegenheiten der Stiftung zu unterrichten. Der Vorstand unterrichtet die Stiftungsaufsichtsbehörde gemäß § 5 Abs. 5 des Hamburgischen Stiftungsgesetzes idF. v. 14.12. 2005.

(4) Diese Stiftungssatzung tritt mit dem Tag ihrer Anerkennung in Kraft.

....

[Unterschrift Stifter]

A. Grundsätzliche Anmerkungen

I. Wirtschaftliche Aspekte

1 Bei einer Doppelstiftung werden idR die **Anteile und** die **Stimmrechte** an einem operativen Unternehmen **inkongruent** auf eine Familienstiftung (mehr Stimmen) und auf eine gemeinnützige Stiftung (mehr Vermögen) verteilt, um die Steuerbelastung in der Familienstiftung gering zu halten und zugleich deren Einfluss auf die Unternehmensführung zu gewährleisten.[1] Ferner finden sich in der Praxis Modelle einer Stiftung & Co. KG, bei der die Familienstiftung die Stellung eines Komplementärs einnimmt. Dadurch lassen sich Haftungsnachteile vermeiden und auch mitbestimmungsrechtliche Schranken abbauen.[2] Es gibt aber auch Stimmen, die solchen Konstruktionen das Verdikt der Unzulässigkeit verleihen.[3] Eine restriktive Rückkehr zum ureigensten Stiftungsgedanken ist aber durch die Modernisierung des Stiftungszivilrechts – der Gesetzgeber hat bewusst keine Stiftungsform als unzulässig ansehen bzw. erhöhte Anforderungen stellen wollen – gesetzlich nicht zu rechtfertigen und wohl in der heutigen Zeit auch wirtschafts- und gesellschaftspolitisch nicht erstrebenswert.

2 **Unternehmensverbundene** (Familien-)**Stiftungen** sind generell auf in der Satzung verankerte Kontrollinstanzen wie zB einen Familienrat oder ein Kuratorium angewiesen.[4] Der Vorstand[5] darf sich nicht selbst kontrollieren und dadurch die Möglichkeit haben, die Familie zu Bittstellern zu degradieren. Zudem muss eine Personenidentität zwischen Vorstand und den Kontrollinstanzen vermieden werden, damit der Stiftungswille und die Familienbelange nicht unterlaufen werden. Um auch die Interessen der Familie nicht überzugewichten, deren Mitglieder eventuell nicht im kaufmännischen Denken geübt sind und die als finanziell Begünstigte die Struktur nicht als „Selbstbedienungsladen" nutzen, sondern Liquidität im Unternehmen belassen sollen, muss ein System der „Balance of Power" geschaffen werden. Der ursprüngliche Stifterwille sollte dabei flexibel gestaltet werden, damit „eine Führung aus dem Grabe heraus" nicht zum wirtschaftlichen Untergang des Unternehmens führt.

---

[1] Vgl. im Einzelnen für viele v. Campenhausen/Richter/*Richter,* Stiftungsrechts-Handbuch, § 12 Rz. 191 ff. und 209 ff. mwN; sa. *Werner,* ZEV 2012, 244 mwN.

[2] Vgl. für viele Schiffer, Die Stiftung in der Beraterpraxis, 4. Aufl. 2015, § 11 C. (S. 559 ff.) mwN.

[3] Vgl. *Rawert* ZEV 1999, 294, 297 f.; *Rawert* in FS Reuter, S. 1323 ff. [1325, 1336].

[4] Vgl. *Hof* in Münchner Vertragshandbuch Bd. 1, 7. Aufl. 2011, VIII.3, Anm. 26 ff.

[5] §§ 86, 26 BGB.

Doppelstiftungsstrukturen wurden bislang in Deutschland nur vereinzelt in die Praxis umgesetzt. Es handelt sich jedoch um eine aufstrebende und nachdenkenswerte Struktur, die zukünftig in nachfolgeplanerischen Überlegungen **vermehrt als Gestaltungsalternative** Eingang finden sollte. Bei einer solchen Doppelstiftungsstruktur sollte der oberflächliche Eindruck einer steuermotivierten Gestaltung allmählich in den Hintergrund rücken und aufgezeigt werden, dass damit außersteuerliche Ziele wie bspw. die Lösung einer Nachfolgeproblematik bzw. **Gewährleistung der Unternehmenskontinuität** erreicht werden können. Die vorliegenden Formulare eignen sich in Sachverhaltskonstellationen, in denen der Unternehmer keine eigenen Abkömmlinge hat und auch keine geeigneten Nachfolger findet, denen er zugleich die Substanz vererben möchte. Für solche Fälle bietet es sich an, die Struktur bereits zu Lebzeiten aufzusetzen, aber das unternehmerische Vermögen erst von Todes wegen in diese Struktur einzubetten. 3

Darüber hinaus könnte sich eine solche Doppelstiftungsstruktur bei Unternehmern anbieten, die grds. kein Nachfolgerproblem haben, aber in einem Ersatzerbfall – also einem worst-case, der bei normalem Lebensverlauf nicht zur Anwendung kommt – implementieren möchten. So könnte die „Doppelstiftung" bspw. vorgehalten werden, falls die potenziellen Nachfolger vorversterben bzw. gemeinsam mit dem Unternehmer ums Leben kommen und so der **Ersatzerbfall** geregelt und die Unternehmenskontinuität gewährleistet wird. Dagegen stehen selbstverständlich nicht einfache Implementierungsstrukturen und aufwendige Anträge auf verbindliche Auskunft gegenüber den Finanzämtern sowohl aus ertragsteuerlicher, schenkung- bzw. erbschaftsteuerlicher, als auch gemeinnützigkeitsrechtlicher Sicht. Es ist in der Gesamtschau allerdings davon auszugehen, dass nach der – grds. Mitte 2016 in Kraft getretenen – Unternehmenserbschaftsteuerreform in der Praxis zukünftig häufiger solche Doppelstiftungsstrukturen auf- und dann auch umgesetzt werden. 4

Daher bietet sich eine solche Struktur erst ab dem Bereich des gehobenen Mittelstandes als Einsatzinstrument an. Zudem ist generell – wie bei jeder anderer Gestaltung auch – immer daran zu denken, dass jede Struktur nur so gut ist, wie die **Besetzung der jeweiligen Gesellschaftsorgane.** Gerade in der Konstellation einer Doppelstiftung bedarf es einiger geeigneter Personen, die für die Umsetzung des Willens des Stifters und Unternehmers in ihrer Funktion als Organmitglieder Sorge zu tragen haben. Nichts desto trotz kann ein organisatorisch und finanziell nicht geringer Gründungsaufwand lohnend sein, um letztendlich langfristig etliche Vorteile zu vereinen. 5

II. Stiftungsrechtliche Aspekte

6 **1. Doppelstiftung im Organigramm**

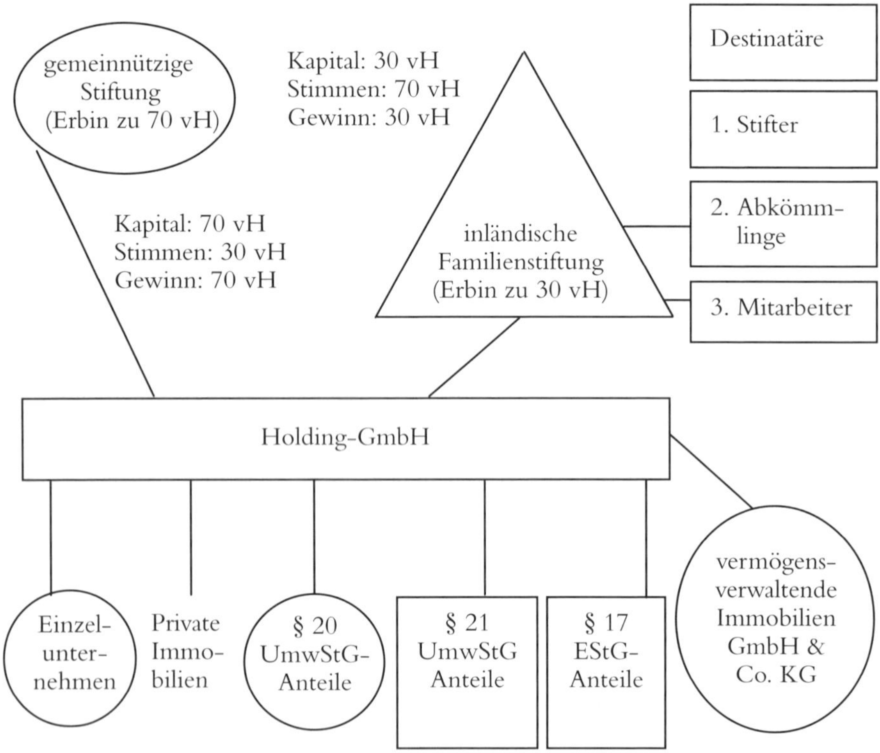

7 **2. Gemeinnützige Stiftung als ein Anteilseigner im Überblick**

- Nutzung der Steuervergünstigungen im Erbfall: Hohe Vermögensausstattung bleibt (70%-Anteil an der Holding-GmbH) erbschaftsteuerfrei.
- Weitere Zuwendungen in diese Stiftung sind grundsätzlich erb- und schenkungsteuerfrei (§ 13 Abs. 1 Nr. 16b ErbStG).
- Versorgung der Stifterfamilie aus den zB 70%-igen Gewinnanteilen theoretisch in der Not partiell möglich.
- Vermögenssubstanz „geht stiften".
- Laufende Besteuerung ist grundsätzlich körperschaftsteuerbefreit (§ 5 Abs. 1 Nr. 9 KStG).
- Anstiftung ist zu Lebzeiten bereits erfolgt, Zustiftung des Großteils von Todes wegen.
- Die Stifterfamilie muss etwaige Versorgungsleistungen aus der gemeinnützigen Stiftung als sonstige Einkünfte gemäß § 22 Nr. 1 Satz 2 HS 2 Buchst. a) EStG voll versteuern.

8 **3. Familienstiftung als weiterer Anteilseigner im Überblick**

- Über die Stimmrechtsmehrheit dauerhafte Lenkung durch einen „ewigen" Anteilseigner gegeben.

- Kontinuität in der Unternehmensführung durch die Geschäftsführung der Holding-Kapitalgesellschaft ist gewährleistet.
- Rechtsform der Kapitalgesellschaft ist als jeweilige Holdinggesellschaft, um Gewinn-Übermaß-Schenkung durch die disproportionale Gewinnverteilung zu vermeiden (§ 7 Abs. 6 ErbStG).[6]
- Gesellschaftsrechtlich ist eine GmbH als Holding vorzugswürdig, da bei einer AG aufwendige schuldrechtliche Vereinbarungen und Satzungsregelungen gefunden werden müssen, um solch umfangreiche Stimmrechtsabweichungen justieren zu können.
- Eine **überquotale Gewinnzuweisung** ist hier im Formular nicht vorgesehen, vielmehr nur eine insoweit irrelevante, abweichende Stimmrechtsverteilung.[7] Nach inzwischen ständiger Rechtsprechung[8] erkennt inzwischen auch die Finanzverwaltung eine inkongruente Gewinnausschüttung bei Kapitalgesellschaften an und sieht darin regelmäßig keinen Gestaltungsmissbrauch iSd. § 42 AO mehr. Dies setzt voraus, dass eine vom Stammkapital abweichende Gewinnverteilung zivilrechtlich wirksam bestimmt ist.[9] Damit sind aber insbesondere die schenkungsteuerlichen Folgen im Einzelfall noch nicht geklärt.[10]
- Bei Zustiftungen ist zu beachten, dass bereits im Stiftungsgeschäft eine hinreichend konkretisierte Verpflichtung dazu aufgenommen wird, um ggf. das **Steuerklassenprivileg** des § 15 Abs. 2 Satz 1 ErbStG auch später nutzen zu können (verauskunften). Danach wird für die Steuerklasse bei der Erbschaft- und Schenkungsteuer das Verwandtschaftsverhältnis des nach der Stiftungsurkunde entferntest Berechtigten zu Grunde gelegt. Folglich ist festzulegen, welche Familienmitglieder zu den Destinatären gehören sollen; bis einschl. Neffen und Nichten gilt die Steuerklasse II, andernfalls die ungünstigste Steuerklasse III (soweit auch Abkömmlinge von Neffen/ Nichten bzw. Mitarbeiter der Holding-GmbH als Destinatäre). Letztere sollten eher außerhalb der Familienstiftung beteiligt werden.
- Alle 30 Jahre „stirbt" die Familienstiftung. Die sog. Erbersatzsteuer für die inländische Familienstiftung kann in Form einer Einmalzahlung oder in 30 gleichen, zu verzinsenden Jahresbeträgen beglichen werden (§ 24 ErbStG).
- Die **Destinatäre** versteuern die Ausschüttungen aus der Familienstiftung als Einkünfte aus Kapitalvermögen gemäß § 20 Abs. 1 Nr. 9 EStG, und zwar mit 25 vH Abgeltungsteuer (zzgl. SolZ und etwaiger KiSt);einhellig nach Auffassung der Finanzverwaltung und der Rechtsprechung.[11]
- Gegenüber der Finanzverwaltung empfiehlt sich ein Antrag auf Erteilung einer verbindlichen Auskunft u.a. bezüglich des Steuerklassenprivilegs und einer disquotalen Gewinnverteilung.
- durch eine Doppelstiftung wird ggf. zukünftig auch eine erhöhte Flexibilität bei GrESt-Fragen erlangt.

Grds. kann aufgrund der außersteuerlichen Gründe bei einer Doppelstiftungsstruktur idR. nicht von einem Gestaltungsmissbrauch iSd. § 42 AO ausgegangen werden. Dies sollte allerdings immer im Rahmen eines Antrages auf verbindliche Auskunft mit abgefragt werden. Letztendlich dient diese Gesamtbündelung in einer Doppelstiftungsstruktur neben der Lösung der Nachfolgerproblematik vorrangig dazu, zu Gunsten der gemeinnützigen Stiftung auf Dauer kontinuierlich hohe – für gemeinnützige Satzungszwecke zu verwendende – Erträge zu gewährleisten und das Grundstockvermögen durch den 70%igen Erbteil dauerhaft zu stärken, ohne aber den idR mehr oder weni- 9

[6] Mit gemeinnützigkeitsrechtlichen Aspekten begründend *Geck,* ZEV 2015, 401, 401.
[7] Dazu BFH v. 30.1.2013 – II R 38/11, DStR 2013, 970.
[8] Vgl. BFH v. 4.5.2012 – VIII B 174/11, BFH/NV 2012, 1330f. mwN.
[9] Näher dazu BMF v. 17.12.2013, DStR 2014, 36.
[10] Zum Ganzen näher *Birnbaum/Escher* DStR 2014, 1413 mwN.
[11] Vgl. BMF v. 27.6.2006, DStR 2006, 1227; so auch BFH v. 3.11.2010 – I R 98/09, BStBl. II 2011, 417ff.; für VZ bis einschl. 2001 vgl. instruktiv BFH v. 21.1.2015 – X R 31/13, DStRE 2015, 525.

ger ehrenamtlichen Vorstand der gemeinnützigen Stiftung und die Landesaufsichtsbehörde mit unternehmerischen Entscheidungen und der Überwachung des operativen Geschäfts zu belasten. Vielmehr wird die Unternehmenskontinuität über die – der nur eingeschränkten Fachaufsicht unterliegenden – Familienstiftung gewährleistet. Wichtig ist insoweit auch die **Personenidentität im Beirat der Holding-GmbH und dem Kuratorium der Familienstiftung.** So soll durch ein professionelles Beteiligungsmanagement über Generationen hinweg eine starke Ertragslage gewährleistet bleiben, an der im überwiegenden Maße die gemeinnützige Stiftung partizipiert, ohne durch eigene unternehmerische Aktivitäten Haftungsrisiken ausgesetzt zu sein.

10 Besondere Bedeutung wird dem Antrag auf verbindliche Auskunft gegenüber dem für die gemeinnützige Stiftung zuständigen Finanzamt zukommen. Denn hier wird ua. abzufragen sein, ob die Umsetzung dieser Doppelstiftungsstruktur sowohl zu Lebzeiten durch die Ausstattung mit einem 70%igen Teilgeschäftsanteil an der Holding-GmbH als auch von Todes wegen durch den Erbteil in Höhe von 70 vH und die **anschließende Erfüllung der Auflage** sowie die sodann bestehende Vermögensstruktur der gemeinnützigen Stiftung und die Ausschüttungsregeln gemeinnützigkeitsschädlich sind. Dies ist zu verneinen. Insbesondere die Problematik steuerpflichtiger wirtschaftlicher Geschäftsbetriebe hat sich generell erledigt durch die Aufgabe der Geprägetheorie.[12] Zudem ist die Beteiligung an einer Kapitalgesellschaft, vorliegend an der Holding-GmbH, grds. der Vermögensverwaltung zuzuordnen.[13] Sie stellt jedoch einen wirtschaftlichen Geschäftsbetrieb dar, wenn mit ihr tatsächlich ein entscheidender Einfluss auf die laufende Geschäftsführung der Kapitalgesellschaft ausgeübt wird[14] oder ein Fall der Betriebsaufspaltung vorliegt. Besteht die Beteiligung an einer Kapitalgesellschaft, die selbst ausschließlich der Vermögensverwaltung dient, so liegt auch bei Einflussnahme auf die Geschäftsführung kein wirtschaftlicher Geschäftsbetrieb vor.[15] Bereits aus diesem Grunde wird aufgrund der Holdingfunktion der Holding-GmbH insoweit für die beteiligte gemeinnützige Stiftung ein wirtschaftlicher Geschäftsbetrieb zu verneinen sein.

11 Aber selbst unter der Annahme, dass die Holding-GmbH irgendwann in der Zukunft über den Bereich der Vermögensverwaltung hinausgehen wird, ist die Qualifikation der Holding-GmbH als **wirtschaftlicher Geschäftsbetrieb** für die gemeinnützige Stiftung zu verneinen. Denn allein eine kapitalmäßige Beherrschung einer Kapitalgesellschaft reicht noch nicht für die Einordnung als wirtschaftlicher Geschäftsbetrieb aus.[16] Vielmehr würde erst das aktive Eingreifen in die Geschäftsführung der GmbH die Beteiligung als wirtschaftlichen Geschäftsbetrieb ausweisen.[17]

12 Vorliegend wird die gemeinnützige Stiftung lediglich 30 vH der Stimmrechte in der Holding-GmbH haben, die somit noch nicht einmal eine einfache Mehrheit vermitteln. Eine **Einflussnahme** auf die Kapitalgesellschaft lediglich im Rahmen der gesetzlich zustehenden Gesellschafterrechte und -pflichten kann die Annahme eines wirtschaftlichen Geschäftsbetriebes jedoch für sich nicht rechtfertigen, da es vielmehr eines aktiven Eingreifens in die Geschäftsführung bedarf.[18] Hinsichtlich der Geschäftsführung in der Holding-GmbH und der gemeinnützigen Stiftung besteht vorliegend keine Personalunion. Folglich ist die Holding-GmbH mE. nicht als wirtschaftlicher Geschäftsbetrieb für die gemeinnützige Stiftung zu betrachten.

---

[12] Vgl. dazu Vertragsformular C.3.01.

[13] Vgl. Tz. 3 zu § 64 AEAO mit Verweis auf § 14 Satz 3 AO.

[14] Vgl. BFH v. 30.6.1971 – I R 57/70, BStBl. II 1971, 753 ff., 754.

[15] Vgl. KStR 5.7 Abs. 5 iVm KStR 4.1 Abs. 2 Sätze 2 bis 5.

[16] Vgl. FG Hamburg v. 29.1.1970 – II 162/68, EFG 1970, 517 f., 518 – Rev. nicht begründet.

[17] Vgl. BFH v. 30.6.1971 – I R 57/70, BStBl. II 1971, 753 ff., 754; damit FG (Fn. 10) bestätigt. Vgl. zur partiellen Steuerpflicht eines wGB zuletzt die Auslegungsfragen zu § 20 Abs. 1 Nr. 10 Buchst. b Satz 4 EStG nach BMF v. 2.2.2016, DStR 2016, 318 f.

[18] Vgl. dezidiert *Hüttemann,* 6.130 ff. (S. 502); Buchna, Tz. 2.5.2. (S. 119) mwN.; sa. Schauhoff/*Bott,* § 8 Rz. 128.

13 Vor dem Hintergrund, dass die Holding-GmbH nicht als wirtschaftlicher Geschäftsbetrieb für die gemeinnützige Stiftung anzusehen ist, stellt sich auch nicht mehr die weitere Frage, ob die Beteiligung an der Holding-GmbH als vermeintlicher wirtschaftlicher Geschäftsbetrieb für die gemeinnützige Stiftung und deren Status der Gemeinnützigkeit insgesamt steuerschädlich ist. Diese Frage hat sich zudem aufgrund der Aufgabe der Geprägetheorie erübrigt.[19]

14 Fraglich könnte sodann nur noch sein, ob in der Interimsphase zwischen Erbfall und Erfüllung der Auflage (Übertragung des 70%igen Erbteils bzw. der einzelnen Vermögensgegenstände in ihrer Gesamtheit auf die Holding-GmbH) steuerpflichtige wirtschaftliche Geschäftsbetriebe für die gemeinnützige Stiftung entstehen. Als wirtschaftlicher Geschäftsbetrieb ist stets die Beteiligung an einer gewerblich tätigen Personengesellschaft anzusehen, wenn die steuerbegünstigte Körperschaft Mitunternehmer dieser Personengesellschaft ist, also Mitunternehmerinitiative und -risiko trägt.[20] In welchem Umfang im Zeitpunkt des Erbfalles des potenziellen Erblassers sich noch Mitunternehmeranteile im Nachlass befinden oder durch die Erbengemeinschaft zu welchen werden (bzgl. Einzelunternehmen), ist im Vorwege naturgemäß nicht vorhersehbar. Durch eine **lebzeitige Bündelung** können ggf. schon die Anteile an Mitunternehmerschaften minimiert werden.

15 Aber selbst dann, wenn sich Mitunternehmeranteile im Nachlass befinden, dürfte die Erbschaft der gemeinnützigen Stiftung insoweit für eine Interimsphase partiell keinen wGB darstellen. Denn die Erbschaft ist mit der Auflage verbunden, den Erbteil anschließend unverzüglich auf die Holding-GmbH zu übertragen. Folglich ist diese Erbschaft belastet und erlaubt auch kein nachhaltiges Handeln als Mitunternehmer in dieser Interimsphase, sondern beschränkt sich auf ein formales Halten als Miterbe **bis zur Auflagenerfüllung.** In dieser Zeit werden – unabhängig von der Dauer – sämtliche Gesellschafterrechte aus mitunternehmerischen Beteiligungen von dem – ua. dafür vorgesehenen – Testamentsvollstrecker ausgeübt.

16 In dieser Doppelstiftungsstruktur hat die gemeinnützige Stiftung auch keinen Einfluss auf die **Höhe der Gewinnausschüttung.** Hier erhält die gemeinnützige Stiftung den Geschäftsanteil mit dem reduzierten Stimmrecht bereits zu Lebzeiten geschenkt. Sie verzichtet nicht freiwillig auf Rechte, sondern erhält von vornherein ein beschränktes Recht übertragen.

III. Steuerliche Aspekte

1. Verkauf und unentgeltliche Übertragung der Geschäftsanteile einer lebzeitig errichteten Holding-GmbH auf die beiden Stiftungen

17 Zwecks lebzeitiger Implementierung der Doppelstiftungsstruktur sollte die von dem Stifter zu gründende, zunächst **mindestauszustattende Holding-GmbH** auf die beiden Stiftungen als neue Anteilseigner übergehen. Dabei sollte der Teilgeschäftsanteil Nr. 2 an die Familienstiftung tendenziell eher verkauft und der Teilgeschäftsanteil Nr. 1 an die gemeinnützige Stiftung verschenkt werden.

18 Der **Verkauf des 30%igen Teilgeschäftsanteils Nr. 2** an die Familienstiftung wird nach § 17 EStG steuerpflichtig sein, so dass es zur Aufdeckung etwaiger stiller Reserven kommen wird. Die Höhe einer Steuerbelastung hängt davon ab, was vor der Übertragung in die Holding-GmbH eingelegt worden ist. Im Idealfall ist die Holding-GmbH bislang nur geringfügig ausgestattet worden, so dass diese Veräußerung an die Familienstiftung keine bedeutende wirtschaftliche Belastung mit sich bringt. Umsatzsteuerlich stellt der Verkauf zwar einen steuerbaren Tatbestand dar, der jedoch nach § 4 Nr. 8 Buchst. f UStG steuerfrei ist.

---

[19] Siehe dazu C.3.01; s. a. *Hüttemann*, 4.100 ff. (S. 302) mwN.

[20] Vgl. *Buchna*, Tz. 2.14.1. (S. 265) mwN.; ausführlich dazu unter C.3.01.

19 Die **unentgeltliche Übertragung des Teilgeschäftsanteils Nr. 1** an die gemeinnützige Stiftung ist ertragsteuerneutral. Etwaige stille Reserven sind insoweit nicht aufzudecken. Allerdings stellt die unentgeltliche Übertragung einen schenkungsteuerbaren Tatbestand nach § 1 Abs. 1 Nr. 2 iVm. mit § 7 Abs. 1 Nr. 1 ErbStG dar. Da die Zuwendung an eine gemeinnützige Stiftung erfolgt, ist sie steuerfrei nach § 13 Abs. 1 Nr. 16b ErbStG. Es kommt nicht zu einer Schenkungsteuerbelastung.

20 Generell sollte die Anerkennung einer etwaig geplanten disquotalen Gewinnverteilung Gegenstand eines Antrages auf verbindliche Auskunft sein. Dies wird aus ertragsteuerlicher Sicht ein Kernthema sein. Tendenziell wird die Anerkennung leichter werden, wenn die Gewinnverteilungsquote jeweils nicht völlig konträr zur Kapitalbeteiligung ausgestaltet ist, sondern zumindest dem Kapitalbeteiligungsverhältnis angenähert ist, also bspw. eine jeweils hälftige Gewinnverteilungsquote bei einer 30 zu 70-Kapitalbeteiligung. Die vorliegenden Formulare sehen **lediglich** eine **abweichende Stimmrechtsverteilung** vor und keine disquotale Gewinnverteilung.[21] Vielmehr entspricht hier die Gewinn- der Kapitalbeteiligung (vgl. § 13 Abs. 3 der GmbH-Satzung). Damit besteht vorliegend insoweit kein zu verauskunftendes Thema mit der Finanzverwaltung.

2. Bei Tod des Stifters erben die beiden Stiftungen den gesamten Nachlass

21 **Ertragsteuerlich** wird der Erbfall selbst unbeachtlich sein und regelmäßig zu keiner umfangreichen Aufdeckung und Versteuerung stiller Reserven führen. Dies hängt jedoch entscheidend von der Nachlassstruktur, also den im Nachlass vorhandenen Vermögensgegenständen ab. Folglich sollte zu Lebzeiten zwingend eine Optimierung der potenziellen Nachlassstruktur erfolgen, um die Aufdeckung stiller Reserven so gering wie möglich zu halten. Hierzu bietet es sich – meist auch unternehmenspolitisch – an, einzelne Vermögensgegenstände in Beteiligungssträngen zu bündeln.

22 **Erbschaftsteuerlich** stellt der Erbfall sowohl im Hinblick auf die Familienstiftung als auch auf die gemeinnützige Stiftung einen steuerbaren Tatbestand dar. Soweit die gemeinnützige Stiftung begünstigt ist – hier soll sie 70 vH des Nachlassvermögens erhalten –, ist der Erwerb wiederum steuerfrei nach § 13 Abs. 1 Nr. 16b ErbStG. Der guten Ordnung halber wird im Rahmen eines Antrages auf verbindliche Auskunft mit abzufragen sein, ob diese Steuerfreiheit auch erhalten bleibt, wenn die testamentarische Auflage anschließend erfüllt wird.

23 Die Familienstiftung wird den Erwerb von 30 vH des Nachlassvermögens nach § 1 Abs. 1 Nr. 1 iVm. § 3 Abs. 2 Nr. 1 ErbStG zu versteuern haben. Dabei kann das Steuerklassenprivileg des § 15 Abs. 2 Satz 1 ErbStG allerdings zumindest schon deshalb nicht zum Tragen kommen, wenn – wie hier vorgesehen – eine Mitarbeiterbeteiligung durch Einbeziehung in den Kreis der Destinatäre auf den Todesfall erfolgen soll. Insgesamt ist hierfür und auch für eine spätere Erbersatzsteuer die Unternehmenserbschaftsteuerreform[22] zu beachten, gemäß § 1 Abs. 1 Nr. 4 iVm. §§ 13a Abs. 11, 13c Abs. 3 ErbStG nF.

24 **Grunderwerbsteuer** wird durch den Erbfall idR nicht ausgelöst. Denn soweit Einzelimmobilien zum Nachlass gehören, wäre der Erwerb durch die erbenden Stiftungen im Ergebnis steuerfrei nach § 3 Nr. 2 Grunderwerbsteuergesetz (GrEStG). Soweit Immobilien zuvor bspw. in einer vermögensverwaltenden Immobilien-GmbH & Co. KG gebündelt worden sind, stellt der Erbfall einen grunderwerbsteuerbaren Tatbestand gem. § 1 Abs. 2a GrEStG dar. Danach unterliegt der Grunderwerbsteuer die Änderung des Gesellschafterbestandes einer Personengesellschaft, zu deren Vermögen ein

[21] Andernfalls ist eine abweichende Ergebniszuweisung in der Satzung zu regeln, vgl. § 29 Abs. 3 Satz 2 GmbHG.

[22] Vgl. Gesetz zur Anpassung des Erbschaftsteuer- und Schenkungsteuergesetzes an die Rechtsprechung des Bundesverfassungsgerichts vom 4.11.2016, BGBl. I 2016, 2464 ff.

inländisches Grundstück gehört, wenn innerhalb von fünf Jahren mindestens 95 vH der Anteile auf neue Gesellschafter übergehen. Allerdings bleibt bei der Ermittlung der 95%-Grenze ein Erwerb von Anteilen von Todes wegen außer Betracht, § 1 Abs. 2a Satz 6 GrEStG nF.[23] Im Ergebnis entsteht folglich insoweit keine Grunderwerbsteuer.

3. Übertragung des Nachlassvermögens durch die beiden Stiftungen auf die Holding-GmbH in Erfüllung der testamentarischen Auflage

a) Einbringung von Personen- und Kapitalgesellschaftsanteilen

Soweit Anteile an Personengesellschaften, die die Voraussetzungen einer steuerrechtlichen Mitunternehmerschaft erfüllen, in die Holding-GmbH eingebracht werden, kann dies **nach § 20 UmwStG ertragsteuerneutral** erfolgen. Erforderlich hierfür ist ein entsprechender Antrag auf Buchwertfortführung. Dies gilt für beide Stiftungen. Zu beachten ist dabei, dass bei einer Veräußerung der durch die Einbringung erhaltenen Anteile an der Holding-GmbH (neue Gesellschafterrechte für eingebrachte Nachlasswerte) innerhalb von sieben Jahren nach dem Einbringungszeitpunkt rückwirkend die gemeinen Werte der eingebrachten Wirtschaftsgüter angesetzt werden.[24] Neben der Veräußerung bestehen noch weitere Ersatztatbestände, die die gleiche Besteuerungsfolge innerhalb der 7-Jahresfrist auslösen, so zB die Ausschüttung von Beträgen aus dem steuerlichen Einlagekonto iSd § 27 KStG.[25] Das steuerliche Risiko ist allerdings gering, da die Beteiligung der beiden Stiftungen als Anteilseigner der Holding-GmbH langfristig angelegt ist. 25

Soweit Anteile an Kapitalgesellschaften eingebracht werden, kann dies **nach § 21 UmwStG** ebenfalls **grds. ertragsteuerneutral** erfolgen. Neben einem entsprechenden Antrag auf Buchwertfortführung an das zuständige Finanzamt ist bei der Einbringung von Anteilen an Kapitalgesellschaften ua.[26] weitere Voraussetzung, dass es sich um einen sog. qualifizierten Anteilstausch handelt.[27] Ein solcher liegt vor, wenn die Holding-GmbH nach der Einbringung aufgrund ihrer Anteile einschließlich der eingebrachten Anteile nachweisbar unmittelbar die Mehrheit der Stimmrechte an der jeweils erworbenen Gesellschaft hat. Sofern bei den einzubringenden Kapitalgesellschaftsbeteiligungen keine abweichenden Stimmrechtsvereinbarungen gegeben sind und soweit die Holding-GmbH nicht bereits Anteile an der einzubringenden Kapitalgesellschaft hält, stellen nur Anteile, die mehr als 50 vH des Nennkapitals vermitteln, qualifizierte Anteile dar. Nur für solche qualifizierten Anteile ist eine steuerneutrale Einbringung möglich, wobei auch hier die 7-Jahresfrist zu beachten ist.[28] Die Möglichkeit der Ertragsteuerneutralität der Einbringung sollte jedoch über das Finanzamt verauskunftet werden, da zivilrechtlich der jeweilige Erbteil eingebracht wird und für die ertragsteuerlich erforderlichen Buchwertfortführungsanträge in transparenter Blickweise auf die dahinter stehenden einzelnen Vermögensgegenstände, die dafür in Frage kommen, abgestellt werden soll. 26

Ein schenkungsteuerlicher Tatbestand liegt mangels Unentgeltlichkeit durch die Einbringung nicht vor, denn die Stiftungen erhalten im Zuge der Einbringung **neue Gesellschaftsanteile** an der Holding-GmbH. Auch dies sollte der guten Ordnung halber verauskunftet werden. Dabei sollte generell nochmals deutlich gemacht werden, dass zwar zivilrechtlich der jeweilige Erbteil von der jeweils miterbenden Stiftung eingebracht wird, jedoch steuerlich auf den jeweiligen dahinterstehenden Vermögensgegenstand durchgeschaut wird. 27

---

[23] Neu durch Steueränderungsgesetz 2015 v. 2.11.2015, BGBl. I 2015, 1834 ff.

[24] § 22 Abs. 1 UmwStG.

[25] Vgl. § 22 Abs. 1 Satz 6 Nr. 3 UmwStG.

[26] Zu den weiteren ab 1.1.2015 neuen Voraussetzungen vgl. § 21 Abs. 1 Satz 2 Nr. 2 UmwStG, eingefügt durch Steueränderungsgesetz 2015 v. 2.11.2015, BGBl. I 2015, 1834 ff.

[27] Vgl. § 21 Abs. 1 Satz 2 Nr. 1 UmwStG.

[28] Vgl. § 22 Abs. 2 UmwStG.

28 Erbschaftsteuerlich wird grds. der Tatbestand des § 1 Abs. 1 Nr. 1 iVm. § 3 Abs. 2 Nr. 2 ErbStG dem Wortlaut nach einschlägig sein. Hier sollte im Rahmen eines Antrages auf verbindliche Auskunft gegenüber dem zuständigen Erbschaftsteuerfinanzamt jedoch argumentiert werden, dass diese Vorschrift vorliegend keine Anwendung findet. Zwar unterliegt der Erbschaftsteuer danach im Regelfall, was jemand (hier die Holding-GmbH) in Folge der Vollziehung einer vom Erblasser angeordneten Auflage erwirbt. Allerdings geschieht die Auflagenerfüllung auch im Interesse der Stiftungen – sie erwerben neue Gesellschaftsanteile –, so dass sie aus diesem Grund die ihnen selbst zu gute kommende Auflage **nach § 10 Abs. 9 ErbStG** nicht bei der Ermittlung der erbschaftsteuerlichen Bemessungsgrundlage abziehen dürfen. Konsequenterweise kann vom Sinn und Zweck her dann auch kein steuerbarer Erbschaftsteuertatbestand vorliegen.

29 Soweit nun jedoch wiederum durch die Auflagenerfüllung das Vorliegen eines erbschaftsteuerlichen Tatbestandes verneint wird, kann folglich auch nicht die grunderwerbsteuerliche Befreiungsvorschrift des § 3 Nr. 2 GrEStG greifen. Somit wird durch die Auflagenerfüllung im Zuge der Einbringung ein **grunderwerbsteuerbarer** und -pflichtiger **Tatbestand** ausgelöst werden, soweit letztendlich Grundstücke bzw. Immobiliengesellschaftsbeteiligungen eingebracht werden (vgl. § 1 Abs. 1, Abs. 2a, Abs. 3 GrEStG).[29]

30 **Umsatzsteuerlich** sollte die Einbringung der Personen- und Kapitalgesellschaftsanteile eine nicht steuerbare Geschäftsveräußerung im Ganzen iSd. § 1 Abs. 1a UStG darstellen, so dass Umsatzsteuer insoweit nicht entstehen dürfte. Zu beachten ist insoweit, dass die Holding-GmbH hinsichtlich des Vorsteuerkorrekturzeitraumes nach § 15a UStG in die steuerliche Rechtsposition der beiden Stiftungen und damit letztlich zuvor des Stifters eintritt.

b) Übertragung sonstiger Wirtschaftsgüter des Privat- und Betriebsvermögens

31 Je mehr Einzelwirtschaftsgüter sich im Nachlass befinden, die ausnahmsweise **steuerverstricktes Privatvermögen** (§§ 17, 20 Abs. 2, 23 EStG) oder Betriebsvermögen ohne Buchwertfortführungsmöglichkeit darstellen (zB bei nicht mehrheitsvermittelnden Anteilen an Kapitalgesellschaften, § 21 Abs. 1 Sätze 1 und 2 UmwStG), kann es durch die Einbringung im Wege der Sachkapitalerhöhung in der Holding-GmbH zu einer Aufdeckung und Besteuerung vorhandener stiller Reserven kommen.

32 Zu denken ist zB an Grundstücke im Nachlass, die noch nicht aus der 10-jährigen Spekulationsfrist iSd. § 23 EStG herausgewachsen sind und insoweit die Auflagenerfüllung ein steuerpflichtiges, privates Veräußerungsgeschäft darstellt.

33 Soweit sich im Nachlass noch ein oder mehrere Einzelunternehmen befinden sollten, ist zu beachten, dass die beiden erbenden Stiftungen eine Erbengemeinschaft bilden und sie nunmehr hinsichtlich der Einzelunternehmen Mitunternehmer werden. Da nun jedoch aufgrund des Erbfalls insoweit eine Mitunternehmerschaft entsteht, können die jeweiligen Mitunternehmeranteile nach § 20 UmwStG steuerneutral in die Holding-GmbH eingebracht werden.[30]

4. Abgrenzung zu einer Vermächtnislösung

34 Alternativ könnte darüber nachgedacht werden, anstelle einer testamentarischen Auflage, wonach die beiden erbenden Stiftungen ihren jeweiligen Erbteil in die Holding-GmbH einzubringen haben, eine **Vermächtnislösung** zu wählen. Danach könnten die beiden erbenden Stiftungen mit einem Vermächtnis belastet werden, zumindest die Unternehmensbeteiligungen an die Holding-GmbH zu übertragen. Un-

[29] Vgl. Boruttau/*Fischer* GrEStG § 1 Rz. 376f.

[30] Vgl. auch BMF v. 14.3.2006 über die ertragsteuerliche Behandlung der Erbengemeinschaft und ihrer Auseinandersetzung, BStBl. I 2006, 253ff.

abhängig von dem Umfang des Vermächtnisses könnte zwar eine Grunderwerbsteuerbelastung vermieden werden, jedoch verbunden mit dem viel größeren Risiko, dass die Erbschaftsteuerbelastung aufgrund des Vermächtnisses an die Holding-GmbH – dies stellt einen erbschaftsteuerpflichtigen Tatbestand nach § 1 Abs. 1 Nr. 1 iVm. § 3 Abs. 1 Nr. 1 ErbStG in Steuerklasse III dar – erheblich höher ausfallen könnte. Denn nunmehr wäre das gesamte Vermächtnis Besteuerungsgrundlage, zudem verbunden mit dem Risiko, dass die Verschonungsregelungen für Betriebsvermögen[31] – und zwar auch bereits die Regelverschonung mit dem 85%-Abschlag – nicht zur Anwendung kommen könnten. In der Gesamtabwägung ist daher – natürlich abhängig von der Nachlassstruktur – oftmals die Grunderwerbsteuerbelastung hinsichtlich des Immobilienvermögens das wesentlich geringere Übel.

5. Lebzeitige Optimierung des potenziellen Nachlassvermögens

Die lebzeitige Bündelung in Beteiligungsstränge kann dazu führen, dass sich der Umfang desjenigen Teils des Nachlassvermögens erheblich erweitert, der sodann bei Auflagenerfüllung ertragsteuerneutral unter Buchwertfortführung übertragen werden könnte. Dies betrifft gerade auch Bündelungen, die sodann in den Anwendungsbereich der §§ 20, 21 UmwStG fallen. 35

Hinsichtlich des privaten Immobilienvermögens bietet es sich bspw. an, dieses zu Lebzeiten noch in einer vermögensverwaltenden GmbH & Co. KG zu bündeln, bei der die Steuerverstrickung – soweit sie aus der 10-jährigen Spekulationsfrist herausgewachsen ist – weiterhin vermieden wird. Dies setzt voraus, dass die gewerbliche Prägung iSd. § 15 Abs. 3 Nr. 2 EStG vermieden wird, indem der potenzielle Erblasser neben der Komplementär-GmbH ebenfalls als Kommanditist zum Geschäftsführer bestellt wird **(Entprägung).** Zu Lebzeiten bleibt der potenzielle Erblasser damit flexibel und könnte weiterhin über die KG Immobilien außerhalb der Spekulationsfrist des § 23 EStG steuerfrei veräußern, jedenfalls soweit auch kein gewerblicher Grundstückshandel und keine Infizierung der KG iSd. § 15 Abs. 3 Nr. 1 EStG vorliegt. 36

Im Erbfall würde die gewerbliche Prägung durch den Tod des bisherigen mitgeschäftsführenden Kommanditisten eintreten. Damit würde die Immobilien GmbH & Co. KG als Mitunternehmerschaft qualifiziert werden, die nach § 20 UmwStG ebenfalls steuerneutral in die Holding-GmbH eingebracht werden kann. Zu beachten ist allerdings, dass der Eintritt der gewerblichen Prägung im Erbfall eine Betriebseröffnung iSd. § 6 Abs. 1 Nr. 6 EStG darstellt, so dass zu diesem Zeitpunkt eine **Eröffnungsbilanz** zu erstellen wäre, in der die Immobilien grds. mit dem Teilwert anzusetzen wären. Sofern dabei einzelne Grundstücke noch nicht aus der 10-jährigen Spekulationsfrist herausgewachsen sind, ist weiter zu beachten, dass eine etwaige spätere Veräußerung aus dem Betriebsvermögen der sodann gewerblichen Immobilien GmbH & Co. KG innerhalb dieser 10-Jahresfrist nach § 23 Abs. 1 Satz 5 Nr. 1 EStG steuerpflichtig sein könnte.[32] 37

B. Einzelerläuterungen

I. Zu Gesellschaftsvertrag der Holding-GmbH

Zu § 1 bis § 3:

Es ist insoweit auf keine Besonderheiten hinzuweisen bzw. vgl. die Einzelerläuterungen zum Formular C. 3.04, jedoch ohne die dortigen Besonderheiten zur Gemeinnützigkeit. 38

[31] Die Verschonungsregelungen gelten in den gesetzlich vorgegebenen Größenordnungen und im neuen Abschmelzungsmodell grds. nach der Unternehmenserbschaftsteuerreform (aaO) weiter.
[32] Hier wird Begriff der Einlage iSd. § 23 Abs. 1 Satz 5 Nr. 1 EStG bedeutsam.

Zu § 4: Stammkapital, Stammeinlagen

39 Es sind bereits zwei Geschäftsanteile vorgesehen, die beide von dem potenziellen Stifter gehalten werden. Die Nennbeträge entsprechen im Verhältnis zu einander schon dem gewünschten **Beteiligungsverhältnis** der beiden Stiftungen an dieser Holding-GmbH bezüglich Kapital und Gewinn.

Zu § 5: Geschäftsführung, Vertretung[33]

40 In Abs. 6 ist für die Geschäftsführung ein **Katalog zustimmungspflichtiger Geschäfte** vorgesehen, der letztendlich je nach Umfang ein Steuerungselement darstellt. Sobald der grundsätzlich vorgesehene Beirat installiert ist, nimmt dieser die Funktion als Zustimmungsorgan wahr, vgl. hierzu die Regelung in Abs. 8. Wichtig in diesem Zusammenhang ist, dass allen Beteiligten die Personenidentität im Beirat der Holding-GmbH und in dem Kuratorium in der Familienstiftung bewusst ist.

Zu § 6 bis § 20:

41 Die weiteren Regelungen des Gesellschaftsvertrages sind idR selbsterläuternd. Ferner wird – ohne die Besonderheiten zur Gemeinnützigkeit – auf die Einzelerläuterungen zum Formular C. 3.04 verwiesen. Hervorzuheben sind für die Doppelstiftungsstruktur dabei folgende Regelungen:

42 **In § 7 Abs. 1** des Gesellschaftsvertrages der Holding-GmbH ist die von der Kapitalbeteiligung abweichende Stimmrechtsregelung verankert. Damit steht der Familienstiftung trotz geringerer Kapitalbeteiligung die Stimmrechtsmehrheit zu. Das Stimmrechtsverhältnis ist im Hinblick auf die Festlegung etwaiger qualifizierter Mehrheiten zu berücksichtigen.

43 **In § 9 Abs. 1** wird gesellschaftsvertraglich die Personenidentität im Beirat der Holding-GmbH und in dem Kuratorium der Familienstiftung festgelegt. Dies korrespondiert mit der Satzung der Familienstiftung. Damit wird die Kontinuität in der Unternehmensführung hergestellt und zugleich verhindert, dass die Familienstiftung über die Holding-GmbH ein „Selbstbedienungsladen" für die Destinatäre der Familienstiftung wird.

44 Die **Ergebnisverwendung in § 13** des Gesellschaftsvertrages kann je nach Anforderungen im Einzelfall sehr individuell ausgestaltet werden. Unter Nutzung des möglichen Spardoseneffekts werden hier jedenfalls die jährlichen Gewinne aus der Holding-GmbH regelmäßig nicht vollständig im Gewinnbeteiligungsverhältnis an die beiden Stiftungen ausgeschüttet. Andererseits wiederum ist darauf zu achten, dass die beiden Stiftungen ihre Satzungszwecke kontinuierlich verwirklichen können.

45 Um einer Verwässerung der Doppelstiftungsstruktur vorzubeugen, sieht § 14 Abs. 3 des Gesellschaftsvertrages ein **Vorkaufsrecht** für die beiden Stiftungen als Gesellschafter der Holding-GmbH vor.

II. Zu Schenkungs- und Kaufvertrag nebst Verpflichtungserklärungen

Zu I. Vorbemerkung

46 Im Rahmen der Vorbemerkung zum Schenkungs- und Kaufvertrag wird der status quo und die Schrittfolge der lebzeitigen Implementierung skizziert. Der unternehmerische Stifter hat bereits die beiden Stiftungen errichtet und überträgt nunmehr seine beiden Geschäftsanteile an der Holding-GmbH auf diese beiden Stiftungen. Die Holding-GmbH selbst sollte nur geringfügig ausgestattet werden, um einerseits zwar

[33] Lehrreich zum Nachweis organschaftlicher Vertretung im Stiftungsrecht *Rawert* in FS Kreutz, S. 825 ff.

schon die Funktionsfähigkeit der **Doppelstiftungsstruktur zu Lebzeiten erproben** zu können, andererseits aber noch flexibel in den unternehmerischen Entscheidungen bleiben zu können. Erst von Todes wegen geht der größte Teil des Vermögens, darunter der unternehmerische Bereich durch die Vererbung an die beiden Stiftungen und Auflagenerfüllung letztlich in die Holding-GmbH.

Zu II. Schenkungs- und Übertragungsvertrag

Zu § 1 bis § 5:

Im Zuge dieser Übertragung sollte der Geschäftsanteil Nr. 1, der kapitalmäßig den Geschäftsanteil Nr. 2 übersteigt, an die gemeinnützige Stiftung geschenkt werden. Diese Schenkung an die gemeinnützige Stiftung ist schenkungsteuerbefreit. Wichtig ist, im Rahmen dieses Schenkungsvertrages auch die **Widmung** in das Grundstockvermögen der gemeinnützigen Stiftung aufzunehmen. Auf das Schicksal des periodischen Gewinnanspruchs ist im Rahmen des Übertragungsvertrages immer einzugehen. 47

Zu III. Kauf- und Übertragungsvertrag

Zu § 1 bis § 4:

Der kapitalmäßig geringere Geschäftsanteil Nr. 2, der allerdings mehr Stimmrechte vermittelt, könnte ebenfalls geschenkt werden, oder aber – wie hier vorgesehen – zum Nominalwert verkauft werden. Eine Schenkung gegenüber der Familienstiftung wäre nicht schenkungsteuerbefreit, zieht jedoch auch keine große Steuerbelastung nach sich, so lange die **Holding-GmbH geringfügig ausgestattet** ist. 48

(frei) 49, 50

Zu VI. Gesellschaftervereinbarungen

Die hier im Zuge der Übertragungsakte niedergelegten **Gesellschaftervereinbarungen** sind für die umfangreiche Ausstattung von Todes wegen und Aufrechterhaltung der Doppelstiftungsstruktur **von herausragender Bedeutung.** So verpflichten sich hiermit die Gesellschafter, also die beiden Stiftungen, die vom Stifter letztwillig angeordneten Auflagen zu erfüllen (vgl. Ziffer 2 der Gesellschaftervereinbarungen), möglichst das Beteiligungsverhältnis beizubehalten und auch eine transmortale Vollmacht des Testamentsvollstreckers nicht zu widerrufen (vgl. Ziffer 2 Buchst. b und c der Gesellschaftervereinbarungen). 51

(frei) 52–54

III. Zu Satzung der Familienstiftung

Zu § 1: Name, Rechtsform, Sitz

Vgl. hierzu die Einzelerläuterungen zum Formular C. 3.10 Rz. 71f. 55

Zu § 2: Stiftungszwecke und Zweckverfolgung

Soweit die **Erweiterung des Kreises der Begünstigten** gewünscht ist, sind diese weiteren Begünstigten im Rahmen der Zweckbeschreibung mit zu nennen, wie hier in Abs. 1 Buchst. a und Abs. 2 Buchst. a, jeweils a.E. Ferner ist bei einer Aufnahme von Destinatären außerhalb der Familie auf die Einhaltung der Qualifikation als Familienstiftung zu achten, indem neben der Justierung der Bezugs- und Anfallsquote (vgl. hierzu vor allem § 4 Abs. 9 der Satzung) auch die Definition seitens der Finanzverwaltung übernommen wird, wie hier in Abs. 5 geschehen. 56

57 Abs. 3 dient der **Flexibilität** bei der Satzungszweckerfüllung, insbesondere vor dem Hintergrund, dass die Familienstiftung als eine tragende Säule im Rahmen der Doppelstiftungsstruktur letztlich auch einer dauerhaften Unternehmensträgerschaft verpflichtet ist.

58 In Abs. 1 Buchst. d ist eine Kernbestimmung der Doppelstiftungsstruktur aufgenommen, indem hier bereits auf die noch zu erbenden Unternehmensbeteiligungen hingewiesen wird. Ferner sollte der **Inhalt der Auflage** genannt und die **Erfüllung durch die Testamentsvollstrecker** als satzungsmäßiger Hinweis erwähnt werden. Zu beachten ist, dass bei etwaigen Testamentsänderungen ggf. hier Anpassungen vorzunehmen sind. Mit der Aufnahme dieser Hinweise wird die Wahrscheinlichkeit der späteren tatsächlichen Umsetzung verbessert, indem sowohl die Stiftungsorgane als auch die eingeschränkte Stiftungsaufsicht diese Satzungsbestimmung zu beachten haben.

59 Im Übrigen vgl. hierzu die Einzelerläuterungen zum Formular C. 3.10 Rz. 73–75.

Zu § 3: Begünstigte Personen (Destinatäre)

60 Soweit der Kreis der Destinatäre erweitert werden soll, ggf. auch erst zeitlich versetzt mit dem Tod des Stifters, sollte dieser Kreis gesondert in der Satzung definiert werden. Vorliegend wurde hier im wirtschaftlichen Ergebnis **eine Art Mitarbeiterbeteiligung** installiert, auch wenn sich sicherlich andere Mitarbeiterbeteiligungsmodelle besser dafür eignen. Denn für Schenkung-/Erbschaftsteuerzwecke findet sodann die Steuerklasse III Anwendung. Fraglich ist hierbei zB, ob die Erstausstattung der Familienstiftung aufgrund der hier vorgesehenen aufschiebenden Bedingung für die Erweiterung der Begünstigten zunächst noch das Steuerklassenprivileg des § 15 Abs. 2 Satz 2 ErbStG zur Anwendung kommen kann.

61 Zudem verkompliziert die Partizipation der Mitarbeiter die Satzungsbestimmungen (vgl. u.a. die ausgefeilten Verteilungsbestimmungen in § 4 Abs. 9 der Satzung) und die alltägliche praktische Umsetzung. Hiermit wird aber ansatzweise deutlich, welche Möglichkeiten in einer solchen Doppelstiftungsstruktur bestehen können.

Zu § 4: Stiftungsvermögen, Verwendung der Erträge, Geschäftsjahr

62 Mit Abs. 1 Satz 3 wird sichergestellt, dass das von Todes wegen überwiegend unternehmerische Vermögen grds. dem **Grundstockvermögen** zuzuführen und damit möglichst auf Dauer zu erhalten ist. Dabei ist eine weitgehende Flexibilität zwingende Voraussetzung; vgl. dazu auch Abs. 2 letzter Satz sowie Absätze 3 und 4 der Satzung.

63 Im Übrigen vgl. hierzu die Einzelerläuterungen zum Formular C. 3.10 Rz. 76–78.

Zu § 5: Stiftungsorgane, gemeinsame Vorschriften

64 Vgl. hierzu die Einzelerläuterungen zum Formular C. 3.10 Rz. 79.

Zu § 6: Vorstand

65 Abs. 3 sieht eine **personelle Umbesetzung** der handelnden Personen zu dem Zeitpunkt vor, in dem der größte Teil des Vermögens auf die beiden Stiftungen und nach Auflagenerfüllung in die Holding-GmbH übergeht, nämlich **im Erbfall** des stiftenden Unternehmers. Hier ist die testamentarische und satzungsmäßige Konstellation im Einzelfall zu beachten und Interessenskollisionen, aber auch Maßnahmen auf ihre Durchsetzbarkeit hin zu prüfen. Eine Testamentsvollstreckung ist jedenfalls unverzichtbar.

66 Im Übrigen vgl. hierzu die Einzelerläuterungen zum Formular C. 3.10 Rz. 85–87.

Zu § 7: Vertretung der Stiftung, Aufgaben des Vorstandes

Im Rahmen der Doppelstiftungsstruktur ist es wichtig, dass der Vorstand der Familienstiftung (ebenso wie die Organe in der gemeinnützigen Stiftung) klar und deutlich die Gesamtstruktur – auch satzungsmäßig – vor Augen hat. Der Vorstand hat **auf Grundlage der Satzung** zu handeln. 67

Im Übrigen vgl. hierzu die Einzelerläuterungen zum Formular C. 3.10 Rz. 89. 68

Zu § 8: Kuratorium

Abs. 1 gewährleistet mit seinen letzten beiden Sätzen die **Personenidentität** im Kuratorium der Familienstiftung und im Beirat der Holding-GmbH. Dies ist der Garant für eine nachhaltige, durchsetzbare Unternehmenspolitik, auch im Sinne des Stifters. 69

Im Übrigen vgl. hierzu die Einzelerläuterungen zum Formular C. 3.10 Rz. 80–84. 70

Zu § 9: Aufgaben des Kuratoriums

Vgl. hierzu die Einzelerläuterungen zum Formular C. 3.10 Rz. 88. 71

Zu § 10: Prüfung der Jahresabrechnung

Vgl. hierzu die Einzelerläuterungen zum Formular C. 3.10 Rz. 90. 72

Zu § 11: Satzungsänderung, Umwandlung und Auflösung, Vermögensanfall

Abs. 1 letzter Satz soll garantieren, dass trotz Erweiterung des Kreises der Begünstigten der steuerliche Status als Familienstiftung nicht zur Disposition steht. 73

Im Übrigen vgl. hierzu die Einzelerläuterungen zum Formular C. 3.10 Rz. 91 f. 74

Zu § 12: Stiftungsaufsicht

Vgl. hierzu die Einzelerläuterungen zum Formular C. 3.10 Rz. 93–95. 75

Zu § 13 Stiftungsaufsichtsbehörde

Vgl. hierzu die Einzelerläuterungen zum Formular C. 3.10 Rz. 96. 76

Zu § 14: Inkrafttreten

Vgl. hierzu die Einzelerläuterungen zum Formular C. 3.10 Rz. 97. 77

IV. Zu Satzung der gemeinnützigen Stiftung

Zu § 1 bis § 8:

Vgl. hierzu jeweils die Einzelerläuterungen zum Formular C. 3.01 Rz. 37–71. 78

Zu § 9: Vorstand

In Absatz 6 ist festgelegt, dass **keine Personenidentität** zwischen dem Vorstand der gemeinnützigen Stiftung und der Geschäftsführung bzw. dem Beirat in der Holding-GmbH bestehen darf. Es sollte jeder Faktor – wie hier ein etwaiger Einfluss auf die Geschäftsführung der Holding-GmbH – vermieden wird, der die Beteiligung der gemeinnützigen Stiftung an der Holding-GmbH als steuerpflichtigen wirtschaftlichen Geschäftsbetrieb (wGB) qualifizieren könnte, auch wenn heute nach Aufgabe der 79

Geprägetheorie[34] nicht mehr die Gefahr besteht, dass die gesamte Gemeinnützigkeit gefährdet werden würde.

80 Ferner ist zu empfehlen, dass der Stifter durch letztwillige Verfügung zumindest Abwicklungstestamentsvollstreckung anordnet, um die Nachlassgegenstände in der **Interimsphase zwischen Erbfall** (Tod des unternehmerischen Stifters) **und der Auflagenerfüllung** (Übertragung der Erbteile in die Holding-GmbH) von der gemeinnützigen Stiftung „abzuschotten" bzw. keine einzelnen wirtschaftliche Geschäftsbetriebe entstehen zu lassen. Hierüber ist im Einzelfall im Vorwege der Kontakt zur Finanzverwaltung zu suchen. Je nach potentiellem **Nachlassportfolio** könnten durchaus einzelne wGB dort möglich sein, wie zB 100%-Beteiligungen an operativen Kapitalgesellschaften bzw. Beteiligungen an gewerblich tätigen Personengesellschaften.

81 Im Übrigen vgl. hierzu die Einzelerläuterungen zum Formular C. 3.01 Rz. 72.

Zu § 10: Aufgaben des Vorstandes

82 Absatz 5 soll – ebenso wie in der Familienstiftung – auch hier wiederum dem Vorstand satzungsgemäß deutlich machen, worauf die Handlungsmaxime gründet.

83 Im Übrigen vgl. hierzu die Einzelerläuterungen zum Formular C. 3.01 Rz. 73–76.

Zu § 11: Stiftungsrat

84 Da der Stifter zu Lebzeiten seinen Einfluss auf die Holding-GmbH über die Familienstiftung ausübt, sollte der Stifter in der gemeinnützigen Stiftung kein organschaftliches Amt besetzen und auch keine sonstige Funktion ausüben.

85 Im Übrigen vgl. hierzu die Einzelerläuterungen zum Formular C. 3.01 Rz. 77–79.

Zu § 12 bis § 16:

86 Vgl. hierzu jeweils die Einzelerläuterungen zum Formular C. 3.01 Rz. 80–93.

---

[34] Vgl. dazu *Hüttemann*, 4.100 ff. (S. 302) mwN.

C. 4 Übergabe von land- und forstwirtschaftlichem Vermögen

Übersicht

C. 4.00 Hofübergabevertrag nach HöfeO mit Altenteil und wiederkehrenden Zahlungen als Versorgungsleistung

C. 4.00

Gliederung

Urkundenrolle Nr. [...] **für 20[...]**

Verhandelt zu [...] am [...]

Vor mir,

DR. JUR. [...]
– NOTAR/IN IN [...] –

erschienen:

I. als Veräußerer:
Herr B. M., Landwirt, geboren am [...]
wohnhaft in [...]

– nachstehend „Veräußerer“ genannt –

II. die Ehefrau des Veräußerers,
Frau A. M. geborene E., geboren am [...]
wohnhaft in [...]

III. als Erwerber:
der Sohn der Erschienenen zu I. und II.,
Herr E. M., Landwirt, geboren am [...]
wohnhaft in [...]

– nachstehend „Erwerber" genannt –.

IV. die weiteren Kinder der Erschienenen zu I. und II., nämlich
1. Frau F. D. geborene M., geboren am [...]
wohnhaft in [...]
2. Herr S. M., geboren am [...]
wohnhaft in [...]

Die Erschienenen zu I. und II. sind dem Notar von Person bekannt. Die übrigen Erschienenen wiesen sich aus durch Vorlage ihrer Personalausweise.

Die Erschienenen ließen den folgenden

HOFÜBERGABEVERTRAG

beurkunden und erklärten:

§ 1 Hofeigenschaft, Grundbuchangaben [Rz. 7–17, 50–55]

1. Der Veräußerer ist Eigentümer eines Hofes im Sinne der Höfeordnung.
Der hofzugehörige Grundbesitz ist im Grundbuch von J. Blatt 220 wie folgt eingetragen:
Gemarkung J.

Flur 3 Flurstück 270,	**Hof- und Gebäudefläche, Landwirtschaft, groß: 1 ha 20a,**
Flur 3 Flurstück 274,	**groß:10 ha 25a,**
Flur 3 Flurstück 310,	**groß: 4 ha 73a,**
Flur 4 Flurstück 37,	**groß: 7 ha 58a,**
Flur 7 Flurstück 83,	**groß: 8 ha 65a,**
Flur 5 Flurstück 45,	**groß: 9 ha 72a,**
Flur 5 Flurstück 47,	**groß: 3 ha 72a,**
Flur 5 Flurstück 311,	**groß: 4 ha 27 a.**

Der Hofvermerk ist im Grundbuch eingetragen.

2. Der Grundbesitz ist im Grundbuch wie folgt belastet:
Abteilung II:

lfd. Nr. 1:	**Beschränkte persönliche Dienstbarkeit (Kabelleitungsrecht) für die E-GmbH.**

Abteilung III:

lfd. Nr. 1:	**Buchgrundschuld in Höhe von € 70 000,– zugunsten der A-Bank AG,**
lfd. Nr. 2:	**Briefgrundschuld in Höhe von € 40 000,– zugunsten der Sparkasse D.**

Der Erwerber übernimmt sämtliche vorgenannten Belastungen.

§ 2 Übertragung [Rz. 60–61]

1. Der Veräußerer überträgt dem Erwerber in Vorwegnahme der Hoferbfolge:
a) den gesamten in § 1 dieser Urkunde näher bezeichneten Grundbesitz nebst allen wesentlichen Bestandteilen, insbesondere allen baulichen Anlagen;
b) das gesamte lebende und tote Inventar sowie alles sonstige Hofeszubehör im Sinne des § 3 HöfeO, soweit es sich nicht bereits im Eigentum des Erwerbers befindet;

c) die aufstehende Saat und alle Vorräte
d) sämtliche Aktien des Veräußerers an der Zuckerfabrik Z-AG sowie das Zuckerrübenlieferungsrecht, soweit es dem Veräußerer zusteht und er hierüber verfügen kann,
e) alle Ansprüche auf landwirtschaftliche Beihilfen und Agrarförderung, insbesondere sämtlichen Zahlungsansprüche, Prämien- und Ausgleichsansprüche im Rahmen der Gemeinsamen Agrarpolitik (GAP) der Europäischen Union .

Der Erwerber nimmt die Übertragung jeweils an.

2. Der Veräußerer überträgt dem dies annehmenden Erwerber auch alle sonstigen im Eigentum des Veräußerers stehenden hofzugehörigen Grundstücke und Grundstücks- Miteigentumsanteile, auch wenn diese vorstehend in § 1 nicht aufgeführt sein sollten. Die in § 14 dieses Vertrages erklärte Auflassung erstreckt sich auch auf diese Grundstücke und Miteigentumsanteile. Der Veräußerer bevollmächtigt den Erwerber unter Befreiung von den Beschränkungen des § 181 BGB, diese übersehenen Grundstücke und Miteigentumsanteile grundbuchmäßig zu bezeichnen und an sich aufzulassen und alle Erklärungen abzugeben und entgegenzunehmen, die zur Eigentumsumschreibung dieser Grundstücke und Miteigentumsanteile auf den Erwerber erforderlich sind.
3. Der Erwerber ist wirtschaftsfähig. Er hat eine Ausbildung zum Landwirtschaftsgehilfen erfolgreich abgeschlossen und ist seit dieser Zeit im Betrieb seines Vaters als Landwirt tätig.[Rz. 10]

   Der Veräußerer erklärt nach Belehrung, dass er bislang keine Bindungen, sei es nach der Höfeordnung oder nach dem Erbrecht des BGB, eingegangen ist, die dem Abschluss des nachfolgenden Hofübergabevertrages entgegenstehen.[Rz. 12]

§ 3 Vorbehalt des Wohnungsrechts[Rz. 64–70]

Der Veräußerer behält sich und – aufschiebend bedingt durch seinen Tod – auch seiner Ehefrau A. M. das jeweils lebenslange Wohnungsrecht an folgenden Räumen der übertragenen Hofstelle Flur 3 Flurstück 270 vor:

an sämtlichen Räumen der – vom Hofeingang aus gesehen links gelegenen – Wohnung im Erdgeschoss, bestehend aus Wohnzimmer, Schlafzimmer, Küche, Badezimmer, WC und Abstellraum.[Rz. 65]

Das Wohnungsrecht umfasst auch das Recht zur Mitbenutzung der gemeinschaftlich genutzten Räume und Anlagen, insbesondere des Flures, des Kellers, des Speichers und des Gartens.

Die Kosten der Versorgung der Wohnung mit Strom, Heizung und Wasser trägt der Eigentümer. Dieser trägt auch die Kosten für Instandhaltung und Reparaturen der Wohnung.[Rz. 66]

Verlässt der Wohnungsberechtigte die Wohnung auf Dauer, so erlischt das Wohnungsrecht entschädigungslos. Er hat in diesem Fall das Wohnungsrecht auf Verlangen und auf Kosten des Eigentümers in grundbuchmäßiger Form zur Löschung zu bewilligen.

§ 4 Pflegeverpflichtung[Rz. 73–77]

Der Erwerber hat seinen Eltern auf deren Lebenszeit bei Krankheit und Gebrechlichkeit sorgsame Pflege und hauswirtschaftliche Versorgung in den Räumen des übertragenen Hofanwesens zu gewähren.

Zur hauswirtschaftlichen Versorgung gehören insbesondere:

- die Verrichtung der anfallenden häuslichen Arbeiten wie Reinigung der Wohnung, der Kleidung, der Wäsche und des Schuhwerks, Geschirrspülen sowie die Verköstigung der Berechtigten zu allen Mahlzeiten mit Speisen und Getränken, die dem Alters- und Gesundheitszustand der Berechtigten entsprechen; die Kosten für die

Beschaffung der hierfür erforderlichen Lebensmittel müssen die Berechtigten jedoch selbst tragen;
- die Erledigung der erforderlichen Gänge und Fahrten zum Einkaufen, zum Arzt, zur Apotheke und zum Krankenhaus.

Zur Pflege gehört insbesondere die Hilfe bei Aufstehen und Zu-Bett-Gehen, An- und Auskleiden, Gehen und Treppensteigen, Nahrungsaufnahme, Körperpflege sowie bei der Verabreichung von Medikamenten. Die Pflegeverpflichtung umfasst jedoch nicht Leistungen, die nur von geschultem Personal erbracht werden können. Dauerpflege ist nur in dem Umfang zu erbringen, der mit den notwendigen hauswirtschaftlichen Verrichtungen – mit Ausnahme der Verköstigung -, die für den Veräußerer und seine Ehefrau zu leisten sind, nach dem Urteil des Hausarztes des Veräußerers einem durchschnittlichen täglichen Zeitaufwand von nicht mehr als zwei Stunden entspricht.[1 Rz. 73]

Die Verpflichtung zur Pflege und hauswirtschaftlichen Versorgung ruht entschädigungslos, wenn sich der Pflegeberechtigte nicht mehr in dem übertragenen Hofanwesen aufhält.

Ein etwaiges Pflegegeld steht den Pflegeberechtigten zu, die es zur Deckung etwaiger Pflegekosten zu verwenden haben. Soweit ihnen solche Kosten aufgrund der Leistung des Erwerbers nicht oder nicht in vollem Umfang entstehen, haben sie das Pflegegeld dem Erwerber zu überlassen.

§ 5 Wiederkehrende Zahlungen als Versorgungsleistung[Rz. 23–31, 80–86]

1. Alternative: Abänderbare Versorgungsleistungen gem. § 323a ZPO

1. **Der Erwerber – nachstehend kurz „Schuldner“ genannt – verpflichtet sich, an den Veräußerer auf dessen Lebensdauer zur Versorgung monatlich € [...],–; in Worten: [...] Euro, zu zahlen.**
   Die an den Veräußerer zu zahlenden monatlichen Beträge sind jeweils am ersten Tag eines jeden Monats fällig, erstmals am ersten Tag des auf die Beurkundung dieses Vertrages folgenden Monats.
   Aufschiebend bedingt durch den Tod des Veräußerers verpflichtet sich der Erwerber, nach dem Tod des Veräußerers an dessen Ehefrau A. M. auf deren Lebensdauer zur Versorgung monatlich € [...],– in Worten: [...] Euro – zu zahlen. Die an Frau A. M. zu zahlenden monatlichen Beträge sind jeweils am ersten Tag eines jeden Monats fällig, erstmals am ersten Tag des Monats, der auf das Ableben des Veräußerers folgt.
   Regelungen für den Fall der Scheidung der Ehe des Veräußerers mit Frau A. M. werden ausdrücklich nicht vereinbart.
2. **Bei einer wesentlichen Veränderung der Verhältnisse bei dem Zahlungsberechtigten oder dem Zahlungsverpflichteten, insbesondere der Leistungsfähigkeit des Erwerbers oder der Bedürftigkeit des jeweiligen Zahlungsberechtigten, kann jeder von ihnen in entsprechender Anwendung des § 323a ZPO eine Abänderung des zu zahlenden Geldbetrages verlangen. Eine derartige Abänderung darf jedoch nicht aus dem Mehrbedarf des Berechtigten abgeleitet werden, der sich daraus ergibt, dass dieser das übertragene Hofanwesen, aus welchem Grund auch immer, verlässt.**
3. **Unbeschadet der Vereinbarungen in vorstehender Ziffer 2. gilt zusätzlich Folgendes:**
   Erhöht oder ermäßigt sich der vom Statistischen Bundesamt in Wiesbaden festgestellte Verbraucherpreisindex für Deutschland (Basis 2010 = 100) gegenüber dem Stand des auf die Beurkundung dieses Vertrages folgenden Monats um mehr als 5 vH, so können sowohl der Erwerber als auch der jeweilige Zahlungsberech-

[1] In Anlehnung an *Krauß* Vermögensnachfolge Rz. 1435.

tigte eine entsprechende Veränderung des zu zahlenden monatlichen Betrages um den gleichen Prozentsatz verlangen, und zwar vom Beginn des Monats an, in dem erstmals die Erhöhung oder Verringerung um mehr als 5 vH eingetreten ist. Das Anpassungsverlangen kann nur für die Zukunft gestellt werden. Folgeanpassungen aufgrund dieser Wertsicherungsklausel können jeweils dann verlangt werden, wenn sich der Verbraucherpreisindex für Deutschland seit der letzten Anpassung wiederum um mehr als 5 vH nach oben oder unten verändert hat.

4. **Der Erwerber unterwirft sich wegen des dinglichen und wegen des persönlichen Anspruchs aus der nachstehend jeweils bestellten Reallast sowie wegen der vorstehend vereinbarten persönlichen Zahlungsverpflichtung in Höhe von € [...],– monatlich gegenüber dem jeweils Berechtigten der sofortigen Zwangsvollstreckung aus dieser Urkunde. Der Erwerber verpflichtet sich, bei einer etwaigen Erhöhung aufgrund der Anpassung nach § 323a ZPO oder der Wertsicherungsklausel weitere Unterwerfungserklärungen auf Verlangen und auf Kosten des Berechtigten abzugeben.**[Rz. 86]
5. **Zur Sicherung aller Ansprüche auf Zahlung der vorstehend vereinbarten Beträge in der vereinbarten wertgesicherten Form bestellt der Erwerber an dem übertragenen Grundbesitz eine Reallast zugunsten des Veräußerers und eine durch den Tod des Veräußerers aufschiebend bedingt Reallast zugunsten dessen Ehefrau A. M.**

2. Alternative: Wiederkehrende Leistungen als Leibrente[Rz. 23–31, 93–97]

Der Erwerber verpflichtet sich, an den Veräußerer auf dessen Lebensdauer zu dessen Versorgung eine Leibrente zu zahlen nach folgender Maßgabe:
Die Rente beträgt monatlich € [...],–.
Die Rente ist fällig und zahlbar jeweils im voraus bis zum 3. Werktag eines jeden Monats, erstmals am dritten Werktag des auf die Beurkundung dieses Vertrages folgenden Monats.
Aufschiebend bedingt durch den Tod des Veräußerers verpflichtet sich der Erwerber, nach dem Ableben des Veräußerers an dessen Ehefrau A. M. zu ihrer Versorgung auf deren Lebensdauer eine monatliche Leibrente nach folgender Maßgabe zu zahlen:
Die Rente beträgt monatlich € [...],–. Die an A. M. zu leistende Rente ist jeweils fällig und zahlbar bis zum 3. Werktag eines jeden Monats, erstmals am 3. Werktag des Monats, der auf das Ableben des Veräußerers folgt. Regelungen für den Fall der Scheidung der Ehe des Veräußerers mit Frau A. M. werden ausdrücklich nicht getroffen.
Für die Wertsicherung der Rente gilt Folgendes:[Rz. 84]
Sollte sich der Verbraucherpreisindex für Deutschland (Basis 2010 = 100) nach den Veröffentlichungen des Statistischen Bundesamtes in Wiesbaden gegenüber dem Stand des auf die Beurkundung dieses Vertrages folgenden Monats um mindestens 5 vH verändern, so erhöht oder vermindert sich die Rente entsprechend. Die aufgrund der Wertsicherungsklausel erhöhte oder ermäßigte Rente ist erstmals für den Monat zu entrichten, für den eine Indexveränderung von mindestens 5 vH festgestellt wird, ohne dass es einer Aufforderung des durch die Änderung begünstigten Vertragsteils bedarf. Folgeanpassungen erfolgen wiederum jeweils bei einer Veränderung von mindestens 5 vH, wobei jeweils von dem letzten veränderten Ausgangsbetrag auszugehen ist.
Unbeschadet der vorstehenden Wertsicherungsklausel gilt Folgendes:
Eine Anwendung der Grundsätze des § 323a ZPO wird ausgeschlossen. Auch bei einer wesentlichen Veränderung der Verhältnisse bei dem Zahlungsberechtigten oder dem Zahlungsverpflichteten ist keiner von ihnen berechtigt, eine Abänderung des vereinbarten Rentenbetrags zu verlangen.

Der Erwerber unterwirft sich wegen des dinglichen und wegen des persönlichen Anspruchs aus der nachstehend jeweils bestellten Reallast und wegen der vorstehend vereinbarten persönlichen Zahlungsverpflichtung in Höhe eines monatlichen Betrages von [...] dem jeweiligen Zahlungsberechtigten gegenüber der sofortigen Zwangsvollstreckung aus dieser Urkunde in sein gesamtes Vermögen. Der Erwerber ist verpflichtet, sich auf Verlangen und Kosten des Berechtigten wegen etwaiger Erhöhungsbeträge der sofortigen Zwangsvollstreckung zu unterwerfen.
Zur Sicherung aller Ansprüche auf Zahlung der vorstehend vereinbarten als Leibrente zu zahlenden Beträge in der vereinbarten wertgesicherten Form bestellt der Erwerber an dem übertragenen Grundbesitz eine Reallast zugunsten des Veräußerers und eine durch den Tod des Veräußerers aufschiebend bedingte Reallast zugunsten dessen Ehefrau A. M.

§ 6 Übernahme von Verbindlichkeiten[Rz. 101–104]

1. Der Erwerber übernimmt zur gänzlichen Entlastung des Veräußerers folgende Verbindlichkeiten zur Alleinschuld:
   a) die Verbindlichkeiten, die der vorbezeichneten Grundschuld Abteilung III lfd. Nr. 1 zugrunde liegen; es handelt sich hierbei um Verbindlichkeiten aus dem Darlehen der A-Bank mit der Darlehens-Nr. [...] in Höhe von derzeit noch € [...],–;
   b) die Verbindlichkeiten, die der vorbezeichneten Grundschuld Abteilung III lfd. Nr. 2 zugrunde liegen; es handelt sich hierbei um Verbindlichkeiten aus dem Darlehen der Sparkasse D mit der Darlehens-Nr. [...] in Höhe von derzeit noch € [...],–.

   Der Veräußerer tritt die ihm bezüglich dieser Grundpfandrechte entstandenen und noch entstehenden Eigentümerrechte und Ansprüche auf Rückgewähr an den Erwerber ab. Die Abtretung erfolgt mit Wirkung zum Zeitpunkt der Eigentumsumschreibung auf den Erwerber.[Rz. 101]
2. Der Erwerber verpflichtet sich gegenüber den vorgenannten Grundpfandrechtsgläubigern zur Zahlung eines dem Nennbetrag des jeweils übernommenen Grundpfandrechts entsprechenden sofort fälligen Geldbetrages nebst jährlichen Zinsen in Höhe von [...] vH, die Zinsen jeweils beginnend mit dem auf die Beurkundung folgenden Monatsersten und fällig am Ende eines Kalenderjahres.
   Der Erwerber unterwirft sich wegen dieser Zahlungsverpflichtungen gegenüber den genannten Grundpfandrechtsgläubigern der sofortigen Zwangsvollstreckung aus dieser Urkunde in sein gesamtes Vermögen. Der Notar wird ermächtigt, ohne Nachweis der die Vollstreckbarkeit begründenden Tatsachen vollstreckbare Ausfertigung dieser Urkunde zu erteilen.[Rz. 101]
3. Der Notar hat die Beteiligten darauf hingewiesen, dass die Schuldübernahme der Genehmigung der Gläubiger bedarf. Der Notar soll den Gläubigern eine beglaubigte Abschrift dieses Vertrages übersenden. Er wird beauftragt, um Genehmigung der Schuldübernahme nachzusuchen.
   Sollte die Genehmigung der Schuldübernahme durch die Gläubiger nicht erklärt werden, ist der Erwerber dem Veräußerer im Innenverhältnis verpflichtet, die Verbindlichkeiten jeweils fristgerecht zu erfüllen und den Veräußerer im Falle einer Inanspruchnahme durch die Gläubiger unverzüglich freizustellen (Erfüllungsübernahme).[Rz. 101]
   Durch die vorbezeichneten Grundpfandrechte sollen fortan nur noch Verbindlichkeiten des Erwerbers gesichert werden, und zwar neben den in dieser Urkunde übernommenen Verbindlichkeiten nur solche, deren Absicherung der Veräußerer und seine Ehefrau schriftlich zugestimmt haben. Diese stimmen einer Neuvalutierung der Grundpfandrechte für ausschließlich betriebliche Zwecke des übergebenen Hofes bis zu einer Gesamthöhe von € [...],– bereits jetzt zu.[Rz. 101]

Der Notar wird beauftragt, bei den Grundpfandrechtsgläubigern die zur Wirksamkeit dieser Änderung der Zweckbestimmungserklärung erforderliche Zustimmung einzuholen.
Der Notar hat auf das Risiko hingewiesen, welches mit einer lediglich nachrangigen grundbuchlichen Absicherung der in dieser Urkunde zu Gunsten des Veräußerers und seiner Ehefrau bestellten Rechte verbunden ist. Den Beteiligten ist bekannt, dass diese Rechte entschädigungslos erlöschen können, wenn aus den vorrangigen Grundschulden die Zwangsversteigerung in den Grundbesitz betrieben werden sollte.

§ 7 Abstandsgeld Rz. 105–106

1. **Der Erwerber verpflichtet sich, an den Veräußerer ein Abstandsgeld von € ... zu zahlen. Das Abstandsgeld ist nicht zu verzinsen und fällig innerhalb von drei Monaten nach Abruf durch den Veräußerer.**
2. **Verstirbt der Veräußerer vor seiner Ehefrau A. M., so steht das Abstandsgeld, sofern es nicht bereits zu Lebzeiten an den Veräußerer bezahlt worden ist, seiner Ehefrau A. M. zu. Es ist sodann zinslos zur Zahlung fällig innerhalb von drei Monaten nach Abruf durch Frau A. M. Regelungen für den Fall der Scheidung der Ehe des Veräußerers mit Frau A. M. werden ausdrücklich nicht getroffen.**
3. **Die Abtretbarkeit des Anspruchs auf Zahlung des Abstandsgelds wird ausgeschlossen. Ist das Abstandsgeld beim Tode des Überlebenden der Eheleute B. M und A. M. noch nicht abgerufen worden, so wird es kraft hiermit getroffener Vereinbarung dem Erwerber mit Wirkung zum Tode des Längstlebenden seiner Eltern erlassen.**
4. **Wegen der Verpflichtung zur Zahlung des Abstandsgelds in Höhe von € ... unterwirft sich der Erwerber seinen Eltern gegenüber der sofortigen Zwangsvollstreckung in sein gesamtes Vermögen und in Ansehung der nachfolgend bestellten Grundschuld auch in der Weise, dass die Zwangsvollstreckung gegen den jeweiligen Eigentümer des mit der Grundschuld belasteten Grundbesitzes zulässig ist.**
5. **Zur Sicherung des Anspruchs auf Zahlung des Abstandsgelds bestellt der Erwerber jeweils zulasten des übertragenen Grundstücks Gemarkung J. Flur 4 Nr. 37:**
   a) **eine nicht abtretbare zinslose Buchgrundschuld von € ... zugunsten des Veräußerers – auflösend befristet auf den Tod des Veräußerers –;**
   b) **eine – durch den Tod des Veräußerers aufschiebend bedingte – nicht abtretbare zinslose Buchgrundschuld von € ... zugunsten seiner Ehefrau A. M. – auflösend befristet auf deren Tod.**

§ 8 Beerdigung und Grabpflege Rz. 107

Der Erwerber verpflichtet sich, die Kosten eines standesgemäßen Begräbnisses seiner Eltern einschließlich des Grabsteins zu tragen, soweit diese Kosten nicht durch eine Sterbegeldversicherung gedeckt sind. Er hat ferner auf seine Kosten die Grabstätten seiner Eltern für die Dauer der örtsüblichen Liegezeit in Ordnung zu halten und gärtnerisch zu pflegen.

§ 9 Abfindung der weichenden Erben Rz. 13–14, 108–111

1. **Der Erwerber verpflichtet sich, an seinen Bruder S. M. einen Abfindungsbetrag in Höhe von € [...],– zu zahlen.**
   Der Abfindungsbetrag ist zinslos fällig und zahlbar innerhalb von einem Jahr, gerechnet ab dem heutigen Tag.
   Wegen der Verpflichtung zur Zahlung dieses Betrages unterwirft sich der Erwerber gegenüber seinem Bruder S. M. der sofortigen Zwangsvollstreckung aus dieser Urkunde in sein gesamtes Vermögen. Der Notar wird ermächtigt, ohne weitere Nachweise vollstreckbare Ausfertigung dieser Urkunde zu erteilen.

Auf eine Sicherung des Abfindungsbetrages durch Eintragung eines Grundpfandrechts im Grundbuch wird trotz Belehrung durch den Notar verzichtet.

2. **Die Schwester des Erwerbers, die Erschienene zu IV. 1., hat bereits vor drei Jahren von ihren Eltern zwei Bauparzellen übertragen erhalten. An sie hat der Erwerber keine Abfindung zu leisten. Hiervon unberührt bleiben etwaige Nachabfindungsansprüche gemäß § 10 dieses Vertrages.**[Rz. 14, 108–109]

§ 10 Verzichte[Rz. 115–116]

1. **Die Geschwister des Erwerbers, Frau F.D. und Herr S.M., erklären sich hinsichtlich ihrer Abfindungsansprüche nach § 12 HöfeO für befriedigt, der Bruder S.M. vorbehaltlich der in § 9 vereinbarten Zahlung, und verzichten auf eine Geltendmachung von weitergehenden Abfindungsansprüchen. Das Recht, eine Nachabfindung gemäß § 13 HöfeO mit der nachfolgend in Ziffer 2. vereinbarten Abweichung zu verlangen, wird hierdurch nicht berührt.**
2. **Die vorstehenden Verzichte erstrecken sich nicht auf etwaige Nachabfindungsansprüche gemäß § 13 HöfeO. Diese bleiben vielmehr bestehen, jedoch mit der Maßgabe, dass an die Stelle der in § 13 HöfeO jeweils genannten Frist von zwanzig Jahren eine Frist von lediglich fünfzehn Jahren tritt und das übertragene Grundstück Flur 5 Flurstück 311 nicht Gegenstand von Nachabfindungsansprüchen ist.**[Rz. 14, 115]
3. **Die Ehefrau des Übergebers verzichtet – jeweils beschränkt auf das ihrem Sohn in dieser Urkunde übertragene Hofvermögen – auf ihr gesetzliches Erb- und Pflichtteilsrecht.**[Rz. 115]
4. **Der Erwerber verzichtet mit Wirkung für sich und seine Abkömmlinge auf sein gesetzliches Pflichtteilsrecht am Nachlass seines Vaters und am Nachlass seiner Mutter. Der Veräußerer und seine Ehefrau nehmen die vorstehenden Verzichtserklärungen ihres Sohnes jeweils an. Der Verzicht entfällt, wenn der in dieser Urkunde übertragene Grundbesitz aufgrund des Rückübertragungsrechts in § 10 zurück übertragen wird.**[Rz. 116]

§ 11 Rückforderungsrecht[Rz. 119–123]

1. **Der Veräußerer behält sich vor, die Rückübereignung des in dieser Urkunde übertragenen Grundbesitzes auf sich zu verlangen, falls einer der nachgenannten Rückforderungsgründe eintritt:**
   a) **falls der Erwerber ohne Zustimmung des Veräußerers über den Grundbesitz durch Veräußerung oder Belastung verfügt; als Verfügung in diesem Sinne gilt auch die Errichtung einer Gütergemeinschaft durch Ehevertrag;**
   b) **falls der Erwerber vor dem Tode des Veräußerers verstirbt; das gilt aber nicht, wenn der übertragene Grundbesitz von Todes wegen ausschließlich an Abkömmlinge des Erwerbers fällt;**
   c) **falls über das Vermögen des Erwerbers das Insolvenzverfahren eröffnet oder die Eröffnung mangels Masse abgelehnt wird;**
   d) **falls in den übertragenen Grundbesitz Zwangsvollstreckungsmaßnahmen eingeleitet und nicht innerhalb von sechs Wochen wieder aufgehoben werden.**

   Das Rückforderungsrecht ist nicht vererblich und höchstpersönlich. Hat der Veräußerer jedoch das Rückforderungsrecht zu seinen Lebzeiten berechtigt ausgeübt, so ist der durch die Ausübung dieses Rechts entstandene Rückübereignungsanspruch vererblich. Das Rückforderungsrecht muss schriftlich ausgeübt werden, und zwar innerhalb von sechs Monaten, nachdem der Berechtigte von dem Eintritt des Rückforderungsgrundes Kenntnis erlangt hat. Im Falle des Rückforderungsgrundes zu Buchst. b) beträgt die Frist zwei Jahre.[Rz. 121]

Wird das vorgenannte Rückforderungsrecht ausgeübt, so ist der Erwerber – gegebenenfalls seine Erben – verpflichtet, den Grundbesitz an den Veräußerer zurückzuübereignen.

2. **Gegenleistungen sind für die Rückübertragung nicht zu erbringen, soweit sich nicht aus den folgenden Bestimmungen etwas anderes ergibt.**
   Bei Ausübung des Rückforderungsrechts hat der Veräußerer die Belastungen, die seiner nachfolgend bewilligten Auflassungsvormerkung im Range vorgehen nebst den diesen Belastungen zugrundeliegenden Verbindlichkeiten zur vollständigen Entlastung des Erwerbers zu übernehmen.
   Wird das Rückforderungsrecht wegen Vorliegens eines Rückforderungsgrundes zu Buchstabe b), c) oder d) ausgeübt, so hat der Veräußerer ferner die von dem Erwerber an seinen Bruder S. M. gemäß § 9 dieses Vertrages gezahlte Abfindung zu erstatten. In einem solchen Fall hat er zusätzlich auch die nachgewiesenen wertsteigernden Verwendungen des Erwerbers in den übertragenen Grundbesitz zu ersetzen, soweit die Wertsteigerung noch besteht und soweit ihr nicht entsprechende Verbindlichkeiten gegenüberstehen, die vom Veräußerer zu übernehmen sind.
   Im Übrigen werden alle wechselseitigen Ansprüche aus gezogenen Nutzungen oder gemachten Verwendungen werden ausgeschlossen. Eine Erstattung der in dieser Urkunde vereinbarten Versorgungsleistungen findet nicht statt.
   Die mit der Rückübertragung verbundenen Kosten und Steuern trägt der Rückforderungsberechtigte.
3. **Der Veräußerer verpflichtet sich, einer Belastung des übertragenen Grundbesitzes, mit Ausnahme der Hofstelle, mit Grundpfandrechten bis zu einer Höhe von € […],– zuzustimmen, sofern diese Grundpfandrechte durch eine entsprechende Einschränkung der Zweckerklärung nur solche Verbindlichkeiten sichern, die der Erwerber ausschließlich für Zwecke und im Interesse des übergebenen Betriebes eingeht. Der Veräußerer und seine Ehefrau werden solchen Grundpfandrechten den Vorrang vor der zu ihren Gunsten in dieser Urkunde bewilligten Rechten einräumen. Der Veräußerer verpflichtet sich ferner, zu der Veräußerung eines übertragenen Grundstücks, mit Ausnahme der Hofstelle, die Zustimmung zu erteilen, sofern die Veräußerung mit den Grundsätzen einer ordnungsgemäßen Wirtschaft zu vereinbaren ist und den Zweck des vereinbarten Veräußerungsverbots (insbesondere den Erhalt des Hofes im Familieneigentum) nicht wesentlich gefährdet.**[Rz. 120]
4. **Ein Rückforderungsrecht für die Ehefrau des Veräußerers wird ausdrücklich nicht vereinbart.**

§ 12 Besitzübergang, Mängelhaftung, Erschließung[Rz. 126]

1. **Der Besitz, die Nutzungen, die Lasten und die Gefahr des übertragenen Grundbesitzes gehen – vorbehaltlich des in dieser Urkunde eingeräumten Wohnungsrechts – mit dem ersten Tag des auf die Beurkundung dieses Vertrages folgenden Monats auf den Erwerber über.**
2. **Ansprüche und Rechte des Erwerbers wegen eines Sachmangels des Grund und Bodens, der bestehenden Gebäude und des sonstigen in dieser Urkunde übertragenen Vermögens werden hiermit ausgeschlossen.**
   Der Veräußerer ist verpflichtet, dem Erwerber das Eigentum an dem übertragenen Grundbesitz frei von im Grundbuch eingetragenen und vom Erwerber nicht übernommenen Belastungen zu verschaffen. Im Übrigen wird eine Rechtsmängelhaftung ausgeschlossen. Von diesen Rechtsbeschränkungen ausgenommen ist jeweils eine Haftung bei Vorsatz und Arglist.
   Grunddienstbarkeiten und persönliche Dienstbarkeiten werden, soweit solche bestehen, übernommen.

3. Beiträge, Kosten und Abgaben nach dem Baugesetzbuch und Kommunalabgabengesetz gehen zu Lasten des Erwerbers, und zwar unabhängig davon, wann Beiträge, Kosten und Abgaben dieser Art entstehen oder bereits entstanden sind.

§ 13 Kosten

Die mit dieser Urkunde und ihrem Vollzug verbundenen Kosten trägt der Erwerber.

§ 14 Auflassung, Grundbucherklärungen[Rz. 127–128]

1. Die Beteiligten sind darüber einig, dass das Eigentum an dem übertragenen Grundbesitz auf den Erwerber übergehen soll.
   Sie bewilligen und beantragen die Eintragung des Eigentumswechsels in das Grundbuch.
   Die Beteiligten stimmen allen Löschungen und Pfandfreigaben nach Maßgabe der Bewilligungen der jeweils Berechtigten im Grundbuch hierdurch zu.
2. Die Beteiligten bewilligen und beantragen zur Sicherung der in §§ 3, 4 und 5 dieser Urkunde vereinbarten Rechte und Leistungen die Eintragung
   a) eines Altenteilsrechts zugunsten des Veräußerers, bestehend aus
      – einer beschränkten persönlichen Dienstbarkeit für das Wohnungsrecht (§ 3), einzutragen auf dem Grundstück Flur 3 Flurstück 270,
      – einer Reallast für die übrigen wiederkehrenden Leistungen (§§ 4 und 5), einzutragen auf dem gesamten in dieser Urkunde übertragenen Grundbesitz, wobei jedoch die Abänderungsbefugnis gemäß § 5 Ziffer 2. nicht dinglicher Inhalt der Reallast ist,
        mit dem Zusatz, dass zur Löschung der Nachweis des Todes des Berechtigten genügt.[Rz. 128]
   b) eines Altenteilsrechts zugunsten der Ehefrau des Veräußerers, A. M., bestehend aus
      – einer – durch den Tod des Veräußerers aufschiebend bedingten – beschränkten persönlichen Dienstbarkeit für das Wohnungsrecht (§ 3), einzutragen auf dem Grundstück Flur 3 Flurstück 270,
      – einer – durch den Tod des Veräußerers aufschiebend bedingten – Reallast auf dem gesamten übertragenen Grundbesitz zur Sicherung der in § 5 vereinbarten wertgesicherten aufschiebend bedingten Zahlungsansprüche der Frau A. M., wobei jedoch die Abänderungsbefugnis gemäß § 5 Ziffer 2. nicht dinglicher Inhalt der Reallast ist,
      – einer Reallast auf den gesamten übertragenen Grundbesitz zur Sicherung der in § 4 vereinbarten Leistungen,

      mit dem Zusatz, dass zur Löschung der Nachweis des Todes der Berechtigten genügt;
   c) einer nicht abtretbaren zinslosen Buchgrundschuld in Höhe von € ... zugunsten des Veräußerers auf dem übertragenen Grundstück Gemarkung J. Flur 4 Flurstück Nr. 37 – auflösend befristet auf den Tod des Veräußerers – mit der Zwangsvollstreckungsunterwerfung gemäß § 800 ZPO;
   d) einer – durch den Tod des Veräußerers aufschiebend bedingten – nicht abtretbaren zinslosen Buchgrundschuld in Höhe von € ... zugunsten der Ehefrau des Veräußerers, Frau A. M., auf dem übertragenen Grundstück Gemarkung J. Flur 4 Flurstück 37 – auflösend befristet auf deren Tod – mit der Zwangsvollstreckungsunterwerfung gemäß § 800 ZPO.
3. Die Beteiligten bewilligen und beantragen ferner die Eintragung einer Auflassungsvormerkung zugunsten des Veräußerers auf dem gesamten übertragenen Grundbesitz zur Sicherung seines Rückübertragungsanspruches gemäß § 11 dieser Urkunde.[Rz. 119]

Der Veräußerer bevollmächtigt den Erwerber – unter Befreiung von den Beschränkungen des § 181 BGB – die Auflassungsvormerkung nach dem Tode des Veräußerers unter Vorlage einer Sterbeurkunde zur Löschung zu bewilligen und zu beantragen.[Rz. 128]

4. **Den Beteiligten ist bekannt, dass das Eigentum an dem übertragenen Grundbesitz erst mit der Umschreibung im Grundbuch auf den Erwerber übergeht.**
   Die Rechte des Erwerbers aus dieser Urkunde können gegen mögliche Beeinträchtigungen vor Eigentumsumschreibung im Grundbuch durch Eintragung einer Auflassungsvormerkung gesichert werden.
   Die Beteiligten verzichten nach Belehrung auf die Eintragung einer Auflassungsvormerkung zugunsten des Erwerbers im Grundbuch.
5. **Alle Eintragungen aus dieser Urkunde sollen erfolgen nach Maßgabe der Anträge des Notars, der ermächtigt ist, diese auch getrennt und eingeschränkt zu stellen und in gleicher Weise zurückzunehmen sowie die Erklärungen der Beteiligten gegenüber dem Grundbuchamt zu ergänzen, zu ändern und zu berichtigen.**

§ 15 Zustimmung des Ehegatten[Rz. 131]

Der Veräußerer lebt mit seiner Ehefrau im gesetzlichen Güterstand der Zugewinngemeinschaft. Die Ehefrau stimmt diesem Hofübergabevertrag in vollem Umfang zu.

§ 16 Genehmigung des Landwirtschaftsgerichts[Rz. 132–134]

Die Beteiligten beantragen die Genehmigung des Hofübergabevertrages durch das Landwirtschaftsgericht.

Der Notar soll diese Genehmigung einholen.

§ 17 Schlussbestimmungen

1. **Genehmigungen aller Art werden wirksam mit ihrem Eingang beim Notar.**
2. **Der Notar wies die Beteiligten darauf hin, dass alle Vertragsvereinbarungen beurkundungspflichtig sind und dass Nebenabreden außerhalb dieser Urkunde zur Nichtigkeit des gesamten Rechtsgeschäftes führen können.**
3. **Sollten Erklärungen in dieser Urkunde ganz oder teilweise der Rechtswirksamkeit ermangeln oder nicht durchgeführt werden, so sollen dennoch die übrigen Erklärungen wirksam bleiben.**

Die Beteiligten nehmen wechselseitig alles Vorstehende an.

Diese Niederschrift wurde den Erschienenen von dem Notar vorgelesen, von ihnen genehmigt und von ihnen und dem Notar wie folgt eigenhändig unterschrieben:

A. Grundsätzliche Anmerkungen

I. Wirtschaftliche Aspekte

Regelungsziel ist die lebzeitige **Übertragung** eines landwirtschaftlichen Betriebes, 1
der Hof im Sinne der **Höfeordnung** ist, durch **Hofübergabevertrag** mit Altenteil und wiederkehrenden Zahlungen als Versorgungsleistung.

Im Bereich der Landwirtschaft ist die Übertragung des Hofes zu Lebzeiten des Veräußerers der **häufigste Fall** der Hofnachfolge und derjenigen durch Hoferbfall regelmäßig vorzuziehen. Eine Hofnachfolge, die erst mit dem Tode des Hofeigentümers stattfindet und dazu führt, dass der Hoferbe im weit fortgeschrittenen Alter den Hof übernimmt, ist diesem zumeist nicht zuzumuten. Dies gilt insbesondere im Hinblick auf den Strukturwandel in der Landwirtschaft. Der vorgesehene Hofnachfolger hat häufig bereits viele Jahre und gegen meist bescheidene Entlohnung im Betrieb des Übergebers mitgearbeitet und sich auf seine künftige Stellung als Betriebsinhaber und Hofeigentümer vorbereitet. Der Hofübergabevertrag verschafft ihm das Eigentum am Hof und verhindert, dass berechtigte Erwartungen, Berufs- und Lebensplanungen des Hofübernehmers durch eine spätere Willensänderung des Veräußerers enttäuscht werden.

2 Der Hofübergabevertrag ist häufig der **Abschluss** einer sich schrittweise vollziehenden **gleitenden Hofübergabe,** die den Übernehmer durch vorherige Beschäftigung auf dem Hof, Übertragung der Bewirtschaftung und Verpachtung auf die endgültige Übergabe des Hofes vorbereitet. Neben dem Vorteil eines **rechtzeitigen Generationenwechsels** hat die lebzeitige Hofübergabe noch weitere Vorzüge. Der Hofübergabevertrag kann, wenn an seinem Abschluss – was anzustreben ist – die weichenden Erben beteiligt sind, deren Ansprüche in Bezug auf den Hof einvernehmlich und abschließend regeln.

3 Die wirtschaftlichen und persönlichen Bedürfnisse und Interessen des Übergebers und seines Ehegatten, deren **Altersversorgung** häufig zumindest teilweise mit aus dem Betrieb zu erwirtschaftenden Zahlungen sichergestellt und denen ein lebenslanges **Wohnen** auf dem Hof mit **häuslicher Pflege** durch Angehörige ermöglicht werden soll, sind durch eine entsprechende Vertragsgestaltung des Hofübergabevertrages angemessen zu berücksichtigen.

Häufiger Anlass für eine Hofübergabe ist das Bestreben, die sozialversicherungsrechtlichen Vorgaben für den Bezug der **gesetzlichen Altersrente** des Landwirts zu erfüllen. Nach § 11 Abs. 1 des Gesetzes über die Alterssicherung der Landwirte (ALG) besteht ein Anspruch auf Regelaltersrente nur dann, wenn – neben der Erreichung der Regelalterszeit und der Erfüllung der Wartezeit von 15 Jahren- das Unternehmen der Landwirtschaft **abgegeben** ist (§ 11 Abs. 1 Nr. 3 ALG). Eine solche Abgabe liegt nach 21 Abs. 1 ALG vor, wenn das Eigentum an den landwirtschaftlich genutzten Flächen mit Ausnahme der stillgelegten Flächen auf einen Dritten übergegangen ist.[1]

4–6 *(frei)*

II. Rechtliche Aspekte

7 Der Hofübergabevertrag iSd. HöfeO ist ein Vertrag über die Übertragung des Hofes in Vorwegnahme der Hoferbfolge (§ 7 Abs. 1 HöfeO). Er hat die Vorgaben der **Höfeordnung** zu beachten. Im Übrigen weicht sein Inhalt nicht wesentlich von demjenigen anderer Übergabeverträge ab.

Die HöfeO idF vom 26.7.1976 (BGBl. I, 1933), zuletzt geändert durch Gesetz v. 20.11.2015 (BGBl. 2015 I 2010), ist ein Bundesgesetz, das als partiell geltendes Bundesrecht (Art. 125 GG) jedoch nur in **Teilen** der Bundesrepublik Deutschland gilt, nämlich in den Bundesländern **Hamburg, Niedersachsen, Nordrhein-Westfalen** und **Schleswig-Holstein** (vgl. § 1 Abs. 1 S. 1 HöfeO). In den **übrigen Bundesländern** gelten zum Teil eigene Landesanerbengesetzte (so in Baden-Württemberg das Badische Gesetz betr. die geschlossenen Hofgüter (das Württembergische Gesetz über das Anerbenrecht ist dagegen mit Ablauf des 31.12.2000 außer Kraft getreten, GVBl. 1996, 29, gilt aber noch für Erbfälle nach dem 31.12.2000, sofern der Erblasser vor dem 1.1.1930 geboren wurde), in Bremen das Bremische Höfegesetz, in Hessen die Hessische Landgüterordnung und in Rheinland-Pfalz das Rheinland-pfälzische Landesgesetz über die Höfeordnung) oder es kommt ausschließlich allgemeines Recht zur Anwendung (mit erbrechtlichen Abfindungsprivilegien des Übernehmers in §§ 2049,

[1] Neben der Eigentumsübertragung sieht das ALG noch weitere Möglichkeiten der Abgabe des landwirtschaftlichen Unternehmens vor, so zB in § 21 Abs. 2 Nr. 1 ALG die langjährige Verpachtung der landwirtschaftlich genutzten Flächen, wobei die Pachtdauer mindestens neun Jahre betragen muss.

2312 BGB und der Möglichkeit der gerichtlichen Zuweisung eins Landguts an einen Miterben gem. §§ 13ff. GrstVG).[2]

Kernstück der HöfeO ist die höferechtliche **Sondernachfolge.** Hoferbe kann gem. § 4 HöfeO immer nur **eine** Person werden,[3] auf die der Hof mit dem Erbfall unmittelbar und sogleich übergeht. Eine Erbengemeinschaft am Hof mit Gesamthandseigentum der Miterben hieran entsteht nicht.[4] Der Hoferbe wird mit dem Tode des Hofeigentümers **ohne weitere Vollzugsakte** Alleineigentümer des Hofes.[5] Den Miterben, die nicht Hoferben geworden sind, steht an Stelle eines Anteils am Hof gegen den Hoferben eine Abfindung gem. § 12 HöfeO zu. 8

Hoferbe kann nur eine **natürliche**[6] und gem. § 6 Abs. 6 HöfeO **wirtschaftsfähige** Person werden.

Auch bei der Hofnachfolge durch **Hofübergabevertrag** kann immer nur **eine** Person Hoferwerber sein. 9

Der Hof kann daher weder an eine Personenmehrheit (Ausnahme: Ehegatten),[7] noch, da es sich bei dem Hofübernehmer um eine **natürliche** Person handeln muss,[8] an eine juristische Person wie zB eine GmbH oder eine AG übertragen werden, auch wenn diese nur aus einem Gesellschafter bestehen sollte.

Der Hofübernehmer muss zudem wirtschaftsfähig sein (§ 6 Abs. 6, 7 § 7 Abs. 1 S. 2 HöfeO). 10

Wirtschaftsfähig ist nach § 6 Abs. 7 HöfeO, wer nach seinen körperlichen und geistigen Fähigkeiten, nach seinen Kenntnissen und seiner Persönlichkeit in der Lage ist, den von ihm zu übernehmenden Hof selbstständig und ordnungsgemäß zu bewirtschaften. **Ausnahmen** vom Erfordernis der Wirtschaftsfähigkeit gelten für den **Ehegatten** des Übergebers sowie für solche Personen, die nur **mangels Altersreife** noch nicht wirtschaftsfähig sind (§ 6 Abs. 6 Satz 2 HöfeO). Der Ausnahmetatbestand der nur altersbedingten Unerfahrenheit wird nicht erfüllt, wenn der Minderjährige in Verhältnissen aufwächst, die einen künftigen Erwerb der Wirtschaftsfähigkeit nicht erwarten lassen.[9]

Eine Sonderregelung gilt für den Fall, dass sämtliche Abkömmlinge des Hofeigentümers wegen Wirtschaftsunfähigkeit ausscheiden und ein wirtschaftsfähiger Ehegatte des Hofübergebers nicht vorhanden ist. In diesem Fall kann der Hof auch auf einen wirtschaftsunfähigen Abkömmling übergehen (§ 7 Abs. 1 Satz 2, 2. HS HöfeO).

Die Übertragung des Hofes an einen Erwerber, der die vorgenannten Voraussetzungen nicht erfüllt, zB eine Übergabe an mehrere Personen oder an einen nicht wirtschaftsfähigen Übernehmer, ist nur möglich, wenn zuvor die Hofeigenschaft gemäß § 1 Abs. 4 HöfeO **aufgehoben** wird (zur Aufhebung der Hofeigenschaft vgl. unten Rz. 15). 11

---

[2] Zur Frage der möglichen Fortgeltung früherer Anerbenrechte im Gebiet der ehemaligen DDR vgl. Lüdtke-Handjery/von Jeinsen/*von Jeinsen* Einl. Rz. 35ff.

[3] Ausnahme: ein *Ehepaar* kann zum Hoferbe berufen werden, vgl. *Faßbender/Hötzel/von Jeinsen/Pikalo* § 7 Rz. 5; Lüdtke-Handjery/*von Jeinsen* § 7 Rz. 33.

[4] BFH v. 26.3.1987 – IV R 20/34, BStBl. II 1987, 561; *Faßbender/Hötzel/von Jeinsen/Pikalo* § 4 Rz. 5 aE; *Wöhrmann* § 4 Rz. 7ff.; Lüdtke-Handjery/von Jeinsen/*von Jeinsen* § 4 Rz. 6.

[5] Ob es sich bei der Sondernachfolge in den Hof um eine Ausnahme vom Grundsatz der Universalsukzession handelt (so *Wöhrmann* § 4 Rz. 7ff.) oder um eine vom Gesetz sogleich mit dem Erbfall durchgeführte Auseinandersetzung ähnlich einer dinglich wirkenden Teilungsanordnung (so *Faßbender/Hötzel/von Jeinsen/Pikalo* § 4 Rz. 5; Lüdtke-Handjery/von Jeinsen/*von Jeinsen* § 4 Rz. 7), ist umstritten. Einigkeit besteht aber darüber, dass der Hoferbe mit dem Tode des Hofeigentümers ohne Zwischenerwerb der Miterben sogleich Alleineigentümer des Hofes wird, vgl. BFH v. 1.4.1992 – II R 21/89, BStBl. II 1992, 669.

[6] Faßbender/Hötzel/von Jeinsen/Pikalo/*von Jeinsen* § 7 Rz. 11.

[7] Faßbender/Hötzel/von Jeinsen/Pikalo/*Faßbender* § 17 Rz. 62; Lüdtke-Handjery/von Jeinsen/*Roemer* § 17 Rz. 47.

[8] Faßbender/Hötzel/von Jeinsen/Pikalo/*Faßbender* § 17 Rz. 62; Lüdtke-Handjery/von Jeinsen/*Roemer* § 17 Rz. 50.

[9] Faßbender/Hötzel/von Jeinsen/Pikalo/*von Jeinsen* § 6 Rz. 44; *Wöhrmann* § 6 Rz. 129 (Beispiel: Der Minderjährige wächst in großstädtischen Verhältnissen ohne nähere Bezüge zur Landwirtschaft auf).

12 Der Hofübergeber kann durch **höferechtliche** oder **bürgerlich-rechtliche Bindungen** daran **gehindert** sein, den Hof an den Erwerber zu übertragen. Hat der Hofeigentümer den Hoferben bereits bindend durch ein gemeinschaftliches Testament oder einen Erbvertrag bestimmt, so ist ein Hofübergabevertrag, durch den der Hof an eine andere Person übertragen werden soll, **unwirksam.**[10] Gleiches gilt, wenn der Übergeber vor Abschluss des Hofübergabevertrages die Bewirtschaftung des Hofes einem Abkömmling auf Dauer übertragen hat oder durch Art und Umfang der Beschäftigung eines Abkömmlings auf dem Hof hat erkennen lassen, dass dieser den Hof übernehmen soll (§ 7 Abs. 2 HöfeO) und der Hof nunmehr entgegen dieser – formlosen – Hoferbenbestimmung durch Hofübergabevertrag an eine andere Person übertragen wird.[11]

13 Überträgt der Eigentümer den Hof durch Hofübergabevertrag an einen Abkömmling, so gilt gem. § 17 Abs. 2 HöfeO zugunsten der anderen Abkömmlinge der Hoferbfall mit dem Zeitpunkt der Übertragung als eingetreten **(Fiktion des Erbfalls)** mit der Folge, dass die Abfindungsansprüche der Abkömmlinge gem. § 12 HöfeO bereits zu Lebzeiten des Übergebers mit der Eigentumsumschreibung im Grundbuch fällig werden.[12] Im Interesse des Erhaltung des landwirtschaftlichen Betriebes richten sich die Abfindungsansprüche der weichenden Erben nicht nach dem Verkehrswert, sondern nach dem sog. **Hofeswert,** der gem. § 12 Abs. 2 HöfeO lediglich das Eineinhalbfache des letzten **Einheitswertes** beträgt. Der Hofeswert kann sich, nach Abzug etwaiger den Hof treffenden und vom Übernehmer alleine zu tragenden Verbindlichkeiten iSd. § 12 Abs. 3 HöfeO, noch bis auf die Hälfte des Einheitswertes ermäßigen (§ 12 Abs. 3 S. 2. HöfeO). Bei Vorliegen besonderer Umstände können gem. § 12 Abs. 2 Satz 3 HöfeO für die Abfindung auf Verlangen **Zu- und Abschläge** gemacht werden. Die Vorschrift gilt entsprechend, wenn sich die bei Inkrafttreten der Neufassung der HöfeO im Jahre 1976 zugrunde gelegte Wertrelation zwischen Einheitswert und Ertragswert infolge der Entwicklung der allgemeinen wirtschaftlichen Verhältnisse und der unterbliebenen Anpassung der steuerlichen Einheitswerte erheblich verschoben hat.[13]

14 Das Abfindungsprivileg des Hofübernehmers/Hoferben gem. § 12 HöfeO entfällt, wenn dieser den Hof oder hofzugehöriges Vermögen innerhalb von zwanzig Jahren nach Hoferwerb ganz oder teilweise veräußert oder auf andere Weise als land- oder forstwirtschaftlich gewinnbringend nutzt. Für diese Fälle ordnet § 13 HöfeO **Nachabfindungsansprüche** zugunsten der weichenden Erben an. Die Nachabfindung bemisst sich nach dem Verkaufserlös, von dem aber angemessene, innerhalb von zwei Jahren getätigte Aufwendungen für einen land- oder forstwirtschaftlichen Ersatzerwerb abzusetzen sind. Die Rechtsprechung neigt zu einer weiten Auslegung der Nachabfindungstatbestände.[14]

15 Die HöfeO enthält **fakultatives** Höferecht. Der Eigentümer kann die Anwendbarkeit der HöfeO **ausschließen,** wenn er die Hofeigenschaft durch **Hofaufgabeerklärung** und anschließende Löschung des Hofvermerks im Grundbuch aufhebt (§ 1 Abs. 4 S. 1 HöfeO). Zuvor eingegangene höferechtliche Verpflichtungen kann er hierdurch jedoch nicht wieder beseitigen.[15] Eine gem. § 1 Abs. 4 HöfeO aufgehobene

---

[10] BGH v. 14.5.1987 – BLw 2/87, NJW 1988, 711; Lüdtke-Handjery/von Jeinsen/*Roemer* § 17 Rz. 58.

[11] Lüdtke-Handjery/von Jeinsen/*Roemer* § 17 Rz. 57; *Wöhrmann* § 7 Rz. 45.

[12] BGH v. 3.4.1951 – V BLw 57/50, BGHZ 1, 343; BGH v. 17.12.1952 – V BLw 91/52, BGHZ 8, 213; Lüdtke-Handjery/von Jeinsen/*Roemer* § 17 Rz. 131.

[13] BGH v. 17.11.2000 – V ZR 334/99, BGHZ 146, 74.

[14] Danach sind zB nachabfindungspflichtig: Die Veräußerung eines Milchkontingents (BGH v. 25.4.1997 – BLw 1/97, BGHZ 135, 292), die Zahlung einer Brandversicherungssumme, die nicht zum Wiederaufbau verwendet wird (BGH v. 19.7.1991 – BLW 17/90, BGHZ 115, 157), die Belastung des Hofes mit Grundpfandrechten außerhalb einer ordnungsgemäßen Hofbewirtschaftung (BGH v. 22.11.2000 – BLw 11/00, BGHZ 146, 94) sowie Pacht- und Nutzungsentgelte, die ein Hoferbe für auf Hofgrundstücken errichtete Windenergieanlagen erhält (OLG Oldenburg v. 15.8.2008 – 10 W 2/08, RNotZ 2008, 621).

[15] BGH v. 14.5.1987 – BLw 2/87, BGHZ 101, 57.

Hofeigenschaft kann der Eigentümer durch Abgabe einer **Hofeinführungserklärung** mit anschließender Eintragung des Hofvermerks im Grundbuch gem. § 1 Abs. 4 S. 2 HöfeO **neu begründen** (Zur Aufhebung und Einführung der Hofeigenschaft durch Hoferklärung des Eigentümers vgl. die Formulare zu C. 4.30).

Hofübergabeverträge sind regelmäßig **Altenteils**- oder **Leibgedingverträge** iSd. **16**
Art. 96 EGBGB, da sie dem Übernehmer das Nachrücken in eine die Existenz zumindest teilweise begründenden Wirtschaftseinheit ermöglichen sollen, durch deren Nutzung er die dem Übergeber und ggf. auch anderen Berechtigten aufgrund des Überlassungsvertrages geschuldeten Versorgungsleistungen und sonstigen Leistungen erbringen kann.[16] Für derartige Altenteilsverträge gelten über Art. 96 EGBGB ergänzende **landesrechtliche Bestimmungen,**[17] die das Leistungsstörungsrecht teilweise abweichend regeln, Ersatzansprüche bei Wegzug des Übergebers aus dem übertragenen Anwesen vorsehen und im Interesse des Fortbestands des Vertrages insbesondere das Rücktrittsrecht wegen Nichterfüllung oder Verzug mit einer Leistungspflicht sowie das Rückrecht gem. § 527 BGB überwiegend ausschließen. Diese landesrechtlichen Vorschriften können jedoch vertraglich **abbedungen** werden.

Zugunsten des Berechtigten eines Altenteils bestehen **vollstreckungsbeschränkende** Vorschriften bei Vollstreckungsmaßnahmen gegen den Grundstückseigentümer (§ 9 EGZVG) und gegen den Altenteilsberechtigten selbst wegen seiner Einkünfte aus dem Altenteil (§ 850b Abs. 1 Nr. 3 ZPO).[18]

Der Hofübergabevertrag verpflichtet zur Übertragung von Grundstückseigentum **17**
und bedarf daher gem. § 311b Abs. 1 BGB zu seiner Wirksamkeit der notariellen Beurkundung.

(frei) **18–20**

III. Steuerrechtliche Aspekte

1. Ertragssteuern

Seit dem Beschluss des Großen Senates des BFH vom 5.7.1990 können die vorweg- **21**
genommene Erbfolge und damit auch die vorweggenommene Hoferbfolge **entgeltliche** Vorgänge darstellen, die je nach Art der vereinbarten Leistungen und Rechte zu einem Veräußerungsentgelt bei dem Übergeber und zu Anschaffungskosten bei dem Übernehmer führen können.[19]

Entgeltliche Leistungen sind danach: Abstandszahlungen an den Übergeber, Gleichstellungsgelder zur Abfindung weichender Erben sowie die Übernahme privater Verbindlichkeiten. Wird jedoch ein **Hof** iSd. **HöfeO** an einen Abkömmling übergeben, so sind die Abfindungen, die der Übernehmer nach §§ 12, 13, 17 Abs. 2 HöfeO an andere Abkömmlinge des Übergebers zu zahlen hat, **nicht** als Entgelt anzusehen, führen also weder zu Anschaffungskosten noch zu einem Veräußerungsentgelt.[20] Bei der Übertragung von hoffreiem Vermögen gelten für die dieses Vermögen betreffende Abfindungen jedoch wiederum die allgemeinen Grundsätze, so dass solche Abfindungen Entgelt darstellen.[21]

Nicht zum Entgelt rechnet der BFH wiederkehrende Versorgungsleistungen in Geld- oder Sachwerten, zurückbehaltene Nutzungsrechte wie Nießbrauchsrechte oder

---

[16] Zum Altenteil iSd. Art. 96 EGBGB vgl. BGH v. 31.10.1969 – V ZR 138/66, NJW 1970, 282, 283; BGH v. 25.10.2002 – V ZR 293/01, NJW 2003, 1325.

[17] Derartige landesrechtliche Bestimmungen bestehen in allen alten Bundesländern mit Ausnahme von Hamburg, vgl. *Mayer/Geck* § 8 Rz. 2; Länderübersicht bei MüKoBGB/*Habersack* EGBGB Art. 96 Rz. 2; *Wöhrmann* Teil E S. 545 ff.

[18] Zu den Einzelheiten vgl. Mayer/Geck § 8 Rz. 12 ff., *Wegmann* Rz. 533 ff.

[19] BFH v. 5.7.1990 – GrS 4–6/89, BStBl. II 1990, 847; BMF v. 13.1.1993, BStBl. I 1993, 80 Tz. 24 ff.

[20] BMF v. 13.1.1993, BStBl. I 1993, 80 Tz. 44; *Felix* FR 1991, 656; *Faßbender/Hötzel/von Jeinsen/Pikalo* § 17 Rz. 254 f.; *Hiller* INF 1993, 361.

[21] BMF v. 13.1.1993, BStBl. I 1993, 80 Tz. 44.

Wohnungsrechte sowie – bei Übergabe eines Betriebes – die Übernahme von betrieblichen Verbindlichkeiten.[22]

22 Übernimmt der Übernehmer die Verpflichtung zur Erbringung von Leistungen, die als Entgelt im vorgenannten Sinne anzusehen sind, so entsteht ein **Veräußerungsgewinn** jedoch nur dann, wenn das Entgelt den **Buchwert** (= Kapitalkonto) des übertragenen Vermögens **übersteigt.**[23] Ist das Entgelt niedriger als der Buchwert, so ist dieser ohne Realisierung der stillen Reserven fortzuführen (§ 6 Abs. 3 EStG); ein Veräußerungsverlust, der zu einer Abstockung der Buchwerte führen würde, tritt nicht ein.[24] Bei der Übergabe von landwirtschaftlichen Betrieben im Wege der vorweggenommenen Erbfolge liegen die Leistungen des Hofübernehmers, soweit sie nach der Rechtsprechung des BFH und der FinVerw. als Entgelt anzusehen sind, in der Regel deutlich unter dem Buchwert des übertragenen Betriebes.[25]

Diese Grundsätze gelten jedoch nur dann, wenn alle wesentlichen Betriebsgrundlagen auf den Erwerber übergehen.[26] Zur Hofübergabe unter Rückbehalt von Einzelwirtschaftsgütern vgl. Formular C. 4.20.

23 **Wiederkehrende Leistungen** im Zusammenhang mit einer Vermögensübertragung können Versorgungsleistungen, Unterhaltsleistungen oder Leistungen im Austausch mit einer Gegenleistung (Veräußerungsentgelte) sein.

Bis zum Inkrafttreten des Jahressteuergesetzes 2008 vom 20.12.2007 (BGBl. I 2007, 3150) galt für die Vermögensübergabe gegen wiederkehrende Versorgungsleistungen folgende Rechtslage:

Versorgungsleistungen waren **Leibrenten** oder **dauernde Lasten.** Dauernde Lasten waren abänderbare Versorgungsleistungen, die der Empfänger als wiederkehrende Bezüge im Sinne des § 22 Nr. 1 EStG aF zu versteuern hatte und der Zahlungsverpflichtete als Sonderausgaben im Sinne des § 10 Abs. 1 Nr. 1 Buchst. a S. 1 EStG aF abziehen konnte. Leibrenten waren unabänderbare Versorgungsleistungen, die jeweils nur mit dem Ertragsanteil von dem Empfänger zu versteuern und von dem Verpflichteten als Sonderausgaben abzuziehen waren.[27]

24 Nach den Beschlüssen des **Großen Senats des BFH** vom 12.5.2003[28] waren Versorgungsleistungen im Zusammenhang mit einer Vermögensübergabe zur Vorwegnahme der Erbfolge jedoch nur dann eine als Sonderausgabe nach § 10 Abs. 1 Nr. 1a EStG abziehbare dauernde Last, wenn sie aus den erzielbaren laufenden **Nettoerträgen** des übergebenen Vermögens gezahlt werden konnten.[29] Gegenstand der Vermögensübergabe konnte jede ausreichend ertragbringende Wirtschaftseinheit des Privat- oder Betriebsvermögens sein, welche die Existenz des Übergebers wenigstens teilweise sicherte. Wirtschaftseinheiten in diesem Sinne waren insbesondere Betriebe, Teilbetriebe, Mitunternehmeranteile, Anteile an Kapitalgesellschaften, Geschäfts- und Mietwohngrundstücke sowie Einfamilienhäuser. Zu den Erträgen eines übertragenen Grundstücks gehörte auch der Nutzungsvorteil des Übernehmers bei einer Selbstnutzung (ersparte Nettomiete), wenn die ersparte Nettomiete nicht niedriger war als die zugesagten wiederkehrenden Leistungen. Aber auch Geldvermögen, Wertpapiere und typische stille Beteiligungen wurden als existenzsicheres Vermögen, das gegen wiederkehrende Versorgungsleistungen übertragen werden konnte, anerkannt, wenn die Ver-

[22] BFH v. 5.7.1990 – GrS 4–6/89, BStBl. II 1990, 847.
[23] BMF v. 13.1.1993, BStBl. I 1993, 80 Rz. 35–39; Schmidt/*Wacker* EStG § 16 Rz. 58.
[24] BMF v. 13.1.1993, BStBl. I 1993, 80 Rz. 35–39; Schmidt/*Wacker* EStG § 16 Rz. 58; Leingärtner/*Zaisch* § 45 Rz. 60.
[25] *Feldhaus* MittRhNotK 1992, 37, 43.
[26] Schmidt/*Wacker* EStG § 16 Rz. 100.
[27] BFH v. 15.7.1991 – GrS 1/90, BStBl. II 1992, 78.
[28] BFH v. 12.5.2003 – GrS 1/00, BStBl. II 2004, 95 und BFH v. 12.5.2003 – GrS 2/00, BStBl. II 2004, 100. Zu diesen Entscheidungen vgl. *Risthaus* DB 2003, 2190; *Fleischer* ZEV 2003, 427; *Geck* ZEV 2003, 441; *Reich* DNotZ 2004, 6.
[29] BFH v. 12.5.2003 – GrS 1/00, BStBl. II 2004, 95.

sorgungsleistungen aus den Nettoerträgen des übertragenen Vermögens erbracht werden konnten.[30]

Ob die nachträgliche **Umschichtung** (Weiterveräußerung) des erworbenen Vermögens durch den Übernehmer die Abziehbarkeit der Versorgungsleistungen ausschließt und die Vermögensübergabe ab diesem Zeitpunkt als entgeltlicher Vorgang einzuordnen ist, wie dies der X. Senat des BFH und der II. Rentenerlass der FinVerw. angenommen hatten,[31] hatte der Große Senat ausdrücklich offen gelassen.[32] 25

Empfänger der Versorgungsleistungen konnten in erster Linie der Übergeber, dessen Ehegatte und die gesetzlichen erb- und pflichtteilsberechtigten Abkömmlinge des Übergebers sein, ferner der Lebenspartner einer eingetragenen Lebensgemeinschaft, sowie auch die Eltern des Übergebers, wenn dieser das übergebene Vermögen seinerseits von den Eltern im Wege der Vermögensübergabe gegen Versorgungsleistungen erhalten hatte. 26

Die FinVerw. hat im **III. Rentenerlass des BMF** vom 16.9.2004, der am 29.10. 2004 im BStBl. I S. 922 veröffentlicht worden ist,[33] im Wesentlichen die Grundsätze und Ergebnisse der Beschlüsse des Großen Senats vom 12.5.2003[34] übernommen. In der vom Großen Senat noch offen gelassenen Frage der Folgen einer nachträglichen Umschichtung des erworbenen Vermögens nahm die FinVerw. folgenden Standpunkt ein:

Überträgt der Übernehmer das übernommene Vermögen auf einen Dritten und erwirbt mit dem Erlös zeitnah eine existenzsichernde und ausreichend ertragsbringende Wirtschaftseinheit oder stellt eine solche her, sind die nach der Übertragung an den Übergeber entrichteten wiederkehrenden Leistungen weiterhin Versorgungsleistungen und kein Veräußerungsentgelt.[35] Eine Weiterveräußerung, die diese Voraussetzungen nicht erfüllt, führt nicht zu einer Umqualifizierung des unentgeltlichen Versorgungsvertrags in ein entgeltliches Rechtsgeschäft. Vielmehr sind lediglich die nach der Weiterübertragung erbrachten wiederkehrenden Leistungen an den Übergeber nicht mehr als Versorgungsleistungen, sondern als einkommenssteuerlich unbeachtliche Unterhaltszahlung zu behandeln, die beim Übernehmer nicht mehr nach § 22 Nr. 1 EStG steuerbar sind.[36]

Das Jahressteuergesetz 2008 hat zu einschneidenden einkommensteuerrechtlichen **Änderungen** des Rechtsinstituts der Vermögensübergabe gegen Versorgungsleistungen geführt. Begünstigtes Vermögen einer solchen Übergabe ist nicht mehr wie bisher jede ertragbringende Wirtschaftseinheit, sondern nur noch das in § 10 Abs. 1a Nr. 2 S. 2 nF EStG genannte Vermögen, nämlich: 27

- Mitunternehmeranteile an einer Personengesellschaft, die eine Tätigkeit iSd §§ 13, 15 Abs. 1 S. 1 Hs. 1 ausübt, oder des § 18 Abs. 1 EStG,
- Betriebe oder Teilbetriebe,
- mindestens 50 vH betragende Anteile an einer GmbH, wenn der Übergeber als Geschäftsführer tätig war und der Übernehmer diese Tätigkeit nach der Übertragung übernimmt.

Bei der Übertragung eines land- oder forstwirtschaftlichen Betriebes gilt gem. § 10 Abs. 1a Nr. 2 S. 3 EStG auch derjenige Teil der Versorgungsleistungen als begünstigtes Vermögen, der auf den Wohnteil eines Betriebes der Land- und Fortwirtschaft (§ 34 Abs. 1 Nr. 2 BewG) entfällt.

[30] BFH v. 12.5.2003 – GrS 1/00, BStBl. II 2004, 95; *Reimann* FamRZ 2008, 19.

[31] BFH v. 17.6.1998 – X R 104/94, DStRE 1999, 12; BMF v. 26.8.2002, BStBl. I 2002, 893 Tz. 20f.

[32] BFH v. 12.5.2003 – GrS 1/00, BStBl. II 2004, 95 und BFH v. 12.5.2003 – GrS 2/00, BStBl. II 2004, 100. Für Zulässigkeit der Vermögensumschichtung mit fortdauernder Abziehbarkeit der Versorgungsleistungen jetzt aber BFH v. 17.3.2010 – X R 38/06, ZEV 2010, 427, 430f.

[33] Zu diesem Rentenerlass vgl. *Hipler* ZEV 2004, 412.

[34] Zu den Abweichungen vgl. *Hipler* ZEV 2004, 412, 414f.

[35] BMF v. 16.9.2004, BStBl. I 2004, 922 Tz. 31.

[36] BMF v. 16.9.2004, BStBl. I 2004, 922 Tz. 28; *Hipler* ZEV 2004, 412, 414.

28 Darüber hinaus **entfällt** mit dem Jahressteuergesetz 2008 die bisherige **Unterscheidung** zwischen **Leibrente** und **dauernde Last.** Das Gesetz spricht nunmehr in § 10 Abs. 1a Nr. 2 EStG nur noch von Versorgungsleistungen. Diese werden einkommensteuerlich wie die frühere dauernde Last behandelt. Sie sind daher in vollem Umfang als Sonderausgaben beim Erwerber abzugsfähig und korrespondierend gem. § 22 Nr. 1a EStG in vollem Umfang beim Übergeber steuerpflichtig. Eine Beschränkung dieser Folgen auf den Ertragsanteil (wie nach bisherigem Recht bei der Vereinbarung einer Leibrente) ist nicht mehr möglich.[37]

29 Abweichend vom früheren Recht setzt der Sonderausgabenabzug der Versorgungsleistungen nach dem Jahressteuergesetz 2008 zusätzlich voraus, dass der Empfänger der Versorgungsleistungen in **Deutschland unbeschränkt einkommensteuerpflichtig** ist. Deshalb könnten Probleme entstehen, wenn zunächst die Voraussetzungen für abziehbare Versorgungsleistungen vorlagen, der Übergeber jedoch später ins Ausland verzieht. Vor diesem Hintergrund wird, sofern man nicht von der Europarechtswidrigkeit der Versagung des Sonderausgabenabzugs für Gebietsfremde ausgeht, die Vereinbarung von „Wegzugs-Klauseln" empfohlen.[38] *Wälzholz* (MittBayNot 2008, 93, 94) schlägt deshalb in geeigneten Fällen vorsorglich folgende Formulierung vor:

C. 4.00a **„Soweit die Zahlungen beim Zahlungspflichtigen nicht (mehr) als Versorgungsleistung i. S. d. § 10 Abs. 1 Nr. 1a EStG[39] abzugsfähig sind, reduziert sich der vereinbarte Betrag um den Durchschnittssteuersatz des Erwerbers."**

Die wiederkehrenden Leistungen müssen ferner, um als Sonderausgabe abzugsfähig zu sein, auf **lebenslange Laufzeit** vereinbart werden.[40]

30 **Zeitliche Anwendung:** Das Jahressteuergesetz 2008 gilt für solche Versorgungsleistungen, die ab dem 1.1.2008 vereinbart werden. Die ursprünglich geplante Anwendung auf Altverträge mit 5-jähriger Übergangsfrist ist nicht Gesetz geworden. Für Altverträge gilt daher weiter das frühere Recht,[41] mit einer Ausnahme: Die Neuregelung gilt ab 2008 auch für solche Altverträge, bei denen das übertragene Vermögen nur deshalb ausreichende Erträge bringt, weil Aufwendungen erspart werden, jedoch mit folgender Ausnahme: für frühere Übertragungen eines eigengenutzten Grundstücks mit ausreichendem Ertrag in Form eines Nutzungsvorteils (ersparte Nettomiete) gilt altes Recht weiter.[42]

31 Mit der Neuregelung sollte ausweislich der Gesetzesbegründung die Vermögensübergabe gegen Versorgungsleistungen auf ihren vermeintlichen Kernbereich, die Übergabe von land- und fortwirtschaftlichen Betrieben, Gewerbebetrieben und von Betriebsvermögen Selbständiger gegen dauernde Last, zurückgeführt werden. Zudem wollte der Gesetzgeber den Bedenken des Bundesrechnungshofes Rechnung tragen, der festgestellt hatte, dass die Vermögensübergabe gegen Versorgungsleistungen in 90 vH der von ihm überprüften Fälle von den Finanzämtern fehlerhaft bearbeitet worden sein soll.[43]

Eine **gravierende Konsequenz** des Jahressteuergesetzes 2008 ist, dass bei der Übertragung von Grundbesitz im Privatvermögen zB bei der Übergabe von Mietwohngrundstücken, die vereinbarten wiederkehrenden Versorgungsleistungen nicht mehr als Sonderausgaben abgezogen werden können. Ob damit die Versorgungsleis-

[37] *Wälzholz* DStR 2008, 273.
[38] *Krauß* Vermögensnachfolge Rz. 5488; *Thouet* RNotZ 2007, 475, 477; *Wälzholz* MittBayNot 2008, 93, 94.
[39] Nunmehr: § 10 Abs. 1a Nr. 2 EStG.
[40] HM: vgl. Schmidt/*Heinicke* EStG § 10 Rz. 140; BMF v. 11.3.2010 (IV. Rentenerlass), BStBl. I 2010, 227 Rz. 56; aA *Wälzholz* MittBayNot 2008, 93, 96, der unter bestimmten Voraussetzungen wie nach bisherigem Recht auch zeitlich abgekürzte Versorgungsleistungen ausreichen lassen möchte, weil die Formulierung „lebenslange und wiederkehrende Versorgungsleistungen" in § 10 Abs. 1a Nr. 2 EStG mehrdeutig sei.
[41] Schmidt/*Heinicke* EStG § 10 Rz. 139.
[42] Schmidt/*Heinicke* EStG § 10 Rz. 139; BMF v. 11.3.2010, BStBl. I 2010, 227 Rz. 82.
[43] *Risthaus* DB 2007, 240; *Geck/Messmer* ZEV 2007, 374.

tungen in einem solchen Fall als steuerlich unbeachtliche Unterhaltsleistungen einzustufen sind oder ob die Übergabe von nicht mehr begünstigtem Privatvermögen gegen wiederkehrende Leistungen einkommensteuerrechtlich als ein (teil-)entgeltlicher Vorgang zu qualifizieren ist, ist strittig (vgl. hierzu A. 1.05 Rz. 27).

Auf die Änderungen für die Vermögensübergabe gegen Versorgungsleistungen durch das Jahressteuergesetz 2008 hat die Finanzverwaltung mit dem **IV. Rentenerlass** vom 11.3.2010 (BStBl. I 2010, 227) reagiert,[44] der den bisherigen III. Rentenerlass vom 22.9.2004 nicht ersetzt, sondern lediglich ergänzt. 32

Obwohl der neue Gesetzeswortlaut des § 10 Abs. 1a Nr. 2 S. 2 EStG, anders als die bisherige Rechtsprechung des BFH, nicht ausdrücklich verlangt, dass das übertragene Vermögen ausreichend Ertrag zu erbringen hat, um die wiederkehrenden Leistungen zur Versorgung des Übergebers abzudecken, wird an diesem Erfordernis von der Finanzverwaltung im IV. Rentenerlass nach wie vor festgehalten.[45] Wird jedoch ein Betrieb oder Teilbetrieb iSd. § 10 Abs. 1 Nr. 1a S. 2 Buchst. b) im Zusammenhang mit wiederkehrenden Leistungen im Wege der vorweggenommenen Erbfolge übertragen, besteht nach Ansicht der Finanzverwaltung eine widerlegbare Vermutung dafür, dass die Erträge ausreichen, um die wiederkehrenden Versorgungsleistungen in der vereinbarten Höhe zu erbringen.[46]

Für die nachträgliche Vermögensumschichtung gilt nach dem IV. Rentenerlass folgendes: 33

Überträgt der Übernehmer eines Vermögens iSd. § 10 Abs. 1a Nr. 2S. 2 EStG dieses Vermögen auf einen Dritten und erwirbt mit dem Erlös zeitnah anderes Vermögen iSd. § 10 Abs. 1a Nr. 2 S. 2 EStG, sind die nach der Übertragung an den Übergeber entrichteten wiederkehrenden Leistungen als Sonderausgaben abziehbare Versorgungsleistungen.[47] Soll hingegen erworbenes Vermögen, das nicht in den Katalog des § 10 Abs. 1 Nr. 1a S. 2 Buchst. a–c EStG fällt, nunmehr in begünstigtes Vermögen im Sinne dieser Vorschrift umgeschichtet werden, so stellt dies keine den Sonderausgabenabzug der Versorgungsleistungen zulassende Vermögensübergabe dar, und zwar selbst dann nicht, wenn sich der Übernehmer im Übergabevertrag zu dieser Umschichtung verpflichtet hatte.[48]

(frei) 34, 35

2. Erbschaft- und Schenkungsteuern

Bei Hofübergabeverträgen unter nahen Angehörigen liegt der Wert der Leistungen des Übernehmers in der Regel deutlich unter dem Verkehrswert des übertragenen Vermögens, so dass häufig eine gemischte Schenkung oder eine Schenkung unter Auflage vorliegen kann. 36

Gleichwohl wird es in vielen Fällen aufgrund bewertungsrechtlicher Vorschriften und schenkungsteuerrechtlicher Vergünstigungen nicht zu einer Belastung mit Schenkungsteuer kommen.

Bewertungsrecht. Der Beschluss des BVerfG vom 7.11.2006 zur Verfassungswidrigkeit des Erbschaftsteuerrechts[49] hat auch die bisherige **bewertungsrechtliche Behandlung des land- und forstwirtschaftlichen Vermögens** verfassungsrechtlich verworfen. Dabei hatte das BVerfG offengelassen, ob die Bewertungsvorschriften für den Betriebsteil land- und fortwirtschaftlicher Betriebe bereits deshalb mit Art. 3 37

---

[44] Zum IV. Rentenerlass vgl. *Geck* ZEV 2010, 161; *Wälzholz* DStR 2010, 350.

[45] Vgl. Rz. 26 des IV. Rentenerlass. Nach Schmidt/*Heinicke* EStG § 10 Rz. 145 sollen der neue Wortlaut des § 10 Abs. 1 Nr. 1a S. 2 EStG und die wesentliche Beschränkung des übertragenen Vermögens auf den betrieblichen Bereich eine Ertragsprognose entbehrlich machen.

[46] IV. Rentenerlass, BStBl. I 2010, 227 Rz. 29.

[47] BMF v. 11.3.2010, BStBl. I 2010, 227 Rz. 41; ebenso jetzt BFH v. 17.3.2010 – X R/38, ZEV 2010, 427, 430f.

[48] BMF v. 11.3.2010, BStBl. I 2010, 227 Rz. 36; *Geck* ZEV 2010, 161, 167.

[49] BVerfG v. 7.11.2006 – 1 BvL 10/02, BStBl. II 2007, 192.

Abs. 1 GG unvereinbar sind, weil die im Regelfall des § 142 Abs. 2 aF BewG ermittelten standardisierten Ertragswerte des land- und forstwirtschaftlichen Grundbesitzes in den alten Bundesländern nur 10 vH des gemeinen Wertes erreicht hatten. Verfassungswidrig war die gesetzliche Bewertung des Betriebsteils des land- und fortwirtschaftlichen Vermögens vor allem deshalb, weil sie nicht am gemeinen Wert, sondern am Ertragswert ausgerichtet war,[50] zudem die betrieblichen Schulden in vollem Umfang abgezogen werden konnten, obwohl der zugrunde gelegte steuerliche Grundbesitzwert des land- und forstwirtschaftlichen Betriebes nur einen Bruchteil des Verkehrswertes erreichte, und außerdem die Bewertung von Wohnteil und Betriebswohnungen an den gleichen Mängeln litt, die schon zur Verfassungswidrigkeit der Bewertung von Grundvermögen im allgemeinen geführt hatten.

38 Die am 1.1.2009 in Kraft getretene Neuregelung durch das ErbschStRG 2009 ist, soweit das land- und forstwirtschaftliche Vermögen betroffen ist, insbesondere in den §§ 158ff. BewG enthalten. Nach § 160 BewG setzt sich der Wert eines land- und forstwirtschaftlichen Betriebes aus den Werten für den Wirtschaftsteil, die Betriebswohnungen und den Wohnteil zusammen. Dabei richtet sich die Bewertung für die Betriebswohnungen und den Wohnteil nach den Vorschriften, die für die Bewertung von Wohngrundstücken im Grundvermögen (§§ 182–196 BewG) gelten (§ 167 BewG).

Zur Bewertung von Wohngrundstücken vgl. A. 1.01 Rz. 26ff.

39 Der **Wirtschaftsteil** umfasst:

1. die land- und forstwirtschaftlichen Nutzungen,
2. die Nebenbetriebe,
3. die folgenden, nicht zu einer Nutzung nach 1. und 2. gehörenden Wirtschaftgüter: Abbauland, Geringstland, Unland.

Die land- und forstwirtschaftliche Nutzung umfasst alle Wirtschaftgüter, die dieser Nutzungsart dienen.[51] Bei einem Betrieb mit nur einem Nutzungszweck entspricht der Wert dieser Nutzung gleichzeitig dem Wirtschaftswert dieses Betriebes.[52] Zu den Wirtschaftsgütern, die dem Betrieb der Land- und Forstwirtschaft zu dienen bestimmt sind, gehören insbesondere der Grund und Boden, die Wirtschaftsgebäude, die stehenden Betriebsmittel, die immateriellen Wirtschaftsgüter, die Wohngebäude und der dazu gehörende Grund und Boden (§ 158 Abs. 2 BewG). Bei der Bewertung des Wirtschaftsteils ist gem. § 162 Abs. 1 S. 1 BewG der gemeine Wert zugrundezulegen. Dabei ist davon auszugehen, dass der Erwerber den Betrieb der Land- und Forstwirtschaft fortführt (§ 162 Abs. 1 S. 2 BewG; sog. **Fortführungswert**). Für die Ermittlung der Wirtschaftswerte ist die nachhaltige Ertragsfähigkeit land- und forstwirtschaftlicher Betriebe maßgebend (§ 163 Abs. 1 S. 1 BewG). Hierbei wird jedoch nicht das individuell von dem betreffenden Land- und Forstwirt erwirtschaftete Ergebnis angesetzt, sondern ein allgemein bestimmter Reingewinn.[53] Dieser wird auf der Grundlage der Betriebsergebnisse vergleichbarer Betriebe ermittelt. Der Reingewinn der land- und forstwirtschaftlichen Nutzung bestimmt sich gem. § 163 Abs. 3 BewG nach der Region, in der der betreffende Betrieb liegt, der maßgeblichen Nutzungsart (Betriebsform) und der Betriebsgröße nach der Europäischen Größeneinheit (EGE). Der nachhaltig erzielte Reingewinn abzüglich eines angemessenen Lohnansatzes für die eigene Arbeitsleistung des Betriebsinhabers und der nicht entlohnten Arbeitskräfte wird mit einem Zinssatz von 5,5 vH kapitalisiert (§ 163 Abs. 11 BewG). Der maßgeb-

---

[50] Hiervon zu unterscheiden sind bloße Ertragswertmethoden, die für bestimmte Vermögensarten gegebenenfalls zur typisierenden Ermittlung des genaueren Wertes herangezogen werden können. Als erbschaftsteuerliche Verschonungsmaßnahme ist die Wahl des Ertragswertes nach BVerfG v. 7.11.2006 – 1 BvL 10/02, BStBl. II 2007, 192 jedoch ungeeignet, weil sie bereits auf der Bewertungsebene ansetzt und so eine in ihrer Relation realitätsgerechte Erfassung des Vermögenswertes von vornherein verhindert.

[51] *Hutmacher* ZEV 2008, 182.

[52] *Hutmacher* ZEV 2008, 22, 24.

[53] *Hutmacher* ZEV 2008, 22, 24.

liche Reingewinn ergibt sich aus der Anlage 14 des BewG. Der danach ermittelte Reingewinn pro ha ist mit der Eigentumsfläche des Betriebes zu multiplizieren.

Beispiel: Bewertung nach §§ 162, 163 BewG 40

Ein im Regierungsbezirk Köln gelegener landwirtschaftlicher Mittelbetrieb mit der Nutzungsart Ackerbau und einer Ertragsfläche von 60 ha erzielt gemäß Anlage 14 Spalte 4 zum BewG einen negativen Reingewinn von € 1 140,–.

Hierbei handelt es sich nicht etwa um einen seltenen Ausnahmefall. Vielmehr erwirtschaften sehr viele kleine und mittlere Betriebe der Land- und Fortwirtschaft nur einen geringen, regelmäßig sogar nur einen negativen Reinertrag, wie die Anlage 14 Spalte 4 zeigt.[54] Da aber auch solche Betriebe durchaus werthaltig sind[55] hat das BewG für sie als Auffangwert einen sog. **Mindestwert** (§ 164 BewG) vorgeschrieben, der nicht unterschritten werden darf (§ 162 Abs. 1 S. 4 BewG). Hierbei wird der **Wert des Grund und Bodens** in der Weise ermittelt, dass die Eigentumsfläche mit dem Pachtpreis zu multiplizieren ist, der sich aus der Anwendung der Anlagen 14, 15 und 17 (dort jeweils Spalte 5) und der Anlagen 16 und 18 des BewG (dort jeweils Spalte 4) (§ 164 Abs. 2 BewG) und eines Kapitalisierungsfaktors von 18,6 (§ 164 Abs. 3 BewG) ergibt. Der **Wert** für die übrigen **Wirtschaftsgüter** iSd. § 158 Abs. 3 S. 1 Nrn. 2 bis 5 BewG (Besatzkapital) wird in der Weise festgestellt, dass die sich aus der Spalte 6 der Anlagen 14, 15a und 17 sowie aus der Spalte 5 der Anlagen 16 und 18 des BewG ergebenden Werte mit den selbst bewirtschafteten Flächen (hierzu gehören auch die Pachtflächen) zu vervielfältigen sind (§ 164 BewG), wobei wiederum ein Kapitalisierungsfaktor von 18,6 zu berücksichtigen ist (§ 164 BewG).

Beispiel für die Bewertung nach Mindestwert (§ 164 BewG): 41

Landwirtschaftlicher Großbetrieb (Ackerbau) im Regierungsbezirk Köln mit einer nach der Europäischen Größeneinheit (EGE) vorgenommenen Einstufung von über 100 EGE und einer Eigentumsfläche von 120 ha sowie einer Zupachtfläche von 80 ha.

Grund und Boden		
120 ha × 348 × 18,6	=	€ 776 736,–
Besatzkapital		
200 ha × 80 × 18,6	=	€ 297 600,–
Wirtschaftswert insgesamt:		€ 1 074 336,–

Damit bleibt der für die Schenkung- und Erbschaftsteuer maßgebliche Wert des land- und fortwirtschaftlichen Betriebes auch nach der Reform deutlich hinter dem Verkehrswert zurück.

Zur Bewertung des land- und forstwirtschaftlichen Vermögens nach dem BewG vgl. den gleich lautenden Ländererlass v. 1.4.2009, BStBl. I 2009, 552 sowie ErbStR zu §§ 158 ff. BewG jeweils mit weiteren Beispielen.

Neben den Fortführungswerten gemäß §§ 163 und 164 BewG kennt das BewG 42 noch den sog. **Liquidationswert** gemäß § 166 BewG. Dieser ist nach § 162 Abs. 3 BewG maßgeblich, wenn ein land- und forstwirtschaftlicher Betrieb innerhalb von 15 Jahren veräußert oder aufgegeben wird oder wesentliche Wirtschaftsgüter in diesem Zeitraum veräußert oder entnommen werden (§ 162 Abs. 4 BewG). Bei der Ermittlung des Liquidationswertes ist der Grund und Boden mit den Bodenrichtwerten und die übrigen Wirtschaftsgüter mit ihrem gemeinen Wert zu ermitteln (§ 166 BewG). Zur Berücksichtigung der Liquidationskosten sind die ermittelten Werte jeweils um 10 vH zu mindern. Eine Bewertung nach dem (deutlich höheren) Liquidationswert unterbleibt, wenn der Veräußerungserlös innerhalb von sechs Monaten ausschließlich im betrieblichen Interesse verwendet wird (§ 162 Abs. 3, 4 BewG).

Für den Erwerber eines land- und forstwirtschaftlichen Betriebes kommt neben der 43 nach wie vor günstigen steuerlichen Bewertung derartiger Betriebe auch der **Verschonungsabschlag** des § 13a ErbStG in Betracht. Die Anforderungen an die Gewährung des Verschonungsabschlags sind jedoch durch das **Gesetz zur Anpassung des Erbschaftsteuer- und Schenkungsteuergesetzes an die Rechtsprechung**

[54] Vgl. *Hutmacher* ZEV 2008, 22, 24.
[55] *Hutmacher* ZEV 2008, 22, 24.

des Bundesverfassungsgerichts v. 4.11.2016.[56] verschärft worden. In Reaktion auf die Entscheidung des BVerfG v. 17.12.2014[57] hat der Gesetzgeber § 13a und § 13b ErbStG neu gefasst und für Großerwerbe über € 26 Mio. die Vorschrift des § 13c ErbStG eingefügt.[58] Das BVerfG hatte zwar die grundsätzliche Zulässigkeit der Verschonung von Betriebsvermögen anerkannt. Beanstandet wurde jedoch zum einen die bisherige Lohnsummenregelung in § 13a Abs. 1 S. 4 ErbStG, die zu einer Freistellung von Betrieben mit nicht mehr als 20 Beschäftigten geführt hatte. Da in mehr als 90 vH aller Betriebe in Deutschland diese Beschäftigtenzahl nicht überschritten wird, könnten, so das BVerfG, Betriebe damit fast flächendeckend den Verschonungsabschlag ohne Rücksicht auf den Erhalt von Arbeitsplätzen beanspruchen.[59] Mit einer solchen Regelung überschreite der Gesetzgeber seinen Gestaltungsspielraum. Verworfen wurde ferner die Regelung über das unproduktive Verwaltungsvermögen (§ 13a Abs. 2 S. 1 ErbStG, § 13a Abs. 8 Nr. 3 ErbStG),weil sie den Erwerb von begünstigten Vermögen selbst dann uneingeschränkt verschonte, wenn es zu 50 vH aus Verwaltungsvermögen bestand.[60] Als verfassungswidrig eingestuft hat das Gericht schließlich, dass der unentgeltliche Erwerb von Unternehmen ohne Bedürfnisprüfung selbst dann von der Erbschaft- und Schenkungsteuer befreit wird, wenn es sich um große Unternehmen handelt.[61]

Nach neuem Recht (§ 13a Abs. 1 S. 1 ErbStG) bleibt begünstigtes Vermögen iSd. § 13b Abs. 2 ErbStG vorbehaltlich der folgenden Absätze zu 85 vH steuerfrei (Verschonungsabschlag), wenn der Erwerb des begünstigten Vermögens insgesamt € 26 Mio. nicht übersteigt. Frühere Erwerbe von derselben Person innerhalb von zehn Jahren werden dabei hinzugerechnet (§ 13a Abs. 1 S. 2 ErbStG). Das begünstigungsfähige Vermögen ist wie bisher auch in § 13b Abs. 1 ErbStG aufgeführt. Zu den dort genannten begünstigungsfähigen Sachgesamtheiten gehören nach wie vor auch der inländische Wirtschaftsteil des land- und forstwirtschaftliche Vermögen iSd. § 168 Abs. 1 Nr. 1 BewG sowie entsprechendes land- und forstwirtschaftlichen Vermögen, das einer Betriebsstätte in einem Mitgliedsstaat der EU oder in einem Staat des Europäischen Wirtschaftsraum dient. (§ 13b Abs. 1 Nr. 1ErbStG). Das begünstigungsfähige Vermögen ist jedoch nur begünstigt, soweit sein gemeiner Wert den um das unschädliche Verwaltungsvermögen iSd. § 13b Abs. 7 ErbStG gekürzten Nettowert des Verwaltungsvermögens iSd. § 13b Abs. 6 ErbStG übersteigt (begünstigtes Vermögen). Der nicht begünstigte Teil des begünstigungsfähigen Vermögens (das sog. Verwaltungsvermögen) ist damit im Grundsatz voll zu versteuern.[62] Das begünstigte Vermögen ist daher wie folgt zu ermitteln:

Gemeiner Wert des begünstigungsfähigen Vermögens abzüglich Nettowert des Verwaltungsvermögens nach § 13b Abs. 6 ErbStG zuzüglich unschädliches Verwaltungsvermögen nach § 13b Abs. 6 ErbStG = Wert des begünstigten Vermögen.

Zu beachten ist jedoch, dass es zu keiner Begünstigung kommt (auch nicht des an sich begünstigten Vermögens), wenn das begünstigungsfähige Vermögen nahezu ausschließlich, dh. zu 90 vH und mehr aus Verwaltungsvermögen besteht (§ 13b Abs. 2 S. 2 ErbStG).[63] Weitere Voraussetzung für die Gewährung des Verschonungsabschlags ist, dass die in § 13a Abs. 3 ErbStG genannte Mindestlohnsumme nicht unterschritten wird. Die Lohnsummenregelung gilt jedoch nicht für Betriebe mit nicht mehr als fünf

---

[56] BGBl. 2016 I 2464. Zu diesem Gesetz vgl. *Thouet* ZNotP 2016, 333; *Schmitz* RNotZ 2016, 502 u. 649; *Halaczinsky* UVR 2016, 365; *Hannes* ZEV 2016, 554; *Weber/Schwind* ZEV 2016, 688 sowie den koordinierten Ländererlass v. 22.6.2017 (AEErbSt 2017), BGBl. I 2017, 902.

[57] BVerfG v. 17.12.2014 – 1 BvL 21/12, ZEV 2015, 19. Vgl. hierzu *Crezelius* ZEV 2015, 1 sowie *Hannes* ZEV 2015, 7.

[58] Der bisherige § 13c ErbStG wurde hierdurch zu § 13d ErbStG.

[59] BVerfG v. 17.12.2014 – 1 BvL 21/12, ZEV 2015, 19, Rz. 224.

[60] BVerfG v. 17.12.2014 – 1 BvL 21/12, ZEV 2015, 19, Leitsatz 4a.

[61] BVerfG v. 17.12.2014 – 1 BvL 21/12, ZEV 2015, 19, Rz. 170.

[62] DNotI-Report 2017, 17.

[63] DNotI-Report 2017, 17, 18.

Beschäftigten (§ 13a Abs. 3 S. 3 ErbStG).Landwirtschaftliche Familienbetriebe werden häufig unter dieser Beschäftigtenzahl bleiben, zumal Saisonarbeitskräfte hierbei nicht mitzählen.[64] Der Verschonungsabschlag entfällt rückwirkend (§ 13a Abs. 6 ErbStG), wenn die Behaltensfrist von fünf Jahren (§ 13a Abs. 6 ErbStG) bzw. sieben Jahren (§ 13a Abs. 10 Nr. 6 ErbStG) nicht eingehalten wird. Da land- und forstwirtschaftliche Betriebe in der Regel von Generation zu Generation weitergegeben werden, dürften die gesetzlichen Behaltensfristen bei ihnen in der Regel unproblematisch sein.[65] Die Übergabe eines land- und forstwirtschaftlichen Betriebes ist, wie schon bisher, auch dann begünstigungsfähig, wenn er verpachtet ist (§ 13b Abs. 4 S. 2 Buchst. f ErbStG).

Das Gesetz zur Anpassung des Erbschaft-und Schenkungsteuergesetzes an die Rechtsprechung des Bundesverfassungsgerichts ist rückwirkend zum 1. Juli 2016 in Kraft getreten (Art. 3 des Gesetzes).

Hinsichtlich der weiteren Einzelheiten der komplizierten Neuregelungen dieses Gesetzes muss auf die ausführlichen Spezialdarstellungen in der Literatur sowie auf den koordinierten Ländererlass v. 22.6.2017 (AEErbSt 2017), BStBl. I 2017, 902 verwiesen werden.[66]

3. Verkehrssteuern

Der **Grunderwerbsteuer** kann ein Hofübergabevertrag nur dann unterliegen, wenn kein persönlicher Befreiungstatbestand nach § 3 Nr. 6 GrEStG erfüllt ist, was aber häufig der Fall sein wird, da der Hof zumeist an eine mit dem Hofübergeber in gerader Linie verwandte Person übertragen wird. Für die verbleibenden – seltenen – Fälle gilt Folgendes: 44

Nach § 3 Nr. 2 S. 1 GrEStG sind Grundstücksschenkungen unter Lebenden grds. grunderwerbsteuerfrei. Nach § 3 Nr. 2 S. 2 GrEStG unterliegen jedoch Schenkungen unter einer Auflage der Besteuerung hinsichtlich des Wertes solcher Auflagen, die bei der Schenkungsteuer abziehbar sind; Gleiches gilt für gemischte Schenkungen.[67] Im Zusammenhang mit der schenkungsteuerlichen Rechtsprechung zu gemischten Schenkungen und Schenkungen unter Auflagen ergab sich daraus bisher, dass der Grunderwerbsteuer nur **Leistungsauflagen** (insbesondere Gleichstellungsgelder, Abstandsgelder, Übernahme von Verbindlichkeiten, Rentenverpflichtungen) unterlagen, während **Nutzungs- oder Duldungsauflagen** (insbesondere vorbehaltene Wohnungs- oder Nießbrauchsrechte) nur dann grunderwerbsteuerpflichtig waren, soweit § 25 ErbStG keine Anwendung fand, also bei Nutzungs- und Duldungsauflagen, die anderen Personen als dem Schenker oder dessen Ehegatten zustanden. Nutzungs- oder Duldungsauflagen zugunsten des Schenkers oder dessen Ehegatten unterlagen hingegen nicht der Grunderwerbsteuer.[68] 45

Dies hat sich seit dem 1.1.2009 geändert. Da das an diesem Tag in Kraft getretene ErbStRG 2009 den bisherigen § 25 ErbStG ersatzlos aufgehoben hat, können nunmehr auch Nutzungs- und Duldungsauflagen abgezogen werden, so dass der Kapitalwert dieser Auflagen jetzt ebenfalls der Grunderwerbsteuer unterliegt.[69] Zur Ermittlung des Kapitalwertes vgl. die Erläuterungen in A. 1.04 Rz. 12.

Umsätze im Rahmen einer Hofübergabe sind Umsätze im Rahmen einer Geschäftsveräußerung an einen anderen Unternehmer und damit gem. § 1 Abs. 1a UStG nicht umsatzsteuerpflichtig. Das gilt auch dann, wenn der Erwerber noch nicht Un- 46

---

[64] *Stephany* AuR 2009, 141, 147; A 13a.4 AEErbSt 2017 (BStBl. I, 902).
[65] *Hutmacher* ZEV 2009, 22, 25; *Bardenheuer* RNotZ 2009, 293, 309.
[66] Vgl. die Hinweise in Fn. 56.
[67] *Wegmann* Rz. 46.
[68] BFH v. 29.1.1992 – II R 41/89, BStBl. II 1992, 420; *Geck* ZEV 1997, 284; *Wegmann* Rz. 46; *Gottwald* ZErb 2006, 83.
[69] BFH v. 12.7.2016 – II ZR 57/14, ZEV 2016, 600; BFH v. 20.11.2013 – II ZR 38/12, ZEV 2014, 211 m. Anm. *Wachter;* FM Baden-Württemberg v. 15.4.2009, ZEV 2009, 64.

ternehmer war, jedoch mit dem Erwerb des Unternehmens seine unternehmerische Tätigkeit beginnt (UStR 2000 Abschn. 5 Abs. 1). Ist oder wird der Hofübernehmer ausnahmsweise nicht Unternehmer iSv. § 2 UStG oder kann oder will er die Geschäftstätigkeit des Übergebers nicht fortsetzen, ist die Geschäftsveräußerung umsatzsteuerbar.[70]

47–49 *(frei)*

B. Einzelerläuterungen

Zu § 1: Hofeigenschaft, Grundbuchangaben

50 Hof im Sinne der HöfeO ist nach § 1 Abs. 1 HöfeO eine im Gebiet der Bundesländer **Hamburg, Niedersachsen, Schleswig-Holstein** oder **Nordrhein-Westfalen** belegene land- oder forstwirtschaftliche Besitzung mit einer zu ihrer Bewirtschaftung geeigneten Hofstelle, die im Alleineigentum einer natürlichen Person oder im gemeinschaftlichen Eigentum von Ehegatten (Ehegattenhof) steht oder zum Gesamtgut einer fortgesetzten Gütergemeinschaft gehört, sofern die Besitzung einen Wirtschaftswert von mindestens € 10 000,– hat. Eine Besitzung, die einen Wirtschaftswert von weniger als € 10 000,–, mindestens jedoch einen solchen von € 5 000,– hat, wird Hof, wenn der Eigentümer die Hofeigenschaft durch Hofeinführungserklärung mit anschließender Eintragung des Hofvermerks im Grundbuch herbeiführt.

51 **Wirtschaftswert** ist der für den Wirtschaftsteil eines landwirtschaftlichen Betriebes festgestellte Wert iSd. § 46 BewG. Wirtschaftswert und Wohnungswert bilden zusammen den steuerlichen Einheitswert des Betriebes (§ 48 BewG). Der Wohnungswert bleibt daher für die Bestimmung der unteren Betriebsgröße nach der HöfeO außer Betracht.

52 **Landwirtschaft** im Sinne der HöfeO umfasst die Bodenbewirtschaftung und die mit der Bodennutzung verbundene Tierhaltung zur Gewinnung pflanzlicher oder tierischer Erzeugnisse sowie die gartenbauliche Erzeugung.[71] Eine Gärtnerei kann auch dann Hof iSd HöfeO sein, wenn der erwerbsgärtnerische Anbau von Pflanzen ausschließlich in Gewächshäusern erfolgt und deshalb eine Freilandkultur fehlt.[72]

53 Von dem landwirtschaftlichen Betrieb **abzugrenzen** ist der **Gewerbebetrieb,** der auf die Be- und Verarbeitung oder den Vertrieb der von anderen erzeugten Produkte ausgerichtet ist und nicht unter die HöfeO fällt.[73] **Gemischte Betriebe,** die aus einem landwirtschaftlichen und einem gewerblichen Betriebsteil bestehen, sind **hoffähig,** wenn beide Betriebsteile nicht ohne Nachteil voneinander getrennt werden können, der landwirtschaftliche Betriebsteil überwiegt und für sich allein den nach der HöfeO erforderlichen Mindestwirtschaftswert (€ 10 000,– oder bei Hofeinführungserklärung: € 5 000,–) erreicht.[74]

Ein vom gemischten Betrieb zu unterscheidender **Doppelbetrieb** liegt vor, wenn der gewerbliche Betriebsteil und der landwirtschaftliche Betriebsteil selbständig sind oder ohne Nachteile für einen von beiden zu verselbständigen sind. In diesem Fall bildet der gewerbliche Betrieb **keinen Teil** des der HöfeO unterliegenden landwirtschaftlichen Betriebes.[75]

54 Die Hofeigenschaft kann aus unterschiedlichen Gründen **verloren** gehen. Der Verlust der Hofeigenschaft tritt gem. § 1 Abs. 3 HöfeO kraft Gesetzes ein, wenn keine der

[70] Leingärtner/*Zaisch* Abschn. 45 Rz. 61.
[71] So die Definition der Landwirtschaft in § 585 Abs. 1 BGB, die auch für die HöfeO herangezogen werden kann, vgl. BGH v. 29.11.1996 – BLw 12/96, BGHZ 134, 146.
[72] BGH v. 29.11.1996 – BLw 12/96, BGHZ 134, 146 unter Aufgabe seiner früheren Rechtsprechung.
[73] Lüdtke-Handjery/von Jeinsen/*Brinkmann* § 1 Rz. 10.
[74] BGH v. 15.11.1966 – V BLw 10/66, BGHZ 46, 204; Lüdtke-Handjery/von Jeinsen/*Brinkmann* § 1 Rz. 93.
[75] Lüdtke-Handjery/von Jeinsen/*Brinkmann* § 1 Rz. 95.

in § 1 Abs. 1 HöfeO aufgezählten **Eigentumsformen** mehr besteht (insbesondere Verlust des Alleineigentums des Hofeigentümers, zB durch Veräußerung des landwirtschaftlichen Betriebes an mehrere – nicht miteinander verheiratete – Personen oder an eine juristische Person) oder eine der übrigen in § 1 Abs. 1 aufgestellten Hofvoraussetzungen auf Dauer wegfällt, zB Änderung der land- oder forstwirtschaftlichen Nutzung in eine gewerbliche Nutzung).

Eine Besonderheit gilt dann, wenn lediglich der Wirtschaftswert unter € 5000,– sinkt oder keine zur Bewirtschaftung geeignete Hofstelle mehr besteht. In diesen beiden Fällen tritt der Verlust der Hofeigenschaft erst ein, wenn **zusätzlich** auch der **Hofvermerk** im Grundbuch **gelöscht** worden ist (§ 1 Abs. 3 S. 2 HöfeO). Unabhängig von der Löschung des Hofvermerks entfällt die Hofeigenschaft jedoch auch dann, wenn **keine landwirtschaftliche Besitzung** mehr vorhanden ist.[76] Dies ist nach der Rechtsprechung bei einer dauerhaften **Auflösung** der **wirtschaftlichen Betriebseinheit** der Fall.[77] Entscheidend ist danach, ob der Erblasser (Hofeigentümer) den landwirtschaftlichen Betrieb im Zeitpunkt des Erbfalls **endgültig eingestellt** hatte.[78] Die Hofeigenschaft erlischt ferner durch **Hofaufgabeerklärung** des Eigentümers mit anschließender **Löschung** des Hofvermerks im Grundbuch (§ 1 Abs. 4 HöfeO).

Bei bestehender Hofeigenschaft ist der Hofvermerk auf Ersuchen des Landwirt- 55
schaftsgerichts im Grundbuch einzutragen, bei weggefallener Hofeigenschaft zu löschen (§ 3 HöfeVfO). Die Eintragung des Hofvermerks begründet gem. § 4 HöfeVfO die widerlegbare Vermutung für das Bestehen der Hofeigenschaft. Umgekehrt besteht jedoch keine Vermutung dafür, dass eine Besitzung ohne oder mit gelöschtem Hofvermerk kein Hof iSd. HöfeO ist.[79] Der Hofvermerk nimmt nicht am öffentlichen Glauben des Grundbuchs teil.[80] Da die Hofeigenschaft **ohne Eintragung** des Hofvermerks **entstehen** kann (zB infolge Erhöhung des Wirtschaftswerts auf € 10000,– durch Zuerwerb von land- oder forstwirtschaftlichen Grundbesitz) oder **ohne Löschung** des Hofvermerks im Grundbuch **entfallen** kann (zB dadurch, dass bei einem gemischten Betrieb der gewerbliche Betriebsteil das Übergewicht über den landwirtschaftlichen Betriebsteil gewinnt oder der Hofeigentümer den landwirtschaftlichen Betrieb endgültig einstellt), lässt die Eintragung oder Nichteintragung des Hofvermerks im Grundbuch **keinen zwingenden Schluss** auf das Bestehen oder Fehlen der Hofeigenschaft zu. In Zweifelsfällen kann die Hofeigenschaft im Rahmen des höferechtlichen Feststellungsverfahren gem. § 11 HöfeVfO geklärt oder eine vorsorgliche Hofeinführungs- oder Hofaufgabeerklärung abgegeben werden.[81]

(frei) 56–59

Zu § 2: Übertragung

Hofzugehörig sind gem. § 2 HöfeO alle Grundstücke des Hofeigentümers, die re- 60
gelmäßig von der Hofstelle aus bewirtschaftet werden. Zu Bauland gewordene Hofgrundstücke, die nach wie vor von der Hofstelle aus bewirtschaftet werden, behalten

[76] BGH v. 13.5.1982 – V BLw 20/81, AgrarR 1982, 245.

[77] BGH v. 13.5.1982 – V BLw 20/81, AgrarR 1982, 245: Verkauf der Hofstelle und langjährige Verpachtung der Ländereien an mehrere Pächter; BGH v. 28.4.1995 – BLw 73/94, AgrarR 1995, 235: jahrelange Bewirtschaftungsaufgabe durch den Hofeigentümer, einhergehend mit der parzellierten Verpachtung von Hofland sowie dem Fehlen von lebendem Inventar, Feldinventar und Maschineninventar; BGH v. 26.11.1999 – BLw 2/99, NJW-RR 2000, 92: seit 60 Jahren bestehende Stücklandverpachtung, augenfällig schlechter baulicher Zustand der Hofstelle, Fehlen jeglichen lebenden und toten Inventars. Ausführlich zur Rspr.: Lüdtke-Handjery/von Jeinsen/*Brinkmann* § 1 Rz. 135 ff.

[78] BGH v. 29.11.2013 – BLw 4/12, NJW-RR 2014, 243, 247 Rz. 40; Lüdtke-Handjery/von Jeinsen/*Brinkmann* § 1 Rz. 141.

[79] Faßbender/Hötzel/von Jeinsen/Pikalo/*von Jeinsen* § 5 HöfeVfO Rz. 5; OLG Köln v. 26.11.2011 – 23 WLw 12/10, BeckRS 2012, 02567 Rz. 24; *Roemer* RNotZ 2015, 556, 563.

[80] Faßbender/Hötzel/von Jeinsen/Pikalo/*von Jeinsen* § 5 HöfeVfO Rz. 6.

[81] Zur vorsorglichen Hofaufgabeerklärung vgl. OLG Köln v. 10.2.2009 – 23 WLw 12/08, RNotZ 2009, 323 m. Anm. *Roemer; Roemer* RNotZ 2015, 556, 563 f.

ihre Hofzugehörigkeit.[82] Ein Mietshaus gehört nicht zum Hof, es sei denn, das mit ihm bebaute Grundstück dient überwiegend Hofzwecken, zB als Lager oder Schuppen oder als Wohnstätte für Mitarbeiter des landwirtschaftlichen Betriebs .[83] Bei einem aus mehreren Flurstücken bestehendem unter einer Bestandsverzeichnis-Nummer gebuchtem Grundstück kann ein Flurstück Hofbestandteil, ein anderes hingegen, das nicht oder nicht mehr von der Hofstelle aus bewirtschaftet wird, hoffrei sein.[84]Die zeitweilige Verpachtung eines Grundstücks schließt dessen Hofzugehörigkeit gem. § 2 Buchst. a HöfeO nicht aus.

61 **Zum Hof gehören** gem. § 2 Buchst. b ferner Mitgliedschaftsrechte, Nutzungsrechte und ähnliche Rechte, die dem Hof dienen. Zu solchen Mitgliedschaftsrechten zählen etwa Aktien an einer Zuckerfabrik oder Beteiligungen an einer Brennerei oder Stärkefabrik, sofern in diesen Anlagen Erzeugnisse des Hofes verarbeitet werden.[85] Als „ähnliches Recht" iSv. § 2 Buchst. b gehört auch die Milchreferenzmenge (Milchquote) zum Hof.[86] Entsprechendes gilt für Zuckerrübenlieferungsrechte.[87] Hofbestandteile gem. § 2 Buchst. b sind – abweichend vom Gebot des Alleineigentums am Hof – auch dem Hof dienende Miteigentumsanteile an einem Grundstück, falls diese Anteile im Verhältnis zum sonstigen hofzugehörigen Grundbesitz nur von untergeordneter Bedeutung sind. Hierzu gehören sowohl Miteigentum nach Bruchteilen als auch Gesamthandseigentum.[88]

Es kommt vor, dass von den häufig zahlreichen hofzugehörigen Grundstücken einzelne bei der Hofübergabe übersehen und deshalb im Übergabevertrag nicht aufgeführt werden. Zwar gelten auch diese „vergessenen" Grundstücke und Miteigentumsanteile, da hofzugehörig, nach § 2 Buchst. a) HöfeO als mitübertragen. Zur Eigentumsumschreibung auf den Hofübernehmer müssen sie jedoch grundbuchmäßig bezeichnet und an ihn aufgelassen werden.[89] Zur Erleichterung dieses nachträglichen dinglichen Vollzugs dient die im Muster enthaltene Vollmacht.

Durch die am 1.1.2005 in Kraft getretene Reform der Gemeinsamen Agrarpolitik der Europäischen Union (GAP-Reform) wurden Betriebsprämien eingeführt, die der Einkommensergänzung der Landwerte dienen. Zahlungsansprüche nach dem Betriebsprämiendurchführungsgesetz konnten abgetreten werden.[90] Ab dem 1.1.2015 gilt ein neues System der **Direktzahlungen** (1. Säule der GAP) Die Direktzahlungen setzen sich zusammen aus Basisprämie, Umverteilungsprämie, Greeningprämie[91] und Junglandwirteförderung.[92] Zur Umsetzung der GAP Reform- wurde in Deutschland das Direktzahlungen-Durchführungsgesetz v. 9.7.2014 (BGBl. I 2014, 897) erlassen, zuletzt geändert durch Art. 1 des Gesetzes vom 21.10.2016 (BGBl. I 2016, 2370).

---

[82] Faßbender/Hötzel/von Jeinsen/Pikalo/*Faßbender* § 2 Rz. 24; Lüdtke-Handjery/von Jeinsen/*Brinkmann* § 2 Rz. 6.

[83] Faßbender/Hötzel/von Jeinsen/Pikalo/*Faßbender* § 2 Rz. 22; *Wöhrmann* § 2 Rz. 29.

[84] BGH v. 26.6.2014 – V ZB 1/12, FG Prax 2014, 192.

[85] Faßbender/Hötzel/von Jeinsen/Pikalo/*Faßbender* § 2 Rz. 41; BGH v. 17.3.1966 – V BLw 42/65, BGHZ 45, 196 hat die Hofzugehörigkeit von Anteilen an einer Zuckerfabrik jedenfalls dann bejaht, wenn die Anteile mit einer Lieferpflicht nebst Lieferrecht und Vergütungsanspruch verbunden waren; vgl. auch *Wöhrmann* § 2 Rz. 59.

[86] BGH v. 25.4.1997 – BLw 1/97, BGHZ 135, 292; *Faßbender/Hötzel/von Jeinsen/Pikalo* § 2 Rz. 46; *Wöhrmann/Stöcker* § 2 Rz. 60.

[87] Faßbender/Hötzel/von Jeinsen/Pikalo/*Faßbender* § 2 Rz. 47; *Wöhrmann* § 2 Rz. 59; offengelassen vom BGH v. 30.3.1990 – V ZR 113/89, BGHZ 111, 110.

[88] Faßbender/Hötzel/von Jeinsen/Pikalo/*Faßbender* § 2 Rz. 55; *Wöhrmann* § 2 Rz. 55.

[89] Faßbender/Hötzel/von/Jeinsen/Pikalo/*Faßbender* § 2 Rz. 67; Lüdtke-Handjery/von Jeinsen/*Roemer* § 17 Rz. 66.

[90] Zu den Einzelheiten ausführlich *Gehse* RNotZ 2007, 61.

[91] Hierbei handelt es sich um Zahlungen zur Unterstützung von Umweltschutzmaßnahmen im Bereich der Landbewirtschaftungsmethoden. Das sog. Greening umfasst folgende drei Komponenten: Anbaudiversifizierung (Anbau mehrerer Kulturen auf Ackerlandflächen), Erhaltung von Dauergrünland und Bereitstellung ökologischer Vorrangflächen auf 5% des Ackerlandes (zB Stilllegungsflächen, Feldgehölze, Hecken, Terrassen, Tümpel). Vgl. *Krüger/Haarstrich* AuR 2015, 129, 132 ff.

[92] Ausführlich hierzu *Krüger/Haarstrich* AuR 2015, 129.

Zum Hof rechnet gem. § 3 HöfeO auch das **Hofeszubehör.** Dieses umfasst insbesondere das auf dem Hof für die Bewirtschaftung vorhandene Vieh, Wirtschafts- und Hausgerät, den vorhandenen Dünger sowie die für die Bewirtschaftung bis zur nächsten Ernte dienenden Vorräte an landwirtschaftlichen Erzeugnissen und Betriebsmitteln.

(frei) **62, 63**

Zu § 3: Vorbehalt des Wohnungsrechts

Das Wohnungsrecht (§ 1093 BGB) ist typischer Bestandteil eines Altenteils bei Hofübergabeverträgen und berechtigt dazu, ein Gebäude oder ein Gebäudeteil unter Ausschluss des Eigentümers als Wohnung zu nutzen. Anders als beim Nießbrauchsrecht ist es dem Wohnungsberechtigten nicht gestattet, die dem Wohnungsrecht unterliegenden Räume ohne Zustimmung des Eigentümers anderen Personen zur Nutzung zu überlassen, insbesondere zu vermieten. Der Eigentümer kann jedoch dem Wohnungsberechtigten gem. § 1090 Abs. 1 S. 2 BGB gestatten, die Ausübung des Wohnungsrechts einem anderen zu überlassen. In einem solchen Fall ist der Wohnungsberechtigte auch zur Vermietung befugt. Soll die Gestattung auch gegenüber Einzelrechtsnachfolgern des Eigentümers wirken, bedarf sie der Eintragung in das Grundbuch. Allerdings ist der Wohnungsberechtigte befugt, **Familienangehörige,** zu denen auch der Partner einer auf Dauer angelegten **nichtehelichen Lebensgemeinschaft** gehört,[93] sowie Haus- und Pflegepersonal auch ohne besondere Gestattung des Eigentümers in die Wohnung aufzunehmen (§ 1093 Abs. 2 BGB). **64**

Wegen des **Bestimmtheitsgrundsatzes** müssen die Räume und Anlagen, auf die sich das Wohnungsrecht erstrecken soll, so genau bezeichnet werden, dass auch ein mit den Örtlichkeiten nicht vertrauter Außenstehender erkennen kann, welche Räumlichkeiten vom Wohnungsrecht umfasst sein sollen.[94] **65**

Auch ohne besondere Vereinbarung darf der Wohnungsberechtigte gem. § 1093 Abs. 3 BGB die zum **gemeinschaftlichen Gebrauch** der Bewohner bestimmten Anlagen und Einrichtungen **mitbenutzen,** wie zB Garten, Flur und Speicher. Diese Anlagen und Einrichtungen müssen sich jedoch auf dem gleichen Grundstück befinden wie das Gebäude, dessen Räume der Wohnungsberechtigte nutzen darf. Ist dies nicht der Fall, befindet sich zB der Garten auf einem unbebauten Nachbargrundstück, kann das Mitbenutzungsrecht hieran nur durch eine gesonderte beschränkte persönliche Dienstbarkeit auf dem anderen Grundstück im Grundbuch gesichert werden.[95]

Nach der gesetzlichen Lastenverteilung hat der Eigentümer die öffentlichen und privaten Lasten des Grundstücks zu tragen, insbesondere Grundsteuer und Gebäudeversicherung. Der Wohnungsberechtigte hat hinsichtlich der seinem Wohnungsrecht unterliegenden Räume die verbrauchsabhängigen Kosten wie Strom, Heizung und Wasser zu tragen,[96] ferner die anteilig auf seine Wohnung entfallenden verbrauchsunabhängigen Grundkosten für Heizung und Warmwasserbereitung.[97] Er hat für Ausbesserungen und Erneuerungen im Rahmen der gewöhnlichen Unterhaltung (§ 1041 BGB) zu sorgen.[98] Von dieser gesetzlichen Lastenverteilung abweichende Vereinbarungen sind zulässig. So kann mit dinglicher Wirkung vereinbart werden, dass der Eigentümer anstelle des Wohnungsberechtigten die Kosten für Strom, Wasser, Abwasser, Heizung und Gas sowie für Schönheitsreparaturen zu tragen hat.[99] **66**

Fortgeltende landesgesetzliche Bestimmungen über Altenteils-(Leibgedings-)Verträge sehen teilweise andere – allerdings abdingbare – gesetzliche Lastenverteilungen vor,

---

[93] BGH v. 7.5.1982 – V ZR 58/81, BGHZ 84, 36.
[94] Mayer/Geck/*Mayer* § 5 Rz. 22; *Schöner/Stöber* Rz. 1258.
[95] BayObLG DNotZ 1976, 227; *Schöner/Stöber* Rz. 1242, 1248a.
[96] BGH v. 21.10.2011 – V ZR 57/11, NJW 2012, 522.
[97] BGH v. 21.10.2011 – V ZR 57/11, NJW 2012, 522.
[98] Langenfeld/Günther/*Langenfeld* S. 155 f; Palandt/*Herrler* BGB § 1093 Rz. 10.
[99] BayObLG v. 18.6.1980 – BReg. 2 Z 28/80, BayObLGZ 1980, 176; OLG Schleswig v. 9.6.1994 – 2 W 52/94,NJW-RR 1994, 1359; LG Köln v. 20.2.1987 – 11 T 24/87, MittRhNotK 1987, 105.

so zB die Verpflichtung des Eigentümers, die Wohnungsrechtsräume in einem zum vertragsgemäßen Gebrauch geeigneten Zustand zu erhalten.[100]

67 Das Wohnungsrecht ist **nicht vererblich** und erlischt mit dem Tode des Wohnungsberechtigten.[101] Ist der Berechtigte aus Gründen, die in seiner Person liegen, dauerhaft daran gehindert, das Wohnungsrecht auszuüben, zB wegen einer Heimunterbringung, führt dies nicht zum Erlöschen des Rechts.[102] Dem Wohnungsberechtigten kann jedoch in einem solchen Fall nach den Grundsätzen der **ergänzenden Vertragsauslegung,** ein Geldanspruch gegen den Eigentümer zustehen.[103] Enthalten die vertraglichen Vereinbarungen zum Wohnungsrecht keine Regelungen für den Fall der Unterbringung des Wohnungsberechtigten in einem Alten- oder Pflegeheim, und tritt dieser Fall ein, so gelten nach dem Urteil des BGH vom 9.1.2009[104] folgende Grundsätze:

Der Eigentümer ist berechtigt, aber nicht verpflichtet, die Wohnung zu vermieten. Vermietet er sie, so steht die Miete dem Wohnungsberechtigten zu; der Sozialhilfeträger kann sie folglich auf sich überleiten. Vermietet der Eigentümer die Wohnung nicht, sondern nutzt sie selbst oder lässt sie durch einen nahen Angehörigen unentgeltlich nutzen, so hat er kein Nutzungsentgelt an den Wohnungsberechtigten zu zahlen. Aus den **landesgesetzlichen** Regelungen zum **Altenteilsvertrag** kann sich bei Wegzug vom übertragenen Anwesen ein Anspruch des Wohnungsberechtigten auf **Entschädigung in Geld** ergeben (zB nach Art. 15 § 9 Abs. 3 des preußischen Ausführungsgesetzes zum BGB oder § 16 des niedersächsischen Ausführungsgesetzes zum BGB). Ein Altenteilsvertrag in diesem Sinne liegt jedoch nur dann vor, wenn dem Erwerber hierdurch ein Nachrücken in die wirtschaftliche Existenzgrundlage des Übergebers ermöglicht werden soll, wie das insbesondere bei der Übergabe eines Hofes, Betriebes oder Geschäfts der Fall ist (vgl. die Nachweise in Rz. 16). Ob ein vertraglicher Ausschluss des Wohnungsrechts für den Fall, dass der Wohnungsberechtigte das Wohnobjekt auf Dauer verlässt, gegenüber einem Regressversuch des Sozialhilfeträgers Bestand hätte, war lange umstritten[105] dürfte aber nach dem Urteil des BGH vom 6.2.2009 zu bejahen sein.[106] Nach dieser Entscheidung verstößt die Vereinbarung, eine vertraglich übernommene Verpflichtung zur Gewährung von Kost und Pflege solle entschädigungslos ruhen, solange der Übergeber sich in einem Alten- und Pflegeheim aufhält, nicht gegen § 138 BGB. Für eine entsprechende Vereinbarung zum Wohnungsrecht dürfte nichts anderes gelten.

Zur Frage, ob ein vorbehaltenes Wohnungsrecht allein oder in Kombination mit einem vereinbarten Rückforderungsrecht den Beginn der Zehnjahresfrist des § 2325 Abs. 3 S. 2 BGB hindert, vgl. A. 1.01 Rz. 47.

68 **Ertragssteuerlich** stellt das vorbehaltene Wohnungsrecht bei Hofübergabeverträgen wie auch sonst im Rahmen der vorweggenommenen Erbfolge kein Entgelt dar, sondern mindert lediglich den Wert des übertragenen Vermögens.[107]

---

[100] Vgl. zB Art. 15 § 5 Abs. 1 des preußischen Ausführungsgesetzes zum BGB, das in den ehemals preußischen Teilen des Landes NRW fortgilt.

[101] § 1093 BGB iVm. § 1090 Abs. 2, § 1061 BGB.

[102] BGH v. 19.1.2007 – V ZR 163/06, NJW 2007, 1884; OLG Zweibrücken v. 8.9.1986 – 3 W 130/86, OLGZ 1987, 27; OLG Köln v. 6.2.1995 – 2 W 21/95, NJW-RR 1995, 1358.

[103] BGH v. 19.1.2007 – V ZR 163/06, NJW 2007, 1884; *Brückner* NJW 2008, 1111; OLG Köln v. 6.2.1995 – 2 W 21/95, NJW-RR 1995, 1358.

[104] BGH v. 9.1.2009 – V ZR 168/07, NJW 2009, 1348.

[105] Vgl. die Nachweise bei Mayer/Geck/*Mayer* § 3 Rz. 91. Rz. 178. Grundbuchrechtlich ist es jedenfalls zulässig ein Wohnungsrecht unter der auflösenden Bedingung zu begründen, dass es erlischt, wenn der Berechtigte das Anwesen nicht nur vorübergehend verlässt, BayObLG v. 7.8.1997 – 2 Z BR 61/97, NJW-RR 1998, 85. Anderes soll nach OLG Frankfurt a. M. v. 27.10.2014 – 20 W 392/13, MittBayNot 2016, 391 für die auflösende Bedingung, gelten, das Wohnungsrecht ende, wenn es „voraussichtlich auf Dauer nicht mehr ausgeübt werden kann", mit der Begründung, auch ein Umzug in ein Altenheim schließe die Ausübung des Wohnungsrechts nicht aus, da der Wohnungsberechtigte mit Gestattung des Eigentümers die Räume vermieten könne,

[106] BGH v. 6.2.2009 – V ZR 130/08, DNotZ 2009, 441 m. Anm. *Litzenburger* FD-ErbR 2009, 278 793; Mayer/Geck/*Mayer* § 3 Rz. 91.

[107] BMF v. 13.1.1993, BStBl. I 1993, 80, Rz. 10.

Übernimmt der Erwerber vereinbarungsgemäß die Schönheitsreparaturen, so sind diese als dauernde Last anzusehen, soweit sie auf die vom Wohnungsrecht erfasste Wohnung entfallen.[108] Das gilt allerdings, soweit nichts anderes vereinbart ist, nur für die Erhaltung des vertragsgemäßen Zustands.[109] Außergewöhnliche Instandhaltungsaufwendungen, die über die Erhaltung des im Zeitpunkt der Übergabe vertragsgemäßen Zustands hinausgehen, sind keine Leistungen zur Versorgung des Vermögensübergebers und dürfen daher nicht als dauernde Last abgezogen werden.[110]

Schenkungsteuerlich stellt das vorbehaltene Wohnungsrecht eine Nutzungs- oder **69** Duldungsauflage iSd. Rechtssprechung des BFH dar.[111] Der Kapitalwert des Wohnungsrechts mindert seit dem 1. Januar 2009 den Wert des Schenkungsgegenstandes, da das an diesem Tag in Kraft getretene ErbStRG den bisherigen § 25 ErbStG aufgehoben hat. Dieser hatte einen Abzug nur zugelassen, falls das Wohnungsrecht für andere Personen als den Veräußerer oder seinen Ehegatten vorbehalten worden war. Für Altfälle vor dem 1. Januar 2009 gilt weiterhin § 25 Abs. 1 S. 3 und Abs. 2 ErbStG in der bisherigen Fassung (§ 37 Abs. 2 S. 2 ErbStG).[112]

Sofern nicht nur der Veräußerer, sondern auch sein Ehegatte, der nicht Eigentümer ist, ein Wohnungsrecht als Gesamtgläubiger gem. § 428 BGB erhalten soll, stellt das Wohnungsrecht für den Veräußerer ein Vorbehaltwohnungsrecht, für den nach § 428 BGB mitberechtigten Ehegatten jedoch ein Zuwendungswohnungsrecht dar.[113] Das Zuwendungswohnungsrecht ist eine Schenkung des Veräußerers an seinen Ehegatten,[114] deren Besteuerung sich nach § 23 ErbStG richtet, sofern sie nicht, wie häufig, wegen des Freibetrages gem. § 16 Abs. 1 Nr. 1 ErbStG schenkungssteuerfrei bleibt. Alternativ kann in diesen Fällen vereinbart werden, dass – unter Beibehaltung einer Gesamtgläubigerschaft beider Ehegatten – abweichend von der Ausgleichsregel des § 430 BGB das Wohnungsrecht im Innenverhältnis zwischen dem Veräußerer und dessen Ehepartner bis zum Tode des Veräußerers nur diesem und erst ab dessen Ableben dem Ehegatten zustehen soll. Oder aber es könnten – unter Vermeidung einer Gesamtgläubigerstellung gem. § 428 BGB – zwei eigenständige Wohnungsrechte begründet werden, ein sofort entstehendes für den Veräußerer allein und ein – durch den Tod des Veräußerers aufschiebend bedingtes – Wohnungsrecht für dessen Ehepartner. In beiden Alternativen läge erst mit dem Tode des Veräußerers eine freigebige Zuwendung des Wohnungsrechts an seinen Ehegatten vor, während eine Schenkung des Wohnungsrechts an den Ehepartner ganz entfiele, wenn dieser vor dem Veräußerer versterben sollte.[115]

Im Bereich der **Grunderwerbsteuer** sind, wie in A. 1.01 Rz. 41 ausgeführt, Nut- **70** zungs- oder Duldungsauflagen wie das vorbehaltene Wohnungsrecht nach Wegfall des § 25 ErbStG zum 1. Januar 2009 nunmehr grunderwerbsteuerpflichtig, sofern kein persönlicher Befreiungstatbestand insbesondere nach § 3 Nrn. 4 und 6 GrEStG eingreift.

(frei) **71, 72**

---

[108] BFH v. 25.3.1992 – X R 196/87, BStBl. II 1992, 1012.

[109] BFH v. 25.8.1999 – X R 38/95, BStBl. II 2000, 21.

[110] BMF v. 21.7.2003, BStBl. I 2003, 405.

[111] BFH v. 12.4.1989 – II R 37/89, BStBl. II 1989, 524.

[112] Zum früheren Recht *Ebeling* BB 1989, 2368.

[113] BFH v. 27.7.1982 – VIII R 176/80, BStBl. II 1983, 6; *Spiegelberger* § 4 Rz. 48; *Wegmann* Rz. 251, jeweils zum Nießbrauchsrecht; für das Wohnungsrecht gilt jeweils Entsprechendes.

[114] FM Baden-Württemberg v. 25.6.2003, DB 2003, 1478; dort sowie im Folgeerlass vom 9.1.2004 des FM Bayern, abgedruckt in Beck'sche Textausgabe Steuererlasse, Nr. 250 § 25/2, auch zu den praktischen Konsequenzen im Hinblick auf § 25 ErbStG.

[115] Vgl. FM Baden-Württemberg v. 25.6.2003, DB 2003, 1478; Nds FG v. 14.11.2001 – 3 K 296/96, EFG 2002, 480 m. Anm. *Neu*.

Zu § 4: Pflegeverpflichtung

73 Während die Übernahme der häuslichen Pflege des Veräußerers in Übertragungsverträgen außerhalb der Landwirtschaft selten geworden ist, ist die Pflegeverpflichtung (auch „Wart und Pflege" genannt) in Hofübergabeverträgen nach wie vor verbreitet.

Bislang bot sich zur Konkretisierung und Begrenzung der vertraglichen Pflegeverpflichtung eine Anlehnung an die Pflegestufen des Pflegeversicherungsgesetzes an.[116] Die am 1.1.2017 in Kraft getretene Neuregelung der §§ 14 und 15 SGB XI aufgrund des **Zweiten Pflegestärkungsgesetzes** vom 21.12.2015 (BGBl. 2015 I 2424) hat jedoch zu weitreichenden Änderungen geführt, die auch für die vertragliche Gestaltungspraxis von Bedeutung sind.[117] § 15 Abs. 3 SGB XI nF sieht nicht mehr die aus dem früheren Recht bekannten drei Pflegestufen vor, sondern **fünf Pflegegrade.** Die bisherige gesetzliche Orientierung am Zeitaufwand der Pflege ist entfallen.[118] Statt dessen sind nunmehr Punktwerte zu ermitteln. Entsprechend dem erreichten Gesamtpunktwert erfolgt die Einordnung in die Pflegegrade, die von Pflegegrad 1 (geringe Beeinträchtigung der Selbständigkeit oder der Fähigkeiten) bis Pflegegrad 5 (schwerste Beeinträchtigung der Selbständigkeit oder der Fähigkeiten mit besonderen Anforderungen an die pflegerische Versorgung) reichen. Die Überleitung von Versicherten, die bisher in einer der Pflegestufen I bis III eingruppiert waren, in die neuen Pflegegrade erfolgt nach Maßgabe der Bestimmungen in § 140 SGB XI nF. Die gesetzliche Neuregelung lässt es ratsam erscheinen, die geschuldeten Pflegeleistungen und den zeitlichen Umfang der zu erbringenden Tätigkeiten (Begrenzung des täglichen Zeitaufwands) genauer zu konkretisieren.[119] Schon bisher üblich und empfehlenswert war, die Pflegeverpflichtung des Übernehmers derart zu beschränken, dass sie nur in dem übertragenen Anwesen zu erbringen ist und auch nur insoweit, als hierzu eine ungelernte Kraft in der Lage ist.[120] Die Vereinbarung, die Pflegeverpflichtung sollte entschädigungslos ruhen, wenn der Übergeber sich nicht mehr in dem Übertragungsobjekt aufhält, sondern in ein Alten- und Pflegeheim aufgenommen wird, verstößt, sofern keine weiteren Umstände hinzutreten, nicht gegen § 138 BGB.[121] Sie soll der Gefahr begegnen, dass der Sozialhilfeträger von dem Erwerber im Wege des Sozialhilferegresses den Betrag verlangt, der seinen ersparten Pflegeaufwendungen entspricht.[122]

74 Die Ausführungsgesetze der Länder zum BGB sehen bezüglich des Altenteilsvertrages vor, dass dem Übergeber im Falle eines Wegzuges vom übertragenen Anwesen etwa in ein Pflegeheim Ansprüche auf eine Geldrente zustehen können (zu diesen Ausführungsgesetzen vgl. Rz. 16). Diese Ansprüche können nach § 90 BSHG (seit 1.1.2005: § 93 SGB XII) auf den Sozialhilfeträger übergeleitet werden. Die Überleitung ist ausgeschlossen, wenn entsprechende Wertersatzansprüche vermieden werden, was durch Abbedingung der dispositiven Vorschriften der Landesausführungsgesetze zum Altenteilsvertrag möglich ist.[123] Die vertragliche Vereinbarung einer Pflegeverpflichtung führt zu keiner Einschränkung der Leistungen nach der Pflegeversicherung gemäß SGB XI, da es sich bei diesen um sozialversicherungsrechtliche beitragserkaufte Ansprüche handelt.[124] Wird der Übergeber, zu dessen Pflege sich der Erwerber verpflichtet hat, aus medizinischen Gründen in einem Pflegeheim untergebracht, soll der Erwerber nach der Rechtsprechung des BGH auch ohne besondere Absprache dazu verpflichtet sein, sich in Höhe der ersparten Aufwendungen an den stationären Heim-

---

[116] Mayer/Geck/*Mayer* § 6 Rz. 32 ff.; *Krauß* Vermögensnachfolge Rz. 1408 ff.

[117] DNotI-Report 2016, 194.

[118] DNotI-Report 2016, 194.

[119] DNotI-Report 2016, 194.

[120] *Wegmann* Rz. 474.

[121] BGH v. 6.2.2009 – V ZR 130/08, BeckRS 2009, 08366 m. Anm. *Litzenburger* FD-ErbR 2009, 278, 793.

[122] *Von Hoyenberg* S. 218.

[123] Vgl. *Wegmann* Rz. 482; *Langenfeld/Günther* S. 239.

[124] Mayer/Geck/*Mayer* § 6 Rz. 8; *Langenfeld/Günther* S. 168; *Rastätter* ZEV 1996, 281, 286.

kosten zu beteiligen.[125] Das gilt jedoch nicht, wenn vereinbart wurde, dass eine übernommene Pflegeverpflichtung entschädigungslos ruhen solle, solange sich der Übergeber in einem Alten- oder Pflegeheim aufhält.[126]In Übergabeverträgen vereinbarte Pflegeleistungen können durch Eintragung einer Reallast gem. § 1105 BGB im Grundbuch gesichert werden.[127]

Einkommensteuerrechtlich stellt die vertragliche Pflegeverpflichtung eine **Versorgungsleistung** iSd. Urteils des Großen Senats des BFH v. 5.7.1990 dar, führt also weder zu einem Veräußerungsentgelt noch zu Anschaffungskosten.[128] Entstehen dem Übernehmer im Zusammenhang mit der Pflegverpflichtung tatsächlich **Aufwendungen,** zB für die Entlohnung einer Pflegekraft, so kann er diese Aufwendungen als **Versorgungsleistung** gem. § 10 Abs. 1a Nr. 2 EStG geltend machen, während der Veräußerer sie als wiederkehrende Bezüge nach § 22 Nr. 1 S. 1 EStG in voller Höhe zu versteuern hat.[129] **Persönliche Dienstleistungen** des Pflegeverpflichteten sind hingegen **nicht** als Sonderausgaben abzugsfähig.[130] 75

Schenkungsteuerlich stellt die Übernahme einer Pflegeverpflichtung eine **Leistungsauflage** dar, die zur Minderung des Werts des übertragenen Vermögens führt.[131] Die Pflegeverpflichtung kann jedoch in diesem Zusammenhang nur und erst dann berücksichtigt werden, wenn der **Pflegefall** tatsächlich **eintritt** und die Pflegeleistung erbracht wird.[132] Bis dahin handelt sich um eine nur aufschiebend bedingte Verpflichtung. Mit Eintritt der Bedingung ist sie durch **Berichtigung** des Schenkungsteuerbescheides steuermindernd zu berücksichtigen. Liegt eine Pflegebedürftigkeit iSd. § 15 SGB XI vor, kann der Kapitalwert des Jahreswerts der Pflegeleistung mit dem 12-fachen der in der gesetzlichen Pflegversicherung vorgesehenen monatlichen Pauschalvergütung für Pflegesachleistungen (§ 36 Abs. 3 SGB XI) angesetzt werden.[133] 76

Im Rahmen der **Grunderwerbsteuer** ist die Pflegeverpflichtung als aufschiebend bedingte Gegenleistung nur zu berücksichtigen, wenn die Pflege nach Eintritt des Pflegefalls tatsächlich erbracht wird. Der Wert der Pflegeleistung ist wie bei der Schenkungsteuer mit ihrem Kapitalwert anzusetzen.[134] Insoweit wird auf die vorstehenden Ausführungen zur Schenkungsteuer verwiesen. 77

(frei) 78, 79

Zu § 5: Wiederkehrende Zahlungen als abänderbare Versorgungsleistungen

Bis zum Inkrafttreten des Jahressteuergesetzes 2008 (BGBl. I 2007, 3150) war es üblich, in Hofübergabeverträgen lebenslange Zahlungen an den Veräußerer in Form einer dauernden Last zu vereinbaren, um dem Erwerber den vollen Sonderausgabenabzug dieser Zahlungen zu ermöglichen. **Dauernde Lasten** sind wiederkehrende Aufwendungen, die ein Steuerpflichtiger für eine längere Zeit aufgrund einer rechtlichen Verpflichtung einem anderen gegenüber in Geld- oder Sachleistungen zu erbringen hat.[135] Die dauernde Last unterscheidet sich von der **Rente** dadurch, dass sie **nicht** in **gleichmäßiger Höhe** erbracht wird, wobei die Vereinbarung einer bloßen 80

---

[125] BGH v. 23.1.2003 – V ZB 48/02, ZEV 2003, 211.
[126] BGH v. 6.2.2009 – V ZR 130/08, DNotZ 2009, 441 = ZEV 2009, 254 m. Anm. *Litzenburger; Litzenburger* FD-ErbR 2009, 278794; Mayer/Geck/*Mayer* § 3 Rz. 137.
[127] BGH v. 13.7.1995 – V ZB 43/94, BGHZ 130, 342.
[128] BFH v. 5.7.1990 – GrS 4–6/89, BStBl. II 1990, 847.
[129] BFH v. 18.12.1990 – X R 151/88, BStBl. II 1991, 354; BFH v. 22.1.1992 – X R 35/89, BStBl. II 1992, 552; BMF v. 26.8.2002, BStBl. I 2002, 893 Tz. 32.
[130] BFH v. 28.7.1983 – IV R 174/80, BStBl. II 1984, 97; offengelassen in BFH v. 22.1.1992 – X R 35/89, BStBl. II 1992, 552.
[131] *Wegmann* Rz. 487.
[132] *Halaczinsky* ZErb 2003, 130.
[133] *Halaczinsky* ZErb 2003, 130, 133 mit Berechnung eines Beispiels.
[134] *Halaczinsky* ZErb 2003, 130, 133.
[135] Schmidt/*Weber-Grellet* EStG § 22 Rz. 47.

Wertsicherungsklausel an der Gleichmäßigkeit nichts ändert,[136] sondern von **variablen Bemessungsgrößen** (Umsatz, Gewinn, Bedürftigkeit des Empfängers, Leistungsfähigkeit des Verpflichteten) abhängt oder der **Anpassungsmöglichkeit** nach **§ 323a ZPO** unterliegt.[137] Dauernde Lasten waren beim Empfänger grundsätzlich in **voller Höhe** als wiederkehrende Bezüge zu versteuern (§ 22 Nr. 1 EStG), während der Verpflichtete sie in voller Höhe nach § 10 Abs. 1 Nr. 1a EStG als Sonderausgabe abziehen konnte.[138]

Leibrenten hingegen konnten nur mit ihrem **Ertragsanteil** (§ 10 Abs. 1 Nr. 1a Satz 2 EStG) als Sonderausgabe abgezogen werden, während der Empfänger sie auch lediglich mit dem Ertragsanteil (§ 22 Nr. 1 S. 3 Buchst. a EStG) zu versteuern hatte.[139]

Mit dem Jahressteuergesetz 2008 ist die bisherige steuerliche Unterscheidung zwischen Leibrente und dauernde Last entfallen. Stattdessen spricht § 10 Abs. 1a Nr. 2 EStG nur noch von wiederkehrenden Versorgungsleistungen. Diese werden einkommensteuerlich wie die frühere dauernde Last behandelt. Sie sind daher in vollem Umfang beim Erwerber abzugsfähig und korrespondierend gem. § 22 Nr. 1a EStG beim Übergeber in vollem Umfang steuerpflichtig, sofern auch die übrigen Voraussetzungen des § 10 Abs. 1a Nr. 2 vorliegen (vgl. hierzu Rz. 27 ff.).

81 Wenn auch nach dem Jahressteuergesetz 2008 ertragsteuerlich keine Unterschiede mehr zwischen Leibrente und dauernden Last bestehen, so ist doch in zivilrechtlicher Hinsicht stets zu klären, welche Art von Versorgungsleistung gewünscht wird: Die gleich bleibende Leibrente oder wiederkehrende Zahlungen, die dem Abänderungsvorbehalt des § 323a ZPO (vormals § 323 ZPO) unterliegen sollen. Die Notwendigkeit, aus steuerlichen Gründen die nach § 323a ZPO abänderbare dauernde Last zu wählen, obwohl sie eigentlich zivilrechtlich insbesondere aus Sicht des Übergebers nicht gewollt war, ist entfallen. Insoweit besteht nun eine größere Gestaltungsfreiheit.

82 Die dargelegten steuerrechtlichen Folgen setzen voraus, dass es sich bei den vereinbarten wiederkehrenden Bezügen um **Versorgungsleistungen** und nicht um Unterhaltsleistungen oder wiederkehrende Leistungen im Austausch mit einer Gegenleistung (Kaufpreis, Veräußerungsrente) handelt.[140] Bei der Vermögensübergabe an Angehörige mit Rücksicht auf die künftige Erbfolge spricht eine **widerlegbare Vermutung** dafür, dass wiederkehrende Leistungen unabhängig vom Wert des übertragenen Vermögens nach dem Versorgungsbedürfnis des Berechtigten und nach der wirtschaftlichen Leistungsfähigkeit des Verpflichteten bemessen werden. Diese Vermutung ist widerlegt, wenn die Beteiligten Leistung und Gegenleistung nach kaufmännischen Gesichtspunkten gegeneinander abgewogen haben und subjektiv von der Gleichwertigkeit der beiderseitigen Leistungen ausgehen durften, auch wenn Leistung und Gegenleistung objektiv ungleichgewichtig sind.[141] Die vom Übernehmer in einem Hofübergabevertrag zugesagten wiederkehrenden Leistungen zur Versorgung des Übergebers stellen weder ein Veräußerungsentgelt noch nicht abzugsfähige Unterhaltsleistungen iSd. § 12 Nr. 1 oder Zuwendungen iSd. § 12 Nr. 2 EStG, sondern Versorgungsleistungen dar, die bei dem Verpflichteten Sonderausgaben und bei dem Berechtigten wiederkehrende Bezüge sind.[142]

83 Nach den Beschlüssen des **Großen Senats** des **BFH** v. 12.5.2003 können jedoch in einem Übergabevertrag übernommene Versorgungsleistungen nur noch dann als Sonderausgaben abgezogen werden, wenn aufgrund einer **Ertragsprognose** die erzielbaren **Nettoerträge** des übertragenen Vermögens ausreichen, um die Versorgungsleis-

[136] EStR Abschn. 167 unter „Wertsicherungsklausel".
[137] Schmidt/*Weber-Grellet* § 22 Rz. 47; *Spiegelberger* § 6 Rz. 9.
[138] Mayer/Geck/*Geck* § 17 Rz. 194; *Wegmann* Rz. 223.
[139] Mayer/Geck/*Geck* § 17 Rz. 194; *Wegmann* Rz. 223 f.
[140] BMF v. 16.9.2004, BStBl. I 2004, 922 Tz. 1.
[141] BMF v. 16.9.2004, BStBl. I 2004, 922 Tz. 4.
[142] BFHv. 5.7.1990 – GrS 4–6/89, BStBl. II 1990, 847.

tungen abzudecken.[143] Seit Inkrafttreten des Jahressteuergesetzes 2008 kommt ein Sonderausgabenabzug nur bei Übergabe betrieblichen Vermögens iSd. § 10 Abs. 1 Nr. 1a EStG in Betracht.

Bei der Übertragung eines landwirtschaftlichen Betriebes besteht eine nur in seltenen Ausnahmefällen widerlegliche Vermutung dafür, dass die Beteiligten im Zeitpunkt der Übertragung angenommen haben, der Betrieb werde auf Dauer ausreichende Gewinne erwirtschaften, um die wiederkehrenden Leistungen abzudecken.[144] Die weitere Einschränkung des Großen Senats, dass die Versorgungsleistungen dann nicht als Sonderausgabe abziehbar seien, wenn sie zwar aus den erzielbaren laufenden Nettoerträgen des übergebenen Betriebs gezahlt werden könnten, das Unternehmen jedoch – nach Abzug des Unternehmerlohns – weder über einen positiven Substanzwert noch über einen positiven Ertragswert verfüge,[145] dürfte bei Hofübergabeverträgen kaum praktisch werden. Zudem bestimmt der IV. Rentenerlass des BMF – insoweit abweichend vom Beschluss des Großen Senats –, dass Versorgungsleistungen, die aus den laufenden Nettoerträgen eines übergebenen Betriebes erbracht werden können, auch dann als Sonderausgaben abziehbar sind, wenn der Betrieb nicht über einen ausreichenden Unternehmenswert verfügt.[146] (Zur ertragsteuerlichen Behandlung von Versorgungsleistungen vgl. auch oben Rz. 23 ff.)

Weicht die tatsächliche Durchführung eines Übertragungsvertrages von dem vertraglich Vereinbarten ab, so kann es den Parteien an dem für die steuerliche Anerkennung einer Vermögensübergabe gegen Versorgungsleistungen erforderlichen Rechtsbindungswillen fehlen. Das gilt jedenfalls dann, wenn die Abweichung die für den Versorgungsvertrag typusprägenden Leistungen – Sach- und Barleistungen – betrifft.[147] Machen die Parteien eines Versorgungsvertrages von einer vereinbarten Wertsicherungsklausel keinen Gebrauch, so soll dies allerdings für sich allein noch keinen zwingenden Schluss auf das Fehlen eines Rechtsbindungswillen zulassen.[148]

Die Vereinbarung von Wertsicherungsklauseln bei längerfristigen wiederkehrenden **84** Leistungen ist bei Übergabeverträgen im Hinblick auf drohende Wertverluste durch eine schleichende Inflation üblich und empfehlenswert.

Zur Wertsicherungsklausel vgl. die Erläuterungen in A. 1.05 Rz. 31 ff.

Die grundbuchliche Absicherung der dauernden Last erfolgt durch Eintragung einer **85** Reallast (§ 1105 BGB). Zulässiger Inhalt der Reallast kann auch eine Wertsicherungsklausel sein, die an Veränderungen des Verbraucherpreisindex anknüpft.[149] Für Abänderungsvorbehalte gem. § 323a ZPO ist dies jedoch wegen des Bestimmtheitsgrundsatzes zweifelhaft,[150] so dass in der Praxis der Abänderungsvorbehalt mit lediglich schuldrechtlicher Wirkung vereinbart wird.[151]

Die Zwangsvollstreckungsunterwerfung nach § 794 Abs. 1 Nr. 5 ZPO dient der zu- **86** sätzlichen Absicherung des Übergebers und erleichtert die Vollstreckung bei Ausbleiben der vereinbarten Zahlung. Sie bezieht sich auf die drei dem Übergeber in diesem Zusammenhang zustehenden Ansprüche, nämlich den dinglichen Anspruch aus der Reallast (§§ 1105 Abs. 1, 1107 BGB), gerichtet gegen den jeweiligen Eigentümer des belasteten Grundbesitzes auf Duldung der Zwangsvollstreckung (§ 1147 BGB), den

---

143 BFH v. 12.5.2003 – GrS 1/00, BStBl. II 2004, 95; BFH v. 12.5.2003 – GrS 2/00, BStBl. II 2004, 100; BMF v. 16.9.2004, BStBl. I 2004, 922 Tz. 7; ebenso der IV. Rentenerlass BStBl. I 2010, 227 Rz. 26.

144 BFH v. 12.5.2003 – GrS 1/00, BStBl. II 2004, 95 und BFH v. 12.5.2003 – GrS 2/00, BStBl. II 2004, 100.

145 BFH v. 12.5.2003 – GrS 2/00, BStBl. II 2004, 100. In dem entschiedenen Fall war eine in gemieteten Räumen betriebene Gastwirtschaft von Eltern auf den Sohn übertragen worden.

146 BMF v. 11.3.2010, BStBl. I 2010, 227 Rz. 31.

147 BFH v. 19.1.2005 – X R 23/04, BFH/NV 2005, 778: Statt der vereinbarten Rentenzahlungen und Sachleistungen wurden nur die Sachleistungen erbracht mit der Folge, dass auch diese nicht zum Abzug zugelassen wurden.

148 BFH v. 3.3.2004 – X R 14/01, BStBl. II 2004, 826.

149 *Wegmann* Rz. 395; *Krauß* Vermögensnachfolge Rz. 1599; *Spiegelberger* § 6 Rz. 12.

150 BayObLG v. 18.5.1993 – 2 ZR 23/93, NJW-RR 1993, 1171.

151 *Wegmann* Rz. 396; Mayer/Geck/*Mayer* § 7 Rz. 93.

persönlichen Anspruch aus der Reallast gegen den jeweiligen Eigentümer nach § 1108 Abs. 1 BGB und den persönlichen Anspruch des Gläubigers auf Zahlung der vertraglich vereinbarten Versorgungsleistung.[152]

87–92 *(frei)*

Alternativ: Wiederkehrende Leistungen als Leibrente

93 Die Leibrente ist in zivilrechtlicher Hinsicht ein einheitliches Stammrecht, das auf die Lebenszeit eines Berechtigten oder einer anderen Person eingeräumt ist und dessen Erträge aus regelmäßig wiederkehrenden gleichmäßigen Leistungen von Geld oder anderen vertretbaren Sachen bestehen.[153] Steuerlich sind Leibrenten wiederkehrende gleichbleibende Zahlungen, die für die Dauer der Lebenszeit einer Bezugsperson geleistet werden.[154]

94 Da nach dem Jahressteuergesetz 2008 nunmehr lebenslange Leibrenten, die in einem Hofübergabevertrag vereinbart werden, ebenso in vollem Umfang gem. § 10 Abs. 1 Nr. 1a als Sonderausgaben abgezogen werden können wie die vormalige dauernde Last, entfällt der Zwang, lediglich aus steuerlichen Gründen eine nach § 323a ZPO abänderbare dauernde Last zu vereinbaren. Diese kann nämlich zu dem aus Sicht des Übergebers unerwünschten Ergebnis führen, dass der zu zahlende Betrag unter den vertraglich vorgesehenen Ausgangsbetrag sinkt und damit unter Umständen nicht mehr zur Versorgung ausreicht. Auch die für die Versorgungsansprüche bestellten Sicherheiten können ihren Zweck in einem solchen Fall nicht mehr erfüllen.[155]

Bei Vereinbarung einer lebenslangen Rente mit einer Mindestlaufzeit **(verlängerte Leibrente)** handelt es sich nicht um Versorgungsleistungen mit der Rechtsfolge der Abziehbarkeit von Sonderausgaben, sondern um entgeltliche wiederkehrende Leistungen im Austausch mit einer Gegenleistung.[156] Entsprechendes gilt für Leibrenten, die zwar auf Lebenszeit, höchstens jedoch auf eine bestimmte Anzahl von Jahren, vereinbart werden **(abgekürzte Leibrenten).**[157] Hinsichtlich der grundbuchlichen Absicherung und der Zwangsvollstreckungsunterwerfung gelten für die Leibrente die gleichen Grundsätze wie bei der Vereinbarung einer dauernden Last, so dass hierzu auf die vorstehenden Ausführungen verwiesen werden kann.

96 **Schenkungsteuerlich** sind dauernde Last und Leibrente **Leistungsauflagen.**

Sofern nicht nur der Veräußerer, sondern auch sein Ehegatte, der nicht Eigentümer des übertragenen Grundbesitzes ist, als Gesamtgläubiger gemäß § 428 BGB Berechtigter der Versorgungsleistung sein soll, liegt in der Einräumung der Gesamtgläubigerstellung eine Schenkung des Veräußerers an seinen Ehegatten.[158] Alternativ kann in diesen Fällen vereinbart werden, dass – unter Beibehaltung der Gesamtgläubigerschaft beider Ehegatten – abweichend von der Ausgleichsregel des § 430 BGB der Anspruch auf Zahlung der vereinbarten Versorgungsleistung im Innenverhältnis zwischen Veräußerer und dessen Ehepartner bis zum Tode des Veräußerers nur diesem und erst ab dessen Ableben dem Ehegatten zustehen soll. Oder aber es könnten – unter Vermeidung einer Gesamtgläubigerstellung gem. § 428 BGB – zwei eigenständige Berechtigungen auf Zahlung der Versorgungsleistung begründet werden, eine sofort entstehende für den Veräußerer allein und eine – durch den Tod des Veräußerers aufschiebend bedingte – Berechtigung für dessen Ehegatten. In beiden Alternativen läge erst mit dem Tode

---

[152] Mayer/Geck/*Mayer* § 7 Rz. 98; *Wegmann* Rz. 407.
[153] Palandt/*Sprau* BGB § 759 Rz. 1.
[154] BFH v. 15.7.1991 – GrS 1/90, BStBl. II 1992, 78.
[155] Mayer/Geck/*Geck* § 17 Rz. 194.
[156] BFH v. 21.10.1999 – X R 75/97, BStBl. II 2002, 650; BMF v. 11.3.2010, BStBl. I 2010, 227 Rz. 56.
[157] BMF v. 11.3.2010, BStBl. I 2010, 227 Rz. 56; FG Köln v. 17.10.2013 – 1 K 2457/11, DStRE 2015, 906; aA *Wälzholz* MittBayNot 2008, 93, 96.
[158] Nds FG v. 14.11.2001 – 3 K 296/96, EFG 2002, 480; FM Baden-Württemberg v. 25.6.2003, DB 2003, 1478.

des Veräußerers eine freigebige Zuwendung der Zahlungsberechtigung an seinen Ehepartner vor, während eine Schenkung des Rentenrechts an den Ehepartner ganz entfiele, wenn dieser vor dem Veräußerer versterben sollte.[159]

In **grunderwerbsteuerlicher Hinsicht** unterliegen Leistungsauflagen wie die Leibrente und andere wiederkehrende Versorgungsleistungen iSd. § 10 Abs. 1 Nr. 1a EStG der Grunderwerbsteuer,[160] sofern kein persönlicher Befreiungstatbestand gem. § 3 GrEStG eingreift. **97**

(frei) **98–100**

Zu § 6: Übernahme von Verbindlichkeiten

Die zwischen Veräußerer und Erwerber vereinbarte Schuldübernahme befreit den Veräußerer nur dann von seinen Verpflichtungen, wenn der Gläubiger die Schuldübernahme gem. § 415 Abs. 1 BGB genehmigt.[161] Genehmigt der Gläubiger sie nicht, ist der Erwerber zwar im Innenverhältnis zum Übergeber verpflichtet, den Gläubiger rechtzeitig zu befriedigen und den Übergeber von einer Inanspruchnahme freizustellen (**Erfüllungsübernahme** § 415 Abs. 3, § 329 BGB), der Übergeber bleibt jedoch dem Gläubiger verpflichtet. Die befreiende Schuldübernahme sollte mit einer Änderung der Sicherungszweckerklärung für die das Darlehen sichernde Grundschuld einhergehen, die ausschließt, dass die Grundschuld weiterhin als Sicherheit für – künftige – Verbindlichkeiten des Veräußerers dient, und einer Neuvalutierung der Grundschuld durch den Erwerber zum Schutz des Veräußerers Grenzen setzt.[162] Eigentümerrechte und Rückgewähransprüche, die dem Veräußerer hinsichtlich der übernommenen Grundpfandrechte zustehen sollten, sind zweckmäßiger Weise an den Erwerber abzutreten, um zu verhindern, dass der Übergeber als bisheriger Sicherungsgeber und Rückgewährgläubiger, dessen Erben oder deren Gläubiger die Grundschuld oder Teile von Ihr gegen den Erwerber geltend machen können.[163] Das abstrakte Schuldversprechen zur Zahlung eines Betrages in Höhe der Grundschuld nebst Zinsen oder eines Teils dieses Betrages sowie die diesbezügliche Zwangsvollstreckungsunterwerfung in das Vermögen des Erwerbers werden vom Gläubiger häufig als zusätzliche Voraussetzung für eine Genehmigung der Schuldübernahme gefordert.[164] **101**

Einkommensteuerrechtlich hat bei der Übergabe eines Betriebes die Übernahme *privater* – nicht betrieblicher – Verbindlichkeiten durch den Erwerber nach der Rechtsprechung des Großen Senats des BFH Entgeltcharakter.[165] Übernommene *betriebliche* Verbindlichkeiten stellen dagegen kein Veräußerungsentgelt und keine Anschaffungskosten dar, so dass der Betriebsübernehmer hinsichtlich der übernommenen positiven und negativen Wirtschaftsgüter die Buchwerte des Übergebers fortzuführen hat.[166] **102**

Schenkungsteuerlich handelt es sich bei der Übernahme von Verbindlichkeiten um eine Leistungsauflage (zur schenkungssteuerlichen Behandlung der Leistungsauflage vgl. A. 1.01 Rz. 18ff.). **103**

---

[159] Vgl. FM Baden-Württemberg v. 25.6.2003, DB 2003, 1478; FM Bayern v. 9.1.2004, Beck'sche Steuererlasse, 250, § 25/2; Nds. FG v. 14.11.2001 – 3 K 296/96, EFG 2002, 480 m. Anm. *Neu*.

[160] BMF v. 21.5.1990, Beck'sche Textausgabe Steuererlasse Nr. 600 § 3/2; *Geck* ZEV 1997, 284.

[161] Eine solche durch Vertrag zwischen dem bisherigen Schuldner und dem Übernehmer vereinbarte Schuldübernahme unterliegt – anders als die durch Vertrag zwischen Gläubiger und Neuschuldner gem. § 414 BGB vereinbarte – nicht den Vorschriften über Verbraucherdarlehensverträge (§ 491 BGB, vormals: § 4 VerbrKrG) mit Widerrufsrecht und detaillierten Pflichtangaben, *Kurz* DNotZ 1998, 552, 564; OLG Düsseldorf v. 20.12.1999 – 24 U 186/98, MittBayNot 2001, 313 m. zust. Anm. *Vollmer*. Da zu dieser Fallgruppe noch keine höchstrichterliche Rechtsprechung vorliegt, wird teilweise empfohlen, statt einer Schuldübernahme vorsorglich eine bloße Freistellungspflicht des Erwerbers zu vereinbaren, so *Krauß* Vermögensnachfolge Rz. 1792.

[162] Mayer/Geck/*Mayer* § 12 Rz. 13ff.; *Wegmann* Rz. 456.

[163] Mayer/Geck/*Mayer* § 12 Rz 50ff.

[164] Mayer/Geck/*Mayer* § 12 Rz. 9; *Wegmann* Rz. 457.

[165] BFH v. 5.7.1990 – GrS 4–6/89, BStBl. II 1990, 847; BMF v. 13.1.1993, BStBl. I 1993, 80 Rz. 27ff.

[166] BMF v. 13.1.1993, BStBl. I 1993, 80, Rz. 29.

104 In **grunderwerbsteuerlicher Hinsicht** wird die Übernahme von Verbindlichkeiten als Gegenleistung eingeordnet und unterliegt daher der Grunderwerbsteuer, sofern keine persönliche Steuerbefreiung insbesondere gem. § 3 Nr. 6 GrEStG eingreift.

Zu § 7: Abstandsgeld

105 Zusätzlich zu wiederkehrenden Geldleistungen wie Leibrente oder dauernde Last, gelegentlich auch statt dieser Leistungen, wird bisweilen eine einmalige Geldleistung des Übernehmers an den Übergeber in Form eines **Abstandsgelds** (auch **Gutabstandsgeld** oder **Übergabepreis** genannt) vereinbart. Hiermit soll ein bereits erkennbarer Geldbedarf des Übergebers befriedigt oder diesem Mittel zur Abfindung weichender Erben zur Verfügung gestellt oder auch nur zur Stärkung des Sicherheitsgefühls des Übergebers die Grundlage für ein „Notpolster" geschaffen werden.[167] Sofern der Eintritt des Bedarfs nicht von vorn herein für sicher gehalten wird, machen die Beteiligten die Fälligkeit der Forderung häufig von einer ausdrücklichen Geltendmachung durch den Übergeber abhängig, nicht selten verbunden mit der Vereinbarung, dass Abstandsgelder, die beim Tode des Berechtigten noch nicht abgerufen worden sind, erlassen sein sollen.[168]

Die Forderung auf Zahlung des Abstandsgelds kann durch Eintragung einer Hypothek oder Grundschuld dinglich gesichert werden. Wird, wie im Vertragsmuster, eine Grundschuld gewählt, so sollte die Erteilung eines Grundschuldbriefes ebenso ausgeschlossen werden wie die Abtretbarkeit der Grundschuld. Zur Erleichterung der Löschung nach dem Tod des Grundschuldgläubigers ist die Grundschuld im Muster auflösend befristet auf den Tod des Gläubigers. Dies macht eine Löschungsbewilligung der Erben des Grundschuldgläubigers entbehrlich. Der Ausschluss der Abtretbarkeit der Grundschuld, der Briefausschluss und die auflösende Bedingung müssen Gegenstand der Eintragungsbewilligung sein. Vgl. hierzu die Bewilligung in § 14 Ziffer 2. Buchst. c) und d) des Vertragsformulars. Nach Ansicht des BayObLG[169] kann ein durch die Veräußerung von Hofbestandteilen bedingtes Abstandsgeld im Rahmen eines Altenteils Inhalt einer Reallast sein.

106 **Ertragsteuerlich** handelt es sich beim Abstandsgeld um eine entgeltliche Leistung im Sinne der Rechtsprechung des Großen Senats des BFH (vgl. Rz. 21).[170]

Schenkungsteuerlich stellt das Abstandsgeld eine Leistungsauflage dar und mindert damit als Abzugsposten den Wert des Erwerbs. Zur Leistungsauflage vgl. A. 1.01 Rz. 18ff.

In **grunderwerbsteuerlicher** Hinsicht ist das Abstandsgeld Gegenleistung und unterliegt daher der Grunderwerbsteuer, sofern keine persönliche Befreiung (insbesondere gem. § 3 Nr. 6 GrEStG) eingreift.

Zu § 8: Beerdigung und Grabpflege

107 Vom Erwerber eines land- und forstwirtschaftlichen Betriebes übernommene Beerdigungskosten (zB die Kosten eines ortsüblichen Grabmals) konnten bis 2007 als dauernde Last abgezogen werden.[171] Grabpflegekosten, mit Ausnahme der eigenen Arbeitsleistungen, stellten bis 2007 abzugsfähige Sonderausgaben dar.[172] Nach Inkraft-

---

[167] Lüdtke-Handjery/von Jeinsen/*Roemer* § 17 Rz. 82; Faßbender/Hötzel/von Jeinsen/Pikalo/*Faßbender* § 17 Rz. 92.

[168] Faßbender/Hötzel/von Jeinsen/Pikalo/*Faßbender* § 17 Rz. 93.

[169] BayObLG v. 17.4.1970 – BReg. 2 Z 23/70, DNotZ 1970, 415; Faßbender/Hötzel/von Jeinsen/Pikalo/*Faßbender* § 17 Rz. 94.

[170] BFH v. 5.7.1990 – GrS 4–6/89, BStBl. II 1990, 847; BMF v. 13.1.1993, BStBl. I 1993, 80, Tz. 27ff.

[171] BFH v. 15.2.2006 – X R 5/04, ZEV 2006, 231 m. Anm. *Schönfelder;* die anderslautende Entscheidung BFH v. 20.3.1984 – IX R 8/90, BStBl. II 1985, 43 ist damit überholt. Ein Abzug der Beerdigungskosten scheidet jedoch aus, wenn der Vermögensübernehmer, der sich zur Tragung dieser Kosten verpflichtet hat, Alleinerbe des Übergebers wird, BFH v. 19.1.2010 – X R 32/09, ZEV 2010, 329.

[172] *Halaczinsky/Obermaier/Teß* S. 470.

treten des Jahressteuergesetzes 2008 sind gem. § 10 Abs. 1a Nr. 2 EStG nur noch „lebenslange und wiederkehrende" Versorgungsleistungen abziehbar und vom Empfänger zu versteuern, so dass die Abzugsfähigkeit von Beerdigungs- und Grabpflegekosten daher zweifelhaft ist.[173]

Zu § 9: Abfindung der weichenden Erben

Wird der Hof durch Übergabevertrag an einen Abkömmling übertragen, so gilt zu- **108**
gunsten der anderen Abkömmlinge der Hoferbfall bereits mit dem Zeitpunkt der Übertragung als eingetreten (§ 17 Abs. 2 HöfeO), so dass die weichenden Abkömmlinge ab Eigentumsumschreibung des Hofes auf den Erwerber von diesem eine Abfindung in Geld nach § 12 HöfeO verlangen können.[174] Der Abfindungsanspruch bemisst sich nach dem $1^1/_2$-fachen des Einheitswertes (Hofeswert), von dem die den Hof treffenden und vom Hofübernehmer alleine zu tragenden Verbindlichkeiten iSd. § 12 Abs. 3 HöfeO abzuziehen sind. Der danach verbleibende Betrag steht den weichenden Abkömmlingen gem. § 12 Abs. 3 S. 2 HöfeO zu dem Teil zu, der ihrem gesetzlichen Erbteil nach allgemeinem bürgerlichen Recht entspricht.

Der Hofübergabevertrag kann die Abfindung abweichend von §§ 12, 13 HöfeO re- **109**
geln, was in der Praxis auch häufig geschieht. Hinsichtlich der Höhe der Abfindung wird die **obere Grenze** durch einen Betrag gezogen, bei dessen Gewährung unter Berücksichtigung der übrigen Lasten der Hof vom Übernehmer gerade noch ordnungsgemäß bewirtschaftet werden kann und dessen Überschreiten die Versagung der landwirtschaftsgerichtlichen Genehmigung des Hofübergabevertrages zu Folge haben kann.[175] Die **untere Grenze** der Abfindung bilden die Pflichtteilsansprüche der weichenden Erben in Bezug auf den Hof. Werden sie unterschritten, stehen den weichenden Erben Pflichtteilsergänzungsansprüche zu. Enthält der Hofübergabevertrag keine Vereinbarung über die Abfindung der weichenden Erben oder sind sie im Vertrag für abgefunden erklärt worden, ohne am Vertragsschluss selbst mitgewirkt zu haben, bedeutet dies nicht notwendig, dass sie auf den Pflichtteil gesetzt sind und damit lediglich die Hälfte der höferechtlichen Abfindung erhalten.[176]

Die Abfindungsansprüche der weichenden Erben können – zusätzlich zur Aufnahme einer Zwangsvollstreckungsunterwerfung – durch Eintragung einer Grundschuld oder Hypothek gesichert werden. Dieses Muster sieht eine solche Eintragung nicht vor. Dingliche Sicherungen der Abfindungsansprüche in Form einer nicht abtretbaren Buchgrundschuld bzw. einer Sicherungshypothek enthalten die Muster C.4.10 und C.4.41.

Einkommensteuerrechtlich stellen in Übergabeverträgen vereinbarte Gleichstel- **110**
lungsgelder zur Abfindung weichender Erben grundsätzlich entgeltliche Leistungen dar.[177] Abweichend hiervon sind jedoch **Abfindungen,** die der Übernehmer eines **Hofes iSd. HöfeO** an andere Abkömmlinge des Übergebers nach §§ 12, 13, 17 Abs. 2 HöfeO zu zahlen hat, nicht als Entgelt anzusehen, führen also weder zu Anschaffungskosten noch zu einem Veräußerungsentgelt.[178] Der Grund für diese abweichende Behandlung besteht darin, dass der Hofübergabevertrag in einem solchen Fall gem. § 17 Abs. 2 HöfeO wie der Tod des Hofübergebers wirkt. Beim Tod des Hofeigentümers aber fällt der Hof aufgrund der höferechtlichen Sondernachfolge (§ 4 HöfeO) unmittelbar und sogleich dem Hoferben als Alleinerben zu, so dass Abfindungsansprüche der weichenden Erben wie Vermächtnisse zu beurteilen sind.[179]

---

173 Schmidt/*Heinicke* EStG § 10 Rz. 149 „Beerdigungskosten".

174 Mit Übertragung iSd. § 17 Abs. 2 HöfeO ist der Eigentumserwerb des Hofübernehmers gemeint, vgl. BGH v. 3.4.1951 – V BLw 5/50, BGHZ 1, 343; OLG Hamm v. 21.1.1986 – 10 WLw 50/85, AgrarR 1986, 53.

175 *Lüdtke-Handjery* DNotZ 1985, 332, 349; Faßbender/Hötzel/von Jeinsen/Pikalo/*Faßbender* § 17 Rz. 130.

176 *Lüdtke-Handjery* DNotZ 1985, 332, 350; Lüdtke-Handjery/von Jeinsen/*Roemer* § 16 Rz. 80 und § 17 Rz. 99.

177 BFH v. 5.7.1990 – GrS 4–6/89, BStBl. II 1990, 847.

178 BMF v. 13.1.1993, BStBl. I 1993, 80, Tz. 44.

179 BMF v. 13.1.1993, BStBl. I 1993, 62, Tz. 89; Faßbender/Hötzel/von Jeinsen/Pikalo/*Faßbender* § 17 Rz. 253 ff.

111 In **schenkungsteuerrechtlicher Hinsicht** stellen Abfindungszahlungen an weichende Erben **Leistungsauflagen** dar, die den Wert der Zuwendung mindern (zur Leistungsauflage vgl. A. 1.01 Rz. 18ff.). Im Verhältnis zum weichenden Erben als Abfindungsempfänger gilt die Abfindung auch dann als Schenkung des **Übergebers,** wenn sie der Übernehmer zu zahlen hat.[180] Wird daher zB der Hof vom Vater an den Sohn übergeben und verpflichtet sich dieser zu Abfindungszahlungen an seine Geschwister, so richtet sich die Abfindung jeweils nach der Steuerklasse I.

112–114 *(frei)*

Zu § 10: Verzichte

115 Es ist anzustreben, die Ansprüche der weichenden Erben im Hofübergabevertrag abschließend zu regeln und durch Verzichte sicherzustellen, dass den weichenden Erben hinsichtlich des Hofvermögens keine weiteren als die im Hofübergabevertrag vereinbarten oder vorbehaltenen Ansprüche zustehen. Soll der Verzicht auch **Nachabfindungsansprüche** gem. § 13 HöfeO erfassen, muss dies grds. **ausdrücklich** vereinbart werden.[181] Die Erklärung der weichenden Erben, bereits abgefunden zu sein, enthält in aller Regel keinen Verzicht auf Nachabfindungsansprüche.[182] Ein Erbverzichtsvertrag, der gem. § 2348 BGB notariell zu beurkunden ist, schließt allerdings sowohl Ansprüche aus § 12 HöfeO als auch Nachabfindungsansprüche aus § 13 HöfeO aus, da der Verzichtende damit aus dem Kreis der gesetzlichen Erben und Pflichtteilsberechtigten ausscheidet.[183] Jedoch kann die Geschäftsgrundlage für den im Erbverzicht enthaltenen Verzicht auf Nachabfindungsansprüche wegfallen, wenn der Hofübernehmer oder Hoferbe den Hof bereits einige Jahre nach dem Erwerb verkauft.[184]

116 Da das hoffreie Vermögen und das Hofvermögen insoweit wie rechtlich selbständige Nachlassteile behandelt werden, kann sich der Erbverzicht wahlweise auf den Hof oder das hoffreie Vermögen oder beides erstrecken.[185] Die Hofübergabe schließt Ansprüche des **Hofübernehmers** auf den **hoffreien Nachlass,** insbesondere etwaige Pflichtteilsansprüche nicht aus,[186] so dass stets überlegt werden sollte, ihn einen Pflichtteilsverzicht bezüglich des hoffreien Nachlasses erklären zu lassen.[187] Aus den gleichen Gründen sollte erwogen werden, einen Pflichtteilsverzicht des Ehegatten des Übergebers hinsichtlich des Hofvermögens zu erreichen.[188]

117, 118 *(frei)*

Zu § 11: Rückforderungsrecht

119 Zum Rückforderungsrecht vgl. die Erläuterungen in A. 1.01 Rz. 54ff.

Der **Vorbehalt** eines **Rückforderungsrechts** in Hofübergabeverträgen entspricht einem häufig geäußerten Verlangen des Übergebers.[189] Es wird üblicherweise für

---

[180] BFH v. 23.10.2002 – II R 71/00, BStBl. II 2003, 162; *Wegmann* Rz. 512.

[181] OLG Oldenburg v. 8.2.1996 – 10 W 1/96, AgrarR 1996, 160; Faßbender/Hötzel/von Jeinsen/Pikalo/*Faßbender* § 17 Rz. 142; Lüdtke-Handjery/von Jeinsen/*Roemer* § 17 Rz. 111.

[182] Faßbender/Hötzel/von Jeinsen/Pikalo/*Hötzel* § 13 Rz. 57; Lüdtke-Handjery/von Jeinsen/*Roemer* § 17 Rz. 114.

[183] BGH v. 29.11.1996 – BLw 16/96, BGHZ 134, 152.

[184] BGH v. 29.11.1996 – BLw 16/96, BGHZ 134, 152; *Piltz* S. 208.

[185] BGH v. 30.10.1951 – V BLw 61/50, NJW 1952, 102; Faßbender/Hötzel/von Jeinsen/Pikalo/*Hötzel* § 11 Rz. 12; Lüdtke-Handjery/von Jeinsen/*Roemer* § 17 Rz. 109.

[186] OLG Schleswig v. 7.1.1972 – 3 U 86/71, AgrarR 1972, 362; Faßbender/Hötzel/von Jeinsen/Pikalo/*Faßbender* § 17 Rz. 143.

[187] Faßbender/Hötzel/von Jeinsen/Pikalo/*Faßbender* § 17 Rz. 143; Lüdtke-Handjery/von Jeinsen/*Roemer* § 17 Rz. 115.

[188] Faßbender/Hötzel/von Jeinsen/Pikalo/*Faßbender* § 17 Rz. 144; Lüdtke-Handjery/von Jeinsen/*Roemer* § 17 Rz. 116.

[189] Die Annahme, bei Betriebsübergaben im landwirtschaftlichen Bereich seien vertragliche Rückforderungsrechte unüblich, so *Langenfeld/Günther* S. 95, trifft jedenfalls in dieser Allgemeinheit nicht zu. Richtig demgegenüber *Reithmann/Albrecht,* Handbuch der notariellen Vertragsgestaltung, 8. Aufl. 2001 Rz. 724.

bestimmte, eng umgrenzte Tatbestände vereinbart, bei deren Eintritt der Rückübereignungsanspruch nicht sogleich entsteht, sondern zusätzlich von der entsprechenden Äußerung eines Rückübereignungsverlangens abhängig ist.[190] Die Vereinbarung eines freien Rückforderungsrechts, bei dem der Übergeber jederzeit ohne Angabe von Gründen die Rückübertragung verlangen kann, kommt bei Betriebsübergaben nicht in Betracht.

Der Rückforderungsanspruch kann durch Eintragung einer Vormerkung im Grundbuch gesichert werden.[191]

Rückforderungsrechte in Übergabeverträgen über Betriebe werden teilweise als **120**
problematisch empfunden, weil sie die wirtschaftliche Betätigungsfreiheit des Übernehmers, zB bei Zustimmungsvorbehalten des Übergebers für Belastungen und Veräußerungen, einengen können und, sofern sie durch Vormerkung im Grundbuch gesichert werden, die Beleihungsfähigkeit des übertragenen Grundbesitzes beeinträchtigen und die Kreditmöglichkeiten des Erwerbers hierdurch uU erschweren können. Das **OLG Celle** hat daher mehrfach entschieden, dass die **landwirtschaftsgerichtliche Genehmigung** (§ 17 Abs. 3 HöfeO) zu einem Hofübergabevertrag bei Vorbehalt eines solchen Rückforderungsrechts zu versagen sei.[192] Gleichwohl wurden Rückforderungsrechte bisher überwiegend auch dann als zulässig angesehen, wenn sie in Hofübergabeverträgen vereinbart wurden.[193] Nach einer **Entscheidung** des **BGH** v. 6.7.2012[194] sollen jedoch in Übergabeverträgen vereinbarte Unterlassungspflichten, die dem Übernehmer Verfügungen über das Vermögen eines übergebenen Betriebes insgesamt oder über dessen Grundvermögen untersagen, nach § 138 BGB nichtig sein, wenn der Übergeber nicht die Zustimmung zu einer mit den Grundsätzen ordnungsgemäßer Wirtschaft zu vereinbarenden und den Zweck des Verfügungsgebots nicht wesentlich gefährdenden Verfügung (Veräußerung oder Belastung) verlangen kann. In dem der Entscheidung zugrundeliegenden Übergabevertrag, der keinen Hof iSd. HöfeO betraf, war an den Verstoß gegen das vereinbarte Verfügungsverbot ein durch Vormerkung gesichertes Rückforderungsrecht geknüpft. Zur Vermeidung einer Gesamtnichtigkeit (§ 139 BGB) des Übergabevertrages legte der BGH das Verfügungsverbot ergänzend dahingehend aus, dass der Übergeber einer Veräußerung oder Belastung auf Verlagen des Übernehmers zustimmen müsse, wenn diese Maßnahme den Regeln einer ordnungsgemäßen Wirtschaft entspricht und den Zweck des Verfügungsverbots, das Eigentum in der Familie zu erhalten, nicht wesentlich gefährdet oder beeinträchtigt.[195]

Die Bedenken des OLG Celle gegen die Zulässigkeit von Rückforderungsrechten in Hofübergabeverträgen können nicht überzeugen.[196] Sie vernachlässigen berechtigte Interessen des Übergebers, der sich und seine Familie vor einem Verlust des Hofes und seiner wirtschaftlichen Grundlagen durch unverantwortliches Handeln des Übernehmers schützen möchte, und räumt den Belangen des Übernehmers einseitig den Vorrang ein.

Auch die erwähnte Entscheidung des BGH aus dem Jahre 2012[197] schließt nicht aus, im Rahmen einer Hof- oder sonstigen Betriebsübergabe Rückforderungsrechte wirksam zu vereinbaren. Voraussetzung hierfür ist jedoch nach Ansicht des BGH, dass dem Erwerber Verfügungen gestattet sein müssen, die zur ordnungsgemäßen Bewirtschaf-

---

[190] *Wegmann* Rz. 186; Mayer/Geck/*Mayer* § 13 Rz. 22.

[191] BGH v. 5.12.1996 – V ZB 27/96, BGHZ 134, 182.

[192] OLG Celle v. 17.3.1997 – 7 W (L) 12/97 – (52/98), AgrarR 1998, 256; OLG Celle v. 19.3.1998 – 7 W (L) 112/97, RdL 1999, 329; OLG Celle v. 21.5.2005 – 7 W 85/04, RdL 2006, 45.

[193] OLG Köln v. 19.11.1981 – 23 WLw 22/81, RdL 1982, 49; OLG Köln v. 21.3.1996 – 23 WLw 13/95, AgrarR 1997, 160; *Faßbender* DNotZ 1986, 67, 75 ff.; Faßbender/Hölzel/von Jeinsen/Pikalo/*Faßbender* § 17 Rz. 112 ff.

[194] BGH v. 6.7.2012 – V ZR 122/11, NJW 2012, 3162 = MittBayNot 2013, 218 m. Anm. *Hertel.*

[195] BGH v. 6.7.2012 – V ZR 122/11, NJW 2012, 3162.

[196] Näher hierzu Lüdtke-Handjery/von Jeinsen/*Roemer* § 17 Rz. 123 f.

[197] BGH v. 6.7.2012 – V ZR 122/11, NJW 2012, 3162 = MittBayNot 2013, 218 m. Anm. *Hertel.*

tung des Betriebes erforderlich sind. Dies kann durch **Vereinbarung** einer entsprechenden **Zustimmungspflicht** des Übergebers sichergestellt werden oder dadurch, dass bereits im Übergabevertrag die Zustimmung zu einer bestimmten Belastung oder Veräußerung erteilt wird.[198] Dies kann verbunden werden mit einer vertraglichen Verpflichtung des Übergebers, in diesen Fällen das betreffende Grundstück von seinen grundbuchlichen Rechten freizugeben oder mit ihnen hinter Grundpfandrechte zurückzutreten.[199] Denkbar ist auch, einzelne Grundstücke von vorn herein von einem **Verfügungsverbot auszunehmen.** Schuldrechtliche Verfügungsverbote, die diese Vorgaben beachten, sind auch höferechtlich genehmigungsfähig; das gilt ebenso für hieran anknüpfende, durch Vormerkung gesicherte Rückforderungsrechte.[200]

Vorsorglich sollte allerdings die Genehmigungspraxis des zuständigen Landwirtschaftsgerichts (bei Übergaben außerhalb der HöfeO: die Genehmigungspraxis der für die Genehmigung nach dem GrdstVG zuständigen Behörde) hinsichtlich vertraglicher Rückforderungsrechte in Erfahrung gebracht werden, um etwaige Schwierigkeiten im Genehmigungsverfahren zu vermeiden.

121 Zu klären ist jeweils, ob eine **Vererblichkeit** des Rückforderungsrechts oder jedenfalls des – durch die lebzeitige Ausübung dieses Rechts entstehenden – Rückübereignungsanspruches gewünscht wird.[201] Soll ein Rückforderungsrecht nicht nur dem Hofübergeber, sondern – insbesondere nach dessen Tod – auch seinem Ehegatten zustehen, kann dies ebenfalls vereinbart werden. Vgl. hierzu A.1.01 Rz. 57. Im Vertragsmuster ist ein solches Rückforderungsrecht des Ehegatten nicht vorgesehen. Ein Rückforderungsrecht des Ehegatten enthält jedoch das Formular C. 4.41 § 10 Ziff. 3.

122 **Einkommensteuerlich** steht die Vereinbarung eines eingeschränkten, an bestimmte Tatbestände geknüpften Rückforderungsrechts dem Übergang des **wirtschaftlichen Eigentums** auf den Erwerber regelmäßig nicht entgegen,[202] während ein freies Rückforderungsrecht einen solchen Übergang verhindern kann.[203]

123 **Schenkungsteuerlich** liegt trotz Vorbehalts eines Rückforderungsrechts eine **vollzogene Schenkung** vor, und zwar nach hM selbst dann, wenn ein freies Rückforderungsrecht vereinbart worden ist.[204] Bei Rückübereignung aufgrund vorbehaltenen Rückforderungsrechts erlischt die Schenkungsteuer gem. § 29 Abs. 1 Nr. 1 ErbStG mit Wirkung für die Vergangenheit. Eine derartige Rückübertragung stellt auch nicht etwa eine neue Schenkung dar, sondern ist bloße Rückgängigmachung des ursprünglichen Schenkungsvorgangs aufgrund vorbehaltenen Rechts.[205] Das gilt jedoch nicht, wenn das Rückforderungsrecht erst nachträglich, dh. nach Ausführung der Schenkung vereinbart wird; wird in einem solchen Fall das Rückforderungsrecht ausgeübt, so erlischt die Schenkungsteuerpflicht nach § 29 Abs. 1 Nr. 1 ErbStG nicht und die Rückübertragung stellt eine selbständige Rückschenkung dar.[206] Wird der geschenkte Grundbesitz nicht an den Schenker, sondern auf Grund eines im Übergabevertrag vereinbarten Forderungsrecht an einen Dritten zurückübertragen, erlischt die Schenkungsteuer ebenfalls nach § 29 Abs. 1 Nr. 1 ErbStG.[207] Für den Dritten stellte die Übertragung jedoch einen schenkungssteuerpflichtigen Erwerb dar.[208] Nach § 29

[198] *Hertel* MittBayNot 2013, 221, 223 ff.; Lüdtke-Handjery/von Jeinsen/*Roemer* § 17 Rz. 124.

[199] *Hertel* MittBayNot 2013, 221, 224.

[200] Lüdtke-Handjery/von Jeinsen/*Roemer* § 17 Rz. 125; aA OLG Celle v. 11.3.2013 – 7 W 16/13(L).

[201] Vgl. hierzu Mayer/Geck/*Mayer* § 13 Rz. 95; *Wegmann* Rz. 191; *Ellenbeck* MittRhNotK 1997, 41, 47.

[202] BFH v. 25.1.1996 – IV R 114/94, BStBl. II 1997, 382; BFH v. 17.6.1998 – XI R 55/97, ZEV 1998, 445.

[203] BFH v. 16.5.1989 – VIII R 196/84, BStBl. II 1989, 877; BFH v. 17.6.1998 – XI R 55/97, ZEV 1998, 445.

[204] BFH v. 13.9.1989 – II R 67/86, BStBl. II 1989, 1034; *Meyding* ZEV 1995, 397, 400; zurückhaltender – für den Fall eines freien Rückforderungsrechts – *Wegmann* Rz. 182.

[205] *Jülicher* DStR 1998, 1977, 1983; *Spiegelberger* Vermögensnachfolge S. 69; *Wegmann* Rz. 182.

[206] FG Nürnberg v. 24.6.2004 – IV 192/03, DStRE 2004, 1466; *Carlé* ErbStB 2006, 72.

[207] *Wachter* ZEV 2001, 78; BFH v. 24.5.2000 – II R 62/97, ZEV 2001, 77 für die Herausgabe an einen Dritten aufgrund eines gesetzlichen Herausgabeanspruchs. Für die vertraglich vereinbarte Herausgabe gilt nichts anderes, vgl. *Wachter* ZEV 2001, 78.

[208] *Wachter* ZEV 2001, 78; *Jülicher* DStR 1998, 1997, 1983.

Abs. 2. ErbStG hat der Beschenkte jedoch die Nutzungen, die ihm in der Zeit vor der Rückübertragung zugestanden haben, wie ein Nießbraucher zu besteuern, dies allerdings nur dann, wenn ihm auch die Nutzungen nach der Rückübertragung verbleiben und nicht etwa herausgegeben oder vergütet werden müssen.[209]

(frei) **124, 125**

Zu § 12: Besitzübergang, Mängelhaftung, Erschließung

Ab dem vereinbarten Stichtag für den wirtschaftlichen Übergang stehen dem Erwerber die Nutzungen zu und er hat alle Lasten des Grundbesitzes, insbesondere die Grundsteuer sowie sonstige Grundbesitzabgaben zu tragen. Steuerrechtlich wird er damit wirtschaftlicher Eigentümer iSv. § 39 Abs. 2 Nr. 1 AO. Die Übernahme etwaiger Erschließungsbeiträge, die durchaus eine erhebliche Größenordnung erreichen können, dient der Klarstellung. Der weitgehende Ausschluss einer Mängelhaftung des Übergebers entspricht der regelmäßigen Interessenlage. **126**

Die für den Bezug der Regelaltersrente nach dem Gesetz über die Alterssicherung der Landwirte (ALG) erforderliche Abgabe des landwirtschaftlichen Unternehmens nach § 21 Abs. 1 ALG setzt als Mindestvoraussetzung die notarielle Beurkundung des Übergabevertrages voraus.[210] Auch wenn im Übergabevertrag als Besitzübergang ein vor Beurkundung liegender Zeitpunkt vereinbart worden ist, beginnt die Rente daher frühestens mit Beurkundung des Übergabevertrages.[211]

Zu § 13: Auflassung, Grundbucherklärungen

In Hofübergabeverträgen eingeräumte Dienstbarkeiten und Reallasten, durch die der Versorgung des Hofübergebers und anderer Berechtigten dienende Ansprüche auf Sach-, Dienst- und Geldleistungen gesichert werden sollen, können gem. § 49 GBO im Grundbuch unter der Sammelbezeichnung „Altenteil" (auch „Leibgedinge", „Leibzucht" oder „Auszug" genannt) eingetragen werden.[212] Die Eintragung unter dieser Bezeichnung ändert jedoch nichts daran, dass es sich bei dem Altenteil iSd. § 49 GBO um eine Mehrzahl dinglicher Rechte handelt, die lediglich aus Vereinfachungsgründen und zur besseren Übersichtlichkeit des Grundbuchs zusammengefasst eingetragen werden können,[213] von denen aber jedes einzelne Recht für sich zulässig und eintragungsfähig sein muss. **127**

Für das Altenteil sollte zur Erleichterung der Löschung im Todesfall eine Löschungsklausel gem. § 23 Abs. 2 GBO („löschbar bei Todesnachweis") vorgesehen werden, da andernfalls das Altenteil erst nach Ablauf eines Jahres nach dem Tode des Altenteilsberechtigten oder auf Grund einer Löschungsbewilligung seines Rechtsnachfolgers gelöscht werden könnte. Bei der Rückauflassungsvormerkung ist dagegen eine Löschungserleichterung gem. § 23 Abs. 2 GBO nicht möglich.[214] Deshalb wird bei ihr eine Löschungsvollmacht auf den Tod des Vormerkungsberechtigten vorgeschlagen.[215] Möglich ist auch, die Vormerkung auf die Lebenszeit des Vormerkungsberechtigten zu befristen; sie könnte dann nach dessen Tod unter Vorlage einer Sterbeurkunde im Wege der Grundbuchberichtigung gelöscht werden.[216] Vgl. auch A. 1.03 Rz. 38. **128**

(frei) **129, 130**

---

[209] *Meincke* ErbStG § 29 Rz. 18; *Ellenbeck* MittRhNotK 1997, 41, 52.

[210] LSG München v. 9.3.2016 – L 1 LW 9/15, AuR 2017, 76. Das LSG ließ offen, ob als weitere Voraussetzung auch die Erteilung der zum Vertrag erforderlichen behördlichen Genehmigung hinzukommen muss.

[211] LSG München v. 9.3.2016 – L 1 LW 9/15, AuR 2017, 76.

[212] Vgl. hierzu BGH v. 3.2.1994 – V ZB 31/93, BGHZ 125, 69.

[213] Vgl. hierzu BGH v. 3.2.1994 – V ZB 31/93, BGHZ 125, 69.

[214] BGH v. 26.3.1992 – V ZB 16/91, NJW 1992, 1683.

[215] *Langenfeld/Günther* S. 118; *Wufka* MittBayNotK 1996, 156.

[216] Vgl. *v. Hoyenberg* S. 194.

Zu § 14: Zustimmung des Ehegatten

131 Der Ehegatte des Veräußerers sollte im Hinblick auf § 1365 BGB jedenfalls vorsorglich der Übergabe zustimmen, da der Hof häufig das gesamte oder nahezu gesamte Vermögen des Übergebers darstellt und die Wirksamkeit des Übergabevertrages in einem solchen Fall gem. § 1365 BGB von der Zustimmung des Ehegatten abhängt.

Zu § 15: Genehmigung des Landwirtschaftsgerichts

132 Der Hofübergabevertrag bedarf gem. § 17 Abs. 3 HöfeO zu seiner Wirksamkeit der **Genehmigung** des **Landwirtschaftsgerichts,** das anstelle der ansonsten für Genehmigungen nach dem Grundstücksverkehrsgesetz (GrdstVG) zuständigen Behörde entscheidet. Das Gericht prüft insbesondere, ob ein **Versagungsgrund** nach dem **GrdstVG** vorliegt.

133 Werden hofzugehörige Grundstücke vom Übergeber zurückbehalten oder an weichende Erben übertragen, kann § 9 Abs. 1 Nr. 2 GrdstVG (unwirtschaftliche Verkleinerung oder Aufteilung) einer Genehmigung des Hofübergabevertrages entgegenstehen, wenn durch ihre Abtrennung vom Hof nachteilige Folgen für die Agrarstruktur eintreten.[217] Dies ist zB der Fall, wenn sich der Hofeigentümer im Übergabevertrag das Eigentum an mit einem Altenteilerhaus oder Landarbeiterhaus bebauten Grundstücken vorbehält.[218] Die Genehmigung kann auch dann versagt werden, wenn die vom Übernehmer zu erbringenden Altenteils- und Abfindungsleistungen **überhöht** sind und in einem derart groben Missverhältnis zum Wert des Hofes stehen, (§ 9 Abs. 1 Nr. 3 GrdstVG), dass sie nicht aus dem Hof erwirtschaftet werden können.[219] Im umgekehrten Fall (keine oder gemessen am Verkehrswert des Hofes nur geringe Leistungen des Übernehmers) gilt dies freilich nicht.[220]

134 Ferner können auch **höferechtliche Versagungsgründe** in Betracht kommen. So kann eine Übergabe des Hofes an mehrere Erwerber – ausgenommen Eheleute – wegen Verstoßes gegen § 4 iVm. § 16 HöfeO ebenso wenig genehmigt werden wie die Hofübergabe an eine entgegen § 6 Abs. 6, § 7 Abs. 1 HöfeO nicht wirtschaftsfähige Person.[221] Möchte der Hofeigentümer in diesen Fällen gleichwohl übertragen, so muss er zuvor die Hofeigenschaft durch **Hofaufgabeerklärung** und Löschung des Hofvermerks beseitigen (§ 1 Abs. 4 HöfeO).[222] Von dieser Möglichkeit kann er auch dann Gebrauch machen, wenn nur fraglich ist, ob höferechtliche Versagungsgründe vorliegen, zB weil Zweifel an der Wirtschaftsfähigkeit des vorgesehenen Hofnachfolgers bestehen. Zuständig für die Genehmigung des Übergabevertrages ist dann- nach erfolgter Hofaufgabeerklärung- nicht mehr das Landwirtschaftsgericht, sondern die Grundstücksverkehrsbehörde. Diese prüft lediglich, ob Versagungsgründe nach dem GrdStVG vorliegen. Sie **hat** zudem die Genehmigung zu erteilen **(Genehmigungszwang),** wenn ein land- oder forstwirtschaftlicher Betrieb geschlossen übertragen wird und der Erwerber- wie in den meisten Fällen- mit dem Eigentümer in gerader Linie oder bis zum dritten Grad in der Seitenlinie verwandt oder bis zum zweiten Grad verschwägert oder Ehegatte des Veräußerers ist (§ 8 Nr. 2 GrdStVG). Das Angehörigenprivileg des § 8 Nr. 2 GrdStVG gilt jedoch nicht für Höfe iSd. HöfeO (§ 31 GrdStVG). Nach Genehmigung des Übergabevertrages durch die Grundstückverkehrsbehörde und Eigentumsumschreibung bleibt es dem Erwerber unbenommen, die Hofeigenschaft durch Hofeinführungserklärung und Eintragung des Hofvermerks

[217] Lüdtke-Handjery/von Jeinsen/*Roemer* § 17 Rz. 157.

[218] BGH v. 24.11.1993 – BLw 28/93, NJW 1994, 733.

[219] OLG Hamm v. 11.9.1964 – 10 W/W 30/64, RdL 1965, 73.

[220] Faßbender/Hötzel/von Jeinsen/Pikalo/*Faßbender* § 17 Rz. 215.

[221] BGH v. 28.1.1958 – V BLw 44/57, BGHZ 26, 298; OLG Köln v. 10.11.1980 – 2 Wx 16/80, AgrarR 1981, 171; Faßbender/Hötzel/von Jeinsen/Pikalo/*Faßbender* § 17 Rz. 219; Lüdtke-Handjery/von Jeinsen/*Roemer* § 17 Rz. 166.

[222] Zur Hofaufgabeerklärung vgl. C.4.33 und C.4.34.

wieder neu zu begründen (§ 1 Abs. 1 S. 3 HöfeO).[223] Dies stellt selbst dann keine unzulässige Umgehung des Höferechts dar, wenn der Erwerber sich im Übergabevertrag zur Wiedereinführung der Hofeigenschaft verpflichtet hatte.[224]

[223] Zur Hofeinführungserklärung vgl. C.4.31 und C. 4.32.
[224] BGH v. 28.11.2008 – BLw 11/08, ZEV 2009, 144.

C. 4.10 Hofübergabevertrag nach HöfeO unter Nießbrauchsvorbehalt (Rheinische Hofübergabe)

Gliederung

C. 4.10 **Urkundenrolle Nr. [...]** **für 20[...]**

Verhandelt zu [...] am [...]

Vor mir,

DR. JUR. [...]
– NOTAR/IN IN [...] –

erschienen:

I. als Veräußerer:
Eheleute Herr D. L., Landwirt, geboren am [...]
und Frau A. L. geborene B., beide wohnhaft in [...]
– nachstehend „Veräußerer“ genannt –

II. als Erwerber:
der Sohn der Erschienenen zu I.,
Herr M. L., Landwirt, geboren am [...]
wohnhaft in [...]
– nachstehend „Erwerber“ genannt –.

IV. die Tochter der Erschienenen zu I., nämlich
Frau P. D. geborene L., geboren am [...]
wohnhaft in

Die Erschienenen sind dem Notar von Person bekannt.
Die Erschienenen ließen den folgenden

HOFÜBERGABEVERTRAG

beurkunden und erklärten:

§ 1 Hofeigenschaft, Grundbuchangaben

1. Der Veräußerer ist – in Gütergemeinschaft – Eigentümer eines Ehegattenhofes im Sinne der Höfeordnung.[Rz. 37]
Der hofzugehörige Grundbesitz ist im Grundbuch von A. Blatt 320 wie folgt eingetragen:
Gemarkung A.
Flur 4 Flurstück 27, Hof- und Gebäudefläche,
Landwirtschaft,
groß: 1 ha 20a,

Flur 4 Flurstück 30, groß:10 ha,
Flur 4 Flurstück 31, groß: 14 ha,
Flur 4 Flurstück 37, groß: 8 ha 68 a.
Flur 7 Flurstück 80, groß: 9 ha 65a,
Flur 5 Flurstück 55, groß: 12 ha 72a,
Flur 5 Flurstück 57, groß: 7 ha 72 a.
Der Ehegattenhofvermerk ist im Grundbuch eingetragen.

2. Der Grundbesitz ist im Grundbuch wie folgt belastet:
Abteilung II:
lfd. Nr. 1: Beschränkte persönliche Dienstbarkeit (Kabelleitungsrecht) für die E-GmbH.
Abteilung III:
Keine Eintragungen.
Der Erwerber übernimmt die vorgenannte Belastung.

§ 2 Übertragung[Rz. 38]

1. Der Veräußerer überträgt dem Erwerber in Vorwegnahme der Hoferbfolge:
a) den gesamten in § 1 dieser Urkunde näher bezeichneten Grundbesitz nebst allen wesentlichen Bestandteilen, insbesondere allen baulichen Anlagen;
b) das gesamte lebende und tote Inventar sowie alles sonstige Hofeszubehör im Sinne des § 3 HöfeO.
Der Erwerber nimmt die Übertragung jeweils an.

2. Der Erwerber ist wirtschaftsfähig. Er hat eine Ausbildung zum Landwirtschaftsgehilfen erfolgreich abgeschlossen und ist seit dieser Zeit im Betrieb seines Vaters als Landwirt tätig.
Der Veräußerer erklärt nach Belehrung, dass er bislang keine Bindungen, sei es nach der Höfeordnung oder nach dem Erbrecht des BGB, eingegangen ist, die dem Abschluss des Hofübergabevertrages entgegenstehen.

§ 3 Vorbehalt des Nießbrauchs

1. Der Veräußerer behält sich das lebenslange Nießbrauchsrecht an dem übertragenen Hof vor. Das Nießbrauchsrecht erstreckt sich auf den gesamten in § 1 genannten Grundbesitz nebst allen wesentlichen Bestandteilen, das lebende und tote Inventar sowie das sonstige Hofeszubehör iSd. § 3 HöfeO.[Rz. 7–10, 39]
Das Nießbrauchsrecht steht dem Veräußerer in Gütergemeinschaft zu. Nach dem Tode des Erstversterbenden der Veräußerer steht es dem Überlebenden alleine und ungeschmälert zu.
Das Nießbrauchsrecht soll im Grundbuch eingetragen werden.

2. In Ausübung dieses Nießbrauchsrechts verpachten die Veräußerer den Hof an ihren Sohn, den Erwerber M. L. Für das Pachtverhältnis gilt folgender Pachtvertrag:

Pachtvertrag[Rz. 39]

I. Pachtgegenstand

1. Gegenstand der Pacht ist der gesamte in § 1 des Hofübergabevertrages näher bezeichnete Grundbesitz mit allen wesentlichen Bestandteilen, insbesondere allen baulichen Anlagen, das lebende und tote Inventar sowie das gesamte sonstige Hofeszubehör iSd. HöfeO.

2. Hiervon ausgenommen ist jedoch die Wohnung im Erdgeschoss der Hofstelle Flur 4 Flurstück 27, bestehend aus Wohnzimmer, Schlafzimmer, Küche, Diele, Bad

und WC. Diese von den Verpächtern selbst genutzte Wohnung wird nicht mitverpachtet.

3. Im Übrigen wird auf eine weitere Beschreibung der Pachtsache verzichtet.

II. Pachtdauer

Das Pachtverhältnis beginnt am [...] und dauert [...] Jahre. Wird das Pachtverhältnis nicht spätestens zwei Jahre vor seinem Ablauf gekündigt, verlängert es sich um [...] Jahre.

III. Pachtzins

Der Pachtzins beträgt monatlich € [...],–. Die monatlichen Beträge sind jeweils am 15. Tag des Monats fällig.

IV. Abgaben, Versicherungen

1. Die auf dem verpachteten Grundbesitz ruhenden öffentlichen Abgaben und Lasten, insbesondere Grundsteuer, Müllabfuhr, Beiträge an Wasser- und Bodenverbände und Flurbereinigungsbeiträge, trägt der Pächter. Dieser trägt auch die Beiträge zur Landwirtschaftskammer und zur Berufsgenossenschaft.
2. Der Pächter hat auf eigene Kosten die Gebäude, das Inventar, die Erzeugnisse und Vorräte gegen die üblichen Risiken (insb. Feuer, Sturm, Wasserschaden, Hagel) ausreichend, die Gebäude zum gleitenden Neuwert, zu versichern und den Versicherungsschutz aufrecht zu erhalten.
3. Die vorgenannten Abgaben, Lasten und Kosten hat der Pächter auch insoweit zu übernehmen, als sie auf die nicht mitverpachtete Wohnung im Erdgeschoss der Hofstelle (vgl. Abschn. I des Pachtvertrages) entfallen sollten.

V. Erhaltung und Herausgabe der Pachtgegenstände

1. Die Erhaltung, Ausbesserung und Erneuerung der Pachtgegenstände obliegt dem Pächter, und zwar auch insoweit, als dies nicht zu ihrer gewöhnlichen Unterhaltung gehört. Er trägt auch die Gefahr ihres zufälligen Untergangs.
2. Ansprüche und Rechte des Pächters wegen eines Sachmangels werden ausgeschlossen.
3. Bei Beendigung des Pachtverhältnisses ist das gesamte Hofeszubehör einschließlich der vom Pächter angeschafften Zubehörstücke an den Verpächter herauszugeben. Sie bleiben Eigentum des Pächters. Ihre Nutzung steht den Nießbrauchsberechtigten ab Pachtende zu.

VI. Kündigung des Pachtverhältnisses

Die Verpächter können das Pachtverhältnis fristlos kündigen,

a) wenn der Pächter für zwei aufeinander folgende Termine mit der Entrichtung der Pacht oder eines nicht unerheblichen Teils der Pacht in Verzug ist;
b) wenn der Pächter ohne Einwilligung des Verpächters den Hof oder nicht unerhebliche Teile des Hofs unterverpachtet oder in sonstiger Weise einem anderen zur Nutzung überlässt;
c) wenn der Pächter von der Pachtsache einen vertragswidrigen Gebrauch macht und diesen ungeachtet einer Abmahnung des Verpächters fortsetzt;
d) wenn der Pächter gegen sonstige Pflichten aus diesem Vertrag nachhaltig verstößt;
e) wenn ein sonstiger wichtiger Grund vorliegt.

VII. Tod einer Vertragpartei

Stirbt einer der Verpächter, wird das Pachtverhältnis mit dem verbleibenden Verpächter fortgesetzt; verstirbt auch dieser, so endet das Pachtverhältnis. Stirbt der Pächter, gilt § 594a BGB.

VIII. Zwangsvollstreckungsunterwerfung

Wegen der Verpflichtung zur Zahlung des in Abschnitt III. vereinbarten Pachtzinses unterwirft sich der Pächter dem Verpächter gegenüber der sofortigen Zwangsvollstreckung aus dieser Urkunde in sein gesamtes Vermögen.

IX. Schlussbestimmungen

Änderungen des Pachtvertrages bedürfen der Schriftform. Die Änderung dieser Schriftformklausel bedarf ihrerseits der Schriftform.

§ 4 Pflegeverpflichtung[Rz. 40]

Der Erwerber hat seinen Eltern auf deren Lebenszeit bei Krankheit und Gebrechlichkeit sorgsame Pflege und hauswirtschaftliche Versorgung in den Räumen des übertragenen Hofanwesens zu gewähren.

Zur hauswirtschaftlichen Versorgung gehören insbesondere:

- **die Verrichtung der anfallenden häuslichen Arbeiten wie Reinigung der Wohnung, der Kleidung, der Wäsche und des Schuhwerks, Geschirrspülen sowie die Verköstigung der Berechtigten zu allen Mahlzeiten mit Speisen und Getränken, die dem Alters- und Gesundheitszustand der Berechtigten entsprechen; die Kosten für die Beschaffung der hierfür erforderlichen Lebensmittel müssen die Berechtigten jedoch selbst tragen;**
- **die Erledigung der erforderlichen Gänge und Fahrten zum Einkaufen, zum Arzt, zur Apotheke und zum Krankenhaus.**

Zur Pflege gehört insbesondere die Hilfe bei Aufstehen und Zu-Bett-Gehen, An- und Auskleiden, Gehen und Treppensteigen, Nahrungsaufnahme und Körperpflege. Die Pflegeverpflichtung umfasst jedoch nicht Leistungen, die nur von geschultem Personal erbracht werden können. Dauerpflege ist nur in dem Umfang zu erbringen, der mit den notwendigen hauswirtschaftlichen Verrichtungen – mit Ausnahme der Verköstigung -, die für die Veräußerer zu leisten sind, nach dem Urteil des Hausarztes der Veräußerer einem durchschnittlichen täglichen Zeitaufwand von nicht mehr als zwei Stunden entspricht.[1]

Die Verpflichtung zur Pflege und hauswirtschaftlichen Versorgung ruht entschädigungslos, wenn sich der Pflegeberechtigte nicht mehr in dem übertragenen Hofanwesen aufhält.

Ein etwaiges Pflegegeld steht den Pflegeberechtigten zu, die es zur Deckung etwaiger Pflegekosten zu verwenden haben. Soweit ihnen solche Kosten aufgrund der Leistung des Erwerbers nicht oder nicht in vollem Umfang entstehen, haben sie das Pflegegeld dem Erwerber zu überlassen.

Eine dingliche Absicherung der Pflegeverpflichtung wird nicht gewünscht.

§ 5 Beerdigung und Grabpflege[Rz. 41]

Der Erwerber verpflichtet sich, die Kosten eines standesgemäßen Begräbnisses seiner Eltern einschließlich des Grabsteins zu tragen, soweit diese Kosten nicht durch eine Sterbegeldversicherung gedeckt sind. Er hat ferner auf seine Kosten die Grabstätten seiner Eltern für die Dauer der ortsüblichen Liegezeit in Ordnung zu halten und gärtnerisch zu pflegen.

[1] In Anlehnung an *Krauß* Vermögensnachfolge Rz. 1435.

§ 6 Abfindung der weichenden Erben[Rz. 42]

1. Der Erwerber verpflichtet sich, an seine Schwester P.D. einen Abfindungsbetrag in Höhe von € [...],– zu zahlen.
   Der Abfindungsbetrag ist zinslos fällig und zahlbar innerhalb von einem Jahr, gerechnet ab dem heutigen Tag.
   Wegen der Verpflichtung zur Zahlung dieses Betrages unterwirft sich der Erwerber gegenüber seiner Schwester P.D. der sofortigen Zwangsvollstreckung aus dieser Urkunde in sein gesamtes Vermögen und in Ansehung bewilligten Sicherungshypothek auch in der Weise, dass die Zwangsvollstreckung gegen den jeweiligen Eigentümer des mit der Hypothek belasteten Grundbesitzes zulässig sein soll. Der Notar wird ermächtigt, ohne weitere Nachweise vollstreckbare Ausfertigung dieser Urkunde zu erteilen, nicht jedoch vor Ablauf eines Jahres ab Beurkundung dieses Vertrages.
2. Zur Sicherung des vorstehend in Ziffer 1. vereinbarten Abfindungsanspruchs bestellt der Erwerber eine Sicherungshypothek in Höhe von... EUR zugunsten seiner Schwester P.D. auf dem in § 1 dieser Urkunde näher bezeichneten Grundstück Gemarkung A. Flur 4 Flurstück 30; die Abtretbarkeit der hypothekarisch gesicherten Forderung wird ausgeschlossen.

§ 7 Verzichte[Rz. 43]

1. Die Schwester des Erwerbers, Frau P.D., erklärt sich – aufschiebend bedingt durch den Erhalt der in § 6 vereinbarten Zahlung – hinsichtlich ihrer Abfindungsansprüche nach § 12 HöfeO für befriedigt und verzichtet auf eine Geltendmachung von weitergehenden Abfindungsansprüchen. Der Verzicht erstreckt sich jedoch nicht auf etwaige Nachabfindungsansprüche gemäß § 13 HöfeO.
2. Der Erwerber verzichtet mit Wirkung für sich und seine Abkömmlinge auf sein gesetzliches Pflichtteilsrecht am Nachlass seines Vaters und am Nachlass seiner Mutter. Die Veräußerer nehmen die vorstehenden Verzichtserklärungen ihres Sohnes jeweils an. Der Verzicht entfällt, wenn der in dieser Urkunde übertragene Grundbesitz aufgrund des Rückübertragungsrechts in § 8 zurück übertragen wird.

§ 8 Rückforderungsrecht[Rz. 44]

1. Der Veräußerer behält sich vor, die Rückübereignung des in dieser Urkunde übertragenen Grundbesitzes auf sich zu verlangen, falls einer der nachgenannten Rückforderungsgründe eintritt
   a) falls der Erwerber ohne Zustimmung des Veräußerers über den Grundbesitz durch Veräußerung oder Belastung verfügt; als Verfügung in diesem Sinne gilt auch die Errichtung einer Gütergemeinschaft durch Ehevertrag;
   b) falls der Erwerber vor dem Tode des Längstlebenden der Veräußerers verstirbt;
   c) falls über das Vermögen des Erwerbers das Insolvenzverfahren eröffnet oder die Eröffnung mangels Masse abgelehnt wird;
   d) falls in den übertragenen Grundbesitz Zwangsvollstreckungsmaßnahmen eingeleitet und nicht innerhalb von sechs Wochen wieder aufgehoben werden.

   Das Rückforderungsrecht ist nicht vererblich und höchstpersönlich. Hat der Veräußerer jedoch das Rückforderungsrecht zu seinen Lebzeiten berechtigt ausgeübt, so ist der durch die Ausübung dieses Rechts entstandene Rückübereignungsanspruch vererblich. Das Rückforderungsrecht muss schriftlich ausgeübt werden, und zwar innerhalb von sechs Monaten, nachdem der Berechtigte von dem Eintritt des Rückforderungsgrundes Kenntnis erlangt hat. Im Falle des Rückforderungsgrundes zu Buchst. b) beträgt die Frist zwei Jahre.
   Wird das Rückforderungsrecht ausgeübt, so ist der Erwerber – gegebenenfalls seine Erben – verpflichtet, den Grundbesitz an die Veräußerer – in Gütergemein-

schaft – zurückzuübereignen. Im Falle des Todes eines Veräußerers steht das Rückforderungsrecht dem Überlebenden alleine zu.

2. Gegenleistungen sind für die Rückübertragung nicht zu erbringen, soweit sich nicht aus den folgenden Bestimmungen etwas anderes ergibt.
Bei Ausübung des Rückforderungsrechts hat der Veräußerer die Belastungen, die seiner nachfolgend bewilligten Auflassungsvormerkung im Range vorgehen nebst den diesen Belastungen zugrundeliegenden Verbindlichkeiten zur vollständigen Entlastung des Erwerbers zu übernehmen.
Wird das Rückforderungsrecht wegen Vorliegens eines Rückforderungsgrundes zu Buchstabe b), c) oder d) ausgeübt, so hat der Veräußerer ferner die von dem Erwerber an seine Schwester P. D. gemäß § 6 dieses Vertrages gezahlte Abfindung zu erstatten. In einem solchen Fall hat er zusätzlich auch die nachgewiesenen wertsteigernden Verwendungen des Erwerbers in den übertragenen Grundbesitz zu ersetzen, soweit die Wertsteigerung noch besteht und soweit ihr nicht entsprechende Verbindlichkeiten gegenüberstehen, die vom Veräußerer zu übernehmen sind.
Im Übrigen werden alle wechselseitigen Ansprüche aus gezogenen Nutzungen oder gemachten Verwendungen ausgeschlossen.
Die mit der Rückübertragung verbundenen Kosten und Steuern trägt der Rückforderungsberechtigte.

3. Der Veräußerer verpflichtet sich, einer Belastung des übertragenen Grundbesitzes, mit Ausnahme der Hofstelle, mit Grundpfandrechten bis zu einer Höhe von € [...],– zuzustimmen, sofern diese Grundpfandrechte durch entsprechende Einschränkung der Zweckerklärung nur solche Verbindlichkeiten sichern, die der Erwerber ausschließlich für Zwecke und im Interesse des übergebenen Betriebes eingeht. Der Veräußerer und seine Ehefrau werden solchen Grundpfandrechten den Vorrang vor den zu ihren Gunsten in dieser Urkunde bewilligten Rechten einräumen.

§ 9 Besitzübergang, Mängelhaftung, Erschließung[Rz. 45]

1. Der Besitz, die Nutzungen, die Lasten und die Gefahr des übertragenen Grundbesitzes gehen – vorbehaltlich des in dieser Urkunde eingeräumten Nießbrauchsrechts – mit dem ersten Tag des auf die Beurkundung dieses Vertrages folgenden Monats auf den Erwerber über.

2. Ansprüche und Rechte des Erwerbers wegen eines Sachmangels des Grund und Bodens, der bestehenden Gebäude und des sonstigen in dieser Urkunde übertragenen Vermögens werden hiermit ausgeschlossen.
Der Veräußerer ist verpflichtet, dem Erwerber das Eigentum an dem übertragenen Grundbesitz frei von im Grundbuch eingetragenen und vom Erwerber nicht übernommenen Belastungen und Beschränkungen zu verschaffen.
Von diesen Rechtsbeschränkungen ausgenommen ist jeweils eine Haftung bei Vorsatz und Arglist.
Grunddienstbarkeiten und persönliche Dienstbarkeiten werden, soweit solche bestehen, übernommen.

3. Beiträge, Kosten und Abgaben nach dem Baugesetzbuch und Kommunalabgabengesetz gehen zu Lasten des Erwerbers, und zwar unabhängig davon, wann Beiträge, Kosten und Abgaben dieser Art entstehen oder bereits entstanden sind.

§ 10 Kosten

Die mit dieser Urkunde und ihrem Vollzug verbundenen Kosten trägt der Erwerber.

§ 11 Auflassung, Grundbucherklärungen

1. Die Beteiligten sind darüber einig, dass das Eigentum an dem übertragenen Grundbesitz auf den Erwerber übergehen soll.

Sie bewilligen und beantragen die Eintragung des Eigentumswechsels in das Grundbuch.

Die Beteiligten stimmen allen Löschungen und Pfandfreigaben nach Maßgabe der Bewilligungen der jeweils Berechtigten im Grundbuch hierdurch zu.

2. Die Beteiligten bewilligen und beantragen die Eintragung:
   a) eines Nießbrauchsrechts auf dem gesamten übertragenen Grundbesitz zugunsten der Veräußerer – in Gütergemeinschaft – mit dem Zusatz, dass zur Löschung der Nachweis des Todes der Berechtigten genügt.
   b) einer Auflassungsvormerkung zugunsten der Veräußerer – in Gütergemeinschaft – auf dem gesamten übertragenen Grundbesitz zur Sicherung ihres Rückübertragungsanspruches gemäß § 8 dieser Urkunde;
   c) einer Sicherungshypothek in Höhe von … EUR zugunsten von Frau P. D. auf dem in § 1 dieser Urkunde genannten Grundstück Gemarkung A. Flur 4 Flurstück 30 zur Sicherung des in § 6 dieser Urkunde vereinbarten Abfindungsanspruchs, mit der Zwangsvollstreckungsunterwerfung gemäß § 800 ZPO und dem Vermerk, dass die Abtretung der hypothekarisch gesicherten Forderung ausgeschlossen ist.

   Die zu a) bis c) bewilligten Rechte sollen Rang in vorstehender Reihenfolge erhalten, was hiermit bewilligt und beantragt wird.

   Der Veräußerer bevollmächtigt den Erwerber – unter Befreiung von den Beschränkungen des § 181 BGB – die Auflassungsvormerkung nach dem Tode der Veräußerer unter Vorlage der Sterbeurkunden zur Löschung zu bewilligen und zu beantragen.

4. Den Beteiligten ist bekannt, dass das Eigentum an dem übertragenen Grundbesitz erst mit der Umschreibung im Grundbuch auf den Erwerber übergeht.

   Die Rechte des Erwerbers aus dieser Urkunde können gegen mögliche Beeinträchtigungen vor Eigentumsumschreibung im Grundbuch durch Eintragung einer Auflassungsvormerkung gesichert werden.

   Die Beteiligten verzichten nach Belehrung auf die Eintragung einer Auflassungsvormerkung zugunsten des Erwerbers im Grundbuch.

5. Alle Eintragungen aus dieser Urkunde sollen erfolgen nach Maßgabe der Anträge des Notars, der ermächtigt ist, diese auch getrennt und eingeschränkt zu stellen und in gleicher Weise zurückzunehmen sowie die Erklärungen der Beteiligten gegenüber dem Grundbuchamt zu ergänzen, zu ändern und zu berichtigen.

§ 12 Genehmigung des Landwirtschaftsgerichts[Rz. 46]

Die Beteiligten beantragen die Genehmigung des Hofübergabevertrages durch das Landwirtschaftsgericht.

Der Notar soll diese Genehmigung einholen.

§ 13 Schlussbestimmungen

1. Genehmigungen aller Art werden wirksam mit ihrem Eingang beim Notar.
2. Der Notar wies die Beteiligten darauf hin, dass alle Vertragsvereinbarungen beurkundungspflichtig sind und dass Nebenabreden außerhalb dieser Urkunde zur Nichtigkeit des gesamten Rechtsgeschäftes führen können.
3. Sollten Erklärungen in dieser Urkunde ganz oder teilweise der Rechtswirksamkeit ermangeln oder nicht durchgeführt werden, so sollen dennoch die übrigen Erklärungen wirksam bleiben.

Die Beteiligten nehmen wechselseitig alles Vorstehende an.

Diese Niederschrift wurde den Erschienenen von dem Notar vorgelesen, von ihnen genehmigt und von ihnen und dem Notar wie folgt eigenhändig unterschrieben:

A. Grundsätzliche Anmerkungen

I. Wirtschaftliche Aspekte

Regelungsziel ist die Übergabe eines Hofes iSd. HöfeO unter **Vorbehalt** des **Nießbrauches** für den Übergeber. Sie ist eine Form der **gleitenden Hofübergabe,** bei der der Hofübergeber zwar das Eigentum am landwirtschaftlichen Betrieb überträgt, sich aber Nutzungen und Einwirkungsmöglichkeiten vorbehält. Der Übergabe kann eine – häufig mehrjährige – Verpachtung an den Übernehmer vorausgehen, die dann nach der Übertragung des Betriebes im Rahmen des Nießbrauchsrechtes fortgesetzt wird. Gegenstand des hier gewählten Vertragsmusters ist die Gestaltung, gleichzeitig mit der Übertragung unter Nießbrauchsvorbehalt ein Pachtverhältnis zwischen Übergeber und Übernehmer zu begründen, bei dem der Übergeber den landwirtschaftlichen Betrieb in Ausübung des Nießbrauchsrechtes an den Übernehmer verpachtet **(sog. Rheinische Hofübergabe).**[1] Denkbar ist auch, dass der Übergeber den landwirtschaftlichen Betrieb als Nießbraucher weiterhin selbst bewirtschaftet.[2] 1

(frei) 2–5

II. Rechtliche Aspekte

Zur Übergabe eines Hofes iSd. HöfeO und zu den Besonderheiten der HöfeO vgl. zunächst Formular C. 4.00 Rz. 7 ff. 6

Zum Nießbrauch vgl. die Erläuterungen zu A. 1.03 und zu A. 1.04.

Das Nießbrauchsrecht ist nicht vererblich und erlischt mit dem Tod des Nießbrauchers (§ 1061 BGB). Es ist nicht übertragbar,[3] kann jedoch einem anderen zur Ausübung überlassen werden (§ 1059 BGB). 7

Kennzeichnend für die sog. Rheinische Hofübergabe ist die Übertragung des Hofes unter Vorbehalt des Nießbrauchs, wobei der Nießbrauch in der Weise ausgeübt wird, dass der Hof an den Übernehmer verpachtet wird.

Ein nießbrauchsähnliches Recht ist die **Verwaltung und Nutznießung am Hof** gem. § 14 HöfeO. Sie steht, wenn der Hoferbe ein Abkömmling des Erblassers ist, dem überlebenden Ehegatten des Erblassers bis zur Vollendung des 25. Lebensjahres des Hoferben zu. Das Recht der Verwaltung und Nutznießung entsteht kraft Gesetzes, kann jedoch gem. § 14 Abs. 2 HöfeO vom Eigentümer durch Ehevertrag oder Verfügung von Todes wegen oder vom Gericht auf Antrag verlängert, beschränkt oder aufgehoben werden. Auf die Verwaltung und Nutznießung nach § 14 HöfeO sind die Nießbrauchsvorschriften des BGB sinngemäß anzuwenden. Da das Recht zwar nießbrauchsähnlich ausgestaltet ist, jedoch nicht zum geschlossenen Kreis der dinglichen Rechte gehört, kann die Verwaltung und Nutznießung, sofern sie nicht zuvor vertraglich in ein Nießbrauchsrecht umgewandelt wird, nach hA nicht in das Grundbuch eingetragen werden.[4] 8

Nach den gesetzlichen Regelungen des Nießbrauchsrechts stehen dem Nießbraucher die Nutzungen (§§ 1030, 100 BGB), beim Unternehmensnießbrauch also insbesondere der Reingewinn zu.[5] Das Nutzungsrecht umfasst auch das Recht zur Vermietung oder Verpachtung. Einzelne Nutzungen, zB eine Vermietung, können jedoch 9

---

[1] Zur Rheinischen Hofübergabe vgl. Faßbender/Hötzel/von Jeinsen/Pikalo/*Faßbender* § 17 Rz. 95 ff.; *Wöhrmann* § 17 Rz. 53 ff.; Lüdtke-Handjery/von Jeinsen/*Roemer* § 17 Rz. 95; *Gehse* RNotZ 2009, 160.

[2] *Pikalo* DNotZ 1971, 389, 400.

[3] Ausnahme: Ein zugunsten einer juristischen Person bestehendes Nießbrauchsrecht ist nach Maßgabe des § 1059a BGB übertragbar.

[4] Faßbender/Hötzel/von Jeinsen/Pikalo/*Hötzel* § 14 Rz. 3; Lüdtke-Handjery/von Jeinsen/*Haarstrich* § 14 Rz. 4; *Wöhrmann* § 14 Rz. 11; OLG Celle v. 7.3.1968 – 7 Wx 2/68, DNotZ 1968, 756; aA LG Itzehoe v. 6.10.1959 – 4 T 158/59, RdL 1960, 99; *Herminghausen* DNotZ 1960, 43.

[5] *Götz/Hülsmann* Rz. 306; *Korn* DStR 1999, 1461, 1464; Palandt/*Herrler* BGB § 1085 Rz. 7.

durch Vereinbarung ausgeschlossen werden (§ 1030 Abs. 2 BGB). Der Nießbraucher hat das Anlagevermögen zu erhalten, Ausbesserungen und Erneuerungen obliegen ihm nur insoweit, als sie zur gewöhnlichen Unterhaltung gehören (§ 1041 BGB). Der Nießbraucher hat die Nießbrauchsache für die Dauer des Nießbrauchs auf seine Kosten gegen Brandschaden und sonstige Unfälle zu versichern (§ 1045 BGB). Er ist gegenüber dem Eigentümer verpflichtet, die öffentlichen Lasten, die auf ihr ruhen, zu tragen (§ 1047 BGB), insbesondere also die Grundsteuer und die sonstigen laufenden Grundbesitzabgaben. Das gilt jedoch nicht für außerordentliche öffentliche Lasten, die als auf den Stammwert der Sache gelegt anzusehen sind, wie Erschließungskosten und Kanalanschlussbeiträge; diese obliegen dem Eigentümer.[6] Betriebliche Verbindlichkeiten, die im Zeitpunkt der Bestellung eines Unternehmensnießbrauchs bestanden, hat der Eigentümer zu tilgen, der Nießbraucher zu verzinsen.[7] Von den gesetzlichen Nießbrauchsbestimmungen abweichende Vereinbarungen sind, soweit sie mit lediglich schuldrechtlicher Wirkung getroffen werden, in weitem Umfang zulässig, mit dinglicher Wirkung jedoch nur insoweit, als sie nicht gegen die begriffswesentlichen Grenzen zwischen Eigentum und Nießbrauch und den Grundsatz der Erhaltung der Substanz des Nießbrauchsgegenstands verstoßen.[8]

10 Der Vorbehalt des Nießbrauchs ist jedenfalls dann **grundstücksverkehrsrechtlich** wie auch **höferechtlich zulässig,** wenn – wie im vorliegenden Fall der sog. Rheinischen Hofübergabe – der Übergeber den Hof in Ausübung des Nießbrauchsrechts an den Übernehmer langfristig verpachtet oder ihm die Bewirtschaftung überlässt.[9]

11–14 *(frei)*

III. Steuerrechtliche Aspekte

1. Ertragssteuern

15 Wird ein land- und fortwirtschaftlicher Betrieb unentgeltlich im Wege der vorweggenommenen Erbfolge übertragen, liegt weder eine Entnahme noch eine Betriebsaufgabe vor. Der Rechtsnachfolger führt den Betrieb unter Bindung an die Buchwerte des Rechtsvorgängers (§ 6 Abs. 3 EStG) fort.[10] Das gilt auch bei einer Übertragung unter Nießbrauchsvorbehalt, da der Nießbrauch kein Entgelt darstellt.[11]

16 Die Bestellung eines Nießbrauchs hat bei land- und forstwirtschaftlichen Betrieben im Falle der Bewirtschaftung durch den Nießbraucher zur Folge, dass **zwei Betriebe** entstehen, ein **ruhender** in der Hand des neuen Eigentümers und Nießbrauchsverpflichteten und ein **wirtschaftender** in der Hand des Nießbrauchberechtigten und Hofübergebers.[12] So lange der neue Eigentümer und Nießbrauchsverpflichtete die Betriebsaufgabe nicht ausdrücklich erklärt, ist auch er Inhaber eines land- und forstwirtschaftlichen Betriebes.[13] Aus beiden Betrieben werden Einkünfte aus Land- und Forstwirtschaft erzielt.[14] Obwohl der nießbrauchsverpflichtete Eigentümer keine Erträge aus der laufenden Bewirtschaftung erzielt, bleiben die ihm steuerrechtlich zuzurechnenden

---

[6] BGH v. 10.7.1980 – IVa ZR 20/80, NJW 1980, 2465; *Jansen/Jansen* Rz. 153.

[7] *Korn* DStR 1999, 1461, 1464.

[8] BayObLG v. 29.11.1972 – BReg. 2 Z 61/72, DNotZ 1973, 300.

[9] Faßbender/Hötzel/von Jeinsen/Pikalo/*Faßbender* § 17 Rz. 104f.; Lüdtke-Handjery/von Jeinsen/*Roemer* § 17 Rz. 95; *Wöhrmann* § 17 Rz. 53ff.; OLG Hamm v. 27.5.2008 – 10 W 9/08, ZEV 2009, 146; OLG Hamm v. 25.2.1982 – WLw 63/81, AgrarR 1982, 164; OLG Düsseldorf v. 5.1.1949 – 8 WLw 249/48, JMBl NRW 1949, 101; *Gehse* RNotZ 2009, 60; *Lauhöfer* AgrarR 2009, 90. Für höferechtliche Zulässigkeit eines Vermächtnisses auf Bestellung eines lebenslangen Nießbrauches am Hof BGH v. 5.6.1992 – BLw 7/91, BGHZ 118, 361.

[10] BFH v. 26.2.1987 – IV R 325/84, BStBl. II 1987, 772; Schmidt/*Kulosa* EStG § 13 Rz. 154.

[11] BFH v. 26.2.1987 – IV R 325/84, BStBl. II 1987, 772; BFH v. 5.7.1990 – GrS 4–6/89, BStBl. II 1990, 847; Leingärtner/*Wendt* Abschn. 41 Rz. 72.

[12] BFH v. 26.2.1987 – IV R 325/84, BStBl. II 1987, 772; 1988, 260; 1996, 440; BFH v. 7.4.2016 – IV R 38/13, AuR 2016, 397, 398 = BeckRS 2016, 94983; Leingärtner/*Wendt* Abschn. 41 Rz. 71; *Felsmann* Abschn. A Rz. 253.

[13] BFH v. 7.4.2016 – IV R 38/13, AuR 2016, 397, 398 = BeckRS 2016, 94983.

[14] Leingärtner/*Wendt* Abschn. 41 Rz. 71.

Wirtschaftsgüter Betriebsvermögen eines ruhenden Betriebes.[15] Etwaige Gewinne aus der Veräußerung und Entnahme von Anlagegütern (Grundstücken) sind dem neuen Eigentümer daher so lange als Einkünfte aus Land- und Forstwirtschaft zuzurechnen, als er nicht die Betriebsaufgabe erklärt.[16] Der nießbrauchsverpflichtete Eigentümer hat wie der Verpächter bei der Betriebsverpachtung das **Wahlrecht,** den Betrieb aufzugeben; bis zur ausdrücklichen Erklärung der Betriebsaufgabe ist er Inhaber eines land- und forstwirtschaftlichen Betriebes und bezieht Einkünfte aus Land- und Forstwirtschaft.[17]

Voraussetzung für die steuerliche Anerkennung ist, dass der Nießbrauch ernsthaft gewollt, bürgerlich-rechtlich ordnungsgemäß bestellt und tatsächlich ausgeübt wird.[18] Das Nießbrauchsrecht kann durch Eigennutzung (Selbstbewirtschaftung) oder Verpachtung/Vermietung ausgeübt werden. Der Nießbraucher kann den Nießbrauchsgegenstand mit steuerlicher Wirkung auch an den Eigentümer selbst vermieten oder verpachten.[19] Das gilt auch für die Verpachtung eines landwirtschaftlichen Betriebes durch den Vorbehaltsnießbraucher an den neuen Eigentümer und Hofübernehmer **(sog. Rheinische Hofübergabe).**[20] Bei einer ungewöhnlich hohen Gegenleistung des Pächters und Übernehmers kann eine solche Gestaltung allerdings als eine Vermögensübertragung gegen Versorgungsleistungen zu würdigen sein.[21] **17**

Teilweise wird aus einem Urteil des IV. Senats des BFH v. 11.3.1976[22] gefolgert, ein Nießbrauch, der durch Verpachtung an den Eigentümer ausgeübt werde, sei einkommensteuerrechtlich nur anzuerkennen, wenn das Pachtverhältnis kurzfristig kündbar sei.[23] Die zitierte Entscheidung des IV. Senats betraf jedoch einen Sonderfall (Verpachtung an eine OHG, an der der Übernehmer als Mitgesellschafter beteiligt war, und Einziehung der Pachtzinsen nicht durch den Verpächter, sondern durch den Übernehmer, dem die Ausübung des Nießbrauchs vom Übergeber überlassen worden war). Zudem hat der I. Senat des BFH entschieden, dass eine Verpachtung an den Erwerber auf die Lebenszeit des Nießbrauchsberechtigten einer steuerlichen Anerkennung nicht entgegenstehe.[24] **18**

Übt der Nießbraucher das Nießbrauchsrecht durch Selbstbewirtschaftung aus, erzielt er Einkünfte aus Land- und Forstwirtschaft. Ihm stehen in diesem Fall die AfA auf der Basis seiner tatsächlichen Aufwendungen zu.[25] Verpachtet der Nießbraucher **19**

---

[15] *Felsmann* Abschn. A Rz. 249.

[16] BFH v. 17.4.1996 – VI R 27/95, BStBl. II 1996, 446; BFH v. 7.4.2016 – IV R 38/13, AuR 2016, 396, 397 = BeckRS 2016, 94983; Schmidt/*Kulosa* EStG § 13 Rz. 154.

[17] BFH v. 26.2.1987 – IV R 325/84, BStBl. II 1987, 772. Offengelassen für den Fall der Rheinischen Hofübergabe in BFH v. 24.2.2005 – IV R 28/00, BFH/NV 2005, 1062.

[18] BFH v. 24.3.1976 – I R 138/73, BStBl. II 1976, 537; BMF v. 24.7.1998, BStBl. I 1998 Rz. 2.

[19] BFH v. 8.8.1969 – VI R 299/67, BStBl. II 1969, 683; BFH v. 24.3.1976 – I R 138/73, BStBl. II 1976, 537; *Felsmann* Abschn. A Rz. 247; *Westenberger* Inf. 1987, 22, 24.

[20] Vgl. *Westenberger* INF 1987, 22, 24 ff.; *Feldhaus* INF 1986, 457, 460; *Faßbender/Hötzel/von Jeinsen/Pikalo* § 17 Rz. 95; *Felsmann* Abschn. A Rz. 247; *Leingärtner/Wendt* Abschn. 41 Rz. 74.

[21] BFH v. 24.3.1976 – I R 138/73, BStBl. II 1976, 537; *Leingärtner/Wendt* Abschn. 41 Rz. 74.

[22] BFH v. 11.3.1976 – IV R 119/72, BStBl. II 1976, 421.

[23] So *Stephan* AgrarR 1984, 1, 5, der unter Berufung auf BFH v. 11.3.1976 – IV R 119/72. BStBl. II 1976, 421 annimmt, der Nießbrauch könne steuerlich nicht anerkannt werden, wenn – wie regelmäßig im Falle der Rheinischen Hofübergabe – die Verpachtung langfristig oder auf Lebenszeit des Nießbrauchers erfolge.

[24] BFH v. 24.3.1976 – I R 138/73, BStBl. II 1976, 537; BFH v. 5.7.1984 – IV R 57/82, BStBl. II 1986, 322. Für steuerliche Anerkennung der Rheinischen Hofübergabe daher auch *Feldhaus* INF 1986, 457, 460; Felsmann/*Giere* Abschn. B Rz. 386b; *Westenberger* INF 1987, 22, 24 ff.; Schmidt/*Kulosa* EStG § 13 Rz. 154; Grundsätzlich auch Felsmann/*Wiegand* Abschn. A Rz. 253 und Leingärtner/*Wendt* Abschn. 41 Rz. 74, die jedoch annehmen, bei einer Verpachtung an den Übernehmer im unmittelbaren Anschluss an die Hofübergabe erziele der nießbrauchsberechtigte Verpächter nicht mehr Einkünfte aus Land- und Forstwirtschaft, sondern aus Vermietung und Verpachtung. Ob dieser einschränkenden Ansicht von *Felsmann* zu folgen ist, hat BFH v. 24.2.2005 – VI R 28/00, BFH/NV 2005, 1062 offen gelassen, weil die Frage nicht entscheidungserheblich war. Als Reaktion auf diese BFH-Entscheidung vertritt *Wiegand* in Felsmann, Einkommensbesteuerung der Land- und Forstwirte, A. 253 die Ansicht, es spreche einiges dafür, dass der BFH jedoch im Zuge der immer großzügiger werdenden Anwendung des Verpächterwahlrechts auch bei der Rheinischen Hofübergabe vom Fortbestehen eines (verpachteten) land- und forstwirtschaftlichen Betriebs in der Hand des Nießbrauchers ausgehe. Für das Bestehen eines Verpächterwahlrecht auch bei der Rheinischen Hofübergabe ausdrücklich Felsmann/*Giere* Abschn. A Rz. 691a.

[25] Schmidt/*Kulosa* EStG § 13 Rz. 154; BFH v. 16.12.1988 – III R 113/85, BStBl. II 1989, 763; BFH v. 30.1.95 – GrS 4/92, BStBl. II 1995, 281.

den Hof an den neuen Eigentümer (Rheinische Hofübergabe), der den Hof sodann bewirtschaftet, sind die Pachtleistungen als Betriebsausgaben beim Übernehmer/Pächter abzusetzen.[26] Anlage- und Umlaufvermögen sind bei einer Verpachtung an den Eigentümer dessen Betriebsvermögen.[27] Der Pächter erzielt Einkünfte aus Land- und Forstwirtschaft. Beim Übergeber und Nießbraucher sollen nach einer teilweisen vertretenen Ansicht die Pachteinnahmen nur dann Einkünfte aus Land- und Forstwirtschaft sein, wenn er den Hof auch nach der Übergabe zunächst noch selbst bewirtschaftet hat und erst anschließend an den Eigentümer oder einen Dritten verpachtet; andernfalls – bei sofortiger Verpachtung in Ausübung des Nießbrauchsrechts – soll er nur Einkünfte aus Vermietung und Verpachtung erzielen.[28] Bei einer Verpachtung an den Eigentümer kann dieser neben den Pachtzahlungen auch die AfA als Betriebsausgaben abziehen.[29]

20 Hofeigentümer und Nießbraucher sind regelmäßig keine Mitunternehmer eines gemeinsamen Betriebes. Zwischen ihnen kann jedoch eine Mitunternehmerschaft bestehen, wenn sie den land- und fortwirtschaftlichen Betrieb gemeinsam bewirtschaften.[30] Verpachten sie den Betrieb gemeinsam an einen Dritten, liegt eine Mitunternehmerschaft vor, wenn sie die Pachterträge gemeinschaftlich erzielen und auf Grund einer entsprechenden Vereinbarung aufteilen.[31]

Ob die Rheinische Hofübergabe in steuerrechtlicher Hinsicht noch **empfehlenswert** ist, ist **zweifelhaft** geworden.[32] So wird zum einem in Frage gestellt, ob bei der Rheinischen Hofübergabe der Nießbraucher sein Wahlrecht, den Betrieb als Verpachtungsbetrieb fortzuführen, behält.[33] Zum anderen hat das FG Münster entschieden, dass eine zur Aufdeckung der stillen Reserven führende Betriebsaufgabe vorliegt, wenn ein Unternehmer seinen Betrieb unter Vorbehalt des Nießbrauchs überträgt, den Betrieb aber in Ausübung des Nießbrauchsrechts verpachtet.[34] Die Entscheidung, gegen die Revision eingelegt wurde, betraf einen Gewerbetrieb. Sie wurde damit begründet, dass bei einer unentgeltlichen Betriebsübergabe die Buchwerte nur dann gemäß § 6 Abs. 3 EStG fortgeführt und eine Aufdeckung stiller Reserven verhindert werden könnten, wenn der Übergeber seine bisherige gewerbliche Tätigkeit einstelle. Daran fehle es aber, wenn der Übergeber das Unternehmen nach der Übergabe weiter aktiv selbst betreibe oder es durch Verpachtung nutze.[35] Sollte diese Entscheidung vom BFH bestätigt und auf die Übergabe landwirtschaftlicher Betriebe unter Nießbrauchsvorbehalt übertragen werden, so bliebe für die Rheinische Hofübergabe kein Raum mehr. In Betracht käme dann nur eine Übergabe gegen Versorgungsleistungen.[36] Gegen die Entscheidung des FG Münster hat sich *Giere* ausgesprochen, der darauf hinweist, dass der Begriff des Betriebes in § 6 Abs. 3 EStG **objektbezogen** und nicht tätigkeitsbezogen zu verstehen sei.[37] Auch bei einer Übertragung unter Nießbrauchsvorbehalt nach dem Modell der Rheinischen Hofübergabe würden daher, so *Giere,* keine stillen Reserven aufgedeckt, sondern der land- und forstwirtschaftliche Betrieb vom Übernehmer nach § 6 Abs. 3 EStG mit den Buchwerten fortgeführt.[38] Der

[26] Faßbender/Hötzel/von Jeinsen/Pikalo/*Faßbender* § 17 Rz. 103; Leingärtner/*Wendt* Abschn. 41 Rz. 74.
[27] Leingärtner/*Wendt* Abschn. 41 Rz. 74.
[28] Leingärtner/*Wendt* Abschn. 41 Rz. 74; offengelassen von BFH v. 24.2.2005 – IV R 28/00, BFH/NV 2005, 1062.
[29] Leingärtner/*Wendt* Abschn. 41 Rz. 74.
[30] Leingärtner/*Wendt* Abschn. A Rz. 75.
[31] Leingärtner/*Wendt* Abschn. A Rz. 75; BFH v. 14.11.1979 – I R 123/76, BStBl. II 1980, 432.
[32] Vgl. auch *Fackelmann* in Kersten/Bühling § 36 Rz. 195, der feststellt, dass die steuerliche Beratung dem Modell „Rheinische Hofübergabe" zunehmend reserviert gegenüberstehe.
[33] BFH v. 24.2.2005 – IV R 28/00, BFH/NV 2005, 1062 der die Frage aber offen ließ; Felsmann/*Wiegand* Abschn. A. Rz. 253; *Märkle/Hiller* Rz. 329e. Für Verpächterwahlrecht bei der Rheinischen Hofübergabe aber Felsmann/*Giere* Abschn. A Rz. 691.
[34] FG Münster v. 18.9.2014 – 13 K 724/11 E, ZEV 2015, 302. Zu dieser Entscheidung *El Mourabit* ZEV 2016, 14.
[35] FG Münster v. 18.9.2014 – 13 K 724/11 E, ZEV 2015, 302.
[36] Vgl. *El Mourabit* ZEV 2016, 14, 17.
[37] Felsmann/*Giere* Abschn. A Rz. 691 und Abschn. B Rz. 386b.
[38] Felsmann/*Giere* Abschn. A Rz. 691 und Abschn. B Rz. 386b.

X. Senat des BFH hat nunmehr in der Tat die Revision gegen das vorgenannte Urteil des FG Münster als unbegründet zurückgewiesen (BFH v. 25.1.2017 – X R 59/14, NJW 2017, 2140). Er teilt die Ansicht des FG Münster, dass § 6 Abs. 3 EStG nur anwendbar sei, wenn der Veräußerer seine gewerbliche Tätigkeit einstelle. Daran fehle es aber, wenn der Veräußerer die einzige wesentliche Betriebsgrundlage aufgrund eines vorbehaltenen Nießbrauchs weiterhin gewerblich nutze, sei es durch Verpachtung oder dadurch, dass er das Unternehmen selbst aktiv betreibe. Der X. Senat hat jedoch hervorgehoben, dass nach ständiger Rechtsprechung des IV. Senats des BFH ein land- und forstwirtschaftlicher Betrieb auch dann gemäß § 6 Abs. 3 EStG ohne Aufdeckung stiller Reserven übertragen werden könne, wenn der Veräußerer sich ein Nießbrauchsrecht hieran vorbehalte (BFH v. 25.1.2017 – X R 59/14, NJW 2017, 2140, 2143 unter Hinweis auf: BFH v. 26.2.1987 – IV R 325/84, BStBl. II 1987, 772; BFH v. 28.3.1985 – IV R 88/81, BStBl. II 1985, 508 und BFH v. 7.4.2016 – IV R 38/13, AuR 2016, 397). Diese bereichsspezifische auf die Übertragung eines land- und forstwirtschaftlichen Betriebes bezogene Auslegung des § 6 Abs. 3 EStG durch den IV. Senat, die der X. Senat nicht in Zweifel zieht, könne jedoch, so der X. Senat, nicht auf die Übergabe eines Gewerbetriebs übertragen werden (BFH v. 25.1.2017 – X R 59/14, NJW 2017, 2140, 2143). Wird das am übertragenen landwirtschaftlichen Betrieb vorbehaltene Nießbrauchsrecht gegen Übernahme wiederkehrender Leistung **abgelöst** (zeitlich gestreckte **gleitende Vermögensübergabe**), sei es aufgrund einer bereits im Übergabevertrag oder erst im Zusammenhang mit der späteren Ablösung getroffenen Vereinbarung, so können diese Leistungen begünstigte **Versorgungsleistungen** iSd. § 10 Abs. 1a Nr. 2 EStG sein.[39]

(frei) **21–24**

2. Erbschaft- und Schenkungsteuern

Zur bewertungsrechtlichen Behandlung des land- und forstwirtschaftlichen Vermögens vgl. C. 4.00 Rz. 37. **25**

Der vorzeitige **unentgeltliche Verzicht** auf ein vorbehaltenes Nießbrauchsrecht stellt eine **erneute Schenkung** dar. **26**

Nach bisherigem Recht (§ 25 ErbStG aF und die hierzu ergangene Rechtsprechung des BFH) konnte der Kapitalwert der dem Schenker oder seinem Ehegatten vorbehaltenen Nutzungen wie insbes. Wohnungsrecht und Nießbrauchsrecht nicht vom Wert der Schenkung abgezogen werden. Er konnte vielmehr nur durch eine Steuerstundung bzw. eine Abzinsung im Falle der Sofortzahlung berücksichtigt werden. Diese Abzugsbeschränkung ist mit der Aufhebung des § 25 ErbStG durch das ErbStRG 2009 zum 1.1.2009 entfallen. Das Nießbrauchsrecht kann nunmehr ebenso wie das Wohnungsrecht mit seinem Kapitalwert von dem nach dem BewG anzusetzenden Wert des Grundbesitzes abgezogen werden. **27**

Für die Ermittlung des Kapitalwertes von lebenslänglichen Nutzungen und Leistungen sind die aktuellen, jährlich herausgegebenen Sterbetafeln des Statistischen Bundesamtes heranzuziehen und ab dem 1. Januar des auf die Veröffentlichung der Sterbetafel folgenden Kalenderjahres anzuwenden (§ 14 Abs. 1 BewG). Das BMF stellt die für die Kapitalwertermittlung erforderlichen Angaben in einer Tabelle zusammen und veröffentlicht diese zusammen mit dem Datum der Veröffentlichung der Sterbetafel im Bundessteuerblatt (§ 14 Abs. 1 S. 4 BewG). Die für die Bewertungsstichtage ab dem 1.1.2017 anzuwendende Tabelle wurde mit BMF-Schreiben vom 4.11.2016 im BStBl. I 2016, 1166 als Anlage zu § 14 Abs. 1 BewG bekannt geben. Zu Berechnungsbeispielen vgl. A. 1.04 Rz. 12. **28**

(frei) **29–31**

---

[39] BMF v. 11.3.2010 (IV. Rentenerlass), BStBl. I 2010, 227 Rz. 25; Schmidt/*Heinicke* EStG § 10 Rz. 142.

3. Verkehrssteuern

32 Vgl. zunächst die Erläuterungen in Formular C. 4.00 Rz. 44ff. Nach § 3 Nr. 2 S. 1 GrEStG sind Grundstücksschenkungen unter Lebenden grds. grunderwerbsteuerfrei. Nach § 3 Nr. 2 S. 2 GrEStG unterliegen jedoch Schenkungen unter einer Auflage der Besteuerung hinsichtlich des Wertes solcher Auflagen, die bei der Schenkungsteuer abziehbar sind; Gleiches gilt für gemischte Schenkungen.[40] Im Zusammenhang mit der schenkungsteuerlichen Rechtsprechung zu gemischten Schenkungen und Schenkungen unter Auflagen ergab sich daraus bisher, dass der Grunderwerbsteuer nur **Leistungsauflagen** (insbes. Gleichstellungsgelder, Abstandsgelder, Übernahme von Verbindlichkeiten, Rentenverpflichtungen) unterlagen, während **Nutzungs- oder Duldungsauflagen** (insbes. vorbehaltene Wohnungs- oder Nießbrauchsrechte) nur dann grunderwerbsteuerpflichtig waren, soweit § 25 ErbStG keine Anwendung fand, also bei Nutzungs- und Duldungsauflagen, die anderen Personen als dem Schenker oder dessen Ehegatten zustanden. Nutzungs- oder Duldungsauflagen zugunsten des Schenkers oder dessen Ehegatten unterlagen hingegen nicht der Grunderwerbsteuer.[41]

Dies hat sich seit dem 1.1.2009 geändert. Da das an diesem Tag in Kraft getretene ErbStRG 2009 den bisherigen § 25 ErbStG ersatzlos aufgehoben hat, können nunmehr auch Nutzungs- und Duldungsauflagen abgezogen werden, so dass der Kapitalwert dieser Auflagen jetzt ebenfalls der Grunderwerbsteuer unterliegt.[42] Zur Ermittlung des Kapitalwertes vgl. die Erläuterungen in A. 1.04 Rz. 12. Aber selbst wenn danach Nutzungs- oder Duldungsauflagen wie das Wohnungsrecht und Nießbrauchsrecht bei Schenkungen grunderwerbsteuerpflichtig sein sollten, wird häufig ein **persönlicher Befreiungstatbestand** gem. § 3 Nr. 6 GrEStG (Übertragung unter Verwandten in gerader Linie) oder § 3 Nr. 4 (Übertragung unter Ehegatten) in Betracht kommen.

33 **Umsätze** im Rahmen einer Hofübergabe sind regelmäßig Umsätze im Rahmen einer Geschäftsveräußerung an einen anderen Unternehmer und damit gem. § 1 Abs. 1a UStG nicht umsatzsteuerpflichtig.[43]

34–36 *(frei)*

B. Einzelerläuterungen

Zu § 1: Hofeigenschaft, Grundbuchangaben

37 Zur Hofeigenschaft vgl. die Erläuterungen in C. 4.00 Rz. 7ff. und 50ff. Im vorliegenden Fall handelt es sich um einen zum Gesamtgut einer Gütergemeinschaft gehörenden Hof, der einen **Ehegattenhof** iSd. § 1 HöfeO bildet. Zum Ehegattenhof vgl. die Erläuterungen in C. 4.32 Rz. 4ff.

Zu § 2: Übertragung

38 Vgl. hierzu die Einzelerläuterungen in C. 4.00 Rz. 60ff.

Zu § 3: Vorbehalt des Nießbrauchs

39 Dem Nießbraucher stehen die Nutzungen des Nießbrauchsgegenstands zu (§ 1030 BGB). Nutzungen sind die Früchte einer Sache oder eines Rechts sowie die Vorteile, welche der Gebrauch der Sache oder des Rechts gewährt (§ 100 BGB). Der Nießbraucher kann die Sache selbst nutzen, zB den Hof bewirtschaften, oder sie vermieten oder verpachten oder in sonstiger Weise einem anderen zur Nutzung überlassen. Die Früchte

---

[40] *Wegmann* Rz. 46.

[41] BFH v. 29.1.1992 – II R 41/89, BStBl. II 1992, 420; *Geck* ZEV 1997, 284; *Wegmann* Rz. 46; *Gottwald* ZErb 2006, 83.

[42] BFH v. 12.7.2016 – II R 57/14, ZEV 2016, 600; BFH v. 20.11.2013 – II R 38/12, ZEV 2014, 211 m. Anm. *Wachter*.

[43] Gem. UStR 5 Abs. 1 ist der Erwerber auch dann Unternehmer, wenn er seine unternehmerische Tätigkeit erst mit dem Erwerb des Unternehmens beginnt.

aus dieser Überlassung, insbesondere die Miet- und Pachtzahlungen, stehen dem Nießbrauchsberechtigten zu. Er und nicht der Eigentümer ist Verpächter/Vermieter und schließt die entsprechenden Verträge mit den Nutzungsberechtigten ab. Der Übergeber, der seinen landwirtschaftlichen Betrieb unter Nießbrauchsvorbehalt überträgt, kann sein Nießbrauchsrecht auch in der Weise ausüben, dass er ihn an den Erwerber und neuen Eigentümer verpachtet (sog. **Rheinische Hofübergabe,** vgl. hierzu auch Rz. 1).

Zu den ertragssteuerlichen Folgen der Rheinischen Hofübergabe vgl. oben Rz. 16 ff. Zur Betriebsverpachtung vgl. Formular C. 4.50.

Zu § 4: Pflegeverpflichtung

Vgl. hierzu die Einzelerläuterungen in C. 4.00 Rz. 73 ff. 40

Zu § 5: Beerdigung und Grabpflege

Vgl. hierzu die Einzelerläuterungen in C. 4.00 Rz. 107. 41

Zu § 6: Abfindung der weichenden Erben

Vgl. die Einzelerläuterungen in C. 4.00 Rz. 108. Zur Absicherung des Abfindungsanspruchs der weichenden Erbin ist im Muster die Eintragung einer Sicherungshypothek gemäß § 1184 BGB vorgesehen. Diese ist nach § 1185 Abs. 1 BGB stets Buchrecht. Der Ausschluss der Erteilung des Hypothekenbriefs muss daher nicht nach § 1116 Abs. 2 BGB vereinbart werden und kann auch nicht im Grundbuch eingetragen werden.[44] Eine Abtretung der hypothekarisch gesicherten Forderung ist bei Ansprüchen unter Familienangehörigen meist nicht gewünscht und daher im Muster durch entsprechende Vereinbarung ausgeschlossen. Der Ausschluss der Abtretbarkeit sollte ausdrücklich zur Eintragung in das Grundbuch bewilligt werden[45] (vgl § 11 Ziff. 2. Buchst. c des Formulars). 42

Zu § 7: Verzichte

Siehe hierzu die Einzelerläuterungen in C. 4.00 Rz. 115 ff. 43

Zu § 8: Rückforderungsrecht

Vgl. die Einzelerläuterungen in A. 1.01 Rz. 54 ff.; C. 4.00 Rz. 119 ff. 44

Zu § 9: Besitzübergang, Mängelhaftung, Erschließung

Vgl. die Einzelerläuterungen in C. 4.00 Rz. 126. 45

Zu § 11: Auflassung, Grundbucherklärungen

Vgl. hierzu die Erläuterungen in A. 1.03 Rz. 38.

Zu § 12: Genehmigung des Landwirtschaftsgerichts

Der Hofübergabevertrag bedarf gem. § 17 Abs. 3 HöfeO zu seiner Wirksamkeit der Genehmigung des Landwirtschaftsgerichts, das anstelle der ansonsten für Genehmigungen nach dem Grundstücksverkehrsgesetz (GrdstVG) zuständigen Behörde entscheidet. Der Vorbehalt des Nießbrauchs in einem Hofübergabevertrag unter gleichzeitiger langfristiger Verpachtung des Hofes an den Übernehmer (Rheinische Hofübergabe) ist sowohl nach Grundstücksverkehrsrecht[46] als auch nach Höferecht[47] zulässig. 46

Zur Genehmigung durch das Landwirtschaftsgericht vgl. iÜ C. 4.00 Rz. 132 ff.

---

[44] *Schöner/Stöber* Rz. 2098.

[45] *Schöner/Stöber* Rz. 2379.

[46] Faßbender/Hötzel/von Jeinsen/Pikalo/*Faßbender* § 17 Rz. 208.

[47] Lüdtke-Handjery/von Jeinsen/*Roemer* § 17 Rz. 95; *Wöhrmann* § 17 Rz. 53; OLG Hamm v. 27.5.2008 – 10 W 9/08, ZEV 2009, 146; OLG Hamm 25.2.1982 – WLw 63/81, AgrarR 1982, 164; *Gehse* RNotZ 2009, 160; *Lauhöfer* AgarR 2009, 90; vgl. auch BGH v. 5.6.1992 – BLw 7/91, BGHZ 118, 361, zur höferechtlichen Zulässigkeit eines Vermächtnisses auf Bestellung eines lebenslangen Nießbrauchs am Hof.

C. 4.20 Hofübergabevertrag nach HöfeO unter Rückbehalt von Einzelwirtschaftsgütern

Gliederung

C. 4.20 **Urkundenrolle Nr. für 20[...]**

Verhandelt zu [...] am

Vor mir,

[...]
– NOTAR/IN IN [...] –

erschienen:

I. als Veräußerer:
Herr B. M., Landwirt, geboren am [...]
wohnhaft in [...]

– nachstehend „Veräußerer" genannt –

II. die Ehefrau des Veräußerers,
Frau A. M. geborene E., geboren am [...]
wohnhaft in [...]

III. als Erwerber:
der Sohn der Erschienenen zu I. und II.,
Herr E. M., Landwirt, geboren am [...]
wohnhaft in [...]

– nachstehend „Erwerber" genannt –.

IV. die Tochter der Erschienenen zu I. und II.
Frau F. D. geborene M., geboren am [...]
wohnhaft in [...]

Die Erschienenen zu I. und II. sind dem Notar von Person bekannt. Die übrigen Erschienenen wiesen sich aus durch Vorlage ihrer Personalausweise.
Die Erschienenen ließen den folgenden

HOFÜBERGABEVERTRAG

beurkunden und erklärten:

§ 1 Hofeigenschaft, Grundbuchangaben[Rz. 28]

1. Der Veräußerer ist Eigentümer eines Hofes im Sinne der Höfeordnung.
Der hofzugehörige Grundbesitz ist im Grundbuch von E. Blatt 320 wie folgt eingetragen:

Gemarkung E.

Flur 4 Flurstück 370,	**Hof- und Gebäudefläche, Landwirtschaft, groß: 84,20a,**
Flur 4 Flurstück 374,	**groß: 10 ha 25a,**
Flur 3 Flurstück 310,	**groß: 6 ha 73a,**
Flur 4 Flurstück 37,	**groß: 7 ha 58a.**
Flur 7 Flurstück 83,	**groß: 8 ha 65a,**
Flur 5 Flurstück 45,	**groß: 9 ha 72a,**
Flur 5 Flurstück 47,	**groß: 8 ha 6a,**
Flur 5 Flurstück 311,	**groß: 14 ha 27a,**
Flur 2 Flurstück 90,	**groß: 25a,**
Flur 2 Flurstück 30,	**groß: 30a.**

Der Hofvermerk ist im Grundbuch eingetragen.

2. **Der Notar hat das Grundbuch einsehen lassen. Danach ist der Grundbesitz ist im Grundbuch unbelastet.**

§ 2 Übertragung[Rz. 29]

1. **Der Veräußerer überträgt dem Erwerber in Vorwegnahme der Hoferbfolge:**
   a) **den gesamten in § 1 dieser Urkunde näher bezeichneten Grundbesitz, jedoch mit Ausnahme der Grundstücke Flur 2 Flurstücke 30 und 90;**
   b) **das gesamte lebende und tote Inventar sowie alles sonstige Hofeszubehör im Sinne des § 3 HöfeO, soweit es sich nicht bereits im Eigentum des Erwerbers befindet;**
   c) **sämtliche Aktien des Veräußerers an der Zuckerfabrik Z-AG sowie das Zuckerrübenlieferungsrecht;**
   d) **die aufstehende Saat und sämtliche Vorräte;**
   e) **alle Ansprüche auf landwirtschaftliche Beihilfen und Agrarförderung, insbesondere sämtliche Zahlungsansprüche, Prämien- und Ausgleichsansprüche im Rahmen der Gemeinsamen Agrarpolitik (GAP) der Europäischen Union.**

Der Erwerber nimmt die Übertragung jeweils an.

2. **Der Veräußerer übertragt dem dies annehmenden Erwerber auch alle sonstigen im Eigentum des Veräußerers stehenden hofzugehörigen Grundstücke und Grundstücks-Miteigentumsanteile, auch wenn diese vorstehend in § 1 nicht aufgeführt sein sollten. Die in § 12 dieses Vertrages erklärte Auflassung erstreckt sich auch auf diese Grundstücke und Miteigentumsanteile. Der Veräußerer bevollmächtigt den Erwerber unter Befreiung von den Beschränkungen des § 181 BGB, diese übersehenen Grundstücke und Miteigentumsanteile grundbuchmäßig zu bezeichnen und an sich aufzulassen und alle zur Umschreibung diese Grundstücke und Miteigentumsanteile auf den Erwerber erforderlichen Erklärungen abzugeben und entgegenzunehmen. Die vorstehenden Erklärungen gelten jedoch nicht für die Grundstücke Gemarkung E Flur 2 Flurstücke 30 und 90.**
3. **Der Erwerber ist wirtschaftsfähig. Er hat eine Ausbildung zum Landwirtschaftsgehilfen erfolgreich abgeschlossen und ist seit dieser Zeit im Betrieb seines Vaters als Landwirt tätig.**

   Der Veräußerer erklärt nach Belehrung, dass er bislang keine Bindungen, sei es nach der Höfeordnung oder nach dem Erbrecht des BGB, eingegangen ist, die dem Abschluss des nachfolgenden Hofübergabevertrages entgegenstehen.

§ 3 Vorbehalt des Wohnungsrechts[Rz. 30]

Der Veräußerer behält sich und – aufschiebend bedingt durch seinen Tod – auch seiner Ehefrau A. M. das jeweils lebenslange Wohnungsrecht an folgenden Räumen der übertragenen Hofstelle Flur 4 Flurstück 370 vor:

an sämtlichen Räumen der – vom Hofeingang aus gesehen rechts gelegenen – Wohnung im Erdgeschoss, bestehend aus Wohnzimmer, Schlafzimmer, Küche, Badezimmer, WC und Abstellraum.

Das Wohnungsrecht umfasst auch das Recht zur Mitbenutzung der gemeinschaftlich genutzten Räume und Anlagen, insbesondere des Flures, des Kellers, des Speichers und des Gartens.

Die Kosten der Versorgung der Wohnung mit Strom, Heizung und Wasser trägt der Eigentümer. Dieser trägt auch die Kosten für Instandhaltung und Reparaturen der Wohnung.

Verlässt der Wohnungsberechtigte die Wohnung auf Dauer, so erlischt das Wohnungsrecht entschädigungslos. Er hat in diesem Fall das Wohnungsrecht auf Verlangen und auf Kosten des Eigentümers in grundbuchmäßiger Form zur Löschung zu bewilligen.

§ 4 Pflegeverpflichtung[Rz. 31]

Der Erwerber hat seinen Eltern auf deren Lebenszeit bei Krankheit und Gebrechlichkeit sorgsame Pflege und hauswirtschaftliche Versorgung in den Räumen des übertragenen Hofanwesens zu gewähren.

Zur hauswirtschaftlichen Versorgung gehören:

- die Verrichtung der anfallenden häuslichen Arbeiten wie Reinigung der Wohnung, der Kleidung, der Wäsche und des Schuhwerks, Geschirrspülen sowie die Verköstigung der Berechtigten zu allen Mahlzeiten mit Speisen und Getränken, die dem Alters- und Gesundheitszustand der Berechtigten entsprechen. Die Kosten für die Beschaffung der hierfür erforderlichen Lebensmittel müssen die Berechtigten jedoch selbst tragen.
- die Erledigung der erforderlichen Gänge und Fahrten zum Einkaufen, zum Arzt, zur Apotheke und zum Krankenhaus.

Zur Pflege gehört insbesondere die Hilfe bei Aufstehen und Zu- Bett-Gehen, An- und Auskleiden, Gehen und Treppensteigen, Nahrungsaufnahme, Körperpflege sowie bei der Verabreichung von Medikamenten. Die Pflegeverpflichtung umfasst jedoch nicht Leistungen, die nur von geschultem Personal erbracht werden können. Dauerpflege ist nur in dem Umfang zu erbringen, der mit den notwendigen hauswirtschaftlichen Verrichtungen – mit Ausnahme der Verköstigung –, die für den Veräußerer und seine Ehefrau zu erbringen sind, nach dem Urteil des Hausarztes des Veräußerers einem durchschnittlichen täglichen Zeitaufwand von nicht mehr als zwei Stunden entspricht.[1]

Die Verpflichtung zur Pflege und hauswirtschaftlichen Versorgung ruht entschädigungslos, wenn sich der Pflegeberechtigte nicht mehr in dem übertragenen Hofanwesen aufhält.

Ein etwaiges Pflegegeld steht den Pflegeberechtigten zu, die es zur Deckung etwaiger Pflegekosten zu verwenden haben. Soweit ihnen solche Kosten aufgrund der Leistung des Erwerbers nicht oder nicht in vollem Umfang entstehen, haben sie das Pflegegeld dem Erwerber zu überlassen.

§ 5 Wiederkehrende Zahlungen als Versorgungsleistung[Rz. 32]

1. Der Erwerber – nachstehend kurz „Schuldner“ genannt – verpflichtet sich, an den Veräußerer auf dessen Lebensdauer zur Versorgung einen monatlichen Betrag von € [...],–; in Worten: [...] Euro, zu zahlen.

[1] In Anlehnung an *Krauß* Vermögensnachfolge Rz. 1435.

Die an den Veräußerer zu zahlenden monatlichen Beträge sind jeweils am ersten Tag eines jeden Monats fällig, erstmals am ersten Tag des auf die Beurkundung dieses Vertrages folgenden Monats.

Aufschiebend bedingt durch den Tod des Veräußerers verpflichtet sich der Erwerber, nach dem Tod des Veräußerers an dessen Ehefrau A. M. auf deren Lebensdauer zur Versorgung monatlich € [...],– in Worten: € [...] – zu zahlen. Die an Frau A. M. zu zahlenden monatlichen Beträge sind jeweils am ersten Tag eines jeden Monats fällig, erstmals am ersten Tag des Monats, der auf das Ableben des Veräußerers folgt.

Regelungen für den Fall der Scheidung der Ehe des Veräußerers mit Frau A. M. werden ausdrücklich nicht getroffen

2. **Bei einer wesentlichen Veränderung der Verhältnisse bei dem Zahlungsberechtigten oder dem Zahlungsverpflichteten, insbesondere der Leistungsfähigkeit des Erwerbers oder der Bedürftigkeit des jeweiligen Zahlungsberechtigten, kann jeder von ihnen in entsprechender Anwendung des § 323a ZPO eine Abänderung des zu zahlenden Geldbetrages verlangen. Eine derartige Abänderung darf jedoch nicht aus dem Mehrbedarf der Berechtigten abgeleitet werden, der sich daraus ergibt, dass dieser das übertragene Hofanwesen, aus welchem Grund auch immer, verlässt.**
3. **Unbeschadet der Vereinbarungen in vorstehender Ziffer 2. gilt zusätzlich Folgendes:**
   Erhöht oder ermäßigt sich der vom Statistischen Bundesamt in Wiesbaden festgestellte Verbraucherpreisindex für Deutschland (Basis 2010 = 100) gegenüber dem Stand des auf die Beurkundung dieses Vertrages folgenden Monats um mehr als 5 vH, so können sowohl der Erwerber als auch der jeweilige Zahlungsberechtigte eine entsprechende Veränderung des zu zahlenden monatlichen Betrages um den gleichen Prozentsatz verlangen, und zwar vom Beginn des Monats an, in dem erstmals die Erhöhung oder Verringerung um mehr als 5 vH eingetreten ist. Das Anpassungsverlangen kann nur für die Zukunft gestellt werden. Folgeanpassungen aufgrund dieser Wertsicherungsklausel können jeweils dann verlangt werden, wenn sich der Verbraucherpreisindex für Deutschland seit der letzten Anpassung wiederum um mehr als 5 vH nach oben oder unten verändert hat.
4. **Der Erwerber unterwirft sich wegen des dinglichen und wegen des persönlichen Anspruchs aus der nachstehend jeweils bestellten Reallast sowie wegen der vorstehend vereinbarten persönlichen Zahlungsverpflichtung in Höhe von € [...],– monatlich gegenüber dem jeweils Berechtigten der sofortigen Zwangsvollstreckung aus dieser Urkunde. Der Erwerber verpflichtet sich, bei einer etwaigen Erhöhung aufgrund der Anpassung nach § 323a ZPO oder der Wertsicherungsklausel weitere Unterwerfungserklärungen auf Verlangen und auf Kosten des Berechtigten abzugeben.**
5. **Zur Sicherung aller Ansprüche auf Zahlung der vorstehend vereinbarten Beträge in der vereinbarten wertgesicherten Form bestellt der Erwerber an dem übertragenen Grundbesitz eine Reallast zugunsten des Veräußerers und eine durch den Tod des Veräußerers aufschiebend bedingte Reallast zugunsten dessen Ehefrau A. M.**

§ 6 Beerdigung und Grabpflege[Rz. 33]

Der Erwerber verpflichtet sich, die Kosten eines standesgemäßen Begräbnisses seiner Eltern einschließlich des Grabsteins zu tragen, soweit diese Kosten nicht durch eine Sterbegeldversicherung gedeckt sind. Er hat ferner auf seine Kosten die Grabstätten seiner Eltern für die Dauer der ortsüblichen Liegezeit in Ordnung zu halten und gärtnerisch zu pflegen.

§ 7 Rückbehalt von Grundbesitz, Abfindung der weichenden Erben[Rz. 34–38]

1. Die eingangs dieser Urkunde genannten Grundstücke Flur 2 Flurstücke 30 und 90 werden dem Erwerber E. M. nicht übertragen. Das Grundstück Flur 2 Flurstück 90 behält der Veräußerer für eigene Zwecke zurück. Das Grundstück Flur 2 Flurstück 30 soll der weichenden Erbin F. D. in dieser Urkunde zum Zwecke der Abfindung übertragen werden.
2. Demgemäß überträgt der Veräußerer seiner Tochter F. D. das Grundstück Flur 2 Flurstück 30 zu Eigentum. Diese nimmt die Übertragung an.

§ 8 Verzichte[Rz. 41–44]

1. Die Schwester des Erwerbers, Frau F. D., erklärt sich mit Erwerb des ihr in § 7 dieses Vertrages übertragenen Grundstücks hinsichtlich ihrer Abfindungsansprüche nach § 12 HöfeO für befriedigt. Sie verzichtet auf eine Geltendmachung von weitergehenden Abfindungsansprüchen. Das Recht, eine Nachabfindung gemäß § 13 HöfeO zu verlangen, wird hierdurch nicht berührt.
2. Die Ehefrau des Übergebers verzichtet – jeweils beschränkt auf das ihrem Sohn und ihrer Tochter in dieser Urkunde übertragene Vermögen – auf ihr gesetzliches Pflichtteilsrecht. Sie verzichtet ferner auf alle höferechtlichen Ansprüche.
3. Der Erwerber verzichtet mit Wirkung für sich und seine Abkömmlinge auf sein gesetzliches Pflichtteilsrecht am Nachlass seines Vaters und am Nachlass seiner Mutter. Der Veräußerer und seine Ehefrau nehmen die vorstehenden Verzichtserklärungen ihres Sohnes jeweils an.

§ 9 Rückforderungsrecht[Rz. 45]

Vertragliche Rückforderungsrechte behält sich der Veräußerer nicht vor.

§ 10 Besitzübergang, Mängelhaftung, Erschließung[Rz. 46]

1. Der Besitz, die Nutzungen, die Lasten und die Gefahr des übertragenen Grundbesitzes gehen – vorbehaltlich des in dieser Urkunde eingeräumten Wohnungsrechts – mit dem ersten Tag des auf die Beurkundung dieses Vertrages folgenden Monats auf den Erwerber über.
2. Ansprüche und Rechte des Erwerbers wegen eines Sachmangels des Grund und Bodens, der bestehenden Gebäude und des sonstigen in dieser Urkunde übertragenen Vermögens werden hiermit ausgeschlossen.
   Der Veräußerer ist verpflichtet, dem Erwerber das Eigentum an dem übertragenen Grundbesitz frei von im Grundbuch eingetragenen und vom Erwerber nicht übernommenen Belastungen zu verschaffen. Im übrigen wird eine Rechtsmängelhaftung ausgeschlossen. Von diesen Rechtsbeschränkungen ausgenommen ist jeweils eine Haftung bei Vorsatz und Arglist.
   Grunddienstbarkeiten und persönliche Dienstbarkeiten werden, soweit solche bestehen, übernommen.
3. Beiträge, Kosten und Abgaben nach dem Baugesetzbuch und Kommunalabgabengesetz gehen zu Lasten des Erwerbers, und zwar unabhängig davon, wann Beiträge, Kosten und Abgaben dieser Art entstehen oder bereits entstanden sind.

§ 11 Kosten

Die mit dieser Urkunde und ihrem Vollzug verbundenen Kosten trägt der Erwerber.

§ 12 Auflassung, Grundbucherklärungen[Rz. 47]

1. Die Beteiligten sind darüber einig, dass das Eigentum an dem dem Erwerber E. M. übertragenen Grundbesitz auf diesen und das Eigentum an dem Frau F. D. übertragenen Grundstück auf diese übergehen soll.

Sie bewilligen und beantragen die Eintragung des Eigentumswechsels in das Grundbuch.
Die Beteiligten stimmen allen Löschungen und Pfandfreigaben nach Maßgabe der Bewilligungen der jeweils Berechtigten im Grundbuch hierdurch zu.

2. Die Beteiligten bewilligen und beantragen zur Sicherung der in § 3, 4 und 5 dieser Urkunde vereinbarten Rechte und Leistungen die Eintragung
   a) eines Altenteilsrechts zugunsten des Veräußerers, bestehend aus
      - einer beschränkten persönlichen Dienstbarkeit für das Wohnungsrecht (§ 3), einzutragen auf dem Grundstück Flur 3 Flurstück 370,
      - einer Reallast für die übrigen wiederkehrenden Leistungen (§§ 4 und 5), einzutragen auf dem gesamten, dem Erwerber E. M. in dieser Urkunde übertragenen Grundbesitz, wobei jedoch die Abänderungsbefugnis gemäß § 5 Ziffer 2. nicht dinglicher Inhalt der Reallast ist,

      mit dem Zusatz, dass zur Löschung der Nachweis des Todes des Berechtigten genügt.
   b) eines Altenteilsrechts zugunsten der Ehefrau des Veräußerers, A. M., bestehend aus
      - einer – durch den Tod des Veräußerers aufschiebend bedingten – beschränkten persönlichen Dienstbarkeit für das Wohnungsrecht (§ 3), einzutragen auf dem Grundstück Flur 3 Flurstück 370,
      - einer – durch den Tod des Veräußerers aufschiebend bedingten – Reallast zur Sicherung der in § 5 vereinbarten wertgesicherten aufschiebend bedingten Zahlungsansprüche der Frau A. M., wobei jedoch die Abänderungsbefugnis gemäß § 5 Ziffer 2. nicht dinglicher Inhalt der Reallast ist,
      - einer Reallast zur Sicherung der in § 5 vereinbarten Leistungen,

      mit dem Zusatz, dass zur Löschung der Nachweis des Todes der Berechtigten genügt.
3. Den Beteiligten ist bekannt, dass das Eigentum an dem übertragenen Grundbesitz erst mit der Umschreibung im Grundbuch auf den Erwerber übergeht.
   Die Rechte der Erwerber aus dieser Urkunde können gegen mögliche Beeinträchtigungen vor Eigentumsumschreibung im Grundbuch durch Eintragung einer Auflassungsvormerkung gesichert werden.
   Die Beteiligten verzichten nach Belehrung auf die Eintragung einer Auflassungsvormerkung zugunsten des Erwerbers und seiner Schwester im Grundbuch.
5. Alle Eintragungen aus dieser Urkunde sollen erfolgen nach Maßgabe der Anträge des Notars, der ermächtigt ist, diese auch getrennt und eingeschränkt zu stellen und in gleicher Weise zurückzunehmen sowie die Erklärungen der Beteiligten gegenüber dem Grundbuchamt zu ergänzen, zu ändern und zu berichtigen.

§ 13 Zustimmung des Ehegatten[Rz. 48]

Der Veräußerer lebt mit seiner Ehefrau im gesetzlichen Güterstand der Zugewinngemeinschaft. Die Ehefrau stimmt diesem Hofübergabevertrag in vollem Umfang zu.

§ 14 Genehmigung des Landwirtschaftsgerichts[Rz. 49–51]

Die Beteiligten beantragen die Genehmigung des Hofübergabevertrages durch das Landwirtschaftsgericht.
Der Notar soll diese Genehmigung einholen.

§ 15 Schlussbestimmungen

1. Genehmigungen aller Art werden wirksam mit ihrem Eingang beim Notar.
2. Der Notar wies die Beteiligten darauf hin, dass alle Vertragsvereinbarungen beurkundungspflichtig sind und dass Nebenabreden außerhalb dieser Urkunde zur Nichtigkeit des gesamten Rechtsgeschäftes führen können.

3. Sollten Erklärungen in dieser Urkunde ganz oder teilweise der Rechtswirksamkeit ermangeln oder nicht durchgeführt werden, so sollen dennoch die übrigen Erklärungen wirksam bleiben.
Die Beteiligten nehmen wechselseitig alles Vorstehende an.

Diese Niederschrift wurde den Erschienenen von dem Notar vorgelesen, von ihnen genehmigt und von ihnen und dem Notar wie folgt eigenhändig unterschrieben:

A. Grundsätzliche Anmerkungen

I. Wirtschaftliche Aspekte

1 Regelungsziel ist die lebzeitige **Übertragung** eines landwirtschaftlichen Betriebes, der Hof im Sinne der **Höfeordnung** ist, unter Rückbehalt von Einzelwirtschaftsgütern, hier unter Rückbehalt von zum Betrieb gehörigen Grundstücken. Der Hofübergeber kann ein Interesse daran haben, Betriebsgrundstücke entweder für sich selbst zurückzubehalten, etwa zur Selbstbewirtschaftung, Verpachtung, für Zwecke der späteren Veräußerung und als vorsorgliche Rücklage anstelle eines Abstandsgelds, oder im Interesse Dritter von der Hofübergabe auszunehmen, zB zur Abfindung weichender Erben. Beides, der Rückbehalt für eigene und für Zwecke Dritter, kann auch zusammenfallen, wenn – wie im Vertragsmuster – die Übertragung einzelner Grundstücke an weichende Erben vereinbart wird und gleichzeitig der Übergeber für sich weiteren Grundbesitz zurückbehält.

2–4 *(frei)*

II. Rechtliche Aspekte

5 Zur Übergabe eines Hofes iSd. der HöfeO und zu den Besonderheiten der HöfeO vgl. zunächst Formular C. 4.00 Rz. 7ff. Nach § 17 HöfeO kann der Eigentümer den Hof im Wege der vorweggenommenen Hoferbfolge zu seinen Lebzeiten übergeben. Hofübergabe in diesem Sinne ist die **geschlossene Übergabe.**[1] Dies erfordert zwar nicht, dass der Eigentümer das gesamte hofzugehörige Vermögen ohne jede Ausnahme überträgt.[2] Der Rückbehalt von hofgebundenen Grundstücken ist jedoch dann problematisch, wenn die zurückbehaltenen Grundstücke nach Umfang und Bedeutung für den übertragenen Hof wesentlich sind. Der Rückbehalt wesentlicher Grundstücke kann zur Versagung der landwirtschaftsgerichtlichen Genehmigung des Hofübergabevertrages führen (vgl. dazu die Einzelerläuterungen zu § 14 des Formulars). Die zurückbehaltenen Grundstücke kann der Übergeber zudem nicht mehr zu den Vorzugsbedingungen der HöfeO vererben oder übertragen.[3] Die Übertragung unter Rückbehalt von Grundstücken, die zum Betriebsvermögen gehören, kann darüber hinaus auch steuerschädlich sein (vgl. hierzu die folgenden Erläuterungen in Rz. 11ff. sowie in Rz. 34ff.).

6 Überträgt der Hofeigentümer nur einzelne Grundstücke, während er den größten Teil des Hofes einschließlich der Hofstelle zurückbehält, so liegt überhaupt kein Hofübergabevertrag iSd. HöfeO vor.[4] Ein solcher Vertrag richtet sich daher nicht nach

---

[1] *Wöhrmann* § 17 Rz. 25; Faßbender/Hötzel/v. Jeinsen/Pikalo/*Faßbender* § 17 Rz. 65; Lüdtke-Handjery/von Jeinsen/*Roemer* § 17 Rz. 64f.

[2] *Wöhrmann* § 17 Rz. 26; Faßbender/Hötzel/v. Jeinsen/Pikalo/*Faßbender* § 17 Rz. 65; Lüdtke-Handjery/von Jeinsen/*Roemer* § 17 Rz. 65.

[3] *Faßbender* AgrarR 1986, 131, 133; *Wöhrmann* § 17 Rz. 26.

[4] *Wöhrmann* § 17 Rz. 26; Lüdtke-Handjery/von Jeinsen/*Roemer* § 17 Rz. 35; OLG Hamm v. 4.1.1949 – 4b Wlw 602/48, JMBl. NRW 1949, 194.

den Vorschriften der HöfeO und bedarf keiner Genehmigung des Landwirtschaftsgerichts.[5]

(frei) 7–10

III. Steuerrechtliche Aspekte

1. Ertragssteuern

Hierzu wird zunächst auf die Erläuterungen in Formular C. 4.00 Rz. 21ff. verwiesen. Regelmäßig werden **sämtliche** zum Betriebsvermögen des landwirtschaftlichen Betriebes gehörenden Grundstücke und sonstigen Wirtschaftsgüter übertragen. Erfolgt eine solche umfassende Übertragung unentgeltlich im Wege der vorweggenommenen Erbfolge, liegt weder eine Entnahme noch eine Betriebsaufgabe vor.[6] Der Betrieb wird steuerrechtlich durch den Erwerber fortgeführt, der die Buchwerte des Rechtsvorgängers gem. § 6 Abs. 3 EStG übernimmt.[7] Die Zurückbehaltung von Grundstücken oder anderen betrieblichen Wirtschaftsgütern kann ertragsteuerlich zu einer **Entnahme** und damit zu einem einkommensteuerpflichtigen Gewinn in Höhe der Differenz zwischen dem steuerlichen Buchwert und dem Teilwert führen. Werden **wesentliche Betriebsgrundlagen** zurückbehalten, droht die Gefahr einer **Betriebsaufgabe,** bei der sämtliche stillen Reserven aufzulösen und gem. §§ 14, 16, 34 EStG zu versteuern sind.[8] 11

Wird ein Grundstück des Betriebsvermögens unentgeltlich einem weichenden Erben übertragen, so liegt regelmäßig eine **Entnahme** vor.[9] Entsprechendes gilt, wenn der Übergeber ein Grundstück zurückbehält und dieses hierdurch seine Eigenschaft als Betriebsvermögen verliert.[10] Der Entnahmegewinn in Höhe des Unterschiedsbetrages zwischen Buchwert und Teilwert ist laufender Gewinn und daher **nicht** gem. § 34 Abs. 2 EStG **tarifbegünstigt.**[11] Behält der Übergeber ein Grundstück des Betriebsvermögens zurück oder wird es im Hofübergabevertrag oder in einem engen zeitlichen Zusammenhang mit diesem einem Dritten übertragen, so liegt nach Annahme der Finanzverwaltung eine Entnahme des **Übergebers** vor, während eine Entnahme durch den Übernehmer angenommen wird, wenn dieser das Grundstück aufgrund einer Verpflichtung zu einem späteren Zeitpunkt auf den Dritten zu übertragen hat.[12] 12

Eine zur Aufdeckung stiller Reserven führende Entnahme liegt nicht vor, wenn der übergebene Hof und die zurückbehaltenen Grundstücke zwei jeweils selbständige land- und forstwirtschaftliche Teilbetriebe bilden.[13] Behält der Landwirt Waldgrundstücke zurück, so können diese einen forstwirtschaftlichen Teilbetrieb darstellen, mit der Folge, dass mit dem Rückbehalt keine Gewinnrealisierung verbunden ist.[14] Die Zurückbehaltung land- und forstwirtschaftlicher Flächen bei der Hofübergabe führt nicht zwangsläufig zu einer Entnahme, wenn die von der unentgeltlichen Betriebsübertragung ausgenommenen Flächen zwar einen im Verhältnis zum übertragenen Hof nur geringfügigen Umfang ausweisen, der die unentgeltliche Betriebsübertragung nicht gefährdet, jedoch groß genug sind, als Grundlage eines fortgeführten, verkleinerten Betriebes zu dienen. In diesem Fall bleiben die zurückbehaltenden Flächen beim Hofvorgänger selbst dann Betriebsvermögen, wenn er sie dem Hofnachfolger 13

[5] Möglich ist jedoch eine Genehmigungspflicht nach dem Grundstücksverkehrsgesetz; über die Genehmigung entscheidet die nach Landesrecht zuständige Behörde.
[6] BFH v. 9.5.1996 – IV R 77/95, BStBl. II 1996, 476.
[7] BFH v. 5.7.1990 – GrS 4–6/89, BStBl. II 1990, 847; BFH v. 9.5.1996 – IV R 77/95, BStBl. II 1996, 476.
[8] Schmidt/*Kulosa* EStG § 14 Rz. 23.
[9] BMF v. 13.1.1993, BStBl. I 1993, 80 Rz. 33.
[10] BMF v. 13.1.1993, BStBl. I 1993, Rz. 32.
[11] Schmidt/*Wacker* EStG § 16 Rz. 70.
[12] BMF v. 13.1.1993, BStBl. I 1993, 80, Rz. 32.
[13] *Ochs* MittBayNot 1985, 171, 173.
[14] *Ochs* MittBayNot 1985, 171, 173. Zum forstwirtschaftlichen Teilbetrieb vgl. BFH v. 17.1.1991 – IV R 12/89, BStBl. II 1991, 566.

unentgeltlich zur Nutzung überlässt; hinsichtlich des verkleinerten Betriebes des Hofvorgängers gelten die Grundsätze des Verpächterwahlrechts.[15]

Die Entnahme des zu einem land- und forstwirtschaftlichen Betrieb gehörenden Grund und Bodens wurde bis zum 31.12.2005 gem. § 14a Abs. 4 EStG durch Gewährung von Freibeträgen (€ 61 800,–) begünstigt, wenn der Grund und Boden innerhalb von zwölf Monaten nach der Entnahme in sachlichem Zusammenhang mit der Hoferbfolge oder der Hofübernahme zur Abfindung weichender Erben verwendet wurde und die in § 14a Abs. 4 EStG genannten Einkommensgrenzen nicht überschritten wurden.

14 Behält der Hofeigentümer wesentliche Betriebsgrundlagen zurück, so liegt keine Übertragung eines Betriebes im Ganzen iSd. § 6 Abs. 3 EStG, sondern eine Betriebsaufgabe vor, bei der sämtliche stille Reserven aufzulösen und gem. §§ 14, 16 und 34 EStG zu versteuern sind.[16] Werden bei der Übergabe eines landwirtschaftlichen Betriebes Grundstücke zurückbehalten, so ist für die steuerliche Bewertung das Größenverhältnis von zurückbehaltenem zu übertragenem Grundbesitz ein wichtiger Faktor; die absolute Größe und Bonität der Grundstücke sind ebenfalls zu beachten.[17] Behält der Hofübergeber mehr als 10 vH der eigenen landwirtschaftlichen Nutzfläche zurück, so liegt in der Regel keine Betriebsübergabe im Ganzen vor, während ein Rückbehalt von bis zu 10 vH der Fläche grds. nicht zu einer Betriebsaufgabe führt.[18] Im Falle einer unentgeltlichen Hofübergabe unter Zurückbehaltung unwesentlicher Flächen liegt keine Betriebsaufgabe, sondern eine Betriebsverkleinerung vor, so dass im Rahmen des verkleinerten Betriebes die bisher unwesentlichen Flächen zu wesentlicher Betriebsgrundlage des Eigentümers werden.[19] Für den verkleinerten Betrieb liegen auch die Voraussetzungen zur Anwendung des Verpächterwahlrechts vor.[20]

15–18 *(frei)*

2. Erbschaft- und Schenkungsteuern

19 Vgl. hierzu C. 4.00 Rz. 36 ff.

20 Die Übertragung eines Grundstücks an den weichenden Erben zum Zwecke der Abfindung ist eine Schenkung. Im Verhältnis zum weichenden Erben als Abfindungsempfänger gilt die Übertragung auch dann als Schenkung des Hofübergebers, wenn sie der Übernehmer aufgrund einer im Hofübergabevertrag übernommenen Verpflichtung (zu einem späteren Zeitpunkt) vorzunehmen hat. Wird daher zB der Hof vom Vater an den Sohn übergeben und verpflichtet sich der Sohn zur Übertragung eines Abfindungsgrundstücks an seine Schwester, so richtet sich deren Erwerb nach der Schenkungsteuerklasse I.[21]

21–23 *(frei)*

3. Verkehrssteuern

24 Vgl. hierzu C. 4.00 Rz. 44 ff.

25–27 *(frei)*

---

[15] BFH v. 24.2.2005 – IV R 28/00, BFH/NV 2005, 1062; BMF v. 20.5.2008, DStR 2008, 1286.

[16] BFH v. 1.2.1990 – IV R 8/89, BStBl. II 1990, 428; Schmidt/*Kulosa* EStG § 14 Rz. 23.

[17] BFH v. 28.3.1985 – IV R 88/81, BStBl. II 1985, 508; BFH v. 1.2.1990 – IV R 8/89, BStBl. II 1990, 428.

[18] Schmidt/*Kulosa* EStG § 14 Rz. 3. Aus der Rechtsprechung vgl. BFH v. 1.2.1990 – IV R 8/89, BStBl. II 1990, 428: Betriebsaufgabe bei Rückbehalt von 18 vH der landwirtschaftlichen Flächen; BFH v. 21.7.1981 – VIII R 200/78, BStBl. II 1982, 20: 40 vH der landwirtschaftlichen Flächen als wesentliche Betriebsgrundlage; BFH v. 9.7.1981 – IV R 101/77, BStBl. II 1986, 808: 20 vH als wesentliche Betriebsgrundlage; BFH v. 28.3.1985 – IV R 88/81, BStBl. II 1985, 508: Rückbehalt von 12 vH keine Betriebsaufgabe, weil es sich um geringwertiges Weideland handelte. BFH v. 24.2.2005 – IV R 28/00, BFH/NV 2005, 1062: Rückbehalt von weniger als 10 vH der Flächen im Allgemeinen keine Betriebsaufgabe.

[19] BMF v. 20.5.2008, DStR 2008, 1286; BFH v. 24.2.2005 – IV R 28/00, BFH/NV 2005, 1062.

[20] BMF v. 20.5.2008, DStR 2008, 1286; BFH v. 24.2.2005 – IV R 28/00, BFH/NV 2005, 1062.

[21] BFH v. 17.2.1993 – II R 72/90, BStBl. II 1993, 523; *Meincke* ErbStG § 15 Rz. 4.

B. Einzelerläuterungen

Zu § 1: Hofeigenschaft, Grundbuchangaben

Vgl. hierzu die Erläuterungen in C. 4.00 Rz. 7ff, 50ff. **28**

Zu § 2: Gegenstand der Übertragung

Vgl. hierzu die Erläuterungen in C. 4.00 Rz. 60ff. **29**

Zu § 3: Vorbehalt des Wohnungsrechts

Zum Wohnungsrecht vgl. näher die Einzelerläuterungen in C. 4.00 Rz. 64ff. **30**

Zu § 4: Pflegeverpflichtung

Zur Pflegeverpflichtung vgl. die Einzelerläuterungen in C. 4.00 Rz. 73ff. **31**

Zu § 5: Wiederkehrende Zahlungen als Versorgungsleistung

Zu wiederkehrenden Zahlungen als Versorgungsleistungen, vgl. C. 4.00 Rz. 23ff., **32** 80ff.

Durch die Vereinbarung eines durch den Tod des Veräußerers aufschiebend bedingten Rechts seines Ehegatten auf Zahlung der wiederkehrenden Versorgungsleistungen sollen die schenkungsteuerlichen Nachteile vermieden werden, die mit Einräumung einer Gesamtgläubigerstellung des Ehegatten gem. § 428 BGB verbunden sein können, vgl. hierzu die Erläuterungen in C. 4.00 Rz. 96.

Zu § 6: Beerdigung und Grabpflege

Vgl. hierzu die Erläuterungen in C. 4.00 Rz. 107. **33**

Zu § 7: Rückbehalt von Grundbesitz, Abfindung der weichenden Erben

Wird der Hof durch Übergabevertrag an einen Abkömmling übertragen, so gilt zu- **34** gunsten der anderen Abkömmlinge der Hoferbfall bereits mit dem Zeitpunkt der Übertragung als eingetreten (§ 17 Abs. 2 HöfeO), so dass die weichenden Abkömmlinge ab Eigentumsumschreibung des Hofes auf den Erwerber von diesem eine Abfindung in Geld nach § 12 HöfeO verlangen können.[22] Der Abfindungsanspruch bemisst sich nach dem $1^1/_2$-fachen des Einheitswertes (Hofeswert), von dem die den Hof treffenden und vom Hofübernehmer alleine zu tragenden Verbindlichkeiten iSd. § 12 Abs. 3 HöfeO abzuziehen sind. Der danach verbleibende Betrag steht den weichen Abkömmlingen gem. § 12 Abs. 3 S. 2 HöfeO zu dem Teil zu, der ihrem gesetzlichen Erbteil nach allgemeinem bürgerlichen Recht entspricht.

Der Hofübergabevertrag kann die Abfindung abweichend von §§ 12, 13 HöfeO re- **35** geln, was in der Praxis auch häufig geschieht. Neben oder anstatt einer Abfindung in Geld kann eine Landabfindung vereinbart werden. Mitunter möchte der Hofübergeber auch für eigene Zwecke Grundbesitz zurückbehalten. Beides kann jedoch sowohl grundstücksverkehrsrechtlich (vgl. dazu die Einzelerläuterungen zum nachfolgenden § 14) als auch ertragssteuerlich problematisch sein. Wird ein Grundstück des Betriebsvermögens unentgeltlich einem weichenden Erben übertragen, so liegt regelmäßig eine Entnahme vor.[23] Der Entnahmegewinn in Höhe des Unterschiedsbetrages zwi-

---

[22] Mit Übertragung iSd. § 17 Abs. 2 HöfeO ist der Eigentumserwerb des Hofübernehmers gemeint, vgl. BGH v. 3.4.1951 – V BLw 5/50, NJW 1951, 561; OLG Hamm v. 18.6.1985 – 10 WLw 17/85, AgrarR 1986, 53.

[23] BMF v. 13.1.1993; BStBl. I 1993, 80 Rz. 33.

schen Buchwert und Teilwert ist laufender, nicht gem. § 34 Abs. 3 tarifbegünstigter Gewinn.[24]

36 Möchte der Übergeber auf Grundstücke als „eiserne Ration" oder „Notgroschen" zurückgreifen können, so kann sein Sicherheitsbedürfnis – unter Vermeidung einer Entnahme – dadurch befriedigt werden, dass ihm ein weitgehend bedingungsloses, auf einzelne Grundstücke beschränktes Rückforderungsrecht eingeräumt wird, das durch eine Rückauflassungsvormerkung zu sichern ist.[25]

37 Behält der Hofeigentümer wesentliche Betriebsgrundlagen zurück, so liegt keine Übertragung eines Betriebes im Ganzen iSd. § 6 Abs. 3 EStG, sondern eine Betriebsaufgabe gem. §§ 14, 16, 34 EStG vor[26] (vgl. iE Abschnitt III, Rz. 11 ff.). Behält der Hofübergeber nicht mehr als 10 vH der eigenen landwirtschaftlichen Nutzflächen zurück, wird regelmäßig keine Betriebsaufgabe anzunehmen sein.[27]

Im Vertragsmuster beträgt die zurückbehaltene Grundstücksfläche weniger als 0,5 vH der übertragenen Fläche, so dass eine Betriebsaufgabe ausscheidet.

38 In **schenkungsteuerrechtlicher Hinsicht** stellen Abfindungszahlungen an weichende Erben **Leistungsauflagen** dar, die den Wert der Zuwendung mindern (zur Leistungsauflage vgl. oben C. 4.00 Rz. 45 ff.). Im Verhältnis zum weichenden Erben als Abfindungsempfänger gilt die Abfindung auch dann als Schenkung des **Übergebers,** wenn sie der Übernehmer zu zahlen hat.[28] Wird daher zB der Hof vom Vater an den Sohn übergeben und verpflichtet sich dieser zu Abfindungszahlungen an seine Geschwister, so richtet sich die Abfindung jeweils nach der Steuerklasse I.

39, 40 *(frei)*

Zu § 8: Verzichte

41 Es ist anzustreben, die Ansprüche der weichenden Erben im Hofübergabevertrag abschließend zu regeln und durch Verzichte sicherzustellen, dass den weichenden Erben hinsichtlich des Hofvermögens keine weiteren als die im Hofübergabevertrag vereinbarten oder vorbehaltenen Ansprüche zustehen. Soll der Verzicht auch **Nachabfindungsansprüche** gem. § 13 HöfeO erfassen, muss dies grundsätzlich **ausdrücklich** vereinbart werden.[29] Die Erklärung der weichenden Erben, bereits abgefunden zu sein, enthält in aller Regel keinen Verzicht auf Nachabfindungsansprüche.[30] Ein Erbverzichtsvertrag, der gem. § 2348 BGB notariell zu beurkunden ist, schließt allerdings sowohl Ansprüche aus § 12 HöfeO als auch Nachabfindungsansprüche aus § 13 HöfeO aus, da der Verzichtende damit aus dem Kreis der gesetzlichen Erben und Pflichtteilsberechtigten ausscheidet.[31] Jedoch kann die Geschäftsgrundlage für den im Erbverzicht enthaltenen Verzicht auf Nachabfindungsansprüche wegfallen, wenn der Hofübernehmer oder Hoferbe den Hof bereits einige Jahre nach dem Erwerb verkauft.[32]

42 Da das hoffreie Vermögen und das Hofvermögen insoweit wie rechtlich selbständige Nachlassteile behandelt werden, kann sich der Erbverzicht wahlweise auf den Hof oder das hoffreie Vermögen oder beides erstrecken.[33] Die Hofübergabe schließt Ansprüche des **Hofübernehmers** auf den **hoffreien Nachlass,** insbesondere etwaige Pflicht-

[24] Schmidt/*Wacker* EStG § 16 Rz. 70.

[25] *Faßbender* DNotZ 1986, 67, 72, der darauf hinweist, dass ein solches Rückforderungsrecht nur sehr selten ausgeübt wird. Nur im Falle seiner Ausübung könnte es dann zu einer Entnahme kommen.

[26] BFH v. 1.2.1990 – IV R 8/89, BStBl. II 1990, 428.

[27] Schmidt/*Kulosa* EStG § 14 Rz. 3; vgl. ferner die Rechtsprechungsnachweise in Rz. 14 Fn. 18.

[28] BFH v. 23.10.2002 – II R 71/00, BStBl. II 2003, 320; *Wegmann* Rz. 512.

[29] OLG Oldenburg v. 8.2.1996 – 10 W 1/96, AgrarR 1996, 160; *Faßbender/Hötzel/von Jeinsen/Pikalo* § 17 Rz. 142; Lüdtke-Handjery/von Jeinsen/*Roemer* § 17 Rz. 111 mwN.

[30] Faßbender/Hötzel/von Jeinsen/Pikalo/*Hötzel* § 13 Rz. 57.

[31] BGH v. 29.11.1996 – BLw 16/96, BGHZ 134, 152.

[32] BGH v. 29.11.1996 – BLw 16/96, BGHZ 134, 152.

[33] BGH v. 20.11.1951 – IV ZB 68/51, BGHZ 4, 54; Faßbender/Hötzel/von Jeinsen/Pikalo/*Hötzel* § 11 Rz. 12.

teilsansprüche nicht aus,[34] so dass stets überlegt werden sollte, ihn einen Pflichtteilsverzicht bezüglich des hoffreien Nachlasses erklären zu lassen.[35] Aus den gleichen Gründen sollte erwogen werden, einen Pflichtteilsverzicht des Ehegatten des Übergebers hinsichtlich des Hofvermögens zu erreichen.[36]

(frei) **43, 44**

Zu § 9: Rückforderungsrecht

Das Vertragsformular sieht keine vertraglichen Rückforderungsrechte vor. Rückforderungsrechte in einem Hofübergabevertrag enthalten § 11 des Vertragsformulars C. 4.00 sowie die Vertragsmuster C. 4.41, C. 4.10 und C. 4.42. Vgl. ferner die Einzelerläuterungen zum Rückforderungsrecht in C. 4.00 Rz. 119 ff. und in A. 1.01 Rz. 54 ff. **45**

Zu § 10: Besitzübergang, Mängelhaftung, Erschließung

Vgl. hierzu die Erläuterungen in C. 4.00 Rz. 126. **46**

Zu § 12: Auflassung, Grundbucherklärungen

Vgl. hierzu die Erläuterungen in C. 4.00 Rz. 127. **47**

Zu § 13: Zustimmung des Ehegatten

Der Ehegatte des Veräußerers sollte im Hinblick auf § 1365 BGB jedenfalls vorsorglich der Übergabe zustimmen, da der Hof häufig das gesamte oder nahezu gesamte Vermögen des Übergebers darstellt und die Wirksamkeit des Übergabevertrages in einem solchen Fall gem. § 1365 BGB von der Zustimmung des Ehegatten abhängt. **48**

Zu § 14: Genehmigung des Landwirtschaftsgerichts

Der Hofübergabevertrag bedarf gem. § 17 Abs. 3 HöfeO zu seiner Wirksamkeit der **Genehmigung** des **Landwirtschaftsgerichts,** das anstelle der ansonsten für Genehmigungen nach dem Grundstücksverkehrsgesetz (GrdstVG) zuständigen Behörde entscheidet. Das Gericht prüft insbesondere, ob ein **Versagungsgrund** nach dem **GrdstVG** vorliegt. **49**

Werden hofzugehörige Grundstücke vom Übergeber zurückbehalten oder an weichende Erben übertragen, kann § 9 Abs. 1 Nr. 2 GrdstVG (unwirtschaftliche Verkleinerung oder Aufteilung) einer Genehmigung des Hofübergabevertrages entgegenstehen, wenn durch ihre Abtrennung vom Hof nachteilige Folgen für die Agrarstruktur eintreten.[37] Dies ist zB der Fall, wenn sich der Hofeigentümer im Übergabevertrag das Eigentum an mit einem Altenteiler- oder Landarbeiterhaus bebauten Grundstücken vorbehält,[38] oder Grundstücke von so erheblichem Umfang oder von so großer Bedeutung an weichende Erben übertragen oder vom Hofübergeber zurückbehalten werden, dass eine ordnungsgemäße Bewirtschaftung des Resthofes gefährdet wird.[39] Die Zurückbehaltung und Abtrennung einzelner Grundstücke vom Hof ist grundstücksverkehrsrechtlich dann nicht zu beanstanden **(keine unwirtschaftliche Verkleinerung oder Aufteilung),** wenn der Hof diese Grundstücke **entbehren** kann, er also an ihrem Verlust nicht schwer trägt, was insbesondere dann der Fall ist, wenn **50**

---

[34] OLG Schleswig v. 7.1.1972 – 3 U 86/71, AgrarR 1972, 362; Faßbender/Hötzel/von Jeinsen/Pikalo/*Faßbender* § 17 Rz. 143.

[35] Faßbender/Hötzel/von Jeinsen/Pikalo/*Faßbender* § 17 Rz. 143; Lüdtke-Handjery/von Jeinsen/*Roemer* § 17 Rz. 115.

[36] Faßbender/Hötzel/von Jeinsen/Pikalo/*Faßbender* § 17 Rz. 144; Lüdtke-Handjery/von Jeinsen/*Roemer* § 17 Rz. 116.

[37] Lüdtke-Handjery/von Jeinsen/*Roemer* § 17 Rz. 157 ff.; *Wöhrmann* § 17 Rz. 101 iVm. § 16 Rz. 26.

[38] BGH v. 24.11.1993 – BLw 28/93, NJW 1994, 733.

[39] *Lüdtke-Handjery* DNotZ 1985, 347, 359.

die Größe der zurückbehaltenen Grundstücke im Vergleich zur Gesamtfläche des Hofes nicht wesentlich ins Gewicht fällt.[40] Im Vertragsmuster werden lediglich zwei unbebaute Grundstücke nicht mitübertragen, die insgesamt weniger als 0,5 vH der Gesamtfläche des Hofes ausmachen, so dass keine Bedenken nach § 9 Abs. 1 Nr. 2 GrdstVG bestehen. Die Genehmigung kann auch dann versagt werden, wenn die vom Übernehmer zu erbringenden Altenteils- und Abfindungsleistungen **überhöht** sind und in einem derart groben Missverhältnis zum Wert des Hofes stehen, (§ 9 Abs. 1 Nr. 3 GrdstVG), dass sie nicht aus dem Hof erwirtschaftet werden können.[41] Im umgekehrten Fall (keine oder gemessen am Verkehrswert des Hofes nur geringe Leistungen des Übernehmers) gilt dies freilich nicht.[42]

51 Ferner können auch **höferechtliche Versagungsgründe** in Betracht kommen.[43] So kann eine Übergabe des Hofes an mehrere Erwerber – ausgenommen Eheleute – wegen Verstoßes gegen §§ 16, 4 HöfeO ebenso wenig genehmigt werden wie die Hofübergabe an eine entgegen § 6 Abs. 6, § 7 Abs. 1 HöfeO nicht wirtschaftsfähige Person.[44]

---

[40] *Augustin* AgrarR 1973, 136, 139; *Wöhrmann* § 16 Rz. 28 iVm. § 17 Rz. 101; Lüdtke-Handjery/von Jeinsen/*Roemer* § 17 Rz. 158 mwN; OLG Oldenburg v. 7.11.1996 – 10 W 9/96, RdL 1998, 72.

[41] OLG Hamm v. 11.9.1964 – 10 W/w 30/64, RdL 1965, 73.

[42] Faßbender/Hötzel/von Jeinsen/Pikalo/*Faßbender* § 17 Rz. 215.

[43] Lüdtke-Handjery/von Jeinsen/*Roemer* § 17 Rz. 166.

[44] BGH v. 28.1.1958 – V BLw 44/57, BGHZ 26, 298; OLG Köln v. 10.11.1980 – 2 Wx 16/80, AgrarR 1981, 171; Faßbender/Hötzel/von Jeinsen/Pikalo/*Faßbender* § 17 Rz. 219.

C. 4.30 Erklärungen zur Einführung und Aufhebung der Hofeigenschaft iSd. HöfeO

C. 4.31 Hofeinführungserklärung – Alleineigentümerhof

Gliederung

Urkundenrolle Nummer [...] **für 20[...]** C. 4.31

An das Amtsgericht
– Landwirtschaftsgericht –
in J.

Hofeinführungserklärung[Rz. 13, 14]

Ich bin Alleineigentümer der in den Grundbüchern von J. Blatt Nummer 269 und von A. Blatt Nummer 131 eingetragenen landwirtschaftlichen Besitzung mit der Hofstelle in J.

Der Wirtschaftswert beträgt € 8 900,–.

Ich gebe hiermit die Erklärung ab, dass meine vorgenannte Besitzung Hof iSd. HöfeO sein soll und beantrage die Eintragung des Hofvermerks in den Grundbüchern.

(Notarielle Unterschriftsbeglaubigung)

A. Grundsätzliche Anmerkungen

I. Wirtschaftliche Aspekte

Regelungsziel ist die Begründung der Hofeigenschaft iSd. HöfeO durch **Hofeinführungserklärung.** Die Hofeinführungserklärung wird gewählt, wenn der Eigentümer einer land- oder forstwirtschaftlichen Besitzung für die Hofnachfolge, sei es für die Hofnachfolge von Todes wegen oder durch Übergabevertrag unter Lebenden, die Geltung der HöfeO wünscht. Die Hofeigenschaft führt dazu, dass der Hof aufgrund der höferechtlichen Sondernachfolge immer nur an **eine** Person vererbt oder übertragen werden kann.[1] Beim Tode des Hofeigentümers entsteht daher keine Erbengemeinschaft am Hof mit Gesamthandseigentum der Miterben hieran, vielmehr wird der Hoferbe ohne weitere Vollzugsakte sogleich Alleineigentümer des Hofes.[2] Den sog. weichenden Erben, also denjenigen, die nicht Hoferbe werden oder denen der Hof nicht durch Hofübergabevertrag übertragen wird, steht nach der HöfeO nur eine Geldabfindung zu, deren Höhe sich nicht nach dem Verkehrswert, sondern nach dem sog. Hofeswert richtet, der gem. § 12 Abs. 2 HöfeO lediglich das Eineinhalbfache des 1

[1] Ausnahme: Ein Ehepaar kann zum Hoferben berufen werden oder den Hof durch Hofübergabevertrag erwerben, vgl. Lüdtke-Handjery/*von Jeinsen* HöfeO § 7 Rz. 33.

[2] BFH v. 26.3.1987 – IV R 20/87, BStBl. II 1987, 561; Faßbender/Hötzel/von Jeinsen/Pikalo/*von Jeinsen* § 4 Rz. 5 aE; Lüdtke-Handjery/*von Jeinsen* HöfeO § 4 Rz. 6, 7.

letzten **Einheitswertes** beträgt (zur Abfindung nach dem Hofeswert und der Möglichkeit etwaiger Zu- und Abschläge vgl. näher Formular C. 4.00 Rz 13).

2 Die Begründung der Hofeigenschaft durch Hofeinführungserklärung kommt vor allem dann in Betracht, wenn es nicht gelingt, die weichenden Erben, insbesondere sämtliche Kinder des Übergebers, am Abschluss des Übergabevertrag zu beteiligen, um deren Ansprüche in Bezug auf den Hof abschließend und einvernehmlich zu regeln.[3] Bildet der Betrieb keinen Hof im Sinne der HöfeO, so richten sich die Ansprüche der weichenden Erben nach allgemeinem Recht. Maßgebend für die Berechnung der Pflichtteilsergänzungsansprüche der weichenden Erben (§ 2325 BGB) ist dann der Verkehrswert der Besitzung, sofern nicht der Übergeber gemäß § 2312 BGB die Heranziehung des Ertragswertes angeordnet hat. Auch der Ertragswert ist aber immer noch deutlich höher als der für die höferechtliche Abfindung nach § 12 HöfeO maßgebliche Hofeswert, der gemäß § 12 Abs. 2 HöfeO lediglich das Eineinhalbfache des zuletzt festgestellten Einheitswertes beträgt. Der Pflichtteil des weichenden Erben besteht folglich nur in der Hälfte dieser ohnehin geringen Abfindung (§ 12 Abs. 10 HöfeO).[4] Wer daher für die Berechnung der Abfindung und der Pflichtteilsansprüche der weichenden Erben den niedrigen Hofeswert wünscht, kann die Hofeigenschaft durch Hofeinführungserklärung und Eintragung des Hofvermerks herbeiführen, sofern die Besitzung einen Wirtschaftswert von mindestens 5000 Euro hat und auch die übrigen Voraussetzungen des § 1 Abs. 1 HöfeO vorliegen. Die Folge der Hofeinführung ist allerdings, dass bei einer Übergabe des Hofes an einen Abkömmling des Übergebers der Hoferbfall gemäß § 17 Abs. 2 HöfeO mit dem Zeitpunkt der Übertragung zugunsten der anderen Abkömmlinge als eingetreten gilt, so dass die Abfindungs- und Pflichtteilsansprüche dieser Abkömmlinge in Bezug auf den Hof bereits mit der Eigentumsumschreibung auf den Übernehmer und damit schon zu Lebzeiten des Übergebers fällig werden.[5]

II. Rechtliche Aspekte

3 Die HöfeO gilt nur in den Bundesländern **Hamburg, Niedersachsen, Nordrhein-Westfalen und Schleswig-Holstein** (vgl. § 1 Abs. 1 S. 1 HöfeO), und zwar als sog. **fakultatives,** dh. vom Eigentümer frei wähl- und ausschließbares Höferecht. Der Eigentümer kann daher die Hofeigenschaft und damit die Anwendbarkeit der HöfeO durch Hofaufgabeerklärung und anschließender Löschung des Hofvermerks im Grundbuch aufheben oder durch Hofeinführungserklärung, verbunden mit der Eintragung des Hofvermerks im Grundbuch, begründen (§ 1 Abs. 4 HöfeO).

4 Voraussetzung für die Einführung der Hofeigenschaft durch Hoferklärung des Eigentümers ist gem. § 1 Abs. 1 HöfeO das Vorliegen einer im Gebiet der Bundesländer Hamburg, Niedersachsen, Nordrhein-Westfalen und Schleswig-Holstein belegenen land- oder forstwirtschaftlichen Besitzung mit einer zu ihrer Bewirtschaftung geeigneten Hofstelle, die im Alleineigentum einer natürlichen Person oder im gemeinschaftlichen Eigentum von Ehegatten (Ehegattenhof) steht oder zum Gesamtgut einer fortgesetzten Gütergemeinschaft gehört, sofern die Besitzung einen Wirtschaftswert von mindestens € 5 000,– hat. **Wirtschaftswert** ist der für den Wirtschaftsteil eines land- oder forstwirtschaftlichen Betriebes festgestellte Wert iSd. § 46 BewG. Wirtschaftswert und Wohnungswert bilden zusammen den steuerlichen Einheitswert des Betriebes (§ 48 BewG). Der Wohnungswert bleibt daher für die Bestimmung der unteren Betriebsgröße nach der HöfeO außer Betracht.

---

[3] Hierzu und zum Folgenden vgl. *Roemer* RNotZ 2015, 556, 566.

[4] Vgl. BGH v. 8.10.1957 – V BLw 8/57, RdL 1957, 295, 296; Lüdtke-Handjery/von Jeinsen/*Roemer* HöfeO § 16 Rn. 80.

[5] Unter „Zeitpunkt der Übertragung" im Sinne des § 17 Abs. 2 HöfeO ist die Umschreibung des Eigentums auf den Übernehmer zu verstehen, vgl. BGH v. 3.4.1951 – V BLw 5/50, BGHZ 1, 343; BGH v. 17.12.1952 – V BLw 91/52, BGHZ 8, 213, 219, Lüdtke-Handjery/von Jeinsen/*Roemer* HöfeO § 17 Rn. 131; *Wöhrmann* § 17 Rn. 64.

Sind die Voraussetzungen erfüllt, so kann der Eigentümer die Hofeigenschaft durch Hofeinführungserklärung gegenüber dem Landwirtschaftsgericht, die der Form der notariellen Beglaubigung bedarf, und anschließender Eintragung des Hofvermerks im Grundbuch herbeiführen (zu den Einzelheiten der Hofeinführungserklärung vgl. die anschließenden Einzelerläuterungen unter B.). **5**

Eine Hofeinführungserklärung kommt nur bei solchen Besitzungen in Betracht, die nicht schon kraft Gesetzes Hof iSd. HöfeO sind. Hat eine Besitzung einen Wirtschaftswert von mindestens € 10000,– und erfüllt sie auch die übrigen Vorrausetzungen des § 1 Abs. 1 S. 1 HöfeO, so *ist* sie Hof iSd. HöfeO, ohne dass es einer Hofeinführungserklärung bedarf, es sei denn, die Hofeigenschaft wäre durch Hofaufgabeerklärung des Hofeigentümers und anschließender Löschung des Hofvermerks im Grundbuch wieder entfallen. Hat der Eigentümer die Hofeigenschaft durch Hofaufgabeerklärung aufgehoben, so kann er sie durch Hofeinführungserklärung und Eintragung des Hofvermerks im Grundbuch wieder neu begründen. **6**

Die Hofeinführungserklärung kann sich immer nur auf die **gesamte** land- oder forstwirtschaftliche Besitzung erstrecken. Es ist daher nicht möglich, von der Hoferklärung einzelne Grundstücke auszunehmen; eine **partielle Hoferklärung** ist demnach unzulässig.[6] **7**

Die Hofeinführungserklärung wirkt nicht lediglich für die Lebensdauer desjenigen, der diese Hoferklärung abgegeben hat. Sie wirkt vielmehr für alle Rechtsnachfolger, die das Eigentum am Hof im Wege eines (auch vorweggenommenen) Erbganges erworben haben, wobei es auf die konkrete Ausgestaltung des Erwerbsvorgangs (Vorweggenommene Erbfolge, Schenkung von Todes wegen, Erbeinsetzung, Erbvertrag, Vermächtnis, Erbauseinandersetzung) nicht ankommt, sog. **Dauerwirkung der Hoferklärung.**[7] Dagegen wird bei einem Erwerb des Hofes durch Verkehrsgeschäft (Kaufvertrag) unter Lebenden die Dauerwirkung der Hoferklärung überwiegend verneint.[8] **8**

(frei) **9, 10**

III. Steuerrechtliche Aspekte

Einkommensteuerrechtlich kann sich die Hofeigenschaft iSd. HöfeO auf die steuerliche Behandlung von **Abfindungen** auswirken, die an Abkömmlinge des Hofübergebers zu zahlen sind. Bei Übergaben außerhalb des Anwendungsbereichs der HöfeO stellen Gleichstellungsgelder zur Abfindung weichender Erben grundsätzlich entgeltliche Leistungen dar.[9] Abweichend hiervon sind jedoch Abfindungen, die der Übernehmer eines Hofes iSd. HöfeO an andere Abkömmlinge des Übergebers nach §§ 12, 13, 17 Abs. 2 HöfeO zu zahlen hat, nicht als Entgelt zu sehen, führen also weder zu Anschaffungskosten noch zu einem Veräußerungsentgelt.[10] Der Grund für diese abweichende Behandlung besteht darin, dass der Hofübergabevertrag in einem solchen Fall gem. § 17 Abs. 2 HöfeO wie der Tod des Hofübergebers wirkt. Beim Todes des Hofeigentümers aber fällt der Hof aufgrund der höferechtlichen Sondernachfolge (§ 4 HöfeO) unmittelbar und sogleich dem Hoferben als Alleinerben zu, so dass Abfindungsansprüche der weichenden Erben wie Vermächtnisse zu beurteilen sind.[11] **11**

(frei) **12**

---

[6] BGH v. 22.12.1988 – BLw 6/88, BGHZ 106, 245.

[7] BGH v. 5.6.1992 – BLw 10/91, BGHZ 118, 356; BGH v. 5.3.1999 – BLw 18/98, AgrarR 1999, 283. Die Entscheidungen bezogen sich jeweils auf die Dauerwirkung der Hofaufgabeerklärung. Für die Hofeinführungserklärung gilt jedoch Entsprechendes, vgl. Wöhrmann § 1 Rz. 93; Lüdtke-Handjery/von Jeinsen/*Brinkmann* HöfeO § 1 Rz. 87.

[8] *Wöhrmann* § 1 Rz. 93; *Schrimpf* AgrarR 1984, 86; für Dauerwirkung auch in diesem Fall jedoch Lüdtke-Handjery/von Jeinsen/*Brinkmann* HöfeO § 1 Rz. 87.

[9] BFH v. 5.7.1990 – GrS 4–6/89, BStBl. II 1990, 847.

[10] BMF v. 13.1.1993, BStBl. I 1993, 80, Rz. 44.

[11] BMF v. 11.1.1993, BStBl. I 1993, 62, Rz. 89; Faßbender/Hötzel/von Jeinsen/Pikalo/*Faßbender* § 17 Rz. 253 ff.

B. Einzelerläuterungen

13 Die HöfeO selbst enthält keine Regelungen zur Form und zum Adressaten der Hoferklärung. Diese sind vielmehr in der Verfahrensordnung für Höfesachen (HöfeVfO) enthalten. Nach § 4 Abs. 1 HöfeVfO ist die Hofeinführungserklärung gegenüber dem **Landwirtschaftsgericht** abzugeben. Örtlich zuständig ist das Amtsgericht, in dessen Bezirk die Hofstelle liegt (§ 10 des Gesetzes über das gerichtliche Verfahren in Landwirtschaftssachen). Die Erklärung bedarf gem. § 4 Abs. 2 HöfeVfO der **öffentlichen Beglaubigung.** Wird die Hoferklärung nicht lediglich notariell beglaubigt, sondern notariell beurkundet, ist darauf zu achten, dass dem Landwirtschaftsgericht eine **Ausfertigung** der Hoferklärung eingereicht wird; die Einreichung einer beglaubigten Abschrift genügt nicht.[12] Nach überwiegender Meinung führt ein Verstoß gegen die Formvorschrift des § 4 Abs. 2 HöfeVfO jedoch nicht zur Nichtigkeit der Hoferklärung gemäß § 125 BGB, da es sich bei § 4 Abs. 2 HöfeVfO um eine § 29 GBO nachgebildete Norm handelt, die lediglich dem Nachweis der Identität des Erklärenden dient.[13]

14 Auf Ersuchen des Landwirtschaftsgerichts (§ 3 HöfeVfO) hat das Grundbuchamt den Hofvermerk auf dem Deckblatt des Grundbuches einzutragen. Wird der Hofvermerk aufgrund der Hofeinführungserklärung des Eigentümers eingetragen, so erlangt die land- oder forstwirtschaftliche Besitzung die Eigenschaft als Hof iSd. HöfeO, und zwar **rückwirkend** mit dem Eingang der Hofeinführungserklärung beim Landwirtschaftsgericht. Bis zur Eintragung des Hofvermerks kann der Eigentümer die Hoferklärung widerrufen (§ 4 Abs. 3 HöfeVfO).

C. 4.32 Hofeinführungserklärung – Ehegattenhof

Gliederung

C. 4.32 **Urkundenrolle Nummer [. . .]** **für 20[. . .]**

An das Amtsgericht
– Landwirtschaftsgericht –
in B.

Einführung der Eigenschaft als Ehegattenhof Rz. 12, 13

Wir, die Eheleute F., sind, teils in Alleineigentum, teils in Miteigentum, Eigentümer des in den nachbezeichneten Grundbuchblättern eingetragenen Grundbesitzes:
- **Grundbuch von A. Blatt 313 (eingetragener Eigentümer: Ehemann M. F.);**
- **Grundbuch von A. Blatt 270 (eingetragene Eigentümerin: Ehefrau B. F.);**
- **Grundbuch von D. Blatt 112 (eingetragene Eigentümer: Eheleute M. F. und B. F. zu je ½ Anteil)**

---

[12] Faßbender/Hötzel/von Jeinsen/Pikalo/*Faßbender* § 1 Rz. 99; Lüdtke-Handjery/*von Jeinsen* HöfeVfO § 4 Rz. 8.

[13] Lüdtke-Handjery/*von Jeinsen* HöfeVfO § 4 Rz. 8; OLG Hamm v. 29.3.2012 – 10 W 14/12, BeckRS 2012, 16054 – betr. die Abgabe einer privatschriftlichen Hofaufgabeerklärung; *Roemer* RNotZ 2015, 556, 558; aA – Formnichtigkeit ohne Heilung durch Eintragung oder Löschung des Hofvermerks; Faßbender/Hötzel/v. Jeinsen/Pikalo/*Faßbender* § 1 HöfeO Rz. 101; Wöhrmann § 1 Rz. 102.

Die Hofstelle befindet sich in [. . .]
Der Wirtschaftswert beträgt € [. . .],–

Wir geben hiermit die Erklärung ab, das der vorgenannte Grundbesitz ein Ehegattenhof iSd. HöfeO sein soll und beantragen die Eintragung des Ehegattenhofvermerks in den Grundbüchern.

(Notarielle Unterschriftbeglaubigung)

A. Grundsätzliche Anmerkungen

I. Wirtschaftliche Aspekte

Hinsichtlich der wirtschaftlichen Aspekte ist zunächst auf die Erläuterung in Abschn. C. 4.31 Rz. 1 zu verweisen. Die dort für die Einführung der Hofeigenschaft bei einem Alleineigentümerhof angeführten Gesichtspunkte gelten für die Begründung der Ehegattenhofeigenschaft entsprechend. Für den Ehegattenhof kommen folgende Aspekte hinzu: Mit der Einführung der Eigenschaft als Ehegattenhof verbessert sich die Rechtsstellung des überlebenden Ehegatten. Er wird gem. § 8 Abs. 1 HöfeO mit dem Tode des erstversterbenden Ehegatten Hoferbe und damit Alleineigentümer des gesamten Hofes. Die Einführung als Ehegattenhof kommt auch dann in Betracht, wenn erst durch die Einbeziehung des bis dahin hoffreien Grundbesitzes des einen Ehegatten die Besitzung überhaupt hoffähig wird, zB, wenn sie erst durch die Einbeziehung auf einen Wirtschaftswert von mindestens € 5 000,– kommt.[1] 1

(frei) 2, 3

II. Rechtliche Aspekte

Von dem Grundsatz, dass Hof iSd. HöfeO nur eine solche Besitzung sein kann, die im *Alleineigentum* einer natürlichen Person steht, macht die HöfeO für den **Ehegattenhof** eine Ausnahme. Die HöfeO unterscheidet Ehegattenhöfe kraft Gesetzes und solche kraft Hofeinführungserklärung. 4

Ehegattenhof kraft Gesetzes ist gem. § 1 Abs. 1 HöfeO eine im Gebiet der Bundesländer Hamburg, Niedersachsen, Nordrhein-Westfalen oder Schleswig-Holstein belegene land- oder forstwirtschaftliche Besitzung mit einer zu ihrer Bewirtschaftung geeigneten Hofstelle, die im **gemeinschaftlichen Eigentum** von Ehegatten steht, sofern sie einen Wirtschaftswert von mindestens € 10 000,– hat. Das für einen Ehegattenhof erforderliche gemeinschaftliche Eigentum können die Ehegatten von Dritten oder dadurch erwerben, dass der bisherige Alleineigentümer – Ehegatte seinem Ehepartner Miteigentum überträgt. Nach hM ist es nicht erforderlich, dass das gemeinschaftliche Eigentum den Ehegatten zu gleichen Anteilen zusteht.[2] Nach der Gegenauffassung entsteht die Ehegattenhofeigenschaft kraft Gesetzes nur bei hälftiger Eigentumsbeteiligung beider Ehegatten, während sog. disparitätisches Eigentum, also unterschiedlich große Anteile oder Quoten nur dann ausreichen soll, wenn der bisherige Alleineigentümer – Ehegatte seinem Ehepartner einen Miteigentumsanteil übertragen hat und hierdurch zu erkennen gegeben hat, dass er einen gemeinschaftlichen Betrieb und damit einen Ehegattenhof will.[3] Diese – höchstrichterlich noch nicht entschiedene – Streitfrage kann ein Anlass sein, die Ehegattenhofeigenschaft, und sei es auch nur vorsorglich, durch Hofeinführungserklärung zu begründen. Gemäß § 1 5

[1] Faßbender/Hötzel/von Jeinsen/Pikalo/*Faßbender* § 1 Rz. 181.
[2] Lüdtke-Handjery/von Jeinsen/*Brinkmann* HöfeO § 1 Rz. 57; *Roemer* RNotZ 2015, 556, 560; *Wöhrmann* § 1 Rz. 71.
[3] Faßbender/Hötzel/von Jeinsen/Pikalo/*Faßbender* § 1 Rz. 151 f.

Abs. 2 HöfeO können nämlich Ehegatten durch Hoferklärung unstreitig ihre Besitzung auch dann zum Ehegattenhof machen, wenn sie nicht Miteigentümer zu gleichen Anteilen sind; es genügt, dass dem minderbeteiligten Ehegatten nur „eine Furche Land" gehört, sei es eine Ackerparzelle oder nur ein beliebig kleiner Miteigentumsanteil davon.[4] Steht der Grundbesitz teils im Alleineigentum des einen, teils im Alleineigentum des anderen Ehegatten, so kann die Eigenschaft des Ehegattenhofs ebenfalls durch Hofeinführungserklärung gem. § 1 Abs. 2 HöfeO begründet werden.[5] Voraussetzung für die Einführung der Ehegattenhofeigenschaft durch Hoferklärung ist jeweils auch das Erreichen eines Mindest-Wirtschaftswerts von € 5000,– (§ 1 Abs. 1 S. 3 HöfeO).

6 Bei einem Ehegattenhof beschränkt § 8 Abs. 1 HöfeO nach hA die Verfügungsfreiheit der Ehegatten von Todes wegen. Aufgrund der Notwendigkeit einer geschlossenen Vererbung des Hofes kann ein Ehegatte über seinen Anteil am Ehegattenhof nur zugunsten seines Ehegatten, nicht aber zugunsten eines Dritten letztwillig verfügen.[6] Im Ergebnis läuft § 8 Abs. 1 HöfeO damit auf ein **Zwangserbrecht** des überlebenden Ehegatten hinaus.[7] Nach Rspr. und hM können sich Eheleute bei einem Ehegattenhof auch nicht zum Hofvorerben einsetzen.[8] Wünschen die Ehegatten eine erbrechtliche Gestaltung, welche die HöfeO bei Ehegattenhöfen nicht zulässt, so müssen sie zuvor die Eigenschaft als Ehegattenhof aufheben (Zur Hofaufgabeerklärung bei Ehegattenhöfen vgl. Formular C. 4.34).

Einen Dritten können die Ehegatten bei einem Ehegattenhof nur gemeinsam zum Hoferben bestimmen und eine von ihnen getroffene Bestimmung auch nur gemeinsam wieder aufheben (§ 8 Abs. 2 HöfeO); haben die Ehegatten eine solche Bestimmung nicht getroffen oder wieder aufgehoben, so kann der überlebende Ehegatte den Hoferben allein bestimmen.

7 Die Begründung einer Ehegattenhofeigenschaft durch Hoferklärung lässt die **Eigentumsverhältnisse unberührt.** Sie führt also **nicht** dazu, dass bislang im Alleineigentum eines Ehegatten stehende Grundstücke nunmehr Miteigentum beider Ehegatten werden. Auch wird der Hof **nicht** etwa zu einem Sondervermögen, über das die Ehegatten nur gemeinsam durch Rechtsgeschäft unter Lebenden verfügen könnten, sofern er ihnen nicht in Gütergemeinschaft gehört.[9]

8 Ein Ehegattenhof verliert diese Eigenschaft mit der Rechtskraft der Scheidung, der Aufhebung oder Nichtigerklärung der Ehe. Bei bestehender Ehe verliert er die Eigenschaft als Ehegattenhof, wenn beide Ehegatten erklären, dass die Besitzung kein Ehegattenhof mehr sein soll, und der Ehegattenhofvermerk im Grundbuch gelöscht wird. (§ 1 Abs. 5 HöfeO). Die Besitzung kann trotz Wegfall der Eigenschaft als Ehegattenhof noch Hof (Einzelhof) iSd. HöfeO sein, wenn der im Alleineigentum eines Ehegatten stehende Grundbesitz des vormaligen Ehegattenhofes die Voraussetzungen der Hofeigenschaft nach § 1 HöfeO erfüllt. Will der Alleineigentümer – Ehegatte den Fortbestand als Einzelhof nicht, so kann er die Hofeigenschaft durch Hofaufgabeerklärung gem. § 1 Abs. 4 HöfeO beseitigen.[10] Die Erklärung kann mit derjenigen über die Aufhebung der Ehegattenhofeigenschaft verbunden werden. Vgl. Formular C. 4.34.

9, 10 *(frei)*

---

[4] Faßbender/Hötzel/von Jeinsen/Pikalo/*Faßbender* § 1 Rz. 176; Lüdtke-Handjery/von Jeinsen/*Brinkmann* § 1 Rz. 64.

[5] Lüdtke-Handjery/von Jeinsen/*Brinkmann* HöfeO § 1 Rz. 65.

[6] Faßbender/Hötzel/von Jeinsen/Pikalo/*Pikalo* § 8 Rz. 7; Lüdtke-Handjery/von Jeinsen/*von Jeinsen* HöfeO § 8 Rz. 23; *Faßbender/Pikalo* DNotZ 1980, 67, 74 ff.

[7] Lüdtke-Handjery/von Jeinsen/*von Jeinsen* HöfeO § 8 Rz. 23.

[8] BGH v. 24.4.1986 – BLw 27/85, BGHZ 98, 1; Lüdtke-Handjery/von Jeinsen/*von Jeinsen* HöfeO § 8 Rz. 22; *Dressler* AgrarR 2001, 265, 278 f.

[9] Faßbender/Hötzel/von Jeinsen/Pikalo/*Faßbender* § 1 Rz. 184.

[10] *Roemer* RNotZ 2015, 556, 560.

III. Steuerrechtliche Aspekte

Vgl. die Einzelerläuterungen in C. 4.31 Rz. 11. 11

B. Einzelerläuterungen

Die Hofeinführungserklärung, durch die eine Ehegattenhofeigenschaft begründet werden soll, muss von beiden Ehegatten abgegeben werden (§ 1 Abs. 2 HöfeO). Üblicherweise werden die Erklärungen der Ehegatten gleichzeitig abgegeben. Werden sie, was ebenfalls zulässig ist, nacheinander abgegeben, so werden sie erst mit Zugang der letzten der beiden Erklärungen beim Landwirtschaftsgericht wirksam.[11] 12

Die Hofeinführungserklärung bedarf gem. § 4 Abs. 2 der Verfahrensordnung für Höfesachen der **öffentlichen Beglaubigung.** Sie ist gegenüber dem **Landwirtschaftsgericht** abzugeben. Örtlich zuständig ist das Amtsgericht, in dessen Bezirk die Hofstelle liegt (§ 10 des Gesetzes über das gerichtliche Verfahren in Landwirtschaftssachen). Die Ehegattenhofeigenschaft kraft Erklärung tritt mit Eintragung des Ehegattenhofvermerks im Grundbuch ein, und zwar **rückwirkend** mit dem Eingang der Erklärung beim Landwirtschaftsgericht (§ 1 Abs. 7 HöfeO). 13

C. 4.33 Hofaufgabeerklärung – Alleineigentümerhof

Gliederung

Urkundenrolle Nummer [. . .] für 20[. . .] C. 4.33

An das Amtsgericht
– Landwirtschaftsgericht –
in B.

Hofaufgabeerklärung

Ich bin Alleineigentümer der in den Grundbüchern von B. Blatt Nummer 320 und D. Blatt Nummer 140 eingetragenen landwirtschaftlichen Besitzung mit der Hofstelle in B.
Es handelt sich um einen Hof iSd. HöfeO. Der Hofvermerk ist in den Grundbüchern eingetragen.
Der Wirtschaftswert beträgt € 25 600,–.
Ich gebe hiermit die Erklärung ab, dass meine vorgenannte Besitzung nicht mehr Hof iSd. HöfeO sein soll und beantrage die Löschung des Hofvermerks in den Grundbüchern.

(Notarielle Unterschriftsbeglaubigung)

[11] Lüdtke-Handjery/von Jeinsen/*Brinkmann* HöfeO § 1 Rz. 76.

A. Grundsätzliche Anmerkungen

I. Wirtschaftliche Aspekte

1 Regelungsziel ist die Aufhebung der Hofeigenschaft iSd. HöfeO durch **Hofaufgabeerklärung.** Die Hofaufgabeerklärung kommt in der Praxis häufiger vor als die Hofeinführungserklärung. Der Grund hierfür liegt in der kritischen wirtschaftlichen Lage vieler bäuerlicher Betriebe, der negativen Prognose hinsichtlich ihrer zukünftigen Entwicklung und – eng damit verbunden – in dem Fehlen geeigneter und vor allen Dingen übernahmebereiter Hofnachfolger. Die Kinder der Landwirte haben – vor allem bedingt durch den Strukturwandel in der Landwirtschaft – vielfach Berufe außerhalb der Landwirtschaft gewählt. Sie sehen es als ein zu hohes Risiko an, den elterlichen Hof zu übernehmen und als aktive Landwirte fortzuführen. Landwirtsehepaare, die diese Situation realistisch einschätzen, möchten dann zumeist, dass der Hof nach beider Tod an alle oder zumindest mehrere ihrer Kinder fällt und nicht lediglich an ein Kind allein. Ist der landwirtschaftliche Betrieb jedoch Hof iSd. HöfeO, so kann der Landwirt dieses Ziel nur erreichen, wenn er die Hofeigenschaft vorher aufhebt, da andernfalls § 4 HöfeO einer Vererbung des Hofes an mehrere Personen entgegenstünde. Nach Aufhebung der Hofeigenschaft kann der landwirtschaftliche Betrieb beliebig nach allgemeinem bürgerlichem Recht vererbt werden, insoweit nicht anders als jeder andere Grundbesitz auch. Hiervon unberührt bleiben lediglich die Vorschriften des Grundstücksverkehrsgesetzes.

2 Ein weiterer Anlass für die Aufhebung der Hofeigenschaft kann bestehen, wenn der Hofeigentümer noch verhältnismäßig jung ist, etwa selbst den Hof vor noch nicht allzu langer Zeit von seinen Eltern übernommen hat, und deshalb noch nicht absehbar ist, ob seine eigenen noch minderjährigen oder überhaupt noch nicht geborenen Kinder Betriebsnachfolger werden können oder sollen. Hier kann die Hofaufgabeerklärung häufig mit der Absicht einhergehen, die Hofeigenschaft später wieder einzuführen, sobald sich abzeichnet, dass ein Kind Hofnachfolger werden soll. In diesen Fällen wird sodann der überlebende Ehegatte häufig zum Vollerben berufen; der überlebende Ehegatte kann dann später bei Bedarf, wenn ein zur Hofnachfolge bereites und fähiges Kind vorhanden ist, die Hofeigenschaft wieder einführen.[1]

3 Auch das Fehlen **wirtschaftsfähiger** Nachfolger kann Grund für eine Hofaufgabeerklärung sein, da nicht wirtschaftsfähige Personen kraft Gesetz als Hoferben ausscheiden (§ 6 Abs. 6 HöfeO). Zur Wirtschaftsfähigkeit vgl. C. 4.00 Rz. 10.

4, 5 *(frei)*

II. Rechtliche Aspekte

6 Die Hofaufgabeerklärung und die anschließende Löschung des Hofvermerks im Grundbuch führen zum Wegfall der Eigenschaft als Hof iSd. HöfeO (§ 1 Abs. 4 HöfeO). Die Wirkungen der Hofaufgabeerklärung treten mit Löschung des Hofvermerks im Grundbuch ein, und zwar **rückwirkend** mit dem Tag des Eingangs der Hofaufgabeerklärung bei dem Landwirtschaftsgericht. Der Verlust der Hofeigenschaft bewirkt, dass der Eigentümer nunmehr frei von den Vorgaben der HöfeO über seine Besitzung letztwillig oder durch Rechtsgeschäft unter Lebenden verfügen kann, diese also insbesondere an **mehrere Personen** übertragen oder vererben kann; bereits zuvor eingegangene Bindungen des Hofeigentümers werden durch die Aufhebung der

[1] Faßbender/Hötzel/von Jeinsen/Pikalo/*Faßbender* § 1 Rz. 131; *Roemer* RNotZ 2015, 556, 565.

Hofeigenschaft jedoch nicht beseitigt.[2] Andererseits entfallen die höferechtlichen Abfindungsprivilegien, welche die HöfeO dem Hoferben und Hofübernehmer im Interesse der Erhaltung leistungsfähiger Höfe gewährt. Die Vor- und Nachteile der Hofeigenschaft und ihrer Aufhebung sind daher sorgfältig gegeneinander abzuwägen.

Ein weiterer Grund für die Aufhebung der Hofeigenschaft – neben den in Rz. 1ff. erwähnten Gründen – kann darin bestehen, mit ihrer Hilfe den Genehmigungszwang nach § 8 Nr. 2 GrdStVG herbeizuführen.[3] Wird ein land- oder forstwirtschaftlicher Betrieb, der nicht Hof im Sinne der Höfe ist, **geschlossen** veräußert oder im Wege der vorweggenommenen Erbfolge übertragen, so **ist** gemäß § 8 Nr. 2 GrdStVG die Genehmigung nach dem Grundstücksverkehrsgesetz zu erteilen **(Genehmigungszwang),** wenn der Erwerber – wie in den meisten Fällen – mit dem Eigentümer in gerader Linie oder bis zu dritten Grad in der Seitenlinie verwandt oder bis zum zweiten Grad verschwägert oder Ehegatte des Veräußerers ist. Voraussetzung ist allerdings eine geschlossene Übergabe. Der Genehmigungszwang nach § 8 Nr. 2 GrdStVG entfällt daher, wenn der Übergeber einzelne zum Betrieb gehörende Grundstücke für sich oder für Dritte zurückbehält und nicht an den Übernehmer überträgt.[4] Das Angehörigenprivileg des § 8 Nr. 2 GrdStVG gilt jedoch kraft ausdrücklicher gesetzlicher Anordnung (§ 31 GrdStVG) **nicht** für Höfe im Sinne der HöfeO. Bei der Übergabe eines Hofes im Sinne der HöfeO hat daher das Landwirtschaftsgericht stets zu prüfen, ob ein Ablehnungsgrund nach § 9 GrdStVG vorliegt. Eine Hofaufgabeerklärung kommt daher immer dann in Betracht, wenn eine Übergabe an nahe Angehörige im Sinne des § 8 Nr. 2 GrdStVG bei bestehender Hofeigenschaft wegen etwaiger grundstücksverkehrsrechtlicher Versagungsgründe nicht genehmigt würde oder eine Genehmigung zweifelhaft erscheint.[5] Zum Genehmigungserfordernis bei Hofübergabeverträgen vgl. C. 4.00 Rz. 132ff. 7

Wiederholte Hoferklärungen sind zulässig. Hat der Eigentümer die Hofeigenschaft durch Hofaufgabeerklärung aufgehoben, so kann er sie durch Hofeinführungserklärung und Eintragung des Hofvermerks im Grundbuch wieder neu begründen und umgekehrt. 8

Das fakultative Höferecht erlaubt daher auch die von vorn herein **zeitlich beschränkte Aufgabe der Hofeigenschaft** zu dem Zweck, bei der Übertragung des Hofes die Schwierigkeiten zu vermeiden, die sich aus der Anwendung der höferechtlichen Vorschriften ergeben.[6] Es bestehen deshalb keine Bedenken, wenn der Hofeigentümer vor der geplanten Übergabe die Hofeigenschaft durch Hofaufgabeerklärung und anschließende Löschung des Hofvermerks aufhebt, zB weil Zweifel an der Wirtschaftsfähigkeit des Erwerbers bestehen, und der Erwerber nach Übergabe die Hofeigenschaft wieder einführt. Dies stellt, wie der BGH entschieden hat, selbst dann keine unzulässige Umgehung des Höferechts dar, wenn der Erwerber sich zur Wiedereinführung der Hofeigenschaft verpflichtet hatte.[7]

Zulässig ist auch eine **vorsorgliche Hofaufgabeerklärung,** wenn nicht sicher ist, ob es sich bei einer landwirtschaftlichen Besitzung um einen Hof iSd. HöfeO handelt und der Eigentümer eine etwa bestehende Hofeigenschaft beseitigen möchte. Die fehlende Eintragung des Hofvermerks im Grundbuch steht einer vorsorglichen Hofaufgabeerklärung nicht entgegen.[8] 9

Die Hofaufgabeerklärung kann sich immer nur auf die **gesamte** land- oder forstwirtschaftliche Besitzung erstrecken. Es ist daher nicht möglich, von der Hofaufgabe- 10

---

[2] Vgl. BGH v. 14.5.1987 – BLw 2/87, BGHZ 101, 57; *Otte* NJW 1988, 672.
[3] Hierzu und im Folgenden vgl. *Roemer* RNotZ 2015, 556, 565.
[4] OLG Stuttgart v. 13.12.1965 – WLw 11/65, RdL 1966, 237; OLG Stuttgart v. 6.5.1986 – 10 W (Lw) 23/85, RdL 1986, 162; *Netz* Grundstücksverkehrsgesetz, S. 443.
[5] *Roemer* RNotZ 2015, 556, 565.
[6] BGH v. 28.11.2008 – BLw 11/08, ZEV 2009, 144.
[7] BGH v. 28.11.2008 – BLw 11/08, ZEV 2009, 144.
[8] OLG Köln v. 10.2.2009 – 23 WLW 12/08, RNotZ 2009, 323 m. Anm. *Roemer.*

erklärung einzelne Grundstücke auszunehmen; eine **partielle Hoferklärung** ist somit unzulässig.[9]

11 Die Hofaufgabeerklärung wirkt nicht lediglich für die Lebensdauer desjenigen, der diese Hoferklärung abgegeben hat. Sie wirkt vielmehr für alle Rechtsnachfolger, die das Eigentum am Hof im Wege eines (auch vorweggenommenen) Erbganges erworben haben, wobei es auf die konkrete Ausgestaltung des Erwerbsvorgangs (vorweggenommene Erbfolge, Schenkung von Todes wegen, Erbeinsetzung, Erbvertrag, Vermächtnis, Erbauseinandersetzung) nicht ankommt, sog. **Dauerwirkung der Hoferklärung.**[10] Dagegen wird bei einem Erwerb des Hofes durch Verkehrsgeschäft (Kaufvertrag) unter Lebenden die Dauerwirkung der Hoferklärung überwiegend verneint.[11]

12 Nach Ansicht des BGH kann der Eigentümer die Hofeigenschaft auch dann noch durch negative Hoferklärung und anschließende Löschung des Hofvermerks aufheben, wenn er den Hoferben zuvor durch Erbvertrag oder durch formlose Hoferbenbestimmung gem. § 7 Abs. 2 HöfeO bindend bestimmt hatte.[12] Durch die Hofaufgabeerklärung werden jedoch Bindungen, die der Hofeigentümer zuvor eingegangen ist, nicht beseitigt. In welchem Umfang und auf welche Art der Hofprätendent trotz Verlust der Hofeigenschaft geschützt bleibt, richtet sich nach der Art des jeweiligen Bindung.[13]

13 Ist, was in der Praxis durchaus häufiger vorkommt, ein Hofvermerk trotz bestehender Hofeigenschaft entgegen § 2 HöfeVfO nicht im Grundbuch eingetragen, so kann, wenn der Eigentümer einer solchen Besitzung eine Hofaufgabeerklärung abgibt, das Landwirtschaftsgericht das Löschungsersuchen (§ 3 HöfeVfO) nicht unter Hinweis auf die fehlende Eintragung eines Hofvermerks ablehnen.[14] Vielmehr hat es zu veranlassen, dass auch in diesem Fall das Erlöschen der Hofeigenschaft in geeigneter Weise im Grundbuch verlautbart wird.[15] Die entsprechende Eintragung im Grundbuch kann dann etwa wie folgt lauten:

C. 4.33a **„Die bisherige – im Grundbuch nicht eingetragene – Hofeigenschaft ist durch Hofaufgabeerklärung des Eigentümers vom [...] erloschen."**

Ähnlich die vom OLG Köln, aaO, vorgeschlagene Formulierung.

III. Steuerrechtliche Aspekte

14 Die Hofaufgabeerklärung mit anschließender Löschung des Hofvermerks beseitigt die Eigenschaft als Hof iSd. HöfeO und entzieht die land- oder forstwirtschaftliche Besitzung damit dem Anwendungsbereich der HöfeO. Sie ist eine reine höferechtliche Erklärung und führt **nicht** etwa zu einer Betriebsaufgabe iSd. Einkommensteuerrechts.

15 Der durch die Hofaufgabeerklärung eintretende Verlust der Hofeigenschaft kann sich jedoch auf die **einkommensteuerrechtliche** Behandlung von **Abfindungen** auswirken, die an Abkömmlinge des Hofübergebers zu zahlen sind.

Bei Übergaben außerhalb des Anwendungsbereichs der HöfeO stellen Gleichstellungsgelder zur Abfindung weichender Erben grundsätzlich entgeltliche Leistungen

---

[9] BGH v. 22.12.1988 – BLw 6/88, BGHZ 106, 245.

[10] BGH v. 5.6.1992 – BLw 10/91, BGHZ 118, 356; BGH v. 5.3.1999 – BLw 18/98, AgrarR 1999, 283.

[11] *Wöhrmann* § 1 Rz. 93; *Schrimpf* AgrarR 1984, 86; für Dauerwirkung auch in diesem Fall jedoch Lüdtke-Handjery/von Jeinsen/*Brinkmann* HöfeO § 1 Rz. 87.

[12] BGH v. 15.2.1979 – V BLw 12/78, BGHZ 73, 324; BGH v. 14.5.1987 – BLw 2/87, BGHZ 101, 57; *Otte* NJW 1988, 672; kritisch *Faßbender* AgrarR 1988, 125; *ders.* DNotZ 1979, 571.

[13] BGH v. 14.5.1987 – BLw 2/87, BGHZ 101, 57; *Otte* NJW 1988, 672.

[14] OLG Köln v. 10.2.2009 – 23 WLW 12/08; RNotZ 2009, 323 m. Anm. *Roemer.*

[15] OLG Köln v. 10.2.2009 – 23 WLW 12/08; RNotZ 2009, 323 m. Anm. *Roemer;* Lüdtke-Handjery/von Jeinsen/*Brinkmann* HöfeO § 1 Rz. 70; *Roemer* RNotZ 2015, 556, 563f.

dar,[16] Abweichend hiervon sind jedoch Abfindungen, die der Übernehmer eines Hofes iSd. HöfeO an andere Abkömmlinge des Übergebers nach §§ 12, 13, 17 Abs. 2 HöfeO zu zahlen hat, nicht als Entgelt zu sehen, führen also weder zu Anschaffungskosten noch zu einem Veräußerungsentgelt.[17] Der Grund für diese abweichende Behandlung besteht darin, dass der Hofübergabevertrag in einem solchen Fall gem. § 17 Abs. 2 HöfeO wie der Tod des Hofübergebers wirkt. Beim Todes des Hofeigentümers aber fällt der Hof aufgrund der höferechtlichen Sondernachfolge (§ 4 HöfeO) unmittelbar und sogleich dem Hoferben als Alleinerben zu, so dass Abfindungsansprüche der weichenden Erben wie Vermächtnisse zu beurteilen sind.[18]

B. Einzelerläuterung

Die HöfeO selbst enthält keine Regelungen zur Form und zum Adressaten der Hoferklärung. Diese sind vielmehr in der Verfahrensordnung für Höfesachen (HöfeVfO) enthalten. Nach § 4 Abs. 1 HöfeVfO ist die Hofaufgabeerklärung gegenüber dem **Landwirtschaftsgericht** abzugeben. Örtlich zuständig ist das Amtsgericht, in dessen Bezirk die Hofstelle liegt (§ 10 des Gesetzes über das gerichtliche Verfahren in Landwirtschaftssachen). 16

Die Erklärung bedarf gem. § 4 Abs. 2 HöfeVfO der **öffentlichen Beglaubigung.** Wird die Hoferklärung nicht lediglich notariell beglaubigt, sondern notariell beurkundet, ist darauf zu achten, dass dem Landwirtschaftsgericht eine **Ausfertigung** der Hoferklärung eingereicht wird.[19] Nach überwiegender Meinung führt ein Verstoß gegen die Formvorschrift des § 4 Abs. 2 HöfeVfO jedoch nicht zur Nichtigkeit der Hoferklärung gemäß § 125 BGB, da es sich bei § 4 Abs. 2 HöfeVfO um eine § 29 GBO nachgebildete Norm handelt, die lediglich dem Nachweis der Identität des Erklärenden dient.[20] Auf Ersuchen des Landwirtschaftsgerichts (§ 3 HöfeVfO) hat das Grundbuchamt den Hofvermerk auf dem Deckblatt des Grundbuches zu löschen. Wird der Hofvermerk aufgrund der Hofaufgabeerklärung des Eigentümers gelöscht, so verliert die land- oder forstwirtschaftliche Besitzung die Eigenschaft als Hof iSd. HöfeO, und zwar **rückwirkend** mit dem Eingang der Hofaufgabeerklärung beim Landwirtschaftsgericht. Bis zur Löschung des Hofvermerks kann der Eigentümer die Hoferklärung widerrufen (§ 4 Abs. 3 HöfeVfO). 17

C. 4.34 Hofaufgabeerklärung – Ehegattenhof

Gliederung

---

[16] BFH v. 5.7.1990 – GrS 4–6/89, BStBl. II 1990, 847.

[17] BMF v. 13.1.1993, BStBl. I 1993. 80, Rz. 44.

[18] BMF v. 11.1.1993, BStBl. I 1993, 62, Rz. 89; Faßbender/Hötzel/von Jeinsen/Pikalo/*Faßbender* § 17 Rz. 253 ff.

[19] Faßbender/Hötzel/von Jeinsen/Pikalo/*Faßbender* § 1 Rz. 99.

[20] Lüdtke-Handjery/von Jeinsen § 4 HöfeVfO Rz. 8; OLG Hamm v. 29.3.2012 – 10 W 14/12, Beck RS 2012, 16054 betr. die Abgabe einer privatschriftlichen Hofaufgabeerklärung; *Roemer* RNotZ 2015, 556, 558; aA – Formnichtigkeit ohne Heilung durch Eintragung oder Löschung des Hofvermerks; Faßbender/Hötzel/v. Jeinsen/Pikalo/*Faßbender* § 1 Rz. 101; *Wöhrmann* § 1 Rz. 102.

C. 4.34 **Urkundenrolle Nummer [...] für 20[...]**

An das Amtsgericht
– Landwirtschaftsgericht –
in B.

Aufhebung der Hofeigenschaft

Wir, die Eheleute D., sind, teils in Alleineigentum teils in Miteigentum, Eigentümer des in den nachbezeichneten Grundblättern eingetragenen Grundbesitzes:
– Grundbuch von B. Blatt 320
– Grundbuch von E. Blatt 425
– Grundbuch von E. Blatt 98.
Es handelt sich um einen Ehegattenhof iSd. HöfeO. Der Hofvermerk ist jeweils in den Grundbüchern eingetragen.
Wir geben hiermit die Erklärung ab, dass die vorgenannte Besitzung nicht mehr die Eigenschaft eines Ehegattenhofes und auch nicht mehr die eines Hofes iSd. HöfeO haben soll, und beantragen die Löschung des Hofvermerks in den Grundbüchern.

(Notarielle Unterschriftsbeglaubigung)

A. Grundsätzliche Anmerkungen

I. Wirtschaftliche Aspekte

1 Hierzu ist auf die Erläuterungen in C. 4.33 Rz. 1ff. zu verweisen.

II. Rechtliche Aspekte

2 Zum Ehegattenhof vgl. die Erläuterungen in C. 4.32 Rz. 4ff., zur Hofaufgabeerklärung die Erläuterungen in C. 4.33 Rz. 6ff.

III. Steuerrechtliche Aspekte

3 Vgl. hierzu die Erläuterungen in C. 4.33 Rz. 14ff.

B. Einzelerläuterungen

4 Die Hofaufgabeerklärung mit dem Ziel, die Eigenschaft als Ehegattenhof zu beseitigen, muss von beiden Ehegatten abgegeben werden (§ 1 Abs. 5 HöfeO). Werden die Erklärungen der Ehegatten, was zulässig ist, nacheinander abgegeben, so werden sie erst mit Zugang der letzten der beiden Erklärungen beim Landwirtschaftsgericht wirksam.[1]

5 Die Hofaufgabeerklärung bedarf gem. § 4 Abs. 2 der Verfahrensordnung für Höfesachen der **öffentlichen Beglaubigung.** Sie ist gegenüber dem **Landwirtschaftsgericht** abzugeben. Örtlich zuständig ist das Amtsgericht, in dessen Bezirk die Hofstelle liegt (§ 10 des Gesetzes über das gerichtliche Verfahren in Landwirtschaftssachen). Der Verlust der Eigenschaft als Ehegattenhof kraft Hofaufgabeerklärung tritt mit Löschung des Ehegattenhofvermerks im Grundbuch ein, und zwar **rückwirkend** mit dem Eingang der Erklärung beim Landwirtschaftsgericht (§ 1 Abs. 7 HöfeO).

[1] Lüdtke-Handjery/von Jeinsen/*Brinkmann* HöfeO § 1 Rz. 76.

Eine land- und forstwirtschaftliche Besitzung kann trotz Wegfalls der Eigenschaft als Ehegattenhof noch Hof (Einzelhof) iSd. HöfeO sein, wenn der im Alleineigentum eines Ehegatten stehende Grundbesitz des vormaligen Ehegattenhofes die Voraussetzungen der Hofeigenschaft nach § 1 HöfeO erfüllt. Will der Alleineigentümer – Ehegatte den Fortbestand als Einzelhof nicht, so kann er die Hofeigenschaft durch Hofaufgabeerklärung gem. § 1 Abs. 4 HöfeO beseitigen.[2] Aus diesem Grund erstreckt sich die Hofaufgabeerklärung der Ehegatten in dem Formular ausdrücklich nicht nur auf den Wegfall der Eigenschaft als Ehegattenhof, sondern auch auf den Wegfall der Eigenschaft als Hof (Einzelhof) iSd. HöfeO. 6

[2] *Roemer* RNotZ 2015, 556, 560.

C. 4.40 Hofübergabe nach BGB

C. 4.41 Hofübergabevertrag nach BGB mit Altenteil und wiederkehrenden Zahlungen als Versorgungsleistung

Gliederung

C. 4.41 **Urkundenrolle Nr. [...]** **für 20[...]**

Verhandelt zu [...] am [...]

Vor mir,

DR. JUR.
– NOTAR/IN IN [...]

erschienen:

I. als Veräußerer:
Herr A. D., Landwirt, geboren am [...]
wohnhaft in [...]
– nachstehend „Veräußerer" genannt –

II. die Ehefrau des Veräußerers,
Frau B. D. geborene E., geboren am [...]
wohnhaft in [...]

III. als Erwerber:
der Sohn der Erschienenen zu I. und II.,
Herr M. D., Landwirt, geboren am [...]
wohnhaft in
– nachstehend „Erwerber" genannt –.

IV. die Tochter der Erschienenen zu I. und II., nämlich
Frau F. D., geboren am [...]
wohnhaft in [...]

Die Erschienenen zu I. und II. sind dem Notar von Person bekannt. Die übrigen Erschienenen wiesen sich aus durch Vorlage ihrer Personalausweise.

Die Erschienenen ließen den folgenden

ÜBERGABEVERTRAG
über einen landwirtschaftlichen Betrieb

beurkunden und erklärten:

§ 1 Grundbuchangaben[Rz. 19]

1. **Der Veräußerer ist Eigentümer eines landwirtschaftlichen Betriebes.**
   Der betriebszugehörige Grundbesitz ist im Grundbuch von A. Blatt 220 wie folgt eingetragen:

Gemarkung A.

Flur 5 Flurstück 27,	**Hof- und Gebäudefläche, Landwirtschaft, groß: 40,30 a,**
Flur 5 Flurstück 30,	**groß: 11 ha 25 a,**
Flur 5 Flurstück 110,	**groß: 5 ha 73 a,**
Flur 6 Flurstück 70,	**groß: 6 ha 40 a.**
Flur 7 Flurstück 83,	**groß: 5 ha 65 a,**
Flur 8 Flurstück 30,	**groß: 9 ha 52 a,**
Flur 8 Flurstück 44,	**groß: 3 ha 22 a,**
Flur 8 Flurstück 110,	**groß: 5 ha 27 a.**

2. Der Grundbesitz ist im Grundbuch wie folgt belastet:

Abteilung II:

lfd. Nr. 1:	**Beschränkte persönliche Dienstbarkeit (Kabelleitungsrecht) für die E-GmbH.**

Abteilung III:

lfd. Nr. 1:	**Buchgrundschuld in Höhe von € 100 000,– zugunsten der D-Bank AG,**
lfd. Nr. 2:	**Briefgrundschuld in Höhe von € 30 000,– zugunsten der Sparkasse D.**

Der Erwerber übernimmt sämtliche vorgenannten Belastungen.

3. Es handelt sich nicht um einen Hof im Sinne der Höfeordnung.

§ 2 Übertragung[Rz. 19]

1. Der Veräußerer überträgt dem Erwerber:

a) den gesamten in § 1 dieser Urkunde näher bezeichneten Grundbesitz nebst allen wesentlichen Bestandteilen, insbesondere allen baulichen Anlagen;

b) das gesamte lebende und tote Inventar des landwirtschaftlichen Betriebes, soweit es sich nicht bereits im Eigentum des Erwerbers befindet;

c) die aufstehende Saat und alle Vorräte

d) alle Ansprüche auf landwirtschaftliche Beihilfen und Agrarförderung, insbesondere sämtlichen Zahlungsansprüche, Prämien- und Ausgleichsansprüche im Rahmen der Gemeinsamen Agrarpolitik (GAP) der Europäischen Union.

e) alle sonstigen Aktiven und Passiven des landwirtschaftlichen Betriebes

2. Der Erwerber nimmt die Übertragung jeweils an.

§ 3 Vorbehalt des Wohnungsrechts[Rz. 22]

Der Veräußerer behält sich und – aufschiebend bedingt durch seinen Tod – auch seiner Ehefrau B. D. das lebenslange Wohnungsrecht an folgenden Räumen der übertragenen Hofstelle Flur 5 Flurstück 27 vor:

an sämtlichen Räumen der – vom Hofeingang aus gesehen rechts gelegenen – Wohnung, bestehend aus Wohnzimmer, Schlafzimmer, Küche, Badezimmer, WC und Abstellraum.

Das Wohnungsrecht umfasst auch das Recht zur Mitbenutzung der gemeinschaftlich genutzten Räume und Anlagen, insbesondere des Flures, des Kellers, des Speichers und des Gartens.

Die Kosten der Versorgung der Wohnung mit Strom, Heizung und Wasser trägt der Eigentümer. Dieser trägt auch die Kosten für Instandhaltung und Reparaturen der Wohnung.

Verlässt der Wohnungsberechtigte die Wohnung auf Dauer, so erlischt das Wohnungsrecht entschädigungslos. Er hat in diesem Fall das Wohnungsrecht auf Verlangen und auf Kosten des Eigentümers in grundbuchmäßiger Form zur Löschung zu bewilligen.

§ 4 Pflegeverpflichtung[Rz. 23]

Der Erwerber hat seinen Eltern auf deren Lebenszeit bei Krankheit und Gebrechlichkeit sorgsame Pflege und hauswirtschaftliche Versorgung in den Räumen des übertragenen Hofanwesens zu gewähren.

Zur hauswirtschaftlichen Versorgung gehören insbesondere:

– die Verrichtung der anfallenden häuslichen Arbeiten wie Reinigung der Wohnung, der Kleidung, der Wäsche und des Schuhwerks, Geschirrspülen sowie die Verköstigung der Berechtigten zu allen Mahlzeiten mit Speisen und Getränken, die dem Alters- und Gesundheitszustand der Berechtigten entsprechen. Die Kosten für die Beschaffung der hierfür erforderlichen Lebensmittel müssen die Berechtigten jedoch selbst tragen.

– die Erledigung der erforderlichen Gänge und Fahrten zum Einkaufen, zum Arzt, zur Apotheke und zum Krankenhaus.

Zur Pflege gehört insbesondere die Hilfe bei Aufstehen und Zu-Bett-Gehen, An- und Auskleiden, Gehen und Treppensteigen, Nahrungsaufnahme, Körperpflege sowie bei der Verabreichung von Medikamenten. Die Pflegeverpflichtung umfasst jedoch nicht Leistungen, die nur von geschultem Personal erbracht werden können. Dauerpflege ist nur in dem Umfang zu erbringen, der mit den notwendigen hauswirtschaftlichen Verrichtungen – mit Ausnahme der Verköstigung –, die für den Veräußerer und seine Ehefrau zu leisten sind, nach dem Urteil des Hausarztes des Veräußerers einem durchschnittlichen täglichen Zeitaufwand von nicht mehr als zwei Stunden entspricht.[1] **Die Verpflichtung zur Pflege und hauswirtschaftlichen Versorgung ruht entschädigungslos, wenn sich der Pflegeberechtigte nicht mehr in dem übertragenen Hofanwesen aufhält.**

Ein etwaiges Pflegegeld steht den Pflegeberechtigten zu, die es zur Deckung etwaiger Pflegekosten zu verwenden haben. Soweit ihnen solche Kosten aufgrund der Leistung des Erwerbers nicht oder nicht in vollem Umfang entstehen, haben sie das Pflegegeld dem Erwerber zu überlassen.

§ 5 Wiederkehrende Zahlungen als Versorgungsleistung[Rz. 24]

1. Alternative: Abänderbare Versorgungsleistungen gemäß § 323a ZPO

1. Der Erwerber – nachstehend kurz „Schuldner" genannt – verpflichtet sich, an den Veräußerer auf dessen Lebensdauer zur Versorgung einen monatlichen Betrag von € [...],–; in Worten: [...] Euro, zu zahlen.
Die an den Veräußerer zu zahlenden monatlichen Beträge sind jeweils am ersten Tag eines jeden Monats fällig, erstmals am ersten Tag des auf die Beurkundung dieses Vertrages folgenden Monats.
Aufschiebend bedingt durch den Tod des Veräußerers verpflichtet sich der Erwerber, nach dem Tod des Veräußerers an dessen Ehefrau B. D. auf deren Lebensdauer zur Versorgung einen monatlichen Betrag von € [...],– – in Worten: [...] Euro – zu zahlen. Die an Frau B. D. zu zahlenden monatlichen Beträge sind jeweils am ersten Tag eines jeden Monats fällig, erstmals am ersten Tag des Monats, der auf das Ableben des Veräußerers folgt.
Regelungen für den Fall der Scheidung der Ehe des Veräußerers mit Frau B. D. werden ausdrücklich nicht getroffen

2. Bei einer wesentlichen Veränderung der Verhältnisse bei dem Zahlungsberechtigten oder dem Zahlungsverpflichteten, insbesondere der Leistungsfähigkeit des Erwerbers oder der Bedürftigkeit des jeweiligen Zahlungsberechtigten, kann jeder von ihnen in entsprechender Anwendung des § 323a ZPO eine Abänderung des zu zahlenden Geldbetrages verlangen. Eine derartige Abänderung darf jedoch nicht aus dem Mehrbedarf des Berechtigten abgeleitet werden, der sich daraus ergibt,

[1] In Anlehnung an *Krauß* Vermögensnachfolge Rz. 1435.

dass dieser das übertragene Hofanwesen, aus welchem Grund auch immer, verlässt.

3. **Unbeschadet der Vereinbarungen in vorstehender Ziffer 2. gilt zusätzlich Folgendes:**
   Erhöht oder ermäßigt sich der vom Statistischen Bundesamt in Wiesbaden festgestellte Verbraucherpreisindex für Deutschland (Basis 2010 = 100) gegenüber dem Stand des auf die Beurkundung dieses Vertrages folgenden Monats um mehr als 5 vH, so können sowohl der Erwerber als auch der jeweilige Zahlungsberechtigte eine entsprechende Veränderung des zu zahlenden monatlichen Betrages um den gleichen Prozentsatz verlangen, und zwar vom Beginn des Monats an, in dem erstmals die Erhöhung oder Verringerung um mehr als 5 vH eingetreten ist. Das Anpassungsverlangen kann nur für die Zukunft gestellt werden. Folgeanpassungen aufgrund dieser Wertsicherungsklausel können jeweils dann verlangt werden, wenn sich der Verbraucherpreisindex für Deutschland seit der letzten Anpassung wiederum um mehr als 5 vH nach oben oder unten verändert hat.
4. **Der Erwerber unterwirft sich wegen des dinglichen und wegen des persönlichen Anspruchs aus der nachstehend jeweils bestellten Reallast sowie wegen der vorstehend vereinbarten persönlichen Zahlungsverpflichtung in Höhe von € [...],– monatlich gegenüber den jeweils Berechtigten der sofortigen Zwangsvollstreckung aus dieser Urkunde. Der Erwerber verpflichtet sich, bei einer etwaigen Erhöhung aufgrund der Anpassung nach § 323a ZPO oder der Wertsicherungsklausel weitere Unterwerfungserklärungen auf Verlangen und auf Kosten des Berechtigten abzugeben.**
5. **Zur Sicherung aller Ansprüche auf Zahlung der vorstehend vereinbarten Beträge in der vereinbarten wertgesicherten Form bestellt der Erwerber an dem übertragenen Grundbesitz eine Reallast zugunsten des Veräußerers und eine durch den Tod des Veräußerers aufschiebend bedingte Reallast zugunsten dessen Ehefrau B. D.**

2. Alternative: Wiederkehrende Leistungen als Leibrente

Der Erwerber verpflichtet sich, an den Veräußerer auf dessen Lebensdauer zu dessen Versorgung eine Leibrente zu zahlen nach folgender Maßgabe:

Die Rente beträgt monatlich € [...],–

Die Rente ist fällig und zahlbar jeweils im voraus bis zum 3. Werktag eines jeden Monats, erstmals am dritten Werktag des auf die Beurkundung dieses Vertrages folgenden Monats.

Aufschiebend bedingt durch den Tod des Veräußerers verpflichtet sich der Erwerber, nach dem Ableben des Veräußerers an dessen Ehefrau B. D. zu ihrer Versorgung auf deren Lebensdauer eine monatliche Leibrente nach folgender Maßgabe zu zahlen:

Die Rente beträgt monatlich € [...],–. Die an B. D. zu leistende Rente ist jeweils fällig und zahlbar bis zum 3. Werktag eines jeden Monats, erstmals am 3. Werktag des Monats, der auf das Ableben es Veräußerers folgt. Regelungen für den Fall der Scheidung der Ehe des Veräußerers mit Frau B. D. werden ausdrücklich nicht getroffen.

Für die Wertsicherung der Rente gilt Folgendes:

Sollte sich der Verbraucherpreisindex für Deutschland (Basis 2010 = 100) nach den Veröffentlichungen des Statistischen Bundesamtes in Wiesbaden gegenüber dem Stand des auf die Beurkundung dieses Vertrages folgenden Monats um mindestens 5 vH verändern, so erhöht oder vermindert sich die Rente entsprechend. Die aufgrund der Wertsicherungsklausel erhöhte oder ermäßigte Rente ist erstmals für den Monat zu entrichten, für den eine Indexveränderung von mindestens 5 vH festgestellt wird, ohne dass es einer Aufforderung des durch die Änderung begünstigten

Vertragsteils bedarf. Folgeanpassungen erfolgen wiederum jeweils bei einer Veränderung von mindestens 5 vH, wobei jeweils von dem letzten veränderten Ausgangsbetrag auszugehen ist.

Unbeschadet der vorstehenden Wertsicherungsklausel gilt Folgendes:

Eine Anwendung der Grundsätze des § 323a ZPO wird ausgeschlossen. Auch bei einer wesentlichen Veränderung der Verhältnisse bei dem Zahlungsberechtigten oder dem Zahlungsverpflichteten ist keiner von ihnen berechtigt, eine Abänderung des vereinbarten Rentenbetrags zu verlangen.

Der Erwerber unterwirft sich wegen des dinglichen und wegen des persönlichen Anspruchs aus der nachstehend jeweils bestellten Reallast sowie wegen der vorstehend vereinbarten persönlichen Zahlungsverpflichtung in Höhe eines monatlichen Betrages von € [...],– dem jeweiligen Zahlungsberechtigten gegenüber der sofortigen Zwangsvollstreckung aus dieser Urkunde in sein gesamtes Vermögen. Der Erwerber ist verpflichtet, sich auf Verlangen und Kosten des Berechtigten wegen etwaiger Erhöhungsbeträge der sofortigen Zwangsvollstreckung zu unterwerfen.

Zur Sicherung aller Ansprüche auf Zahlung der vorstehend vereinbarten und Leibrente zu zahlenden Beträge in der vereinbarten wertgesicherten Form, bestellt der Erwerber an dem übertragenen Grundbesitz eine Reallast zugunsten des Veräußerers und eine durch den Tod des Veräußerers aufschiebend bedingte Reallast zugunsten dessen Ehefrau B. D.

§ 6 Übernahme von Verbindlichkeiten[Rz. 25]

1. Der Erwerber übernimmt zur gänzlichen Entlastung des Veräußerers folgende Verbindlichkeiten zur Alleinschuld:
   a) die Verbindlichkeiten, die der vorbezeichneten Grundschuld Abteilung III lfd. Nr. 1 zugrunde liegen; es handelt sich hierbei um die restliche Schuld aus dem Darlehen der D-Bank mit der Darlehens-Nr. [...] in Höhe von derzeit noch € [...];
   b) die Verbindlichkeiten, die der vorbezeichneten Grundschuld Abteilung III lfd. Nr. 2 zugrunde liegen; es handelt sich hierbei um die restliche Schuld aus dem Darlehen der Sparkasse D mit der Darlehens-Nr. [...] in Höhe von derzeit noch € [...],–.

   Die vorgenannten Grundpfandrechte werden von dem Erwerber dinglich übernommen.

   Der Veräußerer tritt die ihm bezüglich dieser Grundpfandrechte entstandenen und noch entstehenden Eigentümerrechte und Ansprüche auf Rückgewähr an den Erwerber ab. Die Abtretung erfolgt mit Wirkung zum Zeitpunkt der Eigentumsumschreibung auf den Erwerber.
2. Der Erwerber verpflichtet sich gegenüber den vorgenannten Grundpfandrechtsgläubigern zur Zahlung eines dem Nennbetrag des jeweils übernommenen Grundpfandrechts entsprechenden sofort fälligen Geldbetrages nebst jährlichen Zinsen in Höhe von [...] vH, die Zinsen jeweils beginnend mit dem auf die Beurkundung folgenden Monatsersten und fällig am Ende eines Kalenderjahres.

   Der Erwerber unterwirft sich wegen dieser Zahlungsverpflichtungen gegenüber den genannten Grundpfandrechtsgläubigern der sofortigen Zwangsvollstreckung aus dieser Urkunde in sein gesamtes Vermögen. Der Notar wird ermächtigt, ohne Nachweis der die Vollstreckbarkeit begründenden Tatsachen vollstreckbare Ausfertigung dieser Urkunde zu erteilen.
3. Der Notar hat die Beteiligten darauf hingewiesen, dass die Schuldübernahme der Genehmigung der Gläubiger bedarf. Der Notar soll den Gläubigern eine beglaubigte Abschrift dieses Vertrages übersenden. Er wird beauftragt, um Genehmigung der Schuldübernahme nachzusuchen.

   Sollte die Genehmigung der Schuldübernahme durch die Gläubiger nicht erklärt werden, ist der Erwerber dem Veräußerer im Innenverhältnis verpflichtet, die Verbindlichkeiten jeweils fristgerecht zu erfüllen und den Veräußerer im Falle einer Inanspruchnahme durch die Gläubiger unverzüglich freizustellen (Erfüllungsübernahme).

Durch die vorbezeichneten Grundpfandrechte sollen fortan nur noch Verbindlichkeiten des Erwerbers gesichert werden, und zwar neben den in dieser Urkunde übernommenen Verbindlichkeiten nur solche, deren Absicherung der Veräußerer und seine Ehefrau schriftlich zugestimmt haben. Diese stimmen einer Neuvalutierung der Grundpfandrechte für ausschließlich betriebliche Zwecke des übergebenen Hofes bis zu einer Gesamthöhe von € [...],– bereits jetzt zu.

Der Notar wird beauftragt, bei den Grundpfandrechtsgläubigern die zur Wirksamkeit dieser Änderung der Zweckbestimmungserklärung erforderliche Zustimmung einzuholen.

Der Notar hat auf das Risiko hingewiesen, das mit einer lediglich nachrangigen grundbuchlichen Absicherung der in dieser Urkunde zu Gunsten des Veräußerers und seiner Ehefrau bestellten Rechte verbunden ist. Den Beteiligten ist bekannt, dass diese Rechte erlöschen können, wenn aus den vorrangigen Grundschulden die Zwangsvollstreckung in den Grundbesitz betrieben werden sollte.

§ 7 Abstandsgeld [Rz. 25]

1. Der Erwerber verpflichtet sich, an den Veräußerer ein Abstandsgeld von € ... zu zahlen. Das Abstandsgeld ist nicht zu verzinsen und fällig innerhalb von drei Monaten nach Abruf durch den Veräußerer.
2. Verstirbt der Veräußerer vor seiner Ehefrau B. D., so steht das Abstandsgeld, sofern es nicht bereits zu Lebzeiten an den Veräußerer bezahlt worden ist, seiner Ehefrau B. D. zu. Es ist sodann zinslos zur Zahlung fällig innerhalb von drei Monaten nach Abruf durch Frau B. D. Regelungen für den Fall der Scheidung der Ehe des Veräußerers mit Frau B. D. werden ausdrücklich nicht getroffen.
3. Die Abtretbarkeit des Anspruchs auf Zahlung des Abstandsgelds wird ausgeschlossen. Ist das Abstandsgeld beim Tode des Überlebenden der Eheleute A. D. und B. D. noch nicht abgerufen worden, so wird es kraft hiermit getroffener Vereinbarung dem Erwerber mit Wirkung zum Tode des Längstlebenden seiner Eltern erlassen.
4. Wegen der Verpflichtung zur Zahlung des Abstandsgelds in Höhe von € [...],– unterwirft sich der Erwerber seinen Eltern gegenüber der sofortigen Zwangsvollstreckung in sein gesamtes Vermögen und in Ansehung der nachfolgend bestellten Grundschuld auch in der Weise, dass die Zwangsvollstreckung gegen den jeweiligen Eigentümer des mit der Grundschuld belasteten Grundbesitzes zulässig ist.
5. Zur Sicherung des Anspruchs auf Zahlung des Abstandsgelds bestellt der Erwerber jeweils zulasten des übertragenen Grundstücks Gemarkung A. Flur 6 Nr. 70:
   a) eine nicht abtretbare zinslose Buchgrundschuld von € [...],– zugunsten des Veräußerers – auflösend befristet auf den Tod des Veräußerers-;
   b) eine – durch den Tod des Veräußerers aufschiebend bedingte – nicht abtretbare zinslose Buchgrundschuld von € [...],– zugunsten seiner Ehefrau B. D. – auflösend befristet auf deren Tod.

§ 8 Beerdigung und Grabpflege[Rz. 26]

Der Erwerber verpflichtet sich, die Kosten eines standesgemäßen Begräbnisses seiner Eltern einschließlich des Grabsteins zu tragen, soweit diese Kosten nicht durch eine Sterbegeldversicherung gedeckt sind. Er hat ferner auf seine Kosten die Grabstätten seiner Eltern für die Dauer der örtsüblichen Liegezeit in Ordnung zu halten und gärtnerisch zu pflegen.

§ 9 Abfindung der weichenden Erben[Rz. 27–33]

1. Der Erwerber verpflichtet sich, an seine Schwester F. D. einen Abfindungsbetrag in Höhe von € [...],– zu zahlen.
   Der Abfindungsbetrag ist zinslos fällig und zahlbar innerhalb von einem Jahr, gerechnet ab dem heutigen Tag. Die Abtretung des Abfindungsanspruchs wird ausgeschlossen
2. Wegen der Verpflichtung zur Zahlung des Abfindungsbetrages unterwirft sich der Erwerber gegenüber seiner Schwester F. D. der sofortigen Zwangsvollstreckung aus dieser Urkunde in sein gesamtes Vermögen und in Ansehung der in dieser Urkunde bewilligten Grundschuld auch in der Weise, dass die Zwangsvollstreckung gegen den jeweiligen Eigentümer des mit der Grundschuld belasteten Grundbesitzes zulässig sein soll. Der Notar wird ermächtigt, ohne weitere Nachweise vollstreckbare Ausfertigung dieser Urkunde zu erteilen, nicht jedoch vor Ablauf eines Jahres ab heute.
3. Zur Sicherung des Abfindungsanspruchs bestellt der Erwerber eine zinslose, nicht abtretbare Buchgrundschuld. In Höhe von € [...],– zugunsten seiner Schwester F. G. an dem eingangs genannten Grundstück Flur 6 Flurstück 70.

§ 10 Verzichte[Rz. 34–35]

1. Frau F. D. verzichtet – gegenständlich beschränkt auf das dem Erwerber in dieser Urkunde übertragene Vermögen – auf ihr gesetzliches Pflichtteilsrecht und auf Pflichtteilsergänzungsansprüche. Der Verzicht, der sich auch auf die Abkömmlinge des Verzichtenden erstrecken soll, ist aufschiebend bedingt durch die Zahlung des in § 9 vereinbarten Abfindungsbetrages. Der Veräußerer und der Erwerber nehmen diesen Verzicht jeweils an.
2. Die Ehefrau des Veräußerers verzichtet – gegenständlich beschränkt auf das ihrem Sohn in dieser Urkunde übertragene Vermögen – auf ihr gesetzliches Pflichtteilsrecht und auf Pflichtteilsergänzungsansprüche. Der Veräußerer und der Erwerber nehmen diesen Verzicht jeweils an.
3. Der Erwerber verzichtet mit Wirkung für sich und seine Abkömmlinge auf sein gesetzliches Pflichtteilsrecht am Nachlass seines Vaters und am Nachlass seiner Mutter. Der Veräußerer und seine Ehefrau nehmen die vorstehenden Verzichtserklärungen ihres Sohnes jeweils an. Der Verzicht entfällt, wenn der in dieser Urkunde übertragene Grundbesitz aufgrund des Rückübertragungsrechts in § 11 zurück übertragen wird.

§ 11 Rückforderungsrecht[Rz. 36–41]

1. Der Veräußerer behält sich vor, die Rückübereignung des in dieser Urkunde übertragenen Grundbesitzes auf sich zu verlangen, falls einer der nachgenannten Rückforderungsgründe eintritt:
   a) falls der Erwerber ohne Zustimmung des Veräußerers über den Grundbesitz durch Veräußerung oder Belastung verfügt; als Verfügung in diesem Sinne gilt auch die Errichtung einer Gütergemeinschaft durch Ehevertrag;
   b) falls der Erwerber vor dem Tode des Veräußerers verstirbt; das gilt aber nicht, wenn der übertragene Grundbesitz von Todes wegen ausschließlich an Abkömmlinge des Erwerbers fällt;
   c) falls über das Vermögen des Erwerbers das Insolvenzverfahren eröffnet oder die Eröffnung mangels Masse abgelehnt wird;
   d) falls in den übertragenen Grundbesitz Zwangsvollstreckungsmaßnahmen eingeleitet und nicht innerhalb von sechs Wochen wieder aufgehoben werden.

   Das Rückforderungsrecht ist nicht vererblich und höchstpersönlich. Hat der Veräußerer jedoch das Rückforderungsrecht zu seinen Lebzeiten berechtigt ausge-

übt, so ist der durch die Ausübung dieses Rechts entstandene Rückübereignungsanspruch vererblich. Das Rückforderungsrecht muss schriftlich ausgeübt werden, und zwar innerhalb von sechs Monaten, nachdem der Berechtigte von dem Eintritt des Rückforderungsgrundes Kenntnis erlangt hat. Im Falle des Rückforderungsgrundes zu Buchst. b) beträgt die Frist zwei Jahre.
Wird das vorgenannte Rückforderungsrecht ausgeübt, so ist der Erwerber – gegebenenfalls seine Erben – verpflichtet, den Grundbesitz an den Veräußerer zurückzuübereignen.

2. Gegenleistungen sind für die Rückübertragung nicht zu erbringen, soweit sich nicht aus den folgenden Bestimmungen etwas anderes ergibt.
Bei Ausübung des Rückforderungsrechts hat der Veräußerer die Belastungen, die seiner nachfolgend bewilligten Auflassungsvormerkung im Range vorgehen nebst den diesen Belastungen zugrundeliegenden Verbindlichkeiten zur vollständigen Entlastung des Erwerbers zu übernehmen.
Wird das Rückforderungsrecht wegen Vorliegens eines Rückforderungsgrundes zu Buchstabe b), c) oder d) ausgeübt, so hat der Veräußerer ferner die von dem Erwerber an seine Schwester F. D. gemäß § 9 dieses Vertrages gezahlte Abfindung zu erstatten. In einem solchen Fall hat er zusätzlich auch die nachgewiesenen wertsteigernden Verwendungen des Erwerbers in den übertragenen Grundbesitz zu ersetzen, soweit die Wertsteigerung noch besteht und soweit ihr nicht entsprechende Verbindlichkeiten gegenüberstehen, die vom Veräußerer zu übernehmen sind.
Im Übrigen werden alle wechselseitigen Ansprüche aus gezogenen Nutzungen oder gemachten Verwendungen ausgeschlossen. Eine Erstattung der nach § 5 gezahlten Beträge findet nicht statt.
Die mit der Rückübertragung verbundenen Kosten und Steuern trägt der Rückforderungsberechtigte.

3. Das Recht, die Übereignung des in dieser Urkunde übertragenen Grundbesitzes auf sich verlangen zu können, und zwar unter den Voraussetzungen und zu den Bedingungen des Rückforderungsrechts gem. vorstehender Ziff. 1. und 2., wird hiermit auch der Ehefrau des Veräußerers, der Erschienenen zu II., für den Fall eingeräumt, dass der Veräußerer vor seiner Ehefrau versterben sollte. Soweit dabei in Ziff. 1. und 2. jeweils vom „Veräußerer" die Rede ist, ist damit im Rahmen des Übereignungsrechts der Ehefrau jeweils diese gemeint.
Das Forderungsrecht der Ehefrau besteht jedoch nicht, falls im Zeitpunkt des Todes des Veräußerers dessen Ehe mit ihr bereits geschieden sein sollte oder beide im Sinne des § 1567 Abs. 1 BGB voneinander getrennt leben sollten.
Das Forderungsrecht der Ehefrau ist nicht vererblich und höchstpersönlich. Ist das Recht jedoch zu Lebzeiten der Berechtigten berechtigt ausgeübt worden, so ist der durch die Ausübung dieses Rechts entstandene Übergangsanspruch vererblich.

4. Der Veräußerer und seine Ehefrau B. D. verpflichten sich, einer Belastung des übertragenen Grundbesitzes mit Grundpfandrechten bis zu einer Höhe von [...],– € zuzustimmen, sofern diese Grundpfandrechte durch entsprechende Einschränkung der Zweckerklärung nur solche Verbindlichkeiten sichern, die der Erwerber ausschließlich für Zwecke und im Interesse des übergebenen Betriebes eingeht. Der Veräußerer und seine Ehefrau werden solchen Grundpfandrechten den Vorrang vor der zu ihren Gunsten in dieser Urkunde bewilligten Rechten einräumen.
Der Veräußerer und seine Ehefrau B. D. verpflichten sich ferner, zu der Veräußerung eines übertragenen Grundstücks, mit Ausnahme der Hofstelle, ihre Zustimmung zu erteilen, sofern die Veräußerung mit den Grundsätzen einer ordnungsgemäßen Wirtschaft zu vereinbaren ist und den Zweck des vereinbarten

Veräußerungsverbots (den Erhalt des landwirtschaftlichen Betriebes im Familieneigentum) nicht wesentlich gefährdet.

§ 12 Besitzübergang, Mängelhaftung, Erschließung[Rz. 42]

1. **Der Besitz, die Nutzungen, die Lasten und die Gefahr des übertragenen Grundbesitzes gehen – vorbehaltlich des in dieser Urkunde eingeräumten Wohnungsrechts – mit dem ersten Tag des auf die Beurkundung dieses Vertrages folgenden Monats auf den Erwerber über.**
2. **Ansprüche und Rechte des Erwerbers wegen eines Sachmangels des Grund und Bodens, der bestehenden Gebäude und des sonstigen in dieser Urkunde übertragenen Vermögens werden hiermit ausgeschlossen.**
   Der Veräußerer ist verpflichtet, dem Erwerber das Eigentum an dem übertragenen Grundbesitz frei von im Grundbuch eingetragenen und vom Erwerber nicht übernommenen Belastungen zu verschaffen.
   Von diesen Rechtsbeschränkungen ausgenommen ist jeweils eine Haftung bei Vorsatz und Arglist.
   Grunddienstbarkeiten und persönliche Dienstbarkeiten werden, soweit solche bestehen, übernommen.
3. **Beiträge, Kosten und Abgaben nach dem Baugesetzbuch und Kommunalabgabengesetz gehen zu Lasten des Erwerbers, und zwar unabhängig davon, wann Beiträge, Kosten und Abgaben dieser Art entstehen oder bereits entstanden sind.**

§ 13 Kosten

Die mit dieser Urkunde und ihrem Vollzug verbundenen Kosten trägt der Erwerber.

§ 14 Auflassung, Grundbucherklärungen[Rz. 43]

1. **Die Beteiligten sind darüber einig, dass das Eigentum an dem übertragenen Grundbesitz auf den Erwerber übergehen soll.**
   Sie bewilligen und beantragen die Eintragung des Eigentumswechsels in das Grundbuch.
   Die Beteiligten stimmen allen Löschungen und Pfandfreigaben nach Maßgabe der Bewilligungen der jeweils Berechtigten im Grundbuch hierdurch zu.
2. **Die Beteiligten bewilligen und beantragen zur Sicherung der in §§ 3, 4 und 5 dieser Urkunde vereinbarten Rechte und Leistungen die Eintragung**
   a) **eines Altenteilsrechts zugunsten des Veräußerers, bestehend aus**
      - **einer beschränkten persönlichen Dienstbarkeit für das Wohnungsrecht (§ 3), einzutragen auf dem Grundstück Flur 5 Flurstück 27,**
      - **einer Reallast für die übrigen wiederkehrenden Leistungen (§§ 4 und 5), einzutragen auf dem gesamten in dieser Urkunde übertragenen Grundbesitz, wobei jedoch die Abänderungsbefugnis gemäß § 5 Ziffer 2. nicht dinglicher Inhalt der Reallast ist,**

      mit dem Zusatz, dass zur Löschung der Nachweis des Todes des Berechtigten genügt.
   b) **eines Altenteilsrechts zugunsten der Ehefrau des Veräußerers, B. D., bestehend aus**
      - **einer – durch den Tod des Veräußerers aufschiebend bedingten – beschränkten persönlichen Dienstbarkeit für das Wohnungsrecht (§ 3), einzutragen auf dem Grundstück Flur 5 Flurstück 27,**
      - **einer – durch den Tod des Veräußerers aufschiebend bedingten – Reallast zur Sicherung der in § 5 vereinbarten wertgesicherten aufschiebend bedingten Zahlungsansprüche der Frau B. D., wobei jedoch die Abänderungsbefugnis gemäß § 5 Ziffer 2. nicht dinglicher Inhalt der Reallast ist,**
      - **einer Reallast zur Sicherung der in § 4 vereinbarten Leistungen,**

mit dem Zusatz, dass zur Löschung der Nachweis des Todes des Berechtigten genügt.

c) einer nicht abtretbaren zinslosen Buchgrundschuld in Höhe von € [...],– zugunsten des Veräußerers auf dem übertragenen Grundstück Gemarkung A. Flur 6 Flurstück Nr. 70 – auflösend befristet auf den Tod des Veräußerers – mit der Zwangsvollstreckungsunterwerfung gemäß § 800 ZPO;

d) einer – durch den Tod des Veräußerers aufschiebend bedingten – nicht abtretbaren zinslosen Buchgrundschuld in Höhe von € [...],– zugunsten der Ehefrau des Veräußerers, Frau A. D., auf dem übertragenen Grundstück Gemarkung A. Flur 6 Flurstück 70 – auflösend befristet auf deren Tod – mit der Zwangsvollstreckungsunterwerfung gemäß § 800 ZPO.

3. Die Beteiligten bewilligen und beantragen ferner die Eintragung

a) einer Auflassungsvormerkung zugunsten des Veräußerers auf dem gesamten übertragenen Grundbesitz zur Sicherung seines Rückübertragungsanspruches gemäß § 11 Ziff. 1. dieser Urkunde;

b) einer Auflassungsvormerkung zugunsten der Ehefrau des Veräußerers, Frau B. D., auf dem gesamten in dieser Urkunde übertragenen Grundbesitz zur Sicherung ihres aufschiebend bedingten Übertragungsanspruchs gemäß § 11 Ziff. 3. dieser Urkunde;

c) einer zinslosen Buchgrundschuld in Höhe von ... Euro zugunsten von Frau F. G. auf dem eingangs dieser Urkunde näher bezeichneten Grundstück Flur 6 Flurstück 70 mit der Zwangsvollstreckungsunterwerfung gemäß § 800 ZPO und dem Vermerk, dass die Abtretung der Grundschuld ausgeschlossen ist.

4. Die in Ziffer 3. und 4. bewilligten Rechte sollen untereinander Rang in vorstehender Reihenfolge erhalten, was hiermit allseits bewilligt

5. Der Veräußerer und seine Ehefrau bevollmächtigen den Erwerber – unter Befreiung von den Beschränkungen des § 181 BGB – die vorbewilligten Auflassungsvormerkungen nach dem Tode des jeweiligen Vormerkungsberechtigten unter Vorlage einer Sterbeurkunde zur Löschung zu bewilligen und zu beantragen.

6. Den Beteiligten ist bekannt, dass das Eigentum an dem übertragenen Grundbesitz erst mit der Umschreibung im Grundbuch auf den Erwerber übergeht.
Die Rechte des Erwerbers aus dieser Urkunde können gegen mögliche Beeinträchtigungen vor Eigentumsumschreibung im Grundbuch durch Eintragung einer Auflassungsvormerkung gesichert werden.
Die Beteiligten verzichten nach Belehrung auf die Eintragung einer Auflassungsvormerkung zugunsten des Erwerbers im Grundbuch.

7. Alle Eintragungen aus dieser Urkunde sollen erfolgen nach Maßgabe der Anträge des Notars, der ermächtigt ist, diese auch getrennt und eingeschränkt zu stellen und in gleicher Weise zurückzunehmen sowie die Erklärungen der Beteiligten gegenüber dem Grundbuchamt zu ergänzen, zu ändern und zu berichtigen.

§ 15 Zustimmung des Ehegatten[Rz. 44]

Der Veräußerer lebt mit seiner Ehefrau im gesetzlichen Güterstand der Zugewinngemeinschaft. Die Ehefrau stimmt diesem Übergabevertrag in vollem Umfang zu.

§ 16 Genehmigung nach dem Grundstücksverkehrsgesetz[Rz. 45–47]

Die Beteiligten beantragen die Genehmigung des Übergabevertrages nach dem Grundstücksverkehrsgesetz.
Der Notar soll diese Genehmigung einholen.

§ 17 Schlussbestimmungen

1. Genehmigungen aller Art werden wirksam mit ihrem Eingang beim Notar.

2. **Der Notar wies die Beteiligten darauf hin, dass alle Vertragsvereinbarungen beurkundungspflichtig sind und dass Nebenabreden außerhalb dieser Urkunde zur Nichtigkeit des gesamten Rechtsgeschäftes führen können.**
3. **Sollten Erklärungen in dieser Urkunde ganz oder teilweise der Rechtswirksamkeit ermangeln oder nicht durchgeführt werden, so sollen dennoch die übrigen Erklärungen wirksam bleiben.**

Die Beteiligten nehmen wechselseitig alles Vorstehende an.

Diese Niederschrift wurde den Erschienenen von dem Notar vorgelesen, von ihnen genehmigt und von ihnen und dem Notar wie folgt eigenhändig unterschrieben:

A. Grundsätzliche Anmerkungen

I. Wirtschaftliche Aspekte

1 Regelungsziel ist die lebzeitige Übertragung eines landwirtschaftlichen Betriebes, der **nicht** Hof iSd. HöfeO ist und dessen Übergabe auch nicht Gegenstand von Landesanerbengesetzen ist, mit Vereinbarung eines Altenteils und wiederkehrenden Zahlungen als Versorgungsleistung. In wirtschaftlicher Hinsicht unterscheidet sich eine solche Übertragung nicht von derjenigen eines Hofes iSd. HöfeO, so dass insoweit auf die Erläuterungen zu C. 4.00 Rz. 1–3 verwiesen werden kann.

2, 3 *(frei)*

II. Rechtliche Aspekte

4 Die HöfeO als partiell geltendes Bundesrecht (Art. 125 GG) gilt lediglich in den Bundesländern Hamburg, Niedersachsen, Nordrhein-Westfalen und Schleswig-Holstein. Landesanerbengesetze bestehen in Baden-Württemberg (und zwar in den badischen Teilen: Badisches Gesetz betr. die geschlossenen Hofgüter), Bremen (Bremisches Höfegesetz), Hessen (Hessische Landgüterordnung) und Rheinland-Pfalz (Rheinland-pfälzisches Landesgesetz über die Höfeordnung). Die Vererbung und Übertragung landwirtschaftlicher Betriebe, die nicht in den Anwendungsbereich dieser Sonderrechte fallen, sei es, weil sie in anderen Bundesländern gelegen sind, sei es, weil der Eigentümer sie diesem Sonderrecht nicht unterstellt oder ihm zulässigerweise entzogen hat (zB durch Aufhebung der Hofeigenschaft gem. § 1 Abs. 4 HöfeO), richtet sich nach allgemeinem Recht (BGB). Dieses wird ergänzt durch erbrechtliche Bewertungsprivilegien für die Übernahme eines Landguts (§§ 2049, 2312 BGB: Ansatz des Ertragswerts) sowie durch die Möglichkeit, einen landwirtschaftlichen Betrieb, der einer durch gesetzliche Erbfolge entstandenen Erbengemeinschaft gehört, einem Miterben gerichtlich zuzuweisen (gerichtliche Zuweisung gem. §§ 13 ff. GrdstVG).

5 Anders als bei Höfen iSd. HöfeO ist der Eigentümer bei Übergaben nach BGB nicht gehindert, den landwirtschaftlichen Betrieb mehreren Personen oder wirtschaftsunfähigen oder juristische Personen zu übertragen oder zu vererben. Nachabfindungsvorschriften nach dem Vorbild des § 13 HöfeO für den Fall der späteren Veräußerung oder Nutzungsänderung von Hof und hofzugehörigem Vermögen durch den Übernehmer enthält das BGB nicht. Eine Nachabfindung kann jedoch vertraglich vereinbart werden. Sie kann auch unter dem Gesichtspunkt des Wegfalls der Geschäftsgrundlage (§ 313 BGB) in Betracht kommen.[1]

[1] *Piltz* S. 305 ff. unter Berufung auf BGH v. 29.11.1996 – BLw 16/96, BGHZ 134, 152.

Der Übergabevertrag verpflichtet zur Übertragung von Grundstückseigentum und bedarf daher gem. § 311b Abs. 1 BGB zu seiner Wirksamkeit der notariellen Beurkundung. 6

Hofübergabeverträge sind regelmäßig **Altenteils-** oder **Leibgedingverträge** iSd. **Art. 96 EGBGB,** da sie dem Übernehmer das Nachrücken in eine die Existenz zumindest teilweise begründenden Wirtschaftseinheit ermöglichen sollen, durch deren Nutzung er die dem Übergeber und ggfs. auch anderen Berechtigten aufgrund des Überlassungsvertrages geschuldeten Versorgungsleistungen und sonstigen Leistungen erbringen kann.[2] Für derartige Altenteilsverträge gelten über Art. 96 EGBGB ergänzende **landesrechtliche Bestimmungen,**[3] die das Leistungsstörungsrecht teilweise abweichend regeln, Ersatzansprüche bei Wegzug des Übergebers aus dem übertragenen Anwesen vorsehen und im Interesse des Fortbestands des Vertrages insbesondere das Rücktrittsrecht wegen Nichterfüllung oder Verzug mit einer Leistungspflicht sowie das Rückforderungsrecht wegen Nichtvollziehung einer Auflage gem. § 527 BGB überwiegend ausschließen. Diese landesrechtlichen Vorschriften können jedoch vertraglich **abbedungen** werden. 7

Zugunsten des Berechtigten eines Altenteils bestehen **vollstreckungsbeschränkende** Vorschriften bei Vollstreckungsmaßnahmen gegen den Grundstückseigentümer (§ 9 EGZVG) und gegen den Altenteilsberechtigten selbst wegen seiner Einkünfte aus dem Altenteil (§ 850b Abs. 1 Nr. 3 ZPO).[4] 8

(frei) **9–14**

III. Steuerrechtliche Aspekte

Hierzu wird auf die Erläuterungen in C. 4.00 Rz. 21 ff. verwiesen. **15**

(frei) **16–18**

B. Einzelerläuterungen

Zu § 1 und 2: Grundbuchangaben, Übertragung

Regelmäßig werden **sämtliche** zum Betriebsvermögen des landwirtschaftlichen Betriebes gehörenden Grundstücke und sonstigen Wirtschaftsgüter übertragen. Die Zurückbehaltung von Grundstücken oder anderen Wirtschaftsgütern kann **ertragssteuerlich** zu einer **Entnahme** und damit zu einem einkommensteuerpflichtigen Gewinn in Höhe der Differenz zwischen dem steuerlichen Buchwert und dem Teilwert führen. 19

Werden wesentliche Betriebsgrundlagen zurückbehalten, droht die Gefahr einer **Betriebsaufgabe,** bei der sämtliche stille Reserven aufzulösen und gem. §§ 14, 16, 34 EStG zu versteuern sind.[5]

Der Rückbehalt von Grundstücken kann ferner zur Folge haben, dass die erforderliche Genehmigung des Übertragungsvertrages nach dem Grundstücksverkehrsgesetz versagt wird.[6]

(frei) **20, 21**

---

[2] Zum Altenteil iSd. Art. 96 EGBGB vgl. BGH v. 21.11.2002 – V ZB 40/02, NJW 2003, 1126; BGH v. 25.10.2002 – V ZR 293/01, NJW 2003, 1325.

[3] Derartige landesrechtliche Bestimmungen bestehen in allen alten Bundesländern mit Ausnahme von Hamburg, vgl. Mayer/Geck/*Mayer* § 8 Rz. 2; Länderübersicht bei MüKoBGB/*Habersack* EGBGB Art. 96 Rz. 2; *Wöhrmann* Teil E, S. 545 ff.

[4] Zu den Einzelheiten vgl. Mayer/Geck/*Mayer* § 8 Rz. 12 ff.; *Wegmann* Rz. 533 ff.

[5] Schmidt/*Kulosa* EStG § 14 Rz. 23.

[6] BGH v. 24.11.1993 – BLw 28/93, BGHZ 124, 217, zur Genehmigung nach dem GrdstVG vgl. auch sogleich unter Rz. 45 ff.

Zu § 3: Vorbehalt des Wohnungsrechts

22 Vgl. hierzu C 4.00 Rz. 64ff.

Zu § 4: Pflegeverpflichtung

23 Vgl. hierzu C. 4.00 Rz. 73ff.

Zu § 5: Wiederkehrende Zahlungen als Versorgungsleistung

24 Vgl. hierzu C. 4.00 Rz. 80ff. und Rz. 93ff.

Zu § 6: Übernahme von Verbindlichkeiten

25 Vgl. hierzu C. 4.00 Rz. 101ff.

Zu § 7: Abstandsgeld

Vgl. hierzu C.4.00 Rz. 105ff.

Zu § 8: Beerdigung und Grabpflege

26 Vgl. hierzu C. 4.00 Rz. 107.

Zu § 9: Abfindung der weichenden Erben

27 Anders als bei der Übergabe eines Hofes iSd. HöfeO, die, sofern sie an einen Abkömmling des Hofübergebers erfolgt, den übrigen Abkömmlingen einen bereits mit Eigentumsumschreibung des Hofes auf den Übernehmer fällig werdenden Abfindungsanspruch verschafft (§ 17 Abs. 2 HöfeO), entstehen bei einer Übergabe außerhalb des Anwendungsbereichs der HöfeO gesetzliche Ansprüche der weichenden Erben in Bezug auf den übergebenen landwirtschaftlichen Betrieb erst mit dem Tode des Übergebers. In Betracht kommen insoweit vor allem **Pflichtteilsergänzungsansprüche** gem. §§ 2325, 2329 BGB. Sie stehen Pflichtteilsberechtigten (deren Kreis ergibt sich aus §§ 2303, 2309 BGB) bei Schenkungen, auch solchen unter Auflagen oder gemischten Schenkungen zu, die der Erblasser innerhalb **von zehn Jahren** vor seinem Tod vorgenommen hat.

28 Bei Grundstücksübertragungen beginnt die Zehnjahresfrist (§ 2325 Abs. 3 BGB) erst mit Eigentumsumschreibung im Grundbuch.[7] Trotz grundbuchlichen Vollzugs des Eigentumswechsels wird der Fristbeginn gehindert, wenn der Erblasser den verschenkten Gegenstand auf Grund vorbehaltener Rechte im Wesentlichen weiterhin selber nutzt, was insbesondere bei einem Vorbehalt des Nießbrauchs der Fall ist.[8] Zur Frage, inwieweit bei einem Wohnungsrecht, das sich nur auf einzelne Teile eines Gebäudes bezieht, das Gleiche gilt, vgl. die Erläuterungen in A.01 Rz. 47. Zur Frage, ob auch der Vorbehalt von Rückforderungsrechten den Beginn der Zehnjahresfrist hindert, vgl. A. 1.01 Rz. 47 und 58.

Nach früherem Recht galt für Schenkungen vor Ablauf der 10-Jahresfrist das „Alles-oder-Nichts-Prinzip“: Sie waren für die Pflichtteilsergänzung vollständig zu berücksichtigen, auch wenn sie im Zeitpunkt des Erbfalls zB bereits 9 Jahre und 11 Monate zurücklagen. Die am 1.1.2010 in Kraft getretene Neufassung des § 2325 Abs. 3 S. 1 BGB sieht dagegen ein „Abschmelzmodell“ vor. Danach vermindert sich für jedes volle Jahr, das zwischen Schenkung und Erbfall liegt, die Schenkung um $^{1}/_{10}$, so dass zB bei einer im Zeitpunkt des Todes des Schenkers bereits acht Jahre zurückliegenden Schenkung diese für die Pflichtteilsergänzung nur noch mit $^{2}/_{10}$ zu berücksichtigen

[7] BGH v. 2.12.1987 – IVa ZR 149/86, NJW 1988, 821; BGH v. 29.6.2016 – IV ZR 474/15, NJW 2016, 2957.
[8] BGH v. 27.4.1994 – IV ZR 132/93, BGHZ 125, 395; BGH v. 29.6.2016 – IV ZR 474/15, NJW 2016, 2957.

ist.[9] Die Abschmelzungsregelung greift jedoch nur dann ein, wenn auch eine Leistung iSd. § 2325 Abs. 3 S. 2 BGB vorliegt, woran es bei einer Übergabe unter Nießbrauchsvorbehalt nach Ansicht des BGH[10] aber fehlt.[11]

Bei der Bemessung der Höhe des Pflichtteilsergänzungsanspruchs sind vom Erwerber vertraglich übernommene Auflagen und Gegenleistungen wie zB Wohnungsrechte, Geldzahlungen, Schuldübernahme und Pflegeleistungen in Abzug zu bringen.[12] Bei der Berechnung des Pflichtteilsergänzungsanspruches ist gem. § 2312 BGB vom **Ertragswert** des übernommenen Landguts auszugehen, wenn der Übergeber im Übergabevertrag oder durch letztwillige Verfügung eine dahingehende Willenserklärung abgegeben hat.[13] Das gilt jedoch nicht, wenn das in Vorwegnahme der Erbfolge übernommene Landgut bereits vor dem Tode des Übergebers wieder aufgegeben worden ist.[14] Der Ertragswert in diesem Sinne bestimmt sich gem. § 2049 Abs. 2 BGB nach dem Reinertrag, den das Landgut nach seiner bisherigen wirtschaftlichen Bestimmung nachhaltig gewähren kann. Zahlreiche Bundesländer haben gem. Art. 137 EGBGB den auf den Reinertrag anzuwendenden Kapitalisierungsfaktor als Vervielfältiger gesetzlich festgelegt und hierbei zumeist entweder den Multiplikator 25 oder 18 bestimmt. Von der Ermächtigung, auch festzulegen, wie der Reinertrag zu ermitteln ist, wurde allerdings kein Gebrauch gemacht.[15] 29

Die Abfindungsansprüche der weichenden Erben können über die Aufnahme einer Zwangsvollstreckungsunterwerfung hinaus durch Eintragung einer Grundschuld oder Hypothek gesichert werden. In diesem Muster ist zur Absicherung eine Buchgrundschuld vorgesehen. Da unter Familienangehörigen regelmäßig nicht gewünscht ist, dass der Abfindungsanspruch und die zu ihrer Sicherung bestellte Grundschuld an Dritte übertragen werden, wurde deren Abtretung ausgeschlossen. Eine dingliche Absicherung der Abfindungsansprüche durch Sicherungshypothek enthält das Formular C. 4.10 in § 6 und § 11.

Einkommensteuerrechtlich stellen in Übergabeverträgen vereinbarte Gleichstellungsgelder zur Abfindung weichender Erben grundsätzlich entgeltliche Leistungen dar.[16] Abweichend hiervon sind jedoch **Abfindungen,** die der Übernehmer eines **Hofes iSd. HöfeO** an andere Abkömmlinge des Übergebers nach §§ 12, 13, 17 Abs. 2 HöfeO zu zahlen hat, nicht als Entgelt anzusehen, führen also weder zu Anschaffungskosten noch zu einem Veräußerungsentgelt.[17] Übersteigt das Entgelt den Buchwert nicht, so ist dieser ohne Realisierung der stillen Reserven fortzuführen.[18] 30

Hat sich der Übernehmer zur Zahlung eines Abstands- oder Gleichstellungsgelds verpflichtet, das erst nach mehr als einem Jahr fällig und bis dahin unverzinslich sein soll, bemisst sich die Höhe der Anschaffungskosten bzw. des Veräußerungsentgelts insoweit nicht nach dem Nennbetrag der Geldforderung, sondern nach ihrem gem. den Vorschriften des BewG abgezinsten Gegenwartswert.[19] Für die Berechnung des Zinsanteils ist ein Zinsfuß von 5,5 vH zugrunde zulegen.[20] Ähnliches gilt, wenn die Geldforderung niedrig, dh. mit weniger als 3 vH zu verzinsen und erst nach Ablauf von 31

---

[9] Zur Erbrechtsreform vgl. *Muscheler* ZEV 2008, 105.

[10] BGH v. 27.4.1994 – IV ZR 132/93, BGHZ 125, 395, BGH v. 29.6.2016 – IV ZR 474/15, NJW 2016, 2957.

[11] *Keim* ZEV 2008, 161, 166 f.; Mayer/Geck/*Mayer* § 9 Rz. 110 ff.

[12] Zu den Einzelheiten vgl. Mayer/Geck/*Mayer* Übergabevertrag Rz. 57, 73 ff.

[13] BGH v. 4.5.1964 – III ZR 159/63, NJW 1964, 1414. Landgut in diesem Sinne ist eine zum selbständigen und dauernden Betrieb der Landwirtschaft geeignete und bestimmte und mit dem notwendigen Wohn- und Wirtschaftsgeländen versehene Wirtschaftseinheit, BGH v. 22.10.1986 – IV a ZR 76/85, BGHZ 98, 375.

[14] BGH v. 14.12.1994 – IV ZR 113/94, NJW 1995, 1352.

[15] Vgl. Palandt/*Edenhofer* BGB § 2049 Rz. 2. Übersicht über die in den einzelnen Bundesländern anzuwendenden Vervielfältiger bei *Piltz* S. 197 f.

[16] BFH v. 5.7.1990 – GrS 4–6/89, BStBl. II 1990, 847.

[17] BMF v. 13.1.1993, BStBl. I 1993, 80, Tz. 44.

[18] BMF v. 13.1.1993, BStBl. I 1993, 80, Tz. 35–39.

[19] BFH v. 21.10.1980 – VIII R 190/78, BStBl. II 1981, 160; Gleichlautende Ländererlasse v. 15.9.1997, BStBl. I 1997, 832, jetzt: Gleichlautende Ländererlasse v. 10.10.2010, BStBl. I 2010, 810.

[20] BFH v. 21.10.1980 – VIII R 190/78, BStBl. II 1981, 160; vgl. auch § 12 Abs. 3 BewG.

mindestens vier Jahren zu erfüllen ist. In diesem Fall ist in Höhe der Zinsdifferenz zwischen dem Zinssatz von 3 vH und dem tatsächlich vereinbarten Zinssatz abzuzinsen.[21] Der Übernehmer kann jeweils den Zinsanteil der Geldforderung als Betriebsausgaben bzw. (bei Privatvermögen, das der Erzielung von Einkünften dient) als Werbungskosten abziehen, während der Inhaber der Geldforderung im Zeitpunkt ihres Zuflusses in Höhe des Zinsanteils Einkünfte aus Kapitalvermögen erzielt.[22]

32 In **schenkungsteuerrechtlicher Hinsicht** stellen Abfindungszahlungen an weichende Erben **Leistungsauflagen** dar, die den Wert der Zuwendung mindern (zur Leistungsauflage vgl. Abschn. A. 1.01 Rz. 18ff.). Im Verhältnis zum weichenden Erben als Abfindungsempfänger gilt die Abfindung auch dann als Schenkung des **Übergebers,** wenn sie der Übernehmer zu zahlen hat.[23] Wird daher zB der Hof vom Vater an den Sohn übergeben und verpflichtet sich dieser zu Abfindungszahlungen an seine Geschwister, so richtet sich die Abfindung jeweils nach der Steuerklasse I.

33 *(frei)*

Zu § 10: Verzichte

34 Es ist anzustreben, die Ansprüche der weichenden Erben und Pflichtteilsberechtigten im Übergabevertrag zu regeln und durch Verzichte sicherzustellen, dass ihnen hinsichtlich des übertragenen Vermögens keine weiteren als die im Übergabevertrag vereinbarten oder vorbehaltenen Ansprüche zustehen. Hierzu bietet sich der Abschluss eines **gegenständlich beschränkten Pflichtteilsverzichts** an, der sich nur auf das im Übergabevertrag übertragene Vermögen bezieht und Ansprüche in Bezug auf das sonstige Vermögen des Übergebers unberührt lässt. Seine Zulässigkeit wird von der ganz herrschenden Meinung anerkannt.[24] Er bedarf der notariellen Beurkundung (§§ 2348, 2346 Abs. 2).

35 Die Übergabe des landwirtschaftlichen Betriebes schließt etwaige Pflichtteilsansprüche des Übernehmers hinsichtlich des weiteren Vermögens des Übergebers und seines Ehegatten nicht aus, so dass stets überlegt werden sollte, ihn einen Pflichtteilsverzicht erklären zu lassen.[25] Auch sollte ein gegenständlich beschränkter Pflichtteilsverzicht des Ehegatten des Veräußerers in Bezug auf den übertragenen Betrieb erwogen werden.

Zu § 11: Rückforderungsrecht

36 Der **Vorbehalt** eines **Rückforderungsrechts** in Übergabeverträgen entspricht einem häufig geäußerten Wünschen des Übergebers und seines Ehegatten. Es wird üblicherweise für bestimmte, eng umgrenzte Tatbestände vereinbart, bei deren Eintritt der Rückübereignungsanspruch nicht sogleich entsteht, sondern zusätzlich von der entsprechenden Äußerung eines Rückübereignungsverlangens abhängig ist.[26] Die Vereinbarung eines freien Rückforderungsrechts, bei dem der Übergeber jederzeit ohne Angabe von Gründen die Rückübertragung verlangen kann, kommt bei Betriebsübergaben nicht in Betracht.

Zum Rückforderungsrecht vgl. die Erläuterungen zu C. 4.00 Rz. 119ff. und zu A. 1.01 Rz. 54ff.

37 Soll ein Rückforderungsrecht nicht nur dem Übergeber, sondern – insbesondere nach dessen Tod – auch seinem Ehegatten zustehen, kann dies ebenfalls vereinbart

---

[21] Gleichlautende Ländererlasse v. 15.9.1997, BStBl. I 1997, 832, jetzt: Gleichlautende Ländererlasse v. 10.10. 2010, BStBl. I 2010, 810.

[22] *Langenfeld/Günther* Kap. 2 Rz. 106.

[23] BFH v. 23.10.2002 – II R 71/00, BStBl. II 2003, 162; *Wegmann* Rz. 512; Mayer/Geck/*Mayer* § 10 Rz. 13.

[24] Vgl. MüKoBGB/*Wegerhoff* BGB § 2346 Rz. 20; *J. Mayer* ZEV 2000, 263; Palandt/*Weidlich* BGB § 2346 Rz. 15; *Wegmann* Grundstücksüberlassung Rz. 570.

[25] Faßbender/Hötzel/von Jeinsen/Pikalo/*Faßbender* § 17 Rz. 143.

[26] *Wegmann* Rz. 186; Mayer/Geck/*Mayer* § 13 Rz. 22.

werden.[27] Im Vertragsmuster ist ein solches Rückforderungsrecht des Ehegatten vorgesehen.

Einkommenssteuerlich steht die Vereinbarung eines eingeschränkten, an bestimmte Tatbestände geknüpften Rückforderungsrechts dem Übergang des **wirtschaftlichen Eigentums** auf den Erwerber regelmäßig nicht entgegen,[28] während ein freies Rückforderungsrecht einen solchen Übergang verhindern kann.[29] **38**

Schenkungsteuerlich liegt trotz Vorbehalts eines Rückforderungsrechts eine **vollzogene Schenkung** vor, und zwar nach hM selbst dann, wenn ein freies Rückforderungsrecht vereinbart worden ist.[30] Bei Rückübereignung aufgrund eines im Übertragungsvertrag vorbehaltenen Rückforderungsrechts[31] erlischt die Schenkungsteuer gem. § 29 Abs. 1 Nr. 1 ErbStG mit Wirkung für die Vergangenheit. Eine derartige Rückübertragung stellt auch nicht etwa eine neue Schenkung dar, sondern ist bloße Rückgängigmachung des ursprünglichen Schenkungsvorgangs. [32] Wird der geschenkte Grundbesitz nicht an den Schenker, sondern auf Grund eines im Übergabevertrag vereinbarten Forderungsrecht an einen Dritten zurückübertragen, erlischt die Schenkungsteuer ebenfalls nach § 29 Abs. 1 Nr. 1 ErbStG.[33] Für den Dritten stellte die Übertragung jedoch einen schenkungsteuerpflichtigen Erwerb dar. [34] Nach § 29 Abs. 2. ErbStG hat der Beschenkte die Nutzungen, die ihm in der Zeit vor der Rückübertragung zugestanden haben, wie ein Nießbraucher zu besteuern, dies allerdings nur dann, wenn ihm auch die Nutzungen nach der Rückübertragung verbleiben und nicht etwa herausgegeben oder vergütet werden müssen.[35] **39**

(frei) **40, 41**

Zu § 12: Besitzübergang, Mängelhaftung, Erschließung

Ab dem vereinbarten Stichtag für den wirtschaftlichen Übergang stehen dem Erwerber die Nutzungen zu und hat der Erwerber alle Lasten des Grundbesitzes, insbesondere die Grundsteuer sowie sonstige Grundbesitzabgaben zu tragen. Steuerrechtlich wird er damit wirtschaftlicher Eigentümer iSv. § 39 Abs. 2 Nr. 1 AO. Die Übernahme etwaiger Erschließungsbeiträge, die durchaus eine erhebliche Größenordnung erreichen können, dient der Klarstellung. Der weitgehende Ausschluss einer Mängelhaftung des Übergebers entspricht der regelmäßigen Interessenlage. **42**

Zu § 14: Auflassung, Grundbucherklärungen

In Übergabeverträgen eingeräumte Dienstbarkeiten und Reallasten, durch die der Versorgung des Übergebers und anderer Berechtigter dienende Ansprüche auf Sach-, Dienst- und Geldleistungen gesichert werden sollen, können gem. § 49 GBO im Grundbuch unter der Sammelbezeichnung „Altenteil" (auch „Leibgedinge", „Leibzucht" oder „Auszug" genannt) eingetragen werden.[36] Zur Eintragung als Altenteil vgl. auch C. 4.00 Rz. 127. **43**

---

[27] Vgl. hierzu ausführlich Mayer/Geck/*Mayer* § 13 Rz. 185 ff.

[28] BFH v. 25.1.1996 – IV R 114/94, BStBl. II 1997, 382; BFH v. 17.6.1998 – XI R 55/97, ZEV 1998, 445.

[29] BFH v. 16.5.1989 – VIII R 196/84, BStBl. II 1989, 877; BFH v. 17.6.1998 – XI R 55/97, ZEV 1998, 445.

[30] BFH v. 13.9.1989 – II R 67/86, BStBl. II 1989, 1034; *Jülicher* DStR 1998, 1978, 1980; *Meyding* ZEV 1995, 397, 400; zurückhaltender – für den Fall eines freien Rückforderungsrechts – *Wegmann* Rz. 182.

[31] Die **nachträgliche** Vereinbarung eines Rückforderungsrechts reicht schenkungsteuerlich nicht aus vgl. *Jülicher* DStR 1998, 1978, 1984; *Meincke* ErbStG § 29 Rz. 7; *Wachter* ZEV 2001, 78.

[32] *Jülicher* DStR 1998, 1977, 1983; *Wegmann* Rz. 182.

[33] *Wachter* ZEV 2001, 78; BFH v. 24.5.2000 – II R 62/97, ZEV 2001, 77 für die Herausgabe an einen Dritten aufgrund eines gesetzlichen Herausgabeanspruchs. Für die vertraglich vereinbarte Herausgabe gilt nichts anderes, vgl. *Wachter* ZEV 2001, 78.

[34] *Wachter* ZEV 2001, 78; *Jülicher* DStR 1998, 1997, 1983.

[35] *Meincke* ErbStG § 29 Rz. 18; *Ellenbeck* MittRhNotK 1997, 41, 52.

[36] Vgl. hierzu BGH v. 3.2.1994 – V ZB 31/93, BGHZ 125, 69.

Zu § 15: Zustimmung des Ehegatten

44 Der Ehegatte des Veräußerers sollte im Hinblick auf § 1365 BGB jedenfalls vorsorglich der Übergabe zustimmen, da der Hof häufig das gesamte oder nahezu gesamte Vermögen des Übergebers darstellt und die Wirksamkeit des Übergabevertrages in einem solchen Fall gem. § 1365 BGB von der Zustimmung des Ehegatten abhängt.

Zu § 16: Genehmigung nach dem Grundstücksverkehrsgesetz

45 Der Übergabevertrag über einen landwirtschaftlichen Betrieb bedarf zu seiner Wirksamkeit der **Genehmigung** nach dem Grundstücksverkehrsgesetz (§ 2 GrdstVG).

Über den Antrag auf Genehmigung entscheidet die nach Landesrecht zuständige Behörde.[37]

46 Werden betrieblich genutzte Grundstücke vom Übergeber zurückbehalten oder an weichende Erben übertragen, kann § 9 Abs. 1 Nr. 2 GrdstVG (unwirtschaftliche Verkleinerung oder Aufteilung) einer Genehmigung des Übergabevertrages entgegenstehen, wenn durch ihre Abtrennung vom Hof nachteilige Folgen für die Agrarstruktur eintreten.[38] Dies ist zB der Fall, wenn sich der Hofeigentümer im Übergabevertrag das Eigentum an einem mit einem Altenteiler- oder Landarbeiterhaus bebauten Grundstück zurückbehält[39] oder Grundstücke nicht mitüberträgt, die der Betrieb wegen ihrer Größe und Bedeutung nicht entbehren kann[40] Die Genehmigung kann auch dann versagt werden, wenn die vom Übernehmer zu erbringenden Altenteils- und Abfindungsleistungen überhöht sind und in einem derart groben Missverhältnis zum Wert des landwirtschaftlichen Betriebes stehen (§ 9 Abs. 1 Nr. 3 GrdstVG), dass sie nicht aus dem Betrieb erwirtschaftet werden können.[41] Im umgekehrten Fall (keine oder gemessen am Verkehrswert des Betriebes nur geringe Leistungen des Übernehmers) gilt dies freilich nicht.[42]

47 Eine Genehmigung **ist** u.a. zu erteilen **(Genehmigungszwang),** wenn ein land- oder forstwirtschaftlicher Betrieb **geschlossen** veräußert oder im Wege der vorweggenommenen Erbfolge übertragen wird und der Erwerber entweder der Ehegatte des Eigentümers oder mit dem Eigentümer in gerader Linie oder bis zum dritten Grad in der Seitenlinie verwandt oder bis zum zweiten Grad verschwägert ist (§ 8 Nr. 2 GrdstVG).[43] Diese Bestimmung gilt jedoch nach § 31 Abs. 1 GrdstVG nicht für Höfe iSd. HöfeO oder des Landesgesetzes über die Einführung einer Höfeordnung im Lande Rheinland-Pfalz.

C. 4.42 Hofübergabevertrag nach BGB unter Nießbrauchsvorbehalt

Gliederung

---

[37] Eine Zusammenstellung der nach Landesrecht zuständigen Genehmigungsbehörden ist abgedruckt in Kersten/Bühling/*Fackelmann* § 36 Rz. 30.

[38] Lüdtke-Handjery/von Jeinsen/*Roemer* § 17 Rz. 157 ff.

[39] BGH v. 24.11.1993 – BLw 28/93, BGHZ 124, 217.

[40] *Wöhrmann* § 16 Rz. 28 iVm. § 17 Rz. 101; Lüdtke-Handjery/von Jeinsen/*Roemer* § 17 Rz. 157 ff.

[41] OLG Hamm v. 11.9.1964 – 10 W/w 30/64, RdL 1965, 73.

[42] Faßbender/Hötzel/von Jeinsen/Pikalo/*Faßbender* § 17 Rz. 215.

[43] Das Wort „geschlossen" bezieht sich auch auf die Übergabe im Wege der vorweggenommenen Erbfolge vgl. *Schöner/Stöber* Rz. 3975 Fn. 53.

Urkundenrolle Nr. [. . .] **für 20[. . .]** C. 4.42

Verhandelt zu [. . .] am [. . .]

Vor mir,

DR. JUR.
– NOTAR/IN IN [. . .] –

erschienen:

I. als Veräußerer:
Herr A. D., Landwirt, geboren am [. . .]
wohnhaft in [. . .]

– nachstehend „Veräußerer" genannt –

II. die Ehefrau des Veräußerers,
Frau B. D. geborene E., geboren am [. . .]
wohnhaft in [. . .]

III. als Erwerber:
der Sohn der Erschienenen zu I. und II.,
Herr M. D., Landwirt, geboren am [. . .]
wohnhaft in [. . .]

– nachstehend „Erwerber" genannt –.

IV. die Tochter der Erschienenen zu I. und II., nämlich
Frau F. D., geboren am [. . .]
wohnhaft in [. . .]

Die Erschienenen zu I. und II. sind dem Notar von Person bekannt. Die übrigen Erschienenen wiesen sich aus durch Vorlage ihrer Personalausweise.
Die Erschienenen ließen den folgenden

ÜBERGABEVERTRAG
über einen landwirtschaftlichen Betrieb

beurkunden und erklärten:

§ 1 Grundbuchangaben

1. Der Veräußerer ist Eigentümer eines landwirtschaftlichen Betriebes.
Der betriebszugehörige Grundbesitz ist im Grundbuch von A. Blatt 220 wie folgt eingetragen:
Gemarkung A.

Flur 5 Flurstück 27,	**Hof- und Gebäudefläche, Landwirtschaft, groß: 40,30 a,**
Flur 5 Flurstück 30,	**groß: 11 ha 25 a,**
Flur 5 Flurstück 110,	**groß: 5 ha 73 a,**
Flur 6 Flurstück 70,	**groß: 6 ha 40 a.**
Flur 7 Flurstück 83,	**groß: 5 ha 65 a,**
Flur 8 Flurstück 30,	**groß: 9 ha 52 a,**
Flur 8 Flurstück 44,	**groß: 3 ha 22 a,**
Flur 8 Flurstück 110,	**groß: 5 ha 27 a.**

2. Der Grundbesitz ist im Grundbuch wie folgt belastet:
   Abteilung II:
   lfd. Nr. 1: Beschränkte persönliche Dienstbarkeit (Kabelleitungsrecht) für die E-GmbH.
   Abteilung III:
   lfd. Nr. 1: Buchgrundschuld in Höhe von € 100 000,– zugunsten der D-Bank AG,
   lfd. Nr. 2: Briefgrundschuld in Höhe von € 30 000,– zugunsten der Sparkasse D.
   Der Erwerber übernimmt sämtliche vorgenannten Belastungen.
3. Es handelt sich nicht um einen Hof im Sinne der Höfeordnung.

§ 2 Übertragung[Rz. 17]

1. Der Veräußerer überträgt dem Erwerber:
   a) den gesamten in § 1 dieser Urkunde näher bezeichneten Grundbesitz nebst allen wesentlichen Bestandteilen, insbesondere allen baulichen Anlagen;
   b) das gesamte lebende und tote Inventar des landwirtschaftlichen Betriebes.
2. Der Erwerber nimmt die Übertragung jeweils an.

§ 3 Vorbehalt des Nießbrauchs[Rz. 5]

1. Der Veräußerer behält sich das lebenslängliche Nießbrauchsrecht an dem gesamten in dieser Urkunde übertragenen Grundbesitz und dem gesamten übertragenen Inventar vor.
   Für den Inhalt des Nießbrauchsrechts gelten die gesetzlichen Bestimmungen; jedoch wird abweichend von der gesetzlichen Regelung folgendes mit dinglicher Wirkung vereinbart:[Rz. 20]
   Dem Nießbrauchsberechtigten obliegen Ausbesserungen und Erneuerungen auch insoweit, als sie nicht zur gewöhnlichen Unterhaltung der Sache gehören. Er trägt auch die außerordentlichen auf der Sache ruhenden öffentlichen Lasten. Er trägt neben den Zinsen auch die Tilgung der am heutigen Tag bestehenden und durch die vorgenannten Grundpfandrechte Abteilung III Nrn. 1 und 2 gesicherten Verbindlichkeiten.
2. Der Veräußerer behält seiner Ehefrau B. D. das – auf seinen Tod aufschiebend bedingte – Nießbrauchsrecht an dem in Ziff. 1. genannten Nießbrauchsobjekt vor. Für den Inhalt dieses Nießbrauchsrecht gelten die Bestimmungen in Ziff. 1.[Rz. 21]

§ 4 Übernahme von Verbindlichkeiten

1. Der Erwerber übernimmt mit Wirkung ab dem Tode des Längstlebenden seiner Eltern die zu diesem Zeitpunkt etwa noch bestehenden und durch die vorbezeichneten Grundschulden Abteilung III lfd. Nrn. 1 und 2 gesicherten Verbindlichkeiten zur Alleinschuld.[Rz. 24]
3. Der Notar hat die Beteiligten darauf hingewiesen, dass die Schuldübernahme der Genehmigung der Gläubiger bedarf. Diese Genehmigung hat der Erwerber nach dem Tode des Längstlebenden seiner Eltern einzuholen, sofern dann noch Verbindlichkeiten gemäß Abs. 1 bestehen sollten.
   Durch die vorbezeichneten Grundpfandrechte sollen fortan ausschließlich die Verbindlichkeiten aus den derzeit bestehenden Darlehen Nr. [...] (Grundschuld Abt. III lfd. Nr. 1) und Darlehen Nr. [...] (Grundschuld Abt. III lfd. Nr. 2) sowie aus solchen Darlehen gesichert werden, deren Absicherung der Erwerber und seine Eltern zuvor schriftlich zugestimmt haben.[Rz. 24]
   Der Notar wird beauftragt, bei den Grundpfandrechtsgläubigern die zur Wirksamkeit dieser Änderung der Zweckbestimmungserklärung erforderliche Zustimmung einzuholen.

Der Notar hat auf das Risiko hingewiesen, das mit einer lediglich nachrangigen grundbuchlichen Absicherung der in dieser Urkunde zu Gunsten des Veräußerers und seiner Ehefrau bestellten Rechte verbunden ist. Den Beteiligten ist bekannt, dass diese Rechte erlöschen können, wenn aus den vorrangigen Grundschulden die Zwangsversteigerung in den Grundbesitz betrieben werden sollte.

§ 5 Beerdigung und Grabpflege

Der Erwerber verpflichtet sich, die Kosten eines standesgemäßen Begräbnisses seiner Eltern einschließlich des Grabsteins zu tragen, soweit diese Kosten nicht durch eine Sterbegeldversicherung gedeckt sind. Er hat ferner auf seine Kosten die Grabstätten seiner Eltern für die Dauer der örtsüblichen Liegezeit in Ordnung zu halten und gärtnerisch zu pflegen.[Rz. 25]

§ 6 Abfindung der weichenden Erben[Rz. 26]

1. **Der Erwerber verpflichtet sich, an seine Schwester F. D. einen Abfindungsbetrag in Höhe von € [...],– zu zahlen.**
   Der Abfindungsbetrag ist zinslos fällig und zahlbar innerhalb von einem Jahr, gerechnet ab dem heutigen Tag.
2. **Wegen der Verpflichtung zur Zahlung dieses Betrages unterwirft sich der Erwerber gegenüber seiner Schwester F. D. der sofortigen Zwangsvollstreckung aus dieser Urkunde in sein gesamtes Vermögen. Der Notar wird ermächtigt, ohne weitere Nachweise vollstreckbare Ausfertigung dieser Urkunde zu erteilen.**
   Auf eine Sicherung des Abfindungsbetrages durch Eintragung eines Grundpfandrechts im Grundbuch wird trotz Belehrung durch den Notar verzichtet.

§ 7 Verzichte[Rz. 27]

1. **Frau F. D. verzichtet – gegenständlich beschränkt auf das dem Erwerber in dieser Urkunde übertragene Vermögen – auf ihr gesetzliches Pflichtteilsrecht und auf Pflichtteilsergänzungsansprüche. Der Verzicht, der sich auch auf die Abkömmlinge des Verzichtenden erstrecken soll, ist aufschiebend bedingt durch die Zahlung des in § 6 vereinbarten Abfindungsbetrages. Der Veräußerer und der Erwerber nehmen diesen Verzicht jeweils an.**
2. **Die Ehefrau des Veräußerers verzichtet – gegenständlich beschränkt auf das ihrem Sohn in dieser Urkunde übertragene Vermögen – auf ihr gesetzliches Pflichtteilsrecht und auf Pflichtteilsergänzungsansprüche. Der Veräußerer und der Erwerber nehmen diesen Verzicht jeweils an.**
3. **Der Erwerber verzichtet mit Wirkung für sich und seine Abkömmlinge auf sein gesetzliches Pflichtteilsrecht am Nachlass seines Vaters und am Nachlass seiner Mutter. Der Veräußerer und seine Ehefrau nehmen die vorstehenden Verzichtserklärungen ihres Sohnes jeweils an. Der Verzicht entfällt, wenn der in dieser Urkunde übertragene Grundbesitz aufgrund des Rückforderungsrechts in § 8 zurück übertragen wird.**

§ 8 Rückforderungsrecht[Rz. 29]

1. **Der Veräußerer behält sich vor, die Rückübereignung des in dieser Urkunde übertragenen Grundbesitzes auf sich zu verlangen, falls einer der nachgenannten Rückforderungsgründe eintritt:**
   a) **falls der Erwerber ohne Zustimmung des Veräußerers über den Grundbesitz durch Veräußerung oder Belastung verfügt; als Verfügung in diesem Sinne gilt auch die Errichtung einer Gütergemeinschaft durch Ehevertrag;**
   b) **falls der Erwerber vor dem Tode des Veräußerers verstirbt; das gilt aber nicht, wenn der übertragene Grundbesitz von Todes wegen ausschließlich an Abkömmlinge des Erwerbers fällt;**

c) falls über das Vermögen des Erwerbers das Insolvenzverfahren eröffnet oder die Eröffnung mangels Masse abgelehnt wird;
d) falls in den übertragenen Grundbesitz Zwangsvollstreckungsmaßnahmen eingeleitet und nicht innerhalb von sechs Wochen wieder aufgehoben werden.

Das Rückforderungsrecht ist nicht vererblich und höchstpersönlich. Hat der Veräußerer jedoch das Rückforderungsrecht zu seinen Lebzeiten berechtigt ausgeübt, so ist der durch die Ausübung dieses Rechts entstandene Rückübereignungsanspruch vererblich. Das Rückforderungsrecht muss schriftlich ausgeübt werden, und zwar innerhalb von sechs Monaten, nachdem der Berechtigte von dem Eintritt des Rückforderungsgrundes Kenntnis erlangt hat. Im Falle des Rückforderungsgrundes zu Buchst. b) beträgt die Frist zwei Jahre.

Wird das vorgenannte Rückforderungsrecht ausgeübt, so ist der Erwerber – gegebenenfalls seine Erben – verpflichtet, den Grundbesitz an den Veräußerer zurückzuübereignen.

2. Gegenleistungen sind für die Rückübertragung nicht zu erbringen, soweit sich nicht aus den folgenden Bestimmungen etwas anderes ergibt.

Bei Ausübung des Rückforderungsrechts hat der Veräußerer die Belastungen, die seiner nachfolgend bewilligten Auflassungsvormerkung im Range vorgehen, nebst den diesen Belastungen zugrundeliegenden Verbindlichkeiten zur vollständigen Entlastung des Erwerbers zu übernehmen.

Wird das Rückforderungsrecht wegen Vorliegens eines Rückforderungsgrundes zu Buchstabe b), c) oder d) ausgeübt, so hat der Veräußerer ferner die von dem Erwerber an seine Schwester F. D. gemäß § 6 dieses Vertrages gezahlte Abfindung zu erstatten. In einem solchen Fall hat er zusätzlich auch die nachgewiesenen wertsteigernden Verwendungen des Erwerbers in den übertragenen Grundbesitz zu ersetzen, soweit die Wertsteigerung noch besteht und soweit ihr nicht entsprechende Verbindlichkeiten gegenüberstehen, die vom Veräußerer zu übernehmen sind.

Im Übrigen werden alle wechselseitigen Ansprüche aus gezogenen Nutzungen oder gemachten Verwendungen werden ausgeschlossen.

Die mit der Rückübertragung verbundenen Kosten und Steuern trägt der Rückforderungsberechtigte.

3. Das Recht, die Übereignung des in dieser Urkunde übertragenen Grundbesitzes auf sich verlangen zu können, und zwar unter den Voraussetzungen und zu den Bedingungen des Rückforderungsrechts gem. vorstehender Ziff. 1. und 2., wird hiermit auch der Ehefrau des Veräußerers, der Erschienenen zu II., für den Fall eingeräumt, dass der Veräußerer vor seiner Ehefrau versterben sollte. Soweit dabei in Ziff. 1. und 2. jeweils vom „Veräußerer" die Rede ist, ist damit im Rahmen des Übereignungsrechts der Ehefrau jeweils diese gemeint.

Das Forderungsrecht der Ehefrau besteht jedoch nicht, falls im Zeitpunkt des Todes des Veräußerers dessen Ehe mit ihr bereits geschieden sein sollte oder beide im Sinne des § 1567 Abs. 1 BGB voneinander getrennt leben sollten.

Das Forderungsrecht der Ehefrau ist nicht vererblich und höchstpersönlich. Ist das Recht jedoch zu Lebzeiten der Berechtigten berechtigt ausgeübt worden, so ist der durch die Ausübung dieses Rechts entstandene Übergangsanspruch vererblich.

4. Der Veräußerer und seine Ehefrau B. D. verpflichten sich, einer Belastung des übertragenen Grundbesitzes mit Grundpfandrechten bis zu einer Höhe von € [...],– zuzustimmen, sofern diese Grundpfandrechte durch entsprechende Einschränkung der Zweckerklärung nur solche Verbindlichkeiten sichern, die der Erwerber ausschließlich für Zwecke und im Interesse des übergebenen Betriebes eingeht. Der Veräußerer und seine Ehefrau werden solchen Grundpfandrechten den Vorrang vor der zu ihren Gunsten in dieser Urkunde bewilligten Rechten einräumen.

§ 9 Besitzübergang, Mängelhaftung, Erschließung[Rz. 30]

1. **Der Besitz, die Nutzungen, die Lasten und die Gefahr des übertragenen Grundbesitzes gehen – vorbehaltlich des in dieser Urkunde eingeräumten Wohnungsrechts – mit dem ersten Tag des auf die Beurkundung dieses Vertrages folgenden Monats auf den Erwerber über.**
2. **Ansprüche und Rechte des Erwerbers wegen eines Sachmangels des Grund und Bodens, der bestehenden Gebäude und des sonstigen in dieser Urkunde übertragenen Vermögens werden hiermit ausgeschlossen.**
   Der Veräußerer ist verpflichtet, dem Erwerber das Eigentum an dem übertragenen Grundbesitz frei von im Grundbuch eingetragenen und vom Erwerber nicht übernommenen Belastungen zu verschaffen.
   Von dieser Rechtsbeschränkung ausgenommen ist jeweils eine Haftung bei Vorsatz und Arglist.
   Grunddienstbarkeiten und persönliche Dienstbarkeiten werden, soweit solche bestehen, übernommen.
3. **Beiträge, Kosten und Abgaben nach dem Baugesetzbuch und Kommunalabgabengesetz gehen für die Dauer des Nießbrauchsrechts zu Lasten des Nießbrauchsberechtigten und zwar unabhängig davon, wann Beiträge, Kosten und Abgaben dieser Art entstehen oder bereits entstanden sind. Im Übrigen gehen diese Beiträge, Kosten und Abgaben zu Lasten des Erwerbers.**

§ 10 Kosten

Die mit dieser Urkunde und ihrem Vollzug verbundenen Kosten trägt der Erwerber.

§ 11 Auflassung, Grundbucherklärungen

1. **Die Beteiligten sind darüber einig, dass das Eigentum an dem übertragenen Grundbesitz auf den Erwerber übergehen soll.**
   Sie bewilligen und beantragen die Eintragung des Eigentumswechsels in das Grundbuch.
   Die Beteiligten stimmen allen Löschungen und Pfandfreigaben nach Maßgabe der Bewilligungen der jeweils Berechtigten im Grundbuch hierdurch zu.
2. **Die Beteiligten bewilligen und beantragen:**
   a) **die Eintragung eines Nießbrauchsrechts zugunsten des Veräußerers auf dem gesamten übertragenen Grundbesitz gem. § 3 Ziff. 1. dieser Urkunde;**
   b) **die Eintragung eines – durch den Tod des Veräußerers aufschiebend bedingten Nießbrauchsrechts zugunsten seiner Ehefrau B. D. auf dem gesamten übertragenen Grundbesitz gem. § 3 Ziff. 2. dieser Urkunde;**
   – **zu a) und b) jeweils mit dem Vermerk, dass zur Löschung der Nachweis des Todes des Berechtigten genügt.**
3. **Die Beteiligten bewilligen und beantragen ferner die Eintragung**
   a) **einer Auflassungsvormerkung zugunsten des Veräußerers auf dem gesamten übertragenen Grundbesitz zur Sicherung seines Rückübertragungsanspruches gemäß § 8 Ziff. 1. dieser Urkunde;**
   b) **einer Auflassungsvormerkung zugunsten der Ehefrau des Veräußerers, Frau B. D., auf dem gesamten in dieser Urkunde übertragenen Grundbesitz zur Sicherung ihres aufschiebend bedingten Übertragungsanspruchs gemäß § 8 Ziff. 3. dieser Urkunde.**

   Der Veräußerer und seine Ehefrau bevollmächtigen den Erwerber – unter Befreiung von den Beschränkungen des § 181 BGB – die vorbewilligten Auflassungsvormerkungen nach dem Tode des jeweiligen Vormerkungsberechtigten unter Vorlage einer Sterbeurkunde zur Löschung zu bewilligen und zu beantragen.
4. **Den Beteiligten ist bekannt, dass das Eigentum an dem übertragenen Grundbesitz erst mit der Umschreibung im Grundbuch auf den Erwerber übergeht.**

Die Rechte des Erwerbers aus dieser Urkunde können gegen mögliche Beeinträchtigungen vor Eigentumsumschreibung im Grundbuch durch Eintragung einer Auflassungsvormerkung gesichert werden.
Die Beteiligten verzichten nach Belehrung auf die Eintragung einer Auflassungsvormerkung zugunsten des Erwerbers im Grundbuch.

5. **Alle Eintragungen aus dieser Urkunde sollen erfolgen nach Maßgabe der Anträge des Notars, der ermächtigt ist, diese auch getrennt und eingeschränkt zu stellen und in gleicher Weise zurückzunehmen sowie die Erklärungen der Beteiligten gegenüber dem Grundbuchamt zu ergänzen, zu ändern und zu berichtigen.**

§ 12 Zustimmung des Ehegatten[Rz. 31]

Der Veräußerer lebt mit seiner Ehefrau im gesetzlichen Güterstand der Zugewinngemeinschaft. Die Ehefrau stimmt diesem Übergabevertrag in vollem Umfang zu.

§ 13 Genehmigung nach dem Grundstücksverkehrsgesetz

Die Beteiligten beantragen die Genehmigung des Übergabevertrages nach dem Grundstücksverkehrsgesetz.[Rz. 32]
Der Notar soll diese Genehmigung einholen.

§ 14 Schlussbestimmungen

1. **Genehmigungen aller Art werden wirksam mit ihrem Eingang beim Notar.**
2. **Der Notar wies die Beteiligten darauf hin, dass alle Vertragsvereinbarungen beurkundungspflichtig sind und dass Nebenabreden außerhalb dieser Urkunde zur Nichtigkeit des gesamten Rechtsgeschäftes führen können.**
3. **Sollten Erklärungen in dieser Urkunde ganz oder teilweise der Rechtswirksamkeit ermangeln oder nicht durchgeführt werden, so sollen dennoch die übrigen Erklärungen wirksam bleiben.**

Die Beteiligten nehmen wechselseitig alles Vorstehende an.
Diese Niederschrift wurde den Erschienenen von dem Notar vorgelesen, von ihnen genehmigt und von ihnen und dem Notar wie folgt eigenhändig unterschrieben:

A. Grundsätzliche Anmerkungen

I. Wirtschaftliche Aspekte

1 Regelungsziel ist die lebzeitige Übertragung eines landwirtschaftlichen Betriebes, der **nicht** Hof iSd. HöfeO ist, unter Vorbehalt des Nießbrauchs für den Übergeber. In wirtschaftlicher Hinsicht unterscheidet sich eine solche Übertragung nicht von derjenigen einer Hofes iSd. HöfeO, so dass insoweit auf die Erläuterungen in C. 4.10 Rz. 1 betr. die Hofübergabe unter Nießbrauchsvorbehalt verwiesen werden kann.

2 Abweichend von dem in C. 4.10 behandelten Fall einer sog. Rheinischen Hofübergabe, bei der der Übergeber und Nießbraucher den Hof in Ausübung des vorbehaltenen Nießbrauchsrecht an den Erwerber verpachtet und diesem damit die Bewirtschaftung überlässt, regelt dieses Vertragsmuster die Übergabe unter herkömmlichem Nießbrauchsvorbehalt ohne gleichzeitige Verpachtung an den Erwerber. Sie ermöglicht dem Übergeber größere Dispositionsmöglichkeiten. Er kann den landwirtschaftlichen Betrieb weiter selbst bewirtschaften, ihn – ganz oder teilweise – verpachten, sei es an Dritte oder an den Erwerber, oder ihn in sonstiger Weise anderen entgeltlich oder unentgeltlich zur Nutzung überlassen, zB dem Erwerber in Form eines Wirtschaftsüberlassungsvertrages (zum Wirtschaftsüberlassungsvertrag vgl. C. 4.50 Rz. 19).

3, 4 *(frei)*

II. Rechtliche Aspekte

Vgl. hierzu zunächst die Erläuterungen in C. 4.10 Rz. 6ff., 39.

Das Nießbrauchsrecht ist nicht vererblich. Es erlischt mit dem Tod des Nießbrau- **5**
chers (§ 1061 BGB), sofern es nicht aufgrund vereinbarter zeitlicher Befristung oder auflösender Bedingung (§ 158 Abs. 2 BGB) zu einem früheren Zeitpunkt endet. Es erlischt ferner durch rechtsgeschäftliche Aufhebung, die eine entsprechende Aufgabeerklärung des Nießbrauchers und, sofern der Nießbrauch an Grundstücken besteht, die Löschung des Nießbrauchs im Grundbuch erfordert (§§ 875, 876 BGB). Eine rückwirkende Aufhebung kann nur mit schuldrechtlicher, nicht aber dinglicher Wirkung vereinbart werden.[1] Das Nießbrauchsrecht ist nicht übertragbar,[2] kann jedoch einem anderen zur Ausübung überlassen werden (§ 1059 BGB).

(frei) **6–9**

III. Steuerrechtliche Aspekte

1. Ertragssteuern

Vgl. hierzu die Erläuterungen in C. 4.10 Rz. 15ff.

Die Bestellung eines Nießbrauchs hat bei land- und fortwirtschaftlichen Betrieben **10**
im Falle der Bewirtschaftung durch den Nießbraucher zur Folge, dass grundsätzlich **zwei Betriebe** entstehen, ein **ruhender** in der Hand des neuen Eigentümers und ein **wirtschaftender** in der Hand des Nießbrauchsberechtigten und Hofübergebers.[3] In beiden Betrieben werden Einkünfte aus Land- und Forstwirtschaft erzielt, im Falle des ruhenden Betriebes in der Hand des Eigentümers insbes. solche aus der Entnahme oder Veräußerung von Betriebsgrundstücken und anderen ihm zuzurechnenden Wirtschaftsgütern des Betriebsvermögens.[4] Der neue Eigentümer kann wählen, ob er die Betriebsaufgabe erklärt. Solange dies nicht der Fall ist, ist er Inhaber eines (ruhenden) land- und forstwirtschaftlichen Betriebs und erzielt Einkünfte aus Land- und Forstwirtschaft.[5] Bewirtschaftet der Übergeber den Betrieb aufgrund seines Nießbrauchsrechts nach der Übergabe zunächst noch selbst und verpachtet er ihn anschließend, sei es an den Eigentümer oder einen Dritten, sind die Pachteinnahmen bis zu einer ausdrücklichen Betriebsaufgabeerklärung des Nießbrauchers weiterhin Einkünfte aus Land- und Forstwirtschaft,[6] so dass dem Nießbrauchsberechtigten das Verpächterwahlrecht nach den Grundsätzen der Betriebsverpachtung (vgl. hierzu C. 4.50) zusteht.

---

[1] BGH DB 1975, 686; *Jansen/Jansen* Rz. 167.

[2] Ausnahme: Ein zugunsten einer juristischen Person bestehendes Nießbrauchsrecht ist nach Maßgabe des § 1059a BGB übertragbar.

[3] BFH v. 26. 2. 1987 – IV R 325/84, BStBl. II 1987, 772; BFH v. 15.10.1987 – IV R 66/86, BStBl. II 1988, 260; BFH v. 28.9.1995 – IV R 7/94, BStBl. II 1996, 440; BFH v. 7.4.2016 – IV R 38/13, AuR 2016, 397, 398; Leingärtner/*Wendt* Abschn. 41 Rz. 71; *Felsmann* Abschn. A. Rz. 250.

[4] *Felsmann* Abschn. A. Rz. 250; Blümich/*Nacke* EStG § 13 Rz. 34.

[5] BFH v. 26.2.1987 – IV R 325/84, BStBl. II 1987, 772; Schmidt/*Kulosa* EStG § 13 Rz. 154.

[6] *Leingärtner/Wendt* Abschn. 41 Rz. 74, die jedoch anders entscheiden, wenn der Nießbraucher den Betrieb in Ausübung des Nießbrauchsrechtes sogleich – ohne vorübergehende Fortführung der Selbstbewirtschaftung – verpachtet; in diesem Fall soll er Einkünfte aus Vermietung und Verpachtung; vgl. auch Felsmann/*Wiegand* Abschn. A Rz. 253. Der BFH (IV. Senat) bemerkt hierzu in einer Entscheidung vom 24. Februar 2005 unter Hinweis auf die abweichende Ansicht von *Felsmann,* der IV. Senat habe „bisher" die Rheinische Hofübergabe (Hofübergabe unter Nießbrauchsvorbehalt unter gleichzeitiger Verpachtung des Hofes an den Hofnachfolger) anerkannt, dh. auch das Verpächterwahlrecht zugelassen. BFH v. 24.2.2005 – IV R 28/00, BFH/NV 2005, 1062. Ob der einschränkenden Ansicht von *Felsmann* zu folgen sei, brauchte der Senat im Streitfall nicht zu entscheiden. In Reaktion auf diese Entscheidung des BFH vertritt *Wiegand* in Felsmann, Einkommenbesteuerung der Land- und Forstwirte, Abschn. A. Rz. 253 aE, nunmehr die Ansicht, es spreche gleichwohl einiges dafür, dass der BFH im Wege der immer großzügiger werdenden Anwendung des Verpächterwahlrechts auch bei der Rheinischen Hofübergabe vom Fortbestehen eines (verpachteten) land- und fortwirtschaftlichen Betriebes in der Hand des Nießbrauchers ausgehe. Für Bestehen eines Verpächterwahlrechts auch in diesem Fall ausdrücklich Felsmann/*Giere* Abschn. A Rz. 691a.

11 Endet das vorbehaltene Nießbrauchsrecht, so fallen der ruhende Eigentümerbetrieb und der wirtschaftende Nießbrauchsbetrieb weg .[7]Ab diesem Zeitpunkt wird der land-forstwirtschaftliche Betrieb als aktiv bewirtschafteter Eigentumsbetrieb vom Hofübernehmer fortgeführt. Im Ergebnis wird damit der während des Nießbrauchs in zwei Betriebe (ruhender Eigentümerbetrieb und aktiver Nießbrauchsbetrieb) aufgespaltene land- und forstwirtschaftliche Betrieb nach Beendigung des Nießbrauchs in der Person des Hofübernehmers wiedervereinigt.[8] Diese Vorgänge führen indes nicht zu einer Betriebsaufgabe, sondern zu einer steuerneutralen Betriebsübertragung nach § 6 Abs. 3 EStG.[9] Vgl. jedoch auch C.4.10 Rz. 20 mit Hinweisen auf bestehende steuerrechtliche Unsicherheiten.

12–14 *(frei)*

2. Erbschaft- und Schenkungsteuern

15 Vgl. hierzu C. 4.00 Rz. 36ff. und C. 4.10 Rz. 25ff.

3. Verkehrssteuern

16 Vgl. hierzu C. 4.00 Rz. 44ff. und C. 4.10 Rz. 32ff.

B. Einzelerläuterungen

Zu §§ 1 und 2: Grundbuchangaben, Übertragung

17 Regelmäßig werden sämtliche zum Betriebsvermögen des landwirtschaftlichen Betriebes gehörenden Grundstücke und sonstigen Wirtschaftsgüter übertragen. Die Zurückbehaltung von Grundstücken oder anderen Wirtschaftsgütern kann ertragssteuerlich zu einer Entnahme und damit zu einem einkommensteuerpflichtigen Gewinn in Höhe der Differenz zwischen dem steuerlichen Buchwert und dem Teilwert führen.

Werden wesentliche Betriebsgrundlagen zurückbehalten, droht die Gefahr einer Betriebsaufgabe, bei der sämtliche stille Reserven aufzulösen und gem. §§ 14, 16, 34 EStG zu versteuern sind.[10] Zur Hofübergabe unter Rückbehalt von Wirtschaftsgütern vgl. näher unter C. 4.20 Rz. 5ff. und 34ff.

18 Der Rückbehalt von Grundstücken kann ferner zur Folge haben, dass die erforderliche Genehmigung des Übertragungsvertrages nach dem Grundstücksverkehrsgesetz versagt wird.[11]

19 *(frei)*

Zu § 3: Vorbehalt des Nießbrauchs

Vgl. zunächst die Einzelerläuterungen in C. 4.10 Rz. 7ff., 39.

20 Soll der Nießbraucher sein vorbehaltenes Nießbrauchsrecht in der Weise ausüben, dass er den Betrieb – jedenfalls zunächst – weiter selbst bewirtschaftet oder ihn an andere Personen als den neuen Eigentümer verpachtet, kann es empfehlenswert sein, die Tragung der Kosten und Lasten der Nießbrauchssache abweichend von den gesetzlichen Bestimmungen zu regeln. Insbesondere kann – auch mit dinglicher Wirkung – vereinbart werden, dass der Nießbraucher auch die außergewöhnlichen Ausbesserun-

---

[7] BFH v. 7.4.2016 – IV R 38/13, AuR 2016, 397, 398.
[8] BFH v. 7.4.2016 – IV R 38/13, AuR 2016, 397, 398.
[9] BFH v. 7.4.2016 – IV R 38/13, AuR 2016, 397, 398; BFH v. 12.12.2013 – IV R 17/10, DStR 2014, 252.
[10] Schmidt/*Kulosa* EStG § 14 Rz. 23.
[11] BGH v. 24.11.1993 – BLw 28/93, BGHZ 124, 217, NJW 1994, 733, zur Genehmigung nach dem GrdstVG vgl. auch sogleich unter Rz. 31.

gen und Erneuerungen sowie die außerordentlichen öffentlichen Lasten wie zB Erschließungskosten und Kanalanschlussbeiträge zu tragen hat.[12]

Ist nur **ein** Ehegatte Veräußerer und soll dessen Ehepartner, der nicht Miteigentümer ist, ebenfalls das Nießbrauchsrecht erhalten, so bestehen folgende Möglichkeiten: Das Nießbrauchsrecht kann beiden Ehegatten als Gesamtberechtigte gem. § 428 BGB eingeräumt werden oder in der Weise begründet werden, dass ein sofort entstehendes Nießbrauchsrecht für den Veräußerer allein und ein durch dessen Tod aufschiebend bedingtes Nießbrauchsrecht für den Ehepartner bestellt werden. In beiden Fällen handelt es sich im Hinblick auf den Veräußerer um einen Vorbehaltsnießbrauch und im Hinblick auf seinen Ehepartner um einen Zuwendungsnießbrauch.[13] Zu den steuerlichen Vor- und Nachteilen beider Gestaltungen (Gesamtberechtigung oder durch den Tod des Veräußerers aufschiebend bedingte Berechtigung) vgl. die Erläuterungen in A. 1.04 Rz. 18. **21**

(frei) **22, 23**

Zu § 4: Übernahme von Verbindlichkeiten

Vgl. hierzu die Erläuterungen in C. 4.00 Rz. 101 ff. In dem hier gewählten Vertragsmuster übernimmt der Erwerber die Verbindlichkeiten erst mit Wirkung ab dem Tode des Längstlebenden seiner Eltern, während sie bis zu diesem Zeitpunkt von den Eltern als Nießbrauchsberechtigte zu bedienen sind. Durch eine Änderung der Zweckerklärung für die Grundschulden sollte sichergestellt werden, dass diese in der Zwischenzeit nicht ohne Zustimmung des Erwerbers oder seiner Eltern neu valutiert werden. **24**

Zu § 5: Beerdigung und Grabpflege

Vgl. hierzu C. 4.00 Rz. 107. **25**

Zu § 6: Abfindung der weichenden Erben

Vgl. zunächst die Einzelerläuterungen in C. 4.00 Rz. 108 ff. und C. 4.41 Rz. 27 ff. **26**
Die Abfindungsansprüche der weichenden Erben können – zusätzlich zur Aufnahme einer Zwangsvollstreckungsunterwerfung – durch Eintragung einer Grundschuld oder Hypothek gesichert werden. Dieses Muster sieht eine solche Eintragung nicht vor. Dingliche Sicherungen der Abfindungsansprüche in Form einer nicht abtretbaren Buchgrundschuld bzw. einer Sicherungshypothek enthalten die Muster C.4.10 und C.4.41.

Zu § 7: Verzichte

Siehe hierzu die Einzelerläuterungen in C. 4.41 Rz. 34 ff.

Wird mit den weichenden Erben kein gegenständlich beschränkter Pflichtteilsverzicht[14] in Bezug auf den übertragenen Betrieb abgeschlossen, so können ihnen nach dem Tode des Übergebers Pflichtteilsergänzungsansprüche gem. §§ 2325, 2329 BGB zustehen. Diese werden durch Schenkungen, auch gemischten oder solchen unter Auflagen ausgelöst, die der Übergeber innerhalb **von zehn Jahren** vor seinem Tod vorgenommen hat. Bei Grundstücksübertragungen beginnt die Zehnjahresfrist (§ 2325 Abs. 3 BGB) mit Eigentumsumschreibung im Grundbuch.[15] Behält sich der Überge- **27**

---

[12] *Götz/Hülsmann* Rz. 476 f.; *Schippers* MittRhNotK 1988, 197, 202; BayOblG v. 15.3.1985 – BReg. 2 Z 24/85, DNotZ 1986, 151.

[13] *Spiegelberger* Vermögensnachfolge, 137; *von Hoyenberg,* 109; *Wegmann* Rz. 298 f.

[14] Ein solcher Verzicht ist nach ganz herrschender Ansicht zulässig, vgl. MüKoBGB/*Wegerhoff* BGB § 2346 Rz. 20; *Mayer* ZEV 2000, 263; Palandt/*Weidlich* § 2346 Rz. 15; *Wegmann* Rz. 570.

[15] BGH v. 2.12.1987 – IV a ZR 149/86, NJW 1988, 821.

ber jedoch den Nießbrauch vor, wird der Fristbeginn trotz Vollzug des Eigentumswechsels gehindert.[16] Soll die Frist in Gang gesetzt werden, ist zu überlegen, anstelle eines Nießbrauchsrechts wiederkehrende Zahlungen in Form einer dauernden Last oder Leibrente zu vereinbaren, da diese nach überwiegender Meinung einem Fristbeginn nicht entgegenstehen sollen.[17] Bei Übertragungen an Ehegatten beginnt die Frist erst mit Auflösung der Ehe (§ 2325 Abs. 3 BGB).

28 Nach früherem Recht galt für Schenkungen vor Ablauf der 10-Jahresfrist das „Alles-oder-Nichts-Prinzip“: Sie waren für die Pflichtteilsergänzung vollständig zu berücksichtigen, auch wenn sie im Zeitpunkt des Erbfalls zB bereits 9 Jahre und 11 Monate zurücklagen. Die am 1.1.2010 in Kraft getretene Neufassung des § 2325 Abs. 3 BGB durch das Gesetz zur Änderung des Erb- und Verjährungsrechts sieht dagegen ein „Abschmelzmodell“ vor. Danach vermindert sich für jedes volle Jahr, das zwischen Schenkung und Erbfall liegt, die Schenkung um $^1/_{10}$, so dass zB bei einer im Zeitpunkt des Todes des Schenkers bereits acht Jahre zurückliegenden Schenkung diese für die Pflichtteilsergänzung nur noch mit $^2/_{10}$ zu berücksichtigen ist.[18] Die Abschmelzung greift jedoch nur dann ein, wenn auch eine Leistung iSd § 2325 Abs. 3 S. 2 BGB vorliegt, woran es bei einer Übergabe unter Nießbrauchsvorbehalt nach Ansicht des BGH aber gerade fehlt.[19]

Zu § 8: Rückforderungsrecht

29 Vgl. die Einzelerläuterungen in C. 4.00 Rz. 119ff., C. 4.41 Rz. 36ff. und A. 1.01 Rz. 54ff.

Zu § 9: Besitzübergang, Mängelhaftung, Erschließung

30 Vgl. hierzu C. 4.00 Rz. 126.

Zu § 12: Zustimmung des Ehegatten

31 Die vorsorgliche Zustimmung des Ehegatten empfiehlt sich im Hinblick auf § 1365 BGB, da der übergebene landwirtschaftliche Betrieb häufig das gesamte oder nahezu gesamte Vermögen des Übergebers darstellt.

Zu § 13: Genehmigung nach dem Grundstücksverkehrsgesetz

32 Der Übergabevertrag über einen landwirtschaftlichen Betrieb bedarf zu seiner Wirksamkeit der **Genehmigung** nach dem Grundstücksverkehrsgesetz (§ 2 GrdstVG), über die die nach Landesrecht zuständige Behörde entscheidet.[20] Eine Genehmigung **ist** u.a. zu erteilen **(Genehmigungszwang),** wenn ein land- oder forstwirtschaftlicher Betrieb **geschlossen** veräußert oder im Wege der vorweggenommenen Erbfolge übertragen wird und der Erwerber entweder der Ehegatte des Eigentümers oder mit dem Eigentümer in gerader Linie oder bis zum dritten Grad verwandt oder bis zum zweiten Grad verschwägert ist (§ 8 Nr. 2 GrdstVG).[21] Da der Erwerber im Falle des Musters und wie auch sonst in der Praxis häufig das Kind des Übergebers ist und eine

[16] BGH v. 27.4.1994 – IV ZR 132/93, BGHZ 125, 395; BGH v. 29.6.2015 – IV ZR 474/15, NJW 2016, 2957; *Wegmann* Rz. 231ff., 303ff.

[17] *Wegmann* Rz. 232; *N. Mayer* ZEV 1994, 327; *Heinrich* MittRhNotK 1995, 157, 164; *Schippers* MittRhNotK 1996, 197, 211; *v. Proff* ZEV 2016, 681, 685. Ebenso LG Rottweil v. 21.4.2011 – 3 O 83/10, ZErb 2012, 310 m.Anm. *Wirich*. Das OLG Stuttgart hat die Berufung gegen diese Entscheidung zurückgewiesen, der BGH hat die Nichtzulassungsbeschwerde ebenfalls zurückgewiesen, zitiert nach *Wirich* ZErb 2012, 310.

[18] Zur Erbrechtsreform vgl. *Muscheler* ZEV 2008, 105.

[19] *Keim* ZEV 2008, 161, 166f.; *G. Müller* ZNotP 2007, 444, 447; Mayer/Geck/*Mayer* § 9 Rz. 109.

[20] Eine Zusammenstellung der zuständigen Genehmigungsbehörden ist abgedruckt in: Kersten/Bühling/*Fackelmann* § 36 Rz. 30.

[21] § 8 Nr. 2 GrdstVG gilt jedoch gem. § 31 GrdstVG nicht für Höfe iSd. HöfeO oder iSd. des Landesgesetzes über die Einführung einer Höfeordnung im Lande Rheinland-Pfalz.

geschlossene Übergabe vorliegt, besteht nach § 8 Nr. 2 GrdstVG ein **Anspruch** auf Erteilung der Genehmigung.

C. 4.43 Hofübergabevertrag nach BGB unter Rückbehalt von Einzelwirtschaftsgütern

Gliederung

Urkundenrolle Nr. [...] **für 20[...]** C. 4.43

Verhandelt zu [...] am [...]

Vor mir,

DR. JUR.
– NOTAR/IN IN [...] –

erschienen:

I. als Veräußerer:
Eheleute Herr P. M., Landwirt, geboren am [...]
und Frau C. M. geborene L., Landwirtin, geboren am [...]
beide wohnhaft in [...]
– nachstehend beide „Veräußerer" genannt –

II. als Erwerber:
der Sohn der Erschienenen zu I.
Herr E. M., Landwirt, geboren am [...]
wohnhaft in [...]
– nachstehend „Erwerber" genannt –,

III. als weitere Beteiligte:
die Tochter der Erschienenen zu I.:
Frau A. O. geborene M., geboren am [...]
wohnhaft in [...]

Die Erschienenen sind dem Notar von Person bekannt.

Die Erschienenen ließen den folgenden

ÜBERGABEVERTRAG
über einen landwirtschaftlichen Betrieb

beurkunden und erklärten:

§ 1 Grundbuchangaben

1. Die Veräußerer sind Eigentümer eines landwirtschaftlichen Betriebes.

Der betriebszugehörige Grundbesitz, als dessen Miteigentümer die Veräußerer zu je 1/2 Anteil im Grundbuch eingetragen sind, ist im Grundbuch von E. Blatt 320 wie folgt verzeichnet:
Gemarkung E.

Flur 4 Flurstück 370,	Hof- und Gebäudefläche, Landwirtschaft, groß: 84,20 a,
Flur 4 Flurstück 374,	groß: 10 ha 25 a,
Flur 3 Flurstück 310,	groß: 6 ha 73 a,
Flur 4 Flurstück 37,	groß: 7 ha 58 a,
Flur 7 Flurstück 83,	groß: 8 ha 65 a,
Flur 5 Flurstück 45,	groß: 9 ha 72 a,
Flur 5 Flurstück 47,	groß: 8 ha 6 a,
Flur 5 Flurstück 311,	groß: 14 ha 27 a,
Flur 2 Flurstück 90,	groß: 25 a,
Flur 2 Flurstück 30,	groß: 30 a.

2. Der Notar hat das Grundbuch einsehen lassen. Danach ist der Grundbesitz ist im Grundbuch unbelastet.
3. Bei dem landwirtschaftlichen Betrieb handelt es sich nicht um einen Hof im Sinne der Höfeordnung.

§ 2 Übertragung

1. Der Veräußerer überträgt dem Erwerber in Vorwegnahme der Erbfolge:
   a) den gesamten in § 1 dieser Urkunde näher bezeichneten Grundbesitz, jedoch mit Ausnahme der Grundstücke Flur 2 Flurstücke 30 und 90;
   b) das gesamte lebende und tote Inventar des landwirtschaftlichen Betriebes, soweit es sich nicht bereits im Eigentum des Erwerbers befindet;
   c) die aufstehende Saat und alle Vorräte;
   d) sämtliche Aktien des Veräußerers an der Zuckerfabrik Z-AG sowie das Zuckerrübenlieferungsrecht, soweit es dem Veräußerer zusteht und er hierüber verfügen kann.
   e) alle Ansprüche auf landwirtschaftliche Beihilfen und Agrarförderung, insbesondere sämtliche Zahlungsansprüche, Prämien- und Ausgleichsansprüche im Rahmen der Gemeinsamen Agrarpolitik (GAP) der Europäischen Union.
2. Der Erwerber nimmt die Übertragung jeweils an.

§ 3 Vorbehalt des Wohnungsrechts[Rz. 12]

Die Veräußerer behalten sich – als Gesamtberechtigte nach § 428 BGB – das lebenslange Wohnungsrecht an folgenden Räumen der übertragenen Hofstelle Flur 4 Flurstück 370 vor:

an sämtlichen Räumen der – vom Hofeingang aus gesehen rechts gelegenen – Wohnung im Erdgeschoss, bestehend aus Wohnzimmer, Schlafzimmer, Küche, Badezimmer, WC und Abstellraum.

Das Wohnungsrecht umfasst auch das Recht zur Mitbenutzung der gemeinschaftlich genutzten Räume und Anlagen, insbesondere des Flures, des Kellers, des Speichers und des Gartens.

Das Wohnungsrecht steht nach dem Tode des Erstversterbenden der Wohnungsberechtigten dem Überlebenden alleine zu.

Die Kosten der Versorgung der Wohnung mit Strom, Heizung und Wasser trägt der Eigentümer. Dieser trägt auch die Kosten für Instandhaltung und Reparaturen der Wohnung.

Verlässt ein Wohnungsberechtigter die Wohnung Dauer, erlischt das Wohnungsrecht in seiner Person entschädigungslos. Er hat in diesem Fall das seine Person betreffende Wohnungsrecht auf Verlangen und auf Kosten des Eigentümers in grundbuchmäßiger Form zur Löschung zu bewilligen.

§ 4 Pflegeverpflichtung[Rz. 13]

Der Erwerber hat seinen Eltern auf deren Lebenszeit bei Krankheit und Gebrechlichkeit sorgsame Pflege und hauswirtschaftliche Versorgung in den Räumen des übertragenen Hofanwesens zu gewähren.

Zur hauswirtschaftlichen Versorgung gehören insbesondere

- **die Verrichtung der anfallenden häuslichen Arbeiten wie Reinigung der Wohnung, der Kleidung, der Wäsche und des Schuhwerks, Geschirrspülen sowie die Verköstigung der Berechtigten zu allen Mahlzeiten mit Speisen und Getränken, die dem Alters- und Gesundheitszustand der Berechtigten entsprechen. Die Kosten für die Beschaffung der hierfür erforderlichen Lebensmittel müssen die Berechtigten jedoch selbst tragen;**
- **die Erledigung der erforderlichen Gänge und Fahrten zum Einkaufen, zum Arzt, zur Apotheke und zum Krankenhaus**

Zur Pflege gehört insbesondere die Hilfe bei Aufstehen und Zu-Bett-Gehen, An- und Auskleiden, Gehen und Treppensteigen, Nahrungsaufnahme, Körperpflege sowie bei der Verabreichung von Medikamenten. Die Pflegeverpflichtung umfasst jedoch nicht Leistungen, die nur von geschultem Personal erbracht werden können. Dauerpflege ist nur in dem Umfang zu erbringen, der mit den notwendigen hauswirtschaftlichen Verrichtungen – mit Ausnahme der Verköstigung –, die für den Veräußerer zu leisten sind, nach dem Urteil des Hausarztes des Veräußerers einem durchschnittlichen täglichen Zeitaufwand von nicht mehr als drei Stunden entspricht.[1] **Die Verpflichtung zur Pflege und hauswirtschaftlichen Versorgung ruht entschädigungslos, wenn sich der Pflegeberechtigte nicht mehr in dem übertragenen Hofanwesen aufhält.**

Ein etwaiges Pflegegeld steht den Pflegeberechtigten zu, die es zur Deckung etwaiger Pflegekosten zu verwenden haben. Soweit ihnen solche Kosten aufgrund der Leistung des Erwerbers nicht oder nicht in vollem Umfang entstehen, haben sie das Pflegegeld dem Erwerber zu überlassen.

§ 5 Wiederkehrende Zahlungen als Versorgungsleistung[Rz. 14]

1. **Der Erwerber – nachstehend kurz „Schuldner" genannt – übernimmt gegenüber seinen Eltern – diese nachstehend kurz „Berechtigte" genannt –, die nachstehend auf das Lebensalter der Berechtigten abgestimmten Zahlungsverpflichtungen als Versorgungsleistung:**
   Der Erwerber verpflichtet sich, an seine Eltern – als Gesamtberechtigte gemäß § 428 BGB – monatlich € [...],–; in Worten: [...] Euro, zu zahlen.
   Die Verpflichtung zur Zahlung endet mit dem Tode des Längstlebenden der Berechtigten. Die Zahlung steht dem Überlebenden in voller Höhe alleine zu.
   Die zu zahlenden monatlichen Beträge sind jeweils am ersten Tag eines jeden Monats fällig, erstmals am ersten Tag des auf die Beurkundung dieses Vertrages folgenden Monats.
2. **Bei einer wesentlichen Veränderung der Verhältnisse bei dem Zahlungsberechtigten oder dem Zahlungsverpflichteten, insbesondere der Leistungsfähigkeit des Erwerbers oder der Bedürftigkeit seiner Eltern, kann jeder von ihnen in entsprechender Anwendung des § 323a ZPO eine Abänderung des zu zahlenden Geldbetrages verlangen. Eine derartige Abänderung darf jedoch nicht aus dem Mehrbe-**

[1] In Anlehnung an *Krauß* Rz. 1435.

darf der Berechtigten abgeleitet werden, der sich daraus ergibt, dass dieser das übertragene Hofanwesen, aus welchem Grund auch immer, verlässt. Der Tod des Erstversterbenden der Berechtigten führt nicht gemäß § 323a ZPO zu einer Verminderung des als Versorgungsleistung zu zahlenden Betrages.

3. Unbeschadet der Vereinbarungen in vorstehender Ziffer 2. gilt zusätzlich Folgendes:
Erhöht oder ermäßigt sich der vom Statistischen Bundesamt in Wiesbaden festgestellte Verbraucherpreisindex für Deutschland (Basis 2010 = 100) gegenüber dem Stand des auf die Beurkundung dieses Vertrages folgenden Monats um mehr als 5 vH, so können sowohl der Erwerber als auch die Berechtigten eine entsprechende Veränderung des als Versorgungsleistung zu zahlenden monatlichen Betrages um den gleichen Prozentsatz verlangen, und zwar vom Beginn des Monats an, in dem erstmals die Erhöhung oder Verringerung um mehr als 5 vH eingetreten ist. Das Anpassungsverlangen kann nur für die Zukunft gestellt werden. Folgeanpassungen aufgrund dieser Wertsicherungsklausel können jeweils dann verlangt werden, wenn sich der Verbraucherpreisindex für Deutschland seit der letzten Anpassung wiederum um mehr als 5 vH nach oben oder unten verändert hat.
4. Der Erwerber unterwirft sich wegen des dinglichen und wegen des persönlichen Anspruchs aus der nachstehend bestellten Reallast sowie wegen der vorstehend vereinbarten persönlichen Zahlungsverpflichtung in Höhe von € [...],– monatlich gegenüber den Berechtigten der sofortigen Zwangsvollstreckung aus dieser Urkunde. Der Erwerber verpflichtet sich, bei einer etwaigen Erhöhung aufgrund der Anpassung nach § 323a ZPO oder der Wertsicherungsklausel weitere Unterwerfungserklärungen auf Verlangen und auf Kosten der Berechtigten abzugeben.
5. Zur Sicherung aller Ansprüche der Veräußerer auf Zahlung der vorstehend vereinbarten Beträge in der vereinbarten wertgesicherten Form bestellt der Erwerber den Veräußerern – als Gesamtberechtigte gemäß § 428 BGB – eine Reallast an dem übertragenen Grundbesitz

§ 6 Beerdigung und Grabpflege[Rz. 15]

Der Erwerber verpflichtet sich, die Kosten eines standesgemäßen Begräbnisses seiner Eltern einschließlich des Grabsteins zu tragen, soweit diese Kosten nicht durch eine Sterbegeldversicherung gedeckt sind. Er hat ferner auf seine Kosten die Grabstätten seiner Eltern für die Dauer der örtsüblichen Liegezeit in Ordnung zu halten und gärtnerisch zu pflegen.

§ 7 Rückbehalt von Grundbesitz, Abfindung der weichenden Erben[Rz. 16–17]

1. Die eingangs dieser Urkunde genannten Grundstücke Flur 2 Flurstücke 30 und 90 werden dem Erwerber E. M. nicht übertragen. Das Grundstück Flur 2 Flurstück 90 behält der Veräußerer für eigene Zwecke zurück. Das Grundstück Flur 2 Flurstück 30 soll der weichenden Erbin A. O. in dieser Urkunde zum Zwecke der Abfindung übertragen werden.
2. Demgemäß überträgt der Veräußerer seiner Tochter A. O. das Grundstück Flur 2 Flurstück 30 zu Eigentum. Diese nimmt die Übertragung an.

§ 8 Verzichte[Rz. 18]

1. Die Schwester des Erwerbers, Frau A. O., verzichtet – gegenständlich beschränkt auf das ihrem Bruder in dieser Urkunde übertragene Vermögen – auf ihr gesetzliches Pflichtteilsrecht und auch Pflichtteilsergänzungsansprüche. Der Verzicht soll sich auch auf die Abkömmlinge der Verzichtenden erstrecken. Die Veräußerer und der Erwerber nehmen diesen Verzicht an.

2. Der Erwerber verzichtet mit Wirkung für sich und seine Abkömmlinge auf sein gesetzliches Pflichtteilsrecht am Nachlass seines Vaters und am Nachlass seiner Mutter. Die Veräußerer nehmen die vorstehenden Verzichtserklärungen ihres Sohnes jeweils an. Der Verzicht entfällt, wenn der in dieser Urkunde übertragene Grundbesitz aufgrund des Rückforderungsrecht in § 9 dieser Urkunde zurückübertragen wird.

§ 9 Rückforderungsrecht[Rz. 19]

1. Die Veräußerer behalten sich als Gesamtgläubiger gemäß § 428 BGB das Recht vor, die Rückübereignung des dem Erwerber E. M. in dieser Urkunde übertragenen Grundbesitzes auf sich zu verlangen, falls einer der nachgenannten Rückforderungsgründe eintritt:
   a) falls der Erwerber ohne Zustimmung der Veräußerer über den Grundbesitz durch Veräußerung oder Belastung verfügt; als Verfügung in diesem Sinne gilt auch die Errichtung einer Gütergemeinschaft durch Ehevertrag;
   b) falls der Erwerber vor dem Tode des Längstlebenden der Veräußerer verstirbt;
   c) falls über das Vermögen des Erwerbers das Insolvenzverfahren eröffnet oder die Eröffnung mangels Masse abgelehnt wird;
   d) falls in den übertragenen Grundbesitz Zwangsvollstreckungsmaßnahmen eingeleitet und nicht innerhalb von sechs Wochen wieder aufgehoben werden.

   Das Rückforderungsrecht ist nicht vererblich und höchstpersönlich. Hat der Veräußerer jedoch das Rückforderungsrecht zu seinen Lebzeiten berechtigt ausgeübt, so ist der durch die Ausübung dieses Rechts entstandene Rückübereignungsanspruch vererblich. Das Rückforderungsrecht muss schriftlich ausgeübt werden, und zwar innerhalb von sechs Monaten, nachdem der Berechtigte von dem Eintritt des Rückforderungsgrundes Kenntnis erlangt hat. Im Falle des Rückforderungsgrundes zu Buchst. b) beträgt die Frist zwei Jahre.

   Wird das vorgenannte Rückforderungsrecht ausgeübt, so ist der Erwerber – gegebenenfalls seine Erben – verpflichtet, den Grundbesitz an die Veräußerer zu je ½ Anteil zurückzuübertragen. Nach dem Tode eines Veräußerers steht dem Überlebenden das Rückforderungsrecht allein zu und ist in diesem Fall durch Rückübertragung in dessen Alleineigentum zu erfüllen.

   Keiner der Veräußerer ist jedoch befugt, zu Lasten des anderen über den Rückübertragungsanspruch zu verfügen.
2. Gegenleistungen sind für die Rückübertragung nicht zu erbringen, soweit sich nicht aus den folgenden Bestimmungen etwas anderes ergibt.

   Bei Ausübung des Rückforderungsrechts hat der Veräußerer die Belastungen, die seiner nachfolgend bewilligten Auflassungsvormerkung im Range vorgehen nebst den diesen Belastungen zugrundeliegenden Verbindlichkeiten zur vollständigen Entlastung des Erwerbers zu übernehmen.

   Wird das Rückforderungsrecht wegen Vorliegens eines Rückforderungsgrundes zu Buchstabe b), c) oder d) ausgeübt, so hat der Veräußerer zusätzlich auch die nachgewiesenen wertsteigernden Verwendungen des Erwerbers in den übertragenen Grundbesitz zu ersetzen, soweit die Wertsteigerung noch besteht und soweit ihr nicht entsprechende Verbindlichkeiten gegenüberstehen, die vom Veräußerer zu übernehmen sind.

   Im Übrigen werden alle wechselseitigen Ansprüche aus gezogenen Nutzungen oder gemachten Verwendungen ausgeschlossen. Eine Erstattung der als Versorgungsleistung gezahlten Beträge findet nicht statt.

   Die mit der Rückübertragung verbundenen Kosten und Steuern trägt der Rückforderungsberechtigte.

3. Die Veräußerer verpflichten sich, einer Belastung des übertragenen Grundbesitzes mit Grundpfandrechten bis zu einer Höhe von € [...],– zuzustimmen, sofern diese Grundpfandrechte durch entsprechende Einschränkung der Zweckerklärung nur solche Verbindlichkeiten sichern, die der Erwerber ausschließlich für Zwecke und im Interesse des übergebenen Betriebes eingeht. Die Veräußerer werden solchen Grundpfandrechten den Vorrang vor der zu ihren Gunsten in dieser Urkunde bewilligten Rechten einräumen. Die Veräußerer verpflichten sich ferner, zu der Veräußerung eines übertragenen Grundstücks, mit Ausnahme der Hofstelle, die Zustimmung zu erteilen, sofern die Veräußerung mit den Grundsätzen einer ordnungsgemäßen Wirtschaft zu vereinbaren ist und den Zweck des vereinbarten Veräußerungsverbots (insbesondere den Erhalt des landwirtschaftlichen Betriebs im Familieneigentum) nicht wesentlich gefährdet

§ 10 Besitzübergang, Mängelhaftung, Erschließung[Rz. 20]

1. Der Besitz, die Nutzungen, die Lasten und die Gefahr des übertragenen Grundbesitzes gehen – vorbehaltlich des in dieser Urkunde eingeräumten Wohnungsrechts – mit dem ersten Tag des auf die Beurkundung dieses Vertrages folgenden Monats auf den Erwerber über.
2. Ansprüche und Rechte des Erwerbers wegen eines Sachmangels des Grund und Bodens, der bestehenden Gebäude und des sonstigen in dieser Urkunde übertragenen Vermögens werden hiermit ausgeschlossen.
   Der Veräußerer ist verpflichtet, dem Erwerber das Eigentum an dem übertragenen Grundbesitz frei von im Grundbuch eingetragenen und vom Erwerber nicht übernommenen Belastungen zu verschaffen. Im übrigen wird eine Rechtsmängelhaftung ausgeschlossen. Von diesen Rechtsbeschränkungen ausgenommen ist jeweils eine Haftung bei Vorsatz und Arglist.
   Grunddienstbarkeiten und persönliche Dienstbarkeiten werden, soweit solche bestehen, übernommen.
3. Beiträge, Kosten und Abgaben nach dem Baugesetzbuch und Kommunalabgabengesetz gehen zu Lasten des Erwerbers, und zwar unabhängig davon, wann Beiträge, Kosten und Abgaben dieser Art entstehen oder bereits entstanden sind.

§ 11 Kosten

Die mit dieser Urkunde und ihrem Vollzug verbundenen Kosten trägt der Erwerber.

§ 12 Auflassung, Grundbucherklärungen[Rz. 21]

1. Die Beteiligten sind darüber einig, dass das Eigentum an dem dem Erwerber E. M. übertragenen Grundbesitz auf diesen und das Eigentum an dem Frau A. O. übertragenen Grundstück auf diese übergehen soll.
   Sie bewilligen und beantragen die Eintragung des Eigentumswechsels in das Grundbuch.
   Die Beteiligten stimmen allen Löschungen und Pfandfreigaben nach Maßgabe der Bewilligungen der jeweils Berechtigten im Grundbuch hierdurch zu.
2. Die Beteiligten bewilligen und beantragen zur Sicherung der in § 3, 4 und 5 dieser Urkunde vereinbarten Rechte und Leistungen die Eintragung eines Altenteilsrechts zugunsten der Veräußerer – als Gesamtberechtigte gemäß § 428 BGB –, bestehend aus
   - einer beschränkten persönlichen Dienstbarkeit für das Wohnungsrecht (§ 3), einzutragen auf dem Grundstück Flur 4 Flurstück 370,
   - einer Reallast für die übrigen wiederkehrenden Leistungen

(§§ 4 und 5), einzutragen auf dem gesamten dem Erwerber E.M. in dieser Urkunde übertragenen Grundbesitz, wobei jedoch die Abänderungsbefugnis gemäß § 5 Ziffer 2. nicht dinglicher Inhalt der Reallast ist,

mit dem Zusatz, dass zur Löschung der Nachweis des Todes der Berechtigten genügt.

3. **Die Beteiligten bewilligen und beantragen ferner die Eintragung einer Rückauflassungsvormerkung zugunsten der Veräußerer – als Gesamtberechtigte gemäß § 428 BGB, für den Überlebenden von ihnen allein – auf dem gesamten dem Erwerber E.M. übertragenen Grundbesitz zur Sicherung des Rückübertragungsanspruchs gemäß § 9 dieser Urkunde.**
   Die Veräußerer bevollmächtigen den Erwerber – unter Befreiung von den Beschränkungen des § 181 BGB – die Rückauflassungsvormerkung nach dem Tode beider Veräußerer unter Vorlage der Sterbeurkunde zur Löschung zu bewilligen.
4. **Den Beteiligten ist bekannt, dass das Eigentum an dem übertragenen Grundbesitz erst mit der Umschreibung im Grundbuch auf den Erwerber übergeht.**
   Die Rechte der Erwerber aus dieser Urkunde können gegen mögliche Beeinträchtigungen vor Eigentumsumschreibung im Grundbuch durch Eintragung einer Auflassungsvormerkung gesichert werden.
   Die Beteiligten verzichten nach Belehrung auf die Eintragung einer Auflassungsvormerkung zugunsten des Erwerbers und seiner Schwester im Grundbuch.
5. **Alle Eintragungen aus dieser Urkunde sollen erfolgen nach Maßgabe der Anträge des Notars, der ermächtigt ist, diese auch getrennt und eingeschränkt zu stellen und in gleicher Weise zurückzunehmen sowie die Erklärungen der Beteiligten gegenüber dem Grundbuchamt zu ergänzen, zu ändern und zu berichtigen.**

§ 13 Genehmigung nach dem Grundstücksverkehrsgesetz[Rz. 22]

Die Beteiligten beantragen die Genehmigung des Übergabevertrages nach dem Grundstücksverkehrsgesetz.

Der Notar soll diese Genehmigung einholen.

§ 14 Schlussbestimmungen

1. **Genehmigungen aller Art werden wirksam mit ihrem Eingang beim Notar.**
2. **Der Notar wies die Beteiligten darauf hin, dass alle Vertragsvereinbarungen beurkundungspflichtig sind und dass Nebenabreden außerhalb dieser Urkunde zur Nichtigkeit des gesamten Rechtsgeschäftes führen können.**
3. **Sollten Erklärungen in dieser Urkunde ganz oder teilweise der Rechtswirksamkeit ermangeln oder nicht durchgeführt werden, so sollen dennoch die übrigen Erklärungen wirksam bleiben.**

Die Beteiligten nehmen wechselseitig alles Vorstehende an.

Diese Niederschrift wurde den Erschienenen von dem Notar vorgelesen, von ihnen genehmigt und von ihnen und dem Notar wie folgt eigenhändig unterschrieben:

A. Grundsätzliche Anmerkungen

I. Wirtschaftliche Aspekte

1 Regelungsziel ist die lebzeitige **Übertragung** eines landwirtschaftlichen Betriebes, der **nicht** Hof im Sinne der **Höfeordnung** ist, unter Rückbehalt von zum Betrieb gehörenden Grundstücken. Der Übergeber kann ein Interesse daran haben, Betriebsgrundstücke entweder für sich selbst zurückzubehalten, etwa zur Selbstbewirtschaftung, Verpachtung, späteren Veräußerung und als vorsorgliche Rücklage anstelle eines Abstandsgeldes, oder im Interesse Dritter, zB zur Abfindung weichender Erben, von der Übergabe auszunehmen. Beides kann auch zusammenfallen, wenn – wie im Vertragsmuster – die Übertragung einzelner Grundstücke an weichende Erben vereinbart wird und gleichzeitig der Übergeber für sich weiteren Grundbesitz zurückbehält.

2, 3 *(frei)*

II. Rechtliche Aspekte

4 Zur Übergabe eines landwirtschaftlichen Betriebes, der **nicht** Hof iSd. HöfeO ist, vgl. zunächst die Erläuterungen in C. 4.41 Rz. 4 ff.

Zivilrechtlich ist der Eigentümer eines solchen Betriebes nicht gehindert, einzelne Grundstücke zurückzubehalten und nicht an den Übernehmer zu übertragen. Nach **Grundstücksverkehrsrecht** kann jedoch ein solcher Rückbehalt problematisch sein und uU zur Versagung der nach § 2 GrdstVG erforderlichen Genehmigung des Übergabevertrages führen (zu den Einzelheiten vgl. die Erläuterungen zu § 13 des Formulars, Rz. 22). Sollen die zunächst zurückbehaltenen Grundstücke zu einem späteren Zeitpunkt, zB nach dem Tode des Übergebers, auf den Übernehmer des Betriebes übergehen, so droht hinsichtlich dieser Grundstücke zudem der **Verlust** des **Bewertungsprivilegs** der §§ 2049, 2312 BGB (Ansatz nur des Ertragswerts), da Einzelgrundstücke regelmäßig kein Landgut iSd. §§ 2049, 2312 darstellen.[1]

Schließlich kann der Rückbehalt von Grundstücken insbesondere auch zu **steuerrechtlich** unerwünschten Folgen führen (vgl. hierzu sogleich Rz. 8 ff.).

5–7 *(frei)*

III. Steuerrechtliche Aspekte

Vgl. zunächst die Erläuterungen in C. 4.00 Rz. 21 ff.

8 Die Zurückbehaltung von Grundstücken oder anderen betrieblichen Wirtschaftsgütern kann ertragssteuerlich zu einer **Entnahme** und damit zu einem einkommensteuerpflichtigen Gewinn in Höhe der Differenz zwischen dem steuerlichen Buchwert und dem Teilwert führen.

9 Werden **wesentliche Betriebsgrundlagen** zurückbehalten, droht die Gefahr einer **Betriebsaufgabe,** bei der sämtliche stillen Reserven aufzulösen und gem. §§ 14, 16, 34 EStG zu versteuern sind. Zu den Einzelheiten vgl. die Erläuterungen in C. 4.20 Rz. 11 ff. Behält der Übergeber nicht mehr als 10 vH der eigenen landwirtschaftlichen Nutzflächen zurück, wird regelmäßig keine Betriebsaufgabe anzunehmen sein.[2] Im Vertragsmuster beträgt die zurückbehaltene und ausschließlich unbebaute Grundstücksfläche weniger als 0,5 vH der übertragenen Fläche, so dass eine Betriebsaufgabe ausscheidet.

10, 11 *(frei)*

---

[1] *Hiller* INF 1997, 680, 683.
[2] Schmidt/*Kulosa* EStG § 14 Rz. 3; vgl. ferner die Rechtssprechungsnachweise in C. 4.20 Rz. 13.

B. Einzelerläuterungen

Zu § 3: Vorbehalt des Wohnungsrechts

Vgl. hierzu C. 4.00 Rz. 64ff. 12

Zu § 4: Pflegeverpflichtung

Vgl. hierzu C. 4.00 Rz. 73ff. 13

Zu § 5: Wiederkehrende Zahlungen als Versorgungsleistung

Vgl. hierzu die Erläuterungen in C. 4.00 Rz. 80ff. und – zur Vereinbarung einer 14
Leibrente als Alternative zu einer abänderbaren Versorgungsleistung – in C. 4.00 Rz. 93ff.

Zu § 6: Beerdigung und Grabpflege

Vgl. hierzu C. 4.00 Rz. 107. 15

Zu § 7: Rückbehalt von Grundbesitz, Abfindung der weichenden Erben

Zur Abfindung weichender Erben vgl. zunächst die Erläuterungen in C. 4.41 Rz. 27ff.

Anders als bei der Übergabe eines Hofes iSd. HöfeO, die, sofern sie an einen Ab- 16
kömmling des Hofübergebers erfolgt, den übrigen Abkömmlingen einen bereits mit Eigentumsumschreibung fällig werdenden Abfindungsanspruch verschafft (§ 17 Abs. 2 HöfeO), entstehen bei einer Übergabe außerhalb des Anwendungsbereichs der HöfeO gesetzliche Ansprüche der weichenden Erben in Bezug auf den übergebenen landwirtschaftlichen Betrieb erst mit dem Tode des Übergebers. In Betracht kommen vor allem **Pflichtteilsergänzungsansprüche** gem. §§ 2325, 2329 BGB). Den Beteiligten steht es jedoch frei, diese Ansprüche unter Mitwirkung der Pflichtteilsberechtigten – gegebenenfalls gegen Abfindung – bereits im Übergabevertrag abschließend zu regeln, was im Übrigen auch sinnvoll und empfehlenswert ist.

Neben oder anstatt einer Abfindung in Geld kann eine **Landabfindung** vereinbart 17
werden. Mitunter möchte der Übergeber auf für eigene Zwecke Grundbesitz zurückbehalten. Zu den mit dem Rückbehalt von Grundstücken verbundenen steuerlichen Problemen vgl. C. 4.20 Rz. 11ff.

Zu § 8: Verzichte

Vgl. hierzu C. 4.41 Rz. 34–35. 18

Zu § 9: Rückforderungsrecht

Vgl. hierzu A. 1.01 Rz. 54ff., C. 4.00 Rz. 119ff. und C. 4.41 Rz. 36ff. 19

Zu § 10: Besitzübergang, Mängelhaftung, Erschließung

Vgl. hierzu C. 4.00 Rz. 126. 20

Zu § 12: Auflassung, Grundbucherklärungen

Siehe hierzu C. 4.00 Rz. 127–128. 21

Zu § 13: Genehmigung nach dem Grundstücksverkehrsgesetz

22 Der Übergabevertrag über einen landwirtschaftlichen Betrieb bedarf zu seiner Wirksamkeit der **Genehmigung** nach dem Grundstücksverkehrsgesetz. Eine Genehmigung **ist** u.a. dann zu erteilen **(Genehmigungszwang),** wenn ein land- oder forstwirtschaftlicher Betrieb **geschlossen** veräußert oder im Wege der vorweggenommenen Erbfolge übertragen wird und der Erwerber mit dem Eigentümer in gerader Linie oder bis zum dritten Grad in der Seitenlinie verwandt oder bis zum zweiten Grad verschwägert ist (§ 8 Nr. 2 GrdstVG).[3] Werden betrieblich genutzte Grundstücke vom Übergeber zurückbehalten oder an weichende Erben übertragen, so scheidet das Genehmigungsprivileg des § 8 Nr. 2 GrdStVG mangels geschlossener Übergabe aus.[4] Vielmehr kann der Rückbehalt von Grundstücken nach § 9 Abs. 1 Nr. 2 GrdstVG (unwirtschaftliche Verkleinerung oder Aufteilung) einer Genehmigung des Übergabevertrages entgegenstehen, wenn durch ihre Abtrennung vom Hof nachhaltige Folgen für die Agrarstruktur eintreten.[5] Das ist zB der Fall, wenn der Übergeber ein mit einem Altenteiler- oder Landarbeiterhaus bebautes Grundstück nicht mit überträgt[6] oder Grundstücke von so erheblichem Umfang oder großer Bedeutung an weichende Erben übertragen oder vom Übergeber zurückbehalten werden, dass eine ordnungsgemäße Bewirtschaftung des Resthofes gefährdet wird.[7]

Im Vertragsmuster werden lediglich zwei unbebaute Grundstücke nicht mitübertragen, die insgesamt weniger als 0,5 vH der Gesamtfläche des Betriebes ausmachen, so dass keine Bedenken nach § 9 Abs. 1 Nr. 2 GrdstVG bestehen. Zur Genehmigung nach GrdstVG vgl. auch C. 4.42 Rz. 45 ff.

---

[3] Das Wort „geschlossen" in § 8 Nr. 2 GrdstVG bezieht sich auch auf die Übergabe im Wege der vorweggenommenen Erbfolge vgl. Schöner/Stöber Rz. 3975 m. Fn. 54.

[4] OLG Suttgart v. 13.12.1965 – 10 WLw 11/65, RdL 1966, 237; OLG Stuttgart v. 6.5.1986 – 10 W (Lw) 23/85, RdL 1986, 162.

[5] Lüdtke-Handjery/von Jeinsen/*Roemer* § 17 Rz. 157 ff.

[6] BGH v. 3.2.1994 – V ZB 31/93, BGHZ 125, 69.

[7] *Lüdtke-Handjery* DNotZ 1985, 347, 359; *Wöhrmann* § 16 Rz. 108 iVm. § 17 Rz. 101; Lüdtke-Handjery/von Jeinsen/*Roemer* § 17 Rz. 157 ff.

C. 4.50 Betriebsverpachtung

Gliederung

Zwischen

Herrn B. L., Landwirt, geboren am [...]
wohnhaft in [...]

– nachstehend „Verpächter" genannt –,

und

dessen Sohn,
Herrn D. L., Landwirt, geboren am [...]
wohnhaft in [...]

– nachstehend „Pächter" genannt –,

wird folgender

PACHTVERTRAG
über einen landwirtschaftlichen Betrieb

geschlossen:

§ 1 Gegenstand der Pacht

1. **Der Verpächter verpachtet dem Pächter den in M. gelegenen landwirtschaftlichen Betrieb in einer Gesamtgröße von [...] Hektar. Die Verpachtung erfolgt ausschließlich zum Zwecke der landwirtschaftlichen Nutzung.**
2. **Zum verpachteten Betrieb gehören:**[Rz. 29]
   a) **die im Grundbuch von M. Blatt 300 eingetragenen Grundstücke nebst aufstehenden Wohn- und Wirtschaftsgebäuden; diese Grundstücke befinden sich im Alleineigentum des Verpächters;**
   b) **die vom Verpächter zugepachteten Grundstücke in der Gemarkung N; diese Grundstücke hat der Verpächter mit dem Recht der Unterverpachtung bis zum [...] von Herrn [...] gepachtet.**

   Die verpachteten Grundstücke sind in der Beschreibung der Pachtsache, die dieser Urkunde als Anlage beigefügt ist, jeweils im Einzelnen aufgeführt.[Rz. 30]
3. **Zum verpachteten Betrieb gehört ferner das lebende und tote Inventar. Dieses steht im Alleineigentum des Verpächters und ist in der dieser Urkunde als Anlage beigefügten Beschreibung der Pachtsache näher bezeichnet.**
4. **Nicht mitverpachtet wird die im Erdgeschoss des Hofgebäudes A-Straße 27 befindliche Wohnung, bestehend aus Wohnzimmer, Schlafzimmer, Arbeitszimmer, Küche, Flur, Bad und WC.**

§ 2 Lieferrechte, Zahlungsansprüche, Gewinnung von Bodenbestandteilen

1. **Die mit der Bewirtschaftung des verpachteten Betriebes und der zugehörigen Grundstücke verbundenen Lieferrechte werden dem Pächter für die Dauer des**

Pachtverhältnisses übertragen. Diese Lieferrechte sind in der als Anlage zu dieser Urkunde genommenen Beschreibung der Pachtsache aufgeführt. Der Pächter darf auf dies Rechte ohne Zustimmung des Verpächters weder verzichten noch in sonstiger Weise zum Nachteil des Verpächters über sie verfügen. Bei Beendigung des Pachtverhältnisses hat der Pächter die Lieferrechte entschädigungslos auf den Verpächter oder einem von diesem bestimmten Dritten zu übertragen, und zwar einschließlich der vom Pächter während des Pachtverhältnisses hinzuerworbenen oder erweiterten Lieferrechte.[Rz. 31]

2. Mitverpachtet werden die in der Anlage dieses Vertrages näher bezeichneten Zahlungsansprüche im Rahmen der Agrarförderung (GAP) der Europäischen Union. Der Pächter ist verpflichtet, diese Zahlungsansprüche nach Beendigung des Pachtverhältnisses entschädigungslos an den Verpächter oder einem von diesem benannten Dritten zu übertragen.[Rz. 32]
3. Das Recht, aus den verpachteten Grundstücken Bodenbestandteile (zB Kies, Sand, Lehm und Ton) zu gewinnen, ist von der Verpachtung ausgenommen. Der Pächter darf solche Bodenbestandteile jedoch entnehmen, soweit dies zur ordnungsgemäßen Bewirtschaftung des landwirtschaftlichen Betriebes erforderlich ist.[Rz. 33]

§ 3 Pachtdauer[Rz. 34–35]

Das Pachtverhältnis beginnt am [...] und dauert [...] Jahre. Wird das Pachtverhältnis nicht spätestens zwei Jahre vor seinem Ablauf gekündigt, verlängert es sich um [...] Jahre. Hinsichtlich der vom Verpächter B.L. zugepachteten Grundstücke (vgl. § 1 Abs. 2 Buchst. b) endet das Pachtverhältnis mit Beendigung des diesbezüglichen Pachtverhältnisses zwischen Herrn B.L. und seinem Verpächter.

§ 4 Pachtzins

1. Der Pachtzins beträgt monatlich € [...],–[Rz. 36] Die monatlichen Beträge sind jeweils am 15. Tag eines jeden Monats zu entrichten.
2. Ändert sich der durchschnittlich gezahlte Pachtzins in dem Landkreis, in dem sich das Pachtobjekt befindet, um mindestens 10 vH, so kann jede Vertragspartei eine angemessene Anpassung des Pachtzinses verlangen. Bei fehlender Einigung der Vertragsparteien entscheidet der Schätzungsausschuss als Schiedsgutachter.

§ 5 Übergabe des verpächtereigenen Inventars, eiserne Verpachtung[Rz. 37–40]

1. Der Verpächter übergibt dem Pächter das zum Betrieb gehörenden lebende und tote Inventar zu dem Schätzwert, der vom Schätzungsausschuss (§ 14) festzustellen ist.[Rz. 10, 37]
2. Der Pächter trägt die Gefahr des zufälligen Untergangs und der zufälligen Verschlechterung des Inventars. Er kann über einzelne Inventarstücke innerhalb der Grenzen einer ordnungsgemäßen Wirtschaft verfügen. Die von ihm angeschafften Inventarstücke werden mit Einverleibung in das Inventar Eigentum des Verpächters.[Rz. 38]
3. Bei Beendung des Pachtverhältnisses hat der Pächter das vorhandene Inventar dem Verpächter zurückzugeben. Der Verpächter kann die Übernahme derjenigen vom Pächter angeschafften Inventarstücke ablehnen, die nach den Regeln einer ordnungsgemäßen Wirtschaft überflüssig oder zu wertvoll sind. Besteht zwischen dem Schätzwert des übernommenen und dem des zurückzugewährenden Inventars ein Unterschied, so ist dieser in Geld auszugleichen, und zwar vom Pächter, falls der Schätzwert des zurückzugewährenden Inventars geringer ist als der des übernommenen Inventars, andernfalls vom Verpächter. Den Schätzwerten sind die Preise im Zeitpunkt der Beendigung des Pachtverhältnisses zugrundezulegen. Die Schätzwerte sind vom Schätzungsausschuss (§ 14) festzustellen.

§ 6 Übergabe von Vorräten, Ernte und Feldinventar

Die Vorräte, die aufstehende Ernte und das Feldinventar werden vom Pächter zum Schätzwert übernommen und sind von ihm bei Beendigung des Pachtverhältnisses in gleichem Umfang, Art und Güte zurückzugewähren. Besteht zwischen dem Schätzwert der übernommenen und demjenigen der zurückzugewährenden Gegenstände ein Unterschied, so ist dieser in Geld auszugleichen. Bei fehlender Einigung entscheidet der Schätzungsausschuss.

§ 7 Bewirtschaftung

Der Pächter hat den landwirtschaftlichen Betrieb nach den Grundsätzen einer ordnungsgemäßen Wirtschaftsführung zu bewirtschaften. Er haftet dem Verpächter in diesem Zusammenhang für die Einhaltung der gesetzlichen Bestimmungen und behördlichen Anordnungen.

§ 8 Instandhaltung[Rz. 8–9, 44]

1. **Die laufende Unterhaltung und die gewöhnliche Ausbesserung der auf den verpachteten Grundstücken befindlichen Gebäuden, Anlagen, Einrichtungen, Wegen, Gräben und Einfriedungen obliegen dem Pächter auf eigene Kosten. Das gilt auch für Schönheitsreparaturen an der nicht mitverpachteten Wohnung im Erdgeschoss des Hofgebäudes.**
2. **Darüber hinausgehende Instandhaltungsmaßnahmen und Ausbesserungen obliegen dem Verpächter auf eigen Kosten.**
3. **Der Ersatz von Gebäuden und sonstigen baulichen Anlagen, die nicht vom Pächter errichtet worden sind, obliegt dem Verpächter auf eigene Kosten. Soweit durch die Ersatzbauten die Ertragsfähigkeit des verpachteten landwirtschaftlichen Betriebes erhöht wird und dem Verpächter die Kosten für die Baumaßnahmen nicht durch Dritte, insbesondere durch Versicherer ersetzt werden, kann der Verpächter vom Pächter eine angemessene Erhöhung des Pachtzinses verlangen. Bei fehlender Einigung entscheidet der Schätzungsausschuss (§ 14).**
4. **Die Unterhaltung und die – gewöhnlichen und außergewöhnlichen – Ausbesserungen von Gebäuden und baulichen Anlagen, die vom Pächter errichtet worden sind, obliegen diesem auf eigene Kosten. Sofern diese Gebäude und baulichen Anlagen mit Zustimmung des Verpächters errichtet worden sind und hierdurch eine bei Beendigung des Pachtverhältnisses noch vorhandene Werterhöhung des Pachtgrundstücks eingetreten ist, hat der Verpächter diese Werterhöhung dem Pächter zu ersetzen. Kommt eine Einigung nicht zustande, entscheidet der Schätzungsausschuss (§ 14).**

§ 9 Abgaben, Beiträge, Versicherungen[Rz. 45]

1. **Die auf dem verpachteten Grundbesitz ruhenden öffentlichen Abgaben und Lasten (insbes. Grundsteuer, Müllabfuhr, Beiträge an Wasser- und Bodenverbände, Erschließungsbeiträge und Flurbereinigungsbeiträge) trägt der Verpächter.**
2. **Die Beiträge zur landwirtschaftlichen Berufsgenossenschaft und zur Landwirtschaftskammer trägt der Pächter.**
3. **Der Verpächter hat die Gebäude angemessen gegen Feuerschaden zu versichern. Der Pächter hat eine ausreichende Hagelversicherung abzuschließen und das Inventar, die Erzeugnisse und Vorräte angemessen gegen Feuerschaden zu versichern.**
4. **Die persönlichen, nicht auf der Pachtsache ruhenden Lasten trägt jede Vertragspartei für sich.**

§ 10 Gewährleistung

1. Ansprüche und Rechte des Pächters wegen eines Sachmangels des Pachtgegenstandes werden ausgeschlossen.
2. Die auf den Pachtgrundstücken lastenden Grunddienstbarkeiten und beschränkten persönlichen Dienstbarkeiten hat der Pächter entschädigungslos zu dulden. Diese Dienstbarkeiten sind in der Pachtbeschreibung, die dieser Urkunde als Anlage beigefügt ist, aufgeführt.

§ 11 Unterverpachtung

1. Der Pächter ist ohne vorherige schriftliche Zustimmung des Verpächters nicht berechtigt, Pachtgrundstücke oder sonstige Pachtgegenstände unterzuverpachten oder in sonstiger Weise Dritten zur Nutzung zu überlassen oder in einen landwirtschaftlichen Zusammenschluss zur Nutzung einzubringen.[Rz. 46]
2. Überlässt der Pächter die Nutzung einem Dritten, so hat er ein Verschulden, das dem Dritten bei der Nutzung zur Last fällt, wie ein eigenes Verschulden zu vertreten, auch wenn der Verpächter der Überlassung zugestimmt hat.
3. Übergibt der Pächter seinen Betrieb im Wege der vorweggenommenen Erbfolge, so tritt der Übernehmer anstelle des Pächters in den Pachtvertrag ein. Der Verpächter ist von der Betriebsübergabe umgehend schriftlich zu benachrichtigen. Der Verpächter ist berechtigt, das Pachtverhältnis in der gesetzlichen Frist zu kündigen, wenn die ordnungsmäßige Bewirtschaftung durch den Übernehmer nicht gewährleistet ist.[Rz. 46]

§ 12 Kündigung des Pachtverhältnisses[Rz. 47]

1. Der Verpächter kann das Pachtverhältnis fristlos kündigen
   a) wenn der Pächter mit der Entrichtung des Pacht oder eines nicht unerheblichen Teils der Pacht für mindestens zwei aufeinanderfolgende Termine in Verzug ist;
   b) wenn der Pächter von dem Pachtgegenstand einen vertragswidrigen Gebrauch macht und diesen trotz Abmahnung fortsetzt;
   c) wenn ein sonstiger wichtiger Grund vorliegt.
2. Der Pächter kann das Pachtverhältnis fristlos aus wichtigem Grund kündigen.
3. Die Kündigung bedarf jeweils der Schriftform. Sie kann auch zum Ende eines laufenden Pachtjahres ausgesprochen werden.

§ 13 Tod des Pächters[Rz. 48]

1. Beim Tod des Pächters sind sowohl seine Erben als auch der Verpächter berechtigt, das Pachtverhältnis mit einer Frist von sechs Monaten zum Ende des Pachtjahres zu kündigen. Das Kündigungsrecht besteht nicht, wenn die ordnungsgemäße Bewirtschaftung des Betriebes gewährleistet erscheint und die Erben dem Verpächter spätestens drei Monate vor Ablauf der Kündigungsfrist die Übertragung der Betriebsführung auf einen Miterben oder Dritten schriftlich anzeigen.
2. Die Kündigung bedarf der Schriftform.

§ 14 Schätzungsausschuss[Rz. 36–37, 49]

1. Soweit nach diesem Vertrag Schätzwerte festzustellen sind, werden diese vom Schätzungsausschuss festgestellt. Der Schätzungsausschuss kann auch in sonstigen in diesem Vertrag vorgesehenen Fällen angerufen werden, darüber hinaus auch dann, wenn beide Parteien seine Anrufung wünschen.
2. Der Schätzungsausschuss wird von Fall zu Fall gebildet. Er besteht aus je einem von jeder Vertragspartei als Schätzer benannten Sachverständigen und einem von

der Landwirtschaftskammer [...] bestellten Obmann. Der Obmann kann weitere Sachverständige für einzelne Fragen hinzuziehen.

3. Will eine Vertragspartei den Schätzungsausschuss anrufen, so hat sie ihren Schätzer der anderen Partei schriftlich mit der Aufforderung zu benennen, innerhalb von [...] Wochen ihrerseits den anderen Schätzer zu benennen.
   Die den Schätzungsausschuss anrufende Partei hat sodann unter Mitteilung der beiden Schätzer die Landwirtschaftskammer in [...] um die Bestellung des Obmanns zu ersuchen. Wenn die andere Partei nicht fristgemäß einen Schätzer benennt, so kann die betreibende Vertragspartei von der Landwirtschaftskammer einen anderen Schätzer benennen lassen.
4. Der Schätzungsausschuss entscheidet als Schiedsgutachter. Er hat seiner Tätigkeit die „Schätzungsordnung für das landwirtschaftliche Pachtwesen" zugrunde zu legen.
5. Jede Vertragspartei trägt die Kosten des von ihr oder für sie benannten Schätzers, die übrigen Kosten tragen die Parteien je zur Hälfte.

§ 15 Vorbehalt der Hoferbenbestimmung (bei Höfen iSd. HöfeO)

Durch diesen Vertrag wird keine Hoferbenbestimmung gem. § 6 Abs. 1 Nr. HöfeO getroffen. Vielmehr behält sich der Verpächter ausdrücklich das Recht zur Bestimmung des Hoferben vor.[Rz. 1, 50]

§ 16 Schlussbestimmungen

1. Änderungen und Ergänzungen dieses Vertrages bedürfen der Schriftform. Das gilt auch für die Aufhebung dieser Schriftformklausel.
2. Sollten einzelne Bestimmungen in diesem Vertrag unwirksam sein, so sollen die übrigen Bestimmungen dennoch wirksam bleiben. Die unwirksamen Bestimmungen sind sodann durch eine Regelung zu ersetzen, die dem Sinn der unwirksamen Bestimmungen am nächsten kommt.
3. Wegen des Verwandtschaftsverhältnisses der Vertragsbeteiligten unterliegt der Pachtvertrag nicht der Anzeigepflicht nach dem Landpachtverkehrsgesetz.

.................................., den ....

....	....
(Unterschrift des Verpächters)	*(Unterschrift des Pächters)*

Anlage zum Pachtvertrag

Beschreibung der Pachtsache (Betriebsbeschreibung)

1. Grundstücke
   a) Grundstücke im Eigentum des Verpächters
      Gemarkung Flur Flurstück Größe Nutzungsart

      (weitere Beschreibung)

   b) vom Verpächter zugepachtete Grundstücke
      Gemarkung Flur Flurstück Größe Nutzungsart
      Verpächter:
2. Gebäude und bauliche Anlagen
3. Sonstige mit den Grundstücken verbundene Anlagen
4. Inventar
   a) lebendes Inventar
   b) totes Inventar

5. Aufwuchs
   a) Feldvorräte
   b) Obstanlagen
   c) Gemüseanbau
   d) Sonstiges
6. Grunddienstbarkeiten
   a) zu Lasten des Pachtgrundbesitzes
   b) zu Gunsten des Pachtgrundbesitzes
7. Sonstige mit dem Eigentum an Pachtgrundstücken verbundenen Rechte, Nutzungen und Belastungen
8. Mitverpachtete Zahlungsansprüche im Rahmen der Agrarförderung (GAP)
8. Sonstiges

................................., den ....

... **...**
(Unterschrift des Verpächters) ***(Unterschrift des Pächters)***

A. Grundsätzliche Anmerkungen

I. Wirtschaftliche Aspekte

1 Die Verpachtung eines landwirtschaftlichen Betriebes unter Angehörigen ist häufig ein Glied in einer sich schrittweise vollziehenden **gleitenden Hofübergabe.** Der Pächter übernimmt die Bewirtschaftung in eigener Verantwortung und bereitet sich so auf die spätere endgültige Hofübergabe vor. Der Verpächter bleibt Eigentümer des Hofes. Er kann über diesen weiterhin verfügen und nach Ablauf des Pachtverhältnisses über das künftige Schicksal des Betriebes und die Betriebsnachfolge erneut entscheiden. Bei entsprechender Bewährung des Pächters kann auf die Verpachtung die abschließende Übertragung des Betriebes folgen. Andernfalls oder bei einer sonstigen Änderung der wirtschaftlichen oder persönlichen Verhältnisse können die Nachfolge neu bedacht und andere Möglichkeiten (Fremdverpachtung, Veräußerung an Dritte, anderweitige Übertragung oder Vererbung) in Betracht gezogen werden. Handelt es sich bei dem landwirtschaftlichen Betrieb allerdings um einen **Hof iSd. HöfeO,** können durch die Verpachtung bereits **höferechtliche Bindungen** eintreten, die den Hofeigentümer in seinen künftigen Dispositionsmöglichkeiten einschränken (vgl. hierzu die nachfolgenden Einzelerläuterungen zu § 15 Rz. 50ff.).

2–4 *(frei)*

II. Rechtliche Aspekte

5 Der Pachtvertrag ist ein gegenseitiger Vertrag, durch den der Verpächter verpflichtet wird, dem Pächter gegen Zahlung der vereinbarten Pacht den Gebrauch des Pachtgegenstandes und den Genuss der Früchte zu gewähren (§ 581 BGB). Früchte einer Sache sind deren Erzeugnisse und die sonstige Ausbeute, die aus der Sache bestimmungsgemäß gewonnen wird, sowie die Erträge, die eine Sache gewährt (§ 99 BGB). Durch das **Recht der Fruchtziehung** unterscheidet sich der Pachtvertrag vom Mietvertrag. Das landwirtschaftliche Pachtrecht ist materiell-rechtlich im BGB (§§ 585ff. BGB mit teilweisem Verweis auf §§ 581ff. BGB) und verfahrensrechtlich im Landpachtverkehrsgesetz geregelt.

Innerhalb der Landpacht zu unterscheiden sind die **Betriebspacht** und die **Flächenpacht** (Parzellenpacht). Bei der Betriebspacht wird Grundbesitz mit den zu seiner Bewirtschaftung dienenden Wohn- und Wirtschaftsgebäuden, bei der Flächenpacht nur Grundbesitz ohne derartige Gebäude verpachtet, und zwar jeweils überwiegend zum Zwecke der Landwirtschaft (§ 585 Abs. 1 BGB). **6**

Der Abschluss eines Landpachtvertrages ist grundsätzlich **formfrei** möglich. Ein Landpachtvertrag, der, wie häufig, für längere Zeit als **zwei Jahre** geschlossen wird, bedarf jedoch der **Schriftform.** Bei Nichtbeachtung dieser Form ist der Vertrag nicht unwirksam, sondern gilt nur als für unbestimmte Zeit geschlossen (§ 585a BGB). In diesem Fall kann er mit zweijähriger Kündigungsfrist gekündigt werden (§ 594a BGB). **Strengere Formerfordernisse** (notarielle Beurkundung) können sich im Einzelfall aus anderen Vorschriften ergeben, so aus § 311b Abs. 1 BGB, wenn im Pachtvertrag ein Vorkaufsrecht oder eine sonstige Veräußerungs- oder Erwerbspflicht in Bezug auf ein Grundstück vereinbart wird, oder aus § 794 Abs. 1 Nr. 5 ZPO, wenn sich der Pächter wegen der Verpflichtung zur Zahlung der Pacht der sofortigen Zwangsvollstreckung unterwerfen soll (Zur Zwangsvollstreckungsunterwerfung in einem Pachtvertrag vgl. Formular C. 4.10 § 3). Die Nichteinhaltung der Beurkundungsform führt zur Nichtigkeit der betreffenden Vereinbarung und über § 134 BGB uU zur Nichtigkeit des gesamten Landpachtvertrages. **7**

Der Verpächter hat die Pachtsache dem Pächter in einem zur vertragsgemäßen Nutzung geeigneten Zustand zu überlassen und sie während der Pachtzeit in diesem Zustand zu erhalten. Der Pächter hat jedoch die **gewöhnlichen Ausbesserungen** der Pachtsache auf seine Kosten durchzuführen und die Pachtsache ordnungsgemäß zu bewirtschaften (§ 586 Abs. 1 BGB). **Außergewöhnliche Ausbesserungen** obliegen dagegen dem Verpächter. Die auf der Pachtsache ruhenden öffentlichen und privaten Lasten hat der Verpächter zu tragen (§ 586a BGB). Abweichende Vereinbarungen sind jeweils möglich. **8**

Wird landwirtschaftlicher Grundbesitz mit **Inventar** verpachtet, so obliegt dem Pächter die Erhaltung der einzelnen Inventarstücke. Zum Inventar gehört die Gesamtheit der beweglichen Sachen, die zur Bewirtschaftung auf einem Grundstück bestimmt sind und in einem entsprechenden räumlichen Verhältnis zum Grundstück stehen, insbesondere also Fahrzeuge, Gerätschaften, Maschinen, Vieh, land- und forstwirtschaftliche Erzeugnisse, Aussaat und Dünger (Feldinventar) und stehende Ernte, nicht hingegen immaterielle Wirtschaftsgüter wie Rübenlieferrecht und Milchlieferrecht und auch nicht wesentliche Bestandteile (Gebäude) eines Grundstücks.[1] Die Pflicht, Inventarstücke zu ersetzen, die infolge eines vom Pächter nicht zu vertretenden Umstands in Abgang kommen, trifft den Verpächter (§ 582, § 585 Abs. 2 BGB). Ausgenommen hiervon sind die zum Inventar gehörenden **Tiere,** die wiederum der Pächter bei gewöhnlichem Abgang insofern zu ersetzen hat, als dies einer ordnungsgemäßen Wirtschaft entspricht (§ 582 Abs. 2, § 585 Abs. 2 BGB). **9**

Bei der sogenannten **„eisernern" Verpachtung des Inventars** übernimmt der Pächter das Inventar zum Schätzwert (Übernahmewert) mit der Verpflichtung, es bei Pachtende zum Schätzwert zurückzugewähren. Hier trägt der Pächter die Gefahr des zufälligen Untergangs und der zufälligen Verschlechterung des Inventars (§ 582a Abs. 1, § 585 Abs. 2 BGB). Zur eisernen Verpachtung vgl. die Einzelerläuterungen zu § 5 Rz. 37 ff. **10**

Der Abschluss und die Änderung einer Landpachtvertrages sind gem. § 2 LPachtVG innerhalb eines Monats nach ihrer Vereinbarung der zuständigen Behörde **anzuzeigen.** Die Anzeigepflicht obliegt dem Verpächter, der Pächter ist zur Anzeige berechtigt. Die Anzeigepflicht entfällt u. a. bei Pachtverträgen unter Ehegatten und Verwandten in gerader Linie sowie Personen, die bis zum dritten Grad in der Seitenlinie **11**

---

[1] Düsing/Martinez/*Schumacher* BGB § 582 Rz. 3 f.; Blümich/*Nacke* EStG § 13 Rz. 21.

verwandt oder bis zum zweiten Grad verschwägert sind (§ 3 Abs. 1 Nr. 2 LPachtVG). Die nach § 6 LPachtVG zuständige Behörde kann Landpachtverträge **beanstanden,** wenn sie eine ungesunde Bodennutzung oder eine unwirtschaftliche Aufteilung eines Grundstücks oder einer Mehrheit räumlich oder wirtschaftlich zusammenhängender Grundstücke zur Folge haben oder wenn die Pacht nicht in einem angemessenen Verhältnis zu dem Ertrag steht, der bei ordnungsgemäßer Bewirtschaftung nachhaltig zu erzielen ist[2] (§ 4 LPachtVG). Bei Vorliegen eines Beanstandungsgrundes kann die zuständige Behörde die Vertragsbeteiligten auffordern, die betreffenden Vertragsbestimmungen innerhalb einer bestimmten Frist aufzuheben oder zu verändern. Kommen die Parteien der Aufforderung nicht nach, gilt der Landpachtvertrag oder die beanstandete Veränderung mit Ablauf der Frist als **aufgehoben,** sofern nicht vorher ein Vertragsteil Antrag auf gerichtliche Entscheidung gestellt hat (§ 7 LPachtVG).

12–14 *(frei)*

III. Steuerrechtliche Aspekte

1. Ertragssteuern

15 Die Verpachtung eines Betriebes bedeutet noch keine Betriebsaufgabe gem. § 16 Abs. 3 EStG. Vielmehr stellt die Betriebsverpachtung lediglich eine Nutzung des bisher aktiv bewirtschafteten Betriebes in anderer Form dar.[3] Der Eigentümer, der einen land- und forstwirtschaftlichen Betrieb im Ganzen verpachtet, hat ein **Wahlrecht (Verpächterwahlrecht):** Er kann den Betrieb fortbestehen lassen mit der Folge, dass die stillen Reserven zwar weiterhin steuerverhaftet bleiben, ihre Realisierung aber aufgeschoben wird.[4] Er kann die Verpachtung aber auch als Betriebsaufgabe behandeln und zu diesem Zweck eine Betriebsaufgabeerklärung abgeben; in diesem Fall werden die Gegenstände des Betriebes in sein Privatvermögen überführt, die stillen Reserven sind aufzudecken und gem. §§ 14, 16, 34 EStG zu versteuern.[5] Gibt der Verpächter anlässlich der Verpachtung keine Betriebsaufgabeerklärung ab oder erklärt er ausdrücklich, den Betrieb nicht aufgeben zu wollen, bleiben die verpachteten Wirtschaftsgüter sein Betriebsvermögen, er erzielt weiterhin Einkünfte aus Land- und Forstwirtschaft und die im Betrieb vorhandenen stillen Reserven sind erst aufzudecken und zu versteuern, wenn der Verpächter Wirtschaftgüter veräußert oder in sein Privatvermögen überführt oder den verpachteten Betrieb veräußert.[6] Das Wahlrecht besteht auch bei Verpachtung eines Teilbetriebes.[7]

16 Eine Betriebsverpachtung im Ganzen als Voraussetzung des Verpächterwahlrechts erfordert, dass **alle wesentlichen Grundlagen des Betriebes** verpachtet werden.[8] Die parzellenweise Verpachtung eines land- und forstwirtschaftlichen Betriebes an mehrere Pächter steht der Annahme einer Betriebsverpachtung im Ganzen grundsätzlich nicht entgegen.[9] Zu den wesentlichen Grundlagen eines land- und forstwirtschaftlichen Betriebes gehören idR die landwirtschaftlich genutzten Grundstücke. Die Zurückbehaltung einzelner Nutzflächen ist jedoch grundsätzlich unschädlich, wenn sie

---

[2] Als unangemessen gilt dabei immer nur der zu hohe, nicht der zu niedrige Pachtpreis, *Grimm/Norer* Agarrecht, 3. Kap., Rz. 135.

[3] BFH v. 12.12.2013 – IV R 17/10, DStR 2014, 252; BFH v. 19.3.2009 – IV R 45/06, DStRE 2009, 1054.

[4] Schmidt/*Kulosa* EStG § 13 Rz. 123.

[5] BFH v. 13.11.1963 – GrS 1/63 S, BStBl. III 1964, 124 (betr. Verpachtung gewerblicher Betriebe); BFH v. 18.3.1964 – IV 114/61 S, BStBl. III 1964, 303 (betr. Verpachtung land- und forstwirtschaftlicher Betriebe); BFH v. 8.3.2007 – IV R 57/04, BFH/NV 2007, 1640; EStR 16 Abs. 5; Schmidt/*Kulosa* EStG § 13 Rz. 123; Leingärtner/*Kanzler* Abschn. 42 Rz. 8.

[6] BFH v. 18.3.1964 – IV 114/61 S, BStBl. III 1964, 303; *Schoor* DStR 1997, 2; *Felsmann* Abschn. A Rz. 566d.

[7] EStR 16 Abs. 5 S. 4; *Schoor* DStR 1997, 2; Leingärtner/*Kanzler* Abschn. 42 Rz. 17.

[8] EStH 16 Abs. 5; Leingärtner/*Kanzler* Abschn. 42 Rz. 9; Schmidt/*Kulosa* EStG § 13 Rz. 82.

[9] BFH v. 28.11.1991 – IV R 58/91, BStBl. II 1992, 521; BFH v. 8.3.2007 – IV R 57/04, BFH/NV 2007, 1640. EStH 16 Abs. 5 „Parzellenweise Verpachtung"; Leingärtner/*Kanzler* Abschn. 42 Rz. 10.

weniger als 10 vH der gesamten landwirtschaftlichen Nutzfläche ausmachen.[10] Auch wenn die Hofstelle nicht mitverpachtet wird, steht dies einer Betriebsfortführung nicht entgegen.[11] Welche Wirtschaftsgüter zu den wesentlichen Betriebsgrundlagen gehören, bestimmt sich bei der Betriebsverpachtung allein nach ihrer Funktion **(funktionale Betrachtungsweise),** also nicht- insoweit abweichend von der Rechtsprechung zur Betriebsveräußerung und Betriebsaufgabe- nach dem Vorhandensein stiller Reserven.[12] Nur so lässt sich erklären, dass nach der Rechtsprechung des BFH die Zurückbehaltung der Hofstelle bei der Verpachtung eins land- und forstwirtschaftlichen Betriebes im Ganzen unschädlich sein soll, weil, so der BFH, es schon immer land- und forstwirtschaftliche Betriebe ohne Hofstelle gab und es ihrer, insbesondere bei der Bewirtschaftung von Stückländereien nicht bedarf.[13] Das lebende und tote Inventar stellt, wenn es – wie im Regelfall – leicht wiederbeschaffbar ist, in der Regel keine wesentliche Betriebsgrundlage dar. Eine mit der Verpachtung des Betriebes etwa einhergehende Schenkung oder Veräußerung des Inventars an den Pächter führt daher grundsätzlich nicht zu einer Betriebsaufgabe,[14] wohl aber zu einer Gewinnrealisierung beim Verpächter, auf die, da das lebende und tote Inventar keinen Teilbetrieb darstellt, der ermäßigte Steuersatz des § 34 EStG nicht anwendbar ist.[14]

Liegen die Voraussetzungen des Verpächterwahlrechts vor, kann der Verpächter so- **17**
wohl bei Beginn als auch jederzeit während der Verpachtung die Betriebsaufgabe erklären.[15]

Für die **Betriebsaufgabeerklärung** galten bis zum 4.11.2011 die hierzu von Rechtsprechung und in Verwaltungsanweisungen entwickelten Grundsätze.[16] Im Rahmen des Steuervereinfachungsgesetzes 2011 (BGBl. I 2011, S. 2131) hat der Gesetzgeber in **§ 16 Abs. 3b EStG** eine ausdrückliche Regelung geschaffen. Sie ist gemäß § 52 Abs. 34 S. 9 EStG i. d. F. des Steuervereinfachungsgesetzes 2011 für Betriebsaufgaben ab dem 5.11.2011 anwendbar. Zwar betrifft § 16 Abs. 3b EStG nach seinem Wortlaut nur Gewerbebetriebe. Die Vorschrift gilt jedoch über den Verweis in § 14 S. 2 EStG auch für land- und forstwirtschaftliche Betriebe.[17] Die gesetzliche Neuregelung knüpft im Wesentlichen an die bisherigen von der Rechtsprechung entwickelten und von der Finanzverwaltung übernommenen Grundsätze zur Betriebsaufgabeerklärung an, so dass diese auch weiterhin zu beachten sind.[18] Danach gilt Folgendes:

Nach § 16 Abs. 3b S. 1 Nr. 1 EStG ist die Betriebsaufgabe gegenüber dem Finanzamt zu erklären. Die Aufgabeerklärung bedarf keiner Form (EStR 16 Abs. 5 S. 5) Der Steuerpflichtige muss die Aufgabe jedoch **ausdrücklich** erklären. Wegen ihrer weitreichenden Folgen muss die Erklärung eindeutig sein und unmissverständlich erkennen lassen, dass der Steuerpflichtige sich für eine Betriebsaufgabe mit allen Folgen entschieden hat.[19] Aus der bloßen Angabe von Einkünften aus Vermietung und Verpachtung in der Steuererklärung des Verpächters kann regelmäßig noch nicht auf eine Betriebsaufgabeerklärung geschlossen werden, selbst wenn das Finanzamt über Jahre hinweg entsprechende Veranlagungen durchgeführt hat.[20] Der Abschluss eines Pacht-

---

[10] Leingärtner/*Kanzler* Abschn. 42 Rz. 44; BFH v. 1.2.1990 – IV R 8/89, BStBl. II 1990, 428.

[11] Leingärtner/*Kanzler* Abschn. 42 Rz. 44; BFH v. 18.3.1999 – IV R 65/98, BStBl. II 1999, 398; BFH v. 14.2.2005 – IV B 207/02, BeckRS 2005, 25007956; BFH v. 29.7.2004 – IV B 204/02, BFH/NV 2004, 1647; BFH v. 8.3.2007 – IV R 57/04, BFH/NV 2007, 1640.

[12] Schmidt/*Kulosa* EStG § 13 Rz. 126,§ 16 Rz. 697.

[13] BFH v. 18.3.1999 – IV R 65/98, BStBl. II 1999, 398; BFH v. 29.7.2004 – IV B 204/02, BFH/NV 2004, 1647; BFH v. 8.3.2007 – IV R 57/04, BFH/NV 2007, 1640.

14 Schmidt/*Kulosa* EStG § 13 Rz. 127.

[14] Felsmann/*Giere* Absch. A Rz. 573; BFH v. 5.2.1976 – IV R 31/74, BStBl. II 1976, 335.

[15] *Schoor* DStR 1997, 6.

[16] Felsmann/Giere Abschn. A Rz. 566 ff.

[17] Felsmann/*Giere* Abschn. A. Rz. 565c; Leingärtner/*Kanzler* Abschn. 42 Rz. 9.

[18] Felsmann/*Giere* Abschn. A Rz. 565c; Schmidt/*Wacker* EStG § 16 Rz. 711.

[19] Schmidt/*Wacker* EStG § 16 Rz. 711.

[20] BFH v. 17.4.1997 – VIII R 2/95, BStBl. II 1998, 388; Schmidt/*Wacker* EStG § 16 Rz. 711; EStR 16 Abs. 5 S. 9.

vertrages und die mangelnde Erklärung, den Betrieb aufzugeben, verhindern die Betriebsaufgabe nicht, wenn der Betrieb nach den tatsächlichen Umständen eindeutig aufgegeben wird.[21] Die Betriebsaufgabeerklärung wird mit ihrem Eingang beim Finanzamt wirksam. Sie ist **rückwirkend** für den vom Steuerpflichtigen gewählten Zeitpunkt anzuerkennen, wenn sie spätestens **drei Monate** nach diesem Zeitpunkt abgegeben wird (§ 16 Abs. 3b S. 2 EStG). Gibt der Steuerpflichtige keinen oder einen Aufgabezeitpunkt an, der länger als drei Monate zurückliegt, gilt der Betrieb erst im Zeitpunkt des Eingangs der Erklärung beim Finanzamt als aufgegeben (§ 16 Abs. 3b S. 3 EStG).[22] § 16 Abs. 3b EStG statuiert eine **gesetzliche Betriebsfortführungsfiktion.**[23] Danach gilt im Falle der Betriebsverpachtung im Ganzen der Betrieb **nicht** als aufgegeben, bis der Steuerpflichtige die Aufgabe gegenüber dem Finanzamt ausdrücklich erklärt oder dem Finanzamt Tatsachen bekannt werden, aus denen sich ergibt, dass die Voraussetzungen für eine Aufgabe iSd. § 16 Abs. 3 S. 1 erfüllt sind.

18 Im Fall des unentgeltlichen Erwerbs eines verpachteten Betriebes geht das Verpächterwahlrecht auf den Rechtsnachfolger des Verpächters über.[24] Erwirbt der Pächter den Pachtbetrieb im Laufe der Pachtzeit unentgeltlich, werden keine stillen Reserven aufgedeckt (§ 6 Abs. 3 EStG).[25]

19 Pachtverträge unter Angehörigen sind steuerrechtlich anzuerkennen, wenn sie ernsthaft und zu unter Fremden üblichen Bedingungen abgeschlossen und tatsächlich durchgeführt werden.[26] Hierzu gehört auch die Vereinbarung eines angemessenen Pachtzinses. Wird das ortsübliche Pachtentgelt um 50 vH unterschritten, so ist die vereinbarte Nutzungsüberlassung steuerrechtlich zwar nicht als Pachtverhältnis, wohl aber bei vor dem 1.1.2008 abgeschlossenen Verträgen uU als Wirtschaftsüberlassungsvertrag anzuerkennen.[27] **Wirtschaftsüberlassungsverträge** sind in steuerrechtlicher Hinsicht Verträge zwischen dem Betriebsinhaber und einem Angehörigen (regelmäßig dem vorgesehenen Hoferben), durch die dem Nutzungsberechtigten das alleinige Nutzungsrecht an einem landwirtschaftlichen Betrieb für einen nicht nur vorübergehenden Zeitraum unter Übertragung des Eigentums oder zumindest der Verfügungsmacht am lebenden oder toten Inventar eingeräumt und die alleinige Entscheidungsbefugnis über sämtliche zur Führung des Betriebes erforderlichen Maßnahmen überlassen wird, und zwar gegen Erbringung von Altenteilsleistungen oder Zahlung eines nicht angemessenen niedrigen Entgelts.[28] Beim Nutzungsberechtigten des Wirtschaftsüberlassungsvertrages führen die Einnahmen aus der laufenden Bewirtschaftung des Betriebes zu Einkünften aus Land- und Forstwirtschaft. Bei bis zum 31.12.2007 abgeschlossenen Wirtschaftsüberlassungsverträgen sind die Leistungen an den Hofeigentümer keine Betriebsausgaben, sondern Sonderausgaben iSd. § 10 Abs. 1 Nr. 1a EStG; der Hofeigentümer hat sie als Einkünfte aus wiederkehrenden Bezügen iSd. § 22 Nr. 1 EStG zu versteuern.[29] Bei Wirtschaftsüberlassungsverträgen, die nach dem 31.12.2007 abgeschlossen werden, können die Leistungen an den Hofeigentümer auf Grund der Neufassung des § 10 Abs. 1 Nr. 1a EStG (jetzt: § 10 Abs. 1a Nr. 2 EStG) durch das Jahressteuergesetz 2008 nicht mehr als Sonderausgaben abgezogen werden, da die

---

[21] BFH v. 3.6.1997 – IX R 2/95, BStBl. II 1998, 373; BFH v. 16.12.1997 – VIII R 11/95, BStBl. II 1998, 379; EStR 16 Abs. 5.

[22] So schon zum bisherigen Recht EStR 16 Abs. 5 S. 13; *Schoor* DStR 1997, 6.

[23] Leingärtner/*Wendt* Abschn. A Rz. 9.

[24] BFH v. 17.10.1991 – IV R 97/89, BStBl. II 1992, 392; EStH 16 Abs. 5;Felsmann/*Giere* Abschn. A Rz. 565b; vgl. aber BFH v. 29.3.2001 – IV R 88/99, BStBl. II 2002, 791.

[25] Schmidt/*Wacker* EStG § 16 Rz. 716; *Schoor* DStR 1997, 5.

[26] Felsmann/*Giere* Abschn. A Rz. 538; Leingärtner/*Kanzler* Abschn. 42 Rz. 3.

[27] Felsmann/*Giere* Abschn. A Rz. 546; vgl. aber BFH v. 29.4.1999 – IV R 49/97, BStBl. II 1999, 652: in Höhe der Unterschreitung der ortsüblichen Pacht liege eine Nutzungsentnahme vor, die mit den im Betrieb hierfür entstandenen Kosten, höchstens jedoch mit der Differenz zur ortsüblichen Pacht zu bewerten sei. Ablehnend zu dieser Rechtsprechung Felsmann/*Giere* aaO).

[28] BFH v. 24.7.1975 – IV R 99/72, BStBl. II 1975, 772; 1976, 335; Schmidt/*Kulosa* EStG § 13 Rz. 142; Felsmann/*Giere* Abschn. A Rz. 692 ff.

[29] Schmidt/*Kulosa* EStG § 13 Rz. 145.

Nutzungsüberlassung mangels Substanzübertragung keine Übertragung eines Betriebes iSd. § 10 Abs. 1 Nr. 1a EStG darstellt.[30] Sie sind stattdessen beim Nutzungsberechtigten als Betriebsausgaben[31] und beim Hofeigentümer als Betriebseinnahmen zu behandeln, sofern der Wirtschaftsüberlassungsvertrag einem Fremdvergleich standhält; andernfalls handelt es sich um unbeachtliche Unterhaltsleistungen.[32] Nach Ansicht des BFH in seiner Entscheidung vom 25.6.2014 steht auch dann, wenn in einem Wirtschaftsüberlassungsvertrag unter nahen Angehörigen eine unangemessen niedrige Gegenleistung vereinbart wird, dies einer Anerkennung als Betriebsausgaben nicht entgegen.[33] Das Verpächterwahlrecht (vgl. oben Rz. 15) steht auch dem Nutzungsverpflichteten eines Wirtschaftsüberlassungsvertrages zu.[34]

Der Pächter eines landwirtschaftlichen Betriebes ist Unternehmer und erzielt aus der Bewirtschaftung des Hofes **Einkünfte aus Land- und Forstwirtschaft.**[35] Er kann die steuerlichen Vergünstigungen für Landwirte in Anspruch nehmen (zB § 13 Abs. 3 EStG). Seine Pachtzahlungen sind **Betriebsausgaben.** Für die verpachteten Wirtschaftsgüter des Anlagevermögens stehen – vorbehaltlich der Besonderheiten der eisernern Verpachtung, vgl. hierzu Rz. 37 ff. – die Afa, Abschreibungen und Sonderabschreibungen grds. dem Verpächter zu.[36] Der Pächter kann insoweit lediglich den Erhaltungsaufwand als Betriebsausgaben abziehen.[37] Für das **pächtereigene Inventar** kann der Pächter Afa, Abschreibungen und Sonderabschreibungen vornehmen.[38] **20**

(frei) **21–24**

2. Verkehrssteuern

Ein Unternehmer, der seinen landwirtschaftlichen Betrieb verpachtet und dessen unternehmerische Betätigung im Bereich der Landwirtschaft sich in dieser Verpachtung erschöpft, betreibt keinen landwirtschaftlichen Betrieb iSd. § 24 UStG.[39] Die Verpachtungsumsätze unterliegen daher in diesem Fall nicht mehr der Durchschnitts-, sondern der **Regelbesteuerung.** Gleiches gilt bei der Überlassung des landwirtschaftlichen Betriebes an einen Angehörigen auf Grund eines Wirtschaftsüberlassungsvertrages.[40] Auch die Verpachtung von Teilbetrieben ist von der Durchschnittsbesteuerung ausgeschlossen.[41] Dagegen unterliegt die Verpachtung einzelner Flächen durch einen Landwirt im Rahmen seines land- und forstwirtschaftlichen Betriebes der Durchschnittsbesteuerung.[42] Zu prüfen ist jeweils, ob die Kleinunternehmerregelung des § 19 Abs. 1 UStG anwendbar ist. Nach einer Vereinfachungsregelung der Finanzverwaltung kann dabei zu Beginn der Verpachtung auf den voraussichtlichen Gesamtumsatz des laufenden Kalenderjahres abgestellt werden. Beginnt die Verpachtung im Laufe eines Jahres, werden die von der Verpachtung erzielten Umsätze, die unter die Durchschnittsbesteuerung nach § 24 UStG fallen, bei der Ermittlung des Gesamtumsatzes des laufenden Jahres nicht berücksichtigt.[43] **25**

(frei) **26–28**

---

[30] BFH v. 25.6.2014 – X R 16/13, DStRE 2014, 1292; Schmidt/*Kulosa* EStG § 13 Rz. 93; BMF v. 11.3.2010 (IV. Rentenerlass), BStBl. I 2010, 227, Rz. 21 f.

[31] BFH v. 25.6.2014 – X R 16/13, DStRE 2014, 1292.

[32] Schmidt/*Kulosa* EStG § 13 Rz. 145.

[33] BFH v. 25.6.2014 – X R 16/13, DStRE 2014, 1292.

[34] Leingärtner/*Kanzler* Abschn. 43 Rz. 29.

[35] Schmidt/*Kulosa* EStG § 13 Rz. 112; BFH v. 18.3.1964 – IV 114/61 S, BStBl. III 1964, 303.

[36] Felsmann/*Giere* Abschn. A Rz. 676.

[37] Felsmann/*Giere* Abschn. A Rz 676.

[38] Felsmann/*Giere* Abschn. A Rz. 676a.

[39] Leingärtner/*Ruffer* Abschn. 57 Rz. 37; UStR 264 Abs. 5; BFH v. 21.2.1980 – V R 113/73, BStBl. II 1980, 613.

[40] Leingärtner/*Ruffer* Abschn. 57 Rz. 37.

[41] BFH v. 6.12.2001 – V R 6/01, BStBl. II 2002, 555.

[42] BFH v. 11.5.1995 – V R 4/92, BStBl. II 1995, 610; BFH v. 6.12.2001 – V R 6/01, BStBl. II 2002, 555.

[43] UStAE 19.1 Abs. 4a, v. 1.10.2010, BStBl I 2010, 186.

B. Einzelerläuterungen

Zu § 1: Gegenstand der Pacht

29 Nach § 585b Abs. 1 BGB sollen Verpächter und Pächter bei Beginn und bei Beendigung des Pachtverhältnisses eine **Beschreibung der Pachtsache** anfertigen, in der ihr Umfang und ihr Zustand festgestellt werden. Die Beschreibung ist schriftlich vorzunehmen[44] und von beiden Vertragspartnern zu unterzeichnen. Verweigert eine Partei ihre Mitwirkung bei der Aufzeichnung oder Beschreibung oder treten bei ihrer Anfertigung Meinungsverschiedenheiten tatsächlicher Art auf, so kann jede Partei verlangen, dass die Beschreibung durch einen vom Landwirtschaftsgericht zu ernennenden Sachverständigen vorgenommen wird (§ 585b Abs. 2 BGB). Das gilt nicht, wenn seit der Überlassung der Pachtsache mehr als neun Monate vergangen sind. Die Vorschrift des § 585b BGB ist dispositiv, kann also von den Vertragsparteien abbedungen werden.[45]

30 Die Beschreibung der Pachtsache, die dem Pachtvertrag als Anlage beigefügt ist, beschränkt sich im Falle des Vertragsmusters im Wesentlichen auf Überschriften und bedarf in der Praxis der Ergänzung und Ausfüllung. Ein Muster für eine Beschreibung der Pachtsache bei landwirtschaftlichen Betrieben ist abgedruckt bei *Grimm/Norer* 3. Kap. Rz. 23.

Zu § 2: Lieferrechte, Betriebsprämien, Gewinnung von Bodenbestandteilen

31 Ob Gegenstand der Pacht auch **Lieferrechte** sind und der Verpächter diese dem Pächter für die Dauer des Pachtverhältnisses zu übertragen hat, sollte im Pachtvertrag ausdrücklich geregelt werden.[46] Bei Beendigung des Pachtverhältnisses hatte der Pächter dem Verpächter erworbene Zuckerrübenlieferrechte und Milchquoten zurück zu übertragen,[47] und zwar einschließlich solcher, die der Pächter während der Pachtzeit hinzuerworben oder gesteigert hat.[48] Seit der Zuckermarktordnung, mit der eine Absenkung der Mindestpreise, die Gewährung einer Einkommensbeihilfe durch einen Zuckergrundbetrag und die befristete Zahlung von Umstrukturierungsbeihilfen für die Aufgabe von Produktionsbeihilfen einherging, sind der Bezug und die Ausnutzung von Zückerrübenlieferrechten jedoch nicht mehr zwangsläufig als Merkmal einer ordnungsgemäßen Bewirtschaftung zuckerrübenanbaufähigen Ackerlands anzusehen; daher steht dem Verpächter, falls er nicht selbst dem Pächter die Lieferrechte bei Vertragsschluss überlassen hat, auch kein Anspruch auf ihre Übertragung mehr zu.[49]

32 **Zahlungsansprüche** auf **Betriebsprämien** stehen nach der am 1. Januar 2005 in Kraft getretenen EU-Reform der Gemeinsamen Agrarpolitik **(GAP)** dem Bewirtschafter des landwirtschaftlichen Betriebs zu, bei verpachteten Betrieben also dem Pächter. Die strittige Frage, ob der Pächter gemäß § 596 Abs. 1 BGB gesetzlich verpflichtet ist, diese ihm nach Art. 43 ff VO (EG) Nr. 1782/2003 zugewiesenen Zahlungsansprüche nach Beendigung des Pachtverhältnisses an den Verpächter zu übertra-

---

[44] HM vgl. MüKoBGB/*Harke* BGB § 585b Rz. 2; Staudinger/*von Jeinsen* BGB § 585b Rz. 9; aA *Lange/Wulff/Lüdtke-Handjery* Landpachtrecht, 4. Aufl. 1997, § 585b BGB Rz. 28, die auch Feststellungen in anderer verfestigter Form wie zB Ton- und Bildträgeraufnahmen ausreichen lassen.

[45] Palandt/*Weidenkaff* BGB § 585b Rz. 2; HLBS-Kommentar/*Glas* BGB § 585b Rz. 22.

[46] *Nies* Pacht in der Landwirtschaft, 2003, S. 9.

[47] Zur Rückübertragungspflicht bei Zuckerrübenlieferungsrechten BGH v. 27.4.2001 – LwZR 10/00, NJW 2001, 2537. Anders aber BGH v. 25.11.2011 – Lw 4/11, AuR 2012, 95 = BeckRS 2012, 01714 für Zuckerrübenlieferrechte nach der Zuckermarktreform. Zum Übergang der Milchreferenzmenge nach der bis zum 31. März 2000 geltenden Milchgarantiemengen-Verordnung vgl. BGH v. 19.7.1991 – LwZR 3/90, BGHZ 115, 162, 167.

[48] *Nies* Pacht in der Landwirtschaft, S. 39 f., S. 45 f.

[49] BGH v. 25.11.2011 – Lw 4/11, AuR 2012, 95 = BeckRS 2012, 01714; MüKoBGB/*Harke* BGB § 596 Rz. 3.

gen,[50] hat der BGH verneint.[51] Vereinbarungen in Pachtverträgen über landwirtschaftliche Betriebe oder Nutzflächen, in denen sich der Pächter gegenüber dem Verpächter verpflichtet, bei Pachtende diese Ansprüche auf den Verpächter oder einem von diesem bestimmten Dritten zu übertragen, sind jedoch zulässig.[52] Das gilt, wenn nicht ein Betrieb im Ganzen, sondern lediglich landwirtschaftliche Flächen verpachtet werden, jedenfalls dann, wenn die Verpflichtung des Pächters zur Herausgabe der Zahlungsansprüche auf den Wert des auf die gepachtete Fläche bezogenen Anteils der Zahlungsansprüche beschränkt wird; eine solche Regelung verstößt auch nicht gegen § 307 BGB.[53] Eine Übertragungspflicht besteht als Teil der Rückgewährpflicht nach § 596 BGB auch dann, wenn die Zahlungsansprüche selbst zusammen mit der Pachtsache verpachtet worden sind.[54] Eine vertragliche Regelung ist sinnvoll

Zu den ertragsteuerlichen Folgen aus der Umsetzung der GAP vgl. BMF v. 25.6. 2008 u. 13.10.2008, BStBl. I 2008, 682 und 939.

Vom Landpachtvertrag abzugrenzen ist der **Ausbeutungsvertrag,** durch den einer Partei das Recht eingeräumt wird, sich Bodenbestandteile (zB Kies, Sand, Ton und Torf) gegen Zahlung einer Vergütung anzueignen. Die Bodenausbeute allein stellt keine landwirtschaftliche Nutzung dar.[55] Zur Klarstellung, ob und gegebenenfalls in welchem Umfang das Recht zur Bodenausbeutung von der Pacht umfasst sein soll, empfiehlt sich eine entsprechende Regelung. **33**

Zu § 3: Pachtdauer

Die Pachtdauer kann nach bürgerlichem Recht frei vereinbart werden. Zulässig ist auch eine lebenslängliche Verpachtung (§ 594b S. 2 BGB). Ein Pachtvertrag, der für länger als zwei Jahre geschlossen wird, bedarf der Schriftform (§ 585a BGB). Wird die Schriftform nicht eingehalten, gilt er als für unbestimmte Zeit geschlossen. Er kann sodann gemäß § 594a BGB spätestens am 3. Werktag eines Pachtjahres für den Schluss des nächsten Pachtjahres gekündigt werden (§ 594a BGB). Wird ein Pachtvertrag für längere Zeit als 30 Jahre abgeschlossen, so kann er nach 30 Jahren spätestens am 3. Werktag eines Pachtjahres für den Schluss des nächsten Pachtjahres gekündigt werden; dies gilt jedoch nicht, wenn der Pachtvertrag für die Lebenszeit des Verpächters oder Pächters abgeschlossen ist (§ 594b BGB). Als Pachtjahr gilt im Zweifel das Kalenderjahr (§ 594a Abs. 1 S. 2). Die Parteien können jedoch – auch konkludent – ein hiervon abweichendes Pachtjahr vereinbaren (zB von Martini – 11.11. – zu Martini).[56] **34**

Wenn die Verpachtung erfolgt, um die Voraussetzungen für den Bezug der landwirtschaftlichen Altersrente des Verpächters zu erfüllen, muss die Laufzeit des Pachtverhältnisses gem. § 11 Abs. 1 Nr. 3 iVm § 21 Abs. 2 des Gesetzes über die Alterssicherung der Landwirte (ALG) mindestens neun Jahre betragen. **35**

Zu § 4: Pachtzins

Zivilrechtlich können die Vertragsparteien den Pachtzins frei vereinbaren. Er besteht idR in einer Geldleistung. Es können aber auch Naturalleistungen oder Dienstleistungen als Pachtentgelt bestimmt werden.[57] Ein Landpachtvertrag kann jedoch gem. § 4 Abs. 1 Nr. 3 des Landpachtverkehrsgesetztes (LPachtVG) **behördlich** bean- **36**

---

[50] Ausführlich zum Meinungsstand *Gehse* RNotZ 2007, 61, 68 ff.

[51] BGH v. 24.11.2006 – LwZR 1/06, RNotZ 2007, 98 = MittBayNot 2008, 37 m. Anm. *Gehse*. Für Altverträge verweist der BGH auf Ansprüche auf Vertragsanpassung gem. § 593 BGB.

[52] BGH v. 24.4.2009 – LwZR 11/08, NJW-RR 2009, 1714; BGH v. 23.4.2010 – LwZR 15/08, NJW-RR 2010, 1497.

[53] BGH v. 23.4.2010 – LwZR 15/08, NJW-RR 2010, 1497.

[54] MüKoBGB/*Harke* BGB § 596 Rz. 4; Staudinger/*von Jeinsen* BGB § 596 Rz. 35.

[55] *Lange/Wulff/Lüdtke-Handjery* Landpachtrecht, § 585 Rz. 10.

[56] Palandt/*Weidenkaff* BGB § 594a Rz. 3.

[57] Staudinger/*von Jeinsen* BGB § 587 Rz. 4.

standet werden, wenn der Pachtzins nicht in einem angemessenen Verhältnis zu dem Ertrag steht, der bei ordnungsmäßiger Bewirtschaftung nachhaltig zu erzielen ist. Pachtzins im Sinne dieser Vorschrift ist die Gesamtheit der vom Verpächter zu erbringenden vertraglichen Gegenleistungen. Hierzu gehören neben dem eigentlichen Pachtpreis auch die vom Pächter übernommenen Steuern, Abgaben, Beiträge, Versicherungen sowie die Gebäudeunterhaltung und ähnliches.[58] Beanstandungsgründe nach § 4 LPachtVG bestehen jedoch nur bei anzeigepflichtigen Landpachtverträgen. Nicht anzeigepflichtig sind u. a. Landpachtverträge zwischen Ehegatten oder Personen, die in gerader Linie verwandt oder bis zum dritten Grad in der Seitenlinie verwandt oder bis zum zweiten Grad verschwägert sind (§ 3 Abs. 1 LPachtVG).

Zu § 5: Übergabe des verpächtereigenen Inventars, eiserne Verpachtung

37 Bei der **eisernen Verpachtung** bleibt der Verpächter Eigentümer des Inventars, das der Pächter zum Schätzwert mit der Verpflichtung übernimmt, es bei Pachtende zum Schätzwert zurückzugewähren (§ 582a BGB). Durch diese Form der Verpachtung soll sichergestellt werden, dass der Betrieb bei Rückgabe durch den Verpächter oder einen Dritten ordnungsmäßig weitergeführt werden kann.[59] Bleibt daher der Schätzwert des zurückzugewährenden Inventars hinter demjenigen des übernommenen Inventars zurück, hat der Pächter die Differenz in Geld auszugleichen.

38 Der Pächter eisern verpachteten Inventars trägt die Gefahr des zufälligen Untergangs und der zufälligen Verschlechterung des Inventars. Er hat das Inventar so zu erhalten und laufend zu ersetzen, dass sein Zustand einer ordnungsmäßigen Wirtschaft entspricht. Hierzu gehört die Verpflichtung, schadhafte Inventarstücke auszubessern und für zerstörte oder unbrauchbar gewordene Inventarteile Ersatzstücke anzuschaffen.[60] Der **Wertverzehr** der Inventarstücke geht damit – abweichend vom Regelfall der Pacht – zu Lasten des Pächters. Die von ihm angeschafften Inventarstücke werden mit der Einverleibung in das Inventar Eigentum des Verpächters (§ 582a Abs. 2 S. 2). Der Pächter eisern verpachteten Inventars kann über einzelne Inventarstücke verfügen (§ 582a Abs. 1 S. 2 BGB), obwohl diese nicht sein Eigentum sind, nicht aber über das gesamte Inventar.[61] Übersteigt der Wert des vom Pächter zurück zu gewährenden Inventars denjenigen des übernommenen, steht dem Pächter ein Zahlungsanspruch in Höhe des Unterschiedsbetrages zu. Zur Ermittlung des Wertausgleichsbetrages ist die Schätzung auf der Grundlage des Preisniveaus im Zeitpunkt der Beendigung der Pacht vorzunehmen (§ 582a Abs. 3 S. 3 BGB), so dass die bei Pachtbeginn bestehenden Schätzwerte auf die Preisverhältnisse bei Pachtende umgerechnet werden müssen.[62] Das Vertragsmuster sieht eine Schätzung durch den Schätzungsausschuss vor (vgl. die nachfolgenden Einzelerläuterungen in § 14).

39 **Ertragssteuerlich** gilt für die **Verpachtung mit eisernem Inventar** folgendes, wobei zwischen Anlage- und Umlaufvermögen zu unterscheiden ist:[63] Eisern verpachtete Wirtschaftsgüter des **Anlagevermögens** bleiben im zivilrechtlichen und wirtschaftlichen Eigentum des Verpächters. Diesem stehen weiterhin Afa und Sonderabschreibungen zu. Das gilt auch für Ersatzbeschaffungen des Pächters, die gem. § 582a Abs. 2 BGB Eigentum des Verpächters werden. Der Pächter hat für die Verpflichtung zum Ersatz der übernommenen Anlagegüter eine Rückstellung zu bilden, deren Höhe durch die Abnutzung der gepachteten Anlagegüter und die Wiederbeschaffungskosten

---

[58] HLBS-Kommentar/*Booth* LPachtVG § 4 Rz. 42; *Nies* Pacht in der Landwirtschaft, S. 141.
[59] Düsing/Martinez/*Schuhmacher* BGB § 582a Rz. 3.
[60] *Lange/Wulff/Lüdtke-Handjery* Landpachtrecht, § 582a Rz. 12.
[61] Düsing/Martinez/*Schuhmacher* BGB § 582a Rz. 11.
[62] HLBS-Kommentar/*Dehne/Graf von Hardenberg* BGB § 582a Rz. 16; MüKoBGB/*Harke* BGB § 582a Rz. 8.
[63] Schmidt/*Kulosa* EStG § 13 Rz. 116 f.; Leingärtner/*Kanzler* Abschn. 42 Rz. 112 ff.; Felsmann/*Giere* Abschn. A Rz. 612 ff.

bestimmt wird. Eisern verpachtete Wirtschaftsgüter des **Umlaufvermögens** gehen dagegen in das wirtschaftliche Eigentum des Pächters über, der es bei Pachtende nach den für Sachdarlehen geltenden Grundsätzen zurück zu gewähren hat. Er hat das übernommene Umlaufvermögen mit den Wiederbeschaffungskosten zu aktivieren und seine Rückgabeverpflichtung in gleicher Höhe zu passivieren. Beim Verpächter tritt an die Stelle des eisern übergebenen Umlaufvermögens eine entsprechende Rückgewährforderung. Von deren Aktivierung kann der Verpächter absehen, wenn er zuvor von dem Wahlrecht nach EStR 14 Abs. 2 Gebrauch gemacht hat.[64]

Abweichend zu diesen Grundsätzen lässt die Finanzverwaltung für die eiserne Verpachtung eine Vereinfachungsregelung (Buchwertmethode) zu.[65] **40**

Nach der **Buchwertmethode** hat der Pächter die eisern übernommenen Wirtschaftsgüter in seiner Eröffnungsbilanz mit den Buchwerten des Verpächters anzusetzen und in gleicher Höhe eine Rückgabeverpflichtung zu bilanzieren, die in unveränderter Höhe fortzuführen ist; eine Abzinsung ist nicht vorzunehmen. Der Pächter kann die Abschreibungen des Verpächters für die eisern gepachteten Wirtschaftsgüter fortführen und für die von ihm vorgenommenen Ersatzbeschaffungen die Afa, Sonderabschreibungen und Teilwertabschreibungen vornehmen. Der Verpächter ist dagegen nicht mehr zu Abschreibungen berechtigt. Die Buchwerte für die eisern zur Nutzung überlassenen Wirtschaftsgüter bleiben unverändert bestehen. Wird der Betrieb später unentgeltlich vom Verpächter auf den Pächter übertragen, entsteht nach der Buchwertmethode kein Buchgewinn, da sich die eingefrorenen Buchwerte des Verpächters und die Rückgabeverpflichtung des Pächters gegenseitig ausgleichen.[66] Die Buchwertmethode ist nur anzuwenden, wenn Verpächter und Pächter dies gemeinsam beantragen und die eiserne Verpachtung im Vorgriff auf eine spätere Hofübertragung vorgenommen wurde.[67] Die Buchwertmethode gilt jedoch nicht, wenn Pächter und Verpächter ihren Gewinn nach § 4 Abs. 1 EStG ermitteln.[68]

(frei) **41**

Zu § 6: Übergabe von Vorräten, Ernte und Feldinventar

Vgl. hierzu die Einzelerläuterungen zu § 5 des Vertragsmusters. **42**

Zu § 7: Bewirtschaftung

Nach § 586 Abs. 1 S. 3 BGB ist der Pächter zur ordnungsmäßigen Bewirtschaftung der Pachtsache verpflichtet. Eine Bewirtschaftung ist ordnungsmäßig, wenn sie nach den geltenden technischen und wirtschaftlichen Regeln substanzschonend und erhaltend durchgeführt wird.[69] **43**

Zu § 8: Instandhaltung

Nach § 586 BGB hat der Verpächter dem Pächter die Pachtsache in einem zur vertragsmäßigen Nutzung geeigneten Zustand zu überlassen und sie während der Pachtzeit in diesem Zustand zu erhalten. Der Pächter hat jedoch auf eigene Kosten die gewöhnlichen Ausbesserungen der Pachtsache durchzuführen, insbesondere diejenigen der Wohn- und Wirtschaftsgebäude, der Wege, Gräben, Dränungen und Einfriedungen, während die außergewöhnlichen Ausbesserungen dem Verpächter obliegen. **Gewöhnliche Ausbesserungen** sind Maßnahmen, die der Erhaltung des Pachtgegen- **44**

[64] Schmidt/*Kulosa* EStG § 13 Rz. 117; BFH v. 6.12.1984 – IV R 212/82, BStBl. II 1985, 391; EStR 14 Abs. 2.
[65] Zu den Einzelheiten und zum Folgenden vgl. Schmidt/*Kulosa* EStG § 13 Rz. 120; Felsmann/*Pape* Abschn. A Rz. 643 ff.; Leingärtner/*Wendt* Abschn. 42 Rz. 133 ff.
[66] BMF v. 21.2.2002, BStBl. I 2002, 262.
[67] Schmidt/*Kulosa* EStG § 13 Rz. 120; Leingärtner/*Kanzler* Abschn. 42 Rz. 133.
[68] Leingärtner/*Kanzler* Abschn. 42 Rz. 133.
[69] HLBS-Kommentar/*Booth*/*Glas* BGB § 586 Rz. 20.

standes dienen und die durch normale Abnutzung, üblichen Gebrauch und Einwirkung im Laufe der Pachtzeit notwendig werden.[70] Bei Mitverpachtung von **Inventar** obliegt dem Pächter die Erhaltung der einzelnen Inventarstücke (§ 582 BGB). Die Erhaltung des Inventars geht über nur gewöhnliche Ausbesserungen hinaus und erfasst Reparaturaufwendungen für Geräte und Maschinen auch insoweit, als sie durch normalen gebrauchsbedingten Verschleiß notwendig werden.[71] Zu Neuanschaffungen von Inventarstücken ist der Pächter grds. nicht verpflichtet, es sei denn, er hat die Zerstörung oder den dauernden Verlust zu vertreten.[72] Eine Ausnahme gilt gemäß § 582 Abs. 2 für den gewöhnlichen Abgang der zum Inventar gehörenden Tiere, die der Pächter insoweit zu ersetzen hat, als dies einer ordnungsmäßigen Wirtschaft entspricht. Die Vorschrift des § 586 ist abdingbar, wobei jedoch bei Formularverträgen die Grenzen der §§ 305ff. BGB zu beachten sind.[73]

Zu § 9: Abgaben, Beiträge, Versicherungen

45 Gem. § 586a BGB hat der Verpächter die auf der **Pachtsache ruhenden Lasten** zu tragen. Hierunter fallen sowohl öffentliche Lasten als auch private Lasten. Zu den auf der Sache ruhenden öffentlichen Lasten gehören insbesondere Grundsteuern, Anlieger- und Erschließungsbeiträge, Anschluss- und Benutzergebühren, Straßenreinigungskosten, Kehr- und Schornsteinfegergebühren sowie Müllabfuhrgebühren.[74] Private Lasten sind zB Grundschuld- und Hypothekenzinsen. Von den auf der Pachtsache ruhenden Lasten zu unterscheiden sind die **persönlichen Lasten** wie insbesondere die Einkommensteuer, die nicht zu den in § 586a BGB geregelten Lasten gehören. Ob Feuerversicherungsprämien Lasten iSd. § 586a BGB sind, wird unterschiedlich beurteilt[75] und sollte schon aus diesem Grund vertraglich geregelt werden. § 586a BGB ist abdingbar.[76] Die vereinbarte pauschale Übernahme sämtlicher öffentlichen Lasten durch den Pächter wird einschränkend dahin ausgelegt, dass sie nur solche objektbezogenen Lasten erfasst, die nach den Regeln einer ordnungsmäßigen Wirtschaft aus dem Ertrag, nicht aber aus der Substanz der Pachtsache bestritten werden, so dass unter einer derartigen Übernahmeklausel weder Anlieger- und Erschließungsbeiträge noch nicht objektbezogene persönliche Steuern des Verpächters fallen.[77]

Zu § 11: Unterverpachtung

46 Der Text des Vertragsmusters folgt der gesetzlichen Regelung, die dem Pächter eine Unterverpachtung oder sonstige Nutzungsüberlassung an Dritte ohne Erlaubnis des Verpächters nicht gestattet (§ 589 BGB). Wird allerdings bei der Übertragung eines landwirtschaftlichen Betriebes im Wege der vorweggenommenen Erbfolge dem Übernehmer ein vom Übergeber zugepachtetes Grundstück mit übergeben, so tritt der Übernehmer gem. § 593a BGB kraft Gesetztes anstelle des Pächters und Übergebers in den Pachtvertrag ein. Eine entsprechende Anwendung des § 593a BGB wird für den Fall erwogen, dass der Betriebsinhaber seinen landwirtschaftlichen Betrieb an den vorgesehenen Hofnachfolger verpachtet (Verpachtung als gleitende Hofübergabe).[78]

---

[70] HLBS-Kommentar/*Booth/Glas* BGB § 586 Rz. 14.
[71] Staudinger/*Emmerich/Schaub* BGB § 582 Rz. 7.
[72] MüKoBGB/*Harke* BGB § 582 Rz. 3.
[73] Eine Abwälzung aller Instandhaltungs- und Instandsetzungspflichten sowie der Ausbesserungspflichten auf den Pächter ohne Gegenleistung kann gegen § 307 BGB verstoßen (vormals § 9 AGBG), *Lange/Wulff/Lüdtke-Handjery* Landpachtrecht, § 586 Rz. 4; Staudinger/*von Jeinsen* BGB § 586 Rz. 52; das gilt aber nicht bei einer Verpachtung im Rahmen einer gleitenden Hofübergabe, *Lange/Wulff/Lüdtke-Handjery* Landpachtrecht, § 586a Rz. 2.
[74] HLBS-Kommentar/*Booth* BGB § 586a Rz. 2.
[75] *Lange/Wulff/Lüdtke-Handjery* Landpachtrecht, § 586a Rz. 6 mwN.
[76] MüKoBGB/*Harke* BGB § 586a Rz. 1.
[77] *Lange/Wulff/Lüdtke-Handjery* Landpachtrecht, § 586a Rz. 2 mwN.
[78] Str., dafür MüKoBGB/*Harke* BGB § 593a Rz. 3; OLG Celle v. 1.1.1991 – 7 U (Lp) 182/90, AgrarR 1991, 350; dagegen Staudinger/*von Jeinsen* BGB § 593a Rz. 12.

Endet das Hauptpachtverhältnis, so kann der Verpächter trotz weiter bestehenden Unterpachtvertrages vom dem Unterpächter die Rückgabe der Pachtsache fordern (§ 596 Abs. 3 BGB).

Zu § 12: Kündigung des Pachtverhältnisses

Bei einer ordentlichen Kündigung des Pachtverhältnisses beträgt die gesetzliche Kündigungsfrist zwei Jahre. Das Pachtverhältnis ist in diesem Fall spätestens am dritten Werktag eines Pachtjahres für den Schluss des nächsten Pachtjahres zu kündigen (§ 594a BGB). Abweichende Kündigungsfristen sind möglich, die Vereinbarung einer kürzeren Frist bedarf jedoch der Schriftform (§ 594a Abs. 1 S. 3). Wie jedes Dauerschuldverhältnis (vgl. § 313 BGB) ist auch das Pachtverhältnis aus wichtigem Grund fristlos kündbar. Gesetzlich ausdrücklich geregelt sind folgende wichtige Gründe: **47**

Kündigungsrecht des Pächters: bei Nichtgewährung des vertragsgemäßen Gebrauchs der Pachtsache (§§ 594e, 543 Abs. 2 Nr. 1 BGB), bei erheblicher Gesundheitsgefährdung durch die Beschaffenheit der Wohn- und Aufenthaltsräume (§§ 594e, 569 BGB).

Kündigungsrechte des Verpächters: bei vertragswidrigem Gebrauch der Pachtsache, zu der auch die unbefugte Unterverpachtung gehört (§§ 594e, 543 Abs. 2 Nr. 2 BGB), bei Zahlungsverzug des Pächters (§ 594e Abs. 2 BGB).

Darüber hinaus kann das Pachtverhältnis auch aus sonstigen wichtigen Gründen, die nicht gesondert gesetzlich aufgeführt sind, von jeder Vertragspartei gekündigt werden.[79] Die ordentliche und die außerordentliche (fristlose) Kündigung bedürfen jeweils der Schriftform (§§ 594f. BGB).

Zu § 13: Tod des Pächters

Das im Vertragsmuster vorgesehene Kündigungsrecht bei Tod des Pächters folgt der gesetzlichen Regelung in § 594d BGB. **48**

Zu § 14: Schätzungsausschuss

Bei der eisernen Verpachtung des Inventars (vgl. hierzu die Einzelerläuterungen zu § 5) sind bei Beginn und Ende des Pachtverhältnisses die Schätzwerte des Inventars festzustellen. Diese sind für die Ermittlung des Wertausgleichsanspruchs des Verpächters oder Pächters aus § 582a Abs. 3 S. 3 BGB maßgebend. Die Vertragsparteien können mit der Wertfeststellung einen Schätzungsausschuss betrauen und für dessen Tätigkeit die Regeln der „Schätzungsordnung für das landwirtschaftliche Pachtwesen“ vereinbaren. Sie können dem Schätzungsausschuss auch andere Aufgaben zuweisen. Die „Schätzungsordnung für das landwirtschaftliche Pachtwesen“ ist von der Präsidentenkonferenz des Verbandes der Landwirtschaftskammern beschlossen worden[80] und wird in der Praxis häufig auf Grund vertraglicher Vereinbarung herangezogen. **49**

Zu § 15: Vorbehalt der Hoferbenbestimmung

Wird ein landwirtschaftlicher Betrieb, der einen Hof iSd. HöfeO bildet, an einen Abkömmling des Hofeigentümers verpachtet, so können gemäß § 7 Abs. 2 iVm. § 6 Abs. 1 Nr. 1 HöfeO höferechtliche Bindungen eintreten, die den Hofeigentümer in seiner letztwilligen Verfügungsbefugnis beschränken. Hat nämlich der Hofeigentümer die Bewirtschaftung des Hofes einem hoferbenberechtigten Abkömmling auf Dauer übertragen, ohne sich ihm gegenüber die Bestimmungen des Hoferben ausdrücklich vorzubehalten, so ist, solange der Abkömmling den Hof bewirtschaftet, eine vom Hof- **50**

[79] *Grimm/Norer* Agrarrecht 3. Kap. Rz. 98.
[80] Sie ist abgedruckt im HLBS-Kommentar zum Landpachtrecht, S. 808 ff.

eigentümer vorgenommene Bestimmung eines anderen zum Hoferben[81] insoweit unwirksam, als durch sie der Hoferbenberechtigte (Bewirtschafter) von der Hoferbfolge ausgeschlossen würde (§ 7 Abs. 2 HöfeO). Eine derartige auf Dauer gerichtete Bewirtschaftungsübertragung kann zB vorliegen, wenn der Pachtvertrag bis zum Lebensende des Verpächters abgeschlossen wird oder beide Parteien erkennbar davon ausgehen, dass der Pächter die Bewirtschaftung bis zum Tode des Verpächters fortführen soll,[82] ein Pachtverhältnis nach dessen Ablauf stillschweigend unbefristet fortgesetzt wird[83] oder der Pachtvertrag geschlossen wird, um in den Genuss der landwirtschaftlichen Altersrente zu gelangen.[84]

51 Zur Vermeidung einer höferechtlichen Bindung nach § 7 Abs. 2, § 6 Abs. 1 Nr. 1 HöfeO sollte daher ein ausdrücklicher Vorbehalt der Hoferbenbestimmung in den Pachtvertrag aufgenommen werden.

---

[81] Die Bestimmung eines anderen zum Hoferben liegt auch im Abschluss eines Hofübergabevertrages. Ein Hofübergabevertrag, durch den der Hof an einen anderen als denjenigen Abkömmling übertragen wird, dem die Bewirtschaftung auf Dauer übertragen worden ist, wäre daher gem. § 7 Abs. 2 HöfeO unwirksam, vgl. Lüdtke-Handjery/von Jeinsen/*von Jeinsen* HöfeO § 7 Rz. 39.

[82] BGH v. 26.6.1980 – V Blw 40/79, BGHZ 77, 384.

[83] Faßbender/Hötzel/von Jeinsen/Pikalo/*von Jeinsen* § 6 Rz. 15.

[84] Faßbender/Hötzel/von Jeinsen/Pikalo/*von Jeinsen* § 6 Rz. 15; Lüdtke-Handjery/von Jeinsen/*von Jeinsen* HöfeO § 6 Rz. 25. Ebenso *Wöhrmann* § 6 Rz. 19, der aber darüber hinaus annimmt, dass in diesem Fall eine Bewirtschaftungsübertragung nach § 6 Abs. 1 Nr. 1 HöfeO auch dann anzunehmen sei, wenn ein ausdrücklicher Vorbehalt erklärt worden sei.

C. 5 Erwachsenenadoption

Gliederung

Urkundenrolle Nr. [...] **für 20[...]** C. 5

Verhandelt zu [...] am [...]

Vor mir,

DR. JUR.
– NOTAR/IN IN [...] –

erschienen:

I. als Annehmender:
Herr A. F., geboren am [...],
wohnhaft in [...]
II. als Anzunehmender:
dessen volljähriger Stiefsohn,
Herr B. S., geboren am [...],
wohnhaft in [...]
III. als weitere Beteiligte:
die Ehefrau des Erschienenen zu I. und Mutter des Erschienenen zu II.,
Frau D. F., geboren am [...],
wohnhaft in [...]

Die Erschienenen wiesen sich aus durch Vorlage ihrer amtlichen mit Lichtbild versehenen Personalausweise.

Die Erschienenen erklärten und ließen folgenden

ANTRAG AUF ANNAHME ALS KIND

beurkunden:

§ 1 Sachverhalt

Der Erschienene zu I. und die Erschienene zu III. haben am [...] vor dem Standesbeamten in [...] die Ehe geschlossen. Aus der geschiedenen Ehe der Erschienenen zu III. mit Herrn [...] ist der Sohn B. S. hervorgegangen, der Erschienene zu II. Dieser lebt seit seinem 5. Lebensjahr in dem gemeinsamen Haushalt seiner Mutter und des Erschienenen zu I.

Die Absicht, B. S. bereits im Kindesalter durch seinen Stiefvater A. F. adoptieren zu lassen, konnte nicht verwirklicht werden, da der leibliche Vater des B. S. seine Einwil-

ligung in die Annahme als Kind verweigert hat. Nachdem B.S. nunmehr volljährig geworden ist, soll die Adoption nachgeholt werden. B.S. ist nicht verheiratet und kinderlos. Alle Erschienenen sind deutsche Staatsangehörige.

§ 2 Anträge[Rz. 8, 28]

Der Erschienene zu I. und der Erschienene zu II. beantragen beim zuständigen Familiengericht folgenden Ausspruch der Annahme als Kind:

B.S. wird von seinem Stiefvater A.F. als Kind angenommen, so dass B.S. mit Wirksamwerden des Annahmebeschlusses die rechtliche Stellung eines gemeinschaftlichen Kindes der Eheleute A.F. und D.F. erlangt.

B.S. erhält als Geburtsnamen den Familiennamen F.[Rz. 13]

Herr B.S. und Herr A.F. beantragen ferner bei dem Familiengericht, mit dem Ausspruch der Annahme gemäß § 1772 BGB zu bestimmen, dass sich die Wirkungen der Annahme nach den Vorschriften über die Annahme eines Minderjährigen richten.[Rz. 11, 30]

§ 3 Zustimmung des Ehegatten[Rz. 9, 32]

Frau D.F. willigt hiermit in ihrer Eigenschaft als Ehefrau des Annehmenden A.F. in die Annahme ihres Sohnes B.F. durch ihren Ehemann ein. Sie gibt diese Erklärung gegenüber dem zuständigen Familiengericht ab.

Über die Unwiderruflichkeit dieser Erklärung wurde sie durch den Notar belehrt.

§ 4 Auftrag an den Notar[Rz. 33]

Der Notar wird beauftragt, den Antrag auf Annahme als Kind beim Familiengericht einzureichen. Das gilt auch für den Fall des Todes des Annehmenden.

§ 5 Belehrungen

Der Notar hat die Erschienenen über die Bedeutung und die rechtlichen Folgen der Adoption belehrt. Er hat insbesondere darauf hingewiesen, dass:

- **B.S. mit der Annahme als Kind die rechtliche Stellung eines gemeinschaftlichen Kindes der Eheleute A.F. und D.F. erlangt;[Rz. 11–12]**
- **durch die Annahme als Kind das Verwandtschaftsverhältnis des B.F. zu seinem leiblichen Vater sowie zu dessen Verwandten erlischt, ebenso wie die aus diesem Verwandtschaftsverhältnis folgenden Rechte und Pflichten;[Rz. 11–12]**
- **die Annahme erst mit Zustellung des gerichtlichen Annahmebeschlusses wirksam wird;**
- **das Annahmeverhältnis nur aus wichtigem Grund und auf beiderseitigen Antrag von Annehmenden und Anzunehmenden vom Familiengericht aufgehoben werden kann.[Rz. 15]**

Diese Niederschrift wurde den Erschienenen von dem Notar vorgelesen, von ihnen genehmigt und von ihnen und dem Notar wie folgt eigenhändig unterschrieben:

A. Grundsätzliche Anmerkungen

I. Wirtschaftliche Aspekte

1 Bei einer Adoption stehen in der Regel persönliche, familiäre Gründe im Vordergrund, nicht hingegen wirtschaftliche Motive. Gleichwohl können auch hier wirtschaftliche Interessen eine Rolle spielen, zB erbschaftsteuerliche zur Erlangung der Erbschaftsteuerklasse I. Das am 1.1.2009 in Kraft getretene ErbStRG 2009 mit seinen

für die Personen der Steuerklassen II und III geringen Freibeträgen und hohen Steuersätzen mag die Neigung zu steuerlich veranlassten Adoptionen noch verstärken.

Nach den rechtlichen Vorgaben der §§ 1767, 1741 BGB darf derartigen wirtschaftlichen Gesichtspunkten jedoch keine entscheidende Bedeutung zukommen. Vielmehr müssen **familienbezogene Motive Hauptzweck** der Adoption sein. Wirtschaftliche Beweggründe, die mit ihr verfolgt werden, sind unschädlich, wenn sie bloße Nebenzwecke darstellen.[1] Hierzu wird auf die folgenden Erläuterungen in Abschnitt II. verwiesen. 2

II. Rechtliche Aspekte

Die Annahme Volljähriger ist in der deutschen Rechtstradition verwurzelt.[2] Trotz Missbrauchsgefahren, etwa bei Namens- oder Adelsadoptionen zur Erlangung eines klangvollen Namens, hat der Gesetzgeber bei der Reform des Adoptionsrechts im Jahre 1976 an ihrer Zulässigkeit festgehalten.[3] Während nach früherem Recht die Adoption durch Vertrag zwischen Annehmendem und Anzunehmenden zustande kam, welcher allerdings der gerichtlichen Genehmigung bedurfte (Vertragssystem), wird die Adoption seit der Reform im Jahre 1976 durch gerichtlichen Beschluss ausgesprochen, § 1752 BGB **(Dekretsystem).** 3

Das Gesetz sieht für die Annahme eines Volljährigen die folgenden **Voraussetzungen** vor: 4

1. Sittliche Rechtfertigung der Adoption

Nach § 1767 Abs. 1 BGB kann ein Volljähriger nur dann als Kind angenommen werden, wenn die Annahme sittlich gerechtfertigt ist, was insbesondere dann anzunehmen ist, wenn zwischen dem Annehmenden und dem Anzunehmenden bereits ein Eltern-Kind-Verhältnis entstanden ist. Ist ein solches **Eltern-Kind-Verhältnis** noch nicht entstanden, so reicht es aus, wenn zu erwarten ist, dass es noch entstehen wird (§ 1767 Abs. 2 iVm. § 1741 Abs. 1 S. 1 BGB). Ein schon entstandenes Eltern-Kind-Verhältnis kann insbesondere dann bejaht werden, wenn der Anzunehmende bereits im minderjährigen Alter als Pflege- oder Stiefkind in die Familie des Anzunehmenden aufgenommen worden ist und die Adoption nach Erreichen der Volljährigkeit nachgeholt werden soll.[4]

Ein tatsächliches Zusammenleben von Annehmenden und Anzunehmenden ist bei einer Volljährigenadoption nicht Voraussetzung des Eltern-Kind-Verhältnisses.[5] Erforderlich ist aber eine auf Dauer angelegte Bereitschaft zu gegenseitigem Beistand, wie ihn sich leibliche Eltern und Kinder typischerweise leisten.[6] Ist ein Eltern-Kind-Verhältnis noch nicht entstanden, kommt es darauf an, ob bei objektiver Betrachtung bereits bestehender Bindungen und ihrer Entwicklungsmöglichkeiten anzunehmen ist, dass sich eine dem Alter der Beteiligten entsprechende Eltern-Kind-Beziehung noch ausbilden wird.[7] Insoweit verbleibende Zweifel gehen zu Lasten des Antragstellers.[8] 5

---

[1] BayObLG v. 21.5.1985 – BReg. 1 Z 30/85, NJW 1985, 2094; OLG Hamm v. 7.1.2003 – 15 W 406/02, MittBayNot 2003, 301; OLG München v. 19.12.2008 – 31 W 49/08, NJW-RR 2009, 591; OLG Nürnberg v. 8.6.2011 – 9 UF 388/11, NJW-RR 2012, 5; *Brandt* RNotZ 2013, 459, 465.

[2] Staudinger/*Frank* BGB § 1767 Rz. 1; *Bosch* FamRZ 1964, 401.

[3] Staudinger/*Frank* BGB § 1767 Rz. 2.

[4] Staudinger/*Frank* BGB § 1767 Rz. 16.

[5] BGH v. 5.4.1961 – IV ZR 212/60, BGHZ 35, 75; OLG Köln v. 5.2.1990 – 16 Wx 169/89, FamRZ 1990, 800; Staudinger/*Frank* BGB § 1767 Rz. 15.

[6] BayObLG v. 21.4.2004 – 1 Z B, MittBayNot. 2004, 443; OLG Hamm v. 7.1.2003 – 15 W 406/02, MittBayNot. 2003, 301.

[7] BayObLG v. 21.5.1985 – BReg 1 Z 30/85, NJW 1985, 2094.

[8] Staudinger/*Frank* BGB § 1767 Rz. 19; BayObLG v. 21.5.1985 – BReg 1 Z 30/85, NJW 1985, 2094; OLG München v. 19.12.2008 – 31 Wx 49/08, NJW-RR 2009, 591; OLG Karlsruhe v.22.7.2005 – 14 Wx 31/05, NJW-RR 2006, 364.

6 Nach der Rechtsprechung ist eine Annahme Volljähriger dann sittlich gerechtfertigt, wenn ein **familienbezogenes Motiv** entscheidender Anlass für die Adoption ist.[9] Als ausreichender Beweggrund anerkannt ist der Wunsch, einen Nachfolger für die **Fortführung des Lebenswerks** (Hof, Unternehmen, Praxis) zu erhalten[10] oder eine Betreuung und Unterstützung im Alter zu haben.[11] Nicht familienbezogene Beweggründe für eine Adoption wie zB wirtschaftliche und damit auch steuerliche Interessen sind unschädlich, wenn sie nur Nebenzwecke sind.[12] Stehen steuerrechtliche Erwägungen jedoch im Vordergrund eines Adoptionsantrags, so ist dieser zurückzuweisen.[13] Abweichend hiervon wird teilweise die Ansicht vertreten, dass bei einem bereits bestehenden (und nicht nur zu erwartenden) Eltern-Kind-Verhältnis das mit der Adoption verfolgte Motiv unerheblich sei; in einem solchen Fall sollen steuerliche Beweggründe, selbst wenn sie Hauptzweck der Adoption seien, dieser nicht entgegenstehen.[14] Das vorrangige Ziel, mit der Adoption die drohende Ausweisung eines ausländischen Anzunehmenden zu verhindern, rechtfertigt ebenfalls nicht den Anspruch der Annahme.[15] Abgesehen davon begründet die Adoption regelmäßig keine Aufenthaltsrecht des angenommenen Ausländers.[16] Ein nur geringer Altersabstand zwischen Annehmendem und Anzunehmendem steht der Adoption im Regelfall entgegen,[17] ebenso ein sehr großer, eine Generation überspringender Altersunterschied.[18]

2. Wohl des Anzunehmenden

7 Die Adoption muss dem Wohl des Anzunehmenden dienen (§ 1767 Abs. 2 iVm. § 1741 Abs. 1 S. 1 BGB). Hierüber entscheidet der volljährige Anzunehmende regelmäßig selbst, indem er die Annahme beantragt, so dass sich insoweit eine besondere familiengerichtliche Prüfung erübrigt.[19]

3. Antrag des Annehmenden und des Anzunehmenden

8 Die Adoption erfordert einen entsprechenden Antrag des Annehmenden und des Anzunehmenden (§ 1768 BGB). Die Anträge sind nur wirksam, wenn sie **notariell beurkundet** werden (§ 1752 Abs. 2 S. 2, § 1767 Abs. 2 BGB). Sie können nicht unter einer Bedingung oder Zeitbestimmung oder durch einen Vertreter gestellt werden (§ 1752 Abs. 2 S. 1, § 1767 BGB).

4. Zustimmung Dritter

9 Ist der **Anzunehmende verheiratet,** ist zur Adoption die Einwilligung seines **Ehegatten** erforderlich (§ 1749 Abs. 2, § 1767 Abs. 2 BGB). Sie bedarf der notariellen Beurkundung (§ 1750 Abs. 1 S. 2, § 1767 Abs. 2 BGB). Der **Annehmende** be-

[9] BayObLG v. 21.5.1985 – BReg. 1 Z 30/85, NJW 1985, 2094; OLG Hamm v. 7.1.2003 – 15 W 406/02, MittBayNot. 2003, 301, 303; OLG Köln v. 7.4.2003 – 16 Wx 63/03, RNotZ 2004, 233; OLG München v. 19.12.2008 – 31 Wx 49/08, NJW-RR 2009, 591; Staudinger/*Frank* BGB § 1767 Rz. 21 mwN.

[10] BayObLG v. 21.4.2004 – 1 Z BR 19/04, MittBayNot 2004, 443, 445.

[11] BayObLG v. 21.5.1985 – BReg. 1 Z 30/85, NJW 1985, 2094; BayObLG v. 21.4.2004 – 1 Z BR 19/04, MittBayNot. 2004, 443.

[12] BayObLG v. 21.4.2004 – 1 Z BR 19/04, MittBay 2004, 443, 445; BayObLG v. 21.5.1985 – BReg. 1 Z 30/85, NJW 1985, 2094; OLG Hamm v. 7.1.2003 – 15 W 406/02, MittBayNot. 2003, 301; OLG München v. 19.12.2008 – 31 Wx 49/08, NJW-RR 2009, 591; OLG Nürnberg v. 8.6.2011 – 9 UF 388/11, NJW-RR 2012, 5; *Brandt* RNotZ 2013, 459, 465; *Zimmermann* NZ Fam 2015, 1134, 1136.

[13] OLG München v. 19.12.2008 – 31 Wx 49/08, ZEV 2009, 83.

[14] So *Hölscher* ZErb 2012, 253, 255; *Brandt* RNotZ 2013, 459, 464; OLG Schleswig v. 3 .6. 2009 – 2 W 26/09, FG Prax 2009, 269.

[15] BayObLG v. 21.5.1985 – BReg. 1 Z 30/85, NJW 1985, 2094; OLG Hamm v. 7.1.2003 – 15 W 406/02, MittBayNot. 2003, 301; OLG Köln v. 7.4.2003 – 16 Wx 63/03, RNotZ 2004, 233; OLG Köln v. 29.7.2011 – 4 UF 108/11, FG Prax 2011, 297; Palandt/*Götz* BGB § 1767 Rz. 8.

[16] BVerfG v. 18.4.1989 – 2 BvR 1169/84, NJW 1989, 2195.

[17] Staudinger/*Frank* BGB § 1767 Rz. 20 mwN; Palandt/*Diederichsen* BGB § 1767 Rz. 7; BayObLG v. 14.10.1997 – 1 Z BR 136/97, NJWE-FER 1998, 78; KG NJW-RR 2013, 774.

[18] OLG Bremen v. 9.11.2016 – 4 UF 108/16, ZErb 2017, 18: Altersunterschied von 61 Jahren.

[19] OLG Köln v. 5.2.1990 – 16 Wx 169/89, FamRZ 1990, 800.

darf ebenfalls der Einwilligung seines Ehegatten (§ 1749 Abs. 1, § 1767 Abs. 2 BGB) in notarieller Form. Diese Einwilligung kommt, da Ehegatten ohnehin ein Kind grds. nur gemeinschaftlich annehmen können, in der Regel nur bei einer Stiefkindadoption in Betracht, die eine Adoption durch einen Ehegatten allein zulässt (§ 1741 Abs. 2, § 1767 Abs. 2 BGB). Anders als bei einer Minderjährigenadoption ist zur Annahme eines Volljährigen die Zustimmung seiner Eltern nicht erforderlich (§ 1767 Abs. 2 erklärt § 1747 Abs. 2 BGB für nicht anwendbar).

Die Kinder des Annehmenden und des Anzunehmenden müssen der Adoption **10** zwar nicht zustimmen. Die Annahme darf jedoch gemäß § 1769 BGB nicht ausgesprochen werden, wenn ihr überwiegende Interessen dieser Kinder entgegenstehen. Hierzu gehören auch Vermögensinteressen.[20] Daher haben die Kinder der Adoptiveltern und des Anzunehmenden ein Anhörungsrecht im Adoptionsverfahren (§ 193 FamFG), dessen Verletzung einen grundrechtswidrigen Verfahrensverstoß darstellt.[21]

Die **Wirkungen einer Volljährigenadoption** unterscheiden sich von denjenigen **11** einer Minderjährigenadoption. Bei der Annahme eines **Minderjährigen** erlischt das Verwandtschaftsverhältnis des Kindes zu seinen bisherigen Verwandten und die sich aus ihm ergebenden Rechte und Pflichten (§ 1755 BGB). Das Kind erlangt die rechtliche Stellung eines Kindes des Annehmenden, bei der Adoption durch ein Ehepaar oder den Ehegatten seines Elternteils (Stiefkindadoption) die rechtliche Stellung eines gemeinschaftlichen Kindes der Ehegatten (§ 1754 BGB) mit Erb- und Pflichtteilsrecht und mit unterhaltsrechtlichen Pflichten und Rechten. Es wird damit auch mit den Verwandten des Annehmenden verwandt, erhält also Geschwister, Großeltern usw. Wegen dieser weitreichenden Wirkungen wird die Minderjährigenadoption auch als **Volladoption** bezeichnet.

Bei einer Volljährigenadoption hingegen erstrecken sich die Wirkungen der An- **12** nahme nicht auf die Verwandten des Annehmenden (§ 1770 Abs. 1 BGB). So wird der angenommene Volljährige nicht mit den Kindern des Annehmenden verschwistert, die Eltern des Annehmenden werden nicht seine Großeltern.[22] Auch bleiben die Rechte und Pflichten aus dem Verwandtschaftsverhältnis des Angenommenen und seiner Abkömmlinge zu ihren Verwandten durch die Volljährigenadoption unberührt (§ 1770 Abs. 2 BGB). Bei der Annahme durch ein Ehepaar erhält der volljährig Angenommene daher neben seinen bisherigen Eltern ein zweites Elternpaar, seine Kinder erhalten ein drittes Großelternpaar.[23] Gegenüber seinen leiblichen Eltern bleibt und gegenüber seinen Adoptiveltern wird er erbberechtigt. Umgekehrt gehören sowohl die leiblichen Eltern als auch die Adoptiveltern zu den gesetzlichen Erben des Adoptierten.[24] Beiden Elternpaaren gegenüber ist der Adoptierte unterhaltsberechtigt und unterhaltsverpflichtet, diese wiederum ebenso gegenüber dem Angenommenen, jedoch mit der Maßgabe, dass die Annehmenden vorrangig vor den leiblichen Verwandten des Angenommenen zum Unterhalt verpflichtet sind (§ 1770 Abs. 3 BGB). In der Person des Annehmenden tritt daher eine Verdoppelung seiner Unterhaltspflichten ein, auf die der Notar insbesondere dann hinzuweisen hat, wenn ein Stiefkind oder langjähriges Pflegekind adoptiert wird, für das eine Volladoption nach § 1772 Abs. 1 S. 1 Buchst. b BGB) in Betracht kommt, aber nicht gewählt wird.[25]

Unter den Voraussetzungen des § 1772 BGB kann jedoch das Familiengericht auf Antrag des Annehmenden und des Anzunehmenden bestimmen, dass sich die Wirkungen der Volljährigenadoption nach den Vorschriften über die Annahme eines Minderjährigen richten. In diesem Fall ist auch die Erwachsenenadoption **Volladoption.**

---

[20] Zu den Einzelheiten vgl. Staudinger/*Frank* BGB § 1769 Rz. 4 ff.; *Brandt* RNotZ 2013, 459, 468 f.

[21] BVerfG v. 8.2.1994 – 1 BvR 765, 766/89, BVerfGE 89, 381; BVerfG v. 20.10.2008 – 1 BvR 291/06, ZEV 2009, 44; *Becker* ZEV 2009, 25, 28.

[22] Staudinger/*Frank* BGB § 1770 Rz. 6.

[23] Staudinger/*Frank* BGB § 1770 Rz. 9.

[24] *Becker* ZEV 2009, 25, 27.

[25] *Brandt* RNotZ 2013, 459, 471.

(Vgl. hierzu die Einzelerläuterungen zu § 2 Rz. 30). Hier sind dann auch die leiblichen Eltern des Anzunehmenden anzuhören (Seit 1.9.2009 ausdrücklich geregelt in §§ 188, 192 Abs. 2 FamFG).

13 **Namensrechtliche Folgen.**[26] Durch die Adoption erhält der Anzunehmende als Geburtsnamen den **Familiennamen des Annehmenden** (§§ 1757, 1767 Abs. 2 BGB). Die Beibehaltung des bisherigen Geburtsnamens des Anzunehmenden ist im Gesetz nicht vorgesehen und kann auch bei einer Erwachsenenadoption und entsprechendem Antrag nicht durch das Familiengericht ausgesprochen werden.[27] Auch ein Antrag auf öffentlich-rechtliche Namensänderung gemäß § 3 Abs. 1 des Namensänderungsgesetzes, mit dem die durch die Adoption eingetretene namensrechtliche Folge rückgängig gemacht werden soll, verspricht nach Ansicht der Rechtsprechung keinen Erfolg.[28] Diese häufig nicht gewünschte Rechtsfolge, die auch rechtspolitisch als unbefriedigend empfunden wird,[29] schreckt nicht wenige von einer Volljährigenadoption ab. Das Familiengericht kann allerdings, mit Einwilligung des Anzunehmenden, auf Antrag des Annehmenden mit dem Ausspruch der Annahme dem neuen Familiennamen des Anzunehmenden den bisherigen Familiennamen voranstellen oder anfügen (§ 1757 Abs. 4 Nr. 2, § 1767 Abs. 2 BGB). Voraussetzung ist, dass diese Namensführung aus schwerwiegenden Gründen zum Wohl des Anzunehmenden erforderlich ist, was einer Volljährigenadoption regelmäßig zu bejahen sein wird.[30]

14 Ist der Anzunehmende **verheiratet,** so erstreckt sich die Änderung des Geburtsnamens nur dann auf seinen Ehenamen, wenn sich der Ehegatte der Namensänderung vor dem Ausspruch der Annahme anschließt, und zwar durch öffentlich beglaubigte Erklärung gegenüber dem Familiengericht (§ 1757 Abs. 3, § 1767 Abs. 2 BGB). Schließt er sich nicht an, so ändert sich zwar der Geburtsname des Anzunehmenden, nicht aber der gemeinsame Ehename.[31] Frau Müller geborene Meier, die von den Eheleuten Schmidt adoptiert wird, behält daher, wenn ihr Ehemann sich der Namensänderung nicht anschließt, den Namen Müller, während ihr Geburtsname nunmehr „Schmidt" ist. Ist der Anzunehmende geschieden oder verwitwet und führt den Geburtsnamen seines früheren Ehegatten als Ehenamen, so bleibt der Ehename von der Adoption unberührt und kann folglich unverändert weitergeführt werden.[32] Der Angenommene hat jedoch auch die Möglichkeit, in diesem Fall den durch Adoption erworbenen Geburtsnamen durch Erklärung gegenüber dem Standesbeamten nach § 1355 Abs. 4 BGB seinem Ehenamen voranzustellen oder anzufügen oder aber seinen neuen Geburtsnamen gemäß § 1355 Abs. 5 BGB als Familiennamen zu führen.[33] Führt der geschiedene oder verwitwete Ehegatte seinen früheren Geburtsnamen als Ehenamen, so bleibt ebenfalls der Ehename und damit der geführte Familienname von der Adoption unberührt.[34] Auch in diesem Fall kann aber der Anzunehmende gegenüber dem Standesbeamten seinen neuen Geburtsnamen als Familiennamen führen oder dem bisherigen Ehenamen den neu erworbenen Geburtsnamen voranstellen oder anfügen.[35]

---

[26] Hierzu instruktiv *Wartenburger* MittBayNot. 2008, 504.

[27] BayObLG v. 15.1.2003 – 1 Z BR 138/02, MittBayNot. 2003, 226; OLG Celle v. 3.7.1996 – 17 W 15/96, FamRZ 1997, 115; OLG Karlsruhe v. 23.12.1998 – 4 W 7/97, FamRZ 2000, 115; OLG Hamm v. 30.6.2011 – 4 UF 186/10, FamR 2012, 138. AA AG Leverkusen v. 17.12.2007 – 14 XVI 12/07, FamRZ 2008, 2058 sowie v. 16.4.2009 – 14 XVI 1/09, RNotZ 2009, 544, das eine Beibehaltung des Geburtsnamens bei Vorliegen schwerwiegender Gründe für zulässig hält. Gegen AG Leverkusen ausdrücklich OLG Hamm v. 30.6.2011 – 4 UF 186/10, FamRZ 2012, 138.

[28] VG Ansbach v. 10.11.2004 – AN 15 K 04.01600; Beck RS2012, 48331; *Brandt* RNotZ 2013, 459, 474.

[29] *Molls* ZRP 2012, 174, der auch verfassungsrechtliche Bedenken äußert; *Brandt* RNotZ 2013, 459, 474.

[30] BayObLG v. 12.6.2002 – 1 Z BR 56/01, FamRZ 2002, 1649; OLG Hamm v. 7.1.2003 – 15 W 406/02, MittBayNot. 2003, 301, 303; Staudinger/*Frank* § 1767 Rz. 21.

[31] Staudinger/*Frank* § 1757 Rz. 32.

[32] *Müller*/Sieghörtner/Emmerling de Oliveira Rz. 370; Staudinger/*Frank* § 1757 BGB Rz. 9.

[33] *Müller*/Sieghörtner/Emmerling de Oliveira Rz. 370; Staudinger/*Frank* BGB § 1757 Rz. 9.

[34] *Müller*/Sieghörtner/Emmerling de Oliveira Rz. 371; Staudinger/*Frank* BGB § 1757 Rz. 9.

[35] *Müller*/Sieghörtner/Emmerling de Oliveira Rz. 371; Staudinger/*Frank* BGB § 1757 Rz. 9.

Die Wirkungen der Adoption auf den Namen eines **Kindes des Annehmenden** richten sich nach § 1617c Abs. 2 BGB.[36]

Eine **Aufhebung des Annahmeverhältnisses** durch das Familiengericht kann nur unter engen Voraussetzungen erfolgen. Sie setzt einen wichtigen Grund und einen beiderseitigen Antrag von Annehmenden und Anzunehmenden voraus (§ 1771 BGB). **15**

Wegen der weitrechenden zivilrechtlichen Folgen der Annahme sollte die Adoption ggf. mit erbrechtlichen Regelungen wie dem Pflichtteilsverzicht flankiert werden (siehe Formulare A. 5).

Auch sollten die mit der Adoption verbundenen Unterhaltspflichten nicht leichtfertig unterschätzt werden, zumal hier ein Unterhaltsverzicht nicht wirksam vereinbart werden kann (§ 1614 BGB).

Über den Adoptionsantrag entscheidet das Amtsgericht (Familiengericht), und zwar durch Beschluss (§ 38 FamFG). **Örtlich zuständig** ist dasjenige Gericht, in dessen Bezirk der Annehmende oder einer der Annehmenden seinen gewöhnlichen Aufenthalt hat (§ 187 Abs. 1 FamFG). Maßgebender Zeitpunkt für die Bestimmung der örtlichen Zuständigkeit ist derjenige, in dem der Adoptionsantrag bei Gericht eingereicht oder – im Falle des § 1753 Abs. 2 BGB (vgl. hierzu Rz. 33) – der Notar mit der Einreichung betraut wird.[37] Funktionell zuständig für die Entscheidung über den Adoptionsantrag ist der Richter (§ 14 Abs. 1 Nr. 13 RPflG). **16**

Anzuhören im Verfahren sind der Annehmende und der Anzunehmende (§ 188 Abs. 1 S. 1 Buchst. A, § 192 Abs. 1 FamFG), der Ehegatte oder Lebenspartner des Annehmenden und des Anzunehmenden (§ 188 Abs. 1 Nr. 1 Buchst. C), § 192 Abs. 2 FamFG) sowie die Kinder des Annehmenden und des Anzunehmenden (§ 193 FamFG). Von der Anhörung eines minderjährigen Beteiligten kann unter der Voraussetzung des § 192 Abs. 3 FamFG abgesehen werden. Ferner sind, falls eine Erwachsenenadoption mit der Wirkung einer Volladoption (§ 1772 BGB) beantragt wird (vgl. Rz. 30), auch die Eltern des Anzunehmenden anzuhören (§ 188 Abs. 1 Nr. 1 Buchst. B), § 192 Abs. 2 FamFG). Bei der einfachen Volljährigenadoption (ohne die Wirkungen des § 1772 BGB) sieht das FamFG zwar keine ausdrückliche Pflicht zur Anhörung der Eltern des Anzunehmenden vor. Allerdings kann in diesem Fall der Amtsermittlungsgrundsatz (§ 26 FamFG) eine Anhörung gebieten, damit sich das Gericht ein umfassendes Bild über die sittliche Rechtfertigung der Adoption (§ 1767 Abs. 1 BGB) verschaffen kann.[38] **17**

III. Steuerrechtliche Aspekte

1. Ertragssteuern

Der **Kinderfreibetrag** gem. § 32 EStG wird auch für Adoptivkinder gewährt.[39] Das gilt unabhängig davon, ob diese als Minderjährige oder Volljährige adoptiert worden sind, da sie in beiden Fällen infolge der Adoption mit dem Annehmenden in gerader Linie (§ 32 Abs. 1 Nr. 1 EStG) verwandt sind. Bei einer einfachen Volljährigenadoption (ohne die Wirkungen des § 1772 BGB) bleibt das Verwandtschaftsverhältnis des Angenommenen zu den bisherigen Verwandten gemäß § 1770 Abs. 2 BGB bestehen. Das hierdurch entstehende Konkurrenzverhältnis zwischen leiblichen Eltern und Adoptiveltern wird nach § 32 Abs. 2 EStG zugunsten der Adoptiveltern aufgelöst.[40] **18**

---

[36] Zu den Einzelheiten vgl. Staudinger/*Frank* BGB § 1757 Rz. 40ff.
[37] *Müller*/Sieghörtner/Emmerling de Oliveira Rz. 372.
[38] *Brandt* RNotZ 2013, 459, 479; Müller/*Sieghörtner*/Emmerling de Oliveira Rz. 185.
[39] Schmidt/*Loschelder* EStG § 32 Rz. 8.
[40] Schmidt/*Loschelder* EStG § 32 Rz. 18.

2. Erbschaft- und Schenkungsteuern

19 Adoptivkinder fallen wie leibliche Kinder in die **Steuerklasse I** des § 15 ErbStG.[41] Obwohl bei einer Volladoption nach § 1772 Abs. 1 BGB das Verwandtschaftsverhältnis des Angenommenen zu seinen bisherigen Verwandten erlischt (§ 1755 BGB), gilt gem. § 15 Abs. 1a ErbStG die Steuerklasse I auch dann, wenn der Angenommene von seinen leiblichen Eltern oder Großeltern erwirbt, und die Steuerklasse II Nrn. 1 bis 3, wenn er von deren dort genannten näheren Verwandten einen steuerpflichtigen Erwerb erhält. Der Angenommene hat daher in erbschaftsteuerlicher Hinsicht zwei Elternpaare.[42]

Stiefkinder gehören auch ohne Adoption zur Steuerklasse I (§ 15 Abs. 1 Nr. 2 ErbStG).

Während die Minderjährigenadoption stets Volladoption ist (§ 1755 BGB), ist dies bei einer Erwachsenenadoption nur dann der Fall, wenn das Familiengericht auf Antrag die entsprechende Wirkung gemäß § 1772 BGB ausspricht. Fehlt es daran, bleibt das Verwandtschaftsverhältnis des volljährig Adoptierten zu seinen bisherigen Verwandten aufrecht erhalten (§ 1770 Abs. 2 BGB), so dass er aus diesem Grund die erbschaftsteuerlichen Vergünstigungen in seiner Ursprungsfamilie behält. Da er jedoch – abgesehen vom Sonderfall des § 1772 BGB – nicht mit den Verwandten des Annehmenden verwandt wird, fallen deren Zuwendungen an den volljährig Angenommenen grds. in die Steuerklasse III.[43] Da der Angenommene jedoch zu den Abkömmlingen iSd. Steuerklasse I Nr. 3 und der Steuerklasse II Nr. 3 gehört, auch wenn er nicht mit dem Erblasser/Schenker verwandt ist, kann auch ein Erwerb nach diesen Steuerklassen in Betracht kommen, so beim Erwerb von den Eltern oder den Geschwistern des Annehmenden.[44] Das gilt sowohl bei der Minderjährigen- als auch bei der Volljährigenadoption.

20 Hätte eine Adoption nicht ausgesprochen werden dürfen, weil die Beteiligten sie aus ausschließlich oder vorwiegend steuerlichen Motiven angestrebt haben, bleibt sie, soweit sie nicht durch das Familiengericht aufgehoben wird, dennoch wirksam und ist steuerlich anzuerkennen.[45]

21 Durch die Adoption konnte vor dem 1.1.1996 eine erhebliche Steuerersparnis erzielt werden, wenn zB der kinderlose Inhaber eines Unternehmens einen entfernteren Verwandten als Kind annahm. Seit dem 1.1.1996 ist eine Adoption zur Erleichterung der Unternehmensnachfolge nicht mehr zwingend geboten, da der Erwerber von Betriebsvermögen aufgrund der Tarifbegrenzung in § 19a ErbStG weitgehend nach der Steuerklasse I besteuert wird. Die Adoption bietet aber erbschaftsteuerliche Vorteile wegen des höheren Freibetrags für den Angenommenen und beim Übergang von nicht nach § 13a ErbStG begünstigtem Vermögen, wie zB Immobilien und Kapitalvermögen.[46] Hier sind die Unterschiede zwischen Adoptierten und Angehörigen der Steuerklassen II und III dann allerdings beachtlich. Werden zB € 500 000,– vom Onkel auf den Neffen vererbt, so beträgt die erbschaftsteuerliche Belastung des Neffen € 120 000,– (€ 500 000,– ./. € 20 000,– Freibetrag = € 480 000,–, davon 25 vH), während der Neffe, wäre er zuvor von seinem Onkel adoptiert worden, nur € 11 000,– Erbschaftsteuer (€ 500 000,– ./. € 400 000,– Freibetrag = € 100 000,–, davon 11 vH) zu zahlen hätte.

22, 23 *(frei)*

---

[41] *Meincke* ErbStG § 15 Rz. 6.
[42] *Müller*/Sieghörtner/Emmerling de Oliveira Rz. 486.
[43] Troll/Gebel/Jülicher/*Jülicher* § 15 Rz. 50.
[44] BFH v. 14.5.1986 – II R 37/84, BStBl. II 1986, 613; Troll/Gebel/Jülicher/*Jülicher* § 15 Rz. 50
[45] Staudinger/*Frank* BGB § 1767 Rz. 26; *Oswald* FamRz 1978, 99; *Troll* BB 1981, 661.
[46] *Moench* ErbStG § 15 Rz. 21 f.

3. Verkehrssteuern

Nach dem **Grunderwerbsteuergesetz** ist der Erwerb eines Grundstücks durch Personen, die mit dem Veräußerer in gerader Linie verwandt sind, von der Besteuerung ausgenommen (§ 3 Nr. 6 GrEStG). Zu den Verwandten in gerader Linie gehört auch der Adoptierte. Bei einer Erwachsenenadoption ist zu unterscheiden: 24

Handelt es sich um eine gewöhnliche Adoption ohne die Wirkungen einer Volladoption, so wird der Adoptierte mit den Verwandten des Annehmenden nicht verwandt, so dass ein Erwerb von ihnen oder eine Veräußerung an diese nicht nach § 3 Nr. 6 GrEStG befreit ist. Befreit ist jedoch der Erwerb vom Annehmenden selbst und die Veräußerung an diesen und, da der volljährig Adoptierte mit seinen leiblichen Verwandten verwandt bleibt, Veräußerungs- und Erwerbsvorgänge mit den leiblichen Verwandten gerader Linie.

War die Adoption des Erwachsenen hingegen eine Volladoption (Fall des § 1772 BGB) so erlöschen ebenso wie bei einer Minderjährigenadoption die Verwandtschaftsverhältnisse des Angenommenen zu seinen leiblichen Verwandten (§ 1755 BGB). Da er mit dem Annehmenden und dessen leiblichen Verwandten verwandt wird, sind Veräußerungs- und Erwerbsvorgänge mit ihnen grunderwerbsteuerfrei, soweit es sich um Verwandte in gerader Linie handelt (Eltern, Großeltern). Ob Veräußerungs- und Erwerbsvorgänge mit den leiblichen Verwandten gerader Linie des Angenommenen trotz des erloschenen Verwandtschaftsverhältnisses zu ihnen unter die Befreiungsvorschrift des § 3 Nr. 6 GrEStG fallen, war fraglich und umstritten,[47] ist aber nunmehr durch die gesetzliche Neufassung des § 3 Nr. 6 S. 1 GrEStG, eingefügt durch Jahressteuergesetz 2010 (BGBl. 2010 I 1768), geklärt. Danach ist der Erwerb eines Grundstücks von leiblichen Verwandten gerader Linie auch dann grunderwerbsteuerfrei, wenn das Verwandtschaftsverhältnis durch die Annahme als Kind bürgerlich-rechtlich erloschen ist. Durch die Adoption tritt also insoweit eine **grunderwerbsteuerliche Doppelbegünstigung** ein: Steuerbefreit sind Grundstückserwerbe im Verhältnis zu den bisherigen leiblichen Verwandten gerader Linie und im Verhältnis zu dem Annehmenden und dessen Verwandten gerader Linie.[48] Die Änderung des § 3 Nr. 6 S. 1 GrEStG ist erstmals auf Erwerbsvorgänge anzuwenden, die nach dem 13.12.2010 verwirklicht werden.[49] 25

B. Einzelerläuterungen

Zu § 1: Sachverhalt

Es handelt sich um den nicht seltenen Fall der Adoption eines volljährigen Stiefkindes, das bereits als Minderjähriger in die Familie seines Stiefelternteils aufgenommen wurde, durch den Stiefvater oder die Stiefmutter. Da zu der Adoption eines minderjährigen Kindes die Einwilligung seiner Eltern erforderlich ist (§ 1747 BGB), scheitert die Annahme, wenn ein Elternteil die Zustimmung versagt, es sei denn, die Einwilligung wurde gem. § 1748 BGB gerichtlich ersetzt. Da dieses Einwilligungserfordernis mit Volljährigkeit des Kindes entfällt, kann die Adoption sodann nachgeholt werden. 26

Werden langjährige Stief- oder Pflegekinder, die bereits als Minderjährige mit dem Annehmenden in einem gemeinsamen Haushalt gelebt haben, nach Erreichen der Volljährigkeit adoptiert, ist zwischen dem Annehmenden und dem Anzunehmenden regelmäßig ein Eltern-Kind-Verhältnis entstanden, so dass die Adoption nach § 1767 Abs. 1 BGB sittlich gerechtfertigt ist.[50] 27

---

[47] Vgl. die Nachweise in der Vorauflage Abschn. C.5 Rz. 25.
[48] Boruttau/*Meßbacher-Hönsch* GrEStG § 3 Rz. 413.
[49] Boruttau/*Meßbacher-Hönsch* GrEStG § 3 Rz. 3.
[50] Staudinger/*Frank* BGB § 1767 Rz. 16; OLG Köln v. 7.4.2003 – 16 Wx 63/03, RNotZ 2004, 233.

Zu § 2: Anträge

28 Die zu der Adoption eines Erwachsenen erforderlichen Anträge des Annehmenden und des Anzunehmenden sind notariell zu beurkunden (§ 1752 Abs. 2 iVm. § 1767 Abs. 2 BGB). Beide Anträge können – wie in der Praxis üblich – in einer Urkunde zusammengefasst und gleichzeitig gestellt werden oder getrennt beurkundet und nacheinander dem Gericht eingereicht werden. Sie können bis zum Wirksamwerden der Annahme, dh. bis zur gerichtlichen Zustellung des Annahmebeschlusses, wieder zurückgenommen werden. Die Rücknahme bedarf keiner besonderen Form.[51]

29 Ein Stiefelternteil kann das Kind seines Ehegatten allein annehmen (§ 1741 Abs. 2 S. 3 iVm. § 1767 Abs. 2 BGB). Das Kind erlangt hierdurch die rechtliche Stellung eines gemeinschaftlichen Kindes der Ehegatten (§ 1754 Abs. 1 BGB).

30 Während bei einer Minderjährigenadoption die Verwandtschaftsverhältnisse des Anzunehmenden zu seinen Verwandten erlöschen und er mit den Verwandten des Annehmenden verwandt wird (Volladoption), ist dies gem. § 1770 BGB bei der Adoption eines Volljährigen grds. nicht der Fall (vgl. Rz. 11f.). Die Wirkungen einer Volladoption können jedoch ausnahmsweise auch bei einer Erwachsenenadoption erreicht werden, wenn das Familiengericht dies auf Antrag des Annehmenden und des Anzunehmenden gem. § 1772 BGB ausspricht. Im Sachverhalt des Vertragsformulars kann ein solcher Ausspruch erfolgen, weil es sich um eine Stiefkindadoption handelt (§ 1772 Abs. 1 Buchst. c BGB) und der Anzunehmende zudem bereits als Minderjähriger in die Familie des Annehmenden aufgenommen worden ist (§ 1772 Abs. 1 Buchst. b BGB). Neben diesen beiden Fällen ist ein Ausspruch gem. § 1772 BGB auch dann möglich, wenn ein minderjähriger Bruder oder eine minderjährige Schwester des Anzunehmenden von dem Annehmenden adoptiert worden ist oder gleichzeitig adoptiert wird sowie auch dann, wenn der Anzunehmende im Zeitpunkt der Einreichung des Adoptionsantrags beim Familiengericht noch nicht volljährig war. Bei der Annahme eines Stiefkindes bleibt das Verwandtschaftsverhältnis des Kindes zu seinem mit dem Annehmenden verheirateten Elternteil auch bei einer Volladoption bestehen (§ 1755 Abs. 2 BGB iVm. § 1767 Abs. 2 BGB).

31 Durch die Adoption erhält der Angenommene den Familiennamen des Annehmenden (§ 1757 Abs. 1 BGB). Das gilt auch bei einer Volljährigenadoption. Vgl. hierzu Rz. 13.

Zu § 3: Zustimmung des Ehegatten

32 Zur Adoption eines Stiefkindes durch einen Ehegatten ist die Zustimmung des anderen Ehegatten erforderlich (§ 1749 Abs. 1 BGB). Ist der Anzunehmende verheiratet, muss auch dessen Ehegatte der Annahme zustimmen (§ 1749 Abs. 2 BGB). Die Zustimmungserklärungen sind dem Familiengericht gegenüber abzugeben und bedürfen der notariellen Beurkundung (§ 1750 Abs. 1 BGB). Das gilt jeweils auch für die Volljährigenadoption (§ 1767 Abs. 2 BGB).

Zu § 4: Auftrag an den Notar

33 Verstirbt der Annehmende nach Beurkundung des Adoptionsantrags aber vor gerichtlicher Zustellung des Adoptionsbeschlusses, so ist ein Ausspruch der Annahme nur zulässig, wenn der Annehmende den Adoptionsantrag beim Familiengericht eingereicht hat oder bei oder nach der notariellen Beurkundung des Antrags den Notar mit dessen Einreichung betraut hat (§ 1753 Abs. 2 BGB iVm. § 1767 Abs. 2 BGB). Die Annahme hat dann die gleiche Wirkung, wie wenn sie vor dem Tode erfolgt wäre (§ 1753 Abs. 3 BGB), so dass der Angenommene nach dem verstorbenen Annehmenden **erbberechtigt** wird. Liegen die Voraussetzungen des § 1753 Abs. 2 BGB vor, so

[51] Staudinger/*Frank* BGB § 1768 Rz. 5.

können die Erben des Annehmenden den Adoptionsantrag nicht mehr zurücknehmen.[52] Verstirbt hingegen der Anzunehmende, kann die Adoption nicht mehr ausgesprochen werden (§ 1753 Abs. 1 BGB). Wird von vornherein nur eine postmortale Adoption angestrebt, so ist der Ausspruch unzulässig.[53]

---

[52] BayObLG v. 25.7.1995 – 1 Z BR 168/94, FamRZ 1995, 1604; Staudinger/*Frank* BGB § 1753 Rz. 4.
[53] Staudinger/*Frank* BGB § 1753 Rz. 4; OLG München v. 2.2.2010 – 31 Wx 157/09, RNotZ 2010, 336.

Sachregister

Die fetten Buchstaben und Zahlen verweisen auf die einzelnen Teile und Formulare, die mageren Zahlen auf die Randziffern.

Formularbuch Vermögens-
und U

9783406684654.3

4